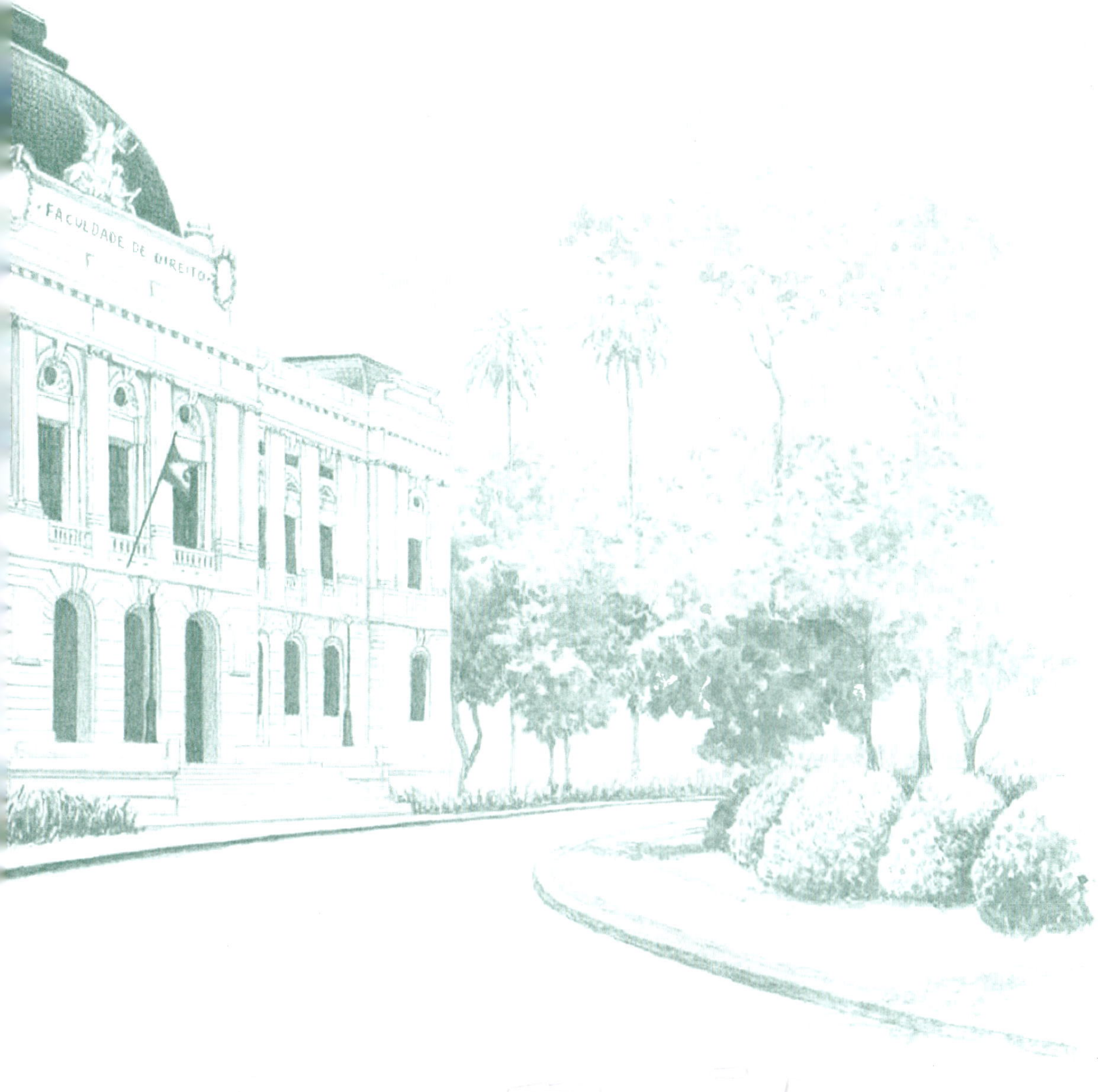
FACULDADE DE DIREITO

Leis Penais Especiais Comentadas

www.editorasaraiva.com.br/direito
Visite nossa página

Leis Penais Especiais Comentadas

Roberto Delmanto
Roberto Delmanto Junior
Fabio M. de Almeida Delmanto

Leis Penais Especiais Comentadas

2ª edição atualizada
2014

Editora Saraiva

Editora Saraiva

Rua Henrique Schaumann, 270, Cerqueira César — São Paulo — SP
CEP 05413-909
PABX: (11) 3613 3000
SACJUR: 0800 055 7688
De 2ª a 6ª, das 8:30 às 19:30
saraivajur@editorasaraiva.com.br
Acesse: www.editorasaraiva.com.br/direito

ISBN 978-85-02-18269-1

Dados Internacionais de Catalogação na Publicação (CIP)
(Câmara Brasileira do Livro, SP, Brasil)

Delmanto, Roberto
 Leis penais especiais comentadas / Roberto Delmanto, Roberto Delmanto Junior e Fabio M. de Almeida Delmanto. — 2. ed. atual. — São Paulo : Saraiva, 2014.
 1. Direito penal - Legislação - Brasil I. Delmanto, Roberto. II. Título.

13-02947   CDU-343.3/.7(81)(094.56)

Índices para catálogo sistemático:

1. Brasil : Legislação penal especial : Comentários : Direito penal   343.3/.7(81)(094.56)
2. Legislação penal especial : Comentários : Brasil : Direito penal   343.3/.7(81)(094.56)

FILIAIS

AMAZONAS/RONDÔNIA/RORAIMA/ACRE
Rua Costa Azevedo, 56 — Centro
Fone: (92) 3633-4227 — Fax: (92) 3633-4782 — Manaus

BAHIA/SERGIPE
Rua Agripino Dórea, 23 — Brotas
Fone: (71) 3381-5854 / 3381-5895
Fax: (71) 3381-0959 — Salvador

BAURU (SÃO PAULO)
Rua Monsenhor Claro, 2-55/2-57 — Centro
Fone: (14) 3234-5643 — Fax: (14) 3234-7401 — Bauru

CEARÁ/PIAUÍ/MARANHÃO
Av. Filomeno Gomes, 670 — Jacarecanga
Fone: (85) 3238-2323 / 3238-1384
Fax: (85) 3238-1331 — Fortaleza

DISTRITO FEDERAL
SIA/SUL Trecho 2 Lote 850 — Setor de Indústria e Abastecimento
Fone: (61) 3344-2920 / 3344-2951
Fax: (61) 3344-1709 — Brasília

GOIÁS/TOCANTINS
Av. Independência, 5330 — Setor Aeroporto
Fone: (62) 3225-2882 / 3212-2806
Fax: (62) 3224-3016 — Goiânia

MATO GROSSO DO SUL/MATO GROSSO
Rua 14 de Julho, 3148 — Centro
Fone: (67) 3382-3682 — Fax: (67) 3382-0112 — Campo Grande

MINAS GERAIS
Rua Além Paraíba, 449 — Lagoinha
Fone: (31) 3429-8300 — Fax: (31) 3429-8310 — Belo Horizonte

PARÁ/AMAPÁ
Travessa Apinagés, 186 — Batista Campos
Fone: (91) 3222-9034 / 3224-9038
Fax: (91) 3241-0499 — Belém

PARANÁ/SANTA CATARINA
Rua Conselheiro Laurindo, 2895 — Prado Velho
Fone/Fax: (41) 3332-4894 — Curitiba

PERNAMBUCO/PARAÍBA/R. G. DO NORTE/ALAGOAS
Rua Corredor do Bispo, 185 — Boa Vista
Fone: (81) 3421-4246 — Fax: (81) 3421-4510 — Recife

RIBEIRÃO PRETO (SÃO PAULO)
Av. Francisco Junqueira, 1255 — Centro
Fone: (16) 3610-5843 — Fax: (16) 3610-8284 — Ribeirão Preto

RIO DE JANEIRO/ESPÍRITO SANTO
Rua Visconde de Santa Isabel, 113 a 119 — Vila Isabel
Fone: (21) 2577-9494 — Fax: (21) 2577-8867 / 2577-9565 — Rio de Janeiro

RIO GRANDE DO SUL
Av. A. J. Renner, 231 — Farrapos
Fone/Fax: (51) 3371-4001 / 3371-1467 / 3371-1567
Porto Alegre

SÃO PAULO
Av. Antártica, 92 — Barra Funda
Fone: PABX (11) 3616-3666 — São Paulo

136.516.002.001

Diretor editorial Luiz Roberto Curia
Gerente editorial Thaís de Camargo Rodrigues
Assistente editorial Sirlene Miranda de Sales
Produtora editorial Clarissa Boraschi Maria
Preparação de originais Maria Izabel Barreiros Bitencourt Bressan
 Flavia Gutterres Falcão de Oliveira
 Perfekta Soluções Editoriais
Arte e diagramação Mônica Landi
Revisão de provas Ana Beatriz Fraga Moreira
 Ivani A. M. Cazarim
 Willians Calazans de Vasconcelos de Melo
Serviços editoriais Camila Artioli Loureiro
 Tatiana dos Santos Romão
Revisão final Instituto Delmanto e Editora Ltda.
Capa Aero Comunicação
Pinturas da capa Aleixa de Oliveira
Produção gráfica Marli Rampim
Impressão Prol Editora Gráfica
Acabamento Prol Editora Gráfica

Data de fechamento da edição: 5-11-2013

Dúvidas?
Acesse www.editorasaraiva.com.br/direito

Nenhuma parte desta publicação poderá ser reproduzida por qualquer meio ou forma sem a prévia autorização da Editora Saraiva.
A violação dos direitos autorais é crime estabelecido na Lei n. 9.610/98 e punido pelo artigo 184 do Código Penal.

ABREVIATURAS

ADIn — Ação Direta de Inconstitucionalidade
Ap. — Apelação
ApCr — Apelação Criminal
APn — Ação Penal
Bol. AASP — Boletim da Associação dos Advogados de São Paulo
Bol. IBCCr — Boletim do Instituto Brasileiro de Ciências Criminais
Bol. IMPP — Boletim do Instituto Manoel Pedro Pimentel
C. — Câmara
CADH — Convenção Americana sobre Direitos Humanos
c/c — combinado com
CC — Código Civil
CCom — Código Comercial
CComp — Conflito de Competência
CCr — Câmara Criminal
CCrEx — Câmara Criminal Extraordinária
CCv — Câmara Cível
CDC — Código de Defesa do Consumidor
CF — Constituição Federal
CFl — Código Florestal
CLT — Consolidação das Leis do Trabalho
CP — Código Penal
CPar — Correição Parcial
CPC — Código de Processo Civil
CPP — Código de Processo Penal
CR — Constituição da República
CTB — Código de Trânsito Brasileiro
CTN — Código Tributário Nacional
DCN — Diário do Congresso Nacional
DJ — Diário da Justiça
DOE — Diário Oficial do Estado
DOU — Diário Oficial da União
EC — Emenda Constitucional
ECA — Estatuto da Criança e do Adolescente
EI — Embargos Infringentes
EOAB — Estatuto da Ordem dos Advogados do Brasil
ExV — Exceção da Verdade
HC — *Habeas Corpus*
j. — julgado(a)

JC — *Jurisprudência Catarinense*
JSTJ e *TRFs* — *Jurisprudência do Superior Tribunal de Justiça e Tribunais Regionais Federais*
JTJ — *Jurisprudência do Tribunal de Justiça*
JUIS — *Jurisprudência Informatizada Saraiva*
Julgados — *Julgados do Tribunal de Alçada Criminal de São Paulo*
LC — Lei Complementar
LCH — Lei dos Crimes Hediondos
LCP — Lei das Contravenções Penais
LEP — Lei de Execução Penal
LF — Lei de Falências
LINDB — Lei de Introdução às Normas do Direito Brasileiro
MP — Medida Provisória
m.v. — maioria de votos
p. — página
PIDCP — Pacto Internacional sobre Direitos Civis e Políticos de Nova Iorque
pp. — páginas
Proc. — Processo
QCr — Queixa-Crime
R. — Região
RBCCr — *Revista Brasileira de Ciências Criminais*
RCr — Recurso-Crime
RDA — *Revista de Direito Ambiental*
RDJ — *Revista de Doutrina e Jurisprudência*
RE — Recurso Extraordinário
REsp — Recurso Especial
RF — *Revista Forense*
RHC — Recurso de *Habeas Corpus*
RISTF — Regimento Interno do Supremo Tribunal Federal
RISTJ — Regimento Interno do Superior Tribunal de Justiça
RJD — *Revista de Julgados e Doutrina*
RJTJ — *Revista de Jurisprudência do Tribunal de Justiça* (segue a sigla do Estado)
ROHC — Recurso Ordinário em *Habeas Corpus*
RP — *Revista de Processo*
RREE — Recursos Extraordinários
RSE — Recurso em Sentido Estrito
RSTJ — *Revista do Superior Tribunal de Justiça*
RT — *Revista dos Tribunais*
RTJ — *Revista Trimestral de Jurisprudência*

RvCr — Revisão Criminal

S. — Seção

ss. — seguintes

STF — Supremo Tribunal Federal

STJ — Superior Tribunal de Justiça

t. — tomo

T. — Turma

TA — Tribunal de Alçada (seguido da sigla do Estado)

TACr — Tribunal de Alçada Criminal (idem)

TFR — Tribunal Federal de Recursos (extinto)

TJ — Tribunal de Justiça (seguido da sigla do Estado)

TRF — Tribunal Regional Federal

v. — volume

v.u. — votação unânime

SUMÁRIO

Abreviaturas	5
Apresentação da 2ª edição	15
Leis Penais Especiais Comentadas	**17**
Crimes contra o Sistema Financeiro Nacional — Lei n. 7.492, de 16 de junho de 1986	19
Crimes Hediondos — Lei n. 8.072, de 25 de julho de 1990	153
Crimes contra a Ordem Tributária, Econômica e as Relações de Consumo — Lei n. 8.137, de 27 de dezembro de 1990	171
Crimes contra as Licitações — Lei n. 8.666, de 21 de junho de 1993	291
Juizados Especiais Criminais — Lei n. 9.099, de 26 de setembro de 1995	335
Transplantes — Lei n. 9.434, de 4 de fevereiro de 1997	381
Crime de Tortura — Lei n. 9.455, de 7 de abril de 1997	409
Crimes de Trânsito — Lei n. 9.503, de 23 de setembro de 1997	445
Crimes contra o Meio Ambiente — Lei n. 9.605, de 12 de fevereiro de 1998	493
Crimes de Lavagem de Dinheiro — Lei n. 9.613, de 3 de março de 1998	683
Estatuto do Torcedor — Lei n.10.671, de 15 de maio de 2003	735
Estatuto do Idoso — Lei n. 10.741, de 1º de outubro de 2003	753
Estatuto do Desarmamento — Lei n. 10.826, de 22 de dezembro de 2003	779
Crimes Falimentares — Lei n. 11.101, de 9 de fevereiro de 2005	833
Lei Maria da Penha — Lei n. 11.340, de 7 de agosto de 2006	891
Lei de Drogas — Lei n. 11.343, de 23 de agosto de 2006	935
Investigação Policial – Lei n. 12.830, de 20 de junho de 2013	997
Delação Premiada (Lei n. 8.072/90; Lei n. 8.137/90; Lei n. 7.492/86, modificada pela Lei n. 9.095/95; Lei n. 9.269/96, que alterou o art. 159, § 4º, do CP; Lei n. 9.613/98; Lei n. 9.807/99; Lei n. 11.343/2006; Lei n. 12.850/2013)	1003
Referências	1041
Anexo	**1053**
Decreto-Lei n. 3.200, de 19 de abril de 1941 (Casamento de Colaterais)	1055
Decreto-Lei n. 5.452, de 1º de maio de 1943 (Consolidação das Leis do Trabalho)	1056
Decreto-Lei n. 6.259, de 10 de fevereiro de 1944 (Jogos de Azar)	1059
Decreto-Lei n. 9.215, de 30 de abril de 1946 (Jogos de Azar)	1062
Lei n. 1.079, de 10 de abril de 1950 (Crimes de Responsabilidade)	1063
Lei n. 1.521, de 26 de dezembro de 1951 (Crimes contra a Economia Popular)	1078

Lei n. 1.579, de 18 de março de 1952 (Comissões Parlamentares de Inquérito).. 1082

Lei n. 2.889, de 1º de outubro de 1956 (Genocídio).................................... 1084

Lei n. 3.924, de 26 de julho de 1961 (Monumentos Arqueológicos) 1086

Lei n. 4.117, de 27 de agosto de 1962 (Crimes de Telecomunicações)....... 1088

Lei n. 4.319, de 16 de março de 1964 (Conselho de Defesa dos Direitos da Pessoa Humana).. 1094

Lei n. 4.591, de 16 de dezembro de 1964 (Incorporações Imobiliárias) 1095

Lei n. 4.595, de 31 de dezembro de 1964 (Instituições Financeiras) 1097

Lei n. 4.728, de 14 de julho de 1965 (Mercado de Capitais)....................... 1100

Lei n. 4.729, de 14 de julho de 1965 (Sonegação Fiscal) 1101

Lei n. 4.737, de 15 de julho de 1965 (Código Eleitoral)............................... 1103

Lei n. 4.888, de 9 de dezembro de 1965 (Couro).. 1113

Lei n. 4.898, de 9 de dezembro de 1965 (Abuso de Autoridade) 1114

Lei n. 4.947, de 6 de abril de 1966 (Direito Agrário).................................... 1119

Decreto-Lei n. 16, de 10 de agosto de 1966 (Açúcar e Álcool)................... 1120

Lei n. 5.172, de 25 de outubro de 1966 (Código Tributário Nacional) 1122

Decreto-Lei n. 70, de 21 de novembro de 1966 (Cédula Hipotecária)......... 1123

Decreto-Lei n. 73, de 21 de novembro de 1966 (Seguros Privados) 1124

Lei n. 5.197, de 3 de janeiro de 1967 (Código de Caça) 1125

Lei n. 5.249, de 9 de fevereiro de 1967 (Ação na Lei n. 4.898/65) 1131

Decreto-Lei n. 157, de 10 de fevereiro de 1967 (Extinção da Punibilidade). 1132

Decreto-Lei n. 167, de 14 de fevereiro de 1967 (Títulos de Crédito Rural) .. 1133

Decreto-Lei n. 201, de 27 de fevereiro de 1967 (Prefeitos e Vereadores).... 1134

Decreto-Lei n. 288, de 28 de fevereiro de 1967 (Zona Franca de Manaus). 1139

Lei n. 5.473, de 9 de julho de 1968 (Discriminação no Provimento de Cargos)... 1140

Lei n. 5.478, de 25 de julho de 1968 (Pensão Alimentícia) 1141

Lei n. 5.553, de 6 de dezembro de 1968 (Retenção de Documentos)......... 1142

Decreto-Lei n. 368, de 19 de dezembro de 1968 (Débito Salarial) 1144

Decreto-Lei n. 413, de 9 de janeiro de 1969 (Títulos de Crédito Industrial).. 1146

Lei n. 5.700, de 1º de setembro de 1971 (Símbolos Nacionais) 1147

Lei n. 5.709, de 7 de outubro de 1971 (Imóvel Rural) 1149

Lei n. 5.741, de 1º de dezembro de 1971 (Esbulho Possessório)................ 1150

Lei n. 6.001, de 19 de dezembro de 1973 (Estatuto do Índio)..................... 1151

Lei n. 6.091, de 15 de agosto de 1974 (Crimes Eleitorais) 1153

Lei n. 6.192, de 19 de dezembro de 1974 (Brasileiro Naturalizado) 1156

Lei n. 6.385, de 7 de dezembro de 1976 (Valores Mobiliários) 1157

Lei n. 6.453, de 17 de outubro de 1977 (Atividades Nucleares) 1159

Lei n. 6.538, de 22 de junho de 1978 (Crimes contra os Serviços Postais).. 1161

Lei n. 6.766, de 19 de dezembro de 1979 (Loteamento)............................ 1166

Lei n. 6.815, de 19 de agosto de 1980 (Estatuto do Estrangeiro) 1168

Lei n. 6.910, de 27 de maio de 1981 (Restringe a Lei n. 4.729/65 e o Decreto-Lei n. 157/67) 1175

Lei n. 6.938, de 31 de agosto de 1981 (Poluição)...................................... 1176

Lei n. 7.106, de 28 de junho de 1983 (Crimes de Responsabilidade dos Governadores e Secretários do Distrito Federal e antigos Territórios Federais) .. 1177

Lei n. 7.134, 26 de outubro de 1983 (Créditos e Financiamentos Governamentais e Incentivos Fiscais) 1178

Lei n. 7.170, de 14 de dezembro de 1983 (Crimes contra a Segurança Nacional)... 1179

Lei n. 7.209, de 11 de julho de 1984 (Reforma Penal de 1984) 1185

Lei n. 7.210, de 11 de julho de 1984 (Lei de Execução Penal) 1186

Lei n. 7.347, de 24 de julho de 1985 (Danos ao Meio Ambiente) 1223

Lei n. 7.505, de 2 de julho de 1986 (Benefícios Fiscais a Operações de Caráter Cultural ou Artístico – Lei Sarney).. 1224

Lei n. 7.643, de 18 de dezembro de 1987 (Proibição à Pesca de Cetáceo) ... 1225

Lei n. 7.716, de 5 de janeiro de 1989 (Crimes de Preconceito) 1226

Lei n. 7.783, de 28 de junho de 1989 (Direito de Greve)............................ 1229

Lei n. 7.802, de 11 de julho de 1989 (Agrotóxicos) 1232

Lei n. 7.805, de 18 de julho de 1989 (Garimpo) 1233

Lei n. 7.853, de 24 de outubro de 1989 (Discriminação de Deficiente Físico) .. 1234

Lei n. 7.960, de 21 de dezembro de 1989 (Prisão Temporária) 1235

Decreto n. 98.961, de 15 de fevereiro de 1990 (Expulsão de Estrangeiro Condenado por Tráfico de Entorpecentes e Drogas Afins)................................ 1237

Lei n. 8.021, de 12 de abril de 1990 (Sigilo Funcional Relativo a Bolsas).... 1238

Lei Complementar n. 64, de 18 de maio de 1990 (Crime Eleitoral) 1239

Lei n. 8.069, de 13 de julho de 1990 (Estatuto da Criança e do Adolescente).. 1240

Lei n. 8.078, de 11 de setembro de 1990 (Código de Defesa do Consumidor).. 1245

Lei n. 8.080, de 19 de setembro de 1990 (Sistema Único de Saúde – SUS) . 1249

Lei n. 8.176, de 8 de fevereiro de 1991 (Ordem Econômica e Combustíveis) .. 1250

Lei n. 8.213, de 24 de julho de 1991 (Institui Contravenção Penal pelo Descumprimento de Normas de Segurança e Higiene do Trabalho)................. 1252

Lei n. 8.245, de 18 de outubro de 1991 (Crime e Contravenção nas Locações de Imóveis Urbanos).. 1253

Lei n. 8.313, de 23 de dezembro de 1991 (Crimes em Relação ao Programa Nacional de Apoio à Cultura – PRONAC) 1255

Lei n. 8.383, de 30 de dezembro de 1991 (Falsidade na Abertura ou Movimentação de Recursos em Instituição Financeira) 1256

Lei n. 8.429, de 2 de junho de 1992 (Enriquecimento Ilícito) 1257

Lei n. 8.685, de 20 de julho de 1993 (Crime Referente à Atividade Audiovisual) 1259

Lei n. 8.906, de 4 de julho de 1994 (Estatuto da Ordem dos Advogados do Brasil) 1260

Lei n. 8.929, de 22 de agosto de 1994 (Institui a Cédula de Produto Rural) .. 1261

Lei n. 9.029, de 13 de abril de 1995 (Crimes Referentes a Práticas Discriminatórias nas Relações de Trabalho: Gravidez e Esterilização)..................... 1262

Lei n. 9.100, de 29 de setembro de 1995 (Define Crimes Eleitorais).......... 1263

Lei n. 9.112, de 10 de outubro de 1995 (Dispõe sobre a Exportação de Bens Sensíveis – Bélicos, de Uso Duplo, de Uso na Área Nuclear, Química e Biológica – e Serviços Diretamente Vinculados) 1267

Lei n. 9.249, de 26 de dezembro de 1995 (Altera a Legislação do IR das Pessoas Jurídicas, da Contribuição Social sobre Lucro Líquido).................. 1268

Lei n. 9.263, de 12 de janeiro de 1996 (Planejamento Familiar) 1269

Lei n. 9.271, de 17 de abril de 1996 (Altera o CPP Relativamente à Citação, Suspensão do Processo e da Prescrição) 1272

Lei n. 9.279, de 14 de maio de 1996 (Propriedade Industrial, Marcas e Patentes e Concorrência Desleal) 1273

Lei n. 9.296, de 24 de julho de 1996 (Interceptação Telefônica) 1278

Lei n. 9.299, de 7 de agosto de 1996 (Altera os Códigos Penal Militar e de Processo Penal Militar)........................ 1280

Lei n. 9.430, de 27 de dezembro de 1996 (Representação Fiscal para Fins Penais) 1281

Lei n. 9.472, de 16 de julho de 1997 (Telecomunicações) 1283

Lei n. 9.504, de 30 de setembro de 1997 (Define Crimes Eleitorais).......... 1284

Lei n. 9.609, de 19 de fevereiro de 1998 (Define Crimes de Violação de Direito Autoral de Programa de Computador) 1287

Decreto n. 2.730, de 10 de agosto de 1998 (Dispõe sobre a Representação Fiscal para Fins Penais de que Trata o Art. 83 da Lei n. 9.430/96) 1289

Lei n. 9.807, de 13 de julho de 1999 (Proteção Especial a Vítimas e Testemunhas) 1290

Lei n. 9.964, de 10 de abril de 2000 (Institui o Programa de Recuperação Fiscal e Dispõe sobre a Suspensão do Processo e da Prescrição)............. 1291

Lei Complementar n. 105, de 10 de janeiro de 2001 (Sigilo de Operações Financeiras)........................ 1294

Lei n. 10.259, de 12 de julho de 2001 (Juizados Especiais Criminais Federais) 1299

Lei n. 10.300, de 31 de outubro de 2001 (Define o Crime de Emprego de Minas Terrestres Antipessoal) 1300

Lei n. 10.603, de 17 de dezembro de 2002 (Proteção de Informações sobre Dados e Resultados de Testes de Produtos Farmacêuticos, de Uso Veterinário, Fertilizantes, Agrotóxicos e Afins) 1301

Lei n. 10.610, de 20 de dezembro de 2002 (Dispõe sobre a Participação de Capital Estrangeiro nas Empresas Jornalísticas e de Radiodifusão Sonora e de Sons e Imagens) 1302

Lei n. 10.684, de 30 de maio de 2003 (Parcelamento de Débitos Junto à Receita Federal, à Procuradoria-Geral da Fazenda Nacional e ao Instituto Nacional do Seguro Social) 1304

Lei n. 11.105, de 24 de março de 2005 (Prevê Crimes Envolvendo Organismos Geneticamente Modificados) 1306

Lei n. 11.254, de 27 de dezembro de 2005 (Armas Químicas) 1311

Lei n. 12.234, de 5 de maio de 2010 (Altera os Arts. 109 e 110 do Código Penal) 1313

Lei n. 12.313, de 19 de agosto de 2010 (Altera a Lei de Execução Penal, para Prever a Assistência Jurídica ao Preso Dentro do Presídio e Atribuir Competências à Defensoria Pública) 1314

Lei n. 12.529, de 30 de novembro de 2011 (CADE – Conselho Administrativo de Defesa Econômica) 1316

Lei n. 12.651, de 25 de maio de 2012 (Novo Código Florestal) 1323

Lei n. 12.694, de 24 de julho de 2012 (Processo e Julgamento Colegiado em Primeiro Grau de Jurisdição de Crimes Praticados por Organizações Criminosas) 1359

Lei n. 12.850, de 2 de agosto de 2013 (Organização Criminosa)............ 1361

APRESENTAÇÃO DA 2ª EDIÇÃO

Quando CELSO DELMANTO, irmão do primeiro e tio do segundo e do terceiro coautores, partiu precocemente, em 1989, aos 51 anos de idade, deixou como sonho um livro que, em complementação ao *Código Penal comentado*, então em sua 2ª, e hoje na 8ª edição, abordasse as chamadas leis penais especiais ou extravagantes.

Foi na realização desse sonho que lançamos, em 2006, a 1ª edição do *Leis Penais Especiais comentadas*, tratando, à época, de oito leis: Crimes contra o Sistema Financeiro Nacional; Crimes contra a Ordem Tributária, Econômica e contra as Relações de Consumo; Crimes de Lavagem de Dinheiro; Crimes contra o Meio Ambiente; Crimes Falimentares; Crimes contra o Idoso; Crimes relativos ao Registro, Posse e Comercialização de Armas de Fogo; e Crimes de Imprensa, sendo esta última posteriormente declarada pela Suprema Corte incompatível com a atual ordem constitucional.

Nesta 2ª edição, com o selo Saraiva, além de rever cuidadosamente as sete leis remanescentes, acrescentamos as seguintes: Juizados Especiais Criminais; Crimes contra as Licitações; Maria da Penha; Crimes de Tortura; Estatuto do Torcedor; Delação Premiada (presente em várias leis); Crimes de Trânsito; Transplantes; e Crimes Hediondos.

Nas leis comentadas, procuramos manter o mesmo padrão da 1ª edição. Comentamos artigo por artigo, em primeiro lugar, no aspecto doutrinário, expondo nossa posição e a de outros autores; depois, trazendo à colação as orientações de todas as Cortes do País: Tribunais de Justiça dos Estados e do Distrito Federal, Tribunais Regionais Federais, Superior Tribunal de Justiça e Supremo Tribunal Federal.

Nosso objetivo foi dar ao leitor a visão mais abrangente e plural de cada lei, buscando sempre a construção de um direito penal democrático, justo e humano.

São Paulo, novembro de 2013.

Roberto Delmanto
Roberto Delmanto Junior
Fabio M. de Almeida Delmanto

Leis Penais Especiais Comentadas

Leis Penais
Especiais Comentadas

CRIMES CONTRA O SISTEMA FINANCEIRO NACIONAL

LEI N. 7.492, DE 16 DE JUNHO DE 1986

Define os crimes contra o Sistema Financeiro Nacional e dá outras providências.

O Presidente da República:
Faço saber que o Congresso Nacional decreta e eu sanciono a seguinte Lei:

Art. 1º Considera-se instituição financeira, para efeito desta Lei, a pessoa jurídica de direito público ou privado, que tenha como atividade principal ou acessória, cumulativamente ou não, a captação, intermediação ou aplicação de recursos financeiros (*vetado*) de terceiros, em moeda nacional ou estrangeira, ou a custódia, emissão, distribuição, negociação, intermediação ou administração de valores mobiliários.

Parágrafo único. Equipara-se à instituição financeira:

I — a pessoa jurídica que capte ou administre seguros, câmbio, consórcio, capitalização ou qualquer tipo de poupança, ou recursos de terceiros;

II — a pessoa natural que exerça quaisquer das atividades referidas neste artigo, ainda que de forma eventual.

Art. 1º

■ **CR e Ordem Financeira:** A CR, em seu Título VII, trata da Ordem Econômica e Financeira, enquanto no Capítulo IV desse mesmo título, em um único artigo (art. 192, com redação alterada pela EC n. 40/2003), dispõe que "o *sistema financeiro nacional*, estruturado de forma a promover o desenvolvimento equilibrado do País, e a servir aos interesses da coletividade, em todas as partes que o compõem, abrangendo as cooperativas de crédito, será regulado por leis complementares que disporão, inclusive, sobre a participação do capital estrangeiro nas instituições que o integram".

■ **Sistema Financeiro Nacional (conceito extrapenal):** Como lembra Paulo Sandroni, o sistema financeiro diz com a gestão da política monetária do governo, sob a orientação do Conselho Monetário Nacional, abrangendo instituições como o Banco Central — BC, o Banco do Brasil — BB, o Banco Nacional de Desenvolvimento Econômico e Social — BNDES, os bancos regionais de desenvolvimento, bem como as sociedades de crédito imobiliário, as associações de poupança e empréstimos, as cooperativas habitacionais, a Caixa Econômica Federal e as estaduais, as Bolsas de Valores, fundos de investimentos, sociedades financeiras de crédito e financiamento, distribuidoras de valores e corretoras (*Novíssimo dicionário de economia*. 9. ed. São Paulo: Best Seller, 2002, p. 562). Antônio Carlos Rodrigues da Silva define *Sistema Financeiro Nacional* como "o conjunto de órgãos, entes e pessoas jurídicas de direito público e privado que o integra, formando um todo complexo a perseguir a aproximação entre a oferta e a procura de capitais, com a missão de facultar o acesso aos recursos indispensáveis a toda sorte de empreendimentos" (*Crimes do Colarinho Branco — Lei n. 7.492/86*. Brasília: Brasília Jurídica, 1999, p. 24). Os arts. 1º e 17 da Lei n. 4.595/64, que estruturam o *Sistema Financeiro Nacional*, por sua vez, dispõem: "Art. 1º O Sistema Financeiro Nacional, estruturado e regulado pela presente Lei, será constituído: I — do Conselho Monetário Nacional; II — do Banco Central do Brasil; III — do Banco do Brasil S.A.; IV — do Banco Nacional do Desenvolvimento Econômico; V — das demais instituições financeiras públicas e privadas. [...] Art. 17. Consideram-se instituições financeiras, para os efeitos da legislação em vigor, as pessoas jurídicas públicas ou privadas, que tenham como atividade principal ou acessória a coleta, intermediação ou aplicação de recursos financeiros próprios ou de terceiros, em moeda nacional ou estrangeira, e a custódia de valor de propriedade de terceiros. Parágrafo único. Para os efeitos desta Lei e da legislação em vigor, equiparam-se às instituições financeiras as pessoas físicas que exerçam qualquer das atividades referidas neste artigo, de forma permanente ou eventual".

- **Direito financeiro:** O direito financeiro está atrelado às *finanças públicas*. *Finanças* significam *riquezas*, ou seja, as "representações simbólicas e indiretas de atividades econômicas reais", lembrando-se os papéis financeiros e a poupança (cf. Paulo Sandroni, *Novíssimo dicionário de economia*, cit., p. 240). As *finanças públicas* correspondem "à gestão dos recursos do Estado e das outras coletividades públicas" (Bernard e Colli, *Dicionário internacional de economia e finanças*. São Paulo/Rio de Janeiro: Forense Universitária, 1988, p. 189). Em outros termos, à "massa de dinheiro e crédito que o governo federal e os órgãos a ele subordinados movimentam em um país" (Paulo Sandroni, ob. e loc. cits.). O *direito financeiro*, portanto, "é o conjunto de normas jurídicas que regula a atividade financeira do Estado e das restantes entidades públicas, territoriais e institucionais, ou seja, regula a obtenção de recursos e os gastos que tais sujeitos destinam para cumprir os seus fins" (Francisco Cañal García, *Diccionario Espasa Jurídico*. Madri: Espasa, 2001, p. 541-542; trad. livre). Regula, assim, "a obtenção e aplicação dos meios econômicos destinados a satisfazer as necessidades públicas — disciplina juridicamente a atividade financeira" (Braz Teixeira, *Introdução ao direito financeiro*, 1980-12, *apud* João Melo Franco e Herlander Antunes Martins, *Dicionário de conceitos e princípios jurídicos*. Coimbra: Almedina, 1993, p. 328).

- **Direito econômico:** Ao contrário do *direito financeiro* (*stricto sensu*), o *direito econômico* ordena a atividade produtiva de determinado país, direcionando-a em prol da consecução dos fins objetivados em sua *Magna Carta* (cf. o art. 170 da CR/88). Nas palavras de Krause Hedemann, lembradas por José Maria Cuestra Rute, o direito econômico é expressão jurídica da "vinculação da economia à comunidade nacional" (*Diccionario Espasa Jurídico*, cit., p. 541, trad. livre). O direito econômico busca, dessa forma, "a integração funcional do capital e do trabalho, tendente a gerar, de modo unificado, melhor produção, distribuição, consumo ou transformação de bens e de serviços, em determinado momento", visando "complementar e assegurar o funcionamento do mercado, com vistas ao bem geral, ou público" (Sérgio Marcos de Moraes Pitombo, "Crimes contra o Sistema Financeiro Nacional: nótulas à Lei n. 7.492, de 1986". *Revista do Advogado*, São Paulo: AASP, n. 24, setembro de 1987, p. 27). O direito econômico é, portanto, diverso do direito financeiro.

- Ordem econômica e o direito penal: O direito penal econômico visa tutelar a política econômica do Estado, isto é, os valores constitucionalmente estabelecidos para o desenvolvimento da atividade produtiva. Trata-se da *ordem econômica*, que tem caráter supraindividual. Desse modo, os crimes contra a ordem econômica não se confundem com aqueles contra o patrimônio, como assinala Gérson Pereira dos Santos, *verbis*: "Os interesses que dizem respeito aos bens (materiais ou não) podem ser individuais (*v.g.*, o direito de propriedade e os direitos pessoais) ou supraindividuais (os bens protegidos pelo direito econômico e penal econômico), de acordo com Tiedmann (*Tatbestandsfunktionen im Nebenstrafrecht*, 1969, p. 6, 119 e s.). Há, assim, projeções no processo econômico dotadas de caráter social ou coletivo" (*Direito penal econômico*. São Paulo: Saraiva, 1981, p. 103-104). Trata-se de crimes que "lesionam a confiança na ordem econômica vigente com caráter geral ou em alguma de suas instituições em particular e, portanto, põem em perigo a própria existência e as formas de atividade dessa ordem econômica" (Carlos Perez del Valle, com referência a Otto, in *Derecho penal econômico*. Org. por Enrique Bacigalupo, Buenos Aires: Editorial Hammurabi, 2000, p. 35, trad. livre). De qualquer modo, quatro anos após a promulgação da Lei n. 7.492/86, que define os *Crimes contra o Sistema Financeiro Nacional*, entrou em vigor a Lei n. 8.137/90, que trata, especificamente, dos *Crimes contra a Ordem Tributária, Econômica e contra as Relações de Consumo*.

- Sistema Financeiro e o direito penal: O bem juridicamente tutelado pela Lei n. 7.492/86 é eminentemente *supraindividual*, não obstante, por via reflexa, acabe protegendo interesses individuais, como o patrimônio de determinados investidores. Tal concepção supraindividual é resultado da evolução do direito penal que, dois séculos atrás, protegia "interesses e valores predominantemente burgueses", como bem observa Santiago Mir Puig, concluindo: "Na atualidade vai se abrindo espaço para a opinião de que o Direito Penal deve ir estendendo a sua proteção a interesses menos pessoais, porém de grande importância para amplos setores da população, como o meio ambiente, a economia nacional [...], o que se chama de *interesses difusos*" (*Derecho penal — Parte General*. 3. ed. Barcelona: PPU, 1990, p. 138. trad. livre).

- Sistema Financeiro e o direito penal (conceituação *stricto sensu* do bem jurídico): Nas precisas palavras de Manoel Pedro Pimentel, o *direito penal financeiro*, em sentido estrito, "tem como objeto jurídico precípuo a boa e segura condução da política financeira do Estado, considerado como um complexo conjunto de atividades que visam à consecução desse fim. Não se trata somente de um *bem*, mas igualmente dos *interesses* ligados a essa política financeira, estabelecida pelo Poder Público". E conclui o saudoso Mestre das Arcadas: "A rigor, o Direito Penal financeiro deve ocupar-

-se apenas das condutas lesivas ou perigosas, que atentem contra bens ou interesses vinculados à política financeira do Estado, isto é, *o levantamento de recursos financeiros, sua administração e dispêndio*" (*Crimes contra o Sistema Financeiro Nacional*. São Paulo: Revista dos Tribunais, 1987, p. 26). O conceito do bem jurídico Sistema Financeiro Nacional, a que se chega após a detida análise da lei ora em comento, é, porém, muito mais amplo.

▪ Nossa posição — Sistema Financeiro Nacional (*lato sensu*): A Lei n. 7.492/86 não se restringiu à tutela do *financiamento* do Estado, à administração dos recursos e seu dispêndio (*vide* nota acima). Como aponta Manoel Pedro Pimentel, ao salientar que algumas das atividades referidas no *caput* do art. 1º (captação, intermediação ou aplicação de recursos de terceiros), bem como as do inciso I do parágrafo único (captação, administração de seguros, câmbio, consórcio, capitalização ou qualquer tipo de poupança, ou recursos de terceiros) dizem com o *direito penal econômico*, bem mais amplo, *verbis*: "Portanto, embora a lei faça referência ao *Sistema Financeiro Nacional*, esta expressão deve ser entendida com sentido amplo, de mercado financeiro, ou mercado de capitais, abrangendo os seguros, câmbio, consórcio, capitalização ou qualquer outro tipo de poupança, que se situam no âmbito do Direito econômico, e não do Direito financeiro" (ob. cit., p. 27). Essa confusão, porém, não é estranha, mesmo porque *direito financeiro*, *econômico* e *tributário* encontram-se inter-relacionados, como adverte Sérgio Marcos de Moraes Pitombo: "Todos conhecemos de raiz que as três ordens caminham, ou devem andar, conjugadas: a econômica, a financeira e a tributária" ("Crimes contra o Sistema Financeiro Nacional: nótulas à Lei n. 7.492, de 1986". *Revista do Advogado*, cit.). A respeito do tema, escreve Rodolfo Tigre Maia que "a regulação normativa privilegia a esfera do controle das instituições envolvidas no processo de captação e aplicação de recursos pecuniários oriundos da população ou dos cofres públicos, o que caracteriza sua faceta financeira, muito mais do que o âmbito da incidência propriamente de direito econômico, que abrangeria as estruturas referentes à produção, circulação, distribuição e consumo de riquezas em uma determinada formação social, em um dado momento histórico" (*Dos crimes contra o Sistema Financeiro Nacional*. São Paulo: Malheiros, 1996, p. 25). Daí, impecável o posicionamento de João Marcello de Araújo Júnior, afirmando que o bem jurídico *sistema financeiro* caracteriza-se "como um interesse jurídico supraindividual e no qual se destacam os seguintes aspectos: a) organização do mercado; b) a regularidade dos seus instrumentos; c) a confiança nele exigida; d) a segurança dos negócios" (*Dos crimes contra a Ordem Econômica*. São Paulo: Revista dos Tribunais, 1995, p. 146). Sem dúvida, a organização, a regularidade dos instrumentos, a confiança e a segurança dos negócios (que pressupõem a tutela da *fé pública*, que é fundamental) estão umbilicalmente atreladas ao próprio financiamento do Estado e ao desenvolvimento equilibrado do País, servindo aos interesses da coletividade, em consonância com o art. 192 da CR. O bem juridicamente tutelado pela Lei n. 7.492/86, portanto, é, como já afirmado, eminentemente *supraindividual* e *amplo*, abrangendo, inclusive, a *fé pública* dos negócios em geral, não obstante, por via reflexa, acabe protegendo interesses individuais como o *patrimônio de determinados investidores e a sua circulação*. Assim, a Ordem Econômica acabou sendo tutelada *tanto pela Lei dos Crimes contra o Sistema Financeiro Nacional quanto pela Lei dos Crimes contra a Ordem Tributária, Econômica e contra as Relações de Consumo e pelo Código de Defesa do Consumidor*.

Instituições financeiras (caput)

- **Noção:** O *caput* deste art. 1º define como *instituição financeira*, para efeito desta lei, a pessoa jurídica, de direito público ou privado, cuja atividade principal ou acessória, cumulativamente ou não, seja a de: a) captação, intermediação ou aplicação de recursos financeiros de terceiros, seja em moeda nacional ou estrangeira; b) a custódia, emissão, distribuição, negociação, intermediação ou administração de valores mobiliários.

Equiparação (parágrafo único)

- **Equiparação:** O parágrafo único do art. 1º, em seu inciso I, equipara à *instituição financeira* a pessoa jurídica que capta ou administra seguros, câmbio, consórcio, capitalização ou qualquer tipo de poupança, ou, ainda, recursos de terceiros. O inciso II do mesmo parágrafo único, por sua vez, equipara à instituição financeira a pessoa natural (física) que exerce quaisquer das atividades mencionadas neste artigo, ou seja, tanto as referidas no *caput* quanto as dispostas no inciso I do parágrafo único.

- **LC n. 105/2001:** Em consonância com o art. 192 da CR, a LC n. 105, de 10 de janeiro de 2001, ao tratar do *sigilo das operações das instituições financeiras*, estatui em seu art. 1º, § 1º, que, para os seus efeitos, consideram-se instituições financeiras a) os bancos de qualquer espécie, b) as distribuidoras de valores mobiliários, c) as corretoras de câmbio e de valores mobiliários, d) as sociedades de crédito, financiamento e investimentos, e) as sociedades de crédito imobiliário, f) as administradoras de cartão de crédito, g) as sociedades de arrendamento mercantil, h) as administradoras de mercado de balcão organizado, i) as cooperativas de crédito, j) as associações de poupança e empréstimo, k) as bolsas de valores e de mercadorias e futuros, l) as entidades de liquidação e compensação, m) além de outras sociedades que, em razão da natureza de suas operações, assim venham a ser consideradas pelo Conselho Monetário Nacional. O § 2º deste mesmo artigo aduz que as empresas de *factoring*, para os efeitos da lei complementar referida, obedecerão às normas aplicáveis às instituições financeiras previstas no § 1º.

- **Taxatividade:** Não obstante o disposto na LC n. 105/2001, o conceito de *instituição financeira*, para os efeitos penais da Lei n. 7.492/86, deve restringir-se aos estritos termos do seu art. 1º, não podendo ser ampliado por leis complementares posteriores que não determinem *expressamente* sua aplicação à Lei dos Crimes contra o Sistema Financeiro Nacional.

- **Viagens e turismo:** O art. 1º do Decreto-Lei n. 9.863/46 estabelece: "Art. 1º Ficam excluídas das disposições do Regulamento aprovado pelo Decreto n. 14.728, de 16 de março de 1921, e demais leis aplicáveis aos estabelecimentos bancários, as pessoas naturais ou jurídicas, nacionais ou estrangeiras, que, devidamente habilitadas para as atividades de viagem e turismo de acordo com o Decreto n. 2.440, de 23 de julho de 1940, realizem exclusivamente as operações acessórias de compra e venda de moedas em espécie e de *traveller's checks*".

Jurisprudência

■ **Estado como emissor:** O Estado, ao emitir títulos da dívida pública, e colocá-los no mercado, visando obter recursos para o Tesouro, não atua como instituição financeira, como decidido pelo Pleno do STF, no Inquérito 1.690, Rel. Min. Carlos Velloso (STF, Pleno, APn 351-1, Rel. Min. Marco Aurélio, j. 1º-9-2004, v.u., *DJU* 17-9-2004, p. 5253, *Bol. IBCCr* n. 145, dez./2004, p. 852).

■ **Entidade fechada de previdência privada:** O Aeros — Fundo de Previdência dos Funcionários da VASP, entidade fechada de previdência privada, enquadra-se como instituição financeira por equiparação e a competência para o processo e julgamento dos delitos imputados é da Justiça Federal da Seção Judiciária de São Paulo, local da sede da entidade, onde se reputa praticado o delito de maior gravidade punitiva, correspondente à gestão fraudulenta (TRF da 3ª Região, 2ª T., Ap. 1999.03.99.039158-3, Rel. Des. Fed. Peixoto Júnior, j. 22-4-2002, v.u., *DJU* 30-4-2002, p. 436).

■ **Pessoa física:** A pessoa física equipara-se à instituição financeira ao exercer atividade de captação, intermediação e aplicação de recursos financeiros de terceiros, sem autorização regulamentar, e ao movimentar recursos paralelamente à contabilidade exigida pela legislação (TRF da 3ª Região, 1ª T., Ap. 2000.03.99064244-4, Rel. Des. Fed. Luiz Stefanini, j. 6-4-2004, v.u., *DJU* 20-4-2004, p. 173).

■ O art. 1º, parágrafo único, II, equipara à instituição financeira as pessoas naturais que exerçam atividades de ordem financeira, incluídas neste elenco as operações de câmbio, ainda que realizadas de forma eventual, descartando, para a sua tipificação, a habitualidade (TRF da 4ª Região, 2ª T., Ap. 1998.04.01026401-5/PR, Rel. Des. Fed. Vilson Darrós, *RT* 797/717).

■ *Factoring*: A atividade de *factoring* é bastante diferente de fazer operar instituição financeira. Os especialistas destacam a proximidade do instituto do *factoring* com o desconto de títulos de duplicatas, mas a grande e fundamental diferença reside na inexistência do direito de regresso no *factoring*, enquanto o desconto bancário consagra esta faculdade (TRF da 2ª Região, Rel. Des. Fed. Rogério Vieira de Carvalho, *RT* 795/706).

■ **Consórcio:** A pessoa jurídica que administra consórcio enquadra-se como instituição financeira por equiparação, sendo competente a Justiça Federal, por força do art. 26 (TRF da 3ª Região, 2ª T., HC 2003.03.00071080-4, Rel. Des. Fed. Peixoto Júnior, j. 3-2-2004, v.u., *DJU* 12-3-2004, p. 436; STJ, 6ª T., RHC 6.606, Rel. Min. Vicente Leal, *RT* 760/557; TRF da 3ª Região, 1ª T., Ap. 97.03.060448-0, Rel. Juiz Fed. convocado Casem Mazloum, j. 8-9-98, v.u., *DJU* 27-10-98, p. 430).

■ *Contra*, em parte: Não caracteriza crime contra o Sistema Financeiro Nacional, de molde a deslocar a competência para a Justiça Federal, se os atos praticados por consórcio acarretaram prejuízos tão somente a particulares, não ocorrendo lesão a serviços, bens ou interesses da União ou de entidades federais, eis que a Lei n. 7.492/86 só considera crime financeiro, relativamente ao consórcio, na hipótese de funcionamento sem autorização legal (STJ, 3ª S., CComp 30.639, Rel. Min. Gilson Dipp, *RT* 792/596).

■ O descumprimento de contrato pela administradora de consórcio, por si, não caracteriza crime contra o sistema financeiro, podendo configurar delito contra o patrimônio, circunstância que desloca a competência para a Justiça Estadual por não caracterizar quaisquer das hipóteses elencadas no art. 109 da CR/88 (STJ, 3ª S., CComp 19.102, Rel. Min. Felix Fischer, *RT* 748/575).

■ **Plano de saúde:** As operadoras de planos de saúde configuram-se genuínas seguradoras que, por força do art. 1º, parágrafo único, I, são equiparadas a instituição financeira, embora subordinadas à Agência Nacional de Saúde (TRF da 2ª Região, 1ª T. Espec., RSE 2009.50.01.004489-8, Rel. Juiz Fed. convoc. Marcello Ferreira de Souza Granado, j. 24-2-2010).

DOS CRIMES CONTRA O SISTEMA FINANCEIRO NACIONAL

Art. 2º Imprimir, reproduzir ou, de qualquer modo, fabricar ou pôr em circulação, sem autorização escrita da sociedade emissora, certificado, cautela ou outro documento representativo de título ou valor mobiliário:

Pena — reclusão, de 2 (dois) a 8 (oito) anos, e multa.

Parágrafo único. Incorre na mesma pena quem imprime, fabrica, divulga, distribui ou faz distribuir prospecto ou material de propaganda relativo aos papéis referidos neste artigo.

Falsificação de títulos

■ **Objeto jurídico:** O Sistema Financeiro Nacional. *Vide* comentários ao art. 1º desta lei, com especial atenção à nota *Nossa posição — Sistema Financeiro Nacional (lato sensu).*

■ **Sujeito ativo:** Qualquer pessoa; trata-se de crime comum. Nesse sentido, cf., entre outros, George Tavares, Alexandre Lopes de Oliveira e Kátia Tavares (*Anotações sobre direito penal tributário, previdenciário e financeiro*. Rio de Janeiro: Freitas Bastos, 2002, p. 37), Manoel Pedro Pimentel (*Crimes contra o Sistema Financeiro Nacional*, cit., p. 35) e Rodolfo Tigre Maia (*Dos Crimes contra o Sistema Financeiro Nacional*, cit., p. 45).

Caput

■ **Sujeito passivo:** Primeiramente, o Estado; secundariamente, a sociedade emissora que não deu autorização por escrito e terceiros eventualmente prejudicados.

■ **Tipo objetivo:** Os núcleos do tipo são *imprimir* (apor sinais gráficos sobre papel ou material equivalente, representando texto ou figura), *reproduzir* (imitar fielmente, copiar), ou, de qualquer modo, *fabricar* (produzir, confeccionar) ou *pôr em circulação* (distribuir, passar a terceiros) os seguintes objetos materiais: *certificado* (documento que atesta compra de papéis ou valores), *cautela* (documento que garante a propriedade de determinado número de ações de sociedades anônimas, igualmente chamada de *título múltiplo*), ou *outro documento representativo de título ou valor mobiliário*. Para haver o crime, há necessidade da presença do elemento normativo do tipo: *sem autorização escrita da sociedade emissora*. Não basta, portanto, eventual "autorização verbal". A realização pelo agente, de mais de uma conduta incriminada (*v.g.*, imprimir e pôr em circulação determinadas cautelas), configurará, evidentemente, um único crime (nesse sentido, cf., também, Rodolfo Tigre Maia, ob. cit., p. 43-44).

■ Efetiva lesão ao bem juridicamente tutelado: Questão interessante é a de saber se a impressão, reprodução, fabricação ou colocação em circulação de um único certificado ou cautela, sem maior expressão financeira, seria suficiente para efetivamente lesionar, ou concretamente ameaçar, o bem jurídico *sistema financeiro nacional*. Em nossa opinião, a resposta é negativa, sem prejuízo da eventual caracterização do crime de falsidade documental ou de uso de documento falso, ou até de estelionato. O crime deste art. 2º, portanto, não derrogou o art. 297 do CP, que, em seu § 2º, equipara a documento público o título ao portador ou transmissível por endosso e as ações de sociedade comercial (em sentido contrário ao nosso posicionamento, cf. Antônio Carlos Rodrigues da Silva, *Crimes do Colarinho Branco*, cit., p. 34).

■ Tipo subjetivo: É o dolo, consistente na vontade livre e consciente de praticar as condutas incriminadas, isto é, imprimir, reproduzir, fabricar ou pôr em circulação, com conhecimento de não haver autorização escrita da sociedade emissora. Como escreve Manoel Pedro Pimentel, "esse conhecimento é essencial à configuração do delito, uma vez que o dolo deve abarcar todos os elementos do tipo, sejam descritivos, normativos ou subjetivos" (ob. cit., p. 38). Para os tradicionais é o dolo genérico. Não há forma culposa; assim, se houver erro quanto à existência de autorização (art. 20 do CP), não haverá crime.

■ Consumação: Com a efetiva impressão, reprodução, fabricação ou circulação. Nas três primeiras modalidades, o crime se consuma com a corporificação do documento, embora não se exija prejuízo; na última, com a simples circulação, sendo crime de mera conduta. Nos delitos de mera atividade não é necessário que "la acción vaya seguida de la causación de un resultado separable espacio-temporalmente de la conducta", como lembra Santiago Mir Puig, *Derecho penal — Parte General*, cit., p. 215).

■ Tentativa: Nas figuras de *imprimir*, *reproduzir* ou *fabricar*, a tentativa é possível, já que o delito é material. Paulo José da Costa Jr., Maria Elizabeth Queijo e Charles M. Machado anotam, a propósito, que a tentativa poderá ocorrer quando, por exemplo, o agente for "surpreendido ao fazer acerto do fotolito na máquina impressora *off-set* antes de ela rodar" (*Crimes do Colarinho Branco*, 2. ed. São Paulo: Saraiva, 2002, p. 70). Já na modalidade de *pôr em circulação*, o crime é formal e a conduta unissubsistente, sendo a tentativa impossível.

■ Confronto: Se não se tratar de certificado, cautela ou outro documento representativo de título ou valor mobiliário, *vide* art. 297 do CP, cuidando-se de documento público, ou art. 298 do CP, se o documento for particular; na hipótese de uso desses documentos, nas mesmas condições, art. 304 do CP. Se houver emissão, oferecimento ou negociação de títulos ou valores mobiliários falsos ou falsificados, sem registro prévio de emissão, sem lastro ou garantia suficientes ou sem autorização prévia da autoridade competente, cf. art. 7º desta lei.

- Concurso de crimes: O crime deste art. 2º absorverá o relativo a eventual *falsidade* de documento público ou particular, como também o referente ao seu uso (CP, arts. 297, 298 e 304), quando *ínsito* à sua própria configuração, mesmo porque imprimir, reproduzir ou fabricar, sem autorização, por vezes se identifica com a própria *falsificação*. Em nosso entendimento, não há, aqui, como sustentar que o objeto jurídico do crime de falso (*fé pública*), por ser diverso do que é tutelado por este art. 2º (*Sistema Financeiro Nacional*), impediria que aquele restasse *absorvido* por este. O concurso material, aqui, significaria inadmissível *bis in idem*. Diferente é a hipótese, lembrada por Pimentel (ob. cit., p. 40), em que o agente é um funcionário de uma empresa autárquica, como a Casa da Moeda (equiparando-se a funcionário público, nos termos do art. 327 do CP), que se corrompe para tanto, praticando o crime do art. 317 do Diploma Penal.

- Concurso de agentes: É possível.

- Pena: Reclusão, de dois a oito anos, e multa.

- Ação penal: Pública incondicionada, com particularidades (cf. art. 27 desta lei).

Publicidade de títulos irregulares (parágrafo único)

- Objeto jurídico, sujeitos ativo e passivo, concurso de agentes, pena e ação penal: Os mesmos do *caput*.

- Tipo objetivo: Pune-se a conduta de quem *imprime* (apõe sinais gráficos sobre papel ou material equivalente, representando texto ou figura), *fabrica* (produz, confecciona), *divulga* (difunde, propaga), *distribui* ou *faz distribuir* (entrega ou determina que se entregue a terceiros) prospecto ou material de propaganda relativo aos papéis referidos no *caput*, ou seja, certificado, cautela ou outro documento de título ou valor mobiliário, sem autorização escrita da sociedade emissora. A divulgação ou distribuição pressupõe pluralidade de destinatários, sendo atípica a conduta se uma única pessoa tiver recebido o prospecto ou o material de propaganda (nesse sentido, cf., igualmente, Rodolfo Tigre Maia, ob. cit., p. 47-48).

- Tipo subjetivo: É o dolo, isto é, a vontade livre e consciente de imprimir, fabricar, divulgar, distribuir ou fazer distribuir prospecto ou material de propaganda. Assim como no *caput*, o agente deverá ter conhecimento da inexistência de autorização escrita da sociedade emissora do título que é objeto do prospecto ou material de propaganda. Não há forma culposa e, portanto, não haverá crime se houver erro quanto à existência de autorização (CP, art. 20).

■ **Consumação:** Com a efetiva impressão, fabricação, divulgação, distribuição ou com o ato de fazer distribuir. Nas duas primeiras modalidades, o crime é material (há resultado naturalístico que se destaca da conduta do agente); nas três últimas, formal (não se exige resultado).

■ **Tentativa:** Nas figuras de imprimir ou fabricar, a tentativa é possível, por se tratarem de crimes materiais; já nas figuras de divulgar, distribuir ou fazer distribuir, modalidades de crime formal, a possibilidade de haver tentativa, apesar de remota, não pode ser totalmente descartada. Na opinião de Rodolfo Tigre Maia (ob. cit., p. 47), embora os núcleos *divulga, distribui* ou *faz distribuir* sejam característicos de crimes formais, são eles plurissubsistentes, admitindo, em tese, a tentativa; lembra, a propósito, o exemplo do agente que entrega o material de propaganda em um jornal, mas o responsável por este, após contatar a sociedade emissora, deixa de publicá-lo. Manoel Pedro Pimentel discorda, ao não admitir a figura tentada em todo e qualquer crime formal ou de mera conduta. Com efeito, escreve o saudoso Professor das Arcadas: "A tentativa contém em si mesma os elementos subjetivos do crime consumado, sendo certo que o que não se realiza é a integralidade do elemento material. Nos crimes de mera conduta, como também nos crimes formais, o material da tentativa é o mesmo do crime consumado, porque o elemento natural é a conduta, e, nos segundos, a conduta e o resultado natural que nela se enforma. Por isto a tentativa seria, evidentemente, de nenhuma relevância jurídica" (*Crimes de mera conduta*, 2. ed. São Paulo: Revista dos Tribunais, 1968, p. 133-134). E continua, tratando de hipótese correlata (de extorsão por escrito): "... relativamente à carta extraviada, contendo a exigência, qual a relevância para o início da execução do crime se quando o sujeito passivo tomou conhecimento da exigência já não havia qualquer risco para o bem jurídico? Mesmo em se considerando, como se considera, o Estado sujeito passivo principal, ainda assim não seria de cogitar-se de tentativa. Ou a execução iniciou-se de forma idônea, de modo a infundir temor no sujeito passivo — e neste caso o crime se consumou —, ou houve apenas atos que não chegaram ao conhecimento da pessoa a quem se fez a exigência, e não houve idoneidade no início da execução do tipo, o que é irrelevante para o Direito Penal". Com base nesse entendimento, conclui acerca deste art. 3º: "Mesmo quando se cuidar de divulgação feita por meio de impressos, o crime só estará consumado quando houver a efetiva entrega do material ao conhecimento de terceiros. Se o agente for surpreendido de posse do material impresso não se caracterizará a *tentativa*. Em se tratando de infração de mera conduta, essa posse deve ser considerada como *ato preparatório* da divulgação e não como início da ação de divulgar" (*Crimes contra o Sistema Financeiro Nacional*, cit., p. 46 e 78). Ocorre que o exemplo citado por Tigre Maia é diverso; uma coisa é guardar em estoque, com o que estamos de acordo com Pimentel, sendo, a nosso ver, evidente que a *iter criminis* não se iniciou, configurando a guarda mero *ato preparatório*; outra, o encaminhamento de material publicitário para o jornal, o qual não o veiculou por circunstâncias alheias à vontade do agente. Em nosso entendimento, portanto, ambos têm parcela de razão. Só não concordamos com o douto entendimento de Pimentel de se excluir, *por* *completo*, a possibilidade de tentativa nos crimes formais, quando plurissubsistentes. A análise será sempre casuística, imperando a dificuldade, que se fará presente, por certo, em inúmeras situações, de se definir quando teria havido o início do *iter criminis* e se esse início seria relevante para o Direito Penal, isto é, se efetivamente pôs em perigo ou ofendeu o bem juridicamente tutelado, ainda que se trate de crimes formais.

Art. 3º Divulgar informação falsa ou prejudicialmente incompleta sobre instituição financeira:

Pena — reclusão, de 2 (dois) a 6 (seis) anos, e multa.

Informação falsa ou incompleta sobre instituição financeira

- **Objeto jurídico:** O Sistema Financeiro Nacional. *Vide* notas ao art. 1º desta lei, com especial atenção à nota *Nossa posição — Sistema Financeiro Nacional (lato sensu)*.

- **Sujeito ativo:** Qualquer pessoa, tratando-se de crime comum.

- **Sujeito passivo:** O Estado, primeiramente. Subsidiariamente, a instituição financeira em relação à qual a informação falsa ou prejudicialmente incompleta se refere, bem como o mercado investidor.

- **Tipo objetivo:** Incrimina-se a conduta de *divulgar* (difundir, propagar) *informação falsa* (inverídica, mentirosa) ou *prejudicialmente incompleta* (lacunosa, parcial) sobre instituição financeira. A conduta de *calar* é atípica, por não ter sido prevista. O termo *prejudicialmente* é elemento normativo da segunda conduta; a informação incompleta, portanto, deve ser capaz de gerar *probabilidade de dano*, *prejuízo*. Caso contrário, embora estejamos diante de um crime de perigo, que deve ser sempre *concreto*, não restará afetado o bem juridicamente tutelado; isso porque não admitimos a categoria dos crimes de perigo *abstrato*, por inexistência de violação de qualquer bem jurídico, em atenção aos princípios da intervenção mínima, da ofensividade e proporcionalidade (a regra em um Estado de Direito Democrático é a *liberdade*, sendo toda restrição a ela excepcional). Não concordamos, assim, com a categoria dos crimes de perigo *abstrato*, inadmitindo-se o conceito de "antijuridicidade formal" (cf., com maiores detalhes, o nosso *Código Penal comentado*, 8. ed. São Paulo: Saraiva, 2010, p. 112-113, rubrica *Antijuridicidade ou ilicitude formal e material (distinção)*). Como doutrina Pimentel, "é necessário (...) que a informação se refira a fato ou a circunstância relevante, e não apenas a detalhes anódinos, sem capacidade ofensiva" (ob. cit., p. 45). Pelo significado do verbo *divulgar*, é pressuposto para a configuração do tipo que a comunicação da informação falsa ou prejudicialmente incompleta alcance mais de uma pessoa, não importando o meio pelo qual foi veiculada.

- **Tipo subjetivo:** É o dolo, isto é, a vontade livre e consciente de divulgar informação falsa ou prejudicialmente incompleta. Trata-se de dolo genérico, mesmo porque o fim pode não ser o de prejudicar a instituição financeira, mas, por exemplo, o de obter vantagem econômica com a divulgação. Não há forma culposa. Assim, o erro quanto à circunstância da informação ser falsa ou prejudicialmente incompleta exclui o crime (art.

20). Todavia, se o agente tiver dúvida quanto à falsidade da informação, ou em relação ao fato de ela ser prejudicialmente incompleta, e, mesmo assim, divulgar a informação, *assumindo conscientemente o risco de produzir dano*, poderá configurar-se o tipo mediante o *dolo eventual*.

- Consumação: Com a divulgação da informação falsa ou prejudicialmente incompleta, independentemente de resultado naturalístico. Trata-se de crime de mera conduta.

- Tentativa: Não obstante o crime seja formal, a possibilidade de haver tentativa dependerá da forma pela qual a conduta for praticada. Será impossível se o ato de *divulgar* for verbal (unissubsistente). Todavia, embora remota, a tentativa não pode ser descartada na hipótese de a divulgação assumir feição plurissubsistente (mediante propaganda, por exemplo). Rodolfo Tigre Maia também assim entende, *verbis*: "Com exceção da propalação, divulgação verbal, é possível a tentativa por tratar-se de crime plurissubsistente" (ob. cit., p. 53). Igualmente, Paulo José da Costa Jr., Maria Elizabeth Queijo e Charles M. Machado (ob. cit., p. 76). Em sentido contrário, inadmitindo a tentativa por completo, por se tratar de crime de mera conduta, em que o elemento objetivo do delito se realiza com a simples atividade, Pimentel (ob. cit., p. 46). O importante, a nosso ver, será avaliar se a conduta de "tentar divulgar" realmente foi início do *iter criminis*, e, portanto, relevante para o direito penal, ou mero *ato preparatório* (que não chega a pôr em risco o bem juridicamente tutelado).

- Confronto: Caso haja divulgação de informação falsa sobre a constituição de sociedade por ações que não seja instituição financeira, ou ocultação fraudulenta de fato a ela relativo, poderá configurar-se o crime do art. 177, *caput*, ou § 1º, I, do CP. Em hipóteses outras, igualmente não se tratando de instituição financeira, também poderá haver a configuração do crime de *difamação* previsto no art. 139 do CP.

- Concurso de crimes: Caso a falsidade material ou ideológica tenha sido um *crime-meio* para alcançar o *crime-fim* deste art. 3º, qual seja, a divulgação de informação falsa ou prejudicialmente incompleta sobre instituição financeira, aquele restará absorvido por este. Com efeito, por vezes a falsificação material ou documental é feita *única e exclusivamente* para dar credibilidade à informação falsa ou prejudicialmente incompleta. Em sentido contrário, Pimentel entende que o concurso de crimes é possível "quando o balanço divulgado tenha sido falsificado, hipótese em que haverá concurso entre o crime de divulgação, previsto nesta lei, e o crime de falsidade material ou ideológica" (ob. cit., p. 46).

- Concurso de agentes: É possível.

- Pena: Reclusão, de dois a seis anos, e multa.

- Ação penal: Pública incondicionada, com particularidades (cf. art. 27 desta lei).

Jurisprudência

- Envio de balanço ao Bacen: Não tipifica o crime do art. 3º o simples envio de balanço contendo erro ao Banco Central, pois é esse órgão que tem a competência de fiscalizar balanços de empresas antes de qualquer publicação para conhecimento do público. Inexistência de lesividade no ato, se não houve divulgação das informações ao público. Comprovação, ademais, de que a empresa era superavitária à época do balanço, o que afasta o dolo na conduta dos seus representantes, concluindo-se que o balanço foi fruto de ato de profissional inadequadamente capacitado. Se na única prova apresentada pela acusação, a de uma testemunha que foi indiciada por falsa manifestação na posição de liquidante da empresa, fraca é a prova da culpabilidade. Manutenção da sentença absolutória (TRF da 2ª Região, 6ª T., Ap. 2000.02.01061098-0, Rel. Des. Fed. Maria Helena Cisne, j. 1º-6-2004, v.u., *DJU* 28-7-2004, p. 114).

- Crime de mera conduta: O tipo previsto no art. 3º descreve uma infração de mera conduta. A simples divulgação completa o elemento objetivo da figura delituosa, independentemente da consecução do resultado pelo agente. A decisão do Banco Central do Brasil ou de seu Conselho de Recursos não tem o condão de descaracterizar o crime, posto que independentes as esferas penal e administrativa (TRF da 3ª Região, 1ª T., HC 95.03.015778-1, Rel. Des. Fed. Sinval Antunes, j. 23-5-1995, v.u., *DJU* 20-6-1995, p. 38595).

- Divulgação por *e-mail* de informações falsas: Tipifica o delito do art. 3º a conduta de quem envia mensagens a partir de *cybercafé* situado no estrangeiro, remetidas para vários destinatários, contendo informações potencialmente prejudiciais a uma instituição financeira brasileira, cujo balanço demonstra que o texto era falso em seu conteúdo. A infração é de mera conduta, independendo de resultado. Quebra do sigilo e busca e apreensão dos computadores autorizadas judicialmente. Tendo as requisições judiciais sido endereçadas a provedores estrangeiros, no âmbito do inquérito policial e não da ação penal, não houve prejuízo com a dispensa das vias diplomáticas (TRF da 3ª Região, 5ª T., Ap. 2000.61.81.001250-0, Rel. Des. Fed. André Nabarrete, j. 1º-9-2003, v.u.).

- Veiculação anterior em jornal: Não incide no tipo previsto no art. 3º a simples repetição de declarações já veiculadas em jornal de grande circulação e que são do inteiro conhecimento público (TRF da 3ª Região, Órgão Especial, Inquérito 95.03.045368-2, Rel. Des. Fed. Souza Pires, j. 13-6-1996, m.v., *DJU* 9-9-1997, p. 78078).

- Agente que cala: O ato de divulgar informação falsa, ou de divulgar informação prejudicialmente incompleta sobre instituição financeira, é incompatível com a conduta de calar a informação. Não tendo este fato sido definido na lei, o comportamento do paciente é atípico (TRF da 3ª Região, 1ª T., HC 90.03.043102-7, Rel. Des. Fed. Pedro Rotta, j. 23-4-1991, *DOE* 30-9-1991, p. 95).

Art. 4º Gerir fraudulentamente instituição financeira:

Pena — reclusão, de 3 (três) a 12 (doze) anos, e multa.

Parágrafo único. Se a gestão é temerária:

Pena — reclusão, de 2 (dois) a 8 (oito) anos, e multa.

Gestão fraudulenta

- **Objeto jurídico:** O Sistema Financeiro Nacional. Ver, a propósito, notas ao art. 1º desta lei, com especial atenção à nota *Nossa posição — Sistema Financeiro Nacional (lato sensu)*.
- **Sujeito ativo:** Só o administrador da instituição financeira, ou seja, o gestor (diretor, gerente etc.), tratando-se de crime próprio. Nesse sentido, Pimentel (ob. cit., p. 53) e Ali Mazloum, escrevendo este último que o crime do art. 4º é "específico das pessoas mencionadas no art. 25 da Lei Especial, quais sejam, o *controlador* e *os administradores* de instituição financeira, assim considerados os *diretores, gerentes* e, por equiparação aos administradores, *o interventor, liquidante e síndico*", concluindo: "De observar-se, porém, que deve o agente, além das mencionadas qualidades especiais, exercer *funções de gerência*" (*Crimes do Colarinho Branco*. Porto Alegre: Síntese, 1999, p. 61).
- **Crime próprio ou de mão própria?:** Os autores que tratam do tema são uníssonos em afirmar que o art. 4º é *crime próprio*, mas não de *mão própria*. A diferenciação dos tipos penais em função do sujeito ativo é bem esclarecida por Hans-Heinrich Jescheck, *verbis*: "En los *delitos comunes* cualquiera puede ser el autor, como indica el anónimo 'quien' al comienzo de la mayoría de los preceptos penales. En los *delitos especiales propios*, por el contrario, solo se incluyen en el tipo, como autores, algunas personas especialmente caracterizadas (*v.g.*, funcionarios o soldados). Los *delitos especiales impropios* pueden ser cometidos por cualquera, pero la autoría de las personas cualificadas constituye una causa de agravación de la pena. En los *delitos de propia mano* el tipo presupone un acto de ejecución corporal o, al menos, personal, que debe realizar el propio autor, porque en otro caso faltaría el específico injusto de la acción de la correspondiente clase de delito" (*Tratado de derecho penal — Parte General*. 4. ed., Granada: Comares. Trad. José Luiz Manzanares Samaniego, 1993, p. 240). As diferenças, portanto, são bem claras. O *crime de mão própria* é aquele em que o tipo penal exige circunstâncias *personalíssimas* do sujeito ativo, sendo *impossível* outra pessoa praticá-lo, nos moldes da figura incriminadora, inviabilizando, assim, coautoria de terceiros que não as ostentem. Isto porque a *coautoria* não deixa de ser a *autoria* de uma parte dos atos de execução por outra pessoa, como lembram M. Cobo de Rosal e T. S. Vives Anton: "Existe coautoría cuando el tipo de injusto se realiza conjuntamente por varias personas, cada una de las cuales toma parte directa en la ejecución de los hechos" (*Derecho penal — Parte General*. 3. ed. Valencia: Tirant lo Blanch, 1990, p. 596). Como exemplo de crime de mão própria, lembramos o delito de falso testemunho ou de falsa perícia, tipificado no art. 342 do CP, como também o crime de patrocínio infiel ou tergiversação, que só pode ser cometido por advogado ou procurador, previsto no art. 355 do CP. Já o *crime próprio* é aquele específico de determinada categoria de pessoas, como os funcionários públicos, não fazendo a lei *expressa* exigência de algum caráter *personalíssimo* que o autor deva possuir. Como exemplo de crime próprio, podemos citar a concussão, prevista no art. 316 do CP, que é própria de funcionário público. Desse modo, caso se entenda que o art. 4º da Lei n. 7.492/86 é *crime próprio* (e não de *mão própria*), praticado pelo gestor de instituição financeira, seria possível

o concurso de outras pessoas que não ostentem tal qualidade, como co-autores ou partícipes, desde que tenham *consciência* da qualidade daquele que com ela executa parte do *iter criminis*. Aplicar-se-iam as regras do art. 29 do CP, que tratam do concurso de agentes, por força do art. 30 do mesmo diploma, o qual estatui: "Art. 30. Não se comunicam as circunstâncias e as condições de caráter pessoal, salvo quando elementares do crime". No sentido de que o art. 4º da lei em comento é crime próprio, admitindo coautoria e participação, George Tavares, Alexandre Lopes de Oliveira e Kátia Tavares (*Anotações sobre direito penal tributário, previdenciário e financeiro*, cit., p. 37-38), Pimentel (ob. cit., p. 53) e Tigre Maia (ob. cit., p. 58). Todavia, a questão no presente caso não é tão simples. O núcleo *gerir*, com todo respeito aos autores citados, é muito mais do que a simples circunstância, *v.g.*, de a pessoa ser funcionária pública, como sucede no referido delito de concussão (CP, art. 312), que é crime próprio. *Gerir* pressupõe muito mais; requer, sem dúvida, uma *circunstância personalíssima* do sujeito ativo, que deve ser uma das pessoas referidas no art. 25, dotada de *efetivos e específicos* poderes para administrar *determinada* instituição financeira. Seria, ademais, redundância do legislador se este art. 4º fizesse referência expressa ao art. 25, como ocorre, por exemplo, no art. 5º desta lei. De fato, difícil nos parece admitir *coautoria* de *gestão fraudulenta* ou *temerária* de terceiros que não possuam qualquer poder de gerência. A nosso ver, o delito do art. 4º, em face do núcleo *gerir*, *é crime de mão própria*. O seu autor deve possuir características personalíssimas, caso contrário, não há como o tipo ser realizado.

▪ Concurso de agentes: Como sustentado na nota acima, entendemos ser o crime deste art. 4º *de mão própria*. A doutrina é pacífica em admitir que os delitos de mão própria impõem limites aos arts. 29 e 30 do CP, que tratam do concurso de agentes (coautoria e participação) e da comunicação das circunstâncias pessoais do *intraneus* para o *extraneus*, quando elementares do delito. Nos crimes de *mão própria* é possível haver *participação*, tanto *moral* (instigação) quanto *material* (cumplicidade), mas não coautoria. A conclusão é perfeita, mesmo porque o partícipe não pratica o crime, apenas coopera com o crime de outrem. A propósito, Hans-Heinrich Jescheck escreve: "... no existe coautoría en los delitos de propia mano..." (ob. cit., p. 617). No mesmo sentido, Reinhart Maurach: "Los extraños, en los delitos de propia mano, pueden intervenir como partícipes, pero no como autores, esto es: ni como coautores ni como autores mediatos" (*Tratado de derecho penal*. Trad. Juan Córdoba Roda. Barcelona: Ariel, 1962, v. I, p. 287). Igualmente, Santiago Mir Puig (*Derecho penal — Parte General*, cit., p. 420) e, entre nós, Nilo Batista (*Concurso de agentes*. 2. ed. Rio de Janeiro: Lumen Juris, 2004, p. 96-97). Para os que entendem que o delito deste art. 4º é crime próprio, poderá haver tanto coautoria quanto participação.

▪ Sujeito passivo: O Estado e a instituição financeira prejudicada.

▪ Tipo objetivo: O núcleo do tipo é *gerir*, que significa conduzir, administrar, comandar, cuidar de um negócio, dirigir. Impossível, assim, haver *gestão de um ato só*, já que o núcleo exige certa *habitualidade*, ou seja, *reiteração de atos de administração.* Lembramos as palavras de Ali Mazloum: "O verbo *gerir* significa administrar, reger, dirigir, gerenciar, comandar. Pelo sentido do núcleo verbal, entende-se haver certa habitualidade ou permanência na ação. [...] Note-se que, quando quis o legislador punir determinado ato isolado, fraudulento ou temerário, destacado da atividade de gestão, fê-lo expressamente. É o exemplo do art. 6º da Lei de Regência [...]" (*Crimes do Colarinho Branco*, cit., p. 62-64). Igualmente Antonio Carlos Rodrigues da Silva: "O referido núcleo, gerir, é predicado verbal de natureza habitual, evidenciando condutas *reiterativas, repetitivas no tempo e no espaço*. Gerir, significando administrar, reger e governar não se consuma com apenas um ato de gestão, de gerência, de administração ou de governo, exige, necessariamente, uma sucessão de atos apreciáveis num determinado contexto e lapso temporal. [...] Em havendo fraude de natureza penal a ensejar a punibilidade do agente e inexistindo habitualidade na consecução dessa fraude a evidenciar ser *unicoacto perfectus* e esporádico na administração da sociedade, haverá a incidência de conduta penal incriminadora de natureza geral, prevista no Código Penal, não a regulada na presente lei especial, pois esta requer a reiteratividade da conduta" (*Crimes do Colarinho Branco — Lei 7.492/86*, cit., p. 48-49). Para a configuração do tipo, o legislador exige, no *caput* do art. 4º, o elemento normativo do tipo *fraudulentamente*. A fraude traduz-se no emprego do engodo, do artifício, do ardil. A gestão fraudulenta, portanto, é aquela que emprega "engano, manobra ardilosa ou engenhosa, maliciosa ou dolosa, com o fito de prejudicar alguém ou de obter indevida vantagem para o agente ou para outrem", nas precisas palavras de Pimentel (ob. cit., p. 51). O crime deste art. 4º, *caput*, não restará tipificado se não houver constatação de que a conduta tenha provocado *concreto* perigo de dano (que é muito mais do que a mera possibilidade abstrata da sua ocorrência), cabendo à acusação demonstrar a sua concretude na denúncia, como assinala Fábio Konder Comparato, *verbis*: "Quando a lei considera crime a gestão fraudulenta de instituição financeira não exige que a acusação demonstre, apenas, que o réu praticou algum ardil, ou lançou mão de meios artificiosos, em sua atividade administrativa. A lei impõe, também, a comprovação de que a conduta do acusado fez surgir um real perigo para o bem jurídico protegido. Não faria, com efeito, sentido algum punir criminalmente o administrador de uma instituição financeira, pelo simples fato de que ele a geriu de forma inabitual ou heterodoxa, se daí não decorreu o mais leve risco para o mercado em geral" (*Direito público — estudos e pareceres*. São Paulo: Saraiva, 1996, p. 276, apud Maria Carolina de Almeida Duarte, *Crimes contra o Sistema Financeiro Nacional*. Rio de Janeiro: Forense, 2003, p. 69).

- Tipo subjetivo: É o dolo direto, isto é, a vontade livre e consciente de gerir fraudulentamente. À evidência, é impossível a hipótese de dolo eventual. Não se exige especial fim de agir (para os tradicionais, trata-se de *dolo genérico*). Não há forma culposa.

- Consumação: Com a prática dos atos de gestão, e não de um ato isolado (nesse sentido, igualmente, Ali Mazloum, ob. cit., p. 63). Trata-se de crime formal, que não depende de resultado; este, se ocorrer, será mero exaurimento. Em outros termos, não é necessário que a gestão fraudulenta tenha ensejado insolvência ou causado prejuízo a terceiros; imprescindível, porém, que tenha causado *concreto* perigo de dano.

- **Tentativa:** A nosso ver não é possível.
- **Confronto:** O art. 3º, IX, da Lei de Economia Popular — Lei n. 1.521/51 restou derrogado pelo art. 4º da lei ora em comento, no que concerne à gestão de instituição financeira.
- **Concurso de crimes:** Na hipótese da falsidade material ou ideológica, ou ainda do uso de documento falso (CP, arts. 297, 298, 299 e 304), ter sido um *crime-meio* para alcançar o *crime-fim* deste art. 4º, isto é, a gestão fraudulenta, aqueles restarão absorvidos por este. Isso porque, por vezes, a falsificação material ou ideológica, ou mesmo seu uso, são realizados *única e exclusivamente* para possibilitar a gestão fraudulenta. No caso de a obtenção de vantagem patrimonial indevida ser consequência da própria gestão fraudulenta, o crime do art. 4º poderá absorver outros, como o dos arts. 5º e 9º. Poderá haver, entretanto, concurso com outros crimes previstos na presente lei, como o do art. 7º, IV (*emitir, oferecer ou negociar, de qualquer modo, títulos ou valores mobiliários... sem autorização prévia da autoridade competente quando legalmente exigida*).
- **Pena:** Reclusão, de três a doze anos, e multa.
- **Ação penal:** Pública incondicionada, com peculiaridades (*vide* art. 27 desta lei).

Gestão temerária (parágrafo único)
- **Objeto jurídico, sujeito ativo, sujeito passivo, consumação, tentativa e ação penal:** Iguais aos do *caput*.
- **Tipo objetivo:** O núcleo é o mesmo do *caput*, qual seja, a *gestão*, que é a resultante do ato de *gerir*. Igualmente requer-se, assim, certa *habitualidade* de condutas, inexistindo gestão "de um ato só". O elemento normativo, aqui, é outro, *temerária*. Pode-se perfeitamente criticar o legislador pelo emprego de tão aberta e "porosa" expressão (parafraseando Sérgio Marcos de Moraes Pitombo), posto possuir diversos sentidos, cuja conotação é extremamente *subjetiva*: arriscada, abusiva, irresponsável e, até, imprudente. As palavras de Pimentel, com usual pertinência, são enfáticas: "Gestão *temerária* é caracterizada pela abusiva conduta, que ultrapassa os limites da prudência, arriscando-se o agente além do permitido mesmo a um indivíduo arrojado. É o comportamento afoito, arriscado, atrevido" (ob. cit., p. 51). O parágrafo único deste art. 4º não exige, igualmente, qualquer resultado; trata-se de crime de perigo, o qual, a nosso ver, deve sempre ser *concreto, provável, tangível*, posto não concordarmos com a categoria dos crimes de perigo *abstrato*, inadmitindo-se o conceito de "antijuridicidade formal" [cf., com maiores detalhes, o nosso *Código Penal comentado*. 8. ed. São Paulo: Saraiva, 2010, p. 112-113, rubrica *Antijuridicidade ou ilicitude formal e material (distinção)*]. Assim, mesmo que as condutas temerárias do gestor de instituição financeira, por sorte, deem lucro, o crime restará configurado *desde* que tenha havido comprovado *risco* de causar dano relevante à instituição financeira e, correlatamente, ao sistema financeiro nacional.

■ **Tipo demasiadamente aberto e violação da garantia da reserva legal:**
Como já tivemos a oportunidade de escrever em nosso *Código Penal comentado* (8. ed. São Paulo: Saraiva, 2010, p. 78, rubrica *Nullum crimen, nulla poena sine lege certa (taxatividade)*, ao comentarmos o art. 1º do Diploma Penal, os tipos abertos violam a garantia da reserva legal. Com efeito, observamos que as leis que definem crimes devem ser precisas, marcando exatamente a conduta que objetivam punir. Assim, em nome do princípio da legalidade, não podem ser aceitas leis vagas ou imprecisas, que não deixam perfeitamente delimitado o comportamento que pretendem incriminar — os chamados tipos penais abertos (Hans-Heinrich Jescheck, *Tratado de derecho penal — Parte General*, cit., p. 223). Por outro lado, ao juiz que vai aplicar leis penais é proibido não só o emprego da *analogia*, mas também da interpretação *com efeitos extensivos* para incriminar algum fato não previsto *clara e textualmente* como criminoso, *ou tornar mais severa sua punição*. As eventuais falhas da lei incriminadora, com lacunas ou falta de clareza quanto ao âmbito da incriminação, não podem, em desfavor da liberdade, ser preenchidas pelo juiz ou ter o alcance indefinidamente ampliado, por força de raciocínios exegéticos que tudo, ou quase tudo, admitem, pois é vedado a este completar o trabalho do legislador para punir alguém. A propósito, Pimentel já atentava para o fato de o legislador estar criando, dada a extensão do elemento normativo do tipo *temerária*, "um monstro ameaçador, que poderá sobressaltar qualquer administrador ou controlador de instituição financeira, cerceando sua ação, inibindo sua iniciativa, porque poderá, em qualquer momento, ser acusado de gerir temerariamente a empresa, sem que existam parâmetros objetivos para limitar o critério acusatório", entregando "a definição da tipicidade a um critério eminentemente subjetivo, reduzindo duramente a garantia assegurada pelo princípio constitucional da reserva legal" (ob. cit., p. 52). De igual modo, João Marcello de Araújo Júnior, para quem essa norma "fere a tradição democrática de nosso direito penal" (*Dos crimes contra a ordem econômica*, cit., p. 154, nota 311); igualmente, Paulo José da Costa Jr., Maria Elizabeth Queijo e Charles M. Machado (ob. cit., p. 80); e Juarez Tavares, em conferência realizada no ano de 1988, transcrita por Maria Carolina de Almeida Duarte, na excelente monografia *Crimes contra o Sistema Financeiro Nacional* (Rio de Janeiro: Forense, 2003, p. 66-67). Tal conclusão, embora absolutamente pertinente, infelizmente acabou não sendo encampada pela jurisprudência, que tem aplicado o art. 4º, parágrafo único, da Lei dos Crimes contra o Sistema Financeiro Nacional. Prevaleceu o pragmatismo em desfavor da segurança jurídica; interpretações "salvacionistas" acabaram se impondo. Defendendo a existência de tipos abertos como este, escreve Rodolfo Tigre Maia, com quem não podemos concordar pelos motivos acima referidos, que a palavra *temerária* é "elemento normativo-cultural, que mitiga as funções de garantia e de intimidação, geral e especial, do tipo penal, eis que característica de tipos abertos, a saber, sujeitos à complementação exegética e valorativa do aplicador da lei. De qualquer modo, não se constata violação do princípio da reserva legal no dispositivo. A uma, porque sua objetividade jurídica, consubstanciada na garantia da indentidade econômico-financeira da ins-

tituição, em particular, e do próprio Sistema Financeiro Nacional, em geral, bem como indiretamente o interesse público na preservação da poupança dos particulares, é compatível com o cânone constitucional. A duas, porque ao lado de outros elementos culturais utilizados pelo legislador penal (v.g., 'raptar mulher honesta...', art. 219 do CP), é perfeitamente passível de delimitação conceitual concreta, ainda que de valoração mais permeável ao contexto histórico em que se dá sua leitura e reconhecimento" (*Dos crimes contra o Sistema Financeiro Nacional*, cit., p. 59-60). Com todo o respeito, nenhum dos argumentos prospera. O primeiro, relativo à objetividade jurídica do tipo penal, a tutela do sistema financeiro, nada diz com a questão de o legislador optar, ou não, pelo emprego de tipos extremamente abertos, que acabam não definindo qual é, propriamente, a conduta delituosa. O segundo, igualmente não prospera, por duas razões: a) não foi feliz a lembrança do tipo do antiquado, preconceituoso, inconstitucional e amplamente criticado art. 219 do CP, que acabou revogado pela Lei n. 11.106/2005, o qual não serve, *data venia*, de argumento vigoroso; b) é incontestе que a conceituação do que seja *temerário* não é passível de "delimitação conceitual concreta"; vigorará, sempre, o casuísmo e a idiossincrasia deste ou daquele membro do Ministério Público e do Poder Judiciário, abrindo-se perigoso precedente.

■ **Tipo subjetivo:** A nosso ver, a gestão temerária ultrapassa os lindes da imprudência, configurando dolo eventual, em que o agente assume conscientemente o risco de produzir o resultado. A expressão *temerária*, empregada pelo legislador, não foi das mais felizes, porque um dos sinônimos da palavra *temerária* é *imprudente*, uma das modalidades de conduta *culposa*, nos termos do art. 18, II, do CP. De qualquer forma, a punição por culpa não foi expressamente prevista, como exige o nosso ordenamento jurídico-penal, devendo ser afastada (CP, art. 18, parágrafo único). Tratando-se de dolo eventual, compreensível, inclusive, a pena de *reclusão* deste parágrafo único, ao contrário da pena de *detenção* tradicionalmente cominada aos crimes culposos. Paulo José da Costa Jr., Maria Elizabeth Queijo e Charles M. Machado se pronunciam no mesmo sentido, *verbis*: "Tendo-se em vista que se cuida de conduta dolosa, a espécie de dolo que mais se amolda à espécie é o dolo eventual. Dessa forma, o agente pratica atos que expõem o bem jurídico a perigo, representa o resultado e não se detém, ou seja, assume o risco da produção do evento" (ob. cit., p. 80).

■ **Pena:** Reclusão, de dois a oito anos, e multa.

Jurisprudência do caput

■ **Sujeito ativo:** O agente que não integra a administração de instituição financeira não pode ser sujeito ativo do crime de gestão fraudulenta (TRF da 4ª Região, 8ª T., Ap. 5012216-56.2010.404.7000, Rel. Des. Fed. Paulo Afonso Brum Vaz, j. 23-11-2011, *DE* 25-11-2011).

Se o paciente era operador de mesa, e não gerente ou diretor da instituição financeira, é de ser desde logo afastada a sua responsabilização, ficando assim excluído da ação penal (TRF da 3ª Região, 1ª T., HC 1999.03.00.034746-7, Rel. Des. Fed. Roberto Haddad, j. 30-11-1999, v.u., *DJU* 21-3-2000, p. 215).

A responsabilização do paciente não adveio apenas de sua condição de diretor superintendente da instituição financeira, mas sim porque, como diretor, teve relação com os fatos tidos como delituosos (STJ, 5ª T., HC 132.510, Rel. Min. Napoleão Nunes Maia Filho, j. 3-2-2011, *DJe* 3-5-2011).

■ Coautoria: Não se admite a coautoria, em crime de gestão fraudulenta de instituição financeira, de pessoas que não detinham nenhum poder de gestão, seja direto ou indireto, na instituição (TRF da 3ª Região, 1ª T., Ap. 1999.03.99.001714-4, Rel. Juiz Federal Casem Mazloum, j. 15-6-1999, v.u., *DJU* 27-7-1999, p. 91).

Sendo alguns dos réus terceiros estranhos à administração da instituição financeira, devem responder pelo crime de estelionato, uma vez comprovado terem eles concorrido para a prática das falsas transações bancárias e desvio dos créditos, que resultaram na indevida obtenção de vantagens em benefício dos acusados ou de terceiros (TRF da 4ª Região, 7ª T., Ap. 2001.70-11-003397-3, Des. Fed. Néfi Cordeiro, j. 17-8-2011, *DE* 15-9-2011).

Adotando o entendimento do STF, cumpre desclassificar a conduta denunciada aos particulares, estranhos à administração do banco, para o art. 171 do CP (TRF da 4ª Região, 7ª T., Ap. 2003.70.00.036998-9, Rel. Des. Fed. Tadaaqui Hirose, j. 3-5-2011, *DE* 12-5-2011).

Contra: Tratando-se de crime próprio, a gestão fraudulenta admite coautoria, transmitindo-se as circunstâncias incomunicáveis (CP, art. 30), sendo irrelevante o fato de o embargante não figurar como gestor da instituição financeira lesada (TRF da 3ª Região, 1ª S., Emb. Infr. 2004.60.03.000227-1, Rel. Des. Fed. Cotrim Guimarães, j. 15-9-2011).

Apesar de ser crime próprio, admite a figura da participação, de sorte que deles pode ser sujeito ativo quem não seja gestor da instituição financeira (TRF da 3ª Região, 1ª T., HC 2002.03.00.043062-1, Rel. Des. Fed. Nelton Santos, j. 11-3-2003, v.u., *DJU* 27-3-2003, p. 313).

■ Gerente de banco: A 4ª Seção do TRF da 4ª Região vem reiteradamente acolhendo a tese de que o gerente de agência bancária pode ser (fora das hipóteses do concurso de agentes) sujeito ativo do delito do art. 4º (TRF da 4ª Região, 4ª S., Emb. 2001.70.11.001519-3, Rel. Des. Fed. Tadaaqui Hirose, *DE* 30-3-2009; 7ª T., Ap. 2003.70.00.036998-9, Rel. Des. Fed. Tadaaqui Hirose, j. 3-5-2011, *DE* 12-5-2011).

Contra em parte: o bancário é o servidor, o funcionário limitado a quem são impostas regras pela instituição financeira. O banqueiro, por sua vez, quando age de forma fraudulenta ou temerária, cria risco sistêmico, dano ou risco de dano para o sistema financeiro e não para o patrimônio da instituição somente. Partindo desses preceitos, não há como concluir que o gerente de agência bancária possa praticar as infrações penais definidas no art. 4º, *caput* e parágrafo único, salvo em coautoria com diretor, controlador, administrador, interventor, liquidante ou síndico (TRF da 4ª Região, 8ª T., Ap. 2003.72.00.017341-8, Rel. p/ acórdão Des. Fed. Luiz Fernando Wowk Penteado, j. 1º-12-2010, *DE* 22-2-2011).

Inviabilidade de condenação dos gerentes de banco por gestão fraudulenta e participação na evasão de divisas, pois o órgão acusatório simplesmente presumiu que tais aberturas de contas foram fraudulentas tão somente em razão da ausência de monitoramento das elevadas quantias movimentadas pelos correntistas, deixando de indicar, inclusive, o elemento essencial ao crime do art. 4º, *caput*, isto é, o emprego de algum ardil ou até mesmo um conluio entre os gerentes, os laranjas e os depositantes que justificasse alguma facilitação na abertura das contas (TRF da 4ª Região, 8ª T., Ap. 0039529-24.2003.404.7000, Rel. Des. Fed. Sebastião Ogê Muniz, j. 20-7-2011, *DE* 28-7-2011).

■ Terceiro estranho à administração: A interpretação sistemática da Lei n. 7.492/86 afasta a possibilidade de haver gestão fraudulenta por terceiro estranho à administração do estabelecimento bancário (STF, Pleno, HC 93.553, Rel. Min. Marco Aurélio, *DJe* 167, publicado 4-9-2009).

■ Quitação de dívida com área posteriormente desapropriada: Ausência de provas de que o acusado, gestor da instituição financeira, tinha efetivo conhecimento de que os imóveis rurais desapropriados poderiam ser considerados bens públicos, ou de que o valor do crédito da desapropriação seria infinitamente menor do que o montante da dívida para com o banco. Existência, em seu favor, de sentença judicial condenando o Incra a pagar indenização pela desapropriação, não restando caracterizada a fraude na transação, levando-se em conta, ademais, que a quitação de dívida mediante dação em pagamento é forma de extinção de obrigações prevista na legislação civil (TRF da 4ª Região, 8ª T., Ap. 2006.70.00.012361-8, Rel. Des. Fed. Artur César de Souza, j. 15-12-2010, *DE* 11-1-2011).

■ Gestão fraudulenta (conceito): Gestão fraudulenta é aquela em que o administrador utiliza, continuada e habitualmente, na condução dos negócios sociais, artifícios, ardis, ou estratagema para pôr em erro outros administradores da instituição ou seus clientes (TRF da 3ª Região, 1ª T., HC 98.03.081133-9, Rel. Des. Fed. Oliveira Lima, j. 4-5-1999, m.v., *DJU* 15-6-1999, p. 689).

É necessária a demonstração inequívoca de que a adoção de determinada operação, ou seja, de que o meio empregado para a gestão dos negócios constitui "meio enganoso, ação de má-fé com o fito de ludibriar". E, ainda, é mister a prova da potencialidade lesiva, dado se tratar de um crime de perigo concreto, apto a realmente prejudicar pessoas que contratam com a sociedade, investidores e demais sócios e administradores em geral, o que não restou comprovado (TRF da 3ª Região, 1ª T., Ap. 2002.61.81.007645-5, Rel. Juíza convoc. Sylvia Maria Rocha, j. 19-4-2011).

■ Gestão fraudulenta ou temerária (conjunto de atos): É essencial para a configuração do crime de gestão temerária o elemento da habitualidade (TRF da 3ª Região, 1ª T., Ap. 2005.03.99.006362-4, Rel. Juíza Conv. Sylvia Maria Rocha, j. 23-8-2011).

A gestão temerária ou fraudulenta há de se caracterizar num conjunto de atos ao longo de um lapso temporal, e não num único ato, praticado num único dia, conforme decidido no HC 96.03.077769-9, do TRF da 3ª Região, Rel. Des. Fed. Sylvia Steiner (TRF da 3ª Região, 1ª T., HC 1999.03.00.034746-7, Rel. Des. Fed. Roberto Haddad, j. 30-11-1999, v.u., *DJU* 21-3-2000, p. 215).

Gerir é predicado verbal de natureza habitual, evidenciando condutas reiterativas, repetitivas no tempo e no espaço (TRF da 4ª Região, 4ª S., Emb. 2004.71.00.019743-7, Rel. p/ acórdão Des. Fed. Tadaaqui Hirose, j. 18-11-2010, *DE* 1º-12-2010).

Gerir é uma atividade continuada, pressupondo habitualidade, sendo que um ou alguns atos isolados não constituem uma gestão. Alguns casos, pinçados em um universo de milhares de operações, não podem ser tidos como gestão fraudulenta ou temerária. Instituição financeira que, à época em que o paciente integrou o seu comitê de crédito, obteve lucro líquido superior em 42,5% ao do exercício anterior (TRF da 3ª Região, 1ª T., HC 98.03.081133-9, Rel. Des. Fed. Oliveira Lima, j. 4-5-1999, m.v., *DJU* 15-6-1999, p. 689).

■ Gestão fraudulenta ou temerária (um ato só): Dada a gravidade e autonomia das ações e omissões, de per si, exige-se a simples prática de uma conduta potencialmente lesiva de administração para enquadramento nos delitos de gestão. Entendimento em contrário levaria à absurda admissão da possibilidade de o administrador cometer um único ato fraudulento ou temerário durante a sua gestão, e levar a instituição financeira à inadimplência, sem que nenhuma responsabilidade penal pudesse advir por tal conduta (TRF da 3ª Região, 5ª T., Ap. 1999.03.99110790-6, Rel. Des. Fed. Fausto de Sanctis, j. 3-9-2002, v.u., *DJU* 24-6-2003, p. 310).

Trata-se de crime habitual *impróprio*, em que uma só ação tem relevância para configurar o tipo, ainda que a sua reiteração não configure pluralidade de crimes (STJ, 5ª T., HC 132.510, Rel. Min. Napoleão Nunes Maia Filho, j. 3-2-2011, *DJe* 3-5-2011; TRF da 2ª Região, 1ª T. Espec., AC 2000.51.01.533022-7, Rel. Juiz Fed. convoc. Marcello Ferreira de Souza Granado, j. 22-9-2010; AC 1998.51.01063964-1, Rel. Juiz Fed. convoc. Marcello Ferreira de Souza Granado, j. 16-6-10; TRF da 5ª Região, 4ª T., Ap. 0006033-54.2003.4.05.8300, Rel. Des. Fed. substituto Emiliano Zapata Leitão, j. 14-9-2010, *DJe* 16-9-2010, p. 469).

Os Tribunais pátrios têm decidido que é desnecessária a habitualidade da conduta para a tipificação do crime de gestão fraudulenta, sendo que um só ato de gestão pode revelar-se prejudicial à credibilidade do Sistema Financeiro (TRF da 3ª Região, 5ª T., Ap. 2000.61.81.003628-0, Rel. Des. Ramza Tartuce, j. 18-7-2011).

■ Absorção da gestão temerária pela fraudulenta: Como as condutas descritas na denúncia encontram-se conectadas por uma única intenção, de natureza evidentemente fraudulenta, deve o crime de gestão fraudulenta absorver a conduta inicialmente passível de enquadramento como temerária (contratação de locação com cláusula punitiva desproporcional (TRF da 5ª Região, 4ª T., Ap. 0006033-54.2003.4.05.8300, Rel. Des. Fed. substituto Emiliano Zapata Leitão, j. 14-9-2010, *DJe* 16-9-2010, p. 469).

- Confronto com o art. 5º: O delito do art. 4º, *caput*, absorve o do art. 5º, *caput*, havendo consunção do *post factum* pelo crime anterior mais grave e como resultado dele (TRF da 2ª Região, 1ª T. Espec., AC 2000.51.01.533022-7, Rel. Juiz Fed. convoc. Marcello Ferreira de Souza Granado, j. 22-9-2010; TRF da 5ª Região, 4ª T., Ap. 0006033-54.2003.4.05.8300, Rel. Des. Fed. substituto Emiliano Zapata Leitão, j. 14-9-2010, *DJe* 16-9-2010, p. 469).

- *Contra*: o art. 4º tutela o Sistema Financeiro e sua credibilidade pública, enquanto o art. 5º tutela a relação de confiança imanente aos negócios jurídicos dessa área de atividade e o patrimônio da empresa e dos investidores, sendo delitos de natureza diversa (TRF da 2ª Região, 1ª T. Espec., AC 1994.51.01.041138-7, Rel. Juiz Fed. conv. Aluísio Gonçalves de Castro Mendes, j. 16-12-2009).

- Confronto com os arts. 5º, 7º e 9º: A norma do art. 4º, *caput*, não incrimina resultado material, naturalístico, que porventura venha a ocorrer e que, por lógico, diz respeito à obtenção de vantagem indevida — patrimonial, ainda que indireta. Se, porém, a vantagem patrimonial indevida é consequência da própria gestão, o resultado material não demandaria outra classificação de conduta, sendo suficiente a norma definidora da gestão fraudulenta. O crime definido no art. 4º, *in casu*, absorveu os delitos de apropriação/desvio (art. 5º, *caput*) e de fraude a investidor (art. 9º). A mesma relação consuntiva há de ser negada entre a norma do art. 4º e a do art. 7º, IV (emitir, oferecer ou negociar, de qualquer modo, títulos ou valores mobiliários... sem autorização prévia da autoridade competente quando legalmente exigida) (STJ, 6ª T, REsp 575.684, Rel. Min. Paulo Medina, *DJU* 23-4-2007, p. 317).

- Confronto com o art. 10: O crime de gestão fraudulenta absorve o delito do art. 10, sempre que a fraude que preencheria esse tipo legal materialize a circunstância do tipo delituoso do art. 4º (TRF da 2ª Região, 1ª T. Espec., AC 1998.51.01063964-1, Rel. Juiz Fed. convoc. Marcello Ferreira de Souza Granado, j. 16-6-2010).

- Confronto com os arts. 5º, 6º e 10: Aplica-se o princípio da consunção aos arts. 5º, 6º e 10, ficando absorvidos pelo crime do art. 4º (TRF da 2ª Região, 2ª T. Espec., AC 2002.50.01.006625-5, Rel. Des. Fed. Messod Azulay Neto, j. 24-11-2010).

- Confronto com os arts. 6º, 16 e 17: Inexistindo a elementar *fraude*, recorre-se ao *princípio da especialidade*, afastando o delito geral (gestão fraudulenta) para manter somente a conduta efetivamente visada pelo agente no caso concreto (apropriação indébita financeira, desvio de finalidade de financiamento etc.). Contudo, *havendo fraude*, o *princípio da subsidiariedade* exigirá a incidência do tipo penal mais grave (gestão fraudulenta), mormente quando o agente praticar inúmeras condutas ardilosas no período em que foi responsável pela gestão da instituição financeira (TRF da 4ª Região, 8ª T., Ap. 2002.70.00.017842-0, Rel. Des. Fed. Paulo Afonso Brum Vaz, j. 3-11-2010, *DE* 11-11-2010).

- Confronto com o art. 16: Não há incompatibilidade entre os arts. 4º e 16, pois inexiste exigência legal de que a gestão fraudulenta se dê em instituição financeira regularmente constituída (STF, 1ª T., HC 93.368, Rel. Min. Luiz Fux, *DJe* 163, publicado 25-8-2011).

■ Contra: cuidando-se de instituição financeira operada sem autorização da autoridade competente para a realização de operações de câmbio, conduta recriminada no art. 16, revela-se descabida a persecução criminal pelo delito do art. 4º, *caput*, que pressupõe a gestão de uma instituição financeira regular (TRF da 4ª Região, 8ª T., Ap. 5014287-31.2010.404.7000, Rel. Des. Fed. Paulo Afonso Brum Vaz, j. 10-2-2011, *DE* 16-2-2011).

■ Confronto com o art. 17: As operações financeiras realizadas podem ocasionar a prática de dois delitos, sem que represente ofensa ao *ne bis in idem*. O primeiro diz respeito ao empréstimo vedado, tipificado no art. 17; o segundo, refere-se à gestão temerária prevista no art. 4º, parágrafo único. São delitos autônomos, ainda que as condutas sejam originárias de uma só operação bancária, não ocorrendo a absorção de uma figura típica pela outra (STJ, 5ª T., HC 132.510, Rel. Min. Napoleão Nunes Maia Filho, j. 3-2-2011, *DJe* 3-5-2011).

■ Confronto com os arts. 5º e 20: Evidenciada a diversidade de fraudes na conduta dos gestores da agência bancária, a configurar o conflito aparente de normas, deve prevalecer o delito de gestão fraudulenta (art. 4º, *caput*), por força da aplicação do princípio da subsidiariedade, não ensejando a aplicação do pretendido concurso material com os arts. 5º e 20 (TRF da 4ª Região, 7ª T., Ap. 2001.70.11.003397-3, Des. Fed. Néfi Cordeiro, j. 17-8-2011, *DE* 15-9-2011).

■ Confronto com os arts. 6º e 21: São absorvidos pelo art. 4º, *caput* (TRF da 3ª Região, 1ª T., Ap. 2001.61.81.002367-7 Rel. Des. Fed. José Lunardelli, j. 10-5-2011).

■ Confronto com o art. 21 (falsa identidade em operação de câmbio): Se a conduta praticada foi levada a efeito mediante o manejo de falsa identidade — que permitiu a abertura das "contas fantasmas" — e revestindo-se o acusado da especial condição de gerentes da agência bancária, a conduta tipifica o crime do art. 4º, *caput*. A condenação pelo art. 21 implicaria *bis in idem* porquanto a fraude seria punida como parte de um todo (gestão fraudulenta) e como crime autônomo (TRF da 2ª Região, 2ª T. Espec., Ap. 1995.51.01.031586-0, Rel. Des. Fed. Liliane Roriz, *DJU* 18-3-2009, p. 171-172).

■ Confronto com o art. 22, parágrafo único (evasão de divisas): Esgotada na evasão de divisas a potencialidade lesiva das fraudes na dissimulação do dinheiro que transitou pelas contas de laranjas e contas CC-5, e das informações falsas prestadas ao Bacen, é de ser reconhecida a absorção do delito de gestão fraudulenta do art. 4º, *caput*, pelo delito de evasão de divisas do art. 22, parágrafo único (TRF da 4ª Região, 7ª T., Ap. 5013394-40.2010.404.7000, Rel. Des. Fed. Néfi Cordeiro, j. 13-9-2011, *DE* 16-9-2011; 7ª T, Ap. 2005.70.00.022521-6, Rel. Des. Fed. Néfi Cordeiro, j. 22-2-2011, *DE* 11-3-2011).

■ Confronto com estelionato (CP, art. 171): A potencialidade lesiva do crime do art. 4º não se esgota no estelionato praticado e, por isso, não fica absorvida por este (TRF da 3ª Região, 5ª T., Ap. 2002.61.14.001542-3, Rel. Juíza Conv. Louise Filgueiras, j. 10-8-2011).

- Gerente de agência bancária: Pratica o delito de gestão fraudulenta o gerente de uma agência de estabelecimento de crédito que a dirige empregando fraudes, ardis (como permitindo saques sobre saldos bloqueados, autorizando desbloqueio de cheques antes do prazo de compensação, segurando cheques sem provisão suficiente de fundos, autorizando pagamento de cheques sem disponibilidade de saldo etc.), e assim causando prejuízo ao banco (TRF da 1ª Região, 3ª T., Ap. 96.01.01576-0, Rel. Des. Fed. Tourinho Neto, v.u., *RT* 730/640).

- Promessa fraudulenta de construção de casa própria: Comete o crime do art. 4º, *caput*, o agente que promove a captação de recursos da população mediante promessa fraudulenta de construção da casa própria, pois, mesmo que o empreendimento esteja constituído na forma de pessoa jurídica ou natural, é considerado instituição financeira, nos termos do art. 1º (TRF da 2ª Região, 4ª T., Ap. 95.02.15194-1, Rel. Des. Frederico Gueiros, v.u., *RT* 741/706).

- Operações de *swap*: Constitui gestão fraudulenta a conduta de responsáveis por instituição financeira que firma contratos com empresas de fachada, não financeiras, e sem capacidade financeira para o volume operado, que provocaram prejuízos. As operações de *swap* tratavam da troca de risco associado à taxa prefixada por outra ligada à variação cambial. As taxas contratadas eram superiores às verificadas em negócios da mesma natureza na BM&F. Instituição financeira que agiu contra as cláusulas contratuais, que previam a liquidação do valor garantido pelo cliente com base na variação do dólar até o dia do vencimento do contrato, pois o cálculo foi feito utilizando o dia útil imediatamente anterior ao do vencimento do contrato. Administradores e gerente de *open* responsáveis pelos crimes nos termos do art. 25 (TRF da 3ª Região, 5ª T., Ap. 2003.03.99.025896-7, Rel. Des. Fed. André Nabarrete, j. 16-8-2004, v.u., *DJU* 27-8-2004, p. 582).

- Operações no mercado de capitais para entidade que dirige: Não há como aceitar seja moral e, principalmente, lícito, que um dirigente de fundo de pensão realize operações no mercado de capitais para a entidade que dirige e figure como contraparte da mesma nas operações. Tal conduta, por si só, configura gestão fraudulenta, sem se cogitar de ocorrência de prejuízo nesta (TRF da 3ª Região, 1ª T., Ap. 1999.03.99.001714-4, Rel. Juiz Federal Casem Mazloum, j. 15-6-1999, v.u., *DJU* 27-7-1999, p. 91).

- Crime de perigo concreto: É mister a prova da potencialidade lesiva, dado se tratar de um crime de perigo concreto, apto a realmente prejudicar pessoas que contratam com a sociedade, investidores e demais sócios e administradores em geral, o que não restou comprovado (TRF da 3ª Região, 1ª T., Ap. 2002.61.81.007645-5, Rel. Juíza convoc. Sylvia Maria Rocha, j. 19-4-2011).

É crime de perigo concreto e formal (TRF da 5ª Região, 2ª T., Ap. 0000196-06.1998.4.05.8102, Rel. Des. Fed. Francisco Barros Dias, j. 4-10-2011, *DJe* 13-10-2011, p. 209).

- **Contra**: o crime do art. 4º, *caput*, é de perigo abstrato, não se exigindo que da conduta decorra prejuízo à instituição financeira, uma vez que o dano não constitui sua elementar (TRF da 3ª Região, 5ª T., Ap. 1999.03.99110790-6, Rel. Des. Fed. Fausto de Sanctis, j. 3-9-2002, v.u., *DJU* 24-6-2003, p. 310).

- **Consumação (crime formal)**: O crime de gestão fraudulenta é formal, consumando-se com a mera prática da conduta incriminada, independentemente de existir ou não prejuízo material às vítimas ou à instituição financeira (TRF da 2ª Região, 1ª T. Espec., AC 1994.51.01.041138-7, Rel. Juiz Fed. conv. Aluísio Gonçalves de Castro Mendes, j. 16-12-2009; TRF da 3ª Região, 1ª T., Ap. 2001.61.81.002367-7 Rel. Des. Fed. José Lunardelli, j. 10-5-2011; TRF 5ª R., 2ª T., Ap. 0000196-06.1998-4-05.8102, Rel. Des. Fed. Francisco Barros Dias, j. 4-10-2011, *DJe* 13-10-2011, p. 209).

- **Gestão fraudulenta e quadrilha**: Circunstâncias de prolongamento das condutas delituosas que se explicam menos por um suposto caráter de estabilidade e permanência do grupo de agentes delitivos, do que pela economia estrutural de delito de gestão fraudulenta. Insuficiência de provas do delito capitulado no art. 288 do CP (TRF da 3ª Região, 2ª T., Ap. 1999.03.99.039158-3, Rel. Des. Fed. Peixoto Júnior, j. 22-4-2002, v.u., *DJU* 30-4-2002, p. 436).

- **Gestão fraudulenta e agravantes**: A agravante do art. 61, II, *a*, segunda figura, do CP, que não se caracteriza, estando a torpeza nos modos de execução e fato delituoso total, e não nos motivos do crime. A agravante do art. 61, II, *g*, do CP que não se configura, já que as funções de administrador de instituição financeira integram o tipo penal. A agravante prevista no art. 62, I, do CP, que se configura, havendo provas de sua condição como agente que coordenava as atividades dos demais (TRF da 3ª Região, 2ª T., Ap. 1999.03.99.039158-3, Rel. Des. Fed. Peixoto Júnior, j. 22-4-2002, v.u., *DJU* 30-4-2002, p. 436).

- **Inépcia da denúncia**: É inepta a denúncia que não descreve qualquer conduta comissiva do paciente inserida no encadeamento causal do delito previsto no art. 4º, por outro lado faltando descrições que fizessem concluir, do cargo ocupado, pela necessária intervenção no procedimento de concessão de empréstimo, com efetivos poderes de decisão (TRF da 3ª Região, 2ª T., HC 2003.03.00.067995-0, Rel. Des. Fed. Peixoto Júnior, j. 10-2-2004, v.u., *DJU* 12-3-2004, p. 436).

Também é inepta a denúncia que não imputa ao agente o propósito de lesar investidores ou de obter vantagem, fato imperioso para a caracterização da conduta típica de gestão temerária ou fraudulenta, conforme decidido na Ap. 2.589 do TRF da 3ª Região, Rel. Des. Fed. Célio Benevides (TRF da 3ª Região, 1ª T., HC 1999.03.00.034746-7, Rel. Des. Fed. Roberto Haddad, j. 30-11-1999, v.u., *DJU* 21-3-2000, p. 215).

- **Consórcio**: Deve ser considerada penalmente irrelevante a realização de contrato de empréstimo entre instituições financeiras ou, por equiparação, entre empresas de consórcios, quando os recursos utilizados pertencem exclusivamente aos seus patrimônios, e desde que tal operação não ponha em risco ou ocasione prejuízos aos valores pertencentes aos consorciados, caso em que poderia configurar o crime de gestão fraudulenta ou temerária (TRF da 3ª Região, 1ª T., Ap. 97.03.060448-0, Rel. Casem Mazloum, *RT* 759/748).

■ **Desnecessidade de prova pericial:** A prova pericial não constitui providência obrigatória para a apuração do delito de gestão fraudulenta de instituição financeira, se sua realização se mostra manifestamente irrelevante no esclarecimento dos fatos e na apuração da verdade real, especialmente se os supostos prejuízos incriminados podem ser constatados pelo simples cotejo entre os valores de compra dos títulos e seu subsequente valor de venda, sempre inferiores aos de compra, e que constaram dos boletos de liquidação na Selic (TRF da 3ª Região, 1ª T., Ap. 1999.03.99088279-7, Rel. Des. Fed. Theotonio Costa, j. 24-4-2001, nessa parte v.u., *DJU* 5-6-2001, p. 922).

■ **Arrependimento posterior (CP, art. 16):** Impõe-se a aplicação dessa causa de diminuição de pena ao crime de gestão fraudulenta (STJ, REsp 886.566, *DJU* 15-4-2008).

■ **Competência:** Se o crime de gestão fraudulenta, cuja pena é maior do que as cominadas para os demais delitos contra o sistema financeiro, foi praticado em São Paulo, a competência, pelo critério qualitativo (CPP, art. 78, II, *a*), é da Justiça Federal desse Estado (STF, 2ª T., HC 85.796, Rel. Min. Eros Grau, *DJe* 204, publicado 29-10-2009).

Se a conduta perpetrada não permite concluir pela existência de risco ao sistema financeiro como um todo, mas, sim, pela ocorrência de estelionato contra instituição estadual, fica afastada a competência da Justiça Federal (TRF da 4ª Região, 8ª T., Ap. 2003.72.00.017341-8, Rel. p/ acórdão Des. Fed. Luiz Fernando Wowk Penteado, j. 1º-12-2010, *DE* 22-2-2011).

Jurisprudência do parágrafo único

■ **Gestão temerária (conceito):** A gestão temerária caracteriza-se quando o ato de administração praticado pelo agente é de elevado risco, capaz de colocar em perigo concreto a saúde financeira da sociedade (TRF da 3ª Região, 1ª T., Ap. 2005.03.99.006362-4, Rel. Juíza conv. Sylvia Maria Rocha, j. 23-8-2011).

Gestão temerária é aquela em que o administrador age imprudentemente, em transações perigosas, sem a prudência que deve presidir a sua atuação (TRF da 3ª Região, 1ª T., HC 98.03.081133-9, Rel. Des. Fed. Oliveira Lima, j. 4-5-1999, m.v., *DJU* 15-6-1999, p. 689).

A gestão temerária é conceituada pela doutrina como a realizada "sem a prudência ordinária, ou com demasiada confiança no sucesso que a previsibilidade normal tem como improvável, assumindo o administrador riscos audaciosos, em transações perigosas, inescrupulosamente arriscando dinheiro alheio" (TRF da 3ª Região, 1ª T., HC 97.03.005927-9, Rel. Des. Fed. Theotonio Costa, j. 3-6-1997, v.u., *DJU* 1º-7-1997, p. 50427).

Tipifica gestão temerária a conduta de administrar instituição financeira de forma excessivamente arriscada, abusiva, que ultrapassa os limites da prudência, expondo-se o agente além do permitido (TRF da 2ª Região, 2ª T. Espec., Ap. 2001.50.01.009269-9, j. 24-8-2010, Rel. Juiz Fed. conv. Marcelo Leonardo Tavares, j. 24-8-2010).

■ Tipo subjetivo (dolo eventual ou culpa): A gestão temerária pressupõe dolo eventual. O agente tem previsão do resultado, todavia, sem o desejar, a ele é indiferente, arrostando, sem a cautela devida, a ocorrência do evento (STJ, 6ª T., RHC 6.368, j. 10-8-1997, v.u., *DJU* 22-9-1997, p. 46559; TRF da 4ª Região, 7ª T., Ap. 2003.70.00.078676-0, Des. Fed. Sebastião Ogê Muniz, j. 22-2-2011, *DE* 17-3-2011).

■ *Contra*: para a tipificação do delito de gestão temerária exige-se um fim do agente de gerar uma situação global de perigo, evidenciada por meio de uma conduta abusiva, que ultrapassa os limites da prudência, sendo certo que o veto presidencial ao art. 24, segundo a interpretação do STF, não representou o afastamento da forma culposa (TRF da 4ª Região, 8ª T., Ap. 2004.72.00.017565-1, Rel. Des. Fed. Artur César de Souza, j. 15-12-2010, *DE* 11-1-2011).

■ Coautoria: É possível a coautoria na gestão temerária do beneficiário de operações irregulares praticadas pelos administradores, devendo, contudo, ser demonstrado, além do benefício dali advindo, prova de vínculo subjetivo ou liame psicológico e, ainda, a participação direta nas operações de crédito irregulares (TRF da 5ª Região, 4ª T., Ap. 000.12548-71.2004.4.05.8300, Rel. Des. Margarida Cantarelli, j. 19-4-2011, *DJe* 28-4-2011, p. 387).

■ Dúvida: Não tendo havido comprovação de que parte dos denunciados teria participado de alguma forma acerca das decisões quanto à celebração dos contratos em que evidenciada a temeridade, nem mesmo apresentando pareceres em seu favor, impõe-se quanto a esses réus, a absolvição nos termos do art. 366, VII, do CPP (TRF da 4ª Região, 7ª T., Ap. 2003.70.00.078676-0, Des. Fed. Sebastião Ogê Muniz, j. 22-2-2011, *DE* 17-3-2011).

Ausente efetiva demonstração de que os réus, na condição de gestores do banco, realizaram operações de renegociação de dívidas que apontavam para o inadimplemento dos devedores, no sentido de colocar em risco a instituição financeira. Recurso dos apelados provido na seara administrativa, de sorte a infirmar o próprio relatório do Bacen, tendo a maioria das renegociações sido liquidadas. Dúvida razoável se as transações foram temerárias ou se o risco existente foi direcionado à recuperação dos créditos anteriormente concedidos (TRF da 4ª Região, 8ª T., Ap. 2004.72.00.017565-1, Rel. Des. Fed. Artur César de Souza, j. 15-12-2010, *DE* 11-1-2011).

■ Operação realizada nos moldes usuais: Não se concebe como temerário ato de gestão praticado dentro dos moldes usuais de operação de instituição financeira, cercado de formalismo e prudência. Paciente acusado de, na qualidade de vice-presidente de banco e membro do comitê de crédito, ter participado da aprovação de um empréstimo, realizado nos moldes da Resolução n. 63 do Bacen. Operação que se destinava a solucionar situação preexistente junto ao banco, com a incorporação de garantias a créditos já concedidos, e de duvidosa liquidação (TRF da 3ª Região, 1ª T., HC 96.03.030303-8, Rel. Des. Theotonio Costa, j. 28-5-1996, v.u., *DJU* 8-10-1996, p. 75754).

■ Afronta à reserva legal: O crime de gestão temerária, em afronta ao princípio da reserva legal, não descreve quais as condutas incriminadas, nem quaisquer elementos ou circunstâncias que delimitem o tipo objetivo, a exigir, portanto, maior cautela para a instauração da ação penal. Na interpretação do elemento normativo, tem-se por temerária a gestão abusiva, inescrupulosa, imprudente, arriscada além do aceitável nas atividades peculiares, que põe em risco os bens protegidos pela norma — a saúde financeira da instituição, o patrimônio do sistema financeiro como um todo (TRF da 3ª Região, 2ª T., HC 96.03.077760-9, Rel. Des. Fed. Sylvia Steiner, j. 25-4-1997, m.v., *DJU* 21-5-1997, p. 35896).

■ *Contra*: Tanto a gestão temerária quanto a fraudulenta são constitucionais, não ofendendo ao princípio da reserva legal e da taxatividade por serem tipos abertos. Ambas podem assumir um número praticamente infinito de comportamentos e a exigência de descrição de cada um deles em tipos penais fechados se tornaria tarefa árdua e quase impossível, deixando uma porta aberta para a impunidade em relação a tais crimes (TRF da 3ª Região, 5ª T., Ap. 2000.61.81.003628-0, Rel. Des. Fed. Ramza Tartuce, j. 18-7-2011).

A tipificação do crime de gestão temerária é constitucional, embora seja verdade que padece de certa imprecisão (TRF da 4ª Região, 7ª T., Ap. 2003.70.00.078676-0, Des. Fed. Sebastião Ogê Muniz, j. 22-2-2011, *DE* 17-3-2011; TRF da 4ª Região, 8ª T., Ap. 2006.70.00.012361-8, Rel. Des. Fed. Artur César de Souza, j. 15-12-2010, *DE* 11-1-2011).

■ Impossibilidade de desclassificação em segundo grau: Não demonstrado que o agente praticou o delito previsto no art. 4º, *caput*, pelo qual foi condenado em primeira Instância, mas sim o do parágrafo único do mesmo artigo, não tendo o art. 384 do CPP aplicação em segundo grau, resta ser ele absolvido (TRF da 3ª Região, 5ª T., Ap. 1999.03.99110790-6, Rel. Des. Fed. Fausto de Sanctis, j. 3-9-2002, v.u., *DJU* 24-6-2003, p. 310).

■ Número de operações e prejuízo mínimo: Não pode ser tida por temerária a gestão que, por diversos anos e em milhares de operações, obteve lucros e crescimento para a instituição e para os investidores, havendo prejuízo apenas em insignificante número de operações, que redundaram em prejuízo mínimo, num curto espaço de tempo, suportada pela própria instituição (TRF da 3ª Região, 2ª T., HC 96.03.077760-9, Rel. Des. Fed. Sylvia Steiner, j. 25-4-1997, m.v., *DJU* 21-5-1997, p. 35896).

■ Péssima situação financeira conhecida: Comete, em tese, o delito de gestão temerária o diretor de patrimônio de instituição financeira que, participando de reunião de comitê de crédito, vota favoravelmente a concessão de fiança bancária no valor de US$ 60 milhões, que garantiria empréstimo concedido por outro banco a determinada empresa, cuja péssima situação financeira, por demais conhecida, não permitiria que uma instituição financeira assumisse o risco de deferir (TRF da 3ª Região, 1ª T., HC 96.03.020224-0, Rel. Des. Fed. Theotonio Costa, j. 4-2-1997, v.u., *DJU* 25-2-1997, p. 9246. No mesmo sentido: TRF da 3ª Região, 1ª T., HC 93.03.045397-8, Rel. Des. Fed. Theotonio Costa, j. 5-11-1996, v.u., *DJU* 3-12-1996, p. 93272).

■ Concessão de créditos sem análise prévia: Comete o delito de gestão temerária o agente que aprova créditos sem análise prévia quanto ao potencial de endividamento, capacidade de pagamento bem como pela concessão a clientes com sérias restrições cadastrais, sem exigência de formalização de garantias suficientes, e até mesmo a clientes com elevado endividamento junto ao sistema bancário (TRF da 4ª Região, 7ª T., Ap. 2003.70.00.078676-0/PR, Des. Fed. Sebastião Ogê Muniz, j. 22-2-2011, *DE* 17-3-2011).

■ Inadimplência anterior: Caracteriza-se, em tese, o crime de gestão temerária, se era perfeitamente possível antever, por meio de exame da documentação juntada, a temeridade da realização de tal operação, realçado que foi não ter a devedora honrado o contrato anterior e não possuir margens para novas operações na faixa "risco alto" (TRF da 3ª Região, 1ª T., HC 96.03.020585-0, Rel. Des. Fed. Theotonio Costa, j. 19-11-1996, v.u., *DJU* 17-12-1996, p. 97628).

■ Pareceres favoráveis: Não há como considerar as condutas increpadas aos pacientes como temerárias, eis que em relação ao empréstimo concedido observa-se que a decisão do comitê de crédito do banco foi baseada em pareceres favoráveis, de outros órgãos da instituição financeira, com garantias, tendo boa parte do empréstimo sido quitada, remanescendo o saldo transferido para crédito em liquidação. As condutas dos pacientes mostraram-se atípicas, pois apenas envolveram certa dose de riscos inerentes a essas atividades (TRF da 3ª Região, 1ª T., HC 96.03.069073-2, Rel. Des. Theotonio Costa, j. 22-10-1996, v.u., *DJU* 19-11-1996, p. 88430).

Não comete o crime de gestão temerária se a conduta do paciente de aprovação de um empréstimo baseou-se em pareceres favoráveis da instituição financeira, recebendo como garantia o equipamento industrial financiado, além de parte dos empréstimos haver sido quitada. Conduta que não ultrapassou os limites de prudência normal a tais tipos de operação (TRF da 3ª Região, 1ª T., HC 95.03.104511-8, Rel. Des. Theotonio Costa, j. 26-3-1996, v.u., *DJU* 8-10-1996, p. 75753).

O acervo mínimo probatório que instruiu a denúncia é vacilante quanto à "situação de perigo", própria do crime de gestão temerária. Denúncia embasada em parecer técnico do TCU, cujo entendimento foi posteriormente reformulado em favor dos acusados, sem qualquer outro elemento técnico oficial capaz de posicionar a divergência num ou noutro sentido, acarretando falta de justa causa para a ação penal (TRF da 2ª Região, 1ª T. Espec., HC 2009.02.01.015107-1, Rel. Des. Fed. Abel Gomes, j. 10-2-2010).

■ Aplicação em conta sem correção monetária: Se o agente, administrador da instituição financeira, recebe valores para ser depositados em poupança, e, por sua conta e risco, faz os depósitos em contas sem correção monetária, ainda que sob alegação de evitar a quebra do estabelecimento de crédito, comete o delito de gestão temerária previsto no art. 4º, parágrafo único, e não o de peculato-apropriação, previsto no art. 5º (TRF da 1ª Região, 3ª T., Ap. 96.01.49200-3, Rel. Des. Fed. Tourinho Neto, m.v., *RT* 748/719).

■ **Arrependimento posterior (CP, art. 16):** Impõe-se a aplicação dessa causa de diminuição de pena ao crime de gestão temerária (TRF da 4ª Região, Ap. 2002.04.010372991, *DJU* 11-2-2004, p. 471).

Art. 5º Apropriar-se, quaisquer das pessoas mencionadas no art. 25 desta Lei, de dinheiro, título, valor ou qualquer outro bem móvel de que tem a posse, ou desviá-lo em proveito próprio ou alheio:

Pena — reclusão, de 2 (dois) a 6 (seis) anos, e multa.

Parágrafo único. Incorre na mesma pena qualquer das pessoas mencionadas no art. 25 desta Lei, que negociar direito, título ou qualquer outro bem móvel ou imóvel de que tem a posse, sem autorização de quem de direito.

Apropriação ou desvio de valores (caput)

■ **Objeto jurídico:** O Sistema Financeiro Nacional. *Vide* notas ao art. 1º desta lei, com especial ênfase àquela sob a rubrica *Nossa posição — Sistema Financeiro Nacional (lato sensu)*.

■ **Sujeito ativo:** Somente as pessoas referidas no art. 25 desta lei (o controlador e os administradores de instituição financeira, assim considerados os diretores, gerentes). Trata-se, portanto, de *crime de mão própria*, que não admite coautoria, ao contrário do que sucede com os demais delitos comuns e, inclusive, próprios, por força do art. 30 do CP. *Vide* nota abaixo *Concurso de agentes (crime de mão própria)*.

■ **Sujeito passivo:** O Estado, a instituição financeira e também o particular prejudicado.

■ **Tipo objetivo:** Os núcleos são *apropriar-se* (tomar como propriedade, tomar para si, apoderar-se) e *desviar* (que tem o sentido de alterar o destino, desencaminhar). O objeto material é: dinheiro, título, valor ou qualquer bem móvel *de que tem a posse*. A posse, como cediço, não se confunde com *domínio* (propriedade). O proprietário pode, ou não, estar na posse da coisa. Assim, refere-se o tipo deste art. 5º à posse, entendida como a *posse direta* (nos termos do art. 1.197 do CC, ou seja, "de pessoa que tem a coisa em seu poder, temporariamente, em virtude de direito pessoal, ou real"), que o gestor da instituição financeira tem do dinheiro, título, valor ou qualquer bem móvel de terceiros (*v.g.,* investidores), em razão de sua atividade. Dessa feita, o *caput* do art. 5º aproxima-se muito do crime de apropriação indébita, previsto no art. 168 do CP, o qual, todavia, ao contrário do que dispõe o artigo em comento, faz referência não só à "posse", mas também à "detenção". A redação deste art. 5º presta-se, portanto, a confusão, mesmo porque a mera detenção, ainda que não vigiada do dinheiro, título, valor ou bem móvel, não se confunde, tecnicamente, com o conceito civil de posse. Nesse sentido, dispõe o art. 1.198 do CC que se considera "detentor aquele que, achando-se em relação de dependência para com outro, conserva a posse em nome deste e em cumprimento de ordens ou instruções suas"; isto é, não há posse própria, mas posse em nome de terceiro, como na hipótese, por exemplo, de o contador que guarda os livros e documentos contábeis da empresa que o contrata. Nesse sentido, Pimentel lembra que é possível a entrega desses bens a título de *detenção* (isto é, em cumprimento de ordens ou instruções) e não de *posse* propriamente dita, concluindo: "Seria mais prudente se o legislador mantivesse a mesma orientação seguida quando da redação da figura da apropriação indébita prevista no art. 168 do CP" (ob. cit., p. 57). De qualquer forma, a posse anterior há que ser *lícita*, isenta de vícios (se não houver posse ou se a posse anterior for ilícita, *vide* nota *Confronto*).

- **Tipo subjetivo:** É o dolo, consistente na vontade livre e consciente de apropriar-se (com *animus rem sibi habendi*) ou de desviar. Nesta última modalidade (*desvio*), há o elemento subjetivo do tipo, ou seja, o especial fim de agir: *em proveito próprio ou alheio* (dolo específico). De qualquer modo, esta última exigência do tipo afigura-se absolutamente *despicienda*, já que *qualquer desvio*, em face do seu significado, será *em proveito próprio ou alheio*; impossível conceber *desvio* se assim não for.

- **Concurso de agentes (crime de mão própria):** Para George Tavares, Alexandre Lopes de Oliveira e Kátia Tavares, com quem concordamos, o delito previsto neste art. 5º é *crime de mão própria*, *verbis*: "É bem verdade que, em outros dispositivos, como, por exemplo, o art. 5º ou 17 que aludem a 'quaisquer das pessoas mencionadas no art. 25', ou o art. 15, que se refere ao 'interventor, liquidante ou a síndico', pessoas referidas no parágrafo único do mencionado art. 25, entende-se que estas qualidades do agente são *circunstâncias personalíssimas*, e são chamados *crimes de mão própria*. A diferença destes dispositivos dos demais previstos na Lei n. 7.492/86 é que se exigiu a *atuação pessoal* do sujeito ativo, isto é, os delitos são formulados de tal modo que o autor só pode ser aquele que esteja em situação de executar imediata e corporalmente a ação proibida. Então, os estranhos, nos delitos de mão própria, podem intervir somente como partícipes, jamais como autores ou coautores", com escólio em Maurach (*Tratado de derecho penal*, cit., v. I, p. 287, *in Anotações sobre direito penal tributário, previdenciário e financeiro*, cit., p. 37-38). Adotando entendimento próximo ao acima exposto, Ali Mazloum afirma só ser possível haver o concurso de agentes nas modalidades de *participação* material (cumplicidade) ou moral (induzimento ou instigação), sendo impossível a coautoria do *estraneus* (ob. cit., p. 82). Em sentido contrário, admitindo a coautoria, Rodolfo Tigre Maia (ob. cit., p. 67) e Pimentel (ob. cit., p. 61).

- **Consumação:** Na modalidade *apropriar-se*, no momento em que há a inversão da posse; na figura *desviar*, no momento em que há o proveito próprio ou alheio, do dinheiro, título, valor ou bem móvel. O crime é *material*.

- **Tentativa:** É possível.

- **Confronto:** Tratando-se de desvio de bem alcançado por indisponibilidade legal decorrente de intervenção, liquidação extrajudicial ou falência de instituição financeira, art. 13 desta lei; se é o interventor, o liquidante ou o síndico que desvia bens indisponíveis ou deles se apropria, art. 13, parágrafo único; se a coisa alheia móvel de que o possuidor se apropria, como se proprietário fosse, não se encontra vinculada à atividade da instituição financeira, CP, art. 168; se o agente não tem anterior posse da coisa, CP, art. 155; se a posse anterior é obtida mediante fraude, poderemos ter o crime de estelionato, CP, art. 171; ademais, se o estelionato consistir em falsa operação de instituição financeira, poderá haver concurso com o crime do art. 16 desta lei, como bem lembrado por Ali Mazloum, embora reconheça que a jurisprudência não é pacífica (ob. cit., p. 87).

- **Concurso de crimes:** É possível. Lembramos o exemplo em que há falsificação de documentos para acobertar a apropriação ou o desvio, havendo concurso material, na hipótese de restarem ofendidos bens jurídicos diversos, como a fé pública.

- **Pena:** Reclusão, de dois a seis anos, e multa.

- **Ação penal:** Pública incondicionada, com particularidades (*vide* art. 27).

Negociação não autorizada (parágrafo único)

- **Objeto jurídico, sujeito ativo, sujeito passivo, tentativa, concurso de agentes e ação penal:** Iguais aos do *caput*.

- **Tipo objetivo:** O núcleo da figura típica do parágrafo único do art. 5º é *negociar* (comerciar, permutar, pactuar, contratar, ajustar), acrescido do elemento normativo do tipo *sem autorização de quem de direito* (ou seja, de pessoa que tenha capacidade jurídica e legitimação para tanto). Ao contrário do que sucede no art. 3º desta lei, o legislador não exige, *in casu*, autorização por escrito para afastar o crime. O que se exige, todavia, é que o agente não tenha poderes que lhe deem autonomia legal (*v.g.*, estatutária) para assim proceder. O objeto jurídico não é idêntico ao do *caput*, nem poderia sê-lo, diante do significado do núcleo *negociar*; a negociação vedada é de *direito*, *título* ou qualquer outro bem móvel ou imóvel. A locução *de que tem a posse*, referida no *caput*, foi, de modo atécnico, repetida no parágrafo único, gerando confusão. Observa Pimentel que a pessoa que negocia *imóvel* deve ter o seu domínio, e não a sua posse, *verbis*: "... negociar *imóvel* de que tem a posse, sem autorização de quem de direito, é algo bastante improvável, porque negociar, aqui com o sentido *de vender*, implica a necessidade de transmissão do domínio, direito que o possuidor não tem" (ob. cit., p. 57). Todavia, há que se lembrar a possibilidade de cessão de direitos possessórios, que não deixa de ser ato de negociar.

- **Tipo subjetivo:** É o dolo, isto é, a vontade livre e consciente de negociar, com consciência de que não possui poder para fazê-lo e tampouco autorização para tanto. Não há forma culposa. Se houver erro quanto à existência de autorização (art. 20 do CP), não haverá crime a punir.

■ Consumação: Com a efetiva realização do negócio; trata-se, portanto, de crime material. A posterior restituição ao *status quo ante* poderá caracterizar a causa de diminuição de pena do art. 16 do CP (arrependimento posterior).

Jurisprudência

■ Sujeito ativo: Basta tratar-se, substancialmente, de instituição financeira e que o agente atue materialmente nas funções de controlador, administrador, diretor ou gerente, para a configuração do crime (TRF da 3ª Região, 5ª T., Ap. 97.03.012238-8, Rel. Des. Fed. André Nekatschalow, j. 24-5-2004, v.u., *DJU* 15-6-2004, p. 228).

O crime do art. 5º somente pode ser praticado pelas pessoas indicadas no art. 25, sendo, portanto, crime próprio. Todavia, admite o concurso de pessoas (TRF da 3ª Região, 5ª T., RCr 2002.61.05.011745-0, Rel. Des. Fed. André Nekatschalow, j. 14-6-2004, v.u., *DJU* 7-7-2004, p. 84).

■ Aplicação em conta sem correção monetária: Se o agente, administrador da instituição financeira, recebe valores para ser depositados em poupança, e, por sua conta e risco, faz os depósitos em contas sem correção monetária, ainda que sob alegação de evitar a quebra do estabelecimento de crédito, não comete o crime previsto no art. 5º, mas sim o delito de gestão temerária previsto no art. 4º, parágrafo único (TRF da 1ª Região, 3ª T., Ap. 96.01.49200-3, Rel. Des. Fed. Tourinho Neto, j. 26-8-1997, m.v., *RT* 748/719).

■ Destino diverso do contratado: Para a consumação do delito, basta que os recursos captados tenham sido desviados do destino previsto no contrato celebrado (TRF da 3ª Região, 5ª T., Ap. 2007.03.99.046414-7, Rel. Des. Fed. Ramza Tartuce, j. 30-5-2011).

■ Recusa em devolver: A recusa, por parte de sócio gerente de empresa industrial e comercial de metais nobres, em devolver aos investidores, ao término do contrato, o ouro negociado ou a quantia a ele equivalente, assinala a inversão do título da posse e, em consequência, resvala no crime tipificado no art. 5º da Lei n. 7.492/86 (TRF da 4ª Região, 2ª T., Ap. 2003.81.00.019159-8, Rel. Des. Luiz Alberto Gurgel de Faria, *RT* 872/744).

■ Atraso no repasse de contribuições previdenciárias: À luz do princípio da legalidade, pedra angular do direito penal, que não admite, em absoluto, interpretação extensiva para fins de enquadramento de conduta em espécie criminal semelhante, não se reveste de tipicidade, na forma prevista no art. 5º, o ato de retardar o repasse de contribuições previdenciárias recolhidas por clientes do banco (STJ, 6ª T., RHC 7.152, Rel. Min. Vicente Leal, *RT* 756/517).

■ Consórcio: Apropriação ilícita de dinheiro, título, valor ou qualquer outro bem móvel e, bem assim, sua negociação desautorizada, praticada por dirigentes de instituições financeiras — incluídas as administradoras de consórcio —, configura o delito do art. 5º (STJ, 6ª T., HC 29.327, *RSTJ e TRFs* 179/544).

■ **Confronto com o art. 4º:** O delito do art. 4º, *caput*, absorve o do art. 5º, *caput*, havendo consunção do *post factum* pelo crime anterior mais grave e como resultado dele (TRF da 2ª Região, 1ª T. Espec., AC 2000.51.01.533022-7, Rel. Juiz Fed. convoc. Marcello Ferreira de Souza Granado, j. 22-9-2010).

Evidenciada a diversidade de fraudes na conduta dos gestores da agência bancária, a configurar o conflito aparente de normas, deve prevalecer o delito de gestão fraudulenta (art. 4º, *caput*), por força da aplicação do princípio da subsidiariedade, não ensejando a aplicação do pretendido concurso material com os arts. 5º e 20 (TRF da 4ª Região, 7ª T., Ap. 2001.70.11.003397-3, Des. Fed. Néfi Cordeiro, j. 17-8-2011, *DE* 15-9-2011).

■ **Confronto com o art. 6º:** O fato de negar ou prestar informações falsas aos investidores (art. 6º) se constituiu em meio para alcançar o objetivo de desviar valores em proveito próprio e alheio (art. 5º), sendo aquele absorvido por este (TRF da 2ª Região, 2ª T. Espec., Ap. 2001.51.01.529748-4, Rel. Des. Fed. Messod Azulay Neto, j. 16-12-2010).

■ **Confronto com os arts. 4º, 7º e 9º:** A norma do art. 4º, *caput*, não incrimina resultado material, naturalístico, que porventura venha a ocorrer e que, por lógico, diz respeito à obtenção de vantagem indevida — patrimonial, ainda que indireta. Se, porém, a vantagem patrimonial indevida é consequência da própria gestão, o resultado material não demandaria outra classificação de conduta, sendo suficiente a norma definidora da gestão fraudulenta. O crime definido no art. 4º, *in casu*, absorveu os delitos de apropriação/desvio (art. 5º, *caput*) e de fraude a investidor (art. 9º). A mesma relação consuntiva há de ser negada entre a norma do art. 4º e a do art. 7º, IV (emitir, oferecer ou negociar, de qualquer modo, títulos ou valores mobiliários... sem autorização prévia da autoridade competente quando legalmente exigida) (STJ, 6ª T, REsp 575.684, Rel. Min. Paulo Medina, *DJU* 23-4-2007, p. 317).

■ **Confronto com o art. 168 do CP:** A apropriação pelo acusado de bem que estava em seu poder, sem lastro em negócio jurídico celebrado entre seu proprietário e a instituição financeira, pode ser considerada uma apropriação indébita comum, descrita no art. 168 do CP (TRF da 5ª Região, 4ª T., Ap. 0019656-64.1998.4.058300, Rel. Des. Fed. Margarida Cantarelli, j. 4-10-2011, *DJe* 21-10-2011, p. 192).

Quando a afetação ao bem jurídico específico revela-se incapaz de produzir risco, ou efetiva lesividade ao bem jurídico, não há como reconhecer a existência de crime contra o Sistema Financeiro Nacional. Investigado que teria se apropriado de quase R$ 100.000,00, referente a retenção de IR incidente sobre indenização trabalhista. Ou seja, somente um pequeno prejuízo ao Fisco federal, que não se confunde com o Sistema Financeiro Nacional, tampouco com a instituição financeira (TRF da 4ª Região, 4ª S., Conflito de Jurisdição 0000151-31.2011.404.0000, Rel. p/ acórdão Des. Fed. Paulo Afonso Brum Vaz, j. 17-3-2011, *DE* 25-3-2011).

Art. 6º Induzir ou manter em erro, sócio, investidor ou repartição pública competente, relativamente a operação ou situação financeira, sonegando-lhe informação ou prestando-a falsamente:

Pena — reclusão, de 2 (dois) a 6 (seis) anos, e multa.

Induzimento em erro sobre operação ou situação financeira

- **Objeto jurídico:** O Sistema Financeiro Nacional. Cf. a respeito, notas ao art. 1º, em especial aos comentários sob a rubrica *Nossa posição — Sistema Financeiro Nacional (*lato sensu*)*.
- **Sujeito ativo:** Qualquer pessoa (crime comum). Não obstante se afigure, *a priori*, que só o gestor da instituição financeira é que teria condições para praticar as condutas referidas no *caput*, Pimentel (*Crimes contra o Sistema Financeiro Nacional*, cit., p. 63), com habitual pertinência, aventa a hipótese de um contador que, por si só, pratica a conduta incriminada, a fim de encobrir, aduzimos, eventual desfalque.
- **Sujeito passivo:** Primeiramente, o Estado; secundariamente, o sócio e o investidor.
- **Tipo objetivo:** Incrimina-se o ato de *induzir* (provocar, levar, incutir, causar) ou *manter* (fazer com que continue, conservar, não desfazer) *em erro* (equivocada, falsa percepção da realidade), o sócio, o investidor ou a repartição pública competente (órgãos que têm poder de fiscalização). A existência de *fraude* (burla, mentira, ardil) por parte do sujeito ativo é ínsita ao induzimento ou à manutenção em erro (nesse sentido, Pimentel, ob. cit., p. 62; *contra*, entendendo que não há necessidade de fraude, Rodolfo Tigre Maia, *Dos crimes contra o Sistema Financeiro Nacional,* cit., p. 71). A *fraude, in casu,* é *vinculada* às seguintes condutas, que são o seu *modus operandi*: a *sonegação de informação* (conduta omissiva) ou a *prestação de informação falsa* (conduta comissiva). Evidentemente, só se poderá falar em incriminação do sujeito que sonega informação se ele tiver o *dever jurídico de prestá-la*, nos termos do CP, art. 13, § 2º. Além disso, há expressa exigência no tipo de que a informação falseada ou omitida deva se referir a *operação financeira* (determinada compra e venda de ações, por exemplo) ou a sua *situação financeira* (expressa, em regra, por meio de balanços). O crime é formal, não se exigindo resultado naturalístico. Há necessidade, todavia, que se constate a existência de *perigo concreto* de dano à incolumidade do sistema financeiro nacional, ao sócio ou ao investidor.
- **Tipo subjetivo:** É o dolo, consistente na vontade livre e consciente de induzir ou manter em erro. Para os tradicionais, é o dolo genérico, não se exigindo nenhum fim específico. Trata-se, outrossim, de dolo direto, sendo inimaginável poder haver dolo eventual. Não há forma culposa, evidentemente.
- **Concurso de agentes:** É possível.
- **Consumação:** Com a efetiva indução ou mantença em erro, seja no momento em que a informação falsa é prestada ou, então, em que a informa-

ção verdadeira é omitida. O crime é formal, sendo o eventual prejuízo mero exaurimento.

■ Tentativa: Entendendo ser impossível a tentativa, pelo fato de o crime ser de mera conduta, Paulo José da Costa Jr., Maria Elizabeth Queijo e Charles M. Machado (ob. cit., p. 89) e Pimentel (ob. cit., p. 64). Tigre Maia (ob. cit., p. 72), todavia, entende que ela é possível na modalidade comissiva, quando houver *iter criminis*, lembrando a hipótese de prestação de informação falsa por meio de carta interceptada, antes de chegar ao destinatário. A essa mesma discussão já nos reportamos nos comentários aos arts. 2º e 3º desta lei. Se entendermos que o envio da carta ou do e-mail que, por razões estranhas à vontade do agente, não chegou ao destinatário foi início de execução, com relevância para o direito penal, teríamos a figura *tentada*; se, entretanto, entendermos tal hipótese como mero ato preparatório, seria um *irrelevante penal*. Embora improvável, a nosso ver a possibilidade de haver tentativa, nesse exemplo, não pode ser totalmente descartada.

■ Confronto: Se há o emprego de falsidade ideológica em *documento comprobatório de investimento em títulos ou valores mobiliários*, para fraudar a fiscalização ou o investidor, *vide* art. 9º desta lei, apenado, inclusive, mais levemente. Nas hipóteses em que a conduta não se amolda ao tipo deste art. 6º, por não se tratar de instituição financeira, poderá haver a incidência do crime do art. 177 (fraudes em sociedades anônimas). Em casos diversos, o próprio crime de estelionato (CP, art. 171).

■ Concurso de crimes: Poderá haver eventual concurso com outros crimes previstos nesta lei, como o do art. 7º. Igualmente, com delitos previstos no CP, como os de falsidade ideológica, material e uso de documento falso (CP, arts. 297, 298 e 304), já que estariam ofendendo outros bens jurídicos (a fé pública). Se a finalidade do agente for a de *sonegar tributos*, lembra Pimentel (ob. cit., p. 65) que o crime contra o sistema financeiro restará absorvido pelo crime contra a ordem tributária.

■ Pena: Reclusão, de dois a seis anos, e multa.

■ Ação penal: Pública incondicionada, com particularidades (*vide* art. 27).

Jurisprudência

■ Crime formal: O crime descrito no art. 6º é formal, não necessitando da ocorrência de qualquer resultado naturalístico para a sua consumação (TRF da 3ª Região, 5ª T., Ap. 2007.61.81.002517-2, Rel. Des. Fed. Ramza Tartuce, j. 29-8-2011).

■ Irregularidade administrativa: A sonegação de informação de que a empresa não tinha a autorização do Bacen para atuar é irregularidade administrativa, e não se refere aos atos negociais ou condição financeira da empresa, não constituindo a infração penal descrita no art. 6º, o que decorre na absolvição dos acusados (TRF da 2ª Região, 1ª T. Espec., AC 1994.51.01.041138-7, Rel. Juiz Fed. conv. Aluísio Gonçalves de Castro Mendes, j. 16-12-2009).

■ **Atipicidade:** Comprovadas a regularidade dos leilões efetuados e a conformidade do deságio na venda das LFTSC com aquele praticado no mercado à época dos fatos, bem como a ciência dos órgãos de fiscalização quanto às operações, não há falar em dolo dos denunciados. Sendo a conduta dos réus aceita na praxe administrativa, não sendo considerada anormal ou contrária ao regulamento do Bacen, não se trata de inexigibilidade de conduta diversa, mas sim de atipicidade por ausência de dolo (TRF da 4ª Região, 7ª T., Ap. 2000.72.00.009640-0, Rel. Des. Néfi Cordeiro, j. 30-8-2011, *DE* 8-9-2011).

■ **Operadora de telemarketing:** A simples afirmação de que a apelada supervisionava os operadores de telemarketing não permite induzir que esta participava ou tivesse ciência da ocorrência dos delitos contra o Sistema Financeiro lá praticados, uma vez que restou demonstrada uma total independência entre os operadores estrangeiros e o restante da operação empresarial (TRF da 3ª Região, 5ª T., Ap. 2007.61.81.002517-2, Rel. Des. Fed. Ramza Tartuce, j. 29-8-2011).

■ **Confronto com o art. 5º:** O fato de negar ou prestar informações falsas aos investidores (art. 6º) se constituiu em meio para alcançar o objetivo de desviar valores em proveito próprio e alheio (art. 5º), sendo aquele absorvido por este (TRF da 2ª Região, 2ª T. Espec., Ap. 2001.51.01.529748-4, Rel. Des. Fed. Messod Azulay Neto, j. 16-12-2010).

■ **Confronto com estelionato (CP, art. 171):** Não obstante o legislador tenha se utilizado no art. 6º de alguns elementos do crime de estelionato, não há nele a necessidade de comprovação do elemento subjetivo consubstanciado na vantagem ilícita obtida pelo autor do delito, tampouco a comprovação de prejuízo do lesado (TRF da 2ª Região, 2ª T. Espec., Ap. 2001.50.01.009269-9, j. 24-8-2010, Rel. Juiz Fed. convoc. Marcelo Leonardo Tavares, j. 24-8-2010).

Art. 7º Emitir, oferecer ou negociar, de qualquer modo, títulos ou valores mobiliários:

I — falsos ou falsificados;

II — sem registro prévio de emissão junto à autoridade competente, em condições divergentes das constantes do registro ou irregularmente registrados;

III — sem lastro ou garantia suficientes, nos termos da legislação;

IV — sem autorização prévia da autoridade competente, quando legalmente exigida:

Pena — reclusão, de 2 (dois) a 8 (oito) anos, e multa.

Emissão, oferecimento ou negociação de títulos falsos, sem registro, sem lastro ou sem autorização

- **Objeto jurídico:** O Sistema Financeiro Nacional. Cf. nota *Nossa posição — Sistema Financeiro Nacional (lato sensu)*, no art. 1º.

- **Sujeito ativo:** Qualquer pessoa (crime comum), e não somente as indicadas no art. 25 desta lei, isto é, os gestores da instituição financeira, seus controladores ou administradores, assim considerados os seus diretores e gerentes, além do interventor, liquidante e síndico. Lembramos, por exemplo, a hipótese em que um mero corretor de valores negocie títulos falsificados.

- **Sujeito passivo:** Primeiramente, o Estado; secundariamente, os investidores e terceiros prejudicados com a emissão, o oferecimento ou a negociação dos títulos.

- **Tipo objetivo:** Os núcleos do tipo são *emitir* (criar, lançar, por em circulação), *oferecer* (exibir ou dar notícia de sua existência com o intuito de venda) ou *negociar* (vender ou comprar), *de qualquer modo* (desde que semelhante a estes, evidentemente). Quanto ao objeto material, a redação deste art. 7º utiliza-se da locução *títulos ou valores mobiliários*, ao contrário do que faz o art. 10 desta lei, que emprega a expressão *títulos de valores mobiliários*. A palavra *título* é ampla, significando o documento que, para efeitos legais, reconhece como verdadeiro um *direito*. O legislador, neste art. 7º, optou, contudo, pela linguagem adotada na Lei n. 4.728/65, que *disciplina o mercado de capitais*, utilizando-se da mesma locução (*títulos ou valores mobiliários*, cf. art. 3º, VI, dessa lei). Os *valores mobiliários*, segundo o art. 2º da Lei n. 6.385/76, alterado pela Lei n. 10.303/2001, são: "I — as ações, debêntures e bônus de subscrição; II — os cupons, direitos, recibos de subscrição e certificados de desdobramento relativos aos valores mobiliários referidos no inciso II; III — os certificados de depósito de valores mobiliários; IV — as cédulas de debêntures; V — as cotas de fundos de investimento em valores mobiliários ou de clubes de investimento em quaisquer ativos; VI — as notas comerciais; VII — os contratos futuros, de opções e outros derivativos, cujos ativos subjacentes sejam valores mobiliários; VIII — outros contratos derivativos, independentemente dos ativos subjacentes; e IX — quando ofertados publicamente, quaisquer outros títulos ou contratos de investimento coletivo, que gerem direito de participação, de parceria ou de remuneração, inclusive resultante de prestação de serviços, cujos rendimentos advêm do esforço do empreendedor ou de terceiros". Para configurar-se o tipo deste art. 7º, devem os títulos enquadrar-se nas seguintes circunstâncias: I — serem *falsos ou falsificados*, isto é, não serem verdadeiros, ou, ainda que originariamente verdadeiros, terem sido adulterados. Há, portanto, um *crime antecedente* de falso, que restará absorvido por este; II — como também: a) estarem *sem registro prévio de emissão junto à autoridade competente*. A disciplina dos mercados financeiro e de capitais é imposta pelo Conselho Monetário Nacional — CMN, cabendo ao Banco Central a fiscalização, bem como o registro da emissão de títulos ou valores (cf., *v.g.*, arts. 1º, 3º, V e VI, e 21 da Lei n. 4.728/65, este estipulando, *verbis*: "Nenhuma emissão de títulos ou valores mobiliários poderá ser lançada, oferecida publicamente, ou ter iniciada a sua distribuição no mercado, sem estar registrada no Banco Central"); b) encontrarem-se *em condições divergentes das* *constantes do registro*; ou, ainda; c) terem sido *irregularmente registrados* (*v.g.*, com a utilização de uma certidão falsa); III — não terem *lastro ou garantia suficientes*, acrescido do elemento normativo *nos termos da legislação* (ver, entre outras, a Lei das Sociedades Anônimas — Lei n. 6.404/76); IV — não possuírem *autorização prévia da autoridade competente, quando legalmente exigida*. As figuras dos incisos II (a), III e IV, constituem lei penal em branco, devendo o intérprete procurar o complemento na legislação extrapenal.

- Tipo subjetivo: É o dolo, consistente na vontade livre e consciente de emitir, oferecer ou negociar, *ciente* de que os títulos encontram-se nas condições referidas nos incisos I a IV do art. 7º. Para os tradicionais, é o dolo genérico, não se exigindo nenhum fim específico. Em tese, é possível haver dolo eventual. Não há forma culposa. Desse modo, o erro quanto a algum elemento do tipo, como a existência de autorização legal prévia para a emissão (inc. IV), afastará o crime deste art. 7º (CP, art. 20).

- Concurso de agentes: É possível.

- Consumação: Com a efetiva emissão, oferecimento ou negócio. O crime é formal, nas modalidades de *emitir* e *oferecer*. Na forma de *negociar*, é material, dependendo, para o seu aperfeiçoamento, "de uma relação com outra ou outras pessoas, físicas ou jurídicas" (Pimentel, ob. cit., p. 69).

- Tentativa: Na modalidade de *emitir*, a conduta é unissubsistente, sendo impossível a tentativa. Na hipótese de *oferecer*, a conduta pode eventualmente assumir feição plurissubsistente e admitir tentativa, quando o oferecimento, por exemplo, se dá por escrito (*v.g.*, por meio de propaganda que resta interceptada). Na modalidade de *negociar*, o crime é material, admitindo, em tese, a tentativa. Todavia, na prática ela será pouco provável, por ser difícil imaginar uma "tentativa de negociar" sem prévio *oferecimento*, o que, por si só, configuraria o tipo.

- Confronto: A falsificação do título, que não seja um dos referidos neste artigo, pode configurar o crime de falsidade de documento público (CP, art. 298). A emissão sem autorização escrita da sociedade emissora, o crime do art. 2º desta lei. Em casos diversos, poderá haver a configuração do crime de estelionato (CP, art. 171). Tratando-se de valores mobiliários, havendo manipulação do mercado, utilização de informação não divulgada (*inside information*), ou atuação no mercado de valores mobiliários sem autorização, *vide* os crimes contra o Mercado de Capitais previstos nos arts. 27-C, 27-D e 27-E da Lei n. 6.385/76, alterada pela Lei n. 10.303/2001.

- Concurso de crimes: Eventual crime de falso (CP, art. 297), quando meio para a prática do delito do art. 7º, restará absorvido por este.

- Pena: Reclusão, de dois a oito anos, e multa.

- Ação penal: Pública incondicionada, com particularidades (*vide* art. 27).

Jurisprudência

- Não revogação: O art. 27-E da Lei n. 10.303/2001 não revogou o art. 16 da Lei n. 7.492/86, porquanto os objetos jurídicos tutelados são distintos: o art. 16 tutela a higidez do Sistema Financeiro Nacional, enquanto a Lei

n. 10.303/2001 tutela a integridade dos valores mobiliários (TRF da 3ª Região, 1ª T., Ap. 2003.61.20.001982-1, Rel. Des. Fed. José Lunardelli, j. 28-6-2011).

- **Crime formal:** O delito tipificado no inciso II do art. 7º é formal, não pressupondo a produção de prejuízo; havendo porém, resultado danoso, é dado ao juiz exasperar a pena-base para além do mínimo legal (TRF da 3ª Região, 2ª T., Ap. 2002.61.81.001450-4, Rel. Des. Fed. Nelton dos Santos, j. 23-8-2011).

- **Bônus do Banco Central (registro e falta de lastro):** Confunde-se na autarquia (Bacen) as funções de emitente e registrador do título, razão pela qual impossível a procedência da alegação de falta de registro prévio da emissão desses títulos (BBCS), porque tal registro é de responsabilidade do próprio órgão emissor. Sendo os bônus do Banco Central, de emissão da autarquia federal, entidade componente da própria administração indireta da União, possuem eles lastro legal, posto que fazem parte da dívida pública e, portanto, de responsabilidade do próprio governo (TRF da 3ª Região, 1ª T., HC 1999.03.00.034746-7, Rel. Des. Fed. Roberto Haddad, j. 30-11-1999, v.u., *DJU* 21-3-2000, p. 215).

- **Operações de compromisso:** As operações de compromisso não se sujeitam a registro prévio, sendo que, no caso, as operações efetuadas foram registradas na Selic, tanto que a denúncia, por tais registros, elaborou até a tabela das operações. A competência tanto para o registro da emissão de títulos como das operações de compra e venda dos mesmos é do Banco Central (Lei n. 4.728/65) (TRF da 3ª Região, 1ª T., HC 1999.03.00.034746-7, Rel. Des. Fed. Roberto Haddad, j. 30-11-1999, v.u., *DJU* 21-3-2000, p. 215).

- **Listas ou boletins de venda ou subscrição:** Na conformidade do art. 19, *caput*, da Lei n.6.385/76, nenhuma emissão pública de valores mobiliários será distribuída no mercado sem prévio registro na CVM; e, de acordo com o inciso I do § 3º do mesmo artigo, caracteriza emissão pública a utilização de listas ou boletins de venda ou subscrição (TRF da 3ª Região, 2ª T., Ap. 2002.61.81.001450-4, Rel. Des. Fed. Nelton dos Santos, j. 23-8-2011).

- **Princípio da isonomia:** Sendo a prática acoimada de ilegal, efetuada no mesmo dia, pela mesma forma, por diversas instituições financeiras, não se justifica a abertura de procedimento criminal apenas quanto a uma delas (TRF da 3ª Região, 1ª T., HC 1999.03.00.034746-7, Rel. Des. Fed. Roberto Haddad, j. 30-11-1999, v.u., *DJU* 21-3-2000, p. 215).

- **Confronto com os arts. 4º, 5º e 9º:** A norma do art. 4º, *caput*, não incrimina resultado material, naturalístico, que porventura venha a ocorrer e que, por lógico, diz respeito à obtenção de vantagem indevida — patrimonial, ainda que indireta. Se, porém, a vantagem patrimonial indevida é consequência da própria gestão, o resultado material não demandaria outra classificação de conduta, sendo suficiente a norma definidora da gestão fraudulenta. O crime definido no art. 4º, *in casu*, absorveu os delitos de apropriação/desvio (art. 5º, *caput*) e de fraude a investidor (art. 9º). A mesma relação consuntiva há de ser negada entre a norma do art. 4º e a do art. 7º, IV (emitir, oferecer ou negociar, de qualquer modo, títulos ou valores mobiliários... sem autorização prévia da autoridade competente quando legalmente exigida) (STJ, 6ª T, REsp 575.684, Rel. Min. Paulo Medina, *DJU* 23-4-2007, p. 317).

Art. 8º Exigir, em desacordo com a legislação (*vetado*), juro, comissão ou qualquer tipo de remuneração sobre operação de crédito ou de seguro, administração de fundo mútuo ou fiscal ou de consórcio, serviço de corretagem ou distribuição de títulos ou valores mobiliários:

Pena — reclusão, de 1 (um) a 4 (quatro) anos, e multa.

- Suspensão condicional do processo: Cabe (art. 89 da Lei n. 9.099/95).
- Substituição por penas alternativas: Cabe (arts. 43 e 44 do CP).

Exigência de vantagem sobre operação financeira

- Objeto jurídico: O Sistema Financeiro Nacional. Ver, a respeito, nota *Nossa posição — Sistema Financeiro Nacional (lato sensu)*, no art. 1º.

- Sujeito ativo: Qualquer pessoa. Bem observa, aliás, Pimentel que o sujeito ativo "deverá ser pessoa que tenha idoneidade para *exigir*, isto é, para infundir no espírito do interlocutor o temor de que, se não ceder à exigência, poderá ver-se privado de realizar a operação desejada. Não precisará ser, necessariamente, diretor ou gerente de instituição financeira, ou pessoa a estes equiparada. Basta que a sua condição lhe confira idoneidade para infundir o referido temor, e que dele dependa a realização da operação" (ob. cit., p. 75). O delito deste art. 8º é crime comum. A autoria, outrossim, pode ser *direta* ou *indireta* (por meio de interposta pessoa, *autoria mediata*).

- Sujeito passivo: O Estado e a pessoa em face de quem a exigência foi feita.

- Tipo objetivo: O núcleo do tipo incriminador é *exigir*, que tem o sentido de impor, ordenar, reclamar, "mandar de maneira veemente, em tom autoritário", "obrigar a pagar" (*Dicionário Houaiss da Língua Portuguesa*. Rio de Janeiro: Objetiva, 2001, p. 1284). A exigência ostenta, sempre, caráter *impositivo*; assim, em nosso entendimento, não configurará o tipo um simples pedido ou cobrança (sem imposição de nada). A exigência deverá estar acompanhada do elemento normativo do tipo *em desacordo com a legislação*. Trata-se, assim, de norma penal em branco, podendo haver o crime não só pelo fato de se exigir algo não previsto em lei, como também em razão de o montante exigido ser superior ao legalmente permitido. O objeto da exigência (objeto material) é o *juro* (lucro ou remuneração que o cedente do empréstimo obtém do tomador do dinheiro ou recurso), *comissão* ("pagamento, em valores percentuais ou fixos, como retribuição a um trabalho realizado ou conseguido por intermediação negocial" — Geraldo Duarte, *Dicionário de Administração*, Fortaleza, Imprensa Universitária, 2002, p. 134) ou *qualquer tipo de remuneração* (recompensa, prêmio, pagamento, satisfação) sobre: a) *operação de crédito* (empréstimo, financiamento ao consumidor) ou de seguro; b) *administração de fundo mútuo* ("soma de valores aplicados por diversos investidores e administrados por uma corretora de valores ou por um banco de investimentos"), ou *fiscal* ("fundos de investimentos no mercado de ações, formados por quantias abatidas do Imposto de Renda dos contribuintes", criados desde 1967, a fim de estimular os negócios em bolsas de valores por pessoas físicas) ou de *consórcio* ("reunião de pessoas físicas ou jurídicas interessadas na compra de determinados bens [...] e que formam um caixa comum" — como ensina Paulo Sandroni, *Novíssimo dicionário de economia*, cit., p. 124 e 257); c) *serviço de corretagem* (atividade de quem é intermediário entre o vendedor e o comprador de determinado bem, isto é, do *corretor*); ou d) *distribuição de títulos ou valores mobiliários*. Com habitual acuidade, observa Pimentel que a enumeração é *taxativa*, e não exemplificativa (ob. cit., p. 76).

▪ Tipo subjetivo: É o dolo, consistente na vontade livre e consciente de exigir, com consciência de que age em desacordo com a legislação. Para os tradicionais, é o dolo genérico. Não há modalidade culposa. Desse modo, o erro quanto a existência de legislação autorizando a exigência de juro, comissão ou qualquer tipo de remuneração, tornará a conduta atípica (CP, art. 20), posto não ser punível a conduta imprudente ou negligente.

▪ Consumação: Com a efetiva exigência. Trata-se de crime formal; o eventual pagamento consubstancia mero exaurimento.

▪ Tentativa: Em nosso entendimento, é impossível haver tentativa. Quando verbal, a conduta é unissubsistente, não podendo ser fracionada. Na hipótese em que a exigência seja feita por escrito (*e-mail*, carta etc.), e esta não tenha chegado ao destinatário por circunstâncias alheias à vontade do sujeito ativo, hipótese em que a conduta assumiria caráter plurissubsistente, a tentativa, embora remota, poderia ser admitida na opinião de Tigre Maia (ob. cit., p. 86). Neste exemplo específico, todavia, entendemos que a carta ou o *e-mail* não recebido deverá ser *considerado mero ato preparatório* e, portanto, impunível, em face do tipo objetivo: *exigir*. Com precisão assevera Pimentel: "Ou a execução iniciou-se de forma idônea, de modo a infundir temor no sujeito passivo — e neste caso o crime se consumou —, ou houve apenas atos que não chegaram ao conhecimento da pessoa a quem se fez a exigência, e não houve idoneidade no início da execução do tipo, o que é irrelevante para o Direito Penal" (ob. cit., p. 78). No mesmo sentido, Paulo José da Costa Jr., Maria Elizabeth Queijo e Charles M. Machado inadmitem a tentativa, ainda que a conduta seja plurissubsistente (ob. cit., p. 98).

▪ Concurso de agentes: É possível.

▪ Confronto: Tratando-se de cobrança sem caráter impositivo, intimidador, de juros abusivos, poderá haver o crime de agiotagem, previsto no art. 4º, *a*, da Lei n. 1.521/51. Se a extorsão refere-se a objetos materiais diversos dos referidos taxativamente neste art. 8º, e há violência ou grave ameaça, poderá configurar-se a extorsão prevista no art. 158 do CP, que é crime mais grave ("Constranger alguém, mediante violência ou grave ameaça, e com intuito de obter para si ou para outrem indevida vantagem econômica, a fazer, tolerar que se faça ou deixar de fazer alguma coisa: Pena: reclusão, de 4 (quatro) a 10 (dez) anos, e multa".

- **Concurso de crimes:** Os crimes de ameaça (CP, art. 147) ou de constrangimento ilegal (CP, art. 146), quando integrantes do próprio crime deste art. 8º, restam absorvidos.

- **Pena:** Reclusão, de um a quatro anos, e multa.

- **Ação penal:** Pública incondicionada, com particularidades (*vide* art. 27).

Art. 9º Fraudar a fiscalização ou o investidor, inserindo ou fazendo inserir, em documento comprobatório de investimento em títulos ou valores mobiliários, declaração falsa ou diversa da que dele deveria constar:

Pena — reclusão, de 1 (um) a 5 (cinco) anos, e multa.

- **Suspensão condicional do processo:** Cabe (art. 89 da Lei n. 9.099/95).

Fraude na comprovação de investimento

- **Objeto jurídico:** O Sistema Financeiro Nacional. *Vide* notas ao art. 1º desta Lei, em especial a rubrica *Nossa posição — Sistema Financeiro Nacional* (lato sensu).

- **Sujeito ativo:** Como acertadamente assinala Pimentel, *qualquer pessoa*, como um mero funcionário sem cargo de diretoria ou gerência, pode praticar isoladamente o crime, isto é, *fazer inserir* ou *inserir* pessoalmente informação falsa ou diversa da que deveria constar, sem o concurso das pessoas indicadas no art. 25 desta lei (ob. cit., p. 82). Trata-se, portanto, de crime comum.

- **Sujeito passivo:** O Estado e, também, o investidor enganado.

- **Tipo objetivo:** O crime deste art. 9º guarda semelhança com o delito de falsidade ideológica, previsto no art. 299 do CP. A similitude, todavia, é só aparente, mesmo porque o *falso*, neste art. 9º, não é o crime em si, como sucede no art. 299 do CP. No crime contra o Sistema Financeiro Nacional ora comentado, o falso referido no tipo é nada mais do que o *meio* para o delito nele previsto, que é a *fraude contra a fiscalização ou o investidor* (da mesma forma, *v.g.*, que o ardil é um meio para o crime de estelionato, previsto no art. 171 do CP). Em outras palavras, o núcleo é *fraudar*, isto é enganar, ludibriar, com *forma vinculada*, ou seja, *inserindo* ou *fazendo inserir* (condutas *comissivas*, portanto) declaração *falsa* ou *diversa da que deveria constar*. Evidentemente, se o documento falsificado ficar em uma gaveta, não sendo utilizado, não haverá o crime, por absoluta falta de lesão ou ameaça de lesão ao bem juridicamente tutelado; um documento falso, não utilizado, é inócuo. Ao *inserir*, o sujeito ativo diretamente insere (faz constar, coloca) declaração falsa ou diversa da que deveria ser consignada (autoria direta); ao *fazer inserir*, o agente atua indiretamente, fazendo com que outrem insira a declaração falsa ou diversa (autoria mediata). É fundamental que o falso ideológico seja capaz de enganar a fiscalização ou o investidor, caso contrário teríamos um *crime impossível* diante da inidoneidade do *meio*. Outrossim, o conteúdo do falso, como meio para a consecução do crime de fraude contra a fiscalização ou o investidor, há que ser juridicamente relevante. Como nos referimos ao comentar o art. 299 do CP, em nosso *Código Penal comentado* (8. ed. São Paulo: Saraiva, 2010, p. 861), é mister, lembrando as palavras de Magalhães Noronha, "que a declaração falsa constitua elemento substancial do ato ou documento", pois "uma simples mentira, mera irregularidade, simples preterição de formalidade etc., não constituirão" (*Direito penal*. 17. ed. São Paulo: Saraiva, 1986, v. 4, p. 161). Igualmente, na lição de Miguel Reale Júnior, a alteração da verdade deve ser juridicamente relevante e ter potencialidade para prejudicar direito; caso contrário, será "um dado supérfluo, inócuo, indiferente" (*RT* 667/250). O objeto jurídico é o *documento comprobatório de investimento em títulos ou valores mobiliários* (títulos de renda, títulos de capitalização, ações etc.). Se a fraude à fiscalização ou investidor se der por outros meios, que não a falsificação dos documentos referidos, não restará configurado o tipo deste art. 9º, embora outros possam restar tipificados (*vide* nota *Confronto*).

- **Tipo subjetivo:** É o dolo, isto é, a vontade livre e consciente de enganar, fraudar a fiscalização ou o investidor, na forma prevista: inserindo ou fazendo inserir declaração falsa ou diversa da que devia constar. O tipo deste art. 9º, ao contrário do que ocorre no crime de estelionato, não exige fim especial de agir; trata-se de dolo genérico, para os tradicionais. Não há, evidentemente, modalidade culposa.

- **Consumação:** Com a efetiva fraude, ou seja, com o engodo do órgão fiscalizador ou do investidor, mediante o emprego dos documentos com declaração falsa ou diversa da que devia constar.

- **Tentativa:** Em tese é possível, porque o crime, em nosso entendimento, não é o falso em si, mas sim o engodo, a fraude à fiscalização ou ao investidor, dele decorrente. Assim, desde que o falso utilizado para a fraude seja idôneo para enganar, e o resultado (o engodo) não tenha sido atingido por circunstâncias alheias à vontade do sujeito ativo (por exemplo, uma denúncia anônima que tenha avisado, previamente, a fiscalização quanto à fraude), poderá haver tentativa.

- **Concurso de agentes:** Na modalidade *inserir*, pode haver ou não. Na figura *fazer inserir*, se a pessoa que elabora o documento (autor material) a pedido de outrem (autor intelectual) tem consciência da ilicitude, haverá coautoria. Se, porém, ela não possuir consciência da ilicitude, a sua conduta é impunível; nesse caso, a punição restringir-se-á ao *autor mediato*.

- **Confronto:** Se o sujeito ativo induz ou mantém em erro, por outro modo, o sócio, investidor ou a repartição pública competente, sonegando ou prestando informação falsa, *vide* art. 6º desta lei, apenado, inclusive, mais gravemente. Se o falso se dá em demonstrativos contábeis de instituição financeira, seguradora ou instituição integrante do sistema de distribuição de títulos de valores mobiliários, *vide* o art. 10 da presente lei. Se a intenção é fraudar o *Fisco*, art. 1º, II, da Lei n. 8.137/90. Tratando-se de sociedade anônima, e se houver falsa cotação das ações ou de outros títulos da sociedade, art. 177, § 1º, II, do CP. Havendo a falsificação de outros documentos, vide, também, o art. 3º, X, da Lei n. 1.521/51.

■ Concurso de crimes: O crime do art. 299 do CP restará, evidentemente, absorvido. Se a intenção for fraudar o *Fisco*, o art. 1º, II, da Lei n. 8.137/90 absorverá o delito deste art. 9º.

■ Pena: Reclusão, de um a cinco anos, e multa.

■ Ação penal: Pública incondicionada, com particularidades (*vide* art. 27).

Jurisprudência

■ Confronto com os arts. 4º, 5º e 7º: A norma do art. 4º, *caput*, não incrimina resultado material, naturalístico, que porventura venha a ocorrer e que, por lógico, diz respeito à obtenção de vantagem indevida — patrimonial, ainda que indireta. Se, porém, a vantagem patrimonial indevida é consequência da própria gestão, o resultado material não demandaria outra classificação de conduta, sendo suficiente a norma definidora da gestão fraudulenta. O crime definido no art. 4º, *in casu*, absorveu os delitos de apropriação/desvio (art. 5º, *caput*) e de fraude a investidor (art. 9º). A mesma relação consuntiva há de ser negada entre a norma do art. 4º e a do art. 7º, IV (emitir, oferecer ou negociar, de qualquer modo, títulos ou valores mobiliários... sem autorização prévia da autoridade competente quando legalmente exigida) (STJ, 6ª T, REsp 575.684, Rel. Min. Paulo Medina, *DJU* 23-4-2007, p. 317).

Art. 10. Fazer inserir elemento falso ou omitir elemento exigido pela legislação, em demonstrativos contábeis de instituição financeira, seguradora ou instituição integrante do sistema de distribuição de títulos de valores mobiliários:

Pena — reclusão, de 1 (um) a 5 (cinco) anos, e multa.

■ Suspensão condicional do processo: Cabe (art. 89 da Lei n. 9.099/95).

Falsidade na contabilidade

■ Objeto jurídico: O Sistema Financeiro Nacional. *Vide* notas ao art. 1º desta lei, com ênfase à rubrica *Nossa posição — Sistema Financeiro Nacional (*lato sensu*)*.

■ Sujeito ativo: A expressão *fazer inserir* indica *autoria mediata*, que implica persuasão daquele que elabora os demonstrativos contábeis (ou seja, o contador), indicando que o crime seria próprio de quem detém tal poder no âmbito das instituições financeiras, ou seja, as pessoas indicadas no art. 25 desta lei. O contador, que conscientemente *insere* o elemento falso ou omite o exigido por lei, poderá ser coautor. Difícil imaginar hipótese em que pessoas que não as referidas no art. 25 pudessem, por si próprias, transmitir ordens ao contador.

■ Sujeito passivo: O Estado, os investidores e o próprio mercado.

■ Tipo objetivo: O tipo comporta duas modalidades de conduta, uma comissiva e outra omissiva. Os núcleos são, portanto, *fazer inserir* (que significa determinar que outrem introduza, inclua) *elemento falso* ou *omitir* (sonegar, deixar de consignar) *elemento exigido pela legislação* (o tipo, na conduta omissiva, é *aberto*). Exige-se, na conduta omissiva, que o sujeito tenha o *dever jurídico* de agir (CP, art. 13, § 2º). O objeto material são os *demonstrativos contábeis* de instituição financeira, seguradora ou instituição integrante do sistema de distribuição de títulos de valores mobiliários (quanto a este, cf. Lei n. 6.385/76). Ao contrário do que se verifica no artigo anterior, no qual o legislador se utilizou das expressões *inserir* e *fazer inserir*, a presente lei, neste art. 10, inexplicavelmente se limitou ao núcleo *fazer inserir*, que pressupõe, como visto, concurso de pessoas: a pessoa que *determina* que se faça (autor intelectual) e aquela que *executa o comando* (autor material). Caso esta última tenha consciência da ilicitude, será coautora; se porventura não possuir tal ciência, agindo de boa-fé, a conduta do autor material será impunível. A ausência do verbo *inserir*, deixando, com razão, perplexo Pimentel, levou-o a concluir que, "excluindo a forma direta de agir, provocou, a esse título — *inserir* — a atipicidade do fato" (ob. cit., p. 89). Em sentido contrário, Tigre Maia, para quem "haverá subsunção a este modelo legal se o agente adulterar pessoalmente o demonstrativo contábil" (ob. cit., p. 89). Sem dúvida, a lógica aponta para esse último entendimento, isto é, se aquele que manda fazer é punido, como não punir quem o faz pessoalmente? Daí a perplexidade referida por Pimentel. Há em direito penal, contudo, um óbice instransponível ao acatamento da posição defendida por Tigre Maia, que é a *reserva legal* (*Magna Carta*, art. 5º, XXXIX; CP, art. 1º), a qual não pode ser mitigada em prol de interpretações "salvacionistas" de tipos penais incrivelmente mal redigidos. O *elemento falso*, que é objeto da conduta de fazer inserir, deve ser juridicamente relevante; é mister, lembrando as palavras de Magalhães Noronha, "que a declaração falsa constitua elemento substancial do ato ou documento", pois "uma simples mentira, mera irregularidade, simples preterição de formalidade etc., não constituirão" (*Direito penal*, cit., p. 163). Igualmente, na lição de Miguel Reale Júnior, a alteração da verdade deve ser juridicamente relevante e ter potencialidade para prejudicar direito; caso contrário, será "um dado supérfluo, inócuo, indiferente" (*RT* 667/250) (cf. nosso *Código Penal comentado*. 8. ed. São Paulo: Saraiva, 2010, p. 861).

- **Tipo subjetivo:** É o dolo, isto é, a vontade livre e consciente de fazer inserir ou de omitir. Não se exige fim especial de agir; para os tradicionais é o *dolo genérico*. Não há modalidade culposa.

- **Consumação:** Com a formalização do demonstrativo contábil, isto é, no momento em que ele é assinado com o elemento falso ou com a omissão do elemento exigido pela legislação. Embora haja um documento falso criado, que integra a própria conduta, o crime é formal, dele não se exigindo resultado que se destaque cronologicamente da própria conduta, ou seja, que tenha enganado ou prejudicado terceiros.

- **Tentativa:** Na modalidade *fazer inserir*, a tentativa parece-nos possível, por se tratar de conduta plurissubsistente. Na forma *omitir*, não é possível (ou se omite, ou não se omite).

- **Concurso de agentes:** Na figura *fazer inserir*, se a pessoa que elabora o documento (autor material) a pedido de outrem (autor intelectual) tem consciência da ilicitude, haverá coautoria. Se, porém, ela não possuir consciência da ilicitude, a sua conduta é impunível; nesse caso, a punição restringir-se-á ao autor intelectual. Na modalidade *omitir*, que é crime omissivo próprio, só poderá haver participação, não coautoria.

- **Confronto:** Se o objeto da falsificação for *documento comprobatório de investimento em títulos ou valores mobiliários*, art. 9º desta lei. Se o sujeito ativo induz ou mantém em erro, por outro modo, o sócio, investidor ou a repartição pública competente, sonegando ou prestando informação falsa, vide art. 6º desta lei, apenado de forma mais severa. Se a intenção é fraudar o *Fisco*, art. 1º, II, da Lei n. 8.137/90. Tratando-se de sociedade anônima, se houver falsa cotação das ações ou de outros títulos da sociedade, art. 177, § 1º, II, do CP. Havendo a falsificação de outros documentos, vide, também, o art. 3º, X, da Lei n. 1.521/51.

- **Concurso de crimes:** O crime do art. 299 do CP restará, evidentemente, absorvido.

- **Pena:** Reclusão, de um a cinco anos, e multa.

- **Ação penal:** Pública incondicionada, com particularidades (*vide* art. 27).

Jurisprudência

- **Atraso nas informações ao Bacen sobre operação de câmbio:** Falha administrativa de natureza estritamente cível, que foi eficazmente sanada, seja porque as informações foram devidamente prestadas, conquanto serodiamente, seja com a imposição da multa no módico patamar de R$ 150,00, já quitada pela empresa. A esfera criminal começa justamente onde termina a cível, e a lei penal apenas deve ser acionada quando a sanção cível se mostrar ineficaz (TRF da 5ª Região, 3ª T., RSE 0034801-13.2000.4.058100, Rel. Des. Vladimir Carvalho, j. 12-2-2009, *DJ* 26-2-2009, p. 189).

Art. 11. Manter ou movimentar recurso ou valor paralelamente à contabilidade exigida pela legislação:

Pena — reclusão, de 1 (um) a 5 (cinco) anos, e multa.

- **Suspensão condicional do processo:** Cabe (art. 89 da Lei n. 9.099/95).

"Caixa dois"

- **Objeto jurídico:** O Sistema Financeiro Nacional. *Vide* notas ao art. 1º desta lei, especialmente *Nossa posição — Sistema Financeiro Nacional* (lato sensu).

- **Sujeito ativo:** Parece-nos tratar, este art. 11, de crime próprio das pessoas indicadas no art. 25 e parágrafo único desta lei; afinal, quem responde pela contabilidade de uma instituição financeira será sempre uma daquelas pessoas.

- **Sujeito passivo:** O Estado.

- **Tipo objetivo:** Os núcleos são *manter*, isto é, conservar, fazer perdurar no tempo, reter (o que demanda *habitualidade* que não se perfaz com episódios fáticos isolados), ou *movimentar*, que significa mover, girar, impor atividade (não se exigindo nesse segundo núcleo a habitualidade requerida pelo primeiro). O objeto material é *recurso* (dinheiro, moeda) ou *valor* (ouro, ações, títulos etc.), acrescido do elemento normativo *paralelamente à contabilidade* (à parte da contabilidade) *exigida pela legislação* (o tipo é aberto). O recurso ou valor, desse modo, é mantido ou movimentado sem a ciência dos órgãos fiscalizadores e, também, de investidores, sócios etc. que desconheçam a prática criminosa. No mundo dos negócios, a manutenção do chamado "caixa dois" talvez seja um dos crimes mais praticados em nosso país, tanto para fins de sonegação fiscal (o que caracterizaria crime contra a Ordem Tributária, e não o delito deste art. 11 — *vide* nota *Confronto*) quanto para a consecução de outros objetivos espúrios, como viabilizar o pagamento de propinas (CP, art. 333) e a evasão de divisas (cf. art. 22 desta lei).

- **Tipo subjetivo:** É o dolo, isto é, a vontade livre e consciente de manter ou movimentar recurso ou valor sem lançá-lo na contabilidade. Não se exige fim especial de agir; para os tradicionais é o *dolo genérico*. Não há modalidade culposa.

- **Consumação:** Com a efetiva mantença (crime permanente) ou movimentação (crime instantâneo) do recurso ou valor. O crime é de mera atividade, não se exigindo qualquer resultado naturalístico.

- **Tentativa:** Não nos parece possível.

- **Concurso de agentes:** É possível, inclusive de terceiros que não ostentem as características daqueles que são apontados no art. 25, por força do art. 30 do CP. Exige-se do terceiro, contudo, consciência da ilicitude, por evidente.

- **Confronto:** Se o "caixa dois" é mantido por empresa que não é ou não se equipara a instituição financeira, poderemos ter o crime do art. 299 do CP. Se a intenção é fraudar o *Fisco*, não importando que se trate de instituição financeira, ou não, art. 1º, I e II, da Lei n. 8.137/90, cuja pena mínima é mais elevada (reclusão, de dois a cinco anos, e multa). A Lei n. 8.137/90 pune, também, a mera utilização ou divulgação de programa de processamento de dados que instrumentalize a contabilidade paralela (art. 2º, V), para fins de sonegação fiscal. Tratando-se de falência, se o agente "omite, na escrituração contábil ou no balanço, lançamento que deles deveria constar, ou altera escrituração ou balanço verdadeiros", art. 168, § 1º, II, da Lei n. 11.101/2005.

- **Concurso de crimes:** O delito do art. 299 do CP restará, evidentemente, absorvido. Poderá haver concurso com outros crimes, como o de evasão de divisas ou de manutenção de conta não declarada no exterior (art. 22 e parágrafo único desta lei).

- **Pena:** Reclusão, de um a cinco anos, e multa.

- **Ação penal:** Pública incondicionada, com particularidades (*vide* art. 27).

Jurisprudência

■ **Pessoa física e art. 11:** A pessoa física equipara-se a instituição financeira ao exercer atividade de captação, intermediação e aplicação de recursos financeiros de terceiros, sem autorização regulamentar (art. 16), e ao movimentar recursos paralelamente à contabilidade exigida pela legislação (art. 11), havendo concurso material (TRF da 3ª Região, 5ª T., HC 2003.03.00.063935-6, Rel. Des. Fed. André Nabarrete, j. 26-4-2004, v.u., *DJU* 1º-6-2004, p. 292).

■ **Valor inexato do "caixa 2":** Comete o crime do art. 11 aquele que mantém ou movimenta recurso ou valor paralelamente à contabilidade oficial, prescindindo, para sua configuração, da exata quantificação (TRF da 2ª Região, 2ª T. Espec., Ap. 2002.51.01.490119-0, Rel. Des. Fed. André Fontes, j. 22-6-2010).

Art. 12. Deixar, o ex-administrador de instituição financeira, de apresentar, ao interventor, liquidante, ou síndico, nos prazos e condições estabelecidas em lei as informações, declarações ou documentos de sua responsabilidade:

Pena — reclusão, de 1 (um) a 4 (quatro) anos, e multa.

■ **Suspensão condicional do processo:** Cabe (art. 89 da Lei n. 9.099/95).

■ **Substituição por penas alternativas:** Cabe (arts. 43 e 44 do CP).

Omissão de informações em intervenção, liquidação ou falência de instituição financeira

■ **Objeto jurídico:** O Sistema Financeiro Nacional. *Vide* nota *Nossa posição — Sistema Financeiro Nacional (lato sensu)*, no art. 1º.

■ **Sujeito ativo:** É crime de mão própria (cf., a propósito da diferença entre o crime de mão própria e o crime próprio, *vide* nota no art. 4º desta lei). Desse modo, só pode ser sujeito ativo o *ex-administrador*, assim considerados os ex-diretores e ex-gerentes, excluído, por força da taxatividade da lei penal, o ex-controlador. Com efeito, o art. 25 faz expressa distinção entre as pessoas do controlador e do administrador, não tendo a lei palavras desnecessárias.

■ **Sujeito passivo:** O Estado.

■ **Tipo objetivo:** O delito é *omissivo*, tendo como núcleo a conduta de *deixar... de apresentar*, isto é, não entregar, não mostrar. O objeto material são as *informações, declarações* e *documentos* de responsabilidade do ex-administrador (o tipo é expresso: *de sua responsabilidade*), acrescido do elemento normativo: *nos prazos e condições estabelecidas em lei* (trata-se, assim, de lei penal em branco). O tipo é taxativo ao indicar quais são os destinatários de tais informações, declarações e documentos, cuja omissão é ora incriminada: o *interventor*, o *liquidante*, ou o *síndico*. A intervenção e a liquidação extrajudiciais de instituições financeiras privadas e públicas não federais estão disciplinadas na Lei n. 6.024/74, podendo, ambas, ser decretadas até mesmo de ofício pelo Banco Central (cf. arts. 3º e 15 da referida lei). Acerca do *dever* de os ex-administradores apresentarem o balanço geral e o inventário, bem como declarações com a qualificação dos ex-administradores e dos membros do Conselho Fiscal, dos mandatos porventura outorgados em nome da instituição, dos bens móveis e imóveis que não se encontrem no estabelecimento e da participação que cada administrador ou membro do Conselho Fiscal tiver em outras sociedades, no caso de intervenção, ver os arts. 9º e 10 da citada Lei n. 6.024/74. Os mesmos deveres, na hipótese de *liquidação*, impõem-se aos ex-administradores (cf. art. 20), além de outros, como o previsto no seu art. 23, parágrafo único, *verbis*: "O liquidante poderá exigir dos ex-administradores da instituição que prestem informações sobre qualquer dos créditos declarados". *Prejudicada*, outrossim, a menção feita, por este art. 12, à conduta do ex-administrador de *instituição financeira* em não apresentar informações, declarações ou documentos ao *síndico*, atual *administrador judicial*, nos termos da Lei n. 11.101/2005. Com efeito, a Lei de Falências textualmente *exclui* a possibilidade de haver processo falimentar de instituição financeira, *verbis*: "Art. 2º Esta Lei não se aplica a: [...] II — instituição financeira pública ou privada, cooperativa de crédito, consórcio, entidade de previdência complementar, sociedade operadora de plano de assistência à saúde, sociedade seguradora, sociedade de capitalização e outras entidades legalmente equiparadas às anteriores".

- Tipo subjetivo: É o dolo, isto é, a vontade livre e consciente de não apresentar declarações, informações ou documentos, não obstante tenha o dever jurídico de fazê-lo. Para os tradicionais é o dolo genérico. Não há, evidentemente, forma culposa.

- Consumação: Com o escoamento do prazo legal. O crime é de mera atividade, não se exigindo qualquer resultado naturalístico.

- Tentativa: Não é possível, por tratar-se de crime omissivo próprio.

- Concurso de agentes: Por ser crime de mão própria, a coautoria é impossível. Ademais, a circunstância de o delito ser *omissivo próprio* também afasta a possibilidade de haver coautoria. Se mais de um ex-administrador praticar a omissão, tendo ambos o dever jurídico de agir, os dois serão autores. Poderá, no máximo, haver participação de terceiro, mediante *instigação* para que o ex-administrador se omita.

- Confronto: Havendo desobediência a ordem legal de funcionário público, como, por exemplo, ordem judicial, CP, art. 330.

- Concurso de crimes: Poderá perfeitamente haver concurso com outros crimes previstos nesta lei, como, por exemplo, o do artigo anterior.

- Pena: Reclusão, de um a quatro anos, e multa.

- Ação penal: Pública incondicionada, com particularidades (*vide* art. 27).

Art. 13. Desviar (*vetado*) bem alcançado pela indisponibilidade legal resultante de intervenção, liquidação extrajudicial ou falência de instituição financeira:

Pena — reclusão, de 2 (dois) a 6 (seis) anos, e multa.

Parágrafo único. Na mesma pena incorre o interventor, o liquidante ou o síndico que se apropriar de bem abrangido pelo *caput* deste artigo, ou desviá-lo em proveito próprio ou alheio.

Desvio de bens (caput)

- **Objeto jurídico:** O Sistema Financeiro Nacional. *Vide*, no art. 1º desta lei, nota intitulada *Nossa posição — Sistema Financeiro Nacional (lato sensu)*.

- **Sujeito ativo:** Qualquer pessoa (crime comum). Embora difícil imaginar que a conduta incriminada não seja praticada pelas pessoas indicadas no *caput* do art. 25 desta lei, ou seja, "o controlador e os administradores de instituição financeira, assim considerados os diretores, gerentes", ou, ainda, ao menos conjuntamente com elas, a hipótese de um terceiro que tenha a posse de algum bem fazê-lo, com desconhecimento dos ex-administradores, não pode ser totalmente descartada.

- **Sujeito passivo:** O Estado e, indiretamente, a própria instituição financeira, os seus investidores e credores.

- **Tipo objetivo:** A conduta incriminada é *desviar*, que significa alterar o destino, desencaminhar e, portanto, esconder o bem, seja vendendo-o, passando-o para outrem etc. Como lembra Pimentel, a finalidade do dispositivo há que ser a de "dar garantia aos credores" (*Crimes contra o Sistema Financeiro Nacional*, cit., p. 103). O objeto material não é qualquer bem, mas somente o bem (móvel ou imóvel) *alcançado pela indisponibilidade legal* (ou seja, estabelecida por lei), resultante de *intervenção ou liquidação extrajudicial* (decretada, até mesmo *ex officio*, pelo Banco Central) *de instituição financeira*. Como visto nos comentários ao artigo anterior, os ex-administradores têm deveres estabelecidos na Lei n. 6.024/74, no que concerne à intervenção e à liquidação pelo Banco Central (cf. arts. 9º, 10 e 20). Entre esses deveres, inclui-se a apresentação de todo o patrimônio da instituição financeira e, quando na posse de terceiros, a sua indicação para ser arrecadado. Apesar de o *caput* não fazer referência, como acontece no parágrafo único, é evidente que o desvio será *em proveito próprio* (do ex-administrador) *ou alheio* (afinal, alguém restará beneficiado e, certamente, não serão os credores ou pelo menos não a totalidade destes); difícil imaginar hipótese em que o desvio não se dê nessas circunstâncias. No que concerne à menção feita, na última parte do *caput*, a "falência de instituição financeira", bem é de ver que a Lei de Falências expressamente *exclui* a possibilidade de haver *processo falimentar de instituição financeira*, *verbis*: "Art. 2º Esta Lei não se aplica a: [...] II — instituição financeira pública ou privada, cooperativa de crédito, consórcio, entidade de previdência complementar, sociedade operadora de plano de assistência à saúde, sociedade seguradora, sociedade de capitalização e outras entidades legalmente equiparadas às anteriores", restando o art. 13 ora em comento, nessa parte, prejudicado.

- **Tipo subjetivo:** É o dolo, isto é, a vontade livre e consciente de desviar o bem móvel ou imóvel, *sabendo* que a sua indisponibilidade foi decretada pelo Banco Central. Não se exige fim especial de agir; para os tradicionais é o *dolo genérico*. Não há modalidade culposa.

- **Consumação:** Com o efetivo desvio do bem; trata-se de crime instantâneo de efeitos permanentes. O crime é material. Pimentel adota o mesmo entendimento (ob. cit., p. 106); em sentido contrário, entendendo que o crime é formal, Tigre Maia (*Dos crimes contra o Sistema Financeiro Nacional*, cit., p. 100).

- Tentativa: Admite-se.
- Concurso de agentes: É possível, inclusive de terceiros que não ostentem as características daqueles que são apontados no art. 25, por força do art. 30 do CP. Exige-se do terceiro, contudo, consciência da ilicitude e do *status* do agente. Assim, será coautor, por exemplo, aquele que, ciente da indisponibilidade dos bens da instituição, concorda que estes sejam passados para o seu nome, a que título for.
- Confronto: Tratando-se de apropriação, "pelas pessoas mencionadas no art. 25, de dinheiro, título, valor ou qualquer outro bem móvel de que tem a posse, ou desviá-lo em proveito próprio ou alheio", art. 5º desta lei. O parágrafo único deste artigo pune, também, a conduta das mesmas pessoas de "negociar direito, título ou qualquer outro bem móvel ou imóvel de que tem a posse, sem autorização de quem de direito". Em hipóteses diversas, pode configurar-se o crime de apropriação indébita previsto no art. 168 do CP. Se o bem desviado é produto de crime contra o Sistema Financeiro Nacional, poderá incidir o crime de lavagem de dinheiro, previsto na Lei n. 9.613/98, art. 1º, VI.
- Concurso de crimes: Em tese é possível haver concurso com outros crimes, como, por exemplo, o do art. 11 desta lei ("caixa dois"). Todavia, há que se ter atenção quanto a hipóteses como a do art. 12, que pune a conduta do ex-administrador de instituição financeira que deixar de apresentar, ao interventor, liquidante, ou síndico, nos prazos e condições estabelecidas em lei, as informações, declarações ou documentos de sua responsabilidade. Isso porque, havendo o desvio deste art. 13, a conduta do art. 12, a nosso ver, será mero exaurimento do crime ora comentado.
- Pena: Reclusão, de dois a seis anos, e multa.
- Ação penal: Pública incondicionada, com particularidades (*vide* art. 27).

Apropriação (parágrafo único)

- Objeto jurídico, sujeito passivo, pena e ação penal: Iguais aos do *caput*.
- Sujeito ativo: O delito deste parágrafo único é, a nosso ver, *crime de mão própria*, do qual podem ser autores única e exclusivamente o *interventor*, o *liquidante* e o *síndico*. Quanto à diferenciação entre os crimes próprios e os de mão própria, *vide* nota no art. 4º desta lei.
- Tipo objetivo: A conduta punida por este parágrafo único é a de *se apropriar* (tomar como propriedade, tomar para si, com *animus rem sibi habendi*) de bem móvel ou imóvel *tornado indisponível* (elemento normativo), em virtude de intervenção, liquidação ou falência, ou *desviá-lo* (alterar o seu destino, desencaminhá-lo) *em proveito próprio ou alheio* (elemento subjetivo do tipo). No que concerne à mencionada "falência de instituição financeira", é de observar que a Lei n. 11.101/2005, que substituiu a antiga Lei de Quebras (Decreto-Lei n. 7.661/45), exclui, em seu art. 2º, II, a sua aplicação, ficando a instituição financeira sujeita a fiscalização, intervenção e liquidação.

- **Tipo subjetivo:** É o dolo, isto é, a vontade livre e consciente de apropriar-se ou de desviar em proveito próprio. Em ambas as condutas há, portanto, o *animus rem sibi habendi*. Na primeira modalidade (apropriação), é o dolo genérico, para os tradicionais. Na última (*desvio*), o legislador previu o elemento subjetivo do tipo, ou seja, o especial fim de agir: *em proveito próprio ou alheio* (dolo específico). De qualquer modo, a mesma crítica que fizemos ao art. 5º é ora repetida. A menção a esta última exigência, na forma alternativa (*próprio ou alheio*), é absolutamente *despicienda*, já que *qualquer desvio*, em face do seu significado, será *em proveito próprio ou alheio*; impossível conceber *desvio* se assim não for.

- **Consumação:** Na modalidade *apropriar-se*, no momento em que há a inversão da posse, cuja detecção, por vezes, é difícil; na figura *desviar*, no momento em que há o proveito próprio ou alheio do bem. O crime é material.

- **Tentativa:** É possível.

- **Concurso de agentes:** Por se tratar de crime de mão própria, só será possível haver *participação* (*v.g.*, instigação) de terceiros, mas não coautoria.

- **Confronto:** Se a coisa alheia móvel de que o possuidor se apropria, como se proprietário fosse, não se encontra vinculada à atividade da instituição financeira e tampouco a falência, CP, art. 168. Se o agente não tem anterior posse da coisa, CP, art. 155. Se o bem desviado é produto de crime contra o Sistema Financeiro Nacional, poderá incidir o crime de lavagem de dinheiro, previsto na Lei n. 9.613/98, art. 1º, VI.

- **Concurso de crimes:** Em tese é possível, embora se deva atentar para a circunstância de o outro crime ser ou não *delito-meio* para a prática do *crime-fim* de desvio ou apropriação (*v.g.*, uma falsidade ideológica), ou, então, mero exaurimento deste (quando a conduta posterior não fere outro bem jurídico ou não agrava a ofensa ao bem atingido pela conduta anterior).

Art. 14. Apresentar, em liquidação extrajudicial, ou em falência de instituição financeira, declaração de crédito ou reclamação falsa, ou juntar a elas título falso ou simulado:

Pena — reclusão, de 2 (dois) a 8 (oito) anos, e multa.

Parágrafo único. Na mesma pena incorre o ex-administrador ou falido que reconhecer, como verdadeiro, crédito que não o seja.

Falsa habilitação (caput)

- **Objeto jurídico:** O Sistema Financeiro Nacional. *Vide*, no art. 1º, nota intitulada *Nossa posição — Sistema Financeiro Nacional (lato sensu)*.

- **Sujeito ativo:** Qualquer pessoa.

- **Sujeito passivo:** O Estado e, indiretamente, os credores da instituição financeira liquidada.

- **Tipo objetivo:** Comete o crime aquele que falsamente se habilita como credor, em *liquidação extrajudicial de instituição financeira* (elemento normativo), ao *apresentar* (mostrar, exibir) *declaração de crédito ou reclamação falsa* ou *juntar* (anexar, adicionar) *título falso ou simulado* no procedimento de liquidação extrajudicial, feito administrativamente pelo Banco Central (cf. Lei n. 6.024/74). Não obstante o crime seja de mera conduta, perfeita é a lembrança de Tigre Maia no sentido da necessidade de que, "ao menos potencialmente, os documentos (declaração de crédito, impugnação ou reclamação e título) sejam aptos a prejudicar terceiros ou produzir repercussão jurídica, e estejam revestidos de verossimilhança ou capacidade ilusória" (ob. cit., p. 104). A parte final do tipo faz menção também à falsa habilitação de crédito em "falência de instituição financeira". Ocorre, todavia, que a atual Lei de Falências (Lei n. 11.101/2005) *exclui*, expressamente, a possibilidade de haver *processo falimentar de instituição financeira, verbis*: "Art. 2º Esta Lei não se aplica a: [...] II — instituição financeira pública ou privada, cooperativa de crédito, consórcio, entidade de previdência complementar, sociedade operadora de plano de assistência à saúde, sociedade seguradora, sociedade de capitalização e outras entidades legalmente equiparadas às anteriores". Este art. 14 restou, portanto, parcialmente prejudicado.

- Tipo subjetivo: É o dolo, isto é, a vontade livre e consciente de apresentar ou juntar, com consciência da falsidade da declaração, reclamação ou título, ou, também, da simulação deste último. Não se exige fim especial de agir; para os tradicionais é o *dolo genérico*. Não há, evidentemente, modalidade culposa. O erro quanto à falsidade ou simulação afastará o crime (CP, art. 20).

- Consumação: Com a efetiva apresentação ou juntada, no procedimento da liquidação extrajudicial, promovida pelo Banco Central. O crime é de mera conduta, configurando-se sem a necessidade de haver qualquer resultado naturalístico.

- Tentativa: Na modalidade *apresentar*, a conduta é unissubsistente, sendo impossível haver tentativa. Na figura *juntar*, em tese é possível, como no exemplo do alegado credor que protocola petição pedindo a juntada da declaração, da reclamação ou do título falso e esta não é deferida.

- Concurso de agentes: É possível haver participação (instigação ou cumplicidade). Também é factível imaginar hipótese de coautoria, não obstante não exista *iter criminis* fracionável nos crimes de mera conduta. Lembramos a hipótese em que dois procuradores, assinando petição em conjunto, e conscientes da falsidade do título, requerem a sua juntada aos autos; em nosso entendimento, e com todo o respeito às opiniões em contrário (cf. Pimentel, ob. cit., p. 113), serão coautores. Deve-se, todavia, atentar para a hipótese de os procuradores não saberem que o título que lhes foi entregue pelo suposto credor é falso. Não terão, à evidência, cometido qualquer crime (*nulla poena sine culpa*), ainda que tenham, eventualmente, sido imprudentes ao fazê-lo, já que não há forma culposa para o presente delito.

- Confronto: Para os casos em que a insolvência não é de instituição financeira, a Lei de Falências (Lei n. 11.101/2005) dispõe, em seu art. 175, constituir crime a conduta de "apresentar, em falência, recuperação judicial ou recuperação extrajudicial, relação de créditos, habilitação de créditos ou reclamação falsas, ou juntar a elas título falso ou simulado", punindo-o com reclusão, de dois a quatro anos, e multa.

- **Concurso de crimes:** Não se admite concurso com o crime de uso de documento falso (CP, art. 304), o que acarretaria inadmissível *bis in idem*, já que a conduta incriminada neste art. 14 é o próprio uso do documento. De outra sorte, se o próprio autor da falsidade do título é quem o junta, entendemos que não poderá haver, igualmente, dupla punição (pelo falso e pela sua juntada — uso); por ser o crime deste art. 14 específico, ele, neste caso, deverá prevalecer.
- **Pena:** Reclusão, de dois a oito anos, e multa.
- **Ação penal:** Pública incondicionada, com particularidades (*vide* art. 27).

Figura equiparada (parágrafo único)

- **Objeto jurídico, sujeito passivo, pena e ação penal:** Iguais aos do *caput*.
- **Sujeito ativo:** Neste parágrafo único, é o *ex-administrador* ou o *falido*; trata-se de *crime de mão própria*, do qual somente eles podem ser autores, única e exclusivamente.
- **Tipo objetivo:** O núcleo da figura equiparada é *reconhecer como verdadeiro* (admitir como bom, ter como legítimo, legal ou verdadeiro — *Dicionário Houaiss da Língua Portuguesa*, cit., p. 2403), *crédito que não o seja*. Comentando a antiga Lei de Falências, que possuía crime similar (art. 189, III, do revogado Decreto-Lei n. 7.661/45), Nelson Abrão escreve, com propriedade, que "normalmente, a falsa declaração ou título simulado resultam de conluio fraudulento entre o declarante e o devedor falido, ou concordatário" (*Curso de direito falimentar*. 5. ed. São Paulo: Leud, 1997, p. 397). Não obstante, advertia Miranda Valverde que, para a configuração daquele crime, "pouco importa que o devedor não tenha tido nenhuma participação na criação do crédito" (*Comentários à Lei de Falências*. 14. ed. São Paulo: Saraiva, 1995, v. 3, p. 80). O mesmo sucede no presente artigo, no que concerne à liquidação extrajudicial, posto inexistir, atualmente, "processo falimentar" de *instituição financeira* (art. 2º, II, da Lei n. 11.101/2005).
- **Tipo subjetivo:** É o dolo, isto é, a vontade livre e consciente de reconhecer como verdadeiro crédito que não existe. O elemento subjetivo, neste tipo, é de suma importância, exigindo-se, sob pena de inadmissível responsabilidade penal objetiva, prova inconteste dessa ciência. A nosso ver, o tipo requer dolo direto, sendo difícil imaginar hipótese de dolo eventual. Não há modalidade culposa.
- **Consumação:** Com o ingresso, nos autos da liquidação extrajudicial ou da falência, da declaração do ex-administrador ou do falido, reconhecendo o crédito que não é verdadeiro. O crime é formal.
- **Tentativa:** Difícil configurar-se.
- **Concurso de agentes:** Por se tratar de crime de mão própria, só será possível haver *participação* (*v.g.*, instigação) de terceiros, como o falso

credor que atua em conluio com o ex-administrador ou o falido, mas jamais coautoria.

- Confronto: Tratando-se de falso reconhecimento de crédito por parte do falido, a Lei n. 11.101/2005 não reproduz o antigo art. 189, III, do Decreto-Lei n. 7.661/45, que incriminava tal conduta. Ela, todavia, poderá encontrar tipificação na última parte de seu art. 175, que incrimina a conduta de "apresentar, em falência, recuperação judicial ou recuperação extrajudicial, relação de créditos, habilitação de créditos ou reclamação falsas, ou juntar a elas título falso ou *simulado*", punindo-a com reclusão, de dois a quatro anos, e multa.

- Concurso de crimes: Eventual falsidade ideológica do documento que declarar verdadeiro o crédito restará absorvida por este art. 14.

Art. 15. Manifestar-se falsamente o interventor, o liquidante ou o síndico (*vetado*) a respeito de assunto relativo a intervenção, liquidação extrajudicial ou falência de instituição financeira:

Pena — reclusão, de 2 (dois) a 8 (oito) anos, e multa.

Falsa manifestação

- Objeto jurídico: O Sistema Financeiro Nacional. Vide rubrica *Nossa posição — Sistema Financeiro Nacional* (lato sensu), nos comentários ao art. 1º.

- Sujeito ativo: O crime deste art. 15 é de *mão própria*; só o interventor, o liquidante ou o síndico podem ser autores. Quanto ao *síndico* (atual *administrador judicial*), vide nota *Tipo objetivo*.

- Sujeito passivo: O Estado.

- Tipo objetivo: Pune-se a conduta do interventor ou liquidante que venha a *manifestar-se falsamente*, ou seja, a declarar mentiras, a proferir inverdades, a respeito de *assunto relativo* a intervenção ou liquidação extrajudicial de instituição financeira. A manifestação poderá ser verbal ou por escrito; para Pimentel, há necessidade de a declaração se materializar de alguma forma, ou seja, ser registrada (ob. cit., p. 118). O referido "assunto" deve, obviamente, versar sobre a intervenção ou liquidação e *ser juridicamente relevante*, com potencial lesivo para gerar sérias repercussões em meio aos credores. Somente assim é que o bem jurídico aqui tutelado (o Sistema Financeiro Nacional) poderá ser atingido ou posto em perigo (perigo concreto, palpável, provável, e não abstrato, imaginário, intangível). Nesse sentido, cf., também, Pimentel, referindo-se à necessidade de *dano potencial* (ob. cit., p. 116). O tipo, lamentavelmente, é por demais aberto, gerando absoluta incerteza jurídica. Cf., a propósito, nossa crítica na nota *Tipo demasiadamente aberto e violação da garantia da reserva legal*, nos comentários ao art. 4º, parágrafo único, desta lei. No que concerne à menção feita por este art. 15 a síndico (atual *administrador judicial*) e a *falência de instituição financeira*, o tipo restou *prejudicado*, já que o atual Diploma Falimentar (Lei n. 11.101/2005) *exclui*, expressamente, a possibilidade de haver *processo falimentar de instituição financeira*, *verbis*: "Art. 2º Esta Lei não se aplica a: [...] II — instituição financeira pública ou privada, cooperativa de crédito, consórcio, entidade de previdência complementar, sociedade operadora de plano de assistência à saúde, sociedade seguradora, sociedade de capitalização e outras entidades legalmente equiparadas às anteriores".

- Tipo subjetivo: É o dolo, isto é, a vontade livre e consciente de manifestar-se, *com conhecimento* de que o que afirma *é falso*, *mentiroso*. Não se exige fim especial de agir; para os tradicionais é o *dolo genérico*. Não há modalidade culposa. O erro quanto à falsidade daquilo que é declarado afastará o crime (CP, art. 20).

- Consumação: Como assinala Pimentel, a consumação se dá com a "instrumentalização de forma concreta, por meio de qualquer meio idôneo" (ob. cit., p. 118), da manifestação falsa. O crime é formal, ou seja, a ação não é seguida "de la causación de un resultado separable espacio-temporalmente de la conducta", como lembra Santiago Mir Puig (*Derecho penal — Parte General*, cit., p. 215).

- Tentativa: A nosso ver, é impossível a tentativa. A conduta — manifestar-se falsamente — é unissubsistente, ainda que assuma a forma escrita. *Contra*, em parte, admitindo a tentativa na forma escrita, Paulo José da Costa Jr. e outros (ob. cit., p. 113) e Tigre Maia (ob. cit., p. 106).

- Concurso de agentes: É impossível haver coautoria; poderá existir, contudo, participação (instigação) de terceiros.

- Confronto: Não se tratando de instituição financeira, é de lembrar a figura típica do art. 171 da Lei n. 11.101/2005, que dispõe ser crime "sonegar ou omitir informações ou prestar informações falsas no processo de falência, de recuperação judicial ou de recuperação extrajudicial, com o fim de induzir a erro o juiz, o Ministério Público, os credores, a assembléia geral de credores, o Comitê ou o administrador judicial", punindo-o com reclusão, de dois a quatro anos, e multa. Igualmente, o art. 179 da Lei de Falências, ao estatuir que o *administrador judicial* pode ser sujeito ativo dos crimes nela previstos.

- Concurso de crimes: Se a declaração é por escrito, o crime de falsidade ideológica (CP, art. 299) restará absorvido pelo delito deste art. 15, que é especial. Se a declaração falsa se presta a encobrir anterior apropriação ou desvio de bens, prevalecerá, a nosso ver, o crime do art. 13, parágrafo único, sendo o delito deste art. 15, apesar de apenado mais gravemente, mero exaurimento (a ofensa ao bem juridicamente tutelado já ocorreu *antes*, não tendo sido agravada); além disso, ninguém pode ser punido por não se declarar culpado, em decorrência do direito ao silêncio, constitucionalmente assegurado (CR, art. 5º, LXIII).

- Pena: Reclusão, de dois a oito anos, e multa.

- Ação penal: Pública incondicionada, com particularidades (*vide* art. 27).

Art. 16. Fazer operar, sem a devida autorização, ou com autorização obtida mediante declaração (*vetado*) falsa, instituição financeira, inclusive de distribuição de valores mobiliários ou de câmbio:

Pena — reclusão, de 1 (um) a 4 (quatro) anos, e multa.

Instituição financeira não autorizada

- **Suspensão condicional do processo:** Cabe (art. 89 da Lei n. 9.099/95).
- **Substituição por penas alternativas:** Cabe (arts. 43 e 44 do CP).
- **Objeto jurídico:** O Sistema Financeiro Nacional. *Vide* nota *Nossa posição — Sistema Financeiro Nacional (*lato sensu*),* no art. 1º desta lei.
- **Sujeito ativo:** Qualquer pessoa (crime comum).
- **Sujeito passivo:** O Estado.
- **Tipo objetivo:** O núcleo do tipo é *fazer operar,* que significa, em outros termos, a conduta de pôr em movimento, de gerir, de administrar. O objeto material é *instituição financeira, inclusive de distribuição de valores mobiliários ou de câmbio.* O sujeito ativo, assim, faz crer aos seus clientes que possui, de fato, uma instituição financeira devidamente autorizada, inclusive de distribuição de valores mobiliários ou de câmbio. Essa nos parece ser a única interpretação consentânea com os elementos normativos do tipo *a)* sem *a devida autorização* ou *b) com autorização obtida mediante declaração falsa.* Em sentido contrário, entende Tigre Maia que, para a configuração do tipo, basta a presença de "*atividade* financeira própria ou por equiparação", de forma desautorizada, não sendo necessário haver um "arcabouço estrutural/funcional similar" ao de uma instituição financeira (ob. cit., p. 108). *Data venia,* não comungamos com o ilustre autor, porque o tipo não usa a expressão "atuar no mercado *como* instituição financeira", mas, sim, "fazer operar ... instituição financeira"; ademais, situação totalmente diversa é a do estelionatário, também por ele lembrada, que, para dar um golpe, cria uma instituição de "fachada", em nada se confundindo com este art. 16, em que a intenção do sujeito não é dar golpe em ninguém, mas operar instituição financeira sem autorização ou mediante autorização obtida com o uso de declaração falsa. A nosso ver, as hipóteses lembradas por Tigre Maia, bem como a do "doleiro", poderão tipificar outros crimes, como o do art. 44, § 7º, da Lei n. 4.595/64, ou de agiotagem, previsto no art. 4º da Lei n. 1.521/51. Contrariamente à nossa posição, em relação à qual lembramos, inclusive, a excludente da tipicidade da *adequação social,* tendo em vista que o câmbio paralelo é amplamente aceito pela sociedade, com cotações veiculadas diariamente nos grandes jornais de nosso país (cf. nota *Câmbio "paralelo" e a adequação social* no art. 22 desta lei), há jurisprudência entendendo que a atividade do "doleiro" tipifica este art. 16 (*vide* abaixo). Quanto ao agiota, assinala Pimentel que ele, lamentavelmente, não foi abrangido pelo crime do art. 16, ora em comento (ob. cit., p. 123).
- **Autorização para funcionamento:** A autorização para o funcionamento de uma *instituição financeira* (*vide* comentários ao art. 1º e seu parágrafo

único) é fornecida pelo Bacen, nos termos do art. 10, X, da Lei n. 4.595/64, que abrange operações de câmbio (alínea *d* do referido inciso X). Quanto às operadoras de *viagens e turismo*, cf. nota ao parágrafo único do art. 1º desta lei. Compete ao Bacen, igualmente, conceder a autorização para o funcionamento de corretoras de valores mobiliários e sociedades de investimento, conforme estatui o art. 3º da Lei n. 4.728/65.

■ Tipo subjetivo: É o dolo, ou seja, a vontade livre e consciente de fazer operar instituição financeira, ciente de não ter autorização ou haver ela sido obtida com declaração falsa. Não há modalidade culposa. Desse modo, o erro quanto à existência de autorização válida exclui o tipo (art. 20 do CP).

■ Consumação: Com a prática da conduta incriminada de forma habitual, repetitiva. Estamos, aqui, de acordo com Paulo José da Costa Jr. e outros, no sentido de que o crime em tela requer *habitualidade*, *verbis*: "A mercancia do numerário é habitual. Fazê-la operar, colocá-la em funcionamento, pressupõe uma repetição da conduta, uma certa frequência no comércio" (ob. cit., p. 115). *Contra*, entendendo que o crime não exige habitualidade para a sua consumação, Pimentel (ob. cit., p. 126) e Tigre Maia (ob. cit., p. 109). A consumação não requer, outrossim, qualquer prejuízo a terceiros; o crime é formal.

■ Tentativa: É possível, por entendermos que o delito, para a sua consumação, exige habitualidade, comungando com Paulo José da Costa Jr. e outros (ob. e loc. cits.).

■ Concurso de agentes: É possível.

■ Confronto: Se o sujeito ativo não se apresenta ao comércio como se tivesse uma instituição financeira autorizada, mas tão somente faz operações a ela pertinentes (*v.g.*, fazendo operações de câmbio sem o fim de remessa ao exterior, empréstimo etc.), poderá restar configurado o crime previsto no art. 44, § 7º, da Lei n. 4.595/64, *verbis*: "Quaisquer pessoas físicas ou jurídicas que atuem como instituição financeira, sem estar devidamente autorizadas pelo Banco Central da República do Brasil, ficam sujeitas à multa referida neste artigo e detenção de 1 (um) a 2 (dois) anos, ficando a esta sujeitos, quando pessoa jurídica, seus diretores e administradores". Se o agente faz operação de câmbio não autorizada, "com o fim de promover evasão de divisas do País", art. 22, *caput*, dessa lei. Responderá pelo crime de usura, outrossim, o sujeito que cobrar "juros, comissões ou descontos percentuais, sobre dívidas em dinheiro superiores à taxa permitida por lei", ou "ágio superior à taxa oficial de câmbio, sobre quantia permutada por moeda estrangeira", ou, ainda, emprestar "sob penhor que seja privativo de instituição oficial de crédito", o qual é punido com detenção, de seis meses a dois anos, e multa.

■ Concurso de crimes: O crime de uso de documento falso para a obtenção da autorização (CP, art. 304) restará absorvido.

■ Pena: Reclusão, de um a quatro anos, e multa.

■ Ação penal: Pública incondicionada, com particularidades (*vide* art. 27).

Jurisprudência

- **Sujeito ativo:** Se a lei considerasse, com exclusividade, responsáveis pelos delitos previstos só as pessoas vinculadas à instituição financeira regularmente autorizada, estaria esvaziando o conteúdo da proibição do art. 16, ensejando a lembrança da velha regra de exegese que reclama interpretação de modo a não aniquilar a própria lei. O art. 25 remete à definição de instituição financeira ministrada pelo art. 1º, nenhum dos dispositivos distinguindo entre instituições financeiras regulares e irregulares, de modo que os administradores de instituições financeiras não autorizadas pelo Poder Público podem ser responsabilizados, inclusive pelas demais infrações penais previstas (TRF da 3ª Região, 2ª T., Ap. 2000.03.99.018296-2, Rel. Des. Fed. Peixoto Júnior, j. 13-5-2003, v.u., DJU 28-7-2003, p. 340).

- **Pessoa física e art. 16:** A pessoa física equipara-se a instituição financeira ao exercer atividade de captação, intermediação e aplicação de recursos financeiros de terceiros, sem autorização regulamentar (art. 16), e ao movimentar recursos paralelamente à contabilidade exigida pela legislação (art. 11), havendo concurso material (TRF da 3ª Região, 5ª T., HC 2003.03.00.063935-6, Rel. Des. Fed. André Nabarrete, j. 26-4-2004, v.u., DJU 1º-6-2004, p. 292; TRF da 3ª Região, 1ª T., Ap. 2000.03.99.064244-4, Rel. Des. Fed. Luiz Stefanini, j. 6-4-2004, v.u., DJU 20-4-2004, p. 173).

- **"Fazer operar":** Operar instituição de câmbio significa mais do que simplesmente realizar o câmbio, porque inclui também, nos termos do art. 1º, I, a captação e a administração de câmbio (TRF da 4ª Região, Rel. Des. Fed. José Luiz B. Germano da Silva, RT 777/731).

- **Habitualidade:** Não é possível afirmar que a empresa fazia uma oferta pública e reiterada de crédito, visto que a própria denúncia se limita a imputar um único contrato de empréstimo firmado entre duas pessoas jurídicas de direito privado (TRF da 4ª Região, 8ª T., Ap. 2004.71.00.037133-4, Rel. Des. Fed. Salise Monteiro Sanchotene, j. 26-1-2011, DE 1º-2-2011).

Uma vez evidenciada a operação de modo habitual, de instituição financeira, mascarada sob a forma de sociedade em conta de participação, porquanto constituída pessoa jurídica voltada à captação de poupança popular para aquisição de bens imóveis, por meio do sistema de consórcio, sem autorização do Bacen, resta caracterizado o delito do art. 16 (TRF da 4ª Região, 8ª T., Ap. 2003.70.00.046816-5, Rel. Des. Fed. Artur César de Souza, j. 15-12-2010, DE 11-1-2011).

Contra: para a configuração do delito do art. 16, não é imprescindível a demonstração da habitualidade da conduta (TRF da 5ª Região, 1ª T., Ap. 0004873-77.2006.4.05.8400, Rel. Des. Fed. Francisco Cavalcanti, j. 8-4-2010, DJe 30-4-2010, p. 215).

- **Comércio em área de fronteira:** A conversão de pequenas quantidades de moeda estrangeira no âmbito de atividade comercial, não diretamente ligado a operações de câmbio, realizada em área de fronteira, onde moedas estrangeiras circulam livremente, não constitui o crime de operação irregular de instituição financeira (TRF da 4ª Região, 7ª T., Ap. 0014927-52.2006.404.7100, Rel. p/ acórdão Des. Fed. Márcio Antônio Rocha, j. 25-10-2011, DE 10-11-2011).

- **Dolo:** O dolo correspondente ao tipo penal em comento diz respeito à vontade livre e consciente de o agente fazer operar instituição financeira, seja com autorização obtida de modo viciado ou sem a devida autorização (TRF da 3ª Região, 2ª T., Ap. 97.03.072195-8, Rel. Des. Fed. Cecília Mello, j. 15-6-2004, v.u., *DJU* 2-7-2004, p. 231). É indispensável que o agente tenha consciência de que a instituição não dispõe da devida autorização (elemento especial do injusto) (TRF da 4ª Região, 7ª T., Ap. 0008925-12.2005.404.7000, Rel. Des. Fed. Tadaaqui Hirose, j. 18-4-2011, *DE* 12-5-2011).

- **Contas em nome de laranja:** Configura o delito do art. 16 a movimentação bancária de alta soma, fruto da atuação ilegal no mercado de câmbio e *factoring*, em contas abertas em nome de laranjas, por meio de operações realizadas no interior de empresa de câmbio e turismo (TRF da 5ª Região, 3ª T., Ap. 0008325-98.2001.4.05.8100, Rel. Des. Fed. Luiz Alberto Gurgel de Faria, j. 18-8-2011, *DJe* 22-8-2011, p. 74).

- **Consumação (crime formal):** O crime do art. 16 se perfaz no momento em que a atividade passou a ser exercida, sem a necessária autorização do Banco Central do Brasil. Trata-se de delito de mera conduta, sendo desnecessária a demonstração da ocorrência de qualquer resultado para que o tipo se complete, afigurando-se despiciendo indagar sobre a ocorrência de proveito ou vantagem, ou mesmo de prejuízo alheio (TRF da 3ª Região, 2ª T., Ap. 97.03.072195-8, Rel. Des. Fed. Cecília Mello, j. 15-6-2004, v.u., *DJU* 2-7-2004, p. 231; TRF da 4ª Região, Rel. Des. Fed. José Luiz B. Germano da Silva, *RT* 777/730; TRF da 2ª Região, 1ª T. Espec., RSE 2009.50.01.004489-8, Rel. Juiz Fed. convoc. Marcello Ferreira de Souza Granado, j. 24-2-2010).

- **Falta de autorização do Banco Central:** A simples captação ou administração de câmbio por instituição financeira que não possui autorização do Banco Central para atuar em tal atividade é suficiente para a caracterização do delito previsto no art. 16, pois desnecessária a causação de prejuízos a terceiros ou a reiteração da prática de atividades financeiras (TRF da 4ª Região, 1ª T., Ap. 97.04.26326-0, Rel. Des. José Luiz B. Germano da Silva, *RT* 777/730).

- **Confronto com o art. 4º, *caput* (gestão fraudulenta):** Não há incompatibilidade entre os arts. 4º e 16, pois inexiste exigência legal de que a gestão fraudulenta se dê em instituição financeira regularmente constituída (STF, 1ª T., HC 93.368, Rel. Min. Luiz Fux, *DJe* 163, publicado 25-8-2011). *Contra*: cuidando-se de instituição financeira operada sem autorização da autoridade competente para a realização de operações de câmbio, conduta recriminada no art. 16, revela-se descabida a persecução criminal pelo delito do art. 4º, *caput*, que pressupõe a gestão de uma instituição financeira regular (TRF da 4ª Região, 8ª T., Ap. 5014287-31.2010.404.7000, Rel. Des. Fed. Paulo Afonso Brum Vaz, j. 10-2-2011, *DE* 16-2-2011).

- **Confronto com estelionato:** A potencialidade lesiva do crime do art. 16 não se esgota no estelionato praticado e, por isso, não fica absorvida por este (TRF da 3ª Região, 5ª T., Ap. 2002.61.14.001542-3, Rel. Juíza conv. Louise Filgueiras, j. 10-8-2011), havendo concurso formal (TRF da 3ª Região, 5ª T., Ap. 1999.61.81.002664-5, Rel. Des. Fed. Luiz Stefanini, j. 12-9-2011).

Há concurso material, pois o acusado praticou ações diversas, atingindo bens jurídicos distintos e causando resultados também distintos (TRF da 3ª Região, 1ª T., Ap. 2004.03.99.033701-0, Rel. Juíza conv. Sylvia Maria Rocha, j. 6-9-2011).

Se o agente é acusado, pura e simplesmente, de vender cota contemplada de consórcio de automóvel e de não haver entregue a respectiva carta de crédito, a sua conduta pode configurar estelionato, mas não o delito tipificado no art. 16 (TRF da 3ª Região, 2ª T., RSE 2007.61.81.014913-4, Rel. Des. Fed. Nelton dos Santos, j. 2-8-2011).

- "Doleiro": O agente que exerce a atividade de doleiro em casa de câmbio, atuando no mercado como instituição financeira sem autorização do Banco Central, comete o crime do art. 16 (TRF da 1ª Região, Ap. 1997.01.00026667-7, Rel. Des. Fed. Tourinho Neto, *RT* 761/717; TRF da 4ª Região, 7ª T., Ap. 2002.70.00.078456-3, Rel. Des. Fed. Néfi Cordeiro, j. 22-3-2011, *DE* 31-3-2011).

O art. 1º, parágrafo único, II, equipara à instituição financeira as pessoas naturais que exerçam atividades de ordem financeira, incluídas neste elenco as operações de câmbio, ainda que realizadas de forma eventual, descartando, para a sua tipificação, a habitualidade (TRF da 4ª Região, 2ª T., Ap. 1998.04.01026401-5, Rel. Des. Fed. Vilson Darrós, *RT* 797/717).

- "Dólar cabo": A propriedade de empresa sediada no Brasil, utilizada para a captação de capitais para posterior remessa para contas no exterior mediante o sistema "dólar cabo", comprova a autoria do crime do art. 16 (TRF da 4ª Região, 7ª T., Ap. 0008925-12.2005.404.7000, Rel. Des. Fed. Tadaaqui Hirose, j. 18-4-2011, *DE* 12-5-2011).

- Metais preciosos: Configura-se o crime do art. 16 se a empresa, equiparada a instituição financeira, captava recursos para aplicar no mercado de metais preciosos, sem autorização do órgão competente (TRF da 5ª Região, Ap. 2003.81.00.019159-8, *RT* 872/744).

- Confisco de bem ou valor: É indevida a restituição de cheques e dinheiro de procedência nacional e estrangeira apreendidos em casa de câmbio clandestina, ainda que a norma do art. 16 mencione como conduta ilícita tão somente o "fazer operar", sem exigir resultado (TRF da 2ª Região, Rel. Des. Fed. Frederico Gueiros, *RT* 757/671).

A apreensão de dinheiro trocado e diversas folhas de cheques avulsas, e demais pertences como calculadoras e cadernos com anotação de valores, nomes de pessoas e objetos, denota que o réu desenvolvia a atividade de administração de câmbio sem autorização do Banco Central (TRF da 3ª Região, 5ª T., Ap. 2000.60.04.000418-0, Rel. Des. Fed. Ramza Tartuce, j. 25-8-2003, v.u., *DJU* 17-9-2003, p. 505).

- *Factoring*: A atividade de *factoring* é bastante diferente de fazer operar instituição financeira, vedada pelo art. 16. Os especialistas destacam a proximidade do instituto do *factoring* com o desconto de títulos de duplicatas, mas a grande e fundamental diferença reside na inexistência do direito de regresso no *factoring*, enquanto consagra esta faculdade o desconto bancário (TRF da 2ª Região, 4ª T., Ap. 98.02.46349-3, Rel. Des. Fed. Rogério Vieira de Carvalho, *RT* 795/706).

- Agiotagem: O simples empréstimo de dinheiro a terceiros, mediante a cobrança de juros extravagantes, não configura delito previsto no art. 16 da Lei n. 7.492/86, pois ali se trata de instituição financeira; o fato de um escritório particular fazer empréstimos com juros extorsivos caracteriza a usura, ou agiotagem, descrita no art. 4º da Lei de Economia Popular (STJ, 3ª S., CComp 21.360, Rel. Min. Anselmo Santiago, *RT* 759/569).

- Consórcio: Caracteriza o delito do art. 16 a administração de empresa que exercia atividades no ramo de consórcio, sem autorização do Banco Central para operar, celebrando contratos de adesão intitulados "regulamento de constituição de sociedade em conta de participação", não havendo de prosperar a alegada falta de ciência dos acusados em relação à regulamentação da lei dos consórcios (art. 3º da LINDB). A falta de ciência, comparável ao erro sobre os elementos do tipo (CP, art. 20), só é cabível se justificado pelas circunstâncias, supondo situação que, se existisse, tornaria a ação legítima (TRF da 3ª Região, 5ª T., Ap. 1999.61.81.002664-5, Rel. Des. Fed. Luiz Stefanini, j. 12-9-2011; TRF da 5ª Região, 1ª T., Ap. 0004698-47.2005.4.05.8100, Rel. Des. Fed. Francisco Cavalcanti, j. 19-2-2009, *DJ* 9-4-2009, p. 98).

Art. 17. Tomar ou receber, qualquer das pessoas mencionadas no art. 25 desta Lei, direta ou indiretamente, empréstimo ou adiantamento, ou deferi-lo a controlador, a administrador, a membro de conselho estatutário, aos respectivos cônjuges, aos ascendentes ou descendentes, a parentes na linha colateral até o 2º grau, consanguíneos ou afins, ou a sociedade cujo controle seja por ela exercido, direta ou indiretamente, ou por qualquer dessas pessoas:

Pena — reclusão, de 2 (dois) a 6 (seis) anos, e multa.

Parágrafo único. Incorre na mesma pena quem:

I — em nome próprio, como controlador ou na condição de administrador da sociedade, conceder ou receber adiantamento de honorários, remuneração, salário ou qualquer outro pagamento, nas condições referidas neste artigo;

II — de forma disfarçada, promover a distribuição ou receber lucros de instituição financeira.

Empréstimo ou operação irregular (caput)

- **Objeto jurídico:** O Sistema Financeiro Nacional. *Vide* nota *Nossa posição — Sistema Financeiro Nacional (*lato sensu*)*, no art. 1º.

- **Sujeito ativo:** Somente as pessoas referidas no art. 25, *caput* e parágrafo único, desta lei, ou seja, "o controlador e os administradores de instituição financeira, assim considerados os diretores, gerentes", bem como "o interventor, o liquidante ou o síndico". Trata-se de *crime de mão própria* (quanto à diferenciação entre os crimes próprios e os de mão própria, *vide* nota a respeito no art. 4º desta lei). Cumpre ressaltar a pertinente ressalva de Pimentel, no sentido de excluir do rol dos sujeitos ativos os meros gerentes bancários (ob. cit., p. 132), já que eles não *dirigem* a instituição financeira (*vide*, também, nota a respeito no art. 25 desta lei).

- **Sujeito passivo:** O Estado e a própria instituição, secundariamente.

- **Tipo objetivo:** Os dois primeiros núcleos do tipo são as condutas de *tomar* ou *receber*. O objeto material é o *empréstimo tomado* (embora tudo indique que se trata de empréstimo em dinheiro, configurando mútuo, o tipo não exclui o empréstimo de coisas infungíveis, comodato), ou *adiantamento recebido* (pagamento em momento anterior ao vencimento, de algo que realmente seria devido, como honorários, lucros etc.). O tipo não exige que o controlador e os administradores da instituição financeira, bem como o interventor, liquidante ou síndico, tomem o empréstimo ou recebam o adiantamento de forma *direta*; incrimina-se, também, a conduta daquele que assim procede por meio de interposta pessoa (que pode ser física ou jurídica), ou seja, *indiretamente*. O terceiro núcleo do *caput* consiste na conduta de *deferir* (conceder, aprovar) o referido empréstimo ou adiantamento *a)* a controlador, administrador ou membro de conselho estatutário da instituição financeira, bem como aos respectivos cônjuges, ascendentes ou descendentes, parentes na linha colateral até o 2º grau, consanguíneos ou afins; ou *b)* a *pessoas jurídicas* cujo controle seja exercido diretamente *por ela* (ou seja, pela pessoa física, dentre as referidas no art. 25, que *deferiu* o empréstimo ou adiantamento da instituição financeira mutuante ou pagadora), ou indiretamente (por meio de "testas de ferro", "homens de palha" ou empresa "de fachada"), ou, ainda, por *qualquer dessas pessoas*, isto é, um dos seus parentes acima referidos (cônjuges, ascendentes ou descendentes, parentes na linha colateral até o 2º grau, consanguíneos ou afins). Na Lei n. 6.404/76 — Lei das Sociedades Anônimas, por exemplo, dispõe o seu art. 243, § 2º, que "considera-se controlada a sociedade na qual a controladora, diretamente ou por meio de outras controladas, é titular de direitos de sócio que lhe assegurem, de modo permanente, preponderância nas deliberações sociais e o poder de eleger a maioria dos administradores". Verifica-se, portanto, que o legislador foi bem detalhista, vedando a concessão de empréstimos ou adiantamentos de uma instituição financeira a empresas coligadas, aos seus próprios administradores e parentes. Observa Arnaldo Malheiros Filho que, sendo "o bem jurídico tutelado [...] a estabilidade do sistema financeiro nacional, chega-se à conclusão de que a *ratio* da proibição de empréstimos de instituições financeiras a suas controladas é a chamada *autoconcentração de risco*, prejudicial à saúde da instituição autoconcentrada e, por consequência, de todo o sistema" ("Crimes contra o sistema financeiro: as triangulações e a doutrina da estrada de Santos". *Revista do Advogado*. São Paulo: AASP, outubro de 1998, n. 53, p. 36).

- Tipo subjetivo: É o dolo, consistente na vontade livre e consciente de tomar o empréstimo, de receber o adiantamento, ou deferi-los, sabedor do impedimento legal em fazê-lo. Não se exige fim especial, tratando-se de dolo genérico, para os tradicionais. Não há punição por culpa.

- Consumação: Com a efetiva tomada do empréstimo ou recebimento do adiantamento, ou, ainda, com o ato de deferir qualquer deles. É crime formal, já que não exige que a instituição financeira tenha tido efetivo prejuízo; configura-se o delito, assim, mesmo que, *v.g.*, o empréstimo tenha sido pago com juros de mercado.

- Tentativa: Não nos parece possível; as condutas *tomar*, *receber* e *deferir* são unissubsistentes.

- Concurso de agentes: Como o crime é de mão própria, é possível haver, por parte de terceiros que não ostentem as qualidades personalíssimas exigidas pelo tipo, a *participação*, tanto moral (instigação) quanto material (cumplicidade), mas coautoria. Desse modo, as pessoas que, estando conscientes da ilicitude da operação realizada pelo controlador ou administrador da instituição financeira, com ele cooperam, inclusive materialmente ao receber o numerário (*v.g.*, aquelas que *sabem* que a sua conta bancária está sendo utilizada indevidamente como meio para a prática do crime), serão *partícipes*, mas não coautoras.

- Confronto: A nosso ver, o crime previsto no art. 34, I e § 1º, da Lei n. 4.595/64, que dispõe sobre a política e as instituições monetárias, bancárias e creditícias, e cria o Conselho Monetário Nacional, restou tacitamente revogado. Com efeito, estipula o mencionado artigo: "Art. 34. É vedado às instituições financeiras conceder empréstimos ou adiantamentos: I — a seus diretores e membros dos conselhos consultivo ou administrativo, fiscais e semelhantes, bem como aos respectivos cônjuges; [...] § 1º A infração ao disposto no inciso I deste artigo constitui crime e sujeitará os responsáveis pela transgressão à pena de reclusão de 1 (um) a 4 (quatro) anos, aplicando-se, no que couber, o Código Penal e o Código de Processo Penal". Tratando-se de sociedade anônima que não seja instituição financeira, *vide* art. 177, § 1º, III, do CP, que estatui cometer crime "o diretor ou o gerente que toma empréstimo à sociedade ou usa, em proveito próprio ou de terceiro, dos bens ou haveres sociais, sem prévia autorização da assembléia geral", com punição de um a quatro anos, e multa.

- Concurso de crimes: Em tese é possível, como, por exemplo, com o delito de manter "caixa dois", previsto no art. 11. Deve-se ter cuidado, todavia, com eventual *bis in idem* quando o sujeito ativo, para "encobrir" o crime deste art. 17, acaba praticando a conduta típica do delito do art. 12 desta lei ("deixar o ex-administrador de instituição financeira, de apresentar, ao interventor, liquidante, ou síndico, ... as informações, declarações ou documentos"). Isso porque, a nosso ver, este seria mero exaurimento daquele, não restando ofendido nenhum outro bem jurídico.

- Pena: Reclusão, de dois a seis anos, e multa.

- Ação penal: Pública incondicionada, com particularidades (*vide* art. 27).

Figura equiparada (parágrafo único, inciso I)

- Objeto jurídico: Igual ao do *caput*.

- Sujeito ativo: O sujeito ativo do delito do inciso I deste parágrafo único é apenas a pessoa que atua como controlador ou administrador da sociedade. O crime é de *mão própria* (cf., também, nesse sentido, George Tavares, Alexandre Lopes de Oliveira e Kátia Tavares, *Anotações sobre direito penal tributário, previdenciário e financeiro*, cit., p. 37-38). Segundo o art. 116 da Lei n. 6.404/76 — Lei das Sociedades Anônimas, "entende-se por acionista controlador a pessoa, natural ou jurídica, ou o grupo de pessoas vinculadas por acordo de voto, ou sob controle comum, que: *a*) é titular de direitos de sócio que lhe assegurem, de modo permanente, a maioria dos votos nas deliberações da assembléia geral e o poder de eleger a maioria dos administradores da companhia; e *b*) usa efetivamente seu poder para dirigir as atividades sociais e orientar o funcionamento dos órgãos da companhia".

- Tipo objetivo: O núcleo da figura equiparada prevista no inciso I é a conduta daquele que, como controlador ou administrador da sociedade, *conceder* ou *receber*, *em nome próprio* (isto é, o mesmo sujeito ativo concede e recebe: *adiantamento de honorários, remuneração, salário ou qualquer outro pagamento*), acrescidos do elemento normativo *nas condições referidas neste artigo*. Tal elemento normativo é de péssima redação, não se sabendo, com precisão, que condições são essas. A expressão *qualquer outro pagamento* é ampla, abrangendo, por exemplo, o *pro labore*. Com o termo *adiantamento*, observa Tigre Maia que há, na verdade, uma sobreposição de tipos, já que o *caput* também abrangeria, em parte, a figura deste inciso I (ob. cit., p. 111).

- Tipo subjetivo: É o dolo, isto é, a vontade livre e consciente de praticar as condutas incriminadas, com ciência de que a operação é proibida. Não se exige fim especial de agir (dolo genérico, para os tradicionais). A nosso ver, o crime requer dolo direto, sendo difícil imaginar hipótese de dolo eventual. Não há modalidade culposa.

- Consumação: Com a mera concessão do adiantamento, remuneração, salário ou outro pagamento, e não somente com o seu recebimento, já que o tipo é alternativo. Trata-se de crime formal.

- Tentativa: Não nos parece possível.

- Concurso de agentes: Por se tratar de crime de mão própria, não será possível a coautoria, mas apenas a *participação* de terceiros, tanto moral (instigação) quanto material (cumplicidade).

- Pena e ação penal: Iguais às do *caput*.

Figura equiparada (parágrafo único, inciso II)

- **Objeto jurídico:** Igual ao do *caput*.

- **Sujeito ativo:** O crime deste inciso II é *próprio* das pessoas referidas no art. 25 desta lei. Não se trata, contudo, de crime de mão própria, já que o tipo não faz ressalva nenhuma a determinada circunstância personalíssima do agente, ao contrário do que ocorre no *caput* e no inciso anterior.

- **Tipo objetivo:** No inciso II, pune-se a sua conduta de *promover a distribuição* (dar impulso a, pôr em execução, provocar) ou *receber* (embolsar, perceber) *lucros de instituição financeira, de forma disfarçada* (mascarada, escondida, dissimulada). Na primeira figura (*promover a distribuição*), portanto, não é necessariamente o sujeito ativo quem recebe o lucro; ele promove a distribuição de lucros a sócios, podendo ele, também na condição de sócio, recebê-los ou não. Na segunda modalidade (*receber*), o sujeito ativo é diretamente beneficiado, percebendo o lucro de forma mascarada (*v.g.*, com o pagamento de despesas pessoais como viagens ao exterior com a família, cartões de crédito, barcos etc., lançando-se falsamente na contabilidade como despesas da instituição financeira).

- **Tipo subjetivo:** É o dolo, ou seja, a vontade livre e consciente de distribuir ou receber lucro com consciência de que a sua contabilização é mascarada. Não se exige fim especial de agir; para os tradicionais, é o dolo genérico. Não há possibilidade de haver dolo eventual. Inexiste modalidade culposa.

- **Concurso de agentes:** Por se tratar de crime próprio, será possível haver coautoria ou participação de terceiros que não ostentem o *status* referido no art. 25, *desde que cientes da condição do autor*, por força do art. 30 do CP.

- **Consumação:** O crime consuma-se com a simples promoção da distribuição de lucros, não sendo necessário o seu efetivo recebimento, posto ser o tipo alternativo. O delito é formal.

- **Concurso de crimes:** Na forma de *receber* lucro disfarçado, o seu motivo será, por vezes, o de *sonegação de impostos*, que deveriam, em regra, ser recolhidos na própria fonte pagadora. Comprovado ser esse o único objetivo, entendemos que o crime será outro, qual seja, o do art. 1º, I ou II, da Lei n. 8.137/90. Em ambas as formas (*promover a distribuição* ou *receber*), o falso ideológico da escrituração do lucro como despesa (CP, art. 299) restará absorvido, por se tratar, necessariamente, de delito-meio.

- **Pena e ação penal:** Iguais às do *caput*.

Jurisprudência

- **Crime formal:** O crime previsto no art. 17 é formal e, portanto, não depende da ocorrência de prejuízo para a sua consumação (TRF da 3ª Região, 2ª T., HC 2004.03.00006709-2, Rel. Des. Fed. Cecília Mello, j. 23-3-2004, v.u., *DJU* 16-4-2004, p. 454; TRF da 3ª Região, 1ª T., RC 89.03.030247-8, Rel. Des. Fed. Gilberto Jordan, j. 18-3-1997, v.u., *DJU* 22-4-1997, p. 26085).

- **Sujeito ativo:** O delito do art. 17 pode ser praticado pelas pessoas mencionadas no art. 25; nada impede, porém, de ser processados outros agentes que com eles pratiquem a conduta descrita no dispositivo, em coautoria ou participação, conforme dispõem os arts. 29 e 30 do CP (TRF da 3ª Região, 2ª T., HC 2002.03.00.033851-0, Rel. Des. Fed. Cotrim Guimarães, j. 27-4-2004, v.u., *DJU* 4-6-2004, p. 440).

■ Empréstimos entre empresas controladas pelo mesmo administrador: O deferimento de empréstimos pelo controlador de uma instituição financeira por equiparação, à sociedade cujo controle é exercido pelo próprio controlador daquela, caracteriza o delito do art. 17, que é de natureza formal e de perigo abstrato, não dependendo para a sua consumação da existência de prejuízo econômico efetivo (TRF da 3ª Região, 2ª T., Ap. 97.03.030100-2, Rel. Des. Sylvia Steiner, j. 30-10-2001, v.u., *DJU* 10-12-2001, p. 132).

■ Abrangência: O art. 17 não pode ter parte de seu espectro de incidência — no que diz respeito aos empréstimos concedidos por cooperativas (que são equiparadas a instituição financeira) a seus administradores, ou a parentes deles —, diminuído em razão de uma norma de substrato inferior, como é o caso de uma Resolução do Conselho Monetário Nacional. O tipo reclama complementação, tão somente quanto ao sujeito ativo (art. 25), inexistindo elemento normativo que demande a integração de norma regulamentar, seja ela do Conselho Monetário Nacional ou do Banco Central (TRF da 2ª Região, 2ª T. Espec., Ap. 2001.50.01.009269-9, j. 24-8-2010, Rel. Juiz Fed. convoc. Marcello Leonardo Tavares, j. 24-8-2010).

■ Erro de proibição: Se o Banco Central, por longo período, aceitava como regular a livre disposição de recursos provenientes de taxa de administração dos consórcios, a nova mudança de orientação imposta pela Receita Federal não pode acarretar a condenação criminal dos dirigentes dessas empresas, por ausência de juízo de reprovabilidade, configurando erro inevitável sobre a ilicitude do fato, ou erro de proibição (STJ, 6ª T., RHC 6.606, Rel. Min. Vicente Leal, *RT* 760/557; TRF da 3ª Região,1ª T., Ap. 1999.03.99.077653-5, Rel. Des. Fed. Oliveira Lima, j. 23-5-2000, *DJU* 27-6-2000). Demonstrada a existência dos empréstimos vedados, apenas quatro em curto período de tempo. Irrelevante se os recursos são da administradora ou dos consorciados para a configuração do crime do art. 17. Erro inevitável sobre a ilicitude do fato demonstrado diante das sucessivas e contraditórias orientações dos órgãos de fiscalização. Isenção de pena nos termos do art. 21 do CP (TRF da 3ª Região, 2ª T., Ap. 97.03.018581-9, Rel. Juíza conv. Márcia de Oliveira, j. 18-7-2006, *DJU* 4-8-2006, p. 332).

Conhecimentos acumulados após muitos anos de atividade no ramo de empresas administradoras de consórcios, máxime tratando-se de atividade regulamentada, não permitiriam aos réus desconhecer a ilegalidade dos empréstimos realizados entre empresas administradas pelo mesmo controlador, restando afastado o erro de proibição (TRF da 3ª Região, 2ª T., Ap. 97.03.030100-2, Rel. Des. Sylvia Steiner, j. 30-10-2001, v.u., *DJU* 10-12-2001, p. 132).

■ Participação na ação criminosa: O acionista controlador e o diretor adjunto de instituição financeira que teriam liberado empréstimos por meio de contrato de mútuo, a outra sociedade, controlada pelos próprios, não podem ser responsabilizados penalmente pela prática do crime do art. 17, tão só pelo fato de ambos ocuparem determinada posição nas pessoas jurídicas que celebraram os contratos, nos termos do art. 25; presunção absoluta de responsabilidade penal infringe o princípio *nullum crimen sine culpa* e a Constituição Federal (STJ, 6ª T., HC 9.031, Rel. Min. Hamilton Carvalhido, *RT* 776/538).

■ Crime doloso: O crime do art. 17 exige para a sua tipificação, necessariamente, a forma dolosa, não se admitindo a culposa. É necessária prova cabal a comprovar que tenham os réus dolosamente tomado, recebido, deferido, concedido e promovido adiantamentos ou empréstimos do patrimônio dos consorciados, para si ou a empresa coligada (TRF da 3ª Região, 1ª T., RCr 89.03.030247-8, Rel. Des. Fed. Gilberto Jordan, j. 18-3-1997, v.u., *DJU* 22-4-1997, p. 26085).

■ Inépcia da denúncia e Banco Central: É inepta a denúncia que remete a individualização e delimitação das condutas a relatório formulado por comissão de inquérito do Banco Central, se este afasta, expressamente, a responsabilidade do acusado (STF, 2ª T., HC 95.507, Rel. Min. Cezar Peluso, *DJe* 71, publicado 23-4-2010).

Ante a independência entre as esferas administrativa e penal, a decisão do Banco Central em procedimento administrativo não impede a atuação do Ministério Público, que é titular da ação penal (STF, 2ª T., HC 97.567, Rel. Min. Ellen Gracie, *DJe* 91, publicado 21-5-2010).

■ Inépcia da denúncia e coautoria: O sistema jurídico vigente no Brasil impõe, ao Ministério Público, notadamente no denominado "reato societário", a obrigação de expor, na denúncia, de maneira precisa, objetiva e individualizada, a participação de cada acusado na suposta prática delituosa. O ordenamento positivo brasileiro repudia as imputações criminais genéricas e não tolera, porque ineptas, as acusações que não individualizam nem especificam, de maneira concreta, a conduta penal atribuída ao denunciado (STF, 2ª T., HC 84.580, Rel. Min. Celso de Mello, *DJe* 176, publicado 18-9-2009).

■ Empréstimo para filho e irmão: A liberação de empréstimos em dinheiro para o filho e o irmão, valendo-se da condição de diretor-vice-presidente responsável pela área de crédito e financiamento de instituição bancária, caracteriza, em tese, o delito do art. 17 (STF, Rel. Min. Sydney Sanches, *RT* 747/597).

■ Consórcio: As administradoras de consórcio, por força do disposto no art. 1º, I, são consideradas empresas financeiras por equiparação, podendo os seus responsáveis, dessa forma, incorrer nos crimes definidos na Lei n. 7.492/86 (TRF da 3ª Região, 1ª T., Ap. 97.03.060448-0, Rel. Juiz Fed. Casem Mazloum, j. 8-9-1998, v.u., *DJU* 27-10-1998, p. 430).

Os controladores de consórcio que se apropriam de recursos do grupo e repassam a outra empresa do conglomerado, onde também exerciam poderes de administração mediante realização de empréstimos, cometem crime contra o Sistema Financeiro Nacional, previsto no art. 17, ainda que a transação não acarrete prejuízo para os consorciados, pois se trata de crime de mera conduta, prescindindo de prejuízo para a sua consumação (STJ, 5ª T., HC 5.582, Rel. Min. Felix Fischer, m.v., *RT* 753/542).

Os consórcios de autofinanciamento se equiparam às instituições financeiras; assim, não são atípicos os fatos descritos em denúncia em que se acusa os administradores da empresa de consórcio pela prática do delito previsto no art. 17 (STJ, 6ª T., RHC 6.606, Rel. Min. Vicente Leal, *RT* 760/557).

■ *Contra*: Não se caracteriza o delito do art. 17, se a empresa de consórcio empresta à coligada recursos próprios e não dos consorciados, porquanto a lei visa manter a intangibilidade dos recursos destes (TRF da 3ª Região, 1ª T., Ap. 97.03.060.448-0, j. 8-9-1998, v.u., *DJU* 27-10-1998, p. 430).

No que toca aos consórcios, o bem juridicamente protegido é a poupança dos consorciados, vale dizer, os recursos destinados à formação do fundo mútuo, cujo objetivo primário é a aquisição do bem autofinanciado, não abrangidos os recursos da taxa de administração, que se constituem recursos próprios da administradora e, portanto, não albergados pelo tipo penal descrito no art. 17 (TRF da 3ª Região, 1ª T., RCr 1999.03.99.062486-3, Rel. Des. Fed. Theotônio Costa, *RT* 782/697).

A simples existência de fichas contábeis de conta analítica titulada de *empréstimo a sócios e coligadas com débitos*, sob tais rubricas, na conta analítica caixa geral, não é suficiente para comprovar a tipificação do delito em questão, se na conta caixa-consórcio não se logrou encontrar qualquer débito. É necessário que se comprove que os recursos que alimentavam os mencionados débitos provieram do patrimônio dos consorciados, para se sustentar o decreto condenatório. Restando dúvidas sobre tal origem, aplica-se a regra do *in dubio pro reo* (TRF da 3ª Região, 1ª T., RCr 89.03.030247-8, Rel. Des. Fed. Gilberto Jordan, j. 18-3-1997, v.u., *DJU* 22-4-1997, p. 26085).

Deve ser considerada penalmente irrelevante a realização de contrato de empréstimo entre instituições financeiras ou, por equiparação, entre empresas de consórcios, quando os recursos utilizados pertencem exclusivamente aos seus patrimônios, e desde que tal operação não ponha em risco ou ocasione prejuízos aos valores pertencentes aos consorciados, caso em que poderia configurar o crime de gestão fraudulenta ou temerária (TRF da 3ª Região, 1ª T., Ap. 97.03.060448-0, Rel. Juiz Fed. Casem Mazloum, *RT* 759/748).

■ Distribuição disfarçada de lucros: Não há falar-se em distribuição disfarçada de transação realizada em pregão da bolsa, pelos preços de mercado, entre empresas do mesmo grupo, se não se aponta para a existência de fraude, e se o apontado lucro da empresa coligada foi incorporado às suas aplicações e, logo após, houve a fusão das duas instituições que, de resto, têm os mesmos sócios e administradores (TRF da 3ª Região, 2ª T., HC 96.03.077760-9, Rel. Des. Fed. Sylvia Steiner, j. 25-4-1997, m.v., *DJU* 21-5-1997, p. 35896).

Art. 18. Violar sigilo de operação ou de serviço prestado por instituição financeira ou integrante do sistema de distribuição de títulos mobiliários de que tenha conhecimento, em razão de ofício:

Pena — reclusão, de 1 (um) a 4 (quatro) anos, e multa.

■ **Revogação tácita**: A nosso ver, este art. 18 restou tacitamente revogado pelos arts. 1º e 2º c/c o art. 10 da LC n. 105, de 10 de janeiro de 2001, que dispõe sobre o *sigilo das operações de instituições financeiras*, os quais transcrevemos em parte:

"Art. 1º As instituições financeiras conservarão sigilo em suas operações ativas e passivas e serviços prestados.

§ 1º São consideradas instituições financeiras, para os efeitos desta Lei Complementar:

I — os bancos de qualquer espécie;

II — distribuidoras de valores mobiliários;

III — corretoras de câmbio e de valores mobiliários;

IV — sociedades de crédito, financiamento e investimentos;

V — sociedades de crédito imobiliário;

VI — administradoras de cartões de crédito;

VII — sociedades de arrendamento mercantil;

VIII — administradoras de mercado de balcão organizado;

IX — cooperativas de crédito;

X — associações de poupança e empréstimo;

XI — bolsas de valores e de mercadorias e futuros;

XII — entidades de liquidação e compensação;

XIII — outras sociedades que, em razão da natureza de suas operações, assim venham a ser consideradas pelo Conselho Monetário Nacional.

§ 2º As empresas de fomento comercial ou *factoring*, para os efeitos desta Lei Complementar, obedecerão às normas aplicáveis às instituições financeiras previstas no § 1º.

§ 3º Não constitui violação do dever de sigilo:

I — a troca de informações entre instituições financeiras, para fins cadastrais, inclusive por intermédio de centrais de risco, observadas as normas baixadas pelo Conselho Monetário Nacional e pelo Banco Central do Brasil;

II — o fornecimento de informações constantes de cadastro de emitentes de cheques sem provisão de fundos e de devedores inadimplentes, a entidades de proteção ao crédito, observadas as normas baixadas pelo Conselho Monetário Nacional e pelo Banco Central do Brasil;

III — o fornecimento das informações de que trata o § 2º do art. 11 da Lei n. 9.311, de 24 de outubro de 1996[1];

IV — a comunicação, às autoridades competentes, da prática de ilícitos penais ou administrativos, abrangendo o fornecimento de informações sobre operações que envolvam recursos provenientes de qualquer prática criminosa;

V — a revelação de informações sigilosas com o consentimento expresso dos interessados;

VI — a prestação de informações nos termos e condições estabelecidos nos arts. 2º, 3º, 4º, 5º, 6º, 7º e 9º desta Lei Complementar.

§ 4º A quebra de sigilo poderá ser decretada, quando necessária para apuração de ocorrência de qualquer ilícito, em qualquer fase do inquérito ou do processo judicial, e especialmente nos seguintes crimes:

I — de terrorismo;

II — de tráfico ilícito de substâncias entorpecentes ou drogas afins;

III — de contrabando ou tráfico de armas, munições ou material destinado a sua produção;

IV — de extorsão mediante sequestro;

V — contra o sistema financeiro nacional;

VI — contra a Administração Pública;

VII — contra a ordem tributária e a previdência social;

VIII — lavagem de dinheiro ou ocultação de bens, direitos e valores;

IX — praticado por organização criminosa.

Art. 2º O dever de sigilo é extensivo ao Banco Central do Brasil, em relação às operações que realizar e às informações que obtiver no exercício de suas atribuições.

§ 1º O sigilo, inclusive quanto a contas de depósitos, aplicações e investimentos mantidos em instituições financeiras, não pode ser oposto ao Banco Central do Brasil:

I — no desempenho de suas funções de fiscalização, compreendendo a apuração, a qualquer tempo, de ilícitos praticados por controladores, administradores, membros de conselhos estatutários, gerentes, mandatários e prepostos de instituições financeiras;

II — ao proceder a inquérito em instituição financeira submetida a regime especial.

§ 2º As comissões encarregadas dos inquéritos a que se refere o inciso II do § 1º poderão examinar quaisquer documentos relativos a bens, direitos e obrigações das instituições financeiras, de seus controladores, administradores, membros de conselhos estatutários, gerentes, mandatários e prepostos, inclusive contas correntes e operações com outras instituições financeiras.

---

1   O art. 11, § 2º, da Lei n. 9.311/96 trata das informações a serem prestadas pelas instituições financeiras à Receita Federal, referentes à CPMF dos correntistas.

§ 3º O disposto neste artigo aplica-se à Comissão de Valores Mobiliários, quando se tratar de fiscalização de operações e serviços no mercado de valores mobiliários, inclusive nas instituições financeiras que sejam companhias abertas.
[...]
Art. 10. A quebra de sigilo, fora das hipóteses autorizadas nesta Lei Complementar, constitui crime e sujeita os responsáveis à pena de reclusão, de 1 (um) a 4 (quatro) anos, e multa, aplicando-se, no que couber, o Código Penal, sem prejuízo de outras sanções cabíveis.

Parágrafo único. Incorre nas mesmas penas quem omitir, retardar injustificadamente ou prestar falsamente as informações requeridas nos termos desta Lei Complementar".

- Suspensão condicional do processo: Cabe (art. 89 da Lei n. 9.099/95).
- Substituição por penas alternativas: Cabe (arts. 43 e 44 do CP).

Violação de sigilo

- Objeto jurídico: O Sistema Financeiro Nacional. *Vide* nota *Nossa posição — Sistema Financeiro Nacional (lato sensu)*, no art. 1º desta lei.

- Sujeito ativo: O sujeito ativo parece-nos comum, e não próprio; pode ser *qualquer pessoa* que, em razão do ofício, tenha tido acesso à informação acobertada pelo sigilo. Poderia ser sujeito ativo, portanto, desde uma simples secretária da instituição financeira ou um operador de mesa de determinada corretora de valores, até os próprios administradores referidos no art. 25, e, ainda, o administrador judicial da falência, o liquidante e o interventor, como também um fiscal de rendas, um funcionário do Poder Judiciário etc. Para Tigre Maia, ao contrário, o crime seria *próprio*, necessitando haver conexão entre o exercício da atividade profissional e a ciência das informações (*Dos crimes contra o Sistema Financeiro Nacional*, cit., p. 122). Segundo esse autor, não se pode incluir, por exemplo, porteiros e garçons como sujeitos ativos.

- Sujeito passivo: O Estado, primeiramente; de forma secundária, a pessoa prejudicada com a violação do sigilo.

- Tipo objetivo: O núcleo do tipo é *violar*, que significa devassar, divulgar, quebrar. O objeto material é a informação que está sob sigilo (segredo, confidencialidade) acerca da *operação* (transação) ou do *serviço prestado* (consultoria, análise de risco etc.) por instituição financeira ou integrante de sistema de distribuição de títulos mobiliários (como as Bolsas de Valores; as sociedades que tenham por objeto a compra de valores mobiliários em circulação para revenda, por conta própria; as sociedades e agentes autônomos que negociem valores mobiliários em bolsas ou no mercado de balcão; e demais sociedades que tenham por objeto distribuir valores mobiliários como agentes da companhia emissora, ou por conta própria, subscrevendo ou comprando a emissão para a colocar no mercado — art. 15 da Lei n. 6.385/76). Acresça-se o elemento normativo: *de que tenha conhecimento em razão de ofício* (trabalho, atuação). Desse modo, o conhecimento pode dar-se tanto em razão do trabalho na própria instituição financeira ou de distribuição de títulos como em função de ofícios outros, a exemplo de um fiscal que, ao auditar determinada instituição, tenha acesso a dados sigilosos (cf., nesse sentido, Pimentel, referindo-se a funcionários do Poder Judiciário — *Crimes contra o Sistema Financeiro Nacional*, cit., p. 141). Deve-se anotar, contudo, que o legislador, no crime deste art. 18, não fez referência ao elemento normativo *sem justa causa*, a exemplo do que faz o art. 153 do CP, o que traz sérias implicações. Como observa Sérgio Marcos de Moraes Pitombo, a prova de eventual excludente da antijuridicidade, como o exercício regular de direito ou o estrito cumprimento de dever legal (CP, art. 23, III), ou, ainda, de exclusão da culpabilidade em razão de coação moral irresistível (CP, art. 22), ou, até mesmo, aduzimos, a inexigibilidade de conduta diversa, como causa supralegal, será realizada no transcorrer da ação penal. Esta, como bem lembrado pelo saudoso professor, "possui manifesta carga sancionatória em si mesma". Se houvesse o elemento normativo *sem justa causa*, poder-se-ia, como aduz Pitombo, evitar o próprio "aforamento da demanda, no primeiro lanço", por atipicidade da conduta ("Crimes contra o Sistema Financeiro Nacional: nótulas à Lei n. 7.492, de 1986". *Revista do Advogado*, cit., p. 28). Cumpre atentar para o fato de que a informação divulgada sob serviço prestado ou operação realizada deve ter *relevância jurídica*, isto é, potencialidade lesiva ao Sistema Financeiro Nacional. Trata-se, por vezes, da chamada *inside information* (informação que vem de dentro da empresa), que pode beneficiar ilicitamente determinados investidores, os quais, de antemão, poderão decidir se vendem ou compram ações em prejuízo daqueles que com eles negociam.

- Tipo subjetivo: É o dolo, ou seja, a vontade de violar, com *ciência* do dever de sigilo, ou da condição sigilosa da operação ou do serviço. Não foi prevista a modalidade culposa.

- Consumação: Com a revelação da informação sigilosa a terceiro; trata-se de crime de mera conduta, que não exige resultado no mundo naturalístico decorrente da violação do sigilo.

- Tentativa: A nosso ver, a tentativa não é possível; a conduta é unissubsistente.

- Concurso de agentes: É possível haver coautoria e participação.

- Confronto: Se a instituição é pública, prevalece o art. 18, ora em comento, sobre o 325 do CP, pelo critério da especialidade. O art. 38, § 7º, da Lei n. 4.595/64 estatui: "Art. 38. As instituições financeiras conservarão sigilo em suas operações ativas e passivas e serviços prestados. [...] § 7º A quebra do sigilo de que trata este artigo constitui crime e sujeita os responsáveis à pena de reclusão, de 1 (um) a 4 (quatro) anos, aplicando-se, no que couber, o Código Penal e o Código de Processo Penal, sem prejuízo de outras sanções cabíveis". Este artigo, parece-nos evidente, restou tacitamente revogado pelo art. 18 da Lei n. 7.492/86, ora em comento, ao menos quando o sujeito ativo tenha obtido a informação sigilosa em razão do seu ofício. Em situações diversas, que não envolvam operações ou serviços de instituição financeira ou de distribuição de valores mobiliários, cf. o crime de *violação de segredo profissional*, previsto no art. 154 do CP, bem como o delito do art. 325 do CP, tratando-se de violação de segredo ou sua facilitação, por funcionário público.

- Concurso de crimes: É possível.
- Pena: Reclusão, de um a quatro anos, e multa.
- Ação penal: Pública incondicionada, com particularidades (*vide* art. 27).

Jurisprudência
- Advogados: Não há infração ao art. 18 da Lei n. 7.492/86, ou aos arts. 1º e 2º c/c o art. 10 da LC n. 105/2001, na conduta de advogados que, atuando na defesa de banco, forneceram informações do cliente, porque se tentou demonstrar em juízo a pertinência de comunicação ao Serasa, com o escopo de provar a inadimplência deste. Inexistência de dolo na conduta dos advogados, que agiram no exercício regular do direito de defesa da instituição financeira (TRF da 3ª Região, 1ª T., RSE 2007.61.81.011394-2, Rel. Des. Fed. José Lunardelli, j. 10-5-2011).

Art. 19. Obter, mediante fraude, financiamento em instituição financeira:

Pena — reclusão, de 2 (dois) a 6 (seis) anos, e multa.

Parágrafo único. A pena é aumentada de 1/3 (um terço) se o crime é cometido em detrimento de instituição financeira oficial ou por ela credenciada para o repasse de financiamento.

Fraude na obtenção de financiamento
- Objeto jurídico: O Sistema Financeiro Nacional. *Vide*, a propósito, nota *Nossa Posição — Sistema Financeiro Nacional (*lato sensu*)*, no art. 1º desta lei.
- Sujeito ativo: Qualquer pessoa (crime comum).
- Sujeito passivo: O Estado, em primeiro lugar; a instituição eventualmente prejudicada, em segundo.
- Tipo objetivo: O tipo deste art. 19 lembra o crime de estelionato previsto no art. 171 do CP, mas tipificado de forma mais simples, e com especificidade. O núcleo do tipo é *obter* (conseguir, lograr) financiamento em instituição financeira, *mediante fraude*, isto é, com o emprego de ardil, artifício, utilizando-se, por vezes, de documentos falsos. O agente, assim, atua de forma pré-ordenada, ou seja, o dolo *antecede* à obtenção do financiamento; se a fraude for posterior, não haverá o crime deste art. 19 (cf., também, Pimentel, ob. cit., p. 145), não obstante outros restarem configurados. O crime é material, já que o tipo fala em *obter financiamento*. Note-se que o termo *financiamento* deve ser interpretado de forma restrita, isto é, para um fim específico, não se confundindo com empréstimos em geral. Ao contrário do que ocorre no delito do art. 171 do Diploma Penal, o crime deste art. 19 não exige, para a sua configuração, que a instituição financeira tenha efetivamente amargado prejuízo. Lembramos, por exemplo, a hipótese em que o tomador de empréstimo, embora até mesmo desejando quitá-lo integralmente, inclusive oferecendo garantias reais para tanto, forja certidão negativa para ocultar a existência de um protesto ou de dívidas

perante órgãos públicos (v.g., a chamada Certidão Negativa de Débitos, no âmbito federal).

- **Tipo subjetivo:** É o dolo, consistente na vontade livre e consciente de obter financiamento mediante fraude. Para os tradicionais, é o dolo genérico. Não há, evidentemente, modalidade culposa.

- **Consumação:** Com a efetiva obtenção do financiamento, independentemente de a instituição ter ou não amargado prejuízo. Com efeito, ainda que houver plena quitação do financiamento, o que poderá configurar a atenuante do arrependimento posterior (CP, art. 16), o crime terá se configurado.

- **Tentativa:** A tentativa é possível, pois a conduta de obter um financiamento será sempre plurissubsistente.

- **Concurso de agentes:** É possível, tanto a coautoria quanto a participação.

- **Confronto:** Se não há fraude na obtenção do empréstimo, mas, sim, desvio de finalidade de empréstimo concedido por instituição oficial, art. 20 desta lei. Havendo fraude, e não se tratando de empréstimo obtido em instituição financeira, cf. o crime de estelionato, previsto no art. 171 do CP, cuja pena é inferior — reclusão, de um a cinco anos, e multa. Se há simples desconto de duplicatas simuladas, art. 172 do CP; se, porém, as duplicatas falsas são utilizadas para obter o financiamento, poderá haver a configuração somente deste art. 19.

- **Concurso de crimes:** Da mesma forma que ocorre com o delito de estelionato, os crimes de falsidade de documento público ou particular (CP, arts. 297 e 298), falsidade material de atestado ou certidão (CP, art. 301, §§ 1º e 2º), e uso de documento falso (CP, art. 304), quando delitos-meio, restarão *absorvidos* pelo crime deste art. 19, delito-fim.

- **Pena:** Reclusão, de dois a seis anos, e multa.

- **Ação penal:** Pública incondicionada, com particularidades (*vide* art. 27).

Causa de aumento de pena (parágrafo único)

- **Noção:** Estipula o parágrafo único do art. 19 que a pena será aumentada de um terço — de modo *fixo*, sem deixar margem para o julgador, ao contrário do que ocorre em diversas causas de aumento de pena previstas no CP —, quando: a) o crime é cometido *em detrimento de instituição financeira oficial*; e b) ou por ela *credenciada para o repasse de financiamento*. Lembramos, assim, a fraude na obtenção de financiamentos com juros subsidiados (com valor abaixo do praticado no mercado), a fim de se adquirir a casa própria, exigindo-se, por exemplo, declaração do tomador de que não possui imóvel próprio, ou de que nunca obteve outro empréstimo para o mesmo fim.

Jurisprudência

- **Sujeito ativo:** Pode ser qualquer pessoa, e não somente as elencadas no art. 25 (TRF da 4ª Região., 7ª T., HC 5009387-19.2011.404.0000, Rel. Des. Fed. José Paulo Baltazar Junior, j. 18-10-2011, *DE* 19-10-2011).

- **Elemento subjetivo:** Não ocupando o acusado lugar na empresa no qual estivesse em condições de saber do caráter fictício das duplicatas simuladas utilizadas para a obtenção de financiamento, mantém-se a absolvição por ausência de prova do elemento subjetivo (TRF da 3ª Região, 2ª T., Ap. 2001.03.99.025667-6, Rel. Des. Peixoto Júnior, j. 24-9-2002, v.u., *DJU* 14-11-2002, p. 556).

- **Tentativa:** A conduta de obter financiamento mediante meio fraudulento configura o delito do art. 19, mas se a obtenção do crédito não se consuma por circunstância alheia à vontade do agente, resta caracterizada a forma tentada (TRF da 4ª Região, 8ª T., Ap. 2002.72.00.011698-4, Rel. Des. Fed. Luiz Fernando Wowk Penteado, j. 17-11-2010, *DE* 15-11-2010).

- **Nexo de causalidade:** Havendo nexo de causalidade entre a obtenção de financiamento e a conduta fraudulenta de inserção de informações falsas, resta consumado o delito do art. 19 (TRF da 5ª Região, 4ª T., Ap. 0001789-25.2007-4-058500, Rel. Des. Fed. subst. Frederico Dantas, j. 17-5-2011, *DJe* 19-5-2011, p. 589).

- **Crime impossível:** Considerando que as instituições financeiras possuem o dever profissional de conferir todos os documentos necessários à concessão de financiamento, ocorre crime impossível quando os dados cadastrais consultados pelo banco estavam defasados na época do preenchimento da proposta de crédito. A idoneidade do meio deve ser apreciada em relação à prudência da pessoa do iludido, e não se levando em consideração a "sagacidade ordinária (TRF da 4ª Região, 8ª T., Ap. 2006.71.00.013266-0, Rel. Des. Fed. Paulo Afonso Brum Vaz, j. 27-10-2010, *DE* 11-11-2010).

- **Princípio da ofensividade e desclassificação para estelionato:** Quando a afetação ao bem jurídico específico revela-se incapaz de produzir risco ou efetiva lesividade ao bem jurídico, não há como reconhecer a existência de crime contra o Sistema Financeiro Nacional. A conduta do investigado teria obtido financiamento de R$ 3.475,00 para adquirir um televisor por meio do crédito "Caixa Fácil", em estabelecimento comercial, utilizando-se de nome falso, configura, excepcionalmente o crime de estelionato (TRF da 4ª Região, 4ª S., Confl. Compet. 5003974-87.2010.404.7201, Rel. Des. Fed. Paulo Afonso Brum Vaz, j. 17-3-2011, *DE* 21-3-2011).

Hipótese em que o denunciado, ocupante do cargo de gerente de expediente, simplesmente esteve a praticar estelionato em uma agência bancária empregando diversos expedientes ardilosos para obter vantagens ilícitas pecuniárias, em detrimento de particulares: saques indevidos e concessão de financiamentos artificiosos, sem a participação dos correntistas supostamente beneficiados, e montante inferior a R$ 50.000,00. Embora não seja o caso de falar em insignificância dessas condutas, não há a menor dúvida de que o Sistema Financeiro Nacional não restou minimamente abalado, restando desclassificada a conduta para o crime de estelionato, declinando-se a competência para a Justiça Estadual, porquanto a instituição financeira lesada é sociedade de economia mista (TRF da 4ª Região, 8ª T., Ap. 0038397-49.2005.404.7100, Rel. Des. Fed. Paulo Afonso Brum Vaz, j. 2-3-2011, *DE* 17-3-2011).

- *Contra*: configura o crime do art. 19 a obtenção de financiamento em nome de terceiro, mediante falsificação de assinatura, bem como a não quitação de qualquer parcela, não sendo insignificante o valor próximo a R$ 15.000,00 (TRF da 5ª Região, 4ª T., Ap. 0011525-80.2010.4.058300, Rel. Des. Fed. Margarida Cantarelli, j. 23-8-2011, *DJe* 2-9-2011, p. 316).

- *Mutatio libelli*: Tendo o juízo de primeiro grau verificado a existência de elementos colhidos nos autos, que atestam a existência de circunstância elementar não contida na inicial, e determinado o aditamento da denúncia para imputar ao paciente o delito previsto no art. 19 e não o do parágrafo único do art. 21, é dispensável nova citação e novo interrogatório do réu, bastando a abertura de prazo de três dias à defesa, para o oferecimento de prova (TRF da 3ª Região, 5ª T., HC 2004.03.00000138-0, Rel. Des. Fed. Ramza Tartuce, j. 3-5-2004, v.u., *DJU* 18-5-2004, p. 487).

- Atipicidade — renovação de empréstimo: A simples renovação de empréstimo bancário não caracteriza o crime do art. 19, tipo penal taxativo que não permite interpretação extensiva, de molde a abarcar situações nele contempladas (TRF da 4ª Região, 2ª T., HC 1998.04.01.072141-4, Rel. Des. Vilson Darrós, *RT* 764/705).

- Ausência de fraude (cópia de documento): Não configura o delito do art. 19 a apresentação de documentação frágil e deficiente, sem nenhuma força para converter-se em fraude, ou ser encarada como um instrumento capaz de iludir a instituição financeira, a qual agiu com negligência não pesquisando acerca da veracidade da autenticidade da documentação e sequer exigindo a apresentação do original do documento (TRF da 5ª Região, 1ª T., Ap. 0000641-13.2006.4.058500, Rel. Des. Fed. Rogério Fialho Moreira, j. 4-11-2010, *DJe* 11-11-2010, p. 119).

- Financiamento e empréstimo pessoal (distinção): A obtenção de empréstimo pessoal mediante fraude não configura o delito do art. 19, que trata da obtenção fraudulenta de financiamento. Os financiamentos concernem à aquisição de produtos específicos ou têm um fim certo, determinado, e são vinculados a contratos. Nos empréstimos pessoais, a utilização dos recursos é absolutamente livre, consoante alvitre do contratante. Declinação da competência para o Tribunal de Justiça porque um dos acusados é prefeito municipal (TRF da 5ª Região, Pleno, Inq. 001430-62.2008.4.058202, Rel. Des. Fed. Paulo Roberto de Oliveira Lima, j. 3-11-2010, *DJe* 8-11-2010, p. 59).

- Confronto com estelionato (CP, art. 171): Empréstimos em geral, e financiamentos de natureza privada, feitos sem recursos do Estado, ou recursos por ele administrados, mesmo obtidos mediante fraude do mutuário, não se subsumirão ao tipo do art. 19, mas sim ao do art. 171 do CP, pois não afligem o Sistema Financeiro na sua unidade (TRF da 2ª Região, 1ª T. Espec., HC 2008.02.01.014211-9, Des. Fed. Abel Gomes, *DJU* 21-11-2008, p. 191).

Os fatos incriminados são relativos à concessão de empréstimos, e não a financiamentos, o que, de acordo com os precedentes desse Tribunal, subsumem-se ao crime de estelionato, e não ao crime do art. 19. Deve-se tomar o termo financiamento restritivamente, contrato em que a cessão do capital deve estar, obrigatoriamente, atrelada a um fim específico, o que não se verifica na hipótese (TRF da 4ª Região, 7ªT., Ap. 2003.70.00.036998-9, Rel. Des. Fed. Tadaaqui Hirose, j. 3-5-2011, *DE* 12-5-2011).

- Confronto com o art. 20: O delito do art. 19 absorve o do art. 20 (TRF da 2ª Região, 2ª T. Espec., AC 2002.50.01.006625-5, Rel. Des. Fed. Messod Azulay Neto, j. 24-11-2010).

- Confronto com os arts. 297, 299 e 304 do CP: Restam absorvidos pelo delito do art. 19 da Lei dos Crimes contra o Sistema Financeiro Nacional (TRF da 2ª Região, 2ª T. Espec., AC 2002.50.01.006625-5, Rel. Des. Fed. Messod Azulay Neto, j. 24-11-2010).

Art. 20. Aplicar, em finalidade diversa da prevista em lei ou contrato, recursos provenientes de financiamento concedido por instituição financeira oficial ou por instituição credenciada para repassá-lo:

Pena — reclusão, de 2 (dois) a 6 (seis) anos, e multa.

Desvio de financiamento oficial

- Objeto jurídico: O Sistema Financeiro Nacional. *Vide* nota *Nossa posição — Sistema Financeiro Nacional (*lato sensu*)*, no art. 1º desta lei.

- Sujeito ativo: Qualquer pessoa (crime comum).
- Sujeito passivo: O Estado.

- Tipo objetivo: O núcleo é *aplicar*, que significa empregar, investir, injetar, tratando-se de crime *comissivo*, sendo atípica a omissão em não aplicar, não empregar, não investir e não injetar. O objeto material são *recursos* (meios pecuniários) provenientes de financiamento concedido por *instituição financeira oficial* (ou seja, instituições autárquicas, empresas públicas ou, ainda, mistas controladas pela União ou Estados, como o Banco do Brasil, o Banco Nacional de Desenvolvimento Social, a Caixa Econômica Federal, os bancos estaduais etc.) ou por *instituição credenciada* (isto é, qualquer banco privado, por exemplo) *para repassá-lo* (a linha de crédito, portanto, provém da instituição oficial). O tipo exige, por fim, o elemento normativo consistente em aplicar os recursos *em finalidade diversa da prevista em lei ou contrato*. Trata-se, desse modo, de lei penal em branco. Isso porque, como se sabe, frequentemente os Governos, em razão das políticas adotadas, decidem fomentar determinada atividade econômica que se encontra aquém do esperado, ou, então, minimizar as desigualdades sociais mediante a concessão de linhas de créditos não oferecidas por outras instituições ou, ainda, com condições privilegiadas (*v.g.*, com juros abaixo do mercado e prazo de amortização extremamente amplo), mas vinculadas a finalidades específicas (aquisição da casa própria, a sua construção, o plantio agrícola ou a modernização de maquinário para tal fim, a compra de carros populares, crédito à microempresa, investimento em geração de energia etc.). Proíbe-se, com o presente crime, que essas linhas de créditos especiais, concedidas *com o dinheiro de instituições oficiais*, tenham a sua finalidade desviada, tornando inócuo o incentivo estatal. Tratando-se de empréstimo concedido por instituições privadas, ainda que haja alguma vinculação para a aplicação dos recursos tomados (*v.g.*, investindo-os no capital de giro da própria empresa, ou na aquisição de maquinário específico), o desvio de finalidade não caracterizará o crime deste art. 20. Isso porque o tipo visa resguardar as instituições financeiras oficiais e as suas políticas de crédito.

- Tipo subjetivo: É o dolo, consistente na vontade livre e consciente de aplicar os recursos *com ciência* de o estar fazendo *em desacordo com a finalidade prevista em lei ou contrato*. Não há punição a título de culpa. Como afirmam Pimentel (ob. cit., p. 147-148), Paulo José da Costa Jr. e outros (*Crimes do Colarinho Branco*, cit., p. 131), a fraude é posterior à obtenção do financiamento, ao contrário do que ocorre no estelionato. Não há modalidade culposa. Na prática, entretanto, podem ocorrer situações inesperadas e graves, em face das quais não será exigível conduta diversa do sujeito ativo; nessas hipóteses poderíamos nos deparar com a excludente da antijuridicidade do estado de necessidade (CP, art. 24), ou, ainda, da *não exigibilidade de conduta diversa* como causa supralegal de exclusão da culpabilidade (cf. nosso *Código Penal comentado*. 8. ed. São Paulo: Saraiva, 2010, p. 165).

- Consumação: Com a efetiva aplicação (utilização, emprego) dos recursos em finalidades diversas. Não é necessário haver prejuízo decorrente da conduta, sendo o crime formal.

- Tentativa: A nosso ver, a tentativa é impossível, mesmo porque a conduta é unissubsistente.

- Concurso de agentes: É possível tanto a coautoria quanto a participação. Lembrando, na primeira modalidade, a hipótese em que a aplicação é realizada pelos dois sócios-gerentes de determinada empresa, atuando com identidade de propósitos.

- Confronto: A Lei n. 7.134/83, em seus seis artigos, trata do mesmo tema, inclusive de forma mais ampla, ao abranger o desvio de finalidade não somente de "todo crédito ou financiamento concedido por órgãos da administração pública, direta ou indireta", mas também o "recurso proveniente de incentivo fiscal" (*v.g.*, os previstos na Lei n. 8.313, de 23 de dezembro de 1991 — Lei Rouanet e na Lei n. 8.685, de 20 de julho de 1993 — Lei do Audiovisual), punindo-o com as penas do crime de estelionato (CP, art. 171), que é de reclusão, de um a cinco anos, e multa. Não se tratando, portanto, de *incentivo fiscal* (hipótese em que prevaleceria a Lei n. 7.134/83), mas de financiamento oficial, estaríamos diante de um concurso aparente de normas, solucionado pela aplicação do art. 20 da Lei n. 7.492/86, que é posterior. Se o funcionário público desvia o recurso para si ou terceiros, haverá o crime de peculato (CP, art. 312).

- Concurso de crimes: É possível, por exemplo, o concurso do delito deste art. 20, com o crime do art. 19 desta lei, quando o agente, além de desviar a finalidade do empréstimo oficial, utiliza-se de documentos falsos para obtê-lo.

- Pena: Reclusão, de dois a seis anos, e multa.

- Ação penal: Pública incondicionada, com particularidades (*vide* art. 27).

Jurisprudência

■ **Atipicidade material (valor de R$ 12.000,00):** O acusado não teve dolo específico de cometer fraude contra o Sistema Financeiro Nacional, mas apenas de refinanciar seu empréstimo com a instituição financeira em taxa de juros menores, o que, pela teoria da tipicidade congoblante, é inclusive estimulado pelo próprio Estado, e não deve ser incriminado; o valor total do segundo empréstimo, de R$ 12.000,00, não tem o condão de afetar a política de crédito do Estado e o patrimônio da instituição financeira, sendo tal conduta materialmente atípica (TRF da 2ª Região, 1ª T. Espec., RSE 2008.50.01.013942-0, Des. Juiz Fed. convoc. Aluísio Gonçalves de Castro Mendes, *DJU* 18-9-2009, p. 182).

■ **Dolo:** O crime de aplicação indevida de financiamento concedido por instituição financeira somente é punido na forma dolosa, sendo necessária a comprovação de que o contratante agiu com consciência e vontade de desviar os valores para finalidade diversa da pactuada ou prevista em lei. Constatado que o réu agiu com negligência na gestão dos recursos, deve ser mantida a sua absolvição, com base no art. 386, III, do CPP (TRF da 4ª Região, 8ª T., Ap. 0011582-35.2007.404.7200, Rel. Des. Fed. Victor Luiz dos Santos Laus, j. 26-10-2011, *DE* 8-11-2011).

■ **Conduta comissiva:** O tipo penal do art. 20 prevê conduta evidentemente comissiva, representada pelo verbo nuclear *aplicar*, que significa investir, empregar, injetar recursos em operação ou projeto. Assim, em hipótese alguma pode confundir-se com a mera omissão do agente em aplicar (deixar de aplicar) os recursos na finalidade contratual (TRF da 4ª Região, 7ª T., Ap. 1999.71.01.000734-9, Rel. Des. Fed. Tadaaqui Hirose, j. 15-2-2011, *DE* 24-2-2011).

■ **Comprovação:** Configura-se o delito do art. 20 se o acusado obteve financiamento de banco oficial para fomento de atividade agrícola, mas não o aplicou na finalidade pactuada (TRF da 3ª Região, 1ª T., Ap. 2003.61.06.001750-0, Des. Fed. Vesna Kolmar, j. 27-9-2011).

■ **Falta de comprovação:** Não há que se falar em aplicação diversa do valor concedido pela instituição financeira oficial quando não se comprovou que o valor financiado foi aplicado em atividade diversa daquela estabelecida no contrato (TRF da 3ª Região, 1ª T., Ap. 98.03.000480-8, Rel. Des. Fed. Roberto Haddad, j. 7-12-1999, m.v., *DJU* 22-8-2000, p. 167, e *DJU* 28-3-2000, p. 147).

■ **Sujeito ativo:** Os sujeitos ativos no crime do art. 20 serão os administradores da pessoa jurídica beneficiária do financiamento, ou o próprio tomador, podendo, ainda, ser cometido por funcionários da instituição financeira (TRF da 3ª Região, 2ª T., RHC 1999.60.00.002249-0, Rel. Des. Ferreira da Rocha, j. 15-6-1999, v.u., *DJU* 18-8-1999, p. 911).

O sujeito ativo do delito do art. 20 pode ser qualquer pessoa imputável, não exigindo a lei seja o agente administrador de banco, servidor público ou assemelhado (STF, 1ª T., HC 79.468-8, Rel. Min. Moreira Alves, v.u., *RT* 773/522).

■ **Governador:** Verbas fornecidas pelo Bird, instituição financeira oficial, para aplicação em plano agropecuário e florestal de Rondônia, que foram sacadas da conta vinculada ao convênio, e aplicadas em finalidades desconhecidas. A expressiva soma, em tese, desviada — quase seis milhões e meio de reais —, e a continuidade dos saques, ao longo de um ano, concentrados em período de campanha eleitoral, afastam a possibilidade de se acolher, nesta fase, a alegação de desconhecimento do então Governador (STF, Pleno, Inq. 2027, Rel. Min. Joaquim Barbosa, *DJe*-222, publicado em 19-11-2010).

■ Gerente de agência: Há justa causa para a ação penal, se o gerente de agência que atua como representante de instituição financeira, em contrato de financiamento vinculado à execução da obra, se omite em invocar as salvaguardas contratuais a ele atribuídas, diante do desvio na finalidade da aplicação de verbas de que tinha conhecimento. Suspeita de ter concorrido eficazmente para a consecução do resultado lesivo, em benefício do codenunciado, com quem tinha estreita ligação (TRF da 3ª Região, 1ª T., RCr 92.03.044723-7, Rel. Des. Fed. Theotônio Costa, j. 17-10-1995, *DJU* 16-1-1996, p. 1085).

■ Plantio agrícola diverso: A interpretação literal do art. 20 levaria à criminalização de qualquer inadimplemento contratual em que se observasse o desvio de finalidade. Mostra-se sem maior significação o desvio de recursos destinados a *inhame* para *mandioca*. Irregularidade de tal monta jamais poderia causar danos ao sistema financeiro nacional, nem poderia ser apenada com reclusão de dois a seis anos, além de multa (TRF da 5ª Região, 1ª T., Ap. 97.05.18774-6, Rel. Des. Fed. Castro Meira, m.v., *RT* 781/726).

■ Dúvida quanto à finalidade diversa e insignificância: Não obstante se tratar o delito do art. 20 de crime formal, cuja consumação se dá no momento da aplicação dos recursos em finalidade diversa, essa aplicação no caso em tela é muito duvidosa, uma vez que a denúncia não esclarece em que constituiu o desvio, tendo ainda a renovação da lavoura cafeeira indicado o cumprimento parcial do projeto de financiamento. Área penal deve ser vista sob a última *ratio*, ou seja, a última solução para o problema jurídico apresentado, pois o pequeno valor do suposto desvio não tem capacidade de lesionar o bem jurídico tutelado (TRF da 2ª Região, 2ª T. Espec., RSE 2008.50.01.001111-6, Rel. Des. Federal Liliane Roriz, *DJU* 16-2-2009, p. 92).

■ Inépcia da denúncia: Revela-se manifestamente inepta a denúncia por infração do art. 20, se falta explicitação, em seu texto, da finalidade diversa da prevista em lei ou contrato, em que teriam sido aplicados os recursos provenientes do financiamento concedido por instituição financeira oficial (TRF da 1ª Região, 4ª T., HC 2000.01.00022866-0, Rel. Des. Fed. Hilton Queiroz, m.v., *RT* 786/754; TRF da 5ª Região, 4ª T., Ap. 0013078-02.2009.4.058300, Rel. Des. Fed. Lázaro Guimarães, j. 9-8-2011, *DJe* 18-8-2011, p. 327).

■ Responsabilidade penal objetiva: O fato de os apelados figurarem como diretores de empresa, à época dos fatos, por si só, não os responsabiliza, tendo em vista o que dispõe o art. 19 do CP, o qual veda a responsabilidade penal objetiva (TRF da 5ª Região, 4ª T., Ap. 0001188-52.2003.4.05.8308,

Rel. p/ acórdão Des. Fed. subst. Manuel Maia, j. 1º-2-2011, *DJe* 10-2-2011, p. 305).

■ **Crime formal:** O delito do art. 20 é formal, caracterizando-se pelo simples fato de não se comprovar a aplicação de recursos públicos (TRF da 5ª Região, 4ª T., Ap. 0001188-52.2003.4.05.8308, Rel. p/ acórdão Des. Fed. subst. Manuel Maia, j. 1º-2-2011, *DJe* 10-2-2011, p. 305).

A transação que envolve os créditos obtidos perante o banco é irrelevante para afastar a configuração do delito, pois o crime do art. 20 é formal, sendo desnecessário o prejuízo. A tutela penal busca proteger a credibilidade do mercado financeiro, das instituições e dos investidores. Com o desvio de recursos provenientes do financiamento, a política de controle de gastos públicos estaria comprometida (TRF da 3ª Região, 1ª T., Ap. 2005.03.99.011929-0, Rel. Des. Vesna Kolmar, j. 20-9-2011).

■ **Princípio da ofensividade (desclassificação para o art. 315 do CP):** Se ínfimo o prejuízo à instituição financeira (R$ 69.688,00), inexistindo abalo ao Sistema Financeiro Nacional, em face do princípio da ofensividade ou lesividade desclassifica-se a imputação para o crime do art. 315 do CP (TRF da 4ª Região, 8ª T., Ap. 0014044-37.2008.404.7100, Rel. Des. Fed. Paulo Afonso Brum Vaz, j. 6-4-2011, *DE* 19-4-2011).

■ **Aplicação parcial dos recursos:** A aplicação parcial dos recursos de financiamento ou a realização incompleta dos itens financiados não são suficientes para imputar o crime do art. 20 aos agentes. É necessária a presença do dolo, da intenção dos agentes em aplicar indevidamente tais recursos (TRF da 5ª Região, 3ª T., Ap. 97.05.36202-5, Rel. Des. Fed. Francisco Cavalcanti, *RT* 793/737).

■ **Confronto com os arts. 4º e 5º:** Evidenciada a diversidade de fraudes na conduta dos gestores da agência bancária, a configurar o conflito aparente de normas, deve prevalecer o delito de gestão fraudulenta (art. 4º, *caput*), por força da aplicação do princípio da subsidiariedade, não ensejando a aplicação do pretendido concurso material com os arts. 5º e 20 (TRF da 4ª Região, 7ª T., Ap. 2001.70.11.003397-3, Des. Fed. Néfi Cordeiro, j. 17-8-2011, *DE* 15-9-2011).

■ **Absorção do art. 304 do CP (uso de documento falso):** Se a ação descrita no art. 304 (uso de documento falso) serviu tão somente para obter o proveito da conduta capitulada no art. 20 da Lei n. 7.492/86, ou seja, foi o meio para a prática do fim, resta absorvida pelo crime contra o Sistema Financeiro (TRF da 5ª Região, 4ª T., Ap. 0008841-46.2000.4.05.8200, Rel. Des. Fed. subst. Bruno Leonardo Câmara Carra, j. 15-6-2010, *DJe* 17-6-2010, p. 460).

Art. 21. Atribuir-se, ou atribuir a terceiro, falsa identidade, para realização de operação de câmbio:

Pena — detenção, de 1 (um) a 4 (quatro) anos, e multa.

Parágrafo único. Incorre na mesma pena quem, para o mesmo fim, sonega informação que devia prestar ou presta informação falsa.

- Suspensão condicional do processo: Cabe (art. 89 da Lei n. 9.099/95).
- Substituição por penas alternativas: Cabe (arts. 43 e 44 do CP).

Falsa identidade em operação de câmbio

- Objeto jurídico: O Sistema Financeiro Nacional. *Vide* nota *Nossa posição — Sistema Financeiro Nacional (lato sensu)*, nos comentários ao art. 1º.
- Sujeito ativo: Qualquer pessoa (crime comum).
- Sujeito passivo: O Estado.
- Tipo objetivo: O núcleo da conduta incriminada é *atribuir-se* (arrogar-se) ou *atribuir a terceiro* (conferir a outrem, dar) *falsa identidade*, acrescida do especial fim de agir: *para realização de operação de câmbio*. Operação de câmbio é a troca de uma moeda por outra, seja câmbio manual (com dinheiro vivo ou *traveller's checks*), ou câmbio sacado (mediante papéis que representam a moeda, como letras de câmbio e cartas de crédito). Para a maior parte dessas operações, existe um *contrato de câmbio*, salvo hipóteses menores, em que há o *boleto* ou "contrato de câmbio simplificado". O "contrato de câmbio", segundo o *Regulamento do Mercado de Câmbio e Capitais Internacionais* (RMCCI), "é o instrumento específico firmado entre o vendedor e o comprador de moeda estrangeira, no qual são estabelecidas as características e as condições sob as quais se realiza a operação de câmbio" (cf. n. 1 do Capítulo 3 do Título 1 do referido Regulamento). É sobre esses contratos, padronizados pelo Banco Central, que o tipo penal deste art. 21 incide. O câmbio pode ser feito diretamente com uma instituição financeira ou, ainda, com a intervenção de uma sociedade corretora. Como estamos tratando de uma *operação de câmbio*, a conduta incriminada deve realizar-se com a aposição da falsa identidade, por escrito, nos referidos documentos. A operação de câmbio que se visa realizar é, assim, lícita, autorizada pelo Banco Central. Os verbos empregados pelo tipo traduzem condutas *comissivas*; desse modo, o silêncio ou o consentimento tácito a respeito da falsa identidade atribuída por outrem não se amolda ao crime previsto no *caput* do art. 21 (o silêncio, todavia, poderá configurar a figura do parágrafo único). Como igualmente escrevemos ao comentar o art. 307 do CP (*Código Penal comentado*. 8. ed. São Paulo: Saraiva, 2010, p. 880), a doutrina costuma dar sentido amplo ao termo *identidade*, abrangendo a idade, filiação, nacionalidade, estado civil, profissão; tal concepção, todavia, não nos parece apropriada. Em nossa opinião, esse entendimento, que alarga a significação da palavra "identidade", viola o princípio da reserva legal (CR, art. 5º, XXXIX, e § 2º; PIDCP, art. 15, 1; CADH, art. 9º; CP, art. 1º). Confira-se, a propósito, o *caput* do art. 309 do CP, que cuida do nome, e o seu parágrafo único, que trata da qualidade. Igualmente, o art. 68 da LCP, que pune a "recusa de dados sobre a própria identidade ou qualificação", diferenciando-se o *nome* da pessoa (que a *identifica*) da sua *qualificação* (que a *qualifica*).
- Punição administrativa: A Lei n. 4.131/62 prevê, no § 2º de seu art. 23, punição ao estabelecimento bancário, ao corretor de câmbio e ao cliente, com multa de 50% a 300% do valor da operação para cada um, quando

houver declaração *falsa de identidade* no formulário padronizado pelo Banco Central.

■ As remessas de dinheiro para o exterior e as chamadas contas CC-5 (a transferência internacional em reais), antes e depois do "Regulamento de Mercado de Câmbio e Capitais Internacionais" (Carta-Circular n. 3.280, de 9-3-2005): Qualquer pessoa, que esteja em dia com os seus impostos, tem, atualmente, certa liberdade para investir no exterior. Com efeito, até a década de 1980, inclusive, as operações de câmbio eram extremamente restritas, por razões macroeconômicas, como as dificuldades de nossa balança de pagamentos, a visão dos governos da época, entendendo necessário "tabelar" a cotação das moedas estrangeiras para controlar de forma fictícia a economia, a necessidade de o governo influir no volume de exportações e das importações, com reflexos na inflação etc. Com rígidos, e, por que não admitir, limites hipócritas, viajantes só podiam sair do País com US$ 1.000,00, sendo proibida, até então, a utilização de cartões de crédito no exterior. Qualquer compra acima deste valor dependia de burocrática autorização — inúmeras recusadas — de algum funcionário do Banco Central, após justificativa da necessidade de se levar mais de US$ 1.000,00 etc. Tudo a fomentar o crescimento de um mercado "paralelo", cujas cotações eram superiores à do câmbio "oficial", ficticiamente fixado. Turistas, que certamente gastariam mais de US$ 1.000,00, eram levados a comprar no "paralelo" e levavam o papel-moeda, como se fossem "criminosos", em bolsas amarradas ao corpo, ainda que tivessem ganho o *seu* dinheiro legitimamente e pago imposto de renda; importadores ou exportadores, com vistas à diferença de câmbio, buscavam, ao máximo, obter moeda no câmbio "oficial" para revendê-la no "paralelo", ganhando na diferença. As importações, por vezes, eram superfaturadas para o empresário poder comprar mais moeda no câmbio "oficial"; as exportações subfaturadas, para o exportador receber a diferença em face do valor real das mercadorias, em dólares no "paralelo", fazendo mais reais. Como reconhece o Banco Central, em *Cartilha* editada em novembro de 1993, no final da década de 1980, "a regulamentação do mercado oficial mostrava-se excessivamente pesada para lidar com as novas circunstâncias e o 'paralelo' ampliava o seu papel", levando o Conselho Monetário Nacional (CMN) a criar o "dólar turismo" (Resolução n. 1.552, de 22 de dezembro de 1988), negociado livremente pelas instituições financeiras credenciadas, cujas cotações se aproximaram do "paralelo", buscando-se, assim, diminuir o tamanho do mercado "paralelo". O turista passou a poder adquirir US$ 4.000,00 e a gastar US$ 8.000,00 por meio de cartões de crédito no exterior; pessoas que tinham dólares em casa, comprados anteriormente no "paralelo", passaram a poder vendê-los nas instituições; recursos em moeda estrangeira, assim, passavam para a formalidade, sendo conhecidos pelo Banco Central, por meio do Sistema de Informações do Banco Central (Sisbacen) (p. 8 a 11). Foi este o primeiro passo para ingressarmos no mundo globalizado de hoje, o que é salutar, vencendo antigos preconceitos, criados pelo excessivo e surrealista rigor que perdurou até o final dos anos 1980, "o principal dos quais a ideia de que qualquer saída de moeda estrangeira, a 'evasão de divisas', era considerada crime lesa-pátria e, na melhor das hipóteses, uma transgressão justificada pela excessiva rigidez dos regulamentos" (*Cartilha do Banco Central*, cit., p. 1). A esse importante passo seguiu-se outro, consistente em atrair os dólares de investidores estrangeiros ao Brasil, os quais só viriam se a sua cotação fosse próxima à do "paralelo" e se fosse permitido aos investidores repatriar o dinheiro de forma rápida e segura, sem depender de autorizações. Trata-se do chamado "capital volátil", voltado, por exemplo, ao investimento em bolsas de valores brasileiras, o qual, apesar de não ser o mais salutar para a economia nacional (o ideal são, à evidência, os investimentos a longo prazo), é fundamental para o financiamento de nosso Estado. Com a criação desse câmbio "flutuante", o mercado do dólar "paralelo" foi, de modo benéfico, sendo estrangulado; afinal, pessoas que estivessem em dia com seus impostos não mais se viam forçadas a recorrer ao "paralelo" para investir em moeda estrangeira, até mesmo para se resguardar da inflação. Para viabilizar a entrada e saída desses dólares, o Banco Central, segundo a *Cartilha* editada (p. 13 a 15), escorou-se, à época, em dois atos normativos que de muito já existiam: o Decreto n. 42.820/57, cujo art. 17 estabelecia ser "livre o ingresso e a saída de papel-moeda nacional e estrangeiro, bem como de ações e de quaisquer outros títulos representativos de valores", e o Decreto n. 55.762/65, que, abrangendo funcionários de embaixadas e consulados, em seu art. 57, estabelece: "As contas de depósitos no País, de pessoas *físicas ou jurídicas* residentes, domiciliadas ou com sede no exterior, qualquer que seja a sua origem, são de livre movimentação, *independentemente de qualquer autorização*, prévia ou posterior, *quando os seus saldos provierem exclusivamente de ordens em moeda estrangeira ou de valores de câmbio*, e poderão ser livremente transferidas para o exterior a qualquer tempo, independentemente de qualquer autorização". Para regular este decreto, o Banco Central baixou a famosa Carta-Circular n. 5, em 1969, que continha as mesmas restrições, ao permitir a livre movimentação, sob a rubrica do plano contábil denominada "Depósitos de Domiciliados no Exterior", somente do saldo em moeda nacional que tivesse origem na moeda estrangeira trazida pelo correntista residente, domiciliado ou com sede no exterior. Em 1992, o Banco Central, conforme informa, ainda, a sua *Cartilha* de 1993 (p. 16), flexibilizou a Carta-Circular n. 5 por meio de um mecanismo estritamente técnico: criou-se contabilmente uma subconta intitulada "Contas-Livres — De Instituições Financeiras — Mercado de Câmbio de Taxas Flutuantes", cuja movimentação não encontra a limitação originária do Decreto n. 55.762/65 (quando o saldo tiver origem na anterior entrada de dinheiro estrangeiro). Assim, desde que realizada por *instituição financeira credenciada*, e havendo, evidentemente, a devida *identificação ao Sisbacen* de *todos os dados da pessoa* (física ou jurídica) que deposita dinheiro nas *contas correntes em nome de instituições financeiras estrangeiras, mantidas em bancos no Brasil*, permitiu-se a remessa ao exterior. Com efeito, esclarece a elucidativa *Cartilha* do Banco Central: a) "se o não residente é uma pessoa física ou jurídica, mas não é instituição financeira, o saldo em cruzeiros reais [hoje, reais] de sua conta corrente pode ser utilizado para comprar moeda estrangeira e remetê-la ao exterior, se, e somente se, esse saldo em cruzeiros reais [reais] tiver resultado de moeda estrangeira antes vendida por ele a banco brasileiro", permanecendo a limitação (só pode sair livremente o que havia entrado); b) "se o não residente é uma instituição financeira, o saldo em cruzeiros reais [reais] de sua conta corrente pode ser utilizado para comprar moeda estrangeira e remetê-la ao exterior, sem qualquer restrição". Afinal, "não há nada de errado em o cidadão comum, contribuinte em dia e cumpridor de seus deveres, dispor de suas poupanças como bem quiser, aí compreendendo, inclusive, remessas para o exterior", mesmo porque "o verdadeiro problema não é cambial, mas fiscal" (p. 17). Daí a necessidade da *devida identificação*, conforme determinava a Carta-Circular n. 2.677, de 10 de abril de 1996, do Bacen, cujo art. 8º estatuía: "Nas movimentações de valor igual ou superior a R$ 10.000,00 (dez mil reais) é obrigatória a identificação da proveniência e destinação dos recursos, da natureza dos pagamentos e da identidade dos depositantes de valores nestas contas, bem como dos beneficiários das transferências efetuadas, devendo tais informações constar do dossiê da operação". Verifica-se, assim, que mesmo antes da edição, pelo Banco Central, da Carta-Circular n. 3.280, de 9 de março de 2005 (alterada pela Carta-Circular n. 3.491, de 24 de março de 2010), mediante a qual se divulgou o novo *Regulamento do Mercado de Câmbio e Capitais Internacionais* (cf. <http://www.bcb.gov.br/?RMCCI>), podia o brasileiro fazer investimentos em moeda estrangeira no exterior, ao menos "a curto prazo", lançando-se contabilmente tais investimentos como "capitais brasileiros a curto prazo — disponibilidades no exterior", remetendo o dinheiro por meio da *transferência internacional em reais*, resultante de uma *adaptação* do mercado, com a concordância do Banco Central, que alargou o sentido original da Carta-Circular n. 5. Todavia, com o advento do *Regulamento*, que veio a substituir a burocrática, difusa e complexa Consolidação das Normas Cambiais, bem como a unificar os antigos "mercado de taxas livres" e o "mercado de taxas flutuantes" (*vide* nota abaixo), admitiu-se, expressamente, *a realização de contrato de câmbio* para *constituição de disponibilidade no exterior, investimento direto, aplicações no mercado financeiro, empréstimos a domiciliados no exterior, aplicação no mercado de capitais* etc., não havendo mais necessidade de o terceiro se utilizar do expediente da *transferência internacional em reais* por intermédio de conta corrente de instituição financeira estrangeira, aberta em banco estabelecido em nosso país. Operação esta que, aliás, com o *Regulamento* não é mais permitida (só o titular da conta, pessoa residente, domiciliada, ou com sede no exterior, pode utilizá-la, e não terceiros, cf. o Capítulo 13 do Título 1, n. 16 e 17, do RMCCI). Enfim, tudo em consonância com o art. 5º, XV, da CR: "é livre a locomoção no território nacional em tempo de paz, podendo qualquer pessoa, nos termos da lei, nele entrar, permanecer ou dele sair com seus bens" (*vide*, também, nota *Saída de moeda do País na posse do viajante*, no art. 22).

▪ O câmbio comercial ("mercado de taxas livres") e de turismo ("mercado de taxas flutuantes"), antes e depois do "Regulamento do Mercado de Câmbio e Capitais Internacionais" divulgado pela Carta-Circular n. 3.280, de 9-3-2005, do Banco Central: Como visto na nota acima, ao lado da transferência internacional de reais, por meio das "contas CC-5", tínhamos o tradicional câmbio comercial (antigo "oficial"), que adotava o *mercado de taxas livres*, isto é, livremente pactuado entre as partes negociadoras (não obstante o Bacen tivesse mecanismos para influir em sua cotação), abrangendo, primordialmente, contratos de importação e exportação. Os contratos de câmbio relativos a importação e exportação requerem uma série de formalidades atreladas à sua liquidação (vias originais do contrato; fatura *pro forma*; fatura comercial, documentos referentes ao frete; licença de importação, quando necessária; declaração de importação ou comprovante de importação quando exigível; registro no Sisbacen e no Siscomex, além de outros). Assim, se o valor era remetido pelo importador brasileiro *antes* de a mercadoria ser embarcada ou chegar ao Brasil, a efetiva entrada da mercadoria deveria, depois, ser comprovada, sob pena de o importador ter de repatriar as divisas (Angelo Luiz Lunardi, *Operações de câmbio e pagamentos internacionais no comércio exterior*, São Paulo: Aduaneiras, 2000, p. 78 e 111). Já o *mercado de taxas flutuantes*, além de abranger a compra de moeda estrangeira para turismo e gastos com cartões de crédito internacional, encampava outras operações, como as remessas unilaterais referentes a variadas situações, lembrando-se a transferência de todo o patrimônio quando a pessoa deixa o país para residir em outro; a compra e o aluguel de imóveis, independentemente do valor; cursos e congressos; pagamento de aposentadoria e pensão; aquisição de medicamentos para uso próprio; pagamentos, até US$ 3.000,00, de pequenas despesas como aluguéis de carros; manutenção de pessoas no exterior; prêmios recebidos por estrangeiros no Brasil; encomendas internacionais não destinadas a revenda com limite de US$ 3.000,00; participação em feiras e exposições; manutenção de escritórios no exterior por pessoas jurídicas não financeiras; propaganda no exterior; pagamentos a profissionais de imprensa ou a agências internacionais de notícias; pagamento de serviços técnicos profissionais; honorários profissionais referentes a cursos, palestras e seminários; pagamentos de funcionários de empreiteiras; de direitos autorais; assinaturas de jornais e revistas; e aquisição de *softwares*. Pessoas jurídicas não financeiras podiam, também, investir no exterior, em outras empresas, até determinados limites, por no mínimo um ano, desde que não tivessem débitos com o Fisco federal. Havia, também, a própria compra de moeda estrangeira em espécie, para a qual, fora do câmbio turismo, não havia, e não há, valor máximo, desde que o adquirente possuísse origem financeira declarada para tanto. Com o advento da Carta-Circular n. 3.280, de 9 de março de 2005, os citados "mercado de taxas livres" e "mercado de taxas flutuantes" foram *unificados*, passando a existir um mercado único. Além disso, a permissão para as pessoas físicas e jurídicas brasileiras investirem capitais no exterior foi totalmente revista, bem como ampliada, quer nos limites, quer nas finalidades. O *Regulamento do Mercado de Câmbio e Capitais Internacionais* (RMCCI) abrange, portanto, não só as hipóteses acima referidas, que foram revistas, atualizadas e *ampliadas*, como outras, tudo a fomentar a *transparência* das operações (de pessoas físicas e jurídicas) posto não ser mais necessário àquele que mantém o pagamento de seus impostos em dia, e deseja investir no exterior — os chamados "Capitais Brasileiros no Exterior" —, recorrer a subterfúgios, ou seja, ao "mercado paralelo" (*vide* nota abaixo, neste artigo, *Câmbio "paralelo" e a adequação social*).

■ **O crime deste art. 21 e as contas CC-5 (antes e depois da Carta-Circular n. 3.280, de 9-3-2005):** As contas CC-5 que viabilizavam a remessa de dinheiro para o exterior, de *pessoas físicas*, e sem maiores dificuldades, tinham como titulares instituições financeiras com sede no exterior, na maioria das vezes grandes bancos, inclusive filiais de bancos brasileiros abertas no estrangeiro. A tipificação do crime deste art. 21 poderia ocorrer, contudo, quando houvesse falsidade na identificação *da pessoa que deposita o dinheiro em reais* e na *indicação daquela que irá recebê-lo* fora de nossas fronteiras, com a eventual conivência de gerentes de agências bancárias. Assim, tivemos escândalo em nosso país, em que cerca de 30 bilhões de dólares saíram por contas CC-5 de instituições financeiras estrangeiras (até compostas por bancos brasileiros estaduais com sede no exterior), embora tenham tido os seus contratos de câmbio acompanhados pelo Sisbacen. O dinheiro saiu do país pelos meios oficiais, mas, por vezes, com falsa indicação dos seus remetentes e dos beneficiários. O mal, portanto, não se encontrava nas contas CC-5, as quais adquiriram importância vital para a economia brasileira, viabilizando que capitais aqui ingressassem e daqui saíssem com facilidade, sem haver a necessidade de vínculo a uma prestação de serviços ou aquisição de bens, por exemplo. O fundamental, como afirmado, era o seu devido *controle* para saber se o dinheiro dos remetentes tinha origem lícita e se estes estavam quites com o Fisco brasileiro, bem como a devida identificação dos destinatários do dinheiro que nelas trafegava, ainda que empresas *off shores*, em países com sigilo bancário rígido, mesmo porque o Brasil não proíbe transações bancárias com paraísos fiscais. Evidentemente, os procuradores no Brasil, de empresas *off shores* que aqui possuam subsidiárias, são responsáveis pelas informações prestadas ao remeter dinheiro para o exterior, por meio das referidas instituições financeiras estrangeiras com contas em bancos no Brasil. Agora, com o RMCCI (Carta-Circular n. 3.280, de 9 de março de 2005), não mais se permite que as instituições financeiras façam transferências internacionais em reais de *terceiros*, por meio das chamadas contas CC-5 abertas em nome do banco estrangeiro, no Brasil (cf. o Capítulo 13 do Título 1, n. 16 e 17, do RMCCI). De acordo com a nova disciplina das contas CC-5, só os *próprios titulares* (pessoas físicas ou jurídicas, residentes, domiciliadas ou com sede no exterior) é que poderão movimentar recursos por meio da transferência internacional em reais. De qualquer forma, se houver atribuição de falsa identidade, o crime do art. 21, ora em comento, poderá perfeitamente se perfazer, posto que o RMCCI exige a devida identificação das partes, em toda a transação superior a R$ 10.000,00 (ver, também, o n. 12 do Capítulo 13 do Título 1 do RMCCI).

■ **Tipo subjetivo:** É o dolo, consistente na vontade livre e consciente de atribuir-se ou atribuir a terceiro falsa identidade, acrescido do especial fim de agir: *para realização de operação de câmbio*. Para os tradicionais, é o dolo específico. Não há modalidade culposa.

- **Consumação:** Com a atribuição da falsa identidade, independentemente da realização da operação de câmbio. Trata-se de crime de mera conduta.

- **Tentativa:** Em nosso entendimento, não é possível.

- **Concurso de agentes:** Pode haver participação moral (instigação) ou material (cumplicidade) de terceiros. Como o delito é de mera conduta, não há que se falar em coautoria.

- **Confronto:** Se o agente efetua operação de câmbio *não autorizada*, com o fim de promover evasão de divisas, não estaremos diante do crime deste art. 21, mas, sim, do previsto no art. 22, que é mais grave. Se a falsa identidade não se refere à operação de câmbio, CP, art. 307. Em relação ao gerente do banco que, ciente da falsa identidade, abre conta corrente, a Lei n. 8.383/91, de modo atécnico e inusual (sem imposição de pena), estatui: "Art. 64. Responderão como coautores de crime de falsidade o gerente e o administrador de instituição financeira ou assemelhadas que concorrerem para que seja aberta conta ou movimentados recursos sob nome: I — falso; II — de pessoa física ou de pessoa jurídica inexistente; III — de pessoa jurídica liquidada de fato ou sem representação regular. Parágrafo único. É facultado às instituições financeiras e às assemelhadas solicitar ao Departamento da Receita Federal a confirmação do número de inscrição no Cadastro de Pessoas Físicas ou no Cadastro Geral de Contribuintes".

- **Concurso de crimes:** Os delitos de falso ideológico e material, bem como o uso de documento falso (CP, arts. 297, 298, 299 e 304), por serem crimes-meio, restarão absorvidos.

- **Pena:** Detenção, de um a quatro anos, e multa. Trata-se, aliás, da única pena de detenção de toda a lei.

- **Ação penal:** Pública incondicionada, com particularidades (*vide* art. 27).

Figura equiparada (parágrafo único)

- **Objeto jurídico, sujeito passivo, pena e ação penal:** Iguais aos do *caput*.

- **Sujeito ativo:** Qualquer pessoa. Na primeira parte do parágrafo único, que trata de conduta *omissiva*, o sujeito ativo deverá, contudo, ter o dever jurídico de agir (CP, art. 18, II).

- **Tipo objetivo:** O legislador incrimina, no parágrafo único do art. 21, a conduta daquele que *sonega* (oculta, esconde) *informação que devia prestar*, ou *presta* (dá, apresenta) *informação falsa*. O tipo não fez referência, porém, a quem seria o destinatário da informação devida. A única conclusão a que se pode chegar, portanto, é que a informação sonegada ou prestada falsamente é aquela imposta pelo ordenamento jurídico como necessária e, portanto, devida, para a realização da operação de câmbio, ao Banco Central, a quem incumbe fiscalizá-la (cf. Lei n. 4.595/64, arts. 10 e 11). Trata-se, assim, de tipo penal em branco.

- **Punição administrativa:** A Lei n. 4.131/62 estipula, no § 3º de seu art. 23, punição ao cliente da instituição financeira que prestar informações falsas outras (que não a identidade), de sua exclusiva responsabilidade, com multa de 5% a 100% do valor da transação.

- **Tipo subjetivo:** É o dolo, consistente na vontade livre e consciente de sonegar a informação ou prestá-la falsamente, acrescida do especial fim de agir do *caput*: *para o mesmo fim* (realizar operação de câmbio). Para a doutrina tradicional, é o dolo específico.

- **Consumação:** Trata-se de crime de mera conduta, perfazendo-se com a simples sonegação da informação ou com a comunicação da informação falsa.

- **Tentativa:** Não é possível.

- **Concurso de agentes:** Por se tratar de crime de mera conduta, só será possível haver *participação* (*v.g.*, instigação) de terceiros. Como não há *iter criminis*, a coautoria fica prejudicada.

- **Confronto:** Se a operação de câmbio não é autorizada, ao contrário do que ocorre neste art. 21, em que há autorização, cf. art. 22, *caput*, da presente lei.

- **Concurso de crimes:** Eventual falsidade ideológica ou material restará, como crime-meio, absorvida por este art. 21.

Jurisprudência do caput

- **Adiantamentos sobre contratos de câmbio e não pagamento das exportações brasileiras:** A redestinação do dinheiro obtido em adiantamentos sobre contratos de câmbio (ACC) pode até configurar fraude, mas não sobre a identificação do contrato (art. 21, *caput*), e menos ainda admite enquadramento típico na evasão de divisas, por não se dar saída clandestina ou irregular da moeda do país (art. 22, parágrafo único). A capitalização da subsidiária internacional, que não pagava as mercadorias por ela importadas, em detrimento da empresa nacional, que isto financiava, não constitui crime de evasão, pois ocorreu, na verdade, falta de ingresso do dinheiro no país e não efetiva saída de divisas — situação análoga à exportação subfaturada (TRF da 4ª Região, 7ª T., Ap. 2001.70.00.013380-8, Rel. Des. Fed. Néfi Cordeiro, j. 19-10-2010, *DE* 4-11-2010).

Jurisprudência do parágrafo único

- **Importação fictícia:** Agentes que efetivam contrato de câmbio, para pagamento de importação fictícia, com empresa estrangeira que se encontrava inativa, e remetem, posteriormente, divisas para o estrangeiro, pela cotação oficial do dólar norte-americano, sem a entrada de quaisquer mercadorias no país, praticam o crime previsto no art. 21, parágrafo único (TRF da 4ª Região, 1ª T., Ap. 96.04.15607-1, Rel. Des. Fed. Guilherme Beltrami, *RT* 787/733).

- **Falta de comunicação:** Exige o parágrafo único do art. 21 a sonegação de informação para a atividade de câmbio e não a própria falta de comunicação dessa operação por serviço clandestino. Mantida a rejeição da denúncia quanto a este crime, por atipicidade (TRF da 4ª Região, 7ª T., Ap. 5005950-44.2010.404.7100, Rel. Des. Fed. Néfi Cordeiro, j. 24-5-2011, *DE* 2-6-2011).

- **Instituição financeira clandestina:** A conduta tipificada no art. 21, parágrafo único, pressupõe o descumprimento de um dever que, a toda evidência, não recai sobre as instituições financeiras clandestina (TRF da 4ª Região, 8ª T., Ap. 5014287-31.2010.404.7000, Rel. Des. Fed. Paulo Afonso Brum Vaz, j. 10-2-2011, *DE* 16-2-2011).

- **Internalização clandestina de valores:** As operações marginais de mero ingresso de valores no País superiores a R$ 10.000,00, por parte dos clientes das instituições financeiras, são atípicas, remanescendo apenas a possibilidade de eventual prática de sonegação fiscal que pressupõe a constituição definitiva do crédito tributário, ou ainda a punição dos gestores da instituição financeira clandestina pelo delito do art. 16, e pelo crime de lavagem de dinheiro por violação dos deveres de *compliance*, quando perpetrado no âmbito de instituição financeira autorizada (TRF da 4ª Região, 8ª T., Ap. 0044033-93.2005.404.7100, Rel. p/ acórdão Des. Fed. Paulo Afonso Brum Vaz, j. 1º-12-2010, *DE* 7-1-2011; 8ª T., Ap. 5008326-03.2010.404.7100, Rel. Des. Fed. Luiz Fernando Wowk Penteado, j. 17-11-2010, *DE* 22-11-2010).

A ação de empresário, com auxílio de doleiro, que internaliza clandestinamente valores no país, não consiste conduta tipificada pelo legislador criminal. Não caracteriza o crime do art. 22, porque este se consuma mediante a saída de moeda ou divisa para o exterior, sendo vedada a interpretação analógica em desfavor do réu. Tampouco configura o delito do art. 21, parágrafo único, uma vez pressupor este o descumprimento de um dever que, a toda evidência, não recai sobre o cliente das instituições financeiras, mas sim sobre seu administrador, tratando-se de crime próprio. Poderia haver, em tese, caso tivesse descrito na denúncia, crime de sonegação fiscal e/ou crime de movimentação paralela de recursos (art. 11) (TRF da 4ª Região, 8ª T., Ap. 5005783-27.2010.4047100, Rel. p/ acórdão Des. Fed. Paulo Afonso Brum Vaz, j. 9-8-2011, *DE* 22-8-2011).

- **Confronto com o art. 4º,** *caput* **(gestão fraudulenta):** Se a conduta praticada foi levada a efeito mediante o manejo de falsa identidade — que permitiu a abertura das "contas fantasmas" — e revestindo-se os acusados da especial condição de gerentes da agência bancária, a conduta tipifica o crime do art. 4º, *caput*. A condenação pelo art. 21 implicaria *bis in idem* porquanto a fraude seria punida como parte de um todo (gestão fraudulenta) e como crime autônomo (TRF da 2ª Região, 2ª T. Espec., Ap. 1995.51.01.031586-0, Rel. Des. Fed. Liliane Roriz, *DJU* 18-3-2009, p. 171-172).

Art. 22. Efetuar operação de câmbio não autorizada, com o fim de promover evasão de divisas do País:

Pena — reclusão, de 2 (dois) a 6 (seis) anos, e multa.

Parágrafo único. Incorre na mesma pena quem, a qualquer título, promove, sem autorização legal, a saída de moeda ou divisa para o exterior, ou nele mantiver depósitos não declarados à repartição federal competente.

Câmbio para saída do País (caput)

- **Objeto jurídico:** O Sistema Financeiro Nacional. *Vide* nota *Nossa posição — Sistema Financeiro Nacional (lato sensu)*, no art. 1º desta lei.

- **Sujeito ativo:** Há polêmica. Entendem Ali Mazloum (*Crimes do Colarinho Branco*, cit., p. 62), Tigre Maia (*Dos crimes contra o Sistema Financeiro Nacional*, cit., p. 134) e Pimentel (*Crimes contra o Sistema Financeiro Nacional*, cit., p. 157) que o sujeito ativo do crime previsto no *caput* deste art. 22 é *comum*, podendo sê-lo qualquer pessoa. Em sentido contrário, Paulo José da Costa Jr. e outros (*Crimes do Colarinho Branco*, cit., p. 140) sustentam que o crime previsto no *caput* é próprio, sendo sujeito ativo somente quem "exerça certa função de modo a realizar a operação de câmbio não autorizada", ou seja, pessoa que trabalhe em bancos múltiplos, bancos comerciais, caixas econômicas, bancos de investimento, bancos de desenvolvimento, bancos de câmbio, sociedades de crédito, financiamento e investimento, sociedades corretoras de títulos e valores mobiliários, sociedades distribuidoras de títulos e valores mobiliários e sociedades corretoras de câmbio, agências de turismo ou meios de hospedagem de turismo (Resolução n. 3.568, de 29 de maio de 2008, do Conselho Monetário Nacional). Há julgado do TRF da 3ª Região entendendo ser o sujeito ativo *próprio* (*vide* jurisprudência).

- **Sujeito passivo:** O Estado.

- **Tipo objetivo:** O núcleo do tipo é *efetuar* (realizar, concretizar) *operação de câmbio* (troca da moeda de um país, ou papéis que a representam, pela do outro), acrescida do elemento normativo *não autorizada*. Trata-se de lei penal em branco. Evidentemente, se existir regular registro no Sisbacen, terá havido autorização, ainda que tácita, inexistindo o crime do *caput* deste artigo. É indispensável para a configuração do tipo que o agente tenha o especial fim de agir: *com o fim de promover evasão de divisas*. Isso significa que a conduta incriminada só atinge a operação de câmbio não autorizada que tenha como objetivo realizar a fuga de quantia monetária que, entendemos, *deve ser significativa, expressiva* (o termo *divisas*, no plural, não pode ensejar outra interpretação), a ponto de realmente restar violado o bem jurídico tutelado: o *Sistema Financeiro Nacional*. O tipo não exige, portanto, que o dinheiro efetivamente saia do país; basta que a operação de câmbio não autorizada tenha sido realizada com essa finalidade.

- **Tipo subjetivo:** É o dolo, isto é, a conduta livre e consciente de efetuar a operação de câmbio, com *ciência* de que ela não é autorizada pelo Banco Central, acrescido do especial fim de agir: com o fim de promover evasão de divisas do país. Para os tradicionais é o dolo específico. Não há modalidade culposa.

- **Consumação:** Com a efetiva operação de câmbio, independentemente de as divisas terem ou não sido enviadas ao exterior. Trata-se, portanto, de crime formal.

- **Tentativa:** A tentativa não nos parece possível, por cuidar-se de conduta unissubsistente. A operação de câmbio é feita, ou não, mesmo porque, como visto, a efetiva saída das divisas não é condição para a consumação do delito.

▪ **Câmbio "paralelo" e compra de dólares de pessoas físicas:** Mesmo que se entenda que o delito do *caput* deste art. 22 é crime comum, conclui-se, à luz do seu tipo objetivo, e sem qualquer sombra de dúvidas, que a compra de dólares ou euros, ainda que no câmbio paralelo, para guardar a moeda estrangeira em cofres de bancos ou residenciais, *aqui no Brasil*, não configura este crime. O delito não é efetuar operação de câmbio com pessoa não autorizada pelo Banco Central, mas, sim, efetuar operação não autorizada *com o fim de enviar dinheiro para o exterior*. A compra de moeda estrangeira, tanto de instituições financeiras credenciadas quanto de outras pessoas que a possuam, é indiretamente autorizada pela própria Secretaria da Receita Federal, ao regrar a tributação do ganho de capital na venda de moeda estrangeira em espécie (cf. o art. 7º da Instrução Normativa n. 118, de 28 de dezembro de 2000), devendo o contribuinte indicar o CPF ou o CNPJ da pessoa para quem *vendeu* a moeda, caso tenha havido lucro, segundo o próprio formulário do *demonstrativo da apuração dos ganhos de capital*. Dessa forma, respeitadas as obrigações tributárias daqueles que negociam eventualmente a moeda, devidamente declarando as transações para a Receita, não há crime nesta conduta; se houver sonegação fiscal, estaríamos diante de um delito contra a Ordem Tributária. Assim, aquele que *compra dólares* de uma pessoa física, *ou os vende*, ainda que ela seja um "doleiro", isto é, pessoa que intermedeia habitualmente a venda de dólares, para investir em moeda estrangeira aqui no Brasil, não comete o crime deste art. 22. Observe-se, quanto àquele que exerce a atividade de "doleiro", que há acórdãos entendendo que tal conduta tipifica o crime do art. 16 desta lei (*vide* jurisprudência naquele artigo).

▪ **Câmbio "paralelo" e a adequação social:** A reforçar o entendimento de que a compra de dólares fora de instituições credenciadas não é crime, lembramos que em quase todos os jornais do Brasil são publicadas, diariamente e há anos, as cotações do "dólar paralelo" ao lado do "dólar comercial", como, por exemplo, na página *Finanças Pessoais* do *site* da *Agência Estado* do dia 30 de novembro de 2011 (disponível em: <http://economia.estadao.com.br/cambio.htm>). Há, na verdade, uma total aprovação social, o que permite trazer à baila o chamado *princípio da adequação social*, o qual, como afirmamos em nosso *Código Penal comentado* (8. ed. São Paulo: Saraiva, 2010, p. 169), é uma causa supralegal de exclusão da tipicidade, um critério de interpretação que restringe o alcance literal dos tipos penais, excluindo deles aqueles comportamentos que resultam socialmente adequados (seria um *non sense* punir condutas que não encontram reprovabilidade no seio social). Ao contrário do princípio da insignificância, em que a conduta é relativamente tolerada por sua escassa gravidade, no princípio da adequação ela recebe total aprovação social (Santiago Mir Puig, *Derecho penal — Parte General*, cit., p. 567-570). Ex.: o "jogo do bicho em face do art. 50 da LCP; a circuncisão na religião judaica diante do art. 129 do CP etc.

- **O chamado "dólar cabo":** A nosso ver, não configura o crime previsto no *caput* deste art. 22 as operações de "dólar cabo" realizadas no mercado paralelo. Na operação de "dólar cabo" não há qualquer evasão de divisas. O dinheiro objeto da operação já estava *no exterior e lá continua*. Há, na verdade, uma compensação, que não se confunde com operação de câmbio não autorizada com o fim de promover evasão de divisas do País. Com esse tipo de operação não sai, do Brasil, um único real. Quanto ao cidadão que assim procede, pode-se, no máximo, considerar que ele tenha tido *um rendimento tributável no exterior*, em relação ao qual incidiria alíquota de 27,5% de imposto de renda. Evidentemente, se a pessoa tiver conta no exterior, ela deverá ser declarada ao Banco Central, sob pena de cometimento do crime previsto na segunda parte do parágrafo único do art. 22. Adotando o mesmo entendimento, Flavio Antônio da Cruz, "Algumas provocações a respeito da Lei n. 7.492, de 1986". *IBCCRIM* n. 214, setembro de 2010; José Carlos Tortma, *Evasão de divisas*. São Paulo: Lumen Juris, 2006.

- **Inconstitucionalidade do *confisco* de moeda estrangeira que não tenha sido adquirida em instituições credenciadas:** Cumpre lembrar, todavia, que embora sob a ótica deste art. 22, *caput*, e com as ressalvas quanto ao pagamento de tributos, não haja crime na compra de dólares no câmbio paralelo (*vide* nota acima), existem *normas* de questionável constitucionalidade, que visam banir toda e qualquer compra de dólares no câmbio paralelo. Com efeito, ao tratar da saída de moeda estrangeira, em dinheiro vivo, na posse de viajante, o art. 65 da Lei n. 9.069/95, fomentando a utilização do sistema bancário, estabelece que "o ingresso no País e a saída do País, de moeda nacional e estrangeira serão processados exclusivamente por meio de transferência bancária, cabendo ao estabelecimento bancário a perfeita identificação do cliente ou do beneficiário. § 1º Excetua-se do disposto no *caput* deste artigo o porte, em espécie, dos valores: I — quando em moeda nacional, até R$ 10.000,00 (dez mil reais); II — quando em moeda estrangeira, o equivalente a R$ 10.000,00 (dez mil reais); III — quando comprovada a sua entrada no País ou sua saída do País, na forma prevista na regulamentação pertinente. § 2º O Conselho Monetário Nacional, segundo diretrizes do Presidente da República, regulamentará o disposto neste artigo, dispondo, inclusive, sobre os limites e as condições de ingresso no País e saída do País da moeda nacional. § 3º A não observância do contido neste artigo, além das sanções penais previstas na legislação específica, e após o devido processo legal, *acarretará a perda do valor excedente dos limites referidos no § 1º deste artigo, em favor do Tesouro Nacional*". De acordo, portanto, com o § 2º acima transcrito, o Conselho Monetário Nacional baixou, em 30 de julho de 1998, a Resolução n. 2.524, *flexibilizando tamanho rigor* ao permitir que valores acima dos referidos R$ 10.000,00 possam ser transportados, desde que preenchida a *declaração de porte de valores em espécie* pelo viajante, o qual deve portar "o comprovante de aquisição da moeda estrangeira em banco autorizado ou instituição credenciada a operar em câmbio no País pelo valor igual ou superior ao declarado" (*vide* nota, no parágrafo único deste artigo, intitulada *Saída de moeda do país na posse do viajante*).

Com flagrante inconstitucionalidade, por criar uma espécie de *confisco*, a Resolução n. 2.524 do Conselho Monetário Nacional, divulgada pelo Bacen, estipulou, em seu art. 5º, que em qualquer situação (inclusive a do viajante, portanto), na qual for constatado o porte em espécie, em cheques ou, ainda, em *traveller's checks*, de moeda estrangeira em valor superior ao equivalente a R$ 10.000,00 (aproximadamente meros US$ 3.700,00, pela cotação do final de 2004 e US$ 5.500, no final de 2011), "deve a autoridade competente reter e encaminhar o montante ao Banco Central do Brasil para a adoção das providências cabíveis quando (*a*) não for comprovada a sua aquisição em banco autorizado ou instituição credenciada a operar câmbio no País; (*b*) não tenha sido devidamente declarado à Receita Federal; (*c*) não for comprovado que esse dinheiro tenha origem em ordem de pagamento enviada do exterior ao portador ou em razão de utilização de cartão de crédito internacional". Ora, a falta de embasamento legal para tais medidas é gritante, mesmo porque não é crime ter moeda estrangeira. Assim, *embora não configure o crime deste art. 22* o ato daquele que adquire, por exemplo, US$ 9.000,00 no câmbio paralelo, esse valor, em tese, poderia ser *confiscado* se porventura o sujeito fosse surpreendido levando o numerário de seu escritório para a sua residência. Igualmente, no caso de viajante que, por exemplo, já tenha esses US$ 9.000,00, ou mais, há anos declarado em seu imposto de renda e, ao sair do País, *declara*-o na respectiva *declaração de porte de valores em espécie*; ora, como confiscá-lo somente porque não possui, o viajante, comprovação de aquisição em instituição credenciada a operar câmbio no País, se o próprio Estado, por meio da Secretaria da Receita Federal, já sabia da sua existência? Tal dispositivo, *data venia*, não é aceitável em um Estado de Direito Democrático, mormente diante do art. 5º, XXII, da CR, segundo o qual "é garantido o direito de propriedade". Caberá ao juiz o controle difuso de constitucionalidade, o qual, nas belas palavras de Flavio Antônio da Cruz, "trata-se da função mais nobre reconhecida ao Judiciário: a de garantir a efetividade dos valores fundamentais da nossa comunidade política" ("Algumas provocações a respeito da Lei n. 7.492, de 1986". *Bol. IBCCRIM* n. 214, setembro de 2010).

- Concurso de agentes: Tratando-se de crime formal, poderá haver participação.

- Confronto: Se a operação é autorizada, mas a identidade daquele que faz a operação é falsa, ou há falsa indicação de circunstâncias a ela relativas, art. 21, *caput* e parágrafo único, da presente lei.

- Concurso de crimes: Pode haver concurso com o crime de sonegação fiscal (Lei n. 8.137/90).

- Pena: Reclusão, de dois a seis anos, e multa.

- Ação penal: Pública incondicionada, com particularidades (*vide* art. 27).

Jurisprudência do caput

- Falta de informação à Receita Federal: A saída desautorizada de divisas para o exterior, sem a devida informação à Receita Federal, configura o delito do art. 22 (TRF da 3ª Região, 5ª T., Ap. 2000.03.99027563-0, Rel. Des. Suzana Camargo, j. 16-2-2004, v.u., *DJU* 3-8-2004, p. 203).

■ **Responsabilidade objetiva (inadmissibilidade):** Tratando-se de crime contra o sistema financeiro, não basta somente o fato de o acusado ocupar cargo de direção, fazendo-se necessário que este tenha tido alguma participação na conduta delitiva, caso contrário, estaria atribuindo responsabilidade objetiva, tão repudiada no Direito Penal (TRF da 3ª Região, 1ª T., HC 2000.03.00031753-4, Rel. Des. Fed. Roberto Haddad, *RT* 790/718).

A peça acusatória, que denuncia o agente pelo crime do art. 22, apenas por ser este gerente de câmbio de instituição financeira, é inepta se não descreve, ainda que sucintamente, a conduta incriminadora do acusado, dificultando, ou até mesmo impedindo, o exercício pleno do direito de defesa, violando os arts. 41 do CPP e 5º, LV, da CR (TRF da 2ª Região, 3ª T., HC 1999.02.01.032353-6, Rel. Des. Fed. Francisco Pizzolante, *RT* 779/691).

■ **Compra de *performance*:** A chamada "compra de *performance*", pela qual determinada empresa produtora repassa seus produtos à intermediária, esta última tradicional exportadora, e que conta com adquirentes para as mercadorias no exterior, constitui transação comercial rotineira e totalmente lícita, destinando-se a ampliar a conta de importação da intermediária, em face do aumento das exportações de mercadorias brasileiras por ela realizadas. Transferindo a produção, passa a competir exclusivamente à exportadora a realização dos contratos de câmbio, assim como a entrega, a banco autorizado, do original do saque acompanhado da documentação pertinente (STJ, 5ª T., HC 12.731, Rel. Min. Edson Vidigal, *RT* 795/550).

■ **Pessoa jurídica, crime comum e evasão de divisas:** As pessoas jurídicas que realizam operações de câmbio equiparam-se, pelo art. 1º, I, da Lei n. 7.492/86, e para os efeitos da lei, às instituições financeiras. O delito do art. 22 configura crime comum e sujeita todo o agente que faz operação não autorizada, visando à evasão de divisas. A evasão não pressupõe, necessariamente, a saída física do numerário, consistindo, de fato, no prejuízo às reservas cambiais brasileiras, independentemente de estar entrando ou saindo dinheiro do País (STJ, 5ª T., RHC 9.281, Rel. Min. Gilson Dipp, *RT* 787/551).

■ **Apreensão de moeda estrangeira:** Havendo suspeita acerca da origem e destino da moeda estrangeira, tem a Polícia Federal a competência (atribuição, nota nossa) para a apreensão, não havendo irregularidade a justificar a imediata liberação. O porte irregular de moeda estrangeira, em valor superior ao limite máximo previsto nos incisos I e II do art. 65 da Lei n. 9.069/95, assim como a não comprovação da saída regular da moeda do País, se constitui, em tese, em crime de evasão de divisas, devendo o valor permanecer sob custódia do Banco Central até que se defina sua origem e destino (TRF da 3ª Região, 5ª T., RCr 2001.60.00003899-7, Rel. Des. Fed. Ramza Tartuce, j. 4-8-2003, v.u., *DJU* 2-9-2003, p. 482).

■ **Área de fronteira ("presunção de culpa"):** A conduta de quem traz consigo, dentro de um automóvel, exagerada quantidade de moeda estrangeira

(US$ 486.000,00) sobretudo perto de área de fronteira, deve fazer-se acompanhar de documento, ou pelo menos apresentá-lo no momento oportuno, comprovando tratar-se de quantia obtida mediante operação de câmbio regular e autorizada pela autoridade competente. Do contrário, lícito é presumir tratar-se de conduta ilícita, autorizando a prisão em flagrante delito (TRF da 1ª Região, 3ª T., HC 2002.01.00010564-4, Rel. Des. Fed. Plauto Ribeiro, j. 15-5-2002, v.u., *DJU* 20-6-2002, p. 198).

- **Detenção antes do embarque:** O fato de o agente ter sido detido no aeroporto antes de conseguir embarcar para o exterior, com US$ 1.100.000,00, sem autorização legal, não torna o crime do art. 22, *caput*, em tentado, pois este se consuma com a simples realização de operação de câmbio não autorizada (STJ, 5ª T., REsp 85.408, Rel. Edson Vidigal, v.u., *RT* 760/584).

- **Dólares adquiridos no exterior:** A conduta da paciente, trazendo para o Brasil dólares adquiridos na Bolívia, não está definida nas Leis n. 4.729/65 e 7.492/96, inexistindo, pois, justa causa para a instauração de inquérito policial (TRF da 3ª Região, 1ª T., RHC 90.03.02099-0, Rel. Des. Fed. Jorge Scartezzini, *JSTJ e TRFs* 13/297).

- **"Não autorizada":** A figura contemplada no art. 22 é a da autorização, a qual não se confunde com a ilicitude geral, e se confina às transgressões a disciplina específica da área de interesses objeto da regulamentação administrativa, o elemento normativo remetendo às hipóteses de desconformidade às permissões, a juízo vinculado ou discricionário, atribuídas à competência da administração. Não se verificando no caso a transgressão à regulamentação de câmbio e essencialmente inteligida, não se caracteriza o elemento normativo do tipo (TRF da 3ª Região, 2ª T., Ap. 2000.03.99071005-0, Rel. Des. Fed. Peixoto Júnior, j. 24-6-2003, v.u., *DJU* 28-7-2003, p. 345).

- **Concurso material:** O agente que celebra vários contratos de câmbio, inserindo neles informações inverídicas sobre importações que nunca foram realizadas, instruindo-os com documentos públicos e particulares falsos, adquirindo dólares no câmbio oficial, e depois remetendo-os para suas contas bancárias no exterior, sem declarar tais importâncias à Receita Federal, pratica os crimes do art. 299 do CP em concurso material com o art. 22, *caput* e parágrafo único, da Lei dos Crimes contra o Sistema Financeiro Nacional (TRF da 2ª Região, 4ª T., Ap. 97.02.00210-9, Rel. Des. Fed. Clélio Erthal, v.u., *RT* 755/742).

Saída de moeda ou divisa (primeira parte do parágrafo único)

- **Objeto jurídico, sujeito passivo, pena e ação penal:** Iguais aos do *caput*.
- **Sujeito ativo:** Qualquer pessoa.
- **Tipo objetivo (saída de moeda ou divisa sem autorização legal):** O parágrafo único do art. 22, em um primeiro momento, pune o ato daquele que *promove* (faz, realiza), *sem autorização legal* (trata-se de norma penal em branco), *a saída de moeda* (ou seja, papel-moeda) *ou divisa* (papéis conversíveis em moeda, como letras e cheques; disponibilidade cambial;

moedas estrangeiras de que uma nação dispõe — Paulo Sandroni, *Novíssimo dicionário de economia*, cit., p. 181) *para o exterior*. A pessoa que assim atua, portanto, não é a mesma que fez a operação de câmbio mencionada no *caput*; caso contrário, estaríamos na hipótese de mero exaurimento do crime anterior. Cuida a primeira parte do parágrafo único, assim, daquele que materialmente providencia o envio do dinheiro para o exterior, como na hipótese da pessoa que carrega consigo, ao *sair do País*, valores em moeda estrangeira superiores a R$ 10.000,00 sem preencher a correspondente *declaração de porte de valores em espécie* (cf. na nota *Saída de moeda do País na posse do viajante* as nossas críticas aos critérios atualmente adotados pelo legislador e pelo Bacen). A conduta, ao contrário, daquele que *entra com altos valores*, ainda que não declarados, não configura o crime deste parágrafo único, posto tratar, somente, da *saída* de dinheiro.

■ **Saída de moeda do país na posse do viajante:** Em 3-2-1994, por meio da Portaria n. 61, de 1º de fevereiro de 1994, do Ministério da Fazenda, o então Ministro Fernando Henrique Cardoso instituiu a *Declaração de porte de valores em espécie*, a qual devia ser preenchida pelos viajantes que ingressassem ou saíssem do Brasil com "valores, em moeda estrangeira, em montante superior a US$ 10.000,00 (dez mil dólares dos Estados Unidos), ou o equivalente em outra moeda" (art. 1º, I), portando consigo "comprovante de aquisição daqueles valores em estabelecimento autorizado ou credenciado a operar câmbio no País" (art. 1º, parágrafo único), isto é, o comprovante de câmbio com bancos ou sociedades corretoras de câmbio, registrados no Sisbacen. Hoje, todavia, não há mais referência a US$ 10.000,00, mas, sim, a R$ 10.000,00, por força da Lei n. 9.069, de 29 de junho de 1995, que criou o Plano Real, tendo entrado em vigor no dia seguinte, data de sua publicação. Na época, tal mudança de referência não trazia distorções, mesmo porque a cotação do Real era praticamente igual à do dólar norte-americano (0,92 centavos de Real eram equivalentes a US$ 1,00). Nessa esteira, adveio a Resolução n. 2.524, de 30 de julho de 1994, do Conselho Monetário Nacional, e divulgada pelo Banco Central, tratando do mesmo assunto e fazendo referência aos mesmos valores mencionados na Lei n. 9.069/95. Com a desvalorização do Real, no final de 2004, por exemplo, os tais R$ 10.000,00 passaram a equivaler a aproximadamente US$ 3.000,00, valor este inferior, até, aos US$ 4.000,00 então estabelecidos para a compra de "dólar turismo", o que tornou a declaração um *non sense*. Assim, todo e qualquer passageiro teria que declarar os valores, ao portar apenas US$ 3.100,00, por exemplo. A nosso ver, deve-se, aqui, ater-se à *mens legislatoris* para a qual, na época, R$ 10.000,00 correspondiam a US$ 10.869,00. A aplicação da "letra fria" da lei pode trazer resultados contrários ao que foi idealizado pelo próprio legislador, devendo o juiz considerar-se diante de uma *lacuna*, na lembrança da *lógica do humano ou do razoável* de Luis Recaséns Siches (*Tratado general de filosofía del derecho*. México: Porrúa, 1959, p. 664; *Nueva filosofía de la interpretación del derecho*. 2. ed. México: Porrúa, 1973, p. 135-136), o que, tratando-se do direito penal (CP, art. 1º), abre caminho para a analogia *in bonam partem* (para favorecer o acusado) e, jamais, *in malam partem*.

- **Tipo subjetivo:** É o dolo, isto é, a conduta livre e consciente de promover, sem autorização legal, a saída de moeda ou divisa para o exterior. Não se exige especial fim de agir. Para os tradicionais é o dolo genérico. Não há forma culposa.

- **Consumação e tentativa:** No crime de saída não autorizada de moeda ou divisa, a consumação ocorre no exato momento em que a moeda ou divisa efetivamente deixa a fronteira do país. A nosso ver, tal entendimento nos leva à conclusão de que, por exemplo, tratando-se da descoberta do porte de moeda em espécie, atrelada ao corpo, em aeroportos, por agentes da Polícia Federal, após o *check-in* internacional, no momento do embarque, o crime será *sempre tentado*.

- **Erro de proibição:** Pode haver (CP, art. 21), tendo em vista as seguidas mudanças de critério do Banco Central, quer em relação à moeda (real ou dólar norte-americano), quer quanto ao valor. Igualmente, a circunstância de serem adotados, no mesmo tipo penal (parágrafo único do art. 22), duas moedas e valores distintos, ou seja: para sair do Brasil, o máximo de R$ 10.000,00; para depósitos no exterior, sem obrigatoriedade de declaração, até US$ 100.000,00 (Cartas-Circulares n. 3.225, de 12 de fevereiro de 2004; 3.278, de 23 de fevereiro de 2005; 3.313, de 2 de fevereiro de 2006, 3.345, de 16 de março de 2007; 3.384, de 7 de maio de 2008; 3.442, de 3 de março de 2009).

- **Crime impossível:** Todos sabem que os aeroportos internacionais são dotados de aparelhos de *raios X*, pelos quais, sempre, a bagagem de mão é passada. Desse modo, haverá absoluta impropriedade do meio caso o agente leve, em sua valise, grande quantidade de moeda estrangeira, de pronto detectada pelos funcionários que realizam tal exame (CP, art. 17).

- **Confronto:** A saída de metais ou de pedras preciosas poderá caracterizar o crime de contrabando ou descaminho (CP, art. 334).

- **Perda, ou não, dos valores apreendidos:** O art. 91, II, *a* e *b*, do Código Penal estabelece ser efeito da condenação a perda, em favor da União, dos instrumentos do crime (desde que consistam em coisas cujo fabrico, alienação, uso, porte ou detenção constitua fato ilícito) e do produto do crime ou de qualquer bem ou valor que constitua proveito auferido pelo agente com a prática do fato criminoso. Com base nesse dispositivo, nossos Tribunais têm entendido que não cabe a eles, na sentença condenatória, determinar a perda dos valores apreendidos com o condenado ao deixar o Brasil, entendendo serem os valores o próprio *objeto* do crime, e não seu produto, cabendo à Receita Federal dar a eles a destinação cabível, que pode ser, inclusive, a da perda dos valores.

Jurisprudência da primeira parte do parágrafo único

- **Dólares na bagagem de mão:** Há absoluta inidoneidade do meio no ato de portar moeda estrangeira acima do permitido na bagagem de mão em embarque aéreo internacional, pois inexoravelmente seria detectada na esteira de raios X (TRF da 3ª Região, m.v., *JSTJ e TRFs* 3/367).

- **Importação com cartão de crédito:** Comerciante brasileiro que, ao importar produtos, paga com cartão de crédito internacional. Hipótese em que não há evasão de divisas, mas mera importação irregular, caracterizando ilícito administrativo. A saída de divisas por meio de pagamento mediante cartão de crédito, ao contrário daquelas hipóteses em que há remessa de divisas sem o conhecimento do Sistema Financeiro oficial, não frustra os sistemas de controle cambial, pois a saída de moeda, quando realizada daquela forma, não permite a ocultação da operação para as autoridades competentes (TRF da 5ª Região, 2ª T., Ap. 0012935-41.2003.4.05.8100, Rel. Des. Fed. Manuel Erhardt, j. 14-10-2008, *DJ* 5-11-2008, p. 273).

▪ Dolo: Havendo dúvida de que a verdadeira intenção era, de fato, remeter os valores para o exterior, à margem da fiscalização, deve-se absolver a acusada, em virtude do princípio *in dubio pro reo* (TRF da 4ª Região, 7ª T., Ap. 2006.71.00.050823-3, Rel. Des. Fed. Tadaaqui Hirose, j. 14-6-2011, *DE* 24-6-2011; Ap. 231-65.2007.404.7200, Rel. Des. Fed. Tadaaqui Hirose, j. 15-2-2011, *DE* 3-3-2011).

▪ Ingresso de divisas: A descrição objetiva do tipo do art. 20, parágrafo único, somente prevê a saída de divisas do país. Simples ingresso de divisas em território nacional não se enquadra, nessa hipótese, de crime contra o Sistema Financeiro Nacional (TRF da 2ª Região, 1ª T. Espec., Ap. 2006.50.01.002705-0, Rel. Juiz Fed. convoc. Aluísio Gonçalves de Castro Mendes, *DJU* 17-7-2009, p. 90-91; *no mesmo sentido*: TRF da 3ª Região, 1ª S., Confl. Compet. 2010.03.00.035674-0, Rel. Des. Cotrim Guimarães, j. 5-5-2011; TRF da 4ª Região, 8ª T., Ap. 0002973-92.2009.404.7200, Rel. Des. Fed. Victor Luiz dos Santos Laos, j. 19-10-2011, *DE* 27-10-2011).

▪ Tentativa: Se o réu foi preso na sala de embarque de voo internacional, quando já ultrapassada todas as barreiras fiscalizatórias, faltava muito pouco para a consumação do delito de evasão de divisas, diminuindo-se a pena em um terço (TRF da 3ª Região, 2ª T., Ap. 2001.61.19.003523-1, Rel. Des. Fed. Nelton dos Santos, j. 14-7-2011).

▪ Insignificância: Não é possível reputar insignificante a evasão de quantia em dinheiro equivalente a R$ 38.000,00, à vista do limite R$ 10.000,00, sendo o desconhecimento da lei inescusável (TRF da 3ª Região, 2ª T., Ap. 2001.61.19.003523-1, Rel. Des. Fed. Nelton dos Santos, j. 14-7-2011).

▪ Erro de proibição: Não há dúvidas de que a conduta imputada, consistente em tentar deixar o país portando moeda estrangeira — no caso US$ 20.400,00 — montante superior ao previsto, sem a apresentação de DPV constitui, em tese, o crime de evasão de divisas. Na esteira da doutrina capitaneada por Zaffaroni e Pierangeli, não há regras fixas a determinar a evitabilidade do erro, devendo este ser aferido caso a caso, dadas as circunstâncias do caso concreto, especialmente as de caráter pessoal. Tratando-se do crime de evasão de divisas, tema adstrito ao direito penal econômico, excluídas aquelas pessoas habituadas a lidar com o mercado financeiro em geral, as demais, integrantes do corpo social, têm dificuldade em internalizar as regras de comportamento que lhes são impingidas, aliada à circunstância de se tratar de estrangeiro não habituado a lidar com esse ramo específico. Erro de proibição escusável, não merecendo reprovação a conduta (TRF da 2ª Região, 2ª T. Espec., Ap. 2001.51.01.539620-6, Rel. Des. Fed. Liliane Roriz, j. 5-7-2006, *DJU* 18-7-2006, p. 531).

- **Gerentes de bancos:** Praticam evasão de divisas, juntamente com o administrador e dois empregados de casa de câmbio, os gerentes de bancos públicos e privados que autorizaram a abertura e a movimentação de conta bancária sem observância de resoluções e do Manual de Normas e Instruções do Bacen (TRF da 5ª Região, 1ª T., Ap. 0019972-27.2000.4.05.8100, Rel. Des. Fed. Francisco Cavalcanti, j. 21-7-2011, DJe 12-8-2011, p. 72).

- **Remessa para o exterior:** Caracteriza-se o delito do art. 22, caput, se demonstrado que o acusado permitiu que os valores fossem depositados em sua conta, emitiu cheque nos mesmos valores, e permitiu depósitos das mesmas quantias na conta da sua empresa, no Swiss Bank Corporation. Mesmo que a operação tenha sido realizada no interesse do doleiro "K", o acusado seria partícipe nos termos do art. 29 do CP (TRF da 3ª Região, 1ª T., Ap. 2000.60.00.000795-9, Rel. Des. Fed. José Lunardelli, j. 28-6-2011).

- **Pagamento de importação não comprovada:** Configura o delito do art. 22, parágrafo único, a conduta de, a pretexto de importar farinha de trigo de empresa argentina, celebrar contrato de câmbio, deixando, posteriormente, de comprovar o desembaraço aduaneiro da mercadoria e de apresentar a Declaração de Importação (TRF da 5ª Região, 2ª T., Ap. 0006788-21.2002.4.05.8201, Rel. Des. Fed. Francisco Wildo, j. 19-7-2011, DJe 28-7-2011, p. 183).

- **Adiantamentos sobre contratos de câmbio e não pagamento das exportações brasileiras:** A redestinação do dinheiro obtido em adiantamentos sobre contratos de câmbio (ACC) pode até configurar fraude, mas não sobre a identificação do contrato (art. 21, caput), e menos ainda admite enquadramento típico na evasão de divisas, por não se dar saída clandestina ou irregular da moeda do país (art. 22, parágrafo único). A capitalização da subsidiária internacional, que não pagava as mercadorias por ela importadas, em detrimento da empresa nacional, que isto financiava, não constitui crime de evasão, pois ocorreu, na verdade, falta de ingresso do dinheiro no país e não efetiva saída de divisas — situação análoga à exportação subfaturada (TRF da 4ª Região, 7ª T., Ap. 2001.70.00.013380-8, Rel. Des. Fed. Néfi Cordeiro, j. 19-10-2010, DE 4-11-2010).

- **Simples porte e circulação interna:** Não caracteriza ilícito de evasão de divisas o simples porte e circulação interna de papel-moeda estrangeira, mormente se constatada a sua autenticidade. O ingresso e a saída de numerário estrangeiro é livre, só se justificando a sua apreensão se for produto de crime. Arquivado o inquérito policial instaurado para a investigação de crime de sonegação fiscal, não mais se justifica a retenção de dólares apreendidos, sendo de rigor a sua devolução a quem os portava (TRF da 3ª Região, 1ª T., Ap. 1994.03.090590-5, Rel. Des. Fed. Theotônio Costa, j. 3-10-1995, v.u., DJU 14-11-1995, p. 78226-7).

- **Guia de importação de valor superior ao efetivamente desembaraçado:** O contrato de câmbio com indicação das guias de importação de valor superior ao efetivamente desembaraçado, somado ao relatório do Banco Central relativo ao rastreamento da movimentação financeira que saldou o referido contrato, formam conjunto probatório adequado da materialidade do delito do art. 22, parágrafo único (TRF da 3ª Região, 5ª T., Ap. 97.03.023243-4, Rel. Des. Fed. André Nekatschalow, j. 15-12-2003, v.u., DJU 17-2-2004, p. 300).

- **Jogador de futebol:** O não ingresso de numerário no país, decorrente de pagamento feito no exterior por clube de futebol em favor de atleta brasileiro por ele contratado, não equivale a evasão de divisas. Esse crime somente ocorreria se provada a vontade livre e consciente de efetuar a remessa ilegal de valores para fora do país, em prejuízo às reservas cambiais nacionais (TRF da 2ª Região, 2ª T. Espec., Ap. 1996.51.01.067579-0, Rel. Des. Fed. André Fontes, *DJU* 19-10-2009, p. 195).

- **Moeda ou divisa:** Cheques, mesmo sacados contra bancos nacionais, podem integrar o conceito de *moeda ou divisa* inscritos no art. 22, parágrafo único, o mesmo ocorrendo com *traveller's checks* (TRF da 4ª Região, Turma de Férias, HC 1999.04.01053390-0, Rel. Des. Fed. Hélcio Pinheiro de Castro, v.u., *RT* 770/716).

Igualmente, cheques sacados contra bancos do exterior (STJ, 5ª T., HC 10.329, Rel. Min. Edson Vidigal, *RT* 772/555). O conceito de divisa não abrange o de mercadoria exportada, sendo inadmissível a interpretação extensiva em desfavor do réu. Divisa é a moeda estrangeira ou qualquer título que a represente (como letras de câmbio, cheques etc.), definindo-se moeda como todo e qualquer instrumento aceito como meio de pagamento. Mercadoria, por sua vez, é todo bem comerciável, que pode ser destinado à mercancia (TRF da 3ª Região, 5ª T., Ap. 2004.61.81.004992-8, Des. Fed. Antonio Cedenho, j. 4-7-2011; *no mesmo sentido*: TRF da 2ª Região, 1ª T. Espec., Ap. 2006.50.01.002705-0, Rel. Juiz Fed. convoc. Aluísio Gonçalves de Castro Mendes, *DJU* 17-7-2009, p. 90-91).

- **Comerciante estrangeiro:** Comerciante estrangeiro, do ramo de importação e exportação, que traz dólares para o Brasil, para a prática de atos de comércio, e que, ao deixar o país, leva o remanescente da moeda estrangeira de sua propriedade, não comete o delito do art. 22, parágrafo único (TRF da 2ª Região, 3ª T., HC 99.02.25040-8, Rel. Des. Fed. Maria Helena, v.u., *RT* 781/700).

- **Representante legal de empresa estrangeira:** Não tem obrigação de prestar informações exigidas pelo parágrafo único do art. 22. Como o recorrido não era o titular da conta, e não há qualquer evidência de que os recursos que entraram e saíram dela eram de sua propriedade, não se pode considerá-lo como responsável pela manutenção de recursos no exterior que se supõem não declarados (TRF da 3ª Região, 1ª T., Ap. 2003.61.81.000559-3, Rel. Des. Fed. José Lunardelli, j. 17-5-2011).

- **Correntista fantasma:** Comete o crime do art. 22, parágrafo único, aquele que efetua operação de câmbio, lastreada em importação fraudulenta, valendo-se, ainda, de conta bancária aberta em nome de fantasma, tudo com o fim de promover a evasão de divisas do país (TRF da 2ª Região, 2ª T. Espec., Ap. 1989.51.01.021892-0, Rel. Des. Fed. André Fontes, *DJU* 15-9-2009, p. 155).

- **Confronto com o art. 4º, *caput* (gestão fraudulenta):** Esgotada na evasão de divisas a potencialidade lesiva das fraudes na dissimulação do dinheiro que transitou pelas contas de laranjas e contas CC-5, e das informações falsas prestadas ao Bacen, é de ser reconhecida a absorção do delito de gestão fraudulenta do art. 4º, *caput*, pelo delito de evasão de divisas do art. 22, parágrafo único (TRF da 4ª Região, 7ª T., Ap. 5013394-40.2010.404.7000, Rel. Des. Fed. Néfi Cordeiro, j. 13-9-2011, *DE* 16-9-2011; 7ª T., Ap. 2002.70.00.078456-3, Rel. Des. Fed. Néfi Cordeiro, j. 22-3-2011, *DE* 31-3-2011; 7ª T, Ap. 2005.70.00.022521-6, Rel. Des. Fed. Néfi Cordeiro, j. 22-2-2011, *DE* 11-3-2011).

- **Concurso com crime de lavagem de dinheiro:** Apresentando-se o crime de evasão como uma das etapas para tornar efetivo o delito de lavagem de dinheiro, ou seja, constituindo-se como crime meio para a realização do segundo, têm-se por absorvido o ilícito do Sistema Financeiro Nacional pelo crime do art. 1º da Lei n. 9.613/98 (TRF da 4ª Região, 8ª T., Ap. 2000.71.00.037905-4, Rel. Des. Fed. Luiz Fernando Wowk Penteado, j. 15-12-2010, *DE* 11-1-2011).

Na ocultação de valores no exterior, não se pode falar em consunção do delito de evasão de divisas pelo de lavagem de dinheiro, pois autônoma a ofensa ao equilíbrio financeiro, às reservas cambiais nacionais e à própria higidez de todo o Sistema Financeiro Nacional — bens que são protegidos pela Lei n. 7.492/86 —, além de evidente o intento de remessa e manutenção no estrangeiro de expressivos recursos financeiros à margem da fiscalização e controle pelos órgãos oficiais (TRF da 4ª Região, 4ª S., Emb. 2005.70.00.034212-9, Rel. Des. Fed. Néfi Cordeiro, j. 17-2-2011, *DE* 25-2-2011).

- **Perda ou não dos valores apreendidos (decisão da Receita Federal):** "(...) 4. Havendo apreensão de bens em sede administrativa, eventual discussão acerca da sua legalidade e legitimidade deve ser feita por meio de ação específica, na via civil, não sendo possível o deferimento do pedido pelo juízo criminal, principalmente quando formulado no próprio bojo do processo de conhecimento. 5. Atribuição que é, *in casu*, da esfera administrativa, porquanto o bem apreendido está à disposição da Receita Federal e não do Poder Judiciário. Precedentes desta Corte. (...)" (TRF da 3ª Região, 1ª T., ACr 2002.61.19.000685-5, rel. Des. Fed. Luiz Stefanini, *DJ* 13-11-2007).

"(...) 2. Constitui crime de tentativa de evasão de divisas, previsto no artigo 22, parágrafo único, da Lei n. 7.492/86, a conduta do agente que procura cruzar a Ponte Internacional da Amizade, que liga o Brasil ao Paraguai, portando cifra superior a R$ 10.000,00 em moeda nacional, só não conseguindo por circunstâncias alheias a sua vontade, ou seja, revista da Polícia Federal. 3. A quantia apreendida com o agente na tentativa de evasão de divisas não é instrumento ou produto do crime, mas sim o seu objeto. Assim sendo, não pode ser declarada perdida como efeito da condenação pela Autoridade Judiciária, por ausentes as hipóteses do art. 91, inc. II, alíneas *a* e *b* do CP. Ao Juiz só resta em tal hipótese liberar a importância na esfera penal, porém sem devolvê-la ao agente, mas sim colocando-a à disposição da autoridade do Banco Central, face a possibilidade da perda do valor excedente em favor do Tesouro Nacional, nos termos do art. 65, 3, da Lei n. 9.069/95. (...)" (TRF da 4ª Região, 7ª T., ACR 2001.04.01.085253-4, rel. p/ acórdão Des. Federal Vladimir Passos de Freitas, *DJ* 12-2-2003; 7ª T., ACR 1999.70.02.004110-8, rel. Des. Federal Vladimir Passos de Freitas, *DJ* 12-6-2002).

Manutenção de depósitos no exterior (segunda parte do parágrafo único)

- **Objeto jurídico, sujeito passivo, pena e ação penal:** Iguais aos do *caput*.
- **Sujeito ativo:** Qualquer pessoa.
- **Tipo objetivo (Manutenção de depósitos não declarados no exterior):** Pune o legislador o ato de quem *mantiver* (conservar, sustentar) *no exterior depósitos não declarados à repartição federal competente* (trata-se de lei penal em branco). Para a configuração do crime é necessário que os valores depositados e não declarados tenham origem no Brasil; se os valores forem originários de outro país, poderá haver apenas eventual crime tributário, inexistindo ofensa ao Sistema Financeiro Nacional. A repartição federal competente, aqui, é o Banco Central, e não a da Secretaria da Receita Federal, mesmo porque a não declaração de valores ao Fisco é tratada em outra lei (Lei n. 8.137/90). O valor do depósito deve, evidentemente, ser *relevante* em termos cambiais, para que haja ofensa ao bem jurídico ora tutelado: o *Sistema Financeiro Nacional*. Segundo a Carta-Circular n. 3.181, de 6 de março de 2003, a exigência de declaração alcançava somente valores que superavam o equivalente a R$ 300.000,00. Em 2004, o Banco Central mudou o parâmetro para US$ 100.000,00, mediante a Carta-Circular n. 3.225. Esse valor foi mantido pelas Cartas-Circulares n. 3.278, de 23 de fevereiro de 2005; n. 3.313, de 2 de fevereiro de 2006, n. 3.345, de 16 de março de 2007; n. 3.384, de 7 de maio de 2008; e n. 3.442, de 3 de março de 2009) (*vide* nota abaixo). Embora a lei não estipule prazo, a conduta de *manter* conta não declarada no exterior pressupõe, à evidência, *habitualidade* (ver, também nesse sentido, Pimentel, ob. cit., p. 157). Assim, o comportamento *ocasional*, como a existência de uma única operação ou transação em nome de determinada pessoa, com uma conta bancária aberta por curto espaço de tempo, não configurará este crime.
- **Investimento no exterior e declaração ao Bacen:** O art. 17 da Lei n. 4.131/62 já dispunha sobre a obrigatoriedade dos registros de investimentos brasileiros no exterior no Banco Central. Em 28 de novembro de 1996, o Conselho Monetário Nacional baixou a Resolução n. 2.337, cujo art. 1º, II, reitera a necessidade de os investimentos brasileiros no exterior serem registrados. Posteriormente, a Resolução n. 2.911, de 29 de novembro de 2001, ratificou a exigência de registro, prevendo pesadas multas. A Carta-Circular n. 3.071, de 7 de dezembro de 2001, instrumentalizou a referida exigência por meio da *Declaração de Capital Brasileiro no Exterior* (*CBE*), abrangendo empréstimos, investimentos diretos, operações em *swap*, *leasing*, exportações financiadas e depósitos, com valor superior ao equivalente a R$ 10.000,00, em 31-12-2001. Esse valor foi, posteriormente, alterado pelo Bacen, para R$ 200.000,00, por meio da Carta-Circular n. 3.110, de 15 de abril de 2002, e para R$ 300.000,00, com a Carta-Circular n. 3.181, de 6 de março de 2003, art. 3º; para US$ 100.000,00, mediante as Cartas-Circulares n. 3.225, de 12 de fevereiro de 2004; n. 3.278, de 23 de fevereiro de 2005; n. 3.313, de 2 de fevereiro de 2006, n. 3.345, de 16 de março de 2007; n. 3.384, de 7 de maio de 2008; e n. 3.442, de 3 de março de 2009.
- **Retroatividade benéfica:** Como já salientado em nosso *Código Penal Comentado*, ao analisarmos o art. 3º do CP (8ª ed. São Paulo: Saraiva, 2010, p. 92), as circulares do Banco Central, que complementam este art.

22, parágrafo único, da Lei n. 7.492/86, complementado pelas respectivas Circulares, não podem ser tidas como "excepcionais" ou "temporárias" (ao contrário das "tabelas de preços" impostas por excepcionais, temporários e artificiais "Planos" ou "Pacotes Econômicos", que, com caráter "emergencial", tantos danos trouxeram ao nosso país, e que, felizmente, não foram implementados nos últimos anos, dada a estabilidade econômica. Desse modo, caso se entendesse que o art. 3º do CP ("a lei excepcional ou temporária, embora decorrido o período de sua duração ou cessadas as circunstâncias que a determinaram, aplica-se ao fato praticado durante a sua vigência") seria aplicável ao art. 22 e às Circulares que o complementam, chegar-se-ia ao absurdo de se punir um cidadão que manteve no ano de 2001 pouco mais do equivalente a R$ 11.000,00 no exterior, fechando a conta naquele mesmo ano, e, ao mesmo tempo, não punir uma outra pessoa que, em 2002, manteve no exterior dezoito vezes mais, ou seja, R$ 198.000,00. Além da gritante iniquidade acima referida, há um outro argumento no sentido da inaplicabilidade do art. 3º do CP a esse crime. É que o art. 22, parágrafo único, segunda parte, configura crime permanente. Ou seja, enquanto mantida a conduta do agente (isto é, enquanto a conta estiver aberta no exterior), a consumação do crime perdura no tempo, como um só. Ora, como poderia a conduta daquele cidadão que possuía no exterior o equivalente a R$ 11.000,00 em 2001 ser crime e, ao mesmo tempo, a manutenção dessa mesma conta pelo mesmo cidadão com o mesmo valor não mais configurar o citado tipo penal em 2002? Como poderia ele, ainda assim, ser punido a pretexto do falacioso argumento de que toda norma penal em branco seria uma norma excepcional ou temporária? Frise-se: estamos nos referindo a uma *lex mitior*. Aliás, tratando-se de crime permanente, lembramos ainda a Súmula 711 do STF: "A lei penal mais grave aplica-se ao crime continuado ou ao crime permanente, se a sua vigência é anterior à cessação da continuidade ou da permanência". Desse modo, se até para casos de uma nova lei mais severa, o Supremo manda aplicá-la aos crimes permanentes, desde que a sua vigência tenha se dado enquanto durava a permanência, o que dizer do complemento benéfico (que integra o próprio tipo objetivo) da lei penal em branco que não é excepcional e tampouco temporário? Inafastável é a conclusão de que ao art. 22, parágrafo único, segunda parte, da Lei n. 7.492/86 não se aplica à exceção do art. 3º do CP, havendo, sim, retroatividade benéfica em relação ao seu complemento constante das citadas Circulares, tratando-se de crime permanente, incompatível com a disciplina do art. 3º do CP. E isso é salutar, limitando-se a Polícia Federal, o Ministério Público Federal e a Justiça Federal às investigações efetivamente relevantes para o Sistema Financeiro Nacional, envolvendo movimentações milionárias não declaradas ao Banco Central. Cumpre observar a existência de entendimentos contrários, como o de Andrei Zenkner Schmidt e Luciano Feldens (*O crime de evasão de divisas: a tutela penal do sistema financeiro nacional na perspectiva da política cambial brasileira*. Rio de Janeiro: Renovar, 2006, p. 145, 185 e 186), no sentido de que as circulares do Banco Central teriam natureza excepcional ou temporária, e, desse modo, a Circular posterior benéfica não poderia retroagir para beneficiar o réu, sendo este o entendimento de julgados do TRF da 4ª Região (ACr 2000.71.00.021894-0, *DJ* 16-5-2007, e ACr 2005.70.00.008903-5, *DJ* 18-2-2009). Não obstante, os mencionados autores reconhecem que a questão pode ser analisada sob o aspecto da não configuração do tipo por ausência de ofensividade ao bem jurídico protegido, tendo em vista, por exemplo, que o próprio Bacen, em relatório de 2005, afirmou que o aumento de R$ 10.000,00, em 2001, para R$ 200.000,00, em 2002, se deveu à pouca representatividade dos pequenos depósitos para o planejamento da política cambial do País, o que torna as condutas anteriores a 2002 atípicas. Afirmando tratar-se de complemento *temporário* e não excepcional, no mesmo sentido posiciona-se Gauthama Fornaciari de Paula, ao afirmar que "se o próprio BC considerou irrelevante para executar a política cambial os montantes abaixo de R$ 300.000,00 na data-base de 31 de dezembro dos anos de 2001 e 2002, verifica-se que, nessas hipóteses, não houve a lesão ao bem jurídico tutelado pelo tipo" ("A questão da retroatividade das circulares do Banco Central no crime de evasão de divisas". *Bol. IBCCrim* n. 202, setembro de 2009).

- **Declaração à Receita Federal e não ao Bacen:** A nosso ver, caso o agente tenha declarado a existência de sua conta no exterior à Receita Federal, em vez de fazê-lo ao Bacen, com valor depositado superior ao equivalente a US$ 100.000,00 (*vide* nota acima), não estará configurado o crime deste art. 22, parágrafo único. Com efeito, a Administração do Governo Federal é una; em outras palavras, o próprio Ministério da Fazenda, isto é, a administração direta, por meio de uma de suas Secretarias (a da Receita Federal), estava ciente do depósito. Há, portanto, que se flexibilizar a expressão *repartição federal competente*, ainda que o Banco Central do Brasil não tenha sido comunicado. Ademais, nessas situações, restará afastado o dolo da conduta omissiva do agente, como, aliás, bem pondera Camila Tagliani Carneiro, em alentado estudo intitulado "Uma visão crítica do crime de manutenção de depósitos no exterior" (*Jus Navigandi*, Teresina, a. 8, n. 350, 22 jun. 2004, disponível em: <www1.jus.com.br/doutrina/texto.asp?id=5389>).

- **Contas CC-5:** *Vide* nota no art. 21.

- **Tipo subjetivo:** É o dolo, isto é, a conduta livre e consciente de manter depósitos no exterior, e não declará-los ao Banco Central. Não se exige especial fim de agir. Para os tradicionais é o dolo genérico. Não há forma culposa.

- **Erro de proibição:** Pode haver (CP, art. 21), tendo em vista as seguidas mudanças de critério do Banco Central, quer em relação à moeda (real ou dólar norte-americano) quer quanto ao valor.

- **Consumação:** O crime se consuma com a não declaração ao Banco Central da conta mantida no exterior, com valor superior a US$ 100.000,00 no dia 31 de dezembro do ano-base, a partir da Circular n. 3.071/2001, do referido banco. O crime é permanente.

- **Tentativa:** Não é possível.

- **Confronto:** Tratando-se de não declaração de bens à Receita Federal, poderá haver, em tese, crime contra a Ordem Tributária (Lei n. 8.137/90).

Jurisprudência da segunda parte do parágrafo único

- **Dolo:** O crime do art. 22, parágrafo único, resta configurado pela vontade livre e consciente em manter depósito no exterior, de moeda ou divisa, não declarado à repartição federal competente — Bacen (TRF da 4ª Região, 7ª T., Ap. 0008925-12.2005.404.7000, Rel. Des. Fed. Tadaaqui Hirose, j. 18-4-2011, *DE* 12-5-2011).

- **Consumação:** Desde o julgamento do HC 2006.04.00.013111-0 (8ª T., Rel. Des. Fed. Luiz Fernando Wowk Penteado, *DJ* 23-8-2006), a Corte considera que o crime de manutenção de depósito no exterior somente se perfectibiliza quando constatada a existência de saldo bancário no dia 31 de dezembro do ano-base, superior aos limites tolerados pelo Banco Central, a partir da Circular n. 3.071/2001 (TRF da 4ª Região, 8ª T., Ap. 2007.70.00.023596-6, Rel. Des. Fed. Artur César de Souza, j. 1º-12-2010, *DE* 7-1-2011).

- **Dúvida:** Persistindo dúvidas quanto à intencional participação dos acusados, dirigentes da instituição financeira, na consecução dos delitos de evasão de divisas perpetrados pelo banco titular das contas CC-5, impõe-se a sua absolvição, em homenagem ao princípio *in dubio pro reo* (TRF da 4ª Região, 7ª T, Ap. 2005.70.00.022521-6 PR, Rel. Des. Fed. Néfi Cordeiro, j. 22-2-2011, *DE* 11-3-2011).

- **Conta no exterior com recursos provenientes do exterior:** Depósitos não originários do Brasil. Provado que os depósitos não declarados não têm origem, sequer remota, no Brasil, o crime financeiro não se configura, sem prejuízo de eventual crime tributário (TRF da 4ª Região, 8ª T., Ap. 0023608-83.2007.404.7000, Rel. Des. Fed. Luiz Fernando Wowk Penteado, j. 31-8-2011, *DE* 6-9-2011).

- **Venda de aeronave não declarada ao Bacen:** É irrelevante o fato de os valores depositados no estrangeiro terem se originado da transferência de capitais ou da venda de mercadorias, pois o parágrafo único do art. 22 não especifica, como elementar do tipo, a origem deles. A venda de aeronave deveria ter sido declarada ao Bacen, com o intuito de informar a respectiva cobertura cambial (TRF da 5ª Região, 1ª T., Ap. 0004330-11.2005.4.05.8400, Rel. Des. Fed. Frederico Pinto de Azevedo, j. 5-8-2010, *DJe* 17-8-2010, p. 209).

- **Conta no exterior:** Não é ilícita a manutenção (a abertura, a existência etc.) de conta bancária em instituição financeira sediada no estrangeiro, desde que adequadamente declarada à Receita Federal, condição que, se inobservada, transformará a conduta em antijurídica (TRF da 3ª Região, 2ª T., Ap. 1999.03.99.007463-2, Rel. Des. Fed. Sylvia Steiner, j. 9-4-2002, v.u., *DJU* 22-4-2002, p. 360).

- **Remessas para conta no exterior:** Remessas de valores que estavam depositados em contas bancárias mantidas no Brasil para o exterior, não declaradas à repartição federal competente, configuram o delito do art. 22, com aumento da continuidade delitiva (TRF da 3ª Região, 5ª T., Ap. 2004.60.02003835-9, Rel. Des. Fed. André Nekatschalow, j. 26-9-2011).

Assinaturas constantes em documentos que autorizam a remessa e a manutenção de depósitos no exterior, não declarados à autoridade competente, evidenciam a autoria do crime do art. 22, parágrafo único (TRF da 4ª Região, 7ª T., Ap. 8925-12.2005.404.7000, Rel. Des. Fed. Tadaaqui Hirose, j. 18-4-2011, *DE* 12-5-2011).

- **Consumação:** Considera-se consumado o delito com a simples omissão, ou seja, o agente não informa às autoridades competentes a existência dos depósitos no exterior (TRF da 3ª Região, 2ª T., Ap. 1999.03.99.007463-2, Rel. Des. Fed. Sylvia Steiner, j. 9-4-2002, v.u., *DJU* 22-4-2002, p. 360).

- **Confronto com lavagem de dinheiro:** Na acusação por lavagem de dinheiro (art. 1º da Lei n. 9.613/98), tendo a denúncia narrado em detalhes o crime antecedente (art. 22, parágrafo único, segunda parte, da Lei n. 7.492/86), é possível acolher, em sede de alegações finais, proposta do Ministério Público para que o julgamento final ocorra apenas em vista do delito antecedente (STF, Ação Penal 461, AgR, Rel. Min. Ricardo Lewandowski, *DJ-e* 160, publicado em 22-8-2011).

- **Erro de proibição:** A falta de ciência do caráter criminoso do fato de manter conta no exterior não declarada, não encontra respaldo na prova dos autos, tratando-se de empresário experiente, detentor do controle acionário de empresa de grande porte, acostumado a empreender frequentes viagens ao exterior e realizar negócios em moeda estrangeira (TRF da 3ª Região, 2ª T., Ap. 1999.03.99.007463-2, Rel. Des. Fed. Sylvia Steiner, j. 9-4-2002, v.u., *DJU* 22-4-2002, p. 360).

Art. 23. Omitir, retardar ou praticar, o funcionário público, contra disposição expressa de lei, ato de ofício necessário ao regular funcionamento do sistema financeiro nacional, bem como a preservação dos interesses e valores da ordem econômico-financeira:

Pena — reclusão, de 1 (um) a 4 (quatro) anos, e multa.

- **Suspensão condicional do processo:** Cabe (art. 89 da Lei n. 9.099/95).
- **Penas alternativas:** Cabem (arts. 43 e 44 do CP).

Prevaricação

- **Objeto jurídico:** O Sistema Financeiro Nacional. *Vide* nota *Nossa posição — Sistema Financeiro Nacional (*lato sensu*),* no art. 1º desta lei.

- **Sujeito ativo:** O crime deste art. 23 é próprio; somente o funcionário público, com dever de ofício de atuar, pode ser sujeito ativo. Cumpre lembrar que o art. 327 do CP considera funcionário público, para efeitos penais, "quem, embora transitoriamente ou sem remuneração, exerce cargo, emprego ou função pública". O seu § 1º, com redação dada pela Lei n. 9.983, de 14 de setembro de 2000, estabelece equiparar-se a funcionário público "quem exerce cargo, emprego ou função em entidade paraestatal, e quem trabalha para empresa prestadora de serviço contratada ou conveniada para a execução de atividade típica da Administração Pública". Assim, o sujeito ativo poderá ser alguma das pessoas referidas no art. 25 desta lei, desde que a instituição financeira seja federal ou estadual, ou, ainda, controlada pelos governos federal ou estaduais. Lembramos, por exemplo, que um diretor do Banco Central ou da Caixa Econômica Federal é funcionário público.

- **Sujeito passivo:** O Estado.

- **Tipo objetivo:** Três são as condutas incriminadas no derradeiro tipo penal da Lei dos Crimes contra o Sistema Financeiro Nacional: a) *omitir* (deixar de fazer), b) *retardar* (postergar, atrasar), ou c) *praticar* (realizar, executar), *contra disposição expressa de lei* (é necessário, portanto, haver mandamento legal em contrário), *ato de ofício* (que é o objeto material), ou seja, conduta que decorre do cargo público exercido. Nas duas primeiras modalidades, o crime é omissivo próprio; na terceira, o delito é comissivo. No entanto, não é a omissão, o retardo ou a prática ilegal de qualquer ato de ofício que tipificará o crime deste art. 23. É necessário que o ato seja *necessário ao regular funcionamento do sistema financeiro nacional, bem como a preservação dos interesses e valores da ordem econômico-financeira*. Trata-se de elemento normativo extremamente amplo e que encampa, portanto, praticamente toda a prevaricação atinente a funcionários públicos que estejam lotados em instituições financeiras estatais. Ao contrário do que ocorre no art. 319 do CP, no qual se exige a *satisfação de interesse ou sentimento pessoal*, para a configuração do delito deste art. 23 não é mister qualquer especial fim de agir. Tipos penais como o ora comentado violam, dada a sua extrema abrangência, a garantia da reserva legal. Como já tivemos a oportunidade de escrever em nosso *Código Penal comentado* (8ª ed. São Paulo: Saraiva, 2010, p. 78, rubrica *Nullum crimen, nulla poena sine lege certa*), ao comentarmos o art. 1º do Diploma Penal os tipos abertos violam a garantia da reserva legal. Com efeito, observamos que as leis que definem crimes devem ser precisas, marcando exatamente a conduta que objetivam punir. Assim, em nome do princípio da legalidade, não podem ser aceitas leis vagas ou imprecisas, que não deixam perfeitamente delimitado o comportamento que pretendem incriminar — os chamados tipos penais abertos (Hans-Heinrich Jescheck, *Tratado de derecho penal — Parte General*, cit., p. 223). No entanto, ao juiz que vai aplicar leis penais é proibido não só o emprego da *analogia*, mas também da interpretação *com efeitos extensivos* para incriminar algum fato não previsto *clara e textualmente* como criminoso, *ou tornar mais severa sua punição*. As eventuais falhas da lei incriminadora, com lacunas ou falta de clareza quanto ao âmbito da incriminação, não podem, em desfavor da liberdade, ser preenchidas pelo juiz ou ter o alcance indefinidamente ampliado, por força de raciocínios exegéticos que tudo, ou quase tudo, admitem, pois é vedado a este completar o trabalho do legislador para punir alguém.

- **Tipo subjetivo:** É o dolo, ou seja, a vontade livre e consciente de omitir, retardar ou praticar ilegalmente ato de ofício. Trata-se, para os tradicionais, de dolo genérico, inexistindo especial fim de agir. Não há, evidentemente, forma culposa.

- **Consumação:** Com a efetiva omissão, retardamento ou prática ilegal.

- **Tentativa:** Na forma *comissiva* (prática contra expressa disposição legal), a tentativa, em tese, é possível. Nas modalidades *omissivas* (omissão e retardamento), a tentativa é impossível.

- **Concurso de agentes:** É possível na modalidade *comissiva* (praticar), desde que o *extraneus* tenha ciência da condição de funcionário público do *intraneus* (CP, arts. 29 e 30). Nas formas *omissivas*, não é possível haver coautoria, por tratar-se de delito omissivo próprio, ou seja, sem *iter criminis*; poderá haver somente participação.

- Confronto: Se o ato omitido, retardado ou praticado ilegalmente não diz com o regular funcionamento do Sistema Financeiro Nacional ou com a preservação dos interesses e valores da ordem econômico-financeira, art. 319 do CP.

- Concurso de crimes: Se a conduta incriminada neste art. 23 decorre de corrupção passiva do funcionário público, a nosso ver o crime do art. 317, § 1º, do CP, que é punido mais gravemente, prevalecerá. Se o agente, ao praticar as condutas descritas no art. 23, agir por interesse ou sentimento pessoal, a nosso ver o crime previsto nesta lei, por ser específico, prevalecerá em face daquele tipificado no art. 319 do CP (em sentido contrário, entendendo haver concurso, Pimentel, ob. cit., p. 169).

- Pena: Reclusão, de um a quatro anos, e multa.

- Ação penal: Pública incondicionada, com particularidades (*vide* art. 27).

Jurisprudência

- Prevaricação financeira: Paciente denunciada pela prática de prevaricação financeira por supostamente não ter dado integral cumprimento a dispositivos expressos de resoluções do BNDS. Se o fato imputado não contrariou proibição de lei em sentido estrito, mas de norma administrativa, presente a falta de justa causa, por atipicidade (TRF da 2ª Região, 1ª T. Espec., HC 2009.02.01.015107-1, Rel. Des. Fed. Abel Gomes, j. 10-2-2010).

Art. 24. (*Vetado*.)

DA APLICAÇÃO E DO PROCEDIMENTO CRIMINAL

Art. 25. São penalmente responsáveis, nos termos desta Lei, o controlador e os administradores de instituição financeira, assim considerados os diretores, gerentes (*vetado*).

§ 1º Equiparam-se aos administradores de instituição financeira (*vetado*) o interventor, o liquidante ou o síndico.

§ 2º Nos crimes previstos nesta Lei, cometidos em quadrilha ou coautoria, o coautor ou partícipe que através de confissão espontânea revelar à autoridade policial ou judicial toda a trama delituosa terá a sua pena reduzida de 1 (um) a 2/3 (dois terços).

- Alteração: O § 2º do art. 25 foi incluído pela Lei n. 9.080, de 19 de julho de 1995.

Sujeito ativo próprio (caput)

- Responsabilidade subjetiva: Os autores são unânimes em afirmar que o art. 25, ora em comento, revela a intenção legislativa de estabelecer anacrônica e inconstitucional responsabilidade penal objetiva aos *controladores* e *administradores* de instituição financeira, assim considerados os *diretores* e *gerentes* (cf. Pitombo, "Crimes contra o Sistema Financeiro Nacional: nótulas à Lei n. 7.492, de 1986". *Revista do Advogado*. São Paulo: AASP, n. 24, setembro de 1987, p. 29). Mesmo antes da CR/88, a responsabilidade pessoal sempre foi um dogma do direito penal brasileiro, consagrado, inclusive, pela Reforma Penal de 1984. Cada um é responsável na medida de sua responsabilidade (*nulla poena sine culpa*), como estipula o art. 29 do CP, e, ainda, diante das circunstâncias que o levaram ao cometimento do crime, como estabelece o art. 59 do Diploma Penal. A *Magna Carta* de 1988, ademais, garante que a pena não passará da pessoa do condenado, devendo ser individualizada (art. 5º, XLV e XLVI), em face das circunstâncias personalíssimas da conduta *por ele praticada*, avaliando-se a sua reprovabilidade. Indiscutível, assim, que para haver repressão penal será necessária *efetiva conduta*, comissiva ou omissiva, do sujeito ativo, ofendendo ou expondo a perigo concreto o bem juridicamente tutelado; jamais poderão ser punidos, o controlador, o administrador, o diretor e o gerente de instituição financeira, pela simples condição que ostentam (ver, nesse sentido, igualmente, Pimentel, ob. cit., p. 171-175).

- Controladores, administradores e diretores: Conforme prevê o art. 116 da Lei n. 6.404/76 — Lei das Sociedades Anônimas, "entende-se por acionista controlador a pessoa, natural ou jurídica, ou o grupo de pessoas vinculadas por acordo de voto, ou sob controle comum, que: *a*) é titular de direitos de sócio que lhe assegurem, de modo permanente, a maioria dos votos nas deliberações da assembleia geral e o poder de eleger a maioria dos administradores da companhia; e *b*) usa efetivamente seu poder para dirigir as atividades sociais e orientar o funcionamento dos órgãos da companhia". Acerca dos administradores, como anota Pitombo, surgem como eventuais agentes "os componentes do conselho de administração e da diretoria e ainda do conselho fiscal (arts. 138, 145 e 165 da Lei n. 6.404/76)" (ob. cit., p. 29). A nosso ver, com o devido respeito pelo eminente doutrinador, o membro de conselho fiscal não pode ser considerado administrador de instituição financeira, já que suas funções são apenas de fiscalização e não de administração.

- Gerentes: Trata-se daqueles que gerem e/ou administram negócios, bens ou serviços (*Dicionário Houaiss*, cit., p. 1447); tal conceito pode atingir altos escalões, posto que "o *gerente de uma sociedade* é titular de um órgão de uma pessoa colectiva, eleito pelos respectivos sócios, e com poderes para administrar e representar perante terceiros", segundo o conceito de Brito Correia, constante do *Dicionário de conceitos e princípios jurídicos*. Coimbra: Almedina, 1993, p. 454, de João Melo Franco e Herlander Antunes Martins. Daí a menção que Pitombo (ob. cit., p. 29) faz a Antonio de Pádua Rocha Diniz, no sentido de que as "instituições financeiras estrangeiras, com agências em nosso país, não possuem, frequentemente, no Brasil, diretores das instituições financeiras. A mais alta responsabilidade administrativa no Brasil, nesses casos, cabe a funcionários que têm a denominação de 'gerentes', mas que possuem responsabilidade administrativa equivalente à dos diretores das instituições financeiras" ("Pleito da Federação Brasileira das Associações de Bancos, texto datilografado, agosto de 1986", p. 6-7, *apud* Pitombo, *idem*). No entanto, as instituições financeiras nacionais possuem gerentes sem qualquer poder de decisão em termos de *administração*. Nesse sentido, escreve acertadamente Manoel Pedro Pimentel: "Entendemos que o vocábulo *gerente* somente designa os agentes responsáveis pela condução da instituição financeira, *na administração superior da empresa*, e não os gerentes executivos, assalariados, que respondem por agências ou filiais, sem autonomia e poder de decisão nas questões relevantes da vida empresarial" (*Crimes contra o Sistema Financeiro Nacional*, cit., p. 175).

■ Denúncia coletiva: Acerca da inadmissibilidade da propositura de "denúncias coletivas" em crimes que envolvem pessoas jurídicas, já tivemos a oportunidade de, em nosso *Código Penal comentado* (8. ed. São Paulo: Saraiva, 2010, p. 197-198), lembrar, entre os doutrinadores, Aníbal Bruno, para quem "a ação de cada concorrente há de apresentar-se como elemento causal indispensável à realização do fato punível nas condições, forma e no tempo em que veio realmente a ocorrer" (*Direito penal*. 3. ed. Rio de Janeiro: Forense, 1967, t. II, p. 261). Igualmente, José Frederico Marques, que adverte: "Se a conduta do autor deve ser exposta na denúncia com todas as suas circunstâncias, com muito maior razão a do coautor. É imprescindível que este saiba qual o ato por ele praticado" (*Estudos de direito processual penal*. Rio de Janeiro: Forense, 1960, p. 150). Desse modo, não se pode processar e punir pessoas físicas tão só pelo fato de comporem os quadros diretivos de uma empresa, mas apenas pelos crimes que — em nome da pessoa jurídica — elas praticaram ou determinaram fossem cometidos. Nem sempre, porém, são facilmente apontáveis tais indivíduos, pois o acusador, na maioria das vezes, desconhece as deliberações tomadas pelos diretores das pessoas jurídicas. Por esse motivo, a jurisprudência majoritária vinha dispensando que a denúncia individualizasse a conduta de cada um deles. Decidiu-se, assim, que nos crimes praticados por muitas pessoas em conjunto, a maior ou menor atuação de cada uma delas, bem como as diferenças de dolo, não necessitam ser descritas na denúncia com minúcia ou exatidão, pois serão apuradas durante a instrução judicial (STF, *RTJ* 116/98 e 115/1144; RHC 63.009, *DJU* 6-9-1985, p. 14871; STJ, RHC 2.308-2, *DJU* 15-3-1993, p. 3823). Posteriormente, o TRF da 3ª Região decidiu que a denúncia coletiva "somente justificar-se-ia se, *concluída a investigação policial, não restassem, ainda assim,* em razão das dificuldades comumente encontradas na ordem interna das empresas, *apuradas a participação e a responsabilidade de cada um*" (HC 25/89, *JSTJ e TRF* 4/374). De acordo com esse entendimento, seria *sempre indispensável* a instauração de inquérito policial para apurar a responsabilidade de *cada* dirigente da pessoa jurídica, antes de submetê-lo ao constrangimento de um processo penal. *Somente* na hipótese de não se conseguir apurar essa responsabilidade em regular inquérito policial é que se admitiria, em *caráter excepcional*, a chamada denúncia coletiva. Concordamos com essa orientação apenas *em parte*, no que se refere à imprescindibilidade do inquérito policial para apurar a autoria, a coautoria e a participação. Todavia, se ao final da investigação policial elas não restarem apuradas, eventual denúncia ou queixa oferecida deverá ser *rejeitada*, uma vez que o art. 41 do CPP exige que a peça vestibular contenha "a exposição do fato criminoso, *com todas as suas circunstâncias*". No entanto, embora os arts. 12 e 28 do CPP admitam o oferecimento de denúncia sem inquérito policial, baseado em "quaisquer peças de informação", nos crimes de autoria coletiva, como em quaisquer outros, o inquérito só será *dispensável* na hipótese de as peças de informação já fornecerem indícios *suficientes* de autoria, coautoria e participação de cada um dos dirigentes da pessoa jurídica. Nessa esteira, de acordo com posição jurisprudencial que vinha crescendo, proclamou-se ser inepta a denúncia que não descreve o fato com precisão ou clareza, de modo a definir a atuação dos acusados nos crimes em coautoria, sem possibilidade de exercício da defesa (STJ, HC 1.957-1, *DJU* 11-10-1993, p. 21338; STF, RHC 66.020, *DJU* 17-2-1989, p. 971). E, mais recentemente, o STJ concedeu *habeas corpus* a um acusado anulando o processo por ter a inicial acusatória se cingido "a atribuir-lhe de forma *objetiva* responsabilidade penal pelo evento delituoso *apenas* em razão do cargo que ocupa na sociedade" (5ª T., Ped. de Extensão no HC 89.297, Rel. Min. Jorge Mussi, *DJU* 5-4-2010). Essa orientação jurisprudencial garantista e, a nosso ver, mais acertada, vem sofrendo todavia, um revés no STF. Com efeito, entendeu o Pretório Excelso ser a "condição de sócio-gerente *responsável* pela administração da empresa" suficiente ao recebimento da denúncia (HC 97.259, Rel. Min. Ricardo Lewandowski, j. 15-12-2009). Em outros arestos, igualmente decidiu a Suprema Corte: "a denúncia é apta porque comprovou, de plano, que todos os denunciados eram, em igualdade de condições, *solidariamente responsáveis* pela representação legal da sociedade comercial envolvida" (HC 85.579, Rel. Min. Gilmar Mendes); "a peça inicial acusatória atende aos requisitos do art. 41 do CPP, ... porquanto *individualiza, no tempo* a responsabilidade dos sócios na gestão da empresa" (HC 86.362, Rel. Min. Carlos Britto). Por conseguinte, se à época dos fatos o acusado tinha *poderes de administração*, de acordo com a atual jurisprudência, não será mais necessário que a denúncia individualize sua conduta, cabendo a ele demonstrar não ter sido autor, coautor ou partícipe durante a instrução judicial. Cf., também, Roberto Delmanto, "A responsabilidade penal da pessoa jurídica e de seus dirigentes". *Temas de direito societário e empresarial contemporâneos*, em homenagem ao Prof. Erasmo Valladão Azevedo e Novaes França, São Paulo: Malheiros, 2011, p. 911. Vide outros acórdãos na *jurisprudência*.

- **Crimes comum e próprio:** A existência deste art. 25 não permite concluir que todos os crimes previstos na Lei n. 7.492/86 sejam próprios. Muito pelo contrário, a maioria das disposições penais da presente lei tem, como sujeito ativo, qualquer pessoa (cf. arts. 2º, 3º, 6º, 7º, 8º, 9º, 13, 14, 16, 18, 19, 20, 21, 22, parágrafo único, havendo polêmica quanto ao seu *caput*). De outra sorte, o crime do art. 23, por exemplo, tem como sujeito ativo próprio o funcionário público, que pode, ou não, ostentar as qualidades das pessoas mencionadas neste art. 25. Lembramos como crimes próprios, outrossim, os delitos dos arts. 11 e 17, parágrafo único, II.

- **Crimes próprio e de mão própria:** Em nosso entendimento, há diferença entre o crime próprio (que admite coautoria, quando o terceiro que não ostenta a qualidade do sujeito ativo próprio, também pratica o *iter criminis* com consciência dessa condição — CP, arts. 29 e 30) e o crime de mão própria (quando o tipo penal faz expressa alusão, ao descrever a conduta típica, a quem pode ser seu autor). No crime de mão própria fica, assim, excluída a possibilidade de coautoria de pessoas que não as indicadas na figura criminosa, podendo haver, somente, participação (CP, art. 29). Nesse sentido, já tivemos a oportunidade de transcrever, nos comentários ao art. 4º da presente lei (rubrica *Crime próprio ou de mão própria?*), as palavras de Hans-Heinrich Jescheck, o que novamente fazemos: "En los *delitos comunes* cualquiera puede ser el autor, como indica el anónimo 'quien' al comienzo de la mayoría de los preceptos penales. En los *delitos especiales propios*, por el contrario, solo se incluyen en el tipo, como autores, algunas personas especialmente caracterizadas (*v.g.*, funcionarios o soldados). Los *delitos especiales impropios* pueden ser cometidos por cualquera, pero la autoría de las personas cualificadas constituye una causa de agravación de la pena. En los *delitos de propia mano* el tipo presupone un acto de ejecución corporal o, al menos, personal, que debe realizar el propio autor, porque en otro caso faltaría el específico injusto de la acción de la correspondiente clase de delito" (*Tratado de derecho penal — Parte General*, cit., p. 240). Como escrevem George Tavares, Alexandre Lopes de Oliveira e Kátia Tavares, nos crimes de mão própria "os delitos são formulados de tal modo que o autor só pode ser aquele que esteja em situação de executar imediata e corporalmente a ação proibida. Então, os estranhos, nos delitos de mão própria, podem intervir somente como partícipes, jamais, como autores ou coautores" (*Anotações sobre direito penal tributário, previdenciário e financeiro*, cit., p. 38). Desse modo, a Lei n. 7.492/86, em vários artigos, faz expressa menção *às pessoas indicadas no art. 25*, transformando os tipos em *crimes de mão própria* (cf. arts. 5º, 12, 13, parágrafo único, 14, parágrafo único, e 15). Quanto ao art. 4º, há polêmica.

Equiparação (§ 1º)

■ **Noção:** Neste § 1º, o legislador equipara aos administradores de instituição financeira o *interventor*, o *liquidante* e o *síndico*. Como escrevemos ao comentar o art. 12 desta lei, a intervenção e a liquidação extrajudiciais de instituições financeiras privadas e públicas não federais estão disciplinadas na Lei n. 6.024/74, podendo, ambas, ser decretadas até mesmo de ofício pelo Banco Central (cf. arts. 3º e 15 da referida lei). No que concerne ao termo *síndico*, também expusemos, nos comentários ao art. 12, que a atual Lei de Falências (Lei n. 11.101/2005), em seu art. 2º, II, expressamente *exclui* a possibilidade de haver processo falimentar de instituição financeira, pública ou privada.

Delação premiada (§ 2º)

■ **Noção:** De forma semelhante ao que consta em outras disposições legislativas (Lei n. 8.072/90 — Lei dos Crimes Hediondos, arts. 7º e 8º; Lei n. 8.137/90 — Crimes contra a Ordem Tributária, Econômica e de Consumo, art. 16; Lei n. 9.269/96, que alterou o § 4º do art. 159 do CP — extorsão mediante sequestro; Lei n. 9.613/98 — Lei de Lavagem de Dinheiro, art. 1º, § 5º; Lei n. 11.343/2006 — Lei Antidrogas, art. 41; Lei n. 12.850/2013 — Crime Organizado, arts. 4º a 7º), o § 2º do art. 25 da Lei dos Crimes contra o Sistema Financeiro Nacional, incluído pela Lei n. 9.080/95, de forma redundante e com má técnica, dispôs que nos crimes previstos nesta lei, cometidos em *quadrilha*, isto é, quando mais de três pessoas associam-se para a prática habitual de crimes (CP, art. 288), ou *coautoria*, bastando duas pessoas em conluio eventual (sendo despicienda a referência à quadrilha e suficiente a menção à coautoria, portanto), o *coautor ou partícipe* que, por meio de *confissão espontânea* (não se exige arrependimento, mas somente a espontaneidade, sendo indiferente a motivação do agente, como, por exemplo, a de obter a redução da pena), *revelar à autoridade policial ou judicial* (a confissão poderá ocorrer, assim, tanto na fase policial quanto judicial), *toda a trama delituosa* (obviamente até onde for de seu conhecimento) terá a sua pena *reduzida de um a dois terços*. Caso o julgador não aplique a redução máxima, deverá, à evidência, *fundamentar* a razão da diminuição menor. *Vide*, ao final desta obra, no capítulo "Delação Premiada", comentários adicionais e jurisprudência.

Jurisprudência

■ Incidência do art. 25: A regra do art. 25 da Lei n. 7.492/86 diz respeito ao cometimento de crimes próprios, como os de gestão fraudulenta e desvio/apropriação, não se aplicando aos demais tipos penais nela previstos, que podem ser cometidos por qualquer pessoa (TRF da 4ª Região, 7ª T., Ap. 0018144-65.2004.404.7200, Rel. Des. Fed. Néfi Cordeiro, j. 22-2-2011, *DE* 11-3-2011).

■ Denúncia coletiva: Existem três orientações: a) É impossível exigir-se, para o início da ação penal, descrição das deliberações delituosas tomadas pelos diretores das pessoas jurídicas (STF, *RT* 625/391, *RTJ* 118/152, HC 71.788, *DJU* 4-11-1994, p. 29830, HC 71.899, *DJU* 2-6-1995, p. 16230; STJ, RHC 3.129, *DJU* 20-6-1994, p. 16125, *RT* 713/402, RHC 906, *DJU* 18-2-1991, p. 1044, RHC 2.862, m.v., *DJU* 7-3-1994, p. 3678; TRF da 3ª Região, 1ª T., HC 2003.03.00044723-6, Rel. Des. Fed. Johonsom di Salvo, j. 9-3-2004, v.u., *DJU* 23-3-2004, p. 239; TRF da 3ª Região, 5ª T., HC 2004.03.00000138-0, Rel. Des. Fed. Ramza Tartuce, j. 3-5-2004, v.u., *DJU* 18-5-2004, p. 487). *Contra*, em parte: É dispensável a descrição minuciosa e individualizada da conduta delituosa de cada acusado, bastando, para tanto, que ela seja narrada de forma a possibilitar o exercício da ampla defesa (STJ, 5ª T., HC 171.168, Rel. Des. conv. Adilson Vieira Macabu, j. 22-2-2011, *DJe* 21-3-2011; TRF da 2ª Região, 1ª T. Espec., AC 1994.51.01.041138-7, Rel. Juiz Fed. conv. Aluísio Gonçalves de Castro Mendes, j. 16-12-2009); basta a exposição "relativamente genérica" da participação de cada um (TRF da 3ª Região, 1ª S., Emb. Infr. 2004.60.03.000227-1, Rel. Des. Fed. Cotrim Guimarães, *DJ* 15-9-2011).

b) A responsabilidade penal é pessoal. Ser sócio não é crime. A denúncia, por isso, deve imputar a conduta de cada sócio, de modo a que o comportamento seja identificado, ensejando possibilidade de exercício do direito pleno de defesa (STJ, RHC 2.882, *DJU* 13-9-1993, p. 18580; STF, RCr 67.034, *DJU* 7-4-1989, p. 4909; TRF da 1ª R., HC 21.871, *DJU* 6-10-1994, p. 56072; TRF da 3ª Região, 1ª T., HC 1999.03.00035922-6, Rel. Des. Fed. Oliveira Lima, j. 26-2-2002, v.u., *DJU* 4-4-2002, p. 522; RCr 39.049, *DJU*

5-12-1995, p. 84324, HC 62.865, *DJU* 5-12-1995, p. 84324; *JSTJ e TRF* 25/385-9; TJSP, *RT* 712/393), mesmo porque "a mera invocação da condição de sócio quotista, sem a correspondente e objetiva descrição de determinado comportamento típico que o vincule ao resultado criminoso, não constitui fator suficiente apto a legitimar a formulação da acusação estatal ou a autorizar a prolação de decreto judicial condenatório" (STF, 2ª T., HC 84.436, Rel. Min. Celso de Mello, j. 5-9-2006, *DJU* 28-3-2008).

c) A denúncia coletiva somente se justifica se, concluída a investigação policial, não restem, ainda assim, em razão de dificuldades encontradas na ordem interna das empresas, apuradas a participação e a responsabilidade de cada um (TRF da 3ª Região, *JSTJ e TRF* 4/374). Entendemos correta a segunda orientação (*vide*, também, *jurisprudência* nota de doutrina acima, *denúncia coletiva*). *Administrações diversas*: se a empresa teve administrações distintas ou sucessivas, não se pode englobar seus diretores, sem que a denúncia especifique quais os crimes a eles correspondentes (STF, *RTJ* 117/621).

▪ Inépcia da denúncia: É inepta a denúncia que não descreve qualquer conduta comissiva do paciente inserida no encadeamento causal do delito, por outro lado faltando descrições que fizessem concluir, do cargo ocupado, pela necessária intervenção no procedimento de concessão de empréstimo, com efetivos poderes de decisão (TRF da 3ª Região, 2ª T., HC 2003.03.00.067995-0, Rel. Des. Fed. Peixoto Júnior, j. 10-2-2004, v.u., *DJU* 12-3-2004, p. 436).

▪ Responsabilidade penal objetiva: A interpretação do art. 25, que o vê como norma de presunção absoluta de responsabilidade penal, é infringente da CR e do direito penal em vigor, enquanto readmite a proscrita responsabilidade penal objetiva e infringe o princípio *nullum crimen sine culpa*, conforme decidido no HC 9.031-0 da 6ª T. do STJ, Rel. Min. Hamilton Carvalhido, v.u., *DJU* 2-9-1999 (TRF da 3ª Região, 1ª T., HC 1999.03.00.034746-7, Rel. Des. Fed. Roberto Haddad, j. 30-11-1999, v.u., *DJU* 21-3-2000, p. 215).

▪ Presidente de banco: O juízo de culpabilidade deve recair sobre o autor do fato punível, sendo inadmissível responsabilizar criminalmente o presidente de um banco, simplesmente pelo cargo que ocupa, por fato que, em tese, constitua crime contra o Sistema Financeiro Nacional ocorrido numa de suas agências (STJ, 6ª T., RHC 7.152, Rel. Min. Vicente Leal, *RT* 781/726).

▪ Exercício de gerência: A responsabilização por eventual crime contra o sistema financeiro tem em vista o exercício de gerência realizado na empresa, independentemente da participação do agente para a formação do capital social (TRF da 3ª Região, 1ª T., Ap. 97.03.060.448-0, j. 8-9-1998, v.u., *DJU* 27-10-1998, p. 430).

▪ Conduta atípica: É atípica a conduta do agente nos crimes previstos na Lei n. 7.492/96 quando este não é controlador e/ou administrador de instituição financeira, assim considerado o diretor e/ou gerente (TRF da 3ª Região, 1ª T., RSE 1999.61.12.006554-7, Rel. Des. Fed. Roberto Haddad, j. 6-8-2002, v.u., *DJU* 30-8-2002, p. 407).

- **Concurso de agentes:** A norma legal (art. 25, *caput* e § 1º) não veda o concurso de agentes na modalidade de participação, e mesmo elementos de natureza gramatical vêm em reforço a essa exegese, em seu § 2º, prescrevendo o artigo de lei sobre os benefícios da confissão espontânea, com expressa menção à figura do partícipe (TRF da 3ª Região, 2ª T., Ap. 1999.03.99.039158-3, Rel. Des. Fed. Peixoto Júnior, j. 22-4-2002, v.u., *DJU* 30-4-2002, p. 436).

- **Participação na ação criminosa:** O acionista controlador e o diretor adjunto de instituição financeira que teriam liberado empréstimos por meio de contrato de mútuo a outra sociedade, controlada pelos próprios, não podem ser responsabilizados penalmente pela prática do crime do art. 17, tão só pelo fato de ambos ocuparem determinada posição nas pessoas jurídicas que celebraram os contratos; presunção absoluta de responsabilidade penal infringe o princípio *nullum crimen sine culpa* e a Constituição Federal (STJ, 6ª T., HC 9.031, Rel. Min. Hamilton Carvalhido, *RT* 776/538).

- **Instituição financeira não autorizada:** Se a lei considerasse com exclusividade responsáveis pelos delitos previstos só as pessoas vinculadas à instituição financeira regularmente autorizada, estaria esvaziando o conteúdo da proibição do art. 16, ensejando a lembrança da velha regra de exegese que reclama interpretação de modo a não aniquilar a própria lei. O art. 25 remete à definição de instituição financeira ministrada pelo art. 1º, nenhum dos dispositivos distinguindo entre instituições financeiras regulares e irregulares, de modo que os administradores de instituições financeiras não autorizadas pelo Poder Público podem ser responsabilizados, inclusive pelas demais infrações penais previstas (TRF da 3ª Região, 2ª T., Ap. 2000.03.99.018296-2, Rel. Des. Fed. Peixoto Júnior, j. 13-5-2003, v.u., *DJU* 28-7-2003, p. 340).

Art. 26. A ação penal, nos crimes previstos nesta Lei, será promovida pelo Ministério Público Federal, perante a Justiça Federal.

Parágrafo único. Sem prejuízo do disposto no art. 268 do Código de Processo Penal, aprovado pelo Decreto-Lei n. 3.689, de 3 de outubro de 1941, será admitida a assistência da Comissão de Valores Mobiliários — CVM, quando o crime tiver sido praticado no âmbito de atividade sujeita à disciplina e à fiscalização dessa Autarquia, e do Banco Central do Brasil quando, fora daquela hipótese, houver sido cometido na órbita de atividade sujeita à sua disciplina e fiscalização.

Ação penal e competência (caput)

- **Noção:** A ação penal, em todos os crimes previstos nesta lei, é *pública incondicionada*, isto é, de atribuição exclusiva do Ministério Público, como determina o *caput* do art. 26. Aplicam-se, assim, os dispositivos que tratam da ação penal pública constantes do CPP, arts. 24 a 39, bem como do CP, art. 100.

- **Competência:** A competência para processar e julgar os crimes previstos na presente lei é da Justiça Federal, como acentua o art. 26, ora em comento. Na atual CR, a competência da Justiça Federal encontra-se estipulada no art. 109, IV, que se refere às "infrações penais praticadas em detrimento de bens, serviços ou interesses da União ou de suas entidades autárquicas ou empresas públicas". Evidentemente, o bem jurídico aqui tutelado — *Sistema Financeiro Nacional* (vide notas nos comentários iniciais à presente lei) — é de interesse da União.

▪ **(In)Constitucionalidade da Resolução n. 314 do Conselho da Justiça Federal e dos respectivos provimentos e resoluções dos Tribunais Regionais Federais:** Conforme já tivemos a oportunidade de assentar [cf. Roberto Delmanto Junior, "Justiça especializada para os crimes de lavagem de dinheiro e contra o Sistema Financeiro Nacional (A inconstitucionalidade da Resolução n. 314, de 12-5-2003, do Conselho da Justiça Federal)". *Revista do Advogado*. São Paulo: AASP, ano XXIV, setembro de 2004, n. 78, p. 95-102], os preceitos estatuídos na CR (art. 5º, XXXVII e LIV), no Pacto Internacional sobre Direitos Civis e Políticos de Nova Iorque (art. 14, 1) e na Convenção Americana sobre Direitos Humanos — Pacto de San José da Costa Rica (art. 8º) estatuem a garantia do juiz natural, *previamente estabelecido em lei*, vedando juízos ou tribunais de exceção. Destarte, "resoluções", que não são leis em sentido formal, não podem estabelecer competência criando Justiça Especializada (*ratione materiae*). Não podem, ademais, sobrepor-se, revogar ou derrogar dispositivos processuais penais que estão em patamar hierárquico superior, como os dos arts. 69 a 91 do CPP. Apesar disso, o Conselho da Justiça Federal, extrapolando os termos do art. 105, parágrafo único, da CR, e a própria Lei n. 8.472/92, baixou, em 12 de maio de 2003, a Resolução n. 314, publicada no *DOU* de 14-5-2003, cujo art. 1º estatui que "os Tribunais Regionais Federais, na sua área de jurisdição, especializarão varas federais criminais com competência exclusiva ou concorrente, no prazo de 60 (sessenta) dias, para processar e julgar os crimes contra o sistema financeiro nacional e de lavagem ou ocultação de bens, direitos e valores". Em atendimento a essa inconstitucional resolução, a Presidência do TRF da 1ª Região baixou a Resolução n. 600-021, de 19 de dezembro de 2003. Da mesma forma, o TRF da 2ª Região, a Resolução Conjunta n. 1, de 20 de junho de 2003; o TRF da 3ª Região, a seu turno, baixou o Provimento n. 238, de 27 de agosto de 2004 (que restou esvaziado a partir de 18 de abril de 2013 — vide ao final); o TRF da 4ª Região, por sua vez, a Resolução n. 20, de 26 de maio de 2003. Por fim, o TRF da 5ª Região baixou a Resolução n. 10-A, de 11 de junho de 2003. De fato, criam esses atos normativos verdadeira "justiça especializada", ao arrepio do art. 14, 1, do Pacto Internacional sobre Direitos Civis e Políticos de Nova Iorque, do art. 8º da Convenção Americana sobre os Direitos Humanos — Pacto de San José da Costa Rica, bem como dos arts. 5º, XXXVII e LIV, da CR, havendo desrespeito aos termos dos arts. 62, § 1º, I, *b*, e 96, II, *d*, da *Magna Carta*, bem como extrapolação do seu art. 105, parágrafo único. "Justiça especializada", porque dotada de competência *ratione materiae* (absoluta, portanto) para crimes contra o Sistema Financeiro Nacional e de lavagem ou ocultação de bens, direitos e valores, o que só poderia ter sido feito, como visto, por lei, e não por resoluções. Todavia, o Pleno do Supremo Tribunal Federal entendeu pela constitucionalidade da Resolução n. 314 do Conselho da Justiça Federal, em julgamento realizado em 15-5-2008, nos autos do *Habeas Corpus* 88.660, de relatoria da Ministra Cármen Lúcia, afirmando que o Poder Judiciário tem competência para dispor sobre especialização de varas, porque é matéria que se insere no âmbito da organização judiciária dos Tribunais. Segundo o acórdão, o tema referente à organização judiciária não se encontra restrito ao campo de incidência exclusiva da lei, visto que depende da integração dos critérios preestabelecidos na Constituição, nas leis e nos regimentos internos dos tribunais. Decidiu-se, ainda, que a mera especialização de vara federal para julgamento de crimes contra o sistema financeiro e lavagem de dinheiro, por meio de resolução, não ofende o princípio do juiz natural e não transgride o postulado da reserva de lei (*Informativo* 506, Brasília, 21 de maio de 2008, p. 1-2). Não obstante, reconhecendo que a especialização de Varas não surtiu os efeitos desejados, o próprio Conselho da Justiça Federal da 3ª Região, após nove anos da edição do Provimento n. 238, de 2004, em decisão unânime da 336ª Sessão Ordinária do Conselho da Justiça Federal da 3ª Região, de 18 de abril de 2013, acabou por extinguir as Varas Especializadas para Lavagem de Dinheiro, adotando novos critérios para a distribuição desses processos, sem exclusividade.

Assistente do Parquet (parágrafo único)

■ **Outros assistentes do Ministério Público:** O parágrafo único do artigo ora em comento, de forma específica, *amplia* o rol das pessoas legitimadas para atuar como assistente do Ministério Público, tradicionalmente assegurado ao ofendido ou seu representante legal, nos delitos de ação penal pública, como dispõe o art. 268 do Diploma Processual Penal. Assim, afora a hipótese prevista no CPP, poderão habilitar-se como assistente do Ministério Público a *Comissão de Valores Mobiliários* (*CVM*) e o *Bacen*, quando um ou outro for o órgão fiscalizador da instituição financeira envolvida na prática criminosa. Não se compreende, todavia, qual teria sido a intenção do legislador com tal medida. Isso porque tradicionalmente a figura do assistente do Ministério Público diz com a atividade da vítima ou de seu representante legal, voltada principalmente aos seus interesses na reparação civil pelos danos causados pelo delito, mesmo porque a sentença condenatória transitada em julgado é título executivo no cível; além disso, pela atual redação do CPP, a sentença penal condenatória poderá estipular uma indenização mínima ao ofendido. Com costumeira perspicácia, Sérgio Marcos de Moraes Pitombo, lembrando as hipóteses em que os delitos previstos nesta lei são crimes formais, de perigo, que se consumam independentemente de resultado, questiona: "Que função guardariam, no processo, inocorrendo dano atual? Acaso ingressariam para fiscalizar a Justiça Pública, que acusa e se manifesta por seu Promotor? O Ministério Público Federal não precisa de tal assistência" ("Crimes contra o Sistema Financeiro Nacional: nótulas à Lei 7.492, de 1986". *Revista do Advogado*, cit., p. 30). Em sentido contrário, Pimentel entende que "o crime, em alguns casos, ofende bens ou interesses de valor inestimável, cuja reparação não cabe em termos de pecúnia", admitindo-se a assistência "tão somente pelo interesse de alcançar-se a condenação do acusado, circunstância que não retira a legitimidade de atuação do Assistente" (*Crimes contra o Sistema Financeiro Nacional*, cit., p. 180).

Jurisprudência

- **Competência:** Tratando-se de crime praticado contra o sistema financeiro, a competência é da Justiça Federal (art. 106, VI, da CR; art. 26 da Lei n. 7.492/86), restando afastada a competência do Juízo Falimentar (TRF da 3ª Região, 2ª T., HC 2002.03.00045778-0, Rel. Des. Fed. Carlos Loverra, j. 2-9-2003, v.u., *DJU* 19-9-2003, p. 632).

- **Ampliação vedada:** A competência da Justiça Federal para o processo e julgamento dos crimes contra o sistema financeiro e a ordem econômico-financeira, circunscrevem-se aos casos previstos na Lei n. 7.492/86, não podendo ser ampliada para abranger crimes que, embora afetem a economia ou o sistema financeiro, não estão nela previstos (STJ, 3ª S., CComp 18.164, Rel. Min. Vicente Leal, *RT* 754/581; 3ª S., CComp 22.274, Rel. Min. Vicente Leal, j. 11-11-1998, v.u., *DJU* 18-12-1998, p. 288, *in Bol. AASP* n. 2.219-409; RHC 179, *DJU* 19-2-1990, p. 1048).

- **Consórcio:** A pessoa jurídica que administre consórcio enquadra-se como instituição financeira por equiparação, sendo competente a Justiça Federal, por força do art. 26 (TRF da 3ª Região, 2ª T., HC 2003.03.00071080-4, Rel. Des. Fed. Peixoto Júnior, j. 3-2-2004, v.u., *DJU* 12-3-2004, p. 436), ainda que não firam os interesses da União (TRF da 4ª Região, 2ª T., HC 97.04.60884-5, Rel. Des. Fed. Paim Falcão, *RT* 750/748).

Contra, em parte: Não se caracteriza crime contra o sistema financeiro nacional, de molde a deslocar a competência para a Justiça Federal, se os atos praticados por consórcio acarretaram prejuízos tão somente a particulares, não ocorrendo lesão a serviços, bens ou interesses da União ou de entidades federais, eis que a Lei n. 7.492/86 só considera crime financeiro, relativamente ao consórcio, na hipótese de funcionamento sem autorização legal (STJ, 3ª S., CComp 30.639, Rel. Min. Gilson Dipp, *RT* 792/596).

O descumprimento de contrato pela administradora de consórcio, por si, não caracteriza crime contra o sistema financeiro, podendo configurar delito contra o patrimônio, circunstância que desloca a competência para a Justiça Estadual por não caracterizar quaisquer das hipóteses elencadas no art. 109 da CR (STJ, 3ª S., CComp 19.102, Rel. Min. Felix Fischer, *RT* 748/575).

- **Instituição privada:** Compete à Justiça Federal processar e julgar os crimes praticados contra o Sistema Financeiro Nacional (art. 109, VI, da CR), ainda quando envolvida instituição privada (TRF da 3ª Região, 2ª T., Ap. 97.03.030100-2, Rel. Des. Sylvia Steiner, j. 30-10-2001, v.u., *DJU* 10-12-2001, p. 132).

- **Especialização de Varas por Resoluções ou Portarias, e juiz natural:** "Especializar varas e atribuir competência por natureza de feitos não é matéria alcançada pela reserva da lei em sentido estrito, porém apenas pelo princípio da legalidade afirmado no artigo 5º, II da Constituição do Brasil, ou seja, pela reserva da norma. [...] No caso concreto, o princípio da legalidade expressa reserva de lei em termos relativos [= reserva da norma] não impede a atribuição, explícita ou implícita, ao Executivo e ao Judiciário, para, no exercício da função normativa, definir obrigação de fazer ou não fazer que se imponha aos particulares — e os vincule. [...] A legalidade da Resolução n. 20, do Presidente do TRF da 4ª Região, é evidente. [...] Não há delegação de competência legislativa na hipótese e, pois, inconstitucionalidade. Quando o Executivo e o Judiciário expedem atos normativos de caráter não legislativo — regulamentos e regimentos, respectivamente — não o fazem no exercício da função legislativa, mas no desenvolvimento de função normativa. O exercício da função regulamentar e da função regimental não decorrem de delegação de função legislativa; não envolvem, portanto, derrogação do princípio da divisão dos poderes" (STF, 1ª T., HC 85.060, Rel. Min. Eros Grau, j. 23-9-2008).

O Poder Judiciário tem competência para dispor sobre especialização de varas, porque é matéria que se insere no âmbito da organização judiciária dos Tribunais. O tema referente à organização judiciária não se encontra restrito ao campo de incidência exclusiva da lei, eis que depende da integração dos critérios preestabelecidos na Constituição, nas leis e nos regimentos internos dos tribunais. A leitura interpretativa do disposto nos arts. 96, I, *a* e *d*, II, *d*, da Constituição Federal, admite que haja alteração da competência dos órgãos do Poder Judiciário por deliberação do tribunal de justiça, desde que não haja impacto orçamentário, eis que houve simples alteração promovida administrativamente, constitucionalmente admitida, visando a uma melhor prestação da tutela jurisdicional, de natureza especializada (STF, 2ª T., HC 91.024, Rel. Min. Ellen Gracie, j. 5-8-2008; Pleno, HC 88.660, Rel. Min. Cármen Lúcia, j. 15-5-2008, m.v.). Não ofende a Constituição o Provimento n. 238/04 da Presidência do TRF da 3ª Região (TRF da 3ª Região, 5ª T., Processo 6824-85.2010.4.03.6181, Rel. Des. Fed. Luiz Stefanini, j. 24-10-2011).

Contra: Não compete ao Conselho da Justiça Federal disciplinar, via provimentos, matéria relativa a competência jurisdicional concretizada no tempo e no espaço, subtraindo-a de um juízo em favor do outro. O assunto tem sede na Constituição e em leis processuais específicas. A matéria competencial penal está disciplinada no CPP desde a sua edição. Não tem sentido supor que somente recentemente possa se deslindar a questão, à luz de dispositivos processuais civis. Um ato administrativo não pode modificar uma competência estabelecida, sob pena de violar um princípio básico que é o do juiz natural, também garantido no Pacto de San José da Costa Rica. Em um Estado Democrático de Direito, as mudanças competenciais jurisdicionais apenas se dão do presente para o futuro, não alcançando situações pretéritas (TRF da 3ª Região, 1ª S., CComp 2003.03.00.017447-5, Rel. Des. Fed. André Nabarrete, j. 3-12-2003, m.v., *DJU* 14-1-2004, p. 76).

Art. 27. Quando a denúncia não for intentada no prazo legal, o ofendido poderá representar ao Procurador-Geral da República, para que este a ofereça, designe outro órgão do Ministério Público para oferecê-la ou determine o arquivamento das peças de informação recebidas.

Mitigação da ação penal privada subsidiária

▪ **Noção:** A ação penal privada subsidiária da pública, com a Reforma da Parte Geral do Código Penal de 1984, encontra-se prevista em seu art. 100, § 3º, *verbis*: "A ação de iniciativa privada pode intentar-se nos crimes de ação pública, se o Ministério Público não oferece denúncia no prazo legal". Trata-

-se de hipótese, assim, em que o *Parquet* não oferece denúncia no prazo previsto no art. 46 do CPP, não requer o arquivamento, conforme o art. 28 do mesmo Código, e tampouco pede a realização de diligência imprescindível à formação de seu convencimento (*opinio delicti*), consoante o art. 16 do mesmo Estatuto Processual. O presente art. 27, previsto em lei posterior e especial, acabou por excluir a ação penal privada subsidiária da pública nos crimes contra o Sistema Financeiro Nacional, reduzindo o que seria uma queixa-crime subsidiária a uma mera *representação* ao procurador-geral da República para que ele ofereça a denúncia ou designe outro órgão do Ministério Público para oferecê-la, ou determine o arquivamento das peças de informação (e também do inquérito policial que porventura tiver sido instaurado, mesmo porque a presente lei não impede, obviamente, a instauração de inquérito, como disciplina o CPP). A *representação* a que se refere este artigo é diversa da *representação na ação penal pública condicionada* (CP, art. 103; CPP, arts. 29 e 38), bem como da *representação* na Lei de Abuso de Autoridade, que constitui, a seu turno, uma mera *notícia do crime* (art. 12 da Lei n. 4.898/65). Permitimo-nos transcrever novamente as palavras de Pitombo: "O art. 27 serve para enfraquecer a chamada ação penal subsidiária [...] retirando, por igual, parcela de jurisdição. *Representação* é termo bem impróprio, no caso, visto que os crimes todos, de que se cogita, surgem de ação penal de iniciativa pública *incondicionada ou plena*. A *representação*, no sentido técnico, consiste em manifestação de vontade da vítima, ou de quem a represente [...], em desejar ver aforada a ação penal condenatória, mas de iniciativa pública. Só, entretanto, cabente aos delitos em que tal querença aflora *necessária*, porque a acusação dela *depende* para existir. A figura pretendida, no máximo, seria de *reclamação* ao superior hierárquico, por virtude da omissão do subordinado, a qual, inobstante a mera forma administrativa, conteria *notícia de infração penal*" (ob. cit., p. 30).

▪ **Não recepção pela Constituição da República de 1988:** Com o advento da *Magna Carta* de 1988, que expressamente dispôs, em seu art. 5º, LIX, que "será admitida ação privada nos crimes de ação pública, se esta não for intentada no prazo legal", entendemos que o art. 27 da Lei dos Crimes contra o Sistema Financeiro Nacional não foi recepcionado pela Carta da República, não mais tendo como obstaculizar a formulação, pelo ofendido ou seu representante legal, de queixa-crime subsidiária.

Art. 28. Quando, no exercício de suas atribuições legais, o Banco Central do Brasil ou a Comissão de Valores Mobiliários — CVM, verificar a ocorrência de crime previsto nesta Lei, disso deverá informar ao Ministério Público Federal, enviando-lhe os documentos necessários à comprovação do fato.

Parágrafo único. A conduta de que trata este artigo será observada pelo interventor, liquidante ou síndico que, no curso de intervenção, liquidação extrajudicial ou falência, verificar a ocorrência de crime de que trata esta Lei.

Notitia criminis ▪ **Noção:** O art. 28 da Lei dos Crimes contra o Sistema Financeiro Nacional impõe o dever àqueles que trabalham no Banco Central e na Comissão de

Valores Mobiliários de comunicar, ao Ministério Público Federal, a *ocorrência de crime*, enviando-lhe os documentos pertinentes (trata-se, na verdade, de *suposta* ocorrência de delito, posto que a certeza jurídica quanto à prática criminosa por determinada pessoa só existe após o trânsito em julgado de decisão condenatória — Magna Carta, art. 5º, LVII). O dever é imposto, igualmente, ao interventor, liquidante ou síndico que verificar a ocorrência (possível ocorrência, observamos) da prática de crime contra o Sistema Financeiro Nacional. Artigo, até mesmo despiciendo em relação àqueles que são funcionários públicos, ou a eles equiparados (art. 327 do CP), em face do art. 66, I, da LCP, que pune a conduta de "deixar de comunicar à autoridade competente: I — crime de ação pública de que teve conhecimento no exercício de função pública, desde que a ação penal não dependa de representação". Despiciendo, ademais, em face do próprio art. 23 da Lei dos Crimes contra o Sistema Financeiro Nacional, que estipula ser infração penal "omitir, retardar ou praticar, o funcionário público, contra disposição expressa de lei, ato de ofício necessário ao regular funcionamento do sistema financeiro nacional, bem como a preservação dos interesses e valores da ordem econômico-financeira", como lembra, também, Tigre Maia (*Dos crimes contra o Sistema Financeiro Nacional*, cit., p. 160). O crime do art. 23, por ser específico, prevalece sobre o previsto no art. 319 do CP (prevaricação). Quanto ao síndico, há jurisprudência entendendo não ser ele funcionário público (TJSP, *RJTJSP* 85/388, *RT* 480/315).

Jurisprudência ▪ **Banco Central:** Quando este, no exercício de suas atribuições, verificar a ocorrência de eventual crime contra o Sistema Financeiro Nacional, deverá informar o Ministério Público Federal, enviando os documentos necessários à comprovação do fato (STJ, 5ª T, REsp 1.161.830, Rel. Min. Felix Fisher, j. 2-9-2010, *DJe* 4-10-2010).

Art. 29. O órgão do Ministério Público Federal, sempre que julgar necessário, poderá requisitar, a qualquer autoridade, informação, documento ou diligência relativa à prova dos crimes previstos nesta Lei.

Parágrafo único. O sigilo dos serviços e operações financeiras não pode ser invocado como óbice ao atendimento da requisição prevista no *caput* deste artigo.

Poderes do Parquet (caput) ▪ **Poderes do Ministério Público:** Buscando dotar o Ministério Público Federal de poderes específicos, a fim de conferir-lhe mais instrumentos para a formação de sua *opinio delicti*, o art. 29 estipula que o membro do *Parquet* poderá requisitar, a qualquer autoridade, informação, documento ou diligência, *relativa à prova dos crimes previstos nesta Lei*. Não se pode inferir, de tal dispositivo, que estaria o legislador a outorgar ao Ministério Público o poder de investigar o crime que pretende denunciar, fazendo às vezes da Polícia Federal. A nosso ver, se investigações se fizerem necessárias, caberá ao Procurador da República requisitar a instauração do competente inquérito policial, indicando as diligências, como prevê a última parte do artigo em testilha. Os poderes referidos no art. 29, sobretudo os de requisitar informações e documentos, são, à evidência, supletivos, não se confundindo com a investigação propriamente dita. Atualmente, a LC n. 75/93 também confere poderes correlatos ao Ministério Público, em seu art. 8º. Poderes esses, porém, que devem ter a sua aplicação restrita aos casos em que a CR autoriza que o *Parquet* realize investigação ("nos procedimentos administrativos de sua competência", ou seja, nas hipóteses de *inquérito civil público* — art. 129, III e VI). Tratando-se de investigação criminal, as diligências que o *Parquet* entender necessárias deverão, como dito acima, ser realizadas pela autoridade policial (art. 129, VIII, c/c o art. 144, I, da *Magna Carta*). Nesse sentido, cf. monografia de Rogério Lauria Tucci intitulada *O Ministério Público e a investigação criminal* (São Paulo: Revista dos Tribunais, 2004), na qual o autor sustenta a inadmissibilidade da investigação pelo Ministério Público, nos atuais moldes de nossa Constituição da República, colacionando fartos precedentes jurisprudenciais sobre o tema, o qual, até o final do ano de 2011, encontrava-se, ainda, a ser definido pelo STF.

Sigilo bancário (parágrafo único)

- **Mitigação do sigilo bancário:** Como anota Sérgio Marcos de Moraes Pitombo, "agora, o art. 29, parágrafo único, da Lei n. 7.492/86, afasta o *sigilo bancário* para o Ministério Público Federal, portanto, para o Poder Executivo Federal. A conveniência de tal medida é bem discutível" (ob. cit., p. 30). De fato, se à época esse poder já era questionável, observamos que, com o ulterior advento da CR de 1988, o disposto no art. 29, a nosso ver, há que se coadunar com o art. 5º, LIV, da *Magna Carta*, o qual estatui que "ninguém será privado da liberdade ou de seus bens sem o devido processo legal", bem como com o inciso X do mesmo artigo, que garante a inviolabilidade da intimidade. Entendemos que o sigilo bancário somente pode ser quebrado mediante ordem fundamentada da autoridade judiciária ou de Comissão Parlamentar de Inquérito (*Magna Carta*, art. 58, § 3º).

- **LC n. 105/2001:** Revogando o art. 38 da Lei n. 4.595/64, a LC n. 105, de 10 de janeiro de 2001, passou a dispor especificamente sobre o *sigilo das operações de instituições financeiras*, estatuindo, em seu art. 1º, § 3º, não constituir violação do dever de sigilo, entre outras hipóteses (cf. transcrição de todo o artigo, nos comentários ao art. 18 desta lei): "IV — a comunicação, às autoridades competentes, da prática de ilícitos penais ou administrativos, abrangendo o fornecimento de informações sobre operações que envolvam recursos provenientes de qualquer prática criminosa". Ao disciplinar a quebra do sigilo bancário no § 4º do mesmo art. 1º, essa Lei Complementar estabelece os seguintes parâmetros: "A quebra de sigilo poderá ser decretada, quando necessária para apuração de ocorrência de qualquer ilícito, *em qualquer fase do inquérito ou do processo judicial*, e especialmente nos seguintes crimes: I — de terrorismo; II — de tráfico ilícito de substâncias entorpecentes ou drogas afins; III — de contrabando ou tráfico de armas, munições ou material destinado a sua produção; IV — de extorsão mediante sequestro; V — contra o sistema financeiro nacional; VI — contra a Administração Pública; VII — contra a ordem tributária e a previdência social; VIII — lavagem de dinheiro ou ocultação de bens, direitos e valores; IX — praticado por organização criminosa". Ora, diante da expressão *fase do inquérito* (inquérito policial, evidentemente — vide nota ao *caput* deste art. 29) *ou do processo judicial*, resta reafirmado o entendimento de que só a autoridade judiciária e a Comissão Parlamentar de Inquérito podem quebrar sigilo bancário. No sentido por nós defendido, cf., ainda antes da revogação do art. 38 da Lei n. 4.595/64, Juarez Tavares, "A violação ao sigilo bancário em face da proteção à vida privada". *RBCCr* n. 1, janeiro-março de 1993, São Paulo: Revista dos Tribunais, p. 105-111; José Carlos Dias, "Sigilo bancário — quebra — requisições da Receita Federal e do Ministério Público". *RBCCr* n. 11, julho-setembro de 1995, cit., p. 240-244; Helios Nogués Moyano e Adriano Salles Vanni, "Sigilo bancário (por quem e quando pode ser violado)". *RBCCr* n. 19, julho-setembro de 1997, cit., p. 47-54). *Após* o advento da LC n. 105/2001, ver Técio Lins e Silva e Marcela Lima Rocha, defendendo, inclusive, a via jurisdicional para a quebra de sigilo por Comissão Parlamentar de Inquérito, "Apontamentos sobre o sigilo bancário". *RBCCr* n. 48, maio-junho de 2004, cit., p. 215-228; Fabiana Lopes Pinto, "O sigilo bancário e a Lei Complementar n. 105/2001". *Leis complementares em matéria tributária*. Org. por Fabiana Lopes Pinto e Ricardo Berzosa Saliba, Série Barão de Ramalho — Coleção de Direito Tributário, v. 1, São Paulo: Instituto dos Advogados de São Paulo (IASP)/Manole, 2003, p. 147-228; Paulo José da Costa Jr., Maria Elizabeth Queijo e Charles M. Machado, *Crimes do Colarinho Branco*, cit., p. 180-181.

Jurisprudência

■ Evasão de divisas, quebra do sigilo e apelação: O delito de evasão de divisas exige documentação e acompanhamento da movimentação financeira para ser provado, sendo o pedido do Ministério Público Federal plenamente justificado. A decisão cautelar acerca da quebra de sigilo bancário tem força de definitiva, cabendo recurso de apelação (TRF da 3ª Região, 5ª T., Ap. 2000.61.81.007390-1 (Ap. 10.868), Rel. Des. Fed. André Nabarrete, j. 24-5-2004, m.v., *DJU* 7-7-2004, p. 79).

Art. 30. Sem prejuízo do disposto no art. 312 do Código de Processo Penal, aprovado pelo Decreto-Lei n. 3.689, de 3 de outubro de 1941, a prisão preventiva do acusado da prática de crime previsto nesta Lei poderá ser decretada em razão da magnitude da lesão causada (*vetado*).

■ Prisão preventiva e presunção de inocência: Quando da promulgação da presente lei, o art. 312 do CPP previa: "A prisão preventiva poderá ser decretada como garantia da ordem pública, por conveniência da instrução criminal ou para assegurar a aplicação da lei penal, quando houver prova da existência de crime e indícios suficientes de autoria". Em 1994, com o advento da Lei n. 8.884, a sua redação foi alterada, incluindo-se a garantia *da ordem econômica*, além de mudar para o singular a expressão *indícios suficientes de autoria*, *verbis*: "A prisão preventiva poderá ser decretada como garantia da ordem pública, da ordem econômica, por conveniência da instrução criminal, ou para assegurar a aplicação da lei penal, quando houver prova da existência do crime e indício suficiente de autoria". Esta é a redação do atual *caput* do art. 312 do CPP, que não foi alterado pela Lei n. 12.403/2011. Note-se, porém, que esta lei instituiu diversas medidas cautelares menos gravosas do que a prisão (art. 319), além da possibilidade da prisão domiciliar (art. 318), sendo a prisão preventiva aplicável somente em último caso (art. 282, §§ 4º e 6º). Diante da redação do art. 312 do CPP, a referência à *magnitude da lesão causada*, mencionada neste art. 30, acabou sendo, mesmo que indiretamente, abrangida pelo art. 312 do Diploma Processual Penal. Em face da análise literal desse artigo, a prisão preventiva, para ser decretada, possui *pressupostos* (materialidade + indício suficiente de autoria), aos quais deve-se somar pelo menos um *requisito cautelar*, o qual, segundo o legislador, seria a garantia da ordem pública, da ordem econômica, da aplicação da lei penal, ou a conveniência da instrução criminal. Ou, ainda, se houver descumprimento de outras medidas cautelares impostas pelo Juiz (parágrafo único do art. 312), bem como dúvida sobre a identidade civil da pessoa ou quando esta não fornecer elementos suficientes para esclarecê-la (parágrafo único do art. 313). Deve-se, contudo, a nosso ver, sempre observar os parâmetros do art. 313, I a III, do CPP (ser o crime doloso punido com pena máxima superior a quatro anos; se tiver sido condenado por outro crime doloso, em sentença transitada em julgado, ressalvada a reabilitação; se o crime envolver violência doméstica e familiar contra a mulher, criança, adolescente, idoso, enfermo ou pessoa com deficiência, para garantir a execução das medidas protetivas de urgência). Tudo devidamente *fundamentado* (*Magna Carta*, art. 5º, LXI; art. 93, IX), mesmo porque toda prisão que se verifique antes do trânsito em julgado de condenação criminal, tem caráter *excepcional* (PIDCP, art. 9º, n. 3 — "A prisão preventiva de pessoas que aguardam julgamento *não deverá constituir regra geral*"). Desse modo, em face da garantia da *não consideração prévia de culpabilidade* (art. 5º, LVII, da Lei Maior), ampliada para *presunção de inocência* (art. 5º, § 2º, c/c o PIDCP, art. 14, n. 2, e a CADH, art. 8º, n. 2), afigura-se evidente que toda prisão provisória não pode assumir aspecto de *punição antecipada*, ou seja, de prevenção geral e especial, de satisfação, em termos punitivos, ao clamor da sociedade. A indagação de Vincenzo Manzini, no sentido de que "se se presume a inocência do acusado, pergunta o bom senso por que motivo, portanto, é ele processado", lembrada por René Dotti ("Princípios do processo penal". *RT* 687/264), é facilmente respondida. Isso porque o processo penal existe justamente em função da presunção de inocência, como o único instrumento apto a viabilizar a desconstituição dessa presunção relativa (*juris tantum*) de inocência, prevista em nosso ordenamento constitucional. Se não houvesse presunção de inocência, o processo penal não precisaria existir, ou, então, se reduziria a mero *mise en scène* burocrático, a fim de formalizar prévio juízo de culpa, desmerecendo a atividade de todos os que dele participam. Justamente por isso, e combatendo a inadmissível presunção de culpa, exsurge o processo como instrumento técnico, público, político, ético e justo, aduzimos, de distribuição de justiça criminal (cf. Rogério Lauria Tucci, *Teoria do direito processual penal*, São Paulo: Revista dos Tribunais, 2004, p. 167-168). Assim, para que a prisão provisória não se confunda com punição antecipada, a análise dos requisitos cautelares há que ser parcimoniosa. O encarceramento anterior ao trânsito em julgado de condenação há que ser visto como um *instrumento de tutela do próprio processo penal*, um *instrumento do instrumento* (jamais punição). Para tanto, toda prisão cautelar não pode distanciar-se de seu caráter *instrumental*, de proteção do procedimento penal (do processo em movimento). Além disso, a sua *motivação*, em face da CR, não pode decorrer da análise do mérito do caso, ou seja, da culpabilidade do acusado. Com uma análise mais detida e pormenorizada, cf. Roberto Delmanto Junior, *As modalidades de prisão provisória e seu prazo de duração*. 2. ed. Rio de Janeiro: Renovar, 2001, Capítulos III e IV.

- **Magnitude da lesão e garantia da ordem econômica — desrespeito à Constituição da República:** Como visto, a referência à *magnitude da lesão causada*, mencionada neste art. 30, restou, ainda que indiretamente, abrangida pelo art. 312 do CPP, com o advento da Lei n. 8.884/94, que incluiu a *garantia da ordem econômica* como motivo autorizador da prisão preventiva. Sobre o tema, um dos autores desta obra já teve a oportunidade de discorrer (Roberto Delmanto Junior, *As modalidades de prisão provisória e seu prazo de duração*, cit., p. 189-192): "Ao incluir a preservação da ordem econômica como motivo autorizador da decretação de prisão preventiva, parece que o legislador estava com as vistas voltadas aos crimes que envolvessem grandes golpes no mercado financeiro, abalando-o, os quais geralmente se perpetram sem o uso de violência física, mas com a inteligência e o engodo. Em tese, mesmo havendo decisões, inclusive do Supremo Tribunal Federal, no sentido de que não tinha cabimento a prisão preventiva com vistas à garantia da ordem pública, quando se tratasse de crimes econômicos, mas, somente, para delitos que envolvessem grande carga de violência ou grave ameaça contra a pessoa, hoje restaria autorizada a prisão preventiva também para esses delitos, em face do novo texto legal", havendo, ou não, tipificação de delito previsto na Lei dos Crimes contra o Sistema Financeiro Nacional, já que a disposição encontra-se no próprio Código de Processo Penal. Todavia, cotejando tal requisito, que abrange a *magnitude da lesão causada*, conclui: "Não resta dúvida de que nessas hipóteses a prisão provisória afasta-se, por completo, de sua natureza cautelar instrumental e/ou final, transformando-se em *meio de prevenção especial e geral* e, portanto, em *punição antecipada*, uma vez que uma medida cautelar jamais pode ter como finalidade a punição e a ressocialização do acusado para que não mais infrinja a lei penal, bem como a consequente desestimulação de outras pessoas ao cometimento de crimes semelhantes, fins exclusivos da sanção criminal" (ob. cit., p. 192). Impecáveis, como sempre, as palavras do Mestre Sérgio Marcos de Moraes Pitombo: "Ora, a grandeza do dano nunca foi, nem deveria ser, boa razão para prender processualmente. Refere-se ao resultado do delito, até naturalístico, não diz com o andamento da causa penal, em juízo. Prisão processual não é modalidade de castigo, mas de *tutela cautelar*, abstração feita à detração penal (art. 42 do CP)" ("Crimes contra o Sistema Financeiro Nacional: nótulas à Lei 7.492, de 1986". *Revista do Advogado*, cit., p. 30). Enfim, prender o acusado durante o processo, em virtude da *magnitude da lesão* que ele teria causado, é algo absolutamente afrontoso ao nosso ordenamento constitucional.

Jurisprudência

- **Magnitude da lesão:** A magnitude da lesão causada com o cometimento dos crimes, com repercussões na ordem pública, é uma das causas ensejadoras da decretação da prisão preventiva, nos termos do art. 30 da Lei n. 7.492/86, preceito este que se amolda ao art. 312 do CPP, tanto que a ele faz expressa referência (TRF da 3ª Região, 5ª T., RCr 2000.61.81004311-8, Rel. Des. Fed. Suzana Camargo, j. 28-5-2002, v.u., *DJU* 25-6-2002, p. 706).

- **Magnitude do valor e intenção de fuga:** A magnitude do valor supostamente objeto da evasão de divisas, mais de R$ 35.000.000,00, revela a periculosidade da organização criminosa, impondo ao Poder Judiciário pronta atuação, para a cessação do prejuízo público. Transparece ainda nítida a intenção do acusado de se furtar à persecução criminal, tendo em vista que não compareceu ao interrogatório e forneceu endereço inexistente, restando infrutífera todas as tentativas de localização (STJ, 5ª T, REsp 886.711, Rel. Min. Laurita Vaz, j. 1º-6-2010, *DJe* 28-6-2010).

- **Gravidade do delito:** Não obedece ao conceito penal de ordem pública o juízo de gravidade do delito que não se arrima na infração em sua individualidade e que se nutre, com exclusividade, das considerações teleológicas que fundamentam a previsão geral da conduta punível (TRF da 3ª Região, 2ª T., HC 2000.03.00.040253-7, Rel. Des. Fed. Peixoto Júnior, j. 10-10-2000, v.u., *DJU* 7-2-2001, p. 266).

Art. 31. Nos crimes previstos nesta Lei e punidos com pena de reclusão, o réu não poderá prestar fiança, nem apelar antes de ser recolhido à prisão, ainda que primário e de bons antecedentes, se estiver configurada situação que autoriza a prisão preventiva.

- **Fiança:** Atualmente dispõe o CPP, alterado pela Lei n. 12.403/2011, que caberá fiança policial quando a pena privativa de liberdade não for superior a quatro anos (art. 322, *caput*) e, fiança judicial nos demais casos, independentemente da pena prevista (art. 322, parágrafo único). As limitações à fiança são somente aquelas referidas no art. 323, I, II e III — crimes de racismo, tortura, tráfico ilícito de entorpecentes e drogas afins, terrorismo e nos definidos como crimes hediondos, bem como naqueles cometidos por grupos armados, civis ou militares, contra a ordem constitucional e o Estado Democrático (acompanhando o texto do art. 5º, XLII, XLIII e XLIV da CR) —, bem como as mencionadas no art. 324 — tratando-se de acusado que tenha quebrado fiança anteriormente concedida, ou infringido, sem motivo justo, as obrigações dos arts. 327 e 328 (comparecimento perante a autoridade quando intimado, mudança de residência sem prévia permissão ou ausência, por mais de oito dias da mesma, sem comunicação do lugar onde será encontrado); em caso de prisão civil ou militar; ou, por fim, quando presentes os motivos autorizadores da prisão preventiva. Embora a Lei dos Crimes contra o Sistema Financeiro Nacional seja especial, entendemos que o disposto neste art. 31 cede diante da nova disciplina processual penal imposta pela reforma de 2011, sobretudo por imperativo de equidade e proporcionalidade no tratamento processual penal dispensado a acusados de forma geral.

■ Prisão para apelar obrigatória (incompatibilidade com a *Magna Carta*): Como já havíamos escrito na 1ª edição desta obra (Rio de Janeiro: Renovar, 2006, p. 238), o segundo trecho deste art. 31, ao dispor que "nos crimes previstos nesta Lei e punidos com pena de reclusão, o réu não poderá ... apelar antes de ser recolhido à prisão, ainda que primário e de bons antecedentes, se estiver configurada situação que autoriza a prisão preventiva", apresenta a mais absoluta *ilogicidade*, a qual só pode resultar da total abstração do legislador da disciplina de nosso CPP. Para usar as palavras de Manoel Pedro Pimentel, a Lei dos Crimes contra o Sistema Financeiro Nacional traz disposição acerca da prisão para apelar "extremamente complicada e doutrinariamente confusa" (*Crimes contra o Sistema Financeiro Nacional*, cit., p. 192). Como o segundo autor desses comentários já teve, igualmente, oportunidade de discorrer (cf. Roberto Delmanto Junior, *As modalidades...*, cit., p. 224), ao dispor que o acusado não poderá apelar em liberdade, "se estiver configurada situação que autorize a prisão preventiva", este artigo acaba por "chover no molhado", concluindo: "se ... o juiz não decretou a prisão preventiva até o momento da condenação, seja por entendê-la 'desnecessária ou inconveniente', apesar de em tese aplicável, como anota ainda Manoel Pedro Pimentel (ob. cit., p. 193), seja por até então não se ter verificado motivo que a autorizasse, a que título o magistrado a decretaria, só agora, na fase recursal? Destarte, não obstante a prisão preventiva possa ser decretada a qualquer momento, seria ilógico e carente de motivação que o juiz, tendo-a entendido desnecessária até o momento da prolação da sentença, de uma hora para outra a entenda imprescindível, sem que haja a verificação concreta de que o acusado tenha mudado de atitude. Apesar de autores como Luiz Flávio Gomes se manifestarem no sentido de que o juiz pode decretar a prisão preventiva daquele que está *condenando*, quando ele 'represente sério risco social ou de que tudo está fazendo para fugir do cumprimento da pena' (*Direito de apelar em liberdade*. São Paulo: Revista dos Tribunais, 1994, p. 88, *in fine*), acreditamos que, ao fazê-lo, terá o magistrado extrema dificuldade em motivar a sua decisão, ou seja, de explicar as razões de *só agora*, após a condenação, *a entender necessária*". Diante de todo o exposto, a nosso ver, a segunda parte deste artigo não foi recepcionada pela atual ordem constitucional, *ex vi* do art. 5º, LVII, da nossa Lei Maior (*vide* nota, no art. 30 desta lei, intitulada *Prisão preventiva e presunção de inocência*). Ademais, com a revogação, pela Lei n. 11.709/2008, do antigo art. 594 do CPP — o qual dispunha que o réu não poderia apelar sem recolher-se à prisão, salvo se primário e de bons antecedentes —, entendemos que este art. 31 é, hoje, totalmente inaplicável, em face dos princípios da proporcionalidade, da razoabilidade e da presunção de inocência. Com efeito, se até em um grave crime de latrocínio pode o acusado apelar em liberdade, desde que não estejam presentes os requisitos da prisão preventiva, nos termos do CPP, não há sentido em exigi-la em um delito contra o sistema financeiro, ainda que o réu seja reincidente ou possua maus antecedentes.

Jurisprudência

■ **Afiançabilidade:** É cabível a liberdade provisória mediante fiança, nos crimes definidos na Lei n. 7.492/86; o disposto no art. 31 apenas repete a norma do art. 324, IV, do CPP, não figurando proibição absoluta do benefício (TRF da 3ª Região, 2ª T., HC 2000.03.00.040253-7, Rel. Des. Fed. Peixoto Júnior, j. 10-10-2000, v.u., *DJU* 7-2-2001, p. 266). Os crimes contra o sistema financeiro punidos com reclusão não são passíveis de fiança, quando presentes os motivos ensejadores da prisão preventiva (STJ, 5ª T., HC 10.329, Rel. Min. Edson Vidigal, *RT* 772/555).

Art. 32. (*Vetado.*)

§ 1º (*Vetado.*)

§ 2º (*Vetado.*)

§ 3º (*Vetado.*)

Art. 33. Na fixação da pena de multa relativa aos crimes previstos nesta Lei, o limite a que se refere o § 1º do art. 49 do Código Penal, aprovado pelo Decreto-Lei n. 2.848, de 7 de dezembro de 1940, pode ser estendido até o décuplo, se verificada a situação nele cogitada.

Multa

■ **Aumento do valor da pena de multa:** A Lei dos Crimes contra o Sistema Financeiro Nacional prevê, além da pena privativa de liberdade, a pena de multa para todos os crimes nela tipificados. O juiz, ao fixar a pena de multa, deverá fazê-lo em *duas fases*, consoante dispõe o art. 49 do Diploma Penal. Primeiramente, indicar o número de dias-multa a que está condenando o acusado, no mínimo de dez e no máximo de trezentos e sessenta. Isso independentemente da situação financeira do acusado, mas sim com base na gravidade do crime, nas circunstâncias judiciais que levarão à pena-base, as agravantes e atenuantes, as causas de aumento ou diminuição de pena, nos termos do arts. 59 e 68 do CP (corréus, portanto, podem ser condenados ao mesmo número de dias-multa, independentemente de um ser milionário e do outro pertencer à classe média; o importante, aqui, é a reprovabilidade de suas condutas, não importando seu patrimônio). Já na segunda fase, é que se procede ao cálculo do *valor do dia-multa*, que não pode ser inferior "a um trigésimo do maior valor do salário mínimo mensal vigente ao tempo do fato, nem superior a cinco vezes esse salário" (art. 49, § 1º, do CP). Neste cálculo, deverá o juiz, agora sim, verificar a situação econômica do réu, como determinam o art. 60 e seu § 1º do Estatuto Repressivo, podendo a multa "ser aumentada até o triplo, se o juiz considerar que, em virtude da situação econômica do réu, é ineficaz, embora aplicada no máximo". Relevante a dúvida que pode surgir, contudo, acerca de este art. 33 incidir tão somente sobre os critérios dos arts. 49 e 60, *caput*, do CP (chegando a um limite, portanto, de 18.000 salários mínimos), ou, ao contrário, também sobre o disposto no § 1º do art. 60 (segundo o qual a pena de multa máxima equivaleria a 5.400 salários mínimos, que, multiplicada por dez, chegaria a 54.000). A nosso ver, tendo em vista o fato de este art. 33 ser expresso, referindo-se ao limite a que diz respeito ao § 1º do art. 49 do Código Penal, não nos parece autorizada a dupla incidência de aumentos (art. 60, § 1º, do CP e art. 33 desta lei), devendo incidir o aumento apenas sobre o disposto no art. 49, § 1º. Assim, pelo valor do salário mínimo em vigor, por exemplo, em janeiro de 2013, que era de R$ 678,00 (Decreto n. 7.872/2012), nos termos dos arts. 49 do CP e 33 da presente lei, o valor mínimo da pena de multa, para os crimes contra o Sistema Financeiro Nacional, seria de R$ 226,00, enquanto a maior atingiria o valor de R$ 12.204.000,00. Evidentemente, os motivos da fixação do número de dias-multa, e seu valor, devem encontrar a devida fundamentação, sob pena de nulidade (*Magna Carta*, art. 93, IX; CP, arts. 49, 59, 60 e 68).

- **O critério do salário mínimo, a Constituição e o STF:** A Magna Carta de 1988, ao tratar do salário mínimo como um dos direitos dos trabalhadores, foi expressa: "Art. 7º [...] IV — salário mínimo, fixado em lei, nacionalmente unificado, capaz de atender a suas necessidades vitais básicas e às de sua família com moradia, alimentação, educação, saúde, lazer, vestuário, higiene, transporte e previdência social, com reajustes periódicos que lhe preservem o poder aquisitivo, *sendo vedada a sua vinculação para qualquer fim*". No que concerne à vinculação do salário mínimo para fins diversos, o STF tem entendido, no âmbito administrativo, que viola a CR a vinculação da remuneração e benefícios de funcionários públicos e de funcionários de autarquias, a múltiplos do salário mínimo (entre outros, Pleno, ADIn 1.425, Rel. Min. Marco Aurélio, *DJU* 26-3-1999; ADPF 33, Rel. Min. Gilmar Mendes, j. 7-12-2005; RE em EDv 190.384, Rel. Min. Octávio Gallotti, j. 4-10-2000; 2ª T., RE 426.059, Rel. Min. Gilmar Mendes, j. 30-6-2005), decidindo não ter sido recepcionadas pela CR normas anteriores que dispunham nesse sentido, bem como ser inconstitucionais as que tenham sido editadas com o mesmo teor já na vigência da atual Magna Carta. Embora se tratando de outro ramo do direito, é de se questionar, dessa forma, se o art. 49, § 1º, do CP teria sido recepcionado pelo art. 7º, IV, *in fine*, da Lei Maior, que é expresso em vedar a vinculação do salário mínimo para qualquer fim. Mas não é só. É de conhecimento público e notório que uma das aspirações de nosso país é justamente a agregação de valor ao salário mínimo, com real aumento de seu poder aquisitivo, a fim de atender o citado art. 7º, IV, da Magna Carta. Em outras palavras, um aumento gradual do salário mínimo em patamar superior ao da inflação, o que é fundamental para que o país tenha diminuídas as suas enormes desigualdades sociais (cf., a propósito, STF, ADIn 1.442, Rel. Min. Celso de Mello, j. 3-11-2004). Ora, sendo implementada essa política, ainda que aos poucos, o aumento do valor aquisitivo do salário mínimo implicará aumento da punição penal, o que nos parece algo absolutamente descabido, consoante lembrado, igualmente, por Rogério Lauria Tucci em aulas de pós-graduação na Faculdade de Direito do Largo São Francisco, em São Paulo, no segundo semestre de 2006, urgindo que o nosso legislador altere o § 1º do art. 49 do CP.

Art. 34. Esta Lei entra em vigor na data de sua publicação.

▪ **Vigência:** A Lei dos Crimes contra o Sistema Financeiro Nacional foi publicada no *DOU* de 18-6-1986, data em que passou a viger. Ao contrário do que antevia Pimentel, no sentido de que a presente lei teria, "ao que tudo indica [...] duração efêmera, pois já se cogita da sua revogação" (na última página de seu *Crimes contra o Sistema Financeiro Nacional*), atualmente, passados mais de vinte anos, ela continua vigorante. Daí a maior importância, ainda, de sua pioneira obra, que continua viva, inspirando e orientando a todos aqueles que comentam e aplicam a presente lei.

Art. 35. Revogam-se as disposições em contrário.

Brasília, 16 de junho de 1986; 165º da Independência e 98º da República.

JOSÉ SARNEY
Paulo Brossard

CRIMES HEDIONDOS

LEI N. 8.072, DE 25 DE JULHO DE 1990

Dispõe sobre os crimes hediondos, nos termos do art. 5º, inciso XLIII, da Constituição Federal, e determina outras providências.

O Presidente da República:
Faço saber que o Congresso Nacional decreta e eu sanciono a seguinte Lei:

■ Nota introdutória: A Constituição da República de 1988, em seu art. 5º, XLIII, dispõe que "a lei considerará crimes inafiançáveis e insuscetíveis de graça ou anistia a prática da tortura, o tráfico ilícito de entorpecentes e drogas afins, o terrorismo e os definidos como crimes hediondos, por eles respondendo os mandantes, os executores e os que, podendo evitá-los, se omitirem". A expressão "crimes hediondos" constituiu uma novidade do legislador constituinte de 1988, não tendo, até então, jamais integrado o ordenamento jurídico brasileiro nem mesmo o alienígena. É o que ensina Alberto Silva Franco: "O protagonismo do legislador, na formulação do juízo de necessidade da tutela penal, cedeu espaço nos últimos tempos a uma postura constitucional marcadamente intervencionista. A Constituição Federal de 1988 abriu um leque de obrigações de proteção penal, de forma que o legislador constituinte se fez passar por legislador ordinário, manifestando em seu lugar, e por vezes de forma desastrada ou incorreta, as escolhas incriminatórias" ("Crime hediondo: um conceito-fantasma à procura de um legislador penal". *Boletim IBCCrim*. São Paulo, v. 13, n. 161, p. 12-13, abr. 2006). Tal sucede, continua o autor, "nos casos de discriminação atentatória dos direitos e liberdades individuais (art. 5º, inc. XLI), racismo (art. 5º, inc. XLII), tortura (art. 5º, inc. XLIII), terrorismo (art. 5º, inc. XLII), tráfico ilícito de entorpecentes (art. 5º, inc. XLIII), crime hediondo (art. 5º, inc. XLIII), ação de grupos armados civis ou militares contra a ordem constitucional e o Estado Democrático (art. 5º, inc. XLIV), abuso, violência ou exploração sexual de criança ou adolescente (art. 227, § 4º) e proteção penal do meio ambiente (art. 225, § 3º)". Em todos esses casos, complementa, "o legislador constituinte passa a dirigir ou a limitar a atividade do legislador ordinário" (idem)). No tocante à Lei n. 8.072/90, cabe registrar que o legislador não definiu o que seja "crime hediondo", limitando-se a rotular determinados crimes como "crimes hediondos ou equiparados". Ou seja, a definição de crimes hediondos ou equiparados não existe, havendo apenas um rol de crimes assim rotulados (*vide* art. 1º da Lei n. 8.072/90, modificado pelas Leis n. 8.930/94 e 9.677/98), o que não raramente acarreta sérios problemas de proporcionalidade, pois a gravidade ou não de um crime tem, por vezes, mais a ver com o *modus operandi* ou a forma com a qual foi praticado, não sendo razoável o emprego do rótulo a determinado tipo de delito. A década de 1990 foi marcada, desde o seu início, e sobretudo pelo influência do chamado "Movimento da Lei e da Ordem" (de inspiração nova-iorquina), pelo recrudescimento do sistema penal e processual penal. Como exemplo, afora a Lei dos Crimes Hediondos, tem-se leis sobre a criminalidade organizada (Leis n. 12.694/2012 e n. 12.850/2013), a Lei da Interceptação Telefônica (Lei n. 9.296/96), a Lei de Lavagem de Dinheiro (Lei n. 9.613/98, alterada pela Lei n. 12.683/2012), a Lei dos Remédios (Lei n. 9.677/1998), dentre muitas outras. Um dos pontos mais polêmicos da lei ora em comento era a previsão do seu art. 1º, § 2º, dispondo que "a pena por crime previsto neste artigo será cumprida integralmente em regime fechado". Foi somente após muitos anos que o STF julgou o dispositivo inconstitucional, por ofensa ao princípio da individualização da pena (HC 82.959). A questão ficou finalmente superada com a promulgação da Lei n. 11.464/2007, a qual conferiu a atual redação ao § 1º, que obriga tão somente o juiz a fixar o regime fechado para o início do cumprimento de pena; assim, a progressão fica admitida, mesmo para crimes hediondos ou equiparados. Atualmente, na prática, o crime hediondo ou equiparado contará com as seguintes proibições e imposições: a) proibição de anistia, graça ou indulto (art. 2º, I); b) proibição de fiança (art. 2º, II); c) imposição do regime inicial fechado para cumprimento da pena (art. 2º, § 1º), tendo o Pleno do STF declarado inconstitucional esse dispositivo (HC 111.840, j. 27-6-2012); d) progressão de pena mais rigorosa, exigindo-se maior lapso temporal a ser cumprido (art. 2º, § 2º); e) prazo maior de cumprimento de pena para o livramento condicional, que só será possível se o condenado não for reincidente específico (CP, art. 83, V); e f) prazo maior de duração da prisão temporária, que passa a ser de até 60 dias (art. 2º, § 2º). Como se verificará dos comentários abaixo, a severidade original da Lei dos Crimes Hediondos, sobretudo nas inconstitucionais proibição da liberdade provisória e cumprimento da pena em regime fechado integral, foi sendo atenuada pela jurisprudência (em especial do STF) e por leis posteriores.

Art. 1º São considerados hediondos os seguintes crimes, todos tipificados no Decreto-Lei n. 2.848, de 7 de dezembro de 1940 — Código Penal, consumados ou tentados:

I — homicídio (art. 121), quando praticado em atividade típica de grupo de extermínio, ainda que cometido por um só agente, e homicídio qualificado (art. 121, § 2º, I, II, III, IV e V);

■ Incluído pela Lei n. 8.930, de 6 de setembro de 1994: Na redação original da Lei n. 8.072/90, o crime de homicídio não se encontrava dentre os crimes hediondos, tendo sido acrescentado pela Lei n. 8.930/94, que passou a considerar como tais o homicídio simples praticado em atividade típica de grupo de extermínio, ainda que cometido por um só agente, bem como o homicídio qualificado (art. 121, § 2º, I, II, III, IV e V). Evidentemente, esta alteração não pode retroagir porque maléfica ao acusado (CR, art. 5º, XL), aplicando-se somente para fatos cometidos após a entrada em vigor da lei alteradora. Há inúmeros julgados nesse sentido.

II — latrocínio (art. 157, § 3º, *in fine*);

- Já constava da redação original: o crime de latrocínio (art. 157, § 3º, *in fine*) já fazia parte da redação original da Lei n. 8.072/90.

III — extorsão qualificada pela morte (art. 158, § 2º);

- Já constava da redação original: o crime de extorsão qualificada pela morte (art. 158, § 2º) já figurava na redação original da Lei n. 8.072/90.

IV — extorsão mediante sequestro e na forma qualificada (art. 159, *caput*, e §§ 1º, 2º e 3º);

- Já constava da redação original: o crime de extorsão mediante sequestro e na forma qualificada (art. 159, *caput*, e §§ lº, 2º e 3º) constava da redação original da Lei n. 8.072/90.

V — estupro (art. 213, *caput* e §§ 1º e 2º);

- Já constava da redação original: a Lei n. 8.072/90, em sua redação original, considerava hediondos os antigos crimes de estupro e atentado violento ao pudor, em suas formas simples e qualificada. A Lei n. 8.930, de 6 de setembro de 1994, renumerou os incisos deste art. 1º, inserindo os mesmos crimes de estupro e de atentado violento ao pudor nos incisos V e VI. Com o advento da Lei n. 12.015, de 7 de agosto de 2009, que alterou o Título XI do CP, inserindo e revogando diversos tipos penais, os incisos V e VI deste art. 1º receberam as novas e atuais redações, passando o novo art. 213 do CP a englobar o estupro e o atentado violento ao pudor.

- Vítima menor de 18 e maior de 14 anos: Com o advento da Lei n. 12.015, de 7 de agosto de 2009, e as alterações promovidas, o estupro (que abrange, agora, tanto a conjunção carnal quanto o ato libidinoso) passou a ser crime hediondo, não apenas nas hipóteses já previstas (forma simples e quando resultasse lesão corporal grave ou morte), mas também quando a vítima for menor de 18 ou maior de 14 anos. Neste último aspecto, por ser maléfica a nova previsão, a lei não retroage (CR, art. 5º, XL).

VI — estupro de vulnerável (art. 217-A, *caput* e §§ 1º, 2º, 3º e 4º);

- Não constava da redação original: O crime de estupro de vulnerável foi inserido no CP pela Lei n. 12.015, de 7 de agosto de 2009. Essa lei conferiu, ainda, nova redação ao inciso VI deste art. 1º, inserindo o delito entre os crimes hediondos. A nova previsão, por evidente, não pode retroagir (CR, art. 5º, LV).

VII — epidemia com resultado morte (art. 267, § 1º).

■ **Já constava da redação original:** O crime de epidemia com resultado morte (art. 267, § 1º) já estava incluído na redação original da Lei n. 8.072/90 (art. 1º, *caput*), tendo sido renumerado para este inciso VII pela Lei n. 8.930/94.

VII-A — (*Vetado.*)

■ **Razões do veto:** A Lei n. 9.695/98 pretendia incluir o inciso VII-A neste art. 1º, tendo sido, todavia, vetada. A redação pretendida para esse inciso era a seguinte: "corrupção, adulteração, falsificação ou alteração de substância ou produto alimentício destinado a consumo, tornando-o nocivo à saúde ou reduzindo-lhe o valor nutritivo (art. 272, *caput*, e § 1º-A e § 1º, com redação dada pela Lei n. 9.677, de 2 de julho de 1998)". A razão principal do veto (Mensagem n. 976) foi a de que a redação proposta, se aprovada, poderia "ensejar que se considere hediondo qualquer alteração, ainda que insignificante, de produto alimentício que acarrete a redução de seu valor nutritivo", o que acabaria por afrontar os princípios da razoabilidade e da proporcionalidade, ambos inseridos em nossa Constituição da República na cláusula do devido processo legal (art. 5º, LIV). É certo, outrossim — continua o veto —, que "a qualificação de uma dada ação ou omissão como crime hediondo não pode ser banalizada, sob pena de se retirar o significado específico que o constituinte e o legislador pretenderam conferir a esse especialíssimo mecanismo institucional".

VII-B — falsificação, corrupção, adulteração ou alteração de produto destinado a fins terapêuticos ou medicinais (art. 273, *caput*, e § 1º, § 1º-A, § 1º-B, com a redação dada pela Lei n. 9.677, de 2 de julho de 1998).

■ **Não constava da redação original:** O crime de falsificação, corrupção, adulteração ou alteração de produto destinado a fins terapêuticos ou medicinais (art. 273, *caput* e §§ 1º, 1º-A e 1º-B) foi incluído no CP pela Lei n. 9.677, de 2 de julho de 1998, chamada "Lei dos Remédios". Contudo, logo após a promulgação desta lei, outra foi aprovada (Lei n. 9.695, de 20 de agosto de 1998) incluindo o novo crime no atual inciso VII-B deste art. 1º. A nova previsão, por evidente, não pode retroagir (CR, art. 5º, LV).

Parágrafo único. Considera-se também hediondo o crime de genocídio previsto nos arts. 1º, 2º e 3º da Lei n. 2.889, de 1º de outubro de 1956, tentado ou consumado.

■ **Já constava da redação original:** O crime de genocídio previsto nos arts. 1º, 2º e 3º da Lei n. 2.889, de 1º de outubro de 1956, tentado ou consumado, já fazia parte da redação original da Lei n. 8.072/90, tendo sido renumerado para este parágrafo único pela Lei n. 8.930/94.

Art. 2º Os crimes hediondos, a prática da tortura, o tráfico ilícito de entorpecentes e drogas afins e o terrorismo são insuscetíveis de:

I — anistia, graça e indulto;

■ **Conceito:** Anistia significa o esquecimento ou o perdão de certas infrações penais. É causa extintiva da punibilidade (CP, art. 107, II), fazendo desaparecer suas consequências penais. Tem caráter retroativo e é irrevogável, sendo da atribuição do Congresso Nacional, com a sanção do Presidente da República (CR, art. 48, VIII). É geralmente de caráter político. Cabe exclusivamente ao juiz aplicar a anistia, conforme lei aprovada pelo Congresso Nacional e promulgada pelo Presidente da República. A anistia pode ser aplicada antes da sentença ou até mesmo após condenação transitada em julgado.

■ **Graça ou indulto:** Assim como a anistia, a graça e o indulto são causas extintivas da punibilidade (CP, art. 107, II). Extinguem somente a pena, e não o crime; assim, os efeitos deste permanecem inalterados, de modo que o condenado não retorna à condição de primário. Em regra, a graça é individual e deve ser solicitada; já o indulto, é coletivo e espontâneo. Embora devam ser concedidos somente com o trânsito em julgado, na prática têm sido concedidos indultos mesmo antes de a condenação tornar-se irrecorrível. Sobre a anistia e o indulto, *vide* arts. 187 e seguintes da Lei de Execuções Penais (Lei n. 7.210/84).

■ **Proibição de anistia, graça e indulto:** A proibição de concessão de graça ou anistia aos crimes hediondos e equiparados (tortura, tráfico ilícito de entorpecentes e drogas afins e o terrorismo) tem previsão na Constituição Federal, art. 5º, XLIII ("a lei considerará crimes inafiançáveis e insuscetíveis de graça ou anistia a prática da tortura, o tráfico ilícito de entorpecentes e drogas afins, o terrorismo e os definidos como crimes hediondos, por eles respondendo os mandantes, os executores e os que, podendo evitá-los, se omitirem"). Verifica-se, de plano, que concessão de indulto, ou mesmo de comutação (redução ou diminuição) de pena, não foi proibida pelo legislador constituinte; por esse motivo a proibição da Lei dos Crimes Hediondos é de duvidosa constitucionalidade. Todavia, esta não é a orientação da jurisprudência dominante, que entende que a proibição constitucional de concessão de graça ou anistia abrange o indulto. Aliás, a concessão de comutação de pena, para os condenados por crimes hediondos ou equiparados, também tem sido vedada pela jurisprudência, que entende que "a comutação nada mais é do que uma espécie de indulto parcial (em que há apenas a redução da pena)" (STF, HC 103.618, j. 14-8-2010, rel. Min. Dias Toffoli).

II — fiança.

- Alteração: Redação dada pela Lei n. 11.464/2007.

- Proibição de fiança: Tal como ocorre com a graça e anistia, a proibição de fiança aos crimes hediondos e equiparados (tortura, tráfico ilícito de entorpecentes e drogas afins e terrorismo) tem previsão na Constituição da República, art. 5º, XLIII ("a lei considerará crimes inafiançáveis e insuscetíveis de graça ou anistia a prática da tortura, o tráfico ilícito de entorpecentes e drogas afins, o terrorismo e os definidos como crimes hediondos, por eles respondendo os mandantes, os executores e os que, podendo evitá-los, se omitirem"). No tocante à fiança, a proibição constitucional (depois incorporada pela Lei n. 8.072/90, art. 2º, II) tem efeito muito mais político do que prático, uma vez que, conforme a redação atual do CPP, a fiança não constitui o único meio de o acusado preso em flagrante delito ser posto em liberdade; a ele pode ser concedido a liberdade provisória sem fiança (art. 310, III — hipótese em que o acusado fica obrigado a comparecer a todos os atos do processo) ou mesmo a imposição de uma ou mais das medidas cautelares diversas da prisão (arts. 319 e 320, com redação da pela Lei n. 12.213/2011). Portanto, nos crimes hediondos ou equiparados, o que se veda é a concessão de fiança e não as demais medidas cautelares diversas da prisão, bem como a própria liberdade provisória sem fiança (*vide* nota abaixo).

- Após a Lei n. 11.464, de 20 de junho de 2008: Antes do advento da Lei n. 11.464/2008, o inciso II do art. 2º da Lei n. 8.072/90 proibia a concessão não apenas de fiança, mas também de liberdade provisória. Tendo em vista que a Constituição da República vedava, tão somente, a concessão de fiança, mas nada dizia a respeito da liberdade provisória (art. 5º, XLIII), a doutrina e a jurisprudência, em sua maioria, entendiam que a proibição de concessão de liberdade provisória, prevista no antigo inciso II do art. 2º era inconstitucional. Em boa hora, portanto, veio a Lei n. 11.464/2008 corrigir o erro, revogando a proibição de concessão de liberdade provisória, mesmo para crimes hediondos ou a ele equiparados. A proibição de fiança continua a existir, tanto por força da Magna Carta (art. 5º, XLIII) quanto em virtude da legislação infraconstitucional (Lei n. 8.072/90, art. 2º, II; CPP, art. 323, II, com redação dada pela Lei n. 12.403/2011). Assim, a liberdade provisória (sem fiança), mesmo nos crimes hediondos ou a ele equiparados, é cabível, desde que não estejam presentes os pressupostos e requisitos cautelares da prisão preventiva (CPP, arts. 312 e 313). Ademais, sendo concedida a liberdade provisória, embora a fiança continue proibida, é possível a aplicação de quaisquer outras medidas cautelares, nos termos dos arts. 310 e seguintes do CPP, com redação dada pela Lei n. 12.403/2011. Ou seja, atualmente, a proibição de concessão de fiança tem pouco ou quase nenhum efeito, uma vez que existem, no CPP, diversas medidas substitutivas da prisão provisória.

- Após a Lei n. 12.403/2011 (alteração do CPP): Com a reforma processual feita pela Lei n. 12.403/2011, a fiança policial passou a ser cabível para os casos de infração cuja pena privativa de liberdade máxima não seja superior a quatro anos (art. 322, *caput*), devendo, nos demais casos, ser requerida ao juiz (parágrafo único). Todavia, a fiança, quer policial, quer judicial, fica vedada para os seguintes casos: racismo; tortura; tráfico ilícito de entorpecentes e drogas afins; terrorismo e nos definidos como crimes hediondos; nos crimes cometidos por grupos armados, civis ou militares, contra a ordem constitucional e o Estado Democrático (art. 323, I, II e III); aos que, no mesmo processo, tiverem quebrado fiança anteriormente concedida ou infringido, sem motivo justo, qualquer das obrigações a que se referem os arts. 327 e 328 do CPP; em caso de prisão civil ou militar; quando presentes os motivos que autorizam a decretação da prisão preventiva (vide art. 324, I, II e IV).

- **Proibição de fiança em outras leis:** É importante lembrar que, além dos crimes hediondos e equiparados, a proibição de liberdade provisória também se fazia presente no art. 21 da Lei n. 10.826/2003 (Estatuto do Desarmamento), previsão legal que, após longa discussão, veio a ser declarada inconstitucional pelo Pleno do STF (vide ADIn 3.112-1, acórdão publicado no DJ 26-10-2007, Rel. Eminente Min. Ricardo Lewandowski). Igualmente a antiga Lei n. 9.034/90 (revogada pela Lei n. 12.850/2013), em seu art. 7º, proibia a concessão de liberdade provisória, com ou sem fiança, "aos agentes que tenham tido intensa e efetiva participação na organização criminosa" (que veio a ser legalmente definida pela Lei n. 12.694/2012). Tal dispositivo, todavia, tem sido corretamente rechaçado pela doutrina e pela jurisprudência, sobretudo do STF e do STJ, por violar frontalmente a garantia constitucional da presunção de inocência e representar o retorno da nefasta prisão preventiva obrigatória, já de há muito extirpada de nosso ordenamento jurídico. Isso não impede, é claro, que a prisão preventiva possa ser decretada quando presentes os seus pressupostos e requisitos cautelares (CPP, arts. 312 e 313), e desde que outras medidas cautelares menos severas não sejam suficientes para afastar o perigo que se buscava evitar com a prisão provisória (vide art. 310, II, com redação dada pela Lei n. 12.403/2011).

§ 1º A pena por crime previsto neste artigo será cumprida inicialmente em regime fechado.

- **Alteração:** Redação dada pela Lei n. 11.464/2007.

- **Regime fechado integral (inconstitucionalidade):** A redação original deste § 1º previa a obrigatoriedade do cumprimento da pena em regime fechado integral ("§ 1º A pena por crime previsto neste artigo será cumprida integralmente em regime fechado"), pelo que era vedada a progressão do regime para os condenados por crimes hediondos e a ele equiparados (tortura, tráfico de drogas e terrorismo). Todavia, a doutrina e a jurisprudência pacificaram-se no sentido de que a exigência legal de cumprimento da pena em regime fechado integral era inconstitucional, porque violava o princípio da individualização da pena, bem como a própria dignidade da pessoa humana (vide jurisprudência abaixo, em especial o HC 82.959). A questão ficou superada com a promulgação da Lei n. 11.464/2007, que conferiu a atual redação ao § 1º, obrigando o juiz a fixar o regime fechado somente para o início do cumprimento de pena, garantindo-se a progressão.

- **Regime inicial fechado (inconstitucionalidade):** Entendendo que o dever imposto ao juiz, em caso de condenação por crime hediondo ou equiparado, de fixar o regime fechado para o início de cumprimento de pena, viola o princípio da individualização da pena (CF, art. 5º, XLVI), o STF, por seu Pleno, decidiu, por maioria, deferir a ordem para declarar *incidenter tantum* a inconstitucionalidade do § 1º do art. 2º da Lei n. 8.072/90 com a redação dada pela Lei n. 11.464/2007, sendo vencedores os Ministros Dias Toffoli (relator), Rosa Weber, Cármen Lúcia, Ricardo Lewandowski, Cezar Peluso e Ayres Britto (Presidente), e vencidos os Ministros Luiz Fux, Marco Aurélio e Joaquim Barbosa (HC 111.840, j. 27-6-2012).

- **Exame criminológico e parecer da Comissão Técnica de Classificação:** A antiga redação do art. 112 da LEP exigia para a progressão, além do cumprimento de ao menos um sexto da pena no regime anterior, que o condenado tivesse mérito e que a decisão fosse precedida de parecer da Comissão Técnica de Classificação e do exame criminológico. Tendo em vista a demora na realização do parecer e do exame criminológico, o que atrasava em muito a concessão da progressão, foi promulgada a Lei n. 10.792/2003, que, ao conferir nova redação ao art. 112 da LEP, passou a exigir, além do cumprimento de um sexto da pena, apenas o atestado de bom comportamento carcerário, comprovado pelo diretor do estabelecimento, *verbis*: "Art. 112. A pena privativa de liberdade será executada em forma progressiva com a transferência para regime menos rigoroso, a ser determinada pelo juiz, quando o preso tiver cumprido ao menos um sexto da pena no regime anterior e ostentar bom comportamento carcerário, comprovado pelo diretor do estabelecimento, respeitadas as normas que vedam a progressão: § 1º A decisão será sempre motivada e precedida de manifestação do Ministério Público e do defensor. § 2º Idêntico procedimento será adotado na concessão de livramento condicional, indulto e comutação de penas, respeitados os prazos previstos nas normas vigentes". Pois bem, em que pese a redação do dispositivo legal ser clara, a jurisprudência tem admitido a possibilidade de o juiz exigir, de forma fundamentada, a realização do exame criminológico. É o que ficou decidido na Súmula Vinculante 26 do STF, *verbis*: "Para efeito de progressão de regime no cumprimento de pena por crime hediondo, ou equiparado, o juízo da execução observará a inconstitucionalidade do art. 2º da Lei n. 8.072, de 25 de julho de 1990, sem prejuízo de avaliar se o condenado preenche, ou não, os requisitos objetivos e subjetivos do benefício, podendo determinar para tal fim, de modo fundamentado, a realização de exame criminológico" (Súmula aprovada em 16-12-2009, restando vencido o Min. Marco Aurélio, que entendia que a Lei n. 10.792/2003 expungiu do sistema a exigência do exame criminológico, não podendo o juiz substituir o legislador, a fim de exigi-lo).

§ 2º A progressão de regime, no caso dos condenados aos crimes previstos neste artigo, dar-se-á após o cumprimento de 2/5 (dois quintos) da pena, se o apenado for primário, e de 3/5 (três quintos), se reincidente.

- **Alteração:** Redação dada pela Lei n. 11.464/2007.

- **Novo critério para progressão:** Antes do advento da Lei n. 11.464, de 28 de março de 2007, a progressão do regime prisional, para os condenados por crimes hediondos ou a ele equiparados, era vedada pelo § 1º do art. 2º da Lei n. 8.072/90. Com a promulgação da referida lei, o legislador passou a prever que apenas o regime inicial de cumprimento de pena será o fechado (a respeito, *vide* nota ao § 1º acima), sendo, portanto, admitida a progressão; todavia, ao contrário do que sucede com os crimes não hediondos ou a ele não equiparados — em que a progressão ocorre com o cumprimento de 1/6 da pena, desde que comprovado o bom comportamento (LEP, art. 112) —, o novo § 2º trouxe uma exigência maior de cumprimento de pena para que o condenado tenha o direito à progressão, qual seja, o cumprimento de dois quintos, se o apenado for primário; e de três quintos, se reincidente.

- **Irretroatividade:** Tendo em vista que a antiga previsão do § 1º — que exigia o cumprimento integral da pena em regime fechado — foi declarada inconstitucional pelo STF, por ocasião do julgamento do HC 82.959 (*vide* jurisprudência abaixo), passando a ser admitida a progressão com o cumprimento de um sexto da pena, nos termos do art. 112 da LEP, a alteração legislativa trazida pela Lei n. 11.464/2007, exigindo o cumprimento de dois quintos ou três quintos, por caracterizar lei penal mais severa, não poderá retroagir (CF, art. 5º, XL), aplicando-se somente para fatos cometidos após sua entrada em vigor, ou seja, 28 de março de 2007.

Jurisprudência

- **Progressão. Irretroatividade da Lei n. 11.464/2007:** "1. A declaração de inconstitucionalidade do § 2º do art. 2º da Lei n. 8.072/1990, no bojo do HC 82.959, da relatoria do ministro Marco Aurélio, produz efeitos quanto às penas ainda não extintas. 2. A Lei 11.464/2007 é de ser aplicada apenas aos fatos praticados após a sua vigência. Quanto aos crimes hediondos cometidos antes da entrada em vigor do mencionado diploma legal, a progressão de regime está condicionada ao preenchimento dos requisitos do art. 112 da Lei de Execuções Penais. Precedentes. 3. Embargos acolhidos com o fim específico de afastar o óbice à progressão de regime penitenciário e determinar a observância dos requisitos do art. 112 da LEP" (STF, 1ª T., AI 757.480, Rel. Min. Ayres Brito, j. 10-5-2011, v.u., *DJe* 115, public. 16-6-2011).

- **Antiga regra do regime fechado integral. Declaração de inconstitucionalidade pelo STF:** "Pena — Regime de cumprimento — Progressão — Razão de ser. A progressão no regime de cumprimento da pena, nas espécies fechado, semiaberto e aberto, tem como razão maior a ressocialização do preso que, mais dia ou menos dia, voltará ao convívio social. Pena — Crimes hediondos — Regime de cumprimento — Progressão — Óbice — Artigo 2º, § 1º, da Lei n. 8.072/90 — Inconstitucionalidade — Evolução jurisprudencial. Conflita com a garantia da individualização da pena — artigo 5º, inciso XLVI, da Constituição Federal — a imposição, mediante norma, do cumprimento da pena em regime integralmente fechado. Nova inteligência do princípio da individualização da pena, em evolução jurisprudencial, assentada a inconstitucionalidade do artigo 2º, § 1º, da Lei n. 8.072/90" (STF, Pleno, HC 82.959, Rel. Min. Marco Aurélio, j. 23-2-2006, DJ 1º-9-2006, p. 18, RTJ v. 200, p. 795).

▪ **Atual regra do regime inicial fechado. Declaração de inconstitucionalidade pelo STF:** Tendo em vista que o acórdão ainda não foi publicado até a presente data (19-8-2013), segue o resultado do julgamento: "Decisão: O Tribunal, por maioria e nos termos do voto do Relator, deferiu a ordem e declarou *incidenter tantum* a inconstitucionalidade do § 1º do artigo 2º da Lei n. 8.072/90 com a redação dada pela Lei n. 11.464/2007, vencidos os Senhores Ministros Luiz Fux, Marco Aurélio e Joaquim Barbosa, que a indeferiam. Plenário, 27-6-2012. Foram vencedores, juntamente com o Ministro Relator Dias Toffoli, os Ministros Rosa Weber, Cármen Lúcia, Ricardo Lewandowski, Cezar Peluso e Ayres Britto (Presidente)" (STF, Pleno, HC 111.840, j. 27-6-2012).

§ 3º Em caso de sentença condenatória, o juiz decidirá fundamentadamente se o réu poderá apelar em liberdade.

▪ **Alteração:** Redação dada pela Lei n. 11.464/2007.

▪ **Direito de apelar em liberdade:** O direito de apelar em liberdade é uma decorrência da garantia da presunção de inocência, prevista no art. 5º, LVII, da CF ("ninguém será considerado culpado até o trânsito em julgado de sentença penal condenatória"). Dessa forma, toda privação da liberdade, antes do trânsito em julgado da condenação, somente é admissível se presentes os requisitos da prisão preventiva (arts. 312 e 313 do CPP), e desde que outra medida cautelar menos severa não seja adequada e suficiente (*vide* Lei n. 12.403/2011). Não obstante, o § 3º deste art. 2º, ao demonstrar um tratamento mais severo por parte do legislador, no tocante aos condenados (em primeira instância) por crimes hediondos ou equiparados, exige que, em caso de sentença condenatória, o juiz fundamente se o réu poderá apelar em liberdade. O dispositivo em comento merece ser interpretado à luz da Constituição Federal, porque a regra é que todo acusado apele em liberdade, somente sendo admissível a prisão *ante tempus* se presentes os requisitos da prisão preventiva. Assim, se o acusado respondeu ao processo sob prisão preventiva, para que essa prisão seja mantida por ocasião da sentença condenatória, é preciso que os seus pressupostos e requisitos (CPP, arts. 312 e 313) continuem presentes; nesse caso, todavia, o juiz deverá fundamentar o motivo pelo qual não concede a apelação em liberdade, e demonstrar a existência dos referidos pressupostos e requisitos da prisão preventiva, sob pena de nulidade da decisão (CF, art. 93, IX) e caracterização de manifesto constrangimento ilegal. Já se o acusado respondeu ao processo em liberdade, a condenação, por si só, não pode levá-lo à prisão, salvo se presentes, como dito, os pressupostos e requisitos da prisão preventiva. De toda forma, a decisão que permite ou não a apelação em liberdade há que ser fundamentada (CF, art. 93, IX), sob pena de nulidade.

- Revogação do art. 594 do CPP: Durante muitos anos, desde o advento da Constituição Federal de 1988, a doutrina e a jurisprudência dominantes repudiavam, corretamente, a regra prevista no art. 594 do CPP ("O réu não poderá apelar sem recolher-se à prisão, ou prestar fiança, salvo se for primário e de bons antecedentes, assim reconhecido na sentença condenatória, ou condenado por crime de que se livre solto"), uma vez que tal previsão colidia diretamente com a garantia da presunção de inocência. Finalmente, com a promulgação da Lei n. 11.719, de 20 de junho de 2008, o vetusto dispositivo foi revogado.

§ 4º A prisão temporária, sobre a qual dispõe a Lei n. 7.960, de 21 de dezembro de 1989, nos crimes previstos neste artigo, terá o prazo de 30 (trinta) dias, prorrogável por igual período em caso de extrema e comprovada necessidade.

- Alteração: § 4º incluído pela Lei n. 11.464/2007.
- Prisão temporária: Ao contrário do que sucede nos crimes não hediondos ou não equiparados a hediondos, em que o prazo da prisão temporária é de cinco dias, prorrogáveis por outro tanto, nos crimes previstos na Lei n. 8.072/90 (hediondos ou equiparados), o prazo é de trinta dias, prorrogável por igual período em caso de extrema e comprovada necessidade. A decisão há de ser fundamentada (CF, art. 93, IX). Ao criar a "prisão temporária" por meio da Lei n. 7.960/89, o Legislador teve por intuito trazer para a legalidade a antiga e odiosa "prisão para averiguações", frequente em nosso País, sendo as pessoas presas sem formalidade alguma, e transferidas de delegacia para delegacia, dificultando de forma qualquer controle judicial ou a adoção de medidas legais por advogados, como o *habeas corpus*. Em seu art. 1º, de forma extremamente vaga, são traçados os seus requisitos cautelares, isto é, ser a prisão imprescindível para as investigações do inquérito policial (inciso I), ou quando o indiciado não tiver residência fixa ou não fornecer elementos necessários ao esclarecimento de sua identidade (inciso II), devendo o primeiro ou o segundo requisito somar-se aos seus pressupostos (inciso III), ou seja, quando houver fundadas razões, de acordo com qualquer prova admitida na legislação penal, de autoria ou participação do indiciado nos seguintes crimes: a) homicídio doloso; b) sequestro ou cárcere privado; c) roubo; d) extorsão; e) extorsão mediante sequestro; f) estupro (abrangendo o antigo); g) atentado violento ao pudor); h) rapto violento (revogado pela Lei n. 11.106/05); i) epidemia com resultado de morte; j) envenenamento de água potável ou substância alimentícia ou medicinal qualificado pela morte; l) quadrilha ou bando; m) genocídio; n) tráfico de drogas; e o) crimes contra o sistema financeiro. Passados 23 anos de sua criação, a prisão temporária transformou-se não só em uma verdadeira "prisão para interrogatório", como também em uma odiosa "prisão para investigar". Acompanhada de interceptações telefônicas previamente realizadas, os investigados não mais são, como deveriam ser, intimados a depor, podendo-se fazer acompanhar de advogados. Ao contrário, são surpreendidos com uma prisão, fi-

cando à disposição da autoridade policial para serem interrogados, quando assim o desejar o Delegado de Polícia, por cinco dias, prorrogáveis por outro tanto, ou, tratando-se de crime hediondo ou equiparado, por até sessenta dias, consoante dispõe o § 4º em comento. Por vezes são feitos interrogatórios à noite, longe dos olhos do advogado, dificultando a sua atuação. E o critério "imprescindível para a investigação", como dito, é extremamente vago, permitindo um grande número de prisões desnecessárias, utilizadas como uma verdadeira coerção para que o acusado confesse. Afinal, sempre vem o "conselho" frequentemente dado por autoridades policiais: o quanto antes admitir a culpa, mais rapidamente poderá o Delegado "não representar" ao Juiz pela continuidade da prisão. *Vide*, a propósito, as críticas à prisão temporária feitas por Roberto Delmanto Junior e Fabio M. de A. Delmanto, em artigo intitulado ("A dignidade da pessoa humana e o tratamento dispensados aos acusados no processo penal". *Revista dos Tribunais* 835/444 a 466).

Art. 3º A União manterá estabelecimentos penais, de segurança máxima, destinados ao cumprimento de penas impostas a condenados de alta periculosidade, cuja permanência em presídios estaduais ponha em risco a ordem ou incolumidade pública.

- **Segurança máxima:** Sobre a transferência e inclusão de presos em estabelecimentos penais federais de segurança máxima, *vide* Lei n. 11.671/2008, regulamentada pelo Decreto n. 6.877/2009.
- **Regime Disciplinar Diferenciado:** A respeito, *vide* Lei n. 10.792/2003.
- **Regime Disciplinar Diferenciado:** Conforme sustentamos em nosso *Código Penal comentado* (8. ed. São Paulo: Saraiva, 2010, p. 213-214), o Regime Disciplinar Diferenciado (RDD) é inconstitucional por violar as garantias da legalidade (CR, art. 5º, XXXIX; PIDCP, art. 15, n. 1; CADH, art. 9º; CP, art. 1º), diante da extrema vagueza do art. 52 da LEP, e do respeito à dignidade humana (CR, arts. 1º, III, e 5º, III, XLVII e XLIX; PIDCP, arts. 7º e 10, n. 1; CADH, art. 5º, n. 1 e 2), por tratar-se de medida cruel e degradante. Ao RDD estão sujeitos não só o condenado definitivo, mas até mesmo o acusado preso provisoriamente, desde que apresente "alto risco para a ordem e a segurança do estabelecimento penal ou da sociedade" (LEP, art. 52, § 1º), ou ainda sob o qual recaia "fundada suspeitas de envolvimento ou participação, a qualquer título, em organizações criminosas, quadrilha ou bando" (LEP, art. 52, § 2º). O preso nesse regime poderá ficar encarcerado de forma isolada durante 22 horas por dia, por até 360 dias, podendo esse prazo ser prorrogado, cabendo aos Estados e ao Distrito Federal "disciplinar a restrição [...] para tais presos, dos meios de comunicação de informação" (art. 5º, III, da Lei n. 10.792/2003). A propósito desse regime, afirmou o Desembargador Borges Pereira, do Tribunal de Justiça de São Paulo: "o chamado RDD [...] é uma aberração jurídica que demonstra à saciedade como o legislador ordinário, no afã de tentar equacionar o problema do crime organizado, deixou de contemplar os mais

simples princípios constitucionais em vigor" (HC 978.305.3/0-0000-000, j. 15-8-2006, 1ª Câm. Crim.). Por sua vez, o Desembargador Marco Nahum, também da mais alta Corte paulista, ao julgar o HC 893.915-3/5-00, declarou: "Trata-se de uma determinação desumana e degradante, cruel, o que faz ofender a dignidade humana". Cf., também, Roberto Delmanto, "Da máfia ao RDD". *Bol. IBCCrim* 163, junho de 2006, p. 5; e "Regime Disciplinar Diferenciado ou pena cruel". *Bol. IBCCrim* 134, janeiro de 2004, p. 5).

Art. 4º (*Vetado.*)

Art. 5º Ao art. 83 do Código Penal é acrescido o seguinte inciso:

"Art. 83. [...]

V — cumprido mais de 2/3 (dois terços) da pena, nos casos de condenação por crime hediondo, prática da tortura, tráfico ilícito de entorpecentes e drogas afins, e terrorismo, se o apenado não for reincidente específico em crimes dessa natureza."

▪ Livramento condicional: Conforme dispõe o art. 83 do CP, o juiz poderá conceder livramento condicional ao condenado a pena privativa de liberdade igual ou superior a dois anos, desde que o condenado satisfaça determinadas condições, como o cumprimento de um mínimo de pena, a reparação do dano (salvo impossibilidade de fazê-lo) e o comportamento satisfatório no cárcere (*vide* art. 83, I a V). Ao contrário do que sucede nos crimes não hediondos ou não equiparados a hediondos, em que se exige o cumprimento de mais de um terço da pena, se o condenado não for reincidente em crime doloso e tiver bons antecedentes (art. 83, I), ou o cumprimento de mais da metade se o condenado for reincidente em crime doloso (art. 83, II), nos crimes previstos na Lei n. 8.072/90 (hediondos ou equiparados), se o apenado não for reincidente específico em crimes dessa natureza, exige-se que tenha cumprido mais de dois terços da pena (art. 83, V). Ao contrário, se for reincidente específico, não fará jus a livramento condicional. Note-se que, para o condenado por crime doloso, cometido com violência ou grave ameaça à pessoa, a concessão do livramento ficará também subordinada à constatação de condições pessoais que façam presumir que o liberado não voltará a delinquir (art. 83, parágrafo único).

Art. 6º Os arts. 157, § 3º; 159, *caput* e seus §§ 1º, 2º e 3º; 213; 214; 223, *caput* e seu parágrafo único; 267, *caput* e 270, *caput*, todos do Código Penal, passam a vigorar com a seguinte redação:

▪ Alteração de diversos tipos do Código Penal: Buscando recrudescer a punição de determinados crimes, este art. 6º da Lei n. 8.072/90 aumentou a pena de diversos crimes previstos no CP. Conferir, a respeito, nosso *Código Penal comentado*, 8. ed. São Paulo: Saraiva, 2010. O exagero na pena de diversos crimes poderá ensejar a declaração de sua inconstitucionalidade, por violação ao princípio da proporcionalidade.

Roubo

"Art. 157. [...]

§ 3º Se da violência resulta lesão corporal grave, a pena é de reclusão, de 7 (sete) a 15 (quinze) anos, além de multa; se resulta morte, a reclusão é de 20 (vinte) a 30 (trinta) anos, sem prejuízo da multa."

Extorsão mediante sequestro

"Art. 159. [...]

Pena — reclusão, de 8 (oito) a 15 (quinze) anos.

§ 1º [...]

Pena — reclusão, de 12 (doze) a 20 (vinte) anos.

§ 2º [...]

Pena — reclusão, de 16 (dezesseis) a 24 (vinte e quatro) anos.

§ 3º [...]

Pena — reclusão, de 24 (vinte e quatro) a 30 (trinta) anos".

Estupro

"Art. 213. [...]

Pena — reclusão, de 6 (seis) a 10 (dez) anos".

Atentado violento ao pudor

"Art. 214. (*Revogado.*)"

Formas qualificadas

"Art. 223. (*Revogado.*)"

Epidemia

"Art. 267. *Caput* [...]

Pena — reclusão, de 10 (dez) a 15 (quinze) anos".

Envenenamento de água potável ou de substância alimentícia ou medicinal

"Art. 270. [...]

Pena — reclusão, de 10 (dez) a 15 (quinze) anos".

- **Nota:** Os comentários a esses artigos encontram-se em nossa obra *Código Penal Comentado* (8. ed., Saraiva, 2010).

Art. 7º Ao art. 159 do Código Penal fica acrescido o seguinte parágrafo:

"Art. 159. [...]

§ 4º Se o crime é cometido em concurso, o concorrente que o denunciar à autoridade, facilitando a libertação do sequestrado, terá sua pena reduzida de 1 (um) a 2/3 (dois terços)".

- **Alteração:** § 4º do art. 159 do CP (extorsão mediante sequestro), com nova redação dada pela Lei n. 9.269/96. A redação antiga abrangia apenas os crimes cometidos por quadrilha ou bando ("Se o crime é cometido por quadrilha ou bando, o coautor que denunciá-lo à autoridade, facilitando a libertação do sequestrado, terá sua pena reduzida de um a dois terços"). A nova redação ampliou, portanto, a incidência da causa especial de diminuição de pena, beneficiando o coautor ou partícipe independentemente de serem dois ou mais os agentes.

■ Delação premiada: O instituto da delação premiada foi introduzido em nosso ordenamento jurídico pela Lei n. 8.072/90 (Lei dos Crimes Hediondos) e depois adotado em diversas outras leis. Embora não se possa negar sua importância para a apuração de crimes, esse instituto, além da sua duvidosa moralidade (incentivando uma pessoa a delatar outra), tem trazido profundas ilegalidades no tocante à falta de acesso, por parte do delatado, ao teor da delação, bem como à identidade do delator, impedindo-se muitas vezes a defesa de provar ser falsa a delação, com flagrante violação do direito ao contraditório e à ampla defesa. Além disso, têm sido frequentes verdadeiros "contratos" firmados entre o Ministério Público e o delator, com "homologação judicial", prometendo-se a ele impossível anonimato (já que a defesa do delatado tem o direito de saber o seu nome), além de futuras reduções da pena, início em regime aberto e até mesmo que o Ministério Público "se compromete a pedir perdão judicial". Isso porque caberá ao Juiz que sentenciará o caso, que não é necessariamente aquele que "homologou" o tal acordo, avaliar se a delação foi adequada a surtir o efeito requerido pelo Parquet (cf. Roberto Delmanto Junior, "Reforma do processo penal". *Setenta anos do Código de Processo Penal Brasileiro*. Rio de Janeiro: Lumen Juris, 2011, p. 405). Por outro lado, deverá o magistrado ter muita cautela com a delação premiada, confrontando o seu teor com outras provas para avaliar a sua veracidade e jamais a aceitando isoladamente. A cautela se justifica porque o delator também é acusado de ter sido coautor ou partícipe do crime, e visa, com a delação, obter benefício próprio. Tal prudência é necessária para minimizar o risco de causar aquela que é a maior tragédia do processo penal: o erro judiciário. Saliente-se, por fim, a necessidade de se garantir efetiva segurança ao delator para que não venha a sofrer represálias na cadeia ou fora dela. *Vide*, também, a respeito, o capítulo *Delação Premiada* nesta obra.

Art. 8º Será de 3 (três) a 6 (seis) anos de reclusão a pena prevista no art. 288 do Código Penal, quando se tratar de crimes hediondos, prática da tortura, tráfico ilícito de entorpecentes e drogas afins ou terrorismo.

Parágrafo único. O participante e o associado que denunciar à autoridade o bando ou quadrilha, possibilitando seu desmantelamento, terá a pena reduzida de 1 (um) a 2/3 (dois terços).

■ Aumento de pena no crime de quadrilha ou bando (*caput*): O crime de quadrilha ou bando, previsto no art. 288 do CP, é assim tipificado: "Art. 288. Associarem-se mais de três pessoas, em quadrilha ou bando, para o fim de cometer crimes: Pena — reclusão, de um a três anos. Parágrafo único. A pena aplica-se em dobro, se a quadrilha ou bando é armado". Pois bem, a Lei n. 8.072/90, procurando punir mais severamente os autores de crimes hediondos ou equiparados, dispõe em seu art. 8º que a pena do art. 288 do CP será de três a seis anos de reclusão, quando se tratar de crimes hediondos, prática da tortura, tráfico ilícito de entorpecentes e drogas afins ou terrorismo.

- **Delação premiada (parágrafo único):** Com o objetivo de alcançar o desmantelamento da quadrilha ou bando, o parágrafo único deste art. 8º prevê que "O participante e o associado que denunciar à autoridade o bando ou quadrilha, possibilitando seu desmantelamento, terá a pena reduzida de um a dois terços".

- **Delação premiada (proteção aos réus colaboradores):** A Lei n. 9.807/99 passou a prever, para todas as modalidades de delitos (hediondos ou não), em seu art. 13, *caput*, o perdão judicial (que antes só se aplicava aos crimes de lavagem de dinheiro) para os acusados cuja colaboração resulte na identificação dos demais coautores ou partícipes da ação criminosa (inciso I), na identificação da vítima com sua integridade física preservada (inciso II), e na recuperação total ou parcial do produto do crime; e, em seu art. 14, que o indiciado ou o acusado que colaborar voluntariamente com a investigação policial e o processo criminal na identificação dos demais coautores ou partícipes, na localização da vítima com vida e na recuperação total ou parcial do produto do crime, terá a pena reduzida de um a dois terços. *Vide*, também, a respeito, o capítulo *Delação Premiada* nesta obra.

Art. 9º As penas fixadas no art. 6º para os crimes capitulados nos arts. 157, § 3º, 158, § 2º, 159, *caput* e seus §§ 1º, 2º e 3º, 213, *caput*, e sua combinação com o art. 223, *caput* e parágrafo único, 214 e sua combinação com o art. 223, *caput* e parágrafo único, todos do Código Penal, são acrescidas de metade, respeitado o limite superior de 30 (trinta) anos de reclusão, estando a vítima em qualquer das hipóteses referidas no art. 224 também do Código Penal.

- **Revogação tácita:** A Lei n. 12.015/2009, ao reformar todo o Título VI do Código Penal, que tratava dos antigos "crimes contra os costumes", passando a cuidar dos "crimes contra a dignidade sexual", revogou expressamente o art. 224 do CP, que cuidava das hipóteses de violência presumida. Desta forma, o presente art. 9º perdeu eficácia.

Art. 10. O art. 35 da Lei n. 6.368, de 21 de outubro de 1976, passa a vigorar acrescido de parágrafo único, com a seguinte redação:
"Art. 35. [...]
Parágrafo único. Os prazos procedimentais deste capítulo serão contados em dobro quando se tratar dos crimes previstos nos arts. 12, 13 e 14".

- **Revogação da Lei n. 6.368/76:** O presente art. 10 alterava o art. 35 da Lei n. 6.368/76, prevendo o aumento dos prazos procedimentais nos crimes previstos nos arts. 12, 13 e 14 da mesma lei. Com a revogação posterior desta lei (pela Lei n. 11.343/2006), o referido dispositivo legal perdeu sua eficácia.

Art. 11. (*Vetado.*)

Art. 12. Esta Lei entra em vigor na data de sua publicação.

Art. 13. Revogam-se as disposições em contrário.

Brasília, 25 de julho de 1990; 169º da Independência e 102º da República.

FERNANDO COLLOR
Bernardo Cabral

CRIMES CONTRA A ORDEM TRIBUTÁRIA, ECONÔMICA E AS RELAÇÕES DE CONSUMO

LEI N. 8.137, DE 27 DE DEZEMBRO DE 1990

Define crimes contra a ordem tributária, econômica e contra as relações de consumo, e dá outras providências.

O Presidente da República:
Faço saber que o Congresso Nacional decreta e eu sanciono a seguinte Lei:

Capítulo I
DOS CRIMES CONTRA A ORDEM TRIBUTÁRIA

■ **Nota introdutória:** A tutela penal da arrecadação tributária (ou do crédito tributário) não constitui tema novo entre nós. Tanto assim é que o Código Penal, instituído pelo Decreto-Lei n. 2.848, de 7 de dezembro de 1940, já previa diversos tipos penais em que a objetividade jurídica era justamente aquela. Exemplo disso está no crime de descaminho (art. 334), vigente até hoje, cuja natureza é tributária. Todavia, foi somente com a Lei n. 4.729, de 14 de julho de 1965, que se tipificou o crime de sonegação fiscal, consistente na prática de quaisquer das condutas (comissivas ou omissivas) elencadas nos incisos do seu art. 1º. Com o advento da Lei n. 8.137, de 27 de dezembro de 1990, as condutas previstas na legislação anterior foram transportadas para esta nova lei, com algumas alterações, bem como com acréscimo de novas figuras típicas, o que resultou nos chamados "Crimes contra a Ordem Tributária", previstos no Capítulo I desta lei, passíveis de ser praticados tanto por "particulares" (arts. 1º e 2º) como por "funcionários públicos" (art. 3º). Note-se, todavia, que enquanto o crime do art. 1º da Lei n. 4.729/65 era um crime formal, o crime do art. 1º, *caput*, da Lei n. 8.137/90 é material, exigindo a efetiva supressão ou redução de tributo. Já o crime do art. 2º da lei ora em comento, como veremos, é formal, não demandando para a sua configuração a supressão ou redução de tributo. Ainda no tocante aos crimes tributários, merecem destaque três assuntos: 1º) a questão do parcelamento e do pagamento do crédito tributário como causa suspensiva ou extintiva da punibilidade (*vide* notas ao art. 14 desta lei); 2º) a necessidade do término do processo administrativo para o início da ação penal, conforme a Súmula Vinculante 24 do STF (*vide* nota *consumação* nos comentários aos crimes); 3º) a responsabilidade criminal — e consequente imputação — nos crimes societários (nos quais frequentemente se incluem os tributários e os previdenciários), devendo-se ressaltar que a respeito houve um recrudescimento da jurisprudência dos Tribunais Superiores, de modo a admitir a imputação nesses crimes tão somente pelo fato de o agente figurar como sócio da empresa, com poderes de gerência, o que, a nosso ver, não se mostra razoável, devendo a denúncia obrigatoriamente imputar fato penalmente típico, com descrição da conduta em tese praticada pelos denunciados (CPP, art. 41), sob pena de se impedir a ampla defesa e o contraditório (*vide* notas nos comentários aos artigos).

- **Extinção da punibilidade pelo pagamento do tributo e suspensão da pretensão punitiva pelo parcelamento**: *Vide* notas nos comentários ao art. 14 desta lei.

- **Ação cível anulatória do auto de infração e suspensão da ação penal e do curso do prazo prescricional (CP, art. 116, I; CPP, art. 93)**: *Vide* nota e jurisprudência nos comentários ao revogado art. 14.

- **Princípio da Insignificância (R$ 20.000,00)**: Desde 2002, se o valor do tributo suprimido era inferior a R$ 10.000,00, mínimo para o ajuizamento de execução fiscal, nos termos do art. 20 da Lei n. 10.522/2002, já era aplicado o princípio da insignificância, restando afastada a tipicidade penal. Ocorre que, segundo o art. 2º da Portaria n. 75, de 22 de março de 2012, do Ministério da Fazenda, com redação dada pela Portaria n. 130, de 19 de abril de 2012, "o Procurador da Fazenda Nacional requererá o arquivamento, sem baixa na distribuição, das execuções fiscais de débitos com a Fazenda Nacional, cujo valor consolidado seja igual ou inferior a R$ 20.000,00 (vinte mil reais), desde que não conste dos autos garantia, integral ou parcial, útil à satisfação do crédito". Desse modo, se à Fazenda Nacional não interessa sequer executar débitos nesse valor, considerando a sua *irrelevância*, também não se aperfeiçoará o tipo penal, por ausência de lesão relevante ao bem jurídico aqui tutelado, que é justamente a arrecadação tributária (*vide* jurisprudência nos tipos penais).

- **Princípio da insignificância**: Se o valor do tributo suprimido é inferior a R$ 10.000,00, mínimo para o ajuizamento de execução fiscal, nos termos do art. 20 da Lei n. 10.522/2002, aplica-se o princípio da insignificância, restando afastada a tipicidade penal (*vide* jurisprudência nos tipos penais).

Seção I
DOS CRIMES PRATICADOS POR PARTICULARES

Art. 1º Constitui crime contra a ordem tributária suprimir ou reduzir tributo, ou contribuição social e qualquer acessório, mediante as seguintes condutas:

- **Lei n. 4.729/65 (revogação e ultratividade)**: O art. 1º da Lei n. 4.729/65, que dispunha sobre os crimes de sonegação fiscal, foi tacitamente revogado pela Lei n. 8.137/90, que regulou inteiramente a matéria lá prevista. Por esta razão, não nos parece mais acertado o uso da expressão crime de "sonegação fiscal", constante da revogada lei, devendo-se empregar, doravante, "crimes contra a ordem tributária". O art. 2º da Lei n. 4.729/65, que dispunha sobre a extinção da punibilidade, foi expressamente revogado pelo art. 98 da Lei n. 8.383/91. Com exceção do art. 5º, que instituiu os atuais §§ 1º e 2º ao art. 334 do CP, todos os demais artigos da Lei n. 4.729/65 restaram tacitamente revogados pela Lei n. 8.137/90. Tendo em vista que a pena prevista para as condutas descritas no art. 1º da Lei n. 4.729/65 (detenção, de seis meses a dois anos) era menor do que a pena cominada no art. 1º da Lei n. 8.137/90, os crimes praticados antes da vigência desta lei deverão continuar a receber a pena prevista na legislação anterior.

Caput

- **Objeto jurídico:** A arrecadação tributária, fundamental para que o Estado cumpra o seu papel.

- **Sujeito ativo:** O contribuinte. Mais especificadamente, no caso de obrigação principal (pagamento do tributo devido), a pessoa física obrigada a pagar o tributo ou a contribuição social, que poderá ser o contribuinte (também chamado de "contribuinte de fato") ou, no caso de substituição tributária, o substituto ou responsável tributário (conhecido também como "contribuinte de direito"). Em se tratando de obrigação acessória (prestar informações ao Fisco, por exemplo), o sujeito ativo será aquele que, de acordo com a legislação tributária, tiver o dever de prestá-la.

- **Sujeito passivo:** É o Estado, representado pela pessoa jurídica de direito público titular da competência para exigir o cumprimento da obrigação (CTN, art. 119), que poderá ser a União, os Estados, o Distrito Federal ou os Municípios, ou até mesmo as autarquias criadas por algumas dessas pessoas jurídicas. No caso de contribuições sociais, por exemplo, o sujeito passivo será o INSS.

- **Tipo objetivo:** Pune-se a conduta daquele que, por meio da prática de quaisquer das condutas descritas nos incisos I a V, causar a supressão ou a redução do tributo ou contribuição social, sendo este resultado imprescindível à caracterização do crime. Trata-se este art. 1º, *caput*, portanto, de crime material. Da leitura dos referidos incisos, verifica-se que as condutas neles previstas podem ser omissivas, comissivas, ou ambas, implicando a prática de várias delas em um único crime, desde que se refiram a um mesmo objeto ou fato imponível. No dizer de Andreas Eisele, "no caso, a multiplicidade de condutas deve ser considerada em relação a cada fato imponível, ainda que globalmente considerado, independentemente de terem ocorrido dentro de um mesmo período de apuração do tributo ou contribuição social" (*Crimes contra a Ordem Tributária*. São Paulo: Dialética, 1998, p. 114). *Supressão* é a eliminação (ou evasão) total do tributo devido. Ocorre após o surgimento da obrigação tributária ou da ocorrência do fato gerador. Se ocorrer antes, a hipótese será de *elisão fiscal*, e não evasão fiscal. A diferença entre ambas é total: enquanto a *elisão fiscal* constitui conduta lícita do contribuinte que procura, dentro da legislação tributária, fazer seu planejamento a fim de pagar valor menor de tributo (ou seja, aliviar a sua carga tributária), a *evasão fiscal* caracteriza-se justamente pela conduta ilícita daquele que, mediante atos fraudulentos, procura não pagar ou pagar a menos o valor efetivamente devido. *Redução*, por sua vez, é a eliminação (ou evasão) parcial do valor devido ao Fisco.

- **Lei penal em branco:** Este art. 1º é lei penal em branco, cujos complementos referentes a tributo e demais obrigações deverão ser obtidos em outras leis ou mesmo em atos normativos em geral, como decretos e regulamentos. Tendo em vista a complexidade e instabilidade da legislação tributária, é forçoso convir que muitas vezes poderá ocorrer tanto o *erro de tipo* quanto o *erro de proibição* (CP, arts. 20 e 21), o que somente poderá ser avaliado em face do caso concreto.

■ **Objeto material (tributo, contribuição social e acessórios) e competência:** Por meio deste art. 1º, punem-se condutas (comissivas ou omissivas) que visam à supressão ou redução de tributo, contribuição social ou acessórios. Como veremos, a menção às contribuições sociais fazia-se desnecessária, posto que essas constituem igualmente uma espécie de tributo. *Tributo* é "toda prestação pecuniária compulsória, em moeda ou cujo valor nela se possa exprimir, que não constitua sanção de ato ilícito, instituída em lei e cobrada mediante atividade administrativa plenamente vinculada" (CTN, art. 3º). De acordo com a leitura dos arts. 145 a 149 da CR, é possível afirmar que constituem espécies de tributos: os impostos, as taxas, as contribuições de melhoria, as chamadas contribuições especiais (sociais, de intervenção no domínio econômico e de interesse das categorias profissionais ou econômicas), e até mesmo os empréstimos compulsórios, conforme majoritário entendimento jurisprudencial. A competência para a instituição de cada uma dessas espécies de tributo variará, de acordo ainda com o texto constitucional, o que trará reflexos na fixação da competência criminal. Assim, se a competência para a instituição do tributo for da União, o processo e julgamento deverá correr perante a Justiça Federal (*Magna Carta*, art. 109, IV e VI). Nos demais casos, a competência deverá ser da Justiça Estadual. As *contribuições*, que se diferenciam dos impostos por terem "destinação específica", podem ser entendidas como "tributos afetados à execução de uma atividade estatal ou paraestatal específica, que pode aproveitar ou não ao contribuinte" (Luciano Amaro, *Direito tributário brasileiro*. 4. ed., São Paulo: Saraiva, 1999, p. 84). Daí o motivo de ter sido redundante por parte do legislador a menção às contribuições sociais, bastando que se referisse a tributos. As contribuições sociais encontram previsão no art. 149 da CR, *verbis:* "Compete exclusivamente à União instituir contribuições sociais, de intervenção no domínio econômico e de interesse das categorias profissionais ou econômicas, como instrumento de sua atuação nas respectivas áreas...". Assim, em se tratando dessas "contribuições especiais", a competência será da Justiça Federal, podendo o mesmo não ocorrer com as demais espécies de tributos. Por fim, os *acessórios* podem ser compreendidos a partir do disposto no § 2º do art. 113 do CTN, que dispõe: "A obrigação acessória decorre da legislação tributária e tem por objeto as prestações, positivas ou negativas, nela previstas no interesse da arrecadação ou da fiscalização dos tributos". Segundo Luciano Amaro, "as obrigações tributárias acessórias (ou formais, ou, ainda, instrumentais) objetivam dar meios à fiscalização tributária para que esta investigue e controle o recolhimento de tributos (obrigação principal) a que o próprio sujeito passivo da obrigação acessória, ou outra pessoa, esteja, ou possa estar, submetido. Compreendem as obrigações de emitir documentos fiscais, de escriturar livros, de entregar declarações, de não embaraçar a fiscalização etc." (ob. cit., p. 235). O não cumprimento das obrigações acessórias permite a aplicação de sanções tributárias, dentre as quais a multa, cuja supressão ou redução é objeto da tutela do crime deste art. 1º da Lei n. 8.137/90. Busca-se, com a referência aos *acessórios*, enfim, punir condutas (as descritas nos incisos I a V) voltadas à supressão ou redução de multas, correção monetária e juros de mora, que decorrem justamente do não cumprimento de obrigações principais.

▪ **Lei n. 9.983/2000:** Com o advento desta lei, "a sonegação de contribuições previdenciárias" e a "apropriação de contribuições previdenciárias" passaram a ser punidas pelos arts. 337-A e 168-A do CP, respectivamente. Isso nos leva a concluir que muitas das condutas previstas nos arts. 1º e 2º da Lei n. 8.137/90, relativas às contribuições sociais previdenciárias, foram tacitamente revogadas pela Lei n. 9.983/2000. É o caso, por exemplo, da omissão de informações com o fim de suprimir ou reduzir contribuição social (art. 1º, I, da Lei n. 8.137/90), conduta que agora é prevista no referido art. 337-A.

▪ **Tipo subjetivo:** É o dolo, consistente na vontade livre e consciente de praticar as condutas descritas nos incisos I a V, acrescido do especial fim de agir, qual seja, o de obter a supressão ou redução de tributo ou contribuição social e acessórios. Para a doutrina clássica, é o dolo específico.

▪ **Consumação e Súmula Vinculante 24:** A Súmula Vinculante 24 do STF assentou que "não se tipifica crime material contra a Ordem Tributária previsto no art. 1º, I a IV, da Lei n. 8.137/90, antes do lançamento definitivo do tributo". Com todo o respeito ao entendimento do Pretório Excelso, entendemos não se tratar da melhor solução, uma vez que a consumação ocorre com a efetiva supressão ou redução do tributo, contribuição social ou acessória, o que se dá no momento da expiração do prazo para o seu recolhimento, sem que este tenha se efetivado. O julgamento na esfera administrativa no sentido de que o tributo não recolhido ou suprimido era realmente devido, não deveria ter o condão de protrair o momento da consumação. A decisão do STF em postergar a consumação do crime tributário material traz reflexos no início da contagem do prazo prescricional em abstrato (pelo máximo da pena), entre a data do fato e a do recebimento da denúncia (CP, art. 117, I). *Data venia*, não há sentido em "condicionar" a consumação de um delito em função de um julgamento administrativo, que pode ser célere ou demorado. A propósito, indaga o Juiz Federal Flavio Antônio da Cruz: "servidores públicos estariam consumando crime alheio?", podendo haver a consumação até mesmo quando "o agente já tiver falecido — anos depois disso, por sinal" ("Quanto aos crimes do art. 1º da lei 8.137, a deflagração do processo administrativo fiscal é causa de mera suspensão da prescrição penal. O cômputo da prescrição não pode ser reiniciado do zero com o seu término". *Bol. IBCCrim* n. 230, janeiro de 2012, p. 6-7). Fabio M. de Almeida Delmanto lembra, outrossim, não ser igualmente o caso de aplicação do art. 93 do CPP c/c o art. 116, I, do CP, que pressupõe a existência de uma questão prejudicial objeto de *ação cível*, não se confundindo com o procedimento administrativo-fiscal, sendo defeso haver analogia *in malam partem* consistente em se admitir uma causa de suspensão do curso do prazo prescricional (que é prejudicial ao *ius libertatis*) a qual não se encontra tipificada em lei ("A suspensão e o início da contagem do prazo prescricional nos crimes tributários". *RT* 856/423 a 443).

- **Tentativa:** Tendo em vista a edição da Súmula Vinculante 24 do STF, de 2 de dezembro de 2009, que é de aplicação obrigatória, é impossível haver tentativa.

- **Arrependimento eficaz (art. 15, segunda parte, do CP):** É possível ocorrer o arrependimento eficaz nas figuras descritas no *caput*, por ser o delito material. É a hipótese de o contribuinte pagar a dívida (principal e acessórios) durante o processo administrativo-fiscal, isto é, antes do lançamento definitivo do tributo, impedindo, voluntariamente, que o resultado se produza. Sobre a extinção da punibilidade pela promoção do pagamento antes do recebimento da denúncia, e após o lançamento definitivo do crédito tributário, *vide* notas ao art. 14 desta lei.

- **Concurso de pessoas:** Poderá haver, nos termos do disposto no art. 29 do CP, cuja redação é repetida no art. 11 desta lei.

- **Parecer de advogado:** O parecer legal (*legal opinion*) sobre matéria tributária, dado por advogado no exercício da profissão, aconselhando clientes a adotar determinada conduta, configura exercício regular de direito (CP, art. 23, III, segunda parte), atrelado à liberdade de opinião do profissional. Não pode, assim, jamais ser considerado *participação* (moral ou material), muito menos coautoria do crime tributário que venha a ser praticado pelo contribuinte/consulente. Ressalte-se que o Estatuto da Advocacia (Lei n. 8.906/94) dispõe, em seu art. 1º, serem "atividades privativas de advocacia" aquelas de "consultoria, assessoria e direção jurídicas" (inciso II) e, em seu art. 2º, § 3º, que "no exercício da profissão, o advogado é inviolável por seus atos e manifestações, nos limites desta lei".

- **Crime único ou concurso de crimes?:** Por se tratar este art. 1º de crime de conduta múltipla ou de conteúdo variado (tal como ocorre com o crime dos arts. 33 e 34 da Lei de Tóxicos), ainda que o agente pratique várias condutas delitivas, haverá um único crime, e não multiplicidade de crimes. Assim, se o agente, ao apresentar suas declarações de imposto de renda de pessoa física, omite uma informação e presta também uma declaração falsa (art. 1º, I), tudo numa só declaração, ele não terá praticado o crime duas vezes, mas apenas uma só vez (uma conduta se subsume na outra). Todavia, se tal fato ocorrer em duas declarações distintas, poderá haver concurso de crimes. Como ensina Andreas Eisele, "o que se considera para identificar cada crime em sua individualidade não é o número de condutas, mas, sim, o número de fatos geradores em face dos quais as condutas foram perpetradas" (ob. cit., p. 124). A bem da verdade, o caso concreto é que definirá se a hipótese é de crime único ou de concurso de crimes.

- **Responsabilidade tributária e responsabilidade criminal:** Enquanto a responsabilidade criminal é sempre pessoal e punida, nesta lei, apenas a título de dolo, no direito tributário a responsabilidade por infrações tributárias, "salvo disposição de lei em contrário ... independe da intenção do agente ou do responsável e da efetividade, natureza e extensão dos efeitos do ato" (CTN, art. 136). Dispõe ainda o CTN que a responsabilidade é pessoal em três situações: a) quanto às infrações conceituadas por lei como crimes ou contravenções, *salvo quando praticadas no exercício regular de administração, mandato, função, cargo ou emprego, ou no cumprimento de ordem expressa emitida por quem de direito*; b) quanto às infrações em cuja definição o dolo específico do agente seja elementar; c) quanto às infrações que decorram direta e exclusivamente de dolo específico das pessoas ali elencadas (art. 137). Todavia, em face da Constituição da República de 1988 (art. 5º, XLV), a responsabilidade criminal haverá sempre de ser pessoal, isto é, decorrer de culpa da pessoa, não se podendo admitir a chamada "responsabilidade penal objetiva", mesmo em casos de crimes tributários. Desta forma, a exceção trazida pelo inciso I acima transcrita *não foi recepcionada pela nova ordem constitucional*. A responsabilidade criminal, em suma, é sempre pessoal. Por tais razões, inadmissível, igualmente, a chamada "denúncia coletiva", devendo, a nosso ver, ser instaurado inquérito policial para apurar a autoria delitiva, não se podendo deixar que esta seja apurada tão somente na ação penal, sob pena de inegável constrangimento ilegal. De outra banda, nesses casos, desponta evidente a violação do art. 41 do CPP, devendo a denúncia, em nosso entendimento, ser rejeitada por "faltar condição exigida pela lei para o exercício da ação penal", nos termos do art. 43, III, do mesmo *Codex*.

▪ **Representação e término do procedimento administrativo-fiscal:** O prévio esgotamento da via administrativa é imprescindível para a representação fiscal ao Ministério Público para fins penais (art. 83 da Lei n. 9.430/96), bem como para instauração de inquérito policial e para o recebimento de denúncia por crime contra a ordem tributária. É a posição que sempre defendemos, e abraçada atualmente pelo STF. Aliás, os crimes materiais contra a Ordem Tributária deste art. 1º, I a V, nem sequer se tipificam antes do lançamento definitivo do tributo, nos termos da Súmula Vinculante 24, faltando justa causa para a ação penal antes de esgotadas a via administrativa. Ademais, as garantias constitucionais do contraditório, da ampla defesa e do devido processo legal abrangem também o processo administrativo, o que confere ao contribuinte o direito de impugnar a autuação fiscal, inclusive no que tange à própria exigibilidade (existência) do tributo. De fato, também no plano infraconstitucional, as normas atinentes ao processo administrativo-fiscal (Decreto n. 70.235/72, alterado pela Lei n. 8.748/93) conferem ao contribuinte o direito de impugnar o ato administrativo, podendo ser a autuação fiscal e o lançamento anulados, ficando afastado, assim, o ilícito tributário. A referida impugnação *administrativa* suspende a exigibilidade do crédito, que não pode ser inscrito em dívida ativa nem, portanto, seu objeto de execução fiscal, devendo-se lembrar que somente a autoridade administrativa detém a competência para dizer da existência do tributo (CTN, art. 142). Assim, enquanto não houver o "trânsito em julgado" da esfera administrativa e a inscrição do débito na dívida pública, o inquérito policial não poderá ser instaurado, por falta de justa causa, nem a denúncia criminal ser recebida por falta de condição exigida pela lei para o exercício da ação penal, que, no caso, é o interesse-utilidade (CPP, art. 43, III). Haverá mesmo falta de interesse de agir, que é uma das condições da ação. Portanto, é inadmissível o início da ação penal com base em auto de infração e lançamento que ainda esteja sendo questionado pelo contribuinte perante a própria Administração, até porque ele é provisório, podendo ser anulado ou revogado pelo Fisco (vide, para maiores informações, artigo de Fabio Machado de Almeida Delmanto, "O término do processo administrativo-fiscal como condição da ação penal nos crimes contra a ordem tributária". RBCCr n. 22, p. 63-79).

- Extinção da punibilidade pelo pagamento do tributo e suspensão da pretensão punitiva pelo parcelamento: Vide notas nos comentários ao art. 14 desta lei.

- Ação cível anulatória do auto de infração e suspensão da ação penal e do curso do prazo prescricional (CP, art. 116, I; CPP, art. 93): Vide nota e jurisprudência nos comentários ao revogado art. 14.

- Competência: Vide nota acima sob a rubrica Objeto material [...] e competência.

- Delação premiada: Vide comentários ao parágrafo único do art. 16.

- Causas de aumento de pena: Se o crime que ocasionar grave dano à coletividade for cometido por servidor público no exercício de suas funções (como coautor ou partícipe do particular), ou tiver sido praticado em relação à prestação de serviços ou ao comércio de bens essenciais à vida ou à saúde, a pena poderá ser agravada de um terço até metade (vide art. 12, I, II e III). Acerca da inaplicabilidade dos incisos I e III, diante da sua excessiva imprecisão, vide, também, nossos comentários ao referido artigo.

- Pena: Reclusão, de dois a cinco anos, e multa.

- Ação penal: Pública incondicionada.

Jurisprudência do caput

- Princípio da insignificância: Tranca-se a ação penal pela prática do crime do art. 1º, II, se o valor do tributo suprimido é de R$ 1.059,72, aplicando-se o princípio da insignificância, conforme precedentes do STJ, tendo-se em vista ser o valor inferior a R$ 10.000,00 (STJ, 6ª T., HC 198.520, Rel. Des. Conv. Haroldo Rodrigues, j. 3-5-2011, DJe 25-5-2011; TRF da 4ª Região, 7ª T., Ap. 0002766-35.2005-4-04.7103, Rel. Des. Fed. Márcio Antônio Rocha, j. 18-5-2010, D-e 27-5-2010; TRF da 4ª Região, 8ª T., Remessa Ex Officio Criminal 0008545-75.2008-4-04.7002, Rel. Des. Fed. Luiz Fernando Wowk Penteado, j. 12-5-2010, D-e 20-5-2010).

- Princípio da insignificância (total do débito consolidado): Exige-se, para aplicação do princípio: a) mínima ofensividade da conduta; b) nenhuma periculosidade social da ação realizada; c) reduzidíssimo grau de reprovabilidade do comportamento; d) inexpressividade da lesão jurídica provocada. Em sendo o bem juridicamente tutelado o erário público, visando resguardar a Administração Pública em sua função fiscal, arrecadadora dos impostos devidos, tem-se, para a insignificância, que o valor total do débito consolidado é que deve ser inferior a R$ 10.000,00, conforme o art. 20 da Lei n. 10.522/2002, o que viabiliza o arquivamento, sem baixa na distribuição das execuções fiscais de débito inscrito como Dívida Ativa da União (TRF da 2ª Região, 2ª T. Espec., Ap. 2006.51.04.002550-0, Rel. Des. Fed. Liliane Roriz, j. 9-8-2011, *E-DJF2R* 16-8-2011, p. 33-34).

- **Ausência de resultado material:** A ausência de resultado material impõe a absolvição por atipicidade de agente acusado por crime contra a ordem tributária previsto no art. 1º (TJSP, 12ª Câm. Crim., Ap. 0056257-27.2002-8-26.0050, Rel. Des. João Morenghi, j. 6-7-2011).

- **Súmula Vinculante 24 e inquérito policial:** O STF e o STJ vêm entendendo não ser possível a instauração de inquérito policial para apurar a prática do crime previsto no art. 1º da Lei n. 8.137/90 enquanto não houver lançamento definitivo do tributo (STJ, 6ª T., AgReg no REsp 717.291, Rel. Des. Conv. Haroldo Rodrigues, j. 14-9-2010, *DJe* 25-10-2010).

"A pendência de recurso administrativo no qual o contribuinte questiona a existência do débito fiscal impede a instauração do inquérito policial para a instauração de crime contra a ordem tributária, uma vez que, somente após o esgotamento da via administrativa, é que se dará a constituição do crédito tributário e a consequente verificação da existência de eventual crime fiscal" (TJSP, 7ª Câm., HC 924097-3/0-0000-000, *RT* 851/555).

O reconhecimento da configuração de conduta típica somente é possível após a definitiva constituição do crédito tributário, sendo inviável a instauração da persecução penal, mesmo em sede de inquérito policial (STF, 2ª T., HC 90.957, Rel. Min. Celso de Mello, j. 11-9-2007, publ. 19-10-2007).

Contra, em parte: O caso concreto apresenta uma particularidade, que afasta a aplicação dos precedentes existentes. Diante da recusa da empresa em fornecer documentos indispensáveis à fiscalização da Fazenda Estadual, tornou-se necessária a instauração de inquérito policial para formalizar e instrumentalizar o pedido de quebra do sigilo bancário, diligência imprescindível para a conclusão da fiscalização e, consequentemente, para a apuração de eventual crédito tributário (STF, 2ª T., HC 95.443, Rel. Min. Ellen Gracie, j. 2-2-2010, publ. 19-2-2010).

Tratando-se da apuração de crime contra a ordem tributária cometido mediante fraudes na declaração de imposto de renda de pessoa jurídica, é tarefa que incumbe ao Juízo Criminal apurá-los; saber o montante exato dos tributos que deixaram de ser pagos em decorrência de tais subterfúgios para viabilizar futura cobrança é tarefa da autoridade administrativa-fiscal. Dizer que os delitos tributários, perpetrados nessas circunstâncias, não estão constituídos e que dependem e a Administração buscar saber como, onde, quando e quanto foi usurpado dos cofres públicos para, só então, estar o Poder Judiciário autorizado a instaurar a persecução penal equivale, na prática, a erigir sérios obstáculos para desbaratar esquemas engendrados para lesar o Fisco (STJ, 5ª T., HC 109.203, Rel. Min. Laurita Vaz, j. 7-12-2010, *DJe* 1-2-2011).

É possível o prosseguimento do inquérito policial, na hipótese de delito contra a ordem tributária não definitivamente constituído, se apura outros delitos (crime contra o Sistema Financeiro e de Lavagem de Dinheiro), não versando a hipótese sobre uma simples sonegação tributária (TRF da

4ª Região, 8ª T., HC 0012322-54.2010.4.04.0000, Rel. Des. Fed. Paulo Afonso Brum Vaz, j. 19-5-2010, *D-e* 27-5-2010).

■ **Súmula Vinculante 24 e ação penal:** *Súmula Vinculante 24:* "Não se tipifica crime material contra a Ordem Tributária, previsto no art. 1º, incisos I a IV, da Lei n. 8.137/90, antes do lançamento definitivo do tributo". O que a Súmula Vinculante 24 exige o lançamento definitivo do tributo, e não a confecção de Certidão de Dívida Ativa (CDA) (TJSP, 15ª T., RSE 0324364-17.2010.8.26.0000, Rel. Des. J. Martins, j. 27-10-2011).

"1. A consumação dos crimes previstos no art. 1º da Lei n. 8.137/90, que são considerados materiais ou de resultado, dependem do lançamento definitivo do crédito tributário. 2. Como consectário lógico, a ausência do lançamento do crédito fiscal pela Administração Pública, em virtude da fluência do prazo decadencial, verificado pelo transcurso de mais de cinco anos do fato gerador do tributo (art. 159, parágrafo 4º, do CTN), obsta a condenação pela prática do delito de sonegação fiscal. 3. Ordem concedida" (STJ, HC 77.986, *RT* 873/536).

O trânsito em julgado da decisão administrativa é condição de procedibilidade para a instauração da ação penal (TJDF, 2ª T., Ap. 2003.07.5.008237-8, Rel. Des. Vaz de Mello, *RT* 872/657).

"1 — Para a instauração da ação penal é necessária a prova da materialidade delitiva. 2 — A existência de débito fiscal só pode ser declarada pela administração nos termos do art. 142 do CTN. Fere o princípio da independência das instâncias antecipar-se o Judiciário para dizer da existência de tributo sonegado ou suprimido. 3 — Enquanto pendente de julgamento recurso administrativo que pretende comprovar a inexistência de débito, não existe justa causa para a ação penal, pois não demonstrada a materialidade delitiva. 4 — Ordem concedida" (TRF, 3ª R., Rel. Des. Fed. Sylvia Steiner, *RT* 773/711).

Falta justa causa à ação penal, por ausência de interesse (utilidade) de agir, na hipótese de denúncia oferecida com base em auto de infração, posto que o lançamento é provisório, sujeito a alterações e modificável. Impugnação, ademais, que suspende a exigibilidade do crédito tributário, *ex vi* do art. 151, III, do CTN (TJSP, 3ª CCr, HC 275.644-3/1, Rel. Des. Gonçalves Nogueira, j. 16-3-1999, *m.v., Bol. IBCCr* 99/519).

Se não houve esgotamento da via administrativa, não há como se reconhecer, por ausência de tipicidade penal, a presença de elementos que configurem o delito do art. 1º (STF, 2ª T., HC 92.484, Rel. Min. Ellen Gracie, j. 2-6-2009, publ. 28-8-2009), extinguindo-se o processo criminal (STF, 2ª T., HC 89.739, Rel. Cezar Peluso, j. 24-6-2008, publ. 15-8-2008) ou sendo o mesmo anulado (TJSP, 6ª Câm., RSE 0007983-72.2001.8.26.0533, Rel. Des. Marco Antônio Marques da Silva, j. 10-11-2011).

No mesmo sentido: Crime contra a ordem tributária. Denúncia. Rejeição. Discussão no âmbito administrativo e fiscal se a operação realizada pela empresa dos denunciados está ou não sujeita ao imposto. Elementos inconsistentes para se dar início à persecução em juízo. Decisão mantida (TJSP, *RT* 724/629). Crime contra a ordem tributária. Ação penal instaurada por sonegação fiscal. Suspensa a exigibilidade do crédito tributário no procedimento administrativo pendente, ante o recurso interposto pelo denunciado. Questão prejudicial. Trancamento da ação penal por falta de justa causa. Ordem concedida. Inteligência do art. 1º da Lei n. 8.137/90, art. 34 da Lei n. 9.249/95 e art. 83 da Lei n. 9.430/96. A conclusão do procedimento administrativo-fiscal, respeitada a garantia constitucional da ampla defesa, firma-se como questão prejudicial ao desenvolvimento normal e regular do processo-crime, pois, só então, se definirá a exação do débito tributário, além de propiciar ao contribuinte o *favor rei* de ver extinta a punibilidade pelo pagamento do tributo antes do recebimento da denúncia (TJSP, HC 275.644-3, São Simão, 3ª CCr, Rel. Des. Gonçalves Nogueira, j. 16-3-1999, *m.v.*). Sem o lançamento definitivo do crédito, não há crime (TJSC, Seção Criminal, Rev. Crim. 2011.046133.6, Rel. Des. Sérgio Paladino, j. 19-12-2011).

▪ **Prescrição e Súmula Vinculante 24 do STF:** "*Habeas corpus*. Penal. Tributário. Crime de supressão de tributo (art. 1º da Lei n. 8.137/90). 1. Na linha do julgamento do HC 81.611 (Rel. Min. Sepúlveda Pertence, Plenário), os crimes definidos no art. 1º da Lei n. 8.137/90 são materiais, somente se consumando com o lançamento definitivo. 2. Se está pendente recurso administrativo que discute o débito tributário perante as autoridades fazendárias, ainda não há crime, porquanto "tributo" é elemento normativo do tipo. 3. Em consequência, não há falar-se em início do lapso prescricional, que somente se iniciará com a consumação do delito, nos termos do art. 111, I, do CP" (STF, 1ª T., HC 83.414, Rel. Min. Joaquim Barbosa, j. 23-4-2004, *DJU* 23-4-2004, p. 24, *Ementário*, v. 02148-05, p. 978; cf., também, STF, HC 79.776, HC 82.769 e HC 83.041).

A contagem da prescrição só se inicia a partir do momento em que se deu a constituição definitiva do tributo (TRF da 3ª Região, 2ª T., RSE 2003.61.02.002914-9, Rel. Des. Fed. Cotrim Guimarães, j. 18-5-2010, *DJF3* 27-5-2010, p. 204; TRF da 1ª Região, 3ª T., Ap 2006.41.01.003655/RO, Rel. Des. Fed. Assusete Magalhães, j. 5-12-2011, *e-DJF 1* 13-1-2012, p. 329; TRF da 1ª Região, 4ª T., RSE 0011122-96.2010-4-01.3200, Rel. Des. Fed. Italo Fioravanti Sabo, j. 24-10-2011, *e-DJF1* 9-12-2011, p. 591).

O não encerramento do processo administrativo fiscal atua como causa impeditiva do curso prescricional penal (STF, 2ª T., HC 92.484, Rel. Min. Ellen Gracie, j. 2-6-2009, publ. 21-8-2009).

▪ **Lançamento definitivo** *posterior* **não convalida inquérito policial, procedimento investigatório ou ação penal iniciados anteriormente:** "Inquérito policial instaurado antes de devidamente concluído procedimento administrativo-fiscal. Posterior encerramento da instância administrativa fiscal e a constituição definitiva do crédito tributário não convalidam o inquérito policial instaurado anteriormente" (STF, 1ª T., HC 89.902-1, Rel. Min. Gilmar Mendes, unânime, *RT* 868/521).

Estando pendente na seara administrativa a discussão acerca do débito tributário, não há justa causa para a deflagração da ação penal. O lançamento definitivo do tributo no curso da *persecutio criminis* não convalida os atos processuais até então praticados, eis que a inobservância da condição objetiva de punibilidade constitui nulidade de natureza absoluta. Recurso especial provido para anular toda a ação penal (STJ, 5ª T., REsp 1.100.959, Rel. Min. Jorge Mussi, j. 20-10-2011, *DJe* 27-10-2011).

■ **Lançamento definitivo *posterior* convalida (relativização da Súmula Vinculante 24 — inquérito policial):** A constituição definitiva do crédito é imprescindível para o desencadeamento da persecução penal fiscal. No caso, tendo sido instaurado procedimento investigatório ministerial, anteriormente ao término da apuração administrativo-fiscal, mas sobrevindo a constituição definitiva do crédito tributário antes do nascimento do respectivo inquérito policial, não há falar em nulidade (STJ, 6ª T., HC 106.064, Rel. Min. Maria Thereza Rocha de Assis Moura, j. 11-10-2011, *DJe* 3-11-2011).

Denúncia recebida somente após a constituição definitiva do crédito tributário; a irregularidade perpetrada no inquérito policial, o qual foi iniciado antes, não tem o condão de invalidar a ação penal corretamente iniciada (STJ, 6ª T., Ag. Reg. no REsp 1.020.083, Rel. Min. Maria Thereza Rocha de Assis Moura, j. 14-4-2011, *DJe* 9-5-2011).

O trancamento do inquérito policial pela ausência de lançamento definitivo do tributo não importa em nulidade dos elementos de informação nele produzidos, uma vez satisfeita a condição objetiva de punibilidade do delito de sonegação fiscal; a utilização da perícia contábil realizada durante o inquérito, corroborada por provas produzidas em juízo, não viola o art. 155 do CPP (TJSP, 13ª Câm., Ap. 0512492-21.2010-8-26.0000, Rel. Des. Renê Ricupero, j. 28-7-2011).

■ **Condenação transitada em julgado e inexistência de lançamento definitivo à época do processo:** Inexiste constrangimento ilegal na execução de sentença penal condenatória transitada em julgado, quando, à época do oferecimento da denúncia, a jurisprudência então dominante nas Cortes Superiores resguardava de legalidade a propositura da ação penal antes do lançamento definitivo do crédito tributário (STJ, 6ª T., HC 166.984, Rel. Min. Og Fernandes, j. 7-12-2010, *DJe* 7-2-2011).

■ **Cancelamento do débito tributário pelo Fisco:** Sonegação fiscal. Supressão de ICMS por não emissão de nota fiscal. Superveniência de cancelamento pelo Fisco do débito tributário derivado da operação. Remissão. Fiscal que faz desaparecer a ilicitude da ação ou omissão. Ordem concedida para trancar a ação penal. Inteligência dos arts. 175 e 182 do CTN, art. 1º da Lei n. 8.137/90 e da Lei estadual n. 9.973/98. A conduta do contribuinte deixa de subsistir como defraudatória e antijurídica, por conseguinte extinta a punibilidade, se o Fisco em superveniente remissão vem de cancelar o débito tributário da operação, visto que o ato significa perdão do crime, abolição do fato delituoso, atingindo a infração antes ou depois da ação penal, antes ou depois da condenação imposta ao agente (TJSP, 3ª CCr, HC 300.269-3, Rel. Des. Gonçalves Nogueira, j. 28-12-1999, *v.u.*).

■ **Bingo:** Crime contra a ordem tributária. Não caracterização. Empresa de bingo. Confecção de cartelas sem autorização e comunicação à autoridade fazendária e sem recolhimento da taxa devida. Simples ilícito administrativo, não se enquadrando na Lei federal n. 8.137/90. Cartela que não se conceitua como documento. Ininvocabilidade, portanto, da ocorrência de falsidade e fraude. Trancamento da ação penal por falta de justa causa. *Habeas corpus* concedido (TJSP, *JTJ* 228/343).

- Ausência de dolo — Erro na interpretação da legislação tributária: A errônea exegese da lei tributária quanto ao cálculo correto do ICMS no lançamento de crédito, em face da diferença de alíquotas praticadas no Estado de destino e no de origem, ausente o elemento fraude, não configura a infração tipificada no art. 1º, I e II, da Lei n. 8.137/90 (STJ, Rel. Min. Fernando Gonçalves, *RT* 774/526).

- Ausência de dolo: O crime de sonegação fiscal somente é punido a título de dolo. Comprovado que o acusado entendia legítimo o creditamento de ICMS, tanto que o registrava em seus livros e, ainda, insurgiu-se contra o Fisco em ação declaratória, de rigor a manutenção da absolvição por atipicidade da conduta (TJSP, 4ª Câm. Crim., Ap. 9297959-53.2008.8.26.0000, Rel. Des. William Campos, j. 28-6-2011). Alegação de desconhecimento. *In dubio pro reo*. Restando não comprovado o dolo específico exigido pelo tipo, impõe-se a absolvição (TJSP, 2ª Câm. Crim., Ap. 0006660-21.2004.8.26.0050, Rel. Des. Paulo Rossi, j. 13-6-2011).

- ITBI — Imposto de Transmissão de Bens *Inter Vivos*: A simples promessa de cessão de direitos não gera obrigação do pagamento do ITBI, cujo fato gerador é o registro do respectivo título, descabendo a imputação de crime de sonegação fiscal (STJ, 6ª T., HC 5.178, Rel. Min. William Patterson, j. 28-2-1996, *DJU* 13-5-1996, p. 15574).

- Sujeito ativo. Agente que tem o domínio do fato: O sujeito ativo do delito é a pessoa que pratica o comportamento descrito na lei penal, ou que possui o domínio do fato, ou seja, sem executar diretamente a conduta típica, controla a atividade de outro que a realiza (TRF da 4ª Região, 8ª T., Ap. 2005.71.09.000529-8, Rel. Des. Fed. Paulo Afonso Brum Vaz, j. 14-4-2010, *D-e* 29-4-10).

- Sujeito ativo. Agente que não é contribuinte: Crime contra a ordem tributária. Sonegação fiscal. Não caracterização. Réu que não pode ser autor do crime, vez que não é contribuinte. Crime de mão própria. Absolvição decretada. Recurso parcialmente provido (TJSP, 3ª CCr, Ap. 192.179-3, Rel. Des. Cerqueira Leite, j. 28-4-1997, *v.u.*).

- Sujeito ativo. Procurador do contribuinte: O simples fato de o paciente não pertencer ao quadro societário da pessoa jurídica não inviabiliza a imputação contra si de crime tributário, dado que o liame causal estaria estabelecido em razão de sua qualidade de procurador da empresa, tendo inclusive sua participação sido suficientemente descrita na denúncia (STJ, 6ª T., HC 86.309, Rel. Min. Maria Thereza Rocha de Assis Moura, j. 8-2-2011, *DJe* 28-2-2011).

- Sujeito ativo. Simples proprietário: A simples condição de proprietário da empresa que seria beneficiada com a sonegação é insuficiente para o reconhecimento da responsabilidade penal. Absolvição confirmada (TJSP, 11ª Câm. Crim., Ap. 0010681-90.2003.8.26.0077, Rel. Des. Alexandre Almeida, j. 20-4-2011).

- **Tributação do lucro ilícito (tráfico de entorpecentes):** "O lucro obtido pela prática de ilícito penal, como o tráfico de entorpecentes, deve ser tributado, sob pena de configuração do delito de sonegação fiscal, em face da possibilidade de tributação de rendimentos auferidos, mesmo que a atividade seja ilícita [...] A jurisprudência anterior ao Código Tributário resistia em tributar atividades ilícitas sob o fundamento de que o Estado não deveria tirar proveito de um ato ilegal, por ele mesmo proibido. Entretanto, não vemos como pode prosperar tal entendimento uma vez que repugnante sim é o procedimento do Estado tributando rendimentos auferidos pelo contribuinte em decorrência do exercício de atividades lícitas e deixando de lado os rendimentos percebidos pelo contribuinte pelo exercício de atividades ilícitas, tais como o jogo do bicho [...] Daí aplaudirmos o legislador por ter admitido expressamente no inciso I do art. 118 a tributação de tais atividades ao considerar irrelevante para a definição legal do fato gerador a natureza do seu objeto" (STJ, 5ª T., HC 7.444, Rel. Min. Edson Vidigal, *RT* 757/498).

- **Competência da Justiça Federal:** Sendo a sonegação do IR de interesse da União, apesar de haver crimes estaduais conexos, a denúncia do Ministério Público estadual é nula. Hipótese em que cabe ao Ministério Público Federal oferecê-la, perante a Justiça Federal, quanto ao crime de sonegação fiscal e aos conexos (STF, *RT* 626/367). Compete à Justiça Federal o processo e julgamento do delito de tráfico de entorpecentes conexo com o crime de sonegação de tributos federais, pois o art. 76 do CPP prevê a possibilidade de que a competência seja determinada pela conexão quando duas ou mais infrações tiverem sido praticadas por várias pessoas em concurso ou quando a prova de uma infração ou de quaisquer de suas circunstâncias elementares influenciar na prova de outra (STJ, Rel. Min. Edson Vidigal, *RT* 757/498).

- **Competência. Ex-prefeito:** Crime contra a ordem tributária. Ex-prefeito municipal. Prerrogativa de função. Revogação da Súmula 394 do STF. Prerrogativa em função do cargo exercido e não de caráter pessoal. Processamento perante o Juízo de primeiro grau. Remessa determinada (TJSP, 3ª CCr, Denúncia 191.672-3-SP, Rel. Segurado Braz, j.14-9-1999, *v.u.*).

- **Competência:** O delito de supressão ou redução de tributo do art. 1º é material, consumando-se no momento da efetiva supressão ou redução. No caso, a conduta descrita de emissão de notas fiscais de serviços com a efetiva supressão do tributo devido ocorreu na Comarca de Jacarezinho, PR, sendo lá o local de sua consumação (STJ, 3ª S., Confl. Compet. 110.688, Rel. Min. Gilson Dipp, j. 23-3-2011, *DJe* 30-3-2011).

- **Denúncia coletiva (inadmissibilidade):** Acusação fundada na mera invocação da condição de diretor de instituição financeira do acusado. Inadmissibilidade. Réu que não tem o ônus de provar a sua inocência. Observância do princípio constitucional do *due process of law* (STF, 2ª T., HC 83.947-9, Rel. Min. Celso de Mello, *RT* 872/525).

O fato de os acusados de crime contra a ordem tributária serem diretores da empresa não basta por si só para caracterizar a responsabilidade criminal, devendo a denúncia definir a participação de cada um no delito (TRF da 2ª Região, Rel. Des. Fed. Chalu Barbosa, *RT* 772/709).

Merece ser concedido *habeas corpus* para trancamento de ação penal, movida pela prática de crime societário contra a ordem tributária, quando a denúncia, disparada exclusivamente na direção de sócio minoritário de sociedade por quotas de responsabilidade limitada, afigura-se inepta por não conter nem sequer indícios que permitam um juízo preliminar de probabilidade da *consistência* da acusação feita pelo *dominus litis*, os quais, é óbvio, não podem simplesmente se resumir na condição de sócio do denunciado (TJPA, Câmaras Reunidas, Rel. Des. Milton Augusto de Brito Nobre, *RT* 787/672).

Tranca-se ação penal em face de paciente denunciada tão somente porque figurava como sócia-quotista, sendo que o corréu responde, isoladamente, por delitos da mesma espécie, durante o mesmo lapso (TJSP, 16ª Câm. Crim., HC 0030954-49.2011.8.26.0000, Rel. Des. Almeida Toledo, j. 24-5-2011).

- **Denúncia coletiva (admissibilidade, com reservas):** Em que pese a possibilidade de oferecimento da denúncia sem a discriminação precisa da individualidade de conduta, faz-se necessário explicitar-se minimamente o nexo entre a conduta, o acusado e o resultado ilícito (STF, 1ª T., HC 88.600, Rel. Min. Ricardo Lewandowsky, j. 12-12-06, *DJ* 9-3-07, p. 42).

O fato de não se exigir, nos crimes societários, descrição pormenorizada da conduta de cada agente, não significa que o órgão acusatório possa deixar de estabelecer qualquer vínculo entre o denunciado e a empreitada criminosa. O simples fato de ser sócio, gerente ou administrador não autoriza a instauração de processo criminal, se não restar comprovado, ainda que com elementos a serem aprofundados na ação penal, a mínima relação de causa e efeito entre as imputações e a sua função na empresa, sob pena de se reconhecer responsabilidade penal objetiva. A inexistência absoluta de elementos hábeis a descrever a relação entre os fatos delituosos e a autoria ofende o princípio constitucional da ampla defesa, tornando inepta a denúncia (STJ, 5ª T., HC 171.976, Rel. Min. Gilson Dipp, j. 2-12-2010, *DJe* 13-12-2010).

Admite-se a narrativa sintética, desde que minimamente demonstrado o nexo entre o agente e o crime, e compreendida a acusação, viabilizando o regular exercício do direito de defesa, o que se mostra salutar a fim de impedir que a complexa estrutura de uma pessoa jurídica sirva de entrave para a persecução penal quando evidenciada a materialidade; porém há parâmetros a fim de que não se permita nociva imputação de responsabilidade objetiva, de modo que, ainda que a narrativa seja genérica, tal não significa dizer que prescinde da demonstração dos suficientes indícios de autoria que devem pesar, senão sobre cada denunciado individualmente, ao menos sobre um grupo destacado e inequivocamente identificável; necessário extrair-se do estatuto que todos detinham poderes de gerência sob o aspecto fiscal, pois se as decisões forem assim deliberadas há indícios de que todos estariam cientes da postura adotada pela empresa (TRF da 2ª Região, 1ª T., RSE 2010.51.01.809561-90, Rel. p/ acórdão Des. Abel Gomes, j. 17-8-2011, *E-DJF2R* 29-8-2011, p. 80-81).

Nos crimes de autoria coletiva, é prescindível a descrição minuciosa e individualizada da ação de cada acusado, bastando a narrativa das condutas delituosas e da suposta autoria, com elementos suficientes para garantir o direito à ampla defesa e ao contraditório. No caso, inclusive, com indicação de que o denunciado tinha ingerência na administração da pessoa jurídica, não sendo esse fato infirmado pelos estatutos da empresa (STJ, 5ª T., HC 128.706, Rel. Min. Laurita Vaz, j 27-9-2011, *DJe* 10-10-2011).

"É suficiente para a aptidão da denúncia por crimes societários a indicação de que os denunciados seriam responsáveis, de algum modo, na condução da sociedade, e que esse fato não fosse, de plano, infirmado pelo ato constitutivo da pessoa jurídica" (STF, HC 94.670, Rel. Min. Cármen Lúcia, *DJ* 24-4-2009).

Admite-se o recebimento de denúncia sem que haja uma descrição pormenorizada da conduta de cada agente, desde que seja demonstrado vínculo entre o denunciado e a conduta a ele imputada (STJ, 5ª T., RHC 24.516, Rel. Min. Arnaldo Esteves Lima, j. 6-4-2010, *DJe* 3-5-2010), ou liame entre a atuação dos denunciados na empresa e a prática delitiva (TRF da 2ª Região, 1ª T. Espec., RSE 2010.50.01.001394-6, Rel. p/ acórdão Juiz Fed. conv. Antonio Henrique C. da Silva, j. 27-7-2011, publ. 5-8-2011).

▪ Sujeito ativo. Paciente que se retirou da sociedade: *Habeas corpus*. Trancamento da ação penal. Crime contra a ordem tributária. Alteração do contrato social. Paciente que se retirou da sociedade. Impossibilidade de integrar o polo passivo das ações criminais contra si e outrem movidas. Ordem parcialmente concedida para este fim (TJSP, 6ª CCr, HC 264.282-3, Santa Rosa do Viterbo, Rel. Des. Augusto César, j. 12-11-1998, *v.u.*).

▪ Sujeito ativo. Sócio que não exerça função gerencial na empresa: Crimes contra a ordem tributária. Sonegação de nota fiscal relativa à venda de mercadorias. Descaracterização. Sócio-quotista de empresa que nesta não exerça função gerencial e tenha participação efetiva na regência de suas atividades mercantis. Culpabilidade que não pode ser presumida. Inteligência do art. 13 do CP e do art. 11 da Lei n. 8.137/90 (TJSP, *RT* 803/554).

No mesmo sentido: Crimes contra a ordem tributária. Sonegação fiscal. Coautoria. Não caracterização. Falta de justa causa para a inclusão da paciente na denúncia. Simples condição de sócia-quotista do marido, não exercendo qualquer ato de gestão. Ausência de indícios que comprovem a participação no crime. Ordem concedida para trancar a ação penal. Temerário e injusto estender-se a alguém a imputação, pelo simples fato de ser cônjuge de quem se denota atribuível a conduta jurídica, ou de figurar como sócio, sem exercer qualquer ato de gestão ou de responsabilidade pela administração da empresa, ou sem qualquer evidência de que tenha participado do delito (TJSP, HC 164.643-3, Rel. Des. Gonçalves Nogueira, j. 27-6-1994).

▪ Sujeito ativo. Simples condição de sócio que não basta à denúncia: Falta justa causa à ação penal se o paciente, ao tempo da assinatura do contrato tido por irregular, não possuía poder de direção na empresa (STF, 1ª T., HC 88.600, Rel. Min. Ricardo Lewandowsky, j. 12-12-2006, *DJ* 9-3-2007).

Denúncia. Rejeição. Crime contra a ordem tributária. Inexistência de um mínimo de informações sérias a respeito do fato criminoso e autoria. Impossibilidade de concluir-se, pela simples inclusão no rol de sócios de uma empresa, tenha uma pessoa concorrido para prática de um crime. Proibição à responsabilidade objetiva. Recurso não provido. A responsabilidade objetiva não faz parte de nosso Direito Penal. Assim não fosse, todos os participantes de uma sociedade, até mesmo acionistas de sociedade anônima desprovidos de funções administrativas, seriam passíveis de responsabilização por crime contra a ordem tributária (TJSP, 5ª CCr, RSE 181.828-3, Rel. Des. Rocha de Souza, j. 2-8-1995, *m.v.*).

▪ **Sujeito ativo. Terceiros que têm conhecimento e se beneficiam:** Nos crimes de sonegação fiscal o agente do delito é aquele que realiza a ação ou omissão ou determina a terceiro que atue em seu nome, incluindo também aqueles que, embora não participem ou determinem a conduta, têm dela conhecimento e se beneficiam com a redução do valor do tributo devido (TRF da 1ª Região, 3ª T., Ap 0020594-41.2003.4.01.35000, Rel. Des. Fed. Carlos Olavo, j. 14-12-2011, *e-DJF1* 20-1-2012, p. 162).

▪ **Ato do contador:** O contribuinte deve se responsabilizar pela declaração prestada à Receita Federal, mesmo que esta tenha sido elaborada por terceiros, não sendo crível que empresários do ramo de postos de gasolina, com mais de vinte e duas filiais, tenham confiado incondicionalmente no contador, a ponto de não acompanhar as declarações de ajuste anual apresentadas à Receita Federal e o pagamento dos tributos em valores inferiores do que os devidos. Inverossímil a alegação de que o contador tenha prestado informações falsas aos sócios (TRF da 1ª Região, 3ª T., Ap 0020594-41.2003.4.01.35000, Rel. Des. Fed. Carlos Olavo, j. 14-12-2011, *e-DJF1* 20-1-2012, p. 162).

▪ **Perícia contábil:** Constitui cerceamento de defesa dos acusados de crime contra a ordem tributária o indeferimento do pedido de perícia contábil, tendo em vista a impossibilidade de se levar aos autos da ação penal os documentos que compõem a história contábil da empresa pelo fato de se encontrarem retidos em autos de processo falimentar (TRF da 2ª Região, Rel. Des. Fed. Chalu Barbosa, *RT* 772/709).

A prova pericial só tende a ser imprescindível quando se trata de *falsum* material. A falsidade ideológica, em sede de simulação da regularidade fiscal, sonegação, lançamentos que não correspondem à real situação, de regra, dispensa a referida prova (STJ, 5ª T., HC 10.762, Rel. Min. Félix Fischer, j. 16-12-1999, *v.u.* — *DJU* 14-2-2000, p. 54, *RT* 788/555).

▪ **Diligência realizada por auditores fiscais e policiais. Prova. Licitude:** Ingresso de fiscais em empresa. Existindo autorização legal para a realização de diligências no interior de empresas por auditores fiscais e policiais, e não demonstrada, pela impetração, a ocorrência de quaisquer excessos em tais procedimentos, não se acolhe alegação de ilicitude na obtenção das provas (STJ, Rel. Min. Gilson Dipp, *RT* 789/568).

- **Prova. Quebra do sigilo bancário:** É ilícita a prova obtida por meio de quebra de sigilo bancário sem autorização judicial (STJ, Rel. Min. Cid Fláquer Scartezzini, *JSTJ e TRFs* 103/321, *Bol. AASP* n. 2.130, p. 114).

- **Arresto de bens. Aplicação do CPP ou do Decreto-Lei n. 3.240/41?:** O CPP, quando cuida das medidas assecuratórias, previstas em seus arts. 125 a 132, estabelece que haverá o sequestro (atualmente *arresto*) de bens imóveis ou móveis adquiridos com o produto do crime; todavia, o Decreto-Lei n. 3.240/41, em seu art. 1º, trata do sequestro de bens de pessoa indiciada por crime de que resulta prejuízo para a Fazenda Pública, sendo perfeitamente admissível a aplicação desta medida ao agente que praticar crime de sonegação fiscal, uma vez que não foi revogado pelo Estatuto Processual Repressivo, por regularem assuntos de natureza diversa. *Ementa do voto vencido*: No sequestro de bens em face da prática de ilícito penal, aplicam-se as regras contidas no CPP e não as do Decreto-Lei n. 3.240/41, vez que aquelas propiciam ao acusado o direito subjetivo de evidenciar que a medida assecuratória não se ajusta aos limites da lei (STJ, Rel. Min. William Patterson, *m.v., RT* 751/563).

- **Crime continuado:** Aproveitamento de imposto destacado em documento fiscal declarado inidôneo pelo fisco e emissão de notas fiscais paralelas, durante vários anos, objetivando o lucro fácil, sonegando impostos e causando prejuízo ao erário público, fazendo incidir a figura do crime continuado (art. 71 do CP) (TJMG, Ap. 1.0000.00.167351-6/000(1), Rel. Des. Sérgio Resende, j. 22-2-2000, publ. 25-2-2000).

- **Desclassificação:** A desclassificação da conduta, quando operada antes de proferida a sentença, pode ser equiparada à decisão de rejeição parcial da denúncia, desafiando, assim, o recurso em sentido estrito, nos termos do art. 581, I, do CPP (TRF da 3ª Região, 2ª T., RSE 2003.61.02.002914-9, Rel. Des. Fed. Cotrim Guimarães, j. 18-5-2010, *DJF3* 27-5-2010, p. 204).

- **Restituição indevida:** Considerando-se a restituição indevida mero exaurimento do ilícito de sonegação fiscal, não há que se falar em desclassificação para o crime de estelionato (TRF da 2ª Região, 1ª T. Espec., Ap. 2004.51.09.000187-7, Rel. Juiz Fed. conv. Marcello Ferreira de Souza Granado, j. 15-6-2011, *E-DJF2R* 27-6-2011, p. 150-151).

- **Punição não é prisão por dívida:** A prisão decorrente da conduta tipificada no art. 1º não se assemelha à prisão civil prevista no art. 5º, LXVII, da Constituição, tratando-se de prisão criminal. Não se trata de prisão por dívidas, vez que os comportamentos previstos nos arts. 1º, 2º e 3º da Lei n. 8.137/90, tratam de redução ou supressão tributária mediante meios fraudulentos (TJSP, 13ª Câm. Crim., Ap. 0083086-06.2006.8.26.0050, Rel. Des. Renê Ricupero, j. 9-6-2011).

O art. 1º, I, incrimina a conduta de deixar de pagar tributo com base em alguma forma de fraude, que poderá estar consubstanciada na omissão de alguma declaração, na falsificação de documentos etc. O art. 1º, II, também incrimina a conduta de fraudar a fiscalização tributária, inserindo elementos inexatos, ou omitindo operação de qualquer natureza, em documento ou livro exigido pela lei fiscal (TRF da 1ª Região, 3ª T., Ap.

0001235-91.2007-4-01.3815/MG, Rel. Des. Fed. Tourinho Neto, j. 7-11-2011, e-DJF1 18-11-2011, p. 373).

   I — omitir informação, ou prestar declaração falsa às autoridades fazendárias;

Art. 1º, I

- **Objeto jurídico, sujeitos ativo e passivo:** Os mesmos do *caput*.
- **Tipo objetivo:** A razão de ser deste inciso está em que a legislação tributária, em diversas situações, impõe ao sujeito passivo da obrigação (contribuinte ou responsável tributário) o dever de fornecer informações e prestar declarações às autoridades fazendárias, tudo com a finalidade de possibilitar a fiscalização e a arrecadação tributárias. Esses deveres impostos ao sujeito passivo da obrigação tributária são chamados de *obrigações acessórias*, que encontram previsão no art. 113, §§ 2º e 3º, do CTN. É o caso, por exemplo, do Imposto de Renda e do ICMS, cujos lançamentos são realizados por declaração (CTN, art. 147) e por homologação (art. 150), respectivamente. Duas são as condutas incriminadas: a) omitir informações, que significa deixar de fornecê-las quando a lei o exige; b) prestar declaração falsa, que equivale a fornecer declarações não verdadeiras. Na primeira modalidade, a conduta é *omissiva*; na segunda, *comissiva*. Ambas podem, às vezes, confundir-se, já que ao prestar declaração falsa o agente poderá, ao mesmo tempo, estar omitindo informações verdadeiras.
- **Tipo subjetivo:** *Vide* nota no *caput*.
- **Erro de proibição e erro de tipo:** Por se tratar de norma penal em branco, e em face da complexidade e instabilidade da legislação tributária, poderá haver, conforme o caso, erro de proibição (art. 21). O erro de tipo (art. 20) também não pode ser descartado e, caso venha a se verificar, a conduta será atípica por não ser o crime punido a título de culpa.
- **Consumação e tentativa:** *Vide* notas ao *caput*.
- **Crime único:** Vale ressaltar, ainda, que mesmo diante da prática de duas ou mais condutas descritas nos incisos deste art. 1º, a hipótese poderá ser de crime único, e não de concurso de crimes (*vide* nota ao *caput* deste art. 1º, sob o título *Crime único ou concurso de crimes?*).
- **Absorção do crime-meio:** Como já ocorria na Lei n. 4.726/65, o crime deste art. 1º traz como elementar do tipo condutas que, por si sós, já configurariam outros crimes, como a falsidade ideológica, a falsificação de documento público ou particular e o uso de documentos falsos (CP, arts. 299, 297, 298 e 304). Nesses casos, não há falar em concurso de crimes, mas apenas no crime deste art. 1º quando o falso tiver sido praticado única e exclusivamente como meio necessário para a prática do crime tributário.
- **Confronto entre os incisos I e II do art. 1º:** *Vide* nota nos comentários ao inciso II.
- **Confronto entre o art. 1º, I, e o art. 2º, I:** Ver nota, sob o mesmo título, nos comentários ao inciso I do art. 2º desta lei.
- **Ação penal:** Pública incondicionada. *Vide*, também, nota ao *caput* sob o título *Representação e término do procedimento administrativo-fiscal*.

Jurisprudência do art. 1º, I

■ **Inépcia da denúncia:** Da leitura da inicial não se colhe dado algum de que tributo, contribuição fiscal ou acessório teriam sido suprimidos ou reduzidos mediante a omissão de informação ou a prestação de informação ou declaração falsa, nem em que ocasião tais acontecimentos teriam se dado. Igualmente, não declinou quando, como em qual documento público ou particular o paciente teria omitido declaração que dele deveria constar, ou inserido ou feito inserir declaração falsa ou diversa da que deveria ser escrita, com o fim de prejudicar direito, criar obrigação ou alterar a verdade sobre fato juridicamente relevante. Tampouco constou da acusação a exposição do momento e do modo como teria sucedido a atribuição de falsa identidade por parte do paciente, para a obtenção de vantagem, em nome próprio ou alheio, ou para causar dano a outrem. Ordem concedida, anulando-se a ação penal (STJ, 5ª T., HC 135.810, Rel. Min. Jorge Mussi, j. 16-11-2010, *DJe* 28-2-2011, *JSTJ* e *TRFs* 260/175).

■ **Absorção do crime-meio:** A sonegação fiscal absorve a falsificação e a utilização de documentos falsificados (TRF da 5ª Região, RSE 983, *RT* 873/727; TJSP, HC 42.232, *RJTJSP* 100/525), bem como a guarda de materiais para a falsificação prevista no art. 294 do CP (TJSP, Ap. 17.092, *RJTJSP* 83/407).

A sonegação fiscal absorve a confecção de talões falsos para crédito de ICM (TJSP, HC 31.546, *RJTJSP* 91/480), bem como a falsificação e o uso de recibos para obter restituição de Imposto de Renda, a fim de justificar "despesas médicas" (STJ, 6ª T., HC 111.843, Rel. p/ acórdão Min. Maria Thereza Rocha de Assis Moura, j. 22-6-2010, *DJe* 3-11-2010).

Se o crime de uso de documento falso tiver sido praticado não para que fosse consumada a sonegação fiscal, mas sim para assegurar a isenção de eventual responsabilidade penal, configurado está o crime autônomo (STJ, 5ª T., REsp 1.162.691, Rel. Min. Felix Fischer, j. 26-8-2010, *DJe* 27-9-2010).

Embora suspensa a ação penal pelo crime do art. 1º, I, em face do parcelamento dos débitos (Lei n. 11.491/2009), deve prosseguir a ação penal em relação à imputação do crime de falsidade ideológica (CP, art. 299) consistente na inserção fraudulenta de "laranjas" como sócios, uma vez que a falsidade de modo algum se exauriu no crime tributário, persistindo a potencialidade lesiva do ato no que diz respeito a eventuais responsabilidades no âmbito civil (TRF da 2ª Região, 1ª T. Espec., RSE 2010.50.01.008399-7, Rel. Juiz Fed. conv. Marcello Ferreira de Souza Granado, j. 12-1-2011, *E-DJF2R* 3-2-2011, p. 10).

■ **Absorção do inciso I pelo inciso II:** Na hipótese de sócio majoritário que pratica omissão de operações creditícias nos livros fiscais, deixando de fornecer extratos exigidos pela fiscalização, a omissão de informações prevista no inciso I do art. 1º configura mera tentativa de esconder o ilícito já praticado do inciso II, devendo, portanto, "ser havida como continuação deste" (TRF da 2ª Região, 5ª T., Ap. 2000.02.01.010206-8, Rel. Des. Fed. Convocada Nizete Lobato Rodrigues, j. 26-6-2002, *v.u., DJU* 2-9-2002, p. 79-80, *Ementário de Jurisprudência* da *RBCCr* 40/336).

- **Confronto do crime de sonegação fiscal com os delitos de estelionato e outros:** A compra e venda de notas fiscais de firmas inidôneas para gerar crédito de ICM configura crime de sonegação fiscal e não os crimes de estelionato e uso de documento falso (TJSP, *RT* 579/305). Se o infrator, mesmo se utilizando de documentação falsa e alterando a verdade sobre fato juridicamente relevante, visou a sonegação fiscal de ICM e IPI, configura-se o crime de sonegação fiscal e não o de estelionato (TFR — *extinto*, RCr 1.022-MS, *v.u., DJU* 23-2-1984, em. 55, p. 18).

A aquisição de selos do IPI, aliada à inexistência física de empresa regularmente constituída, configura o crime de sonegação fiscal (Lei n. 4.729/65, art. 1º) e não o de estelionato, até mesmo em face do princípio da especialidade. Hipótese em que não se demonstrou falsidade quanto ao contrato social da empresa, no Rio de Janeiro, nem mesmo a utilização dos selos em São Paulo. Impossibilidade de se cogitar a tentativa de crime de sonegação fiscal (TRF da 2ª Região, Ap. 17.177, *v.u., DJU* 22-8-1991, p. 19638).

- **Dólares trazidos do exterior:** Não configura sonegação fiscal trazer dólares do exterior (TRF, 3ª R., RHC 2.089, *JSTJ e TRFs* 13/297).

- **ICMS. Ausência de registros das vendas nos livros e guias não entregues:** Crime contra a ordem tributária. Art. 1º, I e II, da Lei n. 8.137/90. Ausência de registros das vendas nos livros. Guias de informação e apuração do ICMS não entregues. Quadro probatório convincente. Dolo evidenciado. Recurso não provido (TJSP, 3ª CCrEx, Ap. 210.086-3, Penápolis, Rel. Des. Geraldo Xavier, j. 11-3-1998, *v.u.*).

- **ICMS. Redução da alíquota mediante fraude:** Crime contra a ordem tributária. Sonegação fiscal. Art. 1º, I e II, da Lei n. 8.137/90, c/c o art. 71 do CP. ICMS. Redução da alíquota mediante fraude. Subfaturamento. Fato comprovado por meio de laudo e prova oral. Condenação. Sentença reformada. Recurso parcialmente provido (TJSP, 3ª CCrEx, Ap. 192.248-3, Rel. Des. Cerqueira Leite, j. 28-4-1997, *v.u.* Sobre delitos envolvendo ICMS, *vide* também jurisprudência no art. 1º, II.

- **Materialidade:** O crime do art. 1º, I, exige o conhecimento, pelo contribuinte, dos elementos exigidos pela fiscalização. Não há crime se a autoridade fazendária não demonstra sua materialidade (TRF da 4ª Região, HC 95.04.37707-6, Rel. Des. Fed. Carlos Sobrinho, *DJU* 10-1-1996, p. 360, *Bol. IBCCr* 38/96).

- **Tipo subjetivo:** Na conduta de "prestar declaração falsa" exige-se dolo específico; na de "omitir informação", dolo genérico (TRF da 2ª Região, 1ª T. Espec., Ap. 2001.50.01.006906-9, Rel. Juiz Fed. conv. Aluisio Gonçalves de Castro Mendes, j. 12-5-2010, *E-DJF2R* 21-6-2010, p. 159).

O delito do art. 1º, I, não se contenta com o dolo genérico, haja vista que o elemento subjetivo exige a especial finalidade de suprimir ou reduzir pagamento de tributo (TRF da 1ª Região, 3ª T., Ap. 2006.41.01.003655-0/RO, Rel. Des. Fed. Asssusete Magalhães, j. 5-12-2011, *e-DJF1* 13-1-2012, p. 329).

Contra: O dolo no delito do art. 1º é genérico, consistindo na simples intenção de redução ou supressão do tributo (TRF da 4ª Região, 8ª T., Ap. 2005.70.00.011442-0, Rel. Des. Fed. Sebastião Ogê Muniz, j. 21-7-2010, *D-e* 3-8-2010; TRF da 4ª Região, 8ª T., Ap. 2005.71.09.000529-8, Rel. Des. Fed. Paulo Afonso Brum Vaz, j. 14-4-2010, *D-e* 29-4-2010).

O dolo exigido no art. 1º, I, é genérico, restando configurado quando o agente deixou de contabilizar receitas, omitindo voluntariamente informações à autoridade fazendária (TRF da 4ª Região, 7ª T., Ap. 2004.70.02.008900-0, Rel. Des. Fed. Márcio Antônio Rocha, j. 22-3-2011, *D-e* 31-3-2011).

- **Mercadorias "em trânsito":** O transporte de mercadorias entre a matriz e a filial, com a utilização de notas fiscais com a expressão "em trânsito", não obriga ao destaque em notas fiscais de imposto devido. Absolvição com base no art. 386, VI (atual inciso VII) do CPP (TJSP, Ap. 207.218-3, Rel. Des. Prado de Toledo, j. 9-2-1998, *v.u.*).

- **Recursos sem origem:** Na forma do art. 42 da Lei n. 9.430/96, caracteriza-se como omissão de receita ou de rendimento a existência de valores creditados em conta de depósito ou de investimento mantida junto a instituição financeira, em relação aos quais o titular, pessoa física ou jurídica, regularmente intimado, não comprove, mediante documentação hábil e idônea, a origem dos recursos utilizados nessas operações (TRF da 1ª Região, 3ª T., Ap 2006.41.01.003655, Rel. Des. Fed. Assusete Magalhães, j. 5-12-2011, *e-DJF 1* 13-1-2012, p. 329).

- **Retroatividade benéfica em norma penal em branco:** Crime contra a ordem tributária. Empresa dedicada à construção civil que deixa de declarar imposto de renda pelo lucro real antes da vigência da Lei n. 9.718/98. Pretendida aplicação do princípio da retroatividade da lei penal mais benéfica. Inadmissibilidade, uma vez que a Lei n. 8.137/90, que define os crimes contra a ordem tributária, é norma penal em branco. *Ementa da Redação*: "Para que o princípio da retroatividade da lei penal mais benéfica seja aplicado à norma penal em branco, é necessário que a alteração legislativa atinja a própria norma penal básica, carecedora de complemento, pois se a mudança atingir a norma complementar ou integradora, não há possibilidade do reconhecimento do benefício retroativo ao agente, como na hipótese em que a Lei n. 9.718/98, de caráter definitivo, alterou a Lei n. 8.137/90, norma penal em branco, ao possibilitar que empresas dedicadas à construção civil deixem de declarar imposto de renda pelo lucro real" (TRF da 4ª Região, Rel. Des. Fed. Amir José Finocchiaro Sarti, *m.v.*, *RT* 790/727).

- **Dúvida sobre a legislação tributária:** Se a tributação do imposto de renda pode ser feita pelo lucro presumido, nada importa que o lucro real seja maior ou menor. Mesmo que assim não fosse, se há uma dúvida fundada, de natureza técnica e jurídica, esta tem de ser resolvida a favor do réu, porque não se pode exigir que todo o contribuinte seja *expert* em legislação tributária, muito menos quando esse cidadão se faz orientar por um profissional do ramo (TRF da 4ª Região, Rel. Des. Fed. Amir José Finocchiaro Sarti, *m.v.*, *RT* 790/727).

- **Absolvição:** Se adquiriu créditos de IPI de terceiros, objeto de discussão judicial, e apresentou declarações de compensação que foram liminarmente indeferidas, são elas tidas como não declaradas. Verifica-se, no caso, ausência de dolo, uma vez que o próprio contribuinte comunicou a sua operação à Receita Federal antes da apresentação das PER/DCOMP. Não configuração do crime do art. 1º, I, e tampouco do art. 2º, I (TRF da 2ª Região, 1ª T. Espec., Ap. 2007.50.01.009479-0, Rel. Juiz Fed. conv. Aluisio Gonçalves de Castro Mendes, j. 1-12-2010, *E-DJF2R* 24-1-2011, p. 6).

- **Inexigibilidade de conduta diversa:** Contrariamente ao que se dá em relação ao crime de apropriação indébita previdenciária (CP, art. 168-A), no caso de sonegação fiscal não se afasta a responsabilização do agente por inexigibilidade de conduta diversa em razão de dificuldades financeiras (TRF da 4ª Região, 8ª T., Ap. 1999.70.03.013893-9, Rel. Des. Fed. Élcio Pinheiro de Castro, *D-e* 14-1-2009).

Contra: Não tendo as provas demonstrado a real magnitude das despesas médicas geradas com os tratamentos da acusada e de sua filha, nem o impacto destas sobre o rendimento mensal da primeira, resta afastada a alegação de inexigibilidade de conduta diversa (TRF da 4ª Região, 8ª T., Ap. 2006.72.04.000259-4, Rel. Des. Fed. Luiz Fernando Wowk Penteado, j. 12-5-2010, *D-e* 20-5-2010).

II — fraudar a fiscalização tributária, inserindo elementos inexatos, ou omitindo operação de qualquer natureza, em documento ou livro exigido pela lei fiscal;

- **Objeto jurídico, sujeitos ativo e passivo:** Os referidos nas notas ao *caput*.

- **Tipo objetivo:** Este inciso II repete basicamente o inciso anterior, sendo, contudo, mais específico. Pune a supressão ou redução de tributo ou contribuição social que tiver sido praticada mediante uma das seguintes condutas: *1) Fraudar* a fiscalização tributária, *inserindo elementos inexatos*. A *fraude* consiste no emprego pelo agente de engodo, ardil, artifício, ilusão, engano, que, no caso deste inciso II, tem por objetivo levar o Fisco a erro mediante falsa aparência da realidade. Trata-se de conduta *comissiva*. *2) Fraudar* a fiscalização tributária, *omitindo operação de qualquer natureza*. Nesta modalidade, o crime é *comissivo por omissão* (também chamado de *omissivo impróprio*), ou seja, o agente *comete uma fraude* (com resultado naturalístico) *mediante uma omissão*. Tendo o dever de informar a operação, o agente engana o Fisco ao deixar de fazê-lo, causando prejuízo ao erário público mediante a supressão ou redução de tributo, contribuição social ou acessórios. Em ambas as condutas, a fraude precisa ser idônea a enganar a vítima, sob pena de a hipótese ser de crime impossível (CP, art. 17).

- **Objeto material:** Para haver o delito, ambas as condutas devem recair sobre *documento ou livro exigido pela lei fiscal*. É a legislação tributária que dirá, em relação a cada espécie de tributo, quais os documentos e livros exigíveis dos contribuintes, e de que forma estes devem ser preenchidos. Trata-se, pois, como a maioria dos crimes contra a ordem tributária, de *norma penal em branco*. Em geral, os livros exigidos são, quanto ao ICMS, o de registro de entrada de mercadorias, de registro de saída e o de registro de apuração do ICMS; quanto ao IPI, é o livro de registro de apuração do IPI, dentre outros. Caso a conduta recaia sobre livros ou documentos *não exigidos pela lei fiscal,* não haverá o crime deste inciso II, podendo se configurar outro delito, como o do inciso I deste art. 1º (se ocorrer supressão ou redução de tributo) ou mesmo o do art. 2º, I (ainda que o resultado visado não ocorra), ambos desta lei. Em suma, haverá que se verificar, no caso concreto, se o documento ou livro era ou não exigido pela lei fiscal.

- **Tipo subjetivo:** *Vide* nota no *caput.*

- **Erro de tipo ou de proibição (CP, arts. 20 e 21):** A complexidade e a instabilidade da legislação tributária poderão levar o agente a erro de tipo (que afastaria o crime, por inexistir modalidade culposa) ou mesmo a erro de proibição (que acarreta a isenção ou redução de pena).

- **Confronto entre os incisos I e II do art. 1º:** A leitura desses incisos demonstra aparente similitude entre as condutas incriminadas, podendo gerar perplexidade para o intérprete. Todavia, enquanto neste inciso II a fraude incide exclusivamente sobre o "livro exigido pela lei fiscal", no inciso I a conduta pode recair sobre qualquer "informação" ou "declaração" relevante para fins fiscais. Em outras palavras, pode-se dizer que o inciso I é mais abrangente que o inciso II, e que o legislador, buscando incriminar um maior número de condutas possíveis, acabou sendo redundante, o que ocorre em inúmeras outras situações previstas nesta lei.

- **Confronto com o art. 172, parágrafo único, do CP:** Caso o agente falsifique ou adultere a escrituração do Livro de Registro de Duplicatas, sem que tal conduta resulte em redução ou supressão de impostos, *vide* art. 172, parágrafo único, do CP.

- **Confronto com o art. 2º, I, desta lei:** Se o resultado, supressão ou redução de tributo, contribuição social ou acessório não tiver ocorrido, a conduta se enquadrará no tipo descrito no art. 2º, I, desta lei, que é *crime formal*.

- **Confronto com o art. 2º, V, desta lei:** A mera utilização ou divulgação de programa de processamento de dados que permita ao sujeito passivo da obrigação tributária possuir informação contábil diversa daquela que é, por lei, fornecida à Fazenda Pública, é punida pelo crime do art. 2º, V, da Lei n. 8.137/90, ora em comento, com pena de detenção, de seis meses a dois anos.

- **Confronto com a Lei de Falências (Lei n. 11.101/2005):** Se o agente deixar de elaborar, escriturar ou autenticar, antes ou depois da sentença que decretar a falência, conceder a recuperação judicial ou homologar o plano de recuperação extrajudicial, os documentos de escrituração contábil obrigatórios, *vide* art. 178 da Lei de Falências. Já se a hipótese for de fraude a credores, *vide* art. 168 da mesma lei.

- Confronto com o art. 11 da Lei dos Crimes contra o Sistema Financeiro: O art. 11 da Lei n. 7.492/86 pune a existência do chamado *Caixa Dois* em instituições financeiras, ao dispor: "Manter ou movimentar recurso ou valor paralelamente à contabilidade exigida pela legislação: Pena — reclusão, de 1 (um) a 5 (cinco) anos, e multa".

- Consumação, tentativa, competência, concurso de pessoas, pena, causas especiais de aumento de pena e ação penal: *Vide* comentários ao caput.

Jurisprudência do art. 1º, II

- Erro do contribuinte: A fraude pressupõe vontade livre e consciente, não a caracterizando o lançamento de crédito, considerada a diferença das alíquotas praticadas no Estado de destino e no de origem. Descabe confundir interpretação errônea de normas tributárias no pagamento de alíquotas diferenciadas, passível de ocorrer tanto com o contribuinte quanto com a Fazenda, com ato penalmente glosado, em que se presume o consentimento viciado e o objetivo de alcançar proveito sabidamente ilícito (STF, HC 72.584-8, Rel. p/ acórdão Min. Marco Aurélio, *DJU* 8-5-1996, *Informativo STF* n. 29).

- Absolvição. Ausência de dolo do agente: Crime contra a ordem tributária. Art. 1º, II e IV, c/c o art. 11 da Lei n. 8.137/90. Uso de documentos fiscais falsos. Absolvição. Art. 386, VI (atual VII) do CPP. Ausência de elementos seguros a indicar que os apelantes suspeitassem da fraude ou que dela tivessem conhecimento. Possibilidade de utilização do expediente fraudulento por terceiros. Sentença mantida. Recurso não provido (TJSP, 2ª CCr, Ap. 232.848-3, Rel. Des. Renato Talli, j. 29-10-1998, *v.u.*).

No mesmo sentido: Crime contra a ordem tributária. Art. 1º, II, e art. 2º, I, da Lei n. 8.137/90. Absolvição. Não demonstração de emprego pelo réu de expediente deliberadamente enganoso. Indícios de ser seu comportamento culposo. Impossibilidade de punição que não por conduta dolosa. Hipótese do art. 386, III, caracterizada. Recurso não provido (TJSP, 3ª CCrEx, Ap. 234.305-3, Jaboticabal, Rel. Des. Tristão Ribeiro, j. 1-12-1999, *v.u.*).

Ainda no mesmo sentido: Sonegação fiscal. Aquisição de algodão em caroço. Crédito de ICMS diferido em favor do apelante. Mandado de segurança que determinou o fim do regime especial. Má orientação de questão tributária complexa por seu patrono. Conduta direta e sem subterfúgios. Dolo. Não caracterização. Art. 386, VI (atual VII), do CPP. Recurso provido (TJSP, Ap. 201.040-3, 6ª CCr, Fernandópolis, Rel. Des. Gentil Leite, j. 16-10-1997, *v.u.*).

- Lançamento desconstituído: Desconstituído pelas autoridades fiscais o lançamento que deu origem à ação penal, resta evidenciada a falta de tipicidade, ensejando o trancamento da ação (TRF da 2ª Região, HC 1.974, *DJU* 16-5-2000, p. 211, *Bol. IBCCr* 98/510).

No mesmo sentido: Crime contra a ordem tributária. Fraude em documento fiscal. Art. 1º, II, c/c o art. 11 da Lei n. 8.137/90. Absolvição pretendida.

Admissibilidade. Decisão administrativa que declarou insubsistente a exigência fiscal. Inexistência de prova de ocorrência da supressão ou redução de tributo. Atipicidade. Acusado absolvido com base no art. 386, III, do CPP. Recurso provido. A extinção do crédito tributário, pelo reconhecimento de sua inexigibilidade em face de fato gerador, espraia seus efeitos à órbita penal. Não há possibilidade de se admitir a figura penal, sem que exista seu fundamento lógico que é a ação típica. Exige-se que a ação seja ilícita, contrária ao direito. No caso, como foi visto acima, não há este pressuposto, acarretando, destarte, o reconhecimento da atipicidade da ação (TJSP, 1ª CCrEx, Ap. 173.357-3, Rel. Des. Almeida Sampaio, j. 30-10-1996, v.u.).

■ Confissão espontânea: Se os réus confessaram espontaneamente a autoria do delito, é obrigatória a aplicação da atenuante correspondente (TJRS, 4ª Câm., Ap. 70036058238, Rel. Des. Constantino Lisbôa de Azevedo, j. 25-1-2011).

■ ICMS. Compra de material de empresa inidônea. Absolvição: Crime contra a ordem tributária. Art. 1º, II e IV, c/c o art. 11 da Lei n. 8.137/90. Condenação. Compra de material de empresa inidônea. Lançamento. Ausência de prova da conduta dolosa do réu. Conhecimento da inidoneidade da empresa vendedora não comprovado. Dúvida sobre fato constitutivo da ação penal. Hipótese do art. 386, VI (atual VII), do CPP. Recurso provido (TJSP, 1ª CCr, Ap. 250.084-3, Rel. Des. Almeida Sampaio, j. 2-6-1999, v.u.).

■ ICMS. Creditamento indevido. Ausência de dolo. Ocorrência: Crime contra a ordem tributária. Sonegação fiscal. Não caracterização. Creditamento indevido de ICMS. Réu, contudo, que acreditava certa e legal a operação. Crime punível somente a título de dolo. Ausência, no caso, do elemento subjetivo. Conduta atípica. Absolvição mantida. Recurso não provido (TJSP, 1ª CCr, Ap. 212.233-3, Fernandópolis, Rel. Des. Jarbas Mazzoni, j. 9-6-1997, v.u.).

■ ICMS. Notas fiscais "calçadas": Sonegação fiscal. Crime contra a ordem tributária. ICMS. Emissão de notas fiscais calçadas ou espelhadas. Expediente que consiste em consignar na primeira via da nota fiscal que acompanha a mercadoria e é entregue aos destinatários preços e valores do imposto efetivamente cobrados, enquanto na via fixa no talão, que serve de base para a escrituração fiscal e apuração do tributo a ser pago pela empresa emitente são consignados valores de imposto significativamente inferiores. Fraude caracterizada. Materialidade e autoria comprovadas. Ação procedente. Recurso não provido (TJSP, 6ª CCr, Ap. 265.016-3, Rel. Des. Debatin Cardoso, j. 19-11-1998, v.u.).

■ ICMS. Continuidade delitiva: Sonegação fiscal. Apropriação indevida de crédito relativo a ICMS por utilização de documentos falsos e omissão de operações tributáveis na escrita obrigatória e não emissão de notas fiscais. Caracterização na espécie de crime continuado. Aplicação do art. 1º, II e IV, da Lei n. 8.137/90 e art. 71 do CP. A ocorrência da continuidade delitiva não é incomum nos crimes contra a ordem tributária, visto haver operações que se efetuam de modo contínuo e a obrigatoriedade do recolhimento do tributo se dá em espaços de tempo relativamente próximos. Se, em período definido, o contribuinte reiterar a prática de fatos típicos da mesma espécie penal, admissível o crime continuado, uma vez que cada realização objetiva se une finalisticamente à antecedente por um vínculo de dependência (TJSP, 3ª CCr, Ap. 236.989-3, Bragança Paulista, Rel. Des. Gonçalves Nogueira, j. 24-8-1999, *v.u.*).

▪ **ICMS. Competência:** Tratando-se de sonegação fraudulenta de ICMS, a competência é da Justiça Estadual, sendo irrelevante eventuais reflexos que os fatos incriminados possam produzir em outros tributos, destinados à União (TJRS, 4ª Câm., Ap. 70041834524, Rel. Des. Marcelo Bandeira Pereira, j. 25-8-2011).

▪ **Viagens intermunicipais:** Crime contra a ordem tributária. Sonegação fiscal. Art. 1º, II e IV, c/c o art. 11 da Lei n. 8.137/90. Não emissão de notas fiscais em viagens intermunicipais. Alegação de erro escusável. Inadmissibilidade. Contribuinte incurso reiteradas vezes na mesma espécie de infração. Recurso não provido (TJSP, 3ª CCrEx, Ap. 230.255-3, Atibaia, Rel. Cerqueira Leite, j. 20-10-1999, *v.u.*).

▪ **Valor do débito e pena mínima:** Se não há circunstância judicial desfavorável, a pena-base deve ser mantida no mínimo. O valor do débito tributário não é parâmetro para avaliação do prejuízo ao erário, pois incidem pesadas multas e juros sobre o real *quantum* do tributo suprimido (TJRS, 4ª Câm., Ap. 70043504232, Rel. Des. Gaspar Marques Batista, j. 18-8-2011). *Vide*, também, jurisprudência no art. 12, I.

III — falsificar ou alterar nota fiscal, fatura, duplicata, nota de venda, ou qualquer outro documento relativo à operação tributável;

Art. 1º, III

▪ **Objeto jurídico:** A arrecadação tributária.

▪ **Sujeitos ativo e passivo:** *Vide* notas ao *caput*.

▪ **Tipo objetivo:** Pune-se, mediante o inciso III deste art. 1º, a supressão ou redução de tributo ou contribuição social obtida com a prática das seguintes condutas: a) *falsificar*, que consiste na contrafação, na formação do documento. Se no todo, é a contrafação integral; se em parte, quando se acrescentam mais dizeres ao documento verdadeiro. É o caso, por exemplo, da indevida impressão de notas fiscais, com a mesma numeração (notas paralelas), com o fim de evasão fiscal; b) *alterar*, que significa modificar o teor formal do documento (o que é verdadeiro torna-se falso). O tipo em testilha abrange, em tese, tanto a hipótese de falsidade material quanto a ideológica. Na falsidade *material*, o que se frauda é a própria *forma* do documento, que é alterada, no todo ou em parte, ou é forjada pelo agente, que cria um documento novo. Na falsidade *ideológica*, ao contrário, a forma do documento é verdadeira, mas seu conteúdo é falso, isto é, a ideia ou a declaração que o documento contém não corresponde à verdade. É a hipótese, *verbi gratia*, do comerciante que, a fim de gerar um débito menor em sua conta do ICMS, faz uso da chamada "nota calçada", por meio da qual apõe na via que vai para o Fisco e que servirá de base para o lançamento, um valor menor do que na via que foi entregue ao adquirente do produto ou serviço. Tanto na conduta de falsificar quanto na de alterar, é imprescindível que a falsificação seja idônea para *enganar* o Fisco, pois o falso *grosseiro* não traz perigo à fé pública e, *in casu*, à arrecadação tributária. É mister, ainda, que a falsificação ou alteração seja capaz de causar prejuízo ao Fisco, pois o falso e alteração inócuos não configuram o delito.

- Objeto material: O objeto material do crime é bastante aberto, posto que as condutas podem recair não apenas sobre nota fiscal, fatura, duplicata, nota de venda, como também sobre qualquer outro documento relativo à operação tributável.

- Tipo subjetivo: *Vide* nota no *caput*.

- Consumação, tentativa, competência, concurso de pessoas, pena, causas especiais de aumento de pena e ação penal: *Vide* comentários ao *caput*.

- Absorção do crime-meio: O crime deste art. 1º, III, traz como elementar do tipo condutas que, por si sós, já configurariam os crimes de falsidade ideológica, de falsificação de documento público ou particular e de uso de documentos falsos (CP, arts. 299, 297, 298 e 304). Nesses casos, não há falar em concurso de crimes, mas evidentemente apenas no crime deste art. 1º, III em face do princípio da consunção.

- Concurso com o art. 172 do CP: Em caso de emissão de fatura, duplicata ou nota de venda *que não corresponda* à mercadoria vendida, em quantidade ou qualidade, ou ao serviço prestado, o crime poderá ser o do art. 172 do CP, com redação dada, inclusive, pelo art. 19 da própria Lei n. 8.137/90. Enquanto o crime do art. 172 do CP lesa diretamente o patrimônio do particular (isto é, o terceiro de boa-fé contra o qual é sacada a duplicata, emitida a fatura ou a nota de venda, bem como o recebedor, ou seja, quem desconta a duplicata), o delito deste inciso III acarreta prejuízo exclusivamente ao Estado. A diferença entre ambos os crimes, portanto, está justamente no bem jurídico tutelado.

IV — elaborar, distribuir, fornecer, emitir ou utilizar documento que saiba ou deva saber falso ou inexato;

Art. 1º, IV

- Objeto jurídico: A arrecadação tributária.

- Sujeitos ativo e passivo: Os mesmos do *caput*.

- Tipo objetivo: São cinco as condutas previstas neste inciso mediante as quais o agente suprime ou reduz tributo, contribuição social ou acessório: a) *elaborar*, que tem o sentido de formar, organizar, criar; b) *distribuir*, que equivale à entrega a diversas pessoas; c) *fornecer*, isto é, abastecer, prover; d) *emitir*, que significa expedir, pôr em circulação; e) *utilizar*, ou seja, fazer uso ou valer-se de alguma coisa. De uma forma geral, documento é "qualquer escrito usado para esclarecer determinada coisa" (*Dicionário Houaiss da Língua Portuguesa*. Rio de Janeiro: Objetiva, 2001) ou "o papel escrito, em que se mostra ou se indica a existência de um ato, de um fato, ou de um negócio" (De Plácido e Silva, *Vocabulário jurídico*. 2. ed. Rio de Janeiro/São Paulo: Forense, v. II, p. 7). No caso deste inciso IV, o documento referido é aquele apto a atestar ou a declarar uma relação jurídica tributável ou a ocorrência de um fato imponível. Pune-se a conduta praticada em relação ao *documento falso ou inexato* (que constitui o objeto material), cujas noções são muito próximas. O documento falso é aquele que não exprime a verdade, podendo a falsidade ser tanto material quanto ideológica. Já o documento inexato traz a ideia de ausência de precisão ou mesmo de desajuste. Em nossa opinião, para que o bem jurídico restasse protegido, bastaria que o legislador se referisse ao documento falso, posto que, ou o documento é verdadeiro e o crime não se configura, ou é falso e o crime se caracteriza. Não há, a nosso ver, espaço para se punir criminalmente a elaboração ou a emissão, por exemplo, de documento inexato, posto que, como visto, a inexatidão refere-se mais ao erro do agente, trazendo a culpa ao tipo penal. Todavia, como este crime somente é punido a título de dolo, o documento inexato poderá, muitas vezes, decorrer de erro do agente, e não de dolo, o que afasta a caracterização do crime. De outro lado, a ausência de precisão no documento poderá não gerar uma significativa redução ou supressão de tributo, o que permite, conforme o montante suprimido ou reduzido, a aplicação do princípio da insignificância e a consequente falta de justa causa para a promoção da ação penal ou mesmo instauração de inquérito policial.

- **Tipo subjetivo:** Na modalidade em que o agente elabora, distribui, fornece, emite ou utiliza documento que *sabia ser falso*, é o dolo direto, acrescido do especial fim de agir *para suprimir ou reduzir* tributo, contribuição social ou acessório. Na modalidade em que o agente *devia saber ser falso* o documento, é o dolo eventual, uma das espécies de dolo indireto. No dolo eventual, o agente, conscientemente, admite e aceita o resultado da supressão ou redução ilegal do tributo. Algumas questões tormentosas podem surgir quanto ao dolo eventual. A nosso ver, embora não seja estranho ao Código Penal reprimir de igual forma o crime praticado com dolo direto e aquele perpetrado com dolo eventual (art. 18, I), o legislador poderia prever penas distintas para o contribuinte que age com dolo direto (situação mais grave) e para aquele que atue com dolo eventual (hipótese menos grave). Por outro lado, é de se questionar até que ponto pode-se exigir que o contribuinte ou o responsável tributário saiba a respeito da veracidade ou exatidão de determinado documento. Muitas vezes o comerciante que comprou mercadorias para revender, ao se utilizar de notas fiscais a fim de se creditar *legitimamente* do ICMS, não sabia (nem tinha o dever de saber) que as referidas notas (fornecidas pelo vendedor) eram falsas ou inexatas, como no caso de nota fiscal oriunda de empresa já desativada perante o Fisco, mesmo porque a fiscalização do comércio incumbe ao Estado. Nessa hipótese, o comerciante age como terceiro de boa-fé, não lhe sendo exigível que procedesse de outra forma, ou seja, fosse ele, a todo momento, checar se os seus fornecedores estão com as suas empresas ativas etc. O fato aqui é *atípico*, por ausência de dolo.

▪ Confronto com outros incisos deste art. 1º e com o art. 2º, I: No que tange às condutas punidas com *dolo direto*, muitas delas já se encontram previstas em outros incisos deste art. 1º, devendo prevalecer, aqui, o *critério da especialidade*. É o caso da elaboração de documento que sabe ser falso, que pode equivaler à prestação de declaração falsa, prevista no inciso I deste art. 1º. Igualmente, se o agente falsificar ou alterar *notas fiscais, fatura, duplicata, nota de venda ou qualquer outro documento relativo à operação tributável*, o crime será o do art. 1º, III. Não ocorrendo os resultados supressão ou redução, o delito poderá ser o do art. 2º, I, que é crime formal.

▪ Consumação, tentativa, competência, concurso de pessoas, pena, causas especiais de aumento de pena, delação premiada e ação penal: *Vide* comentários ao *caput*.

Jurisprudência do art. 1º, IV

▪ Dolo eventual: Crime contra a ordem tributária. Art. 1º, IV, Lei n. 8.137/90. Elaborar, emitir e utilizar documento que sabia ser falso. Materialidade e autoria suficientemente comprovadas. Alegada ausência de dolo em lesar o Fisco. Inadmissibilidade. Obrigação do comerciante de exigir a ficha cadastral de seus fornecedores. Alegação de ignorância repelida. Réu que se apresenta como único beneficiado com a operação. Condenação mantida. Recurso não provido (TJSP, 6ª CCr, Ap. 236.169-3, Sorocaba, Rel. Des. Debatin Cardoso, j. 30-9-1999, *v.u.*).

▪ Princípio da Insignificância: Verificado que o valor do tributo suprimido é inferior a R$ 10.000,00, *quantum* mínimo para o ajuizamento de execução fiscal, segundo o art. 20 da Lei n. 10.522/2002, é hipótese de aplicação do princípio da insignificância (TJRS, Ap. 70042258103, Rel. Des. Gaspar Marques Batista, j. 21-7-2011).

▪ ICMS. Creditamento indevido. Ausência de dolo. Inocorrência: Crime contra a ordem tributária. Sonegação fiscal. Art. 1º, IV, c/c o art. 11 da Lei n. 8.137/90. Absolvição. Notas fiscais inidôneas. Desconhecimento por parte do acusado. Admissibilidade. Prova documental das operações realizadas, porém, acessíveis ao recorrido e não produzidas. Art. 156, do CPP. Ônus da prova pertinente ao réu. Inércia comprovadora de má-fé. Condenação imperativa. Recurso provido. (TJSP, 3ª CCrEx, Ap. 240.347-3, Tietê, Rel. Des. Cerqueira Leite, j. 4-10-1999, *v.u.*).

▪ Viagens intermunicipais: Crime contra a ordem tributária. Sonegação fiscal. Art. 1º, II e IV, c/c o art. 11 da Lei n. 8.137/90. Não emissão de notas fiscais em viagens intermunicipais. Alegação de erro escusável. Inadmissibilidade. Contribuinte incurso reiteradas vezes na mesma espécie de infração. Recurso não provido. (TJSP, 3ª CCrEx, ApCr, 230.255-3, Atibaia, Rel. Cerqueira Leite, j. 20-10-1999, *v.u.*).

V — negar ou deixar de fornecer, quando obrigatório, nota fiscal ou documento equivalente, relativa a venda de mercadoria ou prestação de serviço, efetivamente realizada, ou fornecê-la em desacordo com a legislação:

Pena — reclusão, de 2 (dois) a 5 (cinco) anos, e multa.

Art. 1º, V

- **Observação:** As condutas descritas no art. 1º, V, da Lei n. 8.137/90, ora em comento, encontravam semelhante previsão no art. 2º, IV e VII, da Lei n. 1.521/51 (Lei de Economia Popular), delitos esses que restaram, portanto, tacitamente revogados pela nova lei.

- **Objeto jurídico:** A arrecadação tributária. De fato, o fornecimento de nota fiscal ou documento equivalente, numa operação de venda ou prestação de serviços, quando obrigatório, constitui justamente o meio pelo qual a fiscalização confere a exatidão do lançamento e, consequentemente, do tributo devido.

- **Sujeito ativo:** É aquele que, pela legislação tributária, tem o dever de fornecer nota fiscal ou documento equivalente. Note-se que muitas vezes, sobretudo em casos de restaurantes, bares e lojas, a nota fiscal não é fornecida pelo funcionário por ordem do proprietário ou do administrador do estabelecimento, encontrando-se o *garçom* ou o gerente, muitas vezes, compelido a assim agir, sob pena de ser demitido da empresa e perder o seu sustento. Nesses casos, poderá haver exclusão da culpabilidade do empregado, por força de coação moral irresistível (art. 22, primeira parte, do CP) ou, até mesmo, por não exigibilidade de conduta diversa (causa supralegal).

- **Sujeito passivo:** O Estado.

- **Tipo objetivo:** Por se tratar de norma penal em branco, o crime só ocorrerá quando a legislação (evidentemente a *tributária*) prever a *obrigatoriedade* do fornecimento de nota fiscal ou documento equivalente (elemento normativo do tipo). São três as condutas incriminadas, mediante as quais há supressão ou redução de tributo, contribuição social ou acessório: a) *Negar o fornecimento*, que significa não conceder, recusar-se a dar documento obrigatório. Nesta modalidade, que é omissiva, exige-se, portanto, que tenha havido uma expressa solicitação daquele que efetuou o pagamento, seguida da recusa. b) *Deixar de fornecer*, que consiste na conduta omissiva daquele que não fornece o documento obrigatório. Não é mister, aqui, que exista prévia solicitação do cliente; incrimina-se a simples conduta de deixar de fornecer a nota fiscal ou o documento equivalente, quando exigido pela legislação *fiscal*. Para exemplificar essa modalidade criminosa, lembramos ser ainda comum, em nosso país, a prática adotada por muitos *restaurantes* e *lojas* de não fornecer "espontaneamente" a nota ou o "cupom" fiscal, fazendo-o somente quando solicitado pelo cliente. Trata-se, evidentemente, de expediente reprovável, que gera enorme prejuízo ao Fisco, aumentando consideravelmente os lucros dos proprietários. c) *Fornecê-la em desacordo com a legislação*: pune-se, por fim, a conduta (comissiva) daquele que efetivamente *fornece* a nota fiscal ou o documento equivalente, mas o faz em *desacordo* (desconformidade) com a legislação tributária. Por óbvio, não se pune qualquer desconformidade com os termos impostos pela legislação fiscal, mas apenas aquela realizada dolosamente (*vide* nota *Tipo subjetivo*) e apta a causar o resultado *supressão* ou *redução* exigido pelo *caput*, ou seja, que tenha *potencialidade lesiva*.

- **Tipo subjetivo:** É o *dolo* (dolo direto), consistente na vontade livre e consciente de praticar as condutas incriminadas, com a intenção de suprimir ou reduzir tributo, contribuição social ou acessório. Não há forma culposa. Desse modo, o erro no preenchimento do documento, estando ausente o dolo, não configura o crime.

- **Negativa de exibição para fiscais:** A conduta incriminada neste art. 1º, V, não se confunde com o comportamento omissivo daquele que se recusa a fornecer documentos às "autoridades competentes", ou seja, à fiscalização tributária, incriminada no parágrafo único deste art. 1º: "Parágrafo único. A falta de atendimento da exigência da autoridade, no prazo de 10 (dez) dias, que poderá ser convertido em horas em razão da maior ou menor complexidade da matéria ou da dificuldade quanto ao atendimento da exigência, caracteriza a infração prevista no inciso V". Incriminação essa que, como veremos, choca-se com o direito constitucionalmente assegurado no art. 5º, LXIII, da *Magna Carta*, sempre que o cumprimento da exigência feita acarrete a própria incriminação daquele que é fiscalizado.

- **Consumação:** O STF dispôs na Súmula Vinculante 24: "Não se tipifica crime material contra a Ordem Tributária, previsto no art. 1º, incisos I a IV, da Lei n. 8.137/90, antes do lançamento definitivo do tributo". Essa súmula não incluiu o inciso V deste art. 1º. Não obstante, pensamos tratar-se igualmente de um crime material, isso porque o *caput* deste art. 1º é expresso ao estatuir: "Constitui crime contra a Ordem Tributária *suprimir ou reduzir* tributo, ou contribuição social e qualquer acessório, *mediante as seguintes condutas*: [...]". Com efeito, o inciso V não pode ser dissociado de seu *caput*, devendo haver, necessariamente, *supressão ou redução do tributo*, com prejuízo ao Fisco. Em face da não inclusão deste inciso V na Súmula Vinculante 24, entendemos que — como, a nosso ver, deveria ser para os demais incisos — o crime se consuma com a efetiva supressão ou redução do tributo. Ver, também, nota *Consumação e Súmula Vinculante 24* no *caput* deste artigo.

- **Tentativa:** Não é possível uma vez que, com a simples conduta de negar, deixar de fornecer ou fornecer em desacordo nota fiscal ou documento equivalente, o contribuinte já está suprimindo ou reduzindo tributo.

- **Competência, concurso de pessoas, pena, causas especiais de aumento de pena, delação premiada e ação penal:** *Vide* comentários ao *caput*.

Jurisprudência do art. 1º, V

- **Consumação:** Crime contra a ordem tributária. Omissão quanto a expedição de nota fiscal. Consumação independente da providência administrativa de intimação prévia do contribuinte para que no prazo de dez dias venha atender sua obrigação fiscal. Inteligência do art. 1º, V e parágrafo único, da Lei n. 8.137/90. Declarações de votos. O crime definido no inciso V do art. 1º da Lei n. 8.137/90, sob a modalidade de omissão quanto a expedição de nota fiscal ou documento obrigatório, pode consumar-se independente da pretendida providência administrativa de intimação prévia do contribuinte, para que, em prazo não excedente a dez dias, venha a atender sua obrigação fiscal, a que se refere o parágrafo único do citado dispositivo (TJSP, 5ª T., HC 167.876-3/7, j. 21-7-1994, Rel. Djalma Lofrano, *RT* 708/309).

- Elemento subjetivo do tipo: Agente que não entrega livros e documentos fiscais para alteração da razão social da empresa. Intimação e multa correspondente. Atipicidade. O elemento subjetivo do tipo é a sonegação fiscal de tributos que não ocorre sem a inspeção nos documentos necessários, pelo órgão competente (TJSC, 2ª CCr, Ap. 98.003439-6, Lages, Rel. Des. José Roberge, j. 9-6-1998, *v.u.*, *JC* 81-82/559, *Bol. AASP* n. 2.130, p. 114).

- Desclassificação para o art. 2º, I: Para a configuração do crime do art. 1º, V, é necessária a efetiva venda da mercadoria ou prestação de serviço (fato gerador de ICMS), tratando-se de crime material; se apenas expôs a mercadoria à venda sem a nota fiscal de trânsito, a conduta tipifica-se no art. 2º, I (atos preparatórios da sonegação) porquanto não houve a efetiva venda da mercadoria (fato gerador do tributo). Remessa dos autos para o JECRIM (STJ, 5ª T., HC 174.120, Rel. Min. Napoleão Nunes Maia Filho, j. 25-11-2010, *DJe* 13-12-2010).

- Inexistência de crédito tributário (absolvição): Ausente prova acerca da constituição prévia do crédito tributário mediante lançamento definitivo, impositiva é a absolvição pelo crime de fraude fiscal do art. 1º, V (TJRS, 4ª Câm., Ap. 70037429644, Rel. Des. Gaspar Marques Batista, j. 26-8-2010).

- Retroatividade benéfica em norma penal em branco: Crime contra a ordem tributária. Empresa dedicada à construção civil que deixa de declarar imposto de renda pelo lucro real antes da vigência da Lei n. 9.718/98. Pretendida aplicação do princípio da retroatividade da lei penal mais benéfica. Inadmissibilidade, uma vez que a Lei n. 8.137/90, que define os crimes contra a ordem tributária, é norma penal em branco. *Ementa da redação*: "Para que o princípio da retroatividade da lei penal mais benéfica seja aplicado à norma penal em branco, é necessário que a alteração legislativa atinja a própria norma penal básica, carecedora de complemento, pois se a mudança atingir a norma complementar ou integradora não há possibilidade do reconhecimento do benefício retroativo ao agente, como na hipótese em que a Lei n. 9.718/98, de caráter definitivo, alterou a Lei n. 8.137/90, norma penal em branco, ao possibilitar que empresas dedicadas à construção civil deixem de declarar imposto de renda pelo lucro real" (TRF da 4ª Região, Rel. Des. Fed. Amir José Finocchiaro Sarti, *m.v.*, *RT* 790/727).

- Dúvida sobre a legislação tributária: Se a tributação do imposto de renda pode ser feita pelo lucro presumido, nada importa que o lucro real seja maior ou menor. Mesmo que assim não fosse, se há uma dúvida fundada, uma dúvida de natureza técnica e jurídica, essa dúvida tem de ser resolvida a favor do réu, porque não se pode exigir que todo o contribuinte seja *expert* em legislação tributária, muito menos quando esse cidadão se faz orientar por um profissional do ramo (TRF da 4ª Região, Rel. Des. Fed. Amir José Finocchiaro Sarti, *m.v., RT* 790/727).

Parágrafo único. A falta de atendimento da exigência da autoridade, no prazo de 10 (dez) dias, que poderá ser convertido em horas em razão da maior ou menor complexidade da matéria ou da dificuldade quanto ao atendimento da exigência, caracteriza a infração prevista no inciso V.

Art. 1º, parágrafo único

▪ **Tipo penal equiparado:** Em vez de prever um tipo penal próprio, o legislador entendeu por bem equiparar a conduta descrita neste parágrafo único àquela do inciso V, aplicando a mesma pena. Trata-se de uma solução nada técnica. Seria melhor que o legislador tivesse tipificado a conduta deste parágrafo único, em tipo penal próprio.

▪ **Objeto jurídico:** A arrecadação tributária, com ênfase na sua fiscalização a cargo da Fazenda Pública e, em especial, os poderes de que estão investidos os agentes do Fisco, pela legislação tributária.

▪ **Seria o crime do art. 1º, parágrafo único, um tipo penal autônomo (crime formal), ao contrário do *caput* e seus incisos (crimes materiais)?:** Da leitura *isolada* deste parágrafo único poder-se-ia concluir que ele não exige, para a sua consumação, o resultado naturalístico *supressão ou redução de tributo, contribuição social ou acessório,* despontando como uma espécie bem mais grave do crime de desobediência, previsto no art. 330 do CP. Todavia, essa não nos parece a melhor interpretação, posto ser absolutamente atécnico um mesmo artigo de lei prever, na combinação do *caput* com os seus cinco incisos, modalidades de *crime material,* e, no parágrafo único, um *crime formal,* e ainda *equiparado* ao do inciso V, que, como visto, é *material* (*vide* nota Consumação nos comentários ao referido inciso). Admitir que o parágrafo único estaria prevendo um crime formal seria absolutamente incongruente, já que a sua punição é igual à prevista para a prática dos comportamentos incriminados nos cinco incisos. Ora, se o objeto jurídico é o mesmo (a arrecadação tributária, que engloba, evidentemente, a sua fiscalização), não seria razoável que um delito formal (de perigo, portanto) fosse apenado da mesma forma que um delito material. Pode-se asseverar, em face da péssima técnica legislativa aqui apontada, que o delito previsto no parágrafo único do art. 1º é *material*, exigindo, para a sua consumação, a redução ou supressão de tributo. Observe-se, ademais, que o parágrafo único não mandou simplesmente aplicar a pena do *caput* c/c o inciso V, mas, indo além, dispôs expressamente que a sua infringência "*caracteriza a infração* prevista no inciso V". Assim sendo, se o parágrafo único caracteriza (configura) a mesma infração do art. 1º, V, ela haverá de ser igualmente *material.*

- **Sujeito ativo:** É aquele sobre o qual recai a exigência da autoridade. Neste caso, somente aqueles que estiverem, por lei, obrigados a informar, a entregar documentos ou a franquear a entrada no estabelecimento poderão praticar o crime referido neste parágrafo único, em consonância com o estabelecido pelo legislador constituinte, no inciso II do art. 5º da CR, *verbis*: "ninguém será obrigado a fazer ou deixar de fazer alguma coisa senão em virtude de lei". A respeito da fiscalização, *vide* arts. 194 a 200 do CTN.
- **Sujeito passivo:** O Estado.
- **Tipo objetivo:** Trata-se de crime omissivo, consistente na falta de atendimento à exigência da autoridade. Para haver o crime, é mister que o ato administrativo seja *legal*, podendo-se, em linhas gerais, aplicar a doutrina e a jurisprudência existentes acerca do crime de desobediência, previsto no art. 330 do CP. Dessa forma, a exigência deverá basear-se em lei ou regulamento, que varia de acordo com a espécie de tributo, contribuição social ou acessório que os agentes do Fisco objetivam fiscalizar. Deverá também o destinatário da ordem ter tido *conhecimento inequívoco* da mesma. Como lembra Andreas Eisele, "a identificação do agente decorre de formalização da ordem, que sendo ato administrativo, deve revestir-se de seus requisitos genéricos, como a legalidade da ordem, competência do agente público para sua emanação e forma prevista em lei" (*Crimes contra a ordem tributária.* São Paulo: Dialética, 1998, p. 142). Desse modo, a intimação pessoal do agente é imprescindível, sem o que não há crime. Caso o sujeito não possa cumprir a exigência por motivo plausível, a justificativa no prazo estipulado poderá afastar o dolo.
- **Prazo:** Para que o crime se perfaça, deverá o agente, uma vez intimado da exigência, e sendo possível atendê-la, deixar de fazê-lo no prazo de dez dias. Diz a lei, contudo, que tal prazo poderá ser convertido em horas, em razão da maior ou menor complexidade da matéria ou da dificuldade quanto ao atendimento da exigência. Todavia, não nos parece possa o legislador outorgar à autoridade administrativa a fixação de *prazo menor*, o que, a par de gerar insegurança jurídica, por esvaziar a regra da legalidade, atenta contra a garantia do devido processo legal. Note-se bem: não se trata, neste particular, de lei penal em branco, posto que o que se está a permitir, na verdade, é que a autoridade administrativa faça o papel de legislador, e ainda em matéria penal, o que é vedado pela Constituição da República. Desta forma, ainda que o prazo "concedido" pela autoridade seja inferior aos dez dias referidos pelo tipo, para efeitos penais deve, a nosso ver, ser este o prazo a prevalecer. O mesmo rigor não se aplica, todavia, à hipótese em que o prazo (fixado pela autoridade) for maior do que o de dez dias, devendo o prazo maior prevalecer, em face da necessária harmonia do sistema, não se podendo, ademais, exigir conduta diversa do agente. De toda forma, é necessário à caracterização do crime que o prazo conste expressamente da intimação/notificação pessoal, e que o agente tenha tido conhecimento inequívoco de seu conteúdo.
- **Tipo subjetivo:** *Vide* nota ao *caput*.
- **Direito de não se autoincriminar** (*nemo tenetur se detegere*): Caso o

atendimento da exigência feita acarrete a autoincriminação ou a produção de provas contra si mesmo (no âmbito extrapenal, inclusive), o não atendimento à determinação da autoridade competente (para emitir a ordem) não caracteriza o crime deste parágrafo único, já que, em decorrência do postulado *nemo tenetur se detegere*, todos têm o direito ao silêncio e de não fornecer prova contra si mesmo (CR, art. 5º, LXIII).

- Consumação: Tendo em vista o entendimento de que o crime estatuído neste parágrafo único é material, será mister, para a sua consumação, que a inatividade do agente acarrete efetiva *supressão ou redução de tributo, contribuição social ou acessório*, não bastando o simples decurso, *in albis*, do prazo estipulado pelas autoridades a fim de que o sujeito ativo cumpra com o que lhe foi exigido. Pode ocorrer de o agente, quando da fiscalização, se negar a fornecer determinado documento fiscal e, não obstante, ter pago todos os tributos devidos.

- Tentativa: Sendo crime material, consumando-se com a efetiva supressão ou redução do tributo, contribuição social ou acessório (*vide* nota acima), a tentativa, em tese, é possível. Ressalte-se que, a exemplo do inciso V do *caput*, o parágrafo único não foi objeto da Súmula Vinculante 24 (ver, também, nota *Consumação e Súmula Vinculante 24* no *caput*).

- Inexigibilidade de conduta diversa: Caso o agente não disponha das informações exigidas (como na hipótese de extravio dos documentos), poderá haver o afastamento da culpabilidade em face da aplicação da excludente supralegal da inexigibilidade de conduta diversa. Evidentemente, tal fato deverá ser devidamente comprovado.

- Justificativa e pedido de dilação de prazo: Se o agente apresentar, dentro do prazo de dez dias (ou do prazo maior estipulado), justificativa plausível para o não cumprimento da exigência ou para o seu cumprimento parcial ou mesmo tardio, não haverá crime por ausência de dolo. O mesmo poderá ocorrer se o contribuinte pedir dilação de prazo ou maiores esclarecimentos sobre a exigência feita, hipóteses em que também não haverá o dolo exigido pelo tipo.

- Erro de tipo: Caso a ordem dada seja mal compreendida ou a autoridade não tenha sido clara ao descrever o que exige, poderá haver erro de tipo (CP, art. 20), restando atípica a conduta, já que o crime em comento não prevê punição a título de culpa.

Jurisprudência do parágrafo único

- Crime formal: Crime contra a ordem tributária. Sonegação fiscal. Caracterização. Falta de apresentação de nota fiscal ou documento equivalente à fiscalização dentro do prazo estipulado. Conduta tipificada no parágrafo único do art. 1º, V, da Lei n. 8.137/90. Irrelevante a ocorrência de supressão ou redução do tributo. Hipótese de tipo autônomo, que se configura com a simples recusa imotivada. Condenação mantida. Recurso não provido. O legislador visou com este tipo determinar a obrigatoriedade de o contribuinte apresentar determinados documentos que são necessários à fiscalização. Cuida-se, portanto, de tipo autônomo, não se exigindo para sua configuração outra circunstância senão a recusa imotivada. A objetividade jurídica protegida, neste caso, é a atividade administrativa. Cuida-se, portanto, de figura própria, não se exigindo para seu reconhecimento que haja sonegação de tributo (TJSP, 1ª CCrEx, Ap. 176.459-3, São José do Rio Preto, Rel. Des. Almeida Sampaio, j. 16-10-1996, *v.u.*).

■ Absolvição: Crime contra a ordem tributária. Art. 1º, V, c/c o parágrafo único, da Lei n. 8.137/90. Atividade tributária e fiscal a cargo de contador da empresa. Ausência de notificação pessoal para exibição de documentos e prova de que os diretores e sócios da empresa agiram com dolo ou culpa. Fato atípico. Absolvição mantida (TJSP, *RT* 739/588).

Art. 2º Constitui crime da mesma natureza:

■ Transação: É cabível, desde que não incida a causa de aumento de pena do art. 12 desta lei (Lei n. 9.099/95 c/c a Lei n. 10.259/2001).

■ Suspensão condicional do processo: Também é cabível, nos termos do art. 89 da Lei n. 9.099/95, ainda que a pena do delito deste art. 2º seja agravada em seu grau máximo (metade), nos termos do disposto no mesmo art. 12.

■ Substituição por penas alternativas: Cabe (arts. 43 e 44 do CP).

■ Extinção da punibilidade pelo pagamento do tributo e suspensão da pretensão punitiva pelo parcelamento: *Vide* notas nos comentários ao art. 14 desta lei.

Caput

■ Noção: Prevê este art. 2º que "constitui crime da mesma natureza" a prática das condutas descritas nos incisos I a V. Quis o legislador, com isso, dizer que constitui crime "contra a ordem tributária praticada por particulares" a realização das condutas neles tipificadas. Diferentemente sucede com o art. 3º desta lei, que prevê constituir "crime funcional contra a ordem tributária" a prática das condutas ali descritas.

Jurisprudência geral

■ Crime formal: Os tipos penais elencados no art. 2º, ao contrário dos crimes do art. 1º, são de natureza formal, dispensando a prévia constituição do crédito tributário como condição de procedibilidade criminal. Trancamento do inquérito policial em relação aos crimes do art. 1º, e manutenção das investigações quanto aos do art. 2º (TRF da 4ª Região, 7ª T., HC 0005110-79.2010.4.04.0000, Rel. Des. Fed. Sebastião Ogê Muniz, j. 20-4-2010, *D-e* 29-4-2010).

I — fazer declaração falsa ou omitir declaração sobre rendas, bens ou fatos, ou empregar outra fraude, para eximir-se, total ou parcialmente, de pagamento de tributo;

- **Transação, suspensão condicional do processo e penas alternativas:** *Vide* notas ao *caput*.

- **Objeto jurídico:** A arrecadação tributária, fundamental para que o Estado cumpra o seu papel.

- **Sujeito ativo:** É aquele que, por lei ou qualquer outra norma jurídica, tem o dever de prestar declarações sobre rendas, bens ou fatos. São as chamadas obrigações acessórias do contribuinte ou responsável tributário, que encontram previsão no § 2º do art. 113 do CTN. Trata-se de crime próprio.

- **Sujeito passivo:** O Estado. Mais especificamente, a pessoa jurídica de direito público destinatária das informações prestadas falsamente ou omitidas.

- **Tipo objetivo:** Este inciso I repete, em sua essência, as condutas descritas nos incisos I e II do art. 1º da presente lei. A diferença, como visto acima, é a de que, aqui, o crime é formal, não exigindo para a sua consumação a redução ou supressão de tributo. Além do tipo prever dois núcleos básicos (*fazer declaração falsa* e *omitir declaração sobre rendas, bens ou fatos*), o legislador optou também por incriminar a conduta daquele que "empregar outra fraude", o que torna o tipo penal bastante aberto, a exemplo do que ocorre com o crime de estelionato previsto no art. 171 do CP. Duas são, assim, as condutas incriminadas: a) *fazer declaração falsa*. É a conduta comissiva daquele que presta declarações *enganosas, não verdadeiras*, ao Fisco. Tal fato costuma ocorrer com o IR e com o ICMS, cujos lançamentos dependem da participação do contribuinte ou responsável, já que realizados por declaração (CTN, art. 147) e por homologação (CTN, art. 150), respectivamente. A falsidade punida diz respeito ao seu conteúdo (falsidade ideológica) e não à sua forma (falsidade material). Note-se que essa conduta é semelhante à descrita no art. 1º, I, segunda parte; dessa forma, se o resultado (supressão ou redução de tributo) ocorrer, o crime será o do art. 1º, I, e não o deste art. 2º; b) *omitir declaração sobre rendas, bens ou fatos:* consiste na conduta omissiva do agente que deixa de agir quando obrigado a tanto por lei ou regulamento. Significa deixar de fornecer declaração sobre fatos geradores (ou imponíveis), isto é, passíveis de gerar crédito tributário. É o caso, por exemplo, do profissional liberal que omite parte da renda de seu trabalho, com o fim de reduzir o valor do IR. A informação omitida há que ser relevante, isto é, deve ostentar *potencialidade lesiva* ao Fisco. Por fim, a lei incrimina aquele que "empregar outra fraude" para eximir-se, total ou parcialmente, de pagamento de tributo. O conceito de fraude penal é bastante amplo, podendo ser resumido na conduta dolosa do contribuinte ou do responsável tributário que, utilizando-se de meios espúrios, procura iludir, enganar ou confundir a autoridade fazendária, com o fim de suprimir ou reduzir tributo. Note-se que o objeto material do inciso I do art. 2º é apenas o *tributo*, não estando incluídos, ao contrário do que ocorre no art. 1º, a contribuição social e os acessórios. Com efeito, apesar de a contribuição social constituir uma espécie de tributo [*vide* nota *Objeto material (tributo, contribuição social e* *acessórios) e competência*, ao art. 1º], a lei penal não possui palavras desnecessárias, não admitindo interpretação com efeitos extensivos e tampouco a analogia *in malam partem*.

- Tipo subjetivo: É o dolo, ou seja, a vontade livre e consciente de praticar as condutas incriminadas, acrescidas do especial fim de agir *para eximir-se, total ou parcialmente, de pagamento de tributo* (elemento subjetivo do tipo). Para os tradicionais, é o dolo específico. Sem essa última finalidade, o fato será *atípico*. Na conduta de *fazer declaração falsa*, exige-se, além do dolo específico referido, que o agente *saiba* que a declaração não é verdadeira. Na modalidade *omitir declaração*, é preciso que o sujeito que tem o dever jurídico de prestá-la *disponha das informações* exigidas pelo Fisco, mesmo porque *ninguém pode omitir algo que não sabe*.

- Consumação: Ocorre no momento em que o contribuinte ou responsável tributário presta as declarações falsas ou, quando vencido o prazo legal, omite declaração sobre rendas, bens ou fatos, ou ainda quando emprega outra fraude com o fim de suprimir ou reduzir a sua carga tributária. Por se tratar de crime formal, não se exige a ocorrência de efetivo resultado (supressão ou redução do tributo).

- Tentativa: Por ser crime formal e unissubsistente, tanto no primeiro núcleo (prestar declaração falsa) quanto no segundo (omitir informações), a tentativa não é possível, já que a conduta não pode ser fracionada. No último núcleo (empregar outra fraude), a tentativa, embora o crime seja formal, em tese é possível, desde que a conduta possa ser fracionada (possuindo *iter criminis*). De qualquer forma, e a bem da verdade, difícil será a hipótese de tentativa no caso deste art. 2º, I.

- Concurso de pessoas: Poderá haver coautoria ou participação, nos termos do disposto nos arts. 29 e 30 do CP, e do art. 11 desta lei.

- Confronto entre o art. 1º, I, e o art. 2º, I: Como visto, o art. 1º constitui crime material, ao passo que o art. 2º crime formal. Todavia, as condutas de "prestar declaração falsa às autoridades fazendárias" (art. 1º, I, segunda parte) e de "fazer declaração falsa [...] sobre rendas, bens ou fatos" (art. 2º, I, primeira parte) são semelhantes, em face da já criticada redundância do legislador, gerando situações inusitadas. Para piorar a problemática, o inciso I do art. 2º prevê como conduta criminosa o emprego de "outra fraude", o que, sem dúvida, torna o tipo penal demasiadamente aberto. Diante dessa situação, indaga-se: no caso de o agente prestar declarações falsas à autoridade fazendária ou omitir informações relevantes, qual será o crime que se aperfeiçoará? A solução para o impasse, a nosso ver, está na verificação da ocorrência do resultado *supressão ou redução do tributo*, de forma que se tal resultado tiver ocorrido o crime será o do art. 1º, I; se não tiver ocorrido o resultado, apesar de ter sido esta a intenção do agente, o crime será o do art. 2º, I.

- Confronto com o art. 1º, V: Para a configuração do crime do art. 1º, V, é necessária a efetiva venda da mercadoria ou prestação de serviço (fato gerador de ICMS), tratando-se de crime material; se apenas expôs a mercadoria à venda sem a nota fiscal de trânsito, a conduta tipifica-se no art.

2º, I (atos preparatórios da sonegação) porquanto não houve a efetiva venda da mercadoria (fato gerador do tributo). Remessa dos autos para o JECRIM (STJ, 5ª T., HC 174.120, Rel. Min. Napoleão Nunes Maia Filho, j. 25-11-2010, *DJe* 13-12-2010).

- "Outra fraude" e confronto com os incisos II, III e IV do art. 1º: Caso a fraude empregada seja outra que não a de prestar declaração falsa ou omitir declaração (*vide* nota acima), a existência de resultado poderá caracterizar o crime do art. 1º, II, III ou IV, desde que a conduta a eles se amolde. Todavia, caso a fraude não se enquadre em nenhuma das modalidades de fraude previstas no art. 1º, o crime será o deste art. 2º, I, restando o resultado como mero exaurimento do crime.

- Extinção da punibilidade pelo pagamento do tributo e suspensão da pretensão punitiva pelo parcelamento: *Vide* notas nos comentários ao art. 14 desta lei.

- Concursos material e formal, e crime continuado: Referindo-se ao concurso de crimes entre as condutas descritas na Lei n. 8.137/90, Andreas Eisele escreve que "o critério que vai determinar a unidade ou concurso de delitos não é o número de condutas, mas, sim, a quantidade de fatos geradores tributários materiais, em face dos quais se praticam as condutas. Portanto, se forem engendrados atos fraudulentos em relação a mais de um fato imponível, independentemente de estes terem ocorrido em um mesmo ou diversos períodos de apuração do tributo do qual o agente se pretende eximir, ocorre o concurso de crimes" (*Crimes contra a ordem tributária*. São Paulo: Dialética, 1998, p. 153). Evidentemente, há que se ressalvar, aqui, a incidência do art. 71 do CP, que trata da hipótese de *crime continuado*. A esse respeito, estatui o legislador penal que, quando mediante mais de uma ação ou omissão, o agente pratica dois ou mais crimes da mesma espécie, devem os subsequentes, "pelas condições de tempo, lugar, maneira de execução e outras semelhanças [...] ser havidos como continuação do primeiro", aplicando-se a pena de um deles, quando iguais, ou a mais grave, se diferentes, aumentada, em qualquer caso, de um sexto a dois terços.

- Pena: Detenção, de seis meses a dois anos, e multa.

- Causas de aumento de pena: Se o crime ocasionar grave dano à coletividade, for cometido por servidor público no exercício de suas funções (como coautor ou partícipe do particular, evidentemente), ou tiver sido praticado em relação à prestação de serviços ou ao comércio de bens essenciais à vida ou à saúde, a pena poderá ser agravada de um terço até metade (*vide* art. 12, I, II e III). Acerca da inaplicabilidade dos incisos I e III, diante da sua excessiva imprecisão, *vide*, também, nossos comentários ao referido artigo.

- Delação premiada: *Vide* comentários ao art. 16, parágrafo único, desta lei

- Competência: *Vide* nota sob a rubrica *Objeto material [...] e competência*, no art. 1º.

- Ação penal: Pública incondicionada.

Jurisprudência do art. 2º, I

■ **Espelhamento de notas fiscais:** Crime contra a ordem tributária. Sonegação fiscal. Recolhimento reduzido do tributo. Alteração de notas fiscais por meio de "espelhamento" ou "calçamento". Fato que constitui o tipo do art. 1º, III, da Lei n. 8.137/90 e não do art. 2º, I, da citada lei. Inviabilidade de aplicação da Lei n. 9.099/95. Recurso não provido (TJSP, 6ª CCr, Ap. 221.229-3, Sertãozinho, Rel. Des. Augusto César, j. 22-5-1997, *v.u.*).

■ **Carro registrado em outro Estado:** Acusação de ter falsamente declarado manter filial de sua empresa na cidade de Curitiba, Paraná, ali registrando veículo com intuito de recolher IPVA com alíquota mais baixa do que a exigida no Estado de São Paulo. A apuração da declaração falsa, elemento do tipo penal do art. 2º, I, compete às autoridades do Paraná, local em que se consubstanciou o falso, meio necessário para a consecução do crime tributário, e não aos agentes da Fazenda Pública de São Paulo, que não têm atribuição funcional para certificar o resultado de diligências. Trancamento da ação penal (TJSP, 15ª Câm. Crim., HC 0056458-57.2011.8.26.0000, Rel. Des. Amado de Faria, j. 30-6-2011).

II — deixar de recolher, no prazo legal, valor de tributo ou de contribuição social, descontado ou cobrado, na qualidade de sujeito passivo de obrigação e que deveria recolher aos cofres públicos;

■ **Transação, suspensão condicional do processo e penas alternativas:** *Vide* notas ao *caput*.

Art. 2º, II

■ **Derrogação tácita pelo art. 168-A do CP:** Diante do novo art. 168-A do CP (apropriação indébita previdenciária), instituído pela Lei n. 9.983/2000, entendemos ter ocorrido a revogação tácita deste inciso II, *na parte que se refere ao não recolhimento de "contribuição social"*. Em relação a "tributo", permanece vigente o dispositivo penal em comento. Note-se, todavia, que a pena prevista para o crime do art. 168-A (reclusão, de dois a cinco anos, e multa) é bem mais severa do que a pena cominada a este art. 2º, II (detenção, de seis meses a dois anos, e multa), o que nos leva a questionar a constitucionalidade deste tratamento diferenciado entre crimes que envolvam tributos e contribuições sociais. Isto porque, como já dito em nota ao art. 1º da Lei n. 8.137/90, as contribuições sociais possuem inegável natureza tributária, sendo, na verdade, uma espécie de tributo. Assim, não se justifica o tratamento diferenciado entre tributos e contribuições sociais, sob pena de violação aos princípios da isonomia e da proporcionalidade (CR, art. 5º, *caput*). Desta forma, pensamos que a pena mais branda prevista neste art. 2º, II, deve ser a pena aplicada ao crime do art. 168-A do CP. Nesse sentido, já nos manifestamos, em coautoria com Celso Delmanto, em nosso *Código Penal Comentado*, 8. ed., Saraiva, p. 810. Igualmente adota esse entendimento

Heloísa Estellita Salomão, *Direito penal empresarial*. São Paulo: Dialética, 2001, p. 95-105.

- **Objeto jurídico:** A arrecadação tributária.

- **Sujeito ativo:** É o contribuinte ou o responsável tributário que cobra ou "desconta na fonte" o tributo. Trata-se de crime próprio.

- **Sujeito passivo:** Primeiramente, é o Estado, representado pela entidade estatal arrecadadora. Secundariamente, aquele (pessoa física ou jurídica) em relação ao qual o tributo é cobrado ou descontado na fonte.

- **Tipo objetivo:** O tipo penal é composto de duas condutas, uma anterior (*a*) e outra posterior (*b*), sendo ambas necessárias à caracterização do fato típico. Aquela (*a*) é praticada por meio da conduta comissiva do agente que, na qualidade de sujeito passivo da obrigação, *desconta ou cobra* o valor de tributo daquele com quem mantém algum tipo de relação tributável. Já a conduta posterior (*b*) consiste justamente no comportamento omissivo do agente que *deixa de recolher*, no prazo legal, o valor anteriormente descontado ou cobrado.

- **Lei penal em branco:** Este art. 2º, II, como a maioria dos tipos penais previstos na Lei n. 8.137/90, é lei penal em branco, cabendo à norma complementadora (lei ou ato normativo em geral) dispor acerca da forma e do prazo em que determinado tributo deve ser cobrado ou descontado "na fonte", e recolhido aos cofres públicos. Incumbe ao intérprete, portanto, verificar, no caso concreto, qual a norma complementadora aplicável.

- **Crime formal ou material?:** Quanto ao resultado, há divergência sobre a classificação deste crime: a) Trata-se de crime formal, em que o resultado naturalístico é inexigível, bastando à configuração o prévio desconto do tributo, seguido do seu não recolhimento no prazo legal; é a posição mais aceita pela jurisprudência. b) Para outros, o crime é material, exigindo a efetiva inversão da posse, ou seja, que o agente passe a dispor livremente do dinheiro que não lhe pertence, tal como ocorre na apropriação indébita; para os que assim entendem, o mero não recolhimento não configura o crime, já que a Constituição da República proíbe a prisão civil por dívida (art. 5º, LXVII). Nesse sentido, Alexandre de Moraes e Gianpaolo Smanio classificam o crime deste art. 2º, II, como "uma autêntica apropriação indébita do produto do imposto" (*Legislação penal especial*. 3. ed. São Paulo: Atlas, p. 112). *Nossa posição*: estamos convictos de que razão assiste àqueles que perfilham o segundo entendimento (*b*), mesmo porque a *Magna Carta*, como assinalado, veda a punição penal por dívida. Assim, para que haja o crime, há que existir a inversão da posse (*vide* nota *Consumação*).

- **Tipo subjetivo:** É o dolo, ou seja, a vontade livre e consciente de apropriar-se do tributo descontado ou cobrado, deixando de recolhê-lo aos cofres públicos. Embora o tipo ora em comento não faça expressa menção ao especial fim de agir, o *animus rem sibi habendi* é indissociável da conduta incriminada, permitindo-nos concluir tratar-se de dolo específico. Não há modalidade culposa.

- **Inexigibilidade de conduta diversa:** Grandes dificuldades financeiras da empresa poderão, eventualmente, justificar o não recolhimento do tributo a fim de evitar dispensa de funcionários, atrasos consideráveis nos pagamentos de seus salários ou, até mesmo, a quebra da firma, ficando em tese afastada a culpabilidade do agente, pela incidência da causa supralegal da inexigibilidade de conduta diversa, o que deverá restar comprovado nos autos.

- **Consumação e tentativa:** Tratando-se, como entendemos, de crime material, a consumação ocorre no momento em que o agente passa a usufruir, como se fosse seu, do dinheiro que havia cobrado ou descontado na fonte, e que deixou de recolher aos cofres públicos. A tentativa, na prática, não nos parece possível.

- **ICMS:** Caso o ICMS cobrado ou descontado pelo comerciante do comprador do produto tenha sido *devidamente declarado* nas guias e livros fiscais, mas o tributo *não haja sido recolhido*, há divergência na doutrina a respeito da caracterização, ou não, do crime deste art. 2º, II, podendo-se citar duas posições: a) o crime se configura, na medida em que estão presentes todos os seus elementos; b) o comerciante que assim age não comete crime algum, muito menos o deste art. 2º, II, por ausência do elemento subjetivo, havendo tão somente infração administrativa. *Outra questão*: parte da doutrina sustenta que, no caso do ICMS, o agente não está deixando de recolher tributo descontado ou cobrado de terceiro, mas simplesmente deixando de recolher tributo devido por ele, em nome próprio; haveria, então, um mero inadimplemento de obrigação tributária, e não o crime deste art. 2º, II. É a posição de Roque Antonio Carrazza ("O ICMS e o delito capitulado no art. 2º, II, da Lei n. 8.137/90. Problemas conexos". *RBCCr* 8/103).

- **IPI:** Divergência semelhante à do ICMS, acima retratada, surge com relação ao IPI. Edmar Oliveira de Andrade Filho, referindo-se ao art. 2º, II, da Lei n. 8.137/90, afirma que "tal dispositivo não seria aplicável ao IPI, e também não seria aplicável a nenhum outro tributo ou contribuição, porquanto não há falar em imposto ou contribuição *cobrado*, pois se trata de imposto ou contribuição devidos" (*Direito penal tributário — crimes contra a ordem tributária*. São Paulo: Atlas, 1995, p. 115).

- **Depositário infiel:** Com a edição da Lei n. 8.866/94, passou-se a considerar depositário da Fazenda Pública, observado o disposto nos arts. 647, I, e 648 do atual CC, "a pessoa a que a legislação tributária ou previdenciária imponha a obrigação de reter ou receber de terceiro, e recolher aos cofres públicos, impostos, taxas e contribuições, inclusive à Seguridade Social" (art. 1º, *caput*). Em razão desta lei, surgiram questionamentos na doutrina e na jurisprudência a respeito da derrogação deste art. 2º, II, alegando-se em suma: a) Aquele que praticar a conduta descrita no art. 2º, II, deve, agora, ser considerado simples depositário infiel, nos termos da Lei n. 8.866/94, e não mais autor de um crime, até porque a Lei n. 8.866/94 não ressalvou a possibilidade de o mesmo fato configurar infração penal. b) Com a edição da referida lei, o contribuinte só poderá ser considerado autor do crime deste art. 2º, II, se a situação de depositário infiel efetivamente se caracterizar, havendo quem sustente que tal ocorrerá somente após o ajuizamento da competente ação de depósito ou mesmo após a decisão judicial que o considerar depositário infiel. Essa posição doutrinária não foi, entretanto, muito aceita pela jurisprudência, prevalecendo o entendimento de que o fato de o agente ser ou não considerado depositário infiel em nada altera a caracterização do crime deste art. 2º, II.

■ Concurso de pessoas: Tratando-se de crime próprio, poderá haver coautoria ou participação de terceiros, nos termos do disposto nos arts. 29 e 30 do CP, e do art. 11 desta lei.

■ Pena: Detenção, de seis meses a dois anos, e multa.

■ Causa de aumento de pena: Nos termos do art. 12, I, II e III, haverá aumento de pena na hipótese de o delito causar grave dano à coletividade, for cometido por servidor público no exercício de suas funções (como coautor ou partícipe do particular, evidentemente), ou no caso de restar atingida a prestação de serviços ou o comércio de bens essenciais. Acerca da inaplicabilidade dos incisos I e III, diante da sua excessiva imprecisão, *vide* nossos comentários ao referido artigo.

■ Delação premiada: *Vide* comentários ao art. 16, parágrafo único, desta lei (*vide* comentários ao artigo).

■ Ação penal: Pública incondicionada.

Jurisprudência do art. 2º, II

■ Crime formal e inaplicabilidade da Súmula Vinculante 24: Muito embora o tipo previsto no art. 2º, II, preveja a conduta de "deixar de recolher tributo no prazo legal", não se aplica a esse crime a Súmula Vinculante 24 do STF, por se tratar de crime formal e que se consuma com a mera omissão do repasse (TRF da 2ª Região, 1ª T. Espec., Ap. 2009.50.01.011018-4, Rel. Juiz Fed. conv. Aluisio Gonçalves de Castro Mendes, j. 16-2-2011, *E-DJF2R* 25-2-2011, p. 20-21).

■ Bem jurídico: O bem jurídico tutelado tem natureza distributiva; não se limita à salvaguarda do erário, mas visa garantir ao Estado o cumprimento das prestações públicas que lhe são devidas para a sua sustentabilidade (TJSC, 3ª Câm., HC 2011.089987-2, Rel. Des. Moacyr de Moraes Lima Filho, j. 15-12-2011).

■ Depositário infiel: O art. 2º, II, da Lei n. 8.137/90, que considera crime contra a ordem tributária o não recolhimento, no prazo legal, de tributo ou contribuição social que deveria ser recolhido aos cofres públicos, não foi derrogado pela Lei n. 8.866/94, que dispôs sobre o depositário infiel de valores pertencentes à Fazenda Pública (TRF da 1ª Região, Rel. Des. Fed. Olindo Menezes, *RT* 774/692).

■ ICMS: A falta de recolhimento de ICMS, oportuna e corretamente declarado, nas guias pertinentes, relativo a dívidas por operações próprias do contribuinte não se enquadra no tipo descrito do art. 2º, II, da Lei n. 8.137/90 (crime material e que exige dolo específico de fraudar o pagamento de tributos cobrados ou descontados), constituindo mera infração tributária (TJPA, Câmaras Reunidas, Rel. Des. Milton Augusto de Brito Nobre, *RT* 787/672). O comerciante que retém valor do ICMS incidente sobre as saídas de mercadorias registradas nos livros contábeis, omitindo-se em recolhê-lo aos cofres públicos, comete o delito de sonegação fiscal, na forma do art. 2º, II, da Lei n. 8.137/90 (TJSC, Rel. Des. Amaral e Silva, *RT* 774/680).

■ **Dificuldades financeiras e IPI:** O Imposto sobre Produtos Industrializados (IPI) é tributo indireto, suportado, de fato, pelo consumidor final (efeitos da repercussão financeira, em matéria tributária). Assim, o industrial deve recolher o referido imposto, destacado, não podendo se valer das verbas respectivas, para sanear suas dificuldades financeiras. A tese, em questão, não se caracteriza como causa supralegal de exclusão da culpabilidade, capaz de justificar a absolvição do sócio-gerente (TRF da 4ª Região, Rel. Des. Fed. Maria Isabel Pezzi Klein, *RT* 787/739).

■ **Perícia. Desnecessidade:** Crime contra a ordem tributária. Sonegação fiscal. ICMS. Conduta de fraudar a fiscalização tributária inserindo elementos inexatos em livro exigido pela lei fiscal (art. 1º, II, da Lei n. 8.137/90). Configuração. Materialidade e autoria demonstradas. Ausência de laudo pericial contábil. Desnecessidade. Presença de documentos hábeis que comprovam a ilicitude. Prova testemunhal que reforça a responsabilidade penal do réu. Apelo ministerial provido para julgar procedente a ação penal (TJSP, 4ª CCr, Ap 261.801-3, Rel. Des. Passos de Freitas, j. 7-12-1999, *v.u.*).

III — exigir, pagar ou receber, para si ou para o contribuinte beneficiário, qualquer percentagem sobre a parcela dedutível ou deduzida de imposto ou de contribuição como incentivo fiscal;

■ **Transação, suspensão condicional do processo e penas alternativas:** Vide notas ao *caput*.

Art. 2º, III

■ **Objeto jurídico:** A política de incentivo fiscal praticada pelo Estado, especialmente a lisura e a regularidade do procedimento relativo à concessão de incentivo fiscal.

■ **Sujeito ativo:** É o particular que se encontra na condição de contribuinte beneficiário ou intermediário-operador da concessão de incentivo fiscal. Para Andreas Eisele, o sujeito ativo será qualquer pessoa, "desde que se encontre na condição de contribuinte beneficiário de incentivo fiscal, agente destinatário da receita, funcionário de empresa ou instituição incumbida de arrecadar e repassar os valores objeto do benefício, ou intermediário, ou representante de qualquer dessas pessoas" (*Crimes contra a ordem tributária.* São Paulo: Dialética, 1998, p. 171).

■ **Sujeito passivo:** É o Estado, representado pela Fazenda Pública que tem interesse na correta aplicação dos incentivos fiscais.

- **Tipo objetivo:** Neste inciso III, o legislador pretendeu aproveitar a redação que constava da modalidade do tacitamente revogado crime de sonegação fiscal, prevista no inciso V do art. 1º da Lei n. 4.729/65, acrescentado pela Lei n. 5.569/69, *verbis*: "exigir, pagar ou receber, para si ou para o contribuinte beneficiário da paga, qualquer percentagem sobre a parcela dedutível ou deduzida do imposto sobre a renda como incentivo fiscal". Tendo em vista que o sujeito ativo do crime do inciso III do art. 2º só pode ser o *particular*, não mais procede comparar o atual dispositivo com os crimes de concussão e corrupção passiva, como o fizera, apropriadamente, Manoel Pedro Pimentel ao comentar o supratranscrito inciso V do art. 1º da Lei n. 4.729/65 (*Direito penal econômico.* São Paulo: Revista dos Tribunais, 1973, p. 213). A redação do inciso em comento é, na verdade, péssima, ao dispor: "*exigir, pagar ou receber, para si ou para o contribuinte beneficiário...*". A única interpretação possível é a de que o legislador pretendeu punir o particular intermediário ou operador da obtenção do incentivo fiscal que, para viabilizar essa obtenção, *exige* ou *recebe* do contribuinte-beneficiário porcentagem da parcela deduzível ou deduzida do tributo, restando prejudicado o núcleo *pagar*. Discordamos, *data venia*, da opinião de Pedro Roberto Decomain para quem se incriminaria, aqui, a conduta do agente operador do incentivo fiscal que "paga ao próprio contribuinte uma parcela desse montante, parcela essa que, então, deixa de ter a destinação que deveria merecer de acordo com a legislação instituidora do incentivo fiscal" (*Crimes contra a ordem tributária.* 2. ed. Florianópolis: Obra Jurídica, 1995, p. 98), mesmo porque tal conduta configuraria o crime do inciso IV do art. 2º em comento. Igualmente não concordamos, *data maxima venia*, com outra interpretação, dada por Paulo José da Costa Jr. e Zelmo Denari, entendendo que *pagar* "implica a retribuição em razão da dedução operada, por parte do contribuinte, ao *extraneus*", ou seja, "o intermediário, o contador da empresa ou outra pessoa qualquer" (*Direito penal tributário.* 2. ed. São Paulo: Saraiva, 1996, p. 130), tendo em vista que o tipo penal não descreve essa conduta, posto inexistir a figura de *pagar para si.*

- **Objeto material:** *Parcela dedutível ou deduzida de imposto ou contribuição* é aquela prevista na legislação tributária (específica do incentivo fiscal), e que, portanto, poderá ser deduzida (descontada) da base de cálculo ou mesmo do montante do tributo devido. A expressão "dedutível ou deduzida" está a mostrar que o crime, nas suas três modalidades (exigir, pagar ou receber), pode ocorrer antes ou depois da efetiva dedução. *Imposto* "é o tributo cuja obrigação tem por fato gerador uma situação independente de qualquer atividade estatal específica, relativa ao contribuinte" (CTN, art. 16). Não constituem objeto deste tipo penal, portanto, as taxas e as contribuições de melhoria. Tendo em vista que a lei menciona *contribuição* em sentido geral, encontram-se incluídas no tipo não só as contribuições sociais, como também as de intervenção no domínio econômico e de interesse das categorias profissionais ou econômicas (CR, art. 149).

- **Incentivo fiscal:** A CR, em seu art. 151, I, apesar de vedar à União instituir tributo que não seja uniforme em todo o território nacional, admite a concessão de incentivos fiscais "destinados a promover o equilíbrio do desenvolvimento socioeconômico entre as diferentes regiões do País". Pode-se dizer, portanto, que o incentivo fiscal consiste em política fiscal do Estado que tem por fim fomentar o investimento de capital em regiões menos favorecidas do País, e, por vezes, em determinadas atividades, possibilitando, assim, o seu desenvolvimento econômico e social. Para tanto, o Estado cria as chamadas "agências de desenvolvimento", das quais é exemplo a Zona Franca de Manaus.

- **Tipo subjetivo:** É o dolo, consistente na vontade livre e consciente de praticar as condutas incriminadas, não se exigindo fim específico. Para a doutrina tradicional, é o dolo genérico. Não há punição a título de culpa.

- **Consumação e tentativa:** Na modalidade de "exigir", a consumação ocorre com a simples exigência por parte do intermediário ou operador do incentivo fiscal, não sendo necessário qualquer resultado; trata-se de crime formal. Embora não se exija resultado, a tentativa, em tese, seria possível na hipótese de a conduta assumir aspecto plurissubsistente (quando, por exemplo, a exigência não é verbal). Já na conduta de "receber", é mister a efetiva ocorrência de resultado, consistente justamente no pagamento ou recebimento do dinheiro oriundo do incentivo fiscal pelo particular operador ou intermediário; neste último caso, cuida-se de crime material ou de resultado. A tentativa é, em tese, possível.

- **Concurso de pessoas:** É possível, tanto a coautoria quanto a participação (art. 29 do CP e art. 11 desta lei).

- **Confronto:** Caso o contribuinte-beneficiário, ou seja, aquele que recebeu o incentivo fiscal, deixar de aplicá-lo ou fazê-lo em desacordo com o estatuído pela legislação, *vide* inciso IV deste art. 2º. Se o agente público exige, solicita ou recebe vantagem indevida, em razão de sua função, ou aceita promessa de tal vantagem, para deixar de cobrar ou lançar tributo ou contribuição social, ou cobrá-los parcialmente, o crime será o do art. 3º, II. Não se tratando de incentivo fiscal, a conduta poderá tipificar os crimes de concussão, corrupção ativa ou passiva, previstos nos arts. 316, 333 e 317 do CP.

- **Pena:** Detenção, de seis meses a dois anos, e multa.

- **Causa de aumento de pena:** Poderá incidir a causa especial de aumento prevista no art. 12, caso a conduta ocasione grave dano à coletividade (inciso I), seja cometida por servidor público no exercício de suas funções, como coautor ou partícipe do particular (inciso II), ou atinja a prestação de serviços ou o comércio de bens essenciais (inciso III). Acerca da inaplicabilidade dos incisos I e III, diante da sua imprecisão, *vide* comentários ao referido artigo.

- **Delação premiada:** *Vide* comentários ao art. 16, parágrafo único, desta lei (*vide* comentários ao artigo).

- **Ação penal:** Pública incondicionada.

IV — deixar de aplicar, ou aplicar em desacordo com o estatuído, incentivo fiscal ou parcelas de imposto liberadas por órgão ou entidade de desenvolvimento;

- **Transação, suspensão condicional do processo e penas alternativas:** *Vide* notas ao *caput*.

Art. 2º, IV

- **Objeto jurídico:** A política de incentivo fiscal praticada pelo Estado, especialmente a sua correta aplicação.

- **Sujeito ativo:** Somente o particular que, na qualidade de responsável (representante) da empresa incentivada ou beneficiada, tiver recebido o incentivo fiscal ou parcelas de impostos liberadas. Trata-se, pois, de crime próprio.

- **Sujeito passivo:** De forma imediata, é o Estado, que tem interesse na correta aplicação dos incentivos fiscais e das parcelas de impostos liberadas. De forma mediata, são os beneficiários da região e/ou atividade a que se destinavam originariamente o incentivo fiscal e as parcelas de impostos liberadas, não aplicadas, ou aplicadas indevidamente.

- **Tipo objetivo:** Duas são as condutas incriminadas: a) *deixar de aplicar*: é a conduta omissiva daquele que, tendo recebido incentivo fiscal ou se beneficiado da liberação de parcela de imposto, deixa de aplicá-lo, ou seja, não investe ou emprega o numerário correspondente; b) *aplicar em desacordo com o estatuído*: é a conduta comissiva do sujeito que, embora aplicando o incentivo fiscal recebido ou as parcelas de imposto liberadas, o faz de forma diversa daquela prevista em lei ou regulamento. Trata-se, portanto, de norma penal em branco, cabendo ao intérprete encontrar na legislação específica as normas relativas à concessão de determinado incentivo fiscal. Todavia, tendo em vista a amplitude que a norma penal em branco neste caso acarreta, cremos que nem toda a aplicação em "desacordo com o estatuído" poderá caracterizar o crime, mas somente aquela que, praticada de forma dolosa, tiver potencialidade lesiva à política de incentivo fiscal do Estado direcionada a determinada atividade e/ou região, sob pena de violação dos princípios da ofensividade e da proporcionalidade. O objeto material do delito é o *incentivo fiscal* ou as *parcelas de imposto liberadas por órgão ou entidade de desenvolvimento* estatais. Como visto no inciso III, sob a rubrica *Incentivo fiscal*, esta expressão é bastante ampla, abrangendo diversas formas de ajuda governamental para regiões e/ou atividades necessitadas do País. Quanto às "parcelas de impostos liberadas por órgão ou entidade de desenvolvimento", anota Andreas Eisele que elas nada mais são do que uma espécie do gênero incentivo fiscal, razão pela qual a sua inserção no tipo é "supérflua e redundante" (*Crimes contra a ordem tributária*, cit., p. 178).

- **Tipo subjetivo:** É o dolo, consistente na vontade livre e consciente de não aplicar o incentivo fiscal ou a parcela de imposto liberada, ou de aplicá-los em desacordo com o estatuído em lei ou regulamento. Não se exige fim específico. Para a doutrina tradicional, é o dolo genérico. Não há punição a título de culpa. Se houver erro de tipo (CP, art. 20), restará excluído o dolo.

- **Consumação:** Na conduta omissiva (*deixar de aplicar*), a consumação ocorre no momento em que o agente deixa de aplicar o incentivo fiscal ou as parcelas de imposto liberadas, isto é, quando expirado o prazo estabelecido em lei ou regulamento, tratando-se de crime formal. Na conduta comissiva (*aplicar indevidamente*), o delito se consuma no momento em que o agente aplica os recursos correspondentes, em desacordo com o estatuído, conforme legislação em vigor. Também nesta última conduta, não se exige a ocorrência de efetivo resultado naturalístico (prejuízo à política fiscal), tratando-se, igualmente, de crime formal. Todavia, como já assinalado acima (cf. *Tipo objetivo*), nem toda aplicação em desacordo com o estatuído configurará o delito, mas somente aquela que efetivamente tiver colocado em perigo o bem juridicamente tutelado (resultado normativo).

- Tentativa: Na primeira conduta incriminada, por se tratar de delito omissivo, a tentativa é impossível. A tentativa, na segunda conduta (comissiva), também não é possível, por se tratar de comportamento unissubsistente.

- Concurso de agentes: O concurso é possível, nos termos dos arts. 29 e 30 do CP, e do art. 11 da presente lei.

- Confronto com o art. 20 da Lei n. 7.492/86 — Sistema Financeiro Nacional: Em caso de aplicação, em finalidade diversa da prevista em lei ou contrato, de recursos provenientes de financiamento concedido por *instituição financeira oficial ou por instituição credenciada para repassá-lo*, vide art. 20 da Lei n. 7.492/86.

- Pena: Detenção, de seis meses a dois anos, e multa.

- Causa de aumento de pena: Poderá incidir a causa especial de aumento prevista no art. 12, caso a conduta ocasione grave dano à coletividade (inciso I), seja cometida por servidor público no exercício de suas funções, como coautor ou partícipe do particular (inciso II), ou atinja a prestação de serviços ou o comércio de bens essenciais (inciso III). Acerca da inaplicabilidade dos incisos I e III, diante da sua imprecisão, *vide* comentários ao referido artigo.

- Delação premiada: *Vide* comentários ao art. 16, parágrafo único, desta lei (*vide* comentários ao artigo).

- Ação penal: Pública incondicionada.

Jurisprudência

- Empréstimo da Sudam: A Superintendência de Desenvolvimento da Amazônia, órgão regional de desenvolvimento, não é uma instituição financeira, não incidindo os arts. 19 e 20 da Lei n. 7.492/86, que trata do Sistema Financeiro. A Lei 8.137/90 derrogou a Lei n. 7.134/83, que previa a aplicação do Código Penal para a hipótese em questão. Desclassificação para o crime do art. 2º, IV, da Lei n. 8.137/90 (TRF da 1ª Região, 4ª T., RSE 0014538-43.2009.4.01.3900, Rel. Des. Fed. Hilton Queiroz, j. 21-11-2011, *e-DJF1* 2-12-2011, p. 193).

V — utilizar ou divulgar programa de processamento de dados que permita ao sujeito passivo da obrigação tributária possuir informação contábil diversa daquela que é, por lei, fornecida à Fazenda Pública.

Pena — detenção, de 6 (seis) meses a 2 (dois) anos, e multa.

■ **Transação, suspensão condicional do processo e penas alternativas:** *Vide* notas ao *caput*.

Art. 2º, V

■ **Noção:** Trata-se de tipo penal relativo à informática, que não tinha previsão semelhante na Lei n. 4.279/65.

■ **Objeto jurídico:** O tipo penal visa tutelar a arrecadação tributária, já que o programa de processamento de dados mencionado neste dispositivo é aquele que permite ao contribuinte beneficiar-se tributariamente, *de forma ilícita*, em prejuízo do Estado. Como acentua Pedro Roberto Decomain, "cuida-se de incriminar aqui, ao que tudo indica, a produção e difusão de programas de processamento de dados que permitam a realização de contabilidade paralela, destinada exatamente a controlar a verdadeira situação patrimonial da empresa, a qual, para que seja burlado o fisco, na realidade não consta de sua escritura contábil e fiscal oficial" (*Crimes contra a ordem tributária*, cit., p. 103).

■ **Sujeito ativo:** Na conduta de *utilizar*, é o contribuinte ou o responsável tributário, ou seja, o sujeito passivo da obrigação tributária (crime próprio). Já na conduta *divulgar*, o sujeito ativo pode ser qualquer pessoa que, tendo a posse ou o conhecimento do referido programa de processamento de dados, promova a sua divulgação (crime comum).

■ **Sujeito passivo:** É o Estado, representado pela pessoa jurídica de direito público destinatária do tributo cuja sonegação é objetivada pelo programa de informática.

■ **Tipo objetivo:** Duas são as condutas incriminadas: a) *utilizar*, que tem o sentido de fazer uso, empregar com utilidade, usar ou valer-se de algo; b) *divulgar*, que equivale a tornar público, propagar, publicar, difundir. O objeto material é o programa de processamento de dados (*software*) que *permita* (viabilize, torne possível) ao sujeito passivo da obrigação tributária *possuir* (armazenar, registrar) informação contábil diversa daquela que é, por lei, exigida pelo Fisco. O legislador, com a expressão *permita possuir*, foi bastante abrangente. O programa em questão, assim, tanto pode ser aquele especialmente criado para tanto (ou seja, desenvolvido pelo programador, sob encomenda, para a organização de "caixa dois" e, nessa condição, utilizado ou divulgado) quanto *softwares* comuns de contabilidade ou de elaboração de planilhas de cálculos (amplamente disponíveis no mercado), mas *utilizados* de forma ilícita, ou seja, para operacionalização de contabilidade paralela. O legislador busca, na verdade, coibir a utilização de computadores para a prática de crimes contra a ordem tributária. Note-se que, se o programa visar tão somente o planejamento tributário (isto é, a elisão fiscal, e não a evasão fiscal), não haverá o crime deste inciso IV, sendo neste caso atípica a conduta. Para que o crime se configure, exige-se, outrossim, além da efetiva *utilização* ou *divulgação* do programa, que a conduta tenha colocado em risco o bem juridicamente tutelado, qual seja a arrecadação tributária. Com efeito, o direito penal moderno vem afastando, cada vez mais, o que a doutrina de outrora chamava de *crime de perigo abstrato*. Isto porque não se pode conceber, em um Estado Democrático de Direito, a punição de alguém sem a efetiva lesão ou ameaça concreta de lesão ao bem jurídico tutelado.

- Tipo subjetivo: O crime é punido apenas a título de dolo, não havendo previsão de culpa. Na modalidade de *utilizar*, consiste na vontade livre e consciente de fazer uso de programa de computador destinado à escrituração paralela. Já na conduta de *divulgar*, o dolo está presente no comportamento do divulgador (inventor, programador, comerciante ou qualquer pessoa) que, de forma livre e consciente, faz a divulgação do programa sabendo que a sua destinação é fraudar o Fisco.

- Consumação e tentativa: A consumação ocorre com a efetiva prática das condutas incriminadas, sem a necessidade da ocorrência de resultado naturalístico (supressão ou redução de tributo). Trata-se de crime formal (de perigo). Na modalidade de *utilizar*, a tentativa não é possível, por se tratar de conduta unissubsistente. Já naquela de *divulgar*, a tentativa, em hipóteses na qual a divulgação seja por escrito, é, em tese, possível, embora de difícil ocorrência na prática.

- Confronto com o art. 1º, I e II, da Lei n. 8.137/90: Se o emprego do programa tiver sido o meio fraudulento utilizado para alcançar a redução ou supressão do tributo, o crime será o do art. 1º, I, da Lei n. 8.137/90, restando absorvida a conduta descrita neste inciso V. Na prática, a incriminação autônoma deste crime em relação ao agente que *utiliza* o programa será muito difícil de ocorrer, posto que geralmente a conduta, como crime-meio, será absorvida pelo crime mais grave acima referido (crime-fim), sempre que houver efetiva redução ou supressão do tributo. Aliás, por vezes, é o contribuinte autuado justamente com base nos dados do "caixa dois" encontrado.

- Confronto com o art. 11 da Lei dos Crimes contra o Sistema Financeiro Nacional: Tratando-se de *instituição financeira*, a existência de "caixa dois" é punida, mais gravemente, pelo art. 11 da Lei n. 7.492/86, que dispõe: "Manter ou movimentar recurso ou valor paralelamente à contabilidade exigida pela legislação: Pena — Reclusão, de 1 (um) a 5 (cinco) anos, e multa".

- Outros tipos penais: Em caso de inserção de dados falsos em sistema de informações da Administração Pública, *vide* art. 313-A do CP. Na hipótese de modificação ou alteração não autorizada de sistema de informações, *vide* art. 313-B do Estatuto Penal.

- Concurso de agentes: O concurso é possível, nos termos dos arts. 29 e 30 do CP e do art. 11 da presente lei.

- Pena: Detenção, de seis meses a dois anos, e multa.

- Causa de aumento de pena: Poderá incidir a causa especial de aumento prevista no art. 12, se a conduta ocasionar grave dano à coletividade (inciso I), for praticada por servidor público no exercício de suas funções, como coautor ou partícipe do particular (inciso II), ou atingir a prestação de serviços ou o comércio de bens essenciais (inciso III). Acerca da inaplicabilidade dos incisos I e III, diante da sua imprecisão, *vide* comentários ao referido artigo.

- **Delação premiada:** *Vide* comentários ao art. 16, parágrafo único, desta lei (*vide* comentários ao artigo).

- **Ação penal:** Pública incondicionada.

Seção II
DOS CRIMES PRATICADOS POR FUNCIONÁRIOS PÚBLICOS

Art. 3º Constitui crime funcional contra a ordem tributária, além dos previstos no Decreto-Lei n. 2.848, de 7 de dezembro de 1940 — Código Penal (Título XI, Capítulo I):

- **Noção:** Enquanto os arts. 1º e 2º tratam dos *crimes praticados por particulares contra a ordem tributária*, este art. 3º cuida dos *crimes funcionais cometidos contra a ordem tributária*. A ressalva feita (*além dos previstos no Código Penal*) implica a ideia de que, caso o crime praticado pelo servidor público (expressão utilizada pela CR) não encontre tipificação neste art. 3º, poderá o agente responder pela prática de quaisquer dos *crimes praticados por funcionário público contra a administração em geral* previstos no CP (arts. 312 a 326). Em caso de conflito aparente de normas, prevalecerá, em face do princípio da especialidade, a deste art. 3º, em prejuízo da prevista no Diploma Penal.

- **Suspensão condicional do processo e pena alternativa (art. 3º, III):** A suspensão condicional do processo é cabível somente no delito previsto no inciso III deste art. 3º, qual seja, o da chamada "advocacia administrativa", nos termos do art. 89 da Lei n. 9.099/95 (infrações penais cuja pena mínima seja igual ou inferior a um ano). Igualmente a possibilidade de aplicação de pena alternativa (CP, arts. 43 e 44). O mesmo não ocorre com os crimes dos incisos I e II, cuja pena mínima é superior a um ano.

- **Extinção da punibilidade pelo pagamento do tributo e suspensão da pretensão punitiva pelo parcelamento:** *Vide* notas nos comentários ao art. 14 desta lei.

I — extraviar livro oficial, processo fiscal ou qualquer documento, de que tenha a guarda em razão da função; sonegá-lo, ou inutilizá-lo, total ou parcialmente, acarretando pagamento indevido ou inexato de tributo ou contribuição social;

Extravio de livro, processo ou documento

- **Objeto jurídico:** Este tipo penal tutela a Administração Pública, notadamente o interesse da Fazenda Pública na devida arrecadação tributária.

- **Sujeito ativo:** Apenas o servidor público que, em razão de sua função, tenha a guarda de livro oficial, processo fiscal ou qualquer documento relativo a pagamento de tributo ou contribuição social. São os servidores fiscais, pertencentes à administração fazendária (CR, art. 37, XVIII). Trata-se, pois, de crime próprio.

- **Sujeito passivo:** É o Estado, representado pela entidade pública arrecadadora do tributo ou contribuição social pago de forma indevida ou inexata.

- **Tipo objetivo:** São três os núcleos alternativamente previstos: a) *extraviar*, que tem o sentido de desviar, desencaminhar, fazer perder; b) *sonegar*, que equivale a não apresentar, ocultar fraudulentamente; c) *inutilizar*, que significa tornar imprestável ou inútil. As condutas devem recair sobre um dos seguintes objetos materiais: livro oficial, processo fiscal ou qualquer documento, acrescidos do elemento normativo do tipo, *de que o agente tenha a guarda em razão de sua função*. Livro oficial deve ser entendido como aquele criado por lei e utilizado pelo funcionário público para expedição de certidões, cálculo ou conferência do tributo ou contribuição social devidos. Por *processo fiscal* compreendem-se os autos do procedimento administrativo-fiscal instaurado, conforme previsto em lei, tendo por objetivo apurar crédito tributário e proceder ao lançamento de tributos e contribuições sociais. A expressão "qualquer documento" significa qualquer documento que tenha relação com o pagamento de tributo ou contribuição social, podendo ser um documento público ou particular. Sobre o conceito de tributo e contribuição social, *vide* nota ao art. 1º, *caput*. Para haver *tipificação*, as condutas de extravio, sonegação ou inutilização devem acarretar *pagamento indevido ou inexato de tributo ou contribuição social* (elemento normativo do tipo).

- **Tipo subjetivo:** É o dolo (direto), consistente na vontade livre e consciente de praticar as condutas incriminadas. Para os tradicionais, é o dolo genérico. Não há punição a título de culpa, podendo o extravio culposo de livros, processos ou documentos caracterizar, conforme o caso, ilícito administrativo.

- **Consumação:** Consuma-se no momento em que há o pagamento indevido ou inexato do tributo ou contribuição social. Trata-se de crime material ou de resultado.

- **Tentativa:** A nosso ver, a tentativa não é possível, diante do elemento normativo do tipo *acarretando pagamento indevido ou inexato de tributo ou contribuição social*. Caso a conduta do funcionário público não tenha acarretado o pagamento indevido ou inexato, a conduta do agente poderá tipificar o crime do art. 314 do CP (extravio, sonegação ou inutilização de livro ou documento), punido com pena mais branda, mas não a figura tentada deste art. 3º, I. Em sentido contrário, admitindo a tentativa, Pedro Roberto Decomain (*Crimes contra a ordem tributária*, cit., p. 111).

- **Concurso de pessoas:** O concurso entre servidores públicos que, em razão da função, têm a guarda do livro oficial, processo fiscal ou qualquer documento fiscal é perfeitamente possível. O particular poderá ser coautor ou partícipe, desde que tenha conhecimento da condição de funcionário público do autor (CP, arts. 29 e 30), concorrendo dolosamente para a prática do crime. *Vide*, também, art. 11 desta lei. Note-se, todavia, que será mais comum o particular responder pelos crimes dos arts. 1º ou 2º desta lei.

▪ **Conflito aparente de normas:** O crime do inciso I é, por expressa disposição do *caput* deste art. 3º, especial em relação aos demais crimes previsto no CP; assim, caso a conduta não se adeque a este tipo penal, poderá haver a incidência do crime previsto no art. 314 do CP. É a hipótese do livro ou documento sem natureza fiscal, ou, ainda que, tendo essa natureza ou se trate de processo fiscal, o seu extravio, sonegação ou inutilização não tenha acarretado pagamento indevido ou inexato.

▪ **Pena:** Reclusão, de três a oito anos, e multa.

▪ **Delação premiada:** *Vide* comentários ao art. 16, parágrafo único, desta lei (*vide* comentários ao artigo).

▪ **Ação penal:** Pública incondicionada.

II — exigir, solicitar ou receber, para si ou para outrem, direta ou indiretamente, ainda que fora da função ou antes de iniciar seu exercício, mas em razão dela, vantagem indevida; ou aceitar promessa de tal vantagem, para deixar de lançar ou cobrar tributo ou contribuição social, ou cobrá-los parcialmente;

Pena — reclusão, de 3 (três) a 8 (oito) anos, e multa.

Concussão e corrupção passiva

▪ **Noção:** Este inciso II contempla, em uma única figura típica, condutas que se assemelham aos crimes de *concussão* e *corrupção passiva*, previstos nos arts. 316 e 317 do CP.

▪ **Objeto jurídico:** É a Administração Pública, notadamente aquela voltada à arrecadação tributária.

▪ **Sujeito ativo:** A nosso ver, é o servidor público que tiver o dever legal de efetuar o lançamento ou de cobrar tributo ou contribuição social, que é o ato de ofício objeto da exigência ou negociação. É preciso, pois, que a atividade do funcionário, mesmo antes de assumir a função, ou ainda que esteja fora dela (por exemplo, em férias), esteja diretamente relacionada com o ato de lançamento ou cobrança de tributos ou contribuição social. Trata-se, pois, de crime próprio. Há, todavia, julgados entendendo que qualquer funcionário público pode ser sujeito ativo (*vide* jurisprudência abaixo).

▪ **Sujeito passivo:** O Estado, representado pela entidade pública arrecadadora do tributo ou contribuição social. Nas condutas de *exigir* e *solicitar*, o sujeito passivo será, também, o contribuinte ou responsável tributário que tiver sofrido a exigência ou recebido a solicitação.

▪ **Tipo objetivo:** Este inciso II contempla quatro núcleos alternativos: a) *exigir*, que tem o sentido de reclamar, demandar, impor, ordenar; b) *solicitar*, que equivale a pedir, rogar; c) *receber*, ou seja, aceitar, entrar na posse; d) *aceitar promessa*, que significa anuir, concordar com a proposta. Todas as condutas incriminadas devem ser praticadas por servidor público (no caso, servidor fiscal), *em razão* da sua função, isto é, precisam estar vinculadas à função específica do servidor que tenha atribuição para praticar o *ato de ofício*, consistente em "lançar ou cobrar tributo ou contribuição social". Não obstante isso, haverá o crime ainda que a conduta seja praticada "fora da função" ou "antes de iniciar seu exercício", desde que seja em "razão dela". Ou seja, mesmo que o agente, no momento da prática da conduta incriminada, não esteja efetivamente no exercício da função (p. ex., gozando férias), ou não tenha tomado posse no cargo, haverá o crime se tiver agido *em razão de sua função*. A exigência, a solicitação ou o recebimento podem ser feitos diretamente (pelo próprio funcionário) ou indiretamente (mediante interposição de outra pessoa — *longa manus*). A solicitação tanto pode ser feita expressa como disfarçada ou veladamente. O objeto material é a vantagem indevida, ou seja, a vantagem que a lei não autoriza, a qual poderá ser, ou não, patrimonial, já que a lei não distingue. No crime assemelhado de corrupção passiva (CP, art. 317), a doutrina se divide quanto ao conceito de vantagem indevida, entendendo ser apenas a vantagem patrimonial, como dinheiro ou qualquer utilidade material (Nelson Hungria, *Comentários ao Código Penal*. 2. ed. Rio de Janeiro: Forense, 1959, v. IX, p. 370), ou qualquer espécie de benefício ou de satisfação de desejo (Heleno Fragoso, *Lições de direito penal — Parte Especial*. Rio de Janeiro: Forense: 1965, v. IV, p. 1103; Magalhães Noronha, *Direito penal*. 20. ed. São Paulo: Saraiva: 1995, v. IV, p. 250). Tanto faz se a vantagem indevida é para si ou para terceiro, posto que o que se pune é a conduta reprovável do agente. É imprescindível à caracterização deste crime, porém, que o tributo ou contribuição social que se objetiva deixar de lançar ou cobrar, ou ainda cobrar parcialmente, seja *devido*.

- Tipo subjetivo: É o dolo, consistente na vontade livre e consciente de praticar as condutas incriminadas, acrescido do especial fim de agir *para deixar de lançar ou de cobrar tributo ou contribuição social, ou de cobrá-los parcialmente*. Para os tradicionais, é o dolo específico. Não há forma culposa.

- Consumação: Este inciso II, em todas as suas modalidades, é crime formal, não exigindo a efetiva ocorrência de resultado naturalístico; ou seja, não é mister que o agente, em razão da vantagem indevida exigida, solicitada ou recebida, deixe de lançar ou cobrar tributos ou contribuição social, ou cobre-os parcialmente, bastando que tal possibilidade exista em concreto (*vide* nota Confronto, abaixo). A eventual ocorrência de resultado caracteriza mero exaurimento do crime.

- Tentativa: Tendo em vista que o crime deste inciso II é formal, a tentativa não é possível, salvo a hipótese da exigência ou solicitação ser feita por escrito (assumindo caráter plurissubsistente) e não chegar ao destinatário. Em outros termos, ou o agente pratica as condutas incriminadas, e o crime se configura, ou não as pratica e o crime não se perfaz.

- Concurso de pessoas: O concurso de pessoas será mais comum entre servidores públicos que têm a mesma função. Não obstante, o particular poderá também ser coautor ou partícipe, desde que tenha conhecimento da condição de funcionário público do autor (CP, arts. 29 e 30). *Vide*, também, nossos comentários ao art. 11 desta lei.

- Confronto com os crimes de concussão e de excesso de exação: Se a exigência de vantagem indevida feita pelo funcionário público, em razão de sua função, *for praticada com outra finalidade que não a de deixar de lançar ou cobrar tributo ou contribuição social, ou cobrá-los parcialmente*, o crime será o de concussão (CP, art. 316, *caput*). Se o funcionário exige tributo ou contribuição social que sabe ou deveria saber indevidos, ou, quando devido, emprega na cobrança meio vexatório ou gravoso, não autorizado por lei, *vide* art. 316, § 1º, do CP (excesso de exação), cuja alteração foi dada pela Lei n. 8.137/90. Em caso de desvio pelo funcionário do que recebeu indevidamente para recolher aos cofres públicos, o crime de excesso de exação será qualificado (*vide* art. 316, § 2º, do CP).

- Confronto com corrupção passiva: Caso o agente solicite, receba ou aceite promessa indevida em razão de sua função, ainda que fora dela ou antes de assumi-la, e a sua intenção seja outra que não a de deixar de lançar ou de cobrar tributo ou contribuição social, ou de cobrá-los parcialmente, haverá o crime de corrupção passiva, punido com reclusão de dois a doze anos, e multa (CP, art. 317). No caso de recebimento ou aceitação de promessa, haverá também, para o corruptor, o crime de corrupção ativa (CP, art. 333).

- Confronto com extorsão: Se a exigência de vantagem econômica indevida for feita por pessoa que não é funcionário público, ou, mesmo sendo, não for praticada em razão de sua função, *vide* art. 158 do CP.

- Pena: Reclusão, de três a oito anos, e multa.

- Conversão em multa: O art. 9º, I, permite a conversão da pena privativa de liberdade em multa, estabelecendo critério próprio.

- Delação premiada: *Vide* comentários ao art. 16, parágrafo único, desta lei (*vide* comentários ao artigo).

- Ação penal: Pública incondicionada.

Jurisprudência do art. 3º, II

- Confronto aparente com o art. 316 do CP: O Fiscal de Rendas que, em razão de sua função, exige dinheiro para não lavrar auto de infração e imposição de multa, comete o crime deste art. 3º, II, e não o crime de concussão previsto no art. 316 do CP, em face do princípio da especialidade (TJSP, Rel. Des. Prado de Toledo, *RT* 750/595).

- Sujeito ativo: Exige-se, apenas, que os fatos sejam praticados por funcionário público, com a finalidade de deixar de lançar ou cobrar tributo ou contribuição social, ou cobrá-los parcialmente; o sujeito ativo não é, unicamente, o servidor com atribuição para lançar ou cobrar tributos ou contribuição social. A corroborar o entendimento, poderá ser sujeito ativo o servidor que atue fora da função ou antes de iniciar o seu exercício; no caso, um dos acusados, auditor da Receita Federal, tinha acesso ao sistema de dados, identificando empresas endividadas; mediante pagamento e indevida posse de senha dos servidores da arrecadação, conseguia suspender cobranças (STJ, 5ª T., HC 134.273, Rel. Min. Jorge Mussi, j. 22-3-2011, *Dje* 25-4-2011).

Incorre no crime do art. 3º, II, o servidor que, embora não detenha competência para efetuar lançamentos fiscais, como agente administrativo que integrava o Grupo de Vigilância, Repressão Aduaneira e Informações Estratégicas (GEINT) da Receita Federal negocia o recebimento de vantagem indevida para livrar determinado contribuinte de futura ação fiscal (TRF da 2ª Região, 2ª T. Espec., RSE 2003.50.01.000232-4, Rel. Des. André Fontes, j. 1-3-2011, *E-DJF2R* 22-3-2011, p. 33).

- **Crime formal:** O ilícito do art. 3º, II, é crime formal, ou seja, independe da ocorrência de qualquer prejuízo para o Estado, bastando que o agente exija, solicite, receba ou aceite vantagem indevida para deixar de lançar ou cobrar tributo ou contribuição social, ou cobrá-los parcialmente (STJ, 5ª T., HC 134.273, Rel. Min. Jorge Mussi, j. 22-3-2011, *Dje* 25-4-2011).

- **Suspensão do crédito tributário:** Apesar de no art. 3º, II, não constar expressamente a *suspensão do crédito tributário* como uma das finalidades visadas pelo agente ao praticar o delito ("para deixar de lançar ou cobrar tributo ou contribuição social, ou cobrá-los parcialmente"), o certo é que o acesso ilegal ao sistema de dados da Receita Federal, nele incluindo informações que ensejavam a não cobrança ou a cobrança parcial de tributos, configura, sim, o ilícito em questão, que pode ser cometido por qualquer meio escolhido pelo agente. Assim, como a suspensão ilegal do crédito tributário pode impedir a sua cobrança, ou ensejar a sua cobrança parcial, não restam dúvidas de que as condutas atribuídas aos réus se amoldam ao tipo penal, não havendo atipicidade manifesta (STJ, 5ª T., HC 134.273, Rel. Min. Jorge Mussi, j. 22-3-2011, *Dje* 25-4-2011).

- **Confronto aparente com o art. 317 do CP:** O fiscal de tributos que solicita vantagem indevida para deixar de cumprir sua obrigação comete crime contra a ordem tributária, devendo ser incurso nas sanções do art. 3º, II, da Lei n. 8.137/90, e não nas do art. 317 do CP, uma vez que este dispositivo prevê como agente servidor de qualquer natureza, enquanto a Lei n. 8.137/90 destaca como sujeito ativo do delito apenas e tão somente aquele funcionário público responsável pelo lançamento ou cobrança de tributos, modificando para estes a imposição de pena. Mister, pois, que, reconhecida a infração em desfavor da ordem tributária, deva ser aplicada a sanção correspondente. O conflito aparente de normas se resolve pela aplicação do princípio da especialização de modo que a lei posterior, específica sobre delitos tributários praticados contra a Fazenda Pública, deve ser aplicada em lugar da norma constante do Código Penal (TJMG, Rel. Des. José Arthur, *RT* 774/649).

III — patrocinar, direta ou indiretamente, interesse privado perante a administração fazendária, valendo-se da qualidade de funcionário público.

Pena — reclusão, de 1 (um) a 4 (quatro) anos, e multa.

- **Suspensão condicional do processo e pena alternativa (art. 3º, III):** A suspensão condicional do processo é cabível nos termos do art. 89 da Lei n. 9.099/95 (infrações penais cuja pena mínima seja igual ou inferior a um ano). Igualmente é possível a aplicação de pena alternativa (CP, arts. 43 e 44).

Advocacia administrativa

- **Noção:** O art. 3º, III, da Lei n. 8.137/90 prevê uma forma especial, e agravada, do crime de *advocacia administrativa* previsto no art. 321, *caput*, do CP, punido com pena bem mais amena (detenção, de um a três meses, ou multa), incriminando a conduta de "patrocinar, direta ou indiretamente, interesse privado perante a administração pública, valendo-se da qualidade de funcionário". Note-se, assim, que se tal prática ocorrer perante *autoridade fazendária*, o crime será o deste art. 3º, III, e não aquele previsto no CP. Nesta parte, portanto, houve a derrogação tácita daquele dispositivo, em face do princípio da especialidade.

- **Objeto jurídico:** Tendo em vista que o patrocínio do interesse privado perante a administração fazendária está diretamente ligado à arrecadação tributária, o bem jurídico tutelado é a Administração Pública, especialmente o interesse da Fazenda Pública em arrecadar tributos ou contribuições sociais.

- **Sujeito ativo:** Apenas o funcionário (ou servidor) público que, em razão de sua função, esteja apto a patrocinar interesse privado *perante a administração fazendária*. Ao contrário do art. 321 do CP (*advocacia administrativa*), no crime deste art. 3º, III, o sujeito ativo será apenas o funcionário que exerce funções na *administração fazendária* — e que, por isso, pode valer-se dela, e não funcionário público de outro setor da Administração Pública. A doutrina de Hungria, no sentido de que qualquer funcionário público pode ser autor do delito do art. 321 do CP (*Comentários ao Código Penal*, cit., p. 383), não se aplica ao inciso III em comento. Trata-se, a exemplo dos incisos anteriores, de crime próprio. Evidentemente, o sujeito ativo não precisa ser advogado, bastando que defenda interesse de outrem.

- **Sujeito passivo:** O Estado, notadamente a entidade pública fazendária perante a qual o interesse privado é patrocinado pelo funcionário.

- **Tipo objetivo:** O núcleo do tipo é *patrocinar*, que tem o sentido de pleitear, advogar, defender, apadrinhar interesse alheio. Trata-se, portanto, de conduta comissiva (*contra*: Magalhães Noronha, entendendo, quanto ao análogo crime do art. 321 do CP, que o delito também poderia ser praticado por omissão — *Direito Penal*, cit., p. 265). A ação pode ser exercida *direta* (pelo próprio funcionário da administração fazendária) ou *indiretamente* (por intermédio de interposta pessoa). Pune-se o patrocínio de interesse privado, pouco importando seja ele justo ou injusto, lícito ou ilícito. O interesse deve sempre estar relacionado com a arrecadação tributária. Embora este art. 3º, III, não contenha uma figura qualificada equivalente à do parágrafo único do art. 321 do CP (que pune, com detenção, de três meses a um ano, além da multa, "se o interesse é ilegítimo"), o fato do interesse patrocinado ser justo ou lícito não poderá ser desconsiderado pelo julgador na dosimetria da pena (CP, art. 59). O patrocínio deve ser realizado *perante a administração fazendária*. É claro que o patrocínio incriminado exige efetiva defesa de interesse privado por parte do funcionário público da administração fazendária, e não simples ato que poderia ser praticado por qualquer pessoa, como no caso do agente que obtém certidões devidamente pagas ou informações passíveis de serem colhidas por qualquer um, sob pena de violação dos princípios da ofensividade e da proporcionalidade. Aplicável ao crime em comento a lição de Hungria a propósito do art. 321 do CP, no sentido de que o agente patrocina o interesse privado "valendo-se de sua qualidade, ou seja, da facilidade de acesso junto a seus colegas e da camaradagem, consideração ou influência de que goza entre estes" (*Comentários ao Código Penal*, cit., p. 383).

- **Tipo subjetivo:** É o dolo (direto), que consiste na vontade livre e consciente de praticar a conduta incriminada. Na doutrina tradicional, é o dolo genérico, inexistindo especial fim de agir. Não há forma culposa.

- **Consumação:** Por ser crime formal, a consumação ocorre no momento da prática do ato que demonstre o patrocínio, sem a necessidade de ocorrência de efetivo resultado (supressão ou redução de tributos).

- **Tentativa:** Não nos parece possível.

- **Concurso de pessoas:** O particular poderá ser coautor ou partícipe, desde que tenha conhecimento da condição de funcionário público da administração fazendária do autor (CP, arts. 29 e 30). *Vide*, também, art. 11 desta lei.

- **Confronto:** Se a advocacia administrativa é praticada perante outro setor da Administração Pública que não a fazendária, art. 321 do CP. Se a advocacia administrativa der causa à instauração de licitação, ou à celebração de contrato, cuja invalidação vier a ser decretada pelo Poder Judiciário, art. 21 da Lei n. 8.666/93.

- **Pena (desproporcionalidade):** Reclusão, de um a quatro anos, e multa. A pena deste crime é bem superior àquela cominada pelo art. 321 do CP, seja em sua forma simples (detenção, de um a três meses, ou multa) ou na qualificada (detenção, de três meses a um ano, além da multa), o que demonstra absoluta desproporcionalidade na punição de condutas semelhantes, cuja diferença reside unicamente no fato de que o crime deste art. 3º, III, é praticado em face da administração fazendária, fato que, por si só, não justifica maior reprovabilidade, diante da relevância das outras esferas da Administração Pública.

- **Conversão em multa:** O art. 9º, I, permite a conversão da pena privativa de liberdade em multa, estabelecendo critério próprio.

- **Delação premiada:** *Vide* art. 16, parágrafo único, desta lei.

- **Ação penal:** Pública incondicionada.

- **Resposta prévia:** Tratando-se de crime afiançável, posto que punido com pena mínima de reclusão não superior a dois anos (CPP, art. 323, I), entendemos que as regras previstas nos arts. 513 a 518 do CPP devem ser aqui aplicadas, especialmente a referente à notificação prévia do acusado para apresentar resposta preliminar no prazo de quinze dias, antes da decisão de recebimento ou rejeição da denúncia.

Jurisprudência

- **Auditor:** Auditor da Receita Federal que prestaria serviços a contribuintes em prejuízo da Fazenda Pública, elaborando requerimento privado em detrimento da União, defendendo interesses privados no exercício da sua função; documentos em seu computador, que, embora não fossem de origem exclusiva do disco rígido da máquina por ele operada, demonstram que foram por ele revisados. Incidência do art. 3º, III. *Habeas corpus* denegado (STJ, 5ª T., HC 139.947, Rel. Min. Jorge Mussi, j. 16-8-2011, *DJe* 1º-9-2011).

- **Coautoria ou participação de terceiros, não funcionários e assinatura de petição:** Embora o crime de advocacia administrativa fazendária tenha como sujeito ativo funcionário público, em se tratando de elementar do crime, nada impede a responsabilização de terceiro que não ostente essa condição, como partícipe (CP, art. 30). O terceiro que assina petição em processo judicial ou administrativo, elaborada por outra pessoa, responsabilizando-se pelo que foi escrito, não comete o crime de falsidade ideológica (STJ, 5ª T., RHC 25.232, Rel. Min. Laurita Vaz, j. 17-5-2011, *DJe* 1º-6-2011).

Capítulo II
DOS CRIMES CONTRA A ORDEM ECONÔMICA E AS RELAÇÕES DE CONSUMO

Art. 4º Constitui crime contra a ordem econômica:

- **Alteração e revogação:** Os crimes contra a ordem econômica encontravam-se tipificados nos arts. 4º, 5º e 6º da Lei n. 8.137/90. Sucede que a Lei n. 12.529/2011, quanto ao art. 4º, deu nova redação ao inciso I, revogando as antigas alíneas *a* a *f*, revogou os incisos III a VII e alterou a pena deste crime para reclusão de dois a cinco anos, *e* multa, tornando a pena pecuniária *cumulativa* e não mais alternativa. Revogou, também, os arts. 5º e 6º.

- **Suspensão condicional do processo (antes da Lei n. 12.529/2011):** Observe-se que, quando a pena de multa era alternativa, a jurisprudência vinha considerando esta como pena mínima, possibilitando o oferecimento da suspensão condicional do processo (art. 89 da Lei n. 9.099/95), o que continuará valendo para os fatos praticados até a entrada em vigor da Lei n. 12.529/2011, o que ocorreu em 1º de maio de 2012 (seis meses após a sua publicação que se deu em 1º de novembro de 2011).

Extinção da punibilidade (acordo de leniência)

- **Acordo de leniência — Lei n. 12.529/2011 — CADE (extinção da punibilidade administrativa):** Esta lei disciplina, em seu art. 86, o chamado *acordo de leniência*. Trata ele da possibilidade de ajuste celebrado entre a União, por meio da Secretaria de Direito Econômico e pessoas físicas e jurídicas que forem autoras de infração à ordem econômica, desde que colaborem efetivamente com as investigações e o processo administrativo e que dessa colaboração resulte: I — a identificação dos demais envolvidos na infração; e II — a obtenção de informações e documentos que comprovem a infração noticiada ou sob investigação. Cumpridos os requisitos, o acordo ocasionará a extinção da ação punitiva da administração pública ou a redução de um a dois terços da penalidade aplicável.

- Acordo de leniência — Lei n. 12.529/2011 — CADE (extinção da punibilidade criminal): Além da extinção punitiva da Administração Pública, ou a redução da penalidade administrativa aplicável (art. 86), dispõe o art. 87 da Lei n. 12.529/2011, que nos crimes contra a ordem econômica, tipificados nesta Lei n. 8.137/90, e nos demais crimes diretamente relacionados à prática de cartel, tais como os tipificados na Lei n. 8.666/93, e no crime de quadrilha ou bando tipificado no art. 288 do Código Penal, a celebração de acordo de leniência determina a suspensão do curso do prazo prescricional e impede o oferecimento da denúncia com relação ao agente beneficiário da leniência. O parágrafo único deste artigo, por sua vez, estabelece que "cumprido o acordo de leniência pelo agente, extingue-se automaticamente a punibilidade dos crimes a que se refere o *caput* deste artigo".

Art. 4º, caput

- Noção: Os regramentos sobre a ordem econômica, que já se faziam presentes na Constituição de 1937, encontram-se atualmente previstos em nossa *Magna Carta*, no Título VII (Da Ordem Econômica e Financeira), Capítulo I (Dos Princípios Gerais da Atividade Econômica), art. 170, *verbis*: "A ordem econômica, fundada na valorização do trabalho humano e na livre-iniciativa, tem por fim assegurar a todos existência digna, conforme os ditames da justiça social, observados os seguintes princípios: I — soberania nacional; II — propriedade privada; III — função social da propriedade; IV — livre concorrência; V — defesa do consumidor; VI — defesa do meio ambiente, inclusive mediante tratamento diferenciado conforme o impacto ambiental dos produtos e serviços e de seus processos de elaboração e prestação; VII — redução das desigualdades regionais e sociais; VIII — busca do pleno emprego; IX — tratamento favorecido para as empresas brasileiras de capital nacional de pequeno porte. Parágrafo único. É assegurado a todos o livre exercício de qualquer atividade econômica, independentemente de autorização de órgãos públicos, salvo nos casos previstos em lei". Dispõe, ainda, o art. 173, § 4º, da Carta da República, que "a lei reprimirá o abuso do poder econômico que vise a dominação dos mercados, à eliminação da concorrência e ao aumento arbitrário dos lucros". Em consonância com esses dispositivos constitucionais, busca-se com este art. 4º, primordialmente, a tutela da *livre-iniciativa* e da *livre concorrência*.

- Ordem econômica: "Ordem econômica" pode ser entendida como o "conjunto de normas e princípios constitucionais que caracterizam basicamente a organização econômica, determinam as principais regras do seu funcionamento, delimitam a esfera de ação dos diferentes sujeitos econômicos, prescrevem os grandes objetivos da política econômica, enfim, constituem as bases fundamentais da ordem jurídico-política da economia" (Gomes Canotilho e Vital Moreira, *Constituição da República Portuguesa anotada*. 3. ed. Coimbra: Coimbra Editora, 1993, p. 383).

- **Economia e ordem econômica (distinção):** Miranda Gallino, após estabelecer a distinção entre os conceitos de economia e de ordem econômica, e afirmar que atualmente em nossa sociedade a economia, sem uma certa ordem, não pode prosperar, escreve: "El derecho penal no protege o tutela la realización del fenómeno económico como un hecho en sí, sino que protege la integridad del orden, que se estima necesario para el cumplimiento de ese hecho, de manera que puedan producirse así los fines propuestos. Resulta así claro que cualquier conducta que produzca la ruptura de este orden (concebido a manera de equilibrio indispensable en las manifestaciones económicas) trae como consecuencia una necesaria sanción" (*Delitos contra el orden económico.* Buenos Aires: Ediciones Pannedille, 1970, p. 26-27).

- **Cotejo com a revogada Lei n. 4.137/62:** A Lei n. 4.137/62, que de forma correlata à atual tutela da *ordem econômica*, tratava da repressão ao *abuso do poder econômico*, foi expressamente revogada pelo art. 92 da Lei n. 8.884/94.

- **Confronto com delitos previstos na Lei n. 8.176/91:** Este diploma, *posterior* à ora comentada Lei n. 8.137/90, prevê uma série de crimes contra o bem jurídico *ordem econômica*, fazendo-o, porém, *de forma ainda mais específica*, isto é, com referência a derivados de petróleo, gás natural e outros combustíveis, além de prever delitos contra o patrimônio, na modalidade de usurpação, e criar o Sistema de Estoques de Combustíveis.

Jurisprudência geral

- **Competência:** A competência da Justiça Federal prevista no art. 109, VI, da *Lex Maxima* pressupõe previsão legal. Inocorrendo lesão ou perigo de lesão a bens, interesses ou serviços da União, em fraude imputada, a competência é da Justiça Estadual (STJ, CComp 23.116, Rel. Min. Felix Fischer, *DJU* 22-3-1999, p. 50).

- **Crime de menor potencial ofensivo (antes da Lei n. 12.529/2011 que tornou a pena de multa cumulativa):** Tanto a doutrina quanto a jurisprudência têm entendido que o disposto no art. 2º, parágrafo único, da Lei n. 10.259/2001, deve ser interpretado no sentido de que basta que o delito tenha pena de multa alternativa a ser cumprida para que seja considerado de pequeno potencial lesivo e, consequentemente, seja processado e julgado o feito nos Juizados Especiais Criminais (TJSC, 1ª C., RCr 2003.009128-9, j. 4-11-2003, Rel. Des. Jorge Mussi, *RT* 822/682).

- **Denúncia coletiva. Inadmissibilidade:** Crimes societários. Denúncia. Requisitos. A atenuação dos rigores do art. 41 do CPP, nos chamados delitos societários, não pode ir até o ponto de admitir-se denúncia fictícia, sem apoio na prova e sem a demonstração da participação dos denunciados na prática tida por criminosa. Ser "acionista" ou "membro do conselho consultivo" da empresa não é crime. Logo, a invocação dessa condição, sem a descrição de condutas específicas que vinculem cada diretor ao evento criminoso, não basta para viabilizar a denúncia. A denúncia, pelas consequências graves que acarreta, não pode ser produto de ficção literária. Não pode, portanto, deixar de descrever o porquê da inclusão de cada acusado como autor, coautor ou partícipe do crime. Recurso de *habeas corpus* conhecido e provido para deferir a ordem e trancar a ação penal (STJ, RHC 4.214, Rel. Min. Assis Toledo).

I — abusar do poder econômico, dominando o mercado ou eliminando, total ou parcialmente, a concorrência mediante qualquer forma de ajuste ou acordo de empresas;
 a) (*Revogada.*)
 b) (*Revogada.*)
 c) (*Revogada.*)
 d) (*Revogada.*)
 e) (*Revogada.*)
 f) (*Revogada.*)

Art. 4º, I

▪ Noção: O inciso I deste art. 4º incrimina a conduta do agente que "abusar do poder econômico", ocasionando com isso o *domínio do mercado* ou a *eliminação, total ou parcial, da concorrência*, mediante qualquer ajuste ou acordo de empresas.

▪ Objeto jurídico: É a proteção da ordem econômica, notadamente da livre-iniciativa e da livre concorrência, que a integram.

▪ Sujeito ativo: Qualquer pessoa, ainda que pratique a conduta incriminada por meio de pessoa jurídica que a administre ou gerencie.

▪ Sujeito passivo: A sociedade, que resta prejudicada pelo abuso do poder econômico, com redução ou eliminação da concorrência e da livre-iniciativa, bem como os concorrentes e os consumidores particularmente prejudicados.

▪ Tipo objetivo: O núcleo do tipo é *abusar*, que tem o sentido de usar mal ou de forma inconveniente, exceder-se ou exorbitar no emprego ou exercício de algo (cf. Aurélio Buarque de Holanda, *Novo Dicionário Aurélio*. Rio de Janeiro: Nova Fronteira, 1999, p. 19), isto é, "tirar vantagem, prevalecer-se, aproveitar-se de situação favorável, vantajosa ou de superioridade [...] fazer uso injusto dos privilégios de situação superior" (Antônio Houaiss e outros, *Dicionário Houaiss da Língua Portuguesa*. Rio de Janeiro: Objetiva, 2001, p. 33). O abuso deve recair sobre o *poder econômico*, que pode ser entendido como a força ou a capacidade econômica. Para a caracterização do crime exige-se que da conduta efetivamente resulte o *domínio do mercado* ou a *eliminação, total ou parcial, da concorrência* (elemento normativo do tipo). Em suma, o preceito incrimina o comportamento daquele que, prevalecendo-se de sua *privilegiada condição em determinado setor da economia*, abusa do seu poderio econômico, disso resultando a dominação do mercado ou a eliminação total ou parcial da concorrência (geralmente pequenos e médios industriais ou comerciantes). Antes da entrada em vigor da Lei n. 12.529/2011, não era toda e qualquer conduta que caracteriza o crime de abuso de poder econômico. O legislador as enumerava *taxativamente* nas alíneas *a* a *f*. Com a revogação dessas alíneas, restou apenas o inciso I, incriminando o abuso do poder econômico *mediante qualquer forma de ajuste ou acordo de empresas*. Observe-se que a revogada alínea *a* já se referia a *ajuste ou acordo de empresas*, sem o pronome *qualquer*. Com o acréscimo do termo *qualquer*, a nova redação tornou, a nosso ver, o tipo penal excessivamente aberto. *Ajuste* e *acordo* são, aqui, sinônimos, tendo o sentido de trato, combinação, pacto, convenção.

- **Tipo objetivo e irretroatividade:** A nova redação do inciso I, que substituiu a enumeração taxativa das condutas das alíneas *a* a *f*, pela locução *qualquer ajuste ou acordo*, por ser mais gravosa, não pode retroagir.

- **Tipo subjetivo:** É o dolo, consistente na vontade livre e consciente de *abusar do poder econômico* (dolo genérico). Não há modalidade culposa.

- **Consumação:** Trata-se, a nosso ver, de crime material ou de resultado, em que a consumação se dá no momento em que se verifica o domínio do mercado ou a eliminação, total ou parcial, da concorrência. De fato, não há que se falar em abuso punível sem a ocorrência de um desses resultados. A eliminação parcial não se confunde com a retirada do mercado de qualquer concorrente; ela há que ser relevante, geradora de sensível reação ou mudança do mercado. Com exceção de casos gritantes de domínio de mercado, a prova em relação à eliminação parcial da concorrência, cujo ônus é do Ministério Público, será sempre de difícil realização e avaliação, não só pela amplitude dos efeitos da conduta, bem como pela eventual necessidade de realização de perícia oficial, caso o crime tenha deixado vestígios (CPP, arts. 158 e s.). Necessário e difícil será também provar que a dominação do mercado ou a eliminação total ou parcial da concorrência deu-se em virtude das condutas típicas praticadas pelo agente (relação de causalidade), posto que muitos outros fatores poderão intervir para o resultado.

- **Tentativa:** Partindo do pressuposto que a conduta de abusar não admite *iter criminis*, a tentativa da prática do crime deste inciso I não nos parece possível.

- **Concurso de agentes:** É possível.

- **Pena e irretroatividade:** Os crimes definidos no art. 4º são punidos com reclusão de dois a cinco anos *e multa*, de acordo com a redação dada pela Lei n. 12.529/2011, que, por ser mais gravosa quanto à pena, não pode retroagir. Isso porque a pena anterior à nova redação era de dois a cinco anos de reclusão, *ou multa*.

- **Causa de aumento de pena:** Estipula o art. 12 que haverá aumento de pena na hipótese de o delito causar grave dano à coletividade (inciso I), ser praticado por servidor público no exercício de suas funções (inciso II) e no caso de restar atingida a prestação de serviços ou o comércio de bens essenciais (inciso III). Acerca da inaplicabilidade dos incisos I e III, diante da sua excessiva imprecisão, *vide* nossos comentários ao referido artigo.

- **Delação premiada:** *Vide* comentários ao art. 16, parágrafo único, desta lei.
- **Ação penal:** Pública incondicionada.

II — formar acordo, convênio, ajuste ou aliança entre ofertantes, visando:

a) à fixação artificial de preços ou quantidades vendidas ou produzidas;

b) ao controle regionalizado do mercado por empresa ou grupo de empresas;

c) ao controle, em detrimento da concorrência, de rede de distribuição ou de fornecedores.

Pena — reclusão, de 2 (dois) a 5 (cinco) anos e multa.

Art. 4º, II

- **Noção:** O inciso II deste art. 4º traz outras modalidades do crime de *abuso do poder econômico* previsto no *caput*, voltadas, notadamente, à formação de *cartéis*.

- **Objeto jurídico:** É a ordem econômica, com especial ênfase à *defesa do consumidor* (inciso II, alínea *a*) e à *livre concorrência* (alíneas *b* e *c*).

- **Sujeito ativo:** Apenas os *ofertantes,* ou seja, as pessoas físicas que, em geral por meio de pessoas jurídicas por elas gerenciadas ou administradas, oferecem produtos ou serviços ao mercado. Para que o delito se perfaça, há de haver o concurso necessário de duas ou mais pessoas (crime plurissubjetivo).

- **Sujeito passivo:** Primeiramente, a sociedade, como um todo; em segundo lugar, os concorrentes e os consumidores prejudicados.

- **Tipo objetivo:** Pune-se o abuso do poder econômico praticado mediante a formação de *acordo*, *convênio*, *ajuste* ou *aliança* entre ofertantes, que vise qualquer das finalidades previstas nas alíneas *a*, *b* e *c*.

- **Alínea *a* (fixação artificial de preços ou quantidades vendidas ou produzidas):** Há necessidade, para a configuração do delito previsto na alínea *a* do inciso II deste art. 4º, que o acordo, convênio, ajuste ou aliança tenha o especial fim de gerar a fixação *artificial (dissimulada, fingida ou fraudulenta)* de preço ou de quantidade vendida ou produzida (incluem-se aqui, portanto, os *volumes estocados*), em dissonância com a realidade. Trata-se, geralmente, de produtos que têm impacto sensível e direto na economia, como a gasolina, o álcool, o açúcar e o trigo.

- **Alínea *b* (controle regionalizado do mercado por empresa ou grupo de empresas):** Pune o legislador também a formação do acordo, convênio, ajuste ou aliança entre ofertantes, que tenha o escopo de *controlar* (exercer o poder, manter sob o próprio domínio) o mercado de produtos ou serviços em determinada região, impedindo, consequentemente, que novos concorrentes surjam. O objetivo do legislador, com a tipificação deste crime, é, pois, o de possibilitar que outras empresas tenham acesso a mercados regionais (livre-iniciativa e livre concorrência), bem como que o consumidor possa escolher outra empresa com a qual manterá relação comercial. Ao contrário do que ocorre na alínea *c* deste inciso II do art. 4º, o delito desta alínea *b* não emprega a expressão "em detrimento da concorrência", embora este fato, a nosso ver, consubstancie natural decorrência da conduta incriminada.

- **Alínea *c* (controle, em detrimento da concorrência, de rede de distribuição ou de fornecedores):** O que a lei pune nesta alínea *c* é o acordo, o ajuste, o convênio ou a aliança entre aqueles que detêm *rede* (conjunto de estabelecimentos) *de distribuição* (de bens ou produtos) ou de *fornecedores* (de bens, produtos ou serviços). Como *rede de distribuição*, podemos lembrar os grandes supermercados e os postos de gasolina; como exemplo de *rede de fornecedores*, as empresas de telefonia. Há necessidade de se demonstrar que o acordo teve por fim o controle da rede de distribuição ou de fornecimento, em prejuízo da concorrência.

- **Tipo subjetivo:** É o dolo específico, consistente na vontade livre e consciente de fazer acordo, convênio, ajuste ou aliança, acrescido do *especial fim de agir* previsto nas alíneas *a* ("fixação artificial de preços ou quantidades vendidas ou produzidas"), *b* ("controle regionalizado do mercado por empresa ou grupo de empresas") e *c* ("controle, em detrimento da concorrência, de rede de distribuição ou de fornecedores"). Não há punição a título de culpa.

- **Consumação:** Com a formação do acordo, convênio, ajuste ou aliança entre ofertantes, que tenha a possibilidade concreta de alcançar os fins previstos nas alíneas *a*, *b* e *c*) Trata-se, pois, de crime formal e de perigo, em que a ocorrência do resultado constitui mero exaurimento do crime.

- **Tentativa:** Embora o delito seja formal, a tentativa, em tese, é possível quando as condutas incriminadas assumirem feição plurissubsistente, havendo *iter criminis*.

- **Pena:** Os crimes definidos no art. 4º são punidos com reclusão de dois a cinco anos *e* multa, de acordo com a redação dada pela Lei n. 12.529/2011, que, por ser mais gravosa quanto à pena, não pode retroagir. Isso porque a pena anterior à nova redação era de dois a cinco anos de reclusão, *ou multa*.

- **Causa de aumento de pena:** Estipula o art. 12 que haverá aumento de pena na hipótese de o delito causar grave dano à coletividade (inciso I), ser praticado por servidor público no exercício de suas funções (inciso II) e no caso de restar atingida a prestação de serviços ou o comércio de bens essenciais (inciso III). Acerca da inaplicabilidade dos incisos I e III, diante da sua excessiva imprecisão, *vide* nossos comentários ao referido artigo.

- **Delação premiada:** *Vide* comentários ao art. 16, parágrafo único, desta lei.

- **Ação penal:** Pública incondicionada.

Jurisprudência
- **Competência:** Se a formação de cartel no transporte de veículos novos acarreta reflexos em mais de um Estado-membro, limitando o livre exercício da atividade profissional no setor, a exigir a interferência da União, a competência é da Justiça Federal (TRF da 4ª Região, 7ª T., Ap. 2003.71.00.007397-5, Rel. Des. Fed. Tadaaqui Hirose, j. 2-3-2010, D-e 10-3-2010).

III — (Revogado.)
IV — (Revogado.)
V — (Revogado.)
VI — (Revogado.)
VII — (Revogado.)

Art. 5º (Revogado.)

- **Revogação:** O art. 5º foi revogado pela Lei n. 12.529/2011.

Art. 6º (Revogado.)

- **Revogação:** O art. 6º foi revogado pela Lei n. 12.529/2011.

Art. 7º Constitui crime contra as relações de consumo:

- **Transação e suspensão condicional do processo:** Tendo em vista que o legislador, neste art. 7º, estipulou pena de dois a cinco anos de detenção, *ou multa*, entendemos cabível tanto a transação penal quanto a suspensão condicional do processo. Observe-se, contudo, que a jurisprudência tem entendido ser a *multa* a pena mínima, e não a máxima, possibilitando apenas a suspensão condicional do processo prevista no art. 89 da Lei n. 9.099/95 (STJ, 6ª T., HC 125.850, Rel. Min. Maria Thereza Rocha de Assis Moura, j. 31-5-2011, *DJe* 8-6-2011; TRF da 4ª Região, 7ª T., Ap. 2003.71.00.007397-5, Rel. Des. Fed. Tadaaqui Hirose, j. 2-3-2010, *D-e* 10-3-2010).

Art. 7º, caput
- **Noção:** A CR, em seu Título II (Dos direitos e garantias fundamentais), Capítulo I (Dos direitos e deveres individuais e coletivos), art. 5º, prevê, dentre os vários direitos assegurados, que "o Estado promoverá, na forma da lei, a defesa do consumidor" (inciso XXXII). Na mesma esteira, o art. 170 do texto constitucional, ao dispor sobre os princípios informadores da ordem econômica, elenca, entre outros, a "defesa do consumidor" (inciso V). Foi em cumprimento destes dispositivos constitucionais que surgiu a Lei n. 8.078/90 (Código de Defesa do Consumidor) e, pouco depois, a Lei n. 8.137/90 (Lei dos Crimes contra a Ordem Tributária, Ordem Econômica e Relações de Consumo), ora em comento.

- **Leis n. 8.078/90 e 8.137/90 (cotejo):** Compulsando-se ambos os textos legais, verifica-se que o Código de Defesa do Consumidor (Lei n.

8.078/90) é um texto normativo bastante completo de proteção ao consumidor, tratando de vários assuntos de extrema importância, como os direitos básicos do consumidor (Título I), as infrações penais (Título II), a defesa do consumidor em juízo (Título III), o Sistema Nacional de Defesa do Consumidor (Título IV), a Convenção Coletiva de Consumo (Título V). Além de prever sanções administrativas e dispor sobre responsabilidade civil, a Lei n. 8.078/90 tipifica infrações penais em seus arts. 61 a 80. Não obstante, meses após a edição do Código de Defesa do Consumidor, surgiu a Lei n. 8.137/90, cujo art. 7º, ora em comento, também tipificou outras condutas como "crimes contra as relações de consumo". Note-se, assim, que ambos os textos legais preveem tipos penais relativos ao consumidor, os quais, todavia, como veremos, não se confundem. Segundo Paulo José da Costa Jr., as infrações tipificadas na Lei n. 8.137/90, posteriores ao Código de Defesa do Consumidor (Lei n. 8.078/90), foram equivocadamente rotuladas como sendo "contra as relações de consumo", já que a Lei n. 8.137/90, a rigor, abarca as *infrações contra a economia de mercado* (*Comentários ao Código de Proteção ao Consumidor*, Adendo Especial, p. 384, *apud* Alberto Silva Franco e outros, *Leis Penais Especiais e sua Interpretação Jurisprudencial*, 7ª ed., São Paulo, Revista dos Tribunais, p. 1386). De fato, a ressalva tem razão de ser, porque, enquanto a Lei n. 8.078/90 trata especificamente das relações de consumo e da proteção direta do *consumidor final*, a Lei n. 8.137/90, em seu Capítulo II (Dos Crimes contra a Ordem Econômica e as Relações de Consumo), art. 7º, apesar de tutelar também o consumidor, volta-se, de forma mais enfática, à proteção da *economia de mercado*. Ou seja, o Código de Defesa do Consumidor cuida da proteção do *consumidor final*, visto como "toda pessoa física ou jurídica que adquire ou utiliza produto ou serviço como destinatário final" (art. 2º da Lei n. 8.078/90), isto é, com maior enfoque individual, ao passo que a Lei n. 8.137/90 vai além, cuidando do consumidor enquanto figura inerente à ordem econômica, mesmo porque, como visto, a proteção do consumidor encontra-se inserida na CR dentre os Princípios Gerais da Atividade Econômica (art. 170, V). Por essa razão, acreditamos, é que a pena prevista para o crime do art. 7º da Lei n. 8.137/90 (reclusão, de dois a cinco anos, ou multa) seja tão superior às penas previstas, em geral, nos arts. 63 a 74 da Lei n. 8.078/90. Todavia, na prática, essa distinção tem pouca importância, posto que os tipos penais de ambas as leis são diversos, não havendo que se falar em revogação de um tipo penal por outro.

▪ **Confronto aparente de normas em face do Código Penal:** Prevê referido Código alguns crimes que poderão, conforme o caso, incidir sobre determinado caso concreto, como os arts. 171, *caput* (estelionato) e inciso IV (fraude na entrega de coisa); 172 (fatura, duplicata ou nota de venda simulada); 175 (fraude no comércio); 177 (fraude ou abusos na fundação ou administração de sociedade por ações); bem como os arts. 267 a 284 (que preveem crimes contra a saúde pública). O conflito aparente de normas deverá ser resolvido pelo critério da especialidade, preponderando as Leis ns. 8.137/90 e 8.078/90 sobre o Código Penal.

Jurisprudência do caput	■ **Inaplicabilidade do art. 34 da Lei n. 9.249/95 (extinção da punibilidade):** A Lei n. 9.249/95, que determina, em seu art. 34, a extinção da punibilidade dos crimes definidos na Lei n. 8.137/90 e na Lei n. 4.729/65, quando o pagamento do tributo ou contribuição social ocorrer antes do recebimento da denúncia, não se aplica aos delitos contra relações de consumo, previstos também na Lei n. 8.137/90, porque a objetividade jurídica destes não é impedir a sonegação fiscal, mas, sim, proteger o consumidor para que seu patrimônio e saúde não sejam lesados, não sendo o recolhimento do imposto, nessas hipóteses, causa de extinção da punibilidade (TACrSP, Rel. Juiz Almeida Braga, *RT* 778/598).

I — favorecer ou preferir, sem justa causa, comprador ou freguês, ressalvados os sistemas de entrega ao consumo por intermédio de distribuidores ou revendedores;

■ **Transação e suspensão condicional do processo:** *Vide* nota ao *caput*.

| Art. 7º, I | ■ **Objeto jurídico:** A proteção das relações de consumo, que se inserem na ordem econômica.

■ **Sujeito ativo:** É o empresário que comercializa determinado produto ou serviço.

■ **Sujeito passivo:** É o comprador ou o freguês que foi desfavorecido ou preterido pela conduta discriminatória do sujeito ativo. Tendo em vista que o conceito de consumidor abrange tanto a pessoa física quanto a pessoa jurídica (art. 2º da Lei n. 8.078/90), esta também poderá ser sujeito passivo do crime.

■ **Tipo objetivo:** Dois são os núcleos alternativamente previstos: a) *favorecer*, que tem o sentido de proteger, beneficiar; ou b) *preferir*, que equivale a dar primazia ou prioridade. Embora os verbos sugiram que a conduta possa ser praticada de várias formas, cremos que o favorecimento ou preferência só poderá ser verificado quando ocorrer a efetiva venda do produto ou prestação de serviços para um, e não para outro comprador ou freguês. O elemento normativo *sem justa causa* indica que a conduta, para ser típica, precisa ser praticada sem o apoio na lei, ou destituída de legítima situação fática que eventualmente justifique a conduta do agente. Assim, haverá justa causa na conduta de se não permitir que um cliente ingresse em um restaurante sem camisa. De outra parte, *absolutamente injustificável*, por exemplo, a preferência que determinadas casas noturnas dão a alguns clientes, em detrimento de outros que se submetem a vexatórias filas para adentrar no estabelecimento. O ato de favorecer ou preferir deve recair (objeto material) sobre determinado comprador ou freguês, em prejuízo de outro. Vale dizer, tanto o beneficiado quanto o prejudicado serão compradores ou fregueses, com a diferença de que um será o favorecido e o outro o preterido. *Freguês* é todo indivíduo que tem por hábito fazer compras no mesmo estabelecimento ou se utilizar dos serviços do mesmo prestador. Daí por que entendemos que o presente tipo |
|---|---|

penal abrange não só o comprador como também o usuário de serviços, seja ele pessoa física ou jurídica.

- **Distribuidores e revendedores:** Além das hipóteses de *justa causa* — cuja ocorrência ou não caberá ao intérprete avaliar, na análise do caso concreto —, o legislador fez ressalva em relação aos *sistemas de entrega ao consumo por intermédio de distribuidores ou revendedores*. A distribuição decorre do próprio processo produtivo e é por meio dela que os bens chegam aos consumidores, aproximando, assim, os inúmeros produtores separados pela divisão social do trabalho (Paulo Sandroni, *Novíssimo dicionário de economia*. 9. ed. Campinas: Best Seller, p. 179). A revenda, por sua vez, pode ser entendida como a venda do que se tinha comprado para negócio, não sendo o revendedor o consumidor final. Assim, caso o empresário favoreça este ou aquele distribuidor ou revendedor, em detrimento de outros, a sua conduta será atípica. Absolutamente normal, ademais, existirem distribuidores ou revendedores *exclusivos*.

- **Tipo subjetivo:** É o dolo, consistente na vontade livre e consciente de favorecer ou preferir certo comprador ou freguês, em prejuízo de outro. Havendo justa causa para tanto, o fato será atípico, o mesmo ocorrendo nos casos de sistemas de entrega ao consumo por intermédio de distribuidores ou revendedores. Não se exige especial fim de agir por parte do agente. Não há modalidade culposa.

- **Consumação:** Ocorre no momento em que o agente favorece ou prefere, sem justa causa, determinado comprador ou freguês, em prejuízo de outro. Como assinalado acima (*vide* nota *Tipo objetivo*), para que o crime se aperfeiçoe, será preciso que haja, de fato, favorecimento ou preferência, o que só poderá se verificar em casos da efetiva venda ou prestação de serviços, a uma pessoa em detrimento de outra. Não obstante, cremos que o crime continua sendo formal, não se exigindo ocorrência de dano material ao terceiro desfavorecido ou preterido.

- **Tentativa:** A tentativa parece-nos ser de difícil verificação na prática.

- **Concurso de agentes:** É possível haver coautoria e participação.

- **Pena:** Detenção, de dois a cinco anos, ou multa.

- **Confronto:** Se o favorecimento ou preferência for resultante de discriminação, ou preconceito de raça, cor, etnia ou procedência nacional, *vide* Lei n. 7.716/89 — Crimes de Racismo e Preconceito; em especial os arts. 7º — impedir o acesso ou recusar hospedagem em hotel ou similar; 8º — impedir o acesso ou recusar atendimento em restaurante, bares, confeitarias ou locais semelhantes abertos ao público; 9º — impedir acesso ou recusar atendimento em estabelecimentos esportivos, casas de diversões ou clubes sociais abertos ao público; 10 — impedir o acesso ou recusar atendimento em salões de cabeleireiros, barbearias, termas ou casas de massagem. Observamos que a pena do art. 7º é de reclusão, de três a cinco anos, agravada de um terço se a vítima for menor de dezoito anos, e a dos arts. 8º a 11, de reclusão, de um a três anos.

- **Causas de aumento de pena:** Poderá haver aumento de pena se, conforme o art. 12, o delito gerar grave dano à coletividade (inciso I), for perpetrado por servidor público no exercício de suas funções (inciso II) ou, ainda, caso atinja a prestação de serviços ou o comércio de bens essenciais (inciso III). A respeito da inaplicabilidade dos incisos I e III, diante da sua excessiva imprecisão, *vide* nossos comentários ao referido artigo

- **Delação premiada:** *Vide* notas ao art. 16, parágrafo único, desta lei.

II — vender ou expor à venda mercadoria cuja embalagem, tipo, especificação, peso ou composição esteja em desacordo com as prescrições legais, ou que não corresponda à respectiva classificação oficial;

- **Revogação:** O art. 2º, III, da Lei n. 1.521, de 26 de dezembro de 1951 (Lei de Economia Popular), foi tacitamente revogado por este art. 7º, II, da Lei n. 8.137/90 (LINDB, art. 2º, § 1º).

- **Transação e suspensão condicional do processo:** *Vide* nota ao *caput*.

Art. 7º, II

- **Objeto jurídico:** É a proteção das relações de consumo (que integram a ordem econômica).

- **Sujeito ativo:** É o comerciante, ou seja, aquele que comercializa *mercadorias*. Na linguagem do Código de Defesa do Consumidor, é o fornecedor (*vide*, a respeito, art. 2º da Lei n. 8.078/90).

- **Sujeito passivo:** A sociedade como um todo; especialmente os consumidores a quem os produtos são vendidos ou expostos à venda.

- **Tipo objetivo:** São dois os núcleos alternativamente previstos: a) *vender*, que tem o sentido de alienar ou ceder por determinado preço; a venda exige, pois, que a mercadoria seja *efetivamente* alienada (isto é, cedida ou transferida a outrem mediante pagamento). A doação, portanto, não se encontra incluída no tipo. Para que haja venda, não é necessário, obviamente, que tenha havido anterior *exposição* da mercadoria, como ocorre com as vendas mediante *telemarketing* e *internet*; b) *expor à venda*, que significa mostrar, exibir, fazer ser visto para ser comprado; embora se exija menos do que o núcleo anterior (*vender*), é indispensável que o produto tenha sido oferecido para ser comprado, isto é, realmente *exposto* à venda para o consumidor. Não basta à caracterização do crime deste art. 7º, II, portanto, a mera manutenção, por exemplo, de produto *irregular em estoque*, ainda que a intenção do agente seja a de futuramente expô-lo à venda ou vendê-lo diretamente (CP, art. 31). O objeto material é a *mercadoria*, que se traduz no produto ou bem colocado à venda. Ao contrário do inciso anterior, não abrange, portanto, a prestação de serviços. Estipula o legislador que a mercadoria deve encontrar-se com *embalagem, tipo, especificação, peso ou composição* em *desacordo com as prescrições legais*, ou que *não corresponda à respectiva classificação oficial*.

- **Lei penal em branco:** Os elementos normativos (*em desacordo com as prescrições legais* ou que *não corresponda à respectiva classificação oficial*) demonstram que o inciso II, a exemplo de inúmeros tipos penais da

Lei n. 8.137/90, é lei penal em branco, cabendo ao intérprete buscar no ordenamento jurídico o seu complemento. São normas em branco *homogêneas* (norma em branco em sentido *lato*) aquelas em que o complemento tem origem na mesma fonte ou órgão (o complemento encontra-se em outra *lei*); *heterogêneas* (norma em branco em sentido estrito), quando em fonte ou órgão diverso (*v.g.*, uma *portaria* do Ministério da Saúde). Há entendimento jurisprudencial no sentido de que a norma penal em branco prevista neste art. 7º, II, deve ser contemplada por outra norma de igual grandeza, não podendo ser integrada pelas disposições regulamentares de um decreto (*vide* jurisprudência abaixo).

▪ Tipo subjetivo: É o dolo, consistente na vontade livre e consciente de vender ou expor à venda mercadoria, *sabendo* o agente que a embalagem, tipo, especificação, peso ou composição está em desacordo com as prescrições legais, ou que não corresponde à respectiva classificação oficial. A modalidade culposa é prevista no parágrafo único deste artigo.

▪ Consumação: No primeiro núcleo (*vender*), com a efetiva *tradição do bem*, ainda que o pagamento tenha sido realizado anteriormente (por exemplo, por meio de sinal ou mesmo do pagamento integral) ou *a posteriori* (*v.g.,* na hipótese de quitação mediante cheque pré-datado ou por meio de emissão de fatura/duplicata); no segundo (*expor à venda*), a consumação se dá com a mera exposição do produto aos olhos dos consumidores, não se exigindo que a vítima compre a mercadoria, mas apenas que seja possível fazê-lo naquele momento. Na primeira conduta (vender), o crime é material e de dano; na segunda (expor à venda), o crime é formal e de perigo. Na hipótese de ter havido exposição à venda sucedida de alienação, esta constituirá mero exaurimento do delito.

▪ Tentativa: Na primeira figura (*vender*), a tentativa é possível. É o caso, por exemplo, do comerciante que, por telefone, tenta vender produto nas condições proibidas. Contudo, a tentativa de *venda* não será possível se tiver havido anterior exposição da mercadoria, oportunidade em que o crime já terá se configurado. Na segunda figura (*expor à venda*), não há falar em tentativa, posto que aí a conduta é unissubsistente, de consumação instantânea. Como dito, a simples manutenção de mercadorias irregulares em estoque, sem que haja exposição à venda, não configura o tipo deste inciso II.

▪ Confronto: Se o agente omite dizeres ou sinais ostensivos sobre a nocividade ou periculosidade de produtos, nas embalagens, nos invólucros, recipientes ou publicidade, *vide* art. 63 da Lei n. 8.078/90 — Código de Defesa do Consumidor, apenado com detenção, de seis meses a dois anos, e multa. Em caso de afirmação falsa ou enganosa, ou de omissão de informação relevante sobre a natureza, característica, qualidade, quantidade, segurança, desempenho, durabilidade, preço ou garantia de produtos ou serviços, cf., também, art. 66 da Lei n. 8.078/90, cuja pena é de detenção, de três meses a um ano, e multa. Em caso de falsificação de selo público na venda de produtos em desacordo com as prescrições legais, o falso poderá caracterizar *crime meio* quando este se exaurir na conduta deste art. 7º, II, e não houver lesão a outros bem jurídicos. Há decisões, todavia, entendendo haver concurso material com o falso na hipótese de falsificação de selo do "SIF", caracterizando também o delito do art. 296, § 1º, I, do CP.

- **Confronto com o inciso IX do art. 7º:** No caso de o agente vender, ter em depósito para vender ou expor à venda ou, de qualquer forma, entregar matéria-prima ou mercadoria em condições impróprias para o consumo, *vide* art. 7º, IX, desta lei.

- **Pena:** Detenção, de dois a cinco anos, ou multa. Em caso de culpa, haverá a diminuição prevista no parágrafo único deste art. 7º, reduzindo-se a pena de detenção de um terço ou a de multa à quinta parte.

- **Causas de aumento de pena:** O art. 12 desta lei determina que a pena do art. 7º, II, poderá ser agravada de um terço até a metade se o crime ocasionar grave dano à coletividade (inciso I), for praticado por servidor público no exercício de suas funções (inciso II) ou, ainda, se tiver atingido a prestação de serviços ou o comércio de bens essenciais (inciso III). A respeito da inaplicabilidade dos incisos I e III, diante da sua excessiva imprecisão, *vide* nossos comentários ao referido artigo.

- **Delação premiada:** *Vide* comentários ao art. 16, parágrafo único, desta lei.

Jurisprudência

- **Lei penal em branco:** A norma penal em branco prevista no art. 7º, II, da Lei n. 8.137/90 deve ser contemplada por outra norma de igual grandeza, não podendo, assim, ser integrada pelas disposições regulamentares de um decreto (TACrSP, *m.v.*, *RJD* 24/118).

- **Imprecisão sobre quais estatutos legais foram infringidos:** Se não há precisão sobre quais estatutos legais ou classificação oficial, atinentes à correta comercialização de mercadorias, foram infringidos, não há falar-se em afronta ao art. 7º, II, da Lei n. 8.137/90 (TJPB, Rel. Des. Júlio Aurélio Moreira Coutinho, *RT* 788/663).

- **Adição de açúcar e ácido sórbico em vinho:** Falta de clareza do certificado de análise sobre a quantidade de açúcar adicionada ao vinho, bem como a ausência de cópia da legislação que regulamenta a adição de ácido sórbico impõem a absolvição pela prática do crime do art. 7º, II (TJRS, 4ª Câm., Ap. 70035405133, Rel. Des. Gaspar Marques Batista, j. 17-6-2010).

- **Confronto com falsidade de selo ou sinal público:** Condena-se pelo crime do art. 7º, II, da Lei n. 8.137/90, em concurso material com o crime do art. 296, § 1º, I, do CP, se o réu vende mercadorias em desacordo com as prescrições legais, além de fazer uso de selo SIF falsificado (TRF da 1ª Região, 3ª T., Ap 2008.38.000187-2, Rel. Des. Fed. Assusete Magalhães, j. 14-12-2011, *e-DJF1* 19-12-2011, p. 251).

- **Caracterização:** Age com dolo genérico e direto, de molde a caracterizar os crimes contra as relações de consumo previstos no art. 7º, II e IX, da Lei n. 8.137/90, o comerciante que, adquirindo determinada quantidade de sabão líquido para limpeza de roupas, fraciona o conteúdo adquirido em pequenos galões, trocando o rótulo original do produtor por um de sua empresa, identificando o produto como sabonete líquido para higiene pessoal humana, sem outras informações de lei, revendendo para os consumidores produto impróprio para o consumo, pois nocivo à saúde (TACrSP, Rel. Juiz Francisco Menin, *RT* 782/609).

III — misturar gêneros e mercadorias de espécies diferentes, para vendê-los ou expô-los à venda como puros; misturar gêneros e mercadorias de qualidades desiguais para vendê-los ou expô-los à venda por preço estabelecido para os de mais alto custo;

- Revogação: O art. 2º, V, da Lei n. 1.521, de 26-12-1951 (Lei de Economia Popular), foi tacitamente revogado por este art. 7º, III (LINDB, art. 2º, § 1º).
- Transação e suspensão condicional do processo: *Vide* nota ao *caput*.
- Objeto jurídico: A proteção das relações de consumo, que se inserem na ordem econômica.
- Sujeito ativo: É o comerciante de gêneros e mercadorias. Na linguagem do Código de Defesa do Consumidor (Lei n. 8.078/90), é o fornecedor.
- Sujeito passivo: A sociedade como um todo; especialmente os consumidores a quem os produtos são vendidos ou expostos à venda.
- Tipo objetivo: São dois os núcleos alternativamente previstos: a) *misturar gêneros* e *mercadorias de espécies diferentes*. Gêneros são produtos atrelados ao comércio de secos e molhados, mormente a granel. Mercadorias podem ser entendidas como quaisquer produtos aptos a ser comprados ou vendidos. A expressão "de espécies diferentes" significa de naturezas diversas ou distintas. Incrimina-se, assim, a conduta do comerciante que mistura gêneros ou mercadorias *diferentes* (p. ex., óleo de oliva com óleo de soja). A mistura de gêneros ou mercadorias de espécies diferentes deve ser feita com o fim de vendê-los ou de expô-los à venda *como se puros fossem* (elemento subjetivo do tipo), ou seja, com evidente má-fé. Trata-se, na verdade, de uma modalidade de fraude, em que os intuitos de enganar e de ludibriar encontram-se presentes. No segundo núcleo incrimina-se a conduta de b) *misturar gêneros e mercadorias de qualidades* (atributos, condições) *desiguais, para vendê-los ou expô-los à venda por preço estabelecido para os de mais alto custo* (elemento subjetivo do tipo). O comerciante mistura produtos da mesma espécie, mas de qualidades diferentes (para exemplificar, lembramos a mistura de soja transgênica com soja não modificada; carne de boi velho com a de novilho — *baby beef*), com o intuito de enganar o consumidor e lucrar indevidamente. Nesta última hipótese (*b*), se o preço dos gêneros ou das mercadorias misturadas for o mesmo, não haverá o crime. A diferença entre os dois núcleos do tipo é sutil, residindo basicamente no fato de que, enquanto no primeiro (*a*) o agente mistura gêneros e mercadorias de *es-*

pécies diferentes com a finalidade de enganar a vítima quanto à pureza do produto, no segundo (b) ele faz a mistura de gêneros e mercadorias de qualidades desiguais, enganando o consumidor quanto à qualidade do produto, com a finalidade específica de cobrar pelo preço do mais caro.

- Tipo subjetivo: É o dolo, consistente na vontade livre e consciente de praticar as condutas incriminadas. No primeiro núcleo, exige-se o fim especial de agir consistente na finalidade de vender ou de expor à venda os gêneros e as mercadorias misturados como puros (dolo específico). No segundo núcleo, também se exige fim especial de agir, consistente em vender ou expor à venda gêneros e mercadorias misturados com o preço estabelecido para o de mais alto custo (dolo específico). A modalidade culposa é prevista no parágrafo único deste art. 7º.

- Consumação: Ao mesmo tempo em que o legislador empregou, em ambas as modalidades deste inciso III, o verbo misturar, ele exigiu que tal ação fosse praticada com um fim especial, qual seja, o de vender ou de expor à venda os gêneros e as mercadorias como puros (primeira modalidade) ou, então, pelo mesmo preço estabelecido para os de mais alto custo (segunda modalidade). Ora, como saber se a mistura dos produtos tinha a finalidade de venda ou de exposição à venda, senão por meio da própria venda ou exposição? A mistura pode ter sido praticada com outra finalidade qualquer (v.g., ludibriar sócios ou credores; enganar o Fisco; disfarçar o furto de mercadoria que estava em estoque), hipótese em que a conduta será atípica. Assim, cremos que a consumação ocorrerá somente quando o produto misturado for vendido ou exposto à venda.

- Tentativa: Pelas razões expostas na nota anterior (Consumação), cremos que a tentativa é impossível neste inciso III.

- Confronto com o inciso IX do art. 7º: No caso de o agente vender, ter em depósito para vender ou expor à venda ou, de qualquer forma, entregar matéria-prima ou mercadoria em condições impróprias para o consumo, vide art. 7º, IX, desta lei.

- Pena: Detenção, de dois a cinco anos, ou multa. Em caso de culpa, haverá a redução prevista no parágrafo único deste art. 7º, ou seja, de um terço da pena de detenção, ou da quinta parte da pecuniária.

- Causas de aumento de pena: O art. 12 desta lei determina que a pena do art. 7º, II, poderá ser agravada de um terço até a metade se o crime ocasionar grave dano à coletividade (inciso I), for praticado por servidor público no exercício de suas funções (inciso II) ou, ainda, se tiver atingido a prestação de serviços ou o comércio de bens essenciais (inciso III). A respeito da inaplicabilidade dos incisos I e III, diante da sua excessiva imprecisão, vide nossos comentários ao referido artigo.

- Delação premiada: Vide comentários ao art. 16, parágrafo único, desta lei.

Jurisprudência

- Ausência de dolo: Inexistindo o elemento subjetivo dolo no procedimento do empresário que altera a composição de bens, mas que, todavia, não os expõe apregoando a condição de genuidade destes, aliado, ademais, à ciência e consentimento da modificação por todos aqueles que os adquirem, mostra-se ausente, tal evento, de um dos requisitos caracterizadores do delito descrito no art. 7º, III, da Lei n. 8.137/90 (TJPB, Rel. Des. Júlio Aurélio Moreira Coutinho, *RT* 788/663).

IV — fraudar preços por meio de:

Art. 7º, IV

- **Noção:** Pune este inciso IV do art. 7º a ação do fornecedor (aquele que oferece produtos ou serviços) que venha a *fraudar preços*, ou seja, estipular preços abusando da confiança do consumidor, agindo de má-fé, iludindo, mediante as condutas descritas nas alíneas *a* e *d*.

a) alteração, sem modificação essencial ou de qualidade, de elementos tais como denominação, sinal externo, marca, embalagem, especificação técnica, descrição, volume, peso, pintura ou acabamento de bem ou serviço;

- **Transação e suspensão condicional do processo:** *Vide* nota ao *caput*.

Art. 7º, IV, a

- **Objeto jurídico:** É a proteção das relações de consumo (que integram a ordem econômica).

- **Sujeito ativo:** É o comerciante ou o produtor de bens (produtos), bem como o prestador de serviços. Na linguagem do Código de Defesa do Consumidor, é o fornecedor (*vide* art. 3º da Lei n. 8.078/90).

- **Sujeito passivo:** A sociedade como um todo, especialmente os consumidores.

- **Tipo objetivo:** Esta alínea *a* descreve uma das formas pelas quais a *fraude de preços* é punida. A *fraude* consiste no emprego pelo agente de engodo, ardil, artifício, ilusão ou engano, que objetive levar o consumidor a erro ou à falsa aparência da realidade. Trata-se de conduta comissiva. A fraude punida por esta alínea *a* é a *alteração* (mudança), *sem modificação essencial ou de qualidade* (hipóteses previstas no inciso III deste art. 7º), *de elementos tais como denominação, sinal externo, marca, embalagem, especificação técnica, descrição, volume, peso, pintura ou acabamento de bem* (coisa que tem utilidade a alguém e que é destinada ao consumo, abrangendo tanto *bens* duráveis quanto não duráveis) *ou serviço* (atividade, trabalho). Isto é, o agente, buscando auferir lucro indevido, altera (muda ou modifica) quaisquer elementos do bem ou do serviço. O preço que seria o correto é, assim, fraudado. Se a alteração acarretar *modificação essencial ou de qualidade* do bem, não haverá o crime deste art. 7º, IV, *a*, podendo, eventualmente, configurar-se outro crime (*vide* nota Confronto abaixo).

- **"Tais como":** Em virtude da locução *tais como*, o rol de condutas fraudulentas descritas nesta alínea *a* não é taxativo, mas exemplificativo. Semelhante situação ocorre com o art. 171 do CP, em que encontramos os termos "mediante artifício, ardil, ou *qualquer outro meio fraudulento*". O caráter *fraudulento* (com engodo, má-fé, dissimulação) deverá, obviamente, sempre estar presente.

■ Tipo subjetivo: É o dolo, consistente na vontade livre e consciente de *fraudar* o preço do bem ou do serviço, mediante as condutas acima referidas. A conduta dolosa punível, em nosso entendimento, é somente aquela que tenha por finalidade auferir lucro indevido, sem o que não haverá o dolo. Com efeito, é inegável que a *fraude* deve sempre ser praticada em prejuízo econômico dos consumidores. Assim, caso a alteração dos elementos do bem ou do serviço não acarrete a desvalorização *real* do seu valor, não haverá o crime. É o caso, por exemplo, do agente que, na falta de determinada tinta automobilística, emprega outra da *mesma qualidade* e *preço*, ainda que não informe o consumidor a respeito. Para a doutrina tradicional, é o dolo específico. Não há forma culposa para os delitos do inciso IV do art. 7º.

■ Consumação: Com a efetiva prática da fraude, mediante as condutas descritas (*alteração de elementos tais como denominação, sinal externo, marca, embalagem, especificação técnica, descrição, volume, peso, pintura ou acabamento de bem ou serviço*), ainda que não haja efetiva venda do bem ou contratação do serviço. A eventual venda ou contratação consistirá mero exaurimento do crime.

■ Tentativa: A tentativa, em tese, é possível, embora de difícil ocorrência na prática.

■ Confronto: Se a alteração acarretar *modificação essencial ou de qualidade* do bem poderá haver a configuração, conforme o caso, de um dos tipos penais descritos nos incisos II ou III deste art. 7º. Na hipótese de a alteração causar modificação essencial ou de qualidade de serviço, poderá se configurar o delito do inciso VII. Caso a alteração torne a mercadoria (bem ou produto) imprópria para o consumo, poderá haver a incidência do inciso IX do mesmo artigo. Na hipótese de emprego, na reparação de produtos, de peças ou componentes de reposição usados, sem autorização do consumidor, *vide* art. 70 da Lei n. 8.078/90.

■ Confronto com estelionato: Se a fraude não envolver uma relação de consumo, *vide* art. 171 do Código Penal, punido com pena de reclusão, de um a cinco anos.

■ Derrogação tácita: A nosso ver, o crime do art. 66, *caput*, da Lei n. 8.078/90, que pune com detenção de três meses a um ano, e multa, a conduta de "fazer afirmação falsa ou enganosa, ou omitir informação relevante sobre a natureza, característica, qualidade, quantidade, segurança, desempenho, durabilidade, preço ou garantia de produtos ou serviços", acabou sendo revogado *em parte* pelo art. 7º, IV, *a*, da Lei n. 8.137/90. Sem prejuízo da constatação de que o crime do art. 66, *caput*, da Lei n. 8.078/90 é mais amplo e destina-se ao consumidor final, cumpre observar que em razão de a tutela da ordem econômica como um todo ser o principal objeto jurídico deste art. 7º (*vide* nota ao art. 4º, *caput*, sob a rubrica

Ordem econômica), ele abarca a proteção dos direitos de todo consumidor que tenha sido prejudicado individualmente, ainda que de modo reflexo. Tutela, portanto, a lisura das *relações de consumo*. Resta íntegra, contudo, a hipótese do art. 66 da Lei n. 8.078/90 não especificada neste art. 7º, IV, *a*, relativa à questão da garantia dos produtos ou serviços. O art. 66 do Código de Defesa do Consumidor, outrossim, também prevê a modalidade culposa, a qual não é estipulada para o crime deste inciso IV, *a*, do art. 7º da Lei n. 8.137/90.

- Pena: Detenção, de dois a cinco anos, ou multa.

- Causas de aumento de pena: O art. 12 desta lei determina que a pena do art. 7º, II, poderá ser agravada de um terço até a metade se o crime ocasionar grave dano à coletividade (inciso I), for praticado por servidor público no exercício de suas funções (inciso II) ou, ainda, se tiver atingido a prestação de serviços ou o comércio de bens essenciais (inciso III). A respeito da inaplicabilidade dos incisos I e III, diante da sua excessiva imprecisão, *vide* nossos comentários ao referido artigo.

- Delação premiada: *Vide* comentários ao art. 16, parágrafo único, desta lei.

b) divisão em partes de bem ou serviço, habitualmente oferecido à venda em conjunto;

- Transação e suspensão condicional do processo: *Vide* nota ao *caput*.

Art. 7º, IV, b

- Objeto jurídico: A proteção das relações de consumo, que se inserem na ordem econômica.

- Sujeito ativo: É o comerciante ou o produtor de bens, como também o prestador de serviços. Na linguagem do Código de Defesa do Consumidor, é o fornecedor (*vide* art. 3º da Lei n. 8.078/90).

- Sujeito passivo: A sociedade como um todo, especialmente os consumidores.

- Tipo objetivo: A segunda modalidade de *fraude* (engodo, ardil, artifício, ilusão ou engano) *de preços* tipificada por este art. 7º, IV, encontra-se definida nesta alínea b) Incrimina-se, aqui, a conduta daquele que procede à *divisão* (cisão, fracionamento) *em partes* (expressão até mesmo redundante em face do significado do termo *divisão*) *de bem* (coisa ou produto que tem utilidade a alguém, durável ou não) ou *serviço* (atividade, trabalho) que *habitualmente* (reiteradamente, usualmente) é oferecido à venda *em conjunto*. Trata-se, evidentemente, da conduta do fornecedor de bens ou serviços que se utiliza de *fraude*, levando o consumidor (sob pena de não realizar o negócio) a comprar ou contratar em partes, não obstante a praxe seja outra. O consumidor, seja por ter sido ludibriado ou, até mesmo, por não poder recorrer a outro fornecedor ou prestador de serviços, fica, assim, desamparado. O elemento normativo do tipo *habitualmente* exigirá do aplicador da lei investigação para chegar-se à certeza de que o bem ou serviço é, de modo frequente, reiterado, de acordo com os usos e costumes de determinada região, oferecido à venda *em conjunto*.

- **Tipo subjetivo:** É o dolo consistente em fraudar preços mediante a divisão em partes de bem ou serviço, habitualmente oferecido à venda em conjunto. A conduta dolosa punível, a nosso ver, é somente aquela que tenha por finalidade auferir lucro indevido, sem o que não haverá o dolo. Com efeito, é inegável que a *fraude* deve sempre ser praticada em prejuízo econômico dos consumidores. Para os tradicionais, é o dolo específico. Não há modalidade culposa para os crimes definidos no inciso IV do art. 7º.

- **Consumação e tentativa:** Com a oferta de venda de bem ou de serviço dividido em partes, independentemente de o consumidor tê-lo comprado ou contratado. A tentativa, a nosso ver, não é possível.

- **Pena:** Detenção, de dois a cinco anos, ou multa.

- **Causas de aumento de pena:** O art. 12 desta lei determina que a pena do art. 7º, II, poderá ser agravada de um terço até a metade se o crime ocasionar grave dano à coletividade (inciso I), for praticado por servidor público no exercício de suas funções (inciso II) ou, ainda, se tiver atingido a prestação de serviços ou o comércio de bens essenciais (inciso III). A respeito da inaplicabilidade dos incisos I e III, diante da sua excessiva imprecisão, *vide* nossos comentários ao referido artigo.

- **Delação premiada:** *Vide* comentários ao art. 16, parágrafo único, desta lei.

Jurisprudência

- **Fracionamento do produto:** O fracionamento em frascos menores com substituição da embalagem, sem adulteração ou modificação do produto, cuja comercialização é feita pelo fabricante em conformidade com as normas legais, tipifica crime contra a propriedade industrial, e não de natureza fiscal-econômica. Absolvição decretada (TJSP, 16ª Câm. Crim., Ap. 0329582-26.2010.8.260000, Rel. Des. Newton Neves, j. 11-1-2011).

c) junção de bens ou serviços, comumente oferecidos à venda em separado;

- **Transação e suspensão condicional do processo:** *Vide* nota ao *caput*.

Art. 7º, IV, c

- **Noção:** Dispõe esta alínea *c* sobre outra hipótese de *fraude de preço* nos termos do art. 7º, IV, desta lei. Trata-se da situação inversa à tipificada na alínea anterior (*b*).

- **Objeto jurídico:** É a proteção das relações de consumo que integram a ordem econômica.

- **Sujeito ativo:** É o comerciante ou o produtor de bens (produtos), bem como o prestador de serviços ou, ainda, aquele que os agencia ou intermedeia. Na linguagem do Código de Defesa do Consumidor, é o fornecedor.

- **Sujeito passivo:** A sociedade como um todo; especialmente os consumidores aos quais os bens ou serviços foram oferecidos conjuntamente.

- **Tipo objetivo:** A terceira modalidade de *fraude* (engodo, ardil, artifício, ilusão ou engano) *de preços* punida é aquela praticada mediante a conduta descrita nesta alínea c. Incrimina-se, aqui, a conduta daquele que procede à *junção* (união, reunião) *de bens ou serviços, comumente* (habitualmente) *oferecidos à venda em separado*. A exemplo do que ocorre na alínea anterior, o elemento normativo do tipo *comumente* exigirá do intérprete investigação para saber se o produto ou bem *costuma* ser oferecido à venda em separado. O legislador prevê a punição, em suma, daquele que *impõe* ao consumidor a aquisição ou a contratação de *algo a mais daquilo que ele deseja*, sob o pretexto de que, a despeito da praxe, não mais pode alienar o produto ou contratar o serviço isoladamente (esta é a *fraude*). A nosso ver, a questão do maior ou menor valor dos bens ou serviços isoladamente considerados não assume relevância para efeitos de tipificação da conduta. Mesmo que o valor pedido pelos produtos ou serviços em conjunto seja equivalente ou até mesmo inferior à soma deles, isoladamente considerados, o que se proíbe, como salientado, é a imposição de algo que o consumidor não quer, sob pena de não poder adquirir ou contratar apenas aquilo que, habitualmente, lhe era possível (*v.g.*, a contratação de serviços bancários para manutenção de conta corrente, havendo a imposição, por parte do banco, da contratação de cartão de crédito).

- **Tipo subjetivo:** É o dolo, consistente na vontade livre e consciente de vincular a venda de bem ou bens, a prestação de serviço ou serviços, comumente oferecidos isoladamente, à aquisição ou contratação de outro ou outros, não desejados pelo consumidor. Não se exige fim específico. É preciso, no entanto, que o agente tenha consciência de que o bem ou produto costuma ser oferecido de forma separada. Para a doutrina tradicional, é o dolo genérico. Não há modalidade culposa.

- **Consumação:** Com a oferta de venda de bens ou contratação de prestação de serviços de forma reunida, independentemente de o consumidor tê-los comprado ou contratado.

- **Tentativa:** A tentativa não nos parece possível, tendo em vista que a conduta de oferecer é *unissubsistente*, não podendo ser fracionada, sendo também o crime formal.

- **Confronto com art. 5º, II:** Difícil a distinção entre o crime deste art. 7º, IV, *c*, e aquele previsto no art. 5º, II, desta mesma lei. O *caput* do art. 5º estatui que "constitui crime contra *a ordem econômica*" a conduta daquele que "subordinar a venda de bem ou a utilização de serviço à aquisição de outro bem, ou ao uso de determinado serviço", ao passo que este art. 7º, IV, *c*, estabelece que "constitui crime contra as *relações de consumo*" a *fraude de preços* mediante "junção de bens ou serviços, comumente oferecidos à venda em separado". Isso porque o amplo conceito de ordem econômica (*vide* nota ao art. 4º, *caput*) engloba a tutela dos direitos do consumidor. A distinção mais perceptível, a nosso ver, seria a de que o art. 7º, IV, *c*, tem enfoque específico na ordem econômica voltada ao *consumi-*

dor final, exigindo expressamente a *fraude* (engodo, artifício, ilusão ou engano) por parte do sujeito ativo, o que o art. 5º, II, não faz. De qualquer forma, lembrando que a pena é a mesma, caberá ao intérprete, caso a caso, definir a melhor tipificação.

- **Pena:** Detenção, de dois a cinco anos, ou multa.

- **Causas de aumento de pena:** O art. 12 desta lei determina que a pena do art. 7º, II, poderá ser agravada de um terço até a metade se o crime ocasionar grave dano à coletividade (inciso I), for praticado por servidor público no exercício de suas funções (inciso II) ou, ainda, se tiver atingido a prestação de serviços ou o comércio de bens essenciais (inciso III). A respeito da inaplicabilidade dos incisos I e III, diante da sua excessiva imprecisão, *vide* nossos comentários ao referido artigo.

- **Delação premiada:** *Vide* comentários ao art. 16, parágrafo único, desta lei.

d) aviso de inclusão de insumo não empregado na produção do bem ou na prestação dos serviços;

- **Transação e suspensão condicional do processo:** *Vide* nota ao *caput*.

Art. 7º, IV, d

- **Noção:** Trata esta alínea *d* de outra hipótese de *fraude de preço* prevista no art. 7º, IV, desta lei.

- **Objeto jurídico:** A proteção das relações de consumo, que se inserem na ordem econômica.

- **Sujeito ativo:** O comerciante ou o produtor de bens (produtos), bem como o prestador de serviços. Na linguagem do Código de Defesa do Consumidor, é o fornecedor (*vide* art. 3º da Lei n. 8.078/90).

- **Sujeito passivo:** A sociedade como um todo; especialmente os consumidores.

- **Tipo objetivo:** A quarta modalidade de *fraude* (engodo, artifício, ardil) *de preços* prevista como crime por este art. 7º, IV, *d*, consiste na conduta daquele que, com o objetivo de enganar ou ludibriar a vítima, procede a *aviso de inclusão de insumo não empregado na produção do bem ou na prestação dos serviços*. O *aviso* nada mais é do que a informação, a notícia ou a comunicação de algo a outrem. A *inclusão* é a inserção, o adendo, a utilização. *Insumo* é o "elemento que entra no processo de produção de mercadorias ou serviços: máquinas e equipamentos, trabalho humano, etc." (*Novo Dicionário Aurélio*. Rio de Janeiro: Nova Fronteira, 1999, p. 1120). Incrimina-se, pois, a conduta do agente que, objetivando enganar a vítima sobre o real preço do produto ou serviço, dá informação não verdadeira acerca da inclusão de determinado elemento (*insumo*) no processo de produção do bem ou na prestação de serviço. Isto é, o agente faz afirmação falsa sobre a utilização de determinado insumo, levando a vítima a pagar por um bem ou serviço, quando, na verdade, recebe outro. O tipo não exige expressamente que o intuito do agente seja o de obter enriquecimento ilícito, embora este nos pareça, aqui, inafastável.

- **Tipo subjetivo:** É o dolo, consistente na vontade livre e consciente de fraudar preços mediante o *aviso de inclusão de insumo não empregado na produção do bem ou na prestação dos serviços*. Não se exige fim específico. É preciso, contudo, que o agente tenha feito o aviso de inclusão do insumo, sabendo de antemão que ele não seria utilizado (dolo preexistente); caso contrário, estaremos diante de mera quebra de contrato. Cremos que, caso o preço do produto ou serviço não sofra alteração em virtude da não inclusão do insumo prometido (avisado), sendo a qualidade equivalente, não se caracterizará o crime desta alínea *d*, já que este inciso IV pune a conduta de fraudar preços. Não há modalidade culposa.

- **Consumação:** A consumação ocorre no momento em que o consumidor é informado falsamente. Trata-se de crime formal, não se exigindo resultado naturalístico.

- **Tentativa:** Não nos parece possível.

- **Confronto com o art. 66, *caput*, do CDC:** Tênue a distinção entre o crime tipificado neste art. 7º, IV, *d*, e aquele (mais amplo) previsto no art. 66, *caput*, da Lei n. 8.078/90, que pune com detenção, de três meses a um ano, e multa, quem fizer afirmação falsa ou enganosa, ou omitir informação relevante sobre a natureza, característica, qualidade, quantidade, segurança, desempenho, durabilidade, preço ou garantia de produtos ou serviços. Aliás, pode-se afirmar que, nesse caso, ocorreu a revogação parcial tácita do referido art. 66, *caput*, já que a hipótese desta alínea *d*, prevista em lei posterior, regulou parcialmente o que já existia no art. 66 do CDC. Bem é de ver, outrossim, que o objeto jurídico deste art. 7º (ordem econômica com enfoque nas *relações de consumo*) abrange o do art. 66 da referida lei (tutela do consumidor). Ressalte-se, contudo, que o art. 66, em seu § 2º, prevê a punição por culpa, o que não ocorre no inciso IV do artigo ora comentado.

- **Confronto com estelionato:** Se a fraude não envolver uma relação de consumo, *vide* art. 171 do Código Penal, punido com pena de reclusão, de um a cinco anos.

- **Pena:** Detenção, de dois a cinco anos, ou multa.

- **Causas de aumento de pena:** O art. 12 desta lei determina que a pena do art. 7º, II, poderá ser agravada de um terço até a metade se o crime ocasionar grave dano à coletividade (inciso I), for praticado por servidor público no exercício de suas funções (inciso II) ou, ainda, se tiver atingido a prestação de serviços ou o comércio de bens essenciais (inciso III). A respeito da inaplicabilidade dos incisos I e III, diante da sua excessiva imprecisão, *vide* nossos comentários ao referido artigo.

- **Delação premiada:** *Vide* comentários ao art. 16, parágrafo único, desta lei.

V — elevar o valor cobrado nas vendas a prazo de bens ou serviços, mediante a exigência de comissão ou de taxa de juros ilegais;

- Transação e suspensão condicional do processo: *Vide* nota ao *caput*.

Art. 7º, V

- **Noção:** Dispõe este inciso V sobre outra modalidade de crime contra as "relações de consumo", cuja lisura integra o conceito de ordem econômica (*vide*, no art. 4º, nota *Noção*).

- **Objeto jurídico:** A proteção das relações de consumo, que se inserem na ordem econômica.

- **Sujeito ativo:** É o comerciante ou o produtor de bens, assim como o prestador de serviços. Na linguagem do Código de Defesa do Consumidor, é o fornecedor (*vide* art. 3º da Lei n. 8.078/90).

- **Sujeito passivo:** A sociedade como um todo, em especial os consumidores dos quais foi cobrado comissão ou juro ilegal.

- **Tipo objetivo:** O núcleo do crime deste inciso V é um só: *elevar*, que tem o sentido de aumentar, incrementar, fazer subir. Pune-se a conduta daquele que *elevar o valor cobrado nas vendas a prazo de bens ou serviços*. *Venda a prazo* é a alienação de um bem ou a contratação de prestação de serviço por dinheiro, cujo valor não é recebido, integralmente, *no ato* da alienação do bem ou na prestação do serviço, ou seja, à vista, mas, sim, dividido em parcelas. Duas são as formas pelas quais a conduta de elevar o valor cobrado nas vendas a prazo é punível, bastando qualquer uma delas para haver tipicidade: 1ª) *mediante a exigência de comissão; ou* 2ª) *mediante a exigência de taxa de juros ilegais*. No primeiro caso, o agente cobra, *além dos juros* referentes ao financiamento, uma *comissão*, que pode ser entendida como "porcentagem do valor de uma transação comercial, paga sempre que há um intermediário, a título de honorários por seus serviços" (Paulo Sandroni, ob. cit., p. 112). O valor total do preço acaba, pois, sendo elevado em razão da cobrança da dita *comissão* (p. ex., "comissão pela abertura de linha de crédito" ou equivalente), a qual, na verdade, pode ser uma forma indireta de cobrar juros acima do valor de mercado. No segundo caso, o agente cobra *taxa de juros ilegais*, isto é, não autorizados por lei. Cuida-se, aqui, de lei penal em branco, devendo o intérprete buscar na legislação extrapenal o que venham a ser *juros ilegais*.

- **Juros *ilegais*:** O Decreto n. 22.626/33 prevê, em seu art. 1º, que "é vedado, e será punido nos termos desta lei, estipular em quaisquer contratos taxas de juros superiores ao *dobro da taxa legal (Código Civil, art. 1.062)*". O *antigo* Código Civil (Lei n. 3.071/16), por sua vez, dispunha, no referido art. 1.062, que "a taxa de juros moratórios, quando não convencionada (art. 1.262), será de 6% (seis por cento) ao ano". A CR, no § 3º do art. 192, estabelecia, a seu turno, que "as taxas de juros reais, nelas incluídas comissões e quaisquer outras remunerações direta ou indiretamente referidas à concessão de crédito, não poderão ser superiores a *doze por cento ao ano;* a cobrança acima deste limite será conceituada como crime de usura, punido, em todas as suas modalidades, nos termos que a lei determinar". Sucede, todavia, que o § 3º do art. 192 da *Magna Carta* foi revogado pela EC n. 40/2003. No entanto, o atual Código Civil (Lei n. 10.406/2002), em seu Capítulo IV do Título IV, intitulado "Dos juros ilegais", prevê, no art. 406, que "quando os juros moratórios *não* forem convencionados, ou o forem *sem* taxa estipulada, ou quando provierem de determinação da lei, serão fixados segundo a *taxa que estiver em vigor para a mora do pagamento de impostos devidos à Fazenda Nacional*". O CTN (Lei n. 5.172/66), no Capítulo IV (Execução do Crédito Tributário — Seção II — Pagamento) do Título III, dispõe, no § 1º do seu art. 161, que "se a lei não dispuser de modo diverso, os juros de mora são calculados à taxa de *1% (um por cento) ao mês*". Assim, poder-se-ia concluir, em um primeiro momento, que os juros legais continuariam a ser de 12% ao ano, mesmo após a revogação do § 3º do art. 192 da CR. Isso, contudo, não é exato. Com efeito, o art. 406 do atual CC, além de se referir apenas aos juros "moratórios", e não aos juros em geral, prevê três exceções: quando forem convencionados, quando o forem com taxa estipulada ou quando não provierem de determinação legal. Assim, não se tratando de juros moratórios ou mesmo se cuidando deles, mas nas três hipóteses excepcionadas, não há hoje, em nosso ordenamento jurídico, uma definição do que sejam juros ilegais. Não havendo tal definição, mesmo que o agente, nas vendas a prazo, eleve o preço cobrando juros superiores a 12% ao ano, não estaria praticando o crime deste art. 7º, IX. A fazer ainda desaparecer a tipicidade, lembramos a chamada *causa supralegal de exclusão da tipicidade da adequação social*. Trata-se de um critério de interpretação que restringe o alcance literal dos tipos penais, excluindo deles aqueles comportamentos que resultam socialmente adequados. Ao contrário do princípio da insignificância, em que a conduta é relativamente tolerada por sua escassa gravidade, no princípio da adequação ela recebe total aprovação social (Santiago Mir Puig, *Derecho penal.* Barcelona: PPU, 1990, p. 567-570). Feitas essas considerações, é notório que os bancos, as financeiras, as operadoras de cartões de crédito, além do próprio Governo, ao parcelar impostos, como o IPTU em alguns municípios e o IPVA em certos Estados, cobram juros muito superiores aos aludidos (e fictícios) 12%. Ademais, o próprio Banco Central, ao aceitar pagar altos juros àqueles que emprestam dinheiro à União, por meio da taxa Selic, sob pena de eventualmente não conseguir crédito diante da fragilidade de suas contas, leva o mercado a cobrar juros em patamares mais altos de todos os demais. Com efeito, se os bancos emprestam para a União, recebendo polpudos juros, por que emprestar a outros a juros menores? Cumpre consignar, ainda, que pode haver venda de bens ou contratação de serviços a prazo sem, necessariamente, existir empréstimo de dinheiro, embora haja cobrança de juros (p. ex., o comprador deixa cheques pré-datados em uma loja). Ocorrerá empréstimo, diferentemente, em casos de *financiamento*, em que uma instituição financeira (por vezes, em grandes magazines, de propriedade do próprio vendedor), efetivamente empresta o dinheiro ao comprador, embora creditando-o diretamente na conta bancária do vendedor. Não raro, assim, que grandes grupos econômicos que possuam ambas as empresas (o estabelecimento comercial e a financeira) lucrem mais com os juros dos empréstimos para os seus consumidores do que com as vendas propriamente ditas. Em outros termos, a prática de juros em níveis altos, como no cheque especial e no cartão de crédito, é comum, o que, além da suscitada questão da *adequação social*, tornando a conduta atípica sob outro ângulo, qual seja, o da chamada *atipicidade conglobante*, já que uma conduta jamais poderá ser considerada criminosa se, embora tipificada no Código Penal, um outro ramo do Direito a admite como lícita (cf., embora tratando de outro tema, Eugênio Raúl Zaffaroni, *Manual de derecho penal — Parte General*. Buenos Aires: Ediar, 1977, p. 402-403). Ressaltamos que esses comentários referem-se ao *comerciante* que venha a cobrar juros, e não à figura da agiotagem, tipificada como crime no art. 4º da Lei de Economia Popular (*vide* nota *confronto* abaixo).

- Tipo subjetivo: É o dolo, consistente na vontade livre e consciente de fraudar preços, *elevando o valor cobrado nas vendas a prazo de bens ou serviço*, mediante a prática de uma das condutas descritas neste inciso V. Não se exige fim especial por parte do agente. Para os tradicionais, é o dolo genérico. Não há forma culposa.

- Consumação: A consumação ocorre no momento em que o agente *cobra* (isto é, exige, demanda) do consumidor *valor adicional*, a título de comissão ou juros ilegais, em função de venda a prazo de bens ou de prestação de serviços.

- Tentativa: Embora possível, parece-nos de difícil caracterização na prática.

- Confronto com o art. 6º, II, da presente lei: No caso de aplicação de fórmula de reajustamento de preços ou indexação de contrato proibida, ou diversa daquela que for legalmente estabelecida, ou fixada por autoridade competente, *vide* art. 6º, II, da Lei n. 8.137/90.

- Confronto com o art. 4º, *a*, da Lei n. 1.521/51: Dispõe o referido dispositivo constituir crime contra a economia popular "cobrar juros, comissões ou descontos percentuais, sobre dívidas em dinheiro, superiores à taxa permitida por lei". Assim, *em caso de venda a prazo*, a cobrança de juros ou comissão ilegal será punida por este inciso V, e não pelo mencionado dispositivo da Lei de Economia Popular, que neste particular encontra-se derrogado. A sua aplicação ficará restringida, portanto, às hipóteses de empréstimo de dinheiro não atreladas a qualquer venda.

- Pena: Detenção, de dois a cinco anos, ou multa.

- Causas de aumento de pena: O art. 12 desta lei determina que a pena do art. 7º, II, poderá ser agravada de um terço até a metade se o crime ocasionar grave dano à coletividade (inciso I), for praticado por servidor público no exercício de suas funções (inciso II) ou, ainda, se tiver atingido a prestação de serviços ou o comércio de bens essenciais (inciso III). A respeito da inaplicabilidade dos incisos I e III, diante da sua excessiva imprecisão, *vide* nossos comentários ao referido artigo.

- Delação premiada: *Vide* comentários ao art. 16, parágrafo único, desta lei.

VI — sonegar insumos ou bens, recusando-se a vendê-los a quem pretenda comprá-los nas condições publicamente ofertadas, ou retê-los para o fim de especulação;

- Transação e suspensão condicional do processo: *Vide* nota ao *caput*.

Art. 7º, VI

- **Noção:** Tipifica este inciso VI do art. 7º, ao lado das hipóteses tratadas nos incisos anteriores, outra modalidade de crime "contra as relações de consumo" (a respeito dessa expressão, *vide* nota *Noção* ao *caput* deste art. 7º).

- **Objeto jurídico:** É a proteção do consumidor, bem como da própria ordem econômica, notadamente a política do Estado no controle da inflação.

- **Sujeito ativo:** É o comerciante ou o empresário produtor de insumos ou de bens. Na linguagem do Código de Defesa do Consumidor, é o fornecedor (*vide* art. 3º da Lei n. 8.078/90).

- **Sujeito passivo:** A coletividade, especialmente os consumidores que sofrem com a recusa de venda e com a especulação, bem como o Estado quanto às políticas de controle da inflação.

- **Sujeito passivo:** Primeiramente, é o Estado, que regulamenta as relações de consumo, notadamente diante da finalidade de especulação; em segundo lugar, o comprador que pode ser, ou não, o consumidor final, individualmente considerado.

- **Tipo objetivo:** O núcleo do crime deste inciso V é um só: *sonegar*, que tem o sentido de ocultar, encobrir, esconder. O objeto material (sobre o qual recai a conduta) são os insumos (elementos que entram no processo de produção de bens, como as matérias-primas) ou bens (produtos aptos a satisfazer as necessidades humanas). Duas são as formas pelas quais a *sonegação* pode ser praticada: *1ª)* Mediante a *recusa* em vender bens ou insumos a quem pretenda comprá-los. O vendedor dispõe do bem ou insumo para a venda, mas se recusa a aliená-los. O legislador acrescentou o elemento normativo *nas condições publicamente ofertadas*, ou seja, a recusa em vender, quando o comprador pleiteia condições diversas daquelas oferecidas ao público em geral, não constitui crime. *2ª)* Por meio da *retenção* dos bens ou insumos. Aqui, não se exige, nem sequer, que tenha havido *oferta anterior* de venda e sua recusa; simplesmente se retêm em estoque, deixando de oferecer à venda. Nesta segunda modalidade, haverá, quase sempre, a mentira, o engano, o ardil, os quais podem ocorrer quando o vendedor alega, inveridicamente, que o produto está em falta. O *fim de especulação*, mencionado pelo legislador, tem caráter depreciativo, ou seja, decorre da fraude praticada pelo agente com o fim de obter lucros indevidos diante da provável oscilação de preços.

- **Tipo subjetivo:** É o dolo, consistente na vontade livre e consciente de sonegar insumos ou bens, mediante uma das condutas descritas. *Ambas as modalidades de sonegação* (recusa em vender e retenção de insumos ou bens) exigem o especial fim de agir: *para o fim de especulação*. Embora a expressão "para o fim de especulação" esteja lançada no final do tipo, e sem vírgula após a expressão "retê-los", este elemento subjetivo há que ser também exigido para a *recusa de venda*, posto que ambas — a recusa e a retenção — são modalidades de *sonegação*. Trata-se, para os tradicionais, do dolo específico. Não há forma culposa.

- Consumação e tentativa: A consumação ocorre no momento em que o agente se recusa a vender os insumos ou bens, ou os retém, deixando de oferecê-los à venda. No primeiro caso, é preciso que o consumidor tenha efetivamente manifestado a intenção de comprar, nas condições publicamente ofertadas, e o agente tenha se negado a vender; no segundo, é necessário se comprovar que o agente está *retendo* em estoque o insumo ou o bem. A nosso ver, a tentativa, em ambos os casos, é impossível. Na primeira modalidade de *sonegação*, ela é inviável, mesmo porque o crime é omissivo; na segunda, não há que se falar em tentativa, pois a conduta não pode ser fracionada: ou o agente retém o insumo ou bem, e o crime se consuma, ou não o faz, e o delito não se consuma. O crime é instantâneo.

- Confronto com os crimes contra a ordem econômica previstos nesta lei: Caso a conduta decorra de *acordo, convênio, ajuste ou aliança* entre ofertantes, *vide* art. 4º, II, desta lei. Na hipótese de a conduta ter por fim prejudicar a concorrência, *vide* o inciso IV, também do art. 4º, da Lei n. 8.137/90, ora em comento.

- Derrogação: O art. 2º, I, segunda parte, da Lei n. 1.521, de 26 de dezembro de 1951 (Lei de Economia Popular), foi revogado tacitamente pelo art. 7º, VI, da Lei n. 8.137/90 (LINDB, art. 2º, § 1º).

- Pena: Detenção, de dois a cinco anos, ou multa.

- Causas de aumento de pena: O art. 12 desta lei determina que a pena do art. 7º, II, poderá ser agravada de um terço até a metade se o crime ocasionar grave dano à coletividade (inciso I), for praticado por servidor público no exercício de suas funções (inciso II) ou, ainda, se tiver atingido a prestação de serviços ou o comércio de bens essenciais (inciso III). A respeito da inaplicabilidade dos incisos I e III, diante da sua excessiva imprecisão, *vide* nossos comentários ao referido artigo.

- Delação premiada: *Vide* comentários ao art. 16, parágrafo único, desta lei.

VII — induzir o consumidor ou usuário a erro, por via de indicação ou afirmação falsa ou enganosa sobre a natureza, qualidade de bem ou serviço, utilizando-se de qualquer meio, inclusive a veiculação ou divulgação publicitária;

- Transação e suspensão condicional do processo: *Vide* nota ao *caput*.

Art. 7º, VII

- Noção: Prevê este inciso VII outra modalidade de crime "contra as relações de consumo", além das anteriormente previstas (a respeito, *vide* nota *Noção* ao *caput* deste art. 7º).

- Objeto jurídico: É a proteção das relações de consumo que integram a ordem econômica.

- **Sujeito ativo:** É o vendedor de bens ou o prestador de serviços. Na linguagem do Código de Defesa do Consumidor, é o fornecedor (*vide* art. 3º da Lei n. 8.078/90).

- **Sujeito passivo:** É a sociedade, especialmente o consumidor ou o usuário lesado.

- **Tipo objetivo:** O núcleo do crime deste inciso VII é um só: *induzir a erro*, que tem o sentido de causar engano, ludibriar, iludir, dar falsa aparência de realidade, isto é, empregando *fraude*. Não é, porém, toda e qualquer fraude que aqui se incrimina, mas tão somente aquela praticada *por via de indicação ou afirmação falsa* (mentirosa) *ou enganosa* (ilusória, propositadamente dúbia) *sobre a natureza* (espécie, essência) ou a *qualidade* (atributo, característica) *de bem ou serviço*. O legislador não fez referência à *quantidade*. A afirmação falsa ou enganosa pode ser praticada por qualquer meio, inclusive mediante a veiculação ou divulgação publicitária (*vide* notas abaixo *Confronto com o Código de Defesa do Consumidor* e *Confronto com os crimes contra a ordem econômica*).

- **Tipo subjetivo:** É o dolo, consistente na vontade livre e consciente de induzir o consumidor do bem ou o usuário do serviço a erro. Embora seja óbvio que o agente, com sua conduta, busca o lucro indevido, não se exige especial fim de agir. Não há modalidade culposa.

- **Consumação:** A consumação ocorre no momento em que a fraude é perpetrada, ou seja, com a indicação ou a afirmação falsa ou enganosa. Trata-se de crime formal, não obstante se exija *potencialidade lesiva*, isto é, *perigo concreto* dos consumidores ou usuários serem induzidos a erro.

- **Tentativa:** Em tese é possível, embora de difícil ocorrência na prática.

- **Confronto com os crimes contra a ordem econômica:** Caso a fraude empregada consista na mistura de gêneros e mercadorias de espécies ou qualidades diferentes, a fim de vendê-los ou expô-los à venda, haverá o crime do inciso III deste art. 7º. Na hipótese de fraude de preços mediante alteração de elementos do produto ou serviço, *vide* inciso IV, *a*, deste mesmo art. 7º.

- **Confronto com o Código de Defesa do Consumidor:** O tipo do art. 7º, VII, encontra previsão, em parte semelhante, nos arts. 66 e 67 da Lei n. 8.078/90, cabendo a análise, em cada caso, da incidência destas ou daquela figura típica.

- **Pena:** Detenção, de dois a cinco anos, ou multa.

- **Causas de aumento de pena:** O art. 12 desta lei determina que a pena do art. 7º, II, poderá ser agravada de um terço até a metade se o crime ocasionar grave dano à coletividade (inciso I), for praticado por servidor público no exercício de suas funções (inciso II) ou, ainda, se tiver atingido a prestação de serviços ou o comércio de bens essenciais (inciso III). A respeito da inaplicabilidade dos incisos I e III, diante da sua excessiva imprecisão, *vide* nossos comentários ao referido artigo.

- **Delação premiada:** *Vide* comentários ao art. 16, parágrafo único, desta lei.

Jurisprudência do art. 7º, VII

- **TAC e acordo de leniência:** A assinatura de Termo de Ajustamento de Conduta não obsta a instauração da ação penal, pois esse procedimento ocorre na esfera cível, que é independente da criminal; o acordo de leniência destina-se, exclusivamente, aos crimes contra a Ordem Econômica dos arts. 4º, 5º e 6º, que podem ensejar a celebração do ajuste, e não ao crime do art. 7º, VII (STJ, 6ª T., RHC 24.499, Rel. Min. Maria Thereza Rocha de Assis Moura, j. 20-9-2011, *DJe* 3-10-2011).

- **Perfume falsificado:** A exposição à venda, de frascos com rótulo de conhecida empresa de cosméticos, mas contendo perfume falsificado, configura o crime do art. 7º, VII (TJRS, 4ª Câm., Ap. 70033899543, Rel. Des. Gaspar Marques Batista, j. 7-10-2010).

- **Bebidas falsificadas:** A adulteração de lacre, rótulo e líquido, corroborada pela confissão parcial em juízo e por laudos periciais, configuram o delito (TJSP, 9ª Câm. Crim., Ap. 0321261-02.2010.8.26000, Rel. Des. Francisco Bruno, j. 9-12-2010).

- **Confronto com o art. 66 do Código de Defesa do Consumidor:** O art. 66 da Lei n. 8.078/90 foi revogado pelo art. 7º, VII, da Lei n. 8.137/90, sendo essa última a legislação a ser aplicada para a conduta de vender mercadorias falsificadas com a aposição de marcas de alto renome induzindo em erro os consumidores ao indicar e afirmar de forma falsa e enganosa a qualidade e a natureza dos objetos adquiridos (TRF da 4ª Região, 7ª T., Ap. 2003.71.00.041657-0, Rel. Des. Fed. Néfi Cordeiro, j. 2-6-09, *D-e* 24-6-09).

- **Confronto com falsidade ideológica (CP, art. 299):** A venda de curso técnico e de serviços jurídicos mediante fraude e a produção de diplomas ideologicamente falsos configuram os delitos previstos no art. 7º, VII, da Lei n. 8.137/90 e no art. 299 do CP, sendo inaplicável o princípio da consunção por terem os crimes potencialidade lesiva autônoma e atingirem bens jurídicos diferentes (TRF da 4ª Região, 7ª T., Ap. 0000803-21.2007.4.04.7200, Rel. Des. Fed. Márcio Antônio Rocha, j. 22-11-2011, *D-e* 1-12-2011).

- **"Falso serviço advocatício" e concurso material com o art. 357 do CP (exploração de prestígio):** Comprovado que o réu prestava, sem habilitação, assessoria jurídica, como se advogado fosse, mediante pagamento para o serviço, falsamente garantindo decisões judiciais favoráveis, tendo recebido dinheiro a pretexto de influir em ato a ser praticado por juiz, e ainda ordenou a reabertura de casa de jogos sob a falsa alegação da existência de uma decisão judicial, ficam caracterizados os delitos do art. 357 do CP e o crime do art. 7º, VII, da Lei n. 8.137/90 (TRF da 4ª Região, 8ª T., Ap. 0003214-14.2005.4.04.7004, Rel. Des. Fed. Luiz Fernando Wowk Penteado, j. 11-5-2011, *D-e* 19-5-2011).

VIII — destruir, inutilizar ou danificar matéria-prima ou mercadoria, com o fim de provocar alta de preço, em proveito próprio ou de terceiros;

■ **Transação e suspensão condicional do processo:** *Vide* nota ao *caput*.

Art. 7º, VIII

■ **Noção:** Prevê este inciso VIII mais uma modalidade de crime "contra as relações de consumo", além das anteriormente tipificadas (*vide* nota *Noção* ao *caput* deste art. 7º).

■ **Objeto jurídico:** É a proteção das relações de consumo, que integram a ordem econômica.

■ **Sujeito ativo:** É o comerciante ou o produtor de bens destinados ao consumidor final ou à produção de outros bens. Na linguagem do Código de Defesa do Consumidor, é o *fornecedor*, excetuado o prestador de serviços (*vide* art. 3º da Lei n. 8.078/90).

■ **Sujeito passivo:** É a coletividade, especialmente os consumidores lesados. O Estado, como um todo, também é sujeito passivo, tendo em vista que a alta artificial de preços atinge a política econômica.

■ **Tipo objetivo:** Ao contrário do que dispõe o inciso VI deste art. 7º, em que há recusa de venda ou retenção de bens ou insumos em estoque, três são os núcleos alternativamente previstos neste inciso VIII: a) *destruir*, que significa fazer desaparecer, extinguir; b) *inutilizar*, que equivale a tornar a coisa inútil ou imprestável; c) *danificar*, isto é, causar dano à coisa, deteriorar, estragar, que pode levar, ou não, à sua total inutilização. Os objetos materiais são a matéria-prima (bem de produção ou de capital destinado à fabricação de bens de consumo) e a mercadoria (produto destinado à venda), incluindo-se, obviamente, a mercadoria destinada ao consumidor final.

■ **Tipo subjetivo:** É o dolo, consistente na vontade livre e consciente de destruir, inutilizar ou danificar, acrescido do especial fim de agir, qual seja, o de *provocar alta de preço, em proveito próprio ou de terceiros*. Para os tradicionais, é o dolo específico. Não há modalidade culposa.

■ **Consumação:** A consumação ocorre no momento em que a matéria-prima ou mercadoria é destruída, inutilizada ou danificada, não se exigindo para a consumação a efetiva alta de preço. Basta que a conduta tenha sido praticada com esse fim e que seja potencialmente capaz de causar a alta de preços (CP, art. 17).

■ **Tentativa:** Em tese é possível, embora de difícil ocorrência na prática.

■ **Confronto com a Lei de Economia Popular:** O art. 3º, I, da Lei n. 1.521/51, encontra-se revogado tacitamente por este inciso VIII.

■ **Pena:** Detenção, de dois a cinco anos, ou multa.

■ **Causa de aumento de pena:** Como dispõe o art. 12, se o delito gerar grave dano à coletividade (inciso I), for perpetrado por servidor público no exercício de suas funções (inciso II) ou, ainda, atingir a prestação de serviços ou o comércio de bens essenciais (inciso III), poderá haver aumento de pena de um terço até a metade. Sobre a inaplicabilidade dos incisos I e III, diante da sua excessiva imprecisão, *vide* nossa opinião nos comentários ao referido artigo.

■ **Delação premiada:** *Vide* comentários ao art. 16, parágrafo único, desta lei.

IX — vender, ter em depósito para vender ou expor à venda ou, de qualquer forma, entregar matéria-prima ou mercadoria, em condições impróprias ao consumo.

Pena — detenção, de 2 (dois) a 5 (cinco) anos, ou multa.

■ **Transação e suspensão condicional do processo:** *Vide* nota ao *caput*.

Art. 7º, IX

■ **Noção:** Prevê este inciso IX uma das modalidades de crime "contra as relações de consumo" que mais ocorre na prática, além das anteriormente tipificadas (*vide* nota *Noção* ao *caput* deste art. 7º).

■ **Objeto jurídico:** É a saúde do consumidor, protegendo-se as relações de consumo, que integram a ordem econômica.

■ **Sujeito ativo:** É o comerciante ou o produtor de bens destinados ao consumidor final, ou, ainda, de matéria-prima (produto natural ou semimanufaturado, mas que ainda não é um artigo acabado, cf. Paulo Sandroni, *Novíssimo dicionário de economia*. 9. ed. São Paulo: Best Seller, 2002, p. 372). Serão também sujeitos ativos aqueles que não sendo, necessariamente, comerciantes ou produtores, entregarem a matéria-prima ou a mercadoria em condições impróprias ao consumo, como o *distribuidor* ou aquele que *armazena* e *entrega*. Em qualquer dos casos, será preciso que o agente *saiba* que a mercadoria ou matéria-prima encontrava-se imprópria para o consumo. Assim, o fato de alguém ser proprietário ou gerente do estabelecimento comercial, industrial ou de armazenagem onde o produto impróprio ao consumo foi apreendido não permite, por si só, a sua responsabilização criminal, sob pena de inadmissível punição objetiva. Há necessidade de o sujeito ativo concorrer para o fato, dolosa ou, ao menos, culposamente (*vide* nota *Tipo subjetivo*).

■ **Sujeito passivo:** É a coletividade, em geral, especialmente os consumidores.

■ **Tipo objetivo:** São quatro os núcleos alternativamente previstos: a) *vender*, que significa alienar, trocar matéria-prima ou mercadoria por dinheiro; b) *ter em depósito para vender*, que equivale a guardar ou armazenar para vender; não bastando a simples guarda para uso próprio, mas sim que seja *destinada à venda*; c) *expor à venda*, ou seja, mostrar, exibir, colocar à venda; exige-se, aqui, que o produto seja efetivamente oferecido (exposto à venda) ao consumidor; d) *de qualquer forma entregar*, isto é, passar o bem às mãos ou à posse do consumidor final ou a matéria-prima ao empresário que irá transformá-la. O objeto material é a mercadoria (produto ou bem colocado à venda) ou a matéria-prima (bem de produção destinado à fabricação de bens de consumo). Note-se que, para haver o crime, a mercadoria ou a matéria-prima deve, necessariamente, ter propósito comercial.

- **"Condições impróprias ao consumo":** O elemento normativo representado pela locução *condições impróprias ao consumo* é encontrado em outros tipos penais, havendo séria divergência jurisprudencial a respeito, restando firmadas, pelo menos, duas posições: *1ª)* para a caracterização do crime faz-se imprescindível a elaboração de perícia oficial que comprove a impropriedade da matéria-prima ou da mercadoria; *2ª)* a realização da perícia é desnecessária, bastando que os produtos estejam nas *condições impróprias ao uso e ao consumo* previstas no art. 18, § 6º, I, II e III, da Lei n. 8.078/90. Para os que defendem esta última posição (*2ª*), o crime seria de perigo presumido ou abstrato, bastando a existência de perigo (ainda que remoto) de o produto estar impróprio para o consumo. Para os que defendem a primeira corrente (*1ª*), como nós, não se pode, no moderno direito penal da culpa, falar em perigo abstrato ou presumido, já que, nesses casos, o bem jurídico não é violado e *nem mesmo concretamente ameaçado*. Haveria, assim, a necessidade de perícia que comprovasse a impropriedade para o consumo. Outra questão duvidosa diz respeito à possibilidade da utilização, como norma complementadora de lei penal em branco, de dispositivo previsto em lei *anterior*. Ou seja, pode este art. 7º, IX, da Lei n. 8.137/90 valer-se, como complemento da lei penal em branco, do art. 18, § 6º, da Lei n. 8.078/90, lei anterior que define em seus incisos I a III o que são produtos impróprios ao uso e consumo, e dispensaria a perícia? Não haveria ofensa ao princípio constitucional da legalidade, dentro do qual se encontra a regra da anterioridade da lei penal? A regra da anterioridade da lei penal diz respeito, também, à norma penal complementadora da lei penal em branco? Pensamos que sim. Se o legislador previu uma lei penal em branco, o complemento da referida lei *deve, necessariamente*, ser posterior à sua publicação, sob pena de ofensa àquele dispositivo constitucional. No sentido da impossibilidade de utilização de norma complementadora *anterior* à norma em branco, Nelson Hungria escreve: "Contêm a *sanctio* (cominação de pena), mas o *proeceptum* (ou, pelo menos, a precisa fixação deste) é remetido à *lex ferenda* ou *futuro ato administrativo*. A pena é cominada à transgressão (desobediência, inobservância) de uma norma (legal ou administrativa) a emitir-se *in futuro*" (*Comentários ao Código Penal*. 5. ed. Rio de Janeiro: Forense, 1977, v. I, t. I, p. 104). Por tais razões, cremos ser inconstitucional a utilização do art. 18, § 6º, do Código de Defesa do Consumidor como norma complementadora deste art. 7º, IX, tudo a tornar, por mais esse motivo — além dos mencionados na primeira (*1ª*) posição —, *indispensável* a realização de perícia que comprove, efetivamente, a danosidade da mercadoria ou da matéria-prima à saúde.

- **Tipo subjetivo:** É o dolo consistente na vontade livre e consciente de praticar as condutas incriminadas, *sabendo o agente* que a matéria-prima ou mercadoria encontra-se em "condições impróprias ao consumo". Na doutrina tradicional, é o dolo genérico, não se exigindo fim específico. A modalidade culposa é prevista no parágrafo único deste artigo.

- **Consumação:** A consumação ocorre com a prática das condutas incriminadas, independentemente da ocorrência de qualquer resultado naturalístico (p. ex., alguém passar mal após a ingestão do alimento impróprio).

Trata-se, pois, de crime formal, embora de perigo *concreto*, como salientado (*vide* nota *supra*, *Condições impróprias ao consumo*).

- Tentativa: No primeiro (*vender*) e no quarto (*entregar*) núcleos, a tentativa é, em tese, possível. No segundo (*ter em depósito para venda*) e no terceiro (*expor à venda*) núcleos, a tentativa não é possível, já que as condutas não podem ser fracionadas.

- Confronto com os crimes contra a ordem econômica: Caso a mercadoria vendida ou exposta à venda não esteja em condições impróprias ao consumo, mas encontre-se com a embalagem, tipo, especificação, peso ou composição em desacordo com as prescrições legais, ou que não corresponda à respectiva classificação oficial, haverá, em tese, o crime do inciso II deste art. 7º.

- Pena: Detenção, de dois a cinco anos, ou multa. Em caso de culpa, haverá a redução prevista no parágrafo único deste art. 7º, reduzindo-se a pena de detenção de um terço ou a de multa à quinta parte.

- Causa de aumento de pena: Estabelece o art. 12 que se o delito gerar grave dano à coletividade (inciso I), for perpetrado por servidor público no exercício de suas funções (inciso II) ou, então, atingir a prestação de serviços ou o comércio de bens essenciais (inciso III), poderá haver aumento de pena de um terço até a metade. Sobre a inaplicabilidade dos incisos I e III, diante da sua excessiva imprecisão, *vide* nossa opinião nos comentários ao referido artigo.

- Delação premiada: *Vide* comentários ao art. 16, parágrafo único, desta lei.

Jurisprudência do art. 7º, IX

- Consumo animal: O crime do art. 7º, IX, apenas se perfectibiliza se a mercadoria for destinada ao consumo humano, sendo atípico o fato se os produtos impróprios se destinam ao consumo animal (TRF da 4ª Região, 8ª T., Ap. 2007.71.19.001163-3, Rel. Des. Fed. Guilherme Beltrami, j. 28-9-2011, *D-e* 4-10-2011).

- A perícia é necessária: O STJ modificou o seu entendimento e alinhou-se à tese de que a perícia é necessária para a demonstração da impropriedade da mercadoria para consumo (STJ, 5ª T., Ag. Reg. no REsp 1.098.681, Rel. Min. Napoleão Nunes Maia Filho, j. 24-8-2010, *DJe* 6-9-2010, *RT* 902/577; 5ª T., RHC 24.516, Rel. Min. Arnaldo Esteves Lima, j. 6-4-2010, *DJe* 3-5-2010; 5ª T., REsp 1.154.774, Rel. Min. Jorge Mussi, j. 6-4-2010, *DJe* 28-6-2010, *JSTJ e TRFs* 252/315).

Para caracterizar o crime do art. 7º, IX, é imprescindível a realização de perícia a fim de atestar que as mercadorias apreendidas estavam impróprias para o consumo (STJ, 6ª T., REsp 1.184.240, Rel. Des. Conv. Haroldo Rodrigues, j. 12-4-2011, *DJe* 20-6-2011).

Para caracterizar o elemento objetivo do crime previsto no art. 7º, IX, referente a mercadoria "em condições impróprias ao consumo", faz-se indispensável a demonstração inequívoca da potencialidade lesiva ao consumidor final; *habeas corpus* concedido, para trancar a ação penal e anular o indiciamento, tendo em vista que a sentença condenatória e tampouco o acórdão que a confirmou, evidenciam que não houve a realização de perícia para atestar a nocividade dos produtos apreendidos (STJ, 5ª T., HC 132.257, Rel. Min. Laurita Vaz, j. 23-8-2011, *DJe* 8-9-2011).

Se o produto apreendido só foi vistoriado no âmbito fiscal-tributário, nada indicando que estava impróprio para o consumo, não há falar na caracterização do crime previsto no art. 7º da Lei n. 8.078/90, eis que a impropriedade para o consumo não pode advir apenas da violação de uma norma de caráter administrativo, pois o bem jurídico tutelado é a saúde das pessoas (TAPR, Rel. Juiz Eli de Souza, *RT* 796/709).

O crime exige, para a sua configuração, a realização de perícia técnica, não sendo suficiente "laudo técnico". O laudo de constatação de impropriedade da carne diz apenas que ela era imprópria para o consumo humano, pela forma de transporte inadequado, e temperatura acima da exigida pelas regras sanitárias, e sem documentação fiscal e sanitária. Portanto, a impropriedade não era real, mas sim presumida (TJRS, *RT* 873/665). Não realizada perícia, com o fito de demonstrar a impropriedade para o consumo da carne tida como comercializada, falta prova elementar do crime do art. 7º, IX (TJRS, 4ª Câm., Ap. 70037429644, Rel. Des. Gaspar Marques Batista, j. 26-8-2010).

Ausente o laudo pericial a comprovar a real imprestabilidade da carne, permanece a dúvida quanto à configuração de uma das elementares do crime, que é a impropriedade para consumo, mantendo-se a absolvição (TJRS, 4ª Câm., Ap. 70033232455, Rel. Des. Gaspar Marques Batista, j. 25-2-2010).

Apreensão de dois animais suínos e de um bovino, sem documentação de procedência e de inspeção sanitária (exame *ante-mortem* e *post-mortem*); contudo, essas circunstâncias não permitem concluir que o produto estava impróprio ao consumo, sendo imprescindível o exame pericial para atestar a nocividade da mercadoria (STJ, Ag. Reg. no REsp 1.181.141, Rel. Min. Laurita Vaz, j. 17-8-2010, *DJe* 13-9-2010). Ausência de laudo pericial oficial quanto à qualidade e nocividade da carne suína leva à absolvição (TJSP, 5ª Câm. Crim., Ap. 0005360-22.2008.8.260070, Rel. Des. Luís Carlos de Souza Lourenço, j. 28-4-2011).

▪ Em regra, a perícia é necessária (salvo exceções): A antiga jurisprudência do STJ entendia ser desnecessária a perícia para a configuração do crime do art. 7º, IX, por ser crime formal e de perigo abstrato, bastando a mera potencialidade lesiva; em 6-10-2009 o Ministro Felix Fisher mudou o seu entendimento ao julgar o REsp 1.112.685, a 5ª Turma modificou o seu entendimento, estabelecendo ser indispensável a perícia (*DJe* 29-3-2010); essa alteração de entendimento se deu após o julgamento, pela 1ª Turma do STF, do HC 90.779-2, relatado pelo Min. Carlos Britto (*DJe* 24-10-2008); contudo, tratando-se de comercialização de agrotóxico, que por si só, sem maiores discussões, é produto perigoso ao manuseio humano, e ainda mais vencido, sendo impróprio ao consumo nos termos do art. 18, § 6º, do Código de Defesa do Consumidor, absolutamente desnecessária se faz a perícia (STJ, 5ª T., HC 115.650, Rel. Min. Laurita Vaz, j. 26-10-2010, DJe 22-11-2010).

- **A perícia é desnecessária:** Por se tratar de crime formal, bastando, para a sua concretização, que se coloque em risco a saúde de eventual consumidor da mercadoria, desnecessária se faz a constatação, via laudo pericial, da impropriedade do produto para consumo (STJ, 5ª T., REsp 1.163.095, Rel. Min. Gilson Dipp, j. 09-11-2010, *DJe* 22-11-2010, *RT* 905/561).

A própria conceituação de dolo mostra que não há necessariamente incompatibilidade entre o fato de um crime ser de perigo presumido e a exigência, no campo penal, da responsabilidade subjetiva e pessoal. Da mesma forma, inocorre a pretensa ausência de compatibilidade com a norma penal em branco, mormente de complementação homóloga (de igual instância legislativa). A conduta do comerciante que expõe a venda matéria-prima ou mercadoria, com o prazo de validade vencido, configura, em princípio, a figura típica do art. 7º, IX, da Lei n. 8.137/90, c/c o art. 18, § 6º, da Lei n. 8.078/90, sendo despicienda, para tanto, a verificação pericial, após a apreensão do produto, de ser este último realmente impróprio para o consumo. O delito em questão é de perigo presumido (STJ, Rel. Min. Félix Fischer, *RT* 776/551.

No mesmo sentido: TJSP, 2ª Câm. Crim., Ap. 0005361-07.2008-8-26.0070, Rel. Des. Paulo Rossi, j. 14-3-2011; TJSP, 16ª Câm. Crim., Ap. 0002292-82.2008.8.26.0549, Rel. Des. Edison Brandão, j. 30-3-2010; TJSP, 4ª Câm. Crim., Ap. 0014662-53.2005-8-26.0176, Rel. Des. Luís Soares de Mello, j. 10-11-2009; TRF da 2ª Região, 1ª T. Espec., RSE 2005.51.01.490375, Rel. Des. Fed. Liliane Roriz, j. 16-6-2009, *DJU* 19-6-2009, p. 194).

A realização de perícia é desnecessária, mormente se os fiscais responsáveis pela apreensão atestam a impropriedade para consumo da carne mantida em depósito no estabelecimento comercial (TAPR, Rel. Juíza Regina Afonso Portes, *RT* 760/727).

A norma penal em branco do art. 7º, IX, foi adequadamente preenchida pelo art. 18, § 6º, I, do CDC; assim, a exposição à venda de mercadorias com prazo de validade vencido já configura o delito, que é formal e de mera conduta, sendo dispensável a comprovação da impropriedade material (STF, Rel. Min. Ilmar Galvão, *RT* 781/516; *no mesmo sentido:* TJSP, Rel. Des. Cerqueira Leite, *RT* 750/600).

A simples exposição à venda de carne em estado de putrefação caracteriza o delito previsto no art. 7º, IX, da Lei n. 8.137/90, pois se trata de crime de perigo abstrato, em que o bem jurídico tutelado é a saúde pública, consumando-se no instante em que constatada a possibilidade de perigo à salubridade da população (TJRN, *RT* 772/667).

Caracteriza o delito do art. 7º, IX, da Lei n. 8.137/90, a conduta do agente que, após fazer o abate clandestino de uma novilha, sem a observância das prescrições legais, transporta a carne na carroceria aberta de uma caminhonete, simplesmente coberta por uma lona, e é surpreendido descarregando a mercadoria em um açougue, evidenciando o propósito mercantil (TACrSP, Rel. Juiz Pires de Araújo, RT 789/634).

Desnecessária a perícia em caso de carne suína comprovadamente de origem clandestina, sendo suficientes o auto de infração e o parecer da vigilância sanitária. Impropriedade ao consumo de acordo com o art. 18, § 6º, do CDC (TJSP, 4ª Câm. Crim., Ap. 0085359-24.2008.8.26.0070, Rel. Des. Salles Abreu, j. 23-11-2010).

Caracteriza o delito se, expirado o prazo de validade do produto alimentício, tentou-se alterá-lo com a sobreposição de etiqueta que ampliava o prazo de vencimento (TJSP, 15ª Câm. Crim., Ap. 9152189-92.2009.8. 260000, Rel. Des. J. Martins, j. 4-8-2011).

Ausência de prova pericial suprida em face da constatação da irregularidade pela vigilância sanitária e por laudo de exame de local, corroborados pela prova oral. Produtos mantidos em temperatura acima da recomendada pelo fabricante (TJSP, 5ª Câm. Crim., Ap. 0008843-91.2005.8.26.0126, Rel. Des. Pinheiro Franco, j. 14-4-2011).

- Absorção do delito de falsidade ideológica: A conduta daquele que fixa etiquetas em caixas de remédio, alterando seu prazo de validade, encontra tipificação no crime deste art. 7º, IX, ficando absorvido o delito do art. 299 do CP, mormente se o acusado efetivamente colocou à venda o medicamento (TJRS, Rel. Des. Marcel Esquivel Hoppe, RT 770/664).

- Simples proprietária do estabelecimento: É inepta a denúncia pelo delito previsto no art. 7º, IX, da Lei n. 8.137/90, se não narra a efetiva participação da acusada, fato imprescindível quando se trata de crime comissivo mediante omissão, tendo esta sido incluída na peça acusatória pelo simples fato de ser proprietária do supermercado onde foram encontradas as mercadorias impróprias para o consumo (TACrSP, Rel. Juiz Almeida Sampaio, RT 789/622).

- Dolo eventual: Há dolo eventual na conduta de proprietário de posto de gasolina que adquire combustível de uma distribuidora sem o "boletim de conformidade", documento exigido por portaria da ANP para atestar a qualidade do produto. Materialidade comprovada pela perícia técnica e corroborada pela prova oral (TJSP, 5ª Câm. Crim., Ap. 0074648-72.20 05.8.260002, Rel. Des. Pinheiro Franco, j. 29-7-2010).

- Atos preparatórios: Apreensão de um único vidro contendo palmito, o qual teria como destinação o consumo do próprio agente, e de 4.000 vidros vazios, circunstância que permite concluir tão somente pela prática de atos preparatórios que não caracterizam crime autônomo (TJSP, 4ª Câm. Crim., Ap. 0004600-93.2007.8.26.0495, Rel. Des. Salles Abreu, j. 27-7-2010).

- Óculos de sol falsificados: Inviável a análise das condições de consumo de mercadoria que apresenta vícios desde a fabricação (TJRS, 4ª Câm., Ap. 70043558990, Rel. Des. Gaspar Marques Batista, j. 22-9-2011; Ap. 700.43024280, Rel. Des. Marcelo Bandeira Pereira, j. 29-6-2011).

- Produto fabricado por outra pessoa: Não escusa o agente do crime a circunstância do produto não ter sido fabricado por ele (TACrSP, RT 742/656).

- **Ônus da acusação:** O delito contra as relações de consumo previsto no art. 7º, IX, da Lei n. 8.137/90, sem embargo de ser de perigo presumido, formal, está a exigir, para sua tipificação, a demonstração, a cargo da acusação, de que o produto animal, impróprio para consumo, esteja exposto ou em depósito para venda (TACrSP, Rel. Juiz Airvaldo Stela Alves, *RT* 791/698).

- **Manutenção em depósito de matéria-prima:** Se o tipo penal previsto no art. 7º, IX, da Lei n. 8.137/90 reclama a venda, a exposição à venda ou o depósito para vender de produto acabado e destinado a consumo em condições impróprias, não há falar na sua caracterização pela simples manutenção em depósito de matéria-prima com o prazo de validade vencido, se não for destinada à venda, mas à fabricação de medicamentos (STF, Rel. Min. Sepúlveda Pertence, *RT* 760/536).

- **Concurso material com o art. 296 do CP (falsificação de selo ou sinal público):** Pratica os delitos previstos nos arts. 296 do CP e 7º, IX, da Lei n. 8.137/90, em concurso material, quem fabrica queijo de forma clandestina, sem as necessárias condições higiênico-sanitárias, e falsifica rotulagem oficial (TRF da 4ª Região, 8ª T., Ap. 0003214-14.2005.4.04.7004, Rel. Des. Fed. Luiz Fernando Wowk Penteado, j. 11-5-2011, *D-e* 19-5-2011).

- **Transporte:** A conduta de transportar mercadoria imprópria para consumo é fato atípico (TRF da 4ª Região, 8ª T., Ap. 0002498-16.2007.4.04.7101, Rel. Des. Fed. Guilherme Beltrami, j. 21-9-2011, *D-e* 3-10-2011).

- **Mercadoria importada e ausência de manual em português:** Não configura o delito do art. 7º, IX, da Lei n. 8.137/90, c/c o arts. 18, § 6º, II, e 31, da Lei n. 8.078/90, por atipicidade da conduta daquele que expõe à venda mercadoria importada, não destinada ao consumidor final, sem manual em português (TACrSP, Rel. Juiz Di Rissio Barbosa, *RT* 751/605).

- **Apuração administrativa:** Em razão da independência das instâncias, não há necessidade de ser encerrada a apuração administrativa do possível ilícito para que o Ministério Público possa oferecer denúncia pelo art. 7º, IX (STJ, 6ª T., RHC 24.359, Rel. Min. Maria Thereza Rocha de Assis Moura, j. 27-9-2011, *DJe* 13-10-2011).

- **Competência:** É do foro em que estiver situada a empresa responsável pela comercialização dos bens ou produtos impróprios para o consumo, e não daquela responsável pelo respectivo processo de produção e embalagem (STJ, 3ª S., confl. Compet. 107.764, Rel. Min. Maria Thereza Rocha de Assis Moura, j. 26-5-2010, *DJe* 4-6-2010).

Parágrafo único. Nas hipóteses dos incisos II, III e IX pune-se a modalidade culposa, reduzindo-se a pena e a detenção de 1/3 (um terço) ou a de multa à quinta parte.

- **Nota:** Por um lapso, a grafia do texto legal encontra-se equivocada, sendo o correto "... reduzindo-se a pena de detenção de 1/3 (um terço) ou a de ...".

Art. 7º, parágrafo único	■ **Noção:** Prevê o legislador neste parágrafo único que, caso as condutas descritas nos incisos II, III e IX sejam cometidas por *culpa* (isto é, negligência, imprudência ou imperícia), e não por dolo, haverá a redução (obrigatória, e não facultativa) da pena de detenção de um terço *ou* a de multa à quinta parte, ou seja, em um quinto, conforme a modalidade da pena que tiver sido aplicada.
Jurisprudência do parágrafo único	■ **Prazo de validade vencido:** O agente que, negligentemente, expõe à venda produto com prazo de validade vencido, pratica a infração prevista no art. 7º, IX e parágrafo único, da Lei n. 8.137/90 (TACrSP, Rel. Juiz Xavier de Aquino, *RT* 752/617).

Capítulo III
DAS MULTAS

Art. 8º Nos crimes definidos nos arts. 1º a 3º desta Lei, a pena de multa será fixada entre 10 (dez) e 360 (trezentos e sessenta) dias-multa, conforme seja necessário e suficiente para reprovação e prevenção do crime.

Parágrafo único. O dia-multa será fixado pelo juiz em valor não inferior a 14 (quatorze) nem superior a 200 (duzentos) Bônus do Tesouro Nacional — BTN.

| Pena de multa (para os crimes dos arts. 1º a 3º) | ■ **Cálculo da pena de multa originariamente prevista para os crimes contra a ordem tributária (arts. 1º a 3º):** A fixação da pena de multa prevista para os crimes dos arts. 1º a 3º tem os seus parâmetros definidos neste art. 8º. Duas são as etapas para a fixação das multas: 1ª) *Número de dias-multa*: Conforme seja necessário e suficiente para reprovação e prevenção do crime, estabelece-se o número de dias-multa, que será entre dez e trezentos e sessenta. Tal critério é idêntico ao previsto no art. 49 do CP. Havendo fixação superior ao mínimo de dez dias-multa, a exasperação deverá ser *motivada* pelo juiz. 2ª) *Valor do dia-multa*: Baseado na situação econômica daquele que é condenado, o valor do dia-multa será fixado entre 14 e 200 Bônus do Tesouro Nacional (BTNs). Este critério difere do previsto no § 1º do art. 49 do CP, que utiliza como parâmetro o valor do salário mínimo mensal vigente ao tempo do fato (que não será inferior a um trigésimo nem superior a cinco vezes o valor do salário mínimo). A sistemática deste art. 8º é plenamente justificável, podendo o mesmo número de dias--multa, aplicados a corréus que tiveram idêntica participação em determinado crime, sendo todos primários, com bons antecedentes etc., ser de valores diversos, em função da *situação econômica* de cada um. Assim, imaginando-se a hipótese de o diretor-presidente de um banco, o seu gerente e seu contador serem condenados a dez dias-multa, é evidente que se o valor de cada dia-multa for fixado no mínimo para todos, os 140 BTNs |

nada representarão ao diretor-presidente, ao passo que serão consideráveis aos demais; de outra sorte, se 2.000 BTNs representam valor elevado até mesmo para o presidente do Banco, seria extremamente iníquo impor o mesmo valor aos demais. Visando dar ainda maior liberdade ao juiz sentenciante, previu o legislador a possibilidade de se diminuir o valor da multa à décima parte ou, ao contrário, aumentá-lo dez vezes, conforme a situação econômica do condenado (vide art. 10).

- Cálculo da pena de multa originariamente prevista para os delitos dos arts. 4º e 7º: Seguem-se as regras dos arts. 49 a 51 do CP.

- Extinção do Bônus do Tesouro Nacional: O BTN Fiscal, criado pela Lei n. 7.789/89, tinha a finalidade de servir como referencial de indexação de tributos e contribuições federais. Ele foi, todavia, *extinto* em 1º-2-1991, com o advento da Lei n. 8.177. Depois, o BTN foi substituído por outros índices, como a UFIR. Diante da extinção do BTN, podem ser encontradas duas soluções: a) Em face da aplicação subsidiária do CP, o valor do dia-multa deverá ser calculado com base nas regras do art. 49, § 1º, do CP: "O valor do dia-multa será fixado pelo juiz, não podendo ser inferior a um trigésimo do maior salário mínimo mensal vigente ao tempo do fato, nem superior a cinco vezes esse salário". b) O cálculo deverá ser feito com base nos índices oficiais que substituíram o BTN. Há que prevalecer, acreditamos, a hipótese mais favorável ao condenado. Observamos, todavia, que a utilização do salário mínimo como critério de cálculo do valor do dia-multa, previsto no CP desde a Reforma de 84, choca-se com o art. 7º, IV, da Constituição da República que veda expressamente a vinculação do salário mínimo para qualquer fim (a respeito, *vide* comentários ao art. 49 do CP, em nosso *Código Penal comentado*. 8. ed. São Paulo: Saraiva, 2010, p. 260).

- Não pagamento da multa: Naquilo que não for incompatível com a presente lei, devem os dispositivos previstos na Parte Geral do CP ser aplicados (cf. arts. 49 a 51 do Diploma Penal). Assim, conforme a nova redação dada ao art. 51 do CP pela Lei n. 9.268/96, caso o condenado não pague a multa, esta será considerada "dívida de valor, aplicando-se-lhe as normas da legislação relativa à dívida ativa da Fazenda Pública, inclusive no que concerne às causas interruptivas e suspensivas da prescrição". Não poderá haver, pois, a conversão da pena de multa em privativa de liberdade nem em restritiva de direitos.

Art. 9º A pena de detenção ou reclusão poderá ser convertida em multa de valor equivalente a:

I — 200.000 (duzentos mil) até 5.000.000 (cinco milhões) de BTN, nos crimes definidos no art. 4º;

II — 5.000 (cinco mil) até 200.000 (duzentos mil) BTN, nos crimes definidos nos arts. 5º e 6º;

III — 50.000 (cinquenta mil) até 1.000.000 (um milhão) de BTN, nos crimes definidos no art. 7º.

Multa substitutiva (para os delitos dos arts. 4º e 7º)

- **Revogação:** Os arts. 5º e 6º da presente lei foram revogados pela Lei n. 12.529/2011, tornando inócuo o inciso II.

- **Noção:** Por um critério de política criminal, dispôs o legislador neste art. 9º que o juiz "poderá" converter a pena de detenção *ou reclusão* em "multa" expressa nos valores descritos nos incisos I a III. Note-se que a conversão é permitida apenas para os crimes previstos nos arts. 4º e 7º (Crimes contra a ordem econômica e relações de consumo), e não para os crimes contra a ordem tributária (arts. 1º a 3º).

- **Redundância:** A previsão da substituição é despicienda para o art. 7º, na medida em que a sua pena já é *alternativa* (detenção, de dois a cinco anos, ou multa).

- **Extinção do Bônus do Tesouro Nacional:** Tendo em vista que o BTN foi extinto, deverá o juiz, ao proceder à substituição da pena privativa de liberdade por multa, encontrar o valor da multa com base nos índices oficiais que o substituíram, ainda mais porque neste art. 9º o legislador abandonou o critério com base em dias-multa, ao contrário do que se verifica no art. 8º desta lei.

- **Direito público subjetivo:** Embora o legislador tenha empregado o termo "poderá", cremos que, estando preenchidos os requisitos gerais do CP, a substituição passa a ser um dever do juiz e um direito do condenado (*vide* Celso Delmanto, "Direitos públicos subjetivos do réu no CP". *RT* 554/466). Desse modo, a não substituição da pena privativa de liberdade por multa deverá ser devidamente *fundamentada* (CR, art. 93, IX).

- **Requisitos para a substituição e as normas gerais do CP:** Embora este art. 9º não faça nenhuma exigência para que o condenado tenha "direito" à substituição, pensamos que o juiz deverá basear sua decisão, fundamentalmente, nos requisitos genéricos previstos no art. 44, III, do CP ("a culpabilidade, os antecedentes, a conduta social e a personalidade do condenado, bem como os motivos e as circunstâncias indicarem que esta substituição seja suficiente").

- **Penas restritivas de direitos:** Enquanto a substituição por penas restritivas de direitos prevista no art. 44 do CP aplica-se somente às penas privativas de liberdade *não superiores a quatro anos*, este art. 9º não traz este limite, o que permite ao juiz substituir a pena detentiva ou reclusiva por multa, independentemente do *quantum* da privativa fixada, isto é, ainda que superior a quatro anos. O disposto no art. 9º desta lei, portanto, é mais benéfico do que o preceituado no art. 44 do CP, seja em face da inexistência de limite máximo à pena privativa de liberdade que pode ser substituída, seja em razão da substituição exclusivamente por pena de multa ser mais vantajosa ao condenado do que a pena restritiva de direitos. A intenção do legislador foi, mesmo, a de evitar — salvo nos casos de maior gravidade — que o condenado por crimes contra a ordem econômica e relações de consumo seja levado ao cárcere, mesmo porque a inadimplência em relação à multa substitutiva não pode mais ser convertida em pena privativa de liberdade, nos termos do art. 51 do CP. De qualquer modo, ainda que o juiz negue a substituição da pena privativa de liberdade por multa, nos termos do art. 9º da Lei n. 8.137/90, será imprescindível demonstrar o porquê da não aplicação das penas alternativas previstas no art. 44 do CP.

Art. 10. Caso o juiz, considerado o ganho ilícito e a situação econômica do réu, verifique a insuficiência ou excessiva onerosidade das penas pecuniárias previstas nesta Lei, poderá diminuí-las até a 10ª (décima) parte ou elevá-las ao décuplo.

- Noção: Embora o legislador, no art. 8º desta lei, já houvesse conferido ao juiz ampla margem para a fixação da pena de multa ["a pena de multa será fixada entre 10 (dez) e 360 (trezentos e sessenta) dias-multa, [...] o dia-multa será fixado pelo juiz em valor não inferior a 14 (quatorze) nem superior a 200 (duzentos) Bônus do Tesouro Nacional"], ele, neste art. 10, volta ao assunto para prever que, caso o juiz, considerado o ganho ilícito e a situação econômica do réu, verifique a insuficiência ou excessiva onerosidade das penas pecuniárias previstas nesta lei, poderá diminuí-las até a décima parte ou elevá-las ao décuplo. Tal previsão parece-nos até mesmo exagerada, uma vez que bastaria que o legislador tivesse diminuído ou aumentado ainda mais as referências previstas no art. 8º. Situação semelhante ocorre com o art. 60, § 1º, do CP, que prevê que "a multa pode ser aumentada até o triplo, se o juiz considerar que, em virtude da situação econômica do réu, é ineficaz, embora aplicada no máximo", cabendo frisar que neste caso a previsão é só de aumento da pena de multa, não de diminuição.

Capítulo IV
DAS DISPOSIÇÕES GERAIS

Art. 11. Quem, de qualquer modo, inclusive por meio de pessoa jurídica, concorre para os crimes definidos nesta Lei, incide nas penas a estes cominadas, na medida de sua culpabilidade.

Parágrafo único. Quando a venda ao consumidor for efetuada por sistema de entrega ao consumo ou por intermédio de distribuidor ou revendedor, seja em regime de concessão comercial ou outro em que o preço ao consumidor é estabelecido ou sugerido pelo fabricante ou concedente, o ato por este praticado não alcança o distribuidor ou revendedor.

- Noção: Este art. 11, *caput*, repete, basicamente, a regra geral prevista no art. 29, *caput*, do CP, para o concurso de pessoas, *verbis*: "Quem, de qualquer modo, concorre para o crime incide nas penas a este cominadas, na medida de sua culpabilidade". A expressão "inclusive por meio de pessoa jurídica" mostra-se absolutamente desnecessária, pois a pessoa física responde pelos atos que praticar, seja por si mesma, seja por meio de pessoa jurídica. A expressão "na medida de sua culpabilidade" coaduna-

-se com o moderno Direito Penal da culpa, em que a pena deve ser aplicada de acordo com a "reprovabilidade da conduta" de cada concorrente do crime (autor, coautor ou partícipe), vedando-se responsabilidade penal objetiva. O disposto nos §§ 1º e 2º do art. 29 do Diploma Penal, que tratam da participação de menor importância e da cooperação dolosamente diversa, igualmente se aplicam aos processos por crimes previstos na Lei n. 8.137/90. Tudo em consonância com o próprio art. 59 do CP — "o juiz, atentando para a *culpabilidade...*" —, e com os incisos XLV e XLVI do art. 5º da CR, que tratam da *pessoalidade da responsabilização criminal* e da *individualização da pena.*

Parágrafo único

- **Distribuidor, revendedor, ou outro regime de concessão comercial**: Muito justo o disposto neste parágrafo único, já que, de acordo com o estabelecido no *caput* (cada um responde em função da sua culpabilidade), não se poderia admitir que, *quando a venda ao consumidor fosse efetuada por sistema de entrega ao consumo ou por intermédio de distribuidor ou revendedor,* o ato praticado pelo fabricante ou concedente — estabelecendo ou sugerindo preços de modo a tipificar os crimes previstos nesta lei — implicasse a responsabilização do mero distribuidor, revendedor, representante comercial etc., que, como o próprio nome diz, apenas distribuem ou revendem, nada mais. Embora o *caput* deste art. 11 se refira, genericamente, aos "crimes definidos nesta Lei" e o parágrafo único não faça qualquer ressalva, pensamos que este último diz respeito apenas às hipóteses dos arts. 4º e 7º da lei em comento, e não aos arts. 1º a 3º, que nada têm a ver com o preço ao consumidor "estabelecido ou sugerido pelo fabricante ou concedente".

Jurisprudência do art. 11

- **Culpabilidade**: Crime contra a ordem tributária. Sonegação fiscal. ICMS. Ausência de emissão de notas fiscais. Conduta típica atribuída a funcionários de confiança da empresa. Responsabilidade de todos que tenham participado dos atos delituosos. Inteligência do art. 11 da Lei n. 8.137/90. Recurso não provido. Em se tratando de contribuinte pessoa jurídica, por lhe faltar vontade própria e os elementos psicológicos do ser humano, imprescindíveis para a culpabilidade, serão pessoalmente responsáveis pela sonegação fiscal os diretores, administradores, gerentes, contabilistas, funcionários e todos quanto, de algum modo, tenham participado dos atos delituosos ou contribuído para que se consumassem (TJSP, 3ª CCrEx, ApCr, 205.176-3, Araçatuba, Rel. Cerqueira Leite, j. 22-12-1997 — v.u.).

Art. 12. São circunstâncias que podem agravar de 1/3 (um terço) até a metade as penas previstas nos arts. 1º, 2º e 4º a 7º:

Causa especial de aumento de pena

- **Noção**: Entendeu por bem o legislador, neste art. 12, agravar as penas previstas nos arts. 1º, 2º, 4º e 7º. Observe-se que os crimes dos arts. 5º e 6º foram revogados pela Lei n. 12.529/2011.

■ **Alcance:** Restam excluídos do aumento das penas os crimes definidos no art. 3º desta lei.

I — ocasionar grave dano à coletividade;

Art. 12, I

■ **Taxatividade e tipos penais abertos (incompatibilidade):** Entendemos que este inciso I é inaplicável, posto que não se está observando o princípio da reserva legal previsto no art. 5º, XXXIX, da CR, *verbis:* "Não há crime sem lei anterior que o *defina*, nem pena sem prévia cominação legal" (cf., também, CP, art. 1º; CADH, art. 9º; e PIDCP, art. 15, I). Do referido princípio decorre a regra da taxatividade, que tem como consectário a inadmissibilidade de tipos penais abertos, vagos ou imprecisos, lembrando-se a lição de Hans-Heinrich Jescheck (*Tratado de derecho penal — Parte General*. 4. ed. Granada: Comares, 1993, p. 223). Como já expusemos em nosso *Código Penal Comentado*, em coautoria com Celso Delmanto (8. ed. São Paulo: Saraiva, 2010, p. 78), o vício da imprecisão legislativa tem o condão de enodoar o dispositivo legal, por afronta à Magna Carta de 1988 (art. 5º, XXXIX), tornando-o inaplicável. As eventuais falhas da lei incriminadora não podem ser preenchidas pelo juiz, em desfavor da liberdade, pois é vedado a este completar o trabalho do legislador para punir alguém. Isto é justamente o que ocorre neste inciso I. De fato, não se sabe, ao certo, o que se deve entender por "grave dano à coletividade", o que coloca em risco a necessária segurança jurídica. Em que pese o entendimento da jurisprudência no sentido de que, em determinadas situações (trazidas pelos acórdãos abaixo colacionados), o agravamento da pena se justifica, mantemos o nosso entendimento de que o inciso I do art. 12 da Lei n. 8.137/90 fere a Constituição da República.

Jurisprudência

■ **Inciso I:** Para a majorante do grave dano à coletividade, não se deve considerar o valor final do montante de tributo suprimido/reduzido, pois ocorre a incidência de pesadas multas, que elevam a obrigação para valor muito superior àquele efetivamente resultante das fraudes praticadas (TJRS, 4ª Câm., Ap. 70045590817, Rel. Des. Gaspar Marques Batista, j. 1º-12-2011).

Nos crimes contra a ordem tributária, a causa de aumento de pena prevista no art. 12, I, da Lei n. 8.137/90 somente é aplicável nas hipóteses de prática de grandes crimes de sonegação fiscal, que envolvam quantias vultosas e que determinem alteração de preços, variação de câmbio ou falência de empresas (TJRS, Rel. Des. Vladimir Giacomuzzi, *RT* 792/705).

Aplica-se a majorante do art. 12, em 1/3, diante da sonegação, entre os anos de 2001 e 2002, de R$ 600.000,00; aumenta-se em 1/5, também, em razão da continuidade delitiva, abrangendo quatro tributos (TRF da 2ª Região, 1ª T. Espec., RSE 2008.51.01.810266-6, Rel. Des. Fed. Abel Gomes, j. 11-5-2011, *E-DJF2R* 20-5-2011, p. 8-9).

Sonegação fiscal que totaliza quantia vultosa autoriza, por si só, a aplicação da agravante prevista no art. 12, I, da Lei n. 8.137/90, visto que o bem protegido nos crimes contra a ordem tributária é a integridade do Erário, pouco importando a viabilidade da recuperação dos valores sonegados, pois a solução normativa não se justifica pela riqueza perdida, mas pela inadaptação social que o comportamento criminoso revela (STJ, Rel. Min. Felix Fischer, *RT* 788/556).

■ **Revisão criminal e redução da pena:** A redução da pena em revisão criminal é possível quando comprovado erro técnico ou injustiça explícita do julgado, caracterizadores, ainda que indiretamente, de violação do texto e/ou vontade da lei. Despontando nos autos que não houve grave dano à coletividade, impõe-se que se extirpe da sanção o *quantum* referente à causa de aumento do art. 12, I (TJSC, Rev. Crim. 2011.046133-6, Rel. Des. Sérgio Paladino, j. 19-12-2011).

II — ser o crime cometido por servidor público no exercício de suas funções;

Art. 12, II

■ **Noção:** Em algumas situações o CP prevê o aumento da pena quando o agente é funcionário público. O mesmo ocorre neste art. 12, II, em que a pena será aumentada se o crime, previsto nos arts. 1º, 2º, 4º e 7º (excluído o delito do art. 3º), for cometido por servidor público no exercício de suas funções. Ou seja, não basta que o agente seja servidor público, há que ter praticado o crime *no exercício de suas funções*.

■ **Equiparação:** O art. 327 do CP define, em seu *caput*, o que considera *funcionário público* para efeitos penais, cujo conceito aplica-se a toda legislação penal especial, salvo disposição expressa em contrário. Estatui, assim, ser funcionário "quem, embora transitoriamente ou sem remuneração, exerce cargo, emprego ou função pública". No § 1º do art. 327 tratou o legislador de *equiparar* a funcionário público "quem exerce cargo, emprego ou função em entidade paraestatal, e quem trabalha para empresa prestadora de serviço contratada ou conveniada para a execução de atividade típica da Administração Pública". Como já afirmamos no *Código Penal Comentado*, juntamente com Celso Delmanto (8. ed., Saraiva, 2010, p. 929), o conceito de entidade paraestatal não é pacífico, havendo três entendimentos: a) abrange somente as autarquias; b) compreende as empresas públicas, as sociedades de economia mista e as fundações instituídas pelo Poder Público; c) abarca pessoas privadas que colaboram com o Estado desempenhando atividade não lucrativa e à qual o Poder Público dispensa especial proteção, não se incluindo as sociedades de economia mista e as empresas públicas, que são pessoas privadas que exercem função típica, mas não exclusiva, do Estado (cf. Maria Sylvia Zanella Di Pietro, *Direito administrativo*. 12. ed. São Paulo, Atlas, p. 397-398). O art. 84, § 1º, da Lei n. 8.666/93, que tipifica crimes relativos a fraudes em licitações, equipara a servidor público, *para os seus fins* — ou seja, daquela lei —, "quem exerce cargo, emprego ou função em entidade paraestatal, assim consideradas, além das fundações, empresas públicas e sociedades de economia mista, as demais entidades sob controle, direto ou indireto, do poder público".

- **Inaplicabilidade do aumento de pena previsto no art. 327, § 2º, do CP:** Nos crimes praticados por funcionários públicos contra a administração em geral, estabelece o § 2º do art. 327 que determinadas pessoas, servidores públicos e a eles equiparadas, terão *a pena aumentada da terça parte*, em razão de sua qualificação: "ocupantes de cargos em comissão ou de função de direção ou assessoramento de órgão da administração direta, sociedade de economia mista, empresa pública ou fundação instituída pelo poder público". Diante do gravame que tal dispositivo impõe e do silêncio da Lei n. 8.137/90 a respeito, entendemos ser evidente a inaplicabilidade desta causa de aumento de pena aos delitos previstos nesta lei.

Jurisprudência
- **Não se aplica ao art. 3º:** O próprio art. 12 restringe o seu âmbito de incidência aos delitos dos arts. 1º, 2º, 4º a 7º, excluindo expressamente o crime do art. 3º de sua abrangência. Ademais, a sua cominação no caso concreto implicaria *bis in idem* já que ela se refere à qualidade de funcionário público do agente, fato que constitui elementar do crime funcional do art. 3º, II (STJ, 5ª T., RHC 24.472, Rel. Min. Jorge Mussi, j. 15-9-2011, *DJe* 17-10-2011).

   III — ser o crime praticado em relação à prestação de serviços ou ao comércio de bens essenciais à vida ou à saúde.

Art. 12, III
- **Noção:** Este inciso III teria até a sua razão de ser, na medida em que a reprovabilidade do agente que pratica os crimes referidos no *caput* (arts. 1º, 2º, 4º e 7º) é maior quando a sua conduta lesa ou concretamente põe em risco a prestação de serviços ou o comércio de *bens essenciais à vida ou à saúde*. Todavia, diante da extrema amplitude do que seria um bem essencial à vida ou à saúde, o mesmo problema da taxatividade, apontado nos comentários ao inciso I deste art. 12 [*vide* nota *Taxatividade e tipos penais abertos (incompatibilidade)*] surge, aqui, intransponível. Com efeito, o legislador não define o que sejam "bens essenciais à vida ou à saúde". Note-se que a hipótese não é de "lei penal em branco", a ser complementada por outra norma jurídica. Por este motivo, cremos que este inciso III é também inaplicável, por ofensa à garantia da reserva legal (CR, art. 5º, XXXIX; CP, art. 1º; PIDCP, art. 15, 1; CADH, art. 9º).

Art. 13. (*Vetado.*)

Art. 14. (*Revogado pela Lei n. 8.383, de 30-12-1991.*)

Extinção da punibilidade pelo pagamento

■ Extinção da punibilidade — pagamento integral à vista antes do recebimento da denúncia, ou parcelamento cumprido desde que formalizado o pedido antes do recebimento da denúncia: A questão relativa à extinção da punibilidade dos crimes de natureza tributária (incluindo-se aí os crimes previdenciários e, a nosso ver, o descaminho, cuja natureza é tributária) pelo pagamento do tributo, tem sido, desde o advento da Lei n. 4.729/65, objeto de atenção por parte do legislador. Hoje, *somente o pagamento integral antes do recebimento da denúncia* ocasiona a extinção da punibilidade (art. 34 da Lei n. 9.249/95 e art. 83, § 6º, da Lei n. 9.430/96, com redação dada pela Lei n. 12.382/2011). Igualmente haverá extinção da punibilidade se houver concessão de parcelamento com quitação total das parcelas, *desde que* o pedido de parcelamento tenha sido formalizado antes do recebimento da denúncia (*vide* art. 83, §§ 2º, 3º e 4º, da Lei n. 9.430/96, com redação dada pela Lei n. 12.382/2011).

■ Breve histórico: O art. 2º, *caput*, da Lei n. 4.729/65 previa: "Extingue-se a punibilidade dos crimes previstos nesta Lei quando o agente promover o recolhimento do tributo devido, antes de ter início, na esfera administrativa, a ação fiscal própria". Referido dispositivo foi revogado pela Lei n. 8.383/91. O art. 1º da Lei n. 5.498/68, por sua vez, previa: "Extingue-se a punibilidade dos crimes previstos na Lei n. 4.729, de 14 de julho de 1965, para os contribuintes do imposto de renda que, dentro de 30 (trinta) dias da publicação desta lei, satisfizerem o pagamento de seus débitos na totalidade, ou efetuarem o pagamento de 1ª (primeira) quota do parcelamento que lhes tenha sido concedido". Por sua vez, o art. 14 da Lei n. 8.137/90, hoje também revogado, previa como causa extintiva da punibilidade dos crimes descritos nos arts. 1º e 2º, o ato de o agente promover o pagamento do tributo ou contribuição social, inclusive acessórios, *antes do recebimento da denúncia*. Cerca de um ano depois, esse dispositivo foi igualmente revogado de forma expressa pelo art. 98 da Lei n. 8.383/91. Após quase quatro anos da revogação do referido art. 14, o art. 34 da Lei n. 9.249/95 voltou a prever *a mesma causa extintiva*: "Extingue-se a punibilidade dos crimes definidos na Lei n. 8.137, de 27 de dezembro de 1990, e na Lei n. 4.729, de 14 de julho de 1965, quando o agente *promover* o pagamento do tributo ou contribuição social, inclusive acessórios, *antes do recebimento da denúncia*". Não obstante este dispositivo não fizesse menção ao crime do art. 95, *d*, da Lei n. 8.212/91, que tratava do não recolhimento de contribuições previdenciárias descontadas dos empregados, mas tão somente das contribuições sociais, a jurisprudência, por uma questão de isonomia e analogia *in bonam partem*, pacificou-se no sentido da aplicação do referido art. 34 aos crimes contra a Previdência Social. Todavia, com a revogação do art. 95 da Lei n. 8.212/91 pela Lei n. 9.983/2000, e a inclusão no CP dos crimes de apropriação indébita de contribuições previdenciárias (art. 168-A) e de sonegação de contribuições previdenciárias (art. 337-A), foram criadas novas causas (e mais restritivas) de extinção da punibilidade (ver arts. 168-A, § 2º, e 337-A, §1º, do CP), o que restabeleceu o tratamento desproporcional conferido aos crimes previdenciários, objeto já de severas críticas por parte da doutrina, inclusive a nossa, por entendermos deva ser dado aos delitos previdenciários o *mesmo* tratamento conferido aos delitos tributários. Pois bem, como se verá adiante, a partir das edições das chamadas Leis do Refis (a contar da Lei n. 9.964/2000), o legislador voltou a conferir tratamento isonômico aos crimes tributários e previdenciários, ao menos no tocante às causas suspensivas e extintivas da punibilidade (parcelamento e pagamento do tributo, respectivamente).

■ Parcelamento. Efeitos penais (Introdução): Sempre foi muito controvertida a questão acerca dos efeitos penais do parcelamento. Tendo em vista que o antigo art. 34 da Lei n. 9.249/95 exigia como causa extintiva da punibilidade tão somente que o agente *promovesse o pagamento antes do recebimento da denúncia*, e *promover* significa *dar início*, a jurisprudência do STJ à época pacificou-se no sentido de que parcelar equivale a promover, de forma que o mero parcelamento deferido, juntamente com o pagamento da 1ª parcela, já acarretava a extinção da punibilidade (STJ, 3ª S., RHC 11.598, Rel. Min. Gilson Dipp, *m.v.*, j. 8-5-2002). Tal posicionamento permaneceu inalterado até o advento da Lei n. 9.694/2000 ("Refis I"), o qual passou a prever expressamente que o parcelamento antes do recebimento da denúncia acarreta tão somente a *suspensão da pretensão punitiva*, e não mais a extinção da punibilidade. Após, surgiram outras leis com previsão semelhante, como são os casos da Lei n. 10.684/2000 ("Refis II" ou "Paes"), da Lei n. 11.941/2009 ("Refis III") e, por fim, da atual Lei n. 12.382, de 25-2-2011 (*vide* notas abaixo). O STJ, em precedente acerca do tema, por maioria de votos (vencido o Des. Conv. Celso Limongi), entendeu pela aplicação da lei posterior mais gravosa do art. 9º da Lei n. 10.684/2003, que exige o pagamento integral do débito para haver a extinção da punibilidade, e não do art. 34 da Lei n. 9.249/95 que permitia a extinção da punibilidade com o simples parcelamento do débito antes do recebimento da denúncia, com o pagamento da primeira parcela, para fatos ocorridos entre 1997 e 1998, mas parcelados em 2005, quando já em vigor a Lei n. 10.684/2003 (STJ, 6ª T., RHC 22.689, Rel. Min. Maria Thereza Rocha de Assis Moura, j. 7-12-2010, *DJe* 17-12-2010).

De fato, a Lei n. 10.684/2003 exigia, para a extinção da punibilidade, o pagamento *integral* dos débitos tributários para que houvesse a extinção da punibilidade, não se impondo que o mesmo fosse realizado em momento anterior ao do recebimento da denúncia, mas a qualquer tempo, desde que antes do trânsito em julgado (STJ, 5ª T., HC 123.969, Rel. Min. Arnaldo Esteves Lima, j. 4-2-2010, *DJe* 8-3-2010).

Hoje, com a Lei n. 12.382, de 25 de fevereiro de 2011, alterou-se novamente a disciplina sobre o tema: a *inclusão no parcelamento*, desde que formalizado o pedido antes do recebimento da denúncia, *acarreta apenas a suspensão da pretensão punitiva* (e também do curso do prazo prescricional), e *somente o pagamento integral desse parcelamento é que acarretará a extinção da punibilidade* (*vide* art. 83, §§ 2º, 3º e 4º, da Lei n. 9.430/96, com redação dada pela Lei n. 12.382/2011).

■ Parcelamento. Efeitos penais (Lei n. 12.382, de 25 de fevereiro de 2011): A referida lei não institui um novo REFIS, mas cuida dos efeitos penais do parcelamento e do pagamento do crédito tributário, inclusive do envio da representação fiscal para fins penais. Novamente impulsionado pelo governo, o legislador aprovou a Lei n. 12.382, que inseriu os §§ 1º a 6º no art. 83 da Lei n. 9.430/96. Referida lei pode ser estudada sob três aspectos: 1º) Envio da representação fiscal para fins penais (*vide* nota abaixo); 2º) Pedido de parcelamento antes do recebimento da denúncia (*vide* nota abaixo); 3º) Pagamento integral dos débitos parcelados (*vide* nota abaixo).

■ **Lei n. 12.382, de 25 de fevereiro de 2011. Envio da representação fiscal para fins penais (1º aspecto):** A representação fiscal para fins penais somente pode ocorrer após o término do procedimento administrativo-fiscal (art. 83, *caput*, da Lei n. 9.430/96, com redação dada pela Lei n. 12.350/2010). Tal exigência, aliás, é de rigor, até porque, segundo a Súmula Vinculante 24 do STF, aprovada no dia 2-12-2009, "não se tipifica crime material contra a ordem tributária, previsto no artigo 1º, incisos I a IV, da Lei n. 8.137/90, antes do lançamento definitivo do tributo". Da mesma forma, na hipótese de concessão de parcelamento do crédito tributário, "a representação fiscal para fins penais somente será encaminhada ao Ministério Público após a exclusão da pessoa física ou jurídica do parcelamento" (art. 83, § 1º, da Lei n. 9.430/96, com redação dada pela Lei n. 12.382/2011).

■ **Lei n. 12.382, de 25 de fevereiro de 2011. Parcelamento antes do recebimento da denúncia (2º aspecto):** A Lei n. 12.382/2011 inseriu no referido art. 83 da Lei n. 9.430 o novel § 2º, o qual passou a prever que somente o parcelamento com pedido feito (formalizado) *antes do recebimento da denúncia* suspende a pretensão punitiva, *verbis:* "§ 2º É suspensa a pretensão punitiva do Estado referente aos crimes previstos no *caput*, durante o período em que a pessoa física ou a pessoa jurídica relacionada com o agente dos aludidos crimes estiver incluída no parcelamento, desde que o pedido de parcelamento tenha sido formalizado antes do recebimento da denúncia criminal". O § 3º, incluído também pela Lei n. 12.382/2011, previu ainda que "a prescrição criminal não corre durante o período de suspensão da pretensão punitiva". A previsão constante do referido § 2º, por ser maléfica em relação à disciplina legal anterior (que não exigia que o pedido de parcelamento fosse realizado "antes do recebimento da denúncia" — *vide* Leis 10.684/2003 e 11.941/2009), não deve retroagir, abrangendo somente fatos praticados após a entrada em vigor da Lei n. 12.382/2011. Embora o § 2º preveja que a suspensão da pretensão punitiva só ocorra com a inclusão do contribuinte no parcelamento (ou seja, com o seu *deferimento*), tendo havido pedido de parcelamento formalizado, mas ainda não deferido, estando em análise, a nosso ver faltará justa causa para a ação penal. Caso, entretanto, a denúncia seja nessa hipótese recebida, será caso de *habeas corpus* objetivando o seu trancamento por falta de justa causa. A ação penal só poderá ser instaurada se o parcelamento for indeferido ou na hipótese de o contribuinte deixar de pagar as parcelas e ser dele excluído.

■ **Lei n. 12.382, de 25 de fevereiro de 2011. Pagamento integral dos débitos parcelados (3º aspecto):** A Lei n. 12.382/2011 inseriu no art. 83 da Lei

n. 9.430 o novel § 4º, que passou a prever: "Extingue-se a punibilidade dos crimes referidos no *caput* quando a pessoa física ou a pessoa jurídica relacionada com o agente efetuar o pagamento integral dos débitos oriundos de tributos, inclusive acessórios, que tiverem sido objeto de concessão de parcelamento". Ou seja, estará extinta a punibilidade com o pagamento total do débito parcelado, com pedido *formalizado* antes do recebimento da denúncia.

■ Lei n. 12.382, de 25 de fevereiro de 2011. Vedação legal de parcelamento: O § 5º do art. 83 da Lei n. 9.430/96, acrescentado pela Lei n. 12.382/2011, prevê: "§ 5º O disposto nos §§ 1º a 4º não se aplica nas hipóteses de vedação legal de parcelamento". Em que pese a redação deste § 5º, cremos que, em se tratando de matéria penal, ainda que exista vedação legal, na hipótese de o governo ter concedido o parcelamento ao contribuinte não há como impedir a incidência dos efeitos penais respectivos (tanto no caso de parcelamento quanto no de pagamento), sob pena de ofensa ao princípio da isonomia e do devido processo legal. Se o Estado concede o parcelamento, beneficiando-se com isso, não há como impedir a suspensão da pretensão punitiva, sob a alegação de que o parcelamento (concedido pelo próprio Estado) era vedado por lei.

■ Lei n. 12.382, de 25 de fevereiro de 2011. Referência ao art. 34 da Lei n. 9.249/95: O § 6º do art. 83 da Lei n. 9.430/96, acrescentado pela Lei n. 12.382/2011, prevê que "as disposições contidas no *caput* do art. 34 da Lei n. 9.249, de 26 de dezembro de 1995, aplicam-se aos processos administrativos e aos inquéritos e processos em curso, desde que não recebida a denúncia pelo juiz". Isso significa que, havendo pagamento integral antes do recebimento da denúncia, *sem pedido de parcelamento*, também haverá a extinção da punibilidade prevista no referido artigo: "Art. 34. Extingue-se a punibilidade dos crimes definidos na Lei n. 8.137, de 27 de dezembro de 1990, e na Lei n. 4.729, de 14 de julho de 1965, quando o agente promover o pagamento do tributo ou contribuição social, inclusive acessórios, antes do recebimento da denúncia".

Causas suspensivas e extintivas do crédito tributário (CTN, arts. 151 e 156)

■ Causas suspensivas e extintivas do crédito tributário (CTN): Questão delicada e ainda pouco enfrentada pela doutrina e pela jurisprudência diz respeito aos eventuais efeitos penais decorrentes das causas suspensivas (CTN, art. 151) e extintivas CTN, art. 156) do crédito tributário. Explica-se. Embora a matéria não se encontre disciplinada no art. 34 da Lei n. 9.249/95, bem como nas leis que posteriormente vieram a tratar dos efeitos penais do parcelamento e do pagamento integral (Leis n. 9.964/2000, 10.684/2003, 11.941/2009 e 12.382/2011), é necessário lembrar que, após o advento da Súmula Vinculante 24 do STF, não se tipifica crime tributário material sem o lançamento definitivo do tributo. Ou seja, o crédito tributário constitui elemento normativo do tipo penal tributário, de forma que, a nosso ver, as hipóteses suspensivas (CTN, art. 151) e extintivas do crédito tributário (CTN, art. 156) merecem gerar efeitos penais correspondentes.

■ Causas extintivas do crédito tributário (CTN, art. 156): O pagamento constitui apenas uma das causas extintivas do crédito tributário (CTN, art.

156, I), não havendo razão para não se conferir efeito jurídico semelhante às demais causas extintivas previstas no referido art. 156, quais sejam: a compensação; a transação; a remissão; a prescrição e a decadência; a conversão de depósito em renda; o pagamento antecipado e a homologação do lançamento nos termos do disposto no art. 150 e seus §§ 1º e 4º; a consignação em pagamento, nos termos do disposto no § 2º do art. 164; a decisão administrativa irreformável, assim entendida a definitiva na órbita administrativa, que não mais possa ser objeto de ação anulatória; a decisão judicial passada em julgado; a dação em pagamento em bens imóveis, na forma e condições estabelecidas em lei.

▪ **A decadência e seus efeitos penais:** A respeito da decadência do crédito tributário, Fabio Machado de Almeida Delmanto e Marcelo Knopfelmacher sustentam que, tendo ocorrido a decadência do crédito, inexiste justa causa para a ação penal nos crimes materiais previstos no art. 1º da Lei n. 8.137/90, devendo tal entendimento ser estendido para as demais causas extintivas do crédito tributário previstas no art. 156 do CTN. O mesmo deve ocorrer com relação ao parcelamento e às demais modalidades de suspensão do crédito tributário (art. 151 do CTN), no sentido de que tais situações impedem, igualmente, o início ou a continuidade da ação penal ou mesmo do inquérito policial, ao menos durante o período em que a exigibilidade estiver suspensa ("A decadência do crédito tributário e seus efeitos penais". *Boletim IBCCRIM,* São Paulo, ano 15, n. 180, p. 4, nov. 2007). Aldo de Paula Junior e Heloísa Estellita defendem, também, que "se o tipo penal tributário toma como elemento normativo o termo tributo, que só se configura como objeto de uma relação jurídico-tributária convertida em linguagem jurídica competente (lançamento), e tendo sido a conversão fulminada pela decadência, é inviável a configuração do tipo penal tributário por ausência de um de seus elementos" ("Efeitos da decadência do crédito nos crimes contra a ordem tributária". *Direito penal tributário.* Org. por Marcelo Magalhães Peixoto, André Elali e Carlos Soares Sant'Anna. São Paulo: MP Editora, 2005, p. 11-27).

▪ **Causas suspensivas do crédito tributário (CTN, art. 151):** O parcelamento, igualmente, constitui apenas uma das causas suspensivas do crédito tributário (CTN, art. 151, VI), não havendo razão para não se conferir efeito jurídico semelhante às demais causas suspensivas previstas no referido art. 151, quais sejam: moratória; o depósito do seu montante integral; as reclamações e os recursos, nos termos das leis reguladoras do processo tributário administrativo; a concessão de medida liminar em mandado de segurança; a concessão de medida liminar ou de tutela antecipada, em outras espécies de ação judicial; o parcelamento. Nesse exato sentido, *vide* FABIO MACHADO DE ALMEIDA DELMANTO e MARCELO KNOPFELMACHER ("A decadência do crédito tributário e seus efeitos penais". *Boletim IBCCRIM.* São Paulo, ano 15, n. 180, p. 4, nov. 2007).

Garantia do débito e carta de fiança

▪ **Garantia do débito. Carta de fiança:** O depósito em juízo feito pelo contribuinte ou a apresentação de carta de fiança bancária em ação anulatória de débito fiscal, desde que realizados antes do recebimento da denúncia, pode acarretar os seguintes efeitos: a) extinção da punibilidade com base no art. 34 da Lei n. 9.249/95, não havendo razão para não se conferir à carta de fiança bancária ou ao depósito integral do débito feito em juízo, a mesma consequência jurídica dada ao pagamento integral do débito; b) atipicidade da conduta e consequente falta de justa causa para a ação penal, em virtude da boa-fé e ausência de dolo do contribuinte, bem como falta de lesividade ao erário (*vide* jurisprudência abaixo). Sobre a ação anulatória do débito fiscal e seus possíveis efeitos penais, *vide* nota abaixo sob o título *Ação anulatória do débito fiscal e suspensão da ação penal (art. 93 do CPP e art. 116, I, do CP)*.

Jurisprudência da decadência e da carta de fiança bancária

■ **Decadência do crédito tributário e seus efeitos penais:** "[...] os crimes do art. 1º são materiais ou de resultado, somente se consumando com o lançamento definitivo do crédito fiscal"; nesse contexto, "decaindo a administração fiscal do direito de lançar o crédito tributário, em razão da decadência do direito de exigir o pagamento do tributo, tem-se que, na hipótese, inexiste justa causa para o oferecimento da ação penal, em razão da impossibilidade de se demonstrar a consumação do crime de sonegação tributária" (STJ, 5ª T., HC 56.799, Rel. Min. Laurita Vaz, j. 13-3-2007).

Tratando-se de tributo sujeito a lançamento por homologação, cujo pagamento não foi antecipado pelo contribuinte, o prazo decadencial de cinco anos (art. 173 do CTN) deve ser contado a partir do primeiro dia do exercício financeiro seguinte àquele em que o lançamento poderia ter sido efetuado, até a notificação do auto de infração ou do lançamento ao sujeito passivo. Se não se operou a extinção do crédito, é impróprio falar-se em carência de justa causa (STJ, 6ª T., HC 106.064, Rel. Min. Maria Thereza Rocha de Assis Moura, j. 11-10-2011, *DJe* 3-11-2011).

■ **Carta de fiança bancária apresentada em ação anulatória de débito fiscal. Inexistência de crime (acórdão do TJSP):** "O Tribunal de Impostos e Taxas concluiu, em procedimento administrativo, por caracterizada a infração fiscal. O débito foi lançado na dívida ativa. Em ação cautelar inominada, foi oferecido bem imóvel para garantia do débito fiscal. A garantia foi aceita, em liminar, pelo juízo. A empresa postulou, posteriormente, a substituição da garantia por carta de fiança. Verifica-se que, a despeito de estar a dívida garantida por caução, o paciente continua a discutir, em ação anulatória, o débito fiscal. É certo que, à época, o processo administrativo no Tribunal de Impostos e Taxas não se havia encerrado. O débito fiscal não estava constituído. A situação do paciente, porém, não sofreu mudanças. Ele discute judicialmente o débito fiscal, é verdade, mas, de qualquer forma, a dívida está garantida por carta de fiança. O inciso XXXVI do artigo 5º da Constituição Federal garante ao cidadão o direito de valer-se do Judiciário, para apreciação de lesão ou ameaça a direito. Ora, se para o paciente não houve sonegação fiscal e, em consequência, o imposto não é devido, tem ele todo o direito de exigir análise do Judiciário. [...] Anote-se, finalmente que, se a ação anulatória de débito fiscal for julgada improcedente, a dívida será quitada, porquanto está ela garantida pela carta de fiança. Isto significa que, qualquer que seja o resultado da ação anulatória, não haverá lesividade ao Estado. E, sem lesividade, não há crime" (TJSP, HC 993.08.017052-5, Rel. Des. Celso Limongi, acompanhado pelos Desembargadores Angélica de Almeida, Vico Mañas e Paulo Rossi, j. 25-6-2008, *v.u.*).

"*Habeas corpus*. Crimes contra a Ordem Tributária. Trancamento de ação penal por ausência de justa causa. Propositura de ação de anulação de débito fiscal com fiança bancária. Execução do crédito garantida. Ausência de lesividade. Possibilidade. Ordem concedida" (TJSP, 1ª Câm. Crim., HC 0070516-65.2011.8.26.0000, Rel. Des. Marco Nahum, j. 25-7-2011).

▪ Carta de fiança bancária apresentada em ação anulatória de débito fiscal. Inexistência de crime (decisão monocrática de 1ª Instância): A decisão a seguir parcialmente descrita houve por bem absolver sumariamente os acusados, em virtude do oferecimento de carta de fiança bancária em ação anulatória de débito fiscal, antes do recebimento da denúncia criminal. Eis a parte da decisão que interessa: "Por outro lado, constata-se que a ação anulatória foi ajuizada antes do oferecimento da denúncia, no exercício do direito constitucional ao acesso ao Poder Judiciário. Após a citação, os acusados apresentaram carta de fiança bancária, garantindo o pagamento, na vultosa quantia de R$ 30.500.000,00 (trinta milhões e quinhentos mil reais). A conduta dos réus demonstra inequívoca boa-fé e ausência de dolo. Se o intuito fosse o de fraudar o Fisco, certamente não haveria o oferecimento da garantia. Pode-se concluir que não há lesividade na conduta dos acusados, ainda que a pretensão seja afastada pelo Poder Judiciário, eis que o pagamento do débito tributário está garantido pela fiança bancária, citando-se o HC 993.08.017052/5, invocado pelos acusados em suas respostas. Feitas estas considerações, fica evidente a ausência de dolo dos acusados, devendo a questão ser dirimida no Juízo cível. Não se vislumbra intenção deliberada dos agentes em fraudar o Fisco, de modo que a conduta não pode ser punida na esfera penal. Por se tratar de mesmas circunstâncias fáticas, estendo a absolvição ao acusado F., por lhe ser mais benéfica. Desnecessário que se aguarde sua citação. 3 — Ante ao exposto, julgo improcedente a presente ação penal e absolvo sumariamente os réus J.H.R.S., F.S.H., C.L.G. e A.P.R., qualificados nos autos, com fundamento no art. 397, inciso I, do Código de Processo Penal" (sentença proferida pelo Juiz de Direito Hélio Villaça Furukawa, em 14-6-2010, no Processo 253/08 da 2ª Vara Criminal de Itu).

Suspensão da Ação Penal

▪ Ação anulatória do débito fiscal e suspensão da ação penal (art. 93 do CPP, e art. 116, I, do CP): Mesmo tendo havido, após o esgotamento da via administrativa, o lançamento definitivo do crédito tributário, a permitir a tipificação do crime material do art. 1º da Lei n. 8.137/90 (*vide* Súmula Vinculante 24 do STF), tem sido comum, no foro, que o contribuinte, já réu na ação penal, proponha ação declaratória de anulação ou desconstituição do crédito tributário. Há casos, inclusive, de decisão de primeiro grau no juízo cível anulando o auto de infração, o que é incompatível com o prosseguimento de uma ação penal que versa sobre o mesmo lançamento tributário. Tal entendimento fica reforçado com a edição da mencionada Súmula Vinculante 24 do STF, pela qual não há crime material tributário sem o lançamento definitivo do tributo. Ora, se o crédito tributário é anulado por decisão judicial, o crime deixa de existir. Todavia, enquanto a ação declaratória é processada, sem ainda existir decisão judicial a respeito, é hipótese de suspensão da ação penal a fim de que não exista um conflito entre decisões na esfera cível e criminal, mormente levando-se em consideração que, no cível, discute-se a existência do crédito tributário que é elementar do crime. A propósito, dispõe o art. 93, *caput*, do CPP: "Se o reconhecimento da existência da infração penal depender de decisão diversa da prevista no artigo anterior (art. 92), da competência do Juízo cível, e se neste houver sido proposta ação para resolvê-la, o Juiz criminal poderá, desde que esta questão seja de difícil solução e não verse sobre direito cuja prova a lei civil limite, suspender o curso do processo, após a inquirição das testemunhas, e realização das outras provas de natureza urgente". O § 1º do art. 93 prevê que "o Juiz marcará o prazo da suspensão, que poderá ser razoavelmente prorrogado, se a demora não for imputável à parte".

Jurisprudência do art. 93 do CPP (ação cível questionando o débito)

■ **Ação cível anulatória do auto de infração:** Se houve sentença de procedência em ação que buscou a nulidade do auto de infração que embasava a denúncia, havendo recurso ao Tribunal, deve-se suspender a ação penal e o curso do prazo prescricional, por um ano, podendo ser prorrogado por período a ser definido pelo juiz, até julgamento definitivo do processo cível. Caso confirmada pelo Tribunal a sentença que anulou o auto de infração, a ilegalidade descrita na denúncia restará afastada, carecendo, assim, justa causa para a ação penal (TRF da 4ª Região, 8ª T., HC 0003995-86.2011.404.0000, Rel. Des. Fed. Luiz Fernando Wowk Penteado, j. 6-7-2011).

"1. Havendo sentença na esfera cível desconstituindo o crédito tributário sobre o qual versa a ação penal, ainda que pendente de reexame necessário, consubstancia-se a plausibilidade do pedido de suspensão do curso do processo formulado. 2. Versando a discussão na esfera cível sobre questão que interfere no próprio reconhecimento da justa causa para a ação penal, razoável se faz o sobrestamento do feito até a decisão final. 3. Ordem concedida para sobrestar o curso do processo" (STJ, HC 67269, Rel. Min. Maria Thereza Rocha de Assis Moura, j. 5-6-2007, *DJ* 10-9-2007).

"Os crimes contra a ordem tributária são crimes materiais, pois dependem, para sua consumação, da ocorrência do resultado: supressão ou redução do tributo, incluída a contribuição social. Se existem dúvidas acerca da ocorrência do resultado, não há como levar adiante a ação penal, sob pena de haver castigo sem crime, em prejuízo da garantia constitucional da ampla defesa e do contraditório. *In casu*, existe notícia nos autos de que tramita uma ação anulatória de débito fiscal, em face da União Federal, junto à Justiça Federal de 1ª Instância do Rio de Janeiro, na qual se requer seja anulado o lançamento fiscal e cancelado o débito arbitrado com base em meros depósitos bancários, o mesmo débito que ensejou a instauração da ação penal, ora em curso. [...] A suspensão pode, excepcionalmente, como na hipótese dos autos, pelas circunstâncias peculiares ao caso, independer da fase probatória, por meio de uma mitigação da letra fria do art. 93, do CPP. O constrangimento ilegal pode residir justamente na instrução, posto ter a paciente de comparecer a todos os atos de oitiva de testemunhas. A produção da prova oral na ação penal não teve início. A ação de anulação de débito fiscal está em fase de conclusão para sentença. Há suspensão do prazo prescricional, a teor do CP, art. 116, inc. I. A suspensão do processo possui, ademais, um condão de plausibilidade, pois, em casos semelhantes ao deduzido pela paciente na ação civil, houve sucesso. [...] Pela presença dos pressupostos autorizadores do CPP, art. 93, a turma, por maioria, concedeu parcialmente a ordem de *habeas corpus*, suspendendo, pelo prazo de 3 meses, a partir da data de publicação deste julgamento, o processo penal autuado sob o n. 96.255.210, que tramita na 25ª Vara Federal, em relação à ré K. C. R., acaso não seja proferida a sentença no juízo cível antes do termo desse lapso temporal, possibilitando, assim, a solução da questão prejudicial externa, decorrente da anulação de débito fiscal promovida pela ora impetrante, a fim de se evitarem possíveis decisões contraditórias nas esferas cível e criminal, bem como condenação sem crime, se houver anulação do auto de infração" (TRF da 2ª Região, HC 97.02.18976-4, Rel. Des. Vera Lúcia Lima, j. 24-3-1998, *DJ* 11-8-1998).

Conquanto o crédito tributário tenha sido devidamente constituído na esfera administrativa, se houve sentença proferida em ação declaratória de nulidade de débito tributário, objeto de apelação cível interposta pela Fazenda Pública, a prudência recomenda que se suspenda o curso da investigação policial deflagrada até que sobrevenha o julgamento da apelação, aplicando-se o art. 93 do CPP (STJ, 5ª T, HC 130.507, Rel. Min. Jorge Mussi, j. 12-4-2011, *DJe* 4-5-2011).

Também é prudente que se suspenda o curso da ação penal diante do fato do contribuinte ter obtido concessão de pedido de antecipação de tutela em ação declaratória c/c anulatória de débito tributário, suspendendo-se a sua exigibilidade (STJ, 6ª T., RHC 24.540, Rel. Min. Og Fernandes, j. 19-10-2010, *DJe* 17-12-2010).

A pendência de julgamento de mérito da ação anulatória de débito fiscal representa um óbice ao curso da ação penal, posto que sua eventual procedência implicaria inexigibilidade do pagamento do tributo, requisito essencial à ação penal por crime contra a ordem tributária que só se consuma com o lançamento definitivo do tributo (TJSP, 12ª Câm. Crim., HC 0574773-13.2010.8.26.0000, Rel. Des. João Morenghi, j. 13-4-2011).

Jurisprudência anterior à Lei n. 12.382/2011

■ **Extinção da punibilidade:** Se o acusado da prática de crime contra a ordem tributária, antes do oferecimento da denúncia, ajuizou medida cautelar requerendo que fossem apurados os débitos reclamados pelo Fisco, para fins de pagamento, deve-se intimá-lo para, querendo, pagar o débito, causa da extinção da punibilidade (STJ, Rel. Min. Vicente Leal, *RT* 775/547).

A extinção da punibilidade dos crimes definidos no art. 1º da Lei n. 8.137/90, na forma prevista pelo art. 34 da Lei n. 9.249/95, requer o pagamento da dívida tributária antes do recebimento da denúncia, sendo irrelevante se realizado com o benefício, concedido pela Administração, da anistia parcial da multa fiscal (TJPR, Rel. Des. Telmo Cheren, *RT* 789/677).

Sobrevindo lei que abre prazo para pagamento do débito, cessa a ilicitude penal, extinguindo-se a punibilidade; hipótese em que o pagamento foi feito no prazo do Decreto-Lei n. 2.303/86 (STF, RE 116.965-6, *v.u.*, *RT* 636/392; *no mesmo sentido:* TFR, nas atribuições do STJ, HC 7.218, *DJU* 15-5-1989, p. 7913, *v.u.*).

O pagamento do tributo por um dos réus atinge o outro também (TFR, RCr 1.049, *DJU* 9-10-1986, p. 18792). Nos termos do art. 9º da Lei n. 10.684/2003, o parcelamento do débito tributário resulta tão somente na suspensão do processo, ficando a extinção da punibilidade condicionada ao seu pagamento integral (STJ, 5ª T., RHC 29.296, Rel. Min. Gilson Dipp, j. 7-4-2011, *DJe* 26-4-2011).

Havendo parcelamento, nos moldes do art. 9º da Lei n. 10.684/2003, suspende-se também a pretensão punitiva e a prescrição, pois o escopo maior da norma penal é o pagamento do tributo, não havendo violação da independência das esferas administrativa e judiciária no aguardo da decisão administrativa, a quem cabe efetuar o lançamento definitivo. Suspensão do procedimento investigatório até o resultado final do parcelamento administrativamente concedido (STJ, 6ª T., HC 100.954, Rel. Min. Maria Thereza Rocha de Assis Moura, j. 14-6-2011, *DJe* 22-6-2011).

- Parcelamento após o trânsito em julgado — suspensão da pretensão executória: "O parcelamento do crédito não é causa de procedência de revisão criminal se a suspensão da pretensão punitiva não foi deferida à época, diante da não comprovação da efetiva e regular inserção no programa de parcelamento. A adesão ao parcelamento, posterior ao trânsito em julgado, pode dar ensejo à suspensão da pretensão executória ou à extinção da punibilidade apenas com o pagamento integral [...] Nesse quadro fático, não há justificativa para que seja desconstituída a condenação do requerente que pode, a qualquer tempo, mesmo após o trânsito em julgado, ter extinta a sua punibilidade pelo pagamento integral do débito tributário, nos termos do art. 9º, § 2º, da Lei 10.684-2003 [...] No tocante à suspensão da pretensão punitiva, ou mesmo da pretensão executória, comprovado que o débito está efetivamente parcelado, é um direito do réu que também pode ser exercido após o trânsito em julgado e não possui o condão de desconstituir condenação transitada em julgado, cujos efeitos incidirão validamente caso o parcelamento não seja honrado" (TRF da 2ª Região, 1ª S. Espec., Rev. Crim. 2010.02.01001450-1, Rel. Des. Fed. André Fontes, j. 25-11-2010, *E-DJF2R* 10-12-2010, p. 21-22).

- Extinção da punibilidade e absorção de crimes comuns pelo crime de sonegação fiscal: Extinta a punibilidade do crime de sonegação fiscal, de regência especial, objetivo único e exclusivo da ação delituosa, descabe persistir o crime de estelionato (TFR — extinto, RCr 1.028-PI, *v.u.*, *DJU* 22-3-1984, *Em.* 57, p. 26; *no mesmo sentido:* TFR, Ap. 5.941, *DJU* 8-8-

1985, p. 12459; TFR, RCr 601, *DJU* 11-9-1980, p. 6845; RCr 1.015, *DJU* 8-5-1984, p. 2970; RCr 1.019, *DJU* 8-3-1984, p. 2987).

Se a falsidade ideológica tinha a finalidade de eximir o agente do pagamento do tributo, há de se falar somente em sonegação fiscal (TFR, RCr 4.455, *DJU* 26-10-1978, p. 8458). Sempre que se aperfeiçoar o crime autônomo de sonegação fiscal, não se pode cogitar do crime de falsidade ideológica (TJSP, *RT* 488/304).

- **Extinção da punibilidade e crime de quadrilha ou bando:** Agentes que exercem licitamente atividade comercial e são acusados pelo crime de sonegação fiscal. Insubsistência da imputação do delito de quadrilha se foi extinta a punibilidade pela sonegação em decorrência do parcelamento do débito fiscal. A finalidade lícita de exercer a atividade comercial, bem como a extinção da punibilidade pelo crime de sonegação fiscal, em decorrência do parcelamento do débito fiscal regularmente acordado e cumprido, tornam insubsistente a imputação do delito de quadrilha. Voto vencido no sentido da impossibilidade de exame desta matéria, pelo Tribunal *ad quem*, sob pena de supressão de instância (STJ, Rel. Min. Cid Fláquer Scartezzini, *RT* 754/563).

- **Penhora:** O oferecimento de bens à penhora não obsta o prosseguimento da ação penal, posto que o art. 9º, § 2º, da Lei n. 10.684/2003 trata somente do pagamento e do parcelamento de débitos tributários como forma de extinção da punibilidade do infrator (TJSP, 12ª Câm. Crim., HC 014213-31.2011-8-26.0000, Rel. Des. João Morenghi, j. 18-5-2011).

Art. 15. Os crimes previstos nesta Lei são de ação penal pública, aplicando-se-lhes o disposto no art. 100 do Decreto-Lei n. 2.848, de 7 de dezembro de 1940 — Código Penal.

- **Ação penal pública incondicionada:** A previsão deste art. 15 era desnecessária, uma vez que, segundo o próprio art. 100 do CP, de aplicação subsidiária, "a ação é pública, salvo quando a lei expressamente a declara privativa do ofendido".

Crimes tributários
- Representação fiscal nos crimes tributários (art. 83 da Lei n. 9.430/96): O art. 83 da Lei n. 9.430/96, com redação dada pela Lei n. 12.382/2011, estabelece que "a representação fiscal para fins penais relativa aos crimes contra a ordem tributária previstos nos arts. 1º e 2º da Lei n. 8.137, de 27 de dezembro de 1990, e aos crimes contra a Previdência Social, previstos nos arts. 168-A e 337-A do Decreto-Lei n. 2.848, de 7 de dezembro de 1940 (Código Penal), será encaminhada ao Ministério Público depois de proferida a decisão final, na esfera administrativa, sobre a exigência fiscal do crédito tributário correspondente". Em seu § 1º estabelece que, "na hipótese de concessão de parcelamento do crédito tributário, a representação fiscal para fins penais somente será encaminhada ao Ministério Público após a exclusão da pessoa física ou jurídica do parcelamento." No § 2º, determina que "é suspensa a pretensão punitiva do Estado referente aos

crimes previstos no *caput*, durante o período em que a pessoa física ou a pessoa jurídica relacionada com o agente dos aludidos crimes estiver incluída no parcelamento, desde que o pedido de parcelamento tenha sido formalizado antes do recebimento da denúncia criminal."

- **Súmula Vinculante 24:** A Súmula Vinculante 24 do STF assentou que "não se tipifica crime material contra a Ordem Tributária previsto no art. 1º, I a IV, da Lei n. 8.137/90, antes do lançamento definitivo do tributo".

Art. 16. Qualquer pessoa poderá provocar a iniciativa do Ministério Público nos crimes descritos nesta Lei, fornecendo-lhe por escrito informações sobre o fato e a autoria, bem como indicando o tempo, o lugar e os elementos de convicção.

Art. 16, caput

- **Desnecessidade:** A exemplo do que sucede com o artigo anterior, a previsão deste art. 16 também era absolutamente desnecessária, pois, em nosso Estado Democrático e Constitucional de Direito, nos casos em que a ação penal é pública, qualquer um pode provocar a iniciativa do Ministério Público, na medida em que, dentre as funções institucionais do *Parquet*, encontra-se a de "promover, privativamente, a ação penal pública, na forma da lei" (CR, art. 129, I).

- **Inquérito policial (necessidade):** O disposto neste art. 16 não significa que, havendo necessidade de investigações sobre a prática do *crime* noticiado, a presente lei autorize a dispensa do inquérito policial. De outra sorte, nos termos do art. 129, III, da CR, só é dado ao Ministério Público, diretamente, *promover o inquérito civil* para ajuizamento de eventual *ação civil pública* atrelada à proteção do patrimônio público e social, do meio ambiente e de outros interesses difusos e coletivos. Não cabe, ressalte-se, a realização pelo próprio Ministério Público de investigação criminal, devendo, para ela, "requisitar diligências investigatórias e a instauração de inquérito policial, indicados os fundamentos jurídicos de suas manifestações processuais" (art. 129, VIII). Ao menos enquanto não houver emenda constitucional alterando os termos dos preceitos acima referidos, não é dado ao *Parquet* instaurar procedimento investigatório criminal — PIC, ou mesmo desvirtuar o inquérito civil público e, a pretexto de promovê-lo, realizar verdadeira investigação criminal, ainda que cumpra, a ele, promover a ação penal pública. Consigne-se, por fim, que na vigência dos atuais termos de nossa *Magna Carta* (art. 144, § 4º) a polícia judiciária, como o próprio nome diz, é e continua sendo *judiciária* e não "do Ministério Público", ainda que o inquérito policial que apura crime de ação penal pública tenha como uma das finalidades a formação da sua *opinio delicti*. Referimo-nos a *uma* das suas finalidades, mesmo porque, em nosso entendimento, o inquérito policial é *também* destinado ao acusado — que nele pode defender-se —, e, sobretudo, ao juiz que receberá ou rejeitará eventual denúncia ou queixa-crime subsidiária. Por outro lado, nas ações penais privadas o inquérito destina-se, principalmente, à própria vítima-querelante que, com base nos elementos nele coligidos, formará e embasará a sua *opinio delicti*, a qual será avaliada *pelo juiz*, ao receber ou rejeitar a queixa-crime oferecida. Assim é que firmamos posição *contrária* à investigação criminal efetuada diretamente pelo Ministério Público, havendo grande desbalanceamento entre acusação e defesa, cabendo ao Supremo Tribunal Federal a decisão sobre o tema.

Parágrafo único. Nos crimes previstos nesta Lei, cometidos em quadrilha ou coautoria, o coautor ou partícipe que através de confissão espontânea revelar à autoridade policial ou judicial toda a trama delituosa terá a sua pena reduzida de 1 (um) a 2/3 (dois terços).

- Alteração: Parágrafo único acrescentado pela Lei n. 9.080/95.

- Delação Premiada: Prevê este parágrafo único a chamada "delação premiada". Semelhante previsão é encontrada, atualmente, em diversas outras leis penais: Lei n. 8.072/90 (Crimes Hediondos); Lei n. 7.492/86 (modificada pela Lei n. 9.080/95 — Sistema Financeiro); Lei n. 9.269/96 (que alterou o § 4º do art. 159 do CP — extorsão mediante sequestro; Lei n. 9.613/98 (Lavagem de Dinheiro); Lei n. 9.807/99 (Proteção aos Réus Colaboradores); Lei n. 11.343/2006 (Lei Antidrogas); e Lei n. 12.850/2013 — Crime Organizado, arts. 4º a 7º. *Vide* nossos comentários ao instituto da *Delação Premiada* ao final desta obra, em capítulo específico, abordando todas essas leis com jurisprudência.

- Requisitos do parágrafo único do art. 16: A confissão há que ser espontânea, isto é, aquela cuja voluntariedade não se encontra maculada. O agente, por sua livre vontade, sem coação e tampouco induzimento em erro essencial, decide espontaneamente confessar. É irrelevante à configuração da delação o motivo — mais ou menos nobre — que teria levado o agente a confessar. Não se exige, pois, que a confissão seja fruto de arrependimento. Como a lei fala em "autoridade", a confissão pode dar-se tanto na polícia como perante o Ministério Público ou diante da autoridade judiciária, sendo em todos os casos inafastável a redução da pena. Exige a lei, para que haja a redução, outrossim, que o acusado revele "toda a trama delituosa", ou seja, que se manifeste, na medida do seu conhecimento, pormenorizadamente ao delatar os demais comparsas.

- *Quantum* da redução do art. 16, parágrafo único: Por analogia poderá o juiz, para encontrar a quantidade da redução (de metade até dois terços), valer-se das circunstâncias judiciais para a fixação da pena prevista no art. 59 do CP. Caso o agente não saiba de toda "a trama delituosa", mas de apenas parte dela, confessando-a, há que se acreditar, *salvo prova em contrário que demonstre ser maior sua ciência*, na veracidade quanto às limitações de seu conhecimento, fazendo jus à redução em seu montante máximo. Não se pode, evidentemente, exigir do agente informação que ele não possui, devendo tudo isso ser aferido, motivadamente, pelo juiz, no momento do cálculo da redução.

■ **Lei de Proteção aos Réus Colaboradores:** Entre as diversas leis que tratam do instituto da Delação Premiada, destacamos a Lei n. 9.807/99 que dispôs, em relação *a todos os tipos de crimes*, hediondos ou não, sem qualquer restrição, em seu art. 13, poder o juiz conceder o *perdão judicial* (que antes só existia na Lei de Lavagem de Dinheiro — Lei n. 9.613/98), ao acusado primário que tenha colaborado efetiva e voluntariamente com a investigação e o processo criminal, desde que dessa colaboração tenha resultado: I — a identificação dos demais coautores e partícipes; II — a localização da vítima com sua *integridade física preservada*; III — a recuperação total ou parcial do produto do crime. Essa mesma lei, em seu art. 14, dispôs que a pena será reduzida de um a dois terços, para o indiciado ou acusado que colaborar voluntariamente com a investigação criminal e o processo criminal da identificação dos demais coautores ou partícipes, na localização da vítima *com vida*, e na recuperação total ou parcial do produto do crime.

Art. 17. Compete ao Departamento Nacional de Abastecimento e Preços, quando e se necessário, providenciar a desapropriação de estoques, a fim de evitar crise no mercado ou colapso no abastecimento.

Art. 18. (*Revogado pela Lei n. 8.176, de 8-2-1991.*)

[...]

Art. 22. Esta Lei entra em vigor na data de sua publicação.

■ **Vigência:** A Lei n. 8.137/90 foi publicada no *Diário Oficial da União* do dia 28-12-1990, passando, a partir desta data, inclusive, a vigorar.

Art. 23. Revogam-se as disposições em contrário e, em especial, o art. 279 do Decreto-Lei n. 2.848, de 7 de dezembro de 1940 — Código Penal.

Brasília, 27 de dezembro de 1990; 169º da Independência e 102º da República.

FERNANDO COLLOR
Jarbas Passarinho
Zélia M. Cardoso de Mello

produto do crime.

[...]

28-12-1990, passando-a partir desta data, produzir os efeitos.

CRIMES CONTRA AS LICITAÇÕES

LEI N. 8.666, DE 21 DE JUNHO DE 1993

Regulamenta o art. 37, XXI, da Constituição Federal, institui normas para licitações e contratos da Administração Pública e dá outras providências.

O Presidente da República:
Faço saber que o Congresso Nacional decreta e eu sanciono a seguinte Lei:
[...]

▪ Nota introdutória: É nas licitações públicas que grande parte da corrupção do Brasil ocorre, desde pequenas prefeituras a grandes contratações de Estados e da União. O assalto aos cofres públicos em nosso País encontra raízes históricas, sendo um verdadeiro "câncer" nacional que aqui se instalou antes mesmo de o Brasil tornar-se independente de Portugal. A promiscuidade entre o público e o privado remonta a vinda de D. João VI, fugindo das tropas de Napoleão Bonaparte, em 1808. A cidade do Rio de Janeiro que então se tornou, por breve período, a capital do Império, assistiu a Coroa, endividada, literalmente "vender" títulos de nobreza como de barão, visconde e conde, com as benesses que garantiam aos seus titulares nas relações com o Poder Público. Eram, por vezes, proprietários de terras, comerciantes e, inclusive, traficantes de escravos, sendo o Brasil (já depois da Independência), e para a vergonha mundial, o último país a proibir a escravidão e o tráfico de negros em 1888. Passados mais de 200 anos desde a vinda da Família Real Portuguesa, a história da transformação daquela grande colônia no enorme País que temos hoje, superadas duas ditaduras (de Getúlio Vargas e Militar) e tornado a 6ª economia do mundo, com cerca de 200 milhões de habitantes, é manchada pela corrupção desenfreada, que sempre nos acompanhou, mas que nunca esteve tão presente. Enraizada na cultura de parcela da sociedade que defende "o se dar bem" à custa do dinheiro dos contribuintes, até mesmo personalidades públicas que são comprovadamente corruptas continuam a circular pelos Governos e, pior, a encontrar apoio de parcela da população que se ilude com o jargão "rouba mas faz". E o Sistema Penal brasileiro, em que pese os esforços do legislador em editar a Lei n. 8.666/93, infelizmente não alcança, com a devida eficácia, essa criminalidade. Graças à imprensa livre e aos novos meios de investigação, notadamente o da interceptação telefônica, uma parte da corrupção tem se tornado pública, estarrecendo a sociedade. Com os escândalos, as luzes voltam-se para o nosso Judiciário que, em razão da falta de estrutura diante do gigantesco volume de demanda por Justiça, além de falhas humanas de alguns de seus integrantes, não tem conseguido prestar jurisdição a contento, predominando a impunidade. Frustração da aplicação das nossas leis que também tem ocorrido diante dos abusos praticados por parcela da Polícia, do Ministério Público. Com efeito, têm sido comum processos penais envolvendo esses escândalos ser anulados pelas instâncias superiores do Judiciário, em função da falta de respeito à Constituição nessas investigações, frustrando ainda mais a já combalida população contribuinte. A respeito, o segundo autor desta obra (Roberto Delmanto Junior) escreveu, em artigo intitulado "A Ilusão do Imediatismo Penal": "Ocorre que essas 'operações', não raras vezes, têm sido anuladas por nossos tribunais em decorrência de erros procedimentais elementares que, talvez por excesso de confiança, prepotência ou precipitação catalisada pela exposição têm sido cometidos, com a sedutora ilusão do imediatismo penal" (*Folha de S.Paulo*, edição de 23-5-2011, p. A3).

- **Nota (Lei n. 12.462, de 5 de agosto de 2011):** Esta lei instituiu o *Regime Diferenciado de Contratações Públicas* (*RDC*), aplicável *exclusivamente* aos *Jogos Olímpicos e Paraolímpicos de 2016,* à *Copa das Confederações de 2013* e à *Copa do Mundo de 2014 da FIFA,* bem como às obras de infraestrutura e de contratação de serviços para os aeroportos das capitais das cidades sedes dos dois campeonatos mundiais. Trata-se de uma lei excepcional ou temporária (*vide* nossas considerações em nota ao art. 3º do Código Penal, na obra *Código Penal comentado*. 8. ed. São Paulo: Saraiva, 2010, p. 89 a 93).

- **Nota (Lei n. 12.529, de 30 de novembro de 2011):** Esta lei, no seu capítulo VII (Do Programa de Leniência), dispôs sobre o *acordo de leniência* (art. 86, *caput,* e §§ 1º a 12) e, no art. 87, *caput,* previu: "Nos crimes contra a ordem econômica, tipificados na Lei n. 8.137, de 27 de dezembro de 1990, e nos demais crimes relacionados à prática de cartel, tais como os tipificados na *Lei n. 8.666, de 21 de junho de 1993,* e os tipificados no art. 288 do Decreto-Lei n. 2.848, de 7 de dezembro de 1940 — Código Penal, a *celebração* de acordo de leniência, nos termos desta Lei, determina a *suspensão* do curso do prazo prescricional e *impede* o oferecimento da denúncia com relação ao agente beneficiário da leniência". O parágrafo único do art. 87, por sua vez, estabeleceu: "*Cumprido* o acordo de leniência, *extingue-se automaticamente* a *punibilidade dos crimes* a que se refere o *caput* deste artigo".

Art. 1º Esta Lei estabelece normas gerais sobre licitações e contratos administrativos pertinentes a obras, serviços, inclusive de publicidade, compras, alienações e locações no âmbito dos Poderes da União, dos Estados, do Distrito Federal e dos Municípios.

Parágrafo único. Subordinam-se ao regime desta Lei, além dos órgãos da administração direta, os fundos especiais, as autarquias, as fundações públicas, as empresas públicas, as sociedades de economia mista e demais entidades controladas direta ou indiretamente pela União, Estados, Distrito Federal e Municípios.

- **Alcance:** A presente Lei busca regrar todas as licitações realizadas pelos Poderes constituídos da União, Estados, Distrito Federal e Municípios, além dos órgãos da administração direta e indireta, abrangendo as autarquias, as fundações públicas, as empresas públicas, as sociedades de economia mista controladas pelos entes federativos (União, Estados, Distrito Federal e Municípios).

Art. 2º As obras, serviços, inclusive de publicidade, compras, alienações, concessões, permissões e locações da Administração Pública, quando contratadas com terceiros, serão necessariamente precedidas de licitação, ressalvadas as hipóteses previstas nesta Lei.

Parágrafo único. Para os fins desta Lei, considera-se contrato todo e qualquer ajuste entre órgãos ou entidades da Administração Pública e particulares, em que haja um acordo de vontade para a formação de vínculo e a estipulação de obrigações recíprocas, seja qual for a denominação utilizada.

- Exceções: A regra é sempre haver licitação. As exceções, taxativas, estão previstas nos arts. 24 e 25 desta lei, e reclamam a existência de um processo próprio, consoante dispõe o art. 26, com a) caracterização da situação emergencial ou calamitosa que justifique a dispensa; b) razão da escolha do fornecedor ou executante; c) justificativa do preço; d) documento de aprovação dos projetos de pesquisa aos quais os bens serão alocados. No art. 24 são listadas trinta e uma hipóteses específicas de dispensa de licitação e, no art. 25, outras três.

Art. 3º A licitação destina-se a garantir a observância do princípio constitucional da isonomia, a seleção da proposta mais vantajosa para a administração e a promoção do desenvolvimento nacional sustentável e será processada e julgada em estrita conformidade com os princípios básicos da legalidade, da impessoalidade, da moralidade, da igualdade, da publicidade, da probidade administrativa, da vinculação ao instrumento convocatório, do julgamento objetivo e dos que lhes são correlatos.

- Alteração: Art. 3º com redação dada pela Lei n. 12.349/2010.
- Noção: O Legislador, neste art. 3º, estabelece as premissas a serem adotadas pela Administração Pública ao contratar com particulares, sendo a sua observância, que demanda *transparência*, fundamental para o desenvolvimento do Brasil, pressupondo, para ser sustentável e democrático, tratamento isonômico a todos os que desejam contratar com o Poder Público, tudo em benefício não só dos cidadãos, mas também da Administração. Somente assim o Estado poderá escolher a proposta mais vantajosa, honrando o propósito de sua existência que é servir à sociedade, utilizando, da melhor forma e sem desperdício, os impostos que são pagos pelos contribuintes. Somente com licitações que efetivamente garantam *concorrência justa,* é que teremos a otimização do emprego dos recursos públicos, abrindo-se espaço para a redução da alta carga tributária

brasileira que onera de forma mais impactante a produção e o consumo (IPI, ICMS, Cofins etc.), atingindo todas as classes sociais, inclusive os mais humildes, exceção feita ao Imposto de Renda, que é o mais justo dos tributos. A propósito, informa Bernardo Vidal que "no final dos anos 1990, a carga tributária brasileira refletia aproximadamente 25% do Produto Interno Bruto (PIB). Em 2009, já correspondia a 34,41% do PIB. Em 2011, a previsão é de que a arrecadação de tributos atinja o patamar de 36% do PIB, um dos mais elevados do mundo", superando a da China e da Índia, cujo percentual é de aproximadamente 22% do PIB (*Revista Exame*, Editora Abril. Disponível em: <http://exame.abril.com.br>, de 10-3-2012).

[...]

Capítulo IV
DAS SANÇÕES ADMINISTRATIVAS E DA TUTELA JUDICIAL

Seção I
DAS DISPOSIÇÕES GERAIS

[...]

Art. 82. Os agentes administrativos que praticarem atos em desacordo com os preceitos desta Lei ou visando a frustrar os objetivos da licitação sujeitam-se às sanções previstas nesta Lei e nos regulamentos próprios, sem prejuízo das responsabilidades civil e criminal que seu ato ensejar.

Art. 83. Os crimes definidos nesta Lei, ainda que simplesmente tentados, sujeitam os seus autores, quando servidores públicos, além das sanções penais, à perda do cargo, emprego, função ou mandato eletivo.

- **Noção:** Segundo este artigo, os crimes previstos na presente lei, tanto se consumados *quanto se apenas tentados*, acarretarão aos autores funcionários públicos, se condenados com trânsito em julgado, a perda de seus cargos, empregos, funções ou mandatos eletivos. Quanto à definição de funcionário público para fins desta Lei, *vide* art. 84.

Jurisprudência
- **Perda do cargo:** "XI. O afastamento cautelar, de natureza provisória, perdura somente durante a instrução do feito, não implicando em perda do cargo, tampouco dos vencimentos, determinação que eventualmente só ocorrerá após trânsito em julgado da sentença condenatória, em respeito aos ditames constitucionais e legais" (STJ, 5ª T., HC 36.274, Rel. Min. Gilson Dipp, j. 8-3-2005, *DJ* 28-3-2005, p. 296).

"6. Ao determinar a perda do cargo público do condenado, o Tribunal, mantendo a sentença, fundamentou a decisão no art. 83 da Lei 8.666/93, e não no art. 92 do Código Penal, não havendo, portanto, *reformatio in pejus*, ofensa à coisa julgada ou retroação de lei penal mais gravosa" (STJ, 5ª T., REsp 617.412, Rel. Min. Arnaldo Esteves Lima, j. 14-8-2007, *DJ* 29-10-2007, p. 297).

Art. 84. Considera-se servidor público, para os fins desta Lei, aquele que exerce, mesmo que transitoriamente ou sem remuneração, cargo, função ou emprego público.

§ 1º Equipara-se a servidor público, para os fins desta Lei, quem exerce cargo, emprego ou função em entidade paraestatal, assim consideradas, além das fundações, empresas públicas e sociedades de economia mista, as demais entidades sob controle, direto ou indireto, do Poder Público.

§ 2º A pena imposta será acrescida da terça parte, quando os autores dos crimes previstos nesta Lei forem ocupantes de cargo em comissão ou de função de confiança em órgão da Administração direta, autarquia, empresa pública, sociedade de economia mista, fundação pública, ou outra entidade controlada direta ou indiretamente pelo Poder Público.

Caput
- **Noção:** Define, para os fins desta Lei, o servidor público, abrangendo quem exerce cargo, função ou emprego público, *mesmo* que de forma transitória ou sem remuneração.

§ 1º
- **Equiparação:** O § 1º equipara a servidor público aquele que exerce cargo, emprego ou função em entidades paraestatais, nestas compreendidas as fundações, as empresas públicas e as sociedades de economia mista, bem como todas as entidades sob controle, direto *ou indireto*, do Poder Público. Quanto às fundações privadas, *vide* art. 85.

§ 2º
- **Causa de aumento de pena:** Haverá o acréscimo de um terço na pena quando os autores ocuparem cargo em comissão ou de função de confiança em órgãos da Administração pública direta ou em autarquia, empresa pública, sociedade de economia mista, fundação pública ou qualquer entidade direta ou indiretamente controlada pelo Poder Público.

Art. 85. As infrações penais previstas nesta Lei pertinem às licitações e aos contratos celebrados pela União, Estados, Distrito Federal, Municípios, e respectivas autarquias, empresas públicas, sociedades de economia mista, fundações públicas, e quaisquer outras entidades sob seu controle direto ou indireto.

- **Abrangência e limitação:** Os crimes elencados na presente lei alcançam as licitações e os contratos celebrados com a União, os Estados, o Distrito Federal e os Municípios, além das respectivas autarquias, empresas públicas, sociedades de economia mista, fundações púbicas ou entidades por eles controladas, ainda que indiretamente. Em face da expressa referência às "fundações públicas", entendemos que as infrações penais da presente lei não alcançam as fundações privadas (de direito privado).

[...]

Seção III
DOS CRIMES E DAS PENAS

Art. 89. Dispensar ou inexigir licitação fora das hipóteses previstas em lei, ou deixar de observar as formalidades pertinentes à dispensa ou à inexigibilidade:

Pena — detenção, de 3 (três) a 5 (cinco) anos, e multa.

Parágrafo único. Na mesma pena incorre aquele que, tendo comprovadamente concorrido para a consumação da ilegalidade, beneficiou-se da dispensa ou inexigibilidade ilegal, para celebrar contrato com o Poder Público.

Dispensa, ou inexigência de licitação, ou não observância de formalidades (caput)

▪ **Objeto jurídico:** É a proteção do erário público. Há entendimento que sustenta ser o objeto jurídico também a moralidade administrativa; contudo, a questão da moralidade, a nosso ver, deve encontrar proteção no âmbito extrapenal.

▪ **Sujeito ativo:** Apenas o funcionário público, assim definido no art. 84. Trata-se de crime próprio.

▪ **Sujeito passivo:** O Estado, isto é, os seus órgãos de administração direta ou indireta (autarquias etc.) afetados. *Vide* nota *Abrangência e limitação* no art. 85.

▪ **Tipo objetivo:** Três são as modalidades pelas quais a conduta pode ser praticada: *a) dispensar* (desobrigar, prescindir) licitação (procedimento pelo qual a administração seleciona a proposta mais vantajosa ao comprar bens e serviços ou fazer outras transações), a não ser nas hipóteses previstas em lei. Trata-se aqui de lei penal em branco, devendo procurar-se na legislação extrapenal, especificamente nos arts. 17 e 24 da presente lei, as hipóteses em que a licitação é dispensada; *b) inexigir* (deixar de exigir) licitação nos casos em que a lei exige, cuidando-se igualmente de lei penal em branco, estando as hipóteses de inexigência elencadas nos arts. 24 e 25 desta Lei; *c) deixar de observar* (deixar de cumprir ou respeitar) as *formalidades* (maneiras expressas de proceder) relativas à dispensa ou licitação. Mais uma vez, essas formalidades deverão ser buscadas na legislação, no caso do art. 26 da Lei em comento, que estabelece um processo de dispensa de licitação com i) caracterização da situação emergencial ou calamitosa que justifique a dispensa; ii) razão da escolha do fornecedor ou executante; iii) justificativa do preço; iv) documento de aprovação dos projetos de pesquisa aos quais os bens serão alocados. Em resumo: nas modalidades *a* e *b*, a licitação é obrigatória por lei, mas o agente a dispensa ou não a exige; na modalidade *c*, a licitação pode legalmente ser dispensada ou não exigida, mas o agente não observa as formalidades necessárias para tal dispensa ou inexigência. A primeira forma de conduta (*a*) é comissiva e as demais (*b* e *c*) omissivas.

▪ **Tipo subjetivo:** É o dolo (vontade livre e consciente) de dispensar, inexigir ou deixar de observar, sabendo o autor que a lei veda a dispensa ou a não exigência, ou que as formalidades para tal são de rigor, acrescido do especial fim de agir: para afastar a licitação e produzir prejuízo aos cofres públicos. Para os tradicionais, é o dolo específico. Anote-se que a jurisprudência encontra-se dividida. Não há forma culposa.

- Coautoria ou participação: Pode haver. No *caput*, somente do *intraneus* (como o superior hierárquico que ratifica o ato de seu subordinado). Quanto ao *extraneus*, por expressa disposição do parágrafo único, ele será coautor ou partícipe *apenas* se, além de comprovadamente ter concorrido com a ilegalidade do *caput*, houver dela se beneficiado, celebrando contrato com a administração pública.

- Erro de tipo ou proibição (CP, arts. 20 e 21): É possível, em face da subjetividade de muitas das hipóteses dos arts. 17, 24 e 25 desta lei.

- Consumação: A jurisprudência encontra-se dividida. Porém, a nosso ver, trata-se de crime material que se consuma com o efetivo prejuízo ao erário público decorrente da ilegal dispensa ou não exigência de licitação, ou ainda com a efetiva não observância das formalidades legais para tanto. Trata-se, a nosso ver, de delito material.

- Tentativa: É possível, se apesar da ilegal dispensa, não exigência ou não observância das formalidades legais, o contrato não chega a ser celebrado por razões alheias à vontade do agente.

- Competência: Dependerá da origem da verba empregada na licitação e da sua incorporação ao patrimônio do ente beneficiado. Segundo as Súmulas n. 208 e 209 do STJ, compete à Justiça Federal processar e julgar crimes de desvio de verbas oriundas de órgãos federais, sujeitas ao controle do Tribunal de Contas da União e não incorporadas ao patrimônio do Município.

- Pena: Detenção, de três a cinco anos, e multa.

- Ação penal: Pública incondicionada.

Figura equiparada (parágrafo único)

- Objeto jurídico e sujeito passivo: Os mesmos do *caput*.

- Sujeito ativo: Somente o *extraneus* que, tendo concorrido, de fato, para a ilegalidade, dela beneficiou-se ao celebrar contrato com a administração pública.

- Tipo objetivo: Pune-se a conduta do particular que, havendo *efetivamente* concorrido (contribuído) para que a ilegalidade do *caput* se consumasse, dela se beneficiou, celebrando *contrato* com o Poder Público. Segundo o parágrafo único do art. 2º desta Lei, "considera-se contrato todo e qualquer ajuste entre órgãos ou entidades da Administração Pública e particulares, em que haja um acordo de vontades para a formação de vínculo e a estipulação de obrigações recíprocas, seja qual for a denominação utilizada".

- Tipo subjetivo: É o dolo, ou seja, a vontade livre e consciente de, após ter concorrido para a ilegalidade do *caput*, vir a celebrar contrato com a Administração Pública beneficiando-se da ilicitude. Para a doutrina tradicional, é o dolo específico. Anotamos, igualmente, que a jurisprudência encontra-se dividida. Inexiste figura culposa.

- Consumação: Com o dano ao erário público. Trata-se de delito material.

- Tentativa: É possível, como na hipótese em que o agente (*extraneus*), após ter concorrido para a ilegalidade do *caput*, não vem a celebrar o contrato ou, mesmo que celebrado, por razões alheias à sua vontade, não chega a receber qualquer valor, sendo, por exemplo, a licitação suspensa e/ou anulada.

- Erro de tipo ou proibição: Pode ocorrer, mesmo porque muitas das hipóteses de dispensa ou não exigência de licitação, ou não observância de formalidades para dispensá-la ou não exigi-la, têm aspectos subjetivos.

- Coautoria ou participação: É possível somente por parte do *extraneus* que tenha concorrido e se beneficiado, uma vez que o *intraneus* já estará incurso no *caput*.

- Competência, pena e ação penal: Iguais às do *caput*.

Jurisprudência do caput

- Dúvida (*caput*): "Elementos encartados aos autos que não permitem excluir a hipótese de que a falta de licitação para abastecimento de combustíveis decorreu do simples despreparo do administrador. Aquisições que, por sua natureza, uma a uma considerada — e sem que se pudesse cogitar de fracionamento direcionado ao escamoteamento do certame —, não justificaria licitação, o que bem favoreceria a sugestão de que ditada a falta do procedimento licitatório por ausência de gestão administrativa, que passaria por melhor controle e previsão de despesas futuras, cujo valor determinaria a realização do certame. Cidade interiorana, ainda, com apenas três postos de gasolina, dois deles situados no centro, exatamente aqueles em que havidas as aquisições pelo preço da bomba. Inexistência de qualquer reclamação dos proprietários desses estabelecimentos quanto ao eventual alijamento ou favorecimento de outro. Apelo não provido, com confirmação, por seus próprios e jurídicos fundamentos, da sentença absolutória" (TJRS, 4ª Câm. Crim., Ap. Crim. 70035099837, Rel. Des. Marcelo Bandeira Pereira, j. 8-7-2010).

"Processo crime. Prefeito municipal. Dispensa de licitação fora das hipóteses legais. Ausência de dolo. Contratação de serviços de vigilância sem a realização de procedimento licitatório. Dispensa de licitação fora das hipóteses legais. Reconstituição probatória que aponta mais para negligência da administração no atendimento das formalidades da licitação, ou de sua dispensa, do que propriamente a conduta típica prevista no art. 89 da Lei n. 8.666/93. Dúvida sobre o dolo impõe absolvição. Ação penal julgada improcedente. Unânime" (TJRS, 4ª Câm. Crim., AP — Procedimento Ordinário 70029382769, Rel. Des. Aristides Pedroso de Albuquerque Neto, j. 11-11-2010).

- Delito formal ou material (*caput*): Como anota Paulo Henrique Figueiredo de Araújo ("Artigo 89 da Lei n. 8.666/93: crime material ou formal?", *Jus*

Navigandi. Disponível em: <http://jus.com.br/revista/texto/19776>), a jurisprudência do STJ encontra-se dividida, entendendo as 5ª e 6ª Turmas, e a 3ª Seção, que se trata de delito *formal*, e a Corte Especial que se cuida de delito *material*. Nesses dois sentidos, também em outros tribunais, confira-se:

- O *caput* é delito formal: "[...] 2. O tipo penal descrito no art. 89 da Lei de Licitações busca proteger uma série variada de bens jurídicos além do patrimônio público, tais como a moralidade administrativa, a legalidade, a impessoalidade e, também, o respeito ao direito subjetivo dos licitantes ao procedimento formal previsto em lei. 3. Já decidiu a 3ª Seção desta Corte que o crime se perfaz com a mera dispensa ou afirmação de que a licitação é inexigível fora das hipóteses previstas em lei, tendo o agente a consciência dessa circunstância; isto é, não se exige qualquer resultado naturalístico para a sua consumação (efetivo prejuízo ao erário, por exemplo) (HC 94.720/PE, Rel. Min. Felix Fischer, *DJ* 18.8.2008 e 113.067/PE, Rel. Min. Og Fernandes, *DJe* 10-11-2008)" (5ª T., REsp 1.073.676, Rel. Min. Napoleão Nunes Maia Filho, j. 23-2-2010, *DJe* 12-4-2010).

"[...] O tipo previsto no art. 89 da Lei n. 8.666/93 é delito de mera conduta, não exige dolo específico, mas apenas o genérico, representado, portanto, pela vontade de contratar sem licitação, quando a lei expressamente prevê a realização do certame. Independe, assim, de qualquer resultado naturalístico, como por exemplo, prejuízo ao erário" (6ª T., HC 113.067, Rel. Min. Og Fernandes, j. 21-10-2008, *DJe* 10-11-2008).

- Com a mesma orientação: STJ, 5ª T., REsp 1.058.261, *DJe* 1º-2-2011; HC 118.292, *DJe* 6-12-2010; REsp 1.185.750, *DJe* 22-11-2010; HC 122.011, *DJe* 28-6-2010, HC 109.039, *DJe* 30-6-2011; 6ª T., HC 171.152, *DJe* 11-10-2010; HC 159.896, *DJe* 15-6-2011; TJPR, 2ª Câm. Crim., Ap. Crim. 0539062-5, Rel. Juíza Lilian Romero, j. 3-9-2009; TJSP, Ap. Crim. 0009092-30.2004.8.26.0400, 15ª Câm. Crim., Rel. Des. Adriane Bandeira Pereira, j. 20-1-2011; TJRS, Ap. Crim. 70024446189, j. 16-12-2010.

- O *caput* é delito material: "1. O entendimento dominante no Superior Tribunal de Justiça é no sentido de que o crime do art. 89 da Lei 8.666, de 1993, somente é punível quando produz resultado danoso ao erário" (STJ, Corte Especial, APn 375, Rel. Min. Fernando Gonçalves, *DJ* 24-4-2006).

"1. O tipo descrito do art. 89 da Lei de Licitação tem por escopo proteger o patrimônio público e preservar o princípio da moralidade, mas só é punível quando produz resultado danoso. 2. É penalmente irrelevante a conduta formal de alguém que desatente as formalidades da licitação, quando não há consequência patrimonial para o órgão público" (STJ, Corte Especial, APn 261, Rel. Min. Eliana Calmon, j. 2-3-2005, *DJ* 5-12-2005, p. 197).

"2. As ações criminais, que envolvem o cometimento de crimes previstos na Lei de Licitações, exigem, para a configuração do delito, a evidenciação do dolo específico e do dano ao erário, para que consubstanciem a justa causa para a condenação penal. 3. É que 'cabe realçar ainda que uma vez atestada a regularidade das contas e, *ipso facto*, da gestão, nela incluídas as transações envolvendo a necessidade ou dispensa de licitação, sob o exclusivo prisma do art. 89, não haverá justa causa para ação penal, quando nada, pela ausência do elemento mínimo culpabilidade que viabiliza seja alguém submetido a um processo criminal, dada a falta de probabilidade ainda que potencial de uma condenação. Não se pode deixar de lado o entendimento de que somente a intenção dolosa, tem relevância para efeito de punição' (APn 375/AP, Corte Especial, Rel. Min. Fernando Gonçalves, *DJU* 24.04.2006). Precedentes da Corte Especial: APn 281/PR, *DJU* 23.05.2005 e APn 261/PB, *DJU* 02.03.2005" (STJ, Corte Especial, APn 330, Rel. Min. Francisco Falcão, j. 3-10-2007).

"Processo Penal. Dispensa de licitação. Crime tipificado no art. 89, *caput*, da Lei n. 8.666/93. Ausência de dano ao erário público e de dolo. Rejeição da denúncia. Precedentes do Superior Tribunal de Justiça. O entendimento dominante no Superior Tribunal de Justiça é no sentido de que o crime tipificado no art. 89, *caput*, da Lei n. 8.666, de 1993, somente é punível quando produz resultado danoso ao erário (TJRN, Pleno, APO 2006.004967-7, Rel. Juiz Convocado Nilson Cavalcanti, j. 20-8-2008).

▪ Dolo específico (*caput*): "2. Não restou demonstrada a vontade livre e conscientemente dirigida a superar a necessidade de realização da licitação. Pressupõe o tipo, além do necessário dolo simples (vontade consciente e livre de contratar independentemente da realização de prévio procedimento licitatório), a intenção de produzir um prejuízo aos cofres públicos por meio do afastamento indevido da licitação. 3. O simples fato de aparecer o denunciado, nominalmente, como responsável pelo convênio, sem demonstração de sua ciência de que serviços outros complementares tenham sido contratados sem a devida observância do procedimento licitatório adequado, não conduz automaticamente à tipificação do ilícito que lhe é imputado, hipótese em que se estaria adentrando no campo da responsabilidade objetiva. 4. Ação penal julgada improcedente" (STF, Pleno, APn 527, Rel. Min. Dias Toffoli, j. 16-12-2010, *DJe* 63, divulg. 1º-4-2011, publ. 4-4-2011).

"Inviabilidade do Recurso em Sentido Estrito: a configuração do crime de dispensa irregular de licitação exige a demonstração da efetiva intenção de burlar o procedimento licitatório, o que não se demonstrou na espécie vertente. 3. Recurso ao qual se nega provimento" (STF, Pleno, Inq. 2648, Rel. Min. Cármen Lúcia, j. 12-6-2008, *DJe* 157, divulg. 21-8-2008, publ. 22-8-2008, Ement. v. 02329-01, p. 46, *LexSTF* n. 360, 2008, p. 460-466).

"16. ... g) a Corte Especial é firme no sentido de que I) o dolo genérico não é suficiente a levar o administrador à condenação por infração à Lei de Licitações (Apn 261-PB, Relatora Ministra Eliana Calmon, Corte Especial, *DJ* de 5 de dezembro de 2005); II) a insuficiência da prova leva à absolvição (APn 55-BA, Relator para acórdão Ministro José de Jesus Filho, *DJ* 25 de novembro de 1996); na decisão final, a dúvida beneficia o réu e, nesta fase de recebimento da exordial, a dúvida beneficia a acusação (Apn 195-RO, Relator Ministro Gilson Dipp, Corte Especial, *DJ* de 15 de setembro de 2003). 17. Acusação improcedente, ou, *ad eventum*, atipicidade da conduta que conduz à improcedência da ação penal" (STJ, Corte Especial, APn 214, Rel. Min. Luiz Fux, j. 7-5-2008, *DJe* 1º-7-2008).

"3. O dolo genérico não é suficiente para levar o administrador à condenação por infração à Lei de Licitações. 4. Prática de padronização de mobiliários ou equipamentos que não afasta a exigência de licitação, mas não se configura como crime, senão quando ocasiona dano ao erário. 5. Denúncia rejeitada" (STJ, Corte Especial, APn 261, Rel. Min. Eliana Calmon, j. 2-3-2005, *DJ* 5-12-2005, p. 197).

- Dolo genérico (*caput*): "3. No que tange à caracterização do ilícito previsto no artigo 89 da Lei 8.666/1993, ao contrário do que sustentado na inicial do *writ*, é dispensável a comprovação de que teria ocorrido prejuízo ao erário, sendo suficiente a ocorrência de dispensa irregular de licitação ou a não observação das formalidades legais, consoante a reiterada jurisprudência desta Corte Superior de Justiça, que também afasta a necessidade de dolo específico para que o crime se configure. 4. Igualmente, não se exige a presença de elemento subjetivo específico para a ocorrência do delito disposto no inciso II do artigo 1º do Decreto-lei 201/1967, que pressupõe apenas a vontade consciente do agente de desviar a adequada utilização de bens, rendas ou serviços públicos, fazendo-o deliberadamente em favor de si próprio ou de outrem" (STJ, 5ª T., HC 109.039, Rel. Min. Jorge Mussi, j. 14-6-2011, *DJe* 30-6-2011).

Jurisprudência geral

- Dúvida (parágrafo único): "15. A dúvida sobre se o agente atuou com dolo eventual ou culpa, restando o delito punível tão somente a título de dolo específico, na forma de jurisprudência da Corte e da doutrina do tema, impõem a aplicação da máxima *in dubio pro reo* posto decorrente dos princípios da reserva legal e da presunção de inocência. Sob esse ângulo, a doutrina e a jurisprudência preconizam: No processo criminal, máxime para condenar, tudo deve ser claro como a luz, certo como a evidência, positivo como qualquer expressão algébrica. Condenação exige certeza [...], não bastando a alta probabilidade..., sob pena de se transformar o princípio do livre convencimento em arbítrio (*in RT* 619/267, sobre o escólio de Carrara)" (STJ, Corte Especial, APn 214, Rel. Min. Luiz Fux, j. 7-5-2008, *DJe* 1º-7-2008).

- Notória especialização — Advogados: "III. *Habeas corpus*: crimes previstos nos artigos 89 e 92 da L. 8.666/93: falta de justa causa para a ação penal, dada a inexigibilidade, no caso, de licitação para a contratação de serviços de advocacia. 1. A presença dos requisitos de notória especialização e confiança, ao lado do relevo do trabalho a ser contratado, que encontram respaldo da inequívoca prova documental trazida, permite concluir, no caso, pela inexigibilidade da licitação para a contratação dos serviços de advocacia. 2. Extrema dificuldade, de outro lado, da licitação de serviços de advocacia, dada a incompatibilidade com as limitações éticas e legais que da profissão (L. 8.906/94, art. 34, IV; e Código de Ética e Disciplina da OAB/1995, art. 7º)" (STF, 1ª T., HC 86.198, Rel. Min. Sepúlveda Pertence, j. 17-4-2007, *DJe* 47, divulg. 28-6-2007, publ. 29-6-2007, *DJ* 29-6-2007, p. 58, Ement. v. 02282-05, p. 1033).

"Criminal. HC. Art. 89 da Lei n. 8.666/93. Prefeito. Contratação de escritório de advocacia para defesa do ente público em causas tributárias. Singularidade do serviço e notória especialização reconhecidas. Condenação criminal, mantida pelo tribunal *a quo*, baseada em condenação em ação civil pública, reformada pela mesma corte estadual. Ausência de intenção de fraudar a lei. Inexistência de prejuízo ao erário. Hipótese de inexigibilidade de licitação. Ausência das formalidades legais. Irrelevância. Constrangimento ilegal evidenciado. Trancamento da ação penal determinado. Ordem concedida. Análise dos demais pedidos prejudicada" (STJ, 5ª T., HC 53.103, Rel. Min. Gilson Dipp, j 19-9-2006, *DJU* 16-10-2006, p. 393).

■ Inviabilidade de competição: "I. A inviabilidade de competição, da qual decorre a inexigibilidade de licitação, deve ficar adequadamente demonstrada. II. Os casos de inexigibilidade de licitação ocorrem quando não há qualquer possibilidade de competição, diante da existência de apenas um objeto ou pessoa capazes de atender às necessidades da Administração Pública. III. Hipótese em que a Administração Pública, sem qualquer fundamentação ou embasamento legal, a pretexto de utilização do seu poder discricionário, celebrou contrato para prestação de Serviços de Educação sem procedimento licitatório. IV. Não demonstrada a inviabilidade de competição, da qual decorre a inexigibilidade de licitação. V. Recurso provido, nos termos do voto do Relator" (STJ, 5ª T., REsp 1.113.345, Rel. Min. Gilson Dipp, j. 16-12-2010, *DJe* 1º-2-2011).

■ Decisão cível, ausência de dolo específico e inexistência de dano ao erário: "Na esfera cível, o Tribunal *a quo* entendeu pela ausência de intenção de fraudar a lei por parte do paciente, bem como pela inexistência de qualquer dano ao erário, notadamente em razão do êxito da atuação do escritório de advocacia em grau recursal, impondo à Fazenda do Estado a obrigação de pagar à municipalidade as diferenças retidas de ICMS. Tais fundamentos, trazidos para a esfera penal, tornam atípica a conduta do paciente, não havendo falar-se na prática do delito previsto no art. 89 da Lei n. 8.666/93, que para sua configuração exige, além da ocorrência de prejuízo ao erário, a presença de dolo específico na conduta do agente, a qual é penalmente irrelevante se presentes os pressupostos para a contratação direta. Precedentes da Corte Especial do STJ. Deve ser anulado o acórdão impugnado e trancada a ação penal instaurada contra o paciente, ante a atipicidade da conduta por ele praticada, decorrente da ausência de dolo específico e de inexistência de dano ao erário, bem como diante da presença da hipótese de inexigibilidade de licitação, reconhecida pelo próprio Juízo criminal" (STJ, 5ª T., HC 53.103/, Rel. Min. Gilson Dipp, j. 19-9-2006, *DJU* 16-10-2006, Seção 1, p. 393).

■ Inexigência de licitação: "... O inciso I do art. 25 da Lei de Licitações, ao exigir que certificado seja expedido pelo órgão de registro do comércio do local em que se realizaria a licitação ou a obra ou o serviço, pelo Sindicato, Federação ou Confederação Patronal, ou, ainda, pelas entidades equivalentes, não veda que carta de exclusividade seja fornecida por órgão de registro de comércio com abrangência a nível nacional, ao revés, induz que esses órgãos é que são competentes para tanto. [...] Neste sentido, a doutrina assenta em lição clássica, *verbis*: De todo o modo, o inc. I refere-se a 'entidades equivalentes'. Deve interpretar-se o dispositivo como indicando instituições dotadas de credibilidade e autonomia em relação ao mercado privado. A inviabilidade de competição pode ser evidenciada através de documentação emitida por instituição confiável e idônea, ainda que não integrante no Registro do Comércio e sem natureza sindical. (Marçal Justen Filho, *Comentários à Lei de Licitações e Contratos Administrativos*, São Paulo: Dialética, 2002, 9. ed., p. 276-277)" (STJ, Corte Especial, APn 214, Rel. Min. Luiz Fux, j. 7-5-2008, *DJe* 1º-7-2008).

■ Renovação de contrato: "V. Hipótese em que o ato de renovação do contrato de prestação de serviços já estava previsto no contrato originário, ocasião em que a licitação fora considerada inexigível. Ato de renovação no qual não houve nova declaração de inexigibilidade da licitação, mas tão somente a prorrogação do contrato primeiro, conforme constante no ajuste inicial. No ato de renovar o contrato não se inclui o ato de inexigir a licitação, já anteriormente declarada por outros servidores. VI. Ausência de descrição de fato típico, afetando a possibilidade de responsabilização penal pela prática do delito descrito no art. 89 da Lei 8.666/93. VII. Denúncia rejeitada" (STJ, Corte Especial, APn 423, Rel. Min. Gilson Dipp, j. 21-11-2007, *DJ* 18-2-2008, p. 19).

■ Competência: "Processual Penal. Crime em processo de licitação. Lei 8.666/93. Programa Fundescola. Sujeição ao controle do Tribunal de Contas da União. Verba não incorporada ao patrimônio municipal. Competência da Justiça Federal. Ordem concedida. 1. Na linha do entendimento inserto nos enunciados n. 208 e 209 da Súmula deste STJ, compete à Justiça Federal processar e julgar crimes de desvio de verbas oriundas de órgãos federais, sujeitas ao controle do Tribunal de Contas da União e não incorporadas ao patrimônio do Município. 2. Sendo o Programa Fundescola vinculado ao Fundo Nacional de Desenvolvimento da Educação FNDE, eventual fraude em processos licitatórios para sua implementação deverá ser examinada pela Justiça Federal. 3. Ordem concedida. Processo anulado *ab initio*, no tocante aos atos decisórios" (STJ, 5ª T., HC 62.998, Rel. Min. Arnaldo Esteves Lima, j. 27-2-2007, *DJU* 12-3-2007, p. 282).

■ Regularidade das contas: "2. Cabe realçar ainda que uma vez atestada a regularidade das contas e, *ipso facto*, da gestão, nela incluídas as transações envolvendo a necessidade ou dispensa de licitação, sob o exclusivo prisma do art. 89, não haverá justa causa para ação penal, quando nada, pela ausência do elemento mínimo culpabilidade que viabiliza seja alguém submetido a um processo criminal, dada a falta de probabilidade ainda que potencial de uma condenação. Não se pode deixar de lado o entendimento de que somente a intenção dolosa tem relevância para efeito de punição. 3. Denúncia rejeitada" (STJ, Corte Especial, APn 375, Rel. Min. Fernando Gonçalves, *DJ* 24-4-2006).

"1. Tenho entendido em diferentes oportunidades anteriores que as iniciativas sancionatórias penais que tenham por fundamento a prática de ilícitos potencialmente ocorridos no âmbito administrativo, como nos procedimentos de licitação, aplicação de verbas públicas, improbidade administrativa e/ou malversação de recursos do Erário, devem ter por suporte o pronunciamento do Tribunal de Contas (HC 88.370-RS, *DJU* 28-10-2008), tal qual se dá nos crimes contra a ordem tributária, cuja condição objetiva de punibilidade reside na conclusão administrativa definitiva do ilícito fiscal (RHC 22.300-RJ, *DJU* 5-5-2008). 2. Todavia, resta consolidado nesta Corte Superior e no Pretório Excelso o entendimento de que o fato de o Tribunal de Contas eventualmente aprovar as contas a ele submetidas, não obsta, em princípio, diante da alegada independência entre as instâncias administrativa e penal, a persecução criminal promovida pelo Ministério Público, bem como a correspondente responsabilização dos agentes envolvidos em delitos de malversação de dinheiros públicos. Precedentes do STJ e do STF. 3. Considerando a missão constitucional desta Corte de uniformizar a Jurisprudência nacional, ressalvo, com o maior respeito, o meu ponto de vista, para acompanhar a orientação jurídica consolidada. 4. Ordem denegada, em conformidade com o parecer ministerial, cassando-se a liminar inicialmente deferida. Pedidos de extensão prejudicados" (STJ, 5ª T., HC 156.234, Rel. Min. Napoleão Nunes Maia Filho, j. 6-4-2010, *DJe* 3-5-2010).

- **Ausência de prejuízo (parágrafo único)**: "[...] 13. Inexistência de prejuízo ao erário, eis que, tão logo expedida a recomendação pela não contratação direta da empresa, o magistrado acusado determinou a suspensão do contrato em 25 de março de 1.998, conforme os ofícios GP/TRT n. 72/98 e 73/98, e posteriormente o seu sucessor na Presidência do TRT da Segunda Região, ..., ordenou a rescisão unilateral do contrato celebrado com a empresa e a anulação da nota de empenho n. 98NE00260 no dia 10 de maio de 1.999.14. É cediço na Corte Especial deste sodalício que é suficiente para dissipar o tipo penal inerente à Lei de Licitações a retratação que se operou (Precedente: APN 261-PB, Relatora Ministra Eliana Calmon, Corte Especial, *DJ* de 05 de dezembro de 2.005)" (STJ, Corte Especial, APn 214, Rel. Min. Luiz Fux, j. 7-5-2008, *DJe* 1º-7-2008).

- **Ausência de prejuízo (*caput*)**: "Ementa: Processo Penal. Recurso em sentido estrito. Lei 8.666, de 21.06.1993. Lei das Licitações. Denúncia. Falta de justa causa. Denúncia divorciada dos fatos. 1. A ausência de formalidades previstas em lei somente dá lugar à configuração do crime previsto no art. 89 da Lei 8.666, de 1993, quando levar a contrato de compra ou locação de imóvel indevido, que traga um resultado danoso. 2. A falta de avaliação prévia (art. 89, X, da Lei 8.666, de 1993), verificando-se, posteriormente, no entanto, que o valor do aluguel estava compatível com o valor de mercado, não tendo havido superfaturamento, não leva à configuração de crime. Inexistência de dolo no fato de ser dispensada a licitação. 3. Não basta examinar-se a legalidade formal da denúncia. A denúncia não pode ser pura criação mental da acusação. Tem a denúncia de lastrear-se em fatos concretos. Se está divorciada do que foi apurado no procedimento investigatório preliminar, não pode ser recebida. Há de se cotejá-la com os elementos de investigação em que se baseia, sob pena de atingir-se o *status dignitatis* do cidadão, com a carga aviltante, degradante, ignominiosa, sem dúvida alguma, que contém, cometendo-se, deste modo, uma ilegalidade, uma imoralidade, uma injustiça" (TRF da 1ª

Região, Rec. Crim. 2000.34.00.024608-3/DF, Rel. para acórdão Des. Fed. Tourinho Neto, j. 29-11-2005, *DJU* 13-1-2006, Seção 2, p. 22).

- **Material exclusivo**: "Ação Penal. Apuração do crime previsto no art. 89, *caput*, da Lei n. 8.666/93, na conduta de acusado que, exercendo o cargo de secretário municipal da educação, autoriza compra de produto sem exigir licitação. Material exclusivo, inviabilizando qualquer competição. Trancamento. Necessidade. Deve ser trancada ação penal em que se apura o crime previsto no art. 89, *caput*, da Lei n. 8.666/93, na conduta de acusado que, exercendo o cargo de secretário municipal da educação, autoriza compra de produto sem exigir licitação, na hipótese em que o material é exclusivo, constatando-se que somente ele poderia atender às necessidades da Administração Pública, quer pela sua natureza, que pelo seu menor preço, inviabilizando qualquer competição por ser produzido apenas pelo fornecedor, não havendo, portanto, possibilidade de licitação" (TACrSP, 2ª T., HC 361.362/8, Rel. Juiz Euvaldo Chaib, j. 3-8-2000, rol/ flash 1343/62).

- **Valor inferior:** "2. Na presente hipótese, não houve nenhum desatendimento ao art. 55, inc. IV, da Lei 8.666/93, que estabelece como necessária cláusula que determine 'os prazos de início de etapas de execução, de conclusão, de entrega, de observação e de recebimento definitivo, conforme o caso'. 3. O contrato, firmado após as modificações insertas pela Lei n. 9.648/98, tem o valor inferior ao que se afigura como limite monetário máximo para a dispensa de licitação na Sociedade de Economia Mista então dirigida pelo Recorrente, sendo forçoso reconhecer a atipicidade da conduta e a inépcia da denúncia, que se olvidou do maior percentual estipulado para o uso de dispensa de licitação estabelecido na espécie. 4. Recurso provido" (STJ, 5ª T., RO em HC 14.613, Rel. Min. Laurita Vaz, j. 3-3-2005, *DJU* 11-4-2005, Seção 1, p. 331).

- **Revogação, retroatividade e ultra-atividade:** "*Habeas corpus*. Ex-Prefeito. Código penal. Decreto-lei 201/67 e Lei 8.666/93. Retroatividade e ultra--atividade da norma penal em branco. A Lei n. 8.666/93, ao regular de forma completa o instituto da licitação pública e ao criminalizar mais abrangentemente as condutas dos agentes faltosos, revogou o art. 358 do Código Penal e bem assim o inciso XI do artigo 1º do DL n. 201/67. A Lei 9.648/98, na parte que altera o complemento do art. 89 da Lei n. 8.666/93 previsto no art. 24, inc. I, que é norma regular ou permanente, é retroativa quando beneficiar o agente e, na parte que altera o complemento do art. 89 da lei 8.666/93 previsto no art. 23, inc. I, letra *a*, por possuir caráter excepcional ou temporário, é ultrativa" (TJRS, 4ª Câm. Crim., HC 70001421882, Rel. Des. Vladimir Giacomuzzi, j. 21-9-2000).

- **Ex-Prefeito e Decreto-Lei 201/67:** "1. O fato criminoso imputado ao réu na inicial acusatória se ajusta, perfeitamente, ao delito tipificado no art. 89 da Lei 8.666/93, visto que o mesmo está sendo acusado, justamente, de dispensar licitação fora das hipóteses previstas em lei. 2. O fato de o acusado ter praticado a conduta descrita na denúncia na condição de Prefeito, só por si, não atrai o tipo do art. 1º, XI, do Decreto-Lei 201/67, eis que a Lei 8.666/93 trata especificamente de crimes nas licitações e contratos da Administração Pública, inclusive no âmbito municipal. 3. Cabe ressaltar que o fato descrito na denúncia foi praticado na vigência da Lei 8.666/93. 4. Estando correta a tipificação da conduta do acusado feita na prefacial acusatória, mostra-se incabível a suspensão condicional do processo, nos termos do art. 89 da Lei 9.099/95, diante da pena mínima de 3 (três) anos de detenção cominada ao delito imputado. 5. Recurso improvido" (STF, Pleno, APn 493 AgR, Rel. Min. Ellen Gracie, j. 25-3-2010, DJe 76, divulg. 29-4-2010, publ. 30-4-2010, Ement. v. 02399-01, p. 210).

- Decreto-Lei n. 201/67 e art. 89 da Lei n. 8.666/93: "5. O não cumprimento das normas referentes ao procedimento licitatório previstas na legislação de regência pode caracterizar o crime previsto no inciso XIV do artigo 1º do Decreto-lei 201/1967. 6. Não prospera a alegação de que as condutas previstas nos incisos II e XIV do Decreto-lei 201/1967 estariam abrangidas pelo tipo do artigo 89 da Lei 8.666/1993, pois cada uma das figuras típicas imputadas ao paciente possui objetividade jurídica própria, sendo que, a princípio, nenhuma delas constituiria meio para a consecução de outra. 7. Ordem denegada" (STJ, 5ª T., HC 109.039, Rel. Min. Jorge Mussi, j. 14-6-2011, DJe 30-6-2011).

- Ex-Prefeito e atual Deputado Federal: "Ação Penal. Ex-prefeito municipal. Atualmente, deputado federal. Dispensa ou inexigibilidade de licitação fora das hipóteses previstas em lei (art. 89 da Lei n. 8.666/93). Ausência do elemento subjetivo do tipo. Pedido julgado improcedente, com a absolvição do réu com fundamento no art. 386, V, do Código de Processo Penal. 1. Consoante posicionamento jurisprudencial dessa Colenda Corte Constitucional, a competência penal originária do STF por prerrogativa de função advinda da investidura de sujeito ativo de um delito, no curso do processo, em uma das funções descritas no art. 102, I, alíneas 'b' e 'c', da CF/88 não acarreta a nulidade da denúncia oferecida, nem dos atos processuais praticados anteriormente perante a justiça competente à época dos fatos. Precedentes" (STF, Pleno, APn 527, Rel. Min. Dias Toffoli, j. 16-12-2010, DJe 63, divulg. 1º-4-2011, publ. 4-4-2011, Ement. v. 2495-01, p. 87).

- Deputado Federal: "1. Dada a incidência do princípio *tempus regit actum*, são válidos todos os atos processuais praticados na origem, antes da diplomação do parlamentar, devendo o feito prosseguir perante essa Corte na fase em que se encontrava: Precedentes" (STF, Pleno, Inq. 2.648, Rel. Min. Cármen Lúcia, j. 12-6-2008, DJe 157, divulg. 21-8-2008, publ. 22-8-2008, Ement. v. 02329-01, p. 46).

- Denúncia: "2. De acordo com o direito brasileiro, a denúncia deve conter a exposição do fato criminoso, com todas as suas circunstâncias, a qualificação do acusado (ou esclarecimentos pelos quais se possa identificá-lo), a classificação do crime e, quando for o caso, o rol de testemunhas (CPP, art. 41). Tais exigências se fundamentam na necessidade de precisar, com acuidade, os limites da imputação, não apenas autorizando o exercício da ampla defesa, como também viabilizando a aplicação da lei penal pelo órgão julgador. 3. A verificação acerca da narração de fato típico, antijurídico e culpável, da inexistência de causa de extinção da punibilidade e da presença das condições exigidas pela lei para o exercício da ação penal (aí incluída a justa causa), revela-se fundamental para o juízo de admissibilidade de deflagração da ação penal, em qualquer hipótese, mas guarda tratamento mais rigoroso em se tratando de crimes de competência originária do Supremo Tribunal Federal" (STF, Pleno, Inq. 3.016, Rel. Min. Ellen Gracie, j. 30-9-2010, *DJe* 032, divulg. 16-2-2011, publ. 17-2-2011, Ement. v. 2465-1, p. 1).

"2. Nos chamados crimes de autoria coletiva, embora a vestibular acusatória não possa ser de todo genérica, é válida quando, apesar de não descrever minuciosamente as atuações individuais dos acusados, demonstra um liame entre o agir do paciente e a suposta prática delituosa, estabelecendo a plausibilidade da imputação e possibilitando o exercício da ampla defesa, caso em que se entende preenchidos os requisitos do artigo 41 do Código de Processo Penal" (STJ, 5ª T., HC 109.039, Rel. Min. Jorge Mussi, j. 14-6-2011, *DJe* 30-6-2011).

▪ **Ex-Prefeito acusado pelo Decreto 201 e corréus pelo art. 89 da Lei n. 8.666. Impossibilidade:** "2. Assim, não é possível que, pelos mesmos fatos, o acusado principal — no caso, um ex-Prefeito — tenha sua conduta capitulada no art. 1.º, inciso XI, do Decreto-Lei n. 201/1967 ('São crimes de responsabilidade dos Prefeitos Municipais, sujeitos ao julgamento do Poder Judiciário, independentemente do pronunciamento da Câmara dos Vereadores: ... Adquirir bens, ou realizar serviços e obras, sem concorrência ou coleta de preços, nos casos exigidos em lei; § 1.º ... pena de detenção, de três meses a três anos') e os demais corréus no art. 89 da Lei n. 9.666/93 ('Dispensar ou inexigir licitação fora das hipóteses previstas em lei, ou deixar de observar as formalidades pertinentes à dispensa ou à inexigibilidade: Pena — detenção, de 3 (três) a 5 (cinco) anos, e multa'), situação que decorreu do desmembramento do feito determinado pelo Supremo Tribunal Federal. 3. No caso dos autos, se não houvesse o desmembramento do feito, a todos os denunciados se estenderia a decisão do Excelso Pretório, que reconhecera a prescrição da pretensão punitiva estatal daqueles fatos supostamente delituosos. 4. Uma vez declarada a prescrição, em decisão transitada em julgado, a partir da capitulação dada na primeira denúncia, no caso, em relação ao pretenso autor principal dos supostos delitos, não é lícito persistir a persecução penal, sob nova capitulação, sobre os mesmos fatos, para imputar delito mais grave aos corréus, malferindo a unicidade do crime que deve ser observada no concurso de pessoas, nos termos previstos no Código Penal Brasileiro. 5. Declarada extinta a punibilidade dos ora denunciados em face da prescrição da pretensão punitiva estatal dos crimes descritos na denúncia, cuja capitulação considerada é a do art. 1º, inciso XI, do Decreto-Lei n. 201/1967, conforme decisão transitada em julgado, proferida pelo eminente Ministro Celso de Mello, nos autos do Inq 1814/PR, que tramitou perante o Supremo Tribunal Federal" (STJ, Corte Especial, APn 558, Rel. Min. Laurita Vaz, j. 16-3-2011, *DJe* 14-6-2011).

▪ **Parecer de Advogado (Procurador Municipal):** "Procurador do Município que emite parecer sobre dispensa de licitação não comete o delito do art.

89 da lei de licitações. O advogado é inviolável pelas manifestações exaradas no exercício de sua profissão, nos termos do art. 133, da Constituição da República e do art. 2º, § 3º do Estatuto da Advocacia (Lei n. 8.906/04). Provida a apelação de réu Procurador do Município, para absolvê-lo" (TJRS, 4ª Câm. Crim., Ap. Crim. 70035726843, Rel. Des. Gaspar Marques Batista, j. 29-6-2011).

Art. 90. Frustrar ou fraudar, mediante ajuste, combinação ou qualquer outro expediente, o caráter competitivo do procedimento licitatório, com o intuito de obter, para si ou para outrem, vantagem decorrente da adjudicação do objeto da licitação:

Pena — detenção, de 2 (dois) a 4 (quatro) anos, e multa.

▪ Substituição por penas alternativas: Pode haver, nos termos dos arts. 43 e 44 do Código Penal.

▪ Objeto jurídico: A lisura das licitações e dos contratos com a Administração Pública, e o regular uso dos recursos públicos.

▪ Sujeito ativo: Qualquer pessoa, seja funcionário público, conforme o art. 84 desta Lei (*intraneus*), seja particular (*extraneus*).

▪ Sujeito passivo: Primeiramente, o Estado, isto é, os seus órgãos de administração direta ou indireta (autarquias etc.) afetados. *Vide* nota *Abrangência e limitação* no art. 85. Em segundo lugar, o particular (pessoa física ou jurídica) prejudicado com a frustração ou fraude da licitação.

▪ Tipo objetivo: Duas são as modalidades de conduta, bastante semelhantes: *a) frustrar* (enganar a expectativa de, iludir); *b) fraudar* (cometer fraude contra, lesar por meio de fraude). O objeto da fraude é o *caráter competitivo* do procedimento licitatório, ou seja, a possibilidade de todos os interessados concorrerem em igualdade de condições. A frustração ou fraude pode ser feita mediante *ajuste* (trato, pacto), *combinação* (acordo, plano) — expressões muito parecidas — ou *qualquer outro expediente* (meio que se usa para alcançar determinado fim), apto a fraudar ou frustrar a licitação. Nas duas primeiras modalidades (*ajuste* ou *combinação*) haverá a necessidade de pelo menos dois agentes; já no *outro expediente* poderá existir apenas um.

▪ Tipo subjetivo: O dolo, vontade livre e consciente de frustrar ou fraudar, acrescido do especial fim de agir, ou seja, para obter, para si ou para terceiro, vantagem (econômica) decorrente da adjudicação (ato de transferência) do objeto da licitação. Para os tradicionais é o dolo específico. Não há forma culposa.

▪ Consumação: Com a efetiva frustração ou fraude do certame, isto é, do caráter competitivo da licitação, não sendo necessário prejuízo aos cofres públicos. Trata-se de crime formal.

▪ Tentativa: Pode haver quando, por exemplo, a conduta puder ser fracionada (plurissubsistente), como na hipótese de a fraude ser descoberta já na abertura dos envelopes do certame.

- **Coautoria e participação:** É possível, tanto de *intraneus* (funcionário público nos termos do art. 84 desta Lei) como de *extraneus* (particular).

- **Confronto:** Se houver devassa das propostas para a realização da fraude, o crime do art. 94 restará absorvido pelo delito deste art. 90, punido mais gravemente.

- **Ação penal:** Pública incondicionada

- **Pena:** Detenção, de dois a quatro anos, e multa.

Jurisprudência

- **Denúncia em crime de autoria coletiva:** "4. Os delitos plurissubjetivos, que veiculam crime de autoria coletiva, reclamam descrição individualizada da participação de cada um dos acusados no delito, para que possam eles exercitar sua defesa, sob pena de rejeição da peça inicial. Precedentes do STF: Inq 2.245/MG, Tribunal Pleno, Rel. Min. Joaquim Barbosa, *DJU* 28.08.07; HC 83.947/AM, 2ª Turma, Rel. Min. Celso de Mello, *DJU* 07.08.07; HC extensão 87.768/RJ, 2ª Turma, Rel. Min. Gilmar Mendes, *DJU* 17.04.07; HC 81.295/SP, 1ª Turma, Ellen Gracie, *DJU* 06-11-01. 5. Denúncia rejeitada" (STJ, Corte Especial, Ação Penal 330, Rel. Min. Francisco Falcão, j. 3-10-2007).

- **Denúncia genérica, abstrata e alternativa:** "Apelação Criminal — Artigo 90, 'caput', da Lei n. 8.666/93 — Denúncia genérica, abstrata e alternativa, que imputa aos apelantes, a um mesmo tempo, fraude e inexistência de licitação, sem relatar fatos concretos, datas, compras e valores específicos. Evidente prejuízo ao contraditório e à ampla defesa — Apelos providos para acolher a preliminar de inépcia da denúncia e anular o feito a partir de fl. 4.205, inclusive" (TJSP, 15ª Câm. de Dir. Crim., Ap. Crim. 990.08.035402-7, Rel. Des. Pedro Gagliardi, j. 20-10-2009).

- **Denúncia inepta:** "2. Se a inicial acusatória não descreve minimamente as condutas supostamente delituosas, ela é considerada inepta, pois impede o exercício da ampla defesa pelo acusado, que deve se defender dos fatos narrados, ainda que sucintamente, na exordial. 3. No caso em exame, a exordial quedou-se em demonstrar a relação causal entre eventual conduta do paciente e o resultado lesivo reclamado, cingindo-se a atribuir-lhe de forma objetiva a responsabilidade penal pelo evento delituoso apenas em razão do cargo que ocupa na sociedade empresarial, que teria restado derrotada intencionalmente em processo licitatório, em benefício de outra empresa. 4. Ordem concedida, determinando-se o trancamento da ação penal instaurada contra o paciente em razão de falta de justa causa e da inépcia da denúncia" (STJ, 5ª T., HC 79.775, Rel. Min. Jorge Mussi, j. 19-8-2010, *DJe* 20-9-2010).

- **Configuração:** "4. Basta à caracterização do delito tipificado no artigo 90 da Lei 8.666/93 que o agente frustre ou fraude o caráter competitivo da licitação, mediante ajuste, combinação ou qualquer outro expediente, com o intuito de obter vantagem decorrente da adjudicação do objeto do certame, vantagem essa que pode ser para si ou para outrem. 5. As demais questões, como a prova do dolo subjetivo do acusado, por desmandarem exame aprofundado de provas, não pode ser apreciada em Recurso Especial (Súmula 7/STJ). 2. Agravo Regimental improvido" (STJ, 5ª T., AgRg no Ag de Instr. 983.730, Rel. Min. Napoleão Nunes Maia Filho, j. 26-3-2009, DJe 4-5-2009).

- Configuração. Ausência de prejuízo aos cofres públicos. Eliminação da empresa beneficiada: "7. No mesmo julgamento (STJ, Ag 983.730/RS — Ag Rg, publ. 4-5-09), decidiu-se que 'basta à caracterização do delito tipificado no artigo 90 da Lei 8.666/93 que o agente frustre ou fraude o caráter competitivo da licitação', não colhendo sorte, assim, a alegação de que a eliminação da empresa supostamente beneficiada do certame — e a ausência de prejuízos aos cofres públicos — impediria a configuração da referida prática criminosa" (STJ, 5ª T., HC 123.234, Rel. Min. Laurita Vaz, j. 22-6-2010, DJe 2-8-2010).

- Tipicidade e ausência de prejuízo: "Apelação Criminal — Lei de Licitações — Artigo 90 da Lei n. 8.666/93 — Caracterização — Materialidade e autoria documentalmente comprovadas — Ausência de prejuízo ao erário — Irrelevância para a configuração do tipo penal — Modificação da fundamentação legal da sentença — Possibilidade — Condição de Membro Permanente da Comissão de Licitação e de Prefeito do Município justificam a fixação da pena acima do mínimo legal — Crime em que as circunstâncias utilizadas para exasperação da pena-base não são inerentes ao tipo — Condenação mantida — Parcial provimento do recurso apenas para modificar a fundamentação da elevação da pena-base, mantendo-se a condenação e provimento do recurso do co-réu Valdir, reconhecendo a extinção da punibilidade em face da prescrição" (TJSP, 15ª Câm. de Dir. Crim., Ap. Crim. 990.08.176639-6, Rel. Des. Flávio Cunha da Silva, j. 26-5-2009).

- Ajuste prévio de preços e desnecessidade de efetivo prejuízo: "Comprovada a existência do intuito de fraudar o procedimento licitatório, mediante ajuste prévio de preços a serem propostos à administração municipal, objetivando a vitória de determinada empresa, está configurado o delito do art. 90 da Lei de Licitações. Desnecessário o efetivo prejuízo para os cofres públicos. Apelações da defesa improvidas" (TJRS, 4ª Câm. Crim., Ap. Crim. 70040124075, Rel. Des. Gaspar Marques Batista, j. 19-5-2011).

- Tipicidade e anulação do certame licitatório: "1. O trancamento da ação penal pela via de *habeas corpus* é medida de exceção, que só é admissível quando emerge dos autos, sem a necessidade de exame valorativo do conjunto fático ou probatório, a atipicidade do fato, a ausência de indícios a fundamentarem a acusação ou, ainda, a extinção da punibilidade, circunstâncias não evidenciadas. 2. A anulação do certame licitatório, em razão do evidente ajuste prévio entre os licitantes, não afasta a tipicidade da conduta prevista no art. 90 da Lei n. 8.666/93. 3. Narrando a denúncia a participação do Recorrente no ajuste que frustrou o caráter competitivo do procedimento licitatório, com todas as suas circunstâncias, de modo a possibilitar sua defesa, não é possível o trancamento da ação penal na via do *Habeas corpus*, mormente quando a alegação de falta de justa causa demanda o reexame do material cognitivo constante dos autos. 4. Recurso desprovido" (STJ, 5ª T., RHC 18.598., Rel. Min. Laurita Vaz, j. 6-11-2007).

■ **Tentativa:** "1. A diminuição da pena pela tentativa deve considerar o *iter criminis* percorrido pelo agente: quanto mais perto da consumação, menor a redução. 2. No caso, a fraude no procedimento licitatório (tomada de preços) foi descoberta já na ocasião da abertura dos envelopes contendo a documentação de habilitação e propostas. 3. Demonstrando as instâncias ordinárias que o paciente percorreu quase todo o caminho do crime, mostra-se correta a redução em 1/3 (um terço)-4- Ordem denegada" (STJ, 6ª T., HC 86.858, Rel. Min. Og Fernandes, j. 18-11-2008).

"Cometem o delito previsto no art. 90 da Lei 8.666/93, na forma tentada, os agentes que, mediante ajuste, tentem fraudar o caráter competitivo do procedimento licitatório, com o intuito de obter vantagem, somente não conseguindo por circunstâncias alheias à sua vontade. Condenação mantida. Pena. Se somente duas das operadoras do art. 59 do CP são consideradas desfavoráveis aos réus, a pena não pode afastar-se muito do mínimo legal. Sentença confirmada. Prescrição Retroativa. Matéria de ordem pública que supera qualquer outra alegação, prejudicando o exame do mérito e de nulidades. Extinção da punibilidade declarada, em face da pena concretizada na sentença" (TJRS, 4ª Câm. Crim., Ap. Crim. 70014033500, Rel. Des. Constantino Lisbôa de Azevedo, j. 8-6-2006).

■ **Sujeito ativo:** "Delito pelo qual o paciente foi condenado, previsto no art. 90 da Lei de Licitação, que, embora tenha sido praticado à época em que o mesmo seria Vereador-Presidente da Câmara Municipal, não é crime de responsabilidade, tampouco crime funcional ou próprio. Para que se configure a prática do referido crime, não é necessário o desempenho de função pública, a ocupação de cargo público, ou o exercício de mandato eletivo. Qualquer pessoa pode cometê-lo, eis que não há vínculo subjetivo com o funcionário público. Amparo da doutrina, no sentido de que os crimes de responsabilidade ou funcionais são aqueles em que 'a condição de funcionário público é inerente à prática do delito (delito próprio, portanto), não abrangendo outros ilícitos comuns que podem ser cometidos por qualquer pessoa, ainda que a condição de funcionário público intervenha como circunstância qualificadora', como ocorre nas infrações previstas na Lei de Licitações. Pedido julgado prejudicado, em parte, e, no mais, indeferido" (STJ, 5ª T., HC 26.089, Rel. Min. Gilson Dipp, j. 6-11-2003).

■ **Dolo específico:** O art. 90 requer o fim específico dos agentes de fraudar o caráter competitivo da licitação (STJ, 6ª T., HC 84.320, Rel. Min. Og Fernandes, j. 17-12-2009, *DJe* 22-2-2010).

■ **Convite para apenas duas empresas:** Amolda-se "ao disposto no art. 90 da Lei 8.666/93, a ação de promover licitação, mediante o convite de apenas duas empresas, sendo que uma delas sequer atuava no ramo profissional, cujo serviço compunha o objeto do certame" (STJ, 6ª T., HC 114.717, Rel. p/ acórdão Min. Maria Thereza de Assis Moura, j. 17-12-2009, *DJe* 14-6-2010).

■ **Não caracterização:** Se o edital dispensa exigência que limitaria a competição, há ampliação da concorrência (STJ, Corte Especial, APn 314, Rel. Min. Ari Pargendler, j. 19-10-2005, *DJ* 5-12-2005, p. 198).

- **Provas insuficientes:** "Ementa: Ação penal. Frustração dolosa do caráter competitivo de licitação. Ausência de provas. Absolvição. 1. Não havendo provas suficientes de que teria havido a frustração do caráter competitivo do procedimento licitatório, impõe-se a absolvição, nos termos do art. 386, inc. VI, do Código de Processo Penal. 2. Denúncia julgada improcedente, absolvendo-se o Réu" (STF, Pleno, APn 430, Rel. Min. Cármen Lúcia, j. 7-8-2008, *DJe* 182, divulg. 25-9-2008, publ. 26-9-2008, Ement. v. 2334-01, p. 1).

- **Indícios insuficientes:** "Peculato. Desvio de renda pública. Fraude através de licitação. Indícios insuficientes para afirmar-se a ocorrência de crime. Licitação por carta convite, sem nenhum vício aparente, não se tipifica como peculato, art. 1º, inc. I, do Dec. Lei 201, nem como fraude através de licitação, art. 90 da lei 8.666, ainda que a empresa vencedora do certame obtenha lucro significativo com o contrato, mesmo subcontratando grande parte da obra. O vantajoso preço recebido pela empresa vencedora da licitação, não é indício suficiente para afirmar-se que ocorreu superfaturamento. Da mesma forma, o fato de que um dos sócios da empresa vencedora é a chefe de gabinete do Prefeito Municipal, tendo em vista que o detentor do cargo citado não tem ingerência direta sobre a comissão julgadora dos certames. Apelações defensivas providas" (TJRS, 4ª Câm. Crim., Ap. Crim. 70023343171, Rel. Des. Gaspar Marques Batista, j. 26-6-2008).

- **Confronto com peculato-desvio (art. 312 do CP):** "Prefeito Municipal — Licitação — Aquisição de Medicamentos — Significativo conjunto de indícios — Peculato— Art. 90 da Lei 8.666. 1. Significativo conjunto de indícios, dando conta de que foram adquiridos mediante licitação direcionada, medicamentos por preços muito superiores aos de mercado, sempre das mesmas empresas distribuidoras, inclusive desprezando mercado de ótima estrutura e potencialidade de concorrência, fica demonstrada a fraude mediante ajuste, com vantagem para as fornecedoras dos objetos das licitações. 2. Editada a Lei 8.666, não mais se cogita de peculato desvio, se o crime estiver caracterizado como fraude mediante ajuste para dar vantagem a fornecedor do objeto da licitação. Entendimento diverso tornaria ocioso o art. 90 da lei licitatória. Provida apelação do Ministério Público para condenar os réus" (TJRS, 4ª Câm. Crim., Ap. Crim. 70020685475, Rel. Des. Gaspar Marques Batista, j. 11-10-2007).

- **Tribunal de Contas:** "1. Tenho entendido em diferentes oportunidades anteriores que as iniciativas sancionatórias penais que tenham por fundamento a prática de ilícitos potencialmente ocorridos no âmbito administrativo, como nos procedimentos de licitação, aplicação de verbas públicas improbidade administrativa e/ou malversação de recursos do Erário, devem ter por suporte o pronunciamento do Tribunal de Contas (HC 88.370-RS, *DJU* 28-10-2008), tal qual se dá nos crimes contra a ordem tributária, cuja condição objetiva de punibilidade reside na conclusão administrativa definitiva do ilícito fiscal (RHC 22.300-RJ, *DJU* 5-5-2008). 2. Todavia, resta consolidado nesta Corte Superior e no Pretório Excelso o entendimento de que o fato de o Tribunal de Contas eventualmente aprovar as contas a ele submetidas, não obsta, em princípio, diante da alegada independência entre as instâncias administrativa e penal, a persecução criminal promovida pelo Ministério Público, bem como a correspondente responsabilização dos agentes envolvidos em delitos de malversação de dinheiros públicos. Precedentes do STJ e do STF. 3. Considerando a missão constitucional desta Corte de uniformizar a Jurisprudência nacional, ressalvo, com o maior respeito, o meu ponto de vista, para acompanhar a orientação jurídica consolidada. 4. Ordem denegada, em conformidade com o parecer ministerial, cassando-se a liminar inicialmente deferida. Pedidos de extensão prejudicados" (STJ, 5ª T., HC 156.234, Rel. Min. Napoleão Nunes Maia Filho, j. 6-4-2010, *DJe* 3-5-2010).

▪ Caráter competitivo e dolo não demonstrados: "Fraude à Licitação. Insuficiência probatória. Não demonstrado cabalmente que o caráter competitivo da licitação foi prejudicado, ou mesmo demonstrado o dolo dos agentes em fraudar o procedimento licitatório, a absolvição é medida que se impõe. Apelo não provido, com confirmação e transcrição da sentença" (TJRS, 4ª Câm. Crim., Ap. Crim. 70037355450, Rel. Des. Marcelo Bandeira Pereira, j. 9-6-2011).

▪ Ajuste prévio de valores: "Prefeito Municipal. Crime de Licitação (art. 90, Lei n. 8.666/93). Recebimento da denúncia. Ajustar valores dos serviços, objeto da licitação, com os participantes, de forma a permitir que todos os convidados viessem a ser contemplados, com as adjudicações previamente estabelecidas, constitui, em tese, o crime descrito na denúncia. Denúncia recebida" (TJRS, 4ª Câm. Crim., Proc.-crime 70000 654012 de Taquara, Rel. Des. José Eugênio Tedesco, j. 17-6-2004).

▪ Prefeito — empresas do mesmo grupo: "Ajuste ou combinação para fraudar licitação, entre Prefeito Municipal e empresários da coleta de lixo, havendo sinalização de que todas as empresas concorrentes ao certame pertenciam ao mesmo grupo e eram geridas por um dos denunciados. Possibilidade de que o Prefeito não desconhecesse a quem pertenciam as empresas concorrentes, numa comunidade de menos de três mil habitantes. Hipótese em que a denúncia deve ser recebida" (TJRS, 4ª Câm. Crim., Ação Penal — Procedimento Ordinário 70039637988, Rel. Des. Gaspar Marques Batista, j. 14-4-2011).

Art. 91. Patrocinar, direta ou indiretamente, interesse privado perante a Administração, dando causa à instauração de licitação ou à celebração de contrato, cuja invalidação vier a ser decretada pelo Poder Judiciário:

Pena — detenção, de 6 (seis) meses a 2 (dois) anos, e multa.

▪ Transação: Cabe (art. 76 da Lei n. 9.099/95).

▪ Suspensão condicional do processo: Também cabe (art. 89 da mesma Lei).

▪ Objeto jurídico: A lisura dos atos administrativos no que concerne à licitação e à celebração do respectivo contrato.

- **Sujeito ativo:** Somente o funcionário público (sobre o seu conceito para os fins da presente lei, vide art. 84). Trata-se, pois, de crime próprio. No entanto, como bem observa Greco Filho, "somente haverá o crime se o agente, funcionário, patrocina interesse privado perante a Administração, valendo-se daquela qualidade", o que não ocorrerá se houver atuado "sem qualquer vínculo com sua função, que pode ser remota e sem vínculo com a pretensão" (*Dos crimes da Lei de Licitações*. 2. ed. São Paulo: Saraiva, 2007, p. 80). Em sentido contrário, Guilherme de Souza Nucci (*Leis penais e processuais penais comentadas*. São Paulo: Revista dos Tribunais, 2006, p. 447).

- **Sujeito passivo:** O ente público afetado (vide nota *Abrangência e limitação* no art. 85).

- **Tipo objetivo (responsabilidade penal objetiva e inconstitucionalidade):** O núcleo é *patrocinar*, que tem a significação de pleitear, advogar, defender, apadrinhar interesse alheio. A ação pode ser exercida direta (pelo próprio funcionário) ou indiretamente (com a interposição de outra pessoa). Pune-se o comportamento do funcionário que patrocina interesse privado, interesse esse que, embora legítimo, pode ser justo ou não. O interesse deve ser de terceira pessoa e não do agente. O patrocínio deve ser realizado *perante* a Administração Pública e dar causa à instauração de licitação ou à celebração de contrato a ela referente (quanto ao conceito de *contrato* para fins desta Lei, vide art. 2º, parágrafo único). E acrescenta a norma em comento: cuja invalidação *vier a ser decretada* pelo Poder Judiciário. Cuida-se aqui de elemento normativo do tipo, só se perfazendo o crime se houver trânsito em julgado da decisão cível que vier a anular a licitação ou o contrato. Trata-se, portanto, de tipo penal cuja configuração *não depende exclusivamente da conduta do agente*, mas sim da propositura de uma ação cível por terceiros (Ministério Público ou outros concorrentes) voltada a anular um certame ou um contrato, que venha a ser julgada procedente pelo Judiciário. Há violação do princípio de direito penal concernente à responsabilidade de cada um pelos seus próprios atos (*pessoalidade, individualização e culpabilidade*). O absurdo é manifesto: uma mesma conduta antiética e danosa aos interesses públicos, de patrocínio de interesses privados pelo funcionário em dois processos licitatórios, só será crime se houver a anulação judicial dos certames; assim, se um for anulado e o outro não, apenas o primeiro configurará crime. Nessa esteira, Vicente Greco Filho ressalta que "a invalidação hipotética e futura da licitação pelo Poder Judiciário... é responsabilidade objetiva incompatível com o direito penal moderno" (ob. cit., p. 81). Assim, a nosso ver, o vício da imprecisão legislativa tem o condão de enodoar o presente art. 91, por afronta à *Magna Carta* (art. 5º, XXXIX), tornando-o *inaplicável*. Para Paulo José da Costa Júnior, a invalidação decretada se refere "apenas ao contrato celebrado, sem abranger igualmente a licitação" (*Direito penal das licitações*. 2. ed. São Paulo: Saraiva, p. 31).

- **Tipo subjetivo:** É o dolo, ou seja, a vontade livre e consciente de patrocinar interesse privado perante a Administração Pública, acrescido do especial fim de agir: para causar a instauração de licitação ou a celebração de contrato. Para os tradicionais, é o dolo específico. Não há forma culposa.

- Coautoria ou participação: Pode haver tanto de outro funcionário como de particular, desde que eles tenham conhecimento da qualidade de funcionário público do autor (CP, arts. 29 e 30).

- Consumação: Com a invalidação judicial da licitação ou do contrato, sendo atípica a conduta se a invalidação for administrativa. Com a mesma opinião, Adel El Tasse, *Legislação criminal especial*. Coordenada por Luiz Flávio Gomes e Rogério Sanches Cunha. São Paulo: Revista dos Tribunais, 2009, p. 676.

- Tentativa: Não nos parece possível, já que a invalidação judicial, com a qual o crime se consuma, é ato unissubsistente e que independe da vontade do agente. Nesse sentido, Vicente Greco Filho, ob. cit., p. 84.

- Confronto: Caso, apesar do patrocínio, não haja licitação ou contrato, ou, tendo existido, não seja invalidado judicialmente, poderá haver o delito do art. 321 do CP (advocacia administrativa). Nesse sentido, José Geraldo da Silva, Paulo Rogério Bonini e Wilson Lavorenti, *Leis penais especiais anotadas*. 12. ed. Campinas: Millenium, 2011, p. 377).

- Ação penal: Pública incondicionada.

- Pena: Detenção, de seis meses a dois anos, e multa.

Jurisprudência

- Invalidação *ab ovo:* "2. Carece de justa causa a ação penal quando se imputa a prática do crime do art. 91 da Lei 8.666/93, que depende da invalidação da contratação, uma vez coarctada, *ab ovo*, a concretização da licitação. 3. Ordem concedida, em menor extensão, para trancar, em parte, a ação penal em relação ao paciente, apenas em relação ao art. 91 da lei 8.666/93" (STJ, 6ª T., HC 114.717, Rel. p/ acórdão Min. Maria Thereza de Assis Moura, j. 17-12-2009, *DJe* 14-6-2010).

Art. 92. Admitir, possibilitar ou dar causa a qualquer modificação ou vantagem, inclusive prorrogação contratual, em favor do adjudicatário, durante a execução dos contratos celebrados com o Poder Público, sem autorização em lei, no ato convocatório da licitação ou nos respectivos instrumentos contratuais, ou, ainda, pagar fatura com preterição da ordem cronológica de sua exigibilidade, observado o disposto no art. 121 desta Lei:

Pena — detenção, de 2 (dois) a 4 (quatro) anos, e multa.

Parágrafo único. Incide na mesma pena o contratado que, tendo comprovadamente concorrido para a consumação da ilegalidade, obtém vantagem indevida ou se beneficia, injustamente, das modificações ou prorrogações contratuais.

Caput

- Alteração: *Caput* com redação da pela Lei n. 8.883/94.

- Substituição por penas alternativas: Pode haver, conforme os arts. 43 e 44 do Código Penal.

- **Objeto jurídico:** A lisura dos contratos com a Administração Pública, e o regular uso dos recursos públicos.

- **Sujeito ativo:** Apenas o *intraneus* (funcionário público), nos termos do art. 84. Quanto ao *extraneus*, *vide* o parágrafo único.

- **Sujeito passivo:** Primeiramente, o Estado, isto é, os seus órgãos de administração direta ou indireta (autarquias, fundações públicas etc.) afetados. *Vide* nota *Abrangência e limitação* no art. 85. Na segunda parte do *caput*, o terceiro prejudicado com a modificação ou vantagem, ou preterição da ordem cronológica.

- **Tipo objetivo:** Trata-se de tipo misto alternativo, sendo duas as hipóteses previstas. Na primeira parte do *caput* (*1*), a conduta pode ser praticada de três formas: *a) admitir* (aceitar, permitir); *b) possibilitar* (tornar possível); *c) dar causa* (causar). O objeto material é qualquer modificação (alteração) ou vantagem (benefício), inclusive prorrogação, em favor do adjudicatário (aquele a quem alguma coisa é adjudicada), durante a execução dos *contratos* celebrados com o Poder Público (se for após a execução, o fato será atípico), acrescido do elemento normativo: sem autorização em lei (lei penal em branco), no ato convocatório da licitação ou nos respectivos instrumentos contratuais. Quanto ao conceito de *contrato*, o parágrafo único do art. 2º desta lei considera "contrato todo e qualquer ajuste entre órgãos ou entidades da Administração Pública e particulares, em que haja um acordo de vontades para a formação de vínculo e a estipulação de obrigações recíprocas, seja qual for a denominação utilizada". Na segunda parte do *caput* (2), pune-se a conduta de pagar fatura com preterição (deixando de parte, desprezando) da ordem cronológica de sua exigibilidade, observado o que dispõe o art. 121 da presente lei (elemento normativo). Este artigo abre exceções às licitações instauradas e aos contratos assinados antes da vigência desta Lei.

- **Tipo subjetivo:** É o dolo, ou seja, a vontade livre e consciente de admitir, possibilitar ou dar causa a modificação ou vantagem, inclusive prorrogação, em favor do adjudicatário (na primeira parte do *caput*), ou, ainda, de pagar fatura fora da ordem cronológica (na segunda parte). Para a doutrina tradicional, é o dolo genérico. Não há forma culposa.

- **Consumação:** Com a efetiva modificação ou concessão de vantagem, inclusive prorrogação, em favor do adjudicatário (na primeira parte do *caput*), ou, ainda, com o efetivo pagamento de fatura fora da ordem cronológica. Cuida-se, assim, de delito material, que depende de resultado naturalístico. Tratando-se de tipo misto alternativo caso o agente, no mesmo contexto fático, pratique mais de uma conduta, responderá por um único crime. Nesse sentido, Jessé Torres Pereira Junior, *Comentários à Lei das Licitações e Contratações da Administração Pública*. Rio de Janeiro: Renovar, 2007,p. 911-912). Para José Geraldo da Silva, Paulo Rogério Bonini e Wilson Lavorenti, se o agente, além da prorrogação contratual, também efetuar pagamento de fatura fora da ordem cronológica, haverá concurso material (ob. cit., p. 379). Com essa última orientação, igualmente Vicente Greco Filho (ob. cit., p. 93).

- **Tentativa:** Não nos parece possível em nenhuma das condutas incriminadas, por serem todas unissubsistentes, não podendo ser fracionadas.
- **Erro de tipo ou proibição:** Pode haver (CP, arts. 20 e 21).
- **Coautoria ou participação:** Apenas o *intraneus* poderá ser coautor ou partícipe, como no caso de superior hierárquico que aprova ou ratifica a conduta do subalterno. Quanto ao *extraneus* (não funcionário), a sua conduta é tipificada no parágrafo único.
- **Ação penal:** Pública incondicionada.
- **Pena:** Detenção, de dois a quatro anos, e multa.

Parágrafo único
- **Objeto jurídico:** Igual ao do *caput*.
- **Sujeito ativo:** Apenas o particular (*extraneus*) beneficiado.
- **Sujeito passivo:** O mesmo do *caput*.
- **Tipo objetivo:** Pune-se a conduta do contratado que, depois de haver de concorrido (contribuído), de fato, com a consumação da ilegalidade prevista no *caput*, vem a obter (conseguir) vantagem indevida ou a se beneficiar injustamente de modificação ou prorrogação contratual (se o benefício for justo, o fato será atípico).
- **Tipo subjetivo:** É o dolo, ou seja, a vontade livre e consciente de concorrer para a consumação da ilegalidade do *caput*, acrescido do especial fim de agir: para obter vantagem indevida ou se beneficiar injustamente de modificações ou prorrogações contratuais. Com a mesma posição, Paulo José da Costa Júnior, ob. cit., p. 39. Para a doutrina tradicional, é o dolo específico. Inexiste modalidade culposa.
- **Coautoria ou participação:** Pode haver da parte de outro *extraneus*. Quanto ao *intraneus*, já estará incurso no *caput*.
- **Consumação:** Com a efetiva obtenção da vantagem indevida ou com o recebimento do benefício injusto.
- **Tentativa:** Não nos parece possível, por serem ambas as condutas (obtenção ou recebimento) unissubsistentes, ou seja, não podendo ser fracionadas.
- **Ação penal e penas:** Iguais às do *caput*.

Jurisprudência
- **Dolo genérico (*Caput*):** "5. O tipo previsto no artigo 92 da Lei n. 8.666/93 reclama dolo genérico, inadmitindo culpa ou dolo eventual posto dirigido ao administrador desonesto e não ao supostamente inábil. É que a intenção de desviar e favorecer são elementos do tipo, consoante a jurisprudência da corte" (STJ, Corte Especial, APn 226, Rel. Min. Luiz Fux, j. 1º-8-2007, *DJ* 8-10-2007, p. 187).
- **Majoração do preço:** "A majoração substancial do preço, fora do figurino previsto na Lei n. 8.666/93, pouco importando, na espécie, de serviços e não de venda de mercadorias, configura, em tese, o tipo penal — artigos 92 e 96 da citada Lei" (STF, 1ª T., HC 102.063, Rel. Min. Marco Aurélio,

j. 5-10-2010, *DJe* 233, divulg. 1-12-2010, publ. 2-10-2010, Ement. v. 02443-01, p. 131).

■ **Prorrogação contratual:** "1. A conduta atribuída ao paciente se subsume ao ilícito tipificado no art. 92 da Lei n. 8.666/93, que, sendo misto alternativo, compreende no seu núcleo, além de admitir e dar causa, possibilitar a prorrogação contratual em favor de adjudicatário na execução de contrato com o poder público. 2. Não há que se falar em inexistência de crime ou ilegalidade qualquer da sentença, podendo o secretário de governo, enquanto parecerista, cometer o crime se evidenciado que o ato de ofício foi expressão formal de conduta efetivamente criminosa. 3. A existência de circunstâncias judiciais desfavoráveis, que determinam a exasperação da pena privativa de liberdade na sua quantidade e regime de cumprimento, não impede que a pena alternativa se mostre suficiente para a prevenção e repressão do crime, até porque permanece como reserva a assegurar a efetividade do direito penal. 4. Havendo similitude de situações, nada obsta que a solução dada ao corréu (HC n. 65.230/SP, 6ªT., *DJ* de 8-3-2010) seja também aplicada ao ora paciente. 5. Ordem parcialmente concedida, a fim de substituir a privativa de liberdade por prestação pecuniária e prestação de serviços à comunidade. Fica a cargo do juiz das execuções a implementação das restritivas de direitos" (STJ, 6ª T., HC 64.372, Rel. Min. Og Fernandes, j. 6-5-2010, *DJe* 24-5-2010).

Art. 93. Impedir, perturbar ou fraudar a realização de qualquer ato de procedimento licitatório:

Pena — detenção, de 6 (seis) meses a 2 (dois) anos, e multa.

■ **Transação penal:** Cabe (art. 76 da Lei n. 9.099/95).

■ **Suspensão condicional do processo:** Cabe igualmente (art. 89 da Lei n. 9.099/95).

■ **Objeto jurídico:** A normalidade e a regularidade das licitações.

■ **Sujeito ativo:** Qualquer pessoa.

■ **Sujeito passivo:** O Estado, por meio dos seus órgãos de administração direta ou indireta (autarquias, fundações públicas etc.) afetados. *Vide* nota *Abrangência e limitação* no art. 85. Secundariamente, os concorrentes prejudicados. Para Vicente Greco Filho, "os participantes regulares do procedimento impedido, perturbado ou fraudado podem ser prejudicados, mas não ofendidos no sentido jurídico-penal, porque não têm bem jurídico próprio atingido" (ob. cit., p. 99).

■ **Tipo objetivo:** Trata-se de tipo misto alternativo, sendo três as condutas incriminadas: *a) impedir* (impossibilitar, obstruir); *b) perturbar* (causar perturbação, estorvar, pôr fim a tranquilidade); *c) fraudar* (cometer fraude ou lesar por meio de fraude, enganar, iludir). O objeto material é a realização de qualquer ato de procedimento licitatório. Tal procedimento, que vai da sua abertura até a adjudicação, está previsto na Seção IV do Capítulo II da presente Lei. Como bem observa Diogenes Gasparini, "os atos anteriores, a exemplo da aprovação da minuta e do edital pela assessoria jurídica, e os posteriores, a exemplo da publicação do resumo do contrato, não integram o procedimento licitatório propriamente dito" (*Crimes na licitação.* 3. ed. São Paulo: NDJ, 2004, p. 124). Já para Paulo José da Costa Júnior, "a expressão 'qualquer ato de procedimento licitatório' é excessivamente vaga, ensejando dúvidas exegéticas" (*Direito penal das licitações.* 2. ed. São Paulo: Saraiva, 2004, p. 42).

- **"Perturbação" e movimentos sociais de protesto:** A incriminação da "perturbação" de uma licitação pública, com pena de detenção, de seis meses a dois anos, e multa, é desproporcional e atentatória ao legítimo direito dos cidadãos de *protestar* contra determinada concorrência pública. Deveria o legislador ter colocado, com prudência, o adjetivo *grave* perturbação. Errou o legislador ao tipificar essa modalidade de conduta, que pode implicar séria restrição ao legítimo protesto público, como fazem os argentinos com seus "panelaços".

- **Tipo subjetivo:** É o dolo, a vontade livre e consciente de praticar as condutas incriminadas, ciente da ilicitude de seu comportamento. Para os tradicionais, trata-se do dolo genérico. Não há modalidade culposa.

- **Consumação:** Na figura de perturbar, com a ação ou ações que efetivamente venham a causar perturbação. Na de impedir, com o real impedimento. E, na de fraudar, quando a fraude produz efeito, enganando terceiro ou terceiros.

- **Tentativa:** Na modalidade de perturbar não é possível, por se cuidar de conduta unissubsistente, que não pode ser fracionada. Na de impedir também não nos parece possível, uma vez que o agente, ao tentar impedir, já terá provavelmente causado perturbação. Na conduta de fraudar, a tentativa é possível.

- **Ação penal:** Pública incondicionada.

- **Pena:** Detenção, de seis meses a dois anos, e multa.

Art. 94. Devassar o sigilo de proposta apresentada em procedimento licitatório, ou proporcionar a terceiro o ensejo de devassá-lo:

Pena — detenção, de 2 (dois) a 3 (três) anos, e multa.

- **Substituição por penas alternativas:** Pode haver (arts. 43 e 44 do Código Penal).

- **Objeto jurídico:** A regularidade das licitações, notadamente de seu caráter competitivo em busca da melhor proposta para o Poder Público.

- **Sujeito ativo:** Na primeira modalidade (devassar), apenas funcionário público responsável pelo sigilo das propostas, tratando-se de crime próprio. Na segunda modalidade (proporcionar), não só o funcionário, mas também o terceiro para quem a devassa é proporcionada.

- **Sujeito passivo:** Primeiramente, o Estado, isto é, os órgãos de administração direta ou indireta (autarquias, fundações públicas etc.) cujo sigilo das propostas foi devassado. *Vide* nota *Abrangência e limitação* no art. 85. Secundariamente, os concorrentes prejudicados.

- Tipo objetivo: Duas são as condutas incriminadas: *a) devassar* (invadir e pôr a descoberto, descobrir) o *sigilo* (segredo) de proposta apresentada em procedimento licitatório, que é o objeto material, "qualquer que seja sua modalidade": convite, tomada de preços, concorrência pública, concurso ou leilão, como ressalta Jessé Torres Pereira Junior (*Comentários à Lei de Licitações e Contratações da Administração Pública.* Rio de Janeiro: Renovar, p. 94); *b) proporcionar* (dar, oferecer) a terceiro o ensejo (ocasião, oportunidade) de devassá-lo. O procedimento licitatório está previsto na Seção IV do Capítulo II desta lei. Como anota, com acuidade, Wolgran Junqueira Ferreira, "o devassamento terá de ser praticado em tempo útil, isto é, antes de expirado o prazo do edital ou antes do momento seletivo, de modo a permitir ou possibilitar a insídia de substituições ou alterações, ou a quebra de normalidade da concorrência" (*Licitações e contratos na Administração Pública.* Bauru: Edipro, 1994, p. 157). E Diogenes Gasparini, por sua vez, ressalta: "O conhecimento da proposta, via de regra, só pode acontecer no momento oportuno do procedimento licitatório e em sessão pública. Até esse momento a proposta é sigilosa..." (ob. cit., p. 130).

- Tipo subjetivo: É o dolo, ou seja, a vontade livre e consciente de devassar ou de proporcionar a terceiro a oportunidade de fazê-lo. Para os tradicionais, é o dolo genérico. Não há forma culposa.

- Consumação: Com o efetivo ato da devassa, por si próprio ou pelo terceiro a quem proporcionou tal ocasião, quebrando o sigilo do procedimento licitatório. É crime formal, não sendo necessário resultado naturalístico para se aperfeiçoar, como a efetiva contratação da licitação devassada com prejuízo aos cofres públicos.

- Tentativa: Não nos parece possível na primeira conduta (*devassar*), por ser ela unissubsistente, não podendo ser fracionada. Já na segunda (*proporcionar*), pode haver, em tese, como na hipótese em que, embora proporcionado a terceiro o ensejo de devassa, esta não chegue a ser feita por motivos alheios à vontade dos agentes.

- Coautoria e participação: É possível, tanto da parte de outro *intraneus* (funcionário público) como de *extraneus* (não funcionário).

- Confronto: Se a licitação fraudada com a devassa do sigilo das propostas foi concretizada, haverá a tipificação do crime do art. 90, punido mais gravemente, restando a infração deste art. 94 absorvida.

- Ação penal: Pública incondicionada.

- Pena: Detenção, de dois a três anos, e multa.

Art. 95. Afastar ou procurar afastar licitante, por meio de violência, grave ameaça, fraude ou oferecimento de vantagem de qualquer tipo:

Pena — detenção, de 2 (dois) a 4 (quatro) anos, e multa, além da pena correspondente à violência.

Parágrafo único. Incorre na mesma pena quem se abstém ou desiste de licitar, em razão da vantagem oferecida.

Caput

- **Substituição por penas alternativas:** Pode haver (arts. 43 e 44 do Código Penal).

- **Objeto jurídico:** A regularidade das licitações, de seu caráter competitivo, em busca do melhor contrato para o Poder Público.

- **Sujeito ativo:** Qualquer pessoa.

- **Sujeito passivo:** Primeiramente, o Estado, isto é, os órgãos de administração direta ou indireta (autarquias, fundações públicas etc.) cuja licitação foi afetada. *Vide* nota *Abrangência e limitação* no art. 85. Em segundo lugar, o licitante afastado ou que se procurou afastar.

- **Tipo objetivo:** Duas são as condutas incriminadas: *a)* *afastar* (pôr de lado, tirar do caminho); *b)* *procurar afastar* (buscar, empregar todos os recursos para afastar). O objeto material é o licitante, ou seja, aquele que está apto a participar de concorrência pública. O afastamento ou tentativa de fazê-lo pode ser feito por meio de: 1) violência (física contra pessoa); 2) grave ameaça (ameaça séria e idônea); 3) fraude (ação de enganar ou iludir); ou 4) oferecimento de vantagem de qualquer tipo (econômica ou não). Nessa última hipótese, há uma espécie de "corrupção no setor privado" em detrimento de uma licitação efetivamente competitiva. Para Wolgran Junqueira Ferreira "a violência física pode ser empregada até mesmo contra coisas" (ob. cit., p. 291). Com a costumeira proficiência, Vicente Greco Filho salienta: "A ação deve dirigir-se a alguém que tem condição de licitar, que poderia participar, em princípio, da licitação. Se aquele que é afastado ou se tenta afastar não tem, em tese, qualificação para licitar, há crime impossível" (ob. cit., p. 109). No entender de Wolgran Junqueira Ferreira, também não haverá crime "se é apenas *fingido* o candidato à competição, a quem... vem a ser oferecida a vantagem" (ob. cit., p. 291).

- **Tipo subjetivo:** É a vontade livre e consciente (dolo) de praticar violência, grave ameaça ou fraude, ou de oferecer vantagem, acrescido do especial fim de agir: para afastar ou tentar afastar licitante. Para os tradicionais, é o dolo específico. Não há punição a título de culpa. No entender de Diogenes Gasparini, o dolo é genérico, bastando que o agente esteja "plenamente conscientizado da ilicitude de sua conduta e dos meios utilizados" (ob. cit., p. 142).

- **Consumação:** Na modalidade de afastar o crime é material, exigindo o resultado naturalístico do afastamento do licitante, implícito ao verbo; na de procurar afastar, o crime é formal, bastando que o agente empregue atos de violência, ameaça, fraude ou ofereça vantagem, consumando-se o crime independentemente do terceiro concorrente efetivamente deixar de participar da licitação para a qual desejava e estava apto a participar.

- **Tentativa:** É impossível. Com efeito, na segunda modalidade, ao procurar afastar, o crime já estará consumado. Igualmente na primeira modalidade (afastar), pois, ao tentar fazê-lo por meio de um dos meios elencados no tipo, o agente já terá incidido na segunda modalidade.

- Coautoria ou participação: Pode haver, tanto *extraneus* (não funcionário) quanto de *intraneus* (funcionário público). O licitante que se abstém ou desiste de licitar em virtude do oferecimento de vantagem incorre no parágrafo único.

- Concurso formal: Poderá haver entre o crime em comento e o de lesões corporais resultantes da violência (CP, art. 129).

- Ação penal: Pública incondicionada.

- Pena: Detenção, de dois a quatro anos, e multa, além da pena correspondente à violência.

Parágrafo único (figura equiparada)

- Objeto jurídico, ação penal e pena: Iguais aos do *caput*.

- Sujeito ativo: Na conduta de se abster, qualquer pessoa em condições de licitar; na de desistir, somente o licitante, isto é, aquele que já se inscreveu no certame. Nesse sentido, Jessé Torres Pereira Junior (ob. cit., p. 925).

- Sujeito passivo: O Estado, isto é, os órgãos de administração direta ou indireta (autarquias, fundações públicas etc.) cuja licitação foi afetada. *Vide* nota *Abrangência e limitação* no art. 85.

- Tipo objetivo: Pune-se a conduta daquele que se abstém (se priva, deixa de) ou desiste (não prossegue, renuncia) de licitar, em razão da vantagem oferecida, que, a exemplo do *caput* e por decorrência lógica, poderá ser econômica ou não. Na primeira modalidade (de se abstrair) é imprescindível a prova concreta de que o agente pretendia licitar (retirando, por exemplo, cópia dos editais), mas não o fez por motivo da vantagem que lhe foi oferecida. O recebimento da vantagem em razão da abstenção ou desistência constitui mero exaurimento do crime, sendo, para a sua consumação, irrelevante que a vantagem oferecida tenha sido dada. Para Diogenes Gasparini, "a desistência... é vedada após a fase de habilitação, salvo se fundada em motivo justo decorrente de fato superveniente, aceito pela comissão de licitação, conforme prescreve o art. 43, § 6º, da Lei federal licitatória", daí por que "nenhum crime comete o proponente que nessas condições desiste da licitação" (ob. cit., p. 141).

- Tipo subjetivo: É a vontade livre e consciente de se abster de licitar ou desistir de fazê-lo em razão do oferecimento de vantagem. Para a doutrina tradicional, é o dolo genérico.

- Consumação: Na modalidade de se abster, com a efetiva abstenção; na de desistir, com a prática de ato ou omissão configurador da desistência, independentemente do recebimento da vantagem prometida.

- Tentativa: Em regra, não é possível, por serem, tanto a abstenção quanto a desistência, condutas unissubsistentes, que não podem ser fracionadas, além da abstenção ser sempre um comportamento omissivo.

■ Confronto: Este art. 95 revogou tacitamente o art. 335 do Código Penal (impedimento, perturbação ou fraude de concorrência), sendo mais abrangente do que este.

Art. 96. Fraudar, em prejuízo da Fazenda Pública, licitação instaurada para aquisição ou venda de bens ou mercadorias, ou contrato dela decorrente:

I — elevando arbitrariamente os preços;

II — vendendo, como verdadeira ou perfeita, mercadoria falsificada ou deteriorada;

III — entregando uma mercadoria por outra;

IV — alterando substância, qualidade ou quantidade da mercadoria fornecida;

V — tornando, por qualquer modo, injustamente, mais onerosa a proposta ou a execução do contrato:

Pena — detenção, de 3 (três) a 6 (seis) anos, e multa.

■ Objeto jurídico: A regularidade das licitações e dos respectivos contratos, bem como a proteção do erário público.

■ Sujeito ativo: O licitante ou o contratado em virtude da licitação.

■ Sujeito passivo: O Estado, isto é, os Poderes da União, dos Estados, do Distrito Federal ou dos municípios cujos cofres foram lesados.

■ Tipo objetivo: A conduta incriminada é *fraudar* (cometer fraude, enganar, iludir). O primeiro objeto material é *a*) a licitação instaurada para aquisição ou venda de bens ou mercadorias. Como se vê, não incluiu o tipo a fraude de preços envolvendo obras ou prestação de serviços, como ressalva Jessé Torres Pereira Junior (ob. cit., p. 928), o que, a nosso ver, constitui imperdoável lacuna do legislador. Há precedente do STF, contudo, considerando haver o crime mesmo tratando-se de obras e prestação de serviços (*vide* jurisprudência). Também é objeto material *b*) o contrato decorrente dessa compra ou venda, em prejuízo (delito material) da Fazenda Pública (nacional, distrital, estadual ou municipal), mediante os seguintes comportamentos (rol taxativo): (*inciso I*) elevando arbitrariamente (independentemente de leis ou regras, por arbítrio ou capricho do agente) os preços. Paulo José da Costa Júnior, depois de anotar que "o advérbio arbitrariamente... configura um elemento normativo do tipo", dá, como exemplo deste inciso I, o do "fornecedor que, em plena calamidade pública, durante inundação, terremoto ou epidemia, eleva arbitrariamente os preços dos alimentos, ciente da premência destes e da necessidade pública, que não pode socorrer-se de outras fontes" (ob. cit., p. 58); (*inciso II*) vendendo mercadoria falsificada (imitada, adulterada, contrafeita) ou deteriorada (danificada, estragada), como se fosse verdadeira ou perfeita; (*inciso III*) entregando uma mercadoria por outra (obviamente de qualidade inferior); (*inciso IV*) alterando (mudando, modificando) substância (a parte real ou essencial de alguma coisa, aquilo que lhe define as qualidades materiais), qualidade (propriedade ou atributo de uma coisa capaz de distingui-la de outra) para pior ou quantidade (número de unidades ou grandeza expressa em números) para menor da mercadoria fornecida; (*inciso V*) tornando, por qualquer modo, injustamente (de forma iníqua, sem fundamento, infundada), mais onerosa (dispendiosa) a proposta ou a execução do contrato. Para Adel El Tasse, "o inciso V merece cautela ao ser analisado, pois... é passível de inconstitucionalidade. Na realidade, cabe ao Estado a decisão de aceitar ou não quando uma proposta não está de acordo com o valor de mercado... O particular estipula o valor que quiser, sabendo do risco de não ser escolhido pela Administração Pública..." (ob. cit., p. 680). Tal ponderação, a nosso ver, é apropriada em se tratando de proposta, mas não no caso de "execução de contrato". Por outro lado, como bem observa Diogenes Gasparini, "se a proposta, ainda que mais onerosa, não for a vencedora o crime não se configura" (ob. cit., p. 149 *in fine* 150). Quanto ao conceito de *contrato*, o parágrafo único do art. 2º desta Lei considera "contrato todo e qualquer ajuste entre órgãos ou entidades da Administração Pública e particular, em que haja um acordo de vontades para a formação de vínculo e a estipulação de obrigações recíprocas, seja qual for a denominação utilizada".

- **Tipo subjetivo:** É o dolo, a vontade livre e consciente de fraudar a licitação ou o contrato dela decorrente, acrescido do especial fim de agir: para obter vantagem econômica em prejuízo da Fazenda Pública. Para a doutrina tradicional, é o dolo específico. Não há forma culposa.

- **Consumação:** Consuma-se como efetivo prejuízo econômico da Fazenda Pública, ou seja, no ato em que o valor é pago. Nesse sentido, Diogenes Gasparini (ob. cit., p. 151) e Vicente Greco Filho (ob. cit., p. 118-119).

- **Tentativa:** É possível quando, por razões alheias à vontade do agente, o prejuízo estatal não chega a se concretizar. Com igual posição, Diogenes Gasparini (ob. cit., p. 151) e Vicente Greco Filho (ob. cit., p. 119).

- **Coautoria e participação:** Pode haver, tanto de *extraneus* quanto de *intraneus*.

- **Absorção:** Se o meio de execução for a fraude, haverá absorção dos crimes dos arts. 90, 93 e 95 por este do art. 96. Nessa esteira, José Geraldo da Silva, Paulo Rogério Bonini e Wilson Lavorenti (ob. cit., p. 384).

- **Ação penal:** Pública incondicionada.

- **Pena:** Detenção, de três a seis anos, e multa.

Jurisprudência

- **Majoração substancial do preço:** "Denúncia — Completude. Propiciando a denúncia elementos capazes de viabilizar a defesa, descabe tomá-la como inepta. Licitação — Contrato — Majoração Substancial do Preço. A majoração substancial do preço, fora do figurino previsto na Lei n. 8.666/93, pouco importando o envolvimento, na espécie, de serviços e não de venda de mercadorias, configura, em tese, o tipo penal — artigos 92 e 96 da citada Lei. [...] É certo que o preceito legal não trata de licitação para prestação de serviços, mas não menos correto é que, ao lado da referência a mercadorias, tem-se a alienação de bens. De início, não se pode assentar que nestes não estejam incluídos, em termos de utilidade, os serviços. A par desse aspecto, vale frisar que a Lei em questão, conforme consta do primeiro artigo nela inserto, versa licitações e contratos administrativos pertinentes a obras, serviços, inclusive de publicidade, compras, alienações e locações no âmbito dos Poderes da União, dos Estados, do Distrito Federal e dos Municípios" (STF, 1ª T., HC 102.063, Rel. Min. Marco Aurélio, j. 5-10-2010, *DJe* 233, divulg. 1-12-2010, publ. 2-12-2010, Ement. v. 2443-01, p. 131).

- Decisão administrativa (independência): "Paciente denunciado como incurso nas sanções do art. 96, I, da Lei n. 8.666/93, considerado, administrativamente, isento de culpa. Relatório Sintético de Auditoria de Gestão da Secretaria Federal de Controle, concluindo pela probidade de sua gestão na utilização dos recursos públicos, com ressalvas — Ressalvas que, por si sós, seriam suficientes para instauração e prosseguimento da ação penal — Tanto o Inquérito Administrativo, quanto o Relatório da Auditoria de Gestão, tendo em vista a sua natureza administrativa, não têm o poder de interferir na esfera judicial, o que, a *contrario sensu*, pode acontecer. — Princípio da independência das esferas civil, administrativa e criminal, vigente em nosso ordenamento jurídico. — Ordem denegada" (TRF da 2ª Região, HC 2000.02.01.015982-0, Rel. Des. Fed. Francisco dos Santos, j. 5-12-2000, *DJU* 19-6-2001, Seção 2, p. 136).

- Posse posterior à concorrência: "Se o acusado só tomou posse na presidência da CDHU após a abertura da concorrência pública, não se pode pretender que responda por eventuais atos ocorridos anteriormente à data de sua posse" (TJSP, Ap. 00830213.3/0-0000-000 de São Paulo, Rel. Des. Poças Leitão, 8ª Câm. Crim., j, 3-7-2007).

- Acusado que comunicou a discrepância de valores: "Não se vê fraude se foi o próprio acusado quem comunicou à Receita Federal e à Prefeitura de Garça a discrepância de valores observada na primeira escritura de compra e venda realizada entre a empresa e a Família... Daí a outra escritura retificando a falha. Demais, o preço global não restou alterado, pese embora o terreno tenha sido vendido por valor bem maior à CDHU" (TJSP, 8ª Câm. Crim., Ap. 00830213.3/0-0000-000 de São Paulo, Rel. Des. Poças Leitão, j 3-7-2007).

- Prejuízo não causado pela fraude: "Não basta haver prejuízo financeiro de alguém. É necessário que o prejuízo tenha sido causado pela fraude. E esta inexistiu neste caso vertente... A [...] é certo, ganhou — e ganhou muito ao vender o terreno para a CDHU por bem mais de R$ 700.000,00, lucrando a diferença de cerca de R$ 300.000,00. Mas ela, como proprietária, podia vender o terreno pelo preço que quisesse... Não restaram, portanto, caracterizadas as condutas ilícitas e criminosas descritas na exordial, eis que o preço global não ultrapassou o limite do edital. Portanto, não há nos autos prova a revelar fraude, sendo, pois, impossível a condenação do réu. Fala-se muito em impunidade, como se todas as pessoas processadas devessem, obrigatoriamente, ser punidas sempre. Justiça que só pune, não é justiça. A que só absolve também não é. Deve-se procurar sempre o justo, o justo concreto. A condenação de alguém deve estar lastreada em provas seguras, caso contrário o caminho será a absolvição por insuficiência de provas, ou, então, porque crime não houve, situação em que o fundamento será outro e mais amplo" (TJSP, 8ª Câm. Crim., Ap. 00830213.3/0-0000-000 de São Paulo, Rel. Des. Poças Leitão, j. 3-7-2007).

Art. 97. Admitir à licitação ou celebrar contrato com empresa ou profissional declarado inidôneo:

Pena — detenção, de 6 (seis) meses a 2 (dois) anos, e multa.

Parágrafo único. Incide na mesma pena aquele que, declarado inidôneo, venha a licitar ou a contratar com a Administração.

- Transação: Cabe (art. 76 da Lei n. 9.099/95).
- Suspensão condicional do processo: Cabe (art. 89 da Lei n. 9.099/95).

Caput
- Objeto jurídico: A regularidade das licitações e a segurança dos contratos.
- Sujeito ativo: Apenas o *intraneus* (funcionário público nos termos do art. 84) responsável pela admissão do licitante ou pela celebração do contrato. Cuida-se de crime próprio.
- Sujeito passivo: O Estado, isto é, os órgãos de administração direta ou indireta (autarquias, fundações públicas etc.) afetados.
- Tipo objetivo: Pune-se a conduta do funcionário que admite (aceita, permite) a licitação ou celebra (conclui, faz realizar com solenidade) contrato com pessoa jurídica (empresa) ou física (profissional) declarada idôneo. Quanto ao conceito de *contrato*, o parágrafo único do art. 2º desta lei considera "contrato todo e qualquer ajuste entre órgãos ou entidades da Administração Pública e particulares, em que haja um acordo de vontades para a formação de vínculo e a estipulação de obrigações recíprocas, seja qual for a denominação utilizada". Para Wolgran Junqueira Ferreira, como "as pessoas jurídicas têm existência distinta da dos seus membros" (art. 20 do Código Civil), "a inidoneidade (art. 87, IV) é da pessoa jurídica e não dos seus membros e assim, como a Lei não faz qualquer ressalva, as outras empresas com nomes diferentes, mas com os mesmos sócios, poderão licitar normalmente" (ob. cit., p. 297). A declaração de idoneidade, bem como a reabilitação, estão previstas no art. 87, IV, c/c o § 3º, da presente lei. Como anota Paulo José da Costa Júnior, o contrato administrativo, a teor do art. 62 da presente Lei, só é obrigatório nas concorrências, tomadas de preços e nas respectivas dispensas e inexigibilidades, sendo facultativo nos demais casos, quando pode ser "substituído por nota de empenho de despesa, carta-contrato, autorização de compra, ordem de execução de serviço ou por outros instrumentos hábeis" (ob. cit., p. 63-64). Vicente Greco Filho, com razão, ressalta que "se o licitante ou contratado obtém, posteriormente, a revogação ou anulação da declaração de inido-

neidade, por meio de recurso administrativo ou ação judicial, desaparece o elemento do tipo 'declarado inidôneo', o qual, na verdade, nunca existiu de modo que inexiste a infração penal, extinguindo-se qualquer providência penal a respeito, inclusive após sentença condenatória transitada em julgado" (ob. cit., p. 123), mediante revisão criminal ou *habeas corpus*, aduzimos. Já a reabilitação, na opinião desse último autor, e com quem concordamos, "não exclui o crime, porque se dá... por fato posterior, o ressarcimento, que não faz desaparecer a declaração de inidoneidade nem seus efeitos" (ob. cit., p. 123-124).

- Tipo subjetivo: É o dolo, ou seja, a vontade livre e consciente de admitir à licitação empresa ou profissional, sabendo que foram declarados inidôneos, ou de celebrar contrato com eles tendo tal conhecimento. Para os tradicionais, é o dolo genérico. Nesse sentido, Vicente Greco Filho, que admite, entretanto, a possibilidade de dolo eventual (ob. cit., p. 126). Na opinião de Diogenes Gasparini, o dolo seria específico (ob. cit., p. 159). Não há punição a título de culpa.

- Consumação: Com a admissão à licitação ou celebração do contrato, independentemente de resultado naturalístico (prejuízo aos cofres públicos). É crime formal.

- Tentativa: Não é possível, por serem as condutas unissubsistentes, não fracionáveis.

- Coautoria ou participação: Se mais de um funcionário público era responsável pela admissão ou celebração do contrato, sabedor do impedimento, poderá haver coautoria ou participação.

- Ação penal: Pública incondicionada.

- Pena: Detenção, de seis meses a dois anos, e multa.

Parágrafo único (figura equiparada)

- Transação e suspensão condicional do processo: Cabem (arts. 76 e 89 da Lei n. 9.099/95).

- Objeto jurídico, sujeito passivo, ação penal e pena: Iguais aos do *caput*.

- Sujeito ativo: A pessoa (*extraneus*) que após ter sido declarada inidônea vem a licitar ou contratar com a Administração Pública. Trata-se de crime próprio.

- Tipo objetivo: Pune-se a conduta do profissional declarado inidôneo ou do representante de empresa declarada inidônea que licita ou celebra contrato.

- Tipo subjetivo: É o dolo, a vontade livre e consciente de licitar ou celebrar contrato com a Administração Pública, tendo ciência de que antes de fazê-lo ele ou sua empresa já haviam sido declarados inidôneos. Para a doutrina tradicional, é o dolo genérico. Não há modalidade culposa.

- Consumação: Com o ato de apresentar a proposta ou de celebrar o contrato.

- Tentativa: A nosso ver, não é possível, por serem ambas as condutas (licitar e celebrar contrato) unissubsistentes, não podendo ser fracionadas.

Para José Geraldo da Silva, Paulo Rogério Bonini e Wilson Lavorenti, no parágrafo único o *conatus* seria possível (ob. cit., p. 385).

■ Coautoria ou participação: Poderá haver quando mais de um diretor de uma empresa declarada inidônea venha, em conjunto, a assinar a licitação ou contratação com o Poder Público. O *intraneus* que admitir a licitação ou celebrar contrato com a pessoa física ou jurídica declarada inidônea já estará incurso no *caput*.

Art. 98. Obstar, impedir ou dificultar, injustamente, a inscrição de qualquer interessado nos registros cadastrais ou promover indevidamente a alteração, suspensão ou cancelamento de registro do inscrito:

Pena — detenção, de 6 (seis) meses a 2 (dois) anos, e multa.

■ Transação: Cabe (art. 76 da Lei n. 9.099/95).

■ Suspensão condicional do processo: Cabe (art. 89 da Lei n. 9.099/95).

■ Objeto jurídico: A regularidade, o caráter competitivo e a segurança das licitações, especialmente de seus registros cadastrais. No entender de Vicente Greco Filho, "o bem jurídico tutelado é o interesse da Administração em que haja o maior número possível de concorrentes em licitações e, de maneira indireta ou consequente, o interesse de obter a melhor proposta no mercado" (ob. cit., p. 129).

■ Sujeito ativo: Só o funcionário público que tenha acesso aos registros cadastrais de interessados. É crime próprio. No mesmo sentido, Wolgran Junqueira Ferreira, para quem, nas duas partes do tipo, "a figura criminal tem como agente qualquer servidor que cuide do *registro cadastral* (art. 34)" (ob. cit., p. 298). É crime próprio.

■ Sujeito passivo: Primeiramente, o Estado, isto é, os seus órgãos de administração direta ou indireta (autarquias etc.) afetados. *Vide* nota *Abrangência e limitação* no art. 85. Em segundo lugar, o interessado (pessoa física ou jurídica) prejudicado.

■ Tipo objetivo: Duas são as condutas puníveis: na primeira (1), subdividida em três modalidades, o agente a) *obsta* (opõe-se, serve de obstáculo), b) *impede* (impossibilita) ou c) *dificulta* (torna difícil, põe dificuldade), *injustamente* (de forma iníqua, sem fundamento, infundada), a inscrição de qualquer interessado nos registros cadastrais; na segunda (2), tendo já ocorrido a inscrição, o agente, indevidamente (de forma não devida), *promove* (causa, gera) a alteração, suspensão ou cancelamento do registro do inscrito. Como anota Jessé Torres Pereira Junior, a disposição do tipo sobre a primeira conduta "é redundante, pois *obstar* significa *impedir*, devendo a distinção recair, possivelmente, entre a oposição deduzida pessoalmente pelo agente (obstar) e o simples ato material do impedimento" (ob. cit., p. 934). Na oportuna observação de José Geraldo da Silva, Paulo Rogério Bonini e Wilson Lavorenti, "os dois elementos normativos do tipo... os advérbios *injustamente* e *indevidamente*... funcionam como causas excludentes da tipicidade do fato, se presentes de forma positiva" (ob. cit.,

p. 386). Para a configuração do crime, não há "necessidade de demonstração de eventuais vantagens obtidas pelo sujeito ativo", como ressalta Adel El Tasse (ob. cit., p. 681).

- **Tipo subjetivo:** É o dolo, ou seja, a vontade livre e consciente de obstar, impedir ou dificultar a inscrição, tendo o agente ciência da injustiça de sua conduta, ou, então, de promover alteração, suspensão ou cancelamento do registro, ciente de que sua ação é indevida. Para os tradicionais, é o dolo genérico. Não há forma culposa.

- **Consumação:** Consuma-se quando a inscrição do interessado é obstada, impedida ou dificultada pelo agente, ou, ainda, quando seu registro é alterado, suspenso ou cancelado. Na modalidade de dificultar, é crime formal.

- **Tentativa:** Nas modalidades de obstar, impedir ou dificultar não nos parece possível, pois ao tentar obstar ou impedir, o agente já terá dificultado, conduta esta que é unissubsistente, não podendo ser fracionada. Nas modalidades de alterar, suspender ou cancelar, poderá haver tentativa em tese, por serem elas plurissubsistentes.

- **Coautoria ou participação:** Se mais de um funcionário público com acesso aos registros estiver envolvido, pode haver.

- **Ação penal:** Pública incondicionada.

- **Pena:** Detenção, de seis meses a dois anos, e multa.

Art. 99. A pena de multa cominada nos arts. 89 a 98 desta Lei consiste no pagamento de quantia fixada na sentença e calculada em índices percentuais, cuja base corresponderá ao valor da vantagem efetivamente obtida ou potencialmente auferível pelo agente.

§ 1º Os índices a que se refere este artigo não poderão ser inferiores a 2% (dois por cento), nem superiores a 5% (cinco por cento) do valor do contrato licitado ou celebrado com dispensa ou inexigibilidade de licitação.

§ 2º O produto da arrecadação da multa reverterá, conforme o caso, à Fazenda Federal, Distrital, Estadual ou Municipal.

Caput

- **Valor da multa:** Dispõe este artigo que a pena de multa, aplicada cumuladamente com a privativa de liberdade nos crime da presente Lei, será fixada na sentença e calculada em índices percentuais, cuja base corresponderá ao valor da vantagem "efetivamente obtida" ou "potencialmente auferível" pelo agente. O primeiro parâmetro (vantagem efetivamente obtida) será de difícil, senão impossível, aplicação nos delitos considerados formais, que independem da ocorrência de resultado naturalístico. Já o segundo (vantagem potencialmente auferível), parece-nos constituir um tipo demasiadamente aberto e, portanto, inaplicável. Nesse sentido, Vicente Greco Filho adverte: "Em que pese a intenção do legislador de dar à pena de multa uma proporcionalidade em face da vantagem auferida, essa intenção, mal resolvida, levou à indefinição absoluta do valor da pena, o que viola, em nosso entender, o princípio da legalidade, sendo a eventual imposição inconstitucional" (ob. cit., p. 133). Com a mesma orientação, Paulo José da Costa Júnior (ob. cit., p. 74), José Geraldo da Silva, Paulo Rogério Bonini e Wilson Lavorenti (ob. cit., p. 387), e Jessé Torres Pereira Junior, este se referindo especificamente aos arts. 91, 93 e 94, em cujas figuras típicas "não se verifica a percepção da vantagem" (ob. cit., p. 937). De fato, buscou o legislador inovar e romper com o critério dos "dias-multa" do Código Penal, calculados com base no valor do "salário mínimo", o que, inclusive, é vedado pela Constituição da República (art. 7º, IV), sendo louvável. Ocorre que, como bem anotam os autores citados, há crimes que não têm relação, necessariamente, nem sequer com valores de determinada licitação ou contrato, como sucede no delito do art. 98.

§ 1º Percentuais
- **Valor:** O juiz deverá tomar, para o cálculo da pena de multa, os parâmetros de 2% a 5% do valor do contrato licitado ou celebrado com dispensa ou inexigibilidade de licitação. A adoção por índice superior ao mínimo deverá ser devidamente fundamentada.

§ 2º Produto da multa
- **Destinação:** Seu valor reverterá em benefício da Fazenda Nacional, Distrital, Estadual ou Municipal, conforme quem for vítima do crime. Interessante consignar, aqui, que o Legislador também inovou uma vez que, no Código Penal (art. 49), a pena da multa sempre é destinada ao Fundo Penitenciário Nacional.

Seção IV
DO PROCESSO E DO PROCEDIMENTO JUDICIAL

Art. 100. Os crimes definidos nesta Lei são de ação penal pública incondicionada, cabendo ao Ministério Público promovê-la.

Noção
- **Ação Penal:** Todos os crimes elencados nesta lei são de ação penal pública incondicionada, privativa do Ministério Público Federal, Distrital ou Estadual, conforme a competência do caso. Tal disposição está em consonância com o art. 129, I, da *Magna Carta* e com o art. 100, § 1º, primeira parte, do Código Penal.

Art. 101. Qualquer pessoa poderá provocar, para os efeitos desta Lei, a iniciativa do Ministério Público, fornecendo-lhe, por escrito, informações sobre o fato e sua autoria, bem como as circunstâncias em que se deu a ocorrência.

Parágrafo único. Quando a comunicação for verbal, mandará a autoridade reduzi-la a termo, assinado pelo apresentante e por duas testemunhas.

Notitia criminis (caput)

- **Notícia do crime:** Cuida este artigo da *notícia de crime* (*notitia criminis*) que qualquer pessoa, ainda que não seja vítima secundária de crimes previstos nesta Lei, poderá fazer para provocar a iniciativa do Ministério Público. Na verdade, o dispositivo não precisaria constar da lei, posto ser função do Ministério Público receber, de quem quer que seja, comunicação de que crimes possam ter sido praticados, adotando as medidas cabíveis. Tal notícia, comumente também chamada de representação, não se confunde com a representação nas ações penais públicas condicionadas, mesmo porque, na presente Lei, todas as ações são públicas incondicionadas (art. 100).

Parágrafo único

- Se a notícia (comunicação) for verbal, a autoridade que a receber (delegado ou o próprio promotor) a reduzirá a termo, colhendo a assinatura do noticiante e de duas testemunhas da comunicação.

- **Denúncia anônima:** Não previu este art. 101, *caput* e parágrafo único, a notícia de crime *anônima* (vulgarmente chamada de denúncia anônima). Ao assim proceder, o fez a presente lei, a nosso ver, com acerto e em consonância com o art.5º, inciso IV, da CR, que veda o anonimato, mesmo porque este impede que o noticiante seja eventualmente processado por denunciação caluniosa (CP, art. 339). De qualquer modo, é importante registrar que a denúncia anônima tem sido amplamente aceita pelos nossos Tribunais, inclusive pelo STF, *para dar início* a uma investigação, o que não se confunde com a adoção de medidas cautelares como a interceptação telefônica ou a busca e apreensão, que demandam *rígidos critérios,* como a existência de indícios concretos da prática de infração penal e de autoria, uma vez que atingem direitos individuais.

Art. 102. Quando em autos ou documentos de que conhecerem, os magistrados, os membros dos Tribunais ou Conselhos de Contas ou os titulares dos órgãos integrantes do sistema de controle interno de qualquer dos Poderes, verificarem a existência dos crimes definidos nesta Lei, remeterão ao Ministério Público as cópias e os documentos necessários ao oferecimento da denúncia.

Remessa ao Ministério Público

- **Encaminhamento de peças ao Ministério Público:** Enquanto os particulares (vítimas ou testemunhas) têm a faculdade de comunicar ou não fatos que possam constituir crimes de licitação às autoridades (art. 101), estas, aqui relacionadas, *têm o dever* de remeter ao Ministério Público as cópias e os documentos de que conhecerem para formação da sua *opinio delicti*. O art. 40 do CPP tem disposição semelhante.

Art. 103. Será admitida ação penal privada subsidiária da pública, se esta não for ajuizada no prazo legal, aplicando-se, no que couber, o disposto nos arts. 29 e 30 do Código de Processo Penal.

Ação privada subsidiária

■ **Noção:** De acordo com o art. 5º, LIX, da Constituição Federal, caso a ação penal pública não venha a ser intentada no prazo legal pelo Ministério Público, por inércia deste, será admitida a ação penal privada subsidiária, a ser movida pela vítima naquelas hipóteses em que ela for sujeito passivo, ainda que secundário do crime. Aplica-se, assim, subsidiariamente, além dos arts. 29 e 30 do CPP, aqui expressamente referidos, o art. 100, § 3º, do Código Penal, conforme o disposto no art. 108 da Lei em comento. Saliente-se que, consoante o referido art. 29 do CPP, na hipótese de ação penal privada subsidiária, cabe ao *Parquet* "aditar a queixa, repudiá-la e oferecer denúncia substitutiva, intervir em todos os termos do processo, fornecer elementos de prova, interpor recurso e, a todo tempo, no caso de negligência do querelante, retomar a ação como parte principal". Comentando o art. 5º, LIX, da CF, Wolgran Junqueira Ferreira estranha "o fato da inclusão deste dispositivo como garantia constitucional, por tratar-se de matéria processual" (ob. cit., p. 300). Discordando desse douto autor, entendemos que a Constituição cidadã de 1988, em boa hora, inseriu entre as garantias individuais não só esta, que dá à vítima o direito de processar criminalmente o agente caso o Ministério Público não venha a cumprir seu papel institucional, como também outras matérias processuais penais da mais alta relevância (presunção de inocência, devido processo legal, direito ao silêncio etc.), de forma que temos hoje um verdadeiro *processo penal constitucional*. Jessé Torres Pereira Junior vai mais além, admitindo que "em se tratando de crime definido na presente Lei (como, de certo, em qualquer crime cometido contra interesse ou patrimônio da Administração Pública), a inércia do Ministério Público na propositura da ação penal pública *autoriza* ao Estado, por sua Administração, o exercício da ação penal privada subsidiária, hipótese em que ele se equipara ao particular..." (ob. cit., p. 955). De fato, se o Estado é vítima, estarão os seus respectivos órgãos dotados de legitimidade para assim agir, como a Advocacia Geral da União, as Procuradorias dos Estados e dos municípios.

Art. 104. Recebida a denúncia e citado o réu, terá este o prazo de 10 (dez) dias para apresentação de defesa escrita, contado da data do seu interrogatório, podendo juntar documentos, arrolar as testemunhas que tiver, em número não superior a 5 (cinco), e indicar as demais provas que pretenda produzir.

Art. 105. Ouvidas as testemunhas da acusação e da defesa e praticadas as diligências instrutórias deferidas ou ordenadas pelo juiz, abrir-se-á, sucessivamente, o prazo de 5 (cinco) dias a cada parte para alegações finais.

Art. 106. Decorrido esse prazo, e conclusos os autos dentro de 24 (vinte e quatro) horas, terá o juiz 10 (dez) dias para proferir a sentença.

■ **Revogação tácita do rito dos arts. 104 a 106:** Antes da Reforma do Código de Processo Penal, imposta pela Lei n. 11.719/2008, os arts. 104 a

106 impunham pequenas mudanças ao antigo rito processual penal, e com lacunas ao não se referir às testemunhas de acusação, as quais, em face do princípio da isonomia (art. 5º, caput, da CF) e da paridade de armas dele decorrente, também não poderiam exceder ao número de cinco. Além disso, em consonância com o art. 102 desta lei, que admite a ação penal privada subsidiária da pública, a expressão "recebida a denúncia" do presente art. 103 deve ser entendida como "recebida a denúncia ou queixa...". Ocorre que, com as mudanças havidas no Código de Processo Penal no ano de 2008, o rito dos arts. 104 a 106 tornou-se inaplicável, não sendo justificável a sua manutenção. Em que pese a regra de que a lei especial prevalece sobre a geral, no caso presente, diante do princípio da isonomia previsto em nossa Constituição da República, não faz sentido aplicar rito similar ao do antigo CPP, se o próprio diploma processual penal foi reformado nesse sentido, revogando o antiquado procedimento e substituindo-o por um novo, mais avançado e garantista. A propósito, em comentário ao art. 394, § 4º, do CPP, com redação dada pela Lei n. 11.719/2008, Damásio de Jesus lembra que "as normas dos arts. 395 a 399 aplicam-se a *todos* os processos em primeiro grau de jurisdição, *salvo* o do Júri, independentemente do rito estabelecido (comum ou especial previstos no CPP *ou fora dele*). Assim, em *todos* os procedimentos penais deverá haver: 1º) oferecimento da denúncia ou queixa (art. 394); 2º) recebimento da denúncia ou queixa; 3º) citação do acusado para resposta escrita; 4º) apresentação da resposta escrita; 5º) absolvição sumária (art. 397); 6º) se não for o caso de absolvição sumária (art. 397), designa-se audiência de instrução e julgamento (art. 399)" (*Código Penal anotado*. 23. ed. São Paulo: Saraiva, p. 323). No mesmo sentido, Luiz Flávio Gomes, Rogério Sanches Cunha e Ronaldo Batista Pinto (*Comentários às reformas do Código de Processo Penal e da Lei de Trânsito*. São Paulo: Revista dos Tribunais, 2008, p. 336). Quanto ao interrogatório, anotam estes últimos autores: "Seguindo moderna tendência, o interrogatório do acusado é o último ato da instrução, o que realça seu caráter de meio de defesa" (ob. cit., p. 346).

Art. 107. Da sentença cabe apelação, interponível no prazo de 5 (cinco) dias.

Apelação

■ Recurso: Semelhantemente ao Código de Processo Penal, o prazo de cinco dias é apenas para que a parte (Ministério Público, Querelante, Assistente ou Defensor) interponha recurso de apelação. Recebido este pelo juiz, será aberto prazo de oito dias para oferecimento das razões de apelação (CPP, art. 600, *caput*), a não ser que o apelante, ao interpô-la, proteste por fazê-lo em 2ª instância (CPP, art. 600, § 4º).

Art. 108. No processamento e julgamento das infrações penais definidas nesta Lei, assim como nos recursos e nas execuções que lhes digam respeito, aplicar-se-ão, subsidiariamente, o Código de Processo Penal e a Lei de Execução Penal.

Aplicação
subsidiária

▪ **Noção:** Prevê este artigo, como costumam fazer as leis especiais, a aplicação *subsidiária* do Código de Processo Penal e da Lei de Execução Penal, ou seja, quando a presente Lei não disponha expressamente a respeito.

[...]

Capítulo VI
DAS DISPOSIÇÕES FINAIS E TRANSITÓRIAS

[...]

Art. 125. Esta Lei entra em vigor na data de sua publicação.

▪ **Alteração:** Artigo renumerado por força do disposto no art. 3º da Lei n. 8.883/94.

▪ **Publicação:** A Lei n. 8.666/93 foi publicada no D.O.U. de 22-6-1993, republicada em 6-7-1994 e retificada em 6-7-1994.

Art. 126. Revogam-se as disposições em contrário, especialmente os Decretos-Leis n. 2.300, de 21 de novembro de 1986, 2.348, de 24 de julho de 1987, 2.360, de 16 de setembro de 1987, a Lei n. 8.220, de 4 de setembro de 1991, e o art. 83 da Lei n. 5.194, de 24 de dezembro de 1966.

Brasília, 21 de junho de 1993; 172º da Independência e 105º da República.

ITAMAR FRANCO
Rubens Ricupero
Romildo Canhim

JUIZADOS ESPECIAIS CRIMINAIS

LEI N. 9.099, DE 26 DE SETEMBRO DE 1995

Dispõe sobre os Juizados Especiais Cíveis e Criminais e dá outras providências.

O Presidente da República:
Faço saber que o Congresso Nacional decreta e eu sanciono a seguinte Lei:

■ Nota introdutória: Em atendimento ao comando do art. 98, I, da Constituição Federal ("Art. 98. A União, no Distrito Federal e nos Territórios, e os Estados criarão: I — juizados especiais, providos por juízes togados, ou togados e leigos, competentes para a conciliação, o julgamento e a execução de causas cíveis de menor complexidade e infrações penais de menor potencial ofensivo, mediante os procedimentos oral e sumaríssimo, permitidos, nas hipóteses previstas em lei, a transação e o julgamento de recursos por turmas de juízes de primeiro grau"), foi aprovada, promulgada e publicada a Lei n. 9.099, de 26 de setembro de 1995, que dispõe sobre os Juizados Especiais Cíveis e Criminais e dá outras providências. No âmbito federal, em atendimento também ao disposto no art. 98, § 1º, da Magna Carta ("§ 1º Lei federal disporá sobre a criação de juizados especiais no âmbito da Justiça Federal"), entrou em vigor a Lei n. 10.259, de 12 de julho de 2001, que instituiu os chamados Juizados Especiais Cíveis e Criminais da Justiça Federal, aos quais se aplica, no que não conflitar com esta lei, o disposto na Lei n. 9.099, de 26 de setembro de 1995. No tocante ao sistema processual penal, foram profundas as alterações e inovações promovidas pela Lei n. 9.099/95 — e também pela Lei n. 10.259/2001 —, destacando-se os seguintes pontos mais importantes: 1º) com relação à autoridade policial, prevê-se a lavratura de termo circunstanciado, e não mais de boletim de ocorrência, com envio imediato ao Juizado Especial Criminal; 2º) o inquérito policial, nas infrações de menor potencial ofensivo, fica afastado, salvo eventual complexidade do caso e requisição do Ministério Público ou do juiz; 3º) mitigação do princípio da obrigatoriedade da ação penal pública, porquanto nas infrações consideradas de menor potencial ofensivo (art. 61), abre-se a possibilidade, na fase preliminar, de haver conciliação (composição civil ou transação penal) entre as partes, de forma a se evitar a instauração da ação penal (arts. 69 a 76); 4º) na hipótese de não haver a conciliação (composição civil ou transação penal) na fase preliminar, instala-se o processo sumaríssimo (arts. 77 a 83), em que são previstas regras inovadoras de procedimento, inclusive a realização de uma única audiência de instrução e julgamento (art. 78); 5º) criação da suspensão condicional do processo, também conhecida como *sursis* processual, destinada não apenas às infrações de menor potencial ofensivo, mas a todo crime cuja pena mínima não ultrapasse um ano (chamadas infrações de "médio potencial ofensivo"), desde que satisfeitas as demais condições legais, dentre as quais a reparação dos danos, quando houver, salvo impossibilidade de fazê-lo (art. 89, § 1º, I). As inovações trazidas pela Lei dos Juizados Especiais Criminais não terminam por aqui, havendo diversas outras novidades, como o processo de execução e a criação das chamadas Turmas Recursais compostas por juízes de primeiro grau. Enfim, o que se busca com a Lei dos Juizados Especiais Cíveis e Criminais é a solução rápida dos conflitos de menor gravidade, com a possibilidade de reparação da vítima, evitando, sempre que possível, a instauração de processo. De um lado, procura-se desafogar o sistema judiciário e penitenciário; de outro, diminuir as agruras e o sofrimento que uma ação penal causa a todos os envolvidos, em especial à vítima e seus familiares.

Capítulo I
DISPOSIÇÕES GERAIS

Art. 1º Os Juizados Especiais Cíveis e Criminais, órgãos da Justiça Ordinária, serão criados pela União, no Distrito Federal e nos Territórios, e pelos Estados, para conciliação, processo, julgamento e execução, nas causas de sua competência.

- **Legislação:** No âmbito da Justiça Federal, a Lei n. 12.259, de 12 de julho de 2001, instituiu os Juizados Especiais Cíveis e Criminais. No Estado de São Paulo, *vide* a Lei Complementar n. 851, de 9 de dezembro de 1998.

- **Juizados Especiais Cíveis e Criminais:** Em atenção ao comando do art. 98, I, da Constituição Federal de 1988, foi aprovada e promulgada a presente lei que determina a criação dos Juizados Especiais Cíveis e Criminais, órgãos da Justiça Ordinária. Excluídos, portanto, as causas de competência das chamadas justiças especializadas (infância e juventude, eleitoral, militar etc.) e da Justiça Federal. Este art. 1º prevê, ainda, que os Juizados serão criados pela União, no Distrito Federal e nos Territórios (que não mais existem), e pelos Estados. Sua finalidade é realizar a conciliação, o processo, o julgamento e a execução das causas de sua competência. A competência dos Juizados Especiais Cíveis encontra-se disciplinada no art. 3º. Já a competência dos Juizados Especiais Criminais vem prevista nos arts. 60 e 61, este último com alteração promovida pela Lei n. 11.313/2006.

- **Juizados Especiais Cíveis e Criminais Federais:** A Lei n. 10.259, de 12 de julho de 2001, instituiu os chamados Juizados Especiais Cíveis e Criminais da Justiça Federal, aos quais se aplica, no que não conflitar com esta lei, o disposto na Lei n. 9.099, de 26 de setembro de 1995. Trata-se de lei composta por apenas 27 artigos, o que se justifica pela aplicação subsidiária da Lei n. 9.099/95. No campo processual penal, é importante lembrar que a antiga redação do art. 2º, parágrafo único, da Lei n. 10.259/2001, considerava infrações de menor potencial ofensivo, "para os efeitos desta lei, os crimes a que a lei comine pena máxima não superior a dois anos, ou multa". Tal previsão legal, à época, causou desarmonia e confusão no sistema, uma vez que passaram a existir dois conceitos de infrações de menor potencial ofensivo, a saber: *1) conceito estadual:* as contravenções penais e os crimes a que a lei comine pena máxima não superior a um ano, excetuados os casos em que a lei preveja procedimento especial (antiga redação do art. 61 da Lei n. 9.099/95, hoje alterada pela Lei n. 11.313/2006); *2) conceito federal:* os crimes a que a lei comine pena máxima não superior a dois anos, ou multa, sem restrição ao tipo de procedimento. Ora, tendo em vista a manifesta desproporcionalidade entre os dois conceitos (por óbvio, o conceito federal era mais benéfico), a jurisprudência passou a aplicar (ou estender) o conceito federal de infrações de menor potencial ofensivo para todo e qualquer crime a que a lei comine pena máxima não superior a dois anos ou multa, seja da competência dos Juizados Especiais Federais, seja da competência dos Juizados Especiais Estaduais. Na esteira da jurisprudência, o legislador solucionou o problema, criando o *conceito único* de infração de menor potencial ofensivo, independentemente da competência para o seu processo e julgamento. Com efeito, seria um absurdo considerar um delito mais ou menos grave em razão da competência para o seu processo e julgamento. Trata-se da Lei n. 11.313, de 28 de junho de 2006, que conferiu nova redação ao art. 61 da Lei n. 9099/95, *verbis*: "Art. 61. Consideram-se infrações penais de menor potencial ofensivo, para os efeitos desta lei, as contravenções penais e os crimes a que a lei comine pena máxima não superior a 2 (dois) anos, cumulada ou não com multa".

Art. 2º O processo orientar-se-á pelos critérios da oralidade, simplicidade, informalidade, economia processual e celeridade, buscando, sempre que possível, a conciliação ou a transação.

- **Critérios:** Este art. 2º reflete claramente as regras ou critérios que devem nortear o processo de competência dos Juizados Especiais Cíveis e Criminais. São eles: a oralidade, a simplicidade, a informalidade, a economia processual e a celeridade. Deve-se ainda buscar, sempre que possível, a conciliação ou a transação.

- **Na esfera penal:** Nesse caso, a conciliação constitui gênero, do qual são espécies a composição civil e a transação penal. Ambas ocorrem na chamada "Fase Preliminar", prevista no Capítulo III (Dos Juizados Especiais Criminais), Seção II (Da Fase Preliminar), arts. 72 e seguintes da Lei n. 9.099/95, evitando a instauração da ação penal. Além dessas duas formas de conciliação, existe, ainda, a suspensão condicional do processo (art. 89 da Lei n. 9.099/95), que é uma forma de evitar a continuação do processo já instaurado, com denúncia recebida, buscando-se sempre que possível a reparação do dano causado à vítima como condição para futura extinção da punibilidadade.

[...]

Capítulo III
DOS JUIZADOS ESPECIAIS CRIMINAIS
DISPOSIÇÕES GERAIS

Art. 60. O Juizado Especial Criminal, provido por juízes togados ou togados e leigos, tem competência para a conciliação, o julgamento e a execução das infrações penais de menor potencial ofensivo, respeitadas as regras de conexão e continência.

- Alteração: A expressão "respeitadas as regras de conexão e continência" foi acrescentada pela Lei n. 11.313/2006.

- Conexão e continência: O processo e o julgamento de infrações penais distintas podem, por vezes, ser unificados, se houver conexão ou continência. É justamente para disciplinar essas questões que o CPP prevê regras a respeito (vide Título V — Da Competência, Capítulo V — Da Competência por Conexão ou Continência, arts. 76 e seguintes). A conexão e a continência constituem formas de fixação da competência do juízo, conforme o art. 69, V, do CPP. Verificada uma delas, determina-se a unidade de processo e de julgamento, salvo exceções previstas em lei (vide art. 79 do CPP).

- Competência por conexão: Conforme o art. 76 do CPP, a competência será determinada pela conexão: I — se, ocorrendo duas ou mais infrações, houverem sido praticadas, ao mesmo tempo, por várias pessoas reunidas, ou por várias pessoas em concurso, embora diverso o tempo e o lugar, ou por várias pessoas, umas contra as outras; II — se, no mesmo caso, houverem sido umas praticadas para facilitar ou ocultar as outras, ou para conseguir impunidade ou vantagem em relação a qualquer delas; III — quando a prova de uma infração ou de qualquer de suas circunstâncias elementares influir na prova de outra infração.

- Competência pela continência: Conforme o art. 77 do CPP, a competência será determinada pela continência quando: I — duas ou mais pessoas forem acusadas pela mesma infração; II — no caso de infração cometida nas condições previstas nos arts. 51, § 1º, 53, segunda parte, e 54 do Código Penal (com a Reforma Penal de 1984, arts. 70 — concurso formal, 73, segunda parte — erro de execução, e 74, última parte — resultado diverso do pretendido).

- Efeito prático: A regra deste art. 60 determina, na prática, que na hipótese de dois ou mais crimes ligados pela continência ou conexão a fixação da competência deverá observar as mesmas regras previstas no CPP (arts. 78 a 82). Merece destaque a regra do art. 78, segundo a qual, na determinação da competência por conexão ou continência, observar-se-á o seguinte: I — no concurso entre a competência do júri e a de outro órgão da jurisdição comum, prevalecerá a competência do júri; II — no concurso de jurisdições da mesma categoria: a) preponderará a do lugar da infração à qual for cominada a pena mais grave; b) prevalecerá a do lugar em que houver ocorrido o maior número de infrações, se as respectivas penas forem de igual gravidade; c) firmar-se-á a competência pela prevenção, nos outros casos; III — no concurso de jurisdições de diversas categorias, predominará a de maior graduação; IV — no concurso entre a jurisdição comum e a especial, prevalecerá esta.

- **Lei Maria da Penha:** A Lei n. 11.340, de 7 de agosto de 2006, em seu art. 41, é expressa ao prever que "Aos crimes praticados com violência doméstica e familiar contra a mulher, independentemente da pena prevista, não se aplica a Lei n. 9.099, de 26 de setembro de 1995". Após muita discussão na jurisprudência sobre a extensão desta regra — em especial sobre o disposto no art. 88 da Lei n. 9.099/95, que passou a exigir *representação* nas ações penais que envolvam crimes de lesão corporal simples ou de lesão corporal culposa —, o Tribunal Pleno do STF decidiu que a Lei n. 9.099/95 não incide por inteiro, de forma que o mencionado art. 88 é inaplicável às lesões corporais leves e às lesões corporais culposas praticadas no âmbito da violência doméstica, sendo a ação penal pública incondicionada (STF, ADIn 4.424, j. 9-2-2012 — *vide* jurisprudência abaixo sob o título *Lei Maria da Penha*).

Parágrafo único. Na reunião de processos, perante o juízo comum ou o tribunal do júri, decorrentes da aplicação das regras de conexão e continência, observar-se-ão os institutos da transação penal e da composição dos danos civis.

- **Alteração:** Parágrafo único incluído pela Lei n. 11.313/2006.

- **Em caso de concurso de crimes:** Verificada a reunião de processos em razão de conexão ou continência, devem ser observados os institutos da transação penal e da composição dos danos civis. Caso a reunião dos processos tenha ocorrido em virtude da conexão decorrente do concurso de crimes, nos termos do disposto no art. 76, I, do CPP, devem ser aplicadas as regras próprias de cada modalidade de concurso (crime continuado, concurso formal ou concurso material), a fim de se descobrir se o processo será ou não da competência dos Juizados Especiais Criminais. Explica-se: em caso de crime continuado, aplica-se a regra do art. 71 do CP, pela qual "aplica-se-lhe a pena de um só dos crimes, se idênticas, ou a mais grave, se diversas, aumentada, em qualquer caso, de um sexto a dois terços"; se no resultado dessa aplicação o máximo da pena ultrapassar dois anos (art. 61), a competência não será dos Juizados Especiais Criminais, mas da Justiça Ordinária Comum. Em caso de concurso formal, aplica-se a regra do art. 70 do CP, pela qual "aplica-se-lhe a mais grave das penas cabíveis ou, se iguais, somente uma delas, mas aumentada, em qualquer caso, de um sexto até metade". Da mesma forma, se no resultado dessa aplicação o máximo da pena encontrada ultrapassar dois anos (art. 61), a competência não será dos Juizados. Por fim, em caso de concurso material, deve-se somar o máximo das penas cominadas a cada delito (CP, art. 69), a fim de se verificar se a competência permanece sendo ou não dos Juizados; se no resultado da contagem o máximo ultrapassar dois anos, os Juizados Especiais Criminais não serão competentes para o processo e julgamento. A respeito, confira-se a jurisprudência abaixo.

Jurisprudência

■ **Lei Maria da Penha. Independe de representação:** "O Tribunal, por maioria e nos termos do voto do Relator, julgou procedente a ação direta para, dando interpretação conforme aos artigos 12, inciso I, e 16, ambos da Lei n. 11.340/2006, assentar a natureza incondicionada da ação penal em caso de crime de lesão, pouco importando a extensão desta, praticado contra a mulher no ambiente doméstico, contra o voto do Senhor Ministro Cezar Peluso (Presidente)" (STF, Pleno, ADIn 4.424, *m.v.*, j. 9-2-2012).

■ **Lei Maria da Penha. Não é infração de menor potencial:** "Conflito negativo de jurisdição. Violência baseada no gênero, praticada no ambiente doméstico, que não constitui infração de menor potencial ofensivo. Agressão ocorrida no âmbito familiar. Impossibilidade de aplicação da Lei 9.099/95. Conflito julgado procedente. Competência do Juízo Suscitado" (TJSP, Conflito de Jurisdição 0259235-31.2011.8.26.0000, da Comarca de Limeira, j. 13-2-2012).

■ **Em caso de concurso de crimes:** "Havendo concurso de infrações penais, que isoladamente sejam consideradas de menor potencial ofensivo, deixam de sê-lo, levando-se em consideração, em abstrato, a soma das penas ou o acréscimo, em virtude desse concurso. '*Habeas corpus*' deferido, para declarar a incompetência do Juizado especial criminal, e determinar que os autos sejam encaminhados à Justiça Estadual comum" (STF, 1ª T., HC 80.811, Rel. Min. Moreira Alves, j. 8-5-2001, *DJ* 22-3-2002, p. 00031).

Art. 61. Consideram-se infrações penais de menor potencial ofensivo, para os efeitos desta Lei, as contravenções penais e os crimes a que a lei comine pena máxima não superior a 2 (dois) anos, cumulada ou não com multa.

■ **Alteração:** Redação dada pela Lei n. 11.313/2006. Antes da referida alteração, este art. 61 dispunha o seguinte: "Art. 61. Consideram-se infrações penais de menor potencial ofensivo, para os efeitos desta lei, as contravenções penais e os crimes a que a lei comine pena máxima não superior a um ano, excetuados os casos em que a lei preveja procedimento especial". A alteração legislativa ocorreu porque a Lei n. 10.259, de 12 de julho de 2001, fixou a competência dos Juizados Especiais Criminais Federais, para os crimes cuja pena máxima não excedesse a dois anos, o que causou grande confusão no sistema, uma vez que se passou a ter dois critérios para fixação da competência dos Juizados, violando o princípio da proporcionalidade, dentre outros (a respeito, *vide* nota ao art. 1º sob o título "Juizados Especiais Cíveis e Criminais Federais").

■ **Ou multa:** A despeito de expressiva doutrina entender que todo crime punido com pena alternativa de multa seria, necessariamente, infração penal de menor potencial ofensivo, independentemente do montante da pena privativa de liberdade prevista, a jurisprudência tem decidido de forma contrária. Assim, julgou o STJ no HC 34.422 (6ª T., *empate*, Rel. p/ acórdão Min. Maria Thereza Rocha de Assis Moura, j. 22-5-2007) que, quando for cominada pena privativa de liberdade com o máximo superior a dois anos, *ou multa*, o crime não é de menor potencial ofensivo, sendo inaplicáveis os institutos da composição civil e da transação (arts. 72 e 76). Todavia, ainda que a pena privativa de liberdade mínima seja superior a um ano, admitiu ser possível a suspensão condicional do processo (art. 89), considerando, como mínima, a pena alternativa de multa.

- **Crime de porte de drogas para uso pessoal:** Tendo em vista que tal crime não é mais apenado com pena privativa de liberdade (art. 28 da Lei n. 11.343/2006), deve-se considerá-lo como infração de menor potencial ofensivo para efeito de aplicação da Lei n. 9.099/95. A respeito, *vide* jurisprudência abaixo.

Jurisprudência

- **Crime de porte de drogas para uso pessoal. Competência do Jecrim:** "I. Posse de droga para consumo pessoal: (art. 28 da L. 11.343/06 — nova lei de drogas): natureza jurídica de crime. 1. O art. 1º da LICP — que se limita a estabelecer um critério que permite distinguir quando se está diante de um crime ou de uma contravenção — não obsta a que lei ordinária superveniente adote outros critérios gerais de distinção, ou estabeleça para determinado crime — como o fez o art. 28 da L. 11.343/06 — pena diversa da privação ou restrição da liberdade, a qual constitui somente uma das opções constitucionais passíveis de adoção pela lei incriminadora (CF/88, art. 5º, XLVI e XLVII). 2. Não se pode, na interpretação da L. 11.343/06, partir de um pressuposto desapreço do legislador pelo 'rigor técnico', que o teria levado inadvertidamente a incluir as infrações relativas ao usuário de drogas em um capítulo denominado 'Dos Crimes e das Penas', só a ele referentes (L. 11.343/06, Título III, Capítulo III, arts. 27/30). 3. Ao uso da expressão 'reincidência', também não se pode emprestar um sentido 'popular', especialmente porque, em linha de princípio, somente disposição expressa em contrário na L. 11.343/06 afastaria a regra geral do C. Penal (C. Penal, art. 12). 4. Soma-se a tudo a previsão, como regra geral, ao processo de infrações atribuídas ao usuário de drogas, do rito estabelecido para os crimes de menor potencial ofensivo, possibilitando até mesmo a proposta de aplicação imediata da pena de que trata o art. 76 da L. 9.099/95 (art. 48, §§ 1º e 5º), bem como a disciplina da prescrição segundo as regras do art. 107 e seguintes do C. Penal (L. 11.343, art. 30). 6. Ocorrência, pois, de 'despenalização', entendida como exclusão, para o tipo, das penas privativas de liberdade. 7. Questão de ordem resolvida no sentido de que a L. 11.343/06 não implicou *abolitio criminis* (C. Penal, art. 107). II. Prescrição: consumação, à vista do art. 30 da L. 11.343/06, pelo decurso de mais de 2 anos dos fatos, sem qualquer causa interruptiva. III. Recurso extraordinário julgado prejudicado" (STF, 1ª T., RE 430.105 QO, Rel. Min. Sepúlveda Pertence, j. 13-2-2007).

Art. 62. O processo perante o Juizado Especial orientar-se-á pelos critérios da oralidade, informalidade, economia processual e celeridade, objetivando, sempre que possível, a reparação dos danos sofridos pela vítima e a aplicação de pena não privativa de liberdade.

- **Critérios orientadores:** Em acréscimo aos critérios gerais previstos no art. 2º, no caso dos Juizados Especiais Criminais, devem ser observados outros seis critérios, a saber: 1) oralidade; 2) informalidade; 3) economia processual; 4) celeridade; 5) buscar-se, sempre que possível, a reparação dos danos sofridos pela vítima; e 6) aplicação de pena não privativa de liberdade. A reparação dos danos sofridos pela vítima pode dar-se tanto na composição civil (art. 74) quanto na suspensão condicional do processo (art. 89). Embora não haja previsão acerca da reparação dos danos na transação penal, devendo a vítima valer-se da Justiça Cível, há exceção na Lei dos Crimes Ambientais — vide Lei n. 9.605/98, art. 27).

Seção I
DA COMPETÊNCIA E DOS ATOS PROCESSUAIS

Art. 63. A competência do Juizado será determinada pelo lugar em que foi praticada a infração penal.

- **Fixação da competência:** Ao contrário do que sucede no CPP, cujo Título V, art. 69, prevê sete critérios para fixação da competência ("Art. 69. Determinará a competência jurisdicional: I — o lugar da infração; II — o domicílio ou residência do réu; III — a natureza da infração; IV — a distribuição; V — a conexão ou continência; VI — a prevenção; VII — a prerrogativa de função"), a Lei n. 9.099/95 prevê expressamente que a competência do Juizado será determinada pelo lugar em que praticada a infração penal.

Art. 64. Os atos processuais serão públicos e poderão realizar-se em horário noturno e em qualquer dia da semana, conforme dispuserem as normas de organização judiciária.

- **Publicidade dos atos processuais:** A disposição sobre a publicidade dos atos processuais era desnecessária, uma vez que a CR/88, em seu art. 93, IX, prevê expressamente: "todos os julgamentos dos órgãos do Poder Judiciário serão públicos, e fundamentadas todas as decisões, sob pena de nulidade, podendo a lei limitar a presença, em determinados atos, às próprias partes e a seus advogados, ou somente a estes, em casos nos quais a preservação do direito à intimidade do interessado no sigilo não prejudique o interesse público à informação". O art. 5º, LX, da Carta Magna também assegura: "a lei só poderá restringir a publicidade dos atos processuais quando a defesa da intimidade ou o interesse social o exigirem".

■ **Regras especiais sobre os atos processuais:** Com a finalidade de atender os critérios previstos no art. 62, em especial a informalidade, a economia processual e a celeridade, este art. 64 dispõe que os atos poderão realizar-se em horário noturno e em qualquer dia da semana. Todavia, por se tratar de regra procedimental, será a Lei de Organização Judiciária de cada ente federativo que disciplinará a matéria

Art. 65. Os atos processuais serão válidos sempre que preencherem as finalidades para as quais foram realizados, atendidos os critérios indicados no art. 62 desta Lei.

§ 1º Não se pronunciará qualquer nulidade sem que tenha havido prejuízo.

■ **No CPP:** As nulidades encontram-se disciplinadas nos arts. 563 e seguintes do CPP. É válido anotar que o seu art. 563 traz regra semelhante: "Nenhum ato será declarado nulo, se da nulidade não resultar prejuízo para a acusação ou para a defesa".

■ **Nulidade:** Os atos processuais devem seguir as regras previstas na legislação processual penal, incluindo-se aí tanto o CPP, como leis especiais (que porventura disponham sobre matéria processual), bem como — e acima de tudo — a Constituição da República. Disso resulta que somente serão válidos aqueles atos praticados conforme as regras processuais. Como ensinam Ada Pellegrini Grinover, Antonio Magalhães Gomes Filho e Antonio Scarance Fernandes, para os atos "*que não atendem aos requisitos mínimos do modelo traçado pela lei, o legislador estabelece sanções, que variam segundo a maior ou menor intensidade do desvio do tipo legal*" (*As nulidades no processo penal*. 12. ed. São Paulo: Revista dos Tribunais, p. 19). No que tange à nulidade, continuam os autores, não basta que o ato seja praticado em desconformidade com o ordenamento, sendo preciso que uma decisão judicial assim o declare, bem como que sejam satisfeitos alguns pressupostos, quais sejam, o do prejuízo, o da causalidade, o do interesse e o da convalidação (ob. cit., p. 26-27). Pois bem, este art. 65, ao dispor que "Os atos processuais serão válidos sempre que preencherem as finalidades para as quais foram realizados" (*caput*), e ainda que "não se pronunciará qualquer nulidade sem que tenha havido prejuízo", está aplicando o princípio da instrumentalidade das formas processuais, que, novamente segundo os autores, "constitui seguramente a viga mestra do sistema das nulidades e decorre da ideia geral de que as formas processuais representam tão somente um instrumento para a correta aplicação do direito; sendo assim, a desobediência às formalidades estabelecidas pelo legislador só deve conduzir ao reconhecimento da invalidade do ato quando a própria finalidade pela qual a forma for instituída estiver comprometida pelo vício" (ob. cit., p. 27). Daí a famosa expressão *pás de nulitté sans grief*, ou seja, não há nulidade sem prejuízo. Por fim, este art. 65 exige ainda como requisito de validade do ato processual que tenha havido a observância dos critérios indicados no art. 62 desta lei, quais sejam, a oralidade, a informalidade, a economia processual e a celeridade. Observe-se, ainda, que as nulidades se distinguem entre as denominadas "relativas" e as "absolutas". Nestas, *o prejuízo é manifesto,* não necessitando ser demonstrado, uma vez que decorre da própria violação de garantias constitucionais, não estando sujeitas à preclusão e tampouco sendo passíveis de convalidação. O ato há de ser refeito. Também configuram nulidade absoluta alguns vícios assim considerados pelo próprio legislador, como a falta de citação (CPP, art. 564 c/c o art. 572).

§ 2º A prática de atos processuais em outras comarcas poderá ser solicitada por qualquer meio hábil de comunicação.

■ **Dispensa de carta precatória:** Enquanto o CPP prevê que a citação de réu residente em outra comarca deva ocorrer por meio de precatória (art. 353), o mesmo ocorrendo com relação à intimação de acusados, testemunhas e demais pessoas que devam tomar conhecimento de qualquer ato (art. 370; *vide* também art. 222), este art. 65, § 2º, buscando tornar mais célere o processo (*vide* art. 62), e ainda em atenção ao princípio da economia processual, prevê que a realização de atos processuais em outras comarcas poderá ser solicitada por qualquer meio hábil de comunicação, incluindo-se aí o *e-mail,* o *fax,* o telegrama, o *sedex* etc. A citação do acusado, todavia, somente pode ser pessoal (*vide* art. 66).

§ 3º Serão objeto de registro escrito exclusivamente os atos havidos por essenciais. Os atos realizados em audiência de instrução e julgamento poderão ser gravados em fita magnética ou equivalente.

■ **Registro dos atos processuais:** Em atenção aos critérios previstos no art. 62 desta lei, em especial da celeridade e da informalidade, este § 3º prevê que somente haverá o registro escrito dos atos essenciais, *podendo* os demais ser gravados em fita magnética ou equivalente. De acordo com esse parágrafo, caberá ao juiz, com discricionariedade, determinar, em decisão fundamentada (CR, art. 93, IX), quais os atos que são essenciais e, portanto, registrados por escrito, e quais os atos realizados na audiência que deverão ser gravados. A nosso ver, toda prova oral deverá ser gravada, sob pena de graves prejuízos à acusação e à defesa, e também à análise do caso pelas instâncias superiores, em recursos e ações próprias como a do *habeas corpus.*

■ **Degravação da fita magnética ou equivalente:** Embora seja prevista apenas na fase de apelação (em que as partes poderão requerê-la ao juiz — *vide* art. 82, § 3º), entendemos que, nos casos complexos, as partes podem igualmente requerer ao juiz que determine a degravação, a fim de possibilitar melhor análise da prova. Nesses casos, se o juiz deferir o pedido, é evidente que não haverá debates orais, os quais deverão ser convertidos em memoriais escritos, e a sentença prolatada posteriormente.

- No CPP: Com a reforma produzida pela Lei n. 11.719/2008, o CPP passou a admitir, sempre que possível, que o registro dos depoimentos do investigado, indiciado, ofendido e testemunhas seja feito pelos meios ou recursos de gravação magnética, estenotipia, digital ou técnica similar, inclusive audiovisual, "destinada a obter maior fidelidade das informações" (art. 405, § 1º). No caso de registro por meio audiovisual, prevê ainda o CPP que "será encaminhado às partes cópia do registro original, sem necessidade de transcrição" (§ 2º).

Art. 66. A citação será pessoal e far-se-á no próprio Juizado, sempre que possível, ou por mandado.

Parágrafo único. Não encontrado o acusado para ser citado, o juiz encaminhará as peças existentes ao juízo comum para adoção do procedimento previsto em lei.

- Citação: A citação é o ato de chamamento do acusado ao processo. É com a citação que se aperfeiçoa a sua formação, sendo fundamental para o exercício da ampla defesa e do contraditório. Há de se dar pleno conhecimento da imputação ao acusado (*direito à informação*) para que o processo possa se desenvolver em consonância com as regras do devido processo legal e seus corolários constitucionais (art. 5º, LIV, LV). No Juizado, a citação há que ser pessoal, não se admitindo a citação por edital. Daí a regra do parágrafo único, pela qual, se o acusado não for encontrado para ser citado, "o Juiz encaminhará as peças existentes ao Juízo comum para adoção do procedimento previsto em lei". Neste caso, a competência para o processo e o julgamento deixa de ser do Juizado e passa a ser do Juízo comum. No Juízo comum, quando não for encontrado o acusado, há a previsão da citação por edital, nos termos art. 366 do CPP (alterada pela Lei n. 9.271/96). De acordo com este, "se o acusado, citado por edital, não comparecer, nem constituir advogado, ficarão suspensos o processo e o curso do prazo prescricional, podendo o juiz determinar a produção antecipada das provas consideradas urgentes e, se for o caso, decretar prisão preventiva, nos termos do disposto no art. 312".

- Duas formas de citação: De preferência, a citação deve ser feita no próprio Juizado, no seu cartório (*vide* arts. 69 e seguintes). Caso tal não seja possível, o oficial de justiça deverá citar o acusado por mandado.

Art. 67. A intimação far-se-á por correspondência, com aviso de recebimento pessoal ou, tratando-se de pessoa jurídica ou firma individual, mediante entrega ao encarregado da recepção, que será obrigatoriamente identificado, ou, sendo necessário, por oficial de justiça, independentemente de mandado ou carta precatória, ou ainda por qualquer meio idôneo de comunicação.

Parágrafo único. Dos atos praticados em audiência considerar-se-ão desde logo cientes as partes, os interessados e defensores.

- **Intimação:** Este art. 67 prevê que a intimação deve ser feita: a) no caso de pessoa física, por correspondência, com aviso de recebimento pessoal; b) no caso de pessoa jurídica ou firma individual, mediante entrega ao encarregado da recepção (que deverá ser identificado). Note-se que, em caso de necessidade, a intimação deve ser feita por oficial de justiça, independentemente de mandado ou carta precatória. Todavia, em atenção aos critérios do art. 62 (oralidade, informalidade, economia processual e celeridade), o artigo em comento admite que a intimação ocorra "por qualquer meio de comunicação". Note-se, todavia, que, neste caso, o oficial de justiça ou o escrevente deverá certificar nos autos todas as informações acerca da intimação realizada, como a sua forma, data e horário, dando fé pública ao ato praticado, e conferindo *certeza* de que o destinatário da intimação de fato a recebeu. Quanto a telefonemas, *e-mails* ou fax, toda cautela há de ser exigida, uma vez que se pode falar com a pessoa errada do outro lado da linha telefônica, o *e-mail* pode não chegar à caixa de correspondência do destinatário e o fax pode ser ilegível.

- **Intimação em audiência:** Em atenção, ainda, aos critérios do art. 62, este parágrafo único permite o óbvio: que, dos atos praticados em audiência, considerar-se-ão desde logo cientes as partes, os interessados e os defensores. Na prática forense, tal já ocorre nos processos submetidos aos demais ritos processuais, como forma de conferir celeridade ao processo e atender à economia processual.

Art. 68. Do ato de intimação do autor do fato e do mandado de citação do acusado, constará a necessidade de seu comparecimento acompanhado de advogado, com a advertência de que, na sua falta, ser-lhe-á designado defensor público.

- **Advogado:** Tendo em vista que o advogado é indispensável à administração da justiça (CR, art. 133; Lei n. 8.906/94, art. 2º), do ato de intimação do autor do fato e do mandado de citação, deverá constar a necessidade de seu comparecimento acompanhado de advogado, com a advertência de que, se assim não o fizer, ser-lhe-á nomeado defensor público. É importante ressaltar que a indispensabilidade do advogado vale tanto para a ação penal já instaurada quanto para a audiência preliminar a que se refere o art. 72 desta lei.

Seção II
DA FASE PRELIMINAR

Art. 69. A autoridade policial que tomar conhecimento da ocorrência lavrará termo circunstanciado e o encaminhará imediatamente ao Juizado, com o autor do fato e a vítima, providenciando-se as requisições dos exames periciais necessários.

- **Termo circunstanciado:** Uma das novidades introduzidas pela Lei n. 9.099/95 foi justamente a regra prevista neste art. 69, segundo a qual, nas infrações consideradas de menor potencial ofensivo (*vide* art. 61), a autoridade policial que tomar conhecimento da ocorrência lavrará termo circunstanciado, e o encaminhará imediatamente ao Juizado, juntamente com o autor do fato e a vítima, providenciando-se as requisições dos exames periciais necessários. Note-se que, nesses casos, o delegado não deverá instaurar inquérito policial, o que sem dúvida torna mais célere a realização da audiência preliminar a que se refere o art. 72 desta lei.

- **Inquérito policial:** A instauração de inquérito policial, sem a observância deste art. 69 (que determina a elaboração do termo e envio ao Juizado), caracteriza manifesto constrangimento ilegal. A instauração de inquérito policial, nas infrações de menor potencial ofensivo, somente poderá ocorrer na hipótese de complexidade da investigação, não localização do autor ou da vítima, necessidade de oitiva de testemunhas ou colheita de outras provas, mas apenas depois do envio dos autos ao Juizado (nos termos deste art. 69), devendo haver requerimento do Ministério Público ao juiz nesse sentido (art. 77 c/c o art. 66). O que não se admite, como tem ocorrido muitas vezes na prática, é a instauração arbitrária do inquérito policial, sem a elaboração de termo circunstanciado e sem a observância do seu envio ao Juizado, como determina este art. 69.

- **Não cabimento de indiciamento:** Mesmo que venha a ser instaurado inquérito policial em razão da complexidade do caso, necessidade de oitiva de testemunhas ou colheita de outras provas, após enviado o termo circunstanciado ao Juízo, é ilegal haver indiciamento em infração de menor potencial ofensivo. Com efeito, como bem observa o Delegado de Polícia Federal Mauro de Ávila Martins Filho, se é possível haver transação penal, a qual não poderá constar de nenhuma certidão para que não configure "antecedentes criminais", como expressamente determina o art. 77, § 6º, desta lei ("A imposição da sanção de que trata o § 4º deste artigo não constará de certidão de antecedentes criminais, salvo para os fins previstos no mesmo dispositivo"), "em caso de indiciamento, inexiste previsão legal expressa que permita a retirada desta pecha dos respectivos registros pessoais. Ainda que o inquérito seja arquivado ou mesmo seja o indiciado denunciado, processado e absolvido mediante plena consagração da tese de inocência, permanecerá o registro, p.ex., para fins de apuração de antecedentes. Se é assim, não se pode admitir que o suposto autor de infração de menor potencial ofensivo seja indiciado, pelo menos até que fique afastada a possibilidade da transação penal" ("O instituto do indiciamento e as infrações de menor potencial ofensivo". *Jus Navigandi*, Teresina, ano 12, n. 1330, 21-2-2007; *no mesmo sentido* Fabio Lobosco, "A incoerência do indiciamento no em crime de menor potencial ofensivo". *Migalhas*, disponível em: <http://www.migalhas.com.br/ dePeso/16,MI 161126,41046-A+incoerencia+juridica+do+indiciamento+em+crime+de+ menor>). A única reparação que fazemos a esse posicionamento do primeiro autor é a de que, mesmo na hipótese de não oferecimento ou aceitação de transação, uma vez instaurada a ação penal, também não é possível haver o indiciamento, consoante pacificado pela jurisprudência (STJ,

5ª T., HC 179.951, Rel. Min. Gilson Dipp, j. 10-5-2011; 5ª T., HC 145.935, Rel. Min. Arnaldo Esteves Lima, j. 18-5-2010, *Dje* 7-6-2010; 5ª T., RHC 21.657, Rel. Min. Napoleão Nunes Maia Filho, j. 4-2-2010, *Dje* 15-3-2010; 5ª T., HC 107.361, Rel. Min. Felix Fischer, j. 16-9-2008, *Dje* 3-11-2008; TJSP, 16ª Câm., HC 0150389- 80.2012.8.26.0000 de Poá, Rel. Des. Otávio de Almeida Toledo, j. 18-9-2012; 5ª Câm., HC 0102657-06.2012.8.26.0000 de Sumaré, Rel. Des. Pinheiro Franco, j. 6-9-2012; 8ª Câm., HC 0139115-56.2011.8.26.0000 de Avaré, Rel. Des. Moreira da Silva, j. 1º-9-2011).

Parágrafo único. Ao autor do fato que, após a lavratura do termo, for imediatamente encaminhado ao juizado ou assumir o compromisso de a ele comparecer, não se imporá prisão em flagrante, nem se exigirá fiança. Em caso de violência doméstica, o juiz poderá determinar, como medida de cautela, seu afastamento do lar, domicílio ou local de convivência com a vítima.

▪ **Alteração**: A Lei n. 10.455/2002 deu nova redação ao parágrafo único, incluindo a segunda parte, que trata da violência doméstica.

▪ **Proibição de prisão em flagrante e de exigência de fiança**: Em atendimento aos critérios previstos no art. 62 da lei ora em comento, em especial de evitar o encarceramento do acusado (denominado pela Lei n. 9.099 como "autor do fato"), o legislador criou outra importante regra para as infrações de menor potencial ofensivo, qual seja, a proibição de se lavrar termo de prisão em flagrante delito ou de se exigir fiança, desde que, após a lavratura do termo circunstanciado a) o autor do fato seja imediatamente encaminhado ao Juizado (o que, na prática, não ocorre); ou b) assuma o compromisso de a ele comparecer. Em geral, após o encaminhamento à delegacia, o autor assina o termo circunstanciado e o compromisso de comparecer ao Juizado quando intimado.

Art. 70. Comparecendo o autor do fato e a vítima, e não sendo possível a realização imediata da audiência preliminar, será designada data próxima, da qual ambos sairão cientes.

▪ **No Juizado**: Como dito nos comentários ao art. 69 acima, embora a intenção do legislador tenha sido a de tornar bastante célere o procedimento, na prática é difícil, senão impossível, o envio imediato do termo circunstanciado e das partes ao Juizado. Todavia, caso tal ocorra, não sendo possível a realização imediata de audiência preliminar, deverá ser designada data próxima para tanto, saindo autor e vítima cientes, bem como seus advogados, se presentes.

Art. 71. Na falta do comparecimento de qualquer dos envolvidos, a Secretaria providenciará sua intimação e, se for o caso, a do responsável civil, na forma dos arts. 67 e 68 desta Lei.

- **Não comparecimento no Juizado:** Em caso de encaminhamento direto dos envolvidos ao Juizado, na falta de comparecimento de qualquer deles, deverá ser designada data próxima para a audiência preliminar, providenciando-se a intimação do autor, da vítima e dos seus advogados, na forma dos arts. 67 e 68.

- **Responsável civil:** Na hipótese de o responsável civil ser diverso do próprio autor (é o caso, por exemplo, do empregador em caso de acidente de trânsito provocado por motorista da empresa), ele deverá também ser intimado a comparecer à audiência preliminar (vide, a respeito, art. 72). O objetivo é evidente: tornar possível a solução da causa com eventual composição civil dos danos. Há casos, inclusive, de intimação da companhia seguradora, quando informado ao juízo a existência de seguro.

Art. 72. Na audiência preliminar, presente o representante do Ministério Público, o autor do fato e a vítima e, se possível, o responsável civil, acompanhados por seus advogados, o juiz esclarecerá sobre a possibilidade da composição dos danos e da aceitação da proposta de aplicação imediata de pena não privativa de liberdade.

- **Audiência preliminar (quem deverá comparecer):** Deverão estar presentes o representante do Ministério Público, o autor do fato e a vítima e, se possível, o responsável civil, caso este não seja o próprio autor, acompanhados por seus advogados. Nada impede que o Juízo determine o comparecimento de representante da seguradora, quando houver.

- **Composição civil dos danos e transação penal:** Na audiência preliminar, o juiz esclarecerá e tentará realizar, primeiramente, a composição dos danos, podendo contar com a ajuda dos conciliadores (vide art. 73). Caso a composição civil não se realize, passa-se à tentativa de transação penal (art. 76).

- **Composição civil no Juizado:** A composição civil, que é espécie do gênero conciliação, encontra-se disciplinada no art. 74. Nas infrações penais de menor potencial ofensivo, em se tratando de ação penal privada ou pública condicionada, o acordo homologado acarreta a renúncia ao direito de queixa ou representação, levando ao arquivamento do feito.

- **Transação penal:** Não sendo realizada a composição civil ou sendo esta infrutífera, permite-se, nas infrações de menor potencial ofensivo, a realização de transação penal (vide art. 76). Neste caso, a questão cível atinente aos danos deverá ser resolvida na esfera extrapenal.

Art. 73. A conciliação será conduzida pelo juiz ou por conciliador sob sua orientação.

Parágrafo único. Os conciliadores são auxiliares da Justiça, recrutados, na forma da lei local, preferencialmente entre bacharéis em Direito, excluídos os que exerçam funções na administração da Justiça Criminal.

■ **Conciliação:** É gênero, do qual são espécies a composição civil (art. 74) e a transação penal (art. 76). Em atenção aos critérios previstos no art. 62 (p. ex., informalidade), prevê o legislador que a conciliação pode ser conduzida pelo juiz ou por conciliador sob sua orientação. Ainda que realizada por conciliador, a homologação do acordo é de competência do juiz (vide art. 74).

■ **Quem são os conciliadores?** São auxiliares da Justiça, recrutados na forma da lei. Dá-se preferência aos bacharéis em Direito, com exceção dos que exercem funções na administração da Justiça Criminal.

Art. 74. A composição dos danos civis será reduzida a escrito e, homologada pelo juiz mediante sentença irrecorrível, terá eficácia de título a ser executado no juízo civil competente.

Parágrafo único. Tratando-se de ação penal de iniciativa privada ou de ação penal pública condicionada à representação, o acordo homologado acarreta a renúncia ao direito de queixa ou representação.

■ **Composição civil:** Como visto acima, a tentativa de composição dos danos civis — assim como a transação penal (art. 76) — nas infrações de menor potencial ofensivo (vide art. 61) deve realizar-se na audiência preliminar (art. 72). Feito o acordo civil entre autor (e o seu responsável civil, se forem diversos) e a vítima, a composição deverá ser reduzida a escrito. Uma vez homologada pelo juiz, mediante sentença irrecorrível, a composição terá eficácia de título a ser executada no juízo civil competente. Observe-se que, para efeitos penais, muitos juízes, na prática, têm aguardado o efetivo pagamento do valor referido na composição civil, a fim de homologar o acordo e gerar os efeitos penais respectivos (vide parágrafo único). Já se verifica, nos foros em geral, inclusive o pagamento pelo autor à vítima durante a audiência preliminar, seja em cheque, seja em dinheiro, o que facilita em muito o processo.

■ **Efeitos da composição civil:** Tendo sido homologado pelo juiz, o acordo civil acarreta a renúncia ao direito de queixa ou representação (art. 74, parágrafo único), o que implica a extinção da punibilidade e do arquivamento do feito. Embora não seja vedada sua realização na ação penal pública incondicionada, seus efeitos legais somente ocorrerão na ação penal privada e na ação penal pública condicionada à representação (vide art. 74, parágrafo único). Na ação penal pública incondicionada, a composição civil dos danos poderá dar ensejo à aplicação do arrependimento posterior, que é causa especial de diminuição de pena prevista no art. 16 do CP ("Art. 16. Nos crimes cometidos sem violência ou grave ameaça à pessoa, reparado o dano ou restituída a coisa, até o recebimento da denúncia ou da queixa, por ato voluntário do agente, a pena será reduzida de um a dois terços").

Art. 75. Não obtida a composição dos danos civis, será dada imediatamente ao ofendido a oportunidade de exercer o direito de representação verbal, que será reduzida a termo.

Parágrafo único. O não oferecimento da representação na audiência preliminar não implica decadência do direito, que poderá ser exercido no prazo previsto em lei.

- **Composição civil que não logrou êxito:** Nas ações penais públicas condicionadas à representação, na hipótese de não ser alcançada a composição dos danos civis, deve-se conferir ao ofendido a oportunidade de exercer o direito de representação verbal, que será reduzido a termo (escrito). Se o prazo decadencial de seis meses já estiver escoado sem representação, deverá ser decretada a extinção da punibilidade e determinado o arquivamento do feito. Se a representação for oferecida, não sendo caso de arquivamento, abre-se a possibilidade de o Ministério Público oferecer transação penal (vide art. 76). Já nas ações penais privadas, a não realização do acordo dos danos civis permite o oferecimento (ou a ratificação) de queixa-crime oral (vide art. 77); antes disso, todavia, conforme a jurisprudência, deve-se conferir ao querelante e ao Ministério Público a oportunidade do oferecimento de transação penal (vide nota ao art. 76 sob o título Nas ações penais privadas).
- **Prazo decadencial de seis meses:** Dispõe o parágrafo único deste art. 75 que o não oferecimento da representação na audiência preliminar não implica a decadência do direito de representação, que poderá ser exercido no prazo previsto em lei. A decadência constitui causa extintiva da punibilidade (CP, art. 107, IV). Conforme art. 103 do CP, salvo disposição expressa em contrário, o ofendido decai do direito de queixa ou de representação se não o exerce dentro do prazo de seis meses, contado do dia em que veio a saber quem é o autor do crime, ou, no caso do § 3º do art. 100 deste Código (isto é, nas chamadas ações penais privadas subsidiárias), do dia em que se esgota o prazo para oferecimento da denúncia. Note-se, portanto, que o termo a quo do prazo decadencial não é a realização da audiência preliminar em que tentada a composição dos danos civis (art. 75), mas, sim, o dia em que a vítima veio a saber quem é o autor do crime. Ou seja, em que pese a má redação do art. 75 ("Não obtida a composição dos danos civis, será dada imediatamente ao ofendido a oportunidade de exercer o direito de representação verbal, que será reduzida a termo"), tal possibilidade somente ocorrerá se o prazo decadencial já não tiver se escoado. Na prática, para não se perder o prazo da representação, a solução tem sido o oferecimento de representação pela vítima antes mesmo da realização da audiência preliminar, mediante petição.

Art. 76. Havendo representação ou tratando-se de crime de ação penal pública incondicionada, não sendo caso de arquivamento, o Ministério Público poderá propor a aplicação imediata de pena restritiva de direitos ou multas, a ser especificada na proposta.

§ 1º Nas hipóteses de ser a pena de multa a única aplicável, o juiz poderá reduzi-la até a metade.

§ 2º Não se admitirá a proposta se ficar comprovado:

I — ter sido o autor da infração condenado, pela prática de crime, à pena privativa de liberdade, por sentença definitiva;

II — ter sido o agente beneficiado anteriormente, no prazo de 5 (cinco) anos, pela aplicação de pena restritiva ou multa, nos termos deste artigo;

III — não indicarem os antecedentes, a conduta social e a personalidade do agente, bem como os motivos e as circunstâncias, ser necessária e suficiente a adoção da medida.

§ 3º Aceita a proposta pelo autor da infração e seu defensor, será submetida à apreciação do juiz.

§ 4º Acolhendo a proposta do Ministério Público aceita pelo autor da infração, o juiz aplicará a pena restritiva de direitos ou multa, que não importará em reincidência, sendo registrada apenas para impedir novamente o mesmo benefício no prazo de 5 (cinco) anos.

§ 5º Da sentença prevista no parágrafo anterior caberá a apelação referida no art. 82 desta Lei.

§ 6º A imposição da sanção de que trata o § 4º deste artigo não constará de certidão de antecedentes criminais, salvo para os fins previstos no mesmo dispositivo, e não terá efeitos civis, cabendo aos interessados propor ação cabível no juízo cível.

▪ Transação penal: Este art. 76 cuida da transação penal, que é espécie de conciliação voltada a resolver conflitos de menor potencial ofensivo (a respeito, *vide* art. 98, I, da CR/88). O legislador mitigou, aqui, o denominado princípio da obrigatoriedade ou compulsoriedade da promoção da ação penal, quando formada a *opinio delicti* pelo Ministério Público. Há, assim, aceitação de punição sem haver, nem sequer, o oferecimento de uma denúncia. É pena sem processo. Assim, somente tem aplicação nas infrações de menor potencial ofensivo (*vide* Conceito no art. 61). Pela leitura da lei, a transação penal somente teria cabimento nas ações penais públicas condicionadas (desde que haja representação) e nas ações penais públicas incondicionadas. Todavia, a jurisprudência corretamente estendeu a possibilidade de sua aplicação à ação penal privada (*vide* nota abaixo).

▪ Requisitos: São os seguintes: 1) deve se tratar de infração de menor potencial ofensivo (art. 61); 2) a composição civil (art. 74), aplicável nas ações penais privadas e nas ações penais públicas condicionadas, deve ter restado infrutífera; 3) nas ações penais públicas condicionadas, exige-se representação da vítima, a qual deve observar o prazo decadencial de seis meses —*vide* art. 103 do CP; 4) não pode ser oferecida se for caso de arquivamento (p. ex., manifesta falta de justa causa para futura ação penal); 5) o autor da infração não pode ter sido condenado, pela prática de crime, à pena privativa de liberdade, por sentença definitiva (art. 76, § 2º, I), respeitada, por analogia, a temporariedade de cinco anos (CP, art. 64, I; STF, HC 86.646-8, *RT* 853/804); 6) o autor não pode ter sido beneficiado anteriormente, no prazo de cinco anos, pela aplicação de outra transação penal, nos termos do § 2º, II, deste art. 76; 7) por fim, a transação não poderá ser proposta se não indicarem os antecedentes, a conduta social e a personalidade do agente, bem como os motivos e as circunstâncias, ser necessária e suficiente a adoção da medida (art. 76, § 2º, III).

- **Discricionariedade do Ministério Público ou direito público subjetivo:** A nosso ver, preenchidas as condições objetivas e subjetivas do art. 76, o Ministério Público tem o *dever* de oferecer a transação, por se tratar de *direito público subjetivo do autor do* fato. Caso não o faça nessa hipótese, entendemos que o juiz tem o poder/dever de oferecê-la. Os tribunais, contudo, têm entendido não se tratar de direito público do acusado, mas sim de ato discricionário do órgão do Ministério Público. Ainda neste caso, entendemos que o *Parquet* não pode deixar de justificar a razão do não oferecimento da transação, mesmo porque a sua discricionariedade é sempre *regrada*, sob pena de se transformar em *arbítrio*, mesmo porque as condições do inciso III do § 2º do art. 76 são extremamente subjetivas: "não indicarem os antecedentes, a conduta social e a personalidade do agente, bem como os motivos e as circunstâncias, ser necessária e suficiente a adoção da medida".

- **Homologação judicial:** A proposta formulada pelo Ministério Público (ou pelo querelante —*vide* nota abaixo sob o título *Na ação penal privada*) poderá ou não ser aceita pelo autor do fato e seu defensor. Se for aceita, será submetida à apreciação do juiz para homologação (art. 76, § 3º) e aplicação de pena restritiva de direitos ou multa, que não importará em reincidência, sendo registrada apenas para impedir novamente o mesmo benefício no prazo de cinco anos (art. 76, § 4º). Se não for aceita, estando presentes as condições e pressupostos da ação penal, o Ministério Público oferecerá denúncia ou o ofendido queixa-crime, que podem ser feitas oralmente (o que, na prática, raramente ocorre). Recebida a denúncia ou queixa, inicia-se o procedimento sumaríssimo (arts. 77 e s.). Note-se que, por se tratar de uma proposta — e não de uma imposição —, seus termos e condições podem ser objeto de discussão e acordo entre as partes, a fim de que seja possível ao autor cumprir a pena restritiva de direitos ou multas especificadas na proposta.

- **Apelação:** Ao contrário do que ocorre com a composição dos danos civis, que é irrecorrível (*vide* art. 74, *caput*), a sentença que aplica a transação penal é recorrível mediante apelação, nos termos do § 5º do art. 76 desta lei, embora a lei exija a aceitação da pena pelo autor do fato. A recorribilidade, entretanto, constitui importante garantia para o acusado, sobretudo porque aplicada pena restritiva de direitos ou multa, devendo existir a possibilidade do exercício do duplo grau de jurisdição, a fim de que o acusado não seja prejudicado por eventual erro do juízo de primeira instância ao aplicar a sanção que havia sido transacionada.

- **Efeitos da transação penal:** A aplicação da transação penal prevista no art. 76, § 4º, não constará de certidão de antecedentes criminais, salvo para impedir a aplicação do mesmo benefício (transação penal) no prazo de cinco anos. Expirado esse período, poderá a transação ser oferecida novamente, se for o caso. Ao contrário do que ocorre com a composição dos danos civis, que tem eficácia de título a ser executado no juízo civil competente, a transação penal não possui efeitos civis, cabendo aos interessados propor a ação cabível no juízo cível (art. 76, § 6º).

- **Na Lei Ambiental:** Nos crimes ambientais de menor potencial ofensivo (isto é, com pena máxima não superior a dois anos —vide art. 61), a transação penal de que trata este art. 76 somente poderá ser formulada se tiver havido prévia composição do dano ambiental, nos termos do art. 74 da mesma lei, salvo impossibilidade comprovada de fazê-lo (art. 27 da Lei n. 9.605/98).

- **Descumprimento da transação penal:** Na prática, alguns juízes, com receio de a transação não ser cumprida pelo autor do fato, têm aguardado para homologar acordos, fazendo-o somente após o pagamento da multa ou o fornecimento de cestas básicas para entidades filantrópicas. Na hipótese de o acordo homologado não ser adimplido, poderá ser oferecida denúncia ou queixa, como decidido pelo *Pleno* do STF (*vide* jurisprudência abaixo).

Jurisprudência

- **Transação na ação penal privada:** Pela redação do art. 76 da Lei n. 9.099/95, a transação penal somente seria admitida nas ações penais públicas incondicionadas ou condicionadas. Todavia, a jurisprudência pacificou-se no sentido de que a transação cabe igualmente nas ações penais privadas (STJ, HC 34.085, j. 8-6-2004, *DJU* 2-8-2004, p. 457, *RBCCr* 51/399; HC 13.337, *DJU* 13-8-2001, p.181; RHC 8.480, *DJU* 22-11-1999, p. 164).

- **Quanto ao oferecimento da transação nas ações penais privadas, há duas posições:** a) deve ser oferecida pelo querelante (TACrSP, *RT* 788/622), sendo prescindível a concordância do Ministério Público (TACrSP, RSE 1040789, *m.v.*, j. 6-3-1997, *apud* Caetano Lagrasta Neto e outros, *A Lei dos Juizados Especiais Criminais na jurisprudência*. Oliveira Mendes, 1999, p. 110-111); b) pode ser oferecida pelo Ministério Público, desde que não haja oposição do querelante (STJ, 6ª T., RHC 8.123, *DJU* 21-6-99, p. 202; TACrSP, RSE 1.040.789, *m.v.*, j. 6-3-1997, *apud* ob. e loc. cits.).

- **Transação penal (não oferecimento pelo Ministério Público):** A respeito, a jurisprudência tem decidido que o juiz não pode oferecê-la de ofício, devendo recorrer ao Procurador-Geral de Justiça, nos termos do art. 28 do CPP (STJ, 5ª T., REsp 261.570, *DJU* 18-6-2001, p. 166; REsp 187.824, *DJU* 17-5-1999, p. 228; TACrSP, *RT* 738/628).

Saliente-se que, tratando do instituto da *suspensão condicional do processo*, o STJ, em importante decisão, entendeu que, se o Promotor de Justiça não oferecer o benefício e o Procurador Geral de Justiça, nos termos do art. 28 do CPP, com ele concordar, o Poder Judiciário poderá exercer o controle de legalidade da negativa, aplicando o instituto (STJ, 5ª T., HC 197.809, Rel. Min. Jorge Mussi, j. 4-10-2011, *Dje* 19-10-2011).

- **Transação penal (generalidades):** Em caso de não cumprimento de transação homologada, os tribunais têm decidido: a) não cabe oferecimento de denúncia (TACrSP, REsp 1.088.255/0, j. 3-3-1998; Ap. 1.110.161-1, j.

17-9-1998), devendo a multa ser cobrada nos moldes do art. 51 do CP (STJ, REsp 222.061, *DJU* 20-8-2001, p. 512; HC 11.110, *RT* 781/551; HC 11.111, *DJU* 18-12-2000, p. 219); b) cabe o oferecimento de denúncia, retornando o procedimento ao *status quo ante* (STF, *RT* 854/534; TJGO, *RT* 845/612; TACrSP, Ap. 1.086.643-7, j. 12-3-98; HC 317.624-1, j. 19-2-1998; Ap. 1.069.079-7, j. 8.1.1998), não ferindo os preceitos constitucionais a propositura de ação penal (STF, Pleno, RE 602.072 QO-RG, Rel. Min. Cezar Peluso, j. 19-11-2009, *Dje* 25-2-2010); c) o descumprimento da pena restritiva de direitos não admite a conversão em privativa de liberdade, em atenção aos princípios do devido processo legal, do contraditório e da ampla defesa (STF, HC 80.164-1, *DJU* 7-12-2000, p. 7; RE 268.320, *DJU* 10-11-2000, p. 105; RE 268.319, *DJU* 27-10-2000, p. 87; HC 80.802; TJCE, *RT* 781/627; contra: STJ, HC 14.666, *DJU* 2-4-2001, p. 341).

O ofendido, ainda que habilitado como Assistente da Acusação, não pode intervir ou se opor à transação (TACrSP, *RT* 738/639, Rel. Lopes de Oliveira). Há necessidade de dupla aceitação da proposta, pelo acusado e seu patrono (TACrSP, Ap. 1.102.607-8, j. 18-8-1998).

Seção III
DO PROCEDIMENTO SUMARÍSSIMO

Art. 77. Na ação penal de iniciativa pública, quando não houver aplicação de pena, pela ausência do autor do fato, ou pela não ocorrência da hipótese prevista no art. 76 desta Lei, o Ministério Público oferecerá ao juiz, de imediato, denúncia oral, se não houver necessidade de diligências imprescindíveis.

- Espécies de procedimentos: Conforme art. 394 do CPP, o procedimento será comum ou especial. O procedimento comum será ordinário, sumário ou sumaríssimo (§ 1º). *Ordinário* "quando tiver por objeto crime cuja sanção máxima cominada for igual ou superior a 4 (quatro) anos de pena privativa de liberdade" (§ 1º, I); *sumário* "quando tiver por objeto crime cuja sanção máxima cominada seja inferior a 4 (quatro) anos de pena privativa de liberdade" (§ 1º, II); por fim, será *sumaríssimo* o procedimento para as infrações penais de menor potencial ofensivo, na forma da lei (§ 1º, III). Sobre o conceito de infrações de menor potencial ofensivo, *vide* comentários ao art. 61 desta lei.

- Aplicação subsidiária das regras do procedimento ordinário: Conforme expressa previsão do art. 92 desta lei, bem como do art. 394, § 5º, do CPP, aplicam-se subsidiariamente ao procedimento sumariíssimo as disposições do procedimento ordinário previstas no CPP (*vide* arts. 395 e seguintes).

- Denúncia ou queixa: Nas ações penais públicas incondicionadas, uma vez fracassada a tentativa de transação penal (art. 76 da Lei n. 9.099/95), seja pela ausência do autor do fato, seja pela não ocorrência de uma das hipóteses previstas no referido art. 76 (p. ex., o Promotor entende não estarem presentes os requisitos legais), "o Ministério Público oferecerá ao juiz, de imediato, denúncia oral, se não houver necessidade de diligências imprescindíveis". Idêntico procedimento deverá tomar o Ministério Público no caso das ações penais públicas condicionadas, desde fracassada a tentativa de composição civil (art. 75) e oferecida a representação. Nas ações penais privadas, não ocorrendo composição civil nem transação penal, caberá o oferecimento de queixa-crime pelo querelante. Para que a denúncia ou queixa seja oferecida, por óbvio, devem estar presentes os pressupostos e requisitos da inicial (CPP, arts. 41 e 395), sob pena de constrangimento ilegal sanável por *habeas corpus*. Na prática, nada impede que a denúncia ou queixa seja oferecida por escrito, o que, aliás, é o mais comum.

- **Diligências imprescindíveis:** Conforme dispõe este art. 77, o Ministério Público deixará de oferecer denúncia oral, ou escrita, de imediato, se houver necessidade de diligências imprescindíveis. Neste ponto, vale uma crítica: tem sido comum no Foro o Ministério Público oferecer transação penal (art. 76), ainda que não exista nos autos embasamento suficiente para o oferecimento de uma denúncia nos moldes dos arts. 41 e 395 do CPP, deixando para requerer diligências (p. ex., retorno dos autos à delegacia para colheita de provas) somente no caso do acusado não aceitar o benefício. Ora, tal prática está em desacordo com o previsto em lei, porquanto a transação somente pode ser oferecida ao acusado quando já estiverem presentes os pressupostos e requisitos para o oferecimento de uma denúncia. Aliás, daí a razão de ser deste art. 77, que determina, em caso de não aplicação da transação, o oferecimento *imediato* de denúncia, a qual deve basear-se no termo circunstanciado referido no art. 69 desta lei, com dispensa de inquérito policial (*vide* art. 77, § 1º). O que este art. 77 prevê são "diligências imprescindíveis" ao oferecimento da denúncia. Como visto, porém, tais elementos já deveriam estar presentes quando do oferecimento da transação. Tal situação tem levado, muitas vezes, à banalização da transação penal, com o seu oferecimento indevido, a qual muitas vezes acaba sendo aceita pelo acusado e seu defensor em ações penais inviáveis, o que caracteriza uma injustiça, um "blefe", e foge ao objetivo da lei.

§ 1º Para o oferecimento da denúncia, que será elaborada com base no termo de ocorrência referido no art. 69 desta Lei, com dispensa do inquérito policial, prescindir-se-á do exame do corpo de delito quando a materialidade do crime estiver aferida por boletim médico ou prova equivalente.

- **Denúncia:** Deverá ser elaborada com base no termo circunstanciado referido pelo art. 69 desta lei. Todavia, nada impede que o Ministério Público embase a denúncia em outros elementos de prova ou mesmo em "peças de informação", desde que constantes dos autos (como documentos, p. ex.).

- **Inquérito policial:** É dispensável ao oferecimento de denúncia que poderá basear-se tão somente no termo circunstanciado. Aliás, o referido art.

69 determina tão somente a elaboração do termo circunstanciado, com envio deste ao Juizado.

- **Prova da materialidade:** Ao contrário do que ocorre nas regras gerais do CPP, em que o exame de corpo de delito é indispensável nas infrações que deixarem vestígios (art. 158), no procedimento sumaríssimo da Lei n. 9.099/95 ele é dispensável ao oferecimento de denúncia, "desde que a materialidade estiver aferida por boletim médico ou prova equivalente" (art. 77, *caput*).

§ 2º Se a complexidade ou circunstâncias do caso não permitirem a formulação da denúncia, o Ministério Público poderá requerer ao juiz o encaminhamento das peças existentes, na forma do parágrafo único do art. 66 desta Lei.

- **Inquérito policial:** Via de regra, nas infrações de menor potencial ofensivo, o inquérito policial é incabível (art. 69 desta lei), sendo também dispensável ao oferecimento de denúncia (art. 77, § 1º). Todavia, na hipótese de complexidade ou se as circunstâncias do caso não permitirem a formulação de denúncia imediata, o Ministério Público poderá requerer ao juiz o encaminhamento das peças existentes, na forma do parágrafo único do art. 66 desta lei. Tal significa a adoção do procedimento comum, que poderá ser sumário ou ordinário (CPP, art. 394, § 1º, I e II), podendo haver, inclusive, a instauração de inquérito policial, mas jamais indiciamento em infração de menor potencial ofensivo (*vide* nossos comentários no art. 69).
- **Dever de motivação:** Partindo-se da garantia constitucional do dever de motivação das decisões judiciais (CR, art. 93, IX), a decisão que determina o encaminhamento dos autos na forma do art. 66 desta lei (isto é, ao Juízo comum) deve ser fundamentada, sob pena de nulidade.

§ 3º Na ação penal de iniciativa do ofendido poderá ser oferecida queixa oral, cabendo ao juiz verificar se a complexidade e as circunstâncias do caso determinam a adoção das providências previstas no parágrafo único do art. 66 desta Lei.

- **Queixa-crime:** Nas ações penais de iniciativa do ofendido (ações penais privadas), desde que não tenha restado frutífera a composição civil (art. 74) ou mesmo a transação penal (art. 76), o ofendido poderá oferecer queixa oral. Na prática, todavia, nada impede a apresentação de queixa-crime escrita, inclusive com juntada de documentos, se necessário.
- **Procedimento comum:** A exemplo do que ocorre na ação penal pública, na ação penal privada, se a complexidade e as circunstâncias do caso recomendarem, poderá o juiz determinar a adoção das providências previstas no parágrafo único do art. 66 desta lei, isto é, a adoção do procedimento comum (ordinário ou sumário), nos termos do que dispõe o art.

394, § 1º, I e II, do CPP. Na prática, poderá haver, inclusive, a instauração de inquérito policial, desde que haja requerimento da vítima ou de quem tenha qualidade para representá-la (CPP, art. 5º, § 5º), se este for indispensável diante da complexidade dos fatos ou da necessidade de se constatar a materialidade e a autoria do delito. A decisão deverá ser fundamentada (CR, art. 93, IX).

Jurisprudência
• Juízo comum: "[...] Mesmo tratando-se de infrações penais de menor potencial ofensivo, nem sempre justificar-se-á o reconhecimento da competência dos órgãos vinculados ao sistema de Juizados Especiais Criminais, admitindo-se a possibilidade de instauração, perante o Juízo comum, do processo e julgamento desses ilícitos penais, desde que o Ministério Público assim o requeira, fundado na circunstância de a complexidade do fato delituoso impedir a formulação imediata da denúncia (Lei n. 9.099/95, art. 77, § 2º)" (STF, 2ª T., HC 79.865, Rel. Min. Celso de Mello, j. 14-3-2000).

Art. 78. Oferecida a denúncia ou queixa, será reduzida a termo, entregando-se cópia ao acusado, que com ela ficará citado e imediatamente cientificado da designação de dia e hora para a audiência de instrução e julgamento, da qual também tomarão ciência o Ministério Público, o ofendido, o responsável civil e seus advogados.

• Denúncia oral e citação: Ultrapassada sem êxito a fase preliminar, ainda na mesma audiência, a denúncia ou queixa deverá ser oferecida oralmente, hipótese em que será reduzida a termo. Nesse caso, em atenção aos critérios do art. 62 (oralidade, informalidade, economia processual e celeridade), ainda nessa a ocasião será entregue ao acusado cópia do termo da denúncia ou queixa, ficando este desde já citado e cientificado da designação de dia e hora para a audiência de instrução e julgamento.

• Ciência das partes, do responsável civil, do Ministério Público e dos advogados: Também na audiência preliminar, após a citação do acusado, tomarão ciência da audiência de instrução e julgamento o Ministério Público o ofendido, o responsável civil (se este não for o próprio acusado) e seus advogados. Caso não seja possível a ciência na referida ocasião, deverão ser intimados para a audiência de instrução e julgamento, na forma dos arts. 66 a 68 desta lei.

§ 1º Se o acusado não estiver presente, será citado na forma dos arts. 66 e 68 desta Lei e cientificado da data da audiência de instrução e julgamento, devendo a ela trazer suas testemunhas ou apresentar requerimento para intimação, no mínimo 5 (cinco) dias antes de sua realização.

• Acusado que não estiver presente na audiência preliminar: Deverá ser citado e cientificado da audiência de instrução e julgamento, por mandado na forma do art. 66, *caput*.

- Acusado que estiver em lugar incerto e não sabido: Neste caso, o juiz encaminhará as peças existentes ao Juízo comum para adoção do procedimento previsto em lei (art. 66, parágrafo único, c/c o CPP, arts. 394 e seguintes).

- Testemunhas: No procedimento sumaríssimo, em atenção aos critérios do art. 62 desta lei, o acusado deverá trazer suas testemunhas na audiência de instrução e julgamento ou, então, requerer ao juiz que as intime, no mínimo cinco dias antes da sua realização. A intimação ocorrerá nos termos do art. 67.

§ 2º Não estando presentes o ofendido e o responsável civil, serão intimados nos termos do art. 67 desta Lei para comparecerem à audiência de instrução e julgamento.

- Ofendido e responsável civil: Se não puderem ser intimados na audiência preliminar (esta é a regra), na qual houve o recebimento da denúncia ou queixa, o ofendido e o responsável civil serão intimados a comparecer à audiência de instrução e julgamento, nos termos do 67 desta lei ("A intimação far-se-á por correspondência, com aviso de recebimento pessoal ou, tratando-se de pessoa jurídica ou firma individual, mediante entrega ao encarregado da recepção, que será obrigatoriamente identificado, ou, sendo necessário, por oficial de justiça, independentemente de mandado ou carta precatória, ou ainda por qualquer meio idôneo de comunicação").

§ 3º As testemunhas arroladas serão intimadas na forma prevista no art. 67 desta Lei.

- Testemunhas: Se o acusado (ou seu defensor) optar por não trazer as testemunhas diretamente à audiência, mas apresentar requerimento para sua intimação (vide art. 78, § 1º), tal se dará na forma prevista no art. 67 desta lei, isto é, a intimação deverá ocorrer por correspondência, com aviso de recebimento pessoal; no caso de pessoa jurídica ou firma individual, mediante entrega ao encarregado da recepção, que será obrigatoriamente identificado, ou, sendo necessário, por oficial de justiça, independentemente de mandado ou carta precatória, ou ainda por qualquer meio idôneo de comunicação.

Art. 79. No dia e hora designados para a audiência de instrução e julgamento, se na fase preliminar não tiver havido possibilidade de tentativa de conciliação e de oferecimento de proposta pelo Ministério Público, proceder-se-á nos termos dos arts. 72, 73, 74 e 75 desta Lei.

- Tentativa de conciliação e de oferecimento de proposta de transação na audiência de instrução e julgamento: Como visto nos comentários acima, o momento correto para a tentativa de conciliação (gênero do qual são espécies a composição civil e a transação penal) é a fase preliminar, prevista na Seção II — Da Fase Preliminar, do Capítulo III — Dos Juizados Especiais Criminais, arts. 69 a 76 desta lei. Não obstante, este art. 79, buscando preservar o acusado e garantir-lhe os benefícios legais, dispõe que na hipótese de não ter havido a possibilidade de tentativa de conciliação e de oferecimento de proposta pelo Ministério Público (transação penal) na audiência preliminar, tais benefícios poderão ser oferecidos no início da audiência de instrução e julgamento. Registre-se que não se trata de uma nova tentativa (de composição civil ou transação penal), mas da primeira tentativa, em virtude de não ter havido nenhuma antes. A não aceitação ou o não oferecimento dos benefícios por ocasião da audiência preliminar (primeira tentativa) torna a matéria preclusa, impossibilitando nova tentativa, salvo se motivo de força maior ou de extrema relevância levar à conclusão de que a primeira tentativa não foi válida, como é o caso de eventual ausência de advogado na audiência preliminar. Tal não impede, por evidente, na queixa-crime (ação penal privada), o perdão do ofendido ou a perempção, causas extintivas da punibilidade (CP, arts. 106 e 107, IV e V).

Art. 80. Nenhum ato será adiado, determinando o juiz, quando imprescindível, a condução coercitiva de quem deva comparecer.

■ **Não comparecimento de testemunha:** Em atenção aos critérios da celeridade e economia processual (art. 62), este art. 80 prevê que nenhum ato será adiado. É evidente que a norma não será aplicada de forma absoluta, sobretudo se o adiamento for inevitável, como ocorre na hipótese de a pessoa intimada estar impossibilitada por motivo de doença, ou de a intimação não ter sido exitosa. A condução coercitiva é medida extrema, e somente deverá ser aplicada na hipótese de testemunha recalcitrante, isto é, que tiver sido pessoalmente intimada, mas ignorado o chamado judicial de comparecimento sem justificativa.

Art. 81. Aberta a audiência, será dada a palavra ao defensor para responder à acusação, após o que o juiz receberá, ou não, a denúncia ou queixa; havendo recebimento, serão ouvidas a vítima e as testemunhas de acusação e defesa, interrogando-se a seguir o acusado, se presente, passando-se imediatamente aos debates orais e à prolação da sentença.

■ **Rito:** No procedimento sumaríssimo do Juizado Especial Criminal, superada, sem êxito, a fase preliminar, após a abertura da audiência de instrução e julgamento, será dada a palavra ao defensor para responder à acusação. Neste momento, o defensor deverá arguir e requerer tudo o que for importante à defesa (inclusive eventual nulidade). Em seguida, o juiz receberá ou não a denúncia ou queixa. Se a rejeitar, caberá apelação por parte do Ministério Público ou do querelante, nos termos do art. 82. Se a receber, não há recurso previsto em lei; todavia, poderá ser impetrado *habeas corpus*, no caso de haver manifesto constrangimento ilegal. Havendo recebimento, serão ouvidas a vítima e as testemunhas de acusação e defesa, nesta ordem. Somente após a colheita dessas provas, é que o acusado será interrogado, se presente. Por fim, ainda na mesma audiência, deve-se proceder imediatamente aos debates orais e à prolação da sentença. É muito comum, todavia, que as partes requeiram e os juízes permitam o oferecimento de memoriais escritos, sobretudo nos casos de audiências longas ou de pautas cheias, ficando a sentença para ser prolatada em outra data. Aliás, tal regra encontra-se prevista no art. 403, § 3º, do CPP ("§ 3º O juiz poderá, considerada a complexidade do caso ou o número de acusados, conceder às partes o prazo de 5 (cinco) dias sucessivamente para a apresentação de memoriais. Nesse caso, terá o prazo de 10 (dez) dias para proferir a sentença"), o qual é aplicável subsidiariamente ao rito sumaríssimo, nos termos do disposto no art. 92.

§ 1º Todas as provas serão produzidas na audiência de instrução e julgamento, podendo o juiz limitar ou excluir as que considerar excessivas, impertinentes ou protelatórias.

- **Produção de provas:** Diz o § 1º deste art. 81 que todas as provas serão produzidas na audiência de instrução e julgamento. Embora a intenção do legislador tenha sido a de agilizar, ao máximo, o andamento do processo, nada impede que as partes produzam provas fora da audiência. Se, após a colheita da prova testemunhal em audiência, a defesa entender ser necessária a realização de alguma prova (p. ex., expedição de um ofício), deverá requerê-la ao juiz, que não poderá indeferir o pedido, salvo se a considerar excessivo, impertinente ou protelatório, o que deverá constar de decisão fundamentada, sob pena de nulidade. Aliás, tal regra encontra-se prevista no art. 402 do CPP ("Art. 402. Produzidas as provas, ao final da audiência, o Ministério Público, o querelante e o assistente e, a seguir, o acusado poderão requerer diligências cuja necessidade se origine de circunstâncias ou fatos apurados na instrução"), o qual é aplicável subsidiariamente ao rito sumaríssimo dos Juizados, *ex vi* do disposto no art. 92.

§ 2º De todo o ocorrido na audiência será lavrado termo, assinado pelo juiz e pelas partes, contendo breve resumo dos fatos relevantes ocorridos em audiência e a sentença.

- **Termo:** Prevê o § 2º deste art. 81 que, de todo o ocorrido na audiência (de instrução e julgamento), será lavrado termo, assinado pelo juiz e pelas partes. Diz o dispositivo, ainda, que o termo conterá "breve resumo dos fatos relevantes ocorridos em audiência e a sentença". Isso não se confunde com o registro, por escrito ou por meio magnético, dos atos realizados em audiência de instrução e julgamento (*vide*, a respeito, nossos comentários ao art. 65, § 3º).

§ 3º A sentença, dispensado o relatório, mencionará os elementos de convicção do juiz.

- Sentença. Dispensa de relatório: Ao contrário do que sucede nos ritos ordinários e sumários, bem como nos tribunais, prevê este § 3º que a sentença dispensará o relatório. A necessidade de relatório, tradicionalmente imposta às decisões definitivas (sentenças e acórdãos), tem uma razão lógica de ser: obrigar o juiz a examinar todas as provas existentes, inclusive as alegações da acusação e da defesa. Feita esta ressalva, a dispensa do relatório, considerando-se que no rito sumaríssimo tudo deverá, em tese, ocorrer em uma audiência única, e a sentença ser proferida logo em seguida aos debates orais, atende aos critérios da informalidade, economia processual e celeridade, próprios do rito sumaríssimo dos Juizados Especiais Criminais (art. 62). A dispensa do relatório, evidentemente, não significa mitigação do dever de fundamentar a decisão, sob pena de nulidade (CR, art. 93, IX).

- Embargos de declaração: Podem ser opostos quando a sentença ou acórdão apresentar obscuridade, contradição, omissão ou dúvida (art. 83).

- Apelação: É o recurso cabível contra a sentença (vide art. 82)

Art. 82. Da decisão de rejeição da denúncia ou queixa e da sentença caberá apelação, que poderá ser julgada por turma composta de 3 (três) juízes em exercício no primeiro grau de jurisdição, reunidos na sede do Juizado.

§ 1º A apelação será interposta no prazo de 10 (dez) dias, contados da ciência da sentença pelo Ministério Público, pelo réu e seu defensor, por petição escrita, da qual constarão as razões e o pedido do recorrente.

§ 2º O recorrido será intimado para oferecer resposta escrita no prazo de 10 (dez) dias.

§ 3º As partes poderão requerer a transcrição da gravação da fita magnética a que alude o § 3º do art. 65 desta Lei.

§ 4º As partes serão intimadas da data da sessão de julgamento pela imprensa.

§ 5º Se a sentença for confirmada pelos próprios fundamentos, a súmula do julgamento servirá de acórdão.

- Apelação: Em atenção ao princípio do duplo grau de jurisdição, a apelação no rito sumaríssimo (isto é, das causas afetas aos Juizados Especiais Criminais) não poderia deixar de existir. Todavia, em relação ao rito ordinário, apresenta algumas peculiaridades (vide abaixo). Por exemplo, enquanto no rito ordinário o recurso cabível contra a decisão que rejeita denúncia ou queixa é o recurso em sentido estrito (CPP, art. 581, I), no rito sumaríssimo o recurso cabível é a apelação (art. 82 da Lei n. 9.099/95). No rito da Lei n. 9.099/95 (sumaríssimo), portanto, o recurso existente contra a decisão que rejeita denúncia ou queixa, bem como contra a sentença, é a apelação. Outra diferença: enquanto no rito ordinário o prazo para interpor a apelação é de cinco dias, e depois a parte (recorrente) tem mais oito dias para apresentar razões (CPP, arts. 593 e 600), no rito sumaríssimo o prazo é de dez dias para interposição da apelação já acompanhada das razões do inconformismo.

- Aplicação subsidiária do CPP: É importante sempre lembrar que, embora este art. 82 traga algumas regras específicas (ou especiais) para a apelação, o CPP é aplicável subsidiariamente (art. 92). Assim, nos casos em que houver regra específica para o rito sumaríssimo, o CPP não é aplicável. É o caso, por exemplo, da regra do art. 600, § 4º, do CPP ("§ 4º Se o apelante declarar, na petição ou no termo, ao interpor a apelação, que deseja arrazoar na superior instância serão os autos remetidos ao tribunal *ad quem* onde será aberta vista às partes, observados os prazos legais, notificadas as partes pela publicação oficial"), que não é aplicável ao rito sumaríssimo.

- Turma Recursal: Nos crimes afetos ao rito sumaríssimo dos Juizados Especiais Criminais, os recursos são julgados por Turma Recursal, composta por três Juízes em exercício no primeiro grau de jurisdição, reunidos na sede do Juizado.

- *Habeas corpus* contra Turma Recursal: A competência é do Tribunal de Justiça local (*vide* jurisprudência abaixo).

- Súmula do julgamento de acórdão (inconstitucionalidade do § 5º): Em que pese existir previsão legal no sentido de que, no rito sumaríssimo dos Juizados, vigoram os princípios da informalidade, economia processual e celeridade (art. 62), a disposição constante do § 5º deste art. 82 é inconstitucional por ofensa ao dever de motivação das decisões judiciais (CR, art. 93, IX). A nosso ver, não pode a Turma Recursal, assim, confirmar a sentença pelos próprios fundamentos, *devendo analisar e enfrentar* as teses trazidas pelas partes. Do contrário, haverá nulidade por ofensa à regra constitucional acima referida, e o prejuízo será evidente, pois a parte vencida, nesse caso, encontrará óbices para apresentar embargos de declaração ou infringentes, de ver prequestionadas matérias essenciais para recurso extraordinário, e até mesmo para fundamentar eventual *habeas corpus* para o Tribunal de Justiça local. Todavia, o STF pacificou entendimento em sentido contrário, assentando que "não viola o art. 93, IX, da Constituição a fundamentação de turma recursal que, em conformidade com a Lei n. 9.099/95, adota os fundamentos contidos na sentença recorrida" (1ª T., Agr. Reg. no R. Extr. com Agr. 639.096, Rel. Min. Dias Toffoli, j. 30-8-2011; 1ª T., Agr. Instr. 453.483/PB, Rel. Min. Marco Aurélio, j. 8-6-2007; 2ª T., Agr. Instr. 726.283, Rel. Min. Eros Grau, *DJ* 28-11-2008; 2ª T., Agr. Reg. no R. Extr. 463.139, Rel. Min. Joaquim Barbosa, *DJ* 3-2-2006).

- Recurso especial: Conforme o disposto na Súmula 203 do STJ, "não cabe recurso especial contra decisão proferida por órgão de segundo grau dos Juizados Especiais".

- Recurso extraordinário: O STF, por meio da Súmula 640, de 24 de setembro de 2003, assentou: "É cabível recurso extraordinário contra decisão proferida por juiz de primeiro grau nas causas de alçada, ou por turma recursal de juizado especial cível e criminal".

Jurisprudência
- HC contra ato da Turma Recursal. Competência do Tribunal de Justiça local: "COMPETÊNCIA ORIGINÁRIA. Criminal. *Habeas corpus*. Impetração contra decisão de Colégio Recursal de juizado especial criminal. Incompetência do STF. Feito da competência do Tribunal de Justiça local. HC não conhecido. Agravo improvido. Precedente do Plenário. Para julgamento de pedido de *habeas corpus* contra decisão de turma ou colégio recursal de juizado especial, a competência é do tribunal de justiça local, não do Supremo Tribunal Federal" (STF, 2ª T., HC 92.332 AgR, Rel. Min. Cezar Peluso, j. 6-11-2007). (Observação: Súmula 690 do STF superada após o julgamento do HC 86.634; *vide*, ainda: STF, HC 89.378 AgR; HC 87.739 AgR).

Art. 83. Caberão embargos de declaração quando, em sentença ou acórdão, houver obscuridade, contradição, omissão ou dúvida.

§ 1º Os embargos de declaração serão opostos por escrito ou oralmente, no prazo de 5 (cinco) dias, contados da ciência da decisão.

§ 2º Quando opostos contra sentença, os embargos de declaração suspenderão o prazo para o recurso.

§ 3º Os erros materiais podem ser corrigidos de ofício.

- **Prazo e forma:** Enquanto no CPP o prazo dos embargos de declaração é de dois dias (art. 619), no rito sumaríssimo (Lei n. 9.099/95) é de cinco. Em qualquer caso, o prazo inicia-se (termo *a quo*) da data em que a parte tomou ciência da decisão. Os embargos podem ser opostos contra sentença ou acórdão. Nos demais casos (despachos, por exemplo), embora não sejam cabíveis os embargos, a parte pode sempre apresentar petição requerendo o necessário. Os embargos, no rito sumaríssimo, podem ser opostos por escrito ou oralmente.

- **Hipóteses:** São quatro as hipóteses de cabimento dos embargos declaratórios, a saber: obscuridade, contradição, omissão ou dúvida.

- **Efeitos (suspensão do prazo recursal):** Diz o § 2º que, quando opostos contra sentença, os embargos de declaração suspenderão o prazo para o recurso (de apelação). Todavia, tal efeito, segundo se depreende do texto legal, não ocorreria quando opostos embargos contra acórdão da Turma Recursal, o que, a nosso ver, viola a garantia do devido processo legal ao inviabilizar a interposição de recurso extraordinário quando necessário haver oposição de embargos de declaração, inclusive para prequestionar a matéria constitucional. Por equidade, deve-se suspender também o prazo nessa hipótese.

- **Embargos infringentes:** Embora não previstos expressamente na presente lei, caberão embargos infringentes caso o acórdão contrário ao acusado não seja unânime, pela aplicação subsidiária do CPP.

Seção IV
DA EXECUÇÃO

Art. 84. Aplicada exclusivamente pena de multa, seu cumprimento far-se-á mediante pagamento na Secretaria do Juizado.

Parágrafo único. Efetuado o pagamento, o juiz declarará extinta a punibilidade, determinando que a condenação não fique constando dos registros criminais, exceto para fins de requisição judicial.

- **Distinção:** É preciso distinguir a pena de multa fixada na fase preliminar, isto é, na transação penal (art. 76), daquela imposta ao final do rito sumaríssimo, ou seja, em sentença. O presente art. 84 refere-se ao pagamento desta última (multa fixada em sentença penal condenatória), que deverá ocorrer na Secretaria do Juizado. Por evidente, o pagamento da multa fixada em sentença somente se dará após o trânsito em julgado da condenação (o que não ocorre na multa aplicada na transação penal, já que tal se opera na fase preliminar). Efetuado o pagamento — diz o parágrafo único deste art. 84 —, "o juiz declarará extinta a punibilidade" (pela prescrição da pretensão executória), determinando que a condenação não fique constando dos registros criminais, exceto para fins de requisição judicial. O objetivo do legislador aqui é claro e louvável: proteger a intimidade daquele que foi condenado à pena de multa, de forma a não prejudicá-lo junto à sociedade (p. ex., na busca de emprego).

- **Na transação penal:** Se a multa for aplicada na transação penal, o seu pagamento igualmente pode ser feito na Secretaria do Juizado e acarreta a extinção da punibilidade. Porém, evidentemente, não há falar em condenação, de forma que o beneficiado (pela transação penal) permanece primário, mesmo porque nem denúncia houve. A multa aplicada nesta fase (ou mesmo as penas restritivas de direitos) "não constará de certidão de antecedentes criminais, salvo para os fins previstos no mesmo dispositivo, [nova transação não poderá ser concedida nos 5 anos posteriores — art. 76, § 4º] e não terá efeitos civis, cabendo aos interessados propor ação cabível no juízo cível" (art. 76, § 6º).

Art. 85. Não efetuado o pagamento de multa, será feita a conversão em pena privativa de liberdade, ou restritiva de direitos, nos termos previstos em lei.

- **Conversão da multa:** A previsão constante deste art. 85 causa estranheza e perplexidade, posto que o não pagamento da multa não mais deve acarretar a conversão (em pena privativa de liberdade ou restritiva de direitos). Explica-se. O antigo art. 51 do CP previa a conversão da multa em detenção no caso de não pagamento. Ocorre, todavia, que a Lei n. 9.268/96 revogou tal previsão e passou a dispor que "transitada em julgado a sentença condenatória, a multa será considerada dívida de valor, aplicando-se-lhe as normas relativas à dívida ativa da Fazenda Pública, inclusive no que concerne às causas interruptivas e suspensivas da prescrição". Ou seja, no CP, o não pagamento da pena de multa deixou de acarretar a conversão em pena detentiva, passando a ser dívida de valor, cobrada pela Fazenda Pública. Desta forma, considerando a aplicação subsidiária do CP (vide art. 92), e também o fato de que a Lei n. 9.268/96 é posterior à Lei n. 9.099/95, bem como porque a prisão por dívida é vedada pelo nosso sistema (CR, art. 5º, LXVII), entendemos que — ao contrário do que prevê este art. 85, que foi tacitamente revogado, em que pese ser a presente lei um diploma especial — o não pagamento da pena de multa não poderá acarretar a sua conversão em pena privativa de liberdade ou restritiva de direitos, devendo ser considerada dívida de valor e executada nos termos do art. 51 do CP. Tal entendimento, a nosso ver, também se aplica à multa (ou mesmo a qualquer pena restritiva de direitos) fixada em transação penal (art. 76), de forma que o seu não cumprimento jamais pode acarretar a conversão em pena privativa de liberdade. Entendimento diverso violaria o princípio da proporcionalidade ao permitir a conversão da pena de multa em privativa de liberdade para as infrações de pequeno potencial ofensivo e, ao mesmo tempo, não admitir essa conversão para delitos mais graves.

■ **Penas restritivas de direitos (CP, art. 44, § 4º):** É importante ressaltar que o entendimento acima não se aplica no caso de prestação pecuniária que, por ser modalidade de pena restritiva de direito (portanto, substitutiva da pena privativa de liberdade), poderá ser convertida em pena privativa de liberdade no caso de seu descumprimento injustificado (CP, art. 44, § 4º).

Art. 86. A execução das penas privativas de liberdade e restritivas de direitos, ou de multa cumulada com estas, será processada perante o órgão competente, nos termos da lei.

■ **Execução:** Conforme reza o art. 60 da Lei n. 9.099/95, o Juizado Especial Criminal tem competência para a conciliação, o julgamento e a execução das infrações penais de menor potencial ofensivo. Veja-se, assim, que a execução da pena privativa de liberdade e da restritiva de direitos, nesses casos, será de competência do próprio Juizado. Já a execução da pena de multa (que deve ser considerada dívida de valor — vide no art. 85 nota *Conversão da multa*) deve ser feita pela Procuradoria da Fazenda Pública (STJ, REsp 279.556, j. 6-8-2002, *DJU* 2-9-2002, p. 222; REsp 434.510, j. 15-5-2003, *DJU* 9-6-2003, p. 288).

Seção V
DAS DESPESAS PROCESSUAIS

Art. 87. Nos casos de homologação do acordo civil e aplicação de pena restritiva de direitos ou multa (arts. 74 e 76, § 4º), as despesas processuais serão reduzidas, conforme dispuser lei estadual.

- **Despesas processuais:** Prevê este art. 87 que, nos casos de realização de composição civil e transação penal — que constituem soluções antecipadas dos conflitos de menor potencial ofensivo, ocorridas ainda na fase preliminar (vide arts. 69 a 76) —, "as despesas processuais serão reduzidas, conforme dispuser lei estadual". A previsão faz todo o sentido, pois nesses casos a redução das despesas processuais justifica-se porque a solução do conflito deu-se ainda na fase anterior à instauração da ação penal. A Lei Estadual (SP) n. 11.608, de 29 de dezembro de 2003, em seu art. 4º, § 9º, prevê regras a respeito da taxa judiciária, porém excepciona as causas de competência do Juizado Especial Criminal ("§ 9º — Nas ações penais, salvo aquelas de competência do Juizado Especial Criminal — JECRIM, em primeiro grau de jurisdição, o recolhimento da taxa judiciária será feito da seguinte forma"). Assim, no Estado de São Paulo, entendemos que as taxas judiciárias não são devidas. Porém é importante que se verifique o conceito de taxa judiciária (vide abaixo).

- **Lei Estadual n. 11.608/2003:** O conceito de taxa judiciária vem expresso no art. 2º da referida lei: "A taxa judiciária abrange todos os atos processuais, inclusive os relativos aos serviços de distribuidor, contador, partidor, de hastas públicas, da Secretaria dos Tribunais, bem como as despesas com registros, intimações e publicações na Imprensa Oficial. Parágrafo único — Na taxa judiciária não se incluem: I — as publicações de editais; II — as despesas com o porte de remessa e de retorno dos autos, no caso de recurso, cujo valor será estabelecido por ato do Conselho Superior da Magistratura; III — as despesas postais com citações e intimações; IV — a comissão dos leiloeiros e assemelhados; V — a expedição de certidão, cartas de sentença, de arrematação, de adjudicação ou de remição, e a reprodução de peças do processo, cujos custos serão fixados periodicamente pelo Conselho Superior da Magistratura; VI — a remuneração do perito, assistente técnico, avaliador, depositário, tradutor, intérprete e administrador; VII — a indenização de viagem e diária de testemunha; VIII — as consultas de andamento dos processos por via eletrônica, ou da informática; IX — as despesas de diligências dos Oficiais de Justiça, salvo em relação aos mandados: a) expedidos de ofício; b) requeridos pelo Ministério Público; c) do interesse de beneficiário de assistência judiciária; d) expedidos nos processos referidos no artigo 5º, incisos I a IV; X — todas as demais despesas que não correspondam aos serviços relacionados no caput deste artigo".

Seção VI
DISPOSIÇÕES FINAIS

Art. 88. Além das hipóteses do Código Penal e da legislação especial, dependerá de representação a ação penal relativa aos crimes de lesões corporais leves e lesões culposas.

- **Representação:** Este art. 88 trouxe regra inovadora a respeito da ação penal nos crimes de lesões corporais leves e culposas, que passaram a depender de representação. Antes disso, a ação penal nesses crimes era pública incondicionada. A nova regra possibilita que as partes (autor e ofendido) celebrem, no Juizado Especial Criminal, a composição civil (art. 74), cujo acordo homologado "acarreta a renúncia ao direito de queixa ou representação" (art. 74, parágrafo único), extinguindo-se a punibilidade.

▪ **Retroatividade:** Tendo em vista que a norma deste art. 88 contém natureza penal mista, isto é, material e processual, e por se tratar de norma mais benéfica (pois passa a exigir representação nas ações penais por crimes de lesões corporais leves e lesões culposas), sua retroatividade é de rigor (CR, art. 5º, XL; CP, art. 2º, parágrafo único). Aliás, por tal motivo é que o art. 91 da presente lei dispõe, em relação aos fatos já ocorridos, que: "Nos casos em que esta lei passa a exigir representação para a propositura da ação penal pública, o ofendido ou seu representante legal será intimado para oferecê-la no prazo de trinta dias, sob pena de decadência".

▪ **Código de Trânsito Brasileiro (Lei n. 9.503/97):** O art. 291, § 1º, do CTB prevê que se aplica aos crimes de lesão corporal culposa no trânsito o disposto nos arts. 74, 76 e 88 da Lei n. 9.099, de 26 de setembro de 1995, exceto se o agente estiver: I — sob a influência de álcool (sendo necessário exame de sangue ou "bafômetro", nos termos do art. 306 do CTB), ou qualquer outra substância psicoativa que determine dependência; II — participando, em via pública, de corrida, disputa ou competição automobilística, de exibição ou demonstração de perícia em manobra de veículo automotor, não autorizada pela autoridade competente; III — transitando em velocidade superior à máxima permitida para a via em 50 km/h (cinquenta quilômetros por hora). Nesses casos, portanto, a ação penal é pública incondicionada.

▪ **Lei Maria da Penha (Lei n. 11.340/2006):** À hipótese de lesão corporal leve cometida contra a mulher no âmbito da violência doméstica, não se aplica o disposto no art. 88 da Lei n. 9.099/95. É o que prevê o art. 41 da Lei n. 11.340/2006, *verbis*: "Art. 41. Aos crimes praticados com violência doméstica e familiar contra a mulher, independentemente da pena prevista, não se aplica a Lei n. 9.099, de 26 de setembro de 1995". Ou seja, nesses casos, embora houvesse dúvidas na doutrina e na jurisprudência, em face do art. 16 da mesma lei, a ação penal é pública incondicionada. Foi o que decidiu o Tribunal Pleno do STF, por ocasião do julgamento da ADIn 4.424, j. 9-2-2012.

Jurisprudência

▪ **Desclassificação para o crime de lesões corporais leves. Exigência de representação:** "Uma vez desclassificada pelo conselho de sentença a tentativa de homicídio para lesão corporal leve, o feito só poderá ser sentenciado com observância ao art. 91 da Lei n. 9.099/95. Feito anulado a partir da decisão condenatória. Recurso provido" (STJ, 5ª T., HC 110.965, Rel. Min. Laurita Vaz, j. 13-10-1998, v.u.).

Art. 89. Nos crimes em que a pena mínima cominada for igual ou inferior a 1 (um) ano, abrangidas ou não por esta Lei, o Ministério Público, ao oferecer a denúncia, poderá propor a suspensão do processo, por 2 (dois) a 4 (quatro) anos, desde que o acusado não esteja sendo processado ou não tenha sido condenado por outro crime, presentes os demais requisitos que autorizariam a suspensão condicional da pena (art. 77 do Código Penal).

- **Suspensão condicional do processo. Noções gerais:** Trata-se de novidade inserida em nosso sistema processual penal pela Lei n. 9.099/95 (vide Nota introdutória), por meio da qual, estando satisfeitos os requisitos legais, o Ministério Público, ao oferecer a denúncia, "poderá propor a suspensão do processo", por determinado período de prova (vide nota abaixo). Aceito o benefício pelo acusado e seu defensor (é preciso que ambos estejam de acordo), o juiz, após receber a denúncia, suspende o processo, submetendo o acusado (beneficiado) a período de prova (de dois a quatro anos), sob as condições previstas nos incisos I, II, III e IV do § 1º do art. 89, podendo o juiz deixar de impor algumas delas, de acordo com cada caso, ou impor outras condições que não as referidas, "desde que adequadas ao fato e à situação pessoal do acusado" (§ 2º). Se não for aceita a suspensão, o processo segue normalmente (vide § 7º). Expirado o período de prova sem revogação (vide §§ 3º e 4º deste art. 89), o juiz declarará extinta a punibilidade (§ 5º). Há divergência na jurisprudência a respeito da possibilidade de o juiz revogar a suspensão se, após expirado o período de prova sem revogação, vier a descobrir que o acusado violou alguma condição (vide jurisprudência ao final deste artigo). Durante o período em que suspenso o processo, a prescrição não corre; na verdade, a prescrição fica suspensa desde a data em que aceito o benefício, voltando a correr no caso de eventual revogação.

- **Requisitos:** A aplicação da suspensão condicional do processo depende do preenchimento dos seguintes requisitos: a) crimes em que a pena mínima cominada seja igual ou inferior a um ano, abrangidos ou não por esta lei. Igualmente, se o tipo penal prever pena de multa alternativa, independentemente de a pena privativa de liberdade mínima ser superior a um ano. Assim, verifica-se que o benefício do art. 89 é aplicável tanto para crimes previstos no CP quanto para crimes previstos em leis penais especiais. Em que pese o silêncio da lei, nada impede a sua aplicação às contravenções penais. Quanto à condição relativa à pena mínima de um ano, cabe esclarecer o seguinte: i) em caso de concurso de crimes (crime material, crime formal e crime continuado), soma-se o aumento respectivo a cada concurso, para daí, com o resultado, ver se a pena mínima mantém-se igual ou inferior a um ano (Súmula 243 do STJ); ii) em caso de causa especial de aumento de pena, deve-se proceder ao aumento (pelo mínimo) a fim de se verificar se o crime comporta ou não a aplicação da suspensão, mesmo porque o critério do legislador é o mínimo da pena (vide jurisprudência abaixo); iii) em caso de desclassificação para crime com pena mínima igual ou inferior a um ano, deve-se abrir vista ao Ministério Público para manifestar-se sobre o oferecimento da suspensão (Súmula 337 do STJ); b) não pode estar sendo processado por outro crime, isto é, com denúncia ou queixa recebida, não bastando inquérito policial ou termo circunstanciado; c) não pode ter sido condenado por outro crime: neste caso, tal regra não se aplica se decorrida a temporariedade da reincidência (CP, art. 64, I), se o condenado tiver obtido a reabilitação (CP, arts. 93 a 95); d) presença dos demais requisitos do sursis (CP, art. 77), quais sejam: i) que o condenado não seja reincidente em crime doloso, salvo se decorrido o prazo do art. 64, I, do CP; ii) que a culpabilidade, os antecedentes, a conduta social e personalidade do agente, bem como os motivos e as circunstâncias autorizem a concessão do benefício; (iii) que não seja indicada ou cabível a substituição prevista no art. 44 do CP, cujos requisitos são semelhantes ao do art. 77 do CP, devendo-se acrescentar apenas o seguinte: (iv) crime não cometido com violência ou grave ameaça à pessoa.

- Motivação: Caso não venha a ser oferecida a suspensão condicional do processo, a negativa deverá ser devidamente fundamentada, para que não haja arbítrio. Note-se que a jurisprudência tem entendido caber exclusivamente ao Ministério Público ou ao querelante o oferecimento da suspensão condicional do processo, a qual, se aceita, será homologada pelo juiz.

- Suspensão condicional do processo na ação penal privada: Pela redação do art. 89 da Lei n. 9.099/95, somente o Ministério Público, ao oferecer a denúncia, poderia oferecer a suspensão; assim, seria ela cabível tão somente na ação penal pública. Entretanto, a jurisprudência pacificou-se no sentido de que ela também pode ser proposta na ação penal privada (STJ, HC 13.337, *DJU* 13-8-2001, p. 181; RHC 8.480, *DJU* 22-11-1999, p. 164), havendo apenas divergência sobre a quem cabe propô-la: a) ao juiz, por se tratar de direito público subjetivo (TJCE, *RT* 850/607) ou b) ao querelante (STF, *RT* 765/527; TJRJ, RSE 128/98, j. 8-9-1998, *Bol. IBCCr* 80/369). O entendimento de que a suspensão não pode ser proposta na ação penal privada (TACrSP, *RT* 788/622) está, portanto, superado.

- Suspensão condicional do processo (poder/dever do Ministério Público ou Direito Público Subjetivo do acusado): Questão discutível é saber se, diante do não oferecimento da suspensão pelo Ministério Público, pode o juiz oferecê-la e, em caso afirmativo, se de ofício ou a pedido do acusado. Há diferentes entendimentos, tendo-se pacificado o último (c), embora, a nosso ver, o primeiro (a) seja o correto. São eles: a) a suspensão condicional do processo é direito público subjetivo, podendo o juiz oferecê-la de ofício (TACrSP, *RT* 785/614). A propósito, entendendo ser a suspensão direito público subjetivo, em caso em que o *Parquet*, equivocadamente, levou em conta a existência de um homônimo que se encontrava denunciado por outro crime para não oferecer a suspensão condicional do processo, o TJSP anulou o processo a partir do oferecimento da denúncia para que seja obtido o benefício (TJSP, *RT* 847/577); b) pode o juiz oferecer a suspensão, desde que o acusado a requeira, sob pena de preclusão com o exaurimento da prestação jurisdicional (TJRJ, *RT* 784/689); c) não pode o juiz oferecê-la, cabendo-lhe apenas recorrer à Procuradoria-Geral, nos termos do art. 28 do CPP (STF, Súmula 696; Pleno, HC 73.343, j. 12-11-1997, *RT* 852/473, 765/530; STJ, REsp 261.570, *DJU* 18-6-2001, p. 166; REsp 229.810, *DJU* 20-8-2001, p. 544; REsp 211.659, *DJU* 2-4-2001,

p. 317; RHC 10.265, *DJU* 11-6-2001, p. 237), entendendo-se que o oferecimento da suspensão é um poder-dever do Ministério Público, mas não um direito subjetivo do acusado, sendo desnecessário o contraditório nessa fase (STF, *RT* 844/510). "I — A transação penal, assim como a suspensão condicional do processo, não se trata de direito público subjetivo do acusado, mas sim de poder-dever do Ministério Público (Precedentes desta e. Corte e do c. Supremo Tribunal Federal). II — A jurisprudência dos Tribunais Superiores admite a aplicação da transação penal às ações penais privadas. Nesse caso, a legitimidade para formular a proposta é do ofendido, e o silêncio do querelante não constitui óbice ao prosseguimento da ação penal. III — Isso porque, a transação penal, quando aplicada nas ações penais privadas, assenta-se nos princípios da disponibilidade e da oportunidade, o que significa que o seu implemento requer o mútuo consentimento das partes" (STJ, Corte Especial, APn 634, Rel. Felix Fischer, j. 21-3-2012, *Dje* 3-4-2012).

- Controle de legalidade pelo Judiciário diante do não oferecimento: Em importante precedente, o STJ entendeu que o Poder Judiciário pode exercer o controle de legalidade no caso de o não oferecimento da suspensão condicional do processo ser reafirmado pelo Procurador-Geral de Justiça: "1. Muito embora se possa entender que o *Parquet* teria deixado de ofertar ao paciente a benesse estatuída no artigo 89 da Lei 9.099/1995 com base na gravidade abstrata do delito de receptação, sem a indicação concreta de como a sua personalidade, conduta social ou culpabilidade revelariam a impropriedade da concessão do mencionado benefício, o certo é que não poderia o togado singular simplesmente rejeitar a denúncia, olvidando-se do procedimento estatuído no artigo 28 da Lei Processual Penal. 2. Eventual discordância do Juízo quanto à propositura ou não da suspensão condicional do processo deve ser resolvida por meio da aplicação analógica do artigo 28 do Código de Processo Penal, remetendo-se os autos à chefia do Ministério Público, nos termos da Súmula 696 do Supremo Tribunal Federal. Precedentes. 3. Somente se mantido pelo Procurador-Geral de Justiça o indeferimento da proposta de suspensão condicional do processo é que se permitirá ao Poder Judiciário o exercício do juízo de legalidade acerca dos fundamentos da recusa da benesse pelo Ministério Público. 4. Ordem concedida em menor extensão, apenas para determinar o envio dos autos ao Procurador-Geral de Justiça, para que se manifeste acerca da possibilidade de proposta da suspensão condicional do processo ao paciente, nos termos do artigo 28 do Código de Processo Penal" (STJ, 5ª T., HC 197.809, Rel. Min. Jorge Mussi, j. 4-10-2011, *Dje* 19-10-2011).

- Lei dos Crimes Ambientais: O art. 28 da Lei n. 9.605/98 dispõe que, para os crimes ambientais de menor potencial ofensivo (*vide* art. 62), previstos na Lei n. 9.605/98, aplicam-se as disposições previstas neste art. 89 da Lei n. 9.099/95, com as seguintes modificações: I — a declaração de extinção de punibilidade, de que trata o § 5º do artigo referido no *caput* da Lei Ambiental, dependerá de laudo de constatação de reparação do dano ao meio ambiente, ressalvada a impossibilidade prevista no inciso I do § 1º do mesmo artigo; II — na hipótese de o laudo de constatação comprovar não ter sido completa a reparação, o prazo de suspensão do processo será prorrogado, até o período máximo previsto no artigo referido no *caput*, acrescido de mais um ano, com suspensão do prazo da prescrição; III — no período de prorrogação, não se aplicarão as condições dos incisos II, III e IV do § 1º do artigo mencionado no *caput*; IV — findo o prazo de prorrogação, proceder-se-á à lavratura de novo laudo de constatação de reparação do dano ambiental, podendo, conforme seu resultado, ser novamente prorrogado o período de suspensão, até o máximo previsto no inciso II deste artigo, observado o disposto no inciso III; V — esgotado o prazo máximo de prorrogação, a declaração de extinção de punibilidade dependerá de laudo de constatação que comprove ter o acusado tomado as providências necessárias à reparação integral do dano.

§ 1º Aceita a proposta pelo acusado e seu defensor, na presença do juiz, este, recebendo a denúncia, poderá suspender o processo, submetendo o acusado a período de prova, sob as seguintes condições:

I — reparação do dano, salvo impossibilidade de fazê-lo;

II — proibição de frequentar determinados lugares;

III — proibição de ausentar-se da comarca onde reside, sem autorização do juiz;

IV — comparecimento pessoal e obrigatório a juízo, mensalmente, para informar e justificar suas atividades.

§ 2º O juiz poderá especificar outras condições a que fica subordinada a suspensão, desde que adequadas ao fato e à situação pessoal do acusado.

- **Proposta deve ser aceita pelo acusado e pelo defensor:** É o que prevê expressamente este § 1º. Em caso de discordância entre acusado e defensor, aquele deve constituir novo advogado ou ser este nomeado pelo juiz.

- **Direito público subjetivo do réu:** Apesar da expressão da lei "poderá", entendemos que, estando satisfeitos os requisitos legais, não pode o Ministério Público ou o querelante deixar de oferecer o benefício, sob pena de ofensa ao princípio da legalidade. O juiz, discordando, deve remeter os autos ao Procurador-Geral de Justiça ou Procurador Regional da República (CPP, art. 28). Se este insistir no não oferecimento, mas se for constatada a ilegalidade pelo não oferecimento da suspensão, poderá o juiz ou o Tribunal concedê-la ao acusado, sob as condições previstas em lei (a respeito, *vide* jurisprudência abaixo sob o título *Não oferecimento da suspensão pelo Parquet*).

- **Condições:** O rol das condições previstas nos incisos I a IV não é taxativo, uma vez que o juiz poderá impor apenas algumas delas ou "especificar outras condições a que fica subordinada a suspensão, desde que adequadas ao fato e à situação pessoal do acusado" (*vide* art. 89, § 2º). Desta forma, o acusado e seu defensor não estão obrigados a aceitar o benefício sob as condições propostas pelo Ministério Público, podendo e devendo discutir sobre elas na audiência, buscando adequá-las ao fato e à situação pessoal do acusado. Trata-se do emprego, aqui, da proporcionalidade, de forma a evitar eventual abuso nas condições do benefício. É importante que haja esta dialética entre acusação e defesa, a fim de que as condições possam ser cumpridas pelo acusado. A decisão há que ser sempre motivada, sob pena de nulidade (CR, art. 93, IX). Não obstante, tem sido comum no foro em geral o oferecimento da suspensão sob as condições de todos os incisos (I a IV), o que muitas vezes mostra-se desproporcional. Veja-se, por exemplo, a condição do inciso III ("proibição de ausentar-se da comarca onde reside, sem autorização do Juiz"), que pode se mostrar bastante gravosa no caso concreto, como na hipótese de um médico que atenda várias cidades do interior, cabendo ao juiz tornar menos severa tal obrigação, proibindo-o, por exemplo, de ausentar-se do Estado ou do país sem autorização judicial. O juiz pode, assim, alterar as condições dos incisos I a IV, tornando-as menos severas; adequando-as, na verdade, ao caso concreto (gravidade do fato e situação pessoal do acusado). De outro lado, pode ainda fixar outras condições, nos termos do art. 89, § 2º.

§ 3º A suspensão será revogada se, no curso do prazo, o beneficiário vier a ser processado por outro crime ou não efetuar, sem motivo justificado, a reparação do dano.

- Revogação obrigatória: São duas as hipóteses: 1) o acusado vem a ser processado por outro crime (isto é, denúncia recebida); ou 2) não efetua, sem motivo justificado, a reparação do dano. São motivos justificáveis, por exemplo: falta de recursos, dúvida sobre o montante do dano e eventual não localização da vítima. O dano a que a lei se refere, a nosso ver, é apenas o dano material, excluído o moral cuja avaliação dependerá de decisão judicial em processo cível específico a tal fim.

- Prazo em que poderá ser revogada: Embora a lei seja expressa no sentido de que a revogação ocorre "no curso do prazo", há divergência na jurisprudência quanto à possibilidade, uma vez já escoado o prazo sem revogação, de o juiz, ao tomar conhecimento de que o acusado violou alguma dessas condições, revogar a suspensão, retomando-se o curso do processo. A decisão que se mostra mais acertada, a nosso ver, é a de que, tendo sido ultrapassado o prazo sem revogação, não pode mais o juiz revogar o benefício. Outra solução apontada pela jurisprudência: o juiz pode revogar se vier a descobrir, mesmo após o término do período de prova, que o acusado violou alguma condição, desde não tenha havido decisão extintiva da punibilidade com trânsito em julgado (vide jurisprudência abaixo).

§ 4º A suspensão poderá ser revogada se o acusado vier a ser processado, no curso do prazo, por contravenção, ou descumprir qualquer outra condição imposta.

- Revogação facultativa: São duas as hipóteses: 1) o acusado vem a ser processado por contravenção penal (deve haver denúncia recebida); ou

2) descumpre qualquer outra condição imposta. É evidente que, se apresentar justificativa plausível, o juiz não deverá revogar o benefício. É necessário, antes de qualquer decisão, que o juiz intime o acusado e seu defensor para se manifestarem sobre o ocorrido ou intimá-los para uma audiência, ocasião em que poderá verificar o que ocorreu e decidir com maior acerto.

- Prazo em que poderá ser revogada: *vide* nota acima.

§ 5º Expirado o prazo sem revogação, o juiz declarará extinta a punibilidade.

- Extinção da punibilidade: Expirado o prazo sem revogação, o juiz deve declarar extinta a punibilidade. Sobre a possibilidade de o juiz deixar de extinguir a punibilidade e revogar o benefício, mesmo após expirado o prazo sem revogação, *vide* nota ao § 3º sob o título *Prazo em que poderá ser revogada*.

§ 6º Não correrá a prescrição durante o prazo de suspensão do processo.

- Prescrição fica suspensa: Isto é, durante o prazo da suspensão, o prazo prescricional não corre. Se o benefício for revogado, o processo retoma o seu curso, assim como a contagem da prescrição.

§ 7º Se o acusado não aceitar a proposta prevista neste artigo, o processo prosseguirá em seus ulteriores termos.

- Não aceitação da suspensão pelo acusado: É um direito seu, mas é preciso que haja a concordância do defensor, pois somente o profissional do direito pode aquilatar, com maior precisão, se é conveniente ou não recusar o benefício. A nosso ver, não pode existir conflito entre acusado e defensor; se houver, o réu deverá contratar novo advogado ou, se não o fizer, o juiz nomear outro para defendê-lo.

- Decisão difícil: Pacífico é o entendimento de que, uma vez recusada a suspensão, não pode mais o acusado pleitear o benefício. Discordamos de tal entendimento, sobretudo nos casos em que o acusado não foi devidamente orientado pelo seu defensor. De toda forma, não é fácil a decisão de aceitar ou recusar o benefício, sobretudo nos casos em que existem boas chances de se provar a inocência do acusado. É um risco que o réu corre, pois, como acima dito, se recusar a suspensão ela não poderá mais ser oferecida, conforme a jurisprudência predominante.

Jurisprudência
- Súmula 243 do STJ: "O benefício da suspensão do processo não é aplicável em relação às infrações penais cometidas em concurso material, concurso formal ou continuidade delitiva, quando a pena mínima cominada, seja pelo somatório, seja pela incidência da majorante, ultrapassar o limite de um (01) ano".

- **Súmula 337 do STJ:** "É cabível a suspensão condicional do processo na desclassificação do crime e na procedência parcial da pretensão punitiva".

- **Súmula 696 do STF:** "Reunidos os pressupostos legais permissivos da suspensão condicional do processo, mas se recusando o promotor de justiça a propô-la, o juiz, dissentindo, remeterá a questão ao Procurador--Geral, aplicando-se por analogia o art. 28 do Código de Processo Penal".

- **Suspensão condicional do processo (generalidades):** Cabe, ainda que a pena mínima seja superior a um ano, na hipótese de ser cominada ao delito pena de multa alternativa (ou multa), como no art. 7º, IX, da Lei n. 8.137/90 (STJ, HC 34.422, j. 22-5-2007, empate, Rel. p/ acórdão Min. Maria Thereza R. Assis Moura).

A condição de não envolver o beneficiário da suspensão condicional do processo em novo crime é objetiva, não sendo alcançada pelos princípios da não culpabilidade e da inocência, no que obstaculizam algo diverso, ou seja, a consideração de culpa antes do trânsito em julgado do decreto condenatório (STF, *RT* 850/511); a constitucionalidade dessa condição, contudo, já havia sido suscitada para julgamento em Plenário (STF, *RT* 846/490). Desse modo, se o beneficiário vem a ser processado pela prática de novo delito, perpetrado durante o período de prova, há revogação automática do benefício (TJSP, *RT* 844/568).

Se a vítima ingressa com ação indenizatória julgada procedente, mas pendente de recurso interposto por ela mesma, visando aumentar o valor da indenização, não se pode revogar a suspensão condicional do processo, posto que a obrigação de indenizar não se mostra líquida e certa (TJSP, *RT* 852/579).

A revogação da suspensão condicional do processo pode ocorrer ainda que ultrapassado o prazo final para o cumprimento das condições fixadas, havendo, contudo, a necessidade de que os motivos ensejadores da revogação estejam compreendidos no intervalo temporal da suspensão (STF, *RT* 854/534).

- **Prorrogação do prazo do período de prova para a reparação do dano:** "I — A extinção da punibilidade somente terá lugar quando cumpridas as condições estabelecidas para o *sursis* processual, hipótese que não se verificou, no caso. II — Não decorre, da decisão que determinou a prorrogação do prazo para o *sursis*, prejuízo para o recorrente, considerando-se que tanto o Magistrado Singular quanto o Colegiado decidiram de forma que lhe foi mais favorável, ao não determinar a revogação do benefício, mas tão somente a prorrogação do prazo para a comprovação da quitação do débito. III — Recurso desprovido, nos termos do voto do Relator" (STJ, 5ª T., REsp 1.163.455, Rel. Min. Gilson Dipp, j. 23-11-2011, *Dje* 1º-12-2011).

- *Habeas corpus* após a aceitação da suspensão. Cabimento: "Aceitação de suspensão condicional do processo não impede conhecimento de *habeas corpus*: [...] De acordo com a jurisprudência desta Corte, o fato de o denunciado ter aceitado a proposta de suspensão condicional do processo formulada pelo Ministério Público (art. 89 da Lei n. 9.099/1995) não constitui óbice ao conhecimento do pleito de trancamento da ação penal. Isso porque o paciente permaneceria submetido ao cumprimento das condições estipuladas pelo *sursis*, sob pena de retomada do curso da ação penal, acompanhada de todos os inconvenientes dela decorrentes e sobejamente conhecidos" (HC n. 103.143)" (STJ, 5ª T., AgRg no RHC 24.689, j. 15-12-2011, *Dje* 10-2-2012).

■ Cômputo da causa especial de aumento de pena para efeito do cabimento do *sursis* processual: "[...]. As causas de acréscimo devem ser consideradas em adição à pena em abstrato, para efeito de concessão de suspensão condicional do processo. Precedentes" (STF, 2ª T., HC 86.452, Rel. Min. Joaquim Barbosa, j. 7-2-2006, *DJ* 3-3-2006, p. 91). *Nota nossa*: neste caso, a quantidade de aumento deve ser a mínima prevista na causa especial de aumento de pena, haja vista que o critério utilizado no art. 89 da Lei n. 9.099/95 é o da pena mínima. Já no caso da transação penal, ocorre o contrário: para aferir se o crime é ou não de menor potencial ofensivo (pena máxima não superior a dois anos — art. 62), o acréscimo pela causa especial de aumento de pena deve dar-se pelo máximo, porquanto o critério neste caso é o da pena máxima.

■ Limite de dois anos do Juizado que não interfere na suspensão: "A Lei dos Juizados Especiais Federais, ao estipular que são infrações de menor potencial ofensivo aquelas cuja pena máxima não seja superior a dois anos, não produziu o efeito de ampliar o limite, de um para dois anos, para o fim da suspensão condicional do processo. Ordem de *habeas corpus* indeferida" (STF, 2ª T., HC 86.452, Rel. Min. Joaquim Barbosa, j. 7-2-2006, *DJ* 3-3-2006, p. 91).

■ Prestação pecuniária. Não cabe impor como condição da suspensão condicional do processo: "1. A prestação pecuniária consiste em pena autônoma e substitutiva, eis que prevista no rol das restritivas de direitos, depende, pois, de previsão legal para se sujeitar alguém ao seu cumprimento. 2. É inviável, à mingua de comando respectivo, impor como condição da suspensão do processo, nos moldes do art. 89 da Lei n. 9.099/95, a prestação pecuniária. 3. Ordem concedida para excluir a prestação pecuniária como condição da proposta de suspensão condicional do processo formulada ao paciente" (STJ, 6ª T., HC 222.026, j. 20-3-2012, *Dje* 9-4-2012; no mesmo sentido: STJ, 6ª T., HC 227.813, j. 13-2-2012). Em sentido contrário, pois o próprio art. 89, § 2º, o permite: STJ, 5ª T., HC 228.405, j. 16-2-2012, *Dje* 28-2-2012; HC 168.571, j. 14-2-2012, *Dje* 6-3-2012.

■ Descumprimento de condição. Fato descoberto após expiração do período de prova. Irrelevância: "1. É perfeitamente possível a revogação da suspensão condicional do processo, ainda que expirado o período da suspensão do curso do processo, desde que comprovado que, no período de prova do benefício, houve o descumprimento das condições impostas ou que o beneficiado passou a ser processado por outro crime. Precedentes desta Corte e do Supremo Tribunal Federal. 2. Inexiste constrangimento ilegal no acórdão do Tribunal *a quo* que confirmou a revogação do benefício concedido ao acusado em função do descumprimento, no período de prova, de duas das condições impostas, não havendo qualquer previsão legal no sentido de que essa decisão deve ser proferida antes do final do prazo da suspensão. 3. *Habeas corpus* denegado" (STJ, 5ª T., HC 176.891, Rel. Min. Marco Aurélio Bellizze, j. 20-3-2012, *Dje* 13-4-2012). No mesmo sentido: STJ, 5ª T., HC 206.032, j. 16-2-2012, *Dje* 28-2-2012; STJ. 5ª T., AgRg no REsp 1.244.420, j. 4-10-2011, *Dje* 14-10-2011).

■ Descumprimento de condição. Fato descoberto após o trânsito em julgado da decisão extintiva da punibilidade: "1. Inexiste constrangimento ilegal quanto à revogação do benefício da suspensão condicional da pena em razão de condenação pelo cometimento de outro crime durante o período de prova, desde que não tenha sido extinta a punibilidade do agente mediante sentença transitada em julgado, nos termos do inciso I do art. 81 do Código Penal. 2. Esta Corte tem firmado o entendimento no sentido de que o período de prova do *sursis* fica automaticamente prorrogado quando o beneficiário está sendo processado por outro crime ou contravenção, bem como que a superveniência de sentença condenatória irrecorrível é caso de revogação obrigatória do benefício, mesmo quando ultrapassado o período de prova. 3. Ordem denegada" (STJ, 5ª T., HC 175.758, Rel. Min. Laurita Vaz, j. 4-10-2011, *Dje* 14-10-2011).

"1. Homologada a suspensão condicional do processo, nos termos da Lei n. 9.099/1995, o transcurso do prazo do *sursis* sem revogação acarreta a extinção da punibilidade do acusado, consoante o § 5º do art. 89 do mesmo diploma legal. 2. Em que pese haja previsão legal de revogação do *sursis* diante do cometimento de novo delito pelo beneficiário durante o período de prova (art. 89, § 3º, da Lei n. 9.099/1995), cabe ao Ministério Público diligenciar informações sobre o comportamento do acusado, durante todo o prazo. 3. Extinção da punibilidade a ser mantida, pois, tardia diligência, a Lei n. 9.099/1995 não prevê prorrogação do prazo nem revogação do *sursis*. Precedente do STF" (TRF da 5ª Região, 3ª T., RSE 2005.84.00.002674-8, Rel. Des. Fed. Marcelo Navarro, j. 22-3-2012, publ. 28-3-2012, *Bol. IBCCrim* n. 234, maio de 2012, p. 1559).

■ Nota: É importante ressaltar que a questão trazida nos acórdãos acima transcritos não é pacífica, havendo entendimento no sentido de que, no livramento condicional, ainda que o beneficiado tenha descumprido alguma condição, tendo já expirado o prazo sem revogação, não pode o juiz fazê-lo posteriormente. É o que decidiu o STJ, no julgamento do HC 178.270, de relatoria do Min. Gilson Dipp, j. 20-12-2011, *Dje* 4-11-2011. A nosso ver, tal entendimento deve ser aplicado à suspensão condicional do processo (art. 89 da Lei n. 9.099/95). Há entendimento de que a revogação pelo descumprimento pode ocorrer mesmo após o decurso do prazo, desde que não tenha havido o trânsito em julgado da decisão extintiva da punibilidade (*vide* acórdão abaixo).

■ Inaplicabilidade da suspensão aos delitos praticados no âmbito da violência doméstica: "1. A Constituição Federal, em seu art. 98, inciso I, não definiu a abrangência da expressão 'infrações de menor potencial ofensivo', isto é, coube ao legislador ordinário estabelecer o alcance do referido conceito que, considerando a maior gravidade dos crimes relacionados com violência doméstica ou familiar contra a mulher, decidiu tratar de forma mais severa as referidas infrações, afastando, no art. 41 da Lei n. 11.340/2006, independentemente da pena prevista, a aplicação dos institutos previstos na Lei n. 9.099/95, quais sejam, a suspensão condicional do processo e a transação penal. 2. Na hipótese vertente, o paciente foi condenado como incurso nas sanções do art. 21 da Lei das Contravenções Penais, pela prática de agressão à sua ex-companheira. Logo, por expressa vedação legal, não há como se aplicar o instituto da suspensão condicional do processo. 3. Ordem denegada" (STJ, 5ª T., HC 184.863, Rel. Min. Jorge Mussi, j. 6-3-2012, *Dje* 20-3-2012).

Art. 90. As disposições desta Lei não se aplicam aos processos penais cuja instrução já estiver iniciada.

▪ **Normas penais benéficas não abrangidas pela ressalva do legislador:** Este art. 90, ao prever que a presente Lei n. 9.099/95 não se aplica aos processos cuja instrução já estiver iniciada, não pode ser estendido às normas de direito penal mais favoráveis. Na época da entrada em vigor desta lei, muito se discutiu a respeito, prevalecendo o entendimento de que as normas de natureza penal, favoráveis à liberdade dos acusados, estipuladas na Lei n. 9.099/95, deveriam incidir em todos os processos, inclusive nos que já estavam em andamento. Lembramos, assim, a exigência de representação nas lesões corporais leves e culposas (art. 88) e os institutos da composição civil (art. 74), da transação penal (art. 76) e da suspensão condicional do processo (art. 89). Referidas normas penais, por serem mais favoráveis, deveriam retroagir, sob pena de ofensa à garantia da retroatividade da lei penal benéfica (CR, art. 5º, XL; CP, art. 2º, parágrafo único). Por tal razão, aliás, foi que o STF, ao julgar parcialmente procedente a ADIn 1.719-9, deu interpretação conforme ao art. 90 da Lei n. 9.099/95, "para excluir de sua abrangência as normas penais mais favoráveis aos réus contidas nessa lei".

Art. 90-A. As disposições desta Lei não se aplicam no âmbito da Justiça Militar.

▪ **Alteração:** Este art. 90-A foi incluído pela Lei n. 9.839, de 27 de setembro de 1999.

▪ **Justiça Militar:** Embora o dispositivo em comento seja claro, por questão de isonomia, a jurisprudência tem decidido pela aplicação da Lei n. 9.099/95 à justiça castrense (*vide* abaixo). Desta forma, nos crimes militares de lesões corporais leves e lesões culposas, aplica-se o art. 88 da presente lei, sendo exigida a representação no prazo legal (seis meses).

Jurisprudência ▪ **Crime militar. Lesão corporal leve (CPM, art. 209). Necessidade de representação do ofendido:** "Conforme entendimento sufragado nesta Corte e no Col. Supremo Tribunal Federal, a Lei dos Juizados Especiais Cíveis e Criminais (Lei n. 9.099/95) aplica-se à Justiça Castrense. Os arts. 88 e 91 da Lei dos Juizados Especiais Cíveis e Criminais (Lei n. 9.099, de 26.9.95), que exigem representação do ofendido para a instauração de processo--crime, aplicam-se a todos e quaisquer processos, sejam os que digam respeito às leis codificadas — Código Penal e Código Penal Militar — ou às extravagantes, de qualquer natureza. Precedentes desta Corte e do STF. Ordem concedida" (STJ, 5ª T., HC 9.755, j. 3-8-1999, *DJ* 18-10-1999 p. 244).

Art. 91. Nos casos em que esta Lei passa a exigir representação para a propositura da ação penal pública, o ofendido ou seu representante legal será intimado para oferecê-la no prazo de 30 (trinta) dias, sob pena de decadência.

- **Representação:** O art. 88 da Lei n. 9.099/95 passou a exigir representação nas ações penais por crimes de lesões corporais leves e lesões culposas. Tal regra, como visto nos comentários ao art. 88, deve retroagir, por se tratar de norma penal benéfica, conforme a garantia prevista no art. 5º, XL, da CR/88 (*vide*, também, CP, art. 2º, parágrafo único). Pois bem, foi justamente com a intenção de atender ao referido princípio, que este art. 91 previu, em relação aos fatos ocorridos antes da entrada em vigor da Lei n. 9.099/95, que o ofendido ou o seu representante legal fosse intimado para que, no prazo de 30 dias, oferecesse, ou não, a representação de que trata o art. 88, sob pena de decadência.

Art. 92. Aplicam-se subsidiariamente as disposições dos Códigos Penal e de Processo Penal, no que não forem incompatíveis com esta Lei.

- **Aplicação subsidiária do CP e do CPP:** Como sói ocorrer nas leis penais especiais, este art. 92 prevê que se aplicam subsidiariamente as disposições previstas no CP e no CPP, desde que não sejam incompatíveis com esta lei. Assim, como é evidente, toda vez que a Lei n. 9.099/95 contiver disposição própria (ou específica) sob determinada regra de direito (material ou processual), terá aplicação a regra especial, somente sendo permitida a incidência da regra do CP ou do CPP nos casos de lacuna e desde que não incompatíveis com a presente lei.

- **Procedimento:** No tocante ao procedimento especial previsto nesta lei (rito sumaríssimo), no mesmo sentido da regra deste art. 92, dispõe também o art. 394, § 5º, do CPP, *verbis*: "§ 5º Aplicam-se subsidiariamente aos procedimentos especial, sumário e sumaríssimo as disposições do procedimento ordinário".

Capítulo IV
DISPOSIÇÕES FINAIS COMUNS

Art. 93. Lei Estadual disporá sobre o Sistema de Juizados Especiais Cíveis e Criminais, sua organização, composição e competência.

- No Estado de São Paulo: *Vide* Lei Complementar n. 851, de 9 de dezembro de 1998.
- No âmbito da Justiça Federal: *Vide* Lei n. 10.259, de 12 de julho de 2001.

Art. 94. Os serviços de cartório poderão ser prestados, e as audiências realizadas fora da sede da Comarca, em bairros ou cidades a ela pertencentes, ocupando instalações de prédios públicos, de acordo com audiências previamente anunciadas.

Art. 95. Os Estados, Distrito Federal e Territórios criarão e instalarão os Juizados Especiais no prazo de 6 (seis) meses, a contar da vigência desta Lei.

Parágrafo único. No prazo de 6 (seis) meses, contado da publicação desta Lei, serão criados e instalados os Juizados Especiais Itinerantes, que deverão dirimir, prioritariamente, os conflitos existentes nas áreas rurais ou nos locais de menor concentração populacional.

- Territórios: Não mais existem.

Art. 96. Esta Lei entra em vigor no prazo de 60 (sessenta) dias após a sua publicação.

Art. 97. Ficam revogadas a Lei n. 4.611, de 2 de abril de 1965, e a Lei n. 7.244, de 7 de novembro de 1984.

- Lei n. 4.611/65: Dispunha sobre normas processuais dos crimes previstos nos arts. 121, § 3º, e 129, § 6º, do Código Penal. Encontra-se revogada pelo art. 97 da Lei n. 9.099/95.
- Lei n. 7.244/84: Dispunha sobre a criação e o funcionamento do Juizado Especial de Pequenas Causas. Encontra-se revogada pelo art. 97 da Lei n. 9.099/95.

Brasília, 26 de setembro de 1995; 174º da Independência e 107º da República.

FERNANDO HENRIQUE CARDOSO
Nelson A. Jobim

TRANSPLANTES

LEI N. 9.434, DE 4 DE FEVEREIRO DE 1997

Dispõe sobre a remoção de órgãos, tecidos e partes do corpo humano para fins de transplante e tratamento e dá outras providências.

O Presidente da República:
Faço saber que o Congresso Nacional decreta e eu sanciono a seguinte Lei:

▪ Nota introdutória: A ciência vai sempre adiante do direito. A cada nova descoberta científica, o legislador é desafiado a lhe dar regulamentação jurídica. Particularmente na medicina, o progresso nas últimas décadas tem sido extraordinário. No campo dos transplantes, as cirurgias antes de alto risco são hoje cada vez mais seguras. A rejeição, a princípio um dos seus maiores obstáculos, tem sido evitada com modernos medicamentos. Segundo o "Portal da Saúde" do Governo brasileiro, nosso país possui um dos maiores programas públicos de transplantes de órgãos e tecidos do mundo, sendo, em 2012, 548 estabelecimentos de saúde e 1.376 equipes médicas autorizados a realizar transplantes, estando o Sistema Nacional de Transplantes presente em 25 Estados. A Lei n. 9.434/97, com alterações feitas pelas Leis n. 10.211/2001, n. 11.521/2007 e n. 11.633/2007, veio normatizar, entre nós, essa relevante matéria. No campo penal, em seu Capítulo V, tipificou como crime: a remoção de tecidos, órgãos ou partes do corpo de pessoa ou cadáver em desacordo com as disposições, tornando qualificado o delito quando, em ser vivo, houver lesão grave, gravíssima, ou morte, ou ainda quando, em pessoa viva ou morta, for praticado por motivo torpe (art. 14); a compra ou venda de tecidos, órgãos ou partes do corpo humano, alcançando quem promove, intermedeia, facilita ou aufere vantagem com esse nefasto comércio (art. 15); a realização de transplante ou enxerto com a utilização de tecidos, órgãos ou partes do corpo humano, sabendo o agente que foram obtidos ilegalmente (art. 16); o recolhimento, transporte, guarda ou distribuição de partes do corpo humano, com ciência de sua ilegal obtenção (art. 17); a não recomposição condigna do cadáver, sua não entrega ou o retardamento em fazê-lo (art. 19); o anúncio ou apelo público de estabelecimentos autorizados a realizar transplantes, pedindo doação de tecido, órgão ou parte do corpo humano para pessoa determinada, ou com o fim de arrecadar fundos em benefício de particulares (art. 20 c/c o art. 11). Com o progresso científico, novos desafios legais surgirão, requerendo contínuo aperfeiçoamento da presente Lei.

▪ Constituição da República: O art. 199, § 4º, da Constituição da República estabelece que "a lei disporá sobre as condições e os requisitos que facilitem a remoção de órgãos, tecidos e substâncias humanas para fins de transplante, pesquisa e tratamento, bem como a coleta, processamento e transfusão de sangue e seus derivados, sendo vedado todo tipo de comercialização".

- Sistema de Lista Única (Sistema Nacional de Transplantes):. Tratando-se de doação *post mortem*, estabelece o art. 33 da Portaria n. 3.407/98, do Ministério da Saúde, que "o sistema de lista única [...] é constituído pelos conjuntos de critérios específicos para a distribuição de cada tipo de órgão ou tecido, selecionando, assim, o receptor adequado". Assim, conforme art. 34 desta Portaria, "todos os órgãos ou tecidos obtidos de doador cadáver, que para a sua destinação contarem com receptores em regime de espera, deverão ser distribuídos segundo o sistema de lista única". Os candidatos ao transplante deverão se cadastrar na Central de Notificação, Captação e Distribuição de Órgãos — CNCDO, recebendo comprovante de inscrição, bem como as explicações sobre os critérios de distribuição de órgão ou tecido ao qual se relaciona como possível receptor. Se houver urgência para a realização de transplantes, a CNCDO estadual deve ser comunicada pela equipe para a indicação de precedência do paciente em relação à Lista Única, e, caso seja necessário, comunicar à Central Nacional de Notificação, Captação e Distribuição de Órgãos, a qual tentará disponibilizar o órgão necessário para o transplante junto às outras CNCDOs estaduais.

Capítulo I
DAS DISPOSIÇÕES GERAIS

Art. 1º A disposição gratuita de tecidos, órgãos e partes do corpo humano, em vida ou *post mortem*, para fins de transplante e tratamento, é permitida na forma desta Lei.

Parágrafo único. Para os efeitos desta Lei, não estão compreendidos entre os tecidos a que se refere este artigo o sangue, o esperma e o óvulo.

- Doação *post mortem*: Para Orlando de Carvalho, "o cadáver é, enquanto despojo de uma pessoa humana, uma coisa, por certo, mas uma coisa ainda nimbada do respeito que todos devem à pessoa viva [...] mas objeto de respeito é, por isso, como dizem os juristas, uma *res extra commercium*, sobre que têm um direito de *pietas* (piedade) a família ou os conviventes [...] é o direito/dever de destinar o cadáver a um dos seus fins legítimos: inumação (ou cremação), recuperação de outras vidas, investigação científica. Por aqui se vê que a colheita de órgãos para fins de transplantação é inteiramente harmônica com o respeito pelos despojos humanos. Na concepção moderna destas coisas, diremos mesmo *que é o seu destino mais nobre*" (*apud* Ana Cláudia Pirajá Bandeira, *Consentimento no transplante de órgãos*. Curitiba: Juruá, 2001, p. 89-90).

- Sangue, esperma e óvulo: A presente lei estabelece rígidos controles para a doação e o transplante de órgãos, tecidos e partes do corpo humano, abrindo exceção para o *sangue*, o *esperma* e o *óvulo*, os quais têm disciplina própria.

Art. 2º A realização de transplantes ou enxertos de tecidos, órgãos ou partes do corpo humano só poderá ser realizada por estabelecimento de saúde, público ou privado, e por equipes médico-cirúrgicas de remoção e transplante previamente autorizados pelo órgão de gestão nacional do Sistema Único de Saúde.

Parágrafo único. A realização de transplantes ou enxertos de tecidos, órgãos e partes do corpo humano só poderá ser autorizada após a realização, no doador, de todos os testes de triagem para diagnóstico de infecção e infestação exigidos em normas regulamentares expedidas pelo Ministério da Saúde.

- Alteração: Parágrafo único com redação dada pela Lei n. 10.211/2001.
- Transplante e enxerto: Transplante é o enxerto de um *órgão funcional* de um indivíduo a outro, com restabelecimento da continuidade dos grandes vasos. Enxerto é a implantação em um indivíduo de uma *porção de tecido ou de órgão*, tomado quer dele mesmo, quer de outro indivíduo (Garnier Delamare, *Dicionário de termos técnicos de medicina*. 20. ed. São Paulo: Andrei Editora, 1984, p. 370 e 1045). Hoje, além de transplantes de coração, pulmão, rim, fígado etc., também existem transplantes até mesmo de um rosto completo. Aliás, a primeira cirurgia desse tipo foi realizada em novembro de 2005, na França, em Isabelle Dinoire. Depois dela, mais de uma dezena de transplantes faciais já ocorreram, sendo que, em 2011, houve o primeiro nos EUA, em Dallas Wiens. Igualmente, inclusive de parte de um membro, sendo que em março de 2011, nos EUA, houve o primeiro transplante completo de uma mão, em Linda Lu. Como se vê, a medicina, vencendo a rejeição do órgão, tecido ou parte do corpo implantada no receptor, tem avançado enormemente, alcançando conquistas jamais imaginadas.
- Saúde pública: Preocupou-se o legislador, com razão, em proteger a saúde pública ao *exigir*, como condição de qualquer doação, que sejam feitos todos os testes para prévio diagnóstico de infecções ou infestações no doador.

Capítulo II
DA DISPOSIÇÃO *POST MORTEM* DE TECIDOS, ÓRGÃOS E PARTES DO CORPO HUMANO PARA FINS DE TRANSPLANTE

Art. 3º A retirada *post mortem* de tecidos, órgãos ou partes do corpo humano destinados a transplante ou tratamento deverá ser precedida de diagnóstico de morte encefálica, constatada e registrada por dois médicos não participantes das equipes de remoção e transplante, mediante a utilização de critérios clínicos e tecnológicos definidos por resolução do Conselho Federal de Medicina.

§ 1º Os prontuários médicos, contendo os resultados ou os laudos dos exames referentes aos diagnósticos de morte encefálica e cópias dos documentos de que tratam os arts. 2º, parágrafo único; 4º e seus parágrafos; 5º; 7º; 9º, §§ 2º, 4º, 6º e 8º; e 10, quando couber, e detalhando os atos cirúrgicos relativos aos transplantes e enxertos, serão mantidos nos arquivos das instituições referidas no art. 2º por um período mínimo de cinco anos.

§ 2º As instituições referidas no art. 2º enviarão anualmente um relatório contendo os nomes dos pacientes receptores ao órgão gestor estadual do Sistema Único de Saúde.

§ 3º Será admitida a presença de médico de confiança da família do falecido no ato da comprovação e atestação da morte encefálica.

- Punições criminais e administrativas: Sem prejuízo de sanções criminais previstas nesta lei, as instituições que não cumprirem os deveres impostos neste art. 3º poderão sofrer punição administrativa, nos termos do art. 22.

- Morte encefálica: O encéfalo é a parte do sistema nervoso central contida na cavidade do crânio e que abrange o cérebro, o cerebelo, pedúnculos, a protuberância anular e o bulbo raquidiano. A cessação das atividades do encéfalo constitui a chamada *morte encefálica*, que é, hoje, a definição legal de morte. Por cautela, dispõe este art. 3º, *caput*, que o diagnóstico de morte encefálica deve ser feito por dois médicos não participantes das equipes de remoção e transplante, que deverão constatá-la e registrá-la com a utilização de critérios clínicos e tecnológicos estabelecidos pelo Conselho Federal de Medicina. A Resolução n. 1.480, de 8 de agosto de 1967, desse Conselho dispõe que "a parada *total e irreversível* das funções encefálicas equivale à morte, conforme critérios já bem estabelecidos pela comunidade científica mundial".

- Médico da família: Igualmente por cautela, o § 3º do art. 3º permite a presença de médico de confiança da família do falecido no ato de comprovação e atestação da morte encefálica.

- Prontuário médico: Este é documento de *fundamental* importância, seja para o paciente, seja para o médico e toda a equipe que o atende, com a transmissão de informações para as instituições de saúde, ensino e pesquisa, bem como para o controle dos serviços públicos de saúde. Impõe transparência às condutas adotadas pelo médico e demais profissionais de saúde. É dever personalíssimo de o médico elaborá-lo, nos termos do art. 69 do Código de Ética Médica, encontrando-se disciplinado na Resolução n. 1.638/2002, do Conselho Federal de Medicina. Conforme dispõe o § 1º deste art. 3º, o prontuário médico deverá conter os resultados ou os laudos dos exames relativos aos diagnósticos de morte encefálica, cópias dos documentos referidos nesse § 1º, bem como o detalhamento dos atos cirúrgicos referentes ao transplante ou enxerto. Além disso, os prontuários médicos assim elaborados deverão ser mantidos nos arquivos das instituições autorizadas a realizar transplantes ou enxertos (art. 2º desta Lei), pelo período mínimo de cinco anos.

Art. 4º A retirada de tecidos, órgãos e partes do corpo de pessoas falecidas para transplantes ou outra finalidade terapêutica, dependerá da autorização do cônjuge ou parente, maior de idade, obedecida a linha sucessória, reta ou colateral, até o segundo grau inclusive, firmada em documento subscrito por duas testemunhas presentes à verificação da morte.

Parágrafo único. (*Vetado.*)

- Alteração: Art. 4º com redação dada pela Lei n. 10.211/2001. Os antigos §§ 1º a 5º foram revogados pela mesma lei, os quais presumiam que todas as pessoas seriam doadoras, devendo constar nos documentos pessoais, a seu pedido, não serem doadores de órgãos.

- Autorização de parente (se não houver manifestação em vida do falecido): Com a nova redação deste art. 4º, atualmente se presume que as pessoas não sejam doadoras de órgãos *post mortem*. Se não tiver havido manifestação em vida, do falecido, no sentido de ser doador de órgãos, deverá haver expressa concordância do cônjuge ou parente, maior de idade, obedecida a linha sucessória, reta ou colateral, até o 2º grau, inclusive. Para Adriano de Cupis, "a vontade do sujeito manifestada, em vida, a respeito do destino do seu corpo após sua morte, cria um negócio jurídico que tem por objeto uma coisa futura e deve prevalecer sobre a vontade dos parentes" (*apud* Ana Cláudia Pirajá Bandeira, *Consentimento no transplante de órgãos*. Curitiba: Juruá, 2001, p. 90). Segundo Orlando de Carvalho, não havendo tal manifestação do doador em vida, cabe à família ou aos conviventes "um direito de *pietas* (piedade)", sendo que o titular desse direito "é que pode destiná-lo, salvo se o *de cujus* já o fez em vida ou o fez por testamento. Se o fez, a colheita será perfeitamente consentida — não sendo de exigir uma declaração expressa, bastando qualquer insinuação" (*ibidem*, p. 89/90).

Art. 5º A remoção *post mortem* de tecidos, órgãos ou partes do corpo de pessoa juridicamente incapaz poderá ser feita desde que permitida expressamente por ambos os pais ou por seus responsáveis legais.

Art. 6º É vedada a remoção *post mortem* de tecidos, órgãos ou partes do corpo de pessoas não identificadas.

Art. 7º (*Vetado.*)

Parágrafo único. No caso de morte sem assistência médica, de óbito em decorrência de causa mal definida ou de outras situações nas quais houver indicação de verificação da causa médica da morte, a remoção de tecidos, órgãos ou partes de cadáver para fins de transplante ou terapêutica somente poderá ser realizada após a autorização do patologista do serviço de verificação de óbito responsável pela investigação e citada em relatório de necropsia.

Art. 8º Após a retirada de tecidos, órgãos e partes, o cadáver será imediatamente necropsiado, se verificada a hipótese do parágrafo único do art. 7º, e, em qualquer caso, condignamente recomposto para ser entregue, em seguida, aos parentes do morto ou seus responsáveis legais para sepultamento.

- **Alteração:** Art. 8º com redação dada pela Lei n. 10.211/2001.
- **Remissão:** A não recomposição condigna do cadáver, a sua não entrega aos familiares ou responsáveis legais, ou, ainda, o retardamento injustificado em entregá-lo, configura o crime do art. 19 desta lei.

Capítulo III
DA DISPOSIÇÃO DE TECIDOS, ÓRGÃOS E PARTES DO CORPO HUMANO VIVO PARA FINS DE TRANSPLANTE OU TRATAMENTO

Art. 9º É permitida à pessoa juridicamente capaz dispor gratuitamente de tecidos, órgãos e partes do próprio corpo vivo, para fins terapêuticos ou para transplantes em cônjuge ou parentes consanguíneos até o quarto grau, inclusive, na forma do § 4º deste artigo, ou em qualquer outra pessoa, mediante autorização judicial, dispensada esta em relação à medula óssea.

- **Alteração:** Art. 9º com redação dada pela Lei n. 10.211/2001.
- **Proibição de venda do próprio órgão:** Este artigo proíbe, expressamente, que qualquer pessoa venda partes, órgãos ou tecidos de seu próprio corpo. Essa proibição é fundamental, buscando-se proteger pessoas em situação de vulnerabilidade econômica e social, mais suscetíveis de serem aliciadas por traficantes de órgãos. O Estado, aqui, buscando proteger a própria *dignidade humana*, avança na esfera da intimidade das pessoas, não admitindo como válido o consentimento de quem, por exemplo, diante de uma situação de *desespero* e *vulnerabilidade*, se dispõe a permitir que se retire parte de seu corpo, em troca de dinheiro. Não há consentimento juridicamente válido nesse âmbito. Nesse sentido, Ana Cláudia Pirajá Bandeira lembra que o "poder de autodeterminação sobre si mesmo não é ilimitado, perdendo sua licitude quando atentar contra o bem superior da vida ou contra o próprio corpo, tornando-se mesmo ilícito quando contrariar uma proibição legal, os bons costumes, os princípios da ordem pública" (ob. cit., p. 78).
- **Doação para cônjuge ou parentes consanguíneos até o quarto grau (sem autorização judicial):** A doação (disposição gratuita), *em vida*, encontra limites impostos pelo legislador: só será válida, para fins terapêuticos ou para transplante, *em cônjuge ou parentes consanguíneos até 4º grau, inclusive.*
- **Doação para qualquer pessoa (com autorização judicial):** A doação para pessoas que não sejam parentes até o 4º grau deverá ser precedida de autorização judicial, salvo se se tratar de medula óssea.

§ 1º (*Vetado.*)

§ 2º (*Vetado.*)

§ 3º Só é permitida a doação referida neste artigo quando se tratar de órgãos duplos, de partes de órgãos, tecidos ou partes do corpo cuja retirada não impeça o organismo do doador de continuar vivendo sem risco para a sua integridade e não represente grave comprometimento de suas aptidões vitais e saúde mental e não cause mutilação ou deformação inaceitável, e corresponda a uma necessidade terapêutica comprovadamente indispensável à pessoa receptora.

- **Requisitos:** Os requisitos elencados neste § 3º visam preservar a incolumidade física e psíquica do doador, e a sua própria dignidade, bem como reservar os transplantes para os casos em que sejam indispensáveis ao tratamento do receptor.

- **Limites éticos:** O direito não pode agasalhar condutas que venham a violar a dignidade humana. Assim, o próprio livre-arbítrio, no sentido de que todos podem dispor de seu corpo como desejem, encontra limitação ética, sendo inaceitável que a pessoa aniquile a sua própria personalidade, a sua existência com dignidade, ainda que seja para beneficiar, com grande altruísmo, um terceiro. Desse modo, não será lícita a doação de órgãos que não sejam duplos, ou que venham a comprometer a própria vida e a saúde do doador. Inaceitável, por exemplo, que uma pessoa doe um membro de seu corpo, gerando deformidade ou mutilação, ou órgão que venha a causar risco à sua própria integridade física ou psíquica.

§ 4º O doador deverá autorizar, preferencialmente por escrito e diante de testemunhas, especificamente o tecido, órgão ou parte do corpo objeto da retirada.

§ 5º A doação poderá ser revogada pelo doador ou pelos responsáveis legais a qualquer momento antes de sua concretização.

§ 6º O indivíduo juridicamente incapaz, com compatibilidade imunológica comprovada, poderá fazer doação nos casos de transplante de medula óssea, desde que haja consentimento de ambos os pais ou seus responsáveis legais e autorização judicial e o ato não oferecer risco para a sua saúde.

§ 7º É vedado à gestante dispor de tecidos, órgãos ou partes de seu corpo vivo, exceto quando se tratar de doação de tecido para ser utilizado em transplante de medula óssea e o ato não oferecer risco à sua saúde ou ao feto.

- **Gestantes (medula óssea e sangue umbilical e placentário):** É proibido à gestante doar tecidos, órgãos ou partes de seu corpo, com exceção da *medula óssea*, desde que não ofereça risco à sua saúde ou à do feto, bem como de sangue do cordão umbilical e placentário (*vide* art. 9º-A).

§ 8º O autotransplante depende apenas do consentimento do próprio indivíduo, registrado em seu prontuário médico ou, se ele for juridicamente incapaz, de um de seus pais ou responsáveis legais.

Art. 9º-A. É garantido a toda mulher o acesso a informações sobre as possibilidades e os benefícios da doação voluntária de sangue do cordão umbilical e placentário durante o período de consultas pré-natais e no momento da realização do parto.

- Alteração: Art. 9º-A incluído pela Lei n. 11.633/2007.

Capítulo IV
DAS DISPOSIÇÕES COMPLEMENTARES

Art. 10. O transplante ou enxerto só se fará com o consentimento expresso do receptor, assim inscrito em lista única de espera, após aconselhamento sobre a excepcionalidade e os riscos do procedimento.

§ 1º Nos casos em que o receptor seja juridicamente incapaz ou cujas condições de saúde impeçam ou comprometam a manifestação válida da sua vontade, o consentimento de que trata este artigo será dado por um de seus pais ou responsáveis legais.

§ 2º A inscrição em lista única de espera não confere ao pretenso receptor ou à sua família direito subjetivo a indenização, se o transplante não se realizar em decorrência de alteração do estado de órgãos, tecidos e partes, que lhe seriam destinados, provocado por acidente ou incidente em seu transporte.

Parágrafo único. Nos casos em que o receptor seja juridicamente incapaz ou cujas condições de saúde impeçam ou comprometam a manifestação válida de sua vontade, o consentimento de que trata este artigo será dado por um de seus pais ou responsáveis legais.

- Alteração: Art. 10, com redação dada pela Lei n. 10.211/2001. Os §§ 1º e 2º foram incluídos pela referida lei.
- Concordância do receptor: Como visto nos artigos anteriores, toda retirada de órgãos, tecidos ou partes do corpo humano pressupõe a expressa concordância do doador vivo, ou, se falecido, do cônjuge ou parente, maior de idade, obedecida a linha sucessória, reta ou colateral, até o 2º grau, inclusive. Mas não é só. É fundamental haver a expressa concordância do receptor, impondo-se, ainda, duas condições: a) estar inscrito na lista única de espera; e b) ter sido aconselhado sobre a excepcionalidade e os riscos do procedimento.
- Receptor incapaz: De forma absolutamente redundante, tanto o § 1º (incluído pela Lei n. 10.211/2001) quanto o "parágrafo único" (que constava da redação original da Lei n. 9.434/97 e por um lapso não foi revogado) dizem a mesma coisa: se o receptor for incapaz ou não estiver em condições de saúde que lhe permitam validamente consentir com o transplante, bastará a concordância de um de seus pais ou responsáveis legais.

- Sistema de Lista Única (Sistema Nacional de Transplantes): *Vide* nota, sob o mesmo título, no início dos comentários à lei.
- Crime: A realização de transplante ou enxerto, em desacordo com esse art. 10, configura o crime previsto no art. 18.
- Isenção de responsabilidade civil: Preocupou-se o legislador em isentar o Estado da responsabilidade civil, nos casos em que o órgão conseguido para transplante em determinada pessoa tenha se deteriorado, por *acidente* ("acontecimento imprevisto ou fortuito, do qual resulta um dano causado à coisa ou pessoa" — De Plácido e Silva, *Vocabulário jurídico*. 2. ed. Rio de Janeiro/São Paulo: Forense, 1967, v. 1, p. 58) ou *incidente* ("circunstância acidental, episódio" — *Novo Dicionário Aurélio*. 4. ed. Rio de Janeiro: Positivo, 2009, p. 1087) em seu transporte.

Art. 11. É proibida a veiculação, através de qualquer meio de comunicação social, de anúncio que configure:

a) publicidade de estabelecimentos autorizados a realizar transplantes e enxertos, relativa a estas atividades;

b) apelo público no sentido da doação de tecido, órgão ou parte do corpo humano para pessoa determinada, identificada ou não, ressalvado o disposto no parágrafo único;

c) apelo público para a arrecadação de fundos para o financiamento de transplante ou enxerto em benefício de particulares.

Parágrafo único. Os órgãos de gestão nacional, regional e local do Sistema Único de Saúde realizarão periodicamente, através dos meios adequados de comunicação social, campanhas de esclarecimento público dos benefícios esperados a partir da vigência desta Lei e de estímulo à doação de órgãos.

- Igualdade de condições: Preocupou-se o legislador em garantir, ao máximo, a igualdade de condições entre aqueles que se inscrevem no Sistema de Lista Única para receber órgãos, tecidos ou partes do corpo humano, admitindo, somente, campanhas realizadas pelo próprio Sistema Único de Saúde.

Art. 12. (*Vetado.*)

Art. 13. É obrigatório, para todos os estabelecimentos de saúde, notificar, às centrais de notificação, captação e distribuição de órgãos da unidade federada onde ocorrer, o diagnóstico de morte encefálica feito em pacientes por eles atendidos.

Parágrafo único. Após a notificação prevista no *caput* deste artigo, os estabelecimentos de saúde não autorizados a retirar tecidos, órgãos ou partes do corpo humano destinados a transplante ou tratamento deverão permitir a imediata remoção do paciente ou franquear suas instalações e fornecer o apoio operacional necessário às equipes médico-cirúrgicas de remoção e transplante, hipótese em que serão ressarcidos na forma da lei.

- **Alteração:** Parágrafo único incluído pela Lei n. 11.521/2007.

- **Punições administrativas:** Se as instituições não cumprirem o seu dever de informar os casos de morte encefálica às centrais de notificação, captação e distribuição de órgãos, a elas poderão ser impostas penalidades administrativas previstas no art. 22, § 1º.

Capítulo V
DAS SANÇÕES PENAIS E ADMINISTRATIVAS

Seção I
DOS CRIMES

- **Grave violação dos Direitos Humanos:** A advertência feita pelo Conselho da Europa, na "Decisão-Quadro" de n. 2003/C100/13 ou 52003IG 0426(02), de iniciativa da Grécia (publicada em *Jornal Oficial* n. C 100 de 26/04/2003 p. 27/30, <http://eur-lex.europa.eu>), é precisa ao definir a extrema gravidade do tráfico de órgãos, tecidos e partes do corpo humano, a qual nos permitimos transcrever e endossar: "O tráfico de órgãos e tecidos humanos constitui uma forma de tráfico de seres humanos, representando uma grave violação dos direitos humanos fundamentais e, sobretudo, da dignidade humana e da integridade física. Este tráfico constitui um campo de atividade dos grupos criminosos organizados, os quais utilizam muitas vezes práticas ilícitas, como a exploração de pessoas vulneráveis e o recurso à violência e às ameaças. Além disso, origina graves perigos para a saúde pública e atenta contra o direito dos cidadãos à igualdade de acesso aos serviços de saúde. Por último, mina a confiança dos cidadãos no sistema legítimo de transplante". De fato, após a escravidão, abolida formalmente em nosso país em 1888, negociar órgãos, tecidos e partes do corpo humano é o que há de mais abjeto, transformando pessoas e seus corpos em coisas preificadas. Há notícia da existência de organizações criminosas transnacionais especializadas na prática desse crime, seja cooptando pessoas em situação de vulnerabilidade, seja sequestrando-as e extraindo os seus órgãos sem o seu consentimento. Como se vê, a capacidade do ser humano para a prática do mal não tem limites, merecendo severa repressão penal.

- **Tratados Internacionais contra o tráfico de órgãos:** Informa o Conselho da União Europeia, na referida "Decisão-Quadro" n. 2003/C100/13 ou 52003IG0426(02), que o Conselho, na Decisão n. (78) 29, adotada pelo Comitê de Ministros em 11 de maio de 1978, já estabelecia que nenhuma substância humana pode ser oferecida tendo em vista a obtenção de *lucros*, a qual foi confirmada na terceira Conferência dos Ministros da Saúde europeus, realizada em Paris em 16 e 17 de novembro de 1987, reafirmando-se que nenhum organismo de intercâmbio de órgãos ou centro de armazenamento de órgãos, ou outro organismo ou pessoa particular pode oferecer qualquer órgão humano com vistas ao lucro. Igualmente, a Convenção do Conselho da Europa sobre os Direitos do Homem e a Biomedicina, assinada em Oviedo em 4 de abril de 1997, reafirma, em seu art. 21, a proibição de se obter quaisquer lucros com o corpo humano e as suas partes, obrigando, no art. 25, que os Estados signatários prevejam adequadas sanções penais para o seu combate. Por sua vez, a Organização Mundial de Saúde — OMS também, há muitos anos, vem alertando sobre o problema, nas Resoluções n. 40.13, de maio de 1987, que condenou a mercancia de órgãos e partes do corpo humano; n. 42.5, de maio de 1989, preocupada com a pouca efetividade do seu combate; e n. 44.25, de maio de 1991, na qual declarou: a) que nenhum órgão deve ser extraído do corpo de menores, salvo em casos excepcionais; b) ser proibida a publicidade de compra ou venda de órgãos, tecidos ou partes do corpo humano; e c) o respeito ao princípio da igualdade no acesso à doação de órgãos. O Brasil, por sua vez, expressamente incorporou ao seu ordenamento jurídico a *Convenção das Nações Unidas contra o Crime Organizado Transnacional Relativo à Prevenção, Repressão e Punição do Tráfico de Pessoas, em Especial Mulheres e Crianças* (aprovada pelo Decreto-Legislativo n. 231, de 29 de maio de 2003, e promulgada pelo Decreto do Executivo n. 5.017, de 12 de março de 2004), cujo art. 3º estipula, em sua alínea *a*, que "a expressão 'tráfico de pessoas' significa o recrutamento, o transporte, a transferência, o alojamento ou o acolhimento de pessoas, recorrendo à ameaça ou uso da força ou a outras formas de coação, ao rapto, à fraude, ao engano, ao abuso de autoridade ou à situação de vulnerabilidade ou à entrega ou aceitação de pagamentos ou benefícios para obter o consentimento de uma pessoa que tenha autoridade sobre outra para fins de exploração. A exploração incluirá, no mínimo, a exploração da prostituição de outrem ou outras formas de exploração sexual, o trabalho ou serviços forçados, escravatura ou práticas similares à escravatura, a servidão ou *a remoção de órgãos*". Quanto ao eventual consentimento da vítima, a Convenção é expressa, na alínea *b*: "o consentimento dado pela vítima de tráfico de pessoas tendo em vista qualquer tipo de exploração descrito na alínea *a* do presente Artigo será considerado irrelevante se tiver sido utilizado qualquer um dos meios referidos na alínea *a*".

Art. 14. Remover tecidos, órgãos ou partes do corpo de pessoa ou cadáver, em desacordo com as disposições desta Lei:

Pena — reclusão, de dois a seis anos, e multa, de 100 a 360 dias-multa.

§ 1º Se o crime é cometido mediante paga ou promessa de recompensa ou por outro motivo torpe:

Pena — reclusão, de três a oito anos, e multa, de 100 a 150 dias-multa.

§ 2º Se o crime é praticado em pessoa viva, e resulta para o ofendido:

I — incapacidade para as ocupações habituais, por mais de trinta dias;

II — perigo de vida;

III — debilidade permanente de membro, sentido ou função;

IV — aceleração de parto:

Pena — reclusão, de três a dez anos, e multa, de 100 a 200 dias-multa.

§ 3º Se o crime é praticado em pessoa viva, e resulta para o ofendido:

I — incapacidade para o trabalho;

II — enfermidade incurável;

III — perda ou inutilização de membro, sentido ou função;

IV — deformidade permanente;

V — aborto:

Pena — reclusão, de quatro a doze anos, e multa, de 150 a 300 dias-multa.

§ 4º Se o crime é praticado em pessoa viva e resulta morte:

Pena — reclusão, de oito a vinte anos, e multa de 200 a 360 dias-multa.

Remoção de tecidos, órgãos ou partes do corpo humano (caput)

- **Objeto jurídico:** São vários os bens tutelados pela norma: a) a dignidade do ser humano (proibindo-se, por exemplo, a comercialização de órgãos, ou a doação que deixe o doador com uma mutilação ou deformidade inaceitável); b) a integridade física (ao se exigir o consentimento válido do doador) e a vida das pessoas (não se aceitando doação que gere risco de vida ao doador); c) o respeito devido aos mortos e aos seus familiares (quando o doador já tiver falecido); d) a saúde pública; e e) a saúde do receptor.

- **Sujeito ativo:** Qualquer pessoa, em geral profissionais da saúde como médicos e dentistas.

- **Sujeito passivo:** Qualquer pessoa que tenha sido objeto da remoção. No caso de cadáver, os familiares do falecido. Em ambos os casos, a coletividade também é atingida, uma vez que o sistema de transplantes é relevante questão de saúde pública.

- **Tipo objetivo:** O núcleo do tipo é *remover*, que tem o significado de tirar, retirar de um corpo. Os objetos materiais são: *tecidos* (conjunto de células de origem comum igualmente diferenciadas para o desempenho de certas funções, num organismo vivo — apud *Dicionário Aurélio*. 4. ed. Rio de Janeiro: Positivo, p. 1925); *órgãos* (formação anatômica que goza de certa autonomia, constituída segundo um plano que lhe é característico, sendo composta de tecidos, um dos quais predomina funcionalmente sobre outros, e que desempenha uma ou mais funções especiais — *ibidem*, p. 1449); ou *partes* (elementos ou porção — *ibidem*, p. 1497) do corpo de pessoa (viva) ou cadáver (assim declarado por morte encefálica). Nos expressos termos do art. 1º, parágrafo único, desta Lei, *não estão* compreendidos entre os tecidos o *sangue*, o *esperma* e o *óvulo*.

- **Elementos normativos do tipo:** A remoção punida é a feita *em desacordo com as disposições desta Lei* (elemento normativo do tipo), que estão previstas nos arts. 1º ao 9º-A. Basicamente, tratam esses dispositivos: a) só poderá ser realizado o transplante ou enxerto em estabelecimento de saúde, público ou privado, e por equipes médico-cirúrgicas de remoção e transplante previamente autorizados pelo órgão de gestão nacional do Sistema Único de Saúde (art. 2º, caput), e após a realização, no doador, de todos os testes de triagem para diagnóstico de infecção e infestação exigidos em normas regulamentares expedidas pelo Ministério da Saúde; b) a retirada *post mortem* deverá ser precedida de diagnóstico de morte encefálica, constatada e registrada por dois médicos não participantes das equipes de remoção e transplante, mediante a utilização de critérios clínicos e tecnológicos definidos por resolução do Conselho Federal de Medicina (art. 3º, caput), devendo os prontuários médicos que contêm os resultados ou laudos referentes ao diagnóstico de morte encefálica ser mantidos nos arquivos das instituições do art. 2º, por um período mínimo de cinco anos (art. 3º, § 1º); c) a retirada de tecidos, órgãos e partes do corpo de pessoas falecidas dependerá da autorização do cônjuge ou parente maior de idade, obedecida a linha sucessória, reta ou colateral, até o 2º grau, inclusive, firmada em documento subscrito por duas testemunhas presentes à verificação da morte (art. 4º); d) a remoção *post mortem* do corpo de pessoa juridicamente incapaz só poderá ser feita desde que permitida expressamente por ambos os pais ou por seus responsáveis legais (art. 5º); e) é vedada a remoção *post mortem* do corpo de pessoas não identificadas (art. 6º); f) necessidade de autorização do patologista do Serviço de Verificação de Óbito responsável, nos casos de morte sem assistência médica, em decorrência de causa mal definida ou de outras situações em que houver indicação de verificação da causa médica da morte (art. 7º, parágrafo único); g) permissão à pessoa juridicamente incapaz de dispor de tecidos, órgãos ou partes do seu corpo para fins terapêuticos ou transplante, em cônjuge e parentes consanguíneos até o 4º grau, inclusive, ou em qualquer pessoa, mediante autorização judicial, dispensada a autorização judicial em relação à medula óssea (art. 9º, caput); h) permissão de doação por pessoa viva somente de órgãos duplos, de partes de órgãos, tecidos ou partes do corpo cuja retirada não impeça o organismo do doador de continuar vivendo sem risco para a sua integridade, e não represente grave comprometimento de suas aptidões vitais e saúde mental, não cause mutilação ou deformação inaceitável e corresponda a uma necessidade terapêutica indispensável ao receptor (art. 9º, § 3º); i) o doador juridicamente incapaz, com compatibilidade imunológica comprovada, só poderá fazer doação de medula óssea desde que haja consentimento de ambos os pais ou responsáveis legais, autorização judicial e o ato não oferecer risco para a sua saúde (art. 9º, § 6º); j) vedação à gestante de dispor de tecidos, órgãos ou partes do corpo vivo, exceto tratando-se de medula óssea e o ato não oferecer risco à sua saúde ou do feto; k) o autotransplante depende do consentimento do próprio indivíduo, registrado em seu prontuário médico ou, se ele for juridicamente incapaz, do consentimento de um dos seus pais ou responsáveis legais. As disposições referidas no art. 10 são objeto do crime do art. 18, ao passo que as do art. 11 são referidas no tipo penal do art. 20. Como se vê, trata-se de um tipo penal extremamente aberto, havendo o mesmo desvalor para condutas diferentes, como critica William Terra de Oliveira ("Lei n. 9.434/97: os transplantes e a polêmica sobre os seus aspectos constitucionais e penais", *Bol. IBCCrim* n. 52, março de 1997).

- **Tipo subjetivo:** É o dolo, ou seja, a vontade livre e consciente de remover tecidos, órgãos ou partes do corpo de pessoa ou cadáver, *sabendo* que o faz em desconformidade com as disposições legais. Embora não referido expressamente, há também o elemento subjetivo do tipo consistente na finalidade de transplantar o tecido, órgão ou parte do corpo removido, para outra pessoa. Para a doutrina tradicional, é o dolo específico. Não há punição por culpa. Em sentido contrário, Guilherme de Souza Nucci entende ser o dolo genérico (*Leis penais e processuais penais comentadas*. 5. ed. São Paulo: Revista dos Tribunais, 2010, p. 1211).

- **Consumação:** Com a efetiva remoção de tecidos, órgãos ou partes do corpo.

- **Tentativa:** Embora de difícil ocorrência, pode haver em tese, caso a remoção, antes de seu término, venha a ser interrompida por razões alheias à vontade do agente.

- **Coautoria:** Pode haver, da parte de médico-assistente, anestesista.

- **Participação:** Também poderá existir por parte de instrumentador ou enfermeira que participe do ato cirúrgico (participação material) ou do responsável pelo hospital ou clínica que o permita (participação moral).

- **Erro de tipo ou de proibição (CP, arts. 20 e 21):** É possível, na dependência da análise de cada caso concreto.

- **Confronto com destruição ou vilipêndio de cadáver:** Se a remoção for feita em cadáver sem o intuito de transplante, cf. arts. 211 (destruição, subtração ou ocultação de cadáver) ou 212 (vilipêndio a cadáver) do CP.

- **Confronto com lesão corporal:** Se a remoção for realizada em pessoa viva, sem finalidade terapêutica ou de transplante, poderá haver lesão corporal (CP, art. 129).

- **Ação penal:** Pública incondicionada.

- **Pena:** Reclusão, de dois a seis anos, e multa, de 100 a 360 dias-multa.

- **Inconstitucionalidade da pena de multa do *caput*:** O máximo da pena de multa cominada às figuras qualificadas do § 1º (150 dias-multa), do § 2º (200) e do § 3º (300 dias-multa) é *inferior* ao máximo da pena pecuniária do *caput* (360 dias-multa), e igual ao máximo da pena de multa do § 4º (360 dias-multa), havendo flagrante desproporcionalidade. Igualmente desproporcional é o fato de a pena de multa mínima da figura simples do *caput* (100 dias-multa) ser em montante idêntico ao mínimo das figuras qualificadas dos §§ 1º e 2º. Assim, em face daquele princípio, entendemos ser inconstitucional a taxativa disposição referente à pena de multa do *caput*, sendo aplicável apenas a pena privativa de liberdade.

Figura qualificada do § 1º

- **Paga ou promessa de recompensa, ou outro motivo torpe (§ 1º):** O crime é qualificado se praticado *mediante paga ou promessa de recompensa*, ou, ainda, por *outro motivo torpe*. Mediante paga é o delito mercenário, que o agente comete por motivo de *pagamento ou promessa de recompensa*, isto é, a expectativa de paga. Quanto ao caráter da paga ou recompensa, no crime de homicídio com a mesma qualificadora (CP, art. 121, § 2º, I), predomina o entendimento de que deve ter valor econômico (Heleno Fragoso, *Lições de direito penal — Parte Especial*, 1995, v. I, p. 40; Hungria, *Comentários ao Código Penal*, 1958, v. V, p. 164; Magalhães Noronha, *Direito penal*, 1995, v. II, p. 22; *contra*: Damásio de Jesus, *Direito penal*, 29. ed., 2009, v. II, p. 67, para quem a promessa pode ser de outra natureza). Como "outro motivo torpe" considera-se aquele que, a exemplo da paga ou promessa de recompensa, for baixo, vil, ignóbil, repugnando a coletividade.

- Ação penal: Pública incondicionada.
- Pena: Reclusão, de três a oito anos, e multa, de 100 a 150 dias-multa. Quanto à violação do princípio da proporcionalidade, *vide* nota *Pena* no *caput*.

Figura qualificada do § 2º

- Incapacidade por mais de trinta dias, perigo de vida, debilidade permanente e aceleração de parto (§ 2º): Praticado em pessoa, o crime também é qualificado se dele resulta: I — Incapacidade para as ocupações habituais, por mais de trinta dias; II — Perigo de vida; III — Debilidade permanente de membro, sentido ou função; IV — Aceleração do parto. Tais circunstâncias são idênticas às da lesão corporal grave (CP, art. 129, § 1º). Na incapacidade, o conceito de "ocupação" é considerado sob o prisma funcional e não econômico. A contagem do prazo da incapacidade segue a regra do art. 10 do CP (incluindo-se no cômputo o dia do começo) e a jurisprudência tem exigido que se efetue exame complementar (CPP, art. 168), logo que decorrido o prazo de trinta dias, a não ser na hipótese em que os vestígios desapareçam, sem que, para tanto, haja concorrido a vítima (STF, *RTJ* 147/227). Quanto ao perigo de vida, não basta o risco potencial, aferido pela sede e natureza das lesões, só devendo tal perigo ser reconhecido por critérios objetivos comprobatórios de que foi real, mesmo que por breve tempo. No que tange à debilidade de membro, sentido ou função, deve ela ser permanente e estável, que não muda pelo tempo afora (STF, *RTJ* 72/25); não é necessário, entretanto, que seja perpétua, bastando que seja duradoura (TJSP, *RT* 562/304). Observe-se, a propósito, que a simples debilidade não se confunde com a perda ou inutilização, caracterizadora de lesão corporal gravíssima (TJSP, *RT* 593/325). Para a configuração da qualificadora da aceleração de parto, é necessário que o agente saiba da gravidez da vítima (TJSP, *RT* 606/329, 603/336; TACrSP, *Julgados*, 73/140).

- Ação penal: Pública incondicionada.
- Pena: Reclusão, de três a dez anos, e multa, de 100 a 200 dias-multa.

Figura qualificada do § 3º

- Incapacidade para o trabalho, enfermidade incurável, perda ou inutilização, deformidade permanente e aborto (§ 3º): Tais qualificadoras resultantes do crime praticado em pessoa são bastante semelhantes às da lesão corporal gravíssima (CP, art. 129, § 2º). Embora, quanto à incapacidade para o trabalho, o inciso I deste § 3º não use a expressão permanente, como o faz o art. 129, § 2º, I, do CP, entendemos que, em face dos princípios da proporcionalidade, bem como da analogia em *bonam partem*, também aqui deverá ser ela permanente, à luz da ciência atual. Ademais, se não for permanente, estaremos na hipótese do § 2º (mais de 30 dias) ou do *caput* (menos de trinta dias), tudo indicando ter havido lapso do legislador. O conceito é econômico e a expressão "trabalho" costuma ser entendida em sentido genérico. Enfermidade incurável é a doença (física ou mental) cuja curabilidade não é alcançada pela medicina, em seus recursos e conhecimentos atuais. Considera-se que o ofendido não está obrigado a sujeitar-se a intervenções cirúrgicas de risco ou a tratamentos de resultados duvidosos. A perda ou inutilização de membro, sentido ou função não deve ser confundida com a debilidade, prevista no § 2º, III. Quanto à deformidade, o critério é estético e tem-se em vista a impressão vexatória que a lesão acarreta para o ofendido. A deformidade precisa ser apreciada tanto objetiva quanto subjetivamente. A lei requer que ela seja permanente, isto é, indelével e irrecuperável pela atuação do tempo ou da medicina. O evento aborto deve ser resultado, ao menos, de culpa do agente (CP, art. 19). A ignorância do agente quanto à gravidez é erro de tipo que afasta a qualificadora.

- Ação penal: Pública incondicionada.

- Pena: Reclusão, de quatro a doze anos, e multa, de 150 a 300 dias-multa.

Figura qualificada do § 4º

- Resultado morte (§ 4º): Praticado o crime (em pessoa viva, diz a lei de modo redundante) e dele tendo resultado a morte da vítima, configura-se esta qualificadora. Trata-se de crime preterdoloso, em que o agente atua com dolo na remoção do órgão, tecido ou parte do corpo e, com culpa, no resultado morte. A superveniência da morte não deve ser incalculável nem fortuita (TJSP, *RT* 503/319). É indispensável, outrossim, o nexo de causalidade entre a ação do agente e o evento morte (TJSC, *RT* 541/426).

- Ação penal: Pública incondicionada.

- Pena: Reclusão, de oito a vinte anos, e multa de 200 a 360 dias-multa.

Art. 15. Comprar ou vender tecidos, órgãos ou partes do corpo humano:

Pena — reclusão, de três a oito anos, e multa, de 200 a 360 dias-multa.

Parágrafo único. Incorre na mesma pena quem promove, intermedeia, facilita ou aufere qualquer vantagem com a transação.

Compra ou venda (caput)

- Objeto jurídico: A dignidade do ser humano, a sua integridade física e o respeito devido ao seu corpo, após a morte.

- Sujeito ativo: Qualquer pessoa.

- Sujeito ativo é a pessoa que vende o próprio órgão, tecido ou parte de seu corpo: A presente lei proíbe, expressamente, de acordo com tratados internacionais, resoluções da Organização Mundial da Saúde e da nossa Constituição da República (art. 199, § 4º), que uma pessoa *venda* parte de seu corpo, sejam órgãos, tecidos ou membros (art. 9º, *caput*), impondo-se limitação ao princípio de que todos são donos de seu próprio corpo. Já o crime deste art. 15, ao punir com reclusão de três a oito anos, e multa, aqueles que os vendam ou comprem, não traz nenhum tratamento diferenciado à especial situação da pessoa que vende *o próprio órgão, tecido ou parte de seu corpo.*

- Sujeito passivo: A sociedade.

- Tipo objetivo: O tipo penal expressamente *proíbe* a *compra* (aquisição por dinheiro) e *venda* (alienação ou cessão por certo preço). Pune-se, assim, tanto quem vende quanto quem compra. Os objetos da venda e compra são os tecidos, órgãos ou partes do corpo humano (quanto ao seu conceito, *vide* nota *Tipo objetivo* no art. 14, *caput*), não estando compreendidos entre os tecidos o *sangue*, o *esperma* e o *óvulo* — art. 1º, parágrafo único. Tais tecidos, órgãos ou partes podem ser do próprio corpo de quem o vende (como no caso, infelizmente não incomum, de rim de presidiários ou pessoas deveras necessitadas), ou de terceiro, vivo ou morto.

- Tipo subjetivo: É o dolo, *v.g.*, a vontade livre e consciente de comprar ou vender. Para os tradicionais, trata-se do dolo genérico. Inexistente a modalidade culposa.

- Consumação: Com a efetiva compra e venda, que, em geral, são simultâneas, configurando-se, como coisa móvel, com a tradição do órgão, tecido ou parte do corpo adquirido.

- Tentativa: Pode haver, quando, iniciadas as tratativas, a compra e venda não se consuma por motivos alheios à vontade dos agentes.

- Coautoria ou participação: É possível. *Vide* figuras equiparadas.

- Ação penal: Pública incondicionada.

- Pena: Reclusão, de três a oito anos, e multa, de 200 a 360 dias-multa.

Promoção, intermediação, facilitação ou auferimento de vantagem (parágrafo único)

- Objeto jurídico, sujeitos ativo e passivo, ação penal e pena: Iguais aos do *caput*.

- Tipo objetivo: Na figura equiparada deste parágrafo único são punidas as condutas de quem: a) *promove* (dá impulso a, fomenta, trabalha a favor), b) *intermedeia* (serve de intermediário, se coloca entre o vendedor e o comprador com o objetivo de efetivar a compra e venda), c) *facilita* (torna fácil ou mais fácil) ou d) *aufere* (obtém) qualquer vantagem (econômica ou não) com a transação.

- Tipo subjetivo: É o dolo, consistente na vontade livre e consciente de praticar as condutas incriminadas, *sabendo* que se trata de compra e venda de tecidos, órgãos ou partes do corpo humano. Para os tradicionais, trata-se do dolo genérico. Não há forma culposa.

Jurisprudência

■ **Tráfico de órgãos (art. 15, parágrafo único) e quadrilha:** "Se para a configuração do delito de quadrilha basta a convergência de vontades, sem que sequer ocorram efetivamente os delitos visados pelo bando — por se tratar de crime formal —, com razão mostra-se correta a condenação do paciente por tal infração penal, pois na hipótese se demonstrou a existência de sofisticado esquema de tráfico de órgãos humanos, claramente por ele integrado [...] No caso, o paciente participava ativamente do grupo e, como entenderam os graus de jurisdição soberanos na matéria fático-probatório, com sua essencial tarefa, incorreu nos elementos do tipo promover, intermediar, facilitar ou auferir qualquer vantagem com a transação" (STJ, 5ª T., HC 128.592/PE, Rel. Min. Laurita Vaz, j. 6-12-2011, *DJe* 19-12-2011).

■ **Competência da Justiça Federal (arts. 15, parágrafo único, e 16):** "Compete à Justiça Federal julgar os crimes 'previstos em tratado ou convenção internacional, quando, iniciada a execução no País, o resultado tenha ou devesse ter ocorrido no estrangeiro, ou reciprocamente' (CF, art. 109, V). Na hipótese os fatos tidos por delituosos se iniciavam no Brasil, com os procedimentos relacionados ao recrutamento e seleção dos doadores, bem como a realização dos exames preliminares, enquanto que o resultado deveria ocorrer na África do Sul, onde seriam realizados os exames complementares e a realização da extração dos órgãos humanos. Em sendo assim, resta evidenciada a competência da Justiça Federal para o processamento e julgamento da causa em questão" (STJ, 5ª T., HC 34.614/PE, Rel. Min. Laurita Vaz, j. 21-2-2008, *DJe* 17-3-2008; 5ª T., HC 58.120/PE, Rel. Min. Laurita Vaz, j. 26-3-2008, *DJ* 22-4-2008, p. 1; TRF da 5ª Região, 2ª T., Ap. 4280/PE (Processo n. 200383000274400), Rel. Des. Fed. Petrúcio Ferreira, j. 22-8-2006, *DJ* 4-9-2006, p. 684).

■ **Prisão preventiva (arts. 15, parágrafo único, e 16):** No que se refere à garantia da aplicação da lei penal, deve-se levar em conta que a paciente é acusada de integrar quadrilha de tráfico internacional de órgãos, cujo líder é de nacionalidade israelense, com ligações também com a África do Sul. Tais circunstâncias indicam a grande probabilidade de evasão da paciente, caso posta em liberdade. A garantia da ordem pública, por sua vez, visa, entre outras coisas, evitar a reiteração delitiva, assim resguardando a sociedade de maiores danos. Sendo a paciente, segundo afirma a acusação, um dos principais membros da quadrilha, teme-se que, em liberdade, continue a comandar esse esquema criminoso, restabelecendo o elo com os integrantes que se encontram em outros países ou foragidos. Ao contrário do que se alega na petição inicial, existem nos autos elementos concretos, e não meras conjecturas, que apontam a paciente como importante integrante da organização criminosa em comento. Mais ainda, a periculosidade dela e o risco de reiteração criminosa e de evasão do distrito da culpa são suficientes para a manutenção da segregação cautelar (STF, 2ª T., HC 84.658/PE, Rel. Min. Joaquim Barbosa, j. 14-2-2005, *DJ* 3-6-2005, p. 48). Diante das condutas delituosas narradas na denúncia, com suficientes indícios de participação da paciente na quadrilha formada para a prática de tráfico internacional de órgãos, não há falar em ausência de fundamentação do decreto de prisão preventiva, restando evidenciada a sua necessidade como forma de garantia da ordem pública, em face da flagrante ofensa à dignidade da pessoa humana, bem como para impedir o cometimento de novos crimes (STJ, 5ª T., HC 34.121/PE, Rel. Min. Laurita Vaz, j. 10-5-2004, *DJ* 7-6-2004, p. 260). "Conforme narra a denúncia ofertada pelo MPF, o acusado, ora paciente, ocupava, no esquema da quadrilha, a função de diretor, posição das mais importantes e imediatamente inferior ao gerente e assessores, cabendo-lhe o processo de agenciamento dos doadores de órgãos, atuando nos pagamentos e recebimentos, bem como unindo os interesses entre compradores e vendedores, de modo a tornar possível a mercancia. A gravidade dos crimes, em tese, apontados aos indiciados é daquela que, inclusive, nos termos do art. 312 do CPPB, autoriza a prisão preventiva, não só por conveniência da instrução criminal ou para assegurar a aplicação da lei penal, principalmente em relação aos estrangeiros, como e principalmente, em razão de tratar-se de crime cuja prática afeta a garantia da ordem pública, por ofender a própria dignidade humana e o nome do País, que não bastando a vergonha de ter entre os seus filhos escravas sexuais levadas para os países ricos europeus, sofre agora a ignomínia de ver brasileiros miseráveis sendo levados para o exterior para vender órgãos de seu corpo" (TRF da 5ª Região, 2ª T., HC 1.957/PE (Processo n. 200405000223859), Rel. Des. Fed. Petrúcio Ferreira, j. 10-8-2004, *DJ* 10-9-2004, p. 757).

Art. 16. Realizar transplante ou enxerto utilizando tecidos, órgãos ou partes do corpo humano de que se tem ciência terem sido obtidos em desacordo com os dispositivos desta Lei:
Pena — reclusão, de um a seis anos, e multa, de 150 a 300 dias-multa.

Realização de transplante ou enxerto

- **Suspensão condicional do processo:** Pode haver (art. 89 da Lei n. 9.099/95).

- **Objeto jurídico:** A dignidade do ser humano e o respeito devido ao seu corpo, enquanto vivo ou após a morte.

- **Sujeito ativo:** O médico e, eventualmente, o cirurgião-dentista. Como o tipo penal fala em *realizar* transplante ou enxerto, o receptor não é alcançado por essa figura legal.

- **Sujeito passivo:** A coletividade.

- **Tipo objetivo:** O núcleo do tipo é *realizar* (efetuar, fazer) *transplante* (transferência, mediante técnicas e cuidados especiais, de tecido, órgão ou parte do corpo de um ser humano vivo ou falecido para outra pessoa com vida) *ou enxerto* (tecido, órgão ou parte do corpo de uma pessoa viva ou morta, implantado no organismo de outra pessoa viva). O agente deve ter *conhecimento* de que o tecido, órgão ou parte do corpo foi *obtido* (conseguido) em *desacordo* com as disposições da presente lei (*elementos normativos do tipo*). Quanto ao conceito de *tecidos, órgãos* e *partes* do corpo humano, *vide* comentários ao art. 14, não estando compreendidos entre os tecidos o sangue, o esperma e o óvulo, conforme dispõe o art. 1º, parágrafo único.

■ **Elementos normativos do tipo:** A remoção punida é a feita *em desacordo com as disposições desta lei* (elemento normativo do tipo), que estão previstas nos arts. 1º ao 9º-A. Basicamente, tratam esses dispositivos: a) só poderá ser realizado o transplante ou enxerto em estabelecimento de saúde, público ou privado, e por equipes médico-cirúrgicas de remoção e transplante previamente autorizados pelo órgão de gestão nacional do Sistema Único de Saúde (art. 2º, *caput*), e após a realização, no doador, de todos os testes de triagem para diagnóstico de infecção e infestação exigidos em normas regulamentares expedidas pelo Ministério da Saúde; b) a retirada *post mortem* deverá ser precedida de diagnóstico de morte encefálica, constatada e registrada por dois médicos não participantes das equipes de remoção e transplante, mediante a utilização de critérios clínicos e tecnológicos definidos por resolução do Conselho Federal de Medicina (art. 3º, *caput*), devendo os prontuários médicos, que contêm os resultados ou laudos referentes ao diagnóstico de morte encefálica ser mantidos nos arquivos das instituições do art. 2º, por um período mínimo de cinco anos (art. 3º, § 1º); c) a retirada de tecidos, órgãos e partes do corpo de pessoas falecidas dependerá da autorização do cônjuge ou parente maior de idade, obedecida a linha sucessória, reta ou colateral, até o 2º grau inclusive, firmada em documento subscrito por duas testemunhas presentes à verificação da morte (art. 4º); d) a remoção *post mortem* do corpo de pessoa juridicamente incapaz só poderá ser feita desde que permitida expressamente por ambos os pais ou por seus responsáveis legais (art. 5º); e) é vedada a remoção *post mortem* do corpo de pessoas não identificadas (art. 6º); f) necessidade de autorização do patologista do Serviço de Verificação de Óbito responsável, nos casos de morte sem assistência médica, em decorrência de causa mal definida ou de outras situações em que houver indicação de verificação da causa médica da morte (art. 7º, parágrafo único); g) permissão à pessoa juridicamente incapaz de dispor de tecidos, órgãos ou partes do seu corpo para fins terapêuticos ou transplante, em cônjuge e parentes consanguíneos até o 4º grau, inclusive, ou em qualquer pessoa, mediante autorização judicial, dispensada a autorização judicial em relação à medula óssea (art. 9º, *caput*); h) permissão de doação por pessoa viva somente de órgãos duplos, de partes de órgãos, tecidos ou partes do corpo cuja retirada não impeça o organismo do doador de continuar vivendo sem risco para a sua integridade, e não represente grave comprometimento de suas aptidões vitais e saúde mental, não cause mutilação ou deformação inaceitável e corresponda a uma necessidade terapêutica indispensável ao receptor (art. 9º, § 3º); i) o doador juridicamente incapaz, com compatibilidade imunológica comprovada, só poderá fazer doação de medula óssea desde que haja consentimento de ambos os pais ou responsáveis legais, autorização judicial e o ato não oferecer risco para a sua saúde (art. 9º, § 6º); j) vedação à gestante de dispor de tecidos, órgãos ou partes do corpo vivo, exceto tratando-se de medula óssea e o ato não oferecer risco à sua saúde ou do feto; k) o autotransplante depende do consentimento do próprio indivíduo, registrado em seu prontuário médico ou, se ele for juridicamente incapaz, do consentimento de um dos seus pais ou responsáveis legais. As disposições referidas no art. 10 são objeto do crime do art. 18, ao passo que as do art. 11 são referidas no tipo penal do art. 20. Como se vê, trata-se de um tipo penal extremamente aberto, havendo o mesmo desvalor para condutas diferentes, como critica William Terra de Oliveira ("Lei n. 9.434/97: os transplantes e a polêmica sobre os seus aspectos constitucionais e penais". *Bol. IBCCrim* n. 52, março de 1997).

- Tipo subjetivo: É o dolo, ou seja a vontade livre e consciente de realizar transplante ou enxerto, sabendo que os tecidos, órgãos ou partes do corpo humano foram obtidos de forma ilegal, ou seja, em desacordo com a presente lei. Trata-se de dolo genérico para a doutrina tradicional. Não há punição a título de culpa.

- Consumação: Com a realização do transplante ou enxerto.

- Tentativa: É possível na hipótese de difícil ocorrência, em que o transplante ou enxerto, depois de iniciado, seja interrompido por circunstâncias alheias à vontade do agente.

- Coautoria: Pode haver, por parte de médicos assistentes e anestesistas que intervenham no ilícito ato cirúrgico, desde que tenham ciência da origem ilegal do órgão, tecido ou parte do corpo.

- Participação: É possível haver participação material do instrumentador ou enfermeiro que colabora com a ilícita operação e do responsável pelo hospital ou clínica que cede as instalações para tanto, contanto que tenham conhecimento da origem ilícita do órgão, tecido ou parte do corpo.

- Erro de tipo ou de proibição (CP, arts. 20 e 21): É possível, dependendo da criteriosa análise do caso concreto.

- Ação penal: Pública incondicionada.

- Pena: Reclusão, de um a seis anos, e multa, de 150 a 360 dias-multa.

- Competência da Justiça Federal (arts. 15, parágrafo único, e 16): "Compete à Justiça Federal julgar os crimes 'previstos em tratado ou convenção internacional, quando, iniciada a execução no País, o resultado tenha ou devesse ter ocorrido no estrangeiro, ou reciprocamente' (CF, art. 109, V). Na hipótese os fatos tidos por delituosos se iniciavam no Brasil, com os procedimentos relacionados ao recrutamento e seleção dos doadores, bem como a realização dos exames preliminares, enquanto que o resultado deveria ocorrer na África do Sul, onde seriam realizados os exames complementares e a realização da extração dos órgãos humanos. Em sendo assim, resta evidenciada a competência da Justiça Federal para o processamento e julgamento da causa em questão" (STJ, 5ª T., HC 34.614/PE, Rel. Min. Laurita Vaz, j. 21-2-2008, *DJe* 17-3-2008; TRF da 5ª Região, 2ª T., Ap. 4.280/PE (Processo n. 200383000274400), Rel. Des. Fed. Petrúcio Ferreira, j. 22-8-2006, *DJ* 4-9-2006, p. 684).

- Prisão preventiva (arts. 15, parágrafo único, e 16): "Conforme narra a denúncia ofertada pelo MPF, o acusado, ora paciente, ocupava, no esquema da quadrilha, a função de diretor, posição das mais importantes e imediatamente inferior ao gerente e assessores, cabendo-lhe o processo de agenciamento dos doadores de órgãos, atuando nos pagamentos e recebimentos, bem como unindo os interesses entre compradores e vendedores, de modo a tornar possível a mercancia. A gravidade dos crimes, em tese, apontados aos indiciados é daquela que, inclusive, nos termos do art. 312 do CPPB, autoriza a prisão preventiva, não só por conveniência da instrução criminal ou para assegurar a aplicação da lei penal, principalmente em relação aos estrangeiros, como e principalmente, em razão de tratar-se de crime cuja prática afeta a garantia da ordem pública, por ofender a própria dignidade humana e o nome do País, que não bastando a vergonha de ter entre os seus filhos escravas sexuais levadas para os países ricos europeus, sofre agora a ignomínia de ver brasileiros miseráveis sendo levados para o exterior para vender órgãos de seu corpo" (TRF da 5ª Região, 2ª T., HC 1.957/PE (Processo n. 200405000223859), Rel. Des. Fed. Petrúcio Ferreira, j. 10-8-2004, *DJ* 10-9-2004, p. 757).

Art. 17. Recolher, transportar, guardar ou distribuir partes do corpo humano de que se tem ciência terem sido obtidos em desacordo com os dispositivos desta Lei:

Pena — reclusão, de seis meses a dois anos, e multa, de 100 a 250 dias-multa.

Recolhimento, transplante, guarda ou distribuição

- **Transação penal e suspensão condicional do processo:** Cabem (arts. 76 e 89 da Lei n. 9.099/95).

- **Objeto jurídico:** A dignidade do ser humano e o respeito devido ao seu corpo, enquanto vivo ou após a morte.

- **Sujeito ativo:** Qualquer pessoa.

- **Sujeito passivo:** A coletividade.

- **Tipo objetivo:** Quatro são os núcleos do tipo: *a) recolher* (arrecadar, receber); *b) transportar* (levar de um lugar para outro); *c) guardar* (por em lugar conveniente, conservar); *ou d) distribuir* (entregar a outros). O objeto material são as *partes do corpo humano* (quanto ao seu conceito, vide nota *Tipo objetivo* no art. 14), obtidos em desacordo com os dispositivos desta lei (elemento normativo do tipo).

- **Elementos normativos do tipo:** A remoção punida é a feita *em desacordo com as disposições desta Lei* (elemento normativo do tipo), que estão previstas nos arts. 1º ao 9º-A. Basicamente, tratam esses dispositivos: a) só poderá ser realizado o transplante ou enxerto em estabelecimento de saúde, público ou privado, e por equipes médico-cirúrgicas de remoção e transplante previamente autorizados pelo órgão de gestão nacional do Sistema Único de Saúde (art. 2º, *caput*), e após a realização, no doador, de todos os testes de triagem para diagnóstico de infecção e infestação exigidos em normas regulamentares expedidas pelo Ministério da Saúde; b) a retirada *post mortem* deverá ser precedida de diagnóstico de morte encefálica, constatada e registrada por dois médicos não participantes das equipes de remoção e transplante, mediante a utilização de critérios clínicos e tecnológicos definidos por resolução do Conselho Federal de Medicina (art. 3º, *caput*), devendo os prontuários médicos que contêm os resultados ou laudos referentes ao diagnóstico de morte encefálica ser mantidos nos arquivos das instituições do art. 2º, por um período mínimo de cinco anos (art. 3º, § 1º); c) a retirada de tecidos, órgãos e partes do corpo de pessoas falecidas dependerá da autorização do cônjuge ou parente maior de idade, obedecida a linha sucessória, reta ou colateral, até o 2º grau inclusive, firmada em documento subscrito por duas testemunhas presentes à verificação da morte (art. 4º); d) a remoção *post mortem* do corpo de pessoa juridicamente incapaz só poderá ser feita desde que permitida expressamente por ambos os pais ou por seus responsáveis legais (art. 5º); e) é vedada a remoção *post mortem* do corpo de pessoas não identificadas (art. 6º); f) necessidade de autorização do patologista do Serviço de Verificação de Óbito responsável, nos casos de morte sem assistência médica, em decorrência de causa mal definida ou de outras situações em que houver indicação de verificação da causa médica da morte (art. 7º, parágrafo único); g) permissão à pessoa juridicamente incapaz de dispor de tecidos, órgãos ou partes do seu corpo para fins terapêuticos ou transplante, em cônjuge e parentes consanguíneos até o 4º grau, inclusive, ou em qualquer pessoa, mediante autorização judicial, dispensada a autorização judicial em relação à medula óssea (art. 9º, *caput*); h) permissão de doação por pessoa viva somente de órgãos duplos, de partes de órgãos, tecidos ou partes do corpo cuja retirada não impeça o organismo do doador de continuar vivendo sem risco para a sua integridade, e não represente grave comprometimento de suas aptidões vitais e saúde mental, não cause mutilação ou deformação inaceitável e corresponda a uma necessidade terapêutica indispensável ao receptor (art. 9º, § 3º); i) o doador juridicamente incapaz, com compatibilidade imunológica comprovada, só poderá fazer doação de medula óssea desde que haja consentimento de ambos os pais ou responsáveis legais, autorização judicial e o ato não oferecer risco para a sua saúde (art. 9º, § 6º); j) vedação à gestante de dispor de tecidos, órgãos ou partes do corpo vivo, exceto tratando-se de medula óssea e o ato não oferecer risco à sua saúde ou do feto; k) o autotransplante depende do consentimento do próprio indivíduo, registrado em seu prontuário médico ou, se ele for juridicamente incapaz, do consentimento de um dos seus pais ou responsáveis legais. As disposições referidas no art. 10 são objeto do crime do art. 18, ao passo que as do art. 11 são referidas no tipo penal do art. 20. Como se vê, trata-se de um tipo penal extremamente aberto, havendo o mesmo desvalor para condutas diferentes, como critica William Terra de Oliveira ("Lei n. 9.434/97: os transplantes e a polêmica sobre os seus aspectos constitucionais e penais". *Bol. IBCCrim* n. 52, março de 1997).

▪ Tipo subjetivo: É o dolo, ou seja, a vontade livre e consciente de praticar qualquer das condutas incriminadas, tendo ciência de que a parte ou partes do corpo humano foram obtidas em desconformidade com esta lei. Para a doutrina tradicional, é o dolo genérico. Não há forma culposa.

- Consumação: Com a efetiva prática do recolhimento, transporte, guarda ou distribuição. Na modalidade de guardar é crime permanente, cuja consumação se protrai no tempo.

- Tentativa: Não nos parece possível, por se tratar de condutas unissubsistentes.

- Coautoria ou participação: Pode haver.

- Erro de tipo e de proibição (CP, arts. 20 e 21): Podem ocorrer.

- Ação penal: Pública incondicionada.

- Pena: Reclusão, de seis meses a dois anos, e multa de 100 a 250 dias-multa.

Art. 18. Realizar transplante ou enxerto em desacordo com o disposto no art. 10 desta Lei e seu parágrafo único:

Pena — detenção, de seis meses a dois anos.

Realização de transplante ou enxerto

- Transação e suspensão condicional do processo: Cabem (arts. 76 e 89 da Lei n. 9.099/95).

- Objeto jurídico: A dignidade do ser humano e o respeito devido ao seu corpo, enquanto vivo ou após a morte. A saúde pública também é protegida pela norma.

- Sujeito ativo: O médico ou cirurgião-dentista.

- Sujeito passivo: A coletividade e, no caso de desrespeito à lista de espera única, o terceiro prejudicado.

- Tipo objetivo: O núcleo do tipo é *realizar* (efetuar, efetivar) *transplante* (transferência, mediante técnicas e cuidados especiais, de tecido, órgão ou parte do corpo de um ser humano vivo ou falecido para outra pessoa com vida) *ou enxerto* (tecido, órgão ou parte do corpo de uma pessoa viva ou morta, implantado no organismo de outra pessoa viva), *em desacordo* com o art. 10 desta lei e seu parágrafo único. Trata-se de *elementos normativos do tipo* acerca do a) respeito da lista de espera única; b) consentimento expresso do receptor; e c) seu aconselhamento quanto à excepcionalidade e riscos do procedimento (*caput*). Em seu § 1º, cuida o art. 10 do receptor juridicamente incapaz ou cuja condição de saúde impeça ou comprometa a manifestação válida da sua vontade, hipótese em que o consentimento será dado por um dos seus pais ou responsáveis legais.

- Tipo subjetivo: É o dolo, a vontade consciente e livre de realizar o transplante ou enxerto, *sabendo* o agente que este se encontra em desacordo com o art. 10.

- Consumação: Com a efetiva realização do transplante ou enxerto.

- Tentativa: É possível, em tese, caso o ato cirúrgico venha a ser interrompido por circunstâncias alheias à vontade do agente.

- **Coautoria:** Pode haver da parte de médico-assistente ou anestesista.

- **Participação:** É possível haver participação material do instrumentador ou enfermeiro que colabora com a ilícita operação e do responsável pelo hospital ou clínica que cede as instalações para tanto, contanto que tenham conhecimento da origem ilícita do órgão, tecido ou parte do corpo.

- **Erro de tipo e proibição:** Pode haver (CP, arts. 20 e 21).

- **Ação penal:** Pública incondicionada.

- **Pena:** Detenção, de seis meses a dois anos.

Art. 19. Deixar de recompor cadáver, devolvendo-lhe aspecto condigno, para sepultamento ou deixar de entregar ou retardar sua entrega aos familiares ou interessados:

Pena — detenção, de seis meses a dois anos.

Não recomposição do cadáver, não entrega ou seu retardamento

- **Transação penal:** Cabe (art. 76 da Lei n. 9.099/95).

- **Suspensão condicional do processo:** Cabe (art. 89 da Lei n. 9.099/95).

- **Objeto jurídico:** O respeito devido aos mortos e à sua família.

- **Sujeito ativo:** Os médicos que procederem à remoção para transplante e os responsáveis pela entrega do cadáver recomposto.

- **Sujeito passivo:** Os familiares do falecido ou os interessados no sepultamento (como amigos). A coletividade também é atingida.

- **Tipo objetivo:** Três são os núcleos do tipo: a) *deixar de recompor*, que tem o significado de não tornar a compor, não reordenar. O objeto material é o *cadáver* do qual foram retirados órgãos, tecidos ou partes. A recomposição deve devolver-lhe *aspecto condigno* (adequado) *para sepultamento*. Assim, tanto pratica o crime quem não o recompõe quanto aquele que, ao fazê-lo, não lhe devolve aspecto condigno; b) *deixar de entregar* o cadáver aos familiares ou interessados (p. ex., amigos que, na ausência dos primeiros, queiram fazer o sepultamento); c) *retardar* (atrasar) sua entrega a essas pessoas. O atraso deverá ser injustificado, não havendo crime se tiver justificativa, como o acúmulo de corpos em casos de grandes acidentes ou catástrofes naturais. Se o agente, em relação ao mesmo cadáver, não só deixar de recompô-lo condignamente, mas também não o entregar ou retardar a sua entrega, responderá por um único crime.

- **Tipo subjetivo:** É o dolo, caracterizado pela vontade livre e consciente de praticar as condutas incriminadas. Para a doutrina tradicional, é o dolo genérico. Não há forma culposa.

- **Consumação:** Com a não recomposição condigna do cadáver, com a recusa em entregá-lo a familiares ou interessados, ou com a demora injustificada na entrega.

- **Tentativa:** Não é possível, por serem as condutas unissubsistentes.
- **Coautoria e participação:** Pode haver.
- **Ação penal:** Pública incondicionada.
- **Pena:** Detenção, de seis meses a dois anos.

Art. 20. Publicar anúncio ou apelo público em desacordo com o disposto no art. 11:

Pena — multa, de 100 a 200 dias-multa.

Anúncio ou apelo público

- **Objeto jurídico:** A saúde pública, notadamente a política de transplantes e enxertos.
- **Sujeito ativo:** Qualquer pessoa.
- **Sujeito passivo:** A coletividade.
- **Tipo objetivo:** O núcleo do tipo é *publicar* (tornar público, divulgar) *anúncio* (notícia, aviso ou mensagem) ou *apelo* (chamamento, convite ou sugestão) *público* (destinado à coletividade) *em desacordo* com o disposto no art. 11. Este artigo, em seu *caput*, proíbe a veiculação, por *qualquer* meio de comunicação social: a) de publicidade de estabelecimentos que realizam transplantes ou enxertos; b) de apelo público para a doação à pessoa determinada; c) de apelo público para arrecadação de fundos para financiar transplante ou enxerto em benefício de particular. O parágrafo único permite ao SUS realizar campanhas periódicas de esclarecimento público e de estímulo a doação de órgãos.
- **Tipo subjetivo:** É o dolo, ou seja, a vontade livre e consciente de publicar anúncio ou apelo público. Para os tradicionais, é o dolo genérico. Não há punição a título de culpa.
- **Consumação:** Com a publicação (divulgação) do anúncio ou apelo público.
- **Tentativa:** É possível, na hipótese em que o agente mande publicar o anúncio ou apelo, mas este, por circunstâncias alheias à sua vontade, não chegue a ser publicado.
- **Coautoria ou participação:** Pode haver, como do órgão de mídia que veicular o anúncio ou apelo público.
- **Erro de tipo ou proibição (CP, arts. 20 e 21):** É possível.
- **Ação penal:** Pública incondicionada.
- **Pena:** Multa, de 100 a 200 dias-multa.

Seção II
DAS SANÇÕES ADMINISTRATIVAS

Art. 21. No caso dos crimes previstos nos arts. 14, 15, 16 e 17, o estabelecimento de saúde e as equipes médico-cirúrgicas envolvidas poderão ser desautorizadas temporária ou permanentemente pelas autoridades competentes.

§ 1º Se a instituição é particular, a autoridade competente poderá multá-la em 200 a 360 dias-multa e, em caso de reincidência, poderá ter suas atividades suspensas temporária ou definitivamente, sem direito a qualquer indenização ou compensação por investimentos realizados.

§ 2º Se a instituição é particular, é proibida de estabelecer contratos ou convênios com entidades públicas, bem como se beneficiar de créditos oriundos de instituições governamentais ou daquelas em que o Estado é acionista, pelo prazo de cinco anos.

Art. 22. As instituições que deixarem de manter em arquivo relatórios dos transplantes realizados, conforme o disposto no art. 3º, § 1º, ou que não enviarem os relatórios mencionados no art. 3º, § 2º, ao órgão de gestão estadual do Sistema Único de Saúde, estão sujeitas a multa, de 100 a 200 dias-multa.

§ 1º Incorre na mesma pena o estabelecimento de saúde que deixar de fazer as notificações previstas no art. 13 desta Lei ou proibir, dificultar ou atrasar as hipóteses definidas em seu parágrafo único.

§ 2º Em caso de reincidência, além de multa, o órgão de gestão estadual do Sistema Único de Saúde poderá determinar a desautorização temporária ou permanente da instituição.

- Alteração: § 1º com redação dada pela Lei n. 11.521/2007.

- Devido processo legal: A aplicação de sanções administrativas, isto é, impostas pela própria Administração Pública, pressupõe o *devido processo legal* como estabelecido no art. 5º, LV, da Constituição da República: "LV — aos litigantes, em processo judicial ou *administrativo*, e aos acusados em geral são assegurados o contraditório e ampla defesa, com os meios e recursos a ela inerentes".

Art. 23. Sujeita-se às penas do art. 59 da Lei n. 4.117, de 27 de agosto de 1962, a empresa de comunicação social que veicular anúncio em desacordo com o disposto no art. 11.

- Código Brasileiro de Telecomunicações: O art. 59 da Lei n. 4.117/62 estabelece penas de multa, suspensão de até 30 dias e cassação, por violações ao Código Brasileiro de Telecomunicações, sendo que a cassação da concessão depende do Presidente da República.

Capítulo VI
DAS DISPOSIÇÕES FINAIS

Art. 24. (*Vetado.*)

- **Vigência:** O art. 24, que previa o início da vigência desta lei no dia de sua publicação, foi vetado. Assim, só entrou em vigor quarenta e cinco dias após a sua publicação, nos termos do art. 1º da Lei de Introdução às Normas do Direito Brasileiro. Tendo em vista que a sua publicação se deu em 5 de fevereiro de 1997, a sua vigência iniciou-se em 21 de março de 1997.

Art. 25. Revogam-se as disposições em contrário, particularmente a Lei n. 8.489, de 18 de novembro de 1992, e o Decreto n. 879, de 22 de julho de 1993.

Brasília, 4 de fevereiro de 1997; 176º da Independência e 109º da República.

FERNANDO HENRIQUE CARDOSO
Nelson A. Jobim
Carlos César de Albuquerque

CRIME DE TORTURA

LEI N. 9.455, DE 7 DE ABRIL DE 1997

Define os crimes de tortura e dá outras providências.

O Presidente da República:
Faço saber que o Congresso Nacional decreta e eu sanciono a seguinte Lei:

- **Dignidade humana:** Cada um de nós estabelece limites que nos diferenciam dos outros. São fronteiras que estabelecemos, uma necessidade biológica de nossa própria existência, da nossa individualidade. Criam-se também espaços protetivos com a construção de nossos lares e com os papéis que assumimos na sociedade, o que se chama *fenótipo*. A partir de determinado limite, "ninguém entra", a não ser que se permita; aqui, este corpo, sou eu (Roberto Delmanto Junior, "Em perigo", jornal *O Globo*, ed. de 21-2-2011, p. 7). Nas relações sociais, temos, portanto, limites recíprocos, fundamentais para cada um se reconhecer como indivíduo, desenvolvendo a sua personalidade. Assim é que nas sociedades democráticas devemos enxergar no próximo uma pessoa como nós próprios, dotada de *personalidade*, que merece respeito pela sua condição de ser humano, com livre-arbítrio e liberdade. Uma pessoa que, injustamente ameaçada ou agredida, poderá defender-se (legítima defesa), ou contar que outras pessoas com elas se solidarizem e venham em sua defesa (legítima defesa de terceiro), como observa Werner Maihofer (*Estado de derecho y dignidad humana*, coleção *Maestros del derecho penal*, n. 28, Montevidéu — Buenos Aires: IBdeF, 2008, p. 20-22). Desse modo, do valor da dignidade humana exsurge o reconhecimento mútuo da personalidade de cada um de nós, o que é fundamental à própria estrutura social. Trata-se da *alteridade* que, como lembra Giorgio del Vecchio (*La giustizia*. Roma: Studium, 1946), é o exercício mental de nos colocarmos no lugar do outro e imaginarmos se gostaríamos que fizessem conosco o que queremos fazer com ele. Essa projeção só é possível se houver *igualdade*, isto é, se considerarmos o próximo como uma pessoa *igualmente digna* do respeito que nutrimos por nós mesmos. Esse exercício é o fundamento, também, da *solidariedade*, quando não fechamos os olhos para o sofrimento alheio, buscando minimizá-lo com atitudes proativas, e do próprio conceito de *Justiça*. Assim é que o valor da *dignidade humana* embasa o respeito do direito à vida, integridade física e psíquica, à liberdade de cada um para buscar o seu pleno desenvolvimento individual. De fato, a partir do momento em que temos dons que nos distinguem dos demais seres vivos, como seres *racionais*, com *consciência*, *crítica*, *abstração* e *linguagem*, "surge a ideia de que o homem não pode dirigir-se a nenhum outro ser humano da mesma forma que o faz com os animais, devendo 'considerar a todos (os homens) como copartícipes iguais dos dons da natureza'"

(Agustin Squella Narducci, professor titular de Filosofia do Direito da Universidade de Valparaíso, Chile, ao prefaciar a citada obra de Werner Maihofer). Embora o direito não se confunda com religião, Luis Recaséns Siches menciona que o valor da *dignidade* humana encontra-se insculpido já no Antigo Testamento, em que se reconhece ter sido o homem criado à imagem e semelhança de Deus, ostentando, portanto, *dignidade*. E mais, uma criatura filha de Deus com perspectiva de salvação e de julgamento pelos seus atos, o que pressupõe liberdade e mérito. Portanto, sob influência do cristianismo, o valor da dignidade, pressuposto do reconhecimento de todos os direitos da personalidade, tornou-se postulado básico da cultura ocidental.

▪ Dignidade humana (valor absoluto): O valor da *dignidade* é a base de todos os direitos fundamentais do ser humano. Ele é ínsito ao reconhecimento de sermos todos igualmente humanos (não importando raça, cor, riqueza, cultura, religião, opção sexual, etnia, nacionalidade etc.), ostentando *direitos indisponíveis, inerentes à própria personalidade*, ao nosso *desenvolvimento* como pessoas *livres*. É *valor absoluto*, que não comporta relativização. Como ensina Jacinto de Miranda Coutinho, quando relativizamos tudo, o tudo é nada; o homem é um fim em si mesmo, não é relativo, não tem preço, não é coisa, lembrando Kant (palestra proferida na sede da OAB Paraná, em 14-12-2010). Desse modo, em tempos que nossos Tribunais vêm adotando o chamado "princípio da razoabilidade", e o conceito de que "não existe direito absoluto", tudo devendo ser submetido a uma "ponderação de valores constitucionais", manifestamos, com ênfase, nossa posição de que *o princípio da dignidade humana é absoluto*, não comportando mitigação (nesse mesmo sentido, Marco Antonio Marques da Silva, em aula inaugural proferida na Escola Superior da Magistratura do Estado de São Paulo, no ano de 2011). Nada justifica, portanto, que o Estado lance mão da *tortura*, que é a mais vil ofensa à nossa condição de seres humanos, para esclarecer a autoria de um crime, cessar a sua prática (por exemplo, descobrir o "cativeiro" de uma vítima de sequestro) ou evitar a sua consumação (obter informações, de cunho preventivo, como fez os Estados Unidos na chamada "Guerra ao Terror", buscando-se antecipar à prática do crime). Por ser valor *absoluto*, não cabe aplicar à tortura as dirimentes do "estado de necessidade" ou da "inexigibilidade de conduta diversa", nada justificando tão brutal ofensa à nossa condição humana.

▪ Crime de tortura, violação da dignidade e ofensa ao próprio Estado de Direito: Como dizia Francesco Carnelutti, todo crime é uma explosão de egoísmo; por exemplo, no estelionato, o autor pouco se importa com o fato de lesar a vítima, levando-a muitas vezes a perder tudo. Ocorre que em alguns crimes gravíssimos, cometidos com crueldade e perversidade, além de se ofender os bens jurídicos como a integridade física e a liberdade, destrói-se a própria *personalidade* da vítima, aniquilando, naquele momento, a sua condição de ser humano, violando-a, dela dispondo como se *coisa* fosse. É o que ocorre com o crime de tortura, no qual a vítima é posta em uma situação de total submissão por seu algoz que a aterroriza com sadismo, fazendo-a sofrer lentamente com perversões inimagináveis, humilhando-a na sua condição humana, transformando-a em "coisa descartável", em um "nada existencial", com ela fazendo o que não se faz com nenhum ser vivo. Quando se tortura e se arranca uma informação que a pessoa torturada não queria falar, rompe-se com a sua própria personalidade, adentra-se, pela dor, em sua consciência, extraindo à força aquilo que não se queria dizer, aniquila-se o seu *ser*. Daí o Legislador, com a tipificação do crime de tortura, protege não só a integridade física e psíquica da vítima, mas o próprio valor da dignidade humana, respeitando o que está em nossa Constituição, que proíbe a tortura, o tratamento desumano ou degradante, e as penas cruéis (art. 5º, III e XLVII, *e*). Realmente, não existe crime mais ignóbil, vil, repugnante e hediondo do que a tortura. Ana Maria Babette Bajer Fernandes e Paulo Sérgio Leite Fernandes, com acuidade, ressaltam: "Só o ser humano é capaz de prolongar o sofrimento de animal da mesma espécie ou de outra. Os seres inferiores ferem ou matam a caça. Devoram-na depois. O homem é diferente" (*Aspectos jurídico--penais da tortura*. São Paulo: Saraiva, 1982, p. 116). Para o advogado criminalista e ex-secretário da Justiça de São Paulo Belisário dos Santos Júnior, a tortura é o mais grave dos delitos contra os direitos humanos. Para nós, atinge não só a vítima, mas também o próprio Estado Democrático de Direito; daí a lembrança de Germano Marques da Silva: "A eficácia da Justiça é também um valor que deve ser perseguido, mas porque numa sociedade livre e democrática os fins nunca justificam os meios, só será louvável quando alcançada pelo engenho e arte, nunca pela força bruta, pelo artifício ou pela mentira, que degradam quem as sofre, mas não menos quem as usa" (*Curso de processo penal*. Lisboa: Verbo, 1993, v. I, p. 54). Parodiando o eminente jurista português, diríamos que ela degrada mais quem a pratica do que quem a sofre.

- **Introdução histórica:** A tortura acompanha a história da humanidade, seja como prática para se obter confissões de suspeitos do cometimento de crimes, seja como meio de déspotas e ditadores se imporem, espalhando o terror, com viés político, ou, ainda, como punição exemplar e sádica perante a sociedade. Por isso é que Giorgio Del Vecchio, um dos maiores juristas italianos de todos os tempos, afirma que "a história das penas, em muitas das suas páginas, não é menos desonrosa para a humanidade do que aquela dos delitos" (*La giustizia*. Roma: Editrice Studium, 1946, p. 192). A crueldade do ser humano com o próximo nos leva à remota China, cujo livro das Cinco Penas do imperador Seinu, em 2200 anos a.C., determinava que ladrões tivessem as pernas amputadas, sendo as penas de morte (decapitação, esquartejamento, enterro com vida etc.) executadas em público, como ensina Luis Jiménez de Asúa (*Tratado de derecho penal*. Buenos Aires: Losada, 1950, v. I, p. 232). No Código de Manu já se encontravam traços do que, mais de um milênio depois, seria conhecido como ordálios ou "juízos de Deus". No Egito, o crime era visto como uma ofensa aos deuses, sendo as penas mais cruéis impostas pelos sacerdotes, como uma pena de talião "simbólica": ao espião, cortava--se a língua; ao estuprador, mutilavam-se os órgãos genitais; à mulher adúltera, mutilava-se o nariz. Em Israel, nos cinco primeiros livros do Antigo Testamento (Pentateuco), o crime também era uma ofensa a Deus e a pena tinha caráter de sacrifício expiatório e de intimidação, valendo-se igualmente do Talião (Eugenio Cuello Callón, *Derecho penal*. 6. ed. Barcelona: Bosch, 1943, v. I, p. 66). Na Grécia, as penas eram também atrozes na época em que religião se confundia com Estado; os criminosos sexuais, por exemplo, tinham os olhos arrancados. Em Atenas, com Drácon (século VII a.C.), as penas para os crimes que ofendessem a comunidade eram extremamente severas, sendo, por outro lado, mais leves as penas por lesões individuais (Callón, ob. cit., p. 67-68). Em um primeiro momento, a vingança privada estendia-se a todos os membros da família do condenado (não havia a individualização da pena, como consta atualmente de nossa Constituição da República, em seu art. 5º, XLV, "nenhuma pena passará da pessoa do condenado"); em uma segunda fase, o caráter religioso foi acentuado, e o crime considerado uma ofensa ao deus Júpiter, assumindo as atrozes penas caráter de vingança e de purificação. Já em Roma, no auge do império romano, isto é, durante a República (510 a 31 a.C.), não se admitia a tortura de nenhum cidadão romano para confessar, embora existissem penas cruéis e de cunho religioso como a *consacratio bonorum*, em que, com a pena de morte, o condenado era "consagrado" à divindade, havendo notícia de casos em que pessoas eram jogadas no rio Tévere dentro de um saco com pedras, um galo e uma cobra. Com a sua decadência e a chegada da época Imperial (31 a.C. até 553 d.C.), iniciou-se o período negro do procedimento inquisitório romano, em que os magistrados se confundiam com a figura do acusador, podendo proceder até com *tortura* (*quaestiones*) praticada pelo *quaesitor* com o auxílio do *tortor*, não só vitimando escravos, mas também cidadãos romanos e libertos de qualquer nação, sobretudo na época do imperador Tibério (14 a 37 d.C.); com Trajano (98 a 117 d.C.), proibiu-se a tortura em mulheres grávidas e menores de 14 anos. Essa situação gerou reações veementes de Santo Justino na defesa dos cristãos (entre 150 a 160 d.C.). Com a queda do Império Romano acompanhada das invasões bárbaras, usos e costumes germânicos foram se mesclando com o Direito Romano. Entre os Visigodos, que dominaram a península Ibérica (em 470 d.C.), a tortura já era disciplinada pela *Lex Visigothorum*. Característica dos germânicos era a vingança de sangue de um membro da própria tribo (por vezes alcançando até seus descendentes, como uma pena de infâmia). Tratando-se de delitos públicos (traição, deserção, rebelião etc.), havia a pena da perda da paz (*friedenslosigkeit*), na qual a morte tornava-se certa já que qualquer um poderia ceifar a vida do infrator. Entre os germanos havia os ordálios, ou "Juízos de Deus", com a crença de que um poder sobrenatural se manifestaria sobre a culpa ou a inocência do acusado, mediante duelos judiciários (previstos na *Lex Burgundionum*) e na obtenção de "provas" como a) cortar o corpo do cadáver na frente do suspeito e checar se o sangue jorra, b) jogar o suspeito na água fria, impossibilitado de nadar e ver se afunda, c) fazer o acusado pegar um objeto imerso em uma caldeira com óleo fervente, d) gotejar chumbo derretido na mão protegida por um pedaço de pano, e) expor o acusado a animais ferozes, f) deixá-lo em estado mórbido, com drogas ou em jejum por dias, para ver se tem alucinações etc. Tais práticas persistiram por muito tempo (cf. Maria Ada Bedenetto, "Giudizio di Dio". *Novissimo Digesto Italiano.* Torino: UTET,1975, v. VII, p. 902), muitas equivalendo às atuais e lamentáveis práticas de tortura, que permanecem vivas na história para vergonha da humanidade. Durante a maior parte da Idade Média, tanto os "Juízos de Deus" quanto a tortura eram criticados pelos cristãos: Santo Agostinho denunciou a injustiça de se infligir tortura (*De civitate Dei*, 19, 6); San Gregorio Magno, em 600 d.C., declara que só a confissão espontânea tem valor, ao passo que a confissão extorquida com violência não deve servir como fundamento a uma sentença (*Reg. ep.* X, 29); o Papa Nicolau I, em 886, convida o rei dos Búlgaros, Boris I, a abandonar a tortura em favor de procedimentos probatórios mais humanos e racionais (*Epistolae et decreta*, XCVII, 86), tida como a primeira abolição da tortura da história. Época das mais tristes foi, contudo, a da Inquisição, na qual a própria Igreja, que combatia a tortura, dela acabou se utilizando. Por ironia da história, enquanto na Inglaterra, no ano de 1215, surgia a *Magna Charta Libertatum*, resultante de um Pacto entre o Rei João Sem Terra e os barões ingleses que, revoltados, pleiteavam respeito aos seus direitos pela Coroa, criando, por exemplo, o *habeas corpus* — o que significou o primeiro passo para o surgimento das posteriores Constituições, com a ideia de um texto escrito com os direitos a serem assegurados —, a Igreja, na Europa continental, com a confusão entre pecado e delito (de que é ícone o crime de heresia), foi responsável por uma das mais negras páginas da história da humanidade: a da Santa Inquisição, com os Tribunais do Santo Ofício perseguindo os hereges (sobretudo mulheres, sendo muitas parteiras acusadas de magia por conhecerem efeitos de ervas medicinais). Foi assim que, no mesmo ano de 1215, o Concílio de Latrão dava início à Inquisição, sucedido por uma coletânea de decretais organizada por Raimundo de Penyafort em 1234, com bulas do Papa Gregório IX do ano anterior, e de seus antecessores. Nessas Decretais já havia um capítulo intitulado *De haereticis* (Dos hereges). Seguiram-se as decretais do Papa Clemente V, de 1317, publicadas durante o pontificado do Papa João XXII, conhecido como o *Sétimo Livro das Decretais*, entre outras, ditando as normas para a Inquisição, destacando-se a Bula *Summis disiderantis* de 1484 do Papa Inocencio VIII (cf. Carlo Reviglio Della Veneria, "Inquisizione". *Novissimo Digesto Italiano.* Torino: UTET, 1968, v. VIII, p. 720). Por mais de duzentos anos, com a busca da confissão, então tida como a "rainha das provas", e entendendo que com ela se alcançaria o "arrependimento" e a "purificação da alma", tranquilizando a "consciência" do julgador, institucionalizou-se a prática da tortura, cuja crueldade foi descrita pelo padre inquisidor Bernardo Guy no livro *Pratica inquisitionis haereticae pravitatis* do início do século XIV, em 1487, pelos inquisidores Heinrich Kramer e James Sprenger no livro *O Martelo das Feiticeiras — "Malleus Maleficarum"* (7. ed. Rio de Janeiro: Rosa dos Tempos, 1991, p. 21-22). Lembre-se, também, do temido inquisidor dominicano, confessor da Rainha Isabel, Tomás de Torquemada, nomeado inquisidor-geral na Espanha, em 1483. Superada a Inquisição, a tortura, por muito tempo, continuou a ser admitida como meio oficial de prova, sendo amplamente utilizada nos Estados Absolutistas, como o francês do século XV, nos reinos da península itálica e na Alemanha daquela época. Em Portugal, a tortura era prevista nas Ordenações Manuelinas, Afonsinas e Filipinas, sendo ícone a tortura de vários membros da família do Marquês de Távora, em praça pública, um na frente do outro, acusados de tramar um atentado contra D. José I, em 1758. Diante de tantos horrores, explica Lamberto Pansolli (*Novíssimo Digesto Italiano*. Torino: UTET, v. XIX, 1957, *voce* "Tortura", p. 429), diversos humanistas se insurgiam contra essa barbárie, a começar pelo espanhol Gian Luigi Vives (1492-1540), o veneziano Francesco Casoni e o milanês Giovanni Antonio Zavattari. Esse movimento foi crescendo até eclodir, no século XVIII, o Iluminismo, destacando-se Montesquieu, Voltaire, Rousseau, Pietro Verri e Beccaria, tendo o último, em seu célebre *Dos delitos e das penas*, de 1764, afirmado que a liberdade deixa de existir sempre que as leis permitam em determinadas circunstâncias que um cidadão deixe de ser homem para vir a ser "uma coisa" (*Dos delitos e das penas*. Trad. de Torrieri Guimarães. São Paulo: Martin Claret, 2005, p. 75). De fato, foi nessa época que a tortura, como meio legal de prova, acabou sendo paulatinamente abolida por toda a Europa, lembrando Frederico II da Prússia (1740 e 1754), seguido nos anos de 1767 a 1770 por diversos Estados germânicos (Baden, Mecklenbrug, Brunswick e Sassonia), pela Polônia, Suíça, Suécia (1772), Áustria (1776). Na Itália, foi abolida, na Toscana com Pietro Leopoldo (1786), em Veneza (1787) e Nápoles (1789). Na França, a tortura legal como meio de prova foi abolida com a legislação vinda com a Revolução de 1789, sendo estendida para a Bélgica, Holanda, e para alguns outros estados italianos (Piemonte, Parma, Modena e Estado Pontifício). Para concluir essas anotações históricas, transcreveremos algumas palavras de Lamberto Pansolli, escritas em 1957: "A condenação da tortura solenemente sancionada pelas Constituições de quase todos os Estados do mundo não significou todavia o seu desaparecimento definitivo; não mais usada como meio de prova regulada pela lei, a tortura, todavia, foi aplicada sistematicamente, seja como infame instrumento de domínio político por monstruosas tiranias, como a nazista e a comunista, especialmente na época stalinista, ou ainda por nações que se definiram civilizadas, como a França (durante a guerra da Algéria) e o atual Brasil. Nos perguntamos, assustados, se essa barbárie não terá nunca fim" (p. 428). De fato, se o professor de história do Direito de Florença estivesse vivo, veria que a tortura continua a ser empregada largamente.

- **A tortura na "Guerra ao Terror":** Após o ataque às torres gêmeas do *World Trade Center* em Nova Iorque, no dia 11 de setembro de 2001, a administração George Bush, Dick Cheney, Donald Rumsfeld e Alberto Gonzales declarou "Guerra ao Terror", sendo os inimigos os membros da al-Qaeda e do Taleban, a eles sendo impostas prisões sem direito a *habeas corpus* e a assistência de advogados, como na famosa base militar americana de Guantánamo, em Cuba, e na prisão de Abu Ghraib, no Iraque, além de outras, secretas, administradas pela CIA fora dos Estados Unidos, vergonhosamente "legalizadas" em 29 de novembro de 2006 pelo Senado norte-americano ao aprovar o denominado *Military Commissions Act*. Isto, acompanhado da criação de comissões militares para julgar "inimigos combatentes" (um verdadeiro Tribunal de Exceção), afirmando-se que a eles não se aplicaria a 3ª Convenção de Genebra, que trata dos direitos dos presos de guerra. Seguiram-se, ademais, restrições ao direito de intimidade de todos os cidadãos mediante o famoso *USA Act* baixado pelo governo Bush e aprovado pelo Senado dos Estados Unidos em 22 de outubro de 2001. Medidas, essas, somadas à não submissão dos Estados Unidos ao Tribunal Penal Internacional, que ainda perduram. Com elas, restaram, sem dúvida, violadas normas constitucionais elementares de todos os Estados de Direito Democráticos, bem como o Direito Internacional dos Direitos Humanos, assegurados mediante tratados internacionais como o Pacto Internacional sobre Direitos Civis e Políticos de Nova Iorque, a Convenção Americana sobre Direitos Humanos, a Convenção de Genebra, entre outros. A respeito, escreveu o senador democrata Patrick Leahy (*Time Magazine*, edição de 2-3-2009, p. 15): "Os Estados Unidos precisam ir ao fundo do que aconteceu para ter certeza que isso nunca aconteça novamente". Afinal, conclui o escritor Joe Klein, "o sancionamento da tortura por Bush foi o seu mais insensível e deplorável ato", devendo ser o seu último legado (*Time Magazine*, edição de 19-1-2009, p. 11).

- No Brasil: Em nosso País, a Constituição Imperial de 1824 aboliu "os açoites, a tortura, a marca de ferro quente, e todas as mais penas cruéis". Porém os escravos, até a abolição em 1888, pela Princesa Isabel (que a assinou com a pena de ouro que ilustra a lombada desta 2ª edição), continuaram a ser vergonhosamente torturados de forma brutal, com base, inclusive, no Código Criminal do Império de 1830, tendo a polícia a função de açoitá-los a pedido de seus donos. Mesmo com a República, a tortura, no Brasil, continuou a ser praticada, lembrando-se o Movimento de Canudos e a Revolta da Chibata, como salienta Mário Coimbra (ob. cit., p. 155). Na ditadura Vargas, de 1937 a 1945, a tortura, com cunho político, foi amplamente utilizada. O mesmo se repetiu na ditadura militar que se instalou em nosso país em 1964 e recrudesceu a partir de 1968, quando a tortura passou a atingir pessoas de todas as camadas sociais, desde que fossem consideradas "inimigas da pátria" pelos detentores do Poder, causando centenas de vítimas fatais e outras tantas que até hoje guardam sequelas físicas e psicológicas, nestas incluindo seus familiares. Embora o atual Código Penal brasileiro, de 1940, preveja em seu art. 121, § 2º, III, o homicídio qualificado cometido com emprego de meio "cruel", apenando-o com reclusão de doze a trinta anos, e o art. 61, II, *d*, do mesmo Código, considere circunstância agravante (a qual, todavia, não pode aumentar a pena acima do máximo legal) ter o agente praticado o crime com emprego de meio "cruel", *não havia* em nosso ordenamento jurídico a tipificação do crime de *tortura*. Tal abominável delito só veio a ser tipificado entre nós com a Lei n. 9.455, de 7 de abril de 1997, após um bárbaro crime envolvendo policiais militares na "Favela Naval", na Grande São Paulo, que torturavam pessoas "suspeitas" em plena via pública, o que foi filmado e transmitido para todo o Brasil. Infelizmente, enquanto os nossos Tribunais continuarem a dar valor a confissões extrajudiciais obtidas pela Polícia, "desde que corroboradas por outros elementos de prova", a tortura continuará a ser, indiretamente, estimulada. Pouca credibilidade é, via de regra, conferida à palavra dos réus quando, ao Juiz de primeiro grau, relatam as torturas que sofreram "para confessar na polícia". Geralmente, ninguém ouve o preso; falam para ouvidos moucos. Não são incomuns, a propósito, acórdãos no seguinte sentido: "A tese de que a confissão do paciente foi obtida mediante tortura, *ainda que demonstre verossimilhança*, não é apta a gerar a anulação da condenação que se fundamentou, também, em outros elementos de prova" (STJ, 5ª T., HC 151.561, j. 19-10-2010, *DJe* 3-11-2010).

- Diplomas internacionais: *1. Declaração Universal dos Direitos do Homem e do Cidadão*, da ONU, de 10 de dezembro de 1948: "Art. V. Ninguém será submetido a tortura, nem a tratamento ou castigo cruel, desumano ou degradante". *2. Pacto Internacional sobre Direitos Civis e Políticos de Nova Iorque*, de 1966, aprovado pelo Decreto Legislativo n. 266, de 12 de dezembro de 1991, e promulgado pelo Presidente por meio do Decreto n. 592, de 6 de julho de 1992: "Art. 7º Ninguém poderá ser submetido a tortura, nem a penas ou tratamentos cruéis ou degradantes [...]". *3. Convenção Americana sobre Direitos Humanos* (Pacto de San José da Costa Rica), adotada e aberta à assinatura em 22 de novembro de 1969, aprovada pelo Decreto Legislativo n. 678, de 6 de novembro de 1992 e promulgada pelo Decreto n. 678, de 6 de novembro de 1992: "Art. 5º, II. Ninguém deve ser submetido a torturas nem a penas ou tratos cruéis, desumanos ou degradantes. Toda pessoa privada da liberdade deve ser tratada com respeito devido à dignidade inerente ao ser humano". *4. Convenção contra a Tortura e outros Tratamentos ou Penas Cruéis, Desumanos ou Degradantes*, da ONU de 1984, aprovada pelo Decreto Legislativo n. 4, de 23 de maio de 1989, e promulgada pelo Decreto n. 40, de 15 de fevereiro de 1991: "Art. 4º — 1. Cada Estado-parte assegurará que todos os atos de tortura sejam considerados crimes segundo a sua legislação penal. O mesmo aplicar-se-á à tentativa de tortura e a todo ato de qualquer pessoa que constitua cumplicidade ou participação na tortura. 2. Cada Estado-parte punirá esses crimes com penas adequadas que levem em conta a sua gravidade". *5. Convenção Interamericana para Prevenir e Punir a Tortura*, adotada e aberta à assinatura na OEA — Organização dos Estados Americanos em 9 de dezembro de 1985, aprovada pelo Decreto Legislativo n. 5, de 31 de maio de 1989, e promulgada pelo Decreto n. 98.386, de 9 de dezembro de 1989: "Art. 1º Os Estados-Partes obrigam-se a prevenir e a punir a tortura, nos termos desta Convenção. Art. 2º Para os efeitos desta Convenção, entender-se-á por tortura todo ato pelo qual são infligidos intencionalmente a uma pessoa penas ou sofrimentos físicos ou mentais, com fins de investigação criminal, como meio de intimidação, como castigo pessoal, como medida preventiva, como pena ou qualquer outro fim. Entender-se-á também como tortura a aplicação, sobre uma pessoa, de métodos tendentes a anular a personalidade da vítima, ou a diminuir sua capacidade física ou mental, embora não causem dor física ou angústia psíquica. Não estarão compreendidas no conceito de tortura as penas ou sofrimentos físicos ou mentais que sejam unicamente consequência de medidas legais ou inerentes a elas, contanto que não incluam a realização dos atos ou a aplicação dos métodos a que se refere este artigo. Art. 3º Serão responsáveis pelo delito de tortura: *a*) Os empregados ou funcionários públicos que, atuando nesse caráter, ordenem sua execução ou instiguem ou induzam a ela, cometam-no diretamente ou, podendo impedi-lo, não o façam. b) As pessoas que, por instigação dos funcionários ou empregados públicos a que se refere a alínea a, ordenem sua execução, instiguem ou induzam a ela, cometam-no diretamente ou nele sejam cúmplices. Art. 4º O fato de haver agido por ordens superiores não eximirá da responsabilidade penal correspondente. Art. 5º Não se invocará nem admitirá como justificativa do delito de tortura a existência de circunstâncias tais como o estado de guerra, a ameaça de guerra, o estado de sítio ou de emergência, a comoção ou conflito interno, a suspensão das garantias constitucionais, a instabilidade política interna, ou outras emergências ou calamidades públicas. Nem a periculosidade do detido ou condenado, nem a insegurança do estabelecimento carcerário ou penitenciário podem justificar a tortura. Art. 6º Em conformidade com o disposto no artigo 1, os Estados-Partes tomarão medidas efetivas a fim de prevenir e punir a tortura no âmbito de sua jurisdição. Os Estados-Partes assegurar-se-ão de que todos os atos de tortura e as tentativas de praticar atos dessa natureza sejam considerados delitos em seu Direito Penal, estabelecendo penas severas para sua punição, que levem em conta sua gravidade. Os Estados-Partes obrigam-se também a tomar medidas efetivas para prevenir e punir outros tratamentos ou penas cruéis, desumanos ou degradantes, no âmbito de sua jurisdição".

- **Crime contra a humanidade e imprescritível:** Após a Lei n. 9.455/97, que definiu entre nós o crime de tortura, o *Estatuto de Roma do Tribunal Penal Internacional,* do qual o Brasil é Estado-Parte, considerou a tortura um *crime contra a humanidade* e *imprescritível.* Com efeito, seu art. 7º, 1, *f,* elenca a tortura entre os crimes dessa natureza, *"quando cometido no quadro de um ataque, generalizado ou sistemático, contra qualquer população civil,* havendo conhecimento desse ataque". Por sua vez, o art. 29, sob a rubrica "imprescritibilidade", dispõe que *"Os crimes da competência do Tribunal não prescrevem".* Todavia, referido Estatuto só foi promulgado em nosso país aos 25 de setembro de 2002, por meio do Decreto n. 4.388, publicado no dia seguinte. E o art. 24 do Estatuto, sob o título "Não retroatividade *ratione personae*', dispõe, em seu número 1, que "Nenhuma pessoa será considerada criminalmente responsável, de acordo com o presente Estatuto, por uma conduta anterior à entrada em vigor do presente Estatuto". Verifica-se, assim, que a tortura só se tornou imprescritível entre nós a partir de *25 de setembro de 2002* e *apenas* se praticada nas condições previstas no art. 7º, 1, *f,* do Estatuto, acima transcrito (*cf.,* também, Roberto Delmanto, "Tortura, anistia e arquivos secretos". *Bol. IBCCrim* n. 195, fevereiro de 2009, p. 2). Tendo o STF reconhecido que a Lei de Anistia (Lei n. 6.683/79) se aplica não só às vítimas da ditadura militar de 1964, mas também aos autores dos crimes, inclusive de tortura, "impõe-se (agora) o desembaraço dos mecanismos que ainda dificultam o conhecimento do quanto ocorreu no Brasil durante as décadas sombrias da ditadura" (STF, Pleno, ADPF 153, Rel. Min. Eros Grau, j. 29-4-2010, *RTJ* 216/11). A propósito da ditadura militar no Chile, Patrício Alwyn, Presidente desse país em 1990 e criador da Comissão Nacional da Verdade e da

Reconciliação, afirmou: "Não é bom quando o povo se esquece dessas tragédias! Muito pelo contrário, não se deve esquecer. É aconselhável que permaneçam na memória da nação, *para que nunca mais se repitam*. É necessário saber-se o que passou" (In AMBOS, Kai. Impunidade por violação dos direitos humanos e o direito penal internacional. *Revista Brasileira de Ciências Criminais*, São Paulo, v. 12, n. 49, p. 72, jul./ago. 2004).

▪ **Prescritibilidade:** Na hipótese de a tortura ter sido praticada fora das condições previstas no art. 29 do Estatuto de Roma, o lapso prescricional correrá normalmente, de acordo com os arts. 109 e seguintes do CP.

▪ **Competência:** O crime de tortura é comum, não havendo dispositivo correspondente no Código Penal Militar. Portanto, será a Justiça Comum a competente para processar e julgar militares pela prática de tortura.

▪ **Federalização (grave violação dos Direitos Humanos):** A Emenda Constitucional n. 45, de 8 de dezembro de 2004, acrescentou o inciso V-A ao art. 109 da *Magna Carta*, determinando caber aos Juízes Federais processar e julgar: "as causas relativas a direitos humanos a que se refere o § 5º deste artigo". Este último, também acrescentado pela referida Emenda, dispõe: "Nas hipóteses de grave violação de direitos humanos, o Procurador-Geral da República, com a finalidade de assegurar o cumprimento de obrigações decorrentes de tratados internacionais de direitos humanos dos quais o Brasil seja parte, poderá suscitar, perante o Superior Tribunal de Justiça, em qualquer fase do inquérito ou processo, incidente de deslocamento de competência para a Justiça Federal".

▪ **Polícia Federal:** A Lei n. 10.446/2002, em seu art. 1º, estabeleceu que, na forma do inciso I do § 1º do art. 144 da Constituição da República, "quando houver repercussão interestadual ou internacional que exija repressão uniforme, poderá o Departamento de Polícia Federal do Ministério da Justiça, subordinado ao Ministro da Justiça, sem prejuízo da responsabilidade dos órgãos de segurança pública arrolados no art. 144 da Constituição Federal, em especial das polícias militares e civis dos Estados, proceder à investigação, dentre outras, das seguintes infrações penais: [...] III — relativas à violação a direitos humanos, que a República Federativa do Brasil se comprometeu a reprimir em decorrência de Tratados Internacionais de que seja parte".

Art. 1º Constitui crime de tortura:

I — constranger alguém com o emprego de violência ou grave ameaça, causando-lhe sofrimento físico ou mental:

a) com o fim de obter informação, declaração ou confissão da vítima ou de terceira pessoa;

b) para provocar ação ou omissão de natureza criminosa;

c) em razão de discriminação racial ou religiosa;

Modalidades de tortura (inciso I)

▪ **Crime equiparado a hediondo:** Nos termos do art. 2º da Lei n. 8.072/90, o crime de tortura é equiparado a crime hediondo.

- Transação e suspensão condicional do processo: Não cabem (arts. 76 e 89 da Lei n. 9.099/95).
- Penas alternativas: Não cabem (CP, arts. 43 e 44).
- Objeto jurídico: A proteção da dignidade humana, que abrange a incolumidade física e psíquica da pessoa (*vide* notas no início dos comentários à lei).
- Sujeito ativo: Qualquer pessoa. Alberto Silva Franco ("Tortura. Breves anotações sobre a Lei n. 9.455/97". *RBCCrim* 19, julho-setembro 97, p. 59) e Mário Coimbra (*Tratamento do injusto penal da tortura*. São Paulo: Revista dos Tribunais, 2002, p. 172) defendem a inconstitucionalidade da Lei n. 9.455/97 ao considerar o crime de tortura comum, e não próprio do funcionário ou agente público, como assentado na *Convenção contra a Tortura e outros Tratamentos ou Penas Cruéis, Desumanos ou Degradantes*, da ONU de 1984, e na *Convenção Interamericana para Prevenir e Punir a Tortura*, adotada e aberta à assinatura na OEA, de 1985. No entanto, como reconhece Mário Coimbra, o próprio art. 1º da Convenção da ONU de 1984 dispõe que "o presente artigo não será interpretado de maneira a restringir qualquer instrumento internacional ou legislação nacional que contenha ou possa conter *dispositivos de alcance mais amplo*" (ob. cit., p. 171). Por isso, inclusive em respeito à soberania nacional, entendemos legítimo o tratamento de crime comum dado pelo legislador à tortura.
- Sujeito passivo: Qualquer pessoa. Para Sheila Bierrenbach, com quem concordamos, se o agente "opta por torturar um terceiro, ligado afetivamente àquele de quem pretende a informação [...] duas serão as vítimas da tortura. Uma, aquela que é torturada diretamente. Outra, aquela de quem se pretende a informação, declaração ou confissão" (*Comentários...*, cit., p. 44).
- Tipo objetivo: O núcleo do tipo é *constranger* (coagir) alguém mediante o emprego de *violência* (*física* sobre a pessoa) *ou grave ameaça* (violência *moral*, ou seja, a promessa de causar mau futuro, sério e verossímil), acarretando-lhe *sofrimento físico ou mental*. Como *sofrimento físico*, a criatividade mórbida dos algozes é vasta, podendo ser citados os choques elétricos, o "pau de arara", o sufocamento com panos encharcados colocados sobre as vias respiratórias, a simulação de afogamento, a submissão a temperaturas extremas, privá-la de alimento e água, o uso abusivo de algemas (neste caso, em boa hora proibido pela Súmula Vinculante 11 do STF) etc.; como *sofrimento mental*, o impedimento do sono, o interrogatório ininterrupto por horas a fio, a ameaça de tortura física fazendo a vítima ouvir gritos de outros, a "roleta russa", dizendo ter uma bala no tambor do revólver e apertando o gatilho a esmo com a arma apontada para a cabeça da vítima, a simulação de estar matando ou torturando outra pessoa etc. De se observar que muitas dessas formas de tortura psicológica não deixam vestígios aparentes. A tortura física pode ser praticada contra uma pessoa (por exemplo, um filho), visando impor sofrimento moral a outra (seu pai), para dele obter a informação, a declaração ou a confissão. Mário Coimbra observa que, "em tal hipótese, o agente, mediante uma única conduta pra-

tica dois crimes de tortura — um contra o pai (tortura psicológica) e outro contra o filho (tortura física)" (*Tratamento...*, cit., p. 182), em concurso formal (CP, art. 71), aduzimos. Três são as motivações ou finalidades da tortura tipificadas no inciso I:

- **Alínea *a*:** Com o objetivo de conseguir informação, declaração ou confissão da vítima da tortura, ou de terceira pessoa (por exemplo, pai, mãe, filho etc.) a ela ligada por laços de parentesco ou afeto. Para Sheila Bierrenbach, trata-se da "tortura inquisitorial (ou policial), institucional (ou política), ou probatória" (*Comentários à Lei de Tortura*. Rio de Janeiro: Lumen Juris, 2006, p. 38). Observamos, contudo, que como o sujeito ativo do crime pode ser qualquer pessoa, um ladrão poderia vir a torturar a vítima para obter informação de sua senha bancária, não sendo a tortura inquisitorial necessariamente policial ou probatória, muito menos institucional.

- **Alínea *b*:** Para provocar ação ou omissão de natureza criminosa, ou seja, a vítima é constrangida a cometer uma infração penal, agindo ou se omitindo. Observe-se que a vítima da tortura que pratica fato tipificado como crime, por exigência do algoz, terá agido sob coação moral irresistível, havendo exclusão da culpabilidade (CP, art. 22, 1ª parte). O torturador, aqui, responderá por dois crimes em concurso material: o de tortura e o delito praticado pela vítima coagida (nesse sentido, Mário Coimbra, *ob. cit.*, p. 182-3).

- **Alínea *c*:** A vítima é torturada por pertencer a determinada raça ou professar certa religião. O torturador age, portanto, *motivado* especialmente por *discriminação* racial ou religiosa. A lei é taxativa, não se prevendo a tortura motivada por homofobia, por exemplo.

- **Tipo subjetivo:** É o dolo, ou seja, a vontade livre e consciente de torturar. Nas modalidades das letras *a* e *b* está presente o elemento subjetivo do tipo, referido pelo especial fim de agir (para obter informação, declaração ou confissão ou para provocar ação ou omissão), sendo o dolo, para a doutrina tradicional, específico, enquanto na terceira modalidade (letra *c*) é genérico. Não há forma culposa.

- **Consumação:** Com o sofrimento físico ou mental da vítima. No entendimento de Emmanuel Peres Netto Guterres Soares, se a vítima é diuturnamente agredida física e mentalmente, apresentando ferida ativa, o crime de tortura se caracteriza como permanente, possibilitando a lavratura de flagrante nos termos do art. 303 do CPP ("Da caracterização do crime de tortura como crime". Disponível em: <http://www.ibccrim.org.br/site/artigos/imprimir.php?jur_id=1167>).

- **Tentativa:** Não nos parece possível. Isso porque, ao se iniciar o *iter criminis* de uma tortura física, já terá a vítima sofrido moralmente, com a angústia, o medo, o pânico. No entanto, na violência moral, não é possível a tentativa.

- **Coautoria ou participação:** Pode haver.

- **Confronto com constrangimento ilegal (art. 146 do CP):** Se a violência física ou moral é momentânea, não apresentando a característica da crueldade, o dolo de impor sofrimento atroz e profundo, não se estará diante de um crime de tortura, mas sim de mero constrangimento ilegal, previsto no art. 146 do CP, nos seguintes termos: "Constranger alguém, mediante violência ou grave ameaça, ou depois de lhe haver reduzido, por qualquer outro meio, a capacidade de resistência, a não fazer o que a lei permite, ou a fazer o que ela não manda: Pena — detenção, de três meses a um ano, ou multa [...] § 2º Além das penas cominadas, *aplicam-se as correspondentes à violência*". Observe-se que, enquanto o art. 1º, I, *b*, da Lei n. 9.455/97 tem como escopo o cometimento *de um crime* por parte da vítima, o delito do art. 146 tem como objetivo que a vítima não faça o que a lei permite ou faça o que ela não determina.

- Confronto com lesões corporais leves (CP, art. 129): São absorvidas pelo crime de tortura.

- Pena: Reclusão, de dois a oito anos.

- Figuras qualificadas: *Vide* comentários ao § 3º.

- Ação penal: Pública incondicionada.

Jurisprudência

- Nota: A jurisprudência está colacionada no final dos comentários ao art. 1º.

II — submeter alguém, sob sua guarda, poder ou autoridade, com emprego de violência ou grave ameaça, a intenso sofrimento físico ou mental, como forma de aplicar castigo pessoal ou medida de caráter preventivo.
Pena — reclusão, de 2 (dois) a 8 (oito) anos.

Vítima sob guarda, poder ou autoridade (inciso II)

- Crime equiparado a hediondo: Nos termos do art. 2º da Lei n. 8.072/90, o crime de tortura é equiparado a crime hediondo.

- Transação, suspensão condicional do processo e penas alternativas: Não cabem (arts. 76 e 89 da Lei n. 9.099/95; arts. 43 e 44 do CP).

- Objeto jurídico: A dignidade humana, que abrange a incolumidade física e psíquica da pessoa (*vide* notas no início dos comentários à lei).

- Sujeito ativo: Apenas quem detém a guarda da vítima, ou possui poder ou autoridade sobre ela, como pais, padrastos, madrastas, curadores, tutores, professores, babás etc. Trata-se, portanto, de crime próprio.

- Sujeito passivo: Somente aquele que se encontra sob guarda, poder ou autoridade do agente.

- Tipo objetivo: O agente *submete* (sujeita) a pessoa que está sob sua *guarda, poder* ou *autoridade*, mediante o uso de violência (física) ou grave ameaça (séria e idônea), a *intenso* (grande) sofrimento físico ou mental (elemento normativo do tipo), como *meio* de lhe aplicar *castigo pessoal* (por algo que supostamente fez ou deixou de fazer, não importando se lícito ou ilícito) ou como *medida de caráter preventivo* (para evitar que faça ou deixe de fazer alguma coisa, lícita ou ilícita). Para a doutrina, trata-se da *tortura castigo, vindicativa, punitiva, intimidatória*. Ao contrário das figuras de tortura previstas nos art. 1º, I, e art. 1º, § 1º, nos quais o sofrimento físico ou mental não precisa ter intensidade para configurar a tortura, aqui o legislador exigiu mais para o aperfeiçoamento do tipo, isto é, deve o sofrimento ser *intenso*.

- Tipo subjetivo: É o dolo, ou seja, vontade livre e consciente de impor intenso sofrimento à vítima, como forma de castigo ou medida preventiva. Para os tradicionalistas, é o dolo genérico. Não há modalidade culposa.

- Consumação: Com a submissão da vítima a intenso sofrimento físico ou mental.

- Tentativa: Não nos parece possível. Isso porque, ao se iniciar o *iter criminis* de uma tortura física, já terá a vítima sofrido moralmente, com a angústia, o medo, o pânico. No entanto, na violência moral, não é possível a tentativa.

- Coautoria ou participação: Pode haver, desde que o coautor ou partícipe tenha ciência da condição do sujeito ativo (CP, art. 30).

- Confronto com o crime de maus-tratos (CP, art. 136): Se o agente não tem o dolo de causar sofrimento *intenso* na vítima, mas sim de educar, ensinar, tratar ou custodiar, poderá haver a configuração do crime de maus-tratos, punido mais levemente, pelo Código Penal, *verbis*: "Art. 136. Expor a perigo a vida ou a saúde de pessoa sob sua autoridade, guarda ou vigilância, para fim de educação, ensino, tratamento ou custódia, quer privando-a de alimentação ou cuidados indispensáveis, quer sujeitando-a a trabalho excessivo ou inadequado, quer abusando de meios de correção ou disciplina: Pena — detenção, de dois meses a um ano, ou multa. § 1º Se do fato resulta lesão corporal de natureza grave: Pena — reclusão, de um a quatro anos. § 2º Se resulta a morte: Pena — reclusão, de quatro a doze anos. § 3º Aumenta-se a pena de um terço, se o crime é praticado contra pessoa menor de 14 (catorze) anos".

- Lesões corporais leves (CP, art. 129): São absorvidas pelo crime de tortura.

- Pena: Reclusão, de dois a oito anos.

- Figuras qualificadas: *Vide* comentários ao § 3º.

- Ação penal: Pública incondicionada.

Jurisprudência

- Nota: A jurisprudência está colacionada no final dos comentários ao art. 1º.

§ 1º Na mesma pena incorre quem submete pessoa presa ou sujeita a medida de segurança a sofrimento físico ou mental, por intermédio da prática de ato não previsto em lei ou não resultante de medida legal.

Vítima presa ou submetida a medida de segurança (§ 1º)

- Crime equiparado a hediondo: Nos termos do art. 2º da Lei n. 8.072/90, o crime de tortura é equiparado a crime hediondo.

- Transação, suspensão condicional do processo e penas alternativas: Não cabem (arts. 76 e 89 da Lei n. 9.099/95; arts. 43 e 44 do CP).

- **Objeto jurídico:** A dignidade humana, que abrange a incolumidade física e psíquica da pessoa (*vide* notas no início dos comentários à lei).
- **Sujeito ativo:** Qualquer pessoa, embora normalmente seja o diretor do estabelecimento prisional, agente penitenciário, carcereiro ou policial.
- **Sujeito passivo:** Apenas quem está preso ou sujeito à medida de segurança.
- **Tipo objetivo:** O núcleo do tipo é *submeter* (sujeitar) pessoa *presa* (seja a prisão provisória ou definitiva, legal ou ilegal) ou que esteja cumprindo *medida de segurança* (provisória ou definitiva, legal ou não), a sofrimento *físico ou mental* (não precisando ser intenso), por meio de ato não previsto em lei ou não resultante de medida legal. Assim, se a medida disciplinar imposta a presos for ilegal, como a cela escura e os castigos coletivos, expressamente vedados pela LEP (art. 45, §§ 2º e 3º), estará configurado o tipo. Igualmente haverá tortura se o ato disciplinar, embora previsto em lei ou resultante de medida legal, for *abusivo*, pois nessa hipótese deixará de ser legal.
- **Prisões superlotadas:** O Brasil, lamentavelmente, tem assistido a episódios de flagrante violação aos direitos humanos, a começar pela superlotação carcerária que, em 2013, ultrapassa a casa dos 550.000 presos para cerca de 300.000 vagas. Só no Estado de São Paulo são mais de 203.000 pessoas encarceradas para 101.000 vagas; há presídios, como o Centro de Detenção Provisória 4, com 1.788 detentos onde cabem 500, chamado de "novo Carandiru" (*Folha de S.Paulo*, Editorial de 23-2-2012; "SP precisa de 93 prisões para zerar superlotação", Cotidiano, 21-2-2012). E o número de presos só aumenta. De 1994 a 2013 houve um incremento nas prisões paulistas de 247% (*blog.estadaodados.com*, de 11-4-2013). Há situações dramáticas em todo o País, com trinta, quarenta pessoas onde cabem dez. Toda a sociedade vem sofrendo com roubos, latrocínios, extorsões mediante sequestro e ataques de facções criminosas, ao mesmo tempo em que se cobra a devida implementação da LEP, notadamente dos direitos do preso (arts. 40 a 43). Direitos estes, diga-se de passagem, diuturnamente violados pelas autoridades públicas em praticamente todos os Estados brasileiros, como bem reportado por Rogério Lauria Tucci em trabalho encaminhado à Comissão Europeia de Direitos Humanos e ao Instituto Latino-americano das Nações Unidas para a Prevenção do Delito e o Tratamento do Delinquente — Ilanud ("Processo penal e direitos humanos no Brasil". *RT* 755/455). A propósito, lembramos, dentre outros, o episódio ocorrido em julho de 2006, quando 1.477 presos da Penitenciária de Araraquara, no Estado de São Paulo, ficaram confinados em pátio aberto e sem abrigo das intempéries, dormindo ao relento, e ainda sem condições mínimas de higiene ou atendimento médico, por semanas, após uma rebelião na qual a população carcerária depredou as instalações prisionais. Seus portões foram soldados e a comida era lançada aos presos pelo ar, chegando-se à dramática situação de um preso com liberdade concedida ter sido içado por um helicóptero. O governo brasileiro foi até notificado pela Corte Interamericana de Direitos Humanos, da Organização dos Estados Americanos (OEA), para adotar medidas de proteção aos detentos

do presídio de Araraquara. Por mais que se pondere a dramática situação que todas as famílias compostas por pessoas de bem, trabalhadoras, honestas e que pagam os seus impostos, têm sofrido com o brutal aumento da criminalidade, é evidente que, em um Estado de Direito Democrático, não podem as autoridades, inclusive dos escalões superiores, tendo ciência dessa situação, deixar de cumprir o seu dever jurídico de agir, a fim de impedir que seus subordinados perpetrem infrações penais como o crime de tortura, sob o discurso maniqueísta, falacioso e retórico de que deve ser priorizada a tutela "dos direitos humanos das pessoas de bem", ainda que isso implique o sacrifício "dos direitos humanos dos condenados". A nosso ver, tais autoridades e seus subordinados estarão, em tese, incursos neste art. 1º, II, § 1º, da Lei da Tortura. Cf., também, Roberto Delmanto, "Ainda há juízes em Berlim". *Bol. IBCCrim* n. 157, ano 13, dezembro de 2005, p. 3.

■ Regime Disciplinar Diferenciado (RDD): Com a ressalva feita ao final do § 1º do art. 1º, *por intermédio da prática de ato não previsto em lei ou não resultante de medida legal*, o legislador abriu espaço para a criação do famigerado, e a nosso ver inconstitucional, Regime Disciplinar Diferenciado (RDD). Criado originalmente como medida disciplinar no Estado de São Paulo, foi incorporado à LEP mediante a Lei n. 10.792/2003, prevendo seu art. 52, *caput*: "A prática de fato previsto como crime doloso constitui falta grave e, quando ocasione subversão da ordem ou disciplina internas, sujeita o preso provisório, ou condenado, sem prejuízo da sanção penal, ao regime disciplinar diferenciado, com as seguintes características: I — duração máxima de 360 (trezentos e sessenta) dias, sem prejuízo da repetição da sanção por nova falta grave de mesma espécie, até o limite de um sexto da pena aplicada; II — recolhimento em cela individual; III — visitas semanais de duas pessoas, sem contar as crianças, com duração de 2 (duas) horas; IV — o preso terá direito à saída da cela por 2 (duas) horas diárias para banho de sol". O RDD conflita com a Constituição e com Tratados Internacionais ratificados pelo Brasil. Primeiramente, diante da violação à garantia da legalidade. Isso porque os parágrafos do art. 52 da LEP são absolutamente vagos e imprecisos ao estabelecerem outras hipóteses de inclusão do preso provisório ou condenado no regime diferenciado. Com efeito, estatuem: "§ 1º O regime disciplinar diferenciado também poderá abrigar presos provisórios ou condenados, nacionais ou estrangeiros, *que apresentem alto risco para a ordem e a segurança do estabelecimento penal ou da sociedade*. § 2º Estará igualmente sujeito ao regime disciplinar diferenciado o preso provisório ou o condenado sob o qual recaiam *fundadas suspeitas* de envolvimento ou participação, a qualquer título, em organizações criminosas, quadrilha ou bando". Como se pode verificar, há patente violação da garantia constitucional da legalidade que pressupõe que todo dispositivo legal que imponha restrições à liberdade seja preciso, delimitado, e não, como ocorre nesses parágrafos, absolutamente vagos e genéricos, dando ensejo ao arbítrio e à insegurança jurídica. Mas não é só. Afora a inconstitucionalidade pela imprecisão técnica do legislador, o RDD afigura-se, sem dúvida qualquer, uma medida cruel, desumana e degradante, que vai na contramão de todo o espírito ressocializador da LEP, chocando-se com a nossa Constituição e Pactos

Internacionais ratificados pelo Brasil (CR, arts. 1º, III, e 5º, III, XLVII e XLIX; PIDCP, arts. 7º e 10, n. 1; CADH, art. 5º, n. 1 e 2; LEP, art. 40). A crueldade é tamanha que o próprio então Governador do Estado de São Paulo, Cláudio Lembo, não pôde deixar de reconhecer, em razão da greve de fome que presos submetidos ao RDD do Centro de Readaptação de Presidente Bernardes realizaram em 2006, que "o RDD é uma forma de tortura medieval". Assim fez, ao comentar o relatório elaborado por Carlos Weis, como membro do Conselho Nacional de Política Criminal e Penitenciária, que denunciou a existência de chapas de aço nas janelas das celas, pintadas inteiramente de branco, onde os presos ficam vinte e duas horas por dia, por até 360 dias, ou mais, gerando "sérias preocupações quanto à sanidade mental e ótica dos presos" (cf. reportagem intitulada "Lembo: RDD é 'tortura medieval', *O Estado de S.Paulo*, edição de 8-12-2006, caderno Cidades/Metrópole, p. C1). De outra parte, totalmente absurda e desproposita é a possibilidade conferida pelo art. 5º, III, da Lei n. 10.792/2003, aos Estados e ao Distrito Federal de poderem disciplinar a restrição para os presos submetidos ao RDD, dos meios de comunicação de informação. O preso, assim, além de ficar encarcerado de forma isolada durante vinte e duas horas por dia, por 360 dias, podendo esse prazo ser prorrogado, não poderia, sequer, ler uma revista ou um jornal. Por esses fundamentos, a 1ª Câmara do Tribunal de Justiça de São Paulo entendeu inconstitucional o RDD, ao julgar o HC 978.305.3/0-0000-000, em 15-8-2006, em acórdão da lavra do Desembargador Borges Pereira, para quem "o chamado RDD [...] é uma aberração jurídica que demonstra à saciedade como o legislador ordinário, no afã de tentar equacionar o problema do crime organizado, deixou de contemplar os mais simples princípios constitucionais em vigor". A mais alta Corte paulista, ademais, já havia se pronunciado nesse sentido ao julgar o HC 893.915-3/5-00, relatado pelo Desembargador Marco Nahum, para quem "trata-se de uma determinação desumana e degradante, cruel, o que faz ofender a dignidade humana" (cf., também, Roberto Delmanto, "Da máfia ao RDD". *Bol. IBCCrim* n. 163, junho de 2006, p. 5, e "Regime disciplinar diferenciado ou pena cruel?". *Bol. IBCCrim* n. 134, janeiro de 2004, p. 5). Já não é sem tempo que a Ordem dos Advogados do Brasil, ou outra instituição legitimada, venha a propor, perante o Supremo Tribunal Federal, a competente Ação Direta de Inconstitucionalidade da Lei n. 10.792/2003, que criou o RDD.

- Tipo subjetivo: É o dolo (vontade livre e consciente) de submeter o preso ou quem está submetido a medida de segurança a sofrimento físico ou mental, por meio da prática de ato não constante de lei ou decorrente de medida legal. Para os tradicionais, é o dolo genérico.

- Consumação: Com o sofrimento físico ou mental do preso ou do submetido a medida de segurança.

- Coautoria ou participação: Pode haver.

- Tentativa: Não nos parece possível. Isso porque, ao se iniciar o *iter criminis* de uma tortura física, já terá a vítima sofrido moralmente, com a angústia, o medo, o pânico. Por outro lado, na violência moral, não é possível a tentativa.

- **Pena:** Reclusão, de dois a oito anos.
- **Figuras qualificadas:** *Vide* comentários ao § 3º.
- **Ação penal:** Pública incondicionada.
- *Jurisprudência*
- **Nota:** A jurisprudência está colacionada no final dos comentários ao art. 1º.

§ 2º Aquele que se omite em face dessas condutas, quando tinha o dever de evitá-las ou apurá-las, incorre na pena de detenção de 1 (um) a 4 (quatro) anos.

Omissão de quem tinha o dever de evitar ou apurar (§ 2º)

- **Inconstitucionalidade do § 2º do art. 1º, primeira parte:** Ao mesmo tempo em que pune com severidade quem pratica diretamente o crime de tortura (autoria imediata), ou determina que terceiro o pratique (autoria mediata), a presente lei abranda, com pena de *detenção* de um a quatro anos, *de modo injustificável e afrontoso à Constituição e a Pactos Internacionais* ratificados pelo Brasil, a covarde conduta de quem, tendo o dever de evitar a tortura que está sendo praticada, se omite, embora pudesse agir. Em nível ordinário, nesse particular o § 2º do art. 1º da Lei n. 9.455/97 conflita com o art. 13, § 2º, do Código Penal, que, sob a rubrica *Relevância da Omissão*, dispõe: "a omissão é penalmente relevante quando o omitente devia e podia agir para evitar o resultado. O dever de agir incumbe a quem: *a)* tenha por lei obrigação de cuidado, proteção ou vigilância". Ou seja, pela disciplina da Parte Geral do Código Penal, o *garante*, que se omite, é também punido pelo crime cometido, desde que tivesse o dever, e pudesse evitar que o crime fosse praticado. Desse modo, nos termos do art. 13, § 2º, do Código Penal, se um delegado de polícia ou capitão da Polícia Militar sabe da tortura que está sendo praticada na sala ao lado da sua, por investigadores ou cabos, e nada faz, responderia também pelo crime de tortura. Ocorre que, nos termos do § 2º do art. 1º da Lei da Tortura, que é lei especial e, como tal, prevalece, o omitente que podia e devia, por imperativo *legal, evitar* a prática do crime de tortura, é punido a pena ínfima de um a quatro anos de detenção, permitindo, até mesmo, e em tese, a suspensão condicional do processo e a aplicação de penas alternativas, podendo, ainda, iniciar o cumprimento de pena em regime aberto ou semiaberto, de acordo com o § 7º do art. 1º da presente lei. Ora, é flagrante a inconstitucionalidade da primeira parte do § 2º do art. 1º da Lei da Tortura que premia com punição tão branda, e assim até mesmo incentiva, a *omissão* de autoridades em evitar a prática da tortura. Fere, de morte, a última parte do art. 5º, XLIII, da *Magna Carta*, que estabelece: "a lei considerará crimes inafiançáveis e insuscetíveis de graça ou anistia a prática da tortura, o tráfico ilícito de entorpecentes e drogas afins, o terrorismo e os definidos como crimes hediondos, por eles respondendo os mandantes, os executores *e os que, podendo evitá-los, se omitirem*". Viola, também, a *Convenção Interamericana para Prevenir e Punir a Tortura*, aprovada pelo Decreto Legislativo n. 5, de 31 de maio de 1989, e promulgada pelo Decreto n. 98.386, de 9 de dezembro de 1989, que dispõe: "Art. 1º Os Estados-Partes obrigam-se a prevenir e a punir a tortura, nos termos desta Convenção. [...] Art. 3º Serão responsáveis pelo delito de tortura: *a)* Os empregados ou funcionários públicos que, atuando nesse caráter, ordenem sua execução ou instiguem ou induzam a ela, cometam-no diretamente ou, *podendo impedi-lo, não o façam.* [...] Art. 6º Em conformidade com o disposto no artigo 1º, os Estados-Partes tomarão medidas efetivas a fim de prevenir e punir a tortura no âmbito de sua jurisdição. Os Estados-Partes assegurar-se-ão de que todos os atos de tortura e as tentativas de praticar atos dessa natureza sejam considerados delitos em seu Direito Penal, estabelecendo *penas severas para sua punição, que levem em conta sua gravidade* [...]". Ora, a conduta do funcionário público que se omite e deixa a vítima ser torturada, podendo e devendo impedir o crime, merece censura mais severa do que aqueles que executam a tortura, diante da sua covardia e do grande dano social que a sua omissão causa, atingindo o próprio Estado Democrático de Direito, em seu âmago. Como disse José Saramago, "o pior de tudo é quando sabemos das coisas e não agimos". Igualmente Padre Vieira, para quem "a omissão é o pecado que com mais facilidade se comete e com mais dificuldade se conhece; e o que facilmente se comete e dificultosamente se conhece, raramente se emenda. A omissão é um pecado que se faz não fazendo" (sermão da Primeira Dominga do Advento). Para exemplificar o *absurdo* do § 2º do art. 1º da Lei n. 9.455/97, contrastando com a regra geral do art. 13, § 2º, do Código Penal: se um Delegado de Polícia se omite ao ver policiais executarem sumariamente um "suspeito", responde pelo crime de homicídio juntamente com os executores; já nos termos do § 2º do art. 1º da Lei da Tortura, se os mesmos policiais estiverem praticando *tortura*, que é o mais vil de todos os delitos, esse mesmo Delegado que se omite e deixa a vítima sofrer nas mãos dos torturadores, podendo e devendo evitar a sevícia, será punido com uma inócua e acintosa pena de *detenção* de um a quatro anos, *mesmo que a vítima venha a morrer* (art. 1º, § 3º)! Como se vê, esse dispositivo é uma *afronta* ao princípio da *dignidade humana*, fundamento da nossa República, insculpido no art. 1º, III, da *Magna Carta*, bem como os expressos termos da *Convenção Interamericana para Prevenir e Punir a Tortura*, que integra o nosso ordenamento constitucional. É um dispositivo que, em vez de combater a omissão de autoridades públicas, a estimula. Já não é sem tempo que entidades como o Conselho Federal da OAB promovam a competente ação direta de inconstitucionalidade perante o Supremo Tribunal Federal.

- Suspensão condicional do processo e penas alternativas: Em tese, diante da baixa pena cominada (*vide Críticas* acima), cabem, se preenchidos os demais requisitos objetivos e subjetivos do art. 89 da Lei n. 9.099/95 e do art. 77 do CP, dentre os quais a "culpabilidade, os antecedentes, a conduta social e a personalidade do agente".

- Objeto jurídico: A dignidade da pessoa presa ou submetida a medida de segurança, que abrange a sua incolumidade física e psíquica (*vide* notas no início dos comentários à lei).

- Sujeito ativo: Somente o funcionário público que tenha o dever legal de evitar ou apurar as condutas previstas no § 1º do inciso II. Trata-se, portanto, de crime próprio.

- **Sujeito passivo:** Apenas o preso ou o submetido a medida de segurança.

- **Tipo objetivo:** Pune-se duas situações em que o sujeito que tinha *o dever legal de agir* se omite, em face da tortura prevista no § 1º do inciso II deste art. 1º (tortura da pessoa presa ou submetida a medida de segurança). A primeira omissão diz com o *não evitar* que a tortura seja praticada. Na segunda omissão, *a tortura já aconteceu*, e o sujeito ativo deixa de apurá-la; é uma espécie de prevaricação (CP, art. 319) qualificada. Se omitiu tanto em evitar como em apurar uma mesma conduta, responderá por um único crime.

- **Tipo subjetivo:** O dolo, vontade livre e consciente de não evitar ou não apurar conduta prevista no § 1º, embora tivesse o dever e pudesse fazê-lo.

- **Tentativa:** Não é possível.

- **Pena:** Detenção, de um a quatro anos, reiterando-se a crítica à sua exiguidade, tanto na modalidade da autoridade que não faz cessar a tortura, quando devia e podia agir, mas também quanto aquele que, já tendo ocorrido a tortura, deixa de apurá-la.

- **Figuras qualificadas:** Não se aplicam a este § 2º (*vide* comentários ao § 3º).

- **Ação penal:** Pública incondicionada.

Jurisprudência
- **Nota:** A jurisprudência está colacionada no final dos comentários ao art. 1º.

§ 3º Se resulta lesão corporal de natureza grave ou gravíssima, a pena é de reclusão de 4 (quatro) a 10 (dez) anos; se resulta morte, a reclusão é de 8 (oito) a 16 (dezesseis) anos.

Figuras qualificadas (§ 3º)
- **Aplicação:** Embora esse § 3º esteja colocado abaixo do § 2º, a qualificadora do crime de tortura nele prevista aplica-se apenas aos crimes do art. 1º, I e II, e § 1º, por ser incompatível com o delito omissivo do § 2º, cuja punição é extremamente branda. No mesmo sentido, Guilherme de Souza Nucci (*Leis penais e processuais penais comentadas*. 3. ed. São Paulo: Revista dos Tribunais, 2008, p. 1094).

- **Noção:** Nestas formas qualificadas, são punidas mais gravemente as torturas das quais resultem lesão grave ou gravíssima, ou morte. Trata-se de figuras *preterdolosas*, nas quais há dolo na conduta de *torturar*, que é o objetivo do agente, e culpa no resultado lesão grave ou gravíssima, ou morte. Nos termos do art. 129, § 1º, I a IV, do CP, lesão grave é aquela que gera incapacidade para as ocupações habituais por mais de trinta dias, perigo de vida, debilidade permanente de membro, sentido ou função ou aceleração de parto. Já a lesão gravíssima é a que acarreta incapacidade permanente para o trabalho, enfermidade incurável, perda ou inutilização de membro, sentido ou função, deformidade permanente ou aborto, conforme o § 2º, I a V, do referido artigo.

- **Penas:** Se da tortura resultar lesão corporal grave ou gravíssima, a pena será de reclusão de quatro a dez anos; se resultar morte, reclusão é de oito a dezesseis anos. A nosso ver, diante da gravidade do crime de tortura, ainda mais com esses resultados, as penas deveriam ser mais severas, bastando lembrar que um roubo seguido de morte é apenado com reclusão, de vinte a trinta anos, e a do homicídio qualificado pelo meio cruel, de doze a trinta anos.

- **Sequelas mentais graves ou gravíssimas:** Infelizmente, apesar de o art. 1º, I e II, e § 1º referirem-se a sofrimento físico *ou mental*, este § 3º, ao se utilizar da expressão lesão *corporal* grave ou gravíssima, não previu expressamente como qualificadora a hipótese de a vítima ter sofrido, em razão do trauma da tortura (como o chamado *stress pós-traumático*), sequelas mentais, devidamente comprovadas por laudo psiquiátrico, que a impossibilitem de exercer as suas ocupações habituais por mais de trinta dias, ou até mesmo incapacidade permanente para o trabalho. Sobre o conceito de lesão *corporal*, há acórdão do antigo Tribunal de Alçada Criminal de São Paulo (3ª Câm., Ap. 108.405, de Marília), relatado pelo Juiz Gentil Leite, entendendo que o comprometimento mental pode caracterizar lesão corporal, *verbis*: "a simples crise nervosa, *sem comprometimento* funcional, físico ou *mental*, não configura lesão corporal para efeitos penais" (*RT* 483/346).

- **Exame de corpo de delito:** Nos termos do art. 158 do CPP, exige-se exame de corpo de delito para a prova das lesões e da sua gravidade. No caso da incapacidade por mais de trinta dias, há necessidade de exame complementar a ser realizado logo que decorrido aquele prazo.

Jurisprudência
- **Nota:** A jurisprudência está colacionada no final dos comentários ao art. 1º.

§ 4º Aumenta-se a pena de 1/6 (um sexto) até 1/3 (um terço):

I — se o crime é cometido por agente público;

II — se o crime é cometido contra criança, gestante, portador de deficiência, adolescente ou maior de 60 (sessenta) anos;

III — se o crime é cometido mediante sequestro.

Causas de aumento de pena (§ 4º)
- **Alteração:** Inciso II do § 4º do art. 1º, com redação determinada pela Lei n. 10.741, de 1 de outubro de 2003 — Estatuto do Idoso.

- **Hipóteses:** As penas são aumentadas de um sexto a um terço, em três situações:

- **Inciso I:** Crime cometido por *agente público*, assim considerado, pelo art. 327, *caput*, do CP, aquele que, embora transitoriamente ou sem remuneração, exerce cargo, emprego ou função pública, além de outros equiparados ao funcionário público, nos termos do seu § 1º. Na hipótese do § 2º do art. 1º, que pune descumprimento do dever legal do funcionário público de evitar ou apurar a tortura, não incidirá esta causa de aumento de pena, em face do princípio *ne bis in idem*.

- **Inciso II:** Vítima *criança* (menor de doze anos), *gestante, portador de deficiência* (física ou mental), *adolescente* (maior de doze e menor de dezoito anos) ou maior de sessenta anos (idoso). O agente deve ter ciência de que a vítima se encontra em uma dessas condições ao cometer o crime, para que incida o aumento.

- **Inciso III:** Crime cometido mediante sequestro. Nos termos do art. 148, *caput*, do CP, considera-se crime de sequestro ou cárcere privado a conduta de "privar alguém de sua liberdade, mediante sequestro ou cárcere privado", punindo-a com reclusão de um a três anos. O § 2º desse artigo prevê a forma qualificada, com pena de reclusão de dois a oito anos, quando "resulta à vítima, em razão de maus-tratos ou da natureza da detenção, grave sofrimento físico ou moral". Caso o agente venha a torturar a vítima sequestrada (o que não se confunde com maus-tratos, em face da intensidade, reiteração e crueldade do sofrimento imposto), aplicar-se-á a lei especial, ou seja, o delito de tortura com a presente causa de aumento de pena. No caso de extorsão mediante sequestro (CP, art. 159), se houver tortura da vítima, haverá concurso material com o delito previsto no art. 1º da Lei n. 9.455/97, sendo crimes de natureza diversa.

Jurisprudência
- **Nota:** A jurisprudência está colacionada no final dos comentários ao art. 1º.

§ 5º A condenação acarretará a perda do cargo, função ou emprego público e a interdição para seu exercício pelo dobro do prazo da pena aplicada.

Perda do cargo e interdição (§ 5º)
- **Efeito automático:** Diante dos termos deste § 5º, determinando, *expressamente*, que a condenação *acarretará* a perda do cargo, função ou emprego público e a *interdição* para seu exercício pelo dobro do prazo da pena imposta, tais efeitos serão automáticos, não exigindo específica fundamentação na sentença. Portanto, além de perder o cargo, o condenado não poderá voltar a exercê-lo pelo dobro do prazo da pena, mediante nova investidura.
- **Militares:** Da leitura da Constituição Federal, art. 142, VI ("o oficial só perderá o posto e a patente se for julgado indigno do oficialato ou com ele incompatível, por decisão de tribunal militar de caráter permanente, em tempo de paz, ou de tribunal especial, em tempo de Guerra") e VII ("o oficial *condenado na justiça comum* ou militar a pena privativa de liberdade superior a dois anos, por sentença transitada em julgado, será submetido

ao julgamento previsto no inciso anterior"), e art. 125, § 4º ("Compete à Justiça Militar estadual processar e julgar os militares dos Estados, nos crimes militares definidos em lei e as ações judiciais contra atos disciplinares militares, ressalvada a competência do júri quando a vítima for civil, *cabendo ao tribunal competente decidir sobre a perda do posto e da patente dos oficiais e da graduação das praças*"), surge o questionamento se o militar, condenado pela Justiça comum por crime de tortura, perderá o cargo e as patentes automaticamente, ou se haveria necessidade de uma decisão da Justiça Militar declarando os efeitos penais impostos pela Lei da Tortura. Como na Lei n. 9.455/97 há expressa menção à perda do cargo, a jurisprudência tem entendido que, especificamente quanto a esse crime, não é necessário haver processo perante a Justiça Militar para tanto, ao contrário do que sucede com condenações por outros crimes pela Justiça comum, com pena superior a dois anos, para as quais há necessidade de processo na Justiça Militar.

- Alcance: Saliente-se que esses efeitos alcançarão os condenados por qualquer crime previsto nesta lei, inclusive o do art. 1º, § 2º, que lamentavelmente pune com penas leves (detenção, de um a quatro anos) aquele que se omite no dever legal de evitar ou apurar a tortura.

Jurisprudência

- Nota: A jurisprudência está colacionada no final dos comentários ao art. 1º.

§ 6º O crime de tortura é inafiançável e insuscetível de graça ou anistia.

Proibição de fiança, graça ou anistia (§ 6º)

- Fiança, graça ou anistia: Dispõe este § 6º, em consonância com o art. 5º, XLIII, da CF, ser o crime de tortura *inafiançável* e insuscetível de *graça* ou *anistia*. O art. 323, II, do CPP, com redação dada pela Lei n. 12.403, de 4 de maio de 2011, reiterou a proibição de fiança para esse delito. Observa-se, por outro lado, que enquanto a Lei dos Crimes Hediondos (Lei n. 8.070/92) dispõe ser o crime de tortura também insuscetível de *indulto*, a presente Lei (n. 9.455/97), que é *posterior* e específica, não o proíbe. Assim, a nosso ver, o indulto, ao contrário da graça ou anistia, poderá ser concedido aos condenados por tortura. Também não é vedada a *comutação* (redução) de pena. Saliente-se que a anistia exclui o crime e faz desaparecer suas consequências; tem caráter retroativo e irrevogável, sendo da atribuição do Congresso Nacional, com a sanção do Presidente da República (art. 48, VIII, da CF); embora tenha sentido político, cabe exclusivamente ao Judiciário examinar seu alcance e fazer sua aplicação (LEP, art. 187). A anistia pode ser concedida *antes* da sentença e até *depois* da condenação transitada em julgado. Já a graça e o indulto são outros casos de indulgência do Estado que levam à extinção da punibilidade. Apenas extinguem, contudo, a pena, e não o crime. Daí persistirem os efeitos deste, de modo que o condenado que os recebe não retorna à condição de primário. Geralmente, apenas se fala em *indulto*, como se vê dos arts. 84, XII, da CF e 188 da LEP (este se refere a *indulto individual*), embora a

Magna Carta mencione a *graça* em seu art. 5º, XLIII. Há, porém, certa diferença técnica: em regra, a *graça* é individual e solicitada, enquanto o *indulto* é coletivo e espontâneo. Observe-se, ainda, que não se deve confundir graça e indulto com *comutação* (redução) de *pena*, também da competência privativa do Presidente da República (art. 84, XII, da CR), mas que não é causa extintiva da punibilidade. A graça e o indulto só podem ser concedidos após condenação transitada em julgado, mas, na prática, têm sido concedidos indultos *mesmo antes* de a condenação tornar-se irrecorrível. Em tais casos, entendemos que o indulto não poderá obstar o julgamento da apelação e dos recursos especial e extraordinário do acusado, só prevalecendo o indulto se o recorrente tiver sua condenação mantida. Quanto à aplicação do indulto, *cf.* LEP, arts. 188 a 193.

- **Medidas cautelares substitutivas da prisão:** Embora o crime de tortura seja *inafiançável*, não há óbice para que se aplique, ao acusado preso em flagrante, outras medidas cautelares que substituam a prisão, criadas pela Lei n. 12.403, de 11 de julho de 2011, que alterou os arts. 282 e seguintes do CPP, se não for a hipótese de prisão preventiva.

Jurisprudência
- **Nota:** A jurisprudência está colacionada no final dos comentários ao art. 1º.

§ 7º O condenado por crime previsto nesta Lei, salvo a hipótese do § 2º, iniciará o cumprimento da pena em regime fechado.

Regime inicial e progressão no cumprimento da pena
- **Regime inicial e progressão no cumprimento da pena:** A redação original da Lei dos Crimes Hediondos (Lei n. 8.072/90) previa que nos crimes assim considerados ou a eles equiparados, como a tortura, a pena seria cumprida integralmente em regime fechado (antigo art. 2º, § 1º). Atualmente, após o STF ter declarado inconstitucional o referido artigo, por violação ao princípio da individualização da pena, a Lei n. 11.464/2007 deu nova redação ao referido art. 2º, § 1º, da Lei dos Crimes Hediondos, passando a prever que a pena para esses graves delitos será cumprida *inicialmente* em regime fechado, permitindo-se a progressão. A atual redação da Lei dos Crimes Hediondos está em consonância com o previsto neste § 7º do art. 1º da Lei de Tortura, que já previa, desde 1997, a possibilidade de progressão para esse crime, embora equiparado a hediondo, dando, à época, aos condenados por tortura, tratamento mais benéfico do que aos demais crimes hediondos, o que gerou, por anos, um grande *non sense*.

Jurisprudência do art. 1º
- **Conceito de tortura:** "[...] o delito de tortura — por comportar formas múltiplas de execução — caracteriza-se pela infligão de tormentos e suplícios que exasperam, na dimensão física, moral ou psíquica em que se protejam os seus efeitos, o sofrimento da vítima por atos de desnecessária, abusiva e inaceitável crueldade" (STF, HC 70.389, Rel. p/ acórdão Min. Celso de Mello, *DJU* 10-8-2001).

- **Amputação do dedo:** Tortura — Art. 1º, II, § 3º, da Lei n. 9.455/97 — Relação de poder e subordinação que ultrapassa a relação marital — Agressões cotidianas — Amputação do dedo com faca a mando do réu e sem resistência da vítima — Exposição do dedo a terceiros como forma de demonstrar a dominação — Resquício da submissão da mulher em relação ao homem — Realidade no País — Relação servil e subserviente — Sofrimento moral e físico intenso — Réu permitiu vítima buscar ajuda apenas no dia seguinte — Estancamento do sangue com pó de café — Medo e temor configurados — Condição semelhante às vítimas de sequestro (TJSP, 4ª Câm. Crim., Ap. 0011644-83.2006.8.26.0048, Rel. Des. Fernanda Afonso de Almeida, j. 13-6-2008).

- **Laudo de Exame de Corpo de Delito:** "Em se tratando de crime de tortura previsto no art. 1º, I, a, da Lei 9.455/97, e sendo impingido à vítima apenas e tão somente sofrimento de ordem mental, e que, portanto, e de regra, não deixa vestígios, é suficiente a sua comprovação por meio de prova testemunhal" (STJ, 6ª T., HC 72.084, Rel. Min. Maria Thereza Rocha de Assis Moura, j. 16-4-2009, *DJe* 4-5-2009).

O crime previsto no art. 1º, I, a, pressupõe o suplício físico ou mental da vítima, não se podendo olvidar de que a tortura psicológica não deixa vestígios, não podendo, consequentemente, ser comprovada por meio de laudo pericial, motivo pelo qual a materialidade delitiva depende da análise de todo o conjunto fático-probatório dos autos, principalmente do depoimento da vítima e de eventuais testemunhas (STJ, HC 214.770, Rel. Min. Jorge Mussi, j. 1º-12-11, *DJe* 19-12-2011).

A prática de tortura mediante grave ameaça não deixa vestígios, não se exigindo, para sua constatação, a realização de exame de corpo de delito (STJ, 6ª T., HC 16.142, Rel. Min. Vicente Leal, *DJU* 11-3-2002, p. 281).

Ausência de prova da materialidade delitiva. Vítimas de eventual crime de tortura física, que, entretanto, deixaram de comparecer na seção de medicina legal, onde seriam averiguados sinais de violência. Inexistência da necessária prova da materialidade delitiva, porquanto se trata de crime que deixa vestígios (TJBA, Pleno, Processo 461-4/2009, Rel. Des. Abelardo Virgínio de Carvalho, j. 22-2-2010).

- **Versões da vítima e do acusado:** "I. Em se tratando do crime de tortura, na maioria das vezes, não há como colacionar provas robustas que demonstrem a prática delitiva, o que nos leva a buscar os elementos que possam, juntamente com a palavra da vítima, demonstrar sua ocorrência ou não. II. A palavra da vítima que descreve minuciosamente os fatos ocorridos, encontrando esteio nas declarações das demais testemunhas ouvidas no processo, aliado ao comportamento do ofendido, autoriza o édito condenatório, não havendo o que se falar em absolvição por ausência de provas" (TJRO, 2ª Câm. Crim., Ap. 0201158-75.2009.8.22.0011, Rel. Des. Marialva Henriques Daldegan Bueno, j. 24-8-2011).

A palavra da vítima aliada às provas pericial e testemunhal, é suficiente para alicerçar o decreto condenatório pela prática do crime de tortura (TJRO, 1ª Câm. Crim., Ap. 1001974-47.2006.8.22.0005, Rel. Des. Ivanira Feitosa Borges, j. 9-6-2011).

"6. Nos crimes de tortura, não é o caso de simplesmente preferir aprioristicamente a versão da vítima ou a do acusado, sendo necessário sopesar racionalmente a idoneidade de cada uma delas e confrontá-las com as demais provas produzidas. 7. Os depoimentos das vítimas foram coerentes e harmônicos, corroborados pelo depoimento coincidente da testemunha de defesa, Promotor de Justiça que atendeu as vítimas após as agressões, pelo reconhecimento fotográfico dos réus e gravações de conversas telefônicas corroborando as ameaças feitas pelos policiais após os atos de tortura" (TRF da 3ª Região, 2ª T., Ap. 200060000024751, Rel. Des. Fed. Henrique Herkenhoff, *DJF3* 25-2-2010, p. 272).

■ Prova testemunhal: Crime de tortura contra criança. Palavras seguras da vítima, corroboradas com as demais testemunhas. Delito configurado (TJSP, 16ª Câm. Crim., Ap. 0003949-75.2008.8.26.0091, Rel. Des. Pedro Menin, j. 29-11-2011).

Tortura contra criança. Palavras seguras da vítima. Palavras incriminatórias de testemunhas, ademais. Versão exculpatória inverossímil. Desclassificação para maus-tratos ou crime menos grave, impossibilidade. Tortura caracterizada (TJSP, 4ª Câm. Crim., Ap. 0005685-74.2006.8.26.0358, Rel. Des. Luís Soares de Mello, j. 26-4-2011).

■ Palavra da vítima: Tratando-se de crime de tortura, praticado na clandestinidade, deve-se dar especial valia às palavras da vítima, quando seguras, coerentes, verossímeis, e amplamente roboradas pelas demais provas colhidas, e mormente quando os réus se limitaram à negativa de autoria e as testemunhas arroladas para ratificarem-na são contraditórias (TJMG, Ap. 1.0148.03.013198, Rel. Des. Adilson Lamounier, j. 31-8-2010, *DJ* 22-9-2010).

Nos crimes de tortura a palavra da vítima tem especial relevância probatória, quando respaldada pelos demais elementos de convicção vertidos nos autos (TJMG, Ap. 1.0517.06.001331, Rel. Des. Delmival de Almeida Campos, j. 15-2-2011, *DJ* 25-3-2011).

■ Sujeito ativo: É entendimento doutrinário e jurisprudencial que qualquer pessoa pode cometer o delito de tortura (TJMG, RSE 1.0687.09.069836, Rel. Des. Júlio César Lorens, j. 5-10-2010), mas, sendo o sujeito ativo agente público, é cabível a majoração da pena, *ex vi* do art. 1º, § 4º, I (TRF da 5ª Região, 2ª T., Ap. 2003.83.000017712, Rel. Des. Fed. Petrúcio Ferreira, *DJ* 15-12-2006, p. 679).

Cometem o crime de tortura detentos que usam de extrema violência contra colega de cela, causando-lhe intenso sofrimento físico e mental, inclusive, produzindo nele lesões corporais graves e perigo de vida (TJMG, Ap. 1.0569.05.004456, Rel. Des. Adilson Lamounier, j. 23-2-2010, *DJ* 8-3-2010).

■ Coautoria: Não há de se falar que o paciente não concorreu para o crime em tela, dado que, comprovadamente, estimulou a tortura da vítima, incitando os agressores a violentá-la, além de tê-la enganado e conduzida até o local onde foi praticado o delito (TJPI, 1ª Câm. Espec. Crim., HC 201000010036784, Rel. Des. Raimundo Nonato da Costa Alencar, j. 24-8-2010).

- **Dolo genérico ou específico:** A modalidade de tortura prevista no art. 1º, § 1º, "ao contrário das demais não exige, para seu aperfeiçoamento, especial fim de agir por parte do agente, bastando, portanto, para a configuração do crime, o dolo de praticar a conduta descrita no tipo objetivo" (STJ, 5ª T., REsp 856.706, Rel. p/ acórdão Min. Felix Fischer, Dje 28-6-2010).

- **Relação de subordinação (art. 1º, II):** Nos termos do art. 1º, II, da Lei de Tortura, o sujeito passivo, necessariamente, deve estar sob a guarda, poder ou autoridade do torturador, existindo, assim, uma relação de subordinação de direito ou de fato. Portanto, se a mulher não está sob o poder ou autoridade do marido, a hipótese não se subsume ao delito de tortura, mas, sim, ao crime de lesões corporais (TJMG, Ap. 1.0451.09.013077, Rel. Des. Rubens Gabriel Soares, j. 10-5-2011).

- **Lesões corporais leves:** São absorvidas pelo crime de tortura (STF, HC 70.389, Pleno, Rel. Min. Celso de Mello, DJ 10-8-2001; STJ, HC 116.173, 5ª T., Rel. Min. Laurita Vaz, Dje 31-5-2010).

- **Garante (art. 1º, § 2º):** O preso conserva todos os direitos não atingidos pela perda da liberdade, impondo-se a todas as autoridades o respeito à sua integridade física e moral. Evidenciada a participação dos agentes penitenciários das agressões, todos devem ser responsabilizados. Não fosse pela participação direta, o agente público encarregado da segurança, como garante, é também responsável no sentido de evitar qualquer atentado à integridade física do preso (TJRO, 2ª Câm. Crim., Ap. 0112671-51.2008.8.22.0501, Rel. Des. Miguel Mônico Neto, j. 6-9-2011).

Provido recurso de Delegado e agentes acusados de tortura imprópria que não se encontravam em serviço no dia da prática do crime. Não há omissão se ausente dever específico de agir imposto ao garante. Ausência de capacidade jurídica para evitar o crime (TRF da 2ª Região, 2ª T. Especial., Ap. 200251015159936, Rel. Des. Fed. André Fontes, DJF2 13-12-2010, p. 170-1).

"Paira sobre o magistrado a acusação de ter aderido à vontade de policiais, os quais, sob os seus olhos, praticaram o crime de tortura, na medida em que, eventualmente, omitiu-se a impedir o cometimento da infração. Palavras das vítimas colidentes com o testemunho prestado na fase preliminar. Ausência de indícios suficientes de autoria. Por outro lado, nada comprova que o então delegado de polícia, hoje magistrado, estivesse apto a interromper o suposto crime, pois não emerge qualquer sinal de que os autores materiais da infração estivessem sob as ordens ou comando do investigado" (TJBA, Pleno, Processo 461-4/2009, Rel. Des. Abelardo Virgínio de Carvalho, j. 22-2-2010).

Imputação de omissão a funcionários da Febem (atual Fundação Casa), que deveriam agir, na condição de garantes, para evitar ou apurar as práticas de tortura. Descrição genérica sem individualização das condutas omissivas. Ausência de elementos mínimos a revelar alegada omissão. Rejeição da denúncia confirmada (TJSP, 16ª Câm. Crim., RSE 0000549-12.2002.8.26.0011, Rel. Des. Almeida Toledo, j. 26-1-2010).

- **Competência (prerrogativa de função):** "1. A competência especial por prerrogativa de função não se estende ao crime cometido após a cessação definitiva do exercício funcional. Súmula 451/STF [...]" (STJ, 5ª T, HC 172.784, Rel. Min. Napoleão Nunes Maia Filho, j. 3-2-2011, *DJe* 21-2-2011).

- **Competência (crime praticado por Policiais Militares):** Existindo indícios de que o crime de tortura fora praticado por policiais militares estaduais no interior de Delegacia da Polícia Federal, compete à Justiça Federal, a teor do art. 109, IV, do CP, o processamento e o julgamento do feito (STJ, 3ª S., CC 102.714, Rel. Min. Jorge Mussi, *DJe* 10-6-2010).

"O crime de tortura é crime comum, sem correspondência no Código Penal Militar. Portanto, não cabe ser julgado perante a Justiça Especializada, mas sim na Justiça Comum (Precedentes desta Corte e do Pretório Excelso)" (STJ, 5ªT, HC 130.499, Rel. Min. Felix Fischer, *DJe* 20-9-2010; 5ª T., HC 116.173, Rel. Min. Laurita Vaz, *DJe* 31-5-2010; STF, HC 70.389, Pleno, Rel. Min. Celso de Mello, *DJU* 10-8-2001).

A Justiça Militar da União não é competente para trancar inquérito policial instaurado para apurar suposta prática de crime de tortura, visto que não é definido como crime militar. Ordem concedida para trancar Inquérito Policial Militar instaurado pelo Exmo. Comandante Militar da Amazônia, por requisição do Ministério Público Militar de Manaus (STM, HC 2009.01.034672-4, Rel. Min. Flavio Bierrenbach, j. 18-8-2009, publ. 16-11-2009).

- **Competência (crime praticado por Policiais Civis):** "1. O processo e julgamento de ação penal que apura crime de tortura, praticado contra particulares, por servidores públicos estaduais (policiais civis), é da competência da Justiça comum estadual, à míngua de interesse juridicamente qualificado da União. 2. Não há que se falar, com fundamento e interpretação abstrata da norma contida no art. 34, VII, *b*, da Constituição Federal, em interesse absoluto (preexistente) ou presumido da União em relação aos crimes contra os direitos humanos, devendo-se analisar o fato considerado delituoso e suas circunstâncias. 3. Recurso criminal improvido" (TRF da 1ª Região, 3ª T., Recurso Criminal 1999.01000728655, Rel. Juiz Fed. Conv. Guilherme Doehler, j. 15-8-2005).

- **Criança do sexo feminino (incompetência do Juizado Especial de Violência Doméstica e Familiar):** "Ressai dos fatos narrados que a paciente tinha a guarda provisória e precária da vítima e a submeteu a intolerável e intenso sofrimento psicológico e físico ao praticar, em continuidade delitiva, diversas agressões verbais e violência física, de forma a caracterizar o crime de tortura descrito no art. 1º, II, c/c § 4º, II, da Lei n. 9.455/97. [...] O fato de a menor agredida ser do sexo feminino não possui qualquer influência no delito praticado pela paciente, pois foi a condição de criança que levou a acusada a praticá-lo. Caso a vítima fosse homem, a conduta não deixaria de existir, pois o fundamental para a acusada era a incapacidade de resistência da vítima diante das agressões físicas e mentais praticadas. Dest'arte, se o delito não tem razão no fato de a vítima ser do gênero mulher, não há falarem competência do Juizado Especial de Violência

Doméstica e Familiar" (STJ, 5ª T., HC 172.784, Rel. Min. Napoleão Nunes Maia Filho, j. 3-2-2011, DJe 21-2-2011).

■ Vítima criança: É indubitável que o ato foi praticado por quem detinha as crianças sob sua guarda, na condição de babá, possuindo atributos específicos para ser condenada pelo crime do art. 1º, II, c/c § 4º, II, da Lei n. 9.455/97 (STJ, 6ª T., HC 169.379, Rel. Min. Sebastião Reis Júnior, j. 22-8-2011, DJe 31-8-2011).

■ Tortura e castigo pessoal: Deve-se manter a classificação do crime como de tortura, tendo em vista que consistiu em aplicação de castigo pessoal, pelo agente, contra aquele que, identificando-se como policial federal no regular exercício do seu mister, resistiu à colocação das algemas e à detenção então empreendida (TRF da 5ª Região, 2ª T., Ap. 2003.83.000017712, Rel. Des. Fed. Petrúcio Ferreira, DJ 15-12-2006, p. 679).

Sujeição de 68 adolescentes da antiga Febem (atual Fundação Casa) a intenso sofrimento físico e mental como forma de impor castigo pessoal de medida de caráter preventivo. Justa causa para o recebimento da inicial contra 17 funcionários pelo crime de tortura. Laudos periciais confirmando lesões leves e indícios suficientes de autoria. Declarações das vítimas acompanhadas dos respectivos laudos e fotografias. Indicação dos supostos agressores e do *modus operandi* empregado. Uniformidade nas declarações dos ofendidos. Desnecessidade de prova mais contundente para o recebimento da inicial (TJSP, 16ª Câm. Crim., RSE 0000549-12.2002.8.26.0011, Rel. Des. Almeida Toledo, j. 26-1-2010).

■ Tortura e homicídio: Ocorrendo a morte da vítima por ato posterior e isolado de inimputáveis, que anteriormente, em companhia dos réus, torturaram aquela, esses serão responsabilizados no limite dos seus atos (TJRO, 1ª Câm. Crim., Ap. 1202396-30.2005.8.22.0019, Rel. Des. Valter de Oliveira, j. 13-1-2011).

■ Tortura e sequestro: Conjunto probatório apto a manter a condenação. Configuração do crime de tortura praticado por agentes públicos e mediante sequestro. Privação da liberdade da vítima por tempo prolongado e desnecessário (TJSP, 5ª Câm. Crim., Ap. 0009492-71.1999.8.26.0286, Rel. Des. José Damião Pinheiro Machado Cogan, j. 25-11-2010).

■ Tortura e extorsão mediante sequestro: É inviável, em sede de *habeas corpus,* a análise da pretendida absorção do crime previsto no art. 1º, II, da Lei n. 9.455/97 pelo ilícito do art. 159, §§ 1º e 3º, do CP, sob o argumento de que a violência física ou moral é elemento inerente ao tipo da extorsão mediante sequestro, tendo em vista que a matéria não foi analisada pelo Tribunal de origem, sob pena de incidir-se em supressão de instância (STJ, 5ª T., HC 162.690, Rel. Min. Jorge Mussi, j. 10-5-2011, DJe 23-5-2011).

■ Confronto com abuso de autoridade: Desclassificação, de ofício, do delito de tortura para o crime de abuso de autoridade. Ausência de comprovação de que o ofendido foi submetido a intenso sofrimento físico. Agressões não revestidas de caráter bárbaro ou martirizante. Ocorrência de atentado à incolumidade física da vítima. Configuração do crime tipificado no art. 3º, alínea *i*, da Lei n. 4.898/65 (TJBA, 1ª Câm. Crim., Processo 2009-6/2003, Rel. Des. Vilma Costa Veiga, j. 9-2-2010).

Constatado que a imposição de constrangimento à vítima, mediante violência ou grave ameaça, a causar-lhe sofrimento físico ou mental, teve como finalidade a obtenção de informação, declaração ou confissão, inviável a desclassificação do crime de tortura para o delito de abuso de autoridade (TJMG, Ap. 1.0153.03.021715, Rel. Des. Nelson Missias de Morais, j. 23-9-2010, *DJ* 8-10-2010).

▪ Desclassificação para lesão corporal: Não havendo nos autos provas de que a vítima se encontrava reclusa em sua residência, em cárcere privado, e de que o agente, ao empregar violência física contra a vítima, tenha agido com o ânimo específico de torturá-la, submetendo-a a sofrimento físico, como forma de aplicar-lhe castigo pessoal, correta se mostra a solução absolutória quanto aos delitos de cárcere privado e de tortura, revelando-se, porém, correta a sua condenação pelo delito de lesão corporal dolosa, em face da aplicação do princípio da subsidiariedade (TJRJ, 1ª Câm. Crim., AC 2007.050.05957, Rel. Des. Moacir Pessoa de Araújo, j. 18-12-2007).

▪ Desclassificação para lesão corporal leve: Se, a teor do laudo pericial, as lesões corporais sofridas pelas vítimas não acarretaram incapacidade para as ocupações habituais por mais de 30 dias, perigo de vida, nem enfermidade incurável ou deformidade permanente, desclassifica-se a imputação de tortura para lesões corporais leves (TJPI, 2ª Câm. Espec. Crim., Ap. 200900010033082, Rel. Des. Erivan José da Silva Lopes, j. 12-4-2010).

Como a vítima sofreu lesões e não ficou evidente o abalo moral por ela sofrido, viável a desclassificação para lesão corporal leve (TJRS, 3ª Câm. Crim., Ap. 70038325833, Rel. Des. Ivan Leomar Bruxel, j. 20-10-2011, *DJ* 31-10-2011).

▪ Não desclassificação para lesão corporal: Inviável a desclassificação do crime de tortura para o delito de lesão corporal quando evidenciado o dolo do agente em praticar intenso sofrimento físico e mental à vítima, a fim de castigá-la por ato que tenha cometido (TJRO, 1ª Câm. Crim., Ap. 0034130-10.2008.8.22.0014, Rel. Des. Zelite Andrade Carneiro, j. 27-10-2011; TJRO, 1ª Câm. Crim., Ap. 1001974-47.2006.8.22.0005, Rel. Des. Ivanira Feitosa Borges, j. 9-6-2011).

▪ Desclassificação para roubo: Não caracterização do crime de tortura, uma vez que o sofrimento pelo qual passaram as vítimas, decorrente das gravíssimas ameaças levadas a efeito pelos réus, integram o tipo penal do roubo, configurando circunstância a ser considerada na fixação da pena pelo crime do art. 157 do CP (TRF da 3ª Região, 2ª T., Ap. 2006.61.810053382, Rel. Juiz Fed. Conv. Fernando Gonçalves, *DJF3* 23-7-2009, p. 163).

▪ Desclassificação para constrangimento ilegal: "Não resta configurada nos autos a existência de inflição de tormentos e suplícios que excedem os limites do suportável na dimensão física, moral ou psíquica das vítimas, causados em decorrência de constrangimento ilegal praticado com emprego de violência ou grave ameaça, com o fim de obter declaração, informação ou confissão, exigida pelo tipo penal descrito no art. 1º, inciso I, alínea a, II, da Lei n. 9.455/97" (TJPI, 2ª Câm. Espec. Criminal, Ap. 200900010024743, Rel. Des. Joaquim Dias de Santana Filho, j. 31-5-2010).

■ Confronto com maus-tratos: "Processo penal. Conflito negativo de competência. Inquérito Policial. Agressões físicas contra menores internados na APAE. Impossibilidade de subsunção da conduta no delito de maus-tratos (art. 136 do CPB) ante a não verificação, ao menos até esta altura, do elemento subjetivo do tipo específico deste delito (para fim de educação, ensino, tratamento ou custódia), mas sim do propósito de causar sofrimento, próprio do crime de tortura. Competência do juízo de direito da Vara Criminal. Parecer ministerial pela competência do Juízo suscitado. Conflito conhecido para declarar a competência do Juízo de Direito da 1ª Vara Criminal de São João del Rei, o Suscitado" (STJ, 3ª S., CC 102.833, Rel. Min. Napoleão Nunes Maia Filho, DJe 10-9-2009).

Quem, no exercício do pátrio poder, agride constantemente sua filha de três anos, com varas, pedaços de madeira e cabo de vassoura, causando-lhe várias lesões corporais na cabeça, face, abdômen, pernas e nádegas, além de queimadura na mão esquerda, impondo-lhe intenso sofrimento físico, moral e psicológico, pratica o delito de tortura e não de maus-tratos, já que não se verifica excesso nos meios de correção, mas violência gratuita contra criança (TJRS, 1ª Câm. Crim., Ap. 70041938846, Rel. Des. Marco Antônio Ribeiro de Oliveira, j. 6-7-2011).

Laudo pericial constatando as lesões corporais sofridas pela vítima menor de idade. Depoimentos coerentes merecendo credibilidade. Agente que causou intenso sofrimento físico e mental ao ofendido, como forma de aplicar castigo pessoal ou medida de caráter preventivo. Impossibilidade de desclassificação do crime para o de maus-tratos (TJSP, 9ª Câm. Crim., Ap. 0001440-70.2008.8.26.0157, Rel. Des. Penteado Navarro, j. 1º-3-2012).

A diferenciação entre o crime de tortura e o de maus-tratos deve ser dirimida perquirindo-se o elemento volitivo. Se a ação do agente foi motivada pelo desejo de corrigir, muito embora o meio utilizado para tanto tenha sido desumano e cruel, têm-se a configuração do delito de maus-tratos. Porém se a conduta do agente demonstra que a sua intenção era submeter a vítima a sofrimento atroz, físico ou mental, para obtenção de qualquer coisa, ou para servir de castigo por qualquer razão, a tortura está caracterizada (TJMG, RSE 1.0687.09.069836, Rel. Des. Júlio César Lorens, j. 5-10-2010).

■ Omissão de companheiro: "1. O trancamento da ação penal por ausência de justa causa é medida excepcional, justificando-se quando despontar, fora de dúvida, atipicidade da conduta, causa extintiva da punibilidade ou ausência de indícios de autoria, o que não ocorre no caso sob exame. 2. Crime de tortura praticado pela companheira do paciente contra sua filha. Omissão do paciente, que vivia em sociedade conjugal de fato com a corré. Relevância causal. Dever de agir, senão de direito ao menos de fato. 3. Ação penal, ademais, transitada em julgado. Ordem indeferida" (STF, 2ª T., HC 94.789, Rel. Min. Eros Grau, j. 27-4-2010, *DJe* 091, public. 25-5-2010, Ement. v. 02402-04, p. 709).

■ Crueldade e perversidade (cálculo da pena-base): A maior ou menor crueldade utilizada pelo algoz, assim como o tempo em que a vítima passa em seu poder sendo torturada, devem ser sopesados na fixação da pena-base do crime de tortura, sem que isso possa ser considerado elemento do próprio tipo penal, ainda mais quando o Conselho de Sentença reconhece que o crime de tortura foi cometido mediante sequestro e para provocar ação ou omissão criminosa (TRF da 1ª Região, 3ª T., Ap. 200932000054402, Rel. Des. Fed. Tourinho Neto, *DJF1* 29-4-2011, p. 136).

O réu, ao atuar com violência extrema, em situação na qual vitimado um policial que se identificou na oportunidade, demonstra uma nítida faceta de crueldade, que não deve ser abstraída. Pena-base majorada para três anos, com acréscimo de seis meses, decorrente do art. 1º, § 4º, I, da Lei n. 9.455/97 (TRF da 5ª Região, 2ª T., Ap. 2003.83.000017712, Rel. Des. Fed. Petrúcio Ferreira, *DJ* 15-12-2006, p. 679).

"1. Hipótese em que o Juiz de primeiro grau fixou a pena-base acima do mínimo legal, em 3 (três) anos de reclusão, mediante a análise das circunstâncias judiciais do art. 59 do Código Penal, ressaltando a crueldade e perversidade com que o delito foi cometido, o que justifica a exacerbação da reprimenda. 2. Existindo concreta e adequada valoração das circunstâncias judiciais, não se mostra possível, na via estreita do *habeas corpus*, promover ao redimensionamento da pena, providência própria de revisão criminal, para o que não serve o *writ*. 3. Ordem denegada" (STJ, HC 91.036, Rel. Min. Maria Thereza de Assis Moura, j. 16-9-2010, *DJe* 4-10-2010).

"1. Não há ilegalidade a ser reconhecida se a pena-base do paciente foi fixada acima do mínimo legal em razão do reconhecimento de circunstâncias judiciais desfavoráveis, nos termos do art. 59 do Código Penal, de forma proporcional e razoável. As circunstâncias concretas apontadas autorizam o acréscimo da reprimenda, em razão do espancamento de uma criança de apenas nove meses de idade, que foi lesionada nas costas, na boca e no rosto, vindo a falecer, além do fato de o paciente ter se negado a prestar-lhe socorro. 2. Não procede a alegação de que o Tribunal de origem, na apelação, retificou a tipificação do delito se a descrição já estava correta na sentença, inclusive na parte dispositiva, existindo apenas erro material em um trecho do provimento. Ademais, não houve agravamento da situação do paciente em decorrência do julgamento do recurso, pois a sentença foi mantida integralmente pela Corte estadual, não havendo que falar em *reformatio in pejus*. 3. Ordem denegada" (STJ, 6ª T., HC 80.817, Rel. Min. Maria Thereza de Assis Moura, *DJe* 10-5-2010).

■ *Mutatio libelli*: "1. É certo que o réu defende-se dos fatos narrados na denúncia, não de sua capitulação legal. Contudo, se circunstâncias elementares do tipo penal de tortura não foram descritas na denúncia, que imputava ao paciente a prática de lesões corporais graves, fica afastada a hipótese de *emendatio libelli*. Trata-se de *mutatio libelli*, a qual depende da estrita observância do procedimento previsto no art. 384 do Código de Processo Penal. 2. Embora o magistrado, analisando as provas produzidas, tenha concluído que a conduta do paciente amolda-se àquela descrita no tipo penal de tortura, não poderia tê-lo condenado por tal crime se algumas de suas circunstâncias elementares não estavam descritas na inicial acusatória. Era imprescindível que se ouvisse o Ministério Público acerca do interesse em aditar a denúncia, sob pena de evidente violação do devido processo legal. [...] 4. Hipótese em que o Juiz singular, após a apresentação das alegações finais pelas partes, converteu o feito em diligência para a oitiva de testemunhas do juízo e, em seguida, proferiu sentença condenatória. Se não se oportunizou que as partes se manifestassem sobre a prova produzida, fica evidente a nulidade por cerceamento de defesa e por violação do princípio do contraditório. 5. *Habeas corpus* concedido para anular a ação penal, desde a prolação da sentença, devendo ser ouvido o Ministério Público acerca do interesse em aditar a denúncia, nos termos do art. 384 do Código de Processo Penal. Caso não seja aditada a inicial acusatória, devem as partes se manifestar sobre a oitiva das testemunhas do juízo previamente à prolação de nova sentença" (STJ, 6ª T., HC 160.940, Rel. Min. Maria Thereza de Assis Moura, *DJe* 26-4-2010).

- Vítima presa (art. 1º, § 1º): "[...] II — Consta no v. acórdão vergastado que a vítima foi agredida por policial civil enquanto se encontrava presa. Dessas agressões resultaram lesões graves conforme atestado por laudo pericial. A vítima, dessa forma, foi submetida a intenso sofrimento físico. Em tal contexto, não há como afastar-se a figura típica referente à tortura prevista no art. 1º, § 1º, da Lei n. 9.455/97. III — Referida modalidade de tortura, ao contrário das demais, não exige, para seu aperfeiçoamento, especial fim de agir por parte do agente, bastando, portanto, para a configuração do crime, o dolo de praticar a conduta descrita no tipo objetivo. IV — O Estado Democrático de Direito repudia o tratamento cruel dispensado pelos seus agentes a qualquer pessoa, inclusive aos presos. Impende assinalar, neste ponto, o que estabelece a *Lex Fundamentalis*, no art. 5º, inciso XLIX, segundo o qual os presos conservam, mesmo em tal condição, o direito à intangibilidade de sua integridade física e moral. Desse modo, é inaceitável a imposição de castigos corporais aos detentos, em qualquer circunstância, sob pena de censurável violação aos direitos fundamentais da pessoa humana. Recurso especial provido" (STJ, 5ª T., REsp 856.706, Rel. p/ acórdão Min. Felix Fischer, *DJe* 28-6-2010).

- Prisão Preventiva: "3. O decreto de prisão preventiva expôs o modo de execução do crime, apto a revelar, nas circunstâncias do caso, a periculosidade social do paciente e, em consequência, a necessidade da prisão para a garantia da ordem pública: agressões feitas em criança de 2 (dois) anos e 7 (sete) meses de vida, porque esta se levantou da cama durante a noite, necessitando trocar a fralda, seguindo-se novas agressões, consistentes em socos na cabeça e no abdômen da criança — causando lesões que a levaram à morte —, simplesmente porque a vítima, inquieta, se levantou novamente da cama, afirmando o paciente que desejava aplicar castigo pessoal à criança, pois esta não o estava deixando dormir um pouco mais. 4. Ordem denegada"(STJ, 6ª T., HC 121.548, Rel. Des. Conv. Celso Limongi, *DJe* 19-4-2010).

"1. A imposição da custódia preventiva encontra-se suficientemente fundamentada, em face das circunstâncias do caso que, pelas características delineadas, retratam, *in concreto*, a periculosidade dos agentes, a indicar a necessidade de sua segregação para a garantia da ordem pública, em se considerando, sobretudo, o *modus operandi* do delito. Precedentes. 2. Na hipótese, consta dos autos que a vítima foi sequestrada e submetida à tortura, mediante estrangulamento, e posteriormente atingida por disparo de arma de fogo, quando se encontrava com as mãos atadas, sem possibilidade de oferecer nenhuma resistência, o que evidencia a especial gravidade do crime. 3. Condições pessoais favoráveis dos agentes não são aptas a revogar a prisão preventiva, se esta encontra respaldo em outros elementos dos autos. 4. *Habeas corpus* parcialmente conhecido e denegado" (STJ, 5ª T., HC 121.609, Rel. Min. Laurita Vaz, *DJe* 3-11-2009).

■ **Perda do cargo (art. 1º, § 5º). Efeito automático:** A condenação por delito previsto na Lei de Tortura acarreta, como efeito extrapenal automático, a perda da patente e do posto de oficial da Polícia Militar, tal como previsto no art. 1º, § 5º, da Lei n. 9.455/97 (STF, HC 92.181, Rel. Min. Joaquim Barbosa, *DJ* 1º-8-2008).

A perda do cargo prescinde de fundamentação, sendo efeito automático (STJ, 5ª T., HC 134.218, Rel. Min. Napoleão Nunes Maia Filho, j. 6-8-2009, *DJe* 8-9-2009; 6ª T., HC 47.846, Rel. Min. Og Fernandes, j. 11-12-2009, *DJe* 22-2-2010).

No crime de tortura, por se tratar de crime comum que tem por efeito automático a perda de cargo, função ou emprego público, torna-se desnecessária a instauração de procedimento especial para a perda de posto e da patente dos oficiais e da graduação das praças, tornando-se inaplicável, na espécie, o disposto na segunda parte do § 4º do art. 125 da Constituição Federal (TJRO, Pleno, Reclamação 21003347-47.2001.822.0501, Rel. Juiz conv. Valdeci Castelar Siton, j. 19-10-2009).

Compete à Justiça Comum a decretação da perda do cargo público do Policial Militar, considerando que a providência é efeito imediato da condenação pelo crime de tortura, conforme preconiza o § 5º do art. 1º da Lei n. 9.455/97 (TJMG, Ap. 1.0153.03.021715, Rel. Des. Nelson Missias de Morais, j. 23-9-2010, *DJ* 8-10-2010).

■ **Justiça Militar e Justiça Comum:** Não existe relação de prejudicialidade entre a decisão absolutória em processo criminal militar pela prática de lesões corporais e a sentença condenatória pelo crime de tortura, tratando-se de processos diversos, relativos a delitos diferentes e julgados por órgãos autônomos, razão pela qual a eventual manutenção da condenação imposta em primeira instância na Justiça Comum não ofende a coisa julgada decorrente da absolvição no âmbito da Justiça Militar (TJMG, Ap. 1.0153.03.021715, Rel. Des. Nelson Missias de Morais, j. 23-9-2010, *DJ* 8-10-2010).

Art. 2º O disposto nesta Lei aplica-se ainda quando o crime não tenha sido cometido em território nacional, sendo a vítima brasileira ou encontrando-se o agente em local sob jurisdição brasileira.

Extraterritorialidade

- **Extraterritorialidade:** A lei em comento é aplicável mesmo que o crime de tortura tenha sido praticado fora do território nacional em *duas* hipóteses:

- **a) Se a vítima for brasileira (nata, naturalizada ou ainda com dupla cidadania):** De forma muito mais abrangente do que as hipóteses de extraterritorialidade incondicionada e condicionada, previstas na Parte Geral do Código Penal (art. 7º), o art. 2º desta lei determina que estará sujeita à jurisdição penal brasileira toda pessoa que, em qualquer lugar do mundo e de qualquer nacionalidade, venha a torturar um brasileiro. Se o agente for punido no país estrangeiro em que o crime foi praticado, incidirá o princípio *ne bis in idem* que se encontra previsto no art. 8º do Código Penal: "A pena cumprida no estrangeiro atenua a pena imposta no Brasil pelo *mesmo crime*, quando diversas, ou nela é computada, quando idênticas".

- **b) se o agente (sujeito ativo) encontrar-se em local sob jurisdição brasileira:** Se não houver a extradição, pelo Brasil, do estrangeiro acusado ou condenado pela prática de tortura no exterior, que venha a entrar em nosso território, o Brasil assumiu o compromisso de processá-lo por esse crime, mesmo que a vítima não seja brasileira. Dispõe, a respeito, a *Convenção Interamericana para Prevenir e Punir a Tortura*, adotada e aberta à assinatura na Organização dos Estados Americanos (OEA) em 9 de dezembro de 1985, aprovada pelo Decreto Legislativo n. 5, de 31 de maio de 1989, e promulgada pelo Decreto n. 98.386, de 9 de dezembro de 1989, *verbis*: "Art. 11. Os Estados-Partes tomarão as medidas necessárias para conceder a extradição de toda pessoa acusada de delito de tortura ou condenada por esse delito, de conformidade com suas legislações nacionais sobre extradição e suas obrigações internacionais nessa matéria. Art. 12. Todo Estado-Parte tomará as medidas necessárias para estabelecer sua jurisdição sobre o delito nesta Convenção, nos seguintes casos: a) quando a tortura houver sido cometida no âmbito de sua jurisdição; b) quando o suspeito for nacional do Estado-Parte de que se trate; c) quando a vítima for nacional do Estado-Parte de que se trate e este o considerar apropriado. *Todo Estado-Parte tomará também as medidas necessárias para estabelecer sua jurisdição sobre o delito descrito nesta Convenção, quando o suspeito se encontrar no âmbito de sua jurisdição e o Estado não o extraditar*, de conformidade com o artigo 11". Evidentemente, nossa jurisdição só será aplicável em relação aos Estados signatários da Convenção que recepcionaram sem ressalvas os referidos artigos. São eles: Argentina, Bolívia, Brasil, Chile, Colômbia, Costa Rica, República Dominicana, Equador, El Salvador, Guatemala, Haiti, Honduras, México, Nicarágua, Panamá, Paraguai, Peru, Suriname, Uruguai e Venezuela (disponível em: <http://cejil.org/en/instrumentos/inter-american-convention-prevent-and-punish-torture>). Com essa mesma interpretação, cf. Walberto Fernandes de Lima, *Comentários à Lei da Tortura*, em coautoria com Sheila Bierrenbach. Rio de Janeiro: Lumen Juris, 2006, p. 156.

Art. 3º Esta Lei entra em vigor na data de sua publicação.

Art. 4º Revoga-se o art. 233 da Lei n. 8.069, de 13 de julho de 1990 — Estatuto da Criança e do Adolescente.

■ **ECA:** O Estatuto da Criança e do Adolescente foi o primeiro diploma que expressamente veio a punir a *tortura*, embora não descrevesse em que ela consistiria, *verbis*: "Art. 233. Submeter criança ou adolescente sob sua autoridade, guarda ou vigilância a tortura: Pena — reclusão de 1 (um) a 5 (cinco) anos. § 1º Se resultar lesão corporal grave: Pena — reclusão de 2 (dois) a 8 (oito) anos. § 2º Se resultar lesão corporal gravíssima: Pena — reclusão de quatro a doze anos.§ 3º Se resultar morte: Pena — reclusão de quinze a trinta anos". A disciplina legal dada pela Lei da Tortura (Lei n. 9.455/97), portanto, é *mais severa* em relação à tortura simples, cuja pena, atualmente, é de dois a oito anos, e à tortura com lesão corporal grave, punida com reclusão de quatro a dez anos. Todavia, havendo lesão corporal gravíssima, a nova legislação, com pena de reclusão de quatro a dez anos é *mais branda* do que a do ECA, que era de reclusão de quatro a doze anos. Também *mais branda*, a atual punição se resultar morte, é de reclusão de oito a dezesseis anos, ao passo que, no ECA, era de reclusão de quinze a trinta anos.

Jurisprudência do art. 4º

■ **Ultratividade do art. 233 do ECA:** Em matéria penal, a nova lei que redefine a conduta criminosa editada no curso do processo não provoca o fenômeno *abolitio criminis*, ensejando, todavia, a ultratividade da lei penal antiga mais benigna. Embora o art. 233 da Lei n. 8.069/90 (ECA), que tipificava o crime de tortura contra menores, tenha sido revogado pelo art. 4º da Lei n. 9.455/97, esta conduta recebeu definição criminal neste novo diploma legal, de forma mais gravosa, impondo-se, portanto, a aplicação da lei anterior mais benéfica (STJ, 6ª T., RHC 10.049, Rel. Min. Vicente Leal, *DJU* 18-2-2002, p. 494).

Brasília, 7 de abril de 1997; 176º da Independência e 109º da República.

FERNANDO HENRIQUE CARDOSO
Nelson A. Jobim

CRIMES DE TRÂNSITO

LEI N. 9.503, DE 23 DE SETEMBRO DE 1997

Institui o Código de Trânsito Brasileiro.

O Presidente da República:
Faço saber que o Congresso Nacional decreta e eu sanciono a seguinte Lei:

- Nota introdutória: A Lei n. 9.503, de 23 de setembro de 1997, instituiu um novo Código Nacional de Trânsito, sendo o antigo Código (Lei n. 5.108, de 21 de setembro de 1966) expressamente revogado. Conforme dispõe o art. 1º, § 2º, do atual CTB, "o trânsito, em condições seguras, é um direito de todos e dever dos órgãos e entidades componentes do Sistema Nacional de Trânsito, a estes cabendo, no âmbito das respectivas competências, adotar as medidas destinadas a assegurar esse direito". O atual CTB é composto de vinte Capítulos e um Anexo, estando as infrações penais (os chamados "crimes de trânsito") previstos em seu Capítulo XIX, o qual será objeto de comentários. É de fundamental importância que os tipos penais de trânsito sejam interpretados em consonância com todo o CTB, além, é claro, da própria Constituição da República. Cumpre ressaltar que alguns tipos penais constituem normas penais em branco, de forma que o intérprete haverá sempre de consultar os seus complementos, geralmente previstos em Resoluções do Conselho Nacional de Trânsito — Contran, órgão do Sistema Nacional de Trânsito (CTB, art. 7º, I).

[...]

Capítulo XIX
DOS CRIMES DE TRÂNSITO

- Noção: O presente Capítulo XIX é dividido em duas Seções: Seção I (das Disposições Gerais) e a Seção II (dos Crimes em Espécie).

Seção I
DISPOSIÇÕES GERAIS

Art. 291. Aos crimes cometidos na direção de veículos automotores, previstos neste Código, aplicam-se as normas gerais do Código Penal e do Código de Processo Penal, se este Capítulo não dispuser de modo diverso, bem como a Lei n. 9.099, de 26 de setembro de 1995, no que couber.

§ 1º Aplica-se aos crimes de trânsito de lesão corporal culposa o disposto nos arts. 74, 76 e 88 da Lei n. 9.099, de 26 de setembro de 1995, exceto se o agente estiver:

I — sob a influência de álcool ou qualquer outra substância psicoativa que determine dependência;

II — participando, em via pública, de corrida, disputa ou competição automobilística, de exibição ou demonstração de perícia em manobra de veículo automotor, não autorizada pela autoridade competente;

III — transitando em velocidade superior à máxima permitida para a via em 50 km/h (cinquenta quilômetros por hora).

§ 2º Nas hipóteses previstas no § 1º deste artigo, deverá ser instaurado inquérito policial para a investigação da infração penal.

Caput

- **Aplicação:** Este art. 291 traz norma reveladora do princípio da especialidade, de forma que se o presente Capítulo não dispuser de modo diverso, aplicam-se as normas gerais do CP e do CPP, bem como a Lei n. 9.099/95, que dispõe sobre os Juizados Especiais Cíveis e Criminais. Faz-se referência à Parte Geral do CP e às normas gerais do CPP, referidas também por este art. 291, as quais dizem respeito às regras processuais, em especial àquelas relativas aos procedimentos (provas, nulidades, recursos etc.), merecendo destaque a aplicação da Lei n. 9.099/95, cabível para as infrações de menor potencial ofensivo (crimes a que a lei comine pena máxima não superior a dois anos, cumulada ou não com multa — art. 2º do referido diploma). Todavia, mesmo nos casos de lesões corporais culposas, a aplicação de institutos benéficos da Lei n. 9.099/95 — composição civil, transação penal e exigência de representação (arts. 72, 76 e 88 da Lei n. 9.099/95) — são proibidos nos casos específicos previstos pelo § 1º deste art. 291 (vide nota abaixo). Entretanto, a suspensão condicional do processo (art. 89 da referida lei) não é vedada.

§ 1º

- **Alteração (Lei n. 11.705/2008):** O antigo parágrafo único deste art. 291 — que previa a aplicação dos arts. 74, 76 e 88 da Lei n. 9.099/95 aos crimes de trânsito de lesão corporal culposa, de embriaguez ao volante e de participação em competição não autorizada — foi revogado e substituído pelo atual § 1º, que restringiu a aplicação dos benefícios da Lei n. 9.099 à lesão corporal culposa decorrente de acidente de trânsito (vide Lei n. 11.705/2008), exceto se o agente estiver em uma das hipóteses elencadas nos incisos I a III. Neste aspecto, a lei penal não pode retroagir em desfavor do acusado (CR/88, art. 5º, XL), de forma que o § 1º somente se aplica para fatos praticados após a entrada em vigor da Lei n. 11.705/2008, o que se deu em 19 de junho de 2008.

- **Lei n. 9.099/95:** Tem aplicação a todos os crimes de trânsito apenados com pena máxima não superior a dois anos, cumulada ou não com multa (art. 61 da Lei n. 9.099/95), com exceção dos crimes de lesão corporal culposa praticados em qualquer das hipóteses enumeradas nos incisos I a III do § 1º deste art. 291; nesses casos, não se aplicam os benefícios dos arts. 74 (composição civil), 76 (transação penal) e 88 (exigência de representação) da Lei n. 9.099/95 (vide nota abaixo). Note-se que o art. 89 da mesma lei, que trata da suspensão condicional do processo, é aplicável a todo crime de trânsito com pena mínima igual ou inferior a 1 ano.

■ Exceções: Como visto, a Lei n. 11.705/2008 revogou e substituiu o antigo parágrafo único pelo atual § 1º, trazendo exceções à aplicação dos benefícios da Lei n. 9.099/95 ao crime de trânsito de lesão corporal culposa, quando cometido em qualquer das situações previstas nos incisos I a III.

■ Inciso I: Sob a influência de álcool ou qualquer outra substância psicoativa que determine dependência. Embora este inciso I se refira apenas à "influência de álcool", sem especificar qualquer quantidade, entendemos que, por força do princípio da proporcionalidade, tal influência deverá resultar como consta do art. 306, *caput*, ou seja, de uma concentração de álcool por litro de sangue igual ou superior a seis decigramas. Caso contrário, teríamos dois parâmetros na mesma lei: necessidade de exame de sangue ou equivalente (etilômetro, art. 306, parágrafo único) para a caracterização do crime do art. 306, não bastando o exame clínico, e desnecessidade do exame de sangue ou equivalente, para fins deste art. 291, § 1º, I, sendo o exame clínico suficiente à comprovação da "influência de álcool". Como disse, certa vez, o saudoso Professor Vicente Cernicchiaro, "o direito não admite contradição lógica" (Interceptação telefônica, *RJ*, n. 232, fev./1997, p. 46).

■ Inciso II: Participando, em via pública, de corrida, disputa ou competição automobilística, de exibição ou demonstração de perícia em manobra de veículo automotor, não autorizada pela autoridade competente. Dentre as modalidades desta perigosa prática, está o conhecido "racha", que tem tirado a vida de inúmeras pessoas inocentes. Note-se que, se houver autorização da autoridade competente, não se caracteriza a hipótese.

■ Inciso III: Transitando em velocidade superior à máxima permitida para a via em 50 km/h. Ou seja, para que a restrição seja aplicada, o agente deve estar 50 km/h além do limite da velocidade permitida para a via. Trata-se de norma penal em branco, que, no caso, é preenchida pelo próprio CTB (vide art. 61), sem prejuízo de que o órgão ou entidade de trânsito ou rodoviário com circunscrição sobre a via regulamente, por meio de sinalização, velocidades superiores ou inferiores àquelas estabelecidas no CTB.

§ 2º

■ Inquérito policial: Em que pese o crime de trânsito de lesão corporal culposa seja apenado com pena máxima não superior a dois anos (CTB, art. 303) — caso em que, via de regra, não caberia inquérito policial, mas termos circunstanciado (Lei n. 9.099/95, art. 69) —, este § 2º abre exceção e determina a instauração de inquérito policial nos casos em que caracterizada qualquer das hipóteses previstas nos incisos do § 1º. O objetivo, sem dúvida, é uma melhor apuração dos fatos na fase investigativa.

Art. 292. A suspensão ou a proibição de se obter a permissão ou a habilitação para dirigir veículo automotor pode ser imposta como penalidade principal, isolada ou cumulativamente com outras penalidades.

- **A suspensão ou a proibição (como penalidade criminal):** Os crimes de trânsito que preveem a aplicação da suspensão ou da proibição de se obter a permissão ou a habilitação, de forma cumulativa à pena detentiva, são os seguintes: homicídio culposo (art. 302); lesão corporal culposa (art. 303); embriaguez ao volante (art. 306); e participação em competição não autorizada, vulgarmente conhecida como "racha" (art. 308). Note-se que, embora o art. 292 fale na aplicação da suspensão ou da proibição como penalidade principal, isolada ou cumulativamente, a análise dos tipos penais previstos no CTB demonstra que a aplicação da penalidade em questão é sempre cumulativa, não havendo hipótese de crime em que seja aplicada isoladamente. É possível, ainda, que a suspensão seja aplicada igualmente como penalidade administrativa (vide nota abaixo).

- **Quantidade da pena:** Vide comentários ao art. 293 abaixo.

- **A suspensão como penalidade administrativa:** É válido anotar que os crimes de trânsito constituem igualmente infrações administrativas, sujeitas às penalidades e medidas (administrativas) previstas no CTB (vide Capítulo XV). Merece destaque ainda a regra prevista no § 1º do art. 256, segundo a qual "A aplicação das penalidades (nota nossa: penalidades administrativas) previstas neste Código não elide as punições originárias de ilícitos penais decorrentes de crimes de trânsito, conforme disposições de lei". São as seguintes as infrações administrativas cuja penalidade é a suspensão da carteira nacional de habilitação: arts. 162, III e V, 163, 164, 165, 170, 173, 174, 175, 176, 210, 218, III, e 244, V. Todas essas infrações apresentam, igualmente, como medida administrativa o "recolhimento" da carteira nacional de habilitação. Note-se, assim, que, todo crime de trânsito configura infração administrativa, porém o contrário disso não é verdadeiro, já que o crime exige requisitos próprios, não se podendo confundir com infração administrativa.

Art. 293. A penalidade de suspensão ou de proibição de se obter a permissão ou a habilitação, para dirigir veículo automotor, tem a duração de dois meses a cinco anos.

§ 1º Transitada em julgado a sentença condenatória, o réu será intimado a entregar à autoridade judiciária, em quarenta e oito horas, a Permissão para Dirigir ou a Carteira de Habilitação.

§ 2º A penalidade de suspensão ou de proibição de se obter a permissão ou a habilitação para dirigir veículo automotor não se inicia enquanto o sentenciado, por efeito de condenação penal, estiver recolhido a estabelecimento prisional.

Caput	▪ **Duração da penalidade de suspensão ou de proibição:** O dispositivo em comento aplica-se à penalidade de suspensão ou de proibição criminal, e não administrativa. A duração varia de dois meses a cinco anos (*caput*), conforme o caso, o que evidentemente deverá ser justificado pelo juiz prolator da sentença condenatória. Cremos que, por questão de proporcionalidade, a duração da penalidade em questão deverá ser proporcional ao montante da pena privativa de liberdade fixada; assim, se a pena privativa for fixada no mínimo legal, a pena de suspensão ou de proibição também deverá ser, sob pena de se utilizar "dois pesos e duas medidas".
§ 1º	▪ **Trânsito em julgado da condenação:** Em face do princípio da presunção de inocência, a penalidade de suspensão ou de proibição somente pode ser aplicada com o trânsito em julgado da sentença condenatória.
§ 2º	▪ **Início da contagem:** Evidentemente, e até mesmo por força de previsão já constante da Lei de Execuções Penais (art. 3º), a penalidade de suspensão ou de proibição não se inicia "enquanto o sentenciado, por efeito de condenação penal, estiver recolhido a estabelecimento prisional". ▪ **Desconto da medida cautelar:** Embora não haja previsão legal, cremos que, por aplicação extensiva do art. 42 do Código Penal (que trata da detração), deve-se igualmente computar, na pena de suspensão ou proibição aplicada, o tempo de eventual medida cautelar imposta durante o trâmite do inquérito ou processo, consistente na suspensão da habilitação ou proibição de sua obtenção. Sobre essa medida cautelar, *vide* art. 294 deste CTB.
Jurisprudência	▪ **Proporcionalidade:** "[...] A pena acessória de proibição de obter a permissão para dirigir veículo automotor deve ser razoável e proporcional, considerando a escala máxima e mínima prevista na norma incriminadora. Provimento parcial da Apelação" (TJDFT, 1ª T. Crim., ACr 200302100 23087, Rel. Des. George Lopes Leite, j. 18-2-2010, v.u.). ▪ **Policial. Afastamento da suspensão:** "[...] Afastam-se a condição especial de frequentar curso de direção defensiva para cumprimento de *sursis* e a medida de segurança de cassação de licença para dirigir pelo período de 1 ano, impostas ao policial militar que se envolveu em acidente de trânsito, se há relato de ser ele excelente motorista e se o fato houver ocorrido durante ataques perpetrados pelo crime organizado e rebeliões em presídios" (TJMSP, 2ª Câm., ACr 5.877/08, Rel. Juiz Orlando Geraldi, j. 25-3-2010, v.u., *Bol. AASP* n. 2708, p. 642). ▪ **Motorista profissional. Afastamento da suspensão:** "Motorista profissional com muitos anos de Carteira de Habilitação. Ação culposa que conduziu ao resultado morte. Sinal amarelo ignorado, para ultrapassar a bicicleta conduzida pela vítima. Velocidade incompatível para o local. Imprudência e irresponsabilidade do autor. Recurso conhecido e provido em parte. Mantida a condenação à pena de detenção, convertida em pagamento de multa. Retirada da pena de suspensão da habilitação para dirigir veículo automotor por se tratar de profissional que necessita deste rendimento"

(TJAL, Câm. Criminal, ACr 2010.001567-9, Rel. Des. Orlando Monteiro Cavalcanti Manso, j. 9-6-2010, v.u., *Bol. AASP* n. 2708, p. 642).

Art. 294. Em qualquer fase da investigação ou da ação penal, havendo necessidade para garantia da ordem pública, poderá o juiz, como medida cautelar, de ofício, ou a requerimento do Ministério Público ou ainda mediante representação da autoridade policial, decretar, em decisão motivada, a suspensão da permissão ou da habilitação para dirigir veículo automotor, ou a proibição de sua obtenção.

Parágrafo único. Da decisão que decretar a suspensão ou a medida cautelar, ou da que indeferir o requerimento do Ministério Público, caberá recurso em sentido estrito, sem efeito suspensivo.

- Medida cautelar: Prevê este art. 294 que, havendo necessidade para a garantia da ordem pública, o juiz pode, no curso da investigação (inquérito policial) ou da ação penal, decretar, como medida de cautela, a suspensão da permissão ou da habilitação para dirigir veículo automotor ou a proibição de sua obtenção. A decisão há que ser fundamentada, sob pena de nulidade (CR, art. 93, IX).

- Lei n. 12.403/2011: Esta lei alterou o CPP, em especial o seu Título IX, que passou a prever um rol de medidas cautelares diversas da prisão. Tendo em vista o disposto no art. 291 do CTB, que admite expressamente a aplicação subsidiária do CPP (e também do CP e da Lei n. 9.099/95), cremos que os novos artigos do CPP, com redação dada pela Lei n. 12.403/2011, podem ser aplicados pelo juiz na imposição da medida cautelar prevista neste art. 294 do CTB. Por exemplo, o juiz deve demonstrar, em sua decisão, a necessidade e adequação da medida, nos termos do art. 282, I e II, do CPP. Enfim, todas as previsões do CPP sobre a matéria, desde que não contrariadas pela previsão especial (do CTB), devem ser aplicadas pelo juiz na fixação da medida cautelar.

- Garantia da ordem pública: O conceito de ordem pública é muito controverso, tanto na doutrina quanto na jurisprudência, por ser extremamente amplo, ou, como dizem alguns, "poroso", isto é, que tudo absorve. Por um lado, há o entendimento de que a decretação de medida cautelar tendente à garantia da ordem pública "visa evitar que o delinquente volte a cometer crimes" (Basileu Garcia, *Comentários ao CPP*. Rio de Janeiro: Forense, 1945, v. III, p. 169-170). Assim, no caso de crimes de trânsito, o objetivo seria o de evitar que o acusado (em inquérito policial ou ação penal) venha a cometer novos delitos na direção de veículo automotor. Surge aqui um grave — e aparentemente inconciliável — problema, pois a decretação da medida para garantia da ordem pública viola a garantia da presunção de inocência, havendo dupla presunção de culpa, como escreveu Roberto Delmanto Junior: "a primeira, de que o imputado realmente cometeu um delito; a segunda, de que, em liberdade e sujeito aos mesmos estímulos, praticará outro crime ou, ainda, envidará esforços para consumar o delito tentado" (*As modalidades de prisão provisória e seu prazo de duração*. 2. ed. Rio de Janeiro: Renovar, 2001, p. 179). O conceito de ordem pública também é visto sob outro ângulo, consoante o eminente Desembargador Vasconcelos Leme, do TJSP, que a entendia como uma "perturbação da ordem pública ... de tal monta, que a sociedade venha a se sentir desprovida de garantias para a sua tranquilidade" (HC 45.429, *RT* 239/66). Transmudando tal definição para o artigo em comento, podemos concluir que essa medida cautelar só deveria ser aplicada se a habilitação do acusado pudesse causar grave perturbação, tudo em decisão devidamente fundamentada (CR, art. 93, IX). Apesar da controvérsia, a medida encontra-se prevista em lei e tem sido aplicada por juízes. Como toda medida cautelar, hão de estar presentes os requisitos do *fumus comissi delicti* e do *periculum libertatis* (no caso, o perigo de o acusado continuar habilitado ou obter habilitação).

▪ Medida administrativa e penalidade administrativa: Dentre as infrações administrativas previstas no Capítulo XV do CTB, há várias em que se prevê a aplicação da penalidade administrativa (suspensão da CNH), além da multa. Geralmente, o recolhimento da CNH também é previsto como medida administrativa, tomada no ato da infração pela autoridade competente. O recolhimento da CNH aparece com medida antecipatória da suspensão, decretada posteriormente pela autoridade de trânsito competente para tanto. São as seguintes as infrações administrativas previstas no Capítulo XV do CTB em que admitido o recolhimento e a suspensão: arts. 162, III e V, 163, 164, 165, 170, 173, 174, 175, 176, 210, 218, III, e 244, V.

Art. 295. A suspensão para dirigir veículo automotor ou a proibição de se obter a permissão ou a habilitação será sempre comunicada pela autoridade judiciária ao Conselho Nacional de Trânsito — Contran, e ao órgão de trânsito do Estado em que o indiciado ou réu for domiciliado ou residente.

▪ Comunicação da suspensão ou proibição: O objetivo da regra deste art. 295 é de dar efetividade à medida judicial aplicada.

Art. 296. Se o réu for reincidente na prática de crime previsto neste Código, o juiz aplicará a penalidade de suspensão da permissão ou habilitação para dirigir veículo automotor, sem prejuízo das demais sanções penais cabíveis.

▪ Alteração: Antes do advento da Lei n. 11.705/2008, que deu nova redação ao artigo, a aplicação da penalidade de suspensão era uma faculdade do juiz ("o juiz poderá"), passando agora a ser uma imposição legal ("o juiz aplicará"). Evidente que a disposição não poderá retroagir (CR, art. 5º, XL).

▪ Reincidência específica: Para efeito deste art. 296, a reincidência há de ser aferida de acordo com as regras previstas nos arts. 63 e 64 do CP

(CTB, art. 291, *caput*), isto é, exigindo-se trânsito em julgado de prévia condenação por crime de trânsito, antes do novo fato. Há de se respeitar, igualmente, o prazo de 5 anos, após o cumprimento ou extinção da pena, que faz desaparecer a reincidência.

Art. 297. A penalidade de multa reparatória consiste no pagamento, mediante depósito judicial em favor da vítima, ou seus sucessores, de quantia calculada com base no disposto no § 1º do art. 49 do Código Penal, sempre que houver prejuízo material resultante do crime.

§ 1º A multa reparatória não poderá ser superior ao valor do prejuízo demonstrado no processo.

§ 2º Aplica-se à multa reparatória o disposto nos arts. 50 a 52 do Código Penal.

§ 3º Na indenização civil do dano, o valor da multa reparatória será descontado.

Caput

- **Multa reparatória (antecedentes e análise da legislação):** Pode-se dizer que no processo penal, até algum tempo atrás, havia pouca preocupação com a vítima do crime. Afora algumas alterações no CP (*vide* abaixo), foi somente com a Lei n. 11.719/2008, modificadora do CPP, que a vítima passou a ter maior atenção, uma vez que o juiz, ao proferir a sentença condenatória, fica obrigado a fixar valor mínimo para reparação dos danos causados pela infração, considerando os prejuízos sofridos pelo ofendido (CPP, art. 387, IV).

- **A vítima no CP e na Lei Ambiental:** O CP cuida do assunto em pelo menos quatro momentos, a saber: prevê como efeito da condenação "tornar certa a obrigação de indenizar o dano causado pelo crime" (CP, art. 91, I); prevê como requisito do *sursis* especial a obrigação de reparar o dano, salvo impossibilidade de fazê-lo (CP, art. 78, § 2º); a reparação do dano também constitui requisito para o livramento condicional (CP, art. 83, IV) e para a reabilitação (CP, art. 94, III). Mais recentemente, com a Lei n. 9.099/95, a vítima passou a ser objeto maior de atenção, haja vista a criação dos institutos da composição civil e da suspensão condicional do processo, onde se busca a reparação do ofendido, já no processo penal. Depois, com a Lei n. 9.714/98, foram criadas as penas restritivas de direitos, dentre as quais a prestação pecuniária, que poderá ser destinada à vítima (CP, arts. 43, I, e 45). Na Lei Ambiental (Lei n. 9.605/98), a prestação pecuniária também se faz presente (art. 8º, IV).

- **Natureza indenizatória:** É preciso esclarecer que a indevidamente chamada multa reparatória não possui natureza de pena (sanção criminal), mas, sim, natureza exclusivamente indenizatória (sanção civil). Daí por que ser, a nosso ver, impróprio falar-se em multa reparatória, já que a expressão "multa" dá a conotação de sanção, e aqui não se trata de sanção, mas de indenização devida. Assim, não há que se confundir a multa reparatória (de natureza civil) com a multa (de natureza penal). Não obstante o caráter meramente indenizatório da multa reparatória, o art. 297 do CTB manda aplicar os mesmos critérios da multa (penal) previstos nos arts. 49 a 52, o que absolutamente não lhe confere caráter penal (a respeito, *vide* nota abaixo sob o título *Valor da multa reparatória*).

- **Efeitos da não equiparação:** Ao contrário do que ocorre com a pena alternativa da prestação pecuniária (CP, arts. 43 e 45), que pode ser convertida em pena privativa de liberdade, caso não seja paga, a multa reparatória não pode ser convertida em prisão, constituindo apenas dívida de valor a ser executada no cível (CP, art. 51).

- **Valor da multa reparatória:** Não obstante o seu caráter meramente indenizatório, o *caput* deste art. 297 determina que a multa reparatória seja fixada com os mesmos critérios da multa (penal), fazendo remissão ao art. 49, § 1º, do CP, segundo o qual o valor do dia multa não pode ser inferior a um trigésimo do salário mínimo nem superior a cinco vezes esse salário. Note-se que o legislador, aqui, não fez menção ao *caput* do art. 49 — que prevê a fixação do número de dias-multa, no mínimo de 10 e no máximo 360, o que não nos parece tenha sido ocasional, mas intencional. Assim, não cabe ao juiz fixar a multa reparatória em número de dias-multa, mas apenas em valor não inferior a um trigésimo do salário mínimo nem superior a cinco vezes o salário mínimo vigente.

§ 1º

- **Limite:** Em face de sua natureza indenizatória, justifica-se a regra do § 1º deste art. 297, segundo a qual a multa reparatória "não poderá ser superior ao valor do prejuízo demonstrado no processo".

§ 2º

- **Aplicação das regras do CP:** Como vimos acima, apesar de não possuir caráter de pena, mas exclusivamente reparatório, o legislador, aqui, houve por bem utilizar-se, como critério para fixação do valor da multa reparatória, dos mesmos utilizados para a pena de multa. Ou seja, para a fixação do valor da multa reparatória, deve-se utilizar o disposto no § 1º do art. 49 do CP (art. 297, *caput*). Para as demais questões, este § 1º manda aplicar os arts. 50 a 52 do Código Penal, que tratam, respectivamente, do pagamento da multa (art. 50), da obrigatoriedade de ser considerada "dívida de valor" após o trânsito em julgado de condenação (art. 51) — vedada, portanto, sua conversão em pena privativa de liberdade em caso de não pagamento —, e a suspensão da execução da multa se sobrevém ao condenado doença mental (art. 52).

§ 3º

- **Desconto do valor de indenização civil:** Assim como ocorre com a prestação pecuniária (CP, art. 45), o valor pago a título de multa reparatória, fixado pelo juiz, será descontado do valor de eventual indenização civil do dano.

Art. 298. São circunstâncias que sempre agravam as penalidades dos crimes de trânsito ter o condutor do veículo cometido a infração:

I — com dano potencial para duas ou mais pessoas ou com grande risco de grave dano patrimonial a terceiros;

II — utilizando o veículo sem placas, com placas falsas ou adulteradas;

III — sem possuir Permissão para Dirigir ou Carteira de Habilitação;

IV — com Permissão para Dirigir ou Carteira de Habilitação de categoria diferente da do veículo;

V — quando a sua profissão ou atividade exigir cuidados especiais com o transporte de passageiros ou de carga;

VI — utilizando veículo em que tenham sido adulterados equipamentos ou características que afetem a sua segurança ou o seu funcionamento de acordo com os limites de velocidade prescritos nas especificações do fabricante;

VII — sobre faixa de trânsito temporária ou permanentemente destinada a pedestres.

- **Agravantes:** Afora as agravantes genéricas previstas no CP (art. 61), este art. 298 prevê as agravantes específicas para os crimes de trânsito, as quais serão aplicadas, se for o caso, na segunda fase de fixação da pena, isto é, incidindo sobre a pena-base (vide nosso *Código Penal comentado*. 8. ed. São Paulo: Saraiva, nota ao art. 59).

- *Ne bis in idem:* Há crimes cujas circunstâncias previstas neste art. 298 já se encontram previstas no próprio tipo penal incriminador, hipóteses essas que impedirão a sua aplicação, sob pena de *bis in idem*. Por exemplo: o crime do art. 311 do CTB já exige a ocorrência de perigo de dano, de forma que não é aplicável a circunstância agravante prevista no art. 298, I, do CTB.

Art. 299. (*Vetado*.)

Art. 300. (*Vetado*.)

Art. 301. Ao condutor de veículo, nos casos de acidentes de trânsito de que resulte vítima, não se imporá a prisão em flagrante, nem se exigirá fiança, se prestar pronto e integral socorro àquela.

- **Proibição de prisão em flagrante:** Com a finalidade de evitar que o autor do crime de trânsito deixe de prestar socorro à vítima, este art. 301 proíbe às autoridades a sua prisão em flagrante ou mesmo exigência de fiança se ele prestar pronto e integral socorro à vítima. Sendo a fiança uma contracautela à prisão em flagrante (cautela), bastaria que o legislador proibisse a prisão em flagrante, o que, evidentemente, já afastaria a exigência de fiança. O instituto da fiança, tratado no CPP, foi objeto de alterações feitas pela Lei n. 12.403, de 4 de maio de 2011. De acordo com o novo art. 322 do CPP, a fiança policial só poderá ser concedida quando a pena privativa de liberdade não for superior a 4 anos, cabendo, nos demais casos e sem limitação do máximo da pena, a fiança judicial.

- **Acusação de homicídio com dolo eventual no trânsito:** Tem sido comum, em casos de graves acidentes de trânsito causados por motorista embriagado ou que praticam competição de velocidade ("racha"), ocasionando a morte de alguém, a sua prisão em flagrante mediante a acusação de homicídio com dolo eventual, mesmo que ele esteja socorrendo a vítima. Afasta-se, indevidamente, a aplicação deste art. 301, o que é um contrassenso: estimula-se a fuga pelo receio de o motorista ser preso em flagrante, prejudicando o socorro da vítima.

- Se houver justa causa: Evidente que também não se imporá prisão em flagrante se o autor não puder prestar socorro à vítima por justa causa, como na hipótese de perigo de vida ou outra causa relevante, *v.g.*, ameaça de agressão. Não se pode exigir de alguém conduta que escape às suas possibilidades. Trata-se de típica hipótese de inexigibilidade de conduta diversa, que inclusive é tida como causa supralegal de exclusão da culpabilidade (*vide* nosso *Código Penal comentado*, nota ao art. 22 sob o título *Não exigibilidade de conduta diversa*). Aliás, o próprio CTB, em seu art. 304, afasta o crime se houver justa causa para a omissão do agente (*vide* nota abaixo).

- Crime autônomo: Se o autor deixa de prestar imediato socorro à vítima, ou, não podendo fazê-lo diretamente, por justa causa, deixa de solicitar auxílio da autoridade pública, configura-se o crime do art. 304 do CTB. O parágrafo único do art. 304 dispõe que o crime se caracteriza "ainda que a sua omissão seja suprida por terceiros ou que se trate de vítima com morte instantânea ou com ferimentos leves". Se não houver vítima, a fuga do autor do local do acidente para fugir à responsabilidade civil caracteriza o crime o art. 305 do CTB.

Seção II
DOS CRIMES EM ESPÉCIE

Art. 302. Praticar homicídio culposo na direção de veículo automotor:

Penas — detenção, de dois a quatro anos, e suspensão ou proibição de se obter a permissão ou a habilitação para dirigir veículo automotor.

Parágrafo único. No homicídio culposo cometido na direção de veículo automotor, a pena é aumentada de um terço à metade, se o agente:

I — não possuir Permissão para Dirigir ou Carteira de Habilitação;

II — praticá-lo em faixa de pedestres ou na calçada;

III — deixar de prestar socorro, quando possível fazê-lo sem risco pessoal, à vítima do acidente;

IV — no exercício de sua profissão ou atividade, estiver conduzindo veículo de transporte de passageiros;

V — (*Revogado*).

Caput

- **Noção:** O art. 302 do CTB pune com detenção, de dois a quatro anos, e suspensão ou proibição de se obter a permissão ou a habilitação para dirigir veículo automotor, o condutor que, estando na direção, dá causa a acidente do qual resulta a morte da vítima. Sobre a possibilidade de se responsabilizar criminalmente aquele que, não sendo condutor, concorre de qualquer modo para o crime, *vide* nota abaixo *Concurso de pessoas*.

- **Objeto jurídico:** A preservação da vida.

- **Sujeito ativo:** Somente o condutor do veículo.

- **Sujeito passivo:** Qualquer pessoa.

- **Tipo objetivo:** Incrimina-se a conduta de quem, na direção de veículo automotor, causa a morte de uma pessoa. Ao contrário de outros tipos penais, o tipo subjetivo (culposo) consta do próprio preceito primário. À evidência deverá haver nexo de causalidade entre a direção do veículo e a morte da vítima.

- **Tipo subjetivo:** Enquanto o dolo gira em torno da vontade e finalidade do comportamento do sujeito, a culpa não cuida da finalidade da conduta (que quase sempre é lícita), mas da não observância do dever de cuidado pelo agente, a causar o resultado e tornar punível o seu comportamento. De acordo com a teoria finalista, adotada pelo CP após a Reforma de 1984, a culpa fundamenta-se na aferição do cuidado objetivo exigível pelas circunstâncias em que o fato aconteceu, o que indica a tipicidade. Em seguida, deve-se chegar à culpabilidade, pela análise da previsibilidade subjetiva, isto é, se o sujeito, de acordo com a sua capacidade pessoal, agiu ou não de forma a evitar o resultado. Confira-se, a respeito, a lição de Vicente Greco Filho: "A reprovabilidade no delito culposo decorre da circunstância de que o resultado, em sendo previsível, poderia e deveria ser evitado pelo agente, não praticando a conduta, na qual houve negligência, imprudência ou imperícia, ou como disse José Maria Rodriguez Devesa, independentemente do que o sujeito sabia e queria realmente, poderia ter agido de maneira diferente do que o fez. Há, portanto, na infração culposa, um binômio indissolúvel a considerar: previsibilidade, de um lado, e negligência, imprudência ou imperícia, de outro" (*A culpa e sua prova nos delitos de trânsito*. São Paulo: Saraiva, 1993, p. 91).

- **Modalidades de culpa:** De acordo com o CP, art. 18, II, a culpa divide-se em três modalidades: a) imprudência (prática de ato perigoso); b) negligência (falta de precaução); e c) imperícia (falta de aptidão técnica, teórica ou prática); a última delas (imperícia) somente pode ser atribuída a alguém no exercício de arte ou profissão.

- **Infração administrativa e culpa penal:** A prática de infração administrativa, por si só, não é bastante para comprovar a culpa penal, podendo, quando muito, servir como indício de sua prática, mas, jamais, como prova suficiente. Isso porque, como cediço, as esferas administrativa e criminal são independentes, estando a infração administrativa sujeita a penalidades próprias. Como ensina Vicente Greco Filho, "não é aceitável que o descumprimento de norma regulamentadora sequer signifique presunção de culpa, pelo menos como presunção absoluta, porque tal impostação reduziria a responsabilidade penal à constatação do nexo causal, sem qualquer indagação, portanto, de elemento psíquico. Ainda que se possa ver, naquele descumprimento, uma reprovabilidade, tem ela natureza administrativa, que deve ser sancionada pela apenação respectiva, não se podendo erigi-la em reprovabilidade penal" (*A culpa e sua prova nos delitos de trânsito*. São Paulo: Saraiva, 1993, p. 96). Ainda no mesmo sentido, doutrina Juarez Tavares: "A infração à norma regulamentar constitui apenas indício de prova da lesão ao dever de cuidado imposto pela norma penal. O importante é, assim, o que deveria ser concretamente realizado para se evitar o perigo e não a infração abstrata de norma de trânsito ou de regulamento destinado a traçar regras técnicas de profissão, arte ou ofício" (*Direito penal da negligência:* uma contribuição à teoria do crime culposo. Rio de Janeiro: Lumen Juris, 2003, p. 292). Por fim, vale conferir a lição de Claus Roxin: "La infracción de normas del tráfico es efectivamente por tanto un indicio para la constatación de la imprudencia, pero no hace superfluo un examen judicial autónomo del riesgo creado. Por otro lado, el respeto de las normas del tráfico no excluye necesariamente la creación de un riesgo no permitido" (*Derecho Penal — Parte General*. Madrid: Civitas, 1997, t. I, p. 1003). Desta forma, para a comprovação da culpa penal, muito além da mera infração administrativa, é indispensável que a acusação faça prova de que o acusado agiu com negligência, imprudência ou imperícia, e que, em razão disto, ocasionou (nexo de causalidade) o resultado previsto no tipo penal. Além disso, a acusação tem de provar também que o resultado era previsível naquelas circunstâncias. Assim, por exemplo, o fato de o condutor não estar habilitado, ou se encontrar com a licença para dirigir vencida, não significa, necessariamente, que tenha agido com culpa, sendo necessário apurar, efetivamente, como estava conduzindo.

- **Diferença entre dolo eventual e culpa consciente:** É importante não confundir o dolo eventual com a culpa consciente. No dolo eventual, não é suficiente que o agente se tenha conduzido de maneira a assumir o risco de produzir o resultado; exige-se, mais, que ele haja consentido no resultado. Esta é a teoria dominante no Brasil, não obstante existam outras em face da dificuldade de se conhecer o âmago da consciência do sujeito ao praticar determinada conduta, como ensina Claus Roxin (*Tratado de Derecho Penal*, cit., p. 430 e s.), lembrando-se: a) teoria da indiferença, de Engisch, segundo a qual há dolo eventual "quando o sujeito dá por boas ou recebe com indiferença as consequências acessórias negativas meramente possíveis"; a indiferença seria um indício seguro do dolo eventual; b) teoria da representação ou da possibilidade, de Scröder, entendendo--se dispensável haver perquirição da vontade do sujeito, bastando demonstrar a possibilidade da produção do resultado para caracterizar-se o dolo eventual, o que faz desaparecer a ideia de "culpa consciente"; c) teoria da probabilidade do resultado, que é mais do que a mera possibilidade de ele ocorrer, defendida por H. Mayer, entre outros; d) teoria da não colocação em prática da vontade de evitar o resultado, defendida por Armin Kaufmann, segundo a qual o fato de o sujeito nada fazer para evitar o resultado possível configura o dolo eventual. Diante da dificuldade de se separar dolo eventual da culpa consciente, ainda na lição de Roxin (ob.

cit., p. 447), Eser e Weigend propõem a criação de uma nova categoria, situada entre o dolo e a culpa, lembrando a figura anglo-saxônica do *recklessness* (algo próximo da conduta inconsequente), o que imporia grandes reformulações legislativas. No Brasil, a propósito da atual tendência de imputação de dolo eventual em homicídios praticados ao volante, adverte José Barcelos de Souza: "O que costuma ocorrer, efetivamente, em delitos de trânsito, não é um imaginado dolo eventual, mas uma culpa consciente, grau mais elevado da culpa, muito próxima do dolo, que, entretanto, não chega a configurar-se" ("Dolo eventual em crimes de trânsito", *Bol. IBCC* 73/11). Ensina Luis Jiménez de Asúa (*La ley e el delito*. 6. ed. Buenos Aires: Sudamericana, 1973, p. 368-369), também lembrado por Dante Busana (TJSP, Ap. 213.944-3/7, j. 17-9-1998), que o conceito de dolo eventual "deve ser manejado com extremo cuidado, porque se se diferencia, em doutrina, da chamada 'culpa com previsão', requer por parte do juiz um exame das representações e dos motivos que atuaram sobre a psique do sujeito, obrigando o intérprete e aplicador das leis a investigar nos mais recônditos recantos da alma humana". Evidentemente, a sempre difícil aferição do conteúdo psicológico da conduta do sujeito deverá ser extraída das circunstâncias objetivas do fato, dado ser impossível ao julgador saber o que se passava na sua mente no momento do fato; o que impõe ainda maior rigor quanto à necessidade de a denúncia efetivamente evidenciar, com apoio nas circunstâncias do fato, como e em que momento, anterior à conduta, o sujeito assumiu o risco de produzir o resultado, não bastando alegar o seu "conhecimento potencial" (*vide* jurisprudência). Assim, havendo dúvida quanto ao conteúdo psicológico da conduta, prevalecerá a hipótese menos gravosa de culpa consciente, em face do primado favor *libertatis*, que é a fonte de todo Estado Democrático de Direito, o qual, em matéria probatória nos campos penal e processual penal, se traduz na máxima *in dubio pro reo*. A respeito do tema, lembrando os crimes de direção embriagada e de participação em racha dos arts. 306 e 308 do CTB, Miguel Reale Júnior e Janaína C. Paschoal ponderam com inegável acerto: "A solução correta para as hipóteses de direção em estado de embriaguez ou de participação em disputa automobilística estaria na construção de tipos qualificados pelo resultado. Assim, haveria a prática de um crime de direção alcoolizado ou em meio à corrida em ruas de cidade das quais viesse a ocorrer o resultado morte" (*Direito Penal — jurisprudência em debate — crimes contra a pessoa*. Rio de Janeiro: GZ Editora, 2011, v. I, p. 12). Desse modo, haveria um crime preterdoloso: dolosamente dirigir embriagado ou participar de racha, imputando-se o resultado morte, como qualificadora, a título de culpa.

■ Impossibilidade de se imputar tentativa de homicídio no trânsito com dolo eventual: Impossível, a nosso ver, cogitar-se de tentativa de crime em hipóteses em que se imputa dolo eventual. Divide-se o dolo em duas espécies: a) dolo direto ou determinado ("o agente quis o resultado"); e b) dolo indireto ou indeterminado ("assumiu o risco de produzi-lo"). O dolo indireto, por sua vez, compreende duas formas: dolo eventual e dolo alternativo. Há dolo alternativo quando a vontade do agente não visa a um resultado preciso e determinado. Caso contrário, ter-se-ia o dolo direto. O dolo eventual — como modalidade de dolo indireto — configura-se quando o agente, conscientemente, assume o risco de produzir o resultado e consente com a sua ocorrência. Assim é que, não havendo o consentimento no resultado — mas apenas a assunção do risco de produzi-lo —, caracteriza-se a culpa consciente. Desse modo, como a tentativa não é possível nos crimes culposos (não intencionais), tampouco nos crimes preterdolosos (ou preterintencionais), ela também não é possível nos crimes com dolo indireto. A tentativa só é admissível, pois, na hipótese de dolo direto. Paulo José da Costa Jr. lembra, ainda, que as contravenções penais não admitem tentativa (art. 4º do Decreto-Lei n. 3.688, de 3 de outubro de 1941), sendo que "o legislador adotou tal proceder porque as contravenções constituem crime de perigo". Continua o mesmo autor: "Ora, configurando também a tentativa um perigo ao bem tutelado (não a ofensa efetiva), teríamos na tentativa contravencional o perigo do perigo, o que faz deste algo de muito remoto" (*Comentários ao Código Penal*. 3. ed. São Paulo: Saraiva, p. 147). Ora, se não há tentativa de contravenção porque ela constitui crime de perigo, não há que se falar, igualmente, em tentativa com dolo eventual, haja vista que neste se encontra também o dolo de perigo. Em suma, concebe-se a tentativa com dolo direto porque o agente, querendo a ocorrência de determinado resultado e agindo com o objetivo determinado de alcançá-lo, só não o consegue por circunstâncias alheias à sua vontade (art. 14, II, do CP). Contudo, no caso de dolo eventual (modalidade de dolo indireto), em que o agente não quer a ocorrência de determinado resultado, mas tão somente assume o risco de produzi-lo, consentindo com este, não se faz possível a ocorrência de tentativa.

- Consumação: Com a morte da vítima.
- Tentativa: Não é possível por se tratar de delito culposo.
- Pena: É prevista pena cumulativa: detenção, de dois a quatro anos, e suspensão ou proibição de se obter a permissão ou a habilitação para dirigir veículo automotor. A suspensão ou proibição, quando decorrente de crime, tem a duração de dois meses a cinco anos (CTB, art. 293). Somente será executada após o trânsito em julgado da sentença condenatória, ocasião em que o réu é intimado a entregar à autoridade judiciária, em 48 horas, a permissão para dirigir ou a carteira de habilitação (art. 293, § 1º). *Vide*, com maiores detalhes, comentários ao art. 293 do CTB. Importante ainda anotar que a penalidade de suspensão ou de proibição não se inicia enquanto o sentenciado, por efeito de condenação penal, estiver recolhido a estabelecimento prisional (CTB, art. 293, § 2º).
- Ação penal: Pública incondicionada.

Parágrafo único
- Causas especiais de aumento de pena: O parágrafo único deste art. 302 prevê quatro causas especiais de aumento de pena. A quantidade de aumento varia de um terço à metade. As causas de aumento são as seguintes: I — não possuir permissão para dirigir ou carteira de habilitação; II — praticá-lo em faixa de pedestres ou na calçada; III — deixar de prestar socorro, quando possível fazê-lo sem risco pessoal, à vítima do acidente;

IV — se no exercício de sua profissão ou atividade, estiver conduzindo veículo de transporte de passageiros. A antiga causa de aumento prevista no inciso V deste art. 302 — aplicável aos casos em que o agente estivesse sob a influência de álcool ou substância tóxica ou entorpecente de efeitos análogos — foi revogada pela Lei n. 11.705/2008, que passou a punir tal conduta de forma autônoma (vide art. 306 do CTB). Assim, para fatos ocorridos após a referida lei, poderá haver concurso de crimes entre o art. 302 e o art. 306, respondendo o agente por ambos os delitos. Quanto à causa de aumento do inciso III, apesar de o art. 304 do CTB, ao tratar do crime de omissão de socorro, considerar haver o ilícito penal mesmo em caso de morte instantânea da vítima ou de socorro prestado por terceiros, entendemos que essa exceção não se aplica à causa de aumento de pena aqui prevista, uma vez que não há expressa previsão nesse sentido, devendo o direito penal ser, sempre, interpretado restritivamente.

Jurisprudência

- **Embriaguez:** dolo eventual ou culpa: "1. A classificação do delito como doloso, implicando pena sobremodo onerosa e influindo na liberdade de ir e vir, mercê de alterar o procedimento da persecução penal em lesão à cláusula do *due process of law*, é reformável pela via do *habeas corpus*. 2. O homicídio na forma culposa na direção de veículo automotor (art. 302, *caput*, do CTB) prevalece se a capitulação atribuída ao fato como homicídio doloso decorre de mera presunção ante a embriaguez alcoólica eventual. 3. A embriaguez alcoólica que conduz à responsabilização a título doloso é apenas a preordenada, comprovando-se que o agente se embebedou para praticar o ilícito ou assumir o risco de produzi-lo. 4. *In casu*, do exame da descrição dos fatos empregada nas razões de decidir da sentença e do acórdão do TJ, não restou demonstrado que o paciente tenha ingerido bebidas alcoólicas no afã de produzir o resultado morte. 5. A doutrina clássica revela a virtude da sua justeza ao asseverar que 'O anteprojeto Hungria e os modelos em que se inspirava resolviam muito melhor o assunto. O art. 31 e os §§ 1º e 2º estabeleciam: 'A embriaguez pelo álcool ou substância de efeitos análogos, ainda quando completa, não exclui a responsabilidade, salvo quando fortuita ou involuntária. § 1º Se a embriaguez foi intencionalmente procurada para a prática do crime, o agente é punível a título de dolo; § 2º. Se, embora não preordenada, a embriaguez é voluntária e completa e o agente previu e podia prever que, em tal estado, poderia vir a cometer crime, a pena é aplicável a título de culpa, se a este título é punível o fato' (Guilherme Souza Nucci, *Código Penal comentado*. 5. ed. rev. atual. e ampl. São Paulo: Revista dos Tribunais, 2005, p. 243). 6. A revaloração jurídica dos fatos postos nas instâncias inferiores não se confunde com o revolvimento do conjunto fático-probatório. Precedentes: HC 96.820, Rel. Min. Luiz Fux, j. 28-6-2011; RE 99.590, Rel. Min. Alfredo Buzaid, *DJ* de 6-4-1984; RE 122.011, relator o Ministro Moreira Alves, *DJ* de 17/8/1990. 7. A Lei n. 11.275/06 não se aplica ao caso em exame, porquanto não se revela *lex mitior*, mas, ao revés, previu causa de aumento de pena para o crime *sub judice* e em tese praticado, configurado como homicídio culposo na direção de veículo automotor (art. 302, *caput*, do CTB). 8. Concessão da ordem para desclassificar a conduta imputada ao paciente para homicídio culposo na direção de veículo automotor (art. 302, *caput*, do CTB), determinando a remessa dos autos à Vara Criminal da Comarca de Guariba" (STF, 1ª T., HC 107.801, Rel. Min. Luiz Fux, j. 6-9-2011).

- "Racha": dolo eventual ou culpa: "Homicídio. Dolo eventual. Prática de racha. Desclassificação para a modalidade culposa. Réus que não quiseram o resultado morte e também não assumiram o risco de produzi-lo. Culpa consciente, também chamada culpa com previsão, esperando o agente que o evento não ocorra. Recurso não provido" (TJSP, 1ª Câm., Rec. 263.711-3, Rel. Des. Oliveira Passos, j. 18-10-2000, *JTJSP* 240/276).

"Embora induvidosamente as circunstâncias do delito, onde, ao contrário do que procuraram mostrar os apelantes, os depoimentos testemunhais desinteressados revelam que apenas pueril ingenuidade haveria de justificar a aceitação da negativa de que estavam ambos a fazer insensata competição automobilística pelas ruas, ainda assim, o caso presente, por suas características, sem dúvida, mais se aproxima, naquilo que respeito ao elemento subjetivo do ilícito, da culpa consciente, não do dolo eventual" (TJSP, 2ª Câm. de Férias, Ap. 331.631-3/0, Rel. Des. Canguçu de Almeida, j. 27-9-2004, *JTJSP* 290/635).

- Dolo eventual ou culpa consciente: "Em sentido amplo 'assumir o risco' de produzir o resultado lesivo já decorre do simples sentar ao volante de um veículo, dependendo do modo que se pretende conduzi-lo. Assim, é preciso mais do que o simples 'assumir o risco' para caracterizar-se o dolo eventual no delito de trânsito, do contrário punir-se-á indistintamente o motorista que age culposamente como aquele que age dolosamente. O elemento volitivo não pode ser minimizado e é nessa medida que se contém o conceito menos elástico do dolo eventual, a ser adotado com prudência e critério [...]. Poder-se-ia, em tese, prever o acidente e a presença do pedestre no passeio, mas é demasiado dizer que o denunciado, por um ato volitivo, assumiu o risco de tirar a vida de todos os passageiros do veículo e o de atropelar e matar o solitário ocupante da calçada" (TJSP, 1ª Câm., RSE 319.588-3/4, Rel. Des. Cerqueira Leite, j. 27-9-2000).

"Na hipótese de dolo eventual não é suficiente que o agente tenha se conduzido de maneira a assumir o risco de produzir o resultado: exige-se, mais, que ele tenha consentido no resultado. [...] No fato de que cuidam estes autos não se pode dizer que o réu tenha consentido no resultado. Já a denúncia fala em conduta de exagerada imprudência e em erro de cálculo na arriscada, proibida e indevida manobra sem acenar para a aquiescência do denunciado aos efeitos que poderiam advir" (TJSP, 6ª Câm., Rel. Des. Hélio Arruda, j. 5-2-1986, apud Miguel Reale Júnior e Janaina C. Paschoal, *Direito Penal — jurisprudência em debate — crimes contra a pessoa*. Rio de Janeiro: GZ Editora, 2011, v. I, p. 12).

- Dolo eventual e tentativa (impossibilidade): "Reitere-se que o dolo eventual, acima de eventual, é antes de tudo dolo, exigindo, portanto, a conjugação de dois elementos: consciência e vontade. [...] Como se não bastasse, acrescente-se que, consoante pacífico entendimento jurisprudencial, inadmissível tentativa de homicídio por dolo eventual. Nesse sentido, já se decidiu que 'a tentativa de homicídio exige o querer, pelo agente, do resultado, que somente não se consuma por razões alheias à sua vontade, de modo que não se compraz com a figura do dolo eventual' (*RJTJERGS* 161/103), bem como que 'se a desistência foi voluntária e o dolo eventual, inexiste a figura criminosa da tentativa de homicídio' (*RT* 613/293)" (TJSP, 12ª Câm. de Dir. Crim., AP 3001407-11.1998.8.26.0050, Rel. Vico Mañas, j. 8-8-2012). No mesmo sentido: TJRS, Apelação 70031579188, Rel. Des. Marcel Esquivel Hoppe, j. 23-9-2009, v.u.; TJRS, 1ª Câm. Crim., RESE 70048027247, Rel. Des. Manuel José Martinez Lucas, j. 18-7-2012; TJRS, 1ª Câm. Crim., RESE 70044704559, Rel. Des. Marcel Esquivel Hoppe, j. 23-11-2011; TJRS, 3ª Câm. Crim., RSE 70013430293, Rel. Des. Newton Brasil de Leão, j. 13-6-2006; TJRS, 3ª Câm. Crim., RSE 70007781883, Rel. Des. Danúbio Edon Franco, j. 19-2-2004; TJRS, 2ª Câm. Crim., RSE 70001042415, Rel. para Acórdão Des. Marcelo Bandeira Pereira, julgado em 31-8-2000; TJRS, 2ª Câm. Crim., RC 695098020, Rel. Des. Constantino Lisbôa de Azevedo, j. 28-9-1995; TJGO, 5ª T, 1ª Câm. Crim., RESE 200502480330, Rel. Juraci Costa, 23-5-2006.

- **Entrega da direção de veículo a pessoa embriagada:** "É conhecida a tendência jurisprudencial no sentido de imputar o crime de homicídio àquele que conduz ou, como no caso, permite que outro conduza, seu veículo automotor em estado de completa embriaguez, pois, embora não queira a morte da vítima (dolo direto), ao menos assumiu o risco de produzi-la (dolo eventual), motivo pelo qual deve ser submetido ao juiz natural dos crimes contra a vida, ou seja, o Tribunal do Júri" (STJ, 5ª T., HC 196.292, Rel. Min. Laurita Vaz, j. 16-8-2012).

- **Ausência de previsibilidade. Atipicidade da conduta:** "O fundamento da responsabilidade pelo crime culposo reside na violação do dever objetivo necessário nas circunstâncias. *In casu*, tendo o motorista respeitado todas as regras de trânsito, surgindo o transeunte, de inopino, na via, provocando o seu próprio óbito, mostra-se ilegal o processo crime pela suposta prática de homicídio culposo. Tem-se, a um só tempo, o emprego dos princípios da confiança e da autocolocação da vítima em perigo, o que, à evidência, exclui a tipicidade do comportamento do condutor [...]" (STJ, 6ª T., HC 147.250, Rel. Min. Maria Thereza de Assis Moura, j. 4-3-2010, v.u., *DJe* 22-3-2010, *RT* v. 897, p. 577).

- **Resultado danoso involuntário:** "Réu que age conforme os procedimentos de cautela habituais, colocando em movimento seu caminhão somente após o grito de seu ajudante/vítima o autorizando a assim proceder. Agir negligente não configurado. Absolvição" (TJRS, 3ª Câm. Crim., Ap. 70035344365, Rel. Des. Newton Brasil de Leão, j. 24-6-2010, *DJe* 1º-7-2010, *Bol. IBCCrim* n. 213 — agosto de 2010, p. 1392).

- **Ambulâncias/Veículos de socorro:** "Mesmo considerando que o Estado deve envidar todos os esforços para socorrer vidas, podendo, para isso, fazer uso de veículos de socorro e descumprir certas regras de trânsito, deve-se levar em conta que não se trata de direito absoluto, exigindo preparo dos motoristas, bem como cautela e atenção, não sendo eximidos de responsabilidade quando realizam manobras imprudentes" (TJCE, 1ª

Câm. Crim., Ap. 20.696-06.2009.08.06.0000/0, Rel. Des. Haroldo C. Oliveira Máximo, *DOE* 27-4-2010, *IBCCrim* n. 211 — junho de 2010, p. 1374).

- Faixa de pedestres:"A causa de aumento prevista no art. 302, parágrafo único, II, do Código de Trânsito Brasileiro só pode ser aplicada se o homicídio culposo ocorreu na faixa de pedestres ou na calçada, pouco importando, para sua incidência, que tenha ocorrido a poucos metros dela, uma vez que o direito penal não admite interpretação extensiva em prejuízo do réu [...]" (STJ, 5ª T., HC n. 164.467, Rel. Min. Arnaldo Esteves Lima, j. 18-5-2010, v.u., *DJU* 21-6-2010, *Bol. AASP* n. 2708, p. 641).

- Homicídio culposo. Requisitos: "Acidente de trânsito — Ausência de testemunha ocular — Apelação Crime — Todos os depoimentos prestados por pessoas que não estavam no local do evento — Não configuradas as circunstâncias de imprudência, negligência ou imperícia — Réu prestou assistência à vítima — Recurso conhecido e provido — Sentença reformada — Réu absolvido — Decisão unânime. O Crime de Homicídio Culposo não se configura, em caso de acidente de trânsito, quando inocorrem as circunstâncias de imprudência (ação realizada sem o cuidado necessário), negligência (o agente deixa de praticar um dever que lhe é imposto) ou imperícia (quando o condutor não é habilitado para a condução de veículo automotor)" (TJAL, Câm. Crim., ACr 2009.003033-0, Rel. Des. Orlando Monteiro Cavalcanti Manso, 21-10-2009; v.u., *Bol. AASP* n. 2708, p. 642).

- Homicídio culposo. Previsibilidade do acidente caracterizada. Vítima idosa. Não aplicação da agravante do art. 61, II, *h*, do CP: "1 — É previsível o resultado de acidente de circulação, com vítima fatal, na conduta do processado, que, fatigado pelo trabalho incessante, durante toda a noite, acabou por dormir na direção de veículo automotor, perdendo o controle da pilotagem, acarretando a saída de pista e atingindo pedestres que estavam sobre a calçada, revelando imprudência nesse agir, inclusive em descuido às cautelas de direção exigidas pelo art. 28 do Código de Trânsito Brasileiro, praticando o delito de homicídio culposo. 2 — É inaplicável a agravante genérica contida no art. 61, inciso II, alínea *h*, do CP brasileiro, crime praticado contra idoso, nos delitos culposos, quando o agente não pretende o resultado, incidente nos dolosos ou preterdolosos, porquanto a intenção do legislador está na punição daqueles que, dispondo de maior vigor que a vítima, favorecidos pela condição de resistência mínima, como crianças e velhos, presentes no propósito de causar-lhe o injusto, não ocorrente quando o comportamento não é informado pela circunstância. Apelo parcialmente provido. Sentença reformada, em parte" (TJGO, 5ª T. julgadora da 2ª Câm. Crim., ACr 35.210-7/213 (200900047431), Rel. Des. Luiz Cláudio Veiga Braga; j. 4-2-2010; v.u., *Bol. AASP* n. 2708, p. 642).

- Ausência de prova do descumprimento do dever de cuidado. Absolvição: "Homicídio culposo. Ausência de prova. Penal. Crime de Trânsito. Homicídio Culposo. Descumprimento do dever de cuidado. Matéria fática. Aplicabilidade do *in dubio pro reo*. A absolvição é medida que se impõe se os elementos de prova colhidos nos autos não trazem a certeza de que o réu não teve o dever de cuidado necessário na condução do veículo guincho" (TJMG, 4ª Câm. Crim., ACr 1.0396.04.013048-8/001, Rel. Des. Júlio Cezar Guttierrez, j. 27-1-2010, v.u., *Bol. AASP* n. 2708, p. 642).

- **Ausência de prova da culpa. Absolvição:** "1 — Se não restou demonstrado que o réu agiu com culpa na direção de seu veículo automotor por ocasião do sinistro que resultou na morte da vítima, recomenda-se a solução absolutória em seu favor. 2 — Apelo provido. Unânime" (TJAC, Câm. Crim., ACr 2008.000261-3, Rel. Des. Feliciano Vasconcelos, j. 30-4-2009, v.u., *Bol. AASP* n. 2708, p. 642).

- **Ausência de previsibilidade. Absolvição:** "Não se configura prática de delito de trânsito quando condutor de bicicleta acompanha irregularmente veículo coletivo, sem a oportunidade de ser avistado pelo motorista, que, em manobra regular, atinge a vítima" (TJAL, Câm. Crim., ACr 2010.000470-0-AL, Rel. Des. Orlando Monteiro Cavalcanti Manso, 7-4-2010, v.u., *Bol. AASP* n. 2708, p. 642).

- **Denúncia:** "Decisão colegiada que, por maioria, determinou o retorno dos Autos, da Vara do Júri (1ª), à Vara Criminal Comum (4ª). Denúncia primitiva por Homicídio Culposo de Trânsito. Posterior denúncia por Homicídio com dolo eventual. Inadmissibilidade, sem fato novo. Embargos acolhidos, para os efeitos de trancar a Ação Penal por Crime Contra a Vida, com o prosseguimento por Crime de Trânsito, e reentranhamento da primitiva denúncia. Embargos acolhidos, unânime" (TJRS, 3ª Câm. Crim., ED 7003-7218575, Rel. Des. Ivan Leomar Bruxel, j. 25-3-2010, v.u., *Bol. AASP* n. 2708, p. 642).

- **Aumento de pena (omissão de socorro):** "Restando constatada, de plano, sem dificuldades, a morte instantânea da vítima de acidente de circulação, que sofreu traumatismo crânio-encefálico, com espalhamento de massa encefálica, não se impõe ao condutor de veículo automotor, causador do imprevisto, o aumento de pena por Omissão de Socorro, tipificado pelo art. 302, parágrafo único, inciso III, do CTB, porque a assistência seria absolutamente inócua, frente à irreversibilidade do óbito. Embargos infringentes providos" (TJGO, S. Crim., EI 140620-90.2010.8.09.0000, Rel. Des. Luiz Cláudio Veiga Braga; j. 2-6-2010; m.v., *Bol. AASP* n. 2708, p. 642).

Art. 303. Praticar lesão corporal culposa na direção de veículo automotor:

Penas — detenção, de seis meses a dois anos e suspensão ou proibição de se obter a permissão ou a habilitação para dirigir veículo automotor.

Parágrafo único. Aumenta-se a pena de um terço à metade, se ocorrer qualquer das hipóteses do parágrafo único do artigo anterior.

- **Composição civil:** Cabe no *caput* (art. 74 da Lei n. 9.099/95), salvo se houver incidência das hipóteses previstas nos incisos I, II ou III, do § 1º, do art. 291.

- **Transação penal:** Cabe no *caput* (art. 76 da Lei n. 9.099/95), salvo se houver incidência das hipóteses previstas nos incisos I, II ou III, do § 1º, do art. 291.

- **Suspensão condicional do processo:** Cabe no *caput*, ainda que haja incidência da causa especial de aumento de pena prevista no parágrafo único deste art. 303 (art. 89 da Lei n. 9.099/95).

- **Penas alternativas:** Cabem (CP, arts. 43 e 44).

Caput

- **Objeto jurídico:** A integridade física.

- **Sujeito ativo:** Apenas o condutor.

- **Sujeito passivo:** Qualquer pessoa. Pode ser, inclusive, o passageiro que esteja no veículo do condutor.

- **Tipo objetivo:** Incrimina-se a conduta de quem, na direção de veículo automotor, causa lesão corporal a terceiro. Diferentemente do que ocorre com outros tipos penais, o legislador, aqui, expressamente se referiu ao tipo subjetivo (lesão culposa) no próprio preceito. Fundamental, para a configuração do delito, haver nexo de causalidade entre a conduta na direção do veículo e as lesões corporais causadas na vítima.

- **Tipo subjetivo:** Como explicado nos comentários ao art. 302 do CTB, a culpa cuida da não observância do dever de cuidado pelo sujeito (no caso, o condutor do veículo automotor), causando o resultado e tornando punível o seu comportamento. De acordo com a teoria finalista, adotada pela Reforma do CP de 1984, a culpa fundamenta-se na aferição do cuidado objetivo exigível pelas circunstâncias em que o fato ocorreu, o que indica a tipicidade da conduta do agente. A seguir, deve-se chegar à culpabilidade, pela análise da previsibilidade subjetiva, isto é, se o sujeito, de acordo com sua capacidade pessoal, agiu ou não de forma a evitar o resultado punível pelo legislador. São três as modalidades de culpa: a) imprudência, isto é, prática de ato perigoso; b) negligência, que pode ser entendida como falta de precaução; e c) imperícia, que consiste na falta de aptidão técnica, teórica ou prática (somente atribuível a alguém no exercício da profissão de motorista de veículo automotor; p. ex.: condutor de ônibus ou de veículo de transporte público).

- **Infração administrativa e culpa penal:** Poder-se-ia imaginar que a inobservância de determinada regra administrativa (isto é, a prática de infração administrativa), por si só, já caracterizaria a culpa penal, o que não é exato. A infração administrativa, na verdade, pode, no máximo, servir como indício da prática do crime culposo, mas, jamais, como prova suficiente. Isso porque, como cediço, as esferas administrativa e criminal são independentes, estando a infração administrativa já sujeita a penalidades próprias (a respeito, *vide* comentários ao art. 302 do CTB, sob a mesma rubrica).

- **Alteração:** O antigo parágrafo único deste art. 291 — que previa a aplicação dos arts. 74, 76 e 88 da Lei n. 9.099/95 (composição civil, transação penal e exigência de representação) aos crimes de trânsito de lesão corporal culposa, de embriaguez ao volante e de participação em competição não autorizada — foi revogado e substituído pelo atual § 1º, conforme Lei n. 11.705/2008, que admitiu a aplicação daqueles dispositivos legais, ao crime de lesão corporal culposa decorrente de acidente de trânsito, exceto se o agente estiver em uma das hipóteses elencadas nos incisos I a III do § 1º do art. 291. Neste aspecto, a lei penal não pode retroagir em desfavor do acusado (CR/88, art. 5º, XL), de forma que o § 1º somente se aplica para fatos praticados após a entrada em vigor da Lei n. 11.705/2008.

- Consumação: Com a ocorrência da lesão corporal.
- Tentativa: Não é possível.
- Concurso de crimes: O delito deste art. 303 absorve o crime do art. 309 do CTB.
- Ação penal: Pública condicionada (art. 88 da Lei n. 9.099/95).
- Competência: É do Juízo criminal comum e não do Juizado Especial Criminal, no entendimento do STF (1ª T., HC 85.350-1, Rel. Min. Eros Grau, j. 28-6-2005, *DJ* 2-9-2005; 2ª T., HC 85.019, Rel. Min. Ellen Gracie; HC 81.510, Rel. Min. Sepúlveda Pertence, j. 12-4-2002).
- Pena: Detenção, de seis meses a dois anos, e suspensão ou proibição de se obter a permissão ou a habilitação para dirigir veículo automotor. Sobre a penalidade de suspensão (para o condutor habilitado) ou da proibição (para o condutor que ainda não é habilitado), *vide* comentários ao art. 293 do CTB. Note-se que a pena para o delito de lesão corporal culposa não praticado na direção de veículo automotor — detenção, de dois meses a um ano, prevista no art. 129, § 6º do CP — é menor do que a pena para o mesmo delito quando praticado na direção de veículo automotor, o que demonstra que o legislador foi mais severo para as lesões corporais praticadas no trânsito.
- Composição civil, transação penal e representação: Dispõe o art. 291, *caput*, do CTB, que "Aos crimes cometidos na direção de veículos automotores, previstos neste Código, aplicam-se as normas gerais do Código Penal e do Código de Processo Penal, se este Capítulo não dispuser de modo diverso, bem como a Lei n. 9.099, de 26 de setembro de 1995, no que couber". No tocante aos institutos da composição civil, transação penal e à exigência de representação (arts. 74, 76 e 88 da Lei n. 9.099/95, respectivamente), o legislador foi mais severo ao proibir sua aplicação nos crimes de lesões corporais culposas, se o agente estiver sob uma das três condições previstas no § 1º do art. 291 do CTB, quais sejam: I — sob a influência de álcool ou qualquer outra substância psicoativa que determine dependência (o que, a nosso ver, deverá ser comprovada por exame de sangue ou "bafômetro", nos termos estabelecidos pelo art. 306 do CTB); II — participando, em via pública, de corrida, disputa ou competição automobilística, de exibição ou demonstração de perícia em manobra de veículo automotor, não autorizada pela autoridade competente; ou III — transitando em velocidade superior à máxima permitida para a via em 50 km/h. Nesses casos, em vez da lavratura de simples Termo Circunstanciado com envio dos autos para os Juizados, deverá ser instaurado inquérito

policial para a investigação da infração penal (§ 2º do art. 291 do CTB). Observe-se, contudo, que o art. 291, § 1º, não vedou a aplicação da suspensão condicional do processo (art. 89 da Lei n. 9.099/95).

Parágrafo único

- **Causas especiais de aumento de pena:** Dispõe o parágrafo único deste art. 303 do CTB que a pena será aumentada de um terço à metade, "se ocorrer qualquer das hipóteses do parágrafo único do artigo anterior". São quatro as hipóteses de aumento: I — não possuir permissão para dirigir ou carteira de habilitação; II — praticá-lo em faixa de pedestres ou na calçada; III — deixar de prestar socorro, quando possível fazê-lo sem risco pessoal, à vítima do acidente; IV — no exercício de sua profissão ou atividade, estiver conduzindo veículo de transporte de passageiros. Como cediço, o aumento de pena previsto neste parágrafo único incidirá na 3ª fase de fixação da pena (*vide* nota *Individualização da pena* nos comentários ao art. 59 do CP — in Delmanto, *Código Penal comentado*. 8. ed. São Paulo: Saraiva, 2010, p. 272).

- *Bis in idem:* Havendo o aumento em razão de omissão de socorro, não haverá incidência do art. 304 do CTB, sob pena de *bis in idem*.

Jurisprudência

- **Absorção do crime do art. 309 do CTB:** "O crime de lesão corporal culposa, cometido na direção de veículo automotor (CTB, art. 303), por motorista desprovido de permissão ou de habilitação para dirigir, absorve o delito de falta de habilitação ou permissão tipificado no art. 309 do Código de Trânsito Brasileiro. Com a extinção da punibilidade do agente, quanto ao delito tipificado no art. 303 do Código de Trânsito Brasileiro (crime de dano), motivada pela ausência de representação da vítima, deixa de subsistir, autonomamente, a infração penal prevista no art. 309 do CTB (crime de perigo). Precedentes de ambas as Turmas do Supremo Tribunal Federal" (STF, 2ª T., HC 80.303, Rel. Min. Celso de Mello, j. 26-9-2000, *DJ* 10-11-2000, p. 81).

- **Desclassificação para o crime do art. 303 do CTB:** "Lesões corporais — Crime de trânsito — Reconhecimento de culpa consciente — Afastamento do dolo eventual — Desclassificação da conduta para aquela descrita no art. 303, do Código de Trânsito Brasileiro — Admissível a aplicação dos benefícios da Lei n. 9.099/95 — Proposta que, dada a peculiaridade do caso, pode ser feita fora do momento mais comum — Julgamento convertido em diligência, a fim de se possibilitar a prévia manifestação das partes sobre os benefícios legais" (TJSP, 6ª Câm. Crim., Ap. 990.09.187249-0, Rel. Des. Ericson Maranho, j. 25-3-2010, v.u., *Bol. AASP* n. 2708, p. 641).

Art. 304. Deixar o condutor do veículo, na ocasião do acidente, de prestar imediato socorro à vítima, ou, não podendo fazê-lo diretamente, por justa causa, deixar de solicitar auxílio da autoridade pública:

Penas — detenção, de seis meses a um ano, ou multa, se o fato não constituir elemento de crime mais grave.

Parágrafo único. Incide nas penas previstas neste artigo o condutor do veículo, ainda que a sua omissão seja suprida por terceiros ou que se trate de vítima com morte instantânea ou com ferimentos leves.

- **Transação penal:** Cabe (art. 76 da Lei n. 9.099/95).
- **Suspensão condicional do processo:** Cabe (art. 89 da Lei n. 9.099/95).
- **Penas alternativas:** Cabem (arts. 43 e 44 do CP).

Caput

- **Objeto jurídico:** A preservação da vida e a saúde das pessoas.
- **Sujeito ativo:** Apenas o condutor.
- **Sujeito passivo:** Qualquer pessoa.
- **Tipo objetivo:** Pune este art. 304 a omissão de socorro praticada pelo condutor do veículo envolvido em acidente. Se for praticada por pessoa não envolvida no acidente, o crime será o do art. 135 do CP. Haverá o crime se o condutor do veículo, por ocasião do acidente, deixar a) de prestar imediato socorro à vítima, ou b) não podendo fazê-lo diretamente, por justa causa, deixar de solicitar o auxílio da autoridade pública. Note-se que o dever de agir (no caso, dever de prestar socorro diretamente pelo condutor de veículo envolvido em acidente) é imposto por lei, e o sujeito somente estará desobrigado de fazê-lo se estiver presente alguma justa causa, como, por exemplo, se houver risco pessoal. Neste caso, não haverá nem mesmo infração administrativa (*vide* CTB, art. 176). O risco moral ou patrimonial não afasta a incriminação. O risco para terceira pessoa pode, entretanto, configurar a excludente do estado de necessidade (CP, art. 24). Outras hipóteses de justa causa poderão surgir, conforme o caso, devendo estar devidamente comprovada para afastar o tipo penal. De toda forma, ainda que o agente não possa prestar socorro diretamente, porque presente alguma justa causa que torne juridicamente inviável a exigência legal (de prestar socorro), a lei penal impõe o dever de solicitar auxílio da autoridade pública, sob pena de caracterização do crime deste art. 304.
- **Tipo subjetivo:** É o dolo, ou seja, a conduta livre e consciente de deixar de prestar socorro à vítima ou de solicitá-lo às autoridades. Para os tradicionais, é o dolo genérico. Inexiste modalidade culposa.
- **Relevância da omissão:** De acordo com o art. 13, § 2º, do CP, "a omissão é penalmente relevante quando o omitente devia e podia agir para evitar o resultado". O dever de agir, conforme o mesmo dispositivo legal, incumbe a quem: a) tenha por lei obrigação de cuidado; b) de outra forma, assumiu a responsabilidade de impedir o resultado; c) com o seu comportamento anterior, criou o risco da ocorrência do resultado.
- **Crime subsidiário:** De forma expressa, prevê o parágrafo único deste art. 304 que o crime de omissão de socorro (*caput*) somente se caracterizará "se o fato não constituir elemento de crime mais grave".
- **Infração administrativa:** De acordo com o art. 176 do CTB, constitui infração gravíssima, com pena de multa e suspensão do direito de dirigir, dei-

xar o condutor envolvido em acidente com vítima: I — de prestar ou providenciar socorro à vítima, podendo fazê-lo; II — de adotar providências, podendo fazê-lo, no sentido de evitar perigo para o trânsito no local; III — de preservar o local, de forma a facilitar os trabalhos da polícia e da perícia; IV — de adotar providências para remover o veículo do local, quando determinadas por policial ou agente da autoridade de trânsito; V — de identificar-se ao policial e de lhe prestar informações necessárias à confecção do boletim de ocorrência. Como medida administrativa, está previsto o recolhimento do documento de habilitação.

- Consumação: No momento em que o condutor do veículo se omite, deixando de prestar imediato socorro à vítima ou de solicitar auxílio à autoridade.

- Tentativa: Não é possível.

- Pena: Detenção, de seis meses a um ano, ou multa.

- Ação penal: Pública incondicionada.

Parágrafo único

- Vítima socorrida por terceiros, com morte instantânea ou ferimentos leves: Ao contrário do que sucede com o delito de omissão de socorro (CP, art. 135), é irrelevante para a caracterização deste crime o socorro prestado por terceiros; em outras palavras, o socorro prestado por terceiros não exclui o dever legal de o condutor do veículo envolvido no acidente prestar socorro à vítima. Também não exclui o dever legal de prestar socorro o fato de a vítima ter tido morte instantânea ou ferimentos leves. Isso se explica porque o que se pune é o comportamento do agente (que deixa de prestar socorro, quando possível, ou não solicita o auxílio da autoridade pública), pouco importando para o legislador a real necessidade de a vítima ser socorrida. A nosso ver, a omissão em socorrer alguém que morreu instantaneamente ou que já está sendo eficazmente socorrido por terceiros pode ser moralmente censurável, mas não tem relevância penal uma vez que esta só haveria se houvesse ofensa ou concreta ameaça ao bem jurídico protegido, qual seja, a vida ou a saúde da vítima.

Jurisprudência

- Morte instantânea: "Irrelevante o fato de a vítima ter falecido imediatamente, tendo em vista que não cabe ao condutor do veículo, no instante do acidente, supor que a gravidade das lesões resultou na morte para deixar de prestar o devido socorro" (STJ, AgRg no Ag 1.140.929, Rel. Min. Laurita Vaz; AgRg no Ag 1.371.062, Rel. Min. Og Fernandes, j. 18-10-2011, *DJe* 3-11-2011).

"A prestação de socorro é dever do agressor, não cabendo ao mesmo levantar suposições acerca das condições físicas da vítima, medindo a gravidade das lesões que causou e as consequências de sua conduta, sendo que a determinação do momento e causa da morte compete, em tais circunstâncias, ao especialista legalmente habilitado" (STJ, 5ª T., REsp 277.403, Rel. Min. Gilson Dipp, *DJ* de 2-9-2002).

Art. 305. Afastar-se o condutor do veículo do local do acidente, para fugir à responsabilidade penal ou civil que lhe possa ser atribuída:

Penas — detenção, de seis meses a um ano, ou multa.

- **Transação penal:** Cabe (art. 76 da Lei n. 9.099/95).
- **Suspensão condicional do processo:** Cabe (art. 89 da Lei n. 9.099/95).
- **Penas alternativas:** Cabem (arts. 43 e 44 do CP).

Caput

- **Objeto jurídico:** É a administração da justiça. No caso de haver responsabilidade penal, busca-se tutelar o interesse do Estado na aplicação da pena criminal; se a responsabilidade for apenas civil (sem vítima ferida ou morta), tutela-se o interesse da própria vítima em ser ressarcida em eventual ação cível.
- **Sujeito ativo:** Apenas o condutor.
- **Sujeito passivo:** O Estado. Mais precisamente, o ente público (União, Estados ou Distrito Federal) ao qual pertence o Poder Judiciário que impôs a suspensão ou a proibição de conduzir veículo.
- **Infração administrativa:** A conduta prevista neste art. 305 constitui também infração administrativa (gravíssima). *Vide* art. 176, V, do CTB.
- **Inconstitucionalidade:** A nosso ver, este art. 305 ofende a Constituição Federal em dois aspectos: o primeiro, é o de estar o autor da conduta descrita no tipo sob o abrigo do princípio *nemo tenetur se detegere*, decorrente da garantia constitucional do direito ao silêncio (CR, art. 5º, LXIII); o segundo, é o da violação ao princípio da proporcionalidade, pois àquele que foge para não ser preso em flagrante pela prática de qualquer outro delito, inclusive mais grave, não é imputado nenhum crime. Ademais, mesmo que não tenha havido uma infração penal, mas apenas uma colisão com danos materiais, prender-se o condutor por se evadir do local do acidente seria criar uma modalidade de prisão por dívida, proibida por nossa Magna Carta (art. 5º, LXVII) e pela Convenção Americana sobre Direitos Humanos (art. 7º, n. 7), havendo uma única exceção, que é a prisão por alimentos. A conduta de a pessoa evadir-se para fugir à sua responsabilidade penal ou civil pode ser imoral, mas jamais criminosa. No entanto, se houver vítima de lesão corporal que necessite de socorro, haverá a tipificação do art. 304.
- **Tipo objetivo:** O tipo penal deste art. 305 dispõe ser crime a conduta do motorista que, após envolver-se em acidente, afasta-se do local para fugir à possível responsabilidade penal ou civil. Para que haja o crime (abstraindo-se a sua inconstitucionalidade), portanto, pouco importa que haja vítima de lesão corporal ou morte, bastando que exista vítima de danos materiais (daí o emprego da expressão "possível responsabilidade penal ou civil"). Trata-se, pois, de crime de mera conduta. Não haverá crime, por atipicidade, se o agente já tiver fornecido seus dados para a vítima ou terceiro (testemunha do acidente, por exemplo), ou mesmo se o seu afastamento do local tiver sido causado por uma justa causa (*v.g.*, para ir ao pronto-socorro cuidar de lesões sofridas).

- **Tipo subjetivo:** É o dolo, consistente na vontade livre e consciente de fugir de local de acidente. Exige-se o elemento normativo do tipo "para fugir à responsabilidade penal ou civil que lhe possa ser atribuída". É preciso, pois, que o agente tenha tido conhecimento da ocorrência de danos materiais ou de ter havido vítima com lesões corporais ou morte, mesmo porque, ainda que remotamente, pode ser que a pessoa cause um acidente, em um local escuro, por exemplo, sem perceber que houve danos pessoais ou materiais.
- **Confronto:** Se houver omissão de socorro, o crime será o do art. 304 apenas, não sendo caso de concurso de crimes.
- **Consumação:** Com o afastamento do local do acidente.
- **Tentativa:** Não é possível.
- **Pena:** Detenção, de seis meses a um ano, ou multa.
- **Ação penal:** Pública incondicionada.

Jurisprudência

- **Inconstitucionalidade:** "Não se pode conceber a premissa de que, pelo simples fato de estar na condução de um veículo, o motorista que se envolve em um acidente de trânsito tenha que aguardar a chegada da autoridade competente para averiguação de eventual responsabilidade civil ou penal porquanto reconhecer tal norma como aplicável, seria impor ao condutor a obrigação de produzir prova contra si, hipótese vedada pela Constituição Federal por ofender o preceito da ampla defesa (CF/88, art. 5º, LV), além de incorrer em malferição ao direito ao silêncio (CF, art. 5º, LXIII). Ademais, estar-se-ia punindo o agente por uma conduta praticada por qualquer outro delinquente, qual seja, a evasão da cena do delito, sem que por tal conduta recebam sanção mais alta ou acarrete maior gravosidade em suas penas, estabelecendo-se forte contrariedade aos princípios da isonomia e da proporcionalidade. Desse modo, afigura-se inviável vislumbrar outra responsabilidade penal a ser imputada ao motorista que se evade do local em que estivera envolvido em acidente de trânsito com vítima que não a omissão de socorro, situação com disposição específica no CTB (art. 304). Assim, se o condutor que se encontra nessas circunstâncias, que resultaram apenas em danos materiais, pode ter sua liberdade cerceada, está-se criando nova modalidade de prisão por responsabilidade civil, matéria que encontra limites constitucionais inestendíveis pelo legislador ordinário, o qual sofre limitação pelo art. 5º, LXVII, da CF/88, que impede a prisão civil por dívida, afora as hipóteses nele excetuadas" (TJSC, Órgão Especial, Arguição de Inconstitucionalidade 2009.026222-9/0001.00, Rel. Des. Salete Silva Sommariva, j. 1º-6-2011; TJSC, Apelação Criminal 2009.026222-9, Rel. Des. Salete Silva Sommariva, j. 30-1-2012).
- **Também declarou a inconstitucionalidade do art. 305 do CTB, o TJSP:** "Código de Trânsito Brasileiro, art. 305 — fuga à responsabilidade penal e civil. Tipo penal que viola o princípio do art. 5º, LXIII — garantia de não autoincriminação. Extensão da garantia a qualquer pessoa, e não exclusivamente ao preso ou acusado, segundo orientação do STF. Imposição do

tipo penal que acarreta a autoincriminação, prevendo sanção restritiva da liberdade, inclusive para a responsabilidade civil. Inconstitucionalidade reconhecida. Incidente acolhido. É inconstitucional, por violar o art. 5º, LXIII, da Constituição Federal, o tipo penal previsto no art. 305 do Código de Trânsito Brasileiro" (Órgão Especial, Arguição de Inconstitucionalidade 990.10.159020-4, Rel. Des. Reis Kuntz. j. 14-7-2010). Igualmente, o TJMG (Incidente de Inconstitucionalidade 1.0000.07.456021-0/000, Comarca de Lagoa da Prata — Rel. Des. Sérgio Resende).

- Ausência de dolo: "Não se caracterizou, na espécie em julgamento, o crime definido no art. 305 do Código de Trânsito. É que, no agir do imputado, consistente no tresloucado e impulsivo afastamento do local do acidente, não se vislumbra o dolo e tampouco o elemento subjetivo do injusto atado à finalidade de fugir da responsabilidade penal ou civil, como disposto na norma repressiva em pauta. Assim, se ele, como consta de seu interrogatório [...], no que foi circundado pelas próprias declarações de sua mulher ... e por uma testemunha [...], acabou deixando o local em busca de socorro à sua consorte, amedrontado, desprovido de lucidez e quiçá desnorteado mesmo, em virtude de vê-la ensanguentada, desmaiada e sobre ela o corpo da vítima, não se pode ter por caracterizado o delito em destaque, que exige uma vontade livre e consciente para a obtenção do resultado fuga à responsabilidade penal ou civil" (TJSP, 7ª Câm., Ap. 990.09.222.896-0 de Votuporanga, Rel. Des. Sydnei de Oliveira Junior, v.u., j. 11-3-2010).

Art. 306. Conduzir veículo automotor com capacidade psicomotora alterada em razão da influência de álcool ou de outra substância psicoativa que determine dependência:

Penas — detenção, de 6 (seis) meses a 3 (três) anos, multa e suspensão ou proibição de se obter a permissão ou a habilitação para dirigir veículo automotor.

§ 1º As condutas previstas no caput serão constatadas por:

I — concentração igual ou superior a 6 decigramas de álcool por litro de sangue ou igual ou superior a 0,3 miligrama de álcool por litro de ar alveolar; ou

II — sinais que indiquem, na forma disciplinada pelo Contran, alteração da capacidade psicomotora.

§ 2º A verificação do disposto neste artigo poderá ser obtida mediante teste de alcoolemia, exame clínico, perícia, vídeo, prova testemunhal ou outros meios de prova em direito admitidos, observado o direito à contraprova.

§ 3º O Contran disporá sobre a equivalência entre os distintos testes de alcoolemia para efeito de caracterização do crime tipificado neste artigo.

- Alteração: Caput alterado e §§ 1º a 3º acrescentados pela Lei n. 12.760, de 20 de dezembro de 2012.

■ **Resolução n. 432 do Contran, de 23-1-2013:** Dispõe sobre os procedimentos a serem adotados pelas autoridades de trânsito e seus agentes na fiscalização do consumo de álcool ou de outra substância psicoativa que determine dependência, para aplicação do disposto nos arts. 165, 276, 277 e 306 do CTB. Em seu Anexo I, consta a Tabela de Valores Referenciais para Etilômetro (ou seja, uma margem de erro para cada percentagem encontrada; para efeito de tipicidade deste art. 306, a margem é de 0,04, atingindo e devendo o percentual ser inferior a 0,34 miligrama de álcool por litro de ar alveolar). Em seu Anexo II, há relação de Sinais de Alteração da Capacidade Psicomotora, ou seja, informações mínimas para constatação dos sinais de alteração da capacidade psicomotora pelo Agente da Autoridade de Trânsito (a respeito, *vide* nota no § 2º sob o título *Crítica*).

■ **Histórico:** Antes do advento do CTB, a punição daquele que, embriagado, dirigisse veículos ou embarcações nas vias ou em águas públicas, somente era punido a título de contravenção penal, a qual exigia que o fato *colocasse em perigo a segurança alheia* (art. 34 do Decreto n. 3.668/41). Com o advento do CTB — Lei n. 9.503/97, a conduta de "Conduzir veículo automotor, na via pública, sob a influência de álcool ou substância de efeitos análogos, *expondo a dano potencial a incolumidade de outrem*", passou a configurar o crime de seu art. 306. Em ambos os casos, o tipo penal fazia expressa menção à comprovação da efetiva potencialidade de dano à segurança ou à incolumidade pública. Com a Lei n. 11.705/2008, este art. 306 passou a ter a seguinte redação: "Conduzir veículo automotor, na via pública, estando com concentração de álcool por litro de sangue igual ou superior a 6 (seis) decigramas, ou sob a influência de qualquer outra substância psicoativa que determine dependência: (...) Parágrafo único. O Poder Executivo federal estipulará a equivalência entre distintos testes de alcoolemia, para efeito de caracterização do crime tipificado neste artigo". Como se vê, deixou-se de fazer expressa referência ao elemento normativo do tipo "expondo a dano potencial a incolumidade de outrem", satisfazendo-se o legislador com a concreta averiguação do teor alcoólico no motorista, baseado em estudos clínicos no sentido de que a ingestão de determinada quantidade de álcool efetivamente compromete a coordenação motora e o reflexo das pessoas. Sendo previsível a inviabilidade da aplicação prática desse tipo penal, diante da garantia constitucional ao silêncio, que a todos confere o direito de não produzir prova contra si mesmo, passados quatro anos o legislador, mediante a Lei n. 12.760, de 20-12-2012, novamente alterou o art. 306 do Código de Trânsito, cuja terceira e atual redação será tratada nos comentários abaixo deduzidos. Verifica-se, assim, que: (i) a redação anterior exigia que o agente conduzisse veículo automotor *em via pública*, o que não é mais exigido na atual redação; (ii) na redação anterior, era bastante à tipificação do crime que o agente conduzisse *veículo automotor, na via pública, estando com concentração de álcool por litro de sangue igual ou superior a 6 (seis) decigramas, ou sob a influência de qualquer outra substância psicoativa que determine dependência*; no atual texto legal, exige-se que o condutor do veículo esteja com a "capacidade psicomotora alterada", seja pela influência de álcool, seja pela de *qualquer outra substância psicoativa que determine dependência*. A redação atual, em linhas gerais, é melhor do que a redação anterior (porque exige que o agente esteja, efetivamente, com a "capacidade psicomotora alterada"), salvo no tocante aos meios de prova agora admitidos para a comprovação desta *capacidade psicomotora alterada* (*vide* críticas nos comentários aos §§ 1º a 2º).

▪ Infração administrativa ("Tolerância Zero"): Diferentemente da esfera penal, para configurar-se infração administrativa basta que "o exame de sangue apresente *qualquer* concentração de *álcool* por litro de sangue" ou o teste do etilômetro medição "igual ou superior a *0,05 miligrama* por litro de ar expirado, descontado o erro máximo admissível na 'Tabela de Valores Referenciais para Etilômetro'" (Resolução n. 432, de 23-1-2013, do Contran e Anexo I), ou, ainda, que se comprove sinais de alteração da capacidade psicomotora (cf. o art. 6º, III, e art. 5º da Resolução).

▪ Irretroatividade: Em virtude das modificações sofridas pelo art. 306, considerando típico o fato em razão de *sinais* de embriaguez que indiquem alteração da capacidade psicomotora, e não mais *apenas* por exame de sangue ou bafômetro, bem como o fato de não mais se fazer menção à via pública, entendemos que o art. 306 não pode retroagir para fatos anteriores à vigência da Lei n. 12.760/2012.

▪ Transação penal: Não é cabível, pois a pena máxima cominada é superior a dois anos (Lei n. 9.099/95, arts. 61 e 76).

▪ Suspensão condicional do processo: Cabe, uma vez que a pena mínima não é superior a um ano (Lei n. 9.099/95, art. 89).

▪ Penas alternativas: Cabem (CP, arts. 43 e 44).

Caput

▪ Objeto jurídico: A incolumidade pública, em especial a segurança nos meios de transporte.

▪ Sujeito ativo: Apenas o condutor (crime de mão própria), habilitado ou não.

▪ Sujeito passivo: A coletividade.

▪ Tipo objetivo: Incrimina-se a conduta de *conduzir* (dirigir, colocar em movimento) veículo automotor (carro, motocicleta, caminhão, ônibus) com *capacidade psicomotora alterada* (que abrange, por exemplo, os sentidos, a pronta resposta aos estímulos que se traduz no reflexo; a atenção e a concentração; o comando dos movimentos corpóreos), *em razão* da influência de álcool, que é uma droga lícita, ou outra substância psicoativa (incompatível com a direção de veículo automotor) e que *determine dependência* (vício), lembrando-se, por exemplo, as drogas ilícitas como a maconha, o "crack" e a cocaína. Como se vê, se a pessoa estiver com a sua capacidade psicomotora comprometida em razão, por exemplo, de sono ou cansaço, não haverá crime. O delito deste art. 306 é de perigo, que se concretiza na *efetiva alteração da capacidade psicomotora* daquele que está a conduzir o veículo. De fato, o atual tipo penal, ao contrário do que estipulava a redação original deste art. 306, não mais faz referência ao antigo elemento normativo do tipo "*expondo a dano potencial a incolumidade de outrem*". Essa circunstância não faz desaparecer, a nosso sentir, a necessidade de se verificar se a conduta do sujeito efetivamente colocou em risco terceiras pessoas, com probabilidade de dano à sua integridade física, o que não ocorreria em locais absolutamente ermos, onde inexistem outros veículos e transeuntes. Nesses casos, em que inexistir qualquer ameaça ao bem jurídico protegido pela norma, que é a incolumidade pública, a intervenção penal, sempre excepcional, não se justifica. Não se exige a ocorrência de acidente ou que haja dano concreto à incolumidade pública, bastando que o dano seja provável.

- **Meios de prova e "capacidade psicomotora alterada":** *Vide* nota *Crítica*, nos comentários aos §§ 1º e 2º.

- **Tipo subjetivo:** É o dolo, ou seja, a vontade livre e consciente de dirigir, sabendo que ingeriu álcool em quantidade capaz de alterar sua capacidade psicomotora ou substância psicoativa igualmente capaz de alterá-la. Para os tradicionais, é o dolo genérico. A ingestão de remédios que causem dependência, sem a consciência da alteração da capacidade psicomotora, mormente se acompanhada de prescrição médica, ou sem advertência em bula, poderá afastar o dolo. Não há punição a título de culpa.

- **Consumação:** Com o ato de dirigir veículo automotor com a capacidade psicomotora efetivamente alterada. Trata-se de crime de perigo, formal e de consumação instantânea. Como observamos nos comentários ao *tipo objetivo*, sempre haverá a necessidade de se verificar se a conduta do sujeito efetivamente colocou em risco terceiras pessoas, com probabilidade de dano à sua integridade física, o que não ocorreria em locais absolutamente ermos, onde inexistem outros veículos e transeuntes. Nesses casos, em que inexistir nenhuma ameaça ao bem jurídico protegido pela norma, que é a incolumidade pública, a intervenção penal, sempre excepcional, não se justifica, não se perfazendo o tipo penal.

- **Tentativa:** Não é possível, uma vez que a conduta é unissubsistente.

- **Concurso de pessoas:** Tratando-se de crime de mão própria, não poderá haver coautoria, mas apenas participação, seja material (p. ex., entregando a direção de seu veículo a motorista embriagado), seja moral (incentivando-o a dirigir naquelas condições).

- **Estado de necessidade (CP, art. 24):** Poderá haver, em tese, como na hipótese de agente que, embora com capacidade psicomotora alterada, não havendo outra pessoa que possa dirigir ou a quem chamar para fazê-lo, assume a direção para salvar a vida de terceiro que esteja passando mal.

- **Pena:** Detenção, de seis meses a três anos, multa de R$ 1.915,40 ou proibição de se obter a permissão ou a habilitação para dirigir veículo automotor. É interessante observar que o legislador, neste artigo, rompeu com o critério estipulador da pena de multa previsto na Parte Geral do Código Penal, fundado em "dias-multa", cuja quantidade varia de acordo com a gravidade do crime, e com valor variável para cada dia-multa, a depender da situação econômica do réu, com base no salário mínimo.

Aqui, estipulou-se um determinado valor de forma fixa, o que trará questionamentos em face da discussão de se poder, ou não, aplicar a mesma multa para pessoas com capacidade financeira distinta, como também a questão da incidência ou não de correção monetária a partir da edição da lei, diante do princípio da reserva legal e da taxatividade da lei penal.

▪ **Ação penal:** Pública incondicionada.

Fonte e Meios de Prova (§§ 1º e 2º) ▪ **Crítica:** Como salientado na nota *Histórico*, no início dos comentários a esse artigo, o anterior tipo penal se revelou de todo insuficiente para prevenir e punir os constantes abusos no trânsito, que há anos vêm ceifando vidas ou causando danos físicos permanentes a um infindável número de vítimas. Isto porque a comprovação de determinada quantidade de álcool no agente dependia de sua *voluntária* submissão a exame de sangue ou ao "bafômetro" para se perfazer o crime que, expressamente, estipulava ser imprescindível haver concentração igual ou superior a 6 decigramas de álcool no sangue ou o equivalente por litro de ar expelido pelos pulmões, não sendo suprida a exigência legal, *sequer*, por exame clínico realizado por médico devidamente habilitado. Isso porque, em face do direito de não se autoincriminar, decorrente da garantia constitucional do direito ao silêncio (CR, art. 5º, LXIII), o motorista não estava, como não está, obrigado a produzir prova contra si mesmo. A nova redação do art. 306, dada pela Lei n. 12.760/2012, procurou suprir essa falha. Ocorre que o legislador, ao invés de abolir o critério de 6 decigramas de álcool no sangue, acabou optando por elaborar um tipo penal que, embora tenha retirado do *caput* esse valor, ao buscar abranger todas as situações possíveis, *continua* a fazer referência a esse valor quando estabeleceu, em seu § 1º, *dois critérios distintos* para se *constatar* (verificar) a alteração da capacidade psicomotora do motorista: *a)* concentração igual ou superior a 6 decigramas de álcool no sangue ou 0,3 miligrama de álcool por litro de ar alveolar (0,34 mg/L segundo o Contran); *b)* sinais que indiquem, na forma disciplinada pelo Contran, alteração da capacidade psicomotora. E, no § 2º, adentrou o tipo penal em *matéria de prova*, o que é tema de *processo penal*, como veremos abaixo.

▪ **Meios de prova e fonte de prova (distinção):** Em matéria processual penal não se confundem meios de prova com as fontes de prova. São *fontes de prova*, isto é, de onde ela surge, por exemplo, os vestígios do crime, o sangue, a pessoa que presenciou os fatos etc. Por sua vez, são meios de prova os instrumentos processuais penais previstos para que a fonte de prova seja devidamente preservada, colhida e introduzida no processo. São meios de prova, por exemplo, a preservação do local do crime, a colheita de vestígios, um testemunho, o exame de corpo de delito em havendo vestígios, a realização do exame de alcoolemia, a busca e apreensão etc.

▪ **Fontes de prova (§ 1º):** No § 1º temos as *fontes de prova* para se constatar a alteração da capacidade psicomotora penalmente relevante, que são: *a)* o álcool no organismo em nível igual ou superior a 6 decigramas por litro de sangue, ou igual ou superior a 0,3 miligrama de álcool por litro de ar alveolar (na verdade, 0,34 miligrama, de acordo com a Resolução Contran n. 432, de 23-1-2013, art. 7º, II, e Anexo I); e *b*) os sinais que indiquem, como também disciplinado pela referida Resolução do Contran, a alteração da capacidade psicomotora. Observamos que a referência aos 6 decigramas de álcool por litro de sangue ou 0,34 miligrama de álcool por litro de ar expelido não mais configura o elemento normativo do tipo (como ocorria antes); passou a ser uma das fontes de prova, segundo a qual a embriaguez poderá ser provada, presumindo o Legislador que essa quantidade de álcool efetivamente gera a alteração da capacidade psicomotora exigida pelo *caput*, colocando em risco a incolumidade das pessoas, sejam os próprios passageiros, sejam terceiros. Essa presunção legal, de que a partir de certa quantidade de álcool há o comprometimento de capacidade psicomotora necessária para a *segura* condução de veículo, encontra fundamento em estudos médicos amplamente reconhecidos a diversos países. Todavia, a nosso ver, sempre será recomendável a realização do exame clínico, efetuado por médico, mesmo em hipótese em que constatado níveis de álcool igual ou superior a 6 decigramas por litro de sangue, comprovando-se, *de modo inquestionável e seguro*, o comprometimento psicomotor.

■ Meios de prova (§ 2º): Temerária foi, a nosso sentir, a opção do legislador ao não exigir, obrigatoriamente, o exame clínico de embriaguez, a ser efetuado por médico legista, quando não realizado o exame do nível de álcool no organismo do condutor, seja por inexistência de equipamento técnico ou local apropriado para fazê-lo, ou por negativa do motorista em se submeter a eles. A lei, aqui, passou a admitir uma gama enorme de meios de prova, referindo-se não só ao teste de alcoolemia (sangue ou "bafômetro"), ao exame clínico ou perícia médica, mas, também, a *vídeo, prova testemunhal* ou *outros meios de prova em direito admitidos*. Em outras palavras, se não há etilômetro com o policial, ou se o motorista se nega a realizar exames (de sangue ou "bafômetro"), o legislador literalmente dispensa o exame clínico a ser realizado por médico, aceitando que os policiais atestem, mediante "termo" (Resolução Contran n. 432, de 23-1-2013, Anexo II), a alteração da capacidade psicomotora, ou ainda que ela seja demonstrada por prova testemunhal, por vídeo etc., o que é absolutamente subjetivo e suscetível de equívocos e abusos.

■ Contraprova (§ 2º): Da leitura da parte final deste § 2º ("observado o direito à contraprova"), constata-se que o exame do "bafômetro" ou o exame de sangue, que antes eram exigidos para se incriminar o sujeito, hoje também funcionam como uma garantia a ele oferecida de realizar "contraprova". Em outros termos, se o legislador foi temerário ao dispensar o exame de um médico, admitindo que a autoridade de trânsito ateste a alteração da capacidade psicomotora em função de embriaguez, abriu a possibilidade de o motorista contestar eventual equívoco ou arbítrio da autoridade de trânsito, exigindo, o motorista, a realização do exame de dosagem alcoólica em seu organismo (exame de sangue ou etilômetro), para se defender. Essa situação, em que pese serem as melhores as intenções do legislador, não nos parece das mais éticas, e de duvidosa constitucionalidade, driblando-se, de certa forma, o direito de todos de não se autoincriminar. Note-se que, neste caso, a percentagem de álcool no sangue ou no ar expelido volta a ser relevante para o afastamento da figura típica.

Equivalência (§ 3º)

- **Equivalência entre os distintos testes de alcoolemia:** Embora o § 3º determine que o Contran disponha sobre a "equivalência entre os distintos testes de alcoolemia para efeito de caracterização do crime tipificado neste artigo", a sua Resolução n. 432, de 23-1-2013, limitou-se a regulamentar a matéria, trazendo dois Anexos. No Anexo I, demonstrou-se as variações possíveis no uso do etilômetro; assim, para a infração administrativa, o limite de 0,01 mg/L sobe para 0,05 mg/L; já para o crime do art. 306, o limite de 0,30 mg/L sobe para 0,34 mg/L. No Anexo II, discorre-se sobre os sinais a serem observados pela Autoridade de Trânsito para a constatação da alteração da capacidade psicomotora, como olhos vermelhos, sonolência, vômitos, soluços e até "arrogância". A respeito do perigo que tal meio de prova representa para a segurança jurídica, abrindo-se grande margem para o arbítrio estatal, *vide* nossas críticas ao § 2º.

- **Resolução n. 432 do Contran, de 23-1-2013:** *Vide* nota no início dos comentários a esse artigo.

- **Observação:** Como a alteração do art. 306, de dezembro de 2012, é muito recente em relação à publicação desta obra, e como existirão, nos próximos anos, muitos casos em andamento aos quais se aplica a antiga redação do art. 306, já que o novo texto legal é mais severo e não retroage, optamos por deixar a jurisprudência anterior à Lei n. 12.760, de 20 de dezembro de 2012, para que o leitor possa ter acesso à posição da jurisprudência a respeito.

Jurisprudência anterior à Lei n. 12.760, de 20 de dezembro de 2012

- **Exigência de prova técnica (antes da Lei n. 12.760/2012):** "1. Com a redação conferida ao artigo 306 do Código de Trânsito Brasileiro pela Lei 11.705/08, tornou-se imperioso, para o reconhecimento de tipicidade do comportamento de embriaguez ao volante, a aferição da concentração de álcool no sangue. 2. Ausente a sujeição a etilômetro ou a exame sanguíneo, torna-se inviável a responsabilização criminal, visto a impossibilidade de se aferir a existência da concentração de álcool por litro de sangue igual ou superior a 6 (seis) decigramas por um exame no qual se atenha unicamente aos sinais clínicos e às manifestações físicas e psíquicas do avaliado. 3. Em prol da segurança jurídica e com espeque no princípio da estrita legalidade, deve-se primar pela exatidão na gradação alcoólica para se atender ao exigido pelo teor restritivo do tipo penal, eis que a dosagem figura como elementar da norma, podendo-se até considerar a ocorrência de uma infração administrativa, nos termos do artigo 165 do Código de Trânsito Brasileiro, mas não uma violação à legislação penal. 4. Entendimento consolidado pela colenda Terceira Seção deste STJ, no seio do REsp 1.111.566/DF, representativo de controvérsia, nos moldes do art. 543-C do Código de Processo Civil. 5. Ordem concedida para, reconhecendo a ausência de justa causa, trancar a ação penal" (STJ, 6ª T., HC 239.518, Rel. Min. Maria Thereza Rocha de Assis Moura, v.u., j. 9-8-2012).

A comprovação da embriaguez, objetivamente delimitada pelo art. 306 do CTB, exige a prova técnica consubstanciada no teste do bafômetro ou no exame de sangue, não lhe podendo suprir outro tipo de exame ou teste, uma vez que o direito penal rege-se, antes de tudo, pela estrita legalidade e tipicidade (STJ, 6ª T., HC 166.377, Rel. M Og Fernandes, j. 10-6-2010, *DJe* 1º-7-2010, *Bol. IBCCrim* n. 214, p. 1395).

No mesmo sentido, não havendo que se falar em condenação baseada no livre convencimento do juiz, nem em provas testemunhais (TJPR, 2ª Câm. Crim., EDC 0603835-7/01, Rel. Des. Noeval de Quadros, j. 18-2-2010, *Bol. IBCCrim* n. 209 — abril de 2010, p. 1359).

"Inexistência de laudo apto a comprovar a concentração de álcool no sangue do recorrido, conforme exigido pelo tipo penal. Rejeição mantida. Recurso em sentido estrito improvido" (TJSP, 5ª Câm. Crim., RSE 990.09.355376-7, Rel. Des. Tristão Ribeiro, j. 11-3-2010, *Bol. AASP* n. 2.708, p. 641).

▪ Exigência de perigo concreto e margem de tolerância (antes da Lei n. 12.760/2012): Tendo o exame do bafômetro apontado a concentração de 0,34 g de álcool por litro de ar expelido, portanto, dentro da margem de tolerância (*vide* Decreto n. 6.488/2008), e não havendo comprovação de perigo concreto à coletividade, não há ofensa ao bem jurídico tutelado, e, portanto, justa causa para ação penal (TJRJ, HC 0021545-78.2010.8.19.0000, Rel. Des. Maria Sandra Kayat Direito. j. 1º-6-2010, *DJe* 28-6-2010, *Bol. IBCCrim* n. 214 — setembro de 2010, p. 1397).

▪ Presença de advogado (antes da Lei n. 12.760/2012): Não existe previsão legal determinando a presença de advogado para a submissão de motorista ao teste realizado com etilômetro (TJRS, 1ª Câm. Crim., Ap. 741.379199 de Ijuí, Rel. Des. Marco Antônio Ribeiro de Oliveira, j. 1º-6-2011).

▪ Perigo abstrato e concurso com o crime do art. 307 (antes da Lei n. 12.760/2012): Comete o delito do art. 306 o condutor de veículo com resultado de 0,49 mg de álcool por litro ar, medido no etilômetro, sendo o crime de perigo abstrato, que independe de resultado danoso. Igualmente o crime do art. 307, se já estava com o direito de dirigir suspenso (TJRS, Ap. 70041841412, de Porto Alegre, Rel. Des. Ivan Leomar Bruxel, j. 12-4-2012, v.u.).

▪ Retroatividade benéfica (1) (antes da Lei n. 12.760/2012): Com a nova redação dada ao art. 306 do CTB, pela Lei n. 11.705/2008, tornou-se imprescindível a comprovação de determinado nível de teor alcoólico, o que não existia na legislação anterior; neste aspecto, por exigir outros elementos de prova, a lei nova é mais benéfica e deve retroagir (TJPR, 2ª Câm. Crim., RSE 0628653-1, Rel. Juiz Subst. 2º grau Carlos Augusto A. de Mello, j. 18-3-2010, *Bol. IBCCrim* n. 210 — maio de 2010, p. 1366).

▪ Retroatividade benéfica (2) (antes da Lei n. 12.760/2012): "[...] A nova redação da Lei n. 9.503/1997 restringiu a proibição contida no tipo do art. 306 do CTB, somente mantendo a incriminação da conduta de dirigir veículo automotor quando se comprove concentração de álcool por litro de sangue igual ou superior a 6 decigramas, bem como passou a exigir a comprovação material de dita concentração de álcool. Dessarte, por ser mais benéfica, a nova redação deve ser aplicada inclusive a fatos anteriores. Assim, inexistindo prova técnica acerca do teor alcoólico do sangue do paciente à época do fato, inviável a comprovação da materialidade do delito através de provas indiretas (testemunhas). Negaram provimento ao Recurso em Sentido Estrito. Unânime" (TJRS, 3ª Câm. Crim., ACr 70031051055, Des. Odone Sanguiné; j. 8-10-2009; v.u., *Bol. AASP* n. 2708, p. 642).

- No mesmo sentido: TJMG, 5ª Câm. Crim., ACr 1.013.07.215953-3/001, Rel. Des. Pedro Vergara; j. 12-1-2010; v.u., *Bol. AASP* n. 2708, p. 642.

- Irretroatividade (perigo concreto) (antes da Lei n. 12.760/2012): "[...] O Crime de Embriaguez ao Volante, praticado durante a vigência da redação original do art. 306 do CTB, é de perigo concreto (precedentes do STJ). Inexistindo nos Autos qualquer elemento de convicção que demonstre eventual perigo resultante da conduta atribuída ao acusado, rigorosa a absolvição. Sem preliminares. Negaram provimento ao Recurso do Ministério Público, mantendo a decisão que absolveu C. A. S. das penas dos arts. 306 e 309 da Lei n. 9.503/1997, com fulcro no art. 386, inciso VII, do CPP" (TJMG, 3ª Câm. Crim., ACr 1.0024.06.045344-6/001, Rel. Des. Jane Silva, j. 20-7-2010, v.u., *Bol. AASP* n. 2708, p. 642).

Art. 307. Violar a suspensão ou a proibição de se obter a permissão ou a habilitação para dirigir veículo automotor imposta com fundamento neste Código:

Penas — detenção, de seis meses a um ano e multa, com nova imposição adicional de idêntico prazo de suspensão ou de proibição.

Parágrafo único. Nas mesmas penas incorre o condenado que deixa de entregar, no prazo estabelecido no § 1º do art. 293, a Permissão para Dirigir ou a Carteira de Habilitação.

- Composição civil e transação penal: Cabem, pois a pena máxima não é superior a dois anos (Lei n. 9.099/95, art. 61).

- Suspensão condicional do processo: É cabível, uma vez que a pena mínima é inferior a um ano (Lei n. 9.099/95, art. 89).

- Penas alternativas: Cabem (CP, arts. 43 e 44).

Caput

- Objeto jurídico: A administração da Justiça.

- Sujeito ativo: A pessoa que estiver com habilitação suspensa ou proibida de obter permissão ou habilitação.

- Sujeito passivo: O Estado. Mais precisamente, o ente público (União, Estados ou Distrito Federal) ao qual pertence o Poder Judiciário que impôs a suspensão ou a proibição de conduzir veículo.

- Tipo objetivo: Pune-se a conduta do motorista que viola (isto é, desobedece) a suspensão ou a proibição de obter a permissão ou a habilitação para dirigir veículo automotor. A violação da proibição, a nosso ver, é crime impossível (*vide* nota abaixo). De outro lado, surge a dúvida em saber se a violação punida por este art. 307 refere-se apenas à suspensão ou proibição aplicada como penalidade criminal ou se também abrange aquela determinada pela autoridade administrativa. Em nossa opinião, embora o tipo deste art. 307 fale em suspensão ou proibição "imposta com fundamento neste Código", em face dos princípios da ofensividade e da proporcionalidade, cremos que somente haverá o crime se a violação ocorrer diante de suspensão ou proibição aplicada com fundamento neste Capítulo XIX deste Código (vide arts. 292 e 293 do CTB), isto é, em decorrência da prática de crime, com decisão transitada em julgado. Assim, em nossa opinião, a violação da suspensão ou da proibição aplicada como penalidade administrativa não configura o crime deste art. 307, mas apenas infração administrativa, com previsão até de cassação da carteira de habilitação (vide nota abaixo). De toda forma, para que haja o crime, o agente deve ter sido formalmente notificado da suspensão ou proibição, com indicação precisa do início e do término da suspensão.

- Violação da proibição de se obter (crime impossível): Em nossa opinião, na prática, é impossível que o agente viole ou mesmo tente violar proibição de se obter permissão ou habilitação, uma vez que as próprias autoridades sabem (ou deveriam saber) da proibição, tratando-se mesmo de crime impossível (CP, art. 17).

- Violação de medida cautelar: A nosso ver, o tipo penal não abrange a violação da suspensão ou da proibição aplicada como medida cautelar pelo juiz (art. 294 do CTB). Isso porque a violação de uma medida cautelar imposta durante investigação criminal ou ação penal deve acarretar seus efeitos jurídicos próprios, como a aplicação de outra medida cautelar mais gravosa. Não poderá, portanto, caracterizar crime autônomo. Ademais, o parágrafo único deste art. 307, ao prever a modalidade equiparada de não entrega da permissão ou habilitação, faz menção tão somente ao prazo previsto no § 1º do art. 293, que é o da suspensão ou da proibição aplicada como penalidade, e não como medida cautelar (vide comentários ao parágrafo único deste art. 307). Por outro lado, não seria razoável haver o crime na violação de medida cautelar de suspensão ou proibição (caput), mas não haver o crime na não entrega da permissão para dirigir ou da carteira de habilitação. Daí por que entendemos que tanto o caput como o parágrafo único abrangem tão somente a suspensão ou proibição, quando aplicada como penalidade, e não a medida cautelar.

- Infração administrativa: Constitui infração gravíssima, punida administrativamente com multa (cinco vezes) e apreensão do veículo, se o agente for flagrado dirigindo "com Carteira Nacional de Habilitação ou Permissão para Dirigir cassada ou com suspensão do direito de dirigir" (CTB, art. 162, II). Além disso, o agente terá cassado o documento de habilitação (CTB, art. 263, I).

- Tipo subjetivo: É o dolo, consistente na vontade livre e consciente de violar proibição ou suspensão. É preciso que o agente saiba da suspensão ou da proibição, isto é, que tenha sido formalmente notificado, o que não pode ser presumido. A notificação da suspensão deve ser pessoal, não bastando a notificação por edital.

- Consumação: Na modalidade de violar suspensão, no momento em que o agente conduz veículo automotor durante o período da suspensão, independentemente da ocorrência de acidente. Na modalidade de violar proibição, o crime, se for admitido (*vide* nota *Crime impossível* acima), ocorre no momento em que o agente obtém a permissão ou a habilitação para dirigir veículo automotor, embora proibido de fazê-lo.

- **Tentativa:** Não é possível, por se tratar de conduta unissubsistente.
- **Pena:** Detenção, de seis meses a um ano e multa, com nova imposição adicional de idêntico prazo de suspensão ou de proibição.
- **Ação penal:** Pública incondicionada.

Parágrafo único
- **Conduta equiparada:** Incorre nas mesmas penas do *caput* o condenado que deixa de entregar, no prazo estabelecido no § 1º do art. 293 (isto é, em 48 horas, a contar da sua intimação do trânsito em julgado da sentença condenatória), a permissão para dirigir ou a carteira de habilitação. Note-se que o crime, aqui, assemelha-se ao delito de desobediência (CP, art. 330), sendo, todavia, apenado mais severamente.
- **Atipicidade (se aplicada como medida cautelar):** Como o tipo penal deste parágrafo único incrimina apenas a não entrega no prazo previsto no § 1º do art. 293 (que trata do cumprimento de pena), não configura o crime deste artigo a conduta daquele que deixa de entregar a permissão para dirigir ou a carteira de habilitação, como exigência da aplicação de uma medida cautelar (CTB, art. 294); caso assim proceda, poderá ser submetido a outras medidas cautelares mais severas.
- **Prazo para a entrega:** O § 1º do art. 293 do CTB dispõe: "Transitada em julgado a sentença condenatória, o réu será intimado a entregar à autoridade judiciária, em quarenta e oito horas, a Permissão para Dirigir ou a Carteira de Habilitação". Dispõe, ainda, o § 2º do mesmo artigo: "A penalidade de suspensão ou de proibição de se obter a permissão ou a habilitação para dirigir veículo automotor não se inicia enquanto o sentenciado, por efeito de condenação penal, estiver recolhido a estabelecimento prisional". Por evidente, durante esse período, não poderá o crime deste art. 307 ser praticado.

Jurisprudência
- **Proibição administrativa:** Pratica o crime quem conduz automóvel em via pública, à revelia da proibição administrativa vigente, porquanto suspensa sua habilitação, circunstância de que tinha pela ciência, merecendo a reprimenda penal (Turma Recursal Criminal do Estado do Rio Grande do Sul, Recurso Crime 71003029915 de Ronda Alta, Rel. Juíza Cristina Pereira Gonzales, j. 9-5-2011).
- **Ciência da suspensão (notificação pessoal):** "Os documentos apresentados pelo Detran não traduzem certeza a respeito da efetiva notificação do réu, de forma pessoal, quanto ao ato administrativo que teria determinado a suspensão ao direito de dirigir, o que significa, em última análise, que eventual conduta não estaria revestida do dolo de infringir o ato administrativo infralegal" (Turma Recursal Criminal do Estado do Rio Grande do Sul, Recurso Crime 71003665429 de Osório, Rel. Juiz Edson Jorge Cechet, j. 21-5-2012, v.u.).

"[...] Notificação por Edital. Embora regular, no âmbito administrativo, a notificação de suspensão do direito de dirigir, a modalidade não se presta, na esfera penal, para traduzir certeza da ciência do réu quanto à sanção imposta. Formalidade preterida em favor da prova relativa ao elemento subjetivo, indispensável para composição do tipo penal em comento. A instrução não demonstrou existência de dolo de violar a suspensão de dirigir veículo automotor. Existente dúvida a respeito desse requisito, a absolvição é juízo imperativo" (Turma Recursal Criminal do Estado do Rio Grande do Sul, Recurso Crime 71003282324, Rel. Juiz Edson Jorge Cechet, j. 26-9-2011, v.u.).

- No mesmo sentido: Turma Recursal Criminal do Estado do Rio Grande do Sul, Recurso Crime 71003358900, Rel. Juiz Luiz Antônio Alves Capra, j. 28-11-2011, v.u.

- Prazo da suspensão cumprido sem realização do curso de reciclagem: Tendo o réu cumprido a pena administrativa de suspensão do direito de dirigir, quando dos fatos imputados pela denúncia, a conduta não se reveste de tipicidade penal. A falta de realização integral do curso de reciclagem ou de prova teórica de legislação de trânsito não implica prorrogação da penalidade imposta, caracterizando mera infração administrativa (art. 256 do CTB) (Turma Recursal Criminal do Estado do Rio Grande do Sul, Recurso Crime 71003554649, Rel. Juiz Edson Jorge Cechet, j. 9-4-2012, v.u.).

- Concurso com o crime do art. 306: Comete o delito do art. 306 o condutor de veículo com resultado de 0,49 mg de álcool por litro ar, medido no etilômetro, sendo o crime de perigo abstrato, que independe de resultado danoso. Igualmente o crime do art. 307, se já estava com o direito de dirigir suspenso (TJRS, Ap. 70041841412 de Porto Alegre, Rel. Des. Ivan Leomar Bruxel, j. 12-4-2012, v.u.).

Art. 308. Participar, na direção de veículo automotor, em via pública, de corrida, disputa ou competição automobilística não autorizada pela autoridade competente, desde que resulte dano potencial à incolumidade pública ou privada:

Penas — detenção, de seis meses a dois anos, multa e suspensão ou proibição de se obter a permissão ou a habilitação para dirigir veículo automotor.

- Transação penal: Não cabe, apesar de a pena máxima não ser superior a dois anos, em virtude no disposto no art. 291, § 1º, II, do CTB.

- Suspensão condicional do processo: Cabe, pois a pena mínima não é superior a um ano (Lei n. 9.099/95, art. 89).

- Penas alternativas: Cabem (CP, art. 43 e 44).

- Objeto jurídico: É a incolumidade pública.

- Sujeito ativo: Qualquer pessoa que estiver conduzindo veículo. Não pode haver coautoria, uma vez que a conduta punida somente pode ser praticada pelo motorista. Todavia, pode haver participação (moral ou material) de terceiro, devendo-se averiguar se a participação é ou não de menor importância (vide CP, art. 29).

- **Sujeito passivo:** A coletividade.

- **Tipo objetivo:** A conduta punida é participar, que tem o sentido de fazer parte, de concorrer. Exige o tipo penal que a conduta seja cometida na direção de veículo automotor, não abrangendo, portanto, os veículos não motorizados (bicicletas ou de tração animal, por exemplo). A conduta deve ser praticada em via pública, devendo seu conceito ser extraído do art. 2º do CTB (vide abaixo). O elemento normativo do tipo (sobre o qual recai a conduta) é a corrida, disputa ou competição automobilística não autorizada pela autoridade competente. Há que existir pelo menos outro veículo automotor envolvido, sob pena de não existir corrida, disputa ou competição. O tipo penal exige que da conduta resulte dano potencial à incolumidade pública, tratando-se, pois, de crime de perigo concreto. Por exemplo, se a disputa ocorrer em lugar ermo, sem possibilidade de expor a perigo outras pessoas, não haverá o crime, podendo, no entanto, haver infração administrativa.

- **Vias públicas:** De acordo com o art. 2º do CTB: "São vias terrestres urbanas e rurais as ruas, as avenidas, os logradouros, os caminhos, as passagens, as estradas e as rodovias, que terão seu uso regulamentado pelo órgão ou entidade com circunscrição sobre elas, de acordo com as peculiaridades locais e as circunstâncias especiais. Parágrafo único. Para os efeitos deste Código, são consideradas vias terrestres as praias abertas à circulação pública e as vias internas pertencentes aos condomínios constituídos por unidades autônomas".

- **Tipo subjetivo:** É o dolo, consistente na vontade livre e consciente de participar de corrida, disputa ou competição. Essencial, ainda, que os competidores tenham ciência de que ela não foi autorizada pela autoridade competente.

- **Consumação:** O crime se consuma com a efetiva participação, desde que resulte em dano potencial à incolumidade pública.

- **Tentativa:** Não é possível.

- **Pena:** Detenção, de seis meses a dois anos, multa e suspensão ou proibição de obter permissão ou habilitação.

- **Ação Penal:** Pública incondicionada.

- **Competência:** É do Juízo criminal comum e não do Juizado Especial Criminal, no entendimento do STF (1ª T., HC 85.350-1, Rel. Min. Eros Grau, j. 28-6-2005, DJ 2-9-2005; 2ª T., HC 85.019, Rel. Min. Ellen Gracie; HC 81.510, Rel. Min. Sepúlveda Pertence, j. 12-4-2002).

Jurisprudência

- **Júri. Absolvição em Plenário:** "Júri — Crime de trânsito — 'Racha' em via pública — Absolvição em plenário — Valoração da prova que compete ao Soberano Júri — Réu que nega a conduta a ele imputada e a participação ou concurso para o resultado morte — Indícios que justificaram a pronúncia não acolhidos pelos jurados — Opção do Conselho de Sentença por uma das teses — Ausência de ilegalidade ou arbitrariedade — Sentença mantida — Recurso não provido" (TJSP, 16ª Câm. Crim., Ap. n. 990.09.016865-0 , Rel. Des. Newton Neves, j. 11-5-2010, *Bol. AASP* n. 2.708, p. 641).

Art. 309. Dirigir veículo automotor, em via pública, sem a devida Permissão para Dirigir ou Habilitação ou, ainda, se cassado o direito de dirigir, gerando perigo de dano:

Penas — detenção, de seis meses a um ano, ou multa.

- Transação penal: Cabe, porque a pena máxima não é superior a dois anos (Lei n. 9.099, art. 76).
- Suspensão condicional do processo: Cabe, pois a pena mínima não é superior a um ano (Lei n. 9.099/95, art. 89).
- Penas alternativas: Cabem (CP, arts. 43 e 44).
- Objeto jurídico: É a incolumidade pública.
- Sujeito ativo: Qualquer pessoa.
- Sujeito passivo: A coletividade.
- Tipo objetivo: A conduta punida é a de dirigir veículo automotor, em via pública. Para que haja o crime, exige a ocorrência do elemento normativo do tipo sem a devida permissão para dirigir ou habilitação ou, ainda, se cassado o direito de dirigir. Exige-se para o aperfeiçoamento do crime, ainda, que a conduta gere perigo de dano, o que deve restar comprovado concretamente. Note-se, desse modo, que não basta o simples fato de o motorista não ser habilitado ou estar com a licença cassada.
- Tipo subjetivo: É o dolo, consistente na vontade livre e consciente de dirigir veículo automotor, em via pública, sem a devida permissão para dirigir ou habilitação ou, ainda, sabendo o agente que se encontra cassado o seu direito de dirigir.
- Consumação: Com a direção do veículo, colocando-o em movimento, ocasionando perigo de dano a uma ou mais pessoas. Não se exige, todavia, a efetiva ocorrência de dano, bastando a sua possibilidade concreta de ocorrer. Trata-se, pois, de crime de perigo concreto.
- Tentativa: Não é possível.
- Concurso de crimes: O delito deste art. 309, quando há lesão corporal culposa no trânsito, resta absorvido pelo crime do art. 303 do CTB. A jurisprudência pacificou-se no sentido de que, extinta a punibilidade pela ausência de representação quanto ao crime de lesões culposas, deixa de subsistir, autonomamente, o crime do art. 309.
- Pena: Detenção, de seis meses a um ano, ou multa.
- Ação penal: Pública incondicionada.

Jurisprudência

■ **Absorção pelo crime do art. 303 do CTB, falta de representação e extinção da punibilidade:** "O crime de lesão corporal culposa, cometido na direção de veículo automotor (CTB, art. 303), por motorista desprovido de permissão ou de habilitação para dirigir, absorve o delito de falta de habilitação ou permissão tipificado no art. 309 do Código de Trânsito Brasileiro. — Com a extinção da punibilidade do agente, quanto ao delito tipificado no art. 303 do Código de Trânsito Brasileiro (crime de dano), motivada pela ausência de representação da vítima, deixa de subsistir, autonomamente, a infração penal prevista no art. 309 do CTB (crime de perigo). Precedentes de ambas as Turmas do Supremo Tribunal Federal" (STF, 2ª T., HC 80.303, Rel. Min. Celso de Mello, j. 26-9-2000, *DJ* 10-11-2000, p. 81; STF, 1ª T., HC 80.422-5, Rel. Min. Ilmar Galvão, j. 28-11-2000).

■ **No mesmo sentido:** STJ, 5ª T., HC 25.523, Rel. Min. Gilson Dipp, j. 6-4-2004, *DJ* 17-5-2004, p. 247; STJ, 6ª T., HC 16.771, Rel. Min. Paulo Gallotti, j. 16-8-2001, *DJ* 5-11-2001, p. 144).

■ **Perigo de dano (direção sem habilitação e embriaguez):** "A condução de veículo automotor sem a devida habilitação legal, ausente prova do perigo efetivo de dano, não caracteriza o delito do art. 309 da Lei n. 9.503/1997. O crime de embriaguez ao Volante, praticado durante a vigência da redação original do art. 306 do CTB, é de perigo concreto (precedentes do STJ). Inexistindo nos autos qualquer elemento de convicção que demonstre eventual perigo resultante da conduta atribuída ao acusado, rigorosa a absolvição. Sem preliminares. Negaram provimento ao Recurso do Ministério Público, mantendo a decisão que absolveu C. A. S. das iras dos arts. 306 e 309 da Lei n. 9.503/1997, com fulcro no art. 386, inciso VII, do CPP" (TJMG, 3ª Câm. Crim., ACr 1.0024.06. 045344-6/001, Rel. Des. Jane Silva; j. 20-7-2010; v.u., *Bol. AASP* n. 2708, p. 642).

Art. 310. Permitir, confiar ou entregar a direção de veículo automotor a pessoa não habilitada, com habilitação cassada ou com o direito de dirigir suspenso, ou, ainda, a quem, por seu estado de saúde, física ou mental, ou por embriaguez, não esteja em condições de conduzi-lo com segurança:

Penas — detenção, de seis meses a um ano, ou multa.

■ **Transação penal:** Cabe, porque a pena máxima não é superior a dois anos (Lei n. 9.099, art. 76).

■ **Suspensão condicional do processo:** Cabe, pois a pena mínima não é superior a um ano (Lei n. 9.099/95, art. 89).

■ **Penas alternativas:** Cabem (CP, arts. 43 e 44).

■ **Inconstitucionalidade:** Ao contrário do que ocorre nos crimes previstos nos arts. 308, 309 e 311 do CTB, o tipo penal deste art. 310 não exige, textualmente, a demonstração de perigo concreto de dano, o qual é presumido pelo legislador tão somente pela ocorrência da conduta, o que, a nosso ver, traz sérias dúvidas acerca da sua constitucionalidade. Para que o tipo penal possa se aperfeiçoar, será sempre necessária, a nosso ver, a constatação de ter havido perigo concreto à incolumidade pública, como, por exemplo, com a prática de uma gravíssima infração de trânsito.

- Objeto jurídico: A incolumidade pública.
- Sujeito ativo: Qualquer pessoa.
- Sujeito passivo: A coletividade.
- Tipo objetivo: São três os núcleos do tipo, cujas diferenças são sutis: permitir (autorizar a fazer uso, consentir, admitir), confiar (deixar aos cuidados de alguém) ou entregar (passar às mãos). As condutas devem incidir sobre "a direção de veículo automotor", não abrangendo, pois, outros tipos de veículo. Para que haja o crime, as condutas devem ser praticadas com relação a uma das seguintes categorias de pessoas: a) pessoa não habilitada; b) pessoa com habilitação cassada; c) pessoa com o direito de dirigir suspenso; ou, ainda, d) a quem, por seu estado de saúde, física ou mental, ou por embriaguez, não esteja em condições de conduzi-lo com segurança.
- Tipo subjetivo: É o dolo, consistente na vontade livre e consciente de praticar a conduta incriminada. Exige-se, portanto, que o agente tenha conhecimento de que a pessoa para quem está permitindo, confiando ou entregando a direção do veículo automotor esteja em uma das quatro categorias acima indicadas. Não se pode presumir a ciência dessas condições. Não há punição a título de culpa.
- Consumação: Ocorre com a simples prática de qualquer das condutas incriminadas (permitir, confiar ou entregar), sem exigência de qualquer resultado naturalístico. A nosso ver, todavia, deve a conduta gerar perigo de dano concreto (p. ex., ter ocorrido uma grave infração de trânsito), sob pena de violação da Constituição por inexistência de ofensa ou de perigo efetivo à incolumidade pública que autorize a intervenção penal (vide nota acima Inconstitucionalidade).
- Tentativa: Não é possível, por se tratar de condutas unissubsistentes e de crime de perigo.
- Ação penal: Pública incondicionada.
- Pena: Detenção, de seis meses a um ano, ou multa.

Jurisprudência

- Ausência de dolo: "1. Indemonstrado que o autor do fato soubesse estar entregando a direção de veículo automotor à pessoa não habilitada, impositiva a sua absolvição. 2. O dolo não se presume e não há forma culposa do delito previsto no artigo 310 do CTB" (Turma Recursal Criminal dos Juizados Especiais Criminais do Estado do Rio Grande do Sul, Recurso 71003685492, Rel. Juíza Cristina Pereira Gonzales, j. 21-5-2012, v.u.).
- Ônus da prova: "O ônus da prova incumbe à acusação. A existência de versões antagônicas sobre o fato, sem a existência de denominador comum que ampare uma ou outra, não permite manter a condenação imposta. Informações de uma única testemunha, policial militar, que participou da operação, que se contrapõem às prestadas pela testemunha quando

ouvida na fase pré-processual, não se mostram suficientes para comprovar a entrega da direção a pessoa não habilitada" (Turma Recursal Criminal dos Juizados Especiais Criminais do Estado do Rio Grande do Sul, Recurso Crime 71003535291, Rel. Juiz Edson Jorge Cechet, j. 9-4-2012).

■ **Entrega de carro a pessoa não habilitada:** Réu que consente que cunhado não habilitado dirija veículo automotor, pratica o crime previsto no art. 310 do CTB, que é de perigo abstrato e prescinde da prova acerca da probabilidade da ocorrência do dano (Turma Recursal Criminal dos Juizados Especiais Criminais do Estado do Rio Grande do Sul, Recurso n. 71003682697, Rel. Juíza Cristina Pereira Gonzales, j. 21-5-2012, v.u.).

Art. 310-A. (*Vetado.*)

Art. 311. Trafegar em velocidade incompatível com a segurança nas proximidades de escolas, hospitais, estações de embarque e desembarque de passageiros, logradouros estreitos, ou onde haja grande movimentação ou concentração de pessoas, gerando perigo de dano:

Penas — detenção, de seis meses a um ano, ou multa.

■ **Transação penal:** Cabe, porque a pena máxima não é superior a dois anos (Lei n. 9.099, art. 76).

■ **Suspensão condicional do processo:** Cabe, pois a pena mínima não é superior a um ano (Lei n. 9.099/95, art. 89).

■ **Penas alternativas:** Cabem (CP, arts. 43 e 44).

■ **Objeto jurídico:** A incolumidade pública.

■ **Sujeito ativo:** O condutor.

■ **Sujeito passivo:** A coletividade.

■ **Tipo objetivo:** A conduta punida é uma só: trafegar (dirigir) em velocidade incompatível com a segurança. A conduta deve ser praticada nas proximidades de escolas, hospitais, estações de embarque e desembarque de passageiros, logradouros estreitos, ou onde haja grande movimentação ou concentração de pessoas. Trata-se de norma penal em branco, devendo ser preenchida pela legislação de trânsito (*vide* nota abaixo *Velocidade incompatível*). Por expressa previsão legal, para que haja o crime, deve a conduta gerar perigo de dano, isto é, deve-se demonstrar, concretamente, que a direção do veículo nessas condições causou risco a um número indeterminado ou determinado de pessoas.

■ **Velocidade incompatível:** Por se tratar o crime deste art. 311 de norma penal em branco, a norma complementadora deve ser buscada na legislação. O CTB, em seu art. 61, *caput*, dispõe sobre a obrigatoriedade de a velocidade máxima ser indicada por meio de sinalização. Todavia, diz o § 1º do referido artigo: "onde não existir sinalização regulamentadora, a velocidade máxima será de: I — nas vias urbanas: a) oitenta quilômetros por hora, nas vias de trânsito rápido: b) sessenta quilômetros por hora, nas vias arteriais; c) quarenta quilômetros por hora, nas vias coletoras; d) trinta quilômetros por hora, nas vias locais; II — nas vias rurais: a) nas rodovias: 1) 110 (cento e dez) quilômetros por hora para automóveis, camionetas e motocicletas; 2) noventa quilômetros por hora, para ônibus e micro-ônibus; 3) oitenta quilômetros por hora, para os demais veículos; b) nas estradas, sessenta quilômetros por hora". Note-se, ainda, que tais limites podem ser alterados pelo órgão ou entidade competente, conforme § 2º do mesmo art. 61 do CTB: "O órgão ou entidade de trânsito ou rodoviário com circunscrição sobre a via poderá regulamentar, por meio de sinalização, velocidades superiores ou inferiores àquelas estabelecidas no parágrafo anterior". Portanto, para saber se o agente praticou ou não o crime deste art. 311, deve-se verificar, além do perigo de dano, se a conduta extrapolou o limite de velocidade previsto para a via respectiva, e em montante relevante. Note-se, assim, que não há, no CTB, limite máximo de velocidade para as específicas situações descritas no *caput* do art. 311 ("proximidades de escolas, hospitais, estações de embarque e desembarque de passageiros, logradouros estreitos, ou onde haja grande movimentação ou concentração de pessoas"), devendo o intérprete aplicar o limite máximo previsto na sinalização existente no local ou, se inexistente, de acordo com a característica da via, conforme art. 61 do CTB.

▪ Infração administrativa (inexistência de perigo concreto): O art. 218 do CTB pune, com penalidades variadas, o condutor que transitar em velocidade superior à máxima permitida para o local, medida por instrumento ou equipamento hábil, em rodovias, vias de trânsito rápido, vias arteriais e demais vias. O art. 220 do mesmo Código pune ainda aquele que "deixar de reduzir a velocidade do veículo de forma compatível com a segurança do trânsito [...] XIV — nas proximidades de escolas, hospitais, estações de embarque e desembarque de passageiros ou onde haja intensa movimentação de pedestres". Trata-se de infração gravíssima, punida com multa.

▪ Tipo subjetivo: O crime somente é punido a título de dolo. Não há modalidade culposa.

▪ Consumação: Com a prática da conduta, desde que gere perigo de dano (concreto), a ser demonstrado pelas circunstâncias fáticas de cada caso.

▪ Tentativa: Não é possível.

▪ *Ne bis in idem*: Tendo em vista que o tipo penal deste art. 311 exige a ocorrência de perigo de dano, entendemos não ser aplicável a circunstância agravante prevista no art. 298, I, do CTB, sob pena de ofensa ao princípio *ne bis in idem*.

▪ Ação penal: Pública incondicionada.

▪ Pena: Detenção, de seis meses a um ano, ou multa.

Jurisprudência

▪ Velocidade incompatível: Se o réu trafega em velocidade incompatível com local de intenso movimento e circulação de pedestres, efetuando manobras perigosas, pratica o delito previsto no art. 311 porque certa a probabilidade de atropelamento, o que caracteriza o perigo de dano à segurança viária (Turma Recursal Criminal dos Juizados Especiais Criminais do Estado do Rio Grande do Sul, Recurso 71003103900, Rel. Juíza Cristina Pereira Gonzales, j. 20-6-2011, v.u.).

Comprovado que o réu conduziu o veículo em velocidade excessiva, realizando manobras, em local de intenso fluxo de veículos e de pessoas, configura-se o delito do art. 311 do Código de Trânsito Brasileiro (Turma Recursal Criminal dos Juizados Especiais Criminais do Estado do Rio Grande do Sul, Recurso 71003407806, Rel. Juiz Leandro Raul Klippel, j. 27-2-2012, v.u).

- **Estrada secundária:** "Havendo elementos indicando que o réu não trafegava em local com movimentação intensa de pessoas e, sim, em estrada secundária, em velocidade não determinada, sendo, ademais, os relatos das testemunhas de acusação de 'ouvir dizer', a mantença da absolvição quanto ao crime inscrito no art. 311 do CP é de rigor" (TRF da 4ª Região, 0001033-95.2009.404.7005, Rel. Des. Fed. Néfi Cordeiro, j. 15-2-2011, v.u.).

- **Desclassificação para a contravenção penal do art. 34:** "Ao fugir do policial, o réu empregou velocidade excessiva e efetuou manobras arriscadas, como subir em calçadas. Não se extrai da prova, contudo, a ocorrência da elementar do tipo penal do art. 311 do CTB, consistente na existência de grande movimentação ou concentração de pessoas, pois a testemunha refere apenas ter o acusado passado 'muito próximo a uns pedestres que caminhavam na via pública'. Opera-se, assim, a desclassificação do fato praticado pelo réu para a contravenção penal prevista no artigo 34 do Decreto-Lei n. 3.688/41" (Turma Recursal Criminal dos Juizados Especiais Criminais do Estado do Rio Grande do Sul, Recurso 71003103892, Rel. Juiz Luiz Antonio Alves Capra, j. 20-6-2011, v.u).

Art. 312. Inovar artificiosamente, em caso de acidente automobilístico com vítima, na pendência do respectivo procedimento policial preparatório, inquérito policial ou processo penal, o estado de lugar, de coisa ou de pessoa, a fim de induzir a erro o agente policial, o perito, ou juiz:

Penas — detenção, de seis meses a um ano, ou multa.

Parágrafo único. Aplica-se o disposto neste artigo, ainda que não iniciados, quando da inovação, o procedimento preparatório, o inquérito ou o processo aos quais se refere.

- **Transação penal:** Cabe, porque a pena máxima não é superior a dois anos (Lei n. 9.099, art. 76).

- **Suspensão condicional do processo:** Cabe, pois a pena mínima não é superior a um ano (Lei n. 9.099/95, art. 89).

- **Penas alternativas:** Cabem (CP, arts. 43 e 44).

- **Objeto jurídico:** É a administração da Justiça. De forma mais específica, tutela-se a regularidade na apuração da responsabilidade pelo acidente ou mesmo a colheita de prova destinada ao procedimento preparatório, inquérito policial ou processo penal.

- **Sujeito ativo:** Qualquer pessoa.

- **Sujeito passivo:** Primeiramente, o Estado. Em segundo lugar, o terceiro prejudicado pela inovação artificiosa.

- **Tipo objetivo:** A conduta punida é inovar (modificar, mudar, alterar), que deve ser praticada artificiosamente, isto é, com artifício ou ardil (malícia, fingimento, dissimulação). Não é qualquer inovação que será punida, mas apenas aquela efetivamente capaz de enganar o destinatário da prova a ser produzida ou colhida (agente policial, perito, ou juiz). A conduta deve incidir sobre "o estado de lugar" (local do acidente), de coisa (como automóvel ou algum objeto incriminador) ou de pessoa (uma outra pessoa assume o volante logo após o acidente, simulando ser o condutor, por exemplo). Note-se que o crime é comissivo, devendo haver uma ação por parte do agente; assim, se age com simples omissão (por exemplo, não busca cuidar ou preservar o local do acidente), não há crime. Para que haja o delito, a conduta deve ser praticada "em caso de acidente automobilístico com vítima". E mais: só haverá crime se praticada "na pendência do respectivo procedimento policial preparatório" (por exemplo, a realização dos croquis do local, do seu levantamento por perito etc.), inquérito policial ou processo penal (*caput*), mesmo que tais procedimentos ainda não tenham sido iniciados (parágrafo único).

- **Autodefesa:** É certo que o acusado, no direito brasileiro, não tem o dever de dizer a verdade, inexistindo o crime de perjúrio por parte dele. Correto afirmar, no entanto, ser vedado ao acusado alterar a cena do crime a fim de induzir a erro peritos, policiais ou juiz. Todavia, a simples alegação de que outra pessoa estava na condução de veículo, embora inverídica, a nosso ver não configura o delito, ao contrário do que decidiu o TJSP (*vide* abaixo).

- **Tipo subjetivo:** É o dolo, acrescido do especial fim de agir "a fim de induzir a erro o agente policial, o perito, ou juiz". Para a doutrina tradicional, é o dolo específico. Se a finalidade do agente for outra (p. ex., remover o veículo do local para evitar um novo acidente em face de intenso movimento de veículos no local ou nevoeiro), não há o crime. Não há modalidade culposa.

- **Consumação:** Com a prática da conduta incriminada, devendo a inovação apresentar real possibilidade de induzir a erro o agente policial, o perito, ou juiz.

- **Tentativa:** Em tese é possível.

- **Confronto com art. 347 do CP:** O crime deste art. 312 foi certamente inspirado no art. 347 do CP, o qual, sob a rubrica fraude processual, prevê: "Art. 347. Inovar artificiosamente, na pendência de processo civil ou administrativo, o estado de lugar, de coisa ou de pessoa, com o fim de induzir a erro o juiz ou o perito: Pena — detenção, de três meses a dois anos, e multa. Parágrafo único. Se a inovação se destina a produzir efeito em processo penal, ainda que não iniciado, as penas aplicam-se em dobro".

Note-se, todavia, que a pena para o crime de fraude processual no trânsito é apenada mais levemente.

- Ação penal: Pública incondicionada.
- Pena: Detenção, de seis meses a um ano, ou multa.

Jurisprudência

- Conserto do veículo: Para a condenação é indispensável a prova segura do momento em que foi realizado o conserto, de que este foi determinado pelo acusado e, ainda, de que o acusado objetivou, com isso, induzir agente policial, perito ou juiz em erro. Apesar dos indícios colhidos na fase inquisitiva, no sentido de que o acusado teria determinado o conserto do automóvel, logo após o acidente, de modo a inovar artificiosamente, com a finalidade de induzir a autoridade em erro, não há qualquer elemento produzido em juízo capaz de confirmá-los (TJSP, 12ª Câm., Ap. 0012824-86.2006.8.26.0161 de Diadema, Rel. Des. João Morenghi, j. 11-4-2012).

- Acidente sem vítima: Se não há acidente com vítima, o ato não se subsume ao crime do art. 312 do CTB (TJSC, HC 2010.043656-7, da Capital, Rel. Des. Substituto Tulio Pinheiro, m.v., j. 17-8-2010).

- Afirmação de que a vítima dirigia o veículo: "Tocante ao crime previsto no art. 312, do Código de Trânsito Brasileiro, a autoria também é incontroversa. O policial militar [...] confirmou nas duas oportunidades em que foi ouvido que C.D. afirmou ser o condutor do veículo quando questionado no local do acidente. No hospital, porém, após tomar conhecimento que a) havia falecido, retificou a informação e passou a dizer que o veículo era conduzido pela vítima fatal" (TJSP, 2ª Câm. Crim., Ap. 0002240-85.2007.8.26.0302 de Jaú, Rel. Des. Francisco Orlando, j. 24-9-2012, v.u.).

[...]

Art. 340. Este Código entra em vigor cento e vinte dias após a data de sua publicação.

Art. 341. Ficam revogadas as Leis n. 5.108, de 21 de setembro de 1966, 5.693, de 16 de agosto de 1971, 5.820, de 10 de novembro de 1972, 6.124, de 25 de outubro de 1974, 6.308, de 15 de dezembro de 1975, 6.369, de 27 de outubro de 1976, 6.731, de 4 de dezembro de 1979, 7.031, de 20 de setembro de 1982, 7.052, de 2 de dezembro de 1982, 8.102, de 10 de dezembro de 1990, os arts. 1º a 6º e 11 do Decreto-Lei n. 237, de 28 de fevereiro de 1967, e os Decretos-Leis n. 584, de 16 de maio de 1969, 912, de 2 de outubro de 1969, e 2.448, de 21 de julho de 1988.

Brasília, 23 de setembro de 1997; 176º da Independência e 109º da República.

FERNANDO HENRIQUE CARDOSO

Iris Rezende

Eliseu Padilha

CRIMES CONTRA O MEIO AMBIENTE

LEI N. 9.605, DE 12 DE FEVEREIRO DE 1998

Dispõe sobre as sanções penais e administrativas derivadas de condutas e atividades lesivas ao meio ambiente, e dá outras providências.

O Presidente da República:
Faço saber que o Congresso Nacional decreta e eu sanciono a seguinte Lei:

Capítulo I
DISPOSIÇÕES GERAIS

"O Mundo não se fez para pensarmos nele
(Pensar é estar doente dos olhos)
Mas para olharmos para ele e estarmos de acordo...

Eu não tenho filosofia: tenho sentidos...
Se falo na Natureza não é porque saiba o que ela é,
Mas porque a amo, e amo-a por isso,
Porque quem ama nunca sabe o que ama
Nem sabe por que ama, nem o que é amar ...
Amar é a eterna inocência,
E a única inocência não pensar..."

(Alberto Caeiro, heterônomo de Fernando Pessoa)

■ **Algumas palavras:** Nós somos parte do Planeta Terra e o Planeta Terra é parte de nós. Os elementos químicos da tabela periódica, encontrados na natureza, são os mesmos que compõem as nossas estruturas moleculares. Depois de mortos, nossos corpos, se cremados, virarão pó; se enterrados serão integrados à cadeia da vida, sendo consumidos por outros seres vivos. Hoje nos alimentamos do planeta, amanhã ele se alimentará de nós. É verdade que a maioria da população mundial desenvolveu, de forma muito salutar, a espiritualidade, o que nos transcende da existência aqui na Terra. E é verdade que as religiões reconhecem ser a vida e o nosso planeta sagrados, uma criação de Deus; o *initium* do primeiro micro-organismo com vida surgido de um mundo mineral, evoluindo até nós, efetivamente um milagre que as ciências até hoje nunca conseguiram explicar. É correto afirmar, também, que graças à nossa inteligência, que nos permite abstrair ideias, filosofar, enfim pensar, acabamos, faz alguns milhares de anos, nos impondo e dominando todo o planeta e, com crescente população que já chega a 7 bilhões, mudamos a sua aparência. Construímos cidades de concreto e vidro; retiramos petróleo das profundezas e o queimamos, jogando gases na atmosfera e plástico em nossos oceanos e rios; criamos milhões de cabeças de gado para nos alimentar; com o excesso de população, muitos países não tratam devidamente o esgoto que produzem, jogando toneladas de matéria orgânica fermentada em rios e no mar. Tudo isso vem causando um terrível desbalanceamento no ecossistema, o qual se moldará à nova realidade, e assim o Planeta Terra vai sendo desconfigurado, sobrevivendo as espécies animais que tiverem maior predisposição biológica para se adaptar, sendo o número de extinções certamente muito maior. Enfim, precisamos lembrar que o Planeta Terra, que poderia se chamar Planeta Água, não nos pertence, não somos donos dele; somos parte dele, e o estamos pegando emprestado, momentaneamente, de nossos filhos, netos e bisnetos que aqui um dia chegarão e necessitarão encontrar um planeta sustentável, equilibrado, que lhes permita viver como nós o fazemos. Daí a importância da presente lei, que protege no âmbito dos interesses difusos, certamente depois da vida humana um dos bens jurídicos mais importantes que podem existir, senão o mais relevante deles.

■ **Meio ambiente e Constituição:** A Constituição da República de 1988 demonstra bastante preocupação com a tutela do meio ambiente. Além de prever a *competência concorrente* da União, dos Estados e do Distrito Federal para legislar sobre florestas, caça, pesca, fauna, conservação da natureza etc. (art. 24, VI) — à exceção, é claro, de matérias de direito penal ou processual penal, que continuam privativas da União, *ex vi* do art. 22, I, da *Magna Carta* —, traz em seu Título VIII (Da Ordem Social), capítulo específico referente ao meio ambiente (Capítulo IV — Do Meio Ambiente), cujo art. 225 dispõe: "Todos têm direito ao meio ambiente ecologicamente equilibrado, bem de uso comum do povo e essencial à sadia qualidade de vida, impondo-se ao poder público e à coletividade o dever de defendê-lo e preservá-lo para as presentes e futuras gerações". Por sua vez, o seu art. 226, § 1º, VII, determina que o Poder Público deverá "proteger a fauna e a flora, vedadas, na forma da lei, as práticas que coloquem em risco sua função ecológica, provoquem a extinção de espécies ou submetam os animais a crueldade". No que tange à tutela penal do meio ambiente, o mesmo art. 225, em seu § 3º, prevê que "as condutas e atividades consideradas lesivas ao meio ambiente sujeitarão os infratores, pessoas físicas ou jurídicas, a sanções penais e administrativas, independentemente da obrigação de reparar o dano". Uma das questões mais polêmicas trazidas por este § 3º diz respeito à responsabilidade penal da pessoa jurídica, a qual é por nós tratada nos comentários ao art. 3º da presente lei. Após a sua publicação, diversas outras leis surgiram, alterando-a; todas essas modificações encontram-se atualizadas nos comentários aos respectivos artigos.

■ **Complemento das normas penais por atos normativos da União:** É importante lembrar que, em virtude da natureza das infrações penais ao meio ambiente, na maioria dos crimes o legislador se utilizou de normas penais em branco, a exigir do intérprete cuidadosa — e, muitas vezes, trabalhosa — busca da norma integradora, geralmente presente em atos normativos do — Conselho Nacional do Meio Ambiente — Conama, órgão do — Sistema Nacional do Meio Ambiente — Sisnama, atrelado ao Ministério do Meio Ambiente. Quanto às normas estaduais e municipais que venham a estabelecer regras ambientais, lembramos novamente que, embora a *competência* da União, dos Estados e do Distrito Federal para legislar sobre florestas, caça, pesca, fauna, conservação da natureza etc. seja *concorrente* (art. 24, VI), toda matéria de direito penal continua a ser privativa da União, *ex vi* do art. 22, I, da *Magna Carta*. Desse modo, se houver desrespeito a uma norma estritamente municipal ou estadual, sem respaldo em nenhum ato normativo expresso de órgão pertencente à União, entendemos que a conduta, embora punível administrativamente, não será penalmente típica.

Art. 1º (*Vetado.*)

Art. 2º Quem, de qualquer forma, concorre para a prática dos crimes previstos nesta Lei, incide nas penas a estes cominadas, na medida da sua culpabilidade, bem como o diretor, o administrador, o membro de conselho e de órgão técnico, o auditor, o gerente, o preposto ou mandatário de pessoa jurídica, que, sabendo da conduta criminosa de outrem, deixar de impedir a sua prática, quando podia agir para evitá-la.

- **Concurso de pessoas:** A primeira parte deste art. 2º repete o que se encontra previsto no art. 29, *caput*, do CP ("Quem, de qualquer modo, concorre para o crime incide nas penas a este cominadas, na medida de sua culpabilidade"). No entanto, a participação de menor importância e a cooperação dolosamente diversa, previstas nos § 1º ("Se a participação for de menor importância, a pena pode ser diminuída de um sexto a um terço") e § 2º ("Se algum dos concorrentes quis participar de crime menos grave, ser-lhe-á aplicada a pena deste; essa pena será aumentada até metade, na hipótese de ter sido previsível o resultado mais grave"), não foram expressamente incluídas neste art. 2º. Não obstante, a nosso ver, cada concorrente responderá "na medida de sua culpabilidade", o que equivale a dizer na medida da reprovabilidade de sua conduta, levando-nos a concluir que o disposto neste art. 2º não é incompatível com os §§ 1º e 2º do art. 29 do CP.

Jurisprudência
- **Mandatários do réu:** Aqueles que efetivamente cortaram os espécimes vegetais são considerados *longa manus* do réu, que na condição de mandatários devem sofrer as sanções pertinentes (TJRS, 4ª Câm., Ap. 70051442465, Rel. Des. Marco Antonio Ribeiro de Oliveira, j. 29-11-2012).

Art. 3º As pessoas jurídicas serão responsabilizadas administrativa, civil e penalmente conforme o disposto nesta Lei, nos casos em que a infração seja cometida por decisão de seu representante legal ou contratual, ou de seu órgão colegiado, no interesse ou benefício da sua entidade.

Parágrafo único. A responsabilidade das pessoas jurídicas não exclui a das pessoas físicas, autoras, coautoras ou partícipes do mesmo fato.

■ **Responsabilidade penal das pessoas jurídicas:** A previsão da responsabilidade penal das pessoas constante deste art. 3º segue, em linhas gerais, o disposto no art. 225, § 3º, da *Magna Carta*, assim redigido: "*As condutas e atividades consideradas lesivas ao meio ambiente sujeitarão os infratores, pessoas físicas ou jurídicas, a sanções penais e administrativas, independentemente da obrigação de reparar o dano*". Além da expressa previsão da responsabilização penal das pessoas jurídicas (*caput*), o parágrafo único deste art. 3º previu que a responsabilidade criminal das pessoas jurídicas não impede a persecução criminal também das pessoas físicas, autoras, coautoras ou partícipes. A polêmica em torno da responsabilização penal das pessoas jurídicas é muito ampla, havendo entendimentos diversos (*vide* notas abaixo).

■ **1º entendimento:** a Constituição da República não aceita a responsabilidade criminal da pessoa jurídica. Nesse sentido, José Cretella Júnior doutrina: "A responsabilidade individual do dirigente da empresa será civil ou penal. Sem prejuízo da responsabilidade do dirigente, a lei estabelecerá a responsabilidade da empresa, que será necessariamente patrimonial, a única compatível com sua natureza de pessoa jurídica, irresponsável, penalmente [...] A Constituição de 1988, em momento algum, aceita o princípio da responsabilidade penal das pessoas jurídicas" (*Comentários à Constituição de 1988*, 2. ed., São Paulo: Forense Universitária, 1993, p. 4044-5). O que o art. 225, § 3º, do Texto Constitucional faz, continua o autor, é colocar "de um lado, a pessoa física, a quem se aplica o termo conduta, de outro lado, a pessoa jurídica, à qual se aplica o vocábulo atividade, cominando, aos atos lesivos das primeiras, sanções penais, e às atividades das segundas, sanções administrativas e econômicas, independentemente da obrigação de reparação dos danos causados" (ob. e loc. cits.). No mesmo sentido manifesta-se Miguel Reale Júnior, para quem a redação constante do art. 225, § 3º, não autoriza a conclusão no sentido de que a Lei Maior admite a responsabilidade penal da pessoa jurídica, tendo, inclusive, durante o processo constituinte, sido excluída a expressão "criminal" do conteúdo do art. 173, que trata da responsabilidade por atos praticados contra a Ordem Econômica, Financeira e Economia Popular ("A lei de crimes ambientais", *RF* 345/121). Assim também posiciona-se o Juiz Fábio Gouveia, que restou vencido em dois pioneiros julgamentos a respeito, realizados pelo TACrSP (3ª Câm., HC 351.992-2, Rel. Ciro Campos, j. 15-2-2000, rolo/*flash* 1.300/069; 3ª Câm., MS 349.440-8, Rel. Fábio Gouveia, *RJTACr* 48/382). Pela inconstitucionalidade da previsão da responsabilidade penal da pessoa jurídica é a opinião, também, do Promotor de Justiça Carlos Ernani Constantino ("O art. 3º da Lei n. 9.605/98 cria intolerável *bis idem*", Bol. IBCCr, ano 6, n. 72, p. 11). Por fim, assim igualmente entende Damásio E. de Jesus, concluindo que os arts. 173, § 3º, e 225, § 3º, não determinam a punição penal das pessoas jurídicas, somente admitindo que sofram sanções administrativas e civis (*Direito Penal — Parte Geral*, 19. ed. São Paulo: Saraiva, 1995, v. I, p. 150).

- **2º entendimento:** a responsabilidade criminal das pessoas jurídicas é admitida pela Magna Carta, sendo plenamente possível nos moldes da Lei Ambiental: Nesse sentido, manifestam-se, dentre outros, Roque de Brito Alves ("A responsabilidade penal da pessoa jurídica", *RT* 748/494), Fausto Martin de Sanctis (*Responsabilidade penal da pessoa jurídica*, São Paulo: Saraiva, 1999, p. 162), Sérgio Salomão Shecaira (*Responsabilidade penal da pessoa jurídica*, São Paulo: Revista dos Tribunais, 1998, p. 149-150). A propósito, Vladimir Passos de Freitas e Gilberto Passos de Freitas (*Crimes contra a natureza*, 7. ed. São Paulo: Revista dos Tribunais, 2001, p. 67), tratando da questão da culpabilidade das pessoas jurídicas, lembram que os adversários da tese da responsabilidade penal da pessoa jurídica "ponderam que a pessoa jurídica pensa através das pessoas que a compõem" e, "como ela não tem vontade, ânimo de delinquir, qualquer condenação seria baseada na responsabilidade objetiva". Todavia, continuam os autores, "as situações são distintas e assim devem ser tratadas". Por fim, após citarem doutrina de Walter Claudius Rothemburg, no sentido de que "a censura da pessoa jurídica não se confunde com a reprovação individual essencial, assim como o patrimônio da pessoa jurídica e toda sua atividade estão de alguma sorte ligados aos indivíduos que a integram" (*A pessoa jurídica criminosa*, p. 187, *apud* Passos de Freitas, cit.), entendem que "não se pode esperar da pessoa jurídica a consciência da ilicitude, mas, como ensina Lecey, 'se pode encontrar uma conduta e chegar a um juízo de reprovação social e criminal'" (*A proteção do meio ambiente e a responsabilidade penal da pessoa jurídica*, p. 47, *apud* Passos de Freitas, cit.). Por último, referidos autores ponderam que, segundo o parágrafo único do art. 3º da lei ora em comento, "a responsabilidade da pessoa jurídica não exclui a das pessoas naturais", podendo, assim, a denúncia ser dirigida "apenas contra a pessoa jurídica, caso não se descubra a autoria ou participação das pessoas naturais, e poderá, também, ser direcionada contra todos. Foi exatamente para isto que elas, as pessoas jurídicas, passaram a ser responsabilizadas. Na maioria absoluta dos casos, não se descobria a autoria do delito" (ob. e loc. cits.). Observamos, a respeito, que a jurisprudência não tem admitido processos penais em face de pessoa jurídica se não houver concomitante acusação das pessoas físicas que a administram.

- **A responsabilidade penal das pessoas jurídicas constitui um avanço, porém a lei em vigor apresenta deficiências legislativas:** Sob essa ótica, Luís Paulo Sirvinskas indaga se, em face do princípio da legalidade (art. 5º, XXXIX, da CF), não deveria haver tipos penais próprios para as pessoas jurídicas, fixando-se para cada crime determinada sanção, e não da forma como está feito na Lei n. 9.605/98. O que existe na lei ora em comento, continua o autor, são vários tipos penais aplicáveis às pessoas físicas, com sanções privativas de liberdade e/ou de multa, sucedidos por um dispositivo aplicando sanções penais às pessoas jurídicas (*Tutela pe-*

nal do meio ambiente, São Paulo: Saraiva, 1998). Em outra oportunidade, após tecer diversas críticas à forma pela qual a responsabilidade penal da pessoa jurídica foi prevista na Lei n. 9.605/98, conclui Sirvinskas: "A responsabilidade penal da pessoa jurídica nos crimes ambientais foi um grande avanço, apesar das deficiências legislativas" ("Responsabilidade penal da pessoa jurídica na Lei 9.605/98", *RT* 784/483).

■ O art. 3º viola o princípio da legalidade, sendo, portanto, inaplicável: Luiz Regis Prado, após ressaltar que na França — onde a responsabilidade penal da pessoa jurídica é permitida — houve uma lei de adaptação para que essa responsabilização fosse viabilizada, observa que lá o princípio da especialidade foi respeitado, criando-se tipos penais e sanções próprios às pessoas jurídicas, chegando à conclusão, por esse motivo, no sentido de ser impossível a responsabilização penal da pessoa jurídica prevista no art. 3º da Lei n. 9.605/98, por "afronta ao Princípio da Legalidade dos Delitos e das Penas (art. 5º, XXXIX)" ("Crime ambiental: responsabilidade penal da pessoa jurídica?", *Bol. IBCCr* n. 65 — Edição Especial — abril/98, p. 2-3).

■ Nossa posição: Não obstante as sempre respeitáveis opiniões de José Cretella Júnior e Miguel Reale Júnior, mencionadas nos comentários iniciais a este art. 3º, cremos ser inquestionável que a CF/88, em seu art. 225, § 3º, efetivamente previu a responsabilidade criminal das pessoas jurídicas, *verbis*: "As condutas e atividades consideradas lesivas ao meio ambiente sujeitarão os infratores, pessoas físicas ou jurídicas, a sanções penais e administrativas, independentemente da obrigação de reparar o dano". Com efeito, o legislador constituinte referiu-se aos "infratores" como as "pessoas físicas ou jurídicas", colocando, ainda, a referida expressão entre vírgulas; logo em seguida, dispôs que essas pessoas estarão sujeitas a sanções penais *e* administrativas; tais fatos, por si sós, a nosso ver, demonstram que o legislador constituinte efetivamente admitiu a responsabilidade criminal das pessoas jurídicas para os delitos ambientais. No entanto, a responsabilização criminal das pessoas jurídicas é inviável por diversas razões, dentre as quais a de que a empresa não tem vontade própria, não pratica conduta, sem a qual não se pode falar em ação típica, nem, portanto, em crime. Sendo inviável falar em *conduta* de pessoa jurídica, é impossível cogitar de conduta criminosa, aplicando-se o consagrado e secular princípio *nullum crimen sine conducta*. Além disso, tendo em vista que o direito penal brasileiro baseia-se, fundamentalmente, na culpabilidade, isto é, na reprovabilidade da conduta, as pessoas jurídicas não podem cometer crimes em face de outro secular princípio, qual seja, do *nullum crimen sine culpa*. Daí, inclusive, o postulado *societas delinquere non potest*. Improcedem, a nosso ver, as sempre respeitáveis alegações acima transcritas dos eminentes Vladimir e Gilberto Passos de Freitas, já que, *data venia*, não se pode defender a responsabilidade penal das pessoas jurídicas nos delitos ambientais sob o argumento de que essa responsabilização era necessária porque "na maioria absoluta dos casos, não se descobria a autoria do delito", ficando a punição adstrita à pessoa do funcionário. Ora, se a questão cinge-se a um problema de investigação, torna-se necessário, isso sim, um melhor aparelhamento dos órgãos de investigação policial, e não a previsão pura e simples da responsabilização penal das pessoas jurídicas. O fim não justifica os meios. Admitir-se a responsabilidade desta forma é admitir a responsabilidade penal objetiva, o que é vedado por nossa Constituição. Melhor sorte não tem a alegação de que o art. 3º, parágrafo único, ao prever a responsabilidade criminal das pessoas jurídicas "não exclui a das pessoas naturais", conforme também salientam os autores acima citados. Por fim, segundo lembra Oswaldo Henrique Duek Marques, as penas previstas na Lei n. 9.605/98 para os entes coletivos "não podem ter outra natureza senão a civil ou administrativa" ("A responsabilidade da pessoa jurídica por ofensa ao meio ambiente", *Bol. IBCCr* n. 65, abril/98, p. 6). Por tais razões, concluímos que as pessoas jurídicas não praticam crimes, podendo servir apenas de veículo por meio do qual seus administradores cometem crimes (contra a ordem tributária, econômica, economia popular, meio ambiente etc.). Assim, somente os administradores responsáveis pela conduta criminosa é que devem responder criminalmente, restando às pessoas jurídicas a aplicação de sanções administrativas, além do dever de reparar o dano causado ao Estado ou a terceiros. Além do mais, afigura-se "inimaginável a inflição de pena sem a mensuração da culpabilidade do acusado (que à evidência só pode tratar-se de um ser humano), ou seja, da maior ou menor reprovabilidade da sua conduta — manifestação da vontade por meio de um comportamento positivo (comissivo) ou negativo (omissivo) —, na medida de sua culpabilidade (art. 29 do CP) e, ainda, diante das circunstâncias que o levaram ao cometimento do crime (art. 59 do CP). Insista-se: pessoa jurídica não comete crime; os seus administradores, sócios-proprietários ou não, é que, por meio dela e em seu nome, podem perpetrar crimes contra o meio ambiente. No entanto, além da violação do inafastável e elementar primado da culpabilidade ou reprovabilidade da conduta do ser humano que é punido, há outro intransponível obstáculo à efetivação da intenção do legislador constituinte: a ofensa ao princípio da responsabilidade pessoal, pelo meio do qual a pena não pode passar da pessoa do condenado (art. 5º, XLV, da CF). No mesmo sentido manifesta-se René Ariel Dotti, para quem os crimes e as contravenções "não podem ser praticados pelas pessoas jurídicas, posto que a imputabilidade penal é uma qualidade inerente aos seres humanos" (*Curso de direito penal — Parte Geral*, Rio de Janeiro: Forense, 2001, p. 303). Na mesma esteira, entendendo que a responsabilidade penal da pessoa jurídica é incompatível com o art. 13 do CP, posto que o conceito de conduta punível é "eminentemente pessoal e individual, porque o agir, movimento corpóreo, é seguido de manifestação de vontade, momento cognoscitivo e movimento volitivo, incompatíveis com o ente moral que é a pessoa jurídica", posiciona-se o saudoso Marcelo Fortes Barbosa ("Pessoa jurídica e conduta punível", *Boletim do Instituto Manoel Pedro Pimentel — IMPP*, ano 2, n. 11, março/2000, p. 8-9). Também em repúdio à responsabilização criminal das pessoas jurídicas, manifesta-se Gilson Sydney Amancio de Souza, para quem "não é possível [...] admitir conduta delituosa de ente jurídico, pela simples e prosaica razão de que o ente jurídico não é capaz de qualquer conduta, criminosa ou não, porque lhe falta o essencial em qualquer ato: vontade e consciência próprias" (*Revista Intertemas*, Instituição Toledo de Ensino, Presidente Prudente, v. 1, agosto/99, p. 105). Além do mais, há questões extremamente complicadas que envolvem o tema, como, por exemplo, a prescrição. Se para a acusação em face da pessoa física temos prazos prescricionais, quais seriam eles em relação à pessoa jurídica?

■ Necessidade de dupla imputação ou concurso necessário: A jurisprudência majoritária tem aceito a responsabilidade penal da pessoa jurídica, desde que a imputação feita na denúncia também inclua as pessoas físicas que tomaram as decisões em nome do ente moral, com fundamento no parágrafo único deste art. 3º. Afinal, uma pessoa jurídica não é capaz de tomar decisões sem a conduta humana. Cf., nesse sentido, José Henrique Pierangeli, "Maus-tratos contra animais", *RT* 765/495.

Jurisprudência

■ *Habeas corpus* em favor de pessoa jurídica: "*Writ* que deve ser havido como instrumento hábil para proteger pessoa jurídica contra ilegalidades ou abuso de poder quando figurar como corré em ação penal que apura a prática de delitos ambientais, para os quais é cominada pena privativa de liberdade" (STF, 1ª T., HC 92.921, Rel. Min. Ricardo Lewandowski, j. 19-8-2008).

■ Responsabilidade penal da pessoa jurídica. Necessidade de "dupla imputação": "[...] 1. Nos crimes ambientais, é necessária a dupla imputação, pois não se admite a responsabilização penal da pessoa jurídica dissociada da pessoa física, que age com elemento subjetivo próprio. [...]" (STJ, 6ª T., Recurso Ordinário em MS 27.593/SP, Rel. Min. Maria Thereza de Assis Moura, j. 4-9-2012, *DJe* 2-10-2012, v.u.).

É inepta a inicial que imputa crime ambiental isoladamente à pessoa jurídica, em identificar as pessoas físicas que, atuando em nome e em proveito dela, participaram do evento delituoso (TJRS, *RT* 872/702). "Admite-se a responsabilidade penal da pessoa jurídica em crimes ambientais, desde que haja a imputação simultânea do ente moral e da pessoa física que atua em seu nome ou em seu benefício, uma vez que não se pode compreender a responsabilização do ente moral dissociada da atuação de uma pessoa física, que age com elemento subjetivo próprio" (TJSP, 10ª Câm., Emb. Decl. 0309119-29.2011.8.26.00/50000, Rel. Des. Carlos Bueno, j. 13-9-2012, *DJE* 2-10-2012).

■ *Contra*: não é necessária haver dupla imputação, podendo a pessoa jurídica figurar sozinha como acusada; igualmente pode o processo continuar a correr somente em face da pessoa jurídica caso haja a extinção da punibilidade em relação à pessoa física pela prescrição (TRF da 4ª Região, 8ª T., AP 0010064-78.2005.404.7200, Rel. Des. Fed. Paulo Afonso Brum Vaz, j. 21-8-2012, *DJe* 12-9-2012, *Bol. IBCCrim* n. 243 — fev. de 2013).

■ Responsabilidade penal das pessoas jurídicas (constitucionalidade do art. 3º): O antigo TACrSP manifestou-se em duas oportunidades a respeito da responsabilidade penal da pessoa jurídica. Na primeira delas, decidiu, por votação majoritária, pela constitucionalidade do art. 3º da Lei n.

9.605/98 (TACrSP, 3ª Câm., HC 351.992-2, Rel. Ciro Campos, j. 15-2-2000, rolo/*flash* 1.300/069; o voto vencido é de Fábio Gouveia). Na segunda, embora aceitando a responsabilidade penal da pessoa jurídica em face da Constituição Federal, entendeu que a Lei n. 9.605/98 é "repleta de imperfeições", consistindo a principal delas no fato de que, apesar do art. 21 da lei ter definido as sanções para as pessoas jurídicas, "o legislador limitou-se a prever um rol de sanções penais, deixando de especificar quais as condutas passíveis de serem imputadas às pessoas jurídicas, assim comprometendo a compreensão e aplicação imediata da lei"; viola-se, portanto, continua o voto vencedor de Ciro Campos, o princípio *nullum crimen, nulla poena sine lege* inserido no art. 5º, XXXIX, da CF (TACrSP, 3ª Câm., MS 349.440-8, Rel. Fábio Gouveia, *RJTACr* 48/382; o voto vencido é de Fábio Gouveia — vide íntegra abaixo). Mais recentemente, em 2011 o TJSP igualmente entendeu constitucional o art. 3º: "Nosso ordenamento jurídico admite, atualmente, a responsabilidade penal da pessoa jurídica em razão da prática de infrações contra o meio ambiente de acordo com a previsão contida no art. 225, § 3º, da Constituição Federal, não sendo razoável sequer discutir-se a constitucionalidade do art. 3º, da Lei 9.605/98. Havendo previsão constitucional, é vedado ao juiz substituir-se à vontade do constituinte ou do legislador, ainda que deles possa discordar. [...] Por outro lado, para a responsabilização penal da pessoa jurídica, que nada mais é do que uma ficção legal, é necessário que o ente moral aja no plano fático por meio de interposta pessoa física sendo sua conduta associada à ação de seus sócios, diretores ou representantes legais que, de alguma forma, tenham determinado a prática de ações delituosas em nome do ente moral [...] No presente caso, entretanto, não se verifica o dolo necessário à caracterização da conduta descrita no art. 68, *caput*, da Lei 9.605/98 — Deixar, aquele que tiver o dever legal ou contratual de fazê-lo, de cumprir obrigação de relevante interesse ambiental" (TJSP, RESE 0016710-91.2000.8.26.0068, Barueri, Rel. J. Martins, j. 20-11-2011). Esta decisão do TRF da 4ª Região, afastando todos os óbices relativos à responsabilização penal da pessoa jurídica, denegou o mandado de segurança impetrado. A ementa é bastante extensa e, por isso, deixamos de transcrevê-la. Aos interessados, vale a pena conferir seu inteiro teor no *site* <www.trf-4-gov.br> (TRF da 4ª Região, 7ª T., MS 2002.04.01.013843-0, j. 10-12-2002, m.v. — *DJU* 26-2-2003, p. 914).

■ Responsabilidade penal da pessoa jurídica (inconstitucionalidade do art. 3º): Pela inadmissibilidade em face da dogmática penal e inexistência de capacidade de ação e de culpabilidade da pessoa jurídica, já decidiu o STJ: "Na dogmática penal a responsabilidade se fundamenta em ações atribuídas às pessoas físicas. Dessarte a prática de uma infração penal pressupõe necessariamente uma conduta humana. Logo, a imputação penal às pessoas jurídicas, frise-se, carecedoras de capacidade de ação, bem como de culpabilidade, é inviável em razão da impossibilidade de praticarem um injusto penal (precedentes do Pretório Excelso e desta Corte). Recurso desprovido" (5ª T., REsp 622.724, Rel. Min. Felix Fischer, j. 18-11-2004, v.u. — *DJU* 17-12-2004, p. 592, *Bol. IBCCr* n. 148, de 2005). No mesmo sentido: STJ, 5ª T., REsp 665.212, Rel. Min. Félix Fischer, j.

16-12-2004, v.u. — *DJU* 14-2-2005, Seção 1, p. 235). Da mesma forma, já se manifestou o antigo TACrSP: "É fato notório que o legislador brasileiro copiou o francês, sem, contudo, fazer as adaptações necessárias no âmbito do processo penal. Em França, houve prévia Lei de Adaptação, com dispositivos penais e processuais penais, além de disciplinar a execução das penas aplicadas à pessoa jurídica, regulando, entre outras, a citação da empresa acusada (Lei n. 92-1336, de 1992, complementada pelo Decreto n. 93-726, de 1993), questões não enfrentadas no Brasil, onde todo o processo penal se rege tendo em vista a pessoalidade do agente, na feliz expressão do Desembargador Tupinambá Pinto de Azevedo, *RDA*, n. 12, p. 106 e ss. Vale dizer, se no caso vingasse o prosseguimento da ação penal proposta, não seria caso de interrogatório do presidente da Petrobras, tal como determinado pelo digno magistrado, porque a empresa, para tal ato, pode ser perfeitamente representada, caso queira, por aquelas pessoas previstas no Código de Processo Civil e no seu estatuto. Com essas considerações, meu voto, após declarar incidentalmente a inconstitucionalidade do art. 3º da Lei n. 9.605/98, no que toca à responsabilidade penal da pessoa jurídica, determina o trancamento da ação penal a que responde a impetrante perante o Juízo da 4ª Vara Criminal da Comarca de São José dos Campos" (TACrSP, 3ª CCr., MS 349.440-8, São José dos Campos, Rel. Juiz Fábio Gouveia, j. 1º-2-2000, v.u., *Bol. IBCCr* n. 97, dezembro/2000, p. 504).

■ **Responsabilidade penal da pessoa jurídica. Impossibilidade por inépcia da denúncia. Falta de adequação típica:** Vários acórdãos têm decidido pela inépcia da denúncia formulada contra a pessoa jurídica, determinando o trancamento da ação penal. Assim, já se proclamou: "É inepta a denúncia que não permite a necessária adequação típica de imputação fática. Negativa de vigência dos arts. 3º e 54 da Lei n. 9.605/98 não demonstrada" (STJ, 5ª T., REsp 331.929, j. 17-9-2002, v.u. — *DJU* 14-10-2002, p. 250), tratando-se de recurso especial interposto contra a concessão do MS 349.440-8, pelo TACrSP.

■ **Inépcia da denúncia. Ausência de menção à decisão tomada:** "Em crimes societários, a denúncia deve pormenorizar a ação dos denunciados no quanto possível. Não impede a ampla defesa, entretanto, quando se evidencia o vínculo dos denunciados com a ação da empresa denunciada" (STF, 1ª T., HC 92.921, Rel. Min. Ricardo Lewandowski, j. 19-8-2008).

É inepta a denúncia que, ao responsabilizar pessoa jurídica por crime ambiental, não faz menção à decisão tomada pelo representante contratual da empresa, determinando a execução de conduta que, em tese, violaria o art. 38, *caput*, da Lei n. 9.605/98, ficando completamente desconhecido, nos autos, como se deu o processo decisório que culminou a prática descrita na inicial (TACrSP, 12ª C., MS 413.768-1, Rel. Amador Pedroso, j. 21-10-2002, v.u., ementa 129.994, <www.tacrim.sp.gov.br>).

As pessoas jurídicas podem ser processadas por crime ambiental, todavia, a denúncia deve mencionar que ação ou omissão foi fruto de decisão de seu representante legal ou contratual, ou de seu órgão colegiado, ainda que esta decisão tenha sido informal ou implícita. [...] É inepta a denúncia que de forma genérica e sem especificar a ação ou omissão de cada denunciado, três pessoas jurídicas e oito físicas, atribui-lhes a prática de crimes ambientais sem levar em conta se o Departamento Nacional de Produção Mineral deu ou não autorização para os acusados explorarem recursos minerais e sem especificar que tipo de unidade de conservação foi atingida, de que forma, e a serviço de que pessoa jurídica agiram as pessoas físicas (TRF da 4ª Região, 6ª T., MS 4.992 (2002.04.01.054936-2/SC), Rel. Des. Fed. Vladimir Freitas, j. 25-2-2003, v.u. — *DJU* 26-3-2003, p. 801).

- **Consórcio. Impossibilidade de ser réu em ação penal:** Os consórcios são mera união de pessoas jurídicas e, por não terem personalidade jurídica, não respondem por crimes ambientais praticados por seus componentes, seus representantes ou empregados (TRF da 4ª Região, 6ª T., MS 4.992 (2002.04.01.054936-2/SC), Rel. Des. Fed. Vladimir Freitas, j. 25-2-2003, v.u. — *DJU* 26-3-2003, p. 801).

- **Falta de justa causa. Acidente que não trouxe benefício à pessoa jurídica. Inexistência de decisão:** Em não tendo a infração sido cometida por decisão do seu representante legal ou contratual, ou de seu órgão colegiado, no interesse ou benefício da entidade (art. 3º da Lei n. 9.605/98), mas tratando-se de acidente que em nada beneficiou a pessoa jurídica, não há justa causa para a ação penal (TRF da 2ª Região, 5ª T., MS 7.745 (2001.02.01.046636-8), Rel. p/ acórdão Antonio Ivan Athié, j. 30-4-2002, m.v. — *DJU* 21-10-2002, p. 182).

Jurisprudência sobre processo penal

- **Citação feita contra representante legal da pessoa jurídica-ré:** *Habeas corpus* que não se presta para perquirir sobre o conjunto fático-probatório com o fim de esclarecer a dúvida a respeito de quem seria o efetivo representante legal da empresa denunciada. Questão controvertida a ser dirimida na instrução criminal (STJ, 5ª T., HC 21.644, Rel. Min. Gilson Dipp, j. 21-8-2003, v.u. — *DJU* 29-9-2003, p. 285).

Art. 4º Poderá ser desconsiderada a pessoa jurídica sempre que sua personalidade for obstáculo ao ressarcimento de prejuízos causados à qualidade do meio ambiente.

- **Desconsideração da pessoa jurídica:** A faculdade prevista neste dispositivo está ligada não à esfera penal, mas sim à esfera civil. Geralmente, é aplicável em sede de ação civil pública, a qual tem por objetivo justamente obter o ressarcimento dos danos causados a interesses difusos, como o meio ambiente. Trata-se de uma faculdade do juiz, e tal providência deverá, a nosso ver, ser precedida de prévio contraditório e defesa por parte da pessoa jurídica. Além disso, a decisão há que ser fundamentada (art. 93, IX, da CF).

Art. 5º (*Vetado*).

Capítulo II
DA APLICAÇÃO DA PENA

■ **Nota introdutória:** Após dispor em seu Capítulo I sobre as "Disposições Gerais", a Lei n. 9.605/98, em seu Capítulo II intitulado "Da Aplicação da Pena", trouxe inúmeras novidades relativas a diversos assuntos previstos na Parte Geral do CP, razão pela qual optamos por chamar este Capítulo II de "Parte Geral da Lei n. 9.605/98". As principais novidades trazidas são os critérios para a aplicação da pena (art. 6º), as penas restritivas de direitos (arts. 7º ao 13), as circunstâncias atenuantes (art. 14) e agravantes (art. 15), a suspensão condicional da pena (arts. 16 e 17), o critério para a aplicação da pena de multa (art. 18), a perícia de constatação do dano ambiental (art. 19), o valor mínimo para a reparação dos danos a ser fixado na sentença (art. 20), e, por fim, as penas e medidas aplicáveis às pessoas jurídicas (arts. 21 a 24). Diante do princípio da especialidade, as regras da Parte Geral do CP aplicam-se subsidiariamente, ou seja, naquilo que não conflitarem com este Capítulo II. É o que dispõe, aliás, o art. 79 da presente lei, *verbis*: "Aplicam-se subsidiariamente a esta Lei as disposições do Código Penal e do Código de Processo Penal".

Art. 6º Para imposição e gradação da penalidade, a autoridade competente observará:

I — a gravidade do fato, tendo em vista os motivos da infração e suas consequências para a saúde pública e para o meio ambiente;

II — os antecedentes do infrator quanto ao cumprimento da legislação de interesse ambiental;

III — a situação econômica do infrator, no caso de multa.

■ **Fixação da pena:** Este art. 6º traz regras próprias no que tange aos critérios que deverão ser observados pela autoridade competente para a imposição e gradação da penalidade. O comando destina-se não somente à autoridade judiciária, mas a qualquer outro tipo de autoridade, como a administrativa (por exemplo, a polícia militar ambiental). A imposição, a nosso ver, diz respeito ao dever de a autoridade competente aplicar a sanção, quando houver subsunção da situação fática à hipótese prevista em lei. Já a gradação está ligada ao *quantum* da sanção aplicada, de acordo com o mínimo e o máximo geralmente previstos em lei. Tanto a imposição quanto a gradação deverão ser efetuadas de forma individualizada e devidamente motivada, levando-se em consideração os critérios dos incisos I a III deste art. 6º, com observância do devido processo legal (art. 5º, LIV, da Magna Carta).

■ **Aplicação subsidiária do CP:** No âmbito penal, não obstante o CP preveja critérios próprios para a fixação da pena, tanto privativa de liberdade como de multa (arts. 59 a 76), o legislador, nesta Lei n. 9.605/98, optou por trazer critérios próprios, que deverão ser observados, com preferência, pela autoridade responsável pela aplicação da penalidade. Não obstante, a aplicação subsidiária das regras do CP continua válida, sendo perfeitamente possível desde que não haja conflito com as normas trazidas pela lei especial, como ressalva, inclusive, o seu art. 79. Assim, no que tange à aplicação da pena privativa de liberdade, os critérios para a fixação da pena previstos no art. 59 do CP devem ser observados, o mesmo ocorrendo com o critério trifásico previsto no art. 68 do mesmo Codex, com a diferença de que, aqui, a pena-base será fixada não só de acordo com o art. 59 do CP, mas levando-se em consideração, primordialmente, os critérios previstos nos incisos I e II deste art. 6º. Na prática, todavia, não haverá diferença alguma, pois tanto a "gravidade do fato, tendo em vista os motivos da infração e suas consequências para a saúde pública e para o meio ambiente" (inciso I deste art. 6º), quanto "os antecedentes do infrator quanto ao cumprimento da legislação de interesse ambiental" (inciso II) têm o mesmo sentido das circunstâncias judiciais previstas no referido art. 59.

- Pena de multa: O inciso III deste art. 6º prevê que, no caso de multa, a autoridade competente observará "a situação econômica do infrator". Cremos que tal previsão é aplicável exclusivamente para a multa administrativa. Isso porque, para a multa penal, há disposição específica mandando aplicar os critérios e a forma de cálculo previstos no CP, que levam em consideração outros aspectos, além da situação econômica do acusado (*vide* nota ao art. 18).

- Atenuantes e agravantes: Segundo o critério trifásico, após a fixação da pena-base, caberá ao juiz aplicar eventuais atenuantes e agravantes, que poderão ser encontradas nos arts. 14 e 15 desta lei, respectivamente. Diante da previsão em lei especial, as circunstâncias agravantes e atenuantes previstas no CP (arts. 61 a 66) não devem ser levadas em conta para a fixação da pena de crime previsto nesta lei. Todavia, diante da omissão da Lei Ambiental acerca do concurso de circunstâncias agravantes e atenuantes, nos moldes previstos no art. 67 do CP, este há de ser aplicado, subsidiariamente, *ex vi* do art. 79 desta lei. A redação do referido art. 67 é a seguinte: "No concurso de agravantes e atenuantes, a pena deve aproximar-se do limite indicado pelas circunstâncias preponderantes, entendendo-se como tais as que resultam dos motivos determinantes do crime, da personalidade do agente e da reincidência".

- Causas especiais de aumento ou de diminuição de pena: Aplicadas, quando existentes, na terceira fase da fixação da pena, elas aumentam ou diminuem a sanção em quantidades fixas (metade, dobro etc.) ou em limites (um a dois terços, por exemplo). Na Parte Geral do CP podem-se citar, como exemplo de causas de aumento de pena, as hipóteses de concurso formal (art. 70) e de crime continuado (art. 71); e como exemplo de causas de diminuição de pena, o erro evitável sobre a ilicitude do fato (art. 21, segunda parte, do CP) e a redução da pena em caso de semirresponsabilidade (art. 26, parágrafo único, do CP). Na Lei n. 9.605/98, as causas especiais de aumento de pena encontram-se previstas em diversos tipos penais, a exemplo do que ocorre no art. 29, §§ 4º e 5º, em que a pena é "aumentada de metade" ou "até o triplo" nas hipóteses ali elencadas.

Art. 7º As penas restritivas de direitos são autônomas e substituem as privativas de liberdade quando:

I — tratar-se de crime culposo ou for aplicada a pena privativa de liberdade inferior a 4 (quatro) anos;

II — a culpabilidade, os antecedentes, a conduta social e a personalidade do condenado, bem como os motivos e as circunstâncias do crime indicarem que a substituição seja suficiente para efeitos de reprovação e prevenção do crime.

Parágrafo único. As penas restritivas de direitos a que se refere este artigo terão a mesma duração da pena privativa de liberdade substituída.

■ **Penas restritivas de direitos (hipóteses de cabimento):** Enquanto o *caput* deste art. 7º só permite a substituição da pena privativa de liberdade inferior a quatro anos, o art. 44, I, primeira parte, do CP é mais abrangente, possibilitando a substituição da pena não superior a quatro anos. Quanto às hipóteses de cabimento previstas neste art. 7º, elas repetem, em linhas gerais, as mesmas condições previstas nos incisos I e III do referido art. 44, com a diferença de que a lei ambiental não impede a substituição da pena privativa de liberdade por restritiva de direitos em caso de crime cometido com violência ou grave ameaça (o que é compreensível, na medida em que a maioria dos crimes ambientais não possui tal característica, com exceção do art. 69 em que se pode imaginar o uso de violência ou grave ameaça contra funcionário público). Além disso, não há na lei ambiental a restrição de que o acusado não seja reincidente em crime doloso (ao contrário do que sucede no inciso II do art. 44 do CP), para fazer jus à substituição. Como se vê, de um lado, o art. 7º é mais severo do que o art. 44 do CP (a pena deve ser inferior a quatro anos); de outro, mais liberal (a violência ou a grave ameaça, bem como a reincidência específica não impedem a substituição).

Art. 8º As penas restritivas de direito são:
I — prestação de serviços à comunidade;

II — interdição temporária de direitos;

III — suspensão parcial ou total de atividades;

IV — prestação pecuniária;

V — recolhimento domiciliar.

■ **Penas restritivas de direitos (rol diverso):** Além das diferenças acima apontadas entre esta lei e o CP, nota-se que a Lei n. 9.605/98 traz novo rol de penas restritivas de direitos, diverso em certos aspectos do previsto no art. 43 do CP. Assim, em vez da "perda de bens e valores" (art. 43, II, do CP), previu-se a "suspensão parcial ou total de atividades" (art. 8º, III, da Lei n. 9.605/98), sendo esta última obviamente voltada apenas às pessoas jurídicas (*vide* art. 22, I, da Lei Ambiental, bem como nota abaixo sob a rubrica *Pessoa jurídica*). No lugar da "limitação de fim de semana" (art. 43,

VI, do CP), criou-se o "recolhimento domiciliar" (art. 8º, V, da Lei Ambiental). Embora a "perda de bens e valores" não conste da Lei n. 9.605/98, esta lei previu que a sentença condenatória fixará, sempre que possível, o valor mínimo para a reparação dos danos (art. 20), o que foi, à época, uma novidade em nossa sistemática jurídica, aproximando-se, em certa medida, do que ocorre em outros países, lembrando, como exemplo, o art. 538 do CPP italiano de 1988, segundo o qual o juiz não só decidirá, ao proferir sentença condenatória, acerca do pedido de restituição e de ressarcimento do dano, como também providenciará a própria liquidação, salvo se for outro o juízo competente para tanto (cf., a respeito, Vittorio Conso e Giovanni Grevi, *Prolegomeni a un Commentario Breve al Nuovo Codice di Procedura Penale*, Padova: Cedam, 1990, p. 430 e s.).

▪ **Pessoa jurídica:** No caso de pessoa jurídica, as penas restritivas de direitos são outras, previstas no art. 22: I — suspensão parcial ou total de atividades; II — interdição temporária de estabelecimento, obra ou atividade; III — proibição de contratar com o Poder Público, bem como de ele obter subsídios, subvenções ou doações (*vide* notas ao art. 22). Sobre a responsabilidade penal das pessoas jurídicas, *vide* comentários e jurisprudência ao art. 3º desta lei.

▪ **Aplicação subsidiária do CP:** Não obstante a Lei n. 9.605/98 tenha previsto novo rol de penas restritivas de direitos, bem como hipóteses um pouco diversas de cabimento — *vide* nota no art. 7º sob o título *Penas restritivas de direitos (hipóteses de cabimento)* —, a presente lei deixou de prever a quantidade de penas restritivas aplicáveis (ao contrário do que ocorre no § 2º do art. 44 do CP), bem como não fez referência à conversão da pena restritiva de direitos em pena privativa de liberdade quando ocorrer o seu descumprimento injustificado (art. 44, § 4º) ou sobrevier condenação por outro crime (§ 5º). Assim, diante da omissão da lei a respeito dessas hipóteses (quantidade de penas restritivas e conversão), entendemos que devem ser aplicadas as regras previstas no art. 44 do CP, com exceção da exigência do condenado não ser reincidente em crime doloso (que não é feita pela Lei Ambiental), sendo inaplicáveis o inciso II do art. 44, bem como o seu § 3º. Tal entendimento, a nosso ver, não ofende o princípio da especialidade, estando inclusive na esteira do previsto no art. 79, *verbis*: "Aplicam-se subsidiariamente a esta Lei as disposições do Código Penal e do Código de Processo Penal". Assim, aplica-se o CP aos crimes ambientais em tudo aquilo que não for incompatível com esta lei especial. Todavia, tendo em vista que a Lei n. 9.605/98 trouxe regras próprias no que tange à aplicação e execução das penas restritivas de direitos (arts. 9º ao 13, no caso de pessoas físicas; e arts. 22 a 24, no caso de pessoas jurídicas), não vemos como possam ser aplicados os arts. 45 a 48 do CP aos delitos ambientais.

▪ **Duração das penas restritivas:** Se aplicadas em substituição da pena privativa de liberdade, as penas restritivas terão a mesma duração da pena substituída (art. 7º, parágrafo único). Com relação à interdição temporária de direitos, há exceção (*vide* nota ao art. 10 sob o título *Duração da medida — inaplicação do prazo deste art. 10*). No entanto, se aplicada em sede de transação penal (art. 27), terá a mesma duração da pena mínima cominada ao delito.

- **Competência:** Em regra, cabe ao juiz da condenação determinar a substituição da pena privativa por restritiva de direitos, até mesmo por aplicação subsidiária do CP (art. 59, IV). Já a execução das referidas penas restritivas de direitos, como a designação de quais serviços o condenado prestará à comunidade (no caso do inciso I deste art. 8º), é da competência do juízo das execuções (arts. 147 e 148 da LEP). Na hipótese do juízo da condenação não ter feito a substituição, nada impede que o juízo da execução o faça.

- **Inciso I:** *Vide* notas ao art. 9º.
- **Inciso II:** *Vide* notas ao art. 10.
- **Inciso III:** *Vide* notas ao art. 11.
- **Inciso IV:** *Vide* notas ao art. 12.
- **Inciso V:** *Vide* notas ao art. 13.

Art. 9º A prestação de serviços à comunidade consiste na atribuição ao condenado de tarefas gratuitas junto a parques e jardins públicos e unidades de conservação, e, no caso de dano da coisa particular, pública ou tombada, na restauração desta, se possível.

- **Previsão constitucional:** A Constituição Federal, ao prever que "a lei regulará a individualização da pena", estabeleceu de forma expressa a adoção, dentre várias penas, da "prestação social alternativa" (art. 5º, XLVI, da CF), que equivale à prestação de serviços à comunidade deste art. 9º. Ao mesmo tempo, a Magna Carta proibiu a imposição de penas de trabalhos forçados ou cruéis, bem como vedou o tratamento degradante (art. 5º, III, segunda parte, e XLVII), razão pela qual a prestação de serviços à comunidade deve ser sempre individualizada para cada condenado, não podendo consistir na imposição de trabalhos forçados ou cruéis.

- **Prestação de serviços à comunidade:** Consiste na imposição ao condenado de executar tarefas gratuitas em benefício da comunidade. Embora este inciso I não tenha previsto prestação de serviços a entidades públicas (como ocorre no art. 43, IV, do CP), nada impede que ela seja determinada, uma vez que a prestação de serviços à comunidade abrange, por óbvio, a prestação de serviços a entidades públicas. Tanto assim é que este art. 9º prevê que a prestação gratuita de serviços será feita "junto a parques e jardins públicos e unidades de conservação e, no caso de dano da coisa particular, pública ou tombada, na restauração desta, se possível". Por óbvio, a prestação de serviços deve ser proporcional ao dano causado, devendo ainda observar as aptidões do condenado, bem como a possibilidade de este executar as tarefas sem prejuízo de seu trabalho normal, indispensável à subsistência de sua família. Diante da omissão constante desta lei, entendemos ser não só pertinente, mas também recomendável, a aplicação subsidiária dos §§ 3º e 4º do art. 46 do CP, em face do princípio da individualização das penas (art. 5º, XLVI, da CF). Com efeito, os referidos §§ 3º e 4º do art. 46 do Diploma Penal, acrescentados pela Lei n. 9.714, de 25 de novembro de 1998, têm a seguinte redação: "§ 3º As tarefas a que se refere o § 1º serão atribuídas conforme as aptidões do condenado, devendo ser cumpridas à razão de uma hora de tarefa por dia de condenação, fixadas de modo a não prejudicar a jornada normal de trabalho. § 4º Se a pena substituída for superior a um ano, é facultado ao condenado cumprir a pena substitutiva em menor tempo (art. 55), nunca inferior à metade da pena privativa de liberdade fixada".

Art. 10. As penas de interdição temporária de direito são a proibição de o condenado contratar com o Poder Público, de receber incentivos fiscais ou quaisquer outros benefícios, bem como de participar de licitações, pelo prazo de 5 (cinco) anos, no caso de crimes dolosos, e de 3 (três) anos, no de crimes culposos.

- **Previsão constitucional:** A interdição temporária de direito encontra amparo na CF, cujo art. 5º, XLVI, ao dispor que "a lei regulará a individualização da pena", previu de forma expressa a adoção, dentre várias penas, da "suspensão ou interdição de direitos" (alínea d).

- **No CP:** A interdição temporária de direito encontra-se prevista também no art. 47 do CP, trazendo, contudo, um rol diverso do constante neste art. 10. Diante da previsão em lei especial, o referido dispositivo da Parte Geral do CP não se aplica no caso de crimes previstos nesta Lei Ambiental.

- **Rol:** As penas de interdição de direito consistem na aplicação de uma das seguintes proibições: 1ª) de o condenado contratar com o Poder Público; 2ª) de o condenado receber incentivos fiscais ou quaisquer outros benefícios; 3ª) de o condenado participar de licitações.

- **Duração da medida (inaplicação do prazo deste art. 10):** Diante da proibição de haver penas de caráter perpétuo (art. 5º, XLVII, b, da CF), o art. 7º, parágrafo único, da Lei n. 9.605/98 foi expresso em prever que "as penas restritivas de direitos a que se refere este artigo terão a mesma duração da pena privativa de liberdade substituída". Tendo em vista que o art. 7º refere-se às penas restritivas de direitos como um todo, afigura-se inafastável a conclusão de que o seu parágrafo único é aplicável a todas as medidas restritivas de direitos previstas na presente lei (inclusive a interdição temporária de direitos deste art. 10). Cabe consignar que tal conclusão não poderia ser diferente, estando inclusive em consonância com o disposto no art. 56 do CP, verbis: "As penas restritivas de direitos referidas nos incisos III, IV, V e VI do art. 43 terão a mesma duração da pena privativa de liberdade substituída, ressalvado o disposto no § 4º do art. 46". Este § 4º, por sua vez, prevê o cumprimento da pena em período ainda menor, verbis: "§ 4º Se a pena substituída for superior a 1 (um) ano, é facultado ao condenado cumprir a pena substitutiva em menor tempo (art. 55), nunca inferior à metade da pena privativa de liberdade fixada". Daí causar perplexidade a previsão deste art. 10, segundo o qual as penas de interdição temporária de direitos terão prazos fixos e diversos do *quantum* da pena privativa de liberdade substituída, no montante de cinco anos, se o crime for doloso, e de três anos, quando culposo. Ora, em nosso entender tal disposição não só ofende a Constituição Federal, como também ostenta manifesta contradição lógica com os demais artigos da própria Lei n. 9.605/98 (art. 7º, parágrafo único), estando, ainda, contrária ao sistema previsto no CP. Por essas razões, pensamos que os prazos deste art. 10 não devem ser aplicados pelo juiz porque padecem dos vícios acima apontados. Ademais, não pode a pena substitutiva (restritiva de direitos) ter prazo superior à pena substituída (privativa de liberdade). Isso porque vigem, no plano constitucional, a garantia do devido processo legal (art. 5º, LIV, da CF) e da individualização das penas (art. 5º, XLVI, da CF). Assim, a aplicação dos prazos estipulados neste art. 10, de maneira fixa, ofende o regramento constitucional que impõe a individualização das penas (art. 5º, XLVI, da CF). No entanto, esses prazos podem, em certos casos, ser inclusive superiores à pena privativa substituída, o que, como dito, gera insustentável contradição, estando na contramão do previsto no inciso LXXV do citado art. 5º, segundo o qual "o Estado indenizará o condenado por erro judiciário, assim como o que ficar preso além do tempo fixado na sentença". Por derradeiro, há ainda outro argumento para afastar a incidência dos prazos estipulados por este art. 10. Com efeito, segundo vimos, diante da omissão desta Lei no que tange à conversão das penas restritivas de direitos em privativas de liberdade, mostra-se perfeitamente possível a aplicação (subsidiária) do § 4º do art. 44 do CP, segundo o qual "no cálculo da pena privativa de liberdade a executar será deduzido o tempo cumprido da pena restritiva de direitos, respeitado o saldo mínimo de trinta dias de detenção ou reclusão". Isso posto, pergunta-se: em caso de conversão (como na hipótese do beneficiado que contrata com o Poder Público), como conciliar este art. 10 com a regra do § 4º? Não vemos como possa haver conciliação entre os dois dispositivos. Também por essa razão, entendemos que os prazos das penas de interdição temporária de direitos devem ser os mesmos da pena privativa de liberdade fixada, nos termos do que prevê o art. 7º, parágrafo único, desta lei, bem como do constante do art. 55 do CP, sendo irrelevante tratar-se de crime doloso ou culposo.

Art. 11. A suspensão de atividades será aplicada quando estas não estiverem obedecendo às prescrições legais.

■ **Suspensão de atividades:** Esta modalidade de pena restritiva de direitos, prevista no art. 8º, III, desta lei, poderá ser aplicada de forma parcial ou total. Evidentemente, destina-se apenas às pessoas jurídicas (quanto à previsão de sua responsabilização penal, *vide* comentários e jurisprudência ao art. 3º), como estatui, aliás, o art. 22 da presente lei. A suspensão das atividades deve necessariamente estar ligada ao meio ambiente; não teria sentido suspender as atividades de uma empresa que não estivesse violando ou colocando em perigo a natureza. Por isso, aliás, é que o § 1º do referido art. 22 dispõe: "A suspensão de atividades será aplicada quando estas não estiverem obedecendo às disposições legais ou regulamentares, relativas à proteção do meio ambiente".

- **Momento de aplicação:** Tendo em vista que a suspensão das atividades é modalidade de pena restritiva de direitos, salvo se eventualmente aplicada no âmbito administrativo, ela só poderá ser imposta em duas hipóteses: 1ª) Em sede de transação penal, nos termos do previsto nos arts. 27 desta lei e 76 da Lei n. 9.099/95. 2ª) Como pena decorrente de sentença penal condenatória, em que o condenado for pessoa jurídica (art. 21, II, c/c o art. 22, I, ambos da Lei n. 9.605/98). Sobre a responsabilidade penal das pessoas jurídicas, *vide* nota sob este título ao art. 3º.

Art. 12. A prestação pecuniária consiste no pagamento em dinheiro à vítima ou à entidade pública ou privada com fim social, de importância, fixada pelo juiz, não inferior a um salário mínimo nem superior a trezentos e sessenta salários mínimos. O valor pago será deduzido do montante de eventual reparação civil a que for condenado o infrator.

- **Prestação pecuniária:** Trata-se de modalidade de pena restritiva de direitos aplicável tão somente às pessoas físicas, uma vez que não se encontra prevista no rol de penas cominadas às pessoas jurídicas (arts. 21 e 22). A prestação pecuniária, como pena restritiva de direitos, pode ser aplicada tanto na transação penal (art. 27 desta lei) quanto na substituição da pena privativa de liberdade (art. 7º). A prestação pecuniária, com o advento da Lei n. 9.714/98, passou também a ser incluída no CP como pena restritiva de direitos (arts. 43, I, e 45, § 1º), com a única diferença de que, no caso da presente lei ambiental, os dependentes da vítima deixaram de ser beneficiários da prestação pecuniária. Aliás, tendo em vista o fato de que nos crimes ambientais o bem primordialmente atingido é a própria natureza (sendo primeiramente o Estado o principal sujeito passivo, e não esta ou aquela pessoa física), a prestação pecuniária, via de regra, haverá de ser dirigida a entidades públicas ou privadas, de preferência aquelas ligadas à proteção do meio ambiente. Para que esta pena atinja sua finalidade (repressiva e reparatória), será interessante que o juiz a destinasse a órgãos ambientais existentes na própria comarca em que o fato se deu.

Art. 13. O recolhimento domiciliar baseia-se na autodisciplina e senso de responsabilidade do condenado, que deverá, sem vigilância, trabalhar, frequentar curso ou exercer atividade autorizada, permanecendo recolhido nos dias e horários de folga em residência ou em qualquer local destinado a sua moradia habitual, conforme estabelecido na sentença condenatória.

- **Recolhimento domiciliar nos dias de folga:** Na limitação de fim de semana, prevista no CP, o condenado a regime aberto deve permanecer recolhido em "casa de albergado ou outro estabelecimento adequado" aos sábados e domingos (arts. 43, VI, e 48 do CP), somente sendo possível o seu recolhimento em residência particular quando inexistirem locais apropriados, segundo a jurisprudência, ou, de acordo com o art. 117 da LEP, se o condenado for maior de 70 anos, acometido de doença grave, com filho menor ou deficiente físico ou mental, ou condenada gestante. Já segundo a Lei Ambiental, de forma mais liberal, todo condenado poderá ficar em sua própria residência ou outra moradia habitual, nos dias e horários de folga, conforme estabelecido pelo juízo da condenação. Daí essa modalidade de sanção penal, no jargão popular, ser denominada "pena da esposa".

Art. 14. São circunstâncias que atenuam a pena:

I — baixo grau de instrução ou escolaridade do agente;

II — arrependimento do infrator, manifestado pela espontânea reparação do dano, ou limitação significativa da degradação ambiental causada;

III — comunicação prévia pelo agente do perigo iminente de degradação ambiental;

IV — colaboração com os agentes encarregados da vigilância e do controle ambiental.

■ **Atenuantes genéricas:** Adotando o critério trifásico para a fixação da pena previsto no CP (art. 68), depreende-se que as atenuantes previstas neste art. 14 devem ser aplicadas na segunda fase, ou seja, incidindo sobre o *quantum* encontrado para a pena-base (esta fixada com fundamento no art. 6º, I e II, desta lei, cujas circunstâncias são semelhantes às previstas no art. 59 do CP). Além dessas, pode ocorrer do próprio tipo penal prever outras circunstâncias (especiais) que venham a reduzir ou agravar a pena (*vide* art. 40, § 2º, da lei). Na terceira etapa serão aplicadas as causas especiais de aumento ou de diminuição de pena, de que é exemplo o art. 29, § 4º, desta lei. Além disso, existem os tipos penais qualificados, que têm penas mínimas e máximas superiores às cominadas ao tipo simples (exemplo: art. 54, § 2º, da lei); neste caso, sobre tal cominação é que deverá incidir todo o sistema trifásico suprarreferido para a fixação da pena final.

■ **Inciso I (baixo grau de instrução ou escolaridade):** O baixo grau de instrução ou escolaridade do agente merece de fato figurar como circunstância atenuante nos crimes ambientais, em virtude da menor reprovabilidade da conduta da pessoa analfabeta ou semianalfabeta, por exemplo. Tal atenuante pode ser provada por qualquer meio, inclusive pelas próprias circunstâncias em que o crime ocorreu, não havendo necessidade, portanto, de prova pericial ou documental. O baixo grau de instrução ou escolaridade estará vinculado, por vezes, ao erro sobre a ilicitude do fato, previsto no art. 21 do CP, segundo o qual, embora o desconhecimento da lei seja inescusável, o erro sobre a ilicitude do fato, se inevitável, isenta de pena; se evitável, poderá diminuí-la de um sexto a um terço (art. 21). O desconhecimento da lei aparece ainda no CP como circunstância atenuante (art. 65, II).

- Inciso II (arrependimento do infrator, manifestado pela espontânea reparação do dano, ou limitação significativa da degradação ambiental causada):Tal circunstância tem razão de ser em virtude de que o objetivo maior da Lei n. 9.605/98 é, sem dúvida, o de buscar a preservação do meio ambiente, sendo de todo salutar a criação de instrumentos que estimulem a reparação do dano ambiental causado pelo infrator, ficando a punição criminal relegada a um segundo plano (exemplo disso é a exigência da prévia composição do dano ambiental como condição para o oferecimento da transação — art. 27). Não obstante, cremos que o legislador poderia ter sido mais razoável, colocando o arrependimento do infrator como causa de diminuição de pena, como ocorre no art. 16 do CP (determinando-se a redução de um a dois terços da pena), e não como mera atenuante (que tem impacto menor na minoração da pena). A aplicação subsidiária do art. 16 do CP mostra-se incabível, tendo em vista que o legislador da lei especial ora em comento preferiu colocar o arrependimento posterior como simples atenuante, tendo assim conferido tratamento diverso à matéria (art. 2º, § 1º, da LINDB). Em resumo, essas são as diferenças no tratamento do tema entre o CP e a Lei Ambiental: no CP, se o agente tiver reparado o dano (ou procurado evitar-lhe ou minorar-lhe as consequências), de maneira voluntária (sendo indiferente os motivos que o levaram a fazê-lo, não se exigindo espontaneidade), até o recebimento da denúncia, haverá a aplicação da causa de diminuição de pena do seu art. 16 (arrependimento posterior); se tal ocorrer somente depois do recebimento da denúncia, e de maneira espontânea, haverá apenas a incidência da circunstância atenuante do seu art. 65, III, b. No caso da Lei n. 9.605/98, o legislador foi indiferente em relação ao momento da reparação do dano (se até o recebimento da denúncia ou depois dela), tendo para ambos os casos previstos tão somente a aplicação desta circunstância atenuante. Exige, todavia, a espontaneidade e não a simples voluntariedade. Na prática, a reparação do dano ambiental transcenderá, em muitos casos, a sua característica de atenuante, passando a abrir caminho para a transação penal (art. 27) ou para a suspensão condicional do processo que, seguida de laudo de constatação de reparação do dano ambiental, permitirá a extinção da punibilidade (art. 28, I). Enfim, uma solução diversa e menos custosa do conflito de interesses de alta relevância que decorre do cometimento da infração penal, figurando, de um lado, o autor da infração penal e o seu *ius libertatis*, e, de outro, o Estado com o seu poder-dever de punir denominado *ius puniendi*.

- Desistência voluntária e arrependimento eficaz: Ao contrário do arrependimento posterior, previsto no art. 16 do CP, cremos que a aplicação subsidiária do art. 15 do Diploma Penal mostra-se plenamente possível, *verbis*: "Art. 15. O agente que, voluntariamente, desiste de prosseguir na execução ou impede que o resultado se produza, só responde pelos atos já praticados". Isso até mesmo por força da expressa previsão de aplicação subsidiária do CP e do CPP, prevista no art. 79 desta lei. Naturalmente, a regra do art. 15 do CP só se aplica aos crimes em que o resultado seja imprescindível à caracterização do delito (crimes materiais), não sendo possível, portanto, nos crimes formais ou de perigo.

- Inciso III (comunicação prévia pelo agente do perigo iminente de degradação ambiental): Tal atenuante, cujo sentido guarda semelhança com a do inciso anterior, tem procedência diante da conduta do agente que, após a prática do crime, comunica à autoridade competente o "perigo iminente de degradação ambiental", está procurando evitar ou minorar as consequências de sua ação. Por tal razão, a sua pena merece ser atenuada. Nos crimes materiais, caso a comunicação prévia consiga evitar a produção do resultado, cremos ser possível a aplicação do arrependimento eficaz previsto no art. 15 do CP (vide nota acima).

- Inciso IV (colaboração com os agentes encarregados da vigilância e do controle ambiental): A exemplo dos incisos II e III, esta atenuante fundamenta-se no comportamento posterior do autor da infração penal ambiental, sempre com vistas à preservação do meio ambiente. Neste inciso IV, todavia, não se exige, ao contrário do que se verifica no inciso II, efetiva reparação ou minoração da degradação ocorrida. Basta para a incidência desta atenuante a sua "colaboração com os agentes encarregados da vigilância e do controle ambiental". O autor do crime ambiental passa a figurar como um aliado na preservação do meio ambiente, o que é deveras salutar, já que o conhecimento da região e dos fatos lesivos ao meio ambiente que ele praticou certamente são de grande auxílio às autoridades que passam ocasionalmente pelo local.

Art. 15. São circunstâncias que agravam a pena, quando não constituem ou qualificam o crime:

I — reincidência nos crimes de natureza ambiental;

II — ter o agente cometido a infração:

a) para obter vantagem pecuniária;

b) coagindo outrem para a execução material da infração;

c) afetando ou expondo a perigo, de maneira grave, a saúde pública ou o meio ambiente;

d) concorrendo para danos à propriedade alheia;

e) atingindo áreas de unidades de conservação ou áreas sujeitas, por ato do Poder Público, a regime especial de uso;

f) atingindo áreas urbanas ou quaisquer assentamentos humanos;

g) em período de defeso à fauna;

h) em domingos ou feriados;

i) à noite;

j) em épocas de seca ou inundações;

l) no interior do espaço territorial especialmente protegido;

m) com o emprego de métodos cruéis para abate ou captura de animais;

n) mediante fraude ou abuso de confiança;

o) mediante abuso do direito de licença, permissão ou autorização ambiental;

p) no interesse de pessoa jurídica mantida, total ou parcialmente, por verbas públicas ou beneficiada por incentivos fiscais;

q) atingindo espécies ameaçadas, listadas em relatórios oficiais das autoridades competentes;

r) facilitada por funcionário público no exercício de suas funções.

- **Circunstâncias agravantes:** A exemplo do que ocorre com as atenuantes previstas no artigo anterior, a aplicação destas agravantes deverá ocorrer na segunda fase de fixação da pena, incidindo, portanto, sobre a pena-base encontrada (a qual deve ter-se baseado nas regras previstas no art. 6º desta lei). Após isso, deverão ser aplicadas as eventuais causas de aumento ou de diminuição de pena, encontrando-se, assim, a pena final.

- **Inciso I (reincidência específica):** A *reincidência específica* havia sido abolida pela Lei n. 6.416/77 (*cf.* STF, *RT* 686/401), não constando da Reforma Penal de 1984, a qual passou a considerar como circunstância agravante a reincidência, pura e simples, sem qualquer adjetivação, consoante dispõe o art. 61, I, do CP. Posteriormente, passou o legislador a fazer novas referências à antiga *reincidência específica*, com a Lei n. 8.072/90 (Lei dos Crimes Hediondos), que acrescentou o inciso V ao art. 83 do CP, que dispõe sobre o livramento condicional, bem como com a Lei n. 9.714/98, que alterou a redação do § 3º do art. 44 do CP, que trata das penas substitutivas. Nessa mesma linha, a Lei n. 9.605/98 — Lei do Meio Ambiente, ora comentada, adota o conceito de *reincidência específica* para a caracterização da agravante deste art. 15, I. Desse modo, se o agente for reincidente em outra modalidade de crime, será defeso ao juiz agravar a pena com fundamento neste dispositivo. Cumpre anotar que é aplicável à presente lei (com a ressalva acima referida da reincidência *específica*) o conceito previsto no art. 63 do CP ("Art. 63. Verifica-se a reincidência quando o agente comete novo crime, *depois de transitar em julgado* a sentença que, no País ou no estrangeiro, o tenha condenado por crime anterior", aqui, da mesma natureza, aduzimos), bem como a sua *temporariedade* estatuída no art. 64, I, do Diploma Penal ("Art. 64. Para efeito de reincidência: I — não prevalece a condenação anterior, se entre a data do cumprimento ou extinção da pena e a infração posterior tiver decorrido período de tempo superior a 5 (cinco) anos, computado o período de prova da suspensão ou do livramento condicional, se não ocorrer revogação").

- **Inciso II (exagero do legislador e *ne bis idem*):** Chama a atenção o manifesto exagero do legislador em enumerar tamanha quantidade de circunstâncias agravantes, sendo certo que a grande maioria delas já integra os próprios tipos penais previstos nesta lei, seja na sua forma simples ou qualificada, ou, ainda, constando de causa especial de aumento de pena, tornando essas agravantes inaplicáveis.

- **Inciso II, *a* (vantagem pecuniária e *ne bis idem*):** Como exemplo do que acima foi dito, observamos que a agravante do inciso II, *a* (ter o agente cometido a infração para obter vantagem pecuniária), não poderá ser aplicada no caso do crime previsto no art. 29, III (na modalidade de venda ou exposição à venda), pois a obtenção de vantagem pecuniária já constitui elemento do próprio tipo penal, não podendo incidir duas vezes. O mesmo ocorre no caso de comercialização de motosserra, crime previsto no art. 51 desta lei, e em diversos outros.

■ **Inciso II, *b* (coagindo outrem para a execução material da infração):** Trata-se, aqui, da hipótese em que o autor intelectual do delito *coage* terceiro para que este execute a ação criminosa, devendo a sua pena ser aumentada, de modo *menos abrangente* do que o previsto na Parte Geral do CP (art. 62, II), que prevê a agravante tanto para a coação como para o induzimento. Evidentemente, esta última hipótese (agravamento pelo induzimento) não se aplica aos crimes ambientais, por ser a lei ora comentada específica a respeito. *Coação* consiste na utilização de *grave ameaça* (a coação moral, a *vis compulsiva*) ou de força física (coação física, a *vis absoluta*) para que terceiro faça ou deixe de fazer algo; tanto em uma hipótese quanto em outra, haverá a incidência da agravante deste inciso II, *b*. De outro lado, cumpre observar que a pessoa que é coagida moralmente, e de modo irresistível, não poderá ser punida em razão da sua vontade não ter sido espontânea (exclusão da culpabilidade), respondendo pelo crime somente o coator, nos termos do art. 22 do CP, e de forma agravada. Tratando-se de *coação física*, é evidente que o coagido não responderá por crime algum, uma vez que inexiste sequer voluntariedade em seu movimento corpóreo, não havendo conduta, que pressupõe *vontade + manifestação da vontade*.

■ **Inciso II, *c* (afetando ou expondo a perigo, de maneira grave, a saúde pública ou o meio ambiente):** A agravante deste inciso II, *c*, só poderá ser aplicada aos crimes *dolosos* posto que nos delitos culposos a gravidade do resultado jamais poderá afetar a punição, de acordo com a teoria finalista adotada pelo nosso legislador. Nos delitos dolosos, a agravação da pena em face do resultado da conduta só poderá incidir se o agente o tiver causado *ao menos culposamente*, como dispõe o art. 19 do CP, aplicável à espécie: "Art. 19. Pelo resultado que agrava especialmente a pena, só responde o agente que o houver causado ao menos culposamente".

■ **Inciso II, *c* (*ne bis idem*):** Observamos, também, que esta agravante será inaplicável a diversos delitos previstos nesta lei, destacando-se, por exemplo, o crime de poluição previsto no art. 54, § 2º, I, II, III ou IV, em que a afetação ou exposição a perigo, de forma grave, à saúde ou ao meio ambiente já faz parte do tipo penal qualificado, sob pena de violação do primado de que ninguém pode ser punido duas vezes pelo mesmo fato. Para os demais delitos em que a citada circunstância não seja elementar do tipo, haverá a incidência da agravante em razão da gravidade (*de maneira grave*) do resultado causado por sua conduta, ou, então, em virtude do perigo (*perigo concreto*, *palpável*) igualmente *grave*, por ela gerado.

■ **Inciso II, *d* (concorrendo para danos à propriedade alheia):** Prevê o legislador, a nosso ver de modo excessivo, a incidência dessa circunstância agravante quando o autor de crime previsto nesta Lei Ambiental tiver, com a sua conduta, *concorrido* (colaborado, contribuído) com a causação de dano à propriedade alheia (pública ou privada). Trata-se, assim, de agravante vinculada ao resultado da conduta, sendo aplicável, portanto, somente aos crimes *dolosos*, já que em relação aos culposos, o resultado (que não é desejado) é irrelevante em razão da Teoria Finalista adotada por nosso legislador. Ademais, para que haja a incidência desta agravante, é necessário que o autor do crime doloso tenha assumido, ao menos culposamente, o dano à propriedade alheia (art. 19 do CP).

- Inciso II, *d* (*ne bis idem*): Da mesma forma que sucede na agravante da alínea *c* deste inciso II, a agravante desta alínea *d* será inaplicável a diversos delitos previstos nesta lei, sempre que o dano à propriedade alheia (pública ou privada) for elementar do tipo, sob pena de inadmissível *bis idem*. Acreditamos, assim, que a incidência prática desta agravante será deveras reduzida.

- Inciso II, *e* (atingindo áreas de unidades de conservação ou áreas sujeitas, por ato do Poder Público, a regime especial de uso) e *f* (atingindo áreas urbanas ou quaisquer assentamentos humanos): Estipula este art. 15, II, *e* e *f*, mais duas agravantes atreladas ao *resultado* causado pelo crime, aplicáveis, evidentemente, somente aos delitos *dolosos*, posto que, tratando-se de culpa, o resultado, por definição, é irrelevante para a pena em razão da Teoria Finalista adotada por nosso ordenamento. Diz o legislador, na alínea *e*, restar ela configurada quando a conduta atingir (tocar, alcançar) áreas de unidades de conservação sujeitas a regime especial de uso, por ato do Poder Público. A definição das *Unidades de Conservação* foi instituída pela Lei n. 9.985, de 18 de julho de 2001, a qual criou o Sistema Nacional de Unidades de Conservação — SNUC, prevendo as *Unidades de Proteção Integral* (cujo objetivo básico é preservar a natureza, sendo admitido apenas o uso indireto dos seus recursos naturais, com exceção dos casos previstos naquela lei) e as *Unidades de Uso Sustentável* (buscando-se compatibilizar a conservação da natureza com o uso sustentável de parcela dos seus recursos naturais). O grupo das Unidades de Proteção Integral é composto pelas seguintes categorias de unidade de conservação: I — Estação Ecológica; II — Reserva Biológica; III — Parque Nacional; IV — Monumento Natural; V — Refúgio de Vida Silvestre. Já o grupo das Unidades de Uso Sustentável é composto das seguintes categorias de unidade de conservação: I — Área de Proteção Ambiental; II — Área de Relevante Interesse Ecológico; III — Floresta Nacional; IV — Reserva Extrativista; V — Reserva de Fauna; VI — Reserva de Desenvolvimento Sustentável; e VII — Reserva Particular do Patrimônio Natural. Já na alínea *f*, é causa de agravamento da pena o fato de o crime ter atingido área urbana ou "quaisquer assentamentos humanos", abrangendo-se, portanto, até acampamentos.

- *Ne bis idem* (inciso II, *e*): Pela razões expostas nos comentários acima, a agravante do inciso II, *e* (atingindo áreas de unidades de conservação ou áreas sujeitas, por ato do Poder Público, a regime especial de uso), não poderá ser aplicada quando o dano a áreas de unidades de conservação ou áreas sujeitas a regime especial de uso for elementar do tipo, como ocorre, por exemplo, no crime do art. 40 desta lei, sob pena de inadmissível *bis idem*.

- **Inciso II, *g* (em período de defeso à fauna):** Na presente alínea, previu o legislador que a pena será agravada sempre que o crime for cometido em *período de defeso à fauna*, isto é, em época de proteção à fauna, como ocorre nos períodos de procriação de certas espécies.

- ***Ne bis idem* (inciso II, *g*):** Sempre que a circunstância agravante constitua elementar do tipo, ela não poderá incidir, sob pena de inadmissível *bis idem*. Como exemplo, lembramos o art. 34 desta lei, em que é punida a conduta de "pescar em período no qual a pesca seja proibida ou em lugares interditados por órgão competente". Igualmente, em razão da causa de aumento de pena do art. 29, § 4º, II, que tipifica o crime de caça.

- **Inciso II, *h* (em domingos ou feriados) e *i* (à noite):** A agravante prevista na alínea *h* não nos parece razoável, já que a fiscalização estatal deve ser exercida todos os dias, havendo, no caso de parques, inclusive, aumento da frequência de visitantes, não se justificando o incremento da sanção penal. Já na hipótese da alínea *i*, a agravante se justifica, uma vez que, à noite, a fiscalização é sempre mais difícil.

- ***Ne bis idem* (inciso II, *h* e *i*):** Não poderá haver aplicação dessas agravantes (a exemplo do que já foi salientado em relação às outras agravantes previstas neste art. 16, II) caso a circunstância do crime ser cometido em domingos ou feriados, ou à noite, já estiver prevista no tipo penal, seja em sua forma simples, ou qualificada, lembrando-se, por exemplo, o art. 29, § 4º, III, onde a caça noturna já é tratada.

- **Inciso II, *j* (em épocas de seca ou inundações):** Justifica-se a agravante prevista na alínea *j* do inciso II deste art. 15, uma vez que nessas épocas o meio ambiente natural, ou seja, o ecossistema, encontra-se mais frágil, debilitado, sendo, portanto, mais reprovável a conduta daquele que pratica crime contra o meio ambiente nessas circunstâncias.

- **Inciso II, *l* (no interior do espaço territorial especialmente protegido):** A nosso ver, de modo mais uma vez redundante, o legislador dispõe que o fato de o crime ambiental ser praticado *no interior do espaço territorial especialmente protegido* constitui agravante. Ocorre que essa circunstância já se encontra abrangida pela alínea *e* deste inciso II (atingindo áreas de unidades de conservação ou áreas sujeitas, por ato do Poder Público, a regime especial de uso). Ainda que se considere a expressão da alínea *l* mais abrangente (alcançando áreas sujeitas a outras modalidades de proteção), a redundância do legislador permanece já que, então, bastaria a previsão desta agravante, sendo desnecessária a existência da disposta na alínea *e*.

- ***Ne bis idem* (inciso II, *l*):** A circunstância agravante do inciso II, *l* (*no interior do espaço territorial especialmente protegido*), não poderá incidir quando ela já for elementar do tipo ou de sua qualificadora, devendo o intérprete analisar caso a caso, evitando-se inadmissível *bis idem*.

- **Inciso II, *m* (com o emprego de métodos cruéis para abate ou captura de animais):** O *método cruel* é aquele que causa *desnecessário sofrimento* imposto de modo consciente e intencional, *de forma sádica*. O ser vivo que pode ser objeto da crueldade, para a configuração desta agravante, é todo *animal* objeto de *abate* ou *captura* (seja ele terrestre ou, até, dependendo das circunstâncias, o aquático), não fazendo a lei exigência de que seja um espécime mais ou menos evoluído. Lembramos, como exemplo, as armadilhas que prendem os animais com garras de ferro pelos pés, por dias a fio. Especial atenção, outrossim, há de ser dada ao modo como são realizados, excepcionalmente, abates coletivos de cabeças de gado sob suspeita da chamada *febre aftosa*, por imperativo de saúde pública, o que certamente é, por si só, uma cena chocante e degradante.

- *Ne bis idem* (inciso II, *m*): Como já salientado nos comentários acima, sempre que a crueldade for elementar ao crime, a agravante do art. 15, II, *m*, não poderá incidir, sob pena de inadmissível *bis idem*. Citamos, como exemplo, o crime do art. 32 desta lei, em que a prática de "ato de abuso, maus-tratos", bem como a conduta de "ferir ou mutilar animais silvestres, domésticos ou domesticados, nativos ou exóticos" é punida com pena de detenção, de três meses a um ano, e multa. Igualmente, em seu § 1º, em que é equiparada à figura criminosa a conduta de "quem realiza experiência dolorosa ou cruel em animal vivo, ainda que para fins didáticos ou científicos, quando existirem recursos alternativos", aumentando-se a pena se o animal é morto (§ 2º).

- Inciso II, *n* (mediante fraude ou abuso de confiança): Consiste, a fraude, no emprego de ardil ou artifício com o intuito de iludir outra pessoa. Para a configuração da agravante por abuso de confiança, não bastará a existência de qualquer relação empregatícia entre autor e vítima, mas, sim, de subjetiva relação de confiança entre uma pessoa e outra, havendo relação empregatícia, ou não. Haverá relação de confiança, por exemplo, quando o empregado tiver autonomia para tomar decisões em nome do patrão, na sua ausência.

- Inciso II, *o* (mediante abuso do direito de licença, permissão ou autorização ambiental): Nesta alínea *o*, o legislador entendeu por bem constituir agravante a circunstância de o autor do delito praticá-lo *mediante abuso* (intencional mau uso, uso excessivo, exorbitante) *de licença, permissão ou autorização ambiental*.

- *Ne bis idem* (inciso II, *o*): Da mesma forma como salientado nos comentários às alíneas anteriores, sempre que a circunstância do *abuso do direito de licença, permissão ou autorização ambiental* já constar do tipo, ou de qualificadora, a agravante não poderá incidir, sob pena de inaceitável *bis idem*. Isso ocorre, por exemplo, na figura qualificada do crime de caça, quando há *abuso de licença* (art. 29, § 4º, IV, da lei).

- Inciso II, *p* (no interesse de pessoa jurídica mantida, total ou parcialmente, por verbas públicas ou beneficiada por incentivos fiscais): Neste inciso II, *p*, prevê-se como agravante a circunstância do crime ambiental ser perpetrado *no interesse de pessoa jurídica mantida, total ou parcialmente, por verbas públicas ou beneficiada por incentivos fiscais*. É mister, portanto, que o autor do crime ambiental tenha o desígnio de favorecer tais pessoas jurídicas, estando *consciente* dessa sua especial situação: ser ela mantida, total ou parcialmente, por dinheiro público, ou estar sendo beneficiada (na época do cometimento da infração) por incentivos fiscais.

- Inciso II, *q* (atingindo espécies ameaçadas, listadas em relatórios oficiais das autoridades competentes): Trata-se, aqui, de norma penal em branco, em face da exigência de relatório oficial das autoridades competentes listando quais são as espécies ameaçadas de extinção.

- *Ne bis idem* (inciso II, *q*): A agravante do inciso II, *q* (atingindo espécies ameaçadas, listadas em relatórios oficiais das autoridades competentes), não se aplica ao crime contra a fauna previsto no art. 29 desta lei, o qual prevê, em seu § 4º, III, causa especial de aumento de pena em face da mesma circunstância, sob pena de inaceitável *bis idem*.

- Inciso II, *r* (facilitada por funcionário público no exercício de suas funções): Na derradeira alínea deste inciso II, que leva a letra *r*, o legislador considerou ser circunstância agravante o fato de o *particular, autor do crime ambiental*, agir com a conivência de funcionário público no exercício de suas funções, ou seja, de forma adrede ajustada. Por óbvio, se o autor do crime ambiental for o próprio funcionário público que tinha o dever de zelar pelo meio ambiente, essa agravante não se configurará.

- *Ne bis idem* (inciso II, *r*): Sempre que houver concomitante acusação de corrupção ativa por parte do autor do crime ambiental, a agravante desta alínea *r* não poderá incidir, para que não haja *bis idem*.

Art. 16. Nos crimes previstos nesta Lei, a suspensão condicional da pena pode ser aplicada nos casos de condenação a pena privativa de liberdade não superior a 3 (três) anos.

- Instituto em desuso: Cada vez mais tem sido rara a aplicação da suspensão condicional da pena, conhecida como *sursis*. Isso ocorreu a partir da Lei n. 9.714/98, com a introdução das penas alternativas previstas nos arts. 43 a 48 do Código Penal, aplicáveis para as condenações por crimes praticados sem violência ou grave ameaça, cuja pena aplicada seja inferior a 4 anos.

- *Sursis* (confronto com o CP): Enquanto o art. 77, *caput*, do CP prevê o *sursis* para condenações não superiores a 2 anos, este art. 16 é mais benéfico, pois permite a suspensão da pena para condenações por crimes previstos nesta lei *até 3 anos*. Como veremos a seguir, a intenção do legislador foi a de aplicar as regras do *sursis* existentes no CP, mas com as modificações constantes destes arts. 16 e 17.

Art. 17. A verificação da reparação a que se refere o § 2º do art. 78 do Código Penal será feita mediante laudo de reparação do dano ambiental, e as condições a serem impostas pelo juiz deverão relacionar-se com a proteção ao meio ambiente.

- Reparação do dano: As exigências constantes do § 2º do art. 78 do CP não são condições à concessão do *sursis*, mas sim requisitos para que o juiz possa fazer a substituição da "prestação de serviços à comunidade" ou da "limitação de fim de semana" (condições previstas no § 1º do art. 78), por uma das condições mais "suaves" previstas no § 2º mesmo artigo. Daí por que o art. 78, § 2º, é chamado de *sursis* especial. Assim, na sistemática da Parte Geral do Código Penal, a reparação do dano ambiental (salvo impossibilidade de fazê-lo) não é condição para a concessão do *sursis*, mas sim para que o juiz possa fazer a substituição acima referida. Importa notar que o mesmo não ocorre com outros institutos, onde a reparação do dano ambiental é quase sempre exigida (é o caso, por exemplo, da transação penal e da suspensão condicional do processo – vide comentários aos arts. 27 e 28 da presente lei). Porém, como consta deste art. 17, as condições impostas para a concessão do *sursis* deverão relacionar-se com a proteção ao meio ambiente, podendo consistir na própria reparação ou mitigação do dano ambiental causado, o que tem total pertinência com o espírito da lei, já que, em sede de infrações ambientais, urge alcançar o quanto antes a reparação do dano ambiental; além disso, mostra-se muito mais razoável que as condições do *sursis* estejam relacionadas à proteção do meio ambiente. Este é o sentido desta lei: educação e preservação ambiental para evitar o dano; caso este ocorra, busca-se a reparação ou ao menos a diminuição de suas consequências.

- **Aplicação subsidiária do CP:** Quanto às hipóteses de revogação, facultativa ou obrigatória, bem como de prorrogação do período de prova, aplicam-se subsidiariamente as regras do CP, *ex vi* do art. 79 desta lei.

Art. 18. A multa será calculada segundo os critérios do Código Penal; se revelar-se ineficaz, ainda que aplicada no valor máximo, poderá ser aumentada até três vezes, tendo em vista o valor da vantagem econômica auferida.

- **Pena de multa:** Este art. 18 destina-se ao cálculo da multa como pena decorrente da sentença condenatória. Não se aplica, portanto, ao cálculo da multa administrativa, que tem previsão própria (art. 6º, III, desta lei). Prevê expressamente a aplicação subsidiária das regras da Parte Geral do Código Penal (arts. 49 a 60), não obstante tal fosse desnecessário em face do disposto no art. 79 desta lei. A possibilidade de aumento de pena em até três vezes encontra-se prevista também no art. 60, § 1º, do CP, embora a razão do aumento seja outra: "A multa pode ser aumentada até o triplo, se o juiz considerar que, *em virtude da situação econômica do réu*, é ineficaz, embora aplicada no máximo".

- **Fixação da pena de multa (criminal):** De acordo com o art. 49 do CP, o juiz deverá fixar o número de dias-multa (no mínimo de 10, e, no máximo, de 360) e o valor de cada dia-multa (não inferior a 1/30 do maior salário mínimo mensal vigente ao tempo do fato, nem superior a 5 vezes esse salário). Tais regras, como dito, aplicam-se às condenações por crimes ambientais, em face da expressa previsão deste art. 18, bem como do art. 79 desta lei. Segundo este art. 18, o juiz levará em consideração "a vantagem econômica auferida" com o crime ambiental, sem prejuízo de se verificar, igualmente, a "situação econômica do réu" como dispõe o art. 60, § 1º, do CP. Mas não é só. O art. 19, abaixo tratado, determina que também seja levado em consideração na fixação da multa o montante do prejuízo ambiental, a ser fixado pela perícia, tudo em prol da pena mais adequada às especificidades de cada caso.

Art. 19. A perícia de constatação do dano ambiental, sempre que possível, fixará o montante do prejuízo causado para efeitos de prestação de fiança e cálculo de multa.

Parágrafo único. A perícia produzida no inquérito civil ou no juízo cível poderá ser aproveitada no processo penal, instaurando-se o contraditório.

- **Perícia:** Segundo se depreende do CPP, várias são as modalidades de perícia, tanto no âmbito da criminalística (realizada por peritos) quanto da medicina legal (efetuada por médicos-legistas), lembrando-se a reconstituição simulada dos fatos, as perícias perinecroscópicas (feitas no local dos fatos, colhendo vestígios e elaborando o laudo de levantamento do local), as perícias de laboratório (exames envolvendo química, física, bioquímica, engenharia, fotografia, balística etc.), perícias em locais de crimes contra o patrimônio como o furto qualificado, perícias em locais de incêndio, perícias documentoscópicas (exame grafoscópico ou em papéis mecanografados), perícias em instrumentos do crime, e as perícias de vistoria, de busca e apreensão, como ensina o saudoso professor e eminente perito José Lopes Zarzuela, em coautoria com os *experts* Minoru Matunaga e Pedro Lourenço Thomaz (*Laudo pericial — aspectos técnicos e jurídicos*, São Paulo: Revista dos Tribunais, 2000, p. 345 a 349). A elas acresça-se, por força do art. 19 ora comentado, a *perícia de constatação do dano ambiental*. Com supedâneo na expressa disposição do art. 79 desta lei, cremos que a aplicação subsidiária de todo o Título VII ("Da Prova") do CPP é perfeitamente viável, a não ser nos pontos em que as regras do CPP colidam com as regras previstas nesta lei especial, situação em que a lei especial prevalecerá sobre a geral. Nos termos deste art. 19, a perícia de constatação do dano ambiental, fundada na regra geral da indispensabilidade de perícia toda vez que a infração deixar vestígios (art. 158 do CPP), deverá, sempre que possível, fixar o montante do prejuízo causado para efeitos de prestação de fiança e cálculo de multa (o que foi uma novidade em nosso ordenamento — *vide* nota abaixo). Na verdade, a fixação do prejuízo tem também a finalidade de permitir a "prévia composição do dano ambiental", que é requisito para o oferecimento de transação penal, nos delitos ambientais de menor potencial ofensivo (art. 27 da lei).

- **A Reforma do CPP de 2008:** A Lei n. 11.690/2008 alterou significativamente o art. 159 do CPP, que trata da prova pericial, ressaltando-se a exigência de apenas um perito oficial (*caput*), ou então de duas pessoas portadoras de diploma com curso superior e com habilitação técnica sobre a matéria (§ 1º); na ação penal, passou-se a facultar às partes a formulação de quesitos, oitiva dos peritos e indicação de assistente técnico, dentre outros avanços significativos em tema de prova pericial.

■ **Prestação de fiança:** Não obstante o Código de Caça (Lei n. 5.197/67) disponha que "os crimes punidos nesta Lei são inafiançáveis", para os crimes contra a fauna previstos na Lei n. 9.605/98 a fiança não está vedada. Em termos de liberdade provisória, com ou sem fiança, bem como para a verificação sobre o cabimento da fiança e seu valor, deverão ser observados os arts. 321 e seguintes do CPP, que se aplicam subsidiariamente (art. 79 desta lei). Quanto ao cálculo da fiança, este art. 19 traz inovação, já que as regras do CPP não se baseiam no montante do dano causado pelo crime, mas em outros critérios, sendo o principal deles a pena cominada ao delito (art. 325). O art. 326 do CPP, embora fale que a autoridade para a fixação do valor da fiança terá em consideração a natureza da infração, não fez menção direta ao dano causado pelo crime. No caso de fiança em crime ambiental, devem, portanto, as regras do CPP ser aplicadas, com as alterações previstas nesta lei.

■ **Cálculo da multa:** Segundo o art. 18, a multa nos crimes previstos nesta lei "será calculada segundo os critérios do Código Penal", podendo ainda ser aumentada em até três vezes, segundo o "valor da vantagem econômica auferida". Esta última disposição está em consonância com o § 1º do art. 69 do CP. Este art. 19, na verdade, traz mais uma regra para o cálculo da pena de multa, qual seja, a de que o *montante do prejuízo causado*, a ser fixado pela perícia, deverá influenciar para o cálculo da multa. Na prática, tanto a vantagem auferida como o prejuízo causado importarão na fixação do número de dias-multa, sendo que o valor do dia-multa continuará baseando-se exclusivamente na situação econômica do acusado, como já tivemos a oportunidade de salientar, em nosso *Código Penal comentado*, 8. ed. São Paulo: Saraiva, 2010, p. 283. Cabe consignar que o cálculo da multa aqui tratado serve tanto para a multa objeto de condenação criminal, como aquela objeto de transação penal (art. 27 desta lei). Em suma, aplicam-se as regras do CP com as alterações constantes destes arts. 18 e 19.

■ **Prova emprestada (parágrafo único):** Com a nítida intenção de agilizar o processo penal, o parágrafo único deste art. 19 prevê a possibilidade de ser aproveitada a perícia realizada no inquérito civil ou no juízo cível, com a salutar ressalva "instaurando-se o contraditório". De fato, salvo nas hipóteses em que a realização da perícia se dá durante o inquérito policial, *não sendo possível repeti-la* em face das suas características — hipótese em que se terá o chamado "contraditório diferido", que consiste possam as partes, durante a instrução, questionar aquela prova já realizada, o que, convenhamos, jamais será a mesma coisa do que participar de sua produção, havendo, na verdade, uma mitigação do contraditório —, toda prova pericial há que ser produzida sob o crivo do contraditório (art. 5º, LV, da CF), sob pena de nulidade absoluta. A dúvida surge justamente em como conciliar a "prova emprestada" com a necessidade de contraditório. Isso porque, para haver respeito à Constituição, não basta, a nosso ver, que seja aberta vista às partes para se manifestarem sobre a prova (já realizada) e juntada aos autos. Com efeito, salvo a hipótese em que a perícia feita no inquérito policial ou em procedimento administrativo não pode ser repetida (pelo desaparecimento dos vestígios, por exemplo), sempre que for possível a perícia deverá ser realizada novamente na fase judicial, sob o contraditório. Mesmo que já tenha sido feita na esfera administrativa sem a participação das partes, pelo órgão ambiental responsável (que no Estado de São Paulo é o Departamento Estadual de Proteção de Recursos Naturais, órgão da Secretaria do Meio Ambiente — DEPRN), tendo as partes dele conhecimento geralmente com a lavratura de auto de infração e imposição de multa, caso o seu refazimento seja viável, haverá o juiz de determinar *nova* produção da prova, com o oferecimento de quesitos pelas partes e nomeação de assistente técnico. Somente assim é que se estará observando o princípio constitucional do contraditório. Esta a razão pela qual prevê o art. 176 do CPP que "a autoridade e as partes poderão formular quesitos até o ato da diligência". A menção feita ao "juízo cível" diz respeito à perícia realizada sob o contraditório da ação civil pública. De outra sorte, no que concerne à perícia realizada sem contraditório no procedimento preparatório do "inquérito civil", entendemos que ela só poderá ser aproveitada, como já dito, caso seja impossível repeti-la (aplicando-se por analogia o entendimento hoje assentado acerca das perícias realizadas no inquérito policial e que não podem ser repetidas). A ação civil pública, precedida geralmente do inquérito civil, é o instrumento mais utilizado pelo Ministério Público a fim de alcançar a responsabilização civil do infrator por danos morais e patrimoniais causados a diversos direitos difusos e coletivos, dentre os quais o meio ambiente (Lei n. 7.347/85).

Art. 20. A sentença penal condenatória, sempre que possível, fixará o valor mínimo para reparação dos danos causados pela infração, considerando os prejuízos sofridos pelo ofendido ou pelo meio ambiente.

Parágrafo único. Transitada em julgado a sentença condenatória, a execução poderá efetuar-se pelo valor fixado nos termos do *caput*, sem prejuízo da liquidação para apuração do dano efetivamente sofrido.

■ **Valor mínimo para reparação dos danos:** Outra novidade da presente lei refere-se à possibilidade de a sentença penal condenatória, "sempre que possível", fixar o valor mínimo para reparação dos danos causados pela infração, "considerando os prejuízos sofridos pelo ofendido ou pelo meio ambiente" (art. 20, *caput*), o que só poderá ser avaliado por meio de perícia. Tal disposição tem o propósito de "agilizar" o processo de execução, que agora poderá iniciar-se já com um título líquido, certo e exigível, o que foi à época uma novidade em nossa sistemática jurídica, aproximando-se, em certa medida, do que ocorre em outros países, lembrando-se como exemplo o art. 538 do CPP italiano de 1988, segundo o qual o juiz criminal não só decidirá, ao proferir sentença condenatória, acerca do pedido de restituição e de ressarcimento do dano, como também providenciará a própria liquidação, salvo se for outro o juízo competente para tanto (cf., a respeito, Vittorio Conso e Giovanni Grevi, *Prolegomeni a un Commentario Breve al Nuovo Codice di Procedura Penale*, Padova: Cedam, 1990, p. 430 e s.). Atualmente, seguindo os exemplos citados, o art. 387, IV, do CPP, com redação dada pela Lei n. 11.719/2008, tem disposição semelhante, estabelecendo que, na sentença condenatória, o juiz "fixará valor mínimo para a reparação dos danos causados pela infração, considerando os prejuízos sofridos pelo ofendido".

- **Liquidação do dano efetivamente sofrido:** No parágrafo único, fica claro que o valor *mínimo* da reparação civil — que poderá ser executado logo que transite em julgado a sentença penal — não prejudica a liquidação para a apuração do dano efetivamente sofrido, devendo esta ser proposta no juízo cível competente. Logicamente, o valor mínimo eventualmente pago será deduzido do montante do dano efetivamente sofrido, que será objeto de processo de liquidação.

Art. 21. As penas aplicáveis isolada, cumulativa ou alternativamente às pessoas jurídicas, de acordo com o disposto no art. 3º, são:

I — multa;

II — restritivas de direitos;

III — prestação de serviços à comunidade.

- **Responsabilidade penal das pessoas jurídicas:** *Vide* nota sob este título ao art. 3º.
- **Natureza:** Este art. 21 traz o rol das penas aplicáveis à pessoa jurídica em virtude de sentença penal condenatória transitada em julgado. As penas restritivas de direitos, previstas no inciso II deste art. 21, ao contrário do que ocorre para as pessoas físicas (art. 7º), são penas originárias e não substitutivas, sendo aplicáveis em decorrência de sentença condenatória irrecorrível.
- **Aplicação:** Preferiu o legislador deixar a cargo do juiz quais as penas aplicáveis às pessoas jurídicas, bem como qual a forma de aplicação, se isolada, cumulativa ou alternativa. Trata-se de "discricionariedade regrada", devendo o juiz *fundamentar* o porquê da escolha da pena mais severa.
- **Multa (inciso I):** Seu valor deve ser encontrado segundo as regras do CP (arts. 49 e 60), que são aplicáveis por disposição expressa do art. 18 desta lei.
- **Restritivas de direitos (inciso II):** *Vide* art. 22.
- **Prestação de serviços à comunidade (inciso III):** *Vide* art. 23.

Art. 22. As penas restritivas de direitos da pessoa jurídica são:

I — suspensão parcial ou total de atividades;

II — interdição temporária de estabelecimento, obra ou atividade;

III — proibição de contratar com o Poder Público, bem como dele obter subsídios, subvenções ou doações.

§ 1º A suspensão de atividades será aplicada quando estas não estiverem obedecendo às disposições legais ou regulamentares, relativas à proteção do meio ambiente.

§ 2º A interdição será aplicada quando o estabelecimento, obra ou atividade estiver funcionando sem a devida autorização, ou em desacordo com a concedida, ou com violação de disposição legal ou regulamentar.

§ 3º A proibição de contratar com o Poder Público e dele obter subsídios, subvenções ou doações não poderá exceder o prazo de 10 (dez) anos.

Caput e § 1º
- **Pessoas jurídicas (penas restritivas de direitos severas):** Ao contrário das pessoas físicas (art. 7º), no caso de pessoas jurídicas, as penas restritivas de direitos são as disciplinadas nos incisos I, II e III deste art. 22. São penas, como se verificará, bastante severas, mesmo porque a suspensão das atividades de uma empresa poderá significar a sua própria morte. Sobre a responsabilização penal das pessoas jurídicas, *vide* notas ao art. 3º desta lei.

- **Suspensão de atividades:** Prevista também nos arts. 8º, III, e 11 desta lei (com a diferença de que naqueles casos, a suspensão das atividades é pena substitutiva da privativa de liberdade, enquanto aqui ela é pena originária), esta sanção penal tem a nítida finalidade de não só punir a empresa condenada (atingindo seus acionistas, cotistas, e, ainda que indiretamente, empregados e até mesmo os fornecedores, que, por vezes, embora nada tenham com a prática do crime, restam injustamente atingidos), com vistas a evitar novas infrações ambientais (prevenção especial), como também a servir de exemplo para que os administradores de outras empresas respeitem as disposições legais ou regulamentares relativas à proteção do meio ambiente (prevenção geral). O melhor, sob a ótica social, evidentemente não é a suspensão, que gerará desemprego, mas sim a empresa se adequar às normas e prestar serviços à comunidade (cf. art. 23 da lei).

- **Requisitos:** Não basta a condenação, sendo imprescindível que a pessoa jurídica, por meio de sua administração, não esteja obedecendo às disposições legais ou regulamentares, relativas à proteção do meio ambiente, o que deverá restar demonstrado pela sentença.

- **Prazo:** Naturalmente, a suspensão das atividades, como o próprio nome diz, deve ser por tempo limitado, razoável e proporcional. Aliás, a Constituição veda as penas de caráter perpétuo (art. 5º, XLVII, *b*). Mesmo que se adote como prazo o mínimo da pena privativa de liberdade a que seria a pessoa física condenada, é fato que a suspensão da atividade da empresa poderá trazer gravíssimas consequências, por vezes a tornando inviável, perdendo clientes e faturamento, com a consequente falência.

§ 2º
- **Interdição:** Esta pena restritiva de direitos (aplicada como pena principal e não como pena substitutiva) só tem cabimento na hipótese em que, além da condenação transitada em julgado, estiver a pessoa jurídica "funcionando sem a devida autorização, ou em desacordo com a concedida, ou com violação de disposição legal ou regulamentar". A exemplo do § 1º,

trata-se de disposição penal em branco, cabendo ao juiz motivar sua decisão apontando qual a norma que está sendo desrespeitada. Destina-se, sobretudo, às empresas que, de alguma forma, pela sua própria atividade, necessitem de autorização para funcionamento. É o caso, por exemplo, das madeireiras. No caso de pessoa física, vide arts. 8º, II, e 10.

§ 3º
- Prazo da proibição de contratar com o Poder Público e da obtenção de subsídios: O prazo fixado neste § 3º fundamenta-se na proibição de haver penas de caráter perpétuo (CF, art. 5º, XLVII, b). No caso de pessoa física, sua duração é bem menor (5 anos, no caso de crimes dolosos, e 3 anos, no caso de crimes culposos — vide art. 10). Em virtude do disposto no art. 7º, parágrafo único, desta mesma lei, as penas restritivas de direitos das pessoas físicas não poderão ter prazo superior à pena privativa substituída, exsurgindo de duvidosa legalidade e constitucionalidade os prazos fixados no art. 10 (vide nota a este artigo). Aqui a questão é diversa, já que a proibição mencionada neste § 3º não constitui pena substitutiva da privativa de liberdade, mas sim sanção aplicável às pessoas jurídicas em virtude de sentença penal condenatória irrecorrível, de forma isolada, cumulativa ou alternativa. Sua aplicação não traria problemas, não fossem os intransponíveis obstáculos à responsabilização das pessoas jurídicas, conforme exposto nos comentários ao art. 3º desta Lei.

Art. 23. A prestação de serviços à comunidade pela pessoa jurídica consistirá em:

I — custeio de programas e de projetos ambientais;

II — execução de obras de recuperação de áreas degradadas;

III — manutenção de espaços públicos;

IV — contribuições a entidades ambientais ou culturais públicas.

- Pessoas jurídicas (penas de prestação de serviços à comunidade): Como dito, no caso das pessoas jurídicas, a prestação de serviços à comunidade tem natureza de pena principal — decorrente de sentença penal condenatória transitada em julgado — e não de pena substitutiva, como ocorre no caso da pessoa física condenada (art. 8º, I, da lei). Trata-se de penas mais adequadas e menos radicais do que as restritivas de direitos previstas no art. 22 de suspensão e interdição que, como visto, por vezes poderão levar a empresa à falência, ao contrário das penas de prestação de serviços, socialmente muito mais úteis.

- Competência: A modalidade da prestação deverá ser fixada pelo juiz da condenação, conforme o rol deste art. 23. Haverá de ser executada após o seu trânsito em julgado. No entanto, caberá ao juízo das execuções a decisão sobre assuntos outros, tais como: a designação do programa ou projeto ambiental (inciso I), a escolha de espaço público a ser mantido (inciso III) e a periodicidade das "contribuições a entidades ambientais ou culturais públicas" (inciso IV), bem como a intimação do condenado cientificando-o da entidade e período em que deverá cumprir a pena (art. 149

da LEP). No caso de execução de obras de recuperação de áreas degradadas (inciso II), caberá ao próprio juízo da condenação a fixação das obras a serem executadas pelo condenado. Depois, em comarcas com varas especializadas para as execuções, caberá ao juízo das execuções acompanhá-la.

- **Cunho ambiental:** A manutenção de espaços públicos (inciso III), por evidente, deverá ter finalidade ambiental, voltada de preferência para a educação ambiental. O mesmo sucede no caso de *contribuições a entidades ambientais ou culturais públicas* (inciso IV).

- **Natureza e semelhança:** As contribuições mencionadas neste inciso IV, a exemplo das outras penas, não obstante recebam o nome de "penas restritivas de direitos", não substituem as penas privativas de liberdade. Decorrem diretamente da própria condenação, sendo aplicáveis de forma isolada, cumulativa ou alternativa (art. 21, III, da lei).

Art. 24. A pessoa jurídica constituída ou utilizada, preponderantemente, com o fim de permitir, facilitar ou ocultar a prática de crime definido nesta Lei terá decretada sua liquidação forçada, seu patrimônio será considerado instrumento do crime e como tal perdido em favor do Fundo Penitenciário Nacional.

- **Noção:** Este art. 24 impõe determinadas *sanções* à pessoa jurídica que tiver sido "constituída ou utilizada, preponderantemente, com o fim de permitir, facilitar ou ocultar a prática de crime definido nesta Lei". Duas questões surgem: 1ª) saber se tais sanções são aplicáveis à própria pessoa jurídica condenada (em acréscimo às sanções previstas no art. 21); ou 2ª) se são aplicáveis somente às pessoas jurídicas que, embora não tenham cometido o crime, foram constituídas ou utilizadas, de forma predominante, para a prática de crimes previstos nesta lei. A primeira (1ª) posição é a mais correta, uma vez que só se pode permitir a aplicação de uma pena (seja ela criminal ou administrativa) por meio do devido processo legal, observados ainda o contraditório e a ampla defesa (art. 5º, LIV e LV, da CF).

- **Natureza jurídica:** As medidas previstas neste art. 24 só poderão ser consideradas constitucionais se aplicadas como efeitos da condenação criminal após o transcurso do devido processo legal. Aliás, guardadas as diferenças, o disposto neste art. 24 está em consonância com o efeito genérico da condenação previsto no art. 91, II, *a*, do CP (*perda em favor da União dos instrumentos do crime*). Considerar-se o patrimônio da empresa como "instrumento do crime" constitui, todavia, inadmissível presunção legal. De toda sorte, a sua perda em favor do Fundo Penitenciário Nacional nos parece descabida em caso de infrações ao meio ambiente, sendo mais razoável que se destinasse a um órgão ou fundo voltado à proteção do meio ambiente.

- **Código Civil:** O atual Código Civil, na parte relativa às sociedades, traz regras relativas à dissolução das sociedades, *verbis*: "Art. 50. Em caso de abuso da personalidade jurídica, caracterizado pelo desvio de finalidade, ou pela confusão patrimonial, pode o juiz decidir, a requerimento da parte, ou do Ministério Público quando lhe couber intervir no processo, que os efeitos de certas e determinadas relações de obrigações sejam estendidos aos bens particulares dos administradores ou sócios da pessoa jurídica. Art. 51. Nos casos de dissolução da pessoa jurídica ou cassada a autorização para seu funcionamento, ela subsistirá para os fins de liquidação, até que esta se conclua. § 1º Far-se-á, no registro onde a pessoa jurídica estiver inscrita, a averbação de sua dissolução. § 2º As disposições para a liquidação das sociedades aplicam-se, no que couber, às demais pessoas jurídicas de direito privado. § 3º Encerrada a liquidação, promover-se-á o cancelamento da inscrição da pessoa jurídica. Art. 52. Aplica-se às pessoas jurídicas, no que couber, a proteção dos direitos da personalidade".

- Efeitos automáticos?: Enquanto o art. 92, parágrafo único, do CP, que trata dos efeitos extrapenais específicos da condenação, prevê que eles "não são automáticos, devendo ser motivadamente declarados na sentença", o art. 91 — que cuida dos efeitos extrapenais genéricos da condenação — não faz aquela exigência, razão pela qual doutrina e jurisprudência afirmam serem estes automáticos. No caso deste art. 24, muito embora ele se assemelhe mais aos efeitos previstos no art. 91, II, *a* e *b*, do CP, cremos que o juiz deverá sempre mencioná-los na sentença condenatória, de forma expressa e motivada. Tal entendimento fundamenta-se no fato de que as sanções previstas neste art. 24 afetarão sobremaneira os bens das pessoas (jurídica e física de seus sócios), devendo ser aplicados os princípios de que "ninguém será privado da liberdade ou de seus bens sem o devido processo legal" (art. 5º, LIV, da CF), bem como da necessidade de motivação das decisões judiciais (art. 93, IX, da CF). Assim, a nosso ver, para a aplicação dos efeitos previstos neste art. 24, urge que a pessoa jurídica condenada tenha sido "constituída ou utilizada, preponderantemente, com o fim de permitir, facilitar ou ocultar a prática de crime definido nesta Lei", o que deverá restar devidamente comprovado nos autos e declarado de forma motivada na sentença.

Capítulo III
DA APREENSÃO DO PRODUTO E DO INSTRUMENTO DE INFRAÇÃO ADMINISTRATIVA OU DE CRIME

Art. 25. Verificada a infração, serão apreendidos seus produtos e instrumentos, lavrando-se os respectivos autos.

§ 1º Os animais serão libertados em seu *habitat* ou entregues a jardins zoológicos, fundações ou entidades assemelhadas, desde que fiquem sob a responsabilidade de técnicos habilitados.

§ 2º Tratando-se de produtos perecíveis ou madeiras, serão estes avaliados e doados a instituições científicas, hospitalares, penais e outras com fins beneficentes.

§ 3º Os produtos e subprodutos da fauna não perecíveis serão destruídos ou doados a instituições científicas, culturais ou educacionais.

§ 4º Os instrumentos utilizados na prática da infração serão vendidos, garantida a sua descaracterização por meio da reciclagem.

- **Alteração efêmera:** A MP n. 62, de 22 de agosto de 2002, havia determinado a alteração do § 2º e acrescentado o § 5º a este art. 25. Ocorre que essa medida provisória restou *prejudicada*, não tendo sido reeditada pelo Poder Executivo, o que demonstra, na prática, a absoluta impropriedade, inclusive com ofensa à Constituição da República (arts. 5º, XXXIX, e 62, § 1º, I, *b*), de se determinar a alteração de leis, em matéria penal e processual penal, mediante medida provisória. Houve, assim, uma *efêmera alteração* deste art. 25, o que, como demonstrado, é inaceitável.

- **Infração administrativa e crime:** Pode-se dizer que a diferença entre a infração administrativa e a infração penal (ou ilícito penal ou crime ou injusto penal) está não apenas na importância do bem tutelado, mas também na *natureza da pena cominada*, a qual, no caso de crime, é a privativa de liberdade e a multa, salvo no caso de pessoas jurídicas, em que as penas são diversas (*vide* art. 21). Além do mais, para se estipular um tipo penal, será sempre necessária a edição de uma lei gestada no Congresso Nacional e promulgada pelo Presidente da República (*nullum crimen sine lege*), ao passo que, para as infrações administrativas, bastam decretos do Poder Executivo. Destarte, no âmbito administrativo as penas nunca são privativas de liberdade, havendo, contudo, uma série de penas administrativas de cunho bastante intimidatório. Atualmente, as infrações ambientais administrativas estão previstas, em âmbito nacional, pelo Decreto n. 6.514/2008.

- **Apreensão dos produtos e dos instrumentos da infração:** Questão que surge é saber se a apreensão de produtos e instrumentos da infração prevista neste art. 25 tem cunho apenas administrativo ou se também pode ser aplicada como medida processual penal, seja pela autoridade policial, seja pelo juízo. A apreensão dos instrumentos e produtos do crime (art. 25, *caput*) pode dar-se tanto pela autoridade policial como pela autoridade administrativa que lavrar o Auto de Infração Ambiental — AIA. Questão mais duvidosa diz respeito à aplicação das medidas previstas nos §§ 1º a 4º deste art. 25, como veremos a seguir.

- **Apreensão do produto e do instrumento de crime:** Segundo o CP, a perda em favor da União dos instrumentos e produtos do crime constitui efeito da condenação, o que significa dizer que somente pode ser aplicada após o trânsito em julgado da sentença penal condenatória (art. 91, II, *a* e *b*). Já a apreensão de objetos relacionados ao crime efetuada pela polícia (ou pela autoridade administrativa) tem o nítido objetivo de fazer prova. Aliás, o CPP, em seu art. 6º, II, é expresso no sentido de que a autoridade policial, logo que tiver conhecimento da infração penal, deverá "apreender os objetos que tiverem relação com o fato, após liberados pelos peritos criminais". Dispõe ainda o art. 118 do CPP que, "antes de transitar em julgado a sentença final, as coisas apreendidas não poderão ser restituídas enquanto interessarem ao processo", restituição esta que evidentemente não será possível em caso de condenação, pois neste caso os instrumentos e produtos do crime estarão "automaticamente perdidos" em favor da União (art. 122 do CPP c/c o art. 91, II, *a* e *b*, do CP). Já o sequestro de bens imóveis ou móveis tem a finalidade de ressarcimento dos danos (arts. 125 e s. do CPP), o que não parece ser a hipótese deste art. 25.

▪ **Agente beneficiado pela suspensão condicional do processo:** Questão interessante diz respeito à possibilidade de restituição do instrumento apreendido e utilizado pelo agente da infração, na hipótese de inexistência de condenação que determine a perda em favor da União, por ter sido o agente beneficiado pela suspensão condicional do processo. Neste caso, não nos parece haver óbice à restituição dos instrumentos, sobretudo se se tratar de instrumentos utilizados por alguém no exercício regular de sua atividade, como no caso de um pescador, e não de instrumentos próprios à prática de crimes (ex.: motosserras, em que se exige licença da autoridade competente). *Vide* jurisprudência ao final deste artigo.

▪ **Confisco no CPP:** Curioso notar que o art. 779 do CPP prevê o confisco dos instrumentos e produtos do crime ainda em caso de arquivamento do inquérito ou absolvição, *verbis*: "O confisco dos instrumentos e produtos do crime, no caso previsto no art. 100 do Código Penal (*nota nossa*: a referência é ao artigo da antiga Parte Geral do CP), será decretado no despacho (leia-se *decisão*) de arquivamento do inquérito, na sentença de impronúncia ou na sentença absolutória".

▪ **Conclusão (destino dos instrumentos e produtos da infração):** Diante das regras penais e processuais acima vistas (que se aplicam *subsidiariamente* à lei ora em comento, *ex vi* de seu art. 79), entendemos que, embora a apreensão dos instrumentos e produtos do crime possa ocorrer tanto por parte da autoridade policial (art. 6º, II, do CPP) como por parte da autoridade administrativa, as providências previstas nos §§ 1º a 4º (que se referem ao *destino* dos instrumentos e produtos da infração), aplicadas a título de medida administrativa, deverão, contudo, ser autorizadas pelo juízo criminal, mesmo porque geralmente são o próprio corpo de delito. A atuação administrativa é mais célere, ao passo que a perda dos instrumentos e produtos do crime — de que tratam os referidos parágrafos — só é possível após a condenação passada em julgado, nos termos do que se extrai da norma do art. 91, II, *a* e *b*, do CP. Em face da urgência de algumas situações (como o tráfico de animais ou a apreensão de aves silvestres em criadouros não autorizados, por exemplo), é curial que a autoridade administrativa efetivamente providencie a liberação dos animais ou a entrega a jardins zoológicos ou entidades que possam deles cuidar.

▪ **Código de Caça:** O art. 33 da Lei n. 5.197/67 (Código de Caça), com nova redação determinada pela Lei n. 7.653/88, trazia uma solução bem melhor do que o atual art. 25 da lei ora em comento, uma vez que nela havia clara diferenciação entre produtos perecíveis e não perecíveis, devendo estes ser entregues ao depositário público local ou, na sua falta, ao depositário nomeado pelo juiz, e aqueles (os perecíveis), ser doados, *verbis*: "A autoridade apreenderá os produtos da caça e/ou da pesca bem como os instrumentos utilizados na infração, e se estes, por sua natureza ou volume, não puderem acompanhar o inquérito, serão entregues ao depositário público local, se houver, e, na sua falta, ao que for nomeado pelo juiz. Parágrafo único. Em se tratando de produtos perecíveis, poderão ser os mesmos doados a instituições científicas, penais, hospitais e/ou casas de caridade mais próximas".

- Veículos: A Instrução Normativa n. 10/2012 do Ibama determina que, em caso de apreensão de veículos de qualquer natureza, o Instituto deve enviar comunicação ao Detran, à Capitania dos Portos ou a outro órgão competente, dando-se o destino aqui previsto.

Jurisprudência
- Devolução de bens apreendidos por pescador: É possível a restituição dos bens utilizados pelo pescador [...] uma vez que foi beneficiado com a suspensão condicional do processo e não teve condenação que determinasse a perda dos bens em favor da União. Ademais, seus equipamentos eram utilizados na sua atividade laboral lícita e regulamentada por lei, ocorrendo a sua apreensão apenas porque a pesca foi exercida em época inoportuna (TACrSP, 8ª C., Ap. 1.325.299-9, v.u., j. 13-3-2003, Rel. Juiz Francisco Menin, *RT* 816/597).

Capítulo IV
DA AÇÃO E DO PROCESSO PENAL

- Nota introdutória: Dada a importância do bem jurídico tutelado pela Lei n. 9.605/98, o legislador foi expresso em dizer que a ação penal, para todos os crimes nela definidos, é pública incondicionada (art. 26). Sobre a aplicação dos institutos da transação penal e da suspensão condicional do processo às infrações ambientais de menor potencial ofensivo (arts. 76 e 89 da Lei n. 9.099/95), a Lei Ambiental fez duas principais alterações no sistema anterior: 1ª) a proposta de transação penal (art. 76) somente poderá ser formulada diante de prévia composição do dano ambiental, salvo em caso de impossibilidade comprovada; 2ª) no caso de suspensão condicional do processo, a extinção da punibilidade prevista no § 5º do art. 89 da mesma lei "dependerá de laudo de constatação de reparação do dano ambiental", salvo impossibilidade de fazê-lo. Caso a reparação do dano ambiental não tenha sido completa até o prazo máximo previsto no referido art. 89 (isto é, 4 anos), o prazo da suspensão será prorrogado por um ano, "com suspensão do prazo da prescrição" (art. 28, II, da Lei n. 9.605/98). Findo o prazo, poderá haver outra prorrogação por mais um ano (art. 28, IV), ao término do qual a declaração da extinção da punibilidade "dependerá de laudo de constatação que comprove ter o acusado tomado as providências necessárias à reparação integral do dano" (art. 28, V).

- Responsabilidade penal da pessoa jurídica: *Vide* comentários ao art. 3º.

- Termo de Ajustamento de Conduta (reflexos na área penal): Celebrado entre o Ministério Público, o órgão ambiental e o infrator, com a finalidade de reparar o dano causado ou mesmo adequar a pessoa autuada às normas ambientais, a assinatura do TAC, que pode ocorrer nos autos do inquérito civil público (vide art. 5º, § 6º, da Lei n. 7.347/85) ou fora dele (é o caso, por exemplo, do termo de compromisso referido no art. 79-A da Lei n. 9.605/98), tem tido vários reflexos no processo penal. Todos eles estão referidos nos comentários ao art. 79-A, ao final desta lei, aos quais remetemos o leitor, inclusive havendo jurisprudência a respeito, também inserida nas notas ao referido artigo.

- Programa de Regularização Ambiental (art. 60 da Lei n. 12.651/2012): Vide nota, sob o mesmo título, no art. 79-A desta lei.

- Confissão do crime e extinção da punibilidade — substantive due process of law e analogia bonam partem: Cf. verbete assim intitulado no art. 79-A desta lei.

- Reflexo na transação penal: Ver, sob igual nomenclatura, comentários no art. 79-A desta lei.

- Reflexo na Suspensão condicional do processo: Vide as nossas considerações, sob o mesmo título, no art. 79-A desta lei.

Jurisprudência do Termo de Ajuste de Conduta

- A assinatura do TAC afasta a justa causa: Cf. no art. 79-A, ao final desta lei.

Art. 26. Nas infrações penais previstas nesta Lei, a ação penal é pública incondicionada.

Parágrafo único. (*Vetado.*)

- Nota: Em face da relevância do bem jurídico tutelado pela lei ora em comento, de interesse de toda a coletividade, prevê este art. 26 que a ação penal por delitos previstos nesta lei é pública incondicionada. Na verdade, por força do art. 100, *caput*, do CP (*a ação penal é pública, salvo quando a lei expressamente a declara privativa do ofendido*), bem como de seu § 1º (*dependendo, quanto a lei o exige, de representação do ofendido ou de requisição do Ministro da Justiça*), fazia-se desnecessária a previsão constante deste art. 26, de forma que mesmo que o legislador nada dissesse a respeito, a ação penal já seria pública incondicionada.

- Competência: Na maioria dos casos é da Justiça Estadual, podendo, todavia, haver interesses, bens ou serviços da União envolvidos, hipóteses em que a competência será da Justiça Federal, como no caso de ilhas oceânicas ou de danos causados em Parque Nacional, afetando-se interesses do próprio Ibama que os administra, de forma direta. Observamos que antes da Constituição da República de 1988, as infrações penais, inclusive contravenções, envolvendo caça e pesca, eram julgadas pela Justiça Federal.

Jurisprudência da competência

■ **Competência da Justiça Estadual:** A competência para conhecer das ações que versem sobre crimes ambientais, em especial contra a flora, é da Justiça Estadual quando a infração ocorrer em área particular ou em áreas de conservação dos Estados ou dos Municípios, em que se observará a regra geral do local do crime. Será competente a Justiça Federal, quando o delito atingir bens, serviços ou interesses da União, das autarquias ou das empresas públicas (TACrSP, 7ª C., RSE 1.245.959-8, Rel. Juiz Salvador D'Andrea, j. 19-4-2001, *RT* 791/624). Compete à Justiça Estadual o processamento e o julgamento de crime ambiental atribuído à sociedade de economia mista, não perpetrado em detrimento de bens, serviços ou interesses da União, ou de suas autarquias ou empresas públicas (STJ, 3ª S., CComp 37.356, Rel. Min. Felix Fischer, j. 12-3-2003, *DJU* 14-4-2003, p. 178). Competência da Justiça Estadual: "[...] 3. Na hipótese, verifica-se que o Juízo Estadual declinou de sua competência tão somente pelo fato de o auto de infração ter sido lavrado pelo IBAMA, circunstância que se justifica em razão da competência comum da União para apurar possível crime ambiental, não sendo suficiente, todavia, por si só, para atrair a competência da Justiça Federal. [...]" (STJ, 3ª S., CC 113.345, Rel. Min. Marco Aurélio Bellizze, j. 22-8-2012, *DJe* 13-9-2012, v.u.).

■ **Competência da Justiça Federal:** "[...] 1. Segundo o entendimento da Terceira Seção deste Tribunal, os crimes ambientais, em regra, são da competência da Justiça Comum Estadual, a não ser que, como na espécie, haja interesse da União, pois os fatos se deram nas proximidades de ilha oceânica, bem de sua propriedade (art. 20 da Constituição Federal), em Reserva Ecológica Marítima, assim criada por Decreto Federal, o que justifica a competência da Justiça Federal [...]" (STJ, 6ª Turma, RHC 24.338, Rel. Min. Maria Thereza de Assis Moura, j. 18-10-2011, *DJe* 3-11-2011, v.u.). É da Justiça Federal se o fato ensejador da persecução penal foi a constatação do Ibama de que o acusado, ao inobservar regulamentos administrativos daquele órgão, incorreu na prática de ilícito penal (TRF da 1ª Região, 3ª T., HC 2001.01.00.019219-8/PA, Rel. p/ acórdão Des. Fed. Cândido Ribeiro, j. 23.5.2001, m.v. — *DJU* 8-8-2001, p. 15). "1. A preservação do meio ambiente é matéria de competência comum da União, dos Estados, do Distrito Federal e dos Municípios, nos termos do art. 23, incisos VI e VII, da Constituição Federal. 2. A Justiça Federal somente será competente para processar e julgar crimes ambientais quando caracterizada lesão a bens, serviços ou interesses da União, de suas autarquias ou empresas públicas, em conformidade com o art. 109, inciso IV, da Carta Magna. 3. Constatada que a área desmatada ilegalmente foi transformada no Parque Nacional das Araucárias, criado pela União e cuja administração coube ao IBAMA (art. 3º do Decreto de 19 de outubro de 2005), evidencia-se o interesse federal na manutenção e preservação da região, sendo certo que, tratando-se de competência absoluta em razão da matéria, não há que se falar em *perpetuatio jurisdictionis*, a teor do que dispõe o art. 87 do Código de Processo Civil. Precedentes. 4. Conflito conhecido para declarar a competência do Juízo Federal da Vara de Joaçaba — SJ/SC, o suscitado" (STJ, 3ª S., CC 104.942, Rel. Min. Marco Aurélio Bellizze, j. 14-11-2012, *DJe* 22-11-2012).

Art. 27. Nos crimes ambientais de menor potencial ofensivo, a proposta de aplicação imediata de pena restritiva de direitos ou multa, prevista no art. 76 da Lei n. 9.099, de 26 de setembro de 1995, somente poderá ser formulada desde que tenha havido a prévia composição do dano ambiental, de que trata o art. 74 da mesma lei, salvo em caso de comprovada impossibilidade.

- Crimes ambientais de menor potencial ofensivo: Podem estar previstos tanto nesta lei como em leis penais especiais. Para se encontrar quais as infrações penais de menor potencial ofensivo previstas na Lei n. 9.605/98, e passíveis de aplicação dos institutos da Lei n. 9.099/95, há que se utilizar, por coerência lógica, o conceito de menor potencial ofensivo trazido pela Lei dos Juizados Especiais Federais (Lei n. 10.259/02), ou seja, "crimes a que a lei comine pena máxima não superior a 2 (dois) anos ou multa" (art. 2º), sendo indiferente se o crime é de competência da Justiça Estadual ou da Justiça Federal ou se a respectiva lei prevê ou não procedimento especial: em qualquer caso, deverá haver a incidência de institutos da Lei n. 9.099/95, com as alterações trazidas pela Lei n. 9.605/98, conforme acima visto.

- Transação penal condicionada: Enquanto no sistema da Lei n. 9.099/95 a transação penal não dependia da prévia composição dos danos civis (composição civil, aliás, que só era possível para as ações penais privadas ou públicas condicionadas), o art. 27 da Lei Ambiental passou a exigir a "prévia composição do dano ambiental" também para a transação penal, deixando claro que o intuito principal do legislador, em sede de crimes ambientais, é a reparação do dano ambiental.

Jurisprudência
- Juizados Especiais Criminais (âmbito federal): "Em se tratando de crime ambiental, a ausência de Juizados Especiais Criminais no âmbito da Justiça Federal não impede que se possibilite ao indiciado a concessão do benefício da transação penal, nos moldes do art. 76 da Lei n. 9.099/95, desde que preenchidos os requisitos específicos para a concessão da benesse" (TRF da 1ª Região, 3ª T., HC 2001.01.00.017876-2, Rel. Des. Fed. Plauto Ribeiro, j. 17-4-2001, *DJU* 22.6.2001, *RT* 794/702).

Art. 28. As disposições do art. 89 da Lei n. 9.099, de 26 de setembro de 1995, aplicam-se aos crimes de menor potencial ofensivo definidos nesta Lei, com as seguintes modificações:

I — a declaração de extinção de punibilidade, de que trata o § 5º do artigo referido no *caput*, dependerá de laudo de constatação de reparação do dano ambiental, ressalvada a impossibilidade prevista no inciso I do § 1º do mesmo artigo;

II — na hipótese de o laudo de constatação comprovar não ter sido completa a reparação, o prazo de suspensão do processo será prorrogado, até o período máximo previsto no artigo referido no *caput*, acrescido de mais 1 (um) ano, com suspensão do prazo da prescrição;

III — no período de prorrogação, não se aplicarão as condições dos incisos II, III e IV do § 1º do artigo mencionado no *caput*;

IV — findo o prazo de prorrogação, proceder-se-á à lavratura de novo laudo de constatação de reparação do dano ambiental, podendo, conforme seu resultado, ser novamente prorrogado o período de suspensão, até o máximo previsto no inciso II deste artigo, observado o disposto no inciso III;

V — esgotado o prazo máximo de prorrogação, a declaração de extinção de punibilidade dependerá de laudo de constatação que comprove ter o acusado tomado as providências necessárias à reparação integral do dano.

Suspensão condicional do processo

■ **Art. 89 da Lei n. 9.099/95:** A redação deste dispositivo é a seguinte: "Nos crimes em que a pena mínima cominada for igual ou inferior a 1 (um) ano, abrangidas ou não por esta Lei, o Ministério Público, ao oferecer a denúncia, poderá propor a suspensão do processo, por 2 (dois) a 4 (quatro) anos, desde que o acusado não esteja sendo processado ou não tenha sido condenado por outro crime, presentes os demais requisitos que autorizariam a suspensão condicional da pena (art. 77 do Código Penal). § 1º Aceita a proposta pelo acusado e seu defensor, na presença do juiz, este, recebendo a denúncia, poderá suspender o processo, submetendo o acusado a período de prova, sob as seguintes condições: I — reparação do dano, salvo impossibilidade de fazê-lo; II — proibição de frequentar determinados lugares; III — proibição de ausentar-se da comarca onde reside, sem autorização do juiz; IV — comparecimento pessoal e obrigatório a juízo, mensalmente, para informar e justificar suas atividades. § 2º O juiz poderá especificar outras condições a que fica subordinada a suspensão, desde que adequadas ao fato e à situação pessoal do acusado. § 3º A suspensão será revogada se, no curso do prazo, o beneficiário vier a ser processado por outro crime ou não efetuar, sem motivo justificado, a reparação do dano. § 4º A suspensão poderá ser revogada se o acusado vier a ser processado, no curso do prazo, por contravenção, ou descumprir qualquer outra condição imposta. § 5º Expirado o prazo sem revogação, o juiz declarará extinta a punibilidade. § 6º Não correrá a prescrição durante o prazo de suspensão do processo. § 7º Se o acusado não aceitar a proposta prevista neste artigo, o processo prosseguirá em seus ulteriores termos".

■ **Aplicação do art. 89 da Lei n. 9.099/95 à Lei Ambiental:** A leitura deste art. 28 pode levar o intérprete a conclusões diversas: a) o referido art. 89 aplica-se *tão somente aos crimes de menor potencial ofensivo definidos nesta lei*, ou seja, apenas aos crimes cujo máximo não exceda a dois anos; b) houve evidente erro de redação do legislador, não havendo dúvida de que o referido art. 89 é aplicável aos crimes cuja pena mínima for igual ou inferior a um ano, pouco importando o máximo da pena (ou seja, sendo irrelevante se o crime é ou não de menor potencial ofensivo), nos moldes do que ocorre com toda a legislação penal brasileira. Entendemos correta a segunda (b) posição. Isso porque, partindo do método lógico-sistemático de interpretação, vemos que os institutos da suspensão condicional do processo (art. 89 da Lei n. 9.099/95) e da transação penal (art. 76), embora estejam presentes numa mesma lei, não trazem relação entre si, sendo certo que seus requisitos são diversos e não se comunicam (como se sabe, para a transação, o que importa é o máximo da pena, enquanto para a suspensão, o que interessa é o mínimo da pena). Tendo em vista que este art. 28 fez expressa menção ao referido art. 89, tudo indica ter havido mesmo um lamentável lapso do legislador, não sendo plausível e muito menos razoável restringir a incidência do instituto da suspensão condicional do processo, aplicando-o somente às infrações de menor potencial ofensivo, como se transação fosse. Efetivamente, seria um contrassenso limitar tão drasticamente o seu alcance, indo contra o próprio espírito do legislador. Ademais, é nítido o desejo do legislador em ver reparado o dano ambiental, com prorrogações que podem chegar a um total de 14 anos de suspensão condicional do processo, mesmo porque a remediação de um solo contaminado com óleo, por exemplo, pode demorar anos, devendo necessariamente ser lenta para que o dano ambiental não seja agravado com o escoamento de lâminas de óleo para o lençol freático.

Extinção da punibilidade (inciso I)

- **Extinção da punibilidade condicionada:** Como visto, houve intenção do legislador de aplicar o art. 89 da Lei n. 9.099/95 em sua íntegra, mas com as alterações constantes dos incisos I a V deste art. 28. O referido § 5º do art. 89 prevê que, na suspensão condicional do processo, "expirado o prazo sem revogação, o juiz declarará extinta a punibilidade". Ainda segundo o referido art. 89, durante o período de prova o acusado fica subordinado a diversas condições, dentre as quais a "reparação do dano, salvo impossibilidade para fazê-lo" (§ 1º, I). O § 2º do mesmo dispositivo prevê a possibilidade de o juiz impor ao beneficiado outras condições. Agora, para os crimes previstos nesta lei, optou o legislador por incluir um novo e específico requisito, qual seja, a reparação do dano ambiental, a ser comprovada por meio de "laudo de constatação de reparação do dano ambiental" o que é muito salutar.

- **Possibilidade de reparação do dano ambiental:** A expressão "salvo impossibilidade de fazê-lo", constante do § 1º, I, do art. 89 da Lei n. 9.099/95 encontra disposição semelhante na Lei Ambiental, cujo inciso I deste art. 28 prevê: "ressalvada a impossibilidade prevista no inciso I do § 1º do mesmo artigo". Não se pode, de fato, exigir algo impossível do beneficiado. A impossibilidade de reparar o dano diz respeito não só à situação financeira do beneficiado, mas também às próprias condições do meio ambiente, razão pela qual prevê o inciso V que, após a prorrogação máxima do período de prova, a declaração de extinção de punibilidade dependerá de laudo de constatação que comprove t*er o acusado tomado as providências necessárias* à reparação integral do dano. O que se busca é que o acusado beneficiado com a suspensão do processo *efetivamente adote todas as medidas possíveis* para ver reparado o dano ambiental em sua integralidade, daí sendo necessária a perícia específica para se saber, concretamente, se todo o plano de recuperação ambiental, homologado pelos órgãos ambientais pertinentes, foi implementado. Pode ocorrer, todavia, que determinados danos sejam, infelizmente, irreparáveis, ou demorem décadas para desaparecerem, satisfazendo-se o legislador com o esforço comprovado do beneficiado em recuperar o dano ambiental. Tendo em vista que a recuperação total de uma área degradada nem sempre é possível ou nem sempre depende exclusivamente do acusado (como no caso de poluição de um rio por uma empresa, sendo o rio circundado por várias outras empresas poluidoras), muitas vezes pode o juiz preferir que o acusado repare o dano de outra maneira, por meio, por exemplo, do custeio de programas e projetos ambientais ou a execução de obras de recuperação em áreas degradadas (art. 23, I e II, da Lei n. 9.605/98). Aliás, o § 2º do art. 89 da Lei n. 9.099/95, aplicável de forma subsidiária aos crimes ambientais, dispõe expressamente que "o juiz poderá especificar outras condições a que fica subordinada a suspensão, desde que adequadas ao fato e à situação pessoal do acusado".

Prorrogação do prazo (incisos II e III)

- Prorrogação do prazo (inciso II): A prorrogação poderá ocorrer até o período máximo previsto no art. 89 da Lei n. 9.099/95, ou seja, até 4 anos, acrescido de um ano, dando um total de 5 anos de prorrogação. Durante tal período ficará suspenso o prazo da prescrição.

- Não aplicação de algumas condições (inciso III): Segundo este inciso III, "durante o período de prorrogação, não se aplicarão as condições dos incisos II, III e IV do § 1º do art. 89 da Lei n. 9.099/95, que são as seguintes: II — proibição de frequentar determinados lugares; III — proibição de ausentar-se da comarca onde reside, sem autorização do juiz; IV — comparecimento pessoal e obrigatório a juízo, mensalmente, para informar e justificar suas atividades". Tais condições, a nosso ver, não são cumulativas, podendo o juiz optar apenas por uma ou algumas delas. De qualquer forma, este inciso III confirma a possibilidade de aplicação de tais condições no primeiro prazo da suspensão condicional do processo. Cremos que a razão do legislador em dispensar tais condições para o período de prorrogação está no fato de que, após o prazo de 2 a 4 anos, não se justificaria mais a continuidade na imposição das referidas condições, pois o beneficiado mostrou-se responsável em cumpri-las durante o período anterior, o que nos parece muito razoável. Não obstante, a reparação do dano ambiental e eventuais outras condições impostas pelo juiz (conferir § 2º do art. 89), desde que não se assemelhem com as dos referidos incisos II, III e IV, continuam sendo aplicáveis.

Nova prorrogação (inciso IV)

- Nova prorrogação: Como existem danos ambientais que demandam, de fato, muitos anos para serem saneados, previu-se a possibilidade de outra prorrogação de 5 anos, totalizando um máximo de 14 anos de suspensão do processo, como se infere da redação pouco clara deste artigo (ou seja, até 4 anos do art. 89 da Lei n. 9.099/95, acrescido de 5 anos do inciso II do art. 28 desta lei, e de mais cinco anos do inciso IV do mesmo artigo).

- **Limite para a suspensão do prazo prescricional:** Na hipótese aqui prevista de nova prorrogação por até 5 anos, entendemos que, ao contrário do que ocorrerá nos primeiros 9 anos, nos últimos 5 não haverá suspensão da prescrição. Com efeito, não há neste inciso IV expressa menção à suspensão da prescrição, o que impede obviamente a suspensão da prescrição nesses últimos 5 anos. Ademais, é sempre oportuno lembrar que a Carta Magna prevê serem imprescritíveis tão somente a prática do racismo (art. 5º, XLII) e a ação de grupos armados, civis ou militares contra a Ordem Constitucional e o Estado Democrático de Direito (art. 5º, XLIV), bem como o crime de tortura quando praticado nas condições previstas no Tratado de Roma do Tribunal Penal Internacional, não se incluindo portanto os crimes ambientais dentro do rol dos chamados "crimes imprescritíveis". Daí, talvez, a razão de o legislador não ter previsto a suspensão da prescrição na prorrogação prevista neste inciso IV.

Extinção da punibilidade (inciso V)

- **Nota:** Enquanto o art. 89, § 5º, da Lei n. 9.099/95 prevê que "expirado o prazo sem revogação, o juiz declarará extinta a punibilidade", nos casos de crimes ambientais exige-se algo mais, isto é, o laudo de constatação de reparação ambiental, salvo impossibilidade de fazê-lo (art. 28, I, da Lei n. 9.605/98).

- **Extinção da punibilidade:** Como visto neste art. 28, o prazo máximo de suspensão condicional do processo, em se tratando de crimes previstos na Lei n. 9.605/98 (nada impede, a nosso ver, a aplicação dos dispositivos previstos nesta lei aos crimes ambientais previstos em outras leis, em face do princípio da analogia *bonam partem*), é de 14 anos, podendo a suspensão da prescrição dar-se tão somente até no máximo 9 anos (*vide* nota ao inciso IV). Não obstante, dada a natureza dos danos oriundos de crimes ambientais, os quais muitas vezes são irrecuperáveis ou somente recuperáveis a longo prazo, prevê este inciso V que, esgotado o prazo máximo de prorrogação (isto é, 14 anos), a declaração de extinção de punibilidade depende de laudo de constatação que comprove ter o acusado tomado as providências necessárias à reparação integral do dano. Trata-se, a nosso ver, de dispositivo razoável e justo, posto que nesses casos terá a norma penal ambiental atingido a sua finalidade.

Capítulo V
DOS CRIMES CONTRA O MEIO AMBIENTE

Seção I
DOS CRIMES CONTRA A FAUNA

- **Nota introdutória:** Da análise dos crimes previstos na Lei n. 9.605/98 verifica-se ter havido, de um modo geral, um alargamento das condutas incriminadas em comparação com a legislação antecedente. Com efeito, condutas anteriormente tidas como contravenções penais passaram a ser crimes. É o que ocorre, por exemplo, no caso de maus-tratos a animais, que era contravenção penal (art. 64 da LCP) e passou a ser crime (art. 32 da lei em comento). Mas não é só; condutas que antes não passavam de infrações administrativas também se tornaram crimes, o que denota sensível recrudescimento penal.

- Legislação anterior sobre a fauna: São várias as normas relativas à fauna, a saber: Decreto n. 5.894, de 20 de outubro de 1943, conhecido como "Código de Caça"; Lei n. 5.197, de 3 de janeiro de 1967, chamada de "Lei de Proteção à Fauna", que criou contravenções penais relativas à fauna, também conhecida como "Código de Caça"; Decreto-Lei n. 221, de 28 de fevereiro de 1967, chamado de "Código de Pesca"; Lei n. 7.653, de 12 de fevereiro de 1988, que elevou a crimes as contravenções previstas na Lei n. 5.197 e criou tipos penais ligados à pesca; com esta lei, os crimes contra a fauna foram considerados inafiançáveis; Lei n. 7.679, de 23 de novembro de 1988, que descriminalizou algumas condutas referentes à pesca.

- Revogação tácita: Tendo em vista que a Lei n. 9.605/98 não revogou expressamente dispositivo algum, tendo se limitado a dizer, em seu art. 82, que *se revogam as disposições em contrário*, resta ao intérprete analisar com muita cautela em que hipóteses ocorreu a revogação tácita de dispositivos legais, isto é, de normas penais incompatíveis ou que foram inteiramente regulamentadas pela nova lei (art. 2º, § 2º, da LINDB).

- No caso da fauna (terrestre e aquática): As principais leis que tiveram dispositivos revogados tacitamente foram a Lei n. 5.197/67 (Código de Caça), a Lei n. 7.643/87 (Proibição à pesca de cetáceo), a Lei n. 7.679/88 (Pesca com Explosivos e Substâncias Tóxicas), além do Decreto-Lei n. 3.668/41 (Leis das Contravenções Penais), ressaltando-se, neste último caso, como já visto, a revogação tácita do art. 64 da LCP pelo art. 32 da nova lei, que passou a prever ser crime a prática de maus-tratos e outras condutas reprováveis contra animais.

- No caso da flora: Foram revogados tacitamente dispositivos da Lei de Contravenções Penais (Decreto-Lei n. 3.668/41).

- Nos casos da poluição e outros crimes ambientais, dos crimes contra o ordenamento urbano e o patrimônio cultural e dos crimes contra a administração ambiental (Seções III, IV e V da lei ora em comento): Diversas leis penais e contravencionais penais tiveram dispositivos tacitamente revogados, podendo-se citar, dentre várias, o Decreto-Lei n. 3.668/41, as Leis n. 5.197/67, 6.453/77, 6.938/81, 7.802/89, 7.805/89 e o próprio Código Penal. Diante da limitação de espaço para os presentes comentários, aos leitores que tiverem interesse em saber quais os casos de revogação tácita pela Lei n. 9.605/98, sugerimos façam consulta ao *Quadro Comparativo das Infrações Penais contra o Meio Ambiente*, de autoria de Luiz Regis Prado e Érika Mendes de Carvalho, publicado no *Bol. IBCCr,* Edição Especial, n. 65, abril/1998, p. 1-2.

- Conceito amplo de meio ambiente: Interessante notar que a Lei n.

9.605/98, baseada na Constituição, adotou um conceito amplo de meio ambiente, trazendo três espécies: 1ª) *meio ambiente natural* ordinariamente conhecido, isto é, fauna e flora, nos termos do conceito enunciado pelo art. 3º da Lei n. 6.938/81 (Política Nacional do Meio Ambiente); 2ª) *meio ambiente artificial* ou urbano [constituído pelo espaço urbano construído, consubstanciado no conjunto de edificações (espaço urbano fechado) e dos equipamentos públicos (ruas, praças; espaço urbano aberto em geral)]; 3ª) *meio ambiente cultural*, integrado pelo patrimônio histórico, artístico, arqueológico, paisagístico e turístico. Foi justamente com base neste "conceito amplo de meio ambiente" que o legislador dividiu este Capítulo V (Dos Crimes contra o Meio Ambiente) em cinco Seções, a saber: Seção I — Dos crimes contra a fauna; Seção II — Dos crimes contra a flora; Seção III — Da poluição e outros crimes ambientais; Seção IV — Dos crimes contra o ordenamento urbano e o patrimônio cultural; Seção V — Dos crimes contra a administração ambiental.

Art. 29. Matar, perseguir, caçar, apanhar, utilizar espécimes da fauna silvestre, nativos ou em rota migratória, sem a devida permissão, licença ou autorização da autoridade competente, ou em desacordo com a obtida:

Pena — detenção, de 6 (seis) meses a 1 (um) ano, e multa.

§ 1º Incorre nas mesmas penas:

I — quem impede a procriação da fauna, sem licença, autorização ou em desacordo com a obtida;

II — quem modifica, danifica ou destrói ninho, abrigo ou criadouro natural;

III — quem vende, expõe à venda, exporta ou adquire, guarda, tem em cativeiro ou depósito, utiliza ou transporta ovos, larvas ou espécimes da fauna silvestre, nativa ou em rota migratória, bem como produtos e objetos dela oriundos, provenientes de criadouros não autorizados ou sem a devida permissão, licença ou autorização da autoridade competente.

§ 2º No caso de guarda doméstica de espécie silvestre não considerada ameaçada de extinção, pode o juiz, considerando as circunstâncias, deixar de aplicar a pena.

§ 3º São espécimes da fauna silvestre todos aqueles pertencentes às espécies nativas, migratórias e quaisquer outras, aquáticas ou terrestres, que tenham todo ou parte de seu ciclo de vida ocorrendo dentro dos limites do território brasileiro, ou águas jurisdicionais brasileiras.

§ 4º A pena é aumentada de metade, se o crime é praticado:

I — contra espécie rara ou considerada ameaçada de extinção, ainda que somente no local da infração;

II — em período proibido à caça;

III — durante a noite;

IV — com abuso de licença;

V — em unidade de conservação;

VI — com emprego de métodos ou instrumentos capazes de provocar destruição em massa.

§ 5º A pena é aumentada até o triplo, se o crime decorre do exercício de caça profissional.

§ 6º As disposições deste artigo não se aplicam aos atos de pesca.

- Revogação: No que tange aos crimes contra a fauna previstos nesta lei, nota-se que o legislador inspirou-se claramente no antigo Código de Caça (Lei n. 5.197/67), que punia, por exemplo, com pena de reclusão de um a três anos, a utilização, a perseguição, a destruição, a caça ou a apanha de animais silvestres. Com pena ainda mais severa (reclusão, de 2 a 5 anos), punia-se tanto a caça profissional quanto o comércio de espécimes da fauna silvestre, de seus produtos ou objetos. Por tal razão, muitos dos tipos penais previstos na Lei n. 5.197/67 encontram-se hoje revogados tacitamente. Este art. 29, por exemplo, revogou tacitamente o art. 1º c/c o art. 27, § 1º, da Lei n. 5.197/67. A nosso ver, também o crime de caça profissional (previsto no art. 2º c/c o art. 27 do Código de Caça) foi revogado pelo art. 29, *caput*, desta lei, uma vez que este dispositivo refere-se à caça de um modo geral, não fazendo distinção entre caça amadora e profissional. A reforçar tal entendimento, consigne-se que a caça profissional constitui hoje causa especial de aumento de pena (*vide* § 5º deste art. 29).

- Sanções administrativas: Além da sanção penal, o autor das condutas previstas no *caput* e no § 1º deste art. 29 estará sujeito a sanções administrativas (multas), conforme art. 11 do Decreto n. 3.179, de 21 de setembro de 1999.

- Transação e suspensão condicional do processo: Cabem no *caput* e também nas demais hipóteses do tipo, com uma única exceção: caso se trate de caça profissional, na qual a pena pode ser aumentada em até três vezes (art. 76 da Lei n. 9.099/95 c/c o art. 2º, parágrafo único, da Lei n. 10.259/2001; e art. 89 da Lei n. 9.099/95). Lembramos que nos crimes previstos nesta lei, a proposta de transação penal depende da prévia composição do dano ambiental, nos casos em que tiver ocorrido, salvo em caso de comprovada impossibilidade (art. 27).

- Penas alternativas: Cabem em todas as hipóteses (arts. 43 e 44 do CP).

- Termo de Ajustamento de Conduta (reflexos na área penal): *Vide* nota sob o mesmo título nos comentários ao art. 26, que trata da ação penal.

Caput

- Objeto jurídico: É a fauna silvestre, que abrange a fauna nativa aquática e a terrestre (sobre o conceito de fauna silvestre, *vide* § 3º deste art. 29). A fauna aquática, no entanto, é objeto de outros tipos penais (cf. arts. 34 a 36 desta lei). Estamos no âmbito dos interesses difusos, estando a tutela do meio ambiente estritamente ligada à qualidade de nossa vida e ao futuro de nossa existência.

- Sujeito ativo: Qualquer pessoa (física). Quanto à pessoa jurídica, afora as nossas restrições mencionadas nos comentários ao art. 3º, parece-nos impossível cogitar da possibilidade de ela ser sujeito ativo deste crime.

- **Sujeito passivo:** A coletividade que, indiretamente, é afetada pela degradação do meio ambiente.
- **Tipo objetivo:** São várias as condutas incriminadas, tratando-se, portanto, de tipo penal de conteúdo variado (ou misto alternativo). Assim, a prática de qualquer das condutas, presentes os demais requisitos do fato típico, antijurídico e culpável, configura o crime. São 5 as condutas incriminadas: matar, perseguir, caçar, apanhar ou utilizar. O legislador foi bastante rigoroso, e até mesmo redundante ao incriminar até a mera perseguição de um animal silvestre, que evidentemente deve ser feita por pessoas com armas de fogo ou armadilhas, integrando o próprio ato de caçar. Quanto à utilização de animais silvestres, lembramos que no passado muitos circos tiveram história de cruéis abusos de animais, o que é de todo reprovável, sendo hoje proibido em nosso país. As condutas devem recair (objeto material) sobre espécimes da fauna silvestre (sobre seu conceito, *vide* § 3º deste art. 29). Nativos são os animais que nascem e se desenvolvem no âmbito nacional; já os que estão em rota migratória são aqueles que, não sendo nativos, encontram-se de passagem pelo território brasileiro, pelo ar, pela terra ou pelo mar (abrangendo, o mar territorial, a área de até 12 milhas marítimas a partir da baixa-mar — art. 1º da Lei n. 8.617/93). Note-se que o antigo art. 1º da Lei n. 5.197/67 (Código de Caça) não tutelava, ao menos expressamente, os animais que estivessem em "rota migratória", tendo havido, assim, um alargamento da tutela penal. Não são objeto deste tipo penal os animais oriundos de criatórios ou cativeiros, nem mesmo os animais exóticos, isto é, trazidos do exterior para o país. Não obstante, tais animais não se encontram fora da tutela penal, uma vez que tanto a introdução ilegal de animal no país como os maus-tratos a animais (inclusive os exóticos) constituem outros crimes previstos nesta lei (arts. 31 e 32).
- **Princípio da insignificância:** A nosso ver devemos estar atentos, aqui, para a aplicação do princípio da insignificância, não se perfazendo o tipo penal, em seu aspecto material, nas hipóteses de abate de um único animal que não esteja ameaçado de extinção, ou de simples perseguição, quando, pelas circunstâncias do fato, não se vislumbre ser um ato voltado à caça propriamente dita. De fato, seria mesmo um exagero do legislador punir criminalmente a conduta de uma pessoa que venha a perseguir um animal, e ainda, se criança for, a ela atribuir um ato infracional, lembrando-se que a prática de qualquer fato tipificado como crime, por um menor, é assim considerada, nos termos do ECA. Quanto à *utilização* de animal silvestre, também entendemos não se perfazer o tipo penal no caso dos tradicionais papagaios que retiram "bilhetes da sorte" em festas, nos quase não mais existentes realejos. Ainda no tipo objetivo *utilizar*, de fato há um exagero do legislador, mesmo porque, a rigor, entrariam aqui incriminadas até mesmo a utilização de aquários com peixes amazônicos, pantaneiros ou de nossa costa para fins de decoração em estabelecimentos comerciais ou restaurantes. Quanto à guarda *doméstica*, já existe a possibilidade do perdão judicial, previsto no § 2º.

- **Tipo subjetivo:** É o dolo, consistente na vontade livre e consciente de praticar as condutas incriminadas, isto é, tendo consciência de que o abate, a perseguição, a caça, a apanha ou a utilização do animal silvestre necessitam autorização. Não há modalidade culposa; deste modo, se houver erro de tipo (art. 20 do CP), a conduta será atípica. O desconhecimento da lei é inescusável, mas o erro sobre a ilicitude do fato poderá isentar o autor de pena ou diminuí-la de 1/6 a 1/3 (art. 21 do CP). Se houver erro sobre causas que excluem o crime, *vide* art. 37.
- **Elementos normativos do tipo:** A exemplo do que ocorre em inúmeros tipos penais desta lei, bem como de outras leis especiais (como o Código de Defesa do Consumidor), este art. 29 prevê em sua descrição típica, além dos tipos objetivos e subjetivos acima analisados, os chamados elementos normativos, que dizem com a antijuridicidade da conduta e exigem um *juízo de valor* por parte do intérprete. Assim, para haver o crime deste art. 29, o agente deverá ter praticado a conduta prevista "sem a devida permissão, licença ou autorização da autoridade competente, ou em desacordo com a obtida". Ou seja, para verificar se a conduta é típica, deverá o juiz consultar a legislação pertinente (atos normativos do Ibama, por exemplo) ou até mesmo diretamente a autoridade administrativa competente para a expedição da permissão, licença ou autorização.
- **Consumação e tentativa:** A consumação ocorre com a prática das condutas incriminadas. Note-se que, em alguns casos, exige-se efetivo resultado naturalístico (matar, apanhar). Já em outras hipóteses, a consumação ocorre com a simples prática da conduta, independentemente de resultado naturalístico (perseguir, caçar). A tentativa não será possível em razão da diversidade de núcleos (ao "tentar apanhar" o agente já terá consumado o delito na modalidade "perseguir"). Não perfaz o tipo deste art. 29, portanto.
- **Competência:** Diante do art. 1º da Lei n. 5.197/67, que considerava a fauna silvestre propriedade da União, o STF firmou jurisprudência no sentido de que a competência é da Justiça Federal. O STJ chegou inclusive a promulgar a Súmula 91 ("Compete à Justiça Federal processar e julgar os crimes praticados contra a fauna"). Em face da atual CF, que impôs ao Poder Público (em que se incluem a União, os Estados e os Municípios) e à coletividade o dever de defender e preservar o meio ambiente para as presentes e futuras gerações (art. 225, *caput*), bem como àqueles entes federativos a competência para legislar sobre a fauna e a proteção do meio ambiente em geral (art. 24, VI), o STJ acabou por cancelar aquela Súmula. Com isso, portanto, a regra é de que a competência para os crimes contra a fauna será da Justiça Estadual; será, no entanto, da Justiça Federal quando o crime for praticado em área protegida especialmente pela União, como, por exemplo, uma reserva indígena ou um parque nacional (neste sentido: Vladimir e Gilberto Passos de Freitas, *Crimes contra a natureza,* cit., p. 56). Todavia, há que se consignar a existência de entendimento contrário na jurisprudência (*vide* jurisprudência abaixo sob o título *Competência*).

- **Pena:** Detenção, de 6 meses a 1 ano, e multa. Note-se que a pena prevista neste art. 29 é bem mais branda do que a prevista no antigo Código de Caça (arts. 1º c/c o art. 27, § 1º, da Lei n. 5.197/67), em que a pena de reclusão variava de 1 a 3 anos, devendo, portanto, ser aplicada retroativamente para os fatos ocorridos antes da atual lei. Pela pena agora cominada, o processo e o julgamento serão da competência dos Juizados Especiais Criminais. A pena de multa será calculada segundo os critérios previstos na Parte Geral do Código Penal (arts. 12 c/c os arts. 49 a 51 do CP).
- **Ação penal:** Pública incondicionada.

Impedimento à procriação (§ 1º, I)

- **Objeto jurídico, sujeitos ativo e passivo, pena e ação penal:** Iguais aos do *caput*.
- **Tipo objetivo, tipo subjetivo e consumação:** A primeira conduta equiparada volta-se àquele que *impede* a procriação da *fauna*. O elemento normativo do tipo, "sem licença, autorização ou em desacordo com a obtida", exige que o juiz busque saber se o agente possuía licença ou autorização para impedir (impossibilitar, interromper, obstruir) a procriação da fauna e se agiu de acordo com estas. Trata-se, evidentemente, de crime doloso e material, uma vez que exige resultado naturalístico, sendo a perícia indispensável. Como o legislador usou o termo genérico *fauna*, que por definição pressupõe um *conjunto de animais próprios de uma região* (*Novo Dicionário Aurélio da Língua Portuguesa*, Rio de Janeiro: Nova Fronteira, 1999, p. 614), e, para os efeitos desta lei, daqueles referidos no § 3º deste art. 29, o impedimento à procriação incriminado por este art. 29, § 1º, I, não é aquele atinente a um único espécime. Não havia previsão semelhante na Lei n. 5.197/67. Como exemplo de impedimento à procriação lembramos a delicada questão da construção de barragens que podem impedir que espécimes de peixes subam determinado rio para desovar, sendo objeto de estrito licenciamento ambiental.

Modificação, dano ou destruição de ninho, abrigo ou criadouro (§ 1º, II)

- **Objeto jurídico, sujeitos ativo e passivo, pena e ação penal:** Iguais aos do *caput*.
- **Tipo objetivo:** A segunda conduta equiparada destina-se àquele que *modifica*, *danifica* ou *destrói* ninho, abrigo ou criadouro natural. A punição de tais condutas encontra justificativa na necessidade de se proteger o local em que espécimes da fauna silvestre têm o seu ninho, abrigo ou criadouro natural. Tais condutas também não se encontravam previstas como crime no antigo Código de Caça (Lei n. 5.197/67). No que concerne à *modificação*, há que se avaliar se dela resultou efetivo prejuízo à procriação dos espécimes. A nosso ver, por imperativo de proporcionalidade e coerência lógica, em face do disposto no inciso anterior, ao empregar o termo genérico *fauna*, não será a modificação, o dano ou a destruição de *um único ninho* que configurará o crime deste art. 29, § 1º, II, punido com pena de detenção de 6 meses a 1 ano, e multa, até mesmo por aplicação do princípio da insignificância, que afasta a chamada tipicidade material

da conduta, não havendo lesão ao bem jurídico protegido. De fato, seria mesmo um exagero do legislador punir criminalmente a conduta de uma pessoa que venha a danificar um ninho de passarinho da fauna brasileira. Ademais, cumpre observar que o inciso III deste § 1º utiliza-se da expressão *espécimes* (no plural), o que reforça o entendimento aqui esposado.

Comércio, exportação, guarda, transporte de ovos, larvas ou espécimes da fauna silvestre (§ 1º, III)

- **Objeto jurídico, sujeitos ativo e passivo, pena e ação penal:** Iguais aos do *caput*.

- **Tipo objetivo:** Trata-se de crime de conteúdo variado ou misto alternativo, em que várias são as condutas incriminadas, sendo que a prática de qualquer delas já configura o ilícito penal. São oito as condutas criminosas: *vende, expõe à venda, exporta ou adquire, guarda, tem em cativeiro ou depósito, utiliza ou transporta*. As condutas devem recair (objeto material) sobre *ovos, larvas ou espécimes da fauna silvestre, nativa ou em rota migratória* (não abrangendo, a nosso ver, animais comprovadamente procriados em criadouro autorizado, e os animais exóticos, oriundos do estrangeiro), *bem como produtos e objetos dela oriundos*. De forma coerente e proporcional com o disposto no inciso I, que faz referência ao termo genérico *fauna* (sobre o seu conceito, *vide* § 3º deste art. 29), o legislador, neste inciso III, empregou a palavra *espécimes* (no plural), o que permite afirmar que não será a venda, por exemplo, de *um único espécime* que caracterizará o crime ora comentado. Mesmo que se trate, eventualmente, de mais de um animal (*v.g.*, duas aves encontradas comumente na fauna silvestre), mas sem maior relevância por não se tratarem de espécimes ameaçados, o denominado princípio da insignificância deverá ser observado. Aliás, parece-nos haver, aqui, certo exagero do legislador ao incluir como objeto material do ilícito até mesmo *larvas* de insetos (muitas vezes utilizadas para o controle biológico de pragas), devendo-se demonstrar, para haver o crime, a existência de perigo para o equilíbrio do ecossistema. *Produtos* oriundos da fauna silvestre são aqueles produzidos por meio de espécimes da fauna silvestre, como a bolsa de couro de jacaré ou botas de couro de cobra, no caso provenientes de criadouros não autorizados ou em desacordo com a autorização concedida. Já os *objetos* independem de qualquer industrialização, referindo-se ao próprio espécime da fauna silvestre, como é o caso do casco de tartarugas.

- **Tipo subjetivo:** É o dolo consistente na vontade livre e consciente de praticar as condutas incriminadas. Para os tradicionais, é o dolo genérico. Não há punição a título de culpa.

- **Elementos normativos do tipo:** Além dos tipos objetivo e subjetivo, a conduta para ser típica exige que os ovos, larvas ou espécimes sejam *provenientes de criadouros não autorizados ou sem a devida permissão, licença ou autorização da autoridade competente*. No caso de produtos e objetos originários de criadouros não autorizados ou sem a devida permissão, será necessário haver prova de que esse fato era de conhecimento do agente para que ele possa ser punido, mesmo porque o delito é doloso, exigindo-se o agir consciente. Além do mais, haverá de se provar que tais produtos ou objetos, como chifres, peles ou o próprio animal empalhado efetivamente tenham origem ilícita e não se tratem, por exemplo, de *antiguidades* cuja guarda ou propriedade, por óbvio, não poderá configurar o tipo penal, não havendo o que se falar, nesse caso, em lesão ao meio ambiente. No mesmo sentido encontrava-se a Lei n. 5.197/67, que permitia, *mediante licença da autoridade competente*, a apanha de ovos, larvas e filhotes destinados a criadouros devidamente legalizados (art. 3º, § 2º).

- **Revogação tácita e retroatividade da lei penal benéfica:** O crime previsto neste inciso III revogou tacitamente a figura do art. 3º, c/c o art. 27 do antigo Código de Caça (Lei n. 5.197/67), que punia o comércio de espécimes da fauna silvestre, de produtos e objetos com pena bem mais severa (reclusão, de dois a cinco anos). Desse modo, a pena mais branda deste art. 29, § 1º, III, deverá retroagir para fatos anteriores à vigência desta lei.

- **Consumação:** Ocorre com a prática das condutas incriminadas. Note-se que, em alguns casos, exige-se um efetivo resultado naturalístico (venda, exportação e aquisição). Já em outras hipóteses, a consumação ocorre com a simples prática da conduta, independentemente de resultado naturalístico (*exposição à venda, guarda, manutenção em cativeiro ou depósito, utilização ou transporte*). Como se nota, alguns são crimes instantâneos (venda, exportação, aquisição); outros são permanentes (exposição à venda, guarda, manutenção em cativeiro ou depósito).

Perdão judicial (§ 2º)

- **Perdão judicial:** A previsão constante deste § 2º diz respeito ao perdão judicial, que constitui causa extintiva da punibilidade, conforme dispõe o art. 107, IX, do CP. Em nossa opinião, presentes os requisitos legais, a concessão do perdão judicial constitui direito público subjetivo do acusado, e não mera faculdade do julgador. De qualquer forma, a decisão há que ser sempre fundamentada (art. 93, IX, da CF). O momento oportuno para a concessão do perdão judicial é o da sentença ou acórdão, uma vez que, conforme já salientado, qualquer que seja o entendimento adotado quanto à sua natureza jurídica, o juiz precisa, antes, decidir se o acusado é culpado.

- **Justa causa e economia processual:** Na prática, pode ocorrer a hipótese em que a aplicação pelo juiz, após eventual condenação, da causa extintiva da punibilidade do perdão judicial, seja patente. Diferentemente do que ocorre em algumas hipóteses de perdão judicial, como a do art. 121, § 5º, do CP, em que a avaliação dos requisitos previstos naquele dispositivo exige conhecimento mais aprofundado do caso, o que demanda a instrução judicial, na hipótese deste § 2º pode ocorrer situação diversa. Assim é que, no caso de guarda doméstica de um papagaio ou alguns passarinhos não considerados ameaçados de extinção, tartarugas etc., o que tem inclusive um caráter cultural em regiões brasileiras, sobretudo nas mais afastadas, é inegável que a futura aplicação do perdão judicial vislumbra-se evidente desde logo. Embora não seja caso de aplicação desta causa de extinção da punibilidade — o que só pode ocorrer, como acima dito, após a condenação —, situações como aquela podem servir de embasamento para o arquivamento do inquérito policial ou rejeição de eventual denúncia, uma vez que, em virtude da aplicação do princípio da economia processual, haverá falta de justa causa para a ação penal, consistente na falta de *interesse de agir* (art. 43, III, do CPP). Outro fundamento para o arquivamento ou rejeição poderá se dar pela aplicação do princípio da insignificância, diante da inexistência de ofensa relevante ao bem jurídico meio ambiente, o que afasta a tipicidade da conduta (*vide* nossos comentários ao art. 13 do CP, *Código Penal comentado*, cit., p. 114).

■ Requisitos: O perdão judicial limita-se à guarda doméstica de espécie silvestre não considerada ameaçada de extinção. Sobre o conceito de espécime da fauna silvestre, *vide* § 3º abaixo. Trata-se de norma penal em branco, uma vez que caberá ao juiz verificar se o espécime silvestre objeto de guarda doméstica encontra-se ou não em extinção (*vide* abaixo).

■ Animais em extinção: As espécies da fauna brasileira ameaçadas de extinção constam da lista anexa à Instrução Normativa n. 3, de 26 de maio de 2003, do Ministério do Meio Ambiente, lista esta complementada pela Instrução Normativa n. 5, de 21 de maio de 2004, por sua vez alterada pela Instrução Normativa n. 52, de 08 de novembro de 2005, ambas do mesmo Ministério. Embora entes federados venham, por suas respectivas Secretarias do Meio Ambiente, publicando listas de espécies em extinção em seus territórios, como fizeram a Secretaria do Meio Ambiente e a Fundação do Parque Zoológico de São Paulo ao editarem lista intitulada "Fauna Ameaçada de Extinção no Estado de São Paulo — Vertebrados" (disponível em: <www.ambiente.sp.gov.br>, em nosso entendimento só será possível haver complemento da lei penal em branco em razão da edição de ato normativo de cunho federal, uma vez que a Constituição da República impõe ser da competência exclusiva da União legislar sobre matéria penal (art. 22, I), abrangendo-se, aqui, o complemento de normas penais em branco por meio de atos de seu Poder Executivo.

■ Erro sobre a ilicitude do fato: Caso a hipótese não seja de perdão judicial (animais, por exemplo, que se encontram em extinção), poderá haver ainda a aplicação do art. 21 do CP, que trata do erro sobre a ilicitude do fato, acarretando, se inevitável, a isenção de pena, e, se evitável, a sua diminuição.

■ Perdão na esfera administrativa: Dispõe o § 2º do art. 11 do Decreto n. 3.179, de 21 de setembro de 1999, que "no caso de guarda doméstica de espécime silvestre não considerada ameaçada de extinção, pode a autoridade competente, considerando as circunstâncias, deixar de aplicar a multa, nos termos do § 2º do art. 29 da Lei n. 9.605, de 1998". Tal disposição é idêntica à prevista no § 2º deste art. 29, com a única diferença de que se aplica à sanção administrativa. A novidade está no § 3º do referido art. 11, que prevê: "No caso de guarda de espécime silvestre, deve a autoridade competente deixar de aplicar as sanções previstas neste Decreto, quando o agente espontaneamente entregar os animais ao órgão ambiental competente". Interessante notar que este § 3º não faz, ao contrário do que ocorre com o parágrafo anterior, qualquer limitação quanto aos animais estarem ou não ameaçados de extinção, o que a princípio permite a não aplicação da sanção administrativa para ambas as hipóteses. Quanto ao perdão judicial aplicável na esfera penal, a questão que surge é saber se, em face do referido § 3º, estaria o juiz autorizado a conceder o perdão judicial também na hipótese nele descrita (ou seja, quando o agente espontaneamente entregar os animais ao órgão ambiental competente). A nosso ver, a resposta há que ser negativa, uma vez que, segundo a nossa Constituição, somente a lei pode tratar de direito penal. Não obstante, entendemos que a situação descrita no § 3º poderá retirar a *justa causa* para a ação penal por falta de interesse de agir, além, é claro, da insignificância do dano e da inadequação (e desproporcionalidade) de eventual resposta penal.

Fauna silvestre (§ 3º)

- **Espécimes da fauna silvestre (conceito):** Para efeito de aplicação desta lei, o legislador houve por bem trazer neste § 3º o conceito de espécimes que compõem a fauna silvestre. Espécies nativas são as nacionais, e, portanto, não estrangeiras. Espécies migratórias são os animais que fazem viagens, periódicas ou irregulares, de um país para outro (*Novo Dicionário Aurélio*, cit., p. 1334). A expressão "e quaisquer outras" refere-se às espécies, aquáticas ou terrestres, *que tenham todo ou parte de seu ciclo de vida ocorrendo dentro dos limites do território brasileiro, ou águas jurisdicionais brasileiras.* Isso não significa que animais que não sejam da *fauna silvestre* (como é o caso dos exóticos, por exemplo) estejam ao desamparo da proteção da norma penal. Eles apenas não são objeto deste art. 29. Veja-se, por exemplo, o crime do art. 32, que pune pena de detenção atos de abuso, maus-tratos, de ferir ou mutilar animais silvestres, domésticos ou domesticados, nativos ou exóticos.

- **Categorias:** São ao todo seis categorias de espécimes da fauna silvestre: anfíbios, aves, insetos, invertebrados terrestres, mamíferos e répteis. Quanto aos insetos, Vladimir Passos de Freitas e Gilberto Passos de Freitas são expressos em incluí-los dentre os animais protegidos pela legislação penal (*Crimes contra a natureza*, cit., p. 76), mesmo porque o tipo penal faz menção, inclusive, às larvas. Espécimes da fauna aquática são objeto de outros tipos penais previstos nesta lei.

Causas de aumento de pena (§ 4º)

- **Causas de aumento de pena:** Nos termos do que prevê o art. 68 do CP, que trata do método trifásico de fixação das penas, as causas especiais de aumento de pena deverão incidir por último, após a fixação da pena-base e das circunstâncias atenuantes e agravantes sobre esta. Note-se que, no caso de crime previsto na Lei n. 9.605/98, as circunstâncias agravantes e atenuantes são aquelas indicadas nos arts. 14 e 15 desta mesma lei. As causas de aumento de pena deste § 4º aplicam-se tão somente aos crimes previstos neste art. 29 (*caput*, §§ 1º e 2º). São elas:

    - **Espécie rara ou ameaçada de extinção (§ 4º, I):** As condutas previstas no *caput* são punidas ainda que o espécime da fauna silvestre *não esteja ameaçado de extinção*. Se o for, haverá a incidência da causa de aumento de pena deste inciso I, aplicável também se o crime for praticado contra espécie rara (ou seja, aquela que é pouco frequente, incomum, não necessitando estar incluída dentre as espécies consideradas ameaçadas de extinção). No caso de animal considerado ameaçado de extinção, caberá ao intérprete consultar as listas periodicamente emitidas pela Secretaria do Meio Ambiente ou por seus órgãos, como o Ibama (*vide* nota ao § 2º, sob o título *Animais em extinção*). A expressão "ainda que somente no local da infração" não exige que a espécie seja rara ou considerada ameaçada de extinção em todo o território nacional, bastando que o seja no local da infração.

- **Perícia (§ 4º, I):** Deixando o crime vestígio, haverá sempre necessidade de perícia. Na prática forense, a perícia oficial é que atesta se o animal objeto do crime é espécie rara ou considerada ameaçada de extinção (art. 79 c/c os arts. 158 e s. do CPP). Nos termos do art. 159 do CPP, os exames de corpo de delito e as outras perícias serão feitos por perito oficial (*caput*); não havendo perito oficial, o exame será realizado por duas pessoas idôneas, portadoras de diploma de curso superior, escolhidas, de preferência, entre as que tiverem habilitação técnica relacionada à natureza do exame (§ 1º). Neste caso, os peritos não oficiais prestarão o compromisso de bem e fielmente desempenhar o encargo (§ 2º).

- **Em período proibido à caça (§ 4º, II):** Em alguns Estados, a caça de certos animais costuma ser liberada em determinadas épocas do ano, inclusive para a proteção do ecossistema quando determinada espécie acaba se proliferando em demasia. Note-se que, no antigo Código de Caça (Lei n. 5.197/65), havia previsão de concessão de permissão para a caça amadora (art. 1º, § 1º), sendo a caça profissional expressamente vedada (art. 2º). Evidentemente, havendo permissão para a caça, não haverá nem mesmo o crime do art. 29, *caput*, desta lei, em face do elemento normativo do tipo nele constante.

- **Durante a noite (§ 4º, III):** Justifica-se a causa de aumento de pena em virtude da maior reprovabilidade daquele que pratica a conduta criminosa em período no qual a fiscalização é menor e os animais encontram-se, em regra, mais vulneráveis. Entende-se por noite o "espaço de tempo em que o sol está abaixo do horizonte" (*Novo Dicionário Aurélio*, cit., p. 1412). Seu conceito é mais abrangente do que a causa de aumento de pena do repouso noturno no crime de furto (art. 155, § 1º, do CP).

- **Com abuso de licença (§ 4º, IV):** Quis o legislador punir mais gravemente aquele que pratica a conduta criminosa *com abuso de licença*. De fato, a reprovabilidade daquele que infringe a norma penal *com abuso de licença* é maior, até porque a autoridade administrativa nele confiou, havendo absoluta consciência em burlar os limites autorizados. Embora o art. 29, *caput*, já puna o crime praticado em desacordo com permissão, licença ou autorização obtida, cremos que a hipótese aqui é mais grave, pois o agente não se limita a estar em *desacordo* (divergência, discordância) com a licença obtida, tendo, com má-fé, ido além, para agir com *abuso de licença*, aproveitando-se da licença concedida, fraudando-a. No primeiro caso, o agente simplesmente age em desacordo com a licença; já no segundo, o agente *prevalece-se, aproveita-se* da licença que possui para praticar o crime. Na verdade, a diferença é sutil, devendo ser verificada no caso concreto.

- **Em unidade de conservação (§ 4º, V):** Haverá incidência desta causa de aumento de pena quando o crime deste art. 29, *caput* e § 1º, for praticado em *unidade de conservação*, que pode ser tanto de proteção integral (*vide* conceito no art. 40, § 1º) quanto de uso sustentável (*vide* art. 40-A, § 1º, acrescentado pela Lei n. 9.985, de 18 de julho de 2000).

- **Com emprego de métodos ou instrumentos capazes de provocar destruição em massa (§ 4º, VI):** A necessidade de se punir mais gravemente aquele que pratica as condutas incriminadas neste art. 29, *com emprego de métodos ou instrumentos capazes de provocar destruição em massa*, é evidente. Isso porque o dano à fauna (ou a potencialidade de dano) é bem maior quando o agente emprega métodos ou instrumentos capazes de provocar destruição em massa de animais. Novamente, caberá à perícia atestar se o método ou instrumento utilizado é ou não capaz de provocar a destruição em massa de espécimes da fauna silvestre (que, aliás, não precisam estar ameaçados de extinção). Lembre-se de que condutas semelhantes ligadas à pesca são tratadas em outros tipos penais desta lei (*vide* arts. 33 a 35).

Caça profissional — causa especial de aumento (§ 5º)

- **Outra causa especial de aumento de pena:** Enquanto o § 4º prevê o aumento de metade da pena (o que já demonstra certo exagero do legislador, bastando lembrar que no roubo qualificado o aumento varia de 1/3 até a metade), este § 5º estipula uma causa de aumento ainda mais grave, onde a pena pode ser aumentada até o triplo. Cabe notar que a caça profissional já era punida no Código de Caça com mais rigor do que a caça comum (reclusão, de 2 a 5 anos — *vide* arts. 2º c/c o art. 27 da Lei n. 5.197/67). Naturalmente, o antigo crime de caça profissional supramencionado restou revogado.

Exceção para a pesca (§ 6º)

- **Pesca:** Embora a fauna seja dividida em *fauna terrestre e aquática,* em virtude das peculiaridades desta última, prevê este § 6º que as disposições deste artigo não se aplicam aos atos de pesca. Quanto aos atos de pesca, *vide* arts. 32 a 36.

Jurisprudência do caput

- **Competência. Cancelamento da Súmula 91 do STJ:** A Súmula 91 do Superior Tribunal de Justiça, que determinava a competência da Justiça Federal para processar e julgar os crimes contra a fauna, foi cancelada pela 3ª Seção daquela Corte, em sessão realizada em 8-11-2000 e publicada no *DJU* de 27-11-2000. Tal se sucedeu em função da Lei n. 9.605/98, que dispõe sobre as sanções penais e administrativas derivadas de condutas e atividades lesivas ao meio ambiente, e dá outras providências, ter revogado tacitamente a Lei n. 5.197/67, vez que tratou de descrever todos os delitos praticados contra o meio ambiente, a fauna e a flora. Portanto, sendo a proteção ambiental comum à União, aos Estados e Municípios, e não tendo a Lei n. 9.605/98 especificado a competência para processar e julgar as ações que atingem os bens ali protegidos, tem-se que a competência é da Justiça Comum Estadual. É que a competência da Justiça Federal está delimitada e expressamente prevista no art. 109 da CF, enquanto a competência estadual é remanescente e residual. À Justiça Federal caberá processar e julgar os crimes previstos na Lei Ambiental somente quando houver lesão a bem, interesse ou serviço da União, por exemplo, quando violar espaço especialmente protegido pelo Poder Público Federal, como áreas de proteção ambiental, de relevante interesse ecológico, reservas extrativistas, dentre outros, declarado como tal por ato do Executivo ou do Legislativo Federal (TRF da 3ª Região, 2ª T., RCr 99.03.99.019967-2, Rel. Des. Fed. Souza Ribeiro, j. 23-10-2001, v.u. — *DJU* 10-12-2001, p. 137, *Bol. IBCCr* 112/594, março/2002). A guarda irregular de animais silvestres trata de crime ambiental a ser julgado pela Justiça Estadual. A competência da Justiça Federal é restrita aos crimes ambientais perpetrados em detrimento de bens, serviços ou interesses da União, de suas autarquias ou empresas públicas, conforme o disposto no art. 109, IV, da CR (STJ, 5ª T., REsp 425.225, j. 17-9-2002, Rel. Min. Gilson Dipp, v.u. — *DJU* 21-10-2002, *RT* 812/533). *Contra*: Conforme interpretação do art. 1º da Lei n. 5.197/67, não revogado pela Lei n. 9.605/98, os animais silvestres estão incorporados ao patrimônio da União, o que, por si só, nos termos do art. 109, IV, da CF, desloca a competência para julgamento e processamento de crimes cometidos contra a fauna à Justiça Federal (TRF da 4ª Região, 2ª T., CPar 1998.04.01.022300-1, Rel. Juiz Tadaaqui Hirose, j. 25-6-1998, *DJU* 5-8-1998, *RT* 757/690; no mesmo sentido: TRF da 4ª Região, *RT* 797/720).

- **Crime contra a fauna silvestre nacional. Ausência de dolo e da consciência plena da ilicitude do fato. Princípio da insignificância:** Não tendo restado provado, nos autos, que a maior parte das aves apreendidas não era domesticada e que havia sido apanhada recentemente, não há que se falar em delito contra a fauna silvestre nacional. O réu alegou desconhecer que o fato tipificava crime e, sendo pessoa simples e de pouca instrução, que teve séria dificuldade para arcar com a multa que lhe foi imposta, tudo está a indicar que, realmente, não tinha plena consciência da ilicitude da conduta que praticou. O fato penalmente insignificante deve ser excluído da tipicidade penal, para receber tratamento adequado na esfera civil ou administrativa, suficiente a coartá-lo. Recurso improvido. Decisão absolutória mantida (TRF da 3ª Região, 5ª T., Proc. 96.03.016097-0 ApCr 5.193, Rel. Des. Fed. Ramza Tartuce, j. 30-4-2002, v.u. — *DJU* 28-5-2002, p. 381, *Bol. IBCCr* 116/626, julho/2002).

- **Princípio da insignificância. Aplicação:** Penal. Crime contra a fauna. Autoria e materialidade delitivas. Comprovação. Princípio da insignificância. Aplicação. Provimento do recurso. 1. A baixa escolaridade do acusado, seu despreparo e a realidade do meio em que habita, somados à ausência do intuito de caça predatória e do objetivo de comercialização, bem como por tratar-se de lesão considerada de pequena monta, constituem circunstâncias que autorizam a aplicação do princípio da insignificância. 2. Recurso a que se dá provimento para absolver o acusado (TRF da 3ª Região, 2ª T., Ap. 96.03.093963-3, Rel. Des. Fed. Sylvia Steiner, j. 8-8-2000, DJU 30-8-2000, RT 783/769). "... para incidir a norma penal incriminadora, é indispensável que a guarda, a manutenção em cativeiro ou em depósito de animais silvestres, possa, efetivamente, causar risco às espécies ou ao ecossistema, o que não se verifica no caso concreto, razão pela qual é plenamente aplicável, à hipótese, o princípio da insignificância" (STJ, 5ª T., HC 72.234, Rel. Min. Napoleão Nunes Maia Filho, j. 9-10-2007, DJU 5-11-2007).

- Princípio da insignificância (500 gramas de piranha e 1 quilo de carne de jacaré): "A inexpressiva significância do fato e da correspondente lesividade ao bem jurídico não permitem a *persecutio criminis* por infração ao art. 34, parágrafo único, inciso III, e art. 29, § 3º, inciso III, da Lei 9605/98. Aplicação do princípio da bagatela" (TJMS, 2ª T. Recursal, RSE 2008.028693-4, Rel. Des. Romero Osme Dias Lopes, j. 15-12-2008).

- Princípio da insignificância. Inaplicação. Possibilidade de recebimento da denúncia: É inadmissível a rejeição de denúncia que relata a apreensão e criação de cinquenta pássaros que integram a fauna silvestre brasileira sem a devida licença, por aplicação do princípio da insignificância, pois o art. 29, § 1º, III, da Lei n. 9.605/98 descreve esta conduta como ilícita, impondo-lhe uma sanção, não cabendo, portanto, ao Judiciário negar a sua validade, salvo excepcionalmente (TRF da 1ª Região, 4ª T., RCr 1999.01.00.048547-0, Rel. Des. Fed. César Ribeiro, j. 6-3-2001, DJU 28-3-2001, RT 791/704). No mesmo sentido, pela inaplicação do princípio da insignificância aos crimes ambientais: TJRS, 4ª Câm. Crim., Ap. 749159791, Rel. Des. Gaspar Marques Batista, j. 30-8-2012.

- Princípio da insignificância não cabe (impossível calcular o dano para futuras gerações): A caça de 2 capivaras e a pesca de 7 quilos de peixe Jundiá em período proibido configura os crimes dos arts. 29, *caput,* e 34, *caput*; no que se refere ao princípio da insignificância, a agressão ambiental ocasionada com a caça predatória e a pesca em período da piracema atinge toda a coletividade, bem como as gerações futuras, não havendo como calcular o dano ocasionado, não se aplicando o princípio da insignificância (TJRS, 3ª Câm., Ap. 70041830233, Rel. Des. Francesco Conti, j. 6-10-2011, m.v.).

- Transporte de capivara: O fato de o réu ter cometido o delito para consumir a carne do animal, não implica, necessariamente, na excludente de ilicitude pelo estado de necessidade (TJRS, 2ª Câm. Crim., Ap. 741540402, Rel. Des. Rosane Ramos de Oliveira Michels, j. 27-9-2012).

Jurisprudência do § 1º, III

- Criadouro não autorizado: "A simples guarda de ossos de espécimes silvestres, sem prova qualquer de que foram adquiridos de criadouro não autorizado ou, ainda, de que a pessoa tivesse concorrido à caça e morte de tais animais torna descabida a condenação pelo art. 29, § 1º, III, da Lei n. 9.605/98" (TJMS, 2ª T. Crim., Ap. 2010.019237-3/0000-00 — Miranda, TJMS, 2ª T. Crim., Ap. 2010.020430-0/0000-00 — Miranda, Rel. Des. João Carlos Brandes Garcia, j. 25-10-2010.

Crime permanente: "Afastam-se as teses de necessidade de mandado judicial ou de existência de violação de domicílio, pois o crime em questão, nas modalidades de guardar ou ter em cativeiro animal silvestre, é de natureza permanente, prolongando-se sua consumação no tempo e, consequentemente, o estado de flagrância, o que permite à autoridade policial adentrar na residência do paciente sem qualquer determinação judicial, *ex vi* do art. 5º, inciso XI, da Carta Magna" (STJ, 5ª T., HC 72.234, Rel. Min. Napoleão Nunes Maia Filho, j. 9-10-2007, *DJU* 5-11-2007).

■ Inexistência de prova de comercialização: Não configura o crime a manutenção em cativeiro de dois "canários da terra", espécimes da fauna silvestre, se inexiste prova de que o acusado comercializasse os animais (TJSP, 5ª Câm., Ap. 0000895-09.2011.8.26.0411, Rel. Des. Pinheiro Franco, j. 13-12-2012).

Jurisprudência do § 2º

■ Perdão judicial: Se as aves apreendidas já estavam em poder do agente há bastante tempo, em guarda doméstica, e não se trata de espécimes em extinção, cabível a aplicação do perdão judicial (TJRS, 4ª Câm., Ap. 70034872275, Rel. Des. Gaspar Marques Batista, j. 8-7-2010).

■ Papagaio: Provada a convivência do papagaio com os autores por cerca de 20 anos, o seu bom estado de saúde, os cuidados e afeto dispensados pelos demandantes, a sua não mais adaptação ao seu *habitat* natural, haja vista o seu longo período em convivência doméstica, e somada com o § 2º do art. 29 da Lei dos Crimes Ambientais, a outra conclusão não se pode chegar senão pela confirmação da sentença, anulando-se o boletim de ocorrência ambiental e todos os subsequentes, mantendo a posse e a propriedade do animal em nome dos autores (TJRS, 1ª Câm. Cível, Ap. Cível 70033001801, Rel. Des. Carlos Roberto Lofego Canibal, j. 16-12-2009).

Jurisprudência das causas de aumento de pena do § 4º

■ Crime contra a fauna. Espécies em extinção. Agravante prevista no art. 29, § 4º, da Lei n. 9.605/98: Materializada a autoria plenamente evidenciada nos autos. A aplicação da agravante prevista no art. 29, § 4º, da Lei n. 9.605/98 pressupõe a constatação inequívoca de que a espécie abatida é rara ou encontra-se ameaçada de extinção, nos termos da regulamentação expedida pelo Ibama. No caso dos autos, inexistindo laudo elaborado por peritos na matéria, descabe a incidência da referida majorante. Sendo a pena aplicada inferior a um ano, ocorreu a prescrição da pretensão punitiva, tendo em vista o decurso de mais de dois anos entre a data do recebimento da denúncia e a publicação da sentença (TRF da 4ª Região, 7ª T., ApCr 00.04.01.033755-6, Rel. Des. Fed. Élcio Pinheiro de Castro, j. 18-3-2002, v.u. — *DJU* 17-4-2002, p. 1200, *Bol. IBCCr* 115/618, junho/2002).

■ Comercialização de pássaros silvestres. Caracterização. Irrelevância dos pássaros não constarem da lista oficial referente aos animais em extinção: Constitui crime contra o meio ambiente a comercialização de pássaros silvestres (art. 29, § 1º, III, da Lei n. 9.605/98). Não exclui a tipicidade da conduta o fato de não se encontrar espécimes apreendidas na lista oficial de espécie de fauna silvestre ameaçada de extinção. O crime praticado contra espécie rara ou considerada ameaçada de extinção constitui causa de aumento da pena de metade (art. 29, § 4º, Lei n. 9.605/98). É inaplicável à hipótese o princípio da insignificância. Considerar atípica a conduta de alguém que é encontrado com pequena quantidade de pássaros é oficializar a impunidade. Deixar de reprimir a conduta dos infratores significa conceder-lhes salvo-conduto e incentivá-los à prática que poderá levar ao extermínio da fauna nacional (TRF da 1ª Região, 4ª T., Ap. 1999.0 1.00.117497-1, Rel. Des. Fed. Mário César Ribeiro, j. 17-10-2000, *DJU* 10-11-2000, *RT* 786/750).

- Inexistência de laudo: A aplicação da agravante prevista no art. 29, § 4º, da Lei n. 9.605/98 pressupõe a constatação inequívoca de que a espécie abatida é rara ou encontra-se ameaçada de extinção, nos termos da regulamentação expedida pelo Ibama. No caso dos autos, inexistindo laudo elaborado por peritos na matéria, descabe a incidência da referida majorante (TRF da 4ª Região, 7ª T., ApCr 00.04.01.033755-6, Rel. Juiz Élcio Pinheiro de Castro, j. 18-3-2002, v.u. — *DJU* 17-4-2002, p. 1200, *Bol. IBCCr* 115/618). Ausente laudo pericial comprovando que os pássaros apreendidos — pela falta de licença do Ibama para transporte — realmente se tratava de espécie em extinção, deve ser afastada a majorante prevista no inciso I do § 4º do art. 29 (TJRS, 4ª Câm., Ap. 734031153, Rel. Des. Gaspar Marques Batista, j. 25-3-2010).

Art. 30. Exportar para o exterior peles e couros de anfíbios e répteis em bruto, sem a autorização da autoridade ambiental competente:

Pena — reclusão, de 1 (um) a 3 (três) anos, e multa.

- Transação: Não cabe, por ser a pena máxima superior a dois anos (art. 76 da Lei n. 9.099/95).

- Suspensão condicional do processo: Cabe (art. 89 da Lei n. 9.099/95).

- Penas alternativas: Cabem (arts. 43 e s. do CP).

- Termo de Ajustamento de Conduta (reflexos na área penal): *Vide* nota sob o mesmo título nos comentários ao art. 26, que trata da ação penal.

- Revogação: O art. 18 c/c o art. 27 da Lei n. 5.197/67, que punia com pena bem mais severa (reclusão, de 2 a 5 anos) *a exportação, para o exterior, de peles e couros de anfíbios e répteis, em bruto*, encontra-se tacitamente revogado por este art. 30. Cabe notar que este novo art. 30 inclui no tipo penal o elemento normativo "sem a autorização da autoridade ambiental competente". Havendo, portanto, autorização para a exportação, a conduta não é típica.

- Objeto jurídico: O meio ambiente, especialmente os répteis e anfíbios que compõem a fauna brasileira.

- Sujeito ativo: Qualquer pessoa física. Quanto à pessoa jurídica, *vide* nossas restrições nos comentários ao art. 3º.

- Sujeito passivo: É a coletividade.

- **Tipo objetivo:** O núcleo do tipo é *exportar*, que significa fazer sair de nosso território, havendo manifesta redundância do legislador com o emprego da locução *para o exterior*. O objeto material do delito são *peles* (membrana que reveste o corpo) e *couros* (pele espessa) de *anfíbios*, ou seja, animais vertebrados de pele lisa, sem escamas, rica em glândulas de veneno e muco, geralmente capazes de respirar fora da água quando adultos, e com temperatura do corpo variável de acordo com a do meio ambiente — pecilotérmicos—, como sapos e salamandras, e *répteis*, isto é, animais vertebrados com temperatura do corpo variável — pecilotérmicos — adaptados à vida terrestre graças a pulmões e a uma pele coriácea que impede a evaporação da água, como os lagartos, as cobras, as tartarugas, jacarés e crocodilos (cf. *Grande Enciclopédia Larousse Cultural*, Nova Cultural, 1995, verbetes "Anfíbio" e "Réptil", e *Dicionário Houaiss da Língua Portuguesa*, cit., verbetes "anfíbio" e "réptil"). Como se vê, não se incluem no tipo o couro de alguns peixes da fauna brasileira que são utilizados para a confecção de bolsas. O tipo traz dois elementos normativos. O primeiro estatui que as peles e couros objeto do tipo devem estar *em bruto*, ou seja, *in natura*, sem tratamento ou manipulação, o que é um *non sense*. Isso porque, se forem exportados os *mesmos couros* já tratados ou transformados em bolsas ou sapatos, ainda que sem autorização, não haveria a configuração deste crime, mas sim o do art. 29, III, punido muito mais levemente; realmente, não se compreende o legislador. O segundo impõe que, para o crime se configurar, a exportação de peles ou couros em bruto, o agente deve assim estar procedendo *sem a autorização da autoridade ambiental competente*. Em havendo a referida autorização, a conduta evidentemente não será típica por ausência daquele elemento normativo. Caso o agente abuse da licença, permissão ou autorização ambiental concedidas, haverá o crime, com o agravamento da pena previsto no art. 15, II, *o*, da Lei n. 9.605/98.

- **Tipo subjetivo:** É o dolo, consistente na vontade livre e consciente de exportar peles e couros de répteis ou anfíbios em bruto, sabendo não possuir a competente autorização da autoridade ambiental. Para os tradicionais, é o dolo genérico. Não há modalidade culposa.

- **Consumação:** Se as peles ou couros saem pela alfândega, consuma-se o delito no momento da sua *liberação*; se a sua saída se dá sem alfândega, o delito se perfaz no momento em que as peles e couros deixam o território nacional.

- **Tentativa:** É possível, sendo mister, todavia, que efetivamente haja início de execução do crime, ou seja, de que fique demonstrado que o agente tentou sair do país com as peles ou couros, ou que efetivamente praticou condutas aptas a exportar a mercadoria, como a sua postagem. Os atos meramente preparatórios, à evidência, não são puníveis (CP, art. 14, II).

- **Confronto com o art. 29, III:** O art. 29, III, também pune a exportação de produtos e objetos oriundos de espécimes da fauna silvestre. Ocorre que este art. 30 destina-se tão somente à conduta de exportação de *peles e couros de anfíbios e répteis*, e ainda, *em bruto* (*in natura*), e não de qualquer espécime da fauna silvestre. Como dissemos acima, há um *non sense*. Isso porque, se forem exportados os *mesmos couros* já tratados ou transformados em bolsas ou sapatos, ainda que sem autorização, não haveria a configuração deste crime, mas sim o do art. 29, III, punido muito mais levemente. Com efeito, a pena prevista neste art. 30 (reclusão de 1 a 3 anos, e multa) é bem mais severa do que a constante do mencionado art. 29 (detenção, de 6 meses a 1 ano, e multa); realmente, não se compreende o legislador.

- Confronto com o art. 334 do CP: Em face do princípio da especialidade, deve este art. 30 prevalecer sobre o crime de contrabando previsto no art. 334 do CP, onde se pune a exportação de mercadoria proibida.
- Pena: Reclusão, de um a três anos, e multa.
- Ação penal: Pública incondicionada.

Art. 31. Introduzir espécime animal no País, sem parecer técnico oficial favorável e licença expedida por autoridade competente:

Pena — detenção, de 3 (três) meses a 1 (um) ano, e multa.

- Transação: Cabe (art. 76 da Lei n. 9.099/95). Lembramos que nos crimes previstos nesta lei, a proposta de transação penal depende da prévia composição do dano ambiental, nos casos em que tiver ocorrido, salvo em caso de comprovada impossibilidade (art. 27).
- Termo de Ajustamento de Conduta (reflexos na área penal): *Vide* nota sob o mesmo título nos comentários ao art. 26, que trata da ação penal.
- Suspensão condicional do processo: Cabe (art. 89 da Lei n. 9.099/95).
- Penas alternativas: Cabem (arts. 43 e s. do CP).
- Revogação: A conduta incriminada neste art. 31 já era punida pela Lei n. 5.197/67 (art. 4º c/c o art. 27, § 1º), contudo, com pena bem mais severa (reclusão de 1 a 3 anos). A redução da pena cominada, a exemplo do que ocorreu com diversos tipos penais desta lei, mostra-se razoável e adequada, sobretudo quando comparada com outros tipos penais previstos no CP, em que, por exemplo, o furto e a apropriação indébita são apenados com pena de reclusão, de 1 a 4 anos. Obviamente, o antigo crime previsto no Código de Caça restou tacitamente revogado por este.
- Objeto jurídico: É o meio ambiente, com especial ênfase ao equilíbrio de nosso ecossistema, inclusive no que concerne a questões de saúde pública. Em segundo plano, protege-se também, e indiretamente, a produção nacional de determinados alimentos, como a de carne bovina.
- *Ratio legis:* Com o nítido objetivo de tutelar o equilíbrio existente na fauna e no ecossistema como um todo, o legislador optou por punir criminalmente a introdução de espécime animal no país, *sem parecer técnico oficial favorável e licença expedida por autoridade competente*. De fato, como aduzem Vladimir e Gilberto Passos de Freitas, há sérios riscos na importação irregular, pois se o animal exótico não tiver predador no Brasil, po-

derá ocorrer uma disseminação exagerada, como aduzimos, com determinadas espécies de peixe ou de moluscos como *escargots* que, oriundos do exterior podem, se soltos no meio ambiente, dizimar espécies originárias de nossa fauna. Além disso, o exame técnico servirá para constatar se o animal importado foi transportado regularmente e se foi obtido em conformidade com a legislação de seu país (*Crimes contra a natureza,* cit., p. 93). Todavia, há, ainda, outra preocupação do legislador, abrangendo, inclusive, questões de saúde pública e comerciais. Com efeito, o tipo penal ora comentado aplica-se, também, à hipótese de importação de gado de países vizinhos, por exemplo, do Paraguai, sem o mencionado parecer técnico favorável e a competente licença, obtida somente com a devida vacinação, inclusive para a prevenção da *febre aftosa*, que tantos males produz no rebanho bovino nacional e, consequentemente, em nossa balança comercial. Isso porque o tipo não exige que o *espécime animal* introduzido seja um espécime *novo*, de *raça diversa* daquelas existentes em nosso território. O mesmo raciocínio aplica-se às aves, lembrando a denominada *gripe aviária*.

▪ Sujeito ativo: Qualquer pessoa física. Quanto à pessoa jurídica, *vide* nossas restrições nos comentários ao art. 3º.

▪ Sujeito passivo: É a coletividade.

▪ Tipo objetivo: Pune-se a conduta de *introduzir no país*, ou seja, de importar, de fazer entrar em nosso território. O objeto material é *espécime animal*, isto é, ser vivente geralmente capaz de se movimentar, dotado de sensibilidade, abrangendo diversos estágios evolutivos. A locução *espécime animal*, utilizada pelo legislador, é, portanto, bastante ampla, mesmo porque o termo *animal* abrange, em tese, até mesmo organismos unicelulares (cf. *Grande Enciclopédia Larousse Cultural*, Nova Cultural, 1995, verbete "animal"). O tipo não exige, cumpre ressaltar, que o *espécime animal* seja novo ou desconhecido de nossa fauna. Com efeito, o legislador não se refere a *espécie animal desconhecida ou estranha à nossa fauna*, mas somente a *espécime animal*, coisa bem diversa. Não consta do tipo a importação não autorizada de espécime *vegetal*. A conduta é acrescida dos seguintes elementos normativos: a) *sem parecer técnico oficial favorável e* b) sem *licença expedida por autoridade competente*. Trata-se de norma penal em branco, a qual deve ser complementada por atos normativos editados pela União, lembrando-se o Conama (*vide* nota Complemento das normas penais por atos normativos da União, no início dos comentários à presente lei). Não basta para excluir a tipicidade, portanto, a existência de parecer técnico particular. Haverá o crime, outrossim, ainda que o agente esteja munido de parecer técnico oficial, caso não haja *licença*; igualmente, não excluirá a tipicidade a existência somente de licença expedida pela autoridade competente, mormente as sanitárias, se não houver parecer técnico oficial favorável. Caso o agente abuse da licença, permissão ou autorização ambiental concedidas, haverá o crime com o agravamento da pena previsto no art. 15, II, *o*, da Lei n. 9.605/98.

- **Tipo subjetivo:** É o dolo, consistente na vontade livre e consciente de importar espécime animal sem parecer técnico oficial favorável e sem licença expedida pela autoridade competente. Não há modalidade culposa. O desconhecimento da lei é inescusável, mas o erro sobre a ilicitude do fato poderá isentar o autor de pena ou diminuí-la de um sexto a um terço (art. 21 do CP).

- **Consumação:** Se o espécime animal é introduzido pela alfândega, consuma-se o delito no momento da sua *liberação*; se a sua entrada se dá sem alfândega, como facilmente pode ocorrer nas grandes extensões de fronteira seca, o delito se perfaz no momento em que o espécime animal entra no território nacional.

- **Tentativa:** É possível, sendo mister, todavia, que efetivamente haja início de execução do crime, ou seja, que fique demonstrado que o agente tentou introduzir no país o espécime animal, ultrapassando os limites dos meros atos preparatórios, que não são puníveis (art. 14, II, do CP).

- **Instrução Normativa:** A importação de animais silvestres e sua criação em cativeiro encontram-se regulamentadas na Instrução Normativa n. 1, de 15 de abril de 1999, do Ibama, publicada no *DOU* de 16-4-1999, p. 105-107, renumerada para Instrução Normativa n. 3/99.

- **Pena:** Detenção, de 3 meses a 1 ano, e multa.

- **Ação penal:** Pública incondicionada.

Art. 32. Praticar ato de abuso, maus-tratos, ferir ou mutilar animais silvestres, domésticos ou domesticados, nativos ou exóticos:

Pena — detenção, de 3 (três) meses a 1 (um) ano, e multa.

§ 1º Incorre nas mesmas penas quem realiza experiência dolorosa ou cruel em animal vivo, ainda que para fins didáticos ou científicos, quando existirem recursos alternativos.

§ 2º A pena é aumentada de um sexto a um terço, se ocorre morte do animal.

- **Transação penal (Lei n. 9.099/95):** Cabe em todas as figuras (*caput*, §§ 1º e 2º), ou seja, ainda que ocorra o aumento de pena em razão da morte do animal. Lembramos que nos crimes previstos nesta lei a proposta de transação penal depende da prévia composição do dano ambiental, nos casos em que tiver ocorrido, salvo em caso de comprovada impossibilidade (art. 27).

- **Suspensão condicional do processo (art. 89 da Lei n. 9.099/95):** Cabe em qualquer hipótese, desde que preenchidos os requisitos legais.

- **Penas alternativas:** Cabem (arts. 43 e s. do CP).

- **Termo de Ajustamento de Conduta (reflexos na área penal):** *Vide* nota sob o mesmo título nos comentários ao art. 26, que trata da ação penal.

Abuso, maus-tratos, lesão e mutilação de animais (caput)

- **Revogação tácita:** Com a vigência deste art. 32, restou tacitamente revogado o *art.* 64, *caput* e §§ 1º e 2º, da LCP, que punia com prisão simples aquele que tratasse animal com crueldade ou o submetesse a trabalho excessivo.
- **Objeto jurídico:** Segundo a teoria constitucional do bem jurídico (cf. nosso *Código Penal comentado*, cit., p. 106 a 108), o legislador penal há de fundamentar-se na Constituição da República ao eleger os bens a serem penalmente protegidos, como também quais as condutas a eles lesivas que merecem repressão penal. Isso, *tendo como referência o ser humano*, seu destinatário, devendo a ele servirem o Estado e o Direito. Desse modo, como *bem jurídico penal* tem-se tudo o que é *eticamente valorado pela sociedade* como *essencial para a sua existência e desenvolvimento igualitário, harmônico e pacífico*, não se podendo prescindir de seu conceito, como *fundamento legitimador e limitador do direito penal*, sob pena de abrir o caminho para uma perigosa maximização. No caso deste art. 32, o seu fundamento constitucional é expressamente previsto no art. 226, § 1º, VII, o qual incumbe ao Poder Público "proteger a fauna e a flora, vedadas, na forma da lei, as práticas que coloquem em risco sua função ecológica, provoquem a extinção de espécies ou submetam os animais a crueldade". O legislador, que na antiga contravenção penal do art. 64, que punia com prisão simples aquele que tratasse com crueldade animais, ou os submetesse a trabalho excessivo, preocupou-se com o seu bem-estar, inclusive daqueles domésticos, os quais estão inseridos no conceito de meio ambiente em que vivemos. O bem jurídico tutelado, aqui, portanto, é multifacetado. Primeiramente, protege-se a paz e a tranquilidade sociais, uma vez que, para a grande maioria das pessoas civilizadas, assistir a cenas de abuso, maus-tratos, ferimentos e mutilações em animais gera sentimento de repúdio, de perturbação, despertando solidariedade com o sofrimento agudo de animais não humanos, que dividem espaços conosco neste planeta. Mas não é só. Expressiva parcela da sociedade tem cada vez mais reconhecido que os animais, sobretudo os mais evoluídos, além de sentirem dor e possuírem os mesmos instintos de sobrevivência e de proteção da prole que nós seres humanos, possuem certo nível de consciência, ainda que reduzido, ao serem dotados, até mesmo, da capacidade de se autorreconhecerem em um espelho (estudos já foram feitos com macacos que sabiam distinguir os outros da sua imagem). Seres não humanos diante dos quais não mais se admite que nós os tratemos de forma cruel, impondo-se-lhes sofrimento atroz e desnecessário, ainda que se criados ou abatidos para abastecer a nossa cadeia alimentar. Desse modo, não mais se admitem atitudes grotescas e sádicas de maus-tratos, como a praticada por alguns criadouros de porcos ao forçar que as leitoas fiquem deitadas 24 horas por dia, amamentando os seus filhotes, com enorme sofrimento; igualmente, que cavalos sejam obrigados a puxar pesadas carroças até a exaustão. Sob esse enfoque, o tipo penal protege, também, o próprio animal, que integra a fauna, seja silvestre, domesticada e doméstica, nativa ou exótica, com uma visão *ecocentrista*, coibindo-se outras práticas cruéis que há muito tempo vinham sendo praticadas, como nas famosas touradas espanholas em que touros são mortos lentamente,

para o deleite de parcela dos espectadores. Estamos mais inclinados para essa segunda concepção, sendo nítida a evolução da sociedade nesse sentido, não mais se podendo falar que as leis penais ambientais preocupam-se tão somente com o ser humano, com o seu bem-estar, mesmo porque, em alguns casos (como o deste art. 32), é evidente a preocupação com o bem-estar do próprio animal. Um tipo penal voltado à sobrevivência e bem-estar dos seres vivos como um todo, humanos ou não humanos, ou seja, do próprio ecossistema no qual estamos inseridos. Recomendamos, sobre o tema, a leitura de trabalho do saudoso José Henrique Pierangeli sobre esse art. 32, intitulado "Maus-Tratos contra Animais", *RT* 765 (julho de 1999), p. 481 a 498.

- Sujeito ativo: Qualquer pessoa física. Quanto à pessoa jurídica, *vide* nossas restrições nos comentários ao art. 3º.

- Sujeito passivo: É a coletividade, uma vez que para a grande maioria das pessoas civilizadas, abusar, maltratar, causar ferimentos e mutilar animais gera sentimento de repúdio, perturbando a paz e a tranquilidade sociais. Em nosso entendimento, também será sujeito passivo o eventual proprietário do animal (doméstico ou domesticado), caso a conduta incriminada tenha sido praticada por terceiro à sua revelia. Embora o animal seja o objeto factual do crime, é evidente que em termos jurídicos, por não ser dotado de personalidade (esta ínsita aos seres humanos), não se pode denominá-lo "sujeito passivo". O animal é o objeto material do delito, e não seu sujeito.

- Tipo objetivo: O objeto material do delito são os *animais silvestres* (encontrados na natureza, nativos, selvagens), *domésticos* (que vivem junto ao homem, criados em suas casas) *ou domesticados* (animal selvagem que foi amansado), *nativos* (ou seja, oriundos da nossa fauna) *ou exóticos* (não originário de nosso país, estrangeiro). São quatro as condutas puníveis: 1) *praticar ato de abuso* (fazer mau uso ou uso errado); tal conduta refere-se a hipóteses, por exemplo, em que o animal é usado para o trabalho de forma excessiva, lembrando-se, por exemplo, cavalos que são forçados a puxar carroças até desfalecerem ou aqueles que são utilizados em circos de forma exaustiva; 2) *maus-tratos* (causar prejuízo ao animal de qualquer natureza); esta modalidade abrange, por exemplo, porcas que são forçadas a ficarem deitadas 24 horas por dia amamentando ou confinados em cubículos para comer e engordar sem se mexer; 3) *ferir* (fazer feridas, causar machucados); e 4) *mutilar* (cortar ou privar o animal de algum membro ou alguma parte do corpo), dispensando-se exemplos. Trata-se de tipo misto alternativo, em que a prática de quaisquer das condutas já configura o crime, presentes os demais requisitos. No entanto, se no mesmo contexto fático o agente praticar mais de uma conduta, responderá por um único crime.

- Briga de galo, farra do boi e rodeio: Questão tormentosa diz respeito a práticas regionais e culturais existentes em nosso país, em que animais acabam sendo submetidos a abusos e maus-tratos. É o caso das conhecidas briga de galo, farra do boi e rodeio. Tais práticas encontram-se, por vezes, tão enraizadas em nossa cultura que existem até mesmo leis ou decretos que regulamentam a prática de algumas dessas condutas. É o caso, por exemplo, de leis municipais que buscam permitir a "briga de galo", como a Lei municipal n. 1.810, de 7 de abril de 1998, do Município de Encruzilhada do Sul-RS. Anotamos que o STF recentemente julgou *inconstitucional* lei semelhante, do município do Rio de Janeiro (*vide* jurisprudência abaixo). Na opinião abalizada de Vladimir e Gilberto Passos de Freitas, "só a União pode legislar sobre direito penal (CF, art. 22, I)", sendo que "referidas leis são de manifesta inconstitucionalidade, pois pretendem tornar regular uma prática que é considerada crime" (*Crimes contra a natureza*, cit., p. 98). A situação não nos parece tão simples de ser resolvida, até porque há inclusive uma lei federal regulamentando a prática do rodeio em nosso país (Lei n. 10.519, de 17 de julho de 2002). Surgem, com isso, as seguintes questões: *1ª)* Se a conduta incriminada por lei acaba sendo regulamentada (permitida) por outra lei também federal, o abuso ou os maus-tratos do animal, por exemplo, deixaria de ser antijurídico, afastando-se o crime. No caso de rodeio, portanto, ainda que se considere ter havido abuso ou maus-tratos de animais, desde que estritamente limitado à prática dessa competição, ela não seria antijurídica, podendo-se verificar até mesmo a causa excludente da ilicitude do *exercício regular de direito* (art. 23, III, do CP). Cumpre lembrar, todavia, que poderá haver punição pelo excesso doloso ou culposo (art. 23, parágrafo único, do CP). *2ª)* Há possibilidade, ainda, de configuração de erro sobre a ilicitude do fato (art. 21 do CP), como na hipótese do agente que, pelas circunstâncias de sua vida, não conhecia a proibição legal, o que enseja a redução da pena (se o erro era evitável) ou até mesmo a sua isenção (se inevitável o erro). *3ª)* Existe, outrossim, a possibilidade de caracterização da causa supralegal de exclusão da tipicidade da *adequação social*. Consiste, ela, em um critério de interpretação que restringe o alcance literal dos tipos penais, excluindo deles aqueles comportamentos considerados socialmente adequados, recebendo *total aprovação social*, como ensina Santiago Mir Puig (*Derecho penal— parte general*, 3. ed., Barcelona: PPU, 1990, p. 567-570).

- Tipo subjetivo: É o dolo, consistente na vontade livre e consciente de abusar, maltratar, ferir ou mutilar. Para os tradicionais, é o dolo genérico. Se houver morte (preterdolo), haverá a qualificadora do § 2º. Não se exige dolo específico. Não se pune a modalidade culposa (art. 18, parágrafo único, do CP).

- Consumação: Com a efetiva prática das condutas incriminadas. Nas modalidades de *abuso* e *maus-tratos*, não se exige efetivo resultado naturalístico, ao contrário do que se verifica nas condutas de *ferir* e *mutilar*.

- Tentativa: Nas modalidades de *ferir* e *mutilar*, a tentativa é possível, desde que o ato não caracterize, por si só, a conduta de abusar ou de maltratar.

- Pena: Detenção, de três meses a um ano, e multa.

- Ação penal: Pública incondicionada.

Figura equiparada (§ 1º)

- **Equiparação:** A conduta criminosa descrita neste § 1º encontrava-se presente no art. 64, § 1º, da LCP, que, como visto, restou revogado. Este tipo penal volta-se à proteção dos animais, evitando que estes sejam submetidos a experiências dolorosas ou cruéis. Destina-se, por exemplo, a coibir a prática de alguns professores ou cientistas que, a pretexto de melhor ensinar ou pesquisar a matéria, submetem animais a experiências dolorosas ou cruéis, como a vivissecção ou outras que causem dor ou angústia ao animal. Como o próprio tipo diz, para haver a conduta típica, o animal há que estar vivo. A aplicação de sedação, analgesia ou anestesia adequadas poderá afastar a ilicitude, desde que o agente disponha de licença para a prática da vivissecção, e tenha observado as exigências ali constantes (*vide* nota abaixo sob o título *Exercício regular de direito*). Os recursos alternativos, a nosso ver, dizem respeito *não só à dor ou sofrimento do animal*, mas à própria experiência realizada. Deve-se evitar a prática da experiência toda vez que houver recursos alternativos que sejam satisfatórios para os fins de ensino ou pesquisa.

- **Elemento normativo do tipo:** Cabe notar que o elemento normativo do tipo *quando existirem recursos alternativos* não se encontrava presente na antiga contravenção penal. Há que se buscar um equilíbrio entre os bens jurídicos colocados em jogo. Se, de um lado, tutela-se o animal, aplicando-se anestésicos e minimizando o sofrimento, de outro, há também o direito de o professor ensinar ou de o cientista pesquisar. Assim, há de imperar o bom senso, analisando-se cada caso concreto, não se admitindo a crueldade, o sofrimento gratuito.

- **Exercício regular de direito:** É possível, mormente para fins científicos e educacionais na área biomédica, que a experiência ou a utilização do animal seja imprescindível para a descoberta de uma vacina ou de um remédio, ou para transmitir aos futuros profissionais da área médica ou veterinária a *expertise* necessária. Para tanto, as instituições de ensino que realizem tais experimentos deverão obter a devida licença junto ao Ministério da Ciência e Tecnologia, por meio do Conselho Nacional de Controle de Experimentação Animal — Concea, nos termos da Lei n. 11.794, de 8 de outubro de 2008, cujo Capítulo IV, *Das Condições de Criação e Uso de Animais para Ensino e Pesquisa Científica*, estipula regras específicas e rígidas para a obtenção de licença e para a realização de experiências ou demonstrações com animais, inclusive a eutanásia (art. 14). Lembramos, igualmente, que o art. 14 da Lei n. 5.197/67, que continua em vigor, prevê a possibilidade da concessão de licença a cientistas para a coleta de material destinado a fins científicos. Em virtude da necessidade de o ordenamento ser harmônico, e da própria antijuridicidade ser uma só, é evidente que inexistirá o crime deste § 1º quando a conduta for praticada de acordo com a Lei n. 11.794/2008, e nos limites da licença especialmente concedida, uma vez que o agente estará agindo no exercício regular de direito (art. 23, III, do CP). Poderá haver, contudo, punição pelo excesso doloso ou culposo (art. 23, parágrafo único, do CP).

Aumento de pena (§ 2º)

- **Causa de aumento de pena:** Tendo em vista que as condutas puníveis neste art. 32 não exigem o resultado morte do animal, caso este sobrevenha, haverá a incidência desta causa de aumento. Trata-se de preterdolo, em que a intenção é a de abusar, maltratar, lesionar ou mutilar, e não unicamente matar o animal. A quantidade de aumento dependerá do caso concreto, como, por exemplo, do tempo que o animal levou para morrer, do seu sofrimento etc.

Jurisprudência do caput

- **Configuração:** Incorre nas penas do art. 32 da Lei n. 9.605/98 o agente que transportava aves de maneira inadequada, causando-lhes ferimentos e mutilações, bem como é surpreendido na posse de apetrechos utilizados para promoção de briga de galo (TACrSP, 15ª C., Ap. 1.239.789-1, Rel. Juiz Carlos Biasotti, j. 22-2-2001, *RT* 790/625).

- **"Briga de galo" e "farra do boi":** "A promoção *de briga de galos*, além de caracterizar prática criminosa tipificada na legislação ambiental, configura *conduta atentatória* à Constituição da República, que veda a submissão de animais a atos de crueldade, cuja natureza perversa, à semelhança *da 'farra do boi'* (RE 153.531), não permite sejam eles qualificados como *inocente* manifestação cultural, de caráter *meramente* folclórico. Precedentes. A proteção *jurídico-constitucional* dispensada à fauna abrange *tanto* os animais silvestres *quanto* os domésticos ou domesticados, *nesta classe incluídos* os galos utilizados em rinhas, pois o texto da Lei Fundamental vedou, em cláusula genérica, *qualquer forma* de submissão de animais a atos de crueldade. Essa especial tutela, que tem por fundamento legitimador a autoridade da Constituição da República, é motivada *pela necessidade de impedir* a ocorrência de situações de risco *que ameacem* ou *que façam periclitar* todas as formas de vida, *não só a do gênero humano*, mas, *também*, a própria vida animal, cuja integridade restaria comprometida, *não fora a vedação constitucional*, por práticas aviltantes, perversas e violentas contra os seres irracionais, *como os galos de briga* (*'gallus-gallus'*)" (STF, Pleno, ADIn 1.856, Rel. Min. Celso de Mello, j. 26-5-2011, v.u.).

- **Dolo e preterdolo:** O tipo penal descrito na denúncia é crime de preterdolo. A intenção do agente é praticar ato de abuso, maus-tratos, ferir ou mutilar e, em decorrência desses atos, o animal vem a morrer, por culpa. Se o dolo do agente foi, no caso, o de matar, absolve-se (TJRS, 4ª Câm., Ap. 700001912419, Rel. Des. Aristides Pedroso de Albuquerque Neto, j. 28-12-2000).

Art. 33. Provocar, pela emissão de efluentes ou carreamento de materiais, o perecimento de espécimes da fauna aquática existentes em rios, lagos, açudes, lagoas, baías ou águas jurisdicionais brasileiras:

Pena — detenção, de 1 (um) a 3 (três) anos, ou multa, ou ambas cumulativamente.

Parágrafo único. Incorre nas mesmas penas:

I — quem causa degradação em viveiros, açudes ou estações de aquicultura de domínio público;

II — quem explora campos naturais de invertebrados aquáticos e algas, sem licença, permissão ou autorização da autoridade competente;

III — quem fundeia embarcações ou lança detritos de qualquer natureza sobre bancos de moluscos ou corais, devidamente demarcados em carta náutica.

- Nota introdutória: A realidade brasileira, em termos de poluição de rios e de nossas praias, é caótica. Em grandes centros habitacionais como São Paulo, os rios Tietê, Pinheiros e Tamanduateí são uma vergonha, verdadeiros ícones do descaso com o escoamento de esgoto *in natura*, seja pela pouca eficiência de empresas de saneamento público, como a Sabesp em São Paulo, que até hoje não trata de todo o esgoto da capital paulista, jogando-o nos rios, seja pela existência de maus empresários que ainda lançam contaminantes em águas em vez de tratá-los, ou, ainda, pela caótica situação habitacional em partes de nosso litoral e grandes cidades, com a formação de favelas que despejam todos os dejetos em rios que, por sua vez, deságuam em praias outrora paradisíacas. Sendo o problema sobretudo social e habitacional, verificamos que o presente tipo penal poderia ter sido expresso ao também direcionar a sanção penal para gestores públicos e para aqueles que dirigem concessionárias de saneamento que demoram, em muitos casos de forma injustificada, décadas para fazer o mínimo em termos de saneamento e honrar a incumbência a que se propuseram cumprir. Em outras palavras, o tipo penal em apreço é louvável, mas poderia ser mais abrangente.

- Transação: Tendo em vista que a pena cominada é alternativa, podendo ser aplicada tão somente a pena de multa, a nosso ver o crime deste art. 34 é de menor potencial ofensivo, de competência, portanto, dos Juizados Especiais Criminais (art. 61 da Lei n. 9.099/95), sendo assim cabível o oferecimento de transação penal (art. 76). Observamos, contudo, que a jurisprudência, sobretudo do STJ, tem entendido ser a pena de multa a sanção mínima, não sendo infração de menor potencial ofensivo. Lembramos, ainda, que nos crimes previstos nesta lei, a proposta de transação penal depende da prévia composição do dano ambiental, nos casos em que tiver ocorrido, salvo em caso de comprovada impossibilidade (art. 27).

- Suspensão condicional do processo (art. 89 da Lei n. 9.099/95): Cabe no *caput* e no parágrafo único.

- Penas alternativas: Cabem no *caput* e no parágrafo único (arts. 43 e s. do CP).

- Termo de Ajustamento de Conduta (reflexos na área penal): *Vide* nota sob o mesmo título nos comentários ao art. 26, que trata da ação penal.

Perecimento de espécimes (caput)

- **Objeto jurídico:** É a fauna aquática. Evidentemente, a proteção destina-se à fauna aquática silvestre que abrange uma gama enorme de animais marinhos, lacustres e de rios, desde peixes e moluscos a corais, estrelas do mar, ouriços etc. A proteção abrange, também, os criadouros de peixes para alimentação humana, ou seja, os viveiros, açudes e estações de aquacultura (como as de ostras no litoral do Estado de Santa Catarina).

- **Sujeito ativo:** Qualquer pessoa física. Quanto à pessoa jurídica, *vide* nossas restrições nos comentários ao art. 3º.

- **Sujeito passivo:** É a coletividade; secundariamente, os particulares atingidos pela conduta incriminada, quando, por exemplo, são afetados lagos, açudes ou lagoas existentes em propriedades privadas, e a conduta for praticada por terceiro, à sua revelia.

- **Tipo objetivo:** A conduta punível é uma só: provocar (*ser a causa ou o motivo de algo*; *produzir, ocasionar, gerar*) o perecimento de espécimes da fauna aquática (*vide* conceito de fauna silvestre no art. 29, § 3º) existentes em rios, lagos, açudes, lagoas, baías ou águas jurisdicionais brasileiras. Evidentemente, a mortandade há de ser relevante. Para que a conduta seja típica, é necessário que a causa da morte dos animais tenha ocorrido em virtude da *emissão de efluentes* (aqui se incluem o lançamento de óleo em decorrência da lavagem de tanques de navios cargueiros; igualmente os resíduos ou rejeitos de atividade industrial como tintas e solventes, os esgotos sanitários etc.) lançados na água *ou* em face de *carreamento de materiais* (como é o caso do açoreamento de um rio em razão de lá se jogar entulho ou terra ou ainda do não acondicionamento adequado de óleo ou solventes utilizados por indústrias que, com as chuvas, acabam sendo levados para galerias pluviais, chegando aos rios), que venham a provocar a mortandade da fauna aquática. No caso de emissão de efluentes, a depender do nível de poluição provocado, do risco à saúde humana ou da quantidade de fauna morta, poderá haver a tipificação do crime mais grave do art. 54 (*vide* nota abaixo *Concurso de crimes*). Para comprovar a materialidade delitiva, haverá necessidade de perícia. Observamos que, em muitos casos, é o próprio Poder Público o maior responsável pela poluição de nossos rios e praias, não tendo as comunidades mais carentes de nossa sociedade sequer condições para construir fossas sépticas, havendo total omissão estatal; daí, as nossas críticas ao tipo penal referidas na nota introdutória.

- **Tipo subjetivo:** É o dolo, consistente na vontade livre e consciente de praticar a conduta incriminada, sabendo (dolo direto) ou devendo saber (dolo indireto ou eventual) que a conduta poderia gerar o resultado. Ao contrário do art. 54, § 1º, não há punição a título de culpa, o que é de se lamentar, uma vez que, na maioria das vezes, o fato é causado por culpa, e não por dolo.

- **Consumação:** Dá-se com o perecimento de espécimes da fauna aquática.

- **Tentativa:** A nosso ver, a tentativa não é possível.

- **Concurso de crimes:** A leitura dos tipos penais dos arts. 33 e 54 traz a seguinte dúvida: em caso de emissão de efluentes, tendo ocorrido o perecimento de espécimes da fauna aquática, qual crime terá o autor praticado, o do art. 33 ou do art. 54? O art. 54 pune, com pena mais grave, a conduta de causar poluição de qualquer natureza em níveis tais que provoquem a mortandade de animais. A nosso ver, se a poluição foi causada pela emissão de efluentes, e esta causou tão somente a morte de animais (e não dano ou perigo de dano à saúde humana ou destruição significativa da flora), o agente deverá responder pelo crime mais brando (o do art. 33). É preciso verificar, por perícia, se a emissão de efluentes caracteriza o que se denominou "poluição em níveis tais", previsto no art. 54. O fato é que, na prática, a poluição de águas, além de causar a mortandade de animais, pode acarretar danos à saúde humana ou a destruição significativa da flora, condutas punidas pelo art. 54. Neste caso, o crime do art. 33 fica absorvido pelo do art. 54. Não obstante, na remota hipótese de ocorrer tão somente a mortandade de animais (e não risco à saúde humana ou a destruição significativa da flora), haveria apenas o crime deste art. 33. O que não será admissível, por evidente, será a responsabilização por ambos os crimes, sob pena de *bis idem*.

- **Pena:** Detenção, de um a três anos, ou multa, ou ambas cumulativamente.

- **Ação penal:** Pública incondicionada.

Figuras equiparadas (parágrafo único)

- **Noção:** No parágrafo único deste art. 33, previu o legislador uma série de condutas equiparadas ao delito tipificado no seu *caput*, as quais passamos a abordar.

Degradação (parágrafo único, I)

- **Nota:** Da mesma forma que a figura do *caput*, o tipo deste inciso I constitui uma novidade em nosso ordenamento. Visando tutelar também a fauna aquática silvestre, pune-se a conduta daquele que *causa* (origina, produz) a sua *degradação* (deterioração, estrago). A conduta pode ser comissiva ou omissiva com a causação de resultado naturalístico (comissiva por omissão). Ao contrário do *caput*, não se exige expressamente, aqui, o perecimento de animais, embora este seja um tanto quanto óbvio se houver a degradação de *viveiros* (lugares onde os espécimes da fauna aquática são criados ou reproduzidos), *açudes* (construções destinadas a represar águas, em geral para fins de irrigação) ou *estações de aquicultura* (locais onde são criados e multiplicados animais e plantas aquáticos). Para haver o crime, as estações de aquicultura degradadas precisam ser de domínio público; se particulares, poderá haver o delito de dano (art. 163 do CP), ou, ainda, do *caput* deste art. 33, se houver perecimento de espécimes da fauna aquática.

- **Concurso de crimes:** Caso a degradação tenha sido ocasionada por pesca ilegal em viveiros, açudes ou estações de aquicultura públicos, a nosso ver só haverá o crime deste art. 33, I, ficando o crime de pesca ilegal (art. 34 ou art. 35) absorvido por este delito.

Exploração (parágrafo único, II)

- **Nota:** A preocupação do legislador neste inciso II é a proteção de invertebrados aquáticos (animal metazoário, desprovido de notocórdio ou de espinha dorsal) e algas, abrangendo, portanto, não só a *fauna,* mas também a *flora* aquática. Evidente a necessidade da proteção, inclusive penal, uma vez que tais seres vivos são fundamentais para o equilíbrio do ecossistema. Pune-se o comportamento daquele que *explora,* isto é, que tira proveito dos recursos naturais de forma continuada (o que não se confunde com um ato isolado de coleta) campos naturais de invertebrados (como mariscos) ou algas. O elemento normativo do tipo *sem licença, permissão ou autorização da autoridade competente,* como o próprio nome diz, é imprescindível para a caracterização do fato típico. Ou seja, para que se possa pescar, é necessário.
- **Cientistas:** A Lei n. 5.197/67 (Código de Caça), em seu art. 14, prevê a concessão de licença especial para a coleta de material destinado a fins científicos, sendo, contudo, vedada a concessão de licenças para fins comerciais ou esportivos.

Fundear embarcações ou detritos em bancos de moluscos ou corais (parágrafo único, III)

- **Nota:** Este inciso III pune conduta atentatória à preservação de bancos de moluscos ou corais. Duas são as condutas incriminadas: *fundear embarcações,* que significa lançar âncora, bem como *lançar detritos* (jogar lixo) *sobre bancos de moluscos ou corais.* Evidentemente, este tipo penal destina-se aos proprietários ou responsáveis pela condução das embarcações. A punição é somente a título de dolo, consistente na vontade livre e consciente de lançar âncora ou detritos em local onde sabidamente há bancos de corais ou moluscos, não se punindo a figura culposa.

Jurisprudência do caput

- **Ausência de dolo. Crime não caracterizado:** "A conduta do paciente [...] deriva de culpa, fruto de negligência e imperícia, em função da inaptidão técnica e descuido quando da operação de equipamentos em terminal de combustíveis. [...] Ainda que a conduta se enquadre no tipo legal do art. 33 da Lei n. 9.605/98, não há previsão expressa para a modalidade culposa, como estatuído no Código Penal" (TRF da 2ª Região, 6ª T., HC 2002.02.01.038921-4, j. 4-12-2002, Rel. Des. Fed. André Fontes, v.u. — *DJU* 24-2-2003, *RT* 814/714).

Jurisprudência do parágrafo único, II

- **Rede de malha menor:** Configura o delito a pesca com utilização de rede de malha de tamanho menor do que o permitido pelo Ibama (Instrução Normativa n. 43/2004) (TJRS, 3ª Câm., Ap. 746641627, Rel. Des. Catarina Rita Krieger Martins, j. 11-10-2012).

Art. 34. Pescar em período no qual a pesca seja proibida ou em lugares interditados por órgão competente:

Pena — detenção, de 1 (um) a 3 (três) anos, ou multa, ou ambas as penas cumulativamente.

Parágrafo único. Incorre nas mesmas penas quem:

I — pesca espécies que devam ser preservadas ou espécimes com tamanhos inferiores aos permitidos;

II — pesca quantidades superiores às permitidas, ou mediante a utilização de aparelhos, petrechos, técnicas e métodos não permitidos;

III — transporta, comercializa, beneficia ou industrializa espécimes provenientes da coleta, apanha e pesca proibidas.

- Transação: Tendo em vista que a pena cominada é alternativa, podendo ser aplicada tão somente a pena de multa, a nosso ver o crime deste art. 34 é de menor potencial ofensivo, de competência, portanto, dos Juizados Especiais Criminais (art. 61 da Lei n. 9.099/95), sendo assim cabível o oferecimento de transação penal (art. 76) tanto no *caput* quanto no parágrafo único. Observamos, contudo, que a jurisprudência, sobretudo do STJ, tem entendido ser a pena de multa a sanção mínima, não sendo infração de menor potencial ofensivo. Lembramos, também, que nos crimes previstos nesta lei a proposta de transação penal depende da prévia composição do dano ambiental, nos casos em que tiver ocorrido, salvo em caso de comprovada impossibilidade (art. 27).

- Suspensão condicional do processo (art. 89 da Lei n. 9.099/95): Cabe no *caput* e no parágrafo único.

- Penas alternativas: Cabem no *caput* e no parágrafo único (arts. 43 e s. do CP).

- Termo de Ajustamento de Conduta (reflexos na área penal): *Vide* nota sob o mesmo título nos comentários ao art. 26, que trata da ação penal.

- Legislação anterior: A Lei n. 7.653, de 12 de fevereiro de 1988, alterou diversos dispositivos da Lei n. 5.197/67, passando, com isso, a punir a pesca predatória com pena de reclusão, de um a três anos (art. 27, § 3º), além de prever que os crimes previstos nesta lei são inafiançáveis e apurados mediante processo sumário. Quanto à proibição de concessão de fiança, não cremos tenha esta lei sido recepcionada pela Constituição da República de 1988, uma vez que esta, em seu art. 5º, XLII, XLIII e XLIV, não incluiu os crimes contra a fauna entre os inafiançáveis.

Pesca em período proibido (caput)

- Nota: O tipo penal deste art. 34 constitui lei penal em branco, cabendo ao órgão ambiental competente (lembrando-se do Ministério da Pesca) a fixação do *período* no qual a pesca é proibida e os *lugares* interditados para esse fim. Como acima já visto, em virtude da vasta extensão territorial do Brasil e das constantes alterações da natureza, não se mostra possível a fixação, de antemão, do período e dos locais proibidos à pesca. Interessante notar a respeito, que o art. 27, § 4º, da Lei n. 5.197/97 (acrescido pela Lei n. 7.653, de 12 de fevereiro de 1988), que previa a proibição da pesca na época em que ocorre a piracema, de 1º de outubro a 30 de janeiro, veio a ser revogado pela Lei n. 7.679, de 23 de novembro de 1988, o que ocorreu graças às reclamações de pescadores no sentido de que a piracema não se dá de forma idêntica em todas as regiões do Brasil. Por tal razão, parece-nos realmente ser melhor deixar que o órgão ambiental disponha a respeito. Evidentemente, será preciso que o ato complementador da norma em branco seja anterior à prática da conduta (princípio da anterioridade), e que tenha sido possível ao agente conhecer de sua existência, sendo emitido por órgão da União, como o Ministério da Pesca e o Ibama. O art. 2º da Lei n. 7.679/88 (Código de Pesca), ao proibir (sob pena de multa) determinadas formas de pesca, também se utilizava de norma em branco, *verbis*: "O Poder Executivo fixará, por meio de atos normativos do órgão competente, os períodos de proibição da pesca, atendendo às peculiaridades regionais e para a proteção da fauna e flora aquáticas, incluindo a relação de espécies, bem como as demais medidas necessárias ao ordenamento pesqueiro". Todavia, referida lei somente considerava crime a pesca mediante a utilização de a) explosivos ou substâncias que, em contato com a água, produzam efeito semelhante, ou de b) substâncias tóxicas (art. 1º, IV, da Lei n. 7.679/88). Demais formas de pesca irregular eram punidas apenas administrativamente. A atual lei é, portanto, mais rigorosa.

- Portarias: Diversas são as Portarias Conjuntas baixadas pelo Ibama e pela Superintendência de diversos Estados que tratam da pesca. Em linhas gerais, as Portarias Conjuntas proíbem a pesca no período da piracema, mas sempre com relação a determinados locais. Algumas dessas portarias têm vigência temporária, outras não. A respeito das de vigência temporária, cite-se a Portaria n. 1, de 6 de setembro de 1995, que proibia, no período de 15 de novembro de 1995 a 15 de novembro de 1996, a pesca comercial no Rio São Francisco e seus afluentes em determinados trechos. Outro exemplo é a Portaria Conjunta de mesmo número, datada de 18 de junho de 1995 e publicada em 14-6-1995, que proibia a pesca profissional e amadora a menos de 200 m das corredeiras formadas à jusante das barragens das usinas hidrelétricas de Rosana e Primavera, situada nos Rios Paranapanema e Paraná, nos Municípios de Rosana-SP, Diamante do Norte-PR e Batayporã-MS. Para obter informações sobre portarias em vigor, sugerimos seja feita consulta ao *site* do Ibama (disponível em: <www.ibama.gov.br>). O fundamental, como salientado no início dos comentários desta lei, é que a normatização que venha a complementar a norma penal seja proveniente de órgão vinculado à União, uma vez que aos Estados e aos Municípios é vedado dispor sobre norma penal, ainda que de forma complementar (art. 22, I, da *Magna Carta*).

- Sujeito ativo: Qualquer pessoa física. Quanto à pessoa jurídica, *vide* nossas restrições nos comentários ao art. 3º.

- Sujeito passivo: É a coletividade.

- Tipo objetivo: Pune-se a conduta de *pescar*, cujo significado, por força do disposto no art. 36 desta lei, consubstancia-se em "todo ato tendente a retirar, extrair, coletar, apanhar, apreender ou capturar espécimes dos grupos dos peixes, crustáceos, moluscos e vegetais hidróbios, suscetíveis ou não de aproveitamento econômico, ressalvadas as espécies ameaçadas de extinção, constantes nas listas oficiais da fauna e da flora". A pesca incriminada é a realizada em duas situações: a) em período no qual a pesca seja proibida; ou b) em lugares interditados por órgão competente.

Trata-se, portanto, de tipo penal em branco, necessitando complemento normativo editado pelo órgão da União competente. A pesca predatória em açudes particulares que tiveram o povoamento induzido pelo homem não constitui crime. No que concerne à interdição de determinado local, será necessário que o agente tenha sido informado dessa especial circunstância, ou, pelo menos, que exista sinalização clara no local.

- Tipo subjetivo: É o dolo, consistente na vontade livre e consciente de pescar, sabendo tratar-se de época proibida ou, então, de que se está em local interditado. Para os tradicionais é o dolo genérico. Não há punição a título de culpa. O desconhecimento da lei é inescusável, mas o erro sobre a ilicitude do fato poderá isentar o autor de pena ou diminuí-la de um sexto a um terço (art. 21 do CP).

- Consumação: Diante do conceito de pesca adotado pelo art. 36 c/c o disposto neste art. 34, a consumação se dá com o simples ato de lançar os petrechos de pesca na água (como redes e varas), independentemente da efetiva retirada, extração, coleta, apanha, apreensão ou captura dos peixes, crustáceos, moluscos e vegetais hidróbios.

- Tentativa: Poderá haver a tentativa no caso de as pessoas serem flagradas em seus barcos, em pleno local proibido ou em período não permitido, já tendo início a execução do delito, estando prestes a lançar na água as suas redes ou varas.

- Confronto — cetáceo: Não se encontra revogada a Lei n. 7.643, de 18 de dezembro de 1987, que proíbe e pune criminalmente a conduta da pesca, ou qualquer forma de molestamento intencional, de toda espécie de cetáceo nas águas jurisdicionais brasileiras, por se tratar de norma especial, e pelo simples fato de ser o cetáceo um mamífero, não se enquadrando no conceito do art. 36 desta lei.

- Pena: Detenção de 1 ano a 3 anos ou multa, ou ambas as penas cumulativamente.

- Ação penal: Pública incondicionada.

Figuras equiparadas (parágrafo único)
- Nota: Dispõe o parágrafo único deste art. 34 que incorre nas mesmas penas do *caput* quem praticar uma das três condutas descritas nos incisos I a III, daí por que serem chamadas "condutas equiparadas":
- Inciso I: Nas mesmas penas do *caput* incorre quem "pesca espécies que devam ser preservadas ou espécimes com tamanhos inferiores aos permitidos". Trata-se, à evidência, de norma penal em branco a ser complementada por portarias ou outros atos normativos dos órgãos competentes da União, como o Ibama. A consumação, aqui, é distinta do *caput*. Ao capturar o espécime que deve ser preservado ou com tamanho abaixo do mínimo permitido, deverá o agente devolvê-lo *incontinenti* ao seu *habitat* natural. A questão é muito séria, notando-se que na costa do Nordeste brasileiro as lagostas estão quase se extinguindo, justamente pela pesca predatória em épocas de desova ou de espécimes que não atingiram a vida adulta, ceifando-se a reprodução da espécie. O crime se consuma, assim, somente com a conduta do agente em não soltar o animal, ainda

com vida, na água, mesmo porque é óbvio ser impossível para o pescador adivinhar o que virá em seu anzol ou rede. Poderá haver, conforme o caso, o erro de tipo (o pescador amador acredita que o peixe não é da espécie a ser preservada), excluindo-se o dolo e, portanto, o crime (art. 20 do CP). Também, apesar do desconhecimento da lei ser inescusável, o erro sobre a ilicitude do fato poderá isentar o autor de pena ou diminuí-la de 1/6 a 1/3 (art. 21 do CP). Observamos que, tratando-se de pesca com anzol, o óbito do peixe que vem a ser solto após a sua pesca será quase certo em razão das lesões causadas, o mesmo não ocorrendo na hipótese de pesca com rede.

- **Inciso II:** Esta outra conduta equiparada às penas do *caput* constitui, igualmente, norma penal em branco. Para que a conduta seja típica há que se verificar na legislação pertinente qual a quantidade de pesca permitida e quais os aparelhos, petrechos, técnicas e métodos não permitidos, lembrando-se, desde logo, o uso do denominado "arrastão", método que causa *enorme* dano ambiental, atingindo diversas espécies de vida da fauna aquática, sobretudo marinha. Há ainda redes que são deixadas por dias em determinada localidade, matando tartarugas, tubarões, golfinhos etc. Aliás, animais da fauna marinha têm sido literalmente dizimados em nossa costa, havendo inegável abuso, sendo os sistemas de controle nos grandes barcos pesqueiros repleto de falhas concernentes ao preparo e à independência dos fiscais que devem checar as embarcações. A utilização de explosivos ou substâncias químicas é prevista no art. 35 como crime específico e mais grave. A nosso ver, o legislador falhou ao não incluir essas redes nessa figura mais grave.

- **Inciso III:** Esta terceira conduta equiparada volta-se para aquele que, sem ter praticado diretamente o ato contra a fauna (ex.: pesca proibida), beneficia-se comercialmente dele. Evidentemente, há que se exigir, para a punição, que o agente tenha *conhecimento* de que os animais foram pescados de forma irregular, lembrando, por exemplo, o proprietário de restaurantes que compra lagostas frescas em época de pesca proibida. Quanto à conduta de *transportar*, bem é de ver que o art. 180 do CP também pune aquele que transporta, em proveito próprio ou alheio, coisa que sabe ser produto de crime. Todavia, em face do princípio da especialidade, no caso de transporte de espécimes provenientes da coleta, apanha e pesca proibidas, haverá o crime deste art. 34, parágrafo único, III, e não o do referido art. 180. Poderá haver, conforme o caso, tanto o erro de tipo quanto o erro de proibição (arts. 20 e 21 do CP).

Jurisprudência

- **Norma complementar não indicada:** "Denúncia oferecida pelo delito de comercialização de pescados proibidos ou em lugares interditados por órgão competente. II. Tratando-se de norma penal em branco, é imprescindível a complementação para conceituar a elementar do tipo 'espécimes provenientes da coleta, apanha e pesca proibidas'. III. Oferecimento de denúncia por delito tipificado em norma penal em branco sem a respectiva indicação da norma complementar constitui evidente inépcia, uma vez que impossibilita a defesa adequada do acusado. IV. Ordem concedida" (STJ, 5ª T., HC 174.165, Rel. Min. Gilson Dipp, j. 1º-3-2012).

- **Pesca em área interditada por companhia hidroelétrica. Atipicidade:** "1. A interdição da área na qual o denunciado foi abordado, quando do patrulhamento realizado por policiais militares no Rio São Francisco, no dia do fato narrado na denúncia, nada tem com a preservação do meio ambiente, mas apenas com a garantia de funcionamento da barragem de Três Marias, da própria represa e com a integridade física de terceiros, traduzindo-se, em suma, numa medida de segurança adotada pela Companhia Energética de Minas Gerais — Cemig. 2. Assim sendo, não há justa causa para a instauração de ação penal, tendo em vista que o fato narrado na peça acusatória não constitui crime contra o meio ambiente, uma vez que a área não foi interditada por quaisquer dos órgãos a que se refere a Lei n. 9.605/98, ou seja, aqueles que constituem o Sistema Nacional do Meio Ambiente — Sisnama (Lei n. 6.938/81, art. 6º), configurando constrangimento ilegal, por esse motivo, o recebimento da denúncia ofertada pelo Ministério Público contra o paciente, pela prática, em tese, de delito ambiental. 3. De fato, os órgãos ou entidades competentes são somente aqueles responsáveis pela proteção e melhoria da qualidade ambiental, na esfera da União, dos Estados, do Distrito Federal, dos Territórios e dos Municípios, bem como as fundações instituídas pelo Poder Público, que compõem o Sistema Nacional do Meio Ambiente — Sisnama, nos termos da legislação de regência. 4. Portanto, considerando que a Cemig não tem competência para interditar área para fins de proteção do meio ambiente, o fato atribuído ao paciente não constitui crime ambiental, impondo-se a rejeição da denúncia com base no art. 43, I, do CPP. 5. Ordem concedida, para trancar a ação penal instaurada contra o paciente, com extensão dos efeitos desta decisão ao outro denunciado" (STJ, 5ª T., HC 42.528, Rel. p/ acórdão Min. Arnaldo Esteves Lima, j. 7-6-2005, m.v. — *DJU* 26-9-2005, p. 423).

- **Pesca irregular de peixes criados em cativeiro ou tanques artificiais não configura o crime ambiental, capitulado no art. 34, II, da Lei n. 9.605/98:** "Pescar, mesmo de forma predatória — em quantidades excessivas e com utilização de petrechos não permitidos — peixes criados em tanques artificiais ou cativeiros, é conduta que não se ajusta ao tipo do art. 34, II, da Lei n. 9.605/98, norma legal que tem por objetivo proteger a fauna silvestre, ou seja, as espécies que vivem naturalmente, em seu *habitat* [...]. Tanques artificiais de fazenda de criação de peixes não são considerados como águas dominiais. Assim, o caso em julgamento era mesmo de tentativa de furto" (TACrSP, 10ª CCr, Ap. 1.267.169-1, Rel. Juiz Márcio Bártoli, j. 21-11-2001, v.u. — *Bol. IBCCr* 112/596, março/2002).

- **Pesca predatória em período de procriação. Ausência de provas para a condenação:** "A sentença de primeiro grau, para dar força e relevo à argumentação, mencionou terem sido apreendidos cerca de 30 kg de camarões. Tal afirmação, no entanto, acha-se às testilhas com o próprio laudo pericial, ilustrado por fotografia de recipiente em que se individualizam alguns camarões. [...] Nos crimes que deixam vestígio, deve toda a acusação amparar-se no corpo de delito. [...] condenação exige certeza. Apenas a prova plena e incontroversa da materialidade do fato criminoso, de sua autoria e da culpabilidade do agente pode autorizar a edição de decreto condenatório. Se indemonstrado o fato, o próprio juízo de reprovação carecerá de substrato lógico e a pena será, menos que retribuição pelo mal feito, pura expressão de arbítrio. [...] Em verdade, não seria de bom exemplo ficassem presos nas malhas da Justiça dois humildes réus-pescadores, se o barco da acusação foi o que fez água. Absolvo-os e mando-os em paz" (TACrSP, 15ª CCr, Ap. 1.270.987-6, Rel. Juiz Carlos Biasotti, j. 22-11-2001, v.u. — *Bol. IBCCr* 112/594, março/2002).

- **Piracema:** Configura o delito a conduta de pescador experiente, morador de município próximo ao local da pesca, que se utiliza de barco a motor e mil metros de rede, com pleno conhecimento da existência do período de piracema e da legislação (TJSP, 13ª Câm., Ap. 0003948-42.2009.8.26.0128, Rel. Des. René Ricupero, j. 31-1-2013; TJRS, 4ª Câm., Ap. 70050664432, Rel. Des. Aristides Pedroso de Albuquerque Neto, j. 6-12-2012). Considerando que estava pescando em grande quantidade (46 quilos) e que possuía todos os instrumentos para tal, não se tratando apenas de uma pescaria "amistosa", ilógico crer que desconhecia o período da piracema. Ademais, o período defeso é instituído anualmente, não podendo alegar desconhecimento da norma, sendo as medidas de proteção ambiental amplamente divulgadas (TJRS, 4ª Câm., Ap. 70050113365, Rel. Des. Marco Antônio Ribeiro de Oliveira, j. 30-8-2012).

- **Pesca com redes. Conduta que não constitui crime:** Somente se considera pesca predatória aquela feita com a utilização de substância explosiva ou tóxica, assim, por não representar dano ao meio ambiente ou situação de perigo ao ecossistema, a pesca mediante o uso de redes não constitui crime, seja o tipificado no art. 15, *caput*, da Lei n. 6.938/81, sejam os tipificados nos arts. 34 e 35 da Lei n. 9.605/98, tratando-se, assim, de mera infração administrativa (TJMS, 2ª T., RSE 62.218-8, Rel. Des. Carlos Stephanini, j. 2-12-1998, *RT* 762/679).

- **Princípio da insignificância (configuração):** "[...] 1. Segundo a *Jurisprudência* do Supremo Tribunal Federal, o princípio da insignificância tem como vetores a mínima ofensividade da conduta do agente, a nenhuma periculosidade social da ação, o reduzido grau de reprovabilidade do comportamento e a inexpressividade da lesão jurídica provocada. 2. Considerando-se a inexistência de lesão ao meio ambiente (fauna aquática), tendo em vista a quantidade ínfima de pescado apreendido com o acusado, deve ser reconhecida a atipicidade material da conduta. [...]" (STJ, 5ª T., AgReg no RHC 32.220, Rel. Min. Jorge Mussi, j. 4-10-2012, *DJe* 15-10-2012, v.u.). É de se reconhecer a atipicidade material da conduta de uso de petrechos de pesca proibidos se resta evidente a completa ausência de ofensividade, ao menos em tese, ao bem jurídico tutelado pela norma penal (TJMS, 2ª Câm., Ap. Cr. 4521-2012.004521-4, j. 9-4-2012). Pescador flagrado com doze camarões e rede de pesca, em desacordo com a Portaria 4/02, do Ibama. Art. 34, parágrafo único, II, da Lei n. 9.605/98. *Rei furtiva* e de valor insignificante. Periculosidade não considerável do agente. Crime de bagatela. Aplicação do princípio da insignificância. Atipicidade reconhecida. Absolvição decretada. HC concedido para esse fim. Voto vencido. Verificada a insignificância jurídica do ato tido por delituoso, à luz de suas circunstâncias, deve o réu, em recurso ou *habeas corpus*, ser absolvido por atipicidade do comportamento (STF, 2ª T., HC 112.563, Rel. p/ acórdão, Min. Cezar Peluso, j. 21-8-2012).

■ **Princípio da insignificância (não configuração)**: "[...] 1. A aplicabilidade do princípio da insignificância nos crimes contra o meio ambiente, reconhecendo-se a atipicidade material do fato, é restrita aos casos onde a conduta do agente expressa pequena reprovabilidade e irrelevante periculosidade social. Afinal, o bem jurídico tutelado é a proteção ao meio ambiente, direito de natureza difuso assegurado pela Constituição Federal, que conferiu especial relevo à questão ambiental. 2. Não se insere na concepção doutrinária e jurisprudencial de crime de bagatela a conduta do paciente, pescador profissional, que foi surpreendido pescando com petrecho proibido em época onde a atividade é terminantemente vedada. Há de se concluir, como decidiram as instâncias ordinárias, pela ofensividade da conduta do réu, a quem se impõe maior respeito à legislação ambiental, voltada para a preservação da matéria-prima de seu ofício. [...]" (STJ, 5ª T., HC 192.486, Rel. Min. Laurita Vaz, j. 18-9-2012, *DJe* 26-9-2012, v.u.). A caça de 2 capivaras e a pesca de 7 quilos de peixe Jundiá em período proibido configuram os crimes dos arts. 29, *caput*, e 34, *caput*; no que se refere ao princípio da insignificância; a agressão ambiental ocasionada com a caça predatória e a pesca em período da piracema atingem toda a coletividade, bem como as gerações futuras, não havendo como calcular o dano ocasionado, não se aplicando o princípio da insignificância (TJRS, 3ª Câm., Ap. 70041830233, Rel. Des. Francesco Conti, j. 6-10-2011, m.v.).

Art. 35. Pescar mediante a utilização de:

I — explosivos ou substâncias que, em contato com a água, produzam efeito semelhante;

II — substâncias tóxicas, ou outro meio proibido pela autoridade competente:

Pena — reclusão, de 1 (um) a 5 (cinco) anos.

■ **Revogação tácita**: Com a entrada em vigor deste art. 35, restou tacitamente revogado o crime de pesca predatória previsto no art. 1º c/c o art. 8º da Lei n. 7.679/88, o qual, aliás, punia a mesma conduta com pena bem mais amena (reclusão, de três meses a um ano). Também foi revogado o art. 27, § 3º, da Lei n. 5.197/67, que punia, com pena mais severa (reclusão, de 2 a 5 anos), a pesca predatória. Igualmente restou revogada — seja por este art. 35, seja pelo art. 54, ambos desta lei — a conduta descrita no art. 27, § 2º, da Lei n. 5.197/67, cujo crime consistia em provocar, pelo uso direto ou indireto de agrotóxicos ou de qualquer outra substância química, o perecimento de espécimes da fauna ictiológica.

■ **Transação**: Não cabe, pois a pena máxima é superior a 2 anos (art. 76 da Lei n. 9.099/95).

■ **Suspensão condicional do processo (art. 89 da Lei n. 9.099/95)**: Cabe no *caput* e no parágrafo único.

- **Penas alternativas:** Cabem se a pena efetivamente aplicada for de até 4 anos, embora a pena máxima seja de até 5 anos (arts. 43 e 44 do CP).

- **Termo de Ajustamento de Conduta (reflexos na área penal):** *Vide* nota sob o mesmo título nos comentários ao art. 26, que trata da ação penal.

- **Objeto jurídico:** É a fauna aquática silvestre.

- **Sujeito ativo:** Qualquer pessoa física. Quanto à pessoa jurídica, *vide* nossas restrições nos comentários ao art. 3º.

- **Sujeito passivo:** É a coletividade.

- **Tipo objetivo:** A conduta (comissiva) punida é a *pesca*, cujo significado ordinário de apanha de peixe na água não se aplica, por força do disposto no art. 36 desta lei, que estatui considerar-se *pesca* "todo ato tendente a retirar, extrair, coletar, apanhar, apreender ou capturar espécimes dos grupos dos peixes, crustáceos, moluscos e vegetais hidróbios, suscetíveis ou não de aproveitamento econômico, ressalvadas as espécies ameaçadas de extinção, constantes nas listas oficiais da fauna e da flora". Não se pune qualquer ato de pesca, mas tão somente a pesca mediante a utilização de certos meios reprováveis. São eles: 1) *explosivos ou substâncias que, em contato com a água, produzam efeito semelhante*; 2) *substâncias tóxicas*; ou 3) *outro meio proibido pela autoridade competente*. Neste último caso, trata-se de lei penal em branco, cabendo à autoridade administrativa definir quais os demais meios de pesca proibidos, devendo-se dar a devida atenção ao grave problema provocado pelas chamadas "redes de arrastão" e pelas redes que são deixadas por dias em alto mar, matando uma enormidade de tartarugas, cetáceos e outros animais que se encontram ameaçados. Haverá sempre necessidade de perícia para comprovar a materialidade do crime.

- **Tipo subjetivo:** É o dolo, consistente na vontade livre e consciente de pescar mediante a utilização de meios reprováveis. Para os tradicionais, é o dolo genérico. Não há punição a título de culpa.

- **Consumação:** Ocorre com a utilização do explosivo, da substância tóxica ou do outro meio proibido. O crime deste art. 35 é de perigo, consumando-se independentemente de ter havido efetiva apanha de algum peixe.

- **Tentativa:** Embora o crime seja de perigo, a conduta é plurissubsistente (havendo *iter criminis*). A tentativa, assim, é possível quando o sujeito é pego com explosivos em sua embarcação, por exemplo, já tendo zarpado.

- **Pena:** Reclusão, de 1 a 5 anos. Estranhamente, o legislador não previu pena de multa.

- **Ação penal:** Pública incondicionada.

Art. 36. Para os efeitos desta Lei, considera-se pesca todo ato tendente a retirar, extrair, coletar, apanhar, apreender ou capturar espécimes dos grupos dos peixes, crustáceos, moluscos e vegetais hidróbios, suscetíveis ou não de aproveitamento econômico, ressalvadas as espécies ameaçadas de extinção, constantes nas listas oficiais da fauna e da flora.

- Conceito de pesca: Este artigo é expresso em dispor que, "*para os efeitos desta Lei*, considera-se pesca...". Trata-se de norma complementadora das normas penais em branco que fazem menção à pesca (arts. 34 e 35 desta lei). O art. 1º do Decreto-Lei n. 221, de 28 de fevereiro de 1967, trazia conceito mais amplo, definindo-o como "todo ato tendente a capturar ou extrair elementos animais ou vegetais que tenha na água seu normal ou mais frequente meio de vida". Como se vê, diante do art. 36 desta Lei, a pesca de cetáceos, que são mamíferos, é punida de forma especial pela Lei n. 7.643, de 18 de dezembro de 1987. Não se encontra igualmente tratada pelo art. 36 a apanha de répteis como tartarugas e jacarés, a qual poderá ser enquadrada no crime de caça proibida previsto no art. 29 da Lei Ambiental.

Art. 37. Não é crime o abate de animal, quando realizado:

I — em estado de necessidade, para saciar a fome do agente ou de sua família;

II — para proteger lavouras, pomares e rebanhos da ação predatória ou destruidora de animais, desde que legal e expressamente autorizado pela autoridade competente;

III — (*Vetado.*)

IV — por ser nocivo o animal, desde que assim caracterizado pelo órgão competente.

Exclusão da antijuridicidade ou ilicitude

- Noção: Este art. 37, na Seção I destinada aos crimes contra a fauna (terrestre e aquática), traz três hipóteses em que o abate do animal não constituirá crime. São elas:

- Estado de necessidade: Prevê este dispositivo não ser crime o abate de animal, quando realizado em estado de necessidade, para saciar a fome do agente ou de sua família. No caso deste art. 37, o perigo atual que se busca salvar é a *fome do agente ou de sua família,* cujo sacrifício, por evidente, não se pode exigir. Poderia o legislador ter expressamente incluído aqui a matança de um animal feroz por motivo de defesa, como hipótese de estado de necessidade, e não só a fome. Evidentemente, havendo risco de ataque, não será penalmente censurável uma conduta nesse sentido, em que se mata um animal para proteger a si e à sua família. Ademais, se até para proteger a lavoura (inciso II) o abate é autorizado, quanto mais para salvaguardar a própria vida. De qualquer forma, sempre poderão ser aplicáveis, quando couberem, as normas dos arts. 23 e 24 do CP, que tratam da exclusão da ilicitude (art. 79 da Lei Ambiental). Quanto aos demais delitos previstos nesta lei, também se aplicam normalmente as regras do CP no tocante às causas de exclusão de ilicitude (art. 23 do CP), e outras formas de exclusão do crime (tipicidade e culpabilidade).

- Proteção de lavouras, pomares e rebanhos: Igualmente constitui causa excludente de ilicitude se o abate do animal ocorre para proteger lavouras, pomares e rebanhos da ação predatória ou destruidora de animais, como no caso das onças pintadas que se encontram ameaçadas de extinção. Trata-se, contudo, de lei penal permissiva *em branco*, uma vez que aplicável *desde que legal e expressamente autorizado pela autoridade competente*. O interessado terá, portanto, de requerer junto ao órgão ambiental a competente autorização para abater animais com aquelas finalidades específicas. É evidente que a autorização haverá de ser por tempo limitado, além de bem definir *quais* animais poderão ser abatidos, *de que forma*, além de outras regras e condições que se entender oportunas. Este inciso II equipara-se, de certa forma, à causa de exclusão de ilicitude do art. 23, III, do CP, uma vez que, na presente hipótese, ao abater o animal de acordo com a autorização conferida, estará o agente no exercício regular de direito. Tratando-se de animal que se encontre ameaçado, o ideal não é o abate, mas sim a sua apanha mediante armamento com sedativo, a fim de se realocar o animal para um local mais seguro.

- Nocividade do animal: A última hipótese de causa excludente da ilicitude encontra-se no inciso IV, pelo qual não constitui crime o abate de animal nocivo, *desde que assim caracterizado pelo órgão competente*. Como se nota, a exemplo do inciso II, cuida-se de lei penal permissiva *em branco*. Assim, para que este inciso seja aplicado, necessita-se de uma lei ou ato normativo regulamentando e permitindo a caça. Na ausência de referida norma jurídica, e das demais hipóteses legitimadoras deste art. 37, haverá o crime.

Seção II
DOS CRIMES CONTRA A FLORA

- Noção geral: Antes do advento da Lei n. 9.605/98, as infrações florestais encontravam-se disciplinadas, basicamente, na Lei n. 4.771/65 (Código Florestal), que em seu art. 26 previa diversas contravenções florestais, e que foi revogada pela Lei n. 12.651, de 25 de maio de 2012, que instituiu o chamado "Novo Código Florestal". Também no passado, a Lei n. 7.803/89 havia introduzido no antigo Código Florestal o art. 45, § 3º, passando a punir, com pena de detenção, a comercialização ou utilização de motosserras sem a devida licença. Agora, com a Lei n. 9.605/98 e com a Lei n. 12.651/2012, diversas contravenções foram erigidas à categoria de crime, tendo sido criadas novas figuras penais, com punições mais severas. Como se verá, a maioria dos tipos penais que visam à proteção da flora são normas penais em branco, a exigir do intérprete a busca do seu complemento em outros atos normativos da União (Constituição da República, art. 22, I), ainda que conjuntamente com outros órgãos de outras esferas da administração (Estados, Municípios e o Distrito Federal) (*vide* comentários ao início desta Lei). Dentre as novidades trazidas pelo legislador após a publicação da lei ora em comento, encontra-se a Lei n. 12.651, de 25 de maio de 2012, que prevê a assinatura do Termo de Compromisso, a permitir inclusive a extinção da punibilidade em alguns crimes contra a flora (*vide* nota aos arts. 27, 38, 39 e 48 da Lei n. 9.605/98).

Art. 38. Destruir ou danificar floresta considerada de preservação permanente, mesmo que em formação, ou utilizá-la com infringência das normas de proteção:

Pena — detenção, de 1 (um) a 3 (três) anos, ou multa, ou ambas as penas cumulativamente.

Parágrafo único. Se o crime for culposo, a pena será reduzida à metade.

- Assinatura de Termo de Compromisso (Lei n. 12.651, de 25 de maio de 2012): Dispõe o art. 60 da referida lei: "Art. 60. A assinatura de termo de compromisso para regularização de imóvel ou posse rural perante o órgão ambiental competente, mencionado no art. 59, suspenderá a punibilidade dos crimes previstos nos arts. 38, 39 e 48 da Lei n. 9.605, de 12 de fevereiro de 1998, enquanto o termo estiver sendo cumprido. § 1º A prescrição ficará interrompida durante o período de suspensão da pretensão punitiva.§ 2º Extingue-se a punibilidade com a efetiva regularização prevista nesta Lei". A Lei n. 12.651, de 25 de maio de 2012, entrou em vigor na data de sua publicação (28 de maio de 2012). A retroatividade na aplicação deste art. 60 é de rigor, uma vez que o dispositivo tem conteúdo processual e penal benéficos, devendo retroagir para abranger fatos anteriormente praticados, bem como termos de compromissos celebrados antes de sua entrada em vigor (art. 5º, XL, da CF).

- Transação penal: Tendo em vista que a pena cominada é alternativa, podendo ser aplicada tão somente a pena de multa, entendemos que é cabível no *caput* (art. 71 da Lei n. 9.099/95). Todavia, tal entendimento não é pacífico, não sendo acompanhado pela jurisprudência, sobretudo do STJ, que tem entendido ser a pena de multa a mínima. Na figura culposa do parágrafo único, o cabimento da transação é indiscutível. Lembramos que nos crimes previstos nesta lei, a proposta de transação penal depende da prévia composição do dano ambiental, nos casos em que tiver ocorrido, salvo em caso de comprovada impossibilidade (art. 27).

- Suspensão condicional do processo: Cabe tanto no *caput* quanto no parágrafo único, desde que observadas as regras impostas pelo art. 28 da Lei Ambiental, dentre as quais se destaca aquela que exige, para a declaração da extinção da punibilidade (§ 5º do referido art. 28), laudo de constatação de reparação de dano ambiental, ressalvada a impossibilidade de fazê-lo.

- Penas alternativas: Cabem (arts. 43 e s. do CP).

- Objeto jurídico: A proteção do meio ambiente natural, especificamente as florestas de preservação permanente, ainda que em formação.

- Sujeito ativo: Qualquer pessoa (física). Quanto à pessoa jurídica, *vide* comentários e jurisprudência ao art. 3º desta lei. Acerca da coautoria, *vide* comentários ao art. 2º.

- **Sujeito passivo:** É a coletividade. Poderá ser, também, o particular proprietário ou possuidor do imóvel quando a conduta for praticada por terceiros, a sua revelia.

- **Tipo objetivo:** Três são os núcleos do tipo: a) *destruir*, isto é, arruinar, extinguir, fazer desaparecer; b) *danificar*, que tem o sentido de causar dano a algo ou prejudicar; e finalmente, c) *utilizar*, que significa fazer uso, acrescido do elemento normativo do tipo *com infringência das normas de proteção* (trata-se de lei penal em branco). Tem-se, assim, uma nítida graduação: destruir é mais do que danificar, o que, por sua vez, é mais do que utilizar indevidamente. Essa diferenciação é inafastável e, a nosso ver, *deve* ser levada em consideração pelo juiz na escolha da modalidade de pena (detenção, ou multa, ou ambas), bem como do seu montante, salvo na hipótese de aplicação da pena mínima. Em qualquer das hipóteses, deve a conduta recair sobre *floresta considerada de preservação permanente, mesmo que em formação*. A destruição ou danificação deverá ter relevância jurídica, não configurando crime, por exemplo, um pequeno desmatamento que não provoque efetivo dano ambiental, ou pequeno desmatamento facilmente regenerável, sendo aplicável o princípio da insignificância. A utilização indevida, outrossim, deverá apresentar *perigo concreto de dano*; lembramos, por exemplo, a possibilidade de apicultores se utilizarem da floresta sem provocar dano ao meio ambiente, o que não configuraria o crime.

- **Tipo subjetivo:** É o dolo, consistente na vontade livre e consciente de destruir, danificar ou utilizar indevidamente. Para a doutrina tradicional, é o dolo genérico. A modalidade culposa é prevista no parágrafo único.

- **Consumação e tentativa:** O delito se perfaz com a destruição, a danificação ou a utilização ilegal da floresta de preservação permanente. Nas duas primeiras modalidades, o crime é material; na última, formal, mesmo porque, se gerar dano ou destruição, a utilização ilegal se subsumirá em uma das primeiras modalidades. A tentativa não nos parece possível nas três hipóteses, por serem as condutas unissubsistentes. Mesmo nas modalidades de destruição ou de danificação (crime material), difícil imaginar a conduta de "tentar destruir" ou "tentar danificar". Na hipótese de utilização ilegal, a tentativa não nos parece possível.

- **Floresta:** As florestas são formações arbóreas densas que recobrem determinada extensão de terra. A floresta pode ser tanto de *domínio público* quanto de *domínio privado*. Quanto à origem, classificam-se em florestas *primitivas* (primárias, nativas, naturais ou virgens), florestas *em regeneração*, florestas *regeneradas* e florestas *plantadas* (secundárias) (Luís Paulo Sirvinskas, *Tutela penal do meio ambiente*, 2. ed. São Paulo: Saraiva, 2002, p. 142). Por *floresta nacional*, enquanto unidade de conservação pertencente ao grupo das unidades de uso sustentável (art. 14, III, da Lei n. 9.985/2000), entende-se a área com cobertura florestal de espécies predominantemente nativas, que tem como objetivo básico o uso múltiplo sustentável dos recursos florestais e a pesquisa científica, com ênfase em métodos para exploração sustentável de florestas nativas (art. 17 da Lei n. 9.985/2000). A respeito das demais Unidades de Conservação, *vide* comentários ao art. 40 desta lei.

- Floresta de preservação permanente: A Lei n. 12.651, de 25 de maio de 2012, que revogou o antigo Código Florestal (Lei n. 4.771/65), define, em seus arts. 4º a 6º, com alterações feitas pela Lei n. 12.727, de 17 de outubro de 2012, o que são áreas de preservação permanente, estabelecendo inúmeras e detalhadas hipóteses, *verbis*: "Art. 4º Considera-se Área de Preservação Permanente, em zonas rurais ou urbanas, para os efeitos desta Lei: I — as faixas marginais de qualquer curso d'água natural perene e intermitente, excluídos os efêmeros, desde a borda da calha do leito regular, em largura mínima de: a) 30 (trinta) metros, para os cursos d'água de menos de 10 (dez) metros de largura; b) 50 (cinquenta) metros, para os cursos d'água que tenham de 10 (dez) a 50 (cinquenta) metros de largura; c) 100 (cem) metros, para os cursos d'água que tenham de 50 (cinquenta) a 200 (duzentos) metros de largura; d) 200 (duzentos) metros, para os cursos d'água que tenham de 200 (duzentos) a 600 (seiscentos) metros de largura; e) 500 (quinhentos) metros, para os cursos d'água que tenham largura superior a 600 (seiscentos) metros; II — as áreas no entorno dos lagos e lagoas naturais, em faixa com largura mínima de: a) 100 (cem) metros, em zonas rurais, exceto para o corpo d'água com até 20 (vinte) hectares de superfície, cuja faixa marginal será de 50 (cinquenta) metros; b) 30 (trinta) metros, em zonas urbanas; III — as áreas no entorno dos reservatórios d'água artificiais, decorrentes de barramento ou represamento de cursos d'água naturais, na faixa definida na licença ambiental do empreendimento; IV — as áreas no entorno das nascentes e dos olhos d'água perenes, qualquer que seja sua situação topográfica, no raio mínimo de 50 (cinquenta) metros; V — as encostas ou partes destas com declividade superior a 45°, equivalente a 100% (cem por cento) na linha de maior declive; VI — as restingas, como fixadoras de dunas ou estabilizadoras de mangues; VII — os manguezais, em toda a sua extensão; VIII — as bordas dos tabuleiros ou chapadas, até a linha de ruptura do relevo, em faixa nunca inferior a 100 (cem) metros em projeções horizontais; IX — no topo de morros, montes, montanhas e serras, com altura mínima de 100 (cem) metros e inclinação média maior que 25°, as áreas delimitadas a partir da curva de nível correspondente a 2/3 (dois terços) da altura mínima da elevação sempre em relação à base, sendo esta definida pelo plano horizontal determinado por planície ou espelho d'água adjacente ou, nos relevos ondulados, pela cota do ponto de sela mais próximo da elevação; X — as áreas em altitude superior a 1.800 (mil e oitocentos) metros, qualquer que seja a vegetação; XI — em veredas, a faixa marginal, em projeção horizontal, com largura mínima de 50 (cinquenta) metros, a partir do espaço permanentemente brejoso e encharcado. § 1º Não será exigida Área de Preservação Permanente no entorno de reservatórios artificiais de água que não decorram de barramento ou represamento de cursos d'água naturais. § 2º (Revogado). § 3º (Vetado). § 4º Nas acumulações naturais ou artificiais de água com superfície inferior a 1 (um) hectare, fica dispensada a reserva da faixa de proteção prevista nos incisos II e III do *caput*, vedada nova supressão de áreas de vegetação nativa, salvo autorização do órgão ambiental competente do Sistema Nacional do Meio Ambiente — Sisnama. § 5º É admitido, para a pequena propriedade ou posse rural familiar, de que trata o inciso V do art. 3º desta Lei, o plantio de culturas temporárias e sazonais de vazante de ciclo curto na faixa de terra que fica exposta no período de vazante dos rios ou lagos, desde que não implique supressão de novas áreas de vegetação nativa, seja conservada a qualidade da água e do solo e seja protegida a fauna silvestre. § 6º Nos imóveis rurais com até 15 (quinze) módulos fiscais, é admitida, nas áreas de que tratam os incisos I e II do *caput* deste artigo, a prática da aquicultura e a infraestrutura física diretamente a ela associada, desde que: I — sejam adotadas práticas sustentáveis de manejo de solo e água e de recursos hídricos, garantindo sua qualidade e quantidade, de acordo com norma dos Conselhos Estaduais de Meio Ambiente; II — esteja de acordo com os respectivos planos de bacia ou planos de gestão de recursos hídricos; III — seja realizado o licenciamento pelo órgão ambiental competente; IV — o imóvel esteja inscrito no Cadastro Ambiental Rural — CAR. V — não implique novas supressões de vegetação nativa. §§ 7º, 8º e 9º (Vetados). Art. 5º Na implantação de reservatório d'água artificial destinado a geração de energia ou abastecimento público, é obrigatória a aquisição, desapropriação ou instituição de servidão administrativa pelo empreendedor das Áreas de Preservação Permanente criadas em seu entorno, conforme estabelecido no licenciamento ambiental, observando-se a faixa mínima de 30 (trinta) metros e máxima de 100 (cem) metros em área rural, e a faixa mínima de 15 (quinze) metros e máxima de 30 (trinta) metros em área urbana. § 1º Na implantação de reservatórios d'água artificiais de que trata o *caput*, o empreendedor, no âmbito do licenciamento ambiental, elaborará Plano Ambiental de Conservação e Uso do Entorno do Reservatório, em conformidade com termo de referência expedido pelo órgão competente do Sistema Nacional do Meio Ambiente — Sisnama, não podendo o uso exceder a 10% (dez por cento) do total da Área de Preservação Permanente. § 2º O Plano Ambiental de Conservação e Uso do Entorno de Reservatório Artificial, para os empreendimentos licitados a partir da vigência desta Lei, deverá ser apresentado ao órgão ambiental concomitantemente com o Plano Básico Ambiental e aprovado até o início da operação do empreendimento, não constituindo a sua ausência impedimento para a expedição da licença de instalação. § 3º (Vetado). Art. 6º Consideram-se, ainda, de preservação permanente, quando declaradas de interesse social por ato do Chefe do Poder Executivo, as áreas cobertas com florestas ou outras formas de vegetação destinadas a uma ou mais das seguintes finalidades: I — conter a erosão do solo e mitigar riscos de enchentes e deslizamentos de terra e de rocha; II — proteger as restingas ou veredas; III — proteger várzeas; IV — abrigar exemplares da fauna ou da flora ameaçados de extinção; V — proteger sítios de excepcional beleza ou de valor científico, cultural ou histórico; VI — formar faixas de proteção ao longo de rodovias e ferrovias; VII — assegurar condições de bem-estar público; VIII — auxiliar a defesa do território nacional, a critério das autoridades militares. IX — proteger áreas úmidas, especialmente as de importância internacional".

- **Florestas de preservação permanente em formação:** O tipo penal em análise abrange, igualmente, as florestas de preservação permanente *em* *formação*, que podem ser entendidas como aquelas que estão ainda se formando ou, então, se regenerando naturalmente. A ponderação de Ruy Rebello Pinho, a propósito, é pertinente: "Terrenos descalvados, cobertos de ervas, ou de vegetação permanente destinada a lenha, sem possibilidade alguma de transformar-se em floresta, não estão abrangidos neste conceito de floresta em formação" ("Da contravenção florestal", *Justitia* 113/36-37, *apud* Vladimir e Gilberto Passos de Freitas, *Crimes contra a natureza*, cit., , p. 115).

- Perícia: É imprescindível para demonstrar a materialidade delitiva, bem como para possibilitar a reparação do dano, inclusive com vistas à suspensão condicional do processo e à posterior extinção da punibilidade (art. 28 desta lei).

- Confronto (Mata Atlântica): Se o dano ocorrer em Mata Atlântica que se encontra em estágio de regeneração, *vide* art. 38-A desta Lei, punido com a mesma pena.

- Confronto (Unidade de Conservação Ambiental): Se o dano for em Unidade de Conservação Ambiental, isto é, em Estações Ecológicas, Reservas Biológicas, Parques Nacionais, Monumentos Naturais e Refúgios de Vida Silvestre, o crime será o do art. 40, punido mais gravemente, com pena de reclusão, de 1 a 5 anos.

- Consunção: Se destrói a mata para construir, o crime do art. 38 (desmate), que é punido mais gravemente, não é absorvido pelo delito do art. 64 (construção), uma vez que, se assim fosse, restaria esvaziado o crime do art. 38, punindo-se mais gravemente o que desmata e não constrói, do que aquele que desmata e constrói no local, impedindo a regeneração da natureza.

- Pena: Detenção, de 1 a 3 anos, ou multa, ou ambas as penas cumulativamente.

- Causas de aumento de pena: *Vide* comentários ao art. 53.

- Ação penal: Pública incondicionada.

Jurisprudência do caput

- Área de loteamento de uso residencial. Atipicidade: Tem-se como fato atípico, a ensejar o trancamento de inquérito policial por falta de justa causa, a supressão de vegetação tipo cerrado, em área de loteamento de uso residencial, devidamente aprovado e registrado, nos moldes da Lei n. 6.766/79, para o levantamento de edificações, pois tal conduta não se amolda aos tipos penais descritos nos arts. 38 e 39 da Lei n. 9.605/98, destinados a punir aquele que suprime floresta de preservação permanente, cujo conceito, que deve ser buscado no art. 2º do Código Florestal, não se aplica à espécie (TJSP, 4ª C., RHC 317.882-3/1, j. 5-9-2000, Rel. Des. Canellas de Godoy, *RT* 785/603).

- Floresta: Ausente a prova sobre a elementar "floresta", não está configurado o delito do art. 38; fazer fogo em árvores já cortadas não configura crime, pois não há lesão ao bem jurídico tutelado (TJRS, 4ª Câm., Ap.

70027403542, Rel. Des. Gaspar Marques Batista, j. 15-12-2011).

- **Ato sem fins lucrativos:** Pratica o delito do art. 38, *caput*, da Lei n. 9.605/98, o agente surpreendido carpindo a terra e cortando lenha no interior do parque estadual da Serra do Mar — local considerado de preservação permanente e, nos termos do § 4º do art. 225 da CF, patrimônio nacional — pois tal hipótese acarreta efetivo prejuízo à vegetação nativa existente no local, ainda que os atos sejam realizados sem fins lucrativos. A legislação ambiental não procura preservar unicamente a existência de árvores frondejantes, mas também as condições do solo — como o húmus — e o ambiente de revestimento vegetativo natural, insubstituível para o reflorestamento (TACrSP, 2ª C., Rel. Des. Euvaldo Chaib, APn 1.344.591-1, j. 12-6-2003, v.u.).

- **Ausência de dano. Descaracterização:** Art. 38 da Lei n. 9.605/98. Danificação de floresta considerada de preservação permanente. Absolvição. Necessidade. Desmate de vegetação rasteira totalmente recuperada. Laudo pericial que atestou ausência de dano ambiental. Princípio da insignificância. Aplicação. Recurso improvido. Se a vegetação local, cortada pelo acusado, consistia em mato e foi totalmente recuperada, concluindo os peritos que a área encontrava-se preservada, não se tem como acolher a acusação por crime ambiental, pois o caso é típico de aplicação do princípio da insignificância (TJMG, Recurso 1.0000.00.311581-3/000, Rel. Des. Herculano Rodrigues, j. 12-6-2003, *DJ* 8-8-2003).

- **Competência da Justiça Estadual:** A competência da Justiça Estadual é ampla e residual, reservados à Justiça Federal os crimes em que se caracteriza lesão à União (CF, art. 109, IV), especificadamente pertinentes e objetivamente demonstrados. Com a Lei n. 9.605/98, que revogou a Lei n. 5.197/67, os animais silvestres "não mais se consideram propriedades da União [...], a fauna e a flora não são reservas federais exclusivas, salvo quando respeitantes a relação direta e substancial com os entes federais, razão pela qual ilegais desmatamentos, transportes de madeira, de carvão etc. não se afetam à Justiça Federal pelo só fato de ausência de autorização do órgão federal, por isso que tais atividades se sujeitam à atividade estadual" (TRF da 1ª Região, 3ª T., RCr 2002 43000009570, Rel. Des. Fed. Luciano Tolentino do Amaral, j. 6-8-2002, v.u. — *DJU* 16-8-2002, p. 91, *Bol. IBCCr* 119/650). Queimada, sem a devida autorização, em terras particulares. Fato que não viola, em tese, interesses, bens ou serviços da União (STJ, 3ª S., CComp 31.758, Rel. Min. Félix Fischer, j. 10-4-2002, v.u. — *DJU* 20-5-2002, p. 99, *Bol. IBCCr* 116/625). A competência [...] quando não está em jogo bem ou interesse direto e específico da União, é da Justiça Comum Estadual (STF, 1ª T., RE 349.189-0, j. 17-9-2002, Rel. Min. Moreira Alves, *DJU* 14-11-2002, v.u., *RT* 810/530). Compete à Justiça Estadual processar e julgar o delito de desmatamento cometido anteriormente à entrada em vigor da Lei n. 9.605/98 (Crimes Ambientais), porquanto o diploma legal que regulava a matéria, à época dos fatos, era a Lei n. 4.771/65, que o previa como contravenção penal. Incidência da Súmula 38 desta Corte. Por outro lado, o crime em questão foi cometido em terras particulares não oneradas, não se podendo alegar, em consequência, prejuízo a bens, serviços ou interesses da União. Precedentes. Conflito conhecido para declarar competente o Juízo de Direito de Araguari-MG, o suscitado (STJ, 3ª S., CComp 28.201, Rel. Min. Jorge Scartezzini, j. 24-10-2001, *DJU* 20-5-2002, p. 99).

- Competência da Justiça Federal (Fiscalização do Ibama): "1. Compete à Justiça Federal processar e julgar a ação penal em que se apura a prática de delito contra o meio ambiente, previsto na Lei n. 9.605/98, consistente no desmatamento, sem autorização, de área de preservação permanente sujeita à fiscalização do Ibama. 2. Conflito conhecido para declarar a competência do juiz federal da 3ª Vara de Juiz de Fora, o suscitante" (STJ, 3ª S., CComp 33.511, Rel. Min. Paulo Gallotti, j. 14-8-2002, *DJU* 24-2-2003, p. 182).

- Palmito: Configura os crimes do art. 155, § 4º, IV, do CP, c/c o art. 38, *caput*, da Lei n. 9.605/98 a conduta dos agentes que invadem propriedade alheia situada em área de preservação permanente e retiram 600 unidades de palmito *in natura*, danificando-a (TACrSP, APn 1353273-0).

- Conceito de floresta de preservação permanente: Deve ser buscado no art. 2º do Código Florestal. Vegetação do tipo cerrado que não se emoldura no conceito de floresta. Existência, ademais, de loteamento urbano no local. Recurso de *habeas corpus* concedido (TJSP, 4ª CCr, RHC 317.882-00, Rel. Des. Canellas de Godoy, j. 5-12-2000, v.u. — *JTJ* 259/526). O art. 38 da Lei n. 9.605/98 é tipo penal aberto. O conceito da expressão "floresta de conservação permanente" deve ser buscado em norma jurídica preexistente, *in casu*, no Código Florestal (Lei n. 4.771/67), em seu art. 2º, *a*, n. 1 (TACrSP, 6ª C., Rel. Juíza Angélica de Almeida, APn 1.326.053-4, j. 29-1-2003, v.u.).

- Desconhecimento da ilicitude. Descaracterização do crime: O abate de um eucalipto e a danificação de vegetação nativa determinada para dar acesso ao agente ao local do fato não caracteriza prática do crime de danificação de floresta descrito no art. 38 da Lei n. 9.605/98, particularmente quando, como no caso, faltou ao réu consciência da ilicitude do fato praticado. Sentença absolutória confirmada (TJRS, 4ª CCr, APn 70.005.249.669, Rel. Des. Vladimir Giacomuzzi, j. 12-12-2002).

- Desmatamento: Crime ambiental. Desmatamento sem autorização. Mata Atlântica. Área de preservação permanente. Presença dos indícios da prática do delito. Recebe-se a denúncia e se concede a suspensão condicional do processo (TJMG, Proc. 1.0000.00.302316-5/000, Rel. Des. Gomes Lima, j. 27-5-2003, *DJ* 20-8-2003).

- Erro de proibição: Pratica os crimes dos arts. 38, *caput*, 39 e 48 da Lei n. 9.605/98 o agente que, mediante emprego de fogo, destrói floresta considerada de preservação permanente, corta árvores dela e ainda impede e dificulta a regeneração natural de vegetação tipo "capoeira" existente ao lado e nas proximidades de mananciais. É impossível o reconhecimento de eventual descriminante putativa ou erro de proibição, nos termos dos arts. 20, § 1º, primeira parte, e 21 do CP, se o réu já havia sido advertido anteriormente acerca da vedação de desmatamento no local, estando perfeitamente ciente das condutas ilícitas que praticava, e inexistem circunstâncias que autorizem a suposição de legitimidade da ação (TACrSP, 4ª C., APn 1.368.013-4, Rel. Juiz João Morenghi, j. 9-12-2003, m.v.).

- Irretroatividade: Tendo os fatos narrados no procedimento administrativo instaurado ocorrido na vigência da Lei n. 4.771/65 (Código Florestal), que os tipifica como contravenção penal — de competência da Justiça Comum Estadual —, não pode a lei posterior, Lei n. 9.605/98, mais grave, que os eleva à figura de crime, retroagir, no sentido de remeter a competência para a sua apreciação, para a Justiça Federal. Incidência do enunciado da Súmula 38 do STJ (STJ, 3ª S., CComp 29.588, Rel. Min. Edson Vidigal, j. 13-9-2000, *DJU* 2-10-2000, p. 138).

- Licença não justifica o dano: Mandado de segurança. Impossibilidade de dilação probatória. Direito líquido e certo que deverá ser demonstrado quando da impetração do *mandamus*. Inocorrência do cerceamento de defesa arguido. Atividade de extração mineral. Área de preservação permanente. Necessidade de licença ambiental específica. O fato de a empresa haver obtido licença de exploração minerária não a exime de atender às determinações legais referentes à preservação do meio ambiente, sobremaneira restando constatado que tal atividade está se dando em área de preservação permanente (topo de serra), assim conceituada pelo Código Florestal. O descumprimento das normas ambientais aplicáveis à espécie sujeita o pesquisador ao embargo da atividade de exploração de lavra. Recurso improvido (TJMG, Recurso 1.0000.00.263146-3/000, Rel. Des. Pinheiro Lago, j. 2-12-2002, *DJ* 1-4-2003).

- Pequena lesividade. Descaracterização: Desmatamento, de pequeno porte, de trilha em área de preservação ambiental. Inocorrência. A conduta tida como típica deve se revelar realmente ofensiva aos bens jurídicos resguardados em lei, no intuito de se evitar aberrações jurídicas, que se refletem na atipicidade das condutas de pequena lesividade. Recurso conhecido e provido (TJMG, Recurso 1.0000.00.313301-4/000, Rel. Des. Márcia Milanez, j. 5-8-2003, v.u., *DJ* 19-8-2003). "Não se vê, assim, vício ambiental em face da edificação. Não bastasse isso, perícia realizada no inquérito não constatou na ação do réu conduta voltada ao desmatamento, ou, ainda, a impedir ou dificultar a regeneração de florestas. O tipo contido na denúncia tem por escopo a punição daquele que destrói ou danifica floresta considerada de preservação permanente, mesmo que em formação, ou a utiliza com infringência das normas de proteção. E o pequeno desmatamento constatado não permite concluir pelo alegado dano ambiental. Concedo a ordem para trancar o curso da ação penal" (TACrSP, 12ª C., HC 449.284-5, Rel. Juiz Pinheiro Franco, j. 15-9-2003, *Bol. IBCCr* 133/70).

- Perícia: Havendo controvérsia sobre a existência ou não de floresta considerada de preservação permanente no local objeto do desmatamento, torna-se indispensável a realização de prova técnica para a caracterização do tipo previsto no art. 38 da Lei n. 9.605/98 (TRF da 1ª Região, 4ª T., REO no HC 2000.01.00.010876-2, Rel. Des. Fed. Mário César Ribeiro, j. 9-5-2000, *DJU* 9-6-2000, *RT* 780/710; 4ª Câm., Ap. 70036887396, Rel. Des. Marco Antônio Ribeiro de Oliveira, j. 24-5-2012).

- **Prova insuficiente para a condenação:** Prova duvidosa da autoria. Responsabilização automática do proprietário da área atingida. Impossibilidade: nos crimes ambientais em que a prova não indica de forma induvidosa a autoria, não é possível a responsabilização automática do proprietário da área atingida principalmente se há indicações de que não exercia fiscalização sobre ela (TACrSP, APn 1.387.621-1).

- **Várias espécies da mata. Fato único:** Se várias espécies da mata nativa foram abatidas, não se precisando bem a data em que teria ocorrido, é de considerar-se um fato único, previsto no art. 38 da Lei Ambiental, ou seja, danificar floresta considerada de preservação permanente. Aplica-se pena mínima, todavia, em face de que as consequências e circunstâncias não são de molde a exasperar a sanção. Provido em parte, à unanimidade, apenas para reduzir a pena de prisão e afastar a pena de multa (TJRS, 4ª CCr, APn 70.005.855.382, Rel. Des. Gaspar Marques Batista, j. 10-4-2003).

- **Vegetação das margens:** A vegetação de margens de cursos d'água é considerada de preservação permanente, configurando-se o crime previsto no art. 38 da Lei n. 9.605/98 (TJMG, Recurso 1.0000.00.311382-6/000, Rel. Des. Gomes Lima, j. 9-9-2003, *DJ* 17-10-2003).

- **Vegetação rasteira:** Comete o crime previsto no art. 38 da Lei n. 9.605/98 o agente que, visando à limpeza de seu terreno, determina o corte de vegetação rasteira localizada nas margens de curso d'água com menos de cinco metros de largura — área de preservação permanente — sem permissão do órgão competente. É certo que periodicamente os cursos d'água necessitam de cuidados, evitando que o leito fique obstruído, mas isso não quer dizer que a vegetação, que margeia o rio, deva ser destruída. Ademais, o departamento estadual de proteção de recursos naturais expressamente estabelece que a limpeza e o desassoreamento do riacho deveriam ser realizados, mas sem intervenção em vegetação arbórea (TACrSP, 6ª C., APn 1.326.053-4, Rel. Juíza Angélica de Almeida, j. 29-1-2003, v.u.).

- **Vistoria realizada após um ano:** Crimes contra o meio ambiente. Lei n. 9.605/98. Vistoria realizada mais de um ano após os fatos. Imprestabilidade: tratando-se da Lei n. 9.605/98, é imprestável, para fins criminais, a vistoria realizada um ano após os fatos (TACrSP, 9ª C., APn 1.311.979-5, Rel. Juiz Samuel Júnior, j. 7-8-2002, v.u.).

- **O crime do art. 32 não é absorvido pelo crime do art. 64:** "1. O princípio da consunção tem aplicação quando um delito mais leve serve como fase preparatória ou de execução para um crime mais grave, restando absorvido por este, mostrando-se incabível, portanto, a rejeição pelo magistrado da denúncia quanto ao crime apenado mais severamente por considerá-lo fase executória de outro que apresenta menor lesividade. 2. Vislumbra-se a ocorrência da prescrição da pretensão punitiva em relação ao delito do art. 64 da Lei 9.605/98, cujo preceito secundário prevê pena máxima de 1 ano de detenção, nos termos do art. 109, V, do Código Penal, tendo em vista que da data dos fatos — 17/10/2006 — até o presente momento transcorreu lapso temporal superior a 4 anos. 3. Recurso provido para determinar o prosseguimento da ação penal em relação ao delito do art.

38 da Lei 9.605/98. Declarada, de ofício, a extinção da punibilidade estatal quanto ao crime previsto no art. 64 do mesmo estatuto penal [...]" (STJ, 5ª T., REsp 1.113.359, Rel. Min. Laurita Vaz, j. 9-10-2012, *DJe* 17-10-2012).

Art. 38-A. Destruir ou danificar vegetação primária ou secundária, em estágio avançado ou médio de regeneração, do Bioma Mata Atlântica, ou utilizá-la com infringência das normas de proteção:

Pena — detenção, de 1 (um) a 3 (três) anos, ou multa, ou ambas as penas cumulativamente.

Parágrafo único. Se o crime for culposo, a pena será reduzida à metade.

- Alteração: Artigo acrescentado pela Lei n. 11.428, de 22 de dezembro de 2006.
- Assinatura de Termo de Compromisso (Lei n. 12.651, de 25 de maio de 2012): O art. 60 da referida lei estipula o seguinte: "A assinatura de termo de compromisso para regularização de imóvel ou posse rural perante o órgão ambiental competente, mencionado no art. 59, suspenderá a punibilidade dos crimes previstos nos arts. 38, 39 e 48 da Lei n. 9.605, de 12 de fevereiro de 1998, enquanto o termo estiver sendo cumprido. § 1º A prescrição ficará interrompida durante o período de suspensão da pretensão punitiva. § 2º Extingue-se a punibilidade com a efetiva regularização prevista nesta Lei". Embora não se faça menção expressa ao art. 38-A, não é razoável tratar de forma diversa a destruição ou o dano à Mata Atlântica do que o praticado contra outras vegetações pertencentes a áreas de preservação permanente, até mesmo porque a pena prevista nos arts. 38, 38-A e 39 da Lei n. 9.605/98 é a mesma. Defendemos, portanto, que o referido art. 60 seja também aplicado ao presente crime, por analogia *in bonam partem*. A retroatividade na aplicação deste art. 60 é evidente, uma vez que o dispositivo tem conteúdo processual e penal benéficos, devendo retroagir para abranger fatos anteriormente praticados, bem como termos de compromissos celebrados anteriormente (art. 5º, XL, da CF).
- Transação penal: Tendo em vista que a pena cominada é alternativa, podendo ser aplicada tão somente a pena de multa, entendemos que é cabível a transação penal no *caput* (art. 61 da Lei n. 9.099/95). Todavia, tal entendimento não é pacífico, não sendo acompanhado pela jurisprudência atual do STJ que entende ser a multa a pena mínima. Com relação à modalidade culposa (parágrafo único), indiscutivelmente a transação penal é cabível. Lembramos que nos crimes previstos nesta lei, a proposta de transação penal depende da prévia composição do dano ambiental, nos casos em que tiver ocorrido, salvo em caso de comprovada impossibilidade (art. 27).
- Suspensão condicional do processo: Cabe no *caput* e no parágrafo único, porquanto a pena mínima não é superior a 1 (um) ano. Todavia, devem ser observadas as regras impostas pelo art. 28 da Lei Ambiental, dentre as quais se destaca aquela que exige, para a declaração da extin-

ção da punibilidade (§ 5º do referido art. 28), laudo de constatação de reparação de dano ambiental, ressalvada a impossibilidade de fazê-lo.

- Penas alternativas: Cabem (arts. 43 e s. do CP).

Caput

- Objeto jurídico: A proteção do meio ambiente natural, especificamente a vegetação do Bioma Mata Atlântica.

- Sujeito ativo: Qualquer pessoa. Quanto à pessoa jurídica, vide comentários e jurisprudência ao art. 3º desta lei. Acerca da coautoria, vide comentários ao art. 2º.

- Sujeito passivo: É a coletividade. Poderá ser, também, o particular proprietário ou possuidor das terras em que presente a vegetação do Bioma Mata Atlântica.

- Tipo objetivo: São iguais aos do delito anterior, previsto no art. 38. Como havíamos dito, três são os núcleos do tipo: a) *destruir*, isto é, arruinar, extinguir, fazer desaparecer; b) *danificar*, que tem o sentido de causar dano a algo ou prejudicar; e c) *utilizar*, que significa fazer uso, acrescido do elemento normativo do tipo *com infringência das normas de proteção*. Tem-se, assim, uma nítida graduação: destruir é mais do que danificar, que, por sua vez, é mais do que utilizar indevidamente. Essa diferenciação é inafastável e, a nosso ver, *deve* ser levada em consideração pelo juiz na escolha da modalidade de pena (detenção ou multa ou ambas), bem como do seu montante. Em qualquer dos três núcleos acima (*a*, *b* ou *c*), a conduta deve recair sobre vegetação primária ou secundária, em estágio avançado ou médio de regeneração do Bioma Mata Atlântica (elemento normativo do tipo — *vide* notas abaixo). Ou seja, preserva-se, aqui, a mata que já havia sido destruída e que está se regenerando, ampliando âmbito de proteção penal, o que faz esse art. 38-A se diferenciar do art. 38. O último núcleo do tipo (*c*) pune a utilização indevida, isto é, o uso com infringência das normas de proteção, de vegetação primária ou secundária, em estágio avançado ou médio de regeneração, do Bioma Mata Atlântica Trata-se, como se vê, de norma penal em branco, a exigir do intérprete a busca das normas de proteção incidentes no caso, como a Resolução n. 388 do Conama, abaixo referida. Caberá ao intérprete verificar no seu respectivo Estado, qual a Resolução do Conama aplicável (*vide* notas abaixo), para daí investigar se a conduta é ou não típica. A destruição ou danificação deverá ter relevância jurídica, podendo não haver crime em casos de ausência de efetivo dano ambiental. Já a utilização indevida, por sua vez, satisfaz-se com a demonstração do *perigo concreto de dano*.

- Definição deve ser feita por resolução do Conama: Conforme dispõe o art. 4º da Lei n. 11.428/2006, "a definição de vegetação primária e de vegetação secundária nos estágios avançado, médio e inicial de regeneração do Bioma Mata Atlântica, nas hipóteses de vegetação nativa localizada, será de iniciativa do Conselho Nacional do Meio Ambiente". Trata-se da Resolução n. 388, de 23 de fevereiro de 2007, publicada no *DOU* n. 388, de 26-2-2007 (*vide* abaixo inteiro teor). De acordo, ainda, com o § 1º deste art. 4º, "o Conselho Nacional do Meio Ambiente terá prazo de 180 (cento e oitenta) dias para estabelecer o que dispõe o *caput* deste artigo, sendo que qualquer intervenção na vegetação primária ou secundária nos estágios avançado e médio de regeneração somente poderá ocorrer após atendido o disposto neste artigo". Vale anotar que, nos termos do art. 5º da referida lei, "a vegetação primária ou a vegetação secundária em qualquer estágio de regeneração do Bioma Mata Atlântica não perderão esta classificação nos casos de incêndio, desmatamento ou qualquer outro tipo de intervenção não autorizada ou não licenciada".

- **Bioma Mata Atlântica:** Conforme o art. 2º da Lei n. 11.428/2006, "consideram-se integrantes do Bioma Mata Atlântica as seguintes formações florestais nativas e ecossistemas associados, com as respectivas delimitações estabelecidas em mapa do Instituto Brasileiro de Geografia e Estatística — IBGE, conforme regulamento: Floresta Ombrófila Densa; Floresta Ombrófila Mista, também denominada de Mata de Araucárias; Floresta Ombrófila Aberta; Floresta Estacional Semidecidual; e Floresta Estacional Decidual, bem como os manguezais, as vegetações de restingas, campos de altitude, brejos interioranos e encraves florestais do Nordeste". Dispõe, ainda, o parágrafo único do art. 2º: "somente os remanescentes de vegetação nativa no estágio primário e nos estágios secundário inicial, médio e avançado de regeneração na área de abrangência definida no *caput* deste artigo terão seu uso e conservação regulados por esta Lei".

- **Resolução n. 388/2007 do Conama:** Esta Resolução dispõe sobre a convalidação das resoluções que definem a vegetação primária e secundária nos estágios inicial, médio e avançado de regeneração da Mata Atlântica para fins do disposto no art. 4º, § 1º, da Lei n. 11.428, de 22 de dezembro de 2006. Conforme tal Resolução, ficam convalidadas para tal fim as Resoluções Conama n. 10/93, 1, 2, 4, 5, 6, 25, 26, 28, 29, 30, 31, 32, 33 e 34/94, 7/96 e 261/99, valendo anotar que, em regra, para cada Estado da Federação há uma Resolução própria. No Estado de São Paulo, por exemplo, é a Resolução n. 1, de 31 de janeiro de 1994, que define vegetação primária e secundária nos estágios pioneiro, inicial, médio e avançado de regeneração da Mata Atlântica, a fim de orientar os procedimentos de licenciamento de exploração da vegetação nativa. Nos demais Estados, as Resoluções convalidadas pela Resolução n. 388, *ad referendun* do Plenário do Conama, são as seguintes: I — Resolução n. 10, de 1º de outubro de 1993 — que estabelece os parâmetros para análise dos estágios de sucessão da Mata Atlântica; II — Resolução n. 1, de 31 de janeiro de 1994 — que define vegetação primária e secundária nos estágios pioneiro, inicial, médio e avançado de regeneração da Mata Atlântica, a fim de orientar os procedimentos de licenciamento de exploração da vegetação nativa no Estado de Sao Paulo; III — Resolução n. 2, de 18 de março de 1994 — que faz o mesmo em relação ao Paraná; IV — Resolução n. 4, de 4 de maio de 1994 — que trata do Estado de Santa Catarina; V — Resolução n. 5, de 4 de maio de 1994 — que cuida do Estado da Bahia; VI — Resolução n. 6, de 4 de maio de 1994 — referente ao Estado do Rio de Janeiro; VII — Resolução n. 25, de 7 de dezembro de 1994 — que cuida do Ceará; VIII — Resolução n. 26, de 7 de dezembro de 1994 — relativa ao Piauí; IX — Resolução n. 28, de 7 de dezembro de 1994 —

para Alagoas; X — Resolução n. 29, de 7 de dezembro de 1994 — que trata do Espirito Santo; XI — Resolução n. 30, de 7 de dezembro de 1994 — Mato Grosso do Sul; XII — Resolução n. 31, de 7 de dezembro de 1994 — Pernambuco; XIII — Resolução n. 32, de 7 de dezembro de 1994 — Rio Grande do Norte; XIV — Resolução n. 33, de 7 de dezembro de 1994 — Rio Grande do Sul; XV — Resolução n. 34, de 7 de dezembro de 1994 — Sergipe; XVI — Resolução n. 7, de 23 de julho de 1996 — que aprova os parâmetros básicos para análise da vegetação de restingas no estado de São Paulo; e XVII — Resolução n. 261, de 30 de junho de 1999 — que aprova parâmetro básico para análise dos estágios sucessivos de vegetação de restinga para o estado de Santa Catarina.

- Tipo subjetivo: É o dolo, consistente na vontade livre e consciente de destruir, danificar ou utilizar indevidamente, isto é, com infringência das normas de proteção, sabendo o agente tratar-se de Mata Atlântica, que é floresta de preservação permanente. Para a doutrina tradicional, é o dolo genérico. A modalidade culposa é prevista no parágrafo único.

- Consumação e tentativa: O delito se perfaz com a destruição, a danificação ou com a utilização indevida. Nas duas primeiras modalidades, o crime é material e de dano; na última, formal e de perigo, mesmo porque, se a utilização indevida ocasionar dano ou destruição, a conduta se subsumirá em uma das primeiras modalidades (destruir ou danificar). A tentativa não nos parece possível nas três hipóteses, por serem as condutas unissubsistentes. Mesmo nas modalidades de destruição ou de danificação (crime material), difícil imaginar a conduta de "tentar destruir" ou "tentar danificar", não havendo aqui punição de atos preparatórios, salvo se houver tipo específico, como o da comercialização de motosserra (art. 51).

- Perícia: É imprescindível para demonstrar a materialidade delitiva, bem como para possibilitar a reparação do dano, inclusive com vistas à suspensão condicional do processo e à posterior extinção da punibilidade (art. 28 desta lei).

- Confronto (Unidade de Conservação Ambiental): Se o dano for em Unidade de Conservação Ambiental, isto é, em Estações Ecológicas, Reservas Biológicas, Parques Nacionais, Monumentos Naturais e Refúgios de Vida Silvestre, o crime será o do art. 40, punido mais gravemente.

- Pena: Detenção, de 1 a 3 anos, ou multa, ou ambas as penas cumulativamente. A pena é idêntica à do delito do art. 38, que trata das florestas de preservação permanente.

- Causas de aumento de pena: *Vide* comentários ao art. 53.

- Ação penal: Pública incondicionada.

- Mata Atlântica e competência: Tendo em vista que a Mata Atlântica foi considerada, pela Constituição da República, patrimônio nacional, existem acórdãos que entendem ser da competência da Justiça Federal processar e julgar o crime consistente na sua destruição ou dano, havendo, sempre, interesse da União. Outros, porém, ponderam que o fato de a Mata Atlântica ser considerada patrimônio nacional não a torna patrimônio da União, sendo responsabilidade de todas as esferas de poder público

(União, Estados, Municípios e Distrito Federal), e não só do Ibama, fiscalizar e proteger essas áreas. A questão da competência, assim, deverá ser vista em cada caso concreto, como na hipótese de o crime ocorrer dentro de um Parque Nacional, justificando-se, aí, a competência da Justiça Federal, havendo violação de interesse *direto* da União.

Jurisprudência

- Competência da Justiça Federal (Mata Atlântica e Ibama): Manutenção em depósito de palmito em grande quantidade. Delito capitulado na Lei n. 9.605/98. Espécie vegetal da flora nativa da Mata Atlântica. Interesse da União. Justiça Federal competente. A extração (e guarda em depósito) sem autorização do Ibama de espécie nativa, pertencente à Mata Atlântica, se traduz em crime ambiental contra patrimônio da União, o que materializa a competência desta Justiça mais graduada. Recurso em sentido estrito conhecido e provido (TRF da 4ª Região, 1ª T., RSE 1999.04.0 1.074178-8, Rel. Des. Fed. Maria Isabel Pezzi Klein, j. 11-4-2000, v.u. — *DJU* 17-5-2000, p. 53, *Bol. IBCCr* 93/472, agosto/2000). A respeito, a decisão: "À Mata Atlântica a CF/88 atribuiu a condição de Patrimônio Nacional, revelando-se com isso o prevalente interesse nacional, o qual transcende o âmbito estadual. Não há falar que necessária a comprovação da origem da madeira extraída para a verificação da competência, tendo em vista que esta se dá em razão do interesse da União nos casos dos crimes cometidos contra a flora, a qual se caracteriza como Patrimônio Nacional. Recurso em sentido estrito provido" (TRF da 4ª Região, 7ª T., RSE 01.04.01.0244991-1, Rel. Des. Fed. José Luiz B. Germano da Silva, j. 21-8-2001, v.u. — *DJU* 12-9-2001, p. 457, *Bol. IBCCr* 110/578). Em outra ocasião, decidiu o STJ: "1. Compete à Justiça Federal processar e julgar a ação penal em que se apura a prática de delito contra o meio ambiente, previsto na Lei n. 9.605/98, consistente no desmatamento, sem autorização, de área de preservação permanente sujeita à fiscalização do Ibama. 2. Conflito conhecido para declarar a competência do juiz federal da 3ª Vara de Juiz de Fora, o suscitante" (STJ, 3ª S., CComp 33.511, Rel. Min. Paulo Gallotti, j. 14-8-2002, *DJU* 24-2-2003, p. 182).

- Competência da Justiça Estadual: Crime contra a flora praticado na Mata Atlântica. Ausência de lesão a bem, interesse ou serviço da União. Competência da Justiça Estadual (STJ, 3ª S., CComp 38.386, Rel. Min. Félix Fisher, j. 23-4-2003, v.u. — *DJU* 16-6-2003, p. 260, *Bol. IBCCr* 128/717). No mesmo sentido: STF, 1ª T., RREE 300.244, 299.856 e 354.862-0, *Bol. IBCCr* 120/656.

- Não é floresta: Comprovado que a vegetação suprimida não se enquadra no conceito de floresta, está ausente uma das elementares do tipo penal do art. 38 da Lei n. 9.605/98. A abertura de simples valas em meio à lavoura, para escoamento de água, evidentemente não configura obra potencialmente poluidora do meio ambiente (TJRS, 4ª Câm., Ap. 7005248 4573, Rel. Des. Gaspar Marques Batista, j. 6-2-2013).

Art. 39. Cortar árvores em floresta considerada de preservação permanente, sem permissão da autoridade competente:

Pena — detenção, de 1 (um) a 3 (três) anos, ou multa, ou ambas as penas cumulativamente.

- **Assinatura de Termo de Compromisso (Lei n. 12.651, de 25 de maio de 2012):** Dispõe o art. 60 da referida lei: "Art. 60. A assinatura de termo de compromisso para regularização de imóvel ou posse rural perante o órgão ambiental competente, mencionado no art. 59, suspenderá a punibilidade dos crimes previstos nos arts. 38, 39 e 48 da Lei n. 9.605, de 12 de fevereiro de 1998, enquanto o termo estiver sendo cumprido. §1º A prescrição ficará interrompida durante o período de suspensão da pretensão punitiva.§ 2º Extingue-se a punibilidade com a efetiva regularização prevista nesta Lei". A Lei n. 12.651, de 25 de maio de 2012, entrou em vigor na data de sua publicação (28 de maio de 2012). A retroatividade na aplicação deste art. 60 é de rigor, uma vez que o dispositivo tem conteúdo processual e penal benéficos, devendo retroagir para abranger fatos anteriormente praticados, bem como termos de compromissos celebrados antes de sua entrada em vigor (art. 5º, XL, da CF).

- **Transação penal:** Tendo em vista que a pena cominada é alternativa, podendo ser aplicada tão somente a pena de multa, entendemos que é cabível a transação penal no *caput* (art. 61 da Lei n. 9.099/95). Todavia, tal entendimento não é pacífico, não sendo acompanhado pela jurisprudência atual do STJ que entende ser a multa a pena mínima. Com relação à modalidade culposa (parágrafo único), indiscutivelmente a transação penal é cabível. Lembramos que nos crimes previstos nesta lei, a proposta de transação penal depende da prévia composição do dano ambiental, nos casos em que tiver ocorrido, salvo em caso de comprovada impossibilidade (art. 27).

- **Suspensão condicional do processo:** Cabe (art. 89 da Lei n. 9.099/95), desde que não incidam as qualificadoras do art. 53, sendo observadas as regras impostas pelo art. 28 desta lei, dentre as quais se destaca aquela que exige, para a declaração da extinção da punibilidade de que trata o § 5º do art. 89 da Lei n. 9.099/95, laudo de constatação de reparação de dano ambiental, ressalvada a impossibilidade de fazê-lo.

- **Penas alternativas:** Cabem (arts. 43 e s. do CP).

- **Objeto jurídico:** A exemplo do artigo anterior, é o meio ambiente natural, especialmente as florestas consideradas de preservação permanente. Quanto ao conceito de floresta de preservação permanente, *vide* nota a respeito nos comentários ao crime do art. 38. Observe-se, no entanto, que diferentemente do que ocorre no crime, este art. 39 não abrange as florestas de preservação permanente "em formação" mesmo porque, para que haja o corte de árvores, a floresta já deve estar formada.

- **Sujeito ativo:** Qualquer pessoa, inclusive indígenas, não tendo sido poucos os casos, infelizmente, em que alguns deles têm vendido a madeireiros árvores constantes de suas reservas, permitindo que eles as cortem ilegalmente. Quanto à pessoa jurídica, *vide* comentários e jurisprudência ao art. 3º. Acerca da coautoria, cf. nota ao art. 2º.

- **Sujeito passivo:** É a coletividade. Poderá ser, também, o particular que é proprietário ou possuidor do imóvel.

- **Tipo objetivo:** O núcleo do tipo é um só, qual seja, *cortar*, que significa dividir com instrumento cortante. O objeto material, diz o legislador, são as "árvores", não restando abrangido por este art. 39, a nosso ver, o corte de uma única árvore. É preciso que as árvores se encontrem vivas (isto é, em pé e com seiva) em floresta de preservação permanente (*vide* o seu conceito nos comentários ao art. 38) quando da ação do agente. Caso as árvores já estejam derrubadas, ou mortas (ainda que em pé), estaremos diante de um *crime impossível*, não havendo que se falar do cometimento do delito deste art. 39. Para que a ação seja típica, a conduta há que ser praticada "sem permissão da autoridade competente", que constitui elemento normativo do tipo. O novo Código Florestal (Lei n. 12.651, de 25 de maio de 2012), prevê, excepcionalmente, a possibilidade de intervenção ou supressão de vegetação nativa em Área de Preservação Permanente, em seus arts. 8º e 9º, *verbis*: "Art. 8º A intervenção ou a supressão de vegetação nativa em Área de Preservação Permanente somente ocorrerá nas hipóteses de utilidade pública, de interesse social ou de baixo impacto ambiental previstas nesta Lei. § 1º A supressão de vegetação nativa protetora de nascentes, dunas e restingas somente poderá ser autorizada em caso de utilidade pública. § 2º A intervenção ou a supressão de vegetação nativa em Área de Preservação Permanente de que tratam os incisos VI e VII do *caput* do art. 4º poderá ser autorizada, excepcionalmente, em locais onde a função ecológica do manguezal esteja comprometida, para execução de obras habitacionais e de urbanização, inseridas em projetos de regularização fundiária de interesse social, em áreas urbanas consolidadas ocupadas por população de baixa renda. § 3º É dispensada a autorização do órgão ambiental competente para a execução, em caráter de urgência, de atividades de segurança nacional e obras de interesse da defesa civil destinadas à prevenção e mitigação de acidentes em áreas urbanas. § 4º Não haverá, em qualquer hipótese, direito à regularização de futuras intervenções ou supressões de vegetação nativa, além das previstas nesta Lei. Art. 9º É permitido o acesso de pessoas e animais às Áreas de Preservação Permanente para obtenção de água e para realização de atividades de baixo impacto ambiental". Em havendo a referida autorização, a conduta evidentemente não será típica diante do elemento normativo. Caso o agente abuse da licença, permissão ou autorização ambiental concedidas, haverá o crime, com o agravamento da pena previsto no art. 15, II, *o*, da Lei n. 9.605/98.

- **Tipo subjetivo:** A conduta somente é punível a título de dolo, não havendo punição por culpa. Caso o agente erre sobre a ilicitude de sua conduta, por achar, por exemplo, que o corte de árvore naquela região era permitido ou por imaginar que aquela área não era *floresta considerada de preservação permanente*, poderá haver isenção ou diminuição da pena (art. 21 do CP). Comprovado que o agente errou na "avaliação" ou "extensão" da autorização para corte concedida pelo Poder Público, poderá haver a exclusão do dolo (art. 20 do CP), restando a conduta atípica.

- **Consumação e tentativa:** A consumação ocorre com o corte das árvores (vivas), ou seja, com a sua derrubada. Trata-se de crime material. A tentativa, embora possível, parece-nos difícil de ocorrer na prática.

- **Confronto (madeira de lei):** Se o corte for de árvore de madeira de lei, *vide* art. 45 desta lei.

- **Confronto (Unidade de Conservação Ambiental):** Se o dano for em Unidade de Conservação Ambiental, isto é, em Estações Ecológicas, Reservas Biológicas, Parques Nacionais, Monumentos Naturais e Refúgios de Vida Silvestre, o crime será o do art. 40, punido mais gravemente.

- **Pena:** Detenção, de 1 a 3 anos, ou multa, ou ambas as penas cumulativamente.

- **Causas de aumento de pena:** *Vide* comentários ao art. 53.

- **Ação penal:** Pública incondicionada.

Jurisprudência
- **Denúncia. Exigência de certeza de que a floresta era de preservação permanente:** Conforme doutrina geralmente recebida, "a corrigenda do libelo (*emendatio libelli*) é possível até a prolação da sentença final. Para não incorrer na censura de inépcia, a denúncia oferecida contra réu acusado de infração do art. 39 da Lei n. 9.605/98 (Lei do Meio Ambiente) deve basear-se na certeza de que as árvores cortadas sem permissão da autoridade competente pertenciam a floresta considerada de preservação permanente. Apenas com a satisfação desse requisito — elemento normativo do tipo — é lícito processar quem transgrediu a lei e violou o mandamento que a consciência ecológica aditou ao decálogo divino parafraseando-o: Não desmatarás! 'A acusação deve estar acompanhada do inquérito policial ou de elementos que habilitam o Ministério Público a promover a ação penal (art. 39, § 5º, do CPP)' (José Frederico Marques, *Elementos de Direito Processual Penal*, 2. ed. v. II, p. 162)" (TACrSP, 15ª C., HC 380.996-1, Igarapava, Rel. Juiz Carlos Biasotti, j. 22-3-2001, v.u. — *Bol. AASP* n. 2.228, p. 438).

- **Estado de necessidade:** Deve ser absolvido da prática do crime do art. 39 da Lei n. 9.605/98 o agente que corta árvore em área de preservação permanente, sem permissão de autoridade competente, diante da alegação de que a mesma estava prestes a cair sobre sua casa, pois se encontra o réu acobertado por causa excludente da ilicitude, ou seja, o estado de necessidade (TACrSP, 9ª C., Rel. Juiz Pedro de Alcântara, APn 1.371.093-0, j. 27-1-2004, v.u.).

Art. 40. Causar dano direto ou indireto às Unidades de Conservação e às áreas de que trata o art. 27 do Decreto n. 99.274, de 6 de junho de 1990, independentemente de sua localização.

Pena — reclusão de 1 (um) a 5 (cinco) anos.

§ 1º Entende-se por Unidades de Conservação de Proteção Integral as Estações Ecológicas, as Reservas Biológicas, os Parques Nacionais, os Monumentos Naturais e os Refúgios de Vida Silvestre.

§ 2º A ocorrência de dano afetando espécies ameaçadas de extinção no interior das Unidades de Conservação de Proteção Integral será considerada circunstância agravante para a fixação da pena.

§ 3º Se o crime for culposo, a pena será reduzida à metade.

- **Alteração:** §§ 1º e 2º com redação dada pela Lei n. 9.985, de 18 de julho de 2000. Pretendeu-se também conferir nova redação ao *caput*, o que, todavia, foi objeto de veto presidencial. Permanece vigente, pois, a redação antiga, que pune tão somente os danos causados às Unidades de Conservação, pouco importando serem elas de *proteção integral* ou de *uso sustentável*. O art. 40-A, *caput*, que punia danos às Unidades de Conservação de Uso Sustentável, previsto também no Anteprojeto que originou a Lei n. 9.985/2000, foi igualmente vetado (*vide* comentários ao referido artigo).

- **Razões do veto:** As razões do veto presidencial aos arts. 40, *caput*, e 40-A, *caput*, demonstram a preocupação do Presidente da República com o princípio da legalidade, sobretudo com um de seus corolários, qual seja, o da taxatividade da lei penal. Entendeu-se, em suma, que a redação pretendida ao *caput* do art. 40 ("Causar significativo dano à flora, à fauna e aos demais atributos naturais das Unidades de Conservação de Proteção Integral e das suas zonas de amortecimento — Pena — reclusão, de dois a seis anos") e ao *caput* do art. 40-A ("Causar significativo dano à flora, à fauna e aos demais atributos naturais das Unidades de Conservação de Uso Sustentável e das suas zonas de amortecimento — Pena — reclusão, de um a três anos") "afrontam todos os princípios que regem o direito penal, que exigem que a norma penal estabeleça de modo claro e objetivo a figura penal, o delito que se deseja reprimir, excluindo-se do seu aplicador a definição de sua ocorrência ou não. Em ambas as alterações, o legislador utilizou-se da expressão 'causar dano significativo', de natureza puramente subjetiva, deixando ao alvedrio do aplicador da lei penal definir se a conduta do suposto infrator configura ou não o delito, tornando imprecisa a sua definição. Em suma, sua vigência importaria introduzir na legislação penal brasileira fator inarredável de insegurança na relação do cidadão com o Estado, em função da indefinição da figura delituosa que se deseja coibir. O veto aos dispositivos acima transcritos cabe por serem contrários ao interesse público" (Mensagem de Veto n. 967, de 18 de julho de 2000).

- **Transação penal:** Não cabe, uma vez que a pena máxima cominada é superior a 2 anos (Lei n. 9.099/95, combinada com a Lei n. 10.259/2002), ainda que a hipótese seja de crime culposo.

- **Suspensão condicional do processo:** Cabe no *caput* e no § 3º (art. 89 da Lei n. 9.099/95), desde que não venham a incidir qualificadoras (art. 53), e sendo observadas as regras impostas pelo art. 28 desta lei, dentre as quais se destaca aquela que exige, para a declaração da extinção da punibilidade de que trata o § 5º do art. 89 da Lei n. 9.099/95, laudo de constatação de reparação de dano ambiental, ressalvada a impossibilidade de fazê-lo.

- **Penas alternativas:** Cabem na modalidade culposa. Na figura dolosa, se a pena efetivamente aplicada for de até 4 anos, embora o máximo seja de 5 (arts. 43 e 44 do CP).

- **Termo de Ajustamento de Conduta (reflexos na área penal):** *Vide* nota sob o mesmo título nos comentários ao art. 26, que trata da ação penal.

- **Objeto jurídico:** É o meio ambiente natural, em especial a flora das Unidades de Conservação, que podem ser de Proteção Integral ou de Uso Sustentável (art. 7º, I e II, da Lei n. 9.985/2000), e as áreas circundantes das Unidades de Conservação, num raio de 10 km (art. 27 do Decreto n. 99.274/90). A nova redação pretendida para o *caput* do art. 40, pela Lei n. 9.985, de 18 de julho de 2000, objeto de veto presidencial, fazia referência unicamente às Unidades de Conservação de Proteção Integral, não se referindo àquelas de uso sustentável. Com esse veto, permaneceu a redação antiga do art. 40, que se refere às Unidades de Conservação, não fazendo distinção entre proteção integral e de uso sustentável.

- **Sujeito ativo:** Qualquer pessoa física. Quanto à pessoa jurídica, *vide* comentários e jurisprudência ao art. 3º. Acerca da coautoria, *vide* art. 2º desta lei.

- **Sujeito passivo:** É a coletividade e, no caso específico deste crime, também a pessoa jurídica de direito público (União, Estado ou Município) à qual a unidade de conservação esteja afeta (*vide* art. 2º, I, da Lei n. 9.985/2000, como também a Lei n. 9.985/2001 que criou o Sistema Nacional de Unidades de Conservação — SNUC), integrando o seu patrimônio. Em se admitindo o ente público como sujeito passivo, poderá ele, inclusive, habilitar-se como assistente do Ministério Público.

- **Tipo objetivo:** O núcleo do tipo é um só: *causar dano*, que tem o sentido de causar prejuízo ou deterioração a determinado bem jurídico. A expressão "dano direto ou indireto" é por demais abrangente, o que, a nosso ver, viola o princípio da legalidade dos delitos e das penas (art. 5º, XXXIX, da CF), sobretudo no que tange à taxatividade exigida para todo tipo penal. Nesse sentido, *vide* artigo de José Nabuco Filho ("O princípio constitucional da determinação taxativa e os delitos ambientais", *Bol. IBCCr* 104/3-4, julho/2001). Não diz a Lei n. 9.605/98 nem outra lei qualquer o que seja dano direto e dano indireto. A Lei n. 9.985/2000, em seu art. 2º, IX e X, traz tão somente os conceitos de uso direto (que "envolve coleta e uso, comercial ou não, dos recursos naturais") e de uso indireto (que "não envolve consumo, coleta, dano ou destruição dos recursos naturais"), o que não auxilia muito na interpretação da expressão "dano direto ou indireto" deste art. 40. Note-se que o art. 26, *d*, do antigo Código Florestal (Lei n. 4.771/65), que foi revogado pela Lei n. 12.651/2012, considerava contravenção florestal tão somente a conduta de "causar danos a Parques Nacionais, Estaduais ou Municipais, bem como às Reservas Biológicas", não havendo qualquer referência a "dano direto ou indireto". Para Vladimir Passos de Freitas e Gilberto Passos de Freitas, embora não seja fácil distinguir o dano direto do dano indireto, "o dano direto é aquele feito diretamente, como o abate de árvores de um parque nacional". O dano indireto, continuam os autores, "é aquele causado não pelo resultado imediato da ação, mas sim por seus resultados posteriores. Por exemplo, em uma unidade de conservação de uso sustentável (*v.g.*, uma reserva extrativista), o diretor de uma empresa agropastoril manda derrubar a vegetação natural para o plantio de cultura em larga escala, sem proteger os recursos naturais da unidade, que são usados pela população local para a própria subsistência" (*Crimes contra a natureza*, cit., p. 129). Não nos parece, *data venia*, acertado o respeitável entendimento desses doutrinadores, já que a expressão "dano indireto", como dito, é demasiadamente aberta, trazendo insegurança jurídica, em clara violação ao princípio da legalidade. Luís Paulo Sirvinskas também critica o uso da expressão "dano direto ou indireto" pelo legislador, asseverando tratar-se este art. 40 de um "tipo penal extremamente aberto e de difícil aplicação no caso concreto", e questionando: como apurar e distinguir o dano indireto (*caput*) do dano culposo (§ 3º)? (*Tutela penal do meio ambiente*, 2. ed., cit., p. 156). A nosso ver, somente o *dano direto* pode constituir crime. É necessário que o dano e a sua causa (relação de causalidade) sejam demonstrados por perícia, sem a qual fica inviabilizada a ação penal, bem como a reparação do dano em sede de suspensão condicional do processo (ver art. 28 desta lei).

■ **Unidade de Conservação Integral e de Uso Sustentável:** A definição do que são as Unidades de Conservação de Proteção encontra-se disposta em diversos diplomas. O primeiro consta da Lei n. 9.985/2000, que estatui: "Art. 2º Para os fins previstos nesta Lei, entende-se por: I — unidade de conservação: espaço territorial e seus recursos ambientais, incluindo as águas jurisdicionais, com características naturais relevantes, legalmente instituído pelo Poder Público, com objetivos de conservação e limites definidos, sob regime especial de administração, ao qual se aplicam garantias adequadas de proteção". Por sua vez, a definição do que seja Unidade de Conservação *Integral* é feita pelo § 1º deste art. 40, que estabelece serem elas: as estações ecológicas, as reservas biológicas, os parques nacionais, os monumentos naturais, como também os refúgios de vida silvestre. Já a definição de Unidade de Conservação de *Uso Sustentável* encontra-se no § 1º do art. 40-A desta lei, ou seja: as Áreas de Proteção Ambiental, as Áreas de Relevante Interesse Ecológico, as Florestas Nacionais, as Reservas Extrativistas, as Reservas de Fauna, as Reservas de Desenvolvimento Sustentável e as Reservas Particulares do Patrimônio Natural. Observamos que é da atribuição do Conama dispor sobre o Sistema Nacional de Unidades de Conservação da Natureza — SNUC, que foi finalmente instituído pela Lei n. 9.985/2000, sendo composto pelo conjunto das unidades de conservação federais, estaduais e municipais. A Lei n. 12.651/2012 também dispõe sobre as Unidades de Conservação, estabelecendo critérios para o uso do fogo nessas áreas, com severas restrições (art. 38).

■ **O veto presidencial:** Com o veto presidencial para a nova redação do *caput* do art. 40, sugerida pela Lei n. 9.985/2000, verificamos haver um descompasso entre a sua redação original, que foi mantida, e que só faz referência à Unidade de Conservação e o seu novo § 1º que traz a definição do que é, para efeitos penais, a Unidade de Conservação Integral, sendo a Unidade de Conservação de Uso Sustentável tratada em outro artigo, o 40-A, § 1º, que ficou sem *caput*, também em razão de veto. Isso porque a Unidade de Conservação de "proteção integral" permite-se "apenas o uso indireto dos seus recursos naturais", ao passo que na de "uso sustentável" busca-se "compatibilizar a conservação da natureza com o uso sustentável de parcela de seus recursos naturais" (art. 7º da Lei n. 9.605/95 e 40-A). Por sua vez, o § 2º prevê ser circunstância agravante o fato de o crime ser cometido em Unidade de Conservação *Permanente*, não deixando dúvida alguma de que a figura do *caput* de aplica a ambas as Unidades de Conservação. Além do dano causado às Unidades de Conservação em geral, o tipo penal pune o dano causado às áreas a que se refere o art. 27 do Decreto n. 99.274/2000, que são aquelas "circundantes das Unidades de Conservação, num raio de dez quilômetros". A expressão "independentemente de sua localização", constante ao final deste art. 40, *caput*, diz respeito às áreas do referido art. 27, o que dá a entender que o legislador quis que a lei penal punisse aquele que causasse dano à flora num raio de 10 km das Unidades de Conservação.

- **Tipo subjetivo:** É o dolo, consistente na vontade livre e consciente de causar dano às Unidades de Conservação ou às suas áreas circundantes num raio de 10 km (art. 27 do Decreto n. 99.274, de 6 de junho de 1990). Para a doutrina tradicional, é o dolo genérico. É elementar que reste demonstrado, outrossim, que o sujeito tinha consciência de se tratar de área pertencente a Unidade de Conservação ou de que estivesse dentro do limite de 10 quilômetros. A modalidade culposa está prevista no § 3º.

- **Consumação e tentativa:** O crime se consuma com a ocorrência de dano (direto) às Unidades de Conservação e às áreas de que trata o art. 27 do Decreto n. 99.274, de 6 de junho de 1990. O dano indireto, como assinalado, não constitui, em nosso entendimento, conduta típica por falta de adequada descrição legal. A nosso ver, embora o delito seja material, a tentativa, na prática, não nos parece possível; afinal, ou há dano e existe o crime, ou este não ocorreu e a conduta será irrelevante penal.

- **Pena:** Reclusão, de 1 a 5 anos. Não é prevista pena de multa.

- **Causas de aumento de pena:** *Vide* comentários ao art. 53.

- **Ação penal:** Pública incondicionada.

Conceito (§ 1º)

- **Unidade de Conservação Integral:** *Vide* nota ao *caput* intitulada *Unidade de Conservação Integral ou de Uso Sustentável*.

Circunstância agravante (§ 2º)

- **Noção:** Este § 2º considera circunstância agravante a ocorrência de dano que afete espécies ameaçadas de extinção, no interior das Unidades de Conservação de Proteção Integral, que são definidas no § 1º deste art. 40. A atual redação deste § 2º é expressa no sentido da aplicação da agravante apenas às Unidades de Conservação de Proteção Integral, sendo inaplicável, portanto, às Unidades de Uso Sustentável.

Modalidade culposa (§ 3º)

- **Noção:** Prevê o § 3º deste art. 40 que, se o crime for culposo, a pena será reduzida à metade. O Código Penal não prevê a modalidade de dano culposo, figura que é prevista tão somente pelo Código Penal Militar. Note-se que o antigo Código Florestal, revogado pela Lei n. 12.651/2012, não punia a modalidade de dano culposo, mas tão somente a de dano doloso (art. 26, *d*, da Lei n. 4.771/65). A previsão deste § 3º tem causado perplexidade na doutrina. Luís Paulo Sirvinskas, após criticar a figura do dano culposo do Código Penal Militar, indaga como apurar e distinguir o dano indireto (*caput*) do dano culposo (§ 3º)? (*Tutela penal do meio ambiente*, 2. ed., cit., p. 156). Luís Régis Prado diz, inclusive, tratar-se o dano indireto culposo de norma inconstitucional, pois "a produção do dano diz respeito à relação material e ao modo de executá-la (imediato ou mediato)" (*Crimes contra o meio ambiente*, São Paulo: Revista dos Tribunais, 1998, p. 90, *apud* Luís Paulo Sirvinskas, ob. e loc. cits.). Talvez fosse melhor que o legislador tipificasse como crime condutas que colocassem em perigo concreto a Unidade de Conservação, e não prever a modalidade de crime de *dano culposo*, uma vez que o delito de dano, por sua própria essência, sempre foi doloso. De toda sorte, a modalidade do crime de dano culposo ambiental está em vigor, e não são poucas as denúncias oferecidas com base neste crime, inclusive contra pessoas jurídicas (a respeito, *vide* nota e jurisprudência ao art. 3º desta lei).

Jurisprudência do caput

- **Erro de proibição e celebração de TAC:** Voto do Relator: "Efetuou acordos com o Ministério Público e DPRN — Termo de Compromisso de Reparação Ambiental e Termo de Responsabilidade de Preservação de Reserva Legal (fls. 50 a 52) e o Ministério Público arquivou o processo, referindo-se ao inquérito civil (DVD). [...] A absolvição é medida que se impõe diante do erro de proibição. É crível que o apelante não tivesse conhecimento de que a área, herança que estava na família de sua esposa há mais de oitenta anos, estivesse localizada dentro de Área de Proteção Ambiental da bacia hidrográfica do Rio Paraíba do Sul, cujo braço mais próximo, a Represa de Jaguari, ficava a uma distância de aproximadamente três quilômetros de sua propriedade. Trata-se, como se verifica dos autos, de pessoa simples, sem o conhecimento da complexa legislação ambiental que vigora em nosso país, onde a regulamentação da matéria se dá por diversos órgãos, das diversas esferas de governo — União, Estados, Municípios e Distrito Federal (competência legislativa concorrente) e por resoluções e portarias de diversos órgãos (Ibama, Conama, Cetesb, etc.), além do poder de polícia ser exercido paralelamente pelas diversas esferas de governo [...] Tomou todas as providências para reparar o dano ambiental e está procedendo a reflorestamento da área conforme pactuado com o Departamento Estadual de Proteção de Recursos Naturais DPRN e com o Ministério Público no inquérito civil (fls.). Diante da ausência de consciência do apelante sobre a ilicitude do fato, a absolvição é de rigor" (TJSP, 12ª Câm. de Dir. Crim., Ap. 0509723-40.2010.8.26.0000, São José dos Campos, Rel. Des. Eduardo Pereira, j. 30-3-2011).

- **Inexistência de prejuízo. Descaracterização:** Causar dano direto ou indireto a Unidades de Conservação. Art. 40 da Lei n. 9.605/98. Delito não caracterizado. Inexistência de prova de que a ação levada a efeito pelo réu causou modificação para pior no ecossistema. Recurso provido. Absolvição (TJMG, Recurso 1.0000.00.289912-8/000, Rel. Des. Kelsen Carneiro, j. 6-5-2003, *DJ* 13-8-2003).

- Autorização do Ministério da Agricultura (não caracterização): A conduta é atípica, pois a área onde se deu o corte não se tratava de Unidade de Conservação; além disso, há autorização do Ministério da Agricultura para desmatar vegetação a fim de possibilitar o plantio de pinheiros brasileiros no terreno, corroborando a existência de planejamento de plantação e limpeza à qual deveria proceder (TJRS, 4ª Câm., Ap. 70026465013, Rel. Des. José Eugênio Tedesco, j. 12-3-2009).

- Aterro (caracterização): A realização de aterro, sem licença, por meio da deposição de caliça e terra em Unidade de Conservação tipifica o crime do art. 40 (TJRS, 4ª Câm., Ap. 70038647111, Rel. Des. Aristides Pedroso de Albuquerque Neto, j. 13-10-2011).

- Unidade de Conservação de Uso Sustentável. *Abolitio criminis*. Inocorrência: Continua sendo definido como crime contra o meio ambiente a conduta de causar dano direto ou indireto a unidades de conservação, sejam elas de proteção integral ou de uso sustentável, pois o art. 40, *caput*, da Lei n. 9.605/98 não foi alterado em sua redação pela Lei n. 9.985/2000 (TJSP, 5ª C., HC 338.194-3/5, Rel. Des. Gomes de Amorim, j. 22-2-2001, *RT* 790/602). No mesmo sentido: TJSP, *RT* 794/600 e 814/586; *JTJ* 263/493.

- Competência: A competência para o processo e julgamento dos crimes contra o meio ambiente, após a edição da Lei n. 9.605/98, somente será da Justiça Federal se houver lesão a bens, serviços ou interesses da União, ou seja, por exemplo, praticados no interior de Unidades de Conservação criadas e administradas pelo Poder Público Federal (Reservas Biológicas, Reservas Ecológicas, Estações Ecológicas, Parques Nacionais, Florestas Nacionais, Áreas de Proteção Ambiental, Áreas de Relevante Interesse Ecológico e Reservas Extrativistas) (TRF da 1ª Região, 4ª T., RCr 2001.43.00.001550-4, j. 23-10-2002, Rel. Des. Federal Mário César Ribeiro, v.u. — *DJU* 19-12-2002, *RT* 812/692).

Jurisprudência do § 1º

- Parque Estadual: A degradação ambiental em Parque Estadual continua sendo considerada crime contra o meio ambiente, nos moldes do art. 40, § 1º, da Lei n. 9.605/98, embora a Lei n. 9.985/2000, ao dar nova redação ao referido dispositivo legal, tenha suprimido a expressão "parque estadual" por mera técnica redacional, pois o intuito do legislador é proteger os ecossistemas naturais de grande relevância ecológica e beleza cênica, para possibilitar a realização de pesquisas científicas e o desenvolvimento de atividades de educação e interpretação ambiental, de recreação em contato com a natureza e de turismo ecológico, sejam esses ecossistemas nacionais, estaduais e municipais (TJSP, 6ª C., HC 355.557-3/7-00, Rel. Des. Debatin Cardoso, j. 9-8-2001, *RT* 794/600 e *JTJ* 249/445).

- Responsabilidade de sócio acionista: Paciente que é sócio acionista de empresa em cuja propriedade ocorreu o dano ambiental. Fato que teria sido determinado pelo administrador da propriedade, que o confessou. Ausência de elementos indiciários de sua culpabilidade. Ordem de *habeas corpus* deferida para excluir o paciente da ação penal (TJSP, *JTJ* 264/521).

Jurisprudência do § 3º
- Delito praticado antes da Lei n. 9.605/98. Contravenção florestal: "O delito de supressão de vegetação natural em área de preservação permanente, se cometido anteriormente à vigência da Lei de Crimes Ambientais, caracteriza a contravenção prevista no art. 26 do antigo Código Florestal, e não a infração do art. 40, § 3º, desse diploma legal [...], sendo vedada a aplicação retroativa" (TJSP, *RT* 802/566).

Art. 40-A. (*Vetado.*)

§ 1º Entende-se por Unidades de Conservação de Uso Sustentável as Áreas de Proteção Ambiental, as Áreas de Relevante Interesse Ecológico, as Florestas Nacionais, as Reservas Extrativistas, as Reservas de Fauna, as Reservas de Desenvolvimento Sustentável e as Reservas Particulares do Patrimônio Natural.

§ 2º A ocorrência de dano afetando espécies ameaçadas de extinção no interior das Unidades de Conservação de Uso Sustentável será considerada circunstância agravante para a fixação da pena.

§ 3º Se o crime for culposo, a pena será reduzida à metade.

- Alteração: Os §§ 1º a 3º deste art. 40-A foram incluídos pela Lei n. 9.985/2000. Todavia, com o veto presidencial ao seu *caput* (*vide Razões do veto* no artigo anterior), os §§ 2º e 3º ficaram sem eficácia. No que concerne ao § 1º, ele não perdeu a sua razão de ser, pois define o que são, para os efeitos desta lei, Unidades de Conservação de Uso Sustentável, servindo de subsídio à aplicação do *caput* do art. 40, que se refere genericamente a Unidades de Conservação, abrangendo tanto as de proteção integral quanto as de uso sustentável.

Art. 41. Provocar incêndio em mata ou floresta:

Pena — reclusão, de 2 (dois) a 4 (quatro) anos, e multa.

Parágrafo único. Se o crime é culposo, a pena é de detenção de 6 (seis) meses a 1 (um) ano, e multa.

- Nota: O incêndio em matas ou florestas traz, na maioria dos casos, gigantescos danos ao meio ambiente, ocasionando a morte de uma infinidade de animais, e por vezes até de pessoas, além de provocar enorme poluição atmosférica com fumaça e fuligem. Uma vez deflagrado, pode tomar grandes proporções, atingindo parques inteiros. Daí, a extrema relevância deste tipo penal, cuja pena, na modalidade dolosa, deveria ser maior.

- **Transação penal:** Cabe somente na modalidade culposa do parágrafo único, já que no *caput* a pena máxima cominada é superior a 2 anos (art. 76 da Lei n. 9.099/95). Lembramos que nos crimes previstos nesta lei, a proposta de transação penal depende da prévia composição do dano ambiental, nos casos em que tiver ocorrido, salvo em caso de comprovada impossibilidade (art. 27).

- **Suspensão condicional do processo:** Cabe apenas na figura culposa prevista no parágrafo único (art. 89 da Lei n. 9.099/95), desde que observadas as regras impostas pelo art. 28 desta lei, dentre as quais se destaca aquela que exige, para a declaração da extinção da punibilidade de que trata o § 5º do art. 89 da Lei n. 9.099/95, laudo de constatação de reparação de dano ambiental, ressalvada a impossibilidade de fazê-lo.

- **Penas alternativas:** Cabem (arts. 43 e s. do CP).

- **Termo de Ajustamento de Conduta (reflexos na área penal):** *Vide* nota sob o mesmo título nos comentários ao art. 26, que trata da ação penal.

- **Objeto jurídico:** Embora o crime de incêndio esteja previsto dentro do Capítulo dos crimes contra a *flora*, o seu objeto jurídico não se restringe às plantas, mas *também à fauna* e à qualidade do ar, comprometida pela poluição decorrente da queima, afetando, inclusive, a saúde pública. Protege-se, enfim, o meio ambiente como um todo.

- **Sujeito ativo:** É a pessoa física imputável. Quanto à pessoa jurídica, *vide* comentários e jurisprudência ao art. 3º. Acerca da coautoria, *vide* art. 2º desta lei.

- **Sujeito passivo:** É a coletividade; o particular que seja proprietário da mata ou floresta criminosamente incendiada por terceiros, e que foi prejudicado, também é vítima.

- **Tipo objetivo:** *Provocar* significa ser a causa de, produzir, causar, ocasionar. *Incêndio*, por sua vez, é o "grande fogo que causa geralmente sérios prejuízos materiais" (*Dicionário Houaiss da Língua Portuguesa*, cit., p. 1592), propagando-se rapidamente. É preciso que a conduta do agente (dolosa no *caput* ou culposa no § 1º) tenha sido a causa, o motivo pelo qual o incêndio deflagrou-se (art. 13 do CP). *Matas* são extensões de terras onde se agrupam árvores, nativas ou cultivadas (Vladimir Passos de Freitas e Gilberto Passos de Freitas, *Crimes contra a natureza*, cit., p. 131). *Floresta* é o "denso conjunto de árvores que cobrem vasta extensão de terra" (*Dicionário Houaiss da Língua Portuguesa*, cit.). A respeito do conceito de *floresta de preservação permanente*, *vide* nota sob essa rubrica nos comentários ao art. 38, onde são transcritos os arts. 4º a 6º da Lei n. 12.651, de 25 de maio de 2005. O crime deste art. 41 é, evidentemente, de dano, não existindo incêndio sem resultado concreto, e com relevância jurídica para o meio ambiente, sendo, pois, necessária a realização de perícia para comprová-lo, e até mesmo para possibilitar a reparação do dano (sobre a necessidade da reparação do dano para a realização da transação penal ou concessão da suspensão condicional do processo, *vide* arts. 27 e 28 da Lei n. 9.605/98).

- **Tipo subjetivo:** No *caput* é o dolo, consistente na vontade livre e consciente de provocar incêndio em mata ou floresta. Para a doutrina tradicional, trata-se do dolo genérico. No parágrafo único, o crime é punido a título de culpa, que pode decorrer de imprudência, negligência ou imperícia do agente, sendo ampla a gama de condutas que podem acarretar culposamente um incêndio, sobretudo em épocas mais secas do ano.

- **Excludente da antijuridicidade ou ilicitude:** A Lei n. 12.651/2012 estabelece critérios para o uso do fogo em Unidades de Conservação ambiental, com severas restrições (art. 38). Desse modo, caso haja autorização do órgão competente para atear fogo em mata ou floresta com fins agropecuários e florestais, não haverá o crime deste art. 41, uma vez que o agente terá praticado o crime sob o manto da excludente da ilicitude do exercício regular de direito (art. 23, III, do CP).

- **Consumação e tentativa:** O crime consuma-se no momento em que o fogo adquire proporção de incêndio, propagando-se rapidamente. A tentativa nos parece ser muito difícil de ocorrer diante das características do tipo.

- **Confronto com o crime de incêndio (Código Penal):** O crime de incêndio também é previsto no Código Penal ("causar incêndio, expondo a perigo a vida, a integridade física ou o patrimônio de outrem"), incidindo ainda causa especial de pena se o incêndio é "em lavoura, pastagem, mata ou floresta" (art. 250, § 1º, h). Embora cuide igualmente da prática de incêndio, a objetividade jurídica do crime previsto no Código Penal é a incolumidade pública (ou seja, a vida, a integridade física e o patrimônio das pessoas), enquanto no crime deste art. 41 busca-se tutelar precipuamente o meio ambiente. Pode-se afirmar, portanto, que o art. 250 do CP não foi revogado por este art. 41. Caso o incêndio praticado nos termos do referido art. 250 atinja também mata ou floresta (hipótese em que haverá a causa de aumento de pena mencionada), há que se verificar, no caso concreto, qual o objeto jurídico diretamente violado: se a incolumidade pública (expondo a perigo a vida, a integridade física ou o patrimônio de outrem), ou somente o meio ambiente (sem exposição a perigo para a vida, a integridade física ou o patrimônio de outrem). Isso porque o art. 250 do CP prevê sanções mais graves, tanto no *caput* quanto em seu § 1º, II, h, do que as previstas no art. 41 da Lei n. 9.605/98. Não vemos como possa haver concurso de crimes, ainda que formal, sob pena de manifesto *bis idem*. Por exemplo, se o agente ateia fogo em casa existente num sítio, expondo a perigo a vida, a integridade física e o patrimônio dos proprietários, causando incêndio em uma pastagem em mata, haverá decerto o crime do art. 250, § 1º, II, h, do CP, e não o crime deste art. 41, uma vez que o objeto jurídico precipuamente atingido foi a incolumidade pública, e não o meio ambiente. Evidentemente, se o objetivo era matar os moradores do sítio, haverá o crime de homicídio, tentado ou consumado (art. 121 do CP). Outras situações de confronto de leis podem ocorrer, como no caso do art. 163 (crime de dano), devendo o intérprete guiar-se, basicamente, pelo objeto jurídico precipuamente violado.

- **Pena:** No caso de crime doloso, a pena é de reclusão, de 2 a 4 anos, e multa. Já se o crime for culposo, a pena é de detenção de 6 meses a 1 ano, e multa.

- Causas de aumento de pena: *Vide* comentários ao art. 53.
- Ação penal: Pública incondicionada.

Jurisprudência do caput
- Galhos mortos: Atear fogo em restos de vegetação (galhos mortos), após a realização do corte, não configura o delito de provocação de incêndio (TJRS, 4ª Câm., Ap. 70048086334, Rel. Des. Marcel Esquivel Hoppe, j. 8-11-2012). Fazer fogo em árvores já cortadas não configura crime, pois não há lesão ao bem jurídico tutelado (TJRS, 4ª Câm., Ap. 70027403542, Rel. Des. Gaspar Marques Batista, j. 15-12-2011; 4ª Câm., Ap. 70032088346, Rel. Des. Aristides Pedroso de Albuquerque Neto, j. 22-10-2009). Para haver o crime, exige-se que o fogo atinja árvores eretas, na floresta, e não o lenho morto de espécies já abatidas TJRS, 4ª Câm., Ap. 70047601265, Rel. Des. Gaspar Marques Batista, j-12-4-2012).

Jurisprudência do parágrafo único
- Desclassificação: Se o fogo colocado em mato retirado de um quintal se alastrou para uma área maior, sem que existam provas de que fosse essa a intenção do agente, não merece reparos a sentença que desclassificou o crime para a modalidade culposa (TJMG, Rel. Des. José Antonio Baia Borges, Recurso 1.0543.03.900032-7/001, j. 15-4-2004, *DJ* 6-5-2004).

Art. 42. Fabricar, vender, transportar ou soltar balões que possam provocar incêndios nas florestas e demais formas de vegetação, em áreas urbanas ou qualquer tipo de assentamento humano:

Pena — detenção, de 1 (um) a 3 (três) anos, ou multa, ou ambas as penas cumulativamente.

- Nota: A prática de se soltar balões, sobretudo nas conhecidas festas de São João, continua uma realidade, não obstante a mídia, ano após ano, deflagre campanhas de conscientização advertindo para o grande risco de serem provocados incêndios em áreas verdes, como também em regiões urbanas, causando, por vezes, panes elétricas.

- Transação penal: Tendo em vista que a pena cominada é alternativa, podendo ser aplicada tão somente a pena de multa, entendemos que o crime deste art. 42 é infração de menor potencial ofensivo, de competência, portanto, dos Juizados Especiais Criminais (art. 61 da Lei n. 9.099/95). Cabível, em nosso entendimento, assim, o oferecimento de transação penal (art. 76 da citada lei). Cumpre observar que a jurisprudência, sobretudo do STJ, não tem aceito essa interpretação, entendendo ser a pena de multa a sanção mínima. Lembramos que nos crimes previstos nesta lei, a proposta de transação penal depende da prévia composição do dano ambiental, nos casos em que tiver ocorrido, salvo em caso de comprovada impossibilidade (art. 27).

- **Suspensão condicional do processo:** Cabe (art. 89 da Lei n. 9.099/95), desde que observadas as regras impostas pelo art. 28 desta lei, dentre as quais se destaca aquela que exige, para a declaração da extinção da punibilidade de que trata o § 5º do art. 89 da Lei n. 9.099/95, laudo de constatação de reparação de dano ambiental, ressalvada a impossibilidade de fazê-lo. No caso deste art. 42, contudo, por se tratar de crime de perigo, inexistindo dano ambiental, não há que se exigir o referido laudo.

- **Penas alternativas:** Cabem (arts. 43 e s. do CP).

- **Termo de Ajustamento de Conduta (reflexos na área penal):** *Vide* nota sob o mesmo título nos comentários ao art. 26, que trata da ação penal.

- **Objeto jurídico:** Na primeira parte do tipo penal, objetiva-se proteger o meio ambiente. Já na segunda parte, visa-se tutelar a incolumidade pública.

- **Sujeito ativo:** Qualquer pessoa. Quanto à pessoa jurídica, *vide* comentários e jurisprudência ao art. 3º. Acerca da coautoria, *vide* art. 2º desta lei.

- **Sujeito passivo:** É a coletividade.

- **Tipo objetivo:** São quatro as condutas incriminadas: a) *fabricar*, que tem o sentido de produzir algo a partir de matérias-primas; b) *vender*, ou seja, transferir para outrem mercadoria ou bem em troca de dinheiro; c) *transportar*, isto é, levar de um lugar para outro; ou d) *soltar*, que significa deixar ir, lançar à distância. O objeto material são "balões". O termo "balão" possui diversos significados, devendo, no caso deste art. 42, ser adotado aquele que o classifica como o "artefato frequentemente de papel fino ou de seda, de formato variado, que, inflado pela força expansiva do ar, aquecido pelo fogo de buchas acesas em uma ou mais bocas de arame, sobe aos ares (comum especialmente no período de festas juninas)" (*Dicionário Houaiss da Língua Portuguesa*, cit., p. 384). É de se observar, aqui, que o legislador usou o termo "*balões*" no plural, sendo que a única justificativa plausível para não ter empregado o singular é o de considerar irrelevante, em termos penais (e dada a gravidade das penas previstas neste art. 42), a venda, fabricação, transporte ou soltura de um *único balão*. Como cediço, a lei não possui termos desnecessários. Por se tratar de crime de perigo, deve a conduta ser efetivamente capaz de "provocar incêndios nas florestas e demais formas de vegetação, em áreas urbanas ou qualquer tipo de assentamento humano" (elemento normativo do tipo). A inexistência de possibilidade de provocar incêndio torna a conduta atípica (lembramos, por exemplo, a existência de balões inflados exclusivamente com gases provenientes de escapamentos de veículos automotores, sem fogo).

- **Tipo subjetivo:** É o dolo consistente na vontade livre e consciente de praticar as condutas incriminadas. Não há punição a título de culpa.

- **Consumação:** Por se tratar de crime formal (e de perigo), consuma-se com a mera prática da conduta incriminada, sendo desnecessário que ocorra algum dano efetivo. Basta, como acima visto, a existência de perigo concreto ao bem juridicamente tutelado.

- **Tentativa:** Embora o crime seja formal, a tentativa é em tese possível nas modalidades de vender e soltar, por serem essas condutas plurissubsistentes. Todavia, para haver tentativa, há que existir início de execução. Atos meramente preparatórios, desde que não configurem outro crime, não são puníveis. Por exemplo, manter em depósito ou sob guarda apetrechos aptos à fabricação de balões.
- **Confronto:** Caso o balão venha provocar incêndio em mata ou floresta, vide art. 41, caput, desta lei, punível a título de dolo eventual. Na hipótese de o balão causar incêndio em casa, prédios etc., vide art. 250 do CP.
- **Pena:** Detenção, de 1 a 3 anos, ou multa, ou ambas acumuladas.
- **Causas de aumento de pena:** Vide comentários ao art. 53.
- **Ação penal:** Pública incondicionada.

Art. 43. (*Vetado*.)

Art. 44. Extrair de florestas de domínio público ou consideradas de preservação permanente, sem prévia autorização, pedra, areia, cal ou qualquer espécie de minerais:
Pena — detenção, de 6 (seis) meses a 1 (um) ano, e multa.

- **Noção:** Por este crime o legislador visou proteger e regular a extração de minerais que se mostram indispensáveis à manutenção do equilíbrio ecológico.
- **Transação penal:** Cabe, uma vez que a pena máxima cominada não excede a 2 anos (art. 76 da Lei n. 9.099/95). Lembramos que nos crimes previstos nesta lei, a proposta de transação penal depende da prévia composição do dano ambiental, nos casos em que tiver ocorrido, salvo em caso de comprovada impossibilidade (art. 27).
- **Suspensão condicional do processo:** Cabe (art. 89 da Lei n. 9.099/95), desde que observadas as regras impostas pelo art. 28 desta lei, dentre as quais se destaca aquela que exige, para a declaração da extinção da punibilidade de que trata o § 5º do art. 89 da Lei n. 9.099/95, laudo de constatação de reparação de dano ambiental, ressalvada a impossibilidade de fazê-lo.
- **Penas alternativas:** Cabem (arts. 43 e 44 do CP).
- **Termo de Ajustamento de Conduta (reflexos na área penal):** Vide nota sob o mesmo título nos comentários ao art. 26, que trata da ação penal.
- **Objeto jurídico:** É o meio ambiente, notadamente as florestas de domínio público ou consideradas de preservação permanente, velando-se pela permanência dos minerais com vistas a manter o equilíbrio ecológico, o curso dos rios etc.
- **Sujeito ativo:** É a pessoa física imputável. Quanto à pessoa jurídica, vide comentários e jurisprudência ao art. 3º. Acerca da coautoria, cf. art. 2º desta lei.

- **Sujeito passivo:** É a coletividade; secundariamente, tratando-se de floresta de preservação permanente de propriedade particular, o proprietário ou possuidor à revelia de quem foi feita a extração.

- **Tipo objetivo:** O núcleo do tipo é *extrair*, que significa tirar, sacar, separar, arrancar. Os objetos materiais do delito são: "pedra", compreendida como matéria mineral sólida, da natureza das rochas; "areia", que é o produto da desagregação das rochas; "cal", cuja origem é a calcinação de pedras calcárias; e, finalmente, "qualquer espécie de minerais", que correspondem a elementos ou compostos químicos formados, em geral, por processos inorgânicos, os quais têm composição química definida e ocorrem naturalmente na crosta terrestre (cf. Aurélio Buarque de Holanda Ferreira, *Novo Dicionário da Língua Portuguesa*, cit., p. 1055, 129, 253 e 925). A extração punível é aquela realizada *em florestas de domínio público*, ou seja, pertencentes à União, ao Distrito Federal, aos Estados ou aos Municípios, ou particulares *consideradas de preservação permanente*. Sobre o conceito de *floresta de preservação permanente*, vide nota ao art. 38, sob o mesmo título, onde são transcritos os arts. 4º a 6º da Lei n. 12.651, de 25 de maio de 2012, com alterações feitas pela Lei n. 12.727, de 17 de outubro de 2012, que o define.

- **Elemento normativo do tipo:** Para que a ação seja típica, a conduta há que ser praticada "sem prévia autorização" da autoridade competente, nos termos da Lei n. 12.727/2012, lembrando-se o Ibama, o Departamento Nacional de Produção Mineral — DNPM e o Departamento Nacional de Obras de Saneamento — DNOS. Se houver referida autorização, não haverá a prática de crime. Caso o agente abuse da autorização ambiental concedida, haverá o delito, podendo ainda incidir a circunstância agravante prevista no art. 15, II, *o*, da presente lei.

- **Tipo subjetivo:** É o dolo, consistente vontade livre e consciente de extrair pedra, areia, cal ou outra espécie de mineral. Não há modalidade culposa. Poderá haver a excludente de culpabilidade do erro de proibição, prevista no art. 21 do CP, se o agente acreditava não ser a floresta *de domínio público* ou *de preservação permanente*. Comprovado que o agente errou na "avaliação" ou "extensão" da autorização para extração eventualmente concedida pelo Poder Público, poderá haver erro de tipo (art. 20 do CP), o que exclui o dolo e, portanto, o crime.

- **Consumação e tentativa:** O crime está consumado com a efetiva extração. Embora o crime seja material, a tentativa nos parece de difícil ocorrência.

- **Perícia:** É imprescindível para demonstrar a materialidade delitiva (art. 158 do CPP), bem como para possibilitar a reparação do dano, sem a qual fica impossibilitada a suspensão condicional do processo e a posterior extinção da punibilidade (art. 28 da Lei n. 9.605/98).

- **Pena:** Detenção, de 6 meses a 1 ano, e multa.

- **Causas de aumento de pena:** *Vide* comentários ao art. 53.

- **Confronto:** O art. 21 da Lei n. 7.805/89, que previa mais gravemente, com pena de reclusão de 3 (três) meses a 3 (três) anos, e multa, a extração não autorizada de substâncias minerais foi tacitamente revogado por este artigo e também pelo art. 55 desta Lei.

- Ação penal: Pública incondicionada.

Jurisprudência
- Competência da Justiça Estadual: Compete à Justiça Estadual, e não à Federal, o julgamento do crime ambiental — previsto na Lei n. 9.605/98 — consistente na extração de recursos minerais da mata atlântica sem a devida autorização, pois a Constituição do Estado de São Paulo faz alusão ao espaço territorial especialmente protegido, incluindo a referida mata atlântica, que é patrimônio nacional — e não da União —, cuja preservação é de responsabilidade dos três entes federativos (TACrSP, 5ª T., Rel. Juiz Melo Rosa, APn 1230629-1, j. 31-1-2001, v.u.).

Art. 45. Cortar ou transformar em carvão madeira de lei, assim classificada por ato do Poder Público, para fins industriais, energéticos ou para qualquer outra exploração, econômica ou não, em desacordo com as determinações legais:

Pena — reclusão, de 1 (um) a 2 (dois) anos, e multa.

- Noção: Uma das maiores fontes de desmatamento em nosso país, sobretudo na região Norte, é justamente a produção clandestina de carvão vegetal por pessoas extremamente simples que procedem à extração ilegal da madeira, transformando-a em carvão, para assim vendê-lo a atravessadores. Por este crime visa-se proteger a madeira nobre, normalmente originária de árvores de grande porte, as quais justamente por sua qualidade mais apurada e raridade atual, ocasionada pela utilização excessiva nos anos passados, não devem ser objeto de corte desenfreado ou da transformação em carvão.

- Transação penal: Cabe, uma vez que a pena máxima cominada não excede a 2 anos (art. 76 da Lei n. 9.099/95). Lembramos que nos crimes previstos nesta lei, a proposta de transação penal depende da prévia composição do dano ambiental, nos casos em que tiver ocorrido, salvo em caso de comprovada impossibilidade (art. 27).

- Suspensão condicional do processo: Cabe (art. 89 da Lei n. 9.099/95), desde que observadas as regras impostas pelo art. 28 desta lei, dentre as quais se destaca aquela que exige, para a declaração da extinção da punibilidade de que trata o § 5º do art. 89 da Lei n. 9.099/95, laudo de constatação de reparação de dano ambiental, ressalvada a impossibilidade de fazê-lo.

- Penas alternativas: Cabem (arts. 43 e 44 do CP).

- Termo de Ajustamento de Conduta (reflexos na área penal): *Vide* nota sob o mesmo título nos comentários ao art. 26, que trata da ação penal.

- Objeto jurídico: A proteção do meio ambiente natural, em especial a flora composta por madeira de lei, quais sejam, o mogno, o cedro, o jacarandá, o pau-brasil, a araucária, a imbuia, dentre outras madeiras classificadas como nobres.

- **Sujeito ativo:** Qualquer pessoa. Acerca da pessoa jurídica, *vide* comentários e jurisprudência ao art. 3º. Quanto à coautoria, *vide* art. 2º desta lei.

- **Sujeito passivo:** É a coletividade; em segundo lugar, o proprietário ou possuidor da área em que se encontrava a árvore cortada ou transformada em carvão, à sua revelia.

- **Tipo objetivo:** Os núcleos do tipo são *cortar* (talhar, seccionar, separar de um todo) ou *transformar* (dar nova forma, alterar, modificar) em "carvão" (no caso, vegetal), que é a substância combustível sólida negra, resultante da combustão incompleta da madeira. O objeto material do delito é a *madeira de lei*, cuja classificação como tal ficou a cargo do Poder Público, tratando-se, portanto, de norma penal em branco. A finalidade do corte ou transformação em carvão da madeira de lei pode ser tanto industrial como energética, incluindo-se também qualquer outro tipo de exploração econômica ou não. A conduta deve ser acrescida do elemento normativo do tipo: "em desacordo com as determinações legais".

- **Tipo subjetivo:** É o dolo, consistente na conduta livre e consciente de praticar as condutas incriminadas, acrescido do especial fim de agir: para fins industriais, energéticos, ou para qualquer outra exploração, econômica ou não. Para os tradicionais, trata-se do dolo específico. Pode haver erro de tipo, previsto no art. 20 do CP, se o agente acreditava que o corte ou a transformação recaiam sobre madeira diversa da madeira de lei, restando afastado o dolo, o que torna a conduta atípica, por não existir modalidade culposa. O erro de proibição (art. 21 do CP), que tem o condão de isentar ou diminuir a pena, não pode ser descartado na hipótese de pessoa humilde, de baixa instrução.

- **Consumação e tentativa:** A consumação se dá com o corte ou transformação em carvão da madeira de lei. A tentativa, embora possível, parece-nos difícil de ocorrer na prática.

- **Confronto com o art. 39:** Tratando-se de árvores que não sejam madeiras de lei, cortadas em floresta considerada *de preservação permanente*, sem permissão da autoridade competente, *vide* art. 39.

- **Pena:** Reclusão, de 1 a 2 anos, e multa.

- **Causa de aumento de pena:** *Vide* comentários ao art. 53.

- **Ação penal:** Pública incondicionada.

Jurisprudência

- **Competência (art. 45 c/c o art. 53, II):** "I. Sob a orientação do art. 61 da Lei n. 9.099/90, a jurisprudência desta Corte fixou prevalecer o Juízo comum ao Juizado Especial quando o(s) crime(s) imputado(s) ao réu sugere(m), em seu(s) preceito(s) secundário(s), repriminda máxima que exceda a 2 (dois) anos de pena privativa de liberdade individual ou cumulativamente. Precedentes. 2. Compete, portanto, ao Juízo comum a apuração do crime previsto no art. 45 c/c o art. 53, III, *c*, da Lei n. 9.605/98 (cortar ou transformar em carvão madeira de lei, com pena aumentada porque cometido contra espécie rara ou ameaçada de extinção), que tem a pena máxima de 2 (dois) anos e 8 (oito) meses de reclusão" (STJ, 5ª T., HC 169.536, Rel. Min. Marco Aurélio Bellizze, j. 14-2-2012).

- **Descaracterização:** Processo-crime de competência originária. Prefeito municipal. Corte de árvore. Ipê amarelo. Pretendida infração ao art. 45 da Lei n. 9.605/98. Elementos do tipo. Fim especial da conduta. Conceituação de "madeira de lei". Norma penal em branco. Ausência de integralização por ato do Poder Público. Crime do art. 1º, XIV, do Decreto-Lei n. 201/67. Delito não caracterizado. Atipicidade. Denúncia rejeitada (TJMG, Processo 1.0000.00.277870-2/000, Rel. Des. Herculano Rodrigues, j. 22-5-2003, *DJ* 12-6-2003).

- **Madeira de lei:** Comete o delito previsto no art. 45 da Lei n. 9.605/98 o agente que corta árvores de madeira de lei, em desacordo com as determinações legais. Condenação mantida (TJRS, 4ª CCr, Ap. 70006895122, Rel. Des. Constantino Lisbôa de Azevedo, j. 18-9-2003).

- **Não transformação da madeira em carvão. Descaracterização:** A norma incriminadora do art. 45 da Lei Ambiental busca proteger as madeiras de lei, diferente da norma do art. 39 do mesmo diploma, que protege a biodiversidade. Árvore é o vegetal ereto, vinculado à terra, vivo, composto de raiz, tronco, galhos e folhas, enquanto o elemento madeira, constante da norma do art. 45, é o lenho seco, que resulta depois da árvore abatida, sem vida. Toras de araucária, a caminho da serraria, podem constituir prova do crime tipificado como cortar árvores de floresta de preservação permanente, mas não o crime do art. 45 da Lei n. 9.605, já que ainda não houve o corte da madeira nem sua transformação em carvão. Principalmente se o proprietário da terra onde se localiza a floresta diz que pretendia empregar a madeira na construção de uma casa. Apelo da defesa provido, à unanimidade (TJRS, 4ª CCr, Ap. 70008436305, Rel. Des. Gaspar Marques Batista, j. 29-4-2004).

- **Uso da motosserra. Absorção do crime-meio pelo crime-fim:** Cometem o delito previsto no art. 45 da Lei n. 9.605/98 os agentes que cortam árvores de mata nativa, em desacordo com as determinações legais. Condenação mantida. Utilização de motosserra. O uso de motosserra com a finalidade de cortar árvores de mata nativa não é punível, visto que se trata de crime-meio para a consecução do crime-fim, o corte das árvores. Venda de madeira. A venda da madeira obtida com o corte ilegal de árvores constitui-se em mero exaurimento deste, caracterizando o chamado *post factum* impunível (TJRS, 4ª CCr, Ap. 70.008.234.312, Rel. Des. Constantino Lisbôa de Azevedo, j. 15-4-2004).

Art. 46. Receber ou adquirir, para fins comerciais ou industriais, madeira, lenha, carvão e outros produtos de origem vegetal, sem exigir a exibição de licença do vendedor, outorgada pela autoridade competente, e sem munir-se da via que deverá acompanhar o produto até final beneficiamento:

Pena — detenção, de 6 (seis) meses a 1 (um) ano, e multa.

Parágrafo único. Incorre nas mesmas penas quem vende, expõe à venda, tem em depósito, transporta ou guarda madeira, lenha, carvão e outros produtos de origem vegetal, sem licença válida para todo o tempo da viagem ou do armazenamento, outorgada pela autoridade competente.

- **Transação penal:** Cabe, tanto no *caput* quanto no parágrafo único, uma vez que as penas máximas cominadas não excedem a dois anos (art. 76 da Lei n. 9.099/95). Lembramos que nos crimes previstos nesta lei a proposta de transação penal depende da prévia composição do dano ambiental, nos casos em que tiver ocorrido, salvo em caso de comprovada impossibilidade (art. 27).

- **Suspensão condicional do processo:** Cabe, tanto no *caput* quanto no parágrafo único (art. 89 da Lei n. 9.099/95), desde que observadas as regras impostas pelo art. 28 desta lei, dentre as quais se destaca aquela que exige, para a declaração da extinção da punibilidade de que trata o § 5º do art. 89 da Lei n. 9.099/95, laudo de constatação de reparação de dano ambiental, ressalvada a impossibilidade de fazê-lo.

- **Penas alternativas:** Cabem (arts. 43 e 44 do CP).

- **Termo de Ajustamento de Conduta (reflexos na área penal):** *Vide* nota sob o mesmo título nos comentários ao art. 26, que trata da ação penal.

Caput

- **Noção:** Por meio deste crime, visa-se coibir o comércio clandestino de madeira, lenha, carvão e outros produtos de origem vegetal, sendo os comerciantes os verdadeiros incentivadores da prática criminosa do desmatamento ilegal.

- **Objeto jurídico:** A tutela do meio ambiente, sobretudo da flora, objetivando o controle da comercialização e industrialização de *madeira, lenha, carvão e outros produtos de origem vegetal*.

- **Sujeito ativo:** Qualquer pessoa. Quanto à pessoa jurídica, *vide* comentários e jurisprudência ao art. 3º. No que tange à coautoria, *vide* art. 2º desta lei.

- **Sujeito passivo:** É a coletividade.

- **Tipo objetivo:** São dois os núcleos incriminados pelo *caput*, relacionados à comercialização e industrialização, a saber: *receber* (tomar, aceitar, admitir) ou *adquirir* (comprar, obter, conseguir, alcançar mediante pagamento). O objeto material é a madeira, a lenha, o carvão ou outros produtos de origem vegetal. Para que haja a adequação típica, o sujeito ativo (recebedor ou comprador) deve ter recebido ou adquirido tais bens: a) *sem exigir* do vendedor a licença necessária outorgada pela autoridade competente, e b) *sem munir-se* da via que deve acompanhar o produto até final beneficiamento, que são os elementos normativos do tipo. Note-se que, embora a lei tenha empregado a conjunção aditiva "e", haverá o crime tanto na hipótese "*a*" quanto na hipótese "*b*", até porque, evidentemente, aquele que recebe ou adquire *sem exigir a licença devida do vendedor* obviamente não poderá *munir-se da via que deverá acompanhar o produto até final beneficiamento*. Portanto, haverá o crime se o agente perpetrar qualquer dessas condutas; se praticar ambas ("*a*" e "*b*"), o crime será um só (o do *caput*). Não haverá o delito do *caput* deste art. 46 se o produto tiver sido recebido ou adquirido pelo consumidor final (para uso próprio), diante do elemento subjetivo do tipo *para fins comerciais ou industriais* (*vide* nota abaixo). A "madeira" contida no tipo pode ser entendida pelo cerne das árvores. Já a "lenha" é a porção de fragmentos dos troncos. O "carvão" é o resultado da combustão incompleta da madeira. Por "outros produtos de origem vegetal" entendem-se as raízes, resinas etc. O crime se configura, independentemente de se conseguir saber a real origem da madeira clandestina, se proveniente de Unidade de Conservação ou não.

- Elemento normativo do tipo: Para que a ação seja típica, a conduta há que ser praticada sem a exigência de exibição de licença do vendedor, ou sem estar munido da respectiva via durante as etapas de seu beneficiamento. Tal licença é a denominada "Guia Florestal", exigível sempre que houver movimento de material de origem vegetal. Caso o agente abuse da licença, haverá o crime, podendo, ainda, incidir a circunstância agravante prevista no art. 15, II, *o*, da Lei n. 9.605/98.

- Tipo subjetivo: É o dolo, consubstanciado na vontade livre e consciente de praticar as condutas incriminadas, acrescido do elemento subjetivo do tipo: para fins comerciais ou industriais. Para os tradicionais, é o dolo específico. Não há modalidade culposa.

- Consumação e tentativa: A consumação se dá no instante em que o agente recebe ou adquire a mercadoria para fins comerciais ou industriais. A tentativa, em tese, é possível.

- Pena: Detenção, de 6 meses a 1 ano, e multa.
- Causa de aumento de pena: *Vide* comentários ao art. 53.
- Ação penal: Pública incondicionada.

Figura equiparada (parágrafo único)

- Noção: Enquanto o *caput* volta-se para quem recebe ou adquire madeira, lenha, carvão ou outros produtos de origem vegetal, sem exigir a licença ou munir-se da competente via até o final do beneficiamento do produto, este parágrafo único objetiva punir aqueles que vendem, têm em depósito ou transportam esses bens, lembrando-se a figura dos atravessadores, dos caminhoneiros etc.

- Objeto jurídico, sujeitos ativo e passivo: Os mesmos do *caput*.

- Tipo objetivo: São cinco os núcleos deste parágrafo único: a) *vender* (alienar mediante contraprestação em dinheiro); b) *expor à venda* (mostrar a possíveis compradores, exibir para tal fim); c) *ter em depósito* (ter em estoque, à sua livre disposição); d) *transportar* (conduzir os objetos de um lugar para outro) ou e) *guardar* (tomar conta, zelar, manter, ter a seu cuidado). Devem as condutas recair sobre *madeira, lenha, carvão ou outro produto de origem vegetal* (objeto material). A conduta há que ser acrescida do elemento normativo do tipo: sem licença válida (por exemplo, não vencida), outorgada pela autoridade competente. Tendo em vista a natureza de crime permanente das modalidades de expor à venda, transportar, ter em depósito ou sob guarda, o tipo faz a ressalva de que a licença há de ser válida "para todo o tempo da viagem ou do armazenamento". Trata-se da "Guia Florestal". Para a configuração do crime deste parágrafo único, basta, portanto, a inexistência da referida licença válida, sendo desnecessária a comprovação do local em que a madeira, a lenha, o carvão ou outro produto de origem vegetal tenha sido extraído. Se houver a referida licença, a conduta, evidentemente, será atípica.

- **Tipo subjetivo:** É o dolo, consistente na livre vontade de praticar as condutas incriminadas, com ciência de não possuir licença válida, ou de que ela se expirou. Apesar de o parágrafo único não fazer expressa menção ao fim específico de comercialização ou industrialização, parece-nos que tal finalidade há de ser exigida inclusive nas modalidades de ter em depósito, transportar ou guardar, sob pena de ofensa ao princípio da proporcionalidade, tratando-se, nessas hipóteses, de dolo específico. A jurisprudência, contudo, não é pacífica. Não há modalidade culposa.

- **Consumação e tentativa:** Na primeira modalidade, o delito consuma-se no momento em que a venda se concretiza, isto é, com a tradição da coisa (crime instantâneo). Nas demais modalidades, o crime é permanente, protraindo-se no tempo enquanto durar a exposição à venda, a manutenção em depósito, o transporte e a guarda. A tentativa, a nosso ver, só é possível na hipótese da venda; mesmo assim, será de difícil ocorrência já que ao "tentar vender" o agente, certamente, já terá exposto a mercadoria ou a mantido em depósito ou sob sua guarda, restando o crime consumado nessas modalidades.

- **Confronto e *bis idem*:** Se aquele que vende, expõe à venda, transporta, tem em depósito ou guarda a madeira, lenha ou carvão ou outros produtos de origem vegetal for a mesma pessoa que tiver praticado as condutas previstas nos arts. 38, 39, 40, 44 e 45, não poderá haver concurso de crimes, sob pena de *bis idem*, devendo o agente responder pelos delitos antecedentes, configurando-se as condutas descritas no parágrafo único deste art. 46 mero exaurimento.

- **Pena:** Detenção, de 6 meses a 1 ano, e multa.

- **Causa de aumento de pena:** *Vide* comentários ao art. 53.

- **Ação penal:** Pública incondicionada.

Jurisprudência do caput

- **Palmito:** Comete o crime do art. 46, *caput*, o sujeito que, sem exigir a exibição de licença do vendedor, expedida pela autoridade competente, adquire, para fins comerciais, palmitos extraídos da palmeira juçara, produto vegetal típico da Mata Atlântica e da região compreendida na área de proteção ambiental de Cananeia, Iguape e Peruíbe (TACrSP, *RT* 802/602).

Jurisprudência do parágrafo único

- **Pinhão (três sacos expostos à venda um dia antes da época permitida: absolvição):** Inexiste o crime previsto no art. 46 da Lei n. 9.605/98 na conduta do agente que, um dia antes do início do período de livre colheita, é surpreendido expondo à venda três sacos de pinhão — fruto da araucária —, sem anuência da autoridade administrativa competente, uma vez que se a autuação do acusado ocorreu tão somente em função de portaria administrativa que proíbe a colheita de pinhões antes de determinada data, visando a livre reprodução das araucárias, deve-se considerar que a medida evidencia formalismo que não se coaduna com o pressuposto geral e natural de antijuridicidade que norteia toda e qualquer aplicação de pena, pois o dia fixado representa mero critério administrativo para facilitar a fiscalização, estabelecendo uma presunção que não encontra, necessariamente, um fundamento preciso na realidade dos fatos, porquanto o "desprendimento das sementes" geralmente obedece a variáveis da natureza e não a portarias administrativas (TACrSP, 2ª C., CPar 1.240.515-2, Guaratinguetá, Rel. Juiz Érix Ferreira, j. 26-4-2001, v.u. — *Bol. AASP* n. 2.224, p. 1923).

- Atipicidade. Finalidade diversa do comércio: Não comete o crime previsto no art. 46, parágrafo único, da Lei n. 9.605/98 quem está a transportar restos de madeira beneficiada, imprestável para o comércio, doada com o objetivo de ensejar a construção de moradia para empregado da empresa doadora. Falta à subsunção da conduta ao tipo penal, além de elementar normativa, a proibição legal, mercê de excepcional autorização (arts. 1º, § 1º, e 12, I, da Portaria Normativa n. 44, de 1993). Ordem concedida, para trancar o Termo Circunstanciado de Ocorrência n. 2002.037753, em curso perante a 6ª Pretoria Criminal da Comarca de Belém-PA (STJ, 6ª T., HC 29.570, Rel. Min. Paulo Medina, j. 16-12-2003, *DJU* 16-2-2004, p. 351).

- Tipicidade. Basta que seja para repasse a terceiro: O tipo criminaliza a conduta de quem transporta, guarda ou tem em depósito, madeira, lixa, carvão e outros produtos de origem vegetal, sem licença, *desde que seja para repasse a terceiro, ainda que gratuitamente* (TJRS, 4ª Câm., Ap. 70039091103, Rel. Des. Gaspar Marques Batista, j. 25-11-2010).

- Competência (Justiça Estadual): "No entendimento de ambas as Turmas desse Tribunal, a competência para julgar o crime ambiental previsto no art. 46, parágrafo único, da Lei n. 9.605/98 é da Justiça comum, porquanto o interesse da União seria apenas genérico e indireto. Precedentes: *Habeas Corpus* n. 81.916-8 e Recurso Extraordinário n. 349.191.1" (STF, 1ª T., Agravo no RExtr. 598.524, j. 21-6-2011). Possível crime ambiental consistente, sem outros dados, na comercialização irregular de carvão, não apresenta, em tese, violação de interesses, bens ou serviços da União. Conflito conhecido para declarar competente a Justiça Comum Estadual (STJ, CComp 30.540, 3ª S., Rel. Min. Félix Fischer, j. 8-11-2000, v.u. — *DJU* 18-12-2000, p. 155, *Bol. IBCCr* 101/527, abril/2001). A Justiça Federal não é competente para processar e julgar denúncia ofertada pelo Ministério Público Federal com base em auto de infração expedido pelo Ibama, eis que a atividade de fiscalização ambiental exercida pela autarquia federal em cumprimento ao disposto no art. 46, parágrafo único, da Lei n. 9.605/98 configura interesse genérico, mediato ou indireto da União, para os fins do art. 109, IV, da CF, razão pela qual a peça acusatória deve ser ofertada perante a Justiça Estadual (STF, 2ª T., HC 81.916-8, Rel. Min. Gilmar Mendes, j. 17-9-2002, v.u. — *DJU* 11-10-2002, *RT* 807/541). Incompetência alegada pelo Juízo Estadual para julgar apreensão de sacos de pinhão (fruto da araucária) expostos à venda em feira livre. A correição parcial não é o instrumento adequado para recorrer contra delitos submetidos ao Juizado Especial Criminal, sendo o mais adequado a apelação.

Não há motivos para atribuir o delito ao domínio da União, uma vez que não se tem notícia do local de onde foram colhidos os pinhões apreendidos. Compete à Justiça Federal julgar crimes que ofendem a espécie vegetal em terras administradas pela União (Estação Ecológica, Reserva Biológica, Parque Nacional, Monumento Natural, Refúgio da Vida Silvestre). *Habeas corpus* de ofício. Irrelevância da conduta atribuída ao acusado. Portaria n. 20/76 do IBDF. O "desprendimento das sementes" obedece a variáveis da natureza e não a portarias administrativas. O dia 15 de abril representa mero critério administrativo para facilitar a fiscalização. Provimento do recurso como apelação e reconhecida a competência da Justiça Estadual para o processo, mas, de ofício, concede-se *habeas corpus* para trancar a ação penal (TACrSP, 2ª C., CPar 1.240.515-2, Guaratinguetá, Rel. Juiz Érix Ferreira, j. 26-4-2001, v.u. — *Bol. AASP* n. 2.224, p. 1923).

- Competência (Justiça Federal): A extração (e guarda em depósito) sem autorização do Ibama de espécie nativa, pertencente à Mata Atlântica, se traduz em crime ambiental contra patrimônio da União, o que materializa a competência desta Justiça mais graduada. Recurso em sentido estrito conhecido e provido (TRF da 4ª Região, 1ª T., RSE 1999.04.01.074178-8, Rel. Des. Fed. Maria Isabel Pezzi Klein, j. 11-4-2000, v.u., *DJU* 17-5-2000, p. 53, *Bol. IBCCr* 93/472, agosto/2000).

- Palmito (10 kg embalados e industrializados clandestinamente): Incorre nas penas do art. 46, parágrafo único, da Lei n. 9.605/98, o agente que é surpreendido tendo em depósito, nas dependências de sua moradia, 10 kg de palmito industrializado e embalado clandestinamente, juntamente com os recipientes próprios para embalagem, sendo certo que é impossível a aplicação do princípio da insignificância, pois sua conduta não pode ser considerada penalmente irrelevante, tendo em vista que a quantidade do produto apreendida não era muito pequena e a proteção ao meio ambiente mostra-se sempre da maior importância, sob pena de comprometimento da qualidade de vida das futuras gerações (TACrSP, 10ª C., Ap. 12.98.933-2, Rel. Juiz Ricardo Feitosa, j. 13-3-2002, v.u.).

- Palmito (feixes *in natura*): Configura o crime previsto no parágrafo único do art. 46 da Lei n. 9.605/98 a conduta do agente que mantém, sob sua guarda, feixes de palmito *in natura*, sem licença válida outorgada pela autoridade competente (TACrSP, 15ª C., Ap. 1.410.625-5, Rel. Juiz Décio Barretti, j. 29-1-2004, v.u.).

- Palmito (transporte sem licença — irrelevância da não comprovação do local da extração): Caracteriza o crime previsto no art. 46, parágrafo único, da Lei n. 9.605/98, a conduta do acusado que transporta produto de origem vegetal, consistente em 200 unidades de palmito *in natura*, sem licença da autoridade competente, sendo irrelevante a não comprovação do local da extração — reserva florestal ou área particular — diante da ausência da regular autorização (TACrSP, 1ª C., Ap. 1.326.309-2, Rel. Juiz Laércio Laurelli, j. 10-10-2002, v.u.).

- Palmito (transporte sem licença — irrelevância se *in natura* ou em conserva): Pratica o delito previsto no parágrafo único do art. 46 da Lei n. 9.605/98 o agente que transporta, sem licença da autoridade competente, palmitos acondicionados em vidros de conserva, sendo irrelevante, para a configuração desse crime, que o palmito transportado seja industrializado ou natural, pois a lei menciona apenas "produtos de origem vegetal" (TACrSP, 6ª C., APn 1199783-7, Rel. Juiz Nicolino Del Sasso, j. 26-7-2000).

Art. 47. (*Vetado.*)

Art. 48. Impedir ou dificultar a regeneração natural de florestas e demais formas de vegetação:

Pena — detenção, de 6 (seis) meses a 1 (um) ano, e multa.

- Noção: Por meio deste crime, objetivou o legislador assegurar a regeneração de florestas e demais formas de vegetação, que se dá por ciclo de germinação da própria natureza.
- Assinatura de Termo de Compromisso (Lei n. 12.651, de 25 de maio de 2012): Dispõe o art. 60 da referida lei: "Art. 60. A assinatura de termo de compromisso para regularização de imóvel ou posse rural perante o órgão ambiental competente, mencionado no art. 59, suspenderá a punibilidade dos crimes previstos nos arts. 38, 39 e 48 da Lei n. 9.605, de 12 de fevereiro de 1998, enquanto o termo estiver sendo cumprido. § 1º A prescrição ficará interrompida durante o período de suspensão da pretensão punitiva. § 2º Extingue-se a punibilidade com a efetiva regularização prevista nesta Lei". A Lei n. 12.651, de 25 de maio de 2012, entrou em vigor na data de sua publicação (28-5-2012). A retroatividade na aplicação deste art. 60 é evidente, uma vez que o dispositivo tem conteúdo processual e penal benéficos, devendo retroagir para abranger fatos anteriormente praticados, bem como a termos de compromissos celebrados anteriormente (art. 5º, XL, da CF).
- Transação penal: Cabe, uma vez que a pena máxima cominada não excede a dois anos (art. 76 da Lei n. 9.099/95). Lembramos que nos crimes previstos nesta lei, a proposta de transação penal depende da prévia composição do dano ambiental, nos casos em que tiver ocorrido, salvo em caso de comprovada impossibilidade (art. 27).
- Suspensão condicional do processo: Cabe (art. 89 da Lei n. 9.099/95), devendo haver "laudo de constatação de reparação de dano ambiental, ressalvada a impossibilidade de fazê-lo", para que seja declarada a extinção da punibilidade (art. 28 da Lei n. 9.605/98 c/c art. 89, § 5º, da Lei n. 9.099/95).
- Penas alternativas: Cabem (arts. 43 e 44 do CP).
- Objeto jurídico: A proteção do meio ambiente natural, especificamente as *florestas e demais formas de vegetação.*
- Sujeito ativo: Qualquer pessoa, podendo ser ou não o proprietário ou o possuidor da área. Quanto à pessoa jurídica, *vide* comentários e jurisprudência ao art. 3º desta lei. Acerca da coautoria, cf. o seu art. 2º.

- **Sujeito passivo:** É a coletividade, primeiramente; secundariamente, o proprietário ou o possuidor da área, caso a conduta incriminada tenha sido praticada por terceiro, à sua revelia.

- **Tipo objetivo:** São duas as condutas previstas no tipo: a) *impedir*, que significa impossibilitar o prosseguimento, interromper, obstruir; ou b) *dificultar*, que tem o sentido de pôr obstáculo, estorvar. O que se busca é assegurar a regeneração, ou seja, a reprodução ou revivificação de florestas e demais formas de vegetação. Convém ressaltar que o legislador fez expressa menção à regeneração *natural*, isto é, aquela em que "não ocorre o trabalho ou a intervenção humana", que "decorre normalmente da ordem regular das coisas" (*Dicionário Houaiss da Língua Portuguesa*, cit., p. 1998). Desse modo, a conduta de impedir ou dificultar regeneração *artificial*, ou seja, produzida pelo homem, não se encontra abrangida pelo tipo. As condutas devem incidir sobre *floresta* ou *demais formas de vegetação*. Por *floresta*, *vide* conceito no art. 38 desta lei. Tendo em vista que o crime é material, deixando vestígios, a perícia é indispensável (art. 158 do CPP).

- **Inconstitucionalidade:** Com relação ao termo "demais formas de vegetação", a legislação não traz seu conceito, tratando-se de *tipo penal aberto* (Hans-Heinrich Jescheck, *Tratado de derecho penal — parte general*, 4. ed. Granada: Comares, 1993, p. 223), e, portanto, inconstitucional. Com efeito, em nome do princípio da legalidade, não podem ser aceitas leis vagas ou imprecisas, que não deixam perfeitamente delimitado o comportamento que pretendam incriminar. O art. 5º, XXXIX, da CF e o art. 1º do CP dispõem que "não há crime sem lei anterior que o *defina*". O próprio significado do verbo *definir*, ou seja, *precisar, demarcar, estabelecer limites*, não autoriza conclusão diversa.

- **Tipo subjetivo:** É o dolo, ou seja, a vontade livre e consciente de impedir ou dificultar a regeneração natural. Para os tradicionais, é o dolo genérico. Não há modalidade culposa.

- **Consumação e tentativa:** A consumação se dá com o efetivo impedimento ou com a imposição de dificuldade à natural regeneração. A tentativa não nos parece possível em nenhuma das condutas. Isso porque, ao "tentar impedir", o agente já terá, certamente, "dificultado" a natural regeneração. Quanto à conduta de "dificultar", ela é unissubsistente, não podendo ser fracionada.

- **Pena:** Detenção, de 6 meses a 1 ano, e multa.

- **Causa de aumento de pena:** *Vide* comentários ao art. 53.

- **Ação penal:** Pública incondicionada.

Jurisprudência

- **Termo de Ajustamento de Conduta:** A assinatura de TAC nos autos de inquérito civil público, o qual restou arquivado pelo Promotor de Justiça, implica a ausência de dolo do crime do art. 48 da Lei n. 9.605/98. Inquérito policial arquivado (TJSP, 16ª Câm. Crim., IP 0250710-60.2011.8.26.0000, Rel. Alberto Mariz de Oliveira, j. 31-1-2012, v.u.). *Nota:* acórdão anterior à Lei n. 12.651, de 25 de maio de 2012, que expressamente previu a extinção da punibilidade em razão da assinatura e cumprimento de Termo de Ajustamento de Conduta.

- Denúncia, crime permanente e prescrição: "A denúncia, embora não expondo data precisa em que teria se consumado a infração ambiental, que é de cunho permanente, foi capaz de situá-la em período certo e determinado, com a possibilidade de estabelecer-se, para fins de aferição de alegada causa extintiva da punibilidade do agente, como último marco consumativo, data em que pericialmente foi atestada a permanência da infração. Prescrição não verificada" (STF, 1ª T., HC 107.412, Rel. Min. Dias Toffoli, j. 8-5-2012).

- Absolvição (falta de dados concretos): Deve ser absolvido da acusação de ofensa ao art. 48 da Lei n. 9.605/98, o agente denunciado por suprimir a vegetação e impedir a sua regeneração em área de preservação permanente, pela proximidade com curso d'água, se os testemunhos policiais e o laudo pericial não revelam qual a distância entre o açude e a área desmatada (TACrSP, 13ª Câm., Ap. 1.367.895-4, Rel. Juiz Teodomiro Mendéz, j. 14-10-2003, v.u.).

- Construção em área de conservação: Configura o crime do art. 48 da Lei n. 9.605/98 a conduta do agente que levanta um "rancho" em terreno considerado unidade de conservação localizada em área de preservação permanente, construção esta que vem impedindo a regeneração de vegetação rasteira — passível de inclusão na expressão "demais formas" do enunciado típico —, sendo certo que a eventual regularidade administrativa e registrária do loteamento e a existência de outros "ranchos" no local não descaracterizam o delito (TACrSP, 7ª C., Ap. 1.283.289-3, Rel. Juiz Corrêa de Moraes, j. 13-12-2001, v.u.).

- Construção em desacordo com a preservação: Incorre nas penas do art. 48 da Lei n. 9.605/98 o acusado que adquire imóvel construído em desacordo com a preservação de área ecológica e que continua a impedir a regeneração natural da floresta local (TACrSP, 3ª Câm., Ap. 1.240.815-3, Rel. Juiz Ciro Campos, j. 26-4-2001, *DOE* 22-5-2001, v.u.).

- Corte sem autorização: "Processo-crime originário. Crime ambiental (art. 48 da Lei n. 9.605/98). Competência da Justiça Estadual. Inexistência de comprovado interesse da União. Preliminar rejeitada. Denunciados que procedem ao corte de diversas árvores nativas e ao aterramento de um curso d'água sem autorização do órgão competente. Existência, em tese, de crime contra o meio ambiente. Denúncia recebida" (TJMG, Recurso 1.0000.00.323406/9/000, j. 19-8-2004, *DJ* 17-9-2004).

- Restos de vegetais em área de charco/banhado: Restos de vegetais, cortados para aumentar área de cultivo, que são depositados em local próximo a banhado, não são suficientes para impedir/dificultar a regeneração de gramíneas e demais formas de vegetação ocorrentes na área de preservação permanente (TJRS, 4ª Câm., Ap. 70049029432, Rel. Des. Gaspar Marques Batista, j. 4-10-2012).

Art. 49. Destruir, danificar, lesar ou maltratar, por qualquer modo ou meio, plantas de ornamentação de logradouros públicos ou em propriedade privada alheia:

Pena — detenção, de 3 (três) meses a 1 (um) ano, ou multa, ou ambas as penas cumulativamente.

Parágrafo único. No crime culposo, a pena é de 1 (um) a 6 (seis) meses, ou multa.

- Transação penal: Cabe, uma vez que a pena máxima cominada não excede a dois anos (art. 76 da Lei n. 9.099/95). Lembramos que nos crimes previstos nesta lei, a proposta de transação penal depende da prévia composição do dano ambiental, nos casos em que tiver ocorrido, salvo em caso de comprovada impossibilidade (art. 27).
- Suspensão condicional do processo: Cabe (art. 89 da Lei n. 9.099/95), desde que observadas as regras impostas pelo art. 28 desta lei, dentre as quais se destaca aquela que exige, para a declaração da extinção da punibilidade de que trata o § 5º do art. 89 da Lei n. 9.099/95, laudo de constatação de reparação de dano ambiental, ressalvada a impossibilidade de fazê-lo.
- Penas alternativas: Cabem (arts. 43 e 44 do CP).
- Objeto jurídico: A proteção do meio ambiente, notadamente as plantas de ornamentação existentes em logradouros públicos e em propriedades privadas.
- Sujeito ativo: Qualquer pessoa. Acerca da pessoa jurídica, *vide* comentários e jurisprudência ao art. 3º desta lei. Quanto à coautoria, cf. o seu art. 2º.
- Sujeito passivo: Tratando-se de dano a vegetação constante de logradouros públicos, como praças, pertencentes a município, a Estado, ao Distrito Federal ou à União, o respectivo ente público; se a vegetação atingida é em propriedade privada, o proprietário do imóvel.
- Tipo objetivo (inconstitucionalidade): São quatro as condutas previstas no tipo: a) *destruir*, que significa arruinar, aniquilar; b) *danificar*, isto é, causar dano, prejudicar, estragar, deteriorar; c) *lesar*, que tem sentido semelhante ao de danificar, de ofender; d) *maltratar*, ou seja, infligir maus-tratos. Essas condutas podem, ainda segundo o legislador, ser praticadas "por qualquer modo ou meio", o que torna o tipo aberto (Hans-Heinrich Jescheck, *Tratado de derecho penal — parte general*, cit., p. 223). Afinal, o que seria, por exemplo, "maltratar por qualquer modo" plantas ornamentais? O tipo, portanto, resta contaminado pelo vício da inconstitucionalidade. Com efeito, em nome do princípio da legalidade não podem ser aceitas leis vagas ou imprecisas, que não deixam perfeitamente delimitado o comportamento que pretendam incriminar. A CF, em seu art. 5º, XXXIX, e o CP, em seu art. 1º, dispõem que "não há crime sem lei anterior que o *defina*". O próprio significado do verbo *definir*, ou seja, *precisar*, *demarcar*, *estabelecer limites*, não autoriza conclusão diversa. *Plantas ornamentais* são espécimes da flora empregados pelo homem com o fim de enfeitar, decorar ou adornar "logradouros públicos" (praça, passeio ou jardim públi-

co) ou "propriedade privada". A prática das condutas na própria propriedade do agente não configura o crime deste art. 49, que exige para a sua configuração que ela seja "alheia".

- **Objeto material (inconstitucionalidade):** Para que determinada conduta seja erigida à categoria de crime pelo legislador, não basta que a lei seja *formalmente* aprovada pelo Congresso Nacional. Seu conteúdo *material* deve também corresponder a certos parâmetros. Ou seja, deve ela revestir-se de uma série de princípios constitucionais que legitimem (isto é, permitam, autorizem) a criminalização de certa conduta, por ofender ou pôr em risco concreto determinado bem jurídico, isto é, que o legislador, com embasamento na Constituição, e dada a sua relevância, decidiu tutelar. Daí a razão de se recorrer à tutela penal, verdadeira *ultima ratio* na repressão e prevenção de condutas que afetem a coletividade. Dentre os princípios norteadores da tutela penal encontra-se o princípio da *ofensividade*, corolário da legalidade *lato sensu*, e que exige que a conduta incriminada ofenda (cause dano) ou ponha em risco (perigo concreto de lesão) determinado bem juridicamente tutelado. No caso deste art. 49, embora as "plantas de ornamentação" façam parte do conceito genérico de "flora", a destruição, a danificação, a lesão e até o maltrato de plantas de ornamentação não fazem parte do meio ambiente natural, posto decorrer da ação do homem, extrapolando, a nosso ver, o objeto da tutela do meio ambiente, consoante se depreende dos termos do art. 225 da CF. Por essas razões, em nossa opinião, este dispositivo é inconstitucional e não deve ser aplicado. Coisa diversa é o crime de dano, inclusive qualificado, previsto no art. 163 do CP, que abrange o dano em plantas públicas ou privadas, desde que economicamente relevante.

- **Tipo subjetivo:** No *caput*, é o dolo, consistente na vontade livre e consciente de destruir, danificar, lesar ou maltratar. Para a doutrina tradicional, é o dolo genérico. No parágrafo único, há previsão de modalidade culposa, o que torna o presente tipo ainda mais polêmico, como ressalta Luís Paulo Sirvinskas (*Tutela penal do meio ambiente*, cit., p. 175). Já Vladimir Passos de Freitas e Gilberto Passos de Freitas são expressos em afirmar, e com acerto, que o parágrafo único deste art. 49 é "inaplicável", já que quem destrói, danifica, lesa ou maltrata "atua com a intenção de causar danos", não havendo como se vislumbrar o dano culposo (*Crimes contra a natureza*, cit., p. 148).

- **Consumação e tentativa:** O crime estará consumado no momento da destruição, do dano, da lesão ou dos maus-tratos. A tentativa não nos parece factível na conduta de maltratar; de difícil ocorrência, outrossim, nas demais modalidades.

- **Princípio da insignificância:** A par das inconstitucionalidades apontadas acima, ainda que se queira dar efetividade ao preceito incriminador, é evidente, para se justificar ofensa ao bem jurídico meio ambiente, que a destruição, a lesão ou os maus-tratos a plantas públicas ou pertencentes a terceiros seja relevante, não havendo o menor sentido punir-se *criminalmente*, por exemplo, alguém que venha colher flores da praça pública, sendo mais do que suficiente impor-lhe uma multa administrativa.

- **Pena:** Detenção, de 3 meses a 1 ano, ou multa, ou ambas as penas cumulativamente, quando o crime for doloso. Na modalidade culposa, a pena é de um a seis meses, ou multa.
- **Causa de aumento de pena:** *Vide* comentários ao art. 53.
- **Ação penal:** Pública incondicionada.

Art. 50. Destruir ou danificar florestas nativas ou plantadas ou vegetação fixadora de dunas, protetora de mangues, objeto de especial preservação:

Pena — detenção, de 3 (três) meses a 1 (um) ano, e multa.

- **Transação penal:** Cabe, uma vez que a pena máxima cominada não excede a 2 anos (art. 76 da Lei n. 9.099/95). Lembramos que nos crimes previstos nesta lei, a proposta de transação penal depende da prévia composição do dano ambiental, nos casos em que tiver ocorrido, salvo em caso de comprovada impossibilidade (art. 27).
- **Suspensão condicional do processo:** Cabe (art. 89 da Lei n. 9.099/95), exigindo-se, para a declaração da extinção da punibilidade, laudo de constatação de reparação de dano ambiental, ressalvada a impossibilidade de fazê-lo (art. 28 desta lei c/c o art. 89, § 5º, da Lei n. 9.099/95).
- **Penas alternativas:** Cabem (arts. 43 e 44 do CP).
- **Termo de Ajustamento de Conduta (reflexos na área penal):** *Vide* nota sob o mesmo título nos comentários ao art. 26, que trata da ação penal.
- **Objeto jurídico:** O meio ambiente, notadamente as florestas nativas ou plantadas e a vegetação fixadora de dunas, protetora de mangues.
- **Sujeito ativo:** Qualquer pessoa. Quanto à pessoa jurídica, *vide* art. 3º desta lei. Sobre a coautoria, *vide* art. 2º desta lei.
- **Sujeito passivo:** É a coletividade. De forma indireta, é o proprietário ou possuidor da área afetada, caso as condutas tenham sido praticadas por terceiro, à sua revelia.
- **Tipo objetivo:** São dois os núcleos do tipo: a) *destruir*, isto é, demolir, arruinar, aniquilar; exigindo o completo aniquilamento; b) *danificar*, que equivale a causar dano, prejudicar, estragar, deteriorar; não precisando haver o completo aniquilamento. Devem ambas as condutas recair sobre *florestas nativas ou plantadas ou vegetação fixadora de dunas ou protetora de mangues* (*vide* nota abaixo), *objeto de especial preservação*. Sobre o vocábulo floresta, *vide* nota sob este título ao art. 38. As locuções *floresta nativa* (isto é, natural, produzida pela natureza) e *floresta plantada* (não nativa, ou seja, plantada pelo homem, mas com a utilização de espécimes nativos) dizem respeito à origem da floresta. Não abrangem áreas plantadas pelo homem com finalidade comercial, como é o caso da plantação de eucaliptos.
- **Elemento normativo do tipo:** A expressão "objeto de especial preservação" abrange toda a forma de proteção jurídica, quer a decorrente da pró-

pria lei, quer aquela emanada de qualquer ato de Poder Público competente. Com relação à exigência deste elemento normativo, há duas posições: a) abrange *tanto* florestas nativas ou plantadas *quanto* vegetação fixadora de dunas ou protetora de mangues; b) abrange tão somente a vegetação fixadora de dunas ou protetora de mangues. Entendemos mais correta a segunda posição, uma vez que, se a floresta (nativa ou plantada) for de preservação permanente (que é uma forma de "especial preservação"), restará configurado o delito mais grave do art. 38 desta lei. Observamos que os manguezais são, por si sós, áreas de preservação permanente, como também as restingas fixadoras de dunas ou estabilizadoras de mangues, conforme estipula o art. 4º, VII e VIII, da Lei n. 12.651, de 25 de maio de 2012, e a sua destruição ou dano configura o crime do art. 38 da Lei Ambiental, punido com pena de detenção de um a três anos, ou multa, ou ambas. Portanto, o tipo penal do art. 50 só terá incidência quando a destruição ou o dano incidirem sobre vegetação que não se encaixe no conceito de área de preservação permanente.

- Tipo subjetivo: É o dolo, consistente na vontade livre e consciente de praticar as condutas incriminadas. Para os tradicionais, é o dolo genérico. Não há previsão da modalidade culposa.

- Consumação e tentativa: A consumação se dá com a destruição ou dano, tratando-se de delito material. A tentativa, embora de difícil ocorrência na prática, em tese é possível.

- Confronto: Se o dano for ao próprio mangue, a restingas que protegem dunas ou que venham a fixar mangues, ou a floresta for considerada de preservação permanente, o crime será o do art. 38 desta lei. Se o mangue estiver enquadrado no conceito de Mata Atlântica, e estiver em estágio de regeneração, o delito será o do art. 38-A.

- Pena: Detenção, de 3 meses a 1 ano, e multa.

- Causa de aumento de pena: *Vide* comentários ao art. 53.

- Ação penal: Pública incondicionada.

Jurisprudência

- Competência: Crime contra a flora praticado na Mata Atlântica. Ausência de lesão a bem, interesse ou serviço da União. Competência da Justiça Estadual (STJ, 3ª S., CComp 38.386, Rel. Min. Felix Fisher, j. 23-4-2003, v.u. — *DJU* 16-6-2003, p. 260, *Bol. IBCCr* 128/717). No mesmo sentido: STF, 1ª T., RREE 300.244, 299.856 e 354.862-0, *Bol. IBCCr* 120/656.

Art. 50-A. Desmatar, explorar economicamente ou degradar floresta, plantada ou nativa, em terras de domínio público ou devolutas, sem autorização do órgão competente:

Pena — reclusão de 2 (dois) a 4 (quatro) anos e multa.

§ 1º Não é crime a conduta praticada quando necessária à subsistência imediata pessoal do agente ou de sua família.

§ 2º Se a área explorada for superior a 1.000 ha (mil hectares), a pena será aumentada de 1 (um) ano por milhar de hectare.

- **Alteração:** Art. 50-A incluído pela Lei n. 11.284/2006.
- **Transação penal:** Não cabe (art. 69 da Lei n. 9.099/95).
- **Suspensão condicional do processo:** Não cabe (art. 89 da Lei n. 9.099/95).
- **Penas alternativas:** Cabem (arts. 43 e 44 do CP).
- **Termo de Ajustamento de Conduta (reflexos na área penal):** *Vide* nota sob o mesmo título nos comentários ao art. 26, que trata da ação penal.
- **Objeto jurídico:** A proteção do meio ambiente natural, especificamente a floresta, plantada ou nativa, em terras de domínio público ou devolutas.
- **Sujeito ativo:** Qualquer pessoa. Quanto à pessoa jurídica, *vide* comentários e jurisprudência ao art. 3º desta lei. Acerca da coautoria, *vide* comentários ao art. 2º.
- **Sujeito passivo:** É a coletividade; igualmente, o ente público ao qual pertença a área cuja floresta, plantada ou nativa, foi desmatada, explorada ou degradada sem autorização. No caso das terras devolutas de interesse ambiental, será a União, uma vez que são de sua propriedade (art. 20, II, da CF).
- **Tipo objetivo:** Três são os núcleos do tipo: a) *desmatar*, isto é, derrubar muitas árvores de mata ou floresta; b) *explorar economicamente*, o que significa tirar proveito ou auferir interesse econômico; ou c) *degradar*, ou seja, estragar, danificar. Em qualquer dos três núcleos, deve a conduta recair sobre floresta, plantada ou nativa (isto é, mesmo que não seja considerada floresta preservação — cf. art. 38 desta Lei), mas que estejam situadas *em terras de domínio público ou devolutas* (sobre os termos floresta nativa e plantada, *vide* notas abaixo). Terras devolutas são aquelas que não possuem dono, sendo incorporadas ao patrimônio da União nos termos da Constituição da República, *verbis*: "Art. 20. São bens da União: [...] II — as terras devolutas indispensáveis à defesa das fronteiras, das fortificações e construções militares, das vias federais de comunicação e à preservação ambiental, definidas em lei". As condutas, para serem consideradas crimes, devem ser praticadas sem autorização do órgão competente (elemento normativo do tipo), o que exigirá do intérprete a análise da legislação ambiental pertinente. Se o agente abusar da licença concedida, haverá o crime, e de forma agravada, consoante determina o art. 15, II, *o*, da presente lei.
- **Floresta:** As florestas são formações arbóreas densas que recobrem determinada extensão de terra. A floresta pode ser tanto de *domínio público* quanto de *domínio privado*. Quanto à origem, classificam-se em florestas *primitivas* (primárias, nativas, naturais ou virgens), florestas *em regeneração*, florestas *regeneradas* e florestas *plantadas* (secundárias) (Luís Paulo Sirvinskas, *Tutela penal do meio ambiente*, 2. ed., cit., p. 142). Por *floresta nacional*, enquanto unidade de conservação pertencente ao grupo das unidades de uso sustentável (art. 14, III, da Lei n. 9.985/2000), entende-se a área com cobertura florestal de espécies predominantemente nativas, que tem como objetivo básico o uso múltiplo sustentável dos

recursos florestais e a pesquisa científica, com ênfase em métodos para exploração sustentável de florestas nativas (art. 17 da Lei n. 9.985/2000).

- Floresta plantada (Lei n. 12.651, de 25 de maio de 2012): Com o advento do novo Código Florestal, a exploração de florestas nativas e formações sucessoras, de domínio público ou privado, ressalvados os casos previstos nos arts. 21, 23 e 24 da mesma lei, dependerá de licenciamento pelo órgão competente do Sisnama, mediante aprovação prévia de Plano de Manejo Florestal Sustentável — PMFS (art. 31). Ocorre que o art. 32 da mesma lei dispõe que são isentos de PMFS: I — a supressão de florestas e formações sucessoras para uso alternativo do solo; II — o manejo e a exploração de florestas plantadas localizadas fora das Áreas de Preservação Permanente e de Reserva Legal; III — a exploração florestal não comercial realizada nas propriedades rurais a que se refere o inciso V do art. 3º ou por populações tradicionais". O art. 33 Lei n. 12.651/2012 estabelece, ainda: "Art. 33. As pessoas físicas ou jurídicas que utilizam matéria-prima florestal em suas atividades devem suprir-se de recursos oriundos de: I — florestas plantadas; [...]". Todavia, se a exploração da floresta plantada se der em área devoluta ou de domínio público, sem autorização do órgão competente, haverá o crime deste art. 50-A.

- Tipo subjetivo: É o dolo, consistente na vontade livre e consciente de praticar as condutas incriminadas (desmatar, explorar economicamente ou degradar) floresta que esteja em área devoluta ou que seja de domínio público. Para a doutrina tradicional, é o dolo genérico. A modalidade culposa não é punida neste tipo penal.

- Consumação e tentativa: O delito se perfaz com o desmatamento, a exploração econômica ou a degradação da floresta plantada (a respeito, vide nota acima) ou nativa, em terras de domínio público ou devolutas. A tentativa não nos parece possível diante das características do tipo, sendo os atos preparatórios considerados como irrelevante penal. Ademais, com a instalação de maquinários nas terras, abrindo-se picadas, voltados à exploração, a degradação já terá ocorrido.

- Perícia: É imprescindível para demonstrar a materialidade delitiva.

- Pena (desproporcionalidade e inconstitucionalidade): Reclusão, de 2 a 4 anos, e multa. A nosso ver, a pena prevista para o crime deste art. 50-A é inconstitucional por ofensa ao princípio da isonomia, uma vez que se mostra excessiva quando comparada a outros tipos penais de maior gravidade. Com efeito, a exploração de uma *floresta plantada*, ainda que em terras devolutas ou de domínio público, não pode ser punida mais gravemente do que a destruição de uma *floresta natural de preservação permanente* (*vide* art. 38 — pena: detenção de 1 a 3 anos ou multa) ou ainda da própria mata atlântica em estado de regeneração avançado (*vide* art. 38-A — pena: detenção de 1 a 3 anos ou multa). Mas não é só. A pena mínima prevista neste artigo é *superior* à pena mínima estabelecida no art. 40 da Lei Ambiental, que trata da destruição ou dano a florestas que se encontram dentro de Unidades de Conservação Ambiental como Estações Ecológicas, Reservas Biológicas, Parques Nacionais, Monumentos Naturais e

Refúgios de Vida Silvestre, que é de 1 a 5 anos. Ou seja, o acusado pela destruição de mata em um Parque Nacional pode se beneficiar com a suspensão condicional do processo ao passo que a pessoa que explora uma floresta plantada, em uma área devoluta ou de propriedade pública, não faria jus ao benefício.

- Ação penal: Pública incondicionada.

§ 1º
- Causa excludente de antijuridicidade ou de ilegalidade: Dispõe, corretamente, o § 1º deste art. 50-A que não constitui crime se a conduta (desmatar, explorar economicamente ou degradar) for necessária à subsistência imediata pessoal do agente ou de sua família. A expressão subsistência imediata significa o indispensável à sobrevivência do agente ou de sua família, o que deverá ser analisado caso a caso.

§ 2º
- Causa especial de aumento de pena: Dispõe o § 2º deste art. 50-A que, se a área explorada for superior a 1.000 hectares, a pena será aumentada de 1 ano por milhar de hectare. A respeito da inconstitucionalidade da pena, *vide* nota ao *caput* sob o título *Pena (desproporcionalidade e inconstitucionalidade)*.

Jurisprudência
- Floresta nativa: Configura o crime do art. 50 o desmate de 1.200 m² de mata nativa, além do corte seletivo de 18 árvores de grande porte sem autorização ou licença (TJRS, 4ª Câm., Ap. 70026958611, Rel. Des. Aristides Pedroso de Albuquerque Neto, j. 11-12-2008).

Art. 51. Comercializar motosserra ou utilizá-la em florestas e nas demais formas de vegetação, sem licença ou registro da autoridade competente:

Pena — detenção, de 3 (três) meses a 1 (um) ano, e multa.

- Transação penal: Cabe, uma vez que a pena máxima cominada não excede a dois anos (art. 76 da Lei n. 9.099/95). Lembramos que nos crimes previstos nesta lei, a proposta de transação penal depende da prévia composição do dano ambiental, nos casos em que tiver ocorrido, salvo em caso de comprovada impossibilidade (art. 27).

- Suspensão condicional do processo: Cabe (art. 89 da Lei n. 9.099/95), desde que, na segunda parte do tipo, sejam observadas as regras impostas pelo art. 28 desta lei, dentre as quais se destaca aquela que exige, para a declaração da extinção da punibilidade de que trata o § 5º do art. 89 da Lei n. 9.099/95, laudo de constatação de reparação de dano ambiental, ressalvada a impossibilidade de fazê-lo.

- Penas alternativas: Cabem (arts. 43 e 44 do CP).

- Termo de Ajustamento de Conduta (reflexos na área penal): *Vide* nota sob o mesmo título nos comentários ao art. 26, que trata da ação penal.

- **Objeto jurídico:** O meio ambiente, em especial a flora.

- **Sujeito ativo:** Qualquer pessoa. Quanto à pessoa jurídica, *vide* comentários e jurisprudência ao art. 3º desta lei. Acerca da coautoria, *vide* art. 2º da mesma.

- **Sujeito passivo:** É a coletividade.

- **Tipo objetivo:** O tipo pune as condutas de *comercializar* (vender e comprar) ou *utilizar* (empregar com utilidade, fazer uso) *motosserra* (objeto material do crime) em florestas e demais formas de vegetação. Por lapso do legislador, não foi prevista a figura daquele que, sem licença, possui a motosserra, mas se limita a *alugá-la* ou a *cedê-la* a outrem, que a utiliza ilegalmente. Todavia, a sua conduta pode se encaixar na figura do partícipe (art. 29 do Código Penal), que poderá ser punido com a mesma pena. Não requer o tipo que a floresta ou demais formas de vegetação sejam objeto de especial preservação. A mera guarda de motosserra, sem licença ou registro, pelo agente, *sem fins comerciais*, não caracteriza o tipo deste art. 51, salvo se o agente vier a utilizá-la em florestas ou demais formas de vegetação, ou resolver comercializá-la, quando o crime se consumará. Para que a ação seja típica, a conduta há que ser praticada "sem licença ou registro da autoridade competente". Em havendo licença ou registro, a conduta será atípica. Todavia, se a licença já estiver expirado, considerar-se-á que o agente encontra-se "sem a licença" para efeitos legais. Permitir-se que a licença expirada tenha a mesma validade que a licença não expirada retiraria toda a importância e razão de ser da licença. Caso o agente abuse da licença que possui, haverá o crime, podendo ainda incidir a circunstância agravante prevista no art. 15, II, *o*, da Lei n. 9.605/98.

- **Licença e registro:** A exigência de registro no Ibama dos estabelecimentos comerciais responsáveis pela comercialização de motosserras, bem como aqueles que adquirirem este equipamento, encontrava-se prevista no art. 45 da Lei n. 4.771/65, incluído pela Lei n. 7.803, de 18 de julho de 1989. Atualmente, a licença para se possuir e comercializar motosserra está disposta no art. 69 da Lei n. 12.651/2012, *verbis*: "Art. 69. São obrigados a registro no órgão federal competente do Sisnama os estabelecimentos comerciais responsáveis pela comercialização de motosserras, bem como aqueles que as adquirirem. § 1º A licença para o porte e uso de motosserras será renovada a cada 2 (dois) anos. § 2º Os fabricantes de motosserras são obrigados a imprimir, em local visível do equipamento, numeração cuja sequência será encaminhada ao órgão federal competente do Sisnama e constará nas correspondentes notas fiscais".

- **Atipicidade:** Tendo em vista o bem jurídico tutelado, a *utilização* de motosserra em árvores já caídas pela ação natural do tempo, ou mesmo em árvores que não sejam objeto de proteção legal (é o caso, por exemplo, de eucaliptais plantados com fim comercial), não constitui o crime deste art. 51.

- **Tipo subjetivo:** É o dolo, consistente na livre e consciente de comercializar ou de utilizar a motosserra, não possuindo autorização. Para os tradicionais, é o dolo genérico. Não há previsão de forma culposa.

- Consumação e tentativa: Ocorre a consumação no momento da comercialização ou do uso. A tentativa nos parece possível apenas na primeira modalidade (comercializar), uma vez que a segunda conduta (usar) é unissubsistente, não podendo ser fracionada.

- Pena: Detenção, de 3 meses a 1 ano, e multa.

- Causa de aumento de pena: *Vide* comentários ao art. 53.

- Ação penal: Pública incondicionada.

Jurisprudência
- Competência da Justiça Estadual: Não há ilegalidade no acórdão que confirma a decisão monocrática que declinou da competência para que a Justiça Comum Estadual processe e julgue feito que visa à apuração de possível crime ambiental, consistente, em tese, na utilização de motosserra, para cortar madeira, sem a competente autorização. Existência de eventual lesão a bens, serviços ou interesses da União, a ensejar a competência da Justiça Federal não demonstrada. Cuidando-se de competência concorrente da União, dos Estados e dos Municípios, para legislar sobre normas relativas à proteção do meio ambiente — criação e administração de áreas de proteção ambiental e, principalmente, para exercer o poder de polícia para a fiscalização do cumprimento destas normas — seria necessário, para fins de fixação da competência da Justiça Federal, que os interesses do Ibama sejam afetados de forma específica e não genérica. Cancelamento da Súmula 91 por esta Corte (STJ, 5ª T., REsp 592.932, Rel. Min. Gilson Dipp, j. 18-12-2003, *DJU* 8-3-2004, p. 330).

Art. 52. Penetrar em Unidades de Conservação conduzindo substâncias ou instrumentos próprios para caça ou para exploração de produtos ou subprodutos florestais, sem licença da autoridade competente:

Pena — detenção, de 6 (seis) meses a 1 (um) ano, e multa.

- Transação penal: Cabe, uma vez que a pena máxima cominada não excede a 2 anos (art. 76 da Lei n. 9.099/95). Lembramos que nos crimes previstos nesta lei, a proposta de transação penal depende da prévia composição do dano ambiental, nos casos em que tiver ocorrido, salvo em caso de comprovada impossibilidade (art. 27).

- Suspensão condicional do processo: Cabe (art. 89 da Lei n. 9.099/95), desde que observadas as regras impostas pelo art. 28 desta lei.

- Penas alternativas: Cabem (arts. 43 e 44 do CP).

- Termo de Ajustamento de Conduta (reflexos na área penal): *Vide* nota sob o mesmo título nos comentários ao art. 26, que trata da ação penal.

- Objeto jurídico: O meio ambiente, notadamente a fauna e a flora.

- Sujeito ativo: Qualquer pessoa. Quanto à pessoa jurídica, *vide* comentários e jurisprudência no art. 3º. No que tange à coautoria, conferir o art. 2º desta lei.

- Sujeito passivo: É a coletividade. Também será o proprietário ou o possuidor da área invadida, caso esta seja particular.

- **Tipo objetivo:** O núcleo do tipo é *penetrar*, que significa passar para dentro, transpor, entrar, invadir. A penetração deve se dar em *unidade de conservação* (*vide* nota abaixo). Deve o agente estar conduzindo (portando, trazendo consigo): a) *substâncias ou instrumentos próprios para caça*, ou b) *substâncias ou instrumentos próprios para exploração de produtos ou subprodutos florestais*. Como exemplo de instrumentos próprios para a *caça*, podem ser citados as armas de fogo, armadilhas, gaiolas ou qualquer artifício voltado a apanhar animais. Por instrumentos voltados à *exploração de produtos ou subprodutos florestais* têm-se as serras, motosserras, machados, facões etc. Como se nota, trata-se de crime de perigo, sendo dispensável a ocorrência de resultado naturalístico (dano à flora ou à fauna). Na verdade, optou o legislador por punir os próprios *atos preparatórios* à prática do crime ambiental de caça de animais silvestres ou de desmatamento, por exemplo. Para que a ação seja típica, a conduta há que ser praticada "sem licença da autoridade competente" (elemento normativo do tipo), lembrando-se, no âmbito federal, do Ibama. Em havendo licença, a conduta será atípica. Caso o agente abuse daquela, haverá o crime, podendo ainda incidir a circunstância agravante prevista no art. 15, II, *o*, desta lei.

- **Unidade de Conservação Integral e de Uso Sustentável:** A definição do que são as Unidades de Conservação de Proteção encontra-se disposta em diversos diplomas. O primeiro consta da Lei n. 9.985/2000, que estatui: "Art. 2º Para os fins previstos nesta Lei, entende-se por: I — unidade de conservação: espaço territorial e seus recursos ambientais, incluindo as águas jurisdicionais, com características naturais relevantes, legalmente instituído pelo Poder Público, com objetivos de conservação e limites definidos, sob regime especial de administração, ao qual se aplicam garantias adequadas de proteção". Por sua vez, a definição do que seja Unidade de Conservação *Integral* é feita pelo § 1º deste art. 40, que estabelece serem elas: as estações ecológicas, as reservas biológicas, os parques nacionais, os monumentos naturais, como também os refúgios de vida silvestre. Já a definição de Unidade de Conservação de *Uso Sustentável* encontra-se no § 1º do art. 40-A desta lei, ou seja: as Áreas de Proteção Ambiental, as Áreas de Relevante Interesse Ecológico, as Florestas Nacionais, as Reservas Extrativistas, as Reservas de Fauna, as Reservas de Desenvolvimento Sustentável e as Reservas Particulares do Patrimônio Natural. Observamos que é da atribuição do Conama dispor sobre o Sistema Nacional de Unidades de Conservação da Natureza — SNUC, que foi finalmente instituído pela Lei n. 9.985/2000, sendo composto pelo conjunto das unidades de conservação federais, estaduais e municipais. A Lei n. 12.651/2012 também dispõe sobre as Unidades de Conservação, estabelecendo critérios para o uso do fogo nessas áreas, com severas restrições (art. 38).

- **Tipo subjetivo:** É o dolo, isto é, a vontade livre e consciente de praticar a conduta incriminada. Para os tradicionais, é o dolo genérico. Embora o desconhecimento da lei seja inescusável, poderá haver, conforme o caso, erro de proibição (art. 21 do CP), isentando o agente de pena ou diminuindo-a, conforme se trate de erro inevitável ou evitável. Não há modalidade culposa.

- **Consumação e tentativa:** Há consumação no momento do ingresso na Unidade de Conservação, portando instrumentos ou substâncias voltadas à caça ou exploração de produtos florestais. Trata-se de crime formal e de perigo, punindo-se, no fundo, os próprios atos preparatórios de outros crimes ambientais como a caça de animais silvestres e o desmatamento não autorizados. A tentativa não é possível, pois a conduta de penetrar é unissubsistente.

- **Confronto com o art. 51:** Caso o agente utilize motosserra em florestas e demais formas de vegetação que não estejam em Unidades de Conservação, sem licença ou registro, *vide* art. 51 desta lei.

- **Confronto com o crime de porte ilegal de arma de fogo:** Se o agente estiver portando *arma de fogo* dentro de Unidade de Conservação, sem possuir autorização da autoridade ambiental para tanto, e, além disso, sem possuir licença para portá-la, poderá haver concurso formal entre os crimes do art. 52 desta lei e os delitos do art. 14 (se a arma for de uso permitido) ou art. 16 (se for de uso restrito) da Lei n. 10.826, de 22 de dezembro de 2003.

- **Pena:** Detenção, de 6 meses a 1 ano, e multa.
- **Causa de aumento de pena:** *Vide* comentários ao art. 53.
- **Ação penal:** Pública incondicionada.

Art. 53. Nos crimes previstos nesta Seção, a pena é aumentada de um sexto a um terço se:

I — do fato resulta a diminuição de águas naturais, a erosão do solo ou a modificação do regime climático;

II — o crime é cometido:

a) no período de queda das sementes;

b) no período de formação de vegetações;

c) contra espécies raras ou ameaçadas de extinção, ainda que a ameaça ocorra somente no local da infração;

d) em época de seca ou inundação;

e) durante a noite, em domingo ou feriado.

- **Noção:** Por meio deste art. 53, entendeu o legislador por bem punir mais gravemente o agente que praticar as condutas descritas nesta Seção II (arts. 38 a 52), levando em conta o resultado mais gravoso do crime ou, ainda, situações de maior vulnerabilidade da flora ou fauna, ou, ainda, de menor vigilância.

- **Causa de aumento de pena:** Deverá incidir na terceira etapa do cálculo da pena, isto é, após já ter sido encontrada a pena-base (primeira fase) e computadas eventuais agravantes ou atenuantes (segunda fase). Ao contrário do que sucede com as agravantes, as causas de aumento de pena podem, em tese, elevá-la para além do máximo cominado. Sobre a observância do método trifásico no cálculo da pena, *vide* comentários ao art. 68 do CP em nosso *Código Penal comentado*, cit., p. 309 a 311.

- Inciso I: São três os resultados mais gravosos do crime que permitem a incidência desta causa de aumento de pena: a) se do fato resulta a diminuição de águas naturais; b) se do fato resulta a erosão do solo; e c) se do fato resulta a modificação do regime climático. Para a incidência de qualquer uma dessas causas de aumento, há necessidade de perícia. Exige-se, outrossim, que o resultado mais gravoso tenha sido causado pela conduta do agente (art. 29, *caput*, do CP) ou pelo menos que a segunda causa (que gerou o resultado mais gravoso) se situe dentro do desdobramento da causa original. Primeiro exemplo: se após a destruição de floresta (art. 38), terceiras pessoas forem ao local e iniciarem processo de garimpo, dando causa à erosão do solo, não poderá o agente causador do *desmatamento* responder pelo resultado mais gravoso (*erosão*) causada por terceiras pessoas. Segundo exemplo: se após o desmatamento, a erosão for causada por uma chuva torrencial, o agente responderá pelo resultado mais gravoso, pois ele estará dentro do desdobramento da causa original (se as árvores não tivessem sido retiradas, a chuva torrencial não teria causado erosão). É o que se depreende da regra do art. 29, § 1º, do CP: "A superveniência de causa relativamente independente exclui a imputação quando, por si só, produziu o resultado".

- Inciso II: São cinco as situações que permitem a incidência desta causa de aumento de pena, tratando-se, as quatro primeiras, de normas penais em branco, pois dependem para sua aplicação da existência de uma norma jurídica complementadora (lei ou ato normativo em geral). Assim, haverá o aumento de pena se o crime for cometido: a) no período de queda das sementes; b) no período de formação de vegetações; c) contra espécies raras ou ameaçadas de extinção, ainda que a ameaça ocorra somente no local da infração; d) em época de seca ou inundação. Também incidirá o aumento se o delito for praticado durante a noite, em domingo ou feriado, nos quais presume-se seja a vigilância menor ou mais difícil. Para a incidência das quatro primeiras causas de aumento deste inciso II, é mister que o agente tenha consciência das circunstâncias nelas elencadas.

Jurisprudência
- Competência (art. 45 c/c o art. 53, II): "I. Sob a orientação do art. 61 da Lei n. 9.099/90, a jurisprudência desta Corte fixou prevalecer o Juízo comum ao Juizado Especial quando o(s) crime(s) imputado(s) ao réu sugere(m), em seu(s) preceito(s) secundário(s), repriminenda máxima que exceda a 2 (dois) anos de pena privativa de liberdade individual ou cumulativamente. Precedentes. 2. Compete, portanto, ao Juízo comum a apuração do crime previsto no art. 45 c/c o art. 53, III, *c*, da Lei n. 9.605/98 (cortar ou transformar em carvão madeira de lei, com pena aumentada porque cometido contra espécie rara ou ameaçada de extinção), que tem a pena máxima de 2 (dois) anos e 8 (oito) meses de reclusão" (STJ, 5ª T., HC 169.536, Rel. Min. Marco Aurélio Bellizze, j. 14-2-2012).

Seção III
DA POLUIÇÃO E OUTROS CRIMES AMBIENTAIS

Art. 54. Causar poluição de qualquer natureza em níveis tais que resultem ou possam resultar em danos à saúde humana, ou que provoquem a mortandade de animais ou a destruição significativa da flora:

Pena — reclusão, de 1 (um) a 4 (quatro) anos, e multa.

§ 1º Se o crime é culposo:

Pena — detenção, de 6 (seis) meses a 1 (um) ano, e multa.

§ 2º Se o crime:

I — tornar uma área, urbana ou rural, imprópria para a ocupação humana;

II — causar poluição atmosférica que provoque a retirada, ainda que momentânea, dos habitantes das áreas afetadas, ou que cause danos diretos à saúde da população;

III — causar poluição hídrica que torne necessária a interrupção do abastecimento público de água de uma comunidade;

IV — dificultar ou impedir o uso público das praias;

V — ocorrer por lançamento de resíduos sólidos, líquidos ou gasosos, ou detritos, óleos ou substâncias oleosas, em desacordo com as exigências estabelecidas em leis ou regulamentos:

Pena — reclusão, de 1 (um) a 5 (cinco) anos.

§ 3º Incorre nas mesmas penas previstas no parágrafo anterior quem deixar de adotar, quando assim o exigir a autoridade competente, medidas de precaução em caso de risco de dano ambiental grave ou irreversível.

- **Leis anteriores (revogação):** O art. 15 da Lei n. 6.938/81 (Lei de Política Nacional do Meio Ambiente) punia, com pena de reclusão de 1 a 3 anos e multa, a conduta do poluidor que expusesse a perigo a incolumidade humana, animal ou vegetal, ou que estivesse tornando mais grave a situação de perigo existente. Referido dispositivo, a nosso ver, foi tacitamente revogado por este art. 54. Igualmente revogado, em nosso entendimento, foi, ainda, o art. 27, § 2º, da Lei n. 5.197/67 que punia, com pena de reclusão de 2 a 5 anos, aquele que provocasse, pelo uso direto ou indireto de agrotóxicos ou de qualquer outra substância química, o perecimento de espécimes da fauna ictiológica (peixes).

- **Transação penal:** Cabe somente na hipótese de crime culposo (§ 1º), uma vez que a pena máxima não é superior a dois anos (art. 76 da Lei n. 9.099/95). Lembramos que nos crimes previstos nesta lei, a proposta de transação penal depende da prévia composição do dano ambiental, nos casos em que tiver ocorrido, salvo em caso de comprovada impossibilidade (art. 27).

- **Suspensão condicional do processo:** Cabe no *caput*, nos §§ 1º e 3º; na figura qualificada do § 2º ela não é possível uma vez que a pena mínima suplanta um ano (art. 89 da Lei n. 9.099/95), exigindo-se, para a declaração da extinção da punibilidade, laudo de constatação de reparação de dano ambiental, ressalvada a impossibilidade de fazê-lo (art. 28 desta lei c/c o art. 89, § 5º, da Lei n. 9.099/95).

- Penas alternativas: Cabem no *caput* e nos §§ 1º e 3º; na figura qualificada do § 2º elas só serão possíveis se a pena efetivamente aplicada for de até 4 anos, embora a pena máxima prevista seja superior (arts. 43 e 44 do CP).

- Termo de Ajustamento de Conduta (reflexos na área penal): *Vide* nota sob o mesmo título nos comentários ao art. 26, que trata da ação penal.

Caput

- Objeto jurídico: Busca-se proteger o meio ambiente, almejando-se, especialmente, evitar danos à saúde humana, aos animais e à flora. O objeto jurídico é bastante amplo, abrangendo a água (mares, rios, lagos, lençóis freáticos, aquíferos etc.), o ar e o solo. Com tal amplitude, bens jurídicos que se achavam desprotegidos passaram a ser objeto da tutela penal, como é o caso do solo (nesse sentido, Vladimir e Gilberto Passos de Freitas, *Crimes contra a natureza*, cit., p. 169).

- Sujeito ativo: Qualquer pessoa. Quanto à pessoa jurídica, *vide* comentários e jurisprudência ao art. 3º. No que concerne à coautoria, cf. o art. 2º desta lei.

- Sujeito passivo: Primeiramente, é a coletividade. Secundariamente, as pessoas expostas ao perigo ou lesadas pela conduta praticada, bem como o proprietário ou possuidor de área particular afetada, quando provocada a poluição por terceiros, à sua revelia.

- Tipo objetivo: A conduta punível é uma só: "causar poluição de qualquer natureza". *Causar* significa ser causa de; originar, motivar, provocar (*Dicionário Houaiss da Língua Portuguesa*, cit., p. 658). Poderá a conduta ser comissiva ou até mesmo omissiva (comissiva por omissão), desde que o agente deixe de praticar ato a que estava obrigado, com a intenção de omitir-se. *Poluição*, segundo o art. 3º, III, da Lei n. 6.938/81, é definida como a degradação da qualidade ambiental resultante de atividades que direta ou indiretamente: a) prejudiquem a saúde, a segurança e o bem-estar da população; b) criem condições adversas às atividades sociais e econômicas; c) afetem desfavoravelmente a biota (conjunto dos seres animais e vegetais de uma região; cf. *Novo Dicionário Aurélio*, cit., p. 299); d) afetem as condições estéticas ou sanitárias do meio ambiente; e e) lancem matérias ou energia em desacordo com os padrões ambientais estabelecidos. Todavia, para efeito deste art. 54, *poluição* deve ser considerada como a degradação da qualidade ambiental decorrente de atividades que resultem ou possam resultar em danos à saúde humana, ou que provoquem a mortandade de animais ou a destruição significativa da flora. Para haver o crime, há que existir relação de causalidade entre a *conduta* e o resultado (dano ou perigo concreto de dano). *Não é qualquer poluição que caracterizará o crime*, mas tão somente aquela que, por sua gravidade ("em níveis tais"), resulte (crime de dano) ou possa resultar (crime de perigo concreto) em dano à saúde humana, ou que provoque a mortandade de animais ou a destruição significativa da flora.

- **Espécies de poluição:** Tendo em vista que o elemento objetivo do tipo *poluição* é bastante aberto, podem-se admitir, em princípio, vários tipos de poluição: a) poluição atmosférica; b) poluição hídrica; c) poluição dos mares; d) poluição do solo; e) poluição de lençóis freáticos ou de aquíferos; f) poluição sonora etc. Em face dessa amplitude, há aqueles, como José Nabuco Filho ("O princípio constitucional da determinação taxativa e os delitos ambientais", *Bol. IBCCr* 164/3-4, julho/2001), que entendem tratar-se de tipo penal aberto e, portanto, inconstitucional, uma vez que o legislador não esclarece o que seja "causar poluição de qualquer natureza em níveis tais", nem em que consiste a "destruição significativa da flora". A nosso ver, contudo, o tipo deste art. 54 não é aberto, em face das ressalvas "*em níveis tais* que *resultem* ou *possam resultar* em danos", e "destruição *significativa* da flora".

- **Tipo subjetivo:** É o dolo, consubstanciado na vontade livre e consciente de causar poluição (dolo direto) ou de assumir esse risco (dolo eventual). Neste último caso, o agente, mesmo prevendo a possibilidade de ocorrer o dano (ou de expor a perigo de dano), pratica a conduta proibida ou deixa de praticar aquela a que estava obrigado (por lei ou por contrato). Para os tradicionais, é o dolo genérico. A figura culposa está prevista no § 1º.

- **Consumação:** O tipo penal encontra-se dividido em duas modalidades: de perigo e de dano. No primeiro caso, a consumação se dá com a poluição que coloque em risco a saúde humana. Já na segunda hipótese, o crime se consuma com a poluição que efetivamente acarrete danos à saúde humana, que provoque a mortandade de animais ou a destruição significativa da flora. Em todos os casos, haverá necessidade de perícia que comprove o perigo (concreto) de dano ou a lesão ocorrida. O crime poderá ser de consumação instantânea, ou permanente, protraindo-se no tempo a sua consumação.

- **Perícia:** Evidente a necessidade de perícia para toda e qualquer conduta neste art. 54, à exceção do § 3º (art. 158 do CPP).

- **Confronto — emissão de fumaça, gás ou vapor (art. 38 da LCP):** Permanece em vigor o art. 38 da LCP, que pune a *emissão de fumaça, vapor ou gás*. Todavia, caso a emissão de fumaça, gás ou vapor seja tal que resulte ou possa resultar em danos à saúde humana ou que provoque a mortandade de animais ou a destruição significativa da flora, poderá haver o crime deste art. 54. Sobre a poluição sonora, *vide* nota abaixo.

- **Confronto — água potável (arts. 270 e 271 do CP):** Caso haja envenenamento de água potável, *vide* art. 270, *caput*, primeira parte, do CP; na hipótese de *corrupção ou poluição de água potável*, cf. art. 271 do CP.

- **Confronto — poluição sonora (LCP, art. 42):** Tendo sido vetado o crime de poluição sonora do art. 59 desta lei, permanece em vigor o art. 42 da LCP. Todavia, caso a poluição sonora seja tal que resulte ou possa resultar em danos à saúde humana, poderá haver a caracterização do crime deste art. 54, ou até mesmo do art. 60, no caso de falta de autorização. Neste sentido, cf. Vladimir e Gilberto Passos de Freitas, ob. e loc. cits.

- Confronto — atividades nucleares: *Vide* Lei n. 6.453/77, arts. 19 e s.
- Confronto — agrotóxicos: *Vide* Lei n. 7.802/89, arts. 15 e 16.
- Pena: Reclusão, de 1 a 4 anos, e multa. Se o crime é culposo (§ 1º), a pena é de detenção, de 6 meses a 1 ano, e multa.
- Causa de aumento de pena: *Vide* art. 58, em que são previstas causas de aumento de pena para os crimes *dolosos* previstos nesta seção.
- Ação penal: Pública incondicionada.

Figura culposa (§ 1º)

- Figura culposa (crítica): Em nossa opinião, deveria a modalidade culposa ter sido incluída no final deste art. 54 (ou seja, como § 3º). Isso porque a sua localização pode levar o intérprete a entender que a ele se aplicam as qualificadoras previstas no § 2º, o que não é acertado, pelas seguintes razões: 1) nos crimes culposos, a gravidade do resultado não pode servir como qualificadora, uma vez que o agente não agiu com dolo (direto ou eventual) no crime antecedente; por isso é que, nas lesões corporais culposas, por exemplo, a gravidade das lesões não é, e jamais poderia ser, qualificadora; 2) não é tradição em nosso Direito punir o crime culposo com pena de reclusão; 3) ao aplicar alguma qualificadora do § 2º ao crime culposo, estar-se-ia punindo, com a mesma pena severa, tanto o crime doloso quanto o crime culposo, o que viola o princípio da proporcionalidade; 4) as causas de aumento de pena previstas no art. 58 desta lei são aplicadas tão somente aos crimes dolosos, conforme previsão expressa do próprio art. 58, não havendo coerência lógica em adotar raciocínio diverso para as qualificadoras deste art. 54, § 2º. Por tais motivos, as qualificadoras do § 2º não devem incidir no crime culposo deste § 1º.
- Noção: O art. 15 da Lei n. 6.938/81 não punia o crime de poluição em sua modalidade culposa, tendo havido, portanto, avanço por parte do legislador. Com efeito, são muitos os casos de poluição em que o agente não age dolosamente, mas, sim, culposamente. O crime de poluição culposa pode ocorrer por imprudência, imperícia ou negligência daquele que está transportando, trabalhando ou de alguma forma lidando com produtos potencialmente poluidores. O crime culposo aplica-se tanto às hipóteses de dano quanto à de perigo concreto de risco à saúde humana. Isso porque o resultado mencionado no art. 18, II, do CP, refere-se ao resultado jurídico ou normativo (ligado ao bem jurídico tutelado), não se exigindo necessariamente o dano efetivo, sendo compatível com o perigo de dano (concreto).
- Pessoa jurídica: Denúncias oferecidas contra pessoas jurídicas pela prática do crime deste art. 54, § 1º, têm sido rechaçadas por nossos tribunais, na maioria dos casos por serem ineptas, sobretudo por desrespeito aos requisitos do art. 3º desta lei. A polêmica é grande, podendo ser constatada na jurisprudência. Há inclusive acórdãos no sentido de que o art. 3º, ao exigir uma *decisão* por parte da empresa (a qual, aliás, deve ser praticada em seu benefício ou proveito) só seria compatível com o dolo, e jamais com a culpa (*vide* jurisprudência ao art. 3º desta lei).

Figuras qualificadas (§ 2º)

- **Noção:** Este § 2º prevê formas qualificadas do crime, em que a pena é mais severa (reclusão, de um a cinco anos).
- **Aplicação:** Como afirmado nos comentários ao § 1º, as qualificadoras deste § 2º aplicam-se somente ao *caput* (crime doloso).
- **Inciso I (tornar uma área, urbana ou rural, imprópria para a ocupação humana):** Embora este inciso não seja expresso, Vladimir e Gilberto Passos de Freitas (ob. cit., p. 174) referem-se a este crime como de *poluição do solo*. *Tornar* significa transformar. Deve a conduta (comissiva ou omissiva) transformar uma área (urbana ou rural), até então adequada à ocupação humana, numa área imprópria para tal fim. Se a área já era imprópria, não haverá a qualificadora deste inciso I. Área urbana é aquela delimitada por lei municipal, que contém disposições sobre arruamento, circulação, segurança, alinhamento, estética e outros requisitos para uma convivência sadia; já a área rural é aquela situada fora da zona urbana do município (cf., novamente, Vladimir e Gilberto Passos de Freitas, ob. cit., p. 175).
- **Perícia:** para a caracterização da qualificadora deste inciso I, é indispensável a sua comprovação por perícia (art. 158 do CPP).
- **Inciso II (causar poluição atmosférica que provoque a retirada, ainda que momentânea, dos habitantes das áreas afetadas, ou que cause danos diretos à saúde da população):** Trata-se de qualificadora cuja incidência depende da efetiva ocorrência de pelo menos um dos resultados exigidos pelo tipo: a) que ocorra a retirada, ainda que momentânea, da população; ou b) que cause danos diretos à saúde da população. A atmosfera pode ser entendida como a camada de gases que envolve nosso planeta, e que é retida pela sua atuação gravitacional (*Dicionário Houaiss da Língua Portuguesa*, cit., p. 336). Para efeito deste inciso II, a poluição atmosférica se dá com a emissão de substâncias capazes de provocar danos à saúde humana. Muitas são as causas que podem gerar a poluição atmosférica em razão do lançamento de produtos nocivos no ar, como a combustão de fósseis, gás de veículos automotores e resíduos provenientes de queimadas. Dentre os efeitos gerados por tal espécie de poluição, citem-se doenças pulmonares, inclusive *câncer,* a chuva ácida e a inversão térmica.
- **Inciso III (causar poluição hídrica que torne necessária a interrupção do abastecimento público de água de uma comunidade):** A terceira qualificadora refere-se à poluição hídrica, ou seja, degradação do meio ambiente aquático (rios, lagos, lençol freático, aquíferos etc.). A exemplo dos incisos I e II, para a caracterização desta qualificadora exige-se a ocorrência de dano efetivo, sendo necessário, ainda, que a conduta acarrete a *interrupção do abastecimento público de água de uma comunidade*. A perícia é, igualmente, indispensável (art. 158 do CPP).
- **Inciso IV (dificultar ou impedir o uso público das praias):** Também será qualificado o crime se este *dificultar ou impedir o uso público das praias*, o que somente poderá ser comprovado mediante perícia (art. 158 do CPP).

- Inciso V (ocorrer por lançamento de resíduos sólidos, líquidos ou gasosos, ou detritos, óleos ou substâncias oleosas, em desacordo com as exigências estabelecidas em leis ou regulamentos): Trata-se de norma penal em branco, que necessita complemento de lei ou regulamento. Abrange, geralmente, hipóteses em que o agente — que lança resíduos potencialmente poluidores — descumpre ou abusa da lei ou do regulamento aplicável, violando disposições deles constantes. Lembramos, por exemplo, os casos de vazamento de óleo na área conhecida como pré-sal, havendo por parte da empresa exploradora perfuração sem o devido respeito às normas de segurança estabelecidas para tanto. Entendeu o legislador que, nesses casos, a reprovabilidade do agente seria maior, independentemente do resultado. É necessária a realização de perícia (art. 158 do CPP).
- Pena: Reclusão, de 1 a 5 anos. Curiosamente, deixou o legislador de prever, cumulativamente, a pena de multa.

Figura equiparada (§ 3º)

- **Crime omissivo e lei penal em branco:** Este § 3º pune, com a mesma pena do § 2º, a conduta omissiva daquele que, tendo o dever de agir em virtude de exigência da autoridade competente, em casos de risco de dano ambiental *grave* ou *irreversível*, deixa de fazê-lo. Visa este tipo penal não só proteger o meio ambiente e as pessoas que nele vivem, como também conferir maior poder de persuasão à exigência da autoridade administrativa. É evidente que tal exigência há que ser razoável, clara, objetiva e dirigida a determinada pessoa. É mister que o agente tenha tomado ciência, de forma pessoal, da exigência, a qual deve, ainda, observar todos os demais requisitos do ato administrativo. Somente o caso concreto dirá se a exigência preencheu os requisitos legais, sendo ela exigível por parte do agente.
- Pena: Reclusão, de 1 a 5 anos. Por um lapso, a pena de multa não foi prevista.

Jurisprudência

- **Crime material:** Tratando o disposto no art. 54 da Lei n. 9.605/98 de crime de natureza material, que exige que da conduta do agente advenha um resultado ou a possibilidade de dano à saúde humana, ou a morte em escala de animais e destruição significativa da flora, a inexistência dos elementos essenciais do tipo penal implica a atipicidade da conduta, impondo a absolvição do acusado nos termos do art. 386, III, do CPP (TJMG, 2ª C., Ap. 1.0000.00.320664-6/000, Rel. Des. Luiz Carlos Biasutti, j. 9-10-2003, v.u., *RT* 820/640).
- **Se o mérito é favorável, desnecessário analisar as preliminares:** TJRS, Ap. 70051036754, Rel. Des. Marco Antônio Ribeiro de Oliveira, j. 13-12-2012.
- **Perícia:** "Para a configuração do crime do art. 54 da Lei n. 9.605/98 não basta a comprovação de lançamento de resíduos líquidos ao solo, em desacordo com as exigências legais. Necessária prova de que tenham

causado prejuízo à saúde. como descrito na denúncia. Ausência do laudo pericial. Prova testemunhal frágil para conferir certeza necessária à formação do juízo condenatório" (TJRS, 4ª Câm., Ap. 70051260156, Rel. Des. Aristides Pedroso de Albuquerque Neto, j. 22-11-2012).

- **Perigo concreto de dano à saúde humana e ao meio ambiente (art. 54, § 2º):** Restou comprovada a responsabilidade do acusado pelo depósito irregular de resíduos sólidos, diretamente no solo e a céu aberto, sem o devido acondicionamento, ocasionando infiltração de chorume no solo e nas águas superficiais. Todavia, não restou demonstrado o perigo concreto de dano à saúde humana e ao meio ambiente que tal conduta teria causado (TJRS, Ap. 70051036754, Rel. Des. Marco Antônio Ribeiro de Oliveira, j. 13-12-2012).

- **Poluição sonora:** O art. 54, *caput*, da Lei n. 9.605/98, diz respeito ao meio ambiente, não guardando qualquer relação com a poluição sonora decorrente do uso abusivo de instrumentos musicais ou aparelhos sonoros (TJRS, 4ª Câm., Ap. 700.51.057438, Rel. Des. Aristides Pedroso de Albuquerque Neto, j. 22-11-2012, *DJ* 3-12-2012).

Art. 55. Executar pesquisa, lavra ou extração de recursos minerais sem a competente autorização, permissão, concessão ou licença, ou em desacordo com a obtida:

Pena — detenção, de 6 (seis) meses a 1 (um) ano, e multa.

Parágrafo único. Nas mesmas penas incorre quem deixa de recuperar a área pesquisada ou explorada, nos termos da autorização, permissão, licença, concessão ou determinação do órgão competente.

- **Revogação:** Com a entrada em vigor deste art. 55, restou revogado tacitamente o crime previsto no art. 21 da Lei n. 7.805/89, o qual, aliás, punia a mesma conduta com pena mais rigorosa (reclusão, de 3 meses a 3 anos, e multa).

- **Transação penal:** Cabe (art. 76 da Lei n. 9.099/95), lembrando-se que, nos casos de crimes previstos nesta lei, a proposta de transação penal depende da prévia composição do dano ambiental, salvo em caso de comprovada impossibilidade (art. 27).

- **Suspensão condicional do processo:** Cabe (art. 89 da Lei n. 9.099/95), desde que observadas as regras impostas pelo art. 28 desta lei, dentre as quais se destaca aquela que exige, para a declaração da extinção da punibilidade de que trata o § 5º do art. 89 da Lei n. 9.099/95, laudo de constatação de reparação de dano ambiental, ressalvada a impossibilidade de fazê-lo.

- **Penas alternativas:** Cabem (arts. 43 e 44 do CP).

- **Termo de Ajustamento de Conduta (reflexos na área penal):** *Vide* nota sob o mesmo título nos comentários ao art. 26, que trata da ação penal.

- **Noção:** Este art. 55 tem a evidente intenção de proteger o meio ambiente da atuação irregular dos garimpeiros e dos mineradores. Todavia, este art. 55 pune igualmente o "pesquisador" de recursos minerais, ou seja, antes mesmo que inicie a lavra ou a extração de minerais. Quanto à permissão e demais regras referentes ao garimpo, *vide* Lei n. 7.805/89.

- **Objeto jurídico:** É a proteção do meio ambiente de uma forma geral. Mais especificadamente, busca-se proteger o solo e a água que se encontra no subterrâneo.

- **Sujeito ativo:** Qualquer pessoa (física). Quanto à pessoa jurídica, *vide* notas e jurisprudência ao art. 3º desta lei. Acerca da coautoria, cf. o seu art. 2º.

- **Sujeito passivo:** É a coletividade; secundariamente, o proprietário ou possuidor da área, caso a conduta tenha sido praticada por terceiro à sua revelia.

- **Tipo objetivo:** São três as condutas punidas: *1) executar pesquisa*, ou seja, realizar, efetuar indagação ou investigação minuciosa (*Dicionário Houaiss da Língua Portuguesa*, cit.); entendemos que o tipo visa à punição daquele que está efetuando pesquisa com o fim de extrair recursos minerais ilicitamente, efetuando análises de solo que implicam perfurações, emissão de ondas vibratórias etc.; o tipo penal não alcança, em nosso entendimento, a figura do mero pesquisador científico (que não age com fins de extração de minérios), até porque este não viola nem coloca em risco o objeto jurídico tutelado; *2) executar lavra*, que significa revolver ou sulcar a terra com instrumentos; e *3) executar a extração*, que tem o sentido de "*retirar algo de dentro de onde se encontrava* ou arrancar ou desprender algo de algum lugar" (*Dicionário Houaiss da Língua Portuguesa*, cit.) de *recursos minerais*, ou seja, todo tipo de minério (ferro, ouro, prata, platina etc.). Para que haja a figura típica, é necessária a existência de um dos quatro elementos normativos do tipo previstos, quais sejam: *1)* sem a competente autorização; *2)* sem permissão; *3)* sem concessão ou licença; ou *4)* em desacordo com a obtida pelos órgãos competentes, sobretudo os vinculados ao Ministério das Minas e Energia. A perícia será necessária, sobretudo nas hipóteses de lavra e extração, não só para comprovar a ocorrência do crime, bem como para atestar a extensão dos danos causados, o que será vital para o deslinde da responsabilidade civil e até mesmo para efeitos de transação e suspensão condicional do processo (*vide* arts. 27 e 28 desta lei). Em sentido contrário, encontram-se Wladimir e Gilberto Passos de Freitas (*Crimes contra a natureza*, cit., p. 185).

- **Tipo subjetivo:** É o dolo, ou seja, a vontade livre e consciente de praticar as condutas incriminadas. Para a doutrina tradicional, é o dolo genérico. Não há forma culposa.

- **Consciência da ilicitude:** O desconhecimento da lei é inescusável. Todavia, se o erro sobre a ilicitude do fato for inevitável, haverá isenção de pena; se evitável, poderá haver diminuição de 1/6 a 1/3 (art. 21 do CP). Somente nas circunstâncias do caso concreto será possível aferir a incidência ou não do referido art. 21 do CP.

- **Consumação:** Consuma-se com a efetiva pesquisa, lavra ou extração, independentemente de resultado danoso. Todavia, pensamos que, em face do princípio da lesividade, é preciso que a conduta viole ou coloque em risco o bem juridicamente tutelado. Por exemplo, se o agente estiver efetuando garimpo manual (sem uso de produtos químicos) em rio de sua propriedade, não haverá o crime deste art. 55. Além disso, nesse caso, a conduta não será nem mesmo típica, uma vez que o simples fato de "peneirar o cascalho de um rio" não implica lavra nem extração propriamente ditas.

- **Concurso formal:** Pode haver concurso formal entre o delito deste art. 55 (que tutela o meio ambiente) com o previsto no art. 2º da Lei n. 8.176/91, que tipifica como crime, punido com detenção de 1 a 5 anos, e multa, na modalidade de usurpação, explorar matéria-prima pertencente à União, sem autorização legal ou em desacordo com as obrigações impostas pelo título autorizativo (tutelando o patrimônio da União). A jurisprudência, porém, não é pacífica. Quanto ao crime do art. 21 da Lei n. 7.805/89, entendemos que ele foi tecitamente revogado pelo delito do art. 2º da Lei n. 8.176/91, uma vez que os recursos minerais são patrimônio da União.

- **Tentativa:** Não nos parece possível na prática.

- **Pena:** Detenção, de 6 meses a 1 ano, e multa.

- **Causa de aumento de pena:** *Vide* art. 58.

- **Ação penal:** Pública incondicionada.

Parágrafo único

- **Noção:** O parágrafo único deste art. 55 encontra amparo no art. 225, § 2º, da CF, segundo o qual "aquele que explorar recursos minerais fica obrigado a recuperar o meio ambiente degradado". Com efeito, as autorizações, permissões, licenças ou concessões costumam exigir que o destinatário recupere a área explorada ou pesquisada. Este parágrafo único visa compelir o agente, portanto, a recuperar a área pesquisada ou explorada. É necessário, diante dos termos constantes do tipo penal, que o dever de recuperar a área conste expressamente do ato administrativo que permitiu a pesquisa ou exploração, com prazos e condições bem definidos, sob pena de não se poder exigir do agente a prática da conduta.

Jurisprudência do caput

- **Absolvição:** Não deve ser punido com uma sanção penal aquele que procurou de forma diligente legalizar sua atividade mineradora (extração de areia) mesmo que obtida após a ocorrência dos fatos por questões meramente burocráticas (TRF da 4ª Região, 8ª T., Ação Criminal 199.71.12.002939-0-RS, m.v., Rel. para acórdão Des. Fed. Luiz Fernando Wowk Penteado, *DJU* 24-9-2003).

- **Derrogação do art. 2º da Lei n. 8.176/91. Juizados Especiais Criminais. Possibilidade de aplicação:** Processo penal. *Habeas corpus*. Crime contra o meio ambiente. Extração de areia. Prevalência do art. 55 da Lei n. 9.605/98 sobre o art. 2º da Lei n. 8.176/91. Sanção penal. Possibilidade de aplicação do procedimento relativo às infrações de menor potencial ofensivo (arts. 72, 74, 76 e 77 até 83 da Lei n. 9.099/95). Ordem concedida. 1. A extração de areia sem necessária autorização se constitui em crime contra o meio ambiente, tipificado no art. 55 da Lei n. 9.605/98, cuja sanção cominada permite a aplicação do procedimento relativo às infrações de menor potencial ofensivo, previsto na Lei n. 9.099/95. 2. Tanto em relação ao objeto do delito quanto em relação ao bem jurídico protegido, a Lei n. 9.605/98 dispõe de forma específica, tratando-se, assim, de lei especial, que, como tal, derroga a geral, no caso o disposto no art. 2º da Lei n. 8.176/91. 3. Ordem concedida (TRF da 3ª Região, 5ª T., HC 2001.03.00.006939-7, Rel. Des. Fed. Ramza Tartuce, j. 28-8-2001, *DJU* 20-11-2001, *RT* 797/714). No mesmo sentido: TRF da 3ª Região, 5ª T., HC 2000.03.00.005757-3, São José dos Campos, Rel. Des. Fed. André Nabarrete, j. 17-10-2000, v.u., *Bol. AASP*, n. 2.257, p. 2185).

- Concurso formal com o art. 2º da Lei n. 8.176/91: Extração de ouro. Como se trata, na espécie, de concurso formal entre os delitos do art. 2º da Lei n. 8.176/91 e do art. 55 da Lei n. 9.605/98, que dispõem sobre bens jurídicos distintos (patrimônio da União e meio ambiente, respectivamente), não há falar em aplicação do princípio da especialidade para fixar a competência do Juizado Especial Federal (STF, 2ª T., HC 111.762, Rel. Min. Cármen Lúcia, j. 13-11-2012). *Extração de areia*. No mesmo sentido, pelo concurso formal entre o art. 55 e o art. 2º da Lei n. 8.176/91: TRF da 2ª Região, 1ª Turma Especializada, Ação Criminal 2008.51.03.0 019950-RJ, Rel. Des. Fed. Abel Gomes, j. 22-6-2011, *DJe* 4-7-2011.

Art. 56. Produzir, processar, embalar, importar, exportar, comercializar, fornecer, transportar, armazenar, guardar, ter em depósito ou usar produto ou substância tóxica, perigosa ou nociva à saúde humana ou ao meio ambiente, em desacordo com as exigências estabelecidas em leis ou nos seus regulamentos:

Pena — reclusão, de 1 (um) a 4 (quatro) anos, e multa.

§ 1º Nas mesmas penas incorre quem:

I — abandona os produtos ou substâncias referidos no *caput* ou os utiliza em desacordo com as normas ambientais ou de segurança;

II — manipula, acondiciona, armazena, coleta, transporta, reutiliza, recicla ou dá destinação final a resíduos perigosos de forma diversa da estabelecida em lei ou regulamento.

§ 2º Se o produto ou a substância for nuclear ou radioativa, a pena é aumentada de um sexto a um terço.

§ 3º Se o crime é culposo:

Pena — detenção, de 6 (seis) meses a 1 (um) ano, e multa.

- Alteração: § 1º com redação dada pela Lei n. 12.305/2010.
- Transação penal: Cabe no § 3º deste art. 56, lembrando-se que, nos casos de crimes previstos nesta lei, a proposta de transação penal depen-

de da prévia composição do dano ambiental, salvo em caso de comprovada impossibilidade (art. 27).

- **Suspensão condicional do processo:** Cabe no *caput* e nos §§ 1º e 3º (art. 89 da Lei n. 9.099/95), desde que observadas as regras impostas pelo art. 28 desta lei, dentre as quais se destaca aquela que exige, para a declaração da extinção da punibilidade de que trata o § 5º do art. 89 da Lei n. 9.099/95, laudo de constatação de reparação de dano ambiental, ressalvada a impossibilidade de fazê-lo.

- **Penas alternativas:** Cabem uma vez que as penas aplicadas não superam 4 anos (arts. 43 e 44 do CP).

- **Termo de Ajustamento de Conduta (reflexos na área penal):** *Vide* nota sob o mesmo título nos comentários ao art. 26, que trata da ação penal.

Caput

- **Objeto jurídico e a Convenção de Basileia:** Este art. 56 visa proteger tanto os seres humanos quanto o meio ambiente em si mesmo considerado. Observamos que o Brasil ratificou a Convenção da Basileia sobre produtos tóxicos, incorporada ao ordenamento pátrio por meio do Decreto n. 875, de 18 de julho de 1993.

- **Sujeito ativo:** Qualquer pessoa (física). No que tange às pessoas jurídicas, *vide* comentários e jurisprudência ao art. 3º. Acerca da coautoria, cf. o art. 2º desta lei.

- **Sujeito passivo:** A coletividade.

- **Tipo objetivo:** São diversos os núcleos do tipo: produzir, processar, embalar, importar, exportar, comercializar, fornecer, transportar, armazenar, guardar, ter em depósito ou usar. Devem tais condutas recair sobre *produto ou substância tóxica, perigosa ou nociva à saúde humana ou ao meio ambiente*, que é o objeto material do delito, lembrando-se, por exemplo, solventes como o denominado *tiner*, e tantas outras utilizadas por indústrias. Para que a conduta seja típica, deverá ainda ser praticada "em desacordo com as exigências estabelecidas em leis ou nos seus regulamentos" (elemento normativo do tipo), tratando-se de lei penal em branco. A toxidade, a periculosidade ou a nocividade do produto ou substância, ainda que prevista em lei ou regulamento, deverá ser constatada pericialmente em cada caso concreto (art. 158 do CPP).

- **Tipo subjetivo:** É o dolo, ou seja, a vontade livre e consciente de praticar as condutas incriminadas, sabedor o agente de que está colocando em risco a saúde humana e o meio ambiente. A forma culposa é prevista no § 3º.

- **Consumação:** A consumação se dá com a simples prática das condutas incriminadas, independentemente da efetiva ocorrência de dano (crime formal e de perigo). Todavia, a nosso ver, a consumação exige a ocorrência de perigo de dano, o qual, em nossa opinião, há sempre que ser concreto (com provável através de perícia), não se podendo admitir o crime de perigo abstrato, sob pena de ofensa aos princípios da lesividade e da proporcionalidade.

- **Confronto com o art. 15 da Lei n. 7.802/89:** Como advertem Vladimir e Gilberto Passos de Freitas, inexistia, em nosso ordenamento, tipo penal similar a este art. 56. Ainda conforme sua opinião, os arts. 15 e 16 da Lei n. 7.802/89, que punem condutas semelhantes, mas relativas exclusivamente a agrotóxicos, não foram revogados (*Crimes contra a natureza*, cit., p. 188-189). De fato, dispõe o mencionado art. 15, com redação dada pela Lei n. 9.974/2000, que "aquele que produzir, comercializar, transportar, aplicar, prestar serviço, der destinação a resíduos e embalagens vazias de agrotóxicos, seus componentes e afins, em descumprimento às exigências estabelecidas na legislação pertinente, estará sujeito à pena de reclusão de 2 (dois) a 4 (quatro) anos, além de multa". As condutas incriminadas neste art. 15 são praticamente as mesmas do art. 56 desta lei, alterando-se, contudo, o objeto material: o art. 15 refere-se a "resíduos e embalagens vazias de agrotóxicos", enquanto este art. 56 faz menção a "produto ou substância tóxica". Embora o mencionado art. 15 da Lei n. 7.802/89, em face da redação dada a este artigo pela Lei n. 9.974/2000, seja *posterior* à Lei do Meio Ambiente (Lei n. 9.605/98), entendemos que ao art. 15 deve ser aplicada a pena mínima deste art. 56. Com efeito, feriria o *substantive due process of law* a desproporcionalidade em punir o uso de "resíduos e embalagens vazias" com pena mínima (2 anos) superior àquela prevista para o emprego do *próprio conteúdo da embalagem*, ou seja, "produto ou substância tóxica", no qual se insere o agrotóxico (1 ano).

- **Transporte:** *Vide* Decreto-Lei n. 2.063/83 e Decreto n. 96.044/88 (Regulamento para o Transporte Rodoviário de Produtos Perigosos).

- **Pena:** Reclusão de 1 a 4 anos, e multa.

- **Causa de aumento de pena:** *Vide* art. 58.

- **Ação penal:** Pública incondicionada.

Figura equiparada (§ 1º)

- **Noção:** Dispõe o § 1º incorrer nas mesmas penas quem praticar as condutas equiparadas descritas nos incisos I ou II, a seguir tratadas:

- **Primeira conduta equiparada (inciso I):** Incorre nas mesmas penas quem "abandona os produtos ou substâncias referidos no *caput* ou os utiliza em desacordo com as normas ambientais (tal hipótese foi acrescentada pelo art. 53 da Lei n. 12.305/2010) ou de segurança". A exemplo do que sucede na cabeça do artigo, neste § 1º, I, a preocupação do legislador é a tutela da saúde das pessoas e do meio ambiente. Trata-se igualmente de norma penal em branco, que deverá ser complementada por lei ou ato normativo. Duas são as condutas incriminadas: a) *abandonar*, que significa deixar de todo, largar de vez; b) *utilizar*, ou seja, usar, fazer uso, empregar (*Dicionário Houaiss da Língua Portuguesa*, cit.). Ambas as condutas devem recair sobre os bens mencionados no *caput*, os quais, por sua vez, são encontrados em leis ou em regulamentos administrativos. No caso da segunda conduta (utilizar), exige-se que o agente tenha tido prévio e perfeito conhecimento das normas ambientais ou de segurança para a utilização dos produtos controlados, o que, a nosso ver, não pode ser presumido. Deve o agente ter consciência de que está agindo em desacordo com as normas estabelecidas, podendo incidir, conforme o caso, em erro sobre a ilicitude do fato (art. 21 do CP), com a isenção total (se o erro for inevitável) ou parcial (se evitável) da pena.

- **Segunda conduta equiparada (inciso II):** Da mesma forma que ocorre no *caput*, neste § 1º, II, a preocupação do legislador é a tutela da saúde das pessoas e do meio ambiente. Trata-se igualmente de norma penal em branco, que deverá ser complementada por lei ou ato normativo. Oito são as condutas incriminadas: a) manipula; b) acondiciona; c) armazena; d) coleta; e) transporta; f) reutiliza; g) recicla; ou h) dá destinação final. As condutas devem recair sobre "resíduos perigosos" e ser praticadas "de forma diversa da estabelecida em lei ou regulamento" (elementos normativos do tipo), o que exigirá do intérprete a busca em leis ou em regulamentos administrativos, lembrando-se, por exemplo, do rígido controle de descarte de resíduos como solventes (por exemplo, o conhecido *tiner*), efetuado por Secretarias do Meio Ambiente dos Estados. Embora o desconhecimento da lei seja inescusável, o agente deve ter consciência de que está agindo em desacordo com as normas estabelecidas, podendo incidir, conforme o caso, em erro sobre a ilicitude do fato (art. 21 do CP), com a isenção total (se o erro for inevitável) ou parcial (se evitável) da pena.

- **Resíduos e embalagens vazias de agrotóxicos:** Em caso de resíduos e embalagens vazias de agrotóxicos, seus componentes e afins, há tipo penal específico (art. 15 da Lei n. 7.802/89, com redação dada pela Lei n. 9.974/2000) (*vide* nota ao *caput*).

Causa especial de aumento de pena (§ 2º)

- **Noção:** O *caput* e o § 1º punem condutas *perigosas* ou mesmo *danosas* relacionadas com produtos ou substâncias tóxicas, perigosas ou nocivas à saúde ou ao meio ambiente. Este § 2º, por sua vez, institui causa especial de aumento de pena para a hipótese em que qualquer daquelas condutas (*caput* ou § 1º) estiver relacionada com produto ou substância *nuclear ou radioativa*, determinando o seu aumento de 1/6 a 1/3. Substância nuclear é aquela que concerne ou pertence ao núcleo do átomo; já a substância radioativa pode ser entendida como a que *emite radiação* ou que *contém radioatividade* (*Dicionário Houaiss da Língua Portuguesa*, cit.). É evidente a necessidade de perícia a comprovar que o produto ou a substância era nuclear ou radioativa e o aumento acima do mínimo deverá ser fundamentado (art. 93, IX, segunda parte, da CF). Lembramos, aqui, o lamentável caso que ficou conhecido como "Césio 137", ocorrido em Goiânia, na década de 1980, onde pessoas restaram contaminadas com radiação decorrente do descarte indevido de componentes de um aparelho de radioterapia hospitalar, tendo sido o maior caso envolvendo contaminação nuclear no Brasil.

- **Revogação:** Com a vigência deste § 2º, restaram tacitamente revogados os arts. 20, 22, 24 e 25 da Lei n. 6.453/77, que dispõem sobre as responsabilidades civil e criminal de atos relacionados com atividades nucleares. É o que defendem, também, Vladimir e Gilberto Passos de Freitas (*Crimes contra a natureza*, cit., p. 191).

- **Confronto:** Quanto à exportação de bens sensíveis e serviços diretamente vinculados, *vide* Lei n. 9.112/95.

Figura culposa
(§ 3º)
- **Noção:** Caso alguma das condutas previstas no *caput* ou nos §§ 1º e 2º for praticada a título de culpa (negligência, imprudência ou imperícia), a pena será de detenção, de 6 meses a 1 ano, e multa.

Jurisprudência do caput
- **Competência da Justiça Estadual:** "[...] 1. O crime ambiental consistente em transporte irregular de substância tóxica, na forma como operado no caso vertente, não atrai a competência da Justiça Federal. 2. Consta dos autos laudo emitido pela ABACC (Agência Brasileiro-Argentina de Contabilidade e Controle de Materiais Nucleares) informando que o material poderia ser transportado por qualquer meio de transporte, exceto por via postal, não requerendo cuidados adicionais. 3. A mera circunstância de o bem transportado ser de propriedade da Marinha do Brasil, por si só, não tem o condão de atrair, no âmbito penal, a competência da Justiça Federal, já que o bem jurídico tutelado é o meio ambiente. Ausente o interesse específico da União, o feito deve prosseguir perante a Justiça Estadual" (STJ, 3ª S., AgRg no CC 115.159, Rel. Min. Og Fernandes, j. 13-6-2012, *DJe* 21-6-2012, v.u.).

- **Perícia:** É necessário haver perícia que comprove que o produto era perigoso ou nocivo à saúde humana ou ao meio ambiente. Ausência de materialidade. Absolvição (TJRS, 4ª Câm., Ap. 70050680842, Rel. Des. Marcel Esquivel Hoppe, j. 6-2-2013; TJRS, 4ª Câm., Ap. 70051260156, Rel. Des. Aristides Pedroso de Albuquerque Neto, j. 22-11-2012).

- **Importação e transporte de gasolina. Insignificância e competência:** "[...] O transporte de gasolina em quantidade pequena não configura transporte de resíduo perigoso, tal como previsto na Convenção de Basileia, à qual o Brasil aderiu através do Decreto n. 875/93. Consequentemente, é da Justiça Estadual a competência para processar e julgar denúncia pela prática deste delito, uma vez que a condita delituosa não é alcançada pela previsão do Tratado e com isso a hipótese não se ajusta à previsão do art. 109, V, da Carta Magna (TRF da 4ª Região, 7ª T., RSE 2002.7103.0010460, Rel. Des. Fed. Vladimir Freitas, j. 29-10-2002, v.u. — *DJU* 13-11-2002, p. 1194, *Bol. IBCCr* 123/678).

- **Transporte de clorato de sódio:** Amplamente comprovado que a ré transportava clorato de sódio, produto perigoso, sem observância das normas legais, tratando-se de crime de perigo abstrato e mera conduta, mostra-se desnecessária a perícia da carga (TJRS, 4ª Câm., Ap. 749185762, Rel. Marcel Esquivel Hoppe, j. 9-8-2012).

- **Inexistência de regulamentação específica:** "... não há como considerar criminosa a ausência de registro do Glifosato ácido, junto ao Ministério da Agricultura, em razão da inexistência, reconhecida pelo próprio Ministério e Ibama, de legislação específica a determinar tal procedimento. [...] Os princípios de garantia e da legalidade estrita em matéria criminal exigem a adequação específica da conduta proibida, sob pena de se atentar contra a segurança jurídica. Ordem concedida para determinar o trancamento dos inquéritos policiais (186/00 e 294/00) instaurados contra o paciente (STJ, 5ª T., HC 18.836, Rel. Min. Jorge Scartezzini, j. 26-2-2002, v.u. — *DJU* 3-6-2002, *Bol. IBCCr* 128/717).

Art. 57. (*Vetado*.)

Art. 58. Nos crimes dolosos previstos nesta Seção, as penas serão aumentadas:

I — de um sexto a um terço, se resulta dano irreversível à flora ou ao meio ambiente em geral;

II — de um terço até a metade, se resulta lesão corporal de natureza grave em outrem;

III — até o dobro, se resultar a morte de outrem.

Parágrafo único. As penalidades previstas neste artigo somente serão aplicadas se do fato não resultar crime mais grave.

Causas especiais de aumento de pena (caput)
- **Noção:** Aplicáveis às figuras dolosas dos crimes previstos nesta Seção III (arts. 54, 55 e 56), essas três causas de aumento de pena devem ser contabilizadas na última etapa do método trifásico, consoante estabelece o art. 68 do CP (*vide* nota ao art. 6º desta lei, sob o título *Aplicação subsidiária do CP*). Trata-se de situações em que o aumento ocorre em face do *resultado mais grave gerado pelo crime* (preterdolo), ainda que o agente não tenha desejado tal resultado (dolo direto) ou nele consentido (dolo eventual), quais sejam: a) *dano irreversível à flora ou ao meio ambiente*; b) *lesão corporal de natureza grave "em outrem"* (diz o legislador de forma absolutamente despicienda), ou seja, que causar incapacidade para as ocupações habituais por mais de trinta dias (exigindo-se exame complementar — art. 168 do CPP), perigo de vida, debilidade permanente de membro, sentido ou função, aceleração de parto, bem como incapacidade permanente para o trabalho, enfermidade incurável, perda ou inutilização de membro, sentido ou função, deformidade permanente ou aborto (cf. art. 129, §§ 1º e 2º, do CP); c) *morte de alguém*. Necessário restar demonstrada a relação de causalidade entre a conduta do agente e os resultados elencados neste art. 58. É preciso, todavia, que agente tenha causado o resultado mais gravoso, ao menos culposamente, nos termos do que prevê o art. 19 do CP ("pelo resultado que agrava especialmente a pena, só responde o agente que o houver causado ao menos culposamente"). Os aumentos acima dos mínimos previstos nos incisos I e II ou até o dobro do inciso III deverão ser fundamentados (art. 93, IX, segunda parte, da CF).

Parágrafo único
- **Ressalva:** A previsão constante deste parágrafo único ("as penalidades previstas neste artigo somente serão aplicadas se do fato não resultar

crime mais grave") precisa ser bem compreendida. A pretensão do legislador foi a de separar a responsabilidade criminal de acordo com os bens jurídicos atingidos. Assim, caso o agente tenha praticado a poluição de um córrego com o fim de matar pessoas de uma determinada localidade, restando elas mortas, deverá responder por dois crimes, ou seja, pelo crime de poluição (art. 54 desta lei) e por vários homicídios qualificados em concurso formal (art. 121 do CP), em face da diversidade de bens jurídicos violados (meio ambiente e vida humana). Já se o agente, ao praticar o crime de poluição, não tiver desejado matar pessoa alguma (dolo direto) e tampouco assumido conscientemente o risco de matá-la (dolo eventual), mas a morte tiver ocorrido, deverá responder apenas pelo crime de poluição com a aplicação da correspondente causa de aumento de pena deste art. 58, o que acarretaria uma pena de reclusão, de 2 a 8 anos, e multa. Esta é, a nosso ver, a interpretação mais razoável.

Art. 59. (*Vetado.*)

Art. 60. Construir, reformar, ampliar, instalar ou fazer funcionar, em qualquer parte do território nacional, estabelecimentos, obras ou serviços potencialmente poluidores, sem licença ou autorização dos órgãos ambientais competentes, ou contrariando as normas legais e regulamentares pertinentes:

Pena — detenção, de 1 (um) a 6 (seis) meses, ou multa, ou ambas as penas cumulativamente.

- **Transação penal:** Cabe (art. 76 da Lei n. 9.099/95), lembrando-se que, nos casos de crimes previstos nesta lei, a proposta de transação penal depende da prévia composição do dano ambiental, salvo se comprovada impossibilidade (art. 27).

- **Suspensão condicional do processo:** Cabe (art. 89 da Lei n. 9.099/95), desde que observadas as regras impostas pelo art. 28 desta lei, dentre as quais se destaca aquela que exige, para a declaração da extinção da punibilidade de que trata o § 5º do art. 89 da Lei n. 9.099/95, laudo de constatação de reparação de dano ambiental, ressalvada a impossibilidade de fazê-lo.

- **Penas alternativas:** Cabem (arts. 43 e 44 do CP).

- **Termo de Ajustamento de Conduta (reflexos na área penal):** *Vide* nota sob o mesmo título nos comentários ao art. 26, que trata da ação penal.

- **Termo de compromisso (MP n. 2.163-41, de 23 de agosto de 2001):** A Medida Provisória n. 2.163-41, de 23 de agosto de 2001, que é anterior à Emenda Constitucional n. 32, de 11 de setembro de 2001 — e, portanto, continua em vigor até que outra medida provisória a revogue explicitamente ou até deliberação definitiva do Congresso Nacional (art. 2º da Emenda Constitucional referida) —, acrescentou o art. 79-A à Lei n. 9.605/98, pelo qual "os órgãos ambientais integrantes do Sisnama [...] ficam autorizados a celebrar, com força de título executivo extrajudicial, termo de compromisso com pessoas físicas ou jurídicas responsáveis pela construção, instalação, ampliação e funcionamento de estabelecimentos e atividades utilizadores de recursos ambientais, considerados efetiva ou potencialmente poluidores". O objetivo é o de permitir que as pessoas físicas e jurídicas mencionadas possam promover as necessárias correções de suas atividades, para o atendimento das exigências impostas pelas autoridades ambientais competentes (§ 1º). A nosso ver, a realização do referido termo de ajustamento de conduta impede, por falta de justa causa, a ação penal. Em caso de rescisão do referido termo, poderá haver aplicação da pena de multa administrativa (art. 79-A, § 1º, IV, da MP n. 2.163-41, de 23 de agosto de 2001). Sobre a edição de medida provisória sobre direito penal, processual penal e processual civil, como já tivemos oportunidade de assinalar em nosso *Código Penal comentado* (cit., p. 77, rubrica "*nullum crimen, nulla poena sine lege scripta* — legalidade") deve-se abrir exceção quando for favorável ao *ius libertatis* do acusado.

- Noção: Para assegurar a efetividade do direito de todos a um meio ambiente ecologicamente equilibrado, o § 1º do art. 225 da CF impõe diversas incumbências ao Poder Público, dentre as quais a de *exigir, na forma da lei, para instalação de obra ou atividade potencialmente causadora de significativa degradação do meio ambiente, estudo prévio de impacto ambiental* (inciso IV). Antes do advento da Lei n. 9.605/98, a conduta descrita neste art. 60 era considerada mera infração administrativa (art. 10 da Lei n. 6.938/81). Hoje, a conduta constitui o crime. Com a nítida intenção de proteger o meio ambiente, o legislador no presente artigo, a exemplo de muitos outros desta lei (arts. 54, § 3º, 55, 56), prevê um crime de perigo, com o que pretende evitar uma lesão efetiva ao meio ambiente. A nosso ver, há que existir um limite na tipificação de crimes de perigo, sob pena de o legislador antecipar-se por demais na tutela penal, punindo criminalmente condutas que merecessem constituir meras infrações administrativas. De outra parte, diante do chamado "princípio da ofensividade", há que se exigir, para a imposição de pena, que tenha havido, ao menos, perigo *concreto* de dano ao bem juridicamente tutelado, e não meramente "abstrato", ou seja, indefinido, vago.

- Objeto jurídico: É a proteção do meio ambiente, mantendo-o equilibrado e saudável para as pessoas. Antecipa-se a lei penal ao evento danoso, a fim de evitar sua ocorrência. Trata-se, portanto, de mais um crime de perigo (concreto), a exemplo de tantos outros previstos nesta lei.

- Sujeito ativo: Qualquer pessoa física. Quanto à pessoa jurídica, *vide* nossos comentários e jurisprudência ao art. 3º desta lei. Acerca da coautoria, cf. art. 2º.

- Sujeito passivo: É a coletividade.

- Tipo objetivo: São cinco os núcleos do tipo: *a) construir;* b) *reformar;* c) *ampliar;* d) *instalar;* e e) *fazer funcionar*, sendo todas *condutas comissivas* das quais resulte potencial de poluição. O objeto material do crime (sobre o qual recai a conduta) são os *estabelecimentos, obras ou serviços potencialmente poluidores*, o que é extremamente vago uma vez que praticamente toda atividade humana possui algum potencial poluidor, gerando resíduos, lixo, dejetos etc. (*vide* nota abaixo intitulada *Licenciamento ambiental*). Além disso, para que haja conduta típica, o legislador acrescentou dois elementos normativos ao tipo: a) *sem licença ou autorização dos órgãos ambientais competentes*, ou b) *contrariando as normas legais e regulamentares pertinentes*. Basta a violação de um deles para haver conduta típica. No primeiro caso, pune-se porque o agente praticou as condutas previstas sem providenciar as licenças ou autorizações necessárias; no segundo, o sujeito ativo, embora as possua, age em desconformidade com *as normas legais e regulamentares pertinentes* (ou seja, em desacordo com a lei ou o ato normativo que concedeu a licença ou a autorização). Este art. 60 é, portanto, norma penal em branco que deverá ser complementada por lei ou por qualquer outro ato normativo, com respaldo no Conama que especifique, com clareza, quais são os *estabelecimentos, obras ou serviços potencialmente poluidores*, bem como quais são as *licenças ou autorizações necessárias*. Sobre o conceito de poluição, *vide* nota ao art. 54 sob o título *Espécies de poluição*.

- **Licenciamento ambiental:** Como já assinalado, a CF, em seu art. 225, § 1º, IV, foi expressa em exigir, de toda obra ou atividade potencialmente causadora de significativa degradação do meio ambiente, o estudo de impacto ambiental — EIA, o qual, ao seu final, converte-se no Relatório de Impacto Ambiental — RIMA. O processo de licenciamento de toda atividade potencialmente poluidora abrange três espécies de licença: a) licença prévia; b) licença de instalação; c) licença de operação. Como lembra Luís Paulo Sirvinskas (*Tutela penal do meio ambiente*, 2. ed., cit., p. 199), as duas primeiras são licenças preliminares ou provisórias, e a última é a licença final. Caso a atividade ou o empreendimento não seja potencialmente causador de significativa degradação ambiental, continua esse autor, basta o Relatório Ambiental Preliminar — RAP (Resolução n. 42/94 da Secretaria do Meio Ambiente e art. 3º, parágrafo único, da Resolução n. 237/97 do Conama).

- **Limites à aplicação deste art. 60:** O objeto da norma complementadora do tipo penal em branco deste art. 60 mostra-se bastante aberto. Daí, necessário verificar se a conduta efetivamente colocou em risco o bem juridicamente tutelado, gerando considerável potencial poluidor, e consequente ameaça ao meio ambiente, sem o que não poderá haver punição (imagine-se uma obra potencialmente poluidora que tenha desrespeitado uma mínima ou insignificante exigência da lei ou de algum regulamento, que não coloque em risco o bem jurídico tutelado). Será preciso, portanto, verificar em cada caso, mediante perícia, se o desrespeito à norma ou regulamento colocou ou não em risco o bem juridicamente tutelado. Como se vê, a mera inexistência de licença ou autorização ambiental não é suficiente para caracterizar o delito, não se podendo presumir o potencial poluidor. Em caso negativo, haverá tão somente eventual infração administrativa. Além disso, é evidente que a norma violada pelo agente haverá de relacionar-se com o meio ambiente, sem o que não haverá afetação do bem jurídico tutelado.

- **Tipo subjetivo:** A punição somente se dá a título de dolo, que consiste na vontade livre e consciente de praticar as condutas incriminadas. Não há punição a título de culpa.

- **Consumação:** Ocorre com a mera prática das condutas incriminadas, tratando-se de crime formal. A consumação, portanto, é instantânea, não se exigindo resultado naturalístico. É mister, todavia, que a conduta tenha colocado em perigo o bem jurídico tutelado, isto é, gerado concreto e relevante potencial poluidor, ameaçando o meio ambiente.

- **Tentativa:** A tentativa não nos parece possível na prática, diante dos núcleos do tipo.

- **Pena:** Detenção de um a seis meses, ou multa, ou ambas cumuladas.

- **Ação penal:** Pública incondicionada.

Jurisprudência

- **Prescrição:** A capitulação de fato consubstanciado na implantação de empreendimento de parque temático sem licença da Secretaria do Meio Ambiente no delito do art. 60 da Lei n. 9.605/98 não pode ser repudiada desde logo com a invocação do princípio da irretroatividade, pois tal norma é de conteúdo variado ou de ação múltipla, contendo figuras típicas de natureza permanente, podendo, assim, sua consumação protrair-se até a vigência desse diploma legal. Todavia, a permanência cessa com a aprovação do órgão responsável, a partir da qual começa a correr o prazo prescricional, nos termos do art. 111, III, do CP (TJSP, *RT* 802/567).

- **Tipicidade. Necessidade de potencial dano à saúde:** "[...] 4. Além disso, para a caracterização do delito previsto no art. 60 da Lei n. 9.605/1998, a poluição gerada deve ter a capacidade de, ao menos, poder causar danos à saúde humana. No caso, não se justifica a ação penal, pois o próprio Ministério Público estadual atestou que 'os níveis de radiação praticados pelas investigadas estão regulamentados pela Anatel e que os possíveis efeitos biológicos em seres humanos ainda não são completamente conhecidos. [...]'" (STJ, 6ª T, HC 147.541, Rel. Des. conv. Celso Limongi, j. 16-12-2010, *DJe* 14-2-2011).

- **Presunção de potencialidade poluidora:** A potencialidade poluidora de estabelecimento não pode ser presumida da só ausência de licença ou autorização do órgão ambiental competente, sendo impositiva a absolvição (TJRS, 4ª Câm. Crim., Ap. 751036325, Rel. Des. Aristides Pedroso de Albuquerque Neto, j. 22-11-2012).

- **Desconhecimento da necessidade de licença:** Estando há mais de 10 anos em vigência a Lei n. 9.605/98, inviável, a esta altura, sustentar o desconhecimento da necessidade de licença do órgão ambiental para o exercício de atividade potencialmente poluidora e devastadora da vegetação nativa (TJRS, 4ª Câm., Ap. 70036092856, Rel. Des. Marcelo Bandeira Pereira, j. 11-11-2010).

Art. 61. Disseminar doença ou praga ou espécies que possam causar dano à agricultura, à pecuária, à fauna, à flora ou aos ecossistemas:

Pena — reclusão, de 1 (um) a 4 (quatro) anos, e multa.

- **Transação:** Não cabe em razão de a pena máxima ser superior a 2 anos (art. 76 da Lei n. 9.099/95).

- **Suspensão condicional do processo:** Cabe (art. 89 da Lei n. 9.099/95), observadas as regras impostas pelo art. 28 desta lei, dentre as quais se destaca aquela que exige, para a declaração da extinção da punibilidade de que trata o § 5º do art. 89 da Lei n. 9.099/95, laudo de constatação de reparação de dano ambiental, ressalvada a impossibilidade de fazê-lo.

- **Penas alternativas:** Cabem (arts. 43 e 44 do CP).

- **Termo de Ajustamento de Conduta (reflexos na área penal):** *Vide* nota sob o mesmo título nos comentários ao art. 26, que trata da ação penal.

- **Objeto jurídico:** De um modo geral, busca-se proteger o meio ambiente natural. Além disso, constitui objeto jurídico deste art. 61 a tutela da agricultura e da pecuária, que são atividades importantíssimas para a nossa sociedade, não só para garantir a alimentação da população como, no caso do Brasil, até mesmo a nossa balança comercial.

- **Sujeito ativo:** Qualquer pessoa. Quanto à pessoa jurídica, *vide* nossos comentários e jurisprudência ao art. 3º desta lei. Acerca da coautoria, cf. art. 2º.

- **Sujeito passivo:** É a coletividade.

- **Tipo objetivo:** O núcleo do tipo é um só, *disseminar*, que significa espalhar, propagar. O objeto material (sobre o qual recai a conduta) é a) *doença*, isto é, moléstia, enfermidade, mal; b) *praga*, no sentido de algo danoso que se propaga com grande rapidez, atingindo grandes proporções; ou c) *espécies que possam causar dano à agricultura, à pecuária, à fauna, à flora ou aos ecossistemas*, lembrando-se, aqui, o rumoroso caso "Vassoura de Bruxa" no qual, por questões políticas contra oligarquias locais, foi espalhada uma determinada espécie de fungo em plantações de cacau localizadas em Ilhéus, no Estado da Bahia, a qual praticamente dizimou toda a produção cacaueira de nosso país. Assim, a espécie disseminada pode ser de origem vegetal ou animal, bastando que possa causar dano à *agricultura* (atividade que tem por objetivo a cultura do solo com vistas à produção de vegetais úteis ao homem e/ou à criação de animais; lavoura), à *pecuária* (atividade que trata de todos os aspectos da criação do gado), à *fauna* (*vide* art. 29, § 3º, desta lei), à *flora* (constitui um dos muitos recursos ambientais — ver art. 3º, V, da Lei n. 6.938/81) ou aos *ecossistemas* (sistema que inclui os seres vivos e o ambiente, com suas características físico-químicas e as inter-relações entre ambos; biossistema, componentes bióticos de um ecossistema, sendo estes relativos aos seres vivos, ou induzido, ou causado por eles) (*Dicionário Houaiss da Língua Portuguesa*, cit.). Há necessidade de perícia que comprove a materialidade do crime, bem como o perigo de dano gerado pela disseminação (perigo concreto).

- **Tipo subjetivo:** É o dolo, consistente na vontade livre e consciente de disseminar doença ou praga ou espécies. Embora não se exija dolo específico, é preciso que o agente tenha consciência de que está disseminando um mal capaz de prejudicar a agricultura, a pecuária, a fauna, a flora ou os ecossistemas. Não há punição a título de culpa, o que acaba por esvaziar o tipo penal.

- Consumação e tentativa: A consumação se dá no momento da disseminação da doença, praga ou espécies capazes de causar dano à agricultura, à pecuária, à fauna, à flora ou aos ecossistemas. Por se tratar de crime de perigo e formal, não há necessidade de efetivo resultado lesivo, bastando a probabilidade (concreta) de este ocorrer. Apesar de ser um crime formal, a tentativa, por se tratar de delito plurissubsistente (possuindo *iter criminis*), é em tese possível.

- Pena: Reclusão, de um a quatro anos, e multa.

- Ação penal: Pública incondicionada (art. 26).

Seção IV
DOS CRIMES CONTRA O ORDENAMENTO URBANO E O PATRIMÔNIO CULTURAL

- Nota: A presente Seção trata dos crimes contra o Ordenamento Urbano e o Patrimônio Cultural, voltada, portanto, à proteção do *meio ambiente artificial ou urbano* e do *meio ambiente cultural* (*vide*, a respeito, nota na Seção I sob o título *Conceito amplo de meio ambiente*). Vale registrar que o CP já punia o *dano em coisa de valor artístico, arqueológico ou histórico* (art. 165) e a *alteração de local especialmente protegido* (art. 166), tendo, todavia, tais dispositivos sido revogados tacitamente por esta Lei n. 9.605/98. A CF dispõe constituir patrimônio cultural brasileiro os bens de natureza material e imaterial, nos quais se incluem, dentre outros, os conjuntos urbanos e sítios de valor histórico, paisagístico, artístico, arqueológico, paleontológico, ecológico e científico (art. 216, V). O mesmo dispositivo prevê, ainda, que os danos e ameaças ao patrimônio cultural serão punidos na forma da lei (§ 4º).

Art. 62. Destruir, inutilizar ou deteriorar:

I — bem especialmente protegido por lei, ato administrativo ou decisão judicial;

II — arquivo, registro, museu, biblioteca, pinacoteca, instalação científica ou similar protegido por lei, ato administrativo ou decisão judicial:

Pena — reclusão, de 1 (um) a 3 (três) anos, e multa.

Parágrafo único. Se o crime for culposo, a pena é de 6 (seis) meses a 1 (um) ano de detenção, sem prejuízo da multa.

- Revogação: O art. 165 do CP, que previa constituir crime "destruir, inutilizar ou deteriorar coisa tombada pela autoridade competente em virtude de valor artístico, arqueológico ou histórico", foi revogado tacitamente pelo presente art. 62, já que a expressão "bem especialmente protegido por lei, ato administrativo ou decisão judicial" (inciso I) abrange a "coisa tombada pela autoridade competente" (art. 165 do CP). Todavia, por ser a lei nova mais gravosa, ela não retroage. A propósito *vide* nosso *Código Penal comentado*, cit., p. 600, rubrica *revogação tácita* no art. 165.

- **Transação:** Não cabe em razão de a pena máxima ser superior a 2 anos (art. 76 da Lei n. 9.099/95).

- **Suspensão condicional do processo:** Cabe (art. 89 da Lei n. 9.099/95), observadas as regras impostas pelo art. 28 desta lei, dentre as quais se destaca aquela que exige, para a declaração da extinção da punibilidade de que trata o § 5º do art. 89 da Lei n. 9.099/95, laudo de constatação de reparação de dano ambiental, ressalvada a impossibilidade de fazê-lo.

- **Penas alternativas:** Cabem (arts. 43 e 44 do CP).

- **Termo de Ajustamento de Conduta (reflexos na área penal):** *Vide* nota sob o mesmo título nos comentários ao art. 26, que trata da ação penal.

Caput

- **Objeto jurídico:** É o meio ambiente, mais especificamente, o meio ambiente artificial ou urbano e o meio ambiente cultural.

- **Sujeito ativo:** Qualquer pessoa física. Quanto à pessoa jurídica, *vide* nossos comentários e jurisprudência ao art. 3º desta lei. Acerca da coautoria, cf. art. 2º.

- **Sujeito passivo:** É a coletividade. Em segundo lugar, o proprietário do bem destruído, inutilizado ou deteriorado, quando a conduta tiver sido praticada por terceiro, à sua revelia.

- **Tipo objetivo:** Três são os núcleos do tipo: a) *destruir*, ou seja, pôr no chão o que está construído, demolir; b) *inutilizar*, que significa tornar inútil ou incapaz, sem uso; c) *deteriorar*, que tem o sentido de pôr em pior estado ou em pior condição; danificar, estragar (*vide Dicionário Houaiss da Língua Portuguesa*, cit.). No inciso I, deve a conduta recair sobre *bem especialmente protegido por lei, ato administrativo ou decisão judicial* (objeto material). Trata-se, portanto, de lei penal em branco que precisa ser complementada por lei, ato administrativo ou decisão judicial. É claro que o bem sobre o qual recaiu a ação do agente deve ter sido objeto da especial proteção *antes* da prática da conduta, uma vez que vigora, mesmo para as leis penais em branco e seus complementos, o princípio da legalidade e seus corolários (anterioridade, legalidade *stricto sensu* e taxatividade). No inciso II, o objeto material das condutas incriminadas são o *arquivo, o registro, o museu, a biblioteca, a pinacoteca, a instalação científica ou similar protegido por lei, o ato administrativo ou a decisão judicial*. Cumpre registrar que não é qualquer arquivo, registro, biblioteca etc. que se encontra tutelado pelo tipo, mas apenas aquele legal, administrativa ou juridicamente protegido. Cuida-se, a exemplo do inciso I, de lei penal em branco, aplicando-se aqui as mesmas considerações acima feitas. Note-se que a lei anterior protegia tão somente a *coisa tombada* (art. 165 do CP) e o *local especialmente protegido por lei* (art. 166 do CP), tendo havido, portanto, um alargamento da tutela penal.

- **Tipo subjetivo:** No *caput* é o dolo, consubstanciado na vontade livre e consciente de praticar as condutas incriminadas, sabendo o agente que os objetos materiais previstos nos incisos I e II encontravam-se especialmente protegidos por lei, ato administrativo ou decisão judicial. A punição a título de culpa encontra-se prevista no parágrafo único.

- **Erro sobre a ilicitude do fato:** Embora o desconhecimento da lei seja inescusável, o erro sobre a ilicitude do fato, se inevitável, isenta de pena; se evitável, diminui a pena de um sexto a um terço (art. 21 do CP).

- **Consumação e tentativa:** Tratando-se de crime material, a consumação se dá com a verificação dos resultados lesivos (destruição, inutilização ou deterioração) dos bens tutelados. A tentativa é possível.

- **Confronto:** Caso a conduta seja praticada contra bem não protegido por lei, ato administrativo ou decisão judicial, poderá haver o crime de dano (art. 163 do CP). Em caso de bem público, incidirá, em tese, a sua figura qualificada (art. 163, III, do CP).

- **Pena:** Reclusão, de 1 a 3 anos, e multa.

- **Ação penal:** Pública incondicionada (art. 26).

Parágrafo único

- **Modalidade culposa:** O legislador foi rigoroso ao prever a modalidade culposa para este crime. O revogado art. 165 do CP continha apenas a figura dolosa. Melhor seria, a nosso ver, que a punição se desse somente a título doloso.

- **Pena:** Detenção, de 6 meses a 1 ano, e multa.

Jurisprudência

- **Imóvel vendido e ciência do tombamento:** Impossível a emissão de decreto condenatório em desfavor de uma das pessoas jurídicas denunciadas e de sua Diretora-Geral, pois tal empresa não era mais proprietária de fato do imóvel quando de seu tombamento. Ademais, no tocante aos terceiros que eram locatários do imóvel, em relação aos quais a acusação pretendeu a responsabilização, inexiste demonstração de que possuíam ciência acerca do tombamento do imóvel, até porque ele foi averbado na matrícula imobiliária somente poucos meses antes do oferecimento da inicial acusatória, sendo, para tanto, insuficiente a afirmação do condenado de que havia informado os terceiros, até porque ele também asseverou que não locava a parte tombada do imóvel (TJRS, 4ª Câm., Ap. 700 47627450, Rel. Des. Marco Antônio Ribeiro de Oliveira, j. 2-8-2012).

Art. 63. Alterar o aspecto ou estrutura de edificação ou local especialmente protegido por lei, ato administrativo ou decisão judicial, em razão de seu valor paisagístico, ecológico, turístico, artístico, histórico, cultural, religioso, arqueológico, etnográfico ou monumental, sem autorização da autoridade competente ou em desacordo com a concedida:

Pena — reclusão, de 1 (um) a 3 (três) anos, e multa.

- **Revogação:** O art. 166 do CP, que previa constituir crime "alterar, sem licença da autoridade competente, o aspecto de local especialmente protegido por lei", foi revogado tacitamente pelo presente art. 63. Todavia, por ser a lei nova mais gravosa, ela não retroage. Revogado tacitamente restou, ainda, o crime do art. 5º c/c o art. 29 da Lei n. 3.924/61, que punia o ato que importasse na destruição ou mutilação dos monumentos arqueológicos previstos no art. 2º da mesma lei.

- **Transação:** Não cabe em razão de a pena máxima ser superior a 2 anos (art. 76 da Lei n. 9.099/95).

- **Suspensão condicional do processo:** Cabe (art. 89 da Lei n. 9.099/95), observadas as regras impostas pelo art. 28 desta lei, dentre as quais se destaca aquela que exige, para a declaração da extinção da punibilidade de que trata o § 5º do art. 89 da Lei n. 9.099/95, laudo de constatação de reparação de dano ambiental, ressalvada a impossibilidade de fazê-lo.

- **Penas alternativas:** Cabem (arts. 43 e 44 do CP).

- **Termo de Ajustamento de Conduta (reflexos na área penal):** *Vide* nota sob o mesmo título nos comentários ao art. 26, que trata da ação penal.

Caput

- **Objeto jurídico:** É o meio ambiente, mais especificadamente, o *meio ambiente artificial ou urbano* e o *meio ambiente cultural*. Este tipo penal protege o mesmo bem jurídico objeto do artigo anterior, tratando-se, todavia, de conduta menos gravosa, uma vez que, enquanto naquele há a *destruição, inutilização ou deterioração* do bem especialmente protegido (por lei, ato administrativo ou decisão judicial), neste é incriminada apenas a *alteração* do bem protegido. Não obstante, a pena de ambos os crimes (arts. 62 e 63) é a mesma, o que nos leva a questionar a constitucionalidade deste art. 63 por ofensa ao princípio da proporcionalidade, ínsito ao conceito substantivo de *due process of law* (devido processo legal).

- **Sujeito ativo:** Qualquer pessoa. Quanto à pessoa jurídica, *vide* nossos comentários e jurisprudência ao art. 3º desta lei. Acerca da coautoria, cf. art. 2º.

- **Sujeito passivo:** É a coletividade. Em segundo lugar, o proprietário do bem alterado, quando a conduta tiver sido praticada por terceiro, à sua revelia.

- **Tipo objetivo:** O núcleo do tipo é um só, ou seja, *alterar*, que significa mudar, degenerar, desfigurar, transformar. Deve a ação recair (objeto material) sobre o *aspecto* (aparência exterior) ou *estrutura* (processo de construção) *de edificação*, ou *local* (lugar, sítio) especialmente protegido por lei, ato administrativo ou decisão judicial. Trata-se, portanto, de lei penal em branco que deve ser complementada por lei, ato administrativo ou decisão judicial. Em atenção à anterioridade da lei penal, que, a nosso ver, atinge não só a lei penal em branco, mas também seu complemento, deve a lei, o ato administrativo ou a decisão judicial ser anterior à prática da conduta. Nem todo bem especialmente protegido é objeto do presente tipo penal, mas somente aquele que tiver recebido essa proteção em razão de possuir valor paisagístico, ecológico, turístico, artístico, histórico, cultural, religioso, arqueológico, etnográfico (relativo à cultura material de um determinado povo — *Novo Dicionário Aurélio*, cit., p. 591) ou monumental. Para haver tipicidade, exige-se ainda que a conduta seja praticada *sem autorização da autoridade competente* ou *em desacordo com a concedida* (elementos normativos do tipo), o que torna atípica a conduta quando existir autorização e esta tiver sido observada de forma devida, evidentemente. A alteração, para a conduta ser punível, deverá ter relevância jurídica, ou seja, causar efetivo dano ao meio ambiente artificial, urbano ou cultural.

- **Tipo subjetivo:** É o dolo, consistente na vontade livre e consciente de praticar a conduta incriminada. Para os tradicionais, é o dolo genérico. Inexiste forma culposa.

- **Erro sobre a ilicitude do fato:** Embora o desconhecimento da lei seja inescusável, poderá haver *erro sobre a ilicitude do fato*, com a isenção total da pena ou somente sua redução, conforme o erro seja evitável ou não (art. 21 do CP). Note-se que o erro sobre a ilicitude pode se dar, por exemplo: *1.* Quanto à própria conduta incriminada (a pessoa não sabia que alterar a fachada de determinado edifício pudesse constituir crime). *2.* Quanto ao bem ou local, que desconhecia estar protegido por lei, ato administrativo ou decisão judicial. *3.* Quanto aos elementos normativos do tipo, seja no que se refere à exigência de *autorização da autoridade competente*, seja no que tange à compreensão exata da autorização concedida (o agente erra na sua interpretação). Até mesmo em face da complexidade da legislação sobre a matéria, é mister que o agente tenha ciência prévia e inequívoca de que o bem encontra-se especialmente protegido por uma das formas previstas neste tipo penal (por lei, ato administrativo ou decisão judicial).

- **Consumação:** O crime se consuma com a efetiva *alteração* do aspecto ou estrutura de edificação, ou de local especialmente protegido. Por se tratar de crime que deixa vestígios (delito material), a perícia mostra-se imprescindível à comprovação do crime (art. 158 do CPP).

- **Tentativa:** Embora o crime seja material, a tentativa não nos parece possível, tendo em vista que a conduta de alterar é unissubsistente, não podendo ser fracionada e tampouco dissociada de seu resultado. Atos preparatórios, como a realização de projetos de reforma de uma fachada, não são penalmente relevantes.

- **Denúncia:** Em atenção à ampla defesa, deve a denúncia mencionar qual a lei, ato administrativo ou decisão judicial que protege especialmente o local, sob pena de inépcia (*vide*, a respeito, embora antigo, precedente constante da *RT* 542/305).

- **Pena:** Reclusão, de 1 a 3 anos, e multa.

- **Ação penal:** Pública incondicionada.

Jurisprudência

- **Caracterização:** *In casu*, restou cabalmente demonstrado ter sido promovida alteração de local (à beira-mar) em zona de preservação ambiental, lugar que recebe especial tutela de legislação, caracterizando o crime previsto no art. 63 da Lei n. 9.605/98 (TRF da 4ª Região, 8ª T., Ap. 2002.04.01.034335-8, Rel. Des. Federal Élcio Pinheiro de Castro, j. 10-3-2003, m.v., *DJU* 26-3-2003, *RT* 817/711).

- **Irretroatividade e retroatividade em face do art. 166 do CP e da Lei n. 9.099/95:** "A Lei n. 9.605/98 estabelece ser cabível nos delitos de menor potencial ofensivo por ela definidos a proposta insculpida no art. 89 da Lei n. 9.099/95. Insere, entretanto, modificações na sistemática desse benefício. Quando ocorrem crimes inscritos no Código Penal em que, *in these*, pode haver a concessão de suspensão condicional do processo, não devem ser levadas em conta essas alterações de que fala a nova Lei Ambiental, dado que são recomendadas apenas para ilícitos penais descritos nesse diploma legal. A ação de alterar, sem licença da autoridade competente, o aspecto de local especialmente protegido por lei é considerada crime tanto pelo Código Penal (art. 166) como pela Lei n. 9.605/98 (art. 63). Caso o fato em questão tenha ocorrido antes da edição desse diploma legal, deverá receber apenamento de acordo com o Estatuto Repressivo, pois a sanção ali prevista é menos gravosa do que a existente na Lei Ambiental. Todavia, em relação à previsão do art. 89 da Lei n. 9.099/95, deve-se atentar, no caso concreto, para as condições acertadas à concessão do benefício. Se as aludidas modificações introduzidas pela Lei n. 9.605/98, em cotejo com as exigências impostas ao infrator, favorecem-no, nesse tocante, pode haver aplicação retroativa do diploma legislativo em comento a fim de abrandar as obrigações acordadas ao deferimento do benefício em debate. Da mesma forma, caso se perceba, durante o período de prova, que o réu inatendeu alguma das restrições, pode-se invocar, em seu favor, a prorrogação desse lapso temporal prevista na Lei Ambiental. Nos termos do disposto no § 5º do art. 89 da Lei n. 9.099/95, expirado o período de prova do *sursis* processual, sem revogação, declara-se extinta a punibilidade do agente. A norma não estabelece outra condição para tanto. Destarte, findo o mencionado prazo, satisfeitas ou não as obrigações impostas, deve ser declarada extinta a punibilidade do agente. Eventual não cumprimento das restrições acordadas deve ser questionado durante o período de prova, com a consequente finalização do benefício. A inércia do ente fiscalizador não pode acarretar prejuízo para o réu" (TRF da 4ª Região, 2ª T., HC 2000.04.01.100418-6, Rel. Des. Élcio Pinheiro de Castro, j. 21-9-2000, *DJU* 17-1-2001, *RT* 788/716).

Art. 64. Promover construção em solo não edificável, ou no seu entorno, assim considerado em razão de seu valor paisagístico, ecológico, artístico, turístico, histórico, cultural, religioso, arqueológico, etnográfico ou monumental, sem autorização da autoridade competente ou em desacordo com a concedida:

Pena — detenção, de 6 (seis) meses a 1 (um) ano, e multa.

- **Transação penal:** Cabe. Necessário lembrar que, nos casos de crimes previstos nesta lei, a proposta de transação penal depende da prévia composição do dano ambiental, salvo em caso de comprovada impossibilidade (art. 27).

- **Suspensão condicional do processo:** Cabe (art. 89 da Lei n. 9.099/95), desde que observadas as regras impostas pelo art. 28 desta lei, dentre as quais se destaca aquela que exige, para a declaração da extinção da punibilidade de que trata o § 5º do art. 89 da Lei n. 9.099/95, laudo de constatação de reparação de dano ambiental, ressalvada a impossibilidade de fazê-lo.

- Penas alternativas: Cabem (arts. 43 e 44 do CP).

- Termo de Ajustamento de Conduta (reflexos na área penal): *Vide* nota sob o mesmo título nos comentários ao art. 26, que trata da ação penal.

- Noção: O presente tipo penal, à época de sua criação, constituiu novidade em nosso ordenamento, sendo a conduta, até então, punida apenas administrativamente.

- Objeto jurídico: Da mesma forma que nos artigos anteriores, o objeto jurídico deste art. 64 é o *meio ambiente artificial ou urbano* e o *meio ambiente cultural*. Todavia, o bem jurídico protegido neste artigo é ainda mais amplo, uma vez que atinge todo solo *não edificável* em face de seu valor paisagístico, ecológico, artístico, turístico, histórico, cultural, religioso, arqueológico, etnográfico ou monumental.

- Sujeito ativo: Qualquer pessoa. Quanto à pessoa jurídica, *vide* nossos comentários e jurisprudência ao art. 3º desta lei. Acerca da coautoria, cf. art. 2º.

- Sujeito passivo: É a coletividade. Em segundo lugar, embora a possibilidade seja remota, o proprietário da área em que foi promovida a construção, quando a conduta tiver sido praticada por terceiro, à sua revelia.

- Tipo objetivo: O núcleo do tipo é *promover construção*, que significa dar início a construção, não sendo necessário que esta termine, bastando tenha sido iniciada, com violação do bem jurídico tutelado. A reforma de edifício já existente não configura o tipo deste art. 64, embora possa configurar o crime do art. 63, se houver especial proteção. O objeto material (sobre o qual recai a conduta) é o *solo não edificável*, ou seja, o local em que é proibido construir (o adjetivo "edificável" é neologismo, tendo sido empregado pelo legislador para a boa compreensão do texto da lei) *ou o seu entorno* (área vizinha ao solo não edificável ou que o rodeia), assim considerado em razão de seu valor paisagístico, ecológico, artístico, turístico, histórico, cultural, religioso, arqueológico, etnográfico (relativo à cultura material de um determinado povo — *Novo Dicionário Aurélio*, cit., p. 591) ou monumental. Trata-se de norma penal em branco, devendo ser complementada por norma jurídica (lei ou ato administrativo) que considere aquele solo (ou o seu entorno) não edificável. Exige-se, ainda, que a conduta seja praticada *sem autorização da autoridade competente* ou *em desacordo com a concedida* (elementos normativos do tipo). Nessa última hipótese, a não conformação da obra edificada com a autorização concedida deve ser relevante, significativa, para que haja ofensa ao bem jurídico tutelado.

- Erro sobre a ilicitude do fato: Em face da complexidade da legislação que trata do assunto e da falta de conhecimento de parcela de nossa população mais humilde, não serão poucas as ocasiões em que o agente terá praticado o fato típico por *erro sobre a ilicitude do fato*, que poderá isentar ou reduzir a pena aplicável, conforme o desconhecimento tenha sido inevitável ou evitável (art. 21 do CP). No entanto, bem é de ver que incumbe ao Poder Público informar e fiscalizar toda a atividade de construção, sem o que não se pode exigir do agente o conhecimento de atos administrativos (por exemplo, protegendo determinada área), que são o complemento do tipo penal.

- Tipo subjetivo: É o dolo, consistente na vontade livre e consciente de praticar a conduta incriminada, sabendo o agente que o solo (ou o seu entorno) não era edificável, conforme a legislação e os atos normativos pertinentes, provenientes do Poder Executivo, que complementam o tipo penal. Para a doutrina tradicional, é o dolo genérico. Inexiste figura culposa.

- Consumação e tentativa: A consumação se dá com o início da construção (crime instantâneo), não necessitando haver seu término. A tentativa não é possível, uma vez que o mero início de uma construção já configura o núcleo do tipo (promover). Os atos preparatórios (v.g., o desenho de uma planta ou um projeto de construção) não são puníveis.

- Consunção: Se destrói a mata para construir, o crime do art. 38 (desmate), que é punido mais gravemente, não é absorvido pelo delito do art. 64 (construção), uma vez que, se assim fosse, restaria esvaziado o crime do art. 38, punindo-se mais gravemente o que desmata e não constrói, do que aquele que desmata e constrói no local, impedindo a regeneração da natureza.

- Confronto: A pichação de monumentos e de edificações está prevista como crime no art. 65.

- Pena: Detenção de 6 meses a 1 ano, e multa.

- Ação penal: Pública incondicionada.

Jurisprudência

- O crime do art. 38 não é absorvido pelo crime do art. 64: "1. O princípio da consunção tem aplicação quando um delito mais leve serve como fase preparatória ou de execução para um crime mais grave, restando absorvido por este, mostrando-se incabível, portanto, a rejeição pelo magistrado da denúncia quanto ao crime apenado mais severamente por considerá-lo fase executória de outro que apresenta menor lesividade. 2. Vislumbra-se a ocorrência da prescrição da pretensão punitiva em relação ao delito do art. 64 da Lei 9.605/98, cujo preceito secundário prevê pena máxima de 1 ano de detenção, nos termos do art. 109, V, do Código Penal, tendo em vista que da data dos fatos — 17/10/2006 — até o presente momento transcorreu lapso temporal superior a 4 anos. 3. Recurso provido para determinar o prosseguimento da ação penal em relação ao delito do art. 38 da Lei 9.605/98. Declarada, de ofício, a extinção da punibilidade estatal quanto ao crime previsto no art. 64 do mesmo estatuto penal [...]" (STJ, 5ª T., REsp 1.113.359, Rel. Min. Laurita Vaz, j. 9-10-2012, *DJe* 17-10-2012).

- Não caracterização: Não caracteriza crime ambiental a edificação de imóvel em área de preservação permanente ao redor de reservatório de água artificial, se o limite da vedação não foi estabelecido em lei, mas em resolução que foi revogada por outros atos administrativos posteriores. Ademais, não foi constatado qualquer atentado à floresta ou descumprimento de normas de proteção ambiental, o que dá ensejo ao trancamento da ação penal (TACrSP, 12ª C., HC 449.284-5, j. 15-9-2003, Rel. Juiz Pinheiro Franco, v.u., *RT* 819/599).

Art. 65. Pichar ou por outro meio conspurcar edificação ou monumento urbano:

Pena — detenção, de 3 (três) meses a 1 (um) ano, e multa.

§ 1º Se o ato for realizado em monumento ou coisa tombada em virtude do seu valor artístico, arqueológico ou histórico, a pena é de 6 (seis) meses a 1 (um) ano de detenção e multa.

§ 2º Não constitui crime a prática de grafite realizada com o objetivo de valorizar o patrimônio público ou privado mediante manifestação artística, desde que consentida pelo proprietário e, quando couber, pelo locatário ou arrendatário do bem privado e, no caso de bem público, com a autorização do órgão competente e a observância das posturas municipais e das normas editadas pelos órgãos governamentais responsáveis pela preservação e conservação do patrimônio histórico e artístico nacional.

- **Alteração:** A Lei n. 12.408/2011, em boa hora, retirou do *caput* a conduta de grafitar (que tem conotação artística e que não se confunde com o ato de pichar), deixando para explicitar no novel § 2º as hipóteses em que a conduta de *grafitar* não é crime (*vide* nota abaixo).

- **Transação penal:** Cabe no *caput* e no § 1º (art. 76 da Lei n. 9.099/95). Necessário lembrar que, nos casos de crimes previstos nesta lei, a transação penal depende da prévia composição do dano ambiental, salvo em caso de comprovada impossibilidade de fazê-lo (art. 27). No caso, consiste em limpar a conspurcação, o que, a depender do material, como o concreto, pode ser difícil e custoso.

- **Suspensão condicional do processo:** Cabe no *caput* e no § 1º (art. 89 da Lei n. 9.099/95), desde que observadas as regras impostas pelo art. 28 desta lei, dentre as quais se destaca aquela que exige, para a declaração da extinção da punibilidade de que trata o § 5º do art. 89 da Lei n. 9.099/95, laudo de constatação de reparação de dano ambiental, ressalvada a impossibilidade de fazê-lo.

- **Penas alternativas:** Cabem (arts. 43 e 44 do CP).

- **Termo de Ajustamento de Conduta (reflexos na área penal):** *Vide* nota sob o mesmo título nos comentários ao art. 26, que trata da ação penal.

Caput

- **Objeto jurídico:** É o meio ambiente artificial ou urbano, inclusive o patrimônio histórico, artístico e arqueológico na figura qualificada.

- **Sujeito ativo:** Qualquer pessoa. Quanto à pessoa jurídica, *vide* nossos comentários e jurisprudência ao art. 3º desta lei. Acerca da coautoria, cf. art. 2º.

- **Sujeito passivo:** É a coletividade. Secundariamente, o proprietário da edificação ou monumento (se particular e não tombado) objeto da pichação ou do grafite realizado por terceiro, à sua revelia.

- **Tipo objetivo:** São dois os núcleos do tipo, que significam: a) *pichar*, isto é, escrever, rabiscar com tinta ou outra substância; b) ou *por outro meio conspurcar*, isto é, sujar, manchar, macular, o que pode ser realizado com todo tipo de material que de alguma forma se impregne no local. O objeto material do *caput* é o *edifício* ou o *monumento urbano*, podendo ser público ou particular. Caso ele seja particular, não haverá o crime em comento quando o autor for o seu proprietário ou terceiro por ele autorizado, desde que o edifício ou o monumento não seja tombado (hipótese do parágrafo único). Nas condutas de pichar e conspurcar é preciso que haja efetivo dano ao meio ambiente urbano ou artificial, não se perfazendo o tipo se com uma simples chuva, a conspurcação desaparecer, como no caso de utilização de giz. Trata-se de crime material, que exige efetivo resultado naturalístico. Para comprovar a materialidade, mostra-se imprescindível a realização de perícia (art. 158 do CPP).

- **Tipo subjetivo:** É o dolo, consistente na vontade livre e consciente de pichar ou conspurcar. Para os tradicionais, é o dolo genérico. Não há modalidade culposa.

- **Consumação:** A consumação se dá com o próprio ato de pichar ou conspurcar (crime instantâneo).

- **Tentativa:** Embora o crime seja material, a tentativa não nos parece possível, tendo em vista que as condutas de pichar e conspurcar são unissubsistentes, não podendo ser dissociadas de seus resultados. Os atos preparatórios, à evidência, não são puníveis.

- **Confronto:** Parte da jurisprudência entendia que a pichação configurava o crime de dano previsto no art. 163 do CP, sendo inclusive qualificado o crime se o prédio pertencesse ao patrimônio público (art. 163, parágrafo único, III, do CP) (TAPR, *RT* 698/404; TACrSP, *RJD* 11/220). Todavia, com a vigência deste art. 65, não há mais como se aplicar o art. 163 do CP (*no caso de pichação*), mas, sim, este art. 65, em face da sua especialidade.

- **Pena:** Detenção de 3 meses a 1 ano, e multa.

- **Ação penal:** Pública incondicionada.

Figura qualificada (§ 1º)

- **Noção:** A qualificadora prevista neste § 1º pune, com pena mais severa, a pichação e a conspurcação de *monumento ou coisa tombada em virtude do seu valor artístico, arqueológico ou histórico*. Ao contrário do *caput*, este parágrafo único é lei penal em branco, cuja aplicação depende da existência de ato administrativo dando como tombado determinado monumento ou coisa. É evidente que o tombamento deve ter sido realizado antes da prática da conduta incriminada (princípio da anterioridade da lei penal que se estende à norma complementadora do tipo).

- **Ciência do tombamento:** Para a caracterização da qualificadora do § 1º, é preciso que o agente *tenha prévio conhecimento* de que aquele monumento ou coisa encontrava-se protegido administrativamente pelo tombamento, podendo-se caracterizar, conforme o caso, o erro de tipo (art. 20 do CP) ou mesmo o erro de proibição (art. 21 do CP).

- **Consentimento do proprietário ou proprietário como sujeito ativo:** Ao contrário do que sucede no *caput*, se o bem tombado é particular, o sujeito ativo do delito pode ser o próprio proprietário. Se a conduta tiver sido praticada por terceiro, o consentimento do proprietário, à evidência, será irrelevante em face do tombamento, podendo ele incorrer também no crime, como partícipe.

Causa excludente de ilicitude (§ 2º)

- **Grafite autorizado:** Verdadeiras obras de arte têm tomado conta de locais públicos e privados em nossas grandes cidades, embora algumas, como São Paulo, com a chamada "Lei da Cidade Limpa", possuam rígidas restrições, com a aplicação de multas pesadas, para combater a poluição visual. Alguns desses artistas têm feito exibições no exterior, sendo convidados a grafitar locais altamente valorizados. De fato, ao se visitar museus, como a famosa *Tate Modern Art Gallery* de Londres, ou bienais de arte moderna, como as de Veneza e São Paulo, verifica-se que o conceito de arte é absolutamente subjetivo, podendo, para alguns, determinada obra parecer um simples rabisco. Daí, com prudência, e em boa hora, veio a alteração deste art. 65, no ano de 2011, para fazer a ressalva de que não constitui crime a prática de grafite, que tem conotação artística, desde que realizada com o objetivo de valorizar o patrimônio público ou privado, neste caso consentida pelo proprietário e, quando couber, pelo locatário ou arrendatário do bem privado e, tratando-se de bem público, com a autorização do órgão competente, respeitando-se normas municipais e editadas pelos órgãos governamentais responsáveis pela preservação e conservação do patrimônio histórico e artístico nacional.

Seção V
DOS CRIMES CONTRA A ADMINISTRAÇÃO AMBIENTAL

- **Noção:** O objetivo do legislador, ao prever os crimes contra a Administração Ambiental, é o de proteger o devido funcionamento dos órgãos de fiscalização ambiental, a eficácia de suas determinações, bem como a lisura de qualquer procedimento administrativo ambiental, como é o caso do licenciamento ambiental (*vide* art. 69-A). De nada adiantaria a punição das pessoas que violem regras administrativas, sem que haja a previsão de crimes praticados por funcionário público, ou por particular contra os interesses da Administração Pública Ambiental.

Art. 66. Fazer o funcionário público afirmação falsa ou enganosa, omitir a verdade, sonegar informações ou dados técnico-científicos em procedimentos de autorização ou de licenciamento ambiental:

Pena — reclusão, de 1 (um) a 3 (três) anos, e multa.

- Transação: Não cabe, por ser a pena máxima superior a 2 anos (art. 76 da Lei n. 9.099/95).
- Suspensão condicional do processo: Cabe (art. 89 da Lei n. 9.099/95).
- Penas alternativas: Cabem (arts. 43 e s. do CP).
- Noção: O crime deste art. 66 assemelha-se aos crimes de falsidade ideológica e de prevaricação previstos nos arts. 299 e 319 do CP, tratando-se, contudo, de delito próprio praticado por funcionário público da administração ambiental, sobretudo aquele lotado em órgão responsável por procedimentos de autorização ou de licenciamento ambiental. Não se trata de novidade, uma vez que leis ambientais anteriores já previam a punição criminal de autoridades ambientais que, por ação ou omissão, consentissem na prática de ato ilegal ou cometessem abuso de poder (conferir, por exemplo, a Lei n. 4.771/65, art. 29, *c*, a Lei n. 5.197/67, art. 30, *c*, e a Lei n. 6.938/81, art. 15, § 2º).
- Objeto jurídico: Primeiramente, é a lisura e a regularidade dos procedimentos de autorização ou de licenciamento ambiental. De modo correlato, visa-se tutelar o meio ambiente.
- Sujeito ativo: Só o funcionário público, tratando-se de crime próprio. Válida, outrossim, a utilização do conceito de funcionário público, adotado pelo art. 327, *caput*, do CP, e da equiparação prevista em seu § 1º. Caso o particular concorra, de alguma forma, para a prática do crime deste art. 66, poderá ser coautor ou partícipe, desde que conheça a qualidade de servidor público do autor (*vide* art. 2º desta lei). A equiparação a funcionário público prevista no art. 327, § 1º, permite que o funcionário de empresa particular contratada pelo Poder Público para atuar em procedimento de autorização ou licenciamento ambiental possa, também, ser sujeito ativo do crime, uma vez que estará exercendo, para os efeitos penais, uma função pública (nesse sentido, Vladimir e Gilberto Passos de Freitas, *Crimes contra a natureza*, 7. ed. São Paulo: Revista dos Tribunais, p. 212-213).
- Sujeito passivo: É a coletividade, bem como o próprio ente público (União, Estado, Município ou Distrito Federal) ao qual esteja vinculado o funcionário que trai o seu dever funcional e pratica crimes contra a Administração Pública.
- Tipo objetivo: São três as condutas incriminadas: a) *fazer o funcionário público afirmação falsa ou enganosa*: trata-se de conduta comissiva em que o agente fornece uma informação não verdadeira ou que, apesar de verdadeira, foi dada de tal forma (com ardil) que se tornou apta a ludibriar ou induzir a erro a pessoa destinatária (superior hierárquico, por exemplo); b) *omitir* (deixar de mencionar, de dizer ou escrever) *a verdade*, ou seja, não informar aquilo que, por dever legal, deveria o funcionário comunicar. Cuida-se, neste ponto, de crime omissivo. É evidente que a informação

omitida há que ser relevante, apta a violar o bem jurídico protegido, ou seja, a lisura e a regularidade dos procedimentos de autorização ou de licenciamento ambiental; c) *sonegar* (ocultar deixando de mencionar ou de descrever, dizer que não tem algo que de fato tem — cf. *Dicionário Houaiss da Língua Portuguesa*, cit., p. 2608) *informações ou dados técnico-científicos*: trata-se, a exemplo da conduta anterior, de crime omissivo, sendo, todavia, aqui mais específica, referindo-se a *dados técnico-científicos*, também viciando, com esse ardil, a autorização ou o licenciamento ambiental. Cuida-se de norma penal em branco, devendo o intérprete da lei buscar, na legislação ambiental da União e da respectiva unidade da Federação (Estados, Distrito Federal ou Municípios), as informações e dados técnico-científicos que o agente estava obrigado a fornecer, *nos procedimentos de autorização ou de licenciamento ambiental* referidos pelo tipo. Como anota Vladimir Passos de Freitas, "o termo licença, certamente, não é o mais apropriado, pois pressupõe ato administrativo definitivo e, pelo menos para a licença prévia e para a de instalação, o ato é precário. Mais adequado seria usarmos a denominação *autorização*, esta sim de caráter distinto e precário" (Vladimir e Gilberto Passos de Freitas, *Crimes...* cit., p. 212). Todavia, o legislador, neste art. 66, utilizou ambas as expressões (autorização e licença), abrangendo, assim, tanto o ato precário quanto o definitivo.

- Autorização ou licenciamento ambiental: A CF, em seu art. 225, § 1º, IV, prevê que incumbe ao Poder Público, para assegurar a efetividade do direito ao meio ambiente equilibrado, "exigir, na forma da lei, para instalação de obra ou atividade potencialmente causadora de significativa degradação do meio ambiente, estudo prévio de impacto ambiental, a que se dará publicidade". Nesse aspecto, mesmo antes da Carta Política de 1988, a exigência de prévio licenciamento ambiental para a "construção, instalação, ampliação e funcionamento de estabelecimentos e atividades utilizadoras de recursos ambientais, considerados efetiva ou potencialmente poluidores, bem como os capazes, sob qualquer forma, de causar degradação ambiental", por parte do "órgão estadual competente, integrante do Sisnama, sem prejuízo de outras licenças exigíveis", já era prevista no art. 10 da Lei n. 6.938/81 (Lei de Política Nacional do Meio Ambiente). Existem resoluções esparsas do Conama que tratam do assunto, sendo que algumas delas determinam quais atividades são sujeitas ao EIA/RIMA e ao licenciamento. Conferir, por exemplo, a de n. 237/97. A legislação sobre licenciamento ambiental é extensa, de modo que, de acordo com a atividade explorada, há uma lei específica. É o caso da Lei n. 7.802/89 que trata, entre outros aspectos, do licenciamento em relação aos agrotóxicos.

- Tipo subjetivo: É o dolo, consistente na vontade livre e consciente de praticar as condutas incriminadas. Para os tradicionais, é o dolo genérico. Não há punição a título de culpa, mesmo porque o crime ora em comento cuida de verdadeira fraude do funcionário público. Assim, a informação inexata ou mesmo a ausência de determinada informação, caso ocasionada por um descuido do funcionário público, não configurará o crime deste art. 66, podendo, todavia, a depender das circunstâncias, tipificar o delito o art. 67, parágrafo único, desta lei.

- Consumação e tentativa: A consumação ocorre com a mera prática do ato, sendo desnecessária a ocorrência de qualquer prejuízo (crime formal). A tentativa, a nosso ver, não é possível, pois além de o delito ser formal, as condutas incriminadas são unissubsistentes.

- Confronto com o art. 67: Se o agente concede licença, autorização ou permissão em desacordo com as normas ambientais, sem omitir, fazer afirmação falsa ou enganosa, ou sonegar dados técnicos, o crime será o do art. 67 desta lei, o qual é punido de modo mais brando, ou seja, com *detenção* de um a três anos. A modalidade culposa também é tipificada neste art. 67.

- Confronto com o art. 69-A: Se o funcionário público ou o particular elabora ou apresenta, no licenciamento, concessão florestal ou qualquer outro procedimento administrativo, *estudo, laudo ou relatório ambiental* total ou parcialmente falso ou enganoso, inclusive por omissão, vide o crime do art. 69-A, punido com pena muito mais grave, isto é, de reclusão, de 3 a 6 anos, e multa, aumentada de 1/3 a 2/3 se houver significativo dano ambiental em função da informação falsa. A modalidade culposa também é prevista, sendo punida com detenção, de 1 a 3 anos.

- Confronto com o crime de corrupção passiva (art. 317 do CP): Caso o funcionário público pratique a conduta prevista neste art. 66 em virtude da solicitação, recebimento ou aceitação de vantagem indevida, prevalecerá o crime de corrupção qualificada (art. 317, § 1º, do CP), apenado muito mais gravemente, com pena de reclusão, de 3 a 16 anos, aumentada de um terço.

- Confronto com demais delitos do CP: Caso o funcionário público faça afirmação falsa ou enganosa, omita a verdade ou sonegue informações ou dados técnico-científicos, em outros procedimentos que não o de licenciamento ou autorização ambiental, poderá haver crime diverso, como o de prevaricação (art. 319 do CP) ou de falsidade ideológica (art. 299 do CP).

- Pena: Reclusão, de 1 a 3 anos, e multa.

- Ação penal: Pública incondicionada.

Jurisprudência

- Competência da Justiça Federal: "[...] 2. A Justiça Federal somente será competente para processar e julgar crimes ambientais quando caracterizada lesão a bens, serviços ou interesses da União, de suas autarquias ou empresas públicas, em conformidade com o art. 109, inciso IV, da Carta Magna. 3. Constatada que a área desmatada ilegalmente foi transformada no Parque Nacional das Araucárias, criado pela União e cuja administração coube ao Ibama (art. 3º do Decreto de 19 de outubro de 2005), evidencia-se o interesse federal na manutenção e preservação da região, sendo certo que, tratando-se de competência absoluta em razão da matéria, não há que se falar em *perpetuatio jurisdictionis*, a teor do que dispõe o art. 87 do Código de Processo Civil. Precedentes" (STJ, 3ª S., CC 104.942, Rel. Min. Marco Aurélio Bellizze, j. 14-11-2012, *DJe* 22-11-2012).

Art. 67. Conceder o funcionário público licença, autorização ou permissão em desacordo com as normas ambientais, para as atividades, obras ou serviços cuja realização depende de ato autorizativo do Poder Público:

Pena — detenção, de 1 (um) a 3 (três) anos, e multa.

Parágrafo único. Se o crime é culposo, a pena é de 3 (três) meses a 1 (um) ano de detenção, sem prejuízo da multa.

- **Transação penal:** Cabe (art. 76 da Lei n. 9.099/95) somente no parágrafo único, sendo importante lembrar que, nos casos de crimes previstos nesta lei, a proposta de transação penal depende de prévia composição do dano ambiental, salvo em caso de comprovada impossibilidade de fazê-lo (art. 27).

- **Suspensão condicional do processo:** Cabe, tanto no *caput* quanto no parágrafo único (art. 89 da Lei n. 9.099/95), desde que observadas as regras impostas pelo art. 28 desta lei, dentre as quais se destaca aquela que exige, para a declaração da extinção da punibilidade de que trata o § 5º do art. 89 da Lei n. 9.099/95, laudo de constatação de reparação de dano ambiental, ressalvada a impossibilidade de fazê-lo.

- **Penas alternativas:** Cabem (arts. 43 e s. do CP).

- **Objeto jurídico:** Primeiramente, é a lisura e a regularidade dos procedimentos de licença, autorização ou permissão ambiental emanados pela Administração Pública. De modo correlato, visa-se tutelar o meio ambiente.

- **Sujeito ativo:** Só o funcionário público, tratando-se de crime próprio. Válida, outrossim, a utilização do conceito de funcionário público adotado pelo art. 327, *caput*, do CP, e da equiparação prevista em seu § 1º. Caso o particular concorra, de alguma forma, para a prática do crime deste art. 67, poderá ele também ser coautor ou partícipe, desde que conheça a qualidade de servidor público do autor (*vide* art. 2º desta lei).

- **Sujeito passivo:** É a coletividade, bem como o próprio ente público (União, Estado, Município ou Distrito Federal) ao qual esteja vinculado o funcionário que trai o seu dever funcional e pratica crimes contra a Administração Pública.

- **Tipo objetivo:** O núcleo do tipo é um só: *conceder*, que significa tornar disponível, pôr à disposição, variando quanto ao seu objeto material: a) *licença*; b) *autorização;* ou c) *permissão*. Vale repetir, acerca do termo *licença*, a lição de Vladimir Passos de Freitas, segundo a qual ele, "certamente, não é o mais apropriado, pois pressupõe ato administrativo definitivo e, pelo menos para a licença prévia e para a de instalação, o ato é precário. Mais adequado seria usarmos a denominação *autorização*, esta sim de caráter distinto e precário" (Vladimir e Gilberto Passos de Freitas, *Crimes contra a natureza*, 7. ed. São Paulo: Revista dos Tribunais, p. 212). A palavra *permissão*, por sua vez, corresponde, como ato administrativo, à "enunciação de uma norma por alguém que detém autoridade (legal) para fazê-lo, através da qual é permitido a uma pessoa ou a um grupo de pessoas realizar um determinado tipo de ato" (*Dicionário enciclopédico de teoria e de sociologia do direito*, 2. ed. Rio de Janeiro: Renovar, 1999, p. 574). Na prática, *permissão* equivale ao termo autorização, tratando-se, geralmente, de ato precário (não definitivo). No caso do presente art. 67, o legislador usou os três termos indistintamente, o que torna o tipo penal bastante abrangente, abarcando praticamente todo ato administrativo que permita o início das *atividades, obras ou serviços potencialmente poluido-*

res. A expressão "cuja realização depende de ato autorizativo do Poder Público" bem demonstra o quão aberto é o tipo penal. Para a configuração do crime há necessidade, apesar de se tratar de delito formal, de que a licença, autorização ou permissão concedida em desacordo com as normas ambientais *efetivamente* coloque em risco, dada a sua relevância, a administração ambiental ou mesmo o meio ambiente.

- Autorização ou licenciamento ambiental: *Vide* nota, sob o mesmo título, nos comentários ao artigo anterior, onde há referência ao Sisnama e ao Conama.

- Tipo subjetivo: No *caput,* é o dolo, consistente na vontade livre e consciente de praticar as condutas incriminadas. Para os tradicionais, é o dolo genérico. A modalidade culposa é prevista no parágrafo único.

- Consumação: A consumação ocorre com a mera concessão de licença, autorização ou permissão, sendo desnecessária a ocorrência de qualquer prejuízo (crime formal). Não obstante se trate de crime formal (que não exige resultado naturalístico), é preciso que a conduta tenha efetivamente colocado em risco o bem jurídico tutelado (resultado jurídico ou normativo), isto é, que a autorização, licença ou permissão tenha efeitos potencialmente danosos ao meio ambiente.

- Tentativa: A tentativa não é possível, por ser o crime de consumação instantânea, não sendo a conduta possível de fracionamento (unissubsistente); no parágrafo único, o crime é culposo, não havendo o que se falar em tentativa, obviamente.

- Confronto com o crime de corrupção passiva (art. 317 do CP): Caso o funcionário público pratique a conduta prevista neste art. 66 em virtude da solicitação, recebimento ou aceitação de vantagem indevida, prevalecerá o crime de corrupção qualificada (art. 317, § 1º, do CP), apenado muito mais gravemente, com pena de reclusão, de 3 a 16 anos, aumentada de um terço.

- Competência: Será da Justiça Federal, se o órgão competente para o ato administrativo pertencer à União (por exemplo, Ibama), ou da Justiça Estadual se o órgão ambiental for do Estado ou Município (*v.g.,* Cetesb, IAP, Fepam etc.) (cf., também, Gilberto e Vladimir Passos de Freitas, *Crimes contra a natureza,* 7. ed. cit., p. 215).

- Pena: Detenção, de 1 a 3 anos, e multa, para o *caput,* e detenção, de 3 meses a 1 ano, sem prejuízo da multa, para a modalidade culposa prevista no parágrafo único.

- Ação penal: Pública incondicionada.

Jurisprudência

- Ausência de dolo: Ausente o dolo na conduta dos réus, que concederam licença para construção de casa à margem de rio, com base em parecer técnico favorável, impositiva a absolvição (TJRS, 4ª Câm., Ap. 70027416130, Rel. Des. Gaspar Marques Batista, j. 26-3-2009).

- Desclassificação para falsidade ideológica: O condenado não concedeu licença, autorização ou permissão, apesar de ter sido acusado de ter concorrido para a prática de tal conduta, mas inseriu declarações falsas e diversas das que deveriam ser escritas nos formulários que visavam à obtenção de licenciamento ambiental, concedida por outro acusado. Além disso, o crime de falsidade ideológica é mais grave do que o que se pretende a reclassificação, estando a decisão de acordo com precedentes do STJ (TJRS, 4ª Câm., Ap. 70036887396, Rel. Des. Marco Antônio Ribeiro de Oliveira, j. 24-5-2012).

- "Apenas uma anuência": "Com relação à alegação de que o ato da paciente seria apenas uma anuência consistente em mera etapa do procedimento de concessão da licença, sendo o fato, assim, atípico, basta a leitura do tipo penal para verificar seu descabimento. É que o tipo penal previsto no art. 67 da Lei 9.605/1998 assim dispõe: [...] Logo, em sendo a paciente gestora das unidades de conservação e tendo autorizado atividades em tese potencialmente poluidoras, não há que se falar em atipicidade manifesta" (TJRS, 4ª Câm., HC 70050886514, Rel. Des. Marco Antônio Ribeiro de Oliveira, j. 4-10-2012).

Art. 68. Deixar, aquele que tiver o dever legal ou contratual de fazê-lo, de cumprir obrigação de relevante interesse ambiental:

Pena — detenção, de 1 (um) a 3 (três) anos, e multa.

Parágrafo único. Se o crime é culposo, a pena é de 3 (três) meses a 1 (um) ano, sem prejuízo da multa.

- Transação penal: Cabe somente no parágrafo único (modalidade culposa) (art. 76 da Lei n. 9.099/95), sendo importante lembrar que, nos casos de crimes previstos nesta lei, a proposta de transação penal depende da prévia composição do dano ambiental, salvo em caso de comprovada impossibilidade (art. 27).

- Suspensão condicional do processo: Cabe, tanto no *caput* quanto no parágrafo único (art. 89 da Lei n. 9.099/95), desde que observadas as regras impostas pelo art. 28 desta lei, dentre as quais se destaca aquela que exige, para a declaração da extinção da punibilidade de que trata o § 5º do art. 89 da Lei n. 9.099/95, laudo de constatação de reparação de dano ambiental, ressalvada a impossibilidade de fazê-lo.

- Penas alternativas: Cabem (arts. 43 e s. do CP).

- Objeto jurídico: É o meio ambiente.

- Sujeito ativo: Qualquer pessoa. Quanto à pessoa jurídica, *vide* comentários ao art. 3º desta lei. Acerca do concurso de agentes, cf. art. 2º.

- Sujeito passivo: É a coletividade.

- Tipo objetivo e inconstitucionalidade da segunda parte do *caput*: Trata-se de crime omissivo em que o agente deixa de praticar ato contrariando o dever de fazê-lo, seja ele imposto por lei (e o destinatário desse dever legal não precisa ser funcionário público, podendo ser qualquer pessoa) ou decorrente de contrato, ou seja, advindo de uma relação jurídica entre o Estado e sujeito ativo do delito, que, como ensina Giorgio Del Vecchio, é "o vínculo entre pessoas, em virtude do qual uma delas pode pretender qualquer coisa, a que a outra é obrigada" (*Lições de filosofia do direito*, 5. ed. Traduzido por António José Brandão segundo a 10ª e última ed. italiana, Coimbra: Arménio Amado Editor, 1979, p. 443). Cuida-se, por isso, de norma penal em branco, no que concerne ao dever decorrente de *lei*. No que tange ao dever decorrente de *contrato*, o qual se encontra disciplinado no art. 79-A desta lei, tecemos veemente crítica. Talvez seja esta a única situação em nosso ordenamento jurídico na qual se considera crime o *descumprimento de um contrato*, em que vigora a vontade das partes (*pacta sunt servanda*). Com todo o respeito ao legislador e aos idealizadores da presente lei, esta previsão é absolutamente *inconstitucional*. Há, também, outro fundamento que demonstra a inconstitucionalidade do presente tipo penal. Com efeito, afora o absurdo de se considerar a violação de um contrato um crime, o presente tipo penal é demasiadamente aberto, o que fere o princípio da legalidade dos delitos e das penas (art. 5º, XXXIX, da CF), mais especificamente, o da taxatividade, que constitui um de seus corolários. Não se pode, de fato, deixar que o órgão ambiental defina, por lei ou contrato, o que venha a ser obrigação de relevante interesse ambiental, cabendo ao legislador penal fazê-lo. Nesse sentido, confira-se artigo de José Nabuco Filho, "O princípio constitucional da determinação taxativa e os delitos ambientais", *Bol. IBCCr* 104/3-4, julho de 2001. Embora não rotulem este tipo penal de inconstitucional, como o fazemos, Vladimir e Gilberto Passos de Freitas escrevem: "Trata-se de tipo penal aberto, ou seja, cuja abrangência alcança uma grande quantidade de situações fáticas. Esse fato, que é inquestionável, exige prudência do Ministério Público e do Judiciário. É preciso que no caso concreto se examine detidamente a existência de dolo ou culpa, evitando-se o constrangimento de se submeter cidadãos às agruras do processo penal, sem que haja justa causa" (ob. cit., p. 215). Quanto ao vendedor de área que omite do comprador a existência de sítio arqueológico, poderá haver o cometimento, eventualmente, do crime de estelionato (art. 171 do CP), mas não do crime previsto neste art. 68, havendo interessante acórdão nesse sentido (*vide* abaixo).

- **Tipo subjetivo (*caput*):** No *caput* é o dolo, consistente na vontade livre e consciente de deixar de cumprir obrigação de relevante interesse ambiental, tendo o dever de fazê-lo. Para os tradicionais, é o dolo genérico.

- **Tipo subjetivo (parágrafo único):** No parágrafo único, previu o legislador a modalidade culposa para o crime de deixar de cumprir obrigação de relevante interesse ambiental. Como se trata de delito omissivo, a única hipótese de culpa possível, no caso deste crime, seria a da negligência.

- **Consumação e tentativa:** Tratando-se de crime omissivo formal, a consumação se dá no momento em que o agente deixa de praticar o ato a que estava obrigado, por lei ou contrato. A tentativa não é possível.

- **Confronto:** Se o sujeito ativo for funcionário e deixar de cumprir o seu dever por interesse pessoal, e a conduta omitida não tiver vínculo com o meio ambiente, poderá se configurar o crime de prevaricação previsto no art. 319 do CP, mais levemente apenado. Se houver corrupção passiva, o crime é o do art. 315 do CP. Se não houver corrupção, omissão de dados técnicos que deveriam ter sido consignados pelo funcionário público, poderá se configurar o crime tipificado no art. 66 desta lei.

- **Pena:** Na figura dolosa (*caput*), a pena é de detenção, de 1 a 3 anos, e multa. Na modalidade culposa (parágrafo único), a pena de 3 meses a 1 ano, sem prejuízo da multa, é, evidentemente, também de detenção, não obstante o silêncio do legislador.

Jurisprudência

- **Somente se houver intensa degradação:** "a) O delito do art. 68, *caput*, da lei ambiental configura-se somente diante de áreas onde houve intensa degradação, como destruição total de uma grande área de floresta, retirada de areia do rio por anos a fio, derramamento de herbicida por considerável lapso de tempo, numa grande área de floresta, etc. Por outro lado, o mero corte raso de vegetação nativa não configura a elementar 'relevante interesse ambiental'. Fato atípico. b) A plantação de eucaliptos, em vez de araucárias, não é conduta capaz de impedir a regeneração de vegetação nativa" (TJRS, 4ª Câm., Ap. 70044221869, Rel. Des. Gaspar Marques Batista, j. 22-9-2011).

- **Crime omissivo impróprio (comissivo por omissão) e sujeito ativo:** "1. O delito previsto no art. 68 da Lei dos Crimes Ambientais, isto é, "*deixar, aquele que tiver o dever legal ou contratual de fazê-lo, de cumprir obrigação de relevante interesse ambiental*", está inserido no rol dos crimes contra a administração pública ambiental, classificando-se como crime omissivo impróprio em que o agente deixa de praticar o ato, contrariando o dever de fazê-lo para evitar o resultado lesivo ao meio ambiente. 2. Com relação ao sujeito ativo, verifica-se que a melhor exegese conduz no sentido de que o crime pode ser praticado por qualquer pessoa incumbida desse dever legal ou contratual, não sendo exigido, como fizeram as instâncias ordinárias, tratar-se de funcionário público. 3. Recurso especial provido para determinar o recebimento da exordial acusatória, nos termos do verbete sumular n. 709 do Supremo Tribunal Federal" (STJ, 5ª T., REsp 1.032.651, Rel. Min. Laurita Vaz, j. 28-2-2012, *DJe* 6-3-2012).

- **Omissão do vendedor de terreno quanto à condição de bem especialmente protegido:** "[...] 2. De acordo com a exordial acusatória, o paciente teria omitido o fato de que havia sítio arqueológico em terrenos de sua propriedade que foram vendidos para terceiros, além de ter fornecido aos adquirentes projeto de empreendimento imobiliário que, depois de implementado, resultou na destruição da área ambientalmente protegida. 5. Mesmo que se pudesse considerar o comportamento omissivo do paciente como a caracterizar o delito ambiental em comento, há que se ter presente que a sua conduta foi irrelevante para a consecução do resultado, já que ele não tinha o dever de informar os compradores, no ato da venda dos terrenos, acerca da existência de sítio arqueológico que deveria ser preservado, motivo pelo qual eventual aplicação da alínea 'c' do § 2º do artigo 13 do Estatuto Repressivo se daria em exacerbada elasticidade [...] 6. O simples fornecimento aos novos proprietários de projeto de empreendimento imobiliário não pode ser tido como suficiente a caracterizar o crime em análise, uma vez que o paciente não teria como prever ou antever a efetiva utilização das plantas pelos adquirentes dos terrenos e, consequentemente, a destruição, inutilização ou deterioração do sítio arqueológico. [...]" (STJ, 5ª T., HC 134.409, Rel. Min. Jorge Mussi, j. 16-8-2011, DJe 1º-9-2011, v.u.).

Art. 69. Obstar ou dificultar a ação fiscalizadora do Poder Público no trato de questões ambientais:

Pena — detenção, de 1 (um) a 3 (três) anos, e multa.

- Transação: Não cabe, por ser a pena máxima superior a 2 anos (art. 76 da Lei n. 9.099/95).
- Suspensão condicional do processo: Cabe (art. 89 da Lei n. 9.099/95).
- Penas alternativas: Cabem (arts. 43 e s. do CP).
- Objeto jurídico: Visa-se proteger a Administração Pública pertinente à fiscalização envolvendo o meio ambiente, seja ela realizada por órgão da União, dos Estados, do Distrito Federal e Municípios os quais, constitucionalmente, têm competência concorrente para tanto (art. 24, VI, da CF).
- Sujeito ativo: Qualquer pessoa, notadamente aquela que está sendo submetida à fiscalização do Poder Público. Quanto à pessoa jurídica ser sujeito ativo do crime, vide nota ao art. 3º desta lei. Acerca do concurso de agentes, cf. art. 2º.
- Sujeito passivo: É o Estado, por meio dos seus entes dotados de personalidade jurídica (União, Estados, Distrito Federal ou Municípios), a depender de qual órgão público teve a sua fiscalização obstaculizada.
- Tipo objetivo: Duas são as condutas incriminadas, tendo ambas significados parecidos. A primeira delas é obstar, ou seja, impedir que a fiscalização seja realizada. A segunda consiste em dificultar, que tem o sentido de tornar mais difícil ou trabalhoso do que naturalmente seria, pôr dificuldade. Nessa segunda hipótese, a fiscalização, ao final, é efetuada. Note-se que ambas as condutas podem ser praticadas tanto por condutas comissivas (por exemplo, não permitir o ingresso dos agentes na área a ser fiscalizada, estando eles agindo legalmente) quanto omissivas. Deve a conduta recair sobre a ação fiscalizadora do Poder Público no trato de questões ambientais (objeto material), o que exige que o ato de fiscalização seja feito por agente com atribuição legal (para o uso do poder de polícia, lembrando as já conhecidas "forças tarefas" no trato ambiental, atuando, em conjunto, a Polícia e os fiscais do Ibama, por exemplo) e de acordo com as normas existentes (lembramos, por exemplo, o art. 11 da Lei n. 6.938/81, que trata da fiscalização do licenciamento previsto no artigo anterior da mesma lei). De toda sorte, bem é de ver que o tipo penal mostra-se bastante aberto, uma vez que não define em que consiste a conduta de obstar ou dificultar a ação fiscalizadora do Poder Público, podendo dar ensejo a interpretações das mais variadas, pondo

em risco a garantia do princípio da legalidade (art. 5º, XXXIX, da CF), cabendo à jurisprudência dirimir a questão.

- **Fiscalização ilegal ou abusiva:** Se o ato praticado pelo funcionário público for ilegal, ou praticado com abuso de poder ou, ainda, por funcionário sem atribuição legal para tanto, é evidente que o particular não estará obrigado a conformar-se com a arbitrariedade, não havendo o crime deste art. 68.

- **Direito de não se autoincriminar (*nemo tenetur se detegere*):** Cabe consignar que, em face da garantia constitucional de que ninguém está obrigado a fazer prova contra si mesmo, que se encontra estampado no reconhecimento do direito ao silêncio previsto no art. 5º, LXIII, da CF, não haverá o crime deste art. 69 se a conduta do agente tiver por fim isentá-lo de eventual responsabilidade criminal. Lembramos, como exemplo, a hipótese do fazendeiro que, para que não seja descoberta a prática de desmatamento ilegal em sua propriedade, não fornece documentação solicitada por agentes do Ibama e pela polícia, que se encontrem em sua propriedade, atuando nas já referidas "forças-tarefa".

- **Tipo subjetivo:** É o dolo, consistente na vontade livre e consciente de obstar ou dificultar a ação fiscalizadora dos órgãos competentes do Poder Público, sabendo o sujeito que as pessoas que a ele se apresentaram eram agentes da fiscalização ambiental. Caso os agentes públicos não se identifiquem devidamente, poderá haver exclusão do dolo e, portanto, do crime. Também poderá haver ausência de dolo na hipótese de agentes públicos que não se identificam devidamente, causando suspeita ou dúvida no agente.

- **Consumação e tentativa:** O crime se consuma com a mera prática das condutas incriminadas, independentemente de resultado naturalístico. Ou seja, haverá o crime ainda que, vencido o obstáculo e efetuada a fiscalização, constatem os agentes públicos a inexistência de qualquer irregularidade ambiental. Trata-se, portanto, de crime formal. A tentativa não é possível em face dos núcleos do tipo, mesmo porque, ao tentar opor-se, o agente já terá dificultado.

- **Pena:** Detenção, de 1 a 3 anos, e multa.

- **Ação penal:** Pública incondicionada.

Art. 69-A. Elaborar ou apresentar, no licenciamento, concessão florestal ou qualquer outro procedimento administrativo, estudo, laudo ou relatório ambiental total ou parcialmente falso ou enganoso, inclusive por omissão:

Pena — reclusão, de 3 (três) a 6 (seis) anos, e multa.

§ 1º Se o crime é culposo:

Pena — detenção, de 1 (um) a 3 (três) anos.

§ 2º A pena é aumentada de 1/3 (um terço) a 2/3 (dois terços), se há dano significativo ao meio ambiente, em decorrência do uso da informação falsa, incompleta ou enganosa.

- **Alteração:** Art. 69-A acrescentado pela Lei n. 11.284/2006.
- **Transação penal:** Não cabe, nem mesmo se o crime for culposo (§ 1º), uma vez que as penas são superiores a 2 anos (art. 76 da Lei n. 9.099/95).
- **Suspensão condicional do processo:** Cabe no § 1º, desde que não haja incidência da causa de aumento de penal do § 2º. É importante ressaltar que devem ser observadas as regras impostas pelo art. 28 desta lei, dentre as quais se destaca aquela que exige, para a declaração da extinção da punibilidade de que trata o § 5º do art. 89 da Lei n. 9.099/95, laudo de constatação de reparação de dano ambiental, ressalvada a impossibilidade de fazê-lo.
- **Penas alternativas:** Cabem na figura culposa do § 1º, ou, na figura dolosa, desde que a pena efetivamente aplicada seja de até quatro anos (arts. 43 e 44 do CP).
- **Objeto jurídico:** Primeiramente, é a Administração Pública no trato das questões ambientais, que deve receber informações corretas daqueles que a procuram para obter licenciamento ambiental. De modo correlato, visa-se tutelar o meio ambiente.
- **Sujeito ativo:** Qualquer pessoa, em geral técnicos contratados por empresas para a elaboração de estudos, laudos etc., a fim de serem apresentados em procedimentos administrativos ambientais. Quanto à pessoa jurídica ser sujeito ativo do crime, *vide* nota ao art. 3º desta lei. Acerca do concurso de agentes, cf. art. 2º. Entendemos que o funcionário público não é sujeito ativo deste crime, uma vez que a presente lei, quando quis colocá-lo como sujeito ativo, expressamente o menciona, como se vê dos arts. 66 e 67 desta mesma Seção V, Crimes Contra a Administração Ambiental. *Vide* crítica na nota *Confronto (funcionário público)* no art. 66 desta lei.
- **Sujeito passivo:** É o Estado, por meio dos seus entes dotados de personalidade jurídica (União, Estados, Distrito Federal ou Municípios), a depender do órgão público a que está se solicitando o licenciamento ambiental, a concessão florestal etc., lembrando-se que a competência para proteger o meio ambiente é concorrente (art. 26, VI, da CF).
- **Tipo objetivo:** Incrimina-se o fato de o agente *elaborar* (isto é, confeccionar), ou *apresentar* (entregar, fornecer), no processo de *licenciamento*, no processo de *concessão florestal* ou *em qualquer outro procedimento administrativo* (voltado à questão ambiental), os seguintes documentos, ou seja, total ou parcialmente falsos, ainda que pela omissão de dados: a) *estudo*, b) *laudo* ou c) *relatório ambiental*. A fraude ou omissão de dados deve, efetivamente, ter potencial para enganar a Administração Pública. Como se vê, além de punir a fraude tradicional, naquela em que se elabora e apresenta um documento com dados falsos, o legislador quis enfatizar que a omissão em fornecer dados que causem engano também torna o documento fraudulento (um atuar comissivo por omissão). Nesses casos, como sucede em todos os casos omissivos, é preciso que o agente realmente tenha ciência da existência do fato ou circunstância omitido, bem como de sua relevância para a Administração Pública, isto é, potencialidade concreta de lesar o bem jurídico tutelado. Pode ocorrer, por

exemplo, que o técnico contratado elabore o laudo ou estudo ambiental falso e a empresa o apresente à Administração, incorrendo ambos no tipo penal.

- **Punição dos atos preparatórios (inconstitucionalidade):** Embora o tipo legal incrimine a mera *elaboração* de estudo, laudo ou relatório ambiental fraudulento, visando punir o *ato preparatório*, entendemos que só haverá o crime com a efetiva utilização desses documentos. Com efeito, se o documento ficar arquivado ou trancado em uma gaveta, o bem jurídico tutelado não terá sido atingido, consubstanciando-se em ato preparatório impunível. A nosso ver, portanto, não há fundamento constitucional para se punir essa conduta, por falta de lesividade, ferindo-se a cláusula do devido processo legal, sob o seu aspecto subjetivo (*substantive due process of law*). O raciocínio é o mesmo adotado pela doutrina e pela jurisprudência, há décadas, acerca dos crimes de falso ideológico e documental (arts. 297, 298 e 299 do CP).

- **Tipo subjetivo:** No *caput*, é o dolo, consistente na vontade livre e consciente de praticar as condutas incriminadas. Para os tradicionais, é o dolo genérico. A modalidade culposa é prevista no § 1º.

- **Consumação:** A consumação, a nosso ver, se dá com a *apresentação* do estudo, laudo ou relatório ambiental total ou parcialmente falso ou enganoso, no processo que visa à obtenção de licenciamento, a concessão florestal etc. Embora o tipo legal também incrimine a mera *elaboração* do estudo, laudo ou relatório ambiental fraudulento, visando punir o *ato preparatório*, entendemos só haverá o crime com a sua efetiva utilização desses documentos (*vide* notas acima).

- **Tentativa:** A tentativa não é possível (seja no *caput* ou no § 1º), uma vez que o crime é de consumação instantânea, não sendo as condutas passíveis de fracionamento (unissubsistente); no § 1º, por ser o crime culposo, não há que se falar em tentativa.

- **Confronto (funcionário público) com o art. 66 desta lei:** Se o funcionário público faz afirmação falsa ou enganosa, omite a verdade, sonega informações ou dados técnicos-científicos em procedimentos de autorização ou licenciamento ambiental, o crime será o do art. 66, punido mais levemente (reclusão, de 1 a 3 anos), tratando-se, a nosso ver, de incongruência legislativa ao punir mais severamente o particular neste art. 69-A do que o próprio funcionário público no art. 66.

- **Confronto com o crime de falsidade material ou ideológica (arts. 297, 298 e 299 do CP) e uso de documento falso (art. 304 do CP):** Por se tratar de norma penal especial (critério da especialidade), o crime deste art. 69-A prevalecerá sobre o crime de falsidade material ou ideológica, ou mesmo sobre o crime do art. 304 do CP.

- **Competência:** Depende do órgão público a que está se solicitando o licenciamento ambiental, a concessão florestal etc., lembrando-se que a competência para proteger o meio ambiente é concorrente (art. 26, VI, da CF). Assim, será competente a Justiça Federal, se a fraude tiver se realizado perante o Ibama ou outro órgão da União; será da Justiça Estadual, se o ato administrativo visado pertine a órgãos estaduais, como, em São Paulo, a Cetesb.

- Pena: Reclusão, de 3 a 6 anos, e multa, para o *caput*.
- Ação penal: Pública incondicionada.

Modalidade culposa (§ 1º)

- Culpa e fraude (incompatibilidade): Toda fraude decorre de um ato intencional daquele que a pratica, seja para inserir dados falsos, seja para propositalmente omitir informações que dele deveriam constar, gerando concreta possibilidade de engodo. Não obstante, o legislador, no § 1º neste art. 69-A, busca punir, inclusive, a conduta daquele que elabora ou apresenta estudo, laudo ou relatório ambiental total ou parcialmente falso ou enganoso, por culpa (!), isto é, em razão de imperícia, imprudência ou negligência, o que é um contrassenso. Desse modo, e considerando que a mera elaboração de um laudo ou estudo que não venha a ser utilizado, a nosso ver, é simples ato preparatório, não vemos como poderá a figura culposa do § 1º ter alguma efetividade. Trata-se de tipo penal muito mal redigido, e que se choca não só com a Parte Geral do Código Penal, mas também com questões conceituais da teoria do delito. Ainda que o laudo ou relatório, elaborado por técnico com negligência ou imperícia, seja efetivamente apresentado pelo proprietário às autoridades, não vemos como tal conduta possa ser incriminada, mesmo porque cabe à fiscalização, como o próprio nome diz, checar se tudo o que fora solicitado foi juntado, sob pena de indeferimento do pedido.
- Pena: Detenção, de 1 a 3 anos.

Aumento de pena (§ 2º)

- Noção: A pena é aumentada de 1/3 a 2/3, se há *dano significativo ao meio ambiente*, em decorrência do uso da informação falsa, incompleta ou enganosa. O conceito do que é *significativo* é subjetivo, devendo haver laudo pericial que ateste a extensão do dano, a ponto de justificar, com critérios seguros, o aumento da pena. Observamos que o aumento de pena só pode incidir sobre as figuras *dolosas* do *caput*, jamais sobre a conduta culposa também prevista. A nosso ver, da mesma forma que ocorreu em outros tipos penais da presente lei (como no crime do art. 54), deveria a modalidade culposa ter sido incluída no final deste art. 69-A, ou seja, como § 2º, e não como § 1º. Isso porque a sua localização pode gerar confusão, levando a que alguns pudessem equivocadamente buscar aplicar as qualificadoras previstas neste § 2º, também à figura culposa do § 1º, o que não é acertado, pelas seguintes razões: a) nos crimes culposos, a gravidade do resultado não pode servir como qualificadora, uma vez que o agente não agiu com dolo (direto ou eventual) no crime antecedente; por isso é que, nas lesões corporais culposas, por exemplo, a gravidade das lesões não é, e jamais poderia ser, qualificadora; b) não é tradição em nosso direito punir o crime culposo com pena de reclusão. Por tais motivos, as qualificadoras do § 2º não devem incidir no crime culposo do § 1º.

[...]

Capítulo VIII
DISPOSIÇÕES FINAIS

Art. 79. Aplicam-se subsidiariamente a esta Lei as disposições do Código Penal e do Código de Processo Penal.

- Aplicação subsidiária do CP e do CPP: Sempre que houver lacuna na presente lei, as regras previstas no Código Penal e no Código de Processo Penal serão aplicáveis, de modo subsidiário.

Art. 79-A. Para o cumprimento do disposto nesta Lei, os órgãos ambientais integrantes do Sisnama, responsáveis pela execução de programas e projetos e pelo controle e fiscalização dos estabelecimentos e das atividades suscetíveis de degradarem a qualidade ambiental, ficam autorizados a celebrar, com força de título executivo extrajudicial, termo de compromisso com pessoas físicas ou jurídicas responsáveis pela construção, instalação, ampliação e funcionamento de estabelecimentos e atividades utilizadores de recursos ambientais, considerados efetiva ou potencialmente poluidores.

§ 1º O termo de compromisso a que se refere este artigo destinar-se-á, exclusivamente, a permitir que as pessoas físicas e jurídicas mencionadas no *caput* possam promover as necessárias correções de suas atividades, para o atendimento das exigências impostas pelas autoridades ambientais competentes, sendo obrigatório que o respectivo instrumento disponha sobre:

I — o nome, a qualificação e o endereço das partes compromissadas e dos respectivos representantes legais;

II — o prazo de vigência do compromisso, que, em função da complexidade das obrigações nele fixadas, poderá variar entre o mínimo de 90 (noventa) dias e o máximo de 3 (três) anos, com possibilidade de prorrogação por igual período;

III — a descrição detalhada de seu objeto, o valor do investimento previsto e o cronograma físico de execução e de implantação das obras e serviços exigidos, com metas trimestrais a serem atingidas;

IV — as multas que podem ser aplicadas à pessoa física ou jurídica compromissada e os casos de rescisão, em decorrência do não cumprimento das obrigações nele pactuadas;

V — o valor da multa de que trata o inciso IV não poderá ser superior ao valor do investimento previsto;

VI — o foro competente para dirimir litígios entre as partes.

§ 2º No tocante aos empreendimentos em curso até o dia 30 de março de 1998, envolvendo construção, instalação, ampliação e funcionamento de estabelecimentos e atividades utilizadores de recursos ambientais, considerados efetiva ou potencialmente poluidores, a assinatura do termo de compromisso deverá ser requerida pelas pessoas físicas e jurídicas interessadas, até o dia 31 de dezembro de 1998, mediante requerimento escrito protocolizado junto aos órgãos competentes do Sisnama, devendo ser firmado pelo dirigente máximo do estabelecimento.

§ 3º Da data da protocolização do requerimento previsto no § 2º e enquanto perdurar a vigência do correspondente termo de compromisso, ficarão suspensas, em relação aos fatos que deram causa à celebração do instrumento, a aplicação de sanções administrativas contra a pessoa física ou jurídica que o houver firmado.

§ 4º A celebração do termo de compromisso de que trata este artigo não impede a execução de eventuais multas aplicadas antes da protocolização do requerimento.

§ 5º Considera-se rescindido de pleno direito o termo de compromisso, quando descumprida qualquer de suas cláusulas, ressalvado o caso fortuito ou de força maior.

§ 6º O termo de compromisso deverá ser firmado em até 90 (noventa) dias, contados da protocolização do requerimento.

§ 7º O requerimento de celebração do termo de compromisso deverá conter as informações necessárias à verificação da sua viabilidade técnica e jurídica, sob pena de indeferimento do plano.

§ 8º Sob pena de ineficácia, os termos de compromisso deverão ser publicados no órgão oficial competente, mediante extrato.

- Termo de Ajustamento de Conduta (reflexos na área penal): Celebrado entre o Ministério Público, o órgão ambiental e o infrator, com a finalidade de reparar o dano causado ou mesmo adequar a pessoa autuada às normas ambientais, a assinatura do TAC pode ocorrer nos autos do inquérito civil público (vide art. 5º, § 6º, da Lei n. 7.347/85) ou fora dele. É o caso, por exemplo, do termo de compromisso referido neste art. 79-A da Lei n. 9.605/98, como também o Termo de Compromisso de Regularização criado pelo art. 60 da Lei n. 12.651/2012, possuindo reflexos na área penal:

- Termo de Compromisso (art. 79-A da Lei n. 9.605/98): Este art. 79-A foi inserido pela MP n. 2.163-41, de 23 de agosto de 2001 (antiga MP n. 1.710/98), a qual, por ser anterior à EC n. 32, de 11 de setembro de 2001, continua em vigor "até que medida provisória ulterior as revogue explicitamente ou até deliberação definitiva do Congresso Nacional" (art. 2º da EC n. 32/2011). Embora referido art. 79-A não faça menção a qualquer efeito penal, cremos ser indiscutível que a celebração do acordo traz, sim, efeitos penais e processuais penais relevantes. Isso posto, verificamos que o presente dispositivo expressamente dispõe que "os órgãos ambientais integrantes do Sisnama [...] ficam autorizados a celebrar, com força de título executivo extrajudicial, termo de compromisso com pessoas físicas ou jurídicas responsáveis pela construção, instalação, ampliação e funcionamento de estabelecimentos e atividades utilizadores de recursos ambientais, considerados efetiva ou potencialmente poluidores". O objetivo é o de permitir que as pessoas físicas e jurídicas mencionadas possam promover as necessárias correções de suas atividades, para o atendimento das exigências impostas pelas autoridades ambientais competentes (§ 1º). A nosso ver, os mesmos efeitos conferidos ao TAC devem ser atribuídos ao denominado "Termo de Compromisso", a ele sendo aplicáveis as nossas ponderações acima referidas, inclusive quanto à falta de justa causa para a ação penal, conforme defendemos, ou mesmo, como já suscitado, causa supralegal de exclusão da ilicitude ou ainda causa extintiva da punibilidade, aplicando-se, por analogia *in bonam partem*, os termos do art. 60 da Lei n. 12.651/2012 a outras situações semelhantes. Em caso de rescisão do referido termo, poderá haver aplicação da pena de multa administrativa (art. 79-A, § 1º, IV, da MP n. 2.163-41, de 23 de agosto de 2001). Sobre a edição de medida provisória sobre direito penal, processual penal e processual civil, a EC n. 32, de 11 de setembro de 2001, modificou a redação do art. 62 da Constituição da República, passando a vedar expressamente, em seu novo § 1º, I, *b*, a edição de Medida Provisória sobre direito penal, processual penal e processual civil. Todavia, sempre que vier a favorecer a liberdade dos cidadãos, há de ser aberta exceção à vedação constitucional, com fundamento no princípio *favor libertatis*, como defendemos em nosso *Código Penal comentado*, cit., p. 77, rubrica "*nullum crimen, nulla poena sine lege scripta* — legalidade").

- **Programa de Regularização Ambiental (art. 60 da Lei n. 12.651/2012):** Em diversas matérias que envolvem autuações de órgãos governamentais, tem sido comum, nos últimos anos, a celebração de Termo de Ajuste de Conduta entre a pessoa autuada, o órgão fiscalizador envolvido e o Ministério Público, a fim de que as atividades da empresa não sejam interrompidas, por exemplo, comprometendo-se o infrator a adotar todas as medidas solicitadas. Ocorre que o *Parquet* tem, por vezes, se utilizado do próprio Termo de Ajuste assinado para oferecer denúncia criminal, postulando a condenação do empresário, argumentando ser a ação penal indisponível e o TAC uma inegável *confissão* da prática do crime objeto do acordo administrativo. Como se vê, nessas situações, o empresário, premido diante da possibilidade de sua empresa ser interditada, faz o acordo, mas logo depois vem um processo criminal que poderá levar até mesmo ao fechamento de sua empresa, além de sua prisão. Por imperativo ético, que não vinha sendo respeitado, em bom momento surgiu o art. 60 da Lei n. 12.651/2012, com o apoio da "Bancada Ruralista" de nosso Congresso Nacional, que estipula: "Art. 60. A assinatura de termo de compromisso para regularização de imóvel ou posse rural perante o órgão ambiental competente, mencionado no art. 59, suspenderá a punibilidade dos crimes previstos nos arts. 38, 39 e 48 da Lei n. 9.605, de 12 de fevereiro de 1998, enquanto o termo estiver sendo cumprido. § 1º A prescrição ficará interrompida durante o período de suspensão da pretensão punitiva. § 2º Extingue-se a punibilidade com a efetiva regularização prevista nesta Lei". A Lei n. 12.651, de 25 de maio de 2012, entrou em vigor na data de sua publicação (28 de maio de 2012). A retroatividade na aplicação deste art. 60 é evidente, uma vez que o dispositivo tem conteúdos processual e penal benéficos, devendo retroagir para abranger fatos anteriormente praticados, bem como a termos de compromissos celebrados antes da vigência da nova lei (art. 5º, XL, da CF). Oxalá o legislador, até mesmo por equidade, amplie a incidência deste artigo para todos os crimes ambientais, e não só para os delitos contra a flora referidos, envolvendo o corte de vegetação e a sua regeneração, mas para todo delito em que o Ministério Público celebre um acordo com o infrator, o que, a nosso ver, seria socialmente mais produtivo e útil. Aliás, não há coerência, por exemplo, no fato de o referido art. 60 não fazer menção ao art. 38-A da Lei Ambiental, que trata do crime de destruição ou dano da Mata Atlântica, o qual é punido com a mesma pena do art. 38, que cuida das mesmas condutas, mas praticadas em floresta de preservação permanente.

- Confissão do crime e extinção da punibilidade — *substantive due process of law* e analogia *in bonam partem*: Como afirmado na nota acima, infelizmente o Termo de Ajuste de Conduta tem sido utilizado como verdadeira confissão da prática do crime, com sério comprometimento ético por parte de agentes do Ministério Público que assim procedem e se recusam a colocar cláusula no acordo no sentido de que ele não importa confissão. Ou seja, o sujeito celebra o acordo, premido por circunstâncias emergenciais do momento, inclusive para não ter a sua atividade paralisada naquele instante, cumpre o TAC, sendo logo depois criminalmente processado e condenado com base na admissão de culpa implícita à celebração do acordo, o que se afigura algo absolutamente imoral. É por isso que estamos juntos com o pensamento de Márcio Barandier ("Repressão criminal após o termo de ajustamento de conduta ambiental", *Boletim IBCCRIM*, ano 20, n. 238, p. 14-15, setembro de 2012) e Helena Regina Lobo da Costa ("Termo de ajustamento de conduta e crime ambiental", *Boletim IBCCRIM*, São Paulo: ano 16, n. 190, p. 15, setembro de 2008), ao defenderem que o Termo de Ajustamento de Conduta afasta a justa causa para o recebimento de denúncia, desde que o termo de ajustamento de conduta tenha o mesmo objeto da ação penal e esteja sendo cumprido pelo autor. Outros efeitos ainda podem ser suscitados, conforme o caso: a) causa supralegal de exclusão da ilicitude; ou b) causa extintiva da punibilidade, a exemplo do que ocorre na hipótese de assinatura do termo de compromisso dentro do Programa de Regularização Ambiental — PRA, previsto expressamente para três crimes contra a flora, quais sejam, os dos arts. 38, 39 e 48 da Lei Ambiental, nos termos do art. 60 da Lei n. 12.651/2012 (*vide* nota acima), o que foi um grande passo em prol da coerência de nosso sistema. Observamos, contudo, que a jurisprudência, até o momento, vem relutando em conferir esses efeitos ao TAC, o que, todavia, poderá perfeitamente mudar no futuro diante desta última lei.

- Equidade e analogia *in bonam partem*: A nosso ver, afigura-se patente que, por isonomia, o mesmo tratamento deve ser dado aos demais delitos ambientais, aplicando-o a situações semelhantes, não incluídas nesse Programa de Regularização Ambiental, sendo mesmo odioso privilegiar-se um determinado grupo de pessoas e não aplicar as mesmas regras a outros. Daí, não só a possibilidade, mas a necessidade ética de se ampliar essa causa de extinção da punibilidade, havendo uma insustentável lacuna legislativa em relação aos demais ilícitos, a permitir a aplicação da analogia *in bonam partem*. Lembramos, aqui, quanto ao conceito de *substantive due process of law*, que Francisco Clementino de San Tiago Dantas (*Problemas de Direito Positivo — Estudos e Pareceres*, Rio de Janeiro: Forense, 1953, p. 46-47) há muito defendia o controle difuso de constitucionalidade, devendo os juízes zelarem para que "a diferenciação feita na lei seja natural e razoável, e não arbitrária ou caprichosa", abrindo-se "ao Poder Judiciário a porta por onde lhe vai ser dado examinar o próprio mérito da disposição legislativa [...] repelindo, como *undue process of law*, a lei caprichosa, arbitrária no diferenciar tratamento jurídico dado a uma classe de indivíduos", e complementando: "O tribunal faz o cotejamento da lei especial com as normas gerais do direito, e repele o direito de exceção que não lhe parece justificado".

- **Reflexo na transação penal:** Nos crimes ambientais de menor potencial ofensivo (isto é, com pena máxima cominada de até 2 anos), a assinatura do TAC satisfaz a exigência de "prévia composição do dano ambiental" constante deste art. 27, podendo em seguida ser oferecida a transação penal.

- **Reflexo na suspensão condicional do processo:** Nos crimes ambientais cuja pena mínima seja igual ou inferior a 1 ano, a promessa de reparação do dano ambiental — que pode dar-se através do TAC ou simplesmente em audiência criminal — constitui exigência também para que seja oferecida a suspensão condicional do processo (art. 89, § 1º, I, da Lei n. 9.099/95), sendo que a extinção da punibilidade dependerá de laudo de constatação de reparação do dano ambiental, salvo impossibilidade de fazê-lo (*vide* art. 28, inciso I, da Lei n. 9.605/96).

Jurisprudência do Termo de Ajuste de Conduta

- **A assinatura do TAC afasta a justa causa:** "Mandado de Segurança — Crime Ambiental — Existência de Termo de Compromisso de Ajustamento de Conduta — Ausência de justa causa — Deve ser trancada a ação penal por falta de justa causa na hipótese em que a impetrante assinou termo de compromisso de ajustamento de conduta ambiental junto aos órgãos competentes antes do oferecimento da denúncia — *Mandamus* concedido" (TJMG, Proc. 1.0000.03.400377-2, Rel. Juíza convocada Jane Silva, v.u., j. 25-6-2004). No mesmo sentido: "*Habeas corpus*. Acordo firmado com força de título executivo extrajudicial. Matéria penal definitivamente desconstituída que impede a apresentação da denúncia sobre o mesmo fato. Denúncia oferecida e recebida. Constrangimento ilegal caracterizado. Trancamento da ação penal ordenada" (TJMG, HC 1.0000.04.410063-4/000(1), j. 24-8-2004, Rel. Des. Antônio Carlos Cruvinel, v.u.). "*Habeas corpus*. Trancamento de ação penal. Crime Ambiental. Existência de Termo de Ajustamento de Conduta. Justa causa que não se verifica. Denúncia que não individualiza a conduta do paciente. Direito de defesa prejudicado. Inépcia. Ordem concedida" (TJMG, HC 1.0000.06.445201-4/00, Rel. Des. Reynaldo Ximenes Carneiro, j. 16-11-2006, v.u.).

- **A assinatura do TAC não afasta a justa causa:** A assinatura do Termo de Ajustamento de Conduta não revela ausência de justa causa para a ação penal e, por ausência de previsão legal nesse sentido, não constitui causa de extinção da ilicitude da conduta potencialmente configuradora de crime ambiental (STJ, 6ª T., REsp 1.294.980, Rel. Min. Alderita Ramos de Oliveira, j. 11-12-2012, *DJe* 18-12-2012). No mesmo sentido: TJSP, 14ª Câm., Ap. 0001828-81.2005-8-26.0543, Rel. Des. Miguel Marques e Silva, j. 31-1-2013). O TAC apenas exime o acusado de suas responsabilidades cíveis; tampouco significa arrependimento posterior, pois o TAC não se caracteriza como ato voluntário do agente; ademais, o fato de ter assinado não significa que irá cumpri-lo (TJRS, 4ª Câm., Ap. 70051442465, Rel. Des. Marco Antonio Ribeiro de Oliveira, j. 29-11-2012).

Art. 80. O Poder Executivo regulamentará esta Lei no prazo de 90 (noventa) dias a contar de sua publicação.

Art. 81. (*Vetado.*)

Art. 82. Revogam-se as disposições em contrário.

- Vigência: A presente lei foi publicada no *Diário Oficial da União* de 13-2-1998, passando a vigorar nessa mesma data.

Brasília, 12 de fevereiro de 1998; 177º da Independência e 110º da República.

FERNANDO HENRIQUE CARDOSO
Gustavo Krause

CRIMES DE LAVAGEM DE DINHEIRO

LEI N. 9.613, DE 3 DE MARÇO DE 1998

> *Dispõe sobre os crimes de "lavagem" ou ocultação de bens, direitos e valores; a prevenção da utilização do sistema financeiro para os ilícitos previstos nesta Lei; cria o Conselho de Controle de Atividades Financeiras — Coaf, e dá outras providências.*

O Presidente da República:
Faço saber que o Congresso Nacional decreta e eu sanciono a seguinte Lei:

- **Noção:** Com a expressão "lavagem de dinheiro" busca-se abranger toda a atividade empregada para dar aparência lícita ao produto econômico de crimes, viabilizando seu ingresso na economia formal e, desse modo, a sua efetiva e despreocupada utilização pelo criminoso, evitando-se o seu confisco, mesmo porque a economia, nos dias de hoje, e em virtude da informática — e o sistema bancário brasileiro é altamente informatizado e ágil —, encontra-se cada vez mais fiscalizada (CPMF, Imposto de Renda, escrituras de compra e venda com indicação do CPF das partes etc.).

- **Fases da lavagem:** A lavagem de dinheiro pode ocorrer das mais diversas formas, tanto numerosas quanto for a criatividade e a inteligência daqueles que a perpetram. Por vezes perfaz-se de modo bastante simples; em outras oportunidades, de modo sofisticado e de mais difícil rastreamento. De qualquer maneira, as operações efetuadas durante o *iter criminis* da lavagem, consoante observa Nuno Brandão, "passam geralmente por 3 fases [...] num primeiro momento, designado por colocação (*placement stage*), procura-se colocar os capitais ilícitos no sistema financeiro ou noutras atividades; para, numa segunda fase, chamada de transformação (*layering stage*), realizar as operações necessárias a ocultar essa proveniência criminosa; e num terceiro momento, o da integração (*integration stage*), introduzir os capitais no circuito econômico legal" (*Branqueamento de capitais: o sistema comunitário de prevenção*. Coleção Argumentandum, dirigida por J. J. Gomes Canotilho. Coimbra: Coimbra Editora, 2002, v. 11, p. 15). Com essa didática consideração, a análise e compreensão do art. 1º, *caput* e §§ 1º e 2º, da Lei n. 9.613/98 torna-se mais acessível. É o que procuraremos demonstrar ao leitor nos seus respectivos comentários.

- **Breve histórico:** A preocupação com a transferência e a dissimulação da origem ilícita de fundos já se encontrava presente na Resolução n. 80 do Conselho da Europa, de 27 de junho de 1980, por meio da qual se recomendava aos governantes dos Estados-membros algumas medidas relativas ao sistema bancário, como a verificação da identidade dos clientes, a limitação à locação de cofres em agências bancárias, a manutenção nas agências de lotes de dinheiro em espécie com registro de numeração para eventual rastreamento da sua utilização, bem como o treinamento dos bancários voltado para evitar a lavagem. De modo mais enfático, e com força cogente nos países signatários que a tenham ratificado e promulgado internamente, desponta a Convenção de Viena contra o tráfico ilícito de entorpecentes e substâncias psicotrópicas, de 19 de dezembro de 1988, e que pode ser visualizada como o ápice da luta contra o tráfico ilícito de drogas, que vem desde a Convenção Internacional contra o ópio, de 1912, sucedida pelas Convenções contra as drogas de 1931 e 1936, a Convenção Única de 1961 e seu protocolo adicional de 1972, e a Convenção Internacional de 1971 (cf. Olivier Jerez, *Le blanchiment de l'argent*. 2. ed., Paris: Revue Banque Édition, 2003, p. 172-173). No Brasil, a Convenção de Viena foi ratificada pelo Congresso Nacional por meio do Decreto Legislativo n. 162, de 14 de junho de 1991, e promulgada pelo Presidente da República mediante o Decreto n. 154, de 26 de junho de 1991. Enfatiza a sua Exposição de Motivos a preocupação com os "consideráveis rendimentos financeiros e grandes fortunas que permitem às organizações criminosas transnacionais invadir, contaminar e corromper as estruturas da administração pública, as atividades comerciais e financeiras lícitas e a sociedade em todos os seus níveis", buscando-se "privar as pessoas dedicadas ao tráfico ilícito do produto de suas atividades criminosas e eliminar, assim, o principal incentivo a essa atividade". Indo além do que dispunham os instrumentos internacionais anteriores, que deixavam aos Estados dispor sobre a repressão a esses delitos, a Convenção de Viena (art. 3º, n. 1, *b* e *c*) de antemão estipula que eles adotarão "as medidas necessárias para caracterizar como delitos penais em seu direito interno, quando cometidos internacionalmente", a chamada *lavagem de dinheiro*, limitada, contudo, ao produto do tráfico ilícito de entorpecentes. De outra sorte, embora estranho ao âmbito legislativo, afigura-se oportuno anotar que em 1989 foi criado, em Paris, o *Grupo de ação financeira sobre a lavagem de dinheiro* (*Groupe d'action financière sur le blanchiment de capitaux — GAFI ou Financial Action Task Force on Money Laundering*), inicialmente composto pelos países que formam o chamado G7 (grupo dos sete países mais industrializados do mundo) e que, atualmente, conta com trinta e três membros, dentre eles o Brasil, tendo editado, até 2012, quarenta *Recomendações* e nove *Recomendações Especiais* (disponível em: <www.fatf-gafi.org>), sendo que a de n. 1 propõe o alargamento do conceito de lavagem de dinheiro, não se limitando ao tráfico ilícito de entorpecentes (como faz a mencionada Convenção de Viena), mas abarcando "infrações graves", ou seja, cuja pena máxima não seja inferior a quatro anos (cf., *v.g.*, o art. 2º, *b*, do Anexo I, da Convenção das Nações Unidas contra a Delinquência Organizada Transnacional, aberta à assinatura em dezembro de 2000 — Convenção de Palermo, e protocolos adicionais). No mesmo sentido, a título de direito comparado, é também interessante lembrar a Convenção n. 141 do Conselho da Europa, de 8 de novembro de 1990, relativa à lavagem, descoberta, apreensão ou sequestro, e confisco de produtos de crime, a qual não se restringe ao produto do tráfico de entorpecentes, deixando a critério de cada país a definição dos crimes antecedentes. Existem, ainda, outros diplomas internacionais respeitantes à matéria, como o que resultou, em nosso Continente, da XXII Assembleia Geral da Organização dos Estados Americanos (OEA), de maio de 1992, na qual se propôs o denominado *Regulamento Modelo sobre Delitos de Lavagem Relacionados com o Tráfico Ilícito de Drogas e Delitos Conexos* (como consigna a própria Exposição de Motivos da Lei n. 9.913, de 1º de março de 1998, n. 5). Em meio a esse contexto — ora limitado ao produto do tráfico ilícito de entorpecentes, ora com escopo notadamente mais amplo —, o legislador brasileiro, em 1998, elencou um rol taxativo de crimes antecedentes, não se limitando à lavagem do produto de crimes relacionados a drogas; abarcou inúmeros outros (terrorismo e seu financiamento, contrabando ou tráfico de armas, munições ou material destinado à sua produção, extorsão mediante sequestro, contra a Administração Pública, contra o Sistema Financeiro Nacional, praticado por organização criminosa e praticado por particular contra a administração pública estrangeira). Passados 14 anos, a Lei n. 12.683, de 9 de julho de 2012, fez ampla reforma na Lei de Lavagem, deixando de exigir que o objeto material do crime de lavagem fosse apenas o proveito material decorrente da prática daqueles crimes antecedentes. Ampliando a incidência penal, a nova disciplina da Lei de Lavagem de Dinheiro trará grandes repercussões no mundo jurídico, bem como problemas muito sérios lembrando-se, por exemplo, o da *proporcionalidade das penas* diante de crimes anteriores menos graves, gerando perplexidade.

- As denominadas *Offshore Companies* e os chamados *Offshore Trusts*: O termo *offshore*, consoante esclarece Paulo Sandroni em seu *Novíssimo Dicionário de Economia* (9. ed. São Paulo: Best Seller, 2002, p. 429), "designa qualquer organização financeira sediada fora dos Estados Unidos", complementando: "Assim, por exemplo, um banco sediado no Panamá é considerado um *offshore bank* e suas operações são submetidas a uma legislação especial nos Estados Unidos". A expressão acabou difundida mundialmente, passando a indicar, sobretudo, empresas sediadas em países que guardam rigoroso sigilo notarial, bancário e fiscal, tanto "para além da costa" norte-americana (de acordo com o significado literal da palavra *offshore*), como as Ilhas Cayman e as Ilhas Virgens Britânicas, quanto em outras localidades continentais (Uruguai, Áustria, Liechtenstein e Suíça) ou não (Ilhas Jersey). Igualmente, encontram-se formados, nesses países, *trusts*, ou seja, entidades legais criadas por um doador (*grantor*), em vida ou por testamento, em que posses (dinheiro, bens imóveis, títulos etc.) são transferidas com o propósito de serem administradas por terceira pessoa (bancos, por exemplo), em benefício de terceiros: "The trustee holds a fiduciary responsibility to manage the trust's corpus assets and income for the economic benefit of all of the beneficiaries" (assim livremente traduzido: "O curador assume responsabilidade fiduciária para administrar o patrimônio em fideicomisso e a sua renda para o benefício de todos os beneficiários") (*Black's Law Dictionary*, 6. ed. St. Paul, Minn.: West Publishing Co., 1990, p. 1508-1509). Em razão do estrito sigilo adotado por esses países, os sócios das companhias neles sediadas, bem como os doadores e beneficiários dos referidos *trusts*, em regra, jamais são conhecidos. Desse modo, a não ser que o Brasil proíba investimentos, em nosso território, de empresas ou bancos sediados em países com rigorosos sigilos bancário e notarial (seja pela abertura de filiais brasileiras ou por meio de investimentos bancários com lastro nos mencionados *trusts*), o que, certamente, geraria tormentosos incidentes internacionais e desfalque na nossa balança de capitais, o combate à lavagem será, sempre, muito difícil, quando envolver paraísos fiscais. Não que o dinheiro movimentado por empresas ou *trusts offshore* decorra, necessariamente, de crimes; muito pelo contrário, existem grandes e respeitados investidores estrangeiros que se utilizam de contas bancárias nessas localidades para facilitar a movimentação de capitais, em face da dinâmica exigida pelo mercado. Ocorre que o sigilo propicia a má utilização dessas empresas, facilitando a lavagem.

Capítulo I
DOS CRIMES DE "LAVAGEM" OU OCULTAÇÃO DE BENS, DIREITOS E VALORES

Art. 1º Ocultar ou dissimular a natureza, origem, localização, disposição, movimentação ou propriedade de bens, direitos ou valores provenientes, direta ou indiretamente, de infração penal.

I a VIII — (*Revogados.*)

Pena — reclusão de 3 (três) a 10 (dez) anos e multa.

Art. 1º (caput)

■ **Alterações:** A Lei n. 12.683, de 9 de julho de 2012, alterou os termos do art. 1º, deixando de exigir que o objeto material da lavagem fosse exclusivamente o produto econômico de determinados crimes antecedentes (terrorismo e seu financiamento, contrabando ou tráfico de armas, munições ou material destinado à sua produção, extorsão mediante sequestro, contra a Administração Pública, contra o Sistema Financeiro Nacional, praticado por organização criminosa e praticado por particular contra a administração pública estrangeira), ampliando enormemente a abrangência do tipo penal. Antes dessa drástica alteração, o antigo inciso II tinha redação determinada pela Lei n. 10.701, de 9 de julho de 2003, e o antigo inciso VIII, redação determinada pela Lei n. 10.467, de 11 de junho de 2002.

■ *Vide*, abaixo, notas *Irretroatividade do novo art. 1º* e *Desproporcionalidade penal*.

■ **Objeto jurídico:** Acerca do bem juridicamente tutelado pela Lei n. 9.613/98, o entendimento da doutrina não é pacífico. Antes de abordá-lo, cumpre consignar que todo bem jurídico tutelado por norma de direito penal deve ser *preciso, exato, definido*, inadmitindo-se que o objeto juridicamente protegido pelo preceito incriminador seja fluído, incerto, despojado de contornos delimitados. Trata-se de legalidade no plano *material penal*, constante da *Magna Carta* (art. 5º, XXXIX) e do Código Penal (art. 1º) brasileiros — não há crime sem lei anterior que o defina, nem pena sem prévia cominação legal —, em consonância com a concepção de que o fundamento de todo Estado Democrático de Direito é a tutela da liberdade jurídica do ser humano, sendo, a sua restrição, excepcional, em prol do respeito da dignidade humana (cf. o pensamento de Marcello Caetano, *apud* João Melo Franco e Herlander Antunes Martins, *Dicionário de conceitos e princípios jurídicos*. Coimbra: Almedina, 1993, p. 399). Assim, entende-se ser o objeto jurídico do crime do art. 1º da Lei n. 9.613/98:

a) Ordem socioeconômica e o sistema financeiro: Defendida, entre nós, por Luiz Flávio Gomes ("Lei de lavagem de capitais: aspectos processuais". *Bol. IBCCr* n. 65, abril de 1998), Antonio Sérgio Altieri de Moraes Pitombo (*Lavagem de dinheiro — a tipicidade do crime antecedente*. São Paulo: Revista dos Tribunais, 2003, p. 82-88) e José Laurindo de Souza Netto (*Lavagem de dinheiro*. Curitiba: Juruá, 2000, p. 61), sustentando, este último, com apoio em José Francisco de Faria Costa ("O branqueamento de capitais". *Boletim da Faculdade de Direito de Coimbra*, 1992, Separata do Boletim da Faculdade de Direito, v. 68, *apud* Souza Netto, ob. e loc. cits.) e em Gaetano Pecorella ("Circulazione del denaro e riciclaggio". *Rivista Italiana di Diritto e Procedura Penale*. Milano: Giuffrè, 1991, fascículo 4, p. 1221, *idem*), que a lavagem de dinheiro "coloca em perigo a livre concorrência e o sistema de economia de livre mercado, pois uma empresa que utiliza dinheiro 'sujo' se encontra em situação notavelmente superior àquela análoga que deve encontrar no mercado seus próprios meios financeiros" (ob. e loc. cits.). William Terra de Oliveira entende também, como objeto jurídico do crime de lavagem, a ordem econômico-financeira, atentando, além das questões atinentes à "concorrência desleal", à "criação de monopólios ou grupos dominantes" e ao "abuso do poder econômico" (que, na verdade, se relacionam), para o eventual "comprometimento do normal fluxo de capitais [...] a pouca visibilidade das operações financeiras [...] a facilitação da corrupção etc." (*Lei de Lavagem de Capitais*. São Paulo: Revista dos Tribunais, 1998, p. 321). *Nossa crítica*: Concorrência desleal, monopólios, abuso do poder econômico e comprometimento do fluxo de capitais de um país só encontrariam respaldo se todos os crimes antecedentes constantes do art. 1º da Lei n. 9.613/98 tivessem, *necessariamente*, *grande retorno econômico*, sendo praticados, outrossim, *continuamente*, por sólidas e estáveis organizações criminosas, dotadas de práticas operacionais planejadas metódica e sistematicamente, com escopo político e econômico. Foi esta, de fato, a preocupação internacional que levou à elaboração das Convenções de Viena e Palermo, pelas quais os Estados signatários comprometeram-se a tipificar como crime específico a lavagem de dinheiro (cf. aponta Rodrigo Santiago, "O *branqueamento* de capitais e outros produtos do crime". *Revista Portuguesa de Ciência Criminal*. Lisboa: Aequitas, ano 4, n. 4, outubro-dezembro de 1994, p. 498-499). Tratar-se-ia de organizações criminosas que, partindo para a "diversificação" de seus "investimentos", passassem, ao lavar o dinheiro sujo, a financiar empresas atuantes no mercado com atividade formalmente lícita (empresas de ônibus, farmácias, postos de gasolina, até mesmo empresas de mídia). A alegada e genérica "facilitação da corrupção" e a "pouca visibilidade das operações financeiras" dizem mais com regras do sistema financeiro — como a de que a instituição bancária deve conhecer o seu cliente, e a do sigilo bancário — do que, propriamente, com o Direito Penal. Desta feita, entender a ordem socioeconômica e o sistema financeiro como os bens juridicamente tutelados pela Lei n. 9.613/98 não se sustenta em razão da opção adotada por nosso legislador. Com efeito, a legislação pátria, tendo em vista o rol dos crimes antecedentes do art. 1º, tipifica, com manifesto excesso, até mesmo a lavagem de dinheiro decorrente de um único crime, sem maior expressão econômica. Trata-se do que foi denominado, com felicidade, pelo Ministro Sepúlveda Pertence, da Suprema Corte, "lavanderia de classe média", da qual "não seria de esperar nela o emprego das técnicas sofisticadas de engenharia financeira que marcam a reciclagem dos grandes capitais do crime organizado, transnacional, que — entre assustada e fascinada — a literatura tenta descrever" (1ª T., RHC 80.816-6, j. 10-4-2001, v.u., *DJU* 18-6-2001). Na lavagem do dinheiro, por exemplo, de um delito isolado de extorsão mediante sequestro, não haverá, evidentemente, lesão à ordem socioeconômica. Ademais, a concepção do que seja ordem econômica ou socioeconômica é *demasiadamente ampla*, o que se afigura incompatível com a segurança jurídica que o ordenamento legal deve propiciar, sobretudo em matéria criminal, já que a definição do objeto jurídico tem implicações na determinação do alcance das figuras típicas, além de outras, como a fixação da competência para o seu julgamento. Deve o bem juridicamente tutelado pela lei penal, assim, ser delimitado, o que não sucede com o conceito de *ordem econômica, econômico-financeira* ou *socioeconômica*. Para chegarmos à conclusão sobre a fluidez desse conceito, basta a leitura do art. 170 da CR, o qual estabelece que a ordem econômica decorre do interesse estatal em estipular regras para a organização de sua economia, com vistas à valorização do trabalho, livre-iniciativa e asseguração de existência digna a todos. Nesse sentido, as palavras de J. J. Gomes Canotilho e Vital Moreira que, ao tratarem da *ordem econômica*, a definem como o "conjunto das normas e dos princípios constitucionais relativos à economia" (*Constituição da República Portuguesa anotada*. 3. ed. Coimbra: Coimbra Editora, 1993, p. 383). Razão assiste a Roberto Podval, aqui, ao afirmar que "o bem jurídico não pode, nem deve ser admitido de forma tão genérica, sob pena de, indiretamente, extinguir-se a garantia que o bem jurídico oferece" ("O bem jurídico do delito de lavagem de dinheiro". *RBCCr*, ano 6, n. 24, outubro-dezembro de 1998, p. 213).

b) A transparência e a integridade do sistema econômico-financeiro — a licitude dos bens circulantes no mercado: no entendimento de João José Davin Neves dos Santos, "o bem juridicamente tutelado pela lei portuguesa de lavagem de dinheiro não é a concorrência ou a credibilidade e confiança nas instituições financeiras, mas a proteção da transparência e a integridade do sistema econômico/financeiro numa dupla vertente, nacional e internacional" ("O branqueamento de capitais em Portugal". *RBCCr*, ano 11, n. 44, julho-setembro de 2003, p. 227). Já para Juana Del Carpio Delgado, o bem juridicamente tutelado pelo crime de *lavagem de dinheiro* seria o da "licitude dos bens que circulam no mercado" (*El delito de blanqueo de bienes en el nuevo Código Penal*. Valencia: Tirant lo Blanch, 1997, p. 85-86, *apud* Roberto Podval, "O bem jurídico do delito de lavagem de dinheiro". *RBCCr* cit., p. 216). *Nossa crítica*: este entendimento, como também salientado por PODVAL, encontra obstáculo ao verificar que a criminalização da *lavagem de dinheiro* não abrange a ocultação, dissimulação e integração no mercado do proveito de todo e qualquer crime, mas apenas aqueles referidos nos incisos I a VIII do art. 1º da Lei de Lavagem de Dinheiro. Trata-se de enumeração taxativa e não exemplificativa. Assim, a "lavagem" de bens, direitos ou valores provenientes de delito de estelionato, por exemplo, poderia configurar o crime de *favorecimento real*, previsto no art. 349 do CP, cujo bem jurídico é a Administração da Justiça, mas não o crime previsto no art. 1º da Lei n. 9.613/98.

c) *Administração da Justiça, ordem econômica e bens juridicamente tutelados pelo tipo penal antecedente:* Defendendo que o crime de lavagem de dinheiro é *pluriofensivo*, Rodolfo Tigre Maia sustenta que com a lavagem estar-se-á sempre violando a Administração da Justiça, na concepção de Heleno Cláudio Fragoso, ou seja, atingindo-a "como instituição e como função, prejudicando-a em sua realização prática e ofendendo-lhe o prestígio e a confiança que deve inspirar" (*Lições de Direito Penal — Parte Especial*. 6. ed. atualizada por Fernando Fragoso. Rio de Janeiro: Forense, 1988, v. 2, p. 515). De outra sorte, Rodolfo Tigre Maia observa que com a lavagem também poderão ser violados, ou não, e de forma mediata, outros bens jurídicos, como a ordem econômica. Isso tudo sem prejuízo da ofensa aos próprios bens jurídicos tutelados pelos crimes antecedentes (saúde pública, segurança nacional, administração pública, Sistema Financeiro Nacional, patrimônio, liberdade individual, integridade física, vida e paz pública) (*Lavagem de dinheiro*. 1. ed., 2. tir. São Paulo: Malheiros, 2004, p. 57-60). *Nossa crítica*: procurou-se, assim, abranger *todos* os bens jurídicos respeitantes aos delitos antecedentes, como se o crime de lavagem fosse um "supertipo", na expressão cunhada por Antonio Sérgio A. de Moraes Pitombo, "o que implicaria a própria negação da ideia de tipo" (*Lavagem de dinheiro*, cit., p. 74).

d) *Administração da Justiça (o combate às infrações penais antecedentes):* Roberto Podval sustenta que, ao tipificar os crimes de *lavagem de dinheiro*, "está o legislador, no fundo, tentando evitá-los" (os crimes antecedentes), mesmo porque a incriminação da "lavagem é a forma de dificultar a proliferação de tais crimes, em razão dos malefícios reais que esses crimes trazem para a ordem social" ("O bem jurídico do delito de lavagem de dinheiro". *RBCCr*, cit., p. 218). Demonstrando que a pessoa que *lava* o dinheiro pode ou não ter proveito econômico — ao contrário do que sucede com o crime de receptação, previsto no art. 180 do CP, em que o proveito sempre existe —, anota Podval que, no fundo, "o crime de lavagem é uma espécie de favorecimento real" — tipificado no art. 349 do CP — "por ser criado para proteger a Administração da Justiça, que se encontra incapaz de punir os responsáveis pelos crimes antecedentes, em razão do auxílio prestado aos criminosos", citando Ernest Joaquim Lampe (*El nuevo tipo penal del blanqueo de dinero*. Versión castellana de la Conferencia Publicada en Juristen — Zeitung, 1994, traduzido por Miguel Abel Souto, p. 459 e s.). Conclui que "a conduta do agente que dá aparência de lícito a produto ilícito tem como resultado principal a impossibilidade de a Justiça punir o autor do crime antecedente, que se vê protegido pela lavagem. Com a referida conduta, tanto o prestígio como a eficácia da Justiça encontra-se em cheque, sendo, seu bem jurídico — administração da Justiça — violado" (art. e loc. cits., p. 220-221). Nesse sentido manifestou-se, também, o STF, em acórdão da lavra do Ministro Sepúlveda Pertence, ao afirmar que parece ser "a mais convincente das posturas, na discussão a respeito", a que "identifica na Administração da Justiça o bem jurídico protegido por sua incriminação" (1ª T., RHC 80.816-6, j. 10-4-2001, v.u. — *DJU* 18-6-2001). De qualquer modo, afigura-se pertinente ressaltar o pensamento de Rodrigo Santiago no sentido de que, ao se admitir como bem tutelado "o regime jurídico do combate" ao crime antecedente, há confusão entre "o conceito de *bem jurídico*, e aquilo que constitui a *motivação do legislador*". Destarte, embora reconhecendo suas dúvidas a respeito, e que, "em boa verdade, a cada tipo de crime devia corresponder a pretensão de tutela de um autônomo bem jurídico", conclui: "Nem sempre, o legislador, ao criar novos tipos, se norteia por essa diretriz fundamental" ("O branqueamento de capitais e outros produtos do crime". *Revista Portuguesa de Ciência Criminal*, cit., p. 530).

e) Nossa posição: a eficácia do efeito genérico da condenação pelo delito antecedente (o confisco do produto do crime): o crime de lavagem de dinheiro, cujo agente pode ou não ter proveito econômico (o que o distingue do delito de receptação, em que sempre há esse proveito), é, temos convicção, nada mais do que uma forma *especial* do crime de favorecimento real, previsto como crime no art. 349 do CP, embora este exija dolo específico (para "tornar seguro o proveito do crime") e o delito do art. 1º, *caput*, da Lei de Lavagem de Dinheiro, apenas dolo genérico. Desse modo, afigura-se inquestionável que o bem juridicamente tutelado — pela própria menção ao crime antecedente — é, em primeiro plano, a *Administração da Justiça*, com especial ênfase na garantia de eficácia ao efeito genérico da condenação pela prática do crime antecedente (art. 91, II, *b*, do CP e art. 48 da Lei n. 10.409/2002, tratando este último de tráfico de entorpecentes). Ao fazê-lo, a presente lei, de forma correlata, objetiva também o *desbaratamento de estruturas criminosas* formadas, até mesmo com certo profissionalismo, *justamente para esconder o produto de crimes*, cometidos em nosso país ou no exterior, com o escopo de impedir ou dificultar que riquezas de origem espúria sejam confiscadas pelo Poder Judiciário e, assim, que os criminosos delas façam proveito. Essa concepção, do *desbaratamento de estruturas voltadas à lavagem de dinheiro* (cf. o crime do art. 2º, II), encontra-se, assim, em consonância com a inexigibilidade de existir trânsito em julgado em relação à infração penal antecedente (art. 2º, § 1º). Evidentemente, garantida eficácia à perda de bens oriundos do delito antecedente (efeito *imediato*), isso servirá, em um segundo plano, de contraestímulo à futura prática de infrações penais que visem ao lucro (efeito *mediato*). Como exemplo, do mesmo modo que, no campo *pessoal*, pune-se o favorecimento pessoal (CP, art. 348) e o auxílio à fuga de pessoa que foi condenada e que está cumprindo pena (CP, art. 351), sanciona-se, no campo *real*, a lavagem do produto ou proveito de infrações penais, de forma mais agravada do que a prevista no delito congênere de favorecimento real. De qualquer modo, referimo-nos a uma forma *especial* de favorecimento real em razão do crime de lavagem de dinheiro, pela sua natureza, exigir um *plus* em relação ao mero favorecimento real do art. 349 do CP, sendo necessário que os bens, direitos ou valores oriundos do crime antecedente *efetivamente retornem à economia com aparência lícita.*

- Sujeito ativo: Qualquer pessoa (crime comum), com exceção do autor, coautor ou partícipe condenado pelo crime antecedente (*vide* notas abaixo).

- Atipicidade da "lavagem" praticada pelo autor do delito antecedente: *O justo anseio internacional de reprimir, com maior rigor, a prática de determinados crimes, buscando apreender bens móveis e sequestrar imóveis, deles provenientes, para confiscá-los, "estrangulando" financeiramente o crime organizado transnacional, atrelado ou não ao tráfico ilícito de entorpecentes (cf., nos comentários iniciais à presente lei, na nota Breve histórico, as Convenções de Viena, de 1988, e de Palermo, de 2000), não tem o condão de se sobrepor a certos postulados ínsitos ao direito penal de um Estado Democrático de Direito, vedando-se que se imponha a alguém deveres jurídicos utópicos, bem como se proibindo dupla punição. Com efeito, não se pode impor a alguém que tenha sido punido pela prática de um crime o dever jurídico de submeter-se espontaneamente à pena. Daí ser o processo de execução penal (ao contrário do que sucede na esfera privada) sempre necessário. Nesse sentido, observamos que a fuga do cárcere, sem violência contra pessoa, daquele que se encontra cumprindo pena, não constitui qualquer infração penal; salvo o cometimento de eventual delito de dano ao cerrar grades (CP, art. 163), a conduta do preso que foge não encontra tipificação no art. 352 do CP, podendo cogitar-se, somente, falta grave (LEP, art. 50, II). Ao contrário, aquele que se encontra em liberdade e auxilia o condenado a fugir, ainda que sem violência, pratica o crime do art. 351, caput, do Diploma Penal. Guardadas as proporções, o mesmo raciocínio aplica-se à disciplina do delito de lavagem de dinheiro. Àquele que é condenado pelo delito antecedente não se pode impor o dever jurídico de espontaneamente entregar ao Estado, para ser confiscado o produto ou o proveito do crime pelo qual foi apenado. É contra a natureza das coisas, o bom senso e até mesmo a lógica punir o delinquente por ter, ele mesmo, sem ofender outros bens juridicamente tutelados — vide nota Prática pelo autor do delito antecedente de outros crimes (que não o de "lavagem") —, ocultado ou dissimulado a origem do dinheiro proveniente do crime que praticou e pelo qual já está sendo punido. A conduta posterior é, portanto, atípica; a sua punição, ademais, importaria em inadmissível* bis in idem. *Nesse sentido, observa Jorge Alexandre Fernandes Godinho que "o intuito de evitar o confisco de bens ilicitamente adquiridos é conatural a qualquer crime de cunho aquisitivo, sendo um facto posterior impune quando praticado pelo agente do crime precedente" (*Do crime de "branqueamento" de capitais — Introdução e tipicidade*. Coimbra: Almedina, 2001, p. 228-229). Referimo-nos, evidentemente, tão só ao autor, coautor ou partícipe do crime antecedente e não a terceiro que o tenha auxiliado na ulterior "lavagem", como um gerente de banco, corretor de seguros,* marchand *de obras de arte etc., restando* *ofendido o bem jurídico Administração da Justiça — cf. rubrica A eficácia do efeito genérico da condenação pelo delito antecedente (o confisco do produto do crime).*

■ ***Post factum* impunível (exaurimento, exaustão do crime antecedente):** *O mero exaurimento do delito antecedente, sem ofensa a novos bens jurídicos e tampouco incremento da lesão ao bem jurídico anteriormente vulnerado, como decorrência natural do mesmo intento, não tem o condão de ensejar outra punição (que se daria em concurso material) além da referente ao crime antecedente. Nesse sentido, Hans-Heinrich Jescheck afirma que "a ação típica que ocorra após o delito e unicamente pretenda assegurar, aproveitar ou materializar o ganho obtido pelo primeiro fato, resta consumida quanto não se lesiona nenhum outro bem jurídico e o dano não se amplia quantitativamente para além do ocasionado (fato posterior impune, ou melhor, punido simultaneamente). Aqui, o típico da relação entre o delito e o fato posterior fundamenta-se no fato de que o autor deve geralmente praticar essa conduta posterior se deseja que o principal tenha algum sentido para ele. Por isso, a apropriação da coisa furtada por parte do ladrão não constitui nenhuma apropriação indébita que se possa analisar com independência [...] porém, ao contrário, a venda da coisa a um terceiro de boa-fé deve ser punida como estelionato, posto que com o patrimônio do adquirente se lesiona um novo bem jurídico" (*Tratado de Derecho Penal — Parte General. 4. ed. Granada: Comares, 1993, p. 674 — tradução livre*). Igualmente, Santiago Mir Puig refere-se às condutas que "constituem a forma de assegurar ou realizar um benefício obtido ou perseguido por um fato anterior e não lesionam nenhum bem jurídico distinto do vulnerado por esse fato anterior nem aumentam o dano produzido pelo mesmo" (*Derecho Penal — Parte General. Barcelona: PPU, 1990, p. 741 — tradução livre*). Entre nós, podemos lembrar o magistério de Aníbal Bruno, para quem "um fato anterior ou posterior, que não ofende novo bem jurídico, é muitas vezes absorvido pelo fato principal, e não tem outra punição além da punição deste (mitbestrafte). É o chamado antefato ou pós--fato não punível [...] Neles há sempre uma pluralidade de ações em sentido naturalista [...] embora só ofendam o mesmo bem jurídico e obedeçam, geralmente, a um só motivo, que orienta a linha dos fatos que se sucedem, tendo por núcleo o fato principal" (*Direito penal. 3. ed. Rio de Janeiro: Forense, 1967, t. I, p. 277*). Apesar da constatação de que o bem jurídico violado com o crime de lavagem de dinheiro — a Administração da Justiça — não se identifica, formalmente, com aquele violado por meio da prática do delito antecedente (v.g., a saúde pública, no caso de tráfico), a nosso ver há concurso aparente de normas quando o sujeito ativo do "pós-delito" (a "lavagem") for o mesmo do delito antecedente. É que o bem jurídico Administração da Justiça ostenta, in casu, uma peculiaridade. A respeito, bem observa Jorge Alexandre Fernandes Godinho: "Pese embora a realização da justiça [para nós, Administração da Justiça] ser formalmente um bem jurídico diverso, em termos materiais verifica-se que, uma vez consumada a lesão do bem jurídico tutelado pelo crime precedente, surge em seu lugar o bem jurídico que é a realização da justiça" (ob. cit., p. 239). Com precisão, este doutrinador traz à colação as palavras de Pablo Sán-*

ches-Ostiz Gutiérrez: "Os tipos visam evitar condutas qualificadas por colocarem em perigo bens jurídicos. Uma vez que este [o perigo, nota nossa] já se produziu [...], o interesse na proteção não desaparece, mas se vê transformado em outro: o interesse em que a Administração da Justiça atue, para conferir aos bens jurídicos a tutela que desde sempre devia prestar-lhes (restituição do objeto, punição do autor etc.)" (El encubrimiento como delito. Valencia: Tirant lo Blanch, 1998, n. 22, apud Fernandes Godinho, ob. e loc. cits. — tradução livre). Levando-se em conta, assim, o conceito material de bem jurídico, a "lavagem" praticada pelo autor do crime antecedente constitui mero exaurimento do crime anterior, ou seja, irrelevante penal. Conferir, a propósito, as pertinentes ponderações de Andrea Galhardo Palma ("Dos crimes de 'lavagem' de dinheiro e a tutela penal". Boletim do Instituto Manoel Pedro Pimentel. Publicação do Centro de Estudos Penais e Criminológicos. São Paulo, ano II, n. 3, março de 1998, p. 26-28), bem como, mais uma vez, as palavras de Fernandes Godinho, que, embora atinentes à legislação portuguesa, também aqui são pertinentes: "O branqueador terá pois de ser pessoa diversa da que cometeu a infracção geradora dos lucros. Pelo que não é punível o branqueamento de capitais obtidos pelo próprio através das infracções precedentes" (ob. cit., p. 240). É de registrar, por fim, e a título de direito comparado, o art. 6, 2, b, da Convenção do Conselho da Europa n. 141, de 1990, relativa ao branqueamento ou dissimulação, ao sequestro e ao confisco de produtos de crime, o qual, após estabelecer a conceituação do que seja lavagem de dinheiro, dispõe que na legislação dos Estados-membros "pode ser previsto que as infrações enunciadas por este parágrafo não se apliquem aos autores da infração principal", isto é, do delito antecedente (Coopération Internationale en Matière Pénale — Conventions du Conseil de l'Europe. Strasburgo: Editions du Conseil de l'Europe, 1997, p. 89). A mencionada Convenção, portanto, não exclui a tese por nós encampada e defendida, tudo a demonstrar a seriedade dos argumentos que a embasam. Compartilha desse entendimento Miguel Reale Júnior, ao assim se manifestar em palestra de abertura, proferida no dia 22 de setembro de 2011, em evento por nós realizado intitulado I Fórum do Instituto Delmanto de Direito Penal, ocorrido em São Paulo, na sede da Federação do Comércio, cuja íntegra, com o vídeo de sua apresentação, encontra-se acessível na internet no seguinte endereço: <http://www.delmanto.com/palestras/1_forum_delmanto_abertura.htm>. Naquela oportunidade, o insigne Professor Titular de Direito Penal da Universidade de São Paulo adotou posição que se coaduna com a aqui defendida, reafirmando o entendimento de que o objeto jurídico do crime de lavagem de dinheiro é a Administração da Justiça. Lembrou, inclusive, que o Código Penal italiano, em seu art. 648-bis, expressamente ressalta que o autor do crime antecedente não pode ser autor do delito de lavagem de dinheiro do produto da própria atividade ilícita. Como afirmou na ocasião, se nos crimes antecedentes ao delito de lavagem de dinheiro visa-se, evidentemente, o lucro, a sua fruição pelo próprio agente é uma decorrência natural da ação delituosa, um verdadeiro exaurimento do delito antecedente, um post factum irrelevante; somente terceiros, estranhos ao delito antecedente, podem praticá-lo.

- **Equidade e aplicação analógica da ressalva do art. 349 do CP:** *O crime do art. 1º desta lei é, como já salientado, uma forma de favorecimento real, tendo como objeto jurídico, igualmente, a Administração da Justiça (vide nota Objeto jurídico). Assim, por equidade, e até mesmo porque o direito não admite contradição lógica, ao seu autor deve ser dado o mesmo tratamento do art. 349 do CP, que exclui, como sujeito ativo, o "coautor ou partícipe do crime anterior". O fato de a Lei de Lavagem ser especial e dela não constar ressalva expressa a respeito não afasta essa conclusão, dada a dignidade hierarquicamente superior das suas premissas — equidade e coerência lógica. Como mencionado na nota Atipicidade de "lavagem" praticada pelo autor do delito antecedente, o autor do delito antecedente que promover, ele mesmo, a "lavagem" do seu produto (v.g., procedendo à compra de um imóvel mediante negócio jurídico formalmente lícito e destituído de vícios, doando-o ao seu filho; à aquisição de um carro para a sua esposa etc.) não poderá ser punido duas vezes, ou seja, pelo crime antecedente e pela suposta "lavagem" (ainda que o bem jurídico Administração da Justiça reste ofendido em consequência dos citados negócios jurídicos, dificultando ou até mesmo prejudicando o confisco do produto do crime antecedente).*

- **Prática pelo autor do delito antecedente de outros fatos criminosos, ofendendo bens jurídicos diversos, para usufruir do produto do crime antecedente:** *O autor, coautor ou partícipe do crime antecedente poderá ser punido, em concurso material com o delito precedente, pela prática de ulteriores crimes que não o de lavagem de dinheiro, como ao simular a compra de imóvel em nome de terceiro, firmando com este um "contrato de gaveta", e sem data, no qual o bem lhe é "vendido ou doado" (art. 299 do CP); a abertura de conta bancária em nome de terceiro a fim de efetuar operação de câmbio (art. 21 da Lei n. 7.492/86) ou a promoção, sem autorização legal, da saída de moeda ou divisa para o exterior (art. 22, parágrafo único, da citada lei). Restam, nesses casos, violados outros bens jurídicos que não o da Administração da Justiça, no que toca à apreensão ou sequestro, para confisco e ressarcimento da vítima, do produto (bem diretamente relacionado com a prática criminosa, como o dinheiro auferido com a extorsão mediante sequestro) ou proveito (que tem conceito mais amplo, abrangendo, v.g., um imóvel adquirido com aquele valor) do crime antecedente.*

- **Sujeito passivo:** *Considerado o bem jurídico como a Administração da Justiça, o sujeito passivo é o Estado.*

- **Tipo objetivo:** *Os núcleos do tipo são comissivos. Pune-se a conduta de ocultar (esconder, encobrir) ou dissimular (disfarçar, encobrir com astúcia, simular) a natureza, origem, localização, disposição, movimentação ou propriedade de bens, direitos ou valores (objeto material) provenientes, direta ou indiretamente, de qualquer infração penal (o que, em tese, abrange tanto crimes como contravenções penais que tenham como escopo o proveito econômico — vide nota Desproporcionalidade), segundo o texto do art. 1º, com redação dada pela Lei n. 12.683, de 9 de julho de 2012. É fundamental provar-se, portanto, que os bens objeto da "lavagem"* tenham efetivamente sido provenientes de infração penal, sob pena de não se perfazer o tipo.

- **Tipo subjetivo:** É o dolo, ou seja, a vontade livre e consciente de ocultar ou dissimular. É essencial, portanto, que o agente saiba da origem espúria dos bens, direitos ou valores. Para os tradicionais é o dolo genérico. Não há forma culposa.

- **Desproporcionalidade:** Em sua redação original, o art. 1º da Lei n. 9.613/98 incriminava a ocultação e a dissimulação da natureza, origem, localização, disposição, movimentação ou propriedade do proveito econômico dos seguintes crimes: I — tráfico ilícito de entorpecentes e drogas afins; II — terrorismo e seu financiamento; III — contrabando ou tráfico de armas, munições ou material destinado à sua produção; IV — extorsão mediante sequestro; V — crime contra a Administração Pública, inclusive a exigência, para si ou para outrem, direta ou indiretamente, de qualquer vantagem, como condição ou preço para a prática ou omissão de atos administrativos; VI — crime contra o Sistema Financeiro Nacional; VII — praticado por organização criminosa; e VIII — praticado por particular contra a administração pública estrangeira. O texto era expresso, tendo sido esta a opção, à época, de nosso Legislador, limitando o escopo do crime de lavagem de dinheiro que, em sua remota origem na Convenção de Viena contra o tráfico ilícito de entorpecentes e substâncias psicotrópicas, de 1988, voltava-se tão somente à lavagem decorrente desse crime. Mesmo em sua redação original, a aplicação do art. 1º da Lei de Lavagem sempre foi parcial, uma vez que não existe no Brasil a tipificação do crime de terrorismo (até os dias de hoje), bem como não havia, até o advento da Lei n. 12.694, de 24 de julho de 2012, a tipificação, de forma efetiva e legal, do conceito de organização criminosa (*vide* nota abaixo). Fato é que o Legislador "exagerou na dose" ao ampliar de tamanha forma o tipo do crime de lavagem de dinheiro, gerando graves distorções. Com efeito, imagine-se o absurdo de punir, com pena de três a dez anos de reclusão, a lavagem do dinheiro proveniente da contravenção penal prevista no art. 47 da LCP (exercício irregular de profissão ou atividade), punida com prisão simples, de quinze dias a três meses, ou multa, ou de um furto simples, com pena de um a quatro anos, e multa (CP, art. 155).

- **Irretroatividade:** A nova redação do art. 1º, por ser mais gravosa, não pode retroagir para fatos anteriores a 10 de julho de 2012, que é a data da publicação da Lei n. 12.683/2012.

- **Organização criminosa:** Na antiga redação do art. 1º, inexistentes os denominados "delitos antecedentes" dos incisos I a VIII, não se tinham como típicas as condutas descritas no *caput* e no § 1º. O texto era expresso, tendo sido esta a opção, à época, de nosso Legislador, limitando o escopo do crime de lavagem de dinheiro. Quanto ao "crime praticado por organização criminosa", embora a antiga Lei n. 9.034/95 (hoje substituída pela Lei n. 12.850/2013) definisse e regulasse meios de prova e procedimento investigatórios que versem sobre ilícitos decorrentes de ações praticadas por quadrilha ou bando ou organizações ou associações criminosas de qualquer tipo, não havia uma definição legal do que seria "organização criminosa", tornando inaplicável o antigo inciso VII em face do postulado da taxatividade da lei penal (CP, art. 1º). Passados mais de seis anos da edição da Lei de Lavagem, o Presidente da República baixava o Decreto n. 5.015, publicado no dia 15 de março de 2004, mandando dar cumprimento à Convenção de Palermo, aprovada por Decreto-Legislativo, sendo que o seu art. 2º define "Grupo criminoso organizado" como o "grupo estruturado de três ou mais pessoas, existente há algum tempo e atuando concertadamente com o propósito de cometer uma ou mais infrações graves ou enunciadas na presente Convenção, com a intenção de obter, direta ou indiretamente, um benefício econômico ou outro benefício material". A propósito, o Pleno do Supremo Tribunal Federal, por maioria de votos, entendeu que o Decreto n. 5.015 seria suficiente para definir, em nosso ordenamento, o conceito jurídico do que seja uma "organização criminosa" para fins de aplicação da Lei de Lavagem de Dinheiro. Assim também entenderam outros Tribunais (STJ, 6ª T., HC 129.035, Rel. p/ acórdão Des. conv. Haroldo Rodrigues, j. 16-8-2011; 5ª T, HC 150.729, Rel. Min. Laurita Vaz, j. 13-12-2011; TRF da 3ª Região, 5ª T., HC 011345-89.2010.4.03.0000, Rel. Des. Fed. Ramza Tartuce, j. 9-8-2010), afirmando não ser necessária a tipificação de um crime específico de "organização criminosa", bastando o Decreto n. 5.015. Contudo, o STF, em respeito à garantia constitucional da irretroatividade da lei penal maléfica (CR, art. 5º, XL) — e aqui se trata da definição jurídica de um elemento de um tipo penal, fundamental para a viabilização de sua aplicação —, foi expresso: "II — Para os fins da Lei 9.613/98, os crimes praticados por organizações criminosas não podem ser considerados como antecedentes do delito de lavagem de dinheiro antes da edição do Decreto n. 5.015, de 12/3/2004" (Pleno, Inquérito 2.786, Rel. Min. Ricardo Lewandowski, j. 17-2-2011, *DJe*-107 de 6-6-2011). Assim decidiu o STF, embora a Constituição da República estabeleça, em seu art. 5º, XXXIX, que "não há crime sem lei anterior que o defina, nem pena sem prévia cominação legal", o que também é reafirmado no art. 1º do Código Penal, sendo que leis ordinárias elaboradas no seio do Congresso Nacional e devidamente sancionadas pelo Presidente da República não se confundem com um decreto do Presidente da República mandando dar cumprimento a uma convenção internacional, cujo texto fora aprovado pelo Congresso, também por meio de denominado "decreto legislativo", nos moldes dos arts. 49, I, e 84, VIII, da Constituição. Ora, sob pena de afronta à Constituição da República, ao próprio Estado de Direito brasileiro e à soberania nacional, resta cristalino que não se pode tipificar crimes por meio de tratados elaborados por organismos internacionais, ainda que assinados pela União e ratificados pelo Legislativo. Isso significaria permitir que pessoas de outros países assumissem o papel dos nossos Deputados Federais e Senadores, sobretudo em matérias que, segundo a nossa própria Constituição, demandam lei em sentido formal, como a tipificação de crime. Lei, cuja elaboração e redação final são gestadas no seio do Congresso Nacional, mediante debates a serem travados pelos representantes dos cidadãos que os elegeram à Câmara e ao Senado, devendo posteriormente ser sancionada pelo Presidente da República. E, como sabemos, em casos de tratados internacionais, nossos Parlamentares não redigem nada; limitam-se a aceitar ou não o texto redigido no exterior, não podendo alterar o texto estrangeiro em nada. Quando muito, ressalva-se a aplicação de um ou outro dispositivo, nada mais. O texto, enfim, é literalmente importado. Em outras palavras, para a tipificação penal exige-se a devida elaboração legislativa de lei em sentido formal, que compõe o conceito de *substantive due process of law*, como o segundo coautor desta obra já se manifestou anteriormente (Roberto Delmanto Junior, *As modalidades de prisão provisória e seu prazo de duração*. 2. ed. Rio de Janeiro: Renovar, 2001, p. 35), com apoio em Rogério Lauria Tucci (*Constituição de 1988 e Processo*. São Paulo: Saraiva, 1989, p. 15). Ademais, no caso específico da Convenção de Palermo, o seu próprio art. 5º estabelece que cada Estado-Parte adotará as medidas legislativas para tipificar como crime a organização criminosa. Nesse mesmo sentido, em feliz artigo René Ariel Dotti e Gustavo Britta Scandelari também assim se posicionam, não sendo constitucionalmente aceitável a criminalização de condutas por meio de Decretos (artigo publicado no site Migalhas, em 13-7-2011, disponível em: <http://www.migalhas.com.br/dePeso/16,MI137199,21048-Ausencia+do+tipo+penal+de+o rganizacao+criminosa+na+legislacao>). Diante de argumentos como os acima expostos, recentemente o próprio STF (contrariando a anterior decisão majoritária de seu Pleno), por meio de sua 1ª Turma, em julgamento unânime proferido nos autos do HC 96.007, sendo relator o Ministro Marco Aurélio Mello, julgado em 12-6-2012, foi além e decidiu, com acerto, que o Decreto n. 5.015/2004 não se presta a tipificar, em nosso ordenamento jurídico, o conceito penal de "organização criminosa", de acordo com o Informativo Oficial do STF n. 670. Justamente por inexistir no Brasil definição prevista em lei sobre o que seria uma "organização criminosa", é que foi editada a Lei n. 12.694, de 24 de julho de 2012, a qual veio finalmente a suprir a lacuna, tipificando, de forma efetiva e legal, o conceito de organização criminosa prevendo, inclusive, a possibilidade da formação de "colegiados de juízes" para decidir causas envolvendo esse tipo de criminalidade: "Art. 2º Para os efeitos desta Lei, considera-se organização criminosa a associação, de 3 (três) ou mais pessoas, estruturalmente ordenada e caracterizada pela divisão de tarefas, ainda que informalmente, com objetivo de obter, direta ou indiretamente, vantagem de qualquer natureza, mediante a prática de crimes cuja pena máxima seja igual ou superior a 4 (quatro) anos ou que sejam de caráter transnacional". De qualquer modo, para fins do crime de lavagem do art. 1º da Lei n. 9.613/98, a definição legal do conceito de "organização criminosa" feita pela Lei n. 12.694/2012 veio tarde, uma vez que a própria Lei de Lavagem de Dinheiro foi, como visto, um mês antes alterada pela Lei n. 12.683, de 9 de julho de 2012, admitindo como antecedente qualquer infração penal. Se passamos anos sem definição do que seria "organização criminosa", sucede, agora, que além da Lei n. 12.683/2012, editou-se, no ano seguinte, a Lei n. 12.850, de 2 de agosto de 2013, que novamente tipifica "organização criminosa", exigindo, porém, ao menos 4 (quatro) pessoas e não somente 3 (três), restando, assim, derrogada a Lei n. 12.683/2012. E, por ser mais benéfica, a Lei n. 12.850 deve retroagir para fatos praticados na vigência da anterior, de 2012. A tipificação da organização criminosa só serve, aqui, como causa de aumento de pena do § 4º deste art. 1º.

- **Consumação:** O crime de lavagem de dinheiro é delito *material*, que não se consuma com a simples ocultação ou dissimulação do bem, direito ou valor proveniente da prática dos delitos elencados no art. 1º. É necessário mais, ou seja, que o produto do crime antecedente circule na economia formal. As palavras de Antonio Sérgio Altieri de Moraes Pitombo são precisas: "... não é só suficiente ocultar os bens para perpetrar a conduta típica. Mostra-se necessário ocultar ou dissimular a origem espúria deles, fazendo com que venham a circular na economia" (*Lavagem de dinheiro*, cit., p. 157). Economia, esta, evidentemente, tanto nacional quanto internacional, sob pena de se esvaziar o tipo penal, o que, certamente, não representa a vontade do legislador. A tentativa é possível, conforme expressamente previsto no § 3º.

- **Pena:** Reclusão, de três a dez anos, e multa.

- **Ação penal:** Pública incondicionada.

- **Confronto:** Na hipótese de o agente obter *proveito próprio*, subsumindo-se a sua conduta, igualmente, no crime de receptação, previsto no art. 180 e parágrafos do CP, prevalecerá a incidência do art. 1º da Lei de Lavagem, posto ser, este, *norma especial*. Não havendo lucro para aquele que oculta ou dissimula a origem do produto do crime antecedente, incidirá, da mesma forma, a figura *especial* deste art. 1º, e não a do delito de favorecimento pessoal, tipificado no art. 349 do CP.

- **Questão prejudicial (condenação transitada em julgado pelo crime antecedente):** *Vide comentários ao art. 2º, § 1º, sob a rubrica Inconstitucionalidade.*

- **Quebra do sigilo bancário:** *Vide* comentários ao art. 11 desta lei.

Jurisprudência

- **Autor do crime antecedente, autor do delito de lavagem:** "IV — Não sendo considerada a lavagem de capitais mero exaurimento do crime de corrupção passiva, é possível que dois dos acusados respondam por ambos os crimes, inclusive em ações penais diversas, servindo, no presente caso, os indícios da corrupção advindos da AP 477 como delito antecedente da lavagem. V — O fato de um ou mais acusados estarem sendo processados por lavagem em ação penal diversa, em curso perante o Supremo Tribunal Federal, não gera *bis in idem*, em face da provável diversidade de contas correntes e das importâncias utilizadas na consumação do suposto delito" (STF, Pleno, Inq. 2471, Rel. Min. Ricardo Lewandowski, j. 29-9-2011).

- **Irrelevância do êxito, vulto e complexidade da lavagem:** *O depósito de cheques de terceiros, recebidos pelo agente, como produto de concussão, em contas correntes de pessoas jurídicas, às quais contava ele ter acesso, basta a caracterizar a figura de "lavagem de capitais" mediante a ocultação da origem, da localização e da propriedade dos valores respectivos (Lei n. 9.613, art. 1º, caput): o tipo não reclama nem êxito definitivo da ocultação, visado pelo agente, nem o vulto e a complexidade dos exemplos de requintada "engenharia financeira" transnacional, com os quais se ocupa a literatura (STF, RT 792/562).*

§ 1º Incorre na mesma pena quem, para ocultar ou dissimular a utilização de bens, direitos ou valores provenientes de infração penal:

I — os converte em ativos lícitos;

II — os adquire, recebe, troca, negocia, dá ou recebe em garantia, guarda, tem em depósito, movimenta ou transfere;

III — importa ou exporta bens com valores não correspondentes aos verdadeiros.

Figuras equiparadas (§ 1º)

- **Alteração:** A Lei n. 12.683, de 9 de julho de 2012, alterou o § 1º, substituindo a expressão "provenientes de qualquer dos crimes antecedentes referidos neste artigo" por "provenientes de infração penal".

- **Noção:** Este § 1º dispõe incorrer nas mesmas penas do *caput* "quem, para ocultar ou dissimular a utilização de bens, direitos ou valores *provenientes* de infração penal", praticar as condutas descritas nos incisos I, II e III. Trata-se de uma conduta mais sofisticada de lavagem, qual seja, a da *reciclagem* do produto do crime antecedente, fazendo com que aquele bem, direito ou valor que teve a sua origem ocultada ou dissimulada, circule, com maior engenhosidade, na economia formal, de modo a apagar os rastros de sua origem espúria, *mediante determinadas condutas*, especialmente elegidas pelo legislador. Na opinião de José Laurindo de Souza Netto, "procede-se à reciclagem, numa fase ulterior, onde os benefícios adquirem a aparência de legalidade. Visa-se assim, apagar os elementos reveladores da origem criminosa, através de determinados atos, para que possam ser reintroduzidos no circuito financeiro legal" (*Lavagem de dinheiro*, cit., p. 98).

- **Tipo objetivo (§ 1º, I):** Converte-os (muda, transforma) em ativos lícitos. Para Paulo Sandroni, ativo é o "conjunto de bens, valores, créditos e semelhantes que formam o patrimônio de uma empresa, opondo-se ao passivo (dívidas, obrigações etc.)" (*Novíssimo Dicionário de Economia*, cit., p. 34). A nosso ver, a expressão ativos utilizada pelo inciso I do § 1º abrange tanto os da pessoa jurídica quanto da física, uma vez que o legislador não fez qualquer restrição a respeito. Quando se "converte" ativos ilícitos (provenientes de infração penal) em lícitos (legais), tal transformação, na verdade, é apenas aparente, já que a sua ilicitude, em razão da origem espúria dos bens ou valores, é inata.

- **Tipo objetivo (§ 1º, II):** *Adquire, recebe, troca, negocia, dá ou recebe em garantia, guarda, tem em depósito, movimenta ou transfere*. Trata-se de tipo bastante abrangente, em face dos diversos verbos empregados, embora *taxativo*. Cumpre consignar que, cuidando-se de bem imóvel, a aquisição perfaz-se somente com o *registro imobiliário da respectiva escritura*. De qualquer forma, eventual escritura não registrada poderia encontrar tipificação na conduta de *negociar*, igualmente punida.

- **Tipo objetivo (§ 1º, III):** *Importa* ou *exporta* bens com valores não correspondentes aos verdadeiros. Não se pune, aqui, qualquer importação ou exportação de bens com valores não verídicos, mas somente aquela que tenha por objetivo "lavar dinheiro" proveniente dos crimes elencados no art. 1º. Assim, não se confunde a lavagem com o simples descaminho consistente em iludir o imposto de importação de determinado bem, declarando valor menor do que o real.

- **Sujeitos ativo e passivo, pena e ação penal:** Iguais aos do *caput*.

- **Tipo subjetivo:** Ao contrário do caput, para o qual basta o dolo genérico, exige-se, neste § 1º, o dolo específico, ou seja, a vontade livre e consciente de converter, adquirir, receber, trocar, negociar, dar ou receber em garantia, guardar, ter em depósito, movimentar, transferir, importar ou exportar, acrescida do elemento subjetivo do tipo: para ocultar ou dissimular a utilização do produto do crime antecedente. Não há forma culposa.

- **Consumação:** Com a efetiva prática das condutas equiparadas, fazendo o produto do crime antecedente circular, com maior sofisticação, na economia formal.

- **Tentativa:** Embora prevista no § 3º, é impossível haver tentativa em algumas condutas previstas no inciso II deste § 1º, que evidentemente não admitem fracionamento, como as de *guardar* e *ter em depósito*.

- **Confronto:** Pelo critério da *especialidade*, na hipótese de o agente obter *proveito próprio*, subsumindo-se a sua conduta, igualmente, no crime de receptação, previsto no art. 180 e parágrafos do CP, prevalecerá a incidência do art. 1º, § 1º, da Lei de Lavagem. O mesmo sucede no caso de não haver ganhado para o agente que "lava" o dinheiro, incidindo a incriminação *especial* deste art. 1º, § 1º, e não a mais branda do crime de favorecimento real, definido pelo art. 349 do CP.

- **Irretroatividade:** A nova redação do art. 1º, § 1º, por ser mais gravosa, não pode retroagir para fatos anteriores a 10 de julho de 2012, que é a data da publicação da Lei n. 12.683/2012.

- **Pena:** Igual à do *caput*.

Jurisprudência do § 1º

- **Conversão em ativos lícitos (art. 1º, § 1º, I):** Não pode ser considerada atípica a conduta do agente que, para dissimular a origem, a movimentação, a propriedade e a utilização de valores provenientes de crimes praticados contra a Administração Pública, converte-os, de forma habitual, em ativos lícitos, por meio da inclusão de dinheiro sujo no sistema financeiro, pois tal agir se amolda à figura prevista no art. 1º, § 1º (STJ, m.v. — *RT* 788/536).

- **Envio de dinheiro ao exterior e importação (art. 1º, § 1º, III):** Acusado que teria enviado ao exterior, clandestinamente, valores objeto de operações de câmbio não autorizadas pelo Banco Central, procedendo à lavagem, importando aproximadamente US$ 17 milhões de dólares em veículos, constando do Sisbacem somente US$ 1,4 milhão. Dinheiro oriundo de sua atividade delituosa que seria utilizado para pagamento de cartões de crédito internacionais, condomínio, passagens aéreas, advogados e médicos, cujo montante é incompatível com a renda declarada. *Habeas corpus* denegado nessa parte (STJ, 5ª T., HC 18.060, Rel. Min. Jorge Scartezzini, j. 7-2-2002, *DJU* 26-8-2002, p. 271).

■ **Lavagem e crime contra o Sistema Financeiro:** Apresentando-se o crime de evasão como uma das etapas para tornar efetivo o delito de lavagem de dinheiro, ou seja, constituindo-se como o crime meio para a realização do segundo, têm-se por absorvido o ilícito do Sistema Financeiro Nacional pelo crime do art. 1º da Lei de Lavagem (TRF da 4ª Região, 8ª T., Ap. 2000.71.00.037905-4/RS, Rel. Des. Luiz Fernando Wowk Penteado, j. 15-12-2010, *DE* 11-1-2011).

Contra: Na ocultação de valores no exterior, não se pode falar em consunção do delito de evasão de divisas pelo delito de lavagem de dinheiro, pois autônoma a ofensa ao equilíbrio financeiro, às reservas cambiais nacionais e à própria higidez de todo o Sistema Financeiro Nacional — bens que são protegidos pela Lei n. 7.492/86 —, além de evidente o intento de remessa e manutenção no estrangeiro de expressivos recursos financeiros à margem da fiscalização e controle pelos órgãos especiais (TRF da 4ª Região, 4ª S., Emb. 2005.70.00.034212-9, Rel. Des. Néfi Cordeiro, j. 17-2-2011, *DE* 25-2-2011).

§ 2º Incorre, ainda, na mesma pena quem:

Figuras equiparadas (§ 2º)

■ **Noção:** Os incisos I e II do § 2º do art. 1º da Lei de Lavagem tratam de hipóteses bem diferenciadas, abrangendo uma gama maior de condutas que, a par de não se confundirem com a lavagem propriamente dita, prevista no *caput* e no § 1º, encontram-se, podemos dizer, "nos seus arredores", antes e durante (inciso II), ou depois (inciso I), de "lavado" o produto da infração penal antecedente.

I — utiliza, na atividade econômica ou financeira, bens, direitos ou valores provenientes de infração penal;

§ 2º, I

■ **Alteração:** A Lei n. 12.683, de 9 de julho de 2012, alterou o inciso I, do § 2º, substituindo a expressão "que sabe serem provenientes de qualquer dos crimes antecedentes referidos neste artigo", por "provenientes de infração penal".

■ **Sujeito ativo:** Qualquer pessoa, mas não aquele que tenha praticado as condutas previstas no *caput* e no § 1º deste art. 1º.

■ **Sujeito passivo:** Considerado o bem jurídico como a Administração da Justiça, o sujeito passivo é o Estado.

■ **Tipo objetivo:** Pune este inciso I a conduta daquele que utiliza (emprega, faz uso). Na atividade econômico-financeira, de bens, direitos ou valores oriundos de infração penal. A conduta, aqui, não se confunde com a anterior lavagem; é posterior a ela. O legislador buscou alcançar, em nosso entendimento, os verdadeiros destinatários da lavagem, aqueles que dela dolosamente usufruem. Este, talvez, seja o dado mais relevante da incriminação do delito de lavagem de dinheiro, chegando-se, permitimo-nos a linguagem coloquial, "ao fim da meada".

■ **Tipo subjetivo:** A nova redação deste inciso I não reiterou a expressa menção do texto anterior ("que sabe serem provenientes de qualquer dos crimes..."). Contudo, a nosso ver, deve o agente saber da origem espúria dos bens, direitos ou valores. Ao contrário do que ocorre no § 1º, o legislador, na figura típica deste inciso I do § 2º, e de forma coerente com o tipo objetivo, não exige especial fim de agir qualquer. Para a corrente tradicional, é o dolo genérico. Não há forma culposa.

■ **Consumação:** Com a efetiva utilização dos bens, direitos ou valores, que já têm aparência lícita, na economia.

■ **Tentativa:** Embora prevista no § 3º, afigura-se difícil poder haver tentativa na hipótese do inciso I do § 2º. Utiliza-se, ou não se utiliza; "tentar utilizar" equipara-se, aqui, à "não utilização", consubstanciando, portanto, *irrelevante penal* (desde que o agente não tenha praticado nenhuma das demais condutas previstas neste art. 1º e § 1º).

■ **Confronto:** Se houver *proveito próprio* (o que parece ser inerente à própria *utilização* dos bens, direitos ou valores), identificando-se a conduta incriminada com a prevista no art. 180 e parágrafos do CP, prevalecerá a deste art. 1º, § 2º, I, em razão da sua especialidade.

■ **Irretroatividade:** A nova redação do art. 1º, § 2º, inciso I, por ser mais gravosa, não pode retroagir para fatos anteriores a 10 de julho de 2012, que é a data da publicação da Lei n. 12.683/2012.

■ **Pena e ação penal:** Iguais às do *caput*.

II — participa de grupo, associação ou escritório tendo conhecimento de que sua atividade principal ou secundária é dirigida à prática de crimes previstos nesta Lei.

§ 2º, II

■ **Observação (uma forma assemelhada ao delito de quadrilha ou bando):** Salienta Nilo Batista que o legislador pode, "eventualmente, criar delitos autônomos nucleados em condutas que ordinariamente aparecem como de participação", acrescentando que isso ocorre "com grande frequência nos crimes especiais, em que a autoria se fundamenta na violação de dever [...] temos condutas que normalmente constituiriam instigação [...] ou cumplicidade [...] tomadas em consideração como a própria substância típica da proibição. Por certo que esses casos se submetem à disciplina da autoria, e não da participação" (*Concurso de agentes*. 2. ed. Rio de Janeiro: Lumen Juris, p. 159-160). Com efeito, interpretando-se literalmente o § 2º, II, da Lei de Lavagem de Dinheiro, observa-se que o legislador, aqui, decidiu ir além das clássicas hipóteses de coautoria da lavagem (em que mais de uma pessoa efetivamente *executa* o *iter criminis*) ou de participação (*cumplicidade* — participação material — ou *instigação* — a chamada participação moral), nos moldes do art. 29 do CP. A preocupação do legislador, não temos dúvida, foi a de ampliar, ao máximo, o alcance da punição criminal, abrangendo aqueles que, a rigor, dificilmente seriam condenados como coautores ou partícipes da lavagem propriamente dita, em razão da dificuldade em particularizar a sua conduta dolosa, bem como prová-la. Daí o tipo deste § 2º, II, não deixar de ser uma forma especial do crime de quadrilha ou bando (CP, art. 288), embora não exija, como aquele, o número mínimo de quatro pessoas.

- Tipo objetivo (§ 2º, II): Pune-se, neste dispositivo, não a lavagem de bens, direitos ou valores propriamente dita, mas, sim, a conduta de quem *participa* (faz parte, integra) *de grupo* (reunião de pessoas com objetivo comum), *associação* (sociedade, organização) ou *escritório* (lugar onde se tratam negócios, se recebem clientes), *tendo conhecimento* (sabendo) *de que a sua atividade principal ou secundária é dirigida à prática de crimes previstos nesta Lei* (não se trata, aqui, das infrações penais de caráter pecuniário antecedentes, mas, sim, dos crimes subsequentes, isto é, de lavagem previstos no art. 1º, *caput*, § 1º I, II e III, e § 2º, I). O legislador quis alcançar a conduta daqueles que participam *conscientemente* de grupo, associação ou escritório que pratica a lavagem de dinheiro (*v.g.*, contadores, diretores de determinada empresa e gerentes). À evidência, a participação no grupo, escritório ou associação de que trata a incriminação em tela há que ser *juridicamente relevante*, não alcançando simples auxiliares de escritório.

- Responsabilidade objetiva: A nosso ver, punir uma pessoa tão somente porque ela é funcionária de um escritório, ou membro de determinada associação ou grupo, sem que lhe possa imputar, efetivamente, coautoria ou participação em determinado delito de lavagem, e ainda com *as mesmas penas desta*, significa inadmissível punição objetiva, violando o primado *nulla poena sine culpa*, que encontra embasamento no reconhecimento da dignidade do ser humano, constante de nossa CR (art. 1º, III) e do CP (arts. 19 e 29).

- Tipo subjetivo: É o dolo direto (*tendo conhecimento*), não bastando o dolo eventual. Para os tradicionais, é o dolo genérico, não exigindo a lei, ao contrário do que sucede no § 1º, especial fim de agir. Não há forma culposa.

- Sujeito ativo: Qualquer pessoa.

- Sujeito passivo: O Estado.

- Consumação: Com a efetiva participação em grupo, associação ou escritório destinado, principal ou secundariamente, à prática de lavagem.

- Tentativa: Já que *participar* é conduta unissubsistente, que não pode ser fracionada, é impossível haver tentativa.

- Pena e ação penal: Iguais às do *caput*.

§ 3º A tentativa é punida nos termos do parágrafo único do art. 14 do Código Penal.

Tentativa (§ 3º)

- **Noção:** Este § 3º reafirma a elementar regra do parágrafo único do art. 14 do CP, segundo a qual, "salvo disposição em contrário, pune-se a tentativa com a pena correspondente ao crime consumado, diminuída de um a dois terços". Embora o legislador, pela forma com que redigiu o § 3º, tenha, à primeira vista, procurado alcançar todas as figuras previstas no *caput* e nos §§ 1º e 2º deste artigo, algumas delas, como já salientado, inadmitem tentativa.

§ 4º A pena será aumentada de um a dois terços, se os crimes definidos nesta Lei forem cometidos de forma reiterada ou por intermédio de organização criminosa.

Causa de aumento de pena (§ 4º)

- **Alteração:** A Lei n. 12.683, de 9 de julho de 2012, alterou § 4º do art. 1º da presente lei.

- **Noção:** Prevê este § 4º que se os crimes de lavagem de dinheiro forem praticados de forma *reiterada* (repetida, renovada), ou *por intermédio de organização criminosa*, a pena será aumentada de um a dois terços. O conceito de organização criminosa encontra-se previsto na Lei n. 12.694, de 24 de julho de 2012: "Art. 2º Para os efeitos desta Lei, considera-se organização criminosa a associação, de 3 (três) ou mais pessoas, estruturalmente ordenada e caracterizada pela divisão de tarefas, ainda que informalmente, com objetivo de obter, direta ou indiretamente, vantagem de qualquer natureza, mediante a prática de crimes cuja pena máxima seja igual ou superior a 4 (quatro) anos ou que sejam de caráter transnacional". *Vide*, a respeito, nota Organização criminosa no *caput* do art. 1º desta Lei.

- **Reincidência, maus antecedentes e *bis in idem*:** Caso o juiz venha a aplicar a causa de aumento prevista neste § 4º em razão da prática *reiterada* de crimes de lavagem de dinheiro, a nosso ver não lhe será dado também, com o mesmo fundamento, aumentar a pena do condenado com base na agravante genérica da reincidência (CP, art. 61, I) ou na circunstância judicial consistente nos maus antecedentes (art. 59).

Jurisprudência

- **Reiteração:** Se o acusado investia na prática delituosa de lavagem de dinheiro de forma reiterada e frequente, não há que se falar em constrangimento ilegal decorrente do aumento da reprimenda em razão da majorante da habitualidade (STJ, 5ª T., HC 19.902, Rel. Min. Gilson Dipp, j. 17-12-2002, *DJU* 10-3-2003, p. 256). A majorante visa punir mais gravemente aquele que comete tais delitos de forma habitual ou por intermédio de organização criminosa, não se prevendo a reunião de fatos diversos, igualmente tipificados, como se fossem um crime único (STJ, 5ª T., HC 76.906, Rel. Min. Jane Silva, j. 13-11-2007, *DJU* 3-12-2007, p. 342).

§ 5º A pena poderá ser reduzida de um a dois terços e ser cumprida em regime aberto ou semiaberto, facultando-se ao juiz deixar de aplicá-la ou substituí-la, a qualquer tempo, por pena restritiva de direitos, se o autor, coautor ou partícipe colaborar espontaneamente com as autoridades, prestando esclarecimentos que conduzam à apuração das infrações penais, à identificação dos autores, coautores e partícipes, ou à localização dos bens, direitos ou valores objeto do crime.

Delação Premiada (§ 5º)

- **Alteração:** A Lei n. 12.683, de 9 de julho de 2012, alterou o § 5º do art. 1º.

- **Irretroatividade:** Enquanto a antiga redação do § 5º previa que a pena reduzida em razão da delação premiada começaria a ser cumprida "em regime aberto", o novo texto, ao facultar ao juiz a imposição de regime semiaberto ao delator, é mais gravoso e não pode retroagir. Aliás, o regime semiaberto enseja, inclusive, a possibilidade de o delator sofrer represálias no cárcere, o que não ocorreria no regime aberto. A nova redação expressamente autorizou a realização da delação premiada "*a qualquer tempo*", ou seja, durante a própria instrução processual. Ademais, em sua redação original, este § 5º dispunha que "a pena *será* reduzida" ao passo que a nova redação, imposta pela Lei n. 12.683/2012, trocou o verbo para "poderá". Com isso, o que era um *direito público subjetivo* passou a ser uma discricionariedade do juiz, embora, à evidência, *regrada*, devendo a autoridade judiciária *motivar* o porquê da não aplicação do instituto previsto, sempre que o acusado entender a ele fazer jus. *Vide*, ao final desta obra, comentários adicionais e jurisprudência, no Capítulo "Delação Premiada", onde também será abordada a Lei n. 12.850, de 2 de agosto de 2013, que, além de revogar a Lei n. 9.034/95, tratou da "colaboração premiada" em casos de crime organizado.

- **Delação premiada:** Dispõe o § 5º que haverá redução da pena, de um a dois terços, e que ela começará a ser cumprida em regime aberto ou semiaberto, podendo o juiz, ainda, *a qualquer tempo* (antes da sentença), deixar de aplicá-la (ou seja, concedendo *perdão judicial*) ou substituí-la por pena restritiva de direitos, se o autor, coautor ou partícipe colaborar com as autoridades, prestando esclarecimentos. Essa colaboração, diz a lei, deve ser *espontânea*, ou seja, decorrer de livre manifestação de vontade, embora não se exija "arrependimento"; o motivo pode ser, simplesmente, o de obter a redução da pena. Não são, contudo, quaisquer esclarecimentos que terão o condão de beneficiar o agente, mas apenas aqueles que *conduzam* (levem): *a)* à apuração das infrações penais; *b)* à identificação dos autores, coautores e partícipes; ou *c)* à localização dos bens, direitos ou valores objeto do crime.

- **Alcance:** O benefício deve alcançar os delitos antecedentes à lavagem e os conexos, para não torná-lo inócuo. Ademais, o § 5º refere-se somente à "pena" e não à "pena do crime de lavagem".

- **Fundamentação:** Caso o Juiz não opte pelo perdão judicial, deverá fundamentar o porquê da concessão de benefício menos vantajoso ao delator. Igualmente, se não reduzir a pena no máximo de dois terços.

Capítulo II
DISPOSIÇÕES PROCESSUAIS ESPECIAIS

Art. 2º O processo e julgamento dos crimes previstos nesta Lei:

I — obedecem às disposições relativas ao procedimento comum dos crimes punidos com reclusão, da competência do juiz singular;

■ **Rito:** Na instrução e julgamento dos crimes previstos nesta lei, determina o art. 2º, I, que será a eles aplicado o procedimento comum (ordinário) previsto nos arts. 394 a 502 do CPP.

II — independem do processo e julgamento das infrações penais antecedentes, ainda que praticados em outro país, cabendo ao juiz competente para os crimes previstos nesta Lei a decisão sobre a unidade de processo e julgamento;

■ **Alteração:** A Lei n. 12.683, de 9 de julho de 2012, alterou o inciso II do art. 2º.

■ **Prejudicialidade:** Dispõe este inciso II que o processo e julgamento dos crimes de lavagem de dinheiro (subsequentes) independem do processo e julgamento das infrações penais antecedentes, ainda que praticados em outro país. Quanto ao processo e julgamento do crime de lavagem, embora não seja imprescindível a existência de processo criminal relativo à infração penal antecedente (ex.: caso de menor), é indispensável que haja prova conclusiva da sua existência. Deverá o Ministério Público, portanto, indicar na denúncia pelo crime de lavagem as provas relativas à infração penal antecedente, já que integrante do próprio tipo do art. 1º da Lei n. 9.613/98, as quais hão de ser objeto da fundamentação do ato decisório de recebimento da denúncia, constitucionalmente determinada (art. 93, IX). Em existindo concomitante processo criminal pela infração penal antecedente, poderá o juiz do processo pelo crime de lavagem (crime subsequente) adotar duas providências: a) unificar os processos e o seu julgamento; b) aguardar o julgamento da infração penal antecedente, evitando-se o risco de proferimento de decisões contraditórias e até prejulgamento da infração penal antecedente, com prejuízo à defesa do acusado em relação a esta última. No caso da sentença absolutória do imputado pela infração penal antecedente estar fundada no art. 386 do CPP, incisos I ("estar provada a inexistência do fato"), II ("não haver prova da existência do fato"), III ("não constituir o fato infração penal") e V, primeira parte ("existir circunstância que exclua o crime", ou seja, uma das excludentes da ilicitude dos arts. 23, 24 e 25 do CP), ou tiver ocorrido *abolitio criminis* da infração penal antecedente, ou, ainda, anistia em relação ao seu autor, obviamente não poderá haver condenação por crime de lavagem, uma vez que, como já dito, a infração penal antecedente integra o próprio tipo do art. 1º desta lei. Já na hipótese de absolvição com base nos incisos IV ("não existir prova de ter o réu concorrido para a infração penal") e V, segunda parte ("existir circunstância que ... isente o réu de pena", isto é, uma das causas previstas nos arts. 20, 21, 22, 26, 27 e 28, § 1º, do CP), poderá ocorrer condenação pelo crime de lavagem, desde que haja prova conclusiva da materialidade da infração penal antecedente. Quanto à infração penal praticada em outro país, o fato também deve ser tipificado como tal no Brasil.

- Absolvição pelo crime antecedente: A absolvição pela prática do crime antecedente, cujo produto teria sido o objeto material do crime de lavagem, faz desaparecer, à evidência, este último.

Jurisprudência (anterior à Lei n. 12.683/2012)

- Absolvição pelo crime antecedente: Não demonstradas as apropriações indébitas, resultam os réus absolvidos, em consequência, dos delitos de quadrilha e de lavagem de dinheiro (TJRS, 5ª Câm., Ap. 70043752807, j. 4-7-2012).

- Não oferecimento de denúncia pelo crime antecedente: Embora o processo penal pelo delito de lavagem de dinheiro possa ser instaurado independentemente da ação penal pelo crime antecedente, o não oferecimento da denúncia pelos crimes contra a Administração que teriam gerado o lucro ilícito a ser ocultado ou dissimulado após três anos da propositura desta ação penal demonstra que nem mesmo o órgão acusatório conseguiu reunir provas mínimas para deflagrar a persecução penal por aqueles fatos, tornando temerária a condenação pelo crime de lavagem, tão somente a partir de provas coligidas unilateralmente na fase investigativa (TRF da 4ª Região, 8ª T., Ap. 0023208-89.2009.404.7100, j. 21-8-2012).

III — são da competência da Justiça Federal:

    a) quando praticados contra o sistema financeiro e a ordem econômico-financeira, ou em detrimento de bens, serviços ou interesses da União, ou de suas entidades autárquicas ou empresas públicas;

    b) quando a infração penal antecedente for de competência da Justiça Federal.

- Alteração: A Lei n. 12.683, de 9 de julho de 2012, alterou a alínea *b* do inciso III, do art. 2º.

- Competência: A competência para o processo e julgamento será da Justiça Federal quando: a) o crime de lavagem de dinheiro (art. 1º) for praticado contra o sistema financeiro e a ordem econômico-financeira, ou em detrimento de bens, serviços ou interesses da União ou de suas entidades autárquicas ou empresas públicas. Lembramos, aqui, além dessas hipóteses, o caso em que o crime de lavagem, iniciado em outro país, tenha tido resultado no Brasil ou vice-versa (art. 109, V, da Constituição da República); b) a infração penal antecedente for de competência da Justiça Federal, também nos termos do art. 109 da Constituição da República.

Jurisprudência

■ **Parlamentar:** A simples menção a nome de Parlamentar, em depoimentos prestados pelos investigados em inquérito policial, não tem o condão de firmar a competência do STF para o processamento do inquérito (STF, 2ª T., HC 82.647, Rel. Min. Carlos Velloso, j. 18-3-2003, *DJU* 25-4-2003, p. 35).

■ **Competência da vara especializada:** Para que se dê a competência das varas especializadas é necessário que fique inequivocadamente demonstrado que a investigação versa sobre crimes contra o Sistema Financeiro e lavagem de dinheiro (TRF da 3ª Região, Confl. Compet. 0010197-72.2012.4.03.0000, j. 19-7-2012).

A competência da vara especializada não exclui a competência para o julgamento dos crimes conexos (TRF da 3ª Região, HC 0036347-27.2011.4.03.0000, j. 3-4-2012).

■ **Competência da Justiça Federal ou da Justiça Estadual (depende do crime antecedente):** A competência para o processamento e julgamento do crime de lavagem de dinheiro é definida diante do caso concreto e em função do crime antecedente. Se da competência da Justiça Federal, caberá a esta processar e julgar o "crime acessório" de lavagem; tratando-se de lavagem de bens, direitos e valores oriundos de crimes falimentares, estelionatos e falsidade, a competência é da Justiça Estadual (STJ, 5ª T., RHC 11.918, Rel. Min. Gilson Dipp, j. 13-8-2002, *DJU* 16-9-2002, p. 202).

■ **Conta corrente no exterior:** A competência deve ser verificada pelos fatos até o momento tidos como delituosos, relacionados à existência, em tese, de grandes quantias no exterior, pertencentes a brasileiros domiciliados no País, sem declaração à Receita Federal, que pode configurar delito contra a Ordem Econômica e/ou o Sistema Financeiro Nacional, seja pela eventual caracterização de evasão fiscal e/ou lavagem de dinheiro — o que depende da devida instrução processual. Estando em jogo, em princípio, a própria ordem econômica nacional, resta atraída, em um primeiro momento, a Justiça Federal para a apuração das condutas. Sempre que a lavagem ocorrer em instituição bancária situada no estrangeiro, a competência será da Justiça Federal (STJ, JSTJ e TRFs 149/264).

■ **Lei do Colarinho Branco e lavagem de dinheiro:** A competência da Justiça Federal para o processo e julgamento dos crimes contra o Sistema Financeiro e a Ordem Econômico-Financeira circunscreve-se às hipóteses previstas na Lei do Colarinho Branco (Lei n. 7.492/86), não podendo ser ampliada para crimes que, embora afetem a economia ou o sistema financeiro, não estão nela previstos. Compete ao juiz estadual da comarca onde se consumou a conduta tendente à dissimulação na utilização de valores provenientes de conduta ilícita, processar e julgar o crime de lavagem de dinheiro (STJ, *RT* 788/536).

■ **Tráfico interno de drogas (competência para o seu julgamento):** O reconhecimento de que a paciente também servia à organização criminosa para a lavagem de dinheiro não exclui a sua participação no tráfico, claramente consignada na sentença condenatória. A competência para julgar crime de tráfico interno de drogas é da Justiça Estadual (STJ, HC 15.068, *DJU* 13-8-2001, p. 184).

■ A simples utilização, na denúncia, do termo "lavagem de dinheiro" não desloca a competência para a Justiça Federal, quando plenamente evidenciada a associação para o tráfico ilícito de entorpecentes (STJ, HC 12.206, *DJU* 12-5-2000, p. 155).

■ Tráfico internacional de drogas (competência para o seu julgamento): É competente a Justiça Federal para julgar acusada pelos crimes do art. 14 c/c o art. 18, I, da Lei n. 6.368/76 e do art. 1º, I, III e VII e § 4º da Lei n. 9.613/98 (TRF da 1ª Região, Turma Especial de Férias, HC 2002.01.0 0.029534-3, Rel. Des. Luciano Tolentino do Amaral, j. 28-1-2003, *DJU* 16-6-2003, p. 82, *Ementário* RBCCr n. 44, p. 396).

§ 1º A denúncia será instruída com indícios suficientes da existência da infração penal antecedente, sendo puníveis os fatos previstos nesta Lei, ainda que desconhecido ou isento de pena o autor, ou extinta a punibilidade da infração penal antecedente.

■ Alteração: A Lei n. 12.683, de 9 de julho de 2012, alterou § 1º do art. 2º.

■ Requisitos da denúncia: Como em qualquer denúncia ou queixa, a inicial pelo crime de lavagem de dinheiro deverá preencher os requisitos previstos no art. 41 do CPP ("exposição do fato criminoso, com *todas as suas* circunstâncias", "qualificação do acusado ou esclarecimentos pelos quais se possa identificá-lo", "classificação do crime" e, "quando necessário, o rol de testemunhas"), bem como, de modo indireto, os que decorrem do art. 395 do diploma processual penal, que trata das hipóteses de rejeição da denúncia ou queixa, quando a) "for manifestamente inepta"; b) "faltar pressuposto processual ou condição para o exercício da ação penal"; e c) "faltar justa causa para o exercício da ação penal". *Na primeira parte* do § 1º do art. 2º da lei em comento, exige-se, ainda, que a inicial seja "*instruída* com indícios *suficientes* da existência da infração penal antecedente", sob pena de sua inépcia e falta de justa causa para a ação penal. Não basta, assim, a mera referência à existência da infração penal antecedente, sendo necessário não só descrevê-la com fundamento em dados concretos, mas também demonstrar a vinculação entre o proveito econômico da infração penal antecedente e o objeto material da lavagem que se imputa. Quanto à materialidade do crime, ao exigir, para o oferecimento da denúncia, menos do que o art. 41 do CPP, ou seja, *meros* "indícios suficientes", a presente lei abre espaço para o arbítrio, para o abuso, para a incoação de ações penais destituídas de justa causa. Oportunas, aqui, as palavras de Andrea Galhardo Palma: "Contenta-se a Lei com a existência de *meros indícios* de crime praticado anteriormente, para denunciar por crime de Lavagem ou Ocultação de bens, um indivíduo que tem volume de bens, direitos ou valores circulando em 'atitude suspeita' pelo mercado financeiro. Esquece-se do crime antecedente, base até para definição típica do crime (v. art. 1º). Suficiente para processar não é a existência material deste, mas apenas um rastro, vestígio ou sinal de um fato, que a rigor não se conhece e não se tem provado por inteiro!" ("Dos crimes de lavagem de dinheiro e a tutela penal". *Boletim do Instituto Manoel Pedro Pimentel*, cit., p. 28).

■ Autor desconhecido, isento de pena ou fato com punibilidade extinta: A segunda parte do § 1º do art. 2º dispõe, por sua vez, que é punível a *lava-*

gem de dinheiro, "ainda que desconhecido ou isento de pena" o autor da infração penal antecedente, ou extinta a sua punibilidade. Como já referimos na nota *Prejudicialidade* ao inciso II deste art. 2º, a absolvição do acusado pelo crime antecedente, com base nos incisos IV ("não existir prova de ter o réu concorrido para a infração penal") e V, *segunda parte* ("existir circunstância que ... isente o réu de pena", isto é, uma das causas previstas nos arts. 20, 21, 22, 26, 27 e 28, § 1º, do CP), do art. 386 do CPP, não obsta a condenação pelo crime de lavagem. Com maior razão, a isenção de pena do autor do crime antecedente ou o desconhecimento de quem o tenha praticado, não obstará o oferecimento e recebimento de denúncia, desde que haja prova conclusiva da materialidade do crime antecedente (art. 2º, § 1º, *primeira parte*). A extinção da punibilidade, por exemplo pela prescrição, também não impedirá o processo pelo crime de lavagem.

Jurisprudência

- **Requisitos da denúncia:** Na denúncia pelo crime do art. 1º da Lei n. 9.613/98 cabe ao Ministério Público, sob pena de inépcia da peça acusatória, demonstrar de forma motivada e fundada em provas que o agente, mediante a entrega, utilização, negociação, conversão em ativos líquidos e transformação industrial, tenha realizado a reintrodução no circuito econômico, de bens, valores e direitos de origem sabidamente ilícita, assegurando, assim, sua disponibilidade e fruição (TJSP, *RT* 768/575).

- **Inépcia:** É inepta a denúncia que contém vaga narrativa do fato típico e não individualiza as condutas inerentes à transformação do patrimônio ilícito em lícito (TJSP, 1ª CCr, HC 278.695-3, Rel. Des. Andrade Cavalcanti, j. 22-3-1999).

- **Denúncia coletiva:** Eventual inépcia só pode ser acolhida quando demonstrada inequívoca deficiência a impedir a compreensão da acusação e em flagrante prejuízo à defesa; tratando-se de crimes de autoria coletiva, de difícil individualização da conduta de cada participante, admite-se a denúncia de forma mais ou menos genérica (STJ, 5ª T., RHC 11.918, Rel. Min. Gilson Dipp, j. 13-8-2002, *DJU* 16-9-2002, p. 202).

§ 2º No processo por crime previsto nesta Lei, não se aplica o disposto no art. 366 do Decreto-Lei n. 3.689, de 3 de outubro de 1941 (Código de Processo Penal), devendo o acusado que não comparecer nem constituir advogado ser citado por edital, prosseguindo o feito até o julgamento, com a nomeação de defensor dativo.

- **Alteração:** A Lei n. 12.683, de 9 de julho de 2012, alterou § 2º do art. 2º.

- **Violação das garantias da ampla defesa e da isonomia:** Em 1996 houve grande avanço do direito processual penal brasileiro, com a edição da Lei n. 9.271, que alterou o antigo art. 366 do CPP. Com essa mudança, extirpou-se do cenário jurídico nacional uma das suas piores mazelas. Era comum haver a condenação de pessoas que não eram encontradas, sendo citadas por edital, processadas e julgadas "à revelia"; a defesa, exercida por advogados nomeados que jamais tiveram contato com os acusados, era, justamente por isso, meramente formal e deficiente, equivalendo à sua inexistência, com violação da garantia constitucional da ampla defesa. Passados anos, o acusado era surpreendido com a existência de uma condenação transitada em julgado da qual jamais tivera conhecimento. Com a nova redação do art. 366, em consonância com os mais modernos códigos de processo penal da América Latina, determinou-se que "se o acusado, citado por edital, não comparecer nem constituir advogado, ficarão suspensos o processo e o curso do prazo prescricional, podendo o juiz determinar a produção antecipada das provas consideradas urgentes e, se for o caso, decretar prisão preventiva nos termos do disposto no art. 312". O disposto neste § 2º do art. 2º da Lei de Lavagem de Dinheiro representa um grande e injustificável retrocesso, violador não só da garantia constitucional da ampla defesa (art. 5º, LV), mas também da garantia de tratamento igualitário de todos perante a lei (art. 5º, *caput*).

Art. 3º (*Revogado*.)

■ Revogação: A Lei n. 12.683, de 9 de julho de 2012, revogou o antigo art. 3º que, de modo inconstitucional, considerava a lavagem de dinheiro crime insuscetível de fiança e liberdade provisória.

Art. 4º O juiz, de ofício, a requerimento do Ministério Público ou mediante representação do delegado de polícia, ouvido o Ministério Público em 24 (vinte e quatro) horas, havendo indícios suficientes de infração penal, poderá decretar medidas assecuratórias de bens, direitos ou valores do investigado ou acusado, ou existentes em nome de interpostas pessoas, que sejam instrumento, produto ou proveito dos crimes previstos nesta Lei ou das infrações penais antecedentes.

§ 1º Proceder-se-á à alienação antecipada para preservação do valor dos bens sempre que estiverem sujeitos a qualquer grau de deterioração ou depreciação, ou quando houver dificuldade para sua manutenção.

§ 2º O juiz determinará a liberação total ou parcial dos bens, direitos e valores quando comprovada a licitude de sua origem, mantendo-se a constrição dos bens, direitos e valores necessários e suficientes à reparação dos danos e ao pagamento de prestações pecuniárias, multas e custas decorrentes da infração penal.

§ 3º Nenhum pedido de liberação será conhecido sem o comparecimento pessoal do acusado ou de interposta pessoa a que se refere o *caput* deste artigo, podendo o juiz determinar a prática de atos necessários à conservação de bens, direitos ou valores, sem prejuízo do disposto no § 1º.

§ 4º Poderão ser decretadas medidas assecuratórias sobre bens, direitos ou valores para reparação do dano decorrente da infração penal antecedente ou da prevista nesta Lei ou para pagamento de prestação pecuniária, multa e custas.

Medidas caute- ■ Alteração: A Lei n. 12.683, de 9 de julho de 2012, alterou o art. 4º, *caput*
lares reais e parágrafos, da presente lei.

- **Noção:** Estabelece este art. 4º que, existindo indícios suficientes de infração penal, o juiz, de ofício, a requerimento do Parquet ou em virtude de representação da autoridade policial, ouvido o Ministério Público, poderá decretar medidas assecuratórias, incidindo sobre bens, direitos ou valores do investigado ou acusado, ou existentes em nome de interpostas pessoas. O legislador, no *caput* do art. 4º, expressamente limitou o escopo dessas medidas aos instrumentos, produtos ou proveito dos crimes de lavagem ou das infrações penais antecedentes, ou seja, exclusivamente ao sequestro previsto nos arts. 125 a 135 do CPP. Contudo, no § 4º refere-se ao arresto de bens estranhos ao delito para fins de indenização, disposto nos arts. 136 a 141 do CPP. A finalidade das medidas cautelares reais assecuratórias referidas no *caput* deste art. 4º é, necessariamente, a sua perda (confisco) em favor da União ou dos Estados (nos casos de competência da Justiça Estadual), além do pagamento de multas e custas decorrentes do processo criminal (§ 2º deste art. 4º). A indenização da vítima ou familiares é tratada no § 4º.

Alienação antecipada de bens (§ 1º)

- **Alienação antecipada de bens:** Salutar a alteração feita pela Lei n. 12.683/2012 ao presente § 1º, prevendo a possibilidade de o juiz determinar a alienação antecipada dos bens sequestrados ou arrestados, quando houver risco de sua deterioração ou depreciação, ou ainda nos casos em que for difícil a sua manutenção. Os valores serão depositados judicialmente e, em caso de absolvição, devolvidos ao acusado com as devidas correções.

Liberação dos bens (§ 2º)

- **Liberação dos bens:** Preceitua este § 2º que a liberação dos bens, direitos e valores sequestrados será determinada pelo juiz, no todo ou em parte, "quando comprovada a licitude de sua origem". Ao assim estipular, o legislador inverte o ônus da prova, submetendo o acusado a uma verdadeira *probatio diabolica*, na expressão de Vicente Gimeno Sendra, *verbis*: "A la acusación corresponde, pues, y no a la defensa (quien se vería sometida a una 'probatio diabolica' de los hechos negativos) la realización de esa 'actividad probatoria de cargo' necesaria para desvirtuar la presunción de inocencia" (*Derecho Procesal — Proceso Penal*. Em coautoria com Valentin Cortes Domingues e Victor Moreno Catena. Valencia: Tirant lo Blanch, 1993, p. 76).

- **Ressalva:** A atual redação do § 2º, dada pela Lei n. 12.683/12, faz uma ressalva. Mesmo provada a origem lícita dos bens, valores e direitos sequestrados, não serão liberados os necessários ao ressarcimento do dano causado pelo crime e ao pagamento de prestações pecuniárias, multas e custas decorrentes da infração penal. *Vide*, também, o § 4º que trata do arresto de bens de origem lícita para fins de indenização

Jurisprudência (antes da Lei n. 12.683/2012)

- **Liberação:** A liberação imediata dos bens sequestrados somente será feita quando o interessado, desde logo, comprovar a licitude das aquisições, sem a necessidade de se esperar a decisão final (TJSP, RT 779/566). Só há liberação quando comprovada a licitude da origem (TRF da 3ª Região, Ap. 0012524-37.2009.4.03.6000, j. 7-8-2012).

Libera-se na hipótese de a Caixa Econômica Federal ter informado a licitude dos valores recebidos a título de premiação em loteria (TRF da 1ª Região, Ap. 2003.41.00.003021-9-RO, j. 30-5-2006, *DJU* 14-7-2006, p. 14).

- Irrelevância da proveniência ilícita: Tratando-se de acusação da prática de crime de lavagem de dinheiro, os bens móveis e imóveis do acusado deverão ser sequestrados, independentemente da proveniência ilícita, pois servirão como garantia de reparação de eventuais danos (TJSP, *RT* 779/566). A mera prova da propriedade não resolve a questão do sequestro, sendo necessário o atendimento a outros requisitos como posse legítima ou boa-fé, ônus probante da parte de quem teve os bens sequestrados, verificando-se que a embargante não tinha recursos para a aquisição dos bens (TRF da 3ª Região, 5ª T., Ap. 0011083-55.2008.4.03.6000, j. 27-2-2012).

- Oitiva de terceiro: Para se decretar o sequestro ou apreensão de bens, não se exige a prévia oitiva do investigado ou do terceiro que tenha a posse ou o domínio da coisa; depois a parte interessada é citada para apresentar defesa e opor embargos (TRF da 3ª Região, 5ª T., Ap. 0011083-55.2008.4.03.6000, j. 27-2-2012).

- Embargos: A vigência da Lei n. 9.613/98 em nada alterou o ônus da prova em relação à apreensão ou sequestro de bens pela prática de crime, podendo o interessado contestar a medida mediante oposição dos embargos previstos no art. 130, I, do CPP, sob o fundamento de que os bens são de origem lícita (TJSP, *RT* 779/566).

- Excesso de prazo: Realizada a constrição dos bens em 22-8-2003, e tendo sido oferecida a denúncia depois de transcorrido mais de sete anos do bloqueio, sem previsão para o término do processo, configura constrangimento ilegal a determinar a concessão de *habeas corpus* de ofício para liberação dos bens apreendidos (STJ, 6ª T., REsp 865.163, j. 2-6-2011, publ. 1-7-2011).

O prazo de 120 dias previsto na antiga redação do § 1º do art. 4º não é peremptório, devendo ser interpretado de acordo com a razoabilidade e a complexidade do feito (TRF da 3ª Região, 5ª T., Ap. 0011083-55.2008.4.03.6000, j. 27-2-2012).

Comparecimento pessoal (§ 3º)

- Comparecimento pessoal: Complementando o § 2º, prevê este § 3º que sem o comparecimento pessoal do acusado ou da interposta pessoa referida no *caput* (ou seja, o terceiro que esteja na posse ou propriedade dos bens, direitos ou valores) nenhum pedido de liberação será — sequer, aduzimos — conhecido. O comparecimento pessoal em relação à terceira pessoa é justificável. Contudo, no que se refere ao próprio acusado, a disposição legislativa afigura-se totalmente desproposital quando estiver representado por defensor devidamente constituído com poderes especiais para levantar bens ou valores. Advogado, ressalte-se, que exerce *munus publico* e que tem a sua atividade regrada e fiscalizada pela Ordem dos Advogados do Brasil. Nessas circunstâncias, não convence o respeitável argumento do juiz José Paulo Baltazar Júnior no sentido de que "a exigência de comparecimento está ligada à própria natureza do crime em questão, no qual é comum a utilização de laranjas ou testas de ferro, bem como dos nomes de pessoas inexistentes. Quer dizer, para obter a restituição dos bens, o requerente deverá apresentar-se pessoalmente, não podendo se fazer representar, simplesmente, por procurador" ("O comparecimento do ofendido (*rectius*: acusado) como condição de procedibilidade no pedido de restituição de bens apreendidos na Lei de Lavagem de Dinheiro (Lei n. 9.613/98, art. 4º, § 3º)". *Revista Ibero-Americana de Ciências Penais*, publicação do Centro de Estudos Ibero-Americano de Ciências Penais. Porto Alegre: Livraria e Editora Cultural, ano 1, n. 0, maio-agosto de 2000, p. 136-137). Estabelece ainda o § 3º que o juiz poderá determinar a prática de atos necessários à conservação de bens, direitos e valores, se não for o caso de alienação antecipada.

Arresto (§ 4º) ■ **Arresto:** Enquanto o *caput* do art. 4º cuida de medidas assecuratórias que recaem sobre instrumentos, produtos ou proveito dos crimes de lavagem ou das infrações penais antecedentes, ou seja, exclusivamente do sequestro previsto nos arts. 125 a 135 do CPP, este § 4º expressamente abrange o arresto de bens estranhos ao delito para fins de indenização, disposto nos arts. 136 a 141 do CPP. Observamos que não se trata de arresto indiscriminado de todo o patrimônio lícito do acusado, mas somente do montante necessário para a reparação do dano à vítima ou familiares, e pagamento da pena alternativa de prestação pecuniária, multas e custas processuais em caso de condenação.

Art. 4º-A. A alienação antecipada para preservação de valor de bens sob constrição será decretada pelo juiz, de ofício, a requerimento do Ministério Público ou por solicitação da parte interessada, mediante petição autônoma, que será autuada em apartado e cujos autos terão tramitação em separado em relação ao processo principal.

§ 1º O requerimento de alienação deverá conter a relação de todos os demais bens, com a descrição e a especificação de cada um deles, e informações sobre quem os detém e local onde se encontram.

§ 2º O juiz determinará a avaliação dos bens, nos autos apartados, e intimará o Ministério Público.

§ 3º Feita a avaliação e dirimidas eventuais divergências sobre o respectivo laudo, o juiz, por sentença, homologará o valor atribuído aos bens e determinará sejam alienados em leilão ou pregão, preferencialmente eletrônico, por valor não inferior a 75% (setenta e cinco por cento) da avaliação.

§ 4º Realizado o leilão, a quantia apurada será depositada em conta judicial remunerada, adotando-se a seguinte disciplina:

I — nos processos de competência da Justiça Federal e da Justiça do Distrito Federal:

a) os depósitos serão efetuados na Caixa Econômica Federal ou em instituição financeira pública, mediante documento adequado para essa finalidade;

b) os depósitos serão repassados pela Caixa Econômica Federal ou por outra instituição financeira pública para a Conta Única do Tesouro Nacional, independentemente de qualquer formalidade, no prazo de 24 (vinte e quatro) horas; e

c) os valores devolvidos pela Caixa Econômica Federal ou por instituição financeira pública serão debitados à Conta Única do Tesouro Nacional, em subconta de restituição;

II — nos processos de competência da Justiça dos Estados:

a) os depósitos serão efetuados em instituição financeira designada em lei, preferencialmente pública, de cada Estado ou, na sua ausência, em instituição financeira pública da União;

b) os depósitos serão repassados para a conta única de cada Estado, na forma da respectiva legislação.

§ 5º Mediante ordem da autoridade judicial, o valor do depósito, após o trânsito em julgado da sentença proferida na ação penal, será:

I — em caso de sentença condenatória, nos processos de competência da Justiça Federal e da Justiça do Distrito Federal, incorporado definitivamente ao patrimônio da União, e, nos processos de competência da Justiça Estadual, incorporado ao patrimônio do Estado respectivo;

II — em caso de sentença absolutória extintiva de punibilidade, colocado à disposição do réu pela instituição financeira, acrescido da remuneração da conta judicial.

§ 6º A instituição financeira depositária manterá controle dos valores depositados ou devolvidos.

§ 7º Serão deduzidos da quantia apurada no leilão todos os tributos e multas incidentes sobre o bem alienado, sem prejuízo de iniciativas que, no âmbito da competência de cada ente da Federação, venham a desonerar bens sob constrição judicial daqueles ônus.

§ 8º Feito o depósito a que se refere o § 4º deste artigo, os autos da alienação serão apensados aos do processo principal.

§ 9º Terão apenas efeito devolutivo os recursos interpostos contra as decisões proferidas no curso do procedimento previsto neste artigo.

§ 10. Sobrevindo o trânsito em julgado de sentença penal condenatória, o juiz decretará, em favor, conforme o caso, da União ou do Estado:

I — a perda dos valores depositados na conta remunerada e da fiança;

II — a perda dos bens não alienados antecipadamente e daqueles aos quais não foi dada destinação prévia; e

III — a perda dos bens não reclamados no prazo de 90 (noventa) dias após o trânsito em julgado da sentença condenatória, ressalvado o direito de lesado ou terceiro de boa-fé.

§ 11. Os bens a que se referem os incisos II e III do § 10 deste artigo serão adjudicados ou levados a leilão, depositando-se o saldo na conta única do respectivo ente.

§ 12. O juiz determinará ao registro público competente que emita documento de habilitação à circulação e utilização dos bens colocados sob o uso e custódia das entidades a que se refere o *caput* deste artigo.

§ 13. Os recursos decorrentes da alienação antecipada de bens, direitos e valores oriundos do crime de tráfico ilícito de drogas e que tenham sido objeto de dissimulação e ocultação nos termos desta Lei permanecem submetidos à disciplina definida em lei específica.

- **Alteração:** Artigo incluído pela Lei n. 12.683/2012.

- **Alienação antecipada:** Salutar a novidade trazida pelo legislador ao expressamente prever (art. 4º, § 1º) e disciplinar (neste art. 4º-A) a alienação antecipada de bens que tenham sido sequestrados pelas autoridades, seja por se consubstanciarem no instrumento, produto ou proveito do crime de lavagem de dinheiro ou das infrações penais antecedentes, a fim de preservar o seu valor nos casos em que houver deterioração ou depreciação de valor (como veículos automotores e aviões), ou quando houver dificuldade para sua manutenção (por exemplo, cavalos de raça). Disciplina semelhante foi inserida no Código de Processo Penal pela Lei n. 12.694/2012, que lhe incluiu o art. 144-A. Igualmente há disposição prevendo a alienação antecipada na Lei de Drogas (Lei n. 11.343/2006). Efetivada a alienação, todos saem ganhando: o acusado que, se absolvido ou tiver a extinção da punibilidade decretada, terá o valor de seus bens preservado; a União ou o Estado, igualmente, pois não terá destinado recursos dos contribuintes para preservar o valor de bens apreendidos, o que, na prática, nunca ocorria, havendo total sucateamento dos bens apreendidos.

- **Perda em favor da União ou de Estado-membro da Federação:** Tradicionalmente o Código Penal sempre tratou de destinar, primeiramente à indenização das vítimas ou terceiros de boa-fé e, secundariamente à União, o valor auferido com a perda dos instrumentos do crime ou com o seu produto ou proveito (art. 91), independentemente de a competência para o processo e julgamento do crime ser da Justiça Federal ou Estadual. O legislador, aqui, inovou ao possibilitar que essa perda se dê em favor do ente federado, e não da União, quando o processo por crime de lavagem de dinheiro tiver sido da competência de sua Justiça Estadual. Tratando-se de lavagem de dinheiro envolvendo o tráfico de drogas, os valores auferidos com a perda de bens serão revertidos ao FUNAD — Fundo Nacional Antidrogas (art. 63, § 1º, da Lei n. 11.343/2006).

- **Uso de bens apreendidos:** Quando não era prevista a alienação antecipada de bens, costumava ser usual, sobretudo na Justiça Federal, que bens apreendidos como veículos e aeronaves ficassem sob a custódia da Polícia Federal, que deles fazia uso em suas atividades, em vez de deixá-los deteriorando em galpões, como autoriza, por sinal, o art. 61 da Lei de Drogas. No caso da lei de lavagem de dinheiro ora em comento, observamos que o § 12 do art. 4º-A faz referência a esse tipo de uso; ocorre, porém, que no *caput* do artigo não há nenhuma "entidade" mencionada, tendo incorrido o legislador em um evidente lapso.

Art. 4º-B. A ordem de prisão de pessoas ou as medidas assecuratórias de bens, direitos ou valores poderão ser suspensas pelo juiz, ouvido o Ministério Público, quando a sua execução imediata puder comprometer as investigações.

- Alteração: Artigo incluído pela Lei n. 12.683/2012.
- Retardamento da prisão temporária ou preventiva (continua a haver necessidade cautelar?): Na esteira do que já era previsto na antiga Lei do Crime Organizado (art. 2º, II, da Lei n. 9.034/95), e que também é disposto na atual lei sobre o tema (arts. 8º e 9º da Lei n. 12.850/2013), prevendo-se a possibilidade de a polícia retardar a interdição policial para que ela se concretize no momento mais profícuo para a formação da prova e colheita de informações, o art. 4º-B estipula que a prisão de acusados e o arresto de bens poderão ser suspensos para que não prejudiquem as investigações. Quanto à prisão, verificamos que esse art. 4º-B *não se refere à prisão em flagrante*, mas sim àquelas que sejam *ordenadas pelo juiz*, ou seja, as prisões temporária e preventiva. Observamos, todavia, que o retardamento da sua imposição certamente acabará por desnaturar o seu fundamento *cautelar*, que pressupõe ser a prisão, como medida *excepcional* que é, *efetivamente necessária* para proteger a instrução criminal contra atos atuais e iminentes de destruição de provas, de coação de testemunhas etc., ou para evitar a fuga do acusado, garantindo-se a aplicação de eventual condenação. Ora, se é viável a postergação de sua execução, para que não sejam prejudicadas as investigações, a sua real necessidade cautelar, como medida de urgência, desaparece, havendo uma grande incoerência neste art. 4º-B.

Art. 5º Quando as circunstâncias o aconselharem, o juiz, ouvido o Ministério Público, nomeará pessoa física ou jurídica qualificada para a administração dos bens, direitos ou valores sujeitos a medidas assecuratórias, mediante termo de compromisso.

Art. 6º A pessoa responsável pela administração dos bens:

I — fará jus a uma remuneração, fixada pelo juiz, que será satisfeita com o produto dos bens objeto da administração;

II — prestará, por determinação judicial, informações periódicas da situação dos bens sob sua administração, bem como explicações e detalhamentos sobre investimentos e reinvestimentos realizados.

Parágrafo único. Os atos relativos à administração dos bens sujeitos a medidas assecuratórias serão levados ao conhecimento do Ministério Público, que requererá o que entender cabível.

- Alteração: A Lei n. 12.683, de 9 de julho de 2012, alterou os arts. 5º e 6º, adequando a terminologia ao novo art. 4º, que trata das medidas assecuratórias reais.
- Noção: Os arts. 5º e 6º da Lei de Lavagem de Dinheiro tratam da administração dos bens por pessoa qualificada, a ser nomeada pelo juiz, mediante compromisso, ouvido o Ministério Público. Prevê, ainda, a remune-

ração do administrador, bem como o dever de prestar contas ao Juízo, dando-se ciência ao *Parquet*. Trata-se de medida salutar, evitando, assim, que o patrimônio (do acusado, ao menos enquanto não houver decisão condenatória transitada em julgado) desapareça ou se deteriore.

Capítulo III
DOS EFEITOS DA CONDENAÇÃO

Art. 7º São efeitos da condenação, além dos previstos no Código Penal:

I — a perda, em favor da União — e dos Estados, nos casos de competência da Justiça Estadual —, de todos os bens, direitos e valores relacionados, direta ou indiretamente, à prática dos crimes previstos nesta Lei, inclusive aqueles utilizados para prestar a fiança, ressalvado o direito do lesado ou de terceiro de boa-fé;

II — a interdição do exercício de cargo ou função pública de qualquer natureza e de diretor, de membro de conselho de administração ou de gerência das pessoas jurídicas referidas no art. 9º, pelo dobro do tempo da pena privativa de liberdade aplicada.

§ 1º A União e os Estados, no âmbito de suas competências, regulamentarão a forma de destinação dos bens, direitos e valores cuja perda houver sido declarada, assegurada, quanto aos processos de competência da Justiça Federal, a sua utilização pelos órgãos federais encarregados da prevenção, do combate, da ação penal e do julgamento dos crimes previstos nesta Lei, e, quanto aos processos de competência da Justiça Estadual, a preferência dos órgãos locais com idêntica função.

§ 2º Os instrumentos do crime sem valor econômico cuja perda em favor da União ou do Estado for decretada serão inutilizados ou doados a museu criminal ou a entidade pública, se houver interesse na sua conservação.

- Alteração: A Lei n. 12.683, de 9 de julho de 2012, alterou o inciso I do art. 7º, bem como incluiu os §§ 1º e 2º.

- Noção: Trata este art. 7º dos efeitos da condenação pela prática de crime de lavagem de dinheiro.

- Inciso I (inconstitucionalidade parcial): Em sua redação original, este art. 7º limitava-se a repetir o tradicional efeito genérico e automático de toda condenação criminal, previsto no art. 91, II, do Código Penal, consistente na perda, em favor da União, dos instrumentos e "do produto do crime ou de qualquer bem ou valor que constitua proveito auferido pelo agente com a prática do fato criminoso". Passados 14 anos, a Lei n. 12.683/2012 inovou em dois aspectos: no primeiro, permitiu a perda em favor não só da União, mas também dos Estados quando a condenação tiver sido proferida pela Justiça estadual, rompendo com a disciplina da Parte Geral do Código Penal de 1984. No segundo aspecto, o legislador ampliou enormemente o escopo desse efeito genérico da condenação por crime de lavagem de dinheiro, abrangendo "*todos* os bens, direitos e valores *relacionados, direta* ou *indiretamente*, à prática dos crimes previstos nesta Lei, inclusive aqueles utilizados para prestar a fiança". Essa ampliação da perda de bens em favor da União ou dos Estados, não se limitando ao produto e aos instrumentos do crime, e não se tratando de indenização à vítima do crime (protegida pela medida cautelar de arresto de bens prevista no art. 136 do CPP e no art. 4º, § 4º, desta lei), parece-nos inconstitucional na medida em que a perda de bens, valores e direitos "relacionados indiretamente" é algo extremamente vago e impreciso, podendo se transformar em verdadeiro *confisco* do patrimônio lícito daquele que venha a ser condenado.

- Inciso II: Estipula o inciso II do art. 7º que é também efeito da condenação a interdição do exercício: *a)* de cargo ou função pública de qualquer natureza; *b)* de diretor, membro do conselho de administração ou gerência das pessoas jurídicas mencionadas no art. 9º. Esta interdição será pelo dobro do tempo da pena privativa de liberdade aplicada.

- Motivação: Embora o art. 7º da Lei n. 9.613/98 não exija, de forma expressa, que a interdição prevista em seu inciso II seja *motivadamente* declarada na sentença, ela, ao contrário do que ocorre com a perda de bens, direitos e valores do inciso I, mais do que o patrimônio, atinge a própria *liberdade do condenado* no que tange à sua atividade laboral. Afigura-se, assim, inafastável a conclusão de que essa interdição não é *automática*; a sua aplicação deve ser expressamente motivada, a exemplo do que exige o parágrafo único do art. 92 do CP, ao tratar dos *efeitos específicos da condenação*.

- Destinação dos bens: O Legislador federal decidiu desde já determinar a destinação dos recursos provenientes da perda de bens, direitos e valores decorrentes de condenação por crime de lavagem de dinheiro, direcionando-os para os órgãos federais encarregados da sua prevenção, combate, ação penal e julgamento. Com questionável constitucionalidade, avançou sobre a competência legislativa dos Estados, embora não o tenha feito de forma definitiva, estatuindo que os entes federados darão "preferência" aos órgãos estaduais que desempenhem as mesmas funções.

- Destinação dos instrumentos do crime: No § 2º, o Legislador, inclusive de forma despicienda, determinou que os instrumentos do crime sem valor devem ser inutilizados, salvo se houver interesse museológico na sua manutenção.

Capítulo IV
DOS BENS, DIREITOS OU VALORES ORIUNDOS DE CRIMES PRATICADOS NO ESTRANGEIRO

Art. 8º O juiz determinará, na hipótese de existência de tratado ou convenção internacional e por solicitação de autoridade estrangeira competente, medidas assecuratórias sobre bens, direitos ou valores oriundos de crimes descritos no art. 1º praticados no estrangeiro.

§ 1º Aplica-se o disposto neste artigo, independentemente de tratado ou convenção internacional, quando o governo do país da autoridade solicitante prometer reciprocidade ao Brasil.

§ 2º Na falta de tratado ou convenção, os bens, direitos ou valores privados sujeitos a medidas assecuratórias por solicitação de autoridade estrangeira competente ou os recursos provenientes da sua alienação serão repartidos entre o Estado requerente e o Brasil, na proporção de metade, ressalvado o direito do lesado ou de terceiro de boa-fé.

- Alteração: *Caput* e § 2º com redação dada pela Lei n. 12.683, de 9 de julho de 2012, que trocou o termo "sequestro" por "medidas assecuratórias", de acordo com a nova redação por ela dada ao art. 4º.

- Noção: Trata este art. 8º da medida cautelar assecuratória consistente no sequestro de bens, direitos ou valores oriundos (provenientes, originários) dos crimes de lavagem tipificados no art. 1º desta Lei, quando praticados no estrangeiro. Ela está prevista no art. 4º da presente lei, e nos arts. 125 a 135 do CPP. O *caput* cuida da hipótese em que exista tratado ou convenção internacional ratificado e promulgado internamente. O § 1º permite o sequestro mesmo não havendo tratado ou convenção internacional, desde que o governo solicitante prometa reciprocidade ao Brasil. Nesta derradeira hipótese, estabelece o § 2º que os recursos provenientes da alienação dos bens, direitos ou valores objeto da medida cautelar real serão repartidos entre o Estado solicitante e nosso país, metade para cada um, ressalvado o direito do lesado ou terceiro de boa-fé. O pedido do país estrangeiro deverá ser feito por meio de carta rogatória, a ser apreciada pelo STJ (CR, art. 105, I, *i*, segunda parte, conforme redação dada pela Emenda Constitucional n. 45/2004). Evidentemente, as condutas incriminadas no exterior deverão ser similares às referidas no art. 1º da presente lei, desde que o crime, segundo a lei brasileira, não exclua a extradição (CPP, art. 784).

- Convenção de Viena: O confisco do proveito dos crimes de tráfico de entorpecentes e de lavagem de dinheiro a eles relativa está disciplinado no art. 5º da Convenção de Viena, que foi subscrita pelo Brasil, ratificada por nosso Congresso Nacional por meio do Decreto Legislativo n. 162, de 14 de junho de 1991, e promulgada pelo Executivo mediante o Decreto n. 154, de 26 de junho de 1991.

- Convenção de Palermo: Na Convenção das Nações Unidas contra a Delinquência Organizada Transnacional — Convenção de Palermo, ratificada pelo Congresso Nacional por meio do Decreto Legislativo n. 231, de 29 de maio de 2003, e promulgada pelo Presidente da República pelo Decreto n. 5.015, de 12 de março de 2004, o confisco do produto e dos instrumentos dos crimes nela referidos está disposto em seus arts. 12 a 14.

Capítulo V
DAS PESSOAS SUJEITAS AO MECANISMO DE CONTROLE

Art. 9º Sujeitam-se às obrigações referidas nos arts. 10 e 11 as pessoas físicas e jurídicas que tenham, em caráter permanente ou eventual, como atividade principal ou acessória, cumulativamente ou não:

I — a captação, intermediação e aplicação de recursos financeiros de terceiros, em moeda nacional ou estrangeira;

II — a compra e venda de moeda estrangeira ou ouro como ativo financeiro ou instrumento cambial;

III — a custódia, emissão, distribuição, liquidação, negociação, intermediação ou administração de títulos ou valores mobiliários.

Parágrafo único. Sujeitam-se às mesmas obrigações:

I — as bolsas de valores, as bolsas de mercadorias ou futuros e os sistemas de negociação do mercado de balcão organizado;

II — as seguradoras, as corretoras de seguros e as entidades de previdência complementar ou de capitalização;

III — as administradoras de cartões de credenciamento ou cartões de crédito, bem como as administradoras de consórcios para aquisição de bens ou serviços;

IV — as administradoras ou empresas que se utilizem de cartão ou qualquer outro meio eletrônico, magnético ou equivalente, que permita a transferência de fundos;

V — as empresas de arrendamento mercantil (*leasing*) e as de fomento comercial (*factoring*);

VI — as sociedades que efetuem distribuição de dinheiro ou quaisquer bens móveis, imóveis, mercadorias, serviços, ou, ainda, concedam descontos na sua aquisição, mediante sorteio ou método assemelhado;

VII — as filiais ou representações de entes estrangeiros que exerçam no Brasil qualquer das atividades listadas neste artigo, ainda que de forma eventual;

VIII — as demais entidades cujo funcionamento dependa de autorização de órgão regulador dos mercados financeiro, de câmbio, de capitais e de seguros;

IX — as pessoas físicas ou jurídicas, nacionais ou estrangeiras, que operem no Brasil como agentes, dirigentes, procuradoras, comissionárias ou por qualquer forma representem interesses de ente estrangeiro que exerça qualquer das atividades referidas neste artigo;

X — as pessoas físicas ou jurídicas que exerçam atividades de promoção imobiliária ou compra e venda de imóveis;

XI — as pessoas físicas ou jurídicas que comercializem joias, pedras e metais preciosos, objetos de arte e antiguidades;

XII — as pessoas físicas ou jurídicas que comercializem bens de luxo ou de alto valor, intermedeiem a sua comercialização ou exerçam atividades que envolvam grande volume de recursos em espécie;

XIII — as juntas comerciais e os registros públicos;

XIV — as pessoas físicas ou jurídicas que prestem, mesmo que eventualmente, serviços de assessoria, consultoria, contadoria, auditoria, aconselhamento ou assistência, de qualquer natureza, em operações:

a) de compra e venda de imóveis, estabelecimentos comerciais ou industriais ou participações societárias de qualquer natureza;

b) de gestão de fundos, valores mobiliários ou outros ativos;

c) de abertura ou gestão de contas bancárias, de poupança, investimento ou de valores mobiliários;

d) de criação, exploração ou gestão de sociedades de qualquer natureza, fundações, fundos fiduciários ou estruturas análogas;

e) financeiras, societárias ou imobiliárias; e

f) de alienação ou aquisição de direitos sobre contratos relacionados a atividades desportivas ou artísticas profissionais;

XV — pessoas físicas ou jurídicas que atuem na promoção, intermediação, comercialização, agenciamento ou negociação de direitos de transferência de atletas, artistas ou feiras, exposições ou eventos similares;

XVI — as empresas de transporte e guarda de valores;

XVII — as pessoas físicas ou jurídicas que comercializem bens de alto valor de origem rural ou animal ou intermedeiem a sua comercialização; e

XVIII — as dependências no exterior das entidades mencionadas neste artigo, por meio de sua matriz no Brasil, relativamente a residentes no País.

- **Alteração:** *Caput*, incisos I, X e XII com redação dada pela Lei n. 12.683, de 9 de julho de 2012. Essa mesma lei também incluiu os incisos XIII a XVIII.

- **Noção:** Visando exercer maior controle sobre atividades econômico-financeiras, são enumeradas por este art. 9º uma série delas, mais suscetíveis de serem desvirtuadas, propiciando a lavagem de dinheiro, impondo-se diversos deveres voltados ao combate desta. A Lei n. 12.683 ampliou enormemente o rol de pessoas físicas e jurídicas sujeitas a tais obrigações, punindo-as com rigor (art. 12). Transformam-se empresas e cidadãos em verdadeiros fiscais, impondo-lhes deveres que, a rigor, caberiam somente aos agentes do Estado. Deveres, alguns deles, que se chocam, inclusive, com os sigilos profissional, bancário e fiscal.

- **Advogados:** O advogado, conforme preceitua o art. 133 da Carta Magna, "é indispensável à administração da Justiça, sendo inviolável por seus atos e manifestações, no exercício da profissão, nos limites da lei". A Lei n. 8.906/94 (Estatuto da Advocacia), em seu art. 7º, dispõe ser direito do advogado "a inviolabilidade de seu escritório ou local de trabalho, bem como de seus instrumentos de trabalho, de sua correspondência escrita, eletrônica, telefônica e telemática, desde que relativas ao exercício da advocacia" (inciso II), bem como "recusar-se a depor como testemunha em processo no qual funcionou ou deva funcionar, ou sobre fato relacionado com pessoa de quem seja ou foi advogado, mesmo quando autorizado ou solicitado pelo constituinte, bem como sobre fato que constitua sigilo profissional" (inciso XIX). O Código de Processo Penal, por sua vez, estabelece em seu art. 207 que "são proibidas de depor as pessoas que, em razão de função, ministério, ofício ou profissão, devam guardar segredo, salvo se, desobrigadas pela parte interessada, quiserem dar o seu testemunho". Por fim, o art. 154 do Código Penal, sob a rubrica "violação do segredo profissional", pune com pena de detenção de três meses a um ano, ou multa, a conduta de "revelar alguém, sem justa causa, segredo de que tem ciência em razão de função, ministério, ofício ou profissão, e cuja revelação possa produzir dano a outrem". A respeito do sigilo de advogado, tem a jurisprudência assim se posicionado: pode e deve o advogado recusar-se a comparecer e a depor como testemunha, em investigação relacionada com alegada falsidade de documentos, provenientes de seu constituinte que juntou aos autos judiciais (STF, *RTJ* 118/526, *RT* 531/401; sobre depoimento de advogado, cf., também, STF, *RTJ* 68/118). É direito de o advogado recusar-se a depor em processo no qual funcionou ou deva funcionar, ainda que autorizado ou solicitado por seu constituinte, pois é seu direito negar-se a informar o que constitua sigilo profissional (TJSP, *RT* 547/289). Advogado que se escusa de depor sobre matéria pertinente ao seu relacionamento com ex-cliente, cumpre seu dever (TJSP, *RT* 625/292; TJSC, *RT* 523/439). A Lei de Lavagem de Dinheiro, neste art. 9º, sujeita uma série de pessoas, físicas e jurídicas, a várias obrigações. Dentre essas pessoas, as que prestem, mesmo que eventualmente, serviços de assessoria, consultoria, aconselhamento ou assistência, de qualquer natureza, em operações de compra e venda de imóveis, estabelecimentos comerciais ou industriais ou participações societárias de qualquer natureza; operações de criação, exploração ou gestão de sociedades de qualquer natureza, fundações, fundos fiduciários ou estruturas análogas; como também operações financeiras, societárias ou imobiliárias (art. 9º, XV, *a*, *d* e *e*). Entre tais obrigações, previstas nos incisos do art. 10 e do art. 11, estão as de identificar clientes e manter cadastro atualizado, cadastrar-se no Conselho de Controle de Atividades Financeiras (Coaf), atender às requisições formuladas por esse órgão, bem como de comunicar ao Coaf determinadas transações e operações financeiras de seus clientes (art. 10, II), "abstendo-se de dar ciência de tal ato a qualquer pessoa, inclusive aquela à qual se refira a informação". A tais obrigações estariam sujeitos os advogados e escritórios de advocacia ao prestarem assessoria, consultoria, aconselhamento e assistência a seus clientes nas áreas referidas no art. 9º? Estamos convictos que não. Isso não só porque o conflito aparente de normas entre as diversas leis ordinárias (Código Penal, Código de Processo Penal e Estatuto da Advocacia, de um lado, e a Lei de Lavagem, de outro) deve resolver-se pelo princípio da especialidade, prevalecendo a lei especial (Estatuto da Advocacia), mas também porque a inviolabilidade do advogado está constitucionalmente prevista. Além disso, se o Código de Processo Penal proíbe de depor profissionais que devam guardar segredo, como é o caso dos advogados (art. 207), não há como a Lei de Lavagem exigir que os escritórios de advocacia cadastrem seus clientes, informando ao Coaf as atividades e transações destes das quais tiveram conhecimento no exercício da profissão. Nem se diga que a inviolabilidade se circunscreveria à atuação do profissional da advocacia nos processos aforados; pelo contrário, a atividade do advogado extrapola o âmbito circunscrito do foro, sendo muito mais ampla, abrangendo, inclusive, a esfera não contenciosa de assessoria e consultoria. A respeito, o Órgão Especial do Conselho Federal da Ordem dos Advogados do Brasil aprovou, à unanimidade, em 20 de agosto de 2012, parecer exarado na Consulta n. 49.0000.2012.006678-6/OEP, concluindo que a "Lei especial, estatuto da Ordem (Lei 8.906/94), não pode ser implicitamente revogado por lei que trata genericamente de outras profissões. Advogados e as sociedades de advocacia não devem fazer cadastro no COAF nem têm o dever de divulgar dados sigilosos de seus clientes que lhe foram entregues no exercício profissional". Não se trata, aqui, de privilégio de uma categoria profissional; pelo contrário, como lembra o ilustre advogado criminalista José Roberto Batochio, "o destinatário da franquia da inviolabilidade profissional é o cidadão, titular dos direitos patrocinados, não o advogado, mero intermediário". ("A Inviolabilidade do Advogado em Face da Constituição de 1988", in *RT* 688/401-407, 406). Para finalizar, lembramos que o sigilo de médicos, advogados, psicólogos e sacerdotes é absolutamente indispensável ao exercício de tais misteres, sob pena de as pessoas deixarem de procurá-los, com receio de ver a sua intimidade revelada, violando-se frontalmente o art. 5º, X, da Constituição da República. O combate à lavagem de dinheiro, com dispositivos como os dos arts. 9º, 10 e 11 da Lei n. 9.613/98, não pode afrontar o próprio Estado Democrático de Direito, o qual demanda o pleno exercício dos profissionais da medicina, da advocacia e da psicologia, bem como da fundamental atividade desenvolvida por ministros religiosos. Sem proteção à intimidade, não há democracia.

Capítulo VI
DA IDENTIFICAÇÃO DOS CLIENTES E MANUTENÇÃO DE REGISTROS

Art. 10. As pessoas referidas no art. 9º:

I — identificarão seus clientes e manterão cadastro atualizado, nos termos de instruções emanadas das autoridades competentes;

II — manterão registro de toda transação em moeda nacional ou estrangeira, títulos e valores mobiliários, títulos de crédito, metais, ou qualquer ativo passível de ser convertido em dinheiro, que ultrapassar limite fixado pela autoridade competente e nos termos de instruções por esta expedidas;

III — deverão adotar políticas, procedimentos e controles internos, compatíveis com seu porte e volume de operações, que lhes permitam atender ao disposto neste artigo e no art. 11, na forma disciplinada pelos órgãos competentes;

IV — deverão cadastrar-se e manter seu cadastro atualizado no órgão regulador ou fiscalizador e, na falta deste, no Conselho de Controle de Atividades Financeiras (Coaf), na forma e condições por eles estabelecidas;

V — deverão atender às requisições formuladas pelo Coaf na periodicidade, forma e condições por ele estabelecidas, cabendo-lhe preservar, nos termos da lei, o sigilo das informações prestadas.

§ 1º Na hipótese de o cliente constituir-se em pessoa jurídica, a identificação referida no inciso I deste artigo deverá abranger as pessoas físicas autorizadas a representá-la, bem como seus proprietários.

§ 2º Os cadastros e registros referidos nos incisos I e II deste artigo deverão ser conservados durante o período mínimo de 5 (cinco) anos a partir do encerramento da conta ou da conclusão da transação, prazo este que poderá ser ampliado pela autoridade competente.

§ 3º O registro referido no inciso II deste artigo será efetuado também quando a pessoa física ou jurídica, seus entes ligados, houver realizado, em um mesmo mês-calendário, operações com uma mesma pessoa, conglomerado ou grupo que, em seu conjunto, ultrapassem o limite fixado pela autoridade competente.

■ Alteração: Inciso III alterado, e incisos IV e V acrescentados, pela Lei n. 12.683, de 9 de julho de 2012.

■ Cadastro de clientes e registro das transações: Trata o art. 10 desta lei das obrigações das pessoas físicas e jurídicas elencadas no art. 9º, no que tange à identificação dos seus clientes e à manutenção de registros das transações realizadas. Quanto aos advogados, *vide* nota no art. 9º.

Art. 10-A. O Banco Central manterá registro centralizado formando o cadastro geral de correntistas e clientes de instituições financeiras, bem como de seus procuradores.

■ Cadastro geral: A Lei n. 10.701/2003 incluiu o art. 10-A à presente lei, impondo o dever jurídico do Banco Central registro centralizado de correntistas e clientes de instituições financeiras, como também de seus procuradores.

Capítulo VII
DA COMUNICAÇÃO DE OPERAÇÕES FINANCEIRAS

Art. 11. As pessoas referidas no art. 9º:

I — dispensarão especial atenção às operações que, nos termos de instruções emanadas das autoridades competentes, possam constituir-se em sérios indícios dos crimes previstos nesta Lei, ou com eles relacionar-se;

II — deverão comunicar ao Coaf, abstendo-se de dar ciência de tal ato a qualquer pessoa, inclusive àquela à qual se refira a informação, no prazo de 24 (vinte e quatro) horas, a proposta ou realização:

a) de todas as transações referidas no inciso II do art. 10, acompanhadas da identificação de que trata o inciso I do mencionado artigo; e

b) das operações referidas no inciso I;

III — deverão comunicar ao órgão regulador ou fiscalizador da sua atividade ou, na sua falta, ao Coaf, na periodicidade, forma e condições por eles estabelecidas, a não ocorrência de propostas, transações ou operações passíveis de serem comunicadas nos termos do inciso II.

§ 1º As autoridades competentes, nas instruções referidas no inciso I deste artigo, elaborarão relação de operações que, por suas características, no que se refere às partes envolvidas, valores, forma de realização, instrumentos utilizados, ou pela falta de fundamento econômico ou legal, possam configurar a hipótese nele prevista.

§ 2º As comunicações de boa-fé, feitas na forma prevista neste artigo, não acarretarão responsabilidade civil ou administrativa.

§ 3º O Coaf disponibilizará as comunicações recebidas com base no inciso II do *caput* aos respectivos órgãos responsáveis pela regulação ou fiscalização das pessoas a que se refere o art. 9º.

- **Alteração:** Inciso II e § 3º alterados pela Lei n. 12.683, de 9 de julho de 2012.
- **Comunicação de operações:** Afora o cadastro de clientes e o registro das transações referidas no art. 10, este art. 11 enumera as hipóteses em que as pessoas físicas e jurídicas mencionadas no art. 9º deverão comunicar as operações financeiras ao órgão próprio fiscalizador ou regulador, ou, na sua falta, ao Conselho de Controle de Atividades Financeiras (COAF).
- **Direito à tutela da intimidade, vida privada, honra e imagem:** O art. 5º, X, da CR estatui que "são invioláveis a intimidade, a vida privada, a honra e a imagem das pessoas". Para compreender o conteúdo das expressões intimidade e vida privada, lembramos que a liberdade humana pode ser vista sob dois ângulos. O primeiro, que é o da liberdade positiva, diz com o direito de ir e vir, bem como de manifestar em público o pensamento, vedando-se a censura prévia (é a vida pública). Complementa-a a sua outra faceta, qual seja, a da liberdade negativa, pela qual se tutela a vida privada e a intimidade. A proteção da vida privada — ou privacidade, *privacy*, para os ingleses e norte-americanos, *privatsphäre*, ou seja, esfera privada para os alemães, como lembra José Martínez de Pisón Cavero (*El derecho a la intimidad en la jurisprudencia constitucional*. Madri: Civitas, 1993, p. 30) — atrela-se à vedação de que terceiros tenham acesso a detalhes da vida (ou seja, dia a dia, hábitos, relações afetivas e familiares) de alguém, que só a ele e àqueles que eventualmente dela participam interessam. Já a proteção da intimidade (*intimacy*, para os anglo-saxões, e *intimsphäre*, para os germânicos) diz com a vedação de ingerências arbitrárias do Estado e dos demais membros da comunhão social nas esferas mais íntimas de cada um, isto é, do homem com ele mesmo, seus pensamentos, seus desejos e suas emoções, que só a ele pertencem, são o seu maior patrimônio. Nas palavras de Serrano Neves, é "o domínio, pelo homem, do sagrado e indevassável recinto da consciência", complementando: "Há, no homem, um território indevassável que se chama consciência. Desta, só ele, apenas ele pode dispor. Sua invasão, portanto, ainda que pela autoridade constituída, seja a que pretexto for, é sempre ignomínia, é

torpe sacrilégio" (*O direito de calar*. Rio de Janeiro/São Paulo: Freitas Bastos, 1960, nota introdutória e p. 151). A intimidade decorre, pode-se afirmar, do próprio reconhecimento da dignidade individual do ser humano, da sua personalidade e autonomia de vontade no tocante à permissão de que terceiros conheçam-no intimamente. A intimidade, ilustrativamente, encontra graduações, até desaparecer. Sempre a critério de seu titular, temos, em seu grau máximo, o pensar silencioso (se os nossos pensamentos pudessem ser conhecidos por todos, pudessem eles ser telepaticamente transmitidos, perderíamos a nossa liberdade e individualidade; quanta discórdia haveria). A intimidade pode encontrar-se materializada em palavras escritas (mas não transmitidas a terceiros), ainda que com o risco de serem conhecidas por indevida intromissão, como, por exemplo, em um diário manuscrito ou, no mundo eletrônico de hoje, digitalizadas em um arquivo de computador (transformadas em dados, portanto). O pensamento materializado em palavras (faladas, escritas ou digitalizadas), ainda que transmitido a terceiros, também pode ser dotado de reserva, mas agora no âmbito da vida privada (lembre-se da conversa na intimidade do lar; da fala objeto de confissão religiosa; da dirigida ao psicólogo, ao médico e ao advogado; da carta; até do e-mail reservado). De outra sorte, cumpre salientar que há pessoas que optam pela carreira política ou por profissão que envolve o público, como a relativa aos artistas e cantores; assim o fazendo, têm consciência de que renunciam a alguma parcela de sua privacidade. Merece menção, aqui, o correlato direito à tutela da imagem e da honra de cada um, como decorrência do resguardo da própria personalidade e de sua integridade, tratada pelos alemães como esfera individual (*individualsphäre*), que, nas palavras de José Martínez de Pisón Cavero, "afecta a aspectos ligados con la intimidad pero ajenos a su significado estricto, como son el honor y la imagen personal, elementos que expresan la personalidad del individuo" (ob. e loc. cits.). Em suma, vale a pena transcrever as palavras de Georges Duby, também referidas pelo citado autor, que são significativas: "... existe uma área particular claramente delimitada, assinalada àquela parte da existência que todos os idiomas denominam de privada, uma zona de imunidade oferecida à retirada das tropas em boa ordem, ao retiro, aonde se pode abandonar as armas e as defesas das quais convém estar provido quando se aventura no espaço público, aonde a pessoa se deita, aonde se encontra à vontade, 'de chinelos', livre da carcaça com a qual nos mostramos e protegemos em face do exterior. É um lugar familiar. Doméstico. Secreto, também. No privado encontra-se guardado o que possuímos de mais precioso, o que só pertence a nós mesmos, o que não concerne aos demais, o que não cabe divulgar, nem mostrar, porque é algo demasiadamente diferente das aparências cuja salvaguarda pública exige a honra" (preferimos acompanhar e traduzir o trecho que se encontra no livro de Pisón Cavero, em vez de transcrever o prefácio da edição brasileira, *História da vida privada*, em coautoria com Philippe Áries. Tradução de Hildegard Feist. 6. reimp., São Paulo: Cia. das Letras, 1991, p. 10, por entendermos que, na obra espanhola, a tradução é mais expressiva).

- Advogados: *Vide* nota a respeito no art. 9º.

■ **Inconstitucionalidade do art. 11 da Lei de Lavagem de Dinheiro:** A Magna Carta, em complementação ao disposto no inciso X de seu art. 5º (vide nota anterior), determina, no inciso XII do mesmo artigo, ser "inviolável o sigilo da correspondência e das comunicações telegráficas, de dados e das comunicações telefônicas, salvo, no último caso, por ordem judicial, nas hipóteses e na forma que a lei estabelecer para fins de investigação criminal ou instrução processual penal". Põem-se, aqui, duas indagações: a) O modo de viver de uma pessoa, como e com o quê ela gasta o dinheiro que possui, diz com a sua intimidade? A resposta é, inquestionavelmente, afirmativa. b) A comunicação de transações de que tratam o art. 11 da Lei de Lavagem de Dinheiro e as Cartas-Circulares n. 3.461, de 24 de julho de 2009, e n. 3.542, de 12 de março de 2012, do Banco Central, tanto com critérios objetivos (transações acima de R$ 100.000,00) quanto subjetivos e vagos ("indícios" de ocultação ou dissimulação, para qualquer transação), destitui de privacidade a movimentação das finanças de uma pessoa? A resposta é, igualmente, afirmativa. A despeito de, no campo tributário, ser comum a assertiva de que ao Fisco somente interessa verificar o montante do dinheiro movimentado pela pessoa (contas bancárias, cartões de crédito etc.) para saber se ele é compatível com sua renda declarada, não importando como, com o quê e com quem ele é gasto, não havendo, portanto, falar em violação da intimidade da pessoa — cujo argumento entendemos ser aceitável —, o mesmo não se repete com o Coaf. Com efeito, da comunicação de que trata este art. 11, nos termos da Carta-Circular n. 3.461/2009 do Bacen, deverão ser comunicadas ao Coaf até mesmo "operações realizadas ou serviços prestados cujo valor seja igual ou superior a R$ 10.000,00", utilizando-se de critérios altamente subjetivos, ou seja, "as partes envolvidas, os valores, as formas de realização, os instrumentos utilizados ou a falta de fundamento econômico ou legal" que "possam configurar a existência de indícios dos crimes previstos na Lei n. 9.613, de 1998" (art. 13, I). O Coaf, a partir daí, nos termos do art. 15 do Decreto n. 2.799, de 8 de outubro de 1998, poderá proceder a "averiguações preliminares" e, para tanto, inclusive "requerer esclarecimentos às pessoas físicas ou jurídicas, diretamente relacionadas com o objeto da averiguação". Ao Coaf, portanto, interessa saber a intimidade das pessoas, ou seja, com quem e por que realizam as suas transações econômicas mais vultosas. Acrescente-se a essas considerações o fato de que o dinheiro objeto dessas transações foi presumivelmente obtido de forma lícita, mesmo porque a todos é assegurado o direito à desconsideração prévia de culpabilidade — Lei Maior, art. 5º, LVII. Enfim, há total desprezo aos incisos X, XII e LVII do art. 5º da CR, bem como, e por via reflexa, ao seu art. 1º, III. O que se verifica é, de fato, um total desrespeito ao sigilo bancário em nosso país, ao arrepio dos preceitos constitucionais referidos. Precisas, assim, as palavras de Andrea Galhardo Palma ao afirmar que "reveste-se de alarme quando a pretensa utilização preventiva do sistema financeiro vem sacrificar direitos fundamentais dos cidadãos, qual seja, a intimidade de seus negócios, o sigilo dos dados e contas [...] ao prever um enorme rol de empresas, e mesmo pessoas físicas que terão de comunicar suas operações financeiras à entidade fiscalizadora (na falta de uma específica será o Coaf): registrando as transações de seus clientes e identificando-os através de cadastro, sem a ciência do cliente, caso aquelas superem determinado valor previamente fixado pela autoridade" ("Dos crimes de 'lavagem' de dinheiro e a tutela penal". *Boletim do Instituto Manoel Pedro Pimentel*, cit., p. 26).

- **LC n. 105/2001 (inconstitucionalidade):** Após enumerar várias exceções ao dever de guardar sigilo bancário (art. 1º, § 3º, I a VI, da LC n. 105/2001), o seu art. 6º prevê que as autoridades e os agentes fiscais tributários "poderão examinar documentos, livros e registros de instituições financeiras, inclusive os referentes a contas de depósitos e aplicações financeiras, quando houver processo administrativo instaurado ou procedimento fiscal em curso e tais exames sejam considerados indispensáveis pela autoridade administrativa competente". Dispensa, portanto, autorização judicial. Para Fabiana Lopes Pinto, com quem concordamos, "ao autorizar a violação dos dados bancários dos cidadãos e garantir à autoridade administrativa poder fiscalizatório irrestrito, a Lei Complementar n. 105/2001 acabou violando inúmeros outros direitos constitucionais de igual ou maior relevância que o próprio sigilo de dados previsto no art. 5º, XII, da Constituição Federal de 1998. Neste rol podem ser citados os direitos à privacidade e intimidade (art. 5º, X), acesso ao Judiciário (art. 5º, XXXV), devido processo legal (art. 5º, LIV), decisão fundamentada (art. 93, IX), presunção de inocência (art. 5º, LVII) e aos princípios constitucionais da tripartição de poderes, da irretroatividade, princípio federativo, bem como os valores constitucionais máximos da certeza do direito e da segurança jurídica" ("O sigilo bancário e a Lei Complementar n. 105/2001". *Leis complementares em matéria tributária — aspectos práticos atuais*. São Paulo: Manole, 2003, p. 167).

Jurisprudência
- *Habeas corpus*: O *habeas corpus* é instrumento idôneo para afastar constrangimento decorrente da quebra de sigilo, uma vez que de tal procedimento pode advir medida restritiva à liberdade de locomoção. Precedentes do STF (HC 81.294 e 79.191) e do STJ (RHC 11.338, *DJU* 8-10-2001) (STJ, 5ª T., HC 18.060, Rel. Min. Jorge Scartezzini, j. 7-2-2002, *DJU* 26-8-2002, p. 271).

Art. 11-A. As transferências internacionais e os saques em espécie deverão ser previamente comunicados à instituição financeira, nos termos, limites, prazos e condições fixados pelo Banco Central do Brasil.

- **Alteração:** Artigo incluído pela Lei n. 12.683, de 9 de julho de 2012.

Capítulo VIII
DA RESPONSABILIDADE ADMINISTRATIVA

Art. 12. Às pessoas referidas no art. 9º, bem como aos administradores das pessoas jurídicas, que deixem de cumprir as obrigações previstas nos arts. 10 e 11 serão aplicadas, cumulativamente ou não, pelas autoridades competentes, as seguintes sanções:

I — advertência;

II — multa pecuniária variável não superior:

a) ao dobro do valor da operação;

b) ao dobro do lucro real obtido ou que presumivelmente seria obtido pela realização da operação; ou

c) ao valor de R$ 20.000.000,00 (vinte milhões de reais);

III — inabilitação temporária, pelo prazo de até 10 (dez) anos, para o exercício do cargo de administrador das pessoas jurídicas referidas no art. 9º;

IV — cassação ou suspensão da autorização para o exercício de atividade, operação ou funcionamento.

§ 1º A pena de advertência será aplicada por irregularidade no cumprimento das instruções referidas nos incisos I e II do art. 10.

§ 2º A multa será aplicada sempre que as pessoas referidas no art. 9º, por culpa ou dolo:

I — deixarem de sanar as irregularidades objeto de advertência, no prazo assinalado pela autoridade competente;

II — não cumprirem o disposto nos incisos I a IV do art. 10;

III — deixarem de atender, no prazo estabelecido, a requisição formulada nos termos do inciso V do art. 10;

IV — descumprirem a vedação ou deixarem de fazer a comunicação a que se refere o art. 11.

§ 3º A inabilitação temporária será aplicada quando forem verificadas infrações graves quanto ao cumprimento das obrigações constantes desta Lei ou quando ocorrer reincidência específica, devidamente caracterizada em transgressões anteriormente punidas com multa.

§ 4º A cassação da autorização será aplicada nos casos de reincidência específica de infrações anteriormente punidas com a pena prevista no inciso III do *caput* deste artigo.

■ Alteração: Incisos II e IV do *caput*, § 2º e seus incisos II e III, alterados pela Lei n. 12.683, de 9 de julho de 2012.

■ Severas sanções administrativas: Elenca este art. 12 uma série de pesadas punições de caráter administrativo (advertência, multa pecuniária; inabilitação temporária para o exercício de cargo; e cassação ou suspensão de autorização para o exercício de atividade, operação ou funcionamento), a serem aplicadas pelo COAF às pessoas relacionadas no art. 9º, bem como aos administradores das pessoas jurídicas, que deixem de cumprir as obrigações decorrentes dos arts. 10 e 11. Chama a atenção a severidade da multa, que foi aumentada cem vezes pela Lei n. 12.683/2012, passando de R$ 200.000,00 para R$ 20.000.000,00.

Art. 13. O procedimento para a aplicação das sanções previstas neste Capítulo será regulado por decreto, assegurados o contraditório e a ampla defesa.

- Contraditório e ampla defesa: Em consonância com o disposto no art. 5º, LV, da CR, este art. 13 da Lei de Lavagem de Dinheiro preceitua que no procedimento administrativo, a fim de apurar o descumprimento dos deveres impostos às pessoas jurídicas e físicas referidas no art. 12, e aplicar eventuais sanções, assegurar-se-á o contraditório e a ampla defesa. Tal procedimento encontra-se regulado no Decreto n. 2.799, de 8 de outubro de 1998, que aprovou o Estatuto do Coaf (Capítulo V, arts. 14 a 23).

Capítulo IX
DO CONSELHO DE CONTROLE DE ATIVIDADES FINANCEIRAS

Art. 14. É criado, no âmbito do Ministério da Fazenda, o Conselho de Controle de Atividades Financeiras — Coaf, com a finalidade de disciplinar, aplicar penas administrativas, receber, examinar e identificar as ocorrências suspeitas de atividades ilícitas previstas nesta Lei, sem prejuízo da competência de outros órgãos e entidades.

§ 1º As instruções referidas no art. 10 destinadas às pessoas mencionadas no art. 9º, para as quais não exista órgão próprio fiscalizador ou regulador, serão expedidas pelo Coaf, competindo-lhe, para esses casos, a definição das pessoas abrangidas e a aplicação das sanções enumeradas no art. 12.

§ 2º O Coaf deverá, ainda, coordenar e propor mecanismos de cooperação e de troca de informações que viabilizem ações rápidas e eficientes no combate à ocultação ou dissimulação de bens, direitos e valores.

§ 3º O Coaf poderá requerer aos órgãos da Administração Pública as informações cadastrais bancárias e financeiras de pessoas envolvidas em atividades suspeitas.

- Alteração: O § 3º deste art. 14 foi incluído pela Lei n. 10.701/2003.

Art. 15. O Coaf comunicará às autoridades competentes para a instauração dos procedimentos cabíveis, quando concluir pela existência de crimes previstos nesta Lei, de fundados indícios de sua prática, ou de qualquer outro ilícito.

Art. 16. O Coaf será composto por servidores públicos de reputação ilibada e reconhecida competência, designados em ato do Ministro de Estado da Fazenda, dentre os integrantes do quadro de pessoal efetivo do Banco Central do Brasil, da Comissão de Valores Mobiliários, da Superintendência de Seguros Privados, da Procuradoria-Geral da Fazenda Nacional, da Secretaria da Receita Federal do Brasil, da Agência Brasileira de

Inteligência, do Ministério das Relações Exteriores, do Ministério da Justiça, do Departamento de Polícia Federal, do Ministério da Previdência Social e da Controladoria-Geral da União, atendendo à indicação dos respectivos Ministros de Estado.

§ 1º O Presidente do Conselho será nomeado pelo Presidente da República, por indicação do Ministro de Estado da Fazenda.

§ 2º Das decisões do Coaf relativas às aplicações de penas administrativas caberá recurso ao Ministro de Estado da Fazenda.

- **Alteração:** Art. 16, *caput*, com redação alterada pela Lei n. 12.683, de 9 de julho de 2012.

Art. 17. O Coaf terá organização e funcionamento definidos em estatuto aprovado por decreto do Poder Executivo.

- **Remissão:** O Estatuto do Coaf foi aprovado pelo Decreto n. 2.799, de 8 de outubro de 1998.

CAPÍTULO X
DISPOSIÇÕES GERAIS

Art. 17-A. Aplicam-se, subsidiariamente, as disposições do Decreto-Lei n. 3.689, de 3 de outubro de 1941 (Código de Processo Penal), no que não forem incompatíveis com esta Lei.

- **Alteração:** Art. 17-A incluído pela Lei n. 12.683, de 9 de julho de 2012.

Art. 17-B. A autoridade policial e o Ministério Público terão acesso, exclusivamente, aos dados cadastrais do investigado que informam qualificação pessoal, filiação e endereço, independentemente de autorização judicial, mantidos pela Justiça Eleitoral, pelas empresas telefônicas, pelas instituições financeiras, pelos provedores de internet e pelas administradoras de cartão de crédito.

- **Alteração:** Art. 17-B incluído pela Lei n. 12.683, de 9 de julho de 2012.

- **Dispensa de autorização judicial para acesso a dados (inconstitucionalidade):** Dispõe este artigo que, sem necessitar de autorização judicial, as autoridades policiais e o Ministério Público poderão ter acesso ou requisitar determinados dados cadastrais do investigado, quais sejam, qualificação pessoal, filiação e endereço existentes na Justiça Eleitoral, empresas telefônicas, instituições financeiras, provedores de internet e administradoras de cartão de crédito. Em que pese a limitação do acesso apenas a certos dados cadastrais, sendo o rol taxativo, a dispensa de autorização judicial prevista neste dispositivo viola frontalmente o inciso XII do art. 5º, o qual exige autorização do Poder Judiciário para que as autoridades possam ter acesso a essas informações. Inserida ao final da Lei n. 9.613/98, a permissão aqui dada aos órgãos policiais e do Ministério Público não foi, outrossim, expressamente restringida às investigações de lavagem de dinheiro. Da maneira como se encontra redigido o artigo em comento, abre-se espaço para que autoridades que investiguem outros tipos de crime busquem dele se utilizar, tornando ainda mais grave a violação do inciso XII do art. 5º da Constituição.

Art. 17-C. Os encaminhamentos das instituições financeiras e tributárias em resposta às ordens judiciais de quebra ou transferência de sigilo deverão ser, sempre que determinado, em meio informático, e apresentados em arquivos que possibilitem a migração de informações para os autos do processo sem redigitação.

- Alteração: Art. 17-C incluído pela Lei n. 12.683, de 9 de julho de 2012.

Art. 17-D. Em caso de indiciamento de servidor público, este será afastado, sem prejuízo de remuneração e demais direitos previstos em lei, até que o juiz competente autorize, em decisão fundamentada, o seu retorno.

- Alteração: Art. 17-D incluído pela Lei n. 12.683, de 9 de julho de 2012.

- Afastamento do servidor público: O legislador, com a inclusão deste art. 17-D à Lei de Lavagem, rompeu com o sistema de medidas cautelares que havia sido, um ano antes, introduzido ao Código de Processo Penal pela Lei n. 12.403/2011. Com efeito, o art. 319, VI, do Diploma Processual Penal prevê, como medida cautelar diversa da prisão, a "suspensão do exercício de função pública [...] quando houver justo receio de sua utilização para a prática de infrações penais", a qual deverá, de forma motivada, ser imposta por Juiz ou Tribunal. Contudo, tratando-se de lavagem de dinheiro, o art. 17-D criou um verdadeiro efeito automático em razão do simples indiciamento policial, o qual, como se sabe, é ato discricionário do Delegado de Polícia. Invertendo os papéis, o legislador ainda estipulou que o afastamento automático perdurará enquanto o Juiz competente não autorizar, em decisão fundamentada, o seu retorno. Ou seja, para o afastamento não se exige motivação expressa sobre a sua necessidade cautelar, sendo ele imposto automaticamente à própria Administração, pelo mero indiciamento criminal, sem interferência do Poder Judiciário; agora, para que o servidor retorne às suas funções, é necessário que o Juiz criminal competente motivadamente assim autorize.

Art. 17-E. A Secretaria da Receita Federal do Brasil conservará os dados fiscais dos contribuintes pelo prazo mínimo de 5 (cinco) anos, contado a partir do início do exercício seguinte ao da declaração de renda respectiva ou ao do pagamento do tributo.

- **Alteração:** Art. 17-E incluído pela Lei n. 12.683, de 9 de julho de 2012.

Art. 18. Esta Lei entra em vigor na data de sua publicação.

- **Publicação:** A Lei n. 9.613 foi publicada no *DOU* de 4-3-1998.

Brasília, 3 de março de 1998; 177º da Independência e 110º da República.

FERNANDO HENRIQUE CARDOSO
Íris Rezende
Luis Felipe Lampreia
Pedro Malan

ESTATUTO DO TORCEDOR

LEI N. 10.671, DE 15 DE MAIO DE 2003

Dispõe sobre o Estatuto de Defesa do Torcedor e dá outras providências.

O Presidente da República:
Faço saber que o Congresso Nacional decreta e eu sanciono a seguinte Lei:

- **Nota introdutória:** O futebol tem aficionados em todo o mundo. No Brasil, é uma paixão nacional. Todavia, nos últimos anos, a violência nos estádios, e mesmo fora deles, envolvendo, principalmente, integrantes de torcidas organizadas, tem causado grande preocupação e afugentado torcedores e suas famílias, que preferem acompanhar os jogos pela televisão. A presente Lei, em boa hora, veio estabelecer normas de proteção e defesa do torcedor, disciplinando as torcidas organizadas, a transparência na organização das competições, seus regulamentos, a segurança e os direitos do torcedor, os ingressos, o transporte, a alimentação e a higiene, as relações com a arbitragem, as entidades e a Justiça Desportiva. Além disso, prevê sanções administrativas e penais para aqueles que praticarem determinadas condutas previstas em lei. Dispõe ainda o Estatuto que os Estados e o Distrito Federal poderão criar os Juizados do Torcedor, órgãos da Justiça Ordinária com competência cível e criminal para o processo, o julgamento e a execução das causas decorrentes das atividades reguladas nesta Lei (art. 41-A, com redação dada pela Lei n. 12.299/2010). Segundo a Ministra Rosa Weber, visa a lei "assegurar ao torcedor o exercício da sua paixão com segurança" (manifestação no julgamento da ADIn 2.937, do STF).

- **Constitucionalidade:** Em julgamento realizado em 23-2-2012, o Pleno do Supremo Tribunal Federal, por unanimidade, sendo relator o Min. Cezar Peluso, julgou improcedente a ADIn 2.937, movida pelo Partido Progressista — PP, em relação ao Estatuto do Torcedor, na qual se afirmava que a presente lei seria inconstitucional por limitar a liberdade de associação e a autonomia desportiva, bem como por representar interferência do Estado no funcionamento das associações.

- **Lei n. 9.615/98 (Sistema Nacional do Desporto e Justiça Desportiva):** A Lei n. 9.615/98 regulamenta toda a prática desportiva profissional no Brasil, criando o Sistema Nacional do Desporto, que compreende o Ministério do Esporte e o Conselho Nacional do Esporte, e congrega todas as pessoas físicas e jurídicas de direito privado, com ou sem fins lucrativos, encarregadas da coordenação, administração, normatização, apoio e prática do desporto, bem como as incumbidas da Justiça Desportiva e, especialmente: "I — o Comitê Olímpico Brasileiro — COB; II — o Comitê Paralímpico Brasileiro; III — as entidades nacionais de administração do desporto; IV — as entidades regionais de administração do desporto; V — as ligas regionais e nacionais; VI — as entidades de prática desportiva filiadas ou não àquelas referidas nos incisos anteriores; VII — a Confederação Brasileira de Clubes". Esta lei disciplina, também, a Justiça Desportiva, estabelecendo serem os seus órgãos "autônomos e independentes das entidades de administração do desporto de cada sistema, compondo-se do Superior Tribunal de Justiça Desportiva, funcionando junto às entidades nacionais de administração do desporto; dos Tribunais de Justiça Desportiva, funcionando junto às entidades regionais da administração do desporto, e das Comissões Disciplinares, com competência para processar e julgar as questões previstas nos Códigos de Justiça Desportiva, sempre assegurados a ampla defesa e o contraditório".

Capítulo I
DISPOSIÇÕES GERAIS

Art. 1º Este Estatuto estabelece normas de proteção e defesa do torcedor.

Art. 1º-A. A prevenção da violência nos esportes é de responsabilidade do poder público, das confederações, federações, ligas, clubes, associações ou entidades esportivas, entidades recreativas e associações de torcedores, inclusive de seus respectivos dirigentes, bem como daqueles que, de qualquer forma, promovem, organizam, coordenam ou participam dos eventos esportivos.

■ Alteração: Art. 1º-A incluído pela Lei n. 12.299, de 27 de julho de 2010.

■ Dever de prevenir a violência nos esportes: Neste art. 1º-A, o Estatuto do Torcedor impõe, expressamente, o *dever legal* de tomar todas as atitudes necessárias à prevenção da violência, não só ao Poder Público (cujo dever é da sua essência), mas também a inúmeras pessoas que desempenham atividades vinculadas a eventos esportivos. *Prevenir* significa *evitar o que se afigura possível*, ser *diligente*, *pró-ativo*. As condutas *preventivas* a serem adotadas, estão dispostas nos arts. 13 a 19 do Estatuto, estabelecendo-se que "a responsabilidade pela segurança do torcedor em evento esportivo é da entidade de prática desportiva detentora do mando de jogo e de seus dirigentes, que deverão: I — solicitar ao Poder Público competente a presença de agentes públicos de segurança, devidamente identificados, responsáveis pela segurança dos torcedores dentro e fora dos estádios e demais locais de realização de eventos esportivos; II — informar imediatamente após a decisão acerca da realização da partida, dentre outros, aos órgãos públicos de segurança, transporte e higiene, os dados necessários à segurança da partida, especialmente: a) o local; b) o horário de abertura do estádio; c) a capacidade de público do estádio; e d) a expectativa de público; III — colocar à disposição do torcedor orientadores e serviço de atendimento para que aquele encaminhe suas reclamações no momento da partida, em local: a) amplamente divulgado e de fácil acesso; e b) situado no estádio", contratando seguro de acidentes pessoais para os torcedores, médico, ambulância etc.

Art. 2º Torcedor é toda pessoa que aprecie, apoie ou se associe a qualquer entidade de prática desportiva do País e acompanhe a prática de determinada modalidade esportiva.

Parágrafo único. Salvo prova em contrário, presumem-se a apreciação, o apoio ou o acompanhamento de que trata o *caput* deste artigo.

■ **Torcedor:** Todos sabemos o que é ser torcedor. Praticamente toda a população brasileira o é, sobretudo em relação ao futebol. Desde a maternidade, crianças já ganham uniformes e, com poucos anos, já estão "torcendo" por este ou aquele time. O conceito disposto pelo art. 2º, assim, afigura-se mais como uma busca do legislador em dar uma identidade ao assim chamado "Estatuto do Torcedor".

Art. 2º-A. Considera-se torcida organizada, para os efeitos desta Lei, a pessoa jurídica de direito privado ou existente de fato, que se organize para o fim de torcer e apoiar entidade de prática esportiva de qualquer natureza ou modalidade.

Parágrafo único. A torcida organizada deverá manter cadastro atualizado de seus associados ou membros, o qual deverá conter, pelo menos, as seguintes informações:

I — nome completo;

II — fotografia;

III — filiação;

IV — número do registro civil;

V — número do CPF;

VI — data de nascimento;

VII — estado civil;

VIII — profissão;

IX — endereço completo; e

X — escolaridade.

■ **Alteração:** Art. 2º-A incluído pela Lei n. 12.299, de 27 de julho de 2010.

■ **Torcidas organizadas:** As chamadas "torcidas organizadas" têm sido, infelizmente, as grandes responsáveis pela enorme violência que assola os nossos eventos futebolísticos, com verdadeiras "batalhas" previamente anunciadas em redes de comunicação social como o *Twitter*, *Facebook*, *Orkut* etc., inclusive com a especificação dos locais e horários em que se darão. Torcedores morrem, patrimônios público e privado são destruídos, famílias deixam de ir aos estádios etc. O fenômeno não é só brasileiro, lembrando-se, na Inglaterra, os *hooligans*, hoje coibidos, e, no Egito, as torcidas do Al-Ahly e do Al-Masry, cujo conflito resultou em mais de 70 mortes e 248 feridos, no dia 12 de fevereiro de 2012. Para efeitos desta lei, são consideradas "torcidas organizadas" não só as oficialmente estabelecidas, por meio de associações com personalidade jurídica, como também as *existentes de fato*, ampliando-se a incidência da lei.

- Deveres: Para fins de controle do Poder Público, a presente lei impõe, às torcidas organizadas, a realização de um detalhado cadastro de seus membros, com todos os dados de qualificação, isto é, nome completo, fotografia, filiação, número do registro civil, número do CPF, data de nascimento, estado civil, profissão, endereço completo e até escolaridade, sendo a exigência desse último dado inadequada. Afinal, nada tem a ver o nível de "escolaridade" com a violência.

- Punições administrativas e responsabilidade civil das torcidas organizadas: *Vide* arts. 39-A e 39-B.

[...]

Capítulo II
DA TRANSPARÊNCIA NA ORGANIZAÇÃO

Art. 5º São asseguradas ao torcedor a publicidade e transparência na organização das competições administradas pelas entidades de administração do desporto, bem como pelas ligas de que trata o art. 20 da Lei n. 9.615, de 24 de março de 1998.

[...]

§ 3º O juiz deve comunicar às entidades de que trata o *caput* decisão judicial ou aceitação de proposta de transação penal ou suspensão do processo que implique o impedimento do torcedor de frequentar estádios desportivos.

- Alteração: Os parágrafos do art. 5º tiveram nova redação dada pela Lei n. 12.299, de 27 de julho de 2010.

- Publicidade e transparência: Para todo direito de uma pessoa, há um dever correspondente de outra. Assim, ao se garantir ao torcedor o *direito* à publicidade e transparência da organização das competições, impõe-se o correlato dever às entidades que administram a realização dos jogos esportivos e às ligas desportivas nacionais ou regionais, disciplinadas no art. 20 da Lei n. 9.615/98, e que integram o Sistema Nacional do Desporto.

[...]

Capítulo XI
DAS PENALIDADES

Art. 37. Sem prejuízo das demais sanções cabíveis, a entidade de administração do desporto, a liga ou a entidade de prática desportiva que violar ou de qualquer forma concorrer para a violação do disposto nesta Lei, observado o devido processo legal, incidirá nas seguintes sanções:

I — destituição de seus dirigentes, na hipótese de violação das regras de que tratam os Capítulos II, IV e V desta Lei;

II — suspensão por seis meses dos seus dirigentes, por violação dos dispositivos desta Lei não referidos no inciso I;

III — impedimento de gozar de qualquer benefício fiscal em âmbito federal; e

IV — suspensão por seis meses dos repasses de recursos públicos federais da administração direta e indireta, sem prejuízo do disposto no art. 18 da Lei n. 9.615, de 24 de março de 1998.

§ 1º Os dirigentes de que tratam os incisos I e II do *caput* deste artigo serão sempre:

I — o presidente da entidade, ou aquele que lhe faça as vezes; e

II — o dirigente que praticou a infração, ainda que por omissão.

§ 2º A União, os Estados, o Distrito Federal e os Municípios poderão instituir, no âmbito de suas competências, multas em razão do descumprimento do disposto nesta Lei.

§ 3º A instauração do processo apuratório acarretará adoção cautelar do afastamento compulsório dos dirigentes e demais pessoas que, de forma direta ou indiretamente, puderem interferir prejudicialmente na completa elucidação dos fatos, além da suspensão dos repasses de verbas públicas, até a decisão final.

- **Punições administrativas:** Os arts. 37 a 41-A dispõem sobre as sanções administrativas impostas a entidades de administração do desporto, às ligas ou entidades de prática desportiva que não cumprirem com os deveres impostos nesta lei. Sanções que serão aplicadas após o devido processo legal, resguardando-se a ampla defesa e o contraditório (CR, art. 5º, LV).

Art. 38. (*Vetado.*)

Art. 39. (*Revogado.*)

Art. 39-A. A torcida organizada que, em evento esportivo, promover tumulto; praticar ou incitar a violência; ou invadir local restrito aos competidores, árbitros, fiscais, dirigentes, organizadores ou jornalistas será impedida, assim como seus associados ou membros, de comparecer a eventos esportivos pelo prazo de até 3 (três) anos.

- **Alteração:** O art. 39-A foi acrescentado pela Lei n. 12.299, de 27 de julho de 2010.

- **Críticas às torcidas organizadas:** *Vide* comentários ao art. 2º-A.

- **Punição administrativa a torcidas organizadas:** Sem prejuízo da prática do crime previsto no art. 41-B por membros de torcidas organizadas, o Estatuto do Torcedor prevê a imposição de sanções administrativas às torcidas organizadas que promoverem tumulto; incitarem a prática da violência; invadirem locais restritos a jogadores (como o campo e os vestiários), juízes, fiscais, dirigentes, organizadores e jornalistas.

■ Conceito de torcida organizada: Nos termos do art. 2º-A, "considera-se torcida organizada, para os efeitos desta Lei, a pessoa jurídica de direito privado ou existente de fato, que se organize para o fim de torcer e apoiar entidade de prática esportiva de qualquer natureza ou modalidade". Evidentemente, a imposição de sanções administrativas só será possível à torcida que se associe e crie formalmente uma pessoa jurídica, sendo impossível aplicá-la a uma torcida "existente de fato".

Art. 39-B. A torcida organizada responde civilmente, de forma objetiva e solidária, pelos danos causados por qualquer dos seus associados ou membros no local do evento esportivo, em suas imediações ou no trajeto de ida e volta para o evento.

■ Alteração: O art. 39-B foi acrescentado pela Lei n. 12.299, de 27 de julho de 2010.

■ Responsabilidade civil: Buscando evitar os chamados "quebra-quebras" e as "batalhas campais", infelizmente comuns, praticados por membros de torcidas organizadas, o Estatuto do Torcedor estatuiu, de forma explícita, a responsabilidade civil, objetiva e solidária da torcida organizada (sua pessoa jurídica, evidentemente), pela prática de danos causados por seus associados ou membros, em função de determinado evento esportivo, inclusive no seu trajeto de ida e volta. Amplia-se, nesta lei especial, as hipóteses de responsabilidade civil previstas nos arts. 927 a 943 do Código Civil. Todavia, os confrontos entre as torcidas têm sido agendados e travados em diversos locais das cidades, mesmo fora do trajeto dos estádios, impondo-se seja, nesse particular, a lei aperfeiçoada.

Art. 40. A defesa dos interesses e direitos dos torcedores em juízo observará, no que couber, a mesma disciplina da defesa dos consumidores em juízo de que trata o Título III da Lei n. 8.078, de 11 de setembro de 1990.

■ Código de Defesa do Consumidor: Quando o torcedor compra um ingresso para assistir a determinado jogo desportivo, ele tem a expectativa de que este se realize e o direito de lá estar presente, de forma condigna (com local para sentar, banheiros etc.); por outro lado, os organizadores têm o dever de cumprir o estabelecido. Assim estatui, expressamente, o art. 40 que será aplicável o Código de Defesa do Consumidor, o qual traz inúmeros benefícios ao cidadão que adquiriu o ingresso, como a inversão do ônus da prova.

Art. 41. A União, os Estados, o Distrito Federal e os Municípios promoverão a defesa do torcedor, e, com a finalidade de fiscalizar o cumprimento do disposto nesta Lei, poderão:

I — constituir órgão especializado de defesa do torcedor; ou

II — atribuir a promoção e defesa do torcedor aos órgãos de defesa do consumidor.

Art. 41-A. Os juizados do torcedor, órgãos da Justiça Ordinária com competência cível e criminal, poderão ser criados pelos Estados e pelo Distrito Federal para o processo, o julgamento e a execução das causas decorrentes das atividades reguladas nesta Lei.

■ Alteração: O art. 41-A foi acrescentado pela Lei n. 12.299, de 27 de julho de 2010.

■ Juizados do Torcedor: Previu o legislador a faculdade de o Poder Judiciário dos Estados e do Distrito Federal instituir Varas Especializadas para julgar todos os processos cíveis (como, por exemplo, ações indenizatórias movidas contra torcidas organizadas por danos causados) e criminais (para apurar a prática dos crimes previstos nos arts. 41-B a 41-G) relativos ao Estatuto do Torcedor. Até mesmo quanto à execução das sentenças, quis o legislador permitir que ela se faça, também, por essas Varas Especializadas, o que, no âmbito criminal, choca-se com a própria Lei de Execução Penal (Lei n. 7.210/84) e com as respectivas Varas de Execução Penal.

Capítulo XI-A
DOS CRIMES

Art. 41-B. Promover tumulto, praticar ou incitar a violência, ou invadir local restrito aos competidores em eventos esportivos:

Pena — reclusão de 1 (um) a 2 (dois) anos e multa.

§ 1º Incorrerá nas mesmas penas o torcedor que:

I — promover tumulto, praticar ou incitar a violência num raio de 5.000 (cinco mil) metros ao redor do local de realização do evento esportivo, ou durante o trajeto de ida e volta do local da realização do evento;

II — portar, deter ou transportar, no interior do estádio, em suas imediações ou no seu trajeto, em dia de realização de evento esportivo, quaisquer instrumentos que possam servir para a prática de violência.

§ 2º Na sentença penal condenatória, o juiz deverá converter a pena de reclusão em pena impeditiva de comparecimento às proximidades do estádio, bem como a qualquer local em que se realize evento esportivo, pelo prazo de 3 (três) meses a 3 (três) anos, de acordo com a gravidade da conduta, na hipótese de o agente ser primário, ter bons antecedentes e não ter sido punido anteriormente pela prática de condutas previstas neste artigo.

§ 3º A pena impeditiva de comparecimento às proximidades do estádio, bem como a qualquer local em que se realize evento esportivo, converter--se-á em privativa de liberdade quando ocorrer o descumprimento injustificado da restrição imposta.

§ 4º Na conversão de pena prevista no § 2º, a sentença deverá determinar, ainda, a obrigatoriedade suplementar de o agente permanecer em estabelecimento indicado pelo juiz, no período compreendido entre as 2 (duas) horas antecedentes e as 2 (duas) horas posteriores à realização de partidas de entidade de prática desportiva ou de competição determinada.

§ 5º Na hipótese de o representante do Ministério Público propor aplicação da pena restritiva de direito prevista no art. 76 da Lei n. 9.099, de 26 de setembro de 1995, o juiz aplicará a sanção prevista no § 2º.

Tumulto, violência e invasão (caput)

- **Alteração:** Art. 41-B incluído pela Lei n. 12.299, de 27 de julho de 2010.
- **Transação:** Cabe (art. 76 da Lei n. 9.099/95), devendo, contudo, o juiz aplicar, como pena restritiva de direitos, a proibição de comparecimento às proximidades do estádio, bem como a qualquer local em que se realize evento esportivo (*vide* § 5º deste art. 41-B). Nesses casos, o juiz deve comunicar às entidades desportivas a aceitação da proposta de transação penal que implique impedimento de o torcedor frequentar estádios desportivos (*vide* art. 5º, § 3º, deste Estatuto).
- **Suspensão condicional do processo:** Também cabe (art. 89 da Lei n. 9.099/95), podendo o juiz impor ao beneficiado, durante o período de prova, o impedimento de o torcedor frequentar estádios desportivos, sem prejuízo da aplicação de outras condições previstas em lei (art. 89, § 1º, da Lei n. 9.099/95). No caso de aplicação do impedimento, prevê o Estatuto que o juiz deve comunicá-lo às entidades desportivas (*vide* art. 5º, § 3º, deste Estatuto).
- **Objeto jurídico:** A segurança e a regularidade dos eventos esportivos, e a incolumidade pessoal. O próprio desporto é também objeto de proteção.
- **Sujeito ativo:** O sujeito ativo será somente o torcedor, por coerência lógica com o § 1º deste art. 41-B que a ele refere especificamente, punindo as condutas ali elencadas com as mesmas penas. Todavia, o conceito de "torcedor" é extremamente amplo, dispondo o art. 2º, *caput*, ser assim considerado "toda pessoa que aprecie, apoie ou se associe a qualquer entidade de prática desportiva do País e acompanhe a prática de determinada modalidade esportiva". Portanto, não se trata, na verdade, de um crime próprio. Guilherme Nucci, a propósito, anota que "qualquer pessoa pode ser torcedora, pois são elementos puramente subjetivos para essa qualificação, tais como apreciar, apoiar ou acompanhar qualquer modalidade esportiva" (*Leis Penais Especiais comentadas*, 5. ed. São Paulo: Revista dos Tribunais, 2010, p. 1186). Como o tipo faz referência, ao final, à invasão de local restrito aos competidores, não estão incluídos no *caput*, como sujeito ativo, os próprios jogadores, árbitros e demais pessoas que participem da organização do evento.
- **Sujeito passivo:** A coletividade, em primeiro lugar. Também as entidades desportivas que organizam e participam dos eventos, e os terceiros prejudicados.
- **Tipo objetivo:** Três são as condutas punidas: a) promover (dar impulso a, fomentar) tumulto (desordem); b) praticar ou incitar (instigar) a violência (física contra pessoa); ou c) invadir local restrito (limitado, reservado) aos competidores (jogadores) em eventos esportivos, como o campo e os vestiários.

- **Tipo subjetivo:** É o dolo, ou seja, a vontade livre e consciente de realizar as condutas incriminadas. Para a doutrina tradicional, é o dolo genérico. Não há forma culposa.
- **Consumação:** Na modalidade de promover, com a ocorrência do tumulto; na de praticar ou incitar violência, com a prática da violência ou com a sua incitação; na de invadir, com a efetiva invasão.
- **Tentativa:** Na conduta de invadir local, é possível. Já nas de praticar ou incitar violência, não o é, por se tratar de atos unissubsistentes. Também não nos parece possível a tentativa na conduta de promover tumulto, pois a promoção deste já implica necessariamente o início de sua ocorrência.
- **Confronto:** Se houver incitação pública para a prática de crime, o delito será o do art. 286 do CP, punido com pena de detenção, de três a seis meses, ou multa. Todavia, se o fato ocorrer durante evento esportivo, entendemos que, pelo princípio da especialidade, haverá tão somente o crime deste art. 41-B, *caput*. Se durante o tumulto houver a prática de crimes como de dano, lesão corporal ou homicídio, poderá haver concurso material de crimes (CP, art. 69).
- **Ação penal:** Pública incondicionada.
- **Pena:** Reclusão, de um a dois anos, e multa.

Figuras equiparadas (§ 1º)

- **Figuras equiparadas e sujeito ativo:** Diferentemente do *caput*, o § 1º, antes de seus incisos, expressamente aponta como sujeito ativo o torcedor. Em nossa opinião, todavia, a limitação do sujeito ativo à figura do torcedor não foi feliz, pois outras pessoas presentes no local também poderiam praticar as condutas incriminadas, como é o caso dos próprios árbitros, seus assistentes, gandulas, policiais, fiscais, jogadores, técnicos etc., o que levaria à atipicidade da sua conduta diante dos crimes previstos neste § 1º. Quanto ao conceito de torcedor do art. 2º, *caput*, ser extremamente amplo, cf. nota *Sujeito ativo* no *caput* deste art. 41-B.
- **Inciso I:** Pune-se, com as mesmas penas do *caput*, o torcedor que promover tumulto, praticar ou incitar a violência num raio de 5.000 metros ao redor do local do evento esportivo ou durante o trajeto (percurso) de ida e volta ao referido local. Nesta última hipótese, não importa a distância.
- **Inciso II:** Com iguais penas é punido o torcedor que, no interior do estádio, em suas imediações (vizinhanças, arredores) ou no seu trajeto, portar (carregar consigo), deter (reter ou conservar em seu poder) ou transportar (levar de um lugar para outro) quaisquer instrumentos que possam servir para a prática de violência (revólveres, facas, cassetetes, canos de ferro, "soco inglês", bombas, gás lacrimogêneo etc.).
- **Concurso de crimes (Arma de Fogo — Lei n. 10.826/2003):** Caso o instrumento encontrado com o torcedor seja arma de fogo, acessório ou munição, entendemos que haverá tão somente o crime previsto nos arts. 14 e 16 da Lei n. 10.826/2003, conforme se trate de arma de fogo de uso permitido ou restrito. Isso porque, embora ambas as leis sejam especiais

(Lei n. 10.826/2003 e Lei n. 10.671/2003), a comparação entre elas permite concluir que aquela é especial em relação a esta, pois o porte ilegal de arma de fogo constitui conduta especialíssima (e, portanto, deve prevalecer) em relação à conduta do Estatuto de Torcedor de porte de "instrumentos que possam servir para a prática de violência". Todavia, se o agente, além de portar ilegalmente arma de fogo, também promover tumulto, praticar ou incitar a violência, ou mesmo causar alvoroço, haverá, aí sim, concurso de crimes (no caso, concurso material entre os crimes de porte ilegal de arma de fogo e o crime do art. 41-B do Estatuto do Torcedor).

■ **Concurso de crimes (com o Decreto-Lei n. 3.688/41):** O art. 19 da Lei das Contravenções Penais pune, com pena de prisão simples, de quinze dias a seis meses, ou multa, aquele que "trazer consigo arma fora de casa ou de dependência desta, sem licença da autoridade". No caso do torcedor, se este for flagrado trazendo consigo arma (*não arma de fogo*, como, por exemplo, uma faca, um bastão de ferro, um cassetete etc.), sem licença da autoridade, no interior do estádio, em suas imediações ou no seu trajeto, haverá o crime deste § 1º, II, e não a contravenção penal do art. 19 do Decreto-Lei n. 3.688/41, porquanto o Estatuto do Torcedor deve ser considerado norma especial em relação à Lei das Contravenções Penais (princípio da especialidade).

Conversão da pena privativa de liberdade em pena de impedimento (§ 2º)

■ **Noção:** Prevê o § 2º que, sendo o condenado primário, de bons antecedentes e não tendo sido punido anteriormente pela prática de condutas previstas neste art. 41-B, o juiz *deverá* (e não, simplesmente, poderá) *converter* a pena de reclusão em *pena impeditiva* de comparecimento às *proximidades* do estádio (quando houver jogos, evidentemente), bem como a *qualquer local* em que se realize evento esportivo, pelo prazo de três meses a três anos, de acordo com a gravidade do crime. A decisão judicial que eventualmente não venha a converter a pena haverá de ser, *sempre*, fundamentada. Igualmente, se o impedimento for aplicado por prazo superior ao mínimo (CR, art. 93, IX).

■ **Primário, bons antecedentes e não ter sido punido anteriormente:** Prevê o § 2º que, em caso de condenação, a conversão da pena de reclusão em pena de impedimento somente poderá ocorrer na hipótese de o agente (1) ser primário, (2) ter bons antecedentes e (3) não ter sido punido anteriormente pela prática de condutas previstas neste artigo. É preciso bem compreender tais situações, para que não ocorram injustiças. Assim, vejamos: (1) primário: é aquele que, por ocasião da prática de crime previsto neste Estatuto do Torcedor, não possui condenação definitiva (isto é, com trânsito em julgado) por outro crime qualquer; note-se que, caso exista condenação anterior, esta não deve prevalecer se já tiver decorrido o prazo de cinco anos previsto no art. 64, I, do CP; (2) bons antecedentes: diante do princípio da presunção de inocência, não podem ser considerados maus antecedentes: a) processos com absolvição; b) inquéritos arquivados; c) processos com prescrição da pretensão punitiva; d) fatos posteriores ao crime, sem ligação com este; e) condenação transitada em julgado antes do novo fato que está sendo julgado, pois como gera reincidência (CP, arts. 61, I, e 63) não deverá ser considerada, ao mesmo tempo, mau antecedente, para não constituir *bis in idem*; f) fatos ocorridos durante a menoridade; g) processos em que aplicadas composição civil, transação penal e suspensão condicional do processo, uma vez que nesses casos o acusado não assume culpa alguma; h) processos suspensos em face do art. 366 do Código de Processo Penal. Já a condenação por fato *anterior*, transitada em julgado *após* o novo fato, embora não gere reincidência, pode ser considerada mau antecedente (cf. também a respeito, Celso Delmanto, Roberto Delmanto, Roberto Delmanto Junior e Fabio M. de Almeida Delmanto, *Código Penal comentado*, 8. ed. São Paulo: Saraiva, 2010, nota *Antecedentes do agente* e jurisprudência no art. 59 do CP, p. 274-275 e 280-281). Por fim, (3) a exigência de que o agente não tenha sido *punido* anteriormente pela prática de condutas previstas no art. 41-B, a nosso ver, somente pode ser aplicada se houver o trânsito em julgado de condenação por crime previsto no citado artigo, sob pena de ofensa ao princípio da presunção de inocência. De toda forma, nas hipóteses 1 e 3 acima, deverá ser respeitada a *temporariedade da reincidência* (CP, art. 64, I), não prevalecendo a condenação anterior, se entre a data do cumprimento ou extinção da pena e a infração posterior tiver decorrido período de tempo superior a cinco anos, computado a período de prova da suspensão condicional do processo ou do livramento condicional, se não ocorrer revogação. Trata-se, aqui, de uma nova modalidade de *pena substitutiva* da privativa da liberdade, a exemplo das constantes nos arts. 43 e 44 do CP.

- **Obrigação suplementar:** *Vide* § 4º deste art. 41-B.

- **As penas restritivas de direitos no CP:** *Vide* arts. 43 a 48. Note-se que, como a lei ora em comento prevê norma especial relativa à substituição de condenação por pena restritiva de direito específica (impedimento de comparecimento às proximidades do estádio ou local de evento esportivo), a lei especial deve prevalecer, servindo a lei geral (Código Penal) apenas como norma de complemento. Nesse sentido, aliás, encontra-se o previsto no art. 12 do CP: "As regras gerais deste Código aplicam-se aos fatos incriminados por lei especial, se esta não dispuser de modo diverso".

- **Juiz deve comunicar às entidades:** Prevê o art. 5º, § 3º, do Estatuto ora em comento, que, em caso de aplicação da pena de impedimento do torcedor de frequentar estádios desportivos, o juiz deve comunicar às entidades de prática desportiva (bem como às ligas de que trata o art. 20 da Lei n. 9.615, de 24 de março de 1998) a decisão judicial ou aceitação de proposta de transação penal ou suspensão do processo que determinou o impedimento do torcedor.

Conversão em privativa de liberdade (§ 3º)

- **Conversão:** Dispõe este § 3º que, quando ocorrer descumprimento *injustificado* da pena impeditiva do § 2º, ela será convertida em privativa de liberdade. Antes dessa conversão, em face das garantias da ampla defesa e do contraditório (CR, art. 5º, LV), deverá ser ouvido o condenado.

- **No CP:** Os §§ 4º e 5º do art. 44 do CP disciplinam a conversão das penas restritivas de direitos, devendo ser aplicado naquilo que não estiver previsto em lei especial (*v.g.,* no Estatuto do Torcedor), como é o caso do cálculo da pena privativa de liberdade a executar (em caso de conversão), *verbis*: "No cálculo da pena privativa de liberdade a executar será deduzido o tempo cumprido da pena restritiva de direitos, respeitado o saldo mínimo de trinta dias de detenção ou reclusão" (art. 44, § 4º, 2ª parte).

Obrigatoriedade suplementar (§ 4º)

- **Obrigação suplementar:** Como visto, o § 2º prevê que, preenchidas as condições nele previstas, o juiz *deverá converter* a pena de reclusão em *pena impeditiva* de comparecimento às *proximidades* do estádio (quando houver jogos, evidentemente), bem como a *qualquer local* em que se realize evento esportivo, pelo prazo de três meses a três anos. Este § 4º prevê uma obrigação suplementar a ser imposta ao beneficiário da substituição: além da pena de impedimento de comparecimento (§ 2º), dispõe que a sentença condenatória *deverá* determinar a obrigatoriedade *suplementar* de o agente (condenado) permanecer em estabelecimento indicado pelo juiz, no período compreendido entre duas horas *antecedentes* e duas horas *posteriores* à realização das partidas ou de competição determinada. Trata-se, a nosso ver, de salutar providência, já adotada, com êxito, em outros países, devendo-se, contudo, atentar para que as condições do estabelecimento sejam adequadas.
- **Juiz deve comunicar às entidades:** *Vide* nota abaixo sob o mesmo título.

Transação penal (§ 5º)

- **Transação penal:** Estabelece o § 5º que, sendo proposta pelo Ministério Público a transação penal prevista no art. 76 da Lei n. 9.099/95, e aceita pelo acusado, o juiz aplicará a sanção prevista no § 2º deste Estatuto (pena impeditiva de comparecimento). Em nossa opinião, este § 5º constitui lei penal especial, e, por isso, o juiz somente poderá aplicar na transação penal a pena restritiva prevista neste dispositivo (*v.g.,* pena impeditiva de comparecimento), ficando vedada a aplicação de outras penas restritivas dispostas no art. 43 do CP. Até porque, como cediço, vigora no direito penal o princípio da legalidade, a impedir a aplicação de penas não expressamente previstas pelo legislador. Assim quis o legislador responsável pela elaboração do Estatuto do Torcedor.
- **Juiz deve comunicar às entidades:** Prevê o art. 5º, § 3º, do Estatuto ora em comento que, em caso de aplicação da pena de impedimento de o torcedor frequentar estádios desportivos, o juiz deve comunicar às entidades de prática desportiva (bem como às ligas de que trata o art. 20 da Lei n. 9.615, de 24 de março de 1998) a decisão judicial ou aceitação de proposta de transação penal ou suspensão condicional do processo que determinou o impedimento do torcedor. Entendemos que tal comunicação também deverá ser feita na hipótese de aplicação da obrigação suplementar a que se refere o § 4º, a fim de que esta não se torne inócua.

Art. 41-C. Solicitar ou aceitar, para si ou para outrem, vantagem ou promessa de vantagem patrimonial ou não patrimonial para qualquer ato ou omissão destinado a alterar ou falsear o resultado de competição esportiva:

Pena — reclusão de 2 (dois) a 6 (seis) anos e multa.

Solicitação ou aceitação de vantagem

- **Alteração:** Art. 41-C incluído pela Lei n. 12.299, de 27 de julho de 2010.
- **Objeto jurídico:** A lisura e a moralidade das competições esportivas.
- **Sujeito ativo:** Qualquer pessoa, exigindo-se apenas que ela tenha a capacidade de alterar ou falsear o resultado, como os árbitros e até os próprios jogadores. Já aquele que dá ou promete vantagem patrimonial ou não patrimonial é punido pelo art. 41-D (*vide* abaixo).
- **Sujeito passivo:** Primeiramente, a coletividade; em segundo lugar, as entidades responsáveis pela organização das competições; em terceiro, outros prejudicados, como os apostadores de loteria esportiva ("Loteca").
- **Tipo objetivo:** Duas são as condutas previstas: *a) solicitar* (pedir); ou *b) aceitar* (concordar, anuir). O objeto material é a vantagem ou promessa de vantagem, patrimonial (como dinheiro ou outra utilidade material) ou não patrimonial (qualquer espécie de benefício ou de satisfação de desejo). A vantagem ou promessa de vantagem deverá ser para obter qualquer ato ou omissão com a finalidade de *alterar* (mudar, modificar) ou *falsear* (tornar falso, falsificar) resultado de competição esportiva. A conduta poderá ser praticada *antes* ou *depois* da partida: se antes, *v.g.*, por árbitro ou jogadores; se depois, eventualmente por membros de Tribunal Desportivo com poder para anular a partida, salientando-se que os juízes do desporto não são funcionários públicos. Se a finalidade for outra, não haverá o crime deste art. 41-C (*vide Tipo subjetivo*). A solicitação poderá ser feita tanto expressa como disfarçada ou veladamente, desde que seja inequívoca. Na modalidade de solicitar, é indiferente que a solicitação seja ou não aceita, bastando que o agente faça a solicitação. Na de aceitar, não é preciso que haja o recebimento da vantagem, bastando a aceitação de sua promessa. Em ambas as condutas, o delito é formal, não exigindo, portanto, a efetiva alteração ou falsidade do resultado de competição esportiva.
- **Tipo subjetivo:** É o dolo, ou seja, a vontade livre e consciente de solicitar ou aceitar, acrescida do especial fim de agir: *para alterar ou falsear o resultado da competição*. Para os tradicionais, é o dolo específico. Não há modalidade culposa. Incrimina-se, aqui, a chamada *mala preta* no futebol, ou seja, o suborno de um árbitro ou jogador para alterar ou falsear o resultado do jogo.
- **Consumação:** Com a efetiva solicitação ou aceitação, independentemente da ocorrência de alteração ou falsidade do resultado da competição.
- **Tentativa:** Na conduta de solicitar, a tentativa, em tese, é possível (*v.g.*, se a solicitação, por escrito, vier a ser interceptada antes de chegar ao destinatário por motivos alheios à vontade do agente). Na de aceitar, não é possível, por se tratar de conduta unissubsistente, não podendo ser fracionada.
- **Coautoria e participação:** Pode haver.

- **Confronto:** Se a solicitação ou aceitação da vantagem indevida é feita por funcionário público, ainda que fora da função ou antes de assumi-la, mas em razão dela, *vide* art. 317 do CP (crime de corrupção passiva).
- **Ação penal:** Pública incondicionada.
- **Pena:** Reclusão de dois a seis anos, e multa.

Art. 41-D. Dar ou prometer vantagem patrimonial ou não patrimonial com o fim de alterar ou falsear o resultado de uma competição desportiva:

Pena — reclusão de 2 (dois) a 6 (seis) anos e multa.

Dação ou promessa de vantagem

- **Alteração:** Art. 41-D incluído pela Lei n. 12.299, de 27 de julho de 2010.
- **Objeto jurídico:** A lisura e a moralidade das competições esportivas.
- **Sujeito ativo:** Qualquer pessoa.
- **Sujeito passivo:** Primeiramente, a coletividade; em segundo lugar, as entidades responsáveis pela organização das competições; em terceiro, outros prejudicados, como os apostadores de loteria esportiva ("Loteca").
- **Tipo objetivo:** As condutas incriminadas são duas: *a) dar* (entregar, presentear), ou *b) prometer* (garantir dar alguma coisa no futuro). O objeto material é a vantagem patrimonial (dinheiro ou outra utilidade material) ou não patrimonial (qualquer espécie de benefício ou de satisfação de desejo). A dação ou promessa deverá ser feita com o fim de *alterar* (mudar, modificar) ou *falsear* (tornar falso, falsificar) o resultado da competição esportiva. Qualquer outra finalidade não se inclui no presente tipo penal. A promessa poderá ser feita tanto expressa quanto veladamente, desde que seja inequívoca.
- **Tipo subjetivo:** É o dolo, ou seja, a vontade livre e consciente de dar ou prometer, acrescido do especial fim de agir: para alterar ou falsear o resultado. Para a doutrina tradicional, trata-se de dolo específico. Não há punição a título de culpa.
- **Consumação:** Com a promessa, quando ela chega ao conhecimento do destinatário, ainda que este não a aceite (basta prometer). Na modalidade de dar, no momento da entrega ou transferência da vantagem, sendo ela aceita. Em ambas as hipóteses, não é necessária a efetiva alteração ou falsidade do resultado.
- **Tentativa:** Na modalidade de prometer, a tentativa será possível, na hipótese, remota, de a promessa feita por escrito ser interceptada antes de chegar ao destinatário. Na figura de dar, se o destinatário não aceita.
- **Coautoria e participação:** Pode haver.
- **"Mala branca":** No futebol, a chamada *mala branca*, em que se promete vantagem a jogadores de outro time para que se empenhem ao máximo em determinada partida e a vençam, é atípica, ao contrário da *mala preta*, dada para que os jogadores se deixem derrotar.
- **Confronto:** Aquele que aceita a dação ou a promessa estará incurso no art. 41-C. Se a promessa de vantagem indevida for feita a funcionário pú-

blico, para determiná-lo a praticar, omitir ou retardar *ato de ofício* (vinculado ao exercício de sua função), *vide* art. 333 do CP (corrupção ativa).

- Ação penal: Pública incondicionada.
- Pena: Reclusão, de dois a seis anos, e multa.

Art. 41-E. Fraudar, por qualquer meio, ou contribuir para que se fraude, de qualquer forma, o resultado de competição esportiva:
Pena — reclusão de 2 (dois) a 6 (seis) anos e multa.

Fraude em resultado

- Alteração: Art. 41-E incluído pela Lei n. 12.299, de 27 de julho de 2010.
- Objeto jurídico: A lisura e a moralidade das competições esportivas.
- Sujeito ativo: Qualquer pessoa.
- Sujeito passivo: Primeiramente, a coletividade; em segundo lugar, as entidades responsáveis pela organização das competições; em terceiro, outros prejudicados, como os apostadores de loteria esportiva ("Loteca").
- Tipo objetivo: Dois são os núcleos do tipo: *a) fraudar* (lesar por meio de fraude, defraudar) ou *b) contribuir* (cooperar, colaborar, concorrer) para que se fraude. *Fraude* é o engano, a trapaça, o engodo com que o agente age para atingir o resultado ilícito que busca (fraude no resultado da competição esportiva). A fraude, que evidentemente deve anteceder o resultado, pode ser feita *por qualquer meio* e a *contribuição* a ela, de *qualquer forma*. O objeto material é o resultado da competição esportiva. Tanto o meio quanto a forma da fraude deverão ser aptos a enganar, sendo impunível a fraude grosseira, verificável *ictu oculi* e que, por isso, não poderia atingir seu objetivo, constituindo crime impossível (CP, art. 17).
- Tipo subjetivo: É o dolo, a vontade consciente e livre de fraudar ou contribuir para que se fraude, acrescido do especial fim de agir: para alterar o resultado da competição. Para a doutrina tradicional, é o dolo específico. Não há punição por culpa.
- Consumação: Com a alteração (modificação) do resultado em virtude da fraude. Trata-se, portanto, de crime material.
- Tentativa: Pode haver, desde que a fraude não seja grosseira, incapaz de atingir seu objetivo (cf. nota acima, tipo objetivo).
- Coautoria e participação: Já estão previstas no próprio tipo, no núcleo *contribuir*.
- Confronto: Se a fraude com alteração no resultado se dá mediante *solicitação ou aceitação de vantagem ou promessa indevida* ou ainda mediante *dação ou promessa de vantagem indevida*, não haverá o crime deste art. 41-E, mas o crime do art. 41-C ou do 41-D, respectivamente. A fraude será mero exaurimento daqueles.
- Ação penal: Pública incondicionada.
- Pena: Reclusão, de dois a seis anos, e multa.

Art. 41-F. Vender ingressos de evento esportivo, por preço superior ao estampado no bilhete:

Pena — reclusão de 1 (um) a 2 (dois) anos e multa.

Venda por preço superior

- **Alteração:** Art. 41-F incluído pela Lei n. 12.299, de 27 de julho de 2010.

- **Transação e suspensão condicional do processo:** Pode haver (arts. 76 e 89 da Lei n. 9.099/95), não se aplicando, por falta de previsão legal, a pena restritiva de direito prevista no art. 41-B, § 5º, consistente no impedimento de frequentar locais de eventos esportivos.

- **Objeto jurídico:** A economia popular.

- **Sujeito ativo:** Qualquer pessoa.

- **Sujeito passivo:** A coletividade, especialmente os compradores dos ingressos.

- **Tipo objetivo:** O crime em comento visa combater o "câmbio negro", invariavelmente feito nas imediações dos estádios, nos dias de jogos ou nos que os antecedem, pelos "cambistas". O núcleo do tipo é vender (alienar por certo preço, trocar por dinheiro). O objeto material são os ingressos de evento esportivo, acrescido do elemento normativo: por preço superior ao estampado no bilhete. Como o tipo em exame usa a expressão "ingressos" (no plural) e a lei não tem palavras inúteis, devendo em matéria penal ser interpretada restritivamente, será atípica. Ademais, a punição criminal prevista neste art. 41-F deve ser feita com observância dos princípios da ofensividade (ao bem jurídico tutelado) e da proporcionalidade (proibição do excesso). Por exemplo, a venda de dois ingressos por um preço pouco acima do valor original não pode ser crime, por falta de lesividade ao bem jurídico tutelado (a economia popular), e também por ofensa à proporcionalidade (entre a pena aplicada e a conduta praticada). De outro lado, é preciso que a organização dos estádios controle a venda de ingressos, lembrando-se a experiência da Copa do Mundo ocorrida na Alemanha, em 2010, na qual os ingressos eram vendidos pela internet a pessoas cadastradas e com limitação de quantidade. Aqui no Brasil, se a bilheteria vende indiscriminadamente um grande número de ingressos a uma só pessoa, a própria organização do evento estará, indiretamente, facilitando a atividade incriminada. Para Luiz Flávio Gomes e Rogério Sanches Cunha, "Não será alcançado pelo tipo aquele que, desistindo de frequentar o evento esportivo, desloca-se até a praça de sua realização, instante em que vende o seu bilhete (ou da sua família, por exemplo) para terceiro interessado, ainda que por preço superior ao estampado" (*Estatuto do Torcedor Comentado*, São Paulo, RT, 2011, p. 131).

- **Tipo subjetivo:** É o dolo, ou seja, a vontade livre e consciente de vender ingressos por preço superior ao estampado nos bilhetes. Para os tradicionais, é o dolo genérico. Inexiste modalidade culposa.

- **Consumação:** Com a efetiva venda dos ingressos (mais de um, como salientado na nota tipo objetivo).

- **Tentativa:** Pode haver.

- **Coautoria ou participação:** A coautoria e a participação são possíveis.
- **Confronto:** Caso não se trate de ingressos de eventos esportivos, poderá incidir a Lei de Economia Popular (Lei n. 1.521/51), que incrimina, em seu art. 2º, IX, a conduta de "obter ou tentar obter ganhos ilícitos em detrimento do povo ou de número indeterminado de pessoas mediante especulações ou processos fraudulentos ('bola de neve', 'cadeias', 'pichardismo' e quaisquer outros equivalentes)", punindo-a com penas de detenção, de seis meses a dois anos, e multa, de dois mil a cinquenta mil cruzeiros.
- **Ação penal:** Pública incondicionada.
- **Pena:** Reclusão, de um a dois anos, e multa.

Art. 41-G. Fornecer, desviar ou facilitar a distribuição de ingressos para venda por preço superior ao estampado no bilhete:

Pena — reclusão de 2 (dois) a 4 (quatro) anos e multa.

Parágrafo único. A pena será aumentada de 1/3 (um terço) até a metade se o agente for servidor público, dirigente ou funcionário de entidade de prática desportiva, entidade responsável pela organização da competição, empresa contratada para o processo de emissão, distribuição e venda de ingressos ou torcida organizada e se utilizar desta condição para os fins previstos neste artigo.

Fornecimento, desvio ou facilitação de distribuição (caput)

- **Alteração:** Art. 41-G incluído pela Lei n. 12.299, de 27 de julho de 2010.
- **Substituição por penas alternativas:** Pode haver (CP, arts. 43 e 44), no caput.
- **Objeto jurídico:** A economia popular.
- **Sujeito ativo:** Qualquer pessoa.
- **Sujeito passivo:** A coletividade, especialmente os compradores dos ingressos.
- **Tipo objetivo:** Três são as condutas punidas: *a) fornecer* (abastecer, prover), *b) desviar* (alterar o destino) e *c) facilitar* (tornar fácil ou mais fácil) *a distribuição* (ato de distribuir, entregar). O objeto material são os ingressos *para venda por preço superior* ao estampado no bilhete. Incrimina-se, portanto, a conduta daquele que fornece, desvia ou facilita a distribuição de grandes quantidades de ingressos para os "cambistas", prejudicando os torcedores que se deslocam às bilheterias para adquiri-los e não os encontram por "estarem esgotados". Quis o legislador, aqui, punir mais gravemente a conduta daqueles que viabilizam a atividade dos "cambistas".
- **Tipo subjetivo:** É o dolo, ou seja, a vontade consciente e livre de praticar as condutas incriminadas, *sabendo* o agente que os ingressos se destinam à venda por preço superior e visando, assim, obter vantagem indevida. Para a doutrina tradicional, é o dolo específico. Não há punição a título de culpa.
- **Consumação:** Com o efetivo fornecimento, desvio ou distribuição.

- **Tentativa:** Em tese é possível, embora de difícil ocorrência na prática nas modalidades de fornecer e distribuir.
- **Ação penal:** Pública incondicionada.
- **Pena:** Reclusão, de dois e seis anos, e multa.

Causa especial de aumento de pena (parágrafo único)

- **Noção:** A pena do *caput* será aumentada de um terço até a metade, se o agente desse crime for: *a)* servidor público (quanto a este, cf. o art. 327 do CP); ou *b)* dirigente ou funcionário de entidade de prática desportiva (clubes em geral), entidade responsável pela organização da competição (federações estaduais ou nacionais e grupos de clubes, empresa contratada para emissão, distribuição e venda de ingressos ou, ainda, torcida organizada, *desde que* se utilize dessa condição para praticar o crime deste artigo). A incidência desta causa especial de aumento de pena deverá sempre ser fundamentada (CR, art. 93, IX).

Capítulo XII
DISPOSIÇÕES FINAIS E TRANSITÓRIAS

[...]

Art. 43. Esta Lei aplica-se apenas ao desporto profissional.

Desporto profissional

- **Limitação:** Por expressa determinação deste art. 43, a presente Lei, incluindo, por óbvio, suas disposições penais, não se aplica ao desporto amador, como é o caso dos jogos universitários.

[...]

Art. 45. Esta Lei entra em vigor na data de sua publicação.

- **Vigência:** O Estatuto do Torcedor começou a ter vigência no dia 16 de maio de 2003.

Brasília, 15 de maio de 2003; 182º da Independência e 115º da República.

LUIZ INÁCIO LULA DA SILVA
Agnelo Santos Queiroz Filho
Álvaro Augusto Ribeiro Costa

ESTATUTO DO IDOSO

LEI N. 10.741, DE 1º DE OUTUBRO DE 2003

Dispõe sobre o Estatuto do Idoso e dá outras providências.

O Presidente da República:
Faço saber que o Congresso Nacional decreta e eu sanciono a seguinte Lei:

Título I
DISPOSIÇÕES PRELIMINARES

Art. 1º É instituído o Estatuto do Idoso, destinado a regular os direitos assegurados às pessoas com idade igual ou superior a 60 (sessenta) anos.

[...]

Título VI
DOS CRIMES

- **Prescrição:** O critério cronológico dos 60 anos de idade, para considerar a pessoa como idosa, não alterou o art. 115 do CP ao reduzir, pela metade, os prazos prescricionais quando o acusado, na data da sentença, for maior de 70 anos (STF, 2ª T., HC 88.083, j. 3-6-2008; 1ª T., HC 89.969, j. 26-6-2007).

Capítulo I
DISPOSIÇÕES GERAIS

Art. 93. Aplicam-se subsidiariamente, no que couber, as disposições da Lei n. 7.347, de 24 de julho de 1985.

- **Nota:** No tocante à ação civil pública, ela é ampliada pela presente lei, cujo art. art. 74, I e II, confere ao *Parquet* atribuição para propor ação civil pública na tutela dos direitos e interesses difusos ou coletivos, individuais indisponíveis e individuais homogêneos do idoso. Por sua vez, o art. 100, IV, do Estatuto do Idoso, adiante comentado, pune, com reclusão de seis meses a um ano, a conduta de "deixar de cumprir, retardar ou frustrar, sem justo motivo, a execução de ordem judicial expedida na ação civil a que alude esta Lei".

Art. 94. Aos crimes previstos nesta Lei, cuja pena máxima privativa de liberdade não ultrapasse 4 (quatro) anos, aplica-se o procedimento previsto na Lei n. 9.099, de 26 de setembro de 1995, e, subsidiariamente, no que couber, as disposições do Código Penal e do Código de Processo Penal.

- **Noção:** Ao contrário do que seria lógico e constitucional — beneficiar o acusado idoso, como já faz o CP em relação aos maiores de 70 anos, considerando a idade circunstância atenuante (art. 65, I), prevendo o *sursis* etário (art. 77, § 2º) e reduzindo o prazo prescricional (art. 115) —, o legislador, de acordo com este artigo, favorece o agente de qualquer idade que vier a praticar crimes contra o idoso previstos nesta lei, cuja pena máxima privativa de liberdade não ultrapasse quatro anos. Estatui, assim, que tais fatos estão sujeitos ao procedimento estabelecido para as infrações de menor potencial ofensivo pela Lei n. 9.099/95, o qual, por exemplo, obsta a prisão em flagrante, desde que haja compromisso do autor do fato de comparecimento em juízo, e admite a transação penal. A Lei n. 9.099/95 (Lei dos Juizados Especiais Criminais Estaduais) dispõe que são infrações penais de menor potencial ofensivo aquelas punidas com pena máxima igual ou inferior a um ano. A Lei n. 10.259/2001 (Lei dos Juizados Especiais Federais), por sua vez, ampliou o conceito de infração de menor potencial ofensivo para os delitos com pena máxima igual ou inferior a dois anos, o qual, em face dos princípios da isonomia e da proporcionalidade, aplica-se, até mesmo por analogia *in bonam partem*, a todos os crimes, independentemente de a competência para o seu processamento e julgamento ser da Justiça Estadual ou Federal. O Procurador-Geral da República ajuizou, em 19-12-2003, a ADIn 3.096-5, com referência a este art. 94, salientando que "a escolha como critério discriminante tão somente da idade da vítima de determinados crimes para garantir ao autor os benefícios de uma Justiça Especializada, a dos Juizados Especiais, não é razoável, é flagrantemente inconstitucional". Lembrou, a propósito: "... pelo texto da lei impugnada, poder-se-ia ter um agente respondendo perante o Sistema Judiciário Comum e outro com todos os benefícios da Lei n. 9.099/95, mesmo que praticado crime da mesma gravidade (pena máxima não superior a 4 anos). Apenas por um diferencial: a idade da vítima do delito". E concluiu: "De fato, houve erro sobre a pessoa visada (*error in persona*). O legislador assim agindo, ao invés de proteger o idoso, acaba beneficiando aquele que comete crime contra o maior de 65" — leia-se 60, cf. o art. 1º da presente lei — "anos de idade". A liminar que pleiteava a "suspensão *ad cautelam* do art. 94 foi indeferida. Ao julgar parcialmente procedente a referida ADIn, o STF, por unanimidade, determinou a redução do texto do art. 94 para suprimir a expressão "do Código Penal e". Por outro lado, entendeu que deve haver "aplicação apenas do procedimento sumaríssimo previsto na Lei n. 9.099/95" para beneficiar o idoso com a celeridade processual, havendo "impossibilidade de aplicação de quaisquer medidas despenalizadoras e de interpretação benéfica ao autor do crime" (Pleno, rel. Min. Cármen Lúcia, j. 16-6-2010).

Capítulo II
DOS CRIMES EM ESPÉCIE

Art. 95. Os crimes definidos nesta Lei são de ação penal pública incondicionada, não se lhes aplicando os arts. 181 e 182 do Código Penal.

- Nota: O art. 181 do CP isenta de pena aquele que comete qualquer dos crimes previstos no Título II do Estatuto Repressivo Penal ("Dos crimes contra o patrimônio") em prejuízo do cônjuge, na constância da sociedade conjugal (inciso I) ou de ascendente ou descendente, seja o parentesco legítimo ou ilegítimo, seja civil ou natural (inciso II). O art. 182 do CP, por sua vez, dispõe que somente se procede mediante representação se o crime previsto no referido Título II é cometido em prejuízo do cônjuge judicialmente separado (inciso I), de irmão (inciso II) ou de tio ou sobrinho, com quem o agente coabita (inciso III). Por expressa disposição deste art. 95, tais artigos não se aplicam aos crimes cometidos contra o idoso. Assim não haverá isenção de pena, por exemplo, no furto praticado pelo filho em prejuízo do pai idoso. De outra parte, nos crimes contra os maiores de 60 anos, previstos nesta lei, a ação penal será sempre pública incondicionada.

Art. 96. Discriminar pessoa idosa, impedindo ou dificultando seu acesso a operações bancárias, aos meios de transporte, ao direito de contratar ou por qualquer outro meio ou instrumento necessário ao exercício da cidadania, por motivo de idade:

Pena — reclusão, de 6 (seis) meses a 1 (um) ano e multa.

§ 1º Na mesma pena incorre quem desdenhar, humilhar, menosprezar ou discriminar pessoa idosa, por qualquer motivo.

§ 2º A pena será aumentada de um terço se a vítima se encontrar sob os cuidados ou responsabilidade do agente.

- Observação: Em razão de evidente lapso de redação, constou do *caput* a expressão "*por* qualquer outro meio", em vez de "*a* qualquer outro meio".

- Transação: Cabe no *caput* e nos §§ 1º e 2º (art. 76 da Lei n. 9.099/95 c/c art. 2º, parágrafo único, da Lei n. 10.259/2001).

- Suspensão condicional do processo: Cabe no *caput* e nos §§ 1º e 2º (art. 89 da Lei n. 9.099/95).

Discriminação
(caput)

- Objeto jurídico: A dignidade do idoso e o exercício dos seus direitos de cidadão.
- Sujeito ativo: Qualquer pessoa.
- Sujeito passivo: Apenas os maiores de 60 anos.

- **Tipo objetivo:** O núcleo do tipo é *discriminar*, ou seja, "tratar mal ou de modo injusto, desigual" (*Dicionário Houaiss da Língua Portuguesa*. Rio de Janeiro: Objetiva, 2001, p. 1053) pessoa idosa, *impedindo* (obstando) ou *dificultando* (tornando difícil, pondo dificuldade ou obstáculo) seu acesso a: *a)* operações bancárias; *b)* meios de transporte; *c)* direito de contratar; *d)* qualquer outro meio ou instrumento necessário ao exercício da cidadania. Como se vê, a última modalidade de conduta ("*d*") tornou o *caput* um *tipo penal aberto* (HANS-HEINRICH JESCHECK, *Tratado de derecho penal — parte general*, 4. ed. Granada: Comares, 1993, p. 223), a nosso ver inconstitucional. Com efeito, em nome do princípio da legalidade, não podem ser aceitas leis vagas ou imprecisas, que não deixam perfeitamente delimitado o comportamento que pretendam incriminar. A CR, em seu art. 5º, XXXIX, e o CP, em art. 1º, dispõem que "não há crime sem lei anterior que o *defina*". O próprio significado do verbo "*definir*", ou seja, *precisar, demarcar, estabelecer limites,* não autoriza conclusão diversa. As condutas incriminadas devem ser acrescidas do elemento normativo do tipo, ou seja, *por motivo de idade*, e não por qualquer outra razão. Desse modo, deve o agente *saber* que a vítima é maior de 60 anos, sob pena de o próprio tipo não se aperfeiçoar, já que a discriminação, nessa hipótese, seria, obviamente, por outro motivo. Assim, se a vítima for idosa, mas não aparentar tal condição e o autor da discriminação não tiver conhecimento da sua idade, não se configurará o crime.

- **Tipo subjetivo:** É o *dolo*, ou seja, a vontade livre e consciente de discriminar alguém por ser idoso. Para os tradicionais, é o dolo genérico. Não há modalidade culposa, mesmo porque, como estatui o CP, art. 18, parágrafo único, "salvo os casos expressos em lei, ninguém pode ser punido por fato previsto como crime, senão quando o pratica dolosamente".

- **Consumação:** No momento em que, por discriminação, o autor *impede* ou *dificulta* que o idoso tenha acesso às operações bancárias, aos meios de transporte, ao direito de contratar ou exercer seus direitos de cidadão.

- **Tentativa:** Em tese é possível.

- **Pena:** Reclusão, de seis meses a um ano, e multa. Bem é de ver o fato de ser desproporcional a previsão de pena de *reclusão*, para um montante temporal de privação de liberdade de apenas seis meses a um ano, mais condizente com a pena de *detenção*.

- **Ação penal:** Pública incondicionada (art. 95 desta lei).

Figura equiparada (§ 1º)

- **Objeto jurídico:** A dignidade do idoso.

- **Sujeito ativo:** Qualquer pessoa.

- **Sujeito passivo:** Somente o idoso.

- **Tipo objetivo:** Quatro são os núcleos da figura equiparada deste § 1º: a) *desdenhar*, que significa tratar com desprezo; b) *humilhar*, ou seja, rebaixar, vexar; c) *menosprezar*, isto é, depreciar, "não dar importância", "considerar alguém sem valor ou indigno de estima, de apreço" (*Dicionário*

Houaiss da Língua Portuguesa, cit., p. 1894); d) *discriminar*, que tem o sentido de "tratar mal ou de modo injusto, desigual" (*Dicionário Houaiss...*, cit., p. 1053). Tais condutas devem atingir a pessoa idosa, sendo, ao contrário do *caput*, irrelevante o motivo, que pode não ser necessariamente a idade, mas, por exemplo, a aparência, as vestes ou a condição física. Todavia, deverá o agente *saber* que o ofendido é maior de 60 anos.

- Tipo subjetivo: O dolo, isto é, a vontade livre e consciente de praticar as condutas incriminadas. Na doutrina tradicional, trata-se de dolo genérico. Não existe forma culposa.
- Consumação: Com a efetiva prática das condutas referidas no § 1º.
- Tentativa: Ao contrário do *caput*, entendemos que a tentativa não é possível no § 1º.
- Pena: Igual à do *caput*.

Aumento de pena (§ 2º)

- Noção: Se o idoso estiver sob os cuidados ou responsabilidade do sujeito ativo, a pena será aumentada de um terço (o legislador, neste caso, não deixou ao juiz margem para o aumento, estabelecendo-o em montante fixo). Como exemplo de pessoa que deveria cuidar (tratar da saúde, do bem-estar) do idoso, lembramos a figura do enfermeiro, particular ou não, da empregada doméstica e dos próprios familiares. Como responsável (aquele que responde pelos atos de outrem), podemos lembrar a pessoa nomeada curadora do idoso interditado.

Art. 97. Deixar de prestar assistência ao idoso, quando possível fazê-lo sem risco pessoal, em situação de iminente perigo, ou recusar, retardar ou dificultar sua assistência à saúde, sem justa causa, ou não pedir, nesses casos, o socorro de autoridade pública:

Pena — detenção de 6 (seis) meses a 1 (um) ano e multa.

Parágrafo único. A pena é aumentada de metade, se da omissão resulta lesão corporal de natureza grave, e triplicada, se resulta a morte.

- Transação: Cabe no *caput* e na primeira parte do parágrafo único, ou seja, se da omissão resulta lesão grave (art. 76 da Lei n. 9.099/95).
- Suspensão condicional do processo: Cabe no *caput* e na primeira parte do parágrafo único, isto é, na hipótese de a omissão resultar lesão corporal grave (art. 89 da Lei n. 9.099/95).
- Pena alternativa: Cabe no *caput* e no parágrafo único (CP, art. 44).

Omissão de socorro (caput)

- Objeto jurídico: A incolumidade, a saúde e a vida do idoso.
- Sujeito ativo: Qualquer pessoa.
- Sujeito passivo: Apenas os maiores de 60 anos.

- **Tipo objetivo:** O delito é *omissivo*. Trata-se, na verdade, de uma modalidade do crime de *omissão de socorro*, equivalente ao previsto no art. 135 do CP, mas tipificado, aqui, de forma específica, e apenado mais gravemente, por ser a vítima maior de 60 anos. As condutas incriminadas são: *a) deixar de prestar* (abster-se de dar) *assistência* (auxílio, amparo, ajuda) ao idoso, em situação de *iminente* ("que ameaça acontecer breve... que está em via de efetivação imediata" — *Novo Dicionário Aurélio*. Rio de Janeiro: Nova Fronteira, p. 744) *perigo* ("situação em que se encontra, sob ameaça, a existência ou a integridade de uma pessoa; risco" — *Dicionário Houaiss...*, cit., p. 2189), acrescida do elemento normativo do tipo: *quando possível fazê-lo sem risco pessoal*. O risco moral ou patrimonial não afasta a incriminação por serem, a moral e o patrimônio, bens jurídicos de menor relevância do que a incolumidade, a saúde e a vida. O risco para terceira pessoa pode configurar a excludente do estado de necessidade (CP, art. 24), desde que o autor da omissão não tenha, ele próprio, causado esse risco por dolo ou culpa. O perigo há de *concreto* (palpável, real), e não abstrato; *b) recusar* (negar), *retardar* (procrastinar, protelar) ou *dificultar* (por empecilho, obstáculo) a assistência à saúde do idoso, acrescidas do elemento normativo do tipo *sem justa causa* (motivo justo, juridicamente relevante); *c) não pedir* (não solicitar), em qualquer das hipóteses dos itens "*a*" e "*b*" acima referidos, o socorro de autoridade pública. Assim como a doutrina tem entendido quanto ao crime de omissão de socorro (CP, art. 135), a forma alternativa com que também se redigiu este art. 97 não permite livre escolha de comportamento: se o agente pode prestar assistência pessoal sem risco, não basta que peça socorro, quando este for insuficiente para afastar o perigo. Portanto, o pedido de socorro só excluiria o delito quando pudesse "tempestivamente conjurar o perigo" (Nélson Hungria, *Comentários ao Código Penal*. Rio de Janeiro/São Paulo: Forense, 1958, v. V, p. 443). Na hipótese de a pessoa em perigo recusar o socorro oferecido, o delito não se configurará, ainda que o agente deixe de comunicar o fato à autoridade. No caso da *presença de várias pessoas*, a assistência dada por uma, se suficiente, exclui o dever das demais.

- **Tipo subjetivo:** É o dolo de perigo, direto ou eventual; implicitamente, está o *elemento subjetivo* do tipo consistente, na lição de Frederico Marques a respeito do art. 135 do CP, "na intenção de omitir-se com a consciência do perigo com isso mantido" (*Tratado de direito penal*. São Paulo: Saraiva, 1961, v. IV, p. 334). Para os tradicionais, é o dolo genérico. Não há modalidade culposa, mesmo porque, como estatui o CP, art. 18, parágrafo único, "salvo os casos expressos em lei, ninguém pode ser punido por fato previsto como crime, senão quando o pratica dolosamente". O agente deve estar *consciente* da situação de perigo, pois o erro exclui o dolo. Assim como todos os demais crimes tipificados pelo Estatuto do Idoso, o agente também deve estar *ciente* da condição de idoso da vítima; no crime deste art. 97, se faltar ao agente tal ciência, poderá incidir nas penas do art. 135 do CP (*nulla poena sine culpa*).

- **Consumação:** No momento da omissão. Dispensa o *caput* resultado naturalístico, tratando-se de crime formal e instantâneo.

- **Tentativa:** Não é possível.

- **Concurso de agentes:** A nosso ver, tratando-se de crime omissivo próprio, poderá haver participação (de quem, por exemplo, determina ou instiga o autor à omissão). Todavia, se duas ou mais pessoas tiverem o dever jurídico de evitar o resultado, não haverá coautoria, pois todas serão, igualmente, autoras (autoria colateral), já que praticaram, cada qual, o mesmo ato omissivo. Para Magalhães Noronha, porém, "o caráter omissivo não impede a coautoria. Se num grupo de alpinistas, um deles resvala pelo abismo e pode ser socorrido, o que, entretanto, não acontece, respondem todos pelo crime: se apenas um o salva, os outros se aproveitam de sua conduta; se for necessária ação conjunta de todos e alguns se recusam, responderão estes pelo delito" (*Direito penal*. 27. ed., atualizada por Adalberto José Q. T. de Camargo Aranha, São Paulo: Saraiva, 1995, v. II, p. 97). A nosso ver, a diferença entre autoria colateral e coautoria é sutil e, na prática, não ostenta maior relevância jurídica, salvo casos excepcionais, como na qualificadora do crime de furto, quando cometido mediante o concurso de duas ou mais pessoas (CP, art. 155, § 4º, IV).

- **Confronto:** Se o agente não tem ciência da condição de idoso da vítima, poderá haver a configuração do art. 135 do CP ou do art. 304 da Lei n. 9.503/97 (Código Brasileiro de Trânsito).

- **Pena:** Detenção, de seis meses a um ano, e multa.

- **Ação penal:** Pública incondicionada (art. 95 desta lei).

Aumento de pena (parágrafo único)

- **Noção:** Quando há resultado naturalístico consistente em lesão corporal grave, a pena é aumentada de metade; se resulta morte, a pena é triplicada. A lesão leve se subsume no *caput*. Necessário, porém, restar demonstrado o *nexo de causalidade* entre a omissão e o resultado.

Art. 98. Abandonar o idoso em hospitais, casas de saúde, entidades de longa permanência, ou congêneres, ou não prover suas necessidades básicas, quando obrigado por lei ou mandado:
Pena — detenção de 6 (seis) meses a 3 (três) anos e multa.

- **Suspensão condicional do processo:** Cabe (art. 89 da Lei n. 9.099/95).

- **Pena alternativa:** Cabe (CP, arts. 43 e 44).

Abandono

- **Objeto jurídico:** A incolumidade, a saúde e a dignidade do idoso.

- **Sujeito ativo:** Qualquer pessoa — ainda que maior de 60 anos, desde que tenha o dever e condições de cuidar de outro idoso — em virtude de lei ou mandado judicial. Quanto aos parentes em geral com dever de prestar alimentos, cf. arts. 1.696 e 1.697 do CC. Se for descendente, *vide* o art. 244 do CP (cf. nota *Confronto*).

- **Sujeito passivo:** Apenas os maiores de 60 anos, mas com ressalvas (*vide* nota *Tipo objetivo*).

- **Tipo objetivo:** *Abandonar*, no sentido deste artigo, significa largar de vez, deixar à própria sorte. O abandono pressupõe que haja dano ou perigo concreto de dano ao abandonado, e que este dependa econômica e/ou fisicamente daquele que o abandona. Assim, um idoso em boas condições físicas e mentais, e que tenha independência econômico-financeira, evidentemente jamais poderá ser "abandonado". Daí se permite concluir que não é qualquer idoso que pode ser sujeito passivo deste delito. Nesta primeira parte do tipo, o idoso é abandonado em hospitais, casas de saúde, entidades de longa permanência ou congêneres, como asilos e casas de repouso. A nosso ver, o legislador não quis punir a conduta de quem, legitimamente, em face das necessidades do idoso e da impossibilidade familiar de mantê-lo em casa, providencia a sua internação em um desses locais. Pune-se, sim, a conduta daquele que ali o abandona, sem interná-lo (*abandonar* é coisa diversa do que *internar*, deixando aos cuidados), ou, ainda, de quem deixa de buscá-lo, mesmo sabendo que cessaram os motivos que justificavam a sua permanência em tais estabelecimentos. Embora a lei não especifique, o que é punido, a nosso ver, é o abandono *material*, não o moral. Com efeito, não é razoável (e até mesmo ofensivo ao *due process of law*, em sua acepção substantiva — CR, art. 5º, LIV) pretender incriminar a falta de afeto, algumas vezes até compreensível, como no caso do irmão do idoso que, tendo sido lesado por este no passado, não o perdoa, deixando de manter qualquer contato com este no hospital em que se encontra. Se esse mesmo irmão, tendo condições financeiras, deixar, todavia, de pagar o hospital que o próprio idoso não tem como fazê-lo, poderá incidir na segunda parte deste art. 98 (*vide* nota *Confronto*). Em sentido contrário, entendendo que "abandonar é deixar de visitar o idoso internado nas instituições de atendimento", sendo "o relegar moral, talvez o pior" dos abandonos (Wladimir Novaes Martinez, *Comentários ao Estatuto do Idoso*. São Paulo: LTr, 2004, p. 177). Concordamos, porém, com esse autor quando observa que o legislador não fixou *prazo mínimo* para o abandono, daí por que "cada caso e circunstância terão de ser examinados" (Wladimir Novaes Martinez, ob. cit., p. 176). Obviamente, tais condutas não serão puníveis se houver justa causa para a omissão, como na hipótese de o próprio agente estar gravemente adoentado, havendo inexigibilidade de conduta diversa (causa supralegal de exclusão da culpabilidade). A segunda parte deste art. 98 pune a conduta daquele que deixa de prover as necessidades básicas do idoso. As necessidades básicas são, evidentemente, as essenciais para uma vida digna e com um mínimo de salubridade. Trata-se de comportamentos imputáveis principalmente aos familiares do idoso, como a mulher, o marido ou o irmão deste (sendo o agente seu descendente, *vide* abaixo nota *Confronto*), ou ao curador do maior de 60 anos interditado. Embora o elemento normativo deste art. 98 (*quando obrigado por lei ou mandado*), por estar inserido no final do tipo, aparentemente se refira apenas à sua segunda parte (*deixar de prover as ne-*

cessidades básicas), acreditamos que ele também se aplique à primeira parte (*abandonar*). Com efeito, aquele que não tem o dever legal de cuidar de determinado idoso, por não ser seu familiar ou curador, não poderá ser punido, por exemplo, por seu abandono em um hospital ou casa de saúde. Como cediço, ninguém é obrigado a fazer ou deixar de fazer alguma coisa senão em virtude de lei (CR, art. 5º, II). Poderá haver, todavia, incidência do art. 99.

- **Tipo subjetivo:** É o dolo, consistente na vontade livre e consciente de praticar as condutas incriminadas. Para os tradicionais é o dolo genérico. Para se aperfeiçoar o tipo, como nos demais delitos desta lei, o sujeito ativo deve ter ciência de que a vítima é maior de 60 anos. Se houver erro de tipo (CP, art. 20), em virtude de a vítima não aparentar ser idosa, não haverá punição a título de culpa, por inexistir forma culposa para este delito.

- **Consumação:** Na primeira parte, com o efetivo abandono do idoso; na segunda, com o não provimento de suas necessidades básicas. A nosso ver, não é necessária a efetiva lesão à incolumidade ou à saúde do idoso, bastando o perigo de tal lesão, que, todavia, deve ser *concreto*.

- **Tentativa:** Não é possível, por ser delito unissubsistente.

- **Confronto:** Se o agente deixar, sem justa causa, de prover a subsistência de *ascendente* inválido ou maior de 60 anos, não lhe proporcionando os recursos necessários, ou faltando ao pagamento de pensão alimentícia, *vide* art. 244 do CP, com a redação dada pelo art. 110 do Estatuto do Idoso, ora em comento. Enquanto o art. 98, segunda parte, desta lei, pune a conduta de *não prover as necessidades* básicas de *qualquer* idoso, desde que o agente seja obrigado por lei ou mandado, o crime previsto no CP incrimina a conduta de deixar, sem justa causa, de *prover a subsistência do ascendente* maior de 60 anos, sendo sujeitos ativos deste último delito, portanto, apenas os descendentes (cf., a propósito, CC, os arts. 1.696 e 1.697). Por isso mesmo, a pena do art. 244 do CP (detenção, de um a quatro anos) é maior do que a do art. 98 da presente lei.

- **Pena:** Detenção, de seis meses a três anos, e multa.
- **Ação penal:** Pública incondicionada.

Art. 99. Expor a perigo a integridade e a saúde, física ou psíquica, do idoso, submetendo-o a condições desumanas ou degradantes ou privando-o de alimentos e cuidados indispensáveis, quando obrigado a fazê-lo, ou sujeitando-o a trabalho excessivo ou inadequado:

Pena — detenção de 2 (dois) meses a 1 (um) ano e multa.

§ 1º Se do fato resulta lesão corporal de natureza grave:

Pena — reclusão de 1 (um) a 4 (quatro) anos.

§ 2º Se resulta a morte:

Pena — reclusão de 4 (quatro) a 12 (doze) anos.

Exposição a perigo (caput)

- **Transação:** Cabe no *caput* (art. 76 da Lei n. 9.099/95).
- **Suspensão condicional do processo:** Cabe no *caput* e no § 1º (art. 89 da Lei n. 9.099/95).
- **Penas alternativas:** Cabem no *caput* e no § 1º (CP, arts. 43 e 44).
- **Objeto jurídico:** A integridade e a saúde física ou psíquica, e a própria dignidade do idoso.
- **Sujeito ativo:** Qualquer pessoa, nas modalidades de submeter o idoso a condições desumanas ou degradantes, ou de sujeitá-lo a trabalho excessivo ou inadequado. Na modalidade de privar o idoso de alimentos e cuidados indispensáveis, apenas aquele *obrigado a fazê-lo*. Abrange-se, aqui, não só as pessoas obrigadas por lei (como familiares — CC, arts. 1.696 e 1.697, e responsáveis por entidades de atendimento ao idoso, cujos deveres encontram-se previstos nos arts. 48 a 50 do presente Estatuto), mas também as obrigadas por determinação judicial (*v.g.*, o curador e o familiar obrigado judicialmente a prestar alimentos). Lembramos, também, os responsáveis pelo presídio ou casa de custódia e tratamento no qual o idoso se encontre.
- **Sujeito passivo:** O maior de 60 anos.
- **Tipo objetivo:** A conduta é *expor* (colocar, arriscar) a perigo (que deve ser *concreto* e não abstrato) a *integridade* (inteireza, plenitude) tanto física quanto moral (dignidade) da vítima, e a sua *saúde* (boa disposição, equilíbrio, bem-estar), física ou psíquica. Tal conduta poderá ser praticada mediante três modos: *a) submetendo* o idoso a condições *desumanas* ou *degradantes*. O verbo submeter (sujeitar, subjugar) implica uma relação de dependência e/ou poder do sujeito ativo sobre o passivo. Assim, poderão ser agentes dessa modalidade de exposição a perigo o empregador, ainda que o trabalho seja informal ou eventual, o diretor de um presídio etc.; *b) privando-o* (não fornecendo, impedindo o acesso) de alimentos e cuidados indispensáveis (à sua saúde, ou seja, bem-estar físico e psíquico), acrescido do elemento normativo do tipo: *quando obrigado a fazê-lo*. Tal obrigação poderá decorrer de lei, de mandado judicial, ou de contrato; *c) sujeitando* o maior de 60 anos a trabalho excessivo ou inadequado para a sua idade. Se a inadequação decorrer da insalubridade do local de trabalho, que deixe vestígios, a perícia técnica será indispensável (CPP, art. 158).
- **Tipo subjetivo:** É o dolo de perigo (direto ou eventual). Na doutrina tradicional é o dolo genérico. O consentimento do idoso é indiferente, pois se trata de objeto jurídico indisponível; além disso, na maioria dos casos, o idoso é pessoa hipossuficiente estando em situação de fragilidade. A exemplo dos demais crimes previstos nesta lei, o sujeito ativo deve ter ciência de que a vítima é maior de 60 anos. Se houver erro de tipo (CP, art. 20), em virtude de a vítima não aparentar ser idosa, não haverá punição a título de culpa, por inexistir forma culposa para este delito.
- **Consumação:** Quando surge o perigo (*concreto*), independentemente de resultado naturalístico.

- **Tentativa:** Não é possível, pois as maneiras de exposição a perigo aqui previstas, ou seja, *submeter, privar* ou *sujeitar*, são unissubsistentes.
- **Confronto:** Se o agente deixar, sem justa causa, de prover a subsistência de *ascendente* inválido ou maior de 60 anos, não lhe proporcionando os recursos necessários, ou faltando ao pagamento de pensão alimentícia, *vide* art. 244 do CP, com a redação dada pelo art. 110 do Estatuto do Idoso, ora em comento. Se a vítima não for idosa, art. 132 do CP.
- **Pena:** Detenção, de dois meses a um ano, e multa.
- **Ação penal:** Pública incondicionada.

Figuras qualificadas (§§ 1º e 2º)
- **Lesão grave (§ 1º):** Se da exposição a perigo resultar lesão corporal de natureza grave, a pena será de reclusão de um a quatro anos. O legislador, inadvertidamente, deixou, aqui, de cominar pena de multa. A lesão grave vem disciplinada nos §§ 1º e 2º do art. 129 do CP, aplicando-se ao idoso as hipóteses de *incapacidade para as ocupações habituais por mais de trinta dias, perigo de vida, debilidade permanente de membro, sentido ou função* (§ 1º), e *incapacidade permanente para o trabalho, enfermidade incurável, perda ou inutilização de membro, sentido ou função, e deformidade permanente* (§ 2º). Na primeira hipótese (*incapacidade para as ocupações habituais por mais de trinta dias*), exige-se exame complementar (CPP, art. 168). *Vide*, a propósito, nosso *Código Penal comentado*. 8. ed. São Paulo: Saraiva, p. 476-477.
- **Morte (§ 2º):** Se da exposição a perigo resulta morte, a pena será de reclusão, de quatro a doze anos. De forma incongruente, deixou novamente o legislador de cominar pena de multa.
- **Nexo causal:** Evidentemente deverá ser comprovado, em ambas as figuras qualificadas, o *nexo causal* entre a exposição a perigo e o resultado lesão grave ou morte.

Jurisprudência
- **Casa de repouso clandestina com medicamentos controlados sem receitas médicas (art. 99, § 1º):** Pratica o crime do art. 99 a manutenção de 24 idosos doentes em casa de repouso clandestina, em péssimas condições, evidenciando maus tratos; igualmente comete o crime de tráfico de drogas (art. 33 da Lei n. 11.343/2006) ao manter grande quantidade de medicamentos controlados sem receita, bem como a contravenção penal de manter sob custódia doente mental sem as formalidades legais (art. 23 da LCP) (TJSP, 11ª Câm. Ap. 990.10.023644-0, Rel. Des. Maria Tereza do Amaral, *DJe* 13-10-2011, p. 1625).
- **Denúncia inepta (art. 99, § 2º):** Muito embora a assistência ao idoso seja solidária entre os filhos, isso não significa que a responsabilidade penal também deva ser. A denúncia deve conter o nexo causal e a participação de cada um para a ocorrência do crime (STJ, 6ª T., HC 200.260, Rel. Min. Og Fernandes, j. 28-2-2012).

Art. 100. Constitui crime punível com reclusão de 6 (seis) meses a 1 (um) ano e multa:

I — obstar o acesso de alguém a qualquer cargo público por motivo de idade;

II — negar a alguém, por motivo de idade, emprego ou trabalho;

III — recusar, retardar ou dificultar atendimento ou deixar de prestar assistência à saúde, sem justa causa, a pessoa idosa;

IV — deixar de cumprir, retardar ou frustrar, sem justo motivo, a execução de ordem judicial expedida na ação civil a que alude esta Lei;

V — recusar, retardar ou omitir dados técnicos indispensáveis à propositura da ação civil objeto desta Lei, quando requisitados pelo Ministério Público.

- **Transação:** Cabe (art. 76 da Lei n. 9.099/95).
- **Suspensão condicional do processo:** Cabe (art. 89 da Lei n. 9.099/95).
- **Penas alternativas:** Cabem (CP, arts. 43 e 44).

Inciso I

- **Objeto jurídico:** A dignidade e o acesso do idoso a cargos públicos.
- **Sujeito ativo:** Qualquer pessoa, desde que tenha o poder de impor impedimento ao idoso.
- **Sujeito passivo:** Embora o inciso I não faça menção expressa, somente o idoso, ou seja, o maior de 60 anos, até mesmo em razão do art. 1º desta lei, que dispõe ser o Estatuto do Idoso "destinado a regular os direitos assegurados às pessoas com idade igual ou superior a 60 (sessenta) anos". A interpretação sistemática se impõe.
- **Tipo objetivo:** A conduta incriminada consiste em *obstar* (impedir, obstaculizar) o *acesso* (ingresso) de alguém a qualquer cargo público, *por motivo de idade* (igual ou superior a 60 anos), sendo necessário haver prova de que o impedimento decorreu da questão etária. Observe-se que, se o limite de idade para determinado cargo público estiver previsto em lei (federal, estadual ou municipal), não haverá crime. Como cediço, existem diversas funções públicas que têm limite de idade para o seu ingresso, seja por imperativo de força física para determinados trabalhos (como o de bombeiro), seja por questões atinentes à própria aposentadoria (como o advogado nomeado juiz pelo chamado "quinto constitucional").
- **Tipo subjetivo:** É o dolo, ou seja, a vontade livre e consciente de impedir o acesso de alguém ao cargo público, em razão de ser maior de 60 anos. Inexiste figura culposa.
- **Consumação:** Com a imposição do impedimento.
- **Tentativa:** É possível.
- **Confronto:** Se a pessoa tiver obstado o seu acesso a cargo público, não em razão da idade, mas de raça, cor, etnia, religião ou procedência nacional, art. 3º da Lei n. 7.716/89 (incluído pela Lei n. 12.288/2010).
- **Pena:** Detenção, de seis meses a um ano, e multa.
- **Ação penal:** Pública incondicionada.

Inciso II

- Objeto jurídico: A dignidade e o acesso do idoso ao trabalho.
- Sujeito ativo: Qualquer pessoa, notadamente o empregador, ainda que se trate de emprego ou trabalho temporários.
- Sujeito passivo: Embora o inciso II (como igualmente ocorre com o anterior) não faça referência textual, somente o idoso poderá ser sujeito passivo deste delito, ou seja, o maior de 60 anos. Essa é a única interpretação plausível do presente dispositivo, em razão do art. 1º desta lei, que dispõe ser o Estatuto do Idoso "destinado a regular os direitos assegurados às pessoas com idade igual ou superior a 60 (sessenta) anos". A interpretação sistemática não pode ser olvidada.
- Tipo objetivo: O Estatuto do Idoso pune, no inciso II do seu art. 100, o comportamento da pessoa que *negar* (recusar, repelir, rejeitar) a alguém, *por motivo de idade* (igual ou superior a 60 anos, como visto na nota acima), *emprego* (ocupação em serviço prestado a terceiro) ou *trabalho* ("conjunto de atividades, produtivas ou criativas, que o homem exerce para atingir determinado fim [...] atividade profissional regular, remunerada ou assalariada", cf. *Dicionário Houaiss da Língua Portuguesa*. Rio de Janeiro: Objetiva, 2001, p. 2743). Bem é de ver, todavia, que existem atividades incompatíveis com a idade avançada (*v.g.*, afigura-se inconcebível a contratação de um senhor de 65 anos de idade, por mais saudável que seja, para o cargo de servente de pedreiro ou de lixeiro, que exigem grande disposição e força física). Cabe à jurisprudência restringir o alcance desse dispositivo, mesmo porque o dano à dignidade e à oportunidade de trabalho do idoso há de ser concreto, real, e não imaginário. Em outras palavras, deve-se provar que o idoso tinha, de fato, condições para assumir o trabalho ou emprego, tendo sido discriminado única e exclusivamente em razão da idade, e não, por exemplo, por questão de saúde.
- Tipo subjetivo: É o dolo, ou seja, a vontade livre e consciente de negar o emprego ou trabalho, em razão de a pessoa ser maior de 60 anos. Inexiste figura culposa. O agente deverá, à evidência, ter consciência da idade da vítima, sob pena de não se aperfeiçoar.
- Consumação: Com a negativa de emprego ou trabalho. É delito instantâneo.
- Tentativa: A nosso ver, a tentativa é impossível, por ser a conduta unissubsistente.
- Confronto: Se o acesso ao trabalho é negado em razão da raça, cor, etnia, religião ou procedência nacional, art. 4º, § 1º, da Lei n. 7.716/89 (incluído pela Lei n. 12.288/2010).
- Pena: Detenção, de seis meses a um ano, e multa.
- Ação penal: Pública incondicionada.

Inciso III

- Objeto jurídico: A saúde do idoso.
- Sujeito ativo: Qualquer pessoa que preste serviços relacionados à saúde.

- **Sujeito passivo:** Somente o idoso, isto é, aquele que tem idade igual ou superior a 60 anos.

- **Tipo objetivo:** Incrimina-se a conduta de quem *recusa*, *retarda* ou *dificulta atendimento* (ato de atender, responder a chamado, dar consulta, examinar o enfermo, cf. *Dicionário Houaiss da Língua Portuguesa*, cit., p. 332) ou *deixa de prestar assistência* (amparo ou auxílio) à saúde (bem-estar físico ou psíquico) do idoso. Abrange-se, portanto, não só a atividade do médico, mas também do enfermeiro, do dentista, do fisioterapeuta etc. A incriminação é acrescida do elemento normativo do tipo: *sem justa causa*. O legislador, aqui, excepcionou hipóteses como a de um hospital que deixa de atender um caso não emergencial, por estar comprovadamente sem vaga ou não dispor do equipamento necessário ao atendimento.

- **Tipo subjetivo:** É o dolo, isto é, a vontade livre e consciente de recusar, retardar ou dificultar atendimento, ou deixar de prestar assistência, em razão de a pessoa ser maior de 60 anos, devendo o agente ter consciência dessa circunstância. Não há forma culposa.

- **Consumação:** Com a efetiva prática dos atos incriminados.

- **Tentativa:** A tentativa não nos parece possível, por se tratar de condutas unissubsistentes.

- **Confronto:** Havendo situação emergencial, *vide* art. 97 desta lei (omissão de socorro de idoso).

- **Pena:** Detenção, de seis meses a um ano, e multa.

- **Ação penal:** Pública incondicionada.

Inciso IV

- **Objeto jurídico:** A Administração da Justiça; secundariamente, os direitos dos idosos, objeto das ações cíveis de que tratam os arts. 74, 78 e seguintes desta lei.

- **Sujeito ativo:** Qualquer pessoa que seja destinatária da ordem judicial.

- **Sujeito passivo:** O Estado, em primeiro lugar; em segundo, os idosos beneficiados com a ordem judicial (*no plural*, por se tratar de interesses coletivos).

- **Tipo objetivo:** Pune-se a conduta de quem *deixar de cumprir* (não executar, não tornar efetivo), *retardar* (protelar, atrasar) ou *frustrar* (fazer falhar, tornar vão, sem efeito) a execução (o cumprimento) de ordem judicial expedida nas ações cíveis a que alude a presente lei (arts. 74, 78 e s.). A conduta deve ser acompanhada do elemento normativo do tipo *sem justo motivo*, ou seja, sem razão juridicamente relevante, como no caso de ordem judicial expedida destinada a funcionário de empresa pública ou privada que não tenha competência ou autonomia para cumpri-la.

- **Tipo subjetivo:** É o dolo, isto é, a vontade livre e consciente de descumprir, retardar ou frustrar a execução da ordem judicial.

- **Consumação:** Com o efetivo descumprimento, retardo ou frustração da execução da ordem.

- **Tentativa:** Nas modalidades de descumprir e retardar, não nos parece possível, por se tratar de atos unissubsistentes. Na forma de frustrar, em tese, é possível.

- **Confronto:** Se a desobediência refere-se à execução de ordem judicial proveniente de ações judiciais outras, que não as cíveis tratadas por esta lei, *vide* art. 330 do CP. Se o agente é funcionário público e age para satisfazer interesse ou sentimento pessoal, poderá haver o crime de prevaricação (CP, art. 319).

- **Pena:** Detenção, de seis meses a um ano, e multa.

- **Ação penal:** Pública incondicionada.

Inciso V

- **Objeto jurídico:** O poder do Ministério Público de requisitar, em procedimento administrativo (*Magna Carta*, art. 129, VI), dados técnicos indispensáveis à propositura da ação civil prevista nesta lei (CR, arts. 74, 78 e s.).

- **Sujeito ativo:** Qualquer pessoa.

- **Sujeito passivo:** O Ministério Público, em primeiro lugar; em segundo, os idosos cujos direitos o *Parquet* busca serem reconhecidos, satisfeitos ou acautelados mediante a ação.

- **Tipo objetivo:** Incrimina-se o comportamento consistente em *recusar* (negar), *retardar* (protelar, atrasar) ou *omitir* (ocultar, esconder) dados técnicos (informações específicas a serem obtidas de entidades públicas ou privadas) *indispensáveis* (essenciais) à propositura da ação civil, requisitados pelo Ministério Público. A requisição deve preencher todas as formalidades legais. Embora não haja neste inciso V o elemento normativo — *sem justo motivo* —, referido no inciso IV (que trata do descumprimento, retardamento ou frustração do cumprimento de ordem *judicial*), é evidente que a mesma ressalva, por equidade, deve ser aplicada àquele que recusa, retarda ou omite dados técnicos requisitados pelo *Parquet*, igualmente por *justo motivo*, podendo, outrossim, configurar-se a excludente supralegal de culpabilidade da inexigibilidade de conduta diversa, bem como a excludente da ilicitude do exercício regular de direito (como no caso do médico que não fornece dados relativos ao prontuário do paciente). Se aquele que *recusa, retarda* ou *omite* é pessoa investigada ou acusada, e assim se comporta para não se autoincriminar, não haverá crime em face do disposto no art. 5º, LXIII, da *Magna Carta* (*nemo tenetur se detegere*).

- **Tipo subjetivo:** É o dolo, consistente na vontade livre e consciente de recusar, retardar ou omitir. Inexiste forma culposa. O sujeito ativo, por outro lado, deve ter ciência de que os dados técnicos requisitados destinam-se à propositura de ação civil referente à tutela de direitos de idosos, e não de qualquer pessoa, como poderia ocorrer com o crime de desobediência (CP, art. 330).

- **Consumação:** Com a recusa, retardo ou omissão do envio dos dados técnicos.

- **Tentativa:** A tentativa não é possível, por se tratar de condutas unissubsistentes.

- **Confronto:** Se a desobediência refere-se à requisição do Ministério Público relativa a ações civis não previstas nesta lei, como naquelas que não se referem a idosos, *vide* art. 330 do CP. Se o agente é funcionário público e age para satisfazer interesse ou sentimento pessoal, poderá haver o crime de prevaricação (CP, art. 319). O art. 10 da Lei n. 7.347/85, que trata da *ação civil pública de responsabilidade*, pune mais gravemente (reclusão de um a três anos, e multa) "a recusa, o retardamento ou a omissão de dados técnicos indispensáveis à propositura da ação civil, quando requisitados pelo Ministério Público".

- **Pena:** Detenção, de seis meses a um ano, e multa.

- **Ação penal:** Pública incondicionada.

Art. 101. Deixar de cumprir, retardar ou frustrar, sem justo motivo, a execução de ordem judicial expedida nas ações em que for parte ou interveniente o idoso:

Pena — detenção de 6 (seis) meses a 1 (um) ano e multa.

- **Transação:** Cabe (art. 76 da Lei n. 9.099/95 c/c o art. 2º, parágrafo único, da Lei n. 10.259/2001).

- **Suspensão condicional do processo:** Cabe (art. 89 da Lei n. 9.099/95).

- **Penas alternativas:** Cabem (CP, arts. 43 e 44).

Desobediência a ordem judicial

- **Objeto jurídico:** A Administração da Justiça; secundariamente, os direitos dos idosos nas ações em que forem parte ou interveniente.

- **Sujeito ativo:** Qualquer pessoa.

- **Sujeito passivo:** O Estado, em primeiro lugar; em segundo, o idoso beneficiado com a ordem judicial.

- **Tipo objetivo:** Incrimina-se o comportamento consistente em *deixar de cumprir* (não executar, não tornar efetiva), *retardar* (protelar, atrasar) ou *frustrar* (fazer falhar, tornar vã, sem efeito) a execução (o cumprimento) de ordem judicial expedida nos autos de ação em que o idoso for parte (autor ou réu) ou interveniente (como o litisconsorte ativo ou passivo). A ordem judicial expedida deverá, necessariamente, ser favorável ao idoso, e não contrária, pois o espírito da presente lei é a proteção dos maiores de 60 anos. Assim, se o idoso for réu em uma ação de despejo por falta de pagamento, e o autor uma pessoa não idosa ou um ente jurídico, o descumprimento, retardo ou frustração da sua execução não configurará o presente crime, embora possa vir a caracterizar outros delitos (*vide* nota *Confronto*). Para que o crime se aperfeiçoe, a conduta deve estar acompanhada do elemento normativo do tipo *sem justo motivo*, isto é, sem razão juridicamente relevante, a ser avaliada em cada caso concreto.

- **Tipo subjetivo:** É o dolo, ou seja, a vontade livre e consciente de descumprir, retardar ou frustrar a execução da ordem judicial, sabendo o agente que a pessoa prejudicada é idosa.

- Consumação: Com o efetivo descumprimento, retardo ou frustração da execução da ordem.
- Tentativa: Nas formas de descumprir e retardar, não é possível, por se tratar de condutas unissubsistentes. Na modalidade de frustrar, a tentativa é, em tese, possível.
- Confronto: Se o retardo, não cumprimento ou a frustração referem-se à execução de ordem judicial proveniente de ações cíveis de que tratam os arts. 74, 78 e seguintes desta lei, *vide* art. 100, IV. Se a recusa, retardo ou omissão relacionam-se à requisição do Ministério Público para instruir ação cível prevista nesta lei, cf. art. 100, V. Em outros casos não previstos no Estatuto do Idoso, *vide* o crime de desobediência (CP, art. 330) e, se o agente for funcionário público e agir para satisfazer interesse ou sentimento pessoal, poderá se configurar o delito de prevaricação (CP, art. 319).
- Pena: Detenção, de seis meses a um ano, e multa.
- Ação penal: Pública incondicionada.

Art. 102. Apropriar-se de ou desviar bens, proventos, pensão ou qualquer outro rendimento do idoso, dando-lhes aplicação diversa da de sua finalidade:

Pena — reclusão de 1 (um) a 4 (quatro) anos e multa.

- Suspensão condicional do processo: Cabe (art. 89 da Lei n. 9.099/95).

Apropriação indébita e desvio de bens

- Objeto jurídico: A proteção do patrimônio do idoso.
- Sujeito ativo: Qualquer pessoa, até mesmo outro idoso.
- Sujeito passivo: O maior de 60 anos titular de bens, proventos, pensão ou de qualquer outro rendimento.
- Tipo objetivo: São duas as condutas incriminadas: *a) Apropriar-se* (que significa tomar para si, tomar como propriedade, apoderar-se) de bens, proventos, pensão ou qualquer outro rendimento. Embora o legislador não faça menção à prévia posse ou detenção lícitas por parte do agente, como ocorre no art. 168 do CP (*apropriação indébita*), entendemos que o termo "apropriar-se" implica a prévia posse lícita por parte do agente, sob pena de confundir-se com o delito de furto. Por exemplo, o agente pode ter procuração para sacar a pensão do idoso e, após sacá-la, dela se apropria, não entregando o numerário à vítima. *b) Desviar* (que tem o sentido de alterar o destino, desencaminhar) bens, proventos, pensão ou qualquer outro rendimento, acrescido do elemento normativo do tipo: *dando-lhes aplicação diversa da de sua finalidade*. A nosso ver, esse elemento normativo seria até despiciendo, pois a alteração da finalidade é ínsita à ação de *desviar*. Obviamente, se a finalidade para a qual o agente desviou o bem, provento, pensão ou outro rendimento, embora diversa da original, beneficiar o próprio idoso, não haverá crime. É a hipótese do filho, procu-

rador do idoso, que usa o dinheiro da pensão do pai para pagar o seguro de saúde em atraso, em vez de depositá-lo em sua poupança.

- Tipo subjetivo: É o dolo, ou seja, a vontade livre e consciente de se apropriar ou de desviar. O agente deve ter ciência de que a vítima é maior de 60 anos. Inexiste forma culposa.

- Consumação: Na figura de *apropriar-se*, com a inversão da posse, demonstrada pelo ato de dispor do bem, provento, pensão ou rendimento ou pela negativa em entregá-lo ao idoso. Na modalidade de *desviar*, no momento em que o objeto material (bens, proventos, pensão ou qualquer outro rendimento) é aplicado com finalidade diversa.

- Tentativa: Em tese é possível.

- Confronto: Se o idoso é devedor do agente, poderá se configurar a figura do exercício arbitrário das próprias razões (CP, art. 345). Se o agente *subtrai*, para si ou para outrem, coisa móvel do idoso, vide CP, art. 155. Se, com dolo, o agente induz ou mantém o idoso em erro, mediante artifício, ardil ou qualquer outro meio fraudulento, cf. CP, art. 171.

- Pena: Reclusão, de um a quatro anos, e multa.

- Ação penal: Pública incondicionada.

Jurisprudência

- Fim distinto do previsto: No delito do art. 102 do Estatuto do Idoso, a apropriação dos bens do idoso deve ser cumulada com a sua aplicação em fim distinto do previsto. Em não havendo prova da apropriação e desvio dos recursos, mantém-se a absolvição (TJRN, ACr 2012.005364-4, Rel. Des. Virgílio Macêdo, *DJe* 17-8-2012, p. 18).

- Saque da aposentadoria da genitora: Se o agente se apropria, sem autorização, do cartão magnético de sua mãe e saca dinheiro de sua aposentadoria para comprar droga, pratica o crime do art. 102. O vício, todavia, não elide a responsabilidade penal, salvo em caso de caso fortuito, força maior e inimputabilidade (art. 46, § 4º, da Lei n. 11.343/2006) (TJSC, ACr 2011.025195-5, Rel. Desa. Salete Silva Sommariva, *DJe* 9-1-2012).

Art. 103. Negar o acolhimento ou a permanência do idoso, como abrigado, por recusa deste em outorgar procuração à entidade de atendimento:
Pena — detenção de 6 (seis) meses a 1 (um) ano e multa.

- Transação: Cabe (art. 76 da Lei n. 9.099/95).
- Suspensão condicional do processo: Cabe (art. 89 da Lei n. 9.099/95).
- Penas alternativas: Cabem (CP, arts. 43 e 44).

Negativa de acolhimento ou permanência

- Objeto jurídico: A saúde e o patrimônio do idoso.
- Sujeito ativo: Os responsáveis pelas entidades de atendimento de idosos, como casas de assistência social, de repouso ou asilos.

- **Sujeito passivo:** Os maiores de 60 anos.

- **Tipo objetivo:** A conduta incriminada consiste em *negar* (recusar) o *acolhimento* (admissão, acolhida) ou *permanência* (continuidade do acolhimento), como *abrigado* (residente, morador), acrescida do elemento normativo do tipo: por recusa do idoso em outorgar procuração à entidade de atendimento. Pune-se, assim, o comportamento do responsável pela entidade de atendimento que nega acolhimento ou a continuidade de estadia do idoso no estabelecimento, caso este não lhe outorgue procuração, para, por exemplo, receber aluguéis, pensão ou outro rendimento, ainda que a título de garantia do pagamento das despesas de sua permanência. Obviamente, o instrumento de mandato deverá ter real possibilidade de causar prejuízo patrimonial ao maior de 60 anos, isto é, ser apto para viabilizar o recebimento de valores, transferência de bens etc. Em outros termos, se o idoso ou sua família se tornarem inadimplentes, deverá o estabelecimento fazer a cobrança das despesas de internação pelos meios legais; não por meio da exigência de procuração, o que, de fato, é um verdadeiro abuso contra aquele que, em razão da idade e da circunstância de necessitar acolhimento, está em posição de inferioridade.

- **Tipo subjetivo:** É o dolo, ou seja, a vontade livre e consciente de exigir a outorga de procuração como condição para o acolhimento ou a permanência do idoso em entidade de acolhimento. O agente, obviamente, deve ter consciência de que a vítima é maior de 60 anos. Inexiste forma culposa.

- **Consumação:** Na primeira modalidade, com a negativa em acolher o idoso em virtude de este não outorgar procuração. Na segunda, quando este é expulso do estabelecimento por idêntico motivo.

- **Tentativa:** Não é possível em ambas as modalidades, por se tratar de condutas unissubsistentes, ou seja, de crime instantâneo. Porém, em havendo ameaça ou constrangimento, *vide* nota Confronto.

- **Confronto:** Se o agente ameaça expulsar o idoso da casa de repouso caso não lhe outorgue procuração, poderá haver a configuração do crime do art. 147 do CP. Se o constrange, poderá configurar-se o crime do art. 146 do CP. Se induz pessoa idosa, sem discernimento, a lhe outorgar procuração para administrar ou vender bens, *vide o* art. 106 desta lei. Na hipótese de recusa de atendimento à saúde do idoso, sem justa causa, cf. art. 100, III, do presente Estatuto. Eventual exercício arbitrário das próprias razões (CP, art. 345) fica, a nosso ver, prejudicado em face da especificidade deste art. 103.

- **Pena:** Detenção, de seis meses a um ano, e multa.

- **Ação penal:** Pública incondicionada.

Art. 104. Reter o cartão magnético de conta bancária relativa a benefícios, proventos ou pensão do idoso, bem como qualquer outro documento com objetivo de assegurar recebimento ou ressarcimento de dívida:

Pena — detenção de 6 (seis) meses a 2 (dois) anos e multa.

- Transação: Cabe (art. 76 da Lei n. 9.099/95 c/c o art. 2º, parágrafo único, da Lei n. 10.259/2001).
- Suspensão condicional do processo: Cabe (art. 89 da Lei n. 9.099/95).
- Penas alternativas: Cabem (CP, arts. 43 e 44).

Retenção de cartão magnético ou outro documento

- Objeto jurídico: O patrimônio do idoso.
- Sujeito ativo: Qualquer pessoa.
- Sujeito passivo: Somente o maior de 60 anos.
- Tipo objetivo: Pune-se as condutas de quem *retém* (guarda em seu poder, segura): *a) cartão magnético* de conta bancária destinada a recebimento de benefícios, proventos ou pensão do idoso; ou *b) qualquer outro documento*, obviamente com aptidão para sacar dinheiro ou movimentar a conta bancária em que são creditados os mencionados recursos do idoso. Anote-se que a conduta de *reter* pressupõe a posse, pelo agente, do cartão ou do outro documento do idoso, não se confundindo, portanto, com o seu furto. Trata-se de mais um dispositivo que visa proteger os maiores de 60 anos, uma vez que, atualmente, a grande maioria dos benefícios é paga mediante a utilização de cartão magnético, com a respectiva senha. Para que o tipo se aperfeiçoe deverá haver dívida preexistente do idoso para com o agente ou terceiro, em face do elemento subjetivo do tipo (*vide* nota abaixo). O tipo não exige, outrossim, que o autor obtenha a *senha* do cartão magnético; basta retê-lo, o que, por si só, coage o idoso diante da perspectiva de não conseguir movimentar seus recursos.
- Tipo subjetivo: Para os tradicionais, é o dolo específico, isto é, a vontade livre e consciente de reter o cartão ou outro documento, acrescido do elemento subjetivo do tipo: *com o objetivo de assegurar recebimento ou ressarcimento de dívida.* O agente deve ter consciência de que a vítima é maior de 60 anos. Não há forma culposa.
- Consumação: Com a efetiva retenção do cartão ou outro documento; trata-se de crime instantâneo. A movimentação de recursos do idoso, mediante o cartão ou outro documento, é mero exaurimento.
- Tentativa: Não é possível, por se tratar de conduta unissubsistente.
- Confronto: Se a vítima não for idosa, poderá haver a incidência do art. 345 do CP (exercício arbitrário das próprias razões).
- Pena: Detenção, de seis meses a dois anos, e multa.
- Ação penal: Pública incondicionada.

Art. 105. Exibir ou veicular, por qualquer meio de comunicação, informações ou imagens depreciativas ou injuriosas à pessoa do idoso:

Pena — detenção de 1 (um) a 3 (três) anos e multa.

- Suspensão condicional do processo: Cabe (art. 89 da Lei n. 9.099/95).
- Penas alternativas: Cabem (CP, arts. 43 e 44).

Exibição ou veiculação depreciativa ou injuriosa

- **Objeto jurídico:** A dignidade do idoso.
- **Sujeito ativo:** Qualquer pessoa.
- **Sujeito passivo:** Apenas o maior de 60 anos.
- **Tipo objetivo:** Incrimina-se o comportamento de quem *exibe* (mostra, expõe) ou *veicula* (propaga, difunde, divulga), por qualquer meio de comunicação, ou seja, *internet*, televisão, rádio, jornais, revistas, panfletos, *outdoors* etc. informações ou imagens *depreciativas* (que desdenham, menoscabam) ou *injuriosas* (ofensivas à dignidade ou decoro, nos termos do art. 140 do CP), em relação à pessoa do idoso. Obviamente, as informações ou imagens depreciativas ou injuriosas devem estar relacionadas com o fato de a vítima ser idosa, e não com outro motivo qualquer.
- **Tipo subjetivo:** É o dolo, consistente na vontade livre e consciente de exibir ou veicular a informação ou imagem, com a intenção de ofender, de humilhar o idoso em razão de sua idade. Não há modalidade culposa.
- **Consumação:** Com a exibição ou veiculação da imagem pelos meios de comunicação.
- **Tentativa:** Não nos parece possível.
- **Confronto:** Se a injúria não tiver relação com a idade, ou se o ofendido não for idoso, *vide* art. 140 do CP.
- **Pena:** Detenção, de um a três anos, e multa.
- **Ação penal:** Pública incondicionada.

Art. 106. Induzir pessoa idosa sem discernimento de seus atos a outorgar procuração para fins de administração de bens ou deles dispor livremente:
Pena — reclusão de 2 (dois) a 4 (quatro) anos.

Induzimento à outorga de procuração

- **Penas alternativas:** Cabem (CP, arts. 43 e 44).
- **Objeto jurídico:** O patrimônio do idoso.
- **Sujeito ativo:** Qualquer pessoa.
- **Sujeito passivo:** Somente o maior de 60 anos que não possua lucidez para discernir os seus atos. Não é, todavia, o interditado que, à evidência, não tem nem sequer capacidade jurídica para outorgar mandato.
- **Tipo objetivo:** Pune-se a conduta de *induzir* (persuadir, levar a fazer algo) pessoa idosa *sem discernimento de seus atos*, ou seja, sem a "faculdade de julgar as coisas clara e sensatamente" (cf. *Novo Dicionário Aurélio*. Rio de Janeiro: Nova Fronteira, 1999, p. 689). Evidentemente, não trata o tipo do idoso interditado, o qual não tem capacidade jurídica para outorgar procuração. A nosso ver, será mister haver perícia médica que comprove a falta de discernimento exigida por este art. 106. A indução do maior de 60 anos tem como objetivo a outorga de

procuração ao agente, para o especial fim de *administração dos seus bens* (aluguéis de imóveis, aplicações financeiras etc.) ou para *deles dispor livremente* (*v.g.*, vendê-los, doá-los, compromissá-los, hipotecá-los etc.). Assim, não será a indução à outorga de qualquer procuração pelo idoso sem discernimento que configurará o tipo, mas apenas aquela com o referido fim específico. A procuração não precisa, necessariamente, ser outorgada àquele que induziu o maior de 60 anos, podendo o outorgado ser uma terceira pessoa. Caso esta esteja conluiada com o indutor, haverá concurso de pessoas.

- Tipo subjetivo: É o dolo, isto é, a vontade livre e consciente de induzir o maior de 60 anos, sem capacidade de discernir, a outorgar procuração, com o especial fim de agir: para administrar ou dispor de seus bens. Para os tradicionais, é o dolo específico. Não há forma culposa.

- Consumação: Com a outorga da procuração, independentemente de seu efetivo uso pelo agente ou por terceiro.

- Tentativa: Em tese é possível, como na hipótese do agente que leva o idoso a um Tabelionato a fim de outorgar-lhe procuração por escritura pública, mas tem seu intuito frustrado pelo tabelião ou escrevente que percebe a falta de discernimento do idoso.

- Confronto: Se a procuração é outorgada por escritura pública, *vide*, quanto ao tabelião, o art. 108 desta lei. Se o outorgante enganado não é idoso ou, ainda que idoso, tem discernimento, *vide* CP, art. 171.

- Pena: Reclusão, de dois a quatro anos. O legislador, aqui, não previu pena de multa.

- Ação penal: Pública incondicionada.

Art. 107. Coagir, de qualquer modo, o idoso a doar, contratar, testar ou outorgar procuração:

Pena — reclusão de 2 (dois) a 5 (cinco) anos.

Coação de idoso

- Objeto jurídico: A liberdade individual do idoso.

- Sujeito ativo: Qualquer pessoa.

- Sujeito passivo: Apenas o idoso, ou seja, o maior de 60 anos.

- Tipo objetivo: A conduta incriminada é a de *coagir* (constranger, obrigar, forçar), *de qualquer modo* (ou seja, mediante ameaça ou violência ao idoso, ou até mesmo a terceiro, como um parente daquele). A coação tem como fim específico o de obrigar o maior de 60 anos a *doar* (bens móveis ou imóveis), *contratar* (não havendo especial referência a determinado tipo de contrato), *testar* (fazer testamento) ou *outorgar procuração* (para qualquer finalidade).

- Tipo subjetivo: É o dolo, isto é, a vontade livre e consciente de coagir o idoso, com o especial fim de que ele faça doação, contrate, teste ou outorgue procuração. O agente deverá ter consciência de que o sujeito passivo é maior de 60 anos. Para os tradicionais, é o dolo específico. Não há forma culposa.

- **Consumação:** Com a doação, contratação, testamento ou outorga de mandato.
- **Tentativa:** De difícil ocorrência.
- **Confronto:** Se a vítima tiver menos de 60 anos, *vide* art. 146 do CP.
- **Pena:** Reclusão, de dois a cinco anos. Não há cominação de pena de multa.
- **Ação penal:** Pública incondicionada.

Art. 108. Lavrar ato notarial que envolva pessoa idosa sem discernimento de seus atos, sem a devida representação legal:

Pena — reclusão de 2 (dois) a 4 (quatro) anos.

- **Penas alternativas:** Cabem (CP, arts. 43 e 44).

Lavratura de ato notarial

- **Objeto jurídico:** A fé pública e os direitos do idoso.
- **Sujeito ativo:** Somente o tabelião ou escrivão público, bem como o escrevente autorizado de Cartório de Registros Públicos. Trata-se de crime próprio.
- **Sujeito passivo:** O Estado; subsidiariamente a pessoa idosa que não tenha discernimento de seus atos.
- **Tipo objetivo:** Pune-se a conduta do tabelião ou escrivão público, ou ainda do escrevente, que *lavra* (escreve, redige) *ato notarial* (ato próprio de cartório de registros públicos, como os de registro de imóveis, registro de títulos e documentos, registro civil de pessoa jurídica, registro civil de pessoas naturais) que envolva pessoa idosa *sem discernimento de seus atos*, isto é, despojada da "faculdade de julgar as coisas clara e sensatamente" (cf. *Novo Dicionário Aurélio*. Rio de Janeiro: Nova Fronteira, 1999, p. 689), e *sem a devida representação legal*. O cartorário *percebe* que o idoso não tem discernimento de seus atos, e, mesmo assim, *lavra* o ato notarial sem exigir a presença de curador do idoso, ou a nomeação judicial deste, caso aquele ainda não tenha sido interditado. A prova, porém, será sempre difícil, sendo necessária a realização de perícia médica que avalie a condição do idoso na época dos fatos.
- **Tipo subjetivo:** É o dolo, isto é, a vontade livre e consciente de lavrar ato notarial envolvendo idoso sem discernimento de seus atos e sem curador. O agente, evidentemente, há que ter ciência de que o idoso não se encontra em pleno gozo de suas faculdades mentais, sob pena do tipo não se perfazer. Para os tradicionais, é o dolo genérico (admitindo-se tanto o dolo direto quanto o eventual). Não há forma culposa.

- **Consumação:** Com a lavratura do ato notarial, lançando-o no livro próprio.

- **Tentativa:** É possível, lembrando-se a hipótese em que o oficial-maior percebe que determinado escrevente de seu Cartório assim esteja procedendo e, a tempo, obsta a lavratura do ato.

- **Confronto:** Em se tratando de ato notarial envolvendo incapaz menor de 60 anos, omitindo-se tal circunstância, os crimes dos arts. 297 (falsidade de documento público) e 299 (falsidade ideológica) do CP. Quanto à falsidade de certidão ou atestado, envolvendo maior ou menor de 60 anos, *vide* também o art. 301 do CP.

- **Pena:** Reclusão, de dois a quatro anos. O legislador não cominou pena de multa.

- **Ação penal:** Pública incondicionada.

Título VII
DISPOSIÇÕES FINAIS E TRANSITÓRIAS

Art. 109. Impedir ou embaraçar ato do representante do Ministério Público ou de qualquer outro agente fiscalizador:
Pena — reclusão de 6 (seis) meses a 1 (um) ano e multa.

- **Transação:** Cabe (art. 76 da Lei n. 9.099/95).
- **Suspensão condicional do processo:** Cabe (art. 89 da Lei n. 9.099/95).
- **Penas alternativas:** Cabem (CP, arts. 43 e 44).

Impedimento ou embaraço à fiscalização

- **Observação:** Este art. 109 não deveria ter sido inserido no Título VII, que cuida das disposições finais e transitórias, mas sim no Título VI, que trata dos crimes.

- **Objeto jurídico:** A fiscalização das entidades de assistência ao idoso (arts. 52 a 55 do Estatuto do Idoso). De modo reflexo, tutela-se a própria atribuição legal do Ministério Público para inspecionar os estabelecimentos de assistência ao idoso (art. 74, VII e VIII), bem como a dos demais agentes fiscalizadores, consoante o art. 52 do presente Estatuto.

- **Sujeito ativo:** Qualquer pessoa.

- **Sujeito passivo:** O Estado, notadamente o órgão do Ministério Público, que o integra como instituição, atuando por meio do Promotor de Justiça ou do Procurador da República (cf. art. 74, VII e VIII, desta lei), os membros dos Conselhos do Idoso (cf. Lei n. 8.842/94), os agentes da Vigilância Sanitária e outros órgãos previstos em lei, que, nos termos do art. 52 do presente Estatuto, têm atribuição legal para fiscalizar as entidades governamentais e não governamentais de atendimento ao idoso disciplinadas pelos arts. 48 a 51 desta lei.

- Tipo objetivo: Incrimina-se a conduta daquele que *impedir* (obstar, inviabilizar) ou *embaraçar* (dificultar, confundir, complicar) ato do representante do Ministério Público ou de qualquer outro agente fiscalizador. Tendo em vista a expressão "*outro agente fiscalizador*", a atuação do Ministério Público que se tutela, *in casu*, é a fiscalizatória. O agente impede ou embaraça, portanto, a própria atividade do Promotor de Justiça ou do Procurador da República (art. 74, VII e VIII, deste Estatuto), bem como dos demais sujeitos com atribuição legal para exercer fiscalização (art. 52 da presente lei). Podemos imaginar, assim, a hipótese em que a entrada do agente fiscalizador, de surpresa, em determinado estabelecimento, é impedida ou retardada, bem como o seu acesso a controles internos. O impedimento ou o embaraço incriminado, evidentemente, deve referir-se à atuação fiscalizatória que esteja sendo realizada de forma legal, isto é, *sem abusos ou excessos*; caso a atuação do agente fiscalizador seja abusiva ou excessiva, não haverá o crime, a exemplo do que ocorre no delito de desobediência, previsto no art. 330 do CP. Com efeito, embora o tipo deste art. 109 não faça expressa menção à *ordem legal*, ao contrário do que se prevê no crime de desobediência, é de se presumir que o Ministério Público e os demais agentes fiscalizadores, de que trata o Estatuto do Idoso, atuem com serenidade e estrita observância dos ditames legais.

- Tipo subjetivo: É o dolo, ou seja, a vontade livre e consciente de impedir ou embaraçar a fiscalização. Para os tradicionais, é o dolo genérico. Não há forma culposa.

- Consumação: Com o impedimento ou embaraço.

- Tentativa: Em nossa opinião, a tentativa não é possível. Isto porque, ao "tentar impedir", o agente já *embaraçou* (*dificultou*) a atividade fiscalizatória. O ato de embaraçar, a seu turno, é unissubsistente, não podendo ser fracionado.

- Confronto: Se houver desobediência à ordem *judicial* relativa ao idoso, *vide* art. 101 desta lei. Se a desobediência é ao Ministério Público, tratando-se de inquérito ou ação civil pública, *vide* art. 100, V, desta lei. Tratando-se de desobediência à ordem legal de funcionário público, sem vínculo com a atividade fiscalizatória das entidades de assistência ao idoso, *vide* art. 330 do CP. Se houver violência ou ameaça ao funcionário público, poderá se configurar crime de resistência, previsto no art. 329 do Diploma Penal.

- Pena: Reclusão, de seis meses a um ano, e multa. É de observar o fato de ser desproporcional a cominação de pena de *reclusão*, para um montante temporal de privação de liberdade de apenas seis meses a um ano, mais condizente com a pena de *detenção*.

- Ação penal: Pública incondicionada.

[...]

Art. 118. Esta Lei entra em vigor decorridos 90 (noventa) dias da sua publicação, ressalvado o disposto no *caput* do art. 36, que vigorará a partir de 1º de janeiro de 2004.

- **Nota:** O Estatuto do Idoso foi publicado no *DOU* do dia 3-10-2003 e entrou em vigor no dia 2-1-2004. De forma inusitada, previu-se a entrada em vigor do art. 36 desta lei — que estatui caracterizar dependência econômica, certamente para fins de desconto por dependente no imposto de renda, o acolhimento de idosos em situação de risco social, por adulto ou núcleo familiar — em data diversa da entrada em vigor da própria lei, o que acabou ocorrendo um dia antes.

Brasília, 1º de outubro de 2003; 182º da Independência e 115º da República.

LUIZ INÁCIO LULA DA SILVA
Márcio Thomaz Bastos
Antonio Palocci Filho
Rubem Fonseca Filho
Humberto Sérgio Costa Lima
Guido Mantega
Ricardo José Ribeiro Berzoini
Benedita Souza da Silva Sampaio
Álvaro Augusto Ribeiro Costa

ESTATUTO DO DESARMAMENTO

LEI N. 10.826, DE 22 DE DEZEMBRO DE 2003

Dispõe sobre registro, posse e comercialização de armas de fogo e munição, sobre o Sistema Nacional de Armas — Sinarm, define crimes e dá outras providências.

O Presidente da República:

Faço saber que o Congresso Nacional decreta e eu sanciono a seguinte Lei:

- **Combate ao tráfico internacional de armas:** O Brasil ratificou tratado visando combater o tráfico internacional de armas mediante o Protocolo contra a Fabricação e o Tráfico Ilícitos de Armas de Fogo, suas Peças e Componentes e Munições — complementando a Convenção das Nações Unidas contra o Crime Organizado Transnacional —, promulgado pelo Decreto n. 5.941, de 26 de outubro de 2006.

- **A política do desarmamento da população:** Aproximadamente 64% da população brasileira, em referendo realizado em 23 de outubro de 2005, rejeitou a proposta de se proibir, por completo, a comercialização de armas de fogo. Embora mantida a comercialização, a Lei n. 10.826/2006, que criou o Sistema Nacional de Armas (Sinarm), impôs rígido controle de armamentos, tendo adotado a política de desarmamento da população civil, restringindo ao máximo a possibilidade de as pessoas possuírem e portarem armas de fogo e munições, com o intuito de diminuir o enorme número de homicídios praticados com aquelas. Os debates a respeito, porém, são acalorados, havendo argumentos de ambos os lados. Assim é que, para os que sustentam maior liberdade para se comprar armas, como ocorre nos Estados Unidos da América em que elas são vendidas livremente em lojas de artigos esportivos, argumenta-se que todo cidadão tem direito à legítima defesa contra atentados criminosos à sua vida, integridade física, liberdade e propriedade, bem como de terceiros; afirmam, também, dentre outros argumentos, que o maior armamento da população diminuiria a criminalidade uma vez que assaltantes e agressores teriam mais receio antes de praticar crimes. Para os que defendem a política do desarmamento, a posse de armamento aumenta o número de casos de mortes causadas por armas de fogo, sobretudo envolvendo o consumo de álcool em bares, a violência doméstica etc. Sustentam, igualmente, que as armas acabam caindo nas mãos de criminosos que as utilizam com muito maior destreza do que um cidadão comum, aumentando a agressividade daqueles que praticam crimes. A nosso ver, a política de desarmamento, com limitação à posse e, sobretudo, ao porte de armas, apresentou resultado positivo na redução de mortes violentas no Brasil, embora boa parcela da população sinta-se desprotegida com a restrição imposta, o que é compreensível.

[...]

Capítulo IV
DOS CRIMES E DAS PENAS

■ **Revogação:** A Lei n. 10.826, de 22 de dezembro de 2003, revogou expressamente a Lei n. 9.437, de 20 de fevereiro de 1997, que também criminalizava condutas relativas a armas de fogo.

■ **Regulamentação:** A Lei n. 10.826 encontra-se regulamentada pelo Decreto n. 5.123, de 1º de julho de 2004.

POSSE IRREGULAR DE ARMA DE FOGO DE USO PERMITIDO

Art. 12. Possuir ou manter sob sua guarda arma de fogo, acessório ou munição, de uso permitido, em desacordo com determinação legal ou regulamentar, no interior de sua residência ou dependência desta, ou, ainda no seu local de trabalho, desde que seja o titular ou o responsável legal do estabelecimento ou empresa:

Pena — detenção, de 1 (um) a 3 (três) anos, e multa.

■ **Suspensão condicional do processo:** Por ser a pena mínima cominada igual a um ano, é cabível a aplicação da suspensão condicional do processo (art. 89 da Lei n. 9.099/95).

■ **Pena alternativa:** Cabe (CP, arts. 43 e 44).

■ **Objeto jurídico:** A escolha do bem jurídico merecedor de tutela penal nem sempre é tarefa fácil para o legislador. É pacífica hoje a doutrina de que a Constituição deve servir sempre de parâmetro para o legislador penal. Luis Régis Prado escreve, com acerto, que "o legislador ordinário deve sempre ter em conta as diretrizes contidas na Constituição e os valores nela consagrados para definir os bens jurídicos, em razão do caráter limitativo da tutela penal [...] Encontram-se, portanto, na norma constitucional, as linhas substanciais prioritárias para a incriminação ou não de condutas. O fundamento primeiro da ilicitude material deita, pois, suas raízes no texto magno" (*Bem jurídico-penal e Constituição*. 2. ed. São Paulo: Revista dos Tribunais, p. 76). No caso deste art. 12, entendemos que os bens jurídicos tutelados (o objeto jurídico) são a segurança e a paz pública, notadamente a política de controle federal de armas de fogo e a incolumidade dos cidadãos, uma vez que, com o desarmamento e o controle, busca-se diminuir o número de pessoas mortas por armamentos.

■ **Sujeito ativo:** A pessoa moradora da residência (seja ela proprietária ou não), bem como o titular ou responsável legal do estabelecimento ou empresa.

■ **Sujeito passivo:** O Estado, notadamente a União, em sua política de controle federal dos armamentos em nosso País, bem como a coletividade que sofre com a violência causada pelas armas de fogo.

■ **Tipo objetivo:** São previstas duas condutas alternativamente: a) possuir (ter em seu poder ou à sua disposição), não se exigindo a propriedade; b) manter sob guarda (tomar conta, zelar, ter a seu cuidado). As condutas devem recair sobre arma de fogo, acessório ou munição de uso permitido. De acordo com o Decreto n. 3.665, de 20 de novembro de 2000, Anexo, art. 3º, por arma deve-se entender o "artefato que tem por objetivo causar dano, permanente ou não, a seres vivos e coisas" (inciso IX). Já por arma de fogo, objeto material deste artigo, entende-se aquela que "arremessa projéteis, empregando força expansiva dos gases gerados pela combustão de um propelente confinado em uma câmara que, normalmente, está solidária a um cano que tem a função de propiciar continuidade à combustão do propelente, além de direção e estabilidade ao projétil" (inciso XVII). Por acessório de arma compreende-se o "artefato que, acoplado a uma arma, possibilita a melhoria do desempenho do atirador, a modificação de um efeito secundário do tiro ou a modificação do aspecto visual da arma" (incisos I e II). Já por munição deve-se entender o "artefato completo, pronto para carregamento e disparo de uma arma, cujo efeito desejado pode ser: destruição, iluminação ou ocultamento do alvo; efeito moral sobre pessoal; exercício; manejo; outros efeitos especiais" (inciso LXIV). A arma de fogo de uso permitido é aquela cuja utilização é autorizada, de acordo com as normas do Comando do Exército e nas condições previstas na Lei n. 10.826/2003 (art. 10 do Decreto n. 5.123/2004). Como exemplo de acessório de uso permitido, temos os dispositivos óticos de pontaria com aumento menor que seis vezes e diâmetro da objetiva menor que trinta e seis milímetros (art. 17, VII, do Decreto n. 3.665/2000). Sobre ambas as condutas deve incidir o elemento normativo do tipo "em desacordo com determinação legal ou regulamentar" (*vide* nota abaixo). Necessário, ainda, que a posse irregular ocorra: a) no interior da residência do agente ou em dependência desta; ou b) no local de trabalho, desde que o agente seja o titular ou o responsável legal do estabelecimento ou empresa. Sobre o conceito de residência, entendemos ser correta a aplicação analógica do conceito de "casa" constante do art. 150, §§ 4º e 5º, do CP. Por outro lado, por "dependência" deve-se entender toda a área próxima da casa que esteja em recintos fechados (por muros, grades ou cercas), tais como pátios, quintais, garagens, jardins, etc. (cf. H. Fragoso, *Lições de direito penal — Parte Especial*. 11. ed. Rio de Janeiro: Forense, 1995, v. I, p. 163), não compreendendo "terrenos extensos, como um vasto parque, cujos confins fiquem distantes da casa e sem relação com ela" (Aníbal Bruno, *Direito penal — Parte Especial*. Rio de Janeiro: Forense, v. I, t. 4, 1966, p. 388). No conceito de casa, deve ser compreendida a área comum do condomínio em que o agente reside. Quanto ao local de trabalho, não importa que ele seja aberto ao público, pois o Estatuto do Desarmamento não faz qualquer restrição a respeito, prevalecendo, como norma específica, sobre o art. 150, § 4º, III, do CP.

■ **Arma inapta, munição estragada, acessório inútil (exame de corpo de delito e crime de perigo concreto):** Como asseveramos em nosso *Código Penal comentado* (8. ed. São Paulo: Saraiva, 2010, p. 113), refutamos a categoria dos crimes de perigo abstrato. Com efeito, ao analisar o "conteúdo do injusto", M. Cobo Del Rosal e T. S. Vives Anton (*Derecho penal — Parte General*. 3. ed. Valencia: Tirant lo Blanch, 1990, p. 254-255) observam que, em um direito penal liberal, "a lesão de bens jurídicos de natureza material desempenha o papel de núcleo básico do conteúdo do injusto", e criticam com ênfase os chamados crimes de perigo, cujo conteúdo da conduta típica e antijurídica não consiste, efetivamente, em um dano ou lesão, mas sim em um perigo de dano ou lesão. Os crimes de perigo, por sua vez, dividem-se em crimes de perigo concreto e crimes de perigo abstrato. O perigo concreto é definido, por esses últimos autores, como "a probabilidade" (e não mera possibilidade, nota nossa) "de produção efetiva de um dano inerente à realização de determinada conduta". Quanto aos crimes de perigo abstrato, equiparáveis à mera desobediência de uma norma, entendemos que em um Estado de Direito Democrático eles não se justificam e tampouco se sustentam, em face dos postulados constitucionais da intervenção mínima, da ofensividade (*harm principle*) e da proporcionalidade ou razoabilidade entre conduta e resposta penal (ínsitos ao conceito de *substantive due process of law*). Verifica-se, assim, que a mera subsunção do fato ao tipo penal não basta à caracterização do injusto, devendo-se sempre indagar acerca da antijuridicidade material, a qual exige efetiva lesão ou ameaça concreta de lesão ao bem juridicamente protegido, requisitos esses que constituem verdadeiro pressuposto para a caracterização do injusto penal. Nesse contexto, entendemos que a arma ou a munição de uso permitido, mas não registrada, encontrada na posse de alguém, em sua residência ou local de trabalho, só constituirá o crime deste art. 12 se elas estiverem aptas, exigindo-se exame de corpo de delito. *Vide*, com maiores detalhes, nota sob o mesmo título no art. 14.

- **Elemento normativo do tipo:** Para haver crime, a posse ou mantença da arma de fogo deve se dar em desacordo com determinação legal ou regulamentar, sem o que não há tipicidade. Segundo o art. 5º, *caput*, da lei ora em comento (Lei n. 10.826/2003), com redação nova dada pela Lei n. 10.884, de 17 de junho de 2004, "o certificado de registro de arma de fogo, com validade em todo o território nacional, autoriza o seu proprietário a manter arma de fogo exclusivamente no interior de sua residência ou domicílio ou dependência desses, ou, ainda, no seu local de trabalho, desde que seja ele o titular ou o responsável legal pelo estabelecimento ou empresa".

- **Tipo subjetivo:** O dolo, ou seja, a vontade livre de praticar as condutas acima citadas, estando o agente consciente de que está em desacordo com determinação legal ou regulamentar. Para os tradicionais, trata-se do dolo genérico. Não há modalidade culposa.

- **Consumação:** Ocorre com a prática das condutas descritas, sendo delito formal, em que eventual resultado naturalístico (concreto) é dispensável. É crime de perigo concreto, em nosso entendimento, sendo atípica, portanto, a posse de arma de fogo ou munição que estejam estragadas ou impróprias para o uso; ressalte-se, todavia, que a jurisprudência majoritária entende ser o crime de perigo abstrato. Tanto na figura de possuir quanto na de manter sob guarda, a consumação se protrai no tempo, sendo delito de natureza permanente.

- Tentativa: Por se tratar de crime formal e por inexistir *iter criminis*, a tentativa não se mostra possível.

- *Vacatio legis* (*abolitio criminis* temporária): O art. 32 da Lei n. 10.826/2003 em comento dispôs em sua redação original: "Os possuidores e proprietários de armas de fogo não registradas poderão, no prazo de 180 (cento e oitenta) dias após a publicação desta Lei, entregá-las à Polícia Federal, mediante recibo e, presumindo-se a boa-fé, poderão ser indenizados, nos termos do regulamento desta Lei". Sua publicação se deu aos 23-12-2003. O início desse prazo, todavia, de acordo com a Lei n. 10.884/2004, só passou a fluir a partir da publicação do decreto que o regulamentou, o que ocorreu em 2-7-2004. Tal prazo veio a ser depois prorrogado, sucessivamente, para 23-6-2005 (MP n. 229/2004, MP n. 253/2005 e Lei n. 11.191/2005) e 31-12-2009 (Lei n. 11.922/2009). O prazo para pedir o registro de arma de fogo de uso permitido também veio a ser prorrogado diversas vezes, indo o último até 31-12-2009 (Lei n. 11.922/2009). Como se vê há uma dualidade de prazos que gera um dilema aos intérpretes. Com efeito, se de um lado impôs-se aos cidadãos o dever de registrar as suas armas de fogo de uso permitido até 31-12-2009, por outro se continuou a permitir a entrega espontânea de armas não registradas, não havendo prazo final para tanto, adotando-se política criminal de estímulo ao contínuo desarmamento da população (cf. a MP n. 417, de 31 de janeiro de 2008, convertida na Lei n. 11.706, de 19 de junho de 2008). A propósito, consta da redação dada ao art. 32 da Lei n. 10.826/2003 pela MP n. 417/2008: "Os possuidores e proprietários de arma de fogo poderão entregá-las espontaneamente, mediante recibo e presumindo-se de boa-fé, poderão ser indenizados. Parágrafo único. O procedimento de entrega de arma de fogo de que trata o *caput* será definido em regulamento". A Lei n. 11.706, de 19 de junho de 2008, revogou o parágrafo único do art. 32 e deu ao *caput* a seguinte redação: "Os possuidores e proprietários de arma de fogo poderão entregá-la, espontaneamente, mediante recibo, e presumindo-se de boa-fé, serão indenizados, na forma do regulamento, ficando extinta a punibilidade de eventual posse irregular da referida arma". Constata-se, portanto, que na Lei n. 11.706/2008: a) não foi fixado prazo para a entrega; b) a entrega acarreta a extinção da punibilidade pela posse irregular; c) a presunção de boa-fé é exigível apenas para recebimento de indenização. A Lei n. 11.922/2009, por sua vez, não alterou o art. 32 em análise. O STJ pacificou jurisprudência no sentido de ter havido *abolitio criminis* temporária para as condutas previstas no art. 12 (posse irregular de arma de fogo de uso permitido), enquanto aberto o prazo para a entrega das armas à Polícia Federal. A questão que surge é que a Lei n. 11.706/2008 inovou ao não mais fixar prazo para a entrega espontânea da arma ou munição de uso permitido, mas não registrada. Assim, segundo o mesmo raciocínio lógico, poder-se-ia argumentar que a *abolitio criminis* temporária tornou-se, agora, definitiva. Embora possível sustentar esse entendimento, ele, a nosso ver, não procede diante das seguintes razões:

a) a própria Lei n. 11.922/2009 refere-se à extinção da punibilidade do crime de possuir arma sem registro com a sua entrega espontânea; ora, se houvesse *abolitio criminis*, não haveria punibilidade a ser extinta; b) se o espírito do legislador é desarmar a população (daí o nome Estatuto do Desarmamento), ao se concluir pela *abolitio criminis* com o fundamento de que quem ainda não entregou a arma pode legalmente vir a fazê-lo, estar-se-ia esvaziando por completo a lei, estimulando que as pessoas continuassem a possuir armas sem registro. Concluindo, a mensagem do legislador é clara: ter arma ou munição de uso permitido, sem registro, em sua residência, é crime; porém, se o cidadão espontaneamente entregá-la à Polícia Federal, não só a sua punibilidade será extinta, como também poderá ser até mesmo indenizado.

- **Certificados de Registros anteriores (estaduais):** De acordo com o art. 5º, § 3º, da Lei n. 10.826/2003, "os registros de propriedade, expedidos pelos órgãos estaduais, realizados até a data de publicação desta Lei, deverão ser renovados mediante o pertinente registro federal no prazo máximo de 3 (três) anos". Isso significa que os registros estaduais valem, para todos os efeitos (inclusive penais), até três anos a contar da publicação desta lei, ocorrida em 23-12-2003. Todavia, o decreto regulamentador (Decreto n. 5.123, de 1º de julho de 2004), que em seu art. 16 repetiu aquele mesmo dispositivo (art. 5º, § 3º), somente foi publicado em 2-7-2004. Posteriormente, esse prazo veio a ser prorrogado até 31-12-2008 pela Lei n. 11.706/2008 e até 31-12-2009 pela Lei n. 11.922/2009.

- **Prazo para registro de arma de fogo de uso permitido:** Enquanto, como visto, não há mais prazo para a entrega espontânea de arma de fogo de uso permitido, para o proprietário ou possuidor de tal tipo de arma ainda não registrada, o prazo para a solicitação de registro perante a Polícia Federal, depois de diversas vezes prorrogado, venceu-se em 31-12-2009, nos termos do art. 20 da Lei n. 11.922/2009.

- **Pena:** Detenção, de um a três anos e multa.

- **Irretroatividade:** O crime previsto neste art. 12 encontrava semelhante disposição no art. 10, *caput*, da revogada Lei n. 9.437/97, cuja pena era de detenção, de um a dois anos, e multa. Tendo em vista que a pena deste art. 12 é mais severa (detenção, de um a três anos, e multa), somente se aplicará a fatos cometidos após a vigência da Lei n. 10.826/2003 (CR, art. 5º, XL), mantida a aplicação da pena prevista no referido art. 10 para crimes anteriores à sua vigência.

- **Competência:** Na jurisprudência prevalece o entendimento de que a competência é da Justiça Estadual, em que pese violado o interesse da União no controle dos armamentos. Mesmo se tratando de arma ou munição de uso restrito, têm-se entendido, em regra, ser competente a Justiça Estadual. Contudo, se, por exemplo, houver acusação de tráfico internacional de armas, a competência será da Justiça Federal tendo em vista que o Brasil ratificou tratado visando combater essa conduta mediante o Protocolo contra a Fabricação e o Tráfico Ilícitos de Armas de Fogo, suas Peças e Componentes e Munições — complementando a Convenção das Nações Unidas contra o Crime Organizado Transnacional —, promulgado pelo Decreto n. 5.941, de 26 de outubro de 2006 (CR, art. 109, V).

- Ação penal: Pública incondicionada.

Jurisprudência

- Crime de perigo abstrato: "[...] o legislador ordinário, ao criminalizar os núcleos portar, deter, adquirir, fornecer, receber, ter em depósito, transportar, ceder, ainda que gratuitamente, emprestar, remeter, empregar, manter sob guarda ou ocultar arma de fogo, acessório ou munição, de uso permitido, sem autorização e em desacordo com determinação legal ou regulamentar, preocupou-se, essencialmente, com o risco que tais condutas, à deriva do controle estatal, representam para bens jurídicos fundamentais, tais como a vida, o patrimônio, a integridade física, entre outros. Assim, antecipando a tutela penal, pune-se essas condutas antes mesmo que representem qualquer lesão ou perigo concreto" (STJ, 5ª T., HC 186.564, Rel. Min. Laurita Vaz, j. 15-12-2011, *DJe* 1º-2-2012).

- Competência da Justiça Estadual: A Lei n. 10.826/2003 (Estatuto do Desarmamento) não modificou a competência para o processo e julgamento dos crimes de porte ilegal de arma de fogo, que continua da Justiça Estadual. Conflito conhecido para declarar competente o Juízo Comum Estadual da 5ª Vara Criminal da Comarca de Duque de Caxias-RJ (STJ, 3ª S., CComp 44.129, Rel. Min. Paulo Medina, j. 13-10-2004, v.u., *DJU* 3-11-2004, p. 132). "[...] 1. A Lei n. 10.826/2003, denominada Estatuto do Desarmamento, objetiva a tutela da segurança pública, sendo que os crimes ali definidos ofendem genérica e indiretamente interesse da União, o que não é suficiente para atrair a competência da Justiça Federal, devendo, pois, ser julgados pela Justiça Comum Estadual" (STJ, 3ª S., Conf. Compt. 45.854, Rel. Min. Laurita Vaz, j. 8-9-2004, *DJ* 11-10-2004, p. 233).

- Competência da Justiça Estadual (armas de uso restrito): "I. O fato de se tratar de arma de uso proibido ou restrito, por si só, não evidencia a competência da Justiça Federal. II. Não restou demonstrado qualquer lesão ou perigo de lesão à integridade territorial, à Soberania Nacional, ao Regime Representativo e Democrático, à Federação, ao Estado de Direito, ou à pessoa do Chefe dos Poderes da União. III. A apreensão de armas de uso restrito ou proibido não tem o condão de deslocar a competência para a Justiça Federal, se não evidenciada a prática de delitos que violem bens jurídicos tutelados pelo artigo 109, inciso IV da Constituição Federal" (STJ, 5ª T., HC 160.547, Rel. Min. Gilson Dipp, j. 7-10-2010, *DJe* 25-10-2010).

- Competência da Justiça Federal: Após o advento da Lei n. 10.826, de 22-12-2003, que expressamente revogou a Lei n. 9.437, de 20-2-1997, a competência para o processo e julgamento dos crimes lá previstos passou para a Justiça Federal. É curial que, sendo o Sistema Nacional de Armas (Sinarm) instituído no Ministério da Justiça, no âmbito da Polícia Federal, com circunscrição em todo o território nacional, um serviço da União, tem esta evidente interesse na centralização do cadastramento das armas de fogo produzidas, importadas ou vendidas no Brasil, assim como na concessão de portes de arma e no controle da sua posse ou propriedade, passando o seu disciplinamento à esfera federal, restando inviabilizada a prestação jurisdicional estadual. Ordem concedida de ofício, eis que a prisão do paciente não foi imediatamente comunicada ao Juízo competente como determina a Constituição Federal, encontrando-se o paciente submetido, desta forma, a custódia ilegal (TJRJ, 7ª CCr, HC 2004.059.00890, Rel. Des. Eduardo Mayr, j. 30-3-2004, v.u.).

Se o inquérito policial apura tráfico internacional de armas, a competência é da Justiça Federal uma vez que o Brasil subscreveu o Protocolo contra a Fabricação e o Tráfico Ilícitos de Armas de Fogo, suas Peças e Componentes e Munições — complementando a Convenção das Nações Unidas contra o Crime Organizado Transnacional —, promulgado pelo Decreto n. 5.941, de 26 de outubro de 2006 (STJ, 3ª S., Conf. Compt. 121.372, Rel. Min. Sebastião Reis Júnior, j. 9-5-2012, *DJe* 25-5-2012).

■ **Distinção entre posse ilegal e porte ilegal:** "1. É entendimento desta Corte de Justiça que o delito de posse ilegal de arma de fogo caracteriza-se quando esta for encontrada no interior da residência ou no trabalho do acusado, sendo que o porte ilegal configura-se quando o artefato é apreendido em local diverso (Precedentes). 2. Não obstante o órgão ministerial tenha denunciado a paciente como incursa nos delitos dispostos nos arts. 14 (porte ilegal de arma de fogo de uso permitido) e 16 (porte ilegal de arma de fogo de uso restrito) da Lei n. 10.826/2003, da detida análise da exordial acusatória, constata-se que a descrição dos fatos nela contida demonstra que a conduta perpetrada pela paciente se amolda aos tipos previstos nos arts. 12 e 16 da legislação em apreço, porquanto os armamentos foram encontrados no interior de sua residência, logo, restou caracterizada a posse, e não o porte ilegal de armas de fogo de uso permitido e restrito, como capitulado pelo parquet estadual" (STJ, 5ª T., HC 161.876, Rel. Min. Jorge Mussi, j. 12-8-2010, *DJe* 4-10-2010).

"[...] Não se pode confundir posse de arma de fogo com o porte de arma de fogo. Com o advento do Estatuto do Desarmamento, tais condutas restaram bem delineadas. A posse consiste em manter no interior de residência (ou dependência desta) ou no local de trabalho a arma de fogo. O porte, por sua vez, pressupõe que a arma de fogo esteja fora da residência ou local de trabalho (Precedentes)" (STJ, 5ª T., HC 133.231, Rel. Min. Félix Fischer, j. 13-10-2009, *DJe* 30-11-2009).

■ *Vacatio legis* **indireta e** *abolitio criminis* **temporária para a posse de arma de uso permitido sem registro (atipicidade):** "[...] 3. É considerada atípica a conduta relacionada ao crime de posse de arma de fogo, seja de uso permitido ou de uso restrito, incidindo a chamada *abolitio criminis* temporária nas duas hipóteses, se praticada no período compreendido entre 23 de dezembro de 2003 a 23 de outubro de 2005. Contudo, este termo final foi prorrogado até 31 de dezembro de 2008 somente para os possuidores de arma de fogo de uso permitido (art. 12), nos termos da Medida Provisória n. 417 de 31 de janeiro de 2008, que estabeleceu nova redação aos arts. 30 a 32 da Lei n. 10.826/2003, não mais albergando o delito previsto no art. 16 do Estatuto — posse de arma de uso proibido ou restrito. 4. *In casu*, em se tratando de posse ilegal de armas de fogo de uso restrito e permitido, vislumbra-se que é atípica a conduta atribuída à paciente, pois se encontra abarcada pela excepcional *vacatio legis* indireta prevista nos arts.

30 e 32 da Lei n. 10.826/2003, tendo em vista que as buscas efetuadas na sua residência ocorreram em 23-6-2004, isto é, se deram dentro do período de abrangência da Lei em comento para os referidos tipos de armamentos, qual seja, de 23 de dezembro de 2003 a 23 de outubro de 2005. 5. Ordem concedida para reconhecer que a conduta perpetrada pela paciente se amolda ao disposto nos arts. 12 e 16 da Lei n. 10.826/2003, isto é, posse de armas de fogo de uso restrito e permitido, declarando-se extinta a punibilidade da paciente quanto aos referidos delitos" (STJ, 5ª T., HC 161.876/GO, Rel. Min. Jorge Mussi, j. 12-8-2010, *DJe* 4-10-2010).

"[...] II — Os prazos a que se referem os artigos 30, 31 e 32, da Lei n. 10.826/2003, só beneficiam os possuidores de arma de fogo ou munição, i.e., quem os possui em sua residência ou emprego. Ademais, cumpre asseverar que o mencionado prazo teve seu termo inicial em 23 de dezembro de 2003, e possui termo final previsto para 31 de dezembro de 2008 (nos termos do art. 1º da Medida Provisória n. 417, de 31 de janeiro de 2008, convertida na Lei 11.706, de 19 de junho de 2008, que conferiu nova redação aos arts. 30 e 32 da Lei 10.826/2003). Desta maneira, nas hipóteses ocorridas dentro de tal prazo, ninguém poderá ser preso ou processado por possuir (em casa ou no trabalho) uma arma de fogo ou munição (Precedentes). III — 'Esta Corte firmou o entendimento de que *abolitio criminis* temporária, prevista na Lei 10.826/2003, deve retroagir para beneficiar o réu que cometeu o crime de posse ilegal de arma na vigência da Lei 9.437/97.' (RHC 24.983/RJ, 5ª Turma, Rel. Min. Napoleão Nunes Maia Filho, *DJe* de 9-3-2009). IV — *In casu*, a conduta atribuída ao paciente foi a de possuir arma de fogo, no interior de sua residência, em desacordo com determinação legal. Logo, enquadra-se tal conduta nas hipóteses excepcionais dos artigos 30, 31 e 32 do Estatuto do Desarmamento, restando, portanto, extinta a punibilidade, *ex vi* do art. 5º, XL, da CF c/c art. 107, III, do Código Penal. Ordem concedida" (STJ, 5ª T., HC 133.231, Rel. Min. Félix Fischer, j. 13-10-2009, *DJe* 30-11-2009).

"[...] V — A Lei n. 10.826/2003, nos arts. 30 e 32, determinou que os possuidores e proprietários de armas de fogo não registradas deveriam, sob pena de responsabilidade penal, no prazo de 180 (cento e oitenta) dias após a publicação da Lei, solicitar o seu registro apresentando nota fiscal de compra ou a comprovação da origem lícita da posse ou entregá-las à Polícia Federal. VI — Durante esse prazo estipulado pelo legislador, identificado como *vacatio legis* indireta pela doutrina, a simples conduta de possuir arma de fogo e munições, de uso permitido (art. 12) ou de uso restrito (art. 16), não seria crime. VII — Incidência da *abolitio criminis* temporária tanto no tocante ao art. 12, quanto ao art. 16, ambos da Lei n. 10.826/2003, que, pela simples posse, ficaram desprovidos de eficácia durante o período estipulado nos arts. 30 e 32 da referida norma legal. Destaca-se que o interstício se iniciou em 23-12-2003 e teve seu termo final prorrogado até 23-10-2005 (cf. Medida Provisória n. 253/2005 convertida na Lei n. 11.191/2005), no tocante à posse irregular de arma de fogo ou munição de uso permitido e restrito ou proibido. VIII — Esse termo final foi estendido até 31 de dezembro de 2008, alcançando, todavia, somente os possuidores de arma de fogo e munição de uso permitido (nos exatos termos do art. 1º da Medida Provisória n. 417, de 31 de janeiro de 2008, convertida na Lei 11.706, de 19 de junho de 2008, que conferiu nova redação aos arts. 30 e 32 da Lei n. 10.826/2003). Por meio da Lei n. 11.922/2009, referido prazo foi prorrogado para dia 31-12-2009. IX — Conforme o entendimento desta Corte, deve ser considerada típica a conduta praticada pelo paciente em 9-4-2007, de possuir, no interior de sua residência, munição de uso restrito" (STJ, 5ª T., HC 190.568, Rel. Min. Gilson Dipp, j. 14-4-2011, *DJe* 16-5-2011).

A *abolitio* não se aplica ao crime de porte ilegal de arma, consoante iterativa jurisprudência do STJ, com fundamento tanto na redação original dos arts. 30 e 32 da Lei de Armas quanto nas sucessivas prorrogações (STJ, 6ª T., HC 202.273, Rel. Min. Og Fernandes, j. 21-6-2011, *DJe* 1º-7-2011).

■ *Abolitio criminis* temporária e posse de arma ou munição de uso restrito): "[...] 1. É considerada atípica a conduta relacionada ao crime de posse de arma de fogo, seja de uso permitido ou de uso restrito, incidindo a chamada *abolitio criminis* temporária nas duas hipóteses, se praticada no período compreendido entre 23 de dezembro de 2003 a 23 de outubro de 2005. Contudo, este termo final foi prorrogado até 31 de dezembro de 2008 somente para os possuidores de arma de fogo de uso permitido (art. 12), nos termos da Medida Provisória n. 417, de 31 de janeiro de 2008, que estabeleceu nova redação aos arts. 30 a 32 da Lei n. 10.826/2003, não mais albergando o delito previsto no art. 16 do Estatuto — posse de arma de uso proibido ou restrito. 2. *In casu*, é típica a conduta perpetrada pelo paciente — posse ilegal de munição de uso restrito —, pois não se encontra abarcada pela excepcional *vacatio legis* indireta prevista nos arts. 30 e 32 da Lei n. 10.826/2003, tendo em vista que as buscas efetuadas na sua residência ocorreram em 14-6-2007, isto é, se deram após o período de inaplicabilidade da Lei em comento para o referido tipo de armamento, qual seja, de 23 de dezembro de 2003 a 23 de outubro de 2005" (STJ, 5ª T., HC 180.333, Rel. Min. Jorge Mussi, j. 8-2-2011, *DJe* 25-4-2011).

OMISSÃO DE CAUTELA

Art. 13. Deixar de observar as cautelas necessárias para impedir que menor de 18 (dezoito) anos ou pessoa portadora de deficiência mental se apodere de arma de fogo que esteja sob sua posse ou que seja de sua propriedade:

Pena — detenção, de 1 (um) a 2 (dois) anos, e multa.

Parágrafo único. Nas mesmas penas incorrem o proprietário ou diretor responsável de empresa de segurança e transporte de valores que deixarem de registrar ocorrência policial e de comunicar à Polícia Federal perda, furto, roubo ou outras formas de extravio de arma de fogo, acessório ou munição que estejam sob sua guarda, nas primeiras 24 (vinte quatro) horas depois de ocorrido o fato.

■ Revogação: A revogada Lei n. 9.437/97, em seu art. 10, I, punia a mesma conduta prevista neste art. 13, trazendo, todavia, como exceção à caracterização do crime a hipótese em que o menor de 18 anos se apoderasse da arma de fogo para a prática do desporto quando estivesse acompanhado do responsável ou instrutor. Este art. 13, seguindo a política de desarmamento e de não incentivo à utilização de armas de fogo, a nosso ver de forma acertada, excluiu esta exceção.

- Transação penal: Tendo em vista que a pena máxima cominada não é superior a dois anos (Lei n. 9.099/95), a competência para o processo e julgamento será dos Juizados Especiais Criminais, sendo cabível a transação penal, desde que preenchidos seus requisitos legais.

- Suspensão condicional do processo: É possível, por ser a pena mínima igual a um ano, desde que satisfeitos os requisitos legais (art. 89 da Lei n. 9.099/95).

- Pena alternativa: Cabe (CP, arts. 43 e 44).

Caput

- Noção: O crime deste art. 13 visa tutelar a incolumidade física de crianças, adolescentes, deficientes mentais, bem como de terceiros que podem acabar alvejados em face das limitações emocionais e psíquicas de pessoas que não possuem experiência, discernimento e maturidade suficientes para o manuseio de armamentos.

- Objeto jurídico: É a incolumidade pública, em especial a integridade física do menor de 18 anos ou do deficiente mental, bem como de terceiros.

- Sujeito ativo: Somente o possuidor ou o proprietário da arma de fogo. Trata-se, pois, de crime próprio.

- Sujeito passivo: É a coletividade.

- Tipo objetivo: Trata-se de crime culposo, consistente na omissão das cautelas necessárias para evitar que menor de 18 anos ou deficiente mental se apodere da arma de fogo. É a chamada "inobservância do dever de cuidado objetivo necessário". A modalidade de culpa é a negligência. O objeto material é a arma de fogo, de uso permitido ou restrito. Para a configuração do crime exige-se: 1. Que a arma esteja sob a posse ou seja de propriedade do agente. É indiferente, aqui, se a propriedade e a posse se encontram devidamente registradas ou autorizadas, podendo haver concurso de crimes com o art. 12, por exemplo. 2. Que o menor de 18 anos ou o deficiente mental tenha efetivamente se apoderado da arma de fogo, posto que requisito do próprio tipo; por outro lado, não se pode admitir o uso da presunção de que o menor ou o deficiente iria se apoderar da arma. Explica-se: enquanto nos crimes comissivos há violação de uma norma proibitiva, nos crimes omissivos o agente viola uma norma imperativa. No caso do possuidor ou proprietário de arma de fogo, impõe-se a adoção de uma série de cautelas necessárias para evitar que outrem (no caso deste art. 13, o menor de 18 anos ou o deficiente mental) se apodere da arma de fogo, como guardá-la em local de difícil acesso. Embora nos crimes omissivos próprios se vise punir, em regra, tão somente o desvalor da conduta, no caso deste art. 13, em virtude da redação do tipo penal, o desvalor do resultado é relevante à caracterização do crime. Ou seja, este art. 13 somente irá configurar-se se, em virtude da omissão das cautelas necessárias, o menor ou deficiente mental de fato tiver se apoderado da arma (desvalor do resultado normativo).

■ **Tipo subjetivo:** O crime é punido a título de culpa, na modalidade de negligência. Em caso de dolo, isto é, se o agente emprestar arma de fogo a menor de 18 anos, *vide* art. 16, V, desta lei; em caso de empréstimo de arma de fogo a deficiente mental, o crime será outro (art. 14, no caso de arma de uso permitido; ou art. 16, se a arma de fogo for de uso restrito).

■ **Consumação:** Ocorre no momento em que o menor ou o deficiente mental se apodera da arma de fogo, em virtude da omissão das cautelas necessárias por parte do possuidor ou proprietário. Não é necessário a ocorrência de qualquer dano a alguém, embora possa ser possível no caso concreto.

■ **Tentativa:** Por se tratar de crime culposo, isto é, de conduta negligente, em que há inobservância de dever de cuidado acompanhada de um não fazer, a tentativa não é possível. Exemplificando, não há tentativa se a arma, embora tenha havido falta de cautela em deixá-la ao alcance de menores ou deficiente mental, não chega a ser por eles apoderada.

■ **Confronto com o art. 19, § 2º, c, da LCP:** Dispõe referida alínea constituir contravenção penal a conduta daquele que, com relação à arma, "omite as cautelas necessárias para impedir que dela se apodere facilmente alienado, menor de 18 anos ou pessoa inexperiente em manejá-la". A contravenção se encontra parcialmente revogada, pois em se tratando de arma de fogo, há que se aplicar o art. 13 da Lei n. 10.826/2003, no que se refere a menor de 18 anos ou alienado mental. Assim, a contravenção somente subsistirá para os casos de armas brancas, próprias ou impróprias.

■ **Pena:** Detenção, de um a dois anos, e multa.

■ **Ação penal:** Pública incondicionada.

Parágrafo único ■ **Noção:** O crime descrito neste parágrafo único contém norma imperativa, que impõe o dever a determinadas pessoas (o proprietário ou diretor responsável de empresa de segurança e transporte de valores) de tomar certas medidas, tudo com a finalidade de tutelar o efetivo controle das armas de fogo existentes no país, uma das finalidades principais do Sinarm, instituído no Ministério da Justiça, no âmbito da Polícia Federal. Dispositivo semelhante existe no art. 19, § 2º, *a*, da LCP (*vide* nota abaixo), inexistindo qualquer disposição nesse sentido na revogada Lei n. 9.437/97. A tipificação desse crime encontra justificativa no disposto no art. 7º da Lei n. 10.826/2003, que prevê que "as armas de fogo utilizadas pelos empregados das empresas de segurança privada e de transporte de valores, constituídas na forma da lei, serão de propriedade, responsabilidade e guarda das respectivas empresas". Por fim, a inclusão deste crime no parágrafo único do art. 13, estabelecendo, ainda, as mesmas penas do *caput*, não nos pareceu de boa técnica legislativa, já que se tratam de crimes com objetividades jurídicas diversas (enquanto no *caput* busca-se tutelar a incolumidade pública, neste parágrafo único busca-se proteger a eficiência do órgão controlador e fiscalizador do Sinarm).

- **Sanções administrativas e civis:** O § 1º do art. 7º da Lei n. 10.826/2003 igualmente dispõe a respeito do crime previsto no parágrafo único deste art. 13, estabelecendo que o proprietário ou diretor responsável de empresa de segurança privada e de transporte de valores responderá também por sanções administrativas e civis.
- **Objeto jurídico:** É a eficiência e a atualização do cadastro geral, integrado e permanente, das armas de fogo importadas, produzidas e vendidas no país, bem como seu controle, de atribuição do Sinarm.
- **Sujeito ativo:** Somente o proprietário ou diretor responsável de empresa de segurança e transporte de valores, tratando-se, pois, de crime próprio.
- **Sujeito passivo:** O Estado, notadamente a União, em sua política de controle federal dos armamentos em nosso País, bem como a coletividade que sofre com a violência causada pelas armas de fogo.
- **Competência da Justiça Federal:** No caso deste art. 13, parágrafo único, tendo em vista o fato de o crime afetar diretamente interesse da União, em especial do Sinarm, a nosso ver, a competência para o processo e julgamento será da Justiça Federal. A jurisprudência, porém, tem decidido ser a competência, em regra, da Justiça Estadual, entendendo violado somente de forma indireta e genérica o interesse da União no controle de armamentos.
- **Tipo objetivo:** Trata-se de crime omissivo próprio, incriminando-se o proprietário ou diretor responsável de empresa de segurança e transporte de valores que deixar de tomar as seguintes providências: 1. registrar ocorrência policial e 2. comunicar à Polícia Federal perda, furto, roubo ou outras formas de extravio de arma de fogo, acessório ou munição que estejam sob sua guarda. Para que haja o crime basta que o agente deixe de tomar qualquer uma das providências acima, nas primeiras vinte e quatro horas depois de que o agente tenha tido ciência da ocorrência do fato. Em ambas as condutas (1 e 2), o fato deve referir-se, necessariamente, a arma de fogo, acessório ou munição, e não a qualquer fato delituoso (lesões corporais que não envolvam o emprego de arma de fogo, por exemplo). Tendo em vista o objetivo do legislador (*vide* notas *Noção* e *Objeto jurídico*), entendemos que, em havendo o registro da ocorrência policial, nas primeiras vinte e quatro horas após a ciência do fato, em uma delegacia de polícia estadual, a eventual não comunicação à Polícia Federal não será suficiente para caracterizar o tipo, tanto por ausência de dolo quanto em razão do fato de os órgãos de segurança pública, sejam eles estaduais ou federais, comunicarem-se entre si, estando o objeto jurídico do tipo já protegido com o registro da ocorrência policial em qualquer delegacia de polícia estadual. Tanto isso é correto que existe norma regulamentar no sentido de que "a Unidade Policial deverá, em 48 (quarenta e oito) horas, remeter as informações coletadas à Polícia Federal, para fins de registro no Sinarm" (art. 17, § 1º, do Decreto n. 5.123/2004). Poderá o agente fazer-se representar por preposto para o registro da ocorrência e comunicação à polícia.

- **Porte de arma de pessoa física:** Em caso de porte de arma de pessoa física, a ausência de comunicação imediata ao órgão competente, em caso de extravio, furto ou roubo da arma de fogo, implicará somente penalidade administrativa, qual seja, a suspensão do porte de arma de fogo, por prazo a ser estipulado pela autoridade concedente (art. 25 do Decreto n. 5.123/2004).

- **Termo *a quo* do prazo:** O prazo de vinte e quatro horas inicia-se no momento em que o agente tiver conhecimento inequívoco da perda, furto, roubo ou outras formas de extravio de arma de fogo, acessório ou munição que estejam sob sua guarda, posto não se poder exigir de alguém uma conduta sem que este tenha conhecimento pleno da exigência do dever de atuar.

- **Tipo subjetivo:** É o dolo, consistente na vontade livre e consciente de deixar de registrar ocorrência policial e de comunicar o fato à Polícia Federal. Para a doutrina tradicional, é o dolo genérico. Caso o agente não tenha conhecimento das obrigações impostas por este artigo, poderá, conforme o caso, haver erro de proibição (art. 21 do CP). Não há forma culposa.

- **Consumação:** Ocorre no momento em que escoarem as vinte e quatro horas sem que o agente tenha registrado a ocorrência policial e deixado de comunicar o fato à Polícia Federal. Tratando-se de crime omissivo, não se admite tentativa.

- **Confronto com o art. 19, § 2º, *a*, da LCP:** Dispõe referido dispositivo constituir contravenção penal a conduta daquele que, com relação a arma ou munição, "deixa de fazer comunicação ou entrega à autoridade, quando a lei o determina". Tendo em vista que a obrigatoriedade de comunicação e de entrega da arma de fogo à autoridade veio a ser disciplinada por normas posteriores (Lei n. 10.826/2003 e Decreto n. 5.123/2004), entendemos que a alínea citada encontra-se revogada. O art. 13, parágrafo único, da lei ora em comento, por exemplo, pune certas pessoas que deixarem de registrar ocorrência policial e de comunicar o fato à Polícia Federal. Desta forma, entendemos que a falta de comunicação ou entrega de arma ou munição deve ser, agora, regida pela lei e decreto acima mencionados, sujeitando o violador às sanções penais e administrativas existentes.

- **Pena:** Detenção, de um a dois anos, e multa.

- **Ação penal:** Pública incondicionada.

PORTE ILEGAL DE ARMA DE FOGO DE USO PERMITIDO

Art. 14. Portar, deter, adquirir, fornecer, receber, ter em depósito, transportar, ceder, ainda que gratuitamente, emprestar, remeter, empregar, manter sob guarda ou ocultar arma de fogo, acessório ou munição, de uso permitido, sem autorização e em desacordo com determinação legal ou regulamentar:

Pena — reclusão, de 2 (dois) a 4 (quatro) anos, e multa.

Parágrafo único. O crime previsto neste artigo é inafiançável, salvo quando a arma de fogo estiver registrada em nome do agente.

- **Pena alternativa:** Cabe (CP, arts. 43 e 44).

Caput

- **Noção:** O crime de porte ilegal de arma de fogo de uso permitido, previsto neste art. 14, era tipificado, de forma semelhante, no art. 10, *caput*, da revogada Lei n. 9.437/97. Todavia, a pena prevista era menor (detenção, de um a dois anos, e multa), o que evidentemente impede a aplicação retroativa da pena deste art. 14. Ressalte-se também que várias condutas previstas no revogado art. 10 (adquirir, vender, alugar, expor à venda, ter em depósito, receber) foram transportadas para o novo crime do art. 17 da Lei n. 10.826/2003 (comércio ilegal de arma de fogo), aplicável, todavia, somente ao agente que estiver "no exercício de atividade comercial ou industrial". Houve, assim, uma sucessão de leis penais incriminando condutas semelhantes.

- **Objeto jurídico:** Os bens jurídicos tutelados são a segurança e a paz pública, notadamente a política de controle federal de armas de fogo e a incolumidade dos cidadãos, uma vez que, com o desarmamento e o controle, busca-se diminuir o número de pessoas mortas ou feridas por armamentos.

- **Sujeito ativo:** Qualquer pessoa, podendo ser ou não o proprietário da arma de fogo. Embora algumas condutas costumem ser praticadas por uma só pessoa (portar, deter), nada impede o concurso de pessoas (coautoria ou participação), aplicando-se a regra do art. 29 do CP.

- **Sujeito passivo:** O Estado, notadamente a União, em sua política de controle federal dos armamentos em nosso País, bem como a coletividade que sofre com a violência causada pelas armas de fogo.

- **Tipo objetivo:** Por se tratar de crime de conteúdo variado ou misto alternativo, são previstas várias condutas alternativamente. Basta que o agente pratique uma delas para que o crime se configure, desde que presentes os demais elementos do crime. Caso o agente tenha praticado duas ou mais condutas previstas no *caput* deste art. 14, em um mesmo contexto fático, haverá crime único. De modo exaustivo são previstos nada mais nada menos do que treze núcleos: a) portar (trazer consigo arma de fogo, como, por exemplo, levando-a junto ao corpo); b) deter (ter a arma de forma passageira ou transitória); c) adquirir (obter por meio de compra, tornar-se proprietário); d) fornecer (entregar gratuita ou onerosamente), e) receber (acolher, entrar na posse; a qualquer título), f) ter em depósito (ter à sua livre disposição, ter em estoque); g) transportar (conduzir ou remover, por conta própria ou alheia, de um lugar para outro); h) ceder, ainda que gratuitamente (dar ou entregar, mesmo sem nada receber em troca); i) emprestar (ceder gratuitamente, por tempo determinado); j) remeter (enviar, expedir, mandar por meio de terceiros); k) empregar (fazer uso, usar, lançar mão); l) manter sob guarda (tomar conta, zelar, manter a seu cuidado); e m) ocultar (esconder). Deve a conduta recair sobre arma de fogo, acessório ou munição de uso permitido. Por arma de fogo entende-se aquela apta a arremessar "projéteis, empregando força expansiva dos gases gerados pela combustão de um propelente confinado em uma câmara que, normalmente, está solidária a um cano que tem a função de propiciar continuidade à combustão do propelente, além de direção e estabilidade ao projétil" (Decreto n. 3.665, de 20 de novembro de 2000, Anexo, art. 3º, XVII). Sobre os demais conceitos, *vide* nota ao art. 12 sob o título *Tipo objetivo*. Se a arma de fogo for de uso restrito, o crime será outro (art. 16).

■ **Acessórios ou munição. Lesividade jurídica e proporcionalidade:** Questão tormentosa diz respeito à punição das condutas descritas neste art. 14 (bem como nos demais tipos penais desta Lei n. 10.826/2003) praticadas em relação a acessórios ou munição. Os bens juridicamente tutelados, pela lei ora em comento (a incolumidade e a segurança públicas) restarão violados ou colocados em perigo na hipótese de um único acessório ou de pequena quantidade de munição? Outra questão: poderia o legislador equiparar condutas relativas a armas de fogo àquelas referentes a acessórios ou munição? Importante lembrar que tanto a LCP quanto a antiga Lei n. 9.437/97, revogada expressamente pela Lei n. 10.826/2003, não puniam criminalmente a conduta do agente que fosse flagrado transportando acessórios ou munição. Em nossa opinião, pela gravidade da sanção imposta, somente podem ser considerados crimes condutas que violem ou coloquem em risco algum bem jurídico relevante à sociedade. No caso de acessórios e munições, pensamos que o legislador estava constitucionalmente autorizado a punir criminalmente condutas relativas a acessórios ou munições, embora talvez a contravenção penal fosse uma melhor solução. O que não se pode admitir, contudo, é a previsão da mesma pena para condutas evidentemente de gravidade distintas. Não é justo, de fato, ser punido com a mesma pena o agente que é surpreendido portando ilegalmente uma arma de fogo pronta para o uso, daquele que é encontrado com um acessório ou pequena quantidade de munição, sob pena de violação ao princípio da proporcionalidade. Caberá ao julgador, no caso concreto, encontrar a melhor forma de resolver o impasse. Além do mais, perfeitamente possível a aplicação do princípio da insignificância quando, por exemplo, for encontrada com o agente quantidade inexpressiva de munição, como um único projétil.

■ **Arma inapta, munição estragada, acessório inútil (exame de corpo de delito):** Embora se trate de crime formal, o delito deste art. 14 (crime de perigo *concreto*) requer, para a sua configuração, a ocorrência de lesão ou ameaça *efetiva, palpável* de lesão ao bem juridicamente tutelado (resultado jurídico ou normativo), exigindo-se exame de corpo de delito para se constatar se a arma ou a munição são aptas. Daí por que a apreensão de arma de fogo inapta ao disparo, como no caso de relíquias ou antiguidades, não configura o crime. Igualmente, a apreensão de munição estragada ou de acessório inútil. Com efeito, a jurisprudência acerca da antiga contravenção do art. 19 da LCP, hoje parcialmente revogado por este art. 14 (continuando válido para as armas brancas), exigia que a arma apreendida tivesse potencialidade lesiva ou "razoável poder vulnerante" (TACrSP, *RT* 401/282), requerendo-se laudo pericial que comprovasse a aptidão da arma em deflagrar projéteis (TACrSP, RT 522/379, 430/399, 411/274). Tal entendimento, a nosso ver, deve permanecer vigorando para o crime de porte ilegal de arma de fogo previsto neste art. 14 (e para todos os demais crimes em que a arma de fogo integre o tipo penal), posto que o elemento normativo "arma de fogo" deve ser entendido somente como a arma de fogo apta a arremessar projéteis empregando a força expansiva dos gases gerados pela combustão de um propelente em uma câmara (art. 3º, XIII, do Decreto n. 3.665, de 20 de novembro de 2000). Na falta de qualquer desses elementos, não se terá uma arma de fogo para fins de configuração do tipo penal. Dessa forma, havendo laudo que ateste a impossibilidade de disparo da arma de fogo, cremos que não haverá o crime do *caput*, já que o bem juridicamente tutelado não foi lesionado ou colocado em perigo. Vale lembrar que a revogada Lei n. 9.437/97 dispensava o registro de armas consideradas obsoletas (art. 3º, *caput*), dispondo ainda o seu Decreto n. 2.222/97 que são consideradas como tais "as fabricadas há mais de 100 (cem) anos, sem condições de funcionamento eficaz e cuja munição não mais seja de produção nacional" (art. 3º, § 1º); no mesmo sentido as réplicas históricas, desde que "comprovada ineficácia para o tiro" (§ 2º). A atual Lei n. 10.826/2003 e o seu decreto regulamentador (Decreto n. 5.123/2004) não dispuseram a respeito, tratando apenas do registro da arma de fogo. Desta forma, diante da ausência de lesividade da arma de fogo inapta ao disparo, o seu porte, ainda que em desacordo com determinação legal ou regulamentar, não é típico. O mesmo se aplica para munição estragada ou acessório inútil (p. ex., coldres) para aumentar a eficiência de armas de fogo. *Vide* atual jurisprudência nesse sentido.

- **Porte de uma arma desmuniciada:** Situação mais complicada diz respeito a armas de fogo aptas ao disparo, mas que estejam sem munição. Importante recordar que a LCP punia a conduta de "trazer consigo arma fora de casa ou de dependência desta, sem licença da autoridade". Esta figura contravencional, que permanece em vigor apenas no tocante a armas brancas, encontra-se derrogada pela Lei n. 10.826/2003. Não havia punição em relação ao transporte de armas de fogo, porte de artefatos e munições. Dessa forma, antes do advento das Leis n. 9.437/97 e 10.826/2003, o âmbito de criminalização era bem menor, razão pela qual havia considerável corrente jurisprudencial no sentido de que tanto a arma desmuniciada quanto a que estivesse longe do alcance do agente não configurava contravenção penal. Atualmente, a Lei n. 10.826/2003, em seu art. 14, por exemplo, pune não só o porte, como também o transporte da arma de fogo ou a sua simples guarda ou depósito, abrangendo não apenas as armas de fogo, mas também o acessório e a munição. Quanto ao porte, embora a leitura literal do tipo em comento possa levar ao entendimento de ser típica a conduta de portar uma única arma desmuniciada, já que a lei não faz ressalva, pensamos que feriria o princípio da proporcionalidade punir de forma igual aquele que porta arma pronta para o disparo e quem a porta sem munição. Melhor seria que o legislador tivesse previsto a contravenção penal para o porte de arma desmuniciada ou, então, uma causa especial de diminuição de pena para essa hipótese. De qualquer forma, caberá ao juiz avaliar, em cada caso concreto, a gravidade da conduta e sua adequação típica, inclusive se houve, ou não, lesão aos bens jurídicos tutelados. Observamos, no entanto, que a jurisprudência majoritária, inclusive do STF, vem se posicionando ao contrário, isto é, pela tipicidade do porte ou transporte de uma arma desmuniciada.

■ Arma desmontada: Há decisão do STJ que entende que arma desmontada, transportada por caçador, juntamente com munição, não configura o crime (vide jurisprudência).

■ Elementos normativos do tipo: Para que a conduta seja típica, há que ser praticada sem a autorização e em desacordo com determinação legal ou regulamentar. O vocábulo autorização diz respeito à autorização de porte, enquanto a expressão em desacordo com determinação legal ou regulamentar se refere justamente à Lei n. 10.826/2003 e aos Decretos n. 5.123/2004 e 3.665/2000. Note-se que o legislador utilizou a conjunção aditiva "e", trazendo a necessidade de que ambos os requisitos normativos estejam presentes. Todavia, a ausência de autorização implica obviamente estar o agente em desacordo com determinação legal ou regulamentar, não sendo o contrário verdadeiro. Por exemplo, não haverá o crime deste art. 14 se o agente possuir autorização legal (porte de arma), mas estiver, por alguma razão, em desacordo com determinação legal ou regulamentar (p. ex., se estiver conduzindo a arma ostensivamente ou adentrar com ela em locais públicos — art. 26 do Decreto n. 5.123/2004), havendo neste caso apenas infração administrativa, com a cassação do porte e apreensão da arma (mesmo art. 26). Caso o agente não possua autorização de porte, ele já terá cometido o crime, já que obviamente ele estará em desacordo com determinação legal ou regulamentar, que exigem a autorização de porte para andar com arma de fogo. Condomínio: se o agente, que possui registro e permissão para ter a arma em sua casa, a porta dentro do condomínio em que reside, não haverá crime.

■ Tipo subjetivo: O dolo, ou seja, a vontade livre e consciente de praticar as condutas acima citadas. Para os tradicionais, é o dolo genérico. Poderá haver erro de proibição (CP, art. 21), com redução ou até isenção de pena, se o agente tinha antigo porte de arma emitido pela Polícia Estadual, não sabendo que a lei agora prevê a necessidade de um novo porte a ser emitido pela Polícia Federal, mediante autorização do Sinarm (art. 10 da Lei n. 10.826/2003). De fato, pela legislação anterior (Lei n. 9.437/97 e Decreto n. 2.222/97), havia tanto o porte federal quanto o porte estadual. Quando muito, se o agente possuir porte estadual, pensamos que o caso será de apreensão da arma de fogo, de seu registro e do porte, podendo o agente regularizar a situação junto à Polícia Federal e ao Sinarm, não incorrendo, neste caso, em crime por falta de ofensividade, mesmo porque os órgãos públicos devem se comunicar, inclusive instando as pessoas neles cadastradas a atualizar dados e registros.

■ Consumação: Ocorre com a prática das condutas, sem a necessidade de que ocorra um resultado naturalístico (p. ex., não é preciso que ninguém sofra algum dano físico). Trata-se, pois, de crime formal, em que a ocorrência de eventual resultado naturalístico constitui mero exaurimento do crime, salvo se configurar outro crime (p. ex., disparo com arma de fogo

— art. 15 da Lei n. 10.826/2003). Algumas condutas têm consumação instantânea (é o caso de portar e deter), enquanto noutras a consumação se protrai no tempo, sendo caso de delito permanente (exemplos: ter em depósito, manter sob guarda e ocultar arma de fogo). Esta distinção é relevante para a ocorrência ou não de estado de flagrância. A jurisprudência, aliás, do antigo art. 19 da LCP, já era pacífica neste sentido.

- *Vacatio legis* (*abolitio criminis* temporária): A jurisprudência encontrava-se dividida acerca da possibilidade de haver *abolitio criminis* temporária com relação ao porte ilegal de arma, enquanto estivesse em aberto o prazo para a regularização ou a entrega da arma ou munição às autoridades. A propósito, *vide* nossos comentários ao art. 12 que podem ser válidos por equidade, em razão da similitude de condutas, principalmente para as hipóteses de ter em depósito, manter sob sua guarda ou ocultar arma de fogo, acessório ou munição de uso permitido, sem autorização e em desacordo com determinação legal ou regulamentar, previstas neste art. 14, quando praticadas pelo agente "no interior de sua residência ou dependência desta, ou, ainda no seu local de trabalho, desde que seja o titular ou o responsável legal do estabelecimento ou empresa".

- Erro de proibição (CP, art. 12): Em face das várias alterações legislativas havidas, principalmente no que concerne aos prazos para registro ou entrega da arma, poderá haver, isentando o agente de pena ou diminuindo-a.

- Tentativa: Algumas das condutas, por não permitirem o *iter criminis*, não admitem a tentativa. É o caso de portar e deter. Já outras, como a de adquirir, possuem *iter criminis*, sendo possível a tentativa, ainda que formal o delito.

- Confronto com a Lei das Contravenções Penais (LCP): Via de regra, as contravenções penais permanecem em vigor apenas no que tange às "armas brancas", pois as condutas relativas às armas de fogo e munições passaram a ser objeto da Lei n. 10.826/2003. Desta forma, cotejando-se a Lei n. 10.826/2003 com a LCP, verifica-se a seguinte situação: a) art. 18 da LCP — fabrico, comércio ou detenção de armas ou munição: revogado tacitamente, já que este artigo, ao utilizar a expressão "arma ou munição", está se referindo obviamente apenas a armas de fogo, sendo tais condutas punidas pela Lei n. 10.826/2003; b) art. 19 da LCP — porte de arma: revogado tacitamente apenas no que tange às armas de fogo, continuando em vigor para as armas brancas, próprias (punhal, espada) ou impróprias (facão); c) art. 28, *caput*, da LCP — disparo de arma de fogo: revogado tacitamente pelo art. 15 desta lei; d) art. 28, parágrafo único, da LCP — deflagração perigosa, queima de fogos de artifício e soltura de balão aceso: caso a deflagração perigosa seja feita com o uso de munição, haverá o crime do art. 15 (acionar munição); já se a deflagração perigosa ou queima de fogos for feita por meio do emprego de artefato explosivo e/ou incendiário (conduta antes tipificadora do crime do art. 10, § 3º, III, da revogada Lei n. 9.437/97), incorrerá o agente nas penas do art. 28 da LCP, se não tiver praticado infração penal mais grave. Se na soltura de balões há o risco de provocar incêndios em florestas ou em outras formas de vegetação, ou ainda em áreas urbanas ou assentamentos urbanos, o crime será o do art. 42 da Lei Ambiental (Lei n. 9.605/98).

- **Crime único:** Há acórdãos entendendo que se o agente for pego com duas armas, há um único crime, não sendo o caso de concurso formal, uma vez que o bem jurídico afetado é um só, havendo uma única ação. O mesmo ocorrendo se for pego com arma e munição, havendo um só crime, e não concurso de crimes, o mesmo ocorrendo se for preso portando ilegalmente arma de fogo e munição ou acessório.

- **Pena:** Reclusão, de dois a quatro anos, e multa. A pena aplicada poderá, desde que preenchidos os requisitos do art. 44 do CP, ser substituída por uma pena restritiva de direitos e multa, ou, ainda, por duas penas restritivas.

- **Causa de aumento de pena:** Estabelece o art. 20 da Lei n. 10.826/2003 que a pena aumenta-se de metade se o crime é cometido por integrante dos órgãos e empresas referidas nos arts. 6º, 7º e 8º da citada lei, quais sejam: a) integrantes das Forças Armadas; b) integrantes da polícia federal, rodoviária federal, ferroviária federal, civil, militar e corpo de bombeiros militar (art. 144 da CR); c) integrantes das guardas municipais das capitais dos Estados e dos Municípios com mais de quinhentos mil habitantes, nas condições estabelecidas no regulamento desta lei; d) membros das guardas municipais dos Municípios com mais de duzentos e cinquenta mil e menos de quinhentos mil habitantes, quando em serviço; e) agentes operacionais da Agência Brasileira de Inteligência e agentes do Departamento de Segurança do Gabinete de Segurança Institucional da Presidência da República; f) integrantes dos órgãos policiais da Câmara dos Deputados e do Senado Federal (arts. 51, IV, e 52, XIII, da CF); g) membros do quadro efetivo dos agentes e guardas prisionais, integrantes das escoltas de presos e as guardas portuárias; h) funcionários de empresas de segurança privada e de transporte de valores constituídas nos termos desta lei; i) integrantes das entidades de desporto legalmente constituídas, cujas atividades esportivas demandem o uso de armas de fogo, na forma do regulamento desta lei.

- **Ação penal:** Pública incondicionada.

Parágrafo único

- **Inconstitucionalidade da vedação de fiança:** O STF, no julgamento da ADIn 3.112, realizado em 2-5-2007, declarou a inconstitucionalidade do parágrafo único dos arts. 14, 15 e 21 da presente lei. Posteriormente, a Lei n. 12.403/2011 deu nova redação aos arts. 319 a 350 do CPP, permitindo a concessão de fiança policial, para infrações com pena máxima não superior a quatro anos (art. 322, *caput*) e fiança judicial para os "demais casos" (art. 322, parágrafo único) e proibindo a sua concessão apenas para aqueles crimes que a CR já vedava em seu art. 5º, XLII, XLIII e XLIV, ou seja: de racismo, tortura, tráfico ilícito de entorpecentes e drogas afins, terrorismo e hediondos; de grupos armados, civis ou militares, contra a ordem constitucional e o Estado Democrático (CPP, art. 323).

Jurisprudência da atual Lei n. 10.826/2003

■ **Houve** *vacatio legis* **ou** *abolitio criminis* **temporária para o porte:** *Habeas corpus*. Paciente preso em flagrante. Crime previsto no art. 14 da Lei n. 10.826/2003. Porte de arma. Inexistência do crime enquanto não exaurido o prazo do art. 32 da Lei n. 10.826/2003. Ordem concedida (TJSC, HC 1.0000.04.410931-2, j. 29-7-2004, publ. em 17-8-2004, v.u.). No mesmo sentido: TJMG, HC 1.0000.04.410931-2/000(1), Rel. Des. Reynaldo Ximenes Carneiro, j. 29-7-2004, publicado em 17-8-2004.

■ **Não houve** *vacatio legis* **ou** *abolitio criminis* **temporária para o porte:** "[...] não se configura, no caso concreto, a atipicidade da conduta invocada pela defesa, por ter sido o delito cometido no prazo vigente para entrega de armas de fogo, notadamente porque ela diz respeito unicamente à conduta de manter em depósito a arma na própria residência, não abarcando o delito de 'porte', como na espécie. Não se afigura a 'abolitio criminis temporalis' no caso concreto, uma vez que o acusado foi flagrado em via pública, portando arma de fogo" (TJRS, 2ª Câm. Crim., Apelação-Crime 70031221666, Rel. Des. José Antônio Cidade Pitrez, j. 31-3-2011).

■ **Arma desmuciada não é arma:** "1. A arma, para ser arma, há de ser eficaz; caso contrário, de arma não se cuida. Tal é o caso de arma de fogo sem munição, que, não possuindo eficácia, não pode ser considerada arma. 2. Assim, não comete o crime de porte ilegal de arma de fogo, previsto na Lei n. 10.826/2003, aquele que tem consigo arma de fogo desmuniciada. Isto é, não há potencialidade lesiva. 3. Recurso especial improvido" (STJ, REsp 1.017.815, Rel. Min. Nilson Naves, j. 1º-12-2009, m.v., *DJe* de 14-6-2010).

Contra: "[...] 3. A conduta de portar arma de fogo desmuniciada sem autorização e em desacordo com determinação legal ou regulamentar configura o delito de porte ilegal previsto no art. 14 da Lei n. 10.826/2003, crime de mera conduta e de perigo abstrato. 4. Deveras, o delito de porte ilegal de arma de fogo tutela a segurança pública e a paz social, e não a incolumidade física, sendo irrelevante o fato de o armamento estar municiado ou não. Tanto é assim que a lei tipifica até mesmo o porte da munição, isoladamente. Precedentes: HC 104206/RS, Rel. Min. Cármen Lúcia, 1ª Turma, *DJ* de 26/8/2010; HC 96072/RJ, Rel. Min. Ricardo Lewandowski, 1ª Turma, *Dje* de 8/4/2010; RHC 91553/DF, Rel. Min. Carlos Britto, 1ª Turma, *DJe* de 20/8/2009" (STF, 1ª T., HC 88.757, Rel. Min. Luiz Fux, j. 6-9-2011).

No mesmo sentido, entendendo típico o transporte de arma desmuniciada, TJRS, 3ª Câm. Crim., Ap. 70028471175, Rel. Des. Elba Aparecida Nicolli Bastos, j. 19-3-2009.

■ **Necessidade de perícia:** "A teor do disposto no artigo 25 da Lei n. 10.826/2003, apreendida arma de fogo, acessório ou munição, cumpre proceder-se a perícia elaborando-se laudo para juntada ao processo. O abandono da formalidade legal implica a impossibilidade de ter-se como configurado o tipo" (STF, 1ª T., HC 97.209, Rel. Min. Marco Aurélio, j. 16-3-2010).

Inexistindo exame pericial atestando a potencialidade lesiva da arma de fogo apreendida, resulta atípica a conduta consistente em possuir, portar e conduzir arma de fogo desmuniciada e enferrujada. Recurso provido" (STF, 2ª T., RHC 97.477, Rel. p/ acórdão Min. Eros Grau, vencida a Min. Ellen Gracie, j. 29-9-2009).

"Tratando-se de crime de porte de arma de fogo, faz-se necessária a comprovação da potencialidade do instrumento, já que o princípio da ofensividade em direito penal exige um mínimo de perigo concreto ao bem jurídico tutelado pela norma, não bastando a simples indicação de perigo abstrato" (STJ, Agravo Regimental no Recurso Especial 998.993, Rel. p/ acórdão Min. Maria Thereza, *DJe* 8-6-2009).

No mesmo sentido: STJ, REsp 1.082.564, Rel. Min. Nilson Naves, *DJe* 20-8-2009; REsp 1.113.057, Rel. Min. Paulo Gallotti, *DJe* 7-8-2009; HC 111.455, Rel. Min. Og Fernandes, j. 25-8-2009, *DJe* 28-9-2009.

- **Arma ineficaz não tem potencialidade lesiva:** "1. De acordo com o entendimento firmado no âmbito desta Sexta Turma, tratando-se de crime de porte de arma de fogo, faz-se necessária que a arma seja eficaz, vale dizer, tenha potencialidade lesiva. 2. No caso, a arma foi apreendida e periciada. Entretanto, o laudo técnico apontou a sua total ineficácia, vale dizer, descartou, por completo, a sua potencialidade lesiva. [...] 5. Ordem concedida para absolver o paciente do crime de porte ilegal de arma de fogo" (STJ, 6ª T., HC 122.181/ES, Rel. Min. Og Fernandes, j. 5-8-2010).

- **Arma desmontada não é arma para fins do art. 14:** "No caso em julgamento, o paciente trazia uma arma desmontada. É evidente que não havia potencialidade ofensiva, porquanto arma desmontada não é arma. O paciente portava apenas partes de uma arma, que não lhe serviriam sequer para defender-se de um repentino ataque de algum animal selvagem [...] O juiz precisa igualmente verificar o contexto na aplicação da lei. E dúvida nenhuma há nos autos de que o paciente saiu para caçar. Assim, a posse da arma e da munição não reflete nenhum desvalor que merecesse, até eticamente, punição. Não se pode compreender, na atualidade, um Direito Penal só formal, que desconsidere a inexistência de lesividade" (STJ, 6ª T., HC 101.638, Rel. p/acórdão Des. Conv. Celso Limongi, m.v., j. 2-9-2010).

- **Absorção do porte pela caça:** "Apelação Criminal — Porte de Arma de fogo — Caça de animais da fauna silvestre com arma de fogo — Absorção do porte pelo delito mais grave — Absolvição — Crime ambiental — Confissão do acusado de ter caçado as capivaras — Estado de necessidade — Alegação rejeitada, por ausência de provas — Condenação mantida — Pena — Determinação da base no mínimo e aumentos posteriores pelo § 4º, III, da referida lei e pela continuidade delitiva mantidos — Multa da figura penal — Necessidade de fixação em conformidade com a pena privativa de liberdade — Substituição da pena — Possibilidade de determinação da prestação pecuniária e de multa, conforme entendimento majoritário da Câmara e com ressalva de entendimento pessoal do Relator — provido em parte" (TJSP, 2ª Câm. Crim., AC 0002882-07.2005.8.26.0471 de Porto Feliz, Rel. Des. Almeida Sampaio, j. 22-3-2010).

Jurisprudência da revogada Lei n. 9.437/97

- **Vacatio legis:** O antigo art. 10 da Lei n. 9.437/97, ao prever como crime o porte ilegal de armas, somente passou a ser aplicado após a edição do Decreto n. 2.222/97, que estabeleceu os princípios e regras para o registro de armas de fogo, pois as leis regulamentáveis, com recomendação expressa ou assim tidas pela própria natureza de seus dispositivos, não são exequíveis antes da expedição do decreto regulamentar, porque esse ato é *conditio juris* da atuação normativa da lei. Assim, se o agente é flagrado portando ilegalmente arma de fogo dentro do período de *vacatio legis* da norma, ditado pelo decreto regulamentador, não pratica o delito previsto no citado art. 10 da Lei de Armas de Fogo, mas sim a contravenção penal do art. 19 do Decreto-Lei n. 3.688/41 (TJSP, Rel. Des. Walter Guilherme, *RT* 765/589).

- **No mesmo sentido:** não se configura o crime de porte ilegal de arma, descrito no art. 10, § 1º, II, da Lei n. 9.437/97, conduta até então prevista apenas como contravenção penal, se o agente fora preso no período de *vacatio legis* da norma (TACrSP, Rel. Juiz Devienne Ferraz, *RT* 757/589).

- **Ainda no mesmo sentido:** se o fato delituoso ocorreu durante a *vacatio legis* da Lei de Armas, configura-se o art. 19 da LCP (TJSP, *RT* 769/575); se ocorreu antes da entrada em vigor do Decreto n. 2.222, permanece o art. 19 da LCP (STJ, Rel. Min. Gilson Dipp, *RT* 761/554).

- **Vacatio legis não afeta todo o art. 10:** Nem todas as condutas do antigo art. 10 necessitavam de regulamentação, estando algumas em vigor desde a publicação da lei. As condutas relacionadas no art. 10 da Lei n. 9.437/97, crime de ação múltipla ou de conteúdo variado, sujeitas a regulamentação e, portanto, que passaram a ser consideradas como crime somente após a edição do Decreto n. 2.222/97, são, exemplificativamente, o possuir, o deter arma de fogo sem o devido registro, ou seja, aquelas direcionadas ao proprietário, possuidor ou detentor do artefato, diferentemente do que ocorre com as condutas de portar, fabricar, adquirir, vender, expor à venda, pois estavam proibidas a partir da publicação da norma que institui o Sistema Nacional de Armas, conforme interpretação lógica dos arts. 5º e 20 da citada Lei n. 9.437/97 (STJ, Rel. Min. Luiz Vicente Cernicchiaro, *RT* 767/535).

- **Sucessão de leis penais:** "[...] 2. A conduta típica imputada ao paciente, qual seja, o ato infracional análogo ao crime anteriormente tipificado no art. 10 da Lei n. 9.437/97 (porte ilegal de arma) — cuja sentença foi proferida em 4-4-2003, ou seja, na vigência da retrocitada legislação —, encontra-se também prevista no art. 14 da Lei n. 10.826/2003, razão pela qual se percebe que a figura típica não sofreu qualquer alteração substancial com o advento da novel legislação, ao contrário, permaneceu intacta em sua essência, portanto, não há como reconhecer a arguida descriminalização. 3. Ordem denegada" (STJ, 5ª T., HC 38.497, Rel. Min. Laurita Vaz, j. 18-11-2004, v.u., *DJU* 13-12-2004, p. 400).

- **Absorção pelo homicídio:** Em face do princípio da consunção, é descabida a condenação do réu por porte ilegal de arma de fogo, se o delito estava contido na mesma linha de ação da prática delitiva visada pelo agente, qual seja, o homicídio, pois se trata de crime progressivo que resta absorvido pelo crime-fim (TJSP, Rel. Des. Pereira da Silva, *RT* 780/595).

- **Arma desmuniciada:** A mera detenção de arma de fogo descarregada (sem potencialidade lesiva), inexistindo munição dentro da esfera de disponibilidade do agente, não configura o crime previsto no antigo art. 10 da Lei n. 9.437/97, diante da ausência de ofensa ao bem jurídico incolumidade pública (TAPR, Rel. convocado Juiz Renato Naves Barcellos, *RT* 787/709).

Contra: O agente que é surpreendido por policiais, em via pública, trazendo consigo revólver sem registro e sem autorização de porte comum, comete o crime previsto no art. 10 da Lei n. 9.437/97, na modalidade posse ilegal, ainda que a arma estivesse desprovida de munição e não dispusesse o acusado, quando flagrado, de projéteis acessíveis (TJSP, Rel. Des. Gonçalves Nogueira, *RT* 788/575).

- **Arma inapta ao disparo:** O porte ilegal de arma de fogo, tipificado no art. 10 da Lei n. 9.437/97, não fica caracterizado se não evidenciados o potencial do artefato, bem como sua aptidão para efetuar disparos, pois só assim se configura a materialidade do delito (TJMG, Rel. Des. Odilon Ferreira, *RT* 777/666).

Resta descaracterizado o crime de porte ilegal de arma de fogo, previsto no art. 10, *caput,* da Lei n. 9.437/97, se a arma apreendida em mãos do agente apresenta defeito, não sendo apta a efetuar disparos, não tendo, assim, a eficácia para pôr em risco a integridade física de alguém (TACrSP, *RT* 779/581).

Atestando o laudo pericial que a arma não se encontrava apta ao disparo, em face das anomalias desta, não há que se falar no crime do art. 10, por ausência de potencialidade ofensiva, já que o bem juridicamente tutelado é a incolumidade da coletividade (TACrSP, *RT* 772/590).

- **Coautoria:** Portar arma de fogo significa trazê-la consigo, em condições de utilização imediata ou mantendo-a em disponibilidade de uso imediato, razão pela qual a circunstância de o acusado não estar portando a arma no momento de sua prisão afasta a possibilidade de coautoria pelo delito previsto no art. 10 da Lei n. 9.437/97, ainda que, eventualmente, tivesse ciência de que seu comparsa a portasse (TJGO, Rel. Des. João Canêdo Machado, *RT* 792/668).

- **Competência da Justiça Estadual:** O fato de a Lei n. 9.437/97 haver instituído o Sinarm, órgão federal responsável pelo registro e cadastro de armas de fogo, em todo o território nacional, não induz ser da Justiça Federal a competência para julgar os crimes de porte ilegal de arma, pois o bem jurídico protegido pela lei é a segurança coletiva, que não se insere na esfera de específico interesse da União e congêneres (TJSP, Rel. Des. Walter Guilherme, *RT* 767/564).

O réu pronunciado por tentativa de homicídio qualificado, previsto no art. 121, § 2º, I e IV, do CP que foi encontrado logo após o delito portando um revólver, deve, também, sê-lo pelo art. 10, *caput,* da Lei n. 9.437/97, pois se trata de crime conexo àquele de competência do Tribunal do Júri e, sendo assim, por este deverá ser julgado, cabendo, exclusivamente, aos jurados, a decisão acerca da absorção de um delito pelo outro (TJSP, Rel. Des. Denser de Sá, *RT* 791/603).

- **Crime único:** Ainda que relíquia de família, a posse de arma de fogo em casa, sem registro e com potencialidade lesiva, configura o crime do art. 10, *caput*, da Lei n. 9.437/97. Isto de alguém estar na posse de mais de uma arma de fogo, sem licença da autoridade, não constitui concurso de crimes, senão crime único, pois que um só o bem jurídico ofendido: a segurança pública (TACrSP, Rel. Juiz Carlos Biasotti, *RT* 786/667 e 779/586).

No mesmo sentido: A posse de duas armas, sem licença da autoridade, não induz concurso formal, visto que uma única ação, com lesão de um único bem jurídico, a segurança coletiva (TJSP, Rel. Des. Walter Guilherme, *RT* 767/564).

A ausência de porte de arma é ilícito único. Não apresenta relevância, para caracterização do concurso de crimes, ser duas ou até mais as armas (TACrSP, Rel. Juiz Roberto Midolla, *RT* 775/612).

- **Denúncia:** A denúncia que imputa ao agente o delito de porte ilegal de arma deve descrever especificamente a conduta na qual este incorreu, pois o tipo penal previsto no art. 10 da Lei n. 9.437/97 é múltiplo (TACrSP, Rel. Juiz Luiz Ambra, *RT* 776/613).

- **Erro sobre a ilicitude do fato:** Deve ser reconhecido o erro sobre a ilicitude do fato, nos termos do art. 21, parágrafo único, do CP, se o agente, equivocado quanto à injuricidade de sua conduta, ainda que em termos evitáveis, transporta arma de fogo desmuniciada, utilizada horas antes em apresentação teatral (TACrSP, Rel. Juiz Luiz Ambra, *RT* 776/613).

- **Erro sobre a ilicitude do fato (munição):** Ocorre erro sobre a ilicitude do fato, com consequente exclusão de culpabilidade do delito previsto no art. 10, § 3º, da Lei n. 9.437/97, na conduta do agente, homem simples que, exercendo atividade comercial em pequena cidade do interior, vendia munição para a exclusiva finalidade de caça, sem autorização legal para tanto, velho costume praticado pelos demais comerciantes, sem advertência da autoridade local (TJRN, *RT* 793/672).

- **Finalidade decorativa. Irrelevância. Caracterização:** A simples posse e manutenção de armas de fogo, sem os necessários porte e registro dos artefatos, são circunstâncias suficientes para a caracterização do crime previsto no art. 10 da Lei n. 9.437/97, pouco importando se a finalidade das armas era apenas decorativa e que algumas delas não pertenciam ao agente (TJSP, Rel. Des. Walter Guilherme, *RT* 774/577).

- **Perigo concreto. Inexigência:** A infração penal consistente no porte ilegal de arma de fogo, prevista no art. 10 da Lei n. 9.437/97, não exige, para sua configuração, a existência de um perigo concreto, uma vez que o bem jurídico tutelado é a segurança coletiva, um dos direitos fundamentais previstos expressamente no art. 5º, *caput*, da CF (TJSP, Rel. Des. Walter Guilherme, *RT* 766/586).

O simples porte de arma de fogo sem autorização legal tipifica a infração do art. 10, *caput*, da Lei n. 9.437/97, independentemente da existência de perigo concreto. A alegação de que o réu trazia arma de fogo sob o banco de seu veículo e, pois, sem condições de usá-la de pronto, não exclui o crime do art. 10, *caput*, da Lei n. 9.437/97, porque possuir (mesmo sem portar) já integra a figura típica (TACrSP, Rel. Juiz Carlos Biasotti, *RT* 792/646).

■ **Policial militar:** Embora seja lícito aos policiais militares portarem armas de fogo, visto que o exercício pleno e satisfatório de suas funções exige essa solução, a guarda de armamento de uso permitido sem registro configura o delito previsto no art. 10, § 4º, da Lei n. 9.437/97 (TACrSP, Rel. Juiz Souza Nery, *RT* 778/609).

■ **Registro e local do crime:** É atípica a conduta do agente que, em área comum do condomínio onde reside, porta arma de fogo com o devido registro, conforme interpretação do art. 4º da Lei n. 9.437/97 (TACrSP, Rel. Juiz Damião Cogan, *RT* 780/620).

Não há se falar em porte ilegal de arma, pelo fato de o artefato registrado encontrar-se em estabelecimento comercial aberto ao público, pois, de acordo com o art. 4º da Lei n. 9.437/97, o registro de arma de fogo autoriza o proprietário a mantê-la "no seu local de trabalho, desde que seja ele o titular ou responsável legal do estabelecimento ou empresa", não fazendo tal dispositivo nenhuma restrição a serem tais locais abertos ao público. Por tratar-se de norma específica sobre a matéria, deve prevalecer sobre a restrição de local não aberto ao público, no conceito de casa, previsto no art. 150, § 4º, do CP, sob pena de ofensa ao princípio da reserva legal (TACrSP, Rel. Juiz Lopes de Oliveira, *RT* 789/638).

■ **Relíquia não obsoleta:** Ainda que relíquia de família, a posse de arma de fogo em casa, sem registro e com potencialidade lesiva, configura o crime do art. 10, *caput*, da Lei n. 9.437/97 (TACrSP, Rel. Juiz Carlos Biasotti, *RT* 786/667).

■ **Inviolabilidade domiciliar:** A garantia de inviolabilidade de domicílio, não sendo de caráter absoluto e comportando exceções, estas previstas no próprio texto constitucional, não impede a criminalização da posse ou guarda de arma de fogo no interior da residência trazida pela nova Lei de Porte de Arma, não se configurando, por consequência, neste aspecto, conflito de normas, e, comprovada a anuência quando ao acesso ao interior da residência, onde apreendida a arma de fogo, sem registro, a condenação resulta irreparável (TJRO, Rel. Des. Antônio Cândido, *RT* 764/660).

DISPARO DE ARMA DE FOGO

Art. 15. Disparar arma de fogo ou acionar munição em lugar habitado ou em suas adjacências, em via pública ou em direção a ela, desde que essa conduta não tenha como finalidade a prática de outro crime:

Pena — reclusão, de 2 (dois) a 4 (quatro) anos, e multa.

Parágrafo único. O crime previsto neste artigo é inafiançável.

- **Pena alternativa:** Cabe (CP, arts. 43 e 44).

Caput
- **Noção:** A princípio, o disparo de arma de fogo, que efetivamente colocasse em risco a vida ou a saúde de outrem, constituía o delito do art. 132 do CP cujas penas são de detenção de três meses a um ano. Caso não houvesse tal periclitação, o disparo configurava simples contravenção penal, punida com prisão simples, de um a seis meses, ou multa. Com o advento da Lei n. 9.437/97, hoje revogada, esta última conduta passou a ser crime (art. 10, § 1º, III), punido com pena de detenção, de um a dois anos, e multa. Atualmente, o disparo de arma de fogo encontra previsão neste art. 15, com pena bem maior do que na antiga lei, devendo, pois, ser aplicado somente para fatos cometidos após a vigência da Lei n. 10.826/2003.

- **Objeto jurídico:** A incolumidade e a segurança públicas.

- **Sujeito ativo:** Qualquer pessoa.

- **Sujeito passivo:** A coletividade.

- **Tipo objetivo:** Duas são as condutas incriminadas: a) disparar arma de fogo; ou b) acionar munição. Trata-se, a nosso ver, de condutas idênticas, sendo difícil imaginar que alguém acione munição sem o disparo de arma de fogo. Cuida-se de crime formal, que independe da ocorrência de outro resultado naturalístico; contudo, exige o legislador que a conduta do agente tenha colocado em perigo ou em risco (concreto) a incolumidade física das pessoas. É a observância do princípio da ofensividade, pelo qual não pode haver crime se a conduta do agente não tiver lesionado ou ameaçado lesionar o bem juridicamente tutelado. Assim, o disparo de arma de fogo em lugar inabitado ou em local que não seja a via pública ou suas adjacências não caracteriza este crime, mesmo porque não aceitamos a categoria dos crimes de perigo abstrato, mas somente concreto, isto é, palpável, provável, factível.

- **Tipo subjetivo:** É o dolo, consistente na vontade livre e consciente de disparar a arma de fogo ou de acionar munição em local habitado ou em suas adjacências e na via pública. Para os tradicionais, é o dolo genérico. Não há modalidade culposa.

- **Consumação:** Por se tratar de crime formal e de perigo (concreto), a consumação ocorre com o disparo de arma de fogo ou com o acionamento de munição. Não é preciso que o ato tenha causado lesão em alguém (hipótese em que haverá o crime mais grave, ficando o crime de disparo absorvido). Todavia, é necessário que a conduta tenha colocado em risco a incolumidade pública, até porque o legislador criminalizou tão somente o disparo em lugar habitado ou em suas adjacências, ou em via pública ou em direção a ela. O disparo em lugar ermo não constitui conduta típica.

- **Tentativa:** Por não haver *iter criminis* e ser o delito formal, a tentativa não é possível.

- **Crime subsidiário:** Embora não houvesse necessidade de o legislador ter previsto expressamente, já que vigora entre nós o princípio da absorção ou consunção quando há progressividade na ação delituosa lesionando-se o mesmo bem jurídico (crime-meio e crime-fim), caso o disparo de arma de fogo (ou o acionamento de munição) configure crime mais grave, o delito deste art. 15 restará absorvido. Exemplo: caso o agente tente matar alguém em plena via pública, por meio de disparo de arma de fogo, haverá apenas o crime do art. 121 do CP, em sua forma tentada. No crime de roubo com emprego de arma, previsto no art. 157, § 2º, I, o eventual disparo durante a fuga poderá influenciar no cálculo da pena-base.

- Confronto com o art. 132 do CP: Se o disparo não for em via pública ou local habitado e adjacências, o crime poderá, em tese, ser o do art. 132 do CP, punido mais levemente.

- Pena: Reclusão, de dois a quatro anos, e multa.

- Causa de aumento de pena: Estabelece o art. 20 da Lei n. 10.826/2003 que a pena aumenta-se de metade se o crime é cometido por integrante dos órgãos e empresas referidos nos arts. 6º, 7º e 8º desta lei. Acerca de tais integrantes, vide nota sob o mesmo título no art. 14.

- Ação penal: Pública incondicionada.

Parágrafo único

- Inconstitucionalidade da vedação de fiança: O STF, no julgamento da ADIn 3.112, realizado em 2-5-2007, declarou a inconstitucionalidade do parágrafo único dos arts. 14, 15 e 21 da presente lei. Posteriormente, a Lei n. 12.403/2011 deu nova redação aos arts. 319 a 350 do CPP, permitindo a concessão de fiança policial, para infrações com pena máxima não superior a quatro anos (art. 322, caput) e fiança judicial para os "demais casos" (art. 322, parágrafo único) e proibindo a sua concessão apenas para aqueles crimes que a CR já vedava em seu art. 5º, XLII, XLIII e XLIV, ou seja: de racismo, tortura, tráfico ilícito de entorpecentes e drogas afins, terrorismo e hediondos; de grupos armados, civis ou militares, contra a ordem constitucional e o Estado Democrático (CPP, art. 323).

Jurisprudência

- Confronto com o art. 132 do CP: "3. Não pode ocorrer a desclassificação da conduta cuja rubrica é disparo de arma de fogo para aquela tipificada como perigo para a vida ou saúde de outrem, quando o ato amolda-se ao paradigma previsto no art. 15 do Estatuto do Desarmamento, que, em razão do princípio da especialidade, deve prevalecer sobre o crime previsto no art. 132 do Código Penal" (STJ, 5ª T., HC 182.362, Rel. Min. Laurita Vaz, j. 15-5-2012, DJe 23-5-2012).

- Disparo de arma durante fuga do crime de roubo qualificado: "Não há flagrante ilegalidade no pequeno aumento da pena-base em razão da desfavorabilidade das circunstâncias do crime, tendo em vista o fato de o agente haver disparado a arma de fogo no momento em que empreendia fuga do local do crime, gerando, de fato, mais risco tanto para a vítima como para qualquer pessoa que por ali transitasse" (STJ, 5ª T., HC 185.020, Rel. Min. Jorge Mussi, j. 6-12-2011, DJe 1º-2-2012).

Jurisprudência da revogada Lei n. 9.437/97 (art. 10, § 1º, III), que previa crime similar ao deste art. 15

- **Absorção pelo furto:** Se a arma de fogo compõe a *res furtiva*, a decorrente e consequente posse do objeto lesivo, desde que não comprovada sua função em situação que ofereça risco à incolumidade pública, *v.g.*, posterior disparo em local habitado, não configura o delito descrito no art. 10, § 1º, III, da Lei n. 9.437/97, porque tal comportamento, nas condições assinaladas, é absorvido pelo crime de furto e não pode ser considerado crime autônomo (TAMG, m.v., Rel. Juiz Sérgio Braga, *RT* 793/688).

- **Absorção pelo roubo:** Não é possível a condenação pelo delito do art. 10, *caput* e § 1º, III, da Lei n. 9.437/97, se não existe nos autos nenhuma prova a legitimar a conclusão de que o dolo empregado no disparo da arma tenha sido realmente autônomo e distinto do roubo, mormente por ser o emprego de arma de fogo uma qualificadora do crime contra o patrimônio, já considerada para o aumento de pena (TRF da 4ª Região, *RT* 778/718).

    Estando o roubo já qualificado pelo uso de arma de fogo, correta é a absolvição pelo crime de porte descrito no art. 10 da Lei n. 9.437/97, pois entendimento contrário configuraria *bis in idem* (TJSP, *RT* 771/595).

    Em sede de roubo qualificado pelo emprego de arma de fogo, não há falar em concurso com o crime tipificado no art. 10 da Lei n. 9.437/97, mas sim em absorção deste por aquele, crime mais grave e infração-fim do agente, sob pena de apenar-se duplamente uma mesma conduta, caracterizando, assim, o insustentável *bis in idem* (TACrSP, Rel. Juiz Di Rissio Barbosa, *RT* 759/645).

    No concurso material entre os crimes de porte ilegal de arma de fogo e roubo mediante o emprego de arma, o delito previsto no art. 10 da Lei n. 9.437/97, por ser meio de execução do crime contra o patrimônio, deve ser por este absorvido, em homenagem ao princípio da consunção (TJAP, Rel. Des. Mário Gurtyev, *RT* 791/642).

- **Absorção do porte ilegal pelo disparo de arma de fogo:** Não ocorre concurso material entre os crimes de porte ilegal e disparo de arma de fogo, devendo ser, nestes casos, reconhecida a ocorrência da consunção, já que o primeiro delito constitui meio material para executar o segundo (TACrSP, Rel. Juiz Antonio Mansur, *RT* 791/619).

POSSE OU PORTE ILEGAL DE ARMA DE FOGO DE USO RESTRITO

Art. 16. Possuir, deter, portar, adquirir, fornecer, receber, ter em depósito, transportar, ceder, ainda que gratuitamente, emprestar, remeter, empregar, manter sob sua guarda ou ocultar arma de fogo, acessório ou munição de uso proibido ou restrito, sem autorização e em desacordo com determinação legal ou regulamentar:

Pena — reclusão, de 3 (três) a 6 (seis) anos, e multa.

- *Vacatio legis* (*abolitio criminis* temporária): O art. 32 da Lei n. 10.826/2003, em sua redação original, permitia a entrega de armas de fogo não registradas no prazo de 180 dias a partir da sua publicação, não distinguindo entre armas de uso permitido e armas de uso restrito. Esse prazo foi por várias vezes prorrogado, até que a nova redação dada ao art. 32 pela Lei n. 11.706/2008, a par de deixar de fixar prazo para a entrega, permitindo que o agente possa fazê-lo a qualquer tempo, deixou claro que, em decorrência dela, só haveria extinção de punibilidade "de eventual posse irregular da referida arma", excluindo as armas de uso restrito ou proibido, conforme o art. 12 da Medida Provisória n. 417, de 31 de janeiro de 2008, que se converteu na Lei n. 11.706, de 20 de junho de 2008, dando nova redação aos arts. 30 e 32 da Lei n. 10.826/2003. Assim, entendemos que até a entrada em vigor da Lei n. 11.706/2008, que se deu na data de sua publicação, houve *abolitio criminis* temporária para a posse ilegal de arma de uso restrito ou proibido. Quanto às armas de uso permitido, *vide* notas nos arts. 12 e 14 sobre o tema.

Caput

- Noção: Com exceção do verbo possuir, presente apenas no art. 12, este art. 16 repete as mesmas condutas descritas no art. 14, aplicando-se, todavia, somente à arma de fogo, acessório ou munição de uso proibido ou restrito. A revogada Lei n. 9.437/97 também punia com mais rigor se a arma de fogo ou acessórios fossem de uso proibido ou restrito (reclusão, de dois a quatro anos, e multa). Por ser a pena deste art. 16 mais rigorosa do que a pena do revogado art. 10, § 2º, da Lei n. 9.437/97, esta não poderá retroagir.

- Objeto jurídico: A segurança e a incolumidade públicas.

- Sujeito ativo: Qualquer pessoa.

- Sujeito passivo: O Estado, notadamente a União, em sua política de controle federal dos armamentos em nosso País, bem como a coletividade que sofre com a violência causada pelas armas de fogo.

- Tipo objetivo: Trata-se de tipo penal misto alternativo ou de conteúdo variado. São diversas as condutas incriminadas, bastando a prática de qualquer delas para que o crime se consume, presentes os demais elementos do tipo. Os treze núcleos do tipo são: a) possuir, que equivale a ter em seu poder ou à disposição, não se exigindo a propriedade; b) deter (ter a arma consigo de forma passageira ou transitória); c) adquirir (obter por meio de compra, tornar-se proprietário); d) fornecer (entregar gratuita ou onerosamente); e) receber (acolher, entrar na posse, a qualquer título); f) ter em depósito (ter à sua livre disposição, ter em estoque); g) transportar (conduzir ou remover, por conta própria ou alheia, de um lugar para outro); h) ceder, ainda que gratuitamente (dar ou entregar); i) emprestar (ceder gratuitamente, por tempo determinado); j) remeter (enviar, expedir, mandar por meio de terceiros); k) empregar (fazer uso, usar, lançar mão); l) manter sob guarda (tomar conta, zelar, manter sob seu cuidado); e m) ocultar (esconder). Deve a conduta recair sobre arma de fogo, acessório ou munição de uso proibido ou restrito, que constituem o objeto material do crime. Por arma de fogo entende-se aquela que "arremessa projéteis, empregando força expansiva dos gases gerados pela combustão de um propelente confinado em uma câmara que, normalmente, está solidária a um cano que tem a função de propiciar continuidade à combustão do propelente, além de direção e estabilidade ao projétil" (Decreto n. 3.665, de 20 de novembro de 2000, Anexo, art. 3º, XVII). Acessório de arma é o "artefato que, acoplado a uma arma, possibilita a melhoria do desempenho do atirador, a modificação de um efeito secundário do tiro ou a modificação do aspecto visual da arma" (incisos I e II). Por fim, por munição deve-se entender o "artefato completo, pronto para encarregamento e disparo de uma arma, cujo efeito desejado pode ser: destruição, iluminação ou ocultamento do alvo; efeito moral sobre pessoal; exercício; manejo; outros efeitos especiais" (inciso LXIV). Por se tratar de crime formal, basta a prática de uma das condutas incriminadas, sem necessidade de qualquer resultado naturalístico. Deve, contudo, o bem jurídico tutelado (segurança e incolumidade pública) ser violado ou posto em perigo concreto, palpável, e não imaginário. Desse modo, condutas relacionadas a armas obsoletas, por exemplo, não afetam os bens jurídicos tutelados, sendo necessário o exame de corpo de delito.

- **Armas de fogo de uso restrito ou proibido (objeto material):** São as de maior poder ofensivo e cuja utilização requer habilitação especial, sendo de uso exclusivo das Forças Armadas, de instituições de segurança pública e de pessoas habilitadas, devidamente autorizadas pelo Comando do Exército, de acordo com a legislação específica (art. 11 do Decreto n. 5.123/2004). Estas armas deverão ser cadastradas no Sigma e no Sinarm, conforme o caso (arts. 2º e 18 do decreto mencionado). O Decreto n. 3.665/2000, que deu nova redação ao Regulamento para a Fiscalização de Produtos Controlados (R-105), entende serem as expressões equivalentes, *verbis*: "LXXX — uso proibido: a antiga designação 'de uso proibido' é dada aos produtos controlados pelo Exército designados como 'de uso restrito'" (art. 3º). Este mesmo decreto dá o seguinte conceito da expressão "uso restrito": "LXXXI — uso restrito: a designação 'de uso restrito' é dada aos produtos controlados pelo Exército que só podem ser utilizados pelas Forças Armadas ou, autorizadas pelo Exército, algumas Instituições de Segurança, pessoas jurídicas habilitadas e pessoas físicas habilitadas". Embora o legislador empregue as expressões (uso proibido e uso restrito) como sinônimas, conferindo-lhes tratamento equivalente, pensamos que as armas proibidas não deveriam ser utilizadas por quem quer que seja, nem objeto de autorização legal, merecendo inclusive maior reprovação penal. Se a arma de fogo for de uso permitido, o crime será outro (art. 14).

- **Atiradores, colecionadores ou caçadores:** Caso eles sejam proprietários de armas de fogo de uso restrito ou proibido, deverão proceder ao cadastro junto ao Comando do Exército (art. 30 do Decreto n. 5.123/2004), ao qual caberá também expedir o porte de trânsito, havendo ainda expressa previsão de que as armas deverão ser transportadas desmuniciadas (art. 32). Caberá ao Comando do Exército autorizar, excepcionalmente, a aquisição de armas de fogo de uso restrito, salvo se se tratar de aquisições dos Comandos Militares (art. 26 e parágrafo único desta lei).

- **Elementos normativos do tipo:** Para que o crime se aperfeiçoe, deve a conduta ser praticada "sem autorização e em desacordo com determinação legal ou regulamentar". A conjunção aditiva "e" exige, por óbvio, ambos os elementos normativos. Todavia, é bem de ver que aquele que estiver "sem autorização" sempre estará em "desacordo com determinação legal ou regulamentar", não sendo o contrário verdadeiro. Por exemplo, poderá o agente possuir autorização, mas estar conduzindo a arma de forma ostensiva ou adentrar com ela em locais públicos, hipóteses em que não haverá crime, mas apenas infração administrativa, ocasionando a cassação do porte e apreensão da arma (art. 26 do Decreto n. 5.123/2004).

- Tipo subjetivo: É o dolo, consistente na vontade livre e consciente de praticar as condutas incriminadas. Para os tradicionais, é o dolo genérico. Não há modalidade culposa.

- Consumação: Alguns crimes são de consumação instantânea (adquirir, fornecer, receber, ceder, empregar); outros são de consumação permanente (possuir, deter, portar, manter sob guarda), protraindo-se no tempo e viabilizando o estado de flagrância.

- Tentativa: Em alguns casos, é possível (adquirir, fornecer, receber, ceder, empregar). Noutros, não (possuir, deter, portar). Note-se que a tentativa de algumas condutas já constitui a consumação de outro núcleo. Ex.: tentar transportar ou tentar empregar já exige que o agente possua a arma de fogo etc.

- Pena: Reclusão, de três a seis anos, e multa.

- Causa de aumento de pena: Estabelece o art. 20 da Lei n. 10.826/2003 que a pena aumenta-se de metade se o crime é cometido por integrante dos órgãos e empresas referidos nos arts. 6º, 7º e 8º da citada lei. Acerca de tais integrantes, *vide* nota sob o mesmo título no art. 14.

- Confronto: Se a aquisição, o fornecimento ou o transporte se dá no exercício de atividade comercial ou industrial, o crime é mais grave (art. 17 desta lei).

- Ação penal: Pública incondicionada.

Jurisprudência do caput

- *Vacatio legis* indireta: *Habeas corpus*. Posse ilegal de arma de fogo de uso restrito. Art. 16 da Lei n. 10.826/2003. Crime permanente. Prisão em flagrante durante a *vacatio legis* indireta, prevista no seu art. 32. Dispositivo penal desprovido de eficácia. Constrangimento evidenciado. Ordem concedida para trancar a ação penal e confirmar a soltura do paciente determinada na liminar. O art. 32 da Lei n. 10.826/2003 confere o prazo de cento e oitenta dias para o possuidor de arma de fogo não registrada entregá-la à Polícia Federal, mediante indenização, caso presumida a boa-fé. Sendo o agente preso em flagrante na posse de arma de fogo nesse período, *vacatio legis* indireta, constitui o ato evidente constrangimento ilegal, assim como a denúncia oferecida pelo fato, pois, antes de escoado o prazo legal, a conduta de possuir arma de fogo, de uso restrito ou não, sem registro, é momentaneamente atípica (TJSC, HC 2004.001585-2, Rel. Des. Maurílio Moreira Leite, j. 10-2-2004).

■ **Distinção entre posse ilegal e porte ilegal.** *Vacatio legis* em relação à posse: "... 1. É entendimento desta Corte de Justiça que o delito de posse ilegal de arma de fogo caracteriza-se quando esta for encontrada no interior da residência ou no trabalho do acusado, sendo que o porte ilegal configura-se quando o artefato é apreendido em local diverso. (Precedentes). 2. Não obstante o órgão ministerial tenha denunciado a paciente como incursa nos delitos dispostos nos arts. 14 (porte ilegal de arma de fogo de uso permitido) e 16 (porte ilegal de arma de fogo de uso restrito) da Lei n. 10.826/2003, da detida análise da exordial acusatória, constata-se que a descrição dos fatos nela contida demonstra que a conduta perpetrada pela paciente se amolda aos tipos previstos nos arts. 12 e 16 da legislação em apreço, porquanto os armamentos foram encontrados no interior de sua residência, logo, restou caracterizada a posse, e não o porte ilegal de armas de fogo de uso permitido e restrito, como capitulado pelo parquet estadual. 3. É considerada atípica a conduta relacionada ao crime de posse de arma de fogo, seja de uso permitido ou de uso restrito, incidindo a chamada *abolitio criminis* temporária nas duas hipóteses, se praticada no período compreendido entre 23 de dezembro de 2003 a 23 de outubro de 2005. Contudo, este termo final foi prorrogado até 31 de dezembro de 2008 somente para possuidores de arma de fogo de uso permitido (art. 12), nos termos da Medida Provisória n. 417 de 31 de janeiro de 2008, que estabeleceu nova redação aos arts. 30 a 32 da Lei n. 10.826/2003, não mais albergando o delito previsto no art. 16 do Estatuto — posse de arma de uso proibido ou restrito. 4. *In casu*, em se tratando de posse ilegal de armas de fogo de uso restrito e permitido, vislumbra-se que é atípica a conduta atribuída à paciente, pois se encontra abarcada pela excepcional *vacatio legis* indireta prevista nos arts. 30 e 32 da Lei n. 10.826/2003, tendo em vista que as buscas efetuadas na sua residência ocorreram em 23-6-2004, isto é, se deram dentro do período de abrangência da Lei em comento para os referidos tipos de armamentos, qual seja, de 23 de dezembro de 2003 a 23 de outubro de 2005. 5. Ordem concedida para reconhecer que a conduta perpetrada pela paciente se amolda ao disposto nos arts. 12 e 16 da Lei n. 10.826/2003, isto é, posse de armas de fogo de uso restrito e permitido, declarando-se extinta a punibilidade da paciente quanto aos delitos" (STJ, 5ª T., HC 161.876, Rel. Min. Jorge Mussi, j. 12-8-2010, *DJe* 4-10-2010).

"I. Não se pode confundir posse de arma de fogo com o porte de arma de fogo. Com o advento do Estatuto do Desarmamento, tais condutas restaram bem delineadas. A posse consiste em manter no interior de residência (ou dependência desta) ou no local de trabalho a arma de fogo. O porte, por sua vez, pressupõe que a arma de fogo esteja fora da residência ou local de trabalho (Precedentes). II. Os prazos a que se referem os artigos 30, 31 e 32, da Lei n. 10.826/2003, só beneficiam os possuidores de arma de fogo, i.e., quem a possui em sua residência ou local de trabalho. Ademais, cumpre asseverar que, no tocante a tais prazos, deve se atentar para o seguinte: o interstício se iniciou em 23/12/2003 e teve seu termo final prorrogado até 23-10-2005 (cf. Medida Provisória n. 253/2005 convertida na Lei n. 11.191/2005), no tocante à posse irregular de arma de fogo ou munição de uso permitido e restrito ou proibido. Esse termo final acabou estendido até 31 de dezembro de 2008, alcançando, na hipótese, todavia, somente os possuidores de arma de fogo de uso permitido (nos exatos termos do art. 1º da Medida Provisória n. 417, de 31 de janeiro de 2008, convertida na Lei 11.706, de 19 de junho de 2008, que conferiu nova redação aos arts. 30 e 32 da Lei 10.826/2003). Tal prazo foi novamente prorrogado até 31 de dezembro de 2009 pela Lei n. 11.922/2009. III. *In casu*, a denúncia atribui aos pacientes a conduta de possuir, no interior de imóvel, arma de fogo e munição de uso permitido e de munições de uso restrito. IV. A conduta de possuir munições de uso restrito foi perpetrada em 18-9-2007, após o termo final a que se refere a Medida Provisória n. 253/2005 convertida na Lei 11.191/2005. V. 'Esta Corte firmou o entendimento de ser atípica a conduta no concernente ao crime de posse irregular de arma de fogo, tanto de uso permitido (art. 12) quanto de uso restrito (art. 16), no período estabelecido nos arts. 30 e 32 da Lei 10.826/2003, que permitiu a entrega das armas à Polícia Federal mediante indenização ou a sua regularização, de 23-12-03 até 23-10-05' (RHC 24983/RJ, 5ª Turma, Rel. Min. Napoleão Nunes Maia Filho, *DJe* de 9-3-2009). VI. Lado outro, a conduta de possuir, no interior de imóvel, arma de fogo e munição, ambas de uso permitido, enquadra-se nas hipóteses excepcionais dos artigos 30, 31 e 32 do Estatuto do Desarmamento, devendo, pois, ser reconhecida sua atipicidade. Ordem parcialmente concedida" (STJ, 5ª T., HC 153.101, Rel. Min. Felix Fischer, j. 1º-6-2010, *DJe* 2-8-2010).

"[...] V. A Lei n. 10.826/2003, nos arts. 30 e 32, determinou que os possuidores e proprietários de armas de fogo não registradas deveriam, sob pena de responsabilidade penal, no prazo de 180 (cento e oitenta) dias após a publicação da Lei, solicitar o seu registro apresentando nota fiscal de compra ou a comprovação da origem lícita da posse ou entregá-las à Polícia Federal. VI. Durante esse prazo estipulado pelo legislador, identificado como *vacatio legis* indireta pela doutrina, a simples conduta de possuir arma de fogo e munições, de uso permitido (art. 12) ou de uso restrito (art. 16), não seria crime. VII. Incidência da *abolitio criminis* temporária tanto no tocante ao art. 12, quanto ao art. 16, ambos da Lei n. 10.826/2003, que, pela simples posse, ficaram desprovidos de eficácia durante o período estipulado nos arts. 30 e 32 da referida norma legal. Destaca-se que o interstício se iniciou em 23-12-2003 e teve seu termo final prorrogado até 23-10-2005 (cf. Medida Provisória n. 253/2005 convertida na Lei n. 11.191/2005, no tocante à posse irregular de arma de fogo ou munição de uso permitido e restrito ou proibido. VIII. Esse termo final foi estendido até 31 de dezembro de 2008, alcançando, todavia, somente os possuidores de arma de fogo e munição de uso permitido (nos exatos termos do art. 1º da Medida Provisória n. 417, de 31 de janeiro de 2008, convertida na Lei 11.706, de 19 de junho de 2008, que conferiu nova redação aos arts. 30 e 32 da Lei n. 10.826/2003. Por meio da Lei n. 11.922/2009, referido prazo foi prorrogado para o dia 31-12-2009. IX. Conforme o entendimento desta Corte, deve ser considerada típica a conduta praticada pelo paciente em 9-4-2007, de possuir, no interior de sua residência, munição de uso restrito" (STJ, 5ª T., HC 190.568, Rel. Min. Gilson Dipp, j. 14-4-2011, *DJe* 16-5-2011).

- Crime de perigo abstrato: "II. Possuir munição de uso restrito, por si só, configura a prática do delito do art. 16, *caput*, da Lei 10.826/2003, pois o núcleo do tipo prevê, explicitamente, que tal conduta é antijurídica, independentemente da disponibilidade de arma de fogo para efetuar disparo. (...) IV. Trata-se de delito de perigo abstrato, que prescinde de comprovação do efetivo risco à paz pública" (STJ, 5ª T., HC 190568, Rel. Min. Gilson Dipp, j. 14-4-2011, *DJe* 16-5-2011).

- Dolo. Ciência não provada: "A mera situação de flagrância no delito de tráfico de drogas não autoriza a condenação das rés pelos delitos previstos nos arts. 16 e 18 c/c 19, da Lei n. 10.826/2003, na medida em que não foi produzida qualquer prova de que as acusadas tinham ciência ou assumiram o risco de estar na posse e transportando arma de fogo e munição de uso restrito, razão pela qual devem ser absolvidas" (TRF da 4ª Região, 7ª T., AC 0002879-47.2009.4.04.7006/PR, Rel. Des. Fed. Tadaaqui Hirose, j. 24-5-2011, *DJe* 2-6-2011).

Parágrafo único. Nas mesmas penas incorre quem:

Parágrafo único (condutas equiparadas)

- Noção: Em vez de trazer pena própria para as condutas descritas neste parágrafo único, o legislador optou por fazer uso da equiparação, dispondo que "nas mesmas penas incorre quem". Proceder desta forma pode não ser a melhor solução, já que as diversas condutas descritas no parágrafo único deste art. 16 não possuem, necessariamente, a mesma reprovabilidade. Embora a limitação entre o mínimo e o máximo da pena seja a mesma, a solução deverá ser trazida pelo juiz no momento da individualização da pena, conforme as regras da Parte Geral do Código Penal. Para a caracterização dos incisos deste parágrafo único, pouco importa se a arma de fogo, acessório e munição são de uso permitido ou de uso restrito ou proibido, o que poderá influir apenas na fixação da pena. Com efeito, além de o legislador não ter feito menção, ao contrário do que fez no *caput*, às armas de uso restrito ou proibido, a outra exegese não se pode chegar em face do cotejamento do inciso II com os demais incisos deste parágrafo único.

I — suprimir ou alterar marca, numeração ou qualquer sinal de identificação de arma de fogo ou artefato;

Inciso I

- Noção: Esta mesma conduta constituía crime na legislação anterior (Lei n. 9.437/97, art. 10, § 2º, I), punível, todavia, com pena menor (reclusão, de dois a quatro anos, e multa).

- Objeto jurídico: Imediatamente, a segurança e a incolumidade públicas. De forma mediata, busca-se tutelar a fiscalização e o controle das armas de fogo no país por parte do Poder Público.

- **Sujeito ativo:** Qualquer pessoa.

- **Sujeito passivo:** O Estado, em sua política de controle federal dos armamentos em nosso País. A coletividade também é sujeito passivo, na medida em que sofre com a violência causada pelas armas de fogo.

- **Tipo objetivo:** São duas as condutas puníveis: a) suprimir, que significa extinguir, eliminar; b) alterar, que tem o sentido de mudar, modificar, falsificar, adulterar. O objeto material sobre o qual recaem as condutas é a arma de fogo e o artefato. A supressão e alteração puníveis devem necessariamente referir-se à marca, numeração ou qualquer sinal de identificação de arma de fogo ou artefato. Não é qualquer supressão ou alteração que configurará o crime, mas apenas aquela que leve a arma ou o artefato "à clandestinidade, à impossibilidade de identificação, pois é essa conduta que afeta o bem jurídico (certo nível de segurança), que o rebaixa, enfim" (Luiz Flávio Gomes e William Terra de Oliveira, *Armas de fogo*. São Paulo: Revista dos Tribunais, p. 193). Trata-se de tipo penal autônomo, desvinculado do *caput*, razão pela qual não são exigidos os elementos normativos previstos no *caput* ("sem a autorização e em desacordo com determinação legal ou regulamentar"). Assim, o registro ou não da arma, bem como a existência ou não do porte, são irrelevantes para a caracterização do crime deste inciso I. Pelo mesmo motivo, o crime deste inciso I aplica-se tanto para armas de fogo ou artefato de uso proibido ou restrito quanto para armas de fogo ou artefato de uso permitido. Para a caracterização do crime deste inciso I, é indispensável a comprovação de que o acusado foi o responsável pela alteração ou supressão dos dados identificadores da arma, o que na prática será muito difícil de se comprovar, incidindo o agente apanhado na posse ou porte de arma de fogo com numeração raspada no crime do inciso IV.

- **Tipo subjetivo:** A conduta só é punida a título de dolo, consistente na vontade livre e consciente de praticar as condutas incriminadas. Para os tradicionais, é o dolo genérico. Não há modalidade culposa.

- **Consumação:** Com a efetiva supressão ou alteração (crime material).

- **Tentativa:** Não é possível, por serem ambas as condutas unissubsistentes, não havendo que se falar em *iter criminis*. Com efeito, não há como dissociar a conduta do seu resultado instantâneo (supressão ou alteração).

- **Concurso de crimes ou crime único?:** O tipo deste inciso I pune aquele que alterar ou suprimir — e não aquele que estiver portando arma com numeração "raspada" nos termos do inciso IV. Se o sujeito que portava a arma foi o mesmo que raspou a sua numeração, haverá crime único, isto é, o do inciso IV, sob pena de *bis in idem*. O mesmo sucede com o inciso II, uma vez que ao "raspar" a identificação da arma dificulta-se a persecução criminal.

II — modificar as características de arma de fogo, de forma a torná-la equivalente a arma de fogo de uso proibido ou restrito ou para fins de dificultar ou de qualquer modo induzir a erro autoridade policial, perito ou juiz;

Inciso II

- **Noção:** A revogada Lei n. 9.437/97 previa ser qualificado o crime do antigo art. 10 se o agente modificasse as características de arma de fogo, de forma a torná-la equivalente a arma de fogo de uso proibido ou restrito (art. 10, § 3º, II), não havendo a previsão constante da segunda parte deste inciso II (para fins de dificultar ou de qualquer modo induzir a erro autoridade policial, perito ou juiz). Houve, assim, a criação de um novo crime.

- **Objeto jurídico:** É a segurança e a incolumidade públicas. Na primeira parte, busca-se tutelar a atividade do Poder Público responsável pelo registro e concessão de autorização de porte, se for o caso. No segundo caso, busca-se tutelar a investigação correta do crime e sua persecução penal, ou seja, a administração da Justiça criminal.

- **Sujeito ativo:** Qualquer pessoa que tiver modificado ou de qualquer forma concorrido para a modificação da arma de fogo.

- **Sujeito passivo:** O Estado, tanto em sua política de controle federal dos armamentos em nosso País quanto na sua atividade de administrar a Justiça criminal. A coletividade também é sujeito passivo, na medida em que sofre com a violência causada pelas armas de fogo quando tornadas mais potentes pelo sujeito ativo.

- **Tipo objetivo:** A conduta incriminada é modificar, que significa mudar a forma, imprimir novo modo de ser. Deve a conduta recair sobre as características da arma de fogo (calibre, funcionamento — automática, semiautomática e de repetição —, comprimento do cano etc.). Na primeira parte do tipo, requer-se que a modificação operada efetivamente torne a arma equivalente àquela de uso proibido ou restrito, sem dúvida mais potente e letal. Na segunda parte, necessário comprovar que a modificação visava dificultar ou de qualquer modo induzir a erro autoridade policial, perito ou juiz, como a adulteração da numeração que só pode ter a motivação de dificultar eventual persecução criminal, prejudicando o rastreamento de sua origem. Sobre o conceito de arma de fogo de uso restrito ou proibido, *vide* nota ao *caput* deste art. 16. Evidente, assim, a necessidade de perícia (CPP, art. 158) em ambos os casos.

- **Tipo subjetivo:** É o dolo específico, em ambas as partes do tipo penal. Na primeira parte, deve o agente praticar a conduta com o fim de tornar a arma de fogo equivalente àquela de uso proibido ou restrito. Na segunda parte, deve o agente visar dificultar ou de qualquer modo induzir a erro autoridade policial, perito ou juiz. Não há modalidade culposa.

- **Consumação:** Ocorre com a modificação da arma de fogo, desde que esta tenha se tornado equivalente à arma de fogo de uso restrito ou proibido ou que tenha se tornado capaz de dificultar a atuação da autoridade policial, perito ou juiz, ou induzi-los em erro. É crime formal, consumando-se independentemente de a autoridade policial, de o perito ou de o juiz terem sido enganados.

- **Tentativa:** Não a entendemos possível.

- **Confronto:** Se o agente que adulterou a arma foi o mesmo que a portou, a nosso ver o crime será único: o do art. 16, *caput*.

III — possuir, detiver, fabricar ou empregar artefato explosivo ou incendiário, sem autorização ou em desacordo com determinação legal ou regulamentar;

Inciso III

- **Noção:** Este mesmo crime era também punido pela revogada Lei n. 9.437/97 (art. 10, § 3º, III), mas com pena menor (reclusão, de dois a quatro anos, e multa). Vale notar que o elemento normativo do tipo "em desacordo com determinação legal ou regulamentar" não constava da legislação anterior, tratando-se de novidade; demonstra, sem dúvida, maior preocupação por parte do legislador com o artefato explosivo ou incendiário. De fato, a conjunção alternativa "ou" evidencia maior rigor por parte da nova Lei de Armas, que será punido da mesma forma aquele que não tiver autorização e a pessoa que, mesmo a possuindo, estiver em desacordo com determinação legal ou regulamentar. Neste caso, trata-se de norma penal em branco, que deverá ser complementada pela lei ou outro ato normativo que discipline a matéria. Na conduta de estar em desacordo será possível a ocorrência de erro de proibição (CP, art. 21), sobretudo no tocante ao conceito de artefato explosivo ou incendiário. O crime é grave diante do grande potencial destrutivo, tendo, infelizmente, sido comuns as explosões em fábricas clandestinas de fogos de artifício, bem como a utilização de dinamite para destruição de caixas eletrônicos. Note-se que, em países que sofrem com terrorismo, o crime em tela é ainda mais grave, sendo de enorme preocupação do Poder Público e da sociedade.

- **Objeto jurídico:** É a incolumidade e a segurança públicas.

- **Sujeito ativo:** Qualquer pessoa, ainda que não seja o proprietário do artefato explosivo ou incendiário.

- **Sujeito passivo:** O Estado, notadamente a União, em sua política de controle federal de explosivos e materiais incendiários, bem como a coletividade que sofre com o risco de explosões e incêndios.

- **Tipo objetivo:** Pune-se a conduta de possuir (ter em seu poder), deter (conservar em seu poder), fabricar (produzir, construir) ou empregar (fazer uso de). As condutas devem recair sobre artefato explosivo ou incendiário (objeto material), acrescido do elemento normativo do tipo sem autorização ou em desacordo com determinação legal ou regulamentar. Artefato explosivo e/ou incendiário não são expressões sinônimas. Artefato significa qualquer objeto manufaturado ou peça (*Novo Dicionário Aurélio*. 14. reimp. Rio de Janeiro: Nova Fronteira). Explosivo, por sua vez, é todo tipo de matéria que, quando iniciada, sofre decomposição muito rápida em produtos mais estáveis, com grande liberação de calor e desenvolvimento súbito de pressão (inciso LI do art. 3º do Decreto n. 3.665/2000), lembrando, por exemplo, as "bananas de dinamite". Incendiário é aquilo que comunica fogo a alguma coisa, que é próprio para incêndio, como os chamados "coquetéis Molotov" consistentes em garrafas com líquido inflamável, com tecido em seus gargalos, para o fim de serem arremessadas com fogo. Artefato explosivo é, portanto, todo objeto que tenha por objetivo causar explosão, enquanto artefato incendiário é todo objeto que se destina a causar fogo ou incêndio em alguma coisa.

- **Tipo subjetivo:** É o dolo, consistente na vontade livre e consciente de praticar as condutas incriminadas. Para os tradicionais, é o dolo genérico. Não há forma culposa.

- **Consumação:** Com a prática de uma das várias condutas incriminadas. Trata-se de crime de perigo concreto, sendo o exame de corpo de delito fundamental (CPP, art. 158) para constatar a natureza incendiária ou explosiva do artefato.

- **Tentativa:** Em tese, parece-nos possível somente na modalidade de fabricar artefato.

- **Confronto:** Havendo incêndio ou explosão, *vide* arts. 250 e 251 do CP.

IV — portar, possuir, adquirir, transportar ou fornecer arma de fogo com numeração, marca ou qualquer outro sinal de identificação raspado, suprimido ou adulterado;

Inciso IV

- **Noção:** Trata-se de tipo penal novo. Na revogada Lei n. 9.437/97 punia-se tão somente aquele que suprimisse ou alterasse marca, numeração ou qualquer sinal de identificação de arma de fogo ou artefato. Desta forma, aquele que fosse flagrado portando arma de fogo com numeração raspada, por exemplo, acabava sendo processado pelo *caput* do revogado art. 10, isso porque, na prática, era muito difícil comprovar que o portador da arma raspada tivesse sido também o autor da modificação ou alteração. Esse novo inciso IV veio resolver a questão, punindo com pena severíssima aquele que for flagrado praticando a conduta descrita. Irrelevante, outrossim, se a arma de fogo é de uso restrito, proibido, ou permitido.

- **Objeto jurídico:** A incolumidade e a segurança públicas, notadamente o controle pelo Estado das armas de fogo existentes no país.

- **Sujeito ativo:** Qualquer pessoa, seja, ou não, o proprietário da arma (o que, aliás, será de difícil comprovação, dado o seu estado adulterado). Se for integrante dos órgãos e empresas referidos nos arts. 6º, 7º e 8º, haverá aumento de pena (*vide* art. 20).

- **Sujeito passivo:** O Estado, em sua política de controle federal dos armamentos em nosso País. A coletividade também é sujeito passivo, na medida em que sofre com a violência causada pelas armas de fogo.

- **Tipo objetivo:** São punidas as condutas de portar (carregar consigo), possuir (ter a posse), adquirir (comprar), transportar (conduzir ou levar de um local para outro) ou fornecer (entregar). As condutas devem recair sobre arma de fogo com numeração, marca ou qualquer outro sinal de identificação raspado (tirado ou apagado com o uso de instrumento adequado), suprimido (eliminado de outra forma que não a raspagem — *v.g.*, com produto químico), ou adulterado (mudado, alterado). Pouco importa à caracterização do crime se a arma de fogo é de uso permitido ou restrito, circunstância que poderá influenciar apenas na fixação da pena em caso de condenação.

- **Tipo subjetivo:** É o dolo, consistente na vontade livre e consciente de portar a arma de fogo tendo conhecimento de que ela se encontra com sinal de identificação adulterado. Nas hipóteses de supressão ou de raspagem, a ciência é óbvia.

- **Consumação:** Com a efetiva prática das condutas incriminadas, tratando-se de crime permanente na modalidade de possuir.

- **Tentativa:** Não é possível, tendo em vista a pluralidade de núcleos do tipo.

- **Concurso de crimes ou crime único?:** Se o agente for flagrado portando arma de fogo (de uso restrito ou permitido), sem autorização legal, e com a numeração raspada, entendemos que deve responder tão somente pelo crime de porte ilegal de arma de fogo com numeração raspada deste inciso IV.

- **Confronto:** Se a aquisição, o transporte e o fornecimento for em atividade comercial ou industrial, o crime será mais grave, qual seja, o do art. 17.

Jurisprudência

- **Arma desmontada com numeração raspada configura:** Embora reconhecendo possuir a arma desmontada menor potencial lesivo, decidiu-se: "[...] 2. Consideradas favoráveis todas as circunstâncias judiciais, à exceção dos antecedentes, não pode tal circunstância, diante das particularidades do caso em concreto, servir para impedir o benefício [substituição da pena reclusiva por duas restritivas de direito], especialmente em se considerando que a arma encontrada em poder do condenado estava desmontada, oferecendo, por isso, menor potencial lesivo, [e] que hoje o paciente conta com 68 (sessenta e oito) anos e a reincidência se deu em delito diverso do ora examinado" (STJ, 5ª T., HC 120.279, Rel. Min. Jorge Mussi, j. 18-6-2009, *DJe* 3-8-2009).

- **Arma ineficaz com numeração raspada não configura:** "1. De acordo com o entendimento firmado no âmbito desta Sexta Turma, tratando-se de crime de porte de arma de fogo, faz-se necessária que a arma seja eficaz, vale dizer, tenha potencialidade lesiva. 2. No caso, a arma foi apreendida e periciada. Entretanto, o laudo técnico apontou a sua total ineficácia, vale dizer, descartou, por completo, a sua potencialidade lesiva. (...) 5. Ordem concedida para absolver o paciente do crime de porte ilegal de arma de fogo" (STJ, 6ª T., HC 122.181, Rel. Min. Og Fernandes, j. 5-8-2010).

V — vender, entregar ou fornecer, ainda que gratuitamente, arma de fogo, acessório, munição ou explosivo a criança ou adolescente; e

Inciso V

■ **Noção:** Optou o legislador por punir com as mesmas penas do *caput* aquele que vender, entregar ou fornecer, ainda que gratuitamente, arma de fogo, acessório, munição ou explosivo a criança ou adolescente. A Lei n. 9.437/97 não dispunha de crime específico relacionado a criança ou adolescente, incriminando tão somente a conduta culposa daquele que omitisse as cautelas necessárias para impedir que menor de 18 anos se apoderasse de arma de fogo (art. 10, § 1º, I, da revogada lei).

■ **Revogação:** O art. 242 do ECA (Lei n. 8.069/90) punia com detenção de seis meses a dois anos e multa a conduta de "vender, fornecer ainda que gratuitamente ou entregar, de qualquer forma, a criança ou adolescente arma, munição ou explosivo". Tal dispositivo encontra-se, portanto, tacitamente derrogado por este art. 16, V, permanecendo em vigor tão somente no tocante às armas brancas. Por prever sanção bem mais gravosa que a do referido artigo do ECA, não poderá ser aplicado retroativamente. Abrange, assim, apenas crimes praticados após a vigência da Lei n. 10.826/2003.

■ **Objeto jurídico:** A incolumidade pública, sobretudo a segurança de crianças e adolescentes.

■ **Sujeito ativo:** Qualquer pessoa. No caso da venda, será o proprietário da arma. Para as condutas de entregar e fornecer, poderá ser qualquer pessoa que detenha a posse da arma de fogo, do acessório, da munição ou do explosivo.

■ **Sujeito passivo:** Primeiramente o menor que é exposto ao perigo de manusear tais objetos. O Estado também é sujeito passivo, por meio dos seus órgãos de controle dos armamentos e explosivos, a coletividade que sofre com a violência causada por eles.

■ **Tipo objetivo:** São três as condutas incriminadas: a) vender, isto é, alienar a título oneroso; b) entregar, ou seja, passar às mãos de outrem; ou c) fornecer, ainda que gratuitamente (dar, prover). Dentre as restrições à venda de armas de fogo, encontra-se a proibição expressa de venda a menores de 25 anos (Decreto n. 5.123/2004, art. 12, II). Todavia, só haverá crime se a venda se der para criança (menor de 12 anos) ou adolescente (de 12 a 18 anos). A venda para menor de 25 anos e maior de 18 anos implica apenas infração administrativa (regulamentar). O objeto material é a arma de fogo, acessório ou munição, de uso restrito ou não, bem como explosivo. Sobre o conceito de arma de fogo, acessório ou munição, *vide* nota ao art. 12. Explosivo é todo tipo de matéria que, quando iniciada, sofre decomposição muito rápida em produtos mais estáveis, com grande liberação de calor e desenvolvimento súbito de pressão (inciso LI do art. 3º do Decreto n. 3.665/2000).

■ **Tipo subjetivo:** É o dolo, consistente na vontade livre e consciente de praticar as condutas incriminadas. Para os tradicionais, é o dolo genérico. Não há modalidade culposa.

- **Consumação:** Dá-se no momento em que a criança ou o adolescente passa a ter a posse do objeto.
- **Tentativa:** Em tese é possível.
- **Confronto:** Se o menor de 18 anos se apoderar da arma de fogo por falta de cuidado do seu proprietário, poderá haver o crime do art. 13 desta lei.

VI — produzir, recarregar ou reciclar, sem autorização legal, ou adulterar, de qualquer forma, munição ou explosivo.

Inciso VI

- **Noção:** O art. 10, § 3º, III, da revogada Lei n. 9.437/97 punia, com pena de dois a quatro anos e multa, o agente que, dentre outras condutas, fabricasse artefato explosivo e/ou incendiário sem autorização, conduta esta agora punida por este inciso VI na modalidade de "produzir", que equivale a "fabricar".
- **Objeto jurídico:** A incolumidade e a segurança públicas, sobretudo o controle sobre a produção de munição e explosivos, bem como sua fiscalização por parte do Poder Público.
- **Sujeito ativo:** Qualquer pessoa que não tenha autorização legal para produzir, recarregar ou reciclar munição ou explosivo.
- **Sujeito passivo:** O Estado, na sua função de controlar e fiscalizar a produção de munição e de explosivos, bem como a própria coletividade.
- **Tipo objetivo:** São quatro as condutas incriminadas: a) produzir (fabricar, criar); b) recarregar (carregar novamente); c) reciclar (reaproveitar). Sobre essas três condutas precisa incidir o elemento normativo do tipo "sem autorização legal" (*vide* nota abaixo). A última conduta incriminada (d) é a adulteração (falsificação, contrafação) que, evidentemente, não poderia ser objeto de autorização legal, estando certo o legislador em deixá-la por último, na sua redação. A expressão "de qualquer forma" liga-se à conduta de adulterar. Devem as condutas recair sobre munição ou explosivo (objetos materiais do crime). Munição é o "artefato completo, pronto para carregamento e disparo de uma arma, cujo efeito desejado pode ser: destruição, iluminação ou ocultamento do alvo; efeito moral sobre pessoal; exercício; manejo; outros efeitos especiais" (Decreto n. 3.665, de 20 de novembro de 2000, Anexo, art. 3º, LXIV). Sobre o conceito de explosivo, é ele "todo tipo de matéria que, quando iniciada, sofre decomposição muito rápida em produtos mais estáveis, com grande liberação de calor e desenvolvimento de súbita pressão (art. 3º, LI, do referido decreto).
- **Elemento normativo do tipo:** A expressão "sem autorização legal" é aplicável tão somente às três primeiras condutas, pois a adulteração, por razões óbvias, não pode ser objeto de autorização legal. Compete ao Comando do Exército autorizar e fiscalizar a produção e o comércio de armas, munições e demais produtos controlados (art. 50 do Decreto n. 5.123, de 1º de julho de 2004).
- **Tipo subjetivo:** É o dolo, consistente na vontade livre e consciente de praticar as condutas incriminadas. Embora o desconhecimento da lei seja

inescusável, poderá haver erro de proibição (CP, art. 21), sobretudo por parte de pessoas humildes, geralmente da área rural, onde tal prática se dá com mais frequência, principalmente em relação a cartuchos utilizados em armas de caça. Para os tradicionais, é o dolo genérico. Não há modalidade culposa.

- Consumação: Dá-se no momento da prática das condutas incriminadas. O delito é material. Necessário, assim, para a constatação da prática do crime, que a munição ou o explosivo sejam apreendidos e que a perícia comprove o fato (CPP, art. 158).

- Tentativa: Em tese, é possível.

- Confronto: Difícil será provar, na prática, que a munição foi produzida, recarregada, reciclada ou adulterada pelo próprio agente que a detinha, podendo este já tê-la adquirido em uma dessas condições. Nesses casos, poderá haver a caracterização do art. 12 (posse irregular de arma, munição ou acessório permitido) ou do art. 14 (porte ilegal de arma, munição ou acessório de uso permitido), mas não de dois crimes, ou seja, em concurso material com este art. 16, VI, sob pena de *bis in idem*. No caso de posse, detenção, fabricação ou emprego de artefato explosivo ou incendiário, o crime poderá ser o deste art. 16, parágrafo único, III. Se as condutas são praticadas em atividade industrial ou comercial, o crime é mais grave, qual seja, o do art. 17 desta lei.

COMÉRCIO ILEGAL DE ARMA DE FOGO

Art. 17. Adquirir, alugar, receber, transportar, conduzir, ocultar, ter em depósito, desmontar, montar, remontar, adulterar, vender, expor à venda, ou de qualquer forma utilizar, em proveito próprio ou alheio, no exercício de atividade comercial ou industrial, arma de fogo, acessório ou munição, sem autorização ou em desacordo com determinação legal ou regulamentar:

Pena — reclusão, de 4 (quatro) a 8 (oito) anos, e multa.

Parágrafo único. Equipara-se à atividade comercial ou industrial, para efeito deste artigo, qualquer forma de prestação de serviços, fabricação ou comércio irregular ou clandestino, inclusive o exercido em residência.

- Objeto jurídico: A incolumidade e a segurança públicas.

- Sujeito ativo: Trata-se de crime próprio, pois será sujeito ativo somente aquele que exerce atividade comercial ou industrial.

- Sujeito passivo: O Estado, notadamente a União, em sua política de controle federal dos armamentos em nosso País, bem como a coletividade que sofre com a violência causada pelas armas de fogo.

- Tipo objetivo: Trata-se de tipo penal misto alternativo ou de conteúdo variado. São diversas as condutas incriminadas, bastando a prática de qualquer delas para que o crime se aperfeiçoe, presentes os demais elementos do tipo. São quatorze os núcleos previstos: a) adquirir (por meio de compra, tornar-se proprietário); b) alugar (obter ou ceder a posse mediante pagamento por certo período de tempo); c) receber (acolher, entrar na posse, a qualquer título); d) transportar (conduzir ou remover, por conta própria ou alheia, de um lugar para outro); e) *conduzir* (levar, trazer, transportar, encaminhar); f) ocultar (esconder); g) ter em depósito (ter em estoque, a sua livre disposição); h) desmontar (desmanchar); i) montar (aprontar para funcionar); j) remontar (tornar a montar); k) adulterar (falsificar, contrafazer); l) vender (alienar por certo preço); m) expor à venda (pôr à vista para vender); e n) de qualquer forma utilizar *em proveito próprio ou alheio* (usar de qualquer maneira), *no exercício de atividade comercial ou industrial*, arma de fogo, acessório ou munição, acrescido do elemento normativo do tipo: sem autorização ou em desacordo com determinação legal ou regulamentar.

- **Objeto material:** Deve a conduta incidir sobre arma de fogo, acessório ou munição (*vide* conceitos na nota *Tipo objetivo*, no art. 12).

- **Tipo subjetivo:** É o dolo, consistente na vontade livre e consciente de praticar as condutas incriminadas, acrescido do elemento subjetivo do tipo referido pelo especial fim de agir ("em proveito próprio ou alheio"). Para os tradicionais, é o dolo específico. Não há punição a título de culpa.

- **Consumação:** Com a efetiva prática das condutas descritas. Nas figuras de transportar, ocultar, ter em depósito, expor à venda é delito permanente, no qual a consumação se protrai no tempo. Nas demais, é delito instantâneo.

- **Tentativa:** É difícil ocorrer, tendo em vista a grande quantidade de condutas incriminadas, sendo que a tentativa de uma conduta (como a *venda* e a *ocultação*) implicará a caracterização de outra (ter em depósito ou de expor à venda).

- **Pena:** Reclusão, de quatro a oito anos, e multa.

- **Causa de aumento de pena do art. 19:** Caso se trate de arma de fogo, acessório ou munição de uso proibido ou restrito, a pena aumenta-se de metade, conforme disposto no art. 19 da Lei n. 10.826/2003.

- **Causa de aumento de pena do art. 20:** Estabelece o art. 20 da Lei n. 10.826/2003 que a pena aumenta-se de metade se o crime é cometido por integrante dos órgãos e empresas referidos nos arts. 6º, 7º e 8º da citada lei. Acerca de tais integrantes, *vide* nota sob o mesmo título no art. 14.

- **Ação penal:** Pública incondicionada.

Figura equiparada (parágrafo único)

- **Figura equiparada:** Estabelece o parágrafo único que se equipara à atividade comercial ou industrial qualquer forma de prestação de serviços, fabricação ou comércio irregular ou clandestino, inclusive o exercido em residência.

Jurisprudência

- **Finalidade comercial:** "A quantidade e o tipo de armas e munições encontrados não deixam dúvida quanto à finalidade comercial, amoldando-se a conduta do réu ao tipo descrito no artigo 17 da Lei n. 10.826/2003" (TRF da 4ª Região, 7ª T., AC 2006-10-01.002804-7, Rel. Des. Fed. Néfi Cordeiro, j. 20-11-2007, *Dje* 28-11-2007).

Jurisprudência da revogada Lei n. 9.437/97

■ **Erro sobre a ilicitude do fato:** Ocorre erro sobre a ilicitude do fato, com exclusão de culpabilidade do delito previsto no art. 10, § 3º, da Lei n. 9.437/97, na conduta do agente, homem simples que, exercendo atividade comercial em pequena cidade do interior, vendia munição para a exclusiva finalidade de caça, sem autorização legal para tanto, velho costume praticado pelos demais comerciantes, sem advertência da autoridade local (TJRN, *RT* 793/672).

TRÁFICO INTERNACIONAL DE ARMA DE FOGO

Art. 18. Importar, exportar, favorecer a entrada ou saída do território nacional, a qualquer título, de arma de fogo, acessório ou munição, sem autorização da autoridade competente:

Pena — reclusão, de 4 (quatro) a 8 (oito) anos, e multa.

■ **Combate ao tráfico internacional de armas:** O Brasil ratificou tratado visando combater o tráfico internacional de armas mediante o Protocolo contra a Fabricação e o Tráfico Ilícitos de Armas de Fogo, suas Peças e Componentes e Munições — complementando a Convenção das Nações Unidas contra o Crime Organizado Transnacional —, promulgado pelo Decreto n. 5.941, de 26 de outubro de 2006.

■ **Noção:** Antes do advento da presente lei, a importação, exportação e favorecimento de entrada ou saída de arma de fogo no país, sem autorização legal, eram punidos com base nos arts. 334 e 318 do CP (contrabando ou descaminho, e facilitação de contrabando ou descaminho), não havendo qualquer previsão na antiga Lei de Armas de Fogo. De fato, o art. 10, § 2º, da revogada Lei n. 9.437/97 dispunha apenas que a pena deste art. 10 seria de reclusão de dois a quatro anos e multa, sem prejuízo da pena por eventual crime de contrabando ou descaminho, se a arma de fogo ou acessórios fossem de uso proibido ou restrito. Todavia, o art. 18 desta lei veio punir, de forma específica, condutas relativas ao tráfico internacional, alcançando tanto as armas de fogo, acessórios ou munição, de uso permitido, quanto de uso restrito ou proibido, aplicando-se nesse último caso o aumento do art. 19 desta lei.

■ **Objeto jurídico:** Em primeiro lugar, é a incolumidade e a segurança públicas. Em segundo, a própria administração pública, especialmente a do Comando do Exército, a quem cabe autorizar e fiscalizar a produção, exportação, importação, desembaraço alfandegário e o comércio de armas de fogo e demais produtos controlados (art. 24 da Lei n. 10.826/2003).

■ **Sujeito ativo:** Qualquer pessoa, inclusive o funcionário público. Nesse aspecto, *vide* nota *Confronto com o crime de facilitação de contrabando ou descaminho* (art. 318 do CP).

■ **Sujeito passivo:** O Estado, notadamente a União, em sua política de controle federal dos armamentos em nosso País, bem como a coletividade que sofre com a violência causada pelas armas de fogo.

- **Tipo objetivo:** São três as condutas previstas: a) importar, ou seja, fazer entrar no país; b) exportar, isto é, fazer sair do território nacional, considerados os seus limites territoriais, marítimos e aéreos; c) favorecer a entrada ou saída do território nacional a qualquer título, abrangendo toda e qualquer ação ou omissão do agente (funcionário público ou não) tendente a ajudar aquele que promove a entrada ou saída do território nacional, seja a título gratuito ou oneroso. Para a configuração do crime, exige-se, ainda, a existência do elemento normativo do tipo sem autorização da autoridade competente, que no caso é de atribuição do Comando do Exército (arts. 50 e s. do Decreto n. 5.123/2004).

- **Objeto material:** Devem as condutas incidir sobre de arma de fogo, acessório ou munição (*vide* conceitos na nota *Tipo objetivo* no art. 12). A lei não faz, aqui, qualquer limitação quanto às suas especificações técnicas (calibre etc.). Porém, tratando-se de inexpressiva quantidade de munição permitida, e demonstrado que a importação deu-se para uso pessoal do agente, que possui registro da arma de fogo, e com o fim de adquirir a munição com preço melhor, há acórdãos entendendo não se aperfeiçoar o crime deste art. 18.

- **Tipo subjetivo:** É o dolo, consistente na vontade livre e consciente de praticar as condutas incriminadas. Não há punição a título de culpa.

- **Consumação:** Nas três condutas previstas, a consumação se dá com a efetiva saída ou ingresso da arma de fogo, acessório ou munição do país. Tratando-se de fronteira com alfândega, a consumação se dá com a liberação, ou seja, com a passagem incólume pela zona alfandegária.

- **Tentativa:** É possível nas condutas de importar e exportar. Todavia, no caso de exportar, poderá haver, conforme o caso, a consumação de outra figura delituosa, como o transporte ou a manutenção em depósito (art. 17 da lei ora em comento).

- **Confronto com o crime de contrabando ou descaminho (art. 334 do CP):** O crime de contrabando tipifica a conduta de importar ou exportar mercadoria proibida. Trata-se de norma penal em branco, de forma que há que se verificar se a mercadoria importada ou exportada é proibida pela lei. Antes do advento deste art. 18, a importação e a exportação ilícitas de armas de fogo eram punidas com base no art. 334 do CP (contrabando). Agora, pela aplicação do princípio da especialidade, aplica-se somente este art. 18, devendo-se, no entanto, verificar se a arma de fogo, acessório ou munição estão ingressando ou saindo do país sem autorização da autoridade competente. Não importa para caracterização do delito se a arma de fogo é de uso proibido ou restrito, ou de uso permitido.

- **Confronto com o crime de facilitação de contrabando ou descaminho (art. 318 do CP):** O art. 318 do CP tipifica como crime a conduta daquele que facilitar, com infração do dever funcional, a prática de contrabando (art. 334). A maioria da doutrina entende que sujeito ativo de tal crime é exclusivamente o funcionário público, porquanto somente este teria dever funcional de repressão ao contrabando. Entretanto, como o art. 18 da Lei de Armas passou a prever como crime a conduta daquele que favorece a entrada ou saída do território nacional, a qualquer título, de arma de fogo, acessório ou munição, sem autorização da autoridade competente, entendemos que em decorrência do princípio da especialidade, quando se tratar de armas e acessórios, prevalecerá somente o delito deste art. 18, quer se trate de favorecimento praticado por funcionário público ou por particular.

- **Confronto com a Lei de Segurança Nacional:** Tratando-se de importação, sem autorização legal, de "granadas" e "minas explosivas", que não se enquadram no conceito de arma de fogo, acessório e munição de uso restrito (art. 18 c/c o art. 19 da Lei n. 10.826/2003), entendemos ser aplicável o art. 12 da Lei n. 7.170/83.

- **Confronto com a Lei n. 9.112/95:** A exportação de bens sensíveis (de aplicação bélica, os bens de uso duplo e os bens de uso na área nuclear, química e biológica) é regulamentada pela Lei n. 9.112/95, sendo que o descumprimento de seus ditames é punido com reclusão, de um a quatro anos (art. 7º). Evidentemente, tratando-se de arma, acessório ou munição de uso bélico, incidirá o crime deste art. 18, c/c o art. 19 da Lei de Armas, que é específico.

- **Pena (desproporcionalidade):** Reclusão, de quatro a oito anos, e multa. De se notar que a pena mínima deste art. 18 é superior à pena mínima do crime do art. 12 da Lei de Segurança Nacional, que trata da importação sem autorização, e a nosso ver mais grave, de material bélico, privativo das Forças Armadas, como "granadas" e "minas explosivas", que não se enquadram no conceito de arma, acessório ou munição de uso restrito ou proibido (cf. art. 19 da Lei n. 10.826/2003), cujo montante é de três a dez anos de reclusão. Há, nesse último caso, evidente desproporcionalidade em relação à pena mínima deste art. 18.

- **Causa de aumento de pena do art. 19:** Caso se trate de arma de fogo, acessório ou munição de uso proibido ou restrito, a pena aumenta-se de metade, conforme disposto no art. 19 da Lei n. 10.826/2003.

- **Causa de aumento de pena do art. 20:** Estabelece o art. 20 da Lei n. 10.826/2003 que a pena aumenta-se de metade se o crime é cometido por integrante dos órgãos e empresas referidas nos arts. 6º, 7º e 8º da citada lei. Acerca de tais integrantes, *vide* nota sob o mesmo título no art. 14.

- **Competência:** É da Justiça Federal (CR, art. 109).

- **Ação penal:** Pública incondicionada.

Jurisprudência

- **Competência:** "1. Considerando-se que o conjunto probatório até então produzido nos autos não permite afirmar que o réu tenha feito ingressar no território nacional a munição apreendida, não há que se falar em competência da Justiça Federal. 2. Ademais, é certo que para a configuração do tráfico internacional de arma de fogo não basta apenas a procedência estrangeira do armamento ou munição, sendo necessário que se comprove a internacionalidade da ação. 3. Conflito conhecido para declarar competente o Juízo de Direito da 2ª Vara Criminal de Passo Fundo/RS, o suscitante" (STJ, 3ª S., CC 105.993, Rel. Min. Jorge Mussi, j. 28-4-2010, DJe 20-5-2010)

- Insuficiência de prova da importação: "9. O réu deve ser absolvido do delito de tráfico internacional de arma de fogo (Lei n. 10.826/2003, art. 18). Pelo que se infere da sentença, a condenação se fundamenta sobretudo em razão da procedência alienígena da munição. Ocorre que o acusado afirma tê-la adquirido no Brasil, o que implica dizer ao depois de sua internação irregular. 10. Não há elementos de prova que permitam afirmar, com a segurança necessária, que o acusado teria efetivamente providenciado a importação, no sentido material de trazer do exterior para o País, ou tão somente favorecer terceiro que assim o faça. Nesse ponto, a denúncia não fornece uma descrição da importação, sendo certo ademais que as testemunhas nela arroladas e que foram ouvidas ao longo da instrução cingem-se à dinâmica dos fatos que se sucederam por ocasião do cumprimento da diligência de busca e apreensão e da própria prisão do acusado. Por não haver prova suficiente da autoria, cumpre absolvê-lo desse crime. 11. Apelação do réu provida em parte. Apelação ministerial provida em parte" (TRF da 3ª Região, 5ª T., AC 2008.60.06.000359-3, Rel. Des. Fed. André Nekatschalow, j. 29-11-2010, DJF3 CJ1 3-12-2010, p. 430).

- Indícios não bastam à condenação: "Embora fortes os indícios, não existem nos autos provas aptas à condenação pela importação das armas e munições apreendidas, sendo daí devida a absolvição" (TRF da 4ª Região, 7ª T., AC 2006-10-01.002804-7, Rel. Des. Fed. Néfi Cordeiro, j. 20-11-2007, DJe 28-11-2007).

- Ciência não comprovada: "A mera situação de flagrância no delito de tráfico de drogas não autoriza a condenação das rés pelos delitos previstos nos arts. 16 e 18 c/c 19, da Lei n. 10.826/2003, na medida em que não foi produzida qualquer prova de que as acusadas tinham ciência ou assumiram o risco de estar na posse e transportando arma de fogo e munição de uso restrito, razão pela qual devem ser absolvidas" (TRF da 4ª Região, 7ª T., AC 0002879-47.2009.4.04.7006, Rel. Des. Fed. Tadaaqui Hirose, j. 24-5-2011, DJe 2-6-2011).

- Pequena quantidade (atipicidade): "Penal. Descaminho. Munição. Calibre permitido. Pequena quantidade. Ausência de lesividade. Atipicidade. A importação de pequena quantidade de munição de calibre permitido, para uso próprio em arma da qual o adquirente tem porte legal, revela mera intenção de aquisição do material a preços mais baixos no estrangeiro, incorrendo em elisão tributária, não estando caracterizada afronta à legislação sobre porte e uso de armas em território nacional. Ausência de lesividade que conduz à atipicidade da conduta, pela insignificância, impondo-se a absolvição" (TRF da 4ª Região, 7ª T., AC 001320-49.2009.4.04.7102, Rel. Des. Fed. Néfi Cordeiro, j. 16-11-2010, DJe 2-12-2010).

"A importação de pequena quantidade de munição de calibre permitido, desacompanhada da respectiva arma de fogo, revela mera intenção de aquisição do material a preços mais baixos no estrangeiro, incorrendo em elisão tributária. Descaracterizada a possível afronta à legislação sobre porte e uso de armas em território nacional. Ausência de lesividade que conduz à atipicidade da conduta, pela insignificância, impondo a absolvição, nos termos do artigo 386, III, do CPP" (TRF da 4ª Região, 7ª T., AC 2008.71.20.000406-5, Rel. Des. Fed. Márcio Antônio Rocha, j. 17-5-2011, DJe 26-5-2011).

- Clube de tiro: "A intenção de lucro e a destinação para terceiros da munição introduzida em território nacional não constituem elementares do tipo penal previsto no artigo 18, da Lei n. 10.826/2003 e, portanto, a destinação da munição para uso próprio (uso no clube de tiro) não afasta a tipicidade da conduta. De qualquer forma, a grande quantidade de cartuchos (1.700) e a diversidade de calibres (22, 32 e 38) são indicativas da intenção de comercialização da munição importada" (TRF da 3ª Região, 5ª T., AC 2004.60.00.005090-1, Rel. Juiz Convocado Leonardo Safi, j. 21-3-2011, DJF3 CJ1 1º-4-2011, p. 1116).

- Consumação: "2. O delito inserto no art. 18 da Lei n. 10.826/2003 é de ação múltipla, consumando-se, na modalidade de 'importar', com a simples entrada do produto no território nacional, não se exigindo fim especial de agir, desimportando, pois, sua destinação final, se para uso pessoal ou comercial. 3. O fato da munição não vir acompanhada de arma de fogo não descaracteriza o tipo, visto que, tratando-se de crime de mera conduta ou de perigo abstrato, o dano ao bem tutelado — segurança coletiva, incolumidade pública — é presumido, configurando-se com a prática de quaisquer das condutas descritas no tipo penal" (TRF da 4ª Região, 7ª T., AC 0005210-19.2006.4.04.7002, Rel. Des. Fed. Néfi Cordeiro, j. 30-11-2010, DJe 16-12-2010).

Art. 19. Nos crimes previstos nos arts. 17 e 18, a pena é aumentada da metade se a arma de fogo, acessório ou munição forem de uso proibido ou restrito.

- Causa de aumento de pena (de cunho objetivo): O art. 10, § 2º, da revogada Lei n. 9.437/97 já punia mais gravemente (reclusão de dois a quatro anos, e multa) os casos em que as condutas incriminadas se relacionassem a armas de fogo ou acessórios de uso proibido ou restrito. Por sua vez, dispõe o art. 19 da Lei n. 10.826/2003 que nos delitos de comércio ilegal de arma de fogo (art. 17) e tráfico internacional de arma de fogo (art. 18), quando a arma, acessório ou munição for de uso proibido ou restrito, a pena cominada será aumentada de metade. A intenção do legislador é evidente: punir mais gravemente quando o comércio ou o tráfico se relacionar a armas de fogo, acessório ou munição de maior potencialidade letal. A antiga lei não cuidava de munição (salvo quando acionada em determinados lugares habitados ou em via pública — art. 10, § 1º, III), o que agora veio a ser objeto de atenção por parte do legislador.

- **Armas de fogo de uso restrito ou proibido:** São aquelas de maior poder ofensivo e cuja utilização requer habilitação especial, sendo de uso exclusivo das Forças Armadas, de instituições de segurança pública e de pessoas físicas e jurídicas habilitadas, devidamente autorizadas pelo Comando do Exército, de acordo com a legislação específica (art. 11 do Decreto n. 5.123/2004). Estas armas deverão ser cadastradas no Sigma e no Sinarm, conforme o caso (arts. 2º e 18 do decreto mencionado). O Decreto n. 3.665/2001, que deu nova redação ao Regulamento para a Fiscalização de Produtos Controlados (R-105), entende serem as duas expressões equivalentes, *verbis*: "LXXX — uso proibido: a antiga designação 'de uso proibido' é dada aos produtos controlados pelo Exército designados como 'de uso restrito'" (art. 3º). Este mesmo decreto dá o seguinte conceito da expressão "uso restrito": "LXXXI — uso restrito: a designação 'de uso restrito' é dada aos produtos controlados pelo Exército que só podem ser utilizados pelas Forças Armadas ou, autorizadas pelo Exército, algumas Instituições de Segurança, pessoas jurídicas habilitadas e pessoas físicas habilitadas".

- **Derrogação do art. 12 da Lei de Segurança Nacional (Lei n. 7.170/83):** Da conjugação deste art. 19 com o art. 18 desta lei conclui-se que o art. 12 da Lei n. 7.170/83 foi derrogado.

Jurisprudência

- **Ciência não comprovada:** "A mera situação de flagrância no delito de tráfico de drogas não autoriza a condenação das rés pelos delitos previstos nos arts. 16 e 18 c/c 19, da Lei n. 10.826/2003, na medida em que não foi produzida qualquer prova de que as acusadas tinham ciência ou assumiram o risco de estar na posse e transportando arma de fogo e munição de uso restrito, razão pela qual devem ser absolvidas" (TRF da 4ª Região, 7ª T., AC 0002879-47.2009.4.04.7006, Rel. Des. Fed. Tadaaqui Hirose, j. 24-5-2011, *DJe* 2-6-2011).

Art. 20. Nos crimes previstos nos arts. 14, 15, 16, 17 e 18, a pena é aumentada da metade se forem praticados por integrante dos órgãos e empresas referidas nos arts. 6º, 7º e 8º desta Lei.

- **Noção:** A revogada Lei n. 9.437/97 previa em seu art. 10, § 4º, que a pena seria aumentada da metade se o crime fosse praticado por servidor público. A intenção do legislador era evidente, qual seja, a de punir mais gravemente o agente que fosse funcionário público. Todavia, tal dispositivo foi muito questionado pela doutrina, pois o simples fato de ser funcionário público, ainda que o cargo não tivesse relação alguma com armas de fogo, já permitia o aumento da pena. A Lei n. 10.826/2003 veio sanar essa problemática, prevendo, no lugar do dispositivo mencionado, este art. 20, limitando o aumento da pena para as hipóteses em que a culpabilidade (reprovabilidade) do agente seja maior, em decorrência do uso irregular de armas de fogo no cargo que ocupa ou na função que exerce.

- Causa de aumento de pena (de cunho subjetivo — pessoal do agente): Prevê este art. 20 que a pena referente aos crimes de porte ilegal de arma de fogo de uso permitido (art. 14), disparo de arma de fogo (art. 15), posse ou porte ilegal de arma de fogo de uso restrito (art. 16), comércio ilegal de arma de fogo (art. 17) e tráfico internacional de arma de fogo (art. 18) serão aumentadas de metade quando o sujeito ativo for alguma das pessoas elencadas nos arts. 6º, 7º e 8º, quais sejam: a) integrantes das Forças Armadas; b) integrantes da polícia federal, rodoviária federal, ferroviária federal, civil, militar e corpo de bombeiros militar (art. 144 da CR); c) integrantes das guardas municipais das capitais dos Estados e dos Municípios com mais de quinhentos mil habitantes, nas condições estabelecidas no regulamento desta lei; d) integrantes das guardas municipais dos Municípios com mais de duzentos e cinquenta mil e menos de quinhentos mil habitantes, quando em serviço; e) agentes operacionais da Agência Brasileira de Inteligência e os agentes do Departamento de Segurança do Gabinete de Segurança Institucional da Presidência da República; f) integrantes dos órgãos policiais da Câmara dos Deputados e do Senado Federal (arts. 51, IV, e 52, XIII, da CR); g) integrantes do quadro efetivo dos agentes e guardas prisionais, integrantes das escoltas de presos e as guardas portuárias; h) funcionários de empresas de segurança privada e de transporte de valores constituídas, nos termos desta lei; i) integrantes das entidades de desporto legalmente constituídas, cujas atividades esportivas demandem o uso de armas de fogo, na forma do regulamento desta lei.

- Dupla causa de aumento: Factível a hipótese em que a conduta do agente se subsuma tanto à hipótese de aumento objetiva do art. 19 quanto à causa de aumento de cunho subjetivo deste art. 20, como no caso de policial que contrabandeie arma de uso restrito. A nosso ver, não poderá haver dupla incidência, devendo a causa deste art. 20 incidir como agravante, nos moldes do art. 61, II, g, do CP, ou, ainda, como circunstância judicial do art. 59 do Diploma Penal.

Art. 21. Os crimes previstos nos arts. 16, 17 e 18 são insuscetíveis de liberdade provisória.

- Inconstitucionalidade do art. 21 da Lei n. 12.403/2011: Na 1ª edição desta obra já sustentávamos que a inconstitucionalidade da proibição absoluta da liberdade provisória, sem a análise concreta da necessidade da prisão cautelar, ofendia a garantia constitucional da presunção de inocência ou não consideração prévia de culpabilidade (CR, art. 5º, LVII). A jurisprudência, que se encontrava então dividida, pacificou-se ao STF considerar inconstitucional a vedação absoluta de liberdade provisória prevista na Lei de Armas e em dispositivos semelhantes de outros diplomas. Quanto a este art. 21, o Supremo foi expresso na ADIn 3.112-1 (vide abaixo). Ademais, a Lei n. 12.403/2011, que veio trazer nova disciplina à liberdade provisória, com ou sem fiança, introduzindo no CPP várias "medidas cautelares diversas da prisão" (arts. 319 e 320), seguiu acertadamente aquela orientação pretoriana. Dessa forma, pode-se dizer que não mais existe, em nosso ordenamento jurídico, vedação em caráter absoluto de liberdade provisória, sendo inconstitucional o presente dispositivo.

Jurisprudência
- Inconstitucionalidade do art. 21: "V. Insusceptibilidade de liberdade provisória quanto aos delitos elencados nos arts. 16, 17 e 18. Inconstitucionalidade reconhecida, visto que o texto magno não autoriza a prisão *ex lege*, em face dos princípios da presunção de inocência e da obrigatoriedade de fundamentação dos mandados de prisão pela autoridade judiciária competente. [...] IX. Ação julgada procedente, em parte, para declarar a inconstitucionalidade dos parágrafos únicos dos artigos 14 e 15 e do artigo 21 da Lei 10.826, de 22 de dezembro de 2003 (ementa) (STF, ADIn 3.112-1, Rel. Min. Ricardo Lewandowski, j. 2-5-2007, *DJ* 26-10-2007).

[...]

Art. 36. É revogada a Lei n. 9.437, de 20 de fevereiro de 1997.

- Revogação: A revogação expressa da Lei n. 9.437/97 implica, basicamente, duas situações. A primeira delas refere-se às penas previstas no art. 10, *caput*, da revogada lei (detenção, de um a dois anos, e multa), que são significativamente menores do que as penas previstas no art. 14 da nova Lei n. 10.826/2003 (reclusão, de dois a quatro anos, e multa). Dessa forma, em face do princípio da irretroatividade da lei penal maléfica, aquele que estiver sendo processado ou que tiver sido condenado pelo art. 10, *caput*, da revogada lei, só poderá ser condenado ou cumprir as penas previstas na lei revogada, e não aquelas cominadas pelo art. 14 da nova lei. A segunda situação diz respeito à *abolitio criminis* de algumas condutas ou circunstâncias que não mais se encontram previstas na nova legislação. É o caso da utilização de arma de brinquedo ou simulacro para o fim de cometer crimes (art. 10, § 1º, II, da revogada Lei n. 9.437/97) e da figura qualificada pelo fato de o agente possuir condenação anterior pela prática de certos crimes (art. 10, § 3º, IV, da mesma lei), conduta e circunstância estas que deixaram de ser tipificadas como delito ou qualificadora, por serem hipóteses evidentes de *abolitio criminis*. De qualquer modo, a maioria das condutas previstas como criminosas na lei revogada continua a ser considerada ilícitos criminais pela nova lei, tendo havido sucessão de leis penais, e não *abolitio criminis*, inclusive com aumento do rigor penal a respeito.

- Publicação: Esta lei foi publicada no *DOU* de 23-12-2003.

- *Vacatio legis* e *abolitio criminis*: *Vide* notas com igual título nos arts. 12 e 14, e nota Abolitio criminis *temporária* no art. 16.

[...]

Brasília, 22 de dezembro de 2003; 182º da Independência e 115º da República.

LUIZ INÁCIO LULA DA SILVA
Márcio Thomaz Bastos
José Viegas Filho
Marina Silva

CRIMES FALIMENTARES

LEI N. 11.101, DE 9 DE FEVEREIRO DE 2005

Regula a recuperação judicial, a extrajudicial e a falência do empresário e da sociedade empresária.

O Presidente da República:
Faço saber que o Congresso Nacional decreta e eu sanciono a seguinte Lei:

■ **Nota dos autores:** A Lei n. 11.101, de 9 de fevereiro de 2005 — Lei de Recuperação Judicial, Extrajudicial e Falência —, merece elogios na esfera criminal. Ressalvadas algumas críticas, como a que fazemos ao art. 185, última parte, que manda aplicar um rito processual que não mais existe no Código de Processo Penal, a nova lei trouxe significativa melhora no tratamento da matéria, tanto sob o ângulo do direito material, com melhor, mais simples e técnica tipificação penal, além das novas regras dadas à prescrição, quanto sob o processual, como a salutar extinção da prisão civil do falido e do inquérito judicial, previstos nos arts. 35 e 103 a 105 do revogado Decreto-Lei n. 7.661/45.

Capítulo I
DISPOSIÇÕES PRELIMINARES

Art. 1º Esta Lei disciplina a recuperação judicial, a recuperação extrajudicial e a falência do empresário e da sociedade empresária, doravante referidos simplesmente como devedor.

■ **Empresário e sociedade empresária:** Como observa o ilustre advogado Manoel Alonso, a presente lei "abrange, assim, a sociedade empresária, a sociedade simples (art. 982 do CC) e o empresário que exerça profissionalmente atividade econômica organizada para a proteção ou circulação de bens e serviços, na forma adotada pelo art. 966 do CC, com a exceção de seu parágrafo único (profissão intelectual, de natureza científica, literária e artística) como também o empresário rural quando tenha optado por requerer inscrição no Registro Público de Empresas Mercantis (art. 971 do CC)" ("Nova Lei de Falências — estudos, comentários e sugestões ao Projeto de Lei 4.376-B/1993". *Revista do Instituto dos Advogados de São Paulo*, São Paulo: Revista dos Tribunais, ano 7, n. 14 — edição comemorativa dos 130 anos do IASP, julho-dezembro de 2004, p. 283).

Art. 2º Esta Lei não se aplica a:

I — empresa pública e sociedade de economia mista;

II — instituição financeira pública ou privada, cooperativa de crédito, consórcio, entidade de previdência complementar, sociedade operadora de plano de assistência à saúde, sociedade seguradora, sociedade de capitalização e outras entidades legalmente equiparadas às anteriores.

■ **Empresas que não são abrangidas pela presente lei:** Por possuírem disciplina própria, não restam abrangidas pela Lei n. 11.101/2005 a empresa pública e a sociedade de economia mista, por razões óbvias (inciso I), bem como a instituição financeira pública ou privada, a cooperativa de crédito, o consórcio, a entidade de previdência complementar, a sociedade operadora de plano de assistência à saúde, a sociedade seguradora, a sociedade de capitalização e outras entidades legalmente equiparadas às anteriores (inciso II), que não podem ser objeto de recuperação extrajudicial, judicial e falência, mas, sim, de fiscalização, intervenção e até liquidação, sempre no âmbito administrativo (cf., p. ex., tratando-se de instituição financeira, a atuação do Banco Central — BACEN, como entidade fiscalizadora).

Art. 3º É competente para homologar o plano de recuperação extrajudicial, deferir a recuperação judicial ou decretar a falência o juízo do local do principal estabelecimento do devedor ou da filial de empresa que tenha sede fora do Brasil.

■ **Competência:** O art. 3º da Lei n. 11.101/2005 estabelece que o juízo competente para homologar o plano de recuperação extrajudicial, deferir a recuperação judicial ou decretar a falência é o do local em que se encontrar o principal estabelecimento do devedor ou a filial de empresa que tenha sede fora do Brasil. A competência é, portanto, *ratione loci*, a qual determinará, igualmente, a definição da competência penal para o processamento e julgamento de crimes falimentares, estabelecida no art. 183 desta lei.

[...]

Capítulo V
DA FALÊNCIA

[...]

Seção IV
DO PROCEDIMENTO PARA A DECRETAÇÃO DA FALÊNCIA

[...]

Art. 99. A sentença que decretar a falência do devedor, dentre outras determinações:

[...]

III — ordenará ao falido que apresente, no prazo máximo de 5 (cinco) dias, relação nominal dos credores, indicando endereço, importância, natureza e classificação dos respectivos créditos, se esta já não se encontrar nos autos, sob pena de desobediência;

■ **Inconstitucionalidade da prisão por "desobediência":** Bem é de ver, inicialmente, que o art. 99, III, não trata de modalidade de prisão civil, nos moldes do revogado art. 35 do Decreto-Lei n. 7.661/45, a qual a melhor jurisprudência já entendia revogada com o advento da Constituição da República de 1988, que prevê de forma taxativa somente duas hipóteses de prisão civil: pelo inadimplemento de obrigação alimentícia e na hipótese de depositário infiel. Quanto ao depositário infiel, o STF, desde 2008 (cf. RE 349.703, RE 466.343, HC 87.585 e HC 98.893), entende que não mais subsiste a sua prisão, em virtude da ratificação, pelo Brasil, da Convenção Americana sobre Direitos Humanos (art. 7º, n. 7) e do Pacto Internacional sobre Direitos Civis e Políticos de Nova Iorque (art. 11), os quais vedam a prisão por dívida, restando revogada a Súmula 619 do STF. O art. 99, III, ora em comento, cuida, na verdade, de inconstitucional prisão em flagrante do falido sob a alegação de que, ao não apresentar a relação nominal dos credores, o seu endereço, a importância, a natureza e a classificação dos créditos, estaria ele cometendo o crime de desobediência. Trata-se de odioso dispositivo legal que tem a nítida finalidade de forçar o falido a "colaborar" com o processo falimentar, o qual, por vezes, poderá ter reflexos no âmbito penal na hipótese de configuração de crime tipificado nesta lei. Ora, se a todos é garantido o direito ao silêncio (Magna Carta, art. 5º, LXIII), que compreende o direito de não se autoincriminar (Pacto Internacional sobre Direitos Civis e Políticos de Nova Iorque, art. 14, 3, *g*; Convenção Americana sobre Direitos Humanos, art. 8º, 2, *g*), o falido jamais poderá cometer o crime de desobediência em razão de sua inatividade consistente em não produzir prova contra si mesmo. Nesse sentido, feliz a manifestação do Promotor de Justiça Arthur Migliari Júnior no sentido de que "considerado direito do falido não produzir prova contra sua própria pessoa, pois, entre os credores da massa, poderão existir situações que o falido deseja esconder e, como compete ao Estado a produção de provas contra o falido, obrigá-lo a apresentá-las é um retrocesso inadmissível em nosso direito pátrio, na atualidade" ("A persecução penal nos crimes de recuperação de empresa e de falências". *Revista do Advogado*, São Paulo, AASP, ano XXV, setembro de 2005, n. 83, p. 27). Nesse sentido, cf., igualmente, os comentários ao crime do art. 330 do CP, em nosso *Código Penal comentado*. 8. ed. São Paulo: Saraiva, 2010, p. 938-939).

[...]

VII — determinará as diligências necessárias para salvaguardar os interesses das partes envolvidas, podendo ordenar a prisão preventiva do falido ou de seus administradores quando requerida com fundamento em provas da prática de crime definido nesta Lei;

■ Prisão preventiva "com fundamento em provas da prática de crime definido nesta Lei": A modalidade de prisão disposta no inciso VII do art. 99 da Lei n. 11.101/2005, segundo o qual o juiz cível, ao decretar a falência, poderá "ordenar a prisão preventiva do falido ou de seus administradores quando requerida com fundamento em provas da prática de crime definido nesta Lei", é flagrantemente inconstitucional, sendo, portanto, inaplicável, pelas seguintes razões:

1) Em razão de a Constituição da República, o CADH e o PIDCP admitirem somente a prisão civil somente pelo inadimplemento de pensão alimentícia: embora a nomenclatura da prisão referida no inciso VII deste art. 99 seja a mesma daquela disciplinada pelo art. 312 do CPP (prisão preventiva), poder-se-ia, quiçá, argumentar que esta prisão seria, na verdade, uma nova modalidade de prisão civil, já que imposta pelo juízo cível ao decretar a falência. Evidentemente, também sob essa ótica, a inconstitucionalidade é flagrante, uma vez que nosso ordenamento admite, excepcionalmente, somente uma modalidade de prisão civil: a do responsável pelo inadimplemento voluntário e inescusável de obrigação alimentícia, conforme decidiu o Plenário do STF em 2008 (*vide* nota ao inciso III deste artigo).

2) Juiz cível não pode decretar medida cautelar processual penal (violação da garantia do *due process of law* — Magna Carta, art. 5º, LIV): uma vez definida pelo legislador a competência do juízo criminal para processar e julgar os crimes falimentares (art. 183), somente ele, e jamais o juízo cível falimentar, tem competência para decidir sobre a imposição de medidas cautelares constritivas da liberdade do acusado, ou seja: a) pela manutenção, ou não, de remota prisão em flagrante (CF, art. 5º, LXV; CPP, art. 310); b) pela igualmente remota decretação de prisão temporária no curso de inquérito policial falimentar (art. 187, *caput, in fine*, da Lei n. 11.101/2005), se houver imputação concomitante do crime de quadrilha ou bando previsto no art. 288 do CP (Lei n. 7.960/89, art. 1º, III, l); c) pela aplicação de medidas cautelares diversas da prisão (CPP, arts. 319 e 320); e d) pela decretação de prisão preventiva, nos estritos termos do art. 312 do CPP, quando insuficientes medidas menos gravosas. Assim é patente a violação da garantia do devido processo legal, sob a sua ótica processual (*procedural due process of law*), na hipótese de um juiz cível decretar uma medida cautelar processual penal.

3) Pela falta de fundamento cautelar: toda prisão provisória, para não se confundir com pena, deve, a fim de ser decretada, lastrear-se em motivada necessidade cautelar prevista em lei processual penal. Assim, ao decretar a prisão preventiva, por exemplo, o juiz criminal deverá, necessariamente, demonstrar a sua necessidade para a tutela do próprio processo (a denominada cautela instrumental) ou da efetividade de eventual condenação (a chamada cautela final), bem não serem suficientes outras medidas cautelares menos gravosas, diversas da prisão (CPP, arts. 282, § 6º, 310, II,

c/c os arts. 319 e 320). A prisão provisória, portanto, só pode ser admitida como um verdadeiro instrumento do instrumento, ou seja, de um instrumento que apenas pode ser concebido para proteger única e exclusivamente o processo penal (daí, no dizer do saudoso Sérgio Marcos de Moraes Pitombo, em aulas de pós-graduação na Faculdade de Direito da Universidade de São Paulo, ser a prisão provisória "escrava do processo penal"). Processo penal, que, por sua vez, é um instrumento para a realização da ação judiciária estatal, ou seja, um instrumento técnico, público, político, ético e justo de distribuição de justiça (como ensina Rogério Lauria Tucci, *Teoria do direito processual penal*. São Paulo: Revista dos Tribunais, 2004, p. 161). Desse modo, jamais se poderia admitir uma prisão provisória única e exclusivamente "com fundamento em provas da prática de crime definido nesta Lei", como estatuiu, de modo infeliz, o legislador no inciso VII do art. 99 da Lei n. 11.101/2005, confundindo-se com antecipação de pena, ao arrepio das garantias constitucionais da desconsideração prévia de culpabilidade (CF, art. 5º, LVII) e da presunção de inocência (Pacto de San José da Costa Rica, art. 8º, 2, e art. 14, 2, do Pacto Internacional sobre Direitos Civis e Políticos) (*As modalidades de prisão preventiva e seu prazo de duração*. 2. ed. Rio de Janeiro: Renovar, 2001, p. 170-172).

[...]

Capítulo VII
DISPOSIÇÕES PENAIS

■ **Sucessão de leis penais e *abolitio criminis*:** Equivocam-se aqueles que imaginam que, pelo simples fato de uma lei penal ter sido revogada e substituída por outra, teria havido *abolitio criminis* em relação às condutas criminosas tipificadas pelo revogado diploma legal. A *abolitio criminis* (que é uma causa de extinção da punibilidade — CP, art. 107, III) ocorre, nos termos do art. 2º do CP, quando o fato não é mais considerado crime pela nova lei. O que importa é verificar se o conteúdo do injusto penal, ou seja, a concepção da ilicitude do fato, continua presente como tal na nova lei. Não havendo interrupção na previsão de que determinada conduta é crime ou contravenção, não há falar em *abolitio criminis*. A propósito, Américo A. Taipa de Carvalho lembra as "modificações legislativas que, mantendo a ilicitude penal do facto — deixando, portanto, intocado o preceito primário ou hipótese legal —, e, correspondentemente, a responsabilidade penal, todavia, por razões político-criminais de prevenção geral e/ou especial, alteram o preceito sancionatório da norma penal, agravando ou atenuando as consequências jurídico-penais" (*Sucessão de leis penais*. Coimbra: Coimbra Editora, 1990, p. 79). A questão, todavia, pode ensejar na prática delicadas situações, como nos casos em que "as alterações legislativas se traduziriam na modificação da estrutura do tipo legal de crime, isto é, as hipóteses em que tanto a Lei Anterior como a Lei Nova preveem tipos legais de crime, mas a Lei Nova adiciona, subtrai ou substitui circunstâncias ou elementos do tipo legal de crime consagrado pela Lei Anterior" (ob. cit., p. 80). Assim, a comparação dos tipos penais do Decreto-Lei n. 7.661/45 com os previstos na Lei n. 11.101/2005 deverá ser criteriosa, feita caso a caso, mesmo porque, em certas hipóteses, o cotejamento não será simples, cabendo à jurisprudência dar a palavra final. Imagine-se, por exemplo, uma hipótese em que o crime anterior era material e o correlato delito previsto na lei nova, formal ou de perigo. Entendemos que a maioria das figuras penais previstas na antiga Lei de Falências continua incriminada pela atual lei, embora com roupagem diversa, conforme quadro comparativo abaixo:

Decreto-Lei n. 7.661/45	Lei n. 11.101/2005
Art. 186. Será punido o devedor com detenção, de 6 (seis) meses a 3 (três) anos, quando concorrer com a falência algum dos seguintes fatos: I — gastos pessoais, ou de família, manifestamente excessivos em relação ao seu cabedal; II — despesas gerais do negócio ou da empresa injustificáveis, por sua natureza ou vulto, em relação ao capital, ao gênero do negócio, ao movimento das operações e a outras circunstâncias análogas; III — emprego de meios ruinosos para obter recursos e retardar a declaração da falência, como vendas, nos 6 (seis) meses a ela anteriores, por menos do preço corrente, ou a sucessiva reforma de títulos de crédito; IV — abuso de responsabilidade de mero favor; V — prejuízos vultosos em operações arriscadas, inclusive jogos de Bolsa; [...]	A nosso ver, os incisos I, II, III, IV e V do art. 186 da antiga Lei de Falências não encontram correspondência na nova legislação, a não ser que se constate o emprego de fraude, hipótese do atual art. 168, *caput*.
Art. 186. [...] VI — inexistência dos livros obrigatórios ou sua escrituração atrasada, lacunosa, defeituosa ou confusa; VII — falta de apresentação do balanço, dentro de 60 (sessenta) dias após a data fixada para o seu encerramento, a rubrica do juiz sob cuja jurisdição estiver o seu estabelecimento principal.	**Art. 178.** Deixar de elaborar, escriturar ou autenticar, antes ou depois da sentença que decretar a falência, conceder a recuperação judicial ou homologar o plano de recuperação extrajudicial, os documentos de escrituração contábil obrigatórios: Pena — detenção, de 1 (um) a 2 (dois) anos, e multa, se o fato não constitui crime mais grave.
Art. 187. Será punido com reclusão, por 1 (um) a 4 (quatro) anos, o devedor que, com o fim de criar ou assegurar injusta vantagem para si ou para outrem, prati-	**Art. 168.** Praticar, antes ou depois da sentença que decretar a falência, conceder a recuperação judicial ou homologar a recuperação extrajudicial, ato fraudulento de que resulte ou possa re-

car, antes ou depois da falência, algum ato fraudulento de que resulte ou possa resultar prejuízo aos credores.	sultar prejuízo aos credores, com o fim de obter ou assegurar vantagem indevida para si ou para outrem: Pena — reclusão, de 3 (três) a 6 (seis) anos, e multa.
Art. 188. Será punido o devedor com a mesma pena do artigo antecedente, quando com a falência concorrer algum dos seguintes fatos: I — simulação de capital para obtenção de maior crédito; [...] IV — simulação de despesas, de dívidas ativas ou passivas e de perdas; [...] VI — falsificação material, no todo ou em parte, da escrituração obrigatória ou não, ou alteração da escrituração verdadeira; VII — omissão, na escrituração obrigatória ou não, de lançamento que dela devia constar, ou lançamento falso ou diverso do que nela devia ser feito; VIII — destruição, inutilização ou supressão, total ou parcial, dos livros obrigatórios; [...]	**Art. 168.** [...] Aumento da pena. § 1º A pena aumenta-se de um sexto a um terço, se o agente: I — elabora escrituração contábil ou balanço com dados inexatos; II — omite, na escrituração contábil ou no balanço, lançamento que deles deveria constar, ou altera escrituração ou balanço verdadeiros; III — destrói, apaga ou corrompe dados contábeis ou negociais armazenados em computador ou sistema informatizado; IV — simula a composição do capital social; V — destrói, oculta ou inutiliza, total ou parcialmente, os documentos de escrituração contábil obrigatórios. Contabilidade paralela. § 2º A pena é aumentada de um terço até metade se o devedor manteve ou movimentou recursos ou valores paralelamente à contabilidade exigida pela legislação.
Art. 188. [...] II — pagamento antecipado de uns credores em prejuízo de outros; [...]	Favorecimento de credores **Art. 172.** Praticar, antes ou depois da sentença que decretar a falência, conceder a recuperação judicial ou homologar plano de recuperação extrajudicial, ato de disposição ou oneração patrimonial ou gerador de obrigação, destinado a favorecer um ou mais credores em prejuízo dos demais: Pena — reclusão, de 2 (dois) a 5 (cinco) anos, e multa. Parágrafo único. Nas mesmas penas incorre o credor que, em conluio, possa beneficiar-se de ato previsto no *caput* deste artigo.
Art. 188. [...] V — perdas avultadas em operações de puro acaso, como jogos de qualquer espécie; [...] IX — ser o falido leiloeiro ou corretor.	Os antigos crimes do art. 188, incisos V e IX, não encontram equivalência nos delitos previstos na nova Lei de Quebras.
Art. 188. Será punido o devedor com a mesma pena do artigo antecedente, quando com a falência concorrer algum dos seguintes fatos: [...] III — desvio de bens, inclusive pela compra em nome de terceira pessoa, ainda que cônjuge ou parente; [...] Art. 189. Será punido com reclusão de 1 (um) a 3 (três) anos: I — qualquer pessoa, inclusive o falido, que ocultar ou desviar bens da massa;	Desvio, ocultação ou apropriação de bens **Art. 173.** Apropriar-se, desviar ou ocultar bens pertencentes ao devedor sob recuperação judicial ou à massa falida, inclusive por meio da aquisição por interposta pessoa: Pena — reclusão, de 2 (dois) a 4 (quatro) anos, e multa. Aquisição, recebimento ou uso ilegal de bens **Art. 174.** Adquirir, receber, usar, ilicitamente, bem que sabe pertencer à massa falida ou influir para que terceiro, de boa-fé, o adquira, receba ou use: Pena — reclusão, de 2 (dois) a 4 (quatro) anos, e multa.

Art. 189. [...] II — quem quer que, por si ou interposta pessoa, ou por procurador, apresentar, na falência ou na concordata preventiva, declarações ou reclamações falsas, ou juntar a elas títulos falsos ou simulados; III — o devedor que reconhecer como verdadeiros créditos falsos ou simulados; [...]	Habilitação ilegal de crédito **Art. 175.** Apresentar, em falência, recuperação judicial ou recuperação extrajudicial, relação de créditos, habilitação de créditos ou reclamação falsas, ou juntar a elas título falso ou simulado: Pena — reclusão, de 2 (dois) a 4 (quatro) anos, e multa.
Art. 189. [...] IV — o síndico que der informações, pareceres ou extratos dos livros do falido inexatos ou falsos, ou que apresentar exposição ou relatórios contrários à verdade.	Indução a erro **Art. 171.** Sonegar ou omitir informações ou prestar informações falsas no processo de falência, de recuperação judicial ou de recuperação extrajudicial, com o fim de induzir a erro o juiz, o Ministério Público, os credores, a assembleia geral de credores, o Comitê ou o administrador judicial: Pena — reclusão, de 2 (dois) a 4 (quatro) anos, e multa. Obs.: Nos termos do art. 179 da nova Lei de Falências, o administrador judicial pode ser sujeito ativo dos crimes nela previstos, como, no caso do art. 171, quando induza a erro o juiz.
Art. 190. Será punido com detenção, de 1 (um) a 2 (dois) anos, o juiz, o representante do Ministério Público, o síndico, o perito, o avaliador, o escrivão, o oficial de justiça ou o leiloeiro que, direta ou indiretamente, adquirir bens da massa, ou, em relação a eles, entrarem em alguma especulação de lucro.	Violação de impedimento **Art. 177.** Adquirir o juiz, o representante do Ministério Público, o administrador judicial, o gestor judicial, o perito, o avaliador, o escrivão, o oficial de justiça ou o leiloeiro, por si ou por interposta pessoa, bens de massa falida ou de devedor em recuperação judicial, ou, em relação a estes, entrar em alguma especulação de lucro, quando tenham atuado nos respectivos processos: Pena — reclusão, de 2 (dois) a 4 (quatro) anos, e multa.
Art. 191. Na falência das sociedades, os seus diretores, administradores, gerentes ou liquidantes, são equiparados ao devedor ou falido, para todos os efeitos penais previstos nesta Lei.	**Art. 179.** Na falência, na recuperação judicial e na recuperação extrajudicial de sociedades, os seus sócios, diretores, gerentes, administradores e conselheiros, de fato ou de direito, bem como o administrador judicial, equiparam-se ao devedor ou falido para todos os efeitos penais decorrentes desta Lei, na medida de sua culpabilidade.

- *Abolitio criminis* (art. 186, I, II, III, IV e V, do Decreto-Lei n. 7.661/45): A nosso ver, como acima assinalado, as condutas típicas previstas nos incisos I, II, III, IV e V do art. 186 do Decreto-Lei n. 7.661/45 não foram abrangidas por nenhum dos onze crimes previstos na Lei n. 11.101/2005, tendo havido, em relação a eles, *abolitio criminis*, que é causa de extinção da punibilidade (art. 107, III, do CP).

- *Abolitio criminis* (art. 188, V e IX, da antiga Lei de Falências): Ao cotejar-se a antiga e a atual Lei de Falências, não logramos encontrar na Lei n. 11.101/2005 as figuras típicas dos incisos V e IX do art. 188 do Decreto-Lei n. 7.661/45, configurando-se a hipótese de *abolitio criminis* em relação a elas, com a correspondente extinção da punibilidade (art. 107, III, do CP).

- Novos crimes falimentares: A Lei n. 11.101/2005, ademais, criou novas figuras criminosas que não existiam na legislação falimentar anterior. São elas os delitos de violação de sigilo empresarial (art. 169), divulgação de informações falsas (art. 170) e exercício ilegal de atividade (art. 176).

- Irretroatividade das penas mais severas: Quando verificado que o conteúdo do injusto penal da antiga lei continua sendo previsto na Lei n. 11.101/2005, as penas desta, todas mais severas, evidentemente não podem retroagir.

- Irretroatividade da atual disciplina prescricional: *Vide* comentários ao art. 182.

Seção I
DOS CRIMES EM ESPÉCIE

- Dolo há de ser provado; presume-se a boa-fé: Todos os crimes falimentares são dolosos, inexistindo punição a título de culpa. Nesse sentido, em brilhante acórdão da lavra da Desembargadora Luciana Leal Junqueira Vieira, decidiu a 8ª Câmara Criminal do TJSP: "[...] não há nos autos prova de que a ré Aimar, efetivamente, praticasse atos de gerência e gestão na sociedade. Ao revés, ao que tudo indica, figurava apenas no contrato social juntamente com o marido, para possibilitar a formação jurídica da empresa. Consoante suas próprias palavras, embora tenha até trabalhado na firma nos dois anos iniciais, depois retirou-se para se dedicar exclusivamente às atividades domésticas. Ora. A responsabilidade, nestes casos, não objetiva. Necessária a efetiva comprovação da prática do delito. bem como demonstração do dolo do agente. Mesmo no tocante a Alberto, a respeitável Juízo de primeiro grau não merece reparo. Muito embora todo comerciante tenha, notadamente, total conhecimento das exigências legais, no tocante à escrituração de seus livros contábeis, é sabido que tal atividade, comumente, é terceirizada, até porque, em razão da complexidade da legislação que regula a matéria, muitas vezes, até para não fazê-lo contábil e fiscalmente de forma equivocada, preferível contratar contador especializado para tanto. O réu, neste passo, asseverou que contratou terceiro para realizar a escrituração. Sua assertiva é crível e não se pode presumir, simplesmente, sua má-fé, pelo descumprimento da disposição legal. Ao revés, a presunção legal é sempre de boa-fé. O dolo deve ser provado. Do mesmo modo, também não se pode simplesmente presumir fraudulento o recibo por ele apresentado a fls., como pretende a d. representante ministerial. É certo que foi irresponsável e deixou de cumprir com suas obrigações de comerciante. Tanto que faliu. Possível que tenha sido incauto. Mas daí a se afirmar que agiu com dolo e má-fé há uma grande distância, não demonstrada, sequer indiciariamente" (Ap. 993.06.009595-1, j. 20-5-2011).

■ Unicidade dos crimes falimentares: Em julgamentos realizados nos anos de 2009 e 2010, quando já vigente a nova Lei Falimentar, o Tribunal de Justiça do Distrito Federal e Territórios, em duas oportunidades, ao decidir caso ocorrido sob a égide da revogada lei, manteve a aplicação do reconhecido princípio da unicidade dos delitos falimentares, afastando o concurso material de crimes (TJDF, 2ª T., Ap. 20070110579326APR, Des. Rel. Sérgio Rocha, j. 8-7-2010; 1ª T., Ap. 20080110771784APR, Rel. Des. Edson Alfredo Smaniotto, j. 12-11-2009, *DJ* 9-2-2010, p. 109), citando precedente do STJ: "[...] I. O princípio da unicidade é ficção criada pela doutrina, a qual dispõe que, no caso de concurso de diversas condutas direcionadas ao cometimento de fraudes geradoras de prejuízos aos credores da empresa submetida ao processo de falência, deve-se entender como praticado um só tipo penal, com a aplicação ao agente somente da pena do mais grave deles. [...]" (5ª T., HC 56.368, Rel. Min. Gilson Dipp, j. 24-10-2006, *DJ* 20-11-2006, p. 347).

FRAUDE A CREDORES

Art. 168. Praticar, antes ou depois da sentença que decretar a falência, conceder a recuperação judicial ou homologar a recuperação extrajudicial, ato fraudulento de que resulte ou possa resultar prejuízo aos credores, com o fim de obter ou assegurar vantagem indevida para si ou para outrem:

Pena — reclusão, de 3 (três) a 6 (seis) anos, e multa.

AUMENTO DA PENA

§ 1º A pena aumenta-se de um sexto a um terço, se o agente:

I — elabora escrituração contábil ou balanço com dados inexatos;

II — omite, na escrituração contábil ou no balanço, lançamento que deles deveria constar, ou altera escrituração ou balanço verdadeiros;

III — destrói, apaga ou corrompe dados contábeis ou negociais armazenados em computador ou sistema informatizado;

IV — simula a composição do capital social;

V — destrói, oculta ou inutiliza, total ou parcialmente, os documentos de escrituração contábil obrigatórios.

CONTABILIDADE PARALELA

§ 2º A pena é aumentada de um terço até metade se o devedor manteve ou movimentou recursos ou valores paralelamente à contabilidade exigida pela legislação.

CONCURSO DE PESSOAS

§ 3º Nas mesmas penas incidem os contadores, técnicos contábeis, auditores e outros profissionais que, de qualquer modo, concorrerem para as condutas criminosas descritas neste artigo, na medida de sua culpabilidade.

REDUÇÃO OU SUBSTITUIÇÃO DA PENA

§ 4º Tratando-se de falência de microempresa ou de empresa de pequeno porte, e não se constatando prática habitual de condutas fraudulentas por parte do falido, poderá o juiz reduzir a pena de reclusão de um terço a dois terços ou substituí-la pelas penas restritivas de direitos, pelas de perda de bens e valores ou pelas de prestação de serviços à comunidade ou a entidades públicas.

- Objeto jurídico: Primeiramente, a proteção do comércio, sobretudo a lisura das relações comerciais e, em segundo plano, a proteção dos direitos dos credores, a fé pública e a própria Administração da Justiça (no que concerne à aplicação dos preceitos da Lei Falimentar), dependendo do momento em que o ato fraudulento é praticado. Na opinião de João Marcelo de Araújo Júnior, "os crimes falimentares ofendem à ordem econômica", objetivando o Estado, com a punição pelos delitos previstos na Lei de Falências, proteger a "funcionalidade do sistema creditício e, secundariamente, preservar os interesses dos credores e dos trabalhadores". E complementa: "Quando um crime falimentar é punido, o interesse imediato da proteção penal não é o patrimônio dos credores. A punição se destina a preservar a saúde do sistema creditício, com o fim de prevenir a insegurança no mercado, que a cada quebra se vê abalado pela desconfiança gerada" (*Dos crimes contra a ordem econômica.* São Paulo: Revista dos Tribunais, 1995, p. 111).

- Sujeito ativo: O devedor ou falido, observando-se que o art. 179 a eles equipara, "na falência, na recuperação judicial e na recuperação extrajudicial de sociedades, os seus sócios, diretores, gerentes, administradores e conselheiros, de fato ou de direito, bem como o administrador judicial, [...] na medida de sua culpabilidade". Trata-se, portanto, de crime próprio, embora bastante amplo, nos termos do citado artigo.

- Sujeito passivo: Primeiramente, os credores; secundariamente, o Estado, no que concerne à fé pública e, dependendo do caso, a própria Administração da Justiça, no que tange à aplicação dos preceitos desta Lei Falimentar.

- Tipo objetivo: A conduta incriminada por este art. 168 é a de praticar (realizar, executar), antes ou depois da decisão que decretar a falência, deferir o processamento da recuperação judicial, ou, ainda, homologar, por sentença, o plano de recuperação extrajudicial ato fraudulento, acrescido do elemento normativo do tipo: de que resulte ou possa resultar prejuízo aos credores. João Melo Franco e Herlander Antunes Martins, em seu *Dicionário de conceitos e princípios jurídicos* (Coimbra: Almedina, 1993, p. 439), citando Maia Gonçalves (*Código Penal português*. 3. ed. Coimbra: Almedina, p. 90), definem a fraude como "o comportamento em que há engano, com embustes, com mentiras, com artimanhas". A seu turno, José da Silva Pacheco, discorrendo sobre o ato fraudulento de que falava o art. 187 da antiga Lei de Falências, salienta que "nesta categoria se incluem vários atos tidos na lei comum como estelionato" (*Processo de falência e concordata*. 8. ed. Rio de Janeiro: Forense, 1998, p. 744). Deve ser demonstrado, assim, em cada caso, o dano ou perigo concreto de dano sofrido pelos credores.

- **Atipicidade *versus* condição de punibilidade:** Se não houver decisão decretando a quebra, deferindo o pedido de recuperação judicial ou homologando o plano de recuperação extrajudicial (elementos normativos do tipo), o "ato fraudulento" eventualmente praticado pelo agente não encontrará tipicidade neste art. 168 (sem prejuízo da configuração de algum crime previsto no Código Penal). Desse modo, resta despiciendo o estatuído no art. 180 da Lei de Falências, de que é condição objetiva de punibilidade das infrações penais nela descritas, a sentença que decreta a falência concede a recuperação judicial ou a recuperação extrajudicial. Se a conduta é atípica, não há punibilidade a ser condicionada.

- **Tipo subjetivo:** É o dolo, acrescido do especial fim de agir, ou seja, com o fim de obter ou assegurar vantagem indevida para si ou para outrem. Para a doutrina tradicional, é o dolo específico. Como em qualquer crime falimentar, inexiste modalidade culposa.

- **Nexo causal:** A lei não estipula um limite temporal para que o ato fraudulento praticado antes da decretação da quebra, da concessão de recuperação judicial ou da homologação do plano de recuperação extrajudicial se subsuma ao tipo. Todavia, obviamente, deverá haver nexo causal entre o ato fraudulento e o dano ou o perigo concreto de prejuízo aos credores.

- **Concurso de pessoas:** Embora crime próprio, o concurso é possível, desde que o coautor ou partícipe tenham consciência da qualidade do autor, exigida pelo tipo (*vide* nota Sujeito ativo).

- **Consumação:** Consuma-se com a prática do ato fraudulento, não obstante possa ele ser até anterior à decretação da falência, concessão da recuperação judicial ou homologação do plano de recuperação extrajudicial, decisões estas sem as quais não haverá punibilidade (cf. art. 180 da presente lei). Previu o legislador, outrossim, tanto a figura do crime material (de que resulte ... prejuízo) quanto a do crime formal, para a qual basta o perigo de dano (de que ... possa resultar prejuízo).

- **Tentativa:** A nosso ver, ainda que a prática do ato fraudulento possa, em algumas hipóteses, assumir forma plurissubsistente (como a falsificação de livros contábeis), afigura-se difícil imaginar a tentativa, quando interrompida a conduta por circunstâncias alheias à vontade do agente (estaríamos diante de meros atos preparatórios que não chegam a ameaçar o bem jurídico tutelado).

- **Concurso de crimes:** Se para a prática da fraude o agente pratica outro delito, como o de falsidade ideológica ou de uso de documento falso, estes, como crimes-meio, restarão absorvidos pelo delito falimentar, crime-fim.
- **Pena:** Reclusão, de três a seis anos, e multa.
- **Ação penal:** Pública incondicionada, nos termos do art. 184.
- **Competência:** O processamento e o julgamento da ação penal competem ao juiz criminal da jurisdição onde tenha sido decretada a falência, concedida a recuperação judicial, ou homologado o plano de recuperação extrajudicial, conforme o disposto no art. 183.

Causas especiais de aumento de pena (§ 1º)

- **Noção:** Dispõe o § 1º, em cinco incisos, que a pena será aumentada de um sexto a um terço, se ao praticar o ato fraudulento, previsto no *caput*, o agente:
- **Inciso I:** Elabora (realiza, produz) escrituração contábil ou balanço com dados (informações, elementos) inexatos (que não são conformes à veracidade dos fatos, errôneos, falsos). Observe-se que, ao se referir à escrituração contábil, a lei não distingue entre os livros obrigatórios e facultativos. Todavia, em face da natureza da Lei de Falências, pensamos que apenas os livros comerciais, e não os fiscais, são aqui abrangidos, mesmo porque eventual inexatidão destes poderá configurar ilícito tributário ou mesmo penal tributário (art. 1º, II, da Lei n. 8.137/90). Saliente-se, por outro lado, que o agente deverá ter consciência da inexatidão dos dados utilizados na escrituração contábil ou no balanço, inexistindo exacerbação da pena do *caput* a título de culpa.
- **Escrituração contábil:** A escrituração contábil do empresário e da sociedade empresária está disciplinada nos arts. 1.179 a 1.195 do Código Civil, que revogou a antiga disciplina do Código Comercial.
- **Balanço:** Este inciso se refere apenas ao balanço e não a balancetes, que restam excluídos desta causa especial de aumento de pena, em face de a lei penal não admitir interpretação com efeitos extensivos. Na definição de Geraldo Duarte, balanço é o "demonstrativo contábil da situação patrimonial e econômico-financeira de uma organização, representado pelos valores do ativo, do passivo e do patrimônio líquido, referente a um exercício social", enquanto o balancete é "demonstrativo contábil da situação patrimonial e econômico-financeira de uma empresa, correspondente a um período do exercício social" (*Dicionário de Administração*. Fortaleza: Imprensa Universitária — UFC, 2002, p. 113). Afigura-se oportuno transcrever, aqui, as palavras de Fábio Konder Comparato para quem "o balanço, como de resto toda a contabilidade, não pode jamais ser um simples reflexo de fatos econômicos, porque se trata de uma interpretação simbólica e, portanto, convencional da realidade. Os fatos econômicos não passam para os livros contábeis no estado bruto, mas são traduzidos, simbolicamente, em conceitos e valores". Complementa esse autor: "A exatidão matemática dos balanços, que o vulgo contempla admirativamente, é mera coerência interna e recíproca de lançamentos

em partidas dobradas, simples exatidão formal. Mas entre a realidade econômica e a sua tradução contábil interfere, necessariamente, um juízo de valor, uma estimativa axiológica, cuja imprecisão e contestabilidade jamais poderão ser suprimidas, porque inerente ao próprio processo de conhecimento. A verdade contábil é, pois, simplesmente relativa. O lucro de balanço, por exemplo, é uma realidade meramente contábil e abstrata. A ocorrência de lucros de exploração e o seu exato montante, a rigor, só podem ser verificados, realmente, quando a empresa se extingue e se apura o resultado final [...] tudo isso explica por que é perfeitamente admissível falar-se em 'política de balanço' em função dos seus fins", sendo que a própria lei "reconhece a existência de balanços distintos, para finalidades específicas" ("Natureza jurídica do balanço de sociedade anônima". *RT* 489/42-43).

- **Relevância jurídica:** O direito penal há de afastar, cada vez mais, o que a doutrina chama de crime de perigo abstrato. Isso porque não se pode conceber, em um Estado Democrático de Direito, a punição de alguém sem a efetiva lesão ou ameaça concreta de lesão ao bem jurídico tutelado. Assim, a inserção de dados inexatos na escrituração contábil ou no balanço deverá ter relevância jurídica, isto é, causado prejuízo ou perigo concreto de dano aos credores. Portanto, não será qualquer inexatidão, sem maior expressão econômica, que configurará a presente causa de aumento de pena.

- **Livro Diário:** O primeiro livro, sempre indispensável para qualquer escrituração contábil, é o Diário, que pode ser substituído por fichas no caso de escrituração mecanizada ou eletrônica (art. 1.180 do CC), onde todas as operações, dia a dia, são registradas com individuação, clareza e caracterização do documento respectivo, por escrita direta ou reprodução, todas as operações relativas ao exercício da empresa. No Livro Diário deverão ser lançados o balanço patrimonial e o de resultado econômico. Quanto às suas formalidades, Hilário Franco lembra as exigências do Regulamento do Imposto de Renda (sem rasuras, emendas, raspaduras, borrões, linhas em branco, escritos à margem, em moeda e idioma nacionais), bem como do Decreto-Lei n. 486/69. Observa que, hoje, é permitido o emprego de fichas devidamente rubricadas ou folhas soltas para serem copiadas no Diário-Copiador, que é encadernado. Anota, ainda, que o Diário pode ser desdobrado em vários livros (diário-caixa, diário-contas correntes, diário-fornecedores, diário-bancos), cujos resumos dos lançamentos serão registrados no Livro Diário-Geral (*Contabilidade comercial*. 13. ed. São Paulo, Atlas, 1991, p. 86).

- **Livro Razão:** Entre os livros que auxiliam a escrituração ou facilitam a coleta de dados, o primeiro a ser lembrado é o Livro Razão. Como ressalta Hilário Franco, o Livro Razão, "apesar de facultativo, é principal e de grande utilidade na Contabilidade", sendo "sistemático porque destina uma página para cada conta" (ob. cit., p. 87). Eugênio Celso Gonçalves e Antônio Eustáquio Baptista anotam que esse livro, com o advento da Lei n. 8.218/91, com a redação dada ao seu art. 14 pelo art. 62 da Lei n. 8.383/91, tornou-se obrigatório para fins fiscais, tratando-se de empresas com tributação do imposto de renda com base no lucro real (*Contabilidade geral*. 4. ed. São Paulo: Atlas, 1998, p. 60).

- **Livro de Apuração de Lucro Real:** Consoante lembram Eugênio Celso Gonçalves e Antônio Eustáquio Baptista, além dos livros já tratados nas notas acima deduzidas, existem outros que auxiliam a escrituração ou facilitam a coleta de informações, exigidos pela legislação tributária, como o Livro de Apuração de Lucro Real (ob. cit., p. 54 e s.).

- **Livro Copiador de Cartas e Livro Copiador de Duplicatas:** Hilário Franco observa que, ao ter sido eliminada pelo Decreto-Lei n. 486/69 a exigência do Copiador de Cartas, que constava do art. 11 do CCom, atualmente revogado pelo Código Civil de 2002, aboliu-se, em consequência, o Copiador de Duplicatas, por ser este, segundo o antigo Código Comercial, desdobramento daquele (ob. e loc. cits.).

- **Livro de Registro de Duplicatas:** Com a Lei n. 5.474/68, tornou-se obrigatório apenas para o comerciante que se ocupe de vendas com prazo de pagamento superior a 30 dias. De acordo com o art. 19 e parágrafos dessa lei, "no Registro de Duplicatas serão escrituradas, cronologicamente, todas as duplicatas emitidas, com o número de ordem, data e valor das faturas originárias e data de sua expedição; nome e domicílio do comprador; anotações das reformas; prorrogações e outras circunstâncias necessárias". Além disso, esses registros "não poderão conter emendas, borrões, rasuras ou entrelinhas, deverão ser conservados nos próprios estabelecimentos". O § 3º do art. 19 permite, contudo, que o Registro de Duplicatas seja "substituído por qualquer sistema mecanizado", desde que os requisitos deste artigo sejam observados.

- **Livros de Registro de Entradas e Saídas:** São livros fiscais para fins de ICMS e IPI, conforme respectivos modelos. Observe-se que o art. 7º do Decreto n. 1.102/2003 determina que "além dos livros mencionados no art. 11 do Código Comercial [revogado pelo Código Civil de 2002], as empresas de armazéns gerais são obrigadas a ter, revestido das formalidades do art. 13 do mesmo Código, e escriturado rigorosamente dia a dia, um livro de entrada e saída de mercadorias".

- **Livro de Registro de Inventário:** Como observam Eugênio Celso Gonçalves e Antônio Eustáquio Baptista, esse livro tem natureza fiscal, sendo exigido pelo Regulamento do Imposto de Renda (Decreto n. 1.041/94, art. 206, I). Anotam os referidos autores que nele "devem ser relacionados os estoques de matérias-primas, produtos em fabricação, produtos acabados e mercadorias existentes na data de encerramento de cada exercício social ou período-base de apuração do imposto de renda" (ob. cit., p. 61).

- **Regulamento do Imposto de Renda de 94:** Segundo o art. 206 do Decreto n. 1.041/94, "a pessoa jurídica, além dos livros de contabilidade previstos em leis e regulamentos, deverá possuir os seguintes livros (Leis n. 154/47, art. 2º, 7.799/89, art. 15, e 8.383/91, art. 48, e Decreto-Lei n. 1.598/77, arts. 8º e 27): I — para registro de inventário; II — para registro das compras; III — de Apuração do Lucro Real (Lalur); IV — para registro permanente de estoque, para as pessoas jurídicas que exercerem atividades de compra, venda, incorporação e construção de imóveis, loteamento ou desmembramento de terrenos para venda; V — Razão Auxiliar em Ufir diária; VI — de Movimentação de Combustíveis, a ser escriturado diariamente pelo posto revendedor".

- **Livro de Registro de Apuração de ICMS:** Trata-se também de livro fiscal. Observe-se que os seus lançamentos podem ser localizados em outros livros, bem como por meio das Guias de Informação e Apuração de ICMS — GIAS.

- **Livro Caixa e Livro de Contas Correntes:** O Livro Caixa é auxiliar e facultativo; nele se registram todas as operações com numerários, havendo diversos modelos. No Livro de Contas Correntes, igualmente auxiliar e facultativo, registram-se direitos e obrigações de terceiros, ponderando Hilário Franco, contudo, que, hoje, "essa conta é menos usada do que o foi outrora [...] pois as operações se realizam por meio de títulos de crédito, utilizando-se as contas Duplicatas a Pagar e Duplicatas a Receber" (ob. cit., p. 91-93).

- **Plano de contas:** Não se trata de um livro, mas, sim, de parte integrante do Livro Diário. Hilário Franco observa que o plano de contas "não só propicia a uniformidade dos registros, como poupa tempo ao executor da escrituração, [...] evitando assim a utilização de diferentes contas para o registro de fatos de idêntica natureza". O plano de contas, contudo, "não pode ser rígido e deve permitir modificações durante o período de sua execução" (ob. cit., p. 65).

- **Sociedades anônimas:** A Lei n. 6.404/76, em seu art. 100, prevê que essas companhias devem ter, "além dos livros obrigatórios para qualquer comerciante", mais os seguintes: Registro de Ações Nominativas; Transferência de Ações Nominativas; Registro de Partes Beneficiárias Nominativas; Transferência de Partes Beneficiárias Nominativas; Ata das Assembleias Gerais; Presença dos Acionistas; Atas das Reuniões do Conselho de Administração, se houver; Atas das Reuniões da Diretoria; e Atas e Pareceres do Conselho Fiscal.

- **Inciso II:** Duas são as condutas abrangidas por esta causa de aumento de pena, uma omissiva e outra comissiva. Naquela, o agente omite (deixa de mencionar ou escrever), na escrituração contábil ou no balanço, lançamento (registro contábil) que deles deveria constar; nesta, ele altera (muda, modifica) escrituração ou balanço verdadeiros. Na última conduta, a escrituração contábil ou o balanço preexistem, sendo, entretanto, alterados; na anterior, a omissão é concomitante à própria elaboração da escrituração contábil ou do balanço. A omissão ou alteração devem recair sobre dados ou elementos juridicamente relevantes, ou seja, aptos a causar dano ou perigo concreto de dano aos credores. A exemplo do que foi referido no inciso anterior, a escrituração contábil refere-se aos livros comerciais e não fiscais; igualmente, não se incluem os balancetes, mas apenas os balanços (vide distinção nos comentários ao inciso I). Obviamente, a omissão aqui prevista é apenas a dolosa, e não aquela decorrente de mero equívoco ou esquecimento.

- **Inciso III:** Neste inciso, o legislador prevê, como causa especial de aumento de pena, a conduta daquele que, ao praticar ato fraudulento (*caput*), destrói (elimina, extingue), apaga (faz desaparecer) ou corrompe (deteriora, adultera, altera) dados contábeis (referentes à contabilidade) ou negociais (relativos aos negócios da sociedade como um todo) armazenados em computador ou sistema informatizado. As três modalidades de conduta são comissivas, podendo ser praticadas de diversas formas, inclusive com a intencional inserção de um vírus, por exemplo. À evidência, trata-se de comportamentos dolosos, não abrangendo aqueles decorrentes de negligência ou imperícia, lembrando-se, por exemplo, a falta de cuidado em não fazer *back-up*, atualizando-o periodicamente. Os dados contábeis ou negociais destruídos, apagados ou corrompidos deverão, necessariamente, ser juridicamente relevantes, isto é, aptos a causar prejuízo ou perigo concreto de prejuízo aos credores.

- **Inciso IV:** Nesta causa de aumento de pena, o agente, ao praticar o ato fraudulento, simula (faz parecer real o que não é) a composição do capital social da empresa. O capital social, no dizer de Geraldo Duarte, é o "somatório de todos os recursos, bens e valores mobilizados para a constituição e o funcionamento de uma organização" (*Dicionário de Administração*, cit., p. 123). Como observa Miranda Valverde, ao comentar o art. 188, I, da revogada Lei de Falências, o capital "constitui a primeira garantia dos credores"; declarando "a existência de capital efetivamente realizado, quando não é verdade, ou só o foi aparentemente, é positivo que o fim visado pelo comerciante é atrair terceiros, convidando-os a entrar em relações de negócios", e que a esses "apresenta uma garantia fictícia". Aduz esse autor que a simulação "se dá nas entradas fictícias de dinheiro ou no excessivo valor dado aos bens" (*Comentários à Lei de Falências*, 3. ed. Rio de Janeiro/São Paulo: Forense, 1962, v. III, p. 68-69). Como exemplos desse tipo de ato fraudulento, José da Silva Pacheco, comentando o mesmo dispositivo da antiga Lei de Quebras, cita, entre outros: a entrega a bancos ou financeiras de relatórios enfatizando capital que não corresponde à realidade; difusão de prospectos ou publicações aparentando capital que não possui; divulgação em revistas ou jornais de idêntico artifício (*Processo de falência e concordata*. 8. ed. Rio de Janeiro, Forense, 1998, p. 745).

- **Inciso V:** Esta causa de aumento de pena incide nas hipóteses em que o agente, ao cometer o ato fraudulento previsto no *caput*, destrói (elimina, extingue, desfaz algo corporificado), oculta (encobre, esconde, subtrai) ou inutiliza (torna sem uso ou inválido, danifica, "provoca falhas ou defeitos parciais que dificultam sua inteligência, como rasgaduras, borrões etc.", na válida lembrança de Nelson Abrão, ao comentar o art. 188, VIII, da revogada Lei de Quebras — *Curso de direito falimentar*, 5. ed. São Paulo: Leud, 1997, p. 393-394), total ou parcialmente, os documentos de escrituração contábil obrigatórios. O objeto material, aqui, não é a escrituração contábil em si, mas os documentos que a embasam e cuja guarda é exigida por lei. Trata-se, portanto, de lei penal em branco. Evidentemente, a conduta haverá de ser dolosa, não incidindo o acréscimo se o agente destrói ou inutiliza os referidos documentos em virtude de culpa, agindo de forma descuidada (negligente ou imprudente).

- **Incidência de mais de uma causa de aumento:** Havendo mais de uma causa de aumento de pena prevista nos incisos I a V do § 1º, caberá ao prudente critério do juiz dosar a quantidade de aumento, entre os limites de um sexto a um terço da pena prevista no *caput.*

Contabilidade paralela (§ 2º)

- **Noção:** Neste § 2º é prevista outra causa especial de aumento de pena, desta vez em montante maior, ou seja, de um terço até a metade daquela estipulada no *caput,* quando o devedor, ao praticar o ato fraudulento referido no *caput,* utiliza-se de contabilidade paralela, mantendo ou movimentando recursos ou valores paralelamente à contabilidade exigida pela lei, ou seja, utilizando-se do chamado "caixa dois". Os núcleos, assim, são manter, isto é, conservar, fazer perdurar no tempo, reter (o que demanda habitualidade que não se perfaz com episódios fáticos isolados), ou movimentar, que significa mover, girar, impor atividade (não se exigindo nesse segundo núcleo a habitualidade requerida pelo primeiro). O objeto material é recurso (dinheiro, moeda) ou valor (ouro, ações, títulos etc.), acrescido do elemento normativo paralelamente à contabilidade (à parte dos registros fiscais) exigida pela legislação (trata-se de dispositivo penal em branco). O recurso ou valor, desse modo, é mantido ou movimentado sem a ciência dos credores, dos investidores, do juiz na recuperação extrajudicial etc., que desconhecem a prática criminosa. No mundo dos negócios, a manutenção do chamado "caixa dois" talvez seja um dos delitos mais praticados em nosso país. O "caixa dois", além de constituir a causa especial de aumento de pena prevista neste § 2º, por vezes poderá configurar crime contra a Ordem Tributária (arts. 1º, II, e 2º, V, da Lei n. 8.137/90) ou contra o Sistema Financeiro Nacional (art. 11 da Lei n. 7.492/96), bem como ser utilizado para a consecução de outros objetivos espúrios, como viabilizar o pagamento de propinas (CP, art. 333) e a evasão de divisas (cf. art. 22 da Lei n. 7.492/86).

- *Bis in idem:* Havendo contabilidade paralela, não incidirão as causas de aumento de pena previstas nos incisos I e II do § 1º deste artigo, mas apenas a causa de aumento prevista neste § 2º, uma vez que as primeiras condutas se subsumem na última.

Concurso de pessoas (§ 3º)

- **Noção:** Dispõe este § 3º que os contadores, técnicos contábeis, auditores e outros profissionais que, de qualquer modo, concorrerem para as condutas criminosas descritas neste art. 168, incidirão nas mesmas penas, na medida de sua culpabilidade. Este § 3º, portanto, limita o rol daqueles que podem ser coautores deste crime, excepcionando os termos dos arts. 29 e 30, segunda parte, do CP, de acordo com os quais toda pessoa pode ser coautor ou partícipe do crime, ainda que próprio, desde que tenha ciência da condição pessoal do autor. A essa exegese se chega, em virtude da regra hermenêutica segundo a qual a lei não contém palavras desnecessárias. Por outro lado, a locução "outros profissionais" deve ser entendida como profissionais cuja atividade guarde alguma relação com a dos contadores, técnicos contábeis e auditores expressamente nominados.

Redução ou substituição de pena (§ 4º)

■ **Noção:** De acordo com este § 4º, cuidando-se de falência de microempresa ou de empresa de pequeno porte, e não havendo habitualidade na prática de condutas fraudulentas pelo falido, ou seja, tratando-se de comportamento ocasional, o juiz poderá: a) reduzir a pena de reclusão, de um terço a dois terços; b) substituí-la pelas penas restritivas de direitos, de perda de bens e valores, ou de prestação de serviços à comunidade ou a entidades públicas. O art. 43 do CP dispõe que as penas restritivas de direitos são as de: prestação pecuniária (inciso I); perda de bens ou valores (inciso II); prestação de serviço à comunidade ou a entidades públicas (inciso IV); interdição temporária de direitos (inciso V); e limitação de fim de semana (inciso VI). Ao prever a substituição da pena de reclusão deste art. 168 pelas "penas restritivas de direitos", o § 4º acaba abrangendo todas as modalidades de penas restritivas de direitos constantes dos incisos acima referidos, sendo redundante a referência às penas de perda de bens e valores e de prestação de serviços à comunidade ou a entidades públicas. Anote-se que, na sistemática do CP, a pena restritiva de direitos pode substituir a privativa de liberdade não superior a quatro anos, se o crime não for cometido com violência ou grave ameaça à pessoa, ou, qualquer que seja a pena aplicada, se o crime for culposo (inciso I do art. 44), desde que preenchidos os demais requisitos previstos, ou seja: não ser o acusado reincidente em crime doloso (inciso II do art. 44) e a culpabilidade, os antecedentes, a conduta social e a personalidade do condenado, bem como os motivos e as circunstâncias indicarem que a substituição é suficiente (inciso III do mesmo artigo). O § 4º do art. 168, se de um lado não impõe as restrições dos incisos I, II e III do art. 44 do CP, de outro, limita a substituição da pena de reclusão pelas penas restritivas de direitos às mencionadas hipóteses de microempresa e de empresa de pequeno porte, desde que não haja habitualidade na prática de condutas fraudulentas, como já referido. Sendo a substituição da pena privativa de liberdade mais favorável ao acusado do que a sua redução de um terço a dois terços, deverá o juiz justificar a sua opção por esta, bem como o montante dessa redução, quando não for o de dois terços. Obviamente, a restrição à substituição da pena privativa de liberdade por restritiva de direitos feita por este § 4º, aplicando-a somente aos casos de falência de microempresa ou empresa de pequeno porte, sem conduta fraudulenta habitual, mesmo que a pena seja a máxima de seis anos, limita-se ao crime deste art. 168, não alcançando os demais delitos previstos nesta lei, para os quais incidem, de forma ampla, os arts. 43 e 44 do CP, que impõe o limite máximo de quatro anos. Observe-se que todos os demais crimes falimentares não têm pena máxima superior a quatro anos, com exceção do previsto no art. 172 cujo máximo previsto é de cinco anos. Assim, mesmo que praticado por microempresa ou empresa de pequeno porte, o crime do art. 172 não contará com a possibilidade de substituição da pena privativa de liberdade caso ela seja superior a quatro anos.

- **Microempresa e empresa de pequeno porte:** De acordo com o art. 2º da Lei n. 9.317/96, com redação dada pela Lei n. 11.196/2005, considera-se microempresa "a pessoa jurídica que tenha auferido, no ano-calendário, receita bruta igual ou inferior a R$ 240.000,00 (duzentos e quarenta mil reais)" e, empresa de pequeno porte, aquela "que tenha auferido, no ano-calendário, receita bruta superior a R$ 240.000,00 (duzentos e quarenta mil reais) e igual ou inferior a R$ 2.400.000,00 (dois milhões e quatrocentos mil reais)".

Jurisprudência
- **Inexistência de *abolitio criminis*:** "1. As condutas supostamente praticadas pelos recorrentes — falsificação de escrituração obrigatória e omissão de lançamento ou lançamento falso — estão, em tese, previstas pela Lei de Recuperação Judicial e Extrajudicial e Falência (11.101/2005); daí que não há falar em *abolitio criminis*" (STJ, 5ª T., RHC 22.407, Rel. Min. Napoleão Nunes Maia Filho, j. 4-2-2010).

VIOLAÇÃO DE SIGILO EMPRESARIAL

Art. 169. Violar, explorar ou divulgar, sem justa causa, sigilo empresarial ou dados confidenciais sobre operações ou serviços, contribuindo para a condução do devedor a estado de inviabilidade econômica ou financeira:

Pena — reclusão, de 2 (dois) a 4 (quatro) anos, e multa.

- **Penas alternativas:** Cabem (CP, arts. 43 e 44).

Violação de sigilo empresarial
- **Objeto jurídico:** Primeiramente, a proteção do sigilo empresarial do devedor e da confidencialidade dos dados relativos às suas operações ou serviços; em segundo plano, a proteção dos direitos dos credores, e, por fim, da própria lisura das relações comerciais. Na já citada opinião de João Marcelo de Araújo Júnior, "os crimes falimentares ofendem à ordem econômica", objetivando o Estado, com a punição pelos delitos previstos na Lei de Falências, proteger a "funcionalidade do sistema creditício e, secundariamente, preservar os interesses dos credores e dos trabalhadores". E complementa: "Quando um crime falimentar é punido, o interesse imediato da proteção penal não é o patrimônio dos credores. A punição se destina a preservar a saúde do sistema creditício, com o fim de prevenir a insegurança no mercado, que a cada quebra se vê abalado pela desconfiança gerada" (*Dos crimes contra a ordem econômica*, cit., p. 111).

- **Sujeito ativo:** Qualquer pessoa, menos o devedor, venha ele a falir, ou não. Lembramos, por exemplo, a hipótese de um concorrente que tenha interesse nos dados confidenciais do devedor, e até mesmo na quebra dele. Trata-se, portanto, de crime comum.

- **Sujeito passivo:** Primeiramente, o devedor, venha ele a falir ou não, e os credores; secundariamente, o Estado.

- **Tipo objetivo:** Os núcleos do tipo deste art. 169 são três: violar (devassar, abrir sem permissão, quebrar), explorar (tirar proveito, se beneficiar) ou divulgar (propagar, difundir) sigilo empresarial ou dados confidenciais sobre operações ou serviços, que são o objeto material do crime. Como sigilo empresarial compreende-se o segredo da atividade empresarial, aquilo que permanece escondido do conhecimento da concorrência. Dados confidenciais sobre operações (*v.g.*, transações bancárias ou comerciais) ou serviços (p. ex.: transporte, educação, segurança) são as informações ou os elementos sigilosos, secretos, que não devem ser divulgados, como os dados sobre os nomes e endereços de seus clientes e fornecedores. Tais condutas, para tipificar o delito em comento, deverão ter, efetivamente, contribuído (cooperado, colaborado) para levar o devedor ao estado de inviabilidade econômico-financeira. Exige-se, portanto, que haja relação de causalidade entre a violação, divulgação ou exploração e o ulterior estado de insolvência do devedor. As condutas, para serem incriminadas, deverão estar acrescidas do elemento normativo do tipo sem justa causa, sendo atípico o comportamento quando a sua causa é justa, como a defesa do interesse público. Lembramos, a propósito, a hipótese de divulgação de dado confidencial de uma empresa devedora, que demonstre ter ela usado documentos falsos para a obtenção de empréstimo de banco estatal, em vias de ser concedido, ou, ainda, de memorando interno de uma fábrica de automóveis que demonstre estar ela comercializando determinada linha de veículos com um componente que ponha em risco a vida ou a incolumidade física dos seus usuários.

- **Tipo subjetivo:** É o dolo, ou seja, a vontade livre e consciente de violar, explorar ou divulgar. Para a doutrina tradicional é o dolo genérico. Não há forma culposa.

- **Condição de punibilidade:** De acordo com o art. 180 desta lei, é condição objetiva de punibilidade das infrações penais nela descritas, a sentença que decreta a falência, concede a recuperação judicial ou a recuperação extrajudicial (*vide* comentários naquele artigo). Ou seja, sem que exista decisão decretando a falência, deferindo o processamento da recuperação judicial, ou, ainda, homologando, por sentença, o plano de recuperação extrajudicial, conforme previsto, respectivamente, nos arts. 99, 52 e 164, § 5º, não há crime falimentar a punir.

- **Consumação:** Com o advento do estado de inviabilidade econômica ou financeira do devedor, para o qual tenha a violação, exploração ou divulgação do sigilo empresarial ou dados confidenciais contribuído. Trata-se de crime material por exigir esse resultado naturalístico. A nosso ver, tendo em vista que o verbo "contribuir" significa colaborar na execução de algo, cooperar, concorrer, ter parte em determinado resultado (cf. *Dicionário Houaiss da Língua Portuguesa*. Rio de Janeiro: Objetiva, 2001, p. 825), a outra exegese não se pode chegar. Na verdade, o que pune o tipo, aqui, é a contribuição para o estado de inviabilidade econômico-financeira por meio da violação, divulgação ou exploração de sigilo ou de dados confidenciais.

- **Tentativa:** A tentativa não nos parece possível, diante da condição imposta pelo tipo: contribuindo para o estado de inviabilidade econômico-financeira. Ora, se a situação de inviabilidade econômico-financeira foi evitada, por circunstâncias alheias à vontade do agente, apesar de este ter praticado as condutas de violar, explorar ou divulgar, o fato é atípico em relação a este art. 169 (*vide* confronto).

- **Concurso de pessoas:** É possível.

- **Confronto:** Se não há o resultado de insolvência econômica ou financeira, pode haver tipificação do crime de concorrência desleal, previsto no art. 195, XI e XII, da Lei n. 9.279/96. Igualmente, os crimes dos arts. 153 (divulgação de documento ou correspondência confidencial) e 154 (violação de sigilo profissional) do Código Penal.

- **Pena:** Reclusão, de dois a quatro anos, e multa.

- **Ação penal:** Pública incondicionada, nos termos do art. 184.

- **Competência:** O processamento e o julgamento da ação penal competem ao juiz criminal da jurisdição onde tenha sido decretada a falência, concedida a recuperação judicial, ou homologado o plano de recuperação extrajudicial, conforme o disposto no art. 183.

DIVULGAÇÃO DE INFORMAÇÕES FALSAS

Art. 170. Divulgar ou propalar, por qualquer meio, informação falsa sobre devedor em recuperação judicial, com o fim de levá-lo à falência ou de obter vantagem:

Pena — reclusão, de 2 (dois) a 4 (quatro) anos, e multa.

- **Penas alternativas:** Cabem (CP, arts. 43 e 44).

Divulgação de informações falsas

- **Objeto jurídico:** A proteção do comércio, sobretudo a lisura das relações comerciais, da Administração da Justiça (do processo de recuperação judicial) e dos direitos do devedor. Em segundo plano, a proteção dos direitos dos credores.

- **Sujeito ativo:** Qualquer pessoa (crime comum), com exceção do devedor.

- **Sujeito passivo:** Em primeiro lugar, o devedor em recuperação judicial e os credores; em segundo lugar, o Estado.

- **Tipo objetivo:** Os núcleos do tipo são as condutas de divulgar ou propalar verbos, na verdade, sinônimos, que têm o significado de difundir, tornar público, propagar, espalhar, por qualquer meio (verbalmente, por escrito, por *e-mail* etc.). O objeto material da conduta é a informação falsa (inverídica, mentirosa) sobre o devedor em recuperação judicial. Ficam, assim, excluídos da tutela penal do presente artigo o devedor em recuperação extrajudicial e o falido. A informação falsa deverá ter potencialidade ofensiva, ou seja, de levar o devedor em recuperação judicial à falência, ou de gerar obtenção de vantagem para o agente ou para terceiros.

- **Tipo subjetivo:** É o dolo, isto é, a vontade livre e consciente de divulgar ou propalar informação falsa, acrescido do especial fim de agir: para levar o devedor em recuperação judicial à falência ou obter vantagem para o agente ou para terceiro. Para os tradicionais é o dolo específico. O agente, portanto, deve ter ciência da falsidade da informação, ficando evidentemente afastada a hipótese de dolo eventual. Na hipótese de o sujeito ativo almejar a falência do devedor em recuperação judicial, não se exige, obviamente, o ânimo de obter qualquer vantagem.

- **Atipicidade *versus* condição de punibilidade:** Se não houver decisão deferindo o pedido de recuperação judicial, as condutas de propalar ou divulgar, incriminadas neste art. 170, serão atípicas. Despiciendo, *in casu*, o disposto no art. 180 desta lei, segundo o qual é condição objetiva de punibilidade das infrações penais nela descritas a sentença que decreta a falência, concede a recuperação judicial ou homologa a recuperação extrajudicial. Se faltar a decisão concedendo recuperação judicial, exigida pelo art. 170, a conduta será atípica, não havendo punibilidade a ser condicionada.

- **Consumação:** Com a divulgação da informação falsa, independentemente de o devedor em recuperação judicial ir à falência ou de ser obtida a vantagem. Trata-se de crime formal.

- **Tentativa:** Não obstante o crime seja formal, a possibilidade de haver tentativa dependerá da forma pela qual a conduta for praticada. Será impossível se o ato de divulgar ou propalar for verbal (unissubsistente). Todavia, embora remota, a tentativa não pode ser descartada na hipótese de a divulgação assumir feição plurissubsistente (p. ex., um *e-mail* cuja transmissão acabou obstada pelo provedor, um folheto ou boletim informativo cuja circulação acabou frustrada etc.). O importante, a nosso ver, será avaliar se a conduta de "tentar divulgar" realmente foi início do *iter criminis*, e, portanto, relevante para o direito penal, ou mero ato preparatório (que não chega a pôr em risco o bem juridicamente tutelado).

- **Confronto:** Tratando-se de divulgação de informação falsa concernente a instituição financeira, *vide* art. 3º da Lei n. 7.492/86. Caso haja divulgação de informação falsa sobre a constituição de sociedade por ações que não seja instituição financeira, ou ocultação fraudulenta de fato a ela relativo, poderá configurar-se o crime do art. 177, *caput*, ou § 1º, I, do CP. Em hipóteses outras, igualmente não se tratando de instituição financeira, também poderá haver, eventualmente, a configuração do crime de difamação previsto no art. 139 do CP.

- **Concurso de crimes:** Caso a falsidade material ou ideológica tenha sido praticada, única e exclusivamente, para dar credibilidade à informação falsa, como um crime-meio para se alcançar o crime-fim deste art. 170, aquele, a nosso ver, restará absorvido por este.

- **Concurso de agentes:** É possível.

- **Pena:** Reclusão, de dois a quatro anos, e multa.

- **Ação penal:** Pública incondicionada, conforme dispõe o art. 184.

- Competência: O processamento e o julgamento da ação penal pelo crime deste art. 170 competem ao juiz criminal da jurisdição onde tenha sido concedida a recuperação judicial, consoante disposto no art. 183.

INDUÇÃO A ERRO

Art. 171. Sonegar ou omitir informações ou prestar informações falsas no processo de falência, de recuperação judicial ou de recuperação extrajudicial, com o fim de induzir a erro o juiz, o Ministério Público, os credores, a assembleia geral de credores, o Comitê ou o administrador judicial:

Pena — reclusão, de 2 (dois) a 4 (quatro) anos, e multa.

- Penas alternativas: Cabem (CP, arts. 43 e 44).

Indução a erro

- Objeto jurídico: A Administração da Justiça (no que concerne à aplicação dos preceitos desta Lei Falimentar) e os direitos dos credores.

- Sujeito ativo: Qualquer pessoa (crime comum).

- Sujeito passivo: Primeiramente o Estado e, secundariamente, os credores enganados.

- Tipo objetivo: É pressuposto do delito que ele seja cometido na pendência do processo de falência, de recuperação judicial ou de recuperação extrajudicial. Deve existir, portanto, ajuizamento de pedido de falência, de recuperação judicial ou extrajudicial. Incriminam-se as condutas de sonegar (ocultar deixando de mencionar ou de descrever, dizer que não tem algo que de fato tem — cf. *Dicionário Houaiss da Língua Portuguesa*, cit., p. 2608) ou omitir (deixar de mencionar, de dizer ou escrever) informações (verdadeiras), ou prestar (dar, fornecer) informações falsas (mentirosas, inverídicas, que não correspondem à verdade). As condutas incriminadas podem ser praticadas por escrito (p. ex., por meio de petição, resposta a ofícios, certidões do oficial de justiça etc.) ou verbalmente (nesta hipótese, reduzidas a termo). Na modalidade de prestar informações falsas, exige-se potencialidade lesiva, ou seja, capacidade de enganar, de induzir a erro.

- Tipo subjetivo: É o dolo, representado pela vontade livre e consciente de sonegar ou omitir informações, ou de prestar informações falsas, acrescido da especial finalidade de agir: com o fim de induzir a erro o juiz, o Ministério Público, os credores, a assembleia geral de credores, o Comitê ou o administrador judicial. O agente, na modalidade de prestar informações falsas, deve, evidentemente, ter consciência da sua falsidade. Não há modalidade culposa.

- Condição de punibilidade: De acordo com o art. 180 desta lei, é condição objetiva de punibilidade das infrações penais nela descritas a sentença que decreta a falência, concede a recuperação judicial ou a recuperação extrajudicial (*vide* comentários naquele artigo). Ou seja, sem que exista decisão decretando a falência, deferindo a recuperação judicial, ou, ainda, homologando, por sentença, o plano de recuperação extrajudicial, conforme previsto, respectivamente, nos arts. 99, 52 e 164, § 5º, a punibilidade pela prática da conduta que se afigura típica resta obstada.

- **Consumação:** Com a sonegação ou omissão de informações verdadeiras, ou com a prestação de informações falsas. Trata-se de crime formal, que não exige resultado naturalístico.

- **Tentativa:** Não é possível, por serem as condutas incriminadas unissubsistentes, não podendo ser fracionadas.

- **Concurso de agentes:** É possível.

- **Confronto:** Se o agente faz afirmação falsa, ou nega ou cala a verdade, como testemunha, perito, contador, tradutor ou intérprete, em processo judicial não falimentar, ou administrativo, em inquérito policial (ainda que destinado a apurar crime falimentar, nos termos do art. 187, *in fine*, desta lei, ou juízo arbitral — *vide* CP, art. 342).

- **Concurso de crimes:** Caso a falsidade material ou ideológica tenha sido praticada, única e exclusivamente, para dar credibilidade à informação falsa prestada, como um crime-meio para se alcançar o crime-fim deste art. 171, aquele, a nosso ver, restará absorvido por este.

- **Pena:** Reclusão, de dois a quatro anos, e multa.

- **Ação penal:** Pública incondicionada, conforme dispõe o art. 184.

- **Competência:** O processamento e o julgamento da ação penal pelo crime deste art. 171 competem ao juiz criminal da jurisdição onde tenha sido decretada a falência, concedida a recuperação judicial ou homologado o plano de recuperação judicial, consoante disposto no art. 183.

FAVORECIMENTO DE CREDORES

Art. 172. Praticar, antes ou depois da sentença que decretar a falência, conceder a recuperação judicial ou homologar plano de recuperação extrajudicial, ato de disposição ou oneração patrimonial ou gerador de obrigação, destinado a favorecer um ou mais credores em prejuízo dos demais:

Pena — reclusão, de 2 (dois) a 5 (cinco) anos, e multa.

Parágrafo único. Nas mesmas penas incorre o credor que, em conluio, possa beneficiar-se de ato previsto no *caput* deste artigo.

- **Favorecimento de credores (caput)**

- **Objeto jurídico:** Os direitos dos credores, especialmente a par *conditio creditorum*, e a lisura das relações comerciais.

- **Sujeito ativo:** O devedor (crime próprio). Quanto ao credor com ele conluiado, *vide* parágrafo único.

- **Sujeito passivo:** Os credores prejudicados.

- **Tipo objetivo:** O núcleo é praticar, que tem o sentido de fazer, realizar, antes ou depois da sentença que decretar a quebra, conceder recuperação judicial ou homologar recuperação extrajudicial (não fixando o tipo limites temporais), ato de disposição patrimonial (toda espécie de alienação, como a cessão, doação, permuta ou venda — cf. De Plácido e Silva, *Vocabulário jurídico*, 2. ed. Rio de Janeiro/São Paulo: Forense, 1967, v. II, p. 549) ou oneração patrimonial (p. ex., dando determinado bem em garantia, mediante hipoteca ou penhor), ou gerador de obrigação (de dar, fazer ou não fazer), ou seja, a prática de ato jurídico que gere "vínculo entre pessoas, em virtude do qual uma delas pode pretender qualquer coisa, a que a outra é obrigada" (*ius et obligatio correlata sunt*), como ensina Giorgio Del Vecchio (*Lições de filosofia do direito*. 5. ed. traduzida por António José Brandão segundo a 10. e última edição italiana, Coimbra: Armênio Amado Editor, 1979, p. 443). O ato de disposição, oneração ou gerador de obrigação deve ser destinado (ter a finalidade, o objetivo) a favorecer um ou mais credores em prejuízo dos demais. A lei não exige, portanto, que o ato tenha efetivamente favorecido determinado credor ou credores, em prejuízo dos outros. Deve, porém, ter potencialidade de gerar esse favorecimento, que, por sua vez, há de ser relevante (ou seja, apto a prejudicar economicamente os demais credores).

- **Tipo subjetivo:** É o dolo, consistente na vontade livre e consciente de dispor, onerar ou gerar obrigação, acrescido do elemento subjetivo do tipo destinado a favorecer um ou mais credores em prejuízo dos demais. Para a doutrina tradicional, trata-se de dolo específico. Não há modalidade culposa.

- **Atipicidade *versus* condição de punibilidade:** Se não houver decisão decretando a quebra, deferindo o pedido de recuperação judicial ou homologando o plano de recuperação extrajudicial, o ato de disposição, oneração patrimonial ou gerador de obrigação, referido por este art. 172, será atípico, não havendo falar, portanto, em condição de punibilidade, restando despiciendo, *in casu*, o disposto no art. 180 desta lei.

- **Consumação:** Com o aperfeiçoamento do ato jurídico de disposição, oneração ou assunção de obrigação, independentemente de ele ter, de fato, beneficiado determinado credor, prejudicando os outros. Trata-se de crime formal.

- **Tentativa:** Em tese é possível, por serem as condutas incriminadas plurissubsistentes. Todavia, deve ser avaliada, em cada caso, a relevância jurídica dos atos perpetrados até a interrupção do *iter criminis*.

- **Concurso de agentes:** Pode haver, desde que o coautor tenha ciência da condição de devedor do agente (CP, arts. 29 e 30).

- **Pena:** Reclusão, de dois a cinco anos, e multa.

- **Ação penal:** Pública incondicionada, consoante o disposto no art. 184.

- **Competência:** O processamento e o julgamento da ação penal pelo crime deste art. 172 competem ao juiz criminal da jurisdição onde tenha sido decretada a falência, concedida a recuperação judicial ou homologado o plano de recuperação extrajudicial, consoante disposto no art. 183.

Parágrafo único ▪ **Noção:** Dispõe o parágrafo único do art. 172 que incorre nas mesmas penas do *caput* o credor que, em conluio (acordo, cumplicidade, combinação) com o devedor, possa beneficiar-se do ato praticado. Assim como na cabeça do artigo, não é mister que o ato tenha efetivamente beneficiado este credor, bastando a potencialidade de vir a causar prejuízo economicamente relevante aos demais (crime formal). Por outro lado, o simples fato de determinado credor beneficiar-se ou poder vir a se beneficiar do ato praticado pelo devedor, não basta para a configuração da hipótese deste parágrafo único; é mister que credor e devedor estejam conluiados, agindo, ambos, com o fim de prejudicar os demais credores.

DESVIO, OCULTAÇÃO OU APROPRIAÇÃO DE BENS

Art. 173. Apropriar-se, desviar ou ocultar bens pertencentes ao devedor sob recuperação judicial ou à massa falida, inclusive por meio da aquisição por interposta pessoa:

Pena — reclusão, de 2 (dois) a 4 (quatro) anos, e multa.

▪ **Penas alternativas:** Cabem (CP, arts. 43 e 44).

Desvio, ocultação ou apropriação de bens
▪ **Objeto jurídico:** Os direitos dos credores e a administração da justiça, no que concerne à aplicação dos preceitos desta Lei Falimentar.

▪ **Sujeito ativo:** Qualquer pessoa.

▪ **Sujeito passivo:** Os credores prejudicados e o Estado.

▪ **Tipo objetivo:** Punem-se as condutas de apropriar-se (tomar para si, tomar como propriedade, apoderar-se, fazer sua), desviar (alterar o destino, desencaminhar) ou ocultar (esconder, encobrir, não deixar ver) bens pertencentes ao devedor sob recuperação judicial ou à massa falida (objeto material do tipo). Este art. 173 não abrange, portanto, a apropriação, o desvio ou a ocultação de bens do devedor durante a recuperação extrajudicial ou em momento anterior a ela. Na modalidade de apropriação, embora o legislador não faça menção à prévia posse ou detenção lícitas por parte do agente, como ocorre no art. 168 do CP (apropriação indébita), entendemos que o termo "apropriar-se" implica a prévia posse lícita por parte do agente, sob pena de se confundir com o delito de furto. As condutas incriminadas podem ser praticadas de várias formas, tendo o legislador enfatizado: inclusive por meio da aquisição (compra) por interposta pessoa (ou seja, pelo "laranja", "testa de ferro" ou "uomo di paglia" para os italianos), a qual responderá como coautor.

▪ **Tipo subjetivo:** É o dolo, isto é, a vontade livre e consciente de apropriar-se, desviar ou ocultar. Para a doutrina tradicional é o dolo genérico. Não há forma culposa.

▪ **Atipicidade *versus* condição de punibilidade:** Se não houver decisão decretando a falência ou deferindo o pedido de recuperação judicial, a apropriação, ocultação ou desvio de bens não encontrará tipicidade neste art. 173. Prejudicado aqui, portanto, o disposto no art. 180 desta lei, segundo o qual é condição objetiva de punibilidade das infrações penais nela descritas a sentença que decreta a falência, concede a recuperação judicial ou a recuperação extrajudicial. Se a conduta é atípica, não há falar em condição de punibilidade.

- **Consumação:** Com a apropriação, ocultação ou desvio de bens. Trata-se de crime material.

- **Tentativa:** Em tese é possível.

- **Concurso de agentes:** Além da interposta pessoa mencionada ao final do tipo, pode haver coautoria ou participação de terceiros, nos termos do art. 29 do CP.

- **Pena:** Reclusão, de dois a quatro anos, e multa.

- **Ação penal:** Pública incondicionada, nos termos do art. 184.

- **Competência:** O processamento e o julgamento da ação penal pelo crime deste art. 173 competem ao juiz criminal da jurisdição onde tenha sido decretada a falência, concedida a recuperação judicial ou homologado o plano de recuperação extrajudicial, consoante disposto no art. 183.

AQUISIÇÃO, RECEBIMENTO OU USO ILEGAL DE BENS

Art. 174. Adquirir, receber, usar, ilicitamente, bem que sabe pertencer à massa falida ou influir para que terceiro, de boa-fé, o adquira, receba ou use:

Pena — reclusão, de 2 (dois) a 4 (quatro) anos, e multa.

- **Penas alternativas:** Cabem (CP, arts. 43 e 44).

Aquisição, recebimento ou uso ilegal de bens

- **Objeto jurídico:** Os direitos dos credores e a administração da justiça no que concerne à aplicação dos preceitos contidos nesta lei.

- **Sujeito ativo:** Qualquer pessoa.

- **Sujeito passivo:** Na primeira parte do tipo, os credores prejudicados e o Estado; na segunda, além deles, o terceiro de boa-fé que vier a ser prejudicado.

- **Tipo objetivo:** A primeira parte deste art. 174 incrimina as condutas de adquirir (tornar-se proprietário, dono, a título oneroso ou gratuito), receber ("apossar-se ou apoderar-se, real ou efetivamente, de coisa que lhe é remetida, enviada ou entregue", conforme De Plácido e Silva, *Vocabulário jurídico*, cit., v. IV, p. 1299, rubrica "recebimento") ou usar (utilizar, fruir ou desfrutar), ilicitamente (ilegalmente, de forma contrária ao direito), que constitui o elemento normativo do tipo, bem (objeto material) que sabe pertencer à massa falida (não são abrangidos pelo tipo, portanto, bens pertencentes ao devedor sob regime de recuperação judicial ou extrajudicial). Para haver tipicidade, a sentença que decreta a falência, portanto, deve preexistir às condutas incriminadas. Com o adjetivo ilicitamente, quis o legislador excepcionar, de forma clara, a hipótese em que a aquisição, o recebimento ou o uso tiver sido autorizado, como nos casos dos arts. 111, 113, 114 e 140. O crime não se aperfeiçoará, igualmente, caso o agente ignore que o bem pertença à massa falida. O art. 174, em sua segunda parte, pune a conduta de influir (exercer influência, influenciar) terceira pessoa, que está de boa-fé, a adquirir, receber ou usar, bem pertencente à massa falida.

- **Tipo subjetivo:** É o dolo, isto é, a vontade livre e consciente de adquirir, receber ou usar determinado bem, que sabe pertencer à massa falida, ou de influir para que terceiro de boa-fé o adquira, receba ou use. Exige-se, portanto, dolo direto, não havendo espaço para o dolo eventual. Para a doutrina tradicional é o dolo genérico. Não há forma culposa.

- **Atipicidade *versus* condição de punibilidade:** Se não houver decisão decretando a falência, a conduta daquele que adquire, recebe ou usa, ilicitamente, bens do devedor não encontrará tipicidade neste art. 174. Despiciendo, assim, o disposto no art. 180 desta lei, segundo o qual é condição objetiva de punibilidade das infrações penais nela descritas a sentença que decreta a falência, concede a recuperação judicial ou a recuperação extrajudicial, que pressupõe, como visto, que a conduta, cuja punibilidade é condicionada, seja típica.

- **Consumação:** Na primeira parte, o delito é material, consumando-se com a efetiva aquisição, recebimento ou uso do bem, causando algum prejuízo concreto. Na segunda, não obstante o crime seja formal, consumando-se, em tese, com a simples influência para que terceiro de boa-fé adquira, receba ou use o bem, a influência só será juridicamente relevante (significativo) caso a pessoa influenciada tenha efetivamente praticado as condutas visadas pelo agente. Com efeito, influência para fazer algo, sem que a pessoa o faça, não é influência alguma, no máximo uma sugestão, que não pode ser punida, ainda mais com uma pena de reclusão, de dois a quatro anos, e multa.

- **Tentativa:** Em tese é possível, na primeira parte. Na segunda, a tentativa não nos parece factível.

- **Concurso de agentes:** É possível haver coautoria ou participação de terceiros, nos termos do art. 29 do CP.

- **Pena:** Reclusão, de dois a quatro anos, e multa.

- **Ação penal:** Pública incondicionada, nos termos do art. 184.

- **Competência:** O processamento e o julgamento da ação penal pelo crime deste art. 174 competem ao juiz criminal da jurisdição onde tenha sido decretada a falência, concedida a recuperação judicial ou homologado o plano de recuperação extrajudicial, consoante disposto no art. 183.

HABILITAÇÃO ILEGAL DE CRÉDITO

Art. 175. Apresentar, em falência, recuperação judicial ou recuperação extrajudicial, relação de créditos, habilitação de créditos ou reclamação falsas, ou juntar a elas título falso ou simulado:

Pena — reclusão, de 2 (dois) a 4 (quatro) anos, e multa.

- **Penas alternativas:** Cabem (CP, arts. 43 e 44).

Habilitação ilegal de crédito

- **Objeto jurídico:** Os direitos dos credores, a Administração da Justiça — no que concerne à aplicação dos preceitos constantes desta lei — e a fé pública.

- **Sujeito ativo:** Qualquer pessoa.

- **Sujeito passivo:** Os credores prejudicados e o Estado.

- **Tipo objetivo:** Na primeira parte, o núcleo do tipo é apresentar (exibir, dar a conhecer, mostrar), em falência, recuperação judicial ou recuperação extrajudicial, relação de créditos, habilitação de créditos ou reclamações falsas (contrárias à verdade, fictícias). Na segunda parte, pune-se aquele que juntar (anexar, adicionar) a elas título, ou seja, "qualquer papel ou certificado nominativo ou ao portador, representativo de valor mobiliário (ação, apólice da dívida pública, letra de câmbio, nota promissória etc." — *Dicionário Houaiss da Língua Portuguesa*, cit., p. 2727), falso ou simulado. A distinção entre falsidade e simulação é tênue. Para De Plácido e Silva, "a simulação resulta do fingimento para aparentar a realidade de uma intenção que não é verdadeira, e que se disfarça por esse fingimento"; já "a falsidade é a adulteração intencional para substituir a verdade pela falsa ideia do que se maquinou" (*Vocabulário Jurídico*, cit., v. IV, p. 1453). A simulação, ademais, é sempre bilateral, estabelecida "por acordo entre todos aqueles cujas vontades condicionaram a formação do negócio jurídico" (João Melo Franco e Herlander Antunes Martins, *Dicionário de conceitos e princípios jurídicos*, cit., p. 796), enquanto a falsidade (material ou ideológica) pode ser praticada por uma única pessoa. O objetivo do agente será, sempre, o de obter vantagem ilícita, em benefício próprio ou de terceiro, prejudicando os verdadeiros credores, ofendendo a fé pública e a própria administração da justiça. As palavras de Miranda Valverde, embora referentes ao antigo e correlato crime do art. 182, II, do Decreto-Lei n. 7.661/45, são pertinentes: "Em regra, o declarante do crédito está combinado com o falido ou o concordatário que preparou com antecedência a sua escrituração de modo a aparentar a legitimidade do crédito" (*Comentários à Lei de Falências*, 3. ed., cit., p. 79).

- **Tipo subjetivo:** É o dolo, ou seja, a vontade livre e consciente de apresentar ou juntar os documentos mencionados no tipo, tendo o agente ciência de que os mesmos são falsos ou simulados. Para a doutrina tradicional é o dolo genérico. Não há punição a título de culpa.

- **Condição de punibilidade:** De acordo com o art. 180 desta lei, é condição objetiva de punibilidade das infrações penais nela descritas a sentença que decreta a falência, concede a recuperação judicial ou a recuperação extrajudicial (*vide* comentários naquele artigo). Ou seja, sem que exista decisão decretando a falência, deferindo a recuperação judicial, ou, ainda, homologando, por sentença, o plano de recuperação extrajudicial, conforme previsto nos arts. 99, 52 e 164, § 5º, o poder-dever de punir, em face prática da conduta que, em tese, se afigura típica, resta obstado.

- Consumação: Na modalidade de apresentar, na falência e na recuperação judicial, com o protocolo judiciário ou o despacho do juiz na petição que pede a juntada de relação, habilitação de créditos ou reclamação falsas. Ainda na modalidade de apresentar, mas na recuperação extrajudicial, com a distribuição judicial do pedido de homologação do plano de recuperação, contendo a relação ou habilitação de créditos ou reclamação falsas, ou durante o trâmite do pedido de homologação. Na forma de juntar, com o entranhamento nos autos do título falso ou simulado, pelo serventuário do Poder Judiciário, por determinação do juiz, atendendo petição do sujeito ativo. O crime é formal, não se exigindo resultado naturalístico (*v.g.*, prejuízo aos demais credores).

- Tentativa: A nosso ver, a tentativa não é possível, por serem as condutas de apresentar e juntar unissubsistentes, não podendo ser fracionadas. O crime, ademais, é formal.

- Concurso de agentes: É possível haver coautoria ou participação de terceiros, nos termos do art. 29 do CP. Tratando-se de advogado que recebe, de boa-fé, informações ou documentos falsos ou simulados de seu cliente, sua conduta será atípica.

- Pena: Reclusão, de dois a quatro anos, e multa.

- Ação penal: Pública incondicionada, nos termos do art. 184.

- Competência: O processamento e o julgamento da ação penal pelo crime deste art. 175 competem ao juiz criminal da jurisdição onde tenha sido decretada a falência, concedida a recuperação judicial ou homologado o plano de recuperação extrajudicial, consoante disposto no art. 183.

EXERCÍCIO ILEGAL DE ATIVIDADE

Art. 176. Exercer atividade para a qual foi inabilitado ou incapacitado por decisão judicial, nos termos desta Lei:

Pena — reclusão, de 1 (um) a 4 (quatro) anos, e multa.

- Suspensão condicional do processo: Cabe, nos termos do art. 89 da Lei n. 9.099/95.

- Penas alternativas: Cabem (CP, arts. 43 e 44).

Exercício ilegal de atividade

- Objeto jurídico: A administração da justiça (no que concerne à efetivação dos preceitos contidos nesta lei) e a lisura das relações comerciais.

- **Sujeito ativo:** Apenas a pessoa inabilitada ou incapacitada por decisão judicial, nos termos dos arts. 102 e 181 desta lei. Trata-se de crime de mão própria.
- **Sujeito passivo:** O Estado.
- **Tipo objetivo:** O núcleo do tipo é exercer atividade, que significa praticar, exercitar ou desempenhar uma função específica de trabalho ou profissão. Diante do verbo empregado, é imprescindível que o agente aja com habitualidade, não se configurando com a prática de um único e isolado ato. A atividade, cujo exercício se pune, é aquela decorrente de inabilitação ou incapacitação determinada por decisão judicial, nos termos dos arts. 102 e 181 da Lei de Falências.
- **Tipo subjetivo:** É o dolo, consistente na vontade livre e consciente de exercer atividade para a qual se encontra inabilitado ou incapacitado, sendo mister que o agente tenha sido intimado pessoalmente dessa decisão. Exige-se, portanto, dolo direto, não se concebendo dolo eventual. Para os tradicionais, trata-se do dolo genérico, não sendo necessário especial fim de agir. Não há modalidade culposa.
- **Consumação:** Com o exercício habitual da atividade para a qual foi inabilitado ou incapacitado. O crime é formal, não exigindo resultado naturalístico (prejuízo a terceiros, por exemplo).
- **Tentativa:** Não é possível.
- **Concurso de agentes:** Não pode haver coautoria, diante do fato de o crime deste art. 176 ser de mão própria. A participação (moral ou material), em tese admissível nos crimes de mão própria, não nos parece possível no presente tipo, dadas as suas características (CP, art. 29).
- **Pena:** Reclusão, de um a quatro anos, e multa.
- **Ação penal:** Pública incondicionada, nos termos do art. 184.
- **Competência:** O processamento e o julgamento da ação penal pelo crime deste art. 176 competem ao juiz criminal da jurisdição onde tenha sido decretada a falência, concedida a recuperação judicial ou homologado o plano de recuperação extrajudicial, consoante disposto no art. 183.

VIOLAÇÃO DE IMPEDIMENTO

Art. 177. Adquirir o juiz, o representante do Ministério Público, o administrador judicial, o gestor judicial, o perito, o avaliador, o escrivão, o oficial de justiça ou o leiloeiro, por si ou por interposta pessoa, bens de massa falida ou de devedor em recuperação judicial, ou, em relação a estes, entrar em alguma especulação de lucro, quando tenham atuado nos respectivos processos:

Pena — reclusão, de 2 (dois) a 4 (quatro) anos, e multa.

- **Penas alternativas:** Cabem (CP, arts. 43 e 44).

Violação de impedimento

- **Objeto jurídico:** A administração da justiça (no que concerne à efetivação dos preceitos contidos nesta lei) e a lisura das relações comerciais.

- **Sujeito ativo:** Somente o juiz, o representante do Ministério Público, o administrador judicial, o gestor judicial, o perito, o avaliador, o escrivão, o oficial de justiça e o leiloeiro, bem como as interpostas pessoas que por eles agirem, as quais responderão como coautores. Trata-se de crime próprio, e não de mão própria, tendo em vista a expressa referência à "interposta pessoa".

- **Sujeito passivo:** O Estado.

- **Tipo objetivo:** Duas são as condutas incriminadas: a) adquirir (tornar-se proprietário, dono, a título oneroso ou gratuito) bens de massa falida ou de devedor em recuperação judicial; b) entrar em alguma especulação de lucro em relação a esses bens. Para Geraldo Duarte (*Dicionário de Administração*, cit., p. 186), especular é a "ação de negociar de maneira sorrateira, em busca da obtenção de lucros rápidos e elevados, utilizando-se da variação de preços, registro de inflação ou outras ocorrências de desequilíbrio de mercado", como uma falência, aduzimos. Em ambas as condutas o autor referido no tipo (juiz, representante do Ministério Público, administrador judicial etc.) deverá ter atuado no respectivo processo de falência ou recuperação judicial (elemento normativo do tipo). A conduta de adquirir ou entrar em especulação de lucro, durante a recuperação extrajudicial, não foi contemplada pelo tipo, sendo, portanto, atípica.

- **Tipo subjetivo:** É o dolo, ou seja, a vontade consciente e livre de adquirir ou entrar em especulação de lucro, em relação a bens de massa falida ou de devedor em recuperação judicial, tendo atuado nos respectivos processos judiciais. Tratando-se de interposta pessoa, ela, além de ter se prestado a este papel, deverá ter ciência de que o bem pertence à massa falida ou a devedor em recuperação judicial, e que o sujeito por ela ocultado atuou nos respectivos processos. Se faltar essa ciência, não responderá por este delito, embora possa incorrer em outros, como o de falsidade ideológica (CP, art. 299). O tipo exige dolo direto, não sendo factível o dolo eventual. Trata-se, ademais, de dolo genérico, não havendo especial fim de agir. Não há modalidade culposa.

- **Condição de punibilidade *versus* atipicidade:** De acordo com o art. 180 desta lei, é condição objetiva de punibilidade das infrações penais nela descritas a sentença que decreta a falência, concede a recuperação judicial ou a recuperação extrajudicial (*vide* comentários naquele artigo). Ou seja, sem que exista decisão decretando a falência, deferindo o processamento da recuperação judicial, ou, ainda, homologando, por sentença, o plano de recuperação extrajudicial, conforme previsto nos arts. 99, 52 e 164, § 5º, a conduta, embora típica, deixa de ser punível. No caso em tela, referindo-se o art. 177 a bens de massa falida ou de devedor em recuperação judicial, a hipótese prevista no art. 180 fica prejudicada. Isto porque, faltando tais decisões, não haverá tipicidade.

- **Consumação:** Na primeira parte, com a aquisição do bem. Na segunda, com a entrada em especulação de lucro. O crime é formal, não exigindo resultado naturalístico (prejuízo a terceiros ou auferimento de lucro, por exemplo).

- **Tentativa:** A nosso ver, não é possível por serem as condutas incriminadas unissubsistentes.

- **Concurso de agentes:** Pode haver coautoria, tanto por parte da interposta pessoa como de terceiro que tenha consciência da qualidade do agente e da sua atuação no processo falimentar ou de recuperação judicial. Igualmente, poderá haver participação (CP, art. 29).

- **Pena:** Reclusão, de dois a quatro anos, e multa.

- **Ação penal:** Pública incondicionada, nos termos do art. 184.

- **Competência:** O processamento e o julgamento da ação penal pelo crime deste art. 177 competem ao juiz criminal da jurisdição onde tenha sido decretada a falência ou concedida a recuperação judicial consoante disposto no art. 183.

OMISSÃO DOS DOCUMENTOS CONTÁBEIS OBRIGATÓRIOS

Art. 178. Deixar de elaborar, escriturar ou autenticar, antes ou depois da sentença que decretar a falência, conceder a recuperação judicial ou homologar o plano de recuperação extrajudicial, os documentos de escrituração contábil obrigatórios:

Pena — detenção, de 1 (um) a 2 (dois) anos, e multa, se o fato não constitui crime mais grave.

- **Transação:** O crime do art. 178 é infração de menor potencial ofensivo. Cabe, nos moldes do art. 76 da Lei n. 9.099/95, que restou ampliado pelo art. 2º, parágrafo único, da Lei n. 10.259/2001, que dispõe sobre os Juizados Especiais Criminais (Federais), entendendo ser infração de menor potencial ofensivo toda aquela em que a pena máxima cominada não seja superior a dois anos. Desse modo, seja por imperativo decorrente do direito a tratamento isonômico (art. 5º, *caput*, da Magna Carta), seja pela aplicação da analogia *in bonam partem*, o conceito de infração de menor potencial ofensivo do art. 61 da Lei n. 9.099/95, que, ao dispor sobre os Juizados Especiais Criminais Estaduais, considera como tais as infrações cuja pena máxima não seja superior a um ano, restou ampliado.

- **Suspensão condicional do processo:** Cabe, nos termos do art. 89 da Lei n. 9.099/95.

- **Penas alternativas:** Cabem (CP, arts. 43 e 44).

Omissão de documentos contábeis obrigatórios

- **Objeto jurídico:** A administração da justiça, no que concerne à aplicação dos preceitos desta lei, a lisura e a segurança das relações comerciais.
- **Sujeito ativo:** Somente o devedor ou o administrador judicial, este após a sentença que decretar a falência ou conceder a recuperação judicial. Trata-se de crime próprio.
- **Sujeito passivo:** O Estado.
- **Tipo objetivo:** As condutas incriminadas são deixar de elaborar (formar, organizar, preparar, ordenar), escriturar (registrar sistemática ou metodicamente) ou autenticar (certificar segundo as fórmulas legais). Trata-se de condutas omissivas. O objeto material são os documentos de escrituração contábil obrigatória (não restando abrangidos, assim, os livros fiscais). Cuida-se de lei penal em branco. Quanto aos livros contábeis obrigatórios, como o Livro Diário, *vide* comentários no § 1º do art. 168 desta lei, sob a rubrica "Causas especiais de aumento de pena". A omissão incriminada pode ser praticada antes ou depois de a sentença que decretar a falência, conceder a recuperação judicial ou homologar o plano de recuperação extrajudicial.
- **Tipo subjetivo:** É o dolo, isto é, a vontade consciente e livre de não elaborar, escriturar ou autenticar. Para os tradicionais é dolo genérico, não se exigindo especial fim de agir. Não há modalidade culposa.
- **Atipicidade *versus* condição de punibilidade:** Se não houver decisão decretando a quebra, deferindo o pedido de recuperação judicial ou homologando o plano de recuperação extrajudicial (elementos normativos do tipo), será atípica, em face desse art. 178, a conduta do agente de deixar de elaborar, escriturar ou autenticar documentos de escrituração contábil obrigatória. Prejudicada, portanto, a incidência do art. 180 da Lei de Falências, segundo o qual é condição objetiva de punibilidade das infrações penais nela descritas a sentença que decreta a falência, concede a recuperação judicial ou a recuperação extrajudicial. Se a conduta é atípica, não há punibilidade a ser condicionada.
- **Consumação:** Trata-se de crime omissivo próprio, consumando-se no momento em que o agente deixa de elaborar, escriturar ou autenticar.
- **Tentativa:** É impossível.
- **Concurso de agentes:** Não obstante o crime do art. 178 seja omissivo, o concurso de pessoas é, em tese, possível. Com efeito, ainda que se entenda ser ele omissivo próprio, sempre será possível a participação de terceiros que venham a instigar ou a prover meios (participação moral ou material) para que o agente se omita (CP, art. 29). De outra sorte, se porventura a conduta omissiva assumir caráter impróprio (ou seja, de crime comissivo por omissão), não só a participação, mas também a coautoria, será possível. Lembramos a hipótese de violação de um dever de agir que só poderia ser cumprido mediante a ação conjunta de mais de uma pessoa, na esteira da lição de Santiago Mir Puig (*Derecho penal — parte general*. 3. ed. Barcelona; PPU, 1990, p. 422). Como exemplo, referimo-nos a uma hipótese de crime de omissão de socorro em que, dadas as circunstâncias fáticas, o socorro só poderia ser prestado mediante a ação

conjunta de duas pessoas, sendo impossível a um só agente fazê-lo. Desse modo, se dois são os sócios da empresa devedora, com poder de gerência, ambos poderão responder pelo crime deste art. 178, em coautoria, quando tenham deliberado, em conjunto, não elaborar, escriturar ou autenticar documentos contábeis. Aliás, por vezes os estatutos ou contratos sociais exigem a assinatura de pelo menos dois sócios, ou de um sócio e um procurador, para a prática de uma série de atos.

■ Crime subsidiário: A ressalva "se o fato não constitui crime mais grave" há de ser compreendida como crime mais grave falimentar, como o presente. Lembramos, a propósito, o delito do art. 171 desta lei, que pune com pena de dois a quatro anos de reclusão e multa, a conduta de "sonegar ou omitir informações [...] no processo de falência, de recuperação judicial ou de recuperação extrajudicial, com o fim de induzir a erro o juiz, o Ministério Público, os credores, a assembleia geral de credores, o Comitê ou o administrador judicial". A nosso ver, a ressalva acima não se aplica a crime mais grave previsto no CP ou em outras leis, por estarmos diante de um delito de lei especial, com objeto jurídico próprio, ou seja, a segurança e a lisura das relações comerciais, e a administração da justiça voltada à aplicação dos preceitos desta Lei Falimentar.

■ Pena: Detenção, de um a dois anos, e multa, se o fato não constituir crime mais grave. Trata-se, registre-se, da única pena de detenção prevista nesta lei.

■ Ação penal: Pública incondicionada, nos termos do art. 184.

■ Competência: O processamento e o julgamento da ação penal pelo crime deste art. 178 competem ao juiz criminal da jurisdição onde tenha sido decretada a falência ou concedida a recuperação judicial consoante disposto no art. 183.

Jurisprudência

■ Culpa do contador: "Muito embora todo comerciante tenha, notadamente, total conhecimento das exigências legais, no tocante à escrituração de seus livros contábeis, é sabido que tal atividade, comumente. é terceirizada, até porque, em razão da complexidade da legislação que regula a matéria, muitas vezes, até para não fazê-lo contábil e fiscalmente de forma equivocada, preferível contratar contador especializado para tanto. O réu, neste passo, asseverou que contratou terceiro para realizar a escrituração. Sua assertiva é crível e não se pode presumir, simplesmente, sua má-fé, pelo descumprimento da disposição legal. Ao revés, a presunção legal é sempre de boa-fé. O dolo deve ser provado. Do mesmo modo, também não se pode simplesmente presumir fraudulento o recibo por ele apresentado a fls., como pretende a d. representante ministerial. É certo que foi irresponsável e deixou de cumprir com suas obrigações de comerciante. Tanto que faliu. Possível que tenha sido incauto. Mas daí a se afirmar que agiu com dolo e má-fé há uma grande distância, não demonstrada, sequer indiciariamente" (TJSP, 8ª Câm., Ap. 993.06.009595-1, Rel. Des. Luciana Leal Junqueira Vieira, j. 20-5-2011).

■ **Não apresentação de balanço** (antigo art. 186, VII, do Dec.-Lei n. 7.661/45): A falta de apresentação de balanço patrimonial, dentro do prazo de 60 dias após a data fixada para o seu encerramento, não mais constitui crime, tendo em vista o advento da Lei n. 11.101/2005 (Nova Lei de Falências) (TJSP, 8ª Câm., Ap. 993.06.009595-1, Rel. Des. Luciana Leal Junqueira Vieira, j. 20-5-2011).

Seção II
DISPOSIÇÕES COMUNS

Art. 179. Na falência, na recuperação judicial e na recuperação extrajudicial de sociedades, os seus sócios, diretores, gerentes, administradores e conselheiros, de fato ou de direito, bem como o administrador judicial, equiparam-se ao devedor ou falido para todos os efeitos penais decorrentes desta Lei, na medida de sua culpabilidade.

■ **Noção:** Este artigo equipara ao devedor ou falido, para todos os efeitos penais decorrentes desta lei, na falência, na recuperação judicial e na extrajudicial de sociedades, as seguintes pessoas: os seus sócios, diretores, gerentes, administradores e conselheiros, de fato ou de direito, bem como o administrador judicial.

■ **Responsabilidade pessoal:** A responsabilidade penal é sempre pessoal, mesmo tratando-se dos chamados crimes societários, ou seja, praticados pelos sócios-gerentes ou diretores de empresas. Com efeito, o art. 5º, XLV, da CF é expresso ao estabelecer que "nenhuma pena passará da pessoa do condenado". Além disso, o inciso XLVI do mesmo artigo reza que "a lei regulará a individualização da pena". Em adendo, dispõe o art. 93, IX, da Carta Magna que "todos os julgamentos dos órgãos do Poder Judiciário serão públicos, e fundamentadas todas a decisões, sob pena de nulidade". Em observância a esses dispositivos, a lei penal impõe, ao tratar do cálculo da pena em seu art. 59, que o juiz, no cumprimento do princípio constitucional da individualização da pena, deverá, sempre, atender "à culpabilidade, aos antecedentes, à conduta social, à personalidade do agente, aos motivos, às circunstâncias e consequências do crime". Complementando o referido dispositivo, o art. 29 do CP, ao tratar da culpabilidade, estabelece que ela só pode ser individual: "quem, de qualquer modo, concorre para o crime, incide nas penas a este cominadas, na medida de sua culpabilidade". Trata-se do chamado direito penal da culpa, uma das grandes conquistas da humanidade. Afigura-se, portanto, inadmissível a responsabilização criminal com base em conceitos de direito civil, como os da responsabilidade objetiva e solidária. Ao contrário, a responsabilidade pela prática de crimes falimentares jamais se estenderá ao sócio ou a pessoas que não tenham voluntária e conscientemente participado dos fatos, excluindo-se também sócios minoritários ou sócios capitalistas que não possuam poder de gerência. Pelos mesmos motivos, não poderá haver responsabilização criminal do sócio que, mesmo ostentando formalmente poder de gerência, não o tenha exercido, de fato, durante a época das condutas incriminadas. Em suma, a equiparação feita por este art. 179 — tendo em vista que muitos dos crimes previstos nesta lei são próprios — não implica responsabilidade penal objetiva, sendo a ressalva "na medida de sua culpabilidade" elogiável, pondo-se cobro, de uma vez por todas, a qualquer interpretação em sentido contrário.

Art. 180. A sentença que decreta a falência, concede a recuperação judicial ou concede a recuperação extrajudicial de que trata o art. 163 desta Lei é condição objetiva de punibilidade das infrações penais descritas nesta Lei.

■ **Noção:** Como pontua Luiz Flávio Gomes ("Nova Lei de Falências e suas repercussões criminais". *Jornal Síntese*, março/2005, ano 9, n. 97, p. 7-8), a condição objetiva de punibilidade "é algo a mais, um *plus* que o legislador passa a exigir para que o fato seja ameaçado com pena (seja punível, em tese)", estando "fora do fato e, portanto, fora do dolo do agente". Desta feita, ao contrário do que ocorria na antiga Lei de Falências, na qual não havia crime falimentar sem quebra, restando excluída a possibilidade de tal tipo de delito abranger condutas praticadas durante o trâmite de uma concordata não convolada em falência, a nova lei é mais abrangente e, portanto, mais rigorosa. Exige que haja decretação da falência, ou decisão que conceda recuperação judicial ou, ainda, homologando recuperação extrajudicial. Todavia, não obstante a inexistência dessas decisões, poderá o agente, em tese, responder por crime previsto no CP, caso a sua conduta configure, por si só, delito ali tipificado, mas não por crime falimentar, ainda que a conduta se subsuma a algum tipo penal da Lei de Falências. Como exemplo, lembramos o delito do art. 171 desta lei, que dispõe ser crime "sonegar ou omitir informações ou prestar informações falsas no processo de falência, de recuperação judicial ou de recuperação extrajudicial, com o fim de induzir a erro o juiz, o Ministério Público, os credores, a assembleia geral de credores, o Comitê ou o administrador judicial". Assim, se o devedor, durante o trâmite do processo no qual requer a homologação de plano de recuperação extrajudicial, "presta informações falsas", mas o pedido de homologação, ao final, não é deferido, não poderá ser punido pela prática de crime falimentar, por faltar a presente condição de punibilidade.

Art. 181. São efeitos da condenação por crime previsto nesta Lei:
I — a inabilitação para o exercício de atividade empresarial;
II — o impedimento para o exercício de cargo ou função em conselho de administração, diretoria ou gerência das sociedades sujeitas a esta Lei;
III — a impossibilidade de gerir empresa por mandato ou por gestão de negócio.
§ 1º Os efeitos de que trata este artigo não são automáticos, devendo ser motivadamente declarados na sentença, e perdurarão até 5 (cinco) anos após a extinção da punibilidade, podendo, contudo, cessar antes pela reabilitação penal.

§ 2º Transitada em julgado a sentença penal condenatória, será notificado o Registro Público de Empresas para que tome as medidas necessárias para impedir novo registro em nome dos inabilitados.

Efeitos extrapenais específicos (caput)

▪ Noção: Ao condenar alguém pelo cometimento de uma infração penal, o juiz ou o tribunal impõe-lhe a sanção penal que a lei prevê. Todavia, essa sanção (que nos crimes falimentares previstos nesta lei é de reclusão e multa nos arts. 168 a 177, e de detenção e multa, no delito do art. 178) não é a única consequência da condenação criminal. Tem ela outros efeitos, tanto de natureza penal (chamados efeitos penais secundários) como de caráter extrapenal (efeitos civis, administrativos etc.). Importante consignar, desde logo, que esses efeitos não se confundem com as antigas penas acessórias, abolidas pela Reforma Penal de 84.

▪ Efeitos extrapenais específicos da Lei Falimentar: Sem prejuízo dos efeitos penais secundários, ínsitos a toda condenação criminal, bem como dos efeitos extrapenais genéricos que forem pertinentes, previstos no art. 91 do CP, e dos efeitos estatuídos na própria Magna Carta, em seu art. 15, III (*vide* notas abaixo), o legislador previu, neste art. 181, três efeitos extrapenais específicos da condenação por crime falimentar:

▪ Inciso I (inabilitação para o exercício de atividade empresarial): A condenação por um dos crimes previstos nos arts. 168 a 178 da presente lei pode ensejar, além da aplicação das penas previstas, que o juiz ou tribunal estabeleça, expressa e motivadamente, que o condenado não poderá exercer atividade empresarial, não só durante o cumprimento da pena, mas até cinco anos depois da extinção da punibilidade, caso não tenha logrado obter, dois anos após cumprida a pena, a sua reabilitação (CP, arts. 91 e 94). O condenado que descumprir a imposição cometerá o crime previsto no art. 176 desta lei, punido com reclusão, de um a quatro anos, e multa. O termo atividade empresarial é bastante vago, já que empresário é "a pessoa formadora de capital social que organiza, constitui, implanta e administra uma organização privada com a finalidade de produzir bens ou serviços, responsabilizando-se por seu funcionamento e obrigações relativas ao mercado consumidor, às autoridades e à sociedade" (Geraldo Duarte, *Dicionário de Administração*, cit., p. 180). O empresário, portanto, assume a responsabilidade pelos riscos inerentes ao empreendimento (cf. Paulo Sandroni, *Novíssimo Dicionário de Economia*, 9. ed. São Paulo: Best Seller, 2002, p. 204). Cumpre anotar, todavia, que, por vezes, o empresário não é o administrador da empresa, mas, tão somente, proprietário capitalista, delegando a administração a terceiros. De outra sorte, nem sempre o administrador é empresário. Assim, o administrador só poderá ser considerado empresário quando assumir "os riscos do empreendimento (por participação no capital e nos lucros, por exemplo)" (Paulo Sandroni, ob. e loc. cits.). A nosso ver, portanto, a inabilitação para o exercício de atividade empresarial, prevista neste inciso I, não tem o condão de impedir que o condenado venha a trabalhar em empresas de outras pessoas, administrando-a meramente como funcionário.

- **Inciso II (impedimento para o exercício de cargo ou função em conselho de administração, diretoria ou gerência das sociedades sujeitas a esta lei):** Como visto, o inciso I, que prevê a inabilitação para o exercício de atividade empresarial, não tem o condão de impedir que o condenado venha a trabalhar em empresas de outras pessoas, administrando-a como funcionário, e não empresário. Diferentemente, contudo, autoriza este inciso II que o juiz ou o tribunal impeça que o condenado por crime falimentar exerça cargo ou função (os termos são bastante amplos) em conselho de administração, diretoria ou gerência das sociedades sujeitas a esta lei, abrangendo, aqui, portanto, a figura do administrador que não é empresário. O texto é taxativo e não exemplificativo, de modo que não poderá o condenado por crime falimentar ser impedido de exercer, em empresas privadas, outras funções, como a de consultor. Entre as "sociedades sujeitas a esta Lei", referidas por este inciso II, não se incluem a "empresa pública e sociedade de economia mista", bem como "a instituição financeira pública ou privada, cooperativa de crédito, consórcio, entidade de previdência complementar, sociedade operadora de plano de assistência à saúde, sociedade seguradora, sociedade de capitalização e outras entidades legalmente equiparadas às anteriores", nos termos dos arts. 1º e 2º da Lei Falimentar.

- **Inciso III (impossibilidade de gerir empresa por mandato ou por gestão de negócio):** Procurando prever todas as possibilidades em que o condenado por crime falimentar poderia, antes de obter a reabilitação criminal, ou de escoados cinco anos da extinção da pena a ele aplicada, voltar ao mundo empresarial, seja como empresário ou administrador, o legislador, neste derradeiro inciso, estabeleceu, como efeito extrapenal da condenação por crime falimentar, a proibição de que o condenado venha a gerir (isto é, conduzir, administrar, comandar, cuidar de um negócio, dirigir) empresa, por mandato (ou seja, munido de procuração outorgada pelo seu proprietário com poderes para geri-la) ou por gestão de negócio (isto é, a administração oficiosa de negócio alheio, sem mandato ou representação legal — cf. *Novo Dicionário Aurélio*. Rio de Janeiro: Nova Fronteira, p. 685).

- **Cumulação dos efeitos:** A nosso ver, desde que justificados, poderá perfeitamente ocorrer a cumulação dos efeitos referidos nos incisos I a III do art. 181, mesmo porque não são eles incompatíveis.

- **Efeitos penais secundários previstos no CP:** Os efeitos penais secundários estão dispostos em vários preceitos constantes da Parte Geral do CP, como a revogação, facultativa ou obrigatória, de anterior *sursis* ou o livramento condicional (arts. 81 e 86), o impedimento de aplicação de pena alternativa (art. 44, II), a revogação da reabilitação, se condenado como reincidente (art. 95), bem como o aumento e a interrupção da prescrição da chamada pretensão executória (arts. 110, *caput*, e 117, VI), o impedimento para a aplicação dos institutos da transação penal e da suspensão condicional do processo (Lei n. 9.099/95, arts. 76, § 2º, I, e 89, *caput*), além de ser pressuposto para eventual reincidência futura (CP, art. 63).

- **Efeitos extrapenais previstos na Parte Geral do CP:** Na Parte Geral do Diploma Penal, que se aplica à presente lei naquilo que com ela não for incompatível, encontram-se previstos, em seu art. 91, os chamados efeitos extrapenais genéricos (que dispensam expressa aplicação e motivação, sendo automáticos), e, em seu art. 92, os denominados efeitos extrapenais específicos (que, ao contrário, demandam que a decisão condenatória expressamente a eles faça referência, e de forma motivada). Os primeiros, previstos nos incisos I e II do art. 91 do CP, são o de tornar certa a obrigação de indenizar o dano causado pelo crime, e a perda, em favor da União, ressalvado o direito do lesado ou de terceiro de boa-fé, de instrumentos do crime e de seu produto. Já os efeitos extrapenais específicos — inaplicáveis aos crimes falimentares — são a perda de cargo, função pública ou mandato eletivo, a incapacidade para o exercício do pátrio poder, tutela ou curatela, a inabilitação para dirigir veículo, quando utilizado como meio para a prática de crime doloso (CP, art. 92, I a III).

▪ Suspensão dos direitos políticos: Afora os efeitos extrapenais genéricos (automáticos) previstos no art. 91 do CP, é de lembrar que o art. 15, III, da Magna Carta prevê outro efeito extrapenal, ao estatuir: "Art. 15. É vedada a cassação de direitos políticos, cuja perda ou suspensão só se dará nos casos de: [...] III — condenação criminal transitada em julgado, enquanto durarem seus efeitos".

Efeitos alomáticos e prazo de duração (§ 1º)

▪ Efeitos alomáticos: Na feliz expressão cunhada por Joaquim Canuto Mendes de Almeida, quando o legislador exige expressa declaração e motivação a fim de que determinados efeitos da condenação possam incidir sobre o condenado, são eles efeitos alomáticos, que não se confundem com os ditos efeitos automáticos de toda e qualquer condenação, previstos no art. 91 do CP, os quais não precisam ser declarados na sentença ou acórdão condenatório. Desse modo, os efeitos extrapenais deste art. 181 não são consequência automática da condenação. Eles necessitam ser motivadamente declarados na sentença. Ou seja, para que os efeitos assinalados realmente ocorram, é imprescindível que a sentença ou acórdão os declare expressamente, dando os motivos pelos quais a condenação terá as consequências específicas aqui previstas.

▪ Prazo de duração: Como é curial, nossa CF proíbe a infligção de penas perpétuas (art. 5º, XLVII, b), estendendo-se a vedação constitucional, obviamente, aos efeitos extrapenais específicos de condenação por crime falimentar, previstos neste art. 181. Estabelece o legislador, assim, que eles perdurarão até cinco anos após a extinção da punibilidade. A extinção da punibilidade de que se trata, aqui, é evidentemente a relativa à chamada "pretensão executória", seja pelo próprio cumprimento da pena (LEP, art. 66, II) ou, então, por sua eventual prescrição (CP, arts. 107, 109 e 110). A duração desses efeitos, todavia, poderá ser abreviada quando o condenado obtenha a sua reabilitação, nos termos dos arts. 93 e 94 do CP, instituto que faz cessar os efeitos da condenação. Nos termos desses artigos, é pressuposto para a obtenção da reabilitação terem "decorridos dois anos do dia em que for extinta, de qualquer modo, a pena ou terminar sua execução, computando-se o período de prova da suspensão e do livramento condicional, se não sobrevier revogação"; e desde que o condenado preencha outros três requisitos: ter tido domicílio no país durante esse prazo, tenha demonstrado efetivo e constante bom comportamento público e privado e, por fim, ressarcido o dano causado pelo crime, salvo se provar a "absoluta impossibilidade de o fazer" ou exibir documento que comprove a renúncia da vítima ao ressarcimento ou, então, a novação da dívida.

Comunicação ao Registro Público (§ 2º)

- Comunicação ao Registro Público de empresas: Trata-se de providência tendente a garantir efetividade aos efeitos extrapenais específicos deste art. 181, determinando o legislador que a autoridade judiciária, uma vez transitada em julgado a condenação, notifique o Cartório de Registro Público de Empresas (ou seja, o Cartório de Registro Civil de Pessoa Jurídica), a fim de que tome as medidas necessárias para impedir novo registro em nome dos inabilitados.

- Trânsito em julgado da condenação: Não obstante óbvio em face da garantia insculpida no art. 5º, LVII, da CF, de que "ninguém será considerado culpado até o trânsito em julgado de sentença penal condenatória", o legislador, neste art. 181, § 2º, foi expresso ao exigir o trânsito em julgado, o que deve ser observado por nossos Tribunais, mesmo porque a lei não possui palavras desnecessárias.

Art. 182. A prescrição dos crimes previstos nesta Lei reger-se-á pelas disposições do Decreto-Lei n. 2.848, de 7 de dezembro de 1940 — Código Penal, começando a correr do dia da decretação da falência, da concessão da recuperação judicial ou da homologação do plano de recuperação extrajudicial.

Parágrafo único. A decretação da falência do devedor interrompe a prescrição cuja contagem tenha iniciado com a concessão da recuperação judicial ou com a homologação do plano de recuperação extrajudicial.

Prescrição

- Poder punitivo: O Estado possui, de modo abstrato, o poder/dever de punir aqueles que violam a lei penal. Todavia, para que esse poder/dever possa se concretizar, exige-se o trânsito em julgado de condenação criminal, quando, para o mundo jurídico, passa a existir a certeza de que o crime ocorreu e de quem é o seu autor, liberando-se, somente aí, a coação estatal, até então em potência. Trata-se de um poder de coação indireto, uma vez que só pode o Estado exercê-lo após o Judiciário definir a culpa daquele que violou a lei penal. Esse poder/dever punitivo é chamado punibilidade. A punibilidade subdivide-se em duas fases: uma antes do trânsito em julgado da condenação penal (a chamada "pretensão punitiva") e outra após esse evento (passando-se à denominada "pretensão executória"). Esse poder/dever punitivo, contudo, não é, nem deve ser, eterno, restando sobre a cabeça daquele que tenha cometido uma infração penal, como uma espada de Dâmocles, por toda a sua vida. Desse modo, excetuadas as hipóteses de imprescritibilidade, previstas nos incisos XLII e XLIV do art. 5º da CF (crimes de racismo, de ação de grupos armados, civis ou militares, contra a ordem constitucional e o Estado Democrático), bem como no art. 7º, 1, *f*, do Estatuto de Roma do Tribunal Penal Internacional, do qual o Brasil é Estado parte (crime de tortura, "quando cometido no quadro de um ataque, generalizado ou sistemático, contra qualquer população civil, havendo conhecimento desse ataque"), prevê o legislador o instituto da prescrição, o qual impõe delimitação temporal para o exercício do poder punitivo estatal, fazendo-o desaparecer, em relação a determinados fatos, com o decurso do tempo.

▪ **O instituto da prescrição (autolimitação do poder/dever estatal de punir):** Não obstante sempre existam aqueles que criticam o instituto da prescrição, como Quintiliano Saldaña, para quem ele "recompensava o que fugira, e castigava, duramente, a honradez penitenciária do que não soubera ou não quisera fugir" (*El Futuro Código Penal*. Madrid, [sem referência à editora], 1923, p. 41, *apud* Aloysio de Carvalho Filho, *Comentários ao Código Penal*. 4. ed. Rio de Janeiro: Forense, 1958, v. IV, p. 224), a verdade é que tal linha argumentativa não vingou, mesmo porque, como afirma Degois, também lembrado por Carvalho Filho (ob. cit., p. 221), "a prescrição é um meio necessário de compatibilizar a justiça penal com a realidade dos fatos, nunca um instrumento de impunidade ou um estímulo à criminalidade. Desonera o criminoso [...] não porque tenha ele conquistado, à custa da incúria alheia, esse privilégio de isenção penal, mas porque justiça que tarda é justiça intempestiva, o que vale dizer falha nos seus objetivos práticos e, pois, sem bases jurídicas e morais. A sociedade, ela mesma, tem interesse em se poupar ao espetáculo, algo desconcertante, dessa justiça fora de tempo". Ademais, como já tivemos a oportunidade de afirmar (cf. Roberto Delmanto Junior, *Inatividade no processo penal brasileiro*. São Paulo: Revista dos Tribunais, 2004, p. 332-339), o instituto da prescrição, além do importantíssimo papel de evitar punições completamente extemporâneas e já sem significado como medida de prevenção especial e geral, retributiva e ressocializadora, possui a correlata função de impor celeridade à autuação do Poder Judiciário. Para tanto, basta lembrar a corriqueira preocupação dos juízes ao conduzirem a instrução e proferirem suas sentenças, em não deixar escoar o prazo prescricional "nas suas mãos", sem restringir, evidentemente, os direitos da defesa. Cabe ressaltar, aqui, a absoluta ilegalidade de se majorar a pena com o intuito de evitar a incidência da prescrição, impondo-se ao condenado castigo maior em função da pouca diligência estatal. Celeridade que significa diligência e não precipitação, e que é um direito do acusado, estatuído na Convenção Americana sobre Direitos Humanos (art. 7º, n. 5), e no Pacto Internacional sobre Direitos Civis e Políticos de Nova Iorque (art. 9º, n. 3), ambos ratificados pelo Brasil (art. 5º, §§ 2º e 3º, da Magna Carta). Cumpre referir, por fim, a pertinente observação de Hans-Heinrich Jescheck (*Tratado de derecho penal — parte general*. 4. ed. traduzida para o espanhol por José Luiz Manzanares Samaniego. Granada: Comares, 1993, p. 822), no sentido de que também há o aspecto processual a favor do instituto da prescrição, mesmo porque, com o passar do tempo, as provas que não tenham porventura desaparecido tornam-se evidentemente mais frágeis, aumentando-se o risco da ocorrência de erros judiciários.

■ **A atual disciplina e o termo inicial da contagem do prazo prescricional:** A Lei n. 11.101/2005, em seu art. 181, manda aplicar aos crimes falimentares a disciplina da Parte Geral do CP, que trata da prescrição em seus arts. 109 a 119, com algumas adaptações concernentes ao termo inicial da contagem do lapso prescricional. Com efeito, se nos crimes previstos no Diploma Penal a contagem inicia-se no momento em que o crime é cometido ou, no caso de delito permanente, no instante em que cessa a permanência, nos crimes falimentares a situação é diversa. Prevê o legislador que o prazo começa a correr do dia da decretação da falência, da concessão da recuperação judicial ou da homologação do plano de recuperação extrajudicial, não obstante as condutas incriminadas possam ter sido praticadas anteriormente. Elogios merece o legislador, aqui, estando o art. 182, ora comentado, em perfeita consonância com o art. 180, ao estatuir que aquelas decisões são "condição objetiva de punibilidade das infrações penais descritas nesta Lei". Ora, não tendo ocorrido nenhuma das decisões mencionadas pelo art. 180, não há falar em punição por crime falimentar e, muito menos, portanto, em contagem do prazo prescricional de algo que ainda não existe: a punibilidade do crime falimentar.

■ **Prazo prescricional entre o fato e o recebimento da denúncia (§ 1º do art. 110 do CP, com redação dada pela Lei n. 12.234/2010):** O atual § 1º do art. 110 do CP, tratando da chamada prescrição retroativa pela pena em concreto, passou a dispor: "a prescrição, depois da sentença condenatória com o trânsito em julgado para a acusação, ou depois de improvido o seu recurso, regula-se pela pena aplicada, não podendo, em nenhuma hipótese, ter por termo inicial data anterior à denúncia ou queixa". Ou seja, entre a data do fato e a do recebimento da inicial, a prescrição da pretensão punitiva só ocorrerá se atingido o lapso prescricional calculado com base no máximo da pena cominada, nos moldes do art. 109 do CP. Embora o novo § 1º do art. 110 do CP seja posterior à Lei de Falências, esta, como lei especial, deve prevalecer, podendo a prescrição retroativa, pela pena em concreto, nos crimes falimentares, ter por termo inicial data anterior ao recebimento da denúncia, ou seja, "dia da decretação da falência, da concessão da recuperação judicial ou da homologação do plano da recuperação extrajudicial", consoante o *caput* do art. 182. Quanto à inconstitucionalidade do novo § 1º do art. 110 do CP, *vide* Roberto Delmanto Junior, *Temas relevantes de direito penal e processual penal*. Coord. por Luiz Rascovski. São Paulo: Saraiva, 2012, p. 252 a 262.

■ **Ultratividade:** Tratando-se de fatos ocorridos antes da entrada em vigor da atual Lei de Falências (Lei n. 11.101/2005), a disciplina da revogada Lei Falimentar (Decreto-lei n. 7.661/45) deverá ser aplicada ultrativamente sempre que for mais favorável ao agente. Como se trata de matéria de direito material, o que deve ser levado em consideração para viabilizar-se a ultratividade é a vigência da lei revogada na data do fato, e não aquela em vigor na data do recebimento da denúncia, afastando-se a regra de direito processual do *tempus regit actum*. Anotamos a existência de acórdão em sentido contrário do STJ (*vide* abaixo).

Causas interruptivas (parágrafo único)

■ **Falência precedida de recuperação extrajudicial e/ou judicial:** A atual lei, mais uma vez com acerto, prevê, no parágrafo único de seu art. 182, que a contagem do prazo prescricional, que já se iniciara com a homologação do plano de recuperação extrajudicial ou com o deferimento da recuperação judicial, será interrompida com a ulterior decretação da quebra, reiniciando-se, a partir daí, nova contagem.

■ **Deferimento de pedido de recuperação judicial após recuperação extrajudicial infrutífera:** Se após a tentativa de implementação de determinado plano de recuperação extrajudicial homologado, que acabou frustrado, o devedor consegue que o Juízo Falimentar defira pedido de recuperação judicial, o qual, também sem sucesso, é convolado em falência (art. 73), estar-se-á diante de uma situação não prevista pelo legislador. Isto porque, consoante dispõe o *caput* deste art. 181, o prazo prescricional já iniciara o seu curso com a homologação do plano de recuperação extrajudicial. Com efeito, o presente parágrafo único estatui que apenas "a decretação da falência do devedor interrompe a prescrição cuja contagem tenha iniciado com a concessão da recuperação judicial ou com a homologação do plano de recuperação extrajudicial". Ora, se a contagem do lapso prescricional iniciou-se com a homologação do plano de recuperação extrajudicial, é inquestionável que o posterior deferimento de pedido de recuperação judicial não terá o condão de interromper a contagem do prazo prescricional. Ele só será interrompido caso haja futura convolação da recuperação judicial em falência. Em resumo: a recuperação judicial tem o condão de dar início à contagem do prazo prescricional, mas não de interromper o seu curso quando, porventura, ele tenha se iniciado anteriormente, com a homologação da recuperação extrajudicial.

Jurisprudência

■ **Prescrição do crime falimentar leva à falta de justa causa para o processo por quadrilha ou bando:** "No que pertine ao delito de quadrilha ou bando, a solução é o trancamento da ação penal, não obstante alguns entendimentos contrários de parte da doutrina e da jurisprudência. Como sabemos, duas são as espécies de prescrição acolhidas pelo nosso sistema normativo, a saber: prescrição da pretensão executória e prescrição da pretensão punitiva. Na primeira, o Estado perde o poder de punir após a sentença condenatória, persistindo ainda alguns dos efeitos da referida decisão, enquanto na segunda extingue-se a punibilidade, afastando-se todos os efeitos, principais e secundários, penais e extrapenais, de uma possível condenação. Assim, a decretação da extinção da punibilidade pela ocorrência da prescrição da pretensão punitiva (o caso destes autos) extingue, efetivamente, o poder de apuração do Estado, assim como de qualquer juízo de valor da conduta alcançada pela prescrição. Ora, se os delitos que deram ensejo à instauração da ação penal foram considerados prescritos, extintos estão, consecutivamente, todos os efeitos primários e secundários, penais e extrapenais, se nos afigurando inadmissível a apuração do delito de quadrilha ou bando, que exige a associação de pessoas para a prática de delitos que, no caso concreto, foram extintos pela prescrição. Para que houvesse a condenação do paciente no delito do art. 288 do Código Penal, mister seria a análise das suas condutas nos crimes derivados da falência, cuja punibilidade restou, nesta decisão, extinta. Isto posto, concede-se a ordem, para reconhecer a extinção da punibilidade do paciente com relação aos crimes falimentares pela ocorrência da prescrição da pretensão punitiva, bem como para trancar a ação penal referente ao crime de quadrilha ou bando, nos termos acima explicitados [...]" (TJSP, 16ª Câm., HC 990.10.020888-8, Rel. Des. Borges Pereira, j. 20-4-2010).

■ **Ultratividade da norma penal anterior, mais benéfica:** "I — A verificação da *lex mitior*, no confronto de leis, é feita *in concreto*, visto que a norma aparentemente mais benéfica, num determinado caso, pode não ser. Assim, pode haver, conforme a situação, retroatividade da regra nova ou ultra-atividade da norma antiga. II — A norma insculpida no art. 182, *caput*, da Lei n. 11.101/2005 [...] explicitou que a disciplina relativa à prescrição dos crimes falimentares reger-se-á de acordo com as disposições contidas no Código Penal, estabelecendo, além disso, novo *dies a quo* para o início da contagem do lapso prescricional, começando a correr o prazo do dia da decretação da falência, da concessão da recuperação judicial ou da homologação do plano de recuperação extrajudicial. III — Em contrapartida, verifica-se que o artigo 199 e parágrafo único do Decreto-Lei n. 7.661/45 [...] definia o prazo prescricional para delitos falimentares como sendo de 2 (dois) anos, começando a correr da data em que transitar em julgado a sentença que encerrar a falência ou que julgar cumprida a concordata. IV — Assim sendo, não há que se admitir a aplicação em combinação do prazo prescricional de 2 (dois) anos descrito no Decreto-Lei revogado, com o novo *dies a quo* estabelecido na Lei n. 11.101/2005, qual seja, a partir da data de decretação da falência, gerando daí uma terceira norma não elaborada e jamais prevista pelo legislador. V — Em homenagem ao princípio da extra-atividade (retroatividade ou ultra-atividade) da lei penal mais benéfica deve-se, caso a caso, verificar qual a situação mais vantajosa ao condenado: se a aplicação do prazo prescricional do revogado Decreto-Lei n. 7.661/45, com início de contagem definido no parágrafo único do artigo 199, ou a aplicação da nova Lei de Falências, na qual os prazos prescricionais dos delitos são regidos pelo art. 109 do Código Penal, mas possuem *dies a quo* diferenciado. Contudo, jamais a combinação dos textos que levaria a uma regra inédita. [...] VIII — Deve-se reconhecer, portanto, *in casu*, a prescrição da pretensão punitiva quanto aos delitos falimentares eventualmente praticados pelo ora recorrido até o ano de 2004, quando ainda vigente o Decreto-Lei n. 7.661/45" (STJ, 5ª T., HC 1.107.275, Rel. Min. Felix Fischer, j. 2-9-2010).

"A denúncia que os crimes falimentares foram praticados anteriormente ao decreto de quebra, ocorrida em 29-12-2004, apurado que foi no curso do processo falimentar. A r. sentença condenatória é datada de 18-1-2008, publicada e registrada nessa mesma data. Vê-se, assim, que considerado o prazo prescricional previsto pelo Decreto-lei n. 7.661/45, superado está o prazo entre a publicação definitiva da r. sentença e a apreciação deste recurso" (TJSP, 16ª Câm., Ap. 9082293-93.2008.8.26.0000, Rel. Des. Newton Neves, j. 2-8-2011).

■ Não ultratividade da lei benéfica se o processo foi iniciado na vigência da nova Lei Falimentar, embora os fatos sejam anteriores (26-3-2003): "1. O fenômeno da ultratividade legal ou normativa é de aplicação restrita aos casos em que a norma anterior, mesmo revogada, conduz à solução mais favorável à pessoa processada, diante da norma afluente que contempla solução mais severa, mas a sua aplicação também se submete a outros preceitos do sistema jurídico, como o da incidência imediata da regra processual, respeitada obviamente a validade dos atos processuais já consumados sob a égide da lei anterior. 2. Não se cogita do benefício da ultratividade, autorizado pelo art. 192 da Lei de Recuperação de Empresas (Lei 11.101/2005), se a Ação Penal Falimentar foi ajuizada após a sua vigência; além desse insuperável óbice de ordem temporal, a previsão do art. 192 da LRE somente se aplica aos processos de falência e de concordata, ficando fora da sua abrangência, por ausência de contemplação no dispositivo, os feitos de natureza criminal. Precedente da 5ª Turma: HC 86.337-RS (DJU 08.09.08)." (STJ, 5ª T., REsp 1.107.195, Rel. Min. Napoleão Nunes Maia Filho, j. 4-3-2010).

Contra: "1. Os crimes falimentares praticados sob a égide do Decreto-Lei n. 7.661/1945 (antiga lei de falências) prescrevem, segundo seu artigo 199, em dois anos, em virtude dessa regra ser a mais favorável ao agente em relação a nova lei que passou a regular a matéria. 2. A Súmula 592 do STF prevê que os marcos interruptivos da prescrição, em se tratando de crimes falimentares, se regulam pelo artigo 117 do Código Penal. 3. Transcorrido tempo superior a dois anos, entre o recebimento da denúncia e a sentença condenatória, resta fulminado para o Estado o direito de punir o agente" (STJ, 6ª T., HC 91.402, Rel. Des. Conv. Jane Silva, j. 3-4-2008).

"[...] 2. Aos delitos falimentares cometidos anteriormente à vigência da Lei n. 11.101/2005 aplica-se o rito previsto nos arts. 503 a 512 do Código de Processo Penal, por expressa disposição de seu art. 192 ('Esta Lei não se aplica aos processos de falência ou de concordata ajuizados anteriormente ao início de sua vigência, que serão concluídos nos termos do Decreto-Lei n. 7.661, de 21 de junho de 1945') [...] 6. Transcorridos mais de 2 anos desde o recebimento da denúncia, último marco interruptivo, deve ser reconhecida a extinção da punibilidade do paciente, pelo transcurso do prazo prescricional" (STJ, 5ª T., HC 88.000, Rel. Min. Arnaldo Esteves Lima, j. 6-5-2008).

■ Crimes falimentar e contra o Sistema Financeiro: A extinção da punibilidade do paciente, pela prescrição, nos autos do processo instaurado com o intuito de apurar suposto cometimento de infração penal prevista na Lei de Falência, não impede a instauração de processo-crime pela eventual prática de gestão temerária em razão de empréstimo de risco concedido pelo paciente, diretor de instituição financeira, à empresa falida (STJ, 5ª T., HC 61.870, Rel. Min. Gilson Dipp, j. 8-5-2007).

Seção III
DO PROCEDIMENTO PENAL

Art. 183. Compete ao juiz criminal da jurisdição onde tenha sido decretada a falência, concedida a recuperação judicial ou homologado o plano de recuperação extrajudicial, conhecer da ação penal pelos crimes previstos nesta Lei.

- **Noção:** O presente artigo estabelece que a competência para o processamento e julgamento das ações penais falimentares será do juiz criminal da jurisdição onde tenha sido: a) decretada a falência; b) concedida a recuperação judicial; ou c) homologado o plano de recuperação extrajudicial. O art. 3º da presente lei, por sua vez, estatui que é competente, para tanto, o juízo do local do principal estabelecimento do devedor ou da filial da empresa que tenha sede fora do Brasil.

- **Competência no Estado de São Paulo (revogação):** Diferentemente do que se verifica em outras Unidades da Federação, o art. 15 da Lei paulista n. 3.947/83, ao dispor sobre a competência do Juízo Cível para o julgamento dos crimes falimentares e conexos, estatui: "Art. 15. As ações por crime falimentar e as que lhe sejam conexas passam para a competência do respectivo juízo universal da falência". Não obstante a constitucionalidade desse dispositivo tenha sido, à época, reconhecida pelo Supremo Tribunal Federal (*v.g.*, no RHC 63.787, *DJU* 22-8-1986, p. 14520), entendemos que, em face do disposto no art. 183 da nova Lei Falimentar, o art. 15 da lei estadual paulista restou tacitamente revogado. Com efeito, a Lei n. 11.101/2005, além de ser posterior e especial, por ser federal é hierarquicamente superior à lei estadual, lembrando-se, aqui, a clássica pirâmide de Hans Kelsen. Ressalte-se que o entendimento pretoriano tem sido contrário, mantendo a competência do Juízo Universal da Falência no Estado de São Paulo.

Jurisprudência

- **A lei paulista não foi revogada:** "É competente o juízo falimentar para julgar os crimes falimentares e os crimes comuns a ele conexos, ainda que declarada a prescrição daqueles pelo juízo que recebeu a denúncia, segundo a inteligência dos artigos 81, do Código de Processo Penal, e 15, da Lei estadual 3.947/83. [...] a *ratio legis* que inspirou a Lei estadual 3.947/83, determinando a competência do juízo falimentar para julgar os crimes falimentares e os crimes comuns a ele conexos, nos termos de seu artigo 15 abaixo transcrito, cuja vigência não foi afastada pela nova Lei de Falências, de 2005" (TJSP, Câmara Especial, CJur. 0031806-39.2012.8.26.0000, Rel. Des. Camargo Aranha Filho, j. 18-6-2012).

- "O artigo 183 da Lei n. 11.101/2005, que dispõe sobre a competência do juízo criminal para as ações falimentares, no Estado de São Paulo: não trouxe alteração à legislação anterior que já o previa. Porém, diante do estabelecido no artigo 15 da Lei Estadual n. 3.947/83, consoante Parecer

653/2005-J, da Corregedoria Geral de Justiça (com referência a Resolução n. 200/05, do E. Órgão Especial do Tribunal de Justiça, que criou as Varas de Falências e Recuperações Judiciais, nelas incluindo as ações penais), a competência é do juízo universal da falência. É questão afeta à organização judiciária de competência dos Estados Federados, nos termos da Carta Magna. Daí prevalecer o disposto na aludida Lei Estadual Paulista de modificação da competência dos juízos cíveis para julgar crime falencial, já objeto de análise, quanto a sua constitucionalidade, pelo Colendo Supremo Tribunal Federal, no HC 63.787-6-SP, j. em 27/06/86 e RE 108.422-SP, j. 5/2/1988, *RT* 611/449 e 629/418, respectivamente, conforme referência do Juízo suscitante" (TJSP, Câm. Especial, CComp. 134.724/0/7-00, Rel. Des. Silvio Beneti). No mesmo sentido, mantendo-se a competência do Juízo Universal da Falência no Estado de São Paulo: TJSP, 13ª Câm., RSE 993.08.028448-2, Rel. Des. Lopes da Silva, j. 21-10-2010; STJ, 5ª T., HC 85147/SP, Rel. Desa. Conv. Jane Silva, *DJ* 18-10-2007).

Art. 184. Os crimes previstos nesta Lei são de ação penal pública incondicionada.

Parágrafo único. Decorrido o prazo a que se refere o art. 187, § 1º, sem que o representante do Ministério Público ofereça denúncia, qualquer credor habilitado ou o administrador judicial poderá oferecer ação penal privada subsidiária da pública, observado o prazo decadencial de 6 (seis) meses.

■ Ação penal: Nos termos do art. 184 da presente lei, a ação penal, em todos os crimes falimentares, é pública incondicionada, vale dizer, a ser promovida pelo Ministério Público, que tem plena autonomia para oferecer a denúncia (CF, art. 129, I), independentemente de "representação do ofendido" ou de "requisição do Ministro da Justiça", nos termos do art. 100, *caput* e § 1º, primeira parte, do CP.

■ Denúncia coletiva e inquérito policial: Entre os penalistas e processualistas penais, lembra Aníbal Bruno que "a ação de cada concorrente há de apresentar-se como elemento causal indispensável à realização do fato punível nas condições, forma e no tempo em que veio realmente a ocorrer" (*Direito penal*, 3. ed. Rio de Janeiro: Forense, 1967, t. II, p. 261). José Frederico Marques igualmente adverte: "Se a conduta do autor deve ser exposta na denúncia com todas as suas circunstâncias, com muita maior razão a do coautor. É imprescindível que este saiba qual o ato por ele praticado" (*Estudos de direito processual penal*. Rio de Janeiro: Forense, 1960, p. 150). Os grandes mestres do direito comercial também sustentam que a responsabilidade, no tocante aos crimes falimentares, é exclusivamente pessoal, não se admitindo o princípio da solidariedade, como, aliás, expressamente é ressaltado pelo art. 179, *in fine*, da Lei n. 11.101/2005, com a locução "na medida de sua culpabilidade". Nesse sentido, ensina Otávio Mendes: "A sanção da lei penal só poderá recair sobre o autor ou autores dos atos criminosos. Sem a verificação dessa autoria, a lei penal não poderá ser aplicada, isto é, não poderá jamais recair indiretamente sobre todos os membros da sociedade, ou sobre todos os diretores ou liquidantes das sociedades anônimas. A solidariedade pode existir em matéria civil, jamais, porém, em matéria onde a responsabilidade é exclusivamente pessoal; [...] será preciso verificar qual deles foi o autor do crime para se poder pedir contra ele a aplicação da lei penal" (*Falências e concordatas*, cit., p. 379 a 381). Spencer Vampré também sustenta: "Na responsabilidade penal não há solidariedade: cada administrador responde pessoalmente na medida de sua participação individual no crime" (*Das Sociedades Anônimas*, p. 320, n. 666). Trajano de Miranda Valverde, por sua vez, comenta: "Na apuração da responsabilidade penal dos diretores da sociedade falida — diretores, administradores, gerentes ou liquidantes — vige a regra de que nos crimes em que tomam parte membros da corporação, associação ou sociedade, ela recairá sobre cada um dos que participam do fato criminoso" (*Comentários à Lei de Falências*, 3. ed., cit., n. 1.141, p. 85). A propósito da denúncia coletiva, já tivemos, conjuntamente com Celso Delmanto, a oportunidade de sustentar a "imprescindibilidade do inquérito policial para apurar a autoria, a coautoria e a participação" nos chamados crimes societários, aduzindo: "Todavia, se a final da investigação policial elas não restarem apuradas, eventual denúncia ou queixa oferecida deverá ser rejeitada [...] uma vez que o art. 41 do CPP exige que a peça vestibular contenha 'a exposição do fato criminoso, com todas as suas circunstâncias'" (*Código Penal comentado*, cit., p. 198). Tais ponderações, a nosso ver, aplicam-se igualmente à denúncia por crime falimentar. Todavia, a jurisprudência tem oscilado muito neste tema, prevalecendo a admissão da denúncia coletiva de acusados que possuíam, na época dos fatos, poderes de gerência, devendo demonstrar, no curso da ação penal, não terem sido autores, coautores ou partícipes do crime (*vide* jurisprudência abaixo).

- Responsabilidade pessoal: *Vide* comentários ao art. 179 desta lei.

- Ação penal privada subsidiária da pública: O parágrafo único do art. 184 reafirma a possibilidade de se propor queixa-crime subsidiária quando o *Parquet* quedar-se inerte. Em consonância com o art. 5º, LIX, da CF, o qual dispõe que "será admitida ação privada nos crimes de ação pública, se esta não for intentada no prazo legal", com o art. 100, § 3º, do CP, ao estatuir que "a ação penal de iniciativa privada pode intentar-se nos crimes de ação pública, se o Ministério Público não oferece denúncia no prazo legal", e, por fim, de acordo com o art. 29 do CPP, que estabelece ser "admitida ação privada nos crimes de ação pública, se esta não for intentada no prazo legal, cabendo ao Ministério Público aditar a queixa, repudiá-la e oferecer denúncia substitutiva, intervir em todos os termos do processo, fornecer elementos de prova, interpor recurso e, a todo tempo, no caso de negligência do querelante, retomar a ação como parte principal".

- Legitimidade para ser querelante (somente o credor habilitado ou o administrador judicial): A titularidade da ação penal privada subsidiária é normalmente do ofendido ou de seu representante legal, que, como tal, tem legitimidade para suprir a inatividade do *Parquet,* assumindo a ação como parte. A lei falimentar, contudo, estabelece que o querelante somente poderá ser um dos credores habilitados ou, então, o administrador judicial. Como observa Arthur Migliari Júnior, não é qualquer credor que pode ajuizar a queixa-crime, "mas, sim, apenas [...] aqueles que já tiveram seus créditos definitivamente julgados e estão aptos a fazer parte do Quadro Geral de Credores", não bastando a "simples declaração de crédito" ("A persecução penal nos crimes de recuperação de empresa e de falência". *Revista do Advogado,* São Paulo: AASP, ano XXV, n. 83, setembro de 2005, p. 22). A nosso ver, o legislador, aqui, não andou bem. Com efeito, embora os credores e o próprio Estado sejam os sujeitos passivos da maioria dos onze crimes falimentares previstos na presente lei, naqueles tipificados nos arts. 169 e 170 o próprio devedor também pode ser vítima e, no delito definido no art. 174, o terceiro de boa-fé prejudicado igualmente é um dos ofendidos. Melhor seria, como visto, não tivesse o legislador feito a restrição supramencionada.

▪ **Inércia do Ministério Público:** Para que a vítima tenha legitimidade para propor a ação penal privada subsidiária, é mister haja o Ministério Público restado inerte, isto é, não tenha oferecido a denúncia no prazo legal (CPP, art. 46), muito menos requerido diligências complementares, imprescindíveis para a formação da *opinio delicti* (CPP, art. 16), e tampouco o arquivamento do inquérito policial (lembrando-se que, nos termos do art. 187 da Lei de Falências, ora comentada, não existe mais o inquérito judicial do antigo Decreto-Lei n. 7.661/45). O prazo, aqui, estando o acusado solto, é o previsto no art. 187, § 1º, que faculta ao *Parquet* aguardar, por 40 dias, prorrogáveis por outro tanto, o relatório do administrador judicial, referido no art. 186, concedendo-lhe outros 15 dias para o oferecimento da denúncia. Se o acusado estiver preso, o prazo será o de cinco dias, nos termos do art. 46 do CPP.

Jurisprudência (geral e anterior à Lei n. 11.101/2005)

▪ **Crimes societários (em geral) e denúncia coletiva (jurisprudência antiga):** É inepta a inicial que atribui a todos os acusados, em número de quinze, a prática dos mesmos fatos, sem especificar a participação de cada um deles (STF, *RTJ* 50/89). É indispensável descreva a denúncia, sob pena de inépcia, os fatos típicos atribuídos a cada paciente (STF, *RTJ* 49/390, 49/23-24; TJSP, *RT* 435/288, 446/335), a participação específica de cada um dos acusados (STF, *RTJ* 43/612). Não é possível imputar a alguém crime, simplesmente pela sua condição de sócio, sem sequer dizer como, por que forma, tenha para ele concorrido (STF, *RF* 173/337). A necessidade de se definir a participação de cada um dos denunciados resulta da própria Constituição, porque a responsabilidade criminal é pessoal, não transcende a pessoa do delinquente; é preciso dizer que atos cabia a cada um praticar, qual foi a sua participação, para que todos pudessem defender-se (STF, *RTJ* 35/534). É inepta a denúncia feita em termos genéricos, de modo vago, sem indicar os atos praticados pelos acusados, especificando a atuação de cada um (TJSP, *RT* 377/101-102). Torna-se mister individualizar a responsabilidade, corporificá-la nos diretores ou gerentes que tenham, sob o duplo aspecto, objetivo e psíquico, da causalidade, realizado o acontecimento proibido pela lei penal ou contribuído sensivelmente para executá-lo (TJSP, *RT* 380/159; TACrSP, *RT* 382/292, 376/329, 371/250, 354/309-310, 352/328 e 354/310). Embora não haja necessidade de descrição mais pormenorizada da participação de cada um dos diretores ou gerentes, será pelo menos necessário dizer-se alguma coisa sobre o porquê estariam sendo envolvidos todos os diretores; há que haver justificação para a inclusão de pessoas que, pelas suas funções, não estão naturalmente ligadas ao ilícito (STF, *RT* 644/344).

■ **Crimes societários (em geral) e denúncia coletiva (jurisprudência mais recente):** A jurisprudência tem, no decorrer do tempo, oscilado em relação à denúncia nos crimes societários. A orientação mais garantista vinha crescendo, proclamando ser inepta a denúncia que não descreve os fatos com precisão e clareza, de modo a definir a atuação dos acusados nos crimes em coautoria, sem possibilitar o exercício da defesa (STJ, HC 1.957-1, *DJU* 11-10-1993, p. 21.338; STF, RHC 66.020, *DJU* 17-2-1989, p. 971). Entendendo que as denúncias genéricas violam o princípio da dignidade humana, assentou o STF: "Denúncia. Estado de Direito. Direitos Fundamentais. Princípio da Dignidade da Pessoa Humana. Requisitos do art. 41 do CPP não preenchidos. A técnica da denúncia (art. 41 do Código de Processo Penal) tem merecido reflexão no plano da dogmática constitucional, associada especialmente ao direito de defesa. Denúncias genéricas, que não descrevem os fatos na sua devida conformação, não se coadunam com os postulados básicos do Estado de Direito. Violação ao Princípio da Dignidade da Pessoa Humana. Não é difícil perceber os danos que a mera existência de uma ação penal impõe ao indivíduo. Necessidade de rigor e prudência daqueles que podem decidir sobre o seu curso" (HC 84.409, j. 14-12-2004, *DJ* de 19-8-2005). Igualmente, em outra oportunidade: "Crimes contra o Sistema Financeiro Nacional (Lei n. 7.492, de 1986). Crime Societário. Alegada inépcia da denúncia, por ausência de indicação da conduta individualizada dos acusados. Mudança de orientação jurisprudencial, que, no caso de crimes societários, entendi ser apta a denúncia que não individualizasse as condutas de cada indiciado, bastando a indicação de que os acusados fossem de algum modo responsáveis pela condução da sociedade comercial sob a qual foram supostamente praticados os delitos. [...] Necessidade de individualização das respectivas condutas dos indiciados. Observância dos princípios do devido processo legal (CF, art. 5º, LIV), da ampla defesa, contraditório (CF, art. 5º, LV) e da dignidade da pessoa humana (CF, art. 1º, III)" (HC 86.879, j. 21-2-2006, *DJU* 16-6-2006). E mais recentemente o STJ concedeu *habeas corpus* a um acusado anulando o processo por ter a inicial acusatória se cingido "a atribuir-lhe de forma objetiva responsabilidade penal pelo evento delituoso apenas em razão do cargo que ocupa na sociedade" (5ª Turma, PExt no HC 89.297, Rel. Min. Jorge Mussi, *DJU* 5-4-2010). Essa orientação jurisprudencial, a nosso ver mais acertada, sofreu, todavia, um revés no STF. Com efeito, entendeu o Pretório Excelso ser a "condição de sócio-gerente responsável pela administração da empresa" suficiente ao recebimento da denúncia (HC 97.259, Rel. Min. Ricardo Lewandowski, j. 15-12-2009). Em outros arestos decidiu a Suprema Corte: "A denúncia é apta porque comprovou, de plano, que todos os denunciados eram, em igualdade de condições, solidariamente responsáveis pela representação legal da sociedade comercial envolvida" (HC 85.579, Rel. Min. Gilmar Mendes); "a peça inicial acusatória atende aos requisitos do art. 41 do Código de Processo Penal [...] porquanto individualizada, no tempo, a responsabilidade dos sócios na gestão da empresa" (HC 86.362, Rel. Min. Ayres Britto). Por conseguinte, se à época dos fatos o acusado tinha poderes de administração, não seria mais necessário que a denúncia individualize sua conduta, cabendo a ele demonstrar não ter sido autor, coautor ou partícipe durante a instrução judicial. Atualmente predomina em nossas Cortes o entendimento de que, se à época dos fatos o acusado tinha poderes de administração, não é mais necessário que a denúncia individualize sua conduta, cabendo a ele demonstrar não ser autor, coautor ou partícipe durante a instrução judicial.

Art. 185. Recebida a denúncia ou a queixa, observar-se-á o rito previsto nos arts. 531 a 540 do Decreto-Lei n. 3.689, de 3 de outubro de 1941 — Código de Processo Penal.

- **Alteração:** Os arts. 531 a 540 do CPP, que cuidam do processo sumário, sofreram alterações pela Lei n. 11.719/2008, tendo sido dada nova redação a diversos artigos, revogados total ou parcialmente outros, e acrescentados novos dispositivos.

- **Procedimento sumário:** Com a reforma do CPP de 2008, o procedimento comum se divide em ordinário (para crimes com pena máxima igual ou superior a quatro anos), sumário (para os crimes cuja pena privativa de liberdade não supere quatro anos) e sumaríssimo (para as infrações penais de menor potencial ofensivo). Na Lei de Falências, dos seus onze crimes, dez deles têm penas máximas de reclusão iguais ou superiores a quatro anos (arts. 168, 169, 170, 171, 172, 173, 174, 175, 176 e 177), sendo que somente o crime do art. 178 tem pena máxima de detenção de dois anos, tratando-se de infração de menor potencial ofensivo. De acordo com a sistemática do CPP, portanto, os dez crimes falimentares mencionados seriam processados mediante o rito comum e um deles pelo rito sumaríssimo do Juizado Especial Criminal (CPP, art. 394, § 1º, I e III). Tendo em vista a expressa ressalva feita pelo § 2º do art. 394 do CPP, mandando aplicar "a todos os processos o procedimento comum, salvo disposições em contrário deste Código ou de lei especial", o rito, para todos esses crimes, deverá ser o sumário, como disposto no art. 185 da Lei de Falências.

- **Inadequação do rito sumário:** Na primeira edição deste livro já havíamos criticado a opção feita pelo legislador, hoje preocupado, e com razão, com a demora da prestação jurisdicional penal. Todavia, prever o rito sumário para o processamento e julgamento de ações penais falimentares afigura-se inadequado. Com efeito, aqueles que militam no foro, em especial na esfera falimentar, sabem que as ações penais desse tipo são, em geral, extremamente complexas, com processos notadamente volumosos, envolvendo, por vezes, perícias intrincadas, inúmeros acusados etc. Assim, parece-nos equivocado limitar o número de testemunhas para o máximo de cinco para acusação e igual número para a defesa (art. 532 do CPP), quando, no rito ordinário, o número é de oito (art. 401 do CPP), bem como não se facultar às partes requerer, ao final da audiência de instrução e julgamento, a realização de "diligências cuja necessidade se origine de circunstâncias ou fatos apurados na instrução" (art. 402 do CPP), aplicável apenas ao rito ordinário. Também inadequado suprimir o rito sumaríssimo dos Juizados Especiais Criminais para a infração do art. 178. Melhor teria sido, sem dúvida, ter-se respeitado os padrões dispostos no CPP.

Jurisprudência

- Aplicação do revogado rito dos arts. 503 a 512 do CPP: "[...] 2. Aos delitos falimentares cometidos anteriormente à vigência da Lei n. 11.101/2005 aplica-se o rito previsto nos arts. 503 a 512 do Código de Processo Penal, por expressa disposição de seu art. 192 ('Esta Lei não se aplica aos processos de falência ou de concordata ajuizados anteriormente ao início de sua vigência, que serão concluídos nos termos do Decreto-Lei n. 7.661, de 21 de junho de 1945') (STJ, 5ª T., HC 88.000, Rel. Min. Arnaldo Esteves Lima, j. 6-5-2008).

Art. 186. No relatório previsto na alínea *e* do inciso III do *caput* do art. 22 desta Lei, o administrador judicial apresentará ao juiz da falência exposição circunstanciada, considerando as causas da falência, o procedimento do devedor, antes e depois da sentença, e outras informações detalhadas a respeito da conduta do devedor e de outros responsáveis, se houver, por atos que possam constituir crime relacionado com a recuperação judicial ou com a falência, ou outro delito conexo a estes.

Parágrafo único. A exposição circunstanciada será instruída com laudo do contador encarregado do exame da escrituração do devedor.

- **Relatório do administrador judicial após a decretação da quebra:** Prevê o art. 22, III, *e*, da presente lei: "Art. 22. Ao administrador judicial compete, sob a fiscalização do juiz e do Comitê, além de outros deveres que esta Lei lhe impõe: [...] III — na falência: [...] *e*) apresentar, no prazo de 40 (quarenta) dias, contado da assinatura do termo de compromisso, prorrogável por igual período, relatório sobre as causas e circunstâncias que conduziram à situação de falência, no qual apontará a responsabilidade civil e penal dos envolvidos, observado o disposto no art. 186 desta Lei". Reafirmando os termos do citado artigo, e com maior ênfase para a existência de indícios da prática de crime falimentar, estabelece o presente dispositivo que o administrador judicial, no citado relatório ao juiz da falência, deverá fazer constar "outras informações detalhadas a respeito da conduta do devedor e de outros responsáveis, se houver, por atos que possam constituir crime relacionado com a recuperação judicial ou com a falência, ou outro delito conexo a estes". O relatório, outrossim, será instruído com o laudo do contador encarregado do exame da escrituração do devedor, não se tratando, portanto, de uma simples *notitia criminis*, mas, na verdade, de um parecer embasado em documentos periciais, uma verdadeira *informatio delicti*. O juiz da falência, de posse desse relatório, deverá, nos termos do art. 40 do CPP, dar ciência ao Ministério Público, que poderá requisitar a instauração de inquérito policial ou, até mesmo, oferecer denúncia com base nesses documentos, como autoriza o art. 39, § 5º, do Diploma Processual Penal. Isto, evidentemente, se o *Parquet* não tiver tomado essas providências antes, ou seja, assim que intimado da sentença que decretou a falência ou concedeu a recuperação judicial, nos termos do art. 187, a seguir analisado.

Art. 187. Intimado da sentença que decreta a falência ou concede a recuperação judicial, o Ministério Público, verificando a ocorrência de qualquer crime previsto nesta Lei, promoverá imediatamente a competente ação penal ou, se entender necessário, requisitará a abertura de inquérito policial.

§ 1º O prazo para oferecimento da denúncia regula-se pelo art. 46 do Decreto-Lei n. 3.689, de 3 de outubro de 1941 — Código de Processo Penal, salvo se o Ministério Público, estando o réu solto ou afiançado, decidir aguardar a apresentação da exposição circunstanciada de que trata o art. 186 desta Lei, devendo, em seguida, oferecer a denúncia em 15 (quinze) dias.

§ 2º Em qualquer fase processual, surgindo indícios da prática dos crimes previstos nesta Lei, o juiz da falência ou da recuperação judicial ou da recuperação extrajudicial cientificará o Ministério Público.

Caput

- **Extinção do antigo inquérito judicial:** Optou o legislador por extinguir o antigo inquérito judicial, que era indispensável ao oferecimento de denúncia por crime falimentar, nos termos dos arts. 103 a 106 do Decreto-Lei n. 7.661/45. Passou a nova Lei de Quebras, assim, a dar aos crimes falimentares o mesmo tratamento conferido à persecução penal dos demais delitos previstos em nossa legislação, na sua grande maioria iniciada com a instauração de inquérito policial, nos termos dos arts. 4º e seguintes do CPP. Isto, salvo a exceção do art. 39, § 5º, em que o Diploma Processual Penal permite que o *Parquet* dispense o inquérito, se com a representação forem oferecidos elementos que o habilitem a promover a ação penal, apresentando denúncia no prazo de 15 dias.

- **Natureza do inquérito policial:** O inquérito policial, que tem natureza de procedimento administrativo, teleologicamente se insere no âmbito da ação judiciária (*lato sensu*). Destina-se não só à formação da *opinio delicti* por parte do Ministério Público, ou, nas ações penais privadas, para instruir queixa-crime (quando necessário apurar a materialidade e a autoria de determinado crime contra a honra, por exemplo), mas também, aduzimos, à defesa daquele que é investigado, evitando-se, inclusive, a propositura de processos criminais sem justa causa.

Prazo para a denúncia (§ 1º)

- **Acusado preso:** O prazo para a apresentação da denúncia, estando o acusado encarcerado, será de cinco dias, contado da data em que o Ministério Público receber os autos do inquérito policial, nos termos da primeira parte do art. 46 do CPP.

- **Acusado solto ou afiançado:** Estando o acusado solto ou em liberdade mediante fiança, o *Parquet*, de acordo com este art. 187, § 1º, poderá aguardar a apresentação do relatório com exposição circunstanciada pelo administrador judicial (art. 186). Este, para elaborá-lo, tem o prazo de 40 dias, a partir da assinatura do termo de compromisso, prorrogável por igual período (art. 22, III, *e*). Recebido o relatório do administrador judicial, o Ministério Público terá o prazo de 15 dias para o oferecimento da denúncia.

Cientificação ao Ministério Público (§ 2º)

- **Noção:** Dispõe o § 2º que, em qualquer fase processual da falência, da recuperação judicial ou da extrajudicial, o juiz cível que presidir o respectivo processo deverá cientificar o Ministério Público dos indícios da prática de crime falimentar que porventura surgirem.

Art. 188. Aplicam-se subsidiariamente as disposições do Código de Processo Penal, no que não forem incompatíveis com esta Lei.

- **Aplicação subsidiária do CPP:** Toda a disciplina do CPP que não for incompatível com as particularidades procedimentais previstas nos arts. 183 a 187 desta lei será aplicável à persecução penal por crime falimentar, nos termos do art. 188 da Lei n. 11.101/2005.

- **Aplicação analógica do CPC:** Não se pode descartar, outrossim, eventual aplicação analógica de dispositivos do CPC, como autoriza o próprio art. 3º do CPP, naquilo que não for incompatível com a Lei Falimentar e com o Diploma Processual Penal, na hipótese de lacuna destes.

[...]

Art. 192. Esta Lei não se aplica aos processos de falência ou de concordata ajuizados anteriormente ao início de sua vigência, que serão concluídos nos termos do Decreto-Lei n. 7.661, de 21 de junho de 1945.

[...]

- **Processos falimentares em curso:** O legislador, no *caput* do art. 192, fez expressa ressalva no sentido de que, para os processos falimentares em andamento quando da entrada em vigor do novo diploma, continua sendo aplicável a antiga Lei Falimentar de 1945. Essa disposição destina-se, sem dúvida, aos processos cíveis. Quanto aos feitos criminais, é sabido que toda inovação de direito material que venha a beneficiar a situação jurídica de pessoas que estejam sendo processadas deverá retroagir, como na hipótese de *abolitio criminis*. Por outro lado, disposições anteriores mais favoráveis deverão ter aplicação ultrativa a fatos ocorridos durante a vigência Decreto-Lei n. 7.661.

Capítulo VIII
DISPOSIÇÕES FINAIS E TRANSITÓRIAS

[...]

Art. 200. Ressalvado o disposto no art. 192 desta Lei, ficam revogados o Decreto-Lei n. 7.661, de 21 de junho de 1945, e os arts. 503 a 512 do Decreto-Lei n. 3.689, de 3 de outubro de 1941 — Código de Processo Penal.

- Revogação da antiga Lei de Falências: Após 70 anos, o Decreto-Lei n. 7.661/45 foi revogado e substituído pela Nova Lei de Quebras, perdurando aquele, como lembra Manoel Alonso, por duas décadas, além das quatro "identificadas como de 'longevidade bastante' pelo legislador de 1945", e restando aguardar que "o uso diário da lei e a jurisprudência — a exemplo do que ocorreu com o Dec.-lei 7.661" ajuste "o texto, com a adequada e correta aplicação da *mens legis*" ("Nova Lei de Falências — estudos, comentários e sugestões ao Projeto de Lei 4.376-B/1993". *Revista do Instituto dos Advogados de São Paulo*, cit., p. 281 e 297).

- Revogação dos arts. 503 a 512 do CPP: De modo coerente com a total reforma legislativa dos crimes falimentares, inclusive no que concerne ao seu processamento e julgamento, foram expressamente revogados os arts. 503 a 512 do CPP, passando-se a aplicar, em matéria processual, os arts. 183 a 188 da Lei n. 11.101/2005. Restam válidos, evidentemente, os atos processuais anteriormente realizados, de acordo com a máxima *tempus regit actum*, retratada no art. 3º do CPP.

Art. 201. Esta Lei entra em vigor 120 (cento e vinte) dias após sua publicação.

- Publicação: A Lei n. 11.101, de 9 de fevereiro de 2005, foi publicada no *DOU* do mesmo dia, em edição extra.

- *Vacatio legis:* Prevendo este artigo 120 dias de *vacatio legis*, o que se justifica para que a sociedade e o Poder Judiciário se preparem para as grandes mudanças introduzidas pela Lei n. 11.101/2005, a nova Lei de Falências entrou em vigor à zero hora do dia 10 de junho de 2005.

Brasília, 9 de fevereiro de 2005; 184º da Independência e 117º da República.

LUIZ INÁCIO LULA DA SILVA
Márcio Thomaz Bastos
Antonio Palocci Filho
Ricardo José Ribeiro Berzoini
Luiz Fernando Furlan

LEI MARIA DA PENHA

LEI N. 11.340, DE 7 DE AGOSTO DE 2006

Cria mecanismos para coibir a violência doméstica e familiar contra a mulher, nos termos do § 8º do art. 226 da Constituição Federal, da Convenção sobre a Eliminação de Todas as Formas de Discriminação contra as Mulheres e da Convenção Interamericana para Prevenir, Punir e Erradicar a Violência contra a Mulher; dispõe sobre a criação dos Juizados de Violência Doméstica e Familiar contra a Mulher; altera o Código de Processo Penal, o Código Penal e a Lei de Execução Penal; e dá outras providências.

O Presidente da República:
Faço saber que o Congresso Nacional decreta e eu sanciono a seguinte Lei:

■ **Nota introdutória:** A mulher sempre foi a parte menos protegida em suas relações com o homem, por razões históricas, culturais e até biológicas, dada a sua compleição física em geral mais fraca. Houve épocas em que não podia votar, realizar atos do comércio e tampouco atuar em juízo sem o consentimento do marido (outorga uxória). O homicídio da mulher infiel era, absurdamente, considerado um ato de legítima defesa da honra conjugal, excludente que, na verdade, não existe, por ser a honra um bem personalíssimo. Ainda hoje, embora a Constituição da República garanta a igualdade de todos, a mulher, no mercado de trabalho, costuma, em geral, receber menos do que o homem por idêntica função. Por esse e outros motivos, muitas mulheres tornam-se economicamente dependentes do seu marido ou companheiro. Além do trabalho externo, desempenha as tarefas domésticas muitas vezes sozinha. Com tudo isso, tornou-se mais frágil do que o homem, sofrendo agressões deste, tendo grande dificuldade em denunciá-lo. Em boa hora, veio a *Lei Maria da Penha* dar-lhe uma maior e efetiva proteção, inclusive com a possibilidade do afastamento do agressor do lar. Como afirmou Rui Barbosa, a verdadeira igualdade consiste em tratar igualmente os iguais, na medida em que se igualam, e desigualmente os desiguais, na medida em que também se desigualam. Na prática, todavia, algumas vezes a sua aplicação tem se mostrado por vezes demasiadamente rigorosa, cabendo à jurisprudência interpretar a Lei Maria da Penha dentro dos princípios da proporcionalidade e razoabilidade. Mesmo porque o direito penal deve ser o último caminho para buscar a solução dos conflitos sociais e não o primeiro.

■ **Constitucionalidade:** A constitucionalidade da Lei Maria da Penha foi reconhecida, por unanimidade, pelo Pleno do STF no julgamento do *Habeas Corpus* 106.212, ocorrido em 24-3-2011, e relatado pelo Ministro Marco Aurélio. Na ocasião, afirmou o Ministro Ayres Britto que "para proclamar a igualdade dos homens nunca houve necessidade nem de lei nem de Constituição" aduzindo, com sua veia poética, que "Deus quando criou a mulher não se permitiu terceirizar". O Ministro Dias Toffoli lembrou que "nas Ordenações Filipinas, que vigoraram em âmbito penal até 1830 no Brasil, nós encontraremos o seguinte dispositivo: 'Achando o homem casado a sua mulher em adultério, licitamente poderá matar assim a ela como o adúltero, salvo se o marido for peão e o adúltero fidalgo ou o nosso Desembargador, ou pessoa de maior qualidade'. Se o adultero tivesse um *status* social superior ao do marido, o marido não poderia matá-lo; se fosse de um *status* social inferior, poderia. Mas a mulher, sempre, ele poderia matar, ele seria inimputável, excludente de punibilidade". Acrescentou, ainda, que "o Código Civil de 1916 discriminava a mulher casada, porque a mulher casada pelo Código de 1916 era considerada relativamente capaz. Foi só com o Estatuto da Mulher Casada, da década de 60, que se extinguiu essa *captis deminutio*: a mulher, quando era solteira e maior, era capaz, e, quando se casava tornava-se relativamente capaz". O Ministro Cezar Peluso ressaltou que mesmo "pela Lei n. 4.121, que é de 1962, a mulher durante o casamento continuava em situação de inferioridade em relação ao marido que enfeixava aquilo que hoje conhecemos como autoridade parental, aquilo que o Código chamava de pátrio poder. E a mulher só podia exercê-lo com exclusividade no impedimento do marido etc. Mais do que isso, a mulher só podia praticar atos de comércio com a autorização do marido". Em aparte ao Ministro Peluso, o Ministro Ayres Britto relembrou que "em 1934 [...] pela primeira vez uma Constituição falou do direito de voto de uma mulher". Ainda nesse histórico voto, a Ministra Cármen Lúcia, após mencionar Norberto Bobbio, ao dizer que, no século XXI, nosso problema "não era mais a da conquista de direitos, mas a de tornar efetivos os direitos que foram conquistados", citou o verso do poeta Paulo Mendes Campos: "que se multiplicou a minha dor ao saber de tantas dores de tantas mulheres". Assim, ao reconhecer, especificamente, a constitucionalidade do art. 41 da Lei Maria da Penha, que afasta a aplicação da Lei n. 9.099/95 (Juizados Especiais Criminais) aos crimes de violência doméstica, o STF acabou por referendar a constitucionalidade de toda a Lei.

Título I
DISPOSIÇÕES PRELIMINARES

Art. 1º Esta Lei cria mecanismos para coibir e prevenir a violência doméstica e familiar contra a mulher, nos termos do § 8º do art. 226 da Constituição Federal, da Convenção sobre a Eliminação de Todas as Formas de Violência contra a Mulher, da Convenção Interamericana para Prevenir, Punir e Erradicar a Violência contra a Mulher e de outros tratados internacionais ratificados pela República Federativa do Brasil; dispõe sobre a criação dos Juizados de Violência Doméstica e Familiar contra a Mulher; e estabelece medidas de assistência e proteção às mulheres em situação de violência doméstica e familiar.

■ **Constituição e tratados internacionais:** A Lei Maria da Penha tem amparo na Constituição Federal, cujo art. 226, § 8º, é expresso ao prever: "O Estado assegurará a assistência à família na pessoa de cada um dos que a integram, criando mecanismos para coibir a violência no âmbito de suas relações". O Brasil é também signatário de dois importantes tratados internacionais específicos de proteção à mulher: a Convenção Interamericana para Prevenir, Punir e Erradicar a Violência contra a Mulher (Decreto n. 1.973/96) e Convenção sobre a Eliminação de Todas as Formas de Violência contra a Mulher (Decreto n. 4.377/2002). No plano geral de proteção de direitos humanos, os quais evidentemente se aplicam também à mulher vítima de violência doméstica, o Brasil é igualmente subscritor de outros dois importantes diplomas internacionais sobre Direitos Humanos a saber: o Pacto Internacional sobre Direitos Civis e Políticos (Decreto n. 592/92) e a Convenção Americana sobre os Direitos Humanos, também conhecida como Pacto de San José da Costa Rica (Decreto n. 678/92).

Art. 2º Toda mulher, independentemente de classe, raça, etnia, orientação sexual, renda, cultura, nível educacional, idade e religião, goza dos direitos fundamentais inerentes à pessoa humana, sendo-lhe asseguradas as oportunidades e facilidades para viver sem violência, preservar sua saúde física e mental e seu aperfeiçoamento moral, intelectual e social.

Art. 3º Serão asseguradas às mulheres as condições para o exercício efetivo dos direitos à vida, à segurança, à saúde, à alimentação, à educação, à cultura, à moradia, ao acesso à justiça, ao esporte, ao lazer, ao trabalho, à cidadania, à liberdade, à dignidade, ao respeito e à convivência familiar e comunitária.

§ 1º O poder público desenvolverá políticas que visem garantir os direitos humanos das mulheres no âmbito das relações domésticas e familiares no sentido de resguardá-las de toda forma de negligência, discriminação, exploração, violência, crueldade e opressão.

§ 2º Cabe à família, à sociedade e ao poder público criar as condições necessárias para o efetivo exercício dos direitos enunciados no *caput*.

■ **Reafirmação dos direitos das mulheres:** A revolução da condição feminina foi uma das maiores vitórias do último século no Brasil. Como exemplo, em 1934 as mulheres nem sequer podiam votar, em 2011, Dilma Rousseff tomou posse como primeira Presidenta do Brasil. Assim, a atual geração tem a felicidade de ver a mulher ascender ao mais alto cargo da República, além de tantos outros. Nesse contexto, a leitura dos arts. 2º e 3º da Lei Maria da Penha pode parecer reafirmar o óbvio, ou seja, que a mulher "independentemente de classe, raça, etnia, orientação sexual, renda, cultura, nível educacional, idade e religião, goza dos direitos fundamentais inerentes à pessoa humana, sendo-lhe asseguradas as oportunidades e facilidades para viver sem violência, preservar sua saúde física e mental e seu aperfeiçoamento moral, intelectual e social". Igualmente, ao afirmar que a elas são asseguradas "as condições para o exercício efetivo dos direitos à vida, à segurança, à saúde, à alimentação, à educação, à cultura, à moradia, ao acesso à justiça, ao esporte, ao lazer, ao trabalho, à cidadania, à liberdade, à dignidade, ao respeito e à convivência familiar e comunitária". O texto legal, contudo, é de extrema importância uma vez que reafirma, concretiza em nível de legislação ordinária, o que está em nossa Constituição quando assegura a igualdade de direitos entre homens e mulheres, no inciso I de seu art. 5º: "I — homens e mulheres são iguais em direitos e obrigações, nos termos desta Constituição"; o que também se aplica às sociedades conjugais, conforme preconiza o seu art. 226, § 5º: "Os direitos e deveres referentes à sociedade conjugal são exercidos igualmente pelo homem e pela mulher". O mesmo, em relação à proteção do mercado de trabalho da mulher, "mediante incentivos específicos", consoante dita o art. 6º, XX, da Lei Maior. Dessa forma, verificamos que nos arts. 2º e 3º são postas as premissas, as colunas estruturantes de toda a Lei Maria da Penha, sempre olhando a absurda repressão à que foram submetidas as mulheres no passado recente brasileiro. História que devemos permanentemente relembrar, para que não se repita. Embora tantas conquistas, a repressão às mulheres continua presente, como a sua subjugação por homens que as enxergam como "propriedade" e a sua remuneração inferior à daquele no mercado de trabalho pelo simples fato de possuírem o dom mais divino de todos, que é o de gerar a vida (que leva à concessão de licenças-maternidades, tão indesejadas pelos empregadores).

- Políticas públicas, sociedade e família: No § 1º o Legislador impõe ao Poder Executivo a adoção de políticas públicas para que a mulher seja protegida de "toda forma de negligência, discriminação, exploração, violência, crueldade e opressão" no âmbito familiar e doméstico, quer dizer, a realização de campanhas de conscientização, a criação de órgãos de apoio à mulher, delegacias especializadas etc. Além disso, no § 2º, a lei expressamente faz questão de impor não só ao Poder Público, mas também à sociedade de forma geral e à família, a incumbência de criar as condições necessárias para que os direitos assegurados às mulheres sejam plenamente respeitados. Deseja o legislador que ninguém se omita.

Art. 4º Na interpretação desta Lei, serão considerados os fins sociais a que ela se destina e, especialmente, as condições peculiares das mulheres em situação de violência doméstica e familiar.

- Interpretação: Como sabemos, é impossível ao legislador tudo prever. Além disso, enquanto a lei é estática, rígida e fria, a realidade está sempre em ebulição, defrontando-se o Judiciário com situações inusitadas que não se encontram perfeitamente abarcadas pela legislação, devendo os tribunais, independentemente, dar uma solução efetiva e concreta ao conflito que lhe é apresentado, sendo-lhe proibido não julgar (é a proibição do *non liquet*). Afinal, está na Constituição, em seu art. 5º, XXXV, que "a lei não excluirá da apreciação do Poder Judiciário lesão ou ameaça a direito". Dessa forma, caberá ao intérprete analisar o texto legal sob diversas óticas ou métodos interpretativos, que se complementam (literal ou gramatical, lógico, histórico-evolutivo, sistemático, teleológico e sociológico), buscando identificar o espírito do legislador. Com a interpretação, pode-se chegar à conclusão de que a lei abrange situações que aparentemente não estariam disciplinadas (interpretação com efeitos extensivos) ou ao contrário, isto é, que o significado da norma é mais restrito do que o aparente (interpretação com efeitos restritivos). Ademais, com a analogia ou com a interpretação analógica, lacunas podem ser supridas, aplicando-se a uma situação não disciplinada pelo legislador as regras impostas para casos semelhantes. Pode ocorrer, até mesmo, que as palavras contidas na lei, com a evolução dos tempos, adquiram novos sentidos, ou ainda que, em razão da mudança da realidade, a sua aplicação fria e automática a determinado caso venha a criar efeito prático contrário ao que desejava o legislador quando da elaboração do texto. Nessas situações excepcionais, pode o intérprete afastar a aplicação de determinado dispositivo, considerando-se defronte de uma lacuna, buscando, nos princípios norteadores da criação da própria lei, a solução justa, como preconiza Luiz Recaséns Siches ao desenvolver a *lógica do humano ou do razoável*. Cf., sobre interpretação, métodos interpretativos, analogia, princípios gerais do direito e lógica do humano ou do razoável, Roberto Delmanto Junior, *As modalidades de prisão provisória e seu prazo de duração.* 2. ed. Rio de Janeiro: Renovar, 2001, p. 271 a 297.

- **Critério sociológico:** É pacífico, na doutrina, que não é dado ao legislador impor ao intérprete o modo como deverá realizar o seu raciocínio exegético (por exemplo, impondo a interpretação gramatical, pura e simples). Afinal, interpretar pressupõe liberdade de raciocínio, sob pena de se engessar a aplicação da lei e de se tolher a própria criatividade judicial. Criatividade, esta, fundamental para a realização da efetiva Justiça, sensível aos dramas humanos que lhes são apresentados, cada qual com suas peculiaridades. Feita a ressalva, da leitura do art. 4º verifica-se que o legislador efetivamente quis orientar a interpretação a ser feita pelo Judiciário, no sentido de levar em consideração os *fins sociais* a que se destina a Lei Maria da Penha, "especialmente, as condições peculiares das mulheres em situação de violência doméstica e familiar".

Título II
DA VIOLÊNCIA DOMÉSTICA E FAMILIAR CONTRA A MULHER

Capítulo I
DISPOSIÇÕES GERAIS

Art. 5º Para os efeitos desta Lei, configura violência doméstica e familiar contra a mulher qualquer ação ou omissão baseada no gênero que lhe cause morte, lesão, sofrimento físico, sexual ou psicológico e dano moral ou patrimonial:

I — no âmbito da unidade doméstica, compreendida como o espaço de convívio permanente de pessoas, com ou sem vínculo familiar, inclusive as esporadicamente agregadas;

II — no âmbito da família, compreendida como a comunidade formada por indivíduos que são ou se consideram aparentados, unidos por laços naturais, por afinidade ou por vontade expressa;

III — em qualquer relação íntima de afeto, na qual o agressor conviva ou tenha convivido com a ofendida, independentemente de coabitação.

Parágrafo único. As relações pessoais enunciadas neste artigo independem de orientação sexual.

Caput

- **Noção:** Este art. 5º considera violência doméstica e familiar contra a mulher qualquer ação ou omissão causadora de *a) morte, b) lesão* (corporal), *c) sofrimento físico* (dor), *d) sofrimento sexual* ou *e) sofrimento psicológico,* bem como *dano moral ou patrimonial,* praticada em uma das três seguintes situações: I — no âmbito da unidade *doméstica* (espaço de convívio de pessoas com ou sem vínculo familiar, de forma permanente, incluídas as agregadas esporadicamente); II — no âmbito da família (comunidade de indivíduos aparentados ou assim considerados unidos por laços naturais, de afinidade, ou vontade própria); III — qualquer relação *íntima* de afeto, em que o agressor conviva ou haja convivido com vítima, independentemente de coabitação.

- **Confronto:** É importante anotar que o conceito de violência doméstica e familiar contra a mulher, previsto neste art. 5º, não se confunde com o crime de violência doméstica previsto no art. 129, § 9º, do CP, em que a lesão corporal é elemento normativo do tipo ("§ 9º Se a lesão for praticada contra ascendente, descendente, irmão, cônjuge ou companheiro, ou com quem conviva ou tenha convivido, ou, ainda, prevalecendo-se o agente das relações domésticas, de coabitação ou de hospitalidade: Pena — detenção, de 3 (três) meses a 3 (três) anos"). Com efeito, enquanto o conceito de violência doméstica e familiar contra a mulher, previsto neste art. 5º, é bastante amplo, abrangendo até mesmo a violência psicológica e o dano moral, o *crime* de violência doméstica, previsto no art. 129, § 9º, do CP, é necessariamente restrito, exigindo sempre a ocorrência de lesão corporal, ainda que leve. O importante será aferir se a infração penal (crime ou contravenção penal) praticado contra a mulher enquadra-se, ou não, no conceito de *violência doméstica* previsto nos arts. 5º e 7º da presente lei. Se o crime (por exemplo, injúria — CP, art. 140) se enquadrar no conceito de violência doméstica, terá aplicação a lei ora em comento. Do contrário, ainda que o crime seja praticado contra mulher, não terá incidência a presente lei.

Parágrafo único

- **Igualdade:** Em respeito ao princípio da igualdade (CF, art. 5º, *caput*), as relações de que trata o *caput* não dependem de orientação sexual, abrangendo tanto as mulheres heterossexuais quanto as homossexuais e bissexuais.

Art. 6º A violência doméstica e familiar contra a mulher constitui uma das formas de violação dos direitos humanos.

- **Noção:** Quando se fala em violação de direitos humanos, tem-se em mente uma conduta que atinja, degrade, avilte a própria condição de pessoa da vítima. Isto é, de um crime cujo cometimento implique violação do que há de mais sagrado em todos nós: a nossa condição humana, a nossa dignidade como seres humanos. *Dignidade humana* que exsurge do reconhecimento mútuo da personalidade de cada um de nós, o que é fundamental à própria estrutura social, fundado na *alteridade*, que, como lembra Giorgio Del Vecchio (*La Giustizia*, Roma, Studium, 1946), é o exercício mental de nos colocarmos no lugar do outro e imaginarmos se gostaríamos que fizessem conosco o que queremos fazer com ele. Essa projeção só é possível se houver *igualdade*, isto é, se considerarmos o próximo (no caso a mulher) como uma pessoa humana *igualmente digna* do respeito que nutrimos por nós homens. Esse exercício é o fundamento, também, da *solidariedade*, quando não fechamos os olhos para o sofrimento alheio, buscando minimizá-lo com atitudes proativas. Assim é que o valor da *dignidade humana* embasa o respeito do direito à vida, a integridade física e psíquica, à liberdade de cada um para buscar o seu pleno desenvolvimento individual. De fato, a partir do momento em que temos dons que nos distinguem dos demais seres vivos, como seres *racionais*, com *consciência*, *crítica*, *abstração* e *linguagem*, "surge a ideia de que o homem não pode dirigir-se a nenhum outro ser humano da mesma forma que o faz com os animais, devendo 'considerar a todos (os homens) como copartícipes iguais dos dons da natureza'" (Agustin Squella Narducci, professor titular de Filosofia do Direito da Universidade de Valparaíso, Chile, ao prefaciar a obra de Werner Maihofer, *Estado de derecho y dignidad humana*, coleção *Maestros del derecho penal*, n. 28, Montevidéu/Buenos Aires: IBdeF, 2008). É nesse contexto que deve ser interpretada a disposição deste art. 6º.

Capítulo II
DAS FORMAS DE VIOLÊNCIA DOMÉSTICA E FAMILIAR CONTRA A MULHER

Art. 7º São formas de violência doméstica e familiar contra a mulher, entre outras:

I — a violência física, entendida como qualquer conduta que ofenda sua integridade ou saúde corporal;

II — a violência psicológica, entendida como qualquer conduta que lhe cause dano emocional e diminuição da autoestima ou que lhe prejudique e perturbe o pleno desenvolvimento ou que vise degradar ou controlar suas ações, comportamentos, crenças e decisões, mediante ameaça, constrangimento, humilhação, manipulação, isolamento, vigilância constante, perseguição contumaz, insulto, chantagem, ridicularização, exploração e limitação do direito de ir e vir ou qualquer outro meio que lhe cause prejuízo à saúde psicológica e à autodeterminação;

III — a violência sexual, entendida como qualquer conduta que a constranja a presenciar, a manter ou a participar de relação sexual não desejada, mediante intimidação, ameaça, coação ou uso da força; que a induza a comercializar ou a utilizar, de qualquer modo, a sua sexualidade, que a impeça de usar qualquer método contraceptivo ou que a force ao matrimônio, à gravidez, ao aborto ou à prostituição, mediante coação, chantagem, suborno ou manipulação; ou que limite ou anule o exercício de seus direitos sexuais e reprodutivos;

IV — a violência patrimonial, entendida como qualquer conduta que configure retenção, subtração, destruição parcial ou total de seus objetos, instrumentos de trabalho, documentos pessoais, bens, valores e direitos ou recursos econômicos, incluindo os destinados a satisfazer suas necessidades;

V — a violência moral, entendida como qualquer conduta que configure calúnia, difamação ou injúria.

- **Noção:** O presente artigo enumera, "entre outras", as formas de violência doméstica e familiar contra a mulher: I — violência *física* (ofensa à integridade corporal, incluída a saúde); II — violência *psicológica*, isto é, dano emocional, diminuição da autoestima, prejuízo ou perturbação ao seu pleno desenvolvimento, que objetive degradar ou controlar suas ações, comportamentos, crenças ou decisões, mediante as seguintes condutas: *a)* ameaça, *b)* constrangimento, *c)* humilhação, *d)* *manipulação*, *e)* isolamento, *f)* vigilância constante, *g)* perseguição contumaz, *h)* insulto, *i)* chantagem, *j)* ridicularização, *k)* exploração, *l)* limitação do direito de ir e vir, *m)* qualquer outro meio que cause prejuízo à sua saúde psicológica ou autodeterminação; III — violência *sexual*, consistente em qualquer conduta: *a)* constrangendo a mulher a presenciar, a manter (incluídas aqui as relações conjugais) ou a participar de relação sexual não desejada, por meio de intimidação, ameaça, coação ou uso da força; *b)* induzindo-a a comercializar ou utilizar, de qualquer forma, a sua sexualidade; *c)* impedindo-a de usar métodos contraceptivos ou forçando-a a se casar, engravidar, abortar ou se prostituir, por meio de coação, chantagem, suborno ou manipulação; *d)* limitando ou anulando o exercício de seus direitos sexuais e reprodutivos; IV — violência *patrimonial* (retenção, subtração, destruição parcial ou total de objetos, instrumentos de trabalho, documentos pessoais, bens, valores, direitos e recursos econômicos, inclusive os que se destinam a satisfazer suas necessidades); V — violência *moral* (calúnia, difamação e injúria, condutas tipificadas como crimes nos arts. 138, 139 e 140 do Código Penal).

- **"Entre outras":** Este art. 7º, ao enumerar as "formas de violência doméstica e familiar contra a mulher", faz uso da expressão "entre outras", o que significa que as formas de violência nele dispostas, embora amplas, não são taxativas, mas apenas exemplificativas, podendo haver outras formas que não previstas em lei. Todavia, a nosso ver, tal entendimento não se aplica na hipótese de crime, seja o próprio delito de lesão corporal no âmbito doméstico (art. 129, § 9º, do CP), seja qualquer outro crime, porquanto vigora entre nós o princípio da legalidade ou da taxatividade dos tipos penais (CF, art. 5º, XXXIX: "não há crime sem lei anterior que o defina, nem pena sem prévia cominação legal"). Em outras palavras, fora das hipóteses previstas na presente lei (arts. 5º e 7º), o juiz não pode dizer que determinado crime foi praticado no contexto de violência doméstica e familiar contra a mulher, sob pena de ofensa ao princípio acima referido. A respeito, *vide*, ainda, nota ao art. 5º sob o título "Efeito prático".

Jurisprudência

- **Amplitude:** "O art. 7º [...] da Lei 11.340/06 [...] visa coibir a violência física, entendida como qualquer conduta que ofenda a integridade ou a saúde corporal da mulher, a violência psicológica e a violência moral, entendida como qualquer conduta que configure calúnia, difamação ou injúria" (STJ, 3ª S., CC 102.832, Rel. Min. Napoleão Nunes Maia Filho, *DJe* 22-4-2009).

- **Ameaça ou lesão corporal leve e manutenção da mulher em casa:** "1. Para a configuração da violência doméstica (art. 129, § 9º, do CP) não há necessidade de aparecimento de marcas no corpo da vítima, *a mera ameaça ou a lesão corporal de natureza leve, já configura o crime*. A prova *testemunhal* aliada ao *depoimento da vítima* é suficiente para demonstrar a existência desse crime. 2. A *manutenção da mulher em casa* foi em decorrência de pura *ameaça imposta pelo marido*, que caracteriza *a violência doméstica e não o cárcere privado*. 3. A Lei Maria da Penha traz várias formas de violência contra a mulher, dentre elas, a psicológica. Manter a vítima no quarto, sob ameaça, é uma forma de violência (violência psicológica, art. 7º, II) que se expressa pelo isolamento e pela limitação do direito de ir e vir da vítima. O comportamento do acusado é contemplado pela Lei n. 11.340/06 e não pelo crime autônomo (cárcere privado). 4. Condenação do acusado mantida quanto ao crime de violência doméstica (art. 129, § 9º, CP) e absolvição imposta em relação ao delito de cárcere privado. Prevalência da lei especial. 5. Apelação parcialmente provida" (TJMA, Ap. 0167822008, Rel. Des. Lourival de Jesus Serejo Sousa, j. 2-3-2009).

- **Ameaça. Não caracterização de violência doméstica. Inexistência de vulnerabilidade, hipossuficiência, inferioridade física ou econômica:** "Crime de ameaça. Inaplicabilidade da Lei Maria da Penha. 1. Entendo que a ordem deva ser concedida. Isto porque, *a priori*, não verifico que o caso em tela trata-se daqueles albergados pelo manto da Lei 11.340/2006 — Lei Maria da Penha, isto porque os Pacientes não possuíam qualquer relação de parentesco, morada comum, ou qualquer outra caracterização de uma vida conjunta, em grau familiar, ainda que esporádico; 2. Com efeito, tenho que, inicialmente, não se pode enquadrar a conduta dos Pacientes como sendo de violência doméstica ou familiar, já que a relação entre réu e vítima não se enquadra entre as previstas no art. 5º da Lei. 11.340/2006; 3. Ainda que assim não fosse, no caso, a Lei 11.340/06 não seria aplicada, pois não se cuida de situação relacionada a vulnerabilidade, hipossuficiência, inferioridade física ou econômica existente entre agressor e vítima. Não havendo hipossuficiência e/ou vulnerabilidade entre as partes, não há o menor risco de motivo que enseje a aplicação da legislação penal especial; 4. Dessa forma, está-se a tratar, em tese, diante do delito previsto no art. 147, *caput*, do Código Penal, que prevê pena de detenção de 1 a 6 meses. Assim, a competência para julgar o fato é do Juizado Especial Criminal; 5. Ordem concedida para que os autos da representação sejam encaminhados ao juizado especial competente" (TJMA, 1ª Câm. Crim., HC 0005137-27.2011.8.10.0000, Rel. Des. Raimundo Nonato Magalhães Melo, j. 30-9-2011).

Título III
DA ASSISTÊNCIA À MULHER EM SITUAÇÃO DE VIOLÊNCIA DOMÉSTICA E FAMILIAR

Capítulo I
DAS MEDIDAS INTEGRADAS DE PREVENÇÃO

Art. 8º A política pública que visa coibir a violência doméstica e familiar contra a mulher far-se-á por meio de um conjunto articulado de ações da União, dos Estados, do Distrito Federal e dos Municípios e de ações não governamentais, tendo por diretrizes:

I — a integração operacional do Poder Judiciário, do Ministério Público e da Defensoria Pública com as áreas de segurança pública, assistência social, saúde, educação, trabalho e habitação;

II — a promoção de estudos e pesquisas, estatísticas e outras informações relevantes, com a perspectiva de gênero e de raça ou etnia, concernentes às causas, às consequências e à frequência da violência doméstica e familiar contra a mulher, para a sistematização de dados, a serem unificados nacionalmente, e a avaliação periódica dos resultados das medidas adotadas;

III — o respeito, nos meios de comunicação social, dos valores éticos e sociais da pessoa e da família, de forma a coibir os papéis estereotipados que legitimem ou exacerbem a violência doméstica e familiar, de acordo com o estabelecido no inciso III do art. 1º, no inciso IV do art. 3º e no inciso IV do art. 221 da Constituição Federal;

IV — a implementação de atendimento policial especializado para as mulheres, em particular nas Delegacias de Atendimento à Mulher;

V — a promoção e a realização de campanhas educativas de prevenção da violência doméstica e familiar contra a mulher, voltadas ao público escolar e à sociedade em geral, e a difusão desta Lei e dos instrumentos de proteção aos direitos humanos das mulheres;

VI — a celebração de convênios, protocolos, ajustes, termos ou outros instrumentos de promoção de parceria entre órgãos governamentais ou entre estes e entidades não governamentais, tendo por objetivo a implementação de programas de erradicação da violência doméstica e familiar contra a mulher;

VII — a capacitação permanente das Polícias Civil e Militar, da Guarda Municipal, do Corpo de Bombeiros e dos profissionais pertencentes aos órgãos e às áreas enunciados no inciso I quanto às questões de gênero e de raça ou etnia;

VIII — a promoção de programas educacionais que disseminem valores éticos de irrestrito respeito à dignidade da pessoa humana com a perspectiva de gênero e de raça ou etnia;

IX — o destaque, nos currículos escolares de todos os níveis de ensino, para os conteúdos relativos aos direitos humanos, à equidade de gênero e de raça ou etnia e ao problema da violência doméstica e familiar contra a mulher.

- **Delegacia de Polícia da Mulher:** Louvável a disposição do inciso IV, prevendo a instalação de delegacias de polícia de atendimento à mulher, evidentemente compostas por policiais do sexo feminino, diante do natural constrangimento de uma mulher relatar agressões sofridas da parte de um homem para policiais do sexo masculino.

Capítulo II
DA ASSISTÊNCIA À MULHER EM SITUAÇÃO DE VIOLÊNCIA DOMÉSTICA E FAMILIAR

Art. 9º A assistência à mulher em situação de violência doméstica e familiar será prestada de forma articulada e conforme os princípios e as diretrizes previstos na Lei Orgânica da Assistência Social, no Sistema Único de Saúde, no Sistema Único de Segurança Pública, entre outras normas e políticas públicas de proteção, e emergencialmente quando for o caso.

§ 1º O juiz determinará, por prazo certo, a inclusão da mulher em situação de violência doméstica e familiar no cadastro de programas assistenciais do governo federal, estadual e municipal.

§ 2º O juiz assegurará à mulher em situação de violência doméstica e familiar, para preservar sua integridade física e psicológica:

I — acesso prioritário à remoção quando servidora pública, integrante da administração direta ou indireta;

II — manutenção do vínculo trabalhista, quando necessário o afastamento do local de trabalho, por até seis meses.

§ 3º A assistência à mulher em situação de violência doméstica e familiar compreenderá o acesso aos benefícios decorrentes do desenvolvimento científico e tecnológico, incluindo os serviços de contracepção de emergência, a profilaxia das Doenças Sexualmente Transmissíveis (DST) e da Síndrome da Imunodeficiência Adquirida (AIDS) e outros procedimentos médicos necessários e cabíveis nos casos de violência sexual.

- **Assistência à mulher vítima de violência:** O legislador cuidou da mulher em situação de violência doméstica ou familiar de forma bastante ampla, prevendo, de forma expressa, que o juiz (cível ou criminal) deverá atuar a fim de garantir a sua inclusão, determinando prazos para tanto, em programas assistenciais dos Governos federal, estaduais ou municipais. Além disso, determinou que o juiz assegurará à mulher vítima de violência doméstica e familiar: I — prioridade na remoção quando servidora pública da administração direta ou indireta; II — manutenção do vínculo trabalhista por até seis meses, se necessário o afastamento do local de trabalho. Como se vê, há expressa determinação para que o Judiciário seja *proativo* ao adotar, espontaneamente, condutas voltadas ao caráter *social* da presente Lei, o que é salutar. Cuidou o legislador, ademais, de expressamente determinar que à mulher vítima de violência sexual será prestada toda a assistência, com especial enfoque à contracepção de emergência (lembrando-se a chamada "pílula do dia seguinte") e acesso a terapias médicas voltadas a evitar e/ou minimizar o contágio com a Aids e doenças sexualmente transmissíveis.

Capítulo III
DO ATENDIMENTO PELA AUTORIDADE POLICIAL

Art. 10. Na hipótese da iminência ou da prática de violência doméstica e familiar contra a mulher, a autoridade policial que tomar conhecimento da ocorrência adotará, de imediato, as providências legais cabíveis.

Parágrafo único. Aplica-se o disposto no *caput* deste artigo ao descumprimento de medida protetiva de urgência deferida.

- **Providências policiais:** Havendo violência doméstica e familiar contra mulher, ou na sua iminência, determina este artigo que a autoridade policial que dela tiver ciência deverá tomar, *de imediato*, as providências legais cabíveis, que estão previstas nos arts. 11 e 12.

Art. 11. No atendimento à mulher em situação de violência doméstica e familiar, a autoridade policial deverá, entre outras providências:

I — garantir proteção policial, quando necessário, comunicando de imediato ao Ministério Público e ao Poder Judiciário;

II — encaminhar a ofendida ao hospital ou posto de saúde e ao Instituto Médico Legal;

III — fornecer transporte para a ofendida e seus dependentes para abrigo ou local seguro, quando houver risco de vida;

IV — se necessário, acompanhar a ofendida para assegurar a retirada de seus pertences do local da ocorrência ou do domicílio familiar;

V — informar à ofendida os direitos a ela conferidos nesta Lei e os serviços disponíveis.

- **Lei multidisciplinar:** É importante notar que as providências previstas neste art. 11 não se aplicam *apenas* quando tiver ocorrido *crime* (como é o caso, por exemplo, da lesão corporal referida pelo art. 129, § 9º, do CP) ou contravenção penal (é o caso das *vias de fato* — art. 21 do Decreto-Lei n. 3.668/41), bastando que se constate a prática ou mesmo a iminência de *violência doméstica e familiar contra a mulher,* cujo conceito é bem mais amplo, abrangendo inclusive a "violência psicológica" que poderá ocorrer sem a prática de um crime (*vide* comentários ao art. 7º). Isso demonstra que a lei ora em comento é multidisciplinar, isto é, não enfrenta o problema apenas sob o aspecto criminal, mas também sob outros, como o cível, o familiar, o social etc., o que, a nosso ver, é louvável.

- **Em caso de descumprimento:** A autoridade policial que, para satisfazer interesse ou sentimento pessoal, descumprir as providências previstas neste artigo estará sujeita às penas do crime de prevaricação (CP, art. 319), sem prejuízo de sanções administrativas cabíveis, e até mesmo de responsabilidade civil.

Art. 12. Em todos os casos de violência doméstica e familiar contra a mulher, feito o registro da ocorrência, deverá a autoridade policial adotar, de imediato, os seguintes procedimentos, sem prejuízo daqueles previstos no Código de Processo Penal:

I — ouvir a ofendida, lavrar o boletim de ocorrência e tomar a representação a termo, se apresentada;

II — colher todas as provas que servirem para o esclarecimento do fato e de suas circunstâncias;

III — remeter, no prazo de 48 (quarenta e oito) horas, expediente apartado ao juiz com o pedido da ofendida, para a concessão de medidas protetivas de urgência;

IV — determinar que se proceda ao exame de corpo de delito da ofendida e requisitar outros exames periciais necessários;

V — ouvir o agressor e as testemunhas;

VI — ordenar a identificação do agressor e fazer juntar aos autos sua folha de antecedentes criminais, indicando a existência de mandado de prisão ou registro de outras ocorrências policiais contra ele;

VII — remeter, no prazo legal, os autos do inquérito policial ao juiz e ao Ministério Público.

§ 1º O pedido da ofendida será tomado a termo pela autoridade policial e deverá conter:

I — qualificação da ofendida e do agressor;

II — nome e idade dos dependentes;

III — descrição sucinta do fato e das medidas protetivas solicitadas pela ofendida.

§ 2º A autoridade policial deverá anexar ao documento referido no § 1º o boletim de ocorrência e cópia de todos os documentos disponíveis em posse da ofendida.

§ 3º Serão admitidos como meios de prova os laudos ou prontuários médicos fornecidos por hospitais e postos de saúde.

- **Dispensa de perícia oficial:** Enquanto o Código de Processo Penal, em seu art. 159, prevê que o exame de corpo de delito, sempre que a infração deixar vestígios, deverá ser realizado por *perito oficial*, a Lei Maria da Penha expressamente admite que a prova da materialidade seja feita por laudos ou prontuários médicos fornecidos por hospitais e postos de saúde, dispensando perícia oficial do IML.

Providências policiais (caput)

- **No caso de prática de crime ou contravenção penal:** Enquanto as providências policiais previstas no art. 11 se aplicam a todos os casos de violência doméstica e familiar contra a mulher, as providências deste art. 12, típicas da *persecutio criminis*, somente se aplicam quando a violência doméstica caracterizar crime ou contravenção penal, conforme tipificação em lei. Daí por que, sem prejuízo daquelas providências ordinárias já previstas no CPP (arts. 6º e 7º), bem como daquelas referidas no art. 11 da presente lei, o art. 12 prevê diversas providências voltadas especialmente à proteção da mulher.

Jurisprudência

- **Falta da prova da materialidade e palavra da vítima:** "1.1. A Lei Maria da Penha (Lei n. 11.340/06) autoriza em seu art. 12, § 3º, a utilização de atestados ou prontuários médicos fornecidos por hospitais ou postos de saúde como meio de prova. No caso em tela, no entanto, não foi acostado aos autos nenhuma ficha de atendimento ambulatorial, atestado médico ou qualquer outro documento apto à comprovação de materialidade do delito, de modo que imperiosa a absolvição do acusado. 1.2. Não se nega a relevância da palavra da vítima nos casos de violência doméstica, todavia ela não é capaz de suprir a ausência de prova da materialidade do delito. 1.3. Inexistindo prova acerca da materialidade do crime de lesões corporais leves, a absolvição do acusado é medida que se impõe, com fundamento no art. 386, inciso II, do CPP" (TJRS, 3ª Câm. Crim., Ap. 70038590436, Rel. Des. Odone Sanguiné, j. 17-3-2011).

- **Prova da materialidade e palavra da vítima:** "1.1. Lei Maria da Penha (Lei n. 11.340/06) que autoriza em seu art. 12, § 3º, a utilização de atestados ou prontuários médicos fornecidos por hospitais ou postos de saúde como meio de prova, o que aliado a outros elementos demonstra a materialidade do delito. Atestado fornecido por médico da Secretaria Municipal da Saúde corroborado, ademais, com a juntada de auto de exame de corpo de delito em data posterior a sentença. 1.2. Tese acusatória do denunciado que derruiu diante do restante da prova. A palavra da vítima aliada a quantidade de lesões serve para demonstrar a inveracidade das declarações do acusado, bem como que não teriam sido utilizados os meios necessários para conter eventual agressão a sua ex-companheira. [...]" (TJRS, 3ª Câm. Crim., Ap. 70033498924, Rel. Des. Odone Sanguiné, j. 5-8-2010).

Título IV
DOS PROCEDIMENTOS

Capítulo I
DISPOSIÇÕES GERAIS

Art. 13. Ao processo, ao julgamento e à execução das causas cíveis e criminais decorrentes da prática de violência doméstica e familiar contra a mulher aplicar-se-ão as normas dos Códigos de Processo Penal e Processo Civil e da legislação específica relativa à criança, ao adolescente e ao idoso que não conflitarem com o estabelecido nesta Lei.

- Legislação aplicável: A presente lei, por ser especial, tem prevalência sobre os Códigos de Processo Penal e de Processo Civil, e sobre as leis relativas à criança e ao adolescente, e ao idoso, que só serão aplicadas subsidiariamente.

Art. 14. Os Juizados de Violência Doméstica e Familiar contra a Mulher, órgãos da Justiça Ordinária com competência cível e criminal, poderão ser criados pela União, no Distrito Federal e nos Territórios, e pelos Estados, para o processo, o julgamento e a execução das causas decorrentes da prática de violência doméstica e familiar contra a mulher.

Parágrafo único. Os atos processuais poderão realizar-se em horário noturno, conforme dispuserem as normas de organização judiciária.

Juizados de Violência Doméstica
- Competência *ratione materiae*: Enquanto não forem criados os Juizados Especializados, o processo, o julgamento e a execução dos casos de violência doméstica e familiar contra a mulher correrão nas Varas Criminais comuns ou, onde elas inexistirem, nas Varas Únicas. Todavia, uma vez instalados esses Juizados, a sua competência será *ratione materiae*, que *é absoluta*.

Jurisprudência
- Competência cível e criminal: "1. Conforme entendimento deste Egrégio Tribunal de Justiça, a competência para o julgamento do feito, não obstante tratar-se de pedidos de natureza cível, fundamentados, porém, em suposta violência doméstica sofrida pela autora, existindo, ainda, pedido de aplicação das medidas protetivas, requeridas pela Promotoria de Justiça Especializada no Combate à Violência Doméstica e Familiar contra a Mulher é das Varas Criminais. 2. Não bastasse isso, a Lei n. 11.340/06, em seu art. 14, deixa claro que os Juizados de Violência Doméstica e Familiar contra a Mulher possuem competência cível e criminal" (TJMG, 6ª Câm. Crim., Conflito de Jurisdição 0346410-60.2010.8.13.0000 de Belo Horizonte, Rel. Des. Rubens Gabriel Soares, j. 28-9-2010).

- **Medida de afastamento do lar — Competência da Vara Criminal:** "Conflito Negativo de Competência — Medida Cautelar de Afastamento do Lar Conjugal — art. 22, II, da Lei 11.340/06. O pedido de medida protetiva cautelar de afastamento do lar, tendo como causa a violência contra a mulher é de competência da Vara Criminal até a instalação da Vara Especializada de Violência Doméstica e Familiar contra a Mulher, nos termos dos arts. 22 e 33 da Lei Maria da Penha, Lei n. 11.340/2006 e da Resolução n. 578/2008 TJMG" (TJMG, 1ª Câm. Cív., Conflito de Competência 0112473-43.2010.8.13.0000 de Santa Luzia, Rel. Des. Vanessa Verdolim Hudson Andrade, j. 4-5-2010).

Art. 15. É competente, por opção da ofendida, para os processos cíveis regidos por esta Lei, o Juizado:

I — do seu domicílio ou de sua residência;

II — do lugar do fato em que se baseou a demanda;

III — do domicílio do agressor.

Competência
- **Opção da vítima:** Visando facilitar o acesso à Justiça por parte da mulher ofendida, a competência para os processos cíveis, referentes a esta Lei, dependerá da vontade da ofendida, que poderá optar por qualquer dos juízos enumerados nos incisos I a III. Já a competência para os processos criminais obedecerá as regras do Código de Processo Penal (arts. 69 a 91) e da Lei n. 9.099/95, em se tratando de infração penal de menor potencial ofensivo (art. 63).

Art. 16. Nas ações penais públicas condicionadas à representação da ofendida de que trata esta Lei, só será admitida a renúncia à representação perante o juiz, em audiência especialmente designada com tal finalidade, antes do recebimento da denúncia e ouvido o Ministério Público.

Ação penal
- **Alcance:** A audiência referida neste art. 16 não se aplica a casos de lesão corporal leve contra mulher, mas somente a outros delitos cuja ação penal depende de representação, como os crimes de ameaça e perigo de contágio venéreo (CP, arts. 147 e 130).
- **Ação penal (violência doméstica do homem contra a mulher):** Tratando da lesão corporal praticada no âmbito da violência doméstica, dispõe o art. 129, § 9º, do Código Penal: "Se a lesão for praticada contra ascendente, descendente, irmão, cônjuge ou companheiro, ou com quem conviva ou tenha convivido, ou, ainda, prevalecendo-se o agente das relações domésticas, de coabitação ou de hospitalidade: Pena — detenção de 3 (três) meses a 3 (três) anos". Prevê, por sua vez, o art. 41 da Lei n. 11.340/2006: "Aos crimes praticados com *violência doméstica e familiar contra mulher*, independentemente da pena prevista, não se aplica a Lei n. 9.099, de 26 de setembro de 1995", isto é, a Lei dos Juizados Especiais Criminais. As-

sim, no caso de lesão corporal dolosa praticada *contra mulher* que tem ou haja tido com o agente um dos vínculos ou relações referidos no § 9º do art. 129 do Código Penal, não se aplicará nenhum dos institutos da referida lei (composição civil, transação e suspensão condicional do processo), nem seu procedimento especial, inclusive a necessidade de representação, sendo a ação penal pública incondicionada (ainda que se trate de lesões corporais leves). O art. 16 da Lei n. 11.340/2006, ora em comento, que estabelece a retratação da representação em juízo, aplica-se a outros crimes envolvendo violência doméstica contra a mulher, como o de ameaça e de perigo de contágio venéreo (CP, arts. 147 e 130), e não ao de lesões corporais. Também no sentido de que a ação penal na lesão corporal leve contra mulher, no contexto de violência doméstica (art. 41 da Lei n. 11.340/2006), é pública incondicionada, não sendo cabível a suspensão condicional do processo (art. 89 da Lei n. 9.099/95), em que pese a pena mínima do art. 129, § 9º, ser inferior a um ano, referindo-se, inclusive, ao fato de a mulher, em regra, ser a parte mais frágil fisicamente, cf. Guilherme de Souza Nucci, *Código Penal comentado*. 9. ed. São Paulo: Revista dos Tribunais, 2009, p. 634, e *Leis penais e processuais penais comentadas*. 3. ed. São Paulo: Revista dos Tribunais, 2008, p. 1147. Igualmente, Luiz Flávio Gomes e Alice Bianchini, "Lei da violência contra a mulher: renúncia e representação da vítima". Disponível em: <www.jusnavigandi.com.br>, Teresina, ano 10, n. 1178, 22-9-2006; Marcelo Lessa Bastos, "Violência doméstica contra a mulher", Disponível em: <www.jusnavigandi.com.br>, Teresina, ano 10, n. 1189, 3-10-2006; e Pedro Rui da Fontoura Porto, *Violência doméstica e familiar contra a mulher*. Porto Alegre: Livraria do Advogado, 2007, p. 38-39. E isso tem uma razão própria: a mulher, que muitas vezes depende financeiramente do homem e não tem outro lugar para morar, além de ser, em geral, fisicamente mais fraca, pode não ter condição de representar contra o seu agressor que com ela mora, sendo ameaçada e novamente agredida caso "ouse" denunciar a violência. Lembra Luiza Nagib Eluf que "os homens não precisam de proteção contra a violência das mulheres, pois eles não são diuturnamente espancados dentro de suas próprias casas e sua superioridade física dispensa a proteção do Estado", sendo constitucional essa "discriminação positiva" ou "ação afirmativa", trazendo equilíbrio ao desigual ("Violência contra a mulher". *A mulher e o direito*. São Paulo: IASP, 2008, p. 42). Em sentido contrário, entendendo que a ação penal depende de representação, entre outros Damásio de Jesus, *Direito penal*. 29. ed. São Paulo: Saraiva, 2009, p. 150 e Julio Fabbrini Mirabete, *Código Penal interpretado*. 6. ed. São Paulo: Atlas, 2007, p. 1044. A matéria, que era controversa, também na jurisprudência (*vide* nota abaixo), pacificou-se quando o Pleno do Supremo Tribunal Federal, ao julgar em 9-2-2012 a ADIn 4.424, proposta pelo Procurador-Geral da República, em relação aos arts. 12, I, 16 e 41 da Lei Maria da Penha, na esteira do voto do relator Ministro Marco Aurélio, sendo vencido o Ministro Cezar Peluso, assentou "a natureza incondicionada da ação penal em caso de crime de lesão, pouco importando a extensão desta, praticado contra a mulher no ambiente doméstico". Esse entendimento, sempre defendido por nós, em coautoria com Celso Delmanto (*Có-

digo Penal comentado. 8. ed. São Paulo: Saraiva, 2010, p. 484), vai de encontro com o anterior posicionamento do Pleno do STF (HC 106.212, j. 24-3-2011), no qual foi, à unanimidade, declarada a constitucionalidade do art. 41 da Lei Maria da Penha (*vide* comentários neste artigo).

Jurisprudência

- Ação penal em razão de violência doméstica contra a mulher (antes de o Pleno do STF ter julgado a ADIn 4.424 — *vide* nota acima): Havia duas posições: *a*) A ação penal contra homem que agride a mulher é pública incondicionada (STJ, 5ª T., HC 91.540, Rel. Min. Napoleão Maia, j 19-2-2009, v.u., *DJe* 13-4-2009; 6ª T., REsp 1.000.222, Rel. Min. Jane Silva, j. 23-9-2008, m.v.; 6ª T., HC 108.098, Rel. Min. Paulo Gallotti, j. 23-9-2008, m.v., *DJe* 3-8-2009; 6ª T., HC 96.992, Rel. Min. Jane Silva, j. 12-8-2008, m.v., *DJe* 23-3-2009). *b*) A ação penal é pública condicionada à representação (STJ, 3ª S., REsp 1.097.042, m.v., Rel. para acórdão Min. Jorge Mussi, j. 24-2-2010, *DJe* 21-5-2010; 5ª T., HC 110.965, Rel. Min. Laurita Vaz, j. 10-9-2009, m.v., *DJe* 3-11-2009; 5ª T., HC 137.620, Rel. Min. Felix Fisher, j. 8-9-2009, m.v., *DJe* 16-11-2009; 6ª T., HC 113.608, Rel. Min. Celso Limongi, j. 5-3-2009, m.v., *DJe* 3-8-2009; TJMS, HC 2007.024216-6, *Bol. IBCCr* 185, abril/2008; TJDF, RSE 2006.09.1.017253-6, *Bol. IBCCr* 178, setembro/2007; HC 2007.00.2.003672, j. 17-5-2007, *Bol. AASP* 2542).

A representação prescinde de qualquer formalidade, bastando a simples manifestação da vítima (STJ, 6ª T., HC 96.601, Rel. Min. Haroldo Rodrigues, j. 16-9-2010).

A retratação da representação deve ser feita na presença do juiz, podendo o Magistrado recusá-la quando verificar que o recuo da ofendida não é espontâneo, mas motivado por coação, como no caso concreto (STJ, 5ª T., HC 137.622, Rel. Min. Napoleão Nunes Maria Filho, *DJe* 3-5-2010; 5ª T., RHC 230.471, Rel. Min. Jorge Mussi, *DJe* 24-4-2010; RHC 26.077, 5ª T., Rel. Min. Felix Fischer, *DJe* 29-3-2010; HC 113.608, 6ª T., Rel. Des. Conv. Celso Limongi, *DJe* 3-8-2009, TJRS, 1ª Câm. Crim., RSE 70039511530 de Santa Maria, Rel. Des. Manuel José Martinez Lucas, *DJ* 18-4-2011), não sendo válida a retratação em telefonema à escrivã de polícia (TJRS, 3ª Câm. Crim., RSE 70039634936, Rel. Des. Odone Sanguiné, *DJ* 6-4-2011).

- É obrigatória a audiência do art. 16, somente no caso de prévia manifestação, expressa ou tácita da ofendida, que evidencie a intenção de se retratar antes do recebimento da denúncia, conforme já proclamou o Superior Tribunal de Justiça: HC 96.601 (TJRS, 2ª Câm. Crim., HC 70040273534 de Lajeado, Rel. Des. Marco Aurélio de Oliveira Canosa, *DJ* 31-3-2011).

Se as vítimas são mulher e menor impúbere, exige-se a nomeação de curador especial para a renúncia à representação do recém-nascido (STJ, 5ª T., RHC 26.077, Rel. Min. Felix Fischer, *DJe* 29-3-2010).

Uma vez feita a representação, não é necessária a sua ratificação em juízo (TJSP, 4ª Câm. Crim., AC 0001999-03.2008.8.26.0553 de Santo Anastácio, Rel. Des. Salles Abreu, j. 22-2-2010).

Porém o não comparecimento à audiência, no caso, deve ser entendido como renúncia ao direito de representar pela prática do crime do art. 129, § 9º, do CP (TJRS, 3ª Câm. Crim., AC 70037161619 de Vacarla, Rel. Des. Ivan Leomar Bruxel, j. 16-12-2010).

Art. 17. É vedada a aplicação, nos casos de violência doméstica e familiar contra a mulher, de penas de cesta básica ou outras de prestação pecuniária, bem como a substituição de pena que implique o pagamento isolado de multa.

Vedação

- **Noção:** Neste art. 17, o legislador, buscando punir mais severamente os condenados por crimes praticados com violência doméstica e familiar contra a mulher, houve por bem vedar a aplicação de pena de *prestação pecuniária*, inclusive por *doação de cestas básicas* a entidades beneficentes, bem como a substituição de pena privativa de liberdade por pena *isolada* de multa.

- **No Código Penal:** A prestação pecuniária, modalidade de pena restritiva de direitos, está prevista no art. 43, I, do Código Penal. Já a pena de multa é tratada nos arts. 49 a 52, e 60, do mesmo estatuto. O art. 42, § 2º, do Código Penal dispõe, em sua primeira parte, que "na condenação igual ou inferior a 1 (um) ano", a substituição da pena privativa de liberdade "pode ser feita por multa", o que, nos processos criminais da presente lei, não é permitido. O art. 60, § 2º, Código Penal, sob a rubrica *multa substitutiva*, prevê que "a pena privativa de liberdade aplicada, não superior a 6 (seis) meses, pode ser substituída por multa, observados os critérios dos incisos II e III do art. 44 deste Código". Esta substituição por multa é igualmente vedada pela lei em comento.

- **Outras penas restritivas de direitos do Código Penal:** O art. 17 ora em comento veda a aplicação da prestação pecuniária (inclusive de cestas básicas), bem como a substituição da pena privativa de liberdade por multa. Todavia, não veda a substituição pelas demais penas restritivas de direitos previstas no art. 43 do CP, ou seja, perda de bens e valores (art. 43, II), prestação de serviço à comunidade ou a entidades públicas (art. 43, IV), interdição temporária de direitos (art. 43, V) e limitação de fim de semana (art. 43, VI).

Jurisprudência

- **Não aplicação do art. 17 às contravenções penais:** "É razoável concluir que a violência impeditiva da substituição da pena privativa de liberdade por restritivas de direitos, seja aquela de maior gravidade e não simplesmente, como no caso, mera contravenção de vias de fato, chamado por alguns até mesmo de 'crime anão' dada a sua baixa ou quase inexistente repercussão no meio social. 2. Conclusão, de outra parte, consentânea com o escopo maior da Lei Maria da Penha, que não se destina precipuamente à caracterização dos autores de condutas puníveis no âmbito das relações domésticas, mas que visa, sobretudo, promover a paz no núcleo familiar, em ordem a concretizar os princípios constitucionais atinentes" (STJ, 6ª T., HC 180.353, Rel. Min. Maria Thereza de Assis Moura, j. 16-11-2010, v.u.).

Capítulo II
DAS MEDIDAS PROTETIVAS DE URGÊNCIA

Seção I
DISPOSIÇÕES GERAIS

Art. 18. Recebido o expediente com o pedido da ofendida, caberá ao juiz, no prazo de 48 (quarenta e oito) horas:

I — conhecer do expediente e do pedido e decidir sobre as medidas protetivas de urgência;

II — determinar o encaminhamento da ofendida ao órgão de assistência judiciária, quando for o caso;

III — comunicar ao Ministério Público para que adote as providências cabíveis.

Medidas protetivas
■ **Providências iniciais:** Como visto no art. 12, III, desta lei, no atendimento à mulher vítima de violência doméstica e familiar, dentre as providências que devem ser tomadas pela autoridade policial, inclui-se a remessa, no prazo de 48 horas, de expediente apartado ao Juiz com o pedido da ofendida, para a concessão de medidas protetivas de urgência. Este art. 18 trata do recebimento desse expediente pelo juiz, determinando que, em 48 horas, adote as providências aqui referidas, protegendo a mulher.

Art. 19. As medidas protetivas de urgência poderão ser concedidas pelo juiz, a requerimento do Ministério Público ou a pedido da ofendida.

§ 1º As medidas protetivas de urgência poderão ser concedidas de imediato, independentemente de audiência das partes e de manifestação do Ministério Público, devendo este ser prontamente comunicado.

§ 2º As medidas protetivas de urgência serão aplicadas isolada ou cumulativamente, e poderão ser substituídas a qualquer tempo por outras de maior eficácia, sempre que os direitos reconhecidos nesta Lei forem ameaçados ou violados.

§ 3º Poderá o juiz, a requerimento do Ministério Público ou a pedido da ofendida, conceder novas medidas protetivas de urgência ou rever aquelas já concedidas, se entender necessário à proteção da ofendida, de seus familiares e de seu patrimônio, ouvido o Ministério Público.

Medidas
protetivas de
urgência (caput)

- **Quem pode pedi-las:** As medidas protetivas *urgentes* poderão ser deferidas a pedido da *vítima* ou do *Ministério Público*.

- **§ 1º — Concessão imediata:** Pode ser concedida sem oitiva das partes ou do Ministério Público, o qual, todavia, deverá ser imediatamente comunicado da sua concessão. Obviamente, o despacho do juiz haverá de ser fundamentado, ou seja, proferido com base em dados *concreto*s sobre a sua urgência, sob pena de nulidade (CF, art. 93, IX).

- **§ 2º — Aplicação e substituição:** Aplicadas de forma isolada (apenas uma) ou cumulada (mais de uma), as medidas protetivas de urgência poderão ser substituídas por outras mais eficazes, desde que necessário e a qualquer tempo (durante o inquérito ou processo).

- **§ 3º — Novas medidas e revisão das anteriores:** O juiz poderá conceder novas medidas protetivas ou rever as já concedidas, caso entender necessário à proteção da vítima, de seus familiares ou de seu patrimônio. Para tanto, deverá haver requerimento do Ministério Público ou pedido da ofendida, ouvido, nesta hipótese, o *Parquet*.

Art. 20. Em qualquer fase do inquérito policial ou da instrução criminal, caberá a prisão preventiva do agressor, decretada pelo juiz, de ofício, a requerimento do Ministério Público ou mediante representação da autoridade policial.

Parágrafo único. O juiz poderá revogar a prisão preventiva se, no curso do processo, verificar a falta de motivo para que subsista, bem como de novo decretá-la, se sobrevierem razões que a justifiquem.

Prisão
preventiva
(caput)

- **Requisitos:** Durante o inquérito policial ou a instrução criminal, o juiz poderá decretar a prisão preventiva do acusado (aqui chamado indevidamente de agressor, pois ainda não foi condenado por decisão transitada em julgado). Para tanto, deverão estar presentes, *no caso concreto*, os pressupostos e os requisitos da prisão preventiva, previstos no art. 312. *Pressupostos*: prova da existência do crime e de indícios suficientes de autoria. *Requisitos cautelares*: necessidade da garantia da ordem pública, a conveniência da instrução criminal ou a necessidade de se garantir a aplicação da lei penal (CPP, art. 312). Embora este artigo se refira à "instrução criminal", pensamos que a prisão poderá ser decretada em qualquer fase do processo, inclusive em 2ª instância, desde que haja cautelaridade, como na hipótese de comprovada fuga. A decisão há que ser sempre fundamentada, sob pena de nulidade (CR, art. 93, IX). A decretação será de ofício, a requerimento do Ministério Público ou em virtude de representação da autoridade policial. A respeito da prisão preventiva, *vide*, ainda, comentários ao art. 42.

- *Ultima ratio*: Diante da garantia da presunção de inocência (CR, art. 5º, LVII), a regra é que o acusado (ainda que de violência doméstica e familiar contra a mulher) responda ao processo em liberdade, somente podendo ser preso após o trânsito em julgado da condenação. Ocorre, todavia, que durante o curso do inquérito policial ou da ação penal poderão surgir *fatos concretos* que autorizem a imposição de alguma medida cautelar que restrinja, antecipadamente, a liberdade do investigado ou do acusado. Essas medidas cautelares estão previstas no art. 22 da Lei Maria da Penha e, subsidiariamente, no art. 319 do CPP, com redação dada pela Lei n. 12.403/2011. Assim, a prisão preventiva só será aplicável quando não forem cabíveis essas medidas cautelares menos gravosas (CPP, art. 282, § 6º), isto é, quando se mostrarem inadequadas insuficientes (CPP, art. 310, II), ou ainda quando forem desrespeitadas, injustificadamente, as medidas aplicadas ao acusado (CPP, art. 282, § 4º).

■ *Quantum* da pena: Em função do princípio da proporcionalidade, o CPP estabelece, em regra, que a prisão preventiva só será cabível quando imputado crime doloso, cuja pena máxima seja superior a quatro anos (art. 313, I). Note-se que o legislador, no mesmo artigo, abre duas exceções: quando o acusado já tiver sido condenado por outro crime doloso, em sentença transitada em julgado, e não tiver sido reabilitado (inciso II) e, englobando os casos da Lei Maria da Penha, "se o crime envolver violência doméstica e familiar contra a mulher, criança, adolescente, idoso, enfermo ou pessoa com deficiência, para garantir a execução das medidas protetivas de urgência" (inciso III). Assim, para essas últimas duas hipóteses, poderá, até mesmo, haver excepcionalmente a decretação de prisão preventiva mesmo que a pena máxima do crime imputado seja inferior a quatro anos.

Parágrafo único

■ **Revogação ou nova decretação:** Diz o parágrafo único que, verificada a falta de motivo para que subsista a prisão preventiva, o juiz "poderá" revogá-la, "bem como de novo decretá-la, se sobrevierem razões que a justifiquem". Ora, é evidente que, ausentes os pressupostos e/ou requisitos da prisão preventiva, o juiz tem o *dever* de revogá-la, sob pena de impor ao acusado um constrangimento ilegal sanável por *habeas corpus*. De outro lado, a nova decretação da prisão preventiva, caso surjam elementos que a justifiquem, é sempre uma possibilidade, lembrando, todavia, que o CPP expressamente dispõe que a prisão preventiva só será cabível quando outras medidas menos gravosas não forem suficientes (CPP, art. 282, § 6º, e art. 319 c/c o art. 22 da Lei Maria da Penha).

Jurisprudência

■ **Crime apenado com detenção e de pequena gravidade. Não cabimento da prisão preventiva:** "Crime apenado com detenção. Possibilidade. Inteligência do art. 313 do CPP — Estabelece o art. 313 do CPP que, em qualquer das hipóteses previstas no art. 312, será admitida a decretação da prisão preventiva nos crimes dolosos punidos com detenção, quando se apurar que o indiciado é vadio ou, havendo dúvida sobre a sua identidade, não fornecer ou não indicar elementos para esclarecê-la. Prisão preventiva. Crime apenado com detenção e de pouca gravidade. Requisitos dos arts. 312 e 313 do CPP. Ausência. Possibilidade de benefícios ao réu, caso condenado, que implicam desnecessidade da prisão. Prisão cautelar.

Decretação. Desnecessidade — Crimes apenados com detenção são, em regra, menos graves que os punidos com reclusão, motivo pelo qual, não exigem a decretação de prisão preventiva, se nada houver nos autos que indique o acusado ser vadio ou dúvida sobre a sua identidade, e se, ainda que existentes as circunstâncias legitimadoras do art. 313 do CPP, nenhum dos requisitos do art. 312 do mesmo diploma legal se faz presente, ou seja, se não houver indicação de que, em liberdade, o réu colocará em risco a ordem pública, o regular andamento da instrução criminal ou ainda a sejam-lhe mesmo a aplicação da lei penal, considerara possibilidade de, caso condenado o réu, [sejam-lhe] deferidos benefícios tais que não implique prisão" (TJSP, 12ª Câm. Crim., HC 0515124-20.2010.8.26.0000, Rel. Des. João Morengui, j. 2-2-2011, registro 23-2-2011; TJGO, 2ª Câm. Crim., HC 19101-17.2011.8.09.0000 de Goiânia, Rel. Des. Leandro Crispim, *DJ* 17-3-2011).

- Revogação da prisão. Vítima que volta a coabitar com o réu: "*Habeas Corpus* — Lei Maria da Penha — Pleito de revogação da prisão preventiva — Vítima voltou a coabitar com o paciente três meses antes do cumprimento do mandado de prisão — Inexistência de elementos que concretamente justifiquem a manutenção da prisão preventiva — Ordem concedida com expedição de alvará de soltura clausulado" (TJSP, 16ª Câm. Crim., HC 0172143-83.2009.8.26.0000 de Ibitinga, Rel. Des. Edison Brandão, j. 29-9-2009, registro 24-10-2009).

- Descumprimento de medida protetiva. Prisão preventiva que não dispensa preenchimento dos requisitos do art. 312 do CPP: "1. A manutenção da prisão com base em conjecturas não se reveste de razoabilidade, pois a presunção de que o requerente poderá voltar a praticar a mesma conduta não é suficiente para manter a custódia cautelar se esta não se encontra respaldada em fatos concretos. 2. O art. 313, IV, do Código de Processo Penal, com a redação dada pela Lei n. 11.340/2006 admite a decretação da prisão preventiva nos crimes dolosos que envolvam violência doméstica e familiar contra a mulher. Para garantir a execução de medidas protetivas de urgência, mas não dispensa o preenchimento dos requisitos previstos no art. 312 daquele diploma" (TJDF, 2ª T. Crim., HC 2010.00.2.016191-0, Rel. Des. Alfeu Machado, *DJe* 26-11-2010).

- Descumprimento de medida protetiva. Prisão preventiva. Cabimento: "O paciente, após ter sido informado acerca das medidas protetivas deferidas em favor de sua ex-companheira, continuou a perturbar esta. 2. Não se pode olvidar que diante dos dispositivos da Lei 11.340/06 e o ocorrido no caso concreto, o decreto de provisória segregação [era] medida imperativa, muito bem perpetrada pelo magistrado que conduz o feito. 3. Nada adiantaria existir as medidas protetivas de urgência previstas na Lei Maria da Penha se estas pudessem ser desrespeitadas pelos agressores sem consequência alguma. 4. Adequada à hipótese dos autos a prisão preventiva, que encontra o devido amparo legal, não identificando qualquer ilegalidade a ser sanada pela presente ação constitucional; 5. Ordem conhecida e denegada" (TJMA, HC 0026349-75.2009.8.10.0000, Rel. Des. Raimundo Nonato Magalhães Melo, j. 13-1-2010).

- *Ultima ratio:* "*Habeas corpus*. Violência doméstica. Lei Maria da Penha. Pressupostos da prisão preventiva. Nos crimes que envolvam violência doméstica leve, a prisão preventiva deve ser decretada somente como *ultima ratio*, é dizer, consoante o princípio constitucional da proporcionalidade, de modo que somente é cabível a prisão preventiva quando estejam reunidas três condições concomitantes: (*a*) aplicação precedente de uma medida protetiva de urgência; (*b*) descumprimento desta medida; (*c*) presença dos requisitos da prisão cautelar elencados no art. 312 do CPP, visando assegurar contra o *periculum in damnum* aos bens jurídicos da vítima. Na espécie, verifico que tais condições não se encontram presentes. O fato é que o réu teve as medidas protetivas contra si estabelecidas em concomitância com a decretação da sua prisão cautelar. Ora, como dito, a prisão é medida extrema, a ser implementada no caso de descumprimento das medidas assecuratórias definidas em favor da vítima. No caso, o réu foi *ab initio* preso em flagrante, privação essa que não deveria persistir depois de estabelecidas as medidas protetivas de urgência. Ademais, estando preso, tornou-se impossível para o paciente descumprir qualquer das medidas, de modo que não subsistem as condições legais para permanecer preso. Concederam a ordem. Unânime" (TJRS, 3ª Câm. Crim., *Habeas corpus* 70041743527, Rel. Des. Odone Sanguiné, j. 28-4-2011).

- Requisitos para a prisão preventiva: Para a imposição de prisão preventiva, indispensável se faz a demonstração da real imprescindibilidade da cautela, preenchendo-se os requisitos previstos no art. 312 do CPP, haja vista ser insuficiente tão só menção de necessidade da segregação, sem revelar, de forma consistente, o *periculum libertatis*. Ordem concedida (TJGO, 2ª Câm. Crim., HC 53126-56.2011.8.09.0000 de Anápolis, Rel. Des. José Lenar de Melo Bandeira, j. 29-3-2011, *DJ* 11-4-2011).

- Prisão preventiva. Descumprimento de medidas protetivas. Cabimento: "1 – Quando as medidas protetivas não são suficientes para modificar o comportamento do suposto agressor, que, em tese, mantém-se reticente nos atos de violência contra a pessoa tida como ofendida, outra alternativa não há, senão a decretação de sua prisão preventiva (artigo 313, IV, do CPP). 2 – Não há qualquer óbice legal à decretação da prisão preventiva nos crimes de ameaça, quando a prisão vise garantir a execução das medidas protetivas de urgência" (TJGO, 1ª Câm. Crim., HC 44581-94.2011.8.09.0000 de Caldas Novas, Rel. Des. J. Paganucci Jr., *DJ* 5-4-2011).

- Prisão preventiva. Excesso de prazo e proporcionalidade: "Ainda que a Lei Maria da Penha permita, expressamente, a prisão preventiva nos casos de violência doméstica, a prisão não será perpétua. Embora a prisão preventiva se justifique por motivos outros, e não como antecipação de pena, não há que se perder de vista a quantidade de pena cominada, bem como o regime de cumprimento e eventuais benefícios legais. Períodos de prisão que somados já chegam a noventa dias. Ordem concedida. Unânime" (TJRS, 3ª Câm. Crim., HC 70041234063 de Taquari, Rel. Des. Ivan Leomar Bruxel, j. 17-3-2011).

■ **Descumprimento de medida protetiva. Previsão de decretação da prisão preventiva. Inexistência do crime de desobediência:** "Se descumprida a ordem judicial consistente em cumprir determinada medida protetiva de urgência, será cabível requisitar auxílio da força policial, nos termos do § 3º, do art. 22, da Lei 11.340/2006, bem assim decretar a prisão preventiva nos termos do art. 20 da Lei Maria da Penha. Destarte, a existência de sanção processual cautelar consistente na prisão preventiva, isto é, privação antecipada da liberdade do agressor que descumprir a ordem judicial, bem assim a ausência de ressalva expressa de cumulação das sanções penal e extrapenal, afasta o crime de desobediência" (TJRS, 3ª Câm. Crim., AC 70037055720 de Santana do Livramento, Rel. Des. Odone Sanguiné, j. 24-2-2011).

Art. 21. A ofendida deverá ser notificada dos atos processuais relativos ao agressor, especialmente dos pertinentes ao ingresso e à saída da prisão, sem prejuízo da intimação do advogado constituído ou do defensor público.

Parágrafo único. A ofendida não poderá entregar intimação ou notificação ao agressor.

Notificação da ofendida (caput)

■ **Noção:** Trata-se de louvável inovação processual determinando que a vítima seja *notificada* dos atos processuais relativos ao acusado, *especialmente* do seu ingresso ou saída da prisão. Tal providência visa dar mais segurança à ofendida, que estará informada de seus passos, podendo proteger-se de eventual nova agressão ou mesmo evitar novo contato com o acusado. Além dela, deverá ser intimado seu advogado constituído ou defensor público.

Parágrafo único

■ **Entrega de notificação:** A disposição, aparentemente óbvia, veio em boa hora para evitar, de uma vez por todas, a prática absurda de algumas autoridades policiais em delegar, à própria vítima, a entrega de intimação ou notificação ao acusado, correndo risco de sofrer novas agressões. Além disso, evita-se a banalização de um ato oficial, que deverá ser feito, sempre, por um oficial de justiça ou um agente de polícia.

Seção II
DAS MEDIDAS PROTETIVAS DE URGÊNCIA QUE OBRIGAM O AGRESSOR

Art. 22. Constatada a prática de violência doméstica e familiar contra a mulher, nos termos desta Lei, o juiz poderá aplicar, de imediato, ao agressor, em conjunto ou separadamente, as seguintes medidas protetivas de urgência, entre outras:

I — suspensão da posse ou restrição do porte de armas, com comunicação ao órgão competente, nos termos da Lei n. 10.826, de 22 de dezembro de 2003;

II — afastamento do lar, domicílio ou local de convivência com a ofendida;

III — proibição de determinadas condutas, entre as quais:

a) aproximação da ofendida, de seus familiares e das testemunhas, fixando o limite mínimo de distância entre estes e o agressor;

b) contato com a ofendida, seus familiares e testemunhas por qualquer meio de comunicação;

c) frequentação de determinados lugares a fim de preservar a integridade física e psicológica da ofendida;

IV — restrição ou suspensão de visitas aos dependentes menores, ouvida a equipe de atendimento multidisciplinar ou serviço similar;

V — prestação de alimentos provisionais ou provisórios.

§ 1º As medidas referidas neste artigo não impedem a aplicação de outras previstas na legislação em vigor, sempre que a segurança da ofendida ou as circunstâncias o exigirem, devendo a providência ser comunicada ao Ministério Público.

§ 2º Na hipótese de aplicação do inciso I, encontrando-se o agressor nas condições mencionadas no *caput* e incisos do art. 6º da Lei n. 10.826, de 22 de dezembro de 2003, o juiz comunicará ao respectivo órgão, corporação ou instituição as medidas protetivas de urgência concedidas e determinará a restrição do porte de armas, ficando o superior imediato do agressor responsável pelo cumprimento da determinação judicial, sob pena de incorrer nos crimes de prevaricação ou de desobediência, conforme o caso.

§ 3º Para garantir a efetividade das medidas protetivas de urgência, poderá o juiz requisitar, a qualquer momento, auxílio da força policial.

§ 4º Aplica-se às hipóteses previstas neste artigo, no que couber, o disposto no *caput* e nos §§ 5º e 6º do art. 461 da Lei n. 5.869, de 11 de janeiro de 1973 (Código de Processo Civil).

Medidas protetivas de urgência (caput)

■ Enumeração: Este art. 22 enumera as medidas protetivas de urgência que, entre outras (*vide* nota abaixo), poderão ser aplicadas de imediato ao acusado, isolada ou acumuladamente, desde que constatada violência doméstica e familiar, nos termos da presente lei (arts. 5º e 7º). Essas medidas constam de três incisos: I — suspensão da posse de armas ou restrição ao seu porte, nos termos da Lei n. 10.826/2003; II — afastamento do lar (ainda que de propriedade exclusiva do acusado), domicílio ou lugar de convivência com a ofendida, aqui entendidos como locais usualmente frequentados por ambos, como clubes, associações ou academias de ginástica; III — proibição das seguintes condutas: a) Aproximação do acusado abaixo de um limite mínimo de distância da ofendida, familiares e testemunhas, a ser fixado pelo juiz; b) Contato com as mesmas pessoas por qualquer meio de comunicação (telefonema, *e-mail*, carta, telegrama, bilhetes etc.); *c)* Frequência a *determinados* lugares para garantir a integridade física e psicológica da vítima; tais lugares deverão ser especificados pelo juiz dentre aqueles que a ofendida habitualmente frequente, com respeito aos princípios da razoabilidade e proporcionalidade; IV — restrição ou suspensão de visitas a dependentes menores, após a oitiva da equipe de atendimento multidisciplinar ou serviço similar; V — prestação de alimentos provisionais ou provisórios.

- Medida cautelar penal: Tendo em vista que as "medidas protetivas de urgência que obrigam o agressor", previstas neste art. 22, restringem, de alguma forma, a liberdade do acusado (chamado indevidamente pelo legislador como agressor, embora não tenha ainda sido condenado definitivamente), impedindo, por exemplo, que se aproxime do lar ou frequente determinados lugares, tais medidas somente poderão ser aplicadas, na área penal, se satisfeitos os pressupostos e requisitos de toda medida cautelar, quais sejam, o *fumus comissi delicti* e o *periculum libertatis*. A medida cautelar penal, ademais, haverá de observar o princípio da proporcionalidade, devendo ser necessária (isto é, imprescindível) e adequada (aos fins a que se destina), além de não poder ser mais gravosa do que a pena que eventualmente poderá ser imposta ao acusado em caso de condenação (proporcionalidade em sentido estrito). Aliás, tal entendimento se coaduna com as regras previstas no CPP para a aplicação das chamadas "medidas cautelares diversas da prisão", aplicáveis subsidiariamente ao processo das causas criminais decorrentes de violência doméstica (*vide* nota abaixo).

- Aplicação subsidiária do CPP: Conforme o disposto no art. 13 da presente lei, o CPP tem aplicação subsidiária nos casos de violência doméstica e familiar contra a mulher, *verbis*: "Ao processo, ao julgamento e à execução das causas cíveis e criminais decorrentes da prática de violência doméstica e familiar contra a mulher aplicar-se-ão as normas dos Códigos de Processo Penal e Processo Civil e da legislação específica relativa à criança, ao adolescente e ao idoso que não conflitarem com o estabelecido nesta Lei". Portanto, no tocante à aplicação das "medidas cautelares que obrigam o agressor", previstas neste art. 22, deverão ser observados, subsidiariamente (isto é, naquilo em que não conflitarem), os pressupostos e regras atinentes à aplicação das medidas cautelares diversas da prisão, previstas no Título IX do CPP. Desta forma, as medidas protetivas previstas neste art. 22 deverão observar as regras previstas no art. 282 do CPP, com redação dada pela Lei n. 12.403/2011, cuja redação é a seguinte: "As medidas cautelares previstas neste Título deverão ser aplicadas observando-se a: I — necessidade para aplicação da lei penal, para a investigação ou a instrução criminal e, nos casos expressamente previstos, para evitar a prática de infrações penais; II — adequação da medida à gravidade do crime, circunstâncias do fato e condições pessoais do indiciado ou acusado". No caso da prisão preventiva, além da regra prevista no art. 20 desta lei, as regras do CPP a ela relativas também deverão ser aplicadas, merecendo destaque os arts. 312 e 313 do CPP (a respeito, *vide* nota ao art. 20 sob o título *Ultima Ratio*).

- **"Entre outras":** No campo do direito penal, diante do princípio da legalidade (aplicável também ao processo penal), não se pode admitir o uso de medidas cautelares não previstas em lei, não se aplicando o chamado poder geral de cautela, próprio do processo civil. Desta forma, a expressão "entre outras" prevista ao final do *caput* deste art. 22 é inaplicável ao processo penal. Todavia, nada impede a aplicação das medidas cautelares diversas da prisão previstas no CPP (art. 319), aplicáveis apenas subsidiariamente, nos termos do art. 13 desta lei.

Cumulação de medidas (§ 1º)

- **Noção:** As medidas elencadas no *caput* não impedem a aplicação de outras, *desde que* previstas na legislação em vigor (*vide* nota acima *Entre outras*) e *sempre* que o exigirem a segurança da vítima ou circunstâncias comprovadas, com comunicação ao Ministério Público. O CPP, em seu art. 282, § 1º, traz regra semelhante, *verbis*: "§ 1º As medidas cautelares poderão ser aplicadas isolada ou cumulativamente".

Suspensão ou restrição do porte de armas (§ 2º)

- **Arma de fogo:** Havendo suspensão da posse ou restrição do porte de armas (*caput*, I) e encontrando-se o acusado nas condições do *caput* e incisos I a X do art. 6º da Lei n. 10.826/2003 (integrantes das Forças Armadas; guardas municipais de municípios entre 50.000 e 500.000 habitantes ou acima deste número; agentes da ABIN e do Gabinete de Segurança Institucional da Presidência da República; integrantes de órgãos policiais referidos nos arts. 51, IV, e 52, XIII, da CF (polícias da Câmara dos Deputados e do Senado Federal); agentes e guardas prisionais efetivos, integrantes de escoltas de presos e guardas portuários; integrantes de empresas de segurança privada e transporte de valores; integrantes de entidades de desportes que usem armas de fogo; auditores da Receita Federal, auditores-fiscais do trabalho, auditor fiscal e analista tributário), a suspensão ou restrição será comunicada ao órgão, corporação ou instituição respectiva, ficando o superior imediato do acusado responsável, sob pena de prevaricação ou desobediência.

Força policial (§ 3º)

- **Para dar efetividade:** Poderá ser requisitada força policial pelo juiz para garantir a efetividade das medidas protetivas de urgência.

Código de Processo Civil (§ 4º)

- **Aplicação subsidiária do CPC (tutela específica):** Às hipóteses previstas neste art. 22 aplicam-se, subsidiariamente (no que couber), o *caput* e os §§ 5º e 6º do CPC (concessão de tutela específica de obrigação, de fazer ou não fazer — *vide* nota abaixo).

- **Medidas para a efetivação da tutela:** Dispõe o art. 461, *caput*, e §§ 5º e 6º, do CPC: "Art. 461. Na ação que tenha por objeto o cumprimento de obrigação de fazer ou não fazer, o juiz concederá a tutela específica da obrigação ou, se procedente o pedido, determinará providências que assegurem o resultado prático equivalente ao do adimplemento. [...] § 5º Para a efetivação da tutela específica ou a obtenção do resultado prático equivalente, poderá o juiz, de ofício ou a requerimento, determinar as medidas necessárias, tais como a imposição de multa por tempo de atraso, busca e apreensão, remoção de pessoas e coisas, desfazimento de obras e impedimento de atividade nociva, se necessário com requisição de força policial; § 6º O juiz poderá, de ofício, modificar o valor ou a periodicidade da multa, caso verifique que se tornou insuficiente ou excessiva".

Jurisprudência

■ **Distância em metros:** "Nos termos do art. 22, III, da Lei 11.340/06, conhecida por Lei Maria da Penha, *poderá o Magistrado fixar, em metros, a distância a ser mantida pelo agressor da vítima* — tal como efetivamente fez o Juiz processante da causa —, sendo, pois, *desnecessário nominar quais os lugares a serem evitados, uma vez que, se assim fosse, lhe resultaria burlar essa proibição e assediar a vítima em locais que não constam da lista de locais previamente identificados*" (STJ, 5ªT., RHC 2008/0108271-0, Rel. Min. Napoleão Nunes Maia Filho, *DJe* 2-3-2009).

Há fundamentos suficientes para a proibição de aproximação do réu por ao menos 200 metros das vítimas se ele as ameaçar com auxílio de arma de fogo (STJ, RHC 26.499, Rel. Min. Napoleão Nunes Maia Filho, j. 4-2-2010).

■ **Briga entre irmãs não configura violência doméstica:** "1. Delito contra honra, envolvendo irmãs, não configura hipótese de incidência da Lei n. 11.340/06, que tem como objetivo a mulher numa perspectiva de gênero e em condições de hipossuficiência ou inferioridade física e econômica. 2. Sujeito passivo da violência doméstica, objeto da referida lei, é a mulher. Sujeito ativo pode ser tanto o homem quanto a mulher, desde que fique caracterizado vínculo de relação doméstica, familiar ou de afetividade. 3. No caso, havendo apenas desavenças e ofensas entre irmãs, não há qualquer motivação de gênero ou situação de vulnerabilidade que caracterize situação de relação íntima que possa causar violência doméstica ou familiar contra a mulher. Não se aplica a Lei. n. 11.340/06. 3. Conflito conhecido para declarar competente o Juízo de Direito do Juizado Especial Criminal de Governador Valadares/MG, o suscitado" (STJ, 3ª S., CC 88.027, Rel. Min. Og Fernandes, *DJe* 18-12-2008).

■ **Briga entre namorados não configura violência doméstica:** "1. Delitos de lesões corporais envolvendo agressões mútuas entre namorados não configura hipótese de incidência da Lei n. 11.340/06, que tem como objeto a mulher numa perspectiva de gênero e em condições de hipossuficiência ou vulnerabilidade. 2. Sujeito passivo da violência doméstica objeto da referida lei é a mulher. Sujeito ativo pode ser tanto o homem quanto a mulher, desde que fique caracterizado o vinculo de relação doméstica, familiar ou de afetividade, além da convivência, com ou sem coabitação. 3. No caso, não fica evidenciado que as agressões sofridas tenham como motivação a opressão à mulher, que é o fundamento de aplicação da Lei Maria da Penha. Sendo o motivo que deu origem às agressões mútuas o ciúmes da namorada, não há qualquer motivação de gênero ou situação de vulnerabilidade que caracterize hipótese de incidência da Lei n. 11.340/06. 4. Conflito conhecido para declarar competente o Juízo de Direito do Juizado Especial Criminal de Conselheiro Lafaiete/MG" (STJ, 3ª S., CC 96.533, Rel. Min. Og Fernandes, *DJe* 5-2-2009). Entendimento contrário (*vide* abaixo).

- Briga entre namorados configura violência doméstica: "O namoro é uma relação íntima de afeto que independe de coabitação; portanto, a agressão do namorado contra a namorada, ainda que tenha cessado o relacionamento, mas que ocorra em decorrência dele, caracteriza violência doméstica ... A Lei Maria da Penha é um exemplo de implementação para a tutela do gênero feminino, devendo ser aplicada aos casos em que se encontram as mulheres vítimas de violência doméstica e familiar" (STJ, 3ª S., CC 96.532, Rel. Min. Jane Silva, j. 5-12-2008, *DJe* 19-12-2008).

"Namoro — Nexo causal entre a conduta criminosa e a relação íntima entre autor e vítima — Aplicabilidade. Havendo nexo de causalidade entre a conduta criminosa praticada e a relação de intimidade existente entre autor e vítima, qualquer relação íntima de afeto, independentemente de coabitação, caracteriza o disposto no inciso III, do art. 5º, da Lei 11.340/2006, abarcando, por corolário, também namoro" (TJSP, 13ª Câm. Crim., Ap. 9123644-12.2009.8.26.0000 de São José dos Campos, Rel. Des. Renê Ricupero, j. 20-1-2010, registro 22-2-2010).

- Invocação do direito de propriedade. Irrelevância: "Não pode o paciente se valer de direito de propriedade — uma vez que a casa lhe pertence, que não é absoluto, para depois de, em tese, ter praticado um delito, ver retirada medida protetiva imposta contra si de afastamento do lar. Nesse caso, evidente que deve prevalecer o interesse não só dos seus filhos menores, vítimas, que precisam ficar sob a guarda de sua ex-companheira e possuir um local para morar (não sendo um abrigo, como sugeriu o impetrante, o mais indicado), mas também o de sua ex-companheira, que também foi ofendida e não deu causa à situação, até por que a Lei Maria da Penha visa proteger justamente a parte mais fraca da relação" (TJRS, 1ª Câm. Crim., HC 70040645962 de Pelotas, Rel. Des. Marco Antônio Ribeiro de Oliveira, *DJ* 24-2-2011).

- Não há prazo máximo de duração da medida: "As medidas protetivas, deferidas há quase um ano e meio devem subsistir enquanto perdurar sua necessidade, não havendo limitação legal para sua duração. Ordem denegada" (TJRS, 1ª Câm. Crim., HC 70040645962 de Pelotas, Rel. Des. Marco Antônio Ribeiro de Oliveira, *DJ* 24-2-2011).

- Aplicação de medidas da Lei Maria da Penha a casos de violência contra homem por mulher. Possibilidade para evitar a prisão provisória (antes da Lei n. 12.403/2011, que criou as medidas cautelares diversas da prisão — arts. 319 e 320 do CPP): "Se não podemos aplicar a analogia *in malam partem*, não quer dizer que não podemos aplicá-la *in bonam partem*, ou seja, em favor do réu quando não se trata de norma incriminadora, como prega a boa doutrina: entre nós, são favoráveis ao *emprego da analogia in bonam partem*: José Frederico Marques, Magalhães Noronha, Anibal Bruno, Basileu Garcia, Costa e Silva, Oscar Stevenson e Narcélio de Queiroz (Damásio de Jesus, *Direito penal* — Parte Geral. 10. ed., p. 48). Ora, se podemos aplicar a analogia para favorecer o réu, é *óbvio que tal aplicação é perfeitamente válida quando o favorecido é a própria vítima de um crime*. Por algumas vezes me deparei com casos em que o homem era vítima do descontrole emocional de uma mulher que não media esforços em praticar todo o tipo de agressão possível contra ele. Já fui obrigado a decretar a custódia preventiva de mulheres "à beira de um ataque de nervos", que chegaram a tentar contra a vida de seu ex-consorte, por pura e simplesmente não concordar com o fim de um relacionamento amoroso. Não é vergonha nenhuma o homem se socorrer ao Pode Judiciário para fazer cessar as agressões da qual vem sendo vítima. Também não é ato de covardia. É sim ato de sensatez, já que não procura o homem/vítima se utilizar de atos também violentos como demonstração de força ou de vingança. E compete à Justiça fazer o seu papel de envidar todos os esforços em busca de uma solução de conflitos, em busca de uma paz social. No presente caso, há elementos probantes mais do que suficientes para demonstrar a necessidade de se deferir a medidas protetivas de urgência requeridas, pelo que defiro o pedido e determino à autora do fato o seguinte: 1. que se abstenha de se aproximar da vítima, a uma distância inferior a 500 metros, incluindo sua moradia e local de trabalho; 2. que se abstenha de manter qualquer contato com a vítima, seja por telefonema, e-mail, ou qualquer outro meio direto ou indireto. Expeça-se o competente mandado e consigne-se no mesmo a advertência de que o descumprimento desta decisão poderá importar em crime de desobediência e até em prisão. I.C." (Decisão do Juiz Mario Roberto Kono de Oliveira, Juizado Especial Criminal Unificado de Cuiabá/MT. Disponível em: <http://www.conjur.com.br/2008-out-30/lei_maria_penha_aplicada_proteger_homem>, pesquisa realizada em 22-5-2012).

- Proibição de aproximação física e comunicação por qualquer meio (acusado e ex-namorada que trabalham para os mesmos órgãos governamentais): As medidas protetivas determinadas se apresentam pertinentes e necessárias para evitar a continuidade das agressões morais e possível concretização de agressões físicas prenunciadas pelo autor do fato. O seu cumprimento não impede o pleno exercício das funções públicas desempenhadas pelas partes, pois o que se pretende não é proibir aproximações casuais, que podem ocorrer a qualquer momento mesmo fora do ambiente de trabalho, mas contatos preordenados que venham a ocasionar constrangimento e risco à integridade física da ex-namorada. Reclamação desprovida (TJDF, 1ª T. Crim., Proc. 96029720108070000, Rel. Des. George Lopes Leite, *DJe* 11-2-2011).

- Retorno do convívio do casal. Não conhecimento do apelo: "O retorno do harmonioso convívio do casal na residência familiar não caracteriza a necessidade de adoção de qualquer medida protetiva prevista na Lei Maria da Penha, restando caracterizado ato incompatível com a vontade de recorrer que torna imperioso o não conhecimento do apelo" (TJMG, 6ª Câm. Cív., Apelação Cível 0783824-59.2009.8.13.0324 de Itajubá, Rel. Des. Edilson Fernandes, j. 29-6-2010).

- Medidas protetivas deferidas pelo juízo. Ausência de denúncia ou de informação sobre início da ação penal. Revogação da medida de afastamento do lar: "*Habeas corpus*. Lesão corporal. Violência doméstica. Medidas protetivas deferidas pelo juízo *a quo*. Na origem ficou determinado para a proteção da vítima que o paciente se afastasse do lar, e se mantivesse afastado da vítima, sua residência e testemunhas, em distância não inferior a 05 quadras e não mantivesse qualquer espécie de contato com a vítima. Mas as medidas protetivas e sua preservação dependem de regular andamento da ação penal. E como não existem informações a respeito do oferecimento da denúncia, não pode o paciente ficar impedido do exercício de sua atividade profissional. Liminar concedida. Revogadas as medidas protetivas. Ordem Concedida. Unânime" (TJRS, 3ª Câm. Crim., HC 70040582108, Rel. Des. Ivan Leomar Bruxel, j. 10-2-2011).

Seção III
DAS MEDIDAS PROTETIVAS DE URGÊNCIA À OFENDIDA

Art. 23. Poderá o juiz, quando necessário, sem prejuízo de outras medidas:

I — encaminhar a ofendida e seus dependentes a programa oficial ou comunitário de proteção ou de atendimento;

II — determinar a recondução da ofendida e a de seus dependentes ao respectivo domicílio, após afastamento do agressor;

III — determinar o afastamento da ofendida do lar, sem prejuízo dos direitos relativos a bens, guarda dos filhos e alimentos;

IV — determinar a separação de corpos.

Outras providências
- Noção: Além de outras medidas previstas na presente lei, pode o juiz, ainda, e havendo necessidade, adotar as seguintes: I — encaminhar a vítima e dependentes a programa de proteção ou atendimento; II — determinar a recondução dos mesmos ao seu domicílio, depois de afastado o acusado; III — determinar (autorizar) o afastamento da ofendida do lar, com a ressalva de seus direitos a bens, guarda dos filhos menores e alimentos; IV — determinar a separação de corpos. As duas últimas são afetas ao direito de família, garantindo a penúltima (III) que não se configure "abandono do lar" por parte da mulher que deixa a casa. Caberá à prudente discricionariedade do juiz a escolha das opções que melhor atendam à proteção da mulher e de seus dependentes. A decisão há de ser sempre fundamentada (CR, art. 93, IX).

Art. 24. Para a proteção patrimonial dos bens da sociedade conjugal ou daqueles de propriedade particular da mulher, o juiz poderá determinar, liminarmente, as seguintes medidas, entre outras:

I — restituição de bens indevidamente subtraídos pelo agressor à ofendida;

II — proibição temporária para a celebração de atos e contratos de compra, venda e locação de propriedade em comum, salvo expressa autorização judicial;

III — suspensão das procurações conferidas pela ofendida ao agressor;

IV — prestação de caução provisória, mediante depósito judicial, por perdas e danos materiais decorrentes da prática de violência doméstica e familiar contra a ofendida.

Parágrafo único. Deverá o juiz oficiar ao cartório competente para os fins previstos nos incisos II e III deste artigo.

Proteção patrimonial

- **Noção:** Para a proteção dos bens do casal ou particulares da vítima, o juiz, entre outras, poderá determinar, *liminarmente* (sem a oitiva do acusado ou do Ministério Público) as seguintes medidas de natureza cível: I — a restituição dos bens que o acusado subtraiu indevidamente da ofendida; II — proibição, em caráter temporário, de atos e contratos de compra, venda e locação de propriedade comum sem autorização judicial expressa; III — suspensão das procurações outorgadas pela vítima ao acusado; IV — caução provisória por parte do acusado, por meio de depósito judicial, pelas perdas e danos materiais causados à ofendida.

Capítulo III
DA ATUAÇÃO DO MINISTÉRIO PÚBLICO

Art. 25. O Ministério Público intervirá, quando não for parte, nas causas cíveis e criminais decorrentes da violência doméstica e familiar contra a mulher.

- **O Ministério Público como *custos legis*:** No campo do direito processual penal moderno, em que vigora o princípio acusatório, o Ministério Público, na ação penal pública, é parte, e não mero fiscal da lei. Desta forma, a disposição deste art. 25 é louvável, na medida em que separa bem as funções do Ministério Público, distinguindo os casos em que é órgão acusador daqueles outros em que é *custos legis*, atuando como órgão fiscalizador da aplicação da lei. Assim, determina o art. 25 que, não só nos casos de ação penal privada, mas também nas ações cíveis, o Ministério Público haverá de intervir nessa condição.

Art. 26. Caberá ao Ministério Público, sem prejuízo de outras atribuições, nos casos de violência doméstica e familiar contra a mulher, quando necessário:

I — requisitar força policial e serviços públicos de saúde, de educação, de assistência social e de segurança, entre outros;

II — fiscalizar os estabelecimentos públicos e particulares de atendimento à mulher em situação de violência doméstica e familiar, e adotar, de imediato, as medidas administrativas ou judiciais cabíveis no tocante a quaisquer irregularidades constatadas;

III — cadastrar os casos de violência doméstica e familiar contra a mulher.

Providências do Ministério Público

- **Noção:** Reafirmando e complementando as atribuições institucionais previstas no art. 26 da Lei n. 8.625, de 12 de fevereiro de 1993 (Lei Orgânica Nacional do Ministério Público), e aquelas previstas nos arts. 6º, 7º e 8º da Lei Complementar n. 75, de 20 de maio de 1993, caberá ao *Parquet*, se necessário: I — *requisitar* força policial e serviços públicos de saúde, educação, assistência social, segurança e outros em prol da mulher e de seus dependentes; II — *fiscalizar* os estabelecimentos públicos e particulares (conveniados) de atendimento à mulher e seus dependentes, adotando medidas administrativas e judiciais se constatar irregularidades; III — *cadastrar* os *casos* de violência doméstica e familiar.

Capítulo IV
DA ASSISTÊNCIA JUDICIÁRIA

Art. 27. Em todos os atos processuais, cíveis e criminais, a mulher em situação de violência doméstica e familiar deverá estar acompanhada de advogado, ressalvado o previsto no art. 19 desta Lei.

Acompanhamento de advogado

- **Noção:** Se nas causas em geral o advogado é indispensável para a Administração da Justiça (*vide* art. 133 da Constituição Federal e art. 2º da Lei n. 8.906, de 4 de julho de 1994 — Estatuto da OAB e da Advocacia), a importância da sua presença nos casos que envolvam violência doméstica e familiar contra a mulher é ainda maior. Daí a previsão deste art. 27, segundo a qual, com *exceção* do pedido de medidas protetivas de urgência (que poderá ser feito pela vítima sozinha, nos termos do art. 19), a mulher, em todos os demais atos processuais cíveis e criminais, precisará estar acompanhada de advogado. É esta mais uma proteção que a presente lei lhe dá.

Art. 28. É garantido a toda mulher em situação de violência doméstica e familiar o acesso aos serviços de Defensoria Pública ou de Assistência Judiciária Gratuita, nos termos da lei, em sede policial e judicial, mediante atendimento específico e humanizado.

Garantia

■ **Noção:** Complementando o disposto no artigo anterior, este art. 28 garante à vítima os serviços da Defensoria Pública ou de Assistência Judiciária gratuita (onde não exista a primeira), caso a vítima não tenha ou não possa ter advogado constituído por falta de meios. A assistência advocatícia lhe é assegurada tanto na fase judicial quanto na policial, com atendimento específico e humano. Louvável a expressa referência do legislador à fase policial.

Título V
DA EQUIPE DE ATENDIMENTO MULTIDISCIPLINAR

Art. 29. Os Juizados de Violência Doméstica e Familiar contra a Mulher que vierem a ser criados poderão contar com uma equipe de atendimento multidisciplinar, a ser integrada por profissionais especializados nas áreas psicossocial, jurídica e de saúde.

Equipes multidisciplinares

■ **Atendimento multidisciplinar:** Formadas por profissionais das áreas psicossocial (psicológica e assistência social), jurídica e de saúde, as equipes multidisciplinares deverão dar apoio aos Juizados de Violência Doméstica e Familiar contra a Mulher que forem criados.

Art. 30. Compete à equipe de atendimento multidisciplinar, entre outras atribuições que lhe forem reservadas pela legislação local, fornecer subsídios por escrito ao juiz, ao Ministério Público e à Defensoria Pública, mediante laudos ou verbalmente em audiência, e desenvolver trabalhos de orientação, encaminhamento, prevenção e outras medidas, voltados para a ofendida, o agressor e os familiares, com especial atenção às crianças e aos adolescentes.

Art. 31. Quando a complexidade do caso exigir avaliação mais aprofundada, o juiz poderá determinar a manifestação de profissional especializado, mediante a indicação da equipe de atendimento multidisciplinar.

Art. 32. O Poder Judiciário, na elaboração de sua proposta orçamentária, poderá prever recursos para a criação e manutenção da equipe de atendimento multidisciplinar, nos termos da Lei de Diretrizes Orçamentárias.

Título VI
DISPOSIÇÕES TRANSITÓRIAS

Art. 33. Enquanto não estruturados os Juizados de Violência Doméstica e Familiar contra a Mulher, as varas criminais acumularão as competências cível e criminal para conhecer e julgar as causas decorrentes da prática de violência doméstica e familiar contra a mulher, observadas as previsões do Título IV desta Lei, subsidiada pela legislação processual pertinente.

Parágrafo único. Será garantido o direito de preferência, nas varas criminais, para o processo e o julgamento das causas referidas no *caput*.

Varas especializadas

- **Competência cumulativa:** As varas criminais terão competência *cível* e *criminal* para as causas decorrentes de violência doméstica e familiar contra a mulher, até a estruturação dos Juizados.

- **Especializados (competência *ratione materiae*):** Na cidade de São Paulo, em alguns fóruns (central e regionais), alterou-se a nomenclatura de algumas Varas Criminais, que passaram a denominar-se Varas Criminais e do Juizado de Violência Doméstica e Familiar contra a Mulher, de forma a abranger a competência tanto para os crimes "comuns" quanto para os crimes praticados no âmbito doméstico. No Estado de São Paulo, conferir Resolução TJSP n. 286, de 04 de outubro de 2006, e Lei Complementar n. 1.108, de 6 de maio de 2010. Lembramos que a competência *ratione materiae* é absoluta.

Jurisprudência

- **Competência:** Até que sejam criados os Juizados de Violência Doméstica e Familiar, é da Vara Criminal comum e não do Juizado Especial Criminal (STJ, 5ª T., RHC 22.037, Rel. Min. Jorge Mussi, *DJe* 26-4-2010).

Enquanto não estruturados os Juizados de Violência Doméstica e Familiar, as Varas Criminais acumularão as competências civil e criminal (STJ, 3ª S., CC 102.832, Rel. Min. Napoleão Nunes Maia Filho, *DJe* 22-4-2009; 3ª S., CC 102.571, Rel. Min. Jorge Mussi, *DJe* 3-8-2009).

Título VII
DISPOSIÇÕES FINAIS

Art. 34. A instituição dos Juizados de Violência Doméstica e Familiar contra a Mulher poderá ser acompanhada pela implantação das curadorias necessárias e do serviço de assistência judiciária.

Art. 35. A União, o Distrito Federal, os Estados e os Municípios poderão criar e promover, no limite das respectivas competências:

I — centros de atendimento integral e multidisciplinar para mulheres e respectivos dependentes em situação de violência doméstica e familiar;

II — casas-abrigos para mulheres e respectivos dependentes menores em situação de violência doméstica e familiar;

III — delegacias, núcleos de defensoria pública, serviços de saúde e centros de perícia médico-legal especializados no atendimento à mulher em situação de violência doméstica e familiar;

IV — programas e campanhas de enfrentamento da violência doméstica e familiar;

V — centros de educação e de reabilitação para os agressores.

- **Nota:** Merecem aplausos as providências previstas neste art. 35, notadamente quanto à esfera penal, as previstas no inciso III.

Art. 36. A União, os Estados, o Distrito Federal e os Municípios promoverão a adaptação de seus órgãos e de seus programas às diretrizes e aos princípios desta Lei.

Art. 37. A defesa dos interesses e direitos transindividuais previstos nesta Lei poderá ser exercida, concorrentemente, pelo Ministério Público e por associação de atuação na área, regularmente constituída há pelo menos um ano, nos termos da legislação civil.

Parágrafo único. O requisito da pré-constituição poderá ser dispensado pelo juiz quando entender que não há outra entidade com representatividade adequada para o ajuizamento da demanda coletiva.

Art. 38. As estatísticas sobre a violência doméstica e familiar contra a mulher serão incluídas nas bases de dados dos órgãos oficiais do Sistema de Justiça e Segurança a fim de subsidiar o sistema nacional de dados e informações relativo às mulheres.

Parágrafo único. As Secretarias de Segurança Pública dos Estados e do Distrito Federal poderão remeter suas informações criminais para a base de dados do Ministério da Justiça.

Art. 39. A União, os Estados, o Distrito Federal e os Municípios, no limite de suas competências e nos termos das respectivas leis de diretrizes orçamentárias, poderão estabelecer dotações orçamentárias específicas, em cada exercício financeiro, para a implementação das medidas estabelecidas nesta Lei.

Art. 40. As obrigações previstas nesta Lei não excluem outras decorrentes dos princípios por ela adotados.

Art. 41. Aos crimes praticados com violência doméstica e familiar contra a mulher, independentemente da pena prevista, não se aplica a Lei n. 9.099, de 26 de setembro de 1995.

Não aplicação da Lei n. 9.099/95

- **Entendimentos:** Dispõe este artigo que a Lei dos Juizados Especiais Criminais não se aplica aos crimes praticados contra a mulher no contexto de violência doméstica e familiar, independentemente de pena cominada. Questão muito tormentosa é saber qual a extensão desta regra. Surgiram, a princípio, dois entendimentos: *1º entendimento*: a Lei n. 9.099/95 não se aplica "por inteiro", não incidindo nem mesmo a exigência de representação prevista no seu art. 88, isto é, para os crimes de lesões corporais dolosas leves e lesões culposas praticados no contexto de violência doméstica e familiar; para essa posição, tais crimes não dependem de representação; *2º entendimento*: o art. 41 da Lei n. 11.340/2006, ao vedar a aplicação da Lei n. 9.099/95, apenas exclui a aplicação do procedimento sumaríssimo e das medidas despenalizadoras (composição civil, transação penal e suspensão condicional do processo), não afastando a exigência de representação prevista no referido art. 88; para tal posição, os delitos de lesão corporal dolosa leve e lesão corporal culposa praticados no contexto de violência doméstica dependem de representação. Este último entendimento foi adotado pela 3ª Seção do STJ (*vide* jurisprudência abaixo). O STF, todavia, no julgamento da ADIn 4.424, ocorrido em 9-2-2012, por seu Pleno, sendo relator o Ministro Marco Aurélio, decidiu por dez votos a um, vencido o Ministro Cezar Peluso, ser *incondicionada* a ação penal no caso de crime de lesão corporal, pouco importando a extensão desta, praticado contra mulher no âmbito doméstico.

Jurisprudência

- Alcance. Não aplicação da Lei n. 9.099/95 até para contravenção penal: "Violência doméstica — artigo 41 da Lei n. 11.340/06 — Alcance. O preceito do artigo 41 da Lei n. 11.340/06 alcança toda e qualquer prática delituosa contra a mulher, até mesmo quando consubstancia contravenção penal, como é a relativa a vias de fato. [...] Ante a opção político-normativa prevista no artigo 98, inciso I, e a proteção versada no artigo 226, § 8º, ambos da Constituição Federal, surge harmônico com esta última o afastamento peremptório da Lei n. 9.099/95 — mediante o artigo 41 da Lei n. 11.340/06 — no processo-crime a revelar violência contra a mulher" (STF, Pleno, HC 106.212, Rel. Min. Marco Aurélio, j. 24-3-2011).

- Composição civil, transação e suspensão condicional do processo: Em caso de violência doméstica contra a mulher, não se aplicam os institutos despenalizadores da composição civil, da transação e da suspensão condicional do processo (STJ, 5ª T., HC 110.965, Rel. Min. Laurita Vaz, j. 10-9-2009, m.v., *DJe* 3-11-2009; 5ª T., HC 130.000, Rel. Min. Laurita Vaz, j. 13-8-2009, v.u., *DJe* 8-9-2009; 5ª T., HC 91.540, Rel. Min. Napoleão Maia, j. 19-2-2009, v.u., *DJe* 13-4-2009; 5ª T., HC 137.620, Rel. Min. Felix Fisher, j. 8-9-2009, m.v., *DJe* 16-11-2009; 5ª T., HC 180.821, Rel. Min. Gilson Dipp, *DJe* 4-4-2011; 5ª T., HC 153.548, Rel. Min. Felix Fischer, *DJe* 27-9-2010; TJSP, 4ª Câm. Crim., RSE 0001062-45.2009.8.26.0201, Rel. Des. Eduardo Braga, j. 18-1-2011). *Vide*, também, comentários e jurisprudência ao art. 16.

- Suspensão condicional da pena (*sursis*): Não cabe *sursis* processual (suspensão condicional do processo), mas cabe o *sursis* (suspensão condicional da pena), previsto no CP (TJDF, 2ª T. Crim., Ap. 2010.01.1.005356-3, Rel. Des. João Thimotel de Oliveira, *DJe* 18-4-2011). Embora não seja possível a aplicação do art. 44 do Código Penal (substituição da pena privativa de liberdade por restritiva de direitos), visto que o crime se fez com emprego de violência, é perfeitamente aplicável a suspensão condicional da pena, nos termos dos arts. 77 e 78 do Código Penal (TJMA, Ap. 0000906-35.2006.8.10.0063, Rel. Des. José de Ribamar Froz Sobrinho, j. 19-12-2011).

- Irretroatividade da Lei Maria da Penha: A Lei Maria de Penha contém disposições de direito penal e de direito processual penal. É mais gravosa do que a Lei n. 9.099/95, por impedir a concessão de benefícios ao réu, peculiares aos crimes de menor potencial ofensivo, pelo que não pode retroagir. Juizado de violência doméstica e familiar contra a mulher criado por lei posterior aos fatos criminosos. Incompetência desse juizado por violar o princípio do juízo natural. Matéria de decadência não arguida em nenhum momento não merece conhecimento. Ordem denegada (STJ, 6ª T., HC 152.465, Rel. Des. Conv. Celso Limongi, j. 15-6-2010, *DJe* 23-8-2010).

- **Fatos anteriores à Lei Maria da Penha. Incompetência do Juizado de Violência Doméstica e Familiar:** "Conflito de Jurisdição. Denúncia por suposta prática dos delitos tipificados nos artigos 214, c.c artigos 224, ..., 225, § 1º, inciso II, 226, inciso II, e artigo 71, '*caput*', todos do Código Penal, c.c. artigo 9º da Lei 8.072/90. Fatos praticados em tese no aproximado período de julho de 2004 ao dia 04 de julho de 2006. Datas anteriores à vigência da Lei n. 11.340, de 07.08.2006. Incompetência do Juizado de Violência Doméstica e Familiar contra a Mulher do Foro Central da Capital para seu processamento. Inquérito policial distribuído à 20ª Vara Criminal Central da Capital — Conflito procedente. Competência do Juízo suscitante" (TJSP, Câm. Espec., Conflito de Jurisdição 0395454-85.2010.8.26.0000 de São Paulo, Rel. Des. Martins Pinto, j. 28-2-2011).

- **Afastamento da prevenção:** "Agravo de Instrumento. União Estável. Afastamento do Varão do Lar Conjugal. Guarda das Filhas à Mãe. Alegação de Prevenção em face de Ajuizamento de Medida de Proteção Perante o Juizado de Violência Doméstica e Familiar afastada. 1. Os Juizados de Violência Doméstica possuem competência cível e criminal. As primeiras abrangem as medidas protetivas de urgência relacionadas nos arts. 22 a 24 da Lei n. 11.340/06. Essa competência, entretanto, não afasta a que é própria das Varas de Família, pois é hipótese de competência concorrente. Pode interessar à mulher que a cautelar seja apreciada pelo juízo de família, municiando seu pleito com melhores provas do que o sintético relato produzido perante a autoridade policial, que deflagra o pleito diante do JVD. Razão pela qual é afastada a preliminar de prevenção" (TJRS, 8ª Câm. Cív., AI 70039308218 de Porto Alegre, Rel. Des. Luiz Felipe Brasil Santos, j. 25-11-2010).

Art. 42. O art. 313 do Decreto-Lei n. 3.689, de 3 de outubro de 1941 (Código de Processo Penal), passa a vigorar acrescido do seguinte inciso IV:

"Art. 313. ....

IV — (*Revogado*)."

Dispositivo revogado pela Lei n. 12.403/11

- **Prisão preventiva:** O presente art. 42 havia incluído o inciso IV ao art. 313 do CPP, cuja redação era a seguinte: "Art. 313. Nos termos do art. 312 deste Código, será admitida a decretação da prisão preventiva: [...] IV — se o crime envolver violência doméstica e familiar contra a mulher, nos termos da lei específica, para garantir a execução das medidas protetivas de urgência". Todavia, a Lei n. 12.403/2011 revogou o referido dispositivo, inserindo previsão semelhante no inciso III do mesmo art. 313, cuja redação em vigor é a seguinte: "III — se o crime envolver violência doméstica e familiar contra a mulher, criança, adolescente, idoso, enfermo ou pessoa com deficiência, para garantir a execução das medidas protetivas de urgência". Desta forma, satisfeitos os pressupostos e requisitos do art. 312, é permitida a decretação da prisão preventiva para garantir a execução das medidas protetivas de urgência fixadas pelo juiz. Todavia, é importante lembrar que a prisão preventiva somente deverá ser decretada em último caso, ou seja, desde que, em face de descumprimento injustificado (*vide* nota abaixo) ou ineficácia das medidas, ela se tornar indispensável (cf. nota *Ultima Ratio* nos comentários ao art. 20).

- **Lei n. 12.403/2011:** A referida lei, que alterou significativamente as regras relativas à prisão preventiva, medidas cautelares diversas da prisão e fiança, inseriu novo parágrafo único ao art. 312 do CPP, *verbis*: "Parágrafo único. A prisão preventiva também poderá ser decretada em caso de descumprimento de qualquer das obrigações impostas por força de outras medidas cautelares (art. 282, § 4º)". Como dito acima, é evidente que o descumprimento, por si só, não leva à decretação da prisão preventiva. Para que isso ocorra, o descumprimento há que ser injustificado, e o juiz deve sempre optar por substituir a medida por outra mais severa ou aplicar outras medidas em cumulação, antes de a prisão ser decretada. Nesse sentido, aliás, encontra-se a regra do art. 282, § 4º, do CPP, inserida também pela Lei n. 12.403/2011, *verbis:* "§ 4º No caso de descumprimento de qualquer das obrigações impostas, o juiz, de ofício ou mediante requerimento do Ministério Público, de seu assistente ou do querelante, poderá substituir a medida, impor outra em cumulação, ou, em último caso, decretar a prisão preventiva (art. 312, parágrafo único)". Tal regra é aplicável subsidiariamente à presente Lei, nos termos do disposto no seu art. 13. A respeito, *vide* ainda comentários ao art. 20 desta lei.

- **Fiança arbitrada pela Autoridade Policial:** Não obstante o art. 313, III, do CPP permita o decreto de prisão preventiva ao acusado de violência doméstica "para garantir a execução das medidas protetivas de urgência", quando essa condição não se verificar, *nada impede* que o Delegado de Polícia arbitre fiança se a pena do crime a ele imputado for inferior a 4 (quatro) anos. Em outras palavras, o fato de o juiz poder decretar eventualmente a prisão preventiva, nas hipóteses fáticas em que a autoridade policial *não represente* ao juiz para que ele decrete a prisão preventiva, *inexistindo* medida de urgência protetiva a ser determinada para proteger a vítima, pode e deve o Delegado de Polícia arbitrar a fiança, nos moldes do art. 322 do CPP.

Jurisprudência

- **Não manutenção de prisão em flagrante:** Detido sem condições de pagar a fiança arbitrada pela autoridade policial. Liberdade indeferida pelo Juiz com base nos indícios de autoria, materialidade dos ilícitos e garantia da ordem pública. Crimes que mesmo procedentes autorizam o cumprimento em liberdade. Possibilidade de aplicação de duas medidas protetivas. Distanciamento e não aproximação da vítima e de familiares desta. Ordem concedida, com expedição de alvará de soltura (TJSP, 16ª Câm., HC 0049039-20.2010.2 6.0000 de Mongaguá, Rel. Des. Pedro Menin, j. 20-4-2010).

Se o paciente, usando arma de fogo como instrumento contundente, bateu no rosto da vítima produzindo lesão corporal, não se pode inferir pessoa perigosa, pois, se tinha intenção de matá-la teria desferido disparos. Além do mais, deferiu-se medidas protetivas em benefício da mulher, e como inexiste notícia de agressão física anterior aos fatos, não se justifica a segregação pessoal, ainda mais que a arma foi apreendida (TJDF, 2ª T. Crim., HC 2011.00.2.005464-5, Rel. Des. Silvanio Barbosa dos Santos, *DJU* 5-5-2011).

Considerando que a pena prevista — cominada — para o crime de ameaça é apenas de detenção, cujo regime de cumprimento — em regra — não poderá ser mais rigoroso do que o semiaberto, apresenta-se uma contradição, ao exigir prisão preventiva — com regras do regime fechado — em regime mais rigoroso, antes da condenação, do que depois da sentença condenatória. Caso contrário, o processo se arrasta, com o réu preso, e quando ele é colocado em liberdade ainda fica com crédito, que não poderá ser usado no futuro (TJMA, HC 0002080-98.2011.8.10.0000, Rel. Des. Raimundo Nonato Magalhães Melo, j. 7-7-2011).

- Necessidade de prisão preventiva: A reiteração de crimes (ameaça, violação de domicílio e lesões corporais), denotando ser a personalidade do réu voltada para a prática delitiva, obsta a revogação da medida constritiva para a garantia da ordem pública. Hão de triunfar a ordem pública, o sossego e a paz social. Está sedimentado na jurisprudência que a residência física e o trabalho lícito não impedem a segregação social (TJTO, HC 5.427, Rel. Des. Antônio Félix Gonçalves, j. 16-12-2008).

Se o paciente, após ter sido informado das medidas protetivas deferidas em favor de sua ex-companheira, continuou a perturbar esta, a manutenção da prisão preventiva é medida imperativa. Nada adiantaria existir medidas protetivas de urgência, se estas pudessem ser desrespeitadas pelos agressores sem consequência alguma (TJMA, HC 0263492009, Rel. Des. Raimundo Nonato Magalhães Melo, j. 13-1-2010).

Art. 43. A alínea *f* do inciso II do art. 61 do Decreto-Lei n. 2.848, de 7 de dezembro de 1940 (Código Penal), passa a vigorar com a seguinte redação:

"Art. 61. ....

....

II — ....

f) com abuso de autoridade ou prevalecendo-se de relações domésticas, de coabitação ou de hospitalidade, ou com violência contra a mulher na forma da lei específica;
....

- Agravante: O CP, em seu art. 61, prevê as chamadas circunstâncias agravantes, também denominadas circunstâncias legais, ou, apenas, agravantes, que, embora não interfiram na configuração do tipo, atuam no cálculo da punição, após a fixação da pena-base (sobre fixação da pena, vide arts. 59 e seguintes do CP). Até o advento da Lei n. 12.403/2011, a agravante da alínea *f* deste inciso II incidia, tão somente, no caso de crime praticado "com abuso de autoridade ou prevalecendo-se de relações domésticas, de coabitação ou de hospitalidade". Com a promulgação da referida lei, foi acrescentada a expressão "ou com violência contra a mulher na forma da lei específica", a fim de punir mais severamente o agressor em caso de violência doméstica e familiar contra a mulher, ainda que não esteja coabitando com ela.

Art. 44. O art. 129 do Decreto-Lei n. 2.848, de 7 de dezembro de 1940 (Código Penal), passa a vigorar com as seguintes alterações:

"Art. 129 ...

§ 9º Se a lesão for praticada contra ascendente, descendente, irmão, cônjuge ou companheiro, ou com quem conviva ou tenha convivido, ou, ainda, prevalecendo-se o agente das relações domésticas, de coabitação ou de hospitalidade:

Pena — detenção, de 3 (três) meses a 3 (três) anos.

....

§ 11. Na hipótese do § 9º deste artigo, a pena será aumentada de um terço se o crime for cometido contra pessoa portadora de deficiência."

Lesão corporal qualificada

- **Figura qualificada no crime de lesão corporal leve:** O art. 129 do CP tipifica o crime de lesão corporal. Em 17 de junho de 2004, a Lei n. 10.886 havia inserido o § 9º prevendo uma figura qualificada do crime de lesão corporal, denominada *violência doméstica*, com pena de detenção, de seis meses a um ano. Posteriormente, com o advento da Lei n. 11.340/2006 (Lei Maria da Penha), a redação deste § 9º foi mantida, porém houve o aumento da pena cominada, que passou a ser de detenção, de três meses a três anos. Em face do princípio da irretroatividade da lei penal maléfica, a nova cominação somente se aplica para fatos posteriores à entrada em vigor desta lei.

- **Conflito aparente de normas:** Caso o agente, nas circunstâncias indicadas por este § 9º (em que se inclui a violência doméstica e familiar contra a mulher), pratique lesão corporal de natureza grave (art. 129, § 1º), gravíssima (§ 2º) ou de que resulte morte (§ 3º), não incidirá nas penas deste § 9º, mas, sim, nas penas dos crimes do art. 129, §§ 1º, 2º ou 3º, conforme o resultado verificado, devendo haver o aumento de um terço (art. 129, § 10, acrescentado pela Lei n. 10.886/2004). Se a lesão for culposa, o crime será o do art. 129, § 6º, porque evidentemente não se tratará de violência doméstica (§ 9º), figura necessariamente dolosa.

Pessoa portadora de deficiência

- **Causa especial de aumento de pena:** Este § 11, acrescentado pela Lei n. 11.340/2006, prevê o aumento da pena de um terço, se o crime de violência doméstica (art. 129, § 9º) for praticado contra pessoa portadora de deficiência. Nesses casos, a lesão há que ter sido leve, porquanto se a lesão for grave, gravíssima ou seguida de morte, deverão incidir os §§ 1º, 2º ou 3º do art. 129 do CP, conforme o caso, que possuem penas mais severas.

- **Conceito:** Conforme prevê o art. 2º, III, da Lei n. 10.098, de 19 de dezembro de 2000, considera-se "pessoa portadora de deficiência ou com mobilidade reduzida: a que temporária ou permanentemente tem limitada sua capacidade de relacionar-se com o meio e de utilizá-lo".

Art. 45. O art. 152 da Lei n. 7.210, de 11 de julho de 1984 (Lei de Execução Penal), passa a vigorar com a seguinte redação:

"Art. 152. ...

Parágrafo único. Nos casos de violência doméstica contra a mulher, o juiz poderá determinar o comparecimento obrigatório do agressor a programas de recuperação e reeducação."

- **Programas de recuperação e reeducação:** O art. 152 da LEP, destinado ao cumprimento da pena de limitação de fim de semana (que é uma das modalidades de pena restritivas de direitos — CP, art. 43, VI), previa em seu *caput*, tão somente, a possibilidade de serem ministrados ao condenado, durante o tempo de permanência, "cursos e palestras, ou atribuídas atividades educativas". O presente parágrafo único, nos casos de violência doméstica contra a mulher, determina o comparecimento obrigatório do agressor "a programas de recuperação e reeducação".

Art. 46. Esta Lei entra em vigor 45 (quarenta e cinco) dias após sua publicação.

- **Entrada em vigor:** Tendo sido publicada em 8 de agosto de 2006, a presente lei entrou em vigor em 22 de setembro de 2006.

Brasília, 7 de agosto de 2006; 185º da Independência e 118º da República.

LUIZ INÁCIO LULA DA SILVA
Dilma Rousseff

LEI DE DROGAS

LEI N. 11.343, DE 23 DE AGOSTO DE 2006

Institui o Sistema Nacional de Políticas Públicas sobre Drogas — Sisnad; prescreve medidas para prevenção do uso indevido, atenção e reinserção social de usuários e dependentes de drogas; estabelece normas para repressão à produção não autorizada e ao tráfico ilícito de drogas; define crimes e dá outras providências.

O Presidente da República:
Faço saber que o Congresso Nacional decreta e eu sanciono a seguinte Lei:

Título I
DISPOSIÇÕES PRELIMINARES

Art. 1º Esta Lei institui o Sistema Nacional de Políticas Públicas sobre Drogas — Sisnad; prescreve medidas para prevenção do uso indevido, atenção e reinserção social de usuários e dependentes de drogas; estabelece normas para repressão à produção não autorizada e ao tráfico ilícito de drogas e define crimes.

Parágrafo único. Para fins desta Lei, consideram-se como drogas as substâncias ou os produtos capazes de causar dependência, assim especificados em lei ou relacionados em listas atualizadas periodicamente pelo Poder Executivo da União.

Art. 2º Ficam proibidas, em todo o território nacional, as drogas, bem como o plantio, a cultura, a colheita e a exploração de vegetais e substratos dos quais possam ser extraídas ou produzidas drogas, ressalvada a hipótese de autorização legal ou regulamentar, bem como o que estabelece a Convenção de Viena, das Nações Unidas, sobre Substâncias Psicotrópicas, de 1971, a respeito de plantas de uso estritamente ritualístico-religioso.

Parágrafo único. Pode a União autorizar o plantio, a cultura e a colheita dos vegetais referidos no *caput* deste artigo, exclusivamente para fins medicinais ou científicos, em local e prazo predeterminados, mediante fiscalização, respeitadas as ressalvas supramencionadas.

Título II
DO SISTEMA NACIONAL DE POLÍTICAS PÚBLICAS SOBRE DROGAS

Art. 3º O Sisnad tem a finalidade de articular, integrar, organizar e coordenar as atividades relacionadas com:

I — a prevenção do uso indevido, a atenção e a reinserção social de usuários e dependentes de drogas;

II — a repressão da produção não autorizada e do tráfico ilícito de drogas.

Capítulo I
DOS PRINCÍPIOS E DOS OBJETIVOS DO SISTEMA NACIONAL DE POLÍTICAS PÚBLICAS SOBRE DROGAS

Art. 4º São princípios do Sisnad:

I — o respeito aos direitos fundamentais da pessoa humana, especialmente quanto à sua autonomia e à sua liberdade;

II — o respeito à diversidade e às especificidades populacionais existentes;

III — a promoção dos valores éticos, culturais e de cidadania do povo brasileiro, reconhecendo-os como fatores de proteção para o uso indevido de drogas e outros comportamentos correlacionados;

IV — a promoção de consensos nacionais, de ampla participação social, para o estabelecimento dos fundamentos e estratégias do Sisnad;

V — a promoção da responsabilidade compartilhada entre Estado e Sociedade, reconhecendo a importância da participação social nas atividades do Sisnad;

VI — o reconhecimento da intersetorialidade dos fatores correlacionados com o uso indevido de drogas, com a sua produção não autorizada e o seu tráfico ilícito;

VII — a integração das estratégias nacionais e internacionais de prevenção do uso indevido, atenção e reinserção social de usuários e dependentes de drogas e de repressão à sua produção não autorizada e ao seu tráfico ilícito;

VIII — a articulação com os órgãos do Ministério Público e dos Poderes Legislativo e Judiciário visando à cooperação mútua nas atividades do Sisnad;

IX — a adoção de abordagem multidisciplinar que reconheça a interdependência e a natureza complementar das atividades de prevenção do uso indevido, atenção e reinserção social de usuários e dependentes de drogas, repressão da produção não autorizada e do tráfico ilícito de drogas;

X — a observância do equilíbrio entre as atividades de prevenção do uso indevido, atenção e reinserção social de usuários e dependentes de drogas e de repressão à sua produção não autorizada e ao seu tráfico ilícito, visando a garantir a estabilidade e o bem-estar social;

XI — a observância às orientações e normas emanadas do Conselho Nacional Antidrogas — Conad.

Art. 5º O Sisnad tem os seguintes objetivos:

I — contribuir para a inclusão social do cidadão, visando a torná-lo menos vulnerável a assumir comportamentos de risco para o uso indevido de drogas, seu tráfico ilícito e outros comportamentos correlacionados;

II — promover a construção e a socialização do conhecimento sobre drogas no país;

III — promover a integração entre as políticas de prevenção do uso indevido, atenção e reinserção social de usuários e dependentes de drogas e de repressão à sua produção não autorizada e ao tráfico ilícito e as políticas públicas setoriais dos órgãos do Poder Executivo da União, Distrito Federal, Estados e Municípios;

IV — assegurar as condições para a coordenação, a integração e a articulação das atividades de que trata o art. 3º desta Lei.

Capítulo II
DA COMPOSIÇÃO E DA ORGANIZAÇÃO DO SISTEMA NACIONAL DE POLÍTICAS PÚBLICAS SOBRE DROGAS

Art. 6º (*Vetado.*)

Art. 7º A organização do Sisnad assegura a orientação central e a execução descentralizada das atividades realizadas em seu âmbito, nas esferas federal, distrital, estadual e municipal e se constitui matéria definida no regulamento desta Lei.

Art. 8º (*Vetado.*)

Capítulo III
(*Vetado.*)

Arts. 9º a 14. (*Vetados.*)

Capítulo IV
DA COLETA, ANÁLISE E DISSEMINAÇÃO DE INFORMAÇÕES SOBRE DROGAS

Art. 15. (*Vetado.*)

Art. 16. As instituições com atuação nas áreas da atenção à saúde e da assistência social que atendam usuários ou dependentes de drogas devem comunicar ao órgão competente do respectivo sistema municipal de saúde os casos atendidos e os óbitos ocorridos, preservando a identidade das pessoas, conforme orientações emanadas da União.

Art. 17. Os dados estatísticos nacionais de repressão ao tráfico ilícito de drogas integrarão sistema de informações do Poder Executivo.

Título III
DAS ATIVIDADES DE PREVENÇÃO DO USO INDEVIDO, ATENÇÃO E REINSERÇÃO SOCIAL DE USUÁRIOS E DEPENDENTES DE DROGAS

Capítulo I
DA PREVENÇÃO

Art. 18. Constituem atividades de prevenção do uso indevido de drogas, para efeito desta Lei, aquelas direcionadas para a redução dos fatores de vulnerabilidade e risco e para a promoção e o fortalecimento dos fatores de proteção.

Art. 19. As atividades de prevenção do uso indevido de drogas devem observar os seguintes princípios e diretrizes:

I — o reconhecimento do uso indevido de drogas como fator de interferência na qualidade de vida do indivíduo e na sua relação com a comunidade à qual pertence;

II — a adoção de conceitos objetivos e de fundamentação científica como forma de orientar as ações dos serviços públicos comunitários e privados e de evitar preconceitos e estigmatização das pessoas e dos serviços que as atendam;

III — o fortalecimento da autonomia e da responsabilidade individual em relação ao uso indevido de drogas;

IV — o compartilhamento de responsabilidades e a colaboração mútua com as instituições do setor privado e com os diversos segmentos sociais, incluindo usuários e dependentes de drogas e respectivos familiares, por meio do estabelecimento de parcerias;

V — a adoção de estratégias preventivas diferenciadas e adequadas às especificidades socioculturais das diversas populações, bem como das diferentes drogas utilizadas;

VI — o reconhecimento do "não uso", do "retardamento do uso" e da redução de riscos como resultados desejáveis das atividades de natureza preventiva, quando da definição dos objetivos a serem alcançados;

VII — o tratamento especial dirigido às parcelas mais vulneráveis da população, levando em consideração as suas necessidades específicas;

VIII — a articulação entre os serviços e organizações que atuam em atividades de prevenção do uso indevido de drogas e a rede de atenção a usuários e dependentes de drogas e respectivos familiares;

IX — o investimento em alternativas esportivas, culturais, artísticas, profissionais, entre outras, como forma de inclusão social e de melhoria da qualidade de vida;

X — o estabelecimento de políticas de formação continuada na área da prevenção do uso indevido de drogas para profissionais de educação nos 3 (três) níveis de ensino;

XI — a implantação de projetos pedagógicos de prevenção do uso indevido de drogas, nas instituições de ensino público e privado, alinhados às Diretrizes Curriculares Nacionais e aos conhecimentos relacionados a drogas;

XII — a observância das orientações e normas emanadas do Conad;

XIII — o alinhamento às diretrizes dos órgãos de controle social de políticas setoriais específicas.

Parágrafo único. As atividades de prevenção do uso indevido de drogas dirigidas à criança e ao adolescente deverão estar em consonância com as diretrizes emanadas pelo Conselho Nacional dos Direitos da Criança e do Adolescente — Conanda.

Capítulo II
DAS ATIVIDADES DE ATENÇÃO E DE REINSERÇÃO SOCIAL DE USUÁRIOS OU DEPENDENTES DE DROGAS

Art. 20. Constituem atividades de atenção ao usuário e dependente de drogas e respectivos familiares, para efeito desta Lei, aquelas que visem à melhoria da qualidade de vida e à redução dos riscos e dos danos associados ao uso de drogas.

Art. 21. Constituem atividades de reinserção social do usuário ou do dependente de drogas e respectivos familiares, para efeito desta Lei, aquelas direcionadas para sua integração ou reintegração em redes sociais.

Art. 22. As atividades de atenção e as de reinserção social do usuário e do dependente de drogas e respectivos familiares devem observar os seguintes princípios e diretrizes:

I — respeito ao usuário e ao dependente de drogas, independentemente de quaisquer condições, observados os direitos fundamentais da pessoa humana, os princípios e diretrizes do Sistema Único de Saúde e da Política Nacional de Assistência Social;

II — a adoção de estratégias diferenciadas de atenção e reinserção social do usuário e do dependente de drogas e respectivos familiares que considerem as suas peculiaridades socioculturais;

III — definição de projeto terapêutico individualizado, orientado para a inclusão social e para a redução de riscos e de danos sociais e à saúde;

IV — atenção ao usuário ou dependente de drogas e aos respectivos familiares, sempre que possível, de forma multidisciplinar e por equipes multiprofissionais;

V — observância das orientações e normas emanadas do Conad;

VI — o alinhamento às diretrizes dos órgãos de controle social de políticas setoriais específicas.

Art. 23. As redes dos serviços de saúde da União, dos Estados, do Distrito Federal, dos Municípios desenvolverão programas de atenção ao usuário e ao dependente de drogas, respeitadas as diretrizes do Ministério da Saúde e os princípios explicitados no art. 22 desta Lei, obrigatória a previsão orçamentária adequada.

Art. 24. A União, os Estados, o Distrito Federal e os Municípios poderão conceder benefícios às instituições privadas que desenvolverem programas de reinserção no mercado de trabalho, do usuário e do dependente de drogas encaminhados por órgão oficial.

Art. 25. As instituições da sociedade civil, sem fins lucrativos, com atuação nas áreas da atenção à saúde e da assistência social, que atendam usuários ou dependentes de drogas poderão receber recursos do Funad, condicionados à sua disponibilidade orçamentária e financeira.

Art. 26. O usuário e o dependente de drogas que, em razão da prática de infração penal, estiverem cumprindo pena privativa de liberdade ou submetidos a medida de segurança, têm garantidos os serviços de atenção à sua saúde, definidos pelo respectivo sistema penitenciário.

Capítulo III
DOS CRIMES E DAS PENAS

▪ **Uma luz no fim do túnel:** A luta contra o tráfico de drogas, infelizmente, vem sendo perdida no Brasil e no mundo, a partir de uma estratégia que prioriza a repressão, deixando de lado a prevenção e o tratamento aos dependentes, em uma gravíssima questão que é muito mais de saúde pública do que criminal. O ex-governador fluminense Anthony Garotinho disse uma vez que, se por um milagre a polícia conseguisse prender ao mesmo tempo todos os traficantes do Rio de Janeiro, os viciados explodiriam a cidade pela falta súbita das drogas. O que é verdade, pois em uma das pontas do tráfico está o traficante e na outra, o usuário, em geral viciado. Não adianta, assim, apenas combater o traficante sem cuidar do dependente e prevenir o uso. No Brasil, acertadamente, aquele que tem a posse de pequena quantidade de qualquer tipo de droga, leve ou pesada, para uso próprio não é preso em flagrante nem condenado a pena privativa de liberdade, sofrendo somente, se considerado culpado, penas alternativas. O viciado, ainda que seja traficante, desde que comprovada pericialmente sua total incapacidade de entender o caráter criminoso do fato ou de determinar-se de acordo com esse entendimento, é absolvido, sendo submetido a medida de segurança de internação ou tratamento ambulatorial, conforme recomendação médica. Caso a incapacidade seja parcial, a pena será reduzida de um a dois terços. Já para o traficante a pena é severa, de cinco a quinze anos de reclusão, em regime inicial fechado; a não ser que ele seja primário, de bons antecedentes, não se dedique habitualmente às atividades criminosas nem integre organização criminosa, quando a pena poderá ser reduzida de um sexto a dois terços, com possibilidade de conversão em penas alternativas. Com tais disposições penais, para o viciado encontrado com pequena quantidade de droga é mais interessante ocultar o vício, declarando-se apenas usuário, pois, como tal, receberá só penas alternativas. Ao contrário, se declarar-se viciado, terá de submeter-se a perícia médica que determine se é dependente e, em caso positivo, se sua dependência é absoluta ou relativa. Em consequência, só são tratados pelo Estado aqueles que, submetidos a um processo criminal, são considerados dependentes absolutos. Ficam fora de qualquer tratamento os usuários, viciados ou não, desde que os primeiros ocultem o vício, e os relativamente dependentes. Por outro lado, a prevenção às drogas é, em nosso país, das mais tímidas. É preciso que se passe a discutir nas escolas, desde o início do ensino médio pelo menos, o problema dos entorpecentes. Cientificamente, sem máscaras ou terrorismo, pois os jovens gostam da verdade. Mostrar-lhes que a droga pode, inicialmente, dar uma sensação boa ou mesmo prazer (o tal "barato"), e aliviar tensões, mas que, a médio prazo (no caso do "crack" com grande rapidez), a dependência se instala, causando ao longo do tempo a completa ruína pessoal, familiar e profissional. Não basta, portanto, combater o tráfico. É imprescindível tratar o viciado e prevenir o uso. Só assim poderemos começar a ver uma luz no fim desse terrível túnel... (*vide*, também, artigo de Roberto Delmanto, sob o mesmo título, na revista jurídica *Consulex*, de janeiro de 2011).

- **Retroatividade benéfica e impossibilidade de combinação da nova lei com a antiga:** O Superior Tribunal de Justiça editou a Súmula n. 501, nos seguintes termos: "É cabível a aplicação retroativa da Lei n. 11.343/2006, desde que o resultado da incidência das suas disposições, na íntegra, seja mais favorável ao réu do que o advindo da aplicação da Lei n. 6.368/1976, sendo vedada a combinação de leis".

Art. 27. As penas previstas neste Capítulo poderão ser aplicadas isolada ou cumulativamente, bem como substituídas a qualquer tempo, ouvidos o Ministério Público e o defensor.

- **Noção:** Ante o fracasso da política de repressão ao uso e ao tráfico de drogas, o legislador brasileiro optou por não descriminalizar o uso, mas dar ao usuário um tratamento penal mais benevolente, abolindo as penas privativas de liberdade e adotando penas alternativas.

- **Aplicação e substituição:** Dispõe este art. 27 que as penas previstas no presente Capítulo poderão ser aplicadas isolada ou cumulativamente, bem como substituídas a qualquer tempo, após a oitiva do Ministério Público e do defensor. Por força do disposto no art. 93, IX, da CF, tanto a escolha da penalidade a ser aplicada isoladamente quanto a aplicação cumulada de penas pelo juiz do processo, bem como a sua substituição pelo juiz da execução, deverão ser sempre fundamentadas, sob pena de nulidade.

Art. 28. Quem adquirir, guardar, tiver em depósito, transportar ou trouxer consigo, para consumo pessoal, drogas sem autorização ou em desacordo com determinação legal ou regulamentar será submetido às seguintes penas:

I — advertência sobre os efeitos das drogas;

II — prestação de serviços à comunidade;

III — medida educativa de comparecimento a programa ou curso educativo.

§ 1º Às mesmas medidas submete-se quem, para seu consumo pessoal, semeia, cultiva ou colhe plantas destinadas à preparação de pequena quantidade de substância ou produto capaz de causar dependência física ou psíquica.

§ 2º Para determinar se a droga destinava-se a consumo pessoal, o juiz atenderá à natureza e à quantidade da substância apreendida, ao local e às condições em que se desenvolveu a ação, às circunstâncias sociais e pessoais, bem como à conduta e aos antecedentes do agente.

§ 3º As penas previstas nos incisos II e III do *caput* deste artigo serão aplicadas pelo prazo máximo de 5 (cinco) meses.

§ 4º Em caso de reincidência, as penas previstas nos incisos II e III do *caput* deste artigo serão aplicadas pelo prazo máximo de 10 (dez) meses.

§ 5º A prestação de serviços à comunidade será cumprida em programas comunitários, entidades educacionais ou assistenciais, hospitais, estabelecimentos congêneres, públicos ou privados sem fins lucrativos, que se ocupem, preferencialmente, da prevenção do consumo ou da recuperação de usuários e dependentes de drogas.

§ 6º Para garantia do cumprimento das medidas educativas a que se refere o *caput*, nos incisos I, II e III, a que injustificadamente se recuse o agente, poderá o juiz submetê-lo, sucessivamente a:

I — admoestação verbal;

II — multa.

§ 7º O juiz determinará ao Poder Público que coloque à disposição do infrator, gratuitamente, estabelecimento de saúde, preferencialmente ambulatorial, para tratamento especializado.

Caput

- **Transação:** Cabe (art. 76 da Lei n. 9.099/95). Embora a pena alternativa se identifique, no caso deste art. 28, à própria pena imposta em caso de condenação (*vide*, também, art. 48, § 5º, da presente lei), haverá a vantagem para o acusado que com a transação deixará de sofrer todo o desgaste de um processo criminal e de uma eventual condenação, cabendo a ele e seu defensor avaliar a conveniência em aceitar ou não a proposta.

- **Suspensão condicional do processo:** Cabe, em tese (art. 89 da Lei n. 9.099/95).

- **Não descriminalização:** Tendo em vista que, de forma inovadora, o Legislador não previu pena privativa de liberdade, mas somente penas de advertência sobre os efeitos das drogas, de prestação de serviços à comunidade e de comparecimento a programa ou curso educativo, discutiu-se, na doutrina, se a posse para uso pessoal teria sido *descriminalizada* ou não. Isso porque, tradicionalmente, tinha-se, ao lado do preceito primário (descrição da conduta proibida) o preceito secundário, com a imposição de *pena privativa de liberdade*, cumulada ou não com pena pecuniária, podendo a primeira ser substituída por penas alternativas (CP, art. 44). Hoje, todavia, não há mais dúvida de que a conduta descrita neste art. 28 continua sendo considerada *crime*, mesmo porque inserida no Capítulo III da presente lei, que trata "Dos Crimes e das Penas"; os acusados incursos neste dispositivo, portanto, continuam sendo submetidos à persecução penal (inquérito e processo).

- Objeto jurídico: A saúde pública.
- Sujeito ativo: Qualquer pessoa.
- Sujeito passivo: A coletividade.
- Tipo objetivo: Cinco são as condutas incriminadas: *adquirir* (obter por compra, comprar), *guardar* (conservar), *ter em depósito* (guardar em lugar seguro), *transportar* (conduzir ou levar de um lugar para o outro) e *trazer consigo* (ter consigo, portar). Ainda que o agente, no mesmo contexto fático, pratique mais de uma conduta, responderá por um único crime. O objeto material são as drogas, assim definidas em lei ou em listas do Poder Executivo da União, por meio da Anvisa — Agência Nacional de Vigilância Sanitária (art. 1º, parágrafo único), tratando-se de lei penal em branco, acrescidas do elemento normativo do tipo: *sem autorização ou em desacordo* com determinação legal ou regulamentar. A conduta de *adquirir* é crime instantâneo, enquanto as demais são crimes permanentes. O simples uso da droga é atípico. Na hipótese de *importação* de pequena quantidade da droga para consumo pessoal, deverá ser aplicado o art. 28, *caput*, e não o art. 33, em face da analogia *in bonam partem*. No mesmo sentido, Gustavo Octaviano Diniz Junqueira e Paulo Henrique Aranda, *Legislação Penal Especial*, 6. ed., 2010, Saraiva, p. 263. Por sua vez, a ação de *preparar* para uso próprio, ao ver de Vicente Greco Filho, também deve ser enquadrada no tipo do art. 28, pela mesma analogia *in bonam partem* (*Tóxicos*, p. 134).
- Tipo subjetivo: O dolo (vontade livre e consciente de praticar as condutas), com conhecimento de que se trata de droga proibida, acrescido do elemento subjetivo do tipo: "para uso pessoal". Para a doutrina tradicional, é o dolo específico. Inexiste a figura culposa. No entender de Vicente Greco Filho, com quem concordamos, a substituição da expressão "para uso próprio" do antigo art. 16 da Lei n. 6.368/76 pela expressão "para consumo pessoal" do novo art. 28, amplia a possibilidade de enquadramento nesse tipo mais benéfico "das condutas para consumo próprio *ou de outrem em caráter pessoal*, ou seja, *sem o animus de dissiminação*", abrangendo as situações de quem divide a droga "com companheiros" ou a adquire "para consumo doméstico de mais de uma pessoa" (*Tóxicos. Prevenção. Repressão*, 13. ed., 2009, Saraiva, p. 130).
- Consumação: Com a efetiva prática das condutas incriminadas.
- Tentativa: Embora, teoricamente, ela possa ocorrer na forma de *adquirir*, não nos parece tenha relevância jurídica, não havendo, inclusive, dada a natureza alternativa das penas cominadas, *como* diminuí-las de um a dois terços (CP, art. 14, parágrafo único).

• **Erro de tipo (CP, art. 20) e erro de proibição (CP, art. 21):** Pode haver, lembrando-se, quanto ao erro de proibição, o exemplo de um argentino que venha passar o Carnaval no Brasil e aqui faça uso de "lança-perfume", acreditando ser permitido, com o é em seu País.

• **Exame pericial:** É indispensável o exame de corpo de delito para constatar a natureza e a quantidade da droga e, sobretudo, a existência do respectivo princípio ativo (CPP, art. 158). Sem essa constatação, não haverá prova da materialidade. Imprescindível, portanto, haver vestígios e que o exame de corpo de delito seja *direto*, não se aceitando o *indireto*, isto é, realizado com base em prova testemunhal (CPP, art. 167).

• **Princípio da insignificância:** Se a quantidade da droga, embora com princípio ativo, for *ínfima*, haverá um irrelevante penal. Caso o princípio ativo não esteja presente na droga apreendida, o fato será atípico.

• **Confronto:** Se a finalidade do agente não for a de consumo pessoal, *ver* art. 33.

• **Retroatividade:** Sendo o novo art. 28 mais benéfico do que o antigo art. 16 da Lei n. 6.368/76, ele retroagirá.

• **Concurso de crimes:** No concurso com os arts. 33 ou 34, o art. 28, menos grave, será por eles absorvido. Nesse sentido, Vicente Greco Filho e João Daniel Rassi, *Lei de Drogas anotada*, 2. ed., 2008, Saraiva, p. 47-48.

• **Ação Penal:** Pública incondicionada, da competência do Juizado Especial Criminal (Lei n. 9.099/95).

• **Penas:** Advertência (inciso I), prestação de serviços à comunidade (inciso II) e medida educativa de comparecimento a programa ou curso educativo (inciso III). A advertência (admoestação verbal) deverá ser feita pelo juiz, em audiência e na presença de defensor, com a solenidade que o ato requer, lavrando-se termo do ato. A prestação de serviços está disciplinada no § 5º. Já a escolha do programa ou curso educativo ficará ao prudente critério do juiz. Quanto à duração das penas alternativas dos incs. II e III, *ver* §§ 3º e 4º.

Semeio, cultivo ou colheita (§ 1º)

• **Transação e suspensão condicional do processo:** Iguais ao *caput*.

• **Objeto jurídico, sujeitos ativo e passivo, ação penal e penas:** Iguais aos do *caput*.

• **Tipo objetivo:** Três são as condutas incriminadas: *semear* (deitar ou espalhar sementes para que germinem); *cultivar* (dar condições para o nascimento e desenvolvimento da planta); ou *colher* (tirar do ramo ou da haste, apanhar, recolher). O objeto material são plantas destinadas à preparação de *pequena quantidade* de substância ou produto capaz de causar dependência física ou psíquica. A exemplo do *caput*, trata-se aqui de lei penal em branco a ser complementada por lei ou lista do Poder Executivo da União, por meio da Anvisa — Agência Nacional de Vigilância Sanitária (art. 1º, parágrafo único). Cuidando-se de um tipo misto alternativo, ainda que o agente pratique, no mesmo contexto, mais de uma conduta, responderá por um crime único.

- **Tipo subjetivo:** O dolo, ou seja, a vontade livre e consciente de *semear*, *cultivar*, ou *colher*, acrescida do elemento subjetivo do tipo: "para consumo pessoal". Para os tradicionais, é o dolo específico. Não há modalidade culposa.

- **Consumação:** Com a efetiva prática das condutas incriminadas, sendo a conduta de *cultivar* crime permanente enquanto durar o cultivo.

- **Tentativa:** Não é possível.

- **Participação:** O crime deste § 1º é de *mão própria* (apenas o pratica quem irá consumir a droga), não admitindo, como tal, coautoria, mas apenas participação. Nesse mesmo sentido, Damásio de Jesus, *Lei de Drogas Anotada*, Saraiva, 2010, p. 75. Sendo duas as pessoas que venham a semear, cultivar ou colher a planta, para o seu uso, cada uma responderá como autor (autoria colateral).

Critérios para avaliar o fim do consumo pessoal (§ 2º)

- **Critérios:** Este § 2º estabelece critérios para que o juiz possa avaliar se a droga apreendida se destina a consumo pessoal: natureza e quantidade da droga; local e condições em que se desenvolveu a ação; as circunstâncias sociais e pessoais do acusado; conduta e antecedentes seus. Obviamente, nenhum desses critérios, isoladamente, é absoluto, devendo todos serem analisados em conjunto. Assim, um usuário mais abonado pode comprar uma quantidade maior de droga do que outro mais pobre, inclusive para correr menos riscos ao adquiri-la; o usuário pode sê-lo tanto de uma droga mais leve (maconha) quanto de uma mais pesada (cocaína), sem deixar de ter direito ao mesmo tratamento penal mais benevolente que a lei lhe dá; um acusado pode ter antecedentes de tráfico e, agora, estar apenas usando droga etc.

Prazo máximo das penas (§ 3º)

- **Noção:** Dispõe este § 3º que as penas previstas nos incisos II (prestação de serviços) e III (medida educativa) terão o prazo *máximo* de 5 (cinco) meses. Tendo o prazo sido estipulado em meses, o *mínimo* haverá de ser de 1 (um) mês. Sobrevindo condenação a uma dessas duas penas alternativas, sua imposição obedecerá ao critério trifásico, com aplicação dos arts. 59 e 68 do Código Penal. Serviços à prestação de comunidade seguirá a regra do art. 149, § 1º, da LEP (oito horas semanais). Já a forma de cumprimento da medida educativa será estabelecida pelo juiz, respeitados os critérios de proporcionalidade e razoabilidade.

Reincidência (§ 4º)

- **Noção:** Preceitua este § 4º que, sendo o condenado reincidente, as penas dos incisos II e III terão o prazo máximo em dobro, ou seja, até 10 (dez) meses. A reincidência de que trata o presente parágrafo, diante das particularidades da punição prevista a esta infração penal, é logicamente a *específica*, ou seja, ter o agente, antes da prática do novo fato, sido condenado por sentença definitiva pelo art. 28, *caput*, ou § 1º. Em igual sentido, Alice Bianchini, *Lei de Drogas comentada*, Coordenação de Luiz Flávio Gomes, Revista dos Tribunais, 2008, p. 165.

Locais da prestação de serviços (§ 5º)

▪ **Locais:** Estabelece o § 5º que a prestação de serviços à comunidade deverá ser cumprida em (a) programas comunitários, (b) entidades educacionais ou assistenciais, (c) hospitais ou estabelecimentos congêneres, públicos ou privados sem fins lucrativos, que cuidem, *preferencialmente*, da prevenção do consumo ou da recuperação de usuários e dependentes de drogas.

▪ **Preferencialmente:** Essa expressão indica que a enumeração dos locais a serem prestados os serviços não é taxativa, podendo ser outros na sua falta. Evidente, entretanto, que, se não tiverem eles o objetivo de prevenir o uso de drogas ou recuperar os usuários ou dependentes, a prestação de serviços perderá sua razão de ser. Nesse caso, deverá o juiz optar por outra sanção (advertência ou medida educativa).

Garantia de cumprimento das sanções (§ 6º)

▪ **Noção:** Prevê este § 6º que, na hipótese de não cumprimento *injustificado* das medidas educativas previstas no *caput* e nos incisos I, II e III do art. 28, o juiz poderá submeter o condenado, *sucessivamente*, a (I) admoestação verbal e (II) multa, que deverá obedecer aos critérios do art. 29 desta lei. Transitada em julgado a condenação, será a multa considerada dívida de valor, aplicando-se-lhe as normas relativas à dívida ativa da Fazenda Pública (CP, art. 51).

Estabelecimentos de saúde (§ 7º)

▪ **Obrigação:** O § 7º do art. 28 impõe ao juiz o dever de determinar ao Poder Público que coloque *à disposição do infrator, gratuitamente,* estabelecimento de saúde para tratamento especializado, de preferência *ambulatorial*. Embora seja notória a falta de tais estabelecimentos na rede pública, a inovação é, a nosso ver, válida, pois o juiz terá condições de cobrar do Poder Público a sua implementação.

Jurisprudência

▪ **Desclassificação:** Não estando comprovado que a droga apreendida era destinada ao tráfico, opera-se a desclassificação para o art. 28 (TJRO, Ap. 0103082-98.2009.8.22.0501/Porto Velho, rel. Des. Marialva Henriques Daldegan Bueno).

▪ **Drogas:** Denominação preferida pela Organização Mundial da Saúde, "drogas" são as substâncias ou os produtos capazes de causar dependência, assim especificados em lei ou relacionados em listas atualizadas pelo Poder Executivo da União (art. 1º, parágrafo único, da Lei n. 11.343/2006). O art. 66 dessa Lei ampliou o rol das substâncias abarcadas pela criminalidade de tóxicos, incluindo-se aquelas sob controle especial (STJ, HC 139.667/RJ, 5ª Turma, rel. Min. Felix Fischer, *DJe* 1º-2-2010).

▪ **Retroatividade da Lei n. 11.343/2006:** *Vide* jurisprudência no art. 33.

Art. 29. Na imposição da medida educativa a que se refere o inciso II do § 6º do art. 28, o juiz, atendendo à reprovabilidade da conduta, fixará o número de dias-multa, em quantidade nunca inferior a 40 (quarenta) nem superior a 100 (cem), atribuindo depois a cada um, segundo a capacidade econômica do agente, o valor de um trinta avos até 3 (três) vezes o valor do maior salário mínimo.

Parágrafo único. Os valores decorrentes da imposição da multa a que se refere o § 6º do art. 28 serão creditados à conta do Fundo Nacional Antidrogas.

Aplicação de multa

- **Critérios:** Este art. 29, *caput*, fixa os critérios a serem seguidos pelo juiz na aplicação da multa prevista no inciso II do § 6º do art. 28: *a.* dias-multa em quantidade não inferior a 40 (quarenta) nem superior a 100 (cem); *b.* valor de cada dia-multa de um trinta avos até três vezes o valor do maior salário mínimo, conforme a capacidade econômica do condenado. O parágrafo único do art. 29 dispõe, por sua vez, que os valores decorrentes da multa serão creditados ao Fundo Nacional Antidrogas.

- **Salário mínimo (crítica):** A Magna Carta de 1988, ao tratar do salário mínimo como um dos direitos dos trabalhadores, foi expressa: "Art. 7º (...) IV — salário mínimo, fixado em lei, nacionalmente unificado, capaz de atender a suas necessidades vitais básicas e às de sua família com moradia, alimentação, educação, saúde, lazer, vestuário, higiene, transporte e previdência social, com reajustes periódicos que lhe preservem o poder aquisitivo, *sendo vedada a sua vinculação para qualquer fim*". No que concerne à vinculação do salário mínimo para fins diversos, o STF tem entendido, no âmbito administrativo, que viola a CR a vinculação da remuneração e benefícios de funcionários públicos e de funcionários de autarquias, a múltiplos do salário mínimo (entre outros, Pleno, ADIn 1.425/PE, rel. Min. Marco Aurélio, *DJU* 26-3-1999; ADPF 33/PA, rel. Min. Gilmar Mendes, j. 7-12-2005; RE em EDv 190.384, rel. Min. Octavio Gallotti, j. 4-10-2000; 2ª T., RE 426.059/SC, rel. Min. Gilmar Mendes, j. 30-6-2005), decidindo não terem sido recepcionadas pela CR normas anteriores que dispunham nesse sentido, bem como serem inconstitucionais as que tenham sido editadas com o mesmo teor já na vigência da atual *Magna Carta*. Embora tratando-se de outro ramo do Direito, é de se questionar, dessa forma, se este art. 29, a exemplo do art. 49, § 1º, do CP, teria sido recepcionado pelo art. 7º, IV, *in fine*, da Lei Maior, que é expresso em vedar a vinculação do salário mínimo para qualquer fim. Mas não é só. É de conhecimento público e notório que uma das aspirações de nosso país é justamente a agregação de valor ao salário mínimo, com real aumento de seu poder aquisitivo, a fim de atender o citado art. 7º, IV, da *Magna Carta*. Em outras palavras, um aumento gradual do salário mínimo em patamar superior ao da inflação, o que é fundamental para que o país tenha diminuídas as suas enormes desigualdades sociais (cf., a propósito, STF, ADIn 1.442/DF, rel. Min. Celso de Mello, j. 3-11-2004). Ora, sendo implementada essa política, ainda que aos poucos, o aumento do valor aquisitivo do salário mínimo implicará aumento da punição penal, o que nos parece algo absolutamente descabido.

Art. 30. Prescrevem em 2 (dois) anos a imposição e a execução das penas, observado, no tocante à interrupção do prazo, o disposto nos arts. 107 e seguintes do Código Penal.

Prazo da
prescrição

■ **Noção:** O instituto da prescrição impõe ao Estado prazos máximos para que uma pessoa possa ser punida, havendo somente três exceções: o crime de racismo e ação de grupos armados, civis ou militares, contra a ordem constitucional e o Estado Democrático (CR, art. 5º, XLII e XLIV), e o de tortura praticado em um quadro de ataque, generalizado ou sistemático, contra qualquer população civil (Estatuto de Roma, que criou o Tribunal Penal Internacional, art. 7º, I, *f*, c/c art. 29). Trata-se de autolimitação do poder estatal, uma vez que (a) confere segurança jurídica ao cidadão, vedando seja ele perseguido criminalmente por tempo indeterminado, com uma espada de Dâmocles sobre sua cabeça, por toda a sua vida; (b) impõe ao Estado que efetivamente se movimente em sua atividade jurisdicional, em prol da própria sociedade, de conformidade com o direito de todos serem julgados em prazo razoável (CR, art. 5º, LXXVIII); (c) com o longo decurso do tempo entre fato e condenação, a pena perde a sua finalidade retributiva, preventiva e ressocializadora; (d) com o passar do tempo, as provas, notadamente as testemunhais, vão se tornando menos certas, aumentando o risco de erro judiciário (sobre o instituto da prescrição, conferir, mais detalhadamente, nossos comentários ao art. 107 do CP, na obra *Código Penal comentado*, 8. ed., Saraiva, 2010, p. 402 e s.).

■ **Prescrição em dois anos:** Dispõe este art. 30 que a prescrição, *tanto* da pretensão punitiva (da ação penal) *quanto* da pretensão executória (da pena) se dá em 2 (dois) anos. E acrescenta: "observado, no tocante à *interrupção* do prazo, o disposto nos *arts. 107 e seguintes* do Código Penal". A má redação do texto deixa a dúvida: devem ser observados os arts. 107 e seguintes, que incluem as causas impeditivas ou suspensivas da prescrição previstas no art. 116, ou apenas aquelas concernentes à interrupção da prescrição, estabelecidas no art. 117. A nosso ver, em face da interpretação restritiva em matéria penal, da proibição da analogia *in malam partem* e do secular princípio *favor libertatis*, tendo a lei feito expressa menção à *interrupção* do prazo, somente as causas interruptivas da prescrição, enumeradas no art. 117, deverão ser observadas. Nesse sentido, Amaury Silva, *Lei de Drogas anotada,* JH Mizuno, 2008, p. 171; em sentido contrário, aplicando as causas impeditivas ou suspensivas do art. 116, "apesar da omissão do texto", Vicente Greco Filho e João Daniel Rassi, *Lei de Drogas anotada*, Saraiva, 2008, p. 54, e Damásio de Jesus, *Lei Antidrogas anotada*, Saraiva, 2010, p. 83-84.

■ **Início do prazo da prescrição da pretensão punitiva:** Verifica-se de acordo com o art. 111 do Código Penal: no dia em que o crime se consumou (inciso I) ou, nos crimes permanentes, no dia em que cessou a permanência (III).

■ **Início do prazo da prescrição da pretensão executória:** Começa a correr do dia em que transita em julgado a sentença condenatória para a acusação (CP, art. 112, I).

■ **Redução dos prazos da prescrição em favor da idade do agente:** A redução da metade do prazo por ser o agente, ao tempo do crime, menor de 21 anos ou, na data da sentença, maior de 70 anos, prevista no art. 115 do CP, deve, a nosso ver, ser aplicada aos crimes do art. 28 e aos demais da Lei de Drogas, em face da analogia *in bonam partem* e dos princípios da razoabilidade e da proporcionalidade, uma vez que aplicável a todos os delitos do Código Penal e da legislação penal especial, inclusive àqueles mais gravemente apenados. Nesse sentido Amaury Silva, *Lei de Drogas anotada*, JH Mizuno, 2008, p. 171-172, e, embora com outro fundamento, ou seja, de que "a remissão (pelo art. 30 desta lei) aos arts. 107 e s. faz incidir toda a disciplina de prescrição contida no Código Penal", Damásio de Jesus, *Lei Antidrogas anotada*, Saraiva, 2010, p. 84.

Título IV
DA REPRESSÃO À PRODUÇÃO NÃO AUTORIZADA E AO TRÁFICO ILÍCITO DE DROGAS

Capítulo I
DISPOSIÇÕES GERAIS

Art. 31. É indispensável a licença prévia da autoridade competente para produzir, extrair, fabricar, transformar, preparar, possuir, manter em depósito, importar, exportar, reexportar, remeter, transportar, expor, oferecer, vender, comprar, trocar, ceder ou adquirir, para qualquer fim, drogas ou matéria-prima destinada à sua preparação, observadas as demais exigências legais.

Licença prévia ▪ **Noção:** Como se depreende deste art. 31, havendo *licença prévia* da autoridade para quaisquer das condutas nele elencadas, não haverá crime desde que "observadas as demais exigências legais", constituindo, neste particular, lei penal em branco.

Art. 32. As plantações ilícitas serão imediatamente destruídas pelas autoridades de polícia judiciária, que recolherão quantidade suficiente para exame pericial, de tudo lavrando auto de levantamento das condições encontradas, com a delimitação do local, asseguradas as medidas necessárias para a preservação da prova.

§ 1º A destruição de drogas far-se-á por incineração, no prazo máximo de 30 (trinta) dias, guardando-se as amostras necessárias à preservação da prova.

§ 2º A incineração prevista no § 1º deste artigo será precedida de autorização judicial, ouvido o Ministério Público, e executada pela autoridade de polícia judiciária competente, na presença de representante do Ministério Público e da autoridade sanitária competente, mediante auto circunstanciado e após a perícia realizada no local da incineração.

§ 3º Em caso de ser utilizada a queimada para destruir a plantação, observar-se-á, além das cautelas necessárias à proteção ao meio ambiente, o disposto no Decreto n. 2.661, de 8 de julho de 1998, no que couber, dispensada a autorização prévia do órgão próprio do Sistema Nacional do Meio Ambiente — Sisnama.

§ 4º As glebas cultivadas com plantações ilícitas serão expropriadas, conforme o disposto no art. 243 da Constituição Federal, de acordo com a legislação em vigor.

Capítulo II
DOS CRIMES

Art. 33. Importar, exportar, remeter, preparar, produzir, fabricar, adquirir, vender, expor à venda, oferecer, ter em depósito, transportar, trazer consigo, guardar, prescrever, ministrar, entregar a consumo ou fornecer drogas, ainda que gratuitamente, sem autorização ou em desacordo com determinação legal ou regulamentar:

Pena — reclusão de 5 (cinco) a 15 (quinze) anos e pagamento de 500 (quinhentos) a 1.500 (mil e quinhentos) dias-multa.

§ 1º Nas mesmas penas incorre quem:

I — importa, exporta, remete, produz, fabrica, adquire, vende, expõe à venda, oferece, fornece, tem em depósito, transporta, traz consigo ou guarda, ainda que gratuitamente, sem autorização ou em desacordo com determinação legal ou regulamentar, matéria-prima, insumo ou produto químico destinado à preparação de drogas;

II — semeia, cultiva ou faz a colheita, sem autorização ou em desacordo com determinação legal ou regulamentar, de plantas que se constituam em matéria-prima para a preparação de drogas;

III — utiliza local ou bem de qualquer natureza de que tem a propriedade, posse, administração, guarda ou vigilância, ou consente que outrem dele se utilize, ainda que gratuitamente, sem autorização ou em desacordo com determinação legal ou regulamentar, para o tráfico ilícito de drogas.

§ 2º Induzir, instigar ou auxiliar alguém ao uso indevido de droga:

Pena — detenção, de 1 (um) a 3 (três) anos, e multa de 100 (cem) a 300 (trezentos) dias-multa.

§ 3º Oferecer droga, eventualmente e sem objetivo de lucro, a pessoa de seu relacionamento, para juntos a consumirem:

Pena — detenção, de 6 (seis) meses a 1 (um) ano, e pagamento de 700 (setecentos) a 1.500 (mil e quinhentos) dias-multa, sem prejuízo das penas previstas no art. 28.

§ 4º Nos delitos definidos no *caput* e no § 1º deste artigo, as penas poderão ser reduzidas de um sexto a dois terços, ~~vedada a conversão em penas restritivas de direitos~~, desde que o agente seja primário, de bons antecedentes, não se dedique às atividades criminosas nem integre organização criminosa.

■ **Alteração:** O Plenário do STF julgou inconstitucional a expressão "vedada a conversão em penas restritivas de direitos" (HC 97.256/RS), tendo o Senado Federal editado a Resolução n. 5/2012 para riscá-la.

- **Noção:** Enquanto a Lei de Drogas, por acertadas razões de política criminal, trata com benevolência o usuário no art. 28, abolindo em relação a ele as penas privativas de liberdade, neste art. 33 e em outros do Capítulo II do Título IV penaliza com rigor o traficante.

Caput

- **Objeto jurídico:** A saúde pública.

- **Sujeito ativo:** Qualquer pessoa, a não ser na modalidade de *prescrever*, que só pode ser realizada por médico ou dentista, cuidando-se de crime próprio (nesse sentido, Renato Marcão, *Tóxicos*, Saraiva, 2009, p. 125, e Rogério Sanches Cunha, *Lei de Drogas comentada*, coordenador Luiz Flávio Gomes, Revista dos Tribunais, 2008, p. 181).

- **Sujeito passivo:** A coletividade.

- **Tipo objetivo:** Dezoito são as condutas incriminadas: *a. importar* (fazer vir de outro país); *b. exportar* (mandar transportar para fora do país); *c. remeter* (mandar, enviar); *d. preparar* (obter por meio de composição ou decomposição, formar, compor dosando vários elementos); *e. produzir* (dar origem, fazer existir); *f. fabricar* (produzir na fábrica, preparar); *g. adquirir* (obter por compra, comprar); *h. vender* (alienar ou ceder por certo preço); *i. expor à venda* (pôr à vista ou exibir para vender); *j. oferecer* (propor para que seja aceito); *k. ter em depósito* (pôr em depósito); *l. transportar* (conduzir ou levar de um lugar para o outro); *m. trazer consigo* (ter consigo, portar); *n. guardar* (conservar em poder próprio, manter); *o. prescrever* (receitar); *p. ministrar* (aplicar, administrar); *q. entregar a consumo* (passar às mãos ou à posse de alguém para ser consumido); *r. fornecer, ainda que gratuitamente* (dar, entregar mesmo que de graça). O objeto material são as *drogas*, assim definidas pela Anvisa (lei penal em branco). As condutas devem ser praticadas *sem* autorização ou em *desacordo* com determinação legal ou regulamento, que é o elemento normativo do tipo.

- **Tipo subjetivo:** É o dolo, ou seja, a vontade livre e consciente de praticar as condutas incriminadas, sabendo o agente que se trata de droga e que não há autorização ou determinação legal ou regulamentar que permita tais condutas. Para a doutrina tradicional é o dolo genérico. Não há forma culposa.

- **Coautoria ou participação:** Pode haver, com exceção das condutas de *prescrever*, que por tratar-se de crime próprio só admite a participação, e *trazer consigo*, na qual, a nosso ver, nem sequer pode haver participação.

- **Erro de tipo ou de proibição:** Pode existir (CP, arts. 20 e 21).

- **Consumação:** Com a efetiva prática das condutas incriminadas, independentemente do resultado naturalístico (crime formal). Nas modalidades de *expor à venda*, *ter em depósito* e *guardar* é crime permanente, cuja consumação se protrai no tempo. Nas demais é crime instantâneo.

- **Tentativa:** É possível nas condutas plurissubsistentes, mas não nas unissubsistentes, como as de *expor à venda*, *oferecer*, *ter em depósito*, *trazer consigo*, *guardar*, *prescrever* e *ministrar*, que não podem ser fracionadas.

- **Ação penal e competência:** Pública incondicionada, nas condutas de *importar* ou *exportar* de competência da Justiça Federal.

- **Pena:** Reclusão, de 5 a 15 anos, e pagamento de 500 a 1.500 dias-multa.

- **Irretroatividade:** Sendo as penas do *caput* deste art. 33 maiores do que as do revogado art. 12 da Lei n. 6.368/76, ele *não retroagirá*.

Figuras equiparadas (§ 1º)

- **Objeto jurídico, sujeito ativo e passivo, ação penal e pena:** Iguais aos do *caput*.

- **Tipo objetivo:** As condutas incriminadas vêm descritas em três incisos:

Inciso I: *Importar, exportar, remeter, produzir, fabricar, adquirir, vender, expor à venda, oferecer, fornecer, ter em depósito, transportar, trazer consigo ou guardar*, ainda que gratuitamente (quanto ao significado destas condutas ver no *caput*). O elemento normativo deste §1º é o *mesmo* do *caput*: sem autorização ou em desacordo com determinação legal ou regulamentar, tratando-se de lei penal em branco. O objeto material é a matéria-prima (substância sólida ou líquida indispensável à fabricação de certo produto), insumo (componente que entra na composição de produto final) ou produto químico (construído quimicamente) destinado à preparação de drogas (assim definidas em lei ou regulamento), que é o objeto material. Se a matéria-prima, insumo ou produto químico puderem ter destinação lícita, e não a *exclusiva* de preparar droga, dependendo do exame do caso concreto não haverá crime.

Inciso II: *Semear* (deitar ou espalhar sementes para que germinem), *cultivar* (dar condições para o nascimento ou desenvolvimento de planta) ou *fazer a colheita* (apanhar, tirar, desprender do ramo ou da haste). O objeto material são as plantas que constituam matéria-prima para a preparação de drogas. Já o elemento normativo é o mesmo do *caput* e do inciso I (sem autorização ou em desacordo com determinação legal ou regulamentar).

Inciso III: *Utilizar* (usar) local ou bem (móvel ou imóvel) de qualquer natureza de que tenha a propriedade, posse, administração, guarda ou vigilância, ou *consentir* (permitir) que outra pessoa dele se utilize, ainda que gratuitamente (de graça, sem nada cobrar ou receber) para o tráfico ilícito de drogas. O elemento normativo deste inciso III é igual aos do *caput* e dos incisos I e II: sem autorização ou em desacordo com determinação legal ou regulamentar.

- **Tipo subjetivo:** É o dolo, ou seja, a vontade livre e consciente de praticar as condutas incriminadas, sabendo o agente que se trata de matéria-prima, insumo ou produto químico destinado à preparação de drogas (inciso I), ou de plantas que constituam matéria-prima para a mesma finalidade (inciso II), ou ainda que a utilização do local ou do bem seja destinada ao tráfico ilícito de drogas. Para os tradicionais, é o dolo genérico. Inexiste modalidade culposa.

- **Coautoria ou participação:** Pode haver, com exceção da conduta de *trazer consigo,* onde, a nosso ver, sequer pode existir participação.
- **Erro de tipo ou de proibição:** Pode existir (CP, arts. 20 e 21).
- **Consumação:** Com a efetiva prática das condutas incriminadas, independentemente do resultado naturalístico (crime formal). Nas figuras *expor à venda, ter em depósito* ou *guardar* (inciso I), *cultivar* (inciso II) e *utilizar* de local ou bem (inciso III) a consumação se protrai no tempo, tratando-se de crime permanente.
- **Tentativa:** Pode haver nas condutas que forem *plurissubsistentes,* mas não nas *unissubsistentes,* que não podem ser fracionadas (ex.: oferecer, fornecer, transportar ou trazer consigo — inciso I, e semear — inciso II).
- **Irretroatividade:** Por serem as penas deste art. 33, § 1º, maiores do que as do antigo art. 12, § 1º, da Lei n. 6.368/76, ele *não retroagirá.*

Indução, instigação ou auxílio (§ 2º)

- **Suspensão condicional do processo:** Cabe (art. 89 da Lei n. 9.099/95).
- **Objeto jurídico, sujeitos ativo e passivo:** Iguais aos do *caput.*
- **Tipo objetivo:** Três são as condutas incriminadas: *a. induzir* (mover, levar a); *b. instigar* (incitar, estimular); *c. auxiliar* (prestar auxílio, ajudar) alguém ao uso indevido (não permitido ou autorizado) de drogas (assim previstas na lei penal em branco).
- **Tipo subjetivo:** É o dolo, ou seja, a vontade livre e consciente de praticar as condutas incriminadas, sabendo o agente que se trata de uso indevido de drogas.
- **Consumação:** Com o efetivo uso da droga pelo terceiro induzido, instigado ou auxiliado, tratando-se de crime material. Como bem anota Ulysses de Oliveira Gonçalves Junior (*Nova Lei Antidrogas comentada,* coordenada por Marcello Ovídio Lopes Guimarães, Quartier Latin, 2007, p. 167) referindo-se a uma das teses existentes, a "expressão 'ao uso' a torna elementar do tipo, de sorte que, à consumação do crime exigir-se-ia que o destinatário fizesse uso da droga". Em sentido contrário, Renato Marcão (*Tóxicos,* Saraiva, 2009, p. 168). Entendemos que a posição adotada pelo primeiro autor é mais garantista e se coaduna com a interpretação com efeitos restritivos da lei penal, sem prejuízo da tipificação do § 3º, que tem pena mais leve.
- **Tentativa:** Não nos parece possível.
- **Ação penal:** Pública incondicionada, de competência do Juizado Especial Criminal.
- **Retroatividade:** Este § 2º, por impor penas mais brandas do que o revogado art. 12, § 2º, III, primeira parte, da Lei n. 6.368/76 ("contribui de qualquer forma para incentivar... o uso indevido... de substância entorpecente ou que determine dependência física ou psíquica"), retroagirá para os fatos ocorridos antes da vigência da Lei n. 11.343/2006, que entrou em vigor 45 dias após sua publicação ocorrida em 24-8-2006 (art. 74).

- **Pena:** Detenção, de 1 a 3 anos, e multa de 100 a 300 dias-multa.

Oferecimento eventual (§ 3º)

- **Noção:** Este § 3º, introduzido pela presente lei (Lei n. 11.343/2006), por sábias e salutares razões de política criminal, pune bem mais *brandamente* quem oferece droga, ocasionalmente e sem intuito de lucro, a pessoa de seu relacionamento (de direito ou de fato) para juntos a consumirem. Procurou a nova lei, assim, distinguir entre esse tipo de agente e aquele — o traficante — que sempre busca a vantagem econômica. Difícil será, na prática, porém, distinguir essa situação daquela do art. 28, quando forem duas ou mais as pessoas que estejam consumindo ou portando droga para o seu consumo pessoal.
- **Transação:** Cabe (art. 76 da Lei n. 9.099/95).
- **Suspensão condicional do processo:** Cabe (art. 89 da Lei n. 9.099/95).
- **Objeto jurídico:** A saúde pública.
- **Sujeito ativo:** Qualquer pessoa.
- **Sujeito passivo:** A coletividade.
- **Tipo objetivo:** Pune este § 3º quem *oferece* (propõe para que seja aceita) *droga* (objeto material), assim definida por lei ou regulamento (lei penal em branco), *eventualmente* (ocasionalmente, de forma não habitual) e *sem objetivo de lucro* (ganho ou vantagem econômica), *a pessoa de seu relacionamento* (convivência) *para juntos* (conjuntamente) *a consumirem*.
- **Tipo subjetivo:** É o dolo, ou seja, a vontade livre e consciente de praticar a conduta incriminada, sabendo o agente que se trata de droga, acrescido do fim especial de agir: para consumi-la junto com a pessoa de suas relações a quem foi oferecida.
- **Erro de tipo e de proibição:** Pode ocorrer (CP, arts. 20 e 21).
- **Consumação:** Com o efetivo oferecimento da droga, independentemente da aceitação por parte daquele a quem foi ofertada.
- **Tentativa:** Não nos parece possível, por ser a conduta unissubsistente, não fracionável.
- **Ação penal:** Pública incondicionada.
- **Penas:** Detenção, de 6 meses a 1 ano, e pagamento de 700 a 1.500 dias-multa, "sem prejuízo das penas previstas no art. 28". Ou seja, além das penas privativas de liberdade e de multa aplicadas cumuladamente, pode ainda o juiz impor uma ou mais penas alternativas previstas nos três incisos do art. 28, a teor do art. 27, respeitados os princípios da razoabilidade e da proporcionalidade.
- **Retroatividade:** Por ser mais favorável ao agente do que o antigo art. 12, § 2º, III, primeira parte, da Lei n. 6.368/76 ("contribui de *qualquer* forma para incentivar o uso..."), este § 3º *retroagirá* para os fatos ocorridos antes da Lei n. 11.343/2006, que entrou em vigor 45 dias após sua publicação, ocorrida aos 24-8-2006 (art. 74).

Redução de penas (§ 4º)

■ **Noção:** Mais uma vez por motivos de boa política criminal, busca a lei, neste § 4º, distinguir o traficante eventual e não integrante de organização criminosa daquele profissional dedicado às atividades criminosas e integrante desse tipo de organização, punindo mais levemente o primeiro e buscando evitar seja ele, na prisão, cooptado definitivamente pelos agentes habituais do tráfico. É o chamado "tráfico privilegiado".

■ **Requisitos:** Para que o delito previsto no *caput* ou no § 1º deste art. 33 seja tipificado neste § 4º são necessários ao agente quatro requisitos: *a) primariedade*; *b) bons antecedentes*; *c) que não se dedique às atividades criminosas* (não faça delas seu meio de vida); e *d) não integre organização criminosa* (observando-se, aqui, não haver entre nós lei definindo no que ela consiste, existindo apenas o crime de quadrilha ou bando — CP, art. 288).

■ **Crime hediondo ou não:** Embora a Constituição da República seja expressa em equiparar o tráfico de drogas a crime hediondo e, como tal, insuscetível de fiança, graça e anistia (art. 5º, XLIII), diante da menor gravidade do crime de tráfico, quando incidente a causa de diminuição de pena deste § 4º, nada obsta que ao condenado seja concedido o regime inicial aberto, mesmo porque tem-se admitido, inclusive, a substituição da pena privativa de liberdade por restritiva de direitos (*vide* nota *Penas*). De fato, denominar "hediondo" um delito que até pena alternativa admite afigura-se um contrassenso do legislador. Nesse sentido, TJMG, Rev. Crim. 1.0000.09.495281-9/000(1), Rel. Des. Doorgal Andrada, j. 3-11-2009, publicado em 15-1-2010; TJPR, 4ª Câm. Crim., HC 0612837-0, Rel. Des. Antônio Martelozzo, j. 1º-10-2009; TJRS, 3ª Câm., Agravo 70.048.896.278, Rel. Des. Catarina Rita Krieger Martins, j. 28-6-2012, *DJ* 9-8-2012. Em não se considerando hediondo o "tráfico privilegiado", a progressão de regime poderia ocorrer com o cumprimento de um sexto da pena, abrindo-se também a possibilidade de concessão de indulto. Lembramos, contudo, que mesmo se considerado hediondo o "tráfico privilegiado", o próprio Supremo Tribunal Federal tem admitido a aplicação de regime inicial semiaberto de cumprimento de pena, entendendo inconstitucional o art. 2º, § 1º, da Lei dos Crimes Hediondos (*Pleno*, HC 111.840/ES, Rel. Min. Dias Toffoli, j. 27-6-2012); 1ª T.; HC 107.407/MG, Rel. Min. Rosa Weber, j. 25-9-2012). De qualquer modo, o Superior Tribunal de Justiça vem entendendo que a incidência da causa de diminuição de pena não retira o caráter de hediondo do tráfico de entorpecentes (STJ, 5ª T., HC 161.135, Rel. Min. Gilson Dipp, v.u., j. 14-4-2011). No STF, a 2ª Turma decidiu, em 27-11-2012, submeter ao *Plenário* o HC 110.884, no qual se discute o tema, em que o impetrante pleiteia a concessão do indulto ao paciente.

■ **Penas:** As do *caput* e do § 1º, reduzidas de um sexto a dois terços, devendo o juiz fundamentar a maior ou menor redução. Com referência a essa redução, acrescenta o § 4º: "vedada a conversão em penas restritivas de direitos". Tal redação fere os princípios da razoabilidade e da proporcionalidade, tratando-se de lei arbitrária no dizer de Francisco Clementino de San Tiago Dantas (*Problemas de Direito Positivo — Estudos e Pareceres*, Forense, 1953, p. 46-47). Quanto a essa vedação, o Plenário do STF julgou-a inconstitucional (HC 97.256/RS), tendo o Senado Federal editado Resolução n. 5/2012 para riscar da Lei n. 11.343/2006 a referida expressão. Embora a lei use a expressão "poderão ser reduzidas", entendemos tratar-se de *direito público subjetivo* do acusado, que não poderá ser negado.

■ **Retroatividade:** O § 4º, por ser mais favorável ao agente, *retroagirá* para os fatos ocorridos antes da vigência da Lei n. 11.343/2006, que se deu 45 dias após sua publicação, ocorrida aos 24-8-2006 (art. 74).

Jurisprudência

■ **Pena e *abolitio criminis*:** No caso de crime de guarda de entorpecente, não pode a pena-base ser fixada acima do triplo do mínimo pela só quantidade da droga apreendida. Capítulo da sentença anulado. Houve *abolitio criminis* da causa de aumento pelo concurso de pessoas previsto no art. 18, III, da Lei n. 6.368/76. Ordem concedida de ofício (STF, RHC 83.987, rel. Min. Cezar Peluso, 2ª Turma, j. 2-2-2010, *DJe* 25-3-2010).

■ **Desclassificação:** Não restando comprovado que a droga apreendida era destinada ao tráfico, opera-se a desclassificação para o art. 28 (TJRO, Ap. 0103082-98.2009.8.22.0501/Porto Velho, rel. Des. Marialva Henriques Daldegan Bueno).

■ **Traficante ocasional (§ 4º):** A Lei n. 11.343/2006 procura diferenciar o traficante profissional daquele ocasional, episódico, também chamado de traficante virgem ou de primeira viagem. Não basta que ele seja primário e de bons antecedentes. Além de restar provado o seu não envolvimento com organização criminosa, deve ficar ao menos indicado que o fato é episódico na vida do acusado (TJRJ, Ap. 0003242-60.2009.8.19.0029, 1ª C. Criminal, j. 21-10-2010, rel. Des. Marcus Basilio).

■ **Desnecessidade de flagrante:** Configura-se tráfico de drogas quando o agente mantém em depósito substância entorpecente sem autorização legal, não sendo necessária a flagrância na prática da mercancia (TJRO, Ap. 0102455-94.2009.8.22.0501/Porto Velho, rel. Juíza Duília Sgrott Reis).

■ **Crime permanente:** O crime de tráfico de drogas é considerado permanente e se consuma com qualquer das condutas previstas no tipo penal. Conquanto tenha havido um agente provocador de flagrante no que se refere à venda de drogas, não afetaria a ação anterior de "trazer consigo", razão pela qual incabível a Súmula 145 do STF (TJRO, Ap. 0088358-89.2009.8.22.0501/Porto Velho, rel. Juíza Duília Sgrott Reis, j. 30-11-2010).

■ **Concurso formal com exercício ilegal da medicina:** Se o agente ao exercer irregularmente a medicina ainda prescrever droga, resta configurado, em tese, conforme já reconhecido por esta Corte em outra oportunidade (HC 9.126/GO, 6ª Turma, rel. Min. Hamilton Carvalhido, *DJ* 13-8-2001), o concurso formal entre o art. 282 do Código Penal e o art. 33, *caput*, da Lei n. 11.343/2006 (STJ, HC 139.667/RJ, 5ª Turma, rel. Min. Felix Fischer, j. 17-12-2009, *DJe* 1º-2-2010).

■ **Redução do § 4º:** Não basta que o agente seja primário, de bons antecedentes e não tenha envolvimento com organização criminosa, devendo ficar ao menos indicado que o fato é episódico na sua vida (TJRJ, Ap.

0003242-60.2009.8.19.0029, 1ª C. Criminal, j. 21-10-2010). Dada a reduzida quantidade de droga encontrada, a favorabilidade de todas as circunstâncias judiciais previstas no art. 59 do CP e o fato de ser a ré menor de 21 anos à data do crime, o juízo de proporcionalidade admite a aplicação do redutor no percentual máximo de dois terços (STJ, HC 126.275/MG, 2009/0009243-6, 5ª Turma, rel. Min. Jorge Mussi, j. 23-3-2010, *DJe* 12-4-2010). O simples fato de o paciente ter praticado o crime de tráfico de drogas não autoriza, por si só, a afirmar que ele se dedique a atividades delituosas sobretudo se considerada a sua primariedade e a ausência de evidências concretas de que efetivamente possua ligação com organizações criminosas. Sendo apreendidos 23,71g de maconha, 25,20g de cocaína e 127 pedras de "crack", estas mais nocivas que as outras, o juízo de proporcionalidade autoriza a mitigação de 1/3 (STJ, HC 132.660/SP, 2009/0059531-8, 5ª Turma, rel. Min. Jorge Mussi, j. 18-3-2010, *DJe* 12-4-2010). As disposições benignas contidas na Lei n. 11.343/2006, incluindo o disposto no seu art. 33, § 4º, aplicam-se aos crimes cometidos na vigência da Lei n. 6.368/76 (STJ, HC 144.356/SP, 6ª Turma, rel. Min. Og Fernandes, j. 18-2-2010, *DJe* 8-3-2010). *Contra*: O entendimento do STF é de não ser possível aplicar a causa de diminuição prevista no art. 33, § 4º, da Lei n. 11.343/2006 à pena-base relativa à condenação por crime cometido na vigência da Lei. n. 6.368/76, sob pena de se estar criando uma nova lei que conteria o mais benéfico de cada qual das leis (STF, RHC 94.806, *DJe* 16-4-2010). A diversidade de substâncias entorpecentes não impede, por si só, a redução máxima de 2/3 (STJ, HC 120.684/RJ, 6ª Turma, rel. p/ acórdão Des. Conv. Celso Limongi, j. 18-2-2010, *DJe* 12-4-2010). Diante da omissão da lei quanto ao percentual a ser aplicado na redução do art. 33, § 4º, este deve ser aferido conforme a análise das circunstâncias previstas no art. 42, devendo influir decisivamente a quantidade e a espécie de entorpecente (TJRO, Ap. 0054741-12.2007.8.22.0501/Porto Velho, j. 23-11-2010).

- **Substituição por restritivas de direitos na Lei n. 6.368/76:** Perfeitamente possível a substituição da reprimenda reclusiva por restritivas de direitos nos delitos cometidos na vigência da Lei n. 6.368/76, quando atendidos os requisitos do art. 44 do Código Penal (STF, HC 99.888/PR, 2ª Turma, rel. Min. Eros Grau, j. 24-11-2009; HC 97.256 MC/RS, rel. Min. Ayres Britto, j. 19-12-2008, *DJe* 3-2-2009).

- **Substituição por restritivas de direitos na Lei n. 11.343/2006:** "Ordem parcialmente concedida para remover o óbice da parte final do art. 44 da Lei n. 11.343/2006, assim como da expressão '*vedada a conversão em penas restritivas de direitos*', constante do § 4º do art. 33 do mesmo diploma legal. Declaração incidental de inconstitucionalidade, com efeito *ex nunc*, da proibição da substituição da pena privativa de liberdade pela pena restritiva de direitos; determinando-se ao Juízo da execução penal que faça avaliação das condições objetivas e subjetivas da convolação em causa, na concreta situação do paciente" (STF, Pleno, m.v., HC 97.256/RS, rel. Min. Ayres Britto, j. 1º-9-2010). Por sua vez, o Senado Federal, em 15-2-2012, editou a Resolução n. 5/2012, para riscar da Lei n. 11.343/2006 a expressão "vedada a conversão em penas restritivas de direitos".

- **Drogas (conceito):** Ver jurisprudência sob esse título no art. 28.

- **Concurso formal:** Se o agente, ao exercer irregularmente a medicina ainda prescreve droga, resta configurado, em tese, concurso formal entre o art. 282 do Código Penal e o art. 33, *caput*, da Lei n. 11.343/2006 (STJ, HC 139.667/RJ, 5ª Turma, rel. Min. Felix Fischer, j. 17-12-2009, *DJe* 1º-2-2010).

- **Crime permanente:** O crime de tráfico de drogas é permanente, encontrando-se o agente em flagrante delito enquanto não cessar a permanência (STF, HC 98.340, 1ª Turma, rel. Min. Ricardo Lewandowski, *DJe* 23-10-2009).

- **Grande quantidade:** Segundo o entendimento jurisprudencial desta Corte, a grande quantidade de droga é circunstância que autoriza a exacerbação da pena-base (1.691 quilos de cocaína transportada no interior de bucho bovino) (STJ, HC 96.237/GO, 6ª Turma, rel. Min. Maria Thereza de Assis Moura, *DJe* 12-4-2010).

- **Retroatividade da Lei n. 11.343/2006:** É cabível a aplicação retroativa da Lei n. 11.343/2006, desde que o resultado da incidência das suas disposições, na íntegra, seja mais favorável ao réu do que o advindo da utilização da Lei n. 6.368/76, sendo vedada a combinação de lei (STJ, HC 93.593/SP, 5ª Turma, rel Min. Laurita Vaz, *DJe* 8-2-2010). Considerando-se a impossibilidade de aplicação parcial do art. 33 da novel Lei de Tóxicos, deve ser aferida se essa norma é mais favorável ao réu do que o art. 12 da Lei n. 6.368/76, em face do princípio da retroatividade da lei penal mais benéfica (STJ, HC 162.041/RS 2010/0023930-6, 5ª Turma, rel. Min. Gilson Dipp, *DJe* 25-10-2010; REsp 1.107.171/MG, 2008/0279520-5, 5ª Turma, rel. Min. Felix Fischer, *DJe* 4-10-2010; Rcl 3546/SP, 2009/0107203-3, 3ª Seção, rel. Min. Felix Fischer, *DJe* 29-9-2010).

- *Abolitio criminis*: A causa especial de aumento do art. 18, III, da Lei n. 6.368/76 não foi mencionada na nova legislação. Diante da *abolitio criminis*, impõe-se retirar da condenação essa causa, em observância à retroatividade da lei penal mais benéfica (STJ, HC 93.593/SP, 5ª Turma, rel. Min. Laurita Vaz, *DJe* 8-2-2010).

- **Competência:** Não é requisito para a caracterização do tráfico internacional que a droga efetivamente saia do território nacional, bastando que as circunstâncias fáticas demonstrem a intenção do agente de internar a droga em outro país. Havendo ocultamento da droga em correspondência remetida para o exterior é competente a Justiça Federal (TRF da 3ª Região, SER 11.629/SP, 2009.61.81.011629-0). A mera alegação por parte do investigado de que a droga foi fornecida por um argentino, sem que exista outra informação a respeito da procedência da mercadoria, não constitui indício suficiente para fixar a competência federal. Igualmente o fato do investigado ser integrante das Forças Armadas, uma vez que o tráfico não foi praticado no exercício da função (STJ, CComp 101.457/RS, 2008/0267963-6, 3ª Seção, rel. Min. Jorge Mussi, *DJe* 17-6-2010). O simples fato de alguns corréus serem estrangeiros, bem como a alegação de que a droga não foi produzida em solo brasileiro, por si sós, não são motivos suficientes para o deslocamento da competência para a Justiça Federal (STJ, HC 150.123/SP, 2009/0198187-4, 6ª Turma, rel. Min. Og Fernandes, DJe 10-5-2010).

■ Princípio da insignificância: Segundo entendimento desta Corte e do STF não incide o princípio da insignificância ao delito de tráfico de entorpecentes, pois é de perigo abstrato, contra a saúde pública, sendo irrelevante para esse fim a pequena quantidade de substância apreendida (STJ, HC 155.391/ES, 2009/0234881-9, 6ª Turma, rel. Min. Maria Thereza de Assis Moura, DJe 27-9-2010; HC 141.566/MG, 6ª Turma, rel. Min. Celso Limongi, DJe 20-9-2010).

■ Regime inicial semiaberto ou aberto e substituição por restritivas de direitos: Não sendo superior a quatro anos de reclusão a pena aplicada ao delito do art. 33, § 4º, da Lei n. 11.343/2006, de acordo com o entendimento da 6ª Turma desta Corte, é possível a fixação do regime inicial semiaberto ou aberto, bem como a substituição por restritivas de direitos (STJ, HC 155.391/ES, 2009/0234881-9, 6ª Turma, rel. Min. Maria Thereza de Assis Moura, DJe 27-9-2010).

■ Prisão cautelar: Só pode ser decretada ou mantida com base em elementos concretos constantes dos autos que demonstrem a necessidade da medida. O fato dos pacientes serem andarilhos e, como tais, não encontrados, não é suficiente para a manutenção da prisão preventiva (STJ, HC 141.566/MG, 6ª Turma, rel. Min. Celso Limongi, DJe 20-9-2010).

Art. 34. Fabricar, adquirir, utilizar, transportar, oferecer, vender, distribuir, entregar a qualquer título, possuir, guardar ou fornecer, ainda que gratuitamente, maquinário, aparelho, instrumento ou qualquer objeto destinado à fabricação, preparação, produção ou transformação de drogas, sem autorização ou em desacordo com determinação legal ou regulamentar:

Pena — reclusão, de 3 (três) a 10 (dez) anos, e pagamento de 1.200 (mil e duzentos) a 2.000 (dois mil) dias-multa.

Objeto destinado à fabricação, preparação, ou transformação de drogas

■ Objeto jurídico: A saúde pública.

■ Sujeito ativo: Qualquer pessoa.

■ Sujeito passivo: A coletividade.

■ Tipo objetivo: Onze são as condutas incriminadas: a) *fabricar* (produzir na fábrica, manufaturar), b) *adquirir* (obter por compra, comprar), c) *utilizar* (fazer uso), d) *transportar* (levar de um lugar para outro), e) *oferecer* (propor para que seja aceito), f) *vender* (alienar por certo preço), g) *distribuir* (dar para diferentes pessoas), h) *entregar a qualquer título* (passar às mãos ou à posse de outrem por qualquer pretexto), i) *possuir* (ter ou reter em seu poder), j) *guardar* (conservar em poder próprio), k) *fornecer ainda que gratuitamente* (prover, pôr à disposição, mesmo sem cobrar). O objeto material é o *maquinário* (conjunto de máquinas), *aparelho* (máquina, instrumento, objeto ou utensílio para um determinado uso), *instrumento* (objeto que serve de agente mecânico na execução de um trabalho), *ou qual-*

quer objeto (coisa, peça) destinado à *fabricação* (fabrico), *preparação* (ato, efeito ou modo de preparar), *produção* (ato ou efeito de produzir) *ou transformação* (ato ou efeito de transformar) *de drogas* (assim relacionadas pela Anvisa). As condutas devem ser praticadas *sem autorização ou em desacordo com determinação legal ou regulamentar*, que é o elemento normativo do tipo. Como bem observam Vicente Greco Filho e João Daniel Rassi, tendo em vista que "não existem aparelhos de destinação *exclusivamente*" à fabricação, preparação, produção ou transformação de drogas (o mesmo ocorrendo, acrescentamos, com os maquinários, aparelhos ou outros objetos), "há necessidade de que, no caso concreto, fique demonstrado" que eles "estejam *efetivamente* destinados" a tal fim (*Lei de Drogas anotada*, 2. ed., Saraiva, p. 123-124). No mesmo sentido, Isaac Sabbá Guimarães (*Nova Lei Antidrogas comentada*, 3. ed., Juruá, p. 112-113) e Ulysses de Oliveira Gonçalves Junior (*Nova Lei Antidrogas*, coordenada por Marcello Ovidio Lopes Guimarães, Quartier Latin, 2007, p. 173). Outrossim, consoante anota Damásio de Jesus, "é necessário que se demonstre *pericialmente* que os aparelhos, maquinários e instrumentos estavam aptos à fabricação, preparação, etc. da droga" (*Lei Antidrogas anotada*, 10. ed., Saraiva, p. 164).

- Tipo subjetivo: É o dolo, ou seja, a vontade livre e consciente de praticar as condutas incriminadas, *sabendo* que o maquinário, aparelho, instrumento ou objeto se destina à fabricação, preparação, produção ou transformação de drogas, *bem como* de que não há autorização ou determinação legal ou regulamentar para tais ações. Para a doutrina tradicional, é o dolo genérico. Inexiste figura culposa.

- Erros de tipo ou de proibição (CP, arts. 20 e 21): Pode haver.

- Consumação: Com a prática de qualquer das condutas incriminadas. Tratando-se de tipo misto alternativo, ainda que pratique mais de uma conduta, o agente responderá por um único crime. Nas hipóteses de *utilizar*, *transportar*, *possuir* e *guardar*, o delito é permanente, protraindo-se a consumação no tempo.

- Tentativa: A tentativa não ocorrerá quando a conduta for *unissubsistente* (como na hipótese de possuir), podendo se verificar se ela for *plurissubsistente* (caso daquele que tenta adquirir).

- Confronto com o art. 34: O crime do art. 33 absorve o do art. 34.

- Confronto com o art. 28: Se a conduta do agente tiver como finalidade *exclusiva* o consumo pessoal da droga, ela será *atípica*. Como, nesse sentido, bem observa Damásio de Jesus, subsumir tal ação ao art. 34 "ofenderia gravemente o princípio da proporcionalidade", punindo aquele que traz consigo droga para consumo pessoal com penas alternativas e, com penas de reclusão e multa, quem traz instrumento destinado à preparação da droga para seu exclusivo consumo; por outro lado, conforme salienta esse autor, "o fato também não pode ser enquadrado no art. 28 da Lei, uma vez que este tipo penal somente descreve condutas cujo objeto material é a droga" (*Lei Antidrogas anotada*, 10. ed., Saraiva, p. 165).

- Ação penal: Pública incondicionada.

- **Penas:** Reclusão, de 3 (três) a 10 (dez) anos, cumulada com o pagamento de 1.200 (mil e duzentos) a 2.000 (dois mil) dias-multa.

Jurisprudência

- **Crime permanente:** O crime de associação para o tráfico é de natureza permanente, encontrando-se o agente em flagrante delito enquanto não cessar a permanência (STF, HC 98.340, 1ª Turma, rel. Min. Ricardo Lewandowski, *DJe* 23-10-2009).

Art. 35. Associarem-se duas ou mais pessoas para o fim de praticar, reiteradamente ou não, qualquer dos crimes previstos nos arts. 33, *caput* e § 1º, e 34 desta Lei:

Pena — reclusão, de 3 (três) a 10 (dez) anos, e pagamento de 700 (setecentos) a 1.200 (mil e duzentos) dias-multa.

Parágrafo único. Nas mesmas penas do *caput* deste artigo incorre quem se associa para a prática reiterada do crime definido no art. 36 desta Lei.

Associação para o tráfico (caput)

- **Objeto jurídico:** A saúde pública.
- **Sujeito ativo:** Qualquer pessoa.
- **Sujeito passivo:** A coletividade.

- **Tipo objetivo:** O núcleo indicado é *associarem-se*, que traz a significação de ajuntarem-se, reunirem-se, aliarem-se, agregarem-se. Exige a lei que sejam pelo menos *duas* pessoas, tratando-se, portanto, de crime coletivo ou plurisubjetivo (de concurso necessário). A nosso ver, os inimputáveis não devem ser contados no número mínimo de duas pessoas, pois, não sendo eles penalmente responsáveis, sua associação ao outro — que exigiria vontade livre e consciente, por tratar-se de crime *doloso* — não pode ter relevância para os fins deste art. 35. O mesmo se diga quando, havendo apenas dois componentes na associação, um deles não for identificado, uma vez que, sem sua identificação, não se pode saber se ele é ou não inimputável. A associação deve ter a finalidade (*o fim*) de praticar, *reiteradamente* (repetidamente, renovadamente) *ou não, qualquer* dos crimes previstos nos arts. 33, *caput* e § 1º, e 34 desta Lei. Basta, por conseguinte, que a associação seja para cometer *um só* desses delitos, *não* sendo igualmente necessária a sua reiteração. Ainda que não haja a prática de crime previsto no art. 33, *caput* e § 1º, ou 34, o delito deste art. 35 estará configurado com a efetiva associação para esse fim. Se a finalidade for a de praticar contravenção penal, fato ilícito ou imoral, a conduta será atípica.

- **Estabilidade ou permanência:** Para a caracterização do crime deste art. 35 *não é suficiente* uma associação eventual ou acidental entre duas ou mais pessoas (configuradora da coautoria ou participação), devendo haver uma associação *estável ou permanente*. Como doutrina Hungria quanto ao delito de quadrilha ou bando, que tem o mesmo núcleo "associarem-

-se", este exprime a ideia de estabilidade ou permanência "para a consecução de um fim comum", sendo que "a nota de estabilidade ou permanência da aliança é essencial" (*Comentários ao Código Penal*, Forense, 1959, v. IX, p. 178). No mesmo sentido, Bento de Faria (*Código Penal comentado*, Record, 1959, v. VII, p. 12). Comentando especificamente o art. 35, *caput*, da Lei de Drogas, Vicente Greco Filho e João Daniel Rassi afirmam, com razão, que, apesar "da cláusula *reiteradamente ou não*", "não será toda vez que ocorrer concurso que ficará caracterizado o crime em tela", havendo "necessidade de um *animus associativo*, isto é, um ajuste prévio no sentido da formação de um vínculo associativo de fato, uma verdadeira *societas sceleris*, em que a vontade de associar seja separada da vontade necessária à prática do crime visado" (*Lei de Drogas anotada*, 2. ed., Saraiva, p. 128). Quanto à referida cláusula ("reiteradamente ou não"), *vide* nota *Incongruência* no parágrafo único deste artigo.

- **Tipo subjetivo:** O dolo (de perigo) de associarem-se duas ou mais pessoas, acrescido do elemento subjetivo do tipo referido pelo especial fim de agir ("para o fim de praticar... qualquer dos crimes" elencados). Na doutrina tradicional é o "dolo específico". Não há modalidade culposa.

- **Consumação:** Com a efetiva associação, não sendo necessário o cometimento de qualquer dos crimes previstos nos arts. 33, *caput* e § 1º, e 34.

- **Tentativa:** Não se admite, porque o núcleo *associarem-se* não permite fracionamento: ou as pessoas se associam efetivamente para cometer um dos crimes previstos no tipo, e o delito deste art. 35 estará consumado; ou não o fazem, não passando a conduta de mera intenção ou mesmo de atos preparatórios impuníveis.

- **Ação penal:** Pública incondicionada.

- **Penas:** Reclusão, de 3 (três) a 10 (dez) anos, e pagamento de setecentos a mil e duzentos dias-multa.

Figura equiparada (parágrafo único)

- **Noção:** Prevê este parágrafo único incorrer nas *mesmas* penas do *caput* quem se associar para a prática *reiterada* do crime do art. 36 (financiamento ou custeio para o cometimento de *qualquer* dos delitos previstos nos arts. 33, *caput* e § 1º, e 34 desta Lei).

- **Habitualidade:** Como observa Ulysses de Oliveira Gonçalves Junior, o crime de associação para financiamento, previsto neste parágrafo único, exige, além da estabilidade e permanência do vínculo, a habitualidade (*Nova Lei Antidrogas*, coordenação de Marcello Ovidio Lopes Guimarães, Quartier Latin, 2007, p. 179). Com o que concordamos, em face da expressão "prática *reiterada*" constante do tipo.

- **Incongruência:** Da comparação entre o *caput* e o parágrafo único deste art. 35 constata-se uma *manifesta incongruência*. Enquanto no *caput* a associação *não necessita* ser para a prática reiterada de qualquer dos crimes previstos nos arts. 33, *caput* e § 1º, e 34, no parágrafo único *se exige* que a associação seja para a prática reiterada do crime do art. 36, que vem a ser o financiamento ou custeio da prática de qualquer daqueles mesmos delitos. A não exigência do *caput* do art. 35 de que a finalidade da associação seja para a prática reiterada de crime, ao contrário do que requer o parágrafo único, viola, a nosso ver, os princípios da razoabilidade e proporcionalidade, visto que ambos são punidos com as idênticas penas. Por esse motivo, entendemos que para a caracterização do *caput* há de se exigir, como o faz o parágrafo único, que a associação seja para a prática *reiterada* de qualquer dos crimes elencados.

Jurisprudência

- *Animus* associativo prévio ou estabilidade: Para a caracterização do delito de associação para o tráfico é indispensável a comprovação do *animus* associativo prévio ou da estabilidade do grupo, caso contrário impõe-se a absolvição por insuficiência de provas (TJRO, Ap. 0086705-58.2009.8.22.0014/Vilhena, j. 30.11.10, Rel. Juíza Duília Sgrott Reis).

Art. 36. Financiar ou custear a prática de qualquer dos crimes previstos nos arts. 33, *caput* e § 1º, e 34 desta Lei:

Pena — reclusão, de 8 (oito) a 20 (vinte) anos, e pagamento de 1.500 (mil e quinhentos) a 4.000 (quatro mil) dias-multa.

- Objeto jurídico: A saúde pública.
- Sujeito ativo: Qualquer pessoa.
- Sujeito passivo: A coletividade.
- Tipo objetivo: Duas são as condutas incriminadas: *financiar* (prover as despesas) ou *custear* (correr com as despesas) de qualquer dos crimes elencados nos arts. 33, *caput* e § 1º, e 34. Para Amaury Silva, financiamento "é a concessão de empréstimo, crédito ou prazo para pagamento", enquanto o custeamento "diz respeito ao pagamento de despesas determinadas", como "hospedagem e deslocamento... de uma cidade para outra" (*Lei de Drogas anotada*, JH Mizuno, 2008, p. 226-227). O rol dos delitos financiados ou custeados é taxativo, não podendo ser ampliado. O financiamento ou custeio deve ter *relevância* econômica ou financeira para o tráfico. Com igual posição, Gustavo Octaviano Diniz Junqueira e Paulo Henrique Aranda Fuller (*Legislação penal especial*, Saraiva, 2010, p. 318-319). Se o agente, no mesmo contexto fático, financiar ou custear mais de um dos crimes previstos nos arts. 33, *caput* e § 1º, e 34, responderá, a nosso ver, por um só delito. Por outro lado, basta o financiamento ou custeio de um único desses crimes para que o delito se configure. No mesmo sentido, Damásio de Jesus (*Lei Antidrogas anotada*, Saraiva, 2010, p. 193-194), Fernando Capez (*Curso de direito penal*, 2. ed., Saraiva, v. 4, p. 726), Guilherme de Souza Nucci (*Leis penais e processuais penais comentadas*, 2. ed., Revista dos Tribunais, p. 336) e Vicente Greco Filho e João Daniel Rassi (*Lei de Drogas anotada*, Saraiva, 2007, p. 124). No entender de Rodrigo Mendes Delgado, para que o delito se configure deve haver "habitualidade" no financiamento ou custeio (*Nova Lei de Drogas comentada*, Cronus, 2009, p. 126). Também nesse sentido, Ulysses de Oliveira Gonçalves Junior (*Nova Lei Antidrogas*, coordenada por Marcello Ovidio Lopes Guimarães, Quartier Latin, 2007, p. 180) e Rogério Sanches

Cunha (*Lei de Drogas comentada*, coordenada por Luiz Flávio Gomes, Revista dos Tribunais, 2008, p. 212).

■ **Incongruência:** A exemplo do que comentamos em relação ao art. 35, *caput* e seu parágrafo único, observa-se, aqui, *outra* incongruência. Enquanto o parágrafo único do art. 35 exige que a associação para a prática do crime previsto no art. 36 seja *reiterada* (repetida, renovada), punindo-a com reclusão de 3 (três) a 10 (dez) anos e pagamento de 700 (setecentos) a 1.200 (mil e duzentos) dias-multa, o tipo deste art. 36 *não exige* que o financiamento ou custeio seja reiterado, punindo-o com pena *muito mais grave*, ou seja, reclusão de 8 (oito) a 20 (vinte) anos e 1.500 (mil e quinhentos) a 4.000 (quatro mil) dias-multa, mesmo que haja uma só conduta. O que, em nosso entendimento, viola os princípios da proporcionalidade e razoabilidade.

■ **Tipo subjetivo:** É o dolo, ou seja, a vontade livre e consciente de financiar ou custear, *sabendo* o agente que esse financiamento ou custeio se destina à prática de *qualquer* dos crimes previstos nos arts. 33, *caput* e § 1º, e 34. Para a doutrina tradicional, é o dolo genérico. Não há forma culposa.

■ **Consumação:** Para Isaac Sabbá Guimarães, com quem concordamos, tendo em vista "que o legislador empregou a expressão 'financiar ou custear a prática'... para a consumação do crime, há a necessidade de superveniente prática de tráfico etc." (*Nova Lei Antidrogas comentada*, Juruá, 2009, p. 122). No mesmo sentido, Amaury Silva (*Lei de Drogas anotada*, JH Mizuno, 2008, p. 228).

■ **Tentativa:** Tratando-se de condutas *unissubsistentes* (ou se financia ou custeia, ou não), não nos parece possível.

■ **Ação penal:** Pública incondicionada.

■ **Penas:** Reclusão, de oito a vinte anos, e pagamento de mil e quinhentos a quatro mil dias-multa.

Art. 37. Colaborar, como informante, com grupo, organização ou associação destinados à prática de qualquer dos crimes previstos nos arts. 33, *caput* e § 1º, e 34 desta Lei.

Pena — reclusão, de 2 (dois) a 6 (seis) anos, e pagamento de 300 (trezentos) a 700 (setecentos) dias-multa.

Colaboração como informante

■ **Objeto jurídico:** A saúde pública.

■ **Sujeitos ativo e passivo:** Qualquer pessoa.

■ **Tipo objetivo:** A conduta incriminada é *colaborar* (cooperar), na qualidade de *informante* (pessoa que informa), com *grupo* (pequena reunião de pessoas unidas para um fim comum), *organização* (associação ou instituição com objetivos definidos) ou *associação* (liga, organização) com a finalidade de praticar *qualquer* dos crimes elencados nos arts. 33, *caput* e § 1º, e 34 da presente Lei. Como bem observa Renato Marcão, "não há definição legal acerca do significado de cada uma das formações criminosas indicadas, que, em última análise, correspondem a uma reunião de pessoas ligadas ou movidas pelo mesmo propósito criminoso, ainda que incumbidas, cada qual, de tarefas diversas, visando a consecução do objetivo comum aos integrantes" (*Tóxicos*, 6. ed., Saraiva, 2009, p. 271). Caso a colaboração seja para um único traficante, e não para grupo, organização ou associação, a conduta do agente será atípica em face deste art. 37, diante da interpretação restritiva da lei penal (nesse mesmo sentido, Gustavo Octaviano Diniz Junqueira e Paulo Henrique Aranda Fuller, *Legislação penal especial*, 6. ed., Saraiva, 2010, p. 320). A colaboração deverá ter *relevância* para o fim a que se destina. Assim, como afirma Rodrigo Mendes Delgado, "se a informação não atingir seu objetivo, ou for informação falsa, evidente que referido delito não poderá se configurar" (*Nova Lei Antidrogas comentada*, Cronus, 2009, p. 127). Caso o agente, na mesma conduta, colabore com a prática de mais de um dos delitos previstos, incorrerá em uma única sanção. Trata-se, o presente tipo, de uma forma de participação *moral*. Há, portanto, uma incongruência, uma vez que a pena prevista para a cooperação prevista neste art. 37 é de 2 (dois) a 6 (seis) anos de reclusão, ao passo que, para o crime dos arts. 33, *caput* e § 1º, e 34, ele é de 3 (três) a 15 (quinze) anos para os primeiros e de 3 (três) a 10 (dez) para o último, penas essas que, segundo as regras do art. 29, *caput*, do Código Penal, aplicam-se também aos coautores ou partícipes, salvo se for de menor importância ou se quis participar de crime menos grave, nos termos dos §§ 1º e 2º do citado art. 29.

- **Tipo subjetivo:** É o dolo, ou seja, a vontade livre e consciente de colaborar, *sabendo* que o faz com grupo, organização ou associação destinados ao cometimento dos crimes dos arts. 33, *caput* e § 1º, e 34. Para a doutrina tradicional, é o dolo *genérico*. Inexiste figura culposa.

- **Consumação:** Com a efetiva colaboração, relevante para o fim a que se destina. Como bem observa Vicente Greco Filho, "colaborar não é conduta que enseja habitualidade, bastando um ato de colaboração para se consumar" (*Tóxicos*, 13. ed., Saraiva, 2009, p. 192).

- **Tentativa:** Não é possível, por tratar-se de conduta *unissubsistente*, que não pode ser fracionada. Para Damásio de Jesus, poderia haver quando a informação, "transmitida de forma escrita", for "extraviada por circunstâncias alheias à vontade do agente" (*Lei Antidrogas anotada*, 10. ed., Saraiva, 2010, p. 207). Ao ver de Amaury Silva, haverá só tentativa caso "um dos crimes visados" não ocorra (*Lei de Drogas anotada*, JH Mizuno, 2008, p. 232).

- **Ação penal:** Pública incondicionada.

- **Penas:** Reclusão, de dois a seis anos, e pagamento de trezentos a setecentos dias-multa.

Art. 38. Prescrever ou ministrar, culposamente, drogas, sem que delas necessite o paciente, ou fazê-lo em doses excessivas ou em desacordo com determinação legal ou regulamentar:

Pena — detenção, de 6 (seis) meses a 2 (dois) anos, e pagamento de 50 (cinquenta) a 200 (duzentos) dias-multa.

Parágrafo único. O juiz comunicará a condenação ao Conselho Federal da categoria profissional a que pertença o agente.

- **Transação:** Cabe (art. 76 da Lei n. 9.099/95).
- **Suspensão condicional do processo:** Cabe (art. 89 da Lei n. 9.099/95).

Prescrição culposa de drogas (caput)

- **Objeto jurídico:** A saúde pública.
- **Sujeito ativo:** Só os médicos e dentistas na modalidade de prescrever; também os farmacêuticos e enfermeiros na de ministrar. Trata-se, pois, de crime próprio.
- **Sujeito passivo:** Qualquer pessoa. Para Gustavo Octaviano Diniz Junqueira e Paulo Henrique Aranda Fuller, "o sujeito passivo é, necessariamente, o paciente/cliente do infrator, ou seja, quem está submetido a seus cuidados" (*Legislação Penal especial*, 6. ed., Saraiva, 2010, p. 321).
- **Tipo objetivo:** Duas são as ações alternativamente incriminadas: *prescrever* (indicar como remédio, receitar) ou *ministrar* (dar, aplicar). O objeto material são as drogas, ou seja, "substâncias ou produtos capazes de causar dependência, assim especificados em lei ou relacionados em listas atualizadas, periodicamente, pelo Poder Executivo da União" (art. 1º, parágrafo único), utilizadas para fins terapêuticos, como anfetaminas e morfina. Ambas as condutas devem ser praticadas *culposamente*, ou seja, sem a devida obrigação de cuidado, acompanhadas dos elementos normativos do tipo: *a)* sem que o paciente delas necessite (precise); *b)* fazendo-a em doses excessivas (acima do recomendável); ou, *c)* em desacordo com determinação legal ou regulamentar. Se o agente, além de prescrever, ministrar a droga, responderá por um único crime. Para Rodrigo Mendes Delgado, também comete o delito o agente que prescreve ou ministra droga a paciente errado (*Nova Lei de Drogas comentada*, Cronus, 2009, p. 127). No mesmo sentido, Rogério Sanches Cunha (*Lei de Drogas comentada*, coordenação de Luiz Flávio Gomes, 3. ed., Revista dos Tribunais, 2008, p. 216). A nosso ver, entretanto, se a droga for prescrita ou ministrada a paciente errado, o agente responderá por eventuais lesão corporal culposa ou homicídio culposo, e não por este art. 38 que prevê um paciente certo e determinado.
- **Tipo subjetivo:** É a culpa, caracterizada pela imprudência, negligência ou imperícia.
- **Coautoria ou participação:** Pode haver.
- **Consumação:** Quando a receita é entregue ao paciente (pelo médico ou dentista), ou quando a droga lhe é ministrada (por eles ou por farmacêutico ou enfermeiro).
- **Crime impossível:** Como bem observa Damásio de Jesus, haverá crime impossível no caso de a receita não ter nenhuma condição de ser aviada (*Lei Antidrogas anotada*, 10. ed., Saraiva, 2010, p. 215).
- **Tentativa:** Não pode haver, por tratar-se de crime culposo.
- **Confronto:** Se as ações do agente forem dolosas, art. 33, *caput*.

- Ação penal: Pública incondicionada.
- Penas: Detenção, de seis meses a dois anos, e pagamento de cinquenta a duzentos dias-multa.

Parágrafo único
- Comunicação: Dispõe este parágrafo único que, em caso de condenação, o juiz a comunicará ao Conselho Federal da categoria profissional do agente.

Art. 39. Conduzir embarcação ou aeronave após o consumo de drogas, expondo a dano potencial a incolumidade de outrem:

Pena — detenção, de 6 (seis) meses a 3 (três) anos, além da apreensão do veículo, cassação da habilitação respectiva ou proibição de obtê-la, pelo mesmo prazo da pena privativa de liberdade aplicada, e pagamento de 200 (duzentos) a 400 (quatrocentos) dias-multa.

Parágrafo único. As penas de prisão e multa, aplicadas cumulativamente com as demais, serão de 4 (quatro) a 6 (seis) anos e de 400 (quatrocentos) a 600 (seiscentos) dias-multa, se o veículo referido no *caput* deste artigo for de transporte coletivo de passageiros.

Condução de embarcação ou aeronave após o consumo de drogas (caput)

- Suspensão condicional do processo: Cabe no *caput* (art. 89 da Lei n. 9.099/95).
- Objeto jurídico: A incolumidade pública e a segurança dos transportes aéreo e naval. Para Alice Bianchini e outros, é a saúde pública (*Lei de Drogas comentada*, coordenada por Luiz Flávio Gomes, 3. ed., Revista dos Tribunais, p. 217).
- Sujeito ativo: Qualquer pessoa.
- Sujeito passivo: A coletividade. Secundariamente, a pessoa ou pessoas expostas a dano potencial (passageiros e terceiros).
- Tipo objetivo: Pune-se a conduta de quem *conduzir* (guiar, dirigir) *embarcação* (construção destinada a navegar sobre água) *ou aeronave* (aparelho por meio do qual se navega no ar), que são os objetos materiais, *após o consumo de drogas* (assim definidas no parágrafo único do art. 1º desta Lei) e enquanto perdurar seu efeito (cf., no mesmo sentido, Gustavo Octaviano Diniz Junqueira e Paulo Henrique Aranda Fuller, *Legislação Penal especial*, 6. ed., Saraiva, 2010, p. 321), *expondo* (arriscando) *a dano potencial* (provável) *a incolumidade* (segurança, estado de quem está intato, ileso) *de outrem* (passageiros e terceiros). A exposição deve ser a perigo concreto de dano (acidente). Para Isaac Sabbá Guimarães (*Nova Lei Antidrogas comentada*, 3. ed., Juruá, 2008, p. 14), é necessário que o consumo de drogas afete, prejudique a condução normal da embarcação ou aeronave, tornando-a anormal ou perigosa, e que existam pessoas expostas a perigo. O consumo de drogas deve ser comprovado pericialmente.
- Tipo subjetivo: É o dolo (de perigo), ou seja, a vontade livre e consciente de dirigir embarcação ou aeronave sabendo que ingeriu droga antes de fazê-lo. Para a doutrina tradicional, é o dolo genérico. Inexiste modalidade culposa.

- **Consumação:** Consuma-se com a condução sob efeito de drogas, capaz de causar perigo concreto de dano, sendo desnecessário o resultado naturalístico. Trata-se de crime formal ou de mera conduta.
- **Tentativa:** Não é possível, por se tratar de conduta unissubsistente, não fracionável. Em igual sentido, Mara Regina Trippo Kimura (*Nova Lei Antidrogas*, coordenada por Marcello Ovídio Lopes Guimarães, Quartier Latin, 2007, p. 206). Em sentido contrário, admitindo a tentativa, Damásio de Jesus (*Lei Antidrogas comentada*, 10. ed., Saraiva, 2010, p. 217-218).
- **Participação:** Pode haver, como no caso de proprietário ou responsável pela embarcação ou aeronave que entrega a sua condução a pessoa que ingeriu droga, tendo ciência desse fato.
- **Confronto:** Se o agente, embora não tendo ingerido drogas, conduz embarcação em águas públicas, colocando em perigo a segurança alheia, art. 34 da LCP. Se o piloto, apesar de não ter ingerido drogas, pratica com aeronave acrobacias ou voos baixos, fora da zona permitida, ou a faz descer em local não destinado a esse fim, art. 35 da LCP. Se a condução é de veículo automotor sob a influência de substância psicoativa que determine dependência, *vide* art. 306 do Código de Trânsito Brasileiro. Se o acidente ocorre, havendo vítimas, haverá concurso com lesões corporais ou homicídio (CP, arts. 121 e 129).
- **Ação penal:** Pública incondicionada, de competência da Justiça Federal quando se tratar de navios ou aeronaves, ressalvada a competência da Justiça Militar (CF, art. 109, IX).
- **Penas:** Detenção, de seis meses a três anos, além da apreensão do veículo, cassação da habilitação ou proibição de obtê-la, pelo mesmo prazo da pena privativa de liberdade, e multa de 200 (duzentos) a 400 (quatrocentos) dias-multa. Em nossa opinião, a apreensão da embarcação ou aeronave pelo mesmo prazo da pena de detenção fere os princípios da razoabilidade e proporcionalidade, notadamente quando a embarcação ou aeronave pertencer a terceiros.

Figura qualificada (parágrafo único)
- **Noção:** Se a embarcação ou aeronave for de transporte coletivo de passageiros, detenção, de quatro a seis anos, e multa de 400 (quatrocentos) a 600 (seiscentos) dias-multa. Para a configuração deste parágrafo único, entendemos ser necessária a presença, no momento do delito, de pelo menos um passageiro na embarcação ou aeronave. Para Gustavo Octaviano Diniz Junqueira e Paulo Henrique Aranda Fuller, com quem concordamos, a qualificadora alcança "apenas o transporte profissional", ou seja, tratando-se "de transporte de passageiros enquanto atividade do condutor" (*Legislação Penal especial*, 6. ed., Saraiva, 2010, p. 322-323).

Art. 40. As penas previstas nos arts. 33 a 37 desta Lei são aumentadas de um sexto a dois terços, se:

I — a natureza, a procedência da substância ou do produto apreendido e as circunstâncias do fato evidenciarem a transnacionalidade do delito;

II — o agente praticar o crime prevalecendo-se de função pública ou no desempenho de missão de educação, poder familiar, guarda ou vigilância;

III — a infração tiver sido cometida nas dependências ou imediações de estabelecimentos prisionais, de ensino ou hospitalares, de sedes de entidades estudantis, sociais, culturais, recreativas, esportivas, ou beneficentes, de locais de trabalho coletivo, de recintos onde se realizem espetáculos ou diversões de qualquer natureza, de serviços de tratamento de dependentes de drogas ou de reinserção social, de unidades militares ou policiais ou em transportes públicos;

IV — o crime tiver sido praticado com violência, grave ameaça, emprego de arma de fogo, ou qualquer processo de intimidação difusa ou coletiva;

V — caracterizado o tráfico entre Estados da Federação ou entre estes e o Distrito Federal;

VI — sua prática envolver ou visar a atingir criança ou adolescente ou a quem tenha, por qualquer motivo, diminuída ou suprimida a capacidade de entendimento e determinação;

VII — o agente financiar ou custear a prática do crime.

Causas de aumento de pena

■ **Noção:** Este art. 40 enumera sete causas especiais de aumento de pena (de um sexto a dois terços, aumento que deverá ser fundamentado pelo juiz) para os crimes previstos nos arts. 33 a 37. Existindo mais de uma causa de aumento, apenas uma incidirá, prevalecendo a que mais aumente (CP, art. 68, parágrafo único). Para Amaury Silva, o *quantum* de um sexto a dois terços "dependerá da pluralidade" das circunstâncias (*Lei de Drogas anotada*, JH Mizuno, 2008, p. 253).

Inciso I: *a natureza* (espécie, qualidade), *a procedência* (proveniência, origem) da substância ou do produto apreendido *e as circunstâncias do fato evidenciarem* (tornarem evidente, comprovarem) *a transnacionalidade* (internacionalidade) *do delito*. Como bem anota Isaac Sabbá Guimarães, existirá transnacionalidade quando o agente "opera para além das fronteiras nacionais, exportando ou importando droga" (*Nova Lei Antidrogas comentada*, 3. ed., Juruá, p. 145). Havendo tráfico para o exterior, a competência será da Justiça Federal (CF, art. 109, V, e Súmula 522 do STF). Todos esses elementos (natureza, procedência e circunstâncias do fato) deverão estar presentes para a incidência do aumento, não bastando a existência de apenas um ou dois deles.

Inciso II: *o agente* (sujeito ativo) *praticar o crime prevalecendo-se* (valendo-se, tirando partido) *de função pública* (o conceito de funcionário público para fins penais se encontra no art. 327, *caput* e § 1º, do CP) *ou no desempenho de missão de educação, poder familiar, guarda ou vigilância* (de pessoas, sejam menores, pacientes internados em hospitais ou clínicas, ou presos). Nesse mesmo sentido, Amaury Silva, *Lei de Drogas comentada*, JH Mizuno, 2008, p. 257.

Inciso III: infração praticada nas *dependências ou imediações de estabelecimentos prisionais* (penitenciária, colônia agrícola, industrial ou similar, casa do albergado, centro de observação, hospital de custódia e tratamento psiquiátrico e cadeia pública — LEP, arts. 87 a 104), *de ensino* (escolas, faculdades) *ou hospitalares* (clínicas, hospitais), de *sedes de entidades* estudantis, sociais, culturais, recreativas, esportivas ou beneficentes, de *locais de trabalho coletivo*, de *recintos* onde se realizem espetáculos ou diversões de qualquer natureza, de *serviços de tratamento* de dependentes de drogas ou de reinserção social, de *unidades militares ou policiais* ou em *transportes públicos*. Trata-se de rol taxativo, que não comporta ampliação. Visa-se, com ele, proteger principalmente a incolumidade pública, dado o maior número de pessoas presentes (também nesse sentido, Rodrigo Mendes Delgado, *Nova Lei de Drogas comentada*, Cronus, p. 133).

Inciso IV: o crime tiver sido cometido com *violência* (contra a pessoa), *grave ameaça* (ameaça séria e idônea), emprego de *arma de fogo* (a nosso ver, apenas a verdadeira, municiada e apta ao disparo, e não a desmuniciada, inapta ao uso ou de brinquedo), ou qualquer processo de *intimidação difusa ou coletiva*. Nessa última circunstância, quis se incluir o "toque de recolher" e a "ordem de fechamento" de escolas e lojas impostos por traficantes.

Inciso V: estiver caracterizado o tráfico *entre Estados, ou entre estes e o Distrito Federal*.

Inciso VI: a prática do delito *envolver* (abranger) *ou visar* (objetivar) a atingir *criança* (menor de 12 anos) *ou adolescente* (entre 12 e 18 anos), ou a quem tenha, por *qualquer* motivo, *diminuída ou suprimida* a capacidade de entendimento e determinação. Tratando-se de incapacidade mental, absoluta ou relativa, deverá haver perícia médica.

Inciso VII: se o agente *financiar* (dar financiamento, adiantar numerário para) *ou custear* (pagar as custas, as despesas) a prática do crime. Esta causa de aumento de pena não incidirá quando o delito praticado for o do art. 36, que prevê justamente o financiamento ou custeio de qualquer dos crimes previstos nos arts. 33, *caput* e § 1º, e 34 desta Lei, sob pena de *bis in idem*. Com a mesma opinião, Rodrigo Mendes Delgado, *Nova Lei de Drogas comentada*, Cronus, p. 134.

Jurisprudência

■ Transporte público: O simples fato de o agente transportar droga no interior de bagagem que traz consigo em coletivo não autoriza a aplicação da causa de aumento do inciso III, não tendo restado comprovado que o recorrente se utilizava desse meio com o fim de obter maior clientela e ter acesso a locais de maior circulação de pessoas, objetivo perseguido pela norma (TJRO, Ap. 0054741-12.2007.8.22.0501, j. 23-11-2010). *Contra*: Incide o aumento em relação àquele que se vale da natural dificuldade de fiscalização policial em transporte público para melhor conduzir a droga (STJ, HC 116.051/MS, *DJe* 3-5-2010).

■ Estabelecimento prisional: Quem adentra em estabelecimento prisional, transportando maconha acondicionada no interior da vagina, pratica o crime previsto no art. 33, *caput*, c/c o art. 40, III (TJRO, Ap. 0099689-68.2009.8.22.0501/Porto Velho, j. 30-11-2010).

■ **Fronteiras estaduais:** Inexistindo comprovação de que o agente tenha ultrapassado as fronteiras entre Estados da Federação, descabida a incidência da causa de aumento do inciso V (TJAC, Ap. 0005848-49.20 09.8.01.0001/Rio Branco, j. 24-6-2010). *Contra*: Bastam evidências de que a substância entorpecente tem como destino qualquer ponto além das linhas divisórias estaduais (TJRO, Ap. 0038730-55.2009.8.22.0009/Pimenta Bueno, j. 30-11-2010).

Art. 41. O indiciado ou acusado que colaborar voluntariamente com a investigação policial e o processo criminal na identificação dos demais coautores ou partícipes do crime e na recuperação total ou parcial do produto do crime, no caso de condenação, terá pena reduzida de um terço a dois terços.

Delação premiada

■ **Noção:** Cuida o presente artigo da chamada *delação premiada*, pela qual o indiciado ou acusado (aqui incluídos o suspeito ou qualquer pessoa que se declare autora, coautora ou partícipe) que *colaborar* (cooperar) *voluntariamente* (por vontade própria), não precisando contudo ser espontânea, com a investigação policial e o processo criminal na identificação dos demais (a não ser que não conheça todos) coautores ou partícipes e na recuperação total ou parcial do produto do crime, terá, em caso de condenação, a pena reduzida de um a dois terços. Embora a lei use a conjunção *e*, e não *ou*, pensamos que a colaboração não precise se dar, necessariamente, nas duas fases (investigação e processo), bastando que se dê em uma destas, desde que atinja seus fins, ou seja, se preste à identificação dos demais envolvidos e à recuperação do produto do crime, ainda que parcial (em sentido contrário, Alice Bianchini, *Lei de Drogas comentada*, coordenada por Luiz Flávio Gomes, 3. ed., Revista dos Tribunais, p. 225). Do mesmo modo, entendemos que a colaboração, apesar do uso novamente da conjunção *e*, não necessite se prestar, obrigatoriamente, para a identificação dos coautores e partícipes, *bem como* para a recuperação total ou parcial do produto do crime, podendo o delator saber quem são os coautores ou partícipes, mas não onde ou com quem se encontra o produto do delito, ou vice-versa, sob pena de esvaziar-se o instituto da delação premiada. Nesse sentido, Amaury Silva, *Lei de Drogas anotada*, ed. J H Mizuno, 2008, p. 271. A delação premiada, embora de duvidosa moralidade (cf., nesse sentido, Vicente Greco Filho e João Daniel Rassi, *Lei de Drogas anotada*, 2. ed., Saraiva, p. 155), pode ser útil para investigações ou processos criminais, desde que analisada em conjunto com as demais provas, seja para constatar a sua veracidade, seja para avaliar a eficácia da delação. O tempo de verbo empregado (*terá*) deixa claro não se tratar a redução de mera faculdade do juiz, mas de obrigação sua, visto que direito público subjetivo do condenado uma vez preenchidos os requisitos legais. A quantidade maior ou menor da redução deverá ser fundamentada.

■ **Lei de Proteção ao Réu Colaborador (Lei n. 9.807/99) e outras que tratam da delação:** Conforme comentários feitos nesta obra sobre as diversas leis que tratam da *delação premiada*, a Lei n. 8.807/99 (proteção aos réus colaboradores), embora anterior à Lei de Drogas, permite até mesmo a concessão do perdão judicial ao delator (art. 13). Remetemos o leitor ao capítulo *Delação Premiada*, no qual o tema é aprofundado.

Art. 42. O juiz, na fixação das penas, considerará, com preponderância sobre o previsto no art. 59 do Código Penal, a natureza e a quantidade da substância ou do produto, a personalidade e a conduta social do agente.

Fixação das penas

■ **Noção:** Estipula este art. 42 que, em caso de condenação, ao fixar as penas o juiz deverá considerar, *com preponderância* sobre as circunstâncias judiciais do art. 59 do CP (por meio das quais se estabelece a pena-base), as seguintes: *a) natureza* da substância ou do produto (existindo drogas e produtos mais nocivos do que outros, como a heroína e o *crack* em face da maconha); *b) quantidade* da substância ou produto (quanto menor, menos risco à saúde pública); *c)* a *personalidade* do agente (sua maneira habitual de ser, o que a distingue de outra); *d)* a *conduta social* do agente (o modo pelo qual se comporta em sociedade, no meio em que vive e trabalha). Nota-se que estas duas últimas circunstâncias já se encontram elencadas entre as circunstâncias judiciais do art. 59, sendo as demais a culpabilidade, os antecedentes, os motivos, as circunstâncias e consequências do crime, e o comportamento da vítima. Assim, serão sobre essas últimas circunstâncias judiciais do art. 59 que as circunstâncias deste art. 42 deverão prevalecer. Como observam Vicente Greco Filho e João Daniel Rassi, as circunstâncias do art. 42 "são quase as mesmas do art. 28, § 4º, para a determinação do consumo pessoal ou tráfico" (*Lei de Drogas anotada*, 2. ed., Saraiva, p. 156). Após fixar a pena-base, o juiz, de acordo com o art. 68, *caput*, do CP, avaliará as eventuais circunstâncias agravantes e atenuantes dos arts. 61 a 66, e, por último, levará em conta as possíveis causas de aumento ou diminuição da pena. É o chamado critério trifásico (também chamado método de Nelson Hungria), adotado por nosso Código Penal em oposição ao método de duas fases de Roberto Lyra.

Jurisprudência

■ **Pena-base:** No caso de crime de guarda de substância entorpecente, não pode a pena-base ser fixada acima do triplo do mínimo pela quantidade de droga apreendida (STF, RHC 83.987, 2ª Turma, rel. Min. Cezar Peluso, DJe 26-3-2010). O fato de o réu ser viciado não constitui critério idôneo para que se eleve a pena-base acima do mínimo em condenação por tráfico, porquanto o vício não pode ser valorado como conduta social negativa (STF, HC 98.456, 2ª Turma, rel. Min. Cezar Peluso, *DJe* 6-11-2009). *Vide*, também, jurisprudência no art. 58.

Art. 43. Na fixação da multa a que se referem os arts. 33 a 39 desta Lei, o juiz, atendendo ao que dispõe o art. 42 desta Lei, determinará o número de dias-multa, atribuindo a cada um, segundo as condições econômicas dos acusados, valor não inferior a um trinta avos nem superior a 5 (cinco) vezes o maior salário mínimo.

Parágrafo único. As multas, que em caso de concurso de crimes serão impostas sempre cumulativamente, podem ser aumentadas até o décuplo se, em virtude da situação econômica do acusado, considerá-las o juiz ineficazes, ainda que aplicadas no máximo.

Fixação da multa (caput)

- Critério econômico: Prevê este art. 43 que, no caso de condenação pelos crimes dos arts. 33 a 39, o juiz, ao fixar a pena de multa, considerando o disposto no art. 42, estabelecerá o número de dias-multa dos acusados (corréus ou partícipes) de acordo com as condições econômicas de *cada um*, mas em valor *não inferior* a um trinta avos *nem superior* a cinco vezes o maior salário mínimo do país.

Parágrafo único

- Concurso e aumento: Havendo concurso de crimes entre aqueles previstos nos arts. 33 a 39, as multas deverão ser aplicadas *sempre* cumuladamente. Se o juiz entender que elas seriam insuficientes à reprovação dos ilícitos, em face da situação econômica de determinado acusado, poderá aumentá-las até o décuplo do máximo cominado. Em que pese a lei usar a palavra "sempre" ao se referir à cumulação de multas, na acertada opinião de Marcello Ovidio Lopes Guimarães, "nos casos de crime continuado as penas de multa não devem ser cumuladas, sendo justo utilizar-se da regra geral do art. 71 do Código Penal, (...) decorrendo tal entendimento da unidade legal de infrações que, em virtude de ficção legal, configura o crime continuado", o mesmo devendo acontecer nos casos de concurso formal, em face dos "princípios constitucionais da razoabilidade e da proporcionalidade" (*Nova Lei Antidrogas comentada*, Quartier Latin, 2007, p. 236-237). A nosso ver, a regra deste art. 43, parágrafo único, deverá ser aplicada, portanto, somente ao concurso material do art. 69 do CP. Quanto ao valor da multa, como preleciona Damásio de Jesus, "deve ser determinado em consideração ao tempo da prática do crime, nos termos do que dispõe o art. 4º do CP" (*Lei Antidrogas comentada*, 10. ed., Saraiva, p. 236).

Art. 44. Os crimes previstos nos arts. 33, *caput* e § 1º, e 34 a 37 desta Lei são inafiançáveis e insuscetíveis de *sursis*, graça, indulto, anistia e liberdade provisória, ~~vedada a conversão de suas penas em restritivas de direitos~~.

Parágrafo único. Nos crimes previstos no *caput* deste artigo, dar-se-á o livramento condicional após o cumprimento de dois terços da pena, vedada sua concessão ao reincidente específico.

Proibições (caput)

- Alteração: O Senado Federal, em 15-2-2012, editou a Resolução n. 5/2012, para *riscar* da Lei n. 11.343/2006, a expressão "vedada a conversão em penas restritivas de direitos".
- Noção: Dispõe este art. 44 que os crimes previstos nos arts. 33, *caput* e § 1º, e 34 a 37 são inafiançáveis e não suscetíveis de *sursis*, graça, indulto, anistia e liberdade provisória, bem como ser vedada a conversão de suas penas em restritivas de direitos.

- **Conversão da pena:** O Pleno do STF, no julgamento do HC 97.256/RS, ocorrido em 1º-9-2010, decidiu que a proibição da conversão da pena privativa de liberdade em restritiva de direitos, estabelecida pelo art. 44, é *inconstitucional*. Removido, assim, o óbice legal, caberá ao juiz da condenação ou da execução, conforme o caso, o exame dos requisitos necessários para a conversão da pena. No mesmo sentido, já decidira a 2ª Turma do STF no HC 102.678/MG, j. 9-3-2010, relatado pelo Min. Eros Grau, no HC 99.888, j. 24-11-2009, da mesma relatoria e no HC 93.857, *DJ* 16-10-2009, rel. Min. Cezar Peluso.

- **Liberdade provisória:** O Min. Celso de Mello, do STF, concedendo liminar, decidiu que a "vedação legal absoluta, em caráter apriorístico, da concessão de liberdade provisória" é igualmente *inconstitucional*, por ofensa aos postulados da presunção de inocência, do *due process of law*, da dignidade da pessoa humana e da proporcionalidade (MC/HC 96.715-9/SP, j. 19-12-2008). De igual forma se pronunciou o Min. Celso de Mello ao conceder liminar no HC 103.362. Assim também decidira a 5ª Turma do STJ, no RHC 15.803/SC, j. 28-4-2004, rel. Min. Laurita Vaz. Saliente-se, por outro lado, que a Lei n. 11.464, de 28-3-2007, ao dar nova redação ao inciso II do art. 2º da Lei n. 8.072/90, já retirara a proibição genérica de liberdade provisória para os crimes hediondos, de tortura, tráfico de drogas e terrorismo, derrogando, nesse particular, o presente art. 44. Nesse sentido, Renato Marcão, *Tóxicos*, 6. ed., Saraiva, p. 331.

- **Fiança:** Embora a novel redação do II do art. 2º da Lei n. 8.072/90 tenha mantido a proibição de fiança para os crimes hediondos, pensamos que ela poderá ser concedida se presentes os requisitos previstos no Código de Processo Penal. Isto porque se a lei passou a admitir a liberdade provisória *sem* fiança, que é *menos* gravosa, não teria sentido proibi-la *com* fiança, situação *mais* gravosa. Afinal, como lembrado pelo saudoso Ministro Vicente Cernicchiaro, do STJ, "o direito não admite contradição lógica". Além do mais, com as alterações feitas ao CPP, pela Lei n. 12.403/2011, inúmeras são as medidas cautelares alternativas à prisão, além da fiança, lembrando-se o monitoramento eletrônico, a entrega de passaporte com a proibição de ausentar-se do País, comparecimento periódico em Juízo etc. (arts. 319 e 320 do CPP).

Parágrafo único
- **Livramento condicional:** Para os delitos dos artigos referidos no *caput*, o livramento condicional se dará após o condenado ter cumprido *dois terços* da pena. Se, todavia, ele for reincidente *específico* (ou seja, em um dos crimes referidos no *caput*), o livramento condicional é vedado.

Jurisprudência
- **Substituição por restritivas de direitos na Lei n. 11.343/2006:** "Ordem parcialmente concedida para remover o óbice da parte final do art. 44 da Lei n. 11.343/2006, assim como da expressão '*vedada a conversão em penas restritivas de direitos*', constante do § 4º do art. 33 do mesmo diploma legal. Declaração incidental de inconstitucionalidade, com efeito *ex nunc*, da proibição da substituição da pena privativa de liberdade pela pena restritiva de direitos; determinando-se ao Juízo da execução penal

que faça avaliação das condições objetivas e subjetivas da convolação em causa, na concreta situação do paciente" (STF, Pleno, m.v., HC 97.256/RS, rel. Min. Ayres Britto, j. 1º-9-2010).

- Liberdade provisória: Vedação legal absoluta, em caráter apriorístico, da concessão de liberdade provisória. Lei de Drogas (art. 44). Inconstitucionalidade. Ofensa aos postulados constitucionais da presunção de inocência, do *due process of law*, da dignidade da pessoa humana e da proporcionalidade (STF, HC 96.715 MC/SP, rel. Min. Celso de Mello, j. 19-12-2008; HC 102.678/MG, 2ª Turma, rel. Min. Eros Grau, j. 9-3-2010).

Art. 45. É isento de pena o agente que, em razão da dependência, ou sob o efeito, proveniente de caso fortuito ou força maior, de droga, era, ao tempo da ação ou da omissão, qualquer que tenha sido a infração penal praticada, inteiramente incapaz de entender o caráter ilícito do fato ou de determinar-se de acordo com esse entendimento.

Parágrafo único. Quando absolver o agente, reconhecendo, por força pericial, que este apresentava, à época do fato previsto neste artigo, as condições referidas no *caput* deste artigo, poderá determinar o juiz, na sentença, o seu encaminhamento para tratamento médico adequado.

Isenção de pena (caput)
- Dependência, caso fortuito ou força maior: Se o agente, em virtude de dependência da droga ou de estar, em razão de caso fortuito ou força maior, sob seu efeito, era, *ao tempo da ação ou omissão, qualquer* que seja a infração penal cometida, *inteiramente* incapaz de *entender* o caráter ilícito do fato ou de *determinar-se* de acordo com esse entendimento, ficará isento de pena. Trata-se de exclusão da *imputabilidade* absoluta.

Parágrafo único
- Tratamento médico: Preceitua o parágrafo único deste art. 46 que, ao absolver o agente, reconhecendo, em razão de perícia médica, que ele apresentava na época do ocorrido as condições elencadas no *caput*, o juiz poderá determinar o seu encaminhamento para tratamento médico adequado. O verbo "poderá" indica uma faculdade, e não obrigação do juiz, que, quanto à necessidade ou ao tipo de tratamento, deverá observar as recomendações da perícia médica.

Art. 46. As penas podem ser reduzidas de um terço a dois terços se, por força das circunstâncias previstas no art. 45 desta Lei, o agente não possuía, ao tempo da ação ou da omissão, a plena capacidade de entender o caráter ilícito do fato ou de determinar-se de acordo com esse entendimento.

Inimputabilidade relativa
- Noção: Enquanto o art. 45 cuida da inimputabilidade absoluta, ou seja, se o agente era inteiramente incapaz de entender o caráter ilícito do fato ou de determinar-se de acordo com esse entendimento, este art. 46 trata da inimputabilidade *relativa*, *v.g.*, aquela em que ele é *parcialmente* incapaz de entender ou de determinar-se. Embora a lei use a expressão "po-

dem ser reduzidas", pensamos que, se o condenado preencher os requisitos legais, não deverá o juiz deixar de reduzir as penas, por ser direito público subjetivo seu. A redução, maior ou menor, de um a dois terços deverá ser fundamentada.

Art. 47. Na sentença condenatória, o juiz, com base em avaliação que ateste a necessidade de encaminhamento do agente para tratamento, realizada por profissional de saúde com competência específica na forma da lei, determinará que a tal se proceda, observado o disposto no art. 26 desta Lei.

Tratamento ao condenado

■ **Noção:** Dispõe este art. 47 que, existindo avaliação por profissional de saúde com qualificação específica que indique a necessidade de tratamento ao condenado, o juiz, na sentença determinará seja ele realizado, "observado o disposto no art. 26". Este artigo estabelece, por sua vez, que ao "usuário" e ao "dependente de drogas" que, "em razão da prática de infração penal" (qualquer que seja esta, observamos), estejam cumprindo pena privativa de liberdade ou submetidos a medida de segurança, serão garantidos os serviços necessários à sua saúde, "definidos pelo respectivo sistema penitenciário" (da União, dos Estados ou do Distrito Federal). A caótica e vergonhosa situação da maioria das nossas medievais prisões, entretanto, torna utópica tal previsão.

Capítulo III
DO PROCEDIMENTO PENAL

Art. 48. O procedimento relativo aos processos por crimes definidos neste Título rege-se pelo disposto neste Capítulo, aplicando-se, subsidiariamente, as disposições do Código de Processo Penal e da Lei de Execução Penal.

§ 1º O agente de qualquer das condutas previstas no art. 28 desta Lei, salvo se houver concurso com os crimes previstos nos arts. 33 a 37 desta Lei, será processado e julgado na forma dos arts. 60 e seguintes da Lei n. 9.099, de 26 de setembro de 1995, que dispõe sobre os Juizados Especiais Criminais.

§ 2º Tratando-se da conduta prevista no art. 28 desta Lei, não se imporá prisão em flagrante, devendo o autor do fato ser imediatamente encaminhado ao juízo competente ou, na falta deste, assumir o compromisso de a ele comparecer, lavrando-se termo circunstanciado e providenciando-se as requisições dos exames e perícias necessários.

§ 3º Se ausente a autoridade judicial, as providências previstas no § 2º deste artigo serão tomadas de imediato pela autoridade policial, no local em que se encontrar, vedada a detenção do agente.

§ 4º Concluídos os procedimentos de que trata o § 2º deste artigo, o agente será submetido a exame de corpo de delito, se o requerer ou se a autoridade de polícia judiciária entender conveniente, e em seguida liberado.

§ 5º Para os fins do disposto no art. 76 da Lei n. 9.099, de 1995, que dispõe sobre os Juizados Especiais Criminais, o Ministério Público poderá propor a aplicação imediata de pena prevista no art. 28 desta Lei, a ser especificada na proposta.

Procedimento penal (caput)
- **Noção:** Define este Capítulo III as regras do procedimento penal referente aos crimes previstos no Título IV, com aplicação subsidiária do Código de Processo Penal e da Lei de Execução Penal.

§ 1º
- **Lei dos Juizados Especiais Criminais:** Dispõe o § 1º do art. 48 que o processo por *qualquer* das condutas previstas no art. 28 seguirá o rito da Lei n. 9.099/95, que cuida das infrações penais de menor potencial ofensivo, *a não ser* que haja concurso com os crimes dos arts. 33 a 37. Não nos parece razoável, entretanto, a exclusão feita pelo legislador quando o concurso for entre o crime do art. 28 e aquele do art. 33, § 3º, cuja pena máxima é inferior a dois anos e, portanto, de competência do Juizado Especial Criminal.

Não lavratura de flagrante (§ 2º)
- **Termo circunstanciado:** Havendo conduta prevista no art. 28, *não se lavrará auto de prisão em flagrante*, cumprindo à autoridade policial encaminhar o autor do fato *imediatamente* ao juízo competente; na falta deste, ou seja, não havendo juiz no momento, deverá o autor assumir compromisso de perante ele comparecer oportunamente, lavrando-se *termo circunstanciado* e requisitando-se os exames e as perícias cabíveis. O legislador foi aqui coerente, pois não cominando ao art. 28 pena privativa de liberdade, mas somente penas alternativas, não teria qualquer sentido lavrar auto de prisão em flagrante contra o infrator daquele artigo. Com efeito, seria totalmente desproporcional impor a medida cautelar da prisão em flagrante em face de um delito ao qual não é cominada pena privativa de liberdade.

Ausência da autoridade judicial (§ 3º)
- **Juiz ausente:** Reiterando os termos do § 2º, dispõe este § 3º que, não havendo na ocasião juiz para quem o usuário possa ser encaminhado, as providências previstas no parágrafo anterior serão tomadas pela autoridade policial, no local em que esta se encontrar, *não sendo permitida* a detenção do agente.

Exame de corpo de delito (§ 4º)
- **Submissão a exame:** Realizados os procedimentos do § 2º, caso o agente requeira ou o juiz entenda conveniente, será ele submetido a *exame de corpo de delito* e, a seguir, *liberado*.

Aplicação imediata de pena alternativa (§ 5º)
- **Art. 76 da Lei dos Juizados Especiais Criminais:** Dispõe este § 5º que, para os fins do art. 76 da Lei n. 9.099/95 (que cuida da transação penal), o Ministério Público poderá propor a aplicação imediata de pena alternativa prevista no art. 28, especificando-a na proposta.

Art. 49. Tratando-se de condutas tipificadas nos arts. 33, *caput* e § 1º, e 34 a 37 desta Lei, o juiz, sempre que as circunstâncias o recomendem, empregará os instrumentos protetivos de colaboradores e testemunhas previstos na Lei n. 9.807, de 13 de julho de 1999.

Proteção aos colaboradores

- Lei n. 9.807/99: No caso de condutas tipificadas nos arts. 33, *caput* e § 1º, e 34 a 37 da Lei de Drogas, o juiz, se as circunstâncias recomendarem, se utilizará de medidas de proteção em favor dos corréus ou testemunhas colaboradores. Tais medidas, a serem aplicadas isolada ou cumulativamente, estão elencadas nos arts. 7º e 9º da Lei n. 9.807/99. *Vide* nossos comentários ao tratarmos da *Delação Premiada* em Capítulo específico desta obra.

Seção I
DA INVESTIGAÇÃO

Art. 50. Ocorrendo prisão em flagrante, a autoridade de polícia judiciária fará, imediatamente, comunicação ao juiz competente, remetendo-lhe cópia do auto lavrado, do qual será dada vista ao órgão do Ministério Público, em 24 (vinte e quatro) horas.

§ 1º Para efeito da lavratura do auto de prisão em flagrante e estabelecimento da materialidade do delito, é suficiente o laudo de constatação da natureza e quantidade da droga, firmado por perito oficial ou, na falta deste, por pessoa idônea.

§ 2º O perito que subscrever o laudo a que se refere o § 1º deste artigo não ficará impedido de participar da elaboração do laudo definitivo.

Flagrante (caput)

- Comunicação ao juiz: Dispõe o *caput* deste art. 50 que, havendo prisão em flagrante, a autoridade policial deverá, imediatamente, comunicá-la ao juiz competente, enviando-lhe cópia do respectivo auto, do qual será dada vista ao Ministério Público em *24 horas*.

- Comunicação à Defensoria Pública: Precisou-se aprovar lei, no Brasil, para determinar o óbvio: que toda prisão em flagrante seja comunicada em 24 horas à Defensoria Pública (Lei n. 11.449/2007, que alterou o art. 306 do CPP).

Laudo de constatação (§ 1º)

- Suficiência: Para a lavratura do auto de prisão em flagrante, bem como para se estabelecer a materialidade do crime, será *suficiente* laudo de constatação da natureza e da quantidade da droga, elaborado por perito oficial ou, na sua falta, por pessoa idônea. A nosso ver, embora a lei não fale, esta pessoa deverá ter, necessariamente, conhecimento sobre drogas, além de ser devidamente compromissada, nos termos do art. 159, § 2º, do CPP, tanto na fase policial quanto judicial. Isso porque o citado artigo do Código de Processo Penal não é incompatível com o art. 50, § 1º, da Lei de Drogas, sendo prudente a lavratura de tal compromisso por tratar-se de prova penal.

Não impedimento (§ 2º)	▪ **Laudo definitivo:** O perito que tiver subscrito o laudo de constatação não estará impedido de elaborar o laudo pericial definitivo.
Jurisprudência	▪ **Flagrante:** No auto de prisão em flagrante pela prática de tráfico, é suficiente para estabelecer a materialidade do delito o laudo de constatação provisória da natureza e quantidade da droga, firmado por pessoa idônea. O art. 159 do CPP é aplicável apenas à instrução judicial (STJ, HC 118.083/GO, 5ª T., rel. Min. Laurita Vaz, *DJe* 7-6-2010). ▪ **Exame pericial:** A simples verificação de que as substâncias prescritas pelo paciente encontram-se elencadas pela Portaria n. 344/98 da Secretaria de Vigilância Sanitária, na lista C1 (sujeitas a controle especial), é suficiente para sua caracterização como droga, sendo prescindível a realização de exame pericial para constatação de que efetivamente causam dependência. O exame pericial será necessário para que outros dados (*v.g.*: natureza e quantidade, potencialidade tóxica etc.) sejam aferidos (STJ, HC 139.667/RJ, 5ª Turma, rel. Min. Felix Fischer, *DJe* 1º-2-2010).

Art. 51. O inquérito policial será concluído no prazo de 30 (trinta) dias, se o indiciado estiver preso, e de 90 (noventa) dias, quando solto.

Parágrafo único. Os prazos a que se refere este artigo podem ser duplicados pelo juiz, ouvido o Ministério Público, mediante pedido justificado da autoridade de polícia judiciária.

Prazo (caput)	▪ **Conclusão do inquérito:** Deverá sê-lo em *30 dias* se o acusado estiver preso, e em *90 dias*, se estiver solto.
Dilação (parágrafo único)	▪ **Prazo em dobro:** Os prazos do *caput* poderão ser *duplicados* pelo juiz, em face de requerimento *justificado* da autoridade policial, após oitiva do Ministério Público. Tal justificação deverá basear-se em dados concretos, razoáveis e necessários à perfeita apuração da materialidade e da autoria, notadamente se o acusado estiver preso. Não o sendo, a dilação deverá ser negada, podendo, conforme o caso, ser dilatado o prazo, desde que relaxada a prisão do autuado, uma vez que a lei é expressa ao fixar o prazo máximo de 30 dias para o acusado preso, não possuindo a lei palavras inúteis. Quanto à abusiva relativização de prazos processuais em casos de acusados presos, *vide* Roberto Delmanto Junior, *As modalidades de prisão provisória e seu prazo de duração*, 2. ed., Rio de Janeiro: Renovar, 2001.

Art. 52. Findos os prazos a que se refere o art. 51 desta Lei, a autoridade de polícia judiciária, remetendo os autos do inquérito ao juízo:

I — relatará sumariamente as circunstâncias do fato, justificando as razões que a levaram à classificação do delito, indicando a quantidade e natureza da substância ou do produto apreendido, o local e as condições em que se desenvolveu a ação criminosa, as circunstâncias da prisão, a conduta, a qualificação e os antecedentes do agente; ou

II — requererá sua devolução para a realização de diligências necessárias.

Parágrafo único. A remessa dos autos far-se-á sem prejuízo de diligências complementares:

I — necessárias ou úteis à plena elucidação do fato, cujo resultado deverá ser encaminhado ao juízo competente até 3 (três) dias antes da audiência de instrução e julgamento;

II — necessárias ou úteis à indicação dos bens, direitos e valores de que seja titular o agente, ou que figurem em seu nome, cujo resultado deverá ser encaminhado ao juízo competente até 3 (três) dias antes da audiência de instrução e julgamento.

Remessa do inquérito

■ **Final dos prazos:** Findos os prazos do art. 51, *caput* e parágrafo único, a autoridade policial remeterá os autos do inquérito ao *juiz competente* (e não diretamente à Promotoria, como vem sendo feito, sobretudo na Justiça Federal): (I) relatando sucintamente as circunstâncias do fato, justificando a classificação que tiver dado ao delito, apontando a quantidade e a natureza da droga apreendida, o local e as condições em que se deram os fatos, as circunstâncias em que ocorreu a prisão, a conduta, a qualificação e os antecedentes do indiciado; (II) requerendo a devolução do inquérito à polícia para a realização de diligências necessárias à completa apuração dos fatos, havendo, portanto, *controle judicial*.

Diligências complementares (parágrafo único)

■ **Autos apartados:** A remessa dos autos do inquérito ao juízo competente não prejudicará a realização, em autos apartados, de diligências complementares, desde que: (I) necessárias ou úteis à plena apuração dos fatos, devendo ser encaminhadas a juízo até 3 dias antes da audiência de instrução e julgamento; (II) necessárias ou úteis para a indicação dos bens, direitos e valores de titularidade do indiciado, devendo o resultado ser enviado ao Fórum no mesmo prazo.

Art. 53. Em qualquer fase da persecução criminal relativa aos crimes previstos nesta Lei, são permitidos, além dos previstos em lei, mediante autorização judicial e ouvido o Ministério Público, os seguintes procedimentos investigatórios:

I — a infiltração por agentes de polícia, em tarefas de investigação, constituída pelos órgãos especializados pertinentes;

II — a não atuação policial sobre os portadores de drogas, seus precursores químicos ou outros produtos utilizados em sua produção, que se encontrem no território brasileiro, com a finalidade de identificar e responsabilizar maior número de integrantes de operações de tráfico e distribuição, sem prejuízo da ação penal cabível.

Parágrafo único. Na hipótese do inciso II deste artigo, a autorização será concedida desde que sejam conhecidos o itinerário provável e a identificação dos agentes do delito ou de colaboradores.

Procedimentos investigatórios (caput)

- **Noção:** Dispõe este art. 53 que, *em qualquer fase da investigação criminal*, são permitidos, *além dos previstos em lei*, dois tipos de procedimentos investigatórios, a serem autorizados pelo juiz, após a oitiva do Ministério Público: *I. Infiltração de agentes da polícia*, em tarefas de investigação por órgãos especializados; *II. Não atuação* policial sobre portadores de drogas, seus precursores químicos ou outros produtos utilizados em sua produção, *desde que* se encontrem em território brasileiro, *com o fim* de identificar e responsabilizar um maior número de envolvidos em ações de tráfico e sua distribuição, *sem* prejuízo da ação penal competente. Embora este artigo fale "em *qualquer fase* da persecução criminal", que abrange o inquérito policial e o processo criminal, pensamos que os procedimentos investigatórios a que alude *não* poderão ser realizados durante a ação penal em face das garantias constitucionais do contraditório, da ampla defesa e do devido processo legal. A utilização dos meios operacionais para a prevenção e repressão de ações praticadas por organizações criminosas está também prevista na Lei n. 12.850/2013. Seu art. 3º prevê, entre outros procedimentos: *III. ação controlada*, retardando a interdição policial para que ela se concretize no momento mais eficaz; *VII. infiltração* de agentes de polícia ou de inteligência em tarefas de investigação.

Requisitos (parágrafo único)

- **Limites:** No caso do inciso II deste art. 53, a autorização judicial *só será* concedida se conhecidos: *a) o itinerário provável*; *b) a identificação dos agentes do delito ou colaboradores* (obviamente, aqueles já identificados).

Seção II
DA INSTRUÇÃO CRIMINAL

Art. 54. Recebidos em juízo os autos do inquérito policial, de Comissão Parlamentar de Inquérito ou peças de informação, dar-se-á vista ao Ministério Público para, no prazo de 10 (dez) dias, adotar uma das seguintes providências:

I — requerer o arquivamento;

II — requisitar as diligências que entender necessárias;

III — oferecer denúncia, arrolar até 5 (cinco) testemunhas e requerer as demais provas que entender pertinentes.

Remessa a juízo

- **Providências do Ministério Público:** Enviados a juízo (e não diretamente ao Ministério Público), de forma definitiva e sem pedido de dilação de prazo, os autos do inquérito policial, ou ainda, de CPI ou de peças de informação, o Ministério Público, em 10 dias, poderá: *I.* requerer o *arquivamento* dos autos; *II.* requisitar as *diligências* que entender necessárias (nesse caso, não sendo hipótese de prisão preventiva, o flagrante deverá ser relaxado); *III.* oferecer *denúncia*, arrolando até 5 testemunhas e requerendo a produção das provas que achar necessárias.

Art. 55. Oferecida a denúncia, o juiz ordenará a notificação do acusado para oferecer defesa prévia, por escrito, no prazo de 10 (dez) dias.

§ 1º Na resposta, consistente em defesa preliminar e exceções, o acusado poderá arguir preliminares e invocar todas as razões de defesa, oferecer documentos e justificações, especificar as provas que pretende produzir e, até o número de 5 (cinco), arrolar testemunhas.

§ 2º As exceções serão processadas em apartado, nos termos dos arts. 95 a 113 do Decreto-Lei n. 3.689, de 3 de outubro de 1941 — Código de Processo Penal.

§ 3º Se a resposta não for apresentada no prazo, o juiz nomeará defensor para oferecê-la em 10 (dez) dias, concedendo-lhe vista dos autos no ato de nomeação.

§ 4º Apresentada a defesa, o juiz decidirá em 5 (cinco) dias.

§ 5º Se entender imprescindível, o juiz, no prazo máximo de 10 (dez) dias, determinará a apresentação do preso, realização de diligências, exames e perícias.

Defesa prévia (*caput*)
■ **Notificação:** Oferecida denúncia, o juiz determinará a notificação do(s) acusado(s) para apresentar *defesa prévia*, por escrito, em 10 dias.

Resposta (§ 1º)
■ **Conteúdo:** A defesa prévia, aqui chamada de *resposta* consistirá em *defesa preliminar* e *exceções*, podendo o(s) acusado(s) arguir *preliminares*, invocar as *razões* de sua defesa, oferecer *documentos e justificações*, especificar as *provas* que pretende sejam produzidas e *arrolar* testemunhas, até o máximo de 5. Observe-se que, enquanto no CPP (arts. 396 e 396-A) a resposta é apresentada após o recebimento da denúncia, aqui, de forma mais técnica e garantista, o recebimento ou não da denúncia só ocorrerá após oferecida a resposta.

Em apartado (§ 2º)
■ **Processamento:** As exceções opostas (de suspeição, incompetência de juízo, litispendência, ilegitimidade de parte e coisa julgada) serão processadas *em apartado* (CPP, arts. 95 a 113). Observe-se que os arts. 95 a 111 cuidam das *exceções* propriamente ditas, enquanto o art. 112 trata das *incompatibilidades e impedimentos*, e os arts. 113 a 117, do *conflito de jurisdição*.

Defensor dativo (§ 3º)
■ **Nomeação:** Caso, devidamente notificado(s), o(s) acusado(s) não apresente(m) resposta, o juiz nomeará defensor dativo, concedendo-lhe prazo de 10 dias para apresentá-la. Saliente-se que se o acusado constituir defensor e este, embora habilitado, não oferecer resposta, o juiz, *antes* de nomear defensor dativo, deverá notificar o acusado para constituir *novo*

procurador, sob pena de nomeação de dativo. Isto em respeito às garantias constitucionais do contraditório, da ampla defesa e do devido processo legal, não podendo o acusado ser responsabilizado pela desídia de seu defensor constituído.

Decisão (§ 4º) • **Prazo:** Apresentada a defesa prévia ou resposta, o juiz deverá decidir em 5 dias, recebendo ou rejeitando a denúncia, ou procedendo na forma do § 5º.

Providências (§ 5º) • **Imprescindibilidade:** Caso entenda *imprescindível*, o juiz, antes de receber ou rejeitar a denúncia, poderá determinar a apresentação do acusado que estiver preso, a realização de diligências, exames e perícias, tudo no prazo *máximo* de 10 dias.

Art. 56. Recebida a denúncia, o juiz designará dia e hora para a audiência de instrução e julgamento, ordenará a citação pessoal do acusado, a intimação do Ministério Público, do assistente, se for o caso, e requisitará os laudos periciais.

§ 1º Tratando-se de condutas tipificadas como infração do disposto nos arts. 33, *caput* e § 1º, e 34 a 37 desta Lei, o juiz, ao receber a denúncia, poderá decretar o afastamento cautelar do denunciado de suas atividades, se for funcionário público, comunicando ao órgão respectivo.

§ 2º A audiência a que se refere o *caput* deste artigo será realizada dentro dos 30 (trinta) dias seguintes ao recebimento da denúncia, salvo se determinada a realização de avaliação para atestar dependência de drogas, quando se realizará em 90 (noventa) dias.

Recebimento (caput) • **Providências:** Se receber a denúncia, o juiz designará dia e hora para a audiência de instrução e julgamento, determinará a citação pessoal do acusado para defender-se na ação penal, a intimação do Ministério Público e de seu assistente, se houver, bem como requisitará os laudos periciais.

Afastamento cautelar (§ 1º) • **Funcionário público:** Sendo o denunciado funcionário público e tratando-se de infração prevista nos arts. 33, *caput* e § 1º, e 34 a 37 da presente Lei, o juiz poderá decretar seu *afastamento cautelar* das atividades que exerça, com comunicação ao órgão a que estiver subordinado.

Prazo (§ 2º) • **Realização de audiência:** A audiência de instrução e julgamento referida no *caput* deverá ser realizada no prazo de 30 dias após o recebimento da denúncia. Caso, entretanto, seja determinada a realização de perícia médico-legal para avaliar eventual *dependência* de drogas, a audiência se realizará em até 90 dias.

Art. 57. Na audiência de instrução e julgamento, após o interrogatório do acusado e a inquirição das testemunhas, será dada a palavra, sucessivamente, ao representante do Ministério Público e ao defensor do acusado, para sustentação oral, pelo prazo de 20 (vinte) minutos para cada um, prorrogável por mais 10 (dez), a critério do juiz.

Parágrafo único. Após proceder ao interrogatório, o juiz indagará das partes se restou algum fato para ser esclarecido, formulando as perguntas correspondentes se o entender pertinente e relevante.

Instrução (caput)

- **Ordem dos atos judiciais:** Na audiência de instrução e julgamento serão realizados, pela ordem, os seguintes atos: *I. interrogatório do acusado* pelo juiz, com possibilidade de inquirição pelas partes (Promotor e Defensores, inclusive dos corréus, nos termos do art. 188 do CPP); *II. inquirição das testemunhas*, devendo as de acusação serem ouvidas antes das de defesa, como previsto no art. 400, *caput*, do CPP, e em respeito às garantias constitucionais do contraditório e da ampla defesa. Embora este último artigo da lei processual penal ressalve que tal ordem não se aplica às oitivas por precatória, pensamos que, mesmo nesta hipótese, a inquirição das testemunhas de acusação devem preceder às de defesa, em face daquelas mesmas garantias; *III. debates*, mediante sustentação oral, primeiro pelo Ministério Público e depois pela defesa, ambos por 20 minutos cada, prorrogáveis por mais 10, a critério do juiz. Embora se busque de preferência a oralidade, tem sido comum, principalmente em processos mais complexos, a concessão de prazo para a apresentação de memoriais escritos pelas partes, com permissão da jurisprudência. Nesse caso, a acusação, obviamente, deverá apresentar seu memorial antes de a defesa fazê-lo.

Art. 58. Encerrados os debates, proferirá o juiz sentença de imediato, ou o fará em 10 (dez) dias, ordenando que os autos para isso lhe sejam conclusos.

§ 1º Ao proferir sentença, o juiz, não tendo havido controvérsia, no curso do processo, sobre a natureza ou quantidade da substância ou do produto, ou sobre a regularidade do respectivo laudo, determinará que se proceda na forma do art. 32, § 1º, desta Lei, preservando-se, para eventual contraprova, a fração que fixar.

§ 2º Igual procedimento poderá adotar o juiz, em decisão motivada e, ouvido o Ministério Público, quando a quantidade ou valor da substância ou do produto o indicar, precedendo a medida a elaboração e juntada aos autos do laudo toxicológico.

Sentença (caput)

- **Prazo:** Findos os debates, o juiz deverá proferir sentença de imediato ou fazê-lo em 10 dias, sendo-lhe, nesse caso, conclusos os autos.

Incineração (§ 1º)

- **Inexistência de controvérsia:** Não havendo controvérsia sobre a natureza ou quantidade da substância ou do produto apreendido, ou ainda sobre a regularidade do laudo toxicológico, o juiz determinará a sua incineração em até 30 dias, nos termos do art. 32, § 1º, da presente Lei, preservando-se uma fração suficiente para eventual contraprova.

Maior quantidade
ou valor (§ 2º)

- **Decisão motivada:** Embora este § 2º não seja claro, dele se depreende que, *mesmo antes da sentença*, o juiz, em decisão motivada e após a oitiva do Ministério Público, poderá determinar a incineração da substância ou produto quando sua quantidade ou seu valor o recomendarem, por questões, inclusive, de segurança. Antes disso, deverá ser elaborado e juntado aos autos o laudo toxicológico. Apesar de não mencionado, pensamos ser de rigor a oitiva também do defensor sobre a incineração, em respeito às garantias do contraditório e da ampla defesa.

Jurisprudência

- **Exame pericial:** *Vide* jurisprudência sob esse título no art. 50.

- **Pena-base:** Segundo o entendimento jurisprudencial desta Corte, a grande quantidade de droga é circunstância que autoriza a exacerbação da pena-base (1.691 kg de cocaína transportados no interior de bucho bovino) (STJ, HC 96.237/GO, 6ª Turma, rel. Min. Maria Thereza de Assis Moura, *DJe* 12-4-2010). Se a porção da droga não foi excessivamente elevada, o aumento de pena tão somente por esse fator mostra-se desproporcional, sobretudo se considerada a ausência de outras circunstâncias judiciais desfavoráveis (STJ, HC 132.660/SP, 5ª Turma, rel. Min. Jorge Mussi, *DJe* 12-4-2010).

Art. 59. Nos crimes previstos nos arts. 33, *caput* e § 1º, e 34 a 37 desta Lei, o réu não poderá apelar sem recolher-se à prisão, salvo se for primário e de bons antecedentes, assim reconhecido na sentença condenatória.

Apelação

- **Necessidade cautelar e inaplicabilidade:** Com a revogação do art. 594 e a nova redação dada ao parágrafo único do art. 387, ambos do CPP, pela Lei n. 11.719/2008, o presente art. 59 tornou-se *inaplicável*. Com efeito, dispõe o atual parágrafo único do art. 387 que, ao proferir sentença, "o juiz decidirá, fundamentadamente, sobre a manutenção ou, se for o caso, imposição de prisão preventiva ou de outra medida cautelar, *sem prejuízo do conhecimento da apelação que vier a ser interposta*". A alteração e a revogação feitas pela Lei n. 11.719/2008 possuem efeito *jurídico-material*, envolvendo o direito de liberdade e o direito ao duplo grau de jurisdição, constitucionalmente garantidos. Cuida-se de normas processuais penais de *conteúdo material* (Taipa de Carvalho, *Sucessão de leis penais*, Coimbra Editora, 1990, p. 221). Saliente-se, outrossim, que já anteriormente a essa modificação legislativa, a Súmula 347 do STJ proclamava que "o conhecimento de recurso de apelação do réu *independe* de sua prisão". Não existe mais, em nosso ordenamento, a antiga "prisão para apelar" com fundamento exclusivo nos antecedentes do acusado, violadora da garantia constitucional da presunção de inocência.

Jurisprudência

- **Apelação em liberdade:** "A apelação em liberdade prevista no art. 59 da Lei n. 11.343/2006 pressupõe a cumulação dos pressupostos da primariedade e da inexistência de antecedentes com o fato de ter o réu respondido em liberdade à ação penal, tanto pela inocorrência de prisão oriunda de flagrante delito quanto pela inexistência de decreto de prisão preventiva"

(STF, HC-AgR 94.521/SP, 1ª Turma, rel. Min. Ricardo Lewandowski, *DJ* 1º-8-2008; STJ, HC 120.903/SP, 5ª Turma, rel. Min. Arnaldo Esteves Lima, *DJe* 22-3-2010).

Capítulo IV
DA APREENSÃO, ARRECADAÇÃO E DESTINAÇÃO DE BENS DO ACUSADO

Art. 60. O juiz, de ofício, a requerimento do Ministério Público ou mediante representação da autoridade de polícia judiciária, ouvido o Ministério Público, havendo indícios suficientes, poderá decretar, no curso do inquérito ou da ação penal, a apreensão e outras medidas assecuratórias relacionadas aos bens móveis e imóveis ou valores consistentes em produtos dos crimes previstos nesta Lei, ou que constituam proveito auferido com sua prática, procedendo-se na forma dos arts. 125 a 144 do Decreto-Lei n. 3.689, de 3 de outubro de 1941 — Código de Processo Penal.

§ 1º Decretadas quaisquer das medidas previstas neste artigo, o juiz facultará ao acusado que, no prazo de 5 (cinco) dias, apresente ou requeira a produção de provas acerca da origem lícita do produto, bem ou valor objeto da decisão.

§ 2º Provada a origem lícita do produto, bem ou valor, o juiz decidirá pela sua liberação.

§ 3º Nenhum pedido de restituição será conhecido sem o comparecimento pessoal do acusado, podendo o juiz determinar a prática de atos necessários à conservação de bens, direitos ou valores.

§ 4º A ordem de apreensão ou sequestro de bens, direitos ou valores poderá ser suspensa pelo juiz, ouvido o Ministério Público, quando a sua execução imediata possa comprometer as investigações.

Apreensão (caput)

■ **Noção:** Dispõe este artigo que, durante o inquérito ou o processo criminal, o juiz, de ofício, a requerimento do Ministério Público, ou em virtude de representação do delegado, neste caso ouvindo antes o *Parquet*, poderá decretar a *apreensão* ou outras medidas assecuratórias de bens móveis e imóveis ou valores, se existirem indícios *suficientes* de que sejam produtos de crimes elencados na presente Lei ou constituam proveito auferido em sua prática, procedendo-se de acordo com os arts. 125 a 144 do CPP. Tais artigos constituem o Capítulo III ("Das Medidas Assecuratórias"), do Título VI, do Livro I, da lei adjetiva penal, cuidando do sequestro de bens imóveis (arts. 125 a 131) e móveis (art. 132), avaliação e leilão dos mesmos (art. 133), hipoteca legal (arts. 134 e 135) e arresto (arts. 136 e 137), além de outras disposições concernentes à matéria (arts. 138 a 144).

Defesa (§ 1º)

■ **Prazo de 5 dias:** Decretada qualquer das medidas previstas no *caput*, o acusado poderá em cinco dias apresentar ou requerer a produção de provas para demonstrar a origem *lícita* do(s) bem(bens) apreendido(s).

Liberação (§ 2º)	▪ **Decisão:** Provada a origem lícita do bem ou bens apreendidos, o juiz os liberará.
Requisito (§ 3º)	▪ **Comparecimento pessoal:** O pedido de restituição *só* será apreciado com o comparecimento *pessoal* do acusado, podendo o juiz, ainda, determinar a prática de atos necessários à *conservação* dos bens, direitos ou valores restituídos. A nosso ver não há justificativa para que tal não seja feito mediante o comparecimento do advogado do acusado.
Suspensão (§ 4º)	▪ **Comprometimento da investigação:** Caso a execução *imediata* da ordem de apreensão ou sequestro possa comprometer as investigações (durante o inquérito, portanto), o juiz, depois de ouvir o Ministério Público, poderá *suspendê-la*.

Art. 61. Não havendo prejuízo para a produção da prova dos fatos e comprovado o interesse público ou social, ressalvado o disposto no art. 62 desta Lei, mediante autorização do juízo competente, ouvido o Ministério Público e cientificada a Senad, os bens apreendidos poderão ser utilizados pelos órgãos ou pelas entidades que atuam na prevenção do uso indevido, na atenção e reinserção social de usuários e dependentes de drogas e na repressão à produção não autorizada e ao tráfico ilícito de drogas, exclusivamente no interesse dessas atividades.

Parágrafo único. Recaindo a autorização sobre veículos, embarcações ou aeronaves, o juiz ordenará à autoridade de trânsito ou ao equivalente órgão de registro e controle a expedição de certificado provisório de registro e licenciamento, em favor da instituição à qual tenha deferido o uso, ficando esta livre do pagamento de multas, encargos e tributos anteriores, até o trânsito em julgado da decisão que decretar o seu perdimento em favor da União.

Utilização dos bens (caput)	▪ **Requisitos:** Inexistindo prejuízo para a produção de provas e havendo interesse público ou social, o juiz, com *ressalva* do disposto no art. 62, após ouvir o Ministério Público e dar ciência à Senad, poderá autorizar a utilização dos bens apreendidos por órgãos ou entidades que atuem: *a)* na *prevenção* do uso indevido de drogas; *b)* na *atenção e reinserção social* de usuários e dependentes de drogas; *c)* na *repressão* à produção não autorizada e ao tráfico ilícito de drogas, tudo sempre no interesse *exclusivo* de suas atividades.
Veículos, embarcações e aeronaves (parágrafo único)	▪ **Certificado provisório:** Se a autorização de uso for de veículos, embarcações ou aeronaves, o juiz determinará ao órgão de trânsito ou equivalente a expedição de certificado *provisório* em favor da instituição beneficiada, a qual ficará livre do pagamento de multas, encargos e tributos *anteriores*, até o *trânsito em julgado* da decisão que vier a decretar o seu perdimento em favor da União.

Art. 62. Os veículos, embarcações, aeronaves e quaisquer outros meios de transporte, os maquinários, utensílios, instrumentos e objetos de qualquer natureza, utilizados para a prática dos crimes definidos nesta Lei, após a sua regular apreensão, ficarão sob custódia da autoridade de polícia judiciária, excetuadas as armas, que serão recolhidas na forma de legislação específica.

§ 1º Comprovado o interesse público na utilização de qualquer dos bens mencionados neste artigo, a autoridade de polícia judiciária poderá deles fazer uso, sob sua responsabilidade e com o objetivo de sua conservação, mediante autorização judicial, ouvido o Ministério Público.

§ 2º Feita a apreensão a que se refere o *caput* deste artigo, e tendo recaído sobre dinheiro ou cheques emitidos como ordem de pagamento, a autoridade de polícia judiciária que presidir o inquérito deverá, de imediato, requerer ao juízo competente a intimação do Ministério Público.

§ 3º Intimado, o Ministério Público deverá requerer ao juízo, em caráter cautelar, a conversão do numerário apreendido em moeda nacional, se for o caso, a compensação dos cheques emitidos após a instrução do inquérito, com cópias autênticas dos respectivos títulos, e o depósito das correspondentes quantias em conta judicial, juntando-se aos autos o recibo.

§ 4º Após a instauração da competente ação penal, o Ministério Público, mediante petição autônoma, requererá ao juízo competente que, em caráter cautelar, proceda à alienação dos bens apreendidos, excetuados aqueles que a União, por intermédio da Senad, indicar para serem colocados sob uso e custódia da autoridade de polícia judiciária, de órgãos de inteligência ou militares, envolvidos nas ações de prevenção ao uso indevido de drogas e operações de repressão à produção não autorizada e ao tráfico ilícito de drogas, exclusivamente no interesse dessas atividades.

§ 5º Excluídos os bens que se houver indicado para os fins previstos no § 4º deste artigo, o requerimento de alienação deverá conter a relação de todos os demais bens apreendidos, com a descrição e a especificação de cada um deles, e informações sobre quem os tem sob custódia e o local onde se encontram.

§ 6º Requerida a alienação dos bens, a respectiva petição será autuada em apartado, cujos autos terão tramitação autônoma em relação aos da ação penal principal.

§ 7º Autuado o requerimento de alienação, os autos serão conclusos ao juiz, que, verificada a presença de nexo de instrumentalidade entre o delito e os objetos utilizados para a sua prática e risco de perda de valor econômico pelo decurso do tempo, determinará a avaliação dos bens relacionados, cientificará a Senad e intimará a União, o Ministério Público e o interessado, este, se for o caso, por edital com prazo de 5 (cinco) dias.

§ 8º Feita a avaliação e dirimidas eventuais divergências sobre o respectivo laudo, o juiz, por sentença, homologará o valor atribuído aos bens e determinará sejam alienados em leilão.

§ 9º Realizado o leilão, permanecerá depositada em conta judicial a quantia apurada, até o final da ação penal respectiva, quando será transferida ao Funad, juntamente com os valores de que trata o § 3º deste artigo.

§ 10. Terão apenas efeito devolutivo os recursos interpostos contra as decisões proferidas no curso do procedimento previsto neste artigo.

§ 11. Quanto aos bens indicados na forma do § 4º deste artigo, recaindo a autorização sobre veículos, embarcações ou aeronaves, o juiz ordenará à autoridade de trânsito ou ao equivalente órgão de registro e controle a expedição de certificado provisório de registro e licenciamento, em favor da autoridade de polícia judiciária ou órgão aos quais tenha deferido o uso, ficando estes livres do pagamento de multas, encargos e tributos anteriores, até o trânsito em julgado da decisão que decretar o seu perdimento em favor da União.

Custódia (caput)	■ **Após regular apreensão:** Com *exceção* das armas, que serão recolhidas de acordo com a lei específica, *veículos, embarcações, aeronaves e quaisquer meios de transporte, maquinários, utensílios, instrumentos e objetos de qualquer natureza* empregados na prática de crimes elencados na presente Lei ficarão sob *custódia* da autoridade policial judiciária.
Utilização dos bens (§ 1º)	■ **Interesse público:** Havendo interesse público, a autoridade policial, se autorizada pelo juiz, após a oitiva do Ministério Público, poderá utilizar os bens mencionados no *caput*, com o objetivo de conservá-los e sob sua responsabilidade.
Dinheiro ou cheques (§ 2º)	■ **Requerimento:** Havendo apreensão de dinheiro ou cheques emitidos como ordem de pagamento (não, portanto, pré-datados ou dados como garantia), a autoridade policial deverá requerer ao juiz competente a intimação do Ministério Público.
Conversão e compensação (§ 3º)	■ **Caráter cautelar:** Intimado, caberá ao Ministério Público requerer ao juiz (a lei usa o termo "deverá", mas o *Parquet* é autônomo), a conversão da moeda estrangeira apreendida em nacional e a compensação dos cheques emitidos após a instrução do inquérito (ou seja, ao seu final, por ocasião do relatório policial), juntando aos autos cópias autenticadas dos títulos e o recibo de depósito das quantias. O dispositivo, evidentemente, é despiciendo pois o Juiz poderá fazê-lo de ofício.
Alienação ou custódia (§ 4º)	■ **Após a instauração da ação penal:** Também em caráter cautelar e através de petição autônoma, o Ministério Público poderá requerer ao juiz a venda dos bens apreendidos, com exceção daqueles que a Senad indicar para serem custodiados e usados pela autoridade policial judiciária e órgãos da inteligência ou militares envolvidos na prevenção ao uso de drogas ou operações de repressão à sua produção e tráfico, no interesse exclusivo dessas atividades.
Relação dos bens (§ 5º)	■ **Requerimento de alienação:** Excluídos os bens indicados pela Senad, deverá conter a relação, descrição e especificação dos bens apreendidos, além da informação do local em que se encontram e do responsável por sua custódia.

Autuação em apartado (§ 6º)	■ **Tramitação autônoma:** Autuada em apartado a petição de alienação do Ministério Público, os respectivos autos tramitarão autonomamente em relação aos autos principais.
Nexo de instrumentalidade (§ 7º)	■ **Avaliação:** Se houver nexo de instrumentalidade entre o crime e os objetos usados em sua prática, bem como risco de perda de seu valor em face do decurso do tempo, o juiz determinará a sua avaliação, cientificará a Senad e intimará o Ministério Público e o interessado, este por edital com prazo de cinco dias, se necessário (ou seja, se não for possível a intimação pessoal).
Leilão (§ 8º)	■ **Avaliação:** Feita esta e inexistindo divergência, o juiz, por sentença, homologará o valor dado aos bens, determinando sejam levados à leilão.
Em conta judicial (§ 9º)	■ **Após o leilão:** A quantia obtida ficará depositada em conta judicial até o trânsito em julgado da ação penal, ocasião em que juntamente com os valores mencionados no § 3º, será transferida ao Funad, se a decisão for condenatória.
Efeito devolutivo (§ 10)	■ **Recursos interpostos:** Não terão efeito suspensivo, mas apenas devolutivo.
Certificado provisório (§ 11)	■ **Veículos, embarcações e aeronaves:** Havendo autorização em relação ao seu uso, nos termos do § 4º, o juiz determinará à autoridade competente a expedição de certificado provisório de registro e licenciamento em favor da autoridade policial ou órgão beneficiado, isentando-os do pagamento de multas, encargos e tributos anteriores até o trânsito em julgado da decisão que decretar o seu perdimento em favor da União.

Art. 63. Ao proferir a sentença de mérito, o juiz decidirá sobre o perdimento do produto, bem ou valor apreendido, sequestrado ou declarado indisponível.

§ 1º Os valores apreendidos em decorrência dos crimes tipificados nesta Lei e que não forem objeto de tutela cautelar, após decretado o seu perdimento em favor da União, serão revertidos diretamente ao Funad.

§ 2º Compete à Senad a alienação dos bens apreendidos e não leiloados em caráter cautelar, cujo perdimento já tenha sido decretado em favor da União.

§ 3º A Senad poderá firmar convênios de cooperação, a fim de dar imediato cumprimento ao estabelecido no § 2º deste artigo.

§ 4º Transitada em julgado a sentença condenatória, o juiz do processo, de ofício ou a requerimento do Ministério Público, remeterá à Senad relação dos bens, direitos e valores declarados perdidos em favor da União, indicando, quanto aos bens, o local em que se encontram e a entidade ou o órgão em cujo poder estejam, para os fins de sua destinação nos termos da legislação vigente.

Perdimento (caput)	▪ **Sentença de mérito:** Ao prolatá-la, o juiz decidirá sobre o perdimento dos produtos, bens ou valores apreendidos, sequestrados ou declarados indisponíveis.
Após o perdimento (§ 1º)	▪ **Para a Funad:** Os valores apreendidos e que não forem objeto de tutela cautelar, após o perdimento em favor da União, serão revertidos diretamente à Funad.
Bens apreendidos e não leiloados em caráter cautelar (§ 2º)	▪ **Senad (1):** A ela compete sua alienação, após a decretação do perdimento.
Convênios de cooperação (§ 3º)	▪ **Senad (2):** Para dar cumprimento imediato ao disposto no § 2º, compete-lhe firmar convênios de cooperação.
Destinação (§ 4º)	▪ **Trânsito em julgado de sentença condenatória:** Depois dele, o juiz, de ofício ou a requerimento do Ministério Público, enviará à Senad relação dos bens, direitos e valores perdidos para a União, indicando, no que tange aos primeiros, o local em que se encontrem, bem como a entidade ou órgão em cuja posse estejam, para fim de sua destinação legal.

Art. 64. A União, por intermédio da Senad, poderá firmar convênio com os Estados, com o Distrito Federal e com organismos orientados para a prevenção do uso indevido de drogas, a atenção e a reinserção social de usuários ou dependentes e a atuação na repressão à produção não autorizada e ao tráfico ilícito de drogas, com vistas na (sic) liberação de equipamentos e de recursos por ela arrecadados, para a implantação e execução de programas relacionados à questão das drogas.

Título V
DA COOPERAÇÃO INTERNACIONAL

Art. 65. De conformidade com os princípios da não intervenção em assuntos internos, da igualdade jurídica e do respeito à integridade territorial dos Estados e às leis e aos regulamentos nacionais em vigor, e observado o espírito das Convenções das Nações Unidas e outros instrumentos jurídicos internacionais relacionados à questão das drogas, de que o Brasil é parte, o governo brasileiro prestará, quando solicitado, cooperação a outros países e organismos internacionais e, quando necessário, deles solicitará a colaboração, nas áreas de:

I — intercâmbio de informações sobre legislações, experiências, projetos e programas voltados para atividades de prevenção do uso indevido, de atenção e de reinserção social de usuários e dependentes de drogas;

II — intercâmbio de inteligência policial sobre produção e tráfico de drogas e delitos conexos, em especial o tráfico de armas, a lavagem de dinheiro e o desvio de precursores químicos;

III — intercâmbio de informações policiais e judiciais sobre produtores e traficantes de drogas e seus precursores químicos.

Tratados e cooperação internacionais

■ **Cooperação internacional (limites):** Atualmente, o principal tratado internacional ratificado pelo Brasil relativo à questão das drogas é a Convenção das Nações Unidas contra o Tráfico Ilícito de Entorpecentes e Substâncias Psicotrópicas, conhecida como Convenção de Viena, que foi concluída em 1988, aprovada pelo Congresso Nacional em 1991 (Decreto Legislativo n. 162, de 14 de junho daquele ano) e promulgada pelo Decreto do Poder Executivo (Decreto n. 154, de 26 de junho do mesmo ano). Antes dela, destacamos a Convenção da ONU sobre Drogas Narcóticas de 1961 e a Convenção da ONU sobre Substâncias Psicotrópicas de 1971. Logo em seu artigo 1º, dispõe a Convenção de Viena de 1988 que o seu propósito é justamente "promover a cooperação entre as Partes a fim de que se possa fazer frente, com maior eficiência, aos diversos aspectos do tráfico ilícito de entorpecentes e de substâncias psicotrópicas que tenham dimensão internacional". Além de tratar da extradição no artigo 6º, cuida, no 7º, exatamente da cooperação internacional mediante assistência jurídica recíproca para, por exemplo, a) colher testemunhos ou declarações de pessoas; b) apresentar documentos jurídicos; c) efetuar buscas e apreensões; d) examinar objetos e locais; e) facilitar acesso de informações e evidências; f) entregar originais ou cópias autenticadas de documentos e expedientes relacionadas ao caso, inclusive documentação bancária, financeira, social ou comercial; g) identificar ou detectar o produto, os bens, os instrumentos ou outros elementos comprobatórios. Por sua vez, o trâmite de toda cooperação internacional, em regra, ocorre por meio da via diplomática, com o envio das chamadas "cartas rogatórias"; quando se tratar de cumprimento de decisão judiciária estrangeira, como o sequestro de bens internacional, ela deve, via Itamaraty, ser encaminhada ao Superior Tribunal de Justiça, como determina a Constituição, a quem compete a "homologação de sentenças estrangeiras e a concessão de *exequatur* às cartas rogatórias" (art. 105, I, *i*). Em nível de cooperação em investigação criminal, a tendência, porém, é cada vez mais os Estados dispensarem formalidades, existindo "acordos multilaterais" de cooperação internacional, os chamados "MLATs — Mutual Legal Assistance Treaties", por meio dos quais os Países se propõem a colaborar de forma direta, seja através da Interpol ou entre instituições, como frequentemente tem se utilizado o Ministério Público Federal ao solicitar informações de autoridades estrangeiras, inclusive norte-americanas, sobre processos envolvendo brasileiros no exterior ou a oitiva de testemunhas. Com relação aos EUA, o Brasil assinou tratado nesse sentido em 14 de outubro de 1997, com ampla gama de colaboração voltado a: 1) localização ou identificação de pessoas ou coisas; 2) realizar intimações; 3) colher testemunhos ou depoimentos; 4) transferência de pessoas presas para prestarem depoimento ou outros propósitos; 5) apresentar documentos, registros ou itens; 6) executar pedidos de busca e apreensão; 7) auxiliar no processo de sequestro, arresto de bens e restituição de bens; 8) outras assistências não proibidas pelas leis brasileiras. Essa colaboração direta, contudo, jamais poderá se sobrepor à Constituição da República brasileira quando, por exemplo, exige decisão fundamentada do Judiciário pátrio para se decretar uma quebra de sigilo telefônico, de dados, bancário ou fiscal. Desse modo, a nosso ver não podem ser encaminhados por autoridades estrangeiras ao Ministério Público brasileiro, por exemplo, *e-mails* de executivos de empresas multinacionais investigadas no Brasil e no exterior, se obtidos sem quebra judicial de sigilo, como exige a Constituição brasileira. Nesses casos, há necessidade do Ministério Público brasileiro primeiro obter a decisão judicial de quebra desses sigilos, para que os documentos possam ser validamente introduzidos como prova nos processos que aqui se desenrolam.

Título VI
DISPOSIÇÕES FINAIS E TRANSITÓRIAS

Art. 66. Para fins do disposto no parágrafo único do art. 1º desta Lei, até que seja atualizada a terminologia da lista mencionada no preceito, denominam-se drogas substâncias entorpecentes, psicotrópicas, precursoras e outras sob controle especial, da Portaria SVS/MS n. 344, de 12 de maio de 1998.

Art. 67. A liberação dos recursos previstos na Lei n. 7.560, de 19 de dezembro de 1986, em favor de Estados e do Distrito Federal, dependerá de sua adesão e respeito às diretrizes básicas contidas nos convênios firmados e do fornecimento de dados necessários à atualização do sistema previsto no art. 17 desta Lei, pelas respectivas polícias judiciárias.

Art. 68. A União, os Estados, o Distrito Federal e os Municípios poderão criar estímulos fiscais e outros, destinados às pessoas físicas e jurídicas que colaborem na prevenção do uso indevido de drogas, atenção e reinserção social de usuários e dependentes e na repressão da produção não autorizada e do tráfico ilícito de drogas.

Art. 69. No caso de falência ou liquidação extrajudicial de empresas ou estabelecimentos hospitalares, de pesquisa, de ensino, ou congêneres, assim como nos serviços de saúde que produzirem, venderem, adquirirem, consumirem, prescreverem ou fornecerem drogas ou de qualquer outro em que existam essas substâncias ou produtos, incumbe ao juízo perante o qual tramite o feito:

I — determinar, imediatamente à ciência da falência ou liquidação, sejam lacradas suas instalações;

II — ordenar à autoridade sanitária competente a urgente adoção das medidas necessárias ao recebimento e guarda, em depósito, das drogas arrecadadas;

III — dar ciência ao órgão do Ministério Público, para acompanhar o feito.

§ 1º Da licitação para alienação de substâncias ou produtos não proscritos referidos no inciso II do *caput* deste artigo, só podem participar pessoas jurídicas regularmente habilitadas na área de saúde ou de pesquisa científica que comprovem a destinação lícita a ser dada ao produto a ser arrematado.

§ 2º Ressalvada a hipótese de que trata o § 3º deste artigo, o produto não arrematado será, ato contínuo à hasta pública, destruído pela autoridade sanitária, na presença dos Conselhos Estaduais sobre Drogas e do Ministério Público.

§ 3º Figurando entre o praceado e não arrematadas especialidades farmacêuticas em condições de emprego terapêutico, ficarão elas depositadas sob a guarda do Ministério da Saúde, que as destinará à rede pública de saúde.

Art. 70. O processo e o julgamento dos crimes previstos nos arts. 33 a 37 desta Lei, se caracterizado ilícito transnacional, são da competência da Justiça Federal.

Parágrafo único. Os crimes praticados nos Municípios que não sejam sede de vara federal serão processados e julgados na vara federal da circunscrição respectiva.

Ilícito transacional (caput)

■ **Justiça Federal:** Caracterizada a transnacionalidade, são de sua competência o processo e julgamento dos crimes dos arts. 33 a 37. Observe-se que a Constituição Federal, no art. 109, V, determina que será competente a Justiça Federal tratando-se de "crimes previstos em tratado ou convenção internacional, quando, iniciada a execução no País, o resultado tenha ou devesse ter ocorrido no estrangeiro, ou reciprocamente".

Municípios não sede de Vara Federal (parágrafo único)

■ **Vara Federal da circunscrição respectiva:** Será competente para processar e julgar os mesmos crimes praticados nos municípios que não sejam sede.

Art. 71. (*Vetado.*)

Art. 72. Sempre que conveniente ou necessário, o juiz, de ofício, mediante representação da autoridade de polícia judiciária, ou a requerimento do Ministério Público, determinará que se proceda, nos limites de sua jurisdição e na forma prevista no § 1º do art. 32 desta Lei, à destruição de drogas em processos já encerrados.

Art. 73. A União poderá estabelecer convênios com os Estados e com o Distrito Federal, visando à prevenção e repressão do tráfico ilícito e do uso indevido de drogas, e com os Municípios, com o objetivo de prevenir o uso indevido delas e de possibilitar a atenção e reinserção social de usuários e dependentes de drogas.

■ Alteração: Redação dada pela Lei n. 12.219, de 2010.

Art. 74. Esta Lei entra em vigor 45 (quarenta e cinco) dias após a sua publicação.

Art. 75. Revogam-se a Lei n. 6.368, de 21 de outubro de 1976, e a Lei n. 10.409, de 11 de janeiro de 2002.

Brasília, 23 de agosto de 2006; 185º da Independência e 118º da República.

LUIZ INÁCIO LULA DA SILVA
Márcio Thomaz Bastos
Guido Mantega
Jorge Armando Felix

INVESTIGAÇÃO POLICIAL

LEI N. 12.830, DE 20 DE JUNHO DE 2013

Art. 1º Esta Lei dispõe sobre a investigação criminal conduzida pelo delegado de polícia.

- **Noção:** A investigação criminal, no Brasil, é de atribuição da polícia federal, quando tratar-se de infração penal "contra a ordem política e social ou em detrimento de bens, serviços e interesses da União ou de suas entidades autárquicas e empresas públicas, assim como outras infrações cuja prática tenha repercussão interestadual ou internacional e exija repressão uniforme"; por sua vez, às polícias civis estaduais "dirigidas por delegados de polícia de carreira", incumbe as "funções de polícia judiciária e a apuração de infrações penais" (CR, art. 144). Os delegados de polícia judiciária, atualmente, realizam a atividade que, no Brasil Império, até a edição da Lei n. 261, de 3 de dezembro de 1841, que alterou o Código Criminal de 1832, era realizada por juízes, os quais se depararam com grandes dificuldades para se deslocar em nosso enorme território, delegando poderes a determinados funcionários públicos. Aliás, em alguns países que ainda adotam o chamado "juizado de instrução", a investigação criminal continua sendo feita por juízes instrutores; em outros, pelo Ministério Público. Assim é que o inquérito policial, entre nós, é endereçado ao Juiz de Direito, e não ao *Parquet*, gerando ácidas críticas por parte de muitos membros do Ministério Público que, além de fiscalizar a atuação da polícia, de poder requisitar a instauração de inquérito policial e a realização de diligências aos Delegados, desejam, eles mesmos, conduzir as investigações criminais, sob o argumento de que, afinal, são os titulares da ação penal pública (CR, art. 129). Daí a grande polêmica sobre a possibilidade jurídica, diante do art. 144 da *Magna Carta*, de o Ministério Público realizar diretamente a investigação criminal. A nosso ver, pela leitura do texto constitucional o Ministério Público não possui atribuição para realizar, de forma concomitante à polícia ou isoladamente, investigação criminal, sendo o art. 144 taxativo. É fato, porém, que desde a promulgação da Constituição, que também prevê a possibilidade de o *Parquet* promover "inquérito *civil* público", inúmeros têm sido os casos em que esses procedimentos administrativos tornam-se, em substância, verdadeiras investigações *criminais*, havendo enorme pressão sobre os investigados, em todas as áreas, inclusive trabalhista, para que assinem "Termos de Ajustamento de Conduta". Estes termos se consubstanciam em verdadeiras "confissões", muitas vezes utilizados para o oferecimento de denúncia, buscando condenações criminais. Além disso, com o tempo, a prática de realizar investigação criminal (às vezes de forma paralela ao inquérito policial) passou a se difundir, sendo autuada como "procedimento administrativo criminal" ou como "procedimento de investigação criminal". Destarte, de forma ilegal, tanto no plano constitucional (como acima referido) quanto ordinário (por inexistir lei definindo critérios, impondo limites e permitindo amplo acesso à defesa), membros do Ministério Público têm, literalmente, "escolhido" o que, quando, e quem desejam investigar, agindo, portanto, de forma arbitrária, mediante verdadeiras devassas, com abusos em razão do excesso de poder, uma vez que, se o Ministério Público fiscaliza a polícia, ninguém fiscaliza o Ministério Público. Ademais, é fato notório que órgãos do *Parquet* têm, inclusive, adquirido equipamentos para realizar monitoramentos eletrônicos judicialmente autorizados (os chamados "Guardiões"), em vez de serem realizados pela polícia judiciária. E todos sabemos que o excesso de poder, sem rígido controle, não é salutar ao Estado de Direito Democrático. Em que pese hoje vigorar o chavão, de viés populista, de que "quanto mais órgãos públicos puderem investigar, menor será a impunidade", há que se ter muito cuidado com essa ideia. A nosso sentir, se o Ministério Público, como parte, pudesse investigar para ver comprovados os fatos que pretende fazer constar de sua denúncia, há sério e palpável risco de que provas contrárias, favoráveis ao futuro denunciado, poderão ser preteridas, havendo um enorme desequilíbrio. Isso porque uma vez que a defesa privada e as defensorias públicas não são dotadas dos mesmos poderes para demonstrar a inocência do acusado, como, por exemplo, o de convocar uma pessoa para prestar esclarecimentos, sob pena de desobediência e condução coercitiva. O Tribunal de Justiça de São Paulo, no ano de 2012, com acerto afastou a possibilidade de o Ministério Público realizar investigação criminal em mais de uma oportunidade (TJSP, 12ª Câm., HC n. 0234651-94.2011.8.26.0000, m.v., rel. p/ acórdão Des. Angélica de Almeida, j. 8-2-2012; 6ª Câm., Ap. n. 0002237-86.2010.8.26.0024, *v.u.*, rel. Des. Marco Antonio Marques da Silva, j. 8-11-2012). No Supremo Tribunal Federal, a questão encontra-se pendente de julgamento, pelo *Pleno*, do Recurso Extraordinário n. 593727 e do HC n. 84548, tudo indicando, até o momento, que o Supremo irá decidir favoravelmente à tese do Ministério Público, mas impondo uma série de ressalvas quanto à supervisão do Procurador-Geral e do Judiciário, à livre distribuição da investigação e sua publicidade, e ao direito à ampla defesa. Na mesma esteira, a famosa proposta de emenda constitucional – PEC n. 37, que visava deixar extreme de qualquer dúvida ser atribuição exclusiva da polícia judiciária investigar crimes, cabendo ao Ministério Público somente requisitar a instauração de inquéritos e diligências, foi rejeitada pelo Congresso em 2013. A discussão é polêmica, mas uma coisa é certa: atribuir poderes *excessivos* a quem quer que seja, inclusive a membros do Ministério Público, que passam a atuar de forma discricionária e sem controle, por melhor que sejam as suas intenções no sentido de combater a corrupção e a impunidade, põe em risco a própria Democracia. Sem dúvida, se realmente vier a ser confirmada, pelo Supremo Tribunal Federal, a atribuição do *Parquet* realizar investigação criminal, rígidos limites haverão de ser impostos, inclusive vetando que o promotor ou procurador que realize a investigação seja o mesmo que ofereça a denúncia e atue na ação penal.

- **Comissão Parlamentar de Inquérito:** Por expressa disposição constitucional, também podem realizar investigação criminal as Comissões Parlamentares de Inquérito, com "poderes de investigação próprios das autoridades judiciais" (CR, art. 58, § 3º). Entretanto, toda e qualquer medida cautelar que imponha restrição à liberdade do investigado (como a prisão, a proibição de se ausentar da comarca, a entrega de passaporte etc.), à sua privacidade (interceptações telefônicas, obtenção de dados fiscais e bancários) e ao pleno gozo de seus direitos reais (sequestro de bens oriundos do crime ou arresto do patrimônio em montante suficiente para futura e eventual indenização *ex delito*) devem ser determinadas por Juiz de Direito, mediante a devida fundamentação acerca de sua tipicidade processual, adequação, proporcionalidade e necessidade.

Art. 2º As funções de polícia judiciária e a apuração de infrações penais exercidas pelo delegado de polícia são de natureza jurídica, essenciais e exclusivas de Estado.

§ 1º Ao delegado de polícia, na qualidade de autoridade policial, cabe a condução da investigação criminal por meio de inquérito policial ou outro procedimento previsto em lei, que tem como objetivo a apuração das circunstâncias, da materialidade e da autoria das infrações penais.

§ 2º Durante a investigação criminal, cabe ao delegado de polícia a requisição de perícia, informações, documentos e dados que interessem à apuração dos fatos.

§ 3º (VETADO).

§ 4º O inquérito policial ou outro procedimento previsto em lei em curso somente poderá ser avocado ou redistribuído por superior hierárquico, mediante despacho fundamentado, por motivo de interesse público ou nas hipóteses de inobservância dos procedimentos previstos em regulamento da corporação que prejudique a eficácia da investigação.

§ 5º A remoção do delegado de polícia dar-se-á somente por ato fundamentado.

- **Nota:** Os §§ 4º e 5º representam uma conquista para a categoria dos Delegados de Polícia, garantindo-lhes que possam realizar as investigações criminais com maior liberdade de atuação, ainda que elas venham a contrariar interesses de superiores hierárquicos e de funcionários de alto escalão do próprio Governo Estadual, uma vez que o Delegado-Geral de Polícia é nomeado pelo Governador.

§ 6º O indiciamento, privativo do delegado de polícia, dar-se-á por ato fundamentado, mediante análise técnico-jurídica do fato, que deverá indicar a autoria, materialidade e suas circunstâncias.

■ **Nota:** O indiciamento criminal é ato de discricionariedade *regrada*, devendo, evidentemente, ser fundamentado. No Estado de São Paulo, desde 1998, a Portaria n. 18 da Delegacia Geral de Polícia assim determina. Tendo em vista que o Ministério Público, mesmo havendo "indiciamento criminal" efetuado pelo Delegado de Polícia, pode dele discordar e não oferecer denúncia em face do "indiciado", tem-se, com razão, questionando sobre a necessidade e a conveniência de se manter esse ato em nosso ordenamento jurídico. Isso porque, além de criar espaço para que maus policiais, que não honram a nobre função, pratiquem corrupção, o indiciamento criminal tem um caráter extremamente perverso em nosso ordenamento. Isso porque o seu registro, na realidade, *nunca desaparece* dos sistemas de informática da polícia para consulta interna, ainda que arquivado o inquérito ou absolvido o indiciado, o que é um *non sense* que tem sido, infelizmente, mantido por nossos Tribunais ao denegar mandados de segurança que postulam a retirada dos registros informáticos nesses casos.

■ **Indiciamento após o oferecimento da denúncia:** Como o ato do indiciamento é privativo da autoridade policial, se o Delegado de Polícia optou por não o determinar durante o inquérito policial, não tem cabimento o Ministério Público, ao oferecer a denúncia, requerer o "formal indiciamento" do denunciado, para que, além do distribuidor criminal, a imputação também conste dos registros da polícia. Diversas têm sido as ordens de *habeas corpus* concedidas em todo o Brasil nesse sentido, há anos. Cf., STJ, 5ª T., HC n. 165600, rel. Min. Napoleão Nunes Maia, j. 25-11-2010, v.u. Em 19-9-2012, o Ministro Joaquim Barbosa concedeu liminar no HC n. 115.015, afirmando: "Como se sabe, o indiciamento formal dos acusados é ato exclusivo da autoridade policial – portanto, próprio da fase inquisitorial da persecução –, que elege formalmente, com base nos elementos probatórios coligidos na apuração, o suspeito da prática do ilícito penal. Nesse contexto, ultimada a *persecutio criminis* pré-processual e promovida a pertinente ação penal, desnecessária é a superveniência do indiciamento formal, haja vista que os agentes envolvidos na prática delituosa deixam de ser meros suspeitos, objetos da investigação, e passam a ostentar a condição de réus, sujeitos da relação processual-penal".

Art. 3º O cargo de delegado de polícia é privativo de bacharel em Direito, devendo-lhe ser dispensado o mesmo tratamento protocolar que recebem os magistrados, os membros da Defensoria Pública e do Ministério Público e os advogados.

- **Bacharel em Direito:** Embora em muitos Estados já se encontre previsto em lei a necessidade de a carreira de Delegado de Polícia Civil ser exercida por bacharel em Direito, o mesmo se verificando em nível nacional quanto aos Delegados de Polícia Federal e da Polícia Rodoviária e Ferroviária, a disposição é salutar, uma vez que, em alguns Estados ainda existem, em locais distantes, a figura de um Policial Militar presidindo inquéritos policiais, como se Delegados de Polícia fossem, em desacordo com o art. 144 da Constituição da República.

- **Tratamento protocolar:** Não há o menor sentido em se dispor, em lei, que as pessoas devem ser educadas e respeitosas com os Delegados de Polícia, que são autoridades públicas, exercendo relevantes e nobres funções, a exemplo das desempenhadas pelos juízes, advogados, membros do Ministério Público e da Defensoria Pública.

Art. 4º Esta Lei entra em vigor na data de sua publicação.

DELAÇÃO PREMIADA

Lei n. 8.072/90
Lei n. 8.137/90
Lei n. 7.492/86, modificada pela Lei n. 9.095/95
Lei n. 9.269/96, que alterou o art. 159, § 4º, do CP
Lei n. 9.613/98
Lei n. 9.807/99
Lei n. 11.343/2006
Lei n. 12.850/2013

"Ainda que agrade a traição, ao traidor tem-se aversão."
(Cervantes, Don Quixote, Parte Primeira, Cap. XXXIX, apud Rômulo de Andrade Moreira, "A mais nova previsão da delação premiada no direito brasileiro", Revista Eletrônica Investidura, Florianópolis/SC, ano IV, v. 18, dez. 2011.)

"O acordo não pode servir para a persecução criminal e ficar à margem do conhecimento da defesa."
(Voto vencido do Min. Marco Aurélio no HC 90.688-5, j. 12-3-2008.)

- **A "Caixa Preta" do processo penal brasileiro:** A delação premiada foi introduzida em nosso ordenamento jurídico pela Lei n. 8.072/90 — Lei dos Crimes Hediondos e depois adotada em diversas outras leis. Pode-se dizer que hoje ela é a "Caixa Preta" do processo penal brasileiro. Não está autorizada pela Constituição Federal, que não contempla o *plea bargaining*, isto é, a possibilidade de o Ministério Público dispor da ação penal; uma vez formada a *opinio delicti* contra o acusado, ele deve, sempre, oferecer denúncia em nosso sistema processual penal, o que se buscou remediar, recentemente, com a edição da Lei n. 12.850/2013 (art. 4º, § 4º). Constitui, sobretudo, em relação ao delatado, sério risco de erro judiciário, maior tragédia do processo penal, pois o delator também pode mentir e incriminar inocentes, para obter a redução ou a isenção de sua pena. Como "Caixa Preta" que é, não se sabe o que revelará de injustiças quando for aberta. Cf. Roberto Delmanto Junior, "Reforma do processo penal". *Setenta anos do Código de Processo Penal brasileiro.* Rio de Janeiro: Lumen Juris, 2011, p. 405.

- **Sigilo *versus* ampla defesa, contraditório e devido processo legal:** As diversas leis que cuidam da delação premiada *não garantem* que o delatado e seu defensor participem de audiência de instrução processual, com a possibilidade de questionar o delator sobre as acusações, mediante contraditório. Ao contrário, preocupam-se as autoridades policiais, ministeriais e judiciárias em *ocultar* o acordo de delação e, em alguns casos, até mesmo o nome e a qualificação do delator. Quando muito informam à defesa do delatado o conteúdo da delação, na última fase do processo, para que se manifeste sobre ela, havendo absoluta *surpresa*. Há notícia no foro de casos em que o processo em relação a um corréu foi desmembrado e mantido em sigilo, sem acesso aos demais acusados, ocorrendo, então, a delação sem o conhecimento dos seus defensores e fora do processo principal. Delação esta posteriormente utilizada na sentença. Essa violação dos mais comezinhos princípios constitucionais não encontra respaldo em nenhuma das leis que tratam da delação premiada, as quais não impedem que a delação seja produzida sob o crivo do contraditório, com a presença dos delatados e seus defensores. É verdade que o art. 15 da Lei n. 9.807/99, que trata da proteção das testemunhas, vítimas e réus colaboradores estabelece, em seu § 2º, que "durante a instrução criminal, poderá o juiz competente determinar em favor do *colaborador* qualquer das medidas previstas no art. 8º desta lei". Trata-se, por evidente lapso, do art. 7º que elenca, entre outras medidas de segurança e proteção, a "preservação da identidade, imagem e dados pessoais" (inciso IV). Todavia, a nosso ver, essa disposição é absolutamente inconstitucional, não se admitindo, no processo penal brasileiro, a utilização de prova não produzida sob o crivo do contraditório, quando possível fazê-lo, e, muito menos, de *prova secreta*, sendo que a Constituição da República veda o anonimato (art. 5º, IV). Mesmo na recente Lei n. 12.850/2013, esse ilegal sigilo, impedindo que o delatado questione o delator sob contraditório, e até mesmo tenha ciência de sua identidade, foi reiterado (art. 5º, II e IV). E dúvida não há que o conteúdo de uma delação premiada, utilizado em uma sentença condenatória, consubstancia *prova*. Ademais, não existe garantia de que o delator fale sempre a verdade, mesmo porque, não sendo testemunha, *nem sequer* incorre nas penas do crime do art. 342 do Código Penal. *Vide*, a respeito, jurisprudência sob a rubrica *sigilo do acordo de delação* no final dos comentários às leis.

- **Risco de erro judiciário:** Como lembra Walter Barbosa Bittar, com colaboração de Alexandre Hagiwara Pereira, "há evidente perigo nos elementos oriundos do criminoso colaborador, pois, dentre as motivações do delator não se pode descartar seu próprio interesse. Há que se recordar que o 'colaborador da Justiça', além de ser um fora da lei, é um traidor, ou seja, não está sendo aferida a palavra do delator, mas, sim, o seu conteúdo" (*Delação premiada*. 2. ed. Rio de Janeiro: Lumen Juris, 2011, p. 157). Portanto, deverá sempre o juiz confrontá-la com os demais elementos probatórios colhidos sob o crivo do contraditório.

- **Colaboração, denúncia ou confissão:** Nas diversas leis que tratam da chamada delação premiada, ora se fala em "confissão" (Leis n. 7.492/86 e n. 8.137/90), ora em "colaboração" (Leis n. 9.613/98, n. 9.807/99, n. 11.343/2006 e n. 12.850) e ora em "denúncia" (Código Penal, art. 159, § 4º). Todavia, a colaboração e a denúncia devem, necessariamente, implicar a confissão do colaborador ou denunciante, até mesmo porque vinculada a uma redução ou isenção de pena. Pode-se dizer que a delação premiada é uma "confissão qualificada". Não é delator, assim, o acusado que nega a prática do crime, denunciando os demais corréus ou investigados.

- **Fatos e coautores ou partícipes de que o delator tenha ciência:** Obviamente, o delator só poderá denunciar os coautores ou partícipes que conhecer, bem como os fatos de que tiver ciência, não se podendo dele exigir o que não sabe. O importante é que colabore, com franqueza, diante das suas possibilidades. Todavia, caso se verifique, durante a investigação ou processo, que ele faltou com a verdade, omitindo pessoas e/ou fatos, não fará jus aos benefícios legais.

- **Fatos, coautores ou partícipes desconhecidos das autoridades:** Na hipótese de o delator, ao confessar o crime, trazer fatos e nomes de comparsas já conhecidos das autoridades, não terá direito aos benefícios da delação premiada. Isso porque a finalidade do instituto é justamente facilitar a apuração de crimes ainda não esclarecidos.

- **Qualquer fase do inquérito ou do processo:** As diversas leis que cuidam da delação premiada não a limitam a determinada fase da persecução penal. Assim, ela poderá ser feita tanto durante as investigações policiais ou do Ministério Público (estas, a nosso ver, inconstitucionais) quanto no transcorrer da instrução do processo, mas antes da sentença de 1º grau. Se assim não for, a delação premiada, como instrumento facilitador das investigações para a persecução penal, perderá o sentido.

- **O juiz não pode propor delação:** A delação premiada pode ser proposta pelo Ministério Público ou até mesmo pela autoridade policial, submetendo-a ao *Parquet*. Há casos em que os próprios juízes, durante a instrução processual, oferecem os benefícios da delação ao acusado, acenando com reduções de pena, substituição por penas alternativas, regime inicial aberto ou até perdão judicial, atuando como inquisidores, com prejulgamento e perda da indispensável imparcialidade. Esse tipo de atuação judicial foi absolutamente vedado pelo § 6º do art. 4º da Lei n. 12.850/2013.

- **Homologação pelo juiz:** Tem sido praxe o Ministério Público solicitar ao juiz a "homologação do contrato" de delação pactuado, o que veio a ser previsto somente em 2013, por meio da Lei n. 12.850 (art. 4º, §§ 6º a 9º). Ora, se assim o fizer, terá o magistrado necessariamente reconhecido a culpa do delator, e perdido, em consequência, a indispensável imparcialidade para presidir e julgar o processo, imparcialidade esta que integra a garantia constitucional do juiz natural.

- **Sucessão de leis (qual a aplicável):** A maioria das leis relativas à delação premiada ou "colaboração" que foram se sucedendo no tempo abrangia delitos *específicos*. Assim, na Lei n. 8.072/90, os benefícios decorrentes da delação eram aplicáveis apenas aos crimes hediondos e equiparados; na Lei n. 8.137/90, somente aos delitos contra a Ordem Tributária, Econômica e contra as Relações de Consumo; na Lei n. 9.034/95 (revogada pela Lei n. 12.850/2013), exclusivamente aos crimes praticados em organizações criminosas; na Lei n. 7.492/86 (modificada pela Lei n. 9.095/95), apenas aos delitos de "lavagem de dinheiro"; na Lei n. 11.343/2006, somente ao crime de tráfico de drogas. Já a Lei n. 9.807/99, que trata da proteção aos réus colaboradores, alcançou *qualquer modalidade de delito, indistintamente*. No entanto, enquanto as diversas leis, até, inclusive, a Lei n. 9.269/96, que alterou o art. 159 do Código Penal, relativo ao crime de extorsão mediante sequestro, apenas previam a redução de um a dois terços da pena privativa de liberdade do delator, a Lei n. 9.613/98 ("lavagem de dinheiro"), além da redução da pena, passou a admitir a) o início de seu cumprimento em regime aberto; b) a sua substituição por pena restritiva de direito; e c) o perdão judicial (isenção de pena). A Lei n. 9.807/99 ("réus colaboradores") igualmente previu, além da redução da pena, o perdão judicial. Por sua vez, a última lei que tratou da delação premiada (Lei n. 11.343/2006 — Lei de Drogas) voltou a admitir, especificamente para o crime de tráfico de entorpecentes, apenas a redução de um a dois terços da pena privativa de liberdade. Embora, dentre todas essas leis, a n. 9.807/99 ("réus colaboradores") seja, *aparentemente*, a mais benéfica, por se aplicar a todos os delitos e admitir o perdão judicial, é de se observar que ela faz exigências que não aparecem em nenhuma das outras leis, *v.g.*, que a "personalidade do beneficiado e a natureza, circunstância, gravidade e repercussão social do fato criminoso" sejam favoráveis, dispondo o seu art. 13, parágrafo único, que a concessão do perdão "levará em conta" tais elementos ou dados. Também não previu a Lei n. 9.807/99 a possibilidade do início do cumprimento da pena privativa de liberdade do delator em regime aberto, nem a sua substituição por pena restritiva de direito, benefícios que são previstos na Lei n. 9.613/98 — "Lavagem de Dinheiro". A mais recente delas, a Lei n. 12.850/2013, além de adotar o pleonasmo "colaboração" premiada, diante da carga negativa do termo "delação", prevê expressamente que a colaboração poderá ensejar não só o perdão judicial, a redução da pena em até dois terços e a substituição da pena privativa de liberdade por restritiva de direitos (art. 4º), como também, até mesmo, o não oferecimento de denúncia em face do "colaborador" (§ 4º), abrindo-se exceção à regra de que o Ministério Público deve sempre oferecer denúncia quando formada a *opinio delicti*, e assim introduzindo em nosso ordenamento uma inegável modalidade de *plea bargaining* do direito norte-americano. Diante desse anárquico quadro legislativo, vedada pela jurisprudência majoritária a combinação de leis para se criar uma nova norma, pensamos que, em face das garantias da irretroatividade da lei penal mais grave e da retroatividade da lei penal mais favorável (art. 5º, XL, da CR), deverá o juiz, *em cada caso concreto*, aplicar a lei que seja mais benéfica ao acusado. Se houver dúvida sobre qual delas o seja, deverão acusado e seu defensor ser consultados, em face do secular princípio do *favor libertatis*.

CRIMES HEDIONDOS

LEI N. 8.072, DE 25 DE JULHO DE 1990

[...]

Art. 8º Será de três a seis anos de reclusão a pena prevista no art. 288 do Código Penal, quando se tratar de crimes hediondos, prática da tortura, tráfico ilícito de entorpecentes e drogas afins ou terrorismo.

Parágrafo único. O participante e o associado que denunciar à autoridade o bando ou quadrilha, possibilitando seu desmantelamento, terá a pena reduzida de um a dois terços.

[...]

Art. 12. Esta Lei entra em vigor na data de sua publicação.

Art. 13. Revogam-se as disposições em contrário.

■ Noção: A pena do participante ou associado será reduzida, obrigatoriamente (pois a lei usa a expressão "terá", e não "poderá ter"), de um a dois terços quando ele denunciar à autoridade o bando ou quadrilha, possibilitando seu desmantelamento. *Associado* é o coautor, aquele que executa o comportamento que a lei define como crime. Apesar de a conduta dos coautores não precisar ser idêntica, ambos cooperam no cometimento do delito, interagindo durante a sua execução (ex.: no latrocínio, em que um mata a vítima enquanto outro recolhe o dinheiro dela). *Participante* é o partícipe, ou seja, quem, mesmo não praticando a conduta que a lei define como crime, contribui, de qualquer modo, para a sua realização. Existem duas formas de participação: a) *Participação moral (ou instigação)* — a pessoa contribui *moralmente* para o crime, agindo sobre a vontade do autor, quer provocando-o para que nele surja a vontade de cometer o crime (chama-se determinação), quer estimulando a ideia criminosa já existente (é a instigação propriamente dita). b) *Participação material (ou cumplicidade)* — a pessoa contribui *materialmente* para o crime, por meio de um comportamento positivo ou negativo (ex.: a *ação* do vigilante, emprestando a arma, ou a *omissão* deste mesmo vigia, não fechando a porta que deveria trancar, para facilitar o roubo). A participação pressupõe, portanto, que um crime tenha sido cometido; daí, não existir participação na hipótese de o autor ter sido absolvido, não só pela inexistência do fato ou por se encontrar presente alguma causa de justificação, mas também se absolvido por inexistência de provas, com trânsito em julgado. Isto porque, se não há provas nem sequer da autoria do crime, não há como buscar responsabilizar alguém que tenha para ele contribuído ou instigado. A coautoria e a participação estão previstas no art. 29 do Código Penal. *Denunciar* tem o significado de acusar, delatar, dar a conhecer, revelar. A denúncia poderá ser feita a qualquer autoridade (delegado, promotor ou juiz). Quanto ao juiz, observamos que ele *não pode propor* o acordo de delação premiada, pois se assim o fizer terá perdido a sua indispensável imparcialidade, atuando com delegado ou promotor. O objeto da denúncia deve ser o *bando ou quadrilha* tipificado no art. 288 do CP ("Associarem-se mais de três pessoas, em quadrilha ou bando, para o fim de cometer crimes"). Trata-se de crime coletivo ou plurissubjetivo, que requer necessariamente o concurso de pelo menos *quatro pessoas* (coautores ou partícipes), sendo, portanto, crime de concurso necessário. A quadrilha poderá ser desarmada (art. 288, *caput*) ou armada (art. 288, parágrafo único), pois a Lei dos Crimes Hediondos também aqui não faz distinção. Para a caracterização do bando não basta uma associação eventual ou acidental entre quatro ou mais pessoas, devendo haver uma associação estável ou permanente. A finalidade deve ser a de cometer *crimes* (no plural), não bastando o fim de praticar um único delito. Quanto à configuração do bando para o cometimento de um só crime *continuado*, a doutrina encontra-se dividida, sendo nosso entendimento em sentido afirmativo. A delação premiada, cuja espontaneidade e real motivação (arrependimento ou simplesmente obtenção de benefício legal) são irrelevantes, deverá *possibilitar* (tornar possível) o *desmantelamento* (destruição, quebra) da quadrilha. Caso a redução seja menos de dois terços, deverá ser fundamentada. O parágrafo único deste art. 8º não deixa claro se a redução incidirá *apenas* sobre as penas do crime de bando ou *também* sobre as do crime hediondo ou equiparado que tiver sido praticado por eles. Em face dos princípios *favor libertatis* e de que as leis penais duvidosas deverão ser interpretadas sempre em favor do acusado, pensamos que a redução deverá abranger *todos* os crimes conexos à quadrilha ou bando.

*JURISPRUDÊNCIA (**VIDE** AO FINAL DOS COMENTÁRIOS ÀS LEIS)*

CRIMES CONTRA A ORDEM TRIBUTÁRIA, ECONÔMICA E CONTRA AS RELAÇÕES DE CONSUMO

LEI N. 8.137, DE 27 DE DEZEMBRO DE 1990

[...]

Art. 16. Qualquer pessoa poderá provocar a iniciativa do Ministério Público nos crimes descritos nesta Lei, fornecendo-lhe por escrito informações sobre o fato e a autoria, bem como indicando o tempo, o lugar e os elementos de convicção.

Parágrafo único. Nos crimes previstos nesta Lei, cometidos em quadrilha ou coautoria, o coautor ou partícipe que através de confissão espontânea revelar à autoridade policial ou judicial toda a trama delituosa terá a sua pena reduzida de um a dois terços.

[...]

Art. 22. Esta Lei entra em vigor na data de sua publicação.

Art. 23. Revogam-se as disposições em contrário e, em especial, o art. 279 do Decreto-Lei n. 2.848, de 7 de dezembro de 1940 — Código Penal.

- **Alteração:** Parágrafo único incluído pela Lei n. 9.080, de 19 de julho de 1995.

- **Confissão espontânea:** Prevê o parágrafo único deste art. 16 que, nos crimes previstos na presente lei, cometidos em quadrilha (CP, art. 288) ou em coautoria, o delator terá a sua pena reduzida de um a dois terços. *Coautor* é aquele que executa o comportamento definido como crime, (embora as condutas dos coautores não precisem ser idênticas); o *partícipe*, quem, mesmo não praticando a conduta que a lei define como crime, contribui de qualquer modo para sua realização, podendo sua participação ser *moral* ou *material* (CP, art. 29), e não importando se de maior ou menor importância (CP, art. 29 § 1º). A *confissão*, aqui, deve ser *espontânea*, isto é, originária de sentimento pessoal, decisão íntima, ou tendência natural. Não importa, outrossim, o motivo da confissão, se por arrependimento, ato de bravura moral ou por interesse processual de quem confessa. Embora a lei mencione como destinatário da confissão a autoridade policial ou judicial, é importante salientar que o *acordo* de delação premiada não pode ser proposto pelo juiz, pois este, se o fizer, estará perdendo a indispensável imparcialidade. A *revelação* (delação, denúncia, ato de fazer conhecer) deve abranger *toda* (completa, inteira, total) a *trama* (conluio, conspiração, ajuste) *delituosa* (criminosa). Logicamente, o coautor ou partícipe só poderá delatar *o que sabe ou até onde sabe*; caso, entretanto, fique demonstrado que ele deliberadamente ocultou algum nome, fato ou circunstância relevante para a cabal apuração da materialidade ou autoria, não fará jus à redução. A redução da pena incidirá não só no crime de quadrilha, mas também nos delitos contra a ordem tributária, econômica ou contra as relações de consumo praticados. Se a redução for menor do que o máximo (dois terços), o juiz deverá fundamentar essa opção.

- Quadrilha ou coautoria: Buscando ampliar a incidência do instituto da delação premiada, este art. 16 abrange tanto a delação do membro da quadrilha quanto a do simples coautor quando não esteja configurado o crime do art. 288 do CP, podendo ambos ser beneficiados, desde que revelem toda a trama delituosa. Saliente-se que, enquanto para a coautoria ou participação bastam duas pessoas, o bando requer pelo menos quatro pessoas, a finalidade de cometer crimes (e não, apenas, um único delito, mesmo que continuado, embora haja divergência jurisprudencial), estabilidade e permanência, não se confundindo com eventual coautoria. Em nosso entendimento, os inimputáveis não devem ser computados no número mínimo de quatro pessoas, pois, não sendo eles penalmente responsáveis, sua associação aos demais — que exigiria vontade livre e consciente, por se tratar de crime doloso — não pode ter relevância para os fins do art. 288 do CP. O mesmo se diga quanto ao componente da quadrilha não identificado, já que, sem sua identificação, não se pode saber se ele é ou não inimputável. Consigne-se, por derradeiro, não importar que a quadrilha seja desarmada (art. 288, *caput*) ou armada (art. 288, parágrafo único), uma vez que o parágrafo único deste art. 16 não faz distinção.

JURISPRUDÊNCIA (**VIDE** *AO FINAL DOS COMENTÁRIOS ÀS LEIS*)

CRIMES CONTRA O SISTEMA FINANCEIRO

LEI N. 7.492, DE 16 DE JUNHO DE 1986

[...]

Art. 25. São penalmente responsáveis, nos termos desta Lei, o controlador e os administradores de instituição financeira, assim considerados os diretores, gerentes (*vetado*).

§ 1º Equiparam-se aos administradores de instituição financeira (*vetado*) o interventor, o liquidante ou o síndico.

§ 2º Nos crimes previstos nesta Lei, cometidos em quadrilha ou coautoria, o coautor ou partícipe que através de confissão espontânea revelar à autoridade policial ou judicial toda a trama delituosa terá a sua pena reduzida de um a dois terços.

- Alteração: § 2º incluído pela Lei n. 9.080, de 19 de julho de 1995.

[...]

Art. 34. Esta Lei entra em vigor na data de sua publicação.

Art. 35. Revogam-se as disposições em contrário.

- Quadrilha ou coautoria: O § 2º deste art. 25 abrange os crimes praticados em *coautoria* (*ou participação*) e *quadrilha* (mínimo de quatro pessoas para o fim de cometer crimes, e não apenas um só, com os requisitos de estabilidade e permanência). Neles, o coautor ou partícipe (podendo a participação ser material ou moral, de maior ou menor importância — art. 29, *caput*, e § 1º) *confessa* de forma *espontânea* (originária de sentimento pessoal, decisão íntima, ou tendência natural), não importando, outrossim, o motivo ou razão da confissão (arrependimento, bravura moral ou interesse em obter a redução). Apesar de a lei falar que a confissão deve ser feita *à autoridade policial ou judicial*, nada impede que o seja ao promotor, em face da analogia *in bonam partem*. Observe-se que o juiz jamais poderá propor acordo de delação premiada, pois, se o fizer, perderá a indispensável imparcialidade. A confissão deverá *revelar* (delatar, denunciar, fazer conhecer) *toda* (completa, total, inteira) a *trama* (conluio, conspiração, ajuste) *delituosa* (criminosa). Obviamente, o delator só poderá delatar *o que sabe ou até onde sabe*, e não mais do que isso. Caso, todavia, reste provado que ele omitiu algum nome, fato ou circunstância relevante para a cabal apuração da materialidade e autoria, não fará jus à redução. Esta, se cabível, incidirá nos delitos contra o Sistema Financeiro, e não apenas no de quadrilha. Quanto a esta, é irrelevante seja desarmada ou armada (CP, art. 288, *caput* e parágrafo único), não fazendo a lei distinção; aliás, nem bando precisará haver, bastando a coautoria. Se a redução for menor do que o máximo (dois terços), deverá ser fundamentada (CF, art. 93, IX).

JURISPRUDÊNCIA (**VIDE** AO FINAL DOS COMENTÁRIOS ÀS LEIS)

LAVAGEM DE DINHEIRO

LEI N. 9.613, DE 3 DE MARÇO DE 1998

Capítulo I
DOS CRIMES DE "LAVAGEM" OU OCULTAÇÃO DE BENS, DIREITOS E VALORES

Art. 1º [...]

§ 5º A pena poderá ser reduzida de um a dois terços e ser cumprida em regime aberto ou semiaberto, facultando-se ao juiz deixar de aplicá-la ou substituí-la, a qualquer tempo, por pena restritiva de direitos, se o autor, coautor ou partícipe colaborar espontaneamente com as autoridades, prestando esclarecimentos que conduzam à apuração das infrações penais, à identificação dos autores, coautores e partícipes, ou à localização dos bens, direitos ou valores objeto do crime.

[...]

Art. 18. Esta Lei entra em vigor na data de sua publicação.

- **Inovação:** Em 1998, a Lei de Lavagem de Dinheiro inovou o instituto da delação premiada, ao prever, além da redução de um a dois terços da pena já estabelecida em outras leis, benefícios maiores: a) cumprimento inicial da pena em regime aberto; b) não aplicação de pena, podendo o juiz conceder o perdão judicial, causa extintiva de punibilidade prevista no art. 107, IX, do Código Penal; c) caso a pena seja aplicada, *substituição da pena privativa de liberdade por restritiva de direitos* (CP, arts. 43 e 44). A nosso ver, a possibilidade de concessão do perdão judicial e de regime inicial aberto é de boa política criminal, pois, evitando que o colaborador vá preso, dá maior proteção à sua incolumidade física e, em consequência, estimula a colaboração espontânea. Em sua redação original, este § 5º estabelecia um verdadeiro *direito público subjetivo* à redução da pena, ao início de seu cumprimento em regime aberto, ou, até mesmo, ao perdão judicial, pois se utilizava do verbo *ser* em tempo verbal futuro, ou seja, "*será*". Após 14 anos, a Lei n. 12.683/2012 deu nova redação ao § 5º, substituindo o verbo *ser* pelo *poder*, passando a utilizar a expressão "*poderá*". Desse modo, o que era um *direito público subjetivo* passou a ser uma possibilidade, uma decisão discricionária do Juiz, embora sempre *regrada*. Assim, deverá a Autoridade Judiciária *sempre motivar* o porquê da não aplicação do instituto, quando o acusado o pleitear. A nova redação do § 5º, outrossim, dando maior elasticidade ao Juiz, possibilitou a ele, também, impor o regime semiaberto ao delator, em vez de somente o regime aberto, como ocorria antes.

- **Natureza do perdão judicial:** É causa extintiva da punibilidade. Nesse sentido, a *Súmula 18 do STJ*: "A sentença concessiva do perdão judicial é declaratória da extinção da punibilidade, não subsistindo qualquer efeito condenatório". Com essa mesma orientação, cf. também: STJ, *RT* 661/344; REsp 2.657, *m.v., DJU* 4-6-1990, p. 5068; REsp 1.501, *DJU* 16-4-1990, p. 2882; TACrSP, *RT* 716/467, 715/480, 711/344, 704/345, 685/333; TARS, *RT* 624/369; TJMG, *m.v., RT* 712/442, embora existam julgados que entendem que o perdão judicial só extingue a pena e afasta a reincidência (STJ, *RTJ* 125/1327, 124/1140, *RT* 632/396; TACrSP, *RT* 647/318, 636/317, *m.v.*, 640/324); b) se não deixar de aplicar a pena, pode o juiz *substituir a pena privativa de liberdade por restritiva de direitos* (CP, arts. 43 e 44), tratando-se igualmente de *direito público subjetivo* do acusado. Enquanto para o perdão judicial e para a substituição por pena alternativa a lei usa o termo "poderá", ela emprega o termo "será" (impositivo) para dois outros benefícios: *redução de um a dois terços* da pena privativa de liberdade e início de seu cumprimento em *regime aberto*.

- Alteração: A Lei n. 12.683, de 9 de julho de 2012, deu nova redação ao § 5º.

- Delação Premiada: Os beneficiários serão o *autor, coautor ou partícipe* (seja a participação material ou moral, de maior ou menor importância — CP, art. 29, *caput* e § 1º). Para que o delator seja beneficiado é preciso que ele venha a *colaborar* (ajudar, auxiliar, contribuir) *espontaneamente* (originando-se de sentimento, decisão íntima ou tendência natural), não importando o seu *motivo*, se por arrependimento, bravura moral ou interesse em obter abrandamento ou isenção de sua punição. A colaboração deverá ser feita "com as autoridades", ou seja, delegado, promotor ou juiz. Quanto ao juiz, este não pode propor o *acordo de delação premiada*, pois assim estará agindo como promotor ou delegado, perdendo a indispensável imparcialidade (*vide* nota no início dos comentários à *Delação Premiada*). A delação poderá ser feita em *qualquer* fase da persecução penal (inquérito ou processo), mesmo porque o § 5º em comento, com a nova redação dada pela Lei n. 12.683/2012 expressamente faz ressalva "a qualquer tempo". Na colaboração espontânea deverá o delator prestar *esclarecimento* (explicações, informações) que *conduzam* (levem, guiem) à *apuração* (conhecimento certo) *das infrações penais* previstas na presente lei (materialidade) *e de sua autoria* (incluídas a coautoria e a participação), *ou* à *localização* (determinação do local) dos bens, direitos ou valores objeto do crime. Em virtude da conjunção *ou* designar alternativa ou exclusão, entendemos que bastará que os esclarecimentos dados pelo delator levem *ou* à apuração das infrações penais (materialidade e autoria) *ou* à localização dos bens, direitos ou valores, não sendo necessário que a colaboração alcance ambas finalidades (apuração *e* localização). Caberá ao juiz verificar se a colaboração espontânea foi de fato relevante para pelo menos uma dessas finalidades. Obviamente, não poderá o autor, coautor ou partícipe colaborar com mais do que sabe, mas apenas com aquilo que é do seu conhecimento.

- Fundamentação: Caso o magistrado não opte pelo perdão judicial, mas sim pelo regime aberto ou pela substituição da pena privativa de liberdade por restritiva de direito, deverá fundamentar sua decisão (CR, art. 93, IX). Igualmente deverá fundamentá-la se não reduzir a pena no máximo (dois terços).

- Alcance: Entendemos que os benefícios previstos neste § 5º deverão alcançar não só os crimes de lavagem de dinheiro, *mas também* os delitos antecedentes dela e os conexos (p. ex.: quadrilha), sob pena de torná-los inócuos ou desinteressantes para eventuais colaboradores. Em abono desse nosso entendimento, é de se observar que o referido § 5º fala apenas em "pena", e não em "pena do crime de lavagem", devendo a lei penal ser interpretada restritivamente e, havendo dúvida, sempre em favor do acusado.

LEI DE DROGAS

LEI N. 11.343, DE 23 DE AGOSTO DE 2006

[...]

Art. 41. O indiciado ou acusado que colaborar voluntariamente com a investigação policial e o processo criminal na identificação dos demais coautores ou partícipes do crime e na recuperação total ou parcial do produto do crime, no caso de condenação, terá pena reduzida de um terço a dois terços.

[...]

Art. 74. Esta Lei entra em vigor 45 (quarenta e cinco) dias após a sua publicação.

Art. 75. Revogam-se a Lei n. 6.368, de 21 de outubro de 1976, e a Lei n. 10.409, de 11 de janeiro de 2002.

- "Colaboração voluntária": A exemplo de outras leis, a Lei de Drogas também estimula a *delação premiada*. Dispõe este art. 41 que o *indiciado ou acusado* (aqui incluídos o suspeito, averiguado, investigado, autor, coautor ou partícipe) que *colaborar* (cooperar) *voluntariamente* (por vontade própria), não precisando, todavia, ser espontânea a colaboração nem importando o seu motivo (*v.g.*, arrependimento, bravura moral ou interesse em obter redução da pena), com a *investigação policial e o processo criminal na identificação* (determinação da identidade) dos demais (a não ser que não conheça todos) coautores ou partícipes e na recuperação total ou parcial do produto do crime, terá, em caso de condenação, a pena reduzida de um a dois terços. Embora a lei use a conjunção *e*, e não *ou*, pensamos que a colaboração não precise se dar, obrigatoriamente, no inquérito, podendo vir a ocorrer durante o processo, desde que atinja seus fins. Entendemos, outrossim, que a colaboração exigida tem limites, não sendo indispensável que com ela sejam identificados todos os coautores e partícipes, *bem como* recuperado, total ou parcialmente, o produto do crime. Isto porque pode o delator saber quem são os coautores ou partícipes, mas não onde ou com quem se encontra o produto do delito, ou vice-versa. Nesse sentido, Amaury Silva, *Lei de Drogas anotada*. J.H. Mizuno, 2008, p. 271. A delação premiada, embora de duvidosa moralidade (cf., nesse sentido, Vicente Greco Filho e João Daniel Rassi, *Lei de Drogas anotada*. 2. ed., Saraiva, p. 155), pode ser útil para investigações ou processos criminais, desde que analisada em conjunto com as demais provas, seja para constatar a sua veracidade, seja para avaliar a eficácia da delação. O tempo do verbo empregado (*terá*) deixa claro não se tratar a redução de mera faculdade do juiz, mas de dever, posto que direito público subjetivo do condenado, uma vez preenchidos os requisitos legais. A redução que não seja no máximo (dois terços) haverá de ser fundamentada (CR, art. 93, IX). A nosso ver, a redução da pena deverá alcançar os crimes conexos aos previstos na Lei de Drogas (como o de quadrilha, p. ex.), a fim de não tornar a delação premiada inócua ou desprovida de estímulo. A colaboração poderá ser feita perante qualquer autoridade (delegado, promotor ou juiz). Quanto ao juiz, porém, saliente-se que ele jamais poderá propor o acordo de delação premiada, sob pena de perder a sua imparcialidade.

JURISPRUDÊNCIA **(VIDE** *AO FINAL DOS COMENTÁRIOS ÀS LEIS***)**

CÓDIGO PENAL
EXTORSÃO MEDIANTE SEQUESTRO

Art. 159. Sequestrar pessoa com o fim de obter, para si ou para outrem, qualquer vantagem, como condição ou preço do resgate:

Pena — reclusão, de 8 (oito) a 15 (quinze) anos.

§ 1º Se o sequestro dura mais de 24 (vinte e quatro) horas, se o sequestrado é menor de 18 (dezoito) ou maior de 60 (sessenta) anos, ou se o crime é cometido por bando ou quadrilha:

Pena — reclusão, de 12 (doze) a 20 (vinte) anos.

§ 2º Se do fato resulta lesão corporal de natureza grave:

Pena — reclusão, de 16 (dezesseis) a 24 (vinte e quatro) anos.

§ 3º Se resulta a morte:

Pena — reclusão, de 24 (vinte e quatro) a 30 (trinta) anos.

§ 4º Se o crime é cometido em concurso, o concorrente que o denunciar à autoridade, facilitando a libertação do sequestrado, terá sua pena reduzida de um a dois terços.

Causa especial de diminuição de pena (§ 4º)

■ **Alteração:** O art. 159, § 4º, do Código Penal foi alterado pelo art. 1º da Lei n. 9.269/96.

■ **Noção:** A *antiga* redação deste § 4º, dada pelo art. 7º da Lei n. 8.072/90, dispunha: "Se o crime é cometido por quadrilha ou bando, o coautor que denunciá-lo à autoridade, facilitando a libertação do sequestrado, terá a pena reduzida de um a dois terços". Na 5ª edição do nosso *Código Penal comentado*, em coautoria com Celso Delmanto, e em artigo intitulado "Delação na extorsão mediante sequestro" (*RT* 667/387) apontamos a *incoerência* dessa redação, pois se houvesse a prática do crime do art. 159 em *concurso material* com o art. 288 (quadrilha ou bando, que exige "mais de três pessoas"), o delator seria beneficiado; se ao contrário, ocorresse *apenas* a prática do delito do art. 159 com *até três agentes*, aquele que delatasse os comparsas não faria jus à diminuição de pena. Essa incoerência veio a ser corrigida pela *nova* redação do § 4º, dada pelo art. 1º da Lei n. 9.269/96, beneficiando o delator ainda que os agentes sejam *somente dois ou três*. Ressalte-se, todavia, que a delação premiada mediante redução da pena não incentivava muitos acusados a colaborar pelo receio de represálias na prisão. Melhor seria, a nosso ver, que em casos como o do art. 159, no qual está em jogo a própria vida do sequestrado, fosse dada isenção total da pena ao delator por razões de política criminal, como veio depois a ser feito pela Lei de Lavagem de Dinheiro (Lei n. 9.613/98) e, posteriormente, alcançando todo tipo de crime, pela Lei de Proteção aos Réus Colaboradores (Lei n. 9.807/99).

- Requisitos: Para que a pena seja reduzida de *um* a *dois terços*, devem estar presentes dois requisitos: a) haver denúncia à autoridade (delegado, promotor ou juiz) por parte de um dos coautores ou partícipes, não influenciando a motivação da denúncia (arrependimento, ato de bravura moral ou interesse na redução da pena); e b) que esta denúncia *facilite* a libertação do sequestrado, não importando a fase em que se encontra a persecução penal, pois a lei não especifica.

- Fundamentação: Se o juiz, ao aplicar o § 4º, não optar pela diminuição máxima de dois terços, deverá fundamentar sua decisão.

JURISPRUDÊNCIA (**VIDE** *AO FINAL DOS COMENTÁRIOS ÀS LEIS*)

PROTEÇÃO AOS RÉUS COLABORADORES

LEI N. 9.807, DE 13 DE JULHO DE 1999

[...]

Capítulo II
DA PROTEÇÃO AOS RÉUS COLABORADORES

Art. 13. Poderá o juiz, de ofício ou a requerimento das partes, conceder o perdão judicial e a consequente extinção da punibilidade ao acusado que, sendo primário, tenha colaborado efetiva e voluntariamente com a investigação e o processo criminal, desde que dessa colaboração tenha resultado:

I — a identificação dos demais coautores ou partícipes da ação criminosa;

II — a localização da vítima com a sua integridade física preservada;

III — a recuperação total ou parcial do produto do crime.

Parágrafo único. A concessão do perdão judicial levará em conta a personalidade do beneficiado e a natureza, circunstâncias, gravidade e repercussão social do fato criminoso.

Art. 14. O indiciado ou acusado que colaborar voluntariamente com a investigação policial e o processo criminal na identificação dos demais coautores ou partícipes do crime, na localização da vítima com vida e na recuperação total ou parcial do produto do crime, no caso de condenação, terá pena reduzida de um a dois terços.

Art. 15. Serão aplicadas em benefício do colaborador, na prisão ou fora dela, medidas especiais de segurança e proteção a sua integridade física, considerando ameaça ou coação eventual ou efetiva.

§ 1º Estando sob prisão temporária, preventiva ou em decorrência de flagrante delito, o colaborador será custodiado em dependência separada dos demais presos.

§ 2º Durante a instrução criminal, poderá o juiz competente determinar em favor do colaborador qualquer das medidas previstas no art. 8º desta Lei.

§ 3º No caso de cumprimento da pena em regime fechado, poderá o juiz criminal determinar medidas especiais que proporcionem a segurança do colaborador em relação aos demais apenados.

DISPOSIÇÕES GERAIS

[...]

Art. 19. A União poderá utilizar estabelecimentos especialmente destinados ao cumprimento de pena de condenados que tenham prévia e voluntariamente prestado a colaboração de que trata esta Lei.

Parágrafo único. Para fins de utilização desses estabelecimentos, poderá a União celebrar convênios com os Estados e o Distrito Federal.

Art. 19-A. Terão prioridade na tramitação o inquérito e o processo criminal em que figure indiciado, acusado, vítima ou réu colaboradores, vítima ou testemunha protegidas pelos programas de que trata esta Lei.

Parágrafo único. Qualquer que seja o rito processual criminal, o juiz, após a citação, tomará antecipadamente o depoimento das pessoas incluídas nos programas de proteção previstos nesta Lei, devendo justificar a eventual impossibilidade de fazê-lo no caso concreto ou o possível prejuízo que a oitiva antecipada traria para a instrução criminal.

[...]

Art. 21. Esta Lei entra em vigor na data de sua publicação.

- Estado de São Paulo: Sobre a proteção de vítimas e testemunhas no Estado de São Paulo, vide Decreto n. 44.214, de 30 de agosto de 1999 (DOE Exec. 31-8-1999, p.1).

- Alteração: Art. 19-A incluído pela Lei n. 12.483/2011.

- Perdão judicial (art. 13, caput): Com a presente lei, o perdão judicial na delação premiada, que antes era previsto apenas para os crimes de lavagem de dinheiro, passa a se aplicar a todos os delitos, indistintamente, permitindo a sua concessão aos réus colaboradores. Trata-se de causa extintiva da punibilidade prevista no art. 107, IX, do Código Penal. Por isso, diz este art. 13, caput, que concedido o perdão haverá "a consequente extinção da punibilidade do acusado". Apesar de opiniões em contrário, não se trata de mero "favor do juiz", noção hoje completamente divorciada de um direito penal moderno e justo, mas de um direito público subjetivo do acusado quando estiverem presentes os requisitos necessários. É na sentença ou acórdão que se concede o perdão judicial. Mas, antes, precisa o julgador decidir se o acusado é culpado, para, em caso afirmativo e a seguir, reconhecer o cabimento do perdão e o conceder, deixando de fixar e aplicar a pena. O perdão judicial poderá ser concedido pelo juiz, de ofício ou a requerimento das partes (defensor, promotor ou assistente do Ministério Público).

■ Requisitos: O acusado, para ter direito ao perdão previsto neste art. 13, *caput*, deverá: a) ser *primário*, ou seja, não ter sido condenado por decisão transitada em julgado antes do novo fato pelo qual está sendo processado, respeitada a *temporariedade* da reincidência (CP, art. 64, I), ou seja, não prevalecendo a condenação anterior se "entre a data do cumprimento ou extinção da pena e a infração tiver decorrido período de tempo superior a 5 (cinco) anos, computado o período de prova da suspensão ou do livramento condicional, se não ocorrer revogação"; b) ter *colaborado* (cooperado, contribuído) *efetiva* (de forma real, positiva) *e voluntariamente* (por vontade própria, sem coação), não precisando a colaboração ser espontânea (feita sem qualquer sugestão de terceiros), sendo irrelevantes os motivos que o levaram a delatar ou colaborar (obter o perdão judicial, arrependimento etc.); c) ter sua colaboração ocorrido durante *a investigação* (no inquérito policial, na investigação do Ministério Público, esta a nosso ver inconstitucional, ou mesmo em CPI — Comissão Parlamentar de Inquérito) *e durante o processo criminal* (*vide* nota abaixo); d) a colaboração do acusado (suspeito, investigado, indiciado, denunciado, seja ele autor, coautor ou partícipe, não importando se a participação foi material ou moral, de maior ou menor importância — CP, art. 29, § 1º) deve resultar (ter como consequência): I — na identificação dos demais coautores ou partícipes; II — na localização da vítima com sua integridade física preservada; III — na recuperação total ou parcial do produto do crime. No primeiro requisito (I), apesar de a lei ter usado a expressão *demais* coautores ou partícipes, é evidente que o colaborador só poderá dar os nomes daqueles de que tem conhecimento, nem por isso deixando de ser válida a sua colaboração. Quanto ao segundo requisito (II), obviamente só será ele exigível quando a vítima estiver sequestrada ou em cárcere privado, devendo, no entanto, estar com sua integridade física mantida. O terceiro requisito (III) não requer a recuperação total do produto do crime, podendo ser ela parcial, desde que não seja insignificante. Evidentemente, poderá haver crimes em que não haja produto a ser recuperado, como no caso de tentativa, nem por isso ficando prejudicada, a nosso ver, a colaboração. Feitas estas ressalvas, deverão os três requisitos acima ser cumulativos, não bastando a verificação de apenas um ou dois deles.

■ Outros requisitos (art. 13, parágrafo único): Segundo este parágrafo único, para conceder o perdão judicial, além dos requisitos do *caput*, o juiz *levará em conta* (em consideração, verificará se são favoráveis) os seguintes: a) a *personalidade* (a índole, a maneira de agir e sentir, o próprio caráter do agente); b) a *natureza* (espécie) do fato criminoso, observando-se que a presente lei não limitou a aplicação do perdão a determinados crimes; c) a sua *circunstância* (aquilo que cercou a prática da infração penal e que pode ser relevante no caso concreto, como lugar, maneira de agir, ocasião etc.); d) a *gravidade* (maior censurabilidade) do delito; e) a sua *repercussão social* (o reflexo que teve na sociedade). Os requisitos do parágrafo único devem ser analisados *em conjunto*, não sendo a apreciação negativa de um deles, se os demais forem favoráveis, que impedirá a concessão do perdão. Abriu-

-se, assim, grande discricionariedade ao julgador, mas *regrada*, devendo a decisão denegatória ser sempre fundamentada (CR, art. 93, IX).

■ Redução da pena (art. 14): Caso o indiciado ou acusado (aqui incluídos o suspeito e o investigado) não preencha *todos* os requisitos para o perdão judicial (art. 13, *caput*, e parágrafo único), como a primariedade, poderá ter em caso de condenação sua pena reduzida *de um a dois terços*, desde que colabore *voluntariamente* (por vontade própria, sem coação) com a investigação e o processo: a) na *identificação* dos demais coautores ou partícipes (de cuja existência tenha conhecimento); b) na *localização da vítima com vida* (obviamente em casos de sequestro ou cárcere privado e extorsão mediante sequestro), não se exigindo, como no art. 13, que sua integridade física tenha sido preservada, bastando que esteja viva, que é o bem maior; c) na recuperação total *ou* parcial do produto do crime (quando houver produto do crime a ser recuperado, o que não ocorre em crimes tentados, por exemplo). A decisão quanto à aplicação ou não da redução e, em caso afirmativo, seu percentual se este não for o máximo, haverá de ser fundamentada (CR, art. 93, IX).

■ Medidas especiais de segurança e proteção (art. 15): Dispõe o *caput* deste artigo que, estando o réu colaborador *na prisão ou fora dela*, serão aplicadas medidas *especiais* de segurança e proteção à sua integridade física, levando-se em consideração ameaça, coação eventual *ou* efetiva. Tais medidas, estando ele preso, serão de responsabilidade do diretor do estabelecimento prisional. O § 1º estabelece, por sua vez, que no caso de *prisão provisória* (em flagrante, temporária ou preventiva), o colaborador será colocado em dependência *separada* dos demais (é o chamado "seguro"). O § 2º prevê que o juiz, durante a *instrução criminal*, determinará em favor do acusado colaborador *qualquer* das medidas previstas no art. 8º. Tais medidas estão elencadas no art. 7º, e não no 8º, como constou por um lapso do legislador, sendo elas: I — segurança na residência, incluindo o controle de telecomunicações; II — escolta e segurança nos deslocamentos da residência, inclusive para fins de trabalho ou para a prestação de depoimentos; III — transferência de residência ou acomodação provisória em local compatível com a proteção; IV — preservação da identidade, imagem e dados pessoais; V — ajuda financeira mensal para prover as despesas necessárias à subsistência individual ou familiar, no caso de a pessoa protegida estar impossibilitada de desenvolver trabalho ou de inexistência de qualquer fonte de renda; VI — suspensão temporária das atividades funcionais, sem prejuízo dos respectivos vencimentos ou vantagens, quando servidor público ou militar; VII — apoio e assistência social, médica e psicológica; VIII — sigilo em relação aos atos praticados em virtude da proteção concedida; e IX — apoio do órgão executor do programa para o cumprimento de obrigações civis e administrativas que exijam o comparecimento pessoal. Quanto à inconstitucionalidade do inciso IV, conferir nota "Sigilo" *versus* "Ampla Defesa, Contraditório e Devido Processo Legal" no início dos comentários à delação premiada. Por fim, o § 3º preceitua que estando o colaborador cumprindo pena em regime fechado, o juiz *poderá* (a nosso ver, o mais adequado seria "deverá") determinar medidas especiais que lhe deem segurança em relação aos demais apenados (colocação no "seguro" ou em presídio de segurança máxima, *v.g.*).

- **Estabelecimentos com especial destinação (art. 19):** Dispõe o *caput* desse artigo que a União poderá utilizar estabelecimentos *especialmente* destinados aos condenados que *prévia* (durante as investigações ou processo criminal) e *voluntariamente* (por vontade própria, sem coação) tenham prestado a colaboração prevista nesta Lei (nos arts. 13 ou 14). O parágrafo único autoriza, para tal fim, que União celebre convênios com Estados e o Distrito Federal.

- **Tramitação prioritária (art. 19-A):** Estabelece o *caput* do art. 19-A que o inquérito e o processo em que haja indiciado, acusado, vítima ou réu colaboradores, ou ainda vítima ou testemunha protegidas nos programas de proteção desta Lei, terão *tramitação prioritária*, ou seja, com preferência em relação a outros processos. O parágrafo único do artigo em comento prevê que o juiz, em ações penais com qualquer rito, após a citação do denunciado, tomará *antecipadamente* os depoimentos das pessoas incluídas nos programas de proteção, devendo *justificar* a impossibilidade de fazê-lo ou o possível prejuízo da antecipação para a instrução criminal.

JURISPRUDÊNCIA

Jurisprudência Geral da Delação Premiada

- **Confissão e delação (distinção):** Roubo: "A confissão e a delação de corréu geram apenas direito à atenuante da confissão espontânea, pois a chamada delação premiada somente pode ser acolhida quando da efetiva colaboração resultar a identificação e prisão dos demais autores, o que não ocorre quando a suspeita em relação aos demais agentes decorre da própria investigação da polícia, mormente porque a retratação do recorrente nas fases seguintes afasta qualquer benefício, até mesmo a atenuante respectiva" (TJMG, 1ª Câm. Crim., AC 0173102-16.2008.8.13.0432, Rel. Des. Judimar Biber, j. 15-3-2011, publ. 29-4-2011).

- **Roubo triplamente qualificado:** "Confissão espontânea e delação premiada. Não há confundir confissão espontânea, atenuante da pena, com delação premiada, que constitui causa especial de diminuição da pena, reservada para casos especiais de efetiva contribuição com as investigações criminais e nos casos previstos em lei, onde não se enquadra o presente caso" (TJRS, 8ª Câm. Crim., AC 70029626629, Rel. Desa. Isabel de Borba Lucas, j. 18-11-2009, *DJ* 4-1-2010).

- **Oitiva de corréu delator (possibilidade):** "Agravo regimental. Oitiva de corréu como testemunha ou informante. Impossibilidade. Recurso não provido. O sistema processual brasileiro não admite a oitiva de corréu na qualidade de testemunha ou, mesmo, de informante, como quer o agravante. Exceção aberta para o caso de corréu colaborador ou delator, a chamada delação premiada, prevista na Lei 9.807/99. A hipótese sob exame, todavia, não trata da inquirição de acusado colaborador da acusação ou delator do agravante, mas pura e simplesmente da oitiva de codenunciado. Daí por que deve ser aplicada a regra geral da impossibilidade de o corréu ser ouvido como testemunha ou, ainda, como informante. Agravo regimental não provido" (STF, Pleno, Ação Penal 470, 7º Agravo Regimental, Rel. Min. Joaquim Barbosa, j. 18-6-2009, *DJe* 186, divulg. 1º-10-2009, publ. 2-10-2009).

- **Não impedimento do juiz:** "As hipóteses de impedimento elencadas no art. 252 do CPP constituem um *numerus clausus*. Precedentes. Não é possível interpretar extensivamente o inciso III de modo a entender que o juiz que atua em fase pré-processual ou em sede de procedimento de delação premiada em ação conexa desempenha funções em outra instância (o desempenhar funções em outra instância é entendido aqui como a atuação do mesmo magistrado, em uma mesma ação penal, em diversos graus de jurisdição)" (STF, 1ª T., HC 97.553, Rel. Min. Dias Toffoli, j. 16-6-2010, *DJe* 168, divulg. 9-9-2010, publ. 10-9-2010).

- **Deve o juiz analisar o grau de relevância da colaboração:** "[...] 3. Na concreta situação dos autos, o magistrado não examinou o relevo da colaboração do paciente com a investigação policial e com o equacionamento jurídico do processo-crime. Exame, esse, que se faz necessário para determinar o percentual de redução da reprimenda. Noutros termos: apesar da extrema gravidade da conduta protagonizada pelo acionante, o fato é que as instâncias ordinárias não se valeram de tais fundamentos para embasar a escolha do percentual de 1/3 de redução da pena. 4. A partir do momento em que o Direito admite a figura da delação premiada (art. 14 da Lei 9.807/99) como causa de diminuição de pena e como forma de buscar a eficácia do processo criminal, reconhece que o delator assume uma postura sobremodo incomum: afastar-se do próprio instinto de conservação ou autoacobertamento, tanto individual quanto familiar, sujeito que fica a retaliações de toda ordem. Daí por que, ao negar ao delator o exame do grau da relevância de sua colaboração ou mesmo criar outros injustificados embaraços para lhe sonegar a sanção premial da causa de diminuição da pena, o Estado-juiz assume perante ele conduta desleal. Em contrapasso, portanto, do conteúdo do princípio que, no *caput* do art. 37 da Carta Magna, toma o explícito nome de moralidade. 5. Ordem parcialmente concedida para o fim de determinar que o juízo processante aplique esse ou aquele percentual de redução, mas de forma fundamentada" (STF, 1ª T., HC 99.736, Rel. Min. Ayres Brito, j. 27-4-2010, *DJe* 091, divulg. 20-5-2010, publ. 21-5-2010).

- **Colaboração efetiva:** Caso de roubo: "Deve ser reconhecido e concedido o benefício da delação premiada, previsto no artigo 14 da Lei 9.807/99, se houve, pelo réu, colaboração efetiva na identificação dos corréus" (TJMG, 3ª Câm. Crim., AC 4993607-50.2009.8.13.0024, Rel. Des. Antônio Carlos Curvinel, j. 8-6-2010, publ. 7-7-2010).

- **Integridade físico-mental e da vida do corréu ou partícipe delator:** "Direito Processual Penal. *Habeas corpus*. Nulidade do interrogatório. Sigilo na qualificação de testemunha. Programa de proteção à testemunha. Acesso restrito à informação. Criminalidade violenta. Alegações não apresentadas no STJ. Ordem denegada na parte conhecida. 1. A tese de nulidade do ato do interrogatório do paciente devido ao sigilo das informações acerca da qualificação de uma das testemunhas arroladas na denúncia não deve ser acolhida. 2. No caso concreto, há indicações claras de que houve a preservação do sigilo quanto à identidade de uma das testemunhas devido ao temor de represálias, sendo que sua qualificação foi anotada fora dos autos com acesso restrito aos juízes de direito, promotores de justiça e advogados constituídos e nomeados. Fatos imputados ao paciente foram de formação de quadrilha armada, da prática de dois latrocínios e de porte ilegal de armas. 3. Legitimidade da providência adotada pelo magistrado com base nas medidas de proteção à testemunha (Lei n. 9.807/99). Devido ao incremento da criminalidade violenta e organizada, o legislador passou a instrumentalizar o juiz em medidas e providências tendentes a, simultaneamente, permitir a prática dos atos processuais e assegurar a integridade físico-mental e a vida das pessoas das testemunhas e de coautores ou partícipes que se oferecem para fazer a delação premiada. 4. *Habeas corpus* parcialmente conhecido e, nesta parte, denegado" (STF, 2ª T., HC 90.321, Rel. Min. Ellen Gracie, j. 2-9-2008, *DJe* 182, divulg. 25-9-2008, publ. 26-9-2008).

- Delação que não pôde ser usada na sentença. Colaboração na polícia e retratação em Juízo: "Não obstante tenha havido inicial colaboração perante a autoridade policial, as informações prestadas pelo Paciente perdem relevância, na medida em que não contribuíram, de fato, para a responsabilização dos agentes criminosos. O magistrado singular não pôde sequer delas se utilizar para fundamentar a condenação, uma vez que o Paciente se retratou em juízo. Sua pretensa colaboração, afinal, não logrou alcançar a utilidade que se pretende com o instituto da delação premiada, a ponto de justificar a incidência da causa de diminuição de pena" (STJ, 5ª T., HC 120.454, Rel. Min. Laurita Vaz, j. 23-2-2010, *DJe* 22-3-2010).

- Caso de roubo: A retratação do recorrente nas fases seguintes afasta qualquer benefício, até mesmo a atenuante da confissão (TJMG, 1ª Câm. Crim., AC 0173102-16.2008.8.13.0432, Rel. Des. Judimar Biber, j. 15-3-2011, publ. 29-4-2011).

- Colaboração decisiva, mas circunstância do delito reprováveis. Redução mínima: Caso de latrocínio e ocultação de cadáver: "Se as informações prestadas pelo réu foram decisivas para a identificação dos comparsas e recuperação de parte da 'res furtiva', colaborando com a investigação e com o processo judicial, cabível a redução da pena em virtude da delação premiada, a qual, entretanto, deve incidir em grau mínimo se as circunstâncias do delito foram reprováveis" (TJMG, 2ª Câm. Crim., AC 0717841-41.2008.8.13.0521, Rel. Des. Renato Martins Jacob, j. 9-6-2011, publ. 22-6-2011).

- Requisitos: "Para a configuração da delação premiada, é necessária a demonstração da espontaneidade e eficácia da colaboração do réu em colaborar desde a fase extrajudicial para identificar corréus, localizar a vítima com vida e recuperar no todo ou em parte o produto do crime, como determina o art. 14 da Lei 9.807/99. A incidência do patamar mínimo ou máximo dessa causa de diminuição depende da conjugação de todos os requisitos previstos na Lei. A delação do corréu que não procura se eximir da responsabilidade pelo evento criminoso, aliada aos demais elementos colhidos aos autos, é prova relevante para a determinação da autoria" (latrocínio) (TJMG, 4ª Câm. Crim., AC 0017822-72.2005.8.13.0330, Rel. Des. Walter Pinto da Rocha, j. 30-4-2008, publ. 18-6-2008).

Diversamente do que conclui a magistrada sentenciante, descabe a aplicação da delação premiada no presente caso, porquanto não foram preenchidos os requisitos legais para tanto, quais sejam existência de quadrilha formada para a prática de crimes hediondos, delação pelo integrante da quadrilha e que a delação propicie o desmantelamento da quadrilha ou bando (TJRS, 1ª Câm. Crim., AC 70031774755, Rel. Des. Marco Antônio Ribeiro de Oliveira, j. 28-10-2009, DJ 25-11-2009).

- **Crime já desvendado (não incidência do benefício):** Roubo e quadrilha: "O benefício da delação premiada será concedido ao acusado que presta informações importantes para a elucidação dos fatos, colaborando na identificação dos coautores. No caso, não há falar em delação premiada se o réu delatou os seus comparsas que se encontravam sob investigação e já haviam sido identificados pela Polícia Judiciária" (TJMG, 3ª Câm. Crim., AC 0454187-35.2005.8.13.0209, Rel. Des. Paulo Cézar Dias, j. 24-4-2007, publ. 2-6-2007).

- **Roubo qualificado:** "Desvendada a infração penal mediante a ação eficiente das autoridades policiais, colaborando o agente quando percebe que seria inevitavelmente descoberto, não são cabíveis as benesses da delação premiada" (TJMG, 4ª Câm. Crim., AC 3695311-67.2004.8.13.0024, Rel. Des. Ediwal José de Morais, j. 21-3-2007, publ. 4-4-2007).

- **Delação eficaz:** Ocultação de documento público: "O benefício da ocultação de documento público — Presidente de Câmara de Vereadores — Município com menos de sete mil habitantes — Delação premiada. Presidente de Câmara de Vereadores, em município de menos de sete mil habitantes, que alega desconhecer o paradeiro de processo de CEI, comprovadamente recebido da gestão anterior, comete o crime de ocultação de documento público, principalmente se o Prefeito Municipal, seu irmão, foi seriamente implicado na Comissão Especial de Inquérito. Depoimento do corréu, diretor da casa legislativa, beneficiado com a delação premiada, que corrobora o conjunto indiciário, afirmando no Ministério Público e em juízo, que o Presidente retirou os autos da Câmara de Vereadores e não os entregou, embora os insistentes pedidos do Promotor de Justiça da Comarca. Apelação provida para condenar os réus, reduzindo a pena imposta a um deles, como prêmio de delação" (TJRS, 4ª Câm. Crim., AC 70033483181, Rel. Des. Gaspar Marques Batista, j. 25-2-2010, DJ 5-4-2010).

Jurisprudência da Delação Premiada (Organizações Criminosas — durante a vigência da Lei n. 9.034/95, atualmente substituída pela Lei n. 12.850/2013)

- **Organização criminosa e tipificação pela Convenção de Palermo (inadmissibilidade):** "Lei do crime organizado (art. 7º). Vedação legal apriorística de liberdade provisória. Convenção de Palermo (art. 11). Inadmissibilidade de sua invocação. [...] Cláusulas inscritas nos textos de tratados internacionais que imponham a compulsória adoção, por autoridades judiciárias nacionais, de medidas de privação cautelar da liberdade individual, ou que vedem, em caráter imperativo, a concessão de liberdade provisória, não podem prevalecer em nosso sistema de direito positivo, sob pena de ofensa à presunção de inocência, dentre outros princípios constitucionais que informam e compõem o estatuto jurídico daqueles que sofrem persecução penal instaurada pelo Estado. A vedação apriorística de concessão de liberdade provisória é repelida pela jurisprudência do Supremo Tribunal Federal, que a considera incompatível com a presunção de inocência e com a garantia do *due process*, dentre outros princípios consagrados na Constituição da República, independentemente da gravidade objetiva do delito" (STF, 2ª T., HC 94.404, Rel. Min. Celso de Mello, j. 18-11-2008, DJe 18-6-2010).

- **Organização criminosa e tipificação pela Convenção de Palermo (admissibilidade):** "Identificada, nos autos, uma organização criminosa, nos moldes do artigo 1º da Lei 9.034/95, com a redação dada pela Lei 10.217/2001, com tipificação do artigo 288 do Código Penal, do Decreto n. 5.015, de 12 de março de 2004, do Decreto Legislativo n. 231, de 29 de maio de 2003, que ratificou a Convenção das Nações Unidas contra o Crime Organizado Transnacional, bem como, aparentemente, provas de crimes por ela cometidos, considera-se presente o requisito de indícios da existência do crime antecedente ao delito de lavagem ou ocultação de bens, direitos e valores" (STJ, 5ª T., HC 63.716, Rel. Des. Conv. Jane Silva, j. 28-11-2007, *DJ* 17-12-2007).

"[...] 3. O art. 1º, VII, da Lei n. 9.613/98 não prevê a prática de crime de organização criminosa que demandasse a existência de um tipo específico, mas da prática de crime por organização criminosa. 4. A definição do termo 'organização criminosa', objeto de reiteradas discussões doutrinárias, restou pacificada, tendo em conta a adesão do Brasil à Convenção das Nações Unidas contra o Crime Organizado Transnacional, cujo texto fora aprovado pelo Congresso Nacional através do Decreto Legislativo n. 213, de 29 de maio de 2003 e promulgado pelo Decreto n. 5.015, de 12 de março de 2004, o qual determinou seja ela 'cumprida tão inteiramente como nela se contém'. A citada Convenção, cujo objetivo reside em promover a cooperação para prevenir e combater mais eficazmente a criminalidade organizada transnacional, definiu o artigo 2: 'a) Grupo criminoso organizado — grupo estruturado de três ou mais pessoas, existente há algum tempo e atuando concertadamente com o propósito de cometer uma ou mais infrações graves ou enunciadas na presente Convenção, com a intenção de obter, direta ou indiretamente, um benefício econômico ou outro benefício material'. 5. O Superior Tribunal de Justiça tem identificado organizações criminosas à luz do art. 1º da Lei 9.034/95, com a redação dada pela Lei 10.217/2001, com a tipificação do art. 288 do CP e do Decreto Legislativo 231/03, o qual ratificou a Convenção das Nações Unidas contra o Crime Organizado Transnacional. [...] 10. Ordem de *habeas corpus* denegada" (TRF da 5ª Região, HC 200805000066528, Rel. Des. Joana Carolina Lins Pereira, j. 23-2-2008).

- **Quadrilha, grupo, organização ou bando:** "1. A Lei 9.034/95, que dispôs sobre os meios de prevenção e repressão de ações praticadas por organizações criminosas, prevê, em seu art. 6º, a redução da pena de 1/3 a 2/3 para os que, espontaneamente, colaborarem no esclarecimento de infrações penais e sua autoria. 2. A delação do indiciado deverá ser espontânea, ou seja, de livre vontade, sem a instigação ou coação de terceiros e eficaz, ou seja, deve produzir efeitos práticos quanto aos demais integrantes da quadrilha, grupo, organização ou bando, ou na localização do produto, substância ou droga ilícita" (STJ, 5ª T., REsp 628.048, Rel. Min. Arnaldo Esteves Lima, j. 24-3-2009, *Dje* 13-4-2009).

- **Não configuração com simples confissão e indicação de corréu:** Roubo: "Delação premiada. Inexistência. A admissão da autoria e a indicação de corréu permite a aplicação da atenuante da confissão espontânea, restando descabido o pleito de aplicação da benesse disposta no art. 6º da Lei

n. 9.034/99. Dosimetria das penas. Conservadas as penas na forma como dosadas na sentença" (TJRS, 7ª Câm. Crim., AC 70028730851, Rel. Desa. Naele Ochoa Piazzeta, j. 17-12-2009, *DJ* 4-1-2010).

Jurisprudência da delação (tráfico de drogas)

▪ **Não extensão a corréu:** "*Habeas corpus.* Pena de multa. Matéria não suscitada nas instâncias precedentes. Não conhecimento. Corréu beneficiado com a delação premiada. Extensão para o corréu delatado. Impossibilidade. Tráfico de entorpecentes. Intuito comercial. Elemento integrante do tipo. [...]. 2. Descabe estender ao corréu delatado o benefício do afastamento da pena, auferido em virtude da delação viabilizadora de sua responsabilidade penal [...]" (STF, 1ª T., HC 85.176, Rel. p/ acórdão Min. Eros Grau, j. 1º-3-2005, *DJ* 8-4-2005, p. 26).

▪ **Requisitos para a delação:** "Para o reconhecimento e consequente aplicação da delação premiada, é imprescindível que o agente tenha, de fato, colaborado efetivamente com a investigação e o processo criminal, e, ainda, que esta colaboração tenha resultado na identificação dos demais coautores ou partícipes, e na recuperação total ou parcial do produto do crime" (TJMG, 4ª Câm. Crim., AC 4930306-03.2007.8.13.0024, Rel. Des. Eli Lucas de Mendonça, j. 28-11-2007, publ. 16-1-2008).

▪ *Quantum* **da redução:** "Efetivamente, o requerente M. colaborou no processo criminal, com a identificação dos demais coautores e partícipes no que concerne aos delitos de tráfico de drogas e de associação para o tráfico e no que diz respeito ao desmantelamento da quadrilha. A colaboração do corréu delator, sem dúvida, foi fundamental à instrução criminal. Ocorre que o *quantum* de diminuição da pena é estabelecido conforme os parâmetros mínimo e máximo previstos no artigo 41 da Lei 11.343/2006, dependendo a escolha da redução em 1/3 até 2/3 da motivação do julgador. Trata-se de um critério de aplicação de pena, na perspectiva do convencimento do julgador no que tange à importância e efeitos das declarações do delator ao deslinde do feito criminal e na revelação de seus envolvidos. Apesar de entender que a delação realizada pelo requerente foi imprescindível para o esclarecimento do caso penal, não há nenhuma ilegalidade na assunção do critério de redução da pena por metade. Trata-se de critério de convencimento acerca da eficácia da delação. Não sobreveio, no pedido revisional, nenhuma circunstância nova que determinasse ou autorizasse a diminuição especial da pena, além da já analisada por ocasião da sentença e do acórdão" (TJRS, 2º Grupo de Câmaras Criminais, Revisão Criminal 70041365883, Rel. Des. Nereu José Giacomolli, j. 10-6-2011, *DJ* 4-7-2011).

"A causa de redução de pena prevista no art. 41, da Lei 11.343/2006, oscila com a relevância da delação premiada no curso do processo criminal, sendo que, no presente caso, não há que se falar em redução máxima, uma vez que a referida delação não influenciou diretamente no curso das investigações" (TJMG, 2ª Câm. Crim., AC 0000155-20.2011.8.13.0118, Rel. Des. Marcílio Estáquio Santos, j. 24-11-2011, publ. 1º-12-2011).

▪ **Contribuição não eficaz:** "Não prospera a alegação de que o paciente faz jus aos benefícios da delação premiada, uma vez que não há prova nos autos de que as informações prestadas no processo contribuíram de forma eficaz na identificação dos demais coautores da ação criminosa" (STJ, 5ª T., HC 131.279, Rel. Min. Napoleão Nunes Maia Filho, j. 19-5-2011. DJe 16-6-2011).

"2. O instituto da delação premiada consiste em ato do acusado que, admitindo a participação no delito, fornece às autoridades informações eficazes, capazes de contribuir para a resolução do crime. Todavia, apesar de o paciente haver confessado sua participação no crime, contando em detalhes toda a atividade criminosa e incriminando seus comparsas não há nenhuma informação nos autos que ateste o uso de tais informações para fundamentar a condenação dos outros envolvidos, pois a materialidade, as autorias e o desmantelamento do grupo criminoso se deram principalmente pelas interceptações telefônicas legalmente autorizadas e pelos depoimentos das testemunhas e dos policiais federais. 3. Para se chegar à conclusão pretendida pelo paciente seria necessário o revolvimento aprofundado das provas constantes dos autos, procedimento que, sabidamente, é vedado na estreita via do *habeas corpus*. 4. *Habeas corpus* parcialmente conhecido e, nessa extensão, denegado" (STJ, 6ª T., HC 90.962, Rel. Min. Haroldo Rodrigues (Desembargador convocado do TJ/CE), j. 19-5-2011, *DJe* 22-6-2011).

"A utilização de parte das declarações do réu, no *decisum* condenatório, para se comprovar a autoria do mandante do crime não é circunstância, por si só, eficiente para caracterizar o direito ao benefício da delação premiada, que reclama do acusado a colaboração e a cooperação não demonstradas na hipótese" (STJ, 6ª T., HC 114.648, Rel. Min. Maria Thereza de Assis Moura, j. 26-4-2011, *DJe* 4-5-2011).

▪ Colaboração sem resultado prático: "Para o reconhecimento da delação premiada não basta que o réu tenha contribuído voluntariamente, mas que tal colaboração resulte na identificação e prisão dos demais coautores ou partícipes onde haja revelação de esquema ou organização que atenda ao interesse na disseminação de drogas, de modo que a só indicação genérica de um suposto traficante, sem nenhum resultado prático, aliada à ausência de maiores informações, tudo levando a crer não tenha passado de uma tentativa do apelante de safar-se da responsabilidade penal, não sustenta a aplicação da causa. Recurso não provido" (TJMG, 1ª Câm. Crim., AC 0489099-02.2009.8.13.0344, Rel. Des. Judimar Biber, j. 20-4-2010, publ. 9-7-2010).

▪ Insuficiência da colaboração: "Análise das circunstâncias judiciais e o art. 41 da lei de drogas. — Delação premiada. Afirmar-se que o réu colaborou para a apreensão da droga é descabido, pois foi flagrado transportando uma parte e os policiais já tinham a informação prévia de que o réu detinha mais drogas em sua residência. Caso o réu não os levasse espontaneamente até a menor parte da droga que estava em sua casa, evidentemente o local seria investigado pela polícia. Ademais, é certo que a simples menção a um prenome de suposto responsável pelo tráfico, sem qualquer outra indicação como sobrenome, endereço ou características físicas, não auxilia em nada a investigação criminal, de forma que não pode ser aplicada a redução prevista no art. 41 da Lei n. 11.343/2006, o qual exige o preenchimento cumulativo dos quatro requisitos ali previstos.

Apelo improvido" (TJRS, 1ª Câm. Crim., AC 70034972026, Rel. Des. Manuel José Martinez Lucas, j. 26-5-2010, *DJ* 15-6-2010).

■ Delação e confissão: "[...] O instituto de delação premiada incide quando o réu, voluntariamente, colabora de maneira efetiva com a investigação e o processo criminal. Esse testemunho qualificado deve vir acompanhado da admissão de culpa e deve servir para a identificação dos demais coautores ou partícipes e na recuperação do produto do crime, o que não se verificou no caso dos autos [...]" (STJ, 5ª T., REsp 1.102.736, Rel. Min. Laurita Vaz, j. 4-3-2010, *Dje* 29-3-2010).

■ Prequestionamento: "Aplicação da redutora do art. 41 da Lei 11.343/2006 (Delação Premiada). Supressão de Instância. [...] 1. A alegação de fazer jus o paciente ao benefício da delação premiada sequer foi submetida à apreciação do Tribunal *a quo*, razão pela qual sua análise por esta Corte constituiria indevida supressão de instância. Ademais, a tese, por implicar em aprofundada dilação probatória, é insuscetível de discussão em *Habeas Corpus*" (STJ, 5ª T., HC 119.609, Rel. Min. Napoleão Nunes Maia Filho, j. 29-10-2009, *DJe* 30-11-2009).

■ Ausência de concurso de pessoas: "A conduta praticada pelo paciente não se subsume à prevista para a aplicação do art. 41 da Lei 11.343/2006, ao contrário do que quer fazer crer o impetrante; isso porque a previsão formulada nesse artigo traz a figura da delação premiada, somente sendo possível a sua incidência quando, na prática de qualquer dos delitos previstos na Lei 11.343/2006, o agente perpetrar a conduta em concurso de pessoas, o que não ocorreu na hipótese dos autos" (STJ, 5ª T., HC 99.422, Rel. Min. Napoleão Nunes Maia Filho, j. 12-8-2008, *DJe* 22-9-2008).

"Para o reconhecimento e consequente aplicação da delação premiada, é imprescindível que o delito tenha sido praticado em concurso de pessoas, e que tenha o agente colaborado efetivamente na identificação dos demais coautores e partícipes, bem como na recuperação total ou parcial do produto do crime" (TJMG, 1ª Câm. Crim., AC 0008073-92.2010.8.13.0059, Rel. Des. Alberto Deodato Neto, j. 8-11-2011, publ. 1º-12-2011).

■ Apuração pelo flagrante: "Não há delação premiada quando o agente não colabora para a elucidação dos delitos, cuidando-se de condutas que seriam inevitavelmente apuradas pelo flagrante realizado" (TJMG, 1ª Câm. Crim., AC 1458238-70.2009.8.13.0035, Rel. Des. Ediwal José de Morais, j. 16-6-2010, publ. 30-7-2010).

■ Inevitabilidade da descoberta policial: "Não faz jus à delação premiada aquele que busca se esquivar da responsabilidade que lhe recai, sendo inevitável a descoberta policial acerca da atividade ilícita exercida no lugar do flagrante. Apelo improvido" (TJMG, 1ª Câm. Crim., AC 9890586-07.2008.8.13.0024, Rel. Des. Ediwal José de Morais, j. 1º-9-2009, publ. 29-9-2009).

■ Validade da delação: "[...] o benefício da delação está legalmente previsto (art. 41 da Lei 11.343/2006), exigindo expressamente que a colaboração se dê na identificação dos coautores e partícipes do crime e/ou na recuperação total ou parcial do produto do crime. Na espécie, só restou beneficiada a acusada porque esta colaborou voluntariamente com as investigações e com o processo criminal, ou seja, é inerente à aplicação da delação que sua contribuição seja útil, razão pela qual inexistem motivos que justifiquem qualquer supressão dos relatos feitos pela ré em relação à participação do correu V.S.S." (TJRS, 2ª Câm. Crim., AC 70029729357, Rel. Desa. Laís Rogéria Alves Barbosa, j. 17-12-2009, *DJ* 23-2-2010).

Jurisprudência da delação premiada (extorsão mediante sequestro)

- Delação: A regra do § 4º do art. 159 pressupõe a delação à autoridade e o efeito de haver-se facilitado a libertação do sequestrado (STF, HC 69.328, *DJU* 5-6-1992, p. 8430; *observação nossa:* a nova redação do § 4º deste artigo não alterou a necessidade desses dois requisitos).

- Incidência obrigatória: A *delação premiada* é de incidência obrigatória quando as informações prestadas pelo agente foram eficazes, possibilitando ou facilitando a libertação da vítima (STJ, *RT* 819/553).

- Relato que não facilitou a libertação da vítima: Se o relato do corréu não facilitou a libertação da vítima, não se aplica a delação premiada (TJSP, *RT* 876/614).

- Postulação do benefício não apreciado na sentença: "1. Interceptação telefônica e gravação de negociações entabuladas entre sequestradores, de um lado, e policiais e parentes da vítima, de outro, com o conhecimento dos últimos, recipiendários das ligações. Licitude desse meio de prova. Precedente do STF: (HC 74.678, 1ª Turma, 10-6-97). 2. Alegação improcedente de perda de objeto do recurso do Ministério Público estadual. 3. Reavaliação do grau de culpabilidade para fins de revisão de dosagem da pena. Pretensão incompatível com o âmbito do *habeas corpus*. 4. Pedido, em parte, deferido, para suprimento da omissão do exame da postulação, expressa nas alegações finais, do benefício da delação premiada (art. 159, § 4º, do Código Penal), mantidas a condenação e a prisão" (STF, 1ª T., HC 75.261, Rel. Min. Octavio Gallotti, j. 24-6-1997, *DJ* 22-8-1997, p. 38764).

Jurisprudência da delação premiada (proteção aos réus colaboradores)

- Sigilo do acordo de delação: "Não vislumbro [...] motivo para decretar a publicidade dos acordos de delação premiada, cujo sigilo lhe é ínsito, inclusive por força de lei. Ao paciente basta saber quem participou da confecção e homologação dos acordos, sendo pública e notória a condição dos delatores" (STF, 1ª T., HC 90.688-5, Rel. Min. Ricardo Lewandowski, j. 12-3-2008, *m.v.*).

Nesta decisão, o STF entendeu ser direito de o acusado conhecer o nome dos Procuradores da República que trataram com o delator os termos de sua colaboração, e do Juiz Federal que homologou o acordo, por haver evidência de que elas tinham sido as próprias vítimas das interceptações telefônicas ilegais praticadas pelo delatado. Em seu douto voto vencido, o Ministro Marco Aurélio entendeu ser direito da defesa do delatado ter conhecimento de todo o acordo de delação premiada, e não só dos nomes das pessoas que dele participaram, *verbis*: "Entendo presente o interesse da defesa em conhecer não só aqueles que subscreveram o citado acordo de delação premiada como também o teor desta, visando mesmo à oposição quanto ao que asseverado na denúncia. O acordo não pode servir para a persecução criminal e ficar à margem do conhecimento da defesa".

■ Confissão (atenuante) e delação premiada (causa de diminuição de pena). Dupla valoração: "[...] 1. Ao contrário do que afirma o acórdão ora vergastado, não há impossibilidade de aplicação simultânea da atenuante da confissão, na 2ª fase de individualização da pena, com a da delação premiada, na 3ª etapa, por se revestir, no caso do art. 14 da Lei 9.807/99, de causa de diminuição de pena", determinando-se seja novamente julgada a apelação defensiva para a análise da aplicação do art. 14, afastados os óbices anteriormente levantados (STJ, 5ª T., HC 84.609, Rel. Min. Laurita Vaz, j. 4-2-2010, *DJe* 1º-3-2010).

"[...] 2. Não há impossibilitar a aplicação da atenuante da confissão na 2ª fase de individualização da pena, bem como da delação premiada na 3ª fase, por se revestir, no caso do art. 14 da Lei 9.807/99, de causa de diminuição de pena. 3. Recurso parcialmente conhecido e, nessa extensão, provido a fim de redimensionar a pena privativa de liberdade para 1 ano de reclusão" (STJ, 5ª T., REsp 1.002.913, Rel. Min. Arnaldo Esteves Lima, j. 17-9-2009, *DJe* 19-10-2009).

■ Incidência obrigatória: "[...] ao contrário do que afirma o acórdão ora objurgado, preenchidos os requisitos da delação premiada, previstos no art. 14 da Lei n. 9.807/99, sua incidência é obrigatória" (STJ, 5ª T., HC 84.609, Rel. Min. Laurita Vaz, j. 4-2-2010, *DJe* 1º-3-2010).

■ A prisão não impede a delação: "[...] As premissas oferecidas pelo acórdão guerreado — inacumulabilidade da delação premiada com a confissão espontânea, discricionariedade do órgão julgador quanto à aplicação do referido benefício, bem assim necessidade de a delação ser efetuada antes da prisão — não são aptas a subsidiar o indeferimento do benefício previsto no art. 14 da Lei n. 9.807/99, razão pela qual, ante a impossibilidade de valorar os elementos colhidos durante a fase policial, bem como aqueles obtidos durante a instrução processual, na estreita via do *habeas corpus*, é o caso de se determinar seja procedida nova análise do pleito pelo Tribunal de Justiça estadual. 4. Ordem denegada. *Habeas corpus* concedido, de ofício, para, mantida a condenação, determinar seja rejulgada a apelação defensiva, com a efetiva análise do pedido de aplicação do benefício previsto no art. 14, da Lei n. 9.807/99, afastados os óbices anteriormente levantados pela Corte estadual, decidindo como entender de direito" (STJ, 5ª T., HC 84.609, Rel. Min. Laurita Vaz, j. 4-2-2010, *DJe* 1º-3-2010).

■ Delator acusado de receptação que delata autor do furto, e vice-versa: "Para que o réu seja beneficiado com o instituto da delação premiada é necessário que tenha participado do mesmo delito que os demais coautores ou partícipes delatados, nos termos da Lei n. 9.807/99. *Writ* denegado" (STJ, 5ª T., HC 123.380, Rel. Min. Felix Fischer, j. 24-3-2009, *DJe* 20-4-2009).

■ *Contra*: Furto e receptação: "Se o corréu admite a participação no fato e, sem livrar-se da imputação, delata com detalhes o partícipe, a delação tem eficácia e constitui o princípio de lógica judiciária. Havendo prova da autoria do delito de receptação perpetrado pelos acusados Adilson e José Alves, mormente pela delação do autor do crime de furto, não há falar-se em absolvição por insuficiência de provas... Reconhecido o benefício da delação premiada, porque o apelante Phelippe colaborou efetivamente na identificação dos corréus" (TJMG, 3ª Câm. Crim., AC 0172126-57.20 08.8.13.0028, Rel. Des. Antônio Carlos Cruvinel, j. 24-8-2010, publ. 6-10-2010).

ORGANIZAÇÕES CRIMINOSAS

LEI N. 12.850, DE 2 DE AGOSTO DE 2013

Capítulo I
DA ORGANIZAÇÃO CRIMINOSA

Art. 1º Esta Lei define organização criminosa e dispõe sobre a investigação criminal, os meios de obtenção da prova, infrações penais correlatas e o procedimento criminal a ser aplicado.

§ 1º Considera-se organização criminosa a associação de 4 (quatro) ou mais pessoas estruturalmente ordenada e caracterizada pela divisão de tarefas, ainda que informalmente, com objetivo de obter, direta ou indiretamente, vantagem de qualquer natureza, mediante a prática de infrações penais cujas penas máximas sejam superiores a 4 (quatro) anos, ou que sejam de caráter transnacional.

§ 2º Esta Lei se aplica também:

I — às infrações penais previstas em tratado ou convenção internacional quando, iniciada a execução no País, o resultado tenha ou devesse ter ocorrido no estrangeiro, ou reciprocamente;

II — às organizações terroristas internacionais, reconhecidas segundo as normas de direito internacional, por foro do qual o Brasil faça parte, cujos atos de suporte ao terrorismo, bem como os atos preparatórios ou de execução de atos terroristas, ocorram ou possam ocorrer em território nacional.

■ *Organização criminosa*: O termo "organização criminosa" foi referido em nossa legislação penal pela primeira vez com a edição da Lei n. 9.034/95 (antiga Lei de Organização Criminosa), tendo sido, três anos depois, igualmente utilizado pela Lei n. 9.613/98 (Lei de Lavagem de Dinheiro), cujo art. 1º impunha a condição de que só poderia ser objeto de lavagem os proveitos de determinados crimes antecedentes, dentre eles o "praticado por organização criminosa" (inciso VII). Todavia, à época não existia, em nosso ordenamento, o conceito jurídico do que seria "organização criminosa", certos de que com ele não se confunde o crime de quadrilha ou bando previsto no art. 288 do CP. Passados mais de 6 anos da edição da Lei de

Lavagem, o Presidente da República baixava o Decreto n. 5.015, publicado no *Diário Oficial* do dia 15 de março de 2004, mandando dar cumprimento à Convenção de Palermo, aprovada por decreto legislativo, no qual eram traçados parâmetros para definir o que seria "Grupo criminoso organizado", isto é, o "grupo estruturado de três ou mais pessoas, existente há algum tempo e atuando concertadamente com o propósito de cometer uma ou mais infrações graves ou enunciadas na presente Convenção, com a intenção de obter, direta ou indiretamente, um benefício econômico ou outro benefício material". Embora um decreto não possa ser considerado lei em sentido formal para efeitos de tipificação penal, como assentou o STF (1ª Turma, HC 96.007/SP, Rel. Min. Marco Aurélio Mello, j. 12-6-2012), ao contrário de decisões anteriores do próprio STF e de outros Tribunais, que admitiam o Decreto como complemento da Lei de Lavagem, desde que a lavagem tivesse ocorrido após a sua promulgação (STF, Inquérito n. 2.786, Rel. Min. Ricardo Lewandowski, Tribunal Pleno, julgado em 17-2-2011, *DJe*, divulgado em 3-6-2011 e publicado em 6-6-2011; STJ, 6ª T., HC 129.035/PE, rel. p/ acórdão Des. conv. Haroldo Rodrigues, j. 16-8-2011; 5ª T., HC 150.729/SP, Rel. Min. Laurita Vaz, j. 13-12-2011). Foi só em 2012 que efetivamente tivemos um diploma legal dando o conceito de "organização criminosa"; trata-se da Lei n. 12.694, cujo art. 2º, ao permitir a formação de "colegiados" de juízes para decidir causas envolvendo esse tipo de criminalidade, dispôs: "Para os efeitos desta Lei, considera-se organização criminosa a associação, de 3 (três) ou mais pessoas, estruturalmente ordenada e caracterizada pela divisão de tarefas, ainda que informalmente, com objetivo de obter, direta ou indiretamente, vantagem de qualquer natureza, mediante a prática de crimes cuja pena máxima seja igual ou superior a 4 (quatro) anos ou que sejam de caráter transnacional". Esse é o histórico do tema em nosso ordenamento jurídico antes da entrada em vigor da Lei n. 12.850/2013, cujo art. 1º, § 1º, exige mais: "associação de 4 (quatro) ou mais pessoas [e não somente 3 (três)] estruturalmente ordenada e caracterizada pela divisão de tarefas, ainda que informalmente, com o objetivo de obter, direta ou indiretamente, vantagem de qualquer natureza, mediante a prática de infrações penais cujas penas máximas sejam superiores [e não iguais] a 4 (quatro) anos, ou que sejam de caráter transnacional". Como se vê, o conceito adotado pela Lei n. 12.850/2013 é mais garantista.

[...]

Seção I
DA COLABORAÇÃO PREMIADA

Art. 4º O juiz poderá, a requerimento das partes, conceder o perdão judicial, reduzir em até 2/3 (dois terços) a pena privativa de liberdade ou substituí-la por restritiva de direitos daquele que tenha colaborado efetiva e voluntariamente com a investigação e com o processo criminal, desde que dessa colaboração advenha um ou mais dos seguintes resultados:

I — a identificação dos demais coautores e partícipes da organização criminosa e das infrações penais por eles praticadas;

II — a revelação da estrutura hierárquica e da divisão de tarefas da organização criminosa;

III — a prevenção de infrações penais decorrentes das atividades da organização criminosa;

IV — a recuperação total ou parcial do produto ou do proveito das infrações penais praticadas pela organização criminosa;

V — a localização de eventual vítima com a sua integridade física preservada.

- **Nota:** Não obstante a duvidosa imoralidade da delação premiada, em que os fins justificam os meios, dando-se guarida à traição de um criminoso confesso que passa a acusar os demais coautores do crime que com ele haviam agido, movida por motivos egoísticos consistentes em ver-se excluído da denúncia, beneficiado com uma redução de pena ou até mesmo com o perdão judicial, não se pode deixar de reconhecer que a delação premiada, ao lado da interceptação telefônica, tem se mostrado um instrumento poderoso na apuração de gravíssimos crimes, os quais, sem ela, permaneceriam impunes. Nesse contexto, e feita a ressalva, a Lei n. 12.850/2013 traz aspectos positivos ao garantir ao delatado maior possibilidade de questionar o depoimento do delator, ao buscar diminuir a possibilidade de erro judiciário vedando-se condenação com fundamento exclusivo em delação, ao procurar garantir a integridade física do colaborador e ao regulamentar o acordo de colaboração, o que antes inexistia.

- **"Colaboração premiada" em organização criminosa:** Com o nítido propósito metalinguístico de mitigar o natural repúdio que toda delação implica, o legislador, com a edição da Lei n. 12.850/2013, empregou, de forma pleonástica, a palavra "colaboração". Com esta lei, o instituto da delação premiada que se encontrava completamente desprovido de regulamentação, gerando grande insegurança jurídica, foi deveras aperfeiçoado.

- **Requisitos da delação ou "colaboração premiada":** O art. 4º, caput, dispõe que, para aquele que tenha colaborado efetiva (com efeito real, positivo) e voluntariamente (por vontade própria, sem coação) com a investigação e com o processo criminal (não bastando, portanto, a colaboração apenas na fase pré-processual) dela advindo "um ou mais" dos seguintes resultados: identificação dos demais coautores e partícipes, e das infrações penais praticadas (inciso I), revelação da estrutura hierárquica e da divisão de tarefas (inciso II), prevenção das infrações penais decorrentes das atividades das organizações (inciso III), recuperação total ou parcial do produto ou proveito das infrações (inciso IV), localização de eventual vítima com integridade física preservada (não sendo suficiente estar viva) (inciso V), o juiz poderá: (a) conceder o perdão judicial (que é causa extintiva da punibilidade (CP, art. 107, IX); (b) reduzir a pena privativa de liberdade em até 2/3 (dois terços) ou substituí-la por restritiva de direitos. Embora a colaboração deva ser efetiva e produzir resultado, é obvio que, se de um lado o colaborador não deverá ocultar nada do que sabe, também de outro não poderá delatar mais do que sabe. Apesar de a lei usar a expressão "poderá", pensamos que se o colaborador preencher os requisitos legais, os benefícios não lhe poderão ser negados arbitrariamente, por se tratar de direito público subjetivo seu. De outra parte, caso o juiz não opte pelo perdão judicial (mais favorável), mas sim pela redução da pena privativa de liberdade, deverá fundamentar sua decisão, sob pena de nulidade (CF, art. 93, IX, segunda parte). Igualmente fundamentada deverá ser a opção pela redução em vez da substituição.

§ 1º Em qualquer caso, a concessão do benefício levará em conta a personalidade do colaborador, a natureza, as circunstâncias, a gravidade e a repercussão social do fato criminoso e a eficácia da colaboração.

- Critérios vagos (insegurança jurídica): O § 1º do art. 4º prevê que na concessão do benefício deverá ser levado em conta a personalidade do colaborador, as circunstâncias, a gravidade, a repercussão social do fato criminoso e a eficácia da colaboração. Enquanto este último critério já consta do *caput* do art. 4º, os outros nos parecem por demais vagos, ferindo a taxatividade da lei penal e podendo esvaziar o instituto, que tem por objetivo maior o esclarecimento de graves delitos, por vezes o resgate de uma vítima sequestrada, a punição dos autores e a recuperação do produto do crime.

§ 2º Considerando a relevância da colaboração prestada, o Ministério Público, a qualquer tempo, e o delegado de polícia, nos autos do inquérito policial, com a manifestação do Ministério Público, poderão requerer ou representar ao juiz pela concessão de perdão judicial ao colaborador, ainda que esse benefício não tenha sido previsto na proposta inicial, aplicando-se, no que couber, o art. 28 do Decreto-Lei n. 3.689, de 3 de outubro de 1941 (Código de Processo Penal).

- Perdão judicial: O § 2º, de forma inovadora, prevê que, considerando a relevância da colaboração, o Delegado no inquérito policial ou o Promotor ou Procurador da República a qualquer tempo (isto é, durante o trâmite da ação penal) poderá representar ou requerer ao juiz a concessão do perdão judicial — que é causa extintiva da punibilidade —, "ainda que esse benefício não tenha sido previsto na proposta inicial", cabendo ao magistrado aceitar o pedido ou, caso não o aceite, remetê-lo à apreciação do Procurador-Geral, "aplicando-se, no que couber", o art. 28 do CPP.

§ 3º O prazo para oferecimento de denúncia ou o processo, relativos ao colaborador, poderá ser suspenso por até 6 (seis) meses, prorrogáveis por igual período, até que sejam cumpridas as medidas de colaboração, suspendendo-se o respectivo prazo prescricional.

- **Denúncia e suspensão do prazo prescricional:** O § 3º estabelece que o prazo para oferecimento da denúncia ou o processo, em relação ao colaborador, poderá ser suspenso por até seis meses, prorrogáveis por igual período, "até que sejam cumpridas as medidas de colaboração", com suspensão do prazo prescricional. Como se observa, o legislador preocupou-se em garantir que a polícia possa continuar as investigações com os subsídios colhidos a partir da delação premiada, viabilizando a consecução de medidas cautelares como a da "ação controlada" com a infiltração de agentes, postergando-se o flagrante ou outras medidas a serem impostas contra os investigados.

§ 4º Nas mesmas hipóteses do *caput*, o Ministério Público poderá deixar de oferecer denúncia se o colaborador:

I — não for o líder da organização criminosa;

II — for o primeiro a prestar efetiva colaboração nos termos deste artigo.

- ***Plea bargaining* brasileira:** A Lei n. 12.850/2013, pela primeira vez na história do direito brasileiro, excepcionou o denominado "princípio da obrigatoriedade" (para nós "regra da compulsoriedade") do oferecimento de denúncia pelo Ministério Público, sempre que formada a sua *opinio delicti*. Até então, jamais poderia o *Parquet* deixar de oferecer uma denúncia nos casos em que, inexistindo prescrição, houvesse prova da materialidade e indícios suficientes de autoria criminosa. Antes dessa lei, a delação premiada dependia, sempre, da palavra final do juiz ao sentenciar o processo. Agora, se houver a delação premiada na fase das investigações, o próprio Promotor de Justiça ou Procurador da República poderá deixar de oferecer denúncia ao delator. O Juiz não tem mais a última palavra.

- **Ambas as condições:** O Ministério Público poderá deixar de oferecer denúncia, se: I — o colaborador não for o líder da organização; II — for ele o primeiro a colaborar de forma efetiva, devendo, a nosso ver, estarem presentes ambos os requisitos, pois, ao contrário do *caput*, o Legislador não usou na lei a expressão "um ou mais".

§ 5º Se a colaboração for posterior à sentença, a pena poderá ser reduzida até a metade ou será admitida a progressão de regime ainda que ausentes os requisitos objetivos.

- **Colaboração posterior à sentença:** De maneira louvável e inovadora, dispõe o § 5º que, se a colaboração for posterior à sentença, a pena poderá ser reduzida até metade ou será admitida a progressão de regime ainda que ausentes os requisitos objetivos, ou seja, o tempo mínimo de cumprimento para tanto. A opção pela redução ou pela progressão deverá ser fundamentada. Abre-se, assim, a oportunidade de haver delação até mesmo por um condenado que já esteja cumprindo pena, podendo progredir de regime de cumprimento antecipadamente.

§ 6º O juiz não participará das negociações realizadas entre as partes para a formalização do acordo de colaboração, que ocorrerá entre o delegado de polícia, o investigado e o defensor, com a manifestação do Ministério Público, ou, conforme o caso, entre o Ministério Público e o investigado ou acusado e seu defensor.

§ 7º Realizado o acordo na forma do § 6º, o respectivo termo, acompanhado das declarações do colaborador e de cópia da investigação, será remetido ao juiz para homologação, o qual deverá verificar sua regularidade, legalidade e voluntariedade, podendo para este fim, sigilosamente, ouvir o colaborador, na presença de seu defensor.

§ 8º O juiz poderá recusar homologação à proposta que não atender aos requisitos legais, ou adequá-la ao caso concreto.

■ **Proposta (somente pelo Ministério Público):** Nos §§ 6º a 9º, buscando preservar a imparcialidade do julgador, a quem caberá homologar ou não o acordo, prevê o legislador que ele não participará das negociações do investigado ou acusado e seu defensor, com o delegado, ou entre aqueles e o promotor. A disposição é salutar uma vez que, até a edição desta lei, não era incomum alguns juízes, ao lado do Ministério Público, tomarem, eles mesmos, a iniciativa de propor a delação premiada em audiência de interrogatório, denotando a mais absoluta parcialidade do julgador.

■ **Oitiva do delator pelo Juiz, sem o Ministério Público:** Realizado o acordo, será ele remetido ao juiz para homologação, cabendo-lhe verificar sua regularidade, legalidade e voluntariedade, podendo, em sigilo, ouvir o colaborador, na presença do defensor (§ 7º), prevendo o § 8º que poderá recusar a homologação do acordo que não atenda aos requisitos legais ou adequá-lo ao caso concreto.

■ **Homologação para acordos feitos após o oferecimento da denúncia (pretensa imparcialidade):** Ressalvada a hipótese do § 4º, em que o Ministério Público deixa de denunciar um dos investigados em razão da delação (não necessitando, aqui, de homologação alguma), a necessidade de homologação do acordo daquele que já foi denunciado — até então não prevista nas diversas leis que tratavam da delação premiada — é, por um lado, salutar, dando mais segurança jurídica ao delator. Todavia, é de se convir que, por outro lado, com o ato de homologar o acordo realizado pelo acusado, durante a instrução, o Juiz estará considerando o delator culpado antes da sentença, ainda que, futura e eventualmente, ele "se retrate" da delação, conforme permite o § 10.

§ 9º Depois de homologado o acordo, o colaborador poderá, sempre acompanhado pelo seu defensor, ser ouvido pelo membro do Ministério Público ou pelo delegado de polícia responsável pelas investigações.

- **Delator sempre à disposição:** O § 9º prevê que depois de homologado o acordo, o colaborador, sempre na presença do seu defensor, poderá ser ouvido pelo promotor ou pelo delegado.

§ 10. As partes podem retratar-se da proposta, caso em que as provas autoincriminatórias produzidas pelo colaborador não poderão ser utilizadas exclusivamente em seu desfavor.

- **Retratação da delação:** Ainda que homologado o acordo, podem as partes (Ministério Público ou delator), nos termos desse § 10, retratar-se da proposta já homologada, caso em que as provas produzidas pelo colaborador não poderão ser utilizadas exclusivamente em seu desfavor. Se por um lado esse dispositivo permite que o delator se retrate, ele, ao mesmo tempo, abre a possibilidade de o Ministério Público igualmente se retratar do acordo já homologado, gerando insegurança jurídica para o delator.

§ 11. A sentença apreciará os termos do acordo homologado e sua eficácia.

- **Juiz, o último senhor da delação:** O § 11 dispõe que, na sentença, o acordo homologado e sua eficácia serão apreciados pelo juiz. Como se vê, embora homologado, caberá ao mesmo juízo que homologou o acordo, reavaliá-lo ao final. Essa situação gera insegurança jurídica para o delator, uma vez que o juiz poderá não conceder o benefício acordado, ainda que o *Parquet* não tenha se retratado do acordo feito, o que, a nosso ver, desnatura a moderna concepção do processo penal como um processo de partes.

§ 12. Ainda que beneficiado por perdão judicial ou não denunciado, o colaborador poderá ser ouvido em juízo a requerimento das partes ou por iniciativa da autoridade judicial.

- **Futura colaboração:** O delator, mesmo não denunciado ou beneficiado pelo perdão judicial, poderá ser ouvido em juízo a pedido das partes ou por iniciativa do juiz. Duas situações são aqui evidenciadas: a) perdão judicial: evidentemente, já tendo havido o trânsito em julgado da sentença concessiva do perdão judicial, nenhuma consequência jurídica poderá acarretar ao delator caso não colabore posteriormente; b) não oferecimento de denúncia: o delator que não tenha sido denunciado em razão de sua colaboração não possui a mesma garantia; assim, se deixar de colaborar posteriormente, poderá vir a ser denunciado mediante aditamento.

§ 13. Sempre que possível, o registro dos atos de colaboração será feito pelos meios ou recursos de gravação magnética, estenotipia, digital ou técnica similar, inclusive audiovisual, destinados a obter maior fidelidade das informações.

- **Registro do depoimento do delator:** O registro dos atos da colaboração serão feitos por gravação magnética, estenotipia, técnica digital ou similar, inclusive audiovisual, para "obter maior fidelidade das informações". Observamos que a exceção "sempre que possível" esvazia o dispositivo, tornando-o uma mera diretriz.

§ 14. Nos depoimentos que prestar, o colaborador renunciará, na presença de seu defensor, ao direito ao silêncio e estará sujeito ao compromisso legal de dizer a verdade.

- **Renúncia do direito ao silêncio, é possível?:** Abrindo perigoso precedente legal, o § 14 estabelece que o acusado colaborador "renunciará, na presença de seu defensor", ao direito de não produzir prova contra si mesmo e prestará "compromisso legal de dizer a verdade". A nosso ver, o dispositivo é inconstitucional, não sendo possível ao acusado dispor dessa garantia constitucional, mesmo porque, no Brasil, não há o crime de perjúrio. Nesse contexto, afora perder o benefício da delação, qual seria a consequência jurídica imposta ao acusado/delator que, embora comprometido a dizer a verdade, tenha mentido? Afinal, ele não é testemunha; continua sendo um acusado.

§ 15. Em todos os atos de negociação, confirmação e execução da colaboração, o colaborador deverá estar assistido por defensor.

- **Presença do defensor:** Ao dar assistência ao delator, seu advogado, na verdade, não está defendendo o mérito da conduta imputada ao cliente; não se pode falar, sequer, em defesa. De forma pragmática, simplesmente acompanha a "confissão" daquele que "defende", buscando, com isso, que ele deixe de ser denunciado, tenha uma pena reduzida ou até mesmo seja beneficiado com um perdão judicial. De qualquer forma, a assistência do advogado em todos os atos da negociação, confirmação e execução da colaboração tem o condão de chancelar os atos, para que depois não venha o delator alegar desconhecimento ou má compreensão de todo o acordado.

§ 16. Nenhuma sentença condenatória será proferida com fundamento apenas nas declarações de agente colaborador.

- **Fragilidade da delação:** O nosso sistema processual fundamenta-se na livre apreciação da prova pelo julgador, o qual tem o dever de fundamentar a sua convicção, explicitando seu raciocínio e as provas que o embasam. Desse modo, a jurisprudência tem reconhecido, reiteradamente, faltar motivação suficiente a decreto condenatório que se fundamente, exclusivamente, na palavra de corréu ou de uma única testemunha, sem nenhum outro elemento de prova devidamente submetido ao contraditório. Mesmo nos crimes sexuais, que geralmente ocorrem às escondidas, embora a palavra da vítima seja de extrema relevância, exige-se a constatação pericial da violação, por exemplo. Desse modo, o § 16 ostenta enorme relevância, seja por reconhecer a fragilidade da delação premiada como elemento de prova, seja por, ao assim fazer, diminuir a possibilidade de erro judiciário ao estabelecer que "nenhuma sentença condenatória será proferida com fundamento apenas nas declarações de agente colaborador". Ou seja, a delação, como elemento de convicção, deverá ser corroborada por outras provas idôneas, obtidas com respeito ao contraditório, ampla defesa e devido processo legal. Além disso, para que possa embasar a condenação de terceiros, há de ser respeitado o contraditório, garantindo-se a possibilidade de os delatados questionarem, em audiência e por meio de seus advogados, o delator, que poderá estar equivocado ou até mesmo mentindo (vide nota ao art. 5º).

Art. 5º São direitos do colaborador:

I — usufruir das medidas de proteção previstas na legislação específica;

II — ter nome, qualificação, imagem e demais informações pessoais preservados;

III — ser conduzido, em juízo, separadamente dos demais coautores e partícipes;

IV — participar das audiências sem contato visual com os outros acusados;

V — não ter sua identidade revelada pelos meios de comunicação, nem ser fotografado ou filmado, sem sua prévia autorização por escrito;

VI — cumprir pena em estabelecimento penal diverso dos demais corréus ou condenados.

- Delação e necessidade de contraditório para os delatados: Vide nota ao art. 7º.

- Direitos do delator: O art. 5º da lei em comento elenca os direitos do delator, cujo acordo for homologado:

- I — usufruir das medidas legais de proteção: Embora não seja testemunha, mas um coinvestigado ou corréu que acusa os demais, o delator poderá ser incluído no programa de proteção aos réus colaboradores previsto na Lei n. 9.807/99.

- II — ter nome, qualificação, imagem e outras informações pessoais preservados (ofensa ao contraditório e à ampla defesa do delatado): Aproximando-se de uma espécie de "denúncia anônima", tão comum nos dias de hoje e na história remota do direito, a lei, buscando preservar o delator dos demais coautores de um crime, estabelece que ele terá a sua identidade preservada. Porém, como enfatizado na nota ao art. 7º, "Delação e necessidade de contraditório para os delatados", para que o conteúdo de uma delação possa ser utilizado como fundamento de uma acusação é imprescindível que o delatado tenha conhecimento de sua identidade, garantindo-se que a sua defesa possa questionar o delator em audiência, para provar eventuais mentiras. O mesmo se aplica se o delator for corréu, acusando os demais no ato de seu interrogatório com vistas ao benefício da delação, sendo fundamental a presença do advogado dos delatados, ou que, na sua ausência, a eles sejam nomeados defensores *ad hoc*. E o legislador, aqui, de forma confusa, estabelece que a identidade do delator será preservada (inciso II) ao passo que, ao mesmo tempo, cuida de seu transporte em separado dos demais presos e de sua oitiva sem contato visual com os delatados (incisos III e IV). Evidentemente, jamais a identidade do delator poderá ser omitida dos demais corréus, o que impossibilitaria que a sua defesa questione a idoneidade daquele que os acusa. Ora, para que as declarações de um delator possam servir de fundamento à condenação dos delatados, será fundamental que ele seja inquirido em juízo, e sob o contraditório, e com sua identidade conhecida pelos defensores dos corréus, em respeito à Constituição da República (art. 5º, XIV e LV).

■ **III e IV — ser conduzido, no fórum, em separado dos demais coautores ou partícipes e não ter nas audiências contato visual com os outros acusados:** Quando o delator também estiver preso, até mesmo para que ele seja protegido das ameaças dos delatados, determina o legislador, de forma salutar, que o seu transporte para audiência de seu interrogatório seja realizado separadamente. Também visando a inexistência de pressões, estabelece-se que não haja contato visual entre ele e os delatados na audiência. De qualquer modo, reafirma-se, aqui, a necessidade de o delator ser ouvido em juízo, com a presença dos defensores dos demais acusados por ele delatados.

■ **V — não ter a identidade revelada pelos meios de comunicação, nem ser fotografado ou filmado, sem prévia autorização escrita:** Buscando proteger o delator, que pode até mesmo usufruir de medidas legais de proteção (inciso I), buscou-se preservar a sua identidade e a sua imagem em face dos meios de comunicação, o que é compreensível em hipóteses como a da presente lei, em que há criminalidade organizada. Protegem-se a sua vida e integridade física.

■ **VI — cumprir pena em estabelecimento prisional diverso dos demais corréus ou condenados:** Quando o delator não tiver sido excluído da denúncia ou beneficiado com o perdão judicial, é óbvio, para que a sua vida seja protegida, que ele não seja posto na mesma cadeia em que estejam os delatados. Todavia, embora este direito seja importantíssimo, não nos parece suficiente para a preservação da integridade física ou vida do delator. Com efeito, como não existem estabelecimentos prisionais "só para delatores", errou o legislador ao não prever o seu recolhimento, não só em estabelecimento diverso dos demais presos, como também em ala separada. Isso porque, como é de conhecimento geral, delatores são sempre odiados pela massa carcerária que os têm como traidores que buscaram um benefício pessoal ao acusar os seus ex-comparsas.

Art. 6º O termo de acordo da colaboração premiada deverá ser feito por escrito e conter:

I — o relato da colaboração e seus possíveis resultados;

II — as condições da proposta do Ministério Público ou do delegado de polícia;

III — a declaração de aceitação do colaborador e de seu defensor;

IV — as assinaturas do representante do Ministério Público ou do delegado de polícia, do colaborador e de seu defensor;

V — a especificação das medidas de proteção ao colaborador e à sua família, quando necessário.

■ Conteúdo do termo de acordo premiado: O art. 6º, fazendo uma regulamentação que há muito era exigida, estipula que o termo de acordo, a ser feito por escrito, deverá conter: I — o relato da colaboração e os possíveis resultados; II — as condições da proposta do delegado ou do promotor; III — a aceitação do colaborador e de seu defensor; IV — as assinaturas de todos os participantes; V — a especificação das medidas de proteção a serem dadas ao colaborador e, se necessário, à sua família.

Art. 7º O pedido de homologação do acordo será sigilosamente distribuído, contendo apenas informações que não possam identificar o colaborador e o seu objeto.

§ 1º As informações pormenorizadas da colaboração serão dirigidas diretamente ao juiz a que recair a distribuição, que decidirá no prazo de 48 (quarenta e oito) horas.

§ 2º O acesso aos autos será restrito ao juiz, ao Ministério Público e ao delegado de polícia, como forma de garantir o êxito das investigações, assegurando-se ao defensor, no interesse do representado, amplo acesso aos elementos de prova que digam respeito ao exercício do direito de defesa, devidamente precedido de autorização judicial, ressalvados os referentes às diligências em andamento.

§ 3º O acordo de colaboração premiada deixa de ser sigiloso assim que recebida a denúncia, observado o disposto no art. 5º.

■ Delação e necessidade de contraditório para os delatados: Como anotado nas notas introdutórias ao presente capítulo, uma das mais terríveis facetas da delação premiada, antes da edição da presente lei, era o fato de, em muitos casos, ser a identidade do delator, e o próprio conteúdo da delação, omitidos do conhecimento dos defensores dos delatados, violando-se frontalmente o direito ao contraditório e à ampla defesa. Verdadeiros autos secretos eram constituídos, muitas vezes durante a própria instrução criminal, juntando-se o conteúdo da delação somente ao final do processo, sendo este utilizado como fundamento para condenar. Em outras palavras, os corréus que são objeto da delação não tinham como questionar o delator por meio de seus advogados, formulando indagações em audiência, mesmo porque pode o delator, que não tem arcabouço moral, mentir para se ver livre da sanção penal. Sem dúvida, a defesa dos delatados há de ter a possibilidade de questionar o delator em audiência. Atualmente, ao analisarmos os incisos do art. 5º da presente lei, em conjunto com o disposto neste art. 7º, afigura-se incontestes que a delação havida na fase pré-processual deverá ser, inexoravelmente, juntada ao processo criminal logo após o recebimento da denúncia, possibilitando amplo conhecimento à defesa dos delatados, que poderá, inclusive, requerer a sua oitiva em juízo para questioná-lo, quando o delator tiver sido excluído da acusação. E não se poderá omitir a sua identidade para os advogados dos delatados, o que é essencial para levantar, inclusive, se o delator é um inimigo ou tem motivos para mentir.

- Delação na fase pré-processual e o momento do fim do sigilo: O art. 7º prevê o sigilo na distribuição do pedido de homologação em juízo, não permitindo a identificação do colaborador e do objeto do acordo. O § 1º desse artigo estipula que o juiz deverá decidir em 48 (quarenta e oito) horas sobre o pedido, enquanto o § 2º, embora restringindo o acesso aos autos ao juiz, promotor e delegado, assegura ao defensor (dos delatados, evidentemente) amplo acesso aos elementos de prova necessários ao exercício de defesa, mediante prévia autorização judicial, "ressalvados os referentes às diligências em andamento", para que, por óbice, não sejam elas frustradas.

- Fim do sigilo do termo de acordo: Antes da edição desta lei a jurisprudência vinha reafirmando o absoluto sigilo do termo de acordo de delação, negando acesso à defesa dos delatados que se via impossibilitada de questionar os reais motivos que levaram o delator a assim agir. Igualmente estava impedida de conhecer a identidade do órgão do Ministério Público e do Juiz que participaram da elaboração e da homologação do acordo, podendo haver eventual impedimento. Agora, em respeito à garantia constitucional da ampla defesa, dispõe o § 3º do art. 7º que o próprio "acordo de colaboração premiada" (e não somente o conteúdo da delação) deixa de ser sigiloso assim que recebida a denúncia, observado o disposto no art. 5º", que, como visto, trata dos direitos do colaborador.

[...]

Art. 26. Revoga-se a Lei n. 9.034, de 3 de maio de 1995.

Art. 27. Esta Lei entra em vigor após decorridos 45 (quarenta e cinco) dias de sua publicação oficial.

REFERÊNCIAS

ABRÃO, Nelson. *Curso de direito falimentar*. 5. ed. São Paulo: Leud, 1997.

ALONSO, Manoel. "Nova Lei de Falências — estudos, comentários e sugestões ao Projeto de Lei 4.376-B/1993", *Revista do Instituto dos Advogados de São Paulo*, São Paulo: Revista dos Tribunais, ano 7, n. 14 — edição comemorativa dos 130 anos do IASP, jul.-dez./2004.

ALVES, Roque de Brito. "A responsabilidade penal da pessoa jurídica", *RT* 748/494.

AMARO, Luciano. *Direito tributário brasileiro*. 4. ed. São Paulo: Saraiva, 1999.

ANDRADE FILHO, Edmar Oliveira de. *Direito penal tributário* — crimes contra a ordem tributária. São Paulo: Atlas, 1995.

ARAÚJO JÚNIOR, João Marcello de. *Dos crimes contra a ordem econômica*. São Paulo: Revista dos Tribunais, 1995.

ARNAUD, André-Jean (Org.). *Dicionário enciclopédico de teoria e de sociologia do direito*. 2. ed. Trad. Patrice Charles e F. X. Willlaume. Rio de Janeiro: Renovar, 1999.

ASÚA, Luis Jiménez de. *Tratado de derecho penal*. Buenos Aires: Losada, 1950. v. I.

BALTAZAR JÚNIOR, José Paulo. "O comparecimento do ofendido (*rectius*: acusado) como condição de procedibilidade no pedido de restituição de bens apreendidos na Lei de Lavagem de Dinheiro (Lei n. 9.613/98, art. 4º, § 3º)", *Revista Ibero-Americana de Ciências Penais*, publicação do Centro de Estudos Ibero-Americano de Ciências Penais, Porto Alegre: Livraria e Editora Cultural, ano 1, n. 0, maio-ago./2000.

BANDEIRA, Ana Cláudia Pirajá. *Consentimento no transplante de órgãos*. Curitiba: Juruá, 2001.

BARANDIER, Márcio. "Repressão criminal após o termo de ajustamento de conduta ambiental", *Boletim IBCCRIM*, ano 20, n. 238, set./2012.

BARBOSA, Marcelo Fortes. "Pessoa jurídica e conduta punível", *Boletim do Instituto Manoel Pedro Pimentel — IMPP*, ano 2, n. 11, mar./2000.

BASTOS, Marcelo Lessa. "Violência doméstica contra a mulher", *Jus Navigandi*, Teresina, ano 10, n. 1189, 3-10-2006. Disponível em: <www.jusnavigandi.com.br>.

BATISTA, Nilo. *Concurso de agentes*. 2. ed. Rio de Janeiro: Lumen Juris, 2004.

BECCARIA, Cesare. *Dos delitos e das penas*. Trad. de Torrieri Guimarães. São Paulo: Martin Claret, 2005.

BEDENETTO, Maria Ada. "Giudizio di Dio". In: *Novíssimo Digesto Italiano*. Torino: Utet, 1975. v. VII.

BERNARD; COLLI. *Dicionário internacional de economia e finanças*. São Paulo/Rio de Janeiro: Forense Universitária, 1988.

BIERRENBACH, Sheila. *Comentários à Lei de Tortura*. Rio de Janeiro: Lumen Juris, 2006.

BITTAR, Walter Barbosa; PEREIRA, Alexandre Hagiwara. *Delação premiada*. 2. ed. Rio de Janeiro: Lumen Juris, 2011.

BLACK'S Law Dictionary. 6. ed. St. Paul, Minn.: West Publishing Co., 1990.

BRANDÃO, Nuno. *Branqueamento de capitais*: o sistema comunitário de prevenção. Colecção Argumentandum, dirigida por J. J. Gomes Canotilho. Coimbra: Coimbra Editora, 2002. v. 11.

BRESSAN, P. M.; KIERULFF, M. C. & SUGIEDA, A. M. (Orgs.). *Fauna ameaçada de extinção no Estado de São Paulo — vertebrados*. São Paulo: Fundação Parque Zoológico de São Paulo e Secretaria do Meio Ambiente, 2010.

BRUNO, Aníbal. *Direito penal — parte especial*. Rio de Janeiro: Forense, 1967. v. I, t. IV; 3. ed. Rio de Janeiro: Forense, 1967. t. I; 3. ed. Rio de Janeiro: Forense, 1967. t. II.

CALLÓN, Eugenio Cuello. *Derecho penal*. 6. ed. Barcelona: Bosch, 1943. v. I.

CANOTILHO, J. J. Gomes; MOREIRA, Vital. *Constituição da República Portuguesa anotada*. 3. ed. Coimbra: Coimbra Editora, 1993.

CARNEIRO, Camila Tagliani. "Uma visão crítica do crime de manutenção de depósitos no exterior", *Jus Navigandi*, Teresina, a. 8., n. 350, 22 jun. 2004. Disponível em: <www1.jus.com.br/doutrina/texto.asp? id=5389>.

CARRAZZA, Roque Antonio. "O ICMS e o delito capitulado no art. 2º, II, da Lei n. 8.137/90. Problemas conexos", *RBCCr* 8/103.

CARVALHO, Américo A. Taipa de. *Sucessão de leis penais*. Coimbra: Coimbra Editora, 1990.

CARVALHO FILHO, Aloysio de. *Comentários ao Código Penal*. 4. ed. Rio de Janeiro: Forense, 1958. v. IV.

CAVERO, José Martínez de Pisón. *El derecho a la intimidad en la jurisprudencia constitucional*. Madri: Civitas, 1993.

_____; ARIÈS, Philippe. *História da vida privada*. 6. reimp. Trad. Hildegard Feist. São Paulo: Companhia das Letras, 1991.

COIMBRA, Mario. *Tratamento do injusto penal de tortura*. São Paulo: Revista dos Tribunais, 2002.

COMPARATO, Fábio Konder. *Direito público — estudos e pareceres*. São Paulo: Saraiva, 1996.

_____. "Natureza jurídica do balanço de sociedade anônima", *RT* 489/42-43.

CONSO, Vittorio; GREVI, Giovanni. *Prolegomeni a un Commentario Breve al Nuovo Codice di Procedura Penale*. Padova: Cedam, 1990.

CONSTANTINO, Carlos Ernani. "O art. 3º da Lei n. 9.605/98 cria intolerável *bis idem*", *Bol. IBCCr*, ano 6, n. 72.

COSTA, Helena Regina Lobo da. "Termo de ajustamento de conduta e crime ambiental", *Boletim IBCCrim*, São Paulo, ano 16, n. 190, set./2008.

COSTA, José Francisco de Faria. "O branqueamento de capitais". *Boletim da Faculdade de Direito de Coimbra*, 1992, separata do Boletim da Faculdade de Direito, v. 68.

COSTA JR., Paulo José da. *Direito penal das licitações*. 2. ed. São Paulo: Saraiva.

_____; DENARI, Zelmo. *Direito penal tributário*. 2. ed. São Paulo: Saraiva, 1996.

_____; QUEIJO, Maria Elizabeth; MACHADO, Charles M. *Crimes do colarinho branco*. 2. ed. São Paulo: Saraiva, 2002.

CRETELLA JÚNIOR, José. *Comentários à Constituição de 1988*. 2. ed. São Paulo: Forense Universitária, 1993.

CRUZ, Flavio Antônio da. "Algumas provocações a respeito da Lei n. 7.492, de 1986", *IBCCrim* n. 214, set./2010.

_____. "Quanto aos crimes do art. 1º da Lei 8.137, a deflagração do processo administrativo fiscal é causa de mera suspensão da prescrição penal. O cômputo da prescrição não pode ser reiniciado do zero com o seu término", *Bol. IBCCrim* n. 230, jan./2012.

DANTAS, Francisco Clementino de San Tiago. *Problemas de Direito Positivo* — estudos e pareceres. Rio de Janeiro: Forense, 1953.

DE PLÁCIDO E SILVA. *Vocabulário jurídico*. 2. ed. Rio de Janeiro/São Paulo: Forense, 1967. v. I, II, IV.

DECOMAIN, Pedro Roberto. *Crimes contra a ordem tributária*. 2. ed. Florianópolis: Obra Jurídica.

DELAMARE, Garnier. *Dicionário de termos técnicos de medicina*. 20. ed. Andrei Editora, 1984.

DELGADO, Juana Del Carpio. *El Delito de Blanqueo de Bienes en el Nuevo Código Penal*. Valencia: Tirant lo Blanch, 1997.

DELMANTO JUNIOR, Roberto. "Em perigo", *O Globo*, de 21-2-2011.

_____. "Justiça especializada para os crimes de lavagem de dinheiro e contra o Sistema Financeiro Nacional (A inconstitucionalidade da Resolução n. 314, de 12.5.2003, do Conselho da Justiça Federal)", *Revista do Advogado*, n. 78, São Paulo: AASP, ano XXIV, set. 2004.

_____. "Reforma do processo penal". In: *Setenta anos do Código de Processo Penal brasileiro*. Rio de Janeiro: Lumen Juris, 2011.

_____. *As modalidades de prisão provisória e seu prazo de duração*. 2. ed. Rio de Janeiro: Renovar, 2001.

_____. *Inatividade no processo penal brasileiro*. São Paulo: Revista dos Tribunais, 2004.

_____; DELMANTO, Fabio M. de A. "A dignidade da pessoa humana e o tratamento dispensado aos acusados no processo penal", *RT* 835/444 a 466.

DELMANTO, Celso. "Delação na extorsão mediante sequestro", *RT* 667/387.

_____; DELMANTO, Roberto; DELMANTO JUNIOR, Roberto; DELMANTO, Fabio M. de Almeida. *Código Penal comentado*. 8. ed. São Paulo: Saraiva, 2010.

DELMANTO, Fabio M. de Almeida. "A suspensão e o início da contagem do prazo prescricional nos crimes tributários", *RT* 856/423 a 443.

_____. "O término do processo administrativo-fiscal como condição da ação penal nos crimes contra a ordem tributária", *RBCCr* n. 22.

_____; KNOPFELMACHER, Marcelo. "A decadência do crédito tributário e seus efeitos penais", *Boletim IBCCrim,* n. 180, São Paulo, ano 15.

DELMANTO, Roberto. "Ainda há juízes em Berlim", *Bol. IBCCrim* n. 157, ano 13, dez. 2005.

_____. "Da máfia ao RDD", *Bol. IBCCrim* n. 163, jun. 2006.

_____. "Regime Disciplinar Diferenciado ou Pena Cruel?", *Bol. IBCCrim* n. 134, jan. 2004.

_____. "Tortura, anistia e arquivos secretos", *Bol. IBCCrim* n. 195, fev. 2009.

DI PIETRO, Maria Sylvia Zanella. *Direito administrativo*. 12. ed. São Paulo: Atlas.

DIAS, José Carlos. "Sigilo bancário — Quebra — Requisições da Receita Federal e do Ministério Público", *RBCCr* n. 11, São Paulo: Revista dos Tribunais, jul.-set. 1995.

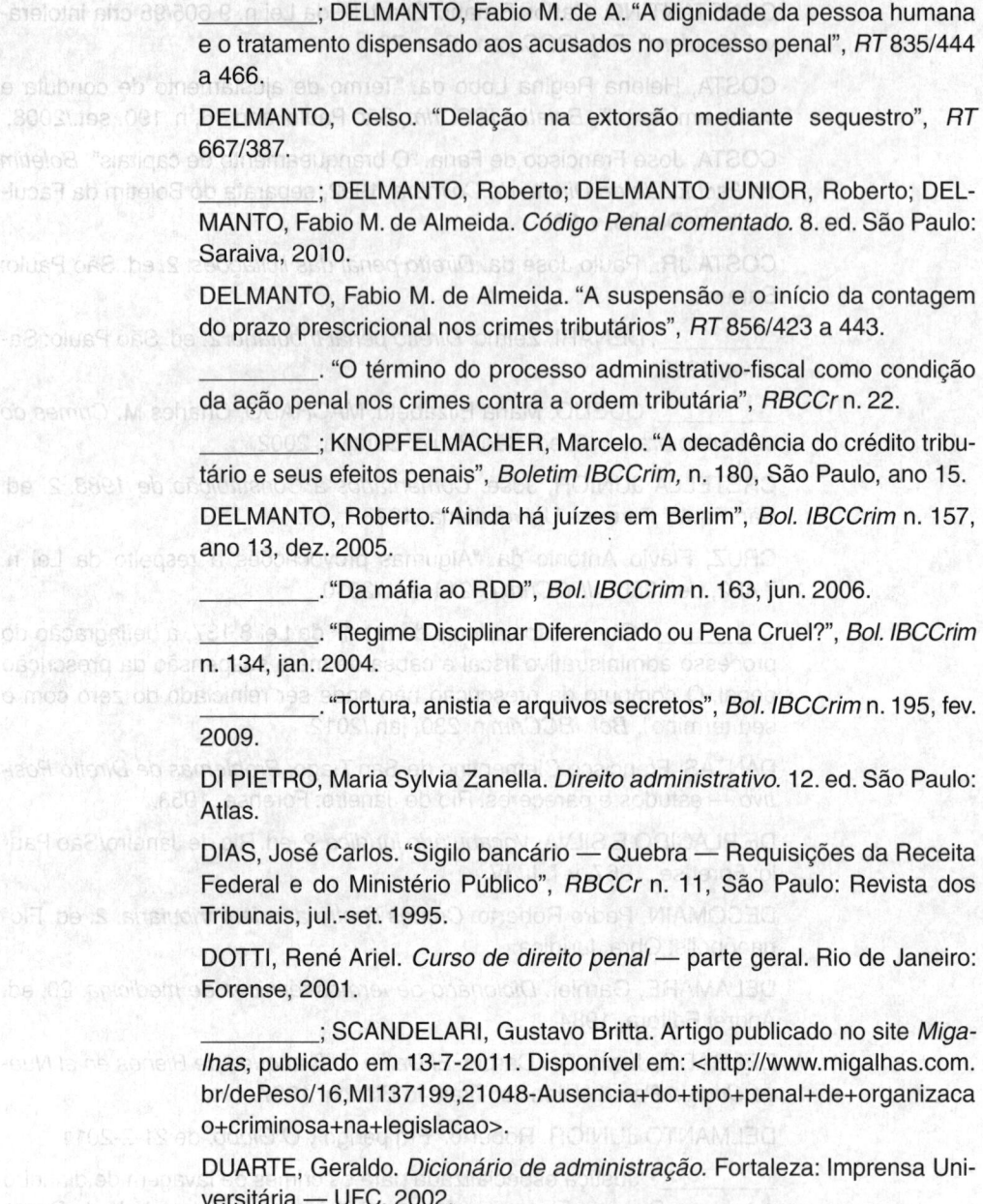

DOTTI, René Ariel. *Curso de direito penal* — parte geral. Rio de Janeiro: Forense, 2001.

_____; SCANDELARI, Gustavo Britta. Artigo publicado no site *Migalhas*, publicado em 13-7-2011. Disponível em: <http://www.migalhas.com.br/dePeso/16,MI137199,21048-Ausencia+do+tipo+penal+de+organizacao+criminosa+na+legislacao>.

DUARTE, Geraldo. *Dicionário de administração*. Fortaleza: Imprensa Universitária — UFC, 2002.

DUARTE, Maria Carolina de Almeida. *Crimes contra o Sistema Financeiro Nacional*. Rio de Janeiro: Forense, 2003.

EISELE, Andreas. *Crimes contra a ordem tributária*. São Paulo: Dialética, 1998.

ELUF, Luiza Nagib. "Violência contra a mulher". In: *A mulher e o direito*. São Paulo: IASP, 2008.

FERNANDES, Ana Maria Babette Bajer; FERNANDES, Paulo Sérgio Leite. *Aspectos jurídico-penais da tortura*. São Paulo: Saraiva, 1982.

FERREIRA, Wolgran Junqueira. *Licitações e contratos na administração pública.* Bauru: Edipro, 1994.

FRAGOSO, Heleno Cláudio. *Lições de Direito Penal* — parte especial. 6. ed. atualizada por Fernando Fragoso. Rio de Janeiro: Forense, 1988, v. 2; 1995, v. I; 1965, v. IV.

FRANCO, Alberto Silva. "Crime hediondo : um conceito-fantasma à procura de um legislador penal", *Boletim IBCCrim,* São Paulo, v. 13, n. 161, abr. 2006.

_____. "Tortura. Breves anotações sobre a Lei n. 9.455/97", *RBCCrim* 19, jul.-set. 1997.

_____; e outros. *Leis penais especiais e sua interpretação jurisprudencial.* 7. ed. São Paulo: Revista dos Tribunais.

FRANCO, Hilário. *Contabilidade comercial.* 13. ed. São Paulo: Atlas, 1991.

FRANCO, João Melo; MARTINS, Herlander Antunes. *Dicionário de conceitos e princípios jurídicos.* Coimbra: Almedina, 1993.

FREITAS, Vladimir Passos de; FREITAS, Gilberto Passos de. *Crimes contra a natureza.* 7. ed. São Paulo: Revista dos Tribunais, 2001.

GALLINO, Miranda. *Delitos contra el orden econômico.* Buenos Aires: Ediciones Pannedille, 1970.

GARCÍA, Francisco Cañal. *Diccionario Espasa Jurídico.* Madri: Espasa, 2001.

GASPARINI, Diógenes. *Crimes na licitação.* 3. ed. Editora NDJ.

GODINHO, Jorge Alexandre Fernandes. *Do crime de "branqueamento" de capitais* — introdução e tipicidade. Coimbra: Almedina, 2001.

GOMES, Luiz Flávio. "Lei de lavagem de capitais: aspectos processuais", *Bol. IBCCr* n. 65, abr. 1998.

_____. "O que se entende por crime organizado (Parte 3)". Disponível em: <http://www.lfg.com.br/public_html /article.php?story=20100301101>.

_____. *Direito de apelar em liberdade.* São Paulo: Revista dos Tribunais, 1994.

_____. "Nova Lei de Falências e suas repercussões criminais", *Jornal Síntese,* ano 9, n. 97, mar./2005.

_____; BIANCHINI, Alice. "Lei da violência contra a mulher: renúncia e representação da vítima", *Jus Navigandi,* Teresina, ano 10, n. 1178, 22-9-2006. Disponível em: <www.jusnavigandi.com.br>.

_____; CUNHA, Rogério Sanches; PINTO, Ronaldo Batista. *Comentários às Reformas do Código de Processo Penal e da Lei de Trânsito.* São Paulo: Revista dos Tribunais, 2008.

_____; OLIVEIRA, William Terra de. *Armas de fogo.* São Paulo: Revista dos Tribunais.

GONÇALVES, Eugênio Celso; BAPTISTA, Antônio Eustáquio. *Contabilidade geral.* 4. ed. São Paulo: Atlas, 1998.

GRECO FILHO, Vicente. *Dos crimes da Lei de Licitações*. 2. ed. São Paulo: Saraiva.

_____; RASSI, João Daniel. *Lei de drogas anotada*. 2. ed. São Paulo: Saraiva.

GRINOVER, Ada Pellegrini; GOMES FILHO, Antonio Magalhães; FERNANDES, Antonio Scarance. *As nulidades no processo penal*. 12. ed. São Paulo: Revista dos Tribunais.

GUTIÉRREZ, Pablo Sánches-Ostiz. *El encubrimiento como delito*. Valencia: Tirant lo Blanch, 1998.

HOLANDA, Aurélio Buarque de. *Novo Dicionário Aurélio*. Rio de Janeiro: Nova Fronteira, 1999.

HOUAISS, Antônio et al. *Dicionário Houaiss da Língua Portuguesa*. Rio de Janeiro: Objetiva, 2001.

HUNGRIA, Nélson. *Comentários ao Código Penal*. Rio de Janeiro/São Paulo: Forense, 1958, v. V; 1959, v. IX; 1977, v. I, t. I.

JEREZ, Olivier. *Le blanchiment de l'argent*. 2. ed. Paris: Revue Banque Édition, 2003.

JESCHECK, Hans-Heinrich. *Tratado de derecho penal — parte general*. Trad. José Luiz Manzanares Samaniego. 4. ed. Granada: Comares, 1993.

JESUS, Damásio E. de. *Direito penal — parte geral*. 19. ed. São Paulo: Saraiva, 1995. v. 1.

Direito penal. 29. ed. São Paulo: Saraiva, 2009. v. II.

_____. *Código Penal anotado*. 23. ed. São Paulo: Saraiva.

KRAMER, Heinrich; SPRENGER, James. *O Martelo das Feiticeiras — "Malleus Maleficarum"*. 7. ed. Rio de Janeiro: Rosa dos Tempos, 1991.

LAMPE, Ernest Joaquim. *El nuevo tipo penal del blanqueo de dinero*, versión castellana de la Conferencia Publicada en Juristen — Zeitung. Trad. Miguel Abel Souto, 1994.

Larousse & Nova Cultural (Ed.). *Grande Enciclopédia Larousse Cultural*. Nova Cultural, 1995.

LIMA, Walberto Fernandes de; BIERRENBACH, Sheila. *Comentários à Lei da Tortura*. Rio de Janeiro: Lumen Juris, 2006.

LINS E SILVA, Técio; ROCHA, Marcela Lima. "Apontamentos sobre o sigilo bancário", *RBCCr* n. 48, São Paulo: Revista dos Tribunais, maio-jun. 2004.

LOBOSCO, Fabio. "A incoerência do indiciamento em crime de menor potencial ofensivo". *Migalhas*. Disponível em: <http://www.migalhas.com.br/dePeso/16,MI161126,41046-A+incoerencia+juridica+do+indiciamento+em+crime+de+menor>.

LUNARDI, Angelo Luiz. *Operações de câmbio e pagamentos internacionais no comércio exterior*. São Paulo: Aduaneiras, 2000.

MAIA, Rodolfo Tigre. *Dos crimes contra o Sistema Financeiro Nacional*. São Paulo: Malheiros, 1996.

_____. *Lavagem de dinheiro*. 1. ed., 2. tir. São Paulo: Malheiros, 2004.

MAIA GONÇALVES, Manuel Lopes. *Código Penal português*. 3. ed. Coimbra: Almedina, 1986.

MAIHOFER, Werner. *Estado de derecho y dignidad humana*. Coleção Maestros del Derecho Penal, n. 28, Montevidéu/Buenos Aires: Editorial IBdeF, 2008.

MALHEIROS FILHO, Arnaldo. "Crimes contra o sistema financeiro: as triangulações e a doutrina da estrada de Santos", *Revista do Advogado*, n. 53, São Paulo: AASP, out. 1998.

MARQUES, José Frederico. *Tratado de direito penal*. São Paulo: Saraiva, 1961. v. IV.

_____. *Estudos de direito processual penal*. Rio de Janeiro: Forense, 1960.

MARQUES, Oswaldo Henrique Duek. "A responsabilidade da pessoa jurídica por ofensa ao meio ambiente", *Bol. IBCCr* n. 65, abr./1998.

MARTINEZ, Wladimir Novaes. *Comentários ao Estatuto do Idoso*. São Paulo: LTr, 2004.

MARTINS FILHO, Mauro de Ávila. "O instituto do indiciamento e as infrações de menor potencial ofensivo", *Jus Navigandi*, Teresina, ano 12, n. 1330, 21-2-2007.

MAURACH, Reinhart. *Tratado de derecho penal*. Trad. Juan Córdoba Roda. Barcelona: Ariel, 1962. v. I.

MAZLOUM, Ali. *Crimes do colarinho branco*. Porto Alegre: Síntese, 1999.

MIGLIARI JÚNIOR, Arthur. "A persecução penal nos crimes de recuperação de empresa e de falências", *Revista do Advogado*, São Paulo, AASP, ano XXV, n. 83, set./2005.

MIR PUIG, Santiago. *Derecho penal — parte general*. 3. ed. Barcelona: PPU, 1990.

MIRABETE, Julio Fabbrini. *Código Penal interpretado*. 6. ed. São Paulo: Atlas, 2007.

MORAES, Alexandre de; SMANIO, Gianpaolo. *Legislação penal especial*. 3. ed. São Paulo: Atlas.

MOYANO, Helios Nogués; VANNI, Adriano Salles. "Sigilo bancário (por quem e quando pode ser violado)", *RBCCr* n. 19, São Paulo: Revista dos Tribunais, jul.-set. 1997.

NEVES, Serrano. *O direito de calar*. Rio de Janeiro/São Paulo: Freitas Bastos, 1960.

NABUCO FILHO, José. "O princípio constitucional da determinação taxativa e os delitos ambientais", *Bol. IBCCr* 164/3-4, jul./2001.

NORONHA, Magalhães. *Direito penal.* 27. ed., atualizada por Adalberto José Q. T. de Camargo Aranha. São Paulo: Saraiva, 1995, v. II; 1995, v. IV.

NUCCI, Guilherme de Souza. *Código Penal comentado.* 9. ed. São Paulo: Revista dos Tribunais, 2009.

NUCCI, Guilherme de Souza. *Leis penais e processuais penais comentadas.* São Paulo: Revista dos Tribunais, 2006; 3. ed. São Paulo: Revista dos Tribunais, 2008; 5. ed. São Paulo: Revista dos Tribunais, 2010.

OLIVEIRA, William Terra de. "Lei n. 9.434/97: os transplantes e a polêmica sobre os seus aspectos constitucionais e penais", *Bol. IBCCrim* n. 52, mar./1997.

_____. *Lei de lavagem de capitais.* São Paulo: Revista dos Tribunais, 1998.

PACHECO, José da Silva. *Processo de falência e concordata.* 8. ed. Rio de Janeiro: Forense, 1998.

PALMA, Andrea Galhardo. "Dos crimes de 'lavagem' de dinheiro e a tutela penal", *Boletim do Instituto Manoel Pedro Pimentel,* publicação do Centro de Estudos Penais e Criminológicos, São Paulo, ano II, n. 3, mar./1998.

PANSOLLI, Lamberto. *Novissimo Digesto Italiano.* Torino: Utet, 1957. v. XIX.

PAULA JUNIOR, Aldo de; ESTELLITA, Heloísa. "Efeitos da decadência do crédito nos crimes contra a ordem tributária". In: *Direito penal tributário.* Org. por Marcelo Magalhães Peixoto, André Elali e Carlos Soares Sant'Anna. São Paulo: MP Editora, 2005.

PAULA, Gauthama Fornaciari de. "A questão da retroatividade das circulares do Banco Central no crime de evasão de divisas", *Bol. IBCCr* n. 202, set./2009.

PECORELLA, Gaetano. "Circulazione del denaro e reciclaggio", *Rivista Italiana di Diritto e Procedura Penale,* Milano: Giuffrè, 1991, fascículo 4.

PEREIRA JUNIOR, Jessé Torres. *Comentários à Lei das Licitações e Contratações da Administração Pública.* Rio de Janeiro: Renovar, 2007.

PIERANGELI, José Henrique. "Maus-tratos contra animais", *RT* 765/495.

PIMENTEL, Manoel Pedro. *Crimes contra o Sistema Financeiro Nacional.* São Paulo: Revista dos Tribunais, 1987.

_____. *Crimes de mera conduta.* 2. ed. São Paulo: Revista dos Tribunais, 1968.

_____. *Direito penal econômico.* São Paulo: Revista dos Tribunais, 1973.

PINTO, Fabiana Lopes. "O sigilo bancário e a Lei Complementar n. 105/2001". In: *Leis complementares em matéria tributária.* Org. por Fabiana Lopes Pinto e Ricardo Berzosa Saliba. Série Barão de Ramalho. Coleção de Direito Tributário. São Paulo: Instituto dos Advogados de São Paulo (IASP)/ Manole, 2003, v. 1.

PITOMBO, Antonio Sérgio Altieri de Moraes. "Crimes contra o Sistema Financeiro Nacional: nótulas à Lei n. 7.492, de 1986", *Revista do Advogado*, São Paulo: AASP, n. 24, set./1987.

_____. *Lavagem de dinheiro* — a tipicidade do crime antecedente. São Paulo: Revista dos Tribunais, 2003.

_____. "Crimes contra o Sistema Financeiro Nacional: nótulas à Lei n. 7.492, de 1986", *Revista do Advogado*, São Paulo: AASP, n. 24, set./1987.

PODVAL, Roberto. "O bem jurídico do delito de lavagem de dinheiro", *RBCCr*, ano 6, n. 24, out.-dez./1998.

PORTO, Pedro Rui da Fontoura. *Violência doméstica e familiar contra a mulher*. Porto Alegre: Livraria do Advogado, 2007.

PRADO, Luis Régis. *Bem jurídico-penal e Constituição*. 2. ed. São Paulo: Revista dos Tribunais.

_____. CARVALHO, Érika Mendes de. "Crime ambiental: responsabilidade penal da pessoa jurídica?", *Bol. IBCCr* n. 65 — Edição Especial — abr./1998.

RASCOVSKI, Luiz (Coord.). *Temas relevantes de direito penal e processual penal*. São Paulo: Saraiva, 2012.

REALE JÚNIOR, Miguel. "A lei de crimes ambientais", *RF* 345/121.

ROSAL, M. Cobo Del; ANTÓN, T. S. Vives. *Derecho Penal* — parte general. 3. ed. Valencia: Tirant lo Blanch, 1990.

RUTE, José Maria Cuestra. *Diccionario Espasa Jurídico*. Madri: Espasa, 2001.

SALOMÃO, Heloísa Estellita. *Direito penal empresarial*. São Paulo: Dialética, 2001.

SANCTIS, Fausto Martin de. *Responsabilidade penal da pessoa jurídica*. São Paulo: Saraiva, 1999.

SANDRONI, Paulo. *Novíssimo dicionário de economia*. 9. ed. São Paulo: Best Seller, 2002.

SANTIAGO, Rodrigo. "O branqueamento de capitais e outros produtos do crime", *Revista Portuguesa de Ciência Criminal,* Lisboa: Aequitas, ano 4, n. 4, out.-dez./1994.

SANTOS, Gérson Pereira dos. *Direito penal econômico*. São Paulo: Saraiva, 1981.

SANTOS, João José Davin Neves dos. "O branqueamento de capitais em Portugal", *RBCCr*, ano 11, n. 44, jul.-set./2003.

SCHMIDT, Andrei Zenkner; FELDENS, Luciano. *O crime de evasão de divisas: a tutela penal do sistema financeiro nacional na perspectiva da política cambial brasileira*. Rio de Janeiro: Renovar, 2006.

SENDRA, Vicente Gimeno; DOMINGUES, Cortes; CATENA, Victor Moreno. *Derecho Procesal* — proceso penal. Valencia: Tirant lo Blanch, 1993.

SHECAIRA, Sérgio Salomão. *Responsabilidade penal da pessoa jurídica.* São Paulo: Revista dos Tribunais, 1998.

SICHES, Luis Recaséns. *Nueva filosofía de la interpretación del derecho.* 2. ed. México: Porrúa, 1973.

SICHES, Luis Recaséns. *Tratado general de filosofía del derecho.* México: Porrúa, 1959.

SILVA, Amaury. *Lei de drogas anotada.* J. H. Mizuno, 2008.

SILVA, Antônio Carlos Rodrigues da. *Crimes do Colarinho Branco — Lei n. 7.492/86.* Brasília: Brasília Jurídica, 1999.

SILVA, Geraldo da; BONINI, Paulo Rogério; LAVORENTI, Wilson. *Leis penais especiais anotadas.* 12. ed. São Paulo: Millenium.

SILVA, Germano Marques da. *Curso de processo penal.* Lisboa: Verbo, 1993, v. I.

SIRVINSKAS, Luís Paulo. *Tutela penal do meio ambiente.* São Paulo: Saraiva, 1998.

_____. *Tutela penal do meio ambiente.* 2. ed. São Paulo: Saraiva, 2002.

_____. "Responsabilidade penal da pessoa jurídica na Lei 9.605/98", *RT* 784/483.

SOARES, Emmanuel Peres Netto Guterres. "Da caracterização do crime de tortura como crime". Disponível em: <http://www.ibccrim.org.br/site/artigos/imprimir.php?jur_id=1167>.

SOUZA, Gilson Sydney Amancio de. *Revista Intertemas*, Instituição Toledo de Ensino, Presidente Prudente, v. 1, ago./1999.

SOUZA NETTO, José Laurindo de. *Lavagem de dinheiro.* Curitiba: Juruá, 2000.

TASSE, Adel El. *Legislação criminal especial.* Coordenada por Luiz Flávio Gomes e Rogério Sanches Cunha. São Paulo: Revista dos Tribunais, 2009.

TAVARES, George; OLIVEIRA, Alexandre Lopes de; TAVARES, Kátia. *Anotações sobre direito penal tributário, previdenciário e financeiro.* Rio de Janeiro: Freitas Bastos, 2002.

TAVARES, Juarez. "A violação ao sigilo bancário em face da proteção à vida privada", *RBCCr* n. 1, São Paulo: Revista dos Tribunais, jan.-mar./1993.

TORTMA, José Carlos. *Evasão de divisas.* Rio de Janeiro: Lumen Juris, 2006.

TUCCI, Rogério Lauria. "Processo penal e direitos humanos no Brasil", *RT* 755/455.

_____. *Constituição de 1988 e processo.* São Paulo: Saraiva, 1989.

_____. *O Ministério Público e a investigação criminal.* São Paulo: Revista dos Tribunais, 2004.

_____. *Teoria do direito processual penal*. São Paulo: Revista dos Tribunais, 2004.

VALLE, Carlos Perez Del. *Derecho penal econômico*. Organização por Enrique Bacigalupo. Buenos Aires: Hammurabi, 2000.

VALVERDE, Miranda. *Comentários à Lei de Falências*. 14. ed. São Paulo: Saraiva, 1995. v. III.

_____. *Comentários à Lei de Falências*. 3. ed. Rio de Janeiro/São Paulo: Forense, 1962. v. III.

VECCHIO, Giorgio del. *La giustizia*. Roma: Studium, 1946.

_____. *Lições de filosofia do direito*. 5. ed. Trad. António José Brandão segundo a 10. e última ed. italiana. Coimbra: Arménio Amado Editor, 1979.

VENERIA, Carlo Reviglio Della. "Inquisizione". In: *Novissimo Digesto Italiano*. Torino: Utet, 1968, v. VIII.

VIDAL, Bernardo. *Revista Exame*, São Paulo: Abril, de 10-3-2012. Disponível em: <http://exame.abril.com.br>.

ZAFFARONI, Eugênio Raúl. *Manual de Derecho Penal* — parte general. Buenos Aires: Ediar, 1977.

ZARZUELA, José Lopes; MATUNAGA; Minoru; THOMAZ; Pedro Lourenço. *Laudo pericial — aspectos técnicos e jurídicos*. São Paulo: Revista dos Tribunais, 2000.

VIDAL, Bernardo. Revista Exame. São Paulo: Abril, de 10-9-2012. Disponível em: <http://exame.abril.com.br>.

Anexo

Анехо

DECRETO-LEI N. 3.200, DE 19 DE ABRIL DE 1941

Dispõe sobre a organização e proteção da família.

Art. 2º Os colaterais do terceiro grau, que pretendam casar-se, ou seus representantes legais, se forem menores, requererão ao juiz competente para a habilitação que nomeie dois médicos de reconhecida capacidade, isentos de suspeição, para examiná-los e atestar-lhes a sanidade, afirmando não haver inconveniente, sob o ponto de vista da saúde de qualquer deles e da prole, na realização do matrimônio.

§ 1º Se os dois médicos divergirem quanto à conveniência do matrimônio, poderão os nubentes, conjuntamente, requerer ao juiz que nomeie terceiro, como desempatador.

§ 2º Sempre que, a critério do juiz, não for possível a nomeação de dois médicos idôneos, poderá ele incumbir do exame um só médico, cujo parecer será conclusivo.

§ 3º O exame médico será feito extrajudicialmente sem qualquer formalidade, mediante simples apresentação do requerimento despachado pelo juiz.

§ 4º Poderá o exame médico concluir não apenas pela declaração da possibilidade ou da irrestrita inconveniência do casamento, mas ainda pelo reconhecimento de sua viabilidade em época ulterior, uma vez feito, por um dos nubentes ou por ambos, o necessário tratamento de saúde. Nesta última hipótese, provando a realização do tratamento, poderão os interessados pedir ao juiz que determine novo exame médico, na forma do presente artigo.

§ 5º *(Revogado pela Lei n. 5.891, de 12-6-1973.)*

§ 6º O atestado, constante de um só ou mais instrumentos, será entregue aos interessados, não podendo qualquer deles divulgar o que se refira ao outro, sob as penas do art. 153 do Código Penal.

§ 7º Quando o atestado dos dois médicos, havendo ou não desempatador, ou do único médico, no caso do § 2º deste artigo, afirmar a inexistência de motivo que desaconselhe o matrimônio, poderão os interessados promover o processo de habilitação, apresentando, com o requerimento inicial, a prova de sanidade, devidamente autenticada. Se o atestado declarar a inconveniência do casamento, prevalecerá em toda a plenitude o impedimento matrimonial.

§ 8º Sempre que na localidade não se encontrar médico, que possa ser nomeado, o juiz designará profissional de localidade próxima, a que irão os nubentes.

§ 9º *(Revogado pela Lei n. 5.891, de 12-6-1973.)*

Art. 3º Se algum dos nubentes, para frustrar os efeitos do exame médico desfavorável, pretender habilitar-se, ou habilitar-se para casamento, perante outro juiz, incorrerá na pena do art. 237 do Código Penal.

Rio de Janeiro, 19 de abril de 1941; 120º da Independência e 53º da República.

GETÚLIO VARGAS
Francisco Campos

(Publicado no DOU de 19-4-1941.)

DECRETO-LEI N. 5.452, DE 1º DE MAIO DE 1943

Aprova a Consolidação das Leis do Trabalho.

O Presidente da República, usando da atribuição que lhe confere o art. 180 da Constituição, decreta:

Art. 1º Fica aprovada a Consolidação das Leis do Trabalho, que a este Decreto-Lei acompanha, com as alterações por ela introduzidas na legislação vigente.

Parágrafo único. Continuam em vigor as disposições legais transitórias ou de emergência, bem como as que não tenham aplicação em todo o território nacional.

Art. 2º O presente Decreto-Lei entrará em vigor em 10 de novembro de 1943.

Rio de Janeiro, 1º de maio de 1943; 122º da Independência e 55º da República.

GETÚLIO VARGAS

CONSOLIDAÇÃO DAS LEIS DO TRABALHO

Título II
DAS NORMAS GERAIS DE TUTELA DO TRABALHO

Capítulo I
DA IDENTIFICAÇÃO PROFISSIONAL

Seção VIII
DAS PENALIDADES

Art. 49. Para os efeitos da emissão, substituição ou anotação de Carteiras de Trabalho e Previdência Social, considerar-se-á crime de falsidade, com as penalidades previstas no art. 299 do Código Penal:

I — fazer, no todo ou em parte, qualquer documento falso ou alterar o verdadeiro;

II — afirmar falsamente a sua própria identidade, filiação, lugar de nascimento, residência, profissão ou estado civil e beneficiários, ou atestar os de outra pessoa;

III — servir-se de documentos, por qualquer forma falsificados;

IV — falsificar, fabricando ou alterando, ou vender, usar ou possuir Carteira de Trabalho e Previdência Social assim alteradas;

V — anotar dolosamente em Carteira de Trabalho e Previdência Social ou registro de empregado, ou confessar ou declarar em juízo ou fora dele, data de admissão em emprego diversa da verdadeira.

- *Artigo com redação dada pelo Decreto-Lei n. 229, de 28-2-1967, o qual incluiu os incisos I a V.*

Art. 50. Comprovando-se falsidade, quer nas declarações para emissão de Carteira de Trabalho e Previdência Social, quer nas respectivas anotações, o fato será levado ao conhecimento da autoridade que houver emitido a carteira, para fins de direito.

Título V
DA ORGANIZAÇÃO SINDICAL

Capítulo I
DA INSTITUIÇÃO SINDICAL

Seção VI
DOS DIREITOS DOS EXERCENTES DE ATIVIDADES OU PROFISSÕES E DOS SINDICALIZADOS

Art. 545. Os empregadores ficam obrigados a descontar na folha de pagamento dos seus empregados, desde que por eles devidamente autorizados, as contribuições devidas ao Sindicato, quando por este notificados, salvo quanto à contribuição sindical, cujo desconto independe dessas formalidades.

- *Redação dada pelo Decreto-Lei n. 925, de 10-10-1969.*

Seção VII
DA GESTÃO FINANCEIRA DO SINDICATO E SUA FISCALIZAÇÃO

Art. 552. Os atos que importem em malversação ou dilapidação do patrimônio das associações ou entidades sindicais ficam equiparados ao crime de peculato julgado e punido na conformidade da legislação penal.

- *Redação dada pelo Decreto-Lei n. 925, de 10-10-1969.*

Título X
DO PROCESSO JUDICIÁRIO DO TRABALHO

Capítulo II
DO PROCESSO EM GERAL

Seção IX
DAS PROVAS

Art. 828. Toda testemunha, antes de prestar o compromisso legal, será qualificada, indicando o nome, nacionalidade, profissão, idade, residência, e, quando empregada, o tempo de serviço prestado ao empregador, ficando sujeita, em caso de falsidade, às leis penais.

Parágrafo único. Os depoimentos das testemunhas serão resumidos, por ocasião da audiência, pelo chefe de secretaria da Junta ou funcionário para esse fim designado, devendo a súmula ser assinada pelo Presidente do Tribunal e pelos depoentes.

(Publicado no DOU de 9-8-1943.)

DECRETO-LEI N. 6.259, DE 10 DE FEVEREIRO DE 1944

Dispõe sobre o serviço de loterias, e dá outras providências.

O Presidente da República, usando da atribuição que lhe confere o art. 180 da Constituição, decreta:

DAS CONTRAVENÇÕES

Art. 45. Extrair loteria sem concessão regular do poder competente ou sem a ratificação de que cogita o art. 3º Penas: de 1 (um) a 4 (quatro) anos de prisão simples, multa, além de perda para a Fazenda Nacional de todos os aparelhos de extração, mobiliário, utensílios e valores pertencentes à loteria.

- Remissão: Art. 3º. *"A concessão ou exploração lotérica, como derrogação das normas do Direito Penal, que proíbem o jogo de azar, emanará sempre da União, por autorização direta quanto à loteria federal ou mediante decreto de ratificação quanto às loterias estaduais".* Preceitua o Decreto-Lei n. 204, de 27-2-1967, que dispõe sobre a exploração de loterias: *"Art. 1º. A exploração de loteria, como derrogação excepcional das normas de Direito Penal, constitui serviço público exclusivo da União não suscetível de concessão e só será permitida nos termos do presente Decreto-Lei. Parágrafo único. A renda líquida obtida com a exploração do serviço de loteria será obrigatoriamente destinada a aplicações de caráter social e de assistência médica, em empreendimentos de interesse público. Art 2º. A Loteria Federal, de circulação em todo o território nacional, constitui um serviço da União, executado pelo Conselho Superior das Caixas Econômicas Federais, através da Administração do Serviço de Loteria Federal, com a colaboração das Caixas Econômicas Federais".* Sobre ação penal, vide *art. 129, I, da CR.* Sobre multa, o *art. 2º da Lei n. 7.209, de 11-7-1984,* determinou a substituição da expressão multa de *por* multa.

Art. 46. Introduzir no País bilhetes de loterias, rifas ou tômbolas estrangeiras, ou em qualquer Estado, bilhetes de outra loteria estadual. Penas: de 6 (seis) meses a 1 (um) ano de prisão simples, multa, além da perda para a Fazenda Nacional de todos os bilhetes apreendidos.

Art. 47. Possuir, ter sob sua guarda, procurar colocar, distribuir ou lançar em circulação bilhetes de loterias estrangeiras. Penas: de 6 (seis) meses a 1 (um) ano de prisão simples, multa, além da perda para a Fazenda Nacional de todos os bilhetes apreendidos.

Art. 48. Possuir, ter sob sua guarda, procurar colocar, distribuir ou lançar em circulação bilhetes de loteria estadual fora do território do Estado respectivo. Penas: de 2 (dois) a 6 (seis) meses de prisão simples, multa, além da perda para a Fazenda Nacional de todos os bilhetes apreendidos.

Art. 49. Exibir, ou ter sob sua guarda, listas de sorteios de loteria estrangeira ou de estadual fora do território do Estado respectivo. Penas: de 1 (um) a 4 (quatro) meses de prisão simples e multa.

Art. 50. Efetuar o pagamento de prêmio relativo a bilhete de loteria estrangeira ou estadual que não possa circular legalmente no lugar do pagamento. Penas: de 2 (dois) a 6 (seis) meses de prisão simples e multa.

Art. 51. Executar serviços de impressão ou acabamento de bilhetes, listas, avisos ou cartazes, relativos a loteria que não possa legalmente circular no lugar onde se executem tais serviços. Penas: de 2 (dois) a 6 (seis) meses de prisão simples, multa, e inutilização dos bilhetes, listas, avisos e cartazes, além da pena de prisão aos proprietários e gerentes dos respectivos estabelecimentos.

Art. 52. Distribuir ou transportar cartazes, listas ou avisos de loteria onde os mesmos não possam legalmente circular. Penas: de 1 (um) a 4 (quatro) meses de prisão simples e multa.

Art. 53. Colocar, distribuir ou lançar em circulação bilhetes de loterias relativos a extrações já feitas. Penas: as do art. 171 do Código Penal.

Art. 54. Falsificar, emendar ou adulterar bilhetes de loteria. Penas: as do art. 298 do Código Penal.

Art. 55. Divulgar por meio de jornal, revista, rádio, cinema ou por qualquer outra forma, clara ou disfarçadamente, anúncio, aviso ou resultado de extração de loteria que não possa legalmente circular no lugar em que funciona a empresa divulgadora. Penas: multa aplicável aos proprietários e gerentes das respectivas empresas, e o dobro na reincidência.

Parágrafo único. A Fiscalização Geral de Loterias deverá apreender os jornais, revistas ou impressos que inserirem reiteradamente anúncio ou aviso proibidos, e requisitar a cassação da licença, para o funcionamento das empresas de rádio e cinema que, da mesma forma, infringirem a disposição deste artigo.

Art. 56. Transmitir pelo telégrafo ou por qualquer outro meio o resultado da extração da loteria que não possa circular no lugar para onde se fizer a transmissão. Penas: multa.

Parágrafo único. Nas mesmas penas incorrerá a empresa telegráfica particular que efetuar a transmissão.

Art. 57. As repartições postais não farão a remessa de bilhetes, listas, avisos ou cartazes referentes a loterias consideradas ilegais ou os de loteria de determinado Estado, quando se destinem a outro Estado, ao Distrito Federal ou aos territórios.

§ 1º Serão apreendidos os bilhetes, listas, avisos ou cartazes encontrados em repartição situada em lugar onde a loteria não possa legalmente circular, devendo os funcionários efetuar, quando possível, a prisão em flagrante do contraventor.

§ 2º Efetuada a prisão do contraventor, a coisa apreendida será entregue à autoridade policial que lavrar o flagrante. No caso de simples apreensão, caberá aos funcionários lavrar o respectivo auto, para pronunciamento das Recebedorias Federais no Rio de Janeiro e em São Paulo, ou das Delegacias Fiscais nos demais Estados, às quais, se caracterizada e provada a infração, caberá impor as multas previstas neste Capítulo.

§ 3º Aos funcionários apreendedores fica assegurada a vantagem prevista no parágrafo único do art. 62.

Art. 58. Realizar o denominado "jogo do bicho", em que um dos participantes, considerado comprador ou ponto, entrega certa quantia com a indicação de combinações de algarismos ou nome de animais, a que correspondem números ao outro participante, considerado o vendedor ou banqueiro, que se obriga mediante qualquer sorteio ao pagamento de prêmios em dinheiro. Penas: de 6 (seis) meses a 1 (um) ano de prisão simples e multa, ao vendedor ou banqueiro, e de 40 (quarenta) a 30 (trinta) dias de prisão celular ou multa ao comprador ou ponto.

> ■ *Deve haver engano na redação do texto ou erro de impressão no tocante à pena de prisão celular cominada ao comprador ou ponto, que deve ser de dez a trinta dias e não de quarenta a trinta, conforme se lê no art. 58 do Decreto n. 2.980, de 1941, restaurado no presente artigo.*

§ 1º Incorrerão nas penas estabelecidas para vendedores ou banqueiros:

a) os que servirem de intermediários na efetuação do jogo;

b) os que transportarem, conduzirem, possuírem, tiverem sob sua guarda ou poder, fabricarem, derem, cederem, trocarem, guardarem em qualquer parte, listas com indicações do jogo ou material próprio para a contravenção, bem como de qualquer forma contribuírem para a sua confecção, utilização, curso ou emprego, seja qual for a sua espécie ou quantidade;

c) os que procederem à apuração de listas ou à organização de mapas relativos ao movimento do jogo;

d) os que por qualquer modo promoverem ou facilitarem a realização do jogo.

§ 2º Consideram-se idôneas para a prova do ato contravencional quaisquer listas com indicações claras ou disfarçadas, uma vez que a perícia revele se destinarem a perpetração do jogo do bicho.

§ 3º (*Revogado pela Lei n. 1.508, de 19-12-1951.*)

Art. 59. Serão inafiançáveis as contravenções previstas nos arts. 45 a 49 e 58 e seus parágrafos.

Art. 60. Constituem contravenções, puníveis com as penas do art. 45, o jogo sobre corridas de cavalos, feito fora dos hipódromos, ou da sede e dependências das entidades autorizadas, e as apostas sobre quaisquer outras competições esportivas.

- *O art. 9º, § 2º, da Lei n. 7.291, de 19-12-1984, dispõe ser inafiançável a contravenção de apostas sobre corridas de cavalos previstas neste art. 60.*

Parágrafo único. Consideram-se competições esportivas aquelas em que se classifiquem vencedores:

a) pelo esforço físico, destreza ou habilidade do homem;

b) pela seleção ou adestramento de animais, postos em disputa, carreira ou luta de qualquer natureza.

Rio de Janeiro, 10 de fevereiro de 1944; 123º da Independência e 56º da República.

GETÚLIO VARGAS
A. de Souza Costa
Alexandre Marcondes Filho
João Mendonça Lima

(*Publicado no* DOU *de 18-2-1944.*)

DECRETO-LEI N. 9.215, DE 30 DE ABRIL DE 1946

Proíbe a prática ou exploração de jogos de azar em todo o território nacional.

O Presidente da República, usando da atribuição que lhe confere o art. 180 da Constituição, decreta:

Art. 1º Fica restaurada em todo o território nacional a vigência do art. 50 e seus parágrafos da Lei das Contravenções Penais (Decreto-Lei n. 3.688, de 3 de outubro de 1941).

Art. 2º Esta Lei revoga os Decretos-Leis n. 241, de 4 de fevereiro de 1938, n. 5.089, de 15 de dezembro de 1942, e n. 5.192, de 14 de janeiro de 1943, e disposições em contrário.

Art. 3º Ficam declaradas nulas e sem efeito todas as licenças, concessões ou autorizações dadas pelas autoridades federais, estaduais, ou municipais, com fundamento nas leis ora revogadas, ou que, de qualquer forma, contenham autorização em contrário ao disposto no art. 50 e seus parágrafos da Lei das Contravenções Penais.

Art. 4º Esta Lei entra em vigor na data de sua publicação.

Rio de Janeiro, em 30 de abril de 1946; 125º da Independência e 58º da República.

EURICO G. DUTRA
Carlos Coimbra da Luz

(Publicado no DOU de 30-4-1946.)

LEI N. 1.079, DE 10 DE ABRIL DE 1950

Define os crimes de responsabilidade e regula o respectivo processo de julgamento.

O Presidente da República:
Faço saber que o Congresso Nacional decreta e eu sanciono a seguinte Lei:

PARTE PRIMEIRA
DO PRESIDENTE DA REPÚBLICA E MINISTROS DE ESTADO

Art. 1º São crimes de responsabilidade os que esta Lei especifica.

Art. 2º Os crimes definidos nesta Lei, ainda quando simplesmente tentados, são passíveis da pena de perda do cargo, com inabilitação, até 5 (cinco) anos, para o exercício de qualquer função pública, imposta pelo Senado Federal nos processos contra o Presidente da República ou Ministros de Estado, contra os Ministros do Supremo Tribunal Federal ou contra o Procurador-Geral da República.

- Vide, *a respeito, o parágrafo único do art. 52 da CR.*

Art. 3º A imposição da pena referida no artigo anterior não exclui o processo e julgamento do acusado por crime comum, na justiça ordinária, nos termos das leis de processo penal.

Art. 4º São crimes de responsabilidade os atos do Presidente da República que atentarem contra a Constituição Federal, e, especialmente, contra:

I — a existência da União;

II — o livre exercício do Poder Legislativo, do Poder Judiciário e dos poderes constitucionais dos Estados;

III — o exercício dos direitos políticos, individuais e sociais;

IV — a segurança interna do País;

V — a probidade na administração;

VI — a lei orçamentária;

VII — a guarda e o legal emprego dos dinheiros públicos;

VIII — o cumprimento das decisões judiciárias (Constituição, art. 89).

- *Refere-se à CR de 1946.* Vide *art. 85 e parágrafo único da CR de 1988.*

Título I

Capítulo I

DOS CRIMES CONTRA A EXISTÊNCIA DA UNIÃO

Art. 5º São crimes de responsabilidade contra a existência política da União:

1. entreter, direta ou indiretamente, inteligência com governo estrangeiro, provocando-o a fazer guerra ou cometer hostilidade contra a República, prometer-lhe assistência ou favor, ou dar-lhe qualquer auxílio nos preparativos ou planos de guerra contra a República;

2. tentar, diretamente, e por fatos, submeter a União ou algum dos Estados ou Territórios a domínio estrangeiro, ou dela separar qualquer Estado ou porção do território nacional;

3. cometer ato de hostilidade contra nação estrangeira, expondo a República ao perigo da guerra, ou comprometendo-lhe a neutralidade;

4. revelar negócios políticos ou militares, que devam ser mantidos secretos a bem da defesa da segurança externa ou dos interesses da Nação;

5. auxiliar, por qualquer modo, nação inimiga a fazer a guerra ou a cometer hostilidade contra a República;

6. celebrar tratados, convenções ou ajustes que comprometam a dignidade da Nação;

7. violar a imunidade dos embaixadores ou ministros estrangeiros acreditados no País;

8. declarar a guerra, salvo os casos de invasão ou agressão estrangeira, ou fazer a paz, sem autorização do Congresso Nacional;

9. não empregar contra o inimigo os meios de defesa de que poderia dispor;

10. permitir o Presidente da República, durante as sessões legislativas e sem autorização do Congresso Nacional, que forças estrangeiras transitem pelo território do País, ou, por motivo de guerra, nele permaneçam temporariamente;

11. violar tratados legitimamente feitos com nações estrangeiras.

Capítulo II
DOS CRIMES CONTRA O LIVRE EXERCÍCIO DOS PODERES CONSTITUCIONAIS

Art. 6º São crimes de responsabilidade contra o livre exercício dos Poderes Legislativo e Judiciário e dos poderes constitucionais dos Estados:

1. tentar dissolver o Congresso Nacional, impedir a reunião ou tentar impedir por qualquer modo o funcionamento de qualquer de suas Câmaras;

2. usar de violência ou ameaça contra algum representante da Nação para afastá-lo da Câmara a que pertença ou para coagi-lo no modo de exercer o seu mandato bem como conseguir ou tentar conseguir o mesmo objetivo mediante suborno ou outras formas de corrupção;

3. violar as imunidades asseguradas aos membros do Congresso Nacional, das Assembleias Legislativas dos Estados, da Câmara dos Vereadores do Distrito Federal e das Câmaras Municipais;

4. permitir que força estrangeira transite pelo território do País ou nele permaneça quando a isso se oponha o Congresso Nacional;

5. opor-se diretamente e por fatos ao livre exercício do Poder Judiciário, ou obstar, por meios violentos, ao efeito dos seus atos, mandados ou sentenças;

6. usar de violência ou ameaça, para constranger juiz, ou jurado, a proferir ou deixar de proferir despacho, sentença ou voto, ou a fazer ou deixar de fazer ato do seu ofício;

7. praticar contra os poderes estaduais ou municipais ato definido como crime neste artigo;

8. intervir em negócios peculiares aos Estados ou aos Municípios com desobediência às normas constitucionais.

Capítulo III
DOS CRIMES CONTRA O EXERCÍCIO DOS DIREITOS POLÍTICOS, INDIVIDUAIS E SOCIAIS

Art. 7º São crimes de responsabilidade contra o livre exercício dos direitos políticos, individuais e sociais:

1. impedir por violência, ameaça ou corrupção, o livre exercício do voto;

2. obstar ao livre exercício das funções dos mesários eleitorais;

3. violar o escrutínio de seção eleitoral ou inquinar de nulidade o seu resultado pela subtração, desvio ou inutilização do respectivo material;

4. utilizar o poder federal para impedir a livre execução da lei eleitoral;

5. servir-se das autoridades sob sua subordinação imediata para praticar abuso do poder, ou tolerar que essas autoridades o pratiquem sem repressão sua;

6. subverter ou tentar subverter por meios violentos a ordem política e social;

7. incitar militares à desobediência à lei ou infração à disciplina;

8. provocar animosidade entre as classes armadas ou contra elas, ou delas contra as instituições civis;

9. violar patentemente qualquer direito ou garantia individual constante do art. 141 e bem assim os direitos sociais assegurados no art. 157 da Constituição;

- *Refere-se à Constituição de 1946.*

10. tomar ou autorizar, durante o estado de sítio, medidas de repressão que excedam os limites estabelecidos na Constituição.

Capítulo IV
DOS CRIMES CONTRA A SEGURANÇA INTERNA DO PAÍS

Art. 8º São crimes contra a segurança interna do País:

1. tentar mudar por violência a forma de governo da República;

2. tentar mudar por violência a Constituição Federal ou de algum dos Estados, ou lei da União, de Estado ou Município;

3. decretar o estado de sítio, estando reunido o Congresso Nacional, ou no recesso deste, não havendo comoção interna grave nem fatos que evidenciem estar a mesma a irromper ou não ocorrendo guerra externa;

4. praticar ou concorrer para que se perpetre qualquer dos crimes contra a segurança interna, definidos na legislação penal;

5. não dar as providências de sua competência para impedir ou frustrar a execução desses crimes;

6. ausentar-se do País sem autorização do Congresso Nacional;

7. permitir, de forma expressa ou tácita, a infração de lei federal de ordem pública;

8. deixar de tomar, nos prazos fixados, as providências determinadas por lei ou tratado federal e necessárias à sua execução e cumprimento.

Capítulo V
DOS CRIMES CONTRA A PROBIDADE NA ADMINISTRAÇÃO

Art. 9º São crimes de responsabilidade contra a probidade na administração:

1. omitir ou retardar dolosamente a publicação das leis e resoluções do Poder Legislativo ou dos atos do Poder Executivo;

2. não prestar ao Congresso Nacional, dentro de 60 (sessenta) dias após a abertura da sessão legislativa, as contas relativas ao exercício anterior;

3. não tornar efetiva a responsabilidade dos seus subordinados, quando manifesta em delitos funcionais ou na prática de atos contrários à Constituição;

4. expedir ordens ou fazer requisição de forma contrária às disposições expressas da Constituição;

5. infringir, no provimento dos cargos públicos, as normas legais;

6. usar de violência ou ameaça contra funcionário público para coagi-lo a proceder ilegalmente, bem como utilizar-se de suborno ou de qualquer outra forma de corrupção para o mesmo fim;

7. proceder de modo incompatível com a dignidade, a honra e o decoro do cargo.

Capítulo VI
DOS CRIMES CONTRA A LEI ORÇAMENTÁRIA

Art. 10. São crimes de responsabilidade contra a lei orçamentária:

1. não apresentar ao Congresso Nacional a proposta do orçamento da República dentro dos primeiros 2 (dois) meses de cada sessão legislativa;

2. exceder ou transportar, sem autorização legal, as verbas do orçamento;

3. realizar o estorno de verbas;

4. infringir, patentemente, e de qualquer modo, dispositivo da lei orçamentária;

5. deixar de ordenar a redução do montante da dívida consolidada, nos prazos estabelecidos em lei, quando o montante ultrapassar o valor resultante da aplicação do limite máximo fixado pelo Senado Federal;

6. ordenar ou autorizar a abertura de crédito em desacordo com os limites estabelecidos pelo Senado Federal, sem fundamento na lei orçamentária ou na de crédito adicional ou com inobservância de prescrição legal;

7. deixar de promover ou de ordenar, na forma da lei, o cancelamento, a amortização ou a constituição de reserva para anular os efeitos de operação de crédito realizada com inobservância de limite, condição ou montante estabelecido em lei;

8. deixar de promover ou de ordenar a liquidação integral de operação de crédito por antecipação de receita orçamentária, inclusive os respectivos juros e demais encargos, até o encerramento do exercício financeiro;

9. ordenar ou autorizar, em desacordo com a lei, a realização de operação de crédito com qualquer um dos demais entes da Federação, inclusive suas entidades da administração indireta, ainda que na forma de novação, refinanciamento ou postergação de dívida contraída anteriormente;

10. captar recursos a título de antecipação de receita de tributo ou contribuição cujo fato gerador ainda não tenha ocorrido;

11. ordenar ou autorizar a destinação de recursos provenientes da emissão de títulos para finalidade diversa da prevista em lei que a autorizou;

12. realizar ou receber transferência voluntária em desacordo com limite ou condição estabelecida em lei.

- A Lei n. 10.028, de 19-10-2000, acrescentou os itens 5 a 12 a este artigo.

Capítulo VII
DOS CRIMES CONTRA A GUARDA E O LEGAL EMPREGO DOS DINHEIROS PÚBLICOS

Art. 11. São crimes de responsabilidade contra a guarda e o legal emprego dos dinheiros públicos:

1. ordenar despesas não autorizadas por lei ou sem observância das prescrições legais relativas às mesmas;

2. abrir crédito sem fundamento em lei ou sem as formalidades legais;

3. contrair empréstimo, emitir moeda corrente ou apólices, ou efetuar operação de crédito sem autorização legal;

4. alienar imóveis nacionais ou empenhar rendas públicas sem autorização em lei;

5. negligenciar a arrecadação das rendas, impostos e taxas, bem como a conservação do patrimônio nacional.

Capítulo VIII
DOS CRIMES CONTRA O CUMPRIMENTO DAS DECISÕES JUDICIÁRIAS

Art. 12. São crimes de responsabilidade contra as decisões judiciárias:

1. impedir, por qualquer meio, o efeito dos atos, mandatos ou decisões do Poder Judiciário;

2. recusar o cumprimento das decisões do Poder Judiciário no que depender do exercício das funções do Poder Executivo;

3. deixar de atender a requisição de intervenção federal do Supremo Tribunal Federal ou do Tribunal Superior Eleitoral;

4. impedir ou frustrar pagamento determinado por sentença judiciária.

Título II
DOS MINISTROS DE ESTADO

Art. 13. São crimes de responsabilidade dos Ministros de Estado:

1. os atos definidos nesta Lei, quando por eles praticados ou ordenados;

2. os atos previstos nesta Lei que os ministros assinarem com o Presidente da República ou por ordem deste praticarem;

3. a falta de comparecimento sem justificação, perante a Câmara dos Deputados ou o Senado Federal, ou qualquer das duas comissões, quando uma ou outra casa do Congresso os convocar para, pessoalmente, prestarem informações acerca de assunto previamente determinado;

4. não prestarem dentro de 30 (trinta) dias e sem motivo justo, a qualquer das Câmaras do Congresso Nacional, as informações que ela lhes solicitar por escrito, ou prestarem-nas com falsidade.

- Vide *art. 50, § 2º, da CR.*

PARTE SEGUNDA
PROCESSO E JULGAMENTO

Título Único
DO PRESIDENTE DA REPÚBLICA E MINISTROS DE ESTADO

Capítulo I
DA DENÚNCIA

Art. 14. É permitido a qualquer cidadão denunciar o Presidente da República ou Ministro de Estado, por crime de responsabilidade, perante a Câmara dos Deputados.

- *Senado*: Conforme o art. 52, II, da Constituição da República, com redação dada pela EC n. 45/2004, compete ao Senado processar e julgar os ministros do STF, além de outras autoridades.

Art. 15. A denúncia só poderá ser recebida enquanto o denunciado não tiver, por qualquer motivo, deixado definitivamente o cargo.

Art. 16. A denúncia, assinada pelo denunciante e com a firma reconhecida, deve ser acompanhada dos documentos que a comprovem, ou da declaração de impossibilidade de apresentá-los, com a indicação do local onde possam ser encontrados. Nos crimes de que haja prova testemunhal, a denúncia deverá conter o rol das testemunhas, em número de 5 (cinco) no mínimo.

Art. 17. No processo de crime de responsabilidade, servirá de escrivão um funcionário da Secretaria da Câmara dos Deputados, ou do Senado, conforme se achar o mesmo em uma ou outra casa do Congresso Nacional.

Art. 18. As testemunhas arroladas no processo deverão comparecer para prestar o seu depoimento, e a Mesa da Câmara dos Deputados ou do Senado por ordem de quem serão notificadas, tomará as providências legais que se tornarem necessárias para compeli-las à obediência.

Capítulo II
DA ACUSAÇÃO

Art. 19. Recebida a denúncia, será lida no expediente da sessão seguinte e despachada a uma comissão especial eleita, da qual participem, observada a respectiva proporção, representantes de todos os partidos para opinar sobre a mesma.

Art. 20. A comissão a que alude o artigo anterior se reunirá dentro de 48 (quarenta e oito) horas e, depois de eleger seu presidente e relator, emitirá parecer, dentro do prazo de 10 (dez) dias, sobre se a denúncia deve ser ou não julgada objeto de deliberação. Dentro desse período poderá a comissão proceder às diligências que julgar necessárias ao esclarecimento da denúncia.

§ 1º O parecer da comissão especial será lido no expediente da sessão da Câmara dos Deputados e publicado integralmente no *Diário do Congresso Nacional* e em avulsos, juntamente com a denúncia, devendo as publicações ser distribuídas a todos os deputados.

§ 2º Quarenta e oito horas após a publicação oficial do parecer da comissão especial, será o mesmo incluído, em primeiro lugar, na ordem do dia da Câmara dos Deputados, para uma discussão única.

Art. 21. Cinco representantes de cada partido poderão falar, durante 1 (uma) hora, sobre o parecer, ressalvado ao relator da comissão especial o direito de responder a cada um.

Art. 22. Encerrada a discussão do parecer, e submetido o mesmo a votação nominal, será a denúncia, com os documentos que a instruam, arquivada, se não for considerada objeto de deliberação. No caso contrário, será remetida por cópia autêntica ao denunciado, que terá prazo de 20 (vinte) dias para contestá-la e indicar os meios de prova com que pretenda demonstrar a verdade do alegado.

§ 1º Findo esse prazo e com ou sem a contestação, a comissão especial determinará as diligências requeridas, ou que julgar convenientes, e realizará as sessões necessárias para a tomada do depoimento das testemunhas de ambas as partes, podendo ouvir o denunciante e o denunciado, que poderá assistir pessoalmente, ou por seu procurador, a todas as audiências e diligências realizadas pela comissão, interrogando e contestando as testemunhas e requerendo a reinquirição ou acareação das mesmas.

§ 2º Findas essas diligências, a comissão especial proferirá, no prazo de 10 (dez) dias, parecer sobre a procedência ou improcedência da denúncia.

§ 3º Publicado e distribuído esse parecer na forma do § 1º do art. 20, será o mesmo incluído na ordem do dia da sessão imediata para ser submetido a duas discussões, com o interregno de 48 (quarenta e oito) horas entre uma e outra.

§ 4º Nas discussões do parecer sobre a procedência ou improcedência da denúncia, cada representante de partido poderá falar uma só vez e durante 1 (uma) hora, ficando as questões de ordem subordinadas ao disposto no § 2º do art. 20.

Art. 23. Encerrada a discussão do parecer, será o mesmo submetido a votação nominal, não sendo permitidas, então, questões de ordem, nem encaminhamento de votação.

§ 1º Se da aprovação do parecer resultar a procedência da denúncia, considerar-se-á decretada a acusação pela Câmara dos Deputados.

§ 2º Decretada a acusação, será o denunciado intimado imediatamente pela Mesa da Câmara dos Deputados, por intermédio do 1º Secretário.

§ 3º Se o denunciado estiver ausente do Distrito Federal, a sua intimação será solicitada pela Mesa da Câmara dos Deputados ao Presidente do Tribunal de Justiça do Estado em que ele se encontrar.

§ 4º A Câmara dos Deputados elegerá uma comissão de três membros para acompanhar o julgamento do acusado.

§ 5º São efeitos imediatos ao decreto da acusação do Presidente da República, ou de Ministro de Estado, a suspensão do exercício das funções do acusado e da metade do subsídio ou do vencimento, até sentença final.

§ 6º Conforme se trate da acusação de crime comum ou de responsabilidade, o processo será enviado ao Supremo Tribunal Federal ou ao Senado Federal.

Capítulo III
DO JULGAMENTO

Art. 24. Recebido no Senado o decreto de acusação com o processo enviado pela Câmara dos Deputados e apresentado o libelo pela comissão acusadora, remeterá o Presidente cópia de tudo ao acusado, que, na mesma ocasião e nos termos dos §§ 2º e 3º do art. 23, será notificado para comparecer em dia prefixado perante o Senado.

Parágrafo único. Ao Presidente do Supremo Tribunal Federal enviar-se-á o processo em original, com a comunicação do dia designado para o julgamento.

Art. 25. O acusado comparecerá, por si ou pelos seus advogados, podendo, ainda, oferecer novos meios de prova.

Art. 26. No caso de revelia, marcará o Presidente novo dia para o julgamento e nomeará para a defesa do acusado um advogado, a quem se facultará o exame de todas as peças de acusação.

Art. 27. No dia aprazado para o julgamento, presentes o acusado, seus advogados, ou o defensor nomeado à sua revelia, e a comissão acusadora, o Presidente do Supremo Tribunal Federal, abrindo a sessão, mandará ler o processo preparatório, o libelo e os artigos de defesa; em seguida inquirirá as testemunhas, que deverão depor publicamente e fora da presença umas das outras.

Art. 28. Qualquer membro da comissão acusadora ou do Senado, e bem assim o acusado ou seus advogados, poderão requerer que se façam às testemunhas perguntas que julgarem necessárias.

Parágrafo único. A comissão acusadora, ou o acusado, ou seus advogados, poderão contestar ou arguir as testemunhas sem contudo interrompê-las e requerer a acareação.

Art. 29. Realizar-se-á a seguir o debate verbal entre a comissão acusadora e o acusado ou os seus advogados pelo prazo que o Presidente fixar e que não poderá exceder de 2 (duas) horas.

Art. 30. Findos os debates orais e retiradas as partes, abrir-se-á discussão sobre o objeto da acusação.

Art. 31. Encerrada a discussão, o Presidente do Supremo Tribunal Federal fará relatório resumido da denúncia e das provas da acusação e da defesa e submeterá à votação nominal dos senadores o julgamento.

Art. 32. Se o julgamento for absolutório produzirá, desde logo, todos os efeitos a favor do acusado.

Art. 33. No caso de condenação, o Senado por iniciativa do Presidente fixará o prazo de inabilitação do condenado para o exercício de qualquer função pública; e no caso de haver crime comum deliberará ainda sobre se o Presidente o deverá submeter à justiça ordinária, independentemente da ação de qualquer interessado.

Art. 34. Proferida a sentença condenatória, o acusado estará, *ipso facto*, destituído do cargo.

Art. 35. A resolução do Senado constará da sentença que será lavrada, nos autos do processo, pelo Presidente do Supremo Tribunal Federal, assinada pelos senadores que funcionarem como juízes, transcrita na ata da sessão e, dentro desta, publicada no *Diário Oficial* e no *Diário do Congresso Nacional*.

Art. 36. Não pode interferir, em nenhuma fase do processo de responsabilidade do Presidente da República ou dos Ministros de Estado, o deputado ou senador:

a) que tiver parentesco consanguíneo ou afim, com o acusado, em linha reta; em linha colateral, os irmãos, cunhados, enquanto durar o cunhadio, e os primos coirmãos;

b) que, como testemunha do processo, tiver deposto de ciência própria.

Art. 37. O Congresso Nacional deverá ser convocado, extraordinariamente, pelo terço de uma de suas câmaras, caso a sessão legislativa se encerre sem que se tenha ultimado o julgamento do Presidente da República, ou de Ministro de Estado, bem como no caso de ser necessário o início imediato do processo.

Art. 38. No processo e julgamento do Presidente da República e dos Ministros de Estado, serão subsidiários desta Lei naquilo em que lhes forem aplicáveis, assim os regimentos internos da Câmara dos Deputados e do Senado Federal, como o Código de Processo Penal.

PARTE TERCEIRA

Título I

Capítulo I
DOS MINISTROS DO SUPREMO TRIBUNAL FEDERAL

Art. 39. São crimes de responsabilidade dos Ministros do Supremo Tribunal Federal:

1. alterar, por qualquer forma, exceto por via de recurso a decisão ou voto já proferido em sessão do Tribunal;

2. proferir julgamento, quando, por lei, seja suspeito na causa;

3. exercer atividade político-partidária;

4. ser patentemente desidioso no cumprimento dos deveres do cargo;

5. proceder de modo incompatível com a honra, dignidade e decoro de suas funções.

Art. 39-A. Constituem, também, crimes de responsabilidade do Presidente do Supremo Tribunal Federal ou de seu substituto quando no exercício da Presidência, as condutas previstas no art. 10 desta Lei, quando por eles ordenadas ou praticadas.

Parágrafo único. O disposto neste artigo aplica-se aos Presidentes, e respectivos substitutos quando no exercício da Presidência, dos Tribunais Superiores, dos Tribunais de Contas, dos Tribunais Regionais Federais, do Trabalho e Eleitorais, dos Tribunais de Justiça e de Alçada dos Estados e do Distrito Federal, e aos Juízes Diretores de Foro ou função equivalente no primeiro grau de jurisdição.

- *Artigo acrescentado pela Lei n. 10.028, de 19-10-2000.*

Capítulo II
DO PROCURADOR-GERAL DA REPÚBLICA

Art. 40. São crimes de responsabilidade do Procurador-Geral da República:

1. emitir parecer, quando, por lei, seja suspeito na causa;

2. recusar-se à prática de ato que lhe incumba;

3. ser patentemente desidioso no cumprimento de suas atribuições;

4. proceder de modo incompatível com a dignidade e o decoro do cargo.

- *Vide art. 52, II, da CR.*

Art. 40-A. Constituem, também, crimes de responsabilidade do Procurador-Geral da República, ou de seu substituto quando no exercício da chefia do Ministério Público da União, as condutas previstas no art. 10 desta Lei, quando por eles ordenadas ou praticadas.

Parágrafo único. O disposto neste artigo aplica-se:

I — ao Advogado-Geral da União;

II — aos Procuradores-Gerais do Trabalho, Eleitoral e Militar, aos Procuradores-Gerais de Justiça dos Estados e do Distrito Federal, aos Procuradores-Gerais dos Estados e do Distrito Federal, e aos membros do Ministério Público da União e dos Estados, da Advocacia-Geral da União, das Procuradorias dos Estados e do Distrito Federal, quando no exercício de função de chefia das unidades regionais ou locais das respectivas instituições.

- *Artigo acrescentado pela Lei n. 10.028, de 19-10-2000.*

Título II
DO PROCESSO E JULGAMENTO

Capítulo I
DA DENÚNCIA

Art. 41. É permitido a todo cidadão denunciar, perante o Senado Federal, os Ministros do Supremo Tribunal Federal e o Procurador-Geral da República, pelos crimes de responsabilidade que cometerem (arts. 39 e 40).

Art. 41-A. Respeitada a prerrogativa de foro que assiste às autoridades a que se referem o parágrafo único do art. 39-A e o inciso II do parágrafo único do art. 40-A, as ações penais contra elas ajuizadas pela prática dos crimes de responsabilidade previstos no art. 10 desta lei, serão processadas e julgadas de acordo com o rito instituído pela Lei n. 8.038, de 28 de maio de 1990, permitido, a todo cidadão, o oferecimento da denúncia.

- *Artigo acrescentado pela Lei n. 10.028, de 19-10-2000.*

Art. 42. A denúncia só poderá ser recebida se o denunciado não tiver, por qualquer motivo, deixado definitivamente o cargo.

Art. 43. A denúncia, assinada pelo denunciante com a firma reconhecida, deve ser acompanhada dos documentos que a comprovem ou da declaração de impossibilidade de apresentá-los, com a indicação do local onde possam ser encontrados. Nos crimes de que haja prova testemunhal, a denúncia deverá conter o rol das testemunhas, em número de cinco, no mínimo.

Art. 44. Recebida a denúncia pela Mesa do Senado, será lida no expediente da sessão seguinte e despachada a uma comissão especial, eleita para opinar sobre a mesma.

Art. 45. A comissão a que alude o artigo anterior reunir-se-á dentro de 48 (quarenta e oito) horas e, depois de eleger o seu presidente e relator, emitirá parecer no prazo de 10 (dez) dias sobre se a denúncia deve ser, ou não, julgada objeto de deliberação. Dentro desse período poderá a comissão proceder às diligências que julgar necessárias.

Art. 46. O parecer da comissão, com a denúncia e os documentos que a instruírem, será lido no expediente de sessão do Senado, publicado no *Diário do Congresso Nacional* e em avulsos, que deverão ser distribuídos entre os senadores, e dado para ordem do dia da sessão seguinte.

Art. 47. O parecer será submetido a uma só discussão, e a votação nominal, considerando-se aprovado se reunir a maioria simples de votos.

Art. 48. Se o Senado resolver que a denúncia não deve constituir objeto de deliberação, serão os papéis arquivados.

Art. 49. Se a denúncia for considerada objeto de deliberação, a Mesa remeterá cópia de tudo ao denunciado, para responder à acusação no prazo de 10 (dez) dias.

Art. 50. Se o denunciado estiver fora do Distrito Federal, a cópia lhe será entregue pelo Presidente do Tribunal de Justiça do Estado em que se achar. Caso se ache fora do País ou em lugar incerto e não sabido, o que será verificado pelo 1º Secretário do Senado, a intimação far-se-á por edital, publicado no *Diário do Congresso Nacional,* com a antecedência de 60 (sessenta) dias, aos quais se acrescerá, em comparecendo o denunciado, o prazo do art. 49.

Art. 51. Findo o prazo para a resposta do denunciado, seja esta recebida, ou não, a comissão dará parecer, dentro de 10 (dez) dias, sobre a procedência ou improcedência da acusação.

Art. 52. Perante a comissão, o denunciante e o denunciado poderão comparecer pessoalmente ou por procurador, assistir a todos os atos e diligências por ela praticados, inquirir, reinquirir, contestar testemunhas e requerer a sua acareação. Para esse efeito, a comissão dará aos interessados conhecimento das suas reuniões e das diligências a que deva proceder, com a indicação de lugar, dia e hora.

Art. 53. Findas as diligências, a comissão emitirá sobre ela o seu parecer, que será publicado e distribuído, com todas as peças que o instruírem, e dado para ordem do dia 48 (quarenta e oito) horas, no mínimo, depois da distribuição.

Art. 54. Esse parecer terá uma só discussão e considerar-se-á aprovado se, em votação nominal, reunir a maioria simples dos votos.

Art. 55. Se o Senado entender que não procede a acusação, serão os papéis arquivados. Caso decida o contrário, a Mesa dará imediato conhecimento dessa decisão ao Supremo Tribunal Federal, ao Presidente da República, ao denunciante e ao denunciado.

Art. 56. Se o denunciado não estiver no Distrito Federal, a decisão ser-lhe-á comunicada a requisição da Mesa, pelo Presidente do Tribunal de Justiça do Estado onde se achar. Se estiver fora do País ou em lugar incerto e não sabido, o que será verificado pelo 1º Secretário do Senado, far-se-á a intimação mediante edital pelo *Diário do Congresso Nacional,* com a antecedência de 60 (sessenta) dias.

Art. 57. A decisão produzirá desde a data da sua intimação os seguintes efeitos contra o denunciado:

a) ficar suspenso do exercício das suas funções até sentença final;

b) ficar sujeito à acusação criminal;

c) perder, até sentença final, um terço dos vencimentos, que lhe será pago no caso de absolvição.

Capítulo II
DA ACUSAÇÃO E DA DEFESA

Art. 58. Intimado o denunciante ou o seu procurador da decisão a que aludem os três últimos artigos, ser-lhe-á dada vista do processo, na Secretaria do Senado, para, dentro de 48 (quarenta e oito) horas, oferecer o libelo acusatório e o rol das testemunhas. Em seguida abrir-se-á vista ao denunciado ou ao seu defensor, pelo mesmo prazo para oferecer a contrariedade e o rol das testemunhas.

Art. 59. Decorridos esses prazos, com o libelo e a contrariedade ou sem eles, serão os autos remetidos, em original, ao Presidente do Supremo Tribunal Federal, ou ao seu substituto legal, quando seja ele o denunciado, comunicando-se-lhe o dia designado para o julgamento e convidando-o para presidir a sessão.

Art. 60. O denunciante e o acusado serão notificados, pela forma estabelecida no art. 56, para assistirem ao julgamento, devendo as testemunhas ser, por um magistrado, intimadas a comparecer à requisição da Mesa.

Parágrafo único. Entre a notificação e o julgamento deverá mediar o prazo mínimo de 10 (dez) dias.

Art. 61. No dia e hora marcados para o julgamento, o Senado reunir-se-á, sob a presidência do Presidente do Supremo Tribunal Federal ou do seu substituto legal. Verificada a presença de número legal de senadores, será aberta a sessão e feita a chamada das partes, acusador e acusado, que poderão comparecer pessoalmente ou pelos seus procuradores.

Art. 62. A revelia do acusador não importará transferência do julgamento, nem perempção da acusação.

§ 1º A revelia do acusado determinará o adiamento do julgamento, para o qual o Presidente designará novo dia, nomeando um advogado para defender o revel.

§ 2º Ao defensor nomeado será facultado o exame de todas as peças do processo.

Art. 63. No dia definitivamente aprazado para o julgamento, verificado o número legal de senadores, será aberta a sessão e facultado o ingresso às partes ou aos seus procuradores. Serão juízes todos os senadores presentes, com exceção dos impedidos nos termos do art. 36.

Parágrafo único. O impedimento poderá ser oposto pelo acusador ou pelo acusado e invocado por qualquer senador.

Art. 64. Constituído o Senado em tribunal de julgamento, o Presidente mandará ler o processo e, em seguida, inquirirá publicamente as testemunhas, fora da presença umas das outras.

Art. 65. O acusador e o acusado, ou os seus procuradores, poderão reinquirir as testemunhas, contestá-las sem interrompê-las e requerer a sua acareação. Qualquer senador poderá requerer sejam feitas as perguntas que julgar necessárias.

Art. 66. Finda a inquirição, haverá debate oral, facultadas a réplica e a tréplica entre o acusador e o acusado, pelo prazo que o Presidente determinar.

Parágrafo único. Ultimado o debate, retirar-se-ão as partes do recinto da sessão e abrir-se-á uma discussão única entre os senadores sobre o objeto da acusação.

Art. 67. Encerrada a discussão, fará o Presidente um relatório resumido dos fundamentos da acusação e da defesa, bem como das respectivas provas, submetendo em seguida o caso a julgamento.

Capítulo III
DA SENTENÇA

Art. 68. O julgamento será feito, em votação nominal, pelos senadores desimpedidos que responderão "sim" ou "não" à seguinte pergunta enunciada pelo Presidente: "Cometeu o acusado o crime que lhe é imputado e deve ser condenado à perda do seu cargo?".

Parágrafo único. Se a resposta afirmativa obtiver, pelo menos, dois terços dos votos dos senadores presentes, o Presidente fará nova consulta ao plenário sobre o tempo, não excedente de 5 (cinco) anos, durante o qual o condenado deverá ficar inabilitado para o exercício de qualquer função pública.

- *Nota*: O art. 52, parágrafo único, da Constituição da República de 1988 estipula o prazo de 8 (oito) anos de inabilitação.

Art. 69. De acordo com a decisão do Senado, o Presidente lavrará, nos autos, a sentença que será assinada por ele e pelos senadores, que tiverem tomado parte no julgamento, e transcrita na ata.

Art. 70. No caso de condenação, fica o acusado desde logo destituído do seu cargo. Se a sentença for absolutória, produzirá a imediata reabilitação do acusado, que voltará ao exercício do cargo, com direito à parte dos vencimentos de que tenha sido privado.

Art. 71. Da sentença, dar-se-á imediato conhecimento ao Presidente da República, ao Supremo Tribunal Federal e ao acusado.

Art. 72. Se no dia do encerramento do Congresso Nacional não estiver concluído o processo ou julgamento de Ministro do Supremo Tribunal Federal ou do Procurador-Geral da República, deverá ele ser convocado extraordinariamente pelo terço do Senado Federal.

Art. 73. No processo e julgamento de Ministro do Supremo Tribunal, ou do Procurador-Geral da República, serão subsidiários desta Lei, naquilo em que lhes forem aplicáveis, o Regimento Interno do Senado Federal e o Código de Processo Penal.

PARTE QUARTA

Título Único

Capítulo I
DOS GOVERNADORES E SECRETÁRIOS DOS ESTADOS

Art. 74. Constituem crimes de responsabilidade dos governadores dos Estados ou dos seus secretários, quando por eles praticados, os atos definidos como crimes nesta Lei.

- *Quanto aos crimes de responsabilidade do governador do Distrito Federal e de seus secretários, vide Lei n. 7.106, de 28-6-1983.*

Capítulo II
DA DENÚNCIA, ACUSAÇÃO E JULGAMENTO

Art. 75. É permitido a todo cidadão denunciar o governador perante a Assembleia Legislativa, por crime de responsabilidade.

Art. 76. A denúncia, assinada pelo denunciante e com a firma reconhecida, deve ser acompanhada dos documentos que a comprovem, ou da declaração de impossibilidade de apresentá-los, com a indicação do local em que possam ser encontrados. Nos crimes de que houver prova testemunhal, conterá o rol das testemunhas, em número de 5 (cinco) pelo menos.

Parágrafo único. Não será recebida a denúncia depois que o governador, por qualquer motivo, houver deixado definitivamente o cargo.

Art. 77. Apresentada a denúncia e julgada objeto de deliberação, se a Assembleia Legislativa, por maioria absoluta, decretar a procedência da acusação, será o Governador imediatamente suspenso de suas funções.

Art. 78. O Governador será julgado, nos crimes de responsabilidade, pela forma que determinar a Constituição do Estado e não poderá ser condenado, senão à perda do cargo, com inabilitação, até 5 (cinco) anos, para o exercício de qualquer função pública, sem prejuízo da ação da justiça comum.

- *Nota*: O art. 52, parágrafo único, da Constituição da República de 1988 estipula o prazo de 8 (oito) anos de inabilitação.

§ 1º Quando o tribunal de julgamento for de jurisdição mista, serão iguais, pelo número, os representantes dos órgãos que o integrarem, excluído o Presidente, que será o Presidente do Tribunal de Justiça.

§ 2º Em qualquer hipótese, só poderá ser decretada a condenação pelo voto de dois terços dos membros de que se compuser o tribunal de julgamento.

§ 3º Nos Estados, onde as Constituições não determinarem o processo nos crimes de responsabilidade dos governadores, aplicar-se-á o disposto nesta Lei, devendo, porém, o julgamento ser proferido por um tribunal composto de 5 (cinco) membros do Legislativo e de 5 (cinco) desembargadores, sob a presidência do Presidente do Tribunal de Justiça local, que terá direito de voto no caso de empate. A escolha desse tribunal será feita — a dos membros do Legislativo — mediante eleição pela Assembleia; a dos desembargadores, mediante sorteio.

§ 4º Esses atos deverão ser executados dentro em 5 (cinco) dias contados da data em que a Assembleia enviar ao Presidente do Tribunal de Justiça os autos do processo, depois de decretada a procedência da acusação.

Art. 79. No processo e julgamento do governador serão subsidiários desta Lei naquilo em que lhe forem aplicáveis, assim o Regimento Interno da Assembleia Legislativa e do Tribunal de Justiça, como o Código de Processo Penal.

Parágrafo único. Os secretários de Estado, nos crimes conexos com os dos governadores, serão sujeitos ao mesmo processo e julgamento.

DISPOSIÇÕES GERAIS

Art. 80. Nos crimes de responsabilidade do Presidente da República e dos Ministros de Estado, a Câmara dos Deputados é tribunal de pronúncia e o Senado Federal, tribunal de julgamento; nos crimes de responsabilidade dos Ministros do Supremo Tribunal Federal e do Procurador-Geral da República, o Senado Federal é, simultaneamente, tribunal de pronúncia e julgamento.

Parágrafo único. O Senado Federal, na apuração e julgamento dos crimes de responsabilidade, funciona sob a presidência do Presidente do Supremo Tribunal, e só proferirá sentença condenatória pelo voto de dois terços dos seus membros.

Art. 81. A declaração de procedência da acusação nos crimes de responsabilidade só poderá ser decretada pela maioria absoluta da Câmara que a proferir.

Art. 82. Não poderá exceder de 120 (cento e vinte) dias, contados da data da declaração da procedência da acusação, o prazo para o processo e julgamento dos crimes definidos nesta Lei.

Art. 83. Esta Lei entrará em vigor na data da sua publicação, revogadas as disposições em contrário.

Rio de Janeiro, 10 de abril de 1950; 129º da Independência e 62º da República.

EURICO G. DUTRA
Honório Monteiro

(Publicada no DOU de 12-4-1950.)

LEI N. 1.521, DE 26 DE DEZEMBRO DE 1951

Altera dispositivos da legislação vigente sobre crimes contra a economia popular.

O Presidente da República:

Faço saber que o Congresso Nacional decreta e eu sanciono a seguinte Lei:

- *Revogação tácita*: Muitos dos dispositivos aqui estipulados foram *tacitamente revogados* pela Lei n. 8.137/90, que também define crimes contra as Relações de Consumo e contra a Ordem Econômica.

Art. 1º Serão punidos, na forma desta Lei, os crimes e as contravenções contra a economia popular. Esta Lei regulará o seu julgamento.

Art. 2º São crimes desta natureza:

I — recusar individualmente em estabelecimento comercial a prestação de serviços essenciais à subsistência; sonegar mercadoria ou recusar vendê-la a quem esteja em condições de comprar a pronto pagamento;

II — favorecer ou preferir comprador ou freguês em detrimento de outro, ressalvados os sistemas de entrega ao consumo por intermédio de distribuições ou revendedores;

III — expor à venda ou vender mercadoria ou produto alimentício, cujo fabrico haja desatendido a determinações oficiais, quanto ao peso e composição;

IV — negar ou deixar o fornecedor de serviços essenciais de entregar ao freguês a nota relativa à prestação de serviço, desde que a importância exceda de Cr$ 15,00 (quinze cruzeiros), e com a indicação do preço, do nome e endereço do estabelecimento, do nome da firma ou responsável, da data e local da transação e do nome e residência do freguês;

V — misturar gêneros e mercadorias de espécies diferentes, expô-los à venda ou vendê-los como puros; misturar gêneros e mercadorias de qualidades desiguais para expô-los à venda ou vendê-los por preço marcado para os de mais alto custo;

VI — transgredir tabelas oficiais de gêneros e mercadorias, ou de serviços essenciais, bem como expor à venda ou oferecer ao público ou vender tais gêneros, mercadorias ou serviços, por preço superior ao tabelado, assim como não manter afixadas, em lugar visível e de fácil leitura, as tabelas de preços aprovadas pelos órgãos competentes;

VII — negar ou deixar o vendedor de fornecer nota ou caderno de venda de gêneros de primeira necessidade, seja à vista ou a prazo, e cuja importância exceda de Cr$ 10,00 (dez cruzeiros), ou de especificar na nota ou caderno — que serão isentos de selo — o preço da mercadoria vendida, o nome e o endereço do estabelecimento, a firma ou o responsável, a data e local da transação e o nome e residência do freguês;

VIII — celebrar ajuste para impor determinado preço de revenda ou exigir do comprador que não compre de outro vendedor;

IX — obter ou tentar obter ganhos ilícitos em detrimento do povo ou de número indeterminado de pessoas mediante especulações ou processos fraudulentos ("bola de neve", "cadeias", "pichardismo" e quaisquer outros equivalentes);

X — violar contrato de venda a prestações, fraudando sorteios ou deixando de entregar a coisa vendida, sem devolução das prestações pagas, ou descontar destas, nas vendas com reserva de domínio, quando o contrato for rescindido por culpa do comprador, quantia maior do que a correspondente à depreciação do objeto;

XI — fraudar pesos ou medidas padronizadas em lei ou regulamentos; possuí-los ou detê-los, para efeitos de comércio, sabendo estarem fraudados:

Pena — detenção, de 6 (seis) meses a 2 (dois) anos, e multa de Cr$ 2.000,00 (dois mil cruzeiros) a Cr$ 50.000,00 (cinquenta mil cruzeiros).

- Vide art. 2º da Lei n. 7.209/84 sobre pena de multa.

Parágrafo único. Na configuração dos crimes previstos nesta Lei, bem como na de qualquer outro de defesa de economia popular, sua guarda e seu emprego, considerar-se-ão como de primeira necessidade, ou necessários ao consumo do povo, os gêneros, artigos, mercadorias e qualquer outra espécie de coisas ou bens indispensáveis à subsistência do indivíduo em condições higiênicas e ao exercício normal de suas atividades; estão compreendidos nesta definição os artigos destinados à alimentação, ao vestuário e à iluminação, os terapêuticos ou sanitários, o combustível, a habitação e os materiais de construção.

Art. 3º São também crimes dessa natureza:

I — destruir ou inutilizar, intencionalmente e sem autorização legal, com o fim de determinar alta de preços, em proveito próprio ou de terceiro, matérias-primas ou produtos necessários ao consumo do povo;

II — abandonar ou fazer abandonar lavoura ou plantações, suspender ou fazer suspender a atividade de fábricas, usinas ou quaisquer estabelecimentos de produção, ou meios de transporte, mediante indenização paga pela desistência da competição;

III — promover ou participar de consórcio, convênio, ajuste, aliança ou fusão de capitais, com o fim de impedir ou dificultar, para o efeito de aumento arbitrário de lucros, a concorrência em matéria de produção, transportes ou comércio;

IV — reter ou açambarcar matérias-primas, meios de produção ou produtos necessários ao consumo do povo, com o fim de dominar o mercado em qualquer ponto do País e provocar a alta dos preços;

V — vender mercadorias abaixo do preço de custo com o fim de impedir a concorrência;

VI — provocar a alta ou baixa de preços de mercadorias, títulos públicos, valores ou salários por meio de notícias falsas, operações fictícias ou qualquer outro artifício;

VII — dar indicações ou fazer afirmações falsas em prospectos ou anúncios, para o fim de substituição, compra ou venda de títulos, ações ou quotas;

VIII — exercer funções de direção, administração ou gerência de mais de uma empresa ou sociedade do mesmo ramo de indústria ou comércio com o fim de impedir ou dificultar a concorrência;

IX — gerir fraudulenta ou temerariamente bancos ou estabelecimentos bancários, ou de capitalização; sociedades de seguros, pecúlios ou pensões vitalícias; sociedades para empréstimos ou financiamento de construções e de vendas de imóveis a prestações, com ou sem sorteio ou preferência por meio de pontos ou quotas; caixas econômicas; caixas Raiffeisen; caixas mútuas, de beneficência, socorros ou empréstimos; caixas de pecúlio, pensão e aposentadoria; caixas construtoras; cooperativas; sociedades de economia coletiva, levando-as à falência ou à insolvência, ou não cumprindo qualquer das cláusulas contratuais com prejuízo dos interessados;

X — fraudar de qualquer modo escriturações, lançamentos, registros, relatórios, pareceres e outras informações devidas a sócios de sociedades civis ou comerciais, em que o capital seja fracionado em ações ou quotas de valor nominativo igual ou inferior a Cr$1.000,00 (um mil cruzeiros) com o fim de sonegar lucros, dividendos, percentagens, rateios ou bonificações, ou de desfalcar ou desviar fundos de reserva ou reservas técnicas:

Pena — detenção, de 2 (dois) anos a 10 (dez) anos, e multa de Cr$ 20.000,00 (vinte mil cruzeiros) a Cr$ 100.000,00 (cem mil cruzeiros).

- *Sobre pena de multa, vide art. 2º da Lei n. 7.209/84.*

Art. 4º Constitui crime da mesma natureza a usura pecuniária ou real, assim se considerando:

a) cobrar juros, comissões ou descontos percentuais, sobre dívidas em dinheiro, superiores à taxa permitida por lei; cobrar ágio superior à taxa oficial de câmbio, sobre quantia permutada por moeda estrangeira; ou, ainda, emprestar sob penhor que seja privativo de instituição oficial de crédito;

b) obter, ou estipular, em qualquer contrato, abusando da premente necessidade, inexperiência ou leviandade de outra parte, lucro patrimonial que exceda o quinto do valor corrente ou justo da prestação feita ou prometida:

Pena — detenção, de 6 (seis) meses a 2 (dois) anos, e multa Cr$ 5.000,00 (cinco mil cruzeiros) a Cr$ 20.000,00 (vinte mil cruzeiros).

- *Sobre pena de multa, vide art. 2º da Lei n. 7.209/84.*

§ 1º Nas mesmas penas incorrerão os procuradores, mandatários ou mediadores que intervierem na operação usurária, bem como os cessionários de crédito usurário que, cientes de sua natureza ilícita, o fizerem valer em sucessiva transmissão ou execução judicial.

§ 2º São circunstâncias agravantes do crime de usura:

I — ser cometido em época de grave crise econômica;

II — ocasionar grave dano individual;

III — dissimular-se a natureza usurária do contrato;

IV — quando cometido:

a) por militar, funcionário público, ministro de culto religioso; por pessoa cuja condição econômico-social seja manifestamente superior à da vítima;

b) em detrimento de operário ou de agricultor; de menor de 18 (dezoito) anos ou de deficiente mental, interditado ou não.

§ 3º (*Revogado pela Medida Provisória n. 2.172-32, de 23-8-2001.*)

Art. 5º Nos crimes definidos nesta Lei haverá suspensão da pena e livramento condicional em todos os casos permitidos pela legislação comum. Será a fiança concedida nos termos da legislação em vigor, devendo ser arbitrada dentro dos limites de Cr$ 5.000,00 (cinco mil cruzeiros) a Cr$ 50.000,00 (cinquenta mil cruzeiros), nas hipóteses do art 2º, e dentro dos limites de Cr$ 10.000,00 (dez mil cruzeiros), a Cr$ 100.000,00 (cem mil cruzeiros) nos demais casos, reduzida a metade dentro desses limites, quando o infrator for empregado do estabelecimento comercial ou industrial, ou não ocupe cargo ou posto de direção dos negócios.

- *Redação determinada pela Lei n. 3.290, de 23-10-1957.*

Art. 6º Verificado qualquer crime contra a economia popular ou contra a saúde pública (Capítulo III do Título VIII do Código Penal) e atendendo à gravidade do fato, sua repercussão e efeitos, o juiz, na sentença, declarará a interdição de direito, determinada no art. 69, IV, do Código Penal, de 6 (seis) meses a 1 (um) ano, assim como, mediante representação da autoridade policial, poderá decretar, dentro de 48 (quarenta e oito) horas, a suspensão provisória, pelo prazo de 15 (quinze) dias, do exercício da profissão ou atividade do infrator.

- Vide atual art. 47 do CP.

Art. 7º Os juízes recorrerão de ofício sempre que absolverem os acusados em processo por crime contra a economia popular ou contra a saúde pública, ou quando determinarem o arquivamento dos autos do respectivo inquérito policial.

Art. 8º Nos crimes contra a saúde pública, os exames periciais serão realizados, no Distrito Federal, pelas repartições da Secretaria-Geral da Saúde e Assistência e da Secretaria da Agricultura, Indústria e Comércio da Prefeitura ou pelo Gabinete de Exames Periciais do Departamento de Segurança Pública e, nos Estados e Territórios, pelos serviços congêneres, valendo qualquer dos laudos como corpo de delito.

Art. 9º (Revogado pela Lei n. 6.649, de 16-5-1979.)

- Acerca da locação de imóveis urbanos, vide Lei n. 8.245/91.

Art. 10. Terá forma sumária, nos termos do Capítulo V, Título II, Livro II, do Código de Processo Penal, o processo das contravenções e dos crimes contra a economia popular, não submetidos ao julgamento pelo Júri.

§ 1º Os autos policiais (inquérito ou processo iniciado por portaria) deverão terminar no prazo de 10 (dez) dias.

§ 2º O prazo para oferecimento da denúncia será de 2 (dois) dias, esteja ou não o réu preso.

§ 3º A sentença do juiz será proferida dentro do prazo de 30 (trinta) dias contados do recebimento dos autos da autoridade policial (art. 536 do Código de Processo Penal).

§ 4º A retardação injustificada, pura e simples, dos prazos indicados nos parágrafos anteriores importa em crime de prevaricação (art. 319 do Código Penal).

Art. 11. No Distrito Federal, o processo das infrações penais relativas à economia popular caberá, indistintamente, a todas as varas criminais com exceção das 1ª e 20ª, observadas as disposições quanto aos crimes da competência do Júri de que trata o art. 12.

Arts. 12 a 30. (Prejudicados pela EC n. 1, de 17-10-1969.)

- Esses dispositivos tratavam do Tribunal do Júri para os crimes contra a economia popular. Cf., a respeito, art. 5º, XXXVIII, d, da CR.

Art. 33. Esta Lei entrará em vigor 60 (sessenta) dias depois de sua publicação, aplicando-se aos processos iniciados na sua vigência.

Art. 34. Revogam-se as disposições em contrário.

Rio de Janeiro, 26 de dezembro de 1951; 130º da Independência e 63º da República.

GETÚLIO VARGAS
Francisco Negrão de Lima

(Publicada no DOU de 27-12-1951.)

LEI N. 1.579, DE 18 DE MARÇO DE 1952

Dispõe sobre as Comissões Parlamentares de Inquérito.

- Vide art. 58 e §§ 1º a 4º da CR.

O Presidente da República:

Faço saber que o Congresso Nacional decreta e eu sanciono a seguinte Lei:

Art. 1º As Comissões Parlamentares de Inquérito, criadas na forma do art. 53 da Constituição Federal, terão ampla ação nas pesquisas destinadas a apurar os fatos determinados que deram origem à sua formação.

- Refere-se à CR de 1946.

Parágrafo único. A criação de Comissão Parlamentar de Inquérito dependerá de deliberação plenária, se não for determinada pelo terço da totalidade dos membros da Câmara dos Deputados ou do Senado.

Art. 2º No exercício de suas atribuições, poderão as Comissões Parlamentares de Inquérito determinar as diligências que reputarem necessárias e requerer a convocação de ministros de Estado, tomar o depoimento de quaisquer autoridades federais, estaduais ou municipais, ouvir os indiciados, inquirir testemunhas sob compromisso, requisitar de repartições públicas e autárquicas informações e documentos, e transportar-se aos lugares onde se fizer mister a sua presença.

Art. 3º Indiciados e testemunhas serão intimados de acordo com as prescrições estabelecidas na legislação penal.

§ 1º Em caso de não comparecimento da testemunha sem motivo justificado, a sua intimação será solicitada ao juiz criminal da localidade em que resida ou se encontre, na forma do art. 218 do Código de Processo Penal.

§ 2º O depoente poderá fazer-se acompanhar de advogado, ainda que em reunião secreta.

- A Lei n. 10.679, de 23-5-2003, renumerou o parágrafo único e incluiu o § 2º.

Art. 4º Constitui crime:

I — impedir, ou tentar impedir, mediante violência, ameaça ou assuadas, o regular funcionamento de Comissão Parlamentar de Inquérito, ou o livre exercício das atribuições de qualquer dos seus membros:

Pena — a do art. 329 do Código Penal;

II — fazer afirmação falsa, ou negar ou calar a verdade como testemunha, perito, tradutor ou intérprete, perante a Comissão Parlamentar de Inquérito:

Pena — a do art. 342 do Código Penal.

Art. 5º As Comissões Parlamentares de Inquérito apresentarão relatório de seus trabalhos à respectiva Câmara, concluindo por projeto de resolução.

§ 1º Se forem diversos os fatos objeto de inquérito, a comissão dirá, em separado, sobre cada um, podendo fazê-lo antes mesmo de finda a investigação dos demais.

§ 2º A incumbência da Comissão Parlamentar de Inquérito termina com a sessão legislativa em que tiver sido outorgada, salvo deliberação da respectiva Câmara, prorrogando-a dentro da legislatura em curso.

Art. 6º O processo e a instrução dos inquéritos obedecerão ao que prescreve esta Lei e, no que lhes for aplicável, às normas do processo penal.

Art. 7º Esta Lei entrará em vigor na data de sua publicação, revogadas as disposições em contrário.

Rio de Janeiro, 18 de março de 1952; 131º da Independência e 64º da República.

GETÚLIO VARGAS
(Publicada no DOU de 21-3-1952.)

LEI N. 2.889, DE 1º DE OUTUBRO DE 1956

Define e pune o crime de genocídio.

- Vide *art. 1º da Lei n. 8.072, de 25-7-1990 (Lei dos Crimes Hediondos).*

O Presidente da República:

Faço saber que o Congresso Nacional decreta e eu sanciono a seguinte Lei:

Art. 1º Quem, com a intenção de destruir, no todo ou em parte, grupo nacional, étnico, racial ou religioso, como tal:

a) matar membros do grupo;

b) causar lesão grave à integridade física ou mental de membros do grupo;

c) submeter intencionalmente o grupo a condições de existência capazes de ocasionar-lhe a destruição física total ou parcial;

d) adotar medidas destinadas a impedir os nascimentos no seio do grupo;

e) efetuar a transferência forçada de crianças do grupo para outro grupo. Será punido:

— com as penas do art. 121, § 2º, do Código Penal, no caso da letra *a*;

— com as penas do art. 129, § 2º, no caso da letra *b*;

— com as penas do art. 270, no caso da letra *c*;

— com as penas do art. 125, no caso da letra *d*;

— com as penas do art. 148, no caso da letra *e*.

- *Referência a artigos da redação original do CP, antes da reforma de 1984.*

Art. 2º Associarem-se mais de três pessoas para prática dos crimes mencionados no artigo anterior:

Pena — metade da cominada aos crimes ali previstos.

Art. 3º Incitar, direta e publicamente, alguém a cometer qualquer dos crimes de que trata o art. 1º:

Pena — metade das penas ali cominadas.

§ 1º A pena pelo crime de incitação será a mesma de crime incitado, se este se consumar.

§ 2º A pena será aumentada de um terço, quando a incitação for cometida pela imprensa.

Art. 4º A pena será agravada de um terço, no caso dos arts. 1º, 2º e 3º, quando cometido o crime por governante ou funcionário público.

Art. 5º Será punida com dois terços das respectivas penas a tentativa dos crimes definidos nesta Lei.

Art. 6º Os crimes de que trata esta Lei não serão considerados crimes políticos para efeitos de extradição.

Art. 7º Revogam-se as disposições em contrário.

Rio de Janeiro, 1º de outubro de 1956; 135º da Independência e 68º da República.

JUSCELINO KUBITSCHEK
Nereu Ramos

(Publicada no DOU de 2-10-1956.)

LEI N. 3.924, DE 26 DE JULHO DE 1961

Dispõe sobre os monumentos arqueológicos e pré-históricos.

- Vide *notas aos arts. 163, parágrafo único, III (crime de dano qualificado), e 165 (dano em coisa de valor artístico, arqueológico ou histórico) do CP.* Vide, também, *Lei n. 9.605, de 12-2-1998, arts. 62 a 65, com redação dada pela Lei n. 12.408/2011, que prevê crimes, inclusive o de se* pichar *monumentos.*

O Presidente da República:

Faço saber que o Congresso Nacional decreta e eu sanciono a seguinte Lei:

Art. 1º Os monumentos arqueológicos ou pré-históricos de qualquer natureza existentes no território nacional e todos os elementos que neles se encontram ficam sob a guarda e proteção do Poder Público, de acordo com o que estabelece o art. 175 da Constituição Federal.

Parágrafo único. A propriedade da superfície, regida pelo direito comum, não inclui a das jazidas arqueológicas ou pré-históricas, nem a dos objetos nelas incorporados na forma do art. 152 da mesma Constituição.

- *Refere-se à CR de 1946.*

Art. 2º Consideram-se monumentos arqueológicos ou pré-históricos:

a) as jazidas de qualquer natureza, origem ou finalidade, que representem testemunhos da cultura dos paleoameríndios do Brasil, tais como sambaquis, montes artificiais ou tesos, poços sepulcrais, jazigos, aterrados, estearias e quaisquer outras não especificadas aqui, mas de significado idêntico, a juízo da autoridade competente;

b) os sítios nos quais se encontram vestígios positivos de ocupação pelos paleoameríndios, tais como grutas, lapas e abrigos sob rocha;

c) os sítios identificados como cemitérios, sepulturas ou locais de pouso prolongado ou de aldeamento, "estações" e "cerâmios", nos quais se encontrem vestígios humanos de interesse arqueológico ou paleoetinográfico;

d) as inscrições rupestres ou locais como sulcos de polimentos de utensílios e outros vestígios de atividade de paleoameríndios.

Art. 3º São proibidos em todo o território nacional o aproveitamento econômico, a destruição ou mutilação, para qualquer fim, das jazidas arqueológicas ou pré-históricas conhecidas como sambaquis, casqueiros, concheiros, birbigueiras ou sernambis, e bem assim dos sítios, inscrições e objetos enumerados nas alíneas *b, c* e *d* do artigo anterior, antes de serem devidamente pesquisados, respeitadas as concessões anteriores e não caducas.

Art. 4º Toda a pessoa, natural ou jurídica, que na data da publicação desta Lei já estiver procedendo, para fins econômicos ou outros, à exploração de jazidas arqueológicas ou pré-históricas, deverá comunicar à Diretoria do Patrimônio Histórico e Artístico Nacional, dentro de 60 (sessenta) dias, sob pena de multa de dez mil a cinquenta mil cruzeiros, o exercício dessa atividade, para efeito de exame, registro, fiscalização e salvaguarda do interesse da ciência.

Art. 5º Qualquer ato que importe na destruição ou mutilação dos monumentos a que se refere o art. 2º desta Lei será considerado crime contra o Patrimônio Nacional e, como tal, punível de acordo com o disposto nas leis penais.

Art. 29. Aos infratores desta Lei serão aplicadas as sanções dos arts. 163 a 167 do Código Penal, conforme o caso, sem prejuízo de outras penalidades cabíveis.

Brasília, 21 de julho de 1961; 140º da Independência e 73º da República.

JÂNIO QUADROS
(Publicada no DOU de 27-7-1961.)

LEI N. 4.117, DE 27 DE AGOSTO DE 1962

Institui o Código Brasileiro de Telecomunicações.

- Vide *Lei n. 9.472, de 16-7-1997, que estipula crime referente ao desenvolvimento clandestino de atividades de telecomunicação.* Vide, *também, art. 5º, XII, da CR.*

Art. 53. Constitui abuso, no exercício da liberdade da radiodifusão, o emprego desse meio de comunicação para a prática de crime ou contravenção previstos na legislação em vigor no País, inclusive:

a) incitar a desobediência às leis ou decisões judiciárias;

b) divulgar segredos de Estado ou assuntos que prejudiquem a defesa nacional;

c) ultrajar a honra nacional;

d) fazer propaganda de guerra ou de processos de subversão da ordem política e social;

e) promover campanha discriminatória de classe, cor, raça ou religião;

f) insuflar a rebeldia ou a indisciplina nas Forças Armadas ou nas organizações de segurança pública;

g) comprometer as relações internacionais do País;

h) ofender a moral familiar, pública, ou os bons costumes;

i) caluniar, injuriar ou difamar os Poderes Legislativo, Executivo ou Judiciário ou os respectivos membros;

j) veicular notícias falsas, com perigo para a ordem pública, econômica e social;

l) colaborar na prática de rebeldia, desordens ou manifestações proibidas.

Parágrafo único. Se a divulgação das notícias falsas houver resultado de erro de informação e for objeto de desmentido imediato, a nenhuma penalidade ficará sujeita a concessionária ou permissionária.

- *Artigo com redação determinada pelo Decreto-Lei n. 236, de 28-2-1967.*

Art. 54. São livres as críticas e os conceitos desfavoráveis, ainda que veementes, bem como a narrativa de fatos verdadeiros, guardadas as restrições estabelecidas em lei, inclusive de atos de qualquer dos poderes do Estado.

Art. 55. É inviolável a telecomunicação nos termos desta Lei.

Art. 56. Pratica crime de violação de telecomunicação quem, transgredindo lei ou regulamento, exiba autógrafo ou qualquer documento do arquivo, divulgue ou comunique, informe ou capte, transmita a outrem ou utilize o conteúdo, resumo, significado, interpretação, indicação ou efeito de qualquer comunicação dirigida a terceiro.

§ 1º Pratica, também, crime de violação de telecomunicações quem ilegalmente receber, divulgar ou utilizar, telecomunicação interceptada.

§ 2º Somente os serviços fiscais das estações e postos oficiais poderão interceptar telecomunicação.

Art. 57. Não constitui violação de telecomunicação:

I — a recepção de telecomunicação dirigida por quem diretamente ou como cooperação esteja legalmente autorizado;

II — o conhecimento dado:

a) ao destinatário da telecomunicação ou a seu representante legal;

b) aos intervenientes necessários ao curso da telecomunicação;

c) ao comandante ou chefe, sob cujas ordens imediatas estiver servindo;

d) aos fiscais do governo junto aos concessionários ou permissionários;

e) ao juiz competente, mediante requisição ou intimação deste.

Parágrafo único. Não estão compreendidas nas proibições contidas nesta Lei as radiocomunicações destinadas a ser livremente recebidas, as de amadores, as relativas a navios e aeronaves em perigo, ou as transmitidas nos casos de calamidade pública.

Art. 58. Nos crimes de violação da telecomunicação, a que se referem esta Lei e o art. 151 do Código Penal, caberão, ainda, as seguintes penas:

I — para as concessionárias ou permissionárias as previstas nos arts. 62 e 63, se culpados por ação ou omissão e independentemente da ação criminal;

II — para as pessoas físicas:

a) 1 (um) a 2 (dois) anos de detenção ou perda de cargo ou emprego apurada a responsabilidade em processo regular, iniciado com o afastamento imediato do acusado até decisão final;

b) para autoridade responsável por violação da telecomunicação, as penas previstas na legislação em vigor serão aplicadas em dobro;

c) serão suspensos ou cassados, na proporção da gravidade da infração, os certificados dos operadores profissionais e dos amadores responsáveis pelo crime de violação da telecomunicação.

- *Artigo com redação determinada pelo Decreto-Lei n. 236, de 28-2-1967.*

Art. 59. As penas por infração desta Lei são:

a) multa, até o valor de Cr$ 10.000,00 (dez mil cruzeiros novos);

b) suspensão, até 30 (trinta) dias;

c) cassação;

d) detenção.

§ 1º Nas infrações em que, a juízo do CONTEL, não se justificar a aplicação de pena, o infrator será advertido, considerando-se a advertência como agravante na aplicação de penas por inobservância do mesmo ou de outro preceito desta Lei.

§ 2º A pena de multa poderá ser aplicada isolada ou conjuntamente, com outras sanções especiais estatuídas nesta Lei.

§ 3º O valor das multas será atualizado de 3 (três) em 3 (três) anos, de acordo com os níveis de correção monetária.

- *Artigo e parágrafos com redação determinada pelo Decreto-Lei n. 236, de 28-2-1967.*

Art. 60. A aplicação das penas desta Lei compete:

a) ao CONTEL: multa e suspensão, em qualquer caso; cassação, quando se tratar de permissão;

b) ao Presidente da República: cassação, mediante representação do CONTEL em parecer fundamentado.

- *Artigo com redação determinada pelo Decreto-Lei n. 236, de 28-2-1967.*

Art. 61. A pena será imposta de acordo com a infração cometida, considerados os seguintes fatores:

a) gravidade da falta;

b) antecedentes da entidade faltosa;

c) reincidência específica.

- *Artigo com redação determinada pelo Decreto-Lei n. 236, de 28-2-1967.*

Art. 62. A pena de multa poderá ser aplicada por infração de qualquer dispositivo legal, ou quando a concessionária ou permissionária não houver cumprido, dentro do prazo estipulado, exigência que tenha sido feita pelo CONTEL.

- *Artigo com redação determinada pelo Decreto-Lei n. 236, de 28-2-1967.*

Art. 63. A pena de suspensão poderá ser aplicada nos seguintes casos:

a) infração dos arts. 38, alíneas *a, b, c, e, g* e *h*, 53, 57, 71 e seus parágrafos;

b) infração à liberdade de manifestação do pensamento e de informação (Lei n. 5.250, de 9-2-1967);

c) quando a concessionária ou permissionária não houver cumprido, dentro do prazo estipulado, exigência que lhe tenha sido feita pelo CONTEL;

d) quando seja criada situação de perigo de vida;

e) utilização de equipamentos diversos dos aprovados ou instalações fora das especificações técnicas constantes da portaria que as tenha aprovado;

f) execução de serviço para o qual não está autorizado.

Parágrafo único. No caso das letras *d, e* e *f* deste artigo, poderá ser determinada a interrupção do serviço pelo agente fiscalizador, *ad referendum* do CONTEL.

- *Artigo e parágrafo com redação determinada pelo Decreto-Lei n. 236, de 28-2-1967.*

Art. 64. A pena de cassação poderá ser imposta nos seguintes casos:

a) infringência do art. 53;

b) reincidência em infração anteriormente punida com suspensão;

c) interrupção do funcionamento por mais de 30 (trinta) dias consecutivos, exceto quando tenha, para isso, obtido autorização prévia do CONTEL;

d) superveniência da incapacidade legal, técnica, financeira ou econômica para execução dos serviços da concessão ou permissão;

e) não haver a concessionária ou permissionária, no prazo estipulado, corrigido as irregularidades motivadoras da suspensão anteriormente imposta;

f) não haver a concessionária ou permissionária cumprido as exigências e prazos estipulados, até o licenciamento definitivo de sua estação;

g) não observância, pela concessionária ou permissionária, das disposições contidas no art. 222, *caput* e seus §§ 1º e 2º, da Constituição.

- *Artigo com redação determinada pelo Decreto-Lei n. 236, de 28-2-1967, e alínea g incluída pela Lei n. 10.610, de 20-12-2002.*

Art. 65. O CONTEL promoverá as medidas cabíveis, punindo ou propondo a punição, por iniciativa própria ou sempre que receber representação de qualquer autoridade.

- *Artigo com redação determinada pelo Decreto-Lei n. 236, de 28-2-1967.*

Art. 66. Antes de decidir da aplicação de qualquer das penalidades previstas, o CONTEL notificará a interessada para exercer o direito de defesa, dentro do prazo de 5 (cinco) dias, contados do recebimento da notificação.

§ 1º A repetição da falta no período decorrido entre o recebimento da notificação e a tomada de decisão, será considerada como reincidência e, no caso das transgressões citadas no art. 53, o Presidente do CONTEL suspenderá a emissora provisoriamente.

§ 2º Quando a representação for feita por uma das autoridades a seguir relacionadas, o Presidente do CONTEL verificará *in limine* sua procedência, podendo deixar de ser feita a notificação a que se refere este artigo:

I — em todo o território nacional:

a) Mesa da Câmara dos Deputados ou do Senado Federal;

b) Presidente do Supremo Tribunal Federal;

c) Ministros de Estado;

d) Secretário-Geral do Conselho de Segurança Nacional;

e) Procurador-Geral da República;

f) Chefe do Estado-Maior das Forças Armadas;

II — Nos Estados:

a) Mesa da Assembleia Legislativa;

b) Presidente do Tribunal de Justiça;

c) Secretário de assuntos relativos à Justiça;

d) Chefe do Ministério Público Estadual;

III — nos Municípios:

a) Mesa da Câmara Municipal;

b) Prefeito Municipal.

- *Artigo e parágrafos com redação determinada pelo Decreto-Lei n. 236, de 28-2-1967.*

Art. 67. A perempção da concessão ou autorização será declarada pelo Presidente da República, precedendo parecer do Conselho Nacional de Telecomunicações, se a concessionária ou permissionária decair do direto à renovação.

Parágrafo único. O direito à renovação decorre do cumprimento, pela empresa, de seu contrato de concessão ou permissão, das exigências legais e regulamentares, bem como das finalidades educacionais, culturais e morais a que se obrigou, e de persistirem a possibilidade técnica e o interesse público em sua existência.

- *Artigo e parágrafo único com redação determinada pelo Decreto-Lei n. 236, de 28-2-1967.*

Art. 68. A caducidade da concessão ou da autorização será declarada pelo Presidente da República, precedendo parecer do Conselho Nacional de Telecomunicações, nos seguintes casos:

a) quando a concessão ou a autorização decorra de convênio com outro país, cuja denúncia a torne inexequível;

b) quando expirarem os prazos de concessão ou autorização decorrente de convênio com outro país, sendo inviável a prorrogação.

Parágrafo único. A declaração de caducidade só se dará se for impossível evitá-la por convênio com qualquer país ou por inexistência comprovada de frequência no Brasil, que possa ser atribuída à concessionária ou permissionária, a fim de que não cesse seu funcionamento.

- *Artigo e parágrafo único com redação determinada pelo Decreto-Lei n. 236, de 28-2-1967.*

Art. 69. A declaração da perempção ou da caducidade, quando viciada por ilegalidade, abuso do poder ou pela desconformidade com os fins ou motivos alegados, titulará o prejudicado a postular reparação do seu direito perante o Judiciário.

- *Artigo com redação determinada pelo Decreto-Lei n. 236, de 28-2-1967.*

Art. 70. Constitui crime punível com a pena de detenção de 1 (um) a 2 (dois) anos, aumentada da metade se houver dano a terceiro, a instalação ou utilização de telecomunicações, sem observância do disposto nesta Lei e nos regulamentos.

Parágrafo único. Precedendo ao processo penal, para os efeitos referidos neste artigo, será liminarmente procedida a busca e apreensão da estação ou aparelho ilegal.

- *Artigo e parágrafo único com redação determinada pelo Decreto-Lei n. 236, de 28-2-1967.*

Art. 71. Toda irradiação será gravada e mantida em arquivo durante as 24 (vinte e quatro) horas subsequentes ao encerramento dos trabalhos diários da emissora.

§ 1º As emissoras de televisão poderão gravar apenas o som dos programas transmitidos.

§ 2º As emissoras deverão conservar em seus arquivos os textos dos programas, inclusive noticiosos, devidamente autenticados pelos responsáveis, durante 60 (sessenta) dias.

§ 3º As gravações dos programas políticos, de debates, entrevistas, pronunciamentos da mesma natureza e qualquer irradiação não registrada em texto, deverão ser conservadas em arquivo pelo prazo de 20 (vinte) dias depois de transmitidas, para as concessionárias ou permissionárias até 1 kw e 30 (trinta) dias para as demais.

§ 4º As transmissões compulsoriamente estatuídas por lei serão gravadas em material fornecido pelos interessados.

- *Artigo e parágrafos com redação determinada pelo Decreto-Lei n. 236, de 28-2-1967.*

Art. 72. A autoridade que impedir ou embaraçar a liberdade da radiodifusão ou da televisão, fora dos casos autorizados em lei, incidirá, no que couber, na sanção do art. 322 do Código Penal.

- *Artigo com redação determinada pelo Decreto-Lei n. 236, de 28-2-1967.*

....

Art. 129. Revogam-se as disposições em contrário.

Brasília, 27 de agosto de 1962; 141º da Independência e 74º da República.

JOÃO GOULART

(*Publicada no* DOU *de 5-10-1962 e Repúblicada no* DOU *de 17-12-1962.*)

LEI N. 4.319, DE 16 DE MARÇO DE 1964

Cria o Conselho de Defesa dos Direitos da Pessoa Humana.

....

Art. 8º Constitui crime:

I — Impedir ou tentar impedir, mediante violência, ameaças ou assuadas, o regular funcionamento do CDDPH, ou de Comissão de Inquérito por ele instituída ou o livre exercício das atribuições de qualquer dos seus membros:

Pena — a do art. 329 do Código Penal.

II — Fazer afirmação falsa, negar ou calar a verdade, como testemunha, perito, tradutor ou intérprete perante o CDDPH ou Comissão de Inquérito por ele instituída:

Pena — a do art. 342 do Código Penal.

....

Brasília, 16 de março de 1964; 143º da Independência e 76º da República.

JOÃO GOULART

(Publicada no DOU de 16-3-1964 e 20-3-1964.)

LEI N. 4.591, DE 16 DE DEZEMBRO DE 1964

Dispõe sobre o condomínio em edificações e as incorporações imobiliárias.

Título II
DAS INCORPORAÇÕES

Capítulo IV
DAS INFRAÇÕES

Art. 65. É crime contra a economia popular promover incorporação, fazendo, em proposta, contratos, prospectos ou comunicação ao público ou aos interessados, afirmação falsa sobre a constituição do condomínio, alienação das frações ideais do terreno ou sobre a construção das edificações:

Pena — reclusão de 1 (um) a 4 (quatro) anos e multa de cinco a cinquenta vezes o maior salário mínimo legal vigente no País.

- Vide *art. 2º da Lei n. 7.209, de 11-7-1984, sobre pena de multa.*

§ 1º Incorrem na mesma pena:

I — o incorporador, o corretor e o construtor, individuais, bem como os diretores ou gerentes de empresa coletiva incorporadora, corretora ou construtora que, em proposta, contrato, publicidade, prospecto, relatório, parecer, balanço ou comunicação ao público ou aos condôminos, candidatos ou subscritores de unidades, fizerem afirmação falsa sobre a constituição do condomínio, alienação das frações ideais ou sobre a construção das edificações;

II — o incorporador, o corretor e o construtor, individuais, bem como os diretores ou gerentes de empresa coletiva, incorporadora, corretora ou construtora que usar, ainda que a título de empréstimo, em proveito próprio ou de terceiros, bens ou haveres destinados à incorporação contratada por administração, sem prévia autorização dos interessados.

§ 2º O julgamento destes crimes será de competência de juízo singular, aplicando-se os arts. 5º, 6º e 7º da Lei n. 1.521, de 26 de dezembro de 1951.

§ 3º Em qualquer fase do procedimento criminal objeto deste artigo, a prisão do indiciado dependerá sempre de mandado do juízo referido no § 2º

- § *3º acrescentado pela Lei n. 4.864, de 29-11-1965.*

Art. 66. São contravenções relativas à economia popular, puníveis na forma do art. 10 da Lei n. 1.521, de 26 de dezembro de 1951:

I — negociar o incorporador frações ideais de terreno, sem previamente satisfazer às exigências constantes desta Lei;

II — omitir o incorporador, em qualquer documento de ajuste, as indicações a que se referem os arts. 37 e 38 desta Lei;

III — deixar o incorporador, sem justa causa, no prazo do art. 35 e ressalvada a hipótese de seus §§ 2º e 3º, de promover a celebração do contrato relativo à fração ideal de terreno, do contrato de construção ou da Convenção do Condomínio;

IV — (*vetado*);

V — omitir o incorporador, no contrato, a indicação a que se refere o § 5º do art. 55 desta Lei;

VI — paralisar o incorporador a obra, por mais de 30 (trinta) dias, ou retardar-lhe excessivamente o andamento sem justa causa:

Pena — multa de cinco a vinte vezes o maior salário mínimo vigente no País.

- Vide *art. 2º da Lei n. 7.209, de 11-7-1984, sobre pena de multa.*

Parágrafo único. No caso de contratos relativos a incorporações, de que não participe o incorporador, responderão solidariamente pelas faltas capituladas neste artigo o construtor, o corretor, o proprietário ou titular de direitos aquisitivos do terreno, desde que figurem no contrato, com direito regressivo sobre o incorporador, se as faltas cometidas lhe forem imputáveis.

- *Remissão: Art. 35: "O prazo para promover é de sessenta dias (Lei n. 4.864, de 29-11-1965, art. 13), computados a partir da data de qualquer acerto preliminar, ou, havendo prazo de carência, do esgotamento do termo desta, sem renúncia ao empreendimento".*

- *Remissão: Art. 37: "Se o imóvel estiver gravado de ônus real ou fiscal ou se contra os alienantes houver qualquer ação que possa comprometê-lo, o fato será obrigatoriamente mencionado em todos os documentos de ajuste, com a indicação de sua natureza e das condições da liberação".*

- *Remissão: Art. 38: "Também constará, obrigatoriamente, dos documentos de ajuste, se for o caso, o fato de encontrar-se ocupado o imóvel, esclarecendo-se a que título se deve esta ocupação e quais as condições de desocupação".*

- *Remissão: Art. 55, § 5º: "No contrato deverá ser mencionado o montante do orçamento atualizado da obra, calculado de acordo com as normas do inciso III do art. 53, com base nos custos unitários referidos no art. 54, quando o preço estipulado for inferior ao mesmo".*

Brasília, 16 de dezembro de 1964; 143º da Independência e 76º da República.

H. CASTELLO BRANCO
Milton Soares Campos

(Publicada no DOU de 21-12-1964.)

LEI N. 4.595, DE 31 DE DEZEMBRO DE 1964

Dispõe sobre a política e as instituições monetárias, bancárias e creditícias, cria o Conselho Monetário Nacional e dá outras providências.

O Presidente da República:

Faço saber que o Congresso Nacional decreta e eu sanciono a seguinte Lei:

Capítulo IV
DAS INSTITUIÇÕES FINANCEIRAS

Seção IV
DAS INSTITUIÇÕES FINANCEIRAS PRIVADAS

Art. 34. É vedado às instituições financeiras conceder empréstimos ou adiantamentos:

I — a seus diretores e membros dos conselhos consultivo ou administrativo, fiscais e semelhantes, bem como aos respectivos cônjuges;

§ 1º A infração ao disposto no inciso I, deste artigo, constitui crime e sujeitará os responsáveis pela transgressão à pena de reclusão de 1 (um) a 4 (quatro) anos, aplicando-se, no que couber, o Código Penal e o Código de Processo Penal.

- *Revogação tácita*: A Lei n. 7.492/86, que trata dos crimes contra o Sistema Financeiro Nacional, prevê a pena de *reclusão*, de 2 (dois) a 6 (seis) anos, e multa, em seu art. 17, para as mesmas condutas.

Art. 38. (*Revogado pela Lei Complementar n. 105, de 10-1-2001*)

Capítulo V
DAS PENALIDADES

Art. 43. O responsável pela instituição financeira que autorizar a concessão de empréstimo ou adiantamento vedado nesta Lei, se o fato não constituir crime, ficará sujeito, sem prejuízo das sanções administrativas ou civis cabíveis, à multa igual ao dobro do valor do empréstimo ou adiantamento concedido, cujo processamento obedecerá, no que couber, ao disposto no art. 44 desta Lei.

Art. 44. As infrações aos dispositivos desta Lei sujeitam as instituições financeiras, seus diretores, membros de conselhos administrativos, fiscais e semelhantes, e gerentes, às seguintes penalidades, sem prejuízo de outras estabelecidas na legislação vigente:

I — advertência;

II — multa pecuniária variável;

III — suspensão do exercício de cargos;

IV — inabilitação temporária ou permanente para o exercício de cargos de direção na administração ou gerência em instituições financeiras;

V — cassação da autorização de funcionamento das instituições financeiras públicas, exceto as federais, ou privadas;

VI — detenção, nos termos do § 7º deste artigo;

VII — reclusão, nos termos dos arts. 34 e 38 desta Lei.

- *Sobre cobrança de juros de mora nos títulos vencidos em sábados, domingos e feriados, vide arts. 1º e 3º da Lei n. 7.089, de 23-3-1993, que pune os infratores com as mesmas penalidades deste artigo.*

§ 1º A pena de advertência será aplicada pela inobservância das disposições constantes da legislação em vigor, ressalvadas as sanções nela previstas, sendo cabível também nos casos de fornecimento de informações inexatas, de escrituração mantida em atraso ou processada em desacordo com as normas expedidas de conformidade com o art. 4º, XII, desta Lei.

§ 2º As multas serão aplicadas até duzentas vezes o maior salário mínimo vigente no País, sempre que as instituições financeiras, por negligência ou dolo:

a) advertidas por irregularidades que tenham sido praticadas, deixarem de saná-las no prazo que lhes for assinalado pelo Banco Central da República do Brasil;

b) infringirem as disposições desta Lei relativas ao capital, fundos de reserva, encaixe, recolhimentos compulsórios, taxa de fiscalização, serviços e operações, não atendimento ao disposto nos arts. 27 e 33, inclusive as vedadas nos arts. 34 (incisos II a V), 35 a 40 desta Lei, e abusos de concorrência (art. 18, § 2º);

c) opuserem embaraço à fiscalização do Banco Central da República do Brasil.

- *O Banco Central da República do Brasil, através do Decreto-Lei n. 278, de 28-2-1967, passou a denominar-se Banco Central do Brasil.*

§ 3º As multas cominadas neste artigo serão pagas mediante recolhimento ao Banco Central da República do Brasil, dentro do prazo de 15 (quinze) dias, contados do recebimento da respectiva notificação, ressalvado o disposto no § 5º deste artigo e serão cobradas judicialmente, com o acréscimo da mora de 1% (um por cento) ao mês, contada da data da aplicação da multa, quando não forem liquidadas naquele prazo.

§ 4º As penas referidas nos incisos III e IV, deste artigo, serão aplicadas quando forem verificadas infrações graves na condução dos interesses da instituição financeira ou quando da reincidência específica, devidamente caracterizada em transgressões anteriormente punidas com multa.

§ 5º As penas referidas nos incisos II, III e IV deste artigo serão aplicadas pelo Banco Central da República do Brasil admitido recurso, com efeito suspensivo, ao Conselho Monetário Nacional, interposto dentro de 15 (quinze) dias, contados do recebimento da notificação.

§ 6º É vedada qualquer participação em multas, as quais serão recolhidas integralmente ao Banco Central da República do Brasil.

§ 7º Quaisquer pessoas físicas ou jurídicas que atuem como instituição financeira, sem estar devidamente autorizadas pelo Banco Central da República do Brasil, ficam sujeitas à multa referida neste artigo e detenção de 1 (um) a 2 (dois) anos, ficando a esta sujeitos, quando pessoa jurídica, seus diretores e administradores.

§ 8º No exercício da fiscalização prevista no art. 10, VIII, desta Lei, o Banco Central da República do Brasil poderá exigir das instituições financeiras ou das pessoas físicas ou jurídicas, inclusive as referidas no parágrafo anterior, a exibição a funcionários seus, expressamente credenciados, de documentos, papéis e livros de escrituração, considerando-se a negativa de atendimento como embaraço à fiscalização, sujeitos à pena de multa, prevista no § 2º deste artigo, sem prejuízo de outras medidas e sanções cabíveis.

- Vide *art. 19 da Lei n. 7.730, de 31-1-1989, que alterou o item VIII do art. 10 para item IX.*

§ 9º A pena de cassação, referida no inciso V, deste artigo, será aplicada pelo Conselho Monetário Nacional, por proposta do Banco Central da República do Brasil, nos casos de reincidência específica de infrações anteriormente punidas com as penas previstas nos incisos III e IV, deste artigo.

Art. 45. As instituições financeiras públicas não federais e as privadas estão sujeitas, nos termos da legislação vigente, à intervenção efetuada pelo Banco Central da República do Brasil ou à liquidação extrajudicial.

Parágrafo único. A partir da vigência desta Lei, as instituições de que trata este artigo não poderão impetrar concordata.

Art. 65. Esta Lei entrará em vigor 90 (noventa) dias após a data de sua publicação, revogadas as disposições em contrário.

Brasília, em 31 de dezembro de 1964; 143º da Independência e 76º da República.

H. CASTELLO BRANCO
Octávio Gouveia de Bulhões

(Publicada no DOU de 31-12-1964.)

LEI N. 4.728, DE 14 DE JULHO DE 1965

Disciplina o mercado de capitais e estabelece medidas para o seu desenvolvimento.

O Presidente da República:

Faço saber que o Congresso Nacional decreta e eu sanciono a seguinte Lei:

Seção XV
DISPOSIÇÕES DIVERSAS

Art. 73. Ninguém poderá fazer, imprimir ou fabricar ações de sociedades anônimas, ou cautelas que as representem, sem autorização escrita e assinada pela respectiva representação legal da sociedade, com firmas reconhecidas.

§ 1º Ninguém poderá fazer, imprimir ou fabricar prospectos ou qualquer material de propaganda para venda de ações de sociedade anônima, sem autorização dada pela respectiva representação legal da sociedade.

§ 2º A violação de qualquer dos dispositivos constituirá crime de ação pública, punido com pena de 1 (um) a 3 (três) anos de detenção, recaindo a responsabilidade, quando se tratar de pessoa jurídica, em todos os seus diretores.

Art. 74. Quem colocar no mercado ações de sociedade anônima ou cautelas que a representem, falsas ou falsificadas, responderá por delito de ação pública, e será punido com pena de 1 (um) a 4 (quatro) anos de reclusão.

Parágrafo único. Incorrerá nas penas previstas neste artigo quem falsificar ou concorrer para a falsificação ou uso indevido de assinatura autenticada mediante chancela mecânica.

- Caput *com redação determinada pela Lei n. 5.589, de 3-7-1970, que acrescentou o parágrafo único.*

Art. 83. A presente Lei entra em vigor na data de sua publicação.

Art. 84. Revogam-se as disposições em contrário.

Brasília, 14 de julho de 1965; 144º da Independência e 77º da República.

H. CASTELLO BRANCO
Octávio Gouveia de Bulhões

(Publicada no DOU *de 16-7-1965.)*

LEI N. 4.729, DE 14 DE JULHO DE 1965

Define o crime de sonegação fiscal e dá outras providências.

- Vide *Lei n. 8.137/90 (Lei dos Crimes contra a Ordem Tributária, Econômica e contra as Relações de Consumo), Lei n. 9.249/95, art. 34 (extinção da punibilidade pelo pagamento do tributo) e Lei n. 7.429/86 (Lei do "colarinho branco"). Sobre a ação penal, cf. Súmula 609 do STF e Lei n. 9.430/97, art. 83.*

O Presidente da República:

Faço saber que o Congresso Nacional decreta e eu sanciono a seguinte Lei:

Art. 1º Constitui crime de sonegação fiscal:

I — prestar declaração falsa ou omitir, total ou parcialmente, informação que deva ser produzida a agentes das pessoas jurídicas de direito público interno, com a intenção de eximir-se, total ou parcialmente, do pagamento de tributos, taxas e quaisquer adicionais devidos por lei;

II — inserir elementos inexatos ou omitir rendimentos ou operações de qualquer natureza em documentos ou livros exigidos pelas leis físicas, com a intenção de exonerar-se do pagamento de tributos devidos à Fazenda Pública;

III — alterar faturas e quaisquer documentos relativos a operações mercantis com o propósito de fraudar a Fazenda Pública;

IV — fornecer ou emitir documentos graciosos ou alterar despesas, majorando-as, com o objetivo de obter dedução de tributos devidos à Fazenda Pública, sem prejuízo das sanções administrativas cabíveis;

V — exigir, pagar ou receber, para si ou para o contribuinte beneficiário da paga, qualquer percentagem sobre a parcela dedutível ou deduzida do Imposto sobre a Renda como incentivo fiscal.

- *Inciso V acrescentado pela Lei n. 5.569, de 25-11-1969.*

Pena — detenção, de 6 (seis) meses a 2 (dois) anos, e multa de duas a cinco vezes o valor do tributo.

§ 1º Quando se tratar de criminoso primário, a pena será reduzida à multa de dez vezes o valor do tributo.

§ 2º Se o agente cometer o crime prevalecendo-se do cargo público que exerce, a pena será aumentada da sexta parte.

§ 3º O funcionário público com atribuições de verificação, lançamento ou fiscalização de tributos, que concorrer para a prática do crime de sonegação fiscal, será punido com a pena deste artigo, aumentada da terça parte, com a abertura obrigatória do competente processo administrativo.

Art. 2º (*Revogado pela Lei n. 8.383, de 30-12-1991.*)

- *Sobre a extinção da punibilidade pelo pagamento, temos o seguinte histórico na legislação brasileira:*

— *Lei n. 4.729/65 (art. 2º, caput);*

— *Lei n. 5.172/66 (Código Tributário Nacional, art. 138 — denúncia espontânea);*

— *Decreto n. 157, de 10-2-1967 (art. 18, caput);*

— *Lei n. 8.137/90 (art. 14, revogado pela Lei n. 8.383/91);*

— Lei n. 9.249/95 (art. 34);

— Lei n. 10.684/2003 (art. 9º, II);

— Lei n. 11.941/2009 (art. 69);

— Lei n. 12.382/2011, que alterou o art. 83 da Lei n. 9.430/96 (o pagamento deve ser efetuado até o recebimento da denúncia, podendo, antes disso, haver o parcelamento com a suspensão da persecução penal e, uma vez quitado, a extinção da punibilidade).

Art. 3º Somente os atos definidos nesta Lei poderão constituir crime de sonegação fiscal.

Art. 4º A multa aplicada nos termos desta Lei será computada e recolhida, integralmente, como receita pública extraordinária.

Art. 5º No art. 334 do Código Penal, substituam-se os §§ 1º e 2º pelos seguintes:

- *Texto já integrado ao CP.*

Art. 6º Quando se tratar de pessoa jurídica, a responsabilidade penal pelas infrações previstas nesta Lei será de todos os que, direta ou indiretamente ligados à mesma, de modo permanente ou eventual, tenham praticado ou concorrido para a prática da sonegação fiscal.

Art. 7º As autoridades administrativas que tiverem conhecimento de crime previsto nesta Lei, inclusive em autos e papéis que conhecerem, sob pena de responsabilidade, remeterão ao Ministério Público os elementos comprobatórios da infração, para instrução do procedimento criminal cabível.

§ 1º Se os elementos comprobatórios forem suficientes, o Ministério Público oferecerá, desde logo, denúncia.

§ 2º Sendo necessários esclarecimentos, documentos ou diligências complementares, o Ministério Público os requisitará, na forma estabelecida no Código de Processo Penal.

- *Sobre o envio da "representação fiscal" ao Ministério Público, somente após o término do procedimento fiscal-administrativo, vide Lei n. 9.430, de 27-12-1996, art. 83.*

Art. 8º Em tudo o mais em que couber e não contrariar os arts. 1º a 7º desta Lei, aplicar-se-ão o Código Penal e o Código de Processo Penal.

Art. 9º (*Revogado pela Lei n. 8.021, de 12-4-1990.*)

Art. 10. O Poder Executivo procederá às alterações do Regulamento do Imposto de Renda decorrentes das modificações constantes desta Lei.

Art. 11. Esta Lei entrará em vigor 60 (sessenta) dias após sua publicação.

Art. 12. Revogam-se as disposições em contrário.

Brasília, em 14 de julho de 1965; 144º da Independência e 77º da República.

H. CASTELLO BRANCO
Mílton Soares Campos

(*Publicada no DOU de 19-7-1965.*)

LEI N. 4.737, DE 15 DE JULHO DE 1965

Institui o Código Eleitoral.

O Presidente da República:

Faço saber que sanciono a seguinte Lei, aprovada pelo Congresso Nacional, nos termos do art. 4º, *caput*, do Ato Institucional, de 9 de abril de 1964:

....

Título IV
DISPOSIÇÕES PENAIS

Capítulo I
DISPOSIÇÕES PRELIMINARES

Art. 283. Para os efeitos penais são considerados membros e funcionários da Justiça Eleitoral:

I — os magistrados que, mesmo não exercendo funções eleitorais, estejam presidindo Juntas Apuradoras ou se encontrem no exercício de outra função por designação de Tribunal Eleitoral;

II — os cidadãos que temporariamente integram órgãos da Justiça Eleitoral;

III — os cidadãos que hajam sido nomeados para as mesas receptoras ou Juntas Apuradoras;

IV — os funcionários requisitados pela Justiça Eleitoral.

§ 1º Considera-se funcionário público, para os efeitos penais, além dos indicados no presente artigo, quem, embora transitoriamente ou sem remuneração, exerce cargo, emprego ou função pública.

§ 2º Equipara-se a funcionário público quem exerce cargo, emprego ou função em entidade paraestatal ou em sociedade de economia mista.

Art. 284. Sempre que este Código não indicar o grau mínimo, entende-se que será ele de 15 (quinze) dias para a pena de detenção e de 1 (um) ano para a de reclusão.

Art. 285. Quando a lei determina a agravação ou atenuação da pena sem mencionar o *quantum*, deve o juiz fixá-lo entre um quinto e um terço, guardados os limites da pena cominada ao crime.

Art. 286. A pena de multa consiste no pagamento, ao Tesouro Nacional, de uma soma de dinheiro, que é fixada em dias-multa. Seu montante é, no mínimo, 1 (um) dia-multa e, no máximo, 300 (trezentos) dias-multa.

§ 1º O montante do dia-multa é fixado segundo o prudente arbítrio do juiz, devendo este ter em conta as condições pessoais e econômicas do condenado, mas não pode ser inferior ao salário mínimo diário da região, nem superior ao valor de um salário mínimo mensal.

§ 2º A multa pode ser aumentada até o triplo, embora não possa exceder o máximo genérico (*caput*), se o juiz considerar que, em virtude da situação econômica do condenado, é ineficaz a cominada, ainda que no máximo, ao crime de que se trate.

- *Quanto à pena de multa,* vide, *também, arts. 49 e ss. do CP.*

Art. 287. Aplicam-se aos fatos incriminados nesta Lei as regras gerais do Código Penal.

Art. 288. Nos crimes eleitorais cometidos por meio da imprensa, do rádio ou da televisão, aplicam-se exclusivamente as normas deste Código e as remissões a outra lei nele contempladas.

Capítulo II
DOS CRIMES ELEITORAIS

- Vide *Lei n. 6.091, de 15-8-1974.*

Art. 289. Inscrever-se fraudulentamente eleitor:

Pena — reclusão até 5 (cinco) anos e pagamento de 5 (cinco) a 15 (quinze) dias-multa.

Art. 290. Induzir alguém a se inscrever eleitor com infração de qualquer dispositivo deste Código:

Pena — reclusão até 2 (dois) anos e pagamento de 15 (quinze) a 30 (trinta) dias-multa.

Art. 291. Efetuar o juiz, fraudulentamente, a inscrição de alistando:

Pena — reclusão até 5 (cinco) anos e pagamento de 5 (cinco) a 15 (quinze) dias-multa.

Art. 292. Negar ou retardar a autoridade judiciária, sem fundamento legal, a inscrição requerida:

Pena — pagamento de 30 (trinta) a 60 (sessenta) dias-multa.

Art. 293. Perturbar ou impedir de qualquer forma o alistamento:

Pena — detenção de 15 (quinze) dias a 6 (seis) meses ou pagamento de 30 (trinta) a 60 (sessenta) dias-multa.

Art. 294. (*Revogado pela Lei n. 8.868, de 14-4-1994.*)

Art. 295. Reter título eleitoral contra a vontade do eleitor:

Pena — detenção até 2 (dois) meses ou pagamento de 30 (trinta) a 60 (sessenta) dias-multa.

Art. 296. Promover desordem que prejudique os trabalhos eleitorais:

Pena — detenção até 2 (dois) meses e pagamento de 60 (sessenta) a 90 (noventa) dias-multa.

Art. 297. Impedir ou embaraçar o exercício do sufrágio:

Pena — detenção até 6 (seis) meses e pagamento de 60 (sessenta) a 100 (cem) dias-multa.

Art. 298. Prender ou deter eleitor, membro de mesa receptora, fiscal, delegado de partido ou candidato, com violação do disposto no art. 236:

Pena — reclusão até 4 (quatro anos).

Art. 299. Dar, oferecer, prometer, solicitar ou receber, para si ou para outrem, dinheiro, dádiva ou qualquer outra vantagem, para obter ou dar voto e para conseguir ou prometer abstenção, ainda que a oferta não seja aceita:

Pena — reclusão até 4 (quatro) anos e pagamento de 5 (cinco) a 15 (quinze) dias-multa.

Art. 300. Valer-se o servidor público da sua autoridade para coagir alguém a votar ou não votar em determinado candidato ou partido:

Pena — detenção até 6 (seis) meses e pagamento de 60 (sessenta) a 100 (cem) dias-multa.

Parágrafo único. Se o agente é membro ou funcionário da Justiça Eleitoral e comete o crime prevalecendo-se do cargo a pena é agravada.

Art. 301. Usar de violência ou grave ameaça para coagir alguém a votar, ou não votar, em determinado candidato ou partido, ainda que os fins visados não sejam conseguidos:

Pena — reclusão até 4 (quatro) anos e pagamento de 5 (cinco) a 15 (quinze) dias-multa.

Art. 302. Promover, no dia da eleição, com o fim de impedir, embaraçar ou fraudar o exercício do voto a concentração de eleitores, sob qualquer forma, inclusive o fornecimento gratuito de alimento e transporte coletivo:

Pena — reclusão de 4 (quatro) a 6 (seis) anos e pagamento de 200 (duzentos) a 300 (trezentos) dias-multa.

- *Artigo com redação determinada pelo Decreto-Lei n. 1.064, de 24-10-1969.*
- Vide *Lei n. 6.091, de 15-8-1974.*

Art. 303. Majorar os preços de utilidades e serviços necessários à realização de eleições, tais como transporte e alimentação de eleitores, impressão, publicidade e divulgação de matéria eleitoral:

Pena — pagamento de 250 (duzentos e cinquenta) a 300 (trezentos) dias-multa.

- Vide *Lei n. 6.091, de 15-8-1974.*

Art. 304. Ocultar, sonegar, açambarcar ou recusar no dia da eleição o fornecimento, normalmente a todos, de utilidades, alimentação e meios de transporte, ou conceder exclusividade dos mesmos a determinado partido ou candidato:

Pena — pagamento de 250 (duzentos e cinquenta) a 300 (trezentos) dias-multa.

Art. 305. Intervir autoridade estranha à mesa receptora, salvo o juiz eleitoral, no seu funcionamento sob qualquer pretexto:

Pena — detenção até 6 (seis) meses e pagamento de 60 (sessenta) a 90 (noventa) dias-multa.

Art. 306. Não observar a ordem em que os eleitores devem ser chamados a votar:

Pena — pagamento de 15 (quinze) a 30 (trinta) dias-multa.

Art. 307. Fornecer ao eleitor cédula oficial já assinalada ou por qualquer forma marcada:

Pena — reclusão até 5 (cinco) anos e pagamento de 5 (cinco) a 15 (quinze) dias-multa.

Art. 308. Rubricar e fornecer a cédula oficial em outra oportunidade que não a de entrega da mesma ao eleitor:

Pena — reclusão até 5 (cinco) anos e pagamento de 60 (sessenta) a 90 (noventa) dias-multa.

Art. 309. Votar ou tentar votar mais de uma vez, ou em lugar de outrem:

Pena — reclusão até 3 (três) anos.

Art. 310. Praticar, ou permitir o membro da mesa receptora que seja praticada qualquer irregularidade que determine a anulação de votação, salvo no caso do art. 311:

Pena — detenção até 6 (seis) meses ou pagamento de 90 (noventa) a 120 (cento e vinte) dias-multa.

Art. 311. Votar em seção eleitoral em que não está inscrito, salvo nos casos expressamente previstos, e permitir, o presidente da mesa receptora, que o voto seja admitido:

Pena — detenção até 1 (um) mês ou pagamento de 5 (cinco) a 15 (quinze) dias-multa para o eleitor e de 20 (vinte) a 30 (trinta) dias-multa para o presidente da mesa.

Art. 312. Violar ou tentar violar o sigilo do voto:

Pena — detenção até 2 (dois) anos.

Art. 313. Deixar o juiz e os membros da Junta de expedir o boletim de apuração imediatamente após a apuração de cada urna e antes de passar à subsequente, sob qualquer pretexto e ainda que dispensada a expedição pelos fiscais, delegados ou candidatos presentes:

Pena — pagamento de 90 (noventa) a 120 (cento e vinte) dias-multa.

Parágrafo único. Nas seções eleitorais em que a contagem for procedida pela mesa receptora incorrerão na mesma pena o presidente e os mesários que não expedirem imediatamente o respectivo boletim.

Art. 314. Deixar o juiz e os membros da Junta de recolher as cédulas apuradas na respectiva urna, fechá-la, e lacrá-la, assim que terminar a apuração de cada seção e antes de passar à subsequente, sob qualquer pretexto e ainda que dispensada a providência pelos fiscais, delegados ou candidatos presentes:

Pena — detenção até 2 (dois) meses ou pagamento de 90 (noventa) a 120 (cento e vinte) dias-multa.

Parágrafo único. Nas seções eleitorais em que a contagem dos votos for procedida pela mesa receptora incorrerão na mesma pena o presidente e os mesários que não fecharem e lacrarem a urna após a contagem.

Art. 315. Alterar nos mapas ou nos boletins de apuração a votação obtida por qualquer candidato ou lançar nesses documentos votação que não corresponda às cédulas apuradas:

Pena — reclusão até 5 (cinco) anos e pagamento de 5 (cinco) a 15 (quinze) dias-multa.

Art. 316. Não receber ou mencionar nas atas da eleição ou da apuração os protestos devidamente formulados ou deixar de remetê-los à instância superior:

Pena — reclusão até 5 (cinco) anos e pagamento de 5 (cinco) a 15 (quinze) dias-multa.

Art. 317. Violar ou tentar violar o sigilo da urna ou dos invólucros:

Pena — reclusão de 3 (três) a 5 (cinco) anos.

Art. 318. Efetuar a mesa receptora a contagem dos votos da urna quando qualquer eleitor houver votado sob impugnação (art. 190):

Pena — detenção até 1 (um) mês ou pagamento de 30 (trinta) a 60 (sessenta) dias-multa.

Art. 319. Subscrever o eleitor mais de uma ficha de registro de um ou mais partidos:

Pena — detenção até 1 (um) mês ou pagamento de 10 (dez) a 30 (trinta) dias-multa.

Art. 320. Inscrever-se o eleitor, simultaneamente, em dois ou mais partidos:

Pena — pagamento de 10 (dez) a 20 (vinte) dias-multa.

Art. 321. Colher a assinatura do eleitor em mais de uma ficha de registro de partido:

Pena — detenção até 2 (dois) meses ou pagamento de 20 (vinte) a 40 (quarenta) dias-multa.

Art. 322. (*Revogado pela Lei n. 9.504, de 30-9-1997.*)

Art. 323. Divulgar, na propaganda, fatos que sabe inverídicos, em relação a partidos ou candidatos, e capazes de exercerem influência perante o eleitorado:

Pena — detenção de 2 (dois) meses a 1 (um) ano ou pagamento de 120 (cento e vinte) a 150 (cento e cinquenta) dias-multa.

Parágrafo único. A pena é agravada se o crime é cometido pela imprensa, rádio ou televisão.

Art. 324. Caluniar alguém, na propaganda eleitoral, ou visando a fins de propaganda, imputando-lhe falsamente fato definido como crime:

Pena — detenção de 6 (seis) meses a 2 (dois) anos e pagamento de 10 (dez) a 40 (quarenta) dias-multa.

§ 1º Nas mesmas penas incorre quem, sabendo falsa a imputação, a propala ou divulga.

§ 2º A prova da verdade do fato imputado exclui o crime, mas não é admitida:

I — se, constituindo o fato imputado crime de ação privada, o ofendido não foi condenado por sentença irrecorrível;

II — se o fato é imputado ao Presidente da República ou chefe de governo estrangeiro;

III — se do crime imputado, embora de ação pública, o ofendido foi absolvido por sentença irrecorrível.

Art. 325. Difamar alguém, na propaganda eleitoral, ou visando a fins de propaganda, imputando-lhe fato ofensivo à sua reputação:

Pena — detenção de 3 (três) meses a 1 (um) ano e pagamento de 5 (cinco) a 30 (trinta) dias-multa.

Parágrafo único. A exceção da verdade somente se admite se o ofendido é funcionário público e a ofensa é relativa ao exercício de suas funções.

Art. 326. Injuriar alguém, na propaganda eleitoral, ou visando a fins de propaganda, ofendendo-lhe a dignidade ou o decoro:

Pena — detenção até 6 (seis) meses ou pagamento de 30 (trinta) a 60 (sessenta) dias-multa.

§ 1º O juiz pode deixar de aplicar a pena:

I — se o ofendido, de forma reprovável, provocou diretamente a injúria;

II — no caso de retorsão imediata, que consista em outra injúria.

§ 2º Se a injúria consiste em violência ou vias de fato, que, por sua natureza ou meio empregado, se considerem aviltantes:

Pena — detenção de 3 (três) meses a 1 (um) ano e pagamento de 5 (cinco) a 20 (vinte) dias-multa, além das penas correspondentes à violência previstas no Código Penal.

Art. 327. As penas cominadas nos arts. 324, 325 e 326 aumentam-se de um terço, se qualquer dos crimes é cometido:

I — contra o Presidente da República ou chefe de governo estrangeiro;

II — contra funcionário público, em razão de suas funções;

III — na presença de várias pessoas, ou por meio que facilite a divulgação da ofensa.

Art. 328. (*Revogado pela Lei n. 9.504, de 30-9-1997.*)

Art. 329. (*Revogado pela Lei n. 9.504, de 30-9-1997.*)

Art. 330. Nos casos dos arts. 328 e 329, se o agente repara o dano antes da sentença final, o juiz pode reduzir a pena.

> ■ *A referência feita por este artigo restou prejudicada diante da revogação dos dispositivos nele mencionados.*

Art. 331. Inutilizar, alterar ou perturbar meio de propaganda devidamente empregado:

Pena — detenção até 6 (seis) meses ou pagamento de 90 (noventa) a 120 (cento e vinte) dias-multa.

Art. 332. Impedir o exercício de propaganda:

Pena — detenção até 6 (seis) meses e pagamento de 30 (trinta) a 60 (sessenta) dias-multa.

Art. 333. (*Revogado pela Lei n. 9.504, de 30-9-1997.*)

Art. 334. Utilizar organização comercial de vendas, distribuição de mercadorias, prêmios e sorteios para propaganda ou aliciamento de eleitores:

Pena — detenção de 6 (seis) meses a 1 (um) ano e cassação do registro se o responsável for candidato.

Art. 335. Fazer propaganda, qualquer que seja a sua forma, em língua estrangeira:

Pena — detenção de 3 (três) a 6 (seis) meses e pagamento de 30 (trinta) a 60 (sessenta) dias-multa.

Parágrafo único. Além da pena cominada, a infração ao presente artigo importa na apreensão e perda do material utilizado na propaganda.

Art. 336. Na sentença que julgar ação penal pela infração de qualquer dos arts. 322, 323, 324, 325, 326, 328, 329, 331, 332, 333, 334 e 335, deve o juiz verificar, de acordo com o seu livre convencimento, se o diretório local do partido, por qualquer dos seus membros, concorreu para a prática de delito, ou dela se beneficiou conscientemente.

> ■ *Os arts. 322, 328, 329 e 333 encontram-se revogados.*

Parágrafo único. Nesse caso, imporá o juiz ao diretório responsável pena de suspensão de sua atividade eleitoral, por prazo de 6 (seis) a 12 (doze) meses, agravada até o dobro nas reincidências.

Art. 337. Participar, o estrangeiro ou brasileiro que não estiver no gozo dos seus direitos políticos, de atividades partidárias, inclusive comícios e atos de propaganda em recintos fechados ou abertos:

Pena — detenção, até 6 (seis) meses, e pagamento, de 90 (noventa) a 120 (cento e vinte) dias-multa.

Parágrafo único. Na mesma pena incorrerá o responsável pelas emissoras de rádio ou televisão que autorizar transmissões de que participem os mencionados neste artigo, bem como o diretor de jornal que lhes divulgar os pronunciamentos.

Art. 338. Não assegurar o funcionário postal a prioridade prevista no art. 239:

Pena — pagamento de 30 (trinta) a 60 (sessenta) dias-multa.

> ■ *Remissão: Art. 239. "Aos partidos políticos é assegurada a prioridade postal durante os 60 (sessenta) dias anteriores à realização das eleições, para remessa de material de propaganda de seus candidatos registrados".*

Art. 339. Destruir, suprimir ou ocultar urna contendo votos, ou documentos relativos à eleição:

Pena — reclusão de 2 (dois) a 6 (seis) anos e pagamento de 5 (cinco) a 15 (quinze) dias--multa.

Parágrafo único. Se o agente é membro ou funcionário da Justiça Eleitoral e comete o crime prevalecendo-se do cargo, a pena é agravada.

Art. 340. Fabricar, mandar fabricar, adquirir, fornecer, ainda que gratuitamente, subtrair ou guardar urnas, objetos, mapas, cédulas ou papéis de uso exclusivo da Justiça Eleitoral:

Pena — reclusão até 3 (três) anos e pagamento de 3 (três) a 15 (quinze) dias-multa.

Parágrafo único. Se o agente é membro ou funcionário da Justiça Eleitoral e comete o crime prevalecendo-se do cargo, a pena é agravada.

Art. 341. Retardar a publicação ou não publicar, o diretor ou qualquer outro funcionário de órgão oficial federal, estadual, ou municipal, as decisões, citações ou intimações da Justiça Eleitoral:

Pena — detenção até 1 (um) mês ou pagamento de 30 (trinta) a 60 (sessenta) dias-multa.

Art. 342. Não apresentar o órgão do Ministério Público, no prazo legal, denúncia ou deixar de promover a execução de sentença condenatória:

Pena — detenção até 2 (dois) meses ou pagamento de 60 (sessenta) a 90 (noventa) dias--multa.

Art. 343. Não cumprir o juiz o disposto no § 3º do art. 357:

Pena — detenção até 2 (dois) meses ou pagamento de 60 (sessenta) a 90 (noventa) dias--multa.

Art. 344. Recusar ou abandonar o serviço eleitoral sem justa causa:

Pena — detenção até 2 (dois) meses ou pagamento de 90 (noventa) a 120 (cento e vinte) dias-multa.

Art. 345. Não cumprir a autoridade judiciária, ou qualquer funcionário dos órgãos da Justiça Eleitoral, nos prazos legais, os deveres impostos por este Código, se a infração não estiver sujeita a outra penalidade:

Pena — pagamento de 30 (trinta) a 90 (noventa) dias-multa.

- *Artigo com redação determinada pela Lei n. 4.961, de 4-5-1966.*

Art. 346. Violar o disposto no art. 377:

Pena — detenção até 6 (seis) meses e pagamento de 30 (trinta) a 60 (sessenta) dias-multa.

Parágrafo único. Incorrerão na pena, além da autoridade responsável, os servidores que prestarem serviços e os candidatos, membros ou diretores de partido que derem causa à infração.

- *Remissão: Art. 377. "O serviço de qualquer repartição federal, estadual, municipal, autarquia, fundação do Estado, sociedade de economia mista, entidade mantida ou subvencionada pelo poder público, ou que realiza contrato com este, inclusive o respectivo prédio e suas dependências, não poderá ser utilizado para beneficiar partido ou organização de caráter político. Parágrafo único. O disposto neste artigo será tornado efetivo, a qualquer tempo, pelo órgão competente da Justiça Eleitoral, conforme o âmbito nacional, regional ou municipal do órgão infrator, mediante representação fundamentada de autoridade pública, representante partidário, ou de qualquer eleitor".*

Art. 347. Recusar alguém cumprimento ou obediência a diligências, ordens ou instruções da Justiça Eleitoral ou por embaraços à sua execução:

Pena — detenção de 3 (três) meses a 1 (um) ano e pagamento de 10 (dez) a 20 (vinte) dias-multa.

Art. 348. Falsificar, no todo ou em parte, documento público, ou alterar documento público verdadeiro para fins eleitorais:

Pena — reclusão de 2 (dois) a 6 (seis) anos e pagamento de 15 (quinze) a 30 (trinta) dias-multa.

§ 1º Se o agente é funcionário público e comete o crime prevalecendo-se do cargo, a pena é agravada.

§ 2º Para os efeitos penais, equipara-se a documento público o emanado de entidade paraestatal inclusive Fundação de Estado.

Art. 349. Falsificar, no todo ou em parte, documento particular ou alterar documento particular verdadeiro, para fins eleitorais:

Pena — reclusão até 5 (cinco) anos e pagamento de 3 (três) a 10 (dez) dias-multa.

Art. 350. Omitir, em documento público ou particular, declaração que dele devia constar, ou nele inserir ou fazer inserir declaração falsa ou diversa da que devia ser escrita, para fins eleitorais:

Pena — reclusão até 5 (cinco) anos e pagamento de 5 (cinco) a 15 (quinze) dias-multa se o documento é público, e reclusão até 3 (três) anos e pagamento de 3 (três) a 10 (dez) dias-multa se o documento é particular.

Parágrafo único. Se o agente da falsidade documental é funcionário público e comete o crime prevalecendo-se do cargo, ou se a falsificação ou alteração é de assentamento de registro civil, a pena é agravada.

Art. 351. Equipara-se a documento (arts. 348, 349 e 350), para os efeitos penais, a fotografia, o filme cinematográfico, o disco fonográfico ou fita de ditafone a que se incorpore declaração ou imagem destinada a prova de fato juridicamente relevante.

Art. 352. Reconhecer, como verdadeira, no exercício da função pública, firma ou letra que o não seja, para fins eleitorais:

Pena — reclusão até 5 (cinco) anos e pagamento de 5 (cinco) a 15 (quinze) dias-multa se o documento é público, e reclusão até 3 (três) anos e pagamento, de 3 (três) a 10 (dez) dias-multa se o documento é particular.

Art. 353. Fazer uso de qualquer dos documentos falsificados ou alterados, a que se referem os arts. 348 a 352:

Pena — a cominada à falsificação ou à alteração.

Art. 354. Obter, para uso próprio ou de outrem, documento público ou particular, material ou ideologicamente falso para fins eleitorais:

Pena — a cominada à falsificação ou à alteração.

Capítulo III
DO PROCESSO DAS INFRAÇÕES

Art. 355. As infrações penais definidas neste Código são de ação pública.

Art. 356. Todo cidadão que tiver conhecimento de infração penal deste Código deverá comunicá-la ao juiz eleitoral da zona onde a mesma se verificou.

§ 1º Quando a comunicação for verbal, mandará a autoridade judicial reduzi-la a termo, assinado pelo apresentante e por duas testemunhas, e a remeterá ao órgão do Ministério Público local, que procederá na forma deste Código.

§ 2º Se o Ministério Público julgar necessários maiores esclarecimentos e documentos complementares ou outros elementos de convicção, deverá requisitá-los diretamente de quaisquer autoridades ou funcionários que possam fornecê-los.

Art. 357. Verificada a infração penal, o Ministério Público oferecerá a denúncia dentro do prazo de 10 (dez) dias.

§ 1º Se o órgão do Ministério Público, ao invés de apresentar a denúncia, requerer o arquivamento da comunicação, o juiz, no caso de considerar improcedentes as razões invocadas, fará remessa da comunicação ao Procurador Regional, e este oferecerá a denúncia, designará outro promotor para oferecê-la, ou insistirá no pedido de arquivamento, ao qual então estará o juiz obrigado a atender.

§ 2º A denúncia conterá a exposição do fato criminoso com todas as suas circunstâncias, a qualificação do acusado ou esclarecimentos pelos quais se possa identificá-lo, a classificação do crime e, quando necessário, o rol das testemunhas.

§ 3º Se o órgão do Ministério Público não oferecer a denúncia no prazo legal representará contra ele a autoridade judiciária, sem prejuízo da apuração da responsabilidade penal.

§ 4º Ocorrendo a hipótese prevista no parágrafo anterior o juiz solicitará ao Procurador Regional a designação de outro promotor, que, no mesmo prazo, oferecerá a denúncia.

§ 5º Qualquer eleitor poderá provocar a representação contra o órgão do Ministério Público se o juiz, no prazo de 10 (dez) dias, não agir de ofício.

Art. 358. A denúncia será rejeitada quando:

I — o fato narrado evidentemente não constituir crime;

II — já estiver extinta a punibilidade, pela prescrição ou outra causa;

III — for manifesta a ilegitimidade da parte ou faltar condição exigida pela lei para o exercício da ação penal.

Parágrafo único. Nos casos do n. III, a rejeição da denúncia não obstará ao exercício da ação penal, desde que promovida por parte legítima ou satisfeita a condição.

Art. 359. Recebida a denúncia, o juiz designará dia e hora para o depoimento pessoal do acusado, ordenando a citação deste e a notificação do Ministério Público.

Parágrafo único. O réu ou seu defensor terá o prazo de 10 (dez) dias para oferecer alegações escritas e arrolar testemunhas.

- *Artigo com redação dada pela Lei n. 10.732, de 5-9-2003.*

Art. 360. Ouvidas as testemunhas da acusação e da defesa e praticadas as diligências requeridas pelo Ministério Público e deferidas ou ordenadas pelo juiz, abrir-se-á o prazo de 5 (cinco) dias a cada uma das partes — acusação e defesa — para alegações finais.

Art. 361. Decorrido esse prazo, e conclusos os autos ao juiz dentro de 48 (quarenta e oito) horas, terá o mesmo 10 (dez) dias para proferir a sentença.

Art. 362. Das decisões finais de condenação ou absolvição cabe recurso para o Tribunal Regional, a ser interposto no prazo de 10 (dez) dias.

Art. 363. Se a decisão do Tribunal Regional for condenatória, baixarão imediatamente os autos à instância inferior para a execução da sentença, que será feita no prazo de 5 (cinco) dias, contados da data da vista ao Ministério Público.

Parágrafo único. Se o órgão do Ministério Público deixar de promover a execução da sentença serão aplicadas as normas constantes dos §§ 3º, 4º e 5º do art. 357.

Art. 364. No processo e julgamento dos crimes eleitorais e dos comuns que lhes forem conexos, assim como nos recursos e na execução, que lhes digam respeito, aplicar-se-á, como lei subsidiária ou supletiva, o Código de Processo Penal.

....

Art. 382. Este Código entrará em vigor 30 (trinta) dias após a sua publicação.

Art. 383. Revogam-se as disposições em contrário.

Brasília, 15 de julho de 1965; 144º da Independência e 77º da República.

H. CASTELLO BRANCO
Mílton Soares Campos

(Publicada no DOU de 19-7-1965.)

LEI N. 4.888, DE 9 DE DEZEMBRO DE 1965

Proíbe o emprego da palavra couro em produtos industrializados e dá outras providências.

O Presidente da República:

Faço saber que o Congresso Nacional decreta e eu sanciono a seguinte Lei:

Art. 1º Fica proibido pôr à venda ou vender, sob o nome de *couro,* produtos que não sejam obtidos exclusivamente de pele animal.

Art. 2º Os produtos artificiais de imitação terão de ter sua natureza caracterizada para efeito de exposição e venda.

Art. 3º Fica também proibido o emprego da palavra *couro*, mesmo modificada com prefixos ou sufixos, para denominar produtos não enquadrados no art. 1º

Art. 4º A infração da presente Lei constitui crime previsto no art. 196 e seus parágrafos do Código Penal.

- Vide *Lei n. 9.279, de 14-5-1996.*

Art. 5º (*Vetado.*)

Art. 6º Revogam-se as disposições em contrário.

Brasília, 9 de dezembro de 1965; 144º da Independência e 77º da República.

H. CASTELLO BRANCO
Octávio Gouveia de Bulhões

(*Publicada no* DOU *de 13-12-1965.*)

LEI N. 4.898, DE 9 DE DEZEMBRO DE 1965

Regula o direito de representação e o processo de responsabilidade administrativa civil e penal, nos casos de abuso de autoridade.

- Vide *Lei n. 5.249, de 9-2-1967, sobre a falta de representação do ofendido.*

O Presidente da República:

Faço saber que o Congresso Nacional decreta e eu sanciono a seguinte Lei:

Art. 1º O direito de representação e o processo de responsabilidade administrativa civil e penal, contra as autoridades que, no exercício de suas funções, cometerem abusos, são regulados pela presente Lei.

Art. 2º O direito de representação será exercido por meio de petição:

a) dirigida à autoridade superior que tiver competência legal para aplicar, à autoridade, civil ou militar culpada, a respectiva sanção;

b) dirigida ao órgão do Ministério Público que tiver competência para iniciar processo-crime contra a autoridade culpada.

Parágrafo único. A representação será feita em duas vias e conterá a exposição do fato constitutivo do abuso de autoridade, com todas as suas circunstâncias, a qualificação do acusado e o rol de testemunhas, no máximo de três, se as houver.

Art. 3º Constitui abuso de autoridade qualquer atentado:

a) à liberdade de locomoção;

b) à inviolabilidade do domicílio;

c) ao sigilo da correspondência;

d) à liberdade de consciência e de crença;

e) ao livre exercício do culto religioso;

f) à liberdade de associação;

g) aos direitos e garantias legais assegurados ao exercício do voto;

h) ao direito de reunião;

i) à incolumidade física do indivíduo;

- *Tortura*: O crime de tortura é previsto na Lei n. 9.455/97.

j) aos direitos e garantias legais assegurados ao exercício profissional.

- Alínea *j* acrescentada pela Lei n. 6.657, de 5-6-1979.

Art. 4º Constitui também abuso de autoridade:

a) ordenar ou executar medida privativa da liberdade individual, sem as formalidades legais ou com abuso de poder;

- *Tortura*: O crime de tortura é previsto na Lei n. 9.455/97.

- *Quanto à criança e adolescente,* vide *art. 230 da Lei n. 8.069, de 13-7-90 (Estatuto da Criança e do Adolescente).*

b) submeter pessoa sob sua guarda ou custódia a vexame ou a constrangimento não autorizado em lei;

- *Tortura*: O crime de tortura é previsto na Lei n. 9.455/97.

- Vide *art. 232 da Lei n. 8.069, de 13-7-1990.*

c) deixar de comunicar, imediatamente, ao juiz competente a prisão ou detenção de qualquer pessoa;

- *Em relação à criança e adolescente,* vide *art. 231 da Lei n. 8.069, de 13-7-1990.*

d) deixar o juiz de ordenar o relaxamento de prisão ou detenção ilegal que lhe seja comunicada;

- Vide, *tratando-se de criança e adolescente, art. 234 da Lei n. 8.069, de 13-7-1990.*

e) levar à prisão e nela deter quem quer se proponha a prestar fiança, permitida em lei;

f) cobrar o carcereiro ou agente de autoridade policial carceragem, custas, emolumentos ou qualquer outra despesa, desde que a cobrança não tenha apoio em lei, quer quanto à espécie, quer quanto ao seu valor;

g) recusar o carcereiro ou agente de autoridade policial recibo de importância recebida a título de carceragem, custas, emolumentos ou de qualquer outra despesa;

h) o ato lesivo da honra ou do patrimônio de pessoa natural ou jurídica, quando praticado com abuso ou desvio de poder ou sem competência legal;

i) prolongar a execução de prisão temporária, de pena ou de medida de segurança, deixando de expedir em tempo oportuno ou de cumprir imediatamente ordem de liberdade.

- *Alínea* i *acrescentada pela Lei n. 7.960, de 21-12-1989.*

- *Em relação à criança e adolescente,* vide *Lei n. 8.069, de 13-7-1990, art. 235.*

Art. 5º Considera-se autoridade, para os efeitos desta Lei, quem exerce cargo, emprego ou função pública, de natureza civil, ou militar, ainda que transitoriamente e sem remuneração.

Art. 6º O abuso de autoridade sujeitará o seu autor à sanção administrativa, civil e penal.

§ 1º A sanção administrativa será aplicada de acordo com a gravidade do abuso cometido e consistirá em :

a) advertência;

b) repreensão;

c) suspensão do cargo, função ou posto por prazo de 5 (cinco) a 180 (cento e oitenta) dias, com perda de vencimentos e vantagens;

d) destituição de função;

e) demissão;

f) demissão, a bem do serviço público.

§ 2º A sanção civil, caso não seja possível fixar o valor do dano, consistirá no pagamento de uma indenização de Cr$ 500,00 (quinhentos cruzeiros) a Cr$ 10.000,00 (dez mil cruzeiros).

§ 3º A sanção penal será aplicada de acordo com as regras dos arts. 42 a 56 do Código Penal e consistirá em:

- *Os arts. 42 a 56 do CP correspondem aos atuais arts. 59 a 76.*

a) multa de Cr$ 100,00 (cem cruzeiros) a Cr$ 5.000,00 (cinco mil cruzeiros);

- *Vide art. 2º da Lei n. 7.209, de 11-7-1984, sobre pena de multa.*

b) detenção por 10 (dez) dias a 6 (seis) meses;

c) perda do cargo e a inabilitação para o exercício de qualquer outra função pública por prazo até 3 (três) anos.

§ 4º As penas previstas no parágrafo anterior poderão ser aplicadas autônoma ou cumulativamente.

§ 5º Quando o abuso for cometido por agente de autoridade policial, civil ou militar, de qualquer categoria, poderá ser cominada a pena autônoma ou acessória, de não poder o acusado exercer funções de natureza policial ou militar no município da culpa, por prazo de 1 (um) a 5 (cinco) anos.

Art. 7º Recebida a representação em que for solicitada a aplicação de sanção administrativa, a autoridade civil ou militar competente determinará a instauração de inquérito para apurar o fato.

§ 1º O inquérito administrativo obedecerá às normas estabelecidas nas leis municipais, estaduais ou federais, civis ou militares, que estabeleçam o respectivo processo.

§ 2º Não existindo no município, no Estado ou na legislação militar normas reguladoras do inquérito administrativo serão aplicadas, supletivamente, as disposições dos arts. 219 a 225 da Lei n. 1.711, de 28 de outubro de 1952 (Estatuto dos Funcionários Públicos Civis da União).

- *O referido Estatuto foi revogado pela Lei n. 8.112, de 11-12-1990.*

§ 3º O processo administrativo não poderá ser sobrestado para o fim de aguardar a decisão da ação penal ou civil.

Art. 8º A sanção aplicada será anotada na ficha funcional da autoridade civil ou militar.

Art. 9º Simultaneamente com a representação dirigida à autoridade administrativa ou independentemente dela, poderá ser promovida, pela vítima do abuso, a responsabilidade civil ou penal ou ambas, da autoridade culpada.

....

Art. 12. A ação penal será iniciada, independentemente de inquérito policial ou justificação, por denúncia do Ministério Público, instruída com a representação da vítima do abuso.

- *A Lei n. 5.249, de 9-2-1967, que dispõe sobre a ação pública de crimes de responsabilidade, estabelece no art. 1º que "a falta de representação do ofendido, nos casos de abuso previstos na Lei n. 4.898, de 9 de dezembro de 1965, não obsta a iniciativa ou o curso de ação pública".*

Art. 13. Apresentada ao Ministério Público a representação da vítima, aquele, no prazo de 48 (quarenta e oito) horas, denunciará o réu, desde que o fato narrado constitua abuso de autoridade, e requererá ao juiz a sua citação, e, bem assim, a designação de audiência de instrução e julgamento.

§ 1º A denúncia do Ministério Público será apresentada em duas vias.

- *O art. 13 não tem § 2º.*

Art. 14. Se o ato ou fato constituído do abuso de autoridade houver deixado vestígios o ofendido ou o acusado poderá:

a) promover a comprovação da existência de tais vestígios, por meio de duas testemunhas qualificadas;

b) requerer ao juiz, até 72 (setenta e duas) horas antes da audiência de instrução e julgamento, a designação de um perito para fazer as verificações necessárias.

§ 1º O perito ou as testemunhas farão o seu relatório e prestarão seus depoimentos verbalmente, ou o apresentarão por escrito, querendo, na audiência de instrução e julgamento.

§ 2º No caso previsto na letra *a* deste artigo a representação poderá conter a indicação de mais duas testemunhas.

Art. 15. Se o órgão do Ministério Público, ao invés de apresentar a denúncia, requerer o arquivamento da representação, o juiz, no caso de considerar improcedentes as razões invocadas, fará remessa da representação ao procurador-geral e este oferecerá a denúncia, ou designará outro órgão do Ministério Público para oferecê-la ou insistirá no arquivamento, ao qual só então deverá o juiz atender.

Art. 16. Se o órgão do Ministério Público não oferecer a denúncia no prazo fixado nesta Lei, será admitida ação privada. O órgão do Ministério Público poderá, porém, aditar a queixa, repudiá-la e oferecer denúncia substitutiva e intervir em todos os termos do processo, interpor recursos e, a todo tempo, no caso de negligência do querelante, retomar a ação como parte principal.

Art. 17. Recebidos os autos, o juiz, dentro do prazo de 48 (quarenta e oito) horas, proferirá despacho, recebendo ou rejeitando a denúncia.

§ 1º No despacho em que receber a denúncia, o juiz designará, desde logo, dia e hora para a audiência de instrução e julgamento, que deverá ser realizada, improrrogavelmente, dentro de 5 (cinco) dias.

§ 2º A citação do réu para se ver processar, até julgamento final e para comparecer à audiência de instrução e julgamento, será feita por mandado sucinto que será acompanhado da segunda via da representação e da denúncia.

Art. 18. As testemunhas de acusação e defesa poderão ser apresentadas em juízo, independentemente de intimação.

Parágrafo único. Não serão deferidos pedidos de precatória para a audiência ou a intimação de testemunhas ou, salvo o caso previsto no art. 14, *b*, requerimentos para a realização de diligências, perícias ou exames, a não ser que o juiz, em despacho motivado, considere indispensáveis tais providências.

Art. 19. À hora marcada, o juiz mandará que o porteiro dos auditórios ou o oficial de justiça declare aberta a audiência, apregoando em seguida o réu, as testemunhas, o perito, o representante do Ministério Público ou o advogado que tenha subscrito a queixa e o advogado ou defensor do réu.

Parágrafo único. A audiência somente deixará de realizar-se se ausente o juiz.

Art. 20. Se até meia hora depois da hora marcada o juiz não houver comparecido, os presentes poderão retirar-se, devendo o ocorrido constar do livro de termos de audiência.

Art. 21. A audiência de instrução e julgamento será pública, se contrariamente não dispuser o juiz, e realizar-se-á em dia útil, entre 10 (dez) e 18 (dezoito) horas, na sede do juízo ou, excepcionalmente, no local que o juiz designar.

Art. 22. Aberta a audiência o juiz fará a qualificação e o interrogatório do réu, se estiver presente.

Parágrafo único. Não comparecendo o réu nem seu advogado, o juiz nomeará imediatamente defensor para funcionar na audiência e nos ulteriores termos do processo.

Art. 23. Depois de ouvidas as testemunhas e o perito, o juiz dará a palavra, sucessivamente, ao Ministério Público ou ao advogado que houver subscrito a queixa e ao advogado ou defensor do réu, pelo prazo de 15 (quinze) minutos para cada um, prorrogável por mais 10 (dez), a critério do juiz.

Art. 24. Encerrado o debate, o juiz proferirá imediatamente a sentença.

Art. 25. Do ocorrido na audiência o escrivão lavrará no livro próprio, ditado pelo juiz, termo que conterá, em resumo, os depoimentos e as alegações da acusação e da defesa, os requerimentos e, por extenso, os despachos e a sentença.

Art. 26. Subscreverão o termo o juiz, o representante do Ministério Público ou o advogado que houver subscrito a queixa, o advogado ou defensor do réu e o escrivão.

Art. 27. Nas comarcas onde os meios de transporte forem difíceis e não permitirem a observância dos prazos fixados nesta Lei, o juiz poderá aumentá-los, sempre motivadamente, até o dobro.

Art. 28. Nos casos omissos, serão aplicáveis as normas do Código de Processo Penal, sempre que compatíveis com o sistema de instrução e julgamento regulado por esta Lei.

Parágrafo único. Das decisões, despachos e sentenças, caberão os recursos e apelações previstos no Código de Processo Penal.

Art. 29. Revogam-se as disposições em contrário.

Brasília, 9 de dezembro de 1965; 144º da Independência e 77º da República.

H. CASTELLO BRANCO
Juracy Magalhães

(Publicada no DOU de 13-12-1965.)

LEI N. 4.947, DE 6 DE ABRIL DE 1966

Fixa normas de direito agrário, dispõe sobre o sistema de organização e funcionamento do Instituto Brasileiro de Reforma Agrária e dá outras providências.

....

Art. 19. Utilizar, como prova de propriedade ou de direitos a ela relativos, documento expedido pelo IBRA para fins cadastrais ou tributários, em prejuízo de outrem ou em proveito próprio ou alheio:

Pena — reclusão, de 2 (dois) a 6 (seis) anos.

Parágrafo único. Se o agente é funcionário público e comete o crime prevalecendo-se do cargo, aumenta-se a pena de sexta parte.

- *As atribuições do IBRA (Instituto Brasileiro de Reforma Agrária) foram transferidas para o INCRA (Instituto Nacional de Colonização e Reforma Agrária) pelo Decreto-Lei n. 1.110, de 9-7-1970.*

Art. 20. Invadir, com intenção de ocupá-las, terras da União, dos Estados e dos Municípios:

Pena — detenção, de 6 (seis) meses a 3 (três) anos.

Parágrafo único. Na mesma pena incorre quem, com idêntico propósito, invadir terras de órgãos ou entidades federais, estaduais ou municipais, destinadas à Reforma Agrária.

....

H. CASTELLO BRANCO

(Publicada no DOU de 11-4-1966.)

DECRETO-LEI N. 16, DE 10 DE AGOSTO DE 1966

Dispõe sobre a produção, o comércio e o transporte clandestino de açúcar e de álcool e dá outras providências.

Art. 1º Constitui crime:

a) produzir, manter em estoque ou dar saída a açúcar fora ou acima da cota autorizada no Plano Anual de Safra do Instituto do Açúcar e do Álcool (art. 3º, § 5º, da Lei n. 4.870, de 1º de dezembro de 1965);

b) produzir açúcar em fábrica clandestina, conforme previsto nos arts. 22 e 30 do Decreto-Lei n. 1.831, de 4 de dezembro de 1939, bem como dar saída ou armazenar o produto assim irregularmente obtido;

c) receber, dar saída, ou manter em estoque, açúcar desacompanhado da nota de remessa ou de entrega, conforme previsto na alínea *b* do art. 60 do Decreto-Lei n. 1.831, de 4 de dezembro de 1939, e no art. 43 da Lei n. 4.870, de 1º de dezembro de 1965;

d) dar saída, armazenar, transportar ou embarcar açúcar com inobservância do disposto no art. 3º, *a* e *c*, deste Decreto-Lei ou dos arts. 31, e seus parágrafos, e 33 do Decreto-Lei n. 1.831, de 4 de dezembro de 1939;

e) dar saída a açúcar além das cotas mensais de comercialização deferidas às usinas e às cooperativas de produtores, com infração do disposto no § 2º do art. 51 da Lei n. 4.870, de 1º de dezembro de 1965;

f) dar saída, receber ou transportar álcool sem prévia autorização do Instituto do Açúcar e do Álcool, desacompanhado da Nota de Expedição de Álcool, com infração das disposições constantes dos arts. 1º, 2º, 3º e 4º do Decreto-Lei n. 5.998, de 18 de novembro de 1943:

Pena — detenção, de 6 (seis) meses a 2 (dois) anos.

Parágrafo único. Em igual pena incorrerá todo aquele que, de qualquer modo, concorrer para o crime previsto neste artigo.

- *Artigo e parágrafo único com redação determinada pelo Decreto-Lei n. 56, de 18-11-1966.*

- *A Lei n. 4.870, de 1-12-1965, dispõe sobre a produção açucareira, a receita do Instituto do Açúcar e do Álcool e sua aplicação, e dá outras providências; modificou-a o Decreto-Lei n. 308, de 28-2-1967. Sobre a defesa da produção do açúcar, vide Decreto-Lei n. 1.831, de 4-12-1939. Vide, também, Decreto-Lei n. 5.998, de 18-11-1943, que regula a distribuição do álcool de todos os tipos. Vide, também, quanto ao álcool etílico hidratado carburante, Lei n. 8.176, de 8-2-1991.*

Art. 2º Quando se tratar de pessoa jurídica, a responsabilidade penal incidirá sobre o dirigente da empresa que, de qualquer modo, tenha contribuído para o crime capitulado no artigo anterior.

Art. 3º O fiscal ou qualquer outro servidor que facilitar, com infração do dever funcional, a prática de qualquer dos crimes previstos nesta Lei, ficará sujeito à pena cominada no art. 1º, acrescida de uma terça parte, com abertura obrigatória do competente inquérito administrativo.

Art. 4º Compete à Fiscalização do Instituto do Açúcar e do Álcool apurar as infrações aos preceitos da legislação açucareira e alcooleira, mediante processo administrativo fiscal, que terá por base o auto de infração.

Art. 5º Verificada a existência de flagrante de delito, o fiscal deverá prender em flagrante o infrator e conduzi-lo à autoridade policial mais próxima para o devido processamento criminal, nos termos do art. 301 do Código de Processo Penal.

Parágrafo único. No caso de desacato ou resistência à prisão, o fiscal solicitará o auxílio da autoridade policial.

Art. 6º Quando, no curso do processo fiscal, as autoridades administrativas tiverem conhecimento de crime, sob pena de responsabilidade, remeterão ao Ministério Público os elementos comprobatórios da infração penal, para instauração do processo criminal cabível.

....

Art. 15. Revogam-se as disposições em contrário, entrando este Decreto-Lei em vigor na data de sua publicação.

Brasília, 10 de agosto de 1966; 145º da Independência e 78º da República.

H. CASTELLO BRANCO
Carlos Medeiros Silva

(Publicado no DOU de 11-8-1966.)

LEI N. 5.172, DE 25 DE OUTUBRO DE 1966

Dispõe sobre o sistema tributário nacional e institui normas gerais de direito tributário aplicáveis à União, Estados e Municípios.

Responsabilidade por infrações

Art. 136. Salvo disposição de lei em contrário, a responsabilidade por infrações da legislação tributária independe da intenção do agente ou do responsável e da efetividade, natureza e extensão dos efeitos do ato.

Art. 137. A responsabilidade é pessoal ao agente:

I — quanto às infrações conceituadas por lei como crimes ou contravenções, salvo quando praticadas no exercício regular de administração, mandato, função, cargo ou emprego, ou no cumprimento de ordem expressa emitida por quem de direito;

II — quanto às infrações em cuja definição o dolo específico do agente seja elementar;

III — quanto às infrações que decorram direta e exclusivamente de dolo específico:

a) das pessoas referidas no art. 134, contra aquelas por quem respondem;

b) dos mandatários, prepostos ou empregados, contra seus mandantes, preponentes ou empregadores;

c) dos diretores, gerentes ou representantes de pessoas jurídicas de direito privado, contra estas.

Art. 138. A responsabilidade é excluída pela denúncia espontânea da infração, acompanhada, se for o caso, do pagamento do tributo devido e dos juros de mora, ou do depósito da importância arbitrada pela autoridade administrativa, quando o montante do tributo dependa de apuração.

Parágrafo único. Não se considera espontânea a denúncia apresentada após o início de qualquer procedimento administrativo ou medida de fiscalização, relacionados com a infração.

Brasília, 25 de outubro de 1966; 145º da Independência e 78º da República.

H. CASTELLO BRANCO

(Publicada no DOU de 27-10-1966 e retificada em 31-10-1966.)

DECRETO-LEI N. 70, DE 21 DE NOVEMBRO DE 1966

Autoriza o funcionamento de associações de poupança e empréstimo e institui a cédula hipotecária.

Art. 27. A emissão ou o endosso de cédula hipotecária, com infringência deste Decreto-Lei, constitui, para o emitente ou o endossante, crime de estelionato, sujeitando-o às sanções do art. 171 do Código Penal.

Art. 46. Revogam-se as disposições em contrário.

Brasília, 21 de novembro de 1966; 145º da Independência e 78º da República.

H. CASTELLO BRANCO

(Publicado no DOU de 22-11-1966.)

DECRETO-LEI N. 73, DE 21 DE NOVEMBRO DE 1966

Dispõe sobre o Sistema Nacional de Seguros Privados, regula as operações de seguros e resseguros e dá outras providências.

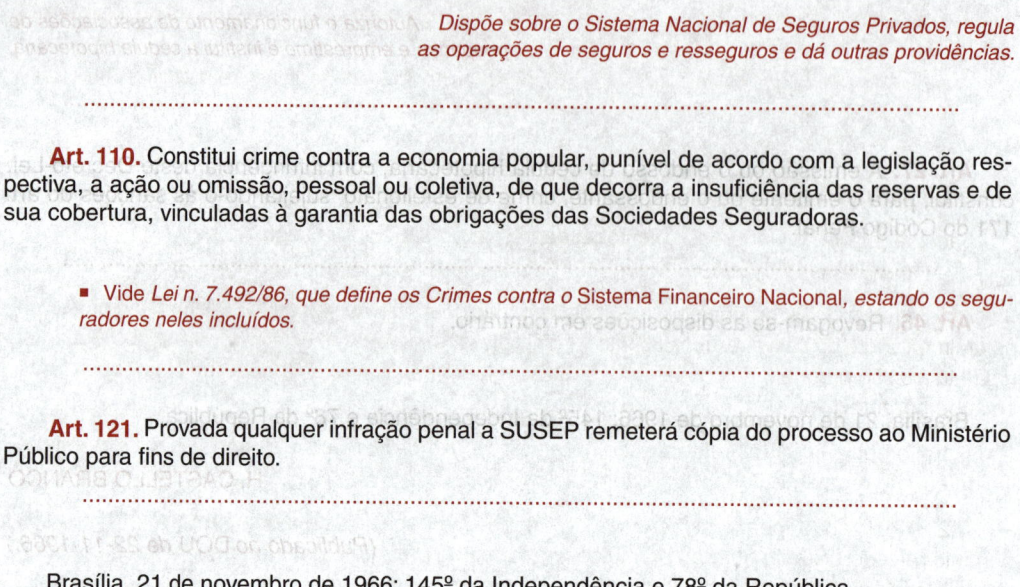

Art. 110. Constitui crime contra a economia popular, punível de acordo com a legislação respectiva, a ação ou omissão, pessoal ou coletiva, de que decorra a insuficiência das reservas e de sua cobertura, vinculadas à garantia das obrigações das Sociedades Seguradoras.

- Vide *Lei n. 7.492/86, que define os Crimes contra o* Sistema Financeiro Nacional, *estando os seguradores neles incluídos.*

Art. 121. Provada qualquer infração penal a SUSEP remeterá cópia do processo ao Ministério Público para fins de direito.

Brasília, 21 de novembro de 1966; 145º da Independência e 78º da República.

H. CASTELLO BRANCO

(Publicado no DOU de 22-11-1966.)

LEI N. 5.197, DE 3 DE JANEIRO DE 1967

Dispõe sobre a proteção à fauna e dá outras providências.

- *Revogação tácita*: Muitos dos artigos previstos nesta lei foram tacitamente revogados pela Lei n. 9.605/98, que trata dos crimes contra o Meio Ambiente, incluindo-se a fauna.

O Presidente da República:

Faço saber que o Congresso Nacional decreta e eu sanciono a seguinte Lei:

Art. 1º Os animais de quaisquer espécies em qualquer fase do seu desenvolvimento e que vivem naturalmente fora do cativeiro, constituindo a fauna silvestre, bem como seus ninhos, abrigos e criadouros naturais são propriedades do Estado, sendo proibida a sua utilização, perseguição, destruição, caça ou apanha.

§ 1º Se peculiaridades regionais comportarem o exercício da caça, a permissão será estabelecida em ato regulamentador do Poder Público Federal.

§ 2º A utilização, perseguição, caça ou apanha de espécies da fauna silvestre em terras de domínio privado, mesmo quando permitidas na forma do parágrafo anterior, poderão ser igualmente proibidas pelos respectivos proprietários, assumindo estes a responsabilidade da fiscalização de seus domínios. Nestas áreas, para a prática do ato de caça é necessário o consentimento expresso ou tácito dos proprietários, nos termos dos arts. 594, 595, 596, 597 e 598 do Código Civil.

Art. 2º É proibido o exercício da caça profissional.

Art. 3º É proibido o comércio de espécimes da fauna silvestre e de produtos e objetos que impliquem a sua caça, perseguição, destruição ou apanha.

§ 1º Excetuam-se os espécimes provenientes de criadouros devidamente legalizados.

§ 2º Será permitida, mediante licença da autoridade competente, a apanha de ovos, larvas e filhotes que se destinem aos estabelecimentos acima referidos, bem como a destruição de animais silvestres considerados nocivos à agricultura ou à saúde pública.

§ 3º O simples desacompanhamento de comprovação de procedência de peles ou outros produtos de animais silvestres, nos carregamentos de via terrestre, fluvial, marítima ou aérea, que se iniciem ou transitem pelo País, caracterizará, de imediato, o descumprimento do disposto no *caput* deste artigo.

- *§ 3º acrescentado pela Lei n. 9.111, de 10-10-1995.*

Art. 4º Nenhuma espécie poderá ser introduzida no País, sem parecer técnico oficial favorável e licença expedida na forma da Lei.

Art. 5º (*Revogado pela Lei n. 9.985, de 18-7-2000.*)

Art. 6º O Poder Público estimulará:

a) a formação e o funcionamento de clubes e sociedades amadoristas de caça e de tiro ao voo, objetivando alcançar o espírito associativista para a prática desse esporte;

b) a construção de criadouros destinados à criação de animais silvestres para fins econômicos e industriais.

Art. 7º A utilização, perseguição, destruição, caça ou apanha de espécimes da fauna silvestre, quando consentidas na forma desta Lei, serão consideradas atos de caça.

Art. 8º O órgão público federal competente, no prazo de 120 (cento e vinte) dias, publicará e atualizará anualmente:

a) a relação das espécies cuja utilização, perseguição, caça ou apanha será permitida, indicando e delimitando as respectivas áreas;

b) a época e o número de dias em que o ato acima será permitido;

c) a quota diária de exemplares cuja utilização, perseguição, caça ou apanha será permitida.

Parágrafo único. Poderão ser, igualmente, objeto de utilização, caça, perseguição ou apanha os animais domésticos que, por abandono, se tornem selvagens ou feras.

Art. 9º Observado o disposto no art. 8º e satisfeitas as exigências legais, poderão ser capturados e mantidos em cativeiro espécimes da fauna silvestre.

Art. 10. A utilização, perseguição, destruição, caça ou apanha de espécimes da fauna silvestre são proibidas:

a) com visgos, atiradeiras, fundas, bodoques, veneno, incêndio ou armadilhas que maltratem a caça;

b) com armas a bala, a menos de 3 km (três quilômetros) de qualquer via férrea ou rodovia pública;

c) com armas de calibre 22 para animais de porte superior ao tapiti (*Sylvilagus brasiliensis*);

d) com armadilhas constituídas de armas de fogo;

e) nas zonas urbanas, suburbanas, povoados e nas estâncias hidrominerais e climáticas;

f) nos estabelecimentos oficiais e açudes do domínio público, bem como nos terrenos adjacentes, até a distância de 5 km (cinco quilômetros);

g) na faixa de 500 m (quinhentos metros) de cada lado do eixo das vias férreas e rodovias públicas;

h) nas áreas destinadas à proteção da fauna, da flora e das belezas naturais;

i) nos jardins zoológicos, nos parques e jardins públicos;

j) fora do período de permissão de caça, mesmo em propriedades privadas;

l) à noite, exceto em casos especiais no caso de animais nocivos;

m) do interior de veículos de qualquer espécie.

Art. 11. Os clubes ou sociedades amadoristas de caça e de tiro ao voo poderão ser organizados distintamente ou em conjunto com os de pesca, e só funcionarão validamente após a obtenção da personalidade jurídica, na forma da lei civil e o registro no órgão público federal competente.

Art. 12. As entidades a que se refere o artigo anterior deverão requerer licença especial para seus associados transitarem com arma de caça e de esporte, para uso em suas sedes, durante o período defeso e dentro do perímetro determinado.

Art. 13. Para exercício da caça, é obrigatória a licença anual, de caráter específico e de âmbito regional, expedida pela autoridade competente.

Parágrafo único. A licença para caçar com armas de fogo deverá ser acompanhada do porte de arma emitido pela Polícia Civil.

Art. 14. Poderá ser concedida a cientistas, pertencentes a instituições científicas, oficiais ou oficializadas, ou por estas indicadas, licença especial para a coleta de material destinado a fins científicos, em qualquer época.

§ 1º Quando se tratar de cientistas estrangeiros, devidamente credenciados pelo país de origem, deverá o pedido de licença ser aprovado e encaminhado ao órgão público federal competente, por intermédio de instituição científica oficial do País.

§ 2º As instituições a que se refere este artigo, para efeito da renovação anual da licença, darão ciência ao órgão público federal competente das atividades dos cientistas licenciados no ano anterior.

§ 3º As licenças referidas neste artigo não poderão ser utilizadas para fins comerciais ou esportivos.

§ 4º Aos cientistas das instituições nacionais que tenham por lei a atribuição de coletar material zoológico, para fins científicos, serão concedidas licenças permanentes.

Art. 15. O Conselho de Fiscalização das Expedições Artísticas e Científicas do Brasil ouvirá o órgão público federal competente toda vez que, nos processos em julgamento, houver matéria referente à fauna.

Art. 16. Fica instituído o registro das pessoas físicas ou jurídicas que negociem com animais silvestres e seus produtos.

Art. 17. As pessoas físicas ou jurídicas, de que trata o artigo anterior, são obrigadas à apresentação de declaração de estoques e valores, sempre que exigida pela autoridade competente.

Parágrafo único. O não cumprimento do disposto neste artigo, além das penalidades previstas nesta Lei, obriga o cancelamento do registro.

Art. 18. É proibida a exportação, para o Exterior, de peles e couros de anfíbios e répteis, em bruto.

Art. 19. O transporte interestadual e para o Exterior, de animais silvestres, lepidópteros, e outros insetos e seus produtos, depende de guia de trânsito, fornecida pela autoridade competente.

Parágrafo único. Fica isento dessa exigência o material consignado a Instituições Científicas Oficiais.

Art. 20. As licenças de caçadores serão concedidas mediante pagamento de uma taxa anual equivalente a um décimo do salário mínimo mensal.

Parágrafo único. Os turistas pagarão uma taxa equivalente a um salário mínimo mensal e a licença será válida por 30 (trinta) dias.

Art. 21. O registro de pessoas físicas ou jurídicas, a que se refere o art. 16, será feito mediante o pagamento de uma taxa equivalente a meio salário mínimo mensal.

Parágrafo único. As pessoas físicas ou jurídicas de que trata este artigo pagarão, a título de licença, uma taxa anual para as diferentes formas de comércio, até o limite de um salário mínimo mensal.

Art. 22. O registro de clubes ou sociedades amadoristas, de que trata o art. 11, será concedido mediante pagamento de uma taxa equivalente a meio salário mínimo mensal.

Parágrafo único. As licenças de trânsito com arma de caça e de esporte, referidas no art. 12, estarão sujeitas ao pagamento de uma taxa anual equivalente a um vigésimo do salário mínimo mensal.

Art. 23. Far-se-á, com a cobrança da taxa equivalente a dois décimos do salário mínimo mensal, o registro dos criadouros.

Art. 24. O pagamento das licenças, registros e taxas previstos nesta Lei será recolhido ao Banco do Brasil S/A em conta especial, a crédito do Fundo Federal Agropecuário, sob o título "Recursos da Fauna".

Art. 25. A União fiscalizará diretamente pelo órgão executivo específico, do Ministério da Agricultura, ou em convênio com os Estados e Municípios, a aplicação das normas desta Lei, podendo, para tanto, criar os serviços indispensáveis.

Parágrafo único. A fiscalização da caça pelos órgãos especializados não exclui a ação da autoridade policial ou das Forças Armadas por iniciativa própria.

Art. 26. Todos os funcionários, no exercício da fiscalização da caça, são equiparados aos agentes de segurança pública, sendo-lhes assegurado o porte de armas.

Art. 27. Constitui crime punível com pena de reclusão de 2 (dois) a 5 (cinco) anos a violação do disposto nos arts. 2°, 3°, 17 e 18 desta Lei.

§ 1° É considerado crime punível com a pena de reclusão de 1 (um) a 3 (três) anos a violação do disposto nos arts. 1° e seus parágrafos, 4°, 8° e suas alíneas *a*, *b* e *c*, 10 e suas alíneas *a*, *b*, *c*, *d*, *e*, *f*, *g*, *h*, *i*, *j*, *l* e *m*, e 14 e seu § 3° desta Lei.

§ 2° Incorre na pena prevista no *caput* deste artigo quem provocar, pelo uso direto ou indireto de agrotóxicos ou de qualquer outra substância química, o perecimento de espécimes da fauna ictiológica existente em rios, lagos, açudes, lagoas, baías ou mar territorial brasileiro.

§ 3° Incide na pena prevista no § 1° deste artigo quem praticar pesca predatória, usando instrumento proibido, explosivo, erva ou substância química de qualquer natureza.

- *Quanto à pesca com explosivos e substâncias tóxicas, vide Lei n. 11.959, de 29-6-2009.*

§ 4° (*Revogado pela Lei n. 7.679, de 23-11-1988.*)

§ 5° Quem, de qualquer maneira, concorrer para os crimes previstos no *caput* e no § 1° deste artigo incidirá nas penas a eles cominadas.

§ 6° Se o autor da infração considerada crime nesta Lei for estrangeiro, será expulso do País, após o cumprimento da pena que lhe foi imposta (*vetado*), devendo a autoridade judiciária ou administrativa remeter, ao Ministério da Justiça, cópia da decisão cominativa da pena aplicada, no prazo de 30 (trinta) dias do trânsito em julgado de sua decisão.

- *Artigo e parágrafos com redação determinada pela Lei n. 7.653, de 12-2-1988.*

Art. 28. Além das contravenções estabelecidas no artigo precedente, subsistem os dispositivos sobre contravenções e crimes previstos no Código Penal e nas demais leis, com as penalidades neles contidas.

Art. 29. São circunstâncias que agravam a pena, afora aquelas constantes do Código Penal e da Lei das Contravenções Penais, as seguintes:

a) cometer a infração em período defeso à caça ou durante a noite;

b) empregar fraude ou abuso de confiança;

c) aproveitar indevidamente licença de autoridade;

d) incidir a infração sobre animais silvestres e seus produtos oriundos de áreas onde a caça é proibida.

Art. 30. As penalidades incidirão sobre os autores, sejam eles:

a) diretos;

b) arrendatários, parceiros, posseiros, gerentes, administradores, diretores, promitentes compradores ou proprietários das áreas, desde que praticada por prepostos ou subordinados e no interesse dos proponentes ou dos superiores hierárquicos;

c) autoridades que por ação ou omissão consentirem na prática do ato ilegal, ou que cometerem abusos do poder.

Parágrafo único. Em caso de ações penais simultâneas pelo mesmo fato, iniciadas por várias autoridades, o juiz reunirá os processos na jurisdição em que se firmar a competência.

Art. 31. A ação penal independente de queixa, mesmo em se tratando de lesão em propriedade privada, quando os bens atingidos são animais silvestres e seus produtos, instrumentos de trabalho, documentos e atos relacionados com a proteção da fauna disciplinada nesta Lei.

Art. 32. São autoridades competentes para instaurar, presidir e proceder a inquéritos policiais, lavrar autos de prisão em flagrante e intentar a ação penal, nos casos de crimes ou de contravenções previstas nesta Lei ou em outras leis que tenham por objeto os animais silvestres, seus produtos, instrumentos e documentos relacionados com os mesmos, as indicadas no Código de Processo Penal.

Art. 33. A autoridade apreenderá os produtos da caça e/ou da pesca bem como os instrumentos utilizados na infração, e se estes, por sua natureza ou volume, não puderem acompanhar o inquérito, serão entregues ao depositário público local, se houver, e, na sua falta, ao que for nomeado pelo juiz.

Parágrafo único. Em se tratando de produtos perecíveis, poderão ser os mesmos doados a instituições científicas, penais, hospitais e/ou casas de caridade mais próximas.

- *Artigo e parágrafo único com redação determinada pela Lei n. 7.653, de 12-2-1988.*

Art. 34. Os crimes previstos nesta Lei são inafiançáveis e serão apurados mediante processo sumário, aplicando-se, no que couber, as normas do Título II, Capítulo V, do Código de Processo Penal.

- *Artigo com redação determinada pela Lei n. 7.653, de 12-2-1988.*

Art. 35. Dentro de 2 (dois) anos a partir da promulgação desta Lei, nenhuma autoridade poderá permitir a adoção de livros escolares de leitura que não contenham textos sobre a proteção da fauna, aprovados pelo Conselho Federal de Educação.

§ 1º Os programas de ensino de nível primário e médio deverão contar pelo menos com duas aulas anuais sobre a matéria a que se refere o presente artigo.

§ 2º Igualmente os programas de rádio e televisão deverão incluir textos e dispositivos aprovados pelo órgão público federal competente, no limite mínimo de 5 (cinco) minutos semanais, distribuídos ou não, em diferentes dias.

Art. 36. Fica instituído o Conselho Nacional de Proteção à Fauna, com sede em Brasília, como órgão consultivo e normativo da política de proteção à fauna do País.

Parágrafo único. O Conselho, diretamente subordinado ao Ministério da Agricultura, terá sua composição e atribuições estabelecidas por decreto do Poder Executivo.

Art. 37. O Poder Executivo regulamentará a presente Lei, no que for julgado necessário à sua execução.

Art. 38. Esta Lei entra em vigor na data de sua publicação, revogados o Decreto-Lei n. 5.894, de 20 de outubro de 1943, e demais disposições em contrário.

Brasília, 3 de janeiro de 1967; 146º da Independência e 79º da República.

H. CASTELLO BRANCO
Severo Fagundes Gomes

(Publicada no DOU de 5-1-1967.)

LEI N. 5.249, DE 9 DE FEVEREIRO DE 1967

Dispõe sobre a ação pública de crimes de responsabilidade.

O Presidente da República:

Faço saber que o Congresso Nacional decreta e eu sanciono a seguinte Lei:

Art. 1º A falta de representação do ofendido, nos casos de abusos previstos na Lei n. 4.898, de 9 de dezembro de 1965, não obsta a iniciativa ou o curso de ação pública.

Art. 2º A presente Lei entra em vigor na data de sua publicação.

Art. 3º Revogam-se as disposições em contrário.

Brasília, 9 de fevereiro de 1967; 146º da Independência e 79º da República.

H. CASTELLO BRANCO
(Publicada no DOU de 10-2-1967.)

DECRETO-LEI N. 157, DE 10 DE FEVEREIRO DE 1967

Concede estímulos fiscais à capitalização das empresas, reforça os incentivos à compra de ações, facilita o pagamento de débitos fiscais.

- Sobre a extinção da punibilidade pelo pagamento do tributo, temos o seguinte histórico legislativo:

— Lei n. 4.729/65 (art. 2º, *caput*);

— Lei n. 5.172/66 (CTN, art. 138 — denúncia espontânea);

— Decreto n. 157, de 10-2-1967 (art. 18, *caput*);

— Lei n. 8.137/90 (art. 14, revogado pela Lei n. 8.383/91);

— Lei n. 9.249/95 (art. 34);

— Lei n. 10.684/2003 (art. 9º, II);

— Lei n. 11.941/2009 (art. 69);

— Lei n. 12.382/2011, que alterou o art. 83 da Lei n. 9.430/96.

Art. 18. Nos casos de que trata a Lei n. 4.729, de 14 de julho de 1965, também se extinguirá a punibilidade dos crimes nela previstos se, mesmo iniciada a ação fiscal, o agente promover o recolhimento dos tributos e multas devidos, de acordo com as disposições do Decreto-Lei n. 62, de 21 de novembro de 1966, ou deste Decreto-Lei, ou, não estando julgado o respectivo processo, depositar, nos prazos fixados, na repartição competente, em dinheiro ou em Obrigações Reajustáveis do Tesouro, as importâncias nele consideradas devidas, para liquidação do débito após o julgamento da autoridade da primeira instância.

§ 1º O contribuinte que requerer, até 15 de março de 1967, à repartição competente retificação de sua situação tributária, antes do início da ação fiscal, indicando as faltas cometidas, ficará isento de responsabilidade pelo crime de sonegação fiscal, em relação às faltas indicadas, sem prejuízo do pagamento dos tributos e multas que venham a ser considerados devidos.

§ 2º Extingue-se a punibilidade quando a imputação penal de natureza diversa da Lei n. 4.729, de 14 de julho de 1965, decorra de ter o agente elidido o pagamento de tributo, desde que ainda não tenha sido iniciada a ação penal, se o montante do tributo e multas for pago ou depositado na forma deste artigo.

§ 3º As disposições deste artigo e dos parágrafos anteriores não se aplicam às operações de qualquer natureza, realizadas através de entidades nacionais ou estrangeiras que não tenham sido autorizadas a funcionar no País.

(Publicado no DOU de 13-2-1967.)

DECRETO-LEI N. 167, DE 14 DE FEVEREIRO DE 1967

Dispõe sobre títulos de crédito rural e dá outras providências.

Art. 21. São abrangidos pela hipoteca constituída as construções, respectivos terrenos, maquinismos, instalações e benfeitorias.

Parágrafo único. Pratica crime de estelionato e fica sujeito às penas do art. 171 do Código Penal aquele que fizer declarações falsas ou inexatas acerca da área dos imóveis hipotecados, de suas características, instalações e acessórios, da pacificidade de sua posse, ou omitir, na cédula, a declaração de já estarem eles sujeitos a outros ônus ou responsabilidade de qualquer espécie, inclusive fiscais.

Art. 46. Nas vendas a prazo de quaisquer bens de natureza agrícola, extrativa ou pastoril, quando efetuadas diretamente por produtores rurais ou por suas cooperativas, poderá ser utilizada também, como título de crédito, a duplicata rural, nos termos deste Decreto-Lei.

Art. 54. Incorrerá na pena de reclusão por um a quatro anos, além da multa de 10% (dez por cento) sobre o respectivo montante, o que expedir duplicata rural que não corresponda a uma venda efetiva de quaisquer dos bens a que se refere o art. 46, entregues real ou simbolicamente.

(Publicado no DOU de 15-2-1967.)

DECRETO-LEI N. 201, DE 27 DE FEVEREIRO DE 1967

Dispõe sobre a responsabilidade dos Prefeitos e Vereadores, e dá outras providências.

- *Súmula 164 do STJ: "O Prefeito Municipal, após a extinção do mandato, continua sujeito a processo por crime previsto no art. 1º do Decreto-Lei n. 201, de 27-2-1967".*

O Presidente da República, usando da atribuição que lhe confere o § 2º do art. 9º do Ato Institucional n. 4, de 7 de dezembro de 1966, decreta:

Art. 1º São crimes de responsabilidade dos Prefeitos Municipais, sujeitos ao julgamento do Poder Judiciário, independentemente do pronunciamento da Câmara dos Vereadores:

I — apropriar-se de bens ou rendas públicas, ou desviá-los em proveito próprio ou alheio;

II — utilizar-se, indevidamente, em proveito próprio ou alheio, de bens, rendas ou serviços públicos;

III — desviar, ou aplicar indevidamente, rendas ou verbas públicas;

IV — empregar subvenções, auxílios, empréstimos ou recursos de qualquer natureza, em desacordo com os planos ou programas a que se destinam;

V — ordenar ou efetuar despesas não autorizadas por lei, ou realizá-las em desacordo com as normas financeiras pertinentes;

VI — deixar de prestar contas anuais da administração financeira do Município à Câmara de Vereadores, ou ao órgão que a Constituição do Estado indicar, nos prazos e condições estabelecidos;

VII — deixar de prestar contas, no devido tempo, ao órgão competente, da aplicação de recursos, empréstimos, subvenções ou auxílios internos ou externos, recebidos a qualquer título;

VIII — contrair empréstimo, emitir apólices, ou obrigar o Município por títulos de crédito, sem autorização da Câmara ou em desacordo com a lei;

IX — conceder empréstimos, auxílios ou subvenções sem autorização da Câmara, ou em desacordo com a lei;

X — alienar ou onerar bens imóveis, ou rendas municipais, sem autorização da Câmara, ou em desacordo com a lei;

XI — adquirir bens, ou realizar serviços e obras, sem concorrência ou coleta de preços, nos casos exigidos em lei;

XII — antecipar ou inverter a ordem de pagamento a credores do Município, sem vantagem para o erário;

XIII — nomear, admitir ou designar servidor, contra expressa disposição de lei;

XIV — negar execução a lei federal, estadual ou municipal, ou deixar de cumprir ordem judicial, sem dar o motivo da recusa ou da impossibilidade, por escrito, à autoridade competente;

XV — deixar de fornecer certidões de atos ou contratos municipais, dentro do prazo estabelecido em lei;

XVI — deixar de ordenar a redução do montante da dívida consolidada, nos prazos estabelecidos em lei, quando o montante ultrapassar o valor resultante da aplicação do limite máximo fixado pelo Senado Federal;

XVII — ordenar ou autorizar a abertura de crédito em desacordo com os limites estabelecidos pelo Senado Federal, sem fundamento na lei orçamentária ou na de crédito adicional ou com inobservância de prescrição legal;

XVIII — deixar de promover ou de ordenar, na forma da lei, o cancelamento, a amortização ou a constituição de reserva para anular os efeitos de operação de crédito realizada com inobservância de limite, condição ou montante estabelecido em lei;

XIX — deixar de promover ou de ordenar a liquidação integral de operação de crédito por antecipação de receita orçamentária, inclusive os respectivos juros e demais encargos, até o encerramento do exercício financeiro;

XX — ordenar ou autorizar, em desacordo com a lei, a realização de operação de crédito com qualquer um dos demais entes da Federação, inclusive suas entidades da administração indireta, ainda que na forma de novação, refinanciamento ou postergação de dívida contraída anteriormente;

XXI — captar recursos a título de antecipação de receita de tributo ou contribuição cujo fato gerador ainda não tenha ocorrido;

XXII — ordenar ou autorizar a destinação de recursos provenientes de emissão de títulos para finalidade diversa da prevista na lei que a autorizou;

XXIII — realizar ou receber transferência voluntária em desacordo com limite ou condição estabelecidas em lei.

- Incisos XVI a XXIII acrescentados pela Lei n. 10.028, de 19-10-2000.

§ 1º Os crimes definidos neste artigo são de ação pública, punidos os dos itens I e II, com a pena de reclusão, de 2 (dois) a 12 (doze) anos, e os demais, com a pena de detenção, de 3 (três) meses a 3 (três) anos.

§ 2º A condenação definitiva em qualquer dos crimes definidos neste artigo acarreta a perda do cargo e a inabilitação, pelo prazo de 5 (cinco) anos, para o exercício de cargo ou função pública, eletivo ou de nomeação. Sem prejuízo da reparação civil do dano causado ao patrimônio público ou particular.

Art. 2º O processo dos crimes definidos no artigo anterior é o comum do juízo singular, estabelecido pelo Código de Processo Penal, com as seguintes modificações:

I — Antes de receber a denúncia, o juiz ordenará a notificação do acusado para apresentar defesa prévia, no prazo de cinco dias. Se o acusado não for encontrado para a notificação, ser-lhe-á nomeado defensor, a quem caberá apresentar a defesa, dentro do mesmo prazo.

II — Ao receber a denúncia, o Juiz manifestar-se-á, obrigatória e motivadamente, sobre a prisão preventiva do acusado, nos casos dos itens I e II do artigo anterior, e sobre o seu afastamento do exercício do cargo durante a instrução criminal, em todos os casos.

III — Do despacho, concessivo ou denegatório, de prisão preventiva, ou de afastamento do cargo do acusado, caberá recurso, em sentido estrito, para o Tribunal competente, no prazo de cinco dias, em autos apartados. O recurso do despacho que decretar a prisão preventiva ou o afastamento do cargo terá efeito suspensivo.

§ 1º Os órgãos federais, estaduais ou municipais, interessados na apuração da responsabilidade do Prefeito, podem requerer a abertura de inquérito policial ou a instauração da ação penal pelo Ministério Público, bem como intervir, em qualquer fase do processo, como assistente da acusação.

§ 2º Se as providências para a abertura do inquérito policial ou instauração da ação penal não forem atendidas pela autoridade policial ou pelo Ministério Público estadual, poderão ser requeridas ao Procurador-Geral da República.

Art. 3º O Vice-Prefeito, ou quem vier a substituir o Prefeito, fica sujeito ao mesmo processo do substituído, ainda que tenha cessado a substituição.

Art. 4º São infrações político-administrativas dos Prefeitos Municipais sujeitas ao julgamento pela Câmara dos Vereadores e sancionadas com a cassação do mandato:

I — impedir o funcionamento regular da Câmara;

II — impedir o exame de livros, folhas de pagamento e demais documentos que devam constar dos arquivos da Prefeitura, bem como a verificação de obras e serviços municipais, por comissão de investigação da Câmara ou auditoria, regularmente instituída;

III — desatender, sem motivo justo, as convocações ou os pedidos de informações da Câmara, quando feitos a tempo e em forma regular;

IV — retardar a publicação ou deixar de publicar as leis e atos sujeitos a essa formalidade;

V — deixar de apresentar à Câmara, no devido tempo, e em forma regular, a proposta orçamentária;

VI — descumprir o orçamento aprovado para o exercício financeiro;

VII — praticar, contra expressa disposição de lei, ato de sua competência ou omitir-se na sua prática;

VIII — omitir-se ou negligenciar na defesa de bens, rendas, direitos ou interesses do Município, sujeitos à administração da Prefeitura;

IX — ausentar-se do Município, por tempo superior ao permitido em lei, ou afastar-se da Prefeitura, sem autorização da Câmara dos Vereadores;

X — proceder de modo incompatível com a dignidade e o decoro do cargo.

Art. 5º O processo de cassação do mandato do Prefeito pela Câmara, por infrações definidas no artigo anterior, obedecerá ao seguinte rito, se outro não for estabelecido pela legislação do Estado respectivo:

I — a denúncia escrita da infração poderá ser feita por qualquer eleitor, com a exposição dos fatos e a indicação das provas. Se o denunciante for Vereador, ficará impedido de votar sobre a denúncia e de integrar a Comissão processante, podendo, todavia, praticar todos os atos de acusação. Se o denunciante for o Presidente da Câmara, passará a Presidência ao substituto legal, para os atos do processo, e só votará se necessário para completar o *quorum* de julgamento. Será convocado o suplente do Vereador impedido de votar, o qual não poderá integrar a Comissão processante;

II — de posse da denúncia, o Presidente da Câmara, na primeira sessão, determinará sua leitura e consultará a Câmara sobre o seu recebimento. Decidido o recebimento, pelo voto da maioria dos presentes, na mesma sessão será constituída a Comissão processante, com três Vereadores sorteados entre os desimpedidos, os quais elegerão, desde logo, o Presidente e o Relator;

III — recebendo o processo, o Presidente da Comissão iniciará os trabalhos, dentro em cinco dias, notificando o denunciado, com a remessa de cópia da denúncia e documentos que a instruírem, para que, no prazo de dez dias, apresente defesa prévia, por escrito, indique as provas que pretender produzir e arrole testemunhas, até o máximo de dez. Se estiver ausente do Município, a notificação far-se-á por edital, publicado duas vezes, no órgão oficial, com intervalo de três dias, pelo menos, contado o prazo da primeira publicação. Decorrido o prazo de defesa, a Comissão processante emitirá parecer dentro em cinco dias, opinando pelo prosseguimento ou arquivamento da denúncia, o qual, neste caso, será submetido ao Plenário. Se a Comissão opinar pelo prosseguimento, o Presidente designará, desde logo, o início da instrução, e determinará os atos, diligências e audiências que se fizerem necessários, para o depoimento do denunciado e inquirição das testemunhas;

IV — o denunciado deverá ser intimado de todos os atos do processo, pessoalmente, ou na pessoa de seu procurador, com a antecedência, pelo menos, de vinte e quatro horas sendo-lhe permitido assistir às diligências e audiências, bem como formular perguntas e reperguntas às testemunhas e requerer o que for de interesse da defesa;

V — concluída a instrução, será aberta vista do processo ao denunciado, para razões escritas, no prazo de cinco dias, e, após, a Comissão processante emitirá parecer final, pela procedência ou improcedência da acusação, e solicitará ao Presidente da Câmara a convocação de sessão para julgamento. Na sessão de julgamento, serão lidas as peças requeridas por qualquer dos Vereadores e pelos denunciados, e, a seguir, os que desejarem poderão manifestar-se verbalmente, pelo tempo máximo de quinze minutos cada um, e, ao final, o denunciado, ou seu procurador, terá o prazo máximo de duas horas para produzir sua defesa oral.

- *Inciso V alterado pela Lei n. 11.966, de 3-7-2009.*

VI — concluída a defesa, proceder-se-á a tantas votações nominais quantas forem as infrações articuladas na denúncia. Considerar-se-á afastado, definitivamente, do cargo, o denunciado que for declarado, pelo voto de dois terços, pelo menos, dos membros da Câmara, incurso em qualquer das infrações especificadas na denúncia. Concluído o julgamento, o Presidente da Câmara proclamará imediatamente o resultado e fará lavrar ata que consigne a votação nominal sobre cada infração, e, se houver condenação, expedirá o competente decreto legislativo de cassação do mandato de Prefeito. Se o resultado da votação for absolutório, o Presidente determinará o arquivamento do processo. Em qualquer dos casos, o Presidente da Câmara comunicará à Justiça Eleitoral o resultado;

VII — o processo, a que se refere este artigo, deverá estar concluído dentro em noventa dias, contados da data em que efetivar a notificação do acusado. Transcorrido o prazo sem o julgamento, o processo será arquivado, sem prejuízo de nova denúncia ainda que sobre os mesmos fatos.

Art. 6º Extingue-se o mandato de Prefeito, e, assim, deve ser declarado pelo Presidente da Câmara de Vereadores, quando:

I — ocorrer falecimento, renúncia por escrito, cassação dos direitos políticos ou condenação por crime funcional ou eleitoral;

II — deixar de tomar posse, sem motivo justo aceito pela Câmara, dentro do prazo estabelecido em lei;

III — incidir nos impedimentos para o exercício do cargo, estabelecidos em lei, e não se desincompatibilizar até a posse, e, nos casos supervenientes, no prazo que a lei ou a Câmara fixar.

Parágrafo único. A extinção do mandato independe de deliberação do plenário e se tornará efetiva desde a declaração do fato ou ato extintivo pelo Presidente e sua inserção em ata.

Art. 7º A Câmara poderá cassar o mandato de Vereador, quando:

I — utilizar-se do mandato para a prática de atos de corrupção ou de improbidade administrativa;

II — fixar residência fora do Município;

III — proceder de modo incompatível com a dignidade da Câmara ou faltar com o decoro na sua conduta pública.

§ 1º O processo de cassação de mandato de Vereador é, no que couber, o estabelecido no art. 5º deste Decreto-Lei.

§ 2º (*Revogado pela Lei n. 9.504, de 30-9-1997.*)

Art. 8º Extingue-se o mandato do Vereador e assim será declarado pelo Presidente da Câmara, quando:

I — ocorrer falecimento, renúncia por escrito, cassação dos direitos políticos ou condenação por crime funcional ou eleitoral;

II — deixar de tomar posse, sem motivo justo aceito pela Câmara, dentro do prazo estabelecido em lei;

III — deixar de comparecer, em cada sessão legislativa anual, à terça parte das sessões ordinárias da Câmara Municipal, salvo por motivo de doença comprovada, licença ou missão autorizada pela edilidade; ou, ainda, deixar de comparecer a cinco sessões extraordinárias convocadas pelo Prefeito, por escrito e mediante recibo de recebimento, para apreciação de matéria urgente, assegurada ampla defesa, em ambos os casos;

IV — incidir nos impedimentos para o exercício do mandato, estabelecidos em lei e não se desincompatibilizar até a posse, e, nos casos supervenientes, no prazo fixado em lei ou pela Câmara.

§ 1º Ocorrido e comprovado o ato ou fato extintivo, o Presidente da Câmara, na primeira sessão, comunicará ao plenário e fará constar da ata a declaração da extinção do mandato e convocará imediatamente o respectivo suplente.

§ 2º Se o Presidente da Câmara omitir-se nas providências do parágrafo anterior, o suplente do Vereador ou o Prefeito Municipal poderá requerer a declaração de extinção do mandato, por via judicial, e, se procedente, o juiz condenará o Presidente omisso nas custas do processo e honorários de advogado que fixará de plano, importando a decisão judicial na destituição automática do cargo da Mesa e no impedimento para nova investidura durante toda a legislatura.

§ 3º O disposto no item III não se aplicará às sessões extraordinárias que forem convocadas pelo Prefeito, durante os períodos de recesso das Câmaras Municipais.

- Inciso III com redação dada pela Lei n. 6.793, de 11-6-1980; § 3º acrescentado pela Lei n. 5.659, de 8-6-1971.

Art. 9º O presente Decreto-Lei entrará em vigor na data de sua publicação, revogadas as Leis n. 211, de 7 de janeiro de 1948, e 3.528, de 3 de janeiro de 1959, e demais disposições em contrário.

Brasília, 27 de fevereiro de 1967; 146º da Independência e 79º da República.

H. CASTELLO BRANCO
Carlos Medeiros Silva

DECRETO-LEI N. 288, DE 28 DE FEVEREIRO DE 1967

Altera as disposições da Lei n. 3.173, de 6 de junho de 1957, e regula a Zona Franca de Manaus.

Art. 39. Será considerado contrabando a saída de mercadorias da Zona Franca sem a autorização legal expedida pelas autoridades competentes.

Brasília, 28 de fevereiro de 1967; 146º da Independência e 79º da República.

H. CASTELLO BRANCO

(Publicado no DOU de 28-2-1967.)

LEI N. 5.473, DE 9 DE JULHO DE 1968

Regula o provimento de cargos e dá outras providências.

- *Revogação tácita*: A presente lei foi revogada tacitamente pela Lei n. 7.716/89, que define os crimes de preconceito.

O Presidente da República:

Faço saber que o Congresso Nacional decreta e eu sanciono a seguinte Lei:

Art. 1º São nulas as disposições e providências que, direta ou indiretamente, criem discriminações entre brasileiros de ambos os sexos, para o provimento de cargos sujeitos a seleção, assim nas empresas privadas, como nos quadros do funcionalismo público federal, estadual ou municipal, do serviço autárquico, de sociedades de economia mista e de empresas concessionárias de serviço público.

Parágrafo único. Incorrerá na pena de prisão simples de 3 (três) meses a 1 (um) ano e multa de Cr$ 100,00 (cem cruzeiros) a Cr$ 500,00 (quinhentos cruzeiros) quem, de qualquer forma, obstar ou tentar obstar o cumprimento da presente Lei.

- Vide *art. 2º da Lei n. 7.209, de 11-7-1984, sobre pena de multa.*

Art. 2º Esta Lei entra em vigor na data de sua publicação.

Art. 3º Revogam-se as disposições em contrário.

Brasília, 9 de julho de 1968; 147º da Independência e 80º da República.

A. COSTA E SILVA

(Publicada no DOU de 11-7-1968.)

LEI N. 5.478, DE 25 DE JULHO DE 1968

Dispõe sobre ação de alimentos e dá outras providências.

Art. 22. Constitui crime contra a administração da Justiça deixar o empregador ou funcionário público de prestar ao juízo competente as informações necessárias à instrução de processo ou execução de sentença ou acordo que fixe pensão alimentícia:

Pena — Detenção de 6 (seis) meses a 1 (um) ano, sem prejuízo da pena acessória de suspensão do emprego de 30 (trinta) a 90 (noventa) dias.

- *A Reforma Penal de 1984 (Lei n. 7.209/84) aboliu as penas acessórias (vide nota ao art. 92 do CP).*

Parágrafo único. Nas mesmas penas incide quem, de qualquer modo, ajuda o devedor a eximir-se ao pagamento de pensão alimentícia judicialmente acordada, fixada ou majorada, ou se recusa, ou procrastina a executar ordem de descontos em folhas de pagamento, expedida pelo juiz competente.

Brasília, 25 de julho de 1968; 147º da Independência e 80º da República.

A. COSTA E SILVA

(Publicada no DOU de 26-7-1968.)

LEI N. 5.553, DE 6 DE DEZEMBRO DE 1968

Dispõe sobre a apresentação e uso de documentos de identificação pessoal.

O Presidente da República:

Faço saber que o Congresso Nacional decreta e eu sanciono a seguinte Lei:

Art. 1º A nenhuma pessoa física, bem como a nenhuma pessoa jurídica, de direito público ou de direito privado, é lícito reter qualquer documento de identificação pessoal, ainda que apresentado por fotocópia autenticada ou pública-forma, inclusive comprovante de quitação com o serviço militar, título de eleitor, carteira profissional, certidão de registro de nascimento, certidão de casamento, comprovante de naturalização e carteira de identidade de estrangeiro.

Art. 2º Quando, para a realização de determinado ato, for exigida a apresentação de documento de identificação, a pessoa que fizer a exigência fará extrair, no prazo de até 5 (cinco) dias, os dados que interessarem, devolvendo em seguida o documento ao seu exibidor.

§ 1º Além do prazo previsto neste artigo, somente por ordem judicial poderá ser retirado qualquer documento de identificação pessoal.

- §1º renumerado pela Lei n. 9.453, de 20-3-1997.

§ 2º Quando o documento de identidade for indispensável para a entrada de pessoa em órgãos públicos ou particulares, serão seus dados anotados no ato e devolvido o documento imediatamente ao interessado.

- § 2º incluído pela Lei n. 9.453, de 20-3-1997.

Art. 3º Constitui contravenção penal, punível com pena de prisão simples de 1 (um) a 3 (três) meses ou multa de NCr$ 0,50 (cinquenta centavos) a NCr$ 3,00 (três cruzeiros novos), a retenção de qualquer documento a que se refere esta Lei.

- Vide *art. 2º da Lei n. 7.209, de 11-7-1984, sobre pena de multa.*

Parágrafo único. Quando a infração for praticada por preposto ou agente de pessoa jurídica, considerar-se-á responsável quem houver ordenado o ato que ensejou a retenção, a menos que haja, pelo executante, desobediência ou inobservância de ordens ou instruções expressas, quando, então, será este o infrator.

Art. 4º O Poder Executivo regulamentará a presente Lei dentro do prazo de 60 (sessenta) dias, a contar da data de sua publicação.

Art. 5º Revogam-se as disposições em contrário.

Brasília, 6 de dezembro de 1968; 147º da Independência e 80º da República.

A. COSTA E SILVA
Luís Antônio da Gama e Silva
Augusto Hamann Rademaker Grunewald
Aurélio de Lyra Tavares
José de Magalhães Pinto
Antônio Delfim Netto
Mário David Andreazza
Raymundo Bruno Marussig
Tarso Dutra
Jarbas G. Passarinho
Marcio de Souza e Mello
Leonel Miranda
José Costa Cavalcanti
Edmundo de Macedo Soares
Hélio Beltrão
Afonso A. Lima
Carlos F. de Simas

(Publicada no DOU de 10-12-1968.)

DECRETO-LEI N. 368, DE 19 DE DEZEMBRO DE 1968

Dispõe sobre efeitos de débitos salariais e dá outras providências.

O Presidente da República, usando da atribuição que lhe confere o § 1º do art. 2º do Ato Institucional n. 5, de 13 de dezembro de 1968, decreta:

Art. 1º A empresa em débito salarial com seus empregados não poderá:

I — pagar honorário, gratificação, *pro labore ou* qualquer outro tipo de retribuição ou retirada a seus diretores, sócios, gerentes ou titulares de firma individual;

II — distribuir quaisquer lucros, bonificações, dividendos ou interesses a seus sócios, titulares, acionistas, ou membros de órgãos dirigentes, fiscais ou consultivos;

III — ser dissolvida.

Parágrafo único. Considera-se em débito salarial a empresa que não paga, no prazo e nas condições da lei ou do contrato, o salário devido a seus empregados.

Art. 2º A empresa em mora contumaz relativamente a salários não poderá, além do disposto no art. 1º, ser favorecida com qualquer benefício de natureza fiscal, tributária, ou financeira, por parte de órgãos da União, dos Estados ou dos Municípios, ou de que estes participem.

§ 1º Considera-se mora contumaz o atraso ou sonegação de salários devidos aos empregados, por período igual ou superior a 3 (três) meses, sem motivo grave e relevante, excluídas as causas pertinentes ao risco do empreendimento.

§ 2º Não se incluem na proibição do artigo as operações de crédito destinadas à liquidação dos débitos salariais existentes o que deverá ser expressamente referido em documento firmado pelo responsável legal da empresa, como justificação do crédito.

Art. 3º A mora contumaz e a infração ao art. 1º serão apuradas mediante denúncia de empregado da empresa ou entidade sindical da respectiva categoria profissional, pela Delegacia Regional do Trabalho, em processo sumário, assegurada ampla defesa ao interessado.

§ 1º Encerrado o processo, o Delegado Regional do Trabalho submeterá ao Ministro do Trabalho e Previdência Social parecer conclusivo para decisão.

§ 2º A decisão que concluir pela mora contumaz será comunicada às autoridades fazendárias locais pelo delegado regional do trabalho, sem prejuízo da comunicação que deverá ser feita ao Ministro da Fazenda.

Art. 4º Os diretores, sócios, gerentes, membros de órgãos fiscais ou consultivos, titulares de firma individual ou quaisquer outros dirigentes de empresa responsável pela infração do disposto no art. 1º, I e II, estarão sujeitos à pena de detenção de 1 (um) mês a 1 (um) ano.

Parágrafo único. Apurada a infração prevista neste artigo, o Delegado Regional do Trabalho representará, sob pena de responsabilidade, ao Ministério Público, para a instauração da competente ação penal.

Art. 5º No caso do inciso III do art. 1º, a empresa requererá a expedição de Certidão Negativa de Débito Salarial, a ser passada pela Delegacia Regional do Trabalho mediante prova bastante do cumprimento, pela empresa, das obrigações salariais respectivas.

Art. 6º Considera-se salário devido, para os efeitos deste Decreto-Lei, a retribuição de responsabilidade direta da empresa, inclusive comissões, percentagens, gratificações, diárias para viagens e abonos, quando a sua liquidez e certeza não sofram contestação nem estejam pendentes de decisão judicial.

Art. 7º As infrações descritas no art. 1º, I e II, e seu parágrafo único, sujeitam a empresa infratora a multa variável de 10% (dez por cento) a 50% (cinquenta por cento) do débito salarial, a ser aplicada pelo delegado regional do trabalho, mediante o processo previsto nos arts. 626 e s. da Consolidação das Leis do Trabalho, sem prejuízo da responsabilidade criminal das pessoas implicadas.

Art. 8º O Ministério do Trabalho e Previdência Social expedirá as instruções necessárias à execução deste Decreto-Lei.

Art. 9º Este Decreto-Lei entrará em vigor na data de sua publicação, revogadas as disposições em contrário.

Brasília, 19 de dezembro de 1968; 147º da Independência e 80º da República.

A. COSTA E SILVA

(Publicado no DOU de 20-12-1968.)

DECRETO-LEI N. 413, DE 9 DE JANEIRO DE 1969

Dispõe sobre títulos de crédito industrial e dá outras providências.

Art. 43. Pratica crime de estelionato e fica sujeito às penas do art. 171 do Código Penal aquele que fizer declarações falsas ou inexatas acerca de bens oferecidos em garantia de cédula de crédito industrial, inclusive omitir declaração de já estarem eles sujeitos a outros ônus ou responsabilidade de qualquer espécie, até mesmo de natureza fiscal.

Brasília, 9 de janeiro de 1969; 148º da Independência e 80º da República.

A. COSTA E SILVA

LEI N. 5.700, DE 1º DE SETEMBRO DE 1971

Dispõe sobre a forma e a apresentação dos Símbolos Nacionais, e dá outras providências.

....

Capítulo V
DO RESPEITO DEVIDO À BANDEIRA NACIONAL E AO HINO NACIONAL

Art. 30. Nas cerimônias de hasteamento ou arriamento, nas ocasiões em que a Bandeira se apresentar em marcha ou cortejo, assim como durante a execução do Hino Nacional, todos devem tomar atitude de respeito, de pé e em silêncio, os civis do sexo masculino com a cabeça descoberta e os militares em continência, segundo os regulamentos das respectivas corporações.

Parágrafo único. É vedada qualquer outra forma de saudação.

Art. 31. São consideradas manifestações de desrespeito à Bandeira Nacional, e portanto proibidas:

I — apresentá-la em mau estado de conservação;

II — mudar-lhe a forma, as cores, as proporções, o dístico ou acrescentar-lhe outras inscrições;

III — usá-la como roupagem, reposteiro, pano de boca, guarnição de mesa, revestimento de tribuna, ou como cobertura de placas, retratos, painéis ou monumentos a inaugurar;

- *Nota dos autores*: Esse artigo encontra-se absolutamente em desuso, sendo o seu rigor incompatível com manifestações espontâneas de patriotismo, sendo natural que pessoas, como torcedores da seleção brasileira, vistam-se com reproduções da bandeira nacional.

IV — reproduzi-la em rótulos ou invólucros de produtos expostos à venda.

Art. 32. As Bandeiras em mau estado de conservação devem ser entregues a qualquer Unidade Militar, para que sejam incineradas no Dia da Bandeira, segundo o cerimonial peculiar.

Art. 33. Nenhuma bandeira de outra nação pode ser usada no País sem que esteja ao seu lado direito, de igual tamanho e em posição de realce, a Bandeira Nacional, salvo nas sedes das representações diplomáticas ou consulares.

Art. 34. É vedada a execução de quaisquer arranjos vocais do Hino Nacional, a não ser o de Alberto Nepomuceno; igualmente não será permitida a execução de arranjos artísticos instrumentais do Hino Nacional que não sejam autorizados pelo Presidente da República, ouvido o Ministério da Educação e Cultura.

Capítulo VI
DAS PENALIDADES

Art. 35. A violação de qualquer disposição desta Lei, excluídos os casos previstos no art. 44 do Decreto-Lei n. 898, de 29 de setembro de 1969, é considerada contravenção, sujeito o infrator à pena de multa, elevada ao dobro nos casos de reincidência.

- *Artigo com redação dada pela Lei n. 6.913, de 27-5-1981.*

- *O Decreto-Lei n. 898/69 foi revogado pela Lei n. 6.620/78 (antiga Lei de Segurança Nacional). A atual Lei de Segurança Nacional (Lei n. 7.170/83), que revogou a Lei n. 6.620/78, não incrimina os casos referidos no art. 44 do Decreto-Lei n. 898/69.*

- *Sobre pena de multa, vide Lei n. 7.209, de 11-7-1984, art. 2º*

Art. 36. O processo das infrações a que alude o artigo anterior obedecerá ao rito previsto para as contravenções penais em geral.

- *Artigo com redação dada pela Lei n. 6.913, de 27-5-1981.*

Capítulo VII
DISPOSIÇÕES GERAIS

Art. 44. O uso da Bandeira Nacional nas Forças Armadas obedece às normas dos respectivos regulamentos, no que não colidir com a presente Lei.

Art. 45. Esta Lei entra em vigor na data de sua publicação, ficando revogadas a de n. 5.389, de 22 de fevereiro de 1968, a de n. 5.443, de 28 de maio de 1968, e demais disposições em contrário.

Brasília, 1º de setembro de 1971; 150º da Independência e 83º da República.

EMÍLIO G. MÉDICI
Alfredo Buzaid
Adalberto de Barros Nunes
Orlando Geisel
Mário Gibson Barboza
Antonio Delfim Netto
Mário David Andreazza
L. F. Cirne Lima
Jarbas G. Passarinho
Júlio Barata
Mário de Souza e Mello
F. Rocha Lagôa
Marcus Vinícius Pratini de Moraes
Antônio Dias Leite Júnior
João Paulo dos Reis Velloso
José Costa Cavalcanti
Hygino C. Corsetti

(Publicada no DOU de 2-9-1971.)

LEI N. 5.709, DE 7 DE OUTUBRO DE 1971

Regula a aquisição de imóvel rural por estrangeiro residente no País ou pessoa jurídica autorizada a funcionar no Brasil, e dá outras providências.

O Presidente da República:

Faço saber que o Congresso Nacional decreta e eu sanciono a seguinte Lei:

- *Nota*: Vide art. 190 da Constituição da República e arts. 2º e 3º da Lei n. 6.634/70. Conferir, também, a Instrução Normativa Conjunta n. 1, de 27-9-2012, dos Ministérios do Desenvolvimento Agrário, da Agricultura, Pecuária e Abastecimento e do Desenvolvimento da Indústria e do Comércio Exterior.

Art. 15. A aquisição de imóvel rural, que viole as prescrições desta Lei, é nula de pleno direito. O tabelião que lavrar a escritura e o oficial de registro que a transcrever responderão civilmente pelos danos que causarem aos contratantes, sem prejuízo da responsabilidade criminal, por prevaricação ou falsidade ideológica. O alienante está obrigado a restituir ao adquirente o preço do imóvel.

Brasília, 7 de outubro de 1971; 150º da Independência e 83º da República.

EMÍLIO G. MÉDICI
Alfredo Buzaid

(Publicada no DOU de 11-10-1971.)

LEI N. 5.741, DE 1º DE DEZEMBRO DE 1971

Dispõe sobre a proteção do financiamento de bens imóveis vinculados ao Sistema Financeiro da Habitação.

O Presidente da República:

Faço saber que o Congresso Nacional decreta e eu sanciono a seguinte Lei:

Art. 9º Constitui crime de ação pública, punido com a pena de detenção de 6 (seis) meses a 2 (dois) anos e multa de 5 (cinco) a 20 (vinte) salários mínimos, invadir alguém, ou ocupar, com o fim de esbulho possessório, terreno ou unidade residencial, construída ou em construção, objeto de financiamento do Sistema Financeiro da Habitação.

- Vide *art. 2º da Lei n. 7.209, de 11-7-1984, sobre pena de multa.*

§ 1º Se o agente usa de violência, incorre também nas penas a esta cominada.

§ 2º É isento da pena de esbulho o agente que, espontaneamente, desocupa o imóvel antes de qualquer medida coativa.

Art. 13. Esta Lei entra em vigor na data de sua publicação.

Art. 14. Revogam-se as disposições em contrário.

Brasília, 1º de dezembro de 1971; 150º da Independência e 83º da República.

EMÍLIO G. MÉDICI
Alfredo Buzaid
José Costa Cavalcanti

(Publicada no DOU de 2-12-1971.)

LEI N. 6.001, DE 19 DE DEZEMBRO DE 1973

Dispõe sobre o Estatuto do Índio.

- Vide, na Constituição da República, os arts. 231 e 232, bem como o art. 20, XI.

- Esta lei estabelece normas penais a propósito da aplicação de penas a índios (art. 56); classifica como crimes contra os índios e sua cultura determinados comportamentos (art. 58); dispõe sobre a agravação da pena de crimes praticados contra índios não integrados ou comunidade indígena (art. 59).

Título VI
DAS NORMAS PENAIS

Capítulo I
DOS PRINCÍPIOS

Art. 56. No caso de condenação de índio por infração penal, a pena deverá ser atenuada e na sua aplicação o juiz atenderá também ao grau de integração do silvícola.

Parágrafo único. As penas de reclusão e de detenção serão cumpridas, se possível, em regime especial de semiliberdade, no local de funcionamento do órgão federal de assistência aos índios mais próximos da habitação do condenado.

Art. 57. Será tolerada a aplicação, pelos grupos tribais, de acordo com as instituições próprias, de sanções penais ou disciplinares contra os seus membros, desde que não revistam caráter cruel ou infamante, proibida em qualquer caso a pena de morte.

Capítulo II
DOS CRIMES CONTRA OS ÍNDIOS

Art. 58. Constituem crimes contra os índios e a cultura indígena:

I — escarnecer de cerimônia, rito, uso, costume ou tradição culturais indígenas, vilipendiá-los ou perturbar, de qualquer modo, a sua prática:

Pena — detenção, de 1 (um) a 3 (três) meses;

II — utilizar o índio ou comunidade indígena como objeto de propaganda turística ou de exibição para fins lucrativos:

Pena — detenção de 2 (dois) a 6 (seis) meses;

III — propiciar, por qualquer meio, a aquisição, o uso e a disseminação de bebidas alcoólicas, nos grupos tribais ou entre índios não integrados:

Pena — detenção de 6 (seis) meses a 2 (dois) anos.

Parágrafo único. As penas estatuídas neste artigo são agravadas de um terço, quando o crime for praticado por funcionário ou empregado do órgão de assistência ao índio.

Art. 59. No caso de crime contra a pessoa, o patrimônio ou os costumes, em que o ofendido seja índio não integrado ou comunidade indígena, a pena será agravada de um terço.

EMÍLIO G. MÉDICI

(Publicada no DOU de 21-12-1973.)

LEI N. 6.091, DE 15 DE AGOSTO DE 1974

Dispõe sobre o fornecimento gratuito de transporte, em dias de eleição, a eleitores residentes nas zonas rurais, e dá outras providências.

O Presidente da República:

Faço saber que o Congresso Nacional decreta e eu sanciono a seguinte Lei:

Art. 1º Os veículos e embarcações, devidamente abastecidos e tripulados, pertencentes à União, Estados, Territórios e Municípios e suas respectivas autarquias e sociedades de economia mista, excluídos os de uso militar, ficarão à disposição da Justiça Eleitoral para o transporte gratuito de eleitores em zonas rurais, em dias de eleição.

§ 1º Excetuam-se do disposto neste artigo os veículos e embarcações em número justificadamente indispensável ao funcionamento de serviço público insusceptível de interrupção.

§ 2º Até 15 (quinze) dias antes das eleições, a Justiça Eleitoral requisitará dos órgãos da administração direta ou indireta da União, dos Estados, Territórios, Distrito Federal e Municípios os funcionários e as instalações de que necessitar para possibilitar a execução dos serviços de transporte e alimentação de eleitores previstos nesta Lei.

Art. 2º Se a utilização de veículos pertencentes às entidades previstas no art. 1º não for suficiente para atender ao disposto nesta Lei, a Justiça Eleitoral requisitará veículos e embarcações a particulares, de preferência os de aluguel.

Parágrafo único. Os serviços requisitados serão pagos, até 30 (trinta) dias depois do pleito, a preços que correspondam aos critérios da localidade. A defesa correrá por conta do Fundo Partidário.

Art. 3º Até 50 (cinquenta) dias antes da data do pleito, os responsáveis por todas as repartições, órgãos e unidades do serviço público federal, estadual e municipal oficiarão à Justiça Eleitoral, informando o número, a espécie e lotação dos veículos e embarcações de sua propriedade, e justificando, se for o caso, a ocorrência da exceção prevista no § 1º do art. 1º desta Lei.

§ 1º Os veículos e embarcações à disposição da Justiça Eleitoral deverão, mediante comunicação expressa de seus proprietários, estar em condições de ser utilizados, pelo menos, 24 (vinte e quatro) horas antes das eleições e circularão exibindo de modo bem visível, dístico em letras garrafais, com a frase: "A serviço da Justiça Eleitoral".

§ 2º A Justiça Eleitoral, à vista das informações recebidas, planejará a execução do serviço de transporte de eleitores e requisitará aos responsáveis pelas repartições, órgãos ou unidades, até 30 (trinta) dias antes do pleito, os veículos e embarcações necessários.

Art. 4º Quinze dias antes do pleito, a Justiça Eleitoral divulgará, pelo órgão competente, o quadro geral de percursos e horários programados para o transporte de eleitores, dele fornecendo cópias aos partidos políticos.

§ 1º O transporte de eleitores somente será feito dentro dos limites territoriais do respectivo município e quando das zonas rurais para as mesas receptoras distar pelo menos 2 (dois) quilômetros.

§ 2º Os partidos políticos, os candidatos, ou eleitores em número de 20 (vinte), pelo menos, poderão oferecer reclamações em 3 (três) dias contados da divulgação do quadro.

§ 3º As reclamações serão apreciadas nos 3 (três) dias subsequentes, delas cabendo recurso sem efeito suspensivo.

§ 4º Decididas as reclamações, a Justiça Eleitoral divulgará, pelos meios disponíveis, o quadro definitivo.

Art. 5º Nenhum veículo ou embarcação poderá fazer transporte de eleitores desde o dia anterior até o posterior à eleição, salvo:

I — a serviço da Justiça Eleitoral;

II — coletivos de linhas regulares e não fretados;

III — de uso individual do proprietário, para o exercício do próprio voto e dos membros da sua família;

IV — o serviço normal, sem finalidade eleitoral, de veículos de aluguel não atingidos pela requisição de que trata o art. 2º

Art. 6º A indisponibilidade ou as deficiências do transporte de que trata esta Lei não eximem o eleitor do dever de votar.

Parágrafo único. Verificada a inexistência ou deficiência de embarcações e veículos, poderão os órgãos partidários ou os candidatos indicar à Justiça Eleitoral onde há disponibilidade para que seja feita a competente requisição.

Art. 7º O eleitor que deixar de votar e não se justificar perante o juiz eleitoral até 60 (sessenta) dias após a realização da eleição incorrerá na multa de 3% (três por cento) a 10% (dez por cento) sobre o salário mínimo da região, imposta pelo juiz eleitoral e cobrada na forma prevista no art. 367 da Lei n. 4.737, de 15 de julho de 1965.

Art. 8º Somente a Justiça Eleitoral poderá, quando imprescindível, em face da absoluta carência de recursos de eleitores da zona rural, fornecer-lhes refeições, correndo, nesta hipótese, as despesas por conta do Fundo Partidário.

Art. 9º É facultado aos partidos exercer fiscalização nos locais onde houver transporte e fornecimento de refeições a eleitores.

Art. 10. É vedado aos candidatos ou órgãos partidários, ou a qualquer pessoa, o fornecimento de transporte ou refeições aos eleitores da zona urbana.

Art. 11. Constitui crime eleitoral:

I — descumprir, o responsável por órgão, repartição ou unidade do serviço público, o dever imposto no art. 3º, ou prestar informação inexata que vise a elidir, total ou parcialmente, a contribuição de que ele trata:

Pena — detenção, de 15 (quinze) dias a 6 (seis) meses e pagamento de 60 (sessenta) a 100 (cem) dias-multa;

II — desatender à requisição de que trata o art. 2º:

Pena — pagamento de 200 (duzentos) a 300 (trezentos) dias-multa, além da apreensão do veículo para o fim previsto;

III — descumprir a proibição dos arts. 5º, 8º e 10:

Pena — reclusão, de 4 (quatro) a 6 (seis) anos e pagamento de 200 (duzentos) a 300 (trezentos) dias-multa (art. 302 do Código Eleitoral);

IV — obstar, por qualquer forma, a prestação dos serviços previstos nos arts. 4º e 8º desta Lei, atribuídos à Justiça Eleitoral:

Pena — reclusão, de 2 (dois) a 4 (quatro) anos;

V — utilizar em campanha eleitoral, no decurso de 90 (noventa) dias que antecedem o pleito, veículos e embarcações pertencentes à União, Estados, Territórios, Municípios e respectivas autarquias e sociedades de economia mista:

Pena — cancelamento do registro do candidato ou de seu diploma, se já houver sido proclamado eleito.

Parágrafo único. O responsável, pela guarda do veículo ou da embarcação, será punido com a pena de detenção, de 15 (quinze) dias a 6 (seis) meses, e pagamento de 60 (sessenta) a 100 (cem) dias-multa.

- Vide art. 2º da Lei n. 7.209, de 11-7-1984, sobre pena de multa.

Art. 28. Esta Lei entra em vigor na data de sua publicação, revogadas as disposições em contrário.

Brasília, 15 de agosto de 1974; 153º da Independência e 86º da República.

ERNESTO GEISEL
Armando Falcão
Mário Henrique Simonsen
João Paulo dos Reis Velloso

(Publicada no DOU de 15-8-1974.)

LEI N. 6.192, DE 19 DE DEZEMBRO DE 1974

Dispõe sobre restrições a brasileiros naturalizados, e dá outras providências.

- *Nota*: Na Constituição da República, em seu art. 12, é reafirmada a igualdade entre brasileiros natos e naturalizados, havendo exceções somente para alguns cargos públicos (§ 3º).

O Presidente da República:

Faço saber que o Congresso Nacional decreta e eu sanciono a seguinte Lei:

Art. 1º É vedada qualquer distinção entre brasileiros natos e naturalizados.

Art. 2º A condição de "brasileiro nato", exigida em leis ou decretos, para qualquer fim, fica modificada para a de "brasileiro".

Art. 3º Não serão admitidos a registro os atos de constituição de sociedade comercial ou civil que contiverem restrição a brasileiro naturalizado.

Art. 4º Nos documentos públicos, a indicação da nacionalidade brasileira alcançada mediante naturalização far-se-á sem referência a esta circunstância.

Art. 5º A violação do disposto no art. 1º desta Lei constitui contravenção penal, punida com as penas de prisão simples de 15 (quinze) dias a 3 (três) meses e multa igual a três vezes o valor do maior salário mínimo vigente no País.

- Vide *art. 2º da Lei n. 7.209, de 11-7-1984, sobre pena de multa.*

Art. 6º Esta Lei entrará em vigor na data de sua publicação, revogadas as disposições em contrário.

Brasília, 19 de dezembro de 1974; 153º da Independência e 86º da República.

ERNESTO GEISEL
Armando Falcão

(Publicada no DOU *de 20-12-1974.)*

LEI N. 6.385, DE 7 DE DEZEMBRO DE 1976

Dispõe sobre o mercado de valores mobiliários e cria a Comissão de Valores Mobiliários.

O Presidente da República:

Faço saber que o Congresso Nacional decreta e eu sanciono a seguinte Lei:

....

Capítulo VII-B
DOS CRIMES CONTRA O MERCADO DE CAPITAIS

Manipulação do mercado

Art. 27-C. Realizar operações simuladas ou executar outras manobras fraudulentas, com a finalidade de alterar artificialmente o regular funcionamento dos mercados de valores mobiliários em bolsa de valores, de mercadorias e de futuros, no mercado de balcão ou no mercado de balcão organizado, com o fim de obter vantagem indevida ou lucro, para si ou para outrem, ou causar dano a terceiros:

Pena — reclusão, de 1 (um) a 8 (oito) anos, e multa de até três vezes o montante da vantagem ilícita obtida em decorrência do crime.

Uso indevido de informação privilegiada

Art. 27-D. Utilizar informação relevante ainda não divulgada ao mercado, de que tenha conhecimento e da qual deva manter sigilo, capaz de propiciar, para si ou para outrem, vantagem indevida, mediante negociação, em nome próprio ou de terceiro, com valores mobiliários:

Pena — reclusão, de 1 (um) a 5 (cinco) anos, e multa de até três vezes o montante da vantagem ilícita obtida em decorrência do crime.

Exercício irregular de cargo, profissão, atividade ou função

Art. 27-E. Atuar, ainda que a título gratuito, no mercado de valores mobiliários, como instituição integrante do sistema de distribuição, administrador de carteira coletiva ou individual, agente autônomo de investimento, auditor independente, analista de valores mobiliários, agente fiduciário ou exercer qualquer cargo, profissão, atividade ou função, sem estar, para esse fim, autorizado ou registrado junto à autoridade administrativa competente, quando exigido por lei ou regulamento:

Pena — detenção de 6 (seis) meses a 2 (dois) anos, e multa.

Art. 27-F. As multas cominadas para os crimes previstos nos arts. 27-C e 27-D deverão ser aplicadas em razão do dano provocado ou da vantagem ilícita auferida pelo agente.

Parágrafo único. Nos casos de reincidência, a multa pode ser de até o triplo dos valores fixados neste artigo.

Capítulo VIII
DAS DISPOSIÇÕES FINAIS E TRANSITÓRIAS

Art. 28. O Banco Central do Brasil, a Comissão de Valores Mobiliários, a Secretaria de Previdência Complementar, a Secretaria da Receita Federal e Superintendência de Seguros Privados manterão um sistema de intercâmbio de informações, relativas à fiscalização que exerçam, nas áreas de suas respectivas competências, no mercado de valores mobiliários.

Parágrafo único. O dever de guardar sigilo de informações obtidas através do exercício do poder de fiscalização pelas entidades referidas no *caput* não poderá ser invocado como impedimento para o intercâmbio de que trata este artigo.

- *Artigo incluído pela Lei n. 10.303, de 31-10-2001.*

....

Art. 31. Nos processos judiciários que tenham por objetivo matéria incluída na competência da Comissão de Valores Mobiliários, será esta sempre intimada para, querendo, oferecer parecer ou prestar esclarecimentos, no prazo de 15 (quinze) dias a contar da intimação.

§ 1º A intimação far-se-á, logo após a contestação, por mandado ou por carta com aviso de recebimento, conforme a Comissão tenha, ou não, sede ou representação na comarca em que tenha sido proposta a ação.

§ 2º Se a Comissão oferecer parecer ou prestar esclarecimentos, será intimada de todos os atos processuais subsequentes, pelo jornal oficial que publica expediente forense ou por carta com aviso de recebimento, nos termos do parágrafo anterior.

§ 3º À Comissão é atribuída legitimidade para interpor recursos, quando as partes não o fizerem.

§ 4º O prazo para os efeitos do parágrafo anterior começará a correr, independentemente de nova intimação, no dia imediato àquele em que findar o das partes.

- *Caput e parágrafos com redação dada pela Lei n. 6.616, de 16-12-1978.*

Art. 34. Esta Lei entrará em vigor na data de sua publicação.

- *Artigo renumerado pela Lei n. 9.457, de 5-5-1997.*

Art. 35. Revogam-se as disposições em contrário.

- *Primitivo art. 32 renumerado pela Lei n. 9.457, de 5-5-1997.*

Brasília, 7 de dezembro de 1976; 155º da Independência e 88º da República.

ERNESTO GEISEL
João Paulo dos Reis Velloso
Mário Henrique Simonsen

(Publicada no DOU de 9-12-1976.)

LEI N. 6.453, DE 17 DE OUTUBRO DE 1977

> *Dispõe sobre a responsabilidade civil por danos nucleares e a responsabilidade criminal por atos relacionados com atividades nucleares e dá outras providências.*

....

- *Nota*: *Vide* art. 21, XXIII, e art. 177, V, da Constituição da República.

Capítulo III
DA RESPONSABILIDADE CRIMINAL

Art. 19. Constituem crimes na exploração e utilização de energia nuclear os descritos neste Capítulo, além dos tipificados na legislação sobre segurança nacional e nas demais leis.

Art. 20. Produzir, processar, fornecer ou usar material nuclear sem a necessária autorização ou para fim diverso do permitido em lei:

Pena — reclusão, de 4 (quatro) a 10 (dez) anos.

Art. 21. Permitir o responsável pela instalação nuclear sua operação sem a necessária autorização:

Pena — reclusão, de 2 (dois) a 6 (seis) anos.

Art. 22. Possuir, adquirir, transferir, transportar, guardar ou trazer consigo material nuclear sem a necessária autorização:

Pena — reclusão, de 2 (dois) a 6 (seis) anos.

Art. 23. Transmitir ilicitamente informações sigilosas, concernentes à energia nuclear:

Pena — reclusão, de 4 (quatro) a 8 (oito) anos.

Art. 24. Extrair, beneficiar ou comerciar ilegalmente minério nuclear:

Pena — reclusão, de 2 (dois) a 6 (seis) anos.

Art. 25. Exportar ou importar, sem a necessária licença, material nuclear, minérios nucleares e seus concentrados, minérios de interesse para a energia nuclear e minérios e concentrados que contenham elementos nucleares:

Pena — reclusão, de 2 (dois) a 8 (oito) anos.

Art. 26. Deixar de observar as normas de segurança ou de proteção relativas à instalação nuclear ou ao uso, transporte, posse e guarda de material nuclear, expondo a perigo a vida, a integridade física ou o patrimônio de outrem:

Pena — reclusão, de 2 (dois) a 8 (oito) anos.

Art. 27. Impedir ou dificultar o funcionamento de instalação nuclear ou o transporte de material nuclear:

Pena — reclusão, de 4 (quatro) a 10 (dez) anos.

Art. 28. Esta Lei entrará em vigor na data de sua publicação.

Art. 29. Revogam-se as disposições em contrário.

Brasília, em 17 de outubro de 1977; 156º da Independência e 89º da República.

ERNESTO GEISEL
Armando Falcão
Shigeaki Ueki
Hugo de Andrade Abreu

(*Publicada no* DOU *de 18-10-1977.*)

LEI N. 6.538, DE 22 DE JUNHO DE 1978

Dispõe sobre os serviços postais.

Título V
DOS CRIMES CONTRA O SERVIÇO POSTAL E O SERVIÇO DE TELEGRAMA

- Quanto ao número e valor do dia-multa, *vide* art. 49 do CP.

Falsificação de selo, fórmula de franqueamento ou vale-postal

Art. 36. Falsificar, fabricando ou adulterando, selo, outra fórmula de franqueamento ou vale-postal:

Pena — reclusão, até 8 (oito) anos, e pagamento de 5 (cinco) a 15 (quinze) dias-multa.

Uso de selo, fórmula de franqueamento ou vale-postal falsificados

Parágrafo único. Incorre nas mesmas penas quem importa ou exporta, adquire, vende, troca, cede, empresta, guarda, fornece, utiliza ou restitui à circulação, selo, outra fórmula de franqueamento ou vale-postal falsificados.

Supressão de sinais de utilização

Art. 37. Suprimir, em selo, outra fórmula de franqueamento ou vale-postal, quando legítimos, com o fim de torná-los novamente utilizáveis, carimbo ou sinal indicativo de sua utilização:

Pena — reclusão, até 4 (quatro) anos, e pagamento de 5 (cinco) a 15 (quinze) dias-multa.

Forma assimilada

§ 1º Incorre nas mesmas penas quem usa, vende, fornece ou guarda, depois de alterado, selo, outra fórmula de franqueamento ou vale-postal.

§ 2º Quem usa ou restitui à circulação, embora recebido de boa-fé, selo, outra fórmula de franqueamento ou vale-postal, depois de conhecer a falsidade ou a alteração, incorre na pena de detenção, de 3 (três) meses a 1 (um) ano, ou pagamento de 3 (três) a 10 (dez) dias-multa.

Petrechos de falsificação de selo, fórmula de franqueamento ou vale-postal

Art. 38. Fabricar, adquirir, fornecer, ainda que gratuitamente, possuir, guardar, ou colocar em circulação objeto especialmente destinado à falsificação de selo, outra fórmula de franqueamento ou vale-postal:

Pena — reclusão, até 3 (três) anos, e pagamento de 5 (cinco) a 15 (quinze) dias-multa.

Reprodução e adulteração de peça filatélica

Art. 39. Reproduzir ou alterar selo ou peça filatélica de valor para coleção, salvo quando a reprodução ou a alteração estiver visivelmente anotada na face ou no verso do selo ou peça:

Pena — detenção, até 2 (dois) anos, e pagamento de 3 (três) a 10 (dez) dias-multa.

Forma assimilada

Parágrafo único. Incorre nas mesmas penas quem, para fins de comércio, faz uso de selo ou peça filatélica de valor para coleção, ilegalmente reproduzidos ou alterados.

Violação de correspondência

Art. 40. Devassar indevidamente o conteúdo de correspondência fechada dirigida a outrem:

Pena — detenção, até 6 (seis) meses, ou pagamento não excedente a 20 (vinte) dias-multa.

Sonegação ou destruição de correspondência

§ 1º Incorre nas mesmas penas quem se apossa indevidamente de correspondência alheia, embora não fechada, para sonegá-la ou destruí-la, no todo ou em parte.

Aumento de pena

§ 2º As penas aumentam-se da metade se há dano para outrem.

Quebra do segredo profissional

Art. 41. Violar segredo profissional, indispensável à manutenção do sigilo da correspondência mediante:

I — divulgação de nomes de pessoas que mantenham, entre si, correspondência;

II — divulgação, no todo ou em parte, de assunto ou texto de correspondência de que, em razão do ofício, se tenha conhecimento;

III — revelação do nome de assinante de caixa postal ou o número desta, quando houver pedido em contrário do usuário;

IV — revelação do modo pelo qual ou do local especial em que qualquer pessoa recebe correspondência:

Pena — detenção, de 3 (três) meses a 1 (um) ano, ou pagamento não excedente a 50 (cinquenta) dias-multa.

Violação do privilégio postal da União

Art. 42. Coletar, transportar, transmitir ou distribuir, sem observância das condições legais, objetos de qualquer natureza sujeitos ao monopólio da União, ainda que pagas as tarifas postais ou de telegramas:

Pena — detenção, até 2 (dois) meses, ou pagamento não excedente a 10 (dez) dias-multa.

Forma assimilada

Parágrafo único. Incorre nas mesmas penas quem promova ou facilite o contrabando postal ou pratique qualquer ato que importe em violação do monopólio exercido pela União sobre os serviços postal e de telegrama.

Agravação da pena

Art. 43. Os crimes contra o serviço postal, ou serviço de telegrama, quando praticados por pessoa prevalecendo-se do cargo, ou em abuso da função, terão a pena agravada.

Pessoa jurídica

Art. 44. Sempre que ficar caracterizada a vinculação de pessoa jurídica em crimes contra o serviço postal ou serviço de telegrama, a responsabilidade penal incidirá também sobre o dirigente da empresa que, de qualquer modo, tenha contribuído para a prática do crime.

Representação

Art. 45. A autoridade administrativa, a partir da data em que tiver ciência da prática de crime relacionado com o serviço postal ou com o serviço de telegrama, é obrigada a representar, no prazo de 10 (dez) dias, ao Ministério Público Federal contra o autor ou autores de ilícito penal, sob pena de responsabilidade.

Provas documentais e periciais

Art. 46. O Ministério das Comunicações colaborará com a entidade policial, fornecendo provas que forem colhidas em inquéritos ou processos administrativos e, quando possível, indicando servidor para efetuar perícias e acompanhar os agentes policiais em suas diligências.

Título VI
DAS DEFINIÇÕES

Art. 47. Para os efeitos desta Lei, são adotadas as seguintes definições:

Carta — objeto de correspondência, com ou sem envoltório, sob a forma de comunicação escrita, de natureza administrativa, social, comercial, ou qualquer outra, que contenha informação de interesse específico do destinatário.

Cartão-postal — objeto de correspondência, de material consistente, sem envoltório, contendo mensagem e endereço.

Cecograma — objeto de correspondência impresso em relevo, para uso dos cegos. Considera-se também cecograma o material impresso para uso dos cegos.

Código de Endereçamento Postal — conjunto de números, ou letras e números, gerados segundo determinada lógica, que identifiquem um local.

Correspondência — toda comunicação de pessoa a pessoa, por meio de carta, através da via postal ou por telegrama.

Correspondência agrupada — reunião, em volume, de objetos da mesma ou de diversas naturezas, quando, pelo menos um deles, for sujeito ao monopólio postal, remetidos a pessoas jurídicas de direito público ou privado e/ou suas agências, filiais ou representantes.

Cupom-Resposta Internacional — título ou documento de valor postal permutável em todo país-membro da União Postal Universal por um ou mais selos postais, destinados a permitir ao expedidor pagar para seu correspondente no estrangeiro o franqueamento de uma carta para resposta.

Encomenda — objeto com ou sem valor mercantil, para encaminhamento por via postal.

Estação — um ou vários transmissores ou receptores, ou um conjunto de transmissores e receptores, incluindo os equipamentos acessórios necessários para assegurar um serviço de telecomunicação em um determinado local.

Fórmula de franqueamento — representação material de pagamento de prestação de um serviço postal.

Franqueamento postal — pagamento da tarifa e, quando for o caso, do prêmio, relativos a objeto postal. Diz-se também da representação da tarifa.

Impresso — reprodução obtida sobre material de uso corrente na imprensa, editado em vários exemplares idênticos.

Objeto postal — qualquer objeto de correspondência, valor ou encomenda encaminhado por via postal.

Pequena encomenda — objeto de correspondência, com ou sem valor mercantil, com peso limitado, remetido sem fins comerciais.

Preço — remuneração das atividades conectadas ao serviço postal ou ao serviço de telegrama.

Prêmio — importância fixada percentualmente sobre o valor declarado dos objetos postais, a ser paga pelos usuários de determinados serviços para cobertura de riscos.

Registro — forma de postagem qualificada, na qual o objeto é confiado ao serviço postal contra emissão de certificado.

Selo — estampilha postal, adesiva ou fixa, bem como a estampa produzida por meio de máquina de franquear correspondência, destinadas a comprovar o pagamento da prestação de um serviço postal.

Tarifa — valor, fixado em base unitária, pelo qual se determina a importância a ser paga pelo usuário do serviço postal ou do serviço de telegrama.

Telegrama — mensagem transmitida por sinalização elétrica ou radioelétrica, ou qualquer outra forma equivalente, a ser convertida em comunicação escrita, para entrega ao destinatário.

Vale-postal — título emitido por uma unidade postal à vista de um depósito de quantia para pagamento na mesma ou em outra unidade postal.

Parágrafo único. São adotadas, no que couber, para os efeitos desta Lei, as definições estabelecidas em convenções e acordos internacionais.

Art. 48. O Poder Executivo baixará os decretos regulamentares decorrentes desta Lei em prazo não superior a 1 (um) ano, a contar da data de sua publicação, permanecendo em vigor as disposições constantes dos atuais e que não tenham sido, explícita ou implicitamente, revogados ou derrogados.

Art. 49. Esta Lei entrará em vigor na data de sua publicação, revogadas as disposições em contrário.

Brasília, em 22 de junho de 1978; 157º da Independência e 90º da República.

ERNESTO GEISEL
Armando Falcão
Euclides Quandt de Oliveira

(Publicada no DOU de 23-6-1978.)

LEI N. 6.766, DE 19 DE DEZEMBRO DE 1979

Dispõe sobre o parcelamento do solo urbano e dá outras providências.

Capítulo IX
DISPOSIÇÕES PENAIS

Art. 50. Constitui crime contra a Administração Pública:

I — dar início, de qualquer modo ou efetuar loteamento ou desmembramento do solo para fins urbanos, sem autorização do órgão público competente, ou em desacordo com as disposições desta Lei ou das normas pertinentes do Distrito Federal, Estados e Municípios;

II — dar início, de qualquer modo, ou efetuar loteamento ou desmembramento do solo para fins urbanos sem observância das determinações constantes do ato administrativo de licença;

III — fazer, ou veicular em proposta, contrato, prospecto ou comunicação ao público ou a interessados, afirmação falsa sobre a legalidade de loteamento ou desmembramento do solo para fins urbanos, ou ocultar fraudulentamente fato a ele relativo:

Pena — reclusão, de 1 (um) a 4 (quatro) anos, e multa de cinco a cinquenta vezes o maior salário mínimo vigente no País.

- Sobre pena de multa, *vide* art. 2º da Lei n. 7.209, de 11-7-1984.

Parágrafo único. O crime definido neste artigo é qualificado, se cometido:

I — por meio de venda, promessa de venda, reserva de lote ou quaisquer outros instrumentos que manifestem a intenção de vender lote em loteamento ou desmembramento não registrado no Registro de Imóveis competente;

II — com inexistência de título legítimo de propriedade do imóvel loteado ou desmembrado, ressalvado o disposto no art. 18, §§ 4º e 5º, desta Lei, ou com omissão fraudulenta de fato a ele relativo, se o fato não constituir crime mais grave:

- Inciso II com redação dada pela Lei n. 9.785, de 29-1-1999.

Pena — reclusão, de 1 (um) a 5 (cinco) anos, e multa de dez a cem vezes o maior salário mínimo vigente no País.

- *Vide* art. 2º da Lei n. 7.209/84 sobre pena de multa.

Art. 51. Quem, de qualquer modo, concorra para a prática dos crimes previstos no artigo anterior desta Lei incide nas penas a estes cominadas, considerados em especial os atos praticados na qualidade de mandatário de loteador, diretor ou gerente de sociedade.

Parágrafo único. *(Vetado.)*

Art. 52. Registrar loteamento ou desmembramento não aprovado pelos órgãos competentes, registrar o compromisso de compra e venda, a cessão ou promessa de cessão de direitos, ou efetuar registro de contrato de venda de loteamento ou desmembramento não registrado:

Pena — detenção, de 1 (um) a 2 (dois) anos, e multa de cinco a cinquenta vezes o maior salário mínimo vigente no País, sem prejuízo das sanções administrativas cabíveis.

■ *Vide* art. 2º da Lei n. 7.209, de 11-7-1984, sobre pena de multa.

....

Brasília, em 19 de dezembro de 1979; 158º da Independência e 91º da República.

JOÃO FIGUEIREDO
Petrônio Portella
Angelo Amaury Stábille
Mário David Andreazza

(Publicada no DOU de 20-12-1979.)

LEI N. 6.815, DE 19 DE AGOSTO DE 1980

Define a situação jurídica do estrangeiro no Brasil, cria o Conselho Nacional de Imigração e dá outras providências.

....

Título VII
DA DEPORTAÇÃO

Art. 57. Nos casos de entrada ou estada irregular de estrangeiro, se este não se retirar voluntariamente do território nacional no prazo fixado em Regulamento, será promovida sua deportação.

§ 1º Será igualmente deportado o estrangeiro que infringir o disposto nos arts. 21, § 2º, 24, 37, § 2º, 98 a 101, §§ 1º ou 2º do art. 104 ou art. 105.

§ 2º Desde que conveniente aos interesses nacionais, a deportação far-se-á independentemente da fixação do prazo de que trata o *caput* deste artigo.

Art. 58. A deportação consistirá na saída compulsória do estrangeiro.

Parágrafo único. A deportação far-se-á para o país da nacionalidade ou de procedência do estrangeiro, ou para outro que consinta em recebê-lo.

Art. 59. Não sendo apurada a responsabilidade do transportador pelas despesas com a retirada do estrangeiro, nem podendo este ou terceiro por ela responder, serão as mesmas custeadas pelo Tesouro Nacional.

Art. 60. O estrangeiro poderá ser dispensado de qualquer penalidade relativa à entrada ou estada irregular no Brasil ou formalidade cujo cumprimento possa dificultar a deportação.

Art. 61. O estrangeiro, enquanto não se efetivar a deportação, poderá ser recolhido à prisão por ordem do Ministro da Justiça, pelo prazo de 60 (sessenta) dias.

Parágrafo único. Sempre que não for possível, dentro do prazo previsto neste artigo, determinar-se a identidade do deportando ou obter-se documento de viagem para promover a sua retirada, a prisão poderá ser prorrogada por igual período, findo o qual será ele posto em liberdade, aplicando-se o disposto no art. 73.

Art. 62. Não sendo exequível a deportação ou quando existirem indícios sérios de periculosidade ou indesejabilidade do estrangeiro, proceder-se-á à sua expulsão.

Art. 63. Não se procederá à deportação se implicar em extradição inadmitida pela lei brasileira.

Art. 64. O deportado só poderá reingressar no território nacional se ressarcir o Tesouro Nacional, com correção monetária, das despesas com a sua deportação e efetuar, se for o caso, o pagamento da multa devida à época, também corrigida.

Título VIII
DA EXPULSÃO

▪ Sobre a expulsão de estrangeiro condenado por tráfico ilícito de entorpecentes, *vide* Decreto n. 98.961, de 15-2-1990.

Art. 65. É passível de expulsão o estrangeiro que, de qualquer forma, atentar contra a segurança nacional, a ordem política ou social, a tranquilidade ou moralidade pública e a economia popular, ou cujo procedimento o torne nocivo à conveniência e aos interesses nacionais.

Parágrafo único. É passível, também, de expulsão o estrangeiro que:

a) praticar fraude a fim de obter a sua entrada ou permanência no Brasil;

b) havendo entrado no território nacional com infração à lei, dele não se retirar no prazo que lhe for determinado para fazê-lo, não sendo aconselhável a deportação;

c) entregar-se à vadiagem ou à mendicância; ou

d) desrespeitar proibição especialmente prevista em lei para estrangeiro.

Art. 66. Caberá exclusivamente ao Presidente da República resolver sobre a conveniência e a oportunidade da expulsão ou de sua revogação.

Parágrafo único. A medida expulsória ou a sua revogação far-se-á por decreto.

Art. 67. Desde que conveniente ao interesse nacional, a expulsão do estrangeiro poderá efetivar-se, ainda que haja processo ou tenha ocorrido condenação.

Art. 68. Os órgãos do Ministério Público remeterão ao Ministério da Justiça, de ofício, até 30 (trinta) dias após o trânsito em julgado, cópia da sentença condenatória de estrangeiro autor de crime doloso ou de qualquer crime contra a segurança nacional, a ordem política ou social, a economia popular, a moralidade ou a saúde pública, assim como da folha de antecedentes penais constantes dos autos.

Parágrafo único. O Ministro da Justiça, recebidos os documentos mencionados neste artigo, determinará a instauração de inquérito para a expulsão do estrangeiro.

Art. 69. O Ministro da Justiça, a qualquer tempo, poderá determinar a prisão, por 90 (noventa) dias, do estrangeiro submetido a processo de expulsão e, para concluir o inquérito ou assegurar a execução da medida, prorrogá-la por igual prazo.

Parágrafo único. Em caso de medida interposta junto ao Poder Judiciário que suspenda, provisoriamente, a efetivação do ato expulsório, o prazo de prisão de que trata a parte final do *caput* deste artigo ficará interrompido, até a decisão definitiva do Tribunal a que estiver submetido o feito.

Art. 70. Compete ao Ministro da Justiça, de ofício ou acolhendo solicitação fundamentada, determinar a instauração de inquérito para a expulsão do estrangeiro.

Art. 71. Nos casos de infração contra a segurança nacional, a ordem política ou social e a economia popular, assim como nos casos de comércio, posse ou facilitação de uso indevido de substância entorpecente ou que determine dependência física ou psíquica, ou de desrespeito a proibição especialmente prevista em lei para estrangeiro, o inquérito será sumário e não excederá o prazo de 15 (quinze) dias, dentro do qual fica assegurado ao expulsando o direito de defesa.

Art. 72. Salvo as hipóteses previstas no artigo anterior, caberá pedido de reconsideração no prazo de 10 (dez) dias, a contar da publicação do decreto de expulsão, no *Diário Oficial da União*.

Art. 73. O estrangeiro, cuja prisão não se torne necessária, ou que tenha o prazo desta vencido, permanecerá em liberdade vigiada, em lugar designado pelo Ministro da Justiça, e guardará as normas de comportamento que lhe forem estabelecidas.

Parágrafo único. Descumprida qualquer das normas fixadas de conformidade com o disposto neste artigo ou no seguinte, o Ministro da Justiça, a qualquer tempo, poderá determinar a prisão administrativa do estrangeiro, cujo prazo não excederá a 90 (noventa) dias.

Art. 74. O Ministro da Justiça poderá modificar, de ofício ou a pedido, as normas de conduta impostas ao estrangeiro e designar outro lugar para a sua residência.

Art. 75. Não se procederá à expulsão:

I — se implicar extradição inadmitida pela lei brasileira; ou

II — quando o estrangeiro tiver:

a) cônjuge brasileiro do qual não esteja divorciado ou separado, de fato ou de direito, e desde que o casamento tenha sido celebrado há mais de 5 (cinco) anos; ou

b) filho brasileiro que, comprovadamente, esteja sob sua guarda e dele dependa economicamente.

§ 1º Não constituem impedimento à expulsão a adoção ou o reconhecimento de filho brasileiro supervenientes ao fato que a motivar.

§ 2º Verificados o abandono do filho, o divórcio ou a separação, de fato ou de direito, a expusão poderá efetivar-se a qualquer tempo.

Título IX
DA EXTRADIÇÃO

* Vide CR, arts. 5º, LI e LII, 22, XV, e 102, I, g.

Art. 76. A extradição poderá ser concedida quando o governo requerente se fundamentar em tratado, ou quando prometer ao Brasil a reciprocidade.

Art. 77. Não se concederá a extradição quando:

I — se tratar de brasileiro, salvo se a aquisição dessa nacionalidade verificar-se após o fato que motivar o pedido;

II — o fato que motivar o pedido não for considerado crime no Brasil ou no Estado requerente;

III — o Brasil for competente, segundo suas leis, para julgar o crime imputado ao extraditando;

IV — a lei brasileira impuser ao crime a pena de prisão igual ou inferior a 1 (um) ano;

V — o extraditando estiver a responder a processo ou já houver sido condenado ou absolvido no Brasil pelo mesmo fato em que se fundar o pedido;

VI — estiver extinta a punibilidade pela prescrição segundo a lei brasileira ou a do Estado requerente;

VII — o fato constituir crime político; e

VIII — o extraditando houver de responder, no Estado requerente, perante Tribunal ou Juízo de exceção.

§ 1º A exceção do item VII não impedirá a extradição quando o fato constituir, principalmente, infração da lei penal comum, ou quando o crime comum, conexo ao delito político, constituir o fato principal.

§ 2º Caberá, exclusivamente, ao Supremo Tribunal Federal, a apreciação do caráter da infração.

§ 3º O Supremo Tribunal Federal poderá deixar de considerar crimes políticos os atentados contra Chefes de Estado ou quaisquer autoridades, bem assim os atos de anarquismo, terrorismo, sabotagem, sequestro de pessoa, ou que importem propaganda de guerra ou de processos violentos para subverter a ordem política ou social.

Art. 78. São condições para concessão da extradição:

I — ter sido o crime cometido no território do Estado requerente ou serem aplicáveis ao extraditando as leis penais desse Estado; e

II — existir sentença final de privação de liberdade, ou estar a prisão do extraditando autorizada por juiz, tribunal ou autoridade competente do Estado requerente, salvo o disposto no art. 82.

Art. 79. Quando mais de um Estado requerer a extradição da mesma pessoa, pelo mesmo fato, terá preferência o pedido daquele em cujo território a infração foi cometida.

§ 1º Tratando-se de crimes diversos, terão preferência, sucessivamente:

I — o Estado requerente em cujo território haja sido cometido o crime mais grave, segundo a lei brasileira;

II — o que em primeiro lugar houver pedido a entrega do extraditando, se a gravidade dos crimes for idêntica; e

III — o Estado de origem, ou, na sua falta, o domiciliar do extraditando, se os pedidos forem simultâneos.

§ 2º Nos casos não previstos decidirá sobre a preferência o Governo brasileiro.

§ 3º Havendo tratado com algum dos Estados requerentes, prevalecerão suas normas no que disserem respeito à preferência de que trata este artigo. (Parágrafo com redação dada pela Lei n. 6.964, de 9-12-1981.)

Art. 80. A extradição será requerida por via diplomática ou, na falta de agente diplomático do Estado que a requerer, diretamente de Governo a Governo, devendo o pedido ser instruído com a cópia autêntica ou a certidão da sentença condenatória, da de pronúncia ou da que decretar a prisão preventiva, proferida por juiz ou autoridade competente. Esse documento ou qualquer outro que se juntar ao pedido conterá indicações precisas sobre o local, data, natureza e circunstâncias do fato criminoso, identidade do extraditando, e, ainda, cópia dos textos legais sobre o crime, a pena e sua prescrição.

§ 1º O encaminhamento do pedido por via diplomática confere autenticidade aos documentos.

§ 2º Não havendo tratado que disponha em contrário, os documentos indicados neste artigo serão acompanhados de versão oficialmente feita para o idioma português no Estado requerente. (Parágrafo com redação dada pela Lei n. 6.964, de 9-12-1981.)

Art. 81. O Ministério das Relações Exteriores remeterá o pedido ao Ministério da Justiça, que ordenará a prisão do extraditando, colocando-o à disposição do Supremo Tribunal Federal.

Art. 82. Em caso de urgência, poderá ser ordenada a prisão preventiva do extraditando desde que pedida, em termos hábeis, qualquer que seja o meio de comunicação, por autoridade competente, agente diplomático ou consular do Estado requerente.

§ 1º O pedido, que noticiará o crime cometido, deverá fundamentar-se em sentença condenatória, auto de prisão em flagrante, mandado de prisão, ou, ainda, em fuga do indiciado.

§ 2º Efetivada a prisão, o Estado requerente deverá formalizar o pedido em 90 (noventa) dias, na conformidade do art. 80.

§ 3º A prisão com base neste artigo não será mantida além do prazo referido no parágrafo anterior, nem se admitirá novo pedido pelo mesmo fato sem que a extradição haja sido formalmente requerida.

- *Vide* Portaria n. 737/88 do Ministério da Justiça.

Art. 83. Nenhuma extradição será concedida sem prévio pronunciamento do Plenário do Supremo Tribunal Federal sobre sua legalidade e procedência, não cabendo recurso da decisão.

Art. 84. Efetivada a prisão do extraditando (art. 81), o pedido será encaminhado ao Supremo Tribunal Federal.

Parágrafo único. A prisão perdurará até o julgamento final do Supremo Tribunal Federal, não sendo admitidas a liberdade vigiada, a prisão domiciliar, nem a prisão-albergue.

Art. 85. Ao receber o pedido, o relator designará dia e hora para o interrogatório do extraditando e, conforme o caso, dar-lhe-á curador ou advogado, se não o tiver, correndo do interrogatório o prazo de 10 (dez) dias para a defesa.

§ 1º A defesa versará sobre a identidade da pessoa reclamada, defeito de forma dos documentos apresentados ou ilegalidade da extradição.

§ 2º Não estando o processo devidamente instruído, o tribunal, a requerimento do procurador-geral da República, poderá converter o julgamento em diligência para suprir a falta no prazo improrrogável de 60 (sessenta) dias, decorridos os quais o pedido será julgado independentemente da diligência.

§ 3º O prazo referido no parágrafo anterior correrá da data da notificação que o Ministério das Relações Exteriores fizer à missão diplomática do Estado requerente.

Art. 86. Concedida a extradição, será o fato comunicado através do Ministério das Relações Exteriores à missão diplomática do Estado requerente que, no prazo de 60 (sessenta) dias da comunicação, deverá retirar o extraditando do território nacional.

Art. 87. Se o Estado requerente não retirar o extraditando do território nacional no prazo do artigo anterior, será ele posto em liberdade, sem prejuízo de responder a processo de expulsão, se o motivo da extradição o recomendar.

Art. 88. Negada a extradição, não se admitirá novo pedido baseado no mesmo fato.

Art. 89. Quando o extraditando estiver sendo processado, ou tiver sido condenado, no Brasil, por crime punível com pena privativa de liberdade, a extradição será executada somente depois da conclusão do processo ou do cumprimento da pena, ressalvado, entretanto, o disposto no art. 67.

Parágrafo único. A entrega do extraditando ficará igualmente adiada se a efetivação da medida puser em risco a sua vida por causa de enfermidade grave comprovada por laudo médico oficial.

Art. 90. O Governo poderá entregar o extraditando ainda que responda a processo ou esteja condenado por contravenção.

Art. 91. Não será efetivada a entrega sem que o Estado requerente assuma o compromisso:

I — de não ser o extraditando preso nem processado por fatos anteriores ao pedido;

II — de computar o tempo de prisão que, no Brasil, foi imposta por força da extradição;

III — de comutar em pena privativa de liberdade a pena corporal ou de morte, ressalvados, quanto à última, os casos em que a lei brasileira permitir a sua aplicação;

IV — de não ser o extraditando entregue, sem consentimento do Brasil, a outro Estado que o reclame; e

V — de não considerar qualquer motivo político para agravar a pena.

Art. 92. A entrega do extraditando, de acordo com as leis brasileiras e respeitado o direito de terceiro, será feita com os objetos e instrumentos do crime encontrados em seu poder.

Parágrafo único. Os objetos e instrumentos referidos neste artigo poderão ser entregues independentemente da entrega do extraditando.

Art. 93. O extraditando que, depois de entregue ao Estado requerente, escapar à ação da Justiça e homiziar-se no Brasil, ou por ele transitar, será detido mediante pedido feito diretamente por via diplomática, e de novo entregue sem outras formalidades.

Art. 94. Salvo motivo de ordem pública, poderá ser permitido, pelo Ministro da Justiça, o trânsito, no território nacional, de pessoas extraditadas por Estados estrangeiros, bem assim o da respectiva guarda, mediante apresentação de documentos comprobatórios de concessão da medida.

Título XII
DAS INFRAÇÕES, PENALIDADES E SEU PROCEDIMENTO

Capítulo I
DAS INFRAÇÕES E PENALIDADES

Art. 125. Constitui infração, sujeitando o infrator às penas aqui cominadas:

I — entrar no território nacional sem estar autorizado (clandestino):

Pena — deportação;

II — demorar-se no território nacional após esgotado o prazo legal de estada:

Pena — multa de um décimo do maior valor de referência, por dia de excesso, até o máximo de dez vezes o maior valor de referência, e deportação, caso não saia no prazo fixado;

III — deixar de registrar-se no órgão competente, dentro do prazo estabelecido nesta Lei (art. 30):

Pena — multa de um décimo do maior valor de referência, por dia de excesso, até o máximo de dez vezes o maior valor de referência;

IV — deixar de cumprir o disposto nos arts. 96, 102 e 103:

Pena — multa de duas a dez vezes o maior valor de referência;

V — deixar a empresa transportadora de atender à manutenção ou promover a saída do território nacional do clandestino ou do impedido (art. 27):

Pena — multa de trinta vezes o maior valor de referência, por estrangeiro;

VI — transportar para o Brasil estrangeiro que esteja sem a documentação em ordem:

Pena — multa de dez vezes o maior valor de referência, por estrangeiro, além da responsabilidade pelas despesas com a retirada deste do território nacional (Pena alterada pela Lei n. 6.964, de 9-12-1981);

VII — empregar ou manter a seu serviço estrangeiro em situação irregular ou impedido de exercer atividade remunerada:

Pena — multa de trinta vezes o maior valor de referência, por estrangeiro;

VIII — infringir o disposto nos arts. 21, § 2º, 24, 98, 104, §§ 1º ou 2º, e 105:

Pena — deportação;

IX — infringir o disposto no art. 25:

Pena — multa de cinco vezes o maior valor de referência para o resgatador e deportação para o estrangeiro;

X — infringir o disposto nos arts. 18, 37, § 2º, ou 99 a 101:

Pena — cancelamento do registro e deportação;

XI — infringir o disposto nos arts. 106 ou 107:

Pena — detenção, de 1 (um) a 3 (três) anos e expulsão;

XII — introduzir estrangeiro clandestinamente ou ocultar clandestino ou irregular:

Pena — detenção, de 1 (um) a 3 (três) anos e, se o infrator for estrangeiro, expulsão;

XIII — fazer declaração falsa em processo de transformação de visto, de registro, de alteração de assentamentos, de naturalização, ou para a obtenção de passaporte para estrangeiro, *laissez-passer*, ou, quando exigido, visto de saída:

Pena — reclusão, de 1 (um) a 5 (cinco) anos e, se o infrator for estrangeiro, expulsão;

XIV — infringir o disposto nos arts. 45 a 48:

Pena — multa de cinco a dez vezes o maior valor de referência;

XV — infringir o disposto nos arts. 26, § 1º, ou 64:

Pena — deportação e, na reincidência, expulsão;

XVI — infringir ou deixar de observar qualquer disposição desta Lei ou de seu Regulamento para a qual não seja cominada sanção especial:

Pena — multa de duas a cinco vezes o maior valor de referência.

Parágrafo único. As penalidades previstas no item XI aplicam-se também aos diretores das entidades referidas no item I do art. 107.

Art. 126. As multas previstas neste Capítulo, nos casos de reincidência, poderão ter os respectivos valores aumentados do dobro ao quíntuplo.

Capítulo II
DO PROCEDIMENTO PARA APURAÇÃO DAS INFRAÇÕES

Art. 127. A infração punida com multa será apurada em processo administrativo, que terá por base o respectivo auto, conforme se dispuser em regulamento.

Art. 128. No caso do art. 125, XI a XIII, observar-se-á o Código de Processo Penal e, nos casos de deportação e expulsão, o disposto nos Títulos VII e VIII desta Lei, respectivamente.

....

Art. 140. Esta Lei entrará em vigor na data de sua publicação.

Art. 141. Revogam-se as disposições em contrário, especialmente o Decreto-Lei n. 406, de 4 de maio de 1938; art. 69 do Decreto-Lei n. 3.688, de 3 de outubro de 1941; Decreto-Lei n. 5.101, de 17 de dezembro de 1942; Decreto-Lei n. 7.967, de 18 de setembro de 1945; Lei n. 5.333, de 11 de outubro de 1967; Decreto-Lei n. 417, de 10 de janeiro de 1969; Decreto-Lei n. 941, de 13 de outubro de 1969; art. 2º da Lei n. 5.709, de 7 de outubro de 1971, e Lei n. 6.262, de 18 de novembro de 1975.

Brasília, em 19 de agosto de 1980; 159º da Independência e 92º da República.

JOÃO FIGUEIREDO

(Publicada no DOU de 21-8-1980, retificada em 22-8-1980 e Repúblicada em 10-12-1981.)

LEI N. 6.910, DE 27 DE MAIO DE 1981

Restringe a aplicação do disposto no art. 2º da Lei n. 4.729, de 14 de julho de 1965, e no art. 18, § 2º, do Decreto-Lei n. 157, de 10 de fevereiro de 1967, e revoga o Decreto-Lei n. 1.650, de 19 de dezembro de 1978.

O Presidente da República:

Faço saber que o Congresso Nacional decreta e eu sanciono a seguinte Lei:

Art. 1º O disposto no art. 2º da Lei n. 4.729, de 14 de julho de 1965, e no art. 18, § 2º, do Decreto-Lei n. 157, de 10 de fevereiro de 1967, não se aplica aos crimes de contrabando ou descaminho, em suas modalidades próprias ou equiparadas nos termos dos §§ 1º e 2º do art. 334 do Código Penal.

Art. 2º É revogado o Decreto-Lei n. 1.650, de 19 de dezembro de 1978.

Art. 3º Esta Lei entrará em vigor na data de sua publicação.

Brasília, em 27 de maio de 1981; 160º da Independência e 93º da República.

JOÃO FIGUEIREDO
Ibrahim Abi-Ackel

(Publicada no DOU de 28-5-1981.)

LEI N. 6.938, DE 31 DE AGOSTO DE 1981

Dispõe sobre a Política Nacional do Meio Ambiente, seus fins e mecanismos de formulação e aplicação, e dá outras providências.

- *Vide* Lei n. 9.605, de 12-2-1998 (Lei do Meio Ambiente), que revogou tacitamente este artigo.

O Presidente da República:

Faço saber que o Congresso Nacional decreta e eu sanciono a seguinte Lei:

Art. 15. O poluidor que expuser a perigo a incolumidade humana, animal ou vegetal, ou estiver tornando mais grave situação de perigo existente, fica sujeito à pena de reclusão de 1 (um) a 3 (três) anos e multa de 100 a 1.000 MVR.

- Sobre pena de multa, *vide* art. 2º da Lei n. 7.209, de 11-7-1984.

§ 1º A pena é aumentada até o dobro se:

I — resultar:

a) dano irreversível à fauna, à flora e ao meio ambiente;

b) lesão corporal grave;

II — a poluição é decorrente de atividade industrial ou de transporte;

III — o crime é praticado durante a noite, em domingo ou em feriado.

§ 2º Incorre no mesmo crime a autoridade competente que deixar de promover as medidas tendentes a impedir a prática das condutas acima descritas.

- *Caput* e parágrafos com redação dada pela Lei n. 7.804, de 18-7-1989.

Art. 20. Esta Lei entrará em vigor na data de sua publicação.

Art. 21. Revogam-se as disposições em contrário.

Brasília, em 31 de agosto de 1981; 160º da Independência e 93º da República.

JOÃO FIGUEIREDO
Mário David Andreazza

(Publicada no DOU de 2-9-1981.)

LEI N. 7.106, DE 28 DE JUNHO DE 1983

Define os crimes de responsabilidade do Governador do Distrito Federal, dos Governadores dos Territórios Federais e de seus respectivos Secretários, e dá outras providências.

- Atualmente não existem mais Territórios Federais.

O Presidente da República:

Faço saber que o Congresso Nacional decreta e eu sanciono a seguinte Lei:

Art. 1º São crimes de responsabilidade do Governador do Distrito Federal ou de seus Secretários, quando por eles praticados, os definidos na Lei n. 1.079, de 10 de abril de 1950, ou ainda quando simplesmente tentados.

Art. 2º É facultado a qualquer cidadão denunciar o Governador ou Secretário do Governo do Distrito Federal perante o Senado Federal.

Art. 3º Recebida pelo Presidente do Senado Federal, a denúncia, devidamente acompanhada dos elementos que a comprovem, ou da declaração de impossibilidade de apresentá-los, mas com a indicação do local em que possam ser encontrados, será remetida à Comissão de Constituição e Justiça e às que devam examinar-lhe o mérito, depois do que o Senado Federal, por maioria absoluta, poderá decretar a procedência da acusação e a consequente suspensão do Governador de suas funções.

Art. 4º Declarada a procedência da acusação e suspensão do Governador, a Comissão Especial, constituída por cinco Senadores e cinco Desembargadores do Tribunal de Justiça, presidida pelo Presidente do Tribunal de Justiça do Distrito Federal, no prazo improrrogável de 90 (noventa) dias, concluirá pela condenação, ou não, do Governador à perda do cargo, com inabilitação até 5 (cinco) anos para o exercício de qualquer função política, sem prejuízo da ação da justiça comum.

Art. 5º O Governador do Distrito Federal e os Secretários do Governo, nos crimes conexos com os daquele, responderão, até 2 (dois) anos após haverem deixado o cargo, pelos atos que, consumados ou tentados, a lei considere crime de responsabilidade praticados no exercício da função pública.

§ 1º Aplica-se o disposto neste artigo aos dirigentes de autarquias, órgãos e entidades do complexo administrativo do Distrito Federal.

§ 2º Na hipótese do parágrafo anterior, a denúncia, a acusação e o julgamento se farão de acordo com a norma do processo administrativo, pelo órgão competente.

Art. 6º As disposições da presente Lei aplicam-se aos Governadores e Secretários dos Territórios Federais.

Art. 7º Esta Lei entra em vigor na data de sua publicação.

Art. 8º Revogam-se as disposições em contrário.

Brasília, em 28 de junho de 1983; 162º da Independência e 95º da República.

JOÃO FIGUEIREDO
Ibrahim Abi-Ackel
Mário David Andreazza

(Publicada no DOU de 29-6-1983.)

LEI N. 7.134, DE 26 DE OUTUBRO DE 1983

Dispõe sobre a obrigatoriedade de aplicação dos créditos e financiamentos de organismos governamentais e daqueles provenientes de incentivos fiscais, exclusivamente nos projetos para os quais foram concedidos.

O Presidente da República:

Faço saber que o Congresso Nacional decreta e eu sanciono a seguinte Lei:

Art. 1º Todo crédito ou financiamento concedido por órgãos da administração pública, direta ou indireta, ou recurso proveniente de incentivo fiscal terá que ser aplicado exclusivamente no projeto para o qual foi liberado.

- Sobre incentivo fiscal, *vide* art. 2º, IV, da Lei n. 8.137/90.

Art. 2º Os infratores ficam sujeitos às seguintes penalidades:

I — não se beneficiarão de nenhum outro empréstimo de organismo oficial de crédito e nem poderão utilizar recursos de incentivos fiscais, por um período de 10 (dez) anos;

II — terão que saldar todos os débitos, vencidos e vincendos, relativos ao crédito ou financiamento cuja aplicação foi desviada, no prazo de 30 (trinta) dias, contados da constatação da irregularidade.

Parágrafo único. As penalidades constantes deste artigo somente serão aplicadas mediante processo regular, assegurada ao acusado ampla defesa.

Art. 3º Além das sanções previstas no artigo anterior, os responsáveis pela infração dos dispositivos desta Lei ficam sujeitos às penas previstas no art. 171 do Decreto-Lei n. 2.848, de 7 de dezembro de 1940 — Código Penal Brasileiro.

Art. 4º O Poder Executivo regulamentará a presente Lei no prazo de 60 (sessenta) dias a contar da sua publicação.

Art. 5º Esta Lei entra em vigor na data de sua publicação.

Art. 6º Revogam-se as disposições em contrário.

Brasília, em 26 de outubro de 1983; 162º da Independência e 95º da República.

JOÃO FIGUEIREDO
Ernane Galvêas
Delfim Netto

(Publicada no DOU de 27-10-1983.)

LEI N. 7.170, DE 14 DE DEZEMBRO DE 1983

Define os crimes contra a segurança nacional, a ordem política e social, estabelece seu processo e julgamento e dá outras providências.

- *Vide* arts. 5º; XLIV, 21, III, e 22, XXVIII, da CR.

O Presidente da República:

Faço saber que o Congresso Nacional decreta e eu sanciono a seguinte Lei:

Título I
DISPOSIÇÕES GERAIS

Art. 1º Esta Lei prevê os crimes que lesam ou expõem a perigo de lesão:

I — a integridade territorial e a soberania nacional;

II — o regime representativo e democrático, a Federação e o Estado de Direito;

III — a pessoa dos chefes dos Poderes da União.

Art. 2º Quando o fato estiver também previsto como crime no Código Penal, no Código Penal Militar ou em leis especiais, levar-se-ão em conta, para a aplicação desta Lei:

I — a motivação e os objetivos do agente;

II — a lesão real ou potencial aos bens jurídicos mencionados no artigo anterior.

Art. 3º Pune-se a tentativa com a pena correspondente ao crime consumado, reduzida de um a dois terços, quando não houver expressa previsão e cominação específica para a figura tentada.

Parágrafo único. O agente que, voluntariamente, desiste de prosseguir na execução, ou impede que o resultado se produza, só responde pelos atos já praticados.

Art. 4º São circunstâncias que sempre agravam a pena, quando não elementares do crime:

I — ser o agente reincidente;

II — ter o agente:

a) praticado o crime com o auxílio, de qualquer espécie, de governo, organização internacional ou grupos estrangeiros;

b) promovido, organizado ou dirigido a atividade dos demais, no caso do concurso de agentes.

Art. 5º Em tempo de paz, a execução da pena privativa da liberdade, não superior a 2 (dois) anos, pode ser suspensa, por 2 (dois) a 6 (seis) anos, desde que:

I — o condenado não seja reincidente em crime doloso, salvo o disposto no § 1º do art. 71 do Código Penal Militar;

II — os seus antecedentes e personalidade, os motivos e as circunstâncias do crime, bem como sua conduta posterior, autorizem a presunção de que não tornará a delinquir.

Parágrafo único. A sentença especificará as condições a que fica subordinada a suspensão.

Art. 6º Extingue-se a punibilidade dos crimes previstos nesta Lei:

I — pela morte do agente;

II — pela anistia ou indulto;

III — pela retroatividade da lei que não mais considera o fato como criminoso;

IV — pela prescrição.

Art. 7º Na aplicação desta Lei, observar-se-á, no que couber, a Parte Geral do Código Penal Militar e, subsidiariamente, a sua Parte Especial.

Parágrafo único. Os menores de 18 (dezoito) anos são penalmente inimputáveis, ficando sujeitos às normas estabelecidas na legislação especial.

Título II
DOS CRIMES E DAS PENAS

Art. 8º Entrar em entendimento ou negociação com governo ou grupo estrangeiro, ou seus agentes, para provocar guerra ou atos de hostilidade contra o Brasil:

Pena — reclusão, de 3 (três) a 15 (quinze) anos.

Parágrafo único. Ocorrendo a guerra ou sendo desencadeados os atos de hostilidade, a pena aumenta-se até o dobro.

Art. 9º Tentar submeter o território nacional, ou parte dele, ao domínio ou à soberania de outro país:

Pena — reclusão, de 4 (quatro) a 20 (vinte) anos.

Parágrafo único. Se do fato resulta lesão corporal grave, a pena aumenta-se até um terço; se resulta morte, aumenta-se até a metade.

Art. 10. Aliciar indivíduos de outro país para invasão do território nacional:

Pena — reclusão, de 3 (três) a 10 (dez) anos.

Parágrafo único. Ocorrendo a invasão, a pena aumenta-se até o dobro.

Art. 11. Tentar desmembrar parte do território nacional para constituir país independente:

Pena — reclusão, de 4 (quatro) a 12 (doze) anos.

Art. 12. Importar ou introduzir, no território nacional, por qualquer forma, sem autorização da autoridade federal competente, armamento ou material militar privativo das Forças Armadas:

Pena — reclusão, de 3 (três) a 10 (dez) anos.

Parágrafo único. Na mesma pena incorre quem, sem autorização legal, fabrica, vende, transporta, recebe, oculta, mantém em depósito ou distribui o armamento ou material militar de que trata este artigo.

Art. 13. Comunicar, entregar ou permitir a comunicação ou a entrega, a governo ou grupo estrangeiro, ou a organização ou grupo de existência ilegal, de dados, documentos ou cópias de documentos, planos, códigos, cifras ou assuntos que, no interesse do Estado brasileiro, são classificados como sigilosos:

Pena — reclusão, de 3 (três) a 15 (quinze) anos.

Parágrafo único. Incorre na mesma pena quem:

I — com o objetivo de realizar os atos previstos neste artigo, mantém serviço de espionagem ou dele participa;

II — com o mesmo objetivo, realiza atividade aerofotográfica ou de sensoreamento remoto, em qualquer parte do território nacional;

III — oculta ou presta auxílio a espião, sabendo-o tal, para subtraí-lo à ação da autoridade pública;

IV — obtém ou revela, para fim de espionagem, desenhos, projetos, fotografias, notícias ou informações a respeito de técnicas, de tecnologias, de componentes, de equipamentos, de instalações ou de sistemas de processamento automatizado de dados, em uso ou em desenvolvimento no País, que, reputados essenciais para a sua defesa, segurança ou economia, devem permanecer em segredo.

Art. 14. Facilitar, culposamente, a prática de qualquer dos crimes previstos nos arts. 12 e 13, e seus parágrafos:

Pena — detenção, de 1 (um) a 5 (cinco) anos.

Art. 15. Praticar sabotagem contra instalações militares, meios de comunicações, meios e vias de transporte, estaleiros, portos, aeroportos, fábricas, usinas, barragens, depósitos e outras instalações congêneres:

Pena — reclusão, de 3 (três) a 10 (dez) anos.

§ 1º Se do fato resulta:

a) lesão corporal grave, a pena aumenta-se até a metade;

b) dano, destruição ou neutralização de meios de defesa ou de segurança; paralisação, total ou parcial, de atividade ou serviços públicos reputados essenciais para a defesa, a segurança ou a economia do País, a pena aumenta-se até o dobro;

c) morte, a pena aumenta-se até o triplo.

§ 2º Punem-se os atos preparatórios de sabotagem com a pena deste artigo reduzida de dois terços, se o fato não constitui crime mais grave.

Art. 16. Integrar ou manter associação, partido, comitê, entidade de classe ou grupamento que tenha por objetivo a mudança do regime vigente ou do Estado de Direito, por meios violentos ou com o emprego de grave ameaça:

Pena — reclusão, de 1 (um) a 5 (cinco) anos.

Art. 17. Tentar mudar, com emprego de violência ou grave ameaça, a ordem, o regime vigente ou o Estado de Direito:

Pena — reclusão, de 3 (três) a 15 (quinze) anos.

Parágrafo único. Se do fato resulta lesão corporal grave, a pena aumenta-se até a metade; se resulta morte, aumenta-se até o dobro.

Art. 18. Tentar impedir, com emprego de violência ou grave ameaça, o livre exercício de qualquer dos Poderes da União ou dos Estados:

Pena — reclusão, de 2 (dois) a 6 (seis) anos.

Art. 19. Apoderar-se ou exercer o controle de aeronave, embarcação ou veículo de transporte coletivo, com emprego de violência ou grave ameaça à tripulação ou a passageiros:

Pena — reclusão, de 2 (dois) a 10 (dez) anos.

Parágrafo único. Se do fato resulta lesão corporal grave, a pena aumenta-se até o dobro; se resulta morte, aumenta-se até o triplo.

Art. 20. Devastar, saquear, extorquir, roubar, sequestrar, manter em cárcere privado, incendiar, depredar, provocar explosão, praticar atentado pessoal ou atos de terrorismo, por inconformismo político ou para obtenção de fundos destinados à manutenção de organizações políticas clandestinas ou subversivas:

Pena — reclusão de 3 (três) a 10 (dez) anos.

Parágrafo único Se do fato resulta lesão corporal grave, a pena aumenta-se até o dobro; se resulta morte, aumenta-se até o triplo.

Art. 21. Revelar segredo obtido em razão de cargo, emprego ou função pública, relativamente a planos, ações ou operações militares ou policiais contra rebeldes, insurretos ou revolucionários:

Pena — reclusão, de 2 (dois) a 10 (dez) anos.

Art. 22. Fazer, em público, propaganda:

I — de processos violentos ou ilegais para alteração da ordem política ou social;

II — de discriminação racial, de luta pela violência entre as classes sociais, de perseguição religiosa;

III — de guerra;

IV — de qualquer dos crimes previstos nesta Lei:

Pena — detenção, de 1 (um) a 4 (quatro) anos.

§ 1º A pena é aumentada de um terço quando a propaganda for feita em local de trabalho ou por meio de rádio ou televisão.

§ 2º Sujeita-se à mesma pena quem distribui ou redistribui:

a) fundos destinados a realizar a propaganda de que trata este artigo;

b) ostensiva ou clandestinamente boletins ou panfletos contendo a mesma propaganda.

§ 3º Não constitui propaganda criminosa a exposição, a crítica ou o debate de quaisquer doutrinas.

Art. 23. Incitar:

I — à subversão da ordem política ou social;

II — à animosidade entre as Forças Armadas ou entre estas e as classes sociais ou as instituições civis;

III — à luta com violência entre as classes sociais;

IV — à prática de qualquer dos crimes previstos nesta Lei:

Pena — reclusão, de 1 (um) a 4 (quatro) anos.

Art. 24. Constituir, integrar ou manter organização ilegal de tipo militar, de qualquer forma ou natureza, armada ou não, com ou sem fardamento, com finalidade combativa:

Pena — reclusão, de 2 (dois) a 8 (oito) anos.

Art. 25. Fazer funcionar, de fato, ainda que sob falso nome ou forma simulada, partido político ou associação dissolvidos por força de disposição legal ou de decisão judicial:

Pena — reclusão, de 1 (um) a 5 (cinco) anos.

Art. 26. Caluniar ou difamar o Presidente da República, o do Senado Federal, o da Câmara dos Deputados ou o do Supremo Tribunal Federal, imputando-lhes fato definido como crime ou fato ofensivo à reputação:

Pena — reclusão, de 1 (um) a 4 (quatro) anos.

Parágrafo único. Na mesma pena incorre quem, conhecendo o caráter ilícito da imputação, a propala ou divulga.

Art. 27. Ofender a integridade corporal ou a saúde de qualquer das autoridades mencionadas no artigo anterior:

Pena — reclusão, de 1 (um) a 3 (três) anos.

§ 1º Se a lesão é grave, aplica-se a pena de reclusão de 3 (três) a 15 (quinze) anos.

§ 2º Se da lesão resulta a morte e as circunstâncias evidenciam que este resultado pode ser atribuído a título de culpa ao agente, a pena é aumentada até um terço.

Art. 28. Atentar contra a liberdade pessoal de qualquer das autoridades referidas no art. 26:

Pena — reclusão, de 4 (quatro) a 12 (doze) anos.

Art. 29. Matar qualquer das autoridades referidas no art. 26:

Pena — reclusão, de 15 (quinze) a 30 (trinta) anos.

Título III
DA COMPETÊNCIA, DO PROCESSO E DAS NORMAS ESPECIAIS DE PROCEDIMENTOS

Art. 30. Compete à Justiça Militar processar e julgar os crimes previstos nesta Lei, com observância das normas estabelecidas no Código de Processo Penal Militar, no que não colidirem com disposição desta Lei, ressalvada a competência originária do Supremo Tribunal Federal nos casos previstos na Constituição.

Parágrafo único. A ação penal é pública, promovendo-a o Ministério Público.

Art. 31. Para apuração de fato que configure crime previsto nesta Lei instaurar-se-á inquérito policial, pela Polícia Federal:

I — de ofício;

II — mediante requisição do Ministério Público;

III — mediante requisição de autoridade militar responsável pela segurança interna;

IV — mediante requisição do Ministro da Justiça.

Parágrafo único. Poderá a União delegar, mediante convênio, a Estado, ao Distrito Federal ou a Território, atribuições para a realização do inquérito referido neste artigo.

Art. 32. Será instaurado inquérito policial-militar se o agente for militar ou assemelhado, ou quando o crime:

I — lesar patrimônio sob administração militar;

II — for praticado em lugar diretamente sujeito à administração militar ou contra militar ou assemelhado em serviço;

III — for praticado nas regiões alcançadas pela decretação do estado de emergência ou do estado de sítio.

Art. 33. Durante as investigações, a autoridade que presidir o inquérito poderá manter o indiciado preso ou sob custódia, pelo prazo de 15 (quinze) dias, comunicando imediatamente o fato ao juízo competente.

§ 1º Em caso de justificada necessidade, esse prazo poderá ser dilatado por mais 15 (quinze) dias, por decisão do juiz, a pedido do encarregado do inquérito, ouvido o Ministério Público.

§ 2º A incomunicabilidade do indiciado, no período inicial das investigações, será permitida pelo prazo improrrogável de, no máximo, 5 (cinco) dias.

- *Nota*: A Constituição da República de 1988 veda a incomunicabilidade de qualquer pessoa presa, ainda que em Estado de Defesa (art. 136, § 3º, IV), tendo direito à assistência da família e de advogado (art. 5º, LXIII).

§ 3º O preso ou custodiado deverá ser recolhido e mantido em lugar diverso do destinado aos presos por crimes comuns, com estrita observância do disposto nos arts. 237 a 242 do Código de Processo Penal Militar.

§ 4º Em qualquer fase do inquérito, a requerimento da defesa, do indiciado, de seu cônjuge, descendente ou ascendente, será realizado exame na pessoa do indiciado para verificação de sua integridade física e mental; uma via do laudo, elaborado por 2 (dois) peritos médicos e instruída com fotografias, será juntada aos autos do inquérito.

§ 5º Esgotado o prazo de 15 (quinze) dias de prisão ou custódia ou de sua eventual prorrogação, o indiciado será imediatamente libertado, salvo se decretada a prisão preventiva, a requerimento do encarregado do inquérito ou do órgão do Ministério Público.

§ 6º O tempo de prisão ou custódia será computado no de execução da pena privativa de liberdade.

Art. 34. Esta Lei entra em vigor na data de sua publicação.

Art. 35. Revogam-se a Lei n. 6.620, de 17 de dezembro de 1978, e demais disposições em contrário.

Brasília, em 14 de dezembro de 1983; 162º da Independência e 95º da República.

JOÃO FIGUEIREDO
Ibrahim Abi-Ackel
Danilo Venturini

(Publicada no DOU de 15-12-1983.)

LEI N. 7.209, DE 11 DE JULHO DE 1984

Altera dispositivos do Decreto-Lei n. 2.848, de 7 de dezembro de 1940 — Código Penal, e dá outras providências.

O Presidente da República:

Faço saber que o Congresso Nacional decreta e eu sanciono a seguinte Lei:

Art. 1º O Decreto-Lei n. 2.848, de 7 de dezembro de 1940 — Código Penal, passa a vigorar com as seguintes alterações:

- Alterações já constantes da nova Parte Geral do Código Penal (arts. 1º a 120).

Art. 2º São canceladas, na Parte Especial do Código Penal e nas leis especiais alcançadas pelo art. 12 do Código Penal, quaisquer referências a valores de multas, substituindo-se a expressão *multa de* por *multa*.

Art. 3º Dentro de 1 (um) ano, a contar da vigência desta Lei, a União, Estados, Distrito Federal e Territórios tomarão as providências necessárias para a efetiva execução das penas restritivas de direitos, sem prejuízo da imediata aplicação e do cumprimento dessas penas onde seja isso possível.

Parágrafo único. Nas comarcas onde ainda não for possível a execução das penas previstas nos incisos I e III do art. 43 do Código Penal, poderá o juiz, até o vencimento do prazo de que trata este artigo, optar pela concessão da suspensão condicional, observado, no que couber, o disposto nos arts. 77 a 82 do mesmo Código.

- O art. 43 do CP foi alterado pela Lei n. 9.714, de 25-11-1998.

Art. 4º O Poder Executivo fará Republicar o Código Penal com seu texto atualizado.

Art. 5º Esta Lei entra em vigor 6 (seis) meses após a data de sua publicação.

Brasília, em 11 de julho de 1984; 163º da Independência e 96º da República.

JOÃO FIGUEIREDO

(Publicada no DOU de 13-7-1984.)

LEI N. 7.210, DE 11 DE JULHO DE 1984

Institui a Lei de Execução Penal.

O Presidente da República

Faço saber que o Congresso Nacional decreta e eu sanciono a seguinte Lei:

Título I
DO OBJETO E DA APLICAÇÃO DA LEI DE EXECUÇÃO PENAL

Art. 1º A execução penal tem por objetivo efetivar as disposições de sentença ou decisão criminal e proporcionar condições para a harmônica integração social do condenado e do internado.

Art. 2º A jurisdição penal dos juízes ou tribunais da justiça ordinária, em todo o território nacional, será exercida, no processo de execução, na conformidade desta Lei e do Código de Processo Penal.

Parágrafo único. Esta Lei aplicar-se-á igualmente ao preso provisório e ao condenado pela Justiça Eleitoral ou Militar, quando recolhido a estabelecimento sujeito à jurisdição ordinária.

Art. 3º Ao condenado e ao internado serão assegurados todos os direitos não atingidos pela sentença ou pela lei.

Parágrafo único. Não haverá qualquer distinção de natureza racial, social, religiosa ou política.

Art. 4º O Estado deverá recorrer à cooperação da comunidade nas atividades de execução da pena e da medida de segurança.

Título II
DO CONDENADO E DO INTERNADO

Capítulo I
DA CLASSIFICAÇÃO

Art. 5º Os condenados serão classificados, segundo os seus antecedentes e personalidade, para orientar a individualização da execução penal.

Art. 6º A classificação será feita por Comissão Técnica de Classificação que elaborará o programa individualizador da pena privativa de liberdade adequada ao condenado ou preso provisório.

- *Redação dada pela Lei n. 10.792, de 1º-12-2003.*

Art. 7º A Comissão Técnica de Classificação, existente em cada estabelecimento, será presidida pelo diretor e composta, no mínimo, por 2 (dois) chefes de serviço, um psiquiatra, um psicólogo e um assistente social, quando se tratar de condenado à pena privativa da liberdade.

Parágrafo único. Nos demais casos a Comissão atuará junto ao Juízo da Execução e será integrada por fiscais do Serviço Social.

Art. 8º O condenado ao cumprimento de pena privativa de liberdade, em regime fechado, será submetido a exame criminológico para a obtenção dos elementos necessários a uma adequada classificação e com vistas à individualização da execução.

Parágrafo único. Ao exame de que trata este artigo poderá ser submetido o condenado ao cumprimento da pena privativa de liberdade em regime semiaberto.

Art. 9º A Comissão, no exame para a obtenção de dados reveladores da personalidade, observando a ética profissional e tendo sempre presentes peças ou informações do processo, poderá:

I — entrevistar pessoas;

II — requisitar, de repartições ou estabelecimentos privados, dados e informações a respeito do condenado;

III — realizar outras diligências e exames necessários.

Art. 9º-A. Os condenados por crime praticado, dolosamente, com violência de natureza grave contra pessoa, ou por qualquer dos crimes previstos no art. 1º da Lei n. 8.072, de 25 de julho de 1990, serão submetidos, obrigatoriamente, à identificação do perfil genético, mediante extração de DNA — ácido desoxirribonucleico, por técnica adequada e indolor.

§ 1º A identificação do perfil genético será armazenada em banco de dados sigilogo, conforme regulamento a ser expedido pelo Poder Executivo.

§ 2º A autoridade policial, federal ou estadual, poderá requerer ao juiz competente, no caso de inquérito instaurado, o acesso ao banco de dados de identificação de perfil genético.

- Artigo e parágrafos incluídos pela Lei n. 12.654, de 28-5-2012.

Capítulo II
DA ASSISTÊNCIA

Seção I
DISPOSIÇÕES GERAIS

Art. 10. A assistência ao preso e ao internado é dever do Estado, objetivando prevenir o crime e orientar o retorno à convivência em sociedade.

Parágrafo único. A assistência estende-se ao egresso.

Art. 11. A assistência será:

I — material;

II — à saúde;

III — jurídica;

IV — educacional;

V — social;

VI — religiosa.

Seção II
DA ASSISTÊNCIA MATERIAL

▪ *Quanto aos benefícios da Previdência Social à pessoa presa, vide arts. 116 a 119 do Decreto n. 3.048, de 6-5-1999 (auxílio-reclusão).*

Art. 12. A assistência material ao preso e ao internado consistirá no fornecimento de alimentação, vestuário e instalações higiênicas.

Art. 13. O estabelecimento disporá de instalações e serviços que atendam aos presos nas suas necessidades pessoais, além de locais destinados à venda de produtos e objetos permitidos e não fornecidos pela Administração.

Seção III
DA ASSISTÊNCIA À SAÚDE

Art. 14. A assistência à saúde do preso e do internado, de caráter preventivo e curativo, compreenderá atendimento médico, farmacêutico e odontológico.

§ 1º (*Vetado.*)

§ 2º Quando o estabelecimento penal não estiver aparelhado para prover a assistência médica necessária, esta será prestada em outro local mediante autorização da direção do estabelecimento.

§ 3º Será assegurado acompanhamento médico à mulher, principalmente no pré-natal e no pós-parto, extensivo ao recém-nascido.

▪ *Parágrafo incluído pela Lei n. 11.942, de 28-5-2009.*

Seção IV
DA ASSISTÊNCIA JURÍDICA

Art. 15. A assistência jurídica é destinada aos presos e aos internados sem recursos financeiros para constituir advogado.

Art. 16. As Unidades da Federação deverão ter serviços de assistência jurídica, integral e gratuita, pela Defensoria Pública, dentro e fora dos estabelecimentos penais.

§ 1º As Unidades da Federação deverão prestar auxílio estrutural, pessoal e material à Defensoria Pública, no exercício de suas funções, dentro e fora dos estabelecimentos penais.

§ 2º Em todos os estabelecimentos penais, haverá local apropriado destinado ao atendimento pelo Defensor Público.

§ 3º Fora dos estabelecimentos penais, serão implementados Núcleos Especializados da Defensoria Pública para a prestação de assistência jurídica integral e gratuita aos réus, sentenciados em liberdade, egressos e seus familiares, sem recursos financeiros para constituir advogado.

▪ *Caput com redação dada pela Lei n. 12.313, de 19-8-2010, que também acrescentou os parágrafos.*

Seção V
DA ASSISTÊNCIA EDUCACIONAL

Art. 17. A assistência educacional compreenderá a instrução escolar e a formação profissional do preso e do internado.

Art. 18. O ensino de primeiro grau será obrigatório, integrando-se no sistema escolar da unidade federativa.

Art. 19. O ensino profissional será ministrado em nível de iniciação ou de aperfeiçoamento técnico.

Parágrafo único. A mulher condenada terá ensino profissional adequado à sua condição.

Art. 20. As atividades educacionais podem ser objeto de convênio com entidades públicas ou particulares, que instalem escolas ou ofereçam cursos especializados.

Art. 21. Em atendimento às condições locais, dotar-se-á cada estabelecimento de uma biblioteca, para uso de todas as categorias de reclusos, provida de livros instrutivos, recreativos e didáticos.

Seção VI
DA ASSISTÊNCIA SOCIAL

Art. 22. A assistência social tem por finalidade amparar o preso e o internado e prepará-los para o retorno à liberdade.

Art. 23. Incumbe ao serviço de assistência social:

I — conhecer os resultados dos diagnósticos e exames;

II — relatar, por escrito, ao diretor do estabelecimento, os problemas e as dificuldades enfrentados pelo assistido;

III — acompanhar o resultado das permissões de saídas e das saídas temporárias;

IV — promover, no estabelecimento, pelos meios disponíveis, a recreação;

V — promover a orientação do assistido, na fase final do cumprimento da pena, e do liberando, de modo a facilitar o seu retorno à liberdade;

VI — providenciar a obtenção de documentos, dos benefícios da previdência social e do seguro por acidente no trabalho;

VII — orientar e amparar, quando necessário, a família do preso, do internado e da vítima.

Seção VII
DA ASSISTÊNCIA RELIGIOSA

Art. 24. A assistência religiosa, com liberdade de culto, será prestada aos presos e aos internados, permitindo-se-lhes a participação nos serviços organizados no estabelecimento penal, bem como a posse de livros de instrução religiosa.

§ 1º No estabelecimento haverá local apropriado para os cultos religiosos.

§ 2º Nenhum preso ou internado poderá ser obrigado a participar de atividade religiosa.

Seção VIII
DA ASSISTÊNCIA AO EGRESSO

Art. 25. A assistência ao egresso consiste:

I — na orientação e apoio para reintegrá-lo à vida em liberdade;

II — na concessão, se necessário, de alojamento e alimentação, em estabelecimento adequado, pelo prazo de 2 (dois) meses.

Parágrafo único. O prazo estabelecido no inciso II poderá ser prorrogado uma única vez, comprovado, por declaração do assistente social, o empenho na obtenção de emprego.

Art. 26. Considera-se egresso para os efeitos desta Lei:

I — o liberado definitivo, pelo prazo de 1 (um) ano a contar da saída do estabelecimento;

II — o liberado condicional, durante o período de prova.

Art. 27. O serviço de assistência social colaborará com o egresso para a obtenção de trabalho.

Capítulo III
DO TRABALHO

Seção I
DISPOSIÇÕES GERAIS

Art. 28. O trabalho do condenado, como dever social e condição de dignidade humana, terá finalidade educativa e produtiva.

§ 1º Aplicam-se à organização e aos métodos de trabalho as precauções relativas à segurança e à higiene.

§ 2º O trabalho do preso não está sujeito ao regime da Consolidação das Leis do Trabalho.

Art. 29. O trabalho do preso será remunerado, mediante prévia tabela, não podendo ser inferior a três quartos do salário mínimo.

§ 1º O produto da remuneração pelo trabalho deverá atender:

a) à indenização dos danos causados pelo crime, desde que determinados judicialmente e não reparados por outros meios;

b) à assistência à família;

c) a pequenas despesas pessoais;

d) ao ressarcimento ao Estado das despesas realizadas com a manutenção do condenado, em proporção a ser fixada e sem prejuízo da destinação prevista nas letras anteriores.

§ 2º Ressalvadas outras aplicações legais, será depositada a parte restante para constituição do pecúlio em cadernetas de poupança, que será entregue ao condenado quando posto em liberdade.

Art. 30. As tarefas executadas como prestação de serviço à comunidade não serão remuneradas.

Seção II
DO TRABALHO INTERNO

Art. 31. O condenado à pena privativa de liberdade está obrigado ao trabalho na medida de suas aptidões e capacidade.

Parágrafo único. Para o preso provisório, o trabalho não é obrigatório e só poderá ser executado no interior do estabelecimento.

Art. 32. Na atribuição do trabalho deverão ser levadas em conta a habilitação, a condição pessoal e as necessidades futuras do preso, bem como as oportunidades oferecidas pelo mercado.

§ 1º Deverá ser limitado, tanto quanto possível, o artesanato sem expressão econômica, salvo nas regiões de turismo.

§ 2º Os maiores de 60 (sessenta) anos poderão solicitar ocupação adequada à sua idade.

§ 3º Os doentes ou deficientes físicos somente exercerão atividades apropriadas ao seu estado.

Art. 33. A jornada normal de trabalho não será inferior a 6 (seis), nem superior a 8 (oito) horas, com descanso nos domingos e feriados.

Parágrafo único. Poderá ser atribuído horário especial de trabalho aos presos designados para os serviços de conservação e manutenção do estabelecimento penal.

Art. 34. O trabalho poderá ser gerenciado por fundação, ou empresa pública, com autonomia administrativa, e terá por objetivo a formação profissional do condenado.

§ 1º Nessa hipótese, incumbirá à entidade gerenciadora promover e supervisionar a produção, com critérios e métodos empresariais, encarregar-se de sua comercialização, bem como suportar despesas, inclusive pagamento de remuneração adequada.

- *Parágrafo renumerado pela Lei n. 10.792, de 1º-12-2003.*

§ 2º Os governos federal, estadual e municipal poderão celebrar convênio com a iniciativa privada, para implantação de oficinas de trabalho referentes a setores de apoio dos presídios.

- *Parágrafo incluído pela Lei n. 10.792, de 1º-12-2003.*

Art. 35. Os órgãos da administração direta ou indireta da União, Estados, Territórios, Distrito Federal e dos Municípios adquirirão, com dispensa de concorrência pública, os bens ou produtos do trabalho prisional, sempre que não for possível ou recomendável realizar-se a venda a particulares.

Parágrafo único. Todas as importâncias arrecadadas com as vendas reverterão em favor da fundação ou empresa pública a que alude o artigo anterior ou, na sua falta, do estabelecimento penal.

Seção III
DO TRABALHO EXTERNO

Art. 36. O trabalho externo será admissível para os presos em regime fechado somente em serviço ou obras públicas realizados por órgãos da administração direta ou indireta, ou entidades privadas, desde que tomadas as cautelas contra a fuga e em favor da disciplina.

§ 1º O limite máximo do número de presos será de 10% (dez por cento) do total de empregados na obra.

§ 2º Caberá ao órgão da administração, à entidade ou à empresa empreiteira a remuneração desse trabalho.

§ 3º A prestação de trabalho à entidade privada depende do consentimento expresso do preso.

Art. 37. A prestação de trabalho externo, a ser autorizada pela direção do estabelecimento, dependerá de aptidão, disciplina e responsabilidade, além do cumprimento mínimo de um sexto da pena.

Parágrafo único. Revogar-se-á a autorização de trabalho externo ao preso que vier a praticar fato definido como crime, for punido por falta grave, ou tiver comportamento contrário aos requisitos estabelecidos neste artigo.

Capítulo IV
DOS DEVERES, DOS DIREITOS E DA DISCIPLINA

Seção I
DOS DEVERES

Art. 38. Cumpre ao condenado, além das obrigações legais inerentes ao seu estado, submeter-se às normas de execução da pena.

Art. 39. Constituem deveres do condenado:

I — comportamento disciplinado e cumprimento fiel da sentença;

II — obediência ao servidor e respeito a qualquer pessoa com quem deva relacionar-se;

III — urbanidade e respeito no trato com os demais condenados;

IV — conduta oposta aos movimentos individuais ou coletivos de fuga ou de subversão à ordem ou à disciplina;

V — execução do trabalho, das tarefas e das ordens recebidas;

VI — submissão à sanção disciplinar imposta;

VII — indenização à vítima ou aos seus sucessores;

VIII — indenização ao Estado, quando possível, das despesas realizadas com a sua manutenção, mediante desconto proporcional da remuneração do trabalho;

IX — higiene pessoal e asseio da cela ou alojamento;

X — conservação dos objetos de uso pessoal.

Parágrafo único. Aplica-se ao preso provisório, no que couber, o disposto neste artigo.

Seção II
DOS DIREITOS

Art. 40. Impõe-se a todas as autoridades o respeito à integridade física e moral dos condenados e dos presos provisórios.

Art. 41. Constituem direitos do preso:

I — alimentação suficiente e vestuário;

II — atribuição de trabalho e sua remuneração;

III — previdência social;

IV — constituição de pecúlio;

V — proporcionalidade na distribuição do tempo para o trabalho, o descanso e a recreação;

VI — exercício das atividades profissionais, intelectuais, artísticas e desportivas anteriores, desde que compatíveis com a execução da pena;

VII — assistência material, à saúde, jurídica, educacional, social e religiosa;

VIII — proteção contra qualquer forma de sensacionalismo;

IX — entrevista pessoal e reservada com o advogado;

X — visita do cônjuge, da companheira, de parentes e amigos em dias determinados;

- *Quanto à regulamentação do direito à visita íntima*, vide *Resolução n. 1, de 30-3-1999, do Conselho Nacional de Política Criminal e Penitenciária (DOU de 5-4-1999, p.1 e 2).*

XI — chamamento nominal;

XII — igualdade de tratamento salvo quanto às exigências da individualização da pena;

XIII — audiência especial com o diretor do estabelecimento;

XIV — representação e petição a qualquer autoridade, em defesa de direito;

XV — contato com o mundo exterior por meio de correspondência escrita, da leitura e de outros meios de informação que não comprometam a moral e os bons costumes;

XVI — atestado de pena a cumprir, emitido anualmente, sob pena da responsabilidade da autoridade judiciária competente.

- *Inciso XVI acrescentado pela Lei n. 10.713, de 13-8-2003.*

Parágrafo único. Os direitos previstos nos incisos V, X e XV poderão ser suspensos ou restringidos mediante ato motivado do diretor do estabelecimento.

Art. 42. Aplica-se ao preso provisório e ao submetido à medida de segurança, no que couber, o disposto nesta Seção.

Art. 43. É garantida a liberdade de contratar médico de confiança pessoal do internado ou do submetido a tratamento ambulatorial, por seus familiares ou dependentes, a fim de orientar e acompanhar o tratamento.

Parágrafo único. As divergências entre o médico oficial e o particular serão resolvidas pelo juiz de execução.

Seção III
DA DISCIPLINA

Subseção I
DISPOSIÇÕES GERAIS

Art. 44. A disciplina consiste na colaboração com a ordem, na obediência às determinações das autoridades e seus agentes e no desempenho do trabalho.

Parágrafo único. Estão sujeitos à disciplina o condenado à pena privativa de liberdade ou restritiva de direitos e o preso provisório.

Art. 45. Não haverá falta nem sanção disciplinar sem expressa e anterior previsão legal ou regulamentar.

§ 1º As sanções não poderão colocar em perigo a integridade física e moral do condenado.

§ 2º É vedado o emprego de cela escura.

§ 3º São vedadas as sanções coletivas.

Art. 46. O condenado ou denunciado, no início da execução da pena ou da prisão, será cientificado das normas disciplinares.

Art. 47. O poder disciplinar, na execução da pena privativa de liberdade, será exercido pela autoridade administrativa conforme as disposições regulamentares.

Art. 48. Na execução das penas restritivas de direitos, o poder disciplinar será exercido pela autoridade administrativa a que estiver sujeito o condenado.

Parágrafo único. Nas faltas graves, a autoridade representará ao juiz da execução para os fins dos arts. 118, I, 125, 127, 181, §§ 1º, *d*, e 2º, desta Lei.

Subseção II
DAS FALTAS DISCIPLINARES

Art. 49. As faltas disciplinares classificam-se em leves, médias e graves. A legislação local especificará as leves e médias, bem assim as respectivas sanções.

Parágrafo único. Pune-se a tentativa com a sanção correspondente à falta consumada.

Art. 50. Comete falta grave o condenado à pena privativa de liberdade que:

I — incitar ou participar de movimento para subverter a ordem ou a disciplina;

II — fugir;

III — possuir, indevidamente, instrumento capaz de ofender a integridade física de outrem;

IV — provocar acidente de trabalho;

V — descumprir, no regime aberto, as condições impostas;

VI — inobservar os deveres previstos nos incisos II e V do art. 39 desta Lei;

VII — tiver em sua posse, utilizar ou fornecer aparelho telefônico, de rádio ou similar, que permita a comunicação com outros presos ou com o ambiente externo.

- *Inciso VII acrescentado pela Lei n. 11.466, de 28-3-2007.*

Parágrafo único. O disposto neste artigo aplica-se, no que couber, ao preso provisório.

Art. 51. Comete falta grave o condenado à pena restritiva de direitos que:

I — descumprir, injustificadamente, a restrição imposta;

II — retardar, injustificadamente, o cumprimento da obrigação imposta;

III — inobservar os deveres previstos nos incisos II e V do art. 39 desta Lei.

Art. 52. A prática de fato previsto como crime doloso constitui falta grave e, quando ocasione subversão da ordem ou disciplina internas, sujeita o preso provisório, ou condenado, sem prejuízo da sanção penal, ao regime disciplinar diferenciado, com as seguintes características:

I — duração máxima de 360 (trezentos e sessenta) dias, sem prejuízo de repetição da sanção por nova falta grave de mesma espécie, até o limite de um sexto da pena aplicada;

II — recolhimento em cela individual;

III — visitas semanais de duas pessoas, sem contar as crianças, com duração de 2 (duas) horas;

IV — o preso terá direito à saída da cela por 2 (duas) horas diárias para banho de sol.

§ 1º O regime disciplinar diferenciado também poderá abrigar presos provisórios ou condenados, nacionais ou estrangeiros, que apresentem alto risco para a ordem e a segurança do estabelecimento penal ou da sociedade.

§ 2º Estará igualmente sujeito ao regime disciplinar diferenciado o preso provisório ou o condenado sob o qual recaiam fundadas suspeitas de envolvimento ou participação, a qualquer título, em organizações criminosas, quadrilha ou bando.

- Caput *com redação dada pela Lei n. 10.792, de 1º-12-2003, que também acrescentou os incisos e parágrafos.*

Subseção III
DAS SANÇÕES E DAS RECOMPENSAS

Art. 53. Constituem sanções disciplinares:

I — advertência verbal;

II — repreensão;

III — suspensão ou restrição de direitos (art. 41, parágrafo único);

IV — isolamento na própria cela, ou em local adequado, nos estabelecimentos que possuam alojamento coletivo, observado o disposto no art. 88 desta Lei;

V — inclusão no regime disciplinar diferenciado.

- *Inciso V acrescentado pela Lei n. 10.792, de 1º-12-2003.*

Art. 54. As sanções dos incisos I a IV do art. 53 serão aplicadas por ato motivado do diretor do estabelecimento e a do inciso V, por prévio e fundamentado despacho do juiz competente.

§ 1º A autorização para a inclusão do preso em regime disciplinar dependerá de requerimento circunstanciado elaborado pelo diretor do estabelecimento ou outra autoridade administrativa.

§ 2º A decisão judicial sobre inclusão de preso em regime disciplinar será precedida de manifestação do Ministério Público e da defesa e prolatada no prazo máximo de 15 (quinze) dias.

- Caput *com redação dada pela Lei n. 10.792, de 1º-12-2003, a qual acrescentou os §§ 1º e 2º.*

Art. 55. As recompensas têm em vista o bom comportamento reconhecido em favor do condenado, de sua colaboração com a disciplina e de sua dedicação ao trabalho.

Art. 56. São recompensas:

I — o elogio;

II — a concessão de regalias.

Parágrafo único. A legislação local e os regulamentos estabelecerão a natureza e a forma de concessão de regalias.

Subseção IV
DA APLICAÇÃO DAS SANÇÕES

Art. 57. Na aplicação das sanções disciplinares, levar-se-ão em conta a natureza, os motivos, as circunstâncias e as consequências do fato, bem como a pessoa do faltoso e seu tempo de prisão.

Parágrafo único. Nas faltas graves, aplicam-se as sanções previstas nos incisos III a V do art. 53 desta Lei.

- Caput *e parágrafo com redação dada pela Lei n. 10.792, de 1º-12-2003.*

Art. 58. O isolamento, a suspensão e a restrição de direitos não poderão exceder a 30 (trinta) dias, ressalvada a hipótese do regime disciplinar diferenciado.

- Caput *com redação dada pela Lei n. 10.792, de 1º-12-2003.*

Parágrafo único. O isolamento será sempre comunicado ao juiz da execução.

Subseção V
DO PROCEDIMENTO DISCIPLINAR

Art. 59. Praticada a falta disciplinar, deverá ser instaurado o procedimento para sua apuração, conforme regulamento, assegurado o direito de defesa.

Parágrafo único. A decisão será motivada.

Art. 60. A autoridade administrativa poderá decretar o isolamento preventivo do faltoso pelo prazo de até 10 (dez) dias. A inclusão do preso no regime disciplinar diferenciado, no interesse da disciplina e da averiguação do fato, dependerá de despacho do juiz competente.

Parágrafo único. O tempo de isolamento ou inclusão preventiva no regime disciplinar diferenciado será computado no período de cumprimento da sanção disciplinar.

- Caput *e parágrafo com redação dada pela Lei n. 10.792, de 1º-12-2003.*

Título III
DOS ÓRGÃOS DA EXECUÇÃO PENAL

Capítulo I
DISPOSIÇÕES GERAIS

Art. 61. São órgãos da execução penal:

I — o Conselho Nacional de Política Criminal e Penitenciária;

II — o Juízo da Execução;

III — o Ministério Público;

IV — o Conselho Penitenciário;

V — os Departamentos Penitenciários;

VI — o Patronato;

VII — o Conselho da Comunidade;

VIII — a Defensoria Pública.

- *Inciso VIII acrescentado pela Lei n. 12.313, de 19-8-2010.*

Capítulo II
DO CONSELHO NACIONAL DE POLÍTICA CRIMINAL E PENITENCIÁRIA

Art. 62. O Conselho Nacional de Política Criminal e Penitenciária, com sede na Capital da República, é subordinado ao Ministério da Justiça.

Art. 63. O Conselho Nacional de Política Criminal e Penitenciária será integrado por treze membros designados através de ato do Ministério da Justiça, dentre professores e profissionais da área de Direito Penal, Processual Penal, Penitenciário e ciências correlatas, bem como por representantes da comunidade e dos Ministérios da área social.

Parágrafo único. O mandato dos membros do Conselho terá duração de 2 (dois) anos, renovado um terço em cada ano.

Art. 64. Ao Conselho Nacional de Política Criminal e Penitenciária, no exercício de suas atividades, em âmbito federal ou estadual, incumbe:

I — propor diretrizes da política criminal quanto a prevenção do delito, administração da justiça criminal e execução das penas e das medidas de segurança;

II — contribuir na elaboração de planos nacionais de desenvolvimento, sugerindo as metas e prioridades da política criminal e penitenciária;

III — promover a avaliação periódica do sistema criminal para a sua adequação às necessidades do País;

IV — estimular e promover a pesquisa criminológica;

V — elaborar programa nacional penitenciário de formação e aperfeiçoamento do servidor;

VI — estabelecer regras sobre arquitetura e construção de estabelecimentos penais e casas de albergados;

VII — estabelecer os critérios para a elaboração da estatística criminal;

VIII — inspecionar e fiscalizar os estabelecimentos penais, bem assim informar-se, mediante relatórios do Conselho Penitenciário, requisições, visitas ou outros meios, acerca do desenvolvimento da execução penal nos Estados, Territórios e Distrito Federal, propondo às autoridades delas incumbidas as medidas necessárias ao seu aprimoramento;

IX — representar ao juiz da execução ou à autoridade administrativa para instauração de sindicância ou procedimento administrativo, em caso de violação das normas referentes à execução penal;

X — representar à autoridade competente para a interdição, no todo ou em parte, de estabelecimento penal.

Capítulo III
DO JUÍZO DA EXECUÇÃO

Art. 65. A execução penal competirá ao juiz indicado na lei local de organização judiciária e, na sua ausência, ao da sentença.

Art. 66. Compete ao juiz da execução:

I — aplicar aos casos julgados lei posterior que de qualquer modo favorecer o condenado;

II — declarar extinta a punibilidade;

III — decidir sobre:

a) soma ou unificação de penas;

b) progressão ou regressão nos regimes;

c) detração e remição da pena;

d) suspensão condicional da pena;

e) livramento condicional;

f) incidentes da execução;

IV — autorizar saídas temporárias;

V — determinar:

a) a forma de cumprimento da pena restritiva de direitos e fiscalizar sua execução;

b) a conversão da pena restritiva de direitos e de multa em privativa de liberdade;

c) a conversão da pena privativa de liberdade em restritiva de direitos;

d) a aplicação da medida de segurança, bem como a substituição da pena por medida de segurança;

e) a revogação da medida de segurança;

f) a desinternação e o restabelecimento da situação anterior;

g) o cumprimento de pena ou medida de segurança em outra comarca;

h) a remoção do condenado na hipótese prevista no § 1º do art. 86 desta Lei;

i) (*Vetada*).

- *Alínea i acrescentada pela Lei n. 12.258, de 15-6-2010.*

VI — zelar pelo correto cumprimento da pena e da medida de segurança;

VII — inspecionar, mensalmente, os estabelecimentos penais, tomando providências para o adequado funcionamento e promovendo, quando for o caso, a apuração de responsabilidade;

VIII — interditar, no todo ou em parte, estabelecimento penal que estiver funcionando em condições inadequadas ou com infringência aos dispositivos desta Lei;

IX — compor e instalar o Conselho da Comunidade;

X — emitir anualmente atestado de pena a cumprir.

- *Inciso X acrescentado pela Lei n. 10.713, de 13-8-2003.*

Capítulo IV
DO MINISTÉRIO PÚBLICO

Art. 67. O Ministério Público fiscalizará a execução da pena e da medida de segurança, oficiando no processo executivo e nos incidentes da execução.

Art. 68. Incumbe, ainda, ao Ministério Público:

I — fiscalizar a regularidade formal das guias de recolhimento e de internamento;

II — requerer:

a) todas as providências necessárias ao desenvolvimento do processo executivo;

b) a instauração dos incidentes de excesso ou desvio de execução;

c) a aplicação de medida de segurança, bem como a substituição da pena por medida de segurança;

d) a revogação da medida de segurança;

e) a conversão de penas, a progressão ou regressão nos regimes e a revogação da suspensão condicional da pena e do livramento condicional;

f) a internação, a desinternação e o restabelecimento da situação anterior;

III — interpor recursos de decisões proferidas pela autoridade judiciária, durante a execução.

Parágrafo único. O órgão do Ministério Público visitará mensalmente os estabelecimentos penais, registrando a sua presença em livro próprio.

Capítulo V
DO CONSELHO PENITENCIÁRIO

Art. 69. O Conselho Penitenciário é órgão consultivo e fiscalizador da execução da pena.

§ 1º O Conselho será integrado por membros nomeados pelo Governador do Estado, do Distrito Federal e dos Territórios, dentre professores e profissionais da área de Direito Penal, Processual Penal, Penitenciário e ciências correlatas, bem como por representantes da comunidade. A legislação federal e estadual regulará o seu funcionamento.

§ 2º O mandato dos membros do Conselho Penitenciário terá a duração de 4 (quatro) anos.

Art. 70. Incumbe ao Conselho Penitenciário:

I — emitir parecer sobre indulto e comutação de pena, excetuada a hipótese de pedido de indulto com base no estado de saúde do preso;

- Inciso I com redação dada pela Lei n. 10.792, de 1º-12-2003.

II — inspecionar os estabelecimentos e serviços penais;

III — apresentar, no primeiro trimestre de cada ano, ao Conselho Nacional de Política Criminal e Penitenciária, relatório dos trabalhos efetuados no exercício anterior;

IV — supervisionar os patronatos, bem como a assistência aos egressos.

Capítulo VI
DOS DEPARTAMENTOS PENITENCIÁRIOS

Seção I
DO DEPARTAMENTO PENITENCIÁRIO NACIONAL

Art. 71. O Departamento Penitenciário Nacional, subordinado ao Ministério da Justiça, é órgão executivo da Política Penitenciária Nacional e de apoio administrativo e financeiro do Conselho Nacional de Política Criminal e Penitenciária.

Art. 72. São atribuições do Departamento Penitenciário Nacional:

I — acompanhar a fiel aplicação das normas de execução penal em todo o território nacional;

II — inspecionar e fiscalizar periodicamente os estabelecimentos e serviços penais;

III — assistir tecnicamente as unidades federativas na implementação dos princípios e regras estabelecidos nesta Lei;

IV — colaborar com as unidades federativas, mediante convênios, na implantação de estabelecimentos e serviços penais;

V — colaborar com as unidades federativas para a realização de cursos de formação de pessoal penitenciário e de ensino profissionalizante do condenado e do internado;

VI — estabelecer, mediante convênios com as unidades federativas, o cadastro nacional das vagas existentes em estabelecimentos locais destinadas ao cumprimento de penas privativas de liberdade aplicadas pela justiça de outra unidade federativa, em especial para presos sujeitos a regime disciplinar.

- *Inciso VI acrescentado pela Lei n. 10.792, de 1º-12-2003.*

Parágrafo único. Incumbem também ao Departamento a coordenação e supervisão dos estabelecimentos penais e de internamento federais.

Seção II
DO DEPARTAMENTO PENITENCIÁRIO LOCAL

Art. 73. A legislação local poderá criar Departamento Penitenciário ou órgão similar, com as atribuições que estabelecer.

Art. 74. O Departamento Penitenciário local, ou órgão similar, tem por finalidade supervisionar e coordenar os estabelecimentos penais da unidade da Federação a que pertencer.

Seção III
DA DIREÇÃO E DO PESSOAL DOS ESTABELECIMENTOS PENAIS

Art. 75. O ocupante do cargo de diretor de estabelecimento deverá satisfazer os seguintes requisitos:

I — ser portador de diploma de nível superior de Direito, ou Psicologia, ou Ciências Sociais, ou Pedagogia, ou Serviços Sociais;

II — possuir experiência administrativa na área;

III — ter idoneidade moral e reconhecida aptidão para o desempenho da função.

Parágrafo único. O diretor deverá residir no estabelecimento, ou nas proximidades, e dedicará tempo integral à sua função.

Art. 76. O Quadro do Pessoal Penitenciário será organizado em diferentes categorias funcionais, segundo as necessidades do serviço, com especificação de atribuições relativas às funções de direção, chefia e assessoramento do estabelecimento e às demais funções.

Art. 77. A escolha do pessoal administrativo, especializado, de instrução técnica e de vigilância atenderá a vocação, preparação profissional e antecedentes pessoais do candidato.

§ 1º O ingresso do pessoal penitenciário, bem como a progressão ou a ascensão funcional dependerão de cursos específicos de formação, procedendo-se à reciclagem periódica dos servidores em exercício.

§ 2º No estabelecimento para mulheres somente se permitirá o trabalho de pessoal do sexo feminino, salvo quando se tratar de pessoal técnico especializado.

Capítulo VII
DO PATRONATO

Art. 78. O Patronato público ou particular destina-se a prestar assistência aos albergados e aos egressos (art. 26).

Art. 79. Incumbe também ao Patronato:

I — orientar os condenados à pena restritiva de direitos;

II — fiscalizar o cumprimento das penas de prestação de serviço à comunidade e de limitação de fim de semana;

III — colaborar na fiscalização do cumprimento das condições da suspensão e do livramento condicional.

Capítulo VIII
DO CONSELHO DA COMUNIDADE

Art. 80. Haverá, em cada comarca, um Conselho da Comunidade composto, no mínimo, por 1 (um) representante de associação comercial ou industrial, 1 (um) advogado indicado pela Seção da Ordem dos Advogados do Brasil, 1 (um) Defensor Público indicado pelo Defensor Público Geral e 1 (um) assistente social escolhido pela Delegacia Seccional do Conselho Nacional de Assistentes Sociais.

- *Artigo com redação dada pela Lei n. 12.313, de 19-8-2010.*

Parágrafo único. Na falta da representação prevista neste artigo, ficará a critério do juiz da execução a escolha dos integrantes do Conselho.

Art. 81. Incumbe ao Conselho da Comunidade:

I — visitar, pelo menos mensalmente, os estabelecimentos penais existentes na comarca;

II — entrevistar presos;

III — apresentar relatórios mensais ao juiz da execução e ao Conselho Penitenciário;

IV — diligenciar a obtenção de recursos materiais e humanos para melhor assistência ao preso ou internado, em harmonia com a direção do estabelecimento.

Capítulo IX
DA DEFENSORIA PÚBLICA

Art. 81-A. A Defensoria Pública velará pela regular execução da pena e da medida de segurança, oficiando, no processo executivo e nos incidentes da execução, para a defesa dos necessitados em todos os graus e instâncias, de forma individual e coletiva.

Art. 81-B. Incumbe, ainda, à Defensoria Pública:

I — requerer:

a) todas as providências necessárias ao desenvolvimento do processo executivo;

b) a aplicação aos casos julgados de lei posterior que de qualquer modo favorecer o condenado;

c) a declaração de extinção da punibilidade;

d) a unificação de penas;

e) a detração e remição da pena;

f) a instauração dos incidentes de excesso ou desvio de execução;

g) a aplicação de medida de segurança e sua revogação, bem como a substituição da pena por medida de segurança;

h) a conversão de penas, a progressão nos regimes, a suspensão condicional da pena, o livramento condicional, a comutação de pena e o indulto;

i) a autorização de saídas temporárias;

j) a internação, a desinternação e o restabelecimento da situação anterior;

k) o cumprimento de pena ou medida de segurança em outra comarca;

l) a remoção do condenado na hipótese prevista no § 1º do art. 86 desta Lei;

II — requerer a emissão anual do atestado de pena a cumprir;

III — interpor recursos de decisões proferidas pela autoridade judiciária ou administrativa durante a execução;

IV — representar ao Juiz da execução ou à autoridade administrativa para instauração de sindicância ou procedimento administrativo em caso de violação das normas referentes à execução penal;

V — visitar os estabelecimentos penais, tomando providências para o adequado funcionamento, e requerer, quando for o caso, a apuração de responsabilidade;

VI — requerer à autoridade competente a interdição, no todo ou em parte, de estabelecimento penal.

Parágrafo único. O órgão da Defensoria Pública visitará periodicamente os estabelecimentos penais, registrando a sua presença em livro próprio.

- *Capítulo IX acrescentado pela Lei n. 12.313, de 19-8-2010.*

Título IV
DOS ESTABELECIMENTOS PENAIS

Capítulo I
DISPOSIÇÕES GERAIS

Art. 82. Os estabelecimentos penais destinam-se ao condenado, ao submetido à medida de segurança, ao preso provisório e ao egresso.

§ 1º A mulher e o maior de 60 (sessenta) anos, separadamente, serão recolhidos a estabelecimento próprio e adequado à sua condição pessoal.

- § 1º com redação dada pela Lei n. 9.460, de 4-6-1997.

§ 2º O mesmo conjunto arquitetônico poderá abrigar estabelecimentos de destinação diversa desde que devidamente isolados.

Art. 83. O estabelecimento penal, conforme a sua natureza, deverá contar em suas dependências com áreas e serviços destinados a dar assistência, educação, trabalho, recreação e prática esportiva.

§ 1º Haverá instalação destinada a estágio de estudantes universitários.

- § 1º acrescentado pela Lei n. 9.046, de 18-5-95.

§ 2º Os estabelecimentos penais destinados a mulheres serão dotados de berçário, onde as condenadas possam cuidar de seus filhos, inclusive amamentá-los, no mínimo, até 6 (seis) meses de idade.

- § 2º com redação dada pela Lei n. 11.942, de 28-5-2009.

§ 3º Os estabelecimentos de que trata o § 2º deste artigo deverão possuir, exclusivamente, agentes do sexo feminino na segurança de suas dependências internas.

- § 3º acrescentado pela Lei n. 12.121, de 15-12-2009.

§ 4º Serão instaladas salas de aulas destinadas a cursos do ensino básico e profissionalizante.

- § 4º acrescentado pela Lei n. 12.245, de 24-5-2010.

§ 5º Haverá instalação destinada à Defensoria Pública.

- § 5º acrescentado pela Lei n. 12.313, de 19-8-2010.

Art. 84. O preso provisório ficará separado do condenado por sentença transitada em julgado.

§ 1º O preso primário cumprirá pena em seção distinta daquela reservada para os reincidentes.

§ 2º O preso que, ao tempo do fato, era funcionário da Administração da Justiça Criminal ficará em dependência separada.

Art. 85. O estabelecimento penal deverá ter lotação compatível com a sua estrutura e finalidade.

Parágrafo único. O Conselho Nacional de Política Criminal e Penitenciária determinará o limite máximo de capacidade do estabelecimento, atendendo a sua natureza e peculiaridades.

Art. 86. As penas privativas de liberdade aplicadas pela justiça de uma unidade federativa podem ser executadas em outra unidade, em estabelecimento local ou da União.

§ 1º A União Federal poderá construir estabelecimento penal em local distante da condenação para recolher os condenados, quando a medida se justifique no interesse da segurança pública ou do próprio condenado.

- *§ 1º com redação dada pela Lei n. 10.792, de 1º-12-2003.*

§ 2º Conforme a natureza do estabelecimento, nele poderão trabalhar os liberados ou egressos que se dediquem a obras públicas ou ao aproveitamento de terras ociosas.

§ 3º Caberá ao juiz competente, a requerimento da autoridade administrativa, definir o estabelecimento prisional adequado para abrigar o preso provisório ou condenado, em atenção ao regime e aos requisitos estabelecidos.

- *§ 3º acrescentado pela Lei n. 10.792, de 1-12-2003.*

Capítulo II
DA PENITENCIÁRIA

Art. 87. A Penitenciária destina-se ao condenado à pena de reclusão, em regime fechado.

Parágrafo único. A União Federal, os Estados, o Distrito Federal e os Territórios poderão construir Penitenciárias destinadas, exclusivamente, aos presos provisórios e condenados que estejam em regime fechado, sujeitos ao regime disciplinar diferenciado, nos termos do art. 52 desta Lei.

- *Parágrafo acrescentado pela Lei n. 10.792, de 1-12-2003.*

Art. 88. O condenado será alojado em cela individual, que conterá dormitório, aparelho sanitário e lavatório.

Parágrafo único. São requisitos básicos da unidade celular:

a) salubridade do ambiente pela concorrência dos fatores de aeração, insolação e condicionamento térmico adequado à existência humana;

b) área mínima de 6 m² (seis metros quadrados).

Art. 89. Além dos requisitos referidos no art. 88, a penitenciária de mulheres será dotada de seção para gestante e parturiente e de creche para abrigar crianças maiores de 6 (seis) meses e menores de 7 (sete) anos, com a finalidade de assistir a criança desamparada cuja responsável estiver presa.

Parágrafo único. São requisitos básicos da seção e da creche referidas neste artigo:

I — atendimento por pessoal qualificado, de acordo com as diretrizes adotadas pela legislação educacional e em unidades autônomas; e

II — horário de funcionamento que garanta a melhor assistência à criança e à sua responsável.

- *Caput com redação dada pela Lei n. 11.942, de 28-5-2009, que também incluiu o parágrafo único.*

Art. 90. A penitenciária de homens será construída em local afastado do centro urbano a distância que não restrinja a visitação.

Capítulo III
DA COLÔNIA AGRÍCOLA, INDUSTRIAL OU SIMILAR

Art. 91. A Colônia Agrícola, Industrial ou similar destina-se ao cumprimento da pena em regime semiaberto.

Art. 92. O condenado poderá ser alojado em compartimento coletivo, observados os requisitos da letra *a* do parágrafo único do art. 88 desta Lei.

Parágrafo único. São também requisitos básicos das dependências coletivas:

a) a seleção adequada dos presos;

b) o limite de capacidade máxima que atenda aos objetivos de individualização da pena.

Capítulo IV
DA CASA DO ALBERGADO

Art. 93. A Casa do Albergado destina-se ao cumprimento de pena privativa de liberdade, em regime aberto, e da pena de limitação de fim de semana.

Art. 94. O prédio deverá situar-se em centro urbano, separado dos demais estabelecimentos, e caracterizar-se pela ausência de obstáculos físicos contra a fuga.

Art. 95. Em cada região haverá, pelo menos, uma Casa do Albergado, a qual deverá conter, além dos aposentos para acomodar os presos, local adequado para cursos e palestras.

Parágrafo único. O estabelecimento terá instalações para os serviços de fiscalização e orientação dos condenados.

Capítulo V
DO CENTRO DE OBSERVAÇÃO

Art. 96. No Centro de Observação realizar-se-ão os exames gerais e o criminológico, cujos resultados serão encaminhados à Comissão Técnica de Classificação.

Parágrafo único. No Centro poderão ser realizadas pesquisas criminológicas.

Art. 97. O Centro de Observação será instalado em unidade autônoma ou em anexo a estabelecimento penal.

Art. 98. Os exames poderão ser realizados pela Comissão Técnica de Classificação, na falta do Centro de Observação.

Capítulo VI
DO HOSPITAL DE CUSTÓDIA E TRATAMENTO PSIQUIÁTRICO

Art. 99. O Hospital de Custódia e Tratamento Psiquiátrico destina-se aos inimputáveis e semi-imputáveis referidos no art. 26 e seu parágrafo único do Código Penal.

Parágrafo único. Aplica-se ao Hospital, no que couber, o disposto no parágrafo único do art. 88 desta Lei.

Art. 100. O exame psiquiátrico e os demais exames necessários ao tratamento são obrigatórios para todos os internados.

Art. 101. O tratamento ambulatorial, previsto no art. 97, segunda parte, do Código Penal, será realizado no Hospital de Custódia e Tratamento Psiquiátrico ou em outro local com dependência médica adequada.

Capítulo VII
DA CADEIA PÚBLICA

Art. 102. A Cadeia Pública destina-se ao recolhimento de presos provisórios.

Art. 103. Cada comarca terá, pelo menos, uma Cadeia Pública a fim de resguardar o interesse da administração da justiça criminal e a permanência do preso em local próximo ao seu meio social e familiar.

Art. 104. O estabelecimento de que trata este Capítulo será instalado próximo de centro urbano, observando-se na construção as exigências mínimas referidas no art. 88 e seu parágrafo único desta Lei.

Título V
DA EXECUÇÃO DAS PENAS EM ESPÉCIE

Capítulo I
DAS PENAS PRIVATIVAS DE LIBERDADE

Seção I
DISPOSIÇÕES GERAIS

Art. 105. Transitando em julgado a sentença que aplicar pena privativa de liberdade, se o réu estiver ou vier a ser preso, o juiz ordenará a expedição de guia de recolhimento para a execução.

Art. 106. A guia de recolhimento, extraída pelo escrivão, que a rubricará em todas as folhas e a assinará com o juiz, será remetida à autoridade administrativa incumbida da execução e conterá:

I — o nome do condenado;

II — a sua qualificação civil e o número do registro geral no órgão oficial de identificação;

III — o inteiro teor da denúncia e da sentença condenatória, bem como certidão do trânsito em julgado;

IV — a informação sobre os antecedentes e o grau de instrução;

V — a data da terminação da pena;

VI — outras peças do processo reputadas indispensáveis ao adequado tratamento penitenciário.

§ 1º Ao Ministério Público se dará ciência da guia de recolhimento.

§ 2º A guia de recolhimento será retificada sempre que sobrevier modificação quanto ao início da execução ou ao tempo de duração da pena.

§ 3º Se o condenado, ao tempo do fato, era funcionário da administração da justiça criminal, far-se-á, na guia, menção dessa circunstância, para fins do disposto no § 2º do art. 84 desta Lei.

Art. 107. Ninguém será recolhido, para cumprimento de pena privativa de liberdade, sem a guia expedida pela autoridade judiciária.

§ 1º A autoridade administrativa incumbida da execução passará recibo da guia de recolhimento, para juntá-la aos autos do processo e dará ciência dos seus termos ao condenado.

§ 2º As guias de recolhimento serão registradas em livro especial, segundo a ordem cronológica do recebimento, e anexadas ao prontuário do condenado, aditando-se, no curso da execução, o cálculo das remições e de outras retificações posteriores.

Art. 108. O condenado a quem sobrevier doença mental será internado em Hospital de Custódia e Tratamento Psiquiátrico.

Art. 109. Cumprida ou extinta a pena, o condenado será posto em liberdade, mediante alvará do juiz, se por outro motivo não estiver preso.

Seção II
DOS REGIMES

Art. 110. O juiz, na sentença, estabelecerá o regime no qual o condenado iniciará o cumprimento da pena privativa de liberdade, observado o disposto no art. 33 e seus parágrafos do Código Penal.

Art. 111. Quando houver condenação por mais de um crime, no mesmo processo ou em processos distintos, a determinação do regime de cumprimento será feita pelo resultado da soma ou unificação das penas, observada, quando for o caso, a detração ou remição.

Parágrafo único. Sobrevindo condenação no curso da execução, somar-se-á a pena ao restante da que está sendo cumprida, para determinação do regime.

Art. 112. A pena privativa de liberdade será executada em forma progressiva com a transferência para regime menos rigoroso, a ser determinada pelo juiz, quando o preso tiver cumprido ao menos um sexto da pena no regime anterior e ostentar bom comportamento carcerário, comprovado pelo diretor do estabelecimento, respeitadas as normas que vedam a progressão.

§ 1º A decisão será sempre motivada e precedida de manifestação do Ministério Público e do defensor.

§ 2º Idêntico procedimento será adotado na concessão de livramento condicional, indulto e comutação de penas, respeitados os prazos previstos nas normas vigentes.

- Caput *com redação dada pela Lei n. 10.792, de 1-12-2003, que também incluiu os §§ 1º e 2º.*

Art. 113. O ingresso do condenado em regime aberto supõe a aceitação de seu programa e das condições impostas pelo juiz.

Art. 114. Somente poderá ingressar no regime aberto o condenado que:

I — estiver trabalhando ou comprovar a possibilidade de fazê-lo imediatamente;

II — apresentar, pelos seus antecedentes ou pelo resultado dos exames a que foi submetido, fundados indícios de que irá ajustar-se, com autodisciplina e senso de responsabilidade, ao novo regime.

Parágrafo único. Poderão ser dispensadas do trabalho as pessoas referidas no art. 117 desta Lei.

Art. 115. O juiz poderá estabelecer condições especiais para a concessão de regime aberto, sem prejuízo das seguintes condições gerais e obrigatórias:

I — permanecer no local que for designado, durante o repouso e nos dias de folga;

II — sair para o trabalho e retornar, nos horários fixados;

III — não se ausentar da cidade onde reside, sem autorização judicial;

IV — comparecer a juízo, para informar e justificar as suas atividades, quando for determinado.

Art. 116. O juiz poderá modificar as condições estabelecidas, de ofício, a requerimento do Ministério Público, da autoridade administrativa ou do condenado, desde que as circunstâncias assim o recomendem.

Art. 117. Somente se admitirá o recolhimento do beneficiário de regime aberto em residência particular quando se tratar de:

I — condenado maior de 70 (setenta) anos;

II — condenado acometido de doença grave;

III — condenada com filho menor ou deficiente físico ou mental;

IV — condenada gestante.

Art. 118. A execução da pena privativa de liberdade ficará sujeita à forma regressiva, com a transferência para qualquer dos regimes mais rigorosos, quando o condenado:

I — praticar fato definido como crime doloso ou falta grave;

II — sofrer condenação, por crime anterior, cuja pena, somada ao restante da pena em execução, torne incabível o regime (art. 111).

§ 1º O condenado será transferido do regime aberto se, além das hipóteses referidas nos incisos anteriores, frustrar os fins da execução ou não pagar, podendo, a multa cumulativamente imposta.

§ 2º Nas hipóteses do inciso I e do parágrafo anterior, deverá ser ouvido, previamente, o condenado.

Art. 119. A legislação local poderá estabelecer normas complementares para o cumprimento da pena privativa de liberdade em regime aberto (art. 36, § 1º, do Código Penal).

Seção III
DAS AUTORIZAÇÕES DE SAÍDA

Subseção I
DA PERMISSÃO DE SAÍDA

Art. 120. Os condenados que cumprem pena em regime fechado ou semiaberto e os presos provisórios poderão obter permissão para sair do estabelecimento, mediante escolta, quando ocorrer um dos seguintes fatos:

I — falecimento ou doença grave do cônjuge, companheira, ascendente, descendente ou irmão;

II — necessidade de tratamento médico (parágrafo único do art. 14).

■ *A referência, feita no inciso II deste art. 120, ao parágrafo único do art. 14 e não ao seu § 2º, é, evidentemente, fruto de equívoco do legislador.*

Parágrafo único. A permissão de saída será concedida pelo diretor do estabelecimento onde se encontra o preso.

Art. 121. A permanência do preso fora do estabelecimento terá a duração necessária à finalidade da saída.

Subseção II
DA SAÍDA TEMPORÁRIA

Art. 122. Os condenados que cumprem pena em regime semiaberto poderão obter autorização para saída temporária do estabelecimento, sem vigilância direta, nos seguintes casos:

I — visita à família;

II — frequência a curso supletivo profissionalizante, bem como de instrução do segundo grau ou superior, na comarca do Juízo da Execução;

III — participação em atividades que concorram para o retorno ao convívio social.

Parágrafo único. A ausência de vigilância direta não impede a utilização de equipamento de monitoração eletrônica pelo condenado, quando assim determinar o juiz da execução.

■ *Parágrafo único acrescentado pela Lei n. 12.258, de 15-6-2010.*

Art. 123. A autorização será concedida por ato motivado do juiz da execução, ouvidos o Ministério Público e a administração penitenciária, e dependerá da satisfação dos seguintes requisitos:

I — comportamento adequado;

II — cumprimento mínimo de um sexto da pena, se o condenado for primário, e um quarto, se reincidente;

III — compatibilidade do benefício com os objetivos da pena.

Art. 124. A autorização será concedida por prazo não superior a 7 (sete) dias, podendo ser renovada por mais quatro vezes durante o ano.

§ 1º Ao conceder a saída temporária, o juiz imporá ao beneficiário as seguintes condições, entre outras que entender compatíveis com as circunstâncias do caso e a situação pessoal do condenado:

I — fornecimento do endereço onde reside a família a ser visitada ou onde poderá ser encontrado durante o gozo do benefício;

II — recolhimento à residência visitada, no período noturno;

III — proibição de frequentar bares, casas noturnas e estabelecimentos congêneres.

■ *§ 1º acrescentado pela Lei n. 12.258, de 15-6-2010.*

§ 2º Quando se tratar de frequência a curso profissionalizante, de instrução de ensino médio ou superior, o tempo de saída será o necessário para o cumprimento das atividades discentes.

■ *§ 2º renumerado do parágrafo único pela Lei n. 12.258, de 15-6-2010.*

§ 3º Nos demais casos, as autorizações de saída somente poderão ser concedidas com prazo mínimo de 45 (quarenta e cinco) dias de intervalo entre uma e outra.

- § 3º acrescentado pela Lei n. 12.258, de 15-6-2010.

Art. 125. O benefício será automaticamente revogado quando o condenado praticar fato definido como crime doloso, for punido por falta grave, desatender as condições impostas na autorização ou revelar baixo grau de aproveitamento do curso.

Parágrafo único. A recuperação do direito à saída temporária dependerá da absolvição no processo penal, do cancelamento da punição disciplinar ou da demonstração do merecimento do condenado.

Seção IV
DA REMIÇÃO

Art. 126. O condenado que cumpre a pena em regime fechado ou semiaberto poderá remir, por trabalho ou por estudo, parte do tempo de execução da pena.

§ 1º A contagem de tempo referida no *caput* será feita à razão de:

- Caput e § 1º com redação dada pela Lei n. 12.433, de 29-6-2011.

I — 1 (um) dia de pena a cada 12 (doze) horas de frequência escolar — atividade de ensino fundamental, médio, inclusive profissionalizante, ou superior, ou ainda de requalificação profissional — divididas, no mínimo, em 3 (três) dias;

II — 1 (um) dia de pena a cada 3 (três) dias de trabalho.

- Incisos I e II acrescentados pela Lei n. 12.433, de 29-6-2011.

§ 2º As atividades de estudo a que se refere o § 1º deste artigo poderão ser desenvolvidas de forma presencial ou por metodologia de ensino a distância e deverão ser certificadas pelas autoridades educacionais competentes dos cursos frequentados.

§ 3º Para fins de cumulação dos casos de remição, as horas diárias de trabalho e de estudo serão definidas de forma a se compatibilizarem.

- § 2º e § 3º com redação dada pela Lei n. 12.433, de 29-6-2011.

§ 4º O preso impossibilitado, por acidente, de prosseguir no trabalho ou nos estudos continuará a beneficiar-se com a remição.

§ 5º O tempo a remir em função das horas de estudo será acrescido de 1/3 (um terço) no caso de conclusão do ensino fundamental, médio ou superior durante o cumprimento da pena, desde que certificada pelo órgão competente do sistema de educação.

§ 6º O condenado que cumpre pena em regime aberto ou semiaberto e o que usufrui liberdade condicional poderão remir, pela frequência a curso de ensino regular ou de educação profissional, parte do tempo de execução da pena ou do período de prova, observado o disposto no inciso I do § 1º deste artigo.

§ 7º O disposto neste artigo aplica-se às hipóteses de prisão cautelar.

§ 8º A remição será declarada pelo juiz da execução, ouvidos o Ministério Público e a defesa.

- § 4º a § 8º acrescentados pela Lei n. 12.433, de 29-6-2011.

Art. 127. Em caso de falta grave, o juiz poderá revogar até 1/3 (um terço) do tempo remido, observado o disposto no art. 57, recomeçando a contagem a partir da data da infração disciplinar.

Art. 128. O tempo remido será computado como pena cumprida, para todos os efeitos.

- Arts. 127 e 128 com redação dada pela Lei n. 12.433, de 29-6-2011.

Art. 129. A autoridade administrativa encaminhará mensalmente ao juízo da execução cópia do registro de todos os condenados que estejam trabalhando ou estudando, com informação dos dias de trabalho ou das horas de frequência escolar ou de atividades de ensino de cada um deles.

- Caput com redação dada pela Lei n. 12.433, de 29-6-2011.

§ 1º O condenado autorizado a estudar fora do estabelecimento penal deverá comprovar mensalmente, por meio de declaração da respectiva unidade de ensino, a frequência e o aproveitamento escolar.

§ 2º Ao condenado dar-se-á a relação de seus dias remidos.

- § 1º e § 2º acrescentados pela Lei n. 12.433, de 29-6-2011.

Seção V
DO LIVRAMENTO CONDICIONAL

Art. 131. O livramento condicional poderá ser concedido pelo juiz da execução, presentes os requisitos do art. 83, incisos e parágrafo único, do Código Penal, ouvidos o Ministério Público e o Conselho Penitenciário.

Art. 132. Deferido o pedido, o juiz especificará as condições a que fica subordinado o livramento.

§ 1º Serão sempre impostas ao liberado condicional as obrigações seguintes:

a) obter ocupação lícita, dentro de prazo razoável se for apto para o trabalho;

b) comunicar periodicamente ao juiz sua ocupação;

c) não mudar do território da comarca do Juízo da Execução, sem prévia autorização deste.

§ 2º Poderão ainda ser impostas ao liberado condicional, entre outras obrigações, as seguintes:

a) não mudar de residência sem comunicação ao juiz e à autoridade incumbida da observação cautelar e de proteção;

b) recolher-se à habitação em hora fixada;

c) não frequentar determinados lugares.

d) (vetada.)

- Alínea d acrescentada pela Lei n. 12.258, de 15-6-2010.

Art. 133. Se for permitido ao liberado residir fora da comarca do Juízo da Execução, remeter-se-á cópia da sentença do livramento ao juízo do lugar para onde ele se houver transferido e à autoridade incumbida da observação cautelar e de proteção.

Art. 134. O liberado será advertido da obrigação de apresentar-se imediatamente às autoridades referidas no artigo anterior.

Art. 135. Reformada a sentença denegatória do livramento, os autos baixarão ao Juízo da Execução para as providências cabíveis.

Art. 136. Concedido o benefício, será expedida a carta de livramento com a cópia integral da sentença em duas vias, remetendo-se uma à autoridade administrativa incumbida da execução e outra ao Conselho Penitenciário.

Art. 137. A cerimônia do livramento condicional será realizada solenemente no dia marcado pelo presidente do Conselho Penitenciário, no estabelecimento onde está sendo cumprida a pena, observando-se o seguinte:

I — a sentença será lida ao liberando, na presença dos demais condenados, pelo presidente do Conselho Penitenciário ou membro por ele designado, ou, na falta, pelo juiz;

II — a autoridade administrativa chamará a atenção do liberando para as condições impostas na sentença de livramento;

III — o liberando declarará se aceita as condições.

§ 1º De tudo, em livro próprio, será lavrado termo subscrito por quem presidir a cerimônia e pelo liberando, ou alguém a seu rogo, se não souber ou não puder escrever.

§ 2º Cópia desse termo deverá ser remetida ao juiz da execução.

Art. 138. Ao sair o liberado do estabelecimento penal, ser-lhe-á entregue, além do saldo de seu pecúlio e do que lhe pertencer, uma caderneta, que exibirá à autoridade judiciária ou administrativa, sempre que lhe for exigida.

§ 1º A caderneta conterá:

a) a identificação do liberado;

b) o texto impresso do presente Capítulo;

c) as condições impostas.

§ 2º Na falta de caderneta, será entregue ao liberado um salvo-conduto, em que constem as condições do livramento, podendo substituir-se a ficha de identificação ou o seu retrato pela descrição dos sinais que possam identificá-lo.

§ 3º Na caderneta e no salvo-conduto deverá haver espaço para consignar-se o cumprimento das condições referidas no art. 132 desta Lei.

Art. 139. A observação cautelar e a proteção realizadas por serviço social penitenciário, Patronato ou Conselho da Comunidade terão a finalidade de:

I — fazer observar o cumprimento das condições especificadas na sentença concessiva do benefício;

II — proteger o beneficiário, orientando-o na execução de suas obrigações e auxiliando-o na obtenção de atividade laborativa.

Parágrafo único. A entidade encarregada da observação cautelar e da proteção do liberado apresentará relatório ao Conselho Penitenciário, para efeito da representação prevista nos arts. 143 e 144 desta Lei.

Art. 140. A revogação do livramento condicional dar-se-á nas hipóteses previstas nos arts. 86 e 87 do Código Penal.

Parágrafo único. Mantido o livramento condicional, na hipótese da revogação facultativa, o juiz deverá advertir o liberado ou agravar as condições.

Art. 141. Se a revogação for motivada por infração penal anterior à vigência do livramento, computar-se-á como tempo de cumprimento da pena o período de prova, sendo permitida, para a concessão de novo livramento, a soma do tempo das duas penas.

Art. 142. No caso de revogação por outro motivo, não se computará na pena o tempo em que esteve solto o liberado, e tampouco se concederá, em relação à mesma pena, novo livramento.

Art. 143. A revogação será decretada a requerimento do Ministério Público, mediante representação do Conselho Penitenciário, ou de ofício pelo juiz, ouvido o liberado.

Art. 144. O Juiz, de ofício, a requerimento do Ministério Público, da Defensoria Pública ou mediante representação do Conselho Penitenciário, e ouvido o liberado, poderá modificar as condições especificadas na sentença, devendo o respectivo ato decisório ser lido ao liberado por uma das autoridades ou funcionários indicados no inciso I do *caput* do art. 137 desta Lei, observado o disposto nos incisos II e III e §§ 1º e 2º do mesmo artigo.

- *Artigo com redação dada pela Lei n. 12.313, de 19-8-2010.*

Art. 145. Praticada pelo liberado outra infração penal, o juiz poderá ordenar a sua prisão, ouvidos o Conselho Penitenciário e o Ministério Público, suspendendo o curso do livramento condicional, cuja revogação, entretanto, ficará dependendo da decisão final.

Art. 146. O juiz, de ofício, a requerimento do interessado, do Ministério Público ou mediante representação do Conselho Penitenciário, julgará extinta a pena privativa de liberdade, se expirar o prazo do livramento sem revogação.

Seção VI
DA MONITORAÇÃO ELETRÔNICA

Art. 146-A. (*Vetado.*)

Art. 146-B. O juiz poderá definir a fiscalização por meio da monitoração eletrônica quando:

I — (*Vetado.*)

II — autorizar a saída temporária no regime semiaberto;

III — (*Vetado.*)

IV — determinar a prisão domiciliar;

V — (*Vetado.*)

Parágrafo único. (*Vetado.*)

Art. 146-C. O condenado será instruído acerca dos cuidados que deverá adotar com o equipamento eletrônico e dos seguintes deveres:

I — receber visitas do servidor responsável pela monitoração eletrônica, responder aos seus contatos e cumprir suas orientações;

II — abster-se de remover, de violar, de modificar, de danificar de qualquer forma o dispositivo de monitoração eletrônica ou de permitir que outrem o faça;

III — (*Vetado.*)

Parágrafo único. A violação comprovada dos deveres previstos neste artigo poderá acarretar, a critério do juiz da execução, ouvidos o Ministério Público e a defesa:

I — a regressão do regime;

II — a revogação da autorização de saída temporária;

III — (*Vetado.*)

IV — (*Vetado.*)

V — (*Vetado.*)

VI — a revogação da prisão domiciliar;

VII — advertência, por escrito, para todos os casos em que o juiz da execução decida não aplicar alguma das medidas previstas nos incisos de I a VI deste parágrafo.

Art. 146-D. A monitoração eletrônica poderá ser revogada:

I — quando se tornar desnecessária ou inadequada;

II — se o acusado ou condenado violar os deveres a que estiver sujeito durante a sua vigência ou cometer falta grave.

- *Seção VI acrescentada pela Lei n. 12.258, de 15-6-2010.*

Capítulo II
DAS PENAS RESTRITIVAS DE DIREITO

Seção I
DISPOSIÇÕES GERAIS

Art. 147. Transitada em julgado a sentença que aplicou a pena restritiva de direitos, o juiz da execução, de ofício ou a requerimento do Ministério Público, promoverá a execução, podendo, para tanto, requisitar, quando necessário, a colaboração de entidades públicas ou solicitá-la a particulares.

Art. 148. Em qualquer fase da execução, poderá o juiz, motivadamente, alterar a forma de cumprimento das penas de prestação de serviços à comunidade e de limitação de fim de semana, ajustando-as às condições pessoais do condenado e às características do estabelecimento, da entidade ou do programa comunitário ou estatal.

Seção II
DA PRESTAÇÃO DE SERVIÇOS À COMUNIDADE

Art. 149. Caberá ao juiz da execução:

I — designar a entidade ou programa comunitário ou estatal, devidamente credenciado ou convencionado, junto ao qual o condenado deverá trabalhar gratuitamente, de acordo com as suas aptidões;

II — determinar a intimação do condenado, cientificando-o da entidade, dias e horário em que deverá cumprir a pena;

III — alterar a forma de execução, a fim de ajustá-la às modificações ocorridas na jornada de trabalho.

§ 1º O trabalho terá a duração de 8 (oito) horas semanais e será realizado aos sábados, domingos e feriados, ou em dias úteis, de modo a não prejudicar a jornada normal de trabalho, nos horários estabelecidos pelo juiz.

§ 2º A execução terá início a partir da data do primeiro comparecimento.

Art. 150. A entidade beneficiada com a prestação de serviços encaminhará mensalmente, ao juiz da execução, relatório circunstanciado das atividades do condenado, bem como, a qualquer tempo, comunicação sobre ausência ou falta disciplinar.

Seção III
DA LIMITAÇÃO DE FIM DE SEMANA

Art. 151. Caberá ao juiz da execução determinar a intimação do condenado, cientificando-o do local, dias e horário em que deverá cumprir a pena.

Parágrafo único. A execução terá início a partir da data do primeiro comparecimento.

Art. 152. Poderão ser ministrados ao condenado, durante o tempo de permanência, cursos e palestras, ou atribuídas atividades educativas.

Parágrafo único. Nos casos de violência doméstica contra a mulher, o juiz poderá determinar o comparecimento obrigatório do agressor a programas de recuperação e reeducação.

- *Parágrafo incluído pela Lei n. 11.340, de 17-8-2006.*

Art. 153. O estabelecimento designado encaminhará, mensalmente, ao juiz da execução, relatório, bem assim comunicará, a qualquer tempo, a ausência ou falta disciplinar do condenado.

Seção IV
DA INTERDIÇÃO TEMPORÁRIA DE DIREITOS

Art. 154. Caberá ao juiz da execução comunicar à autoridade competente a pena aplicada, determinada a intimação do condenado.

§ 1º Na hipótese de pena de interdição do art. 47, I, do Código Penal, a autoridade deverá, em 24 (vinte e quatro) horas, contadas do recebimento do ofício, baixar ato, a partir do qual a execução terá seu início.

§ 2º Nas hipóteses do art. 47, II e III, do Código Penal, o Juízo da Execução determinará a apreensão dos documentos, que autorizam o exercício do direito interditado.

Art. 155. A autoridade deverá comunicar imediatamente ao juiz da execução o descumprimento da pena.

Parágrafo único. A comunicação prevista neste artigo poderá ser feita por qualquer prejudicado.

Capítulo III
DA SUSPENSÃO CONDICIONAL

Art. 156. O juiz poderá suspender, pelo período de 2 (dois) a 4 (quatro) anos, a execução da pena privativa de liberdade, não superior a 2 (dois) anos, na forma prevista nos arts. 77 a 82 do Código Penal.

Art. 157. O juiz ou tribunal, na sentença que aplicar pena privativa de liberdade, na situação determinada no artigo anterior, deverá pronunciar-se, motivadamente, sobre a suspensão condicional, quer a conceda, quer a denegue.

Art. 158. Concedida a suspensão, o juiz especificará as condições a que fica sujeito o condenado, pelo prazo fixado, começando este a correr da audiência prevista no art. 160 desta Lei.

§ 1º As condições serão adequadas ao fato e à situação pessoal do condenado, devendo ser incluída entre as mesmas a de prestar serviços à comunidade, ou limitação de fim de semana, salvo hipótese do art. 78, § 2º, do Código Penal.

§ 2º O juiz poderá, a qualquer tempo, de ofício, a requerimento do Ministério Público ou mediante proposta do Conselho Penitenciário, modificar as condições e regras estabelecidas na sentença, ouvido o condenado.

§ 3º A fiscalização do cumprimento das condições, regulada nos Estados, Territórios e Distrito Federal por normas supletivas, será atribuída a serviço social penitenciário, Patronato, Conselho da Comunidade ou instituição beneficiada com a prestação de serviços, inspecionados pelo Conselho Penitenciário, pelo Ministério Público, ou ambos, devendo o juiz da execução suprir, por ato, a falta das normas supletivas.

§ 4º O beneficiário, ao comparecer periodicamente à entidade fiscalizadora, para comprovar a observância das condições a que está sujeito, comunicará, também, a sua ocupação e os salários ou proventos de que vive.

§ 5º A entidade fiscalizadora deverá comunicar imediatamente ao órgão de inspeção, para os fins legais, qualquer fato capaz de acarretar a revogação do benefício, a prorrogação do prazo ou a modificação das condições.

§ 6º Se for permitido ao beneficiário mudar-se, será feita comunicação ao juiz e à entidade fiscalizadora do local da nova residência, aos quais o primeiro deverá apresentar-se imediatamente.

Art. 159. Quando a suspensão condicional da pena for concedida por tribunal, a este caberá estabelecer as condições do benefício.

§ 1º De igual modo proceder-se-á quando o tribunal modificar as condições estabelecidas na sentença recorrida.

§ 2º O tribunal, ao conceder a suspensão condicional da pena, poderá, todavia, conferir ao Juízo da Execução a incumbência de estabelecer as condições do benefício, e, em qualquer caso, a de realizar a audiência admonitória.

Art. 160. Transitada em julgado a sentença condenatória, o juiz a lerá ao condenado, em audiência, advertindo-o das consequências de nova infração penal e do descumprimento das condições impostas.

Art. 161. Se, intimado pessoalmente ou por edital com prazo de 20 (vinte) dias, o réu não comparecer injustificadamente à audiência admonitória, a suspensão ficará sem efeito e será executada imediatamente a pena.

Art. 162. A revogação da suspensão condicional da pena e a prorrogação do período de prova dar-se-ão na forma do art. 81 e respectivos parágrafos do Código Penal.

Art. 163. A sentença condenatória será registrada, com a nota de suspensão, em livro especial do juízo a que couber a execução da pena.

§ 1º Revogada a suspensão ou extinta a pena, será o fato averbado à margem do registro.

§ 2º O registro e a averbação serão sigilosos, salvo para efeito de informações requisitadas por órgão judiciário ou pelo Ministério Público, para instruir processo penal.

Capítulo IV
DA PENA DE MULTA

■ *Com a edição da Lei n. 9.268/96, que deu nova redação ao art. 51 do CP, mandando aplicar à execução da pena de multa a Lei n. 6.830/80 (Lei de Execução Fiscal), entendemos que os artigos previstos neste Capítulo ainda são aplicáveis quando não colidirem com essa lei (cf. notas aos arts. 50 a 52 do CP).*

Art. 164. Extraída certidão da sentença condenatória com trânsito em julgado, que valerá como título executivo judicial, o Ministério Público requererá, em autos apartados, a citação do condenado para, no prazo de 10 (dez) dias, pagar o valor da multa ou nomear bens à penhora.

§ 1º Decorrido o prazo sem o pagamento da multa, ou o depósito da respectiva importância, proceder-se-á à penhora de tantos bens quantos bastem para garantir a execução.

§ 2º A nomeação de bens à penhora e a posterior execução seguirão o que dispuser a lei processual civil.

Art. 165. Se a penhora recair em bem imóvel, os autos apartados serão remetidos ao juízo cível para prosseguimento.

Art. 166. Recaindo a penhora em outros bens, dar-se-á prosseguimento nos termos do § 2º do art. 164 desta Lei.

Art. 167. A execução da pena de multa será suspensa quando sobrevier ao condenado doença mental (art. 52 do Código Penal).

Art. 168. O juiz poderá determinar que a cobrança da multa se efetue mediante desconto no vencimento ou salário do condenado, nas hipóteses do art. 50, § 1º, do Código Penal, observando-se o seguinte:

I — o limite máximo do desconto mensal será o da quarta parte da remuneração e o mínimo o de um décimo;

II — o desconto será feito mediante ordem do juiz a quem de direito;

III — o responsável pelo desconto será intimado a recolher mensalmente, até o dia fixado pelo juiz, a importância determinada.

Art. 169. Até o término do prazo a que se refere o art. 164 desta Lei, poderá o condenado requerer ao juiz o pagamento da multa em prestações mensais, iguais e sucessivas.

§ 1º O juiz, antes de decidir, poderá determinar diligências para verificar a real situação econômica do condenado e, ouvido o Ministério Público, fixará o número de prestações.

§ 2º Se o condenado for impontual ou se melhorar de situação econômica, o juiz, de ofício ou a requerimento do Ministério Público, revogará o benefício executando-se a multa, na forma prevista neste Capítulo, ou prosseguindo-se na execução já iniciada.

Art. 170. Quando a pena de multa for aplicada cumulativamente com pena privativa da liberdade, enquanto esta estiver sendo executada, poderá aquela ser cobrada mediante desconto na remuneração do condenado (art. 168).

§ 1º Se o condenado cumprir a pena privativa de liberdade ou obtiver livramento condicional, sem haver resgatado a multa, far-se-á a cobrança nos termos deste Capítulo.

§ 2º Aplicar-se-á o disposto no parágrafo anterior aos casos em que for concedida a suspensão condicional da pena.

Título VI
DA EXECUÇÃO DAS MEDIDAS DE SEGURANÇA

Capítulo I
DISPOSIÇÕES GERAIS

Art. 171. Transitada em julgado a sentença que aplicar medida de segurança, será ordenada a expedição de guia para a execução.

Art. 172. Ninguém será internado em Hospital de Custódia e Tratamento Psiquiátrico, ou submetido a tratamento ambulatorial, para cumprimento de medidas de segurança, sem a guia expedida pela autoridade judiciária.

Art. 173. A guia de internamento ou de tratamento ambulatorial, extraída pelo escrivão, que a rubricará em todas as folhas e a subscreverá com o juiz, será remetida à autoridade administrativa incumbida da execução e conterá:

I — a qualificação do agente e o número do registro geral do órgão oficial de identificação;

II — o inteiro teor da denúncia e da sentença que tiver aplicado a medida de segurança, bem como a certidão do trânsito em julgado;

III — a data em que terminará o prazo mínimo de internação, ou do tratamento ambulatorial;

IV — outras peças do processo reputadas indispensáveis ao adequado tratamento ou internamento.

§ 1º Ao Ministério Público será dada ciência da guia de recolhimento e de sujeição a tratamento.

§ 2º A guia será retificada sempre que sobrevier modificação quanto ao prazo de execução.

Art. 174. Aplicar-se-á, na execução da medida de segurança, naquilo que couber, o disposto nos arts. 8º e 9º desta Lei.

Capítulo II
DA CESSAÇÃO DA PERICULOSIDADE

Art. 175. A cessação da periculosidade será averiguada no fim do prazo mínimo de duração da medida de segurança, pelo exame das condições pessoais do agente, observando-se o seguinte:

I — a autoridade administrativa, até 1 (um) mês antes de expirar o prazo de duração mínima da medida, remeterá ao juiz minucioso relatório que o habilite a resolver sobre a revogação ou permanência da medida;

II — o relatório será instruído com o laudo psiquiátrico;

III — juntado aos autos o relatório ou realizadas as diligências, serão ouvidos, sucessivamente, o Ministério Público e o curador ou defensor, no prazo de 3 (três) dias para cada um;

IV — o juiz nomeará curador ou defensor para o agente que não o tiver;

V — o juiz, de ofício, ou a requerimento de qualquer das partes, poderá determinar novas diligências, ainda que expirado o prazo de duração mínima da medida de segurança;

VI — ouvidas as partes ou realizadas as diligências a que se refere o inciso anterior, o juiz proferirá a sua decisão, no prazo de 5 (cinco) dias.

Art. 176. Em qualquer tempo, ainda no decorrer do prazo mínimo de duração da medida de segurança, poderá o juiz da execução, diante de requerimento fundamentado do Ministério Público ou do interessado, seu procurador ou defensor, ordenar o exame para que se verifique a cessação da periculosidade, procedendo-se nos termos do artigo anterior.

Art. 177. Nos exames sucessivos para verificar-se a cessação da periculosidade, observar-se-á, no que lhes for aplicável, o disposto no artigo anterior.

Art. 178. Nas hipóteses de desinternação ou de liberação (art. 97, § 3º, do Código Penal), aplicar-se-á o disposto nos arts. 132 e 133 desta Lei.

Art. 179. Transitada em julgado a sentença, o juiz expedirá ordem para a desinternação ou a liberação.

Título VII
DOS INCIDENTES DE EXECUÇÃO

Capítulo I
DAS CONVERSÕES

Art. 180. A pena privativa de liberdade, não superior a 2 (dois) anos, poderá ser convertida em restritiva de direitos, desde que:

I — o condenado a esteja cumprindo em regime aberto;

II — tenha sido cumprido pelo menos um quarto da pena;

III — os antecedentes e a personalidade do condenado indiquem ser a conversão recomendável.

Art. 181. A pena restritiva de direitos será convertida em privativa de liberdade nas hipóteses e na forma do art. 45 e seus incisos do Código Penal.

- *Devido às alterações feitas pela Lei n. 9.714, de 25-11-1998, a referência passa a ser art. 44, § 4º.*

§ 1º A pena de prestação de serviços à comunidade será convertida quando o condenado:

a) não for encontrado por estar em lugar incerto e não sabido, ou desatender a intimação por edital;

b) não comparecer injustificadamente à entidade ou programa em que deva prestar serviço;

c) recusar-se, injustificadamente, a prestar o serviço que lhe foi imposto;

d) praticar falta grave;

e) sofrer condenação por outro crime à pena privativa de liberdade, cuja execução não tenha sido suspensa.

§ 2º A pena de limitação de fim de semana será convertida quando o condenado não comparecer ao estabelecimento designado para o cumprimento da pena, recusar-se a exercer a atividade determinada pelo juiz ou se ocorrer qualquer das hipóteses das letras a, d e e do parágrafo anterior.

§ 3º A pena de interdição temporária de direitos será convertida quando o condenado exercer, injustificadamente, o direito interditado ou se ocorrer qualquer das hipóteses das letras a e e do § 1º deste artigo.

Art. 182. (*Revogado pela Lei n. 9.268, de 1º-4-1996.*)

Art. 183. Quando, no curso da execução da pena privativa de liberdade, sobrevier doença mental ou perturbação da saúde mental, o Juiz, de ofício, a requerimento do Ministério Público, da Defensoria Pública ou da autoridade administrativa, poderá determinar a substituição da pena por medida de segurança.

- *Artigo com redação dada pela Lei n. 12.313, de 19-8-2010.*

Art. 184. O tratamento ambulatorial poderá ser convertido em internação se o agente revelar incompatibilidade com a medida.

Parágrafo único. Nesta hipótese, o prazo mínimo de internação será de 1 (um) ano.

Capítulo II
DO EXCESSO OU DESVIO

Art. 185. Haverá excesso ou desvio de execução sempre que algum ato for praticado além dos limites fixados na sentença, em normas legais ou regulamentares.

Art. 186. Podem suscitar o incidente de excesso ou desvio de execução:

I — o Ministério Público;

II — o Conselho Penitenciário;

III — o sentenciado;

IV — qualquer dos demais órgãos da execução penal.

Capítulo III
DA ANISTIA E DO INDULTO

Art. 187. Concedida a anistia o juiz, de ofício, a requerimento do interessado ou do Ministério Público, por proposta da autoridade administrativa ou do Conselho Penitenciário, declarará extinta a punibilidade.

Art. 188. O indulto individual poderá ser provocado por petição do condenado, por iniciativa do Ministério Público, do Conselho Penitenciário, ou da autoridade administrativa.

Art. 189. A petição do indulto, acompanhada dos documentos que a instruírem, será entregue ao Conselho Penitenciário, para a elaboração de parecer e posterior encaminhamento ao Ministério da Justiça.

Art. 190. O Conselho Penitenciário, à vista dos autos do processo e do prontuário, promoverá as diligências que entender necessárias e fará, em relatório, a narração do ilícito penal e dos fundamentos da sentença condenatória, a exposição dos antecedentes do condenado e do procedimento deste depois da prisão, emitindo seu parecer sobre o mérito do pedido e esclarecendo qualquer formalidade ou circunstâncias omitidas na petição.

Art. 191. Processada no Ministério da Justiça com documentos e o relatório do Conselho Penitenciário, a petição será submetida a despacho do Presidente da República, a quem serão presentes os autos do processo ou a certidão de qualquer de suas peças, se ele o determinar.

Art. 192. Concedido o indulto e anexada aos autos cópia do decreto, o juiz declarará extinta a pena ou ajustará a execução aos termos do decreto, no caso de comutação.

Art. 193. Se o sentenciado for beneficiado por indulto coletivo, o juiz, de ofício, a requerimento do interessado, do Ministério Público, ou por iniciativa do Conselho Penitenciário ou da autoridade administrativa, providenciará de acordo com o disposto no artigo anterior.

Título VIII
DO PROCEDIMENTO JUDICIAL

Art. 194. O procedimento correspondente às situações previstas nesta Lei será judicial, desenvolvendo-se perante o Juízo da Execução.

Art. 195. O procedimento judicial iniciar-se-á de ofício, a requerimento do Ministério Público, do interessado, de quem o represente, de seu cônjuge, parente ou descendente, mediante proposta do Conselho Penitenciário, ou, ainda, da autoridade administrativa.

Art. 196. A portaria ou petição será autuada ouvindo-se, em 3 (três) dias, o condenado e o Ministério Público, quando não figurem como requerentes da medida.

§ 1º Sendo desnecessária a produção de prova, o juiz decidirá de plano, em igual prazo.

§ 2º Entendendo indispensável a realização de prova pericial ou oral, o juiz a ordenará, decidindo após a produção daquela ou na audiência designada.

Art. 197. Das decisões proferidas pelo juiz caberá recurso de agravo, sem efeito suspensivo.

Título IX
DAS DISPOSIÇÕES FINAIS E TRANSITÓRIAS

Art. 198. É defesa ao integrante dos órgãos da execução penal, e ao servidor, a divulgação de ocorrência que perturbe a segurança e a disciplina dos estabelecimentos, bem como exponha o preso a inconveniente notoriedade, durante o cumprimento da pena.

Art. 199. O emprego de algemas será disciplinado por decreto federal.

Art. 200. O condenado por crime político não está obrigado ao trabalho.

Art. 201. Na falta de estabelecimento adequado, o cumprimento da prisão civil e da prisão administrativa se efetivará em seção especial da Cadeia Pública.

Art. 202. Cumprida ou extinta a pena, não constarão da folha corrida, atestados ou certidões fornecidos por autoridade policial ou por auxiliares da Justiça, qualquer notícia ou referência à condenação, salvo para instruir processo pela prática de nova infração penal ou outros casos expressos em lei.

Art. 203. No prazo de 6 (seis) meses, a contar da publicação desta Lei, serão editadas as normas complementares ou regulamentares, necessárias à eficácia dos dispositivos não autoaplicáveis.

§ 1º Dentro do mesmo prazo deverão as unidades federativas, em convênio com o Ministério da Justiça, projetar a adaptação, construção e equipamento de estabelecimentos e serviços penais previstos nesta Lei.

§ 2º Também, no mesmo prazo, deverá ser providenciada a aquisição ou desapropriação de prédios para instalação de casas de albergados.

§ 3º O prazo a que se refere o *caput* deste artigo poderá ser ampliado, por ato do Conselho Nacional de Política Criminal e Penitenciária, mediante justificada solicitação, instruída com os projetos de reforma ou de construção de estabelecimentos.

§ 4º O descumprimento injustificado dos deveres estabelecidos para as unidades federativas implicará na suspensão de qualquer ajuda financeira a elas destinada pela União, para atender às despesas de execução das penas e medidas de segurança.

Art. 204. Esta Lei entra em vigor concomitantemente com a lei de reforma da Parte Geral do Código Penal, revogadas as disposições em contrário, especialmente a Lei n. 3.274, de 2 de outubro de 1957.

Brasília, em 11 de julho de 1984; 163º da Independência e 96º da República.

JOÃO FIGUEIREDO

LEI N. 7.347, DE 24 DE JULHO DE 1985

Disciplina a ação civil pública de responsabilidade por danos causados ao meio ambiente, ao consumidor, a bens e direitos de valor artístico, estético, histórico, turístico e paisagístico (vetado) e dá outras providências.

- *Vide* art. 129, III e § 1º, da CR.

- *Vide* Lei n. 9.605, de 12-2-98 (Lei do Meio Ambiente).

O Presidente da República:

Faço saber que o Congresso Nacional decreta e eu sanciono a seguinte Lei:

....

Art. 10. Constitui crime, punido com pena de reclusão de 1 (um) a 3 (três) anos, mais multa de 10 (dez) a 1.000 (mil) OTN — Obrigações do Tesouro Nacional, a recusa, o retardamento ou a omissão de dados técnicos indispensáveis à propositura da ação civil, quando requisitados pelo Ministério Público.

- *Vide* art. 2º da Lei n. 7.784/89 sobre a conversão das penalidades previstas em OTN para BTN — Bônus do Tesouro Nacional. Observe-se, contudo, que o BTN foi extinto pela Lei n. 8.177/91.

....

Brasília, 24 de julho de 1985; 164º da Independência e 97º da República.

JOSÉ SARNEY

(Publicada no DOU de 25-7-1985.)

LEI N. 7.505, DE 2 DE JULHO DE 1986

Dispõe sobre benefícios fiscais na área do imposto de renda concedidos a operações de caráter cultural e artístico.

- Regulamentada pelo Decreto n. 93.335, de 3-10-1986.

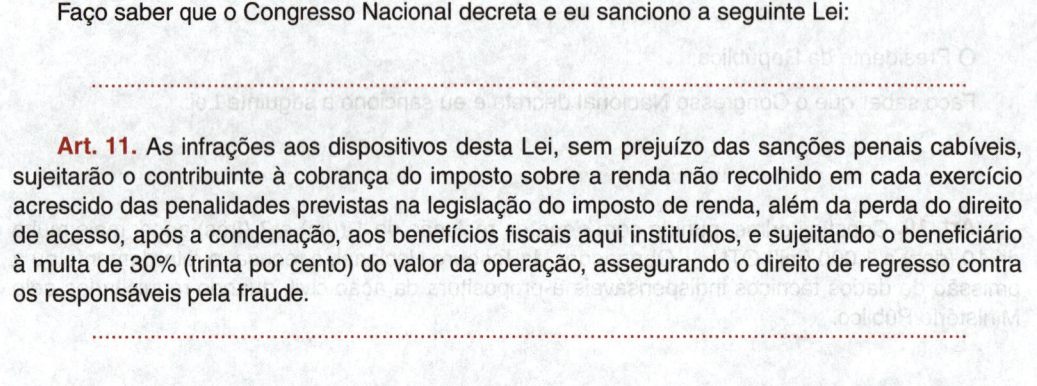

O Presidente da República:

Faço saber que o Congresso Nacional decreta e eu sanciono a seguinte Lei:

Art. 11. As infrações aos dispositivos desta Lei, sem prejuízo das sanções penais cabíveis, sujeitarão o contribuinte à cobrança do imposto sobre a renda não recolhido em cada exercício acrescido das penalidades previstas na legislação do imposto de renda, além da perda do direito de acesso, após a condenação, aos benefícios fiscais aqui instituídos, e sujeitando o beneficiário à multa de 30% (trinta por cento) do valor da operação, assegurando o direito de regresso contra os responsáveis pela fraude.

Art. 14. Obter redução do imposto de renda, utilizando-se fraudulentamente de qualquer dos benefícios desta Lei, constitui crime punível com reclusão de 2 (dois) a 6 (seis) meses e multa.

§ 1º No caso de pessoa jurídica, respondem pelo crime o acionista controlador e os administradores, que para ele tenham concorrido.

§ 2º Na mesma pena incorre aquele que, recebendo recursos, bens ou valores, em função desta Lei, deixa de promover, sem justa causa, atividade cultural objeto do incentivo.

- *Vide*, também, a Lei n. 8.137/90, que trata dos crimes contra a Ordem Tributária.

Art. 17. Esta Lei entra em vigor na data de sua publicação.

Art. 18. Revogam-se as disposições em contrário.

Brasília, em 2 de julho de 1986; 165º da Independência e 98º da República.

JOSÉ SARNEY

(Publicada no DOU de 3-7-1986 e Republicada no DOU de 4-7-1986.)

LEI N. 7.643, DE 18 DE DEZEMBRO DE 1987

Proíbe a pesca de cetáceo nas águas jurisdicionais brasileiras, e dá outras providências.

■ *Vide* Lei n. 9.605, de 12-2-1998 (Lei do Meio Ambiente), que revogou tacitamente os artigos desta lei.

O Presidente da República:

Faço saber que o Congresso Nacional decreta e eu sanciono a seguinte Lei:

Art. 1º Fica proibida a pesca, ou qualquer forma de molestamento intencional, de toda espécie de cetáceo nas águas jurisdicionais brasileiras.

Art. 2º A infração ao disposto nesta Lei será punida com a pena de 2 (dois) a 5 (cinco) anos de reclusão e multa de 50 (cinquenta) a 100 (cem) Obrigações do Tesouro Nacional — OTN, com perda da embarcação em favor da União, em caso de reincidência.

■ *Vide* art. 2º da Lei n. 7.784/89 sobre a conversão das penalidades previstas em OTN para BTN — Bônus do Tesouro Nacional. Observe-se, contudo, que o BTN foi extinto pela Lei n. 8.177/91.

Art. 3º O Poder Executivo regulamentará esta Lei no prazo de 60 (sessenta) dias, contados de sua publicação.

Art. 4º Esta Lei entra em vigor na data de sua publicação.

Art. 5º Revogam-se as disposições em contrário.

Brasília, 18 de dezembro de 1987; 166º da Independência e 99º da República.

JOSÉ SARNEY
Henrique Sabóia

(Publicada no DOU de 21-12-1987.)

LEI N. 7.716, DE 5 DE JANEIRO DE 1989

Define os crimes resultantes de preconceito de raça ou de cor.

- *Vide* art. 5º, XLII, da CR.
- *Vide,* também, Lei n. 9.029/95, que define crimes de discriminação em exames admissionais, como teste de gravidez.

O Presidente da República:

Faço saber que o Congresso Nacional decreta e eu sanciono a seguinte Lei:

Art. 1º Serão punidos, na forma desta Lei, os crimes resultantes de discriminação ou preconceito de raça, cor, etnia, religião ou procedência nacional.

- Artigo com redação dada pela Lei n. 9.459, de 13-5-1997.

Art. 2º (*Vetado.*)

Art. 3º Impedir ou obstar o acesso de alguém, devidamente habilitado, a qualquer cargo da Administração Direta ou Indireta, bem como das concessionárias de serviços públicos:

Pena — reclusão de 2 (dois) a 5 (cinco) anos.

Art. 4º Negar ou obstar emprego em empresa privada:

Pena — reclusão de 2 (dois) a 5 (cinco) anos.

Art. 5º Recusar ou impedir acesso a estabelecimento comercial, negando-se a servir, atender ou receber cliente ou comprador:

Pena — reclusão de 1 (um) a 3 (três) anos.

Art. 6º Recusar, negar ou impedir a inscrição ou ingresso de aluno em estabelecimento de ensino público ou privado de qualquer grau:

Pena — reclusão de 3 (três) a 5 (cinco) anos.

Parágrafo único. Se o crime for praticado contra menor de 18 (dezoito) anos a pena é agravada de um terço.

Art. 7º Impedir o acesso ou recusar hospedagem em hotel, pensão, estalagem, ou qualquer estabelecimento similar:

Pena — reclusão de 3 (três) a 5 (cinco) anos.

Art. 8º Impedir o acesso ou recusar atendimento em restaurantes, bares, confeitarias, ou locais semelhantes abertos ao público:

Pena — reclusão de 1 (um) a 3 (três) anos.

Art. 9º Impedir o acesso ou recusar atendimento em estabelecimentos esportivos, casas de diversões, ou clubes sociais abertos ao público:

Pena — reclusão de 1 (um) a 3 (três) anos.

Art. 10. Impedir o acesso ou recusar atendimento em salões de cabeleireiros, barbearias, termas ou casas de massagem ou estabelecimentos com as mesmas finalidades:

Pena — reclusão de 1 (um) a 3 (três) anos.

Art. 11. Impedir o acesso às entradas sociais em edifícios públicos ou residenciais e elevadores ou escada de acesso aos mesmos:

Pena — reclusão de 1 (um) a 3 (três) anos.

Art. 12. Impedir o acesso ou uso de transportes públicos, como aviões, navios, barcas, barcos, ônibus, trens, metrô ou qualquer outro meio de transporte concedido:

Pena — reclusão de 1 (um) a 3 (três) anos.

Art. 13. Impedir ou obstar o acesso de alguém ao serviço em qualquer ramo das Forças Armadas:

Pena — reclusão de 2 (dois) a 4 (quatro) anos.

Art. 14. Impedir ou obstar, por qualquer meio ou forma, o casamento ou convivência familiar e social:

Pena — reclusão de 2 (dois) a 4 (quatro) anos.

Art. 15. (*Vetado.*)

Art. 16. Constitui efeito da condenação a perda do cargo ou função pública, para o servidor público, e a suspensão do funcionamento do estabelecimento particular por prazo não superior a 3 (três) meses.

Art. 17. (*Vetado.*)

Art. 18. Os efeitos de que tratam os arts. 16 e 17 desta Lei não são automáticos, devendo ser motivadamente declarados na sentença.

Art. 19. (*Vetado.*)

Art. 20. Praticar, induzir ou incitar a discriminação ou preconceito de raça, cor, etnia, religião ou procedência nacional:

Pena — reclusão, de 1 (um) a 3 (três) anos, e multa.

§ 1º Fabricar, comercializar, distribuir ou veicular símbolos, emblemas, ornamentos, distintivos, propaganda que utilizem a cruz suástica ou gamada, para fim de divulgação do nazismo:

Pena — reclusão, de 2 (dois) a 5 (cinco) anos, e multa.

§ 2º Se qualquer dos crimes previsto no *caput* é cometido por intermédio dos meios de comunicação social ou publicação de qualquer natureza:

Pena — reclusão, de 2 (dois) a 5 (cinco) anos, e multa.

§ 3º No caso do parágrafo anterior, o juiz poderá determinar, ouvido o Ministério Público ou a pedido deste, ainda antes do inquérito policial, sob pena de desobediência:

I — o recolhimento imediato ou a busca e apreensão dos exemplares do material respectivo;

II — a cessação das respectivas transmissões radiofônicas, televisivas, eletrônicas ou da publicação por qualquer meio;

§ 4º Na hipótese do § 2º, constitui efeito da condenação, após o trânsito em julgado da decisão, a destruição do material apreendido.

- Artigo acrescentado pela Lei n. 8.081, de 21-9-1990, e §§ 1º a 3º acrescentados pela Lei n. 8.882, de 3-6-1994, com redação posterior determinada pela Lei n. 9.459, de 13-5-1997.

Art. 21. Esta Lei entra em vigor na data de sua publicação.
Art. 22. Revogam-se as disposições em contrário.

- Arts. 21 e 22 renumerados pela Lei n. 8.081, de 21-9-1990.

Brasília, 5 de janeiro de 1989; 168º da Independência e 101º da República.

JOSÉ SARNEY

(Publicada no DOU de 6-1-1989 e retificada no DOU de 9-1-1989.)

LEI N. 7.783, DE 28 DE JUNHO DE 1989

Dispõe sobre o exercício do direito de greve, define as atividades essenciais, regula o atendimento das necessidades inadiáveis da comunidade, e dá outras providências.

- *Vide* arts. 9º, §§ 1º e 2º, e 37, VII, da CR.

O Presidente da República:

Faço saber que o Congresso Nacional decreta e eu sanciono a seguinte Lei:

Art. 1º É assegurado o direito de greve, competindo aos trabalhadores decidir sobre a oportunidade de exercê-lo e sobre os interesses que devam por meio dele defender.

Parágrafo único. O direito de greve será exercido na forma estabelecida nesta Lei.

Art. 2º Para os fins desta Lei, considera-se legítimo exercício do direito de greve a suspensão coletiva, temporária e pacífica, total ou parcial, de prestação pessoal de serviços a empregador.

Art. 3º Frustrada a negociação ou verificada a impossibilidade de recurso via arbitral, é facultada a cessação coletiva do trabalho.

Parágrafo único. A entidade patronal correspondente ou os empregadores diretamente interessados serão notificados, com antecedência mínima de 48 (quarenta e oito) horas, da paralisação.

Art. 4º Caberá à entidade sindical correspondente convocar, na forma do seu estatuto, assembleia geral que definirá as reivindicações da categoria e deliberará sobre a paralisação coletiva da prestação de serviços.

§ 1º O estatuto da entidade sindical deverá prever as formalidades da convocação e o *quorum* para a deliberação, tanto da deflagração quanto da cessação da greve.

§ 2º Na falta de entidade sindical, a assembleia geral dos trabalhadores interessados deliberará para os fins previstos no *caput*, constituindo comissão de negociação.

Art. 5º A entidade sindical ou comissão especialmente eleita representará os interesses dos trabalhadores nas negociações ou na Justiça do Trabalho.

Art. 6º São assegurados aos grevistas, dentre outros direitos:

I — o emprego de meios pacíficos tendentes a persuadir ou aliciar os trabalhadores a aderirem à greve;

II — a arrecadação de fundos e a livre divulgação do movimento.

§ 1º Em nenhuma hipótese, os meios adotados por empregados e empregadores poderão violar ou constranger os direitos e garantias fundamentais de outrem.

§ 2º É vedado às empresas adotar meios para constranger o empregado ao comparecimento ao trabalho, bem como capazes de frustrar a divulgação do movimento.

§ 3º As manifestações e atos de persuasão utilizados pelos grevistas não poderão impedir o acesso ao trabalho nem causar ameaça ou dano à propriedade ou pessoa.

Art. 7º Observadas as condições previstas nesta Lei, a participação em greve suspende o contrato de trabalho, devendo as relações obrigacionais durante o período ser regidas pelo acordo, convenção, laudo arbitral ou decisão da Justiça do Trabalho.

Parágrafo único. É vedada a rescisão de contrato de trabalho durante a greve, bem como a contratação de trabalhadores substitutos, exceto na ocorrência das hipóteses previstas nos arts. 9º e 14.

Art. 8º A Justiça do Trabalho, por iniciativa de qualquer das partes ou do Ministério Público do Trabalho, decidirá sobre a procedência, total ou parcial, ou improcedência das reivindicações, cumprindo ao Tribunal publicar, de imediato, o competente acórdão.

Art. 9º Durante a greve, o sindicato ou a comissão de negociação, mediante acordo com a entidade patronal ou diretamente com o empregador, manterá em atividade equipes de empregados com o propósito de assegurar os serviços cuja paralisação resulte em prejuízo irreparável, pela deterioração irreversível de bens, máquinas e equipamentos, bem como a manutenção daqueles essenciais à retomada das atividades da empresa quando da cessação do movimento.

Parágrafo único. Não havendo acordo, é assegurado ao empregador, enquanto perdurar a greve, o direito de contratar diretamente os serviços necessários a que se refere este artigo.

Art. 10. São considerados serviços ou atividades essenciais:

I — tratamento e abastecimento de água; produção e distribuição de energia elétrica, gás e combustíveis;

II — assistência médica e hospitalar;

III — distribuição e comercialização de medicamentos e alimentos;

IV — funerários;

V — transporte coletivo;

VI — captação e tratamento de esgoto e lixo;

VII — telecomunicações;

VIII — guarda, uso e controle de substâncias radioativas, equipamentos e materiais nucleares;

IX — processamento de dados ligados a serviços essenciais;

X — controle de tráfego aéreo;

XI — compensação bancária.

Art. 11. Nos serviços ou atividades essenciais os sindicatos, os empregadores e os trabalhadores ficam obrigados, de comum acordo, a garantir, durante a greve, a prestação dos serviços indispensáveis ao atendimento das necessidades inadiáveis da comunidade.

Parágrafo único. São necessidades inadiáveis da comunidade aquelas que, não atendidas, coloquem em perigo iminente a sobrevivência, a saúde ou a segurança da população.

Art. 12. No caso da inobservância do disposto no artigo anterior o Poder Público assegurará a prestação dos serviços indispensáveis.

Art. 13. Na greve em serviços ou atividades essenciais, ficam as entidades sindicais ou os trabalhadores, conforme o caso, obrigados a comunicar a decisão aos empregadores e aos usuários com antecedência mínima de 72 (setenta e duas) horas da paralisação.

Art. 14. Constitui abuso do direito de greve a inobservância das normas contidas na presente Lei, bem como a manutenção da paralisação após a celebração de acordo, convenção ou decisão da Justiça do Trabalho.

Parágrafo único. Na vigência de acordo, convenção ou sentença normativa não constitui abuso do exercício do direito de greve a paralisação que:

I — tenha por objetivo exigir o cumprimento de cláusula ou condição;

II — seja motivada pela superveniência de fato novo ou acontecimento imprevisto que modifique substancialmente a relação de trabalho.

Art. 15. A responsabilidade pelos atos praticados, ilícitos ou crimes cometidos, no curso da greve, será apurada, conforme o caso, segundo a legislação trabalhista, civil ou penal.

Parágrafo único. Deverá o Ministério Público, de ofício, requisitar a abertura do competente inquérito e oferecer denúncia quando houver indício da prática de delito.

Art. 16. Para os fins previstos no art. 37, inciso VII, da Constituição, lei complementar definirá os termos e os limites em que o direito de greve poderá ser exercido.

Art. 17. Fica vedada a paralisação das atividades, por iniciativa do empregador, com o objetivo de frustrar negociação ou dificultar o atendimento de reivindicações dos respectivos empregadores *(lockout)*.

Parágrafo único. A prática referida no *caput* assegura aos trabalhadores o direito à percepção dos salários durante o período de paralisação.

Art. 18. Ficam revogados a Lei n. 4.330, de 1º de junho de 1964, o Decreto-Lei n. 1.632, de 4 de agosto de 1978, e demais disposições em contrário.

Art. 19. Esta Lei entra em vigor na data de sua publicação.

Brasília, em 28 de junho de 1989; 168º da Independência e 101º da República.

JOSÉ SARNEY

(Publicada no DOU de 29-6-1989.)

LEI N. 7.802, DE 11 DE JULHO DE 1989

> *Dispõe sobre a pesquisa, a experimentação, a produção, a embalagem e rotulagem, o transporte, o armazenamento, a comercialização, a propaganda comercial, a utilização, a importação, a exportação, o destino final dos resíduos e embalagens, o registro, a classificação, o controle, a inspeção e a fiscalização de agrotóxicos, seus componentes e afins, e dá outras providências.*

- *Vide* art. 56 da Lei n. 9.605, de 12-2-1998 (Lei do Meio Ambiente).

O Presidente da República:

Faço saber que o Congresso Nacional decreta e eu sanciono a seguinte Lei:

....

Art. 15. Aquele que produzir, comercializar, transportar, aplicar, prestar serviço, der destinação a resíduos e embalagens vazias de agrotóxicos, seus componentes e afins, em descumprimento às exigências estabelecidas na legislação pertinente estará sujeito à pena de reclusão, de 2 (dois) a 4 (quatro) anos, além de multa.

- Artigo com redação dada pela Lei n. 9.974, de 6-6-2000.

Art. 16. O empregador, profissional responsável ou o prestador de serviço, que deixar de promover as medidas necessárias de proteção à saúde e ao meio ambiente, estará sujeito a pena de reclusão de 2 (dois) a 4 (quatro) anos, além de multa de 100 (cem) a 1.000 (mil) MVR. Em caso de culpa, será punido com pena de reclusão de 1 (um) a 3 (três) anos, além de multa de 50 (cinquenta) a 500 (quinhentos) MVR.

- *Nota*: O índice MVR — Maior Valor de Referência foi extinto pela Lei n. 8.177/91, sendo substituído pela UFIR — Unidade Fiscal de Referência, sendo um MVR equivalente a 17,86 UFIR. A UFIR, por sua vez, foi revogada pela Lei n. 10.522/2002, sendo convertida em real.

....

Art. 22. Esta Lei entra em vigor na data de sua publicação.

Art. 23. Revogam-se as disposições em contrário.

Brasília, 11 de junho de 1989; 168º da Independência e 101º da República.

JOSÉ SARNEY

(Publicada no DOU de 12-7-1989.)

LEI N. 7.805, DE 18 DE JULHO DE 1989

Altera o Decreto-Lei n. 227, de 28 de fevereiro de 1967, cria o regime de permisão de lavra garimpeira, extingue o regime de matrícula, e dá outras providências.

O Presidente da República:

Faço saber que o Congresso Nacional decreta e eu sanciono a seguinte Lei:

Art. 21. A realização de trabalhos de extração de substâncias minerais, sem a competente permissão, concessão ou licença, constitui crime, sujeito a penas de reclusão de 3 (três) meses a 3 (três) anos e multa.

Parágrafo único. Sem prejuízo da ação penal cabível, nos termos deste artigo, a extração mineral realizada sem a competente permissão, concessão ou licença acarretará a apreensão do produto mineral, das máquinas, veículos e equipamentos utilizados, os quais, após transitada em julgado a sentença que condenar o infrator, serão vendidos em hasta pública e o produto da venda recolhido à conta do Fundo Nacional de Mineração, instituído pela Lei n. 4.425, de 8 de outubro de 1964.

- *Revogação tácita*: Entendemos que o art. 21 da Lei n. 7.805/89 foi tacitamente revogado pelo art. 2º da Lei n. 8.176/91, que dispõe sobre conduta idêntica, uma vez que os recursos minerais pertencem à União.

Brasília, 18 de julho de 1989; 168º da Independência e 101º da República.

JOSÉ SARNEY

(Publicada no DOU de 20-7-1989.)

LEI N. 7.853, DE 24 DE OUTUBRO DE 1989

Dispõe sobre o apoio às pessoas portadoras de deficiência, sua integração social, sobre a Coordenadoria Nacional para Integração da Pessoa Portadora de Deficiência (CORDE), institui a tutela jurisdicional de interesses coletivos ou difusos dessas pessoas, disciplina a atuação do Ministério Público, define crimes, e dá outras providências.

O Presidente da República:

Faço saber que o Congresso Nacional decreta e eu sanciono a seguinte Lei:

Art. 8º Constitui crime punível com reclusão de 1 (um) a 4 (quatro) anos, e multa:

I — recusar, suspender, procrastinar, cancelar ou fazer cessar, sem justa causa, a inscrição de aluno em estabelecimento de ensino de qualquer curso ou grau, público ou privado, por motivos derivados da deficiência que porta;

II — obstar, sem justa causa, o acesso de alguém a qualquer cargo público, por motivos derivados de sua deficiência;

III — negar, sem justa causa, a alguém, por motivos derivados de sua deficiência, emprego ou trabalho;

IV — recusar, retardar ou dificultar internação ou deixar de prestar assistência médico-hospitalar e ambulatorial, quando possível, a pessoa portadora de deficiência;

V — deixar de cumprir, retardar ou frustrar, sem justo motivo, a execução de ordem judicial expedida na ação civil a que alude esta Lei;

VI — recusar, retardar ou omitir dados técnicos indispensáveis à propositura da ação civil objeto desta Lei, quando requisitados pelo Ministério Público.

Art. 19. Esta Lei entra em vigor na data de sua publicação.

Art. 20. Revogam-se as disposições em contrário.

Brasília, 24 de outubro de 1989; 168º da Independência e 101º da República.

JOSÉ SARNEY

(Publicada no DOU de 25-10-1989.)

LEI N. 7.960, DE 21 DE DEZEMBRO DE 1989

Dispõe sobre prisão temporária.

O Presidente da República:

Faço saber que o Congresso Nacional decreta e eu sanciono a seguinte Lei:

Art. 1º Caberá prisão temporária:

I — quando imprescindível para as investigações do inquérito policial;

II — quando o indiciado não tiver residência fixa ou não fornecer elementos necessários ao esclarecimento de sua identidade;

III — quando houver fundadas razões, de acordo com qualquer prova admitida na legislação penal, de autoria ou participação do indiciado nos seguintes crimes:

a) homicídio doloso (art. 121, *caput*, e seu § 2º);

b) sequestro ou cárcere privado (art. 148, *caput*, e seus §§ 1º e 2º);

c) roubo (art. 157, *caput*, e seus §§ 1º, 2º e 3º);

d) extorsão (art. 158, *caput*, e seus §§ 1º e 2º);

e) extorsão mediante sequestro (art. 159, *caput*, e seus §§ 1º, 2º e 3º);

f) estupro (art. 213, *caput*, e sua combinação com o art. 223, *caput*, e parágrafo único);

g) atentado violento ao pudor (art. 214, *caput*, e sua combinação com o art. 223, *caput*, e parágrafo único);

h) rapto violento (art. 219, e sua combinação com o art. 223, *caput*, e parágrafo único);

i) epidemia com resultado de morte (art. 267, § 1º);

j) envenenamento de água potável ou substância alimentícia ou medicinal qualificado pela morte (art. 270, *caput*, combinado com o art. 285);

l) quadrilha ou bando (art. 288), todos do Código Penal;

m) genocídio (arts. 1º, 2º e 3º da Lei n. 2.889, de 1º de outubro de 1956), em qualquer de suas formas típicas;

n) tráfico de drogas (art. 12 da Lei n. 6.368, de 21 de outubro de 1976);

o) crimes contra o sistema financeiro (Lei n. 7.492, de 16 de junho de 1986).

Art. 2º A prisão temporária será decretada pelo Juiz, em face da representação da autoridade policial ou de requerimento do Ministério Público, e terá o prazo de 5 (cinco) dias, prorrogável por igual período em caso de extrema e comprovada necessidade.

§ 1º Na hipótese de representação da autoridade policial, o Juiz, antes de decidir, ouvirá o Ministério Público.

§ 2º O despacho que decretar a prisão temporária deverá ser fundamentado e prolatado dentro do prazo de 24 (vinte e quatro) horas, contadas a partir do recebimento da representação ou do requerimento.

§ 3º O Juiz poderá, de ofício, ou a requerimento do Ministério Público e do Advogado, determinar que o preso lhe seja apresentado, solicitar informações e esclarecimentos da autoridade policial e submetê-lo a exame de corpo de delito.

§ 4º Decretada a prisão temporária, expedir-se-á mandado de prisão, em duas vias, uma das quais será entregue ao indiciado e servirá como nota de culpa.

§ 5º A prisão somente poderá ser executada depois da expedição de mandado judicial.

§ 6º Efetuada a prisão, a autoridade policial informará o preso dos direitos previstos no art. 5º da Constituição Federal.

§ 7º Decorrido o prazo de cinco dias de detenção, o preso deverá ser posto imediatamente em liberdade, salvo se já tiver sido decretada sua prisão preventiva.

Art. 3º Os presos temporários deverão permanecer, obrigatoriamente, separados dos demais detentos.

Art. 4º O art. 4º da Lei n. 4.898, de 9 de dezembro de 1965, fica acrescido da alínea *i*, com a seguinte redação:

"Art. 4º ....

i) prolongar a execução de prisão temporária, de pena ou de medida de segurança, deixando de expedir em tempo oportuno ou de cumprir imediatamente ordem de liberdade."

Art. 5º Em todas as comarcas e seções judiciárias haverá um plantão permanente de vinte e quatro horas do Poder Judiciário e do Ministério Público para apreciação dos pedidos de prisão temporária.

Art. 6º Esta Lei entra em vigor na data de sua publicação.

Art. 7º Revogam-se as disposições em contrário.

Brasília, 21 de dezembro de 1989; 168º da Independência e 101º da República.

JOSÉ SARNEY

(Publicada no DOU de 22-12-1989.)

DECRETO N. 98.961, DE 15 DE FEVEREIRO DE 1990

Dispõe sobre expulsão de estrangeiro condenado por tráfico de entorpecentes e drogas afins.

O Presidente da República, no uso da atribuição que lhe confere o art. 84, IV, da Constituição, decreta:

Art. 1º O inquérito de expulsão de estrangeiro condenado por uso indevido ou tráfico ilícito de entorpecentes e drogas afins obedecerá ao rito procedimental estabelecido nos arts. 68 e 71 da Lei n. 6.815, de 19 de agosto de 1980, e nos arts. 100 a 105 do Decreto n. 86.715, de 10 de dezembro de 1981, mas somente serão encaminhados com parecer final ao Ministro da Justiça mediante certidão do cumprimento integral da pena privativa de liberdade.

§ 1º Permitir-se-á certidão do cumprimento da pena nos 60 (sessenta) dias anteriores ao respectivo término, mas o decreto de expulsão será executado no dia seguinte ao último da condenação.

§ 2º Na hipótese de atraso do decreto de expulsão, caberá ao Ministério da Justiça requerer, ao Juiz competente, a prisão, para efeito de expulsão, do estrangeiro de que trata este Decreto.

Art. 2º As condições de expulsabilidade serão aquelas existentes na data da infração penal, apuradas no inquérito, não se considerando as alterações ocorridas após a prática do delito.

Art. 3º Se, antes do cumprimento da pena, for conveniente ao interesse nacional a expulsão do estrangeiro, condenado por uso indevido ou tráfico de entorpecentes ou drogas afins, o Ministro da Justiça fará exposição fundamentada ao Presidente da República, que decidirá na forma do art. 66 da Lei n. 6.815, de 19 de agosto de 1980.

Art. 4º Nos casos em que o Juízo de Execução conceder ao estrangeiro, de que trata este Decreto, regime penal mais benigno do que aquele fixado na decisão condenatória, caberá ao Ministério da Justiça requerer ao Ministério Público providências para que seja restabelecida a autoridade da sentença transitada em julgado.

Art. 5º Este Decreto entra em vigor na data de sua publicação.

Art. 6º Revogam-se as disposições em contrário.

Brasília, 15 de fevereiro de 1990; 169º da Independência e 102º da República.

JOSÉ SARNEY

(Publicado no DOU de 16-2-1990.)

LEI N. 8.021, DE 12 DE ABRIL DE 1990

Dispõe sobre a identificação dos contribuintes para fins fiscais e dá outras providências.

O Presidente da República:

Faço saber que o Congresso Nacional decreta e eu sanciono a seguinte Lei:

Art. 7º A autoridade fiscal do Ministério da Economia, Fazenda e Planejamento poderá proceder a exame de documentos, livros e registros das bolsas de valores, de mercadorias, de futuros e assemelhadas, bem como solicitar a prestação de esclarecimentos e informações a respeito de operações por elas praticadas, inclusive em relação a terceiros.

§ 1º As informações deverão ser prestadas no prazo máximo de 10 (dez) dias úteis contados da data da solicitação. O não cumprimento desse prazo sujeitará a instituição a multa de valor equivalente a 1.000 (mil) BTN-Fiscais por dia útil de atraso.

- *Nota*: o BTN-Fiscal foi extinto pela Lei n. 8.177/91.

§ 2º As informações obtidas com base neste artigo somente poderão ser utilizadas para efeito de verificação do cumprimento de obrigações tributárias.

§ 3º O servidor que revelar informações que tiver obtido na forma deste artigo estará sujeito às penas previstas no art. 325 do Código Penal brasileiro.

Art. 12. Esta Lei entra em vigor na data de sua publicação.

Art. 13. Revogam-se o art. 9º da Lei n. 4.729, de 14 de julho de 1965, os arts. 32 e 33 da Lei n. 6.404, de 15 de dezembro de 1976, e demais disposições em contrário.

Brasília, em 12 de abril de 1990; 169º da Independência e 102º da República.

FERNANDO COLLOR

(Publicada no DOU de 13-4-1990 e retificada em 23-4-1990.)

LEI COMPLEMENTAR N. 64, DE 18 DE MAIO DE 1990

Estabelece, de acordo com o art. 14, § 9º, da Constituição Federal, casos de inelegibilidade, prazos de cessação e determina outras providências.

O Presidente da República:
Faço saber que o Congresso Nacional decreta e eu sanciono a seguinte Lei:

....

Art. 25. Constitui crime eleitoral a arguição de inelegibilidade, ou a impugnação de registro de candidato feito por interferência do poder econômico, desvio ou abuso do poder de autoridade, deduzida de forma temerária ou de manifesta má-fé:

Pena — detenção de 6 (seis) meses a 2 (dois) anos, e multa de 20 (vinte) a 50 (cinquenta) vezes o valor do Bônus do Tesouro Nacional — BTN e, no caso de sua extinção, de título público que o substitua.

- O BTN foi extinto pelo art. 3º da Lei n. 8.177/91.

....

Art. 27. Esta Lei Complementar entra em vigor na data de sua publicação.

Art. 28. Revogam-se a Lei Complementar n. 5, de 29 de abril de 1970 e as demais disposições em contrário.

Brasília, 18 de maio de 1990; 169º da Independência e 102º da República.

FERNANDO COLLOR

(Publicada no DOU de 21-5-1990.)

LEI N. 8.069, DE 13 DE JULHO DE 1990

Dispõe sobre o Estatuto da Criança e do Adolescente, e dá outras providências.

O Presidente da República:

Faço saber que o Congresso Nacional decreta e eu sanciono a seguinte Lei:

Livro II
PARTE ESPECIAL

Título VII
DOS CRIMES E DAS INFRAÇÕES ADMINISTRATIVAS

Capítulo I
DOS CRIMES

Seção I
DISPOSIÇÕES GERAIS

Art. 225. Este Capítulo dispõe sobre crimes praticados contra a criança e o adolescente, por ação ou omissão, sem prejuízo do disposto na legislação penal.

Art. 226. Aplicam-se aos crimes definidos nesta Lei as normas da Parte Geral do Código Penal e, quanto ao processo, as pertinentes ao Código de Processo Penal.

Art. 227. Os crimes definidos nesta Lei são de ação pública incondicionada.

Seção II
DOS CRIMES EM ESPÉCIE

Art. 228. Deixar o encarregado de serviço ou o dirigente de estabelecimento de atenção à saúde de gestante de manter registro das atividades desenvolvidas, na forma e prazo referidos no art. 10 desta Lei, bem como de fornecer à parturiente ou a seu responsável, por ocasião da alta médica, declaração de nascimento, onde constem as intercorrências do parto e do desenvolvimento do neonato:

Pena — detenção, de 6 (seis) meses a 2 (dois) anos.

Parágrafo único. Se o crime é culposo:

Pena — detenção, de 2 (dois) a 6 (seis) meses, ou multa.

Art. 229. Deixar o médico, enfermeiro ou dirigente de estabelecimento de atenção à saúde de gestante de identificar corretamente o neonato e a parturiente, por ocasião do parto, bem como deixar de proceder aos exames referidos no art. 10 desta Lei:

Pena — detenção, de 6 (seis) meses a 2 (dois) anos.

Parágrafo único. Se o crime é culposo:

Pena — detenção, de 2 (dois) a 6 (seis) meses, ou multa.

Art. 230. Privar a criança ou o adolescente de sua liberdade, procedendo à sua apreensão sem estar em flagrante de ato infracional ou inexistindo ordem escrita da autoridade judiciária competente:

Pena — detenção, de 6 (seis) meses a 2 (dois) anos.

Parágrafo único. Incide na mesma pena aquele que procede à apreensão sem observância das formalidades legais.

Art. 231. Deixar a autoridade policial responsável pela apreensão de criança ou adolescente de fazer imediata comunicação à autoridade judiciária competente e à família do apreendido ou à pessoa por ele indicada:

Pena — detenção, de 6 (seis) meses a 2 (dois) anos.

Art. 232. Submeter criança ou adolescente sob sua autoridade, guarda ou vigilância a vexame ou a constrangimento:

Pena — detenção, de 6 (seis) meses a 2 (dois) anos.

Art. 233. (*Revogado pela Lei n. 9.455, de 7-4-1997.*)

Art. 234. Deixar a autoridade competente, sem justa causa, de ordenar a imediata liberação de criança ou adolescente, tão logo tenha conhecimento da ilegalidade da apreensão:

Pena — detenção, de 6 (seis) meses a 2 (dois) anos.

Art. 235. Descumprir, injustificadamente, prazo fixado nesta Lei em benefício de adolescente privado de liberdade:

Pena — detenção, de 6 (seis) meses a 2 (dois) anos.

Art. 236. Impedir ou embaraçar a ação de autoridade judiciária, membro do Conselho Tutelar ou representante do Ministério Público no exercício de função prevista nesta Lei:

Pena — detenção, de 6 (seis) meses a 2 (dois) anos.

Art. 237. Subtrair criança ou adolescente ao poder de quem o tem sob sua guarda em virtude de lei ou ordem judicial, com o fim de colocação em lar substituto:

Pena — reclusão, de 2 (dois) a 6 (seis) anos, e multa.

Art. 238. Prometer ou efetivar a entrega de filho ou pupilo a terceiro, mediante paga ou recompensa:

Pena — reclusão, de 1 (um) a 4 (quatro) anos, e multa.

Parágrafo único. Incide nas mesmas penas quem oferece ou efetiva a paga ou recompensa.

Art. 239. Promover ou auxiliar a efetivação de ato destinado ao envio de criança ou adolescente para o exterior com inobservância das formalidades legais ou com o fito de obter lucro:

Pena — reclusão, de 4 (quatro) a 6 (seis) anos, e multa.

Parágrafo único. Se há emprego de violência, grave ameaça ou fraude:

Pena — reclusão, de 6 (seis) a 8 (oito) anos, além da pena correspondente à violência.

- Parágrafo acrescentado pela Lei n. 10.764, de 12-11-2003.

Art. 240. Produzir, reproduzir, dirigir, fotografar, filmar ou registrar, por qualquer meio, cena de sexo explícito ou pornográfica, envolvendo criança ou adolescente:

Pena — reclusão, de 4 (quatro) a 8 (oito) anos, e multa.

§ 1º Incorre nas mesmas penas quem agencia, facilita, recruta, coage, ou de qualquer modo intermedeia a participação de criança ou adolescente nas cenas referidas no *caput* deste artigo, ou ainda quem com esses contracena.

§ 2º Aumenta-se a pena de um terço se o agente comete o crime:

I — no exercício de cargo ou função pública ou a pretexto de exercê-la;

II — prevalecendo-se de relações domésticas, de coabitação ou de hospitalidade; ou

III — prevalecendo-se de relações de parentesco consanguíneo ou afim até o terceiro grau, ou por adoção, de tutor, curador, preceptor, empregador da vítima ou de quem, a qualquer outro título, tenha autoridade sobre ela, ou com seu consentimento.

- *Caput* e §§ 1º e 2º com redação dada pela Lei n. 11.829, de 25-11-2008; inciso III do § 2º incluído pela mesma lei.

Art. 241. Vender ou expor à venda fotografia, vídeo ou outro registro que contenha cena de sexo explícito ou pornográfica envolvendo criança ou adolescente:

Pena — reclusão, de 4 (quatro) a 8 (oito) anos, e multa.

- Redação dada pela Lei n. 11.829, de 25-11-2008.

Art. 241-A. Oferecer, trocar, disponibilizar, transmitir, distribuir, publicar ou divulgar por qualquer meio, inclusive por meio de sistema de informática ou telemático, fotografia, vídeo ou outro registro que contenha cena de sexo explícito ou pornográfica envolvendo criança ou adolescente:

Pena — reclusão, de 3 (três) a 6 (seis) anos, e multa.

§ 1º Nas mesmas penas incorre quem:

I — assegura os meios ou serviços para o armazenamento das fotografias, cenas ou imagens de que trata o *caput* deste artigo;

II — assegura, por qualquer meio, o acesso por rede de computadores às fotografias, cenas ou imagens de que trata o *caput* deste artigo.

§ 2º As condutas tipificadas nos incisos I e II do § 1º deste artigo são puníveis quando o responsável legal pela prestação do serviço, oficialmente notificado, deixa de desabilitar o acesso ao conteúdo ilícito de que trata o *caput* deste artigo.

Art. 241-B. Adquirir, possuir ou armazenar, por qualquer meio, fotografia, vídeo ou outra forma de registro que contenha cena de sexo explícito ou pornográfica envolvendo criança ou adolescente:

Pena — reclusão, de 1 (um) a 4 (quatro) anos, e multa.

1º A pena é diminuída de um a dois terços se de pequena quantidade o material a que se refere o *caput* deste artigo.

2º Não há crime se a posse ou o armazenamento tem a finalidade de comunicar às autoridades competentes a ocorrência das condutas descritas nos arts. 240, 241, 241-A e 241-C desta Lei, quando a comunicação for feita por:

I — agente público no exercício de suas funções;

II — membro de entidade, legalmente constituída, que inclua, entre suas finalidades institucionais, o recebimento, o processamento e o encaminhamento de notícia dos crimes referidos neste parágrafo;

III — representante legal e funcionários responsáveis de provedor de acesso ou serviço prestado por meio de rede de computadores, até o recebimento do material relativo à notícia feita à autoridade policial, ao Ministério Público ou ao Poder Judiciário.

§ 3º As pessoas referidas no § 2º deste artigo deverão manter sob sigilo o material ilícito referido.

- Artigo incluído pela Lei n. 11.829, de 25-11-2008.

Art. 241-C. Simular a participação de criança ou adolescente em cena de sexo explícito ou pornográfica por meio de adulteração, montagem ou modificação de fotografia, vídeo ou qualquer outra forma de representação visual:

Pena — reclusão, de 1 (um) a 3 (três) anos, e multa.

Parágrafo único. Incorre nas mesmas penas quem vende, expõe à venda, disponibiliza, distribui, publica ou divulga por qualquer meio, adquire, possui ou armazena o material produzido na forma do *caput* deste artigo.

- Artigo incluído pela Lei n. 11.829, de 25-11-2008.

Art. 241-D. Aliciar, assediar, instigar ou constranger, por qualquer meio de comunicação, criança, com o fim de com ela praticar ato libidinoso:

Pena — reclusão, de 1 (um) a 3 (três) anos, e multa.

Parágrafo único. Nas mesmas penas incorre quem:

I — facilita ou induz o acesso à criança de material contendo cena de sexo explícito ou pornográfica com o fim de com ela praticar ato libidinoso;

II — pratica as condutas descritas no *caput* deste artigo com o fim de induzir criança a se exibir de forma pornográfica ou sexualmente explícita.

- Artigo incluído pela Lei n. 11.829, de 25-11-2008.

Art. 241-E. Para efeito dos crimes previstos nesta Lei, a expressão "cena de sexo explícito ou pornográfica" compreende qualquer situação que envolva criança ou adolescente em atividades sexuais explícitas, reais ou simuladas, ou exibição dos órgãos genitais de uma criança ou adolescente para fins primordialmente sexuais.

Art. 242. Vender, fornecer ainda que gratuitamente ou entregar, de qualquer forma, a criança ou adolescente arma, munição ou explosivo:

Pena — reclusão, de 3 (três) a 6 (seis) anos.

- Pena com redação dada pela Lei n. 10.764, de 12-11-2003.

Art. 243. Vender, fornecer ainda que gratuitamente, ministrar ou entregar, de qualquer forma, a criança ou adolescente, sem justa causa, produtos cujos componentes possam causar dependência física ou psíquica, ainda que por utilização indevida:

Pena — detenção de 2 (dois) a 4 (quatro) anos, e multa, se o fato não constitui crime mais grave.

- Pena com redação dada pela Le n. 10.764, de 12-11-2003.

Art. 244. Vender, fornecer ainda que gratuitamente ou entregar, de qualquer forma, a criança ou adolescente fogos de estampido ou de artifício, exceto aqueles que, pelo seu reduzido potencial, sejam incapazes de provocar qualquer dano físico em caso de utilização indevida:

Pena — detenção de 6 (seis) meses a 2 (dois) anos, e multa.

Art. 244-A. Submeter criança ou adolescente, como tais definidos no *caput* do art 2º desta Lei, à prostituição ou à exploração sexual:

Pena — reclusão de 4 (quatro) a 10 (dez) anos, e multa.

1º Incorrem nas mesmas penas o proprietário, o gerente ou o responsável pelo local em que se verifique a submissão de criança ou adolescente às práticas referidas no *caput* deste artigo.

2º Constitui efeito obrigatório da condenação a cassação da licença de localização e de funcionamento do estabelecimento.

- Artigo incluído pela Le n. 9.975, de 23-6-2000.

Art. 244-B. Corromper ou facilitar a corrupção de menor de 18 (dezoito) anos, com ele praticando infração penal ou induzindo-o a praticá-la:

Pena — reclusão, de 1 (um) a 4 (quatro) anos.

§ 1º Incorre nas penas previstas no *caput* deste artigo quem pratica as condutas ali tipificadas utilizando-se de quaisquer meios eletrônicos, inclusive salas de bate-papo na internet.

§ 2º As penas previstas no *caput* deste artigo são aumentadas de um terço no caso de a infração cometida ou induzida estar incluída no rol do art. 1º da Lei n. 8.072, de 25 de julho de 1990.

- Artigo incluído pela Lei n. 12.015, de 7-8-2009.
- Súmula n. 500 do STJ: "A configuração do crime do art. 244-B do ECA independe da prova da efetiva corrupção do menor, por se tratar de delito formal".

Art. 263. O Decreto-Lei n. 2.848, de 7 de dezembro de 1940 — Código Penal, passa a vigorar com as seguintes alterações:

- Alterações já constantes do texto do Código Penal.

Art. 266. Esta Lei entra em vigor 90 (noventa) dias após sua publicação.

Parágrafo único. Durante o período de vacância deverão ser promovidas atividades e campanhas de divulgação e esclarecimentos acerca do disposto nesta Lei.

Art. 267. Revogam-se as Les ns. 4.513, de 1964, e 6.697, de 10 de outubro de 1979 (Código de Menores), e as demais disposições em contrário.

Brasília, em 13 de julho de 1990;169º da Independência e102º da República.

FERNANDO COLLOR
(Publicada no DOU de 16-7-1990 e retificada no DOU de 27-9-1990.)

LEI N. 8.078, DE 11 DE SETEMBRO DE 1990

Dispõe sobre a proteção do consumidor e dá outras providências.

- Em vigor a partir de 11-3-1991.

O Presidente da República:

Faço saber que o Congresso Nacional decreta e eu sanciono a seguinte Lei:

....

Título II
DAS INFRAÇÕES PENAIS

- Ver, também, o art. 7º da Lei n. 8.137/90, que trata, igualmente, de crime contra as relações de consumo.

Art. 61. Constituem crimes contra as relações de consumo previstas neste Código, sem prejuízo do disposto no Código Penal e leis especiais, as condutas tipificadas nos artigos seguintes.

Art. 62. (*Vetado.*)

Art. 63. Omitir dizeres ou sinais ostensivos sobre a nocividade ou periculosidade de produtos, nas embalagens, nos invólucros, recipientes ou publicidade:

Pena — detenção, de 6 (seis) meses a 2 (dois) anos, e multa.

§ 1º Incorrerá nas mesmas penas quem deixar de alertar, mediante recomendações escritas ostensivas, sobre a periculosidade do serviço a ser prestado.

§ 2º Se o crime é culposo:

Pena — detenção, de 1 (um) a 6 (seis) meses, ou multa.

Art. 64. Deixar de comunicar à autoridade competente e aos consumidores a nocividade ou periculosidade de produtos cujo conhecimento seja posterior à sua colocação no mercado:

Pena — detenção, de 6 (seis) meses a 2 (dois) anos, e multa.

Parágrafo único. Incorrerá nas mesmas penas quem deixar de retirar do mercado, imediatamente quando determinado pela autoridade competente, os produtos nocivos ou perigosos, na forma deste artigo.

Art. 65. Executar serviço de alto grau de periculosidade, contrariando determinação de autoridade competente:

Pena — detenção, de 6 (seis) meses a 2 (dois) anos, e multa.

Parágrafo único. As penas deste artigo são aplicáveis sem prejuízo das correspondentes à lesão corporal e à morte.

Art. 66. Fazer afirmação falsa ou enganosa, ou omitir informação relevante sobre a natureza, característica, qualidade, quantidade, segurança, desempenho, durabilidade, preço ou garantia de produtos ou serviços:

Pena — detenção de 3 (três) meses a 1 (um) ano e multa.

§ 1º Incorrerá nas mesmas penas quem patrocinar a oferta.

§ 2º Se o crime é culposo:

Pena — detenção de 1 (um) a 6 (seis) meses ou multa.

Art. 67. Fazer ou promover publicidade que sabe ou deveria saber ser enganosa ou abusiva:

Pena — detenção de 3 (três) meses a 1 (um) ano e multa.

Parágrafo único. (*Vetado.*)

Art. 68. Fazer ou promover publicidade que sabe ou deveria saber ser capaz de induzir o consumidor a se comportar de forma prejudicial ou perigosa a sua saúde ou segurança:

Pena — detenção de 6 (seis) meses a 2 (dois) anos e multa.

Parágrafo único. (*Vetado.*)

Art. 69. Deixar de organizar dados fáticos, técnicos e científicos que dão base à publicidade:

Pena — detenção de 1 (um) a 6 (seis) meses ou multa.

Art. 70. Empregar, na reparação de produtos, peças ou componentes de reposição usados, sem autorização do consumidor:

Pena — detenção de 3 (três) meses a 1 (um) ano e multa.

Art. 71. Utilizar, na cobrança de dívidas, de ameaça, coação, constrangimento físico ou moral, afirmações falsas, incorretas ou enganosas ou de qualquer outro procedimento que exponha o consumidor, injustificadamente, a ridículo ou interfira com seu trabalho, descanso ou lazer:

Pena — detenção de 3 (três) meses a 1 (um) ano e multa.

Art. 72. Impedir ou dificultar o acesso do consumidor às informações que sobre ele constem em cadastros, banco de dados, fichas e registros:

Pena — detenção de 6 (seis) meses a 1 (um) ano ou multa.

Art. 73. Deixar de corrigir imediatamente informação sobre consumidor constante de cadastro, banco de dados, fichas ou registros que sabe ou deveria saber ser inexata:

Pena — detenção de 1 (um) a 6 (seis) meses ou multa.

Art. 74. Deixar de entregar ao consumidor o termo de garantia adequadamente preenchido e com especificação clara de seu conteúdo:

Pena — detenção de 1 (um) a 6 (seis) meses ou multa.

Art. 75. Quem, de qualquer forma, concorrer para os crimes referidos neste Código incide nas penas a esses cominadas na medida de sua culpabilidade, bem como o diretor, administrador ou gerente da pessoa jurídica que promover, permitir ou por qualquer modo aprovar o fornecimento, oferta, exposição à venda ou manutenção em depósito de produtos ou a oferta e prestação de serviços nas condições por ele proibidas.

Art. 76. São circunstâncias agravantes dos crimes tipificados neste Código:

I — serem cometidos em época de grave crise econômica ou por ocasião de calamidade;

II — ocasionarem grave dano individual ou coletivo;

III — dissimular-se a natureza ilícita do procedimento;

IV — quando cometidos:

a) por servidor público, ou por pessoa cuja condição econômico-social seja manifestamente superior à da vítima;

b) em detrimento de operário ou rurícola; de menor de 18 (dezoito) ou maior de 60 (sessenta) anos ou de pessoas portadoras de deficiência mental, interditadas ou não;

V — serem praticados em operações que envolvam alimentos, medicamentos ou quaisquer outros produtos ou serviços essenciais.

Art. 77. A pena pecuniária prevista nesta Seção será fixada em dias-multa, correspondente ao mínimo e ao máximo de dias de duração da pena privativa da liberdade cominada ao crime. Na individualização desta multa, o juiz observará o disposto no art. 60, § 1º, do Código Penal.

Art. 78. Além das penas privativas de liberdade e de multa, podem ser impostas, cumulativa ou alternadamente, observado o disposto nos arts. 44 a 47 do Código Penal:

I — a interdição temporária de direitos;

II — a publicação em órgãos de comunicação de grande circulação ou audiência, às expensas do condenado, de notícia sobre os fatos e a condenação;

III — a prestação de serviços à comunidade.

Art. 79. O valor da fiança, nas infrações de que trata este Código, será fixado pelo juiz, ou pela autoridade que presidir o inquérito, entre cem e duzentas mil vezes o valor do Bônus do Tesouro Nacional — BTN, ou índice equivalente que venha substituí-lo.

Parágrafo único. Se assim recomendar a situação econômica do indiciado ou réu, a fiança poderá ser:

a) reduzida até a metade de seu valor mínimo;

b) aumentada pelo juiz até vinte vezes.

Art. 80. No processo penal atinente aos crimes previstos neste Código, bem como a outros crimes e contravenções que envolvam relações de consumo, poderão intervir, como assistentes do Ministério Público, os legitimados indicados no art. 82, incisos III e IV, aos quais também é facultado propor ação penal subsidiária, se a denúncia não for oferecida no prazo legal.

Título III
DA DEFESA DO CONSUMIDOR EM JUÍZO

Capítulo I
DISPOSIÇÕES GERAIS

Art. 82. Para os fins do art. 81, parágrafo único, são legitimados concorrentemente:

- *Caput* com redação dada pela Lei n. 9.008, de 21-3-1995.

III — as entidades e órgãos da administração pública, direta ou indireta, ainda que sem personalidade jurídica, especificamente destinados à defesa dos interesses e direitos protegidos por este Código;

IV — as associações legalmente constituídas há pelo menos 1 (um) ano e que incluam entre seus fins institucionais a defesa dos interesses e direitos protegidos por este Código, dispensada a autorização assemblear.

Brasília, em 11 de setembro de 1990; 169º da Independência e 102º da República.

FERNANDO COLLOR

(Publicada no DOU de 12-9-1990.)

LEI N. 8.080, DE 19 DE SETEMBRO DE 1990

Dispõe sobre as condições para a promoção, proteção e recuperação da saúde, a organização e o funcionamento dos serviços correspondentes, e dá outras providências.

O Presidente da República:

Faço saber que o Congresso Nacional decreta e eu sanciono a seguinte Lei:

Art. 52. Sem prejuízo de outras sanções cabíveis, constitui crime de emprego irregular de verbas ou rendas públicas (Código Penal, art. 315) a utilização de recursos financeiros do Sistema Único de Saúde — SUS em finalidades diversas das previstas nesta Lei.

Art. 55. São revogadas a Lei n. 2.312, de 3 de setembro de 1954, a Lei n. 6.229, de 17 de julho de 1975, e demais disposições em contrário.

Brasília, em 19 de setembro de 1990; 169º da Independência e 102º da República.

FERNANDO COLLOR

(Publicada no DOU de 20-9-1990.)

LEI N. 8.176, DE 8 DE FEVEREIRO DE 1991

Define crimes contra a ordem econômica e cria o Sistema de Estoques de Combustíveis.

O Presidente da República:

Faço saber que o Congresso Nacional decreta e eu sanciono a seguinte Lei:

Art. 1º Constitui crime contra a ordem econômica:

I — adquirir, distribuir e revender derivados de petróleo, gás natural e suas frações recuperáveis, álcool etílico hidratado carburante e demais combustíveis líquidos carburantes, em desacordo com as normas estabelecidas na forma da lei;

II — usar gás liquefeito de petróleo em motores de qualquer espécie, saunas, caldeiras e aquecimento de piscinas, ou para fins automotivos, em desacordo com as normas estabelecidas na forma da lei.

Pena — detenção, de 1 (um) a 5 (cinco) anos.

Art. 2º Constitui crime contra o patrimônio, na modalidade de usurpação, produzir bens ou explorar matéria-prima pertencentes à União, sem autorização legal ou em desacordo com as obrigações impostas pelo título autorizativo.

Pena — detenção, de 1 (um) a 5 (cinco) anos, e multa.

§ 1º Incorre na mesma pena aquele que, sem autorização legal, adquirir, transportar, industrializar, tiver consigo, consumir ou comercializar produtos ou matéria-prima, obtidos na forma prevista no *caput* deste artigo.

§ 2º No crime definido neste artigo, a pena de multa será fixada entre 10 (dez) e 360 (trezentos e sessenta) dias-multa, conforme seja necessário e suficiente para a reprovação e a prevenção do crime.

§ 3º O dia-multa será fixado pelo juiz em valor não inferior a 14 (quatorze) nem superior a 200 (duzentos) Bônus do Tesouro Nacional — BTN.

- *Confronto*: Entendemos que o art. 21 da Lei n. 7.805/89 foi tacitamente revogado pelo art. 2º da Lei n. 8.176/91, uma vez que os recursos minerais pertencem à União. Já o art. 55 da Lei n. 9.605/98, que tutela o meio ambiente, poderá incidir em consumo formal de crimes.

Art. 3º (*Vetado.*)

Art. 4º Fica instituído o Sistema Nacional de Estoques de Combustíveis.

§ 1º O Poder Executivo encaminhará ao Congresso Nacional, dentro de cada exercício financeiro, o Plano Anual de Estoques Estratégicos de Combustíveis para o exercício seguinte, do qual constarão as fontes de recursos financeiros necessários à sua manutenção.

§ 2º O Poder Executivo estabelecerá, no prazo de 60 (sessenta) dias, as normas que regulamentarão o Sistema Nacional de Estoques de Combustíveis e o Plano Anual de Estoques Estratégicos de Combustíveis.

Art. 5º Esta Lei entra em vigor 5 (cinco) dias após a sua publicação.

Art. 6º Revogam-se as disposições em contrário, em especial o art. 18 da Lei n. 8.137, de 27 de dezembro de 1990, restaurando-se a numeração dos artigos do Decreto-Lei n. 2.848, de 7 de dezembro de 1940 — Código Penal brasileiro, alterado por aquele dispositivo.

Brasília, em 8 de fevereiro de 1991; 170º da Independência e 103º da República.

FERNANDO COLLOR

(Publicada no DOU de 13-2-1991.)

LEI N. 8.213, DE 24 DE JULHO DE 1991

Dispõe sobre os Planos de Benefícios da Previdência Social e dá outras providências.

O Presidente da República

Faço saber que o Congresso Nacional decreta e eu sanciono a seguinte Lei:

Art. 19. Acidente de trabalho é o que ocorre pelo exercício do trabalho a serviço da empresa ou pelo exercício do trabalho dos segurados referidos no inciso VII do art. 11 desta Lei, provocando lesão corporal ou perturbação funcional que cause a morte ou a perda ou redução, permanente ou temporária, da capacidade para o trabalho.

§ 1º A empresa é responsável pela adoção e uso das medidas coletivas e individuais de proteção e segurança da saúde do trabalhador.

§ 2º Constitui contravenção penal, punível com multa, deixar a empresa de cumprir as normas de segurança e higiene do trabalho.

§ 3º É dever da empresa prestar informações pormenorizadas sobre os riscos da operação a executar e do produto a manipular.

§ 4º O Ministério do Trabalho e da Previdência Social fiscalizará e os sindicatos e entidades representativas de classe acompanharão o fiel cumprimento do disposto nos parágrafos anteriores, conforme dispuser o Regulamento.

Art. 155. Esta Lei entra em vigor na data de sua publicação.

Art. 156. Revogam-se as disposições em contrário.

Brasília, 24 de julho de 1991; 170º da Independência e 103º da República.

FERNANDO COLLOR
Antônio Magri

(Publicada no DOU de 25-7-1991.)

LEI N. 8.245, DE 18 DE OUTUBRO DE 1991

Dispõe sobre as locações de imóveis urbanos e os procedimentos a elas pertinentes.

O Presidente da República:

Faço saber que o Congresso Nacional decreta e eu sanciono a seguinte Lei:

Título I
DA LOCAÇÃO

Capítulo I
DISPOSIÇÕES GERAIS

Seção VIII
DAS PENALIDADES CRIMINAIS E CIVIS

Art. 43. Constitui contravenção penal, punível com prisão simples de 5 (cinco) dias a 6 (seis) meses ou multa de 3 (três) a 12 (doze) meses do valor do último aluguel atualizado, revertida em favor do locatário:

I — exigir, por motivo de locação ou sublocação, quantia ou valor além do aluguel e encargos permitidos;

II — exigir, por motivo de locação ou sublocação, mais de uma modalidade de garantia num mesmo contrato de locação;

III — cobrar antecipadamente o aluguel, salvo a hipótese do art. 42 e da locação para temporada.

Art. 44. Constitui crime de ação pública, punível com detenção de 3 (três) meses a 1 (um) ano, que poderá ser substituída pela prestação de serviços à comunidade:

I — recusar-se o locador ou sublocador, nas habitações coletivas multifamiliares, a fornecer recibo discriminado do aluguel e encargos;

II — deixar o retomante, dentro de 180 (cento e oitenta) dias após a entrega do imóvel, no caso do inciso III do art. 47, de usá-lo para o fim declarado ou, usando-o, não o fizer pelo prazo mínimo de 1 (um) ano;

III — não iniciar o proprietário, promissário comprador ou promissário cessionário, nos casos do inciso IV do art. 9º, inciso IV do art. 47, inciso I do art. 52 e inciso II do art. 53, a demolição ou a reparação do imóvel, dentro de 60 (sessenta) dias contados de sua entrega;

IV — executar o despejo com inobservância do disposto no § 2º do art. 65.

Parágrafo único. Ocorrendo qualquer das hipóteses previstas neste artigo, poderá o prejudicado reclamar, em processo próprio, multa equivalente a um mínimo de 12 (doze) e um máximo de

24 (vinte e quatro) meses do valor do último aluguel atualizado ou do que esteja sendo cobrado do novo locatário, se realugado o imóvel.

Art. 89. Esta Lei entrará em vigor 60 (sessenta) dias após a sua publicação.

Art. 90. Revogam-se as disposições em contrário, especialmente:

I — o Decreto n. 24.150, de 20 de abril de 1934;

II — a Lei n. 6.239, de 19 de setembro de 1975;

III — a Lei n. 6.649, de 16 de maio de 1979;

IV — a Lei n. 6.698, de 15 de outubro de 1979;

V — a Lei n. 7.355, de 31 de agosto de 1985;

VI — a Lei n. 7.538, de 24 de setembro de 1986;

VII — a Lei n. 7.612, de 9 de julho de 1987; e

VIII — a Lei n. 8.157, de 3 de janeiro de 1991.

Brasília, em 18 de outubro de 1991; 170º da Independência e 103º da República.

FERNANDO COLLOR
Jarbas Passarinho

(Publicada no DOU *de 21-10-1991.)*

LEI N. 8.313, DE 23 DE DEZEMBRO DE 1991

Restabelece princípios da Lei n. 7.505, de 2 de julho de 1986, institui o Programa Nacional de Apoio a Cultura — PRONAC e dá outras providências.

- Regulamentada pelo Decreto n. 15.761, de 27-4-2006.

O Presidente da República:

Faço saber que o Congresso Nacional decreta e eu sanciono a seguinte Lei:

Art. 38. Na hipótese de dolo, fraude ou simulação, inclusive no caso de desvio de objeto, será aplicada, ao doador e ao beneficiário, a multa correspondente a duas vezes o valor da vantagem recebida indevidamente.

Art. 39. Constitui crime, punível com a reclusão de 2 (dois) a 6 (seis) meses e multa de 20% (vinte por cento) do valor do projeto, qualquer discriminação de natureza política que atente contra a liberdade de expressão, de atividade intelectual e artística, de consciência ou crença, no andamento dos projetos a que se refere esta Lei.

Art. 40. Constitui crime, punível com reclusão de 2 (dois) a 6 (seis) meses e multa de 20% (vinte por cento) do valor do projeto, obter redução do imposto de renda utilizando-se fraudulentamente de qualquer benefício desta Lei.

§ 1º No caso de pessoa jurídica respondem pelo crime o acionista controlador e os administradores que para ele tenham concorrido.

§ 2º Na mesma pena incorre aquele que, recebendo recursos, bens ou valores em função desta Lei, deixe de promover, sem justa causa, atividade cultural objeto do incentivo.

Art. 42. Esta Lei entra em vigor na data de sua publicação.

Art. 43. Revogam-se as disposições em contrário.

Brasília, 23 de dezembro de 1991; 170º da Independência e 103º da República.

FERNANDO COLLOR

(Publicada no DOU de 24-12-1991.)

LEI N. 8.383, DE 30 DE DEZEMBRO DE 1991

Institui a Unidade Fiscal de Referência, altera a legislação do imposto de renda, e dá outras providências.

O Presidente da República:

Faço saber que o Congresso Nacional decreta e eu sanciono a seguinte Lei:

Art. 64. Responderão como coautores de crime de falsidade o gerente e o administrador de instituição financeira ou assemelhadas que concorrerem para que seja aberta conta ou movimentados recursos sob nome:

I — falso;

II — de pessoa física ou de pessoa jurídica inexistente;

III — de pessoa jurídica liquidada de fato ou sem representação regular.

Parágrafo único. É facultado às instituições financeiras e às assemelhadas solicitar ao Departamento da Receita Federal a confirmação do número de inscrição no Cadastro de Pessoas Físicas ou no Cadastro Geral de Contribuintes.

- A Lei n. 10.522, de 19-7-2002, extinguiu a UFIR, sendo os débitos convertidos em real, e mudou o CGC para CNPJ (Cadastro Nacional de Pessoa Jurídica).

Art. 97. Esta Lei entra em vigor na data de sua publicação e produzirá efeitos a partir de 1º de janeiro de 1992.

Art. 98. Revogam-se o art. 44 da Lei n. 4.131, de 3 de setembro de 1962, os §§ 1º e 2º do art. 11 da Lei n. 4.357, de 16 de julho de 1964, o art. 2º da Lei n. 4.729, de 14 de julho de 1965, o art. 5º do Decreto-Lei n. 1.060, de 21 de outubro de 1969, os arts. 13 e 14 da Lei n. 7.713, de 1988, os incisos III e IV e os §§ 1º e 2º do art. 7º e o art. 10 da Lei n. 8.023, de 1990, o inciso III e parágrafo único do art. 11 da Lei n. 8.134, de 27 de dezembro de 1990, e o art. 14 da Lei n. 8.137, de 27 de dezembro de 1990.

FERNANDO COLLOR

(Publicada no DOU de 31-12-1991.)

LEI N. 8.429, DE 2 DE JUNHO DE 1992

Dispõe sobre as sanções aplicáveis aos agentes públicos nos casos de enriquecimento ilícito no exercício de mandato, cargo, emprego ou função na administração pública direta, indireta ou fundacional e dá outras providências.

O Presidente da República:

Faço saber que o Congresso Nacional decreta e eu sanciono a seguinte Lei:

Capítulo VI
DAS DISPOSIÇÕES PENAIS

Art. 19. Constitui crime a representação por ato de improbidade contra agente público ou terceiro beneficiário quando o autor da denúncia o sabe inocente:

- Se o ato de improbidade constituir crime, *vide* art. 339 do Código Penal.

Pena — detenção de 6 (seis) a 10 (dez) meses e multa.

Parágrafo único. Além da sanção penal, o denunciante está sujeito a indenizar o denunciado pelos danos materiais, morais ou à imagem que houver provocado.

Art. 20. A perda da função pública e a suspensão dos direitos políticos só se efetivam com o trânsito em julgado da sentença condenatória.

Parágrafo único. A autoridade judicial ou administrativa competente poderá determinar o afastamento do agente público do exercício do cargo, emprego ou função, sem prejuízo da remuneração, quando a medida se fizer necessária à instrução processual.

Art. 21. A aplicação das sanções previstas nesta Lei independe:

I — da efetiva ocorrência de dano ao patrimônio público, salvo quanto à pena de ressarcimento;

- Redação dada pela Lei n. 12.120, de 15-12-2009.

II — da aprovação ou rejeição das contas pelo órgão de controle interno ou pelo Tribunal ou Conselho de Contas.

Art. 22. Para apurar qualquer ilícito previsto nesta Lei, o Ministério Público, de ofício, a requerimento de autoridade administrativa ou mediante representação formulada de acordo com o disposto no art. 14, poderá requisitar a instauração de inquérito policial ou procedimento administrativo.

Capítulo VII
DA PRESCRIÇÃO

Art. 23. As ações destinadas a levar a efeito as sanções previstas nesta Lei podem ser propostas:

I — até 5 (cinco) anos após o término do exercício de mandato, de cargo em comissão ou de função de confiança;

II — dentro do prazo prescricional previsto em lei específica para faltas disciplinares puníveis com demissão a bem do serviço público, nos casos de exercício de cargo efetivo ou emprego.

Capítulo VIII
DAS DISPOSIÇÕES FINAIS

Art. 24. Esta Lei entra em vigor na data de sua publicação.

Art. 25. Ficam revogadas as Leis n. 3.164, de 1º de junho de 1957, e 3.502, de 21 de dezembro de 1958, e demais disposições em contrário.

Rio de Janeiro, 2 de junho de 1992; 171º da Independência e 104º da República.

FERNANDO COLLOR
Célio Borja

(Publicada no DOU de 3-6-1992.)

LEI N. 8.685, DE 20 DE JULHO DE 1993

Cria mecanismos de fomento à atividade audiovisual e dá outras providências.

O Presidente da República:

Faço saber que o Congresso Nacional decreta e eu sanciono a seguinte Lei:

Art. 10. Sem prejuízo das sanções de natureza administrativa ou fiscal, constitui crime obter reduções de impostos, utilizando-se fraudulentamente de qualquer benefício desta Lei, punível com a pena de reclusão de 2 (dois) a 6 (seis) meses e multa de 50% (cinquenta por cento) sobre o valor da redução.

§ 1º No caso de pessoa jurídica, respondem pelo crime o acionista ou o quotista controlador e os administradores que para ele tenham concorrido, ou que dele se tenham beneficiado.

§ 2º Na mesma pena incorre aquele que, recebendo recursos em função desta Lei, deixe de promover, sem justa causa, a atividade objeto do incentivo.

Art. 14. Esta Lei entra em vigor na data de sua publicação.

Art. 15. Fica revogado o art. 45 da Lei n. 4.131, de 3 de setembro de 1962.

Brasília, 20 de julho de 1993; 172º da Independência e 105º da República.

ITAMAR FRANCO

(Publicada no DOU de 21-7-1993.)

LEI N. 8.906, DE 4 DE JULHO DE 1994

Dispõe sobre o Estatuto da Advocacia e a Ordem dos Advogados do Brasil — OAB.

O Presidente da República:

Faço saber que o Congresso Nacional decreta e eu sanciono a seguinte Lei:

Art. 7º São direitos do advogado:

§ 2º O advogado tem imunidade profissional, não constituindo injúria, difamação ou desacato puníveis qualquer manifestação de sua parte, no exercício de sua atividade, em juízo ou fora dele, sem prejuízo das sanções disciplinares perante a OAB, pelos excessos que cometer.

- A expressão "ou desacato", antes prevista neste § 2º, foi declarada inconstitucional pela ADIn 1.127-8. A decisão foi tomada por maioria de votos pelo Pleno do STF, vencidos os Ministros Marco Aurélio (Relator) e Ricardo Lewandowski, em 17-5-2006.

Art. 86. Esta Lei entra em vigor na data de sua publicação.

Art. 87. Revogam-se as disposições em contrário, especialmente a Lei n. 4.215, de 27 de abril de 1963, a Lei n. 5.390, de 23 de fevereiro de 1968, o Decreto-Lei n. 505, de 18 de março de 1969, a Lei n. 5.681, de 20 de julho de 1971, a Lei n. 5.842, de 6 de dezembro de 1972, a Lei n. 5.960, de 10 de dezembro de 1973, a Lei n. 6.743, de 5 de dezembro de 1979, a Lei n. 6.884, de 9 de dezembro de 1980, a Lei n. 6.994, de 26 de maio de 1982, mantidos os efeitos da Lei n. 7.346, de 22 de julho de 1985.

Brasília, 4 de julho de 1994; 173º da Independência e 106º da República.

ITAMAR FRANCO
Alexandre de Paula Dupeyra Martins

(Publicada no DOU de 5-7-1994.)

LEI N. 8.929, DE 22 DE AGOSTO DE 1994

Institui a Cédula de Produto Rural, e dá outras providências.

O Presidente da República:

Faço saber que o Congresso Nacional decreta e eu sanciono a seguinte Lei:

Art. 1º Fica instituída a Cédula de Produto Rural — CPR, representativa de promessa de entrega de produtos rurais, com ou sem garantia cedularmente constituída.

Art. 16. A busca e apreensão do bem alienado fiduciariamente, promovida pelo credor, não elide posterior execução, inclusive da hipoteca e do penhor constituído na mesma cédula, para satisfação do crédito remanescente.

Parágrafo único. No caso a que se refere o presente artigo, o credor tem direito ao desentranhamento do título, após efetuada a busca e apreensão, para instruir a cobrança do saldo devedor em ação própria.

Art. 17. Pratica crime de estelionato aquele que fizer declarações falsas ou inexatas acerca de bens oferecidos em garantia da CPR, inclusive omitir declaração de já estarem eles sujeitos a outros ônus ou responsabilidade de qualquer espécie, até mesmo de natureza fiscal.

Art. 18. Os bens vinculados à CPR não serão penhorados ou sequestrados por outras dívidas do emitente ou do terceiro prestador da garantia real, cumprindo a qualquer deles denunciar a existência da cédula às autoridades incumbidas da diligência, ou a quem a determinou, sob pena de responderem pelos prejuízos resultantes de sua omissão.

Art. 20. Esta Lei entra em vigor na data de sua publicação.

Brasília, 22 de agosto de 1994; 173º da Independência e 106º da República.

ITAMAR FRANCO

(Publicada no DOU de 23-8-1994.)

LEI N. 9.029, DE 13 DE ABRIL DE 1995

Proíbe a exigência de atestados de gravidez e esterilização, e outras práticas discriminatórias, para efeitos admissionais ou de permanência da relação jurídica de trabalho, e dá outras providências.

O Presidente da República:

Faço saber que o Congresso Nacional decreta e eu sanciono a seguinte Lei:

- *Vide*, também, a Lei n. 7.716/89, que dispõe sobre crimes de preconceito de raça, cor, etnia, religião ou procedência nacional.

Art. 1º Fica proibida a adoção de qualquer prática discriminatória e limitativa para efeito de acesso a relação de emprego, ou sua manutenção, por motivo de sexo, origem, raça, cor, estado civil, situação familiar ou idade, ressalvadas, neste caso, as hipóteses de proteção ao menor previstas no inciso XXXIII do art. 7º da Constituição Federal.

Art. 2º Constituem crime as seguintes práticas discriminatórias:

I — a exigência de teste, exame, perícia, laudo, atestado, declaração ou qualquer outro procedimento relativo à esterilização ou a estado de gravidez;

II — a adoção de quaisquer medidas, de iniciativa do empregador, que configurem:

a) indução ou instigamento à esterilização genética;

b) promoção do controle de natalidade, assim não considerado o oferecimento de serviços e de aconselhamento ou planejamento familiar, realizados através de instituições públicas ou privadas, submetidas às normas do Sistema Único de Saúde — SUS.

Pena — detenção de 1 (um) a 2 (dois) anos, e multa.

Parágrafo único. São sujeitos ativos dos crimes a que se refere este artigo:

I — a pessoa física empregadora;

II — o representante legal do empregador, como definido na legislação trabalhista;

III — o dirigente, direto ou por delegação, de órgãos públicos e entidades das administrações públicas direta, indireta e fundacional de qualquer dos Poderes da União, dos Estados, do Distrito Federal e dos Municípios.

....

Art. 5º Esta Lei entra em vigor na data de sua publicação.

Art. 6º Revogam-se as disposições em contrário.

Brasília, 13 de abril de 1995; 174º da Independência e 107º da República.

FERNANDO HENRIQUE CARDOSO

(Publicada no DOU de 17-4-1995.)

LEI N. 9.100, DE 29 DE SETEMBRO DE 1995

Estabelece normas para a realização das eleições municipais de 3 de outubro de 1996, e dá outras providências.

O Presidente da República:

Faço saber que o Congresso Nacional decreta e eu sanciono a seguinte Lei:

Da arrecadação e da aplicação de recursos nas campanhas eleitorais

Art. 36. A partir da constituição dos comitês financeiros, as pessoas físicas e jurídicas poderão fazer doações em dinheiro, ou estimáveis em dinheiro, a partido ou a candidato, para as campanhas eleitorais.

§ 1º As doações e contribuições de que trata este artigo ficam limitadas:

I — no caso de pessoa física, a 10% (dez por cento) dos rendimentos brutos auferidos no ano anterior à eleição;

II — no caso em que o candidato utilize recursos próprios, ao valor máximo de gastos estabelecido pelo seu partido ou coligação;

III — no caso de pessoa jurídica, a 1% (um por cento) da receita operacional bruta do ano anterior à eleição.

§ 2º Os percentuais de que tratam os incisos I e III do parágrafo anterior poderão ser excedidos, desde que as contribuições e doações não sejam superiores a 70.000 UFIR e 300.000 UFIR, respectivamente.

§ 3º As doações e contribuições serão convertidas em UFIR, pelo valor desta no mês em que ocorrerem.

§ 4º Em qualquer das hipóteses deste artigo, a contribuição de pessoa jurídica a todos os candidatos de determinada circunscrição eleitoral não poderá exceder de 2% (dois por cento) da receita de impostos, arrecadados pelo Município no ano anterior ao da eleição, acrescida das transferências constitucionais.

§ 5º Toda doação a candidato específico ou a partido deverá ser feita mediante recibo, em formulário impresso em série própria para cada partido, segundo modelo aprovado pela Justiça Eleitoral.

Das pesquisas eleitorais

Art. 48. A partir de 2 de abril de 1996, as entidades ou empresas que realizarem pesquisas de opinião pública relativas às eleições ou aos candidatos, para serem levadas ao conhecimento público, são obrigadas a registrar, junto à Justiça Eleitoral, até 5 (cinco) dias antes da divulgação de cada pesquisa, as informações a seguir relacionadas:

I — quem contratou a realização da pesquisa;

II — valor e origem dos recursos despendidos no trabalho;

III — a metodologia e o período de realização da pesquisa;

IV — o plano amostral e ponderação no que se refere a sexo, idade, grau de instrução, nível econômico e área física de realização do trabalho;

V — o intervalo de confiança e a margem de erro;

VI — o nome de quem pagou pela realização do trabalho;

VII — o sistema interno de controle e verificação, conferência e fiscalização da coleta de dados e do trabalho de campo;

VIII — o questionário completo aplicado.

§ 1º A juntada de documentos e o registro das informações a que se refere este artigo, relativas às eleições nas capitais, devem ser feitos, a cada pesquisa, nos Tribunais Regionais Eleitorais, e, nos demais municípios, nos juízos eleitorais respectivos.

§ 2º A Justiça Eleitoral afixará, imediatamente, no local de costume, aviso comunicando o registro das informações a que se refere este artigo, colocando-as à disposição dos partidos ou coligações com candidatos ao pleito, que a elas terão livre acesso pelo prazo de 30 (trinta) dias.

§ 3º Imediatamente após o registro referido no *caput*, as empresas ou entidades referidas colocarão à disposição dos partidos ou coligações que possuam candidatos registrados para as eleições a que se refere a pesquisa, na sede do Município onde se situa o órgão da Justiça Eleitoral perante o qual foi registrada, as informações e demais elementos atinentes a cada um dos resultados a publicar, em meio magnético ou impresso, a critério do interessado.

§ 4º Os responsáveis pela empresa ou entidade de pesquisa, pelo órgão veiculador, partido, coligação ou candidato que divulgarem pesquisa não registrada estarão sujeitos à pena cominada no art. 323 do Código Eleitoral e a multa de 20.000 UFIR ou de valor igual ao contratado pela realização da pesquisa, se este for superior.

Dos crimes eleitorais

Art. 67. Constitui crime eleitoral:

I — doar, direta ou indiretamente, a partido, coligação ou candidato, recurso de valor superior ao definido no art. 36, para aplicação em campanha eleitoral:

Pena — detenção de 1 (um) a 3 (três) meses e multa de 4.000 UFIR a 12.000 UFIR ou de valor igual ao do excesso verificado, caso seja superior ao máximo aqui previsto;

II — receber, direta ou indiretamente, recurso de valor superior ao definido pelo art. 36, para aplicação em campanha eleitoral:

Pena — a mesma do inciso I;

III — gastar recursos acima do valor estabelecido pelo partido ou coligação para aplicação em campanha eleitoral:

Pena — a mesma do inciso I;

IV — divulgar fato que sabe inverídico ou pesquisa manipulada com infringência do art. 48, distorcer ou manipular informações relativas a partido, coligação, candidato ou sobre a opinião pública, com objetivo de influir na vontade do eleitor:

Pena — detenção de 2 (dois) meses a 1 (um) ano ou pagamento de multa de 4.000 UFIR a 12.000 UFIR, agravada, se o crime é cometido pela imprensa, rádio ou televisão;

V — deixar o juiz de declarar-se impedido nos termos do § 3º do art. 14 da Lei n. 4.737, de 15 de julho de 1965:

Pena — detenção de até 1 (um) ano e multa;

VI — reter título eleitoral ou comprovante de alistamento eleitoral contra a vontade do eleitor ou alistando:

Pena — detenção de 2 (dois) a 6 (seis) meses ou multa;

VII — obter ou tentar obter, indevidamente, acesso a sistema de tratamento automático de dados utilizado pelo serviço eleitoral, a fim de alterar a apuração ou contagem de votos:

Pena — reclusão, de 1 (um) a 2 (dois) anos, e multa;

VIII — tentar desenvolver ou introduzir comando, instrução ou programa de computador, capaz de destruir, apagar, eliminar, alterar, gravar ou transmitir dado, instrução ou programa ou provocar qualquer outro resultado diverso do esperado em sistema de tratamento automático de dados utilizado pelo serviço eleitoral:

Pena — reclusão, de 3 (três) a 6 (seis) anos, e multa;

IX — distribuir, no dia da eleição, qualquer espécie de propaganda política, inclusive volantes e outros impressos, ou fazer funcionar postos de distribuição ou de entrega de material de propaganda:

Pena — multa;

X — exercer, no dia da eleição, qualquer forma de aliciamento ou coação tendente a influir na vontade do eleitor:

Pena — detenção de 1 (um) a 3 (três) meses;

XI — causar ou tentar causar dano físico ao equipamento utilizado na votação eletrônica ou às suas partes:

Pena — reclusão de 2 (dois) a 6 (seis) anos, e multa.

§ 1º Consideram-se recursos para os fins dos incisos I a III:

I — quantia em dinheiro, seja em moeda nacional ou estrangeira;

II — título representativo de valor mobiliário;

III — qualquer mercadoria que tenha valor econômico;

IV — a prestação, gratuita ou por preço significativamente inferior ao do mercado, de qualquer serviço, ressalvada a oferta de mão de obra por pessoa física;

V — a utilização de qualquer equipamento ou material;

VI — a difusão de propaganda, por qualquer meio de comunicação, ou o pagamento das despesas necessárias à sua produção ou veiculação;

VII — a cessão de imóvel, temporária ou definitiva;

VIII — o pagamento de salário ou qualquer outra forma de remuneração a empregado ou prestador de serviço a partido ou a candidato;

IX — o pagamento, a terceiros, de quaisquer despesas relativas às hipóteses previstas neste artigo.

§ 2º As penas indicadas nos incisos II e III do *caput* serão aplicadas aos dirigentes partidários ou membros de comitês de partidos ou coligações, se responsáveis pelo ato delituoso.

§ 3º O candidato, se responsável pelo crime, está sujeito às penas indicadas neste artigo e à cassação do registro de sua candidatura.

§ 4º Aplicam-se as penas previstas no inciso I ao presidente, gerente, diretor, administrador ou equivalente responsável por pessoa jurídica da qual se originem recursos não autorizados por esta Lei, destinados a partidos, coligações ou candidato.

Art. 71. Salvo disposição em contrário, no caso de reincidência, as penas pecuniárias previstas nesta Lei serão aplicadas em dobro.

Art. 90. Esta Lei entra em vigor na data de sua publicação.

Art. 91. Revogam-se as disposições em contrário.

Brasília, 29 de setembro de 1995; 174º da Independência e 107º da República.

FERNANDO HENRIQUE CARDOSO

(Publicada no DOU *de 2-10-1995.)*

LEI N. 9.112, DE 10 DE OUTUBRO DE 1995

Dispõe sobre a exportação de bens sensíveis e serviços diretamente vinculados.

O Presidente da República:

Faço saber que o Congresso Nacional decreta e eu sanciono a seguinte Lei:

Art. 1º Esta Lei disciplina as operações relativas à exportação de bens sensíveis e serviços diretamente vinculados a tais bens.

§ 1º Consideram-se bens sensíveis os bens de aplicação bélica, os bens de uso duplo e os bens de uso na área nuclear, química e biológica:

I — (*Revogado.*)

- Inciso revogado pela MP n. 2.216, de 31-8-2001.

II — consideram-se bens de uso duplo os de aplicação generalizada, desde que relevantes para a aplicação bélica;

III — consideram-se bens de uso na área nuclear os materiais que contenham elementos de interesse para o desenvolvimento da energia nuclear, bem como as instalações e equipamentos utilizados para o seu desenvolvimento ou para as inúmeras aplicações pacíficas da energia nuclear;

IV — consideram-se bens químicos ou biológicos os que sejam relevantes para qualquer aplicação bélica e seus precursores.

§ 2º Consideram-se serviços diretamente vinculados a um bem as operações de fornecimento de informação específica ou tecnologia necessária ao desenvolvimento, à produção ou à utilização de referido bem, inclusive sob a forma de fornecimento de dados técnicos ou de assistência técnica.

Art. 7º As pessoas físicas que, direta ou indiretamente, por ação ou omissão, concorrerem para o descumprimento desta Lei, incorrerão em crime:

Pena — reclusão de 1 (um) a 4 (quatro) anos.

Art. 10. Esta Lei entra em vigor na data de sua publicação.

Brasília, 10 de outubro de 1995; 174º da Independência e 107º da República.

FERNANDO HENRIQUE CARDOSO

(Publicada no DOU de 11-10-1995.)

LEI N. 9.249, DE 26 DE DEZEMBRO DE 1995

Altera a legislação do Imposto de Renda das pessoas jurídicas, bem como da Contribuição Social sobre o Lucro Líquido, e dá outras providências.

O Presidente da República:

Faço saber que o Congresso Nacional decreta e eu sanciono a seguinte Lei:

Art. 34. Extingue-se a punibilidade dos crimes definidos na Lei n. 8.137, de 27 de dezembro de 1990, e na Lei n. 4.729, de 14 de julho de 1965, quando o agente promover o pagamento do tributo ou contribuição social, inclusive acessórios, antes do recebimento da denúncia.

- Sobre a extinção da punibilidade pelo pagamento do tributo, temos o seguinte histórico na legislação brasileira:

— Lei n. 4.729/65 (art. 2º, *caput*);

— Lei n. 5.172/66 (CTN, art. 138 — denúncia espontânea);

— Decreto n. 157, de 10-2-1967 (art. 18, *caput*);

— Lei n. 8.137/90 (art. 14, revogado pela Lei n. 8.383/91);

— Lei n. 9.249/95 (art. 34);

— Lei n. 10.684/2003 (art. 9º, II);

— Lei n. 11.941/2009 (art. 69);

— Lei n. 12.382/2011, que alterou o art. 83 da Lei n. 9.430/96.

Art. 35. Esta Lei entra em vigor na data de sua publicação, produzindo efeitos a partir de 1º de janeiro de 1996.

Brasília, 26 de dezembro de 1995; 174º da Independência e 107º da República.

FERNANDO HENRIQUE CARDOSO

(Publicada no DOU de 27-12-1995.)

LEI N. 9.263, DE 12 DE JANEIRO DE 1996

Regula o § 7º do art. 226 da Constituição Federal, que trata do planejamento familiar, estabelece penalidades e dá outras providências.

O Presidente da República:

Faço saber que o Congresso Nacional decreta e eu sanciono a seguinte Lei:

Capítulo I
DO PLANEJAMENTO FAMILIAR

Art. 10. Somente é permitida a esterilização voluntária nas seguintes situações:

I — em homens e mulheres com capacidade civil plena e maiores de 25 (vinte e cinco) anos de idade ou, pelo menos, com dois filhos vivos, desde que observado o prazo mínimo de 60 (sessenta) dias entre a manifestação da vontade e o ato cirúrgico, período no qual será propiciado à pessoa interessada acesso a serviço de regulação da fecundidade, incluindo aconselhamento por equipe multidisciplinar, visando desencorajar a esterilização precoce;

II — risco à vida ou à saúde da mulher ou do futuro concepto, testemunhado em relatório escrito e assinado por dois médicos.

§ 1º É condição para que se realize a esterilização, o registro de expressa manifestação da vontade em documento escrito e firmado, após a informação a respeito dos riscos da cirurgia, possíveis efeitos colaterais, dificuldades de sua reversão e opções de contracepção reversíveis existentes.

§ 2º É vedada a esterilização cirúrgica em mulher durante os períodos de parto ou aborto, exceto nos casos de comprovada necessidade, por cesarianas sucessivas anteriores.

§ 3º Não será considerada manifestação de vontade, na forma do § 1º, expressa durante a ocorrência de alterações na capacidade de discernimento por influência de álcool, drogas, estados emocionais alterados ou incapacidade mental temporária ou permanente.

§ 4º A esterilização cirúrgica como método contraceptivo somente será executada através da laqueadura tubária, vasectomia ou de outro método cientificamente aceito, sendo vedada através da histerectomia e ooforectomia.

§ 5º Na vigência de sociedade conjugal, a esterilização depende do consentimento expresso de ambos os cônjuges.

§ 6º A esterilização cirúrgica em pessoas absolutamente incapazes somente poderá ocorrer mediante autorização judicial, regulamentada na forma da lei.

Capítulo II
DOS CRIMES E DAS PENALIDADES

Art. 15. Realizar esterilização cirúrgica em desacordo com o estabelecido no art. 10 desta Lei:

Pena — reclusão, de 2 (dois) a 8 (oito) anos, e multa, se a prática não constitui crime mais grave.

Parágrafo único. A pena é aumentada de um terço se a esterilização for praticada:

I — durante os períodos de parto ou aborto, salvo o disposto no inciso II do art. 10 desta Lei;

II — com manifestação da vontade do esterilizado expressa durante a ocorrência de alterações na capacidade de discernimento por influência de álcool, drogas, estados emocionais alterados ou incapacidade mental temporária ou permantente;

III — através de histerectomia e ooforectomia;

IV — em pessoa absolutamente incapaz, sem autorização judicial;

V — através de cesária indicada para fim exclusivo de esterilização.

Art. 16. Deixar o médico de notificar à autoridade sanitária as esterilizações cirúrgicas que realizar.

Pena — detenção, de 6 (seis) meses a 2 (dois) anos, e multa.

Art. 17. Induzir ou instigar dolosamente a prática de esterilização cirúrgica.

Pena — reclusão, de 1 (um) a 2 (dois) anos.

Parágrafo único. Se o crime for cometido contra a coletividade, caracteriza-se como genocídio, aplicando-se o disposto na Lei n. 2.889, de 1º de outubro de 1956.

Art. 18. Exigir atestado de esterilização para qualquer fim.

Pena — reclusão, de 1 (um) a 2 (dois) anos, e multa.

Art. 19. Aplica-se aos gestores e responsáveis por instituições que permitam a prática de qualquer dos atos ilícitos previstos nesta Lei o disposto no *caput* e nos §§ 1º e 2º do art. 29 do Decreto-Lei n. 2.848, de 7 de dezembro de 1940 — Código Penal.

Art. 20. As instituições a que se refere o artigo anterior sofrerão as seguintes sanções, sem prejuízo das aplicáveis aos agentes do ilícito, aos coautores ou aos partícipes:

I — se particular a instituição:

a) de 200 (duzentos) a 360 (trezentos e sessenta) dias-multa e, se reincidente, suspensão das atividades ou descredenciamento, sem direito a qualquer indenização ou cobertura de gastos ou investimentos efetuados;

b) proibição de estabelecer contratos ou convênios com entidades públicas e de se beneficiar de créditos oriundos de instituições governamentais ou daquelas em que o Estado é acionista;

II — se pública a instituição, afastamento temporário ou definitivo dos agentes do ilícito, dos gestores e responsáveis dos cargos ou funções ocupados, sem prejuízo de outras penalidades.

Art. 21. Os agentes do ilícito e, se for o caso, as instituições a que pertençam ficam obrigados a reparar os danos morais e materiais decorrentes de esterilização não autorizada na forma desta Lei, observados, nesse caso, o disposto nos arts. 159, 1.518 e 1.521 e seu parágrafo único do Código Civil, combinados com o art. 63 do Código de Processo Penal.

- Referência aos artigos do Código Civil de 1916, arts. 186, 927, 932 e 942 do Código atual.

Capítulo III
DAS DISPOSIÇÕES FINAIS

Art. 22. Aplica-se subsidiariamente a esta Lei o disposto no Decreto-Lei n. 2.848, de 7 de dezembro de 1940 — Código Penal, e, em especial, nos seus arts. 29, *caput* e §§ 1º e 2º; 43, *caput* e incisos I, II e III; 44, *caput* e incisos I, II e III e parágrafo único; 45, *caput* e incisos I e II; 46, *caput* e parágrafo único; 47, *caput* e incisos I, II e III; 48, *caput* e parágrafo único; 49, *caput* e §§ 1º e 2º, 50, *caput*, § 1º e alíneas e § 2º; 51, *caput* e §§ 1º e 2º; 52; 56; 129, *caput* e § 1º, incisos I, II e III, § 2º, incisos I, III e IV e § 3º

Art. 23. O Poder Executivo regulamentará esta Lei no prazo de 90 (noventa) dias, a contar da data de sua publicação.

Art. 24. Esta Lei entra em vigor na data de sua publicação.

Art. 25. Revogam-se as disposições em contrário.

Brasília, 12 de janeiro de 1996; 175º da Independência e 108º da República.

FERNANDO HENRIQUE CARDOSO

(Publicada no DOU de 15-1-1996 e Repúblicada no DOU de 20-8-1997.)

LEI N. 9.271, DE 17 DE ABRIL DE 1996

Altera os arts. 366, 367, 368, 369 e 370 do Decreto-Lei n. 3.689, de 3 de outubro de 1941 — Código de Processo Penal.

O Presidente da República:

Faço saber que o Congresso Nacional decreta e eu sanciono a seguinte Lei:

Art. 1º Os arts. 366, 367, 368, 369 e 370 do Decreto-Lei n. 3.689, de 3 de outubro de 1941 — Código de Processo Penal, passam a vigorar com a seguinte redação:

"Art. 366. Se o acusado, citado por edital, não comparecer, nem constituir advogado, ficarão suspensos o processo e o curso do prazo prescricional, podendo o juiz determinar a produção antecipada de provas consideradas urgentes e, se for o caso, decretar a prisão preventiva, nos termos do disposto no art. 312.

§ 1º (*Parágrafo revogado pela Lei n. 11.719, de 20-6-2008.*)

§ 2º (*Parágrafo revogado pela Lei n. 11.719, de 20-6-2008.*)

Art. 367. O processo seguirá sem a presença do acusado que, citado ou intimado pessoalmente para qualquer ato, deixar de comparecer sem motivo justificado, ou, no caso de mudança de residência, não comunicar o novo endereço ao juízo.

Art. 368. Estando o acusado no estrangeiro, em lugar sabido, será citado mediante carta rogatória, suspendendo-se o curso do prazo de prescrição até o seu cumprimento.

Art. 369. As citações que houverem de ser feitas em legações estrangeiras serão efetuadas mediante carta rogatória.

Art. 370. Nas intimações dos acusados, das testemunhas e demais pessoas que devam tomar conhecimento de qualquer ato, será observado, no que for aplicável, o disposto no capítulo anterior.

§ 1º A intimação do defensor constituído, do advogado do querelante e do assistente far-se-á por publicação no órgão incumbido da publicidade dos atos judiciais da comarca, incluindo, sob pena de nulidade, o nome do acusado.

§ 2º Caso não haja órgão de publicação dos atos judiciais na comarca, a intimação far-se-á diretamente pelo escrivão, por mandado, ou via postal com comprovante de recebimento, ou por qualquer outro meio idôneo.

- §§ 1º e 2º do art. 366 revogados pela Lei n. 11.719/2008.

§ 3º A intimação pessoal, feita pelo escrivão, dispensará a aplicação a que alude o § 1º.

§ 4º A intimação do Ministério Público e do defensor nomeado será pessoal".

Art. 2º Esta Lei entra em vigor 60 (sessenta) dias após a data de sua publicação.

FERNANDO HENRIQUE CARDOSO
Nelson A. Jobim

(*Publicada no DOU de 18-4-1996.*)

LEI N. 9.279, DE 14 DE MAIO DE 1996

Regula direitos e obrigações relativos à propriedade industrial.

O Presidente da República:

Faço saber que o Congresso Nacional decreta e eu sanciono a seguinte Lei:

....

Título V
DOS CRIMES CONTRA A PROPRIEDADE INDUSTRIAL

Capítulo I
DOS CRIMES CONTRA AS PATENTES

Art. 183. Comete crime contra patente de invenção ou de modelo de utilidade quem:

I — fabrica produto que seja objeto de patente de invenção ou de modelo de utilidade, sem autorização do titular; ou

II — usa meio ou processo que seja objeto de patente de invenção, sem autorização do titular.

Pena — detenção, de 3 (três) meses a 1 (um) ano, ou multa.

Art. 184. Comete crime contra patente de invenção ou de modelo de utilidade quem:

I — exporta, vende, expõe ou oferece à venda, tem em estoque, oculta ou recebe, para utilização com fins econômicos, produto fabricado com violação de patente de invenção ou de modelo de utilidade, ou obtido por meio ou processo patenteado; ou

II — importa produto que seja objeto de patente de invenção ou de modelo de utilidade ou obtido por meio ou processo patenteado no País, para os fins previstos no inciso anterior, e que não tenha sido colocado no mercado externo diretamente pelo titular da patente ou com seu consentimento.

Pena — detenção, de 1 (um) a 3 (três) meses, ou multa.

Art. 185. Fornecer componente de um produto patenteado, ou material ou equipamento para realizar um processo patenteado, desde que a aplicação final do componente, material ou equipamento induza, necessariamente, à exploração do objeto da patente.

Pena — detenção, de 1 (um) a 3 (três) meses, ou multa.

Art. 186. Os crimes deste Capítulo caracterizam-se ainda que a violação não atinja todas as reivindicações da patente ou se restrinja à utilização de meios equivalentes ao objeto da patente.

Capítulo II
DOS CRIMES CONTRA OS DESENHOS INDUSTRIAIS

Art. 187. Fabricar, sem autorização do titular, produto que incorpore desenho industrial registrado, ou imitação substancial que possa induzir em erro ou confusão.

Pena — detenção, de 3 (três) meses a 1 (um) ano, ou multa.

Art. 188. Comete crime contra registro de desenho industrial quem:

I — exporta, vende, expõe ou oferece à venda, tem em estoque, oculta ou recebe, para utilização com fins econômicos, objeto que incorpore ilicitamente desenho industrial registrado, ou imitação substancial que possa induzir em erro ou confusão; ou

II — importa produto que incorpore desenho industrial registrado no País, ou imitação substancial que possa induzir em erro ou confusão, para os fins previstos no inciso anterior, e que não tenha sido colocado no mercado externo diretamente pelo titular ou com seu consentimento.

Pena — detenção, de 1 (um) a 3 (três) meses, ou multa.

Capítulo III
DOS CRIMES CONTRA AS MARCAS

Art. 189. Comete crime contra registro de marca quem:

I — reproduz, sem autorização do titular, no todo ou em parte, marca registrada, ou imita-a de modo que possa induzir confusão; ou

II — altera marca registrada de outrem já aposta em produto colocado no mercado.

Pena — detenção, de 3 (três) meses a 1 (um) ano, ou multa.

Art. 190. Comete crime contra registro de marca quem importa, exporta, vende, oferece ou expõe à venda, oculta ou tem em estoque:

I — produto assinalado com marca ilicitamente reproduzida ou imitada, de outrem, no todo ou em parte; ou

II — produto de sua indústria ou comércio, contido em vasilhame, recipiente ou embalagem que contenha marca legítima de outrem.

Pena — detenção, de 1 (um) a 3 (três) meses, ou multa.

Capítulo IV
DOS CRIMES COMETIDOS POR MEIO DE MARCA, TÍTULO DE ESTABELECIMENTO E SINAL DE PROPAGANDA

Art. 191. Reproduzir ou imitar, de modo que possa induzir em erro ou confusão, armas, brasões ou distintivos oficiais nacionais, estrangeiros ou internacionais, sem a necessária autorização, no todo ou em parte, em marca, título de estabelecimento, nome comercial, insígnia ou sinal de propaganda, ou usar essas reproduções ou imitações com fins econômicos.

Pena — detenção, de 1 (um) a 3 (três) meses, ou multa.

Parágrafo único. Incorre na mesma pena quem vende ou expõe ou oferece à venda produtos assinalados com essas marcas.

Capítulo V
DOS CRIMES CONTRA INDICAÇÕES GEOGRÁFICAS E DEMAIS INDICAÇÕES

Art. 192. Fabricar, importar, exportar, vender, expor ou oferecer à venda ou ter em estoque produto que apresente falsa indicação geográfica.

Pena — detenção, de 1 (um) a 3 (três) meses, ou multa.

Art. 193. Usar, em produto, recipiente, invólucro, cinta, rótulo, fatura, circular, cartaz ou em outro meio de divulgação ou propaganda, termos retificativos, tais como "tipo", "espécie", "gênero", "sistema", "semelhante", "sucedâneo", "idêntico", ou equivalente, não ressalvando a verdadeira procedência do produto.

Pena — detenção, de 1 (um) a 3 (três) meses, ou multa.

Art. 194. Usar marca, nome comercial, título de estabelecimento, insígnia, expressão ou sinal de propaganda ou qualquer outra forma que indique procedência que não a verdadeira, ou vender ou expor à venda produto com esses sinais.

Pena — detenção, de 1 (um) a 3 (três) meses, ou multa.

Capítulo VI
DOS CRIMES DE CONCORRÊNCIA DESLEAL

Art. 195. Comete crime de concorrência desleal quem:

I — publica, por qualquer meio, falsa afirmação, em detrimento de concorrente, com o fim de obter vantagem;

II — presta ou divulga, acerca de concorrente, falsa informação, com o fim de obter vantagem;

III — emprega meio fraudulento, para desviar, em proveito próprio ou alheio, clientela de outrem;

IV — usa expressão ou sinal de propaganda alheios, ou os imita, de modo a criar confusão entre os produtos ou estabelecimentos;

V — usa, indevidamente, nome comercial, título de estabelecimento ou insígnia alheios ou vende, expõe ou oferece à venda ou tem em estoque produto com essas referências;

VI — substitui, pelo seu próprio nome ou razão social, em produto de outrem, o nome ou razão social deste, sem o seu consentimento;

VII — atribui-se, como meio de propaganda, recompensa ou distinção que não obteve;

VIII — vende ou expõe ou oferece à venda, em recipiente ou invólucro de outrem, produto adulterado ou falsificado, ou dele se utiliza para negociar com produto da mesma espécie, embora não adulterado ou falsificado, se o fato não constitui crime mais grave;

IX — dá ou promete dinheiro ou outra utilidade a empregado de concorrente, para que o empregado, faltando ao dever do emprego, lhe proporcione vantagem;

X — recebe dinheiro ou outra utilidade, ou aceita promessa de paga ou recompensa, para, faltando ao dever de empregado, proporcionar vantagem a concorrente do empregador;

XI — divulga, explora ou utiliza-se, sem autorizacão, de conhecimentos, informações ou dados confidenciais, utilizáveis na indústria, comércio ou prestação de serviços, excluídos aqueles que sejam de conhecimento público ou que sejam evidentes para um técnico no assunto, a que teve acesso mediante relação contratual ou empregatícia, mesmo após o término do contrato;

XII — divulga, explora ou utiliza-se, sem autorização, de conhecimentos ou informações a que se refere o inciso anterior, obtidos por meios ilícitos ou a que teve acesso mediante fraude; ou

XIII — vende, expõe ou oferece à venda produto, declarando ser objeto de patente depositada, ou concedida, ou de desenho industrial registrado, que não o seja, ou menciona-o, em anúncio ou papel comercial, como depositado ou patenteado, ou registrado, sem o ser;

XIV — divulga, explora ou utiliza-se, sem autorização, de resultados de testes ou outros dados não divulgados, cuja elaboração envolva esforço considerável e que tenham sido apresentados a entidades governamentais como condição para aprovar a comercialização de produtos.

Pena — detenção, de 3 (três) meses a 1 (um) ano, ou multa.

§ 1º Inclui-se nas hipóteses a que se referem os incisos XI e XII o empregador, sócio ou administrador da empresa, que incorrer nas tipificações estabelecidas nos mencionados dispositivos.

§ 2º O disposto no inciso XIV não se aplica quanto à divulgação por órgão governamental competente para autorizar a comercialização de produto, quando necessário para proteger o público.

Capítulo VII
DAS DISPOSIÇÕES GERAIS

Art. 196. As penas de detenção previstas nos Capítulos I, II e III deste Título serão aumentadas de um terço à metade se:

I — o agente é ou foi representante, mandatário, preposto, sócio ou empregado do titular da patente ou do registro, ou, ainda, do seu licenciado; ou

II — a marca alterada, reproduzida ou imitada for de alto renome, notoriamente conhecida, de certificação ou coletiva.

Art. 197. As penas de multa previstas neste Título serão fixadas, no mínimo, em 10 (dez) e, no máximo, em 360 (trezentos e sessenta) dias-multa, de acordo com a sistemática do Código Penal.

Parágrafo único. A multa poderá ser aumentada ou reduzida, em até 10 (dez) vezes, em face das condições pessoais do agente e da magnitude da vantagem auferida, independentemente da norma estabelecida no artigo anterior.

Art. 198. Poderão ser apreendidos, de ofício ou a requerimento do interessado, pelas autoridades alfandegárias, no ato de conferência, os produtos assinalados com marcas falsificadas, alteradas ou imitadas ou que apresentem falsa indicação de procedência.

Art. 199. Nos crimes previstos neste Título somente se procede mediante queixa, salvo quanto ao crime do art. 191, em que a ação penal será pública.

Art. 200. A ação penal e as diligências preliminares de busca e apreensão, nos crimes contra a propriedade industrial, regulam-se pelo disposto no Código de Processo Penal, com as modificações constantes dos artigos deste Capítulo.

Art. 201. Na diligência de busca e apreensão, em crime contra patente que tenha por objeto a invenção de processo, o oficial do juízo será acompanhado por perito, que verificará, preliminarmente, a existência do ilícito, podendo o juiz ordenar a apreensão de produtos obtidos pelo contrafator com o emprego do processo patenteado.

Art. 202. Além das diligências preliminares de busca e apreensão, o interessado poderá requerer:

I — apreensão de marca falsificada, alterada ou imitada onde for preparada ou onde quer que seja encontrada, antes de utilizada para fins criminosos; ou

II — destruição de marca falsificada nos volumes ou produtos que a contiverem, antes de serem distribuídos, ainda que fiquem destruídos os envoltórios ou os próprios produtos.

Art. 203. Tratando-se de estabelecimentos industriais ou comerciais legalmente organizados e que estejam funcionando publicamente, as diligências preliminares limitar-se-ão à vistoria e apreensão dos produtos, quando ordenadas pelo juiz, não podendo ser paralisada a sua atividade licitamente exercida.

Art. 204. Realizada a diligência de busca e apreensão, responderá por perdas e danos a parte que a tiver requerido de má-fé, por espírito de emulação, mero capricho ou erro grosseiro.

Art. 205. Poderá constituir matéria de defesa na ação penal a alegação de nulidade da patente ou registro em que a ação se fundar. A absolvição do réu, entretanto, não importará a nulidade da patente ou do registro, que só poderá ser demandada pela ação competente.

Art. 206. Na hipótese de serem reveladas, em juízo, para a defesa dos interesses de qualquer das partes, informações que se caracterizem como confidenciais, sejam segredo de indústria ou de comércio, deverá o juiz determinar que o processo prossiga em segredo de justiça, vedado o uso de tais informações também à outra parte para outras finalidades.

Art. 243. Esta Lei entra em vigor na data de sua publicação quanto às matérias disciplinadas nos arts. 230, 231, 232 e 239, e 1 (um) ano após sua publicação quanto aos demais artigos.

Art. 244. Revogam-se a Lei n. 5.772, de 21 de dezembro de 1971, a Lei n. 6.348, de 7 de julho de 1976, os arts. 187 a 196 do Decreto-Lei n. 2.848, de 7 de dezembro de 1940, os arts. 169 a 189 do Decreto-Lei n. 7.903, de 27 de agosto de 1945, e as demais disposições em contrário.

Brasília, 14 de maio de 1996; 175º da Independência e 108º da República.

FERNANDO HENRIQUE CARDOSO
Nelson A. Jobim

(Publicada no DOU de 15-5-1996.)

LEI N. 9.296, DE 24 DE JULHO DE 1996

Regulamenta o inciso XII, parte final, do art. 5º da Constituição Federal.

O Presidente da República:

Faço saber que o Congresso Nacional decreta e eu sanciono a seguinte Lei:

Art. 1º A interceptação de comunicações telefônicas, de qualquer natureza, para prova em investigação criminal e em instrução processual penal, observará o disposto nesta Lei e dependerá de ordem do juiz competente da ação principal, sob segredo de justiça.

Parágrafo único. O disposto nesta Lei aplica-se à interceptação do fluxo de comunicações em sistemas de informática e telemática.

Art. 2º Não será admitida a interceptação de comunicações telefônicas quando ocorrer qualquer das seguintes hipóteses:

I — não houver indícios razoáveis da autoria ou participação em infração penal;

II — a prova puder ser feita por outros meios disponíveis;

III — o fato investigado constituir infração penal punida, no máximo, com pena de detenção.

Parágrafo único. Em qualquer hipótese deve ser descrita com clareza a situação objeto da investigação, inclusive com a indicação e qualificação dos investigados, salvo impossibilidade manifesta, devidamente justificada.

Art. 3º A interceptação das comunicações telefônicas poderá ser determinada pelo juiz, de ofício ou a requerimento:

I — da autoridade policial, na investigação criminal;

II — do representante do Ministério Público, na investigacão criminal e na instrução processual penal.

Art. 4º O pedido de interceptação de comunicação telefônica conterá a demonstração de que a sua realização é necessária à apuração de infração penal, com indicação dos meios a serem empregados.

§ 1º Excepcionalmente, o juiz poderá admitir que o pedido seja formulado verbalmente, desde que estejam presentes os pressupostos que autorizem a interceptação, caso em que a concessão será condicionada à sua redução a termo.

§ 2º O juiz, no prazo máximo de 24 (vinte e quatro) horas, decidirá sobre o pedido.

Art. 5º A decisão será fundamentada, sob pena de nulidade, indicando também a forma de execução da diligência, que não poderá exceder o prazo de 15 (quinze) dias, renovável por igual tempo uma vez comprovada a indispensabilidade do meio de prova.

Art. 6º Deferido o pedido, a autoridade policial conduzirá os procedimentos de interceptação, dando ciência ao Ministério Público, que poderá acompanhar a sua realização.

§ 1º No caso de a diligência possibilitar a gravação da comunicação interceptada, será determinada a sua transcrição.

§ 2º Cumprida a diligência, a autoridade policial encaminhará o resultado da interceptação ao juiz, acompanhado de auto circunstanciado, que deverá conter o resumo das operações realizadas.

§ 3º Recebidos esses elementos, o juiz determinará a providência do art. 8º, ciente o Ministério Público.

Art. 7º Para os procedimentos de interceptação de que trata esta Lei, a autoridade policial poderá requisitar serviços e técnicos especializados às concessionárias de serviço público.

Art. 8º A interceptação de comunicação telefônica, de qualquer natureza, ocorrerá em autos apartados, apensados aos autos do inquérito policial ou do processo criminal, preservando-se o sigilo das diligências, gravações e transcrições respectivas.

Parágrafo único. A apensação somente poderá ser realizada imediatamente antes do relatório da autoridade, quando se tratar de inquérito policial (Código de Processo Penal, art. 10, § 1º), ou na conclusão do processo ao juiz para o despacho decorrente do disposto nos arts. 407, 502 ou 538 do Código de Processo Penal.

Art. 9º A gravação que não interessar à prova será inutilizada por decisão judicial, durante o inquérito, a instrução processual ou após esta, em virtude de requerimento do Ministério Público ou da parte interessada.

Parágrafo único. O incidente de inutilização será assistido pelo Ministério Público, sendo facultada a presença do acusado ou de seu representante legal.

Art. 10. Constitui crime realizar interceptação de comunicações telefônicas, de informática ou telemática, ou quebrar segredo da Justiça, sem autorização judicial ou com objetivos não autorizados em lei.

Pena — reclusão, de 2 (dois) a 4 (quatro) anos, e multa.

Art. 11. Esta Lei entra em vigor na data de sua publicação.

Art. 12. Revogam-se as disposições em contrário.

Brasília, 24 de julho de 1996; 175º da Independência e 108º da República.

FERNANDO HENRIQUE CARDOSO
Nelson A. Jobim

(Publicada no DOU de 25-7-1996.)

LEI N. 9.299, DE 7 DE AGOSTO DE 1996

Altera dispositivos dos Decretos-Leis n. 1.001 e 1.002, de 21 de outubro de 1969, Códigos Penal Militar e de Processo Penal Militar, respectivamente.

O Presidente da República:

Faço saber que o Congresso Nacional decreta e eu sanciono a seguinte Lei:

Art. 1º O art. 9º do Decreto-Lei n. 1.001, de 21 de outubro de 1969 — Código Penal Militar, passa a vigorar com as seguintes alterações:

"Art. 9º (...)

II — (...)

c) por militar em serviço ou atuando em razão da função, em comissão de natureza militar, ou em formatura, ainda que fora do lugar sujeito à administração militar contra militar da reserva, ou reformado, ou civil;

(...)

f) (*revogada*.)

(...)

Parágrafo único. Os crimes de que trata este artigo, quando dolosos contra a vida e cometidos contra civil, serão de competência da Justiça comum".

Art. 2º O *caput* do art. 82 do Decreto-Lei n. 1.002, de 21 de outubro de 1969 — Código de Processo Penal Militar, passa a vigorar com a seguinte redação, acrescido, ainda, o seguinte § 2º, passando o atual parágrafo único a § 1º:

"Art. 82. O foro militar é especial, e, exceto nos crimes dolosos contra a vida praticados contra civil, a ele estão sujeitos, em tempo de paz:

(...)

§ 1º (...)

§ 2º Nos crimes contra a vida, praticados contra civil, a Justiça Militar encaminhará os autos do inquérito policial à Justiça comum".

Art. 3º Esta Lei entra em vigor na data de sua publicação.

FERNANDO HENRIQUE CARDOSO
Nelson A. Jobim

(*Publicada no* DOU *de 8-8-1996.*)

LEI N. 9.430, DE 27 DE DEZEMBRO DE 1996

Dispõe sobre a legislação tributária federal, as contribuições para a seguridade social, o processo administrativo de consulta e dá outras providências.

O Presidente da República:

Faço saber que o Congresso Nacional decreta e eu sanciono a seguinte Lei:

....

Art. 83. A representação fiscal para fins penais relativa aos crimes contra a ordem tributária previstos nos arts. 1º e 2º da Lei n. 8.137, de 27 de dezembro de 1990, e aos crimes contra a Previdência Social, previstos nos arts. 168-A e 337-A do Decreto n. 2.848, de 7 de dezembro de 1940 (Código Penal), será encaminhada ao Ministério Público depois de proferida decisão final, na esfera administrativa, sobre a exigência fiscal do crédito tributário correspondente.

§ 1º Na hipótese de concessão de parcelamento do crédito tributário, a representação fiscal para fins penais somente será encaminhada ao Ministério Público após a exclusão da pessoa física ou jurídica do parcelamento.

- § 1º acrescentado pela Lei n. 12.382, de 25 de fevereiro de 2011.

§ 2º É suspensa a pretensão punitiva do Estado referente aos crimes previstos no *caput*, durante o período em que a pessoa física ou a pessoa jurídica relacionada com o agente dos aludidos crimes estiver incluída no parcelamento, desde que o pedido de parcelamento tenha sido formalizado antes do recebimento da denúncia criminal.

- § 2º acrescentado pela Lei n. 12.382, de 25 de fevereiro de 2011.

§ 3º A prescrição criminal não corre durante o período de suspensão da pretensão punitiva.

- § 3º acrescentado pela Lei n. 12.382, de 25 de fevereiro de 2011.

§ 4º Extingue-se a punibilidade dos crimes referidos no *caput* quando a pessoa física ou a pessoa jurídica relacionada com o agente efetuar o pagamento integral dos débitos oriundos de tributos, inclusive acessórios, que tiverem sido objeto de concessão de parcelamento.

- § 4º acrescentado pela Lei n. 12.382, de 25 de fevereiro de 2011.

§ 5º O disposto nos §§ 1º a 4º não se aplica nas hipóteses de vedação legal de parcelamento.

- § 5º acrescentado pela Lei n. 12.382, de 25 de fevereiro de 2011.

§ 6º As disposições contidas no *caput* do art. 34 da Lei n. 9.249, de 26 de dezembro de 1995, aplicam-se aos processos administrativos e aos inquéritos e processos em curso, desde que não recebida a denúncia pelo juiz.

- Sobre a extinção da punibilidade pelo pagamento do tributo, temos o seguinte histórico na legislação brasileira:

    — Lei n. 4.729/65 (art. 2º, *caput*);

    — Lei n. 5.172/66 (CTN, art. 138 — denúncia espontânea);

    — Decreto n. 157, de 10-2-1967 (art. 18, *caput*);

— Lei n. 8.137/90 (art. 14, revogado pela Lei n. 8.383/91);

— Lei n. 9.249/95 (art. 34);

— Lei n. 10.684/2003 (art. 9º, II);

— Lei n. 11.941/2009 (art. 69);

— Lei n. 12.382/2011, que alterou o art. 83 da Lei n. 9.430/96.

....

Brasília, 27 de dezembro de 1996; 175º da Independência e 108º da República.

Fernando Henrique Cardoso
Pedro Malan

(Publicada no DOU de 30-12-1996.)

LEI N. 9.472, DE 16 DE JULHO DE 1997

Dispõe sobre a organização dos serviços de telecomunicações, a criação e funcionamento de um órgão regulador e outros aspectos institucionais, nos termos da Emenda Constitucional n. 8, de 15 de agosto de 1995.

O Presidente da República:

Faço saber que o Congresso Nacional decreta e eu sanciono a seguinte Lei:

...

Capítulo II
DAS SANÇÕES PENAIS

Art. 183. Desenvolver clandestinamente atividades de telecomunicação:

Pena — detenção, de 2 (dois) a 4 (quatro) anos, aumentada da metade se houver dano a terceiro, e multa de R$ 10.000,00 (dez mil reais).

Parágrafo único. Incorre na mesma pena quem, direta ou indiretamente, concorrer para o crime.

Art. 184. São efeitos da condenação penal transitada em julgado:

I — tornar certa a obrigação de indenizar o dano causado pelo crime;

II — a perda, em favor da Agência, ressalvado o direito do lesado ou de terceiros de boa-fé, dos bens empregados na atividade clandestina, sem prejuízo de sua apreensão cautelar.

Parágrafo único. Considera-se clandestina a atividade desenvolvida sem a competente concessão, permissão ou autorização de serviço, de uso de radiofrequência e de exploração de satélite.

Art. 185. O crime definido nesta Lei é de ação penal pública, incondicionada, cabendo ao Ministério Público promovê-la.

...

Art. 215. Ficam revogados:

I — a Lei n. 4.117, de 27 de agosto de 1962, salvo quanto à matéria penal não tratada nesta Lei e quanto aos preceitos relativos à radiodifusão;

II — a Lei n. 6.874, de 3 de dezembro de 1980;

III — a Lei n. 8.367, de 30 de dezembro de 1991;

IV — os arts. 1º, 2º, 3º, 7º, 9º, 10, 12 e 14, bem como o *caput* e os §§ 1º e 4º do art. 8º da Lei n. 9.295, de 19 de julho de 1996;

V — o inciso I do art. 16 da Lei n. 8.029, de 12 de abril de 1990.

Art. 216. Esta Lei entra em vigor na data de sua publicação.

Brasília, 16 de julho de 1997; 176º da Independência e 109º da República.

FERNANDO HENRIQUE CARDOSO

(*Publicada no* DOU *de 17-7-1997.*)

LEI N. 9.504, DE 30 DE SETEMBRO DE 1997

Estabelece normas para as eleições.

O Vice-Presidente da República, no exercício do cargo de Presidente da República

Faço saber que o Congresso Nacional decreta e eu sanciono a seguinte Lei:

Da propaganda eleitoral em geral

Art. 39. A realização de qualquer ato de propaganda partidária ou eleitoral, em recinto aberto ou fechado, não depende de licença da polícia.

§ 5º Constituem crimes, no dia da eleição, puníveis com detenção, de 6 (seis) meses a 1 (um) ano, com a alternativa de prestação de serviços à comunidade pelo mesmo período, e multa no valor de 5.000 (cinco mil) a 15.000 (quinze mil) UFIR:

I — o uso de alto-falantes e amplificadores de som ou a promoção de comício ou carreata;

II — a arregimentação de eleitor ou a propaganda de boca de urna;

- Inciso II com redação dada pela Lei n. 11.300, de 10-5-2006.

III — a divulgação de qualquer espécie de propaganda de partidos políticos ou de seus candidatos.

- Inciso III com redação dada pela Lei n. 12.034, de 29-9-2009.

§ 6º É vedada na campanha eleitoral a confecção, utilização, distribuição por comitê, candidato, ou com a sua autorização, de camisetas, chaveiros, bonés, canetas, brindes, cestas básicas ou quaisquer outros bens ou materiais que possam proporcionar vantagem ao eleitor.

7º É proibida a realização de *showmício* e de evento assemelhado para promoção de candidatos, bem como a apresentação, remunerada ou não, de artistas com a finalidade de animar comício e reunião eleitoral.

§ 8º É vedada a propaganda eleitoral mediante *outdoors*, sujeitando-se a empresa responsável, os partidos, coligações e candidatos à imediata retirada da propaganda irregular e ao pagamento de multa no valor de 5.000 (cinco mil) a 15.000 (quinze mil) UFIRs.

- §§ 6º a 8º incluídos pel Lei n. 11.300, de 10-5-2006.

§ 9º Até as vinte e duas horas do dia que antecede a eleição, serão permitidos distribuição de material gráfico, caminhada, carreata, passeata ou carro de som que transite pela cidade divulgando *jingles* ou mensagens de candidatos.

§ 10. Fica vedada a utilização de trios elétricos em campanhas eleitorais, exceto para a sonorização de comícios.

- §§ 9º e 10 incluídos pela Lei n. 12.034, de 29-9-2009.

Art. 39-A. É permitida, no dia das eleições, a manifestação individual e silenciosa da preferência do eleitor por partido político, coligação ou candidato, revelada exclusivamente pelo uso de bandeiras, broches, dísticos e adesivos.

- *Caput* acrescentado pela Lei n. 12.034, de 29-9-2009.

§ 1º É vedada, no dia do pleito, até o término do horário de votação, a aglomeração de pessoas portando vestuário padronizado, bem como os instrumentos de propaganda referidos no *caput*, de modo a caracterizar manifestação coletiva, com ou sem utilização de veículos.

- § 1º acrescentado pela Lei n. 12.034, de 29-9-2009.

§ 2º No recinto das seções eleitorais e juntas apuradoras, é proibido aos servidores da Justiça Eleitoral, aos mesários e aos escrutinadores o uso de vestuário ou objeto que contenha qualquer propaganda de partido político, de coligação ou de candidato.

- § 2º acrescentado pela Lei n. 12.034, de 29-9-2009.

§ 3º Aos fiscais partidários, nos trabalhos de votação, só é permitido que, em seus crachás, constem o nome e a sigla do partido político ou coligação a que sirvam, vedada a padronização do vestuário.

- § 3º acrescentado pela Lei n. 12.034, de 29-9-2009.

§ 4º No dia do pleito, serão afixadas cópias deste artigo em lugares visíveis nas partes interna e externa das seções eleitorais.

- § 4º acrescentado pela Lei n. 12.034, de 29-9-2009.

Art. 40. O uso, na propaganda eleitoral, de símbolos, frases ou imagens, associadas ou semelhantes às empregadas por órgão de governo, empresa pública ou sociedade de economia mista constitui crime, punível com detenção, de 6 (seis) meses a 1 (um) ano, com a alternativa de prestação de serviços à comunidade pelo mesmo período, e multa no valor de 10.000 (dez mil) a 20.000 (vinte mil) UFIR.

Da fiscalização das eleições

Art. 72. Constituem crimes, puníveis com reclusão, de 5 (cinco) a 10 (dez) anos:

I — obter acesso a sistema de tratamento automático de dados usados pelo serviço eleitoral, a fim de alterar a apuração ou a contagem de votos;

II — desenvolver ou introduzir comando, instrução, ou programa de computador capaz de destruir, apagar, eliminar, alterar, gravar ou transmitir dado, instrução ou programa ou provocar qualquer outro resultado diverso do esperado em sistema de tratamento automático de dados usados pelo serviço eleitoral;

III — causar, propositadamente, dano físico ao equipamento usado na votação ou na totalização de votos ou a suas partes.

Disposições finais

Art. 90. Aos crimes definidos nesta Lei, aplica-se o disposto nos arts. 287 e 355 a 364 da Lei n. 4.737, de 15 de julho de 1965 — Código Eleitoral.

§ 1º Para os efeitos desta Lei, respondem penalmente pelos partidos e coligações os seus representantes legais.

§ 2º Nos casos de reincidência, as penas pecuniárias previstas nesta Lei aplicam-se em dobro.

Art. 106. Esta Lei entra em vigor na data de sua publicação.

Art. 107. Revogam-se os arts. 92, 246, 247, 250, 322, 328, 329, 333 e o parágrafo único do art. 106 da Lei n. 4.737, de 15 de julho de 1965 — Código Eleitoral; o § 4º do art. 39 da Lei n. 9.096, de 19 de setembro de 1995; o § 2º do art. 50 e o § 1º do art. 64 da Lei n. 9.100, de 29 de setembro de 1995; o § 2º do art. 7º do Decreto-Lei n. 201, de 27 de fevereiro de 1967.

Brasília, 30 de setembro de 197; 176º da Independência e 109º da República.

MARCO ANTÔNIO DE OLIVEIRA MACIEL
Iris Rezende

(Publicada no DOU de 1º-10-1997.)

LEI N. 9.609, DE 19 DE FEVEREIRO DE 1998

Dispõe sobre a proteção da propriedade intelectual de programa de computador, sua comercialização no País, e dá outras providências.

O Presidente da República:

Faço saber que o Congresso Nacional decreta e eu sanciono a seguinte Lei:

Capítulo I
DISPOSIÇÕES PRELIMINARES

Art. 1º Programa de computador é a expressão de um conjunto organizado de instruções em linguagem natural ou codificada, contida em suporte físico de qualquer natureza, de emprego necessário em máquinas automáticas de tratamento da informação, dispositivos, instrumentos ou equipamentos periféricos, baseados em técnica digital ou análoga, para fazê-los funcionar de modo e para fins determinados.

....

Capítulo V
DAS INFRAÇÕES E DAS PENALIDADES

Art. 12. Violar direitos de autor de programa de computador:

Pena — Detenção, de 6 (seis) meses a 2 (dois) anos, ou multa.

§ 1º Se a violação consistir na reprodução, por qualquer meio, de programa de computador, no todo ou em parte, para fins de comércio, sem autorização expressa do autor ou de quem o represente:

Pena — Reclusão de 1 (um) a 4 (quatro) anos e multa.

§ 2º Na mesma pena do parágrafo anterior incorre quem vende, expõe à venda, introduz no País, adquire, oculta ou tem em depósito, para fins de comércio, original ou cópia de programa de computador, produzido com violação de direito autoral.

§ 3º Nos crimes previstos neste artigo, somente se procede mediante queixa, salvo:

I — quando praticados em prejuízo de entidade de direito público, autarquia, empresa pública, sociedade de economia mista ou fundação instituída pelo Poder Público;

II — quando, em decorrência de ato delituoso, resultar sonegação fiscal, perda de arrecadação tributária ou prática de quaisquer dos crimes contra a ordem tributária ou contra as relações de consumo.

§ 4º No caso do inciso II do parágrafo anterior, a exigibilidade do tributo, ou contribuição social e qualquer acessório, processar-se-á independentemente de representação.

Art. 13. A ação penal e as diligências preliminares de busca e apreensão, nos casos de violação de direito de autor de programa de computador, serão precedidas de vistoria, podendo o juiz ordenar a apreensão das cópias produzidas ou comercializadas com violação de direito de autor, suas versões e derivações, em poder do infrator ou de quem as esteja expondo, mantendo em depósito, reproduzindo ou comercializando.

Art. 14. Independentemente da ação penal, o prejudicado poderá intentar ação para proibir ao infrator a prática do ato incriminado, com cominação de pena pecuniária para o caso de transgressão do preceito.

§ 1º A ação de abstenção de prática de ato poderá ser cumulada com a de perdas e danos pelos prejuízos decorrentes da infração.

§ 2º Independentemente de ação cautelar preparatória, o juiz poderá conceder medida liminar proibindo ao infrator a prática do ato incriminado, nos termos deste artigo.

§ 3º Nos procedimentos cíveis, as medidas cautelares de busca e apreensão observarão o disposto no artigo anterior.

§ 4º Na hipótese de serem apresentadas, em juízo, para a defesa dos interesses de qualquer das partes, informações que se caracterizem como confidenciais, deverá o juiz determinar que o processo prossiga em segredo de justiça, vedado o uso de tais informações também à outra parte para outras finalidades.

§ 5º Será responsabilizado por perdas e danos aquele que requerer e promover as medidas previstas neste e nos arts. 12 e 13, agindo de má-fé ou por espírito de emulação, capricho ou erro grosseiro, nos termos dos arts. 16, 17 e 18 do Código de Processo Civil.

Capítulo VI
DISPOSIÇÕES FINAIS

Art. 15. Esta Lei entra em vigor na data de sua publicação.

Art. 16. Fica revogada a Lei n. 7.646, de 18 de dezembro de 1987.

Brasília, 19 de fevereiro de 1998; 177º da Independência e 110º da República.

FERNANDO HENRIQUE CARDOSO
José Israel Vargas

(*Publicada no* DOU *de 20-2-1998.*)

DECRETO N. 2.730, DE 10 DE AGOSTO DE 1998

Dispõe sobre o encaminhamento ao Ministério Público Federal da representação fiscal para fins penais de que trata o art. 83 da Lei n. 9.430, de 27 de dezembro de 1996.

O Presidente da República, no uso da atribuição que lhe confere o art. 84, IV, da Constituição, e tendo em vista o disposto no art. 83 da Lei n. 9.430, de 27 de dezembro de 1996, decreta:

Art. 1º O Auditor-Fiscal do Tesouro Nacional formalizará representação fiscal, para os fins do art. 83 da Lei n. 9.430, de 27 de dezembro de 1996, em autos separados e protocolizada na mesma data da lavratura do autor de infração, sempre que, no curso de ação fiscal de que resulte lavratura de auto de infração de exigência de crédito de tributos e contribuições administrados pela Secretaria da Receita Federal do Ministério da Fazenda ou decorrente de apreensão de bens sujeitos à pena de perdimento, constatar fato que figure, em tese:

I — crime contra a ordem tributária tipificado nos arts. 1º ou 2º da Lei n. 8.137, de 27 de dezembro de 1990;

II — crime de contrabando ou descaminho.

Art. 2º Encerrado o processo administrativo-fiscal, os autos da representação fiscal para fins penais serão remetidos ao Ministério Público Federal, se:

I — mantida a imputação de multa agravada, o crédito de tributos e contribuições, inclusive acessórios, não for extinto pelo pagamento;

II — aplicada, administrativamente, a pena de perdimento de bens, estiver configurado, em tese, crime de contrabando ou descaminho.

Art. 3º O Secretário da Receita Federal disciplinará os procedimentos necessários à execução deste Decreto.

Art. 4º Este Decreto entra em vigor na data de sua publicação.

Art. 5º Fica revogado o Decreto n. 982, de 12 de novembro de 1993.

Brasília, 10 de agosto de 1998; 117º da Independência e 110º da República.

FERNANDO HENRIQUE CARDOSO
Pedro Malan

(*Publicado no* DOU *de 11-8-1998.*)

LEI N. 9.807, DE 13 DE JULHO DE 1999

Estabelece normas para a organização e a manutenção de programas especiais de proteção a vítimas e a testemunhas ameaçadas, institui o Programa Federal de Assistência a Vítimas e a Testemunhas Ameaçadas e dispõe sobre a proteção de acusados ou condenados que tenham voluntariamente prestado efetiva colaboração à investigação policial e ao processo criminal.

- Sobre a proteção de vítimas e testemunhas no Estado de São Paulo, vide Decreto n. 44.214, de 30-8-1999 (DOE 31-8-1999, p. 1).

O Presidente da República:

Faço saber que o Congresso Nacional decreta e eu sanciono a seguinte Lei:

Capítulo II
DA PROTEÇÃO AOS RÉUS COLABORADORES

Art. 13. Poderá o juiz, de ofício ou a requerimento das partes, conceder o perdão judicial e a consequente extinção da punibilidade ao acusado que, sendo primário, tenha colaborado efetiva e voluntariamente com a investigação e o processo criminal, desde que dessa colaboração tenha resultado:

I — a identificação dos demais coautores ou partícipes da ação criminosa;

II — a localização da vítima com a sua integridade física preservada;

III — a recuperação total ou parcial do produto do crime.

Parágrafo único. A concessão do perdão judicial levará em conta a personalidade do beneficiado e a natureza, circunstâncias, gravidade e repercussão social do fato criminoso.

Art. 14. O indiciado ou acusado que colaborar voluntariamente com a investigação policial e o processo criminal na identificação dos demais coautores ou partícipes do crime, na localização da vítima com vida e na recuperação total ou parcial do produto do crime, no caso de condenação, terá pena reduzida de 1 (um) a 2/3 (dois terços).

Art. 21. Esta Lei entra em vigor na data de sua publicação.

Brasília, 13 de julho de 1999; 178º da Independência e 111º da República.

FERNANDO HENRIQUE CARDOSO
Renan Calheiros

(*Publicada no* DOU *de 14-7-1999.*)

LEI N. 9.964, DE 10 DE ABRIL DE 2000

Institui o Programa de Recuperação Fiscal — REFIS e dá outras providências, e altera as Leis n. 8.036, de 11 de maio de 1990, e 8.844, de 20 de janeiro de 1994.

- Sobre a extinção da punibilidade pelo pagamento do tributo, temos, na legislação brasileira, o seguinte histórico:
    — Lei n. 4.729/65 (art. 2º, *caput*);
    — Lei n. 5.172/66 (CTN, art. 138 — denúncia espontânea);
    — Decreto n. 157, de 10-2-1967 (art. 18, *caput*);
    — Lei n. 8.137/90 (art. 14, revogado pela Lei n. 8.383/91);
    — Lei n. 9.249/95 (art. 34);
    — Lei n. 10.684/2003 (art. 9º, II);
    — Lei n. 11.941/2009 (art. 69);
    — Lei n. 12.382/2011, que alterou o art. 83 da Lei n. 9.430/96.

O Presidente da República:

Faço saber que o Congresso Nacional decreta e eu sanciono a seguinte Lei:

Art. 1º É instituído o Programa de Recuperação Fiscal — REFIS, destinado a promover a regularização de créditos da União, decorrentes de débitos de pessoas jurídicas, relativos a tributos e contribuições, administrados pela Secretaria da Receita Federal e pelo Instituto Nacional do Seguro Social — INSS, com vencimento até 29 de fevereiro de 2000, constituídos ou não, inscritos ou não em dívida ativa, ajuizados ou a ajuizar, com exigibilidade suspensa ou não, inclusive os decorrentes de falta de recolhimento de valores retidos.

§ 1º O REFIS será administrado por um Comitê Gestor, com competência para implementar os procedimentos necessários à execução do Programa, observado o disposto no regulamento.

§ 2º O Comitê Gestor será integrado por um representante de cada órgão a seguir indicado, designados por seus respectivos titulares:

I — Ministério da Fazenda:

a) Secretaria da Receita Federal, que o presidirá;

b) Procuradoria-Geral da Fazenda Nacional;

II — (*Revogado pela Lei n. 11.941, de 27-5-2009.*)

§ 3º O REFIS não alcança débitos:

I — de órgãos da administração pública direta, das fundações instituídas e mantidas pelo Poder Público e das autarquias;

II — relativos ao Imposto sobre a Propriedade Territorial Rural — ITR;

III — relativos a pessoa jurídica cindida a partir de 1º de outubro de 1999.

Art. 12. Alternativamente ao ingresso no REFIS, a pessoa jurídica poderá optar pelo parcelamento, em até sessenta parcelas mensais, iguais e sucessivas, dos débitos referidos no art. 1º, observadas todas as demais regras aplicáveis àquele Programa.

§ 1º O valor de cada parcela não poderá ser inferior a:

I — R$ 300,00 (trezentos reais), no caso de pessoa jurídica optante pelo SIMPLES;

II — R$ 1.000,00 (um mil reais), no caso de pessoa jurídica submetida ao regime de tributação com base no lucro presumido;

III — R$ 3.000,00 (três mil reais), nos demais casos.

§ 2º Ao disposto neste artigo não se aplica a restrição de que trata o inciso II do § 3º do art. 1º.

Art. 13. Os débitos não tributários inscritos em dívida ativa, com vencimento até 29 de fevereiro de 2000, poderão ser parcelados em até sessenta parcelas mensais, iguais e sucessivas, perante a Procuradoria-Geral da Fazenda Nacional, observadas as demais regras aplicáveis ao parcelamento de que trata o art. 12.

§ 1º Para débitos não tributários inscritos, sujeitos ao parcelamento simplificado ou para os quais não se exige garantia no parcelamento ordinário, não se aplica a vedação de novos parcelamentos.

§ 2º Para os débitos não tributários inscritos, não alcançados pelo disposto no § 1º, admitir-se-á o reparcelamento, desde que requerido até o último dia útil do mês de abril de 2000.

§ 3º O disposto neste artigo aplica-se à verba de sucumbência devida por desistência de ação judicial para fins de inclusão dos respectivos débitos, inclusive no âmbito do INSS, no REFIS ou no parcelamento alternativo a que se refere o art. 2º.

§ 4º Na hipótese do § 3º, o parcelamento deverá ser solicitado pela pessoa jurídica no prazo de 30 (trinta) dias, contado da data em que efetivada a desistência, na forma e condições a serem estabelecidas pelos órgãos competentes.

....

Art. 15. É suspensa a pretensão punitiva do Estado, referente aos crimes previstos nos arts. 1º e 2º da Lei n. 8.137, de 27 de dezembro de 1990, e no art. 95 da Lei n. 8.212, de 24 de julho de 1991, durante o período em que a pessoa jurídica relacionada com o agente dos aludidos crimes estiver incluída no REFIS, desde que a inclusão no referido Programa tenha ocorrido antes do recebimento da denúncia criminal.

§ 1º A prescrição criminal não corre durante o período de suspensão da pretensão punitiva.

§ 2º O disposto neste artigo aplica-se, também:

I — a programas de recuperação fiscal instituídos pelos Estados, pelo Distrito Federal e pelos Municípios, que adotem, no que couber, normas estabelecidas nesta Lei;

II — aos parcelamentos referidos nos arts. 12 e 13.

§ 3º Extingue-se a punibilidade dos crimes referidos neste artigo quando a pessoa jurídica relacionada com o agente efetuar o pagamento integral dos débitos oriundos de tributos e contribuições sociais, inclusive acessórios, que tiverem sido objeto de concessão de parcelamento antes do recebimento da denúncia criminal.

....

Art. 18. Esta Lei entra em vigor na data de sua publicação.

Brasília, 10 de abril de 2000; 179º da Independência e 112º da República.

FERNANDO HENRIQUE CARDOSO

(*Publicada no* DOU *de 11-4-2000.*)

LEI COMPLEMENTAR N. 105, DE 10 DE JANEIRO DE 2001

Dispõe sobre o sigilo das operações de instituições financeiras e dá outras providências.

O Presidente da República:

Faço saber que o Congresso Nacional decreta e eu sanciono a seguinte Lei Complementar:

Art. 1º As instituições financeiras conservarão sigilo em suas operações ativas e passivas e serviços prestados.

§ 1º São consideradas instituições financeiras, para os efeitos desta Lei Complementar:

I — os bancos de qualquer espécie;

II — distribuidoras de valores mobiliários;

III — corretoras de câmbio e de valores mobiliários;

IV — sociedades de crédito, financiamento e investimentos;

V — sociedades de crédito imobiliário;

VI — administradoras de cartões de crédito;

VII — sociedades de arrendamento mercantil;

VIII — administradoras de mercado de balcão organizado;

IX — cooperativas de crédito;

X — associações de poupança e empréstimo;

XI — bolsas de valores e de mercadorias e futuros;

XII — entidades de liquidação e compensação;

XIII — outras sociedades que, em razão da natureza de suas operações, assim venham a ser consideradas pelo Conselho Monetário Nacional.

§ 2º As empresas de fomento comercial ou *factoring*, para os efeitos desta Lei Complementar, obedecerão às normas aplicáveis às instituições financeiras previstas no § 1º

§ 3º Não constitui violação do dever de sigilo:

I — a troca de informações entre instituições financeiras, para fins cadastrais, inclusive por intermédio de centrais de risco, observadas as normas baixadas pelo Conselho Monetário Nacional e pelo Banco Central do Brasil;

II — o fornecimento de informações constantes de cadastro de emitentes de cheques sem provisão de fundos e de devedores inadimplentes, a entidades de proteção ao crédito, observadas as normas baixadas pelo Conselho Monetário Nacional e pelo Banco Central do Brasil;

III — o fornecimento das informações de que trata o § 2º do art. 11 da Lei n. 9.311, de 24 de outubro de 1996;

IV — a comunicação, às autoridades competentes, da prática de ilícitos penais ou administrativos, abrangendo o fornecimento de informações sobre operações que envolvam recursos provenientes de qualquer prática criminosa;

V — a revelação de informações sigilosas com o consentimento expresso dos interessados;

VI — a prestação de informações nos termos e condições estabelecidos nos arts. 2º, 3º, 4º, 5º, 6º, 7º e 9º desta Lei Complementar.

§ 4º A quebra de sigilo poderá ser decretada, quando necessária para apuração de ocorrência de qualquer ilícito, em qualquer fase do inquérito ou do processo judicial, e especialmente nos seguintes crimes:

I — de terrorismo;

II — de tráfico ilícito de substâncias entorpecentes ou drogas afins;

III — de contrabando ou tráfico de armas, munições ou material destinado a sua produção;

IV — de extorsão mediante sequestro;

V — contra o sistema financeiro nacional;

VI — contra a Administração Pública;

VII — contra a ordem tributária e a previdência social;

VIII — lavagem de dinheiro ou ocultação de bens, direitos e valores;

IX — praticado por organização criminosa.

Art. 2º O dever de sigilo é extensivo ao Banco Central do Brasil, em relação às operações que realizar e às informações que obtiver no exercício de suas atribuições.

§ 1º O sigilo, inclusive quanto a contas de depósitos, aplicações e investimentos mantidos em instituições financeiras, não pode ser oposto ao Banco Central do Brasil:

I — no desempenho de suas funções de fiscalização, compreendendo a apuração, a qualquer tempo, de ilícitos praticados por controladores, administradores, membros de conselhos estatutários, gerentes, mandatários e prepostos de instituições financeiras;

II — ao proceder a inquérito em instituição financeira submetida a regime especial.

§ 2º As comissões encarregadas dos inquéritos a que se refere o inciso II do § 1º poderão examinar quaisquer documentos relativos a bens, direitos e obrigações das instituições financeiras, de seus controladores, administradores, membros de conselhos estatutários, gerentes, mandatários e prepostos, inclusive contas correntes e operações com outras instituições financeiras.

§ 3º O disposto neste artigo aplica-se à Comissão de Valores Mobiliários, quando se tratar de fiscalização de operações e serviços no mercado de valores mobiliários, inclusive nas instituições financeiras que sejam companhias abertas.

§ 4º O Banco Central do Brasil e a Comissão de Valores Mobiliários, em suas áreas de competência, poderão firmar convênios:

I — com outros órgãos públicos fiscalizadores de instituições financeiras, objetivando a realização de fiscalizações conjuntas, observadas as respectivas competências;

II — com bancos centrais ou entidades fiscalizadoras de outros países, objetivando:

a) a fiscalização de filiais e subsidiárias de instituições financeiras estrangeiras, em funcionamento no Brasil e de filiais e subsidiárias, no exterior, de instituições financeiras brasileiras;

b) a cooperação mútua e o intercâmbio de informações para a investigação de atividades ou operações que impliquem aplicação, negociação, ocultação ou transferência de ativos financeiros e de valores mobiliários relacionados com a prática de condutas ilícitas.

§ 5º O dever de sigilo de que trata esta Lei Complementar estende-se aos órgãos fiscalizadores mencionados no § 4º e a seus agentes.

§ 6º O Banco Central do Brasil, a Comissão de Valores Mobiliários e os demais órgãos de fiscalização, nas áreas de suas atribuições, fornecerão ao Conselho de Controle de Atividades Financeiras — COAF, de que trata o art. 14 da Lei n. 9.613, de 3 de março de 1998, as informações cadastrais e de movimento de valores relativos às operações previstas no inciso I do art. 11 da referida lei.

Art. 3º Serão prestadas pelo Banco Central do Brasil, pela Comissão de Valores Mobiliários e pelas instituições financeiras as informações ordenadas pelo Poder Judiciário, preservado o seu caráter sigiloso mediante acesso restrito às partes, que delas não poderão servir-se para fins estranhos à lide.

§ 1º Dependem de prévia autorização do Poder Judiciário a prestação de informações e o fornecimento de documentos sigilosos solicitados por comissão de inquérito administrativo destinada a apurar responsabilidade de servidor público por infração praticada no exercício de suas atribuições, ou que tenha relação com as atribuições do cargo em que se encontre investido.

§ 2º Nas hipóteses do § 1º, o requerimento de quebra de sigilo independe da existência de processo judicial em curso.

§ 3º Além dos casos previstos neste artigo o Banco Central do Brasil e a Comissão de Valores Mobiliários fornecerão à Advocacia-Geral da União as informações e os documentos necessários à defesa da União nas ações em que seja parte.

Art. 4º O Banco Central do Brasil e a Comissão de Valores Mobiliários, nas áreas de suas atribuições, e as instituições financeiras fornecerão ao Poder Legislativo Federal as informações e os documentos sigilosos que, fundamentadamente, se fizerem necessários ao exercício de suas respectivas competências constitucionais e legais.

§ 1º As comissões parlamentares de inquérito, no exercício de sua competência constitucional e legal de ampla investigação, obterão as informações e documentos sigilosos de que necessitarem, diretamente das instituições financeiras, ou por intermédio do Banco Central do Brasil ou da Comissão de Valores Mobiliários.

§ 2º As solicitações de que trata este artigo deverão ser previamente aprovadas pelo Plenário da Câmara dos Deputados, do Senado Federal, ou do plenário de suas respectivas comissões parlamentares de inquérito.

Art. 5º O Poder Executivo disciplinará, inclusive quanto à periodicidade e aos limites de valor, os critérios segundo os quais as instituições financeiras informarão à administração tributária da União, as operações financeiras efetuadas pelos usuários de seus serviços.

§ 1º Consideram-se operações financeiras, para os efeitos deste artigo:

I — depósitos à vista e a prazo, inclusive em conta de poupança;

II — pagamentos efetuados em moeda corrente ou em cheques;

III — emissão de ordens de crédito ou documentos assemelhados;

IV — resgates em contas de depósitos à vista ou a prazo, inclusive de poupança;

V — contratos de mútuo;

VI — descontos de duplicatas, notas promissórias e outros títulos de crédito;

VII — aquisições e vendas de títulos de renda fixa ou variável;

VIII — aplicações em fundos de investimentos;

IX — aquisições de moeda estrangeira;

X — conversões de moeda estrangeira em moeda nacional;

XI — transferências de moeda e outros valores para o exterior;

XII — operações com ouro, ativo financeiro;

XIII — operações com cartão de crédito;

XIV — operações de arrendamento mercantil; e

XV — quaisquer outras operações de natureza semelhante que venham a ser autorizadas pelo Banco Central do Brasil, Comissão de Valores Mobiliários ou outro órgão competente.

§ 2º As informações transferidas na forma do *caput* deste artigo restringir-se-ão a informes relacionados com a identificação dos titulares das operações e os montantes globais mensalmente movimentados, vedada a inserção de qualquer elemento que permita identificar a sua origem ou a natureza dos gastos a partir deles efetuados.

§ 3º Não se incluem entre as informações de que trata este artigo as operações financeiras efetuadas pelas administrações direta e indireta da União, dos Estados, do Distrito Federal e dos Municípios.

§ 4º Recebidas as informações de que trata este artigo, se detectados indícios de falhas, incorreções ou omissões, ou de cometimento de ilícito fiscal, a autoridade interessada poderá requisitar as informações e os documentos de que necessitar, bem como realizar fiscalização ou auditoria para a adequada apuração dos fatos.

§ 5º As informações a que refere este artigo serão conservadas sob sigilo fiscal, na forma da legislação em vigor.

Art. 6º As autoridades e os agentes fiscais tributários da União, dos Estados, do Distrito Federal e dos Municípios somente poderão examinar documentos, livros e registros de instituições financeiras, inclusive os referentes a contas de depósitos e aplicações financeiras, quando houver processo administrativo instaurado ou procedimento fiscal em curso e tais exames sejam considerados indispensáveis pela autoridade administrativa competente.

Parágrafo único. O resultado dos exames, as informações e os documentos a que se refere este artigo serão conservados em sigilo, observada a legislação tributária.

- Artigo regulamentado pelo Decreto n. 3.724, de 10-1-2001.

Art. 7º Sem prejuízo do disposto no § 3º do art. 2º, a Comissão de Valores Mobiliários, instaurado inquérito administrativo, poderá solicitar à autoridade judiciária competente o levantamento do sigilo junto às instituições financeiras de informações e documentos relativos a bens, direitos e obrigações de pessoa física ou jurídica submetida ao seu poder disciplinar.

Parágrafo único. O Banco Central do Brasil e a Comissão de Valores Mobiliários manterão permanente intercâmbio de informações acerca dos resultados das inspeções que realizarem, dos inquéritos que instaurarem e das penalidades que aplicarem, sempre que as informações forem necessárias ao desempenho de suas atividades.

Art. 8º O cumprimento das exigências e formalidades previstas nos arts. 4º, 6º e 7º será expressamente declarado pelas autoridades competentes nas solicitações dirigidas ao Banco Central do Brasil, à Comissão de Valores Mobiliários ou às instituições financeiras.

Art. 9º Quando, no exercício de suas atribuições, o Banco Central do Brasil e a Comissão de Valores Mobiliários verificarem a ocorrência de crime definido em lei como de ação pública, ou indícios da prática de tais crimes, informarão ao Ministério Público, juntando à comunicação os documentos necessários à apuração ou comprovação dos fatos.

§ 1º A comunicação de que trata este artigo será efetuada pelos Presidentes do Banco Central do Brasil e da Comissão de Valores Mobiliários, admitida delegação de competência, no prazo máximo de 15 (quinze) dias, a contar do recebimento do processo, com manifestação dos respectivos serviços jurídicos.

§ 2º Independentemente do disposto no *caput* deste artigo, o Banco Central do Brasil e a Comissão de Valores Mobiliários comunicarão aos órgãos públicos competentes as irregularidades e os ilícitos administrativos de que tenham conhecimento, ou indícios de sua prática, anexando os documentos pertinentes.

Art. 10. A quebra de sigilo, fora das hipóteses autorizadas nesta Lei Complementar, constitui crime e sujeita os responsáveis à pena de reclusão, de 1 (um) a 4 (quatro) anos, e multa, aplicando-se, no que couber, o Código Penal, sem prejuízo de outras sanções cabíveis.

Parágrafo único. Incorre nas mesmas penas quem omitir, retardar injustificadamente ou prestar falsamente as informações requeridas nos termos desta Lei Complementar.

Art. 11. O servidor público que utilizar ou viabilizar a utilização de qualquer informação obtida em decorrência da quebra de sigilo de que trata esta Lei Complementar responde pessoal e diretamente pelos danos decorrentes, sem prejuízo da responsabilidade objetiva da entidade pública, quando comprovado que o servidor agiu de acordo com orientação oficial.

Art. 12. Esta Lei Complementar entra em vigor na data de sua publicação.

Art. 13. Revoga-se o art. 38 da Lei n. 4.595, de 31 de dezembro de 1964.

Brasília, 10 de janeiro de 2001; 180º da Independência e 113º da República.

FERNANDO HENRIQUE CARDOSO

(*Publicada no DOU de 11-1-2001.*)

LEI N. 10.259, DE 12 DE JULHO DE 2001

Dispõe sobre a instituição dos Juizados Especiais Cíveis e Criminais no âmbito da Justiça Federal.

O Presidente da República:

Faço saber que o Congresso Nacional decreta e eu sanciono a seguinte Lei:

Art. 1º São instituídos os Juizados Especiais Cíveis e Criminais da Justiça Federal, aos quais se aplica, no que não conflitar com esta Lei, o disposto na Lei n. 9.099, de 26 de setembro de 1995.

Art. 2º Compete ao Juizado Especial Federal Criminal processar e julgar os feitos de competência da Justiça Federal relativos às infrações de menor potencial ofensivo, respeitadas as regras de conexão e continência.

Parágrafo único. Na reunião de processos, perante o juízo comum ou o tribunal do júri, decorrente da aplicação das regras de conexão e continência, observar-se-ão os institutos da transação penal e da composição dos danos civis.

- *Caput* e parágrafo com redação dada pela Lei n. 11.313, de 28-6-2006.

Art. 10. As partes poderão designar, por escrito, representantes para a causa, advogado ou não.

Parágrafo único. Os representates judiciais da União, autarquias, fundações e empresas públicas federais, bem como os indicados na forma do *caput*, ficam autorizados a conciliar, transigir ou desistir, nos processos da competência dos Juizados Especiais Federais.

Art. 11. A entidade pública ré deverá fornecer ao Juizado a documentação de que disponha para o esclarecimento da causa, apresentando-a até a instalação da audiência de conciliação.

Parágrafo único. Para a audiência de composição dos danos resultantes de ilícito criminal (arts. 71, 72 e 74 da Lei n. 9.099, de 26 de setembro de 1995), o representante da entidade que comparecer terá poderes para acordar, desistir ou transigir, na forma do art. 10.

Art. 27. Esta Lei entra em vigor 6 (seis) meses após a data de sua publicação.

Brasília, 12 de julho de 2001; 180º da Independência e 113º da República.

FERNANDO HENRIQUE CARDOSO

(Publicada no DOU de 13-7-2001.)

LEI N. 10.300, DE 31 DE OUTUBRO DE 2001

Proíbe o emprego, o desenvolvimento, a fabricação, a comercialização, a importação, a exportação, a aquisição, a estocagem, a retenção ou a transferência, direta ou indiretamente, de minas terrestres antipessoal.

O Vice-Presidente da República, no exercício do cargo de Presidente da República:

Faço saber que o Congresso Nacional decreta e eu sanciono a seguinte Lei:

Art. 1º É vedado o emprego, o desenvolvimento, a fabricação, a comercialização, a importação, a exportação, a aquisição, a estocagem, a retenção ou a transferência, direta ou indiretamente, de minas terrestres antipessoal no território nacional.

§ 1º Ficam ressalvados do disposto neste artigo a retenção e o manuseio, pelas Forças Armadas, de uma quantidade de minas antipessoal a ser fixada pelo Poder Executivo, com a finalidade de permitir o desenvolvimento de técnicas de sua detecção, desminagem e destruição.

§ 2º Para os efeitos de aplicação desta Lei, entende-se mina terrestre antipessoal como o artefato explosivo de emprego dissimulado para ser acionado pela presença, proximidade ou contato de uma pessoa, destinado a incapacitar, ferir ou matar uma ou mais pessoas.

Art. 2º É crime o emprego, o desenvolvimento, a fabricação, a comercialização, a importação, a exportação, a aquisição, a estocagem, a retenção ou a transferência, direta ou indiretamente, de minas terrestres antipessoal no território nacional:

Pena: reclusão, de 4 (quatro) a 6 (seis) anos e multa.

§ 1º A pena é acrescida de 1/3 (um terço) se o agente for funcionário público civil ou militar.

§ 2º A pena é acrescida de metade em caso de reincidência.

§ 3º Não constitui crime a retenção de minas antipessoal pelas Forças Armadas, em quantidade a ser fixada pelo Poder Executivo, e o seu manuseio e transferência dentro do território nacional, para fins do desenvolvimento de técnicas de detecção, desminagem ou destruição de minas pelos militares.

Art. 3º O cumprimento desta Lei dar-se-á de acordo com o cronograma inserto na Convenção sobre a Proibição do Uso, Armazenamento, Produção e Transferência de Minas Antipessoal e sobre sua Destruição.

Art. 4º A destruição das minas antipessoal existentes no País, excetuando-se o previsto no § 1º do art. 1º, será implementada pelas Forças Armadas no prazo previsto na Convenção sobre a Proibição do Uso, Armazenamento, Produção e Transferência de Minas Antipessoal e sobre sua Destruição e obedecendo a um programa a ser estabelecido pelo Poder Executivo.

Art. 5º Esta Lei entra em vigor na data de sua publicação.

Brasília, 31 de outubro de 2001; 180º da Independência e 113º da República.

MARCO ANTÔNIO DE OLIVEIRA MACIEL

(Publicada no DOU de 1º-11-2001.)

LEI N. 10.603, DE 17 DE DEZEMBRO DE 2002

Dispõe sobre a proteção de informação não divulgada submetida para aprovação da comercialização de produtos e dá outras providências.

O Presidente da República:

Faço saber que o Congresso Nacional decreta e eu sanciono a seguinte Lei:

Art. 1º Esta Lei regula a proteção, contra o uso comercial desleal, de informações relativas aos resultados de testes ou outros dados não divulgados apresentados às autoridades competentes como condição para aprovar ou manter o registro para a comercialização de produtos farmacêuticos de uso veterinário, fertilizantes, agrotóxicos seus componentes e afins.

Parágrafo único. As informações protegidas serão aquelas cuja elaboração envolva esforço considerável e que tenham valor comercial enquanto não divulgadas.

Art. 11. A utilização de informações protegidas pelas autoridades competentes, na forma desta Lei, não tipifica crime de concorrência desleal, previsto na Lei n. 9.279, de 14 de maio de 1996.

Art. 18. Esta Lei entra em vigor na data de sua publicação.

Brasília, 17 de dezembro de 2002; 181º da Independência e 114º da República.

FERNANDO HENRIQUE CARDOSO
Marcus Vinicius Pratini de Moraes

(Publicada no DOU de 18-12-2002.)

LEI N. 10.610, DE 20 DE DEZEMBRO DE 2002

Dispõe sobre a participação de capital estrangeiro nas empresas jornalísticas e de radiodifusão sonora e de sons e imagens, conforme o § 4º do art. 222 da Constituição, altera os arts. 38 e 64 da Lei n. 4.117, de 27 de agosto de 1962, o § 3º do art. 12 do Decreto-Lei n. 236, de 28 de fevereiro de 1967, e dá outras providências.

O Presidente da República:

Faço saber que o Congresso Nacional decreta e eu sanciono a seguinte Lei:

Art. 1º Esta Lei disciplina a participação de capital estrangeiro nas empresas jornalísticas e de radiodifusão sonora e de sons e imagens de que trata o § 4º do art. 222 da Constituição.

Art. 2º A participação de estrangeiros ou de brasileiros naturalizados há menos de 10 (dez) anos no capital social de empresas jornalísticas e de radiodifusão não poderá exceder a 30% (trinta por cento) do capital total e do capital votante dessas empresas e somente se dará de forma indireta, por intermédio de pessoa jurídica constituída sob as leis brasileiras e que tenha sede no País.

§ 1º As empresas efetivamente controladas, mediante encadeamento de outras empresas ou por qualquer outro meio indireto, por estrangeiros ou por brasileiros naturalizados há menos de 10 (dez) anos não poderão ter participação total superior a 30% (trinta por cento) no capital social, total e votante, das empresas jornalísticas e de radiodifusão.

§ 2º É facultado ao órgão do Poder Executivo expressamente definido pelo Presidente da República requisitar das empresas jornalísticas e das de radiodifusão, dos órgãos de registro comercial ou de registro civil das pessoas jurídicas as informações e os documentos necessários para a verificação do cumprimento do disposto neste artigo.

....

Art. 6º Será nulo de pleno direito qualquer acordo entre sócios, acionistas ou cotistas, ou qualquer ato, contrato ou outra forma de avença que, direta ou indiretamente, confira ou objetive conferir, a estrangeiros ou a brasileiros naturalizados há menos de 10 (dez) anos, participação no capital total e no capital votante de empresas jornalísticas e de radiodifusão, em percentual acima do previsto no art. 2º, ou que tenha por objeto o estabelecimento, de direito ou de fato, de igualdade ou superioridade de poderes desses sócios em relação aos sócios brasileiros natos ou naturalizados há mais de 10 (dez) anos.

§ 1º Será também nulo qualquer acordo, ato, contrato ou outra forma de avença que, direta ou indiretamente, de direito ou de fato, confira ou objetive conferir aos sócios estrangeiros ou brasileiros naturalizados há menos de 10 (dez) anos a responsabilidade editorial, a seleção e direção da programação veiculada e a gestão das atividades das empresas referidas neste artigo.

§ 2º Caracterizada a prática dos crimes tipificados no art. 1º da Lei n. 9.613, de 3 de março de 1998, aplicar-se-á a sanção prevista no art. 91, inciso II, letra *a*, do Código Penal à participação no capital de empresas jornalísticas e de radiodifusão adquirida com os recursos de origem ilícita, sem prejuízo da nulidade de qualquer acordo, ato ou contrato ou outra forma de avença que vincule ou tenha por objeto tal participação societária.

....

Art. 11. Esta Lei entra em vigor na data de sua publicação.

Brasília, 20 de dezembro de 2002; 181º da Independência e 114º da República.

FERNANDO HENRIQUE CARDOSO
Juarez Quadros do Nascimento

(Publicada no DOU de 23-12-2002.)

LEI N. 10.684, DE 30 DE MAIO DE 2003

Altera a legislação tributária, dispõe sobre parcelamento de débitos junto à Secretaria da Receita Federal, à Procuradoria-Geral da Fazenda Nacional e ao Instituto Nacional do Seguro Social e dá outras providências.

O Presidente da República:

Faço saber que o Congresso Nacional decreta e eu sanciono a seguinte Lei:

- Sobre a extinção da punibilidade pelo pagamento do tributo, temos o seguinte histórico na legislação brasileira:

— Lei n. 4.729/65 (art. 2º, *caput*);

— Lei n. 5.172/66 (CTN, art. 138 — denúncia espontânea);

— Decreto n. 157, de 10-2-1967 (art. 18, *caput*);

— Lei n. 8.137/90 (art. 14, revogado pela Lei n. 8.383/91);

— Lei n. 9.249/95 (art. 34);

— Lei n. 10.684/2003 (art. 9º, II);

— Lei n. 11.941/2009 (art. 69);

— Lei n. 12.382/2011, que alterou o art. 83 da Lei n. 9.430/96.

Art. 1º Os débitos junto à Secretaria da Receita Federal ou à Procuradoria-Geral da Fazenda Nacional, com vencimento até 28 de fevereiro de 2003, poderão ser parcelados em até cento e oitenta prestações mensais e sucessivas.

§ 1º O disposto neste artigo aplica-se aos débitos constituídos ou não, inscritos ou não como Dívida Ativa, mesmo em fase de execução fiscal já ajuizada, ou que tenham sido objeto de parcelamento anterior, não integralmente quitado, ainda que cancelado por falta de pagamento.

§ 2º Os débitos ainda não constituídos deverão ser confessados, de forma irretratável e irrevogável.

....

Art. 9º É suspensa a pretensão punitiva do Estado, referente aos crimes previstos nos arts. 1º e 2º da Lei n. 8.137, de 27 de dezembro de 1990, e nos arts. 168-A e 337-A do Decreto-Lei n. 2.848, de 7 de dezembro de 1940 — Código Penal, durante o período em que a pessoa jurídica relacionada com o agente dos aludidos crimes estiver incluída no regime de parcelamento.

§ 1º A prescrição criminal não corre durante o período de suspensão da pretensão punitiva.

§ 2º Extingue-se a punibilidade dos crimes referidos neste artigo quando a pessoa jurídica relacionada com o agente efetuar o pagamento integral dos débitos oriundos de tributos e contribuições sociais, inclusive acessórios.

....

Art. 29. Esta Lei entra em vigor na data de sua publicação, produzindo efeitos:

I — em relação ao art. 17, a partir de 1º de janeiro de 2003;

II — em relação ao art. 25, a partir de 1º de fevereiro de 2003;

III — em relação aos arts. 18, 19, 20 e 22, a partir do mês subsequente ao do termo final do prazo nonagesimal, a que refere o § 6º do art. 195 da Constituição Federal.

Brasília, 30 de maio de 2003; 182º da Independência e 115º da República.

LUIZ INÁCIO LULA DA SILVA
Antonio Palocci Filho

(Publicada no DOU de 31-5-2003, edição extra, e retificada nas edições do DOU de 6 e 9-6-2003.)

LEI N. 11.105, DE 24 DE MARÇO DE 2005

Regulamenta os incisos II, IV e V do § 1º do art. 225 da Constituição Federal, estabelece normas de segurança e mecanismos de fiscalização de atividades que envolvam organismos geneticamente modificados — OGM e seus derivados, cria o Conselho Nacional de Biossegurança — CNBS, reestrutura a Comissão Técnica Nacional de Biossegurança — CTNBio, dispõe sobre a Política Nacional de Biossegurança — PNB, revoga a Lei n. 8.974, de 5 de janeiro de 1995, e a Medida Provisória n. 2.191-9, de 23 de agosto de 2001, e os arts. 5º, 6º, 7º, 8º, 9º, 10 e 16 da Lei n. 10.814, de 15 de dezembro de 2003, e dá outras providências.

O Presidente da República:

Faço saber que o Congresso Nacional decreta e eu sanciono a seguinte Lei:

Capítulo I
DISPOSIÇÕES PRELIMINARES E GERAIS

Art. 1º Esta Lei estabelece normas de segurança e mecanismos de fiscalização sobre a construção, o cultivo, a produção, a manipulação, o transporte, a transferência, a importação, a exportação, o armazenamento, a pesquisa, a comercialização, o consumo, a liberação no meio ambiente e o descarte de organismos geneticamente modificados — OGM e seus derivados, tendo como diretrizes o estímulo ao avanço científico na área de biossegurança e biotecnologia, a proteção à vida e à saúde humana, animal e vegetal, e a observância do princípio da precaução para a proteção do meio ambiente.

§ 1º Para os fins desta Lei, considera-se atividade de pesquisa a realizada em laboratório, regime de contenção ou campo, como parte do processo de obtenção de OGM e seus derivados ou de avaliação da biossegurança de OGM e seus derivados, o que engloba, no âmbito experimental, a construção, o cultivo, a manipulação, o transporte, a transferência, a importação, a exportação, o armazenamento, a liberação no meio ambiente e o descarte de OGM e seus derivados.

§ 2º Para os fins desta Lei, considera-se atividade de uso comercial de OGM e seus derivados a que não se enquadra como atividade de pesquisa, e que trata do cultivo, da produção, da manipulação, do transporte, da transferência, da comercialização, da importação, da exportação, do armazenamento, do consumo, da liberação e do descarte de OGM e seus derivados para fins comerciais.

Art. 2º As atividades e projetos que envolvam OGM e seus derivados, relacionados ao ensino com manipulação de organismos vivos, à pesquisa científica, ao desenvolvimento tecnológico e à produção industrial ficam restritos ao âmbito de entidades de direito público ou privado, que serão responsáveis pela obediência aos preceitos desta Lei e de sua regulamentação, bem como pelas eventuais consequências ou efeitos advindos de seu descumprimento.

§ 1º Para os fins desta Lei, consideram-se atividades e projetos no âmbito de entidade os conduzidos em instalações próprias ou sob a responsabilidade administrativa, técnica ou científica da entidade.

§ 2º As atividades e projetos de que trata este artigo são vedados a pessoas físicas em atuação autônoma e independente, ainda que mantenham vínculo empregatício ou qualquer outro com pessoas jurídicas.

§ 3º Os interessados em realizar atividade prevista nesta Lei deverão requerer autorização à Comissão Técnica Nacional de Biossegurança — CTNBio, que se manifestará no prazo fixado em regulamento.

§ 4º As organizações públicas e privadas, nacionais, estrangeiras ou internacionais, financiadoras ou patrocinadoras de atividades ou de projetos referidos no *caput* deste artigo devem exigir a apresentação de Certificado de Qualidade em Biossegurança, emitido pela CTNBio, sob pena de se tornarem corresponsáveis pelos eventuais efeitos decorrentes do descumprimento desta Lei ou de sua regulamentação.

Art. 3º Para os efeitos desta Lei, considera-se:

I — organismo: toda entidade biológica capaz de reproduzir ou transferir material genético, inclusive vírus e outras classes que venham a ser conhecidas;

II — ácido desoxirribonucleico — ADN, ácido ribonucleico — ARN: material genético que contém informações determinantes dos caracteres hereditários transmissíveis à descendência;

III — moléculas de ADN/ARN recombinante: as moléculas manipuladas fora das células vivas mediante a modificação de segmentos de ADN/ARN natural ou sintético e que possam multiplicar-se em uma célula viva, ou ainda as moléculas de ADN/ARN resultantes dessa multiplicação; consideram-se também os segmentos de ADN/ARN sintéticos equivalentes aos de ADN/ARN natural;

IV — engenharia genética: atividade de produção e manipulação de moléculas de ADN/ARN recombinante;

V — organismo geneticamente modificado — OGM: organismo cujo material genético — ADN/ARN tenha sido modificado por qualquer técnica de engenharia genética;

VI — derivado de OGM: produto obtido de OGM e que não possua capacidade autônoma de replicação ou que não contenha forma viável de OGM;

VII — célula germinal humana: célula-mãe responsável pela formação de gametas presentes nas glândulas sexuais femininas e masculinas e suas descendentes diretas em qualquer grau de ploidia;

VIII — clonagem: processo de reprodução assexuada, produzida artificialmente, baseada em um único patrimônio genético, com ou sem utilização de técnicas de engenharia genética;

IX — clonagem para fins reprodutivos: clonagem com a finalidade de obtenção de um indivíduo;

X — clonagem terapêutica: clonagem com a finalidade de produção de células-tronco embrionárias para utilização terapêutica;

XI — células-tronco embrionárias: células de embrião que apresentam a capacidade de se transformar em células de qualquer tecido de um organismo.

§ 1º Não se inclui na categoria de OGM o resultante de técnicas que impliquem a introdução direta, num organismo, de material hereditário, desde que não envolvam a utilização de moléculas de ADN/ARN recombinante ou OGM, inclusive fecundação *in vitro*, conjugação, transdução, transformação, indução poliploide e qualquer outro processo natural.

§ 2º Não se inclui na categoria de derivado de OGM a substância pura, quimicamente definida, obtida por meio de processos biológicos e que não contenha OGM, proteína heteróloga ou ADN recombinante.

Art. 4º Esta Lei não se aplica quando a modificação genética for obtida por meio das seguintes técnicas, desde que não impliquem a utilização de OGM como receptor ou doador:

I — mutagênese;

II — formação e utilização de células somáticas de hibridoma animal;

III — fusão celular, inclusive a de protoplasma, de células vegetais, que possa ser produzida mediante métodos tradicionais de cultivo;

IV — autoclonagem de organismos não patogênicos que se processe de maneira natural.

Art. 5º É permitida, para fins de pesquisa e terapia, a utilização de células-tronco embrionárias obtidas de embriões humanos produzidos por fertilização *in vitro* e não utilizados no respectivo procedimento, atendidas as seguintes condições:

I — sejam embriões inviáveis; ou

II — sejam embriões congelados há 3 (três) anos ou mais, na data da publicação desta Lei, ou que, já congelados na data da publicação desta Lei, depois de completarem 3 (três) anos, contados a partir da data de congelamento.

§ 1º Em qualquer caso, é necessário o consentimento dos genitores.

§ 2º Instituições de pesquisa e serviços de saúde que realizem pesquisa ou terapia com células-tronco embrionárias humanas deverão submeter seus projetos à apreciação e aprovação dos respectivos comitês de ética em pesquisa.

§ 3º É vedada a comercialização do material biológico a que se refere este artigo e sua prática implica o crime tipificado no art. 15 da Lei n. 9.434, de 4 de fevereiro de 1997.

Art. 6º Fica proibido:

I — implementação de projeto relativo a OGM sem a manutenção de registro de seu acompanhamento individual;

II — engenharia genética em organismo vivo ou o manejo *in vitro* de ADN/ARN natural ou recombinante, realizado em desacordo com as normas previstas nesta Lei;

III — engenharia genética em célula germinal humana, zigoto humano e embrião humano;

IV — clonagem humana;

V — destruição ou descarte no meio ambiente de OGM e seus derivados em desacordo com as normas estabelecidas pela CTNBio, pelos órgãos e entidades de registro e fiscalização, referidos no art. 16 desta Lei, e as constantes desta Lei e de sua regulamentação;

VI — liberação no meio ambiente de OGM ou seus derivados, no âmbito de atividades de pesquisa, sem a decisão técnica favorável da CTNBio e, nos casos de liberação comercial, sem o parecer técnico favorável da CTNBio, ou sem o licenciamento do órgão ou entidade ambiental responsável, quando a CTNBio considerar a atividade como potencialmente causadora de degradação ambiental, ou sem a aprovação do Conselho Nacional de Biossegurança — CNBS, quando o processo tenha sido por ele avocado, na forma desta Lei e de sua regulamentação;

VII — a utilização, a comercialização, o registro, o patenteamento e o licenciamento de tecnologias genéticas de restrição do uso.

Parágrafo único. Para os efeitos desta Lei, entende-se por tecnologias genéticas de restrição do uso qualquer processo de intervenção humana para geração ou multiplicação de plantas geneticamente modificadas para produzir estruturas reprodutivas estéreis, bem como qualquer forma de manipulação genética que vise à ativação ou desativação de genes relacionados à fertilidade das plantas por indutores químicos externos.

Art. 7º São obrigatórias:

I — a investigação de acidentes ocorridos no curso de pesquisas e projetos na área de engenharia genética e o envio de relatório respectivo à autoridade competente no prazo máximo de 5 (cinco) dias a contar da data do evento;

II — a notificação imediata à CTNBio e às autoridades da saúde pública, da defesa agropecuária e do meio ambiente sobre acidente que possa provocar a disseminação de OGM e seus derivados;

III — a adoção de meios necessários para plenamente informar à CTNBio, às autoridades da saúde pública, do meio ambiente, da defesa agropecuária, à coletividade e aos demais empregados da instituição ou empresa sobre os riscos a que possam estar submetidos, bem como os procedimentos a serem tomados no caso de acidentes com OGM.

Capítulo VIII
DOS CRIMES E DAS PENAS

Art. 24. Utilizar embrião humano em desacordo com o que dispõe o art. 5º desta Lei:

Pena — detenção, de 1 (um) a 3 (três) anos, e multa.

Art. 25. Praticar engenharia genética em célula germinal humana, zigoto humano ou embrião humano:

Pena — reclusão, de 1 (um) a 4 (quatro) anos, e multa.

Art. 26. Realizar clonagem humana:

Pena — reclusão, de 2 (dois) a 5 (cinco) anos, e multa.

Art. 27. Liberar ou descartar OGM no meio ambiente, em desacordo com as normas estabelecidas pela CTNBio e pelos órgãos e entidades de registro e fiscalização:

Pena — reclusão, de 1 (um) a 4 (quatro) anos, e multa.

§ 1º (*Vetado.*)

§ 2º Agrava-se a pena:

I — de 1/6 (um sexto) a 1/3 (um terço), se resultar dano à propriedade alheia;

II — de 1/3 (um terço) até a metade, se resultar dano ao meio ambiente;

III — da metade até 2/3 (dois terços), se resultar lesão corporal de natureza grave em outrem;

IV — de 2/3 (dois terços) até o dobro, se resultar a morte de outrem.

Art. 28. Utilizar, comercializar, registrar, patentear e licenciar tecnologias genéticas de restrição do uso:

Pena — reclusão, de 2 (dois) a 5 (cinco) anos, e multa.

Art. 29. Produzir, armazenar, transportar, comercializar, importar ou exportar OGM ou seus derivados, sem autorização ou em desacordo com as normas estabelecidas pela CTNBio e pelos órgãos e entidades de registro e fiscalização:

Pena — reclusão, de 1 (um) a 2 (dois) anos, e multa.

Capítulo IX
DISPOSIÇÕES FINAIS E TRANSITÓRIAS

Art. 30. Os OGM que tenham obtido decisão técnica da CTNBio favorável a sua liberação comercial até a entrada em vigor desta Lei poderão ser registrados e comercializados, salvo manifestação contrária do CNBS, no prazo de 60 (sessenta) dias, a contar da data da publicação desta Lei.

Art. 35. Ficam autorizadas a produção e a comercialização de sementes de cultivares de soja geneticamente modificadas tolerantes a glifosato registradas no Registro Nacional de Cultivares — RNC do Ministério da Agricultura, Pecuária e Abastecimento.

Art. 36. Fica autorizado o plantio de grãos de soja geneticamente modificada tolerante a glifosato, reservados pelos produtores rurais para uso próprio, na safra 2004/2005, sendo vedada a comercialização da produção como semente.

- Vide Decreto n. 5.534, de 2005.

Parágrafo único. O Poder Executivo poderá prorrogar a autorização de que trata o *caput* deste artigo.

Art. 37. A descrição do Código 20 do Anexo VIII da Lei n. 6.938, de 31 de agosto de 1981, acrescido pela Lei n. 10.165, de 27 de dezembro de 2000, passa a vigorar com a seguinte redação:

"ANEXO VIII

Código	Categoria	Descrição	Pp/gu
20	Uso de Recursos Naturais	Silvicultura; exploração econômica da madeira ou lenha e subprodutos florestais; importação ou exportação da fauna e flora nativas brasileiras; atividade de criação e exploração econômica de fauna exótica e de fauna silvestre; utilização do patrimônio genético natural; exploração de recursos aquáticos vivos; introdução de espécies exóticas, exceto para melhoramento genético vegetal e uso na agricultura; introdução de espécies geneticamente modificadas previamente identificadas pela CTNBio como potencialmente causadoras de significativa degradação do meio ambiente; uso da diversidade biológica pela biotecnologia em atividades previamente identificadas pela CTNBio como potencialmente causadoras de significativa degradação do meio ambiente".	Médio

Art. 38. (*Vetado.*)

Art. 39. Não se aplica aos OGM e seus derivados o disposto na Lei n. 7.802, de 11 de julho de 1989, e suas alterações, exceto para os casos em que eles sejam desenvolvidos para servir de matéria-prima para a produção de agrotóxicos.

Art. 40. Os alimentos e ingredientes alimentares destinados ao consumo humano ou animal que contenham ou sejam produzidos a partir de OGM ou derivados deverão conter informação nesse sentido em seus rótulos, conforme regulamento.

Art. 41. Esta Lei entra em vigor na data de sua publicação.

Art. 42. Revogam-se a Lei n. 8.974, de 5 de janeiro de 1995, a Medida Provisória n. 2.191-9, de 23 de agosto de 2001, e os arts. 5º, 6º, 7º, 8º, 9º, 10 e 16 da Lei n. 10.814, de 15 de dezembro de 2003.

Brasília, 24 de março de 2005; 184º da Independência e 117º da República.

LUIZ INÁCIO LULA DA SILVA

(*Publicada no* DOU *de 28-3-2005.*)

LEI N. 11.254, DE 27 DE DEZEMBRO DE 2005

Estabelece as sanções administrativas e penais em caso de realização de atividades proibidas pela Convenção Internacional sobre a Proibição do Desenvolvimento, Produção, Estocagem e Uso das Armas Químicas e sobre a Destruição das Armas Químicas existentes no mundo (CPAQ).

O Presidente da República:

Faço saber que o Congresso Nacional decreta e eu sanciono a seguinte Lei:

Art. 1º Sob pena de sofrer sanções penais ou administrativas, previstas nesta Lei, e sem prejuízo das demais sanções cabíveis, nenhuma pessoa física ou jurídica:

I — realizará, no Brasil, atividade vedada pela Convenção Internacional sobre Proibição do Desenvolvimento, Produção e Uso das Armas Químicas e sobre a Destruição das Armas Químicas existentes no mundo (CPAQ);

II — contribuirá para a realização, no Brasil ou no exterior, de atividade vedada pela CPAQ;

III — omitirá informação ou prestará informação incorreta à Comissão Interministerial para Assuntos relativos à Convenção sobre a Proibição das Armas Químicas e sua aplicação no Brasil, criada pelo Decreto n. 2.074, de 14 de novembro de 1996, doravante referida como Comissão Interministerial, ou se recusará a colaborar com essa Comissão Interministerial no exercício de suas funções legais.

Art. 2º A Comissão Interministerial arbitrará sobre a pertinência, por um lado, da aplicação de sanções administrativas e, por outro lado, da tomada de providências necessárias à iniciativa do processo criminal, caso julgue serem imputáveis sanções penais.

Art. 3º Omissões ou imprecisões de informação, bem como a não colaboração com a Comissão Interministerial no exercício de suas funções legais, constituem infração administrativa, ficando o infrator sujeito às seguintes penalidades:

I — advertência;

II — multa;

III — perda do bem envolvido na infração;

IV — suspensão do direito de comercializar, pelo prazo de 6 (seis) meses a 5 (cinco) anos;

V — cassação da habilitação para atuação no comércio, no caso de reincidência.

§ 1º A advertência será aplicada, por escrito, no caso de infrações de menor relevância.

§ 2º A multa será aplicada, conforme a infração, no valor de R$ 5.000,00 (cinco mil reais) a R$ 50.000,00 (cinquenta mil reais).

§ 3º As penalidades previstas nos incisos II, III, IV e V podem ser aplicadas cumulativamente, levando-se em consideração a gravidade da infração e os antecedentes do infrator.

§ 4º As penalidades administrativas serão aplicadas pela Comissão Interministerial, depois de apurada a infração em processo administrativo, no qual se assegurará ao infrator amplo direito de defesa.

Art. 4º Constitui crime:

I — fazer uso de armas químicas ou realizar, no Brasil, atividade que envolva a pesquisa, produção, estocagem, aquisição, transferência, importação ou exportação de armas químicas ou de substâncias químicas abrangidas pela CPAQ com a finalidade de produção de tais armas;

II — contribuir, direta ou indiretamente, por ação ou omissão, para o uso de armas químicas ou para a realização, no Brasil ou no exterior, das atividades arroladas no inciso I:

Pena — reclusão, de 1 (um) a 10 (dez) anos.

Art. 5º Esta Lei entra em vigor na data de sua publicação.

Brasília, 27 de dezembro de 2005; 184º da Independência e 117º da República.

LUIZ INÁCIO LULA DA SILVA

(*Publicada no* DOU *de 28-12-2005.*)

LEI N. 12.234, DE 5 DE MAIO DE 2010

Altera os arts.109 e 110 do Decreto-Lei n. 2.848, de 7 de dezembro de 1940 — Código Penal.

O Presidente da República:

Faço saber que o Congresso Nacional decreta e eu sanciono a seguinte Lei:

Art. 1º Esta Lei altera os arts..1 09 e 110 do Decreto-Lei n. 2.848, de 7 de dezembro de 1940 — Código Penal, para excluir a prescrição retroativa.

Art. 2º Os arts. 109 e 110 do Decreto-Lei n. 2.848, de 7 de dezembro de 1940 — Código Penal, passam a vigorar com as seguintes alterações:

"Art. 109. A prescrição, antes de transitar em julgado a sentença final, salvo o disposto no § 1º do art. 110 deste Código, regula-se pelo máximo da pena privativa de liberdade cominada ao crime, verificando-se:

....

VI — em 3 (três) anos, se o máximo da pena é inferior a 1 (um) ano.

...."

"Art. 110 ....

§ 1º A prescrição, depois da sentença condenatória com trânsito em julgado para a acusação ou depois de improvido seu recurso, regula-se pela pena aplicada, não podendo, em nenhuma hipótese, ter por termo inicial data anterior à da denúncia ou queixa.

§ 2º (Revogado)."

Art. 3º Esta Lei entra em vigor na data de sua publicação.

Art. 4º Revoga-se o § 2º do art. 110 do Código Penal.

Brasília, 5 de maio de 2010; 189º da Independência e 122º da República.

LUIZ INÁCIO LULA DA SILVA

Luiz Paulo Teles Ferreira Barreto

LEI N. 12.313, DE 19 DE AGOSTO DE 2010

Altera a Lei n. 7.210, de 11 de julho de 1984 — Lei de Execução Penal, para prever a assistência jurídica ao preso dentro do presídio e atribuir competências à Defensoria Pública.

O Presidente da República:

Faço saber que o Congresso Nacional decreta e eu sanciano a seguinte Lei:

Art. 1º Esta Lei altera o art. 16; acrescenta o inciso VIII ao art.61; dá nova redação ao art. 80; acrescenta o Capítulo IX ao Título III, com os arts. 81-A e 81-B; altera o art. 83, acrescentando-lhe § 3º; e dá nova redação aos arts.129, 144 e 183 da Lei n. 7.210, de 11 de julho de 1984.

Art. 2º A Lei n. 7.210, de 11 de julho de 1984 — Lei de Execução Penal, passa a vigorar com as alterações:

"Art 16. As Unidades da Federação deverão ter serviços de assistência jurídica, integral e gratuita, pela Defensoria Pública, dentro e fora dos estabelecimentos penais.

§ 1º As Unidades da Federação deverão prestar auxílio estrutural, pessoal e material à Defensoria Pública, no exercício de suas funções, dentro e fora dos estabelecimentos penais.

§ 2º Em todos os estabelecimentos penais, haverá local apropriado destinado ao atendimento pelo Defensor Público.

§ 3º Fora dos estabelecimentos penais, serão implementados Núcleos Especializados da Defensoria Pública para a prestação de assistência jurídica integral e gratuita aos réus, sentenciados em liberdade, egressos e seus familiares, sem recursos financeiros para constituir advogado".

"Art. 61. ....

....

VII — a Defensoria Pública."

"Art. 80. Haverá, em cada comarca, um Conselho da Comunidade composto, no mínimo, por 1 (um) representante de associação comercial ou industrial, 1 (um) advogado indicado pela Seção da Ordem dos Advogados do Brasil, 1 (um) Defensor Público indicado pelo Defensor Público Geral e 1 (um) assistente social escolhido pela Delegacia Seccional do Conselho Nacional de Assistentes Sociais.

...."

"Capítulo IX
DA DEFENSORIA PÚBLICA

'Art. 81-A. A Defensoria Pública velará pela regular execução da pena e da medida de segurança, oficiando, no processo executivo e nos incidentes da execução, para a defesa dos necessitados em todos os graus e instâncias, de forma individual e coletiva.'

'Art. 81-B. Incumbe, ainda, à Defensoria Pública:

I — requerer:

a) todas as providências necessárias ao desenvolvimento do processo executivo;

b) a aplicação aos casos julgados de lei posterior que de qualquer modo favorecer o condenado;

c) a declaração de extinção da punibilidade;

d) a unificação de penas;

e) a detração e remição da pena;

f) a instauração dos incidentes de excesso ou desvio de execução;

g) a aplicação de medida de segurança e sua revogação, bem como a substituição da pena por medida de segurança;

h) a conversão de penas, a progressão nos regimes, a suspensão condicional da pena, o livramento condicional, a comutação de pena e o indulto;

i) a autorização de saídas temporárias;

j) a internação, a desinternação e o restabelecimento da situação anterior;

k) o cumprimento de pena ou medida de segurança em outra comarca;

l) a remoção do condenado na hipótese prevista no § 1º do art. 86 desta Lei;

II — requerer a emissão anual do atestado de pena a cumprir;

III — interpor recursos de decisões proferidas pela autoridade judiciária ou administrativa durante a execução;

IV — representar ao Juiz da execução ou à autoridade administrativa para instauração de sindicância ou procedimento administrativo em caso de violação das normas referentes à execução penal;

V — visitar os estabelecimentos penais, tomando providências para o adequado funcionamento, e requerer, quando for o caso, a apuração de responsabilidade;

VI — requerer à autoridade competente a interdição, no todo ou em parte, de estabelecimento penal.

Parágrafo único. O órgão da Defensoria Pública visitará periodicamente os estabelecimentos penais, registrando a sua presença em livro próprio.'"

"Art. 83. ....

....

§ 5º Haverá instalação destinada à Defensoria Pública."

"Art. 129. A autoridade administrativa encaminhará, mensalmente, ao Juízo da execução, ao Ministério Público e à Defensoria Pública cópia do registro de todos os condenados que estejam trabalhando e dos dias de trabalho de cada um deles.

...."

"Art. 144. O Juiz, de ofício, a requerimento do Ministério Público, da Defensoria Pública ou mediante representação do Conselho Penitenciário, e ouvido o liberado, poderá modificar as condições especificadas na sentença, devendo o respectivo ato decisório ser lido ao liberado por uma das autoridades ou funcionários indicados no inciso I do *caput* do art. 137 desta Lei, observado o disposto nos incisos II e III e §§ 1º e 2º do mesmo artigo."

"Art. 183. Quando, no curso da execução da pena privativa de liberdade, sobrevier doença mental ou perturbação da saúde mental, o Juiz, de ofício, a requerimento do Ministério Público, da Defensoria Pública ou da autoridade administrativa, poderá determinar a substituição da pena por medida de segurança."

Art. 3º Esta Lei entra em vigor na data de sua publicação.

Brasília, 19 de agosto de 2010; 189º da Independência e 122º da República.

LUIZ INÁCIO LULA DA SILVA

Luiz Paulo Teles Ferreira Barreto

LEI N. 12.529, DE 30 DE NOVEMBRO DE 2011

Estrutura o Sistema Brasileiro de Defesa da Concorrência; dispõe sobre a prevenção e repressão às infrações contra a ordem econômica; altera a Lei n. 8.137, de 27 de dezembro de 1990, o Decreto-Lei n. 3.689, de 3 de outubro de 1941 — Código de Processo Penal, e a Lei n. 7.347, de 24 de julho de 1985; revoga dispositivos da Lei n. 8.884, de 11 de junho de 1994, e a Lei n. 9.781, de 19 de janeiro de 1999; e dá outras providências.

A Presidenta da República:

Faço saber que o Congresso Nacional decreta e eu sanciono a seguinte Lei:

Título I
DISPOSIÇÕES GERAIS

Capítulo I
DA FINALIDADE

Art. 1º Esta Lei estrutura o Sistema Brasileiro de Defesa da Concorrência — SBDC e dispõe sobre a prevenção e a repressão às infrações contra a ordem econômica, orientada pelos ditames constitucionais de liberdade de iniciativa, livre concorrência, função social da propriedade, defesa dos consumidores e repressão ao abuso do poder econômico.

Parágrafo único. A coletividade é a titular dos bens jurídicos protegidos por esta Lei.

Capítulo II
DA TERRITORIALIDADE

Art. 2º Aplica-se esta Lei, sem prejuízo de convenções e tratados de que seja signatário o Brasil, às práticas cometidas no todo ou em parte no território nacional ou que nele produzam ou possam produzir efeitos.

§ 1º Reputa-se domiciliada no território nacional a empresa estrangeira que opere ou tenha no Brasil filial, agência, sucursal, escritório, estabelecimento, agente ou representante.

§ 2º A empresa estrangeira será notificada e intimada de todos os atos processuais previstos nesta Lei, independentemente de procuração ou de disposição contratual ou estatutária, na pessoa do agente ou representante ou pessoa responsável por sua filial, agência, sucursal, estabelecimento ou escritório instalado no Brasil.

Título II
DO SISTEMA BRASILEIRO DE DEFESA DA CONCORRÊNCIA

Capítulo I
DA COMPOSIÇÃO

Art. 3º O SBDC é formado pelo Conselho Administrativo de Defesa Econômica — CADE e pela Secretaria de Acompanhamento Econômico do Ministério da Fazenda, com as atribuições previstas nesta Lei.

Capítulo II
DO CONSELHO ADMINISTRATIVO DE DEFESA ECONÔMICA — CADE

Art. 4º O Cade é entidade judicante com jurisdição em todo o território nacional, que se constitui em autarquia federal, vinculada ao Ministério da Justiça, com sede e foro no Distrito Federal, e competências previstas nesta Lei.

Seção I
DA ESTRUTURA ORGANIZACIONAL DO CADE

Art. 5º O Cade é constituído pelos seguintes órgãos:

I — Tribunal Administrativo de Defesa Econômica;

II — Superintendência-Geral; e

III — Departamento de Estudos Econômicos.

Seção II
DO TRIBUNAL ADMINISTRATIVO DE DEFESA ECONÔMICA

Art. 6º O Tribunal Administrativo, órgão judicante, tem como membros um Presidente e seis Conselheiros escolhidos dentre cidadãos com mais de 30 (trinta) anos de idade, de notório saber jurídico ou econômico e reputação ilibada, nomeados pelo Presidente da República, depois de aprovados pelo Senado Federal.

§ 1º O mandato do Presidente e dos Conselheiros é de 4 (quatro) anos, não coincidentes, vedada a recondução.

§ 2º Os cargos de Presidente e de Conselheiro são de dedicação exclusiva, não se admitindo qualquer acumulação, salvo as constitucionalmente permitidas.

§ 3º No caso de renúncia, morte, impedimento, falta ou perda de mandato do Presidente do Tribunal, assumirá o Conselheiro mais antigo no cargo ou o mais idoso, nessa ordem, até nova nomeação, sem prejuízo de suas atribuições.

§ 4º No caso de renúncia, morte ou perda de mandato de Conselheiro, proceder-se-á a nova nomeação, para completar o mandato do substituído.

§ 5º Se, nas hipóteses previstas no § 4º deste artigo, ou no caso de encerramento de mandato dos Conselheiros, a composição do Tribunal ficar reduzida a número inferior ao estabelecido no § 1º do art. 9º desta Lei, considerar-se-ão automaticamente suspensos os prazos previstos nesta Lei, e suspensa a tramitação de processos, continuando-se a contagem imediatamente após a recomposição do *quorum*.

Art. 7º A perda de mandato do Presidente ou dos Conselheiros do Cade só poderá ocorrer em virtude de decisão do Senado Federal, por provocação do Presidente da República, ou em razão de condenação penal irrecorrível por crime doloso, ou de processo disciplinar de conformidade com o que prevê a Lei n. 8.112, de 11 de dezembro de 1990 e a Lei n. 8.429, de 2 de junho de 1992, e por infringência de quaisquer das vedações previstas no art. 8º desta Lei.

Parágrafo único. Também perderá o mandato, automaticamente, o membro do Tribunal que faltar a 3 (três) reuniões ordinárias consecutivas, ou 20 (vinte) intercaladas, ressalvados os afastamentos temporários autorizados pelo Plenário.

Art. 8º Ao Presidente e aos Conselheiros é vedado:

I — receber, a qualquer título, e sob qualquer pretexto, honorários, percentagens ou custas;

II — exercer profissão liberal;

III — participar, na forma de controlador, diretor, administrador, gerente, preposto ou mandatário, de sociedade civil, comercial ou empresas de qualquer espécie;

IV — emitir parecer sobre matéria de sua especialização, ainda que em tese, ou funcionar como consultor de qualquer tipo de empresa;

V — manifestar, por qualquer meio de comunicação, opinião sobre processo pendente de julgamento, ou juízo depreciativo sobre despachos, votos ou sentenças de órgãos judiciais, ressalvada a crítica nos autos, em obras técnicas ou no exercício do magistério; e

VI — exercer atividade político-partidária.

§ 1º É vedado ao Presidente e aos Conselheiros, por um período de 120 (cento e vinte) dias, contado da data em que deixar o cargo, representar qualquer pessoa, física ou jurídica, ou interesse perante o SBDC, ressalvada a defesa de direito próprio.

§ 2º Durante o período mencionado no § 1º deste artigo, o Presidente e os Conselheiros receberão a mesma remuneração do cargo que ocupavam.

§ 3º Incorre na prática de advocacia administrativa, sujeitando-se à pena prevista no art. 321 do Decreto-Lei n. 2.848, de 7 de dezembro de 1940 — Código Penal, o ex-presidente ou ex-conselheiro que violar o impedimento previsto no § 1º deste artigo.

§ 4º É vedado, a qualquer tempo, ao Presidente e aos Conselheiros utilizar informações privilegiadas obtidas em decorrência do cargo exercido.

Título V
DAS INFRAÇÕES DA ORDEM ECONÔMICA

Capítulo I
DISPOSIÇÕES GERAIS

Art. 31. Esta Lei aplica-se às pessoas físicas ou jurídicas de direito público ou privado, bem como a quaisquer associações de entidades ou pessoas, constituídas de fato ou de direito, ainda que temporariamente, com ou sem personalidade jurídica, mesmo que exerçam atividade sob regime de monopólio legal.

Art. 32. As diversas formas de infração da ordem econômica implicam a responsabilidade da empresa e a responsabilidade individual de seus dirigentes ou administradores, solidariamente.

Art. 33. Serão solidariamente responsáveis as empresas ou entidades integrantes de grupo econômico, de fato ou de direito, quando pelo menos uma delas praticar infração à ordem econômica.

Art. 34. A personalidade jurídica do responsável por infração da ordem econômica poderá ser desconsiderada quando houver da parte deste abuso de direito, excesso de poder, infração da lei, fato ou ato ilícito ou violação dos estatutos ou contrato social.

Parágrafo único. A desconsideração também será efetivada quando houver falência, estado de insolvência, encerramento ou inatividade da pessoa jurídica provocados por má administração.

Art. 35. A repressão das infrações da ordem econômica não exclui a punição de outros ilícitos previstos em lei.

Capítulo II
DAS INFRAÇÕES

Art. 36. Constituem infração da ordem econômica, independentemente de culpa, os atos sob qualquer forma manifestados, que tenham por objeto ou possam produzir os seguintes efeitos, ainda que não sejam alcançados:

I — limitar, falsear ou de qualquer forma prejudicar a livre concorrência ou a livre-iniciativa;

II — dominar mercado relevante de bens ou serviços;

III — aumentar arbitrariamente os lucros; e

IV — exercer de forma abusiva posição dominante.

§ 1º A conquista de mercado resultante de processo natural fundado na maior eficiência de agente econômico em relação a seus competidores não caracteriza o ilícito previsto no inciso II do *caput* deste artigo.

§ 2º Presume-se posição dominante sempre que uma empresa ou grupo de empresas for capaz de alterar unilateral ou coordenadamente as condições de mercado ou quando controlar 20% (vinte por cento) ou mais do mercado relevante, podendo este percentual ser alterado pelo Cade para setores específicos da economia.

§ 3º As seguintes condutas, além de outras, na medida em que configurem hipótese prevista no *caput* deste artigo e seus incisos, caracterizam infração da ordem econômica:

I — acordar, combinar, manipular ou ajustar com concorrente, sob qualquer forma:

a) os preços de bens ou serviços ofertados individualmente;

b) a produção ou a comercialização de uma quantidade restrita ou limitada de bens ou a prestação de um número, volume ou frequência restrita ou limitada de serviços;

c) a divisão de partes ou segmentos de um mercado atual ou potencial de bens ou serviços, mediante, dentre outros, a distribuição de clientes, fornecedores, regiões ou períodos;

d) preços, condições, vantagens ou abstenção em licitação pública;

II — promover, obter ou influenciar a adoção de conduta comercial uniforme ou concertada entre concorrentes;

III — limitar ou impedir o acesso de novas empresas ao mercado;

IV — criar dificuldades à constituição, ao funcionamento ou ao desenvolvimento de empresa concorrente ou de fornecedor, adquirente ou financiador de bens ou serviços;

V — impedir o acesso de concorrente às fontes de insumo, matérias-primas, equipamentos ou tecnologia, bem como aos canais de distribuição;

VI — exigir ou conceder exclusividade para divulgação de publicidade nos meios de comunicação de massa;

VII — utilizar meios enganosos para provocar a oscilação de preços de terceiros;

VIII — regular mercados de bens ou serviços, estabelecendo acordos para limitar ou controlar a pesquisa e o desenvolvimento tecnológico, a produção de bens ou prestação de serviços, ou para dificultar investimentos destinados à produção de bens ou serviços ou à sua distribuição;

IX — impor, no comércio de bens ou serviços, a distribuidores, varejistas e representantes preços de revenda, descontos, condições de pagamento, quantidades mínimas ou máximas, margem de lucro ou quaisquer outras condições de comercialização relativos a negócios destes com terceiros;

X — discriminar adquirentes ou fornecedores de bens ou serviços por meio da fixação diferenciada de preços, ou de condições operacionais de venda ou prestação de serviços;

XI — recusar a venda de bens ou a prestação de serviços, dentro das condições de pagamento normais aos usos e costumes comerciais;

XII — dificultar ou romper a continuidade ou desenvolvimento de relações comerciais de prazo indeterminado em razão de recusa da outra parte em submeter-se a cláusulas e condições comerciais injustificáveis ou anticoncorrenciais;

XIII — destruir, inutilizar ou açambarcar matérias-primas, produtos intermediários ou acabados, assim como destruir, inutilizar ou dificultar a operação de equipamentos destinados a produzi-los, distribuí-los ou transportá-los;

XIV — açambarcar ou impedir a exploração de direitos de propriedade industrial ou intelectual ou de tecnologia;

XV — vender mercadoria ou prestar serviços injustificadamente abaixo do preço de custo;

XVI — reter bens de produção ou de consumo, exceto para garantir a cobertura dos custos de produção;

XVII — cessar parcial ou totalmente as atividades da empresa sem justa causa comprovada;

XVIII — subordinar a venda de um bem à aquisição de outro ou à utilização de um serviço, ou subordinar a prestação de um serviço à utilização de outro ou à aquisição de um bem; e

XIX — exercer ou explorar abusivamente direitos de propriedade industrial, intelectual, tecnologia ou marca.

Capítulo VII
DO PROGRAMA DE LENIÊNCIA

Art. 86. O Cade, por intermédio da Superintendência-Geral, poderá celebrar acordo de leniência, com a extinção da ação punitiva da administração pública ou a redução de 1 (um) a 2/3 (dois terços) da penalidade aplicável, nos termos deste artigo, com pessoas físicas e jurídicas que forem autoras de infração à ordem econômica, desde que colaborem efetivamente com as investigações e o processo administrativo e que dessa colaboração resulte:

I — a identificação dos demais envolvidos na infração; e

II — a obtenção de informações e documentos que comprovem a infração noticiada ou sob investigação.

§ 1º O acordo de que trata o *caput* deste artigo somente poderá ser celebrado se preenchidos, cumulativamente, os seguintes requisitos:

I — a empresa seja a primeira a se qualificar com respeito à infração noticiada ou sob investigação;

II — a empresa cesse completamente seu envolvimento na infração noticiada ou sob investigação a partir da data de propositura do acordo;

III — a Superintendência-Geral não disponha de provas suficientes para assegurar a condenação da empresa ou pessoa física por ocasião da propositura do acordo; e

IV — a empresa confesse sua participação no ilícito e coopere plena e permanentemente com as investigações e o processo administrativo, comparecendo, sob suas expensas, sempre que solicitada, a todos os atos processuais, até seu encerramento.

§ 2º Com relação às pessoas físicas, elas poderão celebrar acordos de leniência desde que cumpridos os requisitos II, III e IV do § 1º deste artigo.

§ 3º O acordo de leniência firmado com o Cade, por intermédio da Superintendência-Geral, estipulará as condições necessárias para assegurar a efetividade da colaboração e o resultado útil do processo.

§ 4º Compete ao Tribunal, por ocasião do julgamento do processo administrativo, verificado o cumprimento do acordo:

I — decretar a extinção da ação punitiva da administração pública em favor do infrator, nas hipóteses em que a proposta de acordo tiver sido apresentada à Superintendência-Geral sem que essa tivesse conhecimento prévio da infração noticiada; ou

II — nas demais hipóteses, reduzir de 1 (um) a 2/3 (dois terços) as penas aplicáveis, observado o disposto no art. 45 desta Lei, devendo ainda considerar na gradação da pena a efetividade da colaboração prestada e a boa-fé do infrator no cumprimento do acordo de leniência.

§ 5º Na hipótese do inciso II do § 4º deste artigo, a pena sobre a qual incidirá o fator redutor não será superior à menor das penas aplicadas aos demais coautores da infração, relativamente aos percentuais fixados para a aplicação das multas de que trata o inciso I do art. 37 desta Lei.

§ 6º Serão estendidos às empresas do mesmo grupo, de fato ou de direito, e aos seus dirigentes, administradores e empregados envolvidos na infração os efeitos do acordo de leniência, desde que o firmem em conjunto, respeitadas as condições impostas.

§ 7º A empresa ou pessoa física que não obtiver, no curso de inquérito ou processo administrativo, habilitação para a celebração do acordo de que trata este artigo, poderá celebrar com a Superintendência-Geral, até a remessa do processo para julgamento, acordo de leniência relacionado a uma outra infração, da qual o Cade não tenha qualquer conhecimento prévio.

§ 8º Na hipótese do § 7º deste artigo, o infrator se beneficiará da redução de 1/3 (um terço) da pena que lhe for aplicável naquele processo, sem prejuízo da obtenção dos benefícios de que trata o inciso I do § 4º deste artigo em relação à nova infração denunciada.

§ 9º Considera-se sigilosa a proposta de acordo de que trata este artigo, salvo no interesse das investigações e do processo administrativo.

§ 10. Não importará em confissão quanto à matéria de fato, nem reconhecimento de ilicitude da conduta analisada, a proposta de acordo de leniência rejeitada, da qual não se fará qualquer divulgação.

§ 11. A aplicação do disposto neste artigo observará as normas a serem editadas pelo Tribunal.

§ 12. Em caso de descumprimento do acordo de leniência, o beneficiário ficará impedido de celebrar novo acordo de leniência pelo prazo de 3 (três) anos, contado da data de seu julgamento.

Art. 87. Nos crimes contra a ordem econômica, tipificados na Lei n. 8.137, de 27 de dezembro de 1990, e nos demais crimes diretamente relacionados à prática de cartel, tais como os tipificados na Lei n. 8.666, de 21 de junho de 1993, e os tipificados no art. 288 do Decreto-Lei n. 2.848, de 7 de dezembro de 1940 — Código Penal, a celebração de acordo de leniência, nos termos desta Lei, determina a suspensão do curso do prazo prescricional e impede o oferecimento da denúncia com relação ao agente beneficiário da leniência.

Parágrafo único. Cumprido o acordo de leniência pelo agente, extingue-se automaticamente a punibilidade dos crimes a que se refere o *caput* deste artigo.

Art. 128. Esta Lei entra em vigor após decorridos 180 (cento e oitenta) dias de sua publicação oficial.

Brasília, 30 de novembro de 2011; 190º da Independência e 123º da República.

DILMA ROUSSEFF
José Eduardo Cardozo
Guido Mantega
Eva Maria Cella Dal Chiavon
Luís Inácio Lucena Adams

(*Publicada no DOU de 1º-11-1211 e retificada em 2-12-2011.*)

LEI N. 12.651, DE 25 DE MAIO DE 2012

Dispõe sobre a proteção da vegetação nativa; altera as Leis n. 6.938, de 31 de agosto de 1981, 9.393, de 19 de dezembro de 1996, e 11.428, de 22 de dezembro de 2006; revoga as Leis n. 4.771, de 15 de setembro de 1965, e 7.754, de 14 de abril de 1989, e a Medida Provisória n. 2.166-67, de 24 de agosto de 2001; e dá outras providências.

A Presidenta da República:

Faço saber que o Congresso Nacional decreta e eu sanciono a seguinte Lei:

Capítulo I
DISPOSIÇÕES GERAIS

Art. 1º (*Vetado.*)

Art. 1º-A. Esta Lei estabelece normas gerais sobre a proteção da vegetação, áreas de Preservação Permanente e as áreas de Reserva Legal; a exploração florestal, o suprimento de matéria-prima florestal, o controle da origem dos produtos florestais e o controle e prevenção dos incêndios florestais, e prevê instrumentos econômicos e financeiros para o alcance de seus objetivos.

Parágrafo único. Tendo como objetivo o desenvolvimento sustentável, esta Lei atenderá aos seguintes princípios:

I — afirmação do compromisso soberano do Brasil com a preservação das suas florestas e demais formas de vegetação nativa, bem como da biodiversidade, do solo, dos recursos hídricos e da integridade do sistema climático, para o bem-estar das gerações presentes e futuras;

II — reafirmação da importância da função estratégica da atividade agropecuária e do papel das florestas e demais formas de vegetação nativa na sustentabilidade, no crescimento econômico, na melhoria da qualidade de vida da população brasileira e na presença do País nos mercados nacional e internacional de alimentos e bioenergia;

III — ação governamental de proteção e uso sustentável de florestas, consagrando o compromisso do País com a compatibilização e harmonização entre o uso produtivo da terra e a preservação da água, do solo e da vegetação;

IV — responsabilidade comum da União, Estados, Distrito Federal e Municípios, em colaboração com a sociedade civil, na criação de políticas para a preservação e restauração da vegetação nativa e de suas funções ecológicas e sociais nas áreas urbanas e rurais;

V — fomento à pesquisa científica e tecnológica na busca da inovação para o uso sustentável do solo e da água, a recuperação e a preservação das florestas e demais formas de vegetação nativa;

VI — criação e mobilização de incentivos econômicos para fomentar a preservação e a recuperação da vegetação nativa e para promover o desenvolvimento de atividades produtivas sustentáveis.

- *Artigo incluído pela Lei n. 12.727, de 17-10-2012.*

Art. 2º As florestas existentes no território nacional e as demais formas de vegetação nativa, reconhecidas de utilidade às terras que revestem, são bens de interesse comum a todos os habitantes do País, exercendo-se os direitos de propriedade com as limitações que a legislação em geral e especialmente esta Lei estabelecem.

§ 1º Na utilização e exploração da vegetação, as ações ou omissões contrárias às disposições desta Lei são consideradas uso irregular da propriedade, aplicando-se o procedimento sumário previsto no inciso II do art. 275 da Lei n. 5.869, de 11 de janeiro de 1973 — Código de Processo Civil, sem prejuízo da responsabilidade civil, nos termos do § 1º do art. 14 da Lei n. 6.938, de 31 de agosto de 1981, e das sanções administrativas, civis e penais.

§ 2º As obrigações previstas nesta Lei têm natureza real e são transmitidas ao sucessor, de qualquer natureza, no caso de transferência de domínio ou posse do imóvel rural.

Art. 3º Para os efeitos desta Lei, entende-se por:

I — Amazônia Legal: os Estados do Acre, Pará, Amazonas, Roraima, Rondônia, Amapá e Mato Grosso e as regiões situadas ao norte do paralelo 13° S, dos Estados de Tocantins e Goiás, e ao oeste do meridiano de 44° W, do Estado do Maranhão;

II — Área de Preservação Permanente — APP: área protegida, coberta ou não por vegetação nativa, com a função ambiental de preservar os recursos hídricos, a paisagem, a estabilidade geológica e a biodiversidade, facilitar o fluxo gênico de fauna e flora, proteger o solo e assegurar o bem-estar das populações humanas;

III — Reserva Legal: área localizada no interior de uma propriedade ou posse rural, delimitada nos termos do art. 12, com a função de assegurar o uso econômico de modo sustentável dos recursos naturais do imóvel rural, auxiliar a conservação e a reabilitação dos processos ecológicos e promover a conservação da biodiversidade, bem como o abrigo e a proteção de fauna silvestre e da flora nativa;

IV — área rural consolidada: área de imóvel rural com ocupação antrópica preexistente a 22 de julho de 2008, com edificações, benfeitorias ou atividades agrossilvipastoris, admitida, neste último caso, a adoção do regime de pousio;

V — pequena propriedade ou posse rural familiar: aquela explorada mediante o trabalho pessoal do agricultor familiar e empreendedor familiar rural, incluindo os assentamentos e projetos de reforma agrária, e que atenda ao disposto no art. 3º da Lei n. 11.326, de 24 de julho de 2006;

VI — uso alternativo do solo: substituição de vegetação nativa e formações sucessoras por outras coberturas do solo, como atividades agropecuárias, industriais, de geração e transmissão de energia, de mineração e de transporte, assentamentos urbanos ou outras formas de ocupação humana;

VII — manejo sustentável: administração da vegetação natural para a obtenção de benefícios econômicos, sociais e ambientais, respeitando-se os mecanismos de sustentação do ecossistema objeto do manejo e considerando-se, cumulativa ou alternativamente, a utilização de múltiplas espécies madeireiras ou não, de múltiplos produtos e subprodutos da flora, bem como a utilização de outros bens e serviços;

VIII — utilidade pública:

a) as atividades de segurança nacional e proteção sanitária;

b) as obras de infraestrutura destinadas às concessões e aos serviços públicos de transporte, sistema viário, inclusive aquele necessário aos parcelamentos de solo urbano aprovados pelos Municípios, saneamento, gestão de resíduos, energia, telecomunicações, radiodifusão, instalações necessárias à realização de competições esportivas estaduais, nacionais ou internacionais, bem como mineração, exceto, neste último caso, a extração de areia, argila, saibro e cascalho;

c) atividades e obras de defesa civil;

d) atividades que comprovadamente proporcionem melhorias na proteção das funções ambientais referidas no inciso II deste artigo;

e) outras atividades similares devidamente caracterizadas e motivadas em procedimento administrativo próprio, quando inexistir alternativa técnica e locacional ao empreendimento proposto, definidas em ato do Chefe do Poder Executivo federal;

IX — interesse social:

a) as atividades imprescindíveis à proteção da integridade da vegetação nativa, tais como prevenção, combate e controle do fogo, controle da erosão, erradicação de invasoras e proteção de plantios com espécies nativas;

b) a exploração agroflorestal sustentável praticada na pequena propriedade ou posse rural familiar ou por povos e comunidades tradicionais, desde que não descaracterize a cobertura vegetal existente e não prejudique a função ambiental da área;

c) a implantação de infraestrutura pública destinada a esportes, lazer e atividades educacionais e culturais ao ar livre em áreas urbanas e rurais consolidadas, observadas as condições estabelecidas nesta Lei;

d) a regularização fundiária de assentamentos humanos ocupados predominantemente por população de baixa renda em áreas urbanas consolidadas, observadas as condições estabelecidas na Lei n. 11.977, de 7 de julho de 2009;

e) implantação de instalações necessárias à captação e condução de água e de efluentes tratados para projetos cujos recursos hídricos são partes integrantes e essenciais da atividade;

f) as atividades de pesquisa e extração de areia, argila, saibro e cascalho, outorgadas pela autoridade competente;

g) outras atividades similares devidamente caracterizadas e motivadas em procedimento administrativo próprio, quando inexistir alternativa técnica e locacional à atividade proposta, definidas em ato do Chefe do Poder Executivo federal;

X — atividades eventuais ou de baixo impacto ambiental:

a) abertura de pequenas vias de acesso interno e suas pontes e pontilhões, quando necessárias à travessia de um curso d'água, ao acesso de pessoas e animais para a obtenção de água ou à retirada de produtos oriundos das atividades de manejo agroflorestal sustentável;

b) implantação de instalações necessárias à captação e condução de água e efluentes tratados, desde que comprovada a outorga do direito de uso da água, quando couber;

c) implantação de trilhas para o desenvolvimento do ecoturismo;

d) construção de rampa de lançamento de barcos e pequeno ancoradouro;

e) construção de moradia de agricultores familiares, remanescentes de comunidades quilombolas e outras populações extrativistas e tradicionais em áreas rurais, onde o abastecimento de água se dê pelo esforço próprio dos moradores;

f) construção e manutenção de cercas na propriedade;

g) pesquisa científica relativa a recursos ambientais, respeitados outros requisitos previstos na legislação aplicável;

h) coleta de produtos não madeireiros para fins de subsistência e produção de mudas, como sementes, castanhas e frutos, respeitada a legislação específica de acesso a recursos genéticos;

i) plantio de espécies nativas produtoras de frutos, sementes, castanhas e outros produtos vegetais, desde que não implique supressão da vegetação existente nem prejudique a função ambiental da área;

j) exploração agroflorestal e manejo florestal sustentável, comunitário e familiar, incluindo a extração de produtos florestais não madeireiros, desde que não descaracterizem a cobertura vegetal nativa existente nem prejudiquem a função ambiental da área;

k) outras ações ou atividades similares, reconhecidas como eventuais e de baixo impacto ambiental em ato do Conselho Nacional do Meio Ambiente — Conama ou dos Conselhos Estaduais de Meio Ambiente;

XI — (*Vetado.*)

XII — vereda: fitofisionomia de savana, encontrada em solos hidromórficos, usualmente com a palmeira arbórea Mauritia flexuosa — buriti emergente, sem formar dossel, em meio a agrupamentos de espécies arbustivo-herbáceas;

- *Inciso com redação dada pela Lei n. 12.727, de 17-10-2012.*

XIII — manguezal: ecossistema litorâneo que ocorre em terrenos baixos, sujeitos à ação das marés, formado por vasas lodosas recentes ou arenosas, às quais se associa, predominantemente, a vegetação natural conhecida como mangue, com influência fluviomarinha, típica de solos limosos de regiões estuarinas e com dispersão descontínua ao longo da costa brasileira, entre os Estados do Amapá e de Santa Catarina;

XIV — salgado ou marismas tropicais hipersalinos: áreas situadas em regiões com frequências de inundações intermediárias entre marés de sizígias e de quadratura, com solos cuja salinidade varia entre 100 (cem) e 150 (cento e cinquenta) partes por 1.000 (mil), onde pode ocorrer a presença de vegetação herbácea específica;

XV — apicum: áreas de solos hipersalinos situadas nas regiões entremarés superiores, inundadas apenas pelas marés de sizígias, que apresentam salinidade superior a 150 (cento e cinquenta) partes por 1.000 (mil), desprovidas de vegetação vascular;

XVI — restinga: depósito arenoso paralelo à linha da costa, de forma geralmente alongada, produzido por processos de sedimentação, onde se encontram diferentes comunidades que recebem influência marinha, com cobertura vegetal em mosaico, encontrada em praias, cordões arenosos, dunas e depressões, apresentando, de acordo com o estágio sucessional, estrato herbáceo, arbustivo e arbóreo, este último mais interiorizado;

XVII — nascente: afloramento natural do lençol freático que apresenta perenidade e dá início a um curso d'água;

XVIII — olho d'água: afloramento natural do lençol freático, mesmo que intermitente;

XIX — leito regular: a calha por onde correm regularmente as águas do curso d'água durante o ano;

XX — área verde urbana: espaços, públicos ou privados, com predomínio de vegetação, preferencialmente nativa, natural ou recuperada, previstos no Plano Diretor, nas Leis de Zoneamento Urbano e Uso do Solo do Município, indisponíveis para construção de moradias, destinados aos propósitos de recreação, lazer, melhoria da qualidade ambiental urbana, proteção dos recursos hídricos, manutenção ou melhoria paisagística, proteção de bens e manifestações culturais;

XXI — várzea de inundação ou planície de inundação: áreas marginais a cursos d'água sujeitas a enchentes e inundações periódicas;

XXII — faixa de passagem de inundação: área de várzea ou planície de inundação adjacente a cursos d'água que permite o escoamento da enchente;

XXIII — relevo ondulado: expressão geomorfológica usada para designar área caracterizada por movimentações do terreno que geram depressões, cuja intensidade permite sua classificação como relevo suave ondulado, ondulado, fortemente ondulado e montanhoso;

XXIV — pousio: prática de interrupção temporária de atividades ou usos agrícolas, pecuários ou silviculturais, por no máximo 5 (cinco) anos, para possibilitar a recuperação da capacidade de uso ou da estrutura física do solo;

- Inciso acrescentado pela Lei n. 12.727, de 17-10-2012.

XXV — áreas úmidas: pantanais e superfícies terrestres cobertas de forma periódica por águas, cobertas originalmente por florestas ou outras formas de vegetação adaptadas à inundação;

- Inciso acrescentado pela Lei n. 12.727, de 17-10-2012.

XXVI — área urbana consolidada: aquela de que trata o inciso II do *caput* do art. 47 da Lei n. 11.977, de 7 de julho de 2009; e

- Inciso acrescentado pela Lei n. 12.727, de 17-10-2012.

XXVII — crédito de carbono: título de direito sobre bem intangível e incorpóreo transacionável.

- Inciso acrescentado pela Lei n. 12.727, de 17-10-2012.

Parágrafo único. Para os fins desta Lei, estende-se o tratamento dispensado aos imóveis a que se refere o inciso V deste artigo às propriedades e posses rurais com até 4 (quatro) módulos fiscais que desenvolvam atividades agrossilvipastoris, bem como às terras indígenas demarcadas e às demais áreas tituladas de povos e comunidades tradicionais que façam uso coletivo do seu território.

- Inciso acrescentado pela Lei n. 12.727, de 17-10-2012.

Capítulo II
DAS ÁREAS DE PRESERVAÇÃO PERMANENTE

Seção I
DA DELIMITAÇÃO DAS ÁREAS DE PRESERVAÇÃO PERMANENTE

Art. 4º Considera-se Área de Preservação Permanente, em zonas rurais ou urbanas, para os efeitos desta Lei:

I — as faixas marginais de qualquer curso d'água natural perene e intermitente, excluídos os efêmeros, desde a borda da calha do leito regular, em largura mínima de:

- Inciso acrescentado pela Lei n. 12.727, de 17-10-2012.

a) 30 (trinta) metros, para os cursos d'água de menos de 10 (dez) metros de largura;

b) 50 (cinquenta) metros, para os cursos d'água que tenham de 10 (dez) a 50 (cinquenta) metros de largura;

c) 100 (cem) metros, para os cursos d'água que tenham de 50 (cinquenta) a 200 (duzentos) metros de largura;

d) 200 (duzentos) metros, para os cursos d'água que tenham de 200 (duzentos) a 600 (seiscentos) metros de largura;

e) 500 (quinhentos) metros, para os cursos d'água que tenham largura superior a 600 (seiscentos) metros;

II — as áreas no entorno dos lagos e lagoas naturais, em faixa com largura mínima de:

a) 100 (cem) metros, em zonas rurais, exceto para o corpo d'água com até 20 (vinte) hectares de superfície, cuja faixa marginal será de 50 (cinquenta) metros;

b) 30 (trinta) metros, em zonas urbanas;

III — as áreas no entorno dos reservatórios d'água artificiais, decorrentes de barramento ou represamento de cursos d'água naturais, na faixa definida na licença ambiental do empreendimento;

- Inciso acrescentado pela Lei n. 12.727, de 17-10-2012.

IV — as áreas no entorno das nascentes e dos olhos d'água perenes, qualquer que seja sua situação topográfica, no raio mínimo de 50 (cinquenta) metros;

- Inciso com redação dada pela Lei n. 12.727, de 17-10-2012.

V — as encostas ou partes destas com declividade superior a 45°, equivalente a 100% (cem por cento) na linha de maior declive;

VI — as restingas, como fixadoras de dunas ou estabilizadoras de mangues;

VII — os manguezais, em toda a sua extensão;

VIII — as bordas dos tabuleiros ou chapadas, até a linha de ruptura do relevo, em faixa nunca inferior a 100 (cem) metros em projeções horizontais;

IX — no topo de morros, montes, montanhas e serras, com altura mínima de 100 (cem) metros e inclinação média maior que 25°, as áreas delimitadas a partir da curva de nível correspondente a 2/3 (dois terços) da altura mínima da elevação sempre em relação à base, sendo esta definida pelo plano horizontal determinado por planície ou espelho d'água adjacente ou, nos relevos ondulados, pela cota do ponto de sela mais próximo da elevação;

X — as áreas em altitude superior a 1.800 (mil e oitocentos) metros, qualquer que seja a vegetação;

XI — em veredas, a faixa marginal, em projeção horizontal, com largura mínima de 50 (cinquenta) metros, a partir do espaço permanentemente brejoso e encharcado.

- Inciso com redação dada pela Lei n. 12.727, de 17-10-2012.

§ 1º Não será exigida Área de Preservação Permanente no entorno de reservatórios artificiais de água que não decorram de barramento ou represamento de cursos d'água naturais.

- § 1º com redação dada pela Lei n. 12.727, de 17-10-2012.

§ 2º (Revogado pela Lei n. 12.727, de 17-10-2012.)

§ 3º (Vetado.)

§ 4º Nas acumulações naturais ou artificiais de água com superfície inferior a 1 (um) hectare, fica dispensada a reserva da faixa de proteção prevista nos incisos II e III do caput, vedada nova supressão de áreas de vegetação nativa, salvo autorização do órgão ambiental competente do Sistema Nacional do Meio Ambiente — Sisnama.

- § 4º com redação dada pela Lei n. 12.727, de 17-10-2012.

§ 5º É admitido, para a pequena propriedade ou posse rural familiar, de que trata o inciso V do art. 3º desta Lei, o plantio de culturas temporárias e sazonais de vazante de ciclo curto na faixa de terra que fica exposta no período de vazante dos rios ou lagos, desde que não implique supressão de novas áreas de vegetação nativa, seja conservada a qualidade da água e do solo e seja protegida a fauna silvestre.

§ 6º Nos imóveis rurais com até 15 (quinze) módulos fiscais, é admitida, nas áreas de que tratam os incisos I e II do *caput* deste artigo, a prática da aquicultura e a infraestrutura física diretamente a ela associada, desde que:

I — sejam adotadas práticas sustentáveis de manejo de solo e água e de recursos hídricos, garantindo sua qualidade e quantidade, de acordo com norma dos Conselhos Estaduais de Meio Ambiente;

II — esteja de acordo com os respectivos planos de bacia ou planos de gestão de recursos hídricos;

III — seja realizado o licenciamento pelo órgão ambiental competente;

IV — o imóvel esteja inscrito no Cadastro Ambiental Rural — CAR.

V — não implique novas supressões de vegetação nativa.

- *Inciso acrescentado pela Lei n. 12.727, de 17-10-2012.*

§ 7º (*Vetado*.)

§ 8º (*Vetado*.)

§ 9º (*Vetado*.)

- *§ 9º acrescentado pela Lei n. 12.727, de 17-10-2012.*

Art. 5º Na implantação de reservatório d'água artificial destinado a geração de energia ou abastecimento público, é obrigatória a aquisição, desapropriação ou instituição de servidão administrativa pelo empreendedor das Áreas de Preservação Permanente criadas em seu entorno, conforme estabelecido no licenciamento ambiental, observando-se a faixa mínima de 30 (trinta) metros e máxima de 100 (cem) metros em área rural, e a faixa mínima de 15 (quinze) metros e máxima de 30 (trinta) metros em área urbana.

- *Artigo com redação dada pela Lei n. 12.727, de 17-10-2012.*

§ 1º Na implantação de reservatórios d'água artificiais de que trata o *caput*, o empreendedor, no âmbito do licenciamento ambiental, elaborará Plano Ambiental de Conservação e Uso do Entorno do Reservatório, em conformidade com termo de referência expedido pelo órgão competente do Sistema Nacional do Meio Ambiente — Sisnama, não podendo o uso exceder a 10% (dez por cento) do total da Área de Preservação Permanente.

- *§ 1º com redação dada pela Lei n. 12.727, de 17-10-2012.*

§ 2º O Plano Ambiental de Conservação e Uso do Entorno de Reservatório Artificial, para os empreendimentos licitados a partir da vigência desta Lei, deverá ser apresentado ao órgão ambiental concomitantemente com o Plano Básico Ambiental e aprovado até o início da operação do empreendimento, não constituindo a sua ausência impedimento para a expedição da licença de instalação.

§ 3º (*Vetado*.)

Art. 6º Consideram-se, ainda, de preservação permanente, quando declaradas de interesse social por ato do Chefe do Poder Executivo, as áreas cobertas com florestas ou outras formas de vegetação destinadas a uma ou mais das seguintes finalidades:

I — conter a erosão do solo e mitigar riscos de enchentes e deslizamentos de terra e de rocha;

II — proteger as restingas ou veredas;

III — proteger várzeas;

IV — abrigar exemplares da fauna ou da flora ameaçados de extinção;

V — proteger sítios de excepcional beleza ou de valor científico, cultural ou histórico;

VI — formar faixas de proteção ao longo de rodovias e ferrovias;

VII — assegurar condições de bem-estar público;

VIII — auxiliar a defesa do território nacional, a critério das autoridades militares.

IX — proteger áreas úmidas, especialmente as de importância internacional.

- Inciso acrescentado pela Lei n. 12.727, de 17-10-2012.

Seção II
DO REGIME DE PROTEÇÃO DAS ÁREAS DE PRESERVAÇÃO PERMANENTE

Art. 7º A vegetação situada em Área de Preservação Permanente deverá ser mantida pelo proprietário da área, possuidor ou ocupante a qualquer título, pessoa física ou jurídica, de direito público ou privado.

§ 1º Tendo ocorrido supressão de vegetação situada em Área de Preservação Permanente, o proprietário da área, possuidor ou ocupante a qualquer título é obrigado a promover a recomposição da vegetação, ressalvados os usos autorizados previstos nesta Lei.

§ 2º A obrigação prevista no § 1º tem natureza real e é transmitida ao sucessor no caso de transferência de domínio ou posse do imóvel rural.

§ 3º No caso de supressão não autorizada de vegetação realizada após 22 de julho de 2008, é vedada a concessão de novas autorizações de supressão de vegetação enquanto não cumpridas as obrigações previstas no § 1º.

Art. 8º A intervenção ou a supressão de vegetação nativa em Área de Preservação Permanente somente ocorrerá nas hipóteses de utilidade pública, de interesse social ou de baixo impacto ambiental previstas nesta Lei.

§ 1º A supressão de vegetação nativa protetora de nascentes, dunas e restingas somente poderá ser autorizada em caso de utilidade pública.

§ 2º A intervenção ou a supressão de vegetação nativa em Área de Preservação Permanente de que tratam os incisos VI e VII do *caput* do art. 4º poderá ser autorizada, excepcionalmente, em locais onde a função ecológica do manguezal esteja comprometida, para execução de obras habitacionais e de urbanização, inseridas em projetos de regularização fundiária de interesse social, em áreas urbanas consolidadas ocupadas por população de baixa renda.

§ 3º É dispensada a autorização do órgão ambiental competente para a execução, em caráter de urgência, de atividades de segurança nacional e obras de interesse da defesa civil destinadas à prevenção e mitigação de acidentes em áreas urbanas.

§ 4º Não haverá, em qualquer hipótese, direito à regularização de futuras intervenções ou supressões de vegetação nativa, além das previstas nesta Lei.

Art. 9º É permitido o acesso de pessoas e animais às Áreas de Preservação Permanente para obtenção de água e para realização de atividades de baixo impacto ambiental.

Capítulo III
DAS ÁREAS DE USO RESTRITO

Art. 10. Nos pantanais e planícies pantaneiras, é permitida a exploração ecologicamente sustentável, devendo-se considerar as recomendações técnicas dos órgãos oficiais de pesquisa, ficando novas supressões de vegetação nativa para uso alternativo do solo condicionadas à autorização do órgão estadual do meio ambiente, com base nas recomendações mencionadas neste artigo.

- *Artigo com redação dada pela Lei n. 12.727, de 17-10-2012.*

Art. 11. Em áreas de inclinação entre 25° e 45°, serão permitidos o manejo florestal sustentável e o exercício de atividades agrossilvipastoris, bem como a manutenção da infraestrutura física associada ao desenvolvimento das atividades, observadas boas práticas agronômicas, sendo vedada a conversão de novas áreas, excetuadas as hipóteses de utilidade pública e interesse social.

Capítulo III-A
DO USO ECOLOGICAMENTE SUSTENTÁVEL DOS APICUNS E SALGADOS

Art. 11-A. A Zona Costeira é patrimônio nacional, nos termos do § 4º do art. 225 da Constituição Federal, devendo sua ocupação e exploração dar-se de modo ecologicamente sustentável.

§ 1º Os apicuns e salgados podem ser utilizados em atividades de carcinicultura e salinas, desde que observados os seguintes requisitos:

I — área total ocupada em cada Estado não superior a 10% (dez por cento) dessa modalidade de fitofisionomia no bioma amazônico e a 35% (trinta e cinco por cento) no restante do País, excluídas as ocupações consolidadas que atendam ao disposto no § 6º deste artigo;

II — salvaguarda da absoluta integridade dos manguezais arbustivos e dos processos ecológicos essenciais a eles associados, bem como da sua produtividade biológica e condição de berçário de recursos pesqueiros;

III — licenciamento da atividade e das instalações pelo órgão ambiental estadual, cientificado o Instituto Brasileiro do Meio Ambiente e dos Recursos Naturais Renováveis — Ibama e, no caso de uso de terrenos de marinha ou outros bens da União, realizada regularização prévia da titulação perante a União;

IV — recolhimento, tratamento e disposição adequados dos efluentes e resíduos;

V — garantia da manutenção da qualidade da água e do solo, respeitadas as Áreas de Preservação Permanente; e

VI — respeito às atividades tradicionais de sobrevivência das comunidades locais.

§ 2º A licença ambiental, na hipótese deste artigo, será de 5 (cinco) anos, renovável apenas se o empreendedor cumprir as exigências da legislação ambiental e do próprio licenciamento, mediante comprovação anual, inclusive por mídia fotográfica.

§ 3º São sujeitos à apresentação de Estudo Prévio de Impacto Ambiental — EPIA e Relatório de Impacto Ambiental — RIMA os novos empreendimentos:

I — com área superior a 50 (cinquenta) hectares, vedada a fragmentação do projeto para ocultar ou camuflar seu porte;

II — com área de até 50 (cinquenta) hectares, se potencialmente causadores de significativa degradação do meio ambiente; ou

III — localizados em região com adensamento de empreendimentos de carcinicultura ou salinas cujo impacto afete áreas comuns.

§ 4º O órgão licenciador competente, mediante decisão motivada, poderá, sem prejuízo das sanções administrativas, cíveis e penais cabíveis, bem como do dever de recuperar os danos ambientais causados, alterar as condicionantes e as medidas de controle e adequação, quando ocorrer.

I — descumprimento ou cumprimento inadequado das condicionantes ou medidas de controle previstas no licenciamento, ou desobediência às normas aplicáveis;

II — fornecimento de informação falsa, dúbia ou enganosa, inclusive por omissão, em qualquer fase do licenciamento ou período de validade da licença; ou

III — superveniência de informações sobre riscos ao meio ambiente ou à saúde pública.

§ 5º A ampliação da ocupação de apicuns e salgados respeitará o Zoneamento Ecológico-Econômico da Zona Costeira — ZEEZOC, com a individualização das áreas ainda passíveis de uso, em escala mínima de 1:10.000, que deverá ser concluído por cada Estado no prazo máximo de 1 (um) ano a partir da data da publicação desta Lei.

§ 6º É assegurada a regularização das atividades e empreendimentos de carcinicultura e salinas cuja ocupação e implantação tenham ocorrido antes de 22 de julho de 2008, desde que o empreendedor, pessoa física ou jurídica, comprove sua localização em apicum ou salgado e se obrigue, por termo de compromisso, a proteger a integridade dos manguezais arbustivos adjacentes.

§ 7º É vedada a manutenção, licenciamento ou regularização, em qualquer hipótese ou forma, de ocupação ou exploração irregular em apicum ou salgado, ressalvadas as exceções previstas neste artigo.

- Capítulo acrescentado pela Lei n. 12.727, de 17-10-2012.

Capítulo IV
DA ÁREA DE RESERVA LEGAL

Seção I
DA DELIMITAÇÃO DA ÁREA DE RESERVA LEGAL

Art. 12. Todo imóvel rural deve manter área com cobertura de vegetação nativa, a título de Reserva Legal, sem prejuízo da aplicação das normas sobre as Áreas de Preservação Permanente, observados os seguintes percentuais mínimos em relação à área do imóvel, excetuados os casos previstos no art. 68 desta Lei:

- Artigo com redação dada pela Lei n. 12.727, de 17-10-2012.

I — localizado na Amazônia Legal:

a) 80% (oitenta por cento), no imóvel situado em área de florestas;

b) 35% (trinta e cinco por cento), no imóvel situado em área de cerrado;

c) 20% (vinte por cento), no imóvel situado em área de campos gerais;

II — localizado nas demais regiões do País: 20% (vinte por cento).

§ 1º Em caso de fracionamento do imóvel rural, a qualquer título, inclusive para assentamentos pelo Programa de Reforma Agrária, será considerada, para fins do disposto do *caput*, a área do imóvel antes do fracionamento.

§ 2º O percentual de Reserva Legal em imóvel situado em área de formações florestais, de cerrado ou de campos gerais na Amazônia Legal será definido considerando separadamente os índices contidos nas alíneas *a*, *b* e *c* do inciso I do *caput*.

§ 3º Após a implantação do CAR, a supressão de novas áreas de floresta ou outras formas de vegetação nativa apenas será autorizada pelo órgão ambiental estadual integrante do Sisnama se o imóvel estiver inserido no mencionado cadastro, ressalvado o previsto no art. 30.

§ 4º Nos casos da alínea *a* do inciso I, o poder público poderá reduzir a Reserva Legal para até 50% (cinquenta por cento), para fins de recomposição, quando o Município tiver mais de 50% (cinquenta por cento) da área ocupada por unidades de conservação da natureza de domínio público e por terras indígenas homologadas.

§ 5º Nos casos da alínea a do inciso I, o poder público estadual, ouvido o Conselho Estadual de Meio Ambiente, poderá reduzir a Reserva Legal para até 50% (cinquenta por cento), quando o Estado tiver Zoneamento Ecológico-Econômico aprovado e mais de 65% (sessenta e cinco por cento) do seu território ocupado por unidades de conservação da natureza de domínio público, devidamente regularizadas, e por terras indígenas homologadas.

§ 6º Os empreendimentos de abastecimento público de água e tratamento de esgoto não estão sujeitos à constituição de Reserva Legal.

§ 7º Não será exigido Reserva Legal relativa às áreas adquiridas ou desapropriadas por detentor de concessão, permissão ou autorização para exploração de potencial de energia hidráulica, nas quais funcionem empreendimentos de geração de energia elétrica, subestações ou sejam instaladas linhas de transmissão e de distribuição de energia elétrica.

§ 8º Não será exigido Reserva Legal relativa às áreas adquiridas ou desapropriadas com o objetivo de implantação e ampliação de capacidade de rodovias e ferrovias.

Art. 13. Quando indicado pelo Zoneamento Ecológico-Econômico — ZEE estadual, realizado segundo metodologia unificada, o poder público federal poderá:

I — reduzir, exclusivamente para fins de regularização, mediante recomposição, regeneração ou compensação da Reserva Legal de imóveis com área rural consolidada, situados em área de floresta localizada na Amazônia Legal, para até 50% (cinquenta por cento) da propriedade, excluídas as áreas prioritárias para conservação da biodiversidade e dos recursos hídricos e os corredores ecológicos;

II — ampliar as áreas de Reserva Legal em até 50% (cinquenta por cento) dos percentuais previstos nesta Lei, para cumprimento de metas nacionais de proteção à biodiversidade ou de redução de emissão de gases de efeito estufa.

§ 1º No caso previsto no inciso I do *caput*, o proprietário ou possuidor de imóvel rural que mantiver Reserva Legal conservada e averbada em área superior aos percentuais exigidos no referido inciso poderá instituir servidão ambiental sobre a área excedente, nos termos da Lei n. 6.938, de 31 de agosto de 1981, e Cota de Reserva Ambiental.

§ 2º Os Estados que não possuem seus Zoneamentos Ecológico-Econômicos — ZEEs segundo a metodologia unificada, estabelecida em norma federal, terão o prazo de 5 (cinco) anos, a partir da data da publicação desta Lei, para a sua elaboração e aprovação.

Art. 14. A localização da área de Reserva Legal no imóvel rural deverá levar em consideração os seguintes estudos e critérios:

I — o plano de bacia hidrográfica;

II — o Zoneamento Ecológico-Econômico;

III — a formação de corredores ecológicos com outra Reserva Legal, com Área de Preservação Permanente, com Unidade de Conservação ou com outra área legalmente protegida;

IV — as áreas de maior importância para a conservação da biodiversidade; e

V — as áreas de maior fragilidade ambiental.

§ 1º O órgão estadual integrante do Sisnama ou instituição por ele habilitada deverá aprovar a localização da Reserva Legal após a inclusão do imóvel no CAR, conforme o art. 29 desta Lei.

§ 2º Protocolada a documentação exigida para a análise da localização da área de Reserva Legal, ao proprietário ou possuidor rural não poderá ser imputada sanção administrativa, inclusive restrição a direitos, por qualquer órgão ambiental competente integrante do Sisnama, em razão da não formalização da área de Reserva Legal.

- § 2º com redação dada pela Lei n. 12.727, de 17-10-2012.

Art. 15. Será admitido o cômputo das Áreas de Preservação Permanente no cálculo do percentual da Reserva Legal do imóvel, desde que:

I — o benefício previsto neste artigo não implique a conversão de novas áreas para o uso alternativo do solo;

II — a área a ser computada esteja conservada ou em processo de recuperação, conforme comprovação do proprietário ao órgão estadual integrante do Sisnama; e

III — o proprietário ou possuidor tenha requerido inclusão do imóvel no Cadastro Ambiental Rural — CAR, nos termos desta Lei.

§ 1º O regime de proteção da Área de Preservação Permanente não se altera na hipótese prevista neste artigo.

§ 2º O proprietário ou possuidor de imóvel com Reserva Legal conservada e inscrita no Cadastro Ambiental Rural — CAR de que trata o art. 29, cuja área ultrapasse o mínimo exigido por esta Lei, poderá utilizar a área excedente para fins de constituição de servidão ambiental, Cota de Reserva Ambiental e outros instrumentos congêneres previstos nesta Lei.

§ 3º O cômputo de que trata o *caput* aplica-se a todas as modalidades de cumprimento da Reserva Legal, abrangendo a regeneração, a recomposição e a compensação.

- § 3º com redação dada pela Lei n. 12.727, de 17-10-2012.

§ 4º É dispensada a aplicação do inciso I do *caput* deste artigo, quando as Áreas de Preservação Permanente conservadas ou em processo de recuperação, somadas às demais florestas e outras formas de vegetação nativa existentes em imóvel, ultrapassarem:

I — 80% (oitenta por cento) do imóvel rural localizado em áreas de floresta na Amazônia Legal; e

II — (*Vetado.*)

- § 4º acrescentado pela Lei n. 12.727, de 17-10-2012.

Art. 16. Poderá ser instituído Reserva Legal em regime de condomínio ou coletiva entre propriedades rurais, respeitado o percentual previsto no art. 12 em relação a cada imóvel.

- *Artigo acrescentado pela Lei n. 12.727, de 17-10-2012.*

Parágrafo único. No parcelamento de imóveis rurais, a área de Reserva Legal poderá ser agrupada em regime de condomínio entre os adquirentes.

Seção II
DO REGIME DE PROTEÇÃO DA RESERVA LEGAL

Art. 17. A Reserva Legal deve ser conservada com cobertura de vegetação nativa pelo proprietário do imóvel rural, possuidor ou ocupante a qualquer título, pessoa física ou jurídica, de direito público ou privado.

§ 1º Admite-se a exploração econômica da Reserva Legal mediante manejo sustentável, previamente aprovado pelo órgão competente do Sisnama, de acordo com as modalidades previstas no art. 20.

§ 2º Para fins de manejo de Reserva Legal na pequena propriedade ou posse rural familiar, os órgãos integrantes do Sisnama deverão estabelecer procedimentos simplificados de elaboração, análise e aprovação de tais planos de manejo.

§ 3º É obrigatória a suspensão imediata das atividades em área de Reserva Legal desmatada irregularmente após 22 de julho de 2008.

- *§ 3º com redação dada pela Lei n. 12.727, de 17-10-2012.*

§ 4º Sem prejuízo das sanções administrativas, cíveis e penais cabíveis, deverá ser iniciado, nas áreas de que trata o § 3º deste artigo, o processo de recomposição da Reserva Legal em até 2 (dois) anos contados a partir da data da publicação desta Lei, devendo tal processo ser concluído nos prazos estabelecidos pelo Programa de Regularização Ambiental — PRA, de que trata o art. 59.

- *§ 4º acrescentado pela Lei n. 12.727, de 17-10-2012.*

Art. 18. A área de Reserva Legal deverá ser registrada no órgão ambiental competente por meio de inscrição no CAR de que trata o art. 29, sendo vedada a alteração de sua destinação, nos casos de transmissão, a qualquer título, ou de desmembramento, com as exceções previstas nesta Lei.

§ 1º A inscrição da Reserva Legal no CAR será feita mediante a apresentação de planta e memorial descritivo, contendo a indicação das coordenadas geográficas com pelo menos um ponto de amarração, conforme ato do Chefe do Poder Executivo.

§ 2º Na posse, a área de Reserva Legal é assegurada por termo de compromisso firmado pelo possuidor com o órgão competente do Sisnama, com força de título executivo extrajudicial, que explicite, no mínimo, a localização da área de Reserva Legal e as obrigações assumidas pelo possuidor por força do previsto nesta Lei.

§ 3º A transferência da posse implica a sub-rogação das obrigações assumidas no termo de compromisso de que trata o § 2º.

§ 4º O registro da Reserva Legal no CAR desobriga a averbação no Cartório de Registro de Imóveis, sendo que, no período entre a data da publicação desta Lei e o registro no CAR, o proprietário ou possuidor rural que desejar fazer a averbação terá direito à gratuidade deste ato.

- *§ 4º com redação dada pela Lei n. 12.727, de 17-10-2012.*

Art. 19. A inserção do imóvel rural em perímetro urbano definido mediante lei municipal não desobriga o proprietário ou possuidor da manutenção da área de Reserva Legal, que só será extinta concomitantemente ao registro do parcelamento do solo para fins urbanos aprovado segundo a legislação específica e consoante as diretrizes do plano diretor de que trata o § 1º do art. 182 da Constituição Federal.

Art. 20. No manejo sustentável da vegetação florestal da Reserva Legal, serão adotadas práticas de exploração seletiva nas modalidades de manejo sustentável sem propósito comercial para consumo na propriedade e manejo sustentável para exploração florestal com propósito comercial.

Art. 21. É livre a coleta de produtos florestais não madeireiros, tais como frutos, cipós, folhas e sementes, devendo-se observar:

I — os períodos de coleta e volumes fixados em regulamentos específicos, quando houver;

II — a época de maturação dos frutos e sementes;

III — técnicas que não coloquem em risco a sobrevivência de indivíduos e da espécie coletada no caso de coleta de flores, folhas, cascas, óleos, resinas, cipós, bulbos, bambus e raízes.

Art. 22. O manejo florestal sustentável da vegetação da Reserva Legal com propósito comercial depende de autorização do órgão competente e deverá atender as seguintes diretrizes e orientações:

I — não descaracterizar a cobertura vegetal e não prejudicar a conservação da vegetação nativa da área;

II — assegurar a manutenção da diversidade das espécies;

III — conduzir o manejo de espécies exóticas com a adoção de medidas que favoreçam a regeneração de espécies nativas.

Art. 23. O manejo sustentável para exploração florestal eventual sem propósito comercial, para consumo no próprio imóvel, independe de autorização dos órgãos competentes, devendo apenas ser declarados previamente ao órgão ambiental a motivação da exploração e o volume explorado, limitada a exploração anual a 20 (vinte) metros cúbicos.

Art. 24. No manejo florestal nas áreas fora de Reserva Legal, aplica-se igualmente o disposto nos arts. 21, 22 e 23.

Seção III
DO REGIME DE PROTEÇÃO DAS ÁREAS VERDES URBANAS

Art. 25. O poder público municipal contará, para o estabelecimento de áreas verdes urbanas, com os seguintes instrumentos:

I — o exercício do direito de preempção para aquisição de remanescentes florestais relevantes, conforme dispõe a Lei n. 10.257, de 10 de julho de 2001;

II — a transformação das Reservas Legais em áreas verdes nas expansões urbanas;

III — o estabelecimento de exigência de áreas verdes nos loteamentos, empreendimentos comerciais e na implantação de infraestrutura; e

IV — aplicação em áreas verdes de recursos oriundos da compensação ambiental.

Capítulo V
DA SUPRESSÃO DE VEGETAÇÃO PARA USO ALTERNATIVO DO SOLO

Art. 26. A supressão de vegetação nativa para uso alternativo do solo, tanto de domínio público como de domínio privado, dependerá do cadastramento do imóvel no CAR, de que trata o art. 29, e de prévia autorização do órgão estadual competente do Sisnama.

§ 1º (*Vetado.*)

§ 2º (*Vetado.*)

§ 3º No caso de reposição florestal, deverão ser priorizados projetos que contemplem a utilização de espécies nativas do mesmo bioma onde ocorreu a supressão.

§ 4º O requerimento de autorização de supressão de que trata o *caput* conterá, no mínimo, as seguintes informações:

I — a localização do imóvel, das Áreas de Preservação Permanente, da Reserva Legal e das áreas de uso restrito, por coordenada geográfica, com pelo menos um ponto de amarração do perímetro do imóvel;

II — a reposição ou compensação florestal, nos termos do § 4º do art. 33;

III — a utilização efetiva e sustentável das áreas já convertidas;

IV — o uso alternativo da área a ser desmatada.

Art. 27. Nas áreas passíveis de uso alternativo do solo, a supressão de vegetação que abrigue espécie da flora ou da fauna ameaçada de extinção, segundo lista oficial publicada pelos órgãos federal ou estadual ou municipal do Sisnama, ou espécies migratórias, dependerá da adoção de medidas compensatórias e mitigadoras que assegurem a conservação da espécie.

Art. 28. Não é permitida a conversão de vegetação nativa para uso alternativo do solo no imóvel rural que possuir área abandonada.

Capítulo VI
DO CADASTRO AMBIENTAL RURAL

Art. 29. É criado o Cadastro Ambiental Rural — CAR, no âmbito do Sistema Nacional de Informação sobre Meio Ambiente — Sinima, registro público eletrônico de âmbito nacional, obrigatório para todos os imóveis rurais, com a finalidade de integrar as informações ambientais das propriedades e posses rurais, compondo base de dados para controle, monitoramento, planejamento ambiental e econômico e combate ao desmatamento.

§ 1º A inscrição do imóvel rural no CAR deverá ser feita, preferencialmente, no órgão ambiental municipal ou estadual, que, nos termos do regulamento, exigirá do proprietário ou possuidor rural:

- § 1º com redação dada pela Lei n. 12.727, de 17-10-2012.

I — identificação do proprietário ou possuidor rural;

II — comprovação da propriedade ou posse;

III — identificação do imóvel por meio de planta e memorial descritivo, contendo a indicação das coordenadas geográficas com pelo menos um ponto de amarração do perímetro do imóvel, informando a localização dos remanescentes de vegetação nativa, das Áreas de Preservação Permanente, das Áreas de Uso Restrito, das áreas consolidadas e, caso existente, também da localização da Reserva Legal.

§ 2º O cadastramento não será considerado título para fins de reconhecimento do direito de propriedade ou posse, tampouco elimina a necessidade de cumprimento do disposto no art. 2º da Lei n. 10.267, de 28 de agosto de 2001.

§ 3º A inscrição no CAR será obrigatória para todas as propriedades e posses rurais, devendo ser requerida no prazo de 1 (um) ano contado da sua implantação, prorrogável, uma única vez, por igual período por ato do Chefe do Poder Executivo.

Art. 30. Nos casos em que a Reserva Legal já tenha sido averbada na matrícula do imóvel e em que essa averbação identifique o perímetro e a localização da reserva, o proprietário não será obrigado a fornecer ao órgão ambiental as informações relativas à Reserva Legal previstas no inciso III do § 1º do art. 29.

Parágrafo único. Para que o proprietário se desobrigue nos termos do *caput*, deverá apresentar ao órgão ambiental competente a certidão de registro de imóveis onde conste a averbação da Reserva Legal ou termo de compromisso já firmado nos casos de posse.

Capítulo VII
DA EXPLORAÇÃO FLORESTAL

Art. 31. A exploração de florestas nativas e formações sucessoras, de domínio público ou privado, ressalvados os casos previstos nos arts. 21, 23 e 24, dependerá de licenciamento pelo órgão competente do Sisnama, mediante aprovação prévia de Plano de Manejo Florestal Sustentável — PMFS que contemple técnicas de condução, exploração, reposição florestal e manejo compatíveis com os variados ecossistemas que a cobertura arbórea forme.

§ 1º O PMFS atenderá os seguintes fundamentos técnicos e científicos:

I — caracterização dos meios físico e biológico;

II — determinação do estoque existente;

III — intensidade de exploração compatível com a capacidade de suporte ambiental da floresta;

IV — ciclo de corte compatível com o tempo de restabelecimento do volume de produto extraído da floresta;

V — promoção da regeneração natural da floresta;

VI — adoção de sistema silvicultural adequado;

VII — adoção de sistema de exploração adequado;

VIII — monitoramento do desenvolvimento da floresta remanescente;

IX — adoção de medidas mitigadoras dos impactos ambientais e sociais.

§ 2º A aprovação do PMFS pelo órgão competente do Sisnama confere ao seu detentor a licença ambiental para a prática do manejo florestal sustentável, não se aplicando outras etapas de licenciamento ambiental.

§ 3º O detentor do PMFS encaminhará relatório anual ao órgão ambiental competente com as informações sobre toda a área de manejo florestal sustentável e a descrição das atividades realizadas.

§ 4º O PMFS será submetido a vistorias técnicas para fiscalizar as operações e atividades desenvolvidas na área de manejo.

§ 5º Respeitado o disposto neste artigo, serão estabelecidas em ato do Chefe do Poder Executivo disposições diferenciadas sobre os PMFS em escala empresarial, de pequena escala e comunitário.

§ 6º Para fins de manejo florestal na pequena propriedade ou posse rural familiar, os órgãos do Sisnama deverão estabelecer procedimentos simplificados de elaboração, análise e aprovação dos referidos PMFS.

§ 7º Compete ao órgão federal de meio ambiente a aprovação de PMFS incidentes em florestas públicas de domínio da União.

Art. 32. São isentos de PMFS:

I — a supressão de florestas e formações sucessoras para uso alternativo do solo;

II — o manejo e a exploração de florestas plantadas localizadas fora das Áreas de Preservação Permanente e de Reserva Legal;

III — a exploração florestal não comercial realizada nas propriedades rurais a que se refere o inciso V do art. 3º ou por populações tradicionais.

Art. 33. As pessoas físicas ou jurídicas que utilizam matéria-prima florestal em suas atividades devem suprir-se de recursos oriundos de:

I — florestas plantadas;

II — PMFS de floresta nativa aprovado pelo órgão competente do Sisnama;

III — supressão de vegetação nativa autorizada pelo órgão competente do Sisnama;

IV — outras formas de biomassa florestal definidas pelo órgão competente do Sisnama.

§ 1º São obrigadas à reposição florestal as pessoas físicas ou jurídicas que utilizam matéria-prima florestal oriunda de supressão de vegetação nativa ou que detenham autorização para supressão de vegetação nativa.

§ 2º É isento da obrigatoriedade da reposição florestal aquele que utilize:

I — costaneiras, aparas, cavacos ou outros resíduos provenientes da atividade industrial;

II — matéria-prima florestal:

a) oriunda de PMFS;

b) oriunda de floresta plantada;

c) não madeireira.

§ 3º A isenção da obrigatoriedade da reposição florestal não desobriga o interessado da comprovação perante a autoridade competente da origem do recurso florestal utilizado.

§ 4º A reposição florestal será efetivada no Estado de origem da matéria-prima utilizada, mediante o plantio de espécies preferencialmente nativas, conforme determinações do órgão competente do Sisnama.

Art. 34. As empresas industriais que utilizam grande quantidade de matéria-prima florestal são obrigadas a elaborar e implementar Plano de Suprimento Sustentável — PSS, a ser submetido à aprovação do órgão competente do Sisnama.

§ 1º O PSS assegurará produção equivalente ao consumo de matéria-prima florestal pela atividade industrial.

§ 2º O PSS incluirá, no mínimo:

I — programação de suprimento de matéria-prima florestal;

II — indicação das áreas de origem da matéria-prima florestal georreferenciadas;

III — cópia do contrato entre os particulares envolvidos, quando o PSS incluir suprimento de matéria-prima florestal oriunda de terras pertencentes a terceiros.

§ 3º Admite-se o suprimento mediante matéria-prima em oferta no mercado:

I — na fase inicial de instalação da atividade industrial, nas condições e durante o período, não superior a 10 (dez) anos, previstos no PSS, ressalvados os contratos de suprimento mencionados no inciso III do § 2º;

II — no caso de aquisição de produtos provenientes do plantio de florestas exóticas, licenciadas por órgão competente do Sisnama, o suprimento será comprovado posteriormente mediante relatório anual em que conste a localização da floresta e as quantidades produzidas.

§ 4º O PSS de empresas siderúrgicas, metalúrgicas ou outras que consumam grandes quantidades de carvão vegetal ou lenha estabelecerá a utilização exclusiva de matéria-prima oriunda de florestas plantadas ou de PMFS e será parte integrante do processo de licenciamento ambiental do empreendimento.

§ 5º Serão estabelecidos, em ato do Chefe do Poder Executivo, os parâmetros de utilização de matéria-prima florestal para fins de enquadramento das empresas industriais no disposto no *caput*.

Capítulo VIII
DO CONTROLE DA ORIGEM DOS PRODUTOS FLORESTAIS

Art. 35. O controle da origem da madeira, do carvão e de outros produtos ou subprodutos florestais incluirá sistema nacional que integre os dados dos diferentes entes federativos, coordenado, fiscalizado e regulamentado pelo órgão federal competente do Sisnama.

- *Artigo com redação dada pela Lei n. 12.727, de 17-10-2012.*

§ 1º O plantio ou reflorestamento com espécies florestais nativas ou exóticas independem de autorização prévia, desde que observadas as limitações e condições previstas nesta Lei, devendo ser informados ao órgão competente, no prazo de até 1 (um) ano, para fins de controle de origem.

§ 2º É livre a extração de lenha e demais produtos de florestas plantadas nas áreas não consideradas Áreas de Preservação Permanente e Reserva Legal.

§ 3º O corte ou a exploração de espécies nativas plantadas em área de uso alternativo do solo serão permitidos independentemente de autorização prévia, devendo o plantio ou reflorestamento estar previamente cadastrado no órgão ambiental competente e a exploração ser previamente declarada nele para fins de controle de origem.

§ 4º Os dados do sistema referido no *caput* serão disponibilizados para acesso público por meio da rede mundial de computadores, cabendo ao órgão federal coordenador do sistema fornecer os programas de informática a serem utilizados e definir o prazo para integração dos dados e as informações que deverão ser aportadas ao sistema nacional.

§ 5º O órgão federal coordenador do sistema nacional poderá bloquear a emissão de Documento de Origem Florestal — DOF dos entes federativos não integrados ao sistema e fiscalizar os dados e relatórios respectivos.

- *§ 5º acrescentado pela Lei n. 12.727, de 17-10-2012.*

Art. 36. O transporte, por qualquer meio, e o armazenamento de madeira, lenha, carvão e outros produtos ou subprodutos florestais oriundos de florestas de espécies nativas, para fins comerciais ou industriais, requerem licença do órgão competente do Sisnama, observado o disposto no art. 35.

§ 1º A licença prevista no *caput* será formalizada por meio da emissão do DOF, que deverá acompanhar o material até o beneficiamento final.

§ 2º Para a emissão do DOF, a pessoa física ou jurídica responsável deverá estar registrada no Cadastro Técnico Federal de Atividades Potencialmente Poluidoras ou Utilizadoras de Recursos Ambientais, previsto no art. 17 da Lei n. 6.938, de 31 de agosto de 1981.

§ 3º Todo aquele que recebe ou adquire, para fins comerciais ou industriais, madeira, lenha, carvão e outros produtos ou subprodutos de florestas de espécies nativas é obrigado a exigir a apresentação do DOF e munir-se da via que deverá acompanhar o material até o beneficiamento final.

§ 4º No DOF deverão constar a especificação do material, sua volumetria e dados sobre sua origem e destino.

§ 5º O órgão ambiental federal do Sisnama regulamentará os casos de dispensa da licença prevista no *caput*.

- § 5º acrescentado pela Lei n. 12.727, de 17-10-2012.

Art. 37. O comércio de plantas vivas e outros produtos oriundos da flora nativa dependerá de licença do órgão estadual competente do Sisnama e de registro no Cadastro Técnico Federal de Atividades Potencialmente Poluidoras ou Utilizadoras de Recursos Ambientais, previsto no art. 17 da Lei n. 6.938, de 31 de agosto de 1981, sem prejuízo de outras exigências cabíveis.

Parágrafo único. A exportação de plantas vivas e outros produtos da flora dependerá de licença do órgão federal competente do Sisnama, observadas as condições estabelecidas no *caput*.

Capítulo IX
DA PROIBIÇÃO DO USO DE FOGO E DO CONTROLE DOS INCÊNDIOS

Art. 38. É proibido o uso de fogo na vegetação, exceto nas seguintes situações:

I — em locais ou regiões cujas peculiaridades justifiquem o emprego do fogo em práticas agropastoris ou florestais, mediante prévia aprovação do órgão estadual ambiental competente do Sisnama, para cada imóvel rural ou de forma regionalizada, que estabelecerá os critérios de monitoramento e controle;

II — emprego da queima controlada em Unidades de Conservação, em conformidade com o respectivo plano de manejo e mediante prévia aprovação do órgão gestor da Unidade de Conservação, visando ao manejo conservacionista da vegetação nativa, cujas características ecológicas estejam associadas evolutivamente à ocorrência do fogo;

III — atividades de pesquisa científica vinculada a projeto de pesquisa devidamente aprovado pelos órgãos competentes e realizada por instituição de pesquisa reconhecida, mediante prévia aprovação do órgão ambiental competente do Sisnama.

§ 1º Na situação prevista no inciso I, o órgão estadual ambiental competente do Sisnama exigirá que os estudos demandados para o licenciamento da atividade rural contenham planejamento específico sobre o emprego do fogo e o controle dos incêndios.

§ 2º Excetuam-se da proibição constante no *caput* as práticas de prevenção e combate aos incêndios e as de agricultura de subsistência exercidas pelas populações tradicionais e indígenas.

§ 3º Na apuração da responsabilidade pelo uso irregular do fogo em terras públicas ou particulares, a autoridade competente para fiscalização e autuação deverá comprovar o nexo de causalidade entre a ação do proprietário ou qualquer preposto e o dano efetivamente causado.

§ 4º É necessário o estabelecimento de nexo causal na verificação das responsabilidades por infração pelo uso irregular do fogo em terras públicas ou particulares.

Art. 39. Os órgãos ambientais do Sisnama, bem como todo e qualquer órgão público ou privado responsável pela gestão de áreas com vegetação nativa ou plantios florestais, deverão elaborar, atualizar e implantar planos de contingência para o combate aos incêndios florestais.

Art. 40. O Governo Federal deverá estabelecer uma Política Nacional de Manejo e Controle de Queimadas, Prevenção e Combate aos Incêndios Florestais, que promova a articulação institucional com vistas na substituição do uso do fogo no meio rural, no controle de queimadas, na prevenção e no combate aos incêndios florestais e no manejo do fogo em áreas naturais protegidas.

§ 1º A Política mencionada neste artigo deverá prever instrumentos para a análise dos impactos das queimadas sobre mudanças climáticas e mudanças no uso da terra, conservação dos ecossistemas, saúde pública e fauna, para subsidiar planos estratégicos de prevenção de incêndios florestais.

§ 2º A Política mencionada neste artigo deverá observar cenários de mudanças climáticas e potenciais aumentos de risco de ocorrência de incêndios florestais.

Capítulo X
DO PROGRAMA DE APOIO E INCENTIVO À PRESERVAÇÃO E RECUPERAÇÃO DO MEIO AMBIENTE

Art. 41. É o Poder Executivo federal autorizado a instituir, sem prejuízo do cumprimento da legislação ambiental, programa de apoio e incentivo à conservação do meio ambiente, bem como para adoção de tecnologias e boas práticas que conciliem a produtividade agropecuária e florestal, com redução dos impactos ambientais, como forma de promoção do desenvolvimento ecologicamente sustentável, observados sempre os critérios de progressividade, abrangendo as seguintes categorias e linhas de ação:

- *Artigo com redação dada pela Lei n. 12.727, de 17-10-2012.*

I — pagamento ou incentivo a serviços ambientais como retribuição, monetária ou não, às atividades de conservação e melhoria dos ecossistemas e que gerem serviços ambientais, tais como, isolada ou cumulativamente:

a) o sequestro, a conservação, a manutenção e o aumento do estoque e a diminuição do fluxo de carbono;

b) a conservação da beleza cênica natural;

c) a conservação da biodiversidade;

d) a conservação das águas e dos serviços hídricos;

e) a regulação do clima;

f) a valorização cultural e do conhecimento tradicional ecossistêmico;

g) a conservação e o melhoramento do solo;

h) a manutenção de Áreas de Preservação Permanente, de Reserva Legal e de uso restrito;

II — compensação pelas medidas de conservação ambiental necessárias para o cumprimento dos objetivos desta Lei, utilizando-se dos seguintes instrumentos, dentre outros:

a) obtenção de crédito agrícola, em todas as suas modalidades, com taxas de juros menores, bem como limites e prazos maiores que os praticados no mercado;

b) contratação do seguro agrícola em condições melhores que as praticadas no mercado;

c) dedução das Áreas de Preservação Permanente, de Reserva Legal e de uso restrito da base de cálculo do Imposto sobre a Propriedade Territorial Rural — ITR, gerando créditos tributários;

d) destinação de parte dos recursos arrecadados com a cobrança pelo uso da água, na forma da Lei n. 9.433, de 8 de janeiro de 1997, para a manutenção, recuperação ou recomposição das Áreas de Preservação Permanente, de Reserva Legal e de uso restrito na bacia de geração da receita;

e) linhas de financiamento para atender iniciativas de preservação voluntária de vegetação nativa, proteção de espécies da flora nativa ameaçadas de extinção, manejo florestal e agroflorestal sustentável realizados na propriedade ou posse rural, ou recuperação de áreas degradadas;

f) isenção de impostos para os principais insumos e equipamentos, tais como: fios de arame, postes de madeira tratada, bombas d'água, trado de perfuração de solo, dentre outros utilizados para os processos de recuperação e manutenção das Áreas de Preservação Permanente, de Reserva Legal e de uso restrito;

III — incentivos para comercialização, inovação e aceleração das ações de recuperação, conservação e uso sustentável das florestas e demais formas de vegetação nativa, tais como:

a) participação preferencial nos programas de apoio à comercialização da produção agrícola;

b) destinação de recursos para a pesquisa científica e tecnológica e a extensão rural relacionadas à melhoria da qualidade ambiental.

§ 1º Para financiar as atividades necessárias à regularização ambiental das propriedades rurais, o programa poderá prever:

I — destinação de recursos para a pesquisa científica e tecnológica e a extensão rural relacionadas à melhoria da qualidade ambiental;

II — dedução da base de cálculo do imposto de renda do proprietário ou possuidor de imóvel rural, pessoa física ou jurídica, de parte dos gastos efetuados com a recomposição das Áreas de Preservação Permanente, de Reserva Legal e de uso restrito cujo desmatamento seja anterior a 22 de julho de 2008;

III — utilização de fundos públicos para concessão de créditos reembolsáveis e não reembolsáveis destinados à compensação, recuperação ou recomposição das Áreas de Preservação Permanente, de Reserva Legal e de uso restrito cujo desmatamento seja anterior a 22 de julho de 2008.

§ 2º O programa previsto no *caput* poderá, ainda, estabelecer diferenciação tributária para empresas que industrializem ou comercializem produtos originários de propriedades ou posses rurais que cumpram os padrões e limites estabelecidos nos arts. 4º, 6º, 11 e 12 desta Lei, ou que estejam em processo de cumpri-los.

§ 3º Os proprietários ou possuidores de imóveis rurais inscritos no CAR, inadimplentes em relação ao cumprimento do termo de compromisso ou PRA ou que estejam sujeitos a sanções por infrações ao disposto nesta Lei, exceto aquelas suspensas em virtude do disposto no Capítulo XIII, não são elegíveis para os incentivos previstos nas alíneas *a* a *e* do inciso II do *caput* deste artigo até que as referidas sanções sejam extintas.

§ 4º As atividades de manutenção das Áreas de Preservação Permanente, de Reserva Legal e de uso restrito são elegíveis para quaisquer pagamentos ou incentivos por serviços ambientais, configurando adicionalidade para fins de mercados nacionais e internacionais de reduções de emissões certificadas de gases de efeito estufa.

§ 5º O programa relativo a serviços ambientais previsto no inciso I do *caput* deste artigo deverá integrar os sistemas em âmbito nacional e estadual, objetivando a criação de um mercado de serviços ambientais.

§ 6º Os proprietários localizados nas zonas de amortecimento de Unidades de Conservação de Proteção Integral são elegíveis para receber apoio técnico-financeiro da compensação prevista no art. 36 da Lei n. 9.985, de 18 de julho de 2000, com a finalidade de recuperação e manutenção de áreas prioritárias para a gestão da unidade.

§ 7º O pagamento ou incentivo a serviços ambientais a que se refere o inciso I deste artigo serão prioritariamente destinados aos agricultores familiares como definidos no inciso V do art. 3º desta Lei.

- § 7º acrescentado pela Lei n. 12.727, de 17-10-2012.

Art. 42. O Governo Federal implantará programa para conversão da multa prevista no art. 50 do Decreto n. 6.514, de 22 de julho de 2008, destinado a imóveis rurais, referente a autuações vinculadas a desmatamentos em áreas onde não era vedada a supressão, que foram promovidos sem autorização ou licença, em data anterior a 22 de julho de 2008.

- Artigo acrescentado pela Lei n. 12.727, de 17-10-2012.

Art. 43. (*Vetado.*)

Art. 44. É instituída a Cota de Reserva Ambiental — CRA, título nominativo representativo de área com vegetação nativa, existente ou em processo de recuperação:

I — sob regime de servidão ambiental, instituída na forma do art. 9º-A da Lei n. 6.938, de 31 de agosto de 1981;

II — correspondente à área de Reserva Legal instituída voluntariamente sobre a vegetação que exceder os percentuais exigidos no art. 12 desta Lei;

III — protegida na forma de Reserva Particular do Patrimônio Natural — RPPN, nos termos do art. 21 da Lei n. 9.985, de 18 de julho de 2000;

IV — existente em propriedade rural localizada no interior de Unidade de Conservação de domínio público que ainda não tenha sido desapropriada.

§ 1º A emissão de CRA será feita mediante requerimento do proprietário, após inclusão do imóvel no CAR e laudo comprobatório emitido pelo próprio órgão ambiental ou por entidade credenciada, assegurado o controle do órgão federal competente do Sisnama, na forma de ato do Chefe do Poder Executivo.

§ 2º A CRA não pode ser emitida com base em vegetação nativa localizada em área de RPPN instituída em sobreposição à Reserva Legal do imóvel.

§ 3º A Cota de Reserva Florestal — CRF emitida nos termos do art. 44-B da Lei n. 4.771, de 15 de setembro de 1965, passa a ser considerada, pelo efeito desta Lei, como Cota de Reserva Ambiental.

§ 4º Poderá ser instituída CRA da vegetação nativa que integra a Reserva Legal dos imóveis a que se refere o inciso V do art. 3º desta Lei.

Art. 45. A CRA será emitida pelo órgão competente do Sisnama em favor de proprietário de imóvel incluído no CAR que mantenha área nas condições previstas no art. 44.

§ 1º O proprietário interessado na emissão da CRA deve apresentar ao órgão referido no *caput* proposta acompanhada de:

I — certidão atualizada da matrícula do imóvel expedida pelo registro de imóveis competente;

II — cédula de identidade do proprietário, quando se tratar de pessoa física;

III — ato de designação de responsável, quando se tratar de pessoa jurídica;

IV — certidão negativa de débitos do Imposto sobre a Propriedade Territorial Rural — ITR;

V — memorial descritivo do imóvel, com a indicação da área a ser vinculada ao título, contendo pelo menos um ponto de amarração georreferenciado relativo ao perímetro do imóvel e um ponto de amarração georreferenciado relativo à Reserva Legal.

§ 2º Aprovada a proposta, o órgão referido no *caput* emitirá a CRA correspondente, identificando:

I — o número da CRA no sistema único de controle;

II — o nome do proprietário rural da área vinculada ao título;

III — a dimensão e a localização exata da área vinculada ao título, com memorial descritivo contendo pelo menos um ponto de amarração georreferenciado;

IV — o bioma correspondente à área vinculada ao título;

V — a classificação da área em uma das condições previstas no art. 46.

§ 3º O vínculo de área à CRA será averbado na matrícula do respectivo imóvel no registro de imóveis competente.

§ 4º O órgão federal referido no *caput* pode delegar ao órgão estadual competente atribuições para emissão, cancelamento e transferência da CRA, assegurada a implementação de sistema único de controle.

Art. 46. Cada CRA corresponderá a 1 (um) hectare:

I — de área com vegetação nativa primária ou com vegetação secundária em qualquer estágio de regeneração ou recomposição;

II — de áreas de recomposição mediante reflorestamento com espécies nativas.

§ 1º O estágio sucessional ou o tempo de recomposição ou regeneração da vegetação nativa será avaliado pelo órgão ambiental estadual competente com base em declaração do proprietário e vistoria de campo.

§ 2º A CRA não poderá ser emitida pelo órgão ambiental competente quando a regeneração ou recomposição da área forem improváveis ou inviáveis.

Art. 47. É obrigatório o registro da CRA pelo órgão emitente, no prazo de 30 (trinta) dias, contado da data da sua emissão, em bolsas de mercadorias de âmbito nacional ou em sistemas de registro e de liquidação financeira de ativos autorizados pelo Banco Central do Brasil.

Art. 48. A CRA pode ser transferida, onerosa ou gratuitamente, a pessoa física ou a pessoa jurídica de direito público ou privado, mediante termo assinado pelo titular da CRA e pelo adquirente.

§ 1º A transferência da CRA só produz efeito uma vez registrado o termo previsto no *caput* no sistema único de controle.

§ 2º A CRA só pode ser utilizada para compensar Reserva Legal de imóvel rural situado no mesmo bioma da área à qual o título está vinculado.

§ 3º A CRA só pode ser utilizada para fins de compensação de Reserva Legal se respeitados os requisitos estabelecidos no § 6º do art. 66.

§ 4º A utilização de CRA para compensação da Reserva Legal será averbada na matrícula do imóvel no qual se situa a área vinculada ao título e na do imóvel beneficiário da compensação.

Art. 49. Cabe ao proprietário do imóvel rural em que se situa a área vinculada à CRA a responsabilidade plena pela manutenção das condições de conservação da vegetação nativa da área que deu origem ao título.

§ 1º A área vinculada à emissão da CRA com base nos incisos I, II e III do art. 44 desta Lei poderá ser utilizada conforme PMFS.

§ 2º A transmissão *inter vivos* ou *causa mortis* do imóvel não elimina nem altera o vínculo de área contida no imóvel à CRA.

Art. 50. A CRA somente poderá ser cancelada nos seguintes casos:

I — por solicitação do proprietário rural, em caso de desistência de manter áreas nas condições previstas nos incisos I e II do art. 44;

II — automaticamente, em razão de término do prazo da servidão ambiental;

III — por decisão do órgão competente do Sisnama, no caso de degradação da vegetação nativa da área vinculada à CRA cujos custos e prazo de recuperação ambiental inviabilizem a continuidade do vínculo entre a área e o título.

§ 1º O cancelamento da CRA utilizada para fins de compensação de Reserva Legal só pode ser efetivado se assegurada Reserva Legal para o imóvel no qual a compensação foi aplicada.

§ 2º O cancelamento da CRA nos termos do inciso III do *caput* independe da aplicação das devidas sanções administrativas e penais decorrentes de infração à legislação ambiental, nos termos da Lei n. 9.605, de 12 de fevereiro de 1998.

§ 3º O cancelamento da CRA deve ser averbado na matrícula do imóvel no qual se situa a área vinculada ao título e do imóvel no qual a compensação foi aplicada.

Capítulo XI
DO CONTROLE DO DESMATAMENTO

Art. 51. O órgão ambiental competente, ao tomar conhecimento do desmatamento em desacordo com o disposto nesta Lei, deverá embargar a obra ou atividade que deu causa ao uso alternativo do solo, como medida administrativa voltada a impedir a continuidade do dano ambiental, propiciar a regeneração do meio ambiente e dar viabilidade à recuperação da área degradada.

§ 1º O embargo restringe-se aos locais onde efetivamente ocorreu o desmatamento ilegal, não alcançando as atividades de subsistência ou as demais atividades realizadas no imóvel não relacionadas com a infração.

§ 2º O órgão ambiental responsável deverá disponibilizar publicamente as informações sobre o imóvel embargado, inclusive por meio da rede mundial de computadores, resguardados os dados protegidos por legislação específica, caracterizando o exato local da área embargada e informando em que estágio se encontra o respectivo procedimento administrativo.

§ 3º A pedido do interessado, o órgão ambiental responsável emitirá certidão em que conste a atividade, a obra e a parte da área do imóvel que são objetos do embargo, conforme o caso.

Capítulo XII
DA AGRICULTURA FAMILIAR

Art. 52. A intervenção e a supressão de vegetação em Áreas de Preservação Permanente e de Reserva Legal para as atividades eventuais ou de baixo impacto ambiental, previstas no inciso X do art. 3º, excetuadas as alíneas *b* e *g*, quando desenvolvidas nos imóveis a que se refere o inciso V do art. 3º, dependerão de simples declaração ao órgão ambiental competente, desde que esteja o imóvel devidamente inscrito no CAR.

Art. 53. Para o registro no CAR da Reserva Legal, nos imóveis a que se refere o inciso V do art. 3º, o proprietário ou possuidor apresentará os dados identificando a área proposta de Reserva Legal, cabendo aos órgãos competentes integrantes do Sisnama, ou instituição por ele habilitada, realizar a captação das respectivas coordenadas geográficas.

Parágrafo único. O registro da Reserva Legal nos imóveis a que se refere o inciso V do art. 3º é gratuito, devendo o poder público prestar apoio técnico e jurídico.

Art. 54. Para cumprimento da manutenção da área de reserva legal nos imóveis a que se refere o inciso V do art. 3º, poderão ser computados os plantios de árvores frutíferas, ornamentais ou industriais, compostos por espécies exóticas, cultivadas em sistema intercalar ou em consórcio com espécies nativas da região em sistemas agroflorestais.

Parágrafo único. O poder público estadual deverá prestar apoio técnico para a recomposição da vegetação da Reserva Legal nos imóveis a que se refere o inciso V do art. 3º.

Art. 55. A inscrição no CAR dos imóveis a que se refere o inciso V do art. 3º observará procedimento simplificado no qual será obrigatória apenas a apresentação dos documentos mencionados nos incisos I e II do § 1º do art. 29 e de croqui indicando o perímetro do imóvel, as Áreas de Preservação Permanente e os remanescentes que formam a Reserva Legal.

Art. 56. O licenciamento ambiental de PMFS comercial nos imóveis a que se refere o inciso V do art. 3º se beneficiará de procedimento simplificado de licenciamento ambiental.

§ 1º O manejo sustentável da Reserva Legal para exploração florestal eventual, sem propósito comercial direto ou indireto, para consumo no próprio imóvel a que se refere o inciso V do art. 3º, independe de autorização dos órgãos ambientais competentes, limitada a retirada anual de material lenhoso a 2 (dois) metros cúbicos por hectare.

§ 2º O manejo previsto no § 1º não poderá comprometer mais de 15% (quinze por cento) da biomassa da Reserva Legal nem ser superior a 15 (quinze) metros cúbicos de lenha para uso doméstico e uso energético, por propriedade ou posse rural, por ano.

§ 3º Para os fins desta Lei, entende-se por manejo eventual, sem propósito comercial, o suprimento, para uso no próprio imóvel, de lenha ou madeira serrada destinada a benfeitorias e uso energético nas propriedades e posses rurais, em quantidade não superior ao estipulado no § 1º deste artigo.

§ 4º Os limites para utilização previstos no § 1º deste artigo no caso de posse coletiva de populações tradicionais ou de agricultura familiar serão adotados por unidade familiar.

§ 5º As propriedades a que se refere o inciso V do art. 3º são desobrigadas da reposição florestal se a matéria-prima florestal for utilizada para consumo próprio.

Art. 57. Nos imóveis a que se refere o inciso V do art. 3º, o manejo florestal madeireiro sustentável da Reserva Legal com propósito comercial direto ou indireto depende de autorização simplificada do órgão ambiental competente, devendo o interessado apresentar, no mínimo, as seguintes informações:

I — dados do proprietário ou possuidor rural;

II — dados da propriedade ou posse rural, incluindo cópia da matrícula do imóvel no Registro Geral do Cartório de Registro de Imóveis ou comprovante de posse;

III — croqui da área do imóvel com indicação da área a ser objeto do manejo seletivo, estimativa do volume de produtos e subprodutos florestais a serem obtidos com o manejo seletivo, indicação da sua destinação e cronograma de execução previsto.

Art. 58. Assegurado o controle e a fiscalização dos órgãos ambientais competentes dos respectivos planos ou projetos, assim como as obrigações do detentor do imóvel, o poder público poderá instituir programa de apoio técnico e incentivos financeiros, podendo incluir medidas indutoras e linhas de financiamento para atender, prioritariamente, os imóveis a que se refere o inciso V do *caput* do art. 3º, nas iniciativas de:

- *Artigo com redação dada pela Lei n. 12.727, de 17-10-2012.*

I — preservação voluntária de vegetação nativa acima dos limites estabelecidos no art. 12;

II — proteção de espécies da flora nativa ameaçadas de extinção;

III — implantação de sistemas agroflorestal e agrossilvipastoril;

IV — recuperação ambiental de Áreas de Preservação Permanente e de Reserva Legal;

V — recuperação de áreas degradadas;

VI — promoção de assistência técnica para regularização ambiental e recuperação de áreas degradadas;

VII — produção de mudas e sementes;

VIII — pagamento por serviços ambientais.

Capítulo XIII
DISPOSIÇÕES TRANSITÓRIAS

Seção I
DISPOSIÇÕES GERAIS

Art. 59. A União, os Estados e o Distrito Federal deverão, no prazo de 1 (um) ano, contado a partir da data da publicação desta Lei, prorrogável por uma única vez, por igual período, por ato do Chefe do Poder Executivo, implantar Programas de Regularização Ambiental — PRAs de posses e propriedades rurais, com o objetivo de adequá-las aos termos deste Capítulo.

§ 1º Na regulamentação dos PRAs, a União estabelecerá, em até 180 (cento e oitenta) dias a partir da data da publicação desta Lei, sem prejuízo do prazo definido no *caput*, normas de caráter geral, incumbindo-se aos Estados e ao Distrito Federal o detalhamento por meio da edição de normas de caráter específico, em razão de suas peculiaridades territoriais, climáticas, históricas, culturais, econômicas e sociais, conforme preceitua o art. 24 da Constituição Federal.

§ 2º A inscrição do imóvel rural no CAR é condição obrigatória para a adesão ao PRA, devendo esta adesão ser requerida pelo interessado no prazo de 1 (um) ano, contado a partir da implantação a que se refere o *caput*, prorrogável por uma única vez, por igual período, por ato do Chefe do Poder Executivo.

§ 3º Com base no requerimento de adesão ao PRA, o órgão competente integrante do Sisnama convocará o proprietário ou possuidor para assinar o termo de compromisso, que constituirá título executivo extrajudicial.

§ 4º No período entre a publicação desta Lei e a implantação do PRA em cada Estado e no Distrito Federal, bem como após a adesão do interessado ao PRA e enquanto estiver sendo cumprido o termo de compromisso, o proprietário ou possuidor não poderá ser autuado por infrações cometidas antes de 22 de julho de 2008, relativas à supressão irregular de vegetação em Áreas de Preservação Permanente, de Reserva Legal e de uso restrito.

§ 5º A partir da assinatura do termo de compromisso, serão suspensas as sanções decorrentes das infrações mencionadas no § 4º deste artigo e, cumpridas as obrigações estabelecidas no PRA ou no termo de compromisso para a regularização ambiental das exigências desta Lei, nos prazos e condições neles estabelecidos, as multas referidas neste artigo serão consideradas como convertidas em serviços de preservação, melhoria e recuperação da qualidade do meio ambiente, regularizando o uso de áreas rurais consolidadas conforme definido no PRA.

§ 6º (*Vetado*.)

- § *6º acrescentado pela Lei n. 12.727, de 17-10-2012.*

Art. 60. A assinatura de termo de compromisso para regularização de imóvel ou posse rural perante o órgão ambiental competente, mencionado no art. 59, suspenderá a punibilidade dos crimes previstos nos arts. 38, 39 e 48 da Lei n. 9.605, de 12 de fevereiro de 1998, enquanto o termo estiver sendo cumprido.

§ 1º A prescrição ficará interrompida durante o período de suspensão da pretensão punitiva.

§ 2º Extingue-se a punibilidade com a efetiva regularização prevista nesta Lei.

Seção II
DAS ÁREAS CONSOLIDADAS EM ÁREAS DE PRESERVAÇÃO PERMANENTE

Art. 61. (*Vetado*.)

Art. 61-A. Nas Áreas de Preservação Permanente, é autorizada, exclusivamente, a continuidade das atividades agrossilvipastoris, de ecoturismo e de turismo rural em áreas rurais consolidadas até 22 de julho de 2008.

§ 1º Para os imóveis rurais com área de até 1 (um) módulo fiscal que possuam áreas consolidadas em Áreas de Preservação Permanente ao longo de cursos d'água naturais, será obrigatória a recomposição das respectivas faixas marginais em 5 (cinco) metros, contados da borda da calha do leito regular, independentemente da largura do curso d´água.

§ 2º Para os imóveis rurais com área superior a 1 (um) módulo fiscal e de até 2 (dois) módulos fiscais que possuam áreas consolidadas em Áreas de Preservação Permanente ao longo de cursos d'água naturais, será obrigatória a recomposição das respectivas faixas marginais em 8 (oito) metros, contados da borda da calha do leito regular, independentemente da largura do curso d´água.

§ 3º Para os imóveis rurais com área superior a 2 (dois) módulos fiscais e de até 4 (quatro) módulos fiscais que possuam áreas consolidadas em Áreas de Preservação Permanente ao longo de cursos d'água naturais, será obrigatória a recomposição das respectivas faixas marginais em 15 (quinze) metros, contados da borda da calha do leito regular, independentemente da largura do curso d'água.

§ 4º Para os imóveis rurais com área superior a 4 (quatro) módulos fiscais que possuam áreas consolidadas em Áreas de Preservação Permanente ao longo de cursos d'água naturais, será obrigatória a recomposição das respectivas faixas marginais:

I — (Vetado.)

II — nos demais casos, conforme determinação do PRA, observado o mínimo de 20 (vinte) e o máximo de 100 (cem) metros, contados da borda da calha do leito regular.

§ 5º Nos casos de áreas rurais consolidadas em Áreas de Preservação Permanente no entorno de nascentes e olhos d'água perenes, será admitida a manutenção de atividades agrossilvipastoris, de ecoturismo ou de turismo rural, sendo obrigatória a recomposição do raio mínimo de 15 (quinze) metros.

§ 6º Para os imóveis rurais que possuam áreas consolidadas em Áreas de Preservação Permanente no entorno de lagos e lagoas naturais, será admitida a manutenção de atividades agrossilvipastoris, de ecoturismo ou de turismo rural, sendo obrigatória a recomposição de faixa marginal com largura mínima de:

I — 5 (cinco) metros, para imóveis rurais com área de até 1 (um) módulo fiscal;

II — 8 (oito) metros, para imóveis rurais com área superior a 1 (um) módulo fiscal e de até 2 (dois) módulos fiscais;

III — 15 (quinze) metros, para imóveis rurais com área superior a 2 (dois) módulos fiscais e de até 4 (quatro) módulos fiscais; e

IV — 30 (trinta) metros, para imóveis rurais com área superior a 4 (quatro) módulos fiscais.

§ 7º Nos casos de áreas rurais consolidadas em veredas, será obrigatória a recomposição das faixas marginais, em projeção horizontal, delimitadas a partir do espaço brejoso e encharcado, de largura mínima de:

I — 30 (trinta) metros, para imóveis rurais com área de até 4 (quatro) módulos fiscais; e

II — 50 (cinquenta) metros, para imóveis rurais com área superior a 4 (quatro) módulos fiscais.

§ 8º Será considerada, para os fins do disposto no *caput* e nos §§ 1º a 7º, a área detida pelo imóvel rural em 22 de julho de 2008.

§ 9º A existência das situações previstas no *caput* deverá ser informada no CAR para fins de monitoramento, sendo exigida, nesses casos, a adoção de técnicas de conservação do solo e da água que visem à mitigação dos eventuais impactos.

§ 10. Antes mesmo da disponibilização do CAR, no caso das intervenções já existentes, é o proprietário ou possuidor rural responsável pela conservação do solo e da água, por meio de adoção de boas práticas agronômicas.

§ 11. A realização das atividades previstas no *caput* observará critérios técnicos de conservação do solo e da água indicados no PRA previsto nesta Lei, sendo vedada a conversão de novas áreas para uso alternativo do solo nesses locais.

§ 12. Será admitida a manutenção de residências e da infraestrutura associada às atividades agrossilvipastoris, de ecoturismo e de turismo rural, inclusive o acesso a essas atividades, independentemente das determinações contidas no *caput* e nos §§ 1º a 7º, desde que não estejam em área que ofereça risco à vida ou à integridade física das pessoas.

§ 13. A recomposição de que trata este artigo poderá ser feita, isolada ou conjuntamente, pelos seguintes métodos:

I — condução de regeneração natural de espécies nativas;

II — plantio de espécies nativas;

III — plantio de espécies nativas conjugado com a condução da regeneração natural de espécies nativas;

IV — plantio intercalado de espécies lenhosas, perenes ou de ciclo longo, exóticas com nativas de ocorrência regional, em até 50% (cinquenta por cento) da área total a ser recomposta, no caso dos imóveis a que se refere o inciso V do *caput* do art. 3º;

V — (*Vetado.*)

§ 14. Em todos os casos previstos neste artigo, o poder público, verificada a existência de risco de agravamento de processos erosivos ou de inundações, determinará a adoção de medidas mitigadoras que garantam a estabilidade das margens e a qualidade da água, após deliberação do Conselho Estadual de Meio Ambiente ou de órgão colegiado estadual equivalente.

§ 15. A partir da data da publicação desta Lei e até o término do prazo de adesão ao PRA de que trata o § 2º do art. 59, é autorizada a continuidade das atividades desenvolvidas nas áreas de que trata o *caput*, as quais deverão ser informadas no CAR para fins de monitoramento, sendo exigida a adoção de medidas de conservação do solo e da água.

§ 16. As Áreas de Preservação Permanente localizadas em imóveis inseridos nos limites de Unidades de Conservação de Proteção Integral criadas por ato do poder público até a data de publicação desta Lei não são passíveis de ter quaisquer atividades consideradas como consolidadas nos termos do *caput* e dos §§ 1º a 15, ressalvado o que dispuser o Plano de Manejo elaborado e aprovado de acordo com as orientações emitidas pelo órgão competente do Sisnama, nos termos do que dispuser regulamento do Chefe do Poder Executivo, devendo o proprietário, possuidor rural ou ocupante a qualquer título adotar todas as medidas indicadas.

§ 17. Em bacias hidrográficas consideradas críticas, conforme previsto em legislação específica, o Chefe do Poder Executivo poderá, em ato próprio, estabelecer metas e diretrizes de recuperação ou conservação da vegetação nativa superiores às definidas no *caput* e nos §§ 1º a 7º, como projeto prioritário, ouvidos o Comitê de Bacia Hidrográfica e o Conselho Estadual de Meio Ambiente.

§ 18. (*Vetado.*)

Art. 61-B. Aos proprietários e possuidores dos imóveis rurais que, em 22 de julho de 2008, detinham até 10 (dez) módulos fiscais e desenvolviam atividades agrossilvipastoris nas áreas consolidadas em Áreas de Preservação Permanente é garantido que a exigência de recomposição, nos termos desta Lei, somadas todas as Áreas de Preservação Permanente do imóvel, não ultrapassará:

I — 10% (dez por cento) da área total do imóvel, para imóveis rurais com área de até 2 (dois) módulos fiscais;

II — 20% (vinte por cento) da área total do imóvel, para imóveis rurais com área superior a 2 (dois) e de até 4 (quatro) módulos fiscais;

III — (*Vetado.*)

Art. 61-C. Para os assentamentos do Programa de Reforma Agrária, a recomposição de áreas consolidadas em Áreas de Preservação Permanente ao longo ou no entorno de cursos d'água, lagos e lagoas naturais observará as exigências estabelecidas no art. 61-A, observados os limites de cada área demarcada individualmente, objeto de contrato de concessão de uso, até a titulação por parte do Instituto Nacional de Colonização e Reforma Agrária — Incra.

- *Arts. 61-A a 61-C acrescentados pela Lei n. 12.727, de 17-10-2012.*

Art. 62. Para os reservatórios artificiais de água destinados a geração de energia ou abastecimento público que foram registrados ou tiveram seus contratos de concessão ou autorização assinados anteriormente à Medida Provisória n. 2.166-67, de 24 de agosto de 2001, a faixa da Área de Preservação Permanente será a distância entre o nível máximo operativo normal e a cota máxima *maximorum*.

Art. 63. Nas áreas rurais consolidadas nos locais de que tratam os incisos V, VIII, IX e X do art. 4º, será admitida a manutenção de atividades florestais, culturas de espécies lenhosas, perenes ou de ciclo longo, bem como da infraestrutura física associada ao desenvolvimento de atividades agrossilvipastoris, vedada a conversão de novas áreas para uso alternativo do solo.

§ 1º O pastoreio extensivo nos locais referidos no *caput* deverá ficar restrito às áreas de vegetação campestre natural ou já convertidas para vegetação campestre, admitindo-se o consórcio com vegetação lenhosa perene ou de ciclo longo.

§ 2º A manutenção das culturas e da infraestrutura de que trata o *caput* é condicionada à adoção de práticas conservacionistas do solo e da água indicadas pelos órgãos de assistência técnica rural.

§ 3º Admite-se, nas Áreas de Preservação Permanente, previstas no inciso VIII do art. 4º, dos imóveis rurais de até 4 (quatro) módulos fiscais, no âmbito do PRA, a partir de boas práticas agronômicas e de conservação do solo e da água, mediante deliberação dos Conselhos Estaduais de Meio Ambiente ou órgãos colegiados estaduais equivalentes, a consolidação de outras atividades agrossilvipastoris, ressalvadas as situações de risco de vida.

Art. 64. Na regularização fundiária de interesse social dos assentamentos inseridos em área urbana de ocupação consolidada e que ocupam Áreas de Preservação Permanente, a regularização ambiental será admitida por meio da aprovação do projeto de regularização fundiária, na forma da Lei n. 11.977, de 7 de julho de 2009.

§ 1º O projeto de regularização fundiária de interesse social deverá incluir estudo técnico que demonstre a melhoria das condições ambientais em relação à situação anterior com a adoção das medidas nele preconizadas.

§ 2º O estudo técnico mencionado no § 1º deverá conter, no mínimo, os seguintes elementos:

I — caracterização da situação ambiental da área a ser regularizada;

II — especificação dos sistemas de saneamento básico;

III — proposição de intervenções para a prevenção e o controle de riscos geotécnicos e de inundações;

IV — recuperação de áreas degradadas e daquelas não passíveis de regularização;

V — comprovação da melhoria das condições de sustentabilidade urbano-ambiental, considerados o uso adequado dos recursos hídricos, a não ocupação das áreas de risco e a proteção das unidades de conservação, quando for o caso;

VI — comprovação da melhoria da habitabilidade dos moradores propiciada pela regularização proposta; e

VII — garantia de acesso público às praias e aos corpos d'água.

Art. 65. Na regularização fundiária de interesse específico dos assentamentos inseridos em área urbana consolidada e que ocupam Áreas de Preservação Permanente não identificadas como áreas de risco, a regularização ambiental será admitida por meio da aprovação do projeto de regularização fundiária, na forma da Lei n. 11.977, de 7 de julho de 2009.

§ 1º O processo de regularização ambiental, para fins de prévia autorização pelo órgão ambiental competente, deverá ser instruído com os seguintes elementos:

I — a caracterização físico-ambiental, social, cultural e econômica da área;

II — a identificação dos recursos ambientais, dos passivos e fragilidades ambientais e das restrições e potencialidades da área;

III — a especificação e a avaliação dos sistemas de infraestrutura urbana e de saneamento básico implantados, outros serviços e equipamentos públicos;

IV — a identificação das unidades de conservação e das áreas de proteção de mananciais na área de influência direta da ocupação, sejam elas águas superficiais ou subterrâneas;

V — a especificação da ocupação consolidada existente na área;

VI — a identificação das áreas consideradas de risco de inundações e de movimentos de massa rochosa, tais como deslizamento, queda e rolamento de blocos, corrida de lama e outras definidas como de risco geotécnico;

VII — a indicação das faixas ou áreas em que devem ser resguardadas as características típicas da Área de Preservação Permanente com a devida proposta de recuperação de áreas degradadas e daquelas não passíveis de regularização;

VIII — a avaliação dos riscos ambientais;

IX — a comprovação da melhoria das condições de sustentabilidade urbano-ambiental e de habitabilidade dos moradores a partir da regularização; e

X — a demonstração de garantia de acesso livre e gratuito pela população às praias e aos corpos d'água, quando couber.

§ 2º Para fins da regularização ambiental prevista no *caput*, ao longo dos rios ou de qualquer curso d'água, será mantida faixa não edificável com largura mínima de 15 (quinze) metros de cada lado.

§ 3º Em áreas urbanas tombadas como patrimônio histórico e cultural, a faixa não edificável de que trata o § 2º poderá ser redefinida de maneira a atender aos parâmetros do ato do tombamento.

Seção III
DAS ÁREAS CONSOLIDADAS EM ÁREAS DE RESERVA LEGAL

Art. 66. O proprietário ou possuidor de imóvel rural que detinha, em 22 de julho de 2008, área de Reserva Legal em extensão inferior ao estabelecido no art. 12, poderá regularizar sua situação, independentemente da adesão ao PRA, adotando as seguintes alternativas, isolada ou conjuntamente:

I — recompor a Reserva Legal;

II — permitir a regeneração natural da vegetação na área de Reserva Legal;

III — compensar a Reserva Legal.

§ 1º A obrigação prevista no *caput* tem natureza real e é transmitida ao sucessor no caso de transferência de domínio ou posse do imóvel rural.

§ 2º A recomposição de que trata o inciso I do *caput* deverá atender os critérios estipulados pelo órgão competente do Sisnama e ser concluída em até 20 (vinte) anos, abrangendo, a cada 2 (dois) anos, no mínimo 1/10 (um décimo) da área total necessária à sua complementação.

§ 3º A recomposição de que trata o inciso I do *caput* poderá ser realizada mediante o plantio intercalado de espécies nativas com exóticas ou frutíferas, em sistema agroflorestal, observados os seguintes parâmetros:

▪ *§ 3º acrescentado pela Lei n. 12.727, de 17-10-2012.*

I — o plantio de espécies exóticas deverá ser combinado com as espécies nativas de ocorrência regional;

II — a área recomposta com espécies exóticas não poderá exceder a 50% (cinquenta por cento) da área total a ser recuperada.

§ 4º Os proprietários ou possuidores do imóvel que optarem por recompor a Reserva Legal na forma dos §§ 2º e 3º terão direito à sua exploração econômica, nos termos desta Lei.

§ 5º A compensação de que trata o inciso III do *caput* deverá ser precedida pela inscrição da propriedade no CAR e poderá ser feita mediante:

I — aquisição de Cota de Reserva Ambiental — CRA;

II — arrendamento de área sob regime de servidão ambiental ou Reserva Legal;

III — doação ao poder público de área localizada no interior de Unidade de Conservação de domínio público pendente de regularização fundiária;

IV — cadastramento de outra área equivalente e excedente à Reserva Legal, em imóvel de mesma titularidade ou adquirida em imóvel de terceiro, com vegetação nativa estabelecida, em regeneração ou recomposição, desde que localizada no mesmo bioma.

§ 6º As áreas a serem utilizadas para compensação na forma do § 5º deverão:

I — ser equivalentes em extensão à área da Reserva Legal a ser compensada;

II — estar localizadas no mesmo bioma da área de Reserva Legal a ser compensada;

III — se fora do Estado, estar localizadas em áreas identificadas como prioritárias pela União ou pelos Estados.

§ 7º A definição de áreas prioritárias de que trata o § 6º buscará favorecer, entre outros, a recuperação de bacias hidrográficas excessivamente desmatadas, a criação de corredores ecológicos, a conservação de grandes áreas protegidas e a conservação ou recuperação de ecossistemas ou espécies ameaçados.

§ 8º Quando se tratar de imóveis públicos, a compensação de que trata o inciso III do *caput* poderá ser feita mediante concessão de direito real de uso ou doação, por parte da pessoa jurídica de direito público proprietária de imóvel rural que não detém Reserva Legal em extensão suficiente, ao órgão público responsável pela Unidade de Conservação de área localizada no interior de Unidade de Conservação de domínio público, a ser criada ou pendente de regularização fundiária.

§ 9º As medidas de compensação previstas neste artigo não poderão ser utilizadas como forma de viabilizar a conversão de novas áreas para uso alternativo do solo.

Art. 67. Nos imóveis rurais que detinham, em 22 de julho de 2008, área de até 4 (quatro) módulos fiscais e que possuam remanescente de vegetação nativa em percentuais inferiores ao previsto no art. 12, a Reserva Legal será constituída com a área ocupada com a vegetação nativa existente em 22 de julho de 2008, vedadas novas conversões para uso alternativo do solo.

Art. 68. Os proprietários ou possuidores de imóveis rurais que realizaram supressão de vegetação nativa respeitando os percentuais de Reserva Legal previstos pela legislação em vigor à época em que ocorreu a supressão são dispensados de promover a recomposição, compensação ou regeneração para os percentuais exigidos nesta Lei.

§ 1º Os proprietários ou possuidores de imóveis rurais poderão provar essas situações consolidadas por documentos tais como a descrição de fatos históricos de ocupação da região, registros de comercialização, dados agropecuários da atividade, contratos e documentos bancários relativos à produção, e por todos os outros meios de prova em direito admitidos.

§ 2º Os proprietários ou possuidores de imóveis rurais, na Amazônia Legal, e seus herdeiros necessários que possuam índice de Reserva Legal maior que 50% (cinquenta por cento) de cobertura florestal e não realizaram a supressão da vegetação nos percentuais previstos pela legislação em vigor à época poderão utilizar a área excedente de Reserva Legal também para fins de constituição de servidão ambiental, Cota de Reserva Ambiental — CRA e outros instrumentos congêneres previstos nesta Lei.

Capítulo XIV
DISPOSIÇÕES COMPLEMENTARES E FINAIS

Art. 69. São obrigados a registro no órgão federal competente do Sisnama os estabelecimentos comerciais responsáveis pela comercialização de motosserras, bem como aqueles que as adquirirem.

§ 1º A licença para o porte e uso de motosserras será renovada a cada 2 (dois) anos.

§ 2º Os fabricantes de motosserras são obrigados a imprimir, em local visível do equipamento, numeração cuja sequência será encaminhada ao órgão federal competente do Sisnama e constará nas correspondentes notas fiscais.

Art. 70. Além do disposto nesta Lei e sem prejuízo da criação de unidades de conservação da natureza, na forma da Lei n. 9.985, de 18 de julho de 2000, e de outras ações cabíveis voltadas à proteção das florestas e outras formas de vegetação, o poder público federal, estadual ou municipal poderá:

I — proibir ou limitar o corte das espécies da flora raras, endêmicas, em perigo ou ameaçadas de extinção, bem como das espécies necessárias à subsistência das populações tradicionais, delimitando as áreas compreendidas no ato, fazendo depender de autorização prévia, nessas áreas, o corte de outras espécies;

II — declarar qualquer árvore imune de corte, por motivo de sua localização, raridade, beleza ou condição de porta-sementes;

III — estabelecer exigências administrativas sobre o registro e outras formas de controle de pessoas físicas ou jurídicas que se dedicam à extração, indústria ou comércio de produtos ou subprodutos florestais.

Art. 71. A União, em conjunto com os Estados, o Distrito Federal e os Municípios, realizará o Inventário Florestal Nacional, para subsidiar a análise da existência e qualidade das florestas do País, em imóveis privados e terras públicas.

Parágrafo único. A União estabelecerá critérios e mecanismos para uniformizar a coleta, a manutenção e a atualização das informações do Inventário Florestal Nacional.

Art. 72. Para efeitos desta Lei, a atividade de silvicultura, quando realizada em área apta ao uso alternativo do solo, é equiparada à atividade agrícola, nos termos da Lei n. 8.171, de 17 de janeiro de 1991, que "dispõe sobre a política agrícola".

Art. 73. Os órgãos centrais e executores do Sisnama criarão e implementarão, com a participação dos órgãos estaduais, indicadores de sustentabilidade, a serem publicados semestralmente, com vistas em aferir a evolução dos componentes do sistema abrangidos por disposições desta Lei.

Art. 74. A Câmara de Comércio Exterior — Camex, de que trata o art. 20-B da Lei n. 9.649, de 27 de maio de 1998, com a redação dada pela Medida Provisória n. 2.216-37, de 31 de agosto de

2001, é autorizada a adotar medidas de restrição às importações de bens de origem agropecuária ou florestal produzidos em países que não observem normas e padrões de proteção do meio ambiente compatíveis com as estabelecidas pela legislação brasileira.

Art. 75. Os PRAs instituídos pela União, Estados e Distrito Federal deverão incluir mecanismo que permita o acompanhamento de sua implementação, considerando os objetivos e metas nacionais para florestas, especialmente a implementação dos instrumentos previstos nesta Lei, a adesão cadastral dos proprietários e possuidores de imóvel rural, a evolução da regularização das propriedades e posses rurais, o grau de regularidade do uso de matéria-prima florestal e o controle e prevenção de incêndios florestais.

Art. 76. (*Vetado.*)

Art. 77. (*Vetado.*)

Art. 78. O art. 9º-A da Lei n. 6.938, de 31 de agosto de 1981, passa a vigorar com a seguinte redação:

"Art. 9º-A. O proprietário ou possuidor de imóvel, pessoa natural ou jurídica, pode, por instrumento público ou particular ou por termo administrativo firmado perante órgão integrante do Sisnama, limitar o uso de toda a sua propriedade ou de parte dela para preservar, conservar ou recuperar os recursos ambientais existentes, instituindo servidão ambiental.

§ 1º O instrumento ou termo de instituição da servidão ambiental deve incluir, no mínimo, os seguintes itens:

I — memorial descritivo da área da servidão ambiental, contendo pelo menos um ponto de amarração georreferenciado;

II — objeto da servidão ambiental;

III — direitos e deveres do proprietário ou possuidor instituidor;

IV — prazo durante o qual a área permanecerá como servidão ambiental.

§ 2º A servidão ambiental não se aplica às Áreas de Preservação Permanente e à Reserva Legal mínima exigida.

§ 3º A restrição ao uso ou à exploração da vegetação da área sob servidão ambiental deve ser, no mínimo, a mesma estabelecida para a Reserva Legal.

§ 4º Devem ser objeto de averbação na matrícula do imóvel no registro de imóveis competente:

I — o instrumento ou termo de instituição da servidão ambiental;

II — o contrato de alienação, cessão ou transferência da servidão ambiental.

§ 5º Na hipótese de compensação de Reserva Legal, a servidão ambiental deve ser averbada na matrícula de todos os imóveis envolvidos.

§ 6º É vedada, durante o prazo de vigência da servidão ambiental, a alteração da destinação da área, nos casos de transmissão do imóvel a qualquer título, de desmembramento ou de retificação dos limites do imóvel.

§ 7º As áreas que tenham sido instituídas na forma de servidão florestal, nos termos do art. 44-A da Lei n. 4.771, de 15 de setembro de 1965, passam a ser consideradas, pelo efeito desta Lei, como servidão ambiental".

Art. 78-A. Após cinco anos da data da publicação desta Lei, as instituições financeiras só concederão crédito agrícola, em qualquer de suas modalidades, para proprietários de imóveis rurais que estejam inscritos no CAR.

■ *Artigo acrescentado pela Lei n. 12.727, de 17-10-2012.*

Art. 79. A Lei n. 6.938, de 31 de agosto de 1981, passa a vigorar acrescida dos seguintes arts. 9º-B e 9º-C:

"Art. 9º-B. A servidão ambiental poderá ser onerosa ou gratuita, temporária ou perpétua.

§ 1º O prazo mínimo da servidão ambiental temporária é de 15 (quinze) anos.

§ 2º A servidão ambiental perpétua equivale, para fins creditícios, tributários e de acesso aos recursos de fundos públicos, à Reserva Particular do Patrimônio Natural — RPPN, definida no art. 21 da Lei n. 9.985, de 18 de julho de 2000.

§ 3º O detentor da servidão ambiental poderá aliená-la, cedê-la ou transferi-la, total ou parcialmente, por prazo determinado ou em caráter definitivo, em favor de outro proprietário ou de entidade pública ou privada que tenha a conservação ambiental como fim social".

"Art. 9º-C. O contrato de alienação, cessão ou transferência da servidão ambiental deve ser averbado na matrícula do imóvel.

§ 1º O contrato referido no *caput* deve conter, no mínimo, os seguintes itens:

I — a delimitação da área submetida a preservação, conservação ou recuperação ambiental;

II — o objeto da servidão ambiental;

III — os direitos e deveres do proprietário instituidor e dos futuros adquirentes ou sucessores;

IV — os direitos e deveres do detentor da servidão ambiental;

V — os benefícios de ordem econômica do instituidor e do detentor da servidão ambiental;

VI — a previsão legal para garantir o seu cumprimento, inclusive medidas judiciais necessárias, em caso de ser descumprido.

§ 2º São deveres do proprietário do imóvel serviente, entre outras obrigações estipuladas no contrato:

I — manter a área sob servidão ambiental;

II — prestar contas ao detentor da servidão ambiental sobre as condições dos recursos naturais ou artificiais;

III — permitir a inspeção e a fiscalização da área pelo detentor da servidão ambiental;

IV — defender a posse da área serviente, por todos os meios em direito admitidos.

§ 3º São deveres do detentor da servidão ambiental, entre outras obrigações estipuladas no contrato:

I — documentar as características ambientais da propriedade;

II — monitorar periodicamente a propriedade para verificar se a servidão ambiental está sendo mantida;

III — prestar informações necessárias a quaisquer interessados na aquisição ou aos sucessores da propriedade;

IV — manter relatórios e arquivos atualizados com as atividades da área objeto da servidão;

V — defender judicialmente a servidão ambiental".

Art. 80. A alínea *d* do inciso II do § 1º do art. 10 da Lei n. 9.393, de 19 de dezembro de 1996, passa a vigorar com a seguinte redação:

"Art. 10. ....

§ 1º ....

....

II — ....

....

d) sob regime de servidão ambiental;

....".

Art. 81. O *caput* do art. 35 da Lei n. 11.428, de 22 de dezembro de 2006, passa a vigorar com a seguinte redação:

"Art. 35. A conservação, em imóvel rural ou urbano, da vegetação primária ou da vegetação secundária em qualquer estágio de regeneração do Bioma Mata Atlântica cumpre função social e é de interesse público, podendo, a critério do proprietário, as áreas sujeitas à restrição de que trata esta Lei ser computadas para efeito da Reserva Legal e seu excedente utilizado para fins de compensação ambiental ou instituição de Cota de Reserva Ambiental — CRA.

....".

Art. 82. São a União, os Estados, o Distrito Federal e os Municípios autorizados a instituir, adaptar ou reformular, no prazo de 6 (seis) meses, no âmbito do Sisnama, instituições florestais ou afins, devidamente aparelhadas para assegurar a plena consecução desta Lei.

Parágrafo único. As instituições referidas no *caput* poderão credenciar, mediante edital de seleção pública, profissionais devidamente habilitados para apoiar a regularização ambiental das propriedades previstas no inciso V do art. 3º, nos termos de regulamento baixado por ato do Chefe do Poder Executivo.

Art. 83. Revogam-se as Leis n. 4.771, de 15 de setembro de 1965, e 7.754, de 14 de abril de 1989, e suas alterações posteriores, e a Medida Provisória n. 2.166-67, de 24 de agosto de 2001.

Art. 84. Esta Lei entra em vigor na data de sua publicação.

Brasília, 25 de maio de 2012; 191º da Independência e 124º da República.

DILMA ROUSSEFF

Mendes Ribeiro Filho

Márcio Pereira Zimmermann

Miriam Belchior

Marco Antonio Raupp

Izabella Mônica Vieira Teixeira

Gilberto José Spier Vargas

Aguinaldo Ribeiro

Luís Inácio Lucena Adams

(Publicada no DOU de 28-5-2012.)

LEI N. 12.694, DE 24 DE JULHO DE 2012

> Dispõe sobre o processo e o julgamento colegiado em primeiro grau de jurisdição de crimes praticados por organizações criminosas; altera o Decreto-lei n. 2.848, de 7 de dezembro de 1940 – Código Penal, o Decreto-lei n. 3.689, de 3 de outubro de 1941 – Código de Processo Penal, e as Leis n. 9.503, de 23 de setembro de 1997 – Código de Trânsito Brasileiro, e 10.826, de 22 de dezembro de 2003; e dá outras providências.

A Presidenta da República

Faço saber que o Congresso Nacional decreta e eu sanciono a seguinte Lei:

Art. 1º Em processos ou procedimentos que tenham por objeto crimes praticados por organizações criminosas, o juiz poderá decidir pela formação de colegiado para a prática de qualquer ato processual, especialmente:

I – decretação de prisão ou de medidas assecuratórias;

II – concessão de liberdade provisória ou revogação de prisão;

III – sentença;

IV – progressão ou regressão de regime de cumprimento de pena;

V – concessão de liberdade condicional;

VI – transferência de preso para estabelecimento prisional de segurança máxima; e

VII – inclusão do preso no regime disciplinar diferenciado.

§ 1º O juiz poderá instaurar o colegiado, indicando os motivos e as circunstâncias que acarretam risco à sua integridade física em decisão fundamentada, da qual será dado conhecimento ao órgão correicional.

§ 2º O colegiado será formado pelo juiz do processo e por 2 (dois) outros juízes escolhidos por sorteio eletrônico dentre aqueles de competência criminal em exercício no primeiro grau de jurisdição.

§ 3º A competência do colegiado limita-se ao ato para o qual foi convocado.

§ 4º As reuniões poderão ser sigilosas sempre que houver risco de que a publicidade resulte em prejuízo à eficácia da decisão judicial.

§ 5º A reunião do colegiado composto por juízes domiciliados em cidades diversas poderá ser feita pela via eletrônica.

§ 6º As decisões do colegiado, devidamente fundamentadas e firmadas, sem exceção, por todos os seus integrantes, serão publicadas sem qualquer referência a voto divergente de qualquer membro.

§ 7º Os tribunais, no âmbito de suas competências, expedirão normas regulamentando a composição do colegiado e os procedimentos a serem adotados para o seu funcionamento.

Art. 2º Para os efeitos desta Lei, considera-se organização criminosa a associação, de 3 (três) ou mais pessoas, estruturalmente ordenada e caracterizada pela divisão de tarefas, ainda que informalmente, com objetivo de obter, direta ou indiretamente, vantagem de qualquer natureza, mediante a prática de crimes cuja pena máxima seja igual ou superior a 4 (quatro) anos ou que sejam de caráter transnacional.

- *Revogação:* O art. 2º foi tacitamente revogado pelo art. 1º, § 1º, da Lei n. 12.850/2013, que exige mais: "associação de 4 (quatro) ou mais pessoas [e não somente 3 (três)] estruturalmente ordenada e caracterizada pela divisão de tarefas, ainda que informalmente, com o objetivo de obter, direta ou indiretamente, vantagem de qualquer natureza, mediante a prática de infrações penais cujas penas máximas sejam superiores [e não iguais] a 4 (quatro) anos, ou que sejam de caráter transnacional".

Art. 3º Os tribunais, no âmbito de suas competências, são autorizados a tomar medidas para reforçar a segurança dos prédios da Justiça, especialmente:

I – controle de acesso, com identificação, aos seus prédios, especialmente aqueles com varas criminais, ou às áreas dos prédios com varas criminais;

II – instalação de câmeras de vigilância nos seus prédios, especialmente nas varas criminais e áreas adjacentes;

III – instalação de aparelhos detectores de metais, aos quais se devem submeter todos que queiram ter acesso aos seus prédios, especialmente às varas criminais ou às respectivas salas de audiência, ainda que exerçam qualquer cargo ou função pública, ressalvados os integrantes de missão policial, a escolta de presos e os agentes ou inspetores de segurança próprios.

- *Advogados:* Só se pode admitir que advogados (incluindo-se os que exerçam a função de defensor público) sejam submetidos a detectores de metal e a raio-X de sua valise profissional – preservando-se a sua inviolabilidade, isto é, jamais se podendo ler o conteúdo de seus papéis (art. 7º, II, da Lei n. 8.906/94) –, e desde que os membros do Ministério Público e os juízes sejam submetidos ao mesmo tratamento. Afinal, se os advogados são essenciais à Administração da Justiça (art. 133 da Constituição da República), não são meros visitantes, lá trabalhando da mesma forma com a qual desempenham as suas funções os promotores e procuradores da República, como também os juízes. Merecem igual tratamento.

Art. 10. Esta Lei entra em vigor após decorridos 90 (noventa) dias de sua publicação oficial.

Brasília, 24 de julho de 2012; 191º da Independência e 124º da República.

DILMA ROUSSEFF

(Publicada no DOU de 25-7-2012.)

LEI N. 12.850, DE 2 DE AGOSTO DE 2013

Define organização criminosa e dispõe sobre a investigação criminal, os meios de obtenção da prova, infrações penais correlatas e o procedimento criminal; altera o Decreto-Lei n. 2.848, de 7 de dezembro de 1940 (Código Penal); revoga a Lei n. 9.034, de 3 de maio de 1995; e dá outras providências.

A Presidenta da República:

Faço saber que o Congresso Nacional decreta e eu sanciono a seguinte Lei:

Capítulo I
DA ORGANIZAÇÃO CRIMINOSA

Art. 1º Esta Lei define organização criminosa e dispõe sobre a investigação criminal, os meios de obtenção da prova, infrações penais correlatas e o procedimento criminal a ser aplicado.

§ 1º Considera-se organização criminosa a associação de 4 (quatro) ou mais pessoas estruturalmente ordenada e caracterizada pela divisão de tarefas, ainda que informalmente, com objetivo de obter, direta ou indiretamente, vantagem de qualquer natureza, mediante a prática de infrações penais cujas penas máximas sejam superiores a 4 (quatro) anos, ou que sejam de caráter transnacional.

§ 2º Esta Lei se aplica também:

I — às infrações penais previstas em tratado ou convenção internacional quando, iniciada a execução no País, o resultado tenha ou devesse ter ocorrido no estrangeiro, ou reciprocamente;

II — às organizações terroristas internacionais, reconhecidas segundo as normas de direito internacional, por foro do qual o Brasil faça parte, cujos atos de suporte ao terrorismo, bem como os atos preparatórios ou de execução de atos terroristas, ocorram ou possam ocorrer em território nacional.

Art. 2º Promover, constituir, financiar ou integrar, pessoalmente ou por interposta pessoa, organização criminosa:

Pena — reclusão, de 3 (três) a 8 (oito) anos, e multa, sem prejuízo das penas correspondentes às demais infrações penais praticadas.

§ 1º Nas mesmas penas incorre quem impede ou, de qualquer forma, embaraça a investigação de infração penal que envolva organização criminosa.

§ 2º As penas aumentam-se até a metade se na atuação da organização criminosa houver emprego de arma de fogo.

§ 3º A pena é agravada para quem exerce o comando, individual ou coletivo, da organização criminosa, ainda que não pratique pessoalmente atos de execução.

§ 4º A pena é aumentada de 1/6 (um sexto) a 2/3 (dois terços):

I — se há participação de criança ou adolescente;

II — se há concurso de funcionário público, valendo-se a organização criminosa dessa condição para a prática de infração penal;

III — se o produto ou proveito da infração penal destinar-se, no todo ou em parte, ao exterior;

IV — se a organização criminosa mantém conexão com outras organizações criminosas independentes;

V — se as circunstâncias do fato evidenciarem a transnacionalidade da organização.

§ 5º Se houver indícios suficientes de que o funcionário público integra organização criminosa, poderá o juiz determinar seu afastamento cautelar do cargo, emprego ou função, sem prejuízo da remuneração, quando a medida se fizer necessária à investigação ou instrução processual.

§ 6º A condenação com trânsito em julgado acarretará ao funcionário público a perda do cargo, função, emprego ou mandato eletivo e a interdição para o exercício de função ou cargo público pelo prazo de 8 (oito) anos subsequentes ao cumprimento da pena.

§ 7º Se houver indícios de participação de policial nos crimes de que trata esta Lei, a Corregedoria de Polícia instaurará inquérito policial e comunicará ao Ministério Público, que designará membro para acompanhar o feito até a sua conclusão.

Capítulo II
DA INVESTIGAÇÃO E DOS MEIOS DE OBTENÇÃO DA PROVA

Art. 3º Em qualquer fase da persecução penal, serão permitidos, sem prejuízo de outros já previstos em lei, os seguintes meios de obtenção da prova:

I — colaboração premiada;

II — captação ambiental de sinais eletromagnéticos, ópticos ou acústicos;

III — ação controlada;

IV — acesso a registros de ligações telefônicas e telemáticas, a dados cadastrais constantes de bancos de dados públicos ou privados e a informações eleitorais ou comerciais;

V — interceptação de comunicações telefônicas e telemáticas, nos termos da legislação específica;

VI — afastamento dos sigilos financeiro, bancário e fiscal, nos termos da legislação específica;

VII — infiltração, por policiais, em atividade de investigação, na forma do art. 11;

VIII — cooperação entre instituições e órgãos federais, distritais, estaduais e municipais na busca de provas e informações de interesse da investigação ou da instrução criminal.

Seção I
DA COLABORAÇÃO PREMIADA

Art. 4º O juiz poderá, a requerimento das partes, conceder o perdão judicial, reduzir em até 2/3 (dois terços) a pena privativa de liberdade ou substituí-la por restritiva de direitos daquele que tenha colaborado efetiva e voluntariamente com a investigação e com o processo criminal, desde que dessa colaboração advenha um ou mais dos seguintes resultados:

I — a identificação dos demais coautores e partícipes da organização criminosa e das infrações penais por eles praticadas;

II — a revelação da estrutura hierárquica e da divisão de tarefas da organização criminosa;

III — a prevenção de infrações penais decorrentes das atividades da organização criminosa;

IV — a recuperação total ou parcial do produto ou do proveito das infrações penais praticadas pela organização criminosa;

V — a localização de eventual vítima com a sua integridade física preservada.

§ 1º Em qualquer caso, a concessão do benefício levará em conta a personalidade do colaborador, a natureza, as circunstâncias, a gravidade e a repercussão social do fato criminoso e a eficácia da colaboração.

§ 2º Considerando a relevância da colaboração prestada, o Ministério Público, a qualquer tempo, e o delegado de polícia, nos autos do inquérito policial, com a manifestação do Ministério Público, poderão requerer ou representar ao juiz pela concessão de perdão judicial ao colaborador, ainda que esse benefício não tenha sido previsto na proposta inicial, aplicando-se, no que couber, o art. 28 do Decreto-Lei n. 3.689, de 3 de outubro de 1941 (Código de Processo Penal).

§ 3º O prazo para oferecimento de denúncia ou o processo, relativos ao colaborador, poderá ser suspenso por até 6 (seis) meses, prorrogáveis por igual período, até que sejam cumpridas as medidas de colaboração, suspendendo-se o respectivo prazo prescricional.

§ 4º Nas mesmas hipóteses do *caput*, o Ministério Público poderá deixar de oferecer denúncia se o colaborador:

I — não for o líder da organização criminosa;

II — for o primeiro a prestar efetiva colaboração nos termos deste artigo.

§ 5º Se a colaboração for posterior à sentença, a pena poderá ser reduzida até a metade ou será admitida a progressão de regime ainda que ausentes os requisitos objetivos.

§ 6º O juiz não participará das negociações realizadas entre as partes para a formalização do acordo de colaboração, que ocorrerá entre o delegado de polícia, o investigado e o defensor, com a manifestação do Ministério Público, ou, conforme o caso, entre o Ministério Público e o investigado ou acusado e seu defensor.

§ 7º Realizado o acordo na forma do § 6º, o respectivo termo, acompanhado das declarações do colaborador e de cópia da investigação, será remetido ao juiz para homologação, o qual deverá verificar sua regularidade, legalidade e voluntariedade, podendo para este fim, sigilosamente, ouvir o colaborador, na presença de seu defensor.

§ 8º O juiz poderá recusar homologação à proposta que não atender aos requisitos legais, ou adequá-la ao caso concreto.

§ 9º Depois de homologado o acordo, o colaborador poderá, sempre acompanhado pelo seu defensor, ser ouvido pelo membro do Ministério Público ou pelo delegado de polícia responsável pelas investigações.

§ 10. As partes podem retratar-se da proposta, caso em que as provas autoincriminatórias produzidas pelo colaborador não poderão ser utilizadas exclusivamente em seu desfavor.

§ 11. A sentença apreciará os termos do acordo homologado e sua eficácia.

§ 12. Ainda que beneficiado por perdão judicial ou não denunciado, o colaborador poderá ser ouvido em juízo a requerimento das partes ou por iniciativa da autoridade judicial.

§ 13. Sempre que possível, o registro dos atos de colaboração será feito pelos meios ou recursos de gravação magnética, estenotipia, digital ou técnica similar, inclusive audiovisual, destinados a obter maior fidelidade das informações.

§ 14. Nos depoimentos que prestar, o colaborador renunciará, na presença de seu defensor, ao direito ao silêncio e estará sujeito ao compromisso legal de dizer a verdade.

§ 15. Em todos os atos de negociação, confirmação e execução da colaboração, o colaborador deverá estar assistido por defensor.

§ 16. Nenhuma sentença condenatória será proferida com fundamento apenas nas declarações de agente colaborador.

Art. 5º São direitos do colaborador:

I — usufruir das medidas de proteção previstas na legislação específica;

II — ter nome, qualificação, imagem e demais informações pessoais preservados;

III — ser conduzido, em juízo, separadamente dos demais coautores e partícipes;

IV — participar das audiências sem contato visual com os outros acusados;

V — não ter sua identidade revelada pelos meios de comunicação, nem ser fotografado ou filmado, sem sua prévia autorização por escrito;

VI — cumprir pena em estabelecimento penal diverso dos demais corréus ou condenados.

Art. 6º O termo de acordo da colaboração premiada deverá ser feito por escrito e conter:

I — o relato da colaboração e seus possíveis resultados;

II — as condições da proposta do Ministério Público ou do delegado de polícia;

III — a declaração de aceitação do colaborador e de seu defensor;

IV — as assinaturas do representante do Ministério Público ou do delegado de polícia, do colaborador e de seu defensor;

V — a especificação das medidas de proteção ao colaborador e à sua família, quando necessário.

Art. 7º O pedido de homologação do acordo será sigilosamente distribuído, contendo apenas informações que não possam identificar o colaborador e o seu objeto.

§ 1º As informações pormenorizadas da colaboração serão dirigidas diretamente ao juiz a que recair a distribuição, que decidirá no prazo de 48 (quarenta e oito) horas.

§ 2º O acesso aos autos será restrito ao juiz, ao Ministério Público e ao delegado de polícia, como forma de garantir o êxito das investigações, assegurando-se ao defensor, no interesse do representado, amplo acesso aos elementos de prova que digam respeito ao exercício do direito de defesa, devidamente precedido de autorização judicial, ressalvados os referentes às diligências em andamento.

§ 3º O acordo de colaboração premiada deixa de ser sigiloso assim que recebida a denúncia, observado o disposto no art. 5º.

Seção II
DA AÇÃO CONTROLADA

Art. 8º Consiste a ação controlada em retardar a intervenção policial ou administrativa relativa à ação praticada por organização criminosa ou a ela vinculada, desde que mantida sob observação e acompanhamento para que a medida legal se concretize no momento mais eficaz à formação de provas e obtenção de informações.

§ 1º O retardamento da intervenção policial ou administrativa será previamente comunicado ao juiz competente que, se for o caso, estabelecerá os seus limites e comunicará ao Ministério Público.

§ 2º A comunicação será sigilosamente distribuída de forma a não conter informações que possam indicar a operação a ser efetuada.

§ 3º Até o encerramento da diligência, o acesso aos autos será restrito ao juiz, ao Ministério Público e ao delegado de polícia, como forma de garantir o êxito das investigações.

§ 4º Ao término da diligência, elaborar-se-á auto circunstanciado acerca da ação controlada.

Art. 9º Se a ação controlada envolver transposição de fronteiras, o retardamento da intervenção policial ou administrativa somente poderá ocorrer com a cooperação das autoridades dos países que figurem como provável itinerário ou destino do investigado, de modo a reduzir os riscos de fuga e extravio do produto, objeto, instrumento ou proveito do crime.

Seção III
DA INFILTRAÇÃO DE AGENTES

Art. 10. A infiltração de agentes de polícia em tarefas de investigação, representada pelo delegado de polícia ou requerida pelo Ministério Público, após manifestação técnica do delegado de polícia quando solicitada no curso de inquérito policial, será precedida de circunstanciada, motivada e sigilosa autorização judicial, que estabelecerá seus limites.

§ 1º Na hipótese de representação do delegado de polícia, o juiz competente, antes de decidir, ouvirá o Ministério Público.

§ 2º Será admitida a infiltração se houver indícios de infração penal de que trata o art. 1º e se a prova não puder ser produzida por outros meios disponíveis.

§ 3º A infiltração será autorizada pelo prazo de até 6 (seis) meses, sem prejuízo de eventuais renovações, desde que comprovada sua necessidade.

§ 4º Findo o prazo previsto no § 3º, o relatório circunstanciado será apresentado ao juiz competente, que imediatamente cientificará o Ministério Público.

§ 5º No curso do inquérito policial, o delegado de polícia poderá determinar aos seus agentes, e o Ministério Público poderá requisitar, a qualquer tempo, relatório da atividade de infiltração.

Art. 11. O requerimento do Ministério Público ou a representação do delegado de polícia para a infiltração de agentes conterão a demonstração da necessidade da medida, o alcance das tarefas dos agentes e, quando possível, os nomes ou apelidos das pessoas investigadas e o local da infiltração.

Art. 12. O pedido de infiltração será sigilosamente distribuído, de forma a não conter informações que possam indicar a operação a ser efetivada ou identificar o agente que será infiltrado.

§ 1º As informações quanto à necessidade da operação de infiltração serão dirigidas diretamente ao juiz competente, que decidirá no prazo de 24 (vinte e quatro) horas, após manifestação do Ministério Público na hipótese de representação do delegado de polícia, devendo-se adotar as medidas necessárias para o êxito das investigações e a segurança do agente infiltrado.

§ 2º Os autos contendo as informações da operação de infiltração acompanharão a denúncia do Ministério Público, quando serão disponibilizados à defesa, assegurando-se a preservação da identidade do agente.

§ 3º Havendo indícios seguros de que o agente infiltrado sofre risco iminente, a operação será sustada mediante requisição do Ministério Público ou pelo delegado de polícia, dando-se imediata ciência ao Ministério Público e à autoridade judicial.

Art. 13. O agente que não guardar, em sua atuação, a devida proporcionalidade com a finalidade da investigação, responderá pelos excessos praticados.

Parágrafo único. Não é punível, no âmbito da infiltração, a prática de crime pelo agente infiltrado no curso da investigação, quando inexigível conduta diversa.

Art. 14. São direitos do agente:

I — recusar ou fazer cessar a atuação infiltrada;

II — ter sua identidade alterada, aplicando-se, no que couber, o disposto no art. 9º da Lei n. 9.807, de 13 de julho de 1999, bem como usufruir das medidas de proteção a testemunhas;

III — ter seu nome, sua qualificação, sua imagem, sua voz e demais informações pessoais preservadas durante a investigação e o processo criminal, salvo se houver decisão judicial em contrário;

IV — não ter sua identidade revelada, nem ser fotografado ou filmado pelos meios de comunicação, sem sua prévia autorização por escrito.

Seção IV
DO ACESSO A REGISTROS, DADOS CADASTRAIS, DOCUMENTOS E INFORMAÇÕES

Art. 15. O delegado de polícia e o Ministério Público terão acesso, independentemente de autorização judicial, apenas aos dados cadastrais do investigado que informem exclusivamente a qualificação pessoal, a filiação e o endereço mantidos pela Justiça Eleitoral, empresas telefônicas, instituições financeiras, provedores de internet e administradoras de cartão de crédito.

Art. 16. As empresas de transporte possibilitarão, pelo prazo de 5 (cinco) anos, acesso direto e permanente do juiz, do Ministério Público ou do delegado de polícia aos bancos de dados de reservas e registro de viagens.

Art. 17. As concessionárias de telefonia fixa ou móvel manterão, pelo prazo de 5 (cinco) anos, à disposição das autoridades mencionadas no art. 15, registros de identificação dos números dos terminais de origem e de destino das ligações telefônicas internacionais, interurbanas e locais.

Seção V
DOS CRIMES OCORRIDOS NA INVESTIGAÇÃO E NA OBTENÇÃO DA PROVA

Art. 18. Revelar a identidade, fotografar ou filmar o colaborador, sem sua prévia autorização por escrito:

Pena — reclusão, de 1 (um) a 3 (três) anos, e multa.

Art. 19. Imputar falsamente, sob pretexto de colaboração com a Justiça, a prática de infração penal a pessoa que sabe ser inocente, ou revelar informações sobre a estrutura de organização criminosa que sabe inverídicas:

Pena — reclusão, de 1 (um) a 4 (quatro) anos, e multa.

Art. 20. Descumprir determinação de sigilo das investigações que envolvam a ação controlada e a infiltração de agentes:

Pena — reclusão, de 1 (um) a 4 (quatro) anos, e multa.

Art. 21. Recusar ou omitir dados cadastrais, registros, documentos e informações requisitadas pelo juiz, Ministério Público ou delegado de polícia, no curso de investigação ou do processo:

Pena — reclusão, de 6 (seis) meses a 2 (dois) anos, e multa.

Parágrafo único. Na mesma pena incorre quem, de forma indevida, se apossa, propala, divulga ou faz uso dos dados cadastrais de que trata esta Lei.

Capítulo III
DISPOSIÇÕES FINAIS

Art. 22. Os crimes previstos nesta Lei e as infrações penais conexas serão apurados mediante procedimento ordinário previsto no Decreto-Lei n. 3.689, de 3 de outubro de 1941 (Código de Processo Penal), observado o disposto no parágrafo único deste artigo.

Parágrafo único. A instrução criminal deverá ser encerrada em prazo razoável, o qual não poderá exceder a 120 (cento e vinte) dias quando o réu estiver preso, prorrogáveis em até igual período, por decisão fundamentada, devidamente motivada pela complexidade da causa ou por fato procrastinatório atribuível ao réu.

Art. 23. O sigilo da investigação poderá ser decretado pela autoridade judicial competente, para garantia da celeridade e da eficácia das diligências investigatórias, assegurando-se ao defensor, no interesse do representado, amplo acesso aos elementos de prova que digam respeito ao exercício do direito de defesa, devidamente precedido de autorização judicial, ressalvados os referentes às diligências em andamento.

Parágrafo único. Determinado o depoimento do investigado, seu defensor terá assegurada a prévia vista dos autos, ainda que classificados como sigilosos, no prazo mínimo de 3 (três) dias que antecedem ao ato, podendo ser ampliado, a critério da autoridade responsável pela investigação.

Art. 24. O art. 288 do Decreto-Lei n. 2.848, de 7 de dezembro de 1940 (Código Penal), passa a vigorar com a seguinte redação:

"**Associação Criminosa**

Art. 288. Associarem-se 3 (três) ou mais pessoas, para o fim específico de cometer crimes:

Pena – reclusão, de 1 (um) a 3 (três) anos.

Parágrafo único. A pena aumenta-se até a metade se a associação é armada ou se houver a participação de criança ou adolescente."

Art. 25. O art. 342 do Decreto-Lei n. 2.848, de 7 de dezembro de 1940 (Código Penal), passa a vigorar com a seguinte redação:

"Art. 342. ....

Pena – reclusão, de 2 (dois) a 4 (quatro) anos, e multa.

...."

Art. 26. Revoga-se a Lei n. 9.034, de 3 de maio de 1995.

Art. 27. Esta Lei entra em vigor após decorridos 45 (quarenta e cinco) dias de sua publicação oficial.

Brasília, 2 de agosto de 2013; 192º da Independência e 125º da República.

DILMA ROUSSEFF

(Publicada no DOU de 5-8-2013 – Edição Extra.)

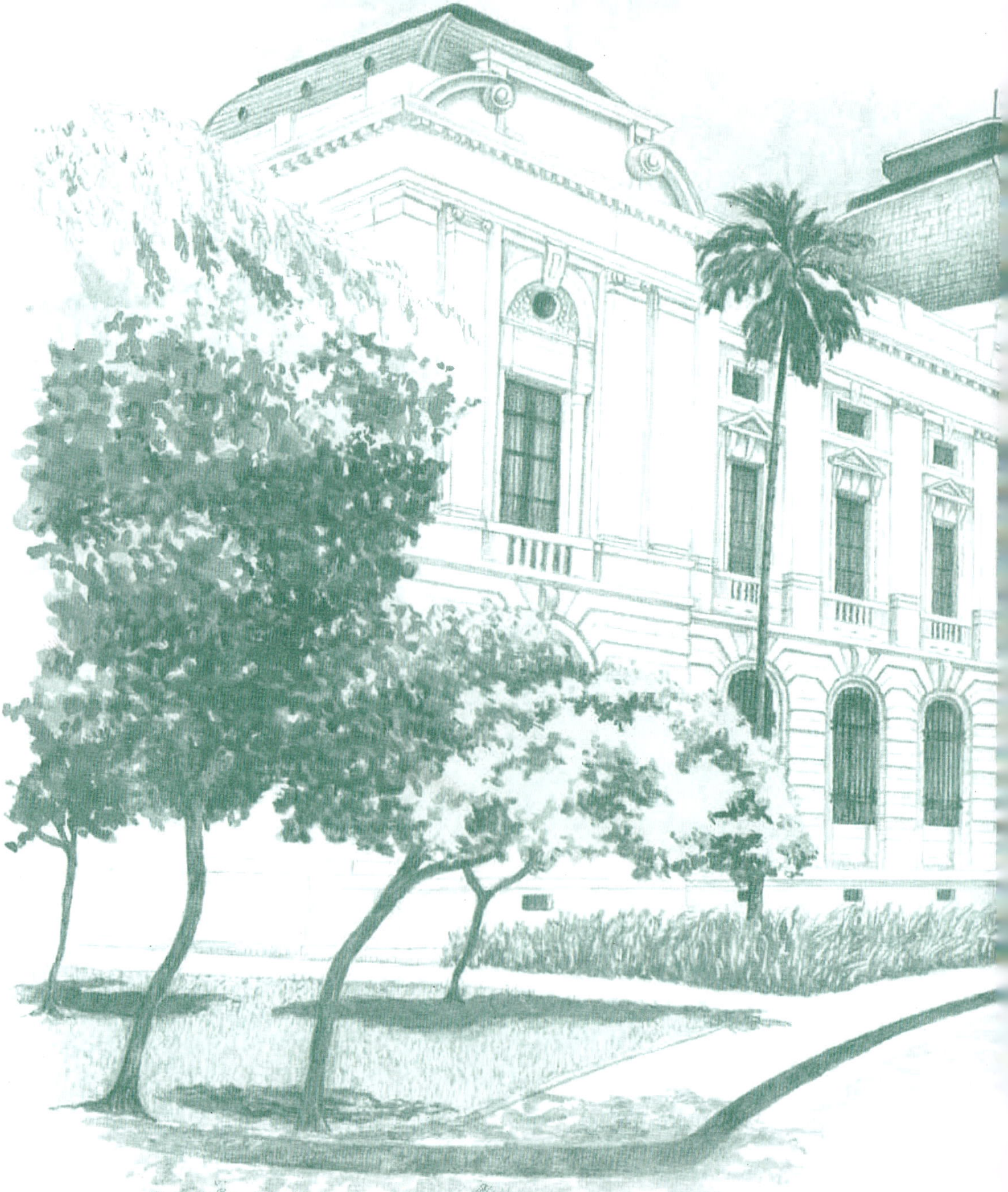